NOUVELLE ÉDITION REFONDUE ET AUGMENTÉE DE L'OUVRAGE

LES FAUX AMIS

ou

Les pièges du vocabulaire anglais

par

Maxime Kœssler, *ancien élève de l'École normale supérieure, agrégé de l'Université*

et

† Jules Derocquigny, *professeur à la Faculté des lettres de l'Université de Lille, Doyen honoraire*

avec un avant-propos de † Louis Cazamian, *professeur à la Sorbonne* et une lettre de Émile Borel, *membre de l'Institut, directeur honoraire de l'École normale supérieure.*

Maxime Kœssler

LES FAUX AMIS

des vocabulaires anglais et américain

« La traduction, ce crime de gens malhonnêtes qui, ne connaissant ni l'une ni l'autre langue, entreprennent avec audace de remplacer l'une par l'autre. »

Jules Renard, *Journal.*

1975

LIBRAIRIE VUIBERT

PARIS

ISBN : 2-7117-7303-5

LES FAUX AMIS

des vocabulaires anglais et américain

OUVRAGES DE

Mr M. Kœssler et de Mr J. Derocquigny

LES FAUX AMIS, *ou les pièges du vocabulaire anglais,* par Maxime Kœssler, ancien élève de l'École normale supérieure, agrégé de l'Université et † Jules Derocquigny, professeur à la Faculté des lettres de l'Université de Lille, Doyen honoraire. *Volume cartonné* 13 × 19 cm, de XXVIII — 390 pages. *Sixième édition* (1964) *épuisée*, Librairie Vuibert, Paris.

AUTRES MOTS ANGLAIS PERFIDES, *pour faire suite au livre intitulé LES FAUX AMIS ou les trahisons du vocabulaire anglais de MM. Kœssler et Derocquigny*, par † Jules Derocquigny, professeur à la Faculté des lettres de l'Université de Lille, Doyen honoraire.
Non réimprimé (1931), Librairie Vuibert, Paris.

DU FRANÇAIS INTÉGRAL A L'ANGLAIS MODERNE, par M. Kœssler. *Ouvrage en préparation.*

NOTE LIMINAIRE

Quarante-cinq ans se sont écoulés depuis la publication, en 1928, de la première édition des *Faux Amis* (1), et cinq tirages successifs ne semblent pas avoir épuisé l'intérêt que les anglicistes et le grand public cultivé ont bien voulu témoigner à notre entreprise.

Rendant compte de l'ouvrage dans la *Revue anglo-américaine* (août 1929), mon excellent confrère, et... ami véritable, Georges CONNES, alors professeur de littérature et de civilisation anglaises à la Faculté des lettres de Dijon, disait des « faux amis » : « Ils sont à la mode. Ils sont justement à la mode. »

S'il en était ainsi à cette époque, il faut bien admettre que, contrairement à ce qui se passe en général, cette mode-là n'a pas été éphémère. Loin d'avoir vieilli, notre livre est toujours actuel. S'il en était besoin, cette sixième édition en apporterait la preuve.

Elle concrétise les témoignages personnels d'encouragement que, tout au long des années, m'a valus cet ouvrage — né d'une idée de jeunesse — et l'écho qu'il a rencontré auprès de ceux, spécialistes ou non, qui, à des titres divers, s'intéressent au français comme à l'anglais, et à la culture dont ces langues sont l'expression. C'est pour moi un devoir et un honneur de rappeler ces témoignages — en regrettant de ne pouvoir les citer tous — et de donner un aperçu de ces réactions.

Le 13 septembre 1928, André GIDE m'écrivait combien il appréciait « ce livre si important et si utile qui avait été récemment son compagnon de voyage ».

Vers cette époque également et dans la suite, l'ouvrage a été l'objet d'un accueil sympathique et parfois de suggestions bénévoles de la part des personnalités suivantes : Armand BÉRARD, ambassadeur de France, Henri D. DAVRAY, rédacteur au *Mercure de France*, Lucien FÉRAUD, professeur honoraire à l'Université de Genève, Émile LEGOUIS, professeur honoraire à la Sorbonne, Adrien PAULIAN, secrétaire-rédacteur à la Chambre des Députés, René J. ROUSSEAU, ancien élève de

(1) La notion de « faux ami » est définie et analysée dans la Préface.

l'École polytechnique, Désiré ROUSTAN, professeur au lycée Charlemagne (), Franck L. SCHOELL, ancien professeur d'Université aux États-Unis.

Au nombre des linguistes distingués qui, dans leurs travaux, ont réservé une place ou fait allusion aux faux amis, je citerai dans l'ordre chronologique : A. et M. CHEVALLEY (2), Fernand MOSSÉ (3), Albert DAUZAT (4), Robert LE BIDOIS (5), ÉTIEMBLE, professeur en Sorbonne (6), ces trois derniers ayant joint leur voix autorisée à la nôtre pour s'élever contre l'invasion des anglo-américanismes qui pullulent dans la presse parlée et écrite, comme dans les annonces publicitaires, et menacent de porter atteinte à l'intégrité de la langue française.

En 1958, VINAY et DARBELNET ont examiné la question des faux amis sous divers aspects (7). Plus récemment, Cl.-J. BERTRAND *et al.* ont fondé en partie « l'anglais de base » sur la nécessité de faire une distinction entre les « vrais amis » et les « faux amis » (8).

La notion de « faux ami » semble même avoir fait école. Non seulement elle a suscité une réplique de Félix BOILLOT (9), mais elle a inspiré à Louis DUPONT, mon ancien collègue du Bureau international du Travail, l'idée de l'appliquer à l'étude de l'espagnol et de l'italien (10).

Toujours du point de vue de la traduction, l'aspect sous lequel j'ai considéré le problème n'a pas laissé indifférents les linguistes anglais et américains. Dans son livre magistral, *The Principles of Semantics* (11), Stephen ULLMANN estime que parfois le contexte « affords no proper safeguard against the pitfalls of 'false friends' ». De même, rendant compte de l'ouvrage du Professeur BRINTON, *The Americans and the French* (12), le critique du *Times Literary Supplement* (12 déc.

(2) Dans son beau livre *La culture au cours de la vie*, éd. Pelman, Paris, 1930, p. 255 s.
(2) *The Concise French Oxford Dictionary*, 1944, p. IX s.
(3) *Esquisse d'une histoire de la langue anglaise*, 1947, p. 97.
(4) *Le Monde*, 16 août 1952, 25 août 1954, 24 juin 1955.
(5) *Ibid.*, 6 mai 1959, 7 novembre 1962, et dans sa « Préface » de *Langage et Traduction* par Pierre DAVIAULT, Montréal, 1963.
(6) *Parlez-vous franglais ?*, Paris, 1964, passim.
(7) *Linguistique comparée du français et de l'anglais*, Paris, 1958, § 54-55 et 154-155.
(8) Paris, 1972. Voir à ce sujet notre « Préface », pp.
(9) *Le vrai ami du traducteur anglais-français et français-anglais*, Paris, 1930.
(10) *Les faux amis espagnols*, Genève, 1961, *Les pièges du vocubulaire italien*, 1963.
(11) Glasgow, 5e tirage, 1967, p. 62.
(12) Oxford University Press, 1968.

1968) s'exprimait ainsi : « Prof. Brinton is, as one would expect, extremely good on the ambiguities of language, English and French, even American and French are full of *Faux Amis.* »

Mais c'est surtout dans le domaine politique que, selon le Prof. Dr. Friedrich KAINZ, « les « faux amis » sont dangereux ». En effet, la traduction des textes diplomatiques « pose des problèmes d'autant plus importants que le sort du monde (la guerre ou la paix) peut dépendre de leur solution. » [1]

Après ce rappel de la carrière des « faux amis », je voudrais, à l'intention de mes nouveaux lecteurs, dire quelques mots de cette sixième édition.

Bien qu'il ait été entièrement refondu, l'ouvrage, tel qu'on le présente aujourd'hui au public, est resté fidèle à sa conception première — excellemment résumée dans la lettre, reproduite ci-après, que mon regretté maître, Louis Cazamian, me fit l'honneur de m'adresser à l'époque où je lui avais soumis une partie de mon manuscrit.

Me fondant sur la méthode historique, j'ai tenté de dégager les raisons pour lesquelles la plupart des mots français sont devenus paradoxalement des « faux amis » en passant en Angleterre : 1° ces mots, que nous avons ou non laissé perdre, ont été empruntés au Moyen Age et ont conservé leur sens primitif ; 2° d'autres, influencés par l'histoire et la psychologie du peuple anglais, n'ont pas évolué parallèlement aux nôtres et, s'orientant dans des directions divergentes, ont pris des significations nouvelles. De sorte que, fruit de l'esprit conservateur et de l'enrichissement néologique, le vocabulaire anglais qu'on va étudier ci-après risque d'être pour le non initié une double source d'erreurs.

Tous ces points sont repris dans la Préface.

D'autre part, on a maintenu et même développé les rapprochements linguistiques et littéraires qui avaient constitué l'originalité de l'ouvrage et n'avaient pas peu contribué à son succès. Cette idée que j'avais eu l'occasion d'exposer à Jules DEROCQUIGNY, alors Professeur à la Faculté des lettres de l'Université de Lille, avait rallié son adhésion et l'avait conduit à m'apporter sa précieuse collaboration.

(1) *Psychologie der Sprache*, t. V, 1re partie, c.r. d'Ernest LUDOVICY *in Revue de Psychologie des Peuples*, 1966, p. 363.

Mais depuis le décès, en 1936, de mon éminent collaborateur — à la mémoire duquel je tiens à rendre hommage — la documentation que j'ai amassée, l'insertion d'une partie des *Autres mots anglais perfides* [1] et de nombreux américanismes — venus grossir les rangs de leurs frères britanniques [2] — m'ont permis de tripler la matière des cinq premiers tirages. Si bien que, grâce à la compréhension de mon éditeur, c'est un livre à la fois ancien et nouveau que j'ai le plaisir d'offrir aujourd'hui au public, ce qui ne signifie nullement qu'il ait été possible de tout dire : la matière est, en effet, inépuisable, et le lexicographe est toujours dépassé par la langue.

Il faut espérer néanmoins que cette sixième édition connaîtra le même succès que les précédentes. A ce propos, je ne saurais mieux conclure qu'en me permettant de citer un extrait de la lettre dont Paul CLAUDEL, lui aussi, voulut bien honorer l'ouvrage dès sa parution : « Les hommes qui, comme moi, ont constamment à se servir de l'anglais seront heureux de trouver cet ami véritable sur leur table de travail. » [3]

M. K.

Genève, 1970-1974

(1) Ce recueil (d'une centaine de pages) de Jules DEROCQUIGNY, paru en 1931, n'avait pas été réimprimé.
(2) Voir notre préface, p. XVIII s.
(3) Lettre du 2 août 1928 (Château de Brangues).

Lettre de M. Louis CAZAMIAN,
Professeur à la Sorbonne.

AVANT-PROPOS

A M. KŒSSLER (¹)

Mon cher ami,

Laissez-moi vous féliciter d'avoir fait œuvre vraiment nationale, en ajoutant un lien modeste à tous ceux qui unissent deux pays amis. Amis, en dépit de si profondes différences, sources de malentendus mutuels. Ils croient se comprendre, et s'empressent de se juger : quoi de plus simple, de plus facile, que d'approuver ou condamner la figure morale d'un pays ? L'objet est si vaste que, faute de pouvoir le saisir, nous le réduisons sans remords à quelques traits élémentaires. Nous avons appris à respecter les nuances des individus ; mais nous ne nous croyons tenus à aucun scrupule envers celles des groupes. Tous ceux, comme vous, qui ont pour mission de faire connaître l'Angleterre à la France, doivent lutter sans cesse contre les jugements hâtifs. Ce n'est pas autre chose que vous faites ici.

Le raisonnement par analogie est la plus précieuse et la plus funeste des ressources. Votre livre nous en rappelle fort opportunément les dangers. A cette heure où l'entente cordiale reste un élément de notre sécurité, de notre avenir, rien

(¹) Cette lettre a été adressée à Maxime Kœssler alors que celui-ci, ayant conçu l'idée et arrêté le plan du livre, en avait déjà avancé l'exécution. C'est dans la suite que l'ouvrage, tel qu'il a paru en 1928, est devenu le fruit de la collaboration de deux auteurs.

Maxime Kœssler est heureux d'exprimer sa gratitude personnelle à M. Cazamian pour le patronage dont celui-ci a bien voulu, dès l'origine, honorer *Les Faux Amis* et les bienveillants encouragements dont il lui est redevable. Maxime Kœssler tient à remercier aussi son ami Georges Connes, professeur à l'Université de Dijon, qui a gracieusement consenti à revoir certaines de ses traductions ; et tous ceux, enfin, qui ont suivi son entreprise avec intérêt et sympathie et à qui il doit des indications utiles, en particulier son ancien maître, M. Émile Legouis, professeur à la Sorbonne, M. François Monod, ancien directeur au Secrétariat de la Société des Nations, conservateur-adjoint des Musées Nationaux, et M. Othon Guerlac, professeur à l'Université Cornell (Ithaca, États-Unis).

ne contribue davantage à la mésintelligence diffuse du peuple français et du peuple anglais, que les interprétations erronées auxquelles nous convient deux langues souvent, pour un regard superficiel, transparentes l'une à l'autre. Sur un fond linguistique très différent, l'histoire et des emprunts réciproques ont brodé de nombreuses ressemblances verbales. La conquête normande, les sources latines communes, sont responsables de tout un vaste vocabulaire anglais où notre instinct immédiat croit se reconnaître. Familiarité engageante et trompeuse : jamais les pièges d'un idiome, malgré tout profondément étranger, ne nous sont plus redoutables que dans les moments où il se montre le cousin du nôtre. Ces mots n'ont pas vécu dans la même atmosphère, n'ont pas été nourris des mêmes émotions, des mêmes idées ; ils se sont transformés en s'éloignant, en s'opposant. Vous nous prouvez, par la masse de vos remarques, combien de méprises amusantes, ou regrettables, ou tragiques, cette fausse similarité de visage a entraînées, doit entraîner encore, si votre recueil n'est feuilleté assidûment par ceux qu'une longue étude n'a pas déjà prévenus et armés. L'intelligence et le sentiment justes des œuvres littéraires en souffrent chaque jour ; mais combien plus la saine appréciation du langage, de la pensée même des chefs et des organes d'opinion, — hommes d'état, journalistes, revues. Tous ceux, parmi nous, qui font profession de traduire la conscience ou l'action de l'Angleterre, ne peuvent ignorer le péril que vous signalez. A tous, vous donnerez une aide précieuse.

Je crois que votre effort, comme d'autres, est le signe d'une volonté plus pleine et plus patiente de véritable accord. Sorti de ce désir, il en favorisera la réalisation.

Louis CAZAMIAN.

Au moment où la première édition du livre était sous presse, M. Émile BOREL, *directeur honoraire de l'École normale supérieure, membre du Comité permanent de la Fédération des Unions Intellectuelles, nous a fait l'honneur de nous adresser la lettre suivante :*

Dans son assemblée générale de 1926, qui s'est tenue à Vienne au mois d'octobre, la Fédération des Unions Intellectuelles a discuté l'utilité que pourraient avoir des publications destinées à prévenir les malentendus trop fréquents qui s'élèvent entre des nations par suite d'erreurs de vocabulaire.

Pour des raisons politiques évidentes, la Fédération a jugé que la tâche la plus urgente était celle qui concernait les relations franco-allemandes. Elle a donc décidé de préparer un dictionnaire franco-allemand spécialement consacré aux quelques centaines de mots dont la mauvaise traduction peut amener ou perpétuer entre ces deux nations des malentendus intellectuels et politiques.

Mais la Fédération a accueilli avec une grande sympathie la suggestion que j'ai faite de s'occuper du dictionnaire franco-anglais immédiatement après le dictionnaire franco-allemand. C'est vous dire avec quelle satisfaction elle apprendra la publication de votre livre, conçu sans doute sur un plan plus large, mais dont l'utilité sera très grande au point de vue spécial auquel nous nous étions placés.

Je vous autorise bien volontiers à publier cette lettre si vous jugez utile de faire connaître l'intérêt tout spécial que porte à une œuvre telle que la vôtre la Fédération des Unions Intellectuelles, dont le but essentiel est d'amener les Intellectuels européens à mieux se connaître et à mieux se comprendre.

PRÉFACE

TABLE DES MATIÈRES

A la mémoire de mon regretté maître
Louis CAZAMIAN.

DES FAUX AMIS ET DE LA TRADUCTION

I. APERÇU HISTORIQUE ET DÉFINITION.

A l'intention de ceux de nos lecteurs que pourrait égarer ou intriguer le titre de l'ouvrage, nous croyons devoir préciser le sens et la portée du terme de « faux ami ».

Nul n'ignore que la conquête normande a influé d'une manière décisive sur les destinées de la langue anglaise.

« A l'époque moyen-anglaise, en particulier aux XIIIe et XIVe siècles, une masse de plus en plus dense de mots anglo-normands et français a pénétré en elle, soit par l'effet de rapports incessants entre vainqueurs et vaincus, soit par l'effort conscient d'une littérature qui s'est mise à l'école de la nôtre... (1)

Ainsi se créa un nouveau vocabulaire, ainsi « se constitua un noyau de gens qui, par éducation, métier ou besoin, étaient plus ou moins bilingues. » (2)

Ce vocabulaire d'origine française intéresse tous les domaines et tous les ordres d'activité : gouvernement, justice, armée, marine, religion, médecine, vie sociale et littéraire (3) — en somme toute une civilisation. Si bien que Fernand Mossé a pu dire : « C'est à l'aide de mots français que les Anglais expriment leurs idées ; il n'est pas d'influence qui puisse aller plus loin. » (4)

Sans doute, mais les idées ainsi exprimées au moyen des mêmes mots ne correspondent pas nécessairement aux nôtres. C'est ce qu'a bien souligné le philosophe Cournot dans une vue d'ensemble un peu schématique, qu'il y aurait donc lieu de nuancer, mais qui a le mérite de nous introduire au cœur de notre sujet.

(1) R. Huchon, *Histoire de la langue anglaise*, Paris, 1923, p. X.
(2) F. Mossé, *Esquisse d'une histoire de la langue anglaise*, Lyon, 2e édition 1958, p. 61.
(3) Cf. « ...Those 300 years during which French was our literary, polite, legal and administrative language. » (*TLS*, 8 avril, 1960.)
(4) F. Mossé, *ibid.*, p. 90.

Il voit dans le français et l'anglais « deux exemplaires du même type original, soumis ici et là à des altérations séculaires en sens inverse, de manière que l'identité du point de départ fît mieux ressortir les contrastes (1) de l'état final. D'un côté et de l'autre du détroit, les termes de la langue politique et juridique sont les mêmes, mais les idées qui s'y attachent se sont modifiées encore plus que les valeurs phonétiques »... de sorte que « dérivant du même type féodal français et normand, le nouveau vocabulaire français comporte une bien moindre altération sur le sol d'emprunt, conservateur de sa nature, que sur le sol primitif. » (2)

Autrement dit, s'il est des mots français que l'anglais a conservés, alors que nous les avons laissé perdre (3), il en est d'autres qui font toujours partie de notre patrimoine linguistique, mais qui, loin d'évoluer parallèlement dans l'une et l'autre langue, se sont orientés dans des directions divergentes et qui, tout en gardant la même forme, ont pris des sens plus ou moins différents.

Or, devant ces mots d'origine française ou latine, le traducteur non averti, victime de leur ressemblance verbale avec les nôtres, ne s'avise pas toujours que l'identité de forme n'entraîne pas nécessairement l'identité de sens. L'application hâtive du raisonnement par analogie se trouve donc être la source d'inexactitudes plus ou moins graves. On traduit littéralement des mots, des syntagmes (4) ou des phrases aussi courants que *to agree*, *to control*, *disagreement* (5), *words on the air*, *to go up in the air*, *to give one the air*, *the treaty will eventually be signed on the...*, *we are not materially changed since then*, etc.

(1) Il n'y a pas toujours contraste, mais simplement différence ou même nuance.
(2) *Considérations sur la marche des idées et des événements dans les temps modernes*, Paris, 1934, II, p. 364.
(3) Ces mots feront l'objet d'un autre ouvrage.
(4) « Ensemble de signes composés d'un déterminé et d'un déterminant reliés par un signe de rapport (explicite ou non). » (Bally, *LGLF*, § 155, FREI, *Grammaire des Fautes*, p. 161.)
(5) Poe rendant compte de la traduction des « Mystères de Paris » par Town (*Marginalia*, 193), en critique l'« excessive literality » et les « misapprehensions of the author's meaning » : « An instance of even more reprehensible blunders is to be found on page 297, where Bras Rouge is made to say to a police officer : ' ...every trade has its disagreements '. Here no doubt the French is *désagrémens* — inconveniences — disadvantages — unpleasantnesses... ». On voit que les Anglais et les Américains peuvent être, eux aussi, victimes des « faux amis »... français.

Les rapports étymologiques étant plus relâchés en français qu'en anglais, des mots comme *to advert(ise)*, *desert*, *to deserve*, *to explode (a theory, a fallacy)* risquent, eux aussi, de créer quelque confusion dans l'esprit du traducteur qui ignore le latin.

Il en sera de même d'autres mots en raison de leur impropriété même, par exemple : *conservative*, *feasible*, *ingenuity*, *ingenuous(ness)*, *to transpire*.

Dans la langue ecclésiastique, il faut tenir compte du chassé-croisé qui a eu lieu, par rapport au français, entre le *curate* et le *vicar*, et bien distinguer le *parson* du *parsonage*.

Une incursion dans la langue du droit — de ce droit qui ne pouvait se dire qu'en français [1] — nous apprendra que certains mots issus des nôtres, tels que *a justice*, *jurisprudence*, *pleader*, etc. ne correspondent nullement à leurs prétendus équivalents français, et qu'il importe de se méfier de nos infinitifs substantivés que l'anglais a conservés. C'est ainsi que *a rejoinder* n'a rien à voir avec l'idée de « rejoindre » une opinion, de s'y rallier (c'est même le contraire), ni *a remitter* avec une « remise de peine », puisque c'est le fait d'un tribunal de renvoi qui se déclare incompétent.

Ainsi donc, qu'ils aient conservé leur sens primitif — français ou latin — ou qu'en raison du caractère éminemment productif de l'anglais, ils se soient enrichis de sens nouveaux, ce sont ces mots et locutions que nous avons qualifiés de « faux amis » [2].

II. OMNIPRÉSENCE DES « FAUX AMIS ».

Il va sans dire que le terme de « faux ami » — dont la relativité apparaîtra au cours de notre exposé — n'implique aucun jugement de valeur sur les langues considérées ici. On s'est proposé simplement de frapper l'esprit du traducteur et de lui rappeler que même devant des textes en apparence faciles, il doit, comme l'enseignait DESCARTES, « éviter soigneu-

[1] « *The law was not expressible properly in English until the ' lange du païs had borrowed a word corresponding to almost every legal concept that had as yet not been fashioned.* » (F.W. MAITLAND, *Year Book Series*, vol. I.) C'est seulement au XVIIIe siècle que l'emploi exclusif de l'anglais devint obligatoire devant les tribunaux (BRUNOT, *op. cit.*, I, p. 373).

[2] Dans *Les Traquenards de la version anglaise*, Paris, 1922, VESLOT et BANCHET les avaient appelés « mots-sosies ».

sement la précipitation et la prévention. » La notion de « faux ami » trouve son expression linguistique dans cet avertissement de MEILLET : « Autre chose est la forme d'un mot, autre chose sa substance sémantique et sa valeur syntaxique. » [1]

Il s'agit là, en effet, d'un phénomène d'ordre général qui intéresse notamment toutes les langues romanes (parmi lesquelles son vaste vocabulaire emprunté au français permet de ranger l'anglais) et *a fortiori* le latin, dont ces langues sont issues [2].

Tous ceux qui ont peiné sur des versions latines se souviennent que leurs maîtres avaient soin de les mettre en garde contre ces fausses correspondances. *Crimen* n'est pas le crime ni *insolentia* l'insolence, *urbs celebris* n'est pas la ville célèbre ni *sincerus animus* le cœur sincère. Enfin, que l'on songe aux contresens caractérisés que l'on ferait en traduisant *judex avarus laudis* par critique « avare » de louanges, alors qu'en réalité, il en est « avide », ou *populata provincia* par province « peuplée », tandis qu'en fait, elle a été « dévastée ».

II.1. Dans la communication entre unilingues.

Allons plus loin. Ce ne sont pas seulement les apprentis latinistes qui se laissent égarer par des ressemblances trompeuses. Les Latins eux-mêmes n'étaient pas à l'abri de telles erreurs. « Des spécialisations de sens inconnues de l'interlocuteur peuvent donner lieu à de véritables quiproquos. Saint Augustin mentionne un pareil malentendu causé par l'ambiguïté du mot latin *salus* : dans une conversation entre un païen et un chrétien, le premier le prend au sens de « santé », tandis que le second le transpose sur le plan moral. » [3]

Ainsi donc, les mots de même forme peuvent être aussi la source de malentendus à l'intérieur d'une même langue où — on vient de le voir — tout énoncé, première traduction de

[1] *LHLG*, II, p. 95.

[2] V. notamment D. ROUSTAN, *La culture au cours de la vie*, Paris, 1930, p. 255 et L. DUPONT, *Les Faux amis espagnols* et *Les pièges du vocabulaire italien*, Genève, 1961 et 1963 resp.

[3] S. ULLMANN, Précis de Sémantique française, 4e éd., Berne, 1969. Déjà indiqué par J. CARCOPINO, dans *La vie quotidienne à Rome*, Paris, 1939, p. 161.

sa propre pensée par le locuteur ou l'écrivain (1), en appelle une seconde de la part de celui qui reçoit le message. Or, l'interprétation de ce message varie ou éveille des associations d'idées différentes selon l'âge, l'éducation, la condition, la personnalité, le degré de culture, etc. de l'interlocuteur ou du lecteur.

Elle varie aussi dans l'espace et dans le temps.

II.2. Variations sémantiques dans l'espace.

Ces variations sont discernables, quelle que soit la distance qui sépare les lieux considérés. Elles sont d'ailleurs étroitement liées aux changements de milieu social. « En y regardant bien, disait Stendhal, l'on pourrait découvrir trois ou quatre langues différentes dans Paris. Ce qui est grossier rue Saint-Dominique n'est que naturel au faubourg Saint-Honoré, et court le risque de paraître recherché dans la rue du Mont-Blanc. » (2)

Voici quelques exemples des changements sémantiques régionaux que présentent certains mots français. Dans une lettre adressée le 11 novembre 1651 à La Fontaine, Racine qui se rendait à Uzès s'exprime ainsi : « J'avais commencé à Lyon à ne plus guère entendre la langue du pays et à ne plus être intelligible à moi-même. Mais c'est encore bien pis dans ce pays. Je vous jure que j'ai autant besoin d'un interprète qu'un Moscovite en aurait besoin dans Paris. Il arrive souvent que j'y perde toute mesure comme il arriva hier qu'ayant besoin de petits clous à broquettes pour ajuster ma chambre, j'envoyai le valet de mon oncle et lui dis d'acheter deux ou trois cents de broquettes ; il m'apporta incontinent trois bottes d'allumettes. Jugez s'il y a lieu d'enrager en de pareils malentendus. » (3)

La petite mésaventure de Racine offre un exemple, entre tant d'autres, de malentendus comiques et sans conséquence, mais gardons-nous de croire, on le verra plus loin, que ce soit

(1) Cf. « *All language involves translation from inward to outward.* » W. PATER, *Appreciations*, London, 1910, p. 34, et « Toute chose dite est *traduite* de l'original inexprimé ; elle est du même coup trahie. » V.H. DEBIDOUR, *Saveurs des lettres*, Paris, 1946, p. 123. Stendhal, en vrai disciple de Condillac, avait déjà dit : « Nous ne sommes jamais complètement sûrs que ceux à qui nous parlons comprennent absolument les mêmes combinaisons que nous sous les mêmes signes. En nous servant de tel signe, souvent nous nous abusons nous-mêmes et n'entendons pas les autres. » *Racine et Shakespeare*, t. II, p. 76 de l'édition Champion, Paris, 1925.

(2) *Op. cit.*, II, pp. 185-186.

(3) Cité en partie par NYROP, *GHLF*, IV, p. 18. Broquette : « petit clou à tête ».

toujours le cas et que la comédie ne puisse dégénérer en tragédie. Bornons-nous pour le moment à signaler un autre risque d'erreur, non dépourvu d'importance, qui peut résulter des différences d'acception régionale que comportent certains mots ou locutions.

C'est ainsi que dans toute enquête statistique, où la rigueur est indispensable, il convient de préciser le sens des mots utilisés sur l'ensemble du territoire français.

« On s'attachera à ce que le vocabulaire employé dans le questionnaire soit compris de la même façon par tous. En particulier, on tiendra compte des dialectes provinciaux. EXEMPLE. — En Alsace, une « femme de ménage » est une femme s'occupant de son intérieur et une « ménagère » une femme faisant des ménages chez autrui, alors que c'est l'inverse dans le reste de la France. AUTRE EXEMPLE. — Au cours d'une enquête dans l'Ille-et-Vilaine, sur le travail féminin en agriculture, on demandait s'il y avait « l'eau courante » dans l'exploitation. Beaucoup de femmes avaient compris qu'on leur demandait s'il y avait un ruisseau traversant leur exploitation. » (1)

Ce ne sont donc pas là des considérations théoriques, toute méprise étant de nature à fausser les résultats.

II.3. Variations sémantiques dans le temps.

La notion de « faux ami » trouve aussi son application dans la critique littéraire qui porte souvent sur les œuvres d'écrivains ayant appartenu à des époques différentes.

Étudiant l'influence de la pensée cartésienne sur la littérature française, Gustave LANSON s'exprime en ces termes : « D'abord, nous nous tiendrons en garde contre les ressemblances verbales : l'identité du vocabulaire n'implique pas l'identité des conceptions. Ainsi pour trouver du cartésianisme dans l'*Art poétique*, il ne suffira pas de constater que Boileau a fait dominer partout la raison. Car il n'est pas évident *a priori* que Boileau entende par le mot raison la même chose que Descartes. » (2)

(1) MORICE et CHARTIER, *Méthode statistique*, Première partie, p. 24, Institut national de la Statistique et des Études économiques (I.N.S.E.E.), Imprimerie nationale, 1954. Voir aussi Littré s.v. MÉNAGÈRE, 3°.

(2) *Revue de Métaphysique*, IV, 1896.

Même constatation chez Gustave RUDLER : « La juste interprétation de la pensée d'un auteur, qui est l'objet même de la critique littéraire, se heurte parfois à des difficultés de vocabulaire. La plupart des malentendus qui se sont produits sur le système de Rousseau proviennent de ce qu'on n'a pas prêté l'attention nécessaire au sens très précis et particulier qu'il attache à certains mots. Pour résoudre ces difficultés, on emploie le lexique où se trouvent réunis les emplois les plus significatifs de chaque mot. De la comparaison des exemples le sens ressort. » (1)

Même constatation encore, chez le philosophe Étienne GILSON : « Avant tout, passe l'histoire de la langue, la critique purement objective du sens des mots, l'étude du vocabulaire de l'auteur ou de ses contemporains ; il n'y a pas de suggestions ou d'hypothèses, si flatteuses soient-elles pour l'imagination, qui tiennent contre des faits morphologiques ou sémantiques dûment établis. » (2)

Ce principe vaut enfin pour l'historien. Dans leur *Introduction aux études historiques*, LANGLOIS et SEIGNOBOS précisent que dans la critique d'interprétation d'un texte, il importe de différencier le « sens littéral » du « sens réel » des mots. « Déterminer le sens littéral d'un texte est une opération linguistique... Pour comprendre un document, on doit savoir la langue du temps, c'est-à-dire le sens des mots ou des tournures à l'époque où le texte a été écrit. Le sens d'un mot se détermine en réunissant les passages où il a été employé. Il s'en trouve presque toujours quelqu'un où le reste de la phrase ne laisse aucun doute sur le sens. » (3)

Malgré ses qualités d'historien, VOLTAIRE se faisait donc illusion lorsque, à l'article LANGUE de son *Dictionnaire philosophique*, il écrivait : « Toute langue étant imparfaite, il ne s'ensuit pas qu'on doive la changer... La raison en est claire, c'est qu'on rendrait bientôt inintelligibles les livres qui font l'instruction et le plaisir des nations. »

En réalité — MEILLET le rappelle — « de la première moitié du XVIIe siècle au XVIIIe, la langue avait suffisamment évolué pour que, comme on le sait, Voltaire ait fait un bon

(1) *Les techniques de la critique et de l'histoire littéraire*, Oxford, 1923, p. 18.
(2) *Les idées et les lettres*, Paris, 1932, p. 3.
(3) P. 121.

nombre de contresens quand il a commenté les œuvres de Corneille. » (1)

Que sera-ce donc quand nous retrouverons Voltaire traducteur improvisé de Shakespeare !

II.4. Influence conjuguée de l'espace et du temps : les faux amis américains.

Il y a plus. Déjà enrichie par l'apport, dans le sillage de la conquête normande, de mots d'origine française et latine, la langue anglaise a vécu une autre aventure passionnante. Transplantée en 1620 (2) dans le Massachusetts par une centaine de « Pères Pèlerins » — ces semeurs du grain de sénevé — elle y a évolué sous l'influence du « milieu » et du « moment », et s'est développée à tel point qu'avec l'afflux de vagues successives d'immigrants rapidement assimilés par les anglophones, elle est devenue une langue sinon nouvelle, du moins différente par son vocabulaire.

Les Anglais s'en étaient d'ailleurs inquiétés. C'est ainsi qu'entre autres voyageurs, le capitaine HAMILTON voyait dans cette évolution l'amorce d'une dégradation de sa langue, et allait jusqu'à prédire que si l'on n'y mettait bon ordre, l'anglais ne tarderait pas à devenir un « dialect » inintelligible aux habitants de la métropole (3). Un autre voyageur, Basil HALL, auteur des *Travels in North America* (1829), troublé par la néologie galopante dont il était le témoin, avait cru devoir protester là-contre auprès de Noah WEBSTER qui revendiquait déjà pour l'américain le statut d'une langue nationale.

Ce fut le début d'une guerre linguistique à laquelle prirent part notamment des écrivains aussi célèbres que Fred MARRYAT (*A Diary in America*, 1839), COLERIDGE (4) et DICKENS (*American Notes*, 1842).

Cette polémique se poursuivit au XXe siècle dans les

(1) *Les langues dans l'Europe nouvelle*, Paris, 1928, p. 172. De son côté, LITTRÉ avait dit : « Le style du XVIIe siècle, celui qui a été consacré par nos classiques, n'a pas pour cela été à l'abri des mutations et la main du temps s'y est déjà tellement fait sentir qu'à bien des égards, il semble appartenir à une langue étrangère. » (Préface au premier tome du Dictionnaire, p. 116 de l'éd. Pauvert).
(2) Elle avait été introduite en Virginie dès 1607 par John SMITH, Voir page LXXVIII.
(3) *Men and Manners in America*, cité par H.L. MENCKEN, *The American Language*, t. I, 4e édition, 1936.
(4) « *The Americans presented the extraordinary anomaly of a people without a language. They had mistaken the English language for baggage (which is called plunder in America) and had stolen it.* » WEBSTER dit, en effet : « *Plunder = personal property ; baggage.* Slang. U.S. » On discerne l'âpreté du ton.

journaux et les revues des deux pays et se passionna à un point tel qu'elle se traduisit le 4 février 1930 par l'intervention d'un député conservateur à la Chambre des communes afin d'obtenir du « President » du « Board of Trade » que celui-ci « protégeât la langue anglaise en limitant l'importation des films parlés américains ».

En 1906 déjà, des linguistes aussi éminents que les auteurs du *King's English* estimaient que les américanismes étaient des mots étrangers et devaient être traités comme tels : « *Americanisms are foreign words, and should be so treated.* » (p. 23).

De son côté, Sir William CRAIGIE, titulaire, à dater de 1925, de la chaire de langue anglaise à l'Université de Chicago, avait constaté que certains mots anglais du XVIIe siècle, devenus désuets dans leur pays d'origine, avaient survécu aux États-Unis.

C'est alors qu'il conçut le projet d'élaborer un dictionnaire de la langue américaine. (1)

Ainsi se trouvait consacrée par les linguistes anglais eux-mêmes la distinction entre le *British English* et l'*American English* ; ainsi se trouvait justifiée la publication de dictionnaires d'américanismes à l'intention des Anglais. Dans le même esprit et afin de mettre en garde ses compatriotes contre les pièges que leur tendent les américanismes, H.W. HORWILL faisait paraître en 1935 la première édition de son *Modern American Usage*. Dans sa Préface (p. V), il disait notamment : « *Few of us, perhaps, realize what a subtle and frequent cause of misunderstanding lurks in the fact that so many familiar words are used in America with a different meaning, or at any rate with a different implication, from that which they bear in England. On both sides of the Atlantic we speak a common language, but if that common language has not always a common meaning its employment as a means of communication is beset by many pitfalls.* » (2)

(1) *A Dictionary of American English on Historical Principles*, par Sir William CRAIGIE et James HULBERT, Chicago, 1938-44, 4 vols. Outre le *Webster's New International Dictionary* devenu classique, voir aussi *A Dictionary of Americanisms*, par Mitford MATHEWS, University of Chicago Press, Illinois, 4e éd., 1966.

(2) Sans doute peu d'entre nous ont-ils remarqué à quel point l'emploi en Amérique de nombreux mots familiers dans des acceptions qui diffèrent explicitement — ou du moins implicitement — de celles qu'ils ont en Angleterre risque d'être une cause subtile et fréquente de malentendus. Des deux côtés de l'Atlantique, nous parlons la même langue, mais si cette même langue n'a pas toujours la même signification, son emploi comme moyen de communication est semé de beaucoup de pièges.

Et HORWILL de nous rappeler (S.V. PUBLISHER) que Lord NORTHCLIFFE, le célèbre propriétaire du *Times*, écrivait en 1920 : « *Misunderstanding due to different meanings of the same words are among the basic difficulties of Anglo-American relations. Just now there is a discussion about the price of paper in which the use of the word* PUBLISHER *for* NEWSPAPER OWNER *confuses our people.* »

En effet, PUBLISHER, qui désigne souvent aux États-Unis le « propriétaire d'un journal », s'entend en Angleterre de l'« éditeur responsable », du « directeur-gérant ».

Dans la langue des journaux encore, le *City editor* qui désigne en Angleterre le « titulaire de la chronique financière », est aux États-Unis le « rédacteur de la chronique locale ».

Voyageant en Amérique pour la première fois, l'Anglais qui demande au *steward* de son train des fruits ou des cigarettes, sera peut-être surpris de s'entendre répondre qu'on va lui envoyer le *butcher*. Ce mot, sémantiquement immotivé, est ignoré du COD (1) comme l'est d'ailleurs, dans un autre ordre d'idées, celui de *location* au sens de « concession dans un cimetière ». Est également immotivé le composé *dry goods* « nouveautés » (anglais *drapery, mercery and haberdashery*). *Muslin* (voir ce mot) peut donner lieu à des malentendus, car il offre un autre exemple de fausse correspondance avec son homonyme anglais. Par contre, les deux locutions familières « *a pretty bit of muslin* » (THACKERAY) et « *a trim piece of dry goods* » (MATHEWS), « un joli brin de fille », « une belle petite chouette » (2) sont deux manières différentes d'exprimer la même idée d'admiration. Ce sens a d'ailleurs été conservé dans notre adjectif populaire : une « chouette » femme.

Toutefois, en raison de l'américanisation croissante de l'anglais, les divergences sémantiques que présentent dans les deux langues les mots de même forme — ou la façon différente de désigner les mêmes choses — sont moins dangereuses pour les Britanniques que pour les Français. (3)

(1) Édition de 1964, mais il figure dans le *Supplement* du NED, 1933. Quant à « *location* », le COD le donne au sens américain de « *(scenes) on location* », « scènes de cinéma tournées en extérieur », « *the locations* » étant elliptiquement « les extérieurs ». « *On location* » se dit aussi d'acteurs engagés pour une longue durée (DEAK). Autre sens omis par nous *s.v.* : « orientation ». « *These birds have a wonderful power of location* » « ...ont un sens merveilleux de l'orientation ».

(2) Cf. Rabelais : « Ma femme sera coincte et jolye comme une belle petite chouette ».

(3) C'est ainsi que la phrase suivante sera plus difficilement comprise par un Français que par un Anglais : « *A ride over a dusty road is apt to soil a gentleman's dry goods* » (*in* Mathews). En effet, « *dry goods* » correspond ici à l'anglais « *clothing* ».

Nous avons donc fait place aux mots dont le sens diffère selon qu'ils ont passé la Manche ou franchi l'Atlantique. Dans ce dernier cas, ce sont pour le traducteur français des faux amis du second degré.

Voici une liste partielle de ces « faux amis du second degré » : quel que soit le domaine considéré : géographie et administration *(frontier, town, lot)* ; politique et système électoral *(Administration, bi-partisan, canvasser, colonizer, elector, ticket, gentleman, to table a bill)* ; droit et tribunaux *(to enjoin, attorney, jurist)* ; enseignement *(class, honour system, public school)* et, bien entendu, l'histoire des deux pays *(colonial, Hessian, Revolution, Reconstruction)*, etc. — les mêmes mots et locutions ont des significations si différentes qu'elles deviennent parfois antonymiques. Tel est le cas, entre autres, de *to enjoin, to table a bill, public school, tariff reform, Union, Unionist*.

Nos lecteurs verront là un exemple frappant des changements de sens qu'entraîne dans une même langue la conjonction de causes d'ordre géographique, historique, politique, économique, etc.

III. LES ANGLICISMES ABUSIFS (¹) ET LES DANGERS DE LA TRADUCTION LITTÉRALE.

Il ne s'agit pas ici d'incriminer les anglicismes que notre langue a naturalisés et qui ne sont donc plus sentis comme tels. Aucun Français ne se méprend sur la signification de mots courants comme jury, parlement(aire), club, comité, débat, reporter, toast, verdict (sens large) ni, par exemple, sur celle de la terminologie des chemins de fer, empruntée presque exclusivement à l'anglais à l'époque de la révolution industrielle (²). Quelle que soit leur origine, wagon, locomotive, rail, station, tender, tunnel, etc. font désormais partie intégrante de la langue française.

Mais il ne s'ensuit pas que dans certains contextes, ces mots désormais familiers ne puissent devenir pour le traducteur

(¹) Voir sur les anglicismes : V. BONNAFÉ, *Dictionnaire des anglicismes*, Paris, 1920. Fraser MACKENZIE, *Les relations de l'Angleterre et de la France d'après le vocabulaire*, t. I, avec une abondante bibliographie, Paris, 1939. Stephen ULLMANN, *La chronologie des anglicismes en français classique et post-classique*, in *Le Français moderne*, oct. 1940.

(²) V.M. WEXLER, *La formation du vocabulaire des chemins de fer en France*, cité par H. MITTERAND, *Les mots français* (pp. 89-90), P.U.F., Paris, 1968.

des mots trompeurs. Si on lui enseigne que « entraîner » est un anglicisme, il ne doit pas en conclure que *to entrain troops* signifie « entraîner » des troupes ; si *the parliamentary debates* appelle une traduction littérale, il n'en est pas de même de *parliamentary train* ; si *to give, propose a toast* doit bien s'entendre « porter un toast », il serait peu galant de dire d'une femme qui a été l'idole de la société de son époque, qu'elle en a été le « toast ».

Ce sont de telles dissonances qui permettent à l'angliciste averti de déceler la présence de « faux amis » dans des traductions même passables. Voici, par exemple, la traduction d'un croquis de La Fayette dû à Lady Morgan *(Autobiography*, pp. 93-94) : « D'autres fois, sous les ombrages du parc (de son domaine de Lagrange), de cette voix grave, lente et modulée qui donnait une telle « emphase » à tout ce qu'il prononçait, le général se laissait aller à deviser du passé... » (¹)

Autre passage : « D'accord avec son mari, elle « se faisait un point » de réunir en sa demeure des hommes appartenant un peu à tous les mondes et à tous les partis... »(²)

Plus loin, Lady Morgan présente les célébrités qu'elle reçoit à ses mercredis : « Une certaine colonelle W., amie de Lady A., beauté londonienne « de première eau » (sic)... (³).

On conçoit dès lors que tel satiriste de l'anglomanie ait pu conclure : « Rions de ceux qui se plaignent d'avoir les *esprits bas* quand ils sont tristes ou maussades, et qui croient en parlant mal le français, nous donner la preuve qu'ils parlent l'anglais à merveille. » (⁴)

III.1. Les faux pas du lexicographe.

Les lexicographes eux-mêmes tombent parfois dans les pièges que leur tendent les faux amis. En voici un curieux exemple qui montre comment ceux-ci peuvent contribuer — involontairement, cela va sans dire, — à cautionner ou à propager un anglicisme.

Si l'on se reporte au mot vedette PAYER (Littré, 17°), on y trouve l'emploi absolu de « donner un produit rémunérateur »,

(¹) Cité par BOUTET DE MONVEL, *Les Anglais à Paris*, p. 142.

(²) *Ibid.*, p. 184.

(³) *Ibid.*, p. 298.

(⁴) JOUY, *L'Hermite de la Chaussée d'Antin*, cité par G. MATORÉ, *Le Vocabulaire de la prose littéraire de 1835 à 1845, L'anglomanie.* Et pourtant, Racine, employant la même image, a pu écrire un vers qui n'a certes rien de ridicule: « Sa vue a ranimé mes esprits abattus » *(Athalie)*.

avec un seul exemple extrait d'un article de L. SIMONIN paru dans la *Revue des Deux Mondes* du 15 novembre 1875 : « On croyait alors (1851) que les mines du quartz [aurifère] ne « payaient » pas ». Remontant à la source, nous constatons que l'article a été traduit de l'américain. La suite montre que dans les passages où le traducteur a retrouvé le sens de sa langue, il a employé l'équivalent français qu'exigeait l'original, par exemple : « les filons *rapportaient* plus que les placers », « ces gravières avaient *rendu* jusqu'à trente francs par tonne », etc. Il aurait donc dû traduire ainsi le premier exemple : « les mines du quartz... n'étaient pas rentables. »

On saisit ici sur le vif le mécanisme par lequel certains anglicismes (ou américanismes) — non identifiés comme tels — s'introduisent dans notre langue. Ignorant sans doute qu'il s'agit d'une traduction, le lexicographe reproduit la fiche qu'on lui a établie : Larousse suit Littré, Robert leur emboîte le pas et le tour est joué. [1]

Les auteurs de dictionnaires bilingues ne sont pas, eux non plus, infaillibles. Au cours de sa tâche ingrate, le lexicographe anglo-français risque, lui aussi, d'être la victime des « faux amis ». C'est ainsi que sous la plume de tel d'entre eux, *bier*, « brancard, civière » devient... « bière » ; *a recipient* n'est plus qu'un vulgaire « réceptacle », alors qu'il peut avoir la qualité de « donataire » ou de « bénéficiaire ». Tel d'entre eux encore omet de signaler le sens propre de *hardy plant*, et rend *deception* par son homonyme français, tout en traduisant correctement *liable to deception*, « sujet à être trompé ». *Dainty* est glosé « délicat, difficile, fastidieux (sic) ». Que vient faire cet intrus ici ? Eh, parbleu ! c'est la traduction fidèlement infidèle du *fastidious* donné comme définition de *dainty* par un dictionnaire anglais.

III.2. L'écrivain traducteur.

On pourrait penser du moins que les « faux amis » ont épargné les grands écrivains. Deux exemples illustres : ceux de

(1) Si bien qu'on peut lire dans les journaux les plus sérieux, qui n'en sont pas responsables, des annonces de ce genre (par exemple dans *Le Monde* du 3 mai 1963) : « ARTS : L'hebdomadaire de l'intelligence française... L'exhibition (sic) en peinture est-elle *payante ?* ».

La contre-épreuve nous est fournie par la traduction en anglais, exacte celle-ci, de ce passage de Maupassant *(La pension Tellier)* : « Le paysan dit : « C'est un bon métier, et il envoie son enfant tenir un harem de filles comme il l'enverrait diriger un pensionnat de demoiselles. » — « It's a PAYING TRADE, says the peasant, and he sends his daughter to run a harem just as if he were sending her to conduct a boarding-school for young ladies. »

Voltaire et de Chateaubriand vont nous permettre de vérifier s'il en est bien ainsi.

L'un et l'autre — chacun à sa manière — ont proclamé hautement leur souci d'exactitude, rappelons dans quelles circonstances.

VOLTAIRE, que passionnait le théâtre, a revendiqué hautement l'honneur d'avoir fait connaître Shakespeare aux Français [1]. S'il ne peut nier le génie du grand élizabéthain, il n'en est pas moins convaincu que Corneille et Racine lui sont supérieurs. Il entend bien le démontrer en comparant sa traduction de trois actes de *Julius Caesar* avec la tragédie de *Cinna*.

Voici en quels termes il la présente dans son édition du « *Théâtre de Pierre Corneille* » : « La traduction qu'on donne ici de ce *César* est la plus fidèle, et même la seule fidèle qu'on ait jamais faite en notre langue d'un poète ancien ou étranger. On trouve à la vérité dans l'original quelques mots qui ne peuvent se rendre littéralement en français, de même que nous en avons que les Anglais ne peuvent traduire, mais ils sont en très petit nombre. » [2]

En parcourant cette traduction, on ne peut manquer d'être frappé de l'insistance avec laquelle Voltaire, s'adressant à ses lecteurs, censés ignorer l'original, rappelle qu'il a traduit le texte anglais avec « la plus grande fidélité », « la plus grande exactitude », etc. (voir pp. 375, 378, 387, 392, 401).

Nous avons montré aux articles COURSE, TURN, etc., ce qu'il fallait penser de ces affirmations, et nous nous dispenserons d'indiquer d'autres faux sens ou contresens. [3] Bornons-nous à reproduire ici l'appréciation de d'Alembert à qui Voltaire avait fait parvenir sa traduction :

« ...Quelque fidélité que vous ayez mise dans votre traduction, j'ai peine à croire qu'en certains endroits, l'original soit aussi mauvais qu'il le paraît dans cette traduction... » (Lettre du 8 septembre 1762).

(1) Notamment dans sa lettre du 15 juillet 1768 à Horace Walpole.

(2) Édition de 1764, t. II, p. 329.

(3) En voici pourtant un qui aurait dû figurer à l'article FAVOUR : les conjurés arrivent chez Brutus « *...half of their faces buried in their cloaks, That by no means* (dit l'esclave Lucius), *I may discover them by any mark of favour.* » (II, i). Voltaire traduit : « Ils ont dans leur manteau enterré leur visage. Pas la moindre amitié » (sic), alors que le sens est : « si bien que je ne puis du tout les reconnaître par aucun de leurs traits. » (Trad. C.M. GARNIER).

Gustave LANSON, commentant ce passage de la lettre de d'Alembert *(Choix de lettres du XVIIIe siècle*, p. 259), ajoute ceci : « Il [Voltaire] a un système de traduction littérale qui rendrait ridicule n'importe quel auteur. »

Autrement dit, Voltaire, dont le goût ne peut souffrir la « grossièreté » de l'original, s'est montré le « faux ami » et de Shakespeare et de ses lecteurs.

Sans doute avait-il cru pouvoir s'acquitter de sa tâche de traducteur avec une aisance qui frisait la désinvolture : « Les vers blancs ne coûtent que la peine de les dicter. Cela n'est pas plus difficile à faire qu'une lettre. » [1]

CHATEAUBRIAND, au contraire, s'attaquant à la traduction du *Paradise Lost* de Milton, souligne dans les *Remarques* qui précèdent celle-ci, la difficulté de son entreprise.

« C'est une traduction littérale dans toute la force du terme que j'ai entreprise, une traduction qu'un enfant et un poète pourront suivre sur le texte, ligne à ligne, mot à mot, comme un dictionnaire ouvert sous leurs yeux. Ce qu'il m'a fallu de travail pour cela ne peut se dire. » (*Remarques*, p. IX).

On pourra constater les résultats auxquels a abouti cette littéralité poussée à l'extrême (voir POLE, RELENT, SPECULATION). Quelques coups de sonde jetés en dernière heure montrent que nous avons été très incomplet ; par exemple *the* GRIM *idol of Moloch* (I, 396) se transforme en une idole GRIMÉE ; *Osiris, Iris... and their* TRAIN (I, 478) sont suivis d'un TRAIN ; « *Azrael's imperial ensign... Full high* ADVANC'D » (I, 536) est « pleinement AVANCÉE ; « *all things invite to peaceful* COUNSELS » (II, 278 s.) devient « Tout nous invite aux CONSEILS pacifiques » ; « *the* GOBLIN *full of wrath* » (II, 686), monstre plein de courroux, devient un GOBELIN ; « *Thus far (Satan's) bold discourse* WITHOUT CONTROL *had audience...* » (V, 803) est selon Chateaubriand, « un hardi discours écouté SANS CONTROLE » [2], alors que le sens est « ... sans que nul eût

[1] Avertissement, p. 329. « Il reste à se demander, dit C.M. GARNIER dans l'*Introduction* à sa traduction de *J. Caesar*, si Voltaire n'a pas joué la facilité, n'a pas traduit hâtivement en surface... ». Quoiqu'il en soit, Voltaire est loin d'atteindre à cette « beauté d'exactitude » qu'il admirait dans l'agencement des tragédies de Racine, et qui est le critère d'une bonne traduction.

[2] DE PONGERVILLE tombe, lui aussi, dans le piège et traduit : « Jusque-là son audacieux discours fut (sic) ouï sans contrôle. » Il entend probablement « sans critique », mais la traduction est ambiguë, sinon suspecte. On voit que les erreurs auxquelles donne lieu la traduction de *to control* ne datent pas d'aujourd'hui. Pourtant les équivalents ne manquent pas. Dans *Langage et Traduction*, Ottawa,

osé l'interrompre » ou « en (inter)rompre le cours ». Enfin, Chateaubriand prête à Ève « un goût ÉLÉGANT » *(thou art exact of taste and* ELEGANT, IX, 1017).

On pourrait hélas allonger la liste. Bien qu'il ne fût pas sans reproche, DE PONGERVILLE, lui aussi traducteur du *Paradise Lost* (1848), avait raison de soutenir que « le mot sous le mot produit le contresens le plus complet ».

En effet, ce n'est pas en pratiquant un véritable « mimétisme » verbal qu'on parvient à rendre le sens et l'esprit d'un texte littéraire.

Combien semble plus juste et plus exaltante l'opinion que professait D'ALEMBERT sur la traduction ! « Le premier joug qu'ils [les traducteurs] souffrent qu'on leur impose, ou plutôt qu'ils s'imposent eux-mêmes, c'est de se borner à être les copistes plutôt que les rivaux des auteurs qu'ils traduisent. Superstitieusement attachés à leur original..., ils ne se permettent que de lui être inférieurs, et n'ont pas de peine à réussir. » [1]

Serait-il donc plus difficile d'être bon traducteur que grand écrivain ?

Quand VOLTAIRE et CHATEAUBRIAND se traduisent eux-mêmes [2], quand ils sont fidèles à leur génie propre, l'un est la limpidité et la précision mêmes, l'autre un poète en prose. Mais, on vient de le voir, autre chose est de s'exprimer, autre chose « de réchauffer et de vêtir une pensée étrangère ». [3]

1962, Pierre DAVIAULT, avec quelques redites il est vrai, en propose une cinquantaine. (Voir *Traduire*, n° 50, p. 16, ss., et, dans cette même publication la controverse à laquelle a donné lieu la traduction de l'expression *birth control*, selon qu'on envisage (et, le cas échéant, pratique) la chose d'un point de vue individuel ou sur le plan collectif.) La N.D.L.R. conclut : « Les Anglo-Saxons ont bien de la chance, eux dont le verbe *to control* (les traducteurs sont payés pour le savoir) peut être mis à toutes les sauces ! » (N° 69, p. 21).

[1] *Mélanges de littérature*, 1763, t. III.

[2] Cf. « Le devoir et la tâche d'un écrivain sont ceux d'un traducteur » (Marcel PROUST, *Recherche du temps perdu*, Pléiade, t. III, p. 690). Inversement, le traducteur, surtout le traducteur littéraire, se doit de rester un écrivain.

[3] Le mot est d'André GIDE. Il faut que CHATEAUBRIAND ait été fortement imprégné d'anglais pour que, traducteur ou écrivain, il n'ait pu s'affranchir entièrement de la « littéralité » ou de ses réminiscences. Exemple : « ... dont l'homme ait jamais été DIGNIFIÉ *(Essai sur les révolutions*, ch. XXXIII, p. 189) qui est non pas un anglicisme, mais un gallicisme anglais, par l'intermédiaire du bas latin, et que l'on trouve chez MONTAIGNE ; DÉLIVRER une opinion (*Ib.*, 2e p., ch. II, p. 403). On notera cependant quelques anglicismes heureux, par exemple « ces millions de soleils sont, au plus haut du firmament, les grandes ÉVIDENCES de Dieu. » *(Génie*, I, 247). Voir BRUNOT *in* Petit de Julleville, *Histoire de la Langue et de la Littérature française*, t. VII, p. 854 s.

En signalant les résultats malheureux d'une littéralité servile, confondue avec l'exactitude, on ne s'est nullement proposé de « chercher des poux dans la crinière des lions », comme disait FLAUBERT. On a seulement voulu montrer à quel point l'esprit de système peut égarer deux grands écrivains. Critiquant précisément les « systèmes » de TAINE et de BRUNETIÈRE, Gustave LANSON ajoute : « Je les nomme parce que personne n'a eu plus de talent. Les erreurs des médiocres n'instruisent pas. » (1)

III.3. Les « faux amis » dans l'information et... ailleurs.

Non seulement elles n'instruisent pas, mais elles corrompent, car « dès qu'une expression vicieuse s'introduit, la foule s'en empare. » (2) A l'époque où Voltaire s'en plaignait à l'abbé d'Olivet, sa critique visait certains mots français à la mode qui « inondaient... les livres, la cour, le barreau et la société. » De nos jours, ce sont les anglicismes et les américanismes qui nous envahissent par le biais de la traduction ou d'emprunts de paresse ou de luxe, c'est-à-dire inutiles. En effet, la conclusion du Traité de Versailles en 1919 a marqué la fin du privilège qu'avait le français d'être la seule langue diplomatique. A la Société des Nations, il a dû partager ce privilège avec l'anglais ; la fondation, le 26 juin 1945, de l'Organisation des Nations Unies où l'anglais et surtout l'américain (sans parler de l'espagnol) ont pris une influence croissante, a eu pour résultat de réduire encore celle qu'il pouvait exercer. (3)

En outre, l'anglais, et surtout l'américain, ont acquis dans les domaines de l'économie, de la science et de la technique, une indéniable supériorité. (4) Ces domaines ayant un

(1) La méthode de l'histoire littéraire, *in Revue du mois*, 10 oct. 1910, pp. 385-413.

(2) Lettre du 5 janvier 1767. Cf. « L'erreur particulière fait premièrement l'erreur publique, et à son tour après, l'erreur publique fait l'erreur particulière » (MONTAIGNE, *Essais*, III, xi).

(3) On sait que l'admission de la langue française comme langue officielle de l'O.N.U. n'a été acquise qu'à une voix de majorité. Un véritable équilibre linguistique n'a été rétabli à l'O.N.U. qu'à partir du 1er janvier 1970.

(4) « L'anglais est la véritable langue scientifique internationale... Il est évidemment impossible et il serait ridicule de retirer à l'anglais la place de choix que cette langue a acquise. Il faut donc accepter de publier dans les revues des traductions françaises, d'une part, des articles étrangers rédigés en anglais, d'autre part, des résumés en anglais des articles rédigés en français... » (*Le Monde*, 12 octobre 1967). Par contre, M. Alfred SAUVY, professeur au Collège de France, reproche à certains savants français de pousser le « défaitisme » jusqu'à rédiger leurs articles en *anglais* dans des revues scientifiques françaises. (*Le Monde*, 8 juin 1971).

caractère international, il s'est établi dans le monde une sorte de bilinguisme, sinon de trilinguisme diffus dont les traductions erronées des informations qui s'y rapportent offrent de nombreux exemples. Celles-ci étant largement transmises par la presse parlée et écrite, le mal gagne de proche en proche et risque d'altérer le génie même de notre langue qui tend à la précision et à la clarté. (1)

Voici quelques échantillons des erreurs de traduction que les Français peuvent lire ou entendre à longueur de journée.

Pendant la première guerre mondiale, on nous apprenait que les chasseurs de la RAF avaient « engagé » (2) la *Luftwaffe*, ou que notre état-major avait « réalisé » les intentions de l'ennemi. Les choses ne se sont guère améliorées depuis lors. Aujourd'hui, on nous ressasse que les armes « conventionnelles » n'ont pas cessé d'être « payantes » ; que la conduite du ministre de la guerre a été « impropre » (3) ; que telle phrase... du président K... fait l'objet de « spéculations » incessantes (4) ; que face au revisionnisme d'Asie et d'Europe, le président J. est à court d'idées « fraîches » (5) ; que l'accident qui a coûté la vie au maréchal A. est dû à un « acte de Dieu » (6) ; que le gouvernement de Phnom-Penh a refusé son visa aux journalistes américains chargés de « couvrir » la visite du général de Gaulle au Cambodge (7) ; que la motion (de tel conservateur) a été « défaite » à une majorité écrasante (8) ; que le débat (sur les troubles en Irlande) se terminera « sans division » (9) ; que créer des vides militaires soudains équivaut toujours à « courtiser » la tragédie (10) ; qu'il n'y a rien d'anormal à ce qu'un retard se produise dans une expérience spatiale aussi « sophistiquée » (11) ; que l'armée japo-

(1) « Je ne veux pas dire que l'anglais (ou l'allemand) ne sont pas des langues claires, mais le mal est que le français, *quand il les imite*, cesse de l'être. » (M. BRÉAL, *De l'enseignement des langues vivantes)*. C'est nous qui soulignons.

(2) C'est-à-dire « attaqué », « engaged » (the enemy).

(3) Presse suisse, 5 juin 1963.

(4) *Le Monde*, 10 juillet 1963.

(5) *Journal de Genève*, 4 avril 1966.

(6) Radio-Suisse romande, avril 1966.

(7) *Le Monde*, 8 août 1966. Avec récidive, le 25 février 1972 à propos du voyage du président NIXON en Chine : « Les officiels américains ont été extrêmement satisfaits de la « couverture » exceptionnelle accordée par le *Quotidien du peuple* à cette rencontre sino-américaine. » Entendez « reportage », « compte-rendu ».

(8) *Ibid.*, 10-11 octobre 1969.

(9) *Ibid.*, 12 octobre 1969.

(10) *Journal de Genève*, 29 janvier 1971.

(11) Radio-Suisse romande, 22 avril 1971.

naise est très réduite, mais dispose d'armements très « sophistiqués » (1). Et — c'est un comble ! « Les poissons peuvent communiquer entre eux par des moyens 'sophistiqués' » (Interview de Michel COUSTEAU, 9 décembre 1972). (Décidément, le mot fait fortune.) Dernier exemple : M. Nixon semble être confronté à des problèmes « domestiques » inhabituellement graves (*Journal de Genève*, 22 décembre 1972).

On le voit : ce n'est pas seulement au théâtre que les quiproquos apprêtent à rire. Les confusions de sens offrent, elles aussi, un thème fort riche à la comédie des méprises. Mais la persistance de ces erreurs de traduction propagées par la presse, la radio et la télévision ne laisse pas d'inquiéter de bons esprits soucieux de défendre notre langue contre ces infections malignes, contre ce perpétuel empoisonnement qui menacent de la corrompre et de la dénaturer (2). Dans cette entreprise, la responsabilité du traducteur est donc engagée tant à l'égard de l'auteur que du lecteur.

Mais ce n'est pas seulement à la langue courante de la presse et de la radio qu'on peut reprocher de telles « traductions » fantaisistes qui sentent leur anglais ou leur américain d'une lieue. Le domaine de la technique, voire celui de l'enseignement universitaire n'échappent pas toujours à la corruption.

« Un des vices de notre langue médicale (comme de notre vocabulaire sportif) est son envahissement par des mots étrangers. Il est rare que ces mots ne puissent être traduits en français. Ainsi nos chirurgiens vasculaires pourraient traduire *by-pass* par dérivation, et *patch* par pièce.

Pourquoi conserver *urea clearance*, alors que « épuration uréique » est une expression parfaite?... Voici encore *restless leg* qu'on a parfois traduit par « jambe sans repos », alors que le mot existe déjà dans le Littré qui donne comme exemple « avoir des impatiences (3) dans les jambes »... Le mot anglais *rehabilitation* est employé parfois au lieu de « rééducation », « reclassement social » ; c'est fort dommage, car le mot français a un sens très différent et implique une idée de dispa-

(1) *Ibid.*, 18 mai 1971.

(2) Le Haut-Comité pour la Défense de la langue française s'est ému de cette corruption. Son rapporteur, M. Philippe ROSSILLON, va jusqu'à dire : « Notre langue devient une langue sous-développée, une langue de pays colonisé. » (Cité par M. Michel LEGRIS *in Le Monde* du 11 décembre 1969.) Celui-ci ajoute : « L'ORTF a une influence linguistique considérable. Trop souvent, on entend des fautes énormes, des anglicismes abusifs sur les ondes. Il est inadmissible qu'un service public détruise les efforts de cet autre service public qu'est le Haut-Comité.»

(3) Combien plus expressif et plus français dans sa simplicité !

rition de culpabilité... Un autre exemple de mot étranger adopté par fausse équivalence, c'est « traitement de routine », grossière faute de traduction de *routine treatment*, et examen « de routine ». Mais non, le mot français « routine » n'a pas le sens du mot anglais. Il faut traduire traitement « habituel », « classique », traitement « type », et examens « habituels », « classiques », « courants ». (1)

Le Dr Marcel MONNEROT-DUMAINE, à qui nous empruntons ces observations, n'est pas le seul à déplorer l'invasion des anglicismes dans la langue médicale.

Aux remarques des Docteurs GARNIER et DELAMARE sur l'imprécision du mot *stress* — reproduites s.v. — ajoutons celles du Dr Edmond SERGENT : « Il n'y a pas lieu de traduire [ce terme] en français par un vocable unique — et encore moins d'introduire tel quel dans la langue française — un mot étranger qui correspond à des états physiologiques et pathologiques divers et mal définis d'ailleurs. Il suffit d'utiliser pour chaque nuance du mot *stress*... un terme de la bonne langue courante... » (2)

De même il est fâcheux que, sous l'influence de l'américain *interdisciplinary*, on ait d'abord parlé d'« approche interdisciplinaire », puis d'université « pluridisciplinaire » et de « pluridisciplinarité » de l'enseignement (3). En effet, notre adjectif « disciplinaire » est toujours pris en mauvaise part (Cf. enquête, peine disciplinaire, etc.) (4) et ne correspond nullement comme en anglais ou en américain à une discipline scientifique.

IV. MÉTHODE SUIVIE : EN QUOI NOTRE OUVRAGE DIFFÈRE D'UN SIMPLE DICTIONNAIRE.

Les pages qui précèdent sur les méfaits des « faux amis » n'auraient qu'un intérêt théorique si l'on s'était borné à dresser un sottisier même partiel auquel grands et petits auraient contribué. Disons donc un mot de la méthode suivie pour éclairer les traducteurs et les mettre en garde contre des erreurs possibles.

(1) *Médecine de France*, n° 29.

(2) Cf. ROBERT, s.v. *stress*.

(3) Alors que s'offraient des équivalents français tels que « méthode de coordination scientifique » ; « enseignement diversifié » ; « Université à options », etc.

(4) Sens péjoratif bien marqué dans cette citation de Pierre EMMANUEL, qui voit dans l'Université une « prison » où « l'enseignement disciplinaire des classiques a stérilisé pour toujours le goût des Français. » (*Le Monde*, 10 décembre 1971).

Bien qu'il se présente sous la forme d'un dictionnaire et que nous ayons adopté l'ordre alphabétique pour la commodité du lecteur, l'ouvrage n'est pas une simple nomenclature, mais un recueil de phrases. Autrement dit, nous avons multiplié et diversifié les exemples où figurent les mots incriminés. La conscience linguistique ignorant les termes isolés, il importe, en effet, surtout dans l'enseignement d'une langue vivante, de reconnaître la suprématie de l'exemple. Linguistes, philosophes, critiques littéraires s'accordent sur ce point. Dans les remarques qu'il présente sur la traduction, BALLY conseille de donner la préférence « aux dictionnaires bilingues qui joignent à la traduction du mot d'abondants exemples et des définitions. » (1) De même, MEYERSON estime « que des exemples aussi nombreux et aussi judicieusement choisis que possible sont nécessaires pour la pratique de la langue. » (2) On a vu, d'autre part, l'importance que les critiques littéraires et les historiens attachent à la comparaison des passages où figurent les mots à interpréter pour en déterminer exactement le sens.(3)

Loin d'être un luxe, l'abondance des exemples est donc une nécessité. Parlant de l'élaboration d'un nouveau « Supplément » de l'OED (NED), Marghanita LASKI précise que « cinq exemples au moins sont souvent nécessaires pour fixer le sens d'un mot ». (4) A cet égard, en effet, le NED est une mine de renseignements et a été pour nous un incomparable instrument de travail. Nombre d'exemples ont été puisés dans ce magnifique herbier de vocables. Mais beaucoup d'autres ont été cueillis sur le vif au cours de nos lectures. Précédés souvent d'une brève introduction, ils baignent ainsi dans leur contexte et peuvent donc être lus, selon le mot de SAINTE-BEUVE, « en place et en situation ». (5)

(1) *Précis de stylistique*, Genève, 1905, p. 167.
(2) *Journal de Psychologie*, 27, 1930.
(3) Voir page XV et XVI.
(4) « *It often takes as many as five examples to pinpoint meaning.* » *Reading for OED*, TLS, 11 janvier 1968.
(5) *Causeries du Lundi*, t. V, p. 76, à propos du « Journal » de RIVAROL. Cf. « Tout ce qui fait la physionomie individuelle d'un mot vient de la place et de l'entourage. » (G. LANSON, *Conseils sur l'art d'écrire*, p. 171). Le philosophe H. DELACROIX a été jusqu'à dire : « Le mot comme tel n'existe pas... le mot réel, c'est le mot dans la phrase et dans l'esprit, le mot qui subit la loi de la phrase et qui contient les intentions de l'esprit. » (MEILLET, LHLG, II, p. 14). Toutefois, dans l'acquisition d'un vocabulaire étranger et dans la pratique de la traduction, il est impossible de faire complètement abstraction de la notion de mot isolé, de mot du dictionnaire. Mais il faut considérer celui-ci comme porteur d'idées et de sentiments. Le titre de l'ouvrage de Léon BRUNSCHVICG : « *Héritage de mots, héritage d'idées* » (P.U.F., Paris, 1945) est à cet égard suggestif. Mais en consultant notre ouvrage, on verra que les idées ou les images évoquées par les mots de même origine sont loin d'être identiques pour un Anglais et pour un Français.

Ces exemples sont empruntés à tous les niveaux de langue : aussi bien à la langue littéraire (1) qu'ont forgée et illustrée entre tant d'autres les CHAUCER, les SHAKESPEARE, les traducteurs de la Bible (1611), les MILTON, les auteurs comiques et les romanciers des XVIIIe, XIXe et XXe siècles qu'à la langue courante et familière, voire populaire, et bien entendu à celle des journaux.

C'est dire que dans un ouvrage qui intéresse au premier chef la traduction et qui s'adresse tant aux anglicistes de tous les degrés qu'au grand public cultivé, on s'est placé dans la perspective historique ou, comme disent les linguistes, diachronique. (2)

On a donc suivi souvent le développement des divers sens d'un mot, non dans le vain désir d'étaler de l'érudition — érudition qui d'ailleurs est à la portée de tous — mais pour bien expliquer la lente éclosion du sens moderne de ce mot, permettre au lecteur de mieux comprendre, frapper son esprit et l'aider à se souvenir. Faire appel à sa mémoire intelligente a été notre souci constant.

En effet, comme l'a dit Michel BRÉAL, « l'étude d'une langue gagne en clarté et en charme quand son état présent n'est pas artificiellement séparé du passé, et quand, sous l'air moderne d'un idiome, on apprend à discerner l'œuvre des générations disparues. » (3)

Or, pour nous Français, quelle langue de grande communication offre mieux que l'anglais le plaisir de retrouver dans son vocabulaire la présence de nos vieux mots à peine transformés ?

A force d'en voir mentionner les acceptions et de les rapprocher de celles que l'anglais moderne a conservées, le lecteur s'avisera de l'aide que peut lui apporter la connaissance de notre langue intégrale : non seulement celle d'aujourd'hui, mais celle de nos classiques, de MONTAIGNE, de RABELAIS, voire du Moyen Age et des Latins. Ainsi averti du sens pos-

(1) En effet, l'Institut anglais de la Sorbonne « souligne la nécessité de ne pas délaisser la littérature au profit d'un apprentissage purement utilitaire » ; c'est pourquoi « il a le souci de la (désacraliser) » (Voir *Le Monde*, 18 juin 1969).
(2) Dans son C.L.G. (p. 117 et passim), SAUSSURE distingue la linguistique synchronique ou descriptive de la linguistique diachronique ou historique. Mais selon VENDRYES (C.F.S., 6, p. 52), « il paraît impossible, quand on décrit un état de langue, de ne pas tenir compte de l'histoire ; on la rencontre malgré soi. » Cette remarque acquiert encore plus de pertinence quand il s'agit de traduire des textes datant d'époques différentes.
(3) *Mélanges de Mythologie et de Linguistique*, Introduction.

sible d'un mot que ne rend pas — la logique le lui dit — l'homonyme français moderne, il sera amené à contrôler, et sans doute sera-t-il aise de faire un progrès en anglais et en français, pour ne point parler du latin qui lui est peut-être resté ou devenu indifférent.

D'autre part, inversant les termes du problème — qui d'ailleurs se pose dans les deux sens — on a reproduit la traduction *en anglais* de textes français empruntés à certains de nos grands écrivains. C'est ainsi que COTTON et FLORIO donnent la réplique à MONTAIGNE, Sir Edward MARSCH à LA FONTAINE, FIELDING ou MILLER et BAKER à MOLIÈRE, SMOLLETT à LESAGE, C.K. Scott MONCRIEFF à STENDHAL, Ellen MARRIAGE à BALZAC, Dorothy BUSSY à André GIDE.

On a pu montrer ainsi comment réagissent les Anglais quand ce sont Messieurs les Français qui tirent les premiers ou, pour mieux dire, quelle forme prend la pensée d'un Français quand elle se reflète ou se réfracte dans l'esprit d'un Anglais.

Or, il est apparu que, malgré l'indéniable supériorité numérique du vocabulaire anglais par rapport au nôtre (1), les nuances de la pensée de nos auteurs se perdaient parfois dans l'uniformité de la traduction. En matière de vocabulaire comme en toutes choses, « l'usage seulement fait la possession. » (2)

On a pensé que cette sorte de contre-épreuve — non dépourvue d'intérêt pour les Anglais eux-mêmes (3) — pourrait

(1) « L'anglais d'aujourd'hui compte quelque 250 000 lexèmes. Comme la composition et la dérivation jouent un très grand rôle, on devine la richesse du vocabulaire. » (A. CRÉPIN, *Histoire de la langue anglaise*, Paris, P.U.F., 1967, p. 91). SKEAT le disait déjà dans la Préface de ses *Principles of English Etymology* (1891), cette richesse est sans limites. Le premier volume du « *Supplement to the English Oxford Dictionary* », qui en comprendra quatre, a paru en 1972 à la Clarendon Press.

(2) LA FONTAINE (*Fables*, IV, 20). C'est la distinction que font les linguistes entre le « vocabulaire disponible » et le « vocabulaire fréquent », « expressions qui désignent le stock d'unités lexicales dont un usager d'une langue dispose, d'une part, et celui qu'il emploie effectivement (fréquemment) d'autre part. » (*La Linguistique*, Paris, 1967-68, p. 188).

(3) Les difficultés sont, en effet, réciproques. Aux pièges que nous tend, par exemple, le mot *control* correspondent ceux dansl esquels notre prétendu équivalent « contrôle(r) » peut faire tomber les Anglais. Pour rendre exactement « un désarmement contrôlé », il leur faut recourir à une périphrase, *sc.* « *a disarmament subject to inspection* ». D'ailleurs, s'il l'emporte souvent sur le français par la brièveté, l'anglais n'a pas le monopole de l'« économie ». Comparez par exemple *he regained his self-control*, il se resaisit ; *the position in the social scale*, la hiérarchie sociale ; *environmental science*, la mésologie (BERTILLON), l'écologie ; *parties tendering for work on contract*, les soumissionnaires ; *the prevailing patterns*, les dominantes, les caractéristiques ; *to file one's petition in bankruptcy*, déposer son bilan ; *the paying (of workers) on a monthly basis*, la mensualisation.

constituer l'amorce d'exercices de retraduction. Elle aura en tout cas le double avantage de rappeler à nos lecteurs les ressources ignorées ou méconnues de notre langue et de contribuer à l'agrément d'un ouvrage lexicographique dont le principal écueil risquait d'être la sécheresse et la monotonie.

V. CAUSES FRÉQUENTES D'ERREUR.

On pourrait résumer les considérations qui précèdent par cette observation de BALLY : « La traduction du mot par le mot crée la fiction que les mots isolés des deux langues sont dans une exacte correspondance et que chacun d'eux trouve son équivalent dans la langue prise comme point de comparaison. »

Et BALLY d'ajouter : « C'est le premier effet de la tendance au moindre effort et de la paresse linguistique ; on aimerait calquer la langue étrangère sur la langue maternelle. » (1)

Autrement dit, certains ont tendance à voir dans la traduction une opération purement automatique — dont la machine à traduire (2) offrirait la réalisation parfaite — et non, comme il se doit, le transfert ou la substitution, d'une langue à l'autre, de l'ensemble des significations et des valeurs (3) qui correspondent à une situation donnée. C'est

(1) *Précis de stylistique*, Genève, 1905, p. 16. Même constatation chez MARTINET : « Dès qu'intervient la traduction, apparaît le danger d'une interprétation de la langue étrangère dans les termes de la langue maternelle. » *(Grammaire et Psychologie*, P.U.F., 1950, p. 99).

(2) Le problème de la traduction automatique ne peut être abordé ici. Nous renvoyons le lecteur à l'excellent résumé qu'en a donné Émile DELAVENAY dans *La machine à traduire* (P.U.F., 1959). Sans doute, la machine à traduire peut rendre d'indéniables services dans le domaine technique où la terminologie est en général monosémique. Mais en est-il de même dans d'autres disciplines, non scientifiques? Voici en quels termes Georges ELGOZY répond à cette question : « Alors que les chercheurs parvenaient sans peine à améliorer le mot à mot de traductions scientifiques ou techniques, ils ne tardaient guère à admettre la quasi-impossibilité de traduire sans frais ni efforts excessifs tous les idiotismes. La syntaxe est un bastion qui ne se laisse ni enlever ni contourner : la machine bute contre les obstacles polysémiques d'ordre morphologique, syntaxique ou sémantique... Le bon traducteur ne traduit pas mot à mot ni même phrase par phrase ; d'instinct comme de raison, il se réfère à chaque instant au contexte environnant. Alors que le joueur d'échecs perçoit l'échiquier dans son ensemble, tout en se référant à des situations particulières qu'il a connues antérieurement, l'ordinateur reste et restera toujours incapable de transcender tous les éléments d'une situation pour la prendre en compte, c'est-à-dire pour s'en rendre compte d'une manière globale. » (*Le Désordinateur*, Paris, Calmann-Lévy, 1972, pp. 194 ss.).

(3) « Le français *mouton* peut avoir la même signification que l'anglais *sheep*, mais non la même valeur, parce que, en parlant d'une pièce de viande apprêtée

ce qui s'appelle comprendre un texte. Afin d'y parvenir, il importe, après en avoir pris une vue d'ensemble pour en discerner l'esprit et le caractère (littéraire, scientifique, économique, etc.), de marquer les limites de chaque signe à l'intérieur des phrases et les rapports que celui-ci soutient avec les autres termes de l'énoncé. On va donc examiner successivement, avec exemples à l'appui, la genèse des erreurs auxquelles peuvent donner lieu : les différences sémantiques que présentent dans les langues étudiées ici les mots de forme identique ou analogue (lexique) ; les ambiguïtés des rapports syntaxiques qui résultent en anglais (et en américain) de la dynamique interne (dérivation et composition) et de la plasticité de ces langues (transposition ou « conversion » poussée au plus haut point en raison de l'absence quasi totale de flexions). Feront l'objet de quatre autres chapitres : « La syntaxe du verbe et les faux amis », « L'extension du critère des faux amis », « Les emprunts au français et au latin », « Les erreurs par bilinguisme ou imprégnation ».

V. 1. Mots français, mots anglais : différences d'extension sémantique.

« Depuis l'époque classique, le français s'est efforcé par l'organe de ses écrivains et de ses grammairiens de délimiter de façon précise le sens des mots. Ces études de synonymie ont pris une extension considérable ; même en cas de polysémie, on cerne le sens. Au contraire, a remarqué un de nos meilleurs anglicistes, mon collègue Las Vergnas de la Sorbonne (*Nouvelles littéraires*, 6 février 1947), le concept contenu dans les termes britanniques se sent plus confusément qu'il ne s'énonce catégoriquement (1). Il y a autour d'eux comme un cercle lunaire ou un halo. Cherchez à traduire *vicious* ou

et servie à table, l'anglais dit *mutton* et non *sheep*. La différence de valeur entre *sheep* et *mouton* tient à ce que le premier a à côté de lui un second terme, ce qui n'est pas le cas pour le mot français. » (Saussure, C.L.G., p. 160). Un exemple encore plus probant serait celui du français *bois* qui, selon le contexte, devra se traduire par *wood*, *timber*, *sticks*, voire au figuré par *stuff* : « He shall know what *stuff* I am made of », il verra de quel *bois* je me chauffe.

(1) Dans leur *Stylistique comparée du français et de l'anglais*, Vinay et Darbelnet ont développé une idée analogue (§ 41) en opposant le plan du réel (anglais), auquel correspondent les mots images, au plan de l'entendement (français) où dominent les mots signes, par définition plus abstraits.

wild (1), et vous vous apercevrez que vous ne pouvez le faire en l'absence du contexte et que même à la lueur des autres mots, la marge d'incertitude demeure importante. » (2)

Il est aisé de montrer que les mots anglais sont moins nettement délimités que les nôtres. Dans l'ordre de l'enseignement et des connaissances, par exemple, les mots *collegian* (3), *scholar*, *student* éveillent certes chez le novice l'idée générale d'« élève », mais ils sont loin de correspondre toujours à leurs prétendus équivalents français, et leurs significations respectives se chevauchent au point de devenir parfois antonymiques.

Collegian est glosé par le NED « a member or inmate of a college (4) ; also, spec. a « colleger », et, ajoute Webster, « one who is on a college foundation ».

Scholar est défini : arch. ou pop. écolier, -ère (sauf en composition ; exemple : *day-scholar*, externe). Webster dit (section 4) : *a literate person* ; specif. *one who can read and write*, soit un(e) « alphabète » (mot qui nous manque). *A scholar* peut être aussi un disciple, un étudiant, et, mieux encore, un lettré, un humaniste, un érudit, un savant. Il englobe ainsi dans son domaine sémantique les notions diamétralement opposées d'« apprentissage d'une discipline »

(1) Comparer, par exemple, *wild* animal, plant, animal, plante « sauvage », d'où *wild life*, « la faune et la flore », « la nature », cf. *International Wild life Fund*, « Fonds mondial pour la nature », mais to lead *a wild life*, mener une « vie de patachon, de bâton de chaise » ; in such « *wild* » *attire*, si « bizarrement » accoutrées *(Macbeth)* ; a *wild* look, un air « égaré » ; *wild* eyes, des yeux « hagards » ; a *wild* night, une nuit « de tempête » ; *wild* talk, propos « en l'air » ; *wild* rumour, bruits « absurdes » ; it makes me *wild* to think that..., j'« enrage », cela me « met hors de moi » de penser que..., etc. Voir *vicious* à son ordre alphabétique.

(2) Dauzat, *Le Monde*, 6 août 1952.

(3) Ne pas oublier qu'en Angleterre comme aux États-Unis, un *college* est un établissement d'enseignement supérieur au même titre qu'une *university*, et que bien souvent il n'y a pas de ligne de démarcation tranchée entre l'un et l'autre. *He is a college man* = c'est un universitaire. Aux États-Unis, notamment à Harvard, *the college library* = la bibliothèque universitaire fréquentée par les *collegers*. Un *college* peut être aussi un « cours » suivi dans une université étrangère et aux États-Unis « une série de cours sanctionnée par un diplôme ». C'est enfin, en Angleterre, une fondation charitable du type de *Chelsea College*, *sc.* Hôtel royal des Invalides (de guerre), hospice ou asile de vieillards, dénommés *collegers* (tout comme les étudiants titulaires ou non de bourses d'études).

(4) Au Moyen Age, notre « écolier » était un « étudiant ». Villon, faisant son « Testament », se présente au lecteur en qualité d'« escolier » (de la Sorbonne) ; même sens encore chez Rabelais, exemple : l'« escolier limousin », voire chez Lesage, dont le héros Gil Blas est salué du titre de « Seigneur écolier ». Smollet traduit : « Mr. Professor ». Aujourd'hui, c'est pour se moquer d'un faux savant qu'on dirait: « Ce professeur est encore un écolier ». Littré glose s.v. 5° : « un savant, un scholar » et signale la « remarquable bifurcation de sens (du mot) » intervenue depuis Balzac et Malherbe.

et de « maîtrise » de cette discipline. (Cf. COD, section 3: *person who learns*; section 4 : *learned person*.) *Scholar* s'adjoint encore le sens de « boursier » auquel peut prétendre aussi le *student*, qui ne s'en tient pas là, puisque à Christchurch, Oxford, il est *member of the foundation*, titre correspondant au *fellow* et au *scholar* (déjà nommé) d'autres *colleges*. Cf. « *Corpus is a very small establishment -twenty fellows and twenty scholars with four exhibitioners* », ces derniers étant « titulaires d'une bourse d'études », *exhibition*, mot qui vient s'ajouter à ceux de *fellowship*, *scholarship*, *studentship* et (Écosse) *bursary*.

A ces significations qui empiètent les unes sur les autres, joignez le sens lâche que prend par exemple une phrase de ce genre : *he is a great, a hard student*, qui, selon le contexte ou la situation, peut s'appliquer aussi bien à l'écolier studieux, travailleur, au « bûcheur », au « fort en thème » qu'à un docte personnage, à un homme d'étude ou de cabinet, au spécialiste d'une discipline quelconque ayant une grande puissance de travail. WELLS va jusqu'à se qualifier de « *attentive student of bookshop windows* ».

On voit à quel point le contenu sémantique de *student* — tout comme celui de *collegian* et de *scholar* — débordent ceux d'« étudiant », de « collégien » et d'« écolier » respectivement.

L'ambiguïté augmente encore lorsque, dans une même phrase et malgré le contexte, un mot laisse place à deux interprétations différentes ou cumule celles-ci. Le *Shakespeare Lexikon* de SCHMIDT offre de nombreux exemples d'ambiguïté involontaire de ce genre (¹). Quand SHAKESPEARE écrit (*Much ado*, III, ii, 13) : « *He hath a heart as* SOUND *as a bell* », faut-il entendre « sain » ou « sonore » ou les deux à la fois ? La langue moderne n'a retenu que le premier sens dans le tour idiomatique dont le lexicographe n'explique pas l'origine : « *He is as sound as a bell* », « il a une santé de fer, il se porte à merveille, comme un charme ».

Le logicien qui, par définition, devrait se garder de toute imprécision dans ses raisonnements, n'observe pas toujours cette règle avec rigueur. « *In a single page of Mill* », dit POE dans ses *Marginalia* (CI), « *I find the word « force » employed four times, and each employment varies the idea.* »

(¹) Il ne s'agit donc pas des jeux de mots ou calembours que Shakespeare prodigue, même dans les situations les plus tragiques comme, par exemple, *in* « *The Merchant of Venice* », IV, i, 123.

Si bien que devant cette riche polysémie des mots anglais et américains, le traducteur inexpérimenté ne parvient pas toujours, malgré la connaissance du contexte, à rétablir la monosémie, c'est-à-dire à rendre exactement le sens des termes incriminés.

La langue moderne offre bien des exemples de ces chevauchements sémantiques qui vont jusqu'à l'ambivalence, et sont de nature à embarrasser un esprit français. C'est ainsi qu'aux États-Unis, dire d'un homme politique : « *he was willing to visit* » signifie non pas qu'il a consenti à rendre visite (à X), mais à *recevoir* celui-ci, à lui donner audience pour s'entretenir familièrement avec lui.

Deuxième exemple d'ambivalence que nous apporte l'actualité : celui de *sanctuary*, né de la guerre du Vietnam. Par une sorte de mutation brusque qui, en l'occurrence, ne laisse subsister que l'idée de « lieu secret », avec valeur péjorative, l'américain transpose le sens de « lieu saint par excellence », de « saint des saints » où sont conservés les instruments du culte divin, donc de vie spirituelle, en celui de « repaire d'ennemis », de « cache d'armes et de munitions », autrement dit d'« instruments de mort », et dans cette antiphrase il n'entre aucune intention ironique.

Or la presse écrite et parlée nous a gratifiés de communiqués de ce genre : Les Américains ne sont pas parvenus à nettoyer les « sanctuaires » des Vietcongs; Les Israéliens sont bien décidés à nettoyer les « sanctuaires » palestiniens du Liban (15 janvier 1972). (¹)

Il arrive d'ailleurs que les nationaux eux-mêmes soient victimes de cette polysémie trompeuse. On sait qu'en américain, *chair* peut signifier, selon le cas, « fauteuil présidentiel » ou « fauteuil électrique » des condamnés à mort, mais aussi « barre des témoins » (anglais *box*), d'où l'ambiguïté de l'expression « *to take the chair* » et l'angoisse de l'accusé à qui son avocat avait dit : « *to-morrow you must take the chair* ». Le malheureux se voyait déjà électrocuté, alors qu'il

(¹) Certes, toutes les langues présentent des cas d'ambivalence sémantique. Par exemple, latin *sacer*, « celui ou ce qui ne peut toucher ou être touché sans souiller ou être souillé » ; de là le double sens de « sacré » et « maudit », « impur », « tabou». Ces deux notions sont bien résumées dans le vers spirituel de VOLTAIRE sur les « *Poèmes sacrés* » de LE FRANC DE POMPIGNAN : « Sacrés ils sont, car personne n'y touche ». De même, fr. *hôte*, sens actif : « celui qui invite » (angl. *host*), et sens passif : « celui qui est invité » (angl. *guest*). Mais ici, « c'est la relation d'hospitalité qui compte plus que l'identification des parties. » (Pierre AUGER *in Diogène*, n° 52, p. 3). De plus, le contexte exclut toute confusion — ce dont il n'a pas été tenu compte dans la traduction de *sanctuary*.

était simplement appelé à témoigner. [1] Il se trouvait là pourtant dans une situation non seulement connue, mais vécue (voir Horwill s.v. CHAIR).

L'indétermination augmente encore lorsque la polysémie devient hypersémie [2]. Tel est le cas de ces « *overworked words* » ou « *vogue words* » sur lesquels certains linguistes anglais ont attiré l'attention, par exemple (États-Unis) : *to operate*, *operator*, *pattern*, *project*, *proposition*, mots vagues s'il en est, qui laissent place aux interprétations les plus variées.

C'est ainsi que l'évolution accélérée de PATTERN (français PATRON) [3] a donné lieu à une correspondance intéressante dans le TLS (août-septembre 1945). En psychologie et en statistique, le mot a pris des sens très techniques. Quant à PROPOSITION, dont nous mentionnons s.v. les significations hétérogènes, voire hétéroclites, H.W. FOWLER en souligne la polysémie abusive et le qualifie de « Jack-of-all trades » (mot « passe-partout ») dans son *Modern English Usage* [4].

Un pas de plus, et l'on aboutit au solipsisme linguistique. Ce pas a été franchi par l'humoriste Lewis CARROLL qui, par la voix du gnome Humpty Dumpty, entend substituer dans l'usage la fantaisie individuelle à la convention sociale, ce qui rendrait toute communication impossible : « Quand 'emploie un mot, il signifie précisément ce que j'entends lui faire signifier — rien de moins, rien de plus. » [5].

Si elle est parfois génératrice d'ambiguïté pour les nationaux eux-mêmes, l'hypersémie des mots anglais et américains l'est encore davantage pour le traducteur. Les cas d'homonymie ou de bifurcation sémantique, c'est-à-dire ceux où « un même mot a pris avec le temps des sens différents », [6] sont à cet égard dangereux. En se reportant au verbe TO NURSE, le lecteur discernera sans peine les intermédiaires qui

[1] Dans un autre ordre d'idées (p. 166, n. 1 de notre recueil), voir la perplexité qu'avait créée chez Th. HARDY l'emploi par son éditeur américain de la formule : « *We have control over the Canadian market.* » Qui pourrait prétendre pourtant que Th. HARDY ne savait pas l'anglais !

[2] Néologisme que je propose de substituer éventuellement à « polysémie pathologique ».

[3] Selon Robert ESCARPIT (*L'Humour*, Paris, P.U.F., 1960, p. 127), PATTERN, « forme générale, mouvement ». serait un mot intraduisible.

[4] Dans leur *Précis de grammaire historique de la langue française*, F. BRUNOT et Ch. BRUNEAU emploient le terme expressif de « pléthore sémantique » (p. 120).

[5] « When I use a word it means just what I choose it to mean -neither more, neither less. » (*Through the Looking-glass*, Collins, p. 209).

[6] Cf. NYROP, *GHLF*, IV, 45 et BALLY, *Traité*, 50-53.

relient les sens propres et figurés de ce mot, car ils sont parallèles à ceux du latin *nutrire* et du français *nourrir*. Mais il faut quelque ingéniosité pour trouver un rapport — s'il en est — entre TO NURSE A CAT, « le caresser » et TO NURSE A HORSE, le « serrer » pour le gêner dans une course, d'une part, puis entre cette dernière expression et TO NURSE ONE'S HORSE, le « ménager », également dans une course, en vue d'un dernier effort, d'autre part. Même disparité sémantique entre TO NURSE AN OMNIBUS et TO NURSE A FIRM.

Peuvent être considérés aussi comme homonymes sémantiques TO BLOOD A DOG, l'« acharner » et TO BLOOD A MAN, le « saigner » (encore chez Dickens, 1840) ; TO TYPE A LETTER, la « dactylographier » et TO TYPE AN ORGANISM, « caractériser », « identifier » un germe, un micro-organisme.

Il est non moins difficile d'expliquer la filiation des sens du verbe intransitif TO PROJECT (États-Unis); de l'idée générale de « s'affairer à exécuter quelque projet ou dessein », qui constitue un centre d'irradiation sémantique, WEBSTER nous fait passer aux significations familières suivantes : 1° faire des frasques, des fredaines, le loustic ; 2° faire des essais, des expériences pour voir, bricoler ; 3° rôder, vadrouiller, courir la prétentaine. Peut-on concevoir des sens plus disparates?

Ce sont évidemment les faux amis d'emploi fréquent qui risquent le plus souvent d'induire en erreur. C'est ainsi que, faute de tenir compte des valeurs juridiques et morales dont a gardé trace un mot aussi courant que *to control* [1], le traducteur se fourvoie et contribue à propager des anglicismes.

Mais ce ne sont pas seulement ces mots d'usage courant que les Anglo-Saxons ont gonflés en quelque sorte de sens nouveaux. [2] Il en est d'autres de caractère scientifique, par définition monosémiques, dont ils ont su mettre en œuvre toutes les virtualités.

Pour nous en tenir à quelques exemples typiques : la « galaxie » est pour nous un terme astronomique. De même en anglais, mais ce mot — qui par parenthèse est un gallicisme — acquiert de bonne heure (1590) un emploi métaphorique ou figuré : *a* GALAXY *of lights*, *of beauties*, *of ability*,

[1] Par exemple. jur. : « réformer un jugement », « casser » une décision ; au moral : « *to control oneself* », se dominer, et le « *self-control* », synonyme de « *self-restraint* », notion proprement anglaise de « maîtrise de soi », de « continence volontaire ».

[2] Pour la richesse du contenu sémantique de *(to) control*, v. p. XXV, n. 2.

expressions qui repoussent toute traduction littérale et appellent des équivalents courants ou littéraires : une constellation de lumières, « un (brillant) essaim de beautés, une pléiade de talents ».

A cet égard, la palme revient aux Américains. Comme les Anglais, ils ont conservé le sens propre de CYNOSURE, autre terme astronomique désignant la Petite Ourse, et lui ont donné, comme eux encore, le sens figuré de « guide », « étoile polaire » (1), puis de « point de mire », d'« objet d'admiration ». Mais WESTON LA BARRE, célèbre ethnographe américain, a encore enrichi ce concept au point d'en faire un principe d'analyse et d'explication des structures sociales de différents pays. Si bien qu'on peut dire avec Gaston BACHELARD que c'est « au moment où un concept change de sens qu'il a le plus de sens... » (2) On peut dire aussi que, démentant la parabole de l'Évangile, les Anglo-Saxons sont passés maîtres dans l'art de couler des significations nouvelles dans de vieilles formes. (3) Or, selon BRÉAL, une nouvelle acception équivaut à un mot nouveau. (4)

Mais cette étonnante « disponibilité » des mots anglais et américains n'exclut nullement une prolifération, sinon une inflation verbale qu'ont soulignée aussi tous les linguistes.

« Aimant comme sa nation le réalisme des faits concrets, dit René HUCHON, il [l'anglais] n'a jamais trop de ressources pour rendre le pittoresque des sensations ni assez de synonymes pour analyser les nuances des idées. » (5)

De son côté, JESPERSEN fait observer que « dans bien des cas, le terroir anglais s'est révélé plus fertile que le sol français d'où les mots avaient été transplantés. » (6)

Il signale notamment l'utile différenciation sémantique que présentent certains mots, par exemple STATE et ESTATE ;

(1) « Ce pôle de justice... ceste Cynosure de Jurisprudence, la divine équité. » (dans H.). Voir aussi Littré et le Larousse du XXe siècle. Mais ce mot est peu usité, et est même tombé en désuétude chez nous. Il n'en est pas fait mention dans Robert, non plus que dans les dictionnaires étymologiques les plus récents : ceux de DAUZAT *et al.* (1964) et de Jacqueline PICOCHE (1971).

(2) *Le Nouvel esprit scientifique*, p. 52. Cité par G. MATORÉ, *La méthode en lexicologie*, p. 66. MEILLET avait dit de même : « Le moment essentiel est le passage d'un mot de la langue générale à une langue particulière ou le fait inverse, ou tous les deux. » (*LHLG*, t. 1er, p. 271).

(3) « On ne met pas du vin nouveau dans de vieilles outres. » (St MATTHIEU, IX, 17).

(4) *Op. cit.*, p. 146.

(5) *Histoire de la langue anglaise*, Paris, 1923, p. XI.

(6) « In not a few cases the English soil has proved more fertilizing than the French soil from which words were transplanted. » *Op. cit.*, § 111.

ENTRY, ENTRANCE et ENTRÉE ; GUARANTY (l'action) et GUARANTEE (la personne), concurremment d'ailleurs avec GUARANTOR. (1) On pourrait ajouter, entre autres, ADMISSION et ADMITTANCE ; a JUSTICE, juge d'un tribunal supérieur et a JUDGE, sens plus général, ou des doublets comme DISGUST et DISTASTE, le premier ayant un sens plus fort que le second. F. MOSSÉ enfin dit de même : « Quand la langue conserve les deux mots [le mot français et le mot indigène autrefois accolés aux fins de communication], il n'est pas rare que s'établisse une différence, *ask* et *demand*, *wish* et *desire*, *hearty* et *cordial*, *smell* et *scent* n'ont plus, au point de vue stylistique ou sémantique, exactement la même valeur. » (2)

On pourrait en dire autant de *lecture* (acte du professeur qui fait son cours) et de *read* (acte de l'élève qui veille pour travailler (emploi absolu) ou de l'étudiant qui fait son droit) ainsi que de *legible* et *readable*.

Cependant JESPERSEN admet qu'il n'est pas toujours possible de délimiter l'aire sémantique des nombreux synonymes dont s'est enrichie la langue anglaise, et de distinguer les nuances de signification qui s'y attachent. Il faut même souvent y renoncer. Toujours selon lui, la richesse d'une langue réside non dans le nombre de mots qu'elle possède, mais dans la valeur psychologique de ceux-ci. Or, d'après SELDEN dont il invoque le témoignage (*Table Talk*, LXXXVI), « [l'anglais] a plus de mots que de notions, une demi-douzaine de mots pour dire la même chose. » (3)

On a vu que l'anglais disposait de cinq mots pour désigner une « bourse d'études ou de voyage » : *bursary*, *exhibition*, *fellowship*, *studentship*, *scholarship*. Il en possède davantage encore pour exprimer l'idée de « réparation » et de « remise à neuf » : *to mend*, *repair*, *rebuild (a wall*, etc.), *to renovate*,

(1) Noter cependant la double confusion qui s'est établie entre GUARANTY et GUARENTEE, d'une part, entre GUARANTEE et GUARANTOR, d'autre part. La première est phonétique ou est due à l'usage impropre du suffixe *-ee*, si bien que les deux mots peuvent signifier l'un et l'autre « garantie » ; la seconde est plutôt sémantique, GUARANTEE cumulant le sens de « garant, répondant » avec celui de « garanti, cautionné » — alors que l'existence de GUARANTOR permettait d'éviter l'amphibologie.

Ainsi donc, même lorsque la riche gamme de ses suffixes met l'anglais en mesure de marquer de fines nuances sémantiques (par exemple *admi*-SSION et *admit*-TANCE, *dense*-NESS et *dens*-ITY, *major*-ITY et *major*-SHIP, *remit*-TAL et *remit*-TER, etc.), il arrive que, malgré l'avertissement du lexicographe, les nuances ne soient pas respectées en raison de l'emploi indifférencié de ces suffixaux.

(2) *Esquisse*, p. 95.

(3) *Op. cit.*, § 128 et § 133 s.

renew,... restore, ces trois derniers pouvant être pris au figuré. Ivor BROWN (*A Book of Words*, p. 145) critique donc (1943) l'emploi de *to recondition* (1) dans la plupart de ces acceptions. Cf., en effet (États-Unis) : *to recondition an automobile* et *to recondition (reeducate) individuals*, d'où *to recondition the habits, the manners of a child* (WEBSTER).

Toujours selon Ivor BROWN, *to rehabilitate* aurait pris dans la langue administrative le relais de *to recondition*. Loin de se limiter, comme en français, au domaine juridique et moral, il ne tarde pas à s'étendre, comme son dérivé *(rehabilitation)*, à ceux de la didactique, de la médecine du travail, de la construction et de la reconstruction, si bien que l'on dit : *to rehabilitate a subject, invalids, houses, distressed* ou *devastated areas*, etc. On pourrait multiplier les exemples.

Sans doute, l'appoint du contexte et de la situation réduit la « marge d'incertitude » qui résulte de cette polysémie quasi pathologique et de cette néologie foisonnante. Il reste néanmoins que, pour les Anglo-Saxons, le problème de la délimitation des signes se pose avec moins de rigueur que pour les Français.

C'est là un point que le traducteur ne doit jamais négliger.

V. 2. Dynamique interne et plasticité de la langue.

Avec la dynamique interne de la langue (2) : dérivation, composition et transposition, nous sommes à cheval sur la morphologie et la syntaxe. Pour le linguiste (3), comme pour le traducteur, celles-ci sont d'ailleurs inséparables, car elles ont toutes deux une portée sémantique.

Cela étant, on va montrer les difficultés qui résultent du fait que 1° l'anglais pousse la transposition (transfert fonctionnel) et la condensation (par exemple, passage de la syntaxe à la morphologie) encore plus loin que le français et que 2° les formes synthétiques qu'il a héritées du germanique exigent en français une traduction analytique.

---

(1) *To recondition* ne figure ni dans le NED (1914) ni dans le *Supplement* (1933). Le COD, par contre, définit le mot : *overhaul and refit, rehabilitate, renovate*. V. aussi notre art. *condition*, dont on ne confondra pas le sens américain avec notre néologisme « mettre (les esprits) en condition, les préparer par la propagande ».

(2) Terme emprunté à André CRÉPIN (*Histoire de la langue anglaise, P.U.F.*, 1967, p. 96).

(3) Voir SAUSSURE (*Cours*, p. 186).

a) *Dérivation suffixale et transposition.*

Les différences sémantiques que présentent par rapport aux nôtres certains verbes anglais d'origine française ou latine se retrouvent dans les formes nominales auxquelles ces verbes prètent toutes leurs acceptions. De *to pass an examination*, l'anglais fait *a passer of examinations* (1), *to pass a bill* donne *the passage* et *the passer of a bill, to pass blood a passer of blood ;* au neutre, *blows, letters, vows, words that passed between them = the passage of... between them.* L'anglais dit indifféremment : *I submit that...* ou *my submission is that.* A *to solve a difficulty* correspond *the solvent of a difficulty.* LAMB va jusqu'à voir dans le tabac *a solvent of speech*, et du verbe *to demolish* dans le sens familier de « dévorer, engloutir » DICKENS tire *the demolition of a slice of bread.*

Ce sont là autant de formes de « transposition » que la pauvreté relative de sa dérivation interdit au français.

LITTRÉ disait déjà : « Je suis sûr que si Jehan de Condé, ayant notre substantif *revue* eût eu besoin d'en tirer un substantif, il n'eût pas hésité à former *revuieur*, mais les libertés en fait de langue au XIVe siècle n'existaient plus, et si les Anglais, d'un mot français (reveue, revue) peuvent produire un mot anglais, les Français avec le même mot ne peuvent rien faire. » (2)

Bien que *reviewer* dérive du verbe *to review* et non du substantif, la remarque de Littré garde toute sa valeur. Nous pouvons dire : « passer » un examen, mais non le « passeur » d'un examen ; « faire passer » une loi, mais non le « passeur » d'une loi. Avec le *passer of blood*, le cas est différent, puisque « passer » du sang n'existe pas : à l'« hématurique » du médecin correspond le « pisseur de sang » du vulgaire, mais non le « passeur » de sang qui risquerait de faire penser au « donneur ».

---

(1) Pour traduire : « *Péguy was a great passer of examinations* », on pourrait certes dire avec Daniel HALÉVY (*Péguy et les Cahiers de la quinzaine*, III) : « Péguy avait été un grand « réussisseur » d'examens », mais de ce néologisme aucun lexicographe, même Robert, ne fait mention. Lorsque VOLTAIRE écrit : « Quand je pense que cette lettre s'adresse au plus indulgent de tous les hommes, à l'excuseur de toutes les fautes, au loueur de tous les ouvrages... » (in L.), on sent bien à son ton enjoué qu'il ...joue sur les mots. « Excuseur » ne se trouve que sous sa plume. Quant à « loueur » (lat. *laudator* de *laudare*), pour éviter sans doute la confusion avec son homonyme (lat. *locator* de *locare*), il a été remplacé par « louangeur », « laudateur » étant peu usité, et tous deux prenant aisément une nuance péjorative.

(2) *Études et glanures*, X, p. 258.

De plus, en raison de l'élimination du genre grammatical en anglais ([1]), le suffixe d'agent *-er* peut y marquer non seulement le masculin (comme en français *-eur*), mais le féminin et le neutre (ou l'inanimé). Le rendement sémantique et l'imprécision des mots ainsi formés en sont donc accrus d'autant.

C'est ainsi que *a searcher* désigne, selon le cas, un « douanier (visiteur) », une « fouilleuse » ou la « sonde » du chirurgien et que *(a) silencer* (non traité) peut signifier « une personne qui sait imposer (le) silence » à quelqu'un ; « un silencieux, pot d'échappement », « un argument sans réplique ».

La liste est longue de ces dérivés. Y figurent en bonne place *offender*, *poser* (deux mots), *remitter*, *reviver*, *scorcher*. Aux États-Unis, le sens de certains d'entre eux, comme *joiner*, s'est particularisé. D'autres, comme *destroyer*, *mixer* ou *repeater* font concurrence à l'anglais par l'ampleur de leur éventail sémantique ou leur valeur expressive.

Ce sont là autant d'exemples d'économie, c'est-à-dire de brièveté et d'invariabilité, mais aussi autant d'exemples d'indifférenciation lexicale et syntaxique de nature à embarrasser, sinon à égarer le traducteur.

Nous disons bien « syntaxique », car le suffixe d'agent *-er* peut servir à caractériser le passif aussi bien que l'actif. Par exemple, *improver* signifie selon le cas, « la personne qui améliore ou perfectionne » et « celle qui est employée pour devenir « aprise » (XI s.), c'est-à-dire « instruite », l'apprenti(e) : le jeune commis de magasin, la « petite main », etc. *Retainer* est défini ainsi par le NED : *a maintainer*, *a preserver*, d'une part, *one who is retained, a dependent*, d'autre part. Selon le point de vue où l'on se place, *lodger* peut prendre

([1]) Cf. « ...L'importance du genre... est à son minimum en anglais, où, à la suite de la neutralisation de l'article (pour employer l'expression de GILLIÉRON) et de l'invariabilité de l'adjectif, le réactif est réduit au pronom personnel et au possessif de la troisième personne. » (DAUZAT, *Études de ling. fr.*, Paris, 1945, p. 36).
Réplique à l'observation de Littré : bien que disposant du mot *nurser* « one who or that which nurses, fosters or encourages » (NED), l'anglais — ce qui est curieux — ne l'a pas employé pour distinguer l'infirmier de l'infirmière *(nurse)* et a adopté le composé *male nurse*. De même, avant d'adopter notre terme « accoucheur » (en 1759), l'anglais a dit *man midwife*, voire simplement *midwife* devenu ainsi mot épicène. *Accoucheur* est défini « *male midwife* » et *midwife* « *female accoucheur* »!
Inversement (BALLY l'a signalé) « le français répugne à la formation de féminins par suffixes », d'où résultent des inconséquences curieuses : « Mme X, artiste peintre, *décorateur*, *sculpteur*, ...*officier* d'Académie... Mme X a fait sa déposition, *le témoin* affirme qu'il ne connaît pas l'inculpé. »

aussi une valeur passive : *Householders and lodgers (Mansion)* logeurs et logés. C'est dire qu'il s'oppose au « logeur », étant en fait le « locataire ». *Lodger* = enfin « le projectile qui est logé, se loge dans une cible ou dans le corps de quelqu'un » ! Même ambivalence pour *reader*, « celui, celle qui lit » et « livre, manuel qui est, peut ou doit être lu », ainsi qu'entre le *seller* « *one who sells... a vendor* ou *vender* » et le *(best-)seller* « *a thing (book) which sells readily* (WEBSTER), soit, d'une part, le « vendeur » et, d'autre part, l'« article d'écoulement facile », « le livre à (grand) succès, à (gros) tirage. »

Il est d'autres dérivés de verbes dont la traduction correcte nécessite une transposition, c'est-à-dire un changement de catégorie grammaticale. Par exemple : *We fear prevention* (SHAKESPEARE) = *to be prevented*, « qu'on ne nous prévienne » ; *the children have good, ill usage* = *are well-, ill-used ; she dreaded your dependence* = *your depending on her* ou simplement, le possessif équivalant ici à l'indéfini, *to be depended on*, « que l'on comptât », « se reposât sur elle. »

L'analyse de ces exemples fait apparaître un double risque d'erreur, l'un d'ordre lexical ou sémantique, puisque la traduction littérale des nominaux abstraits *prevention*, *usage*, *dependence* donnerait un sens absurde ou exactement contraire au sens réel, l'autre d'ordre syntaxique, puisque ces dérivés ont en l'occurrence une valeur passive ([1]), équivalent en fait à des passifs condensés, et appellent en français une tournure verbale ou participiale. ([2])

Inversement, la transposition ([3]) d'un substantif en verbe — fréquente en anglais — est une forme de condensation qui demande une traduction analytique. L'analyse doit être d'autant plus poussée que le français ne possède pas l'équivalent formel du transposé et que la polysémie de celui-ci est plus riche. Cf. *Mr. So-and-So was* CHAIRED *unanimously*, « élu président, porté à la présidence » ; *the winner of the match was* CHAIRED, « porté en triomphe dans un fauteuil » ([4]) ; *the bride, owing to her infirmities, was* CHAIRED *to the altar*,

([1]) Sur la préférence de l'anglais pour la tournure passive, voir p. LVI s.
([2]) Si l'on voulait rendre le dernier exemple, par une tournure nominale, il faudrait dire : « elle craignait pour son indépendance, pour sa liberté ».
([3]) Pour des exemples de transposition (angl. *conversion*), voir MOSSÉ (*Esquisse*, pp. 147, 197 ss.).
([4]) Rapprocher ces deux premiers exemples de notre expression, qui n'est plus usitée qu'au figuré « élever, hisser sur le pavois », mais il serait impossible de dire « pavoiser » quelqu'un, du moins dans ce sens particulier.

« ...conduite à l'autel dans un fauteuil roulant » ; *the office had been comfortably* CHAIRED, « ...pourvu de sièges confortables ».

Dans une même phrase, KIPLING va jusqu'à forger un verbe avec un sigle [1] et un participe passé avec un nom ou son représentant : *One of the Captains SOS* ED *me to give him something to tell to these somethinged tourists*, « ...me demanda par SOS de lui envoyer quelque chose à dire à ces sacrés touristes ». Et avec une hardiesse, qu'autorise pourtant la plasticité de la langue, il transpose en verbe une locution adjective : *Do you expect me* TO DRY-NURSE *you?*, « attendez-vous de moi que je vous serve de bonne d'enfant ? »

De même, il convient ou il importe de traduire par transposition certains adverbes de manière (en *-ly*). Ce sont, en effet, des termes cumulatifs, voire des condensés de phrases qui, à cet égard, rivalisent avec ceux du latin. Quand le latin dit *miserabiliter laudare*, il entend non pas « louer misérablement, faire un misérable, un méchant éloge », [2] mais « toucher jusqu'aux larmes en faisant l'éloge funèbre de quelqu'un » (FREUND). Expression qu'un élizabéthain aurait pu traduire littéralement : *to praise (or laud) s.o. pitifullty* [3]. Quand EMERSON dit: *The nation (England) is conveniently small*, on ne ferait pas un contresens aussi grave en traduisant : « la nation est commodément petite », mais on serait assurément gauche et peu intelligible. Le bon traducteur n'hésite pas à transposer l'adjectif en substantif et à modifier la structure de la phrase pour mettre en relief l'idée exprimée par l'adverbe : « L'exiguïté même du pays *a ses avantages* » [4]. De même encore, si dans la phrase suivante : *The policeman seized the thief's collar urgently*, on traduisait l'adverbe par « d'urgence » ou « aussitôt », on pourrait certes arguer de l'usage moderne, mais on ferait néanmoins une erreur, faute de se souvenir du sens latin qui comporte une idée de pression, de violence exercée sur quelqu'un, d'où ici : « ...d'une façon qui n'admettait pas de réplique, ne souffrait pas de résistance ».

[1] Le français peut, lui aussi, forger un substantif avec un sigle, par exemple un SMICARD, « bénéficiaire du salaire minimum interprofessionnel de croissance », mais on n'irait pas jusqu'à dire sérieusement : « le gouvernement a décidé de « smicarder » tous les ouvriers.

[2] Dans le sens où Desdémone dit à Iago : *What miserable praise hast thou for her... ? (Oth.*, II, i, 140).

[3] Cf. *He beat him most pitifully* (SHAKESPEARE).

[4] Trad. Maurice LEBRETON.

b) *Composition.*

La composition, qui joue un rôle important dans l'enrichissement de la langue anglaise, mérite de nous arrêter en raison des problèmes de syntaxe intérieure ou intraverbale qu'elle pose au traducteur.

S'il est moins synthétique que l'allemand, l'anglais l'est plus que le français. De son fond germanique il a gardé la faculté de « former à volonté des noms composés dont le déterminant est placé en tête. Les deux éléments étant juxtaposés, rien ne précise la nature du rapport entre le déterminant et son complément ; l'usage seul décide, et il est parfois flottant. En français, au contraire, la préposition vient préciser. » [1]

Cette remarque de DAUZAT vaut pour tous les composés *(compound words)* et groupes syntactiques *(word-groups)* dans lesquels n'importe quel signe ou syntagme antéposé peut faire fonction d'adjectif, etc. Mais elle suppose le problème résolu. En effet, pour traduire correctement ces complexes synthétiques, il ne suffit pas de connaître le sens respectif des composants — que ceux-ci soient ou non des faux amis. Ce qui importe, c'est justement de discerner la nature des rapports qui relient le déterminé au déterminant. Or ces rapports sont très variés : circonstances de cause, de but, de temps, de lieu, de moyen [2]. Comme ils sont masqués par des ellipses plus ou moins fortes, il en résulte une certaine ambiguïté [3] et les risques d'erreur ne sont pas négligeables.

L'analyse de quelques exemples va nous permettre de le montrer.

Qu'est-ce qu'un *remittance man?* S'agit-il du *remitter* ou du *remittee?* Sachant que bien des émigrés « remettent » une partie de leur gain à leur famille restée au pays, l'angliciste moyen — que nous supposons dépourvu de dictionnaire —

[1] *Le Monde*, 6 août 1952.

[2] Cf. BALLY, LGLF, 193.

[3] ...Il en est de même de nos « composés à syntaxe inversée — calqués sur l'anglais — quand ceux-ci sont de l'ordre du nom propre (type « Crystal Palace, Victoria Station »). Que signifie « Paris-Presse » ? — « Presse de Paris » ou « Paris vu à travers la Presse » ? « Paris-Soir » ? — « Paris le Soir » ? ou « Le soir à Paris » ? Quel rôle respectif donner aux composants dans « Bercy-Messageries, Ouest-Eclair, Ouest-Ceinture » ? Il semble bien qu'il n'y ait plus dans la conscience de l'usager qu'une perception globale de deux éléments exempte de toute détermination réciproque ; toute analyse psychologique aussi bien que grammaticale paraît perdre ses droits et manquer d'objet ; du moins, le grammairien, en présence d'une syntaxe évanescente, croit-il devoir se désister et faire appel au psychologue. » (J. MAROUZEAU, in *Grammaire et Psychologie*, Paris, 1950, p. 34).

peut hésiter devant une phrase de ce genre : *He was what is called in the colonies a « remittance-man »* (1886). En traduisant par « soutien de famille », il ferait erreur, puisque c'est le contraire qui est vrai et que nous sommes en présence du « propre à rien envoyé de ce fait aux colonies et vivant des subsides qu'on lui envoie de la métropole ». [1]

Le cas de *confidence man, woman* est plus complexe. Traduire *He (she) was cheated by a confidence man (woman)* par : « Il (elle) a été trompé(e) » (arg. jardiné(e) par un(e) confident(e) (anglais *confidant(e)* serait sans doute être du côté du lexique et de la langue, mais ce serait une erreur grossière. En effet, ces termes originaires des États-Unis (vers 1850) sont fortement elliptiques : le (la) *confidence man (woman)* est celui (celle) qui pratique le *confidence game* (ou *trick), who confidences some one* ; c'est donc un « escroc », un « aigrefin », un « chevalier d'industrie » ou une « aventurière ».

Avec le *prison editor*, le monde des journaux offre un autre exemple d'ambiguïté des rapports syntaxiques. Il serait erroné d'y voir un chroniqueur « mis en prison » ou plutôt, sur le modèle du *city editor* américain, un rédacteur de la chronique pénitentiaire locale. Dans ce complexe synthétique imagé, où l'ellipse est si forte qu'il faut au lexicographe anglais une longue périphrase pour en expliquer le sens, c'est bien l'idée de pénalité qu'évoque le rapport entre déterminant et déterminé, mais celle-ci se situe *dans l'éventuel*, non dans l'actuel. Le « prête-nom » ou « l'homme de paille » ne serait condamné qu'en cas d'infraction à la loi sur la presse.

C'est par un raisonnement analogue qu'il faut interpréter le sens de *penalty envelope*, terme emprunté à la langue administrative américaine. Il ne s'agit pas, comme on pourrait le croire, d'un avis de sanction pénale, mais du pli « officiel » sur lequel figure le montant de l'amende dont seraient passibles

(1) L'ambiguïté que présentent les composés de ce genre a été signalée par les linguistes anglais eux-mêmes. « *A house-boat*, dit H. Bradley *(The Making of English*, p. 113) might very well mean a sort of boat usually kept in a boathouse or a boat that belongs to a house, or that supplies the needs of houses. It is only custom that has decided that the compound shall mean a boat that serves as a house ». Cf. Horwill (*op. cit.*, p. xxvi) qui montre que les deux expressions « child guidance » et « teacher guidance » sont équivoques, puisque, *malgré leur identité structurale*, elles intervertissent les rapports entre le sujet et l'objet. Dans la première, c'est l'enfant qui est orienté par le maître (action subie), dans la seconde, c'est le maître qui oriente l'enfant (action effectuée). La traduction française « orientation scolaire » correspondrait à ces deux situations.

ceux qui utiliseraient pour leur correspondance privée cette « enveloppe non affranchie réservée au service de l'État ».

L'erreur à laquelle pourraient donner lieu ces deux locutions consisterait donc, dans le premier cas, à se méprendre sur la qualité professionnelle du signifié; dans le second à confondre l'éventualité, voire la menace d'une sanction avec l'annonce effective de celle-ci.

Le risque d'erreur augmente encore lorsque, en raison de leur caractère générique, les composants ont un indice de polysémie élevé. On ne confondra donc pas : 1° *a paper ship*, un navire de pacotille, avec *a paper house*, une salle de théâtre garnie avec des billets de faveur (*papers*) — et non une maison de papier, de carton, de camelote — ni 2° *a paper boy*, un vendeur de journaux, avec *a paper minister* (Écosse), un pasteur qui lit ses sermons, un prédicateur à l'éloquence de papier [1] ou avec (États-Unis), *a paper conductor, a paper man*, un chef d'orchestre, un exécutant qui ne peuvent respectivement diriger ou jouer de mémoire, sans partition. D'autre part, les quelque quatre-vingts combinaisons formées avec le mot *fire* mettent en évidence la diversité des rapports que soutiennent les composés de ce genre. On verra combien diffèrent, par exemple, les notions évoquées par *fire-bird, fire-dog, fire-bug* (ce dernier dans le double sens de « ver luisant » et d'« incendiaire »). Enfin, bien qu'ils soient coulés dans le même moule syntaxique, ces composés peuvent comporter à la limite des significations antonymiques. Le *fireman* (États-Unis *fire-boy*) est 1° le chauffeur (c'est-à-dire l'homme qui *allume* et entretient le feu d'une locomotive) ; 2° le (sapeur-) pompier chargé d'*éteindre* les incendies ; 3° l'*homme détecteur* du (feu) grisou, etc. On retrouvera la même opposition entre la *fire-brigade* (les sapeurs-pompiers) et la *fire-gang* (bande d'incendiaires).

Comparer, d'autre part, la *cover girl*, beauté photogénique que la publicité *affiche* sur la couverture des « magazines » avec l'écrivain qui use d'un *cover name*, pseudonyme (nom de guerre ou nom de plume), pour *masquer* son identité.

On s'est borné jusqu'ici à citer des exemples de composés dont le déterminant est représenté par un substantif faisant fonction d'adjectif. Grammaticalement parlant, l'anglais ne distingue pas ces éléments de syntagmes. Tous deux sont

(1) Cf. Anatole France se plaignait de n'avoir qu'une « éloquence de papier ». Il écrivait donc ses discours (*Le Monde*, 7. I. 72).

invariables, tous deux sont situés sur le même plan syntaxique : Exemple : *Naval* and *air* ranges, zones de tir pour forces navales et aériennes; her *family* and *Christian* name, son nom de famille et (son nom) de baptême (son prénom).

c) *Confusion entre le qualificatif (épithète) et le déterminatif (adjectif de relation).*

L'adjectif étant régulièrement antéposé — contrairement à ce qui se passe en français ([1]) — l'anglais ne distingue pas non plus le qualificatif proprement dit qui marque l'inhérence (c'est-à-dire une manière d'être intrinsèque ou une qualité essentielle du sujet) de l'adjectif de relation qui exprime une relation à quelque autre chose et qui équivaut à un complément du nom. ([2]) La confusion entre ces deux espèces d'adjectifs est une autre source d'erreur qu'il convient de souligner.

Voici quelques couples d'exemples dans lesquels les deux espèces d'adjectifs conservent leur identité formelle en anglais, mais appellent en français une traduction différente selon qu'il s'agit d'une épithète ou d'un adjectif de relation.

A *criminal* person (or offender), un(e) *criminel(le)* / A *criminal* lawyer, un avocat d'*assises.* — Women frequently become *sterile* after a miscarriage, une fausse couche entraîne fréquemment la *stérilité* chez la femme / In American hospitals the operating surgeons are attended by *sterile* nurses, locution fortement elliptique ([3]), puisqu'elle s'entend des infirmières « *chargées de stériliser les instruments* et de les glisser dans la

([1]) Sauf dans des locutions figées de caractère politique ou juridique, etc., d'ailleurs imitées du français : *Warrant under sign manual, the body politic, the States General, heir male, issue male*, etc, (Voir Mossé, *op. cit.*, p. 98).

([2]) Pascal avait déjà vu que le sens des mots varie suivant leur position dans la phrase : « Les mots diversement rangés font un divers sens... Les mêmes mots forment d'autres pensées par leur différente disposition. » (*Pensées*, p. 329, éd. Brunschvicg). Exemple : Une femme grosse (enceinte), une grosse femme (corpulente), un homme grand et un grand homme, un homme galant et un galant homme, etc. Selon Bally (LGLF, 372), « l'adjectif antéposé ajoute presque toujours à la qualité une nuance appréciative ». Par contre, selon lui encore (*ibid.*, 147), certains types d'adjectifs de relation ne peuvent être antéposés et ne peuvent fonctionner comme prédicats.

([3]) On rapprochera ce cas de celui de « la « femme commune » des juristes — ellipse de la « femme commune en biens » (mariée sous le régime de la communauté) » qui, selon Dauzat, « ne franchira jamais le cercle des magistrats, et notaires qui ont besoin d'une expression condensée, car la langue [française] doit s'arrêter dès qu'elle rencontre l'amphibologie ou le ridicule. » De même, pour Marouzeau : « La limite théorique de l'emploi de l'ellipse est le point où l'énoncé cesse d'être intelligible. » (*Stylistique latine*, p. 216).

main du chirurgien au cours des opérations », autrement dit, des infirmières *instrumentistes* (qui font partie du personnel des unités « stériles »).

La polysémie de l'adjectif *vital* est, elle aussi, fort instructive. Elle nous permet de suivre le passage de l'épithète de nature (a *vital* organ or part, un organe *vital*) à l'épithète de circonstance avec renversement des valeurs (a *vital* wound, a *vital* error, une blessure *mortelle*, une erreur *fatale*), puis à l'adjectif de relation (*vital* statistics, statistiques *démographiques* ou de *l'état civil*), véritable condensé de phrase dont le champ sémantique englobe tous les événements de la vie, de la naissance à la mort—notions diamétralement opposées s'il en est. Il en résulte une rupture de l'unité sémantique du mot.

Quatrième exemple de ces comparaisons entre les deux espèces d'adjectifs : her servants are *prompt* and zealous, ses domestiques sont prompts et zélés / He placed an order for ten bales of *prompt* cotton, il a passé commande de dix balles de coton *livrables immédiatement et payables comptant.* Ce dernier exemple montre bien la différence qui sépare le génie des deux langues. Très souvent, en effet, l'anglais l'emporte sur le français en brièveté, en raccourci. La synthèse lui permet de condenser en un seul terme *(prompt)* deux opérations successives. Il brûle les étapes. Le français, au contraire, rétablit l'ordre logique par la séquence progressive ([1]), et, retraçant par l'analyse le cheminement de la pensée, il marque dans toutes ses phases le déroulement du double procès.

Et nous n'avons rien dit de ces termes juridiques, qui, en raison d'une ellipse poussée à l'extrême posent au traducteur de véritables énigmes : *bastardy case*, *bastardy order*, *technical assault* ([2]), etc. ni des complexes synthétiques ou groupes syntactiques régis par l'ordre anticipateur, qui en français appellent encore une traduction analytique avec retour à la séquence progressive. Dans les exemples suivants, ce sont des syntagmes entiers ainsi antéposés qui font fonction d'adjectifs : In the pretty *diamond-cut-diamond* scene between Pallas and Ulysses ; « a little man with a *puffy Say-nothing-to-me-or-I'll-contradict- you* sort of countenance » ([3]) ; « the

([1]) L'expression est de Bally qui fait de la « séquence progressive » un des caractères fondamentaux du français.

([2]) Voir ces mots à leur ordre alphabétique.

([3]) Cf. Jespersen, *op. cit.*, § 17.

ordinary dust round and sweep up a bit mornings » (1). Ces groupes de mots dont les éléments peuvent appartenir à des syntaxes différentes sont de nature à embarrasser les nationaux eux-mêmes. Témoin cette manchette de journal citée par G.K. CHESTERTON : « *Communists fear split Germany blame* », in other words « *The Communists fear that they may be blamed for splitting Germany.* » (2)

Certes, le traducteur ne se trouve pas toujours en présence de syntagmes dont l'extrême concision frise l'obscurité, et qui l'obligent pour expliquer son texte (3), à retrouver sous les mots les rapports qui relient les idées. Il a souvent affaire à des adjectifs de relation qui, on l'a vu, équivalent à de simples compléments déterminatifs. C'est alors que le calque systématique d'une expression qui semble claire risque d'engendrer une maladie que Robert LE BIDOIS a dénommée « l'adjectivite ». En voici quelques échantillons.

— The *student* claims (or : challenge), les revendications « estudiantines » (des étudiants) ; the *coal* deliveries, les livraisons « charbonnières » (de charbon) ; Mr. N's *international approach*, l'« approche internationale » de M. N. (l'étude des problèmes internationaux par M. N.) ; *public relations*, les relations « publiques », (les rapports avec le public, la clientèle, etc., selon le cas).

Un journaliste français, qui rendait compte d'une conférence franco-anglaise au cours de laquelle avaient surgi certaines difficultés de vocabulaire, intitula son article « Difficultés anglaises » au risque de laisser entendre que les Anglais avaient suscité ou rencontré des difficultés sur le fond des problèmes soulevés. De telles équivoques pourraient entraîner des conséquences qui ne seraient pas seulement d'ordre linguistique. (4)

Cette forme d'anglomanie sévit même en dehors de toute traduction. Exemple : l'accession « présidentielle » de M. P. (à la présidence) ; l'ignorance « causale » (de la cause) ; les structures « asilaires » qui datent... de l'époque « carcérale » (1) (des prisons ou des pénitenciers), etc. Ce sont là autant d'imitations maladroites ou pédantes de l'anglais.

(1) Cf. MOSSÉ, *Esquisse* p. 205.
(2) D'après S. POTTER, *Our Language*, p. 175.
(3) Autrement dit, il doit « se » l'expliquer avant de l'expliquer. Cf. « Quand cette langue (le français) traduit, elle explique véritablement son auteur. » (RIVAROL, *Discours sur l'universalité de la langue française.*)
(4) Voir notre conclusion.

L'erreur peut tenir aussi au manque de correspondance — total ou partiel — entre les valeurs intellectuelles et affectives de mots de même forme. En voici quelques autres exemples.

L'adjectif *continental* est en français purement intellectuel, il exprime un jugement d'existence: un climat *continental*, le plateau *continental*, le Blocus *continental.*

Écoutez maintenant John WESLEY, fondateur du Méthodisme, et « réveilleur » de la foi. Il commente, dans son journal (11 février 1772) le « Sentimental Journey » de STERNE (paru en 1768): « 'Sentimental', what is that? It is not English (2) : he might as well say 'continental' ».

La réprobation morale — ou le préjugé social — dont le mot se charge en passant du domaine intellectuel à l'affectif est corroboré par une citation du NED (1856) (on était alors, il est vrai, en pleine période victorienne) : « To tell a man that he is in favour of a *Continental* or of a French Sunday is a reproach which is sure to carry great weight. »

Comment marquer plus nettement le contraste entre la gaîté du dimanche français (un air de dimanche) et la sanctification du dimanche anglais (observance of the Sabbath)?

A mi-chemin des deux valeurs du mot — l'intellectuelle et l'affective — on trouve celle-ci : « a *Continental* or French breakfast », un « petit » déjeuner (à la française), ce qui, bien entendu, est pour un Britannique fort insuffisant. Les expressions américaines *Continental* Congress (1775-1781) et *Continental* « money or currency » peuvent donner lieu à une remarque analogue. (3)

En général, les bons dictionnaires monolingues ou bilingues avertissent le traducteur de ces nuances stylistiques. Mais ce n'est pas toujours le cas. Voici un autre anglicisme, dû

(1) Cf. « Any punishment, carceral or otherwise. » (1909, Suppl. *OED.*) — Toute peine de prison (et non « carcérale ») ou autre. — De même, on a eu le bon esprit de ne pas intituler « Groupe d'information ' carcérale ' » le « Groupe d'information sur les prisons » (GIP) créé en France en 1971.
(2) Que ce mot ait été créé par un Anglais et constitue un anglicisme dû au traducteur du roman visé par WESLEY, n'est-ce pas un paradoxe? «Sentimental», en effet, le Britannique ne l'est guère. A ce propos, on notera la péjoration qui s'attache parfois à certains termes affectifs, par exemple *enthusiast, pathetic comedy, pathetic fallacy*, etc.
(3) Voir notre article CONTINENTAL.

à une confusion des valeurs, qui non seulement n'a pas été dénoncé, mais qui a malheureusement acquis droit de cité.

« Juvénile » est en français un terme affectif généralement pris en bonne part (une ardeur, un zèle « juvénile ») ; non nécessairement en anglais où il a souvent une valeur intellectuelle. Preuve en est la locution juridique *juvenile delinquency* dans laquelle *juvenile* est un déterminatif. « La délinquance juvénile » est donc une traduction fautive. (1) Il s'agit en fait de la délinquance des mineurs ou par transposition, de « l'enfance et de l'adolescence délinquantes », les substantifs étant ici des collectifs. En 1945 encore, le législateur français ne s'exprimait pas autrement (2). Non plus d'ailleurs, qu'en 1950, le traducteur-rédacteur du *Report* nº 9 de l'*Expert Committee on Mental Health* (3). Mais dans la suite (souci de brièveté ou calque de l'anglais), la traduction littérale n'a cessé de prévaloir. C'est ainsi que dans les publications internationales traduites de l'anglais, voire dans certains ouvrages sur l'Angleterre rédigés par des francophones, on nous entretient même de « délinquants juvéniles » ! alors qu'en la matière, c'est exclusivement la notion juridique de « minorité légale » (4) qui est en cause. Voilà donc un nouvel anglicisme abusif pris sur le fait. En veut-on une démonstration par l'absurde? Qui s'aviserait jamais, sans s'exposer au ridicule, de traduire *juvenile court* par « tribunal juvénile? » (5)

REMARQUE. — D'une manière plus subtile, on distinguera « une œuvre de jeunesse », expression qui implique la notion de temps, voire celle d'inexpérience, d'une « œuvre juvénile » qui évoque la fraîcheur, l'ardeur, etc.

L'homonymie d'un adjectif et d'un substantif en faisant fonction peut être aussi de nature à favoriser, sinon à engendrer l'erreur.

Entendant parler d'une étude sur les « Fair Tests », un auditeur non averti peut se demander s'il s'agit de « tests bien conçus ou honnêtement, impartialement conduits ». On lui

(1) Elle est pourtant consacrée par l'excellent « Harrap's English-French Dictionary », s.v. DELINQUENCY : « Juvenile d., criminalité, délinquance juvénile ».
(2) Ordonnance du 2 février 1945 relative à l'enfance délinquante.
(3) Comité d'experts de la Santé mentale, *Rapport sur la première session*, p. 29, Genève, 1950.
(4) Pour ses parents, pour ses camarades, etc. le « juvenile delinquent » est simplement un « bad boy ».
(5) Pourtant, il ne faut jurer de rien : voir notre article JUVENILE.

précise qu'il s'agit en fait d'« Enquêtes sur l'efficacité des foires et expositions » (1).

Une nouvelle de KIPLING est intitulée *His private honour*. Par analogie avec « His private life », ou par opposition avec « His public life », la tentation est grande de traduire par « Son honneur d'homme privé ». La lecture de la nouvelle nous apprend qu'il faut entendre : « Son honneur de troupier ».

C'est en jouant sur les mots et sur l'identité fonctionnelle de l'adjectif et du substantif que l'américain familier, voire argotique, offre avec le « safe man » un curieux exemple d'ambiguïté. Si dans le monde politique, la locution désigne bien le « dependable » ou « reliable man », l'« orthodoxe », le « régulier » dont la candidature à un poste ne risque pas d'inquiéter les gens en place, à un autre niveau de langue et dans un autre... milieu, celui-ci se transforme en... « cambrioleur » ou en « perceur de coffres-forts » !

VI. SYNTAXE DU VERBE ET FAUX AMIS.

VI. 1. La voix passive.

La préférence que l'anglais donne au passif dans l'énonciation de sa pensée peut être considérée comme idiomatique. Cette particularité confère une grande souplesse à la structure de la phrase qui peut être retournée à volonté, sans modification de sens, quel que soit le régime (direct ou indirect) des verbes employés. Le changement de perspective qui résulte de cette conversion du sujet en objet doit inciter d'autant plus à réfléchir que les verbes anglais homonymes des nôtres se construisent parfois autrement et ont souvent une plus grande extension sémantique. A la différence lexicale vient donc s'ajouter une différence syntaxique. Pour résoudre la difficulté, on a le choix entre trois modes de traduction : 1º l'emploi de l'actif avec un sujet indéterminé, donc impersonnel (on) ou déterminé ; 2º le recours à la voix pronominale ; 3º le maintien de la voix passive en respectant, bien entendu, l'équivalence.

1º *After much difficulty the dispute was compromised*, non sans difficulté, les parties transigèrent ou : composèrent, ou simplement : on transigea, on composa. — *The clown is balloted*, le paysan tire au sort. Plus précisément, « the clown », simple sujet grammatical, est obligé de tirer au sort par ordre

(1) O.I.T., *Les techniques de l'étude des marchés en Europe*, Projet nº 261, 1956, p. 37.

de l'autorité militaire. Il y a donc ici valeur factitive ou injonctive implicite.

Le passif indirect avec préposition régime peut se traduire de la même façon. *Precedence is balloted for* (au Parlement), on tire au sort le droit de priorité (avec transposition du sujet en complément d'objet), ou sans transposition, ...se tire au sort. De même, *he was taken no notice of*, on ne prit pas garde à lui, ou : il passa inaperçu. *He is well spoken of* (voir plus bas).

2° *It is not said*, cela ne se dit pas ; *it is not done*, cela ne se fait pas. Entre parenthèses, le français recourt aussi à la voix pronominale dans certains cas où l'anglais transpose le verbe transitif en intransitif avec valeur passive. Comparer *he reads a book*, *he acts a play* avec *this play reads as well as it acts*, cette pièce se prête (« rend ») aussi bien à la lecture qu'à la scène. *This article sells well*, se vend bien.

3° Les exemples relatifs à *to be chaired* donnés à la page XLVI montrent que la tournure passive peut en pareils cas être maintenue, mais ils exigent le plus souvent une traduction analytique.

Pour bien marquer la différence qui sépare les modes d'expression de l'actif et du passif dans les deux langues, il suffit de comparer les phrases suivantes construites avec des « pastparticipial adjectives »: « He is a *well-read* man », qui s'analyse ainsi : c'est un homme qui *a beaucoup lu*, qui *a* de la lecture, des lettres, de l'instruction et donc un homme instruit parce qu'il a été un grand lecteur (résultat d'une action) ; par contre, d'un écrivain qui est très lu, se lit beaucoup, s'attire de nombreux lecteurs (1), l'anglais dira : he *has* a large audience, he is a good seller, a best-seller. Autrement dit, il usera d'une tournure active ou du suffixe d'agent -er pour rendre une valeur passive. Inversement, « *he is a well-, a much-travelled man* » (forme passive), se rendra par l'actif : c'est un grand voyageur, un homme qui a beaucoup voyagé.

Dans les passifs à valeur active, on distinguera soigneusement : « This man *is well-spoken* », cet homme parle bien, est disert, et « this man is *well spoken of* » (is of good report), cet homme a bonne réputation, on en dit du bien, etc.

Quand on lit dans HORWILL (s.v. VOTE) : The Pennsylvania delegation *was voted* solidly for Mr. P., on serait tenté

(1) On pourrait dire évidemment « a » de nombreux lecteurs.

de croire que ladite délégation a été « manœuvrée » et que le passif a ici encore une valeur factitive. Il n'en est rien et il faut traduire par l'actif : La délégation de la P. a voté comme un seul homme (à l'unanimité) pour M P. (1)

VI. 2. La forme progressive à valeur passive.

Elle peut aussi induire en erreur. Quand SHAKESPEARE écrit : « Women are angels WOOING. » (*Troil.*, I, ii, 312), il entend : « as long as they are wooed ». De même, « From his ALL-OBEYING (= obeyed by all) breath I hear the doom of Egypt. » (*Ant. Cl.*, III, xiii, 77).

Jusqu'au XVIIIe siècle, on disait : « the house is building » (c'est-à-dire a-building, in building), = ... « is being built », forme moins ambiguë qui ne triomphera qu'au siècle suivant. (2) Cependant, telle est la force de l'esprit conservateur en Angleterre et telle sa préférence pour les procédés économiques, que le type ancien a survécu dans la langue moderne. En voici quelques exemples. Style épistolaire : « My ' Imitations of Horace ' is now TRANSCRIBING at C's » (BYRON, *Letters*, 1811) = « being transcribed ». — Jargon de la Bourse : « Rails are OFFERING » = « being offered ». — Définition du « creditor » par le COD : « One to whom a debt is OWING » = « being owed ». — Dialogue entre un aubergiste et un inconnu exténué qui lui demande asile : « You're WANTING maybe? — There's many WANTING. » (3) On ne demande pas à l'homme s'il est « dans le besoin », mais s'il est « recherché par la police » (wanted).

Enfin, dans cette phrase de KIPLING : « In all this jam of work DONE OR DEVISING, demands, distractions... my health cracked again » (4), on constate que DEVISING est mis sur le même plan syntaxique que DONE et équivaut sémantiquement à « being devised », c'est-à-dire « conçu », « projeté ».

Dans une traduction élégante, S. et J. VALLETTE marquent bien la différence d'aspect des deux participes en donnant à DEVISING la valeur d'un participe d'obligation (latin *-ndus*) : « ...Au milieu de cette salade de travail fait ou A FAIRE, d'exigences, de distractions, ...ma santé céda de nouveau. »

(1) A moins que l'on n'estime, avec F. STROWSKI, que « le souverain appelé Électeur est aux mains de trois ou quatre tyrans occultes. » (*La Bruyère en Amérique*, Paris, 1929, p. 67.)
(2) Voir F. MOSSÉ, *Esquisse*, p. 171.
(3) SYNGE, *The Playboy of the Western World*, I.
(4) *Something of Myself*, IV, p. 93, Macmillan, Londres, 1937.

VI. 3. Transposition du régime des verbes.

Pour clore ce chapitre relatif à la syntaxe du verbe, rappelons que l'anglais pousse encore plus loin que le français la transposition des formes verbales (c'est-à-dire le passage du régime intransitif au transitif ou inversement).

Premier exemple : *He failed in the written examination*, il a échoué à l'écrit, devient au régime transitif : *he failed the written examination*, même sens. Autre tour familier : *the examiner failed him*, l'examinateur l'a « collé », avec valeur causative implicite : « *...caused him to fail* », il s'est fait recaler.

Deuxième exemple : soit la phrase *The death of Edward III determined the crisis.* Qui céderait ici à la tentation de traduire : « ...détermina (entraîna, provoqua) la crise » ferait un grossier contresens, car loin de déclencher la crise, la mort du roi y mit un terme, eut pour effet de la dénouer. Mais l'angliciste averti ne donne pas dans le panneau. Il sait que cette acception archaïque (xve siècle) a survécu dans la langue juridique et diplomatique, et que la transposition du verbe transitif en intransitif (datant de 1605) permet aux Anglais d'employer aussi — voire de préférer — cette dernière forme, et de dire : *the lease, the agreement, the treaty shall (cease and) determine on the...*, le bail, la convention, le traité prendront fin, viendront à expiration le... (1)

La tautologie éclaire ici le traducteur, mais dans la phrase transitive précitée, c'est la connaissance de l'histoire d'Angleterre qui, à défaut de celle de la langue, lui permet d'éviter l'erreur. On reviendra plus loin sur ce point important.

VII. EXTENSION DU CRITÈRE DES FAUX AMIS : LA SITUATION

VII.1. Les pièges du sens fort ou fondamental.

En effet, ce n'est pas toujours aux ressemblances verbales entre certains mots anglais et français que l'erreur de traduction doit être imputée. Celle-ci peut tenir à ce que le sens

(1) Ce sens se retrouve dans les dérivés, par exemple *the determination of an estate*, la liquidation d'une succession.

fort ou fondamental d'un mot ou d'un syntagme — latent dans la mémoire — s'impose à l'esprit du traducteur irréfléchi et rejette dans l'ombre celui qu'exigerait le contexte ou la situation. C'est ainsi que des mots polysémiques, classés en raison de leur fréquence, comme courants ou « ordinaires » (1) peuvent devenir des faux amis. Tel est le cas, par exemple, de *boy* et de *girl* qui risquent d'être traduits automatiquement par « garçon » et « fille », bien que leurs sens respectifs ne soient pas toujours interchangeables avec ceux de *son* et de *daughter* (2). Si cette traduction est légitime dans certains textes, il ne s'ensuit pas que *old boy* doive se rendre par « vieux garçon » *(old bachelor)* et *old girl* par « vieille fille » *(old maid* ou simplement *spinster)*. Négliger les valeurs affectives ou stylistiques qui s'attachent à ces locutions serait de nature à entraîner de graves faux sens (3).

C'est précisément en prenant de telles valeurs que ces locutions deviennent des faux amis de situation. Qu'on en juge par ces exemples qui viennent compléter ceux que l'on a donnés en leur lieu et place :

1° « *He took his old girl for a walk, an outing, an airing, a stroll* », « il a emmené sa « maternelle » (ou sa « bourgeoise », selon le cas) faire une promenade, un tour, une balade, prendre l'air ».

2° Un voyageur flatte et encourage sa jument qui s'immobilise et s'effare dans la tempête : « *Soho old girl, gently, gently* » (DICKENS), « holà ! ma belle, tout doux ! tout doux ! »

3° Un paysan s'apitoie sur sa vache qui s'est blessée : « *Poor old girl* », *he said as he leg-roped her* » (NED, 1972), « Pauvre bête » (ou « ma pauvre vieille »), dit-il en lui bandant la jambe. » Il aurait pu dire aussi bien *poor brute* (voir ce mot).

(1) Cf. sur ce point l'ouvrage de Cl.-J. BERTRAND et *al.* : *L'anglais de base* (Paris, 1972), dans lequel les mots sont classés par fréquence en trois catégories et, à l'intérieur de ces catégories, sont divisés en « ordinaires », « vrais amis » et « faux amis ».

(2) Ces mots n'ont pas la même valeur. Cf. par exemple : « *My son* (et non *my boy*), *hear the instructions of thy father* » *(Prov.*, I,8) avec l'exhortation familière: *There's a good boy*, plutôt que *a good son*. On pourrait présenter des observations analogues sur les emplois respectifs de *daughter* et de *girl*. Ainsi *daughter* ne peut s'opposer qu'à *son*, tandis que *girl* s'oppose à la fois à *boy* et à *man servant*.

(3) Noter que *an old boy, an old girl* peuvent signifier respectivement un ancien, une ancienne élève.

4° Enfin, il est impossible de traduire exactement : *The old girl was as good as she was pretty* (1) si l'on ignore qu'il s'agit... d'un navire dont un marin vante les qualités de navigabilité et la beauté.

Peut être considéré aussi comme faux ami de situation tel adjectif « ordinaire » dont le sens fondamental diffère selon les mots qu'il détermine ou qualifie. Comparer les phrases suivantes énoncées dans des circonstances qu'il est facile d'imaginer : *I can't drink this wine ; it is too hard* (trop vert) ; *Hard drinks not sold here* (spiritueux, boissons alcooliques) ; *This hard water would spoil your linen* (eau calcaire) ; *Americans are great consumers of hard goods* (biens de consommation lente, biens durables : automobiles, réfrigérateurs, etc.) *; Public notice : Hard currencies only* (on n'accepte que les devises fortes) ; *Our hard sell has been paying* (vente au « matraquage publicitaire »).

Quand à la polysémie de l'adjectif « ordinaire » vient s'ajouter celle de son déterminé, le traducteur doit s'efforcer davantage encore de discerner la situation décrite par l'énoncé.

Soit la phrase familière *he is a hard case*. Elle prend des valeurs différentes suivant les milieux considérés. Dans un établissement d'enseignement, ce sera une « forte tête » (ne pas confondre avec *a hard student*) ; dans l'administration, « un chômeur » ou « un émigrant difficile à caser, à classer » ou « à reclasser » ; dans les rapports sociaux, « un homme difficile à vivre », aussi « un mauvais sujet », sinon « une canaille » ; aux assises, « un criminel endurci », « un irrécupérable ». Selon qu'on parlera d'une femme ou... d'un bateau, *she is a bad lot* signifiera : « c'est une vaurienne » ou « c'est un voilier à bord duquel il faut trimer, où on en voit de dures, de toutes les couleurs. »

Toujours dans le même ordre d'idées, il importe de modifier ou de nuancer la traduction de certains verbes « ordinaires » compte tenu de leur complément d'objet. Il suffit de considérer les exemples suivants pour s'apercevoir que, malgré l'uniformité de leur construction, ils répondent à des situations différentes. Comparer, d'une part, *to sell goods*, « vendre des marchandises » à *to sell (on) an idea* (2),

(1) J. CONRAD, *Typhoon*, I.

(2) Expression qui n'a pas le caractère commercial qu'elle prend, par exemple, dans ce passage de TOCQUEVILLE : « Les littératures démocratiques fourmillent toujours de ces auteurs qui n'aperçoivent dans les lettres qu'une industrie, et, pour quelques grands écrivains qu'on y voit, on y compte par milliers des *vendeurs d'idées.* » *(Op. cit.*, t. III, p. 103). C'est nous qui soulignons.

« gagner, rallier quelqu'un à une idée, l'en convaincre, l'en persuader » ; d'autre part, *to sell one's brother (Genèse*, XXXVII, 27), « vendre son frère comme esclave », à *to sell an author*, « vanter, faire valoir », (familièrement, « faire mousser ») un auteur, sens qu'on trouve déjà en latin, par exemple : *valde te venditavi* (CICÉRON), « je t'ai beaucoup vanté ».

Bien plus, même si dans deux phrases données, le complément d'objet du verbe « ordinaire » est identique, c'est encore la situation qui sera déterminante. Par exemple, *to open the budget* est la formule consacrée qui, à la Chambre des Communes, correspond à notre « présentation du budget ». Comme cette formule ouvre des perspectives généralement peu goûtées des contribuables, elle a donné lieu à des plaisanteries et a pris une coloration affective ; d'où la phrase familière *to open one's budget to s.o.*, « dire sa façon de penser, ses quatre vérités à quelqu'un », ou mieux encore : « vider son sac » — par rappel du sens primitif de « bougette », « petit sac de cuir », « bourse ». On respecterait ainsi la nuance qui marque le passage du général au particulier, du propre au figuré et, ce qui importe surtout, la différence de situation (1).

On le voit, c'est la phrase et non le mot isolé, surtout s'il est donné ou conçu comme monosémique, qui doit guider le traducteur : « la phrase ...qui porte à la fois sens et référence : sens parce qu'elle est informée de signification, et référence *parce qu'elle se réfère à une situation donnée.* » (2)

Ce n'est pas faire injure au lecteur que de le lui rappeler, car d'excellents anglicistes ne s'en souviennent pas toujours. Témoin cette remarque de Jean LOISEAU sur la traduction de *King Richard the Third* par Pierre LEYRIS : « Dans la grande harangue de Richard à son armée, il traduit *Spur your proud*

(1) Faute de discerner le rôle important que joue la situation, les traducteurs d'agences nous offrent des phrases de ce genre : « L'amiral Grant Sharpe s'était battu en vain contre l'administration Johnson pour lui « vendre » le minage de Haïphong » (*Le Monde*, 10 mai 1972). « Le président Nixon va maintenant essayer de « vendre » au Congrès son voyage à Moscou » (Radio-Suisse romande, 2 juin 1972). Selon ROBERT (Supplément) « vendre » employé intransitivement au sens de « faire vendre », « être un facteur d'augmentation des ventes » est un terme de publicité. Ce n'est évidemment pas dans ce sens qu'il faut comprendre les deux citations précédentes ni le jugement qu'a porté SAINT-SIMON sur la politesse de LOUIS XIV : « ...Bref, jamais personne ne vendit mieux [c'est-à-dire : ne ménagea mieux, ne fit mieux apprécier] ses paroles, son souris même, jusqu'à ses regards. » (Cité par Jacques BOULENGER, *Le Grand Siècle*, Paris, 1957, p. 182.)

(2) E. Benveniste, *Problèmes de linguistique générale*, Paris, 1971, p. 130. Les mots soulignés le sont par le citateur.

horses and ride in blood (1) (V, v. 340) (comme d'ailleurs M. Delcourt) par « Piquez vos fiers chevaux et chargez dans le sang ». Mais l'expression « to ride in blood » est seulement, nous précise une note, un terme de chasse (1), une invitation à chevaucher avec ardeur, et non à prendre un bain de sang. » Et Jean Loiseau d'ajouter : « L'anglais du XVIe siècle est semé d'embûches sournoises dans lesquelles, une fois ou l'autre, les meilleurs spécialistes trébuchent. » (2)

En effet, malgré leur similitude de structure *(to ride) in blood* (3) et « (charger) dans le sang » correspondent à des réalités et donc à des réseaux d'associations différentes. Elles ne pouvaient dès lors être calquées l'une sur l'autre ni s'accommoder par conséquent d'une traduction littérale.

A l'analyse, il apparaît que, malgré son caractère idiomatique, une unité lexicologique indécomposable (dont l'antonyme est *out of blood*) a été indûment dissociée en ces deux éléments : préposition et nom auxquels on a cru pouvoir donner leur sens courant respectif. C'est dire que la traduction des mots-outils ou « mots fonctionnels » peut, elle aussi, prêter à l'erreur.

VII.2. Les pièges des mots-outils ou « mots fonctionnels » (3).

Ce sont des signes de rapport sur lesquels repose l'agencement de la phrase et qui entrent — on vient de le voir — dans la composition des tours idiomatiques ou locutions figées. Dans sa syntaxe, plus libre que la nôtre (4), l'anglais ne distingue pas toujours nettement les coordonnées spatiales des

(1) Dire des limiers ou chiens de chasse qu'ils sont « *well in blood* » signifie qu'ils sont « *adhesive to the track* », acharnés sur la piste, qu'ils ont « empaumé la voie » (cf. le terme de fauconnerie « être bien à la chair » qui se dit de l'oiseau qui chasse bien, voir Littré, 8° s.v. CHAIR). Le sens d'« ardeur » signalé ici a survécu dans la langue moderne, par exemple dans « *full-blood, blooded horse* ». Faute de place, on n'a pu traiter dans cette édition le mot *(to) blood* et ses dérivés qui auraient mérité pourtant de figurer dans notre recueil.

(2) *Études anglaises*, janvier-mars 1956, p. 13.

(3) *To ride in blood* serait donc, d'après la classification de Vinay et Darbelnet, un « faux ami de structure » (voir *op. cit.*, § 154-155).

(4) Pour Dauzat, le développement des mots-outils qui n'expriment que des rapports est une caractéristique du « génie de la langue française ». Voir la conclusion de l'ouvrage ainsi intitulé (p. 350). Le terme de « mots fonctionnels » est employé par Cl.-J. Bertrand *et al.*, *op. cit.*, p. XVIII. Ce sont notamment les conjonctions, adverbes, prépositions et postpositions. D'autres linguistes parlent de « mots grammaticaux » (Ed. Bourciez) ou de « mots accessoires » (St. Ullmann).

(4) Diderot *(Lettre sur les sourds et muets)* disait qu'en français notamment, l'esprit était « enchaîné par la syntaxe ». « Les Anglais, au contraire, portent leur liberté jusque dans leur langue » (Beeverel, 1707).

temporelles. Le traducteur doit donc préciser. Voici quelques exemples à l'appui. Newman polémique : *They are rude* WHERE *they should be reverent*, phrase dans laquelle le temporel exprimé par le locatif glisse à l'adversatif *(whereas)*, « ils sont insolents quand (ou mieux : alors que) ils devraient être respectueux ». Deuxième exemple : emploi du *where* avec valeur interrogative et intensive : WHERE would be the good of quarelling over this? (Dickens), « A quoi bon se quereller là-dessus (à ce sujet)? » Troisième exemple : *I saw that it would be better she should marry* WHERE *whe wished* (Th. Hardy, *Return*, I, IV). — Faut-il entendre : « J'ai compris qu'il était préférable la laisser se marier OÙ elle le désirait? », c'est-à-dire « de la laisser choisir le LIEU de son mariage? » La grammaire autoriserait cette interprétation ; la situation l'interdit. WHERE *she wished* signifie : « ...à son goût » (trad. Marie Canavaggia), « selon son inclination ».

Que dans ce dernier exemple, le « where », dépouillé de toute idée spatiale ou temporelle, puisse être considéré à la fois comme un faux ami sémantique et comme un « faux ami de situation », c'est ce qui ressort de la citation suivante dans laquelle M. Edgeworth a dit la même chose (1809), mais cette fois sans ambiguïté : *She had an uncontrollable right to marry as she thought proper*, « elle avait le droit absolu de se marier à sa convenance ».

Lorsqu'il signifie « and then », se rapprochant ainsi du sens de « whereupon », « when » peut prendre une valeur causale : *He lost his mother*, WHEN *he decided to marry.* « Il perdit sa mère, ce qui le décida à se marier. »

La locution adverbiale *at the same time* peut aussi prêter à équivoque. Le COD la définit ainsi : « simultaneously, notwithstanding », sans toutefois séparer par un « ; » deux termes dont l'un dénote la simultanéité, l'autre l'adversatif. Comparer : *I laugh and cry* AT THE SAME TIME, « je ris et pleure en même temps » (familièrement, « je ris d'un œil et pleure de l'autre », littérairement, « je ris en pleurs ») avec *He is rich ; at the same time I do not envy him*, « il est riche, et pourtant je ne l'envie pas ».

Passant de l'examen des adverbes à celui des prépositions, on va montrer maintenant que si elles se prêtent dans les deux langues à un jeu pareillement subtil, elles correspondent néanmoins à des valeurs sémantiques différentes.

Un premier exemple nous est fourni par la locution,

devenue cliché, *The man in the street ;* elle est traduite couramment par « l'homme de la rue », malgré les associations plutôt péjoratives qui sont ainsi évoquées, par exemple « descendre dans la rue », « mettre à la rue », « une petite morveuse ramassée dans la rue » (ROBERT), etc. « L'homme moyen », autre équivalent proposé — d'ailleurs très commode — n'est pas toujours satisfaisant. On peut se demander avec Georges ELGOZY : « Qui a jamais rencontré un homme moyen dans la réalité ? » (1) C'est une fiction statistique. Elle n'a aucun rapport, insistons-y, avec l'« élève moyen » (en telle ou telle branche ou discipline) dont le professeur apprécie ou note le travail. Quand nos sondeurs d'opinion rendent compte à la radio des réponses des personnes qu'ils ont interrogées sur les questions les plus variées : Marché Commun, coût de la vie, œuvre(s) de M. X., modèles du Salon de l'Auto, etc., ils entendent par « l'homme de la rue » : Monsieur tout-le-Monde, le ou les passants. Dans d'autres contextes, le caractère collectif de la locution peut s'accuser ; ce sera « le grand, le gros, le bon public », « le commun, la généralité des hommes ». Par contre, il est des situations (choix d'une carrière, d'une épouse, achat d'une œuvre d'art) où il ne conviendrait guère de prendre l'avis du « man in the street », c'est-à-dire du « premier venu », de « n'importe qui », du « non initié », du « profane », voire « du tiers et du quart ».

De même, on distinguera soigneusement « *a woman* IN *the street* » de « *a woman* ON (ou : OF) *the street* », synonyme de *street-walker*, la « péripatéticienne ». Autres exemples de substitution d'une préposition à une autre entraînant des changements de sens. Comparer d'une part, « *a man, a woman* ABOUT TOWN », respectivement : un boulevardier, un cercleux, un salonnard, un viveur et une mondaine très lancée qui risque de côtoyer le demi-monde ; d'autre part « *a man, a woman* OF THE TOWN, » un homme (individu) louche, équivoque, suspect ; une catin, une fille ou femme légère, une coureuse. La différence de valeur que présentent les mêmes prépositions dans les deux langues ressort des citations suivantes : « *The lady was only a woman of the town* » (NED, 1765), « la grande dame n'était qu'une femme galante, une courtisane », et « Un homme de la ville est pour une femme de province ce qu'est pour une femme de ville un

(1) *Op. cit.*, p. 42. CONDILLAC s'était déjà demandé à quelle réalité pouvait bien correspondre la notion de « l'homme en général ».

homme de la Cour » (LA BRUYÈRE, III, 30, 1688). On notera enfin les trois sens que peut prendre la locution ON THE TOWN : *a)* (être) dans le vent, à la page ; *b)* vivre d'expédients, d'escroqueries, de prostitution, etc. ; *c) to come on (upon) the town* (dial. ou E.U., anglais *parish*), tomber à la charge de la commune.

Au nombre des tours idiomatiques — qui sont à la fois des faux amis de structure et des faux amis de situation — nous croyons pouvoir faire figurer les formations du type verbe + postposition (1) qui jouent un rôle sémantique et syntaxique important. Elles sont, en effet, génératrices d'une ambiguïté que seule la situation peut lever. « Ces tours idiomatiques présentent beaucoup de difficultés pour l'étranger. C'est l'erreur principale de l'auteur du *Basic English* que de s'être surtout fondé sur ces combinaisons. » Ainsi s'exprime Fernand MOSSÉ (2).

Voyons maintenant ce qu'en pense le linguiste américain Lincoln BARNETT qui vient de prôner la clarté et la simplicité de la langue anglaise, et dont le témoignage est à ce titre d'autant plus convaincant :

« *It is evident that the little words of English... can be of enormous value to the novitiate... They are relatively simple to spell and to pronounce. But their simplicity is* DECEPTIVE. *They can be used in so many ways that* THEIR VERY VERSATILITY CAN CREATE CONFUSION *in the mind of the learner. Contemplate for example the little word* UP. *Most of the time it behaves like a preposition indicating direction (He lives* UP *the street). But it can also masquerade as an adverb (It's time to get* UP), *a noun (Every life has its* UPS *and downs), a verb (I'll* UP *your five dollars) or an adjective (The sun is* UP). *In addition to its multiple functions in the combination* GIVE UP, *it plays an* UBIQUITOUS *and somewhat superfluous role in a variety of such expressions as add* UP, *clean* UP, *do* UP, *drink* UP... UP *to now and* UP *to you. To the foreign student it seems paradoxical that the same meaning is conveyed by his house* BURNED DOWN *and his house* BURNED UP... ; *the train* SLOWED UP *and the train* SLOWED DOWN... *Even more bewildering are* THOSE SITUATIONS WHERE UTTERLY UNRELATED CONCEPTS ARE EVOKED BY ONE AND THE SAME PHRASE, *as e.g.* MAKE UP *whose transient*

(1) Dans *Particularités de la langue anglaise*, Paris, 1915, F. HAUSSAIRE les avait dénommées « postpositions-adverbes » avec de nombreux exemples à l'appui.
(2) *Op. cit.*, p. 196.

meaning depends on whether the context is cosmetics (She takes an hour TO MAKE UP *her face), indecision (I just can't* MAKE UP *my mind), domesticity (Let us* MAKE UP *the bed), forgiveness (Kiss and* MAKE UP*), fiction (I'll* MAKE UP *some kind of story) or atonement (Some day I'll* MAKE UP *this mistake).*

« *The puzzles presented by prepositions* CONFUSE NOT ONLY THE FOREIGN STUDENT BUT ALSO THOSE BORN TO THE ENGLISH TONGUE, *and* MOST PARTICULARLY THOSE TEACHERS AND WRITERS WHOSE OBLIGATION IS TO EMPLOY THEM CORRECTLY. THESE LITTLE WORDS ARE STICKY, FUSSY, ELUSIVE WORDS EVEN FOR THOSE WHO HAVE LIVED AND WORKED WITH THEM ALL THEIR LIVES. » (1)

Ainsi donc, Lincoln BARNETT est encore plus catégorique que Fernand MOSSÉ « Ces petits mots « importuns, tracassants, insaisissables embarrassent non seulement les apprentis anglicistes, mais encore les Anglais de naissance qui les ont fréquentés et employés toute leur vie durant. »

Récapitulons. Oubli de la polysémie des mots « ordinaires », jeu nuancé des prépositions et des postpositions, paradoxe enfin de situations identiques exprimées par des particules de sens opposé ou de situations différentes traduites par des particules identiques — voilà, nous semble t-il, des faits qui sont de nature à justifier l'extension du critère des faux amis (2).

REMARQUE. — Parmi les tours idiomatiques que nous venons d'analyser il faut ranger les constructions dites « prégnantes » du type « he has to be beaten into compliance, seuls les coups peuvent lui faire entendre raison » ; « she danced herself into the king's favour, c'est en dansant qu'elle gagna la faveur du roi ». Ce sont de véritables tableaux qui sont ainsi évoqués devant nous.

Ce pittoresque, le français ne peut y atteindre que par l'analyse, ce qui lui permet d'ailleurs de nuancer les modalités

(1) *Life*, 2 mars 1962. Les exemples d'emploi de UP donnés par Lincoln BARNETT sont d'un usage courant. On se bornera à traduire ceux dans lesquels MAKE UP est un faux ami de situation : « Il lui faut une heure pour SE MAQUILLER ou : SE FAIRE UNE BEAUTÉ » ; « Je ne parviens pas à ME DÉCIDER, A PRENDRE UN PARTI » ; « Allons FAIRE le lit » ; « Embrassons-nous et FAISONS LA PAIX » ; « J'IMAGINERAI, J'INVENTERAI, JE FORGERAI une histoire quelconque » ; « Un jour je RÉPARERAI cette faute ». Les majuscules des textes français et anglais sont du citateur.

(2) Autre exemple de notre cru (ténacité) : « We must SEE IT THROUGH », il nous faut ALLER JUSQU'AU BOUT ; (perspicacité) « The police will SEE THROUGH that mystery », la police PERCERA ce mystère.

de l'action exprimées par le verbe anglais ; par exemple : « He bowed him out : il le congédia avec force saluts » ou « courbettes », selon le cas ; « she bowed herself out : elle tira sa révérence à la compagnie ». Thomas GRAY admire les beautés de la Grande-Chartreuse (1739) : « There are certain scenes that would awe an atheist into belief : Il est des spectacles (ou : paysages) si augustes qu'ils convertiraient un athée ». Ici, le français est, grâce à l'emploi d'un verbe cumulatif, aussi bref que l'anglais.

VII.3. Les emprunts au français et au latin.

Si ces emprunts peuvent être, paradoxalement, une cause d'erreur, c'est qu'ils constituent un double et curieux phénomène auquel nous avons fait allusion au début de cette étude. Un mot français, généralement de formation savante, ayant acquis droit de cité outre-Manche, va prendre, indépendamment du français qui vit parallèlement, tous les sens qu'avait le vocable latin d'où il tire son origine. Ou bien l'anglais a conservé l'acception d'un mot qu'il nous a emprunté, mais dont le sens primitif est tombé en désuétude chez nous ou s'en est plus ou moins écarté et demeure ignoré de la masse des Français.

Dans l'enseignement de l'anglais, les mots d'origine latine peuvent être envisagés sous deux angles différents. Autrement dit, ils sont, selon le cas, plus ou moins intelligibles aux Français. Examinant l'intérêt didactique du « Basic English » (1), Fernand MOSSÉ, déjà cité, s'exprime ainsi : « *To bring about* est moins facile à comprendre que *to cause*, *to keep on* que *to continue*, *to put up with* que *to tolerate*, *to turn over* que *to surrender*, et ainsi de suite. » (2)

Par contre, la contagion latine qui a gagné l'anglais du fait d'écrivains latinisants comme Sir Thomas BROWNE, BACON, JOHNSON et leurs pareils transforme cette langue en un jargon volontiers pédantesque, trop souvent énigmatique pour l'Anglais et le Français de culture moyenne et, en

(1) *Esquisse*, p. 257.

(2) La méthode du *Basic English* a été rendue nécessaire par la grande richesse du vocabulaire anglais. Déjà DICKENS avait signalé les inconvénients de *too large a retinue of words*. Il n'est pas jusqu'au Nouveau Testament qui n'ait été « modernisé » en « Basic English » (Cambridge University Press, 1941). Ne pas confondre avec la New English Bible (N.E.B.) publiée conjointement en langage contemporain par Oxford University Press et Cambridge University Press (1961-1970).

revanche, plus à la portée des latinistes du monde entier. On verra maintes fois, au cours des pages suivantes, que le lexique latin est la meilleure aide à l'intelligence de nombreux vocables anglais. Sans remonter jusqu'à BACON dont « la santé n'a pas été affectée par « an UMBRATILE still life under the roofe », on appréciera la manière dont THACKERAY décrit la rencontre de deux amies : « The two ladies went through the OSCULATORY ceremony which they were in the habit of performing. » (1), dont BAGEHOT oppose « the COMMON DIFFUSED PERSONS (le grand public) aux SECLUDED SCHOLARS (les lettrés retirés dans leur tour d'ivoire) » (2) ou dont WELLS nous dépeint un personnage « EFFECTING AN AUDITORY LODGMENT ON J. » (3) Et que dire de cet extrait d'un rapport technique sur l'emplacement des hôpitaux psychiatriques : « Topographical INSULATION can easily lead to a SPIRITUAL INCAPSULATION *(sic)* far removed from ordinary human contact. »(4)

Ainsi donc, que l'anglais reste fidèle au sens primitif des mots qu'il a empruntés au latin ou qu'il latinise à outrance au point d'être plus latin que le latin lui-même, le résultat est le même pour le traducteur. La conjonction de l'esprit conservateur et de la hardiesse néologique est de nature à augmenter le risque d'erreur.

VII.4. L'erreur par bilinguisme ou par imprégnation.

Tout traducteur étant par définition bilingue (ou multilingue), il peut sembler paradoxal d'ajouter l'erreur par bilinguisme à l'erreur par ignorance. Mais, on l'a vu, il n'y a à cet égard qu'une différence de degré et non de nature : les plus grands écrivains et les meilleurs spécialistes pouvant tomber — tout comme les apprentis — dans les pièges que leur tendent les idiotismes d'une langue étrangère.

(1) *Pendennis*, XV.
(2) *Literary Studies*.
(3) *Polly*, VI, 5.
(4) O.M.S., Série des Rapports techniques, n° 134 (1957). FREUND consulté ignore INSULATIO, de même que INCAPSULATIO qui évoque pour le latiniste une « mise en boîte ». Voici la traduction (ou plutôt l'explication) de ce passage : « Isolé de la collectivité par son emplacement, l'hôpital risque de SE REPLIER SUR LUI-MÊME, CLAUSTRATION qui se traduira par une rupture des contacts humains normaux. » JESPERSEN (*op. cit.*, 130 et 149) blâme l'emploi abusif de mots latins anglicisés, qu'il attribue à une certaine « paresse mentale » de l'écrivain peu soucieux de la commodité de ses lecteurs. Il s'adresse notamment aux journalistes anglais dont la langue est, selon lui plus ampoulée que celle de leurs confrères européens.

« Lorsqu'on fait une version, la langue dans laquelle on traduit prend imperceptiblement la teinture de celle dont on traduit. »

Ainsi s'exprimait l'abbé DELILLE dans son « *Discours préliminaire* » à sa traduction des « *Géorgiques* ».

Georges MOUNIN précise : « L'influence de la langue qu'il (le traducteur) traduit sur la langue dans laquelle il traduit peut être décelée par des interférences particulières qui, dans certains cas précis, sont des erreurs de traduction. » (1)

Même en l'absence de toute traduction — j'entends d'une tâche imposée, à des « professionnels » ou entreprise, spontanément — ces interférences ne sont pas sans danger pour l'intégrité de la langue maternelle.

« On peut montrer le péril à l'œuvre par l'anecdote du Consul de France à Malaga, si imprégné d'espagnol qu'il criait du jardin à sa femme à l'étage : « Assomme-toi que je t'enterre ! » pour lui dire : « penche-toi que je te mette au courant. » (En castillan, *asomare*, se montrer à la fenêtre, *enterar*, mettre au courant.) (2)

Si un Français ignorant l'anglais s'entend dire par un Canadien : « Ma femme est dans le chemin de la famille », il risque fort de n'y rien comprendre. Un angliciste, par contre, aura tôt fait de remonter à l'expression originale idiomatique : « *My wife is in the family way* » et d'observer qu'au dynamisme de cette expression euphémique correspond en français un tour également euphémique, mais plutôt statique : « Elle *est dans un état* intéressant » ou « elle *attend* un bébé ».

Plus grave est cette erreur d'un Anglais bilingue, admirateur de W. Churchill, qui, dans un panégyrique improvisé (1965), louait le grand homme de sa « versatilité » et le félicitait de s'être toujours raidi contre l'« apaisement ». C'était travestir l'homme « universel » (3) en girouette et l'ennemi des lâches concessions en belliciste ! (4)

(1) Inversement, BRÉAL avait déjà bien noté que le souvenir intempestif de la langue maternelle peut égarer les traducteurs : « Partout où deux populations différentes sont en contact, les fautes et les erreurs qui se commettent de part et d'autre... sont au fond les mêmes fautes qu'on fait au collège et que nos professeurs estiment au jugé. » *(Op. cit.*, p. 4). Voir aussi p. XXXIV.
(2) Cité par Michel CHRESTIEN in *D.L.F.*, n° 46, p. 32.
(3) Cf. : « Que de talents vous réunissez en vous ! ou plutôt... vous avez l'outil universel, c'est-à-dire vous êtes propre à tout. » (LESAGE, *Gil Blas*, VIII, IX), excellente traduction de « versatile ».
(4) *Appeasement* (voir ce mot) est, en effet, taré par l'histoire depuis l'accord signé avec HITLER en 1938 par les « Munichois ».

Dans les organisations internationales, dotées de services de traduction compétents, de telles erreurs ne sont pas concevables. Cependant, il arrive parfois que le traducteur — ou le reviseur — soit lié par un précédent. C'est ainsi que semblent avoir acquis droit de cité l'euphémisme « personne déplacée », censé traduire « displaced person », la délinquance ou le délinquant qualifié de « juvénile », et le « contrôle » du paludisme dont parlent certains médecins français influencés par la terminologie de leurs collègues anglo-saxons. [1]

Dans tous les exemples que l'on vient de donner : Consul de France à Malaga, Canadien et Anglais bilingues, traducteurs de l'ONU, les intéressés étaient ou étaient censés être au courant de la « situation ». Il faut donc en conclure, semble-t-il, qu'en matière de traduction c'est la bonne connaissance de la langue maternelle qui l'emporte sur toute autre considération. On reviendra sur ce point ci-après.

VIII. LES AUXILIAIRES DU TRADUCTEUR.

VIII.I. Connaissance de l'histoire et des civilisations étrangères.

Dans les pages précédentes on a exposé longuement les causes des erreurs de traduction qui relevaient de la linguistique formelle : erreurs par ignorance, erreurs par imprégnation que seules semblent séparer des différences de degré et de fréquence. Mais selon Georges MOUNIN, il faut distinguer dans les fautes de traduction « celles qui ressortissent à l'insuffisante connaissance de la langue étrangère et celles qui ressortissent à l'ignorance de la civilisation dont cette langue est l'expression. » [2]

C'est qu'en effet « tout vocabulaire exprime une civilisation ». MEILLET à qui nous empruntons cette formule ajoute : « Si l'on a dans une large mesure une idée précise du vocabulaire français, c'est que l'on est informé sur l'histoire de la civilisation en France. » [3]

(1) Voir ces mots à leur ordre alphabétique ainsi que la critique de notre langue médicale par le Docteur MONNEROT-DUMAINE, p. XXIX s. de notre Préface.
(2) Cf. *Les problèmes théoriques de la traduction*, Paris, 1965, p. 236. L'auteur est revenu encore sur ce point dans *Linguistique*, Paris, 1969, p. 378 : « ...Pour traduire, la connaissance de la langue ne suffit pas, mais (...) il faut y ajouter celle du pays qui la parle, de ses usages, de ses mœurs, de sa civilisation, de sa culture... »
(3) LHLG, t. II, p. 145.

On peut en dire autant *mutatis mutandis* du vocabulaire anglais né de la conquête normande et de ce même vocabulaire transplanté en Amérique.

On voudrait donc tenter de montrer par quelques exemples significatifs que la connaissance des faits de tout ordre (géographiques, historiques, politiques, économiques, sociaux, religieux) qui ont influencé l'évolution des vocabulaires considérés ici, est de nature à aider le traducteur à éviter les pièges que lui tendent certains mots, devenus dans notre perspective ainsi élargie, des faux amis de civilisation.

Les faits de civilisation et leur expression étant inséparables du caractère national, [1] il va sans dire que nous ferons intervenir cette notion dans l'exposé qui va suivre.

VIII.I.1. *Le Parlement et les usages parlementaires.*

Dès le début de notre étude, nous avons insisté sur l'esprit conservateur du peuple anglais. Il est normal que cet esprit se manifeste dans ses institutions, et d'abord au Parlement. « The English Legislature, like the English people, is essentially conservative », disait CARLYLE. Les usages parlementaires reflètent ce respect de la tradition, et la langue en porte témoignage. Discutant pendant la guerre de la reconstruction éventuelle de la Chambre des communes bombardée, Churchill avait condamné la forme de l'hémicycle — qui est celle de notre Assemblée nationale — parce que, selon lui, elle était de nature à favoriser l'histrionisme [2] et les palinodies des hommes politiques. La Chambre des communes a donc conservé la forme oblongue et l'espace relativement restreint qu'elle avait présentés dès l'origine. Quand après discussion *(debate)*, une proposition ou un projet de loi *(bill)* est mis aux voix, les membres passent, comme ils le font depuis 1836, dans deux couloirs *(division lobbies)* et sont dénombrés par les scrutateurs. Connaissant ce mode particulier de scrutin, le traducteur ne commettra pas l'erreur signalée page XXVIII. Il comprendra les tours idiomatiques de ce genre : *to challenge a division*, provoquer un vote, *to take a division*, aller aux voix

(1) Cf. « Si les langues sont comme les nations, il est encore très vrai que les mots sont comme les hommes. » (RIVAROL, *De l'Universalité de la langue française*).
(2) Cf. R. LAS VERGNAS, *L'Angleterre change de cap*, Paris, 1957, p. 155. Déjà vu par TAINE *(Notes sur l'Angleterre*, p. 244) : « ...Une tribune exhaussée, isolée pousse à l'éloquence théâtrale. »

(États-Unis, voter par assis et levé) (¹) ; *the House was divided*, la Chambre passa au vote, et non « la Chambre était divisée, partagée ».

Il aurait fallu dire qu'au préalable, le *bill* doit être, selon la tradition, déposé entre les mains des *Clerks at the Table*, c'est-à-dire « sur le bureau de la Chambre », ce qui marque le début de la procédure législative. Mais on sait qu'au Congrès américain, l'expression a un sens diamétralement opposé et qu'elle signifie « ajourner la proposition *sine die* », la « classer » (²). (Voir TO TABLE, p. 515).

Pour demander le huis clos, tout membre peut encore recourir à la formule consacrée : « I spy » ou « I see strangers ».

D'autre part, l'angliciste averti se garde de voir dans la *contested election* celle dont la légalité ou les résultats sont attaqués, c'est-à-dire la *controverted election*. Il sait que ce trait particulier du régime électoral britannique doit s'entendre de la campagne au cours de laquelle deux ou plusieurs candidats entrent en ligne et se disputent un siège. Aux États-Unis, toutefois, l'expression peut avoir, selon le cas, l'un ou l'autre sens.

VIII.I.2. *Le droit et les tribunaux.*

S'il est un domaine où se manifeste non moins clairement l'esprit conservateur des Britanniques, c'est bien celui du droit. « En Angleterre tout droit est actuel, quel qu'en soit l'âge... On peut même aller jusqu'à dire que plus une règle est ancienne, plus elle a de poids. L'autorité s'attache à l'ancienneté. » (³)

Il en est de même des termes qui sont l'expression de ce droit, et dont la plupart, d'origine française, sont toujours employés dans la procédure et les débats des tribunaux anglais : par exemple, *felony*, *forfeiture*, *justice* (juge) ; *lessor* et *lessee*, *donor* et *donee*, sans parler des infinitifs substantivés comme

(¹) Comparer avec la locution latine *pedibus ire in alicujus sententiam*, empruntée à un usage du Sénat romain, où pour accélérer le vote, tous ceux qui approuvaient une proposition passaient du même côté ; de là, par extension : « se ranger à l'avis de quelqu'un ».

(²) Pour la locution euphémique *to move to report progress*, v. K.R. MACKENZIE, *The English Parliament*, 1950, p. 136 et ici même, p. 773.

(³) Cf. LÉVY-ULLMANN, *Éléments d'introduction générale à l'étude des sciences juridiques, Le Système juridique en Angleterre*, Paris, 1926, Préf., p. 39 s.

joinder et *rejoinder* (ce dernier déjà mentionné), *trover* (¹), etc., que le temps et l'usage ont consacrés et que le traducteur averti sait identifier. Ils répondent, en effet, à des situations concrètes dont les tribunaux, tant anglais que français, ont pareillement à connaître, mais qui repoussent dans chaque cas toute traduction littérale.

De même, pour comprendre certains tours idiomatiques difficilement analysables, tels que *to turn King's*, *Queen's* (ou États-Unis, *State's) evidence*, il faut savoir qu'en Angleterre et aux États-Unis, toute action pénale motivée par une *offence against the Queen, etc.*, est intentée traditionnellement soit par la Couronne *(the case for the Crown)*, soit par l'État. L'expression dont il s'agit signifie donc littéralement « devenir témoin de, passer du côté de l'accusation, du ministère public » et donc en général : « dénoncer son ou ses complices ».

VIII.I.3. *Influence du sentiment religieux.*

Autre fait capital. Dans sa terminologie, le droit n'a pas été sans garder trace du sentiment religieux dont est pénétrée la société anglaise ; d'où ces expressions bibliques qui figurent dans certains contrats et dans les décisions des tribunaux, par exemple : « ... *the Act of God*, Fire and all and every Dangers and Accidents of the Seas excepted » (NED, 1882) et « A verdict of died by the *visitation of God* was recorded » (*Ibid.*, 1820).

Qu'il se soit agi dans les deux cas considérés d'une clause de style ou d'une formule consacrée par l'usage, que la notion d'acte ou d'intervention de Dieu ait été présente ou non à l'esprit des parties contractantes ou des jurés en cause — il est bien évident que, loin de s'exprimer de la sorte en France, on y aurait parlé respectivement de « cas de force majeure » et de « mort subite ».

D'ailleurs, ces expressions d'origine biblique sont devenues partie intégrante de la langue usuelle : un incendie non criminel ou un accident d'avion, par exemple, est aussi pour les Anglais un « Act of God », un cyclone dévastateur « a

(¹) Mot spécifiquement juridique à distinguer de « trouvaille » (lucky find, godsend) et signifiant « appropriation illégitime d'un objet perdu », d'où par extension *(action for) trover*, action en restitution d'un objet illégalement détenu (MANSION).

visitation of Providence » ([1]) ; *An Ishmahelite* (Genèse, XVI, 12) évoque pour eux l'image de l'exilé, du réprouvé, *One whose hand is against every man, and every man against him. The very Ishmaels of the Labour world*, ce sont les vrais parias du monde du travail. Pour nous apprendre que « le parti irlandais n'était plus frappé d'ostracisme », un chroniqueur parlementaire écrit : *When the Irish party was no longer a political Ishmael.* ([2]) Il suffit de consulter le NED pour mesurer l'ampleur du champ associatif de ce nom propre devenu nom commun. Celui-ci peut s'étendre au mode de vie, à la littérature, à la critique, aussi bien qu'aux domaines social et politique. ([3]) Est-il utile d'ajouter que ces acceptions n'ont pas leur réplique littérale en français ? Conçoit-on, par exemple, que STENDHAL, dépeignant son héros Julien Sorel « en guerre avec la société » aurait pu le qualifier d'« Ismaélite »?

Ce mot, non enregistré par ROBERT, bien qu'il le soit par LITTRÉ, n'a pour nous qu'une signification ethnique.

Il n'est pas jusqu'aux couleurs qui n'aient hérité de la Bible des connotations morales et sociales.

En raison de son importance, ce point mérite un commentaire. Nous ne pouvons malheureusement que l'effleurer ici.

La symbolique des couleurs.

C'est ainsi que, par allusion au sens figuré de « THE scarlet woman » (*Apocal.*, XVII), « LA Rome papale », ce nom propre s'est transformé en nom commun pour désigner « UNE fille de joie », « UNE prostituée » quelconque, soit « A scarlet girl », « woman » ou (États-Unis) « sister », si bien que dans la langue populaire américaine, « the scarlet sisterhood » s'entend du monde des prostituées. Et cela, quelle que soit d'ailleurs la couleur de la robe portée par celles-ci. ([4])

Et que dire de la « Scarlet letter » (A) dont une société puritaine et rigoriste imposait le port à la femme adultère? Traduire, comme on l'a toujours fait, par « La lettre écarlate »

([1]) Cf. TAINE, *Notes sur l'Angleterre*, p. 327.
([2]) H.W. LUCY, *Peeps at Parliament*, Londres, 1903, p. 187.
([3]) Cf. « The history of art in the nineteenth century is the history of a band of heroic Ishmaelites, with no secure place in the social system. » (R. FRY, *Vision and Design*, Londres, 1929, p. 57 s.).
([4]) Comparaison symbolique : « Une vraie courtisane... porte dans la franchise de sa situation un avertissement aussi lumineux que la lanterne rouge de la prostitution... », BALZAC in Robert.

ce titre d'un roman de N. Hawthorne, c'est non seulement créer une fâcheuse ambiguïté, mais méconnaître la différence de mentalité de deux peuples. Pour nous, en effet, une telle traduction reste... lettre morte. ([1]) Pour les Américains, au contraire, l'expression est demeurée si vivante, malgré l'abolition de la coutume, qu'elle a pris une valeur morale, par exemple : « Polygamy is the scarlet letter upon the brow of this young commonwealth. » « La polygamie est la note d'infamie qui marque au front cette jeune république. » « She branded her... with verbal scarlet letters » (1944, *in* MATHEWS.) « Elle déversa sur elle un torrent d'injures et d'infamies. »

C'est encore par une réminiscence biblique (Esaïe, I, 18) que « scarlet » devient un intensif, avec valeur péjorative, dans l'expression « a SCARLET crime », un crime NOIR, ODIEUX. La péjoration de l'épithète s'étend même à la presse de bas étage, qui vit de la publication de scandales, de pornographie, etc. C'est le « scarlet journalism ».

Par contre — et ici nous ouvrons une parenthèse — « scarlet » appliqué au sexe masculin prend une valeur laudative. Quel honneur pour un Anglais d'« être au service de Sa Majesté » (to wear the King's scarlet) ou de « revêtir la pourpre cardinalice » (to don the scarlet) et quel privilège aristocratique s'attache au port du « scarlet coat », uniforme des cavaliers de la chasse à courre! Mais comme la tradition identifie SCARLET et PINK, il s'ensuit que les Anglais peuvent dire, malgré le témoignage de leurs yeux : « Men in scarlet hunt in pink ». ([2]) Quel argument triomphant en faveur de l'arbitraire du signe !

La citation suivante offre, elle aussi, un paradoxe que seule la psychologie des Américains permet de comprendre : « Although your color is cinnamon... you treated me WHITE all the same » (*in* MATHEWS, 1907), « bien que vous soyez de couleur noirâtre, vous ne m'en avez pas moins traité comme un blanc aurait pu le faire, c'est-à-dire « loyalement, honnêtement, en chic type ». C'est, en effet, parce qu'ils sont imbus de la supériorité de la race blanche que les Américains font de l'adverbe ou de l'adjectif WHITE un terme élogieux familier qui, on vient de le voir, peut s'appliquer à une personne de

([1]) Il aurait été préférable de dire, semble-t-il : « La femme adultère », « La flétrissure » ou « La note d'infamie ».
([2]) Cf. « Blackberries are red when they are green » et « A black bird is not always a blackbird ».

couleur. On notera la curieuse évolution parallèle de l'anglais FAIR qui, du sens propre de « clair » (fair complexion), « blond » (fair hair) passe au figuré à ceux de « franc » (fair play), « loyal, de bonne foi » (fair-dealing). Si bien qu'aux États-Unis, « fair-haired boy » et « white-haired boy » au sens d'« enfant chéri », de « favori » d'un parti, etc., sont considérés comme des synonymes. Ce sont donc des faux amis au sens large de ce terme. La gamme des couleurs (*blue*, *brown*, *grey*, etc.) en offrirait bien d'autres encore. Chez nous, par exemple, « voir tout en BLEU », c'est « voir tout en ROSE » ; chez les Anglo-Saxons, au contraire, « a BLUE look-out », c'est « une SOMBRE perspective », et l'on sait dans quelles affres le « BLUE Monday » (« lundi NOIR ») de triste mémoire a plongé toute l'Amérique.

Fermons la parenthèse. Le sentiment religieux a, disions-nous, marqué profondément la conscience des Britanniques. On n'en finirait pas d'énumérer les expressions d'origine biblique qui viennent naturellement sous la plume d'écrivains aussi différents que BUNYAN, GIBBON et THACKERAY, pour ne citer que ceux-là. (1) Passées dans le courant de la langue, même celle des plus humbles, elles ont en quelque sorte imprégné l'âme anglaise. Mais si elles éveillent chez les Anglo-Saxons des résonances familières, elles ne trouvent pas en nous le même écho ni, par conséquent, la même réponse formelle. Citons au hasard : *a mess of pottage*, *there is corn in Egypt*, *the light of your (his) countenance*, *'tis as simple as Scripture history*, *to give (to take) for chapter and verse* (par allusion au chapitre des *Écritures* lu au début des assemblées religieuses ; à l'origine *ad capitulum convenire)*, etc.

VIII.I.4. *Colonisation et politique : de quelques mots témoins de l'histoire* (2) *ou faux amis de civilisation.*

Arrêtons-nous un moment sur la citation biblique « There is CORN in Egypt » (3), « il y a du blé à vendre en Égypte » (*Genèse*, XLII, 1-2) et franchissant le temps et l'espace, transportons-nous par la pensée en Virginie, au

(1) Cf. Sir A. QUILLER-COUCH, *The Art of Reading*, Londres, 1947, p. 118.

(2) Expression due à F. BRUNOT qui a écrit un opuscule intitulé *Les Mots témoins de l'Histoire*.

(3) Cette locution a pris en Angleterre un sens familier et métaphorique, savoir : « les provisions ne manquent pas », « nous sommes bien pourvus », « nous avons des réserves, des ressources », etc.

début de l'implantation anglaise (1607). Voici, à travers les âges, la réplique de cette citation sous la plume de l'aventurier John SMITH : « I was sent to K., an Indian towne to trade for CORNE. The towne conteineth eighteen houses. » (1608, *Virginia*). Ainsi donc, John SMITH use du même mot que le patriarche JACOB ordonnant à ses fils — alors qu'« en tout pays » sévissait la famine — d'aller acheter du blé en Égypte. Mais si le mot est le même (1), il a pris, et conservé en Amérique un tout autre sens. Il désigne, en effet, l'(INDIAN) CORN OU MAIZE *(Zea Mays)*, *sc.* le MAÏS, base de l'agriculture précolombienne, et bien connu pour son apport à la civilisation des peuples qui l'avaient adopté. CORN étant pour les Anglais un mot générique englobant, comme GRAIN, toutes les céréales (2), John SMITH ne pouvait dénommer autrement la plante alimentaire dont la culture devait, grâce à la technique américaine de l'hybridation, révolutionner l'économie agricole des pays de l'ancien monde.

Aujourd'hui encore, la mention de « a field of CORN » évoque pour un Anglais et un Américain deux images toutes différentes.

Pour le traducteur français, CORN entre donc dans la catégorie des mots que nous avons qualifiés de « faux amis du second degré ». Le commentaire historique qui précède nous autorise à en faire aussi un faux ami de civilisation.

La citation de John SMITH, dont nous avons respecté l'orthographe de l'époque (3), en contient d'ailleurs un autre qui doit retenir l'attention : celui de la TOWNE « qui comprend dix-huit maisons » (sans doute des « wigwams ») et qui n'était donc en fait qu'un « village ». C'est le sens que CHAUCER donnait à ce mot : « A poure Person of a TOUNE » (*Prologue*, v. 478), « un pauvre curé de village ». Si l'on s'avise que, en Amérique, la TOWN (Nouvelle-Angleterre, autres États : TOWNSHIP) est restée la plus petite unité administrative

(1) La situation était aussi la même que celle décrite dans la Genèse : « It pleased God in our extremity to moue the Indians to bring us CORNE ere it was halfe ripe to refresh us. » (John SMITH, 1608). Autrement dit, le maïs dont les Indiens enseignèrent la culture aux colons anglais empêchèrent ceux-ci de mourir de faim.

(2) C'est le mot qui désigne aussi la céréale principale selon le pays considéré : le blé en Angleterre, le maïs en Amérique, l'avoine en Écosse (to give a horse a feed of CORN, donner à un cheval un picotin d'avoine). Dans les relations internationales, l'ignorance de cette polysémie peut entraîner, on le verra, des conséquences fâcheuses (Voir page CI).

(3) Il ne faut pas oublier, en effet, que John SMITH avait importé en Virginie la langue de Shakespeare.

de caractère *rural* correspondant à peu près à la « parish » anglaise (1) et à notre « commune », on mesurera le chemin parcouru depuis l'origine. En effet, il y a une double différence : de *degré* et *de nature* entre le sens primitif de « (petit) enclos », « clôture », « enceinte » (enclosure, fence) sur lequel nous reviendrons et le sens moderne (à partir de 1700) de « grande ville », de « capitale ».

La période « coloniale » nous offre encore un faux ami de civilisation avec la FRONTIER qu'il ne faut pas confondre avec les mots anglais et français de même forme, dont l'équivalent américain est la *boundary*. Ligne de démarcation entre les zones explorées — peu peuplées à l'origine — et celles qui n'étaient pas encore colonisées, la FRONTIER comporte donc une triple notion : géographique, démographique, économique. Indépendamment de ces réalités objectives, le mot s'est chargé d'affectivité, car « la *frontier* était une école de courage, d'endurance, et de camaraderie vraiment fraternelle ». (2)

Ç'a été aussi une ligne idéale qui, de génération en génération, se déplaçait au fur et à mesure de la marche vers l'Ouest à travers les grands espaces américains. Ainsi donc, bien que, depuis longtemps, il ne reste plus de territoire à coloniser et que le Pacifique a été atteint, la FRONTIER a conservé pour les Américains un sens quasi mystique. C'est dire que le FRONTIERSMAN ne répond pas à l'idée que nous nous faisons du « frontalier ». Il faut voir en lui l'énergique et rude pionnier hanté précisément par l'appel de l'Ouest avec tout ce que ce terme impliquait alors d'esprit d'entreprise et d'aventure. De sorte que, par métaphore, le mot peut s'appliquer aussi bien à l'écrivain précurseur qu'au savant qui fait progresser sa discipline jusqu'aux dernières limites de l'attingible. (3)

Quant à FRONTIERISM, c'est un mot ambivalent qui peut s'entendre, selon le contexte, soit des qualités propres au pionnier, soit de sa rusticité.

Un autre mot anglais dont les Américains ont étendu le sens est la FENCE qui signifie non seulement « haie », « palissade », « clôture à claire-voie », mais « clôture de tout genre »,

(1) Cf. « to come, go upon the town » (dial.) = « to be chargeable to the parish », « tomber dans l'indigence, être à la charge de la commune » (Voir p. LXVI).
(2) Voir F.L. SCHOELL, *Histoire des États-Unis*, Paris, 2e éd., 1969, p. 80.
(3) Cf. « I am a FRONTIERSMAN from the extreme edge of the knowable. » (NED, Sup., 1972).

« grille », « mur de pierre, de brique », etc. On conçoit l'importance qu'a prise le mot — ou plutôt la chose — dans un pays neuf où, pour se défendre (1) d'abord contre les Indiens, les premiers colons devaient entourer leurs fermes de solides palissades ; où, par la suite, il fallut à un stade encore pastoral, clôturer les immenses prairies d'élevage *(ranches)* (2) que parcourait à cheval et surveillait le FENCE-RIDER ; où enfin, l'acquisition et la délimitation des terres donnaient lieu à d'incessantes querelles de bornage (3) qui motivaient l'intervention du FENCE-VIEWER, inspecteur chargé notamment de faire respecter les FENCE-LAWS (4).

Le mot n'a pas tardé à prendre un sens figuré et à s'étendre au domaine politique. The FENCE est alors la position de celui qui refuse d'en prendre une, qui restant neutre, ne penche ni pour les Républicains ni pour les Démocrates, d'où les appellations aussi variées que pittoresques de l'homme qu'on appelle aujourd'hui un « attentiste », sinon un « opportuniste ». Ce sera le FENCE-MAN, -RIDER, -SITTER, -STRADDLER. Si bien que seule la symbolique du vocabulaire politique peut nous livrer le secret et l'humour d'une telle phrase : « He is a confirmed FENCE-STRADDLER who rides the donkey and the elephant at the same time » (*in* MATHEWS, 1948). L'âne étant le symbole du parti démocrate et l'éléphant celui du parti républicain, il convient, pour rendre l'idée, d'adapter la traduction. Nous proposons : « Opportuniste invétéré (ou : impénitent), il s'entend à ménager la chèvre et le chou. », ou mieux : « ...il joue (mise) sur les deux tableaux ».

C'est encore l'idée de « propriété », de « chasse gardée » que l'on retrouve dans le collectif FENCES. Pour un « Congressman », « to mend, to look after one's FENCES » (anglais « to nurse one's constituency »), c'est « soigner, chauffer, cultiver ses électeurs ».

En raison de la rivalité des deux grands partis qui, aux États-Unis, sont les ressorts de la vie politique, c'est seulement

(1) En effet, FENCE n'est autre que « defence » par aphérèse.
(2) Ces « ranches » se sont constitués dans les Hautes-Plaines où l'élevage était associé à la culture du maïs (Corn Belt).
(3) La « spite fence » (encore deux mots français), mur de clôture élevé à seule fin d'embêter ou de léser le voisin — disons « mur de... mauvais voisinage » — pouvait donc donner lieu à une action en justice. En Nouvelle-Angleterre, il appartenait au « fence-viewer » de départager les contestants, « to assign the portions to each occupant when they cannot agree. » (MATHEWS, 1858).
(4) Lois dont l'importance ressort de cette citation : « Few issues were so hotly debated as that of fence-laws. » *(Ibid.)*.

la menace d'une crise économique ou d'un danger national qui peut les amener à renoncer à leurs querelles. Cela résulte de cette citation du *Times* (NED, 1972) : « That rare thing in American public life a BIPARTISAN policy. » Il ne s'agit pas d'une politique « bipartisane » comme on le dit et l'écrit, mais d'une politique de « bipartisme » ou d'« union nationale ».

Par UNION, il faut entendre les États-Unis d'Amérique ; on distinguera donc l'UNIONIST américain de son homonyme anglais. Le premier désigne l'adversaire des « Secessionists » (partisans de la Sécession des États du Sud), le second, celui du « Home Rule » pour l'Irlande, autrement dit le partisan de l'Union législative de ce pays avec la Grande-Bretagne. D'autre part, si l'on passe du politique au social, l'UNIONIST américain correspond au TRADE UNIONIST anglais, c'est-à-dire à l'« ouvrier syndiqué ».

Ce ne sont pas là les seules différences sémantiques que l'histoire et la politique font apparaître entre les mots anglais et américains de même forme. Celles-ci sont indiquées sous leurs rubriques respectives. Il en est cependant qui, en raison d'erreurs d'interprétation réelles ou possibles, méritent un commentaire.

On a pu entendre dire à la radio (10 août 1972) que le sénateur McGOVERN, candidat démocrate à la présidence des États-Unis, avait repoussé l'accusation de « radicalisme » portée contre lui par les Républicains. En réalité, ceux-ci entendaient faire de lui un « extrémiste ». Tel est, en effet le sens que les Américains donnent au « Radical » qui passe à leurs yeux pour un « gauchiste », voire pour un « anarchiste ». Si l'on se garde outre-Atlantique de dire « revolutionary », c'est en raison du caractère sacro-saint de la « Revolution » et de la résonance affective que ce mot, synonyme de « Guerre d'indépendance » contre l'Angleterre, éveille dans l'âme américaine. (1)

Tel n'a pas été le cas de la « Reconstruction » chez certains Sudistes peu soucieux de retourner au bercail de l'Union après la fin de la Guerre civile (1865) et l'adoption des « Reconstruction Acts » dont le premier date de 1867. Ils

(1) Pour être compris, en effet, les mots doivent être replacés dans leur cadre historique et psychologique. Si BURKE s'est égaré dans ses jugements sur la Révolution française, c'est que, partisan passionné d'une politique conservatrice, il y a vu surtout une œuvre de destruction sans s'aviser que celle-ci, au contraire, préludait à un effort de « reconstruction » d'un monde meilleur.

voyaient dans le vote de ces lois une forme d'« usurpation », et tel historien reprochait même au président LINCOLN de n'avoir pas usé de son « prestige » pour épargner au pays « some of the horrors of Reconstruction » (*in* HORWILL, s.v.). Si bien que, aux yeux des « irréductibles » *(unreconstructed)*, ce terme a été et est demeuré un euphémisme pour « submission ». Le mot porte donc un double masque : c'est à la fois un faux ami sémantique et un faux ami de civilisation. De plus, il prend une coloration affective différente selon les opinions politiques de ceux qui approuvent ou condamnent l'événement dont il est l'expression.

De ces résonances affectives dont le vocabulaire a gardé trace, le traducteur doit évidemment tenir compte. BURKE voit dans le POLITICIAN « the philosopher in action ». Ce n'est pas dans cette belle acception que l'on entend le mot outre-Atlantique où il désigne un « politicien de bas étage », un vulgaire « intrigant ». Pour l'avoir ignoré, M. BALDWIN s'est vu prendre à partie par le « *New York Evening Post* » (2 mars 1923). POLITICAL et POLITICS ne sont pas exempts de cette coloration péjorative.

Inversement, le souvenir de la Conspiration des Poudres (« Gunpowder Plot », 1605), dont le chef était Guy FAWKES, a fait de ce prénom un mot quelque peu taré en Angleterre. Il n'en est rien en Amérique où, par exemple, tel partisan du sénateur McGOVERN, déjà nommé, considérait celui-ci comme un « decent guy » (1), c'est-à-dire « un type bien, comme il faut », voire « comme il nous en faut ou : faudrait ». Interviewé par une journaliste lors d'un voyage en Amérique, G.K. CHESTERTON (*What I saw in America*, p. 50) apprit par un ami que celle-ci s'était félicitée d'avoir trouvé en lui « a REGULAR GUY ». Elle entendait ainsi complimenter un écrivain qui eût certes préféré se voir qualifier de « gentleman » (2), cet idéal de la civilisation anglaise.

Voilà donc un trait qui, par l'intermédiaire du vocabulaire, marque la différence de deux sociétés. WORDSWORTH — qui n'était pourtant pas le poète de la vie mondaine et aristocratique — disait à EMERSON « qu'il y avait sans doute en Amérique une certaine vulgarité dans les manières due au fait qu'elle en était encore à l'ère des pionniers ». Selon lui.

(1) En anglais, on aurait dit « a decent FELLOW or CHAP ».
(2) Résumé d'après HORWILL, s.v. GUY.

« il manquait [à ce pays] une classe sociale qui eût des loisirs, des gentlemen en un mot. » (1) D'autre part, on verra qu'en style parlementaire, ce mot correspond à l'« honourable member » de la Chambre des communes. A la Chambre des représentants, « The gentleman from New York », par exemple, est M. le représentant de l'État de New York.

Mieux encore que l'assimilation par certains du « regular guy » américain au « gentleman » anglais, la comparaison des « public schools » dans les deux pays fait ressortir le contraste entre deux formes d'éducation et surtout entre deux sociétés.

En Angleterre, l'antinomie entre le mot et la chose apparaît déjà dans la dénomination même de ces établissements. Ce sont, en effet, des grandes écoles et des internats strictement *privés* dont l'accès est réservé à grands frais aux nobles et aux nantis. « Bastions de la tradition culturelle, pépinières des gentlemen, antichambres des grandes universités, pourvoyeuses des carrières de l'élite », ce sont elles qui perpétuent l'esprit aristocratique de l'Angleterre du XVIIIe siècle ; ce sont elles aussi qui ont résisté à la démocratisation de l'enseignement prévue par le *Butler Act* de 1944. (2)

Aux États-Unis, pays de l'égalité où la notion de classe n'existe pas, les *public schools* sont, par contre, des écoles primaires ou secondaires accessibles à tous, où l'enseignement donné est en principe gratuit. Le terme et sa traduction n'ont rien dans ce cas qui soit de nature à nous déconcerter. Il n'en est pas de même des « public schools » anglaises qui sont de véritables clubs fermés dotés de leur propre règlement et jouissant d'une liberté qui, l'histoire nous l'apprend, peut dégénérer en licence, voire en esprit de rébellion contre les maîtres. (3) Cela n'exclut nullement de la part des élèves une discipline consentie, le respect des rites de l'école à laquelle ils appartiennent et la volonté d'atteindre un idéal. Tel fut le cas des élèves de Harrow qui, sous la férule du docteur ARNOLD, s'appliquèrent à devenir des adeptes de la « muscular

(1) « There may be in America a certain vulgarity of manners... That comes from the pioneer state of things... They lack a class of men of leisure — in short of gentlemen » (*E.T.*, I).

(2) Cf. R. LAS VERGNAS, *L'Angleterre change de cap*, Paris, 1957, p. 239.

(3) Allusion à BYRON qui « a fait ses débuts de révolutionnaire dans la grande émeute de Harrow dirigée en 1808 contre un directeur impopulaire » (Voir Élie HALÉVY, *Histoire du peuple anglais au XIXe siècle*, L. III, ch. 2, pp. 510 s.).

Christianity » (christianisme militant), comme le préconisait le romancier Charles KINGSLEY. (1)

On discerne la richesse des associations qu'évoque la notion de « public school » dans l'esprit d'un Anglais cultivé : l'attachement à la tradition, le « gentleman », le club, la société fermée (2), l'accent qui « classe » l'homme pour la vie, etc. Toutes notions qui ne sont pas dépourvues d'intérêt pour le traducteur, candidat à un diplôme universitaire, qu'il soit ou non historien, et qui contribuent à faire de la « public school » anglaise un autre faux ami de civilisation.

« Société fermée », disions-nous, mais si l'Anglais passe pour être moins sociable que le Français et l'Américain, cette opinion générale comporte des exceptions. On a dit de JOHNSON, qui a précisément créé le mot « clubbable » dans le sens de « sociable », qu'il était « a man of extraordinary clubbableness ». (3) « Clubby », d'origine américaine (1859), ne peut prétendre aux mêmes lettres de noblesse, et *en se démocratisant*, ce mot ajoute au sens de son devancier une nuance de bonhomie, d'intimité, voire de familiarité — qui peut toutefois devenir indiscrète et dégénérer en laisser-aller et en licence, comme le font ressortir les exemples suivants : « She is not to be set to music, the clubby girl, the feminine good-fellow » (OED, Suppl., 1972). — « On ne se permet pas de la chansonner, cette aimable compagne, cette réplique du bon garçon. » — « A clubby talk », « un entretien, des propos empreints de bonhomie ». — « Clubby stories », « des histoires osées, risquées, égrillardes, etc. ».

Avec le MIXER (1896), mot spécifiquement américain (q.v.), la notion de sociabilité s'accentue encore jusqu'à l'excellence. Ce terme a même acquis droit de cité dans la vie politique, et un historien a reproché au président Woodrow WILSON de n'avoir pas été un MIXER, « de n'avoir jamais, à sa connaissance, tapé quelqu'un sur l'épaule d'une façon

(1) Ne pas confondre le « muscular Christian », appellation plaisante de KINGSLEY, avec le « social athlete » américain, qui, lui, n'est pas un « athlète de la foi » ni un « apôtre des réformes sociales », mais l'« homme qui pratique les sports chic (tennis, golf, polo, etc.) » (DEAK.).

(2) Les notions exprimées par ces deux mots sont d'ailleurs connexes. On sait qu'il est presque aussi difficile d'être admis dans un club anglais que dans un palais ou un sanctuaire. La double idée d'excellence et d'esprit de caste est bien résumée dans cette boutade d'un « reporter » : « If Parliament is no longer the best club in London, it is at least the most exclusive. » (F.W. LUCY, *Peeps at Parliament*).

(3) R. LYND, *Dr Johnson and Company*, VI.

joviale. » [1] Conçoit-on qu'en Grande-Bretagne, un Premier ministre puisse être l'objet d'une telle critique ? [2]

A l'antipode de l'Anglais qui, même dans la vie de relation, demeure un solitaire, l'Américain a peine, semble-t-il, à rester en face de lui-même. C'est un être « social » et même « socialisé », c'est-à-dire initié de bonne heure à ce qu'on appelle aux États-Unis « the social life ». Il faut entendre par là non seulement la pédagogie active, non seulement encore « la vie mondaine », mais tous les rapports qu'impliquent la vie en société et le fonctionnement démocratique du milieu dans lequel on travaille, auquel on appartient comme membre actif et responsable. [3] Mais en raison même des excès de cette « SOCIALIZATION of the child », il arrive que l'Américain « ne réussisse pas à penser indépendamment de la nation et autrement qu'en termes collectifs » [4], d'où un certain grégarisme qui le pousse à s'affilier au plus grand nombre possible de « fraternities, fratorities (« blend » de « fraternity » et de « sorority »), lodges, societies, etc. » qui pullulent aux États-Unis. Les Américains désignent cet individu grégaire par le mot expressif et narquois de JOINER.

Tous ces traits font partie intégrante du caractère national qu'on va examiner rapidement dans ses rapports avec la langue.

VIII.I.5. *Langue et caractère national.*

C'est devenu un truisme de dire que « la psychologie d'une population se révèle souvent très clairement dans son vocabulaire » (NYROP), qu'une langue est la « fidèle image du peuple qui la parle » (HUCHON), ou « l'expression privilégiée d'une mentalité » (Dr F. KAINZ), que c'est « une façon de penser » (DAMOURETTE et PICHON) et que « si la pensée

(1) In HORWILL (*op. cit.*, s.v. MIXER). D'un tel homme politique français on pourrait dire qu'il n'aime guère « prendre des bains de foule ».

(2) « Un fait plus que singulier est qu'après tant d'années qu'ils avaient passées ensemble à la Chambre des Communes, Lord John RUSSELL n'avait pas eu de rapports personnels avec Sir Robert PEEL. C'est lui qui en témoigne dans un de ses Essais. » (E. BOUTMY, *Essai d'une psychologie politique du peuple anglais*, p. 167).

(3) *Esprit*, nov. 1946, « Une civilisation de bon voisinage ».

(4) R. MICHAUD. *Ce qu'il faut connaître de l'âme américaine*, Paris, s.d., p. 135. L'acceptation susindiquée de SOCIALIZE, ignorée de LITTRÉ, et du D.G. est mentionnée comme vieillie par ROBERT.

agit sur la langue, celle-ci façonne, elle aussi, la pensée à sa mesure..., en un mot qu'il y a corrélation entre l'une et l'autre » (BALLY).

Dans le domaine qui nous occupe ici (c'est-à-dire celui du découpage et de l'interprétation de la réalité non linguistique par les différents peuples), on a remarqué qu'en élevant d'un degré le sens de certains mots qu'ils nous ont empruntés (ou plutôt que la conquête normande leur a apportés), les Anglais ont montré le fond et le sérieux de leur caractère.

De notre adjectif « galant », par exemple, ils ont surtout retenu l'idée de « courage » et de « valeur » ou celle d'« admiration ». On verra que notre « bougette », petit sac de cuir, bourse, sens primitif de l'anglais « budget », dont on trouve la trace dans l'expression consacrée « the *opening* of the budget by the Chancellor of the Exchequer », a été promu effectivement à la dignité de « budget » d'un État ; que notre « parlement » (entretien, conversation, propos, puis cour royale de justice) est devenu en Angleterre « le lieu par excellence de la parole ». Enfin, il est des mots que les Anglais ont marqués de leur griffe et en quelque sorte gonflés d'énergie, comme *(to) control* et *(to) ignore* [1], etc. En tenant compte de ce trait de leur caractère national, le traducteur saura éviter bien des erreurs.

D'autre part, que peut lui enseigner de ce point de vue l'influence que l'esprit national américain a exercée sur le vocabulaire anglais ?

« Que deux peuples sortis depuis peu d'une même souche se montrent si opposés l'un à l'autre dans leur manière de sentir et de parler, cela est remarquable. » C'est en ces termes que TOCQUEVILLE conclut son parallèle entre « la vanité inquiète des Américains insatiables de louanges » et « l'orgueil tranquille des Anglais qui n'a pas besoin d'aliment [et] vit sur lui-même. » [2]

Sans doute d'aucuns penseront qu'il y a lieu de nuancer cette observation ; sans doute les choses ont-elles changé depuis Tocqueville ; sans doute enfin que, grâce aux facilités accrues des communications, à l'universalité des grands

(1) Voir ces mots à leur ordre alphabétique. De son emploi juridique : « to reject a bill of indictment », *to ignore* a pris le sens général d'« ignorer *volontairement* » et donc de « méconnaître ». Cette intervention de la volonté en fait un verbe d'action. En français, par contre, « ignorer » implique l'inaction, la négligence, voire la paresse. Il a donc une valeur passive.

(2) *De la démocratie en Amérique*, Paris, 1888, t. III, p. 378.

moyens d'information et à l'interpénétration des cultures qui en résulte, le monde est-il en passe de devenir un « Global Village » (1) selon le mot de Marshall McLuhan, spécialiste canadien de la science des « communications ». Il n'en est pas moins vrai que, pour reprendre les termes mêmes d'André Siegfried « l'âme des peuples conserve un fond de permanence qui se retrouve toujours ». (2)

Les exemples suivants vont d'ailleurs montrer que la langue respective des Anglais et des Américains traduit parfois l'opposition de leur caractère national dans la dénomination des personnes et la désignation des choses. C'est l'opposition classique entre l'« overstatement », l'hyperbole, l'exagération, et l'« understatement », la litote, l'atténuation, le fait d'en dire moins pour laisser entendre plus ; d'où ces expressions dubitatives et comme « feutrées » chères aux Anglais : « I am afraid we have no telephone » (3), « I am sorry I can't agree with you », « they agreed to differ », etc. Cf. encore anglais « to feel quite fit » et américain « to feel like a million ».

Mais venons-en à quelques comparaisons d'une portée sociale.

On sait qu'en Angleterre, le titre de JUDGE est réservé à un haut magistrat, dont le rang dans la hiérarchie sociale ne le cède en rien à celui d'un évêque et que tous deux, dans leur sphère respective, ont droit au titre de « my lord » ou de « your Lordship », les « county judges » se contentant du titre de « your Honour ». En Amérique, par contre, peuvent être dénommés « judge » un « juge de paix », un « juré », voire un arbitre occasionnel et amateur, fût-ce d'un combat de coqs. (4)

De même, les appellations de COLONEL, de SENATOR, de PROFESSOR sont souvent purement fictives. Elles ne signifient nullement que les personnes ainsi dénommées aient fait partie de l'armée, siégé au « Capitole » ou occupé une chaire à l'Université. Ce sont là, aux yeux des Américains, des formules de politesse, des marques de familiarité ou des

(1) Cf. *War and Peace in the Global Village*, 1968.
(2) Titre de l'ouvrage paru en 1950.
(3) Cité par G.J. Renier, « *The English : are they human ?* », Tauchnitz, p. 34 s., avec une excellente définition de l'« understatement ».
(4) Voir Mathews, s.v. JUDGE. P. ex. : « All lawyers and leading saloon-keepers were also Colonels, excepting those called Judge. »

manifestations d'humour dont ils ne songeraient pas à s'offusquer, bien au contraire. D'ailleurs, certains d'entre eux n'attendent pas que leur prochain leur confère des titres imaginaires. Croyant sans doute s'élever ainsi dans l'échelle sociale, ils se parent eux-mêmes de noms pompeux. Tel est le cas du « garçon d'ascenseur » qui s'intitule ELEVATOR OPERATOR (anglais *lift boy*). Le « garçon coiffeur » *(hairdresser)* a le choix entre PROFESSOR OF HAIR CUTTING, TONSORIAL ARTIST ou TONSORIALIST. (1) Il n'est pas jusqu'aux éboueurs qui ne s'érigent plaisamment en SANITATION ENGINEERS *(scavengers)*. (2)

Même en faisant la part de l'humour, ne serait-on pas tenté de voir dans de telles expressions quelque galvaudage des mots ? Mais on sait que depuis longtemps, les ENGINEERS ont remplacé les PIONEERS et qu'ils foisonnent aux États-Unis. Comment en serait-il autrement dans ce pays où l'homme a été défini comme « a tool-making animal » *(homo faber)* (3) ; où, plus que partout ailleurs, la machine est reine, où le fait mécanique est lié à toutes les manifestations de la vie, où enfin, l'Américain est standardisé à un point tel que son âme elle-même est considérée comme un instrument. (4)

C'est ce qui semble ressortir de cette citation de Mencken : « *The Engineering News Record has discovered a socio-religious* ENGINEER *(an uplifter), a* SOCIAL ENGINEER *(the same)... a* HUMAN ENGINEER *(another variety of psycho-analyst.)* » (Suppl. OED, 1972).

Si Mencken — dont le témoignage est peu suspect en sa qualité de défenseur des néologismes (5) — se croit obligé d'expliquer ceux-ci à ses compatriotes et d'en montrer l'inutilité, on conçoit que le traducteur français ait quelque difficulté à en trouver les équivalents. C'est pourquoi, il se contente le plus souvent de calquer ces faux amis de notre civilisation.

(1) C'est dans le même esprit, mais parfois avec une nuance d'ironie, que nous parlons d'« artistes capillaires », voire de « capilliculteurs » !
(2) Cf. « Plus le métier est bas et éloigné de la science, plus le nom est pompeux et érudit. C'est ainsi que nos danseurs de corde se sont transformés en acrobates et en funambules. » (Tocqueville, *op. cit.*, t. III p. 112).
(3) Cf. Lalande (*op. cit.*, s.v. Homo faber) qui attribue la paternité de cette expression à Franklin.
(4) Cf. R. Michaud, *op. cit.*, p. 144 : « *Le behaviorisme* traite l'âme comme un instrument. » D'autre part, on sait que Staline voulait que les écrivains soviétiques fussent « les ingénieurs de l'âme ».
(5) Mencken a toutefois admis (1945) qu'à cet égard, les Américains exagéraient. Voir S. Potter *in* « *Our Language* », Londres, 1957, p. 162.

« Les psychiatres ont fait passer leur vocabulaire dans le langage courant : « Je me sens frustré... Avez-vous un problème ? » Aux États-Unis, on entend de telles phrases dix fois par jour dans l'autobus. » [1]

C'est ainsi que se dévalorisent les mots et que se perd le sentiment des nuances sémantiques.

Le plus souvent, les choses, pas plus que les personnes n'échappent à cette grandiloquence, à cette « glorification ». Non sans bonheur d'expression, le TLS en a fait la remarque : « Things are commonly dignified in America by the grandest term they will bear. » [2] Voici quelques exemples de ce que H.W. FOWLER appelle « genteelisms » [3] et Margaret NICHOLSON « formal words ». [4]

Le modeste « devoir » d'un écolier, que les Anglais se contentent d'appeler « exercise » ou « task », devient un ASSIGNMENT, son temps de « récréation » « break » an INTERMISSION, sa « carte d'abonnement » (anglais « season ticket ») un COMMUTATION TICKET. Le SALOON ne doit pas évoquer pour vous les associations mondaines qui s'attachent à ce mot en français ; il n'est qu'un banal « bistrot » correspondant au « pub » anglais, « the poor man's club », comme disent les Britanniques.

Si vous êtes prié à dîner et qu'on vous laisse entendre que « the fare will be SOPHISTICATED » ; si un savant vous invite à assister à une « SOPHISTICATED experiment », n'allez pas croire qu'on se moque de vous : il faut comprendre : 1° que « la table ou la chère sera délicate ou raffinée », 2° qu'il s'agit d'une expérience « d'une grande finesse », ou « très poussée ».

Outre des mots d'origine classique ou étrangère, comme ANTAGONIZE, AUDITORIUM, CUSPIDOR, JANITOR, etc., susceptibles d'embarrasser le traducteur non latiniste, mentionnons quelques locutions vagues et prétentieuses, dont les Américains, d'ailleurs, n'ont pas le monopole. On peut relever, en effet, chez SMOLLETT « a SPITTING FACILITY » qu'il a estimé

---

[1] A. FABRE-LUCE, « *Le désarroi des psychiatres* » *in Le Monde*, 14 juillet 1970.
[2] Cf. HORWILL, *op. cit.*, p. XXIII.
[3] *A Dictionary of English Modern Usage*, s.v. GENTEELISM.
[4] Voir *A Dictionary of American English Usage*, s.v. FORMAL WORDS où l'auteur oppose certains de ces mots guindés qui appellent une traduction simple en mots propres dans la langue même où ils sont employés, par exemple (a room) WITH ADEQUATE ILLUMINATION/WELL-LIGHTED ou -LIT, TO COMMENCE/TO BEGIN, TO IMBIBE/TO DRINK, TO EXTEND/TO GIVE, etc.

sans doute plus distingué qu'un « spittoon ». On ne s'étonnerai donc pas de trouver outre-Atlantique des EXPECTORATING FACILITIES, puisque ce style périphrastique y est exploité à fond, que les « lavatory-basins » y deviennent des WASHING FACILITIES, les « reformatories » des CORRECTIONAL FACILITIES et le « key » ou « vulnerable equipment » des SENSITIVE FACILITIES !

Autre exemple encore plus probant de cette tendance au superlatif qui différencie la psychologie de l'Américain de celle de l'Anglais.

Considérons le mot CITY. Il est défini ainsi par le lexicographe américain MATHEWS : *A grandiose anticipatory designation for a mere hamlet or village.* [1] Au cours de son voyage en Amérique, MARRYAT (*Travels*, 1843) voyait dans cette exagération « a very extraordinary disease in the U.S. », « Maladie de longue durée », puisque, en 1946 encore, on peut lire (*ibid.*) : « In one group of six western counties there are more than 20 'cities' not one of which to-day has as many as 100 citizens. »

Pour les Anglais, au contraire, abstraction faite du littéralisme de traduction de la Vulgate, qui fait d'un simple village (Bethléem, Nazareth, etc.) une CIVITAS, a CITY a toujours été « an important town » et nul n'ignore qu'à leurs yeux, Londres, pareille en cela à l'URBS des Latins, est la Ville par excellence. Ils le savent et s'en prévaudront à l'occasion. Mais dans la conversation familière, prenant le contrepied de l'attitude américaine, ils diront modestement et non sans une certaine dose d'humour : « I'm going to the VILLAGE », pour laisser entendre qu'ils vont à Londres, Liverpool ou Manchester !

Il serait toutefois injuste de dénier aux Américains l'art de manier la litote ou l'euphémisme à l'égal de leurs ancêtres anglais. Il y a autant de courage que de coquetterie à dire, par exemple, de la dernière guerre mondiale que c'était « the last unpleasantness » ou à s'excuser de devoir passer le « weekend » dans son « cottage » ou sa « farm » qui sont en fait de luxueuses résidences secondaires. [2]

Sur un autre point essentiel encore, l'Américain se différencie de l'Anglais. Celui-ci est, répétons-le, un conservateur-

---

[1] On a vu qu'inversement, le mot TOWN (SHIP), particularité de l'organisation administrative américaine, devait s'entendre d'une simple « commune ».
[2] Ce qui n'exclut pas d'autres sens qu'on trouvera s.v. COTTAGE et FARM.

né [1], il cultive le préjugé, il « résiste obstinément à l'innovation » [2]. Celui-là, au contraire, ressent le besoin de changer, de moderniser.

Moderne, l'Américain l'est pour le meilleur — qui consiste en sa foi agissante dans le progrès — et pour le pire — qui est amour de la nouveauté quelle qu'elle soit, agitation, réclame et surenchère. [3]

C'est dans le sens « mélioriste » que TOCQUEVILLE a défini la « méthode philosophique » américaine : « ...Ne prendre la tradition que comme un renseignement, et les faits présents que comme une utile étude pour *faire autrement et mieux... tendre au résultat* sans se laisser enchaîner au moyen, et viser au fond à travers la forme. » [4]

Charles MORGAN, de son côté, a noté plaisamment chez les Américains ce besoin de « faire mieux » — mieux que nature : « They find it hard to look upon a rose without wishing to reform it. » [5] Concordance frappante entre les témoignages de deux esprits aussi différents que l'historien et le romancier. Aussi bien ne faut-il pas s'étonner que pour un peuple essentiellement prospectif, « a village » soit — on l'a vu — « a city » en puissance (pourquoi pas New York ou Chicago ?), [6] et que, pour ce même peuple aussi prompt à exécuter qu'à concevoir, A PROJECT ne reste pas seulement un dessein, une abstraction, mais soit effectivement l'ouvrage d'art conduit à bonne fin, la campagne antipaludique qui bat son plein, la nouvelle usine, etc., qu'on a fait visiter, par exemple, aux fonctionnaires étrangers : « The foreign officials have visited the PROJECT. »

---

(1) « John Bull is a born Conservative. » (CARLYLE, *Past and Present*, Temple Series, p. 201.) De son côté Emerson n'a-t-il pas dénommé l'Angleterre « this all-preserving island » ?

(2) « Thanks to our sullen resistance to innovation, to the cold sluggishness of our national character, we still bear the stamp of our forefathers... Instead of casting away our old prejudices... we cherish them because they are prejudices. » (BURKE, *Rev. in France*, 1790, pp. 127 et 129). Ce sont là, il est vrai, des opinions extrêmes. On sait, en effet, que la psychologie politique du peuple anglais est caractérisée par l'esprit de compromis et la faculté d'adaptation : « Every change is conceivable, no improvement is ruled out, provided the new thing retains the ancient and respected name and the breach with the past is not too flagrant. » (G.J. RENIER, *op. cit.*, p. 37). On a vu p. XLI que ce dualisme psychologique trouvait son application en sémantique.

(3) D'après LALANDE, *op. cit.*, s.v. MODERNE.

(4) *Op. cit.*, t. III, p. 6. C'est nous qui soulignons.

(5) *Reflections in a Mirror*, Londres, 1944, p. 39.

(6) Cf. EMERSON encore, *Power, in Conduct of Life* : « Feeble men can see the farms that are built. The strong man (entendez l'Américain doué d'esprit prospectif et de volonté de puissance) sees the possible houses and farms. His eyes make estates as fast as the sun breeds clouds. »

C'est ainsi que l'Américain, peu familier pourtant avec les hautes spéculations métaphysiques, et peut-être plus encore que l'Anglais, utilitaire et pragmatique [1], se trouve être paradoxalement un disciple d'Aristote. Pour lui, en effet, principe et résultat sont une seule et même chose.

VIII.II. Le sens de la langue maternelle et de la tonalité.

Si l'on disait que le principal auxiliaire du traducteur réside dans le sens de sa propre langue, on aurait l'air d'énoncer un truisme. Il n'en est rien. En effet, que ce soit en raison d'une littéralité servile (ignorance ou esprit de système) ou d'un bilinguisme contraignant (contact et mélange de deux langues), le traducteur est en quelque sorte envoûté par le texte original. Sa conscience linguistique s'en trouve obnubilée.

Dans un de ces raccourcis saisissants dont il avait le secret, MONTESQUIEU s'exprimait ainsi : « *Difficulté de traduire.* — Il faut d'abord bien savoir le latin ; ensuite, il faut l'oublier. » [2] Essayons d'analyser cette pensée, qui n'est un paradoxe qu'en apparence, en rétablissant les idées intermédiaires.

Il faut posséder la langue étrangère sans que, toutefois, celle-ci ne vous possède. Autrement dit, il faut être suffisamment enraciné dans la sienne pour s'affranchir de « la tyrannie de la forme » [3] qu'exerce le texte à traduire, le repenser et le dominer afin de parvenir à le rendre « dans l'esprit qui l'a dicté » [4]. La traduction consisterait donc en un double mouvement dialectique qui irait des mots à la pensée de l'original pour en prendre une vue d'ensemble [5],

---

(1) « Le pragmatisme de William JAMES envisageait les dogmes religieux du point de vue de leur efficacité. Depuis, le débat s'est déplacé, mais la prédominance du mot *behavior* (cf. les *behavioral sciences* qui tendent à englober peu à peu ce que nous appelons les sciences de l'homme) continue à manifester le caractère essentiellement pratique de la réflexion américaine, le goût de l'empirisme et le souci de l'utilité. » (Voir FABRE-LUCE *in Le Monde*, 12-13 juillet 1970).

(2) *Pensées et fragments*, t. II, p. 8, Bordeaux, 1901.

(3) Terme employé par C. de BOER (*CFS*, 6, p. 5 s.), mais dans un autre contexte.

(4) Ce mot de DIDEROT (*Lettre sur les sourds et les muets*), cité par SAINTE-BEUVE (*Lundis*, III, p. 301) renferme tout l'art de lire un texte et donc de le traduire. Ainsi sont condamnés les traducteurs de mots et non d'idées.

(5) Cf. PASCAL : « Je tiens pour impossible de connaître les parties sans connaître le tout, non plus que de connaître le tout sans connaître particulièrement les parties.» (*Pensées*, éd. Brunschvicg, p. 355). Rapprocher : « Le définir [un terme] comme l'union d'un certain son avec un certain concept, ce serait l'isoler du système dont il fait partie ; ce serait croire qu'on peut commencer par les termes et construire le système en en faisant la somme, alors qu'au contraire c'est du tout solidaire qu'il faut partir pour obtenir par analyse les éléments qu'il renferme. » (SAUSSURE, *Cours*, 157). Le linguiste se trouve donc être d'accord avec le philosophe.

puis de cette pensée aux mots de la langue maternelle qui en seraient l'expression. Dès lors, traduire de l'anglais en français serait tout autant, sinon davantage, un problème de français qu'un problème d'anglais (1)

Cette vérité n'avait pas échappé non plus à PONGERVILLE, même s'il ne l'a pas toujours respectée. Dans l'étude sur Milton, qui précède sa traduction du *Paradise Lost*, il l'énonce en une formule excellente qui se trouve être le corollaire de la pensée de Montesquieu — alors inédite : « En s'assouplissant à tous les tons d'une langue étrangère, il (le traducteur) ne doit pas oublier ce qu'il doit à la sienne » (p. 21).

Plus explicitement, *c'est pour ne pas avoir oublié l'anglais* et *pour avoir oublié le français* que certains traducteurs croient pouvoir dire « dans la circonscription de X., le siège des conservateurs a été « capturé » par le parti libéral » ; « l'industrie chinoise a atteint un haut degré de « sophistication » ; « l'honnêteté de l'Administration a été « questionnée » ; « l'inflation a des effets « pervers » ; et qu'une traductrice de talent nous parle de « ces compositeurs contemporains de... Palestrina passés maîtres dans la « contre-pointe », ou de « la voix intérieure appelant la beauté (qui) était noyée par le grondement des « négations » mondaines ». (2)

Bien entendu, les considérations qui précèdent valent surtout pour les traductions de tout ordre à l'exclusion de celles qui ayant un caractère technique et scientifique ne posent que des problèmes de terminologie, c'est-à-dire de monosémie. D'ailleurs, le savant et le technicien ont l'avantage d'être *en contact journalier avec les choses* que les signes dénotent et qui font l'objet de leur spécialité. (3) Il convient donc de compléter les conseils de MONTESQUIEU, et de PONGERVILLE par celui du consciencieux, du minutieux LANSON. « A la superstition de la méthode que j'appellerais scientifique, je préférerais le sens de la langue, le discernement de la nuance, le flair, le goût. »

(1) Cf. Michel CHRESTIEN *in D.L.F.*, n° 46, p. 32 ss.
(2) In *Notre Amérique* par Waldo Franck, pp. 75 et 182 de la traduction.
(3) Peu importe aux pilotes d'avions que l'on traduise « control tower » par « tour de contrôle » ou (comme le voudrait ETIEMBLE), par « tour de commandement ». Dans la pratique, ils se conforment toujours aux instructions des « aiguilleurs du ciel ». Peu importe à la laborantine qu'on traduise « sedimentation rate » ou « s. test » par « taux » ou « test » de sédimentation. Elle sait qu'il s'agit du « temps » ou de la « vitesse » de sédimentation, et ne se trompera pas sur la nature de l'opération. Mais si le traducteur, censé être omniscient, commet cette erreur, celle-ci lui sera reprochée.

Ainsi se trouve posé le problème de la tonalité. Ce qu'il faut entendre par là, c'est ce que vont montrer quelques citations d'abord d'ordre général, puis de valeur exemplaire.

Parlant de la traduction des œuvres d'Homère par POPE, le Dr JOHNSON disait : « Ce n'est plus le même timbre. Homère joue l'air sur un basson, Pope sur un flageolet. » (1)

De son côté, JOUBERT appréciait en ces termes la traduction du « Don Quichotte » par FLORIAN : « Florian, en traduisant Don Quichotte, a... changé le mouvement de l'air, la clef de la musique de Cervantès. » (2)

Dans le célèbre passage du « Paradis perdu » (IV, v. 79) où Satan, invoquant l'Éternel s'écrie : « O then at last relent ! » CHATEAUBRIAND et DE PONGERVILLE traduisent : « Oh ! ralentis tes coups. » Outre un faux sens, c'est une fausse note. On a, en effet, l'impression que la sombre harmonie du monologue est rompue par ce « stile de comédie » (3), comme aurait dit VOLTAIRE.

Mais VOLTAIRE lui-même, devenu traducteur, n'est pas à l'abri de tels reproches. Bien qu'il soit écrivain de goût et excellent historien, il commet des anachronismes flagrants en nous mettant en présence d'un « mylord » et de « braves gentilshommes » romains. (4)

Pour cette dernière faute de tonalité, VOLTAIRE s'était fait critiquer à juste titre par D'ALEMBERT (5). Depuis lors, « gentleman » a passé dans notre langue, et l'on s'abstient de traduire ce mot. Cela ne signifie nullement, on va le voir, qu'on puisse toujours se contenter de cette solution facile.

Dans *The Nigger of the Narcissus* (II), J. CONRAD nous décrivant l'équipage du navire, composé en grande partie de vieux loups de mer, fait mention d'un jeune officier sévère et distant, mais il ajoute : « many liked him well enough, because he had such a GENTLEMANLY way of damning us up and down the deck. » Conserver le mot GENTLEMAN ou en donner un équivalent qui évoquerait en style « noble » les qualités propres à cet officier serait une faute de tonalité. Les hommes sentent bien sa distinction, sa supériorité, etc.

(1) *In* BOSWELL, *Life*, II, Oxf. Univ. Press, Londres, 1924, II, p. 196.
(2) *Carnets*, II, p. 519.
(3) Par exemple : « Ah ! tout doux, nous avons fait trève aux coups », dit Sosie à Mercure (*Amph.*, I, 2).
(4) « *Alas, my lord* » (*J. Caes.*, II, 2) devient : « Hélas, mon cher mylord » et « *Good gentlemen* » (II, 1) « mes braves gentilshommes ».
(5) Voir *supra*, p. XXIV s.

Mais l'ambiance exige qu'ils expriment tout cela dans leur langue verte : « Beaucoup le gobaient assez à cause des manières d'ARISTO qu'il prenait pour nous envoyer au diable de bâbord à tribord. » Dans le même récit (III), le « coq » annonce aux marins transis que, malgré la tempête, il va leur apporter du café. L'un d'entre eux lui crie alors : « Cook, ye are a GENTLEMAN ! ». Ici, la situation est autre, autre aussi le grade de l'interpellé. La traduction du même mot sera donc, elle aussi, différente et nous proposerons : « Cuistot! t'es un FRÈRE (ou : un CHIC TYPE).

En se reportant à notre article GALLEY (Suppl.), le lecteur verra qu'un grand-père reproche à sa petite-fille d'avoir éconduit un de ses soupirants auquel la fortune a souri : « You should have been in this GALLEY, my girl. » — « Tu aurais dû être dans cette galère, ma fille » offre une traduction grammaticalement irréprochable. Elle constituerait en réalité un grossier contresens. Pour nous, en effet, le mot « galère » éveille des associations d'idées fâcheuses. De plus, la locution devenue proverbiale : « Que diable allait-il faire dans cette galère? » (1) est dans la mémoire de tout Français tant soit peu cultivé. Le sens de la langue, la situation et la culture servent donc de garde-fous et suggèrent au bon traducteur une adaptation de ce genre : « Tu as raté là une belle occasion ma fille » ou mieux : « Tu as manqué le coche, ma petite. »

Autre exemple de faute de tonalité, celle-là effectivement commise. Le titre de la pièce de SYNGE qui se passe en milieu rural irlandais : *The Playboy of the Western World* (1907) a été traduit ainsi : « Le baladin du monde occidental », ce qui, étant donnés le thème et l'atmosphère de cette tragi-comédie, en fausse complètement le sens. Le regretté Paul MANTOUX, avec qui je m'en étais entretenu à l'époque, avait estimé qu'en intitulant la pièce « Le costaud de l'Ouest », on aurait été plus fidèle aux intentions de l'auteur. Dans son *Dictionnaire anglais-français*, Charles PETIT donne de ce titre une bien jolie traduction, savoir : « Le gai luron de notre Occident ».

Récapitulons. Discerner sous les mots de la langue étrangère les idées et les sentiments de l'auteur. Sympathiser avec lui au point de renoncer à être soi-même ; mais le redevenir ensuite de manière à recréer le texte original dans la langue maternelle dont l'instinct et le génie ont été retrouvés — telles

(1) MOLIÈRE, *Les Fourberies de Scapin*, II, 7.

sont les qualités requises du traducteur. N'est-ce pas lui demander beaucoup? Et comment s'étonner dès lors qu'après avoir fait l'historique des *Problèmes théoriques de la traduction* dans un ouvrage hautement scientifique de 279 pages, Georges MOUNIN, sans être toutefois aussi pessimiste que Péguy (1), ait abouti à cette conclusion modeste : « *Sans doute la communication par la traduction n'est-elle jamais vraiment finie, ce qui signifie en même temps qu'elle n'est jamais inexorablement impossible.* »

Constatation d'ordre général à laquelle nous donnerons pour réplique un jugement particulier d'où semble se dégager dans toufe sa complexité le critère définitif d'une bonne traduction de l'anglais en français.

« La traduction [de *Pendennis*] de Madame LALOU réussit ce tour de force de nous *faire oublier qu'elle en est une :* elle transpose vraiment le mouvement et les accents du texte, laissant au récit toute l'atmosphère anglaise hors de laquelle il ne serait plus lui-même, mais l'incorporant avec une souplesse et une aisance parfaites aux *tonalités d'un instrument différent.* » (2)

CONCLUSION

IX. IMPORTANCE POLITIQUE ET MORALE DE LA TRADUCTION.

Rappelons que depuis le traité de Versailles (1919), le français a cessé d'être la seule langue diplomatique internationale. Il a dû accepter le partage avec l'anglais, puis à San Francisco (1945) avec l'américain. Quelle fortune pour l'anglais — ravalé autrefois au rang de « patois bourru » par un SAINT-AMANT ! (3) Quel triomphe pour l'américain — qualifié dédaigneusement de « dialect » par un capitaine HAMILTON (4) et devenu le rival de son ancêtre ! L'anglais comme l'américain sont désormais ce qu'était le français au

(1) « ...Toute traduction est une opération vaine, une opération impossible. » *(Les Suppliants parallèles*, Paris, 1905, p. 45). Il est vrai que dans l'esprit de Péguy, il s'agissait surtout de la traduction des poètes ou des tragiques grecs.
(2) Préface de Louis CAZAMIAN, Paris, 1948, p. 11. Les mots soulignés le sont par le citateur.
(3) Cf. J.J. JUSSERAND, *Shakespeare en France sous l'Ancien régime*, Paris, 1898, p. 167.
(4) V. *supra*, p. XVIII.

XVIIIe siècle : des langues « conquérantes » (1). C'est de leur « universalité » qu'on pourrait faire aujourd'hui un sujet de concours (2). Ce sont elles qui constituent les moyens de communication les plus répandus dans le monde. Qu'on le déplore — ce qui serait assez vain — ou qu'on s'en félicite, la traduction de l'anglais et de l'américain en français pose dans tous les domaines de la vie internationale des problèmes difficiles qu'il importe de résoudre.

On a dit du XXe siècle que ce serait l'âge des experts. C'est aussi l'âge des traducteurs. Dans un monde où les miracles de la science et de la technique ont supprimé les frontières et multiplié les contacts entre les civilisations, les obstacles psychologiques ne sont pas encore entièrement surmontés, et les peuples sont toujours plus ou moins séparés par leur façon de penser, c'est-à-dire par leur langue. Trait d'union entre les esprits, porteur d'idées et de connaissances, agent indispensable des grands moyens d'information, le traducteur peut, mieux que tout autre, contribuer au rapprochement des nations.

Grande est donc sa responsabilité. Elle l'est d'autant plus que les langues à traduire diffèrent davantage par leur génie respectif — ce qui est précisément le cas du français et de l'anglais. TAINE, comme tant d'autres, avait noté combien l'esprit français a de peine à se mettre au diapason de l'esprit anglais, et la réciproque est non moins vraie. (3)

En 1948, DAUZAT pouvait encore écrire : « Il est remarquable que le français est adopté de préférence dans les conférences de juristes *à cause de sa précision.* L'anglais embrasse trop ou trop peu, ce qui soulève sans cesse de grosses difficultés pour les traducteurs de textes anglais à l'ONU. » (4)

(1) Cf. GRIMM, *Correspondance littéraire*, éd. Tourneux, VI, p. 330.
(2) On sait qu'en 1783, l'Académie de Berlin avait proposé comme sujet de concours : « DE L'UNIVERSALITÉ DE LA LANGUE FRANÇAISE : Qu'est-ce qui a rendu la langue française universelle? — Pourquoi mérite-t-elle cette prérogative? — Est-il à présumer qu'elle la conserve? »
(3) Voir *Notes sur l'Angleterre*, p. 325 s.
(4) *Précis d'histoire de la langue et du vocabulaire français*, p. 113. Même opinion chez Fr. KAINZ *(Psychologie der Sprache)* commenté par E. LUDOVICY : « L'auteur paraît regretter que le français, langue dont la terminologie, grâce à un travail séculaire, a atteint un maximum de précision, ait été évincé par l'anglais, trop direct dans certains cas, trop vague dans d'autres » (Voir R.P.P., 1966, p. 363). La précision et la clarté de la langue française ont été reconnues par les Anglais et les Américains eux-mêmes. Voir sur ce point l'ouvrage de l'Américain James Brown SCOTT : *Le français, langue diplomatique moderne*, Paris, 1924, *passim*. Ne ferait-on pas bien de s'en souvenir à l'heure où le choix de la langue de travail de la C.E.E. est encore en jeu?

Et DAUZAT de reproduire l'opinion de Raymond LAS VERGNAS, déjà citée, sur « l'ambiguïté du vocabulaire anglais, la confusion des formes verbales et les imperfections de la syntaxe ». (1)

Ambiguïté parfois intentionnelle, soit pour se protéger contre l'adversaire ou l'interlocuteur, soit pour éviter de s'engager, de « se commettre », comme nous disions encore au XVIIIe siècle.

Éclairons donc par quelques citations la conception que les Anglais et les Américains eux-mêmes se font de leur propre langue dans la communication de la pensée.

« Il est parfois dangereux d'être précis. Obscurité est mère de sûreté », disait NEWMAN. « A cet égard, les ecclésiastiques ne font pas exception. » (2)

Il semble bien, en effet, que certains diplomates soient du même avis que NEWMAN. En 1948, Bernard SHAW avait demandé au gouvernement britannique, par l'intermédiaire du *Times* (3), de créer un *Select Committee* qui aurait eu pour fonction de rationaliser la terminologie politique internationale où régnait, selon lui, une confusion de nature à mettre la paix en danger. Les avis furent partagés. Au nombre des lettres adressées sur ce point « to the Editor », en figurait une qui, écartant l'idée d'un *Select Committee*, préconisait l'adoption de la langue française en raison de la précision de sa terminologie politique, « fruit de trois siècles d'usage constant et d'épuration continue » (4). Un autre correspondant repoussa, lui aussi, la proposition de B. SHAW, mais pour des motifs exactement opposés, car selon lui, « l'homme politique trouvait dans l'opportune ambiguïté des mots son plus précieux auxiliaire. » (5)

C'est qu'en raison de son empirisme foncier, l'Anglais s'est toujours méfié instinctivement des mots et des abstrac-

(1) Par exemple, expression du conditionnel, et donc de l'éventuel, par le prétérit : « And when he retired from the Bench, the way WAS clear, he HAD his chance. » (Ch. MORGAN, *The Judge's Story*, II.) — « Et quand il prendrait sa retraite de magistrat, il aurait le champ libre et la partie belle. »
(2) « It is sometimes dangerous to be precise ». « Mistiness is the mother of safety », said Newman... « Ecclesiastics are not in this respect unique » (Sir Ernest GOWERS, *Plain Words*, p. 32, Londres, 1948. Une nouvelle édition augmentée de ce fascicule vient de paraître).
(3) *Weekly Edition*, 1er septembre 1948, sous le titre suggestif de « *Rebuilding Babel* ».
(4) « *...The precision of significance which three centuries of constant usage and successive refinement had given to the political terminology of the French tongue.* »
(5) « *The helpful equivocality of words is the politician's best friend.* »

tions. « Les mots, les propositions, les syllogismes, on ne sait jamais où cela vous mène. Mieux vaut être inintelligible et veiller au grain. Chacun de nous est son propre poète, chaque classe, chaque profession a établi sa propre phraséologie sans trop se soucier de savoir si elle est intelligible aux autres. » (1)

Cependant, il serait absurde de tirer des conclusions générales de cette attitude désinvolte qui, poussée à l'extrême, aboutirait au solipsisme linguistique (2) et rendrait impossible toute communication interpersonnelle.

Il se peut qu'outre-Manche, on méprise notre logique cartésienne. Il n'en est pas moins vrai que, dans le préambule des lois, le législateur britannique a grand soin de définir clairement les termes qu'il va employer et, dans des énumérations parfois interminables, de faire suivre chacun d'eux de la formule « *as defined above*. » Il ne fait ainsi qu'appliquer le précepte de PASCAL et rappeler aux intéressés qu'ils doivent « substituer... toujours mentalement les définitions à la place des définis. » (3)

Mais il en va tout autrement dans les négociations internationales au cours desquelles les représentants des divers pays interprètent les termes en discussion conformément aux instructions de leurs gouvernements respectifs. Moins encore que les philosophes, ils ne sont disposés à « faire les sacrifices qu'exigerait l'impartialité du langage. » (4) A cet égard, ce sont les termes abstraits qui sont les plus dangereux, car chacun leur prête le sens qui lui convient et ils deviennent ainsi des faux amis. Les définitions individuelles et arbitraires, « que favorise la plasticité inquiétante » de certains mots (5) ont même conduit un adversaire de la proposition de Bernard SHAW (6) à déclarer qu'en exacerbant et en passionnant les

(1) « *Words, propositions, syllogisms, — you never know where they will lead you. It is better to be inarticulate and keep your eye on the ball... Each man is his own poet ; each class and profession has developed its sown phraseology without caring overmuch whether it is intelligible to any one else.* » (T.L.S., 1er mai 1948).

(2) Voir la boutade de Lewis CARROLL, p. XXXVIII.

(3) Voir *Pensées*, p. 189.

(4) Mot de RENOUVIER cité par LALANDE (*Vocabulaire*, p. XII).

(5) Par exemple, L' « humanisme », voir F. ROBERT, « *Essai de définition* », Paris, 1946, p. 17. Aussi p. 55 où l'auteur s'exprime ainsi : « Qui ne voit l'immense profit, non point seulement intellectuel, mais moral et social d'un tel apprentissage [celui de la traduction], s'il est bien conduit? Le besoin ne s'en fait-il pas sentir jusque dans nos affaires publiques, dans notre vie civique et plus que partout dans nos discussions politiques *où il est si habituel que nous nous querellions avant de nous comprendre?* C'est nous qui soulignons.

(6) Cf. p. XCVIII.

débats, un glossaire de la terminologie politique serait de nature à entretenir la mésentente entre les peuples plutôt qu'à servir la cause de la paix mondiale. Selon ce correspondant, « pouvait-on douter sérieusement qu'une définition du communisme à laquelle pourraient souscrire les Américains ne fût une hérésie aux yeux des Russes, ou qu'une forme de capitalisme propre à satisfaire les Russes ne répugnât aux Américains ? » (1)

Voici donc quelques exemples concrets de ces malentendus qui ont entraîné des conséquences plus ou moins graves.

1° Nombre de difficultés qui ont surgi à la Conférence du Désarmement (ONU) ont été dues à la différence de signification que Russes et Américains — précisément — donnaient au mot « control ». « Le contrôle en matière atomique restait pour les Américains celui du plan Baruch ou des Nations Unies, adopté contre les voix soviétiques en 1946 et comportant propriété et gestion internationale de toutes les firmes et usines ; les Russes, au contraire, donnant au mot « contrôle » son sens français, n'acceptaient que des inspections internationales, primitivement intermittentes, ensuite continues. » (2)

Mais ces conflits d'origine sémantique, qui surgissent entre peuples impénétrables l'un à l'autre pour des raisons d'ordre psychologique ou politique, n'épargnent pas non plus d'autres peuples, fussent-ils rapprochés par leur origine commune.

2° Un litige étant né entre Anglais et Américains au sujet de la délimitation des frontières de l'Alaska, il fut décidé d'en saisir un tribunal composé d'« impartial jurists of repute ». Or, selon l'acception que les Américains donnent à ce terme, deux des « jurists » désignés par eux étaient simplement des « hommes de loi inscrits au barreau » — et non des « juristes », des « jurisconsultes », comme l'entendaient les Anglais. (3)

(1) « Could there be serious doubt... that any definition of... Communism, acceptable to the Americans, would be anathema to the Russians, or that any description of Capitalism satisfactory to the Russians would be offensive to the Americans ? »

Si bien qu'en 1962, A. HARRIMAN, important homme politique américain aurait déclaré ceci : « Il faut remplacer le mot « capitalisme » et en trouver un autre parce que ce mot s'est compromis en s'associant dans l'esprit des hommes à l'industrialisme, au monopolisme, au colonialisme et autres vices inhérents au capitalisme. » (*Journal de Genève*, 3-4 novembre 1962).

(2) *Le Monde*, 8 avril 1953. Voir aussi note 1 de la page 212, s.v. CONTROL.

(3) D'après HORWILL *op. cit.*, p. XXII.

3º A la fin de la Seconde Guerre Mondiale, le gouvernement français chargea une mission de négocier l'achat de blé aux États-Unis. Lors de cette négociation, les acheteurs employèrent le mot « corn » qui signifie effectivement « blé », céréale principale, en Angleterre, mais « maïs » aux États-Unis. Résultat : les Français durent se résigner à manger du pain de maïs pendant pas mal de temps.

4º Pour en venir à une époque toute récente, la traduction d'un passage de la fameuse résolution 242 (1967) du Conseil de sécurité a donné lieu entre les Arabes et les Israéliens à un différend qui n'est pas encore tranché. Dans le texte original, les Anglais — toujours prudents — ont parlé de « withdrawal of Israel armed forces from territories occupied in the recent conflict. » Ils n'ont pas dit : « from THE territories occupied...». Il subsistait donc une certaine indétermination dont les Israéliens font état pour soutenir que, contrairement à la traduction française invoquée par les pays arabes, il ne s'agit pas de TOUS les territoires occupés, mais seulement de ceux qui seraient spécifiés lors de négociations directes à venir.

Que les Anglo-Saxons s'accommodent fort bien de ces ambiguïtés, c'est ce que les événements ultérieurs ont prouvé. « Les fonctionnaires du département d'État (entendez : du ministère des Affaires étrangères) pensent que plusieurs divergences entre les positions israéliennes et arabes *peuvent être résolues par une rédaction ambiguë des accords, qui laisserait les parties libres de les interpréter à leur gré*. Ils ne sont pas très sûrs cependant de pouvoir inventer dans le cas présent un *subterfuge* semblable... » (1)

Opposons à cette attitude... diplomatique le jugement de MONTAIGNE sur l'importance que présente la clarté du discours dans les débats des hommes. « La plupart des occasions de troubles du monde sont Grammairiennes. Nos procès ne naissent que du débat de l'interprétation des lois ; et la plupart des guerres de cette impuissance de n'avoir pas su clairement exprimer les conventions et traités d'accord des princes. Combien de querelles, et combien importantes, a produit au monde le doute du sens de cette syllabe HOC ! » (2)

(1) *Le Monde*, 13 mai 1971. Les mots soulignés le sont par le citateur. Cf. l'opinion d'A. SIEGFRIED : « L'anglais offre à l'interprétation plus de marge que le français et, pour tout dire, laisse à la négociation plus d'échappatoires et d'équivoques. » (*D.L.F.* nº 17, p. 36).
(2) Allusion à la querelle de la Transubstantation dont l'objet est l'interprétation de la parole du Christ : *Hoc est corpus meum* (*Essais*, II, XII, note de Pierre VILLEY).

MONTAIGNE devance donc les DESCARTES, les LOCKE, les LEIBNIZ et tous ceux qui voient dans les imperfections du langage la cause fréquente des discordes, voire même des guerres.

On le voit : quelle que soit la nature des rapports sociaux dont il peut s'agir : politiques, économiques, religieux, etc., « rien ne dresse aussi violemment les hommes les uns contre les autres que de mettre sous les mêmes mots des réalités contraires. » (1)

C'est ainsi qu'ayant élevé le débat, nous sommes conduit à donner à notre étude une conclusion philosophique et morale.

Non sans une pointe d'ironie, Paul VALÉRY avait constaté que « croire comprendre [était] un état bien dangereux. » (2) Peut-être reprenait-il ainsi l'idée que, d'une manière plus explicite et sur un mode plus pathétique, Anatole FRANCE avait déjà exprimée en ces termes : « Il arrive souvent que les hommes s'entr'égorgent pour des mots qu'ils n'entendent pas. Ils s'embrasseraient s'ils pouvaient se comprendre. » (3)

Genève, septembre 1973

Maxime KŒSSLER

P.S. — Mon ancien collègue Armand JACOUBOVITCH, chef de la Section d'édition des documents officiels à l'ONU (Genève) m'a offert amicalement de lire cette préface et m'a fait des suggestions utiles. Qu'il veuille bien trouver ici l'expression de ma vive gratitude.

(1) Ramon FERNANDEZ, *Itinéraire français*, Paris 1945, p. 426. Rappel de la conception différente que PÉGUY et Lucien HERR se faisaient du socialisme. Ce conflit d'idées fut fatal à leur amitié.
(2) *Choses tues*, Paris, 1932, p. 133.
(3) *La vie littéraire*, *Le génie latin*, Paris 1913.

BIBLIOGRAPHIE

DICTIONNAIRES

Les capitales entre parenthèses : H, L, etc... correspondent aux abréviations utilisées dans le corps de l'ouvrage.

O. Bloch et B. von Wartburg. — *Dictionnaire étymologique de la langue française.* Paris, PUF, 1932.

E. Bonnaffe. — *Dictionnaire étymologique et historique des anglicismes*, Paris, Delagrave, 1920.

A. Dauzat, J. Dubois et H. Mitterand. — *Nouveau dictionnaire étymologique et historique.* Paris, Larousse, 1964.

E. et S. Deak. — *Grand dictionnaire d'américanismes.* Paris, 4e édition. Éditions du Dauphin, 1966.

R. Gruss. — *Petit dictionnaire de marine.* Paris, 1952, Société d'éditions géographiques, maritimes et coloniales.

H.W. et F.G. Fowler. — *The Concise Oxford Dictionary* (*COD*), Oxford, 5e édition. At the Clarendon Press, 1964.

Harrap's standard french and english dictionary. — Edited by J.E. Mansion, Londres, Harrap, with supplement.

A. Hatzfeld et A. Darmesteter. — *Dictionnaire général de la langue française* (*D.G.*) Paris, Delagrave.

H.W. Horwill. — *A Dictionary of American Usage*, 2e édition. Oxford, At the Clarendon Press, 1944.

E. Huguet (H.). — *Dictionnaire de la langue française du seizième siècle.* Paris. Champion et Didier.

E. Littré (L.). — *Dictionnaire de la langue française*, 7 volumes. Édition J.-J. Pauvert, Paris, 1958.

H.W. Fowler. — *A Dictionary of Modern English Usage.* Oxford, At the Clarendon Press, 1927.

A. Lalande. — *Vocabulaire technique et critique de la philosophie.* Paris, PUF, 1947.

F. Mackenzie. — *Les relations de l'Angleterre et de la France d'après le vocabulaire*, Paris, Droz, 1939.

Sir James A.H. Murray. — *A New English Dictionary* (*NED*) et son Supplément, Oxford, At the Clarendon Press.

Paasch. — *De la Quille à la Pomme du Mât.* Paris, Challamel.

Ch. Petit. — *Dictionnaire anglais-français.* Paris, Hachette, 1934.

Roget's international thesaurus. — New York, 1946.

P. Robert. — *Dictionnaire alphabétique et analogique de la langue française*, 6 volumes et Supplément, 1960. Société du nouveau Littré, Paris.

N. Webster. — *A New International Dictionary*, Springfield (Mass.). G. et C. Merriam, éditeurs.

THÉORIE DE LA TRADUCTION LINGUISTIQUE ET PUBLICATIONS DIVERSES

Ch. Bally. — *Linguistique générale et linguistique française (LGLF)*, 3e édition, Berne, Francke, 1944.

M. Bréal. — *Essai de sémantique*, 3e édition, Paris, 1904.

A. Meillet. — *Linguistique historique et linguistique générale (LHLG)*, 2 volumes. Paris, Champion, 1948.

G. Mounin. — *Les problèmes théoriques de la traduction.* Paris, Gallimard, 1965.

F. de Saussure. — *Cours de linguistique générale (CLG)*, 3e édition. Paris, Payot, 1931.

J.-P. Vinay et J. Darbelnet. — *Stylistique comparée du français et de l'anglais.* Paris, Didier, 1958.

Cahiers Ferdinand de Saussure (*CFS*). — Publication de la Société Genevoise de Linguistique.

Défense de la langue française *(DLF)*. — Publication bimestrielle. Secrétaire général fondateur, Paul Camus. Paris.

Revue de psychologie des peuples *(RPP)*. — Publication trimestrielle. Directeur-fondateur (1946), Abel Miroglio. Université de Rouen.

Traduire. — Revue trimestrielle de la Société française des Traducteurs, fondée en 1947.

N.B. — Aux excellents traducteurs dont le nom figure ci-après entre parenthèses j'ai été souvent redevable de la traduction des exemples empruntés aux ouvrages suivants :

Defoe, *Robinson Crusoe* (Pétrus Borel).

Thackeray, *Pendennis* (Christine Lalou).

Emerson, *English Traits* (Maurice Lebreton).

Samuel Butler, *The Way of all Flesh* (Valéry Larbaud).

J. Conrad, *The Nigger of the Narcissus* (Robert d'Humières).

H.G. Wells, *Romans* (Henri D. Davray).

A

Abandon (to). – ***Abandoned*** *from your bed* (Shaks., *Tam. Shrew*, Ind. 2, 117.), **bannie** de votre lit. Encore un siècle plus tard, on trouve, employés comme synonymes: *he will* ***abandon*** *them from his court, he will banish them from his realm.*

Abate (to), abatement, abater. – **Retranchement, diminution, réduction** (cf. notre t. de fin. abattement à la base); aussi **remise, rabais, dégrèvement** (d'impôt). ***To abate***, jur. **mettre fin à, faire cesser** (un abus), **arrêter** (une action), **annuler** (un acte, une procédure), **casser** (un jugement); v. intr. **s'éteindre, devenir caduc;** (d'une maladie, de la fièvre) **décliner, décroître, être dans le décours;** (du vent, de la tempête) **tomber, mollir, se calmer, s'apaiser.** Sens correspondants pour ***abatement.*** Y ajouter (blas.) **brisure déshonorante.**

Abater, (méd.) **calmant, sédatif.**

– *The defendant put in a plea in* ***abatement.*** – Le défendeur déposa, introduisit une demande en **nullité.**

– *Towards morning the wind* ***abated*** *a little.* – Vers le matin, le vent **mollit quelque peu.**

– *After three performances of Othello with Mr. Booth as the Moor and Mr. Irving as Lago, the cast has been changed without, however, much* ***abatement*** *of public interest.* (Dutton Cook, *Irving in Shaks.*) – Après trois représentations d'Othello avec M.B. dans le rôle du More, et M. I. dans celui d'Iago, la distribution a été changée, sans que pour autant l'intérêt du public **se soit** guère **démenti.**

Abdicate (to), abdication. – Comme le latin *abdicare (filium)*, d'où il tire son origine, ***to abdicate*** signifie non seulement **abdiquer,** mais **renier, désavouer, déshériter** (un enfant). Le mot n'est plus guère usité que comme terme de droit romain.

De même, ***abdication***, **désaveu** (d'un enfant), **le fait de le déshériter.**

– *Parents may not causelessly* ***abdicate*** *or disinherit children.* (MILTON, *Jus populi,* 34.) – Les parents n'ont pas le droit de **déshériter** leurs enfants sans raison (sans cause).

Abduction, abductor. – Outre le sens français bien connu en anatomie: « mouvement qui écarte du plan médian du corps une de ses parties », « les muscles *abducteurs* étant ceux qui produisent ces mouvements », on signalera, en anglais, des emplois spéciaux dérivés du latin *abducere:* chir. **séparation, solution de continuité** (des parties contiguës après fracture transversale), **écartement** des lèvres d'une plaie; jur. **détournement de mineur(e); rapt, enlèvement** (d'une femme).

***Abductor*,** non seulement (muscle) **abducteur,** mais jur. **ravisseur, auteur d'un enlèvement.**

– *He had filled his life with riot and debauch, with duels, wagers and* ***abductions*** – Il avait mené une vie bruyante de débauches, pleine de duels, de paris, de **femmes enlevées.**

Abecederian. – Un abécédaire est pour nous un petit livre où s'apprend l'A.B.C. et l'adjectif s'emploie dans le même sens: un enfant **abécédaire,** ignorance **abécédaire;** ordre **abécédaire,** ordre alphabétique. Ce n'est pas tout à fait ainsi qu'il faut entendre: *he is only an* ***abecederian*** *in history,* il n'a que des connaissances **rudimentaires,** ce n'est qu'un **commençant,** un **débutant** en histoire.

– *He was appointed* ***abecederian*** *at this school.* – Il fut nommé **instituteur** dans cette école.

Aberration. – Le latin *aberrare* signifie au pr. et au fig.: *s'éloigner, s'écarter, se fourvoyer, sortir du droit chemin;* de là tous les sens français et anglais, mais tandis qu'aberration signifie pour nous déviation d'un principe, égarement momentané de l'esprit, des sens, en anglais, le mot peut aller jusqu'à désigner la **confusion mentale,** jur. la **démence : *mental aberration;*** biol. et méd. **anomalie, aberrance** et sens concret: **individu aberrant, monstre, « chimère ».**

Abhorrent. – Notre mot *abhorrant, abhorrent,* signifiait au XVIe siècle *éloigné:* « Héraclitus tant *abhorrant* du propre humain qui est rire », écrit Rabelais (V, 24, dans H.). *Abhorrer* une opinion voulait dire la *repousser:* « Afin que désormais n'*abhorrez* l'opinion de Platon » (Id. *ibid.* V, 9), l'idée d'*avoir en horreur* étant exprimée par le verbe *abhorrir.*

L'adjectif anglais ***abhorrent*** *(from)* s'emploie également dans cette acception, empruntée d'ailleurs au latin *abhorrere,* être éloigné de, ne pas s'accorder avec, être en contradiction avec, être étranger à. Des personnes: **fortement opposé à, qui est l'adversaire de, en désaccord avec** (fait du sujet parlant); des choses: **incompatible avec, contradictoire; en désaccord** (objectivement). *Inconsistent* est un des synonymes de ***abhorrent*** donné par le N.E.D.

– *The persons most* ***abhorrent*** *from treason and arbitrary confiscation.* – Les personnes qui sont les **adversaires** les plus déclarés de la trahison et de la confiscation arbitraire.

– *A theory* ***abhorrent*** *from the prejudices of the heathen.* – Une théorie **incompatible** avec les (**contraire** aux) préjugés des païens.

Abject (subst. et adject.), **abjectly.** – Dans le sens latin de *rejeté,* on a dit: † ***abject*** *from all good company,* **rejeté** de toute bonne compagnie. *An abject, un* **réprouvé.**

– *He is not an* ***abject,*** *cast out of God's gracious favour.* – Il n'est

– Un veuf évoque le souvenir de sa femme: *He wept and was* ***abject.*** – Il pleura **sans aucune retenue.**

– *A crowd of* ***abject*** *and untrustworthy slaves.* – Une foule d'esclaves **rampants,** mais peu sûrs.

péré; dont les affaires sont en mauvais état. *Weary and* ***abject,*** las et **abattu.**

– Une indication scénique dans *Candida* (III) de Bernard SHAW: Candida empêche Marchbanks de sortir: *He comes back into the room and sits* ***abjectly*** *on the sofa.* – Il rebrousse chemin et s'assied **d'un air pitoyable** (ou: **misérable**) sur le canapé.

Abnegation. – Nous ne connaissons plus de ce mot que l'acception de *renoncement;* on fait *abnégation* de ses intérêts, de soi-même, etc. Mais le premier sens d'abnégation, du latin *abnegare,* refuser, dénier, nier, a été chez nous dénégation, négation, reniement. Ce sens est encore anglais: *Peter's* ***abnegation,*** *the* ***abnegation*** *of the Holy Trinity,* c'est le **reniement** de Pierre, le **reniement** de la Sainte Trinité.

Aboard. – A bord, certes, mais aussi naut. ***all aboard!*** **embarquez!** E.U. ***aboard*** *a train,* **dans** un train, ***all aboard!*** **en voiture!,** *to climb* ***aboard,*** monter **en voiture;** famil. ***aboard*** *a camel,* **à dos** de chameau. Locut.: *to fall* ***aboard*** *of a ship,* **aborder** un navire, le **heurter** par accident; ***to keep the land aboard,*** **ranger la côte, la terre** (v. *to range*).

Abolish (to). – Famil. **supprimer, abattre** (un individu), **lui régler son compte, lui faire son affaire, le démolir.**

– Dans un roman de Kipling (*Stalky,* Tauchn, p. 274) le héros se met en quête d'une ligne de retraite pour ses hommes: *A man found me. I* ***abolished*** *him – privatim – scragged him.* – Un homme me repéra. Je lui **fis son affaire** – entre quat'z-yeux – je lui tordis le cou.

Abridge (to), abridgment. – Outre les sens du français *abréger* (sauf celui de « rendre brève une syllabe », acception qu'il n'a pas), ***to abridge*** signifie **restreindre.**

To abridge *a man of his liberty, of his rights,* c'est le **priver** de sa liberté, de ses droits.

On définira l'**emprisonnement :** ***an abridgment of liberty.***

– *He was never **abridged** in point of opportunity.* (SMOLLETT, *Count Fathom,* XLIII.) – Les occasions ne lui ont jamais **manqué.**

Absolute. – Comme en latin: **achevé, parfait, accompli;** † **absolument certain :** † *I am **absolute** it was he.* (SHAKS.).

REMARQUE. – Dans les textes anciens, il sera bon de se rappeler les sens du latin *absolutus:* **délié, dégagé, séparé; libre, exempt :** *free and **absolute** from,* dit Chaucer tautologiquement.

Voici un passage tautologique qui montre bien le sens de **parfait :**

– *The most **absolute** and perfect of all examples.* (STANHOPE, *Paraph.* I.) – Le plus **parfait** de tous les exemples.

Rapprocher cette citation de Rabelais, II, 8: « Comme si je n'eusse aultre thesor en ce monde, que de te veoir... *absolu et parfaict,* tout en vertu, honesteté et preudhommie, comme en tout sçavoir liberal et honeste. » (dans H.).

Absolve (to). – Du latin *absolvere* nous n'avons retenu que le sens d'absoudre, acquitter. L'anglais, lui, en a conservé en bonne langue les sens à vrai dire vieillis de **délier** (d'un serment), **décharger** (d'une obligation, etc.) et de **compléter, terminer, achever.**

– *They were **absolved** from all the oaths they had taken.* – Ils furent **déliés, dégagés** de tous leurs serments.

– *This remedy relieves the patient and **absolves** the cure.* – Ce remède soulage le malade et **complète** (**achève**) la guérison.

Absorb (to), absorbent (adject.), **absorber. –** ***To absorb,*** v. les ex. ***Absorbent,* avide d'eau,** ***absorbent*** *cotton-wool,* ouate, coton **hydrophile.** ***Absorber,*** **amortisseur** (de sons, etc.), ***shock-absorber,*** **amortisseur de chocs.**

– *Robinson Crusoe is an **absorbing novel.*** – R.C. est un roman **captivant.**

– *Young people **will be absorbed** in detective novels.* – Les jeunes **se passionnent** pour les romans policiers.

– *Unemployment was partly **absorbed** by the initiation of public works.* – La mise en train de travaux d'utilité publique a permis de **résorber** en partie le chômage.

– *The loan was promptly **absorbed.*** – L'emprunt a été rapidement **couvert** (ou: **souscrit**).

Abstain (to). – Absolument: † **jeûner; s'abstenir de l'usage des boissons fermentées** *(to be a total **abstainer,** a teetotaller),* **s'abstenir** complètement **de spiritueux et de vin.**

– *Several said that when they had **abstained,** they were far better than while they drank.* – Plusieurs dirent que, lorsqu'ils **s'abstenaient de liqueurs fortes,** ils se portaient beaucoup mieux que lorsqu'ils en buvaient.

Abstemious. – Le fr. *abstème* se dit seulement de « qui s'abstient de boire du vin ». ***Abstemious*** signifie en outre (personne, repas) **frugal; tempérant,** (pr. et fig.); **modéré, qui garde la mesure,** *sparing in the indulgence of tastes or passions* (Webster). *Be more **abstemious,*** dit Prospero au trop amoureux Ferdinand (*Tempest,* IV, 53), soyez plus **modéré,** et Gibbon parle d'un ermite *whose diet was **abstemious,*** qui observait un régime... d'**anachorète,** ou: qui vivait **dans l'abstinence.**

Abstract, abstracted, abstraction. – Ces mots ont, en somme, les sens de notre *abstrait,* participe passé ou adjectif, mais il importe de bien les entendre; c'est d'abord **séparé,** sens étymologique: abstrait de la matière, le contraire donc de concret, et, absolument (deuxième sens), **abstrait,** c'est-à-dire **séparé du monde, ne regardant qu'en soi-même, rêveur, distrait,** comme le Théocrine de La Bruyère; abstrait, **difficile à saisir, abstrus,** comme dans « Kant est un philosophe abstrait ».

Le substantif ***abstract*** désigne un **extrait,** un **résumé,** un **précis.**

Enfin, ***abstraction*** signifie: **action de subtiliser, vol, enlèvement** (1) (euphémisme) et aussi **distraction.**

– *A newspaper was thought too refined and **abstracted.*** (C. LAMB, *Elia, South-Sea House.*) – L'homme inintelligent dont Elia fait le portrait trouvait le journal même trop quintessencié et **abstrait** (ou **abstrus**).

– *Kipps, for all his **abstraction,** got on with her unexpectedly well.* (WELLS, *Kipps,* II, iii.) – Bien qu'il fût **distrait,** Kipps se tira d'affaire avec elle bien mieux qu'il ne l'espérait.

– *I will give you here a short **abstract** of all that was said.* – Je vais vous **résumer** brièvement ici tout ce qui fut dit.

Abstract (to). – Abstraire (v. l'art. précédent) est pour nous: considérer par abstraction un caractère, un objet, en le séparant, en l'isolant des autres. En anglais, le mot peut aller jusqu'à signifier: **soustraire, dérober, voler; détourner** (des fonds); **distraire** (des documents, etc.), famil. **subtiliser, souffler** (un objet, des bijoux, etc.).

– *The assistant had **abstracted** some strychnine from the doctor's store.* – L'aide avait **distrait (détourné, soustrait)** une certaine quantité de strychnine de la réserve du médecin.

Abstracter, -or. – Un *abstracteur* est celui qui se plaît aux abstractions, aux subtilités: « *abstracteur* de quintessence », dit Rabelais, et Diderot parle de « subtils *abstracteurs,* de froids examinateurs de la nature humaine ». *Abstract* signifiant **résumé, sommaire, précis, extrait, analyse, compte rendu analytique,** *an **abstractor*** sera donc un **abréviateur** (de documents, d'ouvrages, etc.) (E.U.), un **rédacteur** de résumés, de comptes rendus analytiques (Nations Unies), un **secrétaire de l'analytique** (à l'Assemblée nationale). On peut parfois risquer un néol.: **procèsverbaliste,** en anglais *précis-writer.*

(1) Comme en français du XVIe siècle d'ailleurs: « Achille tenant à grand injure l'*abstraction* de sa concubine Briséis... » (LEMAIRE DE BELGES, *Couronne Margaritique,* IV,67.)

Abuse (to), abuse, abusive. – *Abuser,* latin *abuti,* c'est user mal, d'où maltraiter. L'anglais a été plus loin que le français en donnant à ***to abuse*** le sens de **maltraiter en paroles, malmener, insulter, invectiver contre,** etc. – ***Abuse,*** **injures, sottises.** – L'adjectif ***abusive*** a les sens correspondants.

– *He [Malvolio] hath been most notoriously* ***abused.*** (SHAKS., *Twelfth Night,* V, i.) – Certes on l'a **bafoué** de cruelle manière. (Trad. Félix SAUVAGE.)

– *He has loaded me with* ***abuse.*** – Il m'a accablé d'**injures,** agoni de **sottises.**

– *You are an* ***abusive*** *fellow.* – Vous êtes un gaillard **mal embouché, qui savez agonir les gens.**

– *I wish you had seen how I* ***abused*** *him.* – Si vous aviez vu comme je l'ai **accommodé!** (ou: **mâtiné!**).

– *He proceeded* ***to abuse*** *Victor Hugo's dramas* ***heartily.*** – Il **se lança dans une charge à fond** contre les drames de V.H.

– *The elderly gentleman was alarmed but* ***abusive.*** – Malgré son inquiétude, le vieux monsieur ne laissait pas de **maugréer.**

– Ne pas lire en voyage des ouvrages captivants: *The approach of night at last interrupted my reading. After* ***abusing*** *my carriage for not being lighted, I noticed it was stationary.* – La nuit interrompit enfin ma lecture. Je **pestai** contre le wagon qui n'était pas éclairé, puis m'avisai qu'il était en panne.

Academy, academic, -al (adj. et subst.), **academically. –** Souvent prétentieux ou iron., **pensionnat, maison d'éducation privée, institution;** en Écosse, **école secondaire, collège;** E.U. ***Military Academy,*** outre école militaire, **maison d'éducation privée pour garçons difficiles, où règne la discipline militaire.** ***Academy of music,*** **conservatoire de musique.**

Academic, **platonicien; sceptique.** par allusion aux opinions de certains successeurs de Platon. De l'acception de **classique, littéraire,** par opposition à technique, scientifique, on passe à celle d'**abstrait, manquant d'esprit pratique,** *an* ***academic*** *discussion,* une discussion **purement théorique, sans portée pratique;** péjor. *an* ***academical*** *speech,* un discours **abstrait, froid, guindé, compassé, qui sent l'école.** ***Academics,*** **arguments sans valeur, arguties.**

Academic(al) *career, year* carrière, année **universitaire,** ***academic*** *principles,* principes d'**école.** Subst. ***academicals,*** **costume, insignes des professeurs et des étudiants** d'une université ou d'un *college,* **la toge, la robe, la toque, le bonnet,** etc. D'après GIBBON (*Autobiogr.,* 26), c'étaient le bonnet carré et la robe noire, *square cap and black gown.*

– *Wise men lend a very* ***academical*** *faith to such rumours.* – Les hommes sages (sensés) accueillent ces bruits avec beaucoup de **scepticisme.**

– *At the* ***academic*** *level, we cling often to the fiction of sciences separated from each other by watertight walls.* – Sur le plan **théorique,** nous nous attachons parfois à la fiction de sciences qui seraient séparées les unes des autres par des cloisons étanches.

Avis de mise au concours d'un poste: ***Academic*** *requirements,* **titres** et **diplômes universitaires** requis.

– Curiosité: Chesterfield (*Letters,* 196, II, 237), écrivant à son fils que Turin n'est pas une ville où il pourrait songer à se fixer pour faire convenablement ses études, s'exprime ainsi: *As for Turin... you cannot conveniently reside there as an* ***academician*** (sic).

Accept (to), accepter, acceptor. – Du sens de **recevoir** (une chose, une personne) **favorablement,** et notamment d'**agréer** pour époux, l'anglais passe aisément à celui de traiter quelqu'un en *persona grata,* de lui accorder un traitement de faveur, spécialement pour des motifs peu recommandables (en raison de son rang, de son crédit, de sa richesse), et l'on dit alors en anglais: ***to accept the person*** *or* ***face of.*** D'où: ***to accept persons,*** **faire acception de personnes, admettre par préférence, témoigner de la partialité** ou **de la faveur.** C'est un hébraïsme, qui est rendu dans la *Vulgate* par l'expression *acceptare personam.*

Le substantif du verbe sera ***accepter*** ou ***acceptor*** *(of persons),* † **accepteur de personnes; celui qui tient compte des considérations de personnes, qui fait acception de personnes.** Autre sens: ***acceptor*** *(of a bill of exchange)* **accepteur** ou plutôt **tiré.**

Acceptable, acceptableness, acceptably. – *Acceptable* signifie non seulement **acceptable, qui peut être accepté,** mais **agréable.** Les synonymes du mot donnés par le N. E. D. sont: *pleasing, agreeable, gratifying, welcome.* C'est d'ailleurs le sens qu'avait l'adjectif français au XVIe siècle, témoin cette phrase de Montaigne dans H.: « Les arbres ne nous donnent pas seulement les fruicts, mais... ils nous les donnent meurs, plaisans et *acceptables* ».

On traduira ***acceptableness*** (ou ***acceptability***) et ***acceptably*** en conséquence.

– *The conversation of this lady was very* ***acceptable.*** – Le commerce de cette dame était très **agréable.**

– 1611. Cotgrave. **Agreableté.** *Agreeableness,* ***acceptableness.***

– *The Lord* ***acceptably*** *received his sacrifice.* – Le Seigneur reçut **avec plaisir, avec faveur** son sacrifice, eut son sacrifice **pour agréable,** ou: son sacrifice fut **agréable** au, **trouva grâce** devant le Seigneur.

– *An* ***acceptable*** *method,* une méthode **satisfaisante.**

Acceptance. – Outre **acceptation,** ***acceptance*** signifie **accueil, réception favorable** (d'une personne); **approbation** (d'une chose) et, par extension, **assentiment moral** que l'on donne à une théorie, par exemple, **croyance.** *Acceptance of persons,* **acception** de personnes, **partialité.** – Suite des sens: synonyme de *acceptableness, agreeableness, to gain, to find* ***acceptance,*** trouver **créance, crédit; acceptation** d'une lettre de change et la **lettre de change** elle-même, ainsi acceptée par une ou plusieurs personnes. Enfin, th. **réception** (d'une pièce par le comité de lecture).

– 1611. Cotgrave. **Malgrace...** ***bad acceptance,*** *ill opinion.*

– *She sang a ballad with marked* ***acceptance.*** – Non pas: « elle consentit très volontiers à chanter une romance », mais: « elle chanta une romance avec un succès marqué, la romance qu'elle chanta lui valut un **succès** marqué ».

– *An idea which* ***is gaining acceptance,*** une idée qui **fait école.**

– *This theory has gained some* ***acceptance*** *among scientists.* – Cette théorie a trouvé quelque **crédit** parmi les hommes de science.

– *We shall welcome a man of such* ***acceptance.*** – Un homme aussi **agréable** sera le bienvenu (chez nous).

– *To find* ***acceptance*** *with God.* – Trouver **grâce** devant Dieu.

Accepted (adject.). – **En vogue, en vedette, en vue, apprécié, en renom** (cf. *approved*).

– *The present issue contains contributions by the most* ***accepted*** *writers.* – La présente livraison contient des articles dus à la plume des auteurs les plus **appréciés,** les plus **en vogue.** C'est un des sens de *popular (q.v.)* donné notamment par Webster comme synonyme d'***accepted.***

Access, accession. – Sont respect. le lat. *accessus* et *accessio,* tous deux issus du v. *accedere,* d'où les sens communs: **approche, action d'approcher, arrivée; accès, paroxysme** (de fièvre), **atteinte** (d'un mal), aussi, au fig., **accès** de jalousie (SOUTHEY); **addition, augmentation, accroissement,** sens courant en fr. du XVIe s.: « accession de force », et cet accouplement pléonastique à la mode du temps: « accroissement et accession si grand » (AMYOT); Montaigne dit: (*Ess.,* II, xii): « La durée n'est aucune accession à la sagesse », c.-à-d.: ne la rend pas plus grande. Ce sens d'accroissement par addition est important au pr. et au fig.: **augmentation** (de revenu), jur. **accession(s)** à une propriété (L., 2°); **(nouvelle) recrue** (d'un parti, etc.); au pl. **acquisitions** (qui viennent enrichir la science, une bibliothèque). P. ext. du sens d'arrivée: **accession** (au trône), **avènement** (d'un roi); aussi ***accession*** *to office,* **entrée** en fonction(s), ***accession*** *to manhood,* **arrivée** (à l'âge d'homme); ***accession*** *to an estate,* **entrée en possession, en jouissance** d'un patrimoine. Enfin, ***accession*** *to a treaty,* **accession, adhésion** (d'un État) à un traité.

Access s'oppose à *recess* dans des loc. figées: ***access*** *and recess of the sea,* **flux** et reflux de la mer, ***access*** *and recess of Parliament,* **(entrée en) session** et vacances du Parlement.

REMARQUE. – Le sens d'addition: « action de s'ajouter à », a survécu chez nous dans des expressions consacrées par l'histoire ou le droit: « L'*accession* de la Bretagne à la France » (D.G.); « la propriété s'acquiert aussi par *accession* ou incorporation » (*Code civil,* art. 712).

– *He will obtain no considerable* ***access*** (ou ***accession***) *of strength from his alliance with that country.* – Il n'obtiendra pas un **accroissement** considérable de force de son alliance avec ce pays.

– *Mr. B. desires to be admitted (to the club); he will be a very honourable* ***accession.*** – M.B. est désireux de faire partie du club; il sera une très honorable **recrue.**

– *Our duty is to preserve all the* ***accessions*** *of science and literature.* – Il est de notre devoir de sauvegarder toutes les **acquisitions** de la science et des lettres.

– *A list of recent* ***accessions*** *to the library.* – Liste des **acquisitions** récentes de la bibliothèque. ***Accession*** *cards.* – Fiches **d'enregistrement** des nouvelles acquisitions inscrites sur l'***accession book.***

Accessory (adj. et subst.). – **Complice,** ***accessory*** *before the fact,* **complice** par instigation, ***accessory*** *after the fact,* **complice** après coup, ***to be accessory to*** *a scheme, a conspiracy,* **tremper dans** un complot.

REMARQUE. – Comme l'explique le N.E.D. l'adj. (à l'origine *accessary*) a pris, sous l'influence du latin *accessorius,* la forme *accessory* qui est devenue aussi, par attraction, celle du subst.

Accidence. – Le N.E.D. suppose que ce mot est une corruption de *accidents* (latin: *accidentia,* QUINTILIEN): littéralement, les accidents des mots, c'est-à-dire, d'après la définition du Littré, « tous les changements que les mots peuvent éprouver ». On dit aujourd'hui *la morphologie.* ***Accidence*** = **rudiment.** Mais, ainsi qu'il ressort des citations, le mot s'applique surtout à la grammaire latine; ce qui, d'ailleurs, n'empêche pas de dire: *English* ***accidence.*** *Outlines of English* ***accidence,*** par exemple, s'oppose à *outlines of English syntax.*

– *I pray you, ask him some questions in his* ***accidence.*** (SHAKS., *Merry Wives,* IV, I, 15.) – Je vous en prie, interrogez-le un peu sur son **rudiment.**

(La suite de la scène montre bien que Sir Hugh Evans, à qui s'adresse Mrs. Page, pousse au jeune William un certain nombre de « colles » en latin. En effet, on ne pouvait apprendre alors que la grammaire latine. De l'autre, il n'était question ni en France, ni en Angleterre.)

Accident. – Avant de signifier absolument événement fâcheux ou malheureux, peut s'appliquer, comme autrefois en français, à tout ce qui survient fortuitement à tout événement *heureux ou malheureux* qui rompt la marche régulière des choses (Robert).

Corneille écrit (*Cinna,* V, 1)

« Quand le ciel me voulut, en rappelant Mécène, / Après tant de faveur, montrer un peu de haine, / Je te donnai sa place en ce triste *accident* (c.-à-d. : « en ce triste *événement* »).

Nous voilà bien armés pour traduire convenablement les exemples suivants :

– La vie d'un général est faite « d'**aventures** émouvantes sur terre et sur mer », *of moving* ***accidents*** *by flood and field.* (*Oth.*, I, v, 135.)

– *He was led to the discovery by a series of happy* ***accidents.*** – C'est par une suite de **hasards** heureux qu'il a été conduit à faire cette découverte.

– *The wisest counsels may be discomposed by* ***the smallest accidents.*** – Les plus sages desseins peuvent être déconcertés, déjoués, traversés par... **un grain de sable.**

Accommodate (to), accommodation. – ***To accommodate*** *s.o. with something,* **fournir, procurer** qch. à qqn. (souvent iron.); **obliger, rendre service** à qqn., **mettre** qch. **à sa disposition,** le **mettre dans une situation commode** (ext. du sens 1° de Littré); **recevoir, accueillir convenablement** qqn. et, plus généralement, le **loger.** D'où, naut. ***accommodations,*** **emménagements, logements** (PAASH).

Toujours p. ext. du sens 1° précité, ***accommodation*** peut signifier **aide pécuniaire, prêt d'argent,** d'où ***accommodation (bill),*** **billet de complaisance.** E.U. ***accommodation*** *train,* train **omnibus,** train **mixte;** ***accommodation*** *roads,* chemins **de terre.**

– *The hotel can* ***accommodate*** *fifty guests.* – L'hôtel peut **recevoir, loger** cinquante personnes ou : pensionnaires.

– *Our sole* ***accommodation*** *was a tent.* – Notre seul **abri** consistait en une tente.

– *I put up at an inn where I had been told* ***there was very good accommodation.*** – Je descendis dans une auberge où je m'étais laissé dire qu'**on était très bien servi.**

Accomplishments. – Ce substantif correspond exactement à notre adjectif *accompli,* « à qui il ne manque rien » : une beauté accomplie. « Et voit-on sous le ciel prince plus accompli? », a écrit Corneille (*Héraclius,* I, 2). ***Accomplishments*** signifie donc ce qui « accomplit », une personne, **arts d'agrément** ou **arts utiles.** Parfois, ce mot a un sens légèrement péjoratif et peut se rendre alors par **connaissances superficielles, teinture de savoir** (synonyme de *smattering*).

– Élizabeth-Jane, qui croit que Lucetta a épousé Henchard, la félicite : *You will rule him entirely, I am sure, with your beauty and wealth and* ***accomplishments.*** (TH. HARDY, *Mayor,* XXX, p. 259.) – Je suis sûre qu'avec votre beauté, votre fortune, et vos **talents,** vous le mènerez par le bout du nez.

– Lady Barker, réclamant la fondation, en Afrique du Sud, d'une école professionnelle pour y former des servantes, écrit : *A training school where they could be taught to sew and to wash, and other homely* ***accomplishments.*** – Une école professionnelle où l'on pourrait leur apprendre la couture et le blanchissage, et autres **arts utiles** à la tenue du ménage.

Rapprocher ce passage tautologique de Brantôme : « Sa beauté... qu'elle estimait bien autant que les autres vertus et **accomplissemens** et perfections. »

Accord. – *Of* ***his own accord,*** **de son plein gré, de son propre mouvement, spontanément.**

Account. – Le v. fr. *aconte* signifiait à la fois : 1° compte, 2° récit. L'anglais a développé ces deux sens importants.

1° Compte; mis pour ***statement of account,*** **facture, mémoire, note;** ***As per account rendered, to account rendered,*** **suivant compte** (ou : **relevé**) déjà **remis** (et non réglé). Au pl. *the* ***accounts,*** la **comptabilité,** *to keep the* ***accounts,*** tenir les **livres,** les **écritures,** les **comptes,** la **comptabilité.** Jur. ***account*** *of liabilities and assets,* **état** des dettes passives et actives. Bourse, *the* ***Account,*** la **liquidation** (mensuelle), ***account-day,*** **jour de liquidation.**

Expressions idiomatiques : ***to find one's account in,*** **trouver son compte à; *to turn to account,* tirer parti, avantage, profit** de.

He is gone to his account, littéral. **il est parti rendre ses comptes, il est mort, il est allé trouver les morts.**

2° Dans nos expressions demander des comptes, rendre compte de, compte désigne « le rapport de ce que l'on a fait, de ce que l'on a vu, pour le faire savoir, l'expliquer ou le justifier » (Robert). On passe, pour ainsi dire, de la comptabilité à la conduite, du monde de l'argent à celui de la morale. De même en anglais. ***To ask, demand an account,*** **demander des comptes,** ***to yield, render account,*** **rendre des comptes; rendre compte** (de sa conduite), ***he has been called to account,*** **il a dû s'expliquer sur sa conduite.** D'où ***he gave a good account of himself,*** **il s'est justifié, il a justifié de sa bonne conduite;** sports : **il l'a emporté, il a gagné la partie; il s'en est tiré à son honneur;** ***they gave a good account of*** *their opponents,* **ils ont battu** leurs adversaires. La même idée s'exprime dans ***the great Account,*** **le Jugement dernier,** où l'on doit rendre compte de ses actes à Dieu.

C'est encore la même notion de valeur (ou de non-valeur), applicable aux pers. et aux ch., que traduisent les expressions : *he, she is* ***of some account, of high account, of no account,*** il, elle **compte, compte pour beaucoup, ne compte pas.** ***A man of no account,*** E.U. ***a no account man,*** **un homme de peu (d'importance), qui ne compte pas, un homme de rien.**

Le sens de **récit, narration, compte rendu, relation** (d'un fait, etc.) se retrouve dans des expressions telles que : ***by his own account,*** **d'après son propre dire, selon son dire, à ce qu'il dit; à l'en croire;** ***by all accounts,*** **au dire d'un chacun, de tout le monde.** ***That's quite a different account,*** **voilà un tout autre son de cloche.**

– *Also* ***accounts*** *had begun to roll in.* – Et les **factures** avaient commencé à pleuvoir.

– *He knew her chiefly* ***by account.*** – Il la connaissait surtout **par ouï-dire.**

– *He* ***turns everything to account.*** – **Il tire parti de tout.**

Rapprocher: Ils aimeront mieux me faire une rente viagère, ce que, vu mon âge et l'état de ma santé, leur doit probablement *tourner plus à compte.* Citation empruntée à J.-J. Rousseau, dont Littré (*s.v.* 7°) donne ce seul exemple.

Accoutre (to), accoutrement. – Équiper, équipement (militaire), **fourniment.**

Accroach (to). – Acquérir, usurper, empiéter sur: *They had attempted* ***to accroach*** *to themselves royal power.* – Ils avaient tenté **d'usurper** le pouvoir royal. C'est l'ancien emploi français. « Convoitise ne sait entendre à rien qu'à *accrocher* le bien d'autrui. » *(Roman de la Rose.)* « Les puissans *accrochent* toujours sur leurs pauvres voisins. » *(Palsgrave.)*

Ace. – As, dans toutes les acceptions du mot français. Au tennis, **service qui bat l'adversaire.** Noter l'expression ***within an ace of,*** **à deux doigts de:** *he was* ***within an ace of*** *drowning himself,* **il a failli, il a manqué, il a pensé** se noyer, **peu s'en fallut** qu'il ne se noyât.

– *I was* ***within an ace*** *of thinking him disrespectful to my mother.* – **Pour un peu,** j'aurais pensé qu'il manquait à ma mère.

Achieve (to), achievement. – Pour traduire ces mots correctement, se rappeler la vieille expression française équivalente « mener à chef », c'est-à-dire « à bien, à bonne fin ». ***To achieve*** signifie **accomplir, réaliser,** avec une nuance de difficulté vaincue. On rendra ***achievement*** par **exploit, victoire, haut fait;** psychol., *test of* ***achievement,*** test d'**instruction.** P. ext. **armoiries conférées en mémoire d'un exploit.** Dans ce sens, il est corrompu en ***hatchment.***

– Addison déplore la gallomanie des soldats anglais: *They* [*our soldiers*] *want words in their own tongue to tell us what it is* ***they achieve...*** (*Spectator,* n° 165.) – Nos soldats n'ont pas de mots en leur propre langue pour nous dire tous **les hauts faits qu'ils accomplissent.**

– Titre d'un chapitre de « L'Égoïste »: *Sir Willoughby attempts and* ***achieves*** *pathos.* – Où Sir Willoughby s'efforce d'être pathétique et y **parvient.** (Trd. Yvonne CANQUE.)

– *It was to* ***achieve*** *her* [*Fanny Brawne*] *that he* [*Keats*] *had determined to try the press once more* (MIDDLETON MURRY, *Keats and Shakespeare,* XI.) – C'est pour la **conquérir** qu'il avait résolu derechef de tâter de l'édition.

– *The poet Campbell said that a man accustomed to work was equal to any* ***achievement*** *he resolved on.* (EMERSON, *Cond. of Life.*) – Le poète Campbell disait qu'un homme habitué au travail était à la hauteur de toute **œuvre** qu'il décidait d'accomplir.

Acid. – ***Acid*** *test,* épreuve, expérience, test **décisif, concluant,** *experimentum crucis,* (image empruntée à l'essai de l'or).

Acquiesce (to), acquiescence. – L'anglais fait ici un pas de plus que le français, et va jusqu'à signifier **se résigner** (à) *(in),* **résignation.**

– Webster glose *to acquiesce: « to accept as inevitable or indisputable ».*

– *Her usual melancholy kindness and submissive* ***acquiescence.*** (THACKERAY.) – Son habituelle bonté un peu triste et sa **résignation** pleine d'humilité.

Acquit (to). – ***To acquit*** *oneself well, ill,* **se comporter, se conduire** bien, mal.

– *Courageous Richmond, well hast thou* ***acquit*** *thee.* (SHAKS., *Richard III,* V, v, 3.) – Brave Richmond, vous vous êtes bien **comporté.**

– *He* ***acquitted*** *himself like a man* (voir *quit*). – Il **se conduisit** en homme.

Acre. – N'est pas nécessairement une mesure de terre précise, une acre. Pensez à son origine, le latin *ager,* champ, et vous entendrez son sens désuet, † **labour, pièce de terre labourable, champ.** L'actuel ***God's Acre,*** adopté de l'allemand moderne, est le **champ de repos, le cimetière.**

Act (to), act, acting (adject. et subst.). – ***To act*** *a part in a play,* **jouer, tenir, interpréter** (un rôle dans une pièce de théâtre), p. ext. ***to act*** *the part of an honest man,* **se conduire, agir** en honnête, en galant homme; *this play* ***has been acted many times,*** cette pièce **a eu de nombreuses représentations;** intrans. *this play* ***acts well,*** cette pièce **est scénique, tient bien la scène,** *reads as well as it* ***acts,*** **supporte** aussi bien la lecture que **la scène;** de là les sens du subst. ***acting,*** **jeu** (d'un acteur), **interprétation; exécution, production** (d'une pièce de théâtre), ***acting over*** *(of a play),* **répétition** (d'une pièce), ***to go in for acting,*** **faire du théâtre;** famil. *it is mere* ***acting,*** **c'est de la comédie, ce n'est pas sérieux.** ***Acting out,*** **passage à l'acte.** Cela nous ramène à ***to act,*** dont les sens péjoratifs sont: **feindre, simuler, affecter,** *with* ***acted*** *fear,* avec une frayeur **simulée, en simulant** la crainte.

Pour le subst. ***act,*** noter ***Act of God,*** **cas de force majeure; cas fortuit, cause naturelle;** ***act*** *of grace,* **mesure** de grâce, de clémence, de faveur; ***act*** *of indemnity,* **(mesure d')** amnistie. *To be taken in the act,* être pris **en flagrant délit,** famil. **la main dans le sac.** ***Act of Parliament,*** **loi, décret.** A l'Université, ***to keep the act,*** **soutenir sa thèse,** ***keeping of the acts,*** **soutenance de thèses.**

L'adj. verbal ***acting*** signifie **qui fait fonction, remplit effectivement les fonctions de, fait l'intérim, assure la suppléance de,** ***acting manager,*** **directeur-gérant, administrateur délégué;** ***lieutenant acting captain,*** **lieutenant faisant fonction de capitaine;** *the* ***acting*** *chairman of the Council,* le président du Conseil **en exercice.** ***Acting*** *company,* troupe de **comédiens.**

Mécan. ***single-acting, double-acting*** *machine,* machine **à simple, à**

double effet.

Activate (to). – Rendre (un corps, etc.) **radioactif, *activated carbon,*** carbone **radioactif; *activated*** *sludge,* boue **activée.**

Au fig. **faire fructifier,** (famil.) **faire rendre, travailler** (l'argent). Cornelius Nepos, vu par M. Thornton Wilder (*The Ides of March,* XII), dit: *Caesar, always indifferent to money..., could always find plenty to do with money. He could always* ***activate*** *another's gold.* – César, toujours indifférent à l'argent..., savait toujours tirer grand profit de l'argent... Il savait toujours **faire fructifier** (ou **travailler**) l'or d'autrui.

Active. – Agile, alerte, ingambe; effectif, agissant; phys. **radioactif,** *an* ***active*** *deposit,* un gisement, un gîte **radioactif;** méd. **évolutif, progressif,** *the patient suffered from* ***active*** *tuberculosis,* le malade était atteint de tuberculose **évolutive.** Mil. ***on the active list,*** **en activité de service,** ***on active service,*** **en campagne, en opérations.** *He was called up* ***for active service,*** il fut appelé **sous les drapeaux.**

– *This old man is still* ***active.*** – Ce vieillard est encore **ingambe.**

– *Owing to an* ***active*** *market, prices have advanced.* – En raison de **l'activité** du marché, les prix ont monté.

– *Learning, an* ***active process.*** – Apprendre **par l'effort personnel.**

Actual, actually, actuality. – Le premier sens du français **actuel** dans Littré est **effectif, réel.** Calvin oppose le péché **actuel,** péché par action (latin *actualis*), au péché d'intention. Volonté **actuelle** s'oppose à volonté potentielle. Rousseau emploie encore **actuellement** dans le sens d'**effectivement :** « [La nuit] j'ai beau savoir que je suis en sûreté dans le lieu où je me trouve, je ne le suis jamais aussi bien que si je le voyais *actuellement.* » (*Émile,* II, p. 130). Le lexicographe anglais précise que ***actual*** s'oppose à *potential, possible, virtual, theoretical, ideal.* ***Actually,*** **effectivement, réellement, dans le fait, précisément.**

De même, ***actuality*** = **réalité, fait réel, fait accompli.**

– *The* ***actual*** *personality of man,* la **véritable** personnalité de l'homme.

– *Here we see the dawn of that sensibility which was destined to become the* ***actual*** *moral principle of the age.* – Ici on voit poindre cette sensibilité qui va devenir la morale **même** du siècle.

– *We meet on a melancholy occasion: a father dead, an uncle* ***actually*** *hanged and probably damned.* (B. Shaw, *Devil's Disciple,* I.) – C'est une bien triste occasion que celle qui nous rassemble : un père mort ! un oncle **bel et bien** pendu et probablement damné.

– *In the past superstitious people believed in the* ***actual*** *devil.* – Autrefois, les gens superstitieux croyaient au diable **en personne.**

– *This news, which I believed, and which was* ***actually*** *true, disturbed the ideas of pleasure in which I had begun again to indulge,* traduction de ce passage de *Gil Blas,* II, viii : « Cette nouvelle que je crus véritable, et qui l'était **en effet,** troubla les idées de plaisir dont je commençais à me repaître. »

– *There is a photograph of the premises* ***actual,*** *and an advertisement sketch of them ideal.* (Gr. Barker, *The Madras House.*) – Il y a une photographie des locaux – état **réel** – et leur croquis réclame – état idéal.

– Alpha of the Plough dissertant sur l'absence de poches qui rend si peu pratique le vêtement féminin, cite les réflexions de sa femme sur ce sujet et la met en scène, en déclarant : *I have full permission to mention her in order to give* ***actuality*** *to this moral discourse.* (*Leaves of the Wind,* p. 15.) – Je suis pleinement autorisé à la citer afin de donner de la **réalité** à ce discours moral.

Adam. – Au fig. *(the)* ***old Adam*** *(of one's former years),* le **vieil homme** (*Romains,* VI, 6), *to cast off the* ***old Adam,*** dépouiller le **vieil homme.** *It's* ***as old as Adam,*** cela **remonte au déluge.** *I do not know him* ***from Adam,*** je ne le connais **ni d'Ève ni d'Adam,** je ne le connais **aucunement.** Famil. ***Adam's ale,*** de l'**eau claire,** du **Château-Lapompe,** du **sirop de grenouille** (Manchon).

Addition. – † Titre que l'on ajoute au nom d'un homme pour indiquer son rang social, sa condition, sa profession, sa résidence, etc. (cf. notre *surnom, q.v.* dans L. 1°). Cette acception est fréquente dans Shakespeare, qui lui confère parfois le sens de **promotion, d'élévation en dignité,** de **marque de distinction.** Autres sens : **agrandissement, acroissement** (syn. de *accession, q.v.*), avec valeur méliorative; blason : **brisure;** mus. † **point qui s'ajoute** à la droite d'une note, dite note pointée, pour prolonger la durée du son de moitié.

– Angus annonce à Macbeth (I, iii, 106) son élévation à la dignité de thane de Cawdor :

In which ***addition,*** *hail, most worthy thane!*
For it is thine.
Sois ici salué de ce **titre,** preux thane,
Car il est tien.

Rapprocher : *Even so dyd the Graecians in olde time give* ***additions*** *to Princes, by reason of some notable acte worthie memorie,* c'est ainsi que North traduit le passage suivant d'Amyot (*Coriolan,* 15) : « ... Ni plus ni moins que les Grecs anciennement imposaient aussi des **surnoms** aux princes, tirés... de quelque acte mémorable... »

Address (to) (oneself). – Le français disait « s'adresser vers », dans le sens de « se diriger vers ». « Nous sommes aperçus, quelqu'un vers nous s'adresse. » (Rotrou, *Antig.,* III), et Molière (*Amphitryon,* I) : « Où s'adressent tes pas ? »

En anglais, ***to address*** au sens réfléchi signifie **se disposer à, s'évertuer à, s'appliquer à, se mettre en devoir de.**

Remarque. – Le sens désuet de **viser** qui a été celui de ***to address*** (v. trans.) a survécu dans le terme de golf : ***to address*** *the ball,* **viser** (la balle).

– Ne pouvant trouver d'auberge dans le voisinage de Bruxelles, Stevenson et ses compagnons se voient obligés de poursuivre leur voyage malgré la pluie battante: *Nothing for it but to lay the sails aside and to* ***address ourselves*** *to steady paddling in the rain. (An inland Voyage.)* – Que faire sinon amener les voiles et nous **mettre** à pagayer sans relâche sous la pluie?

– *They* ***addressed themselves to sleep,*** *they went to sleep.* – Ils **s'endormirent.**

– *The lecturer* ***addressed*** *himself to the question of Franciscan poverty.* – Le conférencier s'**attaqua** à la question de la pauvreté franciscaine.

Address (to), address (-es). – ***To address*** *(a person, an audience),* c'est parler à (quelqu'un, un auditoire). ***Address*** sera donc: **discours, allocution** et p. ext. **message; façon de parler, de se présenter, abord;** et ***to pay one's*** *(amorous)* ***addresses*** *to a lady,* c'est **faire sa cour** à une femme, la **courtiser,** la **rechercher;** par conséquent: *Take a man with a prepossessing* ***address*** (CHESTERFIELD, *Letters*), rendu ainsi par le traducteur Amédée Renée: « Prenez un homme d'une *dextérité* (sic) parfaite », est un contresens. Il fallait dire: d'un **abord** séduisant, ou quelque chose d'analogue.

– *No true woman ever regarded any thing but her lover's person and* ***address*** (HAZLITT.) – Aucune vraie femme ne s'est jamais occupée d'autre chose que de la façon dont son amant est fait et dont il **se présente.**

– *Men practised in public* ***address,*** des hommes exercés à **parler** en public.

– *His* ***address*** *[Pascal's] is always to men who have lost themselves.* (Ch. MORGAN, *Reflections.*) – Son **message** s'adresse toujours aux hommes qui se sont perdus (moralement, s'entend).

– *The President shall accord the right* ***to address*** *the Assembly... No representative may* ***address*** *the Assembly without having previously obtained the permission of the President.* – Le Président donne la **parole...** Aucun représentant ne peut **prendre la parole** à l'Assemblée sans avoir au préalable obtenu l'autorisation du Président.

Adept (adj. et subst.). – *Adeptus* (lat. des alchimistes) signifie « initié au grand œuvre », de là, en anglais, **complètement initié aux secrets de son art,** et, couramment, **versé** (dans), **expert, habile, exercé** (en).

– Le garçon barbier de *Gil Blas* (II, vii) dit de son maître à qui il « faisait la barbe »: Il me montroit aussi la musique qu'il **savait parfaitement,** et Smollett de traduire: *He taught me music in return; and he* ***was an adept.***

– *He is no great* ***adept*** *in that art.* – Il n'est pas grand **clerc** en cette matière (il n'en **sait pas long**).

REMARQUE. – Nos modernes écrivains français emploient journellement le mot *adepte* dans le sens impropre de *partisan, tenant, disciple.*

Adequate, -ly. – Qui suffit amplement à; qui s'adapte, qui convient, qui répond à son objet; qui est à la hauteur de; ***adequately,*** **convenablement, utilement; congrûment, dignement.**

Syn. de l'adj. donnés par Roget: *satisfactory, valid.*

– *Words are* ***not adequate*** *to describe such wonders.* – Les mots sont **impuissants** à décrire ces merveilles.

– *This classification is perfectly* ***adequate.*** – Cette classification **répond** parfaitement **à la réalité** (ou: est tout à fait **satisfaisante**).

– ***Am I adequate*** *to the subject?* – **Ai-je les qualités requises** pour traiter ce sujet?

– *His income is* ***adequate*** *to maintain his family.* – Son revenu **lui suffit** pour entretenir sa famille.

– *In this emergency France had no* ***adequate*** *government.* – En cette conjoncture critique, la France n'avait pas de gouvernement **qui fût à la hauteur de la situation.**

– Famil. *He is an* ***adequate*** *chap.* – C'est un type **capable, à la page.**

– *The bearer of such good news was* ***adequately*** *rewarded.* – Le porteur d'une aussi bonne nouvelle fut **congrûment** (ou: **dignement**) récompensé.

– *The question could not be discussed* ***adequately.*** – Il n'a pas été possible de discuter **utilement** (ou: **convenablement**) la question.

– *The child grew* ***adequately.*** – L'enfant grandissait **normalement.**

REMARQUE. – En français, *adéquat* est surtout un terme de philosophie.

Adhere (to), adherence, adhesion. – Les significations de ces mots ne se différencient de celles des nôtres que par des nuances. ***To adhere*** *to one's opinion,* c'est **maintenir, persister** dans son opinion. *A strong* ***adherence*** *to facts,* **un respect scrupuleux** des faits, de la réalité; ***adherence*** *to a party,* **attachement, fidélité** à un parti.

– Dans sa critique de *Cymbeline,* Hazlitt souligne l'obstination avec laquelle Bellarius **s'attache** à poursuivre son dessein. – *The obstinate* ***adherence*** *to his purpose in Bellarius.* (*Works,* I, 184.)

– *Knowing how weak he [Jude] still was, she [Sue]* ***adhered*** *to her determination not to disturb him till the next day.* (HARDY, *Jude,* VI, I.) – Sachant combien il était encore faible, Sue **persista** dans sa résolution de ne pas inquiéter J. avant le lendemain.

– *Rousseau saw quite clearly how closely the author of Robinson Crusoe has* ***adhered*** *to life.* – R. a très bien vu à quel point l'auteur de Rob. Crus. avait **serré** de près la vie.

REMARQUE. – On relève dans le N.E.D. ***to adhere*** *to the King's enemies,* et Littré (3°) cite Fénelon: « C'est un crime de haute trahison de prendre les armes contre le roi ou d'*adhérer* à ses ennemis. »

Quant à *adhérence,* le sens d'attachement moral a vieilli: « La foi est une *adhérence* de cœur à la vérité éternelle ». (BOSSUET.) Cependant, V. Hugo parle encore de « l'incorruptible *adhérence* de ceux qui se sont aimés dès l'aube de la vie »!

On ne s'étonnera donc pas que l'anglais dise: *The **adhesion** to his wife has endured.* l'**attachement** qu'il avait voué à sa femme ne s'est pas démenti. Sens spéciaux d'***adhesion*: ** méd. **adhérence** (pleurale, intestinale); *ground **adhesion**, road **adhesion**,* **adhérence** au sol. En somme, pour l'anglais, ***adherence*** et ***adhesion*** sont au fig. synonymes.

Adhesive, adhesiveness. – ***Adhesive** to the track,* **acharné** sur la piste. ***Adhesiveness*,** phrénol. **faculté de s'attacher** et de rester attaché aux personnes; psychol. **tendance à associer les idées,** qui constitue la base de la mémoire.

Adjective (adj. et subst.) – Le latin de basse époque *adjectivum (nomen)* signifie propr. « ajouté à » (Bloch). D'où le terme grammatical bien connu, commun aux deux langues. De même ***adjective** colours,* couleurs **adjectives,** « que l'on ne peut fixer sur une étoffe qu'à l'aide d'une autre substance » (Larousse). ***Law adjective*, droit de forme ou de procédure, (code de) procédure,** s'oppose à *substantive law,* droit positif. *An **adjective**,* un **accessoire,** une **quantité négligeable.**

– *The women were treated as **adjective** beings.* (N.E.D.) – Les femmes étaient traitées comme des **accessoires.**

Rapprocher: « Tous ces hommes qui m'ont sacrifiée, qui ont disposé de moi comme d'un *accessoire* dans leur vie. » (Stael, *Delphine,* V. 6.)

Adjourn (to). – Lever (la séance); **passer** de compagnie, sans intervalle, **d'un lieu dans un autre.**

– *The meeting is **adjourned**.* – La séance est **levée.**

– *From the church the people **adjourned** to the hippodrome.* – Du temple, le peuple **se rendit** à l'hippodrome.

– *On **adjourning** to the library...* – Quand on **se fut retiré** (ou: **eut passé**) dans la bibliothèque.

Adjudge (to). – Juger, † estimer, décider, décréter, condamner.

– *He was **adjudged** to lack something.* (C. Lamb.) – On **estima** qu'il lui manquait quelque chose.

– *By a company of Puritan soldiers... Charles was **adjudged to die**.* – Charles fut **condamné à mort** par une compagnie de soldats puritains. Rapprocher: Tu pourras... M'*adjuger* à la mort sans mériter le blâme. (Montchrestien, *David,* v. 232.)

Adjudicate (to). – Juger (une affaire); avec un prédicat, **déclarer :** *He was **adjudicated** a bankrupt,* il fut **déclaré** en faillite.

Siéger en jugement, et prononcer sentence : *Mr. N. held that the magistrates were **entitled to adjudicate**.* – M. N. estima que les magistrats étaient **compétents.**

– *The Court **adjudicated** the case* (ou *upon the case*). – La cour (ou: le tribunal, selon le cas) **a rendu son jugement, a prononcé son arrêt, a statué** sur l'affaire.

Adjust (to), adjuster, adjustment. – Arranger (une affaire, une querelle), **régler, concilier, † ajuster** (un différend); **redresser** (un compte); **corriger, rectifier** (des chiffres, etc.); **agencer** (les parties d'une machine); **étalonner** (un instrument); naut. **compenser, corriger** (les compas); assur. ***to adjust** an average,* **répartir** une avarie. Dr. mar. ***adjuster*, dispacheur,** agent, expert chargé des ***adjustments*, dispaches,** c.-à-d. du règlement des pertes et avaries entre assurés et compagnie d'assurances.

Famil. ***Can you adjust it?*** (cf. *can you manage it?*), **ça va? ça « colle » ?**

– *It was not possible **to adjust** supply and demand.* – Il n'a pas été possible d'**équilibrer** l'offre et la demande.

– *The results of the survey have been **adjusted**.* – Les résultats de l'enquête (statistique) ont été **corrigés** (ou: **rectifiés**).

– *The extent to which **adjustments** may be made between the various items of the budget.* – La mesure dans laquelle des **aménagements** pourront être opérés entre les divers postes du budget.

– *Though somewhat short of money, he thought he could take a week's holiday and **adjust it**.* – Quoique un peu à court d'argent, il crut pouvoir prendre une semaine de vacances et **s'en tirer.**

Adjutant. – Non pas notre adjudant, qui se dit *warrant officer,* mais **officier adjoint** (*adjutare* = aider, seconder); ***battalion*** ou ***field adjutant*, capitaine adjudant-major,** famil. le **major; *regimental adjutant*, capitaine adjoint au colonel, colonel d'état-major,** etc., ***adjutant general*,** approx. **chef d'état-major.**

Autre sens, ornithol. ***adjutant*** *(-bird, -crane, -stork),* **marabout.**

Administer (to). – Sans être traître, ce mot ne peut, dans certains emplois, être traduit par son homonyme français.

Jur. **exercer les fonctions, avoir une charge de curateur,** dit ***administrator*.**

– *A. **administers** (upon) B.'s estate.* – A. **est le curateur** à (ou: **a la curatelle** de) la succession de B.

– *Swear by the duty that you owe to heaven...*
*To keep the oath that we **administer**.* (Shaks., *Richard III,* I, iii, 182.)
Jurez par le respect que vous devez au ciel...
De tenir le serment que nous vous **déférons.**

– *A fountain **administers*** (ou auj. ***ministers***) *to the pleasure as well as the plenty of the place.* (Addison, *Spect.,* N° 477.) – Une fontaine **contribue** à l'agrément ainsi qu'à la fertilité du lieu.

Administration. – Aux E.U. désigne collect. **le gouvernement, le Président et son cabinet.** *The Roosevelt **Administration**,* le Gouvernement R. Aussi en compos. *an **administration** journal,* un journal **pro-gouvernemental.** Jur. **régie** (d'une succession); **curatelle** (des biens d'un mineur), d'où ***Letters of administration*, pouvoir de gérer une succession, désignation d'un curateur** (à la succession d'un défunt intestat).

REMARQUE. – Le latin *administratio mundi* signifie conduite, gouvernement de l'univers.

– *Are you for or against the* ***Administration?*** – Êtes-vous pour ou contre le **Gouvernement?**

Admire (to), admiration, admirable. – Rappelons à qui serait porté à l'oublier que, comme le fr. *admirer* (L. 3°), ***to admire*** signifie aussi **voir avec étonnement.** D'où il suit que *admirer* peut traduire son homonyme anglais, mais il faut que le traducteur le comprenne et fasse en sorte que le lecteur ne s'y trompe pas.

Autres sens, ceux-là propres à l'anglais: **être épris, amoureux, aimer** (une femme, etc.), d'où ***admirer*, soupirant, adorateur,** et famil. ou humor. **qui est friand** de, **fait son régal, ses choux gras** de.

D'autre part, ***admirable*** est parfois, dans l'usage récent, un mot quelque peu hyperbolique pour louer qch. d'**estimable,** d'**agréable,** etc.

– *Season your* ***admiration*** *for a while.* (SHAKS., *Hamlet,* I, ii, 191.) – Que votre **étonnement** se modère un instant.

– *She played piano to* ***admiration.*** – Elle jouait (ou: touchait) du piano **à merveille (à la perfection, comme un ange).**

– *The avowed* ***admirer*** *of your Ladyship.* (SHERIDAN, *School for Scandal,* I.) – Votre **adorateur** déclaré, Madame.

– De Marc Antoine César dit: *He is greatly* ***admired*** *by women.* (SHAW, *Caes. and Cleop.,* II.) – Les femmes **raffolent** de lui, en sont **« coiffées »,** ou: il est la **coqueluche** des femmes.

Voici la contre-épreuve: Quand Lesage écrit *(Gil Blas,* III, v*)*: C'est une jeune veuve de qualité qui cherche un **amant,** Smollett traduit: *This is a young widow of quality in want of an* ***admirer.***

– *The blue titmouse, or nun... is a vast* ***admirer*** *of suet and haunts butchers' shops.* (Gilbert WHITE, *Natural hist. of Selborne,* XLI.) – La mésange bleue ou nonnette (1)... est extrêmement **friande** de gras de rognon et fréquente les boucheries.

– *How do you like the soup? – Oh,* ***admirable!*** – Comment trouvez-vous la soupe? – **Exquise!**

REMARQUE. – 1° Un des sens du latin *admiratio* est *étonnement: Non sine admiratio,* non sans *étonnement.* Emploi vieilli chez nous. Le voici dans une phrase tautologique de La Bruyère: « Je ne sors pas d'*admiration* et d'étonnement quand je vois certains personnages » (III, 42). La nuance affective du mot se retrouve dans la désignation du signe de ponctuation (!) que les Anglais appellent *note of* ***admiration,*** point d'**exclamation.**

2° Aux E.U., ***to admire*** signifie famil. **désirer, être désireux, être heureux, vouloir (bien),** (optatif), etc. *I should* ***admire*** *to be your friend,* je **voudrais bien** être, je **serais heureux** d'être votre ami.

Admission. – Non pas toujours « admission » d'une personne (dans une classe de la société, par exemple), mais parfois **concession; aveu,** (d'une faute); **reconnaissance,** (du bien-fondé d'un argument), c'est-à-dire substantif, jusqu'au bout, du verbe *to admit* dans tous ses sens.

– *The prisoner made full* ***admission*** *of his guilt.* – Le prévenu fit des **aveux** complets.

REMARQUE. – Webster définit ainsi l'expression *third degree (q.v.): Severe examination or treatment of a prisoner by the police to extort an* ***admission.*** – Cuisinage ou sévices (passage à tabac) que la police fait subir à un détenu pour lui arracher des **aveux.**

Admit (to), admitted, -ly. – ***To admit*** se dit de l'action d'un agent involontaire. C'est **donner accès, livrer passage à,** ou **pouvoir contenir.** *A key which* ***admits to the garden,*** une clef **du jardin,** *a ticket* ***admitting*** *to the concert,* un billet d'**entrée** au concert, *a passage which* ***admits*** *two abreast,* un couloir où l'**on peut passer à** deux de front. E.U. *He studied law and was* ***admitted*** (angl. *called*) *to the bar,* il fit son droit et fut **inscrit** au barreau.

Admitted, outre les emplois concessifs correspondant à ceux de l'infinitif, peut signifier: **avoué, avéré, manifeste, notoire:** *an* ***admitted*** *fact,* un fait **avéré.** Lorsque Stuart Mill écrit (*Logic,* I, iii, § 3): *But this is an* ***admitted*** *departure from correctness of language,* il entend non pas qu'il s'agit d'une incorrection admise, c.-à-d. sanctionnée par l'usage, mais d'une incorrection **manifeste, notoire.** De même, *« an* ***admitted*** *truth »* (SPENCER) est une vérité **reconnue.**

– *This unsatisfactory situation, although* ***admittedly*** *a rare one, was brought to an end.* – Il a été mis fin à cette situation regrettable, qui se produit rarement, **il faut le reconnaître.**

– *He is* ***admittedly*** *a communist.* – Il est communiste **et n'en fait pas mystère.**

– *This was* ***admittedly*** *a denial of justice.* – Ce fut, **de l'aveu général,** un déni de justice.

Adulterate (to), adulterate (adject.). **–** Outre adultérer, « altérer la pureté d'une substance: la monnaie, les médicaments, etc. », signifie **corrompre** (la langue, un texte). L'adj. ***adulterate*** (var. d'*adulterous*) a gardé trace du sens vieilli, commun aux deux langues, de **détourner de, violer** la foi conjugale, et signifie (femme, etc.) **adultère.**

Advance (to), advance. – Comprendre ***to advance*** comme avancer donnerait dans bien des cas de fâcheux contresens. Car ce peut être **lever, hausser; vanter; augmenter;** intr. **augmenter de prix, hausser, monter** avec sens correspondants pour le substantif. En composition, ***advance-copy,*** **exemplaire de lancement,** ***advance-proof, -proofs, -sheets,*** **bonnes feuilles;** *to receive the* ***advance-copy*** *of a document,* recevoir un document **en communication préalable.**

(1) Selon Robert, ce seraient les mésanges au plumage gris cendré que, par analogie d'aspect avec le costume de certaines religieuses, l'on appellerait vulg. nonnettes.

– *Azraël... unfurled The imperial ensign, which, full high* ***advanced,*** *Shone like a meteor.* (MILTON, *Par. Lost.* I, 536.) – Azraël... déploya l'enseigne impériale, qui, **levée bien haut,** brilla comme un météore.

– *The fringed curtains of thine eyes* ***advance.*** (SHAKS., *Tempest,* I, ii, 408.) – **Lève** les rideaux frangés de tes yeux.

– *Bless the Lord: praise and* ***advance*** *him for ever.* – Bénissez le Seigneur: louez-le, **magnifiez-**le à jamais.

– *De Beers shares have* ***advanced.*** – Les actions de la De Beers ont **monté.**

– *The* ***advance*** *of the cost of living.* – La **hausse** du coût de la vie.

– Dans les ventes aux enchères: *A thousand francs, gentlemen.* ***Any advance*** *on a thousand?* ***No advance?*** – Mille francs, messieurs. Y a-t-il **preneur à ce prix?** (ou: **personne ne dit mieux?**) **Bien vu?**

– *Miss N. was an* ***advanced*** *girl.* – Mademoiselle N. était une jeune fille **dernier** cri (jadis: **fin de siècle**).

– ***Advance*** *news were reserved for our chief correspondent.* – **La primeur** des nouvelles était réservée à notre correspondant en chef.

– *He was* ***advanced*** *to the rank of major.* – Il fut **promu** au grade de commandant.

Advancement. – Si nous disons, comme en anglais, « l'avancement des sciences » (cf. BACON, *Two Books on the Proficience and Advancement of Learning*), nous ne pourrions traduire littéralement l'exemple suivant: *National Association for the* ***Advancement*** *of Coloured People,* et nous dirions: Association nationale pour le **progrès** (l'**émancipation**) des gens de couleur.

– ***Advancement*** *towards self-government in non-metropolitan territories.* – **Émancipation** des territoires non métropolitains qui ne sont pas encore autonomes.

Advent. – **Avent** (du latin *adventus,* arrivée, venue de Jésus-Christ) et donc **avènement** du Messie, du Rédempteur; par ext. **avènement** (d'un personnage, d'une ère nouvelle, etc.); **arrivée, venue** (d'une chose, d'un événement important).

– *The* ***advent*** *of the Normans (in England).* – **L'arrivée,** l'**apparition** des Normands (en Angleterre).

– Entrée en fonction d'un inspecteur des Douanes: *It pained, and at the same time amused me, to behold the terrors that attended my* ***advent.*** (N. HAWTHORNE, *Scarlet Letter, Prol.*) – Cela me peinait, et m'amusait en même temps, de constater les terreurs que soulevait mon **entrée en fonction.**

Adventitious. – Maurice Larrouy, dans *Le Révolté* (p. 90), parle d'un officier de marine qui recherchait les « recommandations adventices » des autorités civiles. Apparemment, il veut dire « qui viennent du dehors » (cf. idées adventices, par opposition à idées innées). Outre ce sens, ***adventitious*** a ceux de **accidentel, accessoire, fortuit; additionnel, supplémentaire.**

– *Greek...* was an ***adventitious,*** *no mother language, to them.* – Le grec... n'était pour eux qu'une langue **de surcroît** et non pas leur langue maternelle.

Adventure(r). – **Entreprise commerciale,** d'où *Merchants-Adventurers* (ou *venturers*), qui faisaient le commerce d'outre-mer (cf. *The Company of Gentlemen* ***Adventurers*** *trading into the Hudson Bay*); **risque, danger, péril.** *To put* ***in adventure,*** mettre **en danger, en jeu.** Aujourd'hui, terme de droit maritime: **prêter à la grosse aventure,** Comm, **spéculation hasardée,** etc. Sens concret † **pacotille.**

– *For the understanding of his [Wordsworth's] great poetic* ***adventure...*** *the history of his first thirty years is all that need be studied.* (W. RALEIGH, *Wordsworth,* 17.) – Pour comprendre sa grande **entreprise** poétique, il suffit d'étudier l'histoire de ses trente premières années.

Adverse. – Outre les sens français, signifie, comme en latin: **qui se trouve vis-à-vis, en face,** *on the* ***adverse*** *hills, in montes adversos* (cf. *in adversum,* du côté opposé); du sens de ***adverse*** *fortune,* fortune **adverse, contraire,** on passe à celui de **dommageable, préjudiciable, défavorable.**

– *An* ***adverse*** *balance,* une balance (commerciale) **défavorable, déficitaire.**

– *The crop was delayed owing to* ***adverse weather.*** – **Le mauvais temps** a, **les intempéries** ont retardé la moisson.

– *Good reeducational work can be achieved under* ***adverse*** *material circumstances.* – On peut faire de bonne rééducation dans des conditions matérielles **précaires.**

Advertise (to), advertisement. – Abstraction faite du sens français, devenu archaïque, ces mots signifient également **mettre une annonce** (dans les journaux); **affiche, annonce, réclame, publicité.**

Les Anglais prononcent *advert'isment,* les Américains *advertaï'sment.*

– *The domestic virtues are not the true basis of art, though they may serve as an excellent* ***advertisement*** *for second-rate artists.* (O. WILDE, *Intentions.*) – Les vertus domestiques ne sont pas le vrai fondement de l'art, mais elles peuvent constituer une excellente **réclame** pour les artistes de second ordre.

– La jeune Cytherea ne veut plus être à la charge de son frère: *I have been looking my position steadily in the face, and I must get a living somehow. I mean* ***to advertise*** *once more.* (Th. HARDY, *Desperate Remedies,* III, 57.) – J'ai regardé ma situation bien en face, et comme il me faut gagner ma vie d'une manière ou d'une autre, j'ai l'intention de **mettre une** nouvelle **annonce.**

Advise (to). – Voici les sens les plus courants: avec *with,* **consulter, demander avis à;** absol. et trans., **conseiller;** suivi de *of,* **informer de, instruire de, avertir de, aviser** (sens français); commercial, **annoncer,**

aviser, donner avis de.

To advise on, upon ne doit pas se rendre par « aviser à » dans le sens de « pourvoir à », mais par **donner un avis (consultatif)** sur (cf. *an* ***advisory*** *body*, un organe **consultatif**), après avoir délibéré sur un point, étudié une question. La traduction de l'article X du Pacte de la Société des Nations contient cette erreur qui restera célèbre et dont les conséquences politiques auraient pu être très graves. La voici :

The Members of the League undertake to respect and preserve as against external aggression the territorial integrity and existing political independence of all Members of the League. In case of any such aggression or in case of any threat or danger of such aggression the Council shall ***advise upon*** *the means by which this obligation shall be fulfilled.*

Les Membres de la Société des Nations s'engagent à respecter et à maintenir contre toute agression extérieure l'intégrité territoriale et l'indépendance politique présente de tous les Membres de la Société. En cas d'agression, de menace ou de danger d'agression, le Conseil **avise aux** *(sic)* moyens d'assurer l'exécution de cette obligation.

Or, *selon le texte anglais*, le Conseil n'avise nullement aux moyens, etc., ne prend nullement de mesures effectives, et se borne à **donner des indications, à émettre un avis consultatif** sur les moyens d'assurer l'exécution de l'engagement pris par ses Membres. Cela change totalement le sens de l'article. Si le cas prévu s'était présenté, que serait-il advenu, puisque, d'après l'art. 440 du Traité de Versailles, les textes anglais et français faisaient foi l'un et l'autre ?

N'a-t-on pas même été jusqu'à insinuer que le libellé de l'article français avait fait craindre au gouvernement américain de se voir entraîné dans des complications possibles et avait contribué au rejet du Traité ?

Aerate (to). – ***To aerate*** *the blood*, **artérialiser** le sang, ***aerated*** *water*, eau **gazeuse; *aerated*** *wine*, vin **gazéifié, champagnisé.**

Aerial. – Du sens de « léger comme l'air » (une démarche aérienne), on passe en anglais, mais non en français à ceux de : **irréel, imaginaire, chimérique;** comme le lat. *aerius*, au pr. **haut, élevé, qui se perd dans les nues,** ***aerial*** *mountains*, et au fig. **vain,** ***aerial architecture*****, châteaux en Espagne.** ***Aerial*** *sickness*, mal **de l'air.** Subst. **antenne** de T.S.F.

Affair. – Lâchement **chose, truc, machin,** *a* ***poor affair*****, pas grand-chose.** Abrév. de ***love affair*****, affaire de cœur, aventure, amourette, intrigue galante, liaison.**

– *She looked smart in quite a simple* ***affair*** *of brown holland which toned well with her complexion.* (HORNUNG, *Raffles*.) – Elle donnait une impression d'élégance (ou : de chic) dans un **petit rien** de toile écrue qui s'harmonisait bien avec son teint.

– *You continually meet Englishmen of thirty, and even older, who have never had an* ***affair*** *with a woman.* (RENIER, *The English are they human?* IV.) – C'est chose courante de rencontrer des Anglais de trente ans ou même plus qui n'ont jamais eu d'**aventure** avec une femme.

Affect (to) affection. – Avoir de l'affection pour, aimer, sens archaïque, paraît-il, mais qu'on trouve encore dans Wells (*Kipps*, I, i, § 5) : *Even the decorous novelettes Sid* ***affected****, egged him* [*Kipps*] *on.* – Même les nouvelles comme il faut, **aimées** de Sid, incitaient Kipps [à embrasser Anne].

V. les exemples pour d'autres sens.

Affection**, impression** ressentie par l'âme ou le corps ; **état d'esprit, émotion, sentiment;** *(towards)* **disposition, inclination, penchant** (pour), **tendance** (à) ; p. ext. **bonne disposition** envers, et donc, siège de ce sentiment : **cœur, amour** (notamment dans Shakespeare) souvent au pl. ; **affection, maladie;** enfin, métaph. **propriété, qualité, attribut** (des corps).

– *The agricultural products* ***affected*** *by duty are as follows.* – Les produits agricoles **assujettis** aux droits de douane sont énumérés ci-après.

– *The increase in wages would* ***affect*** *the market, the cost prices, the interests of the employers.* – L'augmentation des salaires **pèserait sur** le marché, **alourdirait (grèverait)** les prix de revient, **lèserait** les (ou : **porterait atteinte aux**) intérêts des employeurs.

– *The 1889-90 influenza pandemic* ***affected*** *a large part of the world.* – La pandémie de grippe de 1889-90 **frappa, atteignit** une grande partie de la population de la terre.

– *Real love extinguishes the base* ***affections.*** – Un amour véritable éteint les bas **sentiments.**

– *An* ***affecting*** *spectacle (or sight).* – Un spectacle **émouvant, touchant, attendrissant** ou : **affligeant** (selon le contexte).

– *He came home at a quarter to six, an earlier train by fifteen minutes than he* ***affected.*** – Il rentra à six heures moins le quart, par un train qui précédait de quinze minutes celui qu'il **prenait d'habitude.**

– Comment Othello (I, iii, 112) a-t-il gagné le **cœur** de cette jeune fille (Desdémone) ? – *this young Maid's* ***affections?***

– *I had never my* ***affections*** *more tenderly awakened.* (STERNE.) – Mes **émotions** n'avaient jamais été plus tendrement éveillées.

– *Thought is an* ***affection*** *of perishable matter.* – La pensée est un **attribut** de la matière périssable.

REMARQUE. – De même que le fr. affection, l'angl. ***affection*** est une « inclination élective moins intense et plus régulière que la passion ». (LALANDE, *Vocab. de la philosophie*.)

Affiliate (to), affiliation. – *Affiliare* en latin de basse époque, c'est proprement adopter, mais en français, c'est le sens de faire entrer dans un groupement, etc., rattacher à une société mère, qui a prévalu. En anglais, où cet emploi existe aussi, on notera jur.: ***to affiliate (on)*** au propre: **fixer la paternité** d'un enfant illégitime, l'**assigner à un père putatif,** le **faire reconnaître** par lui; et au fig. **attribuer, rapporter, faire remonter** (à): (E.U.) intr., **lier amitié, fraterniser** (avec), ou simplement **hanter, fréquenter, frayer** (avec). Sens correspondants pour ***affiliation: affiliation*** *of an illegitimate child,* **reconnaissance** d'un enfant illégitime. Ajoutons: **relation, parenté.** Cotgrave dit: **affiliation,** *an adopting, an adoption.*

– *A masterpiece should more often be considered as the offspring of labour than be* ***affiliated*** *to the poet's muse.* – Un chef-d'œuvre poétique devrait plus souvent être considéré comme le fruit du labeur qu'être **attribué** à la muse.

– *She found the place uncongenial; she did not...* ***affiliate with*** *its people.* – Elle trouvait l'endroit peu sympathique; elle ne **fréquentait** pas (ou: **ne frayait pas avec**) les gens du pays.

Afflict (to), affliction. – Malgré l'identité d'origine, les mots anglais ont des sens plus étendus que leurs homonymes français.

– Les Philistins demandent à Dalila de leur révéler d'où vient la force de Samson... *that we may bind him* ***to afflict*** *him. (Judges,* 16, 5.) – Afin que nous le liions pour le **dompter** (litt. pour le **terrasser**).

– *In the seventh month, on the tenth day of the month, ye shall* ***afflict*** *your souls.* (*Bible, Lev.,* XVI, 29.) – Au septième mois, le dixième jour, vous **humilierez** votre âme.

– *The genii of the storm...* ***afflict*** *me with keen hail.* (Shelley, *Prom. Unbound,* I, i, 43.) – Les génies des tempêtes me **cinglent** (me **flagellent**) de leur mordante grêle.

– *A coward boy Kipps particularly* ***afflicted.*** (H.G. Wells, *Kipps.*) – Un capon dont K. s'acharnait à faire son **souffre-douleur.**

– *After six* ***afflicted*** *years the situation improved.* – Après six années **calamiteuses,** la situation s'est améliorée.

– Comment traiter les morsures de vipère? *You either bathe the* ***afflicted*** *part with a saucer of milk or you give the saucer of milk to the adder,* écrit plaisamment Katherine Mansfield à l'une de ses amies (mai 1916). – Vous lotionnez la partie **mordue** (**malade**) avec le contenu d'une soucoupe (ou: jatte) de lait, ou vous donnez la jatte de lait à la vipère.

– Emploi absolu: Un planteur soigne des noirs atteints de dysenterie: *He* ***was afflicted*** *himself,* lui-même **n'avait pas été épargné.**

Remarque. – Bossuet, qui, en fait de latinismes, peut rendre des points à Milton, écrit: « L'empire *affligé* (c.-à-d. abattu, accablé de maux) se reposa sous Vespasien. » (*Hist. univ.* I, 10).

Affluence, affluent. – Employé elliptiquement pour « affluence de biens », le subst. signifie souvent **richesse, opulence:** *to be, to live in* ***affluence,*** être, vivre dans l'**opulence.** De même, ***affluent,*** **riche, opulent:** *to be in* ***affluent*** *circumstances,* même sens. **The** ***affluent*** *classes,* les classes **possédantes,** les **possédants.**

– *I trust you will return from Australia in a* ***position of affluence.*** (O. Wilde, *Dorian Gray,* V.) – Je compte bien que tu reviendras d'Australie **tout cousu d'or.**

Remarque. – C'est encore Bossuet qui nous offre un exemple du sens latin, resté anglais d'*affluentia,* « richesse, abondance de toutes choses »: « Pourquoi verrons-nous d'un côté la joie, la faveur, l'*affluence,* et de l'autre, la tristesse et le désespoir et l'extrême nécessité? » *(Dignité des Pauvres).*

Affront (to). – Outre le sens français d'**affronter,** « braver », désuet en anglais, ***to affront*** a celui de **faire un affront à, désobliger, offenser, insulter, outrager, blesser,** conformément, d'ailleurs, à l'étymologie du mot: « frapper au visage ».

– *I hope, Sir, I have done nothing to disoblige you. I'm sure I should be sorry* ***to affront*** *any gentleman who has been so polite, and said so many civil things to me.* (Goldsmith, *She stoops,* IV.) – J'espère, monsieur, n'avoir rien fait de nature à vous désobliger. Je serais vraiment désolée d'**offenser** un homme bien né qui a été si poli et m'a dit tant de choses honnêtes.

– *My thoughts of you are quite cold, except when you* ***affront*** *me.* (Th. Hardy, *Tess,* L, 450.) – Vous ne m'inspirez que de l'indifférence, sauf lorsque vous m'**outragez.**

Afterthought. – Non pas arrière-pensée, qui peut se rendre par *mental reservation, ulterior motive (q.v.),* mais **réflexion après coup, fait de se raviser,** famil., **esprit de l'escalier.**

– *The portico* ***was an afterthought,*** le portique **fut ajouté après coup,** ou mieux: l'idée du portique n'est venue qu'**après coup.**

Agate. – E.U. caractère d'imprimerie que les Anglais appellent *ruby,* intermédiaire entre la parisienne et la nonpareille, c.-à-d. corps 5 1/2.

Age, to age. – Intr. **vieillir, prendre de l'âge,** ***aged,*** **vieilli,** ***care of the aged,*** **gériatrie.** (Du vin) **mûrir, vieillir, prendre de la bouteille;** trans. (ind.) **mûrir** (un produit). ***Full age,*** **majorité,** ***to come of age,*** **devenir majeur, atteindre sa majorité.** Autres sens, **siècle, époque,** *in our* ***age,*** à notre **époque; génération** (cf. L. 4°); hyperbol. et famil. un **siècle,** une **éternité.**

– *The* ***ageing*** *of populations.* – Le **vieillissement** des populations.

– *The space of an hundred years called in Latin saeculum and in English an* ***age.*** – Définition qui rend la trad. inutile.

– *The soul does not* ***age*** *with the body.* (Emerson.) – L'âme ne **vieillit** pas avec le corps.

– *The whitewashed walls of this gloomy room were adorned with two large pictures dark with* ***age.*** – Les murs blanchis à la chaux de cette chambre sombre étaient ornés de deux grands tableaux noircis par le **temps.**

– *The building was crumbling with* ***age.*** – L'édifice croulait de **vétusté.**

– ***Age*** *is a tragedy.* – Il est tragique de **vieillir.**

– *The present* ***age*** *will have witnessed two wars.* – Notre **génération** aura vu deux guerres.

– *It is an* ***age*** *since I met him.* – Il y a une **éternité** que je ne l'ai rencontré. Shakespeare a même écrit: *This long* ***age*** *of three hours.* (*Mids. N.D.*, V, 1, 33.)

REMARQUE. – Lorsque Balzac (*Le cousin Pons*) dit de madame de Marville qu'elle était « plus vieillie que vieille », on sent la nuance qui différencie les mots anglais ***aged*** et *old.*

Agency. – Action, opération (d'un agent); **moyen, intermédiaire, entremise,** *by, through* ***the agency of,*** **par l'intermédiaire, l'entremise, le canal de;** *natural* ***agencies,*** les **agents** naturels, *human* ***agency,*** l'**action** de l'homme, **l'homme;** ***free agency,*** le **libre arbitre;** ext. de notre *agence, employment* ***agency,*** **bureau** de placement, *the specialized* ***agencies,*** les **institutions** spécialisées (reliées à l'Organisation des Nations Unies, O.N.U.). *Sales* ***agency,*** **succursale** de vente.

– *The* ***agency*** *of certain insects is sometimes necessary to bring pollen from one flower to the other.* – L'**intervention** de certains insectes est parfois nécessaire pour porter le pollen de fleur en fleur.

– *Malaria may be due to human* ***agency.*** – Le paludisme peut être dû à l'**action de** (être créé **par la main, par le fait** de) l'homme.

Agenda. – *Agenda,* en latin, ce sont les choses qui doivent être faites. Par ext. du sens ecclésiastique *agenda diei,* les offices du jour, on passe au sens courant d'**agenda,** commun aux deux langues. Mais nous n'avons pas, en religion, le sens d'**observances, pratiques,** opposées à articles de foi, croyances (*agenda,* d'une part, *credenda,* de l'autre). Autres sens: **rituel** (dans la liturgie protestante), **office des morts** chez les chartreux (cf. le fr. *agende*); enfin, sens courant, **ordre du jour** d'une assemblée, d'une conférence, d'une session.

– *The* ***agenda*** *of the Conference is rather heavy.* – L'**ordre du jour** de la Conférence est passablement chargé.

Agent. – E.U. ***Business agent,*** sorte de **délégué syndical** chargé de veiller à l'application des normes de travail et de représenter les ouvriers lors des négociations collectives; ***road agent,*** euphémisme pour *highwayman,* **voleur, détrousseur de grand chemin, bandit, brigand** (agent voyer se dit: *road-surveyor, road-inspector);* ***station-agent*** (angl. *station-master),* **chef de gare;** ***ticket-agent*** *(booking-clerk)* **préposé à la distribution des billets.** Des choses, ***flavouring and sweetening agents,*** **condiments (aromates) et édulcorants.**

– *Science is the* ***agent*** *of progress.* – La science est le **moteur** du progrès.

Aggravate (to), aggravating, aggravation. – *Smoke* ***aggravates*** *the eyes* ne doit pas s'entendre: « La fumée aggrave l'état d'yeux » qui, d'ailleurs, sont sains, mais **irrite, enflamme** les yeux. Autres sens: **exaspérer,** et famil. (vulgarisme, disent les puristes) **agacer, énerver, faire enrager,** ou: **endêver.**

Aggravation, **agacement, exaspération; vexation; circonstance aggravante.**

– *Threats only serve to* ***aggravate*** *people in such cases.* (THACKERAY, *Virg.*, XVII.) – Les menaces, en pareils cas, ne servent qu'à **exaspérer** les gens.

– *Ah! you are* ***aggravating!*** – Ah! vous vous entendez à **énerver** (à **faire enrager**) les gens!

– *Each of them wore an air of* ***aggravation.*** – Chacun d'eux avait l'air **vexé.**

– *The* ***aggravations*** *to which he was exposed.* – Les **vexations** auxquelles il était exposé.

– Garrick excellait à imiter autrui *« but sometimes he considerably* ***aggravated*** *the picture »,* mais parfois il **chargeait** considérablement le portrait.

– *I do not know why the east wind* ***aggravates*** *life to unhealthy people.* (H.G. WELLS, *Polly,* I, i.) – J'ignore pourquoi le vent d'est **rend la vie impossible** aux valétudinaires (ou: aux gens mal portants).

Aggressive, -ly. – Offensif (par opposition à défensif); **militant;** E.U. **entreprenant, qui a du mordant; chatouilleux, farouche.**

– *The management of this society is very* ***aggressive.*** – La direction de cette société est très **entreprenante.**

– *Some women are* ***aggressively*** *virtuous.* – Certaines femmes ont une vertu **farouche,** sont des **dragons** de vertu.

– Quelques traits caractéristiques de la nation anglaise: *World-wide enterprise and devoted use and wont;* ***aggressive*** *freedom.* (EMERSON, *E.T.*, IV.) – Esprit d'aventure qui leur fait courir le monde et vénération des us et coutumes; sentiment **chatouilleux** (Maurice LEBRETON) (ou: **farouche**) de la liberté.

Agony, to agonize, agonizing. – ***Agony*** signifie proprement « lutte » (cf. protagoniste). Un traducteur, dans une préface a rendu *Samson Agonistes* (Samson lutteur) par « l'agonie de Samson »!

Agony, c'est donc non seulement l'état dans lequel le malade lutte contre la mort, mais aussi l'**angoisse** morale (1) (cf. le latin

(1) Il avait d'ailleurs le même sens autrefois chez nos classiques. Voir Littré. « Jésus sera en agonie jusqu'à la fin du monde. » (Pascal, *Myst.*, I.) De bons auteurs, plus proches de nous, l'ont encore employé dans cette acception. Mallarmé n'a-t-il pas dit: Je veux délaisser l'Art vorace d'un pays Cruel et, souriant aux reproches vieillis Que me font mes amis, le passé, le génie Et ma lampe qui sait pourtant mon **agonie,** Imiter le Chinois au cœur limpide et fin...?

agonia, anxiété), **l'extrême souffrance physique, le paroxysme de la douleur** et, par un abus, **du plaisir.**

To agonize (trans., intr. et pronom.), **(se) torturer, mettre, être au supplice, † à la gêne.** Aussi, d'après le grec *agonia* (*agonie = exercice* chez Oresme, XIVe siècle) et comme en latin ecclés., ***to agonize*** peut signifier (pr. et fig.) **lutter, combattre (dans l'arène);** au fig. intr. **s'efforcer** de, **s'évertuer** à, **se torturer, se travailler, se battre les flancs** pour (faire de l'effet, de l'esprit, atteindre au sublime, arriver à l'exaltation, etc.).

Agony n'est plus guère usité auj. au sens d'« agonie », à moins d'être précédé d'un déterminatif: *mortal **agony**, death **agony***. (De même chez Montaigne, *agonie de la mort* (1580).

« Agonie » se dit *the death throes, the throes of death.*

– Dans la nouvelle de Poe intitulée *The purloined letter*, Dupin remet au préfet de police la fameuse lettre volée que celui-ci n'avait pu retrouver malgré les recherches les plus minutieuses: *This functionary grasped it in a perfect **agony** of joy.* – Notre fonctionnaire l'agrippa dans un véritable **paroxysme** (ou: **transport**) de joie. Dans sa traduction, Baudelaire dit: ... « dans une parfaite *agonie* de joie ».

– La coquetterie féminine l'emporte sur la charité: *Though she [a woman] is **agonized** at the thought of treating a man cruelly, she encourages him to love her, while she doesn't love him at all.* (Th. Hardy, *Jude*, IV, v, 302.) – Quoiqu'elle [une femme] soit **au supplice** à l'idée de traiter un homme cruellement, elle l'encourage pourtant à l'aimer, bien qu'elle ne l'aime pas le moins du monde.

– *He **agonizes** after originality.* – Il **se met l'esprit à la gêne, se donne la gêne, se travaille, se torture, se bat les flancs** pour atteindre à l'originalité.

– *This hearty welcome did something to soothe his **agonizing** pain.* – Cet accueil cordial calma un peu sa **cuisante** douleur.

– *She was **agonizinly** jealous.* – Elle était **atrocement, douloureusement** jalouse.

Agony column. – Colonne (d'annonces) réservée, dans les journaux, aux personnes qui attendent *anxieusement* des nouvelles de parents ou d'amis disparus, désirent lancer un appel, soulager les malheureux, ou... essayer de récupérer un objet perdu. Correspond à peu près à notre rubrique **« Urgent ».**

Agree (to), agreement. – ***To agree*** ne signifie pas « être au gré de quelqu'un », « à sa convenance », ou « trouver à son gré, à sa convenance », mais **s'accorder, être d'accord;** *(to)*, **consentir** (à), **faire droit** (à une requête); *(in, to, on, upon, about)*, **convenir** (de), **demeurer d'accord** (sur); *(with)* **s'accorder** (avec). **convenir** (de faire une chose), **convenir** (de prix, de conditions); **convenir** (à la santé), **réussir** (à), **être bon** (pour).

Agreement a les sens correspondants, le choix de l'équivalent français étant commandé par le contexte.

On notera: *Industrial **agreement***, **convention** collective; *seamen's **agreement***, **contrat d'engagement** des marins.

– *We **agree** pretty well in our tastes and habits.* – Nous **nous accordons** assez bien dans nos goûts et dans nos habitudes.

– *Wine does not **agree** with me.* – Le vin ne me **convient** (ne me **réussit**) pas.

– *The noun must **agree** in number with the verb.* – Le nom doit **s'accorder** en nombre avec le verbe.

– ***I entirely agree** with you.* – **J'abonde** dans votre sens.

– *The High Contracting Parties **agree** as follows: ...* – Les Hautes Parties Contractantes **conviennent** des dispositions suivantes.

– *It is generally **agreed** that...* On **s'accorde** en général à reconnaître que...

– *Most people **will agree** with this statement.* – Cette opinion **rencontrera une approbation, une adhésion** quasi unanime.

– Réponse à une offre, à une proposition de règlement, ou de transaction, etc.: ***Agreed!*** **D'accord (j'y consens).**

– *After a prolonged strike the parties to the dispute came to an **agreement**.* – Après une grève prolongée, les parties en conflit aboutirent à un **accord,** ou: à une **entente.**

– ***There is no agreement** between these duplicate documents.* – Ces documents ampliatifs **ne concordent pas.**

– Parlant de Diderot, Rousseau (*Confessions*, II, vii) dit: Il avait une Nanette ainsi que j'avais une Thérèse: c'était entre nous une **conformité** de plus, ce que le traducteur rend ainsi: *He had a Nanette just as I had a Thérèse: this was a further **point of agreement** between us.*

– *Whatever life she has led, it has **agreed with her very sufficiently**.* – Quelle que soit la vie qu'elle ait menée, **elle s'en était assez bien trouvée.**

Agreeable (adject. et adv.). – *Well, sir, if Ann's **agreeable**, I say ditto* (Thackeray, *Pend.*, 329) ne doit pas se rendre par « si Anne est agréable », quel que soit le charme de ladite personne, mais par « Eh bien, monsieur, si Anne **y consent,** je dis amen. ***To be agreeable** (to)* signifie famil. **consentir à, être favorable à, trouver bon, être bien disposé envers.**

– *The King's highness is **agreeable** to be a mediator.* – Sa Majesté Royale **consent à** faire l'office de médiateur.

– *The Earl entered **agreeable** to the Prince's summons.* – **Se rendant à** la convocation du Prince, le comte fit son entrée.

– ***Agreeable to** directions*, **conformément aux** instructions.

Air, to air. – On notera: ***to take air***, **transpirer, s'ébruiter, s'éventer, se répandre;** ***to build in the air, to form castles in the air***, **faire des châteaux en Espagne;** ***to be on the air***, **parler à la radio,** ***to***

put a play on the air*, adapter une pièce à la radio, la mettre en ondes; *to tread on air*,** ne **pas toucher à terre,** par ext. **être aux anges, être transporté de joie, au comble de la joie; ne pas se sentir de joie, nager dans la félicité. *To air*,** non seulement aérer, donner de l'air, mais de l'idée de « chasser l'humidité », on passe à celle d'**exposer à la chaleur,** de **faire sécher** ou **chauffer** (du linge), de **tiédir** (une chambre), de **bassiner** (un lit), de **dégourdir** (de l'eau); suite des sens, famil. **ventiler** (une question), **donner libre cours à** (ses sentiments), **exhaler** (sa colère), ***to air *one's grievances,* **exposer, formuler** ses griefs, **conter** ses doléances; enfin, sous l'influence du subst. ***airs*** (cf. prendre, se donner des airs): **faire montre, étalage de, parade de,** et intr., **s'afficher, se produire, se poser, se faire valoir.** Au sing. par contre, l'expression ***with an air*, *to have an air about one*** est méliorative: *She **has an air about her**,* elle **a beaucoup de cachet, de chic,** elle **a de la branche,** *she danced **with an air**,* elle dansait **avec grâce.**

– *Nothing that passed in the senate was suffered* ***to take air.*** – Rien de ce qui se passait au sénat ne pouvait **transpirer.**

– *The housekeeper made a fire* ***to air*** *the room.* – La femme de charge fit du feu pour **tiédir** la pièce (ou: la chambre). – ***Well-aired*** *linen,* du linge **bien sec.**

– Titre d'un recueil du grand journaliste Wickham Steed: *Words **on the air**,* qu'il serait injurieux de traduire: Paroles en l'air. Il s'agit d'allocutions prononcées à la radio, de « paroles (dites) **sur les ondes** ». Pour marquer le sens, on aurait le choix entre: Un journaliste **au micro** et: Un journaliste **prend l'antenne.**

– Autre ex.: *The President **will be on the air** at five o'clock.* – Le P. **parlera à la radio** à dix-sept heures.

Aux E.U., ***To air*** *(the news,* etc.) signifie (radio) **diffuser** les nouvelles.

– Résolutions d'un futur médecin: *He was determined not to permit himself whims and **airs**.* (Ch. MORGAN, *Sparkenbroke,* I, iv.) – Il était décidé à ne se permettre ni lubies ni **pose.** (Trad. Germaine DELAMAIN.)

– *Pray now, did ever anybody behold a couple of foolish country wenches give themselves such **airs** as these two?* c'est ainsi que le traducteur rend ce passage des *Précieuses ridicules* (sc. I): A-t-on jamais vu, dites-moi, deux pecques provinciales faire plus **les renchéries** que celles-là...?

– *He **aired** republican views.* – Il **tenait** des discours républicains.

– *She said **airily**, these things do happen.* – Cela arrive pourtant, dit-elle **d'un ton dégagé.**

REMARQUE. – **Prendre l'air** se dit: *to **take an airing**, or a **walk**;* **sortir prendre l'air, *to go for a breath of fresh air*, *for a breather*.**

– Titre d'une gravure d'après Hayes: ***An airing*** *in Hyde Park,* **Promenade** à Hyde Park.

Air-line. – E.U. Outre ligne aérienne, s'entend d'une **ligne directe** (de chemin de fer, p. ex.), aussi d'une **ligne,** d'un **trajet à vol d'oiseau** (angl. *bee-line*).

Aisle. – Nef latérale, bas-côté (d'une église); E.U. **passage** (entre les bancs d'une église), les sièges (d'une salle, etc.); **couloir central** (d'un omnibus, d'un wagon de ch. de fer).

Alarm (to), alarm. – *Satan **alarmed**, Collecting all his might dilated stood.* (MILTON, *Par. Lost,* IV, 985.) Comprendre, comme Chateaubriand, que Satan était *alarmé,* c.-à-d. ému, inquiet, serait trahir la pensée de l'auteur et la psychologie de son personnage, l'ange déchu, indompté. Il faut entendre: Satan † **à l'erte, en éveil, sur ses gardes,** et rassemblant toutes ses forces, se dressait dilaté.

Voici la contre-épreuve: un garde national, fatigué de sa journée, s'étend sur un lit de camp: par peur d'une **alerte,** en dépit du règlement, il garda même son fusil. (FLAUBERT, *Éduc. sentim.,* III, 1), et le traducteur de dire: *Through fear of an **alarm** he kept his musket, though this was against the rules.*

REMARQUE. – Le sens de « signal pour appeler, faire courir aux armes » est resté dans l'expression « donner, sonner l'alarme ».

Alar(u)m. – A l'escrime, **appel du pied; *alar(u)m clock*, réveille-matin.**

Album. – Comme en latin: **tableau** où l'on inscrivait les décisions du préteur, etc. Autres sens, **livre de voyageurs** (dans un hôtel), **registre des visiteurs** (d'un musée).

Alcove. – Outre alcôve, **niche, renfoncement, tonnelle, berceau.**

– *Women and children feasting in the **alcoves** of box and yew.* (COLERIDGE, *Biog. Lit.,* 249.) – Femmes et enfants festoyant dans les **tonnelles** de buis et d'if.

Alert. – *To be on the alert*, être sur le qui-vive; *to keep* *(one)* ***on the alert*, tenir en haleine, en éveil, éveillé.** Ce ne sont que nuances, dont le bon traducteur doit néanmoins tenir compte.

– *A critic always **on the alert** to find out something wrong.* – Un critique toujours **à l'affût** de la petite bête.

– L'« explorateur du temps » explique à son entourage, resté sceptique, le mécanisme de son appareil: *We were all **on the alert**. It appears to me impossible that any kind of trick... could have been played on us under these conditions.* (H.G. WELLS, *Time machine,* § 1.) – Nous étions tous **sur le qui-vive;** et il me semble impossible que, dans ces conditions, nous ayons pu être dupes de quelque supercherie.

Alfalfa. – E.U. **Luzerne,** et non alfa, qui se dit *alfa (-grass).*

Alien est le latin *alienus,* étranger et a ce sens, ***alien*** *domination,* la domination **étrangère,** d'où ***alien from*, étranger à, éloigné de; *alien to*, contraire, opposé à, qui répugne à, qui n'a rien à voir avec.**

Alley. – Petite rue, ruelle. *The Alley*, à Londres, ***Change Alley*,**

où eurent lieu les spéculations sur certaines valeurs; ***blind alley***, **impasse, cul-de-sac** au propre et au figuré.

– *The dark corners of London **alleys**.* – Les sombres recoins des **ruelles** de Londres.

– ***Blind-alley employment***, emploi **sans issue, sans avenir.**

Alligator. – Outre le reptile saurien amphibie de ce nom, famil. E.U. **habitant de la Floride, du bassin du Mississipi.**

Par anal. (ch. de fer) ***alligator***, **crocodile,** ***alligator-wrench***, **pince universelle « crocodile ».** ***Alligatoring***, E.U., **fendillement** de la peinture, du vernis. Botan. ***alligator-pear***, **poire** (d') **avocat.** C'est un autre mot, corrupt. de l'aztèque par l'interm. de l'espagnol *aguacate.*

Alloy, qui est le fr. *aloi*, de même origine que *aloyage* et *aloyer*, c.-à-d. issu du latin *alligare*, lier à (et p. ext., *allier* par traité et *allier* des métaux), signifie donc **alliage,** et conséquemment **mélange.** *No enjoyment **without its alloy***, point de joie sans **mélange.**

To alloy (ou *allay*), **altérer, corrompre; tempérer, modérer:** *The heat is **alloyed** with the sea-breezes*, la chaleur est **tempérée** par les brises de mer.

Alter (to). – Ce verbe n'a pas en anglais le sens péjoratif français de changer de bien en mal, falsifier (un texte, des monnaies), ni celui de troubler, décomposer (le visage, par la souffrance ou l'émotion) ni enfin celui de donner soif. Il signifie simplement, selon le sens étymologique, que l'on retrouve en français, notamment en physique: **modifier dans sa nature, sa forme, sa valeur, changer l'état d'une chose, en modifier l'apparence;** intr. **se modifier, changer de nature** ou **d'aspect.**

– *The law of the Medes and Persians which **altereth not**.* (*Bible*, Dan., VI, 12.) – La loi des Mèdes et des Perses qui **est immuable** (ou: **irrévocable,** Osterwald).

– *After having taken legal advice, he **altered** his mind.* – Après avoir consulté un homme de loi, il **changea** d'avis.

Alteration. – **Changement,** mais non nécessairement de bien en mal; **retouche, remaniement.**

Altercation. – Jur. **contestation, plaidoirie contradictoire.**

Alternative (adject. et subst.). – Ne peut se rendre toujours par son homonyme français, comme on va le voir par les exemples. De plus, *an **alternative*** est une situation dans laquelle on peut avoir le choix entre *plus de deux* partis possibles.

*An **alternative** proposal*, une **contre**-proposition, *an **alternative** majority*, une majorité **de rechange.**

Ce sens de **rechange** est bien marqué dans les deux exemples suivants: on dit d'une mitrailleuse qu'elle a *an **alternative** emplacement* lorsqu'on lui a ménagé un **second** emplacement **prêt à être occupé en cas de besoin.**

Quand Tristram Shandy (IX, ii, 211) dit: « *There was no **alternative** in my uncle's wardrobe* », il entend que la garde-robe de son oncle ne comportait pas de **hardes** ou de **vêtements de rechange,** et non, comme l'écrit Léon de Wailly, 1858, qu'« il n'y avait pas d'*alternative* dans la garde-robe de mon oncle », car on ne voit pas très bien comment on pourrait se vêtir d'une alternative.

Sens analogue: ***Alternative** titles. These will only be sent if the first chosen are sold out*, telle est la formule imprimée qu'une librairie anglaise adresse à ses clients: **Autres** titres. Ces ouvrages (livres) ne vous seront adressés que si les premiers, choisis par vous, sont déjà vendus.

– *The **alternative measures** which may be available under this Agreement.* – Les **diverses mesures entre lesquelles** (les Parties contractantes) **ont le choix** en vertu du présent accord.

D'autre part, dans un projet de traité, d'accord, etc, *first, second **alternative*** = première, deuxième **variante.**

– ***I had no alternative*, je n'avais pas le choix, je ne pouvais faire autrement; il fallait en passer par là, c'était la carte forcée, c'était à prendre ou à laisser.** C'est le même sens que dans l'expression consacrée: *It was a case of Hobson's choice*, que le lexicographe anglais définit ainsi: *A choice without an **alternative***. Si l'on tient à conserver le même mot, il faut dire: **« Il n'y avait pas d'alternative ».**

– Traduction d'un passage de l'*Éducation sentimentale:* Frédéric **ne pouvait faire autrement** que de retourner chez Arnoux: *F. **had no alternative** but to go back to Arnoux's place.*

Courant alternatif se dit ***alternating current.***

Remarque. – Nous possédons un emploi analogue de l'adjectif dans la locution: obligation *alternative*, « obligation par laquelle le débiteur a le droit de se libérer par la délivrance, *à son choix*, de l'une des choses qu'il a promises ».

Alternatively. – En français, *alternativement* signifie: tour à tour, à tour de rôle, l'un après l'autre, tandis que ***alternatively*** comporte une idée de choix, une option; on traduira donc par: **ou bien, à défaut;** jur. **subsidiairement.**

– *The defendants claimed £ 30.000 in respect of their counterclaim or **alternatively** £ 30.000 damages.* – Les défendeurs ont réclamé reconventionnellement £ 30 000 ou, **subsidiairement,** £ 30 000 à titre de dommages-intérêts.

Altitude. – Tandis que notre mot désigne uniquement la hauteur au-dessus du niveau de la mer, le mot anglais, comme le latin *altitudo*, signifie **hauteur, profondeur,** au pr. et au fig. On a dit, aussi, en fr.: Ils jetèrent la sonde pour prendre la *hauteur* (L. 7°), et Voltaire écrit (*Scythes*, V, 4): La *hauteur* de l'abîme où je suis descendue. Mais ce sens a vieilli.

Amatory (adject.). – **Amoureux, d'amour.** Le latin *amatorium virus, medicamentum* (absol. *amatorium*), d'une part, l'anglais *an* ***amatory*** *potion,* d'autre part, sont une seule et même chose: un **philtre d'amour,** un **aphrodisiaque;** ***amatory*** *poems,* poèmes **érotiques.**

Amble (to). – *Aller l'amble* se dit aussi des personnes qui vont d'une allure dansante, glissante ou affectée. – D'Aubigné (*Tragiques,* Jannet, 118) exprime ainsi cette idée: « Ils savent, dit-il des courtisans, traîner les pieds, mener les bras, hocher la tête. » – Hamlet, critiquant les femmes, dit à Ophélie: *You jig,* ***you amble*** (III, i, 146), vous vous trémoussez, **vous vous donnez des airs.** De nos jours, famil., **marcher posément, lentement, aller d'un pas égal, tranquille, son petit train de sénateur.**

Amenable. – Issu de l'ancien français *amenable,* d'*amener,* latin *minari, menacer,* d'où « pousser devant soi au moyen de cris et de coups, exciter, mener » (surtout des animaux).

Des personnes: **justiciable** (d'un tribunal, d'une loi); **comptable, responsable;** employé aussi absolument.

Des choses: **qui ressortit** (à), **qui est du ressort** (de), d'où **passible** (de)..., et, en style lâche, **passible** d'une critique quelconque; **vérifiable** par, **qui obéit** à, **réductible** à. Enfin, **docile** à; **sensible** à; **dont on peut s'assurer les bons offices** par...

– *The sovereign of this country is not* ***amenable*** *to any form of trial* (Junius, *Letters,* Pref., 12.) – Dans notre pays, le souverain n'est **justiciable** d'aucun tribunal.

– *He is* ***amenable*** *to the charge of a host of vices.* (Mrs. C. Clarke, *Shakespeare's Characters,* XVII, 431.) – On peut lui **imputer** avec raison une foule de vices.

– *Historical facts are hardly yet felt to be...* ***amenable*** *to scientific laws.* (Mill, *Essays,* II, 220.) – On n'a guère encore le sentiment... que les faits historiques **obéissent** à des (soient **réductibles** aux) lois scientifiques.

– *Will... is* ***amenable*** *to habit.* (Mill, *Utilitar.,* iv, 60.) – La volonté... est **docile** à l'habitude.

– Parfois on peut traduire avec économie, p. ex.: *Oriental judges are frequently...* ***amenable to bribes.*** – Les magistrats orientaux sont fréquemment **corruptibles.**

– De même ***amenable to reason,*** **raisonnable, qui entend raison.**

Amend (to). – Du sens d'amender, corriger, réformer, et donc **améliorer,** l'anglais passe à celui de **surpasser:** *He thought his choice could not be* ***amended,*** il lui semblait qu'on ne pouvait **mieux** choisir. ***To amend*** signifie aussi **émender.**

Amends. – « Faire amende honorable », c'est « être frappé d'une peine infamante, faire un aveu public et contraint d'un crime », et, au fig., « demander publiquement pardon ». Telle est aussi l'acception courante de *amends,* employé dès l'origine comme un collectif singulier, le sing. *amend* étant rare en anglais. La condamnation à la peine pécuniaire se dit *fine.*

To make amends for, c'est donc **compenser, dédommager, racheter, réparer, faire réparation; payer de retour.**

– *It dishonours not a king /* ***To make amends*** *to one he has wronged.* – Cela ne déshonore pas un roi de **réparer ses torts** envers l'homme qu'il a lésé.

– *He* ***made amends*** *for past offences.* Il **racheta** les fautes passées.

– *He* [Thomas Esmond] *fasted rigorously twice a week, to be sure; but* ***he made amends*** *on the other days.* (Thackeray, *Esmond,* II.) – Il jeûnait scrupuleusement deux fois par semaine, c'est bien entendu, mais il **se rattrapait** (ou: **se dédommageait**) les autres jours.

– *We made signs of thanks to them, for we had nothing* ***to make them amends.*** (Defoe.) – Nous leur témoignâmes notre gratitude par des signes, car nous ne possédions rien pour les **payer de retour.**

Amenities. – **Agréments accompagnés de douceur** (d'un lieu), **aménité de l'air, de la température.** Sens français qu'on trouve dans Montaigne (*Ess.,* II, 37): « J'ai choisi... à me servir de celles où il y avait plus d'*aménité* de lieu », et même encore chez Montesquieu: « Vous pourrez jouir de l'***aménité*** de la France que vous aimez. » (*Correspondance,* 17.) Autres sens, *the* ***amenities*** *of life,* les **commodités** ou, selon le contexte, les **douceurs,** le **charme,** les **aises** de la vie.

– *For* ***amenity*** *of situation... it does far excel all other cities.* – Pour l'**agrément de la situation,** elle l'emporte de beaucoup sur toutes les autres villes.

Amiability. – Mot abstrait, dont la traduction littérale n'est pas toujours à recommander. V. exemples.

– Parlant de Richard II, Walter Pater dit que *Those real* ***amiabilities*** [*of his*]... *made people forget the darker touches of his character.* (*Appreciations.*) – Ses **qualités** réellement **aimables** faisaient oublier au peuple les traits plus sombres (rébarbatifs) de son caractère.

– *A cat might be seen going calmly home from the devilries of the night to resume the* ***amiabilities*** *of the day.* (Th. Hardy, *Ethelberta,* XXX, p. 263.) – On pouvait voir un chat qui réintégrait calmement le logis après le sabbat de la nuit pour recommencer ses **aimables ébats** du jour.

Ammunition. – ***Ammunition****-boots, -bread, -hat,* bottes, pain, chapeau **d'ordonnance.**

Amorous. – Doit se rendre parfois par **aimant, affectionné; dévoué; ardent.** Mais ce mot a signifié aussi: **aimable, charmant,** comme d'ailleurs dans nos bons auteurs: « Jamais il n'avait mangé si *amoureux* et si plaisant morceau que celui... (le cœur d'un ennemi) » Marguerite de Navarre et dans Molière (*Misanthr.,* I, ii, 333): La chute en est jolie, *amoureuse,* admirable.

– *The* ***amorous*** *quest of the soul after the good.* – La recherche **ardente** (ou **fervente**) du bien par les âmes.

– *Here is a most* ***amorous*** *weather, my Lord.* (DEKKER, *Roaring Girl,* 213.) – Voici un temps bien **charmant,** monseigneur.

(Villon et Marguerite de Navarre auraient dit: un temps bien *amoureux.*)

Ampliation. – Agrandissement; amplification, développement; jur. **remise, ajournement** (d'un procès), **renvoi jusqu'à plus ample informé;** n'a *jamais* le sens français de double, copie, expédition d'un acte.

Amulet. – Non seulement amulette, mais tout **remède occulte,** et au fig. un **charme** quelconque.

– *O for some drowsy Morphean* ***amulet!*** c'est le souhait de Porphyro qui craint que les bruyants banqueteurs ne réveillent sa chère Madeline (KEATS, *St. Agnes,* XXIX.) Ah! que n'ai-je, Morphée, tes pavots et tes **charmes!** Prosaïq. † **opiat; opiacé.**

Anathema. – Hérésie, sacrilège.

– *Any definition of Communism, acceptable to the Americans would be* ***anathema*** *to the Russians.* (V. Préf.) – Toute définition du communisme qui serait acceptable pour les Américains, serait pour les Russes une **hérésie.**

Anatomy. – « Les Égyptiens... au milieu de leurs festins... faisaient apporter *l'anatomie* sèche d'un homme ». (MONTAIGNE, *Ess.,* I, XIX). Ce sens de **squelette** se retrouve dans le parler populaire anglais; aussi **momie, cadavre ambulant; individu maigre comme un clou.** Enfin, par mépris, **corps vivant,** comme, dans le Boulonnais, on dit d'un homme de haute taille, un grand cadavre.

Ancient (adj. et subst.). – Parfois **vénérable,** ***ancient*** *oaks, customs,* des chênes, des coutumes **vénérables.** Péj. **vieux et démodé.**

Subst. † **enseigne** (l'**étendard** et le **porte-drapeau**).

Ancillary. – En dehors de l'expression « des amours *ancillaires* », c.-à-d. qui ont pour objet des servantes (du lat. *ancilla*), ce mot n'est guère usité en français (1). L'anglais, au contraire, exploite l'idée de **service,** de **subordination,** *an* ***ancillary undertaking,*** une **filiale,** une **succursale;** ***ancillary to,*** **subordonné à, qui dépend, relève de, se rattache à, sert à.**

– *The main point having been settled, the* ***ancillary*** *questions were ignored.* – Le point essentiel ayant été réglé, on laissa de côté, on négligea les questions **accessoires** (ou: **secondaires**).

– *The different fields of science* ***ancillary*** *to Law.* – Les différentes disciplines **auxiliaires** du droit.

(1) Cependant, Mme Denis, nièce de Voltaire, qualifie une femme de chambre et un laquais de « couple ancillaire » (Ch. OULMONT, *Voltaire en robe de chambre,* XII). D'autre part, selon Larousse, les opérations *ancillaires* se disent (chim.) de celles qui sont « faites avant ou pendant la leçon par les préparateurs ».

Angel. – *An* ***angel*** *from Jove,* écrit Chapman traduisant l'*Iliade:* un **messager** (sens propre) de Jupiter. On comprendra dès lors la métaphore de Shelley appliquée aux nuages: ***Angels*** *of rain and lightning (West Wind),* **messagers (annonciateurs)** de pluie et de foudre.

Autres sens: **écu d'or, ange** ou **angelot;** ***angel cake,*** surtout E.U., sorte de **biscuit de Savoie.**

Angle (to), angler. – Pêcher à la ligne. L'ancien français avait *s'angler,* se prendre à l'hameçon (GODEFROY, *Lex.*). *The Complete* ***Angler,*** Le **Pêcheur** accompli, ouvrage célèbre d'Isaac Walton.

To angle for *compliments,* **chercher, quêter** les compliments, ***to angle for*** *somebody's favour,* **briguer** la faveur de qq'un, ***to angle for*** *a husband,* **essayer d'accrocher** un mari.

Il y a un autre mot, substantif ou verbe: ***angle,*** **accul,** *to* ***angle,*** **acculer.**

– Turberville (1576, *Book of Hunting,* p. 195) traduisant ce passage de du Fouilloux (1561, *La Vénerie,* p. 65): Premier que lâcher les bassets, on doit regarder où sont les **acculs,** s'exprime ainsi: *Judge whereabouts the chief* ***angles*** *or chambers should be.*

Animadversion. – Critique, non nécessairement hostile; † **attention donnée à, appelée sur; action judiciaire; infliction** (d'une peine).

Annoy (to), annoyance. – ***Annoy*** est l'anc. fr. *anoïer, anuier,* du latin de basse époque *inodiare,* lui-même formé sur la locution *in odio esse,* « être un objet de haine ». (BLOCH.)

Nos chevals sunt e las e *ennuiez, Roland,* XIe s., c.-à-d. *épuisés;* Mout *annuia* Tierri quant se senti navré, XIIe s. dans Littré, toutes citations qui nous aident à comprendre les sens forts de ***to annoy:*** **désoler, affliger, tourmenter; harceler;** sans oublier les sens faibles plus étendus et plus diversifiés qu'en français: **ennuyer, contrarier, agacer, vexer, mortifier, irriter, chercher des histoires à,** etc. ***To annoy*** *the enemy.* – **Harceler** l'ennemi.

De l'acception de faire tort, mal à, on déduira le sens de ***annoyance*** dans ce passage de *Macbeth* (V, 1, 71): *Remove from her the means of all* ***annoyance,*** écartez d'elle tout moyen de **se nuire, d'attenter à ses jours.** *A jury of* ***Annoyance,*** un jury **chargé d'une enquête de commodo et incommodo.**

– *He was so* ***annoyed*** *by the ill-temper of his wife that he very quietly got rid of her by placing her in an asylum.* – Cette femme **désolait** à tel point son mari qu'il la fit interner très honnêtement dans un asile d'aliénés.

– *Most people feel* ***annoyed*** *when all things do not happen as they wish.* – La plupart des gens **s'affligent** lorsque les choses ne se passent pas comme ils le souhaitent.

– *Your departure somewhat* ***annoyed*** *me.* – Votre départ **m'a causé quelque chagrin.**

– « *Please, Aunt! You really will* ***annoy*** *us if you go away!* » traduit ce passage de *La Porte étroite,* VI: Je t'en prie, tante; tu nous **désobligerais** beaucoup en partant.

REMARQUE. – Nos classiques employaient couramment le mot *ennui* dans le sens de « tourment de l'âme ».

Pour accabler César d'un éternel *ennui*, Madame, sans mourir, elle est morte pour lui. (RACINE, *Brit.*, V, viii.)

Et Antiochus dit à Bérénice (I, iv):

Dans l'Orient désert quel devint mon *ennui!*

Ce serait faire injure à la mémoire de Racine que de donner à « ennui » le sens qu'il a aujourd'hui.

Annual. – (Un) **annuaire.** C'est aussi, chez les catholiques, le service funèbre dénommé **bout de l'an.**

Annuity. – Revenu annuel, rente; ***life annuity***, † **rente, pension viagère, viager;** ***perpetual, government stock annuities,*** **la rente, les fonds d'État.**

An ***annuitant,*** **rentier,-ère** (en viager), **rentier (-ère), viager (-ère), titulaire d'une rente (viagère); pensionnaire de l'État.**

– *The old man had sunk his money in a* ***life annuity.*** – Le vieillard avait placé son argent en **viager.**

Anodyne (adj. et subst.) – Comme en français, **anodin, analgésique, calmant,** mais avec des emplois figurés ou métaphoriques qui ne s'accommodent pas d'une traduction littérale.

– Les gens obtus sont bien heureux: *Dulness is a much finer gift than we give it credit for being, and... some people are very lucky whom Nature has endowed with a good store of that great* ***anodyne.*** (THACKERAY, *Pendennis*, XVI.) – La bêtise est un don bien plus précieux que nous l'imaginons, et... il y a des gens qui ont bien de la chance d'avoir hérité de la nature une ample provision de ce puissant **analgésique.**

– *Time is the only* ***anodyne*** *of sorrow.* – Le temps est le seul **remède** qui **adoucisse, calme, apaise, soulage** la douleur.

Anonym. – Outre le sens français, peut signifier **pseudonyme.**

– *The writer who signs himself Ariel is scarcely veiled under his* ***anonym.*** – L'auteur, l'écrivain qui signe Ariel transparaît sous son **pseudonyme.**

Antedate (to). – Assigner à un événement une date plus reculée; prolonger dans le passé: *By reading a man* ***antedates*** *his life.* – Par la lecture, un homme **fait remonter** sa vie **bien avant dans le passé.**

Avancer: *A fright of his mother accelerated or rather* ***antedated*** *his nativity.* – Une frayeur de sa mère hâta le jour de sa naissance, ou plutôt **le fit naître avant terme.**

Précéder: *The Peruvian Empire* ***antedates*** *that of Mexico.* – L'empire du Pérou **précède** celui du Mexique.

Anthrax. – Anthrax malin, auj. plutôt: **pustule maligne,** c.-à-d. **charbon.**

Antic(s) (adj. et subst.). – Ne pas confondre ce mot quelque peu archaïque avec *antique*, bien que l'étymologie en soit la même, et que le N. E. D. tende à expliquer le sens de ***antic*** par l'attribution d'œuvres grotesques aux anciens. ***Antic,*** adj., signifie **grotesque, bizarre, bouffon, fantasque;** subst., généralement employé au pluriel: **bouffonneries, pantalonnades, arlequinades, grimaces, simagrées; attitudes, postures, gestes grotesques; bouffon, paillasse, farceur, Tabarin;** † **charlatan.**

– *To put an* ***antic*** *disposition on.* (SHAKS., *Hamlet*, I, v, 172.) – Affecter des allures **fantasques.**

– *This mortal frame, while thou didst play thy brief* ***antics*** *among us, was... anything but a prison to thee.* (LAMB, *Elia*, II, v.) – Cette enveloppe mortelle, du temps où tu exécutais parmi nous tes brèves **bouffonneries,** n'était rien moins qu'une prison pour toi.

– *The* ***antics*** *of his children did not dispel his gloom.* – Les **gamineries** de ses enfants ne le déridèrent pas.

Anticipate (to). – Précéder (rare); **considérer avant le temps voulu; s'imaginer, goûter par avance** (p. ex. les joies du ciel), **attendre** (un événement incertain) **comme certain:** *Those not in the secret* ***anticipated*** *an acquittal.* – Ceux qui n'étaient pas dans le secret **s'attendaient à** un acquittement. Autres sens: **devancer, prévenir** (syn. de *forestall*): **prendre les devants, gagner de vitesse,** famil. **couper l'herbe sous le pied à.**

– *This well-to-do gentleman* ***anticipated his income.*** – Ce fils de famille **mangeait son blé en herbe.**

Une colporteuse se présente pour vendre de la dentelle: – *Her voice and smile* ***anticipated*** *antagonism.* – Sa voix et son sourire **allaient au devant** d'un accueil hostile.

– *In the history of European literature Marivaux* ***anticipated*** *Richardson* – Dans l'histoire de la littérature européenne, M. **est le précurseur** de R.

– *The fugitives walked with hasty steps,* ***anticipating*** *as it were the joy of recovered freedom.* – Les fugitifs marchaient à pas précipités et **goûtaient déjà par avance** le bonheur de se voir hors d'esclavage.

– *In this way the trouble of unemployment is altogether* ***anticipated.*** – De la sorte, on **prévient** complètement (on **étouffe dans l'œuf**) les inconvénients du chômage.

– Un mari prévenant: *He* ***anticipated*** *all her wishes.* – Il **allait au-devant** de tous les désirs de sa femme.

Anticipation. – V. l'art. précédent. **Prévision, pronostic; attente, expectative; pressentiment, intuition,** cf. le latin *anticipatio*, prénotion, prescience.

– *The* ***anticipations*** *formed were in favour of the conservatives.* – Les **pronostics** étaient en faveur des conservateurs.

– *The modern capitalist systematically forces the rate of production in* ***anticipation*** *of the demand.* – Le capitaliste moderne force systématiquement le rythme de la production en **prévision** de la demande.

Antiquarian, antiquary (adject. et subst.). – Un antiquaire a été pour nous « celui qui s'adonne à l'étude, à la recherche des objets antiques, un archéologue », avant de devenir un marchand d'objets d'art anciens. En anglais, c'est plutôt le premier sens qui a prévalu; on y joindra celui de **collectionneur, d'amateur d'antiquités, d'ancien.** Enfin, format de papier à dessin, **double grand aigle.**

– Une citation prophétique empruntée au *Journal* (vol. II, p. 54) de Lady Holland (1800): *When this little island shall have fallen into its natural insignificancy by being no longer possessed of fictitious power founded upon commerce, distant colonies and other artificial sources of wealth, how puzzled will the curious* ***antiquary*** *be when seeking amidst the ruins of London vestiges of its past grandeur.* – Quand cette petite île sera retombée dans son état naturel d'insignifiance, quand elle aura perdu la puissance fictive que lui confèrent le commerce, les colonies lointaines, et toutes les sources artificielles de la richesse, combien l'**archéologue** curieux ne sera-t-il pas intrigué en cherchant dans les ruines de Londres les vestiges de sa grandeur passée !

Anxiety, anxious. – « *English Brigadier-General is* ***anxious*** *for his daughter...* » lit-on dans une annonce de journal. Serait-ce que la jeune fille a disparu et que son père « anxieux » essaie de retrouver ses traces par la voie de la presse? Nullement et la suite va nous détromper: « *... is* ***anxious*** *for his daughter aged sixteen to stay for two or three months in Lausanne, next Autumn, as paying guest.* » c.-à-d.: Général de brigade de l'armée anglaise est **très désireux** de voir sa fille, âgée de seize ans, séjourner deux à trois mois à Lausanne, l'automne prochain, comme pensionnaire. » De même, *he is* ***anxious*** *to please,* il **s'efforce** de plaire, *he is* ***anxious*** *to go abroad,* il est **impatient** de, il **tient à** aller à l'étranger selon le cas. D'autre part, *an* ***anxious*** *business* est une affaire **préoccupante, qui cause bien du souci.** *The anxious seat (bench),* E.U. est le **banc où prennent place les pénitents,** les **scrupuleux,** les **sujets soucieux** (de leur salut), d'où, au fig., *to be* ***on the anxious seat,*** être **incertain, perplexe; tourmenté, au supplice,** être comme **une âme en peine,** être **sur la braise, sur le gril, sur des charbons ardents.**

Anxiety a les sens correspondants.

– *You must be* ***anxious*** *to learn how cleverly I have been cheated.* – Vous devez être **en peine** d'apprendre comme j'ai été habilement trompé (ou: escroqué).

– *He is* ***anxious*** *to marry her.* – Il **brûle** de l'épouser.

– *The Parliamentary session opened at one of the most* ***anxious*** *moments of England's history.* – La session parlementaire s'ouvrit à l'un des moments les plus **angoissants** de l'histoire d'Angleterre.

– Par antiphrase: *His fears were changed into* ***anxious*** *joy,* ses alarmes s'étaient changées en **transports** de joie (cf. *an agony, of joy*).

– *The Americans are* ***anxious*** *to say again with emphasis what they have said before.* (*The Economist,* 14 oct. 1961.) – Les Américains **tiennent** à redire en y insistant ce qu'ils ont déjà dit.

REMARQUE. – Sous l'influence de l'anglais, le sens d'« ardemment désireux » a tendance à s'introduire en français.

Apartment. – † Appartement, n'a plus ce sens auj. qu'au pluriel, *to take* ***apartments,*** louer, retenir un **appartement.** *To let* ***furnished apartments,*** louer en **meublé,** en **garni.** Au sing., le sens courant est **chambre, pièce** d'habitation, sauf aux E.U. où ***apartment*** (*flat* en Angleterre) correspond à notre appartement: ***apartment house,*** **maison de rapport; immeuble** (divisé en appartements, sans cuisines). Vulg. *to have* ***an apartment to let,*** être **timbré, faible d'esprit.**

– *My friend's* ***apartment*** *was well ventilated.* – La **chambre** de mon ami était bien aérée.

Aperient, aperitive. – Un remède *apéritif* était dans l'ancienne médecine un diurétique, un laxatif, etc. Proprement « qui *ouvre* les voies aux liquides de l'appareil digestif et urinaire ». Ce sens de **laxatif** est resté anglais.

REMARQUE. – Le sens étymologique *aperire,* ouvrir est mis en évidence dans cette expression de Pascal: « vertu *apéritive* d'une clef ». D'où « L'air était apéritif » (Al. DUMAS).

Apocalypse. – Pour nous l'Apocalypse s'entend des révélations faites à saint Jean l'Évangéliste, lorsqu'il était exilé dans l'île de Patmos, et p. ext., de la fin du monde. Famil. style d'Apocalypse, style obscur, inintelligible.

En anglais, ***apocalypse*** peut s'entendre aussi de **toute révélation** ou **divulgation :** Swift dit: *The revelation or rather the* ***apocalypse*** *of all State arcana,* la **révélation** ou plutôt la **divulgation** de tous les arcanes (ou: secrets, mystères) de l'État.

– A la lecture d'une étude sur Claude Bernard, Lord Edward trouve sa vocation: *It was all too obvious, but to Lord Edward an* ***apocalypse.*** (A. HUXLEY, *Point c. Point,* III.) – Tout cela n'était que trop évident, mais pour Lord Edward, ce fut une **révélation.**

Apology, apologize (to). – Tandis qu'en français *apologie* signifie étymologiquement « discours justificatif », ***apology*** a été jusqu'au sens d'**excuse,** de **pardon.**

Employé avec la prépos. *for,* il veut dire: **méchant succédané :** *An* ***apology for*** *a life, a dinner, a letter,* un **semblant,** un **prétexte,** une **façon** de biographie, de dîner, de lettre; de même: *he was an* ***apology*** *for a man,* c'était une **façon** d'homme, **une femmelette, ce n'était pas** un homme. Rapprocher: Ce ne sont plus rien que des *idées* ou des *fantômes,* des *façons* de chevaux. (MOLIÈRE, *l'Avare,* III, 5.) Encore aujourd'hui: une **facon** de musicien, de secrétaire.

– *He was profuse in his* ***apologies.*** – Il se confondit en **excuses.**

Apparel. – **Habits, vêtement(s), habillement, mise, équipage** (arch.); fig. ou poét. **feuillage, feuillée, frondaison, ramure, ramée; préparatifs, apprêts; parements, ornements** (d'aube, de chasuble).

Parlant de l'interprétation de Shylock par Irving, Dutton Cook, *Nights at the play*, dit: *Beside him, the Christians, for all their **gallantry of apparel**, seem but poor creatures.* – Auprès de lui, les chrétiens, en dépit de tout leur **galant équipage,** ne font que piètre figure.

– *The season of the year when the trees are decked in their proudest **apparel.*** – La saison de l'année où les arbres sont parés de leur plus beau **feuillage** (ou: de leur plus orgueilleuse **frondaison**).

Apparent. – Les Anglais attachent à *heir **apparent*** une notion de certitude que ne comporte pas le *heir presumptive;* cette nuance n'existe pas en français.

Et pourtant Saint-Simon la marque cette nuance, lorsque, parlant du dauphin, il écrit: « Ce prince, héritier *nécessaire*, puis présomptif de la couronne, naquit terrible et sa première jeunesse fit trembler. »

Apparently. – Parfois **manifestement, évidemment.**

– Fatigué d'un long trajet, un voyageur égaré se réjouit à l'idée de passer la nuit dans une auberge, mais: ***Apparently** surprised at the kind of company which confronted him through the kitchen door, he at once abandoned his idea of putting up at the house.* (Th. Hardy, *Mayor*, XXXVI, 313.) – **Évidemment** surpris du genre de société entrevue par la porte de la cuisine, l'étranger renonça tout de suite à l'idée de loger dans la maison.

– Présentant Achillas, Bernard Shaw (*Caes. & Cleop.*, II) dit: ***Apparently** not a clever man, but distinguished and dignified.* – **Son aspect** ne respire pas l'intelligence, mais la distinction et la dignité.

Appeal (to), appeal. – *I **appeal** to your kindness* doit bien se rendre par: Je **fais appel** à votre bienveillance, à vos bons sentiments, mais: *This novel does not **appeal** to me* signifie: ce roman ne me **dit rien;** *the idea of crossing the Channel did not **appeal** to him,* l'idée de traverser la Manche ne l'**enchantait** (ou: ne lui **souriait**) guère. Le subst. ***appeal*** va jusqu'à signifier: **prière, supplication.**

Autres sens: to have ***sex appeal*** se dit d'une femme qui a du **charme,** des **attraits,** du **« chien »,** qui est **désirable** sans, pour autant, être une « allumeuse »; l'expression peut s'appliquer à un homme qui plaît aux femmes, et même famil., à toute chose qui excite l'envie ou le désir.

– Une indication scénique dans *The Silver Box*, I, de Galsworthy: *Unknown (**appeal** upon her face),* L'inconnue (d'un visage, d'un air **suppliant**)...

– *This speech **did not appeal** to public opinion.* – Ce discours **n'éveilla pas d'écho** dans l'opinion.

– *He wrote of Socialism and the rights of man things that **had no appeal** for Mr. Polly.* (Wells, *Polly*, III, i.) – Il (Parsons) parlait maintenant dans ses lettres de socialisme, ces droits de l'homme, toutes choses qui **laissaient** M. Polly **absolument froid.**

– *Shelley was never tired of **appealing** to Rousseau as a teacher.* – Shelley se **réclamait** sans cesse (inlassablement) de l'enseignement de Rousseau. Du même Rousseau un critique dit: Aucun n'a **parlé** à plus de cœurs et d'esprits, et le traducteur de dire: *None has **appealed** to so many hearts or so many minds.*

– *The mystery of the wood used **to appeal** to my curiosity.* (G. Moore, *Memoirs*.) – Le mystère de ce bois **tentait** vivement ma curiosité.

– *The power of **popular appeal** which he possessed to such an eminent degree.* – Le pouvoir d'**agir sur les foules** qu'il possédait à un degré si éminent.

– *Never perhaps had she **appealed** to him more strongly.* – Jamais peut-être elle ne lui avait **plu** davantage.

– *The teaching of ethics should possess a strong emotional **appeal.*** – L'enseignement de la morale devrait éveiller de fortes **résonances** émotionnelles (ou: affectives).

Appear (to). – **Se présenter, paraître** (en public); jur., **comparaître** (devant un tribunal), ***to fail to appear***, **faire défaut,** ***to appear for** the prosecution,* **soutenir** l'accusation, ***to appear for** X,* **répondre pour, se présenter pour** X, (d'un avocat) **plaider pour** X; *to **appear against** s.o.,* **se présenter contre** qqn., **se porter partie contre** qqn.; (d'un acteur) **entrer en scène,** ***to appear in** Hamlet,* **jouer dans** Hamlet, ***to appear as** Othello,* **tenir le rôle** d'Othello; (d'un livre) **paraître, voir le jour, « sortir ».**

– *Mr. N. has already appeared in print.* – M. N. s'est déjà **fait imprimer.**

Appearance. – **Apparition, fantôme; arrivée, entrée,** ***to put in an appearance,*** **paraître, faire une apparition, faire acte de présence;** autres sens: **début** d'une jeune fille, etc. (dans le monde), d'un acteur (au théâtre); jur., **comparution;** enfin; **air, aspect, mine,** *a youth of prepossessing **appearance,*** un jeune homme de bonne **mine.**

– *He was struck by her **personal appearance.*** – Il fut frappé par sa **beauté.**

– *A man of nearly fifty still youthful in **appearance.*** – Un homme frisant la cinquantaine qui avait encore **l'air** jeune.

Appease (to), appeaser, appeasement. – Il arrive que sous l'influence des événements (politiques ou autres), certains mots subissent une véritable déchéance. Tel a été notamment le cas, à la suite de l'Accord de Munich (1938), de ***to appease, appeasement*** et

appeaser. Si bien que, commentant l'ouvrage de M. Iain Macleod sur Neville Chamberlain, le chroniqueur du T.L.S. (1/XII/61) s'exprime en ces termes: « *The word **appeasement** is shunned, for it lost all its Victorian virtue 23 years ago and is useful now only in the vocabulary of political abuse.* » Dans son *Dictionary of new Words in English,* Paul C. Berg définit ainsi ***to appease :*** « *To try to stop a potential enemy by economic or political concessions involving the sacrifice of moral principles e.g.: The attempt to **appease** Nazi Germany failed.* – La tentative de **gagner,** de **se concilier à tout prix** l'Allemagne « nazie » a échoué.

Appeasement sera donc le fait de l'***appeaser*** c.-à-d. du **« pacifiste » à tout prix, du « Munichois »,** voire du **défaitiste** qui prétend établir la paix par des moyens illusoires ou de lâches concessions.

REMARQUE. – En faisant dire: « pas d'apaisement » *(no appeasement)* à l'homme politique qui, tout en étant pacifique, refuse de négocier sous la menace, nos traducteurs d'agences dénaturent sa pensée et le font passer pour un belliciste!

Application. – Demande, requête; sollicitation, démarche. Autres sens: pharm., *for external **application,*** pour **l'usage** externe, *iodine **application,*** **badigeonnage** à la teinture d'iode; agric., **épandage** (d'engrais); *to manure* est défini par Webster: *to enrich, a land, by the **application** of a fertilising substance.*

– Henchard demande à son ancien régisseur Jopp si celui-ci a trouvé un emploi: « *I am afraid not* », *said Jopp, who had not told the other of his **application** to Farfrae.* (Th. HARDY, *Mayor,* XXXVI, 305.) – « Hélas! non », répondit Jopp, qui n'avait rien dit de la **requête** qu'il avait adressée à Farfrae.

Appoint (to), appointment. – Etymol. *mettre à point, en état. **To appoint** a meeting,* en **fixer le temps et le lieu,** d'où ***appointment,*** **rendez-vous, entrevue.** Adm. **convocation.** Autres sens, **prescrire** (que qch. se fasse), **décider** (qu'elle se fera, d'où: *When Heaven **appoints,** man must obey,* l'homme propose et Dieu **dispose.** Aussi: **assigner; nommer** (à un poste), d'où ***appointment,*** **nomination** (à un emploi, à une charge), **affectation** (à un navire, etc.), et concr. l'**emploi,** la **charge** mêmes. Autres sens: **édit, décret, ordonnance,** ***by appointment** to H.M. the King,* fournisseur **breveté, attitré** de Sa Majesté.

Comme en fr. en bon point (1), † sauf au part. passé: **mettre en bon point, équiper,** d'où ***appointment,*** **équipement, fourniment, armement, habillage** (d'un navire); au pl. **aménagement, installation** (d'une maison), etc., tout ce qui contribue à mettre en bon point (2). Enfin † **émoluments, appointements** (attachés à une charge).

– *I saw my little bundle carried into the room **appointed** for me.* – Je vis porter mon petit paquet dans la chambre qui m'**était destinée.**

– *Prepared to receive foreign boarders into their **well-appointed** home. (Prospectus.)* – Prêts à recevoir des étrangers comme pensionnaires dans leur maison **bien installée.**

(1) L'embonpoint, c'est propr. l' « état du corps qui est en bon point ».
(2) C.-à-d. « en bon état ».

– *Here and there I saw handsom carriages with smart **appointments.*** (FROUDE, *Oceano.,* 94.) – Ça et là je vis de superbes voitures fort élégamment **équipées** (ou: **équipées** de pimpante manière).

– *She regarded it [the little clock] as a memorial of Josh [her husband], for it was his sole contribution to the family **appointment.*** – Elle considérait cette petite pendule comme un souvenir de Josh, dont c'était, en effet, la seule contribution à l'**ameublement** du ménage (le seul apport en fait de **pièces** de ménage).

Apposition. – « On appelle... apposition », dit Littré, « l'état de deux substantifs *se rapportant* l'un à l'autre et se suivant immédiatement... » Cette définition nous aide à comprendre le sens abstrait de **rapport** (qui semble un néologisme) et le sens concret d'**affrontement** (méd. et chir.).

– *His (Bridge's) memorable passages ... have hardly more **apposition** to the central themes than the coloured globes to the branches of a Christmas tree.* – Ses endroits mémorables ... n'ont guère plus de **rapport** avec les thèmes centraux que les boules de couleur n'en ont avec les branches de l'arbre de Noël (auxquelles elles sont suspendues, s'entend).

– *The edges of the wounds and the ends of the broken bones are **to be brought into apposition.*** – Il faut **affronter** les lèvres des plaies et les extrémités des os fracturés.

Appreciate (to), appreciation. – On notera simplement qu'en économie politique, ***to appreciate*** est l'antonyme de *to depreciate* et signifie donc: soit trans., soit intrans.: **augmenter de valeur, (se) valoriser, monter,** avec sens correspondants pour ***appreciation.*** Ce mot signifie également (examen, étude) **critique.** Sens très proche du français.

Au moral, il y a une nuance entre ***appreciation*** et appréciation. La phrase: *Mr. Loucheur **expressed his appreciation** of the work of the International Labour Office* se rendra de préférence ainsi: M. L. **rendit hommage** à l'œuvre accomplie par le B.I.T., ou **félicita** le B.I.T., etc.

Aux États-Unis, *I **appreciate** that* signifie: je **comprends,** je **conçois** (que), je **me rends compte** (de ce que), auquel cas il se rapproche du sens de *to realize (q.v.).*

– *Gold has been steadily **appreciating** in value.* – L'or a constamment **augmenté** de valeur.

– *The Government has **appreciated** the currency.* – Le gouvernement a **revalorisé** (1) la monnaie.

– *These shares show an **appreciation.*** – Ces actions enregistrent une **plus-value.**

(1) Et non « réévalué » qui signifie proprt. « évalué de nouveau ».

– ***Appreciations,*** titre d'un ouvrage de Walter Pater, **Études critiques.**

Appreciative, appreciatively. – Non pas appréciatif dans le sens de: état appréciatif, devis appréciatif, qui se dit *estimate,* mais dans celui de: **propre, apte à apprécier,** comme dans cette phrase de Brillat-Savarin, citée par le Larousse: Les lèvres sont, ainsi que le palais, douées d'une portion de facultés *appréciatives.*

Le sens théologique d'appréciatif « qui estime les êtres et les choses à leur valeur »: amour appréciatif de Dieu, s'est étendu en angl. Rendre, selon le cas, par (signe) d'**approbation, approbateur,** ou par **appréciateur,** p. ex. comme dans *an **appreciative** audience,* un auditoire **appréciateur** ou (composé) **de connaisseurs.** Le mot va parfois jusqu'à signifier **élogieux.**

– *She had a slight **appreciative** movement of the head.* – Elle fit de la tête un léger mouvement d'**approbation.**

– *He was sipping **appreciatively** a glass of burgundy.* – Il dégustait **en connaisseur** un verre de bourgogne.

– *After a few **appreciative** words, he added this...* – Après quelques paroles **élogieuses,** il ajouta ceci...

Apprehend (to), apprehension. – Saisir avec l'esprit, imaginer, concevoir, s'imaginer; supposer, croire. Sens correspondants pour le substantif, qui signifie aussi **arrestation, prise de corps.**

– *This young man, General, is perfectly fit to **apprehend** the bearing of your memorable words.* (J. Conrad.) – Ce jeune homme, mon général, est parfaitement apte à **saisir** la portée de vos mémorables paroles.

– *Where there is no conscious **apprehension,** there can be no conscious pleasure.* (Hazlitt, *Works,* VI, p. 19.) – Là où il n'y a pas **perception** consciente, il ne saurait y avoir conscience d'un plaisir.

– *Women are quick of **apprehension,*** les femmes ont **l'esprit vif.**

– *To be slow of **apprehension,*** avoir la **compréhension** lente, l'**esprit** lent. Rapprocher: « L'esprit, je l'avais lent,... l'*appréhension* tardive. » (Montaigne, *Ess.,* I, xxvi.) Ce sens philosophique de « faculté de saisir par l'esprit » est devenu rare en français.

Apprehensive. – A tous les sens du v. ***to apprehend,*** soit: **qui conçoit, perçoit, saisit aisément,** et donc **intelligent, éveillé;** psychol. **perceptif.**

– *My boy is quite **apprehensive.*** – Mon fils est très **intelligent** (a l'esprit **éveillé**).

Approach (to), approach. – Aborder, s'attaquer à (un problème), **se saisir** (d'une affaire, d'une question); **s'aboucher, prendre langue** (avec), **pressentir, faire des ouvertures** ou **des propositions** à, **entrer en pourparlers, en négociations** avec, péjor. E.U. (tenter de) **circonvenir, manœuvrer** qqn; sens correspondants pour le substantif. Naut. **atterrage** (d'un port); au pl. **avances,** *concessions and **approaches,*** des concessions et **avances;** sens très voisin de notre expression approches, travaux d'approche, employée au figuré.

– *Having heard of this piece of news, I decided to **approach** the Minister.* – Ayant eu vent de cette nouvelle, je décidai d'en **saisir** le ministre.

– *His particular **approach** to social problems.* – La manière particulière dont il **abordait** les problèmes sociaux.

– *The method of continual **approaches.*** – La méthode des **approximations** successives.

– *It became necessary **to make a new approach** to the problem.* – Il devint nécessaire de **repenser** le problème, de **s'y attaquer d'un point de vue, dans un esprit nouveau** ou: **neuf.**

– Comment défendre efficacement les intérêts de sa sœur qui a demandé le divorce à son pauvre cher vieux de mari: *He clearly had more to say on the subject and was meditating the most convenient **approach.*** (E. Waugh, *A Handful of Dust,* IV.) – Il avait évidemment quelque chose à ajouter sur la question et méditait sur la manière la plus convenable d'**entrer en matière.**

– *The idea that Mr. H. was **subject to approach** is ridiculous.* – Il est ridicule de penser que M. H. ait pu être l'objet de **manœuvres** (ou: **se soit laissé manœuvrer** ou **circonvenir**).

– *The **approach** to further research.* – L'**amorce** de nouvelles recherches.

– *My doctor **approached** things from the most positive point of view.* – Mon médecin **prenait** les choses du point de vue le plus positif.

Remarque. – C'est violenter la langue et créer une ambiguïté des plus fâcheuses que d'écrire: « L'*approche* de la maladie chronique au prochain congrès de médecine psychosomatique » (*Presse française,* 3 mai 1963), alors qu'on entend, semble-t-il, la manière d'en aborder l'étude ou de s'y attaquer.

Appropriate (to), appropriation. – Appliquer, destiner, affecter (à un certain usage) comme en français – avec sens correspondants pour le substantif. Spéc. **affecter** une somme d'argent, des fonds à un but spécial, d'où le sens concret d'***appropriation :* crédit** (budgétaire). ***Appropriation** of moneys to a debt,* **imputation** de paiement sur une dette.

– *A sum of a billion dollars was **appropriated** by the Congress.* – Le Congrès vota un **crédit** d'un milliard de dollars (et non pas s'appropria une somme de...).

– ***Appropriation** bill,* projet de loi **portant ouverture de crédits** (budgétaires) c.-à-d. (projet de) **loi de finances** (cf. *bill of supplies*).

Remarque. – Tandis qu'en Angleterre, ***to appropriate,*** dans le sens de **voter des crédits,** appelle toujours un complément d'attribution, aux États-Unis ce verbe peut être employé absolument, comme on l'a vu dans l'exemple donné ci-dessus. De même, *The following table exhibits the **appropriations** and expenditures of the*

Library for the fiscal year' doit s'entendre: Le tableau reproduit ci-après montre les **recettes** et les dépenses de la bibliothèque (du Congrès) pour l'exercice financier. Il s'agit en l'espèce non pas des crédits dont la bibliothèque s'est dotée, mais de ceux que le Congrès a votés à son intention. (Voir H.W. HORWILL, *op. cit., s.v.*)

Appropriate (adject.) – *An **appropriate** retort,* une repartie **de circonstance.** – *This is really the **appropriate** word,* ce mot est bien **en situation.** ***Appropriate** music,* musique **de circonstance.**

Approval. – *To send books on **approval*** or: *on approbation,* envoyer des livres **à l'examen, en communication,** *to buy, to sell goods **on approval,*** acheter des marchandises **à l'essai,** les vendre **à** ou **sous condition.** ***With the approval** of the Minister,* **sur avis conforme** du ministre. ***To stamp approval on** a document,* **homologuer, ratifier** une pièce, un document.

Approve (to). – *« He that is **approved** in this offence... shall lose me »* s'écrie Othello (II, iii, 211). Ne pas entendre: celui qu'on approuve d'avoir commis cette faute, mais: *He that is **proved** to have committed this offence,* celui qui en sera **reconnu coupable...** ne me sera plus rien. Ce sens de **prouver, faire, apporter la preuve** de; **confirmer,** s'il est quelque peu désuet, se trouve encore chez les bons auteurs, mais est plus courant sous la forme *to prove* de même, d'ailleurs, que le v. réfléchi, ***to (ap)prove oneself:*** **se montrer, se révéler** (tel), **se comporter, se conduire.**

– *That he (Horatio) may **approve** our eyes.* (SHAKS, *Hamlet,* I, I, 29.) – Afin qu'il puisse **confirmer** le témoignage de nos yeux. (Trad. Ed. GUYOT.)

– *He **approved** himself valiantly,* il s'**est conduit, comporté** vaillamment.

On notera le sens idiomatique fréquent au participe passé ou employé adjectivement de ***to be approved,*** **être estimé, loué, apprécié, plaire, avoir la cote.** Le *Pocket Oxford Dictionary* glose ainsi le sens argotique de ***brick*** *(q.v.): « a warmly **approved** person ».*

Autres sens, ***approved** society,* compagnie d'assurances **agréée par l'État,** ***approved** school,* en Angleterre, école de **rééducation.**

– *He had many opportunities **to approve** his worth.* – Il eut maintes occasions de **prouver** sa valeur (ou: ses mérites).

– Réclame de libraire: *This series of attractive and useful works by **approved** authors.* – Collection d'ouvrages joignant l'utile à l'agréable, par des auteurs **renommés (appréciés).**

This guest of summer,
*The temple-haunting martlet, does **approve***
By his loved mansionry that the heaven's breath
Smells wooingly here... (SHAKS., *Macbeth, I, vi. 73.)*

Cet hôte de l'été,
Le martinet, qui se complaît aux temples, **montre,**
Par son logis aimé, que l'haleine du ciel

Y souffle son parfum en caresse amoureuse.

Un autre verbe, terme juridique, est l'ancien fr. *aprouer,* forme de *prou,* « profit »: cf. Buvez, bon *prou* vous fasse; il s'agit donc d'un doublet de *to improve,* qui signifie **faire valoir** (une terre).

REMARQUE. – Les Latins disaient *approbare propositionem, industriam,* prouver une proposition, le zèle. Ce sens de prouver est courant en fr. du XVIe siècle: les événements *approuvaient* ce que disait cet Égyptien (AMYOT). D'autre part, l'ancien fr. disait: argent *appro(u)vé* au feu, sens que l'on trouve encore dans B. Palissy: Drogues que je voulais *approuver.* En somme, ce verbe signifie à la fois: prouver; éprouver; approuver.

Approver. – **Co-auteur d'un acte délictueux plaidant coupable et dénonçant ses complices, dénonciateur (-trice)** admis (-e) comme témoin à charge contre ses co-inculpés. (Voir *to turn King's, Queen's evidence.*)

Apt, aptness, aptly. – *(Ad-apté),* **approprié,** ***apt** language, words, thoughts, remarks;* **susceptible de recevoir** (des impressions); **qui a de la facilité** (pour apprendre), *an **apt** pupil,* un élève **intelligent** ou: **doué,** *one of my **aptest** pupils,* un de mes **meilleurs** élèves; (des personnes), **enclin, sujet, porté à,** *he is **apt** to forget,* il est **sujet,** il **a tendance à** oublier, *she is **not apt to forgive,*** elle **ne pardonne pas volontiers.** (Des choses) **susceptible** de, **de nature à, qui risque de...**

Sens correspondants pour ***aptly*** et ***aptness.***

– *Any kind of taxation is **apt to** be looked on as a grievance.* – Tout impôt, quelqu'il soit, est **de nature à** être considéré comme une mesure vexatoire.

– *The incident is **apt** to be followed by international complications.* – L'incident **risque de** donner lieu à des complications internationales.

– *An **apt** word,* le mot **juste, propre,** celui qui **« colle », s'adapte** ou est **dit à propos.**

– Appréciation d'un professeur sur une copie d'élève: ***aptly** quoted,* **bonne** citation, citation **bien amenée.**

– *To employ the **apt** phrase of Sainte-Beuve...* – Suivant l'**excellente** expression de Sainte-Beuve.

– *All this fits with marvelous **optness.*** – Tout cela **s'arrange à** merveille.

Aqueous. – **Produit par l'action des eaux qui se retirent, sédimentaire,** ***aqueous** rocks,* roches **sédimentaires.**

Arab. – ***A street Arab,*** un **gamin des rues,** en France, un **gavroche,** un **titi.**

– Chez Mark Twain *« the heroes and heroins of medieval chivalry are guys seen through the eyes of a **street Arab.*** (B. SHAW, *Preface to Saint-Joan.)* – Les héros et les héroïnes de la chevalerie médiévale sont des grotesques (des fagots) vus avec les yeux du **gamin des rues.**

Arabesque (adj. et subst.) – Au XVIe et au XVIIe siècles, on disait *arabesque* pour **arabe :** langue *arabesque,* écriture *arabesque.* Quant à moy, dit Montaigne (*Ess.* I, XXVI), j'avais plus de six ans avant que j'entendisse non plus de Français ou de Périgourdin que d'*Arabesque.* L'anglais a conservé cet emploi.

Arabian. – *The **Arabian Nights**,* les **Mille et une Nuits.** *The **Arabian bird**,* le **phénix** (d'Arabie), auquel Agrippa compare Antoine (*Ant. & Cleop.*, III, II, xii). Plus famil. ou fig. **oiseau rare, merle blanc; spécimen unique.**

Arcadian. – « L'Arcadie est une contrée dont les Poètes ont parlé comme d'un pays délicieux... » Ce passage du commentaire de Félibien sur le célèbre tableau de Poussin: « Les bergers d'Arcadie » nous aide à comprendre l'expression anglaise: *In those **Arcadian** days...*, en ces jours **d'une simplicité pastorale,** en ces jours de **paix et de bonheur.**

Arch. – *(Triumphal) **arch**,* **arc** (de triomphe); *semicircular **arch**,* **arc** plein cintre, **arc** roman; poét., **arc-en-ciel; voûte, cintre**; au fig. **les cieux**; anat. **arcade,** *dental **arch**.* **arcade** dentaire, *orbicular **arch**,* **arcade** orbiculaire, *the superciliary **arches**, les* **arcades** sourcilières; techn., **arcades** (de la selle), parties cintrées qui se trouvent devant et derrière à l'arçon, le pommeau et le troussequin; enfin, les Anglais dénomment ainsi un **pont** de chemin de fer qui enjambe une route, une rue.

Archangel. – Bot., **angélique,** *red, white **archangel**, lamium purpureum, l. album* **lamier** rouge, blanc (vulg. mais abus.: **ortie** rouge, blanche); ornith., **pigeon bouvreuil.**

Archer. – Astr., le **Sagittaire;** icht. = ***archerfish*** *(toxotes jaculator)* **archer, toxote,** poisson d'Indonésie appelé vulg. **poisson cracheur.**

Architect. – **Le grand architecte, l'architecte de l'Univers, Dieu;** au fig. **artisan, ouvrier:** *To be the **architect** of one's own happiness, of one's fortune,* être l'**artisan** de son propre bonheur, être **le fils de ses œuvres,** « l'**ouvrier** de sa fortune », comme dit Bossuet (*Honneur du monde*, 3).

Architrave. – **Encadrement** d'une porte, d'une fenêtre.

Argue (to), argument. – Ne signifie pas toujours *argument* (raison invoquée à l'appui d'une idée ou d'une opinion), mais a souvent le sens de: **discussion, débat, argumentation; raisonnement; exposé** (pour ou contre); **démonstration.**

To argue, c'est **discuter, raisonner.** *Don't **argue**,* dit-on à un enfant qui répond. **Plaider, prétendre, invoquer un argument, prouver; annoncer, déceler, dénoter.** *It **argues** an insensibility,* écrit Lamb, c'est-à-dire: cela **dénote** une certaine insensibilité. C'est le latin: *degeneres animos timor **arguit**.* VIRGILE, *Enéide*, IV, 13. – La peur **est la marque** d'une basse naissance. (Trad. André BELLESORT).

– Hazlitt énumère les diverses catégories de personnes désagréables pour lesquelles nous éprouvons une antipathie instinctive: *There is a man, who has the air of not being convinced without an **argument**: you avoid him as if he were a lion in your path.* (*Works*, XII, p. 176.) – Voici maintenant un homme qui paraît vouloir ne se laisser convaincre que par un **raisonnement en forme:** vous l'évitez comme vous feriez d'un lion sur votre chemin. (Trad. Jules DOUADY.)

– *« Don't **argue**: do as you are told », has to be said not only to children and soldiers, but practically to everybody.* (B. SHAW, *Saint Joan, Preface.*) – « Ne **discutez** pas: faites ce qu'on vous dit », se doit dire non seulement aux enfants et aux soldats, mais en fait à tout le monde.

– *There was an **argument**.* – La **discussion s'échauffa.**

– *It is not uncommon for a man and wife to have a little **argument** about things that concern none but themselves.* – Il n'est pas rare que des époux aient entre eux quelque **bisbille** sur des questions qui ne regardent qu'eux-mêmes.

Ark. – Comme le latin *arca,* **coffre,** et, partant: le **coffre de bois** renfermant les tables de la loi, dit aussi **arche d'alliance, arche sainte,** ***Ark of the Covenant*** ou *of **Testimony**;* **arche** (de Noé) et donc: **lieu d'asile, de refuge; bateau, navire;** E.U., **péniche,** péjor. **guimbarde, patache.**

Armour (to), armour. – **Cuirasser** (un navire); **blinder** (un train, un ouvrage de fortification, etc.); **armer** (un câble); de là: ***armour*,** **cuirasse** d'un vaisseau de guerre, d'où ***armoured ship*,** **cuirassé,** syn. de *battleship;* enfin, **scaphandre.**

Armoury. – **Arsenal** au pr. et au fig.; **dépôt d'armes.** Autres sens: E.U. **fabrique d'armes; salle d'armes** (d'un musée), **salle d'escrime.**

– *Language is the **armoury** of the human mind.* (COLERIDGE, *Biogr. Lit.*, 11, 31.) – Le langage est **l'arsenal** de l'esprit humain.

Arrangement. – **Bâti** d'où lâchement: **chose, machin, machine, truc;** euphémisme: une **intrigue galante;** au pl., **préparatifs, dispositions, mesures;** *by **arrangement**,* **à débattre;** ***working arrangement*,** **modus vivendi.**

– *That lace **arrangement** which you call a cap.* – Ce **machin** de dentelle que vous appelez une coiffe.

– *An **arrangement** which is in plain English a gallantry.* (CHESTERFIELD, *Letters*, 227 (1792), 111, 26.) – L'explication suffit.

– *Donelagh made the **arrangements** for the fight.* (MACAULAY, *Hist. Eng.*, XXII, iv, 713.) – Donelagh fit les **préparatifs** du combat.

– *Terms and conditions **by arrangement**.* – Conditions **à débattre.**

– *The **arrangement** of the report is excellent.* – Le **mode de présentation** du rapport est remarquable.

– *The **arrangements** for the debates of the Assembly was altered.* – L'**ordre** des débats de l'Assemblée a été modifié.

Arrest. – **Arrestation.**

— *An **arrest** may be considered as the beginning of imprisonment.* — L'arrestation peut être considérée comme le commencement (ou : le **prélude**) de l'emprisonnement.

Arrest (to). — Jur. ***To arrest** judgment,* **surseoir à** l'exécution d'un jugement, **suspendre** un jugement (pour vice de forme, erreur, etc.); **opérer une saisie légale sur un bien;** dans Shakespeare : **prendre en garantie, accepter en gage.** Autres sens : **arrêter, éveiller, retenir** l'attention, d'où ***arresting*, frappant, captivant, attachant, intéressant, remarquable;** E.U. **stabiliser** (une maladie) : *Tuberculosis, which was still active a few months ago, could be **arrested.*** — La tuberculose, qui était encore évolutive il y a quelques mois, a pu être **stabilisée.**

— *One of Browning's most **arresting** poems.* — L'un des poèmes les plus **attachants,** les plus **captivants** de Browning.

— *An **arresting** picture,* un tableau **qui tire l'œil.** (MANSION.)

— *Twenty pounds of money which must be paid... His horses are **arrested** for it.* (SHAKS., *Merry Wives,* V, v, 119.) — Une dette de vingt livres sterling, pour laquelle on **a saisi** ses chevaux.

— *We **arrest** your word.* (Id., *Love's Labour's Lost,* II, i, 160.) — Nous **prenons** votre parole **comme garantie.**

REMARQUE. — Rapprocher le français : « faire arrêt sur les biens de » ; « saisie d'arrêt », « saisie-arrêt », « saisir-arrêter ».

Arrival. — Arrivage, abord, entrée (d'un navire dans un port); **arrivage** (d'une cargaison, de marchandises, etc.); famil. **nouveau-né :** *The new **arrival** is a little daughter.* [Rapprocher « ... *That therefore it was convenient she should take a good heart of new at the fresh **arrival** of her baby* », traduction (1653) de ce passage de Rabelais (I, vi) : « ... Par ce, luy convenoit prendre couraige nouveau au nouvel **advenement** de son poupon ».] Famil. encore, sens moderne, *a fresh **arrival,*** un nouveau **débarqué.**

Art. — Nos vieilles appellations de « Faculté des arts », « Maître ès arts » ont survécu en anglais. Les arts étaient les humanités et la philosophie. Nous rendons auj. ***Faculty of Arts, Master of Arts*** par **Faculté des lettres, licencié ès lettres** respectivement. Autres sens : *the black **art,*** la **magie** noire, les **sciences occultes;** *the gentle **art,*** la **pêche à la ligne,** *the **noble art,*** la **boxe.** Art, en effet, c'est le **métier,** la **profession** qui requiert de l'habileté, et p. ext. c'est « l'adresse dans les moyens employés pour obtenir un résultat » (L. 4°); péjor. **artifice, rouerie, stratagème, manège,** etc.

En appos., **de conception artistique, de fantaisie,** ***art** curtains, carpet, gloves,* rideaux, tapis, gants **de fantaisie,** péjor. (v. *artist*) **genre rapin;**

En compos., ***art-school,* école des beaux-arts; école, académie de dessin.**

Locut. jur. ***to be art and part in,*** litt. **être fauteur et complice de, avoir pris part à la conception et à l'exécution de; participer** (à un délit, un crime), aussi au fig.

— *Words or terms **of art,*** termes (ou : terminologie) **technique(s).**

— *To be taught the **art and mystery*** (1) *which his master engages to learn him.* (DEFOE, N.E.D.) — Pour se voir enseigner le **métier** que son maître s'engage à lui apprendre.

— *I am incapable of **art.*** (Lady MONTAGU, *Letters,* I, XXXIV.) — Je suis incapable d'**artifice** (ou : de **manège**).

— *She fascinated and cajoled him by a thousand **arts** or natural graces or flatteries.* (THACKERAY, *Pendennis,* XXIV.) — Elle l'attirait et le flattait par mille **roueries,** mille grâces naturelles, mille flatteries.

— *He used to wear loose **fancy « art »** neckties.* — Il avait coutume d'arborer des lavallières **« genre rapin ».**

Article, article (to). — Du sens d'« article », de « clause de traité », etc., on passe aisément à celui de **clause** d'un contrat et notamment de *contrat d'apprentissage,* d'où l'expression : *on weekly **articles,** on monthly **articles,*** **engagé** à la semaine, au mois, et l'adjectif ***articled,* mis en apprentissage :** *an **articled** clerk.* ***Ship's articles,*** **rôle d'équipage; contrat d'engagement** (des marins); **conditions d'embarquement.** Suite des sens : ***articles** of association,* **statuts** d'une société anonyme ou à responsabilité limitée, d'où ***under the articles, in accordance with the articles,*** **statutairement;** ***articles** of war,* **code** de justice militaire ou de justice maritime selon le cas. ***Articles,*** **acte d'accusation;** ***article,*** **chef d'accusation.** ***To article against one,*** **accuser, mettre en accusation qqn.** (cf. jur., *articuler* des faits, des griefs).

*In the **article** of death* signifie bien **à l'article de la mort,** mais : *a building **in the article** of falling* se rendra par un bâtiment, une construction **qui menace** de s'écrouler.

— Robinson Crusoé trouve que l'indépendance a du bon : *I farmed my own land, I had no rent to pay, I was limited by no **articles.*** — Je faisais valoir mes propres terres, je n'avais pas de redevances à payer, je n'étais gêné par aucun **contrat.**

— *The agreement applies to ships for which **articles** are taken out in New Zealand.* — L'accord est applicable aux **contrats d'engagement** à bord des navires armés en Nouvelle-Zélande.

Articulate (adject.). **—** De la prononciation, du débit, **net, distinct;** au fig. **capable de s'énoncer, de s'exprimer clairement, nettement.** (V. *inarticulate.*)

— *The accused seemed sufficiently **articulate** to be able to stand for himself.* — L'accusé semblait **s'exprimer assez bien** pour assumer sa propre défense.

— *Mr. N. is **extremely articulate*** ne signifie pas, comme on

(1) Tautologie. V. *infra **mystery.*** Cf. ***Arts** and crafts,* les arts (mécaniques) et métiers, opposés traditionnellement aux arts libéraux. ***Art*** signifie aussi p. ext. (surtout *hist.*) **corps de métier., guilde, corporation.** *The industry of the free republic was controlled by guilds or **arts.*** (N.E.D.)

pourrait le croire, que M. N. articule très bien, mais qu'il **s'énonce** ou : **s'exprime à la perfection.**

Artificer, artificial. – « Les maistres du mestier et *artifice* de boulengerie », lit-on dans une citation tautologique du XVe siècle donnée par Littré; le latiniste sait d'ailleurs que *artificium* signifie *métier*. Notre artificier s'est spécialisé, mais non l'***artificer*** anglais. Nous l'appellerons **artisan, ouvrier** (d'art); naut. ***engine-room artificer***, (E.R.A.), **mécanicien,** ***chief engine-room artificer***, **maître mécanicien.**

Artificial sera l'adjectif de ce nom : **habile** en un métier, un art. Il est, quoique désuet, encore employé par Coleridge.

Jur. ***Artificial*** *person*, personne **morale, juridique,** syn. de *corporation, q.v.* L'O.E.D. glose comme suit ce dernier mot : *an* ***artificial*** *person created by royal charter, prescription, or legislative act...* Autres sens : **factice, feint, simulé,** par opposition à ce qui est naturel ou réel, ***artificial*** *tears* (SHAKS.), larmes **feintes, de commande.**

Ajouter pour ***artificer* : inventeur, auteur** et péjor., **machinateur, ourdisseur** (de complots), ***The great Artificer*** *of the Universe*, **l'auteur, le créateur** du monde, **Dieu;** c'est le latin *mundi artifex* (v. *architect*). ***Artificer of fraud*** (MILTON), **machinateur, ouvrier de fourbe, artisan d'imposture.**

– *Tubal Cain, the first* ***artificer***, *a true natural mechanic.* (DEFOE, *Syst. Magick*, I, i, ii.) – Tubal Caïn, le premier **artisan,** véritable ouvrier naturel.

– *The collocation of words is so* ***artificial*** *in Shakespeare and Milton, that you may as well think of pushing a brick out of a wall with your little finger, as attempt to remove a word out of the finished passages.* (COLERIDGE, *Table Talk*, p. 237.) – Les mots sont agencés avec une telle **maîtrise (avec** un tel **art)** chez Shakespeare et Milton qu'il serait aussi vain de vouloir supprimer un terme des passages auxquels ils ont mis la dernière main que d'essayer d'ôter une brique d'un mur en la poussant de votre petit doigt.

Artist. – La polysémie de notre mot artiste s'est fort restreinte. On a dit, en effet : *artiste* vétérinaire, *artiste* en tapisserie, en orfèvrerie, et le chimiste, celui qui travaillait au grand art, était, lui aussi, un *artiste*. Analogue a été le sort du mot anglais. Après s'être dit d'un **maître ès arts, philosophe, savant, médecin, praticien, astrologue, astronome** (Milton), **alchimiste, chimiste, artisan,** il ne désigne plus, pour la masse tout au moins, qu'un **peintre,** encore qu'il se dise d'un **sculpteur,** d'un **graveur,** d'un **architecte.** S'il s'agit d'un musicien et d'un comédien, on l'écrit plutôt *artiste*.

– Parlant de Galilée, Milton *(Paradise Lost*, I, 289), l'appelle *the Tuscan* ***artist***, **l'astronome** toscan.

– Pour Defoe, *good* ***artists*** (*Rob. Crus.*, Collins, p. 266), ce sont de bons **marins.**

– *I am now going to write a few lines to the* ***artist of your picture.*** (DISRAELI, *Letters.)* – Je vais maintenant écrire un mot à votre **peintre,** à votre **portraitiste.**

Artistic. – Peut se dire du tempérament, du style, de vêtements, de meubles, etc. **de bon goût.**

– Elizabeth-Jane n'a pas de chapeau qui puisse s'harmoniser avec la teinte des gants qu'on vient de lui donner : *As an* ***artistic*** *indulgence she thought she would have such a bonnet.* (Th. HARDY, *Mayor*, XV.) – Pour sacrifier au **(bon) goût,** elle songea à s'offrir le chapeau qui lui manquait.

REMARQUE. – Aujourd'hui, *« artiste »* se dit encore d'un artisan qui excelle dans son art : Cet ouvrier est un véritable artiste (ACAD.) ou s'emploie avec une nuance d'ironie : un artiste capillaire, un grand coiffeur, un artiste culinaire, un grand cuisinier. (ROBERT). C'est dans ce dernier sens de chef, de maître-queux que Thackeray *(Pendennis, passim)* qualifie d'*artist* le cuisinier Mirobolant.

Ascendancy. – Ascendant, influence, pouvoir (exercé sur autrui); **suprématie.**

– *England always made it a point to gain* ***ascendancy*** *over the great maritime powers.* – L'Angleterre s'est toujours attachée à s'assurer la **suprématie** sur les grandes puissances maritimes.

Aspect. – † Regard. *Some other mistress hath thy sweet* ***aspects.*** (SHAKS., *Comedy of Errors*, II, ii, 113). – Tu accordes la faveur de ton doux **regard** à quelque autre maîtresse; d'où **orientation,** comme, d'ailleurs, autrefois, en français.

– *Which* ***aspect*** *will be the best for Mr. Dale's bedroom? the hospitable ladies inquired.* (MEREDITH, *Egoist*, ch. XLVI.) – Quelle sera la meilleure **orientation** pour la chambre de M. Dale? demandèrent les deux vieilles demoiselles, toujours accueillantes (Trad. Yvonne Canque.)

Asperse (to), aspersion. – D'*asperger*, le mot anglais passe au sens d'**éclabousser,** d'où **salir, calomnier, diffamer, vilipender;** plus couramment : *to cast* ***aspersions*** *at*.

– *Who could be so base as to* ***asperse*** *the character of a family so harmless as ours?* (GOLDSMITH, *Vicar of Wakefield*, XIV.) – Qui pouvait être assez bas pour **salir** l'honneur d'une famille aussi innocente que la nôtre?

– Le colonel Ercott reproche à sa femme de lire trop de romans : *Mrs. Ercott smiled and made no answer to an* ***aspersion*** *she had heard before.* (GALSWORTHY, *Dark Flower*, Summer, X.) – Mme E. sourit, et ne releva pas une **accusation injuste (fausse)** qu'elle avait déjà entendue.

Aspire (to), aspiring, aspirant. – Influencé par le mot *spire*, flèche, clocher en pointe, s'est employé pour *to rise up*, **monter, s'élever.**

– Une chanson, à la scène v de l'act V des *Merry Wives of Windsor*, dit que la luxure est un feu

> ......*whose flames* ***aspire***
> *As thoughts do blow them, higher and higher*
> ... dont la flamme, attisée

Par nos pensers, de plus en plus haut **monte.**

Noter, d'autre part, † ***aspirant, aspiring*****, ambitieux.**

– *Two **aspiring** prelates.* – Deux prélats **ambitieux.**

Assault, to assault. – Menaces, tentatives de voies de fait, d'agression, *assault and battery*, voies de fait, coups et blessures, *indecent assault*, attentat à la pudeur, attentat, outrage aux mœurs; euphémisme de ***rape*****, viol.**

Le verbe a les sens correspondants.

– *A man charged with **assaulting** his wife.* – Un homme accusé de s'être **livré à des voies de fait** sur sa femme.

Assay (to), assay. – Essayer, titrer (les matières d'or et d'argent), les **passer à la coupelle,** les **coupeller.** Noter la tournure idiomatique, *this ore **assays** high in silver,* ce minerai **a un titre élevé** en argent. Sens correspondant pour le subst.; concr. **minerai à essayer.** Aussi **dosage; titrage** (d'un vaccin, etc.), p. ex. par des techniques biologiques sur des animaux d'expérience.

Assay balance**, balance d'essai, trébuchet.** De même ***assaying*****, essai, titrage, analyse** (d'un minerai, etc.), **coupellation** (de l'or, etc.).

Assembly. – Noter mil. **(sonnerie du) rassemblement;** jur. ***unlawful assembly*****, attroupement.** Famil. **soirée dansante, *assembly-room*, salle de danse; salle des fêtes** (1).

Syn. de *assembling,* **ajustage, montage** (d'une machine), **habillage** (d'une montre); ***assembly-room*****, atelier de montage;** au fig. **assemblage, centon, mosaïque, marqueterie.**

– *The* Chanson de Roland *is not a **chance assembly** of popular tales: it is a deliberate and masterly work of art.* (Dorothy SAYERS, *The Song of Roland.*) – La Chanson de Roland n'est pas un **assemblage de raccroc** (ou: une **marqueterie,** une **mosaïque**) de légendes populaires; c'est une œuvre d'art, fruit de la réflexion et de la maîtrise.

Assertion. – *Assertion of a right,* **revendication** d'un droit; ***self-assertion*****, conscience, sentiment que l'on a et que l'on manifeste de ses droits, de son importance; caractère impérieux, autoritaire; suffisance, présomption, outrecuidance.**

Assessor. – Comme en fr., **assesseur** (d'un juge). De plus, **qui siège à côté de, partage les fonctions de, égal en dignité; (contrôleur) répartiteur** des impôts (qui *assoit* lesdits impôts), ***assessor** of the taxes,* **contrôleur** des contributions (directes).

Assign (to). – Signalons le sens juridique important de **céder, transférer** (un bien, une propriété) à, **faire cession de...** N'a pas le sens de citer en justice, sommer à comparaître, qui se dit *to cite, to summon.*

Le substantif ***assign*** signifie **ayant cause.**

– *Scrooge was his sole executor... his sole **assign.*** (DICKENS, *A Christmas Carol.*) – Scrooge était son seul exécuteur testamentaire... son seul **ayant cause.**

Assignation. – A signaler le sens spécial à l'anglais de **transfert, cession** (d'un bien, d'un droit); aussi **fixation** d'un lieu, d'une heure de rendez-vous, ce **rendez-vous** même; avec une nuance péjor., **rendez-vous galant** ou **dramatique** comme dans l'histoire d'Edgar Poe intitulée précisément ***The Assignation.*** Autres sens: **attribution** d'un fait, d'un événement à son origine ou à sa cause, **attribution** d'une œuvre d'art à... Autre sens, † monnaie de papier, papier négociable garanti par un capital ou des biens-fonds, **billet, assignat.** Ce dernier mot signifiait aussi: rente *assignée* sur un bien-fonds, avant de s'appliquer, pendant la Révolution, au papier-monnaie *assigné* sur la vente des biens nationaux.

– *Alexander made... a liberal **assignation** to Aristotle of treasure.* (BACON.) – Alexandre **céda** généreusement un trésor à Aristote.

– *The **assignation** of this painting could not be ascertained.* – Il n'a pas été possible d'établir l'**origine** (la **paternité**) de ce tableau.

– *He dressed himself meticulously as if for an **assignation.*** – Il s'habilla avec minutie comme pour un **rendez-vous.**

Rapprocher: Le sujet [de la comédie *Les Fâcheux*] est un homme arrêté par toutes sortes de gens, sur le point d'aller à une *assignation* amoureuse. (LA FONTAINE, lettre du 22 août 1661 à Maucroix.)

Assignee. – Non pas l'assigné, c.-à-d. la personne citée en justice, le défendeur, mais l'**ayant cause,** l'**ayant droit** (syn. de *assign., q.v. supra*); **administrateur-séquestre, syndic : *assignees*** *in bankruptcy,* **syndics** de faillite; **cessionnaire** (d'une créance, etc.).

Assignment. – Distribution, répartition, attribution (de biens); ***assignment** of a patent,* **cession** d'un brevet; **concession** de licence d'exploitation d'un brevet; **citation, production** (de raisons, d'arguments); **attribution** (d'un effet à une cause); E.U. **tâche assignée** (à un élève); **reportage assigné** à un journaliste; **désignation** pour, **nomination** à un poste.

Assistant. – A perdu le sens de personne présente et gardé seulement celui de **personne qui assiste, prête aide** ou **assistance,** comme dans le français: *l'assistant* du prêtre officiant ou célébrant. On rendra donc selon le cas par **aide, auxiliaire, adjoint, assesseur** (d'un juge); mis pour ***shop-assistant*****, commis, employé(e), demoiselle de magasin; *laboratory assistant*, préparateur-trice;** *hair-dresser's* ***assistant*****, garçon** coiffeur; au théâtre, **ouvreuse; *assistant-master, mistress*, sous-maître, sous-maîtresse; *assistant-director,-manager*, sous-directeur; *assistant-bishop*, coadjuteur,** etc.

Employé adjectiv., le mot peut s'appliquer aux animaux et aux choses, ex. ***assistant*** *engine,* locomotive **auxiliaire** ou: **de renfort;** † *the animals **assistant** to man,* les animaux (qui sont les) **auxiliaires** de l'homme, c.-à-d. les animaux **domestiques.**

(1) Au XVIIe siècle, assemblée = réunion mondaine.

Assize. – † **Taxe, tarif, barème** (du blé, du pain, de la bière). Famil. *the **great assize**, the **last assize**,* le **jugement dernier.** En Écosse, **jugement par un jury,** le **jury** lui-même; au pl. ***(court of) assizes*, assises,** différant de notre cour d'assises en ce sens que les juges, assistés d'un jury, statuent aussi bien au civil qu'au criminel.

Associate (to), associate (subst. et adject.). – ***To associate with,*** c'est non seulement s'associer avec... pour une fin légitime, mais **fréquenter, hanter, frayer avec; se mêler, se joindre à;** et péjor., **être, se faire le complice de.**

De là les sens du substantif et de l'adjectif: **ami, camarade, compagnon** (famil. **copain**), **condisciple; (membre) correspondant** (d'une académie, d'une société savante, de l'Institut, etc.); jur., **complice, *associate in a trick,* compère;** enfin ***associate** judge,* juge **assesseur.** E.U., ***associate professor,* maître-assistant** (d'Univ.).

– *I wish to know whether you are in the habit of advancing money to your **associates,*** ne doit pas nécessairement s'entendre d'une question posée à un bailleur de fonds, car il peut s'agir d'un collégien qui prête à la petite semaine à ses **condisciples** ou: **camarades.** (*Stalky & C°*, 149.) Dans le même esprit on dira: *We don't want **to associate** with usurers,* nous ne voulons pas **fréquenter** les usuriers ou: les **prêteurs à la petite semaine,** selon le contexte. (Cf. *to assort.*)

– L'oncle d'Arthur Pendennis le dissuade d'épouser une actrice dont le père est peu recommandable: *Remember that your mother is a lady. **She was never made to associate** with that tipsy old swindler or his daughter.* (THACKERAY, *Pendennis,* XIII.) – Souvenez-vous que votre mère est une dame bien née qui ne **peut rien avoir de commun** avec ce vieil escroc alcoolique ni avec sa fille.

– *His **associates** soon turned the tide of the battle.* – Ses **alliés** ne tardèrent pas à changer l'issue de la bataille, ou: à faire tourner la fortune des armes.

– *Many diseases are **associated** with bad sanitary conditions.* – Bien des maladies **tiennent, sont liées** à de mauvaises conditions d'hygiène.

– Et voici la contre-épreuve: Marcel Proust écrit *(Du côté de chez Swann,* I*)*: « On savait quelles avaient été les **fréquentations** de son père; on savait donc quelles étaient les siennes (avec quelles personnes il était en situation de **frayer** »), ce que M. Scott Moncriff rend en ces termes: *We knew the people with whom his father had **associated** and so we knew his own **associates.***

Association. – ***Deed (articles) of association,*** **statuts** d'une société commerciale (anonyme ou à responsabilité limitée).

Fréquentation, relations, liaison; camaraderie, amitié. Autres sens: **souvenir évoqué par les lieux,** etc.

– *Nearly all our **associations** are determined by chance or necessity.* (RUSKIN.) – Presque toutes nos **liaisons** sont déterminées par le hasard ou la nécessité. (Trad. Marcel PROUST.)

– *The nobility would be profaned by my **association,*** dit Smollett, traduisant ce passage de *Gil Blas* (XII, vi): Ce serait profaner la noblesse que de m'y **agréger.**

– *The **associations** of youth for a moment brought back the sense of strength.* (FROUDE, *Oceana,* 211). – Les **souvenirs** de jeunesse **que lui rappelaient les lieux (que les lieux éveillaient en lui)** lui rendirent un moment le sentiment de sa force.

– *The breaking up of old **associations** had a sad effect upon poor Mr. Cooper.* (Miss CUMMINS, *Lamplighter,* XX.) – Être arraché au **milieu qui lui était familier** de longue date eut de tristes conséquences pour le pauvre M. Cooper.

Assort (to), assortment. – ***To assort with** some people,* † **hanter, fréquenter, frayer avec** des gens, plus usuel sous la forme *to consort with.* Autre sens: **classer, ranger,** *assortir* signifiant propr. « (ar)ranger (des objets) d'après leur sorte », d'où ***assortment,* classement, classification.**

– *I could abide **to assort** with fisher-swains.* (LAMB, *Elia,* II.) – Je m'arrangerais **de hanter** les matelots de la pêche.

Assume (to), assumption. – Outre le sens français de prendre sur soi, à son compte, assumer une charge, une responsabilité, ***to assume*** signifie (des pers. et des choses) **prendre, revêtir** (une forme, des vêtements, tel ou tel aspect ou apparence, etc.); *she took the paper and **assumed** her spectacles,*elle prit le papier et **chaussa** ses lunettes; *things are **assuming** a better complexion,* les choses **prennent** meilleure tournure. – *Proteus, a sea-god fabled **to assume** various shapes,* P., dieu marin qui, selon la Fable, **prenait** des formes variées, d'où ***to assume** a part,* **jouer** un personnage; ***to assume** a name,* **prendre, emprunter, adopter** un (faux) nom; **s'attribuer,** et péjor. **usurper, s'arroger** (un titre); **feindre, simuler, affecter** ***to assume** a look of innocence,* **affecter** un air d'innocence, **faire** l'innocent. Suite des sens: **supposer** (qch.), **tenir** (qch) **pour établi, admettre** (comme vrai); au neutre **présumer trop de soi-même, s'en faire accroire, être arrogant, tranchant.**

Assumption, **action de s'approprier, prise en main, en charge, action de s'arroger, usurpation; arrogance; supposition, hypothèse, postulat,** se rapprochant du sens donné par Littré « notion accordée d'avance ».

– Hamlet dit (I, ii, 244): *If it **assumes** my noble father's person. I'll speak to it.* – Si le fantôme **prend** l'air (**revêt** l'aspect) de mon noble père/J'oserai lui parler...

– Le même Hamlet adresse des reproches à sa mère (III, iv, 160): ***Assume** a virtue, if you have it not.* – La vertu qu'on n'a pas, on **s'en pare** du moins.

– *She had a little air of boldness which well became her **assumed character.*** – Elle avait un petit air effronté qui convenait fort à son **rôle.** (Il s'agit d'une jeune fille qui s'est travestie en homme.)

– *In order not to arouse suspicion, he travelled under an **assumed*** *name.* – Pour ne pas éveiller les soupçons, il voyageait sous un nom **d'emprunt.**

– Kipps se prépare à affronter les splendeurs de la salle-à-manger du Royal Grand Hotel: *He had learnt enough from young Walshingham to bring his dress clothes, and now he began* ***to assume*** *them.* (WELLS, *Kipps,* II, vii, § 6.) – Il avait été suffisamment mis au fait par le jeune W. pour se munir de son habit, et il se mit alors en devoir de le **revêtir.**

– Jupiter a donné une ferme au métayer trop hardi (LA FONTAINE, *Fables,* VI, 4): ... Contrat passé, notre homme / **Tranche** du roi des airs, pleut, vente et fait en somme / Un climat pour lui seul... et Sir Edward Marsh de traduire: *The contract passed, our friend, in high content, /* ***Assumed*** *the Weather-King: he rained, he blew, / And made a climate all his own.*

– *I dislike this man's haughty* ***assumption.*** – L'**arrogance** hautaine de cet homme me déplaît.

– *That* ***assumption*** *of the character of a police inspector was punishable.* – Cette **usurpation** de la qualité d'inspecteur de police était punissable.

– A une question délicate qui lui est posée au sujet de son client, un avocat répond: *Innocence is always* ***assumed.*** – L'innocence est toujours **présumée** (ou: il y a toujours **présomption** d'innocence).

– *Othello is Mr. Irving's third Shakespearean* ***assumption.*** – O. est le troisième personnage de Sh. **qu'a incarné** M. I.

– *Why, are you not my nephew cried the cooper with a* ***fine assumption*** *of pride. Our honour is involved,* trad. de ce passage d'*Eugénie Grandet* (BALZAC): Mais, s'écria le tonnelier, avec un orgueil **bien joué,** n'êtes-vous pas mon neveu? Votre honneur est le nôtre.

Assure (to). – « Et tâchons d'*assurer* la reine qui te craint » (CORNEILLE, *Nicomède,* IV, 3), c.-à-d. « de *rassurer* », sens resté en anglais où ***to assure*** peut aller jusqu'à signifier **encourager, réconforter.**

– Manchette d'un journal: *Businessmen* ***assured*** *by Volpi's declarations.* – Les hommes d'affaires sont **rassurés** par les déclarations de V.

– *The* ***assuring*** *day rose at last.* – Le jour **rassurant** se leva enfin.

– *The priest* ***assured*** *the penitent.* – Le prêtre **exhorta, encouragea** le pénitent.

Astute. – Ne qualifie pas nécessairement celui dont l'adresse va au mal. Il signifie comme le latin *astutus:* **exercé, adroit, habile, expérimenté, avisé, fin, sagace.**

Athlete. – C'est un fervent de l'athlétisme, des sports, mais notez bien que ce mot peut désigner un gringalet qui fait de la culture physique.

– A défaut d'un exemple frappant où l'on verrait appliquer cette appellation à un gringalet sportif, celui-ci fera saisir la nuance: *The jump was easily within the powers of the most third-rate* ***athlete*** (in N.E.D.). – Le saut était facilement dans les moyens du dernier des **gymnastes** de troisième ordre.

Le saut, chez nous, n'est point nécessairement de l'athlétisme. Un athlète, pour nous, est un gaillard bien membré, bien musclé, bien découplé.

Athletic, (adj.) **athleticism, athletics.** – Forts de l'avertissement donné ci-dessus, nous comprendrons que ***athletic*** *exercises* signifie exercices de **gymnastique,** ***athletic*** *meeting,* réunion **sportive,** *drill in* ***athletics,*** entraînement aux **sports,** à la **culture physique.**

– Bernard Shaw reprochait aux Anglais de mal articuler et c'est pourquoi, dit Frank Swinnerton *(A London Bookman),* il préconise la **gymnastique** de la parole. – *Mr. Shaw advocates «* ***athleticism*** *» in speech.*

– *This graceful pastime (skating) makes no personal appeal to the ladies who have not yet taken to* ***athletics*** *in any form.* – Ce gracieux passe-temps (ou: divertissement) (le patinage) laisse froides les (ou: ne dit rien aux) dames qui n'ont pas encore pris goût (ou famil.: mordu) aux **sports,** sous quelque forme que ce soit.

Atmospheric(s). – *An* ***atmospheric*** *novel,* un roman **d'atmosphère.**

L'adjectif ***atmospheric*** employé comme substantif pluriel doit s'entendre des **perturbations atmosphériques,** des **parasites** de la radio.

Atomic. – La révolution scientifique née de la désintégration de l'atome ne doit pas nous faire oublier qu'en anglais ***atomic*** peut signifier au figuré: **simple, élémentaire; infiniment petit, d'une extrême petitesse, imperceptible.**

– *The means of measuring changes almost* ***atomic.*** – Le moyen de mesurer des changements presque **imperceptibles.**

Atomy. – Deux mots: 1° équivalent ou synon. de **pygmée, nain, nabot, marmot, moutard,** péjor. **avorton, microbe;** 2° doublet populaire et plaisant d'*anatomy (q.v.)* par aphérèse du préfixe *an* pris pour l'art. indéfini *an,* **squelette, momie,** et, p. ext., **épouvantail.**

Attach (to). – *Atacher,* en anc. fr., c'est proprement fixer par une agrafe *« tache »,* puis (XVIe s.) attaquer, attaquer en justice, et donc accuser, d'où ***to attach,*** **arrêter** (qqn), **contraindre** (qqn.) par corps; **saisir** (des biens mobiliers), **faire** ou **mettre une saisie-arrêt** (sur des biens mobiliers), **faire** ou **mettre une opposition** (sur un traitement, etc.). Cf. *arrest* et voir *attachment.*

REMARQUE. – Que l'on réfléchisse qu'en français, *attacher* et *attaquer* sont des doublets qui se sont spécialisés.

– *Often they* ***attach*** *the innocent when they cannot apprehend the guilty.* – Faute de pouvoir appréhender le coupable, ils **arrêtent** souvent l'innocent. Dans un tout autre ordre d'idées, *He was **attached** to Marshal Foch,* il fut **détaché** auprès du Maréchal Foch.

Attaché-case. – Mallette, petite valise rectangulaire (pour dossiers, documents).

Attachment. – Jur., **saisie (-arrêt), opposition, saisie conservatoire, contrainte par saisie;** ***immunity from attachment,*** **insaisissabilité;** sens courant: objet *attaché* à qch. et donc: **accessoire, attache, ce qui attache;** d'où les sens techniques: **attelage, fixation; attache(s)** (d'un muscle); **support, monture** (des ailes, des lampes d'une automobile). Aussi ***portrait attachment,*** **bonnette, lentille à portrait** (d'un appareil photographique), **lentille amovible** modifiant la distance focale.

– ***Attachment** of wages and salaries,* **saisie-arrêt** des salaires et appointements.

– ***Attachment** against securities,* **opposition** sur titres.

Attainment. – Talent acquis: *a man of very distinguished **attainments.*** A rapprocher *accomplishment.*

– *Some think it a great **attainment** to be able to speechify.* – D'aucuns regardent comme un grand **talent** de savoir faire des laïus.

Attaint. – Atteint (et convaincu), **prévenu, accusé de;** † participe passé de l'infinitif *attainder.*

(***Attainder*** (infinitif français devenu un substantif): arrêt par lequel un homme, atteint et convaincu de haute trahison, et condamné à mort ou banni, est dégradé de noblesse, et ses biens confisqués, etc.)

Bill of Attainder, **arrêt du Parlement portant confiscation des biens et mort civile.**

– *Rebecca being **attainted** of sorcery doth deny the same.* – Rébecca, **accusée** de sorcellerie, persiste à le nier.

Rapprocher: Aristides fut *atteint* de concussion et maleversation au gouvernement de la chose publique. (AMYOT.)

Attempt (to). – Tenter. Voici le français *attenter* dans la même acception:

D'autres qui n'avoient nul cœur ny ambition pour *attenter* choses hautes. (BRANTÔME.)

L'un voit aux mains d'autrui ce qu'il croit mériter,
L'autre un désespéré qui peut tout *attenter.*
(CORNEILLE, *Polyeucte,* III, i.)

Attend (to), to attend to. – Si l'on songe que les substantifs qui correspondent au verbe *attendre* sont, d'une part, *attente* et, de l'autre, *attention,* on sera déjà mis en garde contre une fausse interprétation de l'anglais ***to attend.*** Mais procédons par ordre.

Le latin *attendere* signifie: *tendre* (l'oreille...) vers, faire attention à, écouter: *Attende, Domine:* Seigneur, écoutez-nous. De même en français, Montaigne écrit: « *Attendez*-vous-y », c.-à-d. faites-y attention; « C'est un malade auquel je m'*attends* », c.-à-d. m'intéresse. Seulement, chez nous, le verbe s'est vite cantonné dans le sens qui correspond au substantif *attente,* sens non étymologique, et voici comment: attendre un gibier, c'est faire attention à, guetter (en anglais, *to wait for*) la venue de ce gibier.

En anglais, ***to attend*** a eu cette acception et l'a encore, à l'occasion, dans Shakespeare. Mais comme l'idée d'attendre est déjà exprimée par le verbe *to expect* (latin *expectare*), le développement de *to attend* a été nettement influencé par le sens du substantif *attention.* De là ***to attend to:*** **faire, prêter attention à; avoir égard à; s'occuper de, vaquer à; écouter;** et, parce qu'un domestique *s'attend à* ou *entend à* (1) son maître, ***to attend*** signifie **servir, accompagner, escorter; soigner, assister.** Autres sens: **assister à, fréquenter, suivre** (un cours, etc.); **remplir** (un devoir): au pass. av. *by* **entraîner** (une conséquence); **avoir pour effet,** lorsqu'il s'agit de ch.

– Le Beau: *Monsieur the challenger, the princess calls for you.*
Orlando: ***I attend** them with all respect and duty.*
(SHAKS., *As you like it,* I, ii.)

Le Beau: Monsieur l'assaillant, la princesse vous demande.
Orlando: Je **suis** en tout respect et soumission **aux ordres de ces dames.**

(On voit à quel coq-à-l'âne on aboutirait en traduisant par « attendre ».)

– *This curiosity of theirs, however, was **attended** with serious effects.* (GOLDSMITH, *Vic. of W.,* X.) – Mais leur curiosité **entraîna** de sérieuses conséquences.

– *Well Sir, I'm resolved at least **to attend** you.* (Id., *She stoops to conquer,* II.) – Alors, monsieur, je suis au moins résolu à vous **accompagner.** (Trad. A. BARBEAU.)

– *The doctor was called **to attend** her.* – On envoya chercher le médecin pour lui **donner des soins.**

– *The patient **was attended** by two nurses.* – Deux infirmières **veillaient** sur le malade.

– *The Minister came in **unattended.*** – Le ministre entra **sans aucune suite.**

– ***To attend** service,* **assister** à l'office.

– Un maître se plaint au principal de l'indiscipline de certains élèves: « *Very good », said the Head, « **I shall attend** to it.* » – « Très bien », répondit le Principal, « **j'aviserai.** »
Mais que la situation change, et que, dans le même collège, un grand *(senior)* pressenti pour brimer deux autres élèves suivant toutes les règles de l'art, réponde: « *All right, **I'll attend to them*** », on traduira: « Ça va bien, **je m'en charge** » ou: « **j'en fais mon affaire** ».

– *Unusual circumstances **attended** the child's death.* – D'étranges circonstances avaient **entouré** la mort de l'enfant.

(1) *Entendre à* dans le sens de *faire attention à* est encore usité en Suisse romande, et nous disons en français: ne savoir à qui ou à quoi *entendre,* expression quelque peu vieillie.

– *The lectures in physics, chemistry and anatomy were better* ***attended*** *at Cambridge than at Oxford.* – Les cours de physique, de chimie, d'anatomie étaient mieux **suivis** à Cambridge qu'à Oxford.

Attendance, attendant (adj. et subst.). – **Action d'accompagner, de servir** qqn., **de lui donner des soins, d'assister** à une conférence, **de fréquenter** une école, **de suivre** un cours: ***attendance*** *at school, school* ***attendance*****, fréquentation** scolaire, ***attendance*** *at a congress* **présence, participation** à un congrès, les **participants eux-mêmes;** *fee for* ***attendance*****,** jeton de **présence;** ***to dance attendance*****, faire antichambre, faire le pied de grue, croquer le marmot, attendre sous l'orme,** aussi **être aux ordres** de.

– *A fashionable club of which* ***he was an attendant.*** – Un club très en vogue dont **il était membre** (ou: **faisait partie,** ou: **qu'il fréquentait**).

Attendant (adj.), **qui est attaché à** (des personnes et des choses), **qui suit, qui accompagne; qui assiste, participe à,** ***attendant*** *circumstances,* circonstances **concomitantes;** subst. pl., sens général: **serviteurs, valets, domestiques, gens, femmes de chambre** et absolument; **femmes** (L., 10e); collect. (le) **domestique** (subst.), **domesticité, service, suite, escorte;** ***medical attendant*****, médecin,** ***birth attendant*****, accoucheuse empirique** ou: **traditionnelle,** ***general attendant*****, factotum...**

– *Furnished appartments to let* ***with attendance.*** – Appartement meublé à louer, **service compris.**

– *Inflation and its* ***attendant*** *evils.* – L'inflation et les maux **qui l'accompagnent, qu'elle entraîne, qui s'y attachent** ou: **y sont attachés,** ou encore: l'inflation et son **cortège** de maux.

– *After having dismissed his* ***attendants****, he conveyed to his wife this unexpected piece of news.* – Après avoir fait sortir ses **gens,** il fit part à sa femme de cette nouvelle inattendue.

Attention. – Soins donnés à un malade, à un blessé (cf. *attendance*). – *The wounded were given medical* ***attention*****,** les blessés reçurent les **soins** d'un médecin. Autres sens: *to come to, to stand at* ***attention*****,** se dit des soldats qui se mettent, se tiennent au **garde-à-vous.** *Attention!* **garde à vous!**

Quant au sens d'**égards, soins, action de courtiser** (L. 2°), il gagnera parfois à être nuancé et diversifié par la synonymie. (V. *attentive.*)

– *The* ***attentions*** *of such a man were flattering to the vanity of any woman.* – La **recherche,** les **assiduités,** les **galanteries** d'un homme tel que lui pouvaient flatter la vanité d'une femme.

Attentive. – Aux petits soins, empressé auprès de, qui montre des égards à, marque de la prévenance pour (sens d'ailleurs français).

– Parlant de l'attitude d'un employé envers un visiteur de marque, Hardy s'exprime ainsi: *The clerk was going to be very* ***attentive****, but finding the visitor had come only to speak to a workman, his tense attitude slackened a little.* (Th. Hardy, *Ethelberta,* XLI, 383.) – L'employé allait se montrer **plein d'égards,** mais s'apercevant que le visiteur n'était venu que pour parler à un ouvrier, son attitude tendue se relâcha un peu.

Attenuate, attenuated (1). – Fléchier parle bien d'« un corps atténué par les jeûnes » (I, 254), c.-à-d., conformément à l'étymologie latine *attenuare, tenuis,* « mince, aminci, diminué »; mais ce sens est vieilli en fr. et l'emploi figuré du mot anglais exige une traduction nuancée.

Voici un passage de Lamb qui met en lumière le sens propre du mot ***attenuated;*** il s'agit du malade: – *He pities his long, clammy,* ***attenuated*** *fingers. (Elia, The Convalescent.)* – Il prend en pitié ses doigts allongés, moites, **amaigris.**

The idea is too exquisitely ***attenuate*** (Meredith, *Egoist,* XIV, 255), c.-à-d.: Cette pensée se revêt d'une forme trop subtile et trop **raffinée.** (Trad. Yvonne Canque.)

– Bob a perdu l'appétit à la suite d'une peine de cœur: *To tempt his* ***attenuated*** *appetite, the unhappy mate made David cook an omelet.* (Th. Hardy, *The Trumpet-Major,* XXII, 192.) – Pour stimuler son appétit **languissant,** l'infortuné officier ordonna à David de lui cuire une omelette.

Attic. – Du sens, commun aux deux langues, de attique, dernier étage, a passé à celui de **grenier, galetas, mansarde;** adjectiv. *an* ***attic*** *bedroom,* une chambre à coucher **mansardée.**

– *The dormitory was a three-bed* ***attic one.*** – Le dortoir consistait en une chambre à trois lits **située sous les combles.**

Attire (to), attire. – Que l'on songe au français *attirail* (étymologie: *attirer,* dans le sens de « parer, arranger », l'ancien français ayant *atirance* et *atirement*), qui signifie assortiment de choses diverses nécessaires pour certains usages (*attirail* de toilette, p. ex.), et l'on sera bien près de comprendre que l'anglais ***to attire*** signifie **parer, vêtir, revêtir, habiller, ajuster,** et que le substantif qui en dérive doive se rendre par **vêtements, habits, appareil, ajustement, atours, accoutrement.**

To attire a donné, par aphérèse, ***to tire*****,** dont les sens sont identiques. Son substantif, ***tire*****,** signifie: **vêtement** (ou plutôt revêtement); **bandage** (de roue); ***india-rubber tire:*** **pneu de cycle** ou **d'auto.**

– Oscar Wilde s'attache à démontrer que Shakespeare avait le sens historique: *At Cambridge, for instance, during his [Shakespeare's] day a play of Richard the Third was performed, in which the actors were* ***attired*** *in real dresses of the time. (Intentions.)* – A Cambridge, par exemple, du vivant de Shakespeare, une représentation de Richard III fut donnée où les acteurs **portaient** les vrais costumes du temps.

(1) Voir *to extenuate.*

– Parlant du vêtement bicolore des gardes du corps du pape, Sir Willoughby dit: *In my youth, their singular **attire** impressed me.* (MEREDITH, *Egoist*, XXXI.) – Leur singulier **accoutrement** faisait une grande impression sur moi, quand j'étais jeune.

Attraction. – Attrait; et, employé surtout au pluriel: **charmes, appas.**

– *She had new **attractions** every time he saw her.* (STEELE, *Spectator*, n° 41.) – Chaque fois qu'il la voyait, elle avait pour lui de nouveaux **charmes** (ou **appas**).

Attrition. – Au cours de la deuxième guerre mondiale on a lu parfois, dans la presse d'information, qu'il s'agissait d'une « guerre *d'attrition* », expression censée traduire *« a war of **attrition** »*. En français attrition est un terme de physique signifiant « l'action de deux corps durs qui se frottent et *s'usent* » (et s'emploie aussi en théologie comme syn. de « contrition »). Il fallait donc dire une guerre **d'usure.**

Audience. – Auditoire, « l'ensemble de ceux qui écoutent », l'**assistance,** les **assistants,** la **salle,** le **public,** au double sens de **spectateurs** et de **lecteurs,** et p. ext., le(s) **curieux** dans des expressions telles que: un attroupement de **curieux,** la foule des **curieux.**

– *He lectured to large **audiences.*** – Il fit des conférences devant des **auditoires** nombreux.

– *That book has gained a large **audience.*** – Ce livre a beaucoup de **lecteurs.**

– Parlant du jeu d'Irving dans « le marchand de Venise », Dutton COOK écrit: *I never saw a Shylock that obtained more commiseration from the **audience.*** – Je n'ai jamais vu un Shylock qui sût mieux mériter la commisération de l'**auditoire** ou: des **spectateurs.**

– Après un sauvetage: *A large and interested **audience** had collected.* – De nombreux **curieux** s'étaient rassemblés.

REMARQUE. – Le mot peut même s'entendre d'un *seul* **auditeur,** comme dans l'exemple suivant: Un Anglais malade et perdu dans la brousse est recueilli par un vieux planteur, mais se voit obligé de lui faire la lecture: *Mr. Todd was a unique **audience.*** – M. T. était un **auditeur** unique (par l'attention qu'il prêtait à son lecteur).

D'autre part, M. C.K. Scott Moncriff, traduisant ce passage du *Rouge et Noir* (II, x): Ces yeux brillants qu'un narrateur aime tant à voir chez **la personne qui l'écoute,** dit: *Those sparkling eyes which a story-teller so loves to see in his **audience.***

L'ex. suivant montre que l'idée d'audition peut être entièrement absente du mot anglais: *Once, at night, without **audience** or reason, he had leapt from balcony to balcony above the face of Sparkenbroke House.* (Ch. MORGAN, *Sparkenbroke*, II.) – Une nuit, sans **témoin** et sans raison aucune, il avait sauté de balcon en balcon sur la façade du château de Sparkenbroke. (Trad. Germaine DELAMAIN.)

Audience, on le voit, s'entend ici encore « d'une seule personne qui assiste à un événement ».

Audit (to), auditor. – ***To audit** (accounts)*, c'est **ouïr un intendant, un économe, un comptable, qui rend ses comptes,** comme dans St. Mathieu, (XXV, 19-30, parabole des talents) et St. Luc (XVI, 2-7). C'est donc **vérifier, apurer** les comptes, d'où ***audit***, **reddition, vérification, apurement** des comptes et ***auditor***, **vérificateur** des, **commissaire** aux comptes.

Auditorium ou **auditory** (adject. et subst.). – Outre **auditoire, font foi** l'un et l'autre. ***Authentic copy***, **justificatif.**

L'adject. ***auditory*** signifie **auditif, qui a trait à l'ouïe, à l'audition.** *The **auditory** organ*, l'organe **de l'ouïe,** *the **auditory** nerve*, le nerf **auditif.**

– *He performed before a full **auditory.*** – Il joua devant une **salle** comble. (Au théâtre, on dit: *a full house.*)

Augustan. – *The **Augustan** age* (hist. rom.), le siècle d'**Auguste;** (hist. d'Angl.) l'époque **de la reine Anne.** *The **A.** Confession*, la Confession d'**Augsbourg.**

Authentic. – Milton (*Par. Lost*, IV, 719) écrit que les dieux envoyèrent Pandore sur la terre pour « se venger de celui qui avait dérobé le feu **primitif, primordial, originel** de Jupiter », *to be avenged on him who had stolen Jove's **authentic** fire.* (Chateaubriand dit « le feu authentique ».)

D'autre part: *Both English and French texts are **authentic*** se rend en général par la phrase consacrée: « Les textes anglais et français **font foi** l'un et l'autre. ***Authentic copy***, **justificatif.**

Avania. – N'a que le sens primitif d'**exaction** exercée par les Turcs.

Avarice. – *And all are taught an **avarice** of praise*, écrit Goldsmith (*Traveller*, 264). Qui traduit: « et l'on enseigne à tous l'avarice de la louange », ou « à être avare de louanges », trahit complètement la pensée de l'auteur. En effet, le latin *avaritia*, de même que l'anglais *avarice*, veut dire *désir immodéré* non seulement d'accumuler, mais aussi **d'acquérir, avidité, cupidité,** sens que n'a guère couramment le français *avarice*, mais qui se retrouve chez nos classiques: « Les Germains comme eux deviendront Gens de rapine et d'*avarice* » (LA FONTAINE, *Fables*, XI, vii), c'est-à-dire *avides, cupides*. Il faudra donc rendre ainsi le vers de Goldsmith: « On apprend à tous à **avoir soif** de gloire, de distinctions. »

– *The Egyptian mummies, which... time hath spared, **avarice** now consumeth. Mummy is become merchandise.* (Sir THOMAS BROWNE, *Urn Burial*, V.) – Les momies d'Égypte que le temps avait épargnées, la **soif du lucre** les détruit aujourd'hui. La momie est devenue une denrée.

Avatar. – Autorité, empire, influence dominante (exercée par une doctrine, une science, une coutume); **objet de culte, d'adoration;** lâchement, **aspect, manifestation, phase.**

– *The* ***avatar*** *of mathematics had not yet begun.* – On ne vouait pas encore un **culte** aux mathématiques (ou: les mathématiques n'exerçaient pas encore leur **empire,** leur **pouvoir,** leur **prestige**).

– *Wit and sense are but different* ***avatars*** *of the same spirit.* – L'intelligence (l'entendement) et le bon sens ne sont que deux **manifestations** du même esprit.

Avaunt. – Litt. et style relevé: **arrière! loin de moi! loin d'ici!**

Aver (to). – **Affirmer.** Jur.: **administrer la preuve.**

– *What one* ***avers,*** *the other denies.* – Ce que l'un **affirme,** l'autre le nie.

Average. – Correspond au français *avarie* (XIIe s.) et comme l'avarie commune *(general average)* est, d'ordinaire, répartie équitablement, *(adjusted)* entre tous les intéressés, ***average*** en est venu à signifier **moyenne,** *on an* ***average,*** en **moyenne.**

– *The* ***average*** *was adjusted,* l'**avarie** fut équitablement répartie.

Noter les termes d'assurance maritime, ***average adjustement,*** **dispache,** ***average adjuster,*** **dispacheur.** (V. *to adjust.*).

Un autre mot, terme de droit féodal, signifie **corvée.**

Avert (to). – Tandis que *avertir, avertissement, inadvertance* sont dérivés de *advertere,* au sens propre: « tourner l'esprit de qqn. vers », ***to avert,*** antonyme de *to advert,* a gardé exactement l'acception du verbe latin *avertere* sur lequel il est calqué: **« détourner »**, au pr. et au fig., d'où **« aversion ».**

On rendra donc ***to avert*** par **détourner** (les regards, la tête), **écarter, éloigner** (un danger), **conjurer** (un malheur, une catastrophe), cf. *Dii hoc omen avertant!* puissent les dieux *détourner* ce (mauvais) présage!

– *Morell's gaze wavers for the first time. He instinctively* ***averts*** *his face, and stands listening, startled and thoughtful.* (B. Shaw, *Candida,* I.) – Pour la première fois, le regard de Morell flotte indécis, il **détourne** instinctivement la tête et debout, écoute, étonné et pensif.

– *Actor aversus,* dit Ciceron d'un avocat *qui tourne le dos au public,* et Stevenson (*Virgin. puerisque,* IV) évoque bien joliment le sens propre du mot quand il écrit: *To reconcile* ***averted*** *friends, a Jesuitical discretion is often needful.* – Pour réconcilier des amis qui (littéralement: se sont **tourné** le dos, se sont **détournés** l'un de l'autre) se sont **brouillés, séparés,** il faut souvent user d'une diplomatie de jésuite.

Avocation. – *Avocatio,* c'est l'action de détourner, de distraire; de même au pr. en anglais: **ce qui distrait, détourne qqn. de sa tâche, le divertissement,** comme dit Pascal, une **occupation d'à-côté,** mais aussi, improprement, une **vocation,** une **profession,** un **métier,** un **état.**

– *War and religion were the only two* ***avocations*** *worthy of being followed.* – La profession des armes et la vie religieuse, voilà les deux seuls **états** (ou: les deux seules **carrières**) qu'il était digne d'embrasser.

Avoid (to). – **Vider** (anc. fr. *esvuider*) un lieu, les arçons; jur. **résoudre, rescinder, résilier, annuler** (un contrat); **casser** (un jugement), ***to avoid*** *a sentence, make it void.* Du sens de « vider un lieu », se tenir hors d'un lieu, on passe à celui de l'**éviter,** et d'une manière plus générale, à ceux d'**éviter** le combat, la difficulté, le danger, de **fuir** les mauvaises fréquentations, de **se dérober** aux regards, etc.

Faute d'avoir identifié ***to avoid*** avec *esvuider, vuider, vider,* ne connaissant que le sens courant d'éviter, F.V. Hugo, citant les passages de Holinshed qui ont servi de source à *Macbeth,* traduit ***avoiding from his horse*** par: « Ayant évité son élan (celui de son adversaire) par un rapide mouvement de son cheval » (admirons en passant les frais d'imagination qu'il a dû faire); le sens est, en effet: **« Vidant les arçons », mettant pied à terre** pour combattre.

Axe. – Non pas « axe », qui se dit *axis,* mais **hache, cognée;** ***to have an axe, axes to grind,*** **avoir un intérêt, des intérêts personnels à servir, à défendre, avoir des buts intéressés, égoïstes, des desseins secrets;** ***to set the axe to a tree, to the root of an evil,*** **mettre la cognée à l'arbre, couper un mal dans sa racine;** ***to put the axe in the helve,*** **résoudre une difficulté, trancher le nœud gordien,** famil. **trouver le joint, le mot de l'énigme.** ***The axe,*** **coupe sombre** (dans le budget, la dotation en personnel, etc.); d'où ***to axe,*** famil. **mettre à pied, renvoyer** (des fonctionnaires, des officiers) pour cause d'économie. (Cf. porter la **hache** dans une administration.)

– *When I see a merchant over-polite to his customers, I think that man* ***has an axe to grind.*** – Quand je vois un commerçant faire des courbettes à ses clients, je pense: cet homme est **intéressé, vénal** (ou: est **orfèvre,** comme dit Molière, *Amour médecin,* I, i).

B

Babbitt metal. – D'après le nom de son inventeur américain Isaa Babbitt (1799-1862), métal **antifriction.**

Babel. – Construction, édifice d'une hauteur vertigineuse (comme la tour de Babel); **gratte-ciel; projet chimérique,** et, par allusion à la confusion dont Dieu frappa les audacieux constructeurs (*Genèse,* XI, 9): **vacarme, tumulte, brouhaha, bruit étourdissant (assourdissant) et confus** de gens qui parlent tous ensemble.

Baby. – Noter ***baby-farm,*** **nourricerie, garderie d'enfants; *baby-farming,* garde d'enfants, exploitation d'enfants** (pour toucher les allocations correspondantes); ***baby-farmer,*** **garde d'enfants,** péjor. **faiseuse d'anges;** attrib. ***baby**-face,* visage **poupin, poupard;** famil. **de petites dimensions, à échelle réduite; *baby grand,* piano demi-queue, crapaud,** *a **baby** house,* une maison **de poupée.**

Locut.: ***to hold, to carry the baby,*** **avoir une entreprise, une affaire des soucis sur les bras, « écoper », payer la note; *to throw out the baby with the bath water,* faire du zèle, faire preuve d'imprudence** ou **de maladresse,** etc. **se montrer trop zélé, jeter le bon grain avec l'ivraie.**

E.U., *to plead the **baby act*** (Angleterre, *to plead infancy*), exciper, arguer de sa **minorité,** plaider l'**incapacité en tant que mineur,** et famil. alléguer, invoquer son **inexpérience,** son **ignorance.**

Bachelor. – Ne pas oublier qu'en français bachelier a voulu dire: 1° aspirant chevalier, 2° garçon (voir Littré). Dans La Fontaine *(Contes),* bachelier, garçon, bachelette, fille, sont fréquents. Ce dernier sens s'est perpétué en anglais, où ***bachelor*** signifie **célibataire.** – ***Bachelor-house,-box,*** **garçonnière.**

– Lamb a intitulé un de ses essais: *A **bachelor's** complaint on the behaviour of married people. (Elia.)* – Les griefs d'un **célibataire** contre la conduite des gens mariés (ou: des ménages).

REMARQUE. – C'est pour avoir ignoré le sens de « jeune homme », que *bacheler, bachelier,* avait dans notre vieille langue, que Victor Hugo fait dire à Aymerillot (v. 283): « Je sais lire en latin et je suis bachelier ». (Voir NYROP, *Gram. hist. de la langue française,* tome IV, § 27.)

Bagatelle. – Billard anglais (se terminant en demi-cercle et avec neuf trous dans le tapis), cf. notre *trou-madame.*

Baggage. – Notez que, s'il l'est encore aux États-Unis, ce mot n'est guère employé en Angleterre au sens de « bagages », qui se dit *luggage.* Mais cette interprétation est correcte lorsqu'il s'agit des bagages d'une armée, notamment dans l'expression *(to surrender) with bag and baggage,* se rendre avec armes et bagages, qui peut s'appliquer à toute personne obligée de plier bagages.

En langage familier, ***baggage*** signifie: **friponne, vaurienne, carogne** et, péjor., d'une petite fille, **trousse-pète.**

Le français avait *bague* (d'où vient bagage), femme galante. Marot écrit (*Épîtres,* XXIX):

Aussi mauvaise *bague,*
(Ou peut s'en faut) que femme de Paris,
Sauve l'honneur d'elles et leurs maris.

Molière emploie encore en ce sens *bagasse.*

– Croaker est heureux que sa fille se soit promise en secret à un homme très riche: *And yet how slyly the little* ***baggage*** *has carried it since she came home, not a word on't to the old ones for the world.* (GOLDSMITH, *Good-natur'd man,* II.) – Et cependant, comme la petite **coquine** (**rouée, masque,** comme dit Molière) a mené l'affaire en tapinois depuis qu'elle est rentrée au logis; elle n'en aurait touché un mot pour rien au monde à ses vieux parents.

– *Go on, you* ***baggage,*** *go!* c'est ainsi que, dans sa traduction de Tartuffe, l'auteur anglais Matthew MELBOURNE rend l'exclamation de l'irascible Madame Pernelle (I, i): Marchons, **gaupe,** marchons.

– *The poor servant was packed off on the instant with* ***bag and baggage.*** – La pauvre domestique fut renvoyée sur le champ avec **ses cliques et ses claques.**

Bail, to bail. – Cinq mots: 1° **Caution,** au double sens de a) garant, répondant, et de b) somme versée à titre de cautionnement. ***To admit to bail,*** **mettre en liberté sous caution,** ***to go to bail, to put in bail*** *for s.o.,* **se porter, se rendre, offrir caution** pour qqn. Se dit aussi du prévenu: *to give, offer, surrender* ***one's bail,*** fournir, offrir, décharger ses **cautions, comparaître;** de même, ***to save one's bail,*** **comparaître** (en jugement, en justice); au contraire, ***to forfeit one's bail,*** **faire défaut,** famil. ***to jump one's bail,*** **se soustraire, se dérober à la justice** (après mise en liberté provisoire), plaisamment ***to give leg bail,*** **prendre la clef des champs, la poudre d'escampette, jouer des flûtes, filer à l'anglaise,** etc.

To bail, **trans.** † **mettre en liberté sous caution; donner, fournir caution pour;** ***to bail*** *goods (to s.o.),* **confier** (à qqn.) des marchandises **en dépôt,** les **déposer sous contrat, sous garantie.**

– *He [the beggar] is not expected to become* ***bail*** *or surety to any one.* (LAMB, *Elia.*) – Nul n'ira lui demander d'être sa **caution** ou son

4° **Baille, seau, cuvier.**

2° **Cercle, cerceau, bâche** (de voiture); **anse** (de bouilloire).

3° Hist. **barrières d'une ville forte, enceinte, retranchement, fortification extérieure formée de pieux, barrières, palissades; lice, mur d'enceinte** (anc. fr. *bail, baile, baille*); en compos. ***(swinging-) bail,*** **bat-flanc.**

4° **Baille, seau, cuvier.**

5° **Les deux bâtons posés sur les trois piquets qui forment le but au jeu de cricket.**

– *The* ***bail*** *of a kettle,* l'**anse** d'une marmite.

– *The enemy assailant conquered the* ***bails.*** – L'assaillant s'empara des **barrières.**

– *The wicket consists of three stumps and two bails.* – Le but se compose de trois piquets et de deux **bâtonnets** (posés dessus).

Bailiff. – Le sens historique de **représentant du roi** a survécu en anglais dans certains emplois: ***water bailiff,*** **garde-pêche;** *the* ***bailiff*** *of Dover Castle,* le **gouverneur** du château de Douvres; autres sens: **huissier,** ***bailiff's man,*** **recors.**

– *Jove, says the fool, is a good creditor, And sends no* ***bailiff*** *to one's door* c'est ainsi que Sir Edward Marsh traduit ces vers de La Fontaine (*Fables,* IX, xiii): Jupiter, dit l'impie, est un bon créancier: Il ne se sert jamais d'**huissier.**

– *He used to hide in his friend's chambers when danger was near and the* ***bailiffs*** *abroad.* – Il se cachait dans l'appartement de son ami quand le danger était proche et les **huissiers** à ses trousses.

Balance. – Signalons simplement les emplois les plus courants ignorés du français: **balancier** (de montre, d'horloge); † **un pendule; harmonie générale** résultant de l'observation des proportions, de la juste mesure, de la convenance des parties entre elles, de l'agencement heureux de la composition, en un mot de la **pondération** (L. 2°); aussi **équilibre,** notamment dans l'expression *to keep, to lose one's* **balance,** conserver, perdre **l'équilibre.** D'autre part, le sens commercial de **reste, reliquat, solde, avoir,** a, en anglais, un emploi beaucoup plus étendu qu'en français et peut s'accommoder à toutes les sauces, surtout en argot.

– *My father gave me one pound, told me to go and pay the bookseller's invoice and to pocket the* ***balance.*** – Mon père me remit une livre sterling, me dit d'aller payer la facture du libraire et d'empocher la **différence,** le **reste.**

– *Those saved remained the* ***balance*** *of the night gazing on the* *burning wreck.* – Les rescapés passèrent le **reste** de la nuit à contempler le navire sinistré qui brûlait.

– *The roofer lost his **balance** and fell.* – Le couvreur perdit l'**équilibre** et tomba.

– *The Allies always held considerable short-term **balances** in the United States.* – Les alliés étaient toujours détenteurs aux États-Unis d'**avoirs** considérables à court terme.

– Parlant de ceux qu'il appelle « *the great bad men of the old stamp* », BURKE (*Rev. in France*, p. 70) dit: *I do not say (God forbid)... that the virtues of such men were to be taken as a **balance** to their crimes.* – Je ne dis pas (à Dieu ne plaise!) qu'entre les vertus et les crimes de tels hommes il dût y avoir **compensation.**

Balance (to). – On notera qu'à la voix active ***to balance*** peut signifier **mettre, poser, maintenir** (un objet, etc.) **en équilibre** et que le neutre doit se traduire en français par la forme pronominale.

– *He **balanced** the clock on the mantlepiece.* – Il **posa** la pendule **en équilibre** sur la cheminée.

– *Our receipts and expenditures **balance.*** – Nos recettes et nos dépenses **se balancent** ou: **s'équilibrent.**

Balcony. – Théâtre, ou: fauteuil(s) ou stalle(s) de, **(deuxième balcon),** situés entre ceux du premier balcon *(dress-circle)* et de l'amphithéâtre *(gallery)*, dit famil. paradis, poulailler.

Baldachin ou **-quin.** – **Riche brocart.**

Ball. – Si ***bullet*** *(q.v.)* veut dire **balle** (de fusil, de revolver), ***ball*** signifie parfois **boulet** (de canon); autres sens: **bille** (de billard); **ballon** (jeu); **boule** (de croquet); ***cup and ball,*** **bilboquet; boule** (pour voter) et même **vote** (syn. alors de ***ballot,*** *q.v.*); par analogie, † **prunelle,** et mod., ***ball of eye, eyeball,*** **globe de l'œil;** par analogie encore, dans le style relevé: *the **ball** and sceptre,* le **globe** et le sceptre; suite des sens: **pelote, peloton** (de fil, de soie, de laine); **boulette** (de pâte ou de chair hachée); **pulpe** (du pouce, du gros orteil); méd. vétérinaire: **grosse pilule, bol;** techn. **rotule** (de joint), **flotteur** (de niveau); **bille** (de roulement); d'où ***ball-bearing(s),*** **roulement à billes; lentille** (de pendule); anat. ***the ball of the thumb,*** **l'éminence thénar,** ***of the foot,*** l'**éminence métatarsienne,** ***ball-and-socket joint,*** **énarthrose, emboîtement réciproque.**

Locut. div., ***to keep up the ball, to keep the ball rolling,*** **entretenir, soutenir la conversation, enchaîner;** ***the ball is with you,*** **c'est à vous** (de jouer), **c'est votre tour.** ***The three balls,*** **les trois boules,** enseigne du prêteur sur gages.

L'homonyme *ball* (fr. *baler*, « danser ») signifie bal.

– *Is the **ball** of his sight much more dear to him?* (LAMB, *Elia, My relations.*) – La **prunelle** de ses yeux lui est-elle beaucoup plus chère [qu'un tableau du Dominiquin]?

– *He [Henri de Régnier] would cleverly and lightly drop into the conversation ... no more than an airy word or two that was just enough **to keep the ball rolling**,* c'est ainsi que Dorothy Bussy rend le passage suivant de *Si le grain ne meurt*, p. 265: Avec une habileté enjouée, il ne fournissait à l'entretien... que cette discrète réplique qui lui permît de **rebondir.**

*The **ball** is at your feet,* vous n'avez qu'à **vous baisser pour prendre, vous avez la partie belle, vous avez tout ce qu'il faut pour réussir, tous les atouts dans votre jeu.**

Ballad. – De l'italien *ballata*, chanson à danser, sens désuet en anglais, mais que l'on trouve encore en français dans Chateaubriand: « La demoiselle du château dansait une *ballade* avec le fiancé » (*Génie*, II, i, 50); **chanson, romance;** † **chant populaire,** spécialement célébrant ou attaquant grossièrement une personne ou une institution; **ballade,** sens français: ***ballad-singer,*** **chanteur, chanteuse des rues.**

– *She sang an old French **ballad** with such feeling that the audience was moved to tears.* – Elle chanta une vieille **romance** française avec tant de sentiment que les auditeurs furent émus jusqu'aux larmes.

Ballast. – A l'origine, **amas de sable, de gravier servant de lest** (Robert), sens conservé en anglais. Génie civil: **empierrage, cailloutage.** Au fig. **pondération,** ***to have ballast,*** **être pondéré, avoir l'esprit rassis, posé, la tête sur les épaules;** ***to lack ballast,*** **être léger, étourdi, écervelé, ne pas avoir de plomb dans la tête** ou: **la cervelle;** ***to lose one's ballast,*** **perdre la tête.**

– *The ship took in, **discharged ballast.*** – Le navire faisait son **lest,** prenait du **lest;** se **délestait.**

– *I have spoken to you at this length only to put a little **ballast** into that head of yours.* – Je ne vous ai parlé aussi longtemps que pour mettre un peu de **plomb** dans cette tête.

Balloon (to), balloon. – Par anal. de forme: **boule** (de colonne, de pilier, etc.), **arbre** (taillé) **en boule, bulteau; banderole** (des dessins comiques ou humoristiques); au football, **chandelle.**

En compos. ***balloon-tyre,*** **pneu ballon, pneu confort,** ***fire-balloon,*** **montgolfière.**

To balloon, E.U. **jouer à, faire la hausse, faire monter** (les cours) **en flèche;** ***to balloon** the ball,* **botter** le ballon **en chandelle.**

Ballot (to), ballot. – Le mot de ballotage nous est devenu familier dans la langue électorale; en anglais, c'est ce qu'on appelle *second ballot*, et ceci nous éclaire sur l'origine et le sens des deux mots considérés.

Ballot (de l'italien *ballotta* (1), « petite boule », diminutif de *balla*) (FLORIO, 1598) veut dire **boule, bulletin servant à voter** et, p. ext., **vote, scrutin secret; tirage au sort.** Aujourd'hui le mot est

(1) *Ballotte* a, d'ailleurs, été français dans ce sens, et *ballot-er* était employé autrefois dans l'acception anglaise (Cf. L., 5°).

couramment employé pour désigner un **vote** quelconque. ***To ballot*** (trans.) ou ***to ballot for*** (intr.) signifie donc **mettre aux voix, voter au scrutin.** Autres sens du verbe transitif: **faire voter, appeler quelqu'un à se prononcer sur une question,** etc.
En compos. ***ballot-box,*** **urne du scrutin, urne électorale,** ***ballot-man,*** **partisan du scrutin secret,** ***ballot (-paper),*** **bulletin de vote,** ***Australian ballot*** (E.U.), sorte de **scrutin de liste;** ***general ballo,*** **référendum.**

– *I was this evening to be* ***balloted*** *for as candidate for admission into that society.* – Ce soir-là, la candidature posée par moi pour être admis dans cette société devait faire l'objet d'un **scrutin secret.**

– *The employers and the workers have been* ***balloted*** *on the eight hours'day.* – Les employeurs et les ouvriers ont été **appelés à se prononcer** sur le principe de la journée de huit heures.

– *Recruiting is by* ***ballot.*** – La conscription s'effectue au moyen du **tirage au sort.**

– *The clown...* ***is balloted*** *and trembles at the news.* – Le paysan **tire au sort** et tremble dans l'attente du résultat.

– Résultats d'un scrutin: *Number of* ***ballot papers,*** 10, *number of invalid* ***ballots,*** 2, *number of valid* ***ballots,*** 8. – Nombre de **bulletins** déposés (ou: de **suffrages** exprimés), 10, nombre de **bulletins** nuls, 2, nombre de **bulletins** valables, 8.

Rapprocher: « Il échappa et fut absous de trente *ballottes* et suffrages seulement. » Amyot, *Eschine* dans H.

– ***Back to the ballot...*** (manchette de journal). – **Retour aux urnes.**

– *He soon* ***came in for ballot.*** – Il ne tarda pas à **se présenter aux élections.**

Balmy. – Non nécessairement *embaumé,* mais **doux comme un baume,** un onguent qui calme et guérit: ***balmy*** *slumbers* (Shaks.), *sleep* (Young), le **baume** du sommeil. De même, de l'air, **délicieusement doux.** Argot: **timbré, piqué, toqué, maboul, braque.** Orthographié de préférence ***barmy.***

– *We seemed to drive into an ice-cold region...; again, in five minutes, the air in our faces would once more be soft and* ***balmy.*** (Lady Barker, *South Africa,* 24.) – Il nous semblait pénétrer dans une région glaciale [au cours d'une promenade en voiture], puis au bout de cinq minutes, l'air qui nous frappait le visage redevenait plus doux et plus **caressant.**

Band. – Noter que ***band*** et *bond* étaient à l'origine des doublets, la différence des mots étant purement phonétique. Le sens propre et littéral de ***band*** est donc † **lien, entrave, chaîne,** puis **corde, ficelle, jonc** (pour lier les gerbes), *a* ***band*** *(for a book),* **nerf, ficelle cousue au dos d'un livre** (1759, Boyer, *Fr. Dict.*); **charnières** (d'une porte); **lisières, chaîne, laisse** par lesquelles on tient un enfant ou un animal; aussi, au fig.: † **lien, obligation, attache, nœud** (aujourd'hui *bond*); † **contrat, obligation** (id.).

Band a deux homonymes de même source que le français *bande* (mot germanique qui, ainsi qu'on le verra plus bas, a fourni à l'anglais *band,* troupe), mais dont les sens sont plus nombreux:

1° lien plat et large (comme en français), **bande, cordon** (de chapeau); aux XVIe et XVIIe siècles, **fraise, collerette, rabat** (de prêtre); **bandage.** *A* ***band-box,*** un **carton à chapeaux,** etc.

2° troupe d'hommes: le sens de troupe de musiciens a été français (« la grande *bande* des vingt-quatre violons du roi » se disait des violons de la chambre du roi). Il est demeuré anglais, d'où la signification d'**orchestre, fanfare, musique** (de régiment, ou autre).

– ***Band,*** *a rope or string. It is not worth a* ***band's*** *end.* (Atkinson, *Whitby Gloss.*) – *Band,* **corde** ou **ficelle.** Cela ne vaut pas un bout de **ficelle** (populairement, ça ne vaut pas **tripette**).

– *He hath the world in a* ***band.*** – Il tient le monde en **lisière.**

Quelques définitions intéressantes d'un dictionnaire du XVIIe siècle: ***Band*** *(for the necke),* **collet.** *A* ***falling band,*** **rabat.** *A* ***ruffe band,*** **fraize** (Sherwood, *English-French Dictionary*).

– *The* ***band*** *plays... whilst the regiment is passing.* – La **musique (fanfare)** joue... tandis que le régiment défile.

– ***We gentlemen of the band*** *began to tune our voices to our guitars,* c'est ainsi qu'un auteur anglais traduit, sans en rendre le trait, ce passage de *Gil Blas:* **Messieurs de la symphonie** se préparaient à bien accorder leurs voix avec leurs guitares.

– Le marin Belfast est dévoué corps et âme à James Wait (dit Jimmy), le Nègre du « Narcisse » (V) qui se meurt dans sa cabine. Il se montre agressif à l'égard de tous ceux qui ne partagent pas sa tristesse. Wamubo, espèce de brute, est épargné, car *he had belonged to the chosen* ***band*** *of Jimmy's rescuers,* il avait fait partie de la **phalange** élue des sauveteurs de Jimmy.

– Parlant des biographes de Wordsworth, le critique littéraire du *Times Literary Supplement,* 20/1/66, rappelle que le poète a été durant sa vie terrestre l'objet de la sollicitude d'une « **compagnie** de dames distinguées qui lui furent toutes dévouées, et qu'il l'est encore dans l'au-delà »: *that* ***band*** *of devoted ladies who protected and ministered to him during his life in the body and have continued to serve him faithfully in his life beyond.*

Remarque. – Il suffit de lire ces deux derniers exemples pour s'aviser que la « situation » interdit ici toute traduction littérale.

Bandage. – Ce mot signifie parfois **bandeau,** (propre et figuré). Dans son *« Ode à l'Indolence »,* Shenstone demande à l'aimable Paresse de lui mettre un doux **bandeau** à l'esprit: *Spread a soft* ***bandage*** *o'er my mind,* lui dit-il.

De même: *The* ***bandages*** *of prejudice.* – Le **bandeau** des préjugés.

Autres sens: **pansement, bande** de pansement; ***bandage*** *scissors,* ciseaux à **pansements.**

Bandy (to), bandy. – L'origine du verbe est obscure; il signifie **envoyer, se renvoyer** (la balle); **bondir** (comme la balle qu'on lance); **ballotter, renvoyer** (d'une personne à une autre); **passer de bouche en bouche; se renvoyer** (les accusations, les reproches), **échanger** (des coups), **faire assaut** (de compliments). *To* ***bandy*** *words,* **se quereller, se disputer, avoir des mots** (populaire).

To bandy signifie également † **s'unir, s'allier, se liguer** (cf. français *se bander*): **combattre, lutter** (cf. COTGRAVE, « se bander contre », *to bandie, or oppose himself against*).

A bandy, c'est une crosse qui sert à frapper la balle dans le jeu du ***bandy-ball*** ou du **hockey**, d'où peut-être l'adjectif ***bandy, bandy-legged,*** **aux jambes arquées, en manches de veste.**

– Lear, indignement traité par Goneril, essaie d'attendrir son autre fille Régane:

'Tis not in thee
To grudge my pleasures, to cut off my train,
To ***bandy*** *hasty words...* (*Lear,* II, vi, 176-178.)

Ce n'est pas toi qui me marchanderais (plaindrais, restreindrais) mes plaisirs, réduirais ma suite, me **jetterais** des mots emportés.

– ***Bandying*** *blows in the thickest of the fight.* – **Échangeant** des coups au plus fort de la mêlée.

– *Don't* ***bandy*** *words with me.* – Pas de **réplique.**

– *I have not come to* ***bandy*** *pleasant speeches or hollow professions.* (DICKENS, *Barnaby Rudge,* ch. XI.) – Je ne suis pas venu pour **faire assaut** de gentillesses ou de vaines protestations.

Bank. – Nul ne confondra: *The Bank of England* avec *the banks of the Thames.* Mais il faut savoir que ce dernier mot, doublet de *bench,* a des sens multiples: **banc de sable,** *the Banks of Newfoundland,* le **Banc** de Terre-Neuve; **masse, amoncellement** (de neige, de nuages, etc.). Autres sens, **talus, terrasse, levée de terre; glacis, banquette, remblai, rampe; tertre, lit** (de fleurs, etc.); **berge, bord, rive** (d'un fleuve, d'un canal, etc.). Mines: **recette du jour, carreau,** ***bank engine,*** **moteur à la surface, moteur du jour.** Aviation: **virage incliné,** *steep* ***bank,*** **virage** à la verticale. *Angle of* ***bank,*** angle de **roulis.**

Un autre mot (apparemment fr. *banc*): **banc** (de rameurs sur une galère); p. ext. **rang** (de rames, d'avirons); **clavier** (d'orgue); **banc, établi** (de menuisier, etc.), cf. *(work-) bench.*

– Dans *Twelfth Night* (I, i), le duc Orsino compare un air voluptueux au doux murmure d'une brise qui passe. Effleurant de son souffle un **lit** de violettes (Trad. Félix SAUVAGE), *like the sweet sound. That breathes upon a* ***bank*** *of violets.*

– *Ores are brought'* ***to bank',*** *i.e. to grass* (N.E.D.). – Les minerais sont remontés **à la surface, au jour.**

Bankrupt,-cy. – **Failli** et **faillite** respect., banqueroutier se disant le plus souvent *fraudulent* ou *negligent bankrupt* selon le cas. Famil. **tout débiteur insolvable,** même s'il n'est pas commerçant et déclaré

en faillite, c.-à-d. *adjudicated or adjudged bankrupt. A* ***bankrupt*** peut être aussi un homme **perdu d'honneur, criblé de dettes, sans ressources, ruiné.** Enfin, *a mental* ***bankrupt,*** un **déficient** mental, *a moral* ***bankrupt,*** un être **dépourvu de tout sens moral.** Corrélativ. ***bankruptcy*** peut signifier **ruine, perte** (de l'honneur, de la réputation), *a* ***bankruptcy*** *of reputation.*

Locut. div. ***Bankrupt's certificate,*** **concordat.** ***The Bankruptcy Act,*** **le code de procédure régissant les faillites;** ***decree in bankruptcy,*** **jugement déclaratif de faillite;** ***receiver in bankruptcy,*** **syndic de faillite.**

Frédéric Moreau, apprenant de sa mère (*Educ. sentim.* I, VI) qu'il ne lui reste plus que dix mille francs de rente, s'écrie: **Ruiné!** dépouillé! perdu! ce que le traducteur rend ainsi ***Bankrupt!*** *robbed! ruined!*

Bar. – A tous les sens du fr. *barre* avec certains développements ignorés chez nous (voir L. et les dictionnaires usuels et techniques). Mentionnons simplement *barre* du tribunal ou des Ch. du Parl. qui sépare respect. les juges ou les « membres » du public; de là, **barre, banc des accusés:** ***the prisoner at the bar,*** **l'accusé;** *the* ***bar*** *of conscience, of public opinion,* **le tribunal** de la conscience, de l'opinion publique. Autres sens, **barreau** (d'une grille, d'une fenêtre, d'une prison, etc.) et comme le barreau est au propre l'espace fermé par une barrière, autrefois réservé au banc des avocats dans les salles d'audience, *the* ***bar*** sera p. ext. la **profession, l'ordre** des avocats: ***to come, go, be called to the bar,*** **être reçu avocat,** ***within the bar,*** être nommé **avocat de la couronne** *(King's or Queen's Counsel), to be* ***below the bar,*** être **homme de loi,** p. ex. avoué, sans être admis à plaider. Aussi **barrière,** porte qui fermait l'entrée d'une ville, d'un château, *Temple* ***bar,*** à Londres, † la **Barrière** du Temple, ***toll-bar,*** **Barrière de péage,** ***harbour-, sand-bar,*** **barre, mascaret, ensablement;** d'où, au fig., **obstacle,** et jur. **fin de non-recevoir, exception,** comme dans notre ancienne jurisprudence (v. L. 7°); ***colour-bar,*** régime, social ou légal, de la séparation des blancs et des noirs, c.-à-d. de la **ségrégation,** en Afrique du Sud, *apartheid;* mus. **barre de mesure** et par extension, **mesure.** Autres sens spéciaux ou non: de celui de « barre » de comptoir, on passe à l'acception de **comptoir** puis (anglicisme) de **bar, estaminet, buvette** (de th., etc.). **Barrette, palmes** (dist. spéc. sur ruban de médaille); **clou.**

– *Leading advocates, the glory of the* ***bar.*** – Des avocats éminents, gloire du **barreau.**

– ***To read for the Bar.*** – **Faire son droit.**

– ***Prisoner at the bar,*** *you stand convicted of felony.* (GALSWORTHY, *Justice,* I.) – **Accusé,** vous êtes reconnu coupable de crime de faux.

– *The* ***band*** *struck a few* ***bars,*** *and the dance began.* (O. WILDE, *Dorian Gray,* VII.) – L'orchestre joua quelques **mesures** et la danse commença.

REMARQUE. – *Clou* ci-dessus doit s'entendre clou d'or, par exemple ornant une ceinture. La traduction anglaise du *Roman de la Rose* rend *clous* d'or par ***bars** of gold.*

Bar (to). – Juridique: **prescrire, effacer, annuler, abolir** (un droit); **interdire, défendre;** avec *from,* **empêcher de;** avec *of,* **priver de** (cf. *to debar of*); **excepter, faire abstraction de; faire une objection à, nier.**

– ***Bar** an action, eximere actionem.* (HULOET, 1552.) – **Retirer** une plainte, **arrêter** une action judiciaire, une procédure.

– *A will that **bars** the title of thy son.* (SHAKS., *John,* II, i, 192.) – Un testament qui **prescrit, annule,** le titre (le droit) de ton fils.

– *Murder is **barred** by the law.* – L'assassinat est **interdit** par la loi.

– ***Barring Latin,** I became an universal scholar,* c'est ainsi que Smollett traduit ce passage de *Gil Blas* (I, V): **Au latin près,** je devins un garçon universel.

– *A disease **bars** us of some pleasures, but procures us others.* (R. LESTRANGE, *Seneca's Mor.,* 275.) – Une maladie nous **prive** de certains plaisirs, mais nous en procure d'autres.

– *I once more **bar** all widowers.* – Encore une fois, **j'excepte,** je **fais abstraction** de tous les veufs.

– *They called thee a thief, but this I vehemently **barred.*** – Ils te traitèrent de voleur, mais je **le niai** avec véhémence.

Barb, to barb. – Si l'on s'avise que les *barbes* d'un épi sont les arêtes qui le garnissent et que du fil de fer *barbelé* (***barbed** wire*) est hérissé de pointes disposées, elles aussi, comme les barbes d'un épi, on comprendra que ***barb*** signifie: **barbillon** (d'une flèche); **barbillon, dardillon** (de l'hameçon), **ardillon** (d'un crochet), au fig. **trait acéré, aiguillon.**

– *The sharpest **barbs** of Wells and Shaw were really aimed at the portly gentry and the pink and mauve ladies of Edwardian days.* – Les **traits** les plus acérés de Wells et de Shaw visaient en réalité la gentilhommerie ventrue (bedonnante), et les dames aux toilettes roses et mauves du temps du roi Édouard.

Barbarism. – Outre **barbarisme** (faute de grammaire), ***barbarism*** signifie **barbarie, trait de barbarie.**

C'est, d'ailleurs, le sens qu'avait le mot français au XVIe siècle, témoin cette citation de Brantôme (*Des Dames, la Reyne d'Écosse*): « Voyez quelle vertu avait une telle beauté et telle grâce, de faire tourner un *barbarisme* grossier en une douce civilité et gratieuse mondanité. »

– *What of foreign elements did filter into the Chinese mind came from nations immeasurably less civilized, and therefore chiefly took the form of... a few **barbarisms** grafted on the penal code.* – Ce qui s'infiltra d'éléments étrangers dans l'esprit chinois vint de nations infiniment moins civilisées et prit la forme de quelques **dispositions barbares** greffées sur le code pénal.

Barge. – Chez nous, une barge est une embarcation à fond plat, avec une voile carrée. En anglais, sens multiples. Citons, entre autres: **chaland, allège, péniche; la seconde embarcation d'un vaisseau de guerre, canot de l'amiral, du commandant, une embarcation étroite bordant dix avirons** (Paasch est muet là-dessus); **barque portant une superstructure servant d'habitation.**

Bark, barque. – **Trois-mâts barque.** Poét. **barque.**

Baron. – Titre honorifique donné à certains magistrats (*Court of Exchequer*), parce que, autrefois, les barons du royaume assumaient cette charge; E.U. famil. **grand manitou, huile, magnat,** *coal, oil **barons,*** les **magnats** du charbon, du pétrole. *The **baron of beef,*** **double aloyau, selle de bœuf,** syn. de *sirloin* v.f.r. *surloigne,* fr. mod. *surlonge,* à cause de la tradition qui voulait qu'en raison de son excellence, ce morceau méritât d'être fait... baron. (Voir N.E.D. *s.v. sirloin* et Weekley *s.v. baron.*)

Barrack. – **Caserne** (génér. au pl.), sens évolué de *baraque,* abri à l'usage des troupes pendant un siège.

– *The college building had been seized for a **barracks*** (sic). (*Harper's Magazine.*) – On aurait pris le bâtiment universitaire pour en faire une **caserne.**

– Le titre du recueil de Rudyard Kipling, ***Barrack-Room** Ballads* peut se traduire par Chansons de la **chambrée.**

Base, to base. – (Architecture) **soubassement; socle** (d'un appareil), **pied, embase, assise;** (phot., cinéma) **support (du film, de l'émulsion);** (métall.) **culot** (base sur laquelle repose un creuset); (élec.) **culot** (d'une lampe); ***single-contact base,*** **culot à plot central; patin** (de rail). ***Prisoners' base,*** **jeu de barres.**

– *The country already devastated by years of war afforded no **base** for our troops.* – Dans ce pays dévasté par des années de guerre, nos troupes manquaient de **point d'appui.**

REMARQUE. – S'il est correct de traduire *aviation base* par base d'aviation, il est préférable de rendre *our air force **based** in Italy* par nos forces aériennes **stationnées** en Italie.

Basic (adject.), **basis.** – Mots qui, de prime abord, paraissent transparents, et pourtant...

– *The **basis** of public credit is good faith.* – La bonne foi est le **fondement** du crédit (public).

– *The bank's **cash basis,*** **l'encaisse** de la banque.

– *Tests performed on **a limited basis,*** essais **de peu d'ampleur.**

– ***On that basis,*** **à ce compte, sur ce pied-là;** ***on the basis** of his experience,* **fort** de son expérience; ***on the basis** of the foregoing considerations,* **compte tenu** des considérations qui précèdent.

– *The **basic personality,*** par quoi il faut entendre « la **matrice** », l'**assise psychologique commune à tous les membres d'un groupe** (1), et, p. ext., le **caractère national.**

– ***Basic facts*** *about the United Nations,* l'**A.B.C.** des Nations Unies.

– *The* ***basic*** *question before the Court is...* – **Au fond,** la question qui se pose à la Cour est...

Basin. – Cuvette, car nous ne disons plus guère bassin (à laver les main); **jatte** (de lait); **écuelle, bol** (de soupe, de consommé); ***sugar-basin*, sucrier; plateau** (d'une balance); *barber's* ***basin*, plat** à barbe.

Dans la fameuse scène où Henchard s'enivre (Th. HARDY, *Mayor,* I) de fromentée, corsée de rhum, l'auteur emploie ***basin*** comme synonyme de *bowl.*

Bassinet(te). – Moïse, berceau d'osier, bercelonnette; landau, voiture d'enfant en forme de berceau.

– *Premature infants withdrawn from the incubator are placed in a* ***bassinet*,** non pas, comme l'écrit un traducteur distrait: « les enfants prématurés sortis de l'incubateur sont mis dans un bassinet », mais les enfants nés avant terme (on dit, sous l'influence de l'anglais, les prématurés) retirés de la couveuse sont mis au **berceau.**

– Une femme vient d'accoucher: *« It's a boy », she said, pointing to a* ***bassinette*** *besides the bed.* – « C'est un garçon », dit-elle, en désignant près du lit une **bercelonnette.**

Bastard (adj. et subst.). **– Faux, de mauvais aloi,** parfois, dimin. p. ex. ornith., ***bastarll wing*, alule.** ***Bastard*** *title,* **faux** titre; de la langue, etc. **corrompu.**

– *The Swiss speak a* ***bastard*** *French.* (N.E.D. 1796). – Les Suisses parlent un français **corrompu.**

– *Usury is the* ***bastard*** *use of money.* – L'usure est l'emploi **illégitime (illicite)** de l'argent.

N'est pas toujours péjor., au contraire: – Un enfant a été tué dans un accident d'équitation. Le palefrenier dit: ***Poor little bastard!*** **Pauvre petit bougre!**

Bastardy. – Jur., ***bastardy*** *case,* action **en désaveu de paternité,** ***bastardy*** *order,* ordre **au père putatif d'avoir à fournir aux besoins de l'enfant,** ***bastardy*** *process,* action intentée au **père putatif en vue d'obtenir des « aliments » (une pension alimentaire) pour l'enfant.**

Bath (plur. **baths**). – Outre bain, dans toutes les acceptions de ce mot, signifie **baignoire,** ***bed-bath*,** **bassin hygiénique,** photogr., etc. **cuvette;** ***hot-air bath*,** **étuve sèche,** ***water-bath*,** **bain-marie.**

Autres sens (souvent au pl.) **établissement de bains,** (antiq.) **thermes,** *the* ***Baths*** *of Caracalla,* les **Thermes** de Caracalla; *(swimming)* ***bath*,** **piscine.** P. ext. du sens de ***Bath*,** **station thermale,** *a* ***bath*,** une **ville d'eaux** (cf. *Spa*).

En compos. ***bath-attendant*, *bath-keeper*, baigneur,-euse,** ***bath-brick*,** **brique à nettoyer, à faire les couteaux, pierre à couteaux,** ***bath-chair*,** **fauteuil roulant.**

– *They haunted the* ***baths*** *and gambling places of Belgium.* – Ils fréquentaient les **villes d'eau** et les casinos de la Belgique.

(1) Telle est la définition que donne M. Abel Miroglio de ce concept du sociologue américain Abraham Kardiner. Voir *La Psychologie des peuples,* III. Collection « Que sais-je? ». P. U. F.

Bather. – Baigneur,-euse, « celui ou celle qui se baigne », à distinguer du ***bath-attendant*** (v. plus haut).

Batter (to), battering (adj. et subst. verbal). – Formes fréquentatives du fr. *battre,* d'où les sens: **marteler** (une pièce de métal); **battre en brèche, canonner** (une position ennemie); **écraser** (par l'usure des caractères d'imprimerie); **cabosser, bosseler, bossuer** (de l'argenterie, un chapeau, etc.); au fig. **maltraiter, rosser, rouer de coups,** pop. **cogner; ruiner, démolir** (une thèse, une théorie). S'emploie aussi avec *about, down, in.*

En compos, ***battering-charge*,** **charge pleine** (artill.); ***battering-ram*,** **bélier,** ***battering-train*,** **équipage de siège.**

Un autre verbe, qui semble être le fr. *abattre,* signifie **donner du fruit** (XVIe s. « du frit ») à un mur, c.-à-d. le **diminuer d'épaisseur** à mesure qu'on l'élève: **taluter** un remblai; intr. **avoir du fruit; aller en talus;** le subst. signifie: **fruit, recoupement, reculement** d'un mur.

– *Molière, in his plays, has* ***battered*** *jealousy and old age.* – Dans ses pièces, Molière a **tiré à boulets rouges** sur les jaloux et les barbons.

– *The* ***battered*** *roof of an old castle.* – Le toit **délabré** d'un vieux château.

– *She unceasingly* ***battered*** *his ears with her troubles.* – Elle ne cessait de lui **rebattre** les oreilles de ses malheurs.

– *The sailer came back with torn sheets and* ***battered*** *sides.* – Le voilier regagna le port, voiles déchirées et flancs **meurtris.**

– Pour un détective qui a du flair, tout a de l'importance. *He looks upon a hat not as an old* ***battered*** *felt but as an intellectual problem.* – Il voit dans un chapeau non pas un vieux feutre **cabossé,** mais un problème intellectuel à résoudre.

– W. Holmes *(Breakfast Table,* I*)* parle de ceux qui n'hésitent pas à rompre le cours de la conversation pour le plaisir de placer un mot d'esprit **usé, commun** et **rebattu,** comme dit La Fontaine *(Matrone d'Ephèse), to upset a train of conversation for the sake of a* ***battered*** *witticism.*

Battery. – Le sens de « querelle où il y a des coups échangés » (D.G.) est désuet en français; il est toujours vivant en anglais, spéc. en droit: et sous la forme ***assault and battery*,** **voies de fait.** Du sens de batterie de piles, batterie de cuisine, etc., commun aux deux langues, on passe en anglais à celui d'**articles en métal forgé.** Au jeu de *baseball*, ***the battery***, **le lanceur et le batteur.**

Locut.: *to turn a man's **battery** against himself*, retourner les **arguments** de quelqu'un contre lui.

— *You turn **your battery against yourself.*** — Vous **apportez de l'eau à mon moulin.**

Battle. — Combat singulier, duel; *trial by battle*, jugement de Dieu; combat (d'animaux), d'où ***battle-cock***, coq **de combat.** Dans certaines expressions, **issue favorable d'un combat, victoire, *to have the battle*, être victorieux; gagner la journée, l'emporter, *that's half the battle*, c'est bataille à moitié gagnée.**

— *The race is not to the swift, nor **the battle** to the strong.* (*Bible, Ecclés.*, IX, II.) — La course n'est point aux agiles ni la **victoire** aux forts.

— ***Youth... is more than half the battle.*** (N.E.D. 1849.) — **Il n'est feu que de bois vert** ou: **rien de tel que la jeunesse.**

— ***The first blow is half the battle.*** — **Le premier coup en vaut deux.**

Battle-royal. — Bataille en règle, mêlée générale; bagarre, échauffourée; famil. **prise de bec** (allusion possible au sens spécial de combat de coqs, que le mot avait à l'origine), **altercation.**

— *Though Luther, Zwinglius, Calvin, holy chiefs, Have made a **battle royal** of beliefs...* (DRYDEN). — Bien que Luther, Zwingle, Calvin, chefs saints, se soient jetés dans la **mêlée générale** des croyances.

Bay. — Des nombreux mots de cette forme, quatre nous retiendront.

1° Du v. fr. *baie*, lat. *baca*. Ellipt. pour *bay-laurel*, **laurier à baies, laurier;** au pl. **la couronne du vainqueur, du poète, la gloire.** E.U. ***sweet bay***, ***white bay***, **arbre de castor** *(Magnolia glauca)*; ***bayberry***, outre **fruit (baie) du laurier, myrte piment,** dont les fruits sont utilisés comme épices (**piment des Anglais, poivre de la Jamaïque**), espèce apparentée à la toute-épice: enfin, (**fruit du**) **cirier de la Lousiane** *(Myrica cerifera)*. ***Bay-rum***, **tafia de laurier, eau de toilette.**

2° Du v. fr. *baie*, bas lat. *baia*. Outre **baie** « petit golfe dont l'ouverture est resserrée », **échancrure** (de montagne); aussi, E.U. **enclave de prairie** (dans les forêts)? *The **Bay State***, **le Massachusets.** ***Bay-salt***, ainsi appelé par les sauniers anglais qui s'en approvisionnaient dans les marais salants de la *Baie* de Bourgneuf (Loire-Atlantique), selon Weekley, du Golfe de Gascogne *(Bay of Biscaye)* selon le N.E.D., d'où le sens de **sel marin, sel gris,** vulg. **gros sel, sel de cuisine.**

3° Du v. fr. *baée, de baer* fr. mod. *bayer* (aux corneilles) (souvent confondu avec bailler) *(baer, béer*, † être grand ouvert, n'est plus guère usité que dans la locution figée « bouche *bée* » et comme adj. verbal: *béant)*. Ce sera donc par spécialisation de ce sens général: **travée** (de pont ou entre deux piliers); **claire-voie** (des traverses d'un plancher); **enfoncement** (d'une porte); mil. **niche, évitement** *(passing-place)* (d'une tranchée).

En compos, ***horse-bay***, **stalle d'écurie,** ***sick-bay***, **infirmerie, hôpital de bord, poste des malades.** ***Bay-window***, (aussi *bow-window)*, **fenêtre en baie, baie en saillie (courbe), en rotonde.**

4° Du v. fr. *abai*, p. aphérèse de *abay*, dans *tenir a bay*, mod. *aux abois*. Employé surtout dans l'expression ***at bay***, **qui fait tête, résiste** comme le cerf aux abois, ***to bring** (a stag)* ***to bay***, **le mettre aux abois, l'acculer.**

— *Rose leaves dried with **bay salt.*** — Des feuilles de roses séchées au **sel marin.**

— *The armies of Lewis had fallen back within their own borders, but only to turn fiercely **at bay**.* (GREEN, *Short Hist.*, 670.) — Les armées de Louis s'étaient repliées derrière leurs propres frontières, mais seulement pour **faire front** farouchement à l'ennemi.

— *The foe must be kept **at bay**.* — Il faut tenir l'ennemi **en échec, en respect.**

Bazaar. — Vente de charité; cf. notre Bazar de la Charité, mais cette extension méliorative du sens de bazar n'a pas survécu chez nous, où au contraire le mot a pris des acceptions populaires ou argotiques, soit de *maison mal tenue, en désordre, où tout est pêle-mêle* (Robert), soit de *bahut, boîte, boutique*, chez les écoliers.

Beast. — Pour nous, une bête est une personne de peu d'esprit, de jugement; on peut même être une bonne bête. En anglais, ***beast*** a eu le même emploi, mais aujourd'hui, ce mot signifie plutôt un **homme brutal, ayant les instincts de la brute,** et finalement n'est plus qu'un terme exprimant le dégoût, l'aversion, équivalent à peu près de notre épithète d'**animal,** ou de **brute.**

D'un professeur trop sévère, les élèves disent: *he is a perfect **beast** of a master*, c'est une **rosse,** et plus vulgairement, une **vache.**

— *You are a **beast.*** — Vous êtes une **brute,** un **goujat.**

— *I took no notice of G., the **beast.*** — Je ne m'occupai point de G., cet **animal.**

— ***A beast of a day***, **un temps abominable, un temps de chien.**

The Beast, c'est **la Bête de l'Apocalypse, l'Antéchrist.**

Beat (to). — *To beat s.o. hollow*, battre qqn. à plate(s) couture(s), au fig. **damer le pion à qqn.,** etc. ***That beats me***, non pas: cela me bat, comme disent certains Canadiens, mais: **cela me passe, me dépasse, me renverse; *that beats everything! it beats the band!* il n'y a rien de mieux! ça c'est le comble! le bouquet!** de même, ***it beats cockfighting, creation***, **c'est épatant! stupéfiant! c'est plus fort que de jouer au bouchon! après cela, il n'y a plus qu'à tirer l'échelle!** ***to beat in***, **enfoncer, défoncer** (une porte, etc.); ***to beat down** the price of*, **marchander** sur le prix de, ***to beat some one down***, **marchander avec qqn., faire baisser le prix à qqn.;** naut. ***to beat (up), to windward***, **louvoyer; remonter au vent, tirer des bords, courir des**

bordées; ***to beat about,*** **batailler** (L. 3°); ***to beat about the bush,*** **tourner autour du pot, tergiverser; biaiser;** vén. intr., aussi ***to beat up and down,*** **refuir,** se dit du cerf ou de tout gibier qui **revient sur ses pas, ruse pour donner le change;** ***to beat up*** *s.o.,* **relancer** quelqu'un, *s.o.'s* ***quarters,*** **arriver** chez qqn. **inopinément, à l'improviste, aller le surprendre;** ***to beat up*** *recruits,* **lever, racoler** des recrues; ***to beat up*** *game,* et famil. *customers,* **rabattre, traquer** le gibier, **racoler** des clients; ***to beat one's brains,*** **se creuser le cerveau, la cervelle,** famil. **se casser, se torturer les méninges l'esprit, se battre les flancs.**

E.U. ***to beat*** *one,* famil. **rouler, refaire, filouter** qqn., ***to beat*** *a statute,* **tourner** la loi; ***to beat up*** *s.o.,* **rosser** qqn., ***to beat one's way,*** **arriver à destination en vagabondant, trimardant** ou: **en voyageant clandestinement.**

Beau (substantif). Plur. **beaux, beaus. –** *A* ***beau,*** c'est un homme qui accorde une attention minutieuse ou excessive à sa toilette (v. L. 17°), sans nécessairement être un Adonis ou un Apollon, à son maintien et à l'étiquette; un **petit-maître,** un **muguet,** un **élégant,** un **godelureau,** (cf. *an exquisite*). C'est aussi un **sigisbée,** un **patito,** un **galant,** un **amoureux.**

– *What will not* ***beaux,*** *attempt to please the fair?* (DRYDEN, *Cock and Fox,* 624.) Que n'entreprendront point les **petits-maîtres** (ou **godelureaux**) pour plaire aux belles?

– Le capitaine Bob, rentrant d'une traversée, cherche à persuader Anne Garland d'accepter une écharpe: *It never came into my head till this moment that I used to be your* ***beau*** *in a humble sort of way.* (T. HARDY, *The Trumpet-Major,* XV, 133.) – C'est seulement maintenant qu'il me vient à l'esprit que j'avais coutume d'être votre **galant** en toute humilité.

Bêche-de-mer. – Biche-de-mer *(Holothuria edulis),* du portugais *bicho do mar* (litt. ver de mer), **holothurie comestible** désignée sous le nom de *tripang* par les pêcheurs des mers du Sud. **Bêche-de-mer** ou ***Beach-la-mar*** *English* (cf. *Pidgin English*), l'**espèce de jargon, de sabir qui se parle en Polynésie.**

Beef. – Famil. toute espèce de chair, même celle de l'homme! (comme peut-être on dirait vulgairement: **viande**); **muscles, partie charnue** des membres. ***To have plenty of beef,*** **avoir du muscle, du biceps, être costaud.** ***Beef-witted,*** **lourdaud, stupide.** E.U. *a* ***beef,*** un **bœuf,** une **vache!**

Beldam, dame. – A l'origine, **grand-mère; aïeule, bisaïeule; (vieille) sorcière, mégère.**

REMARQUE. – Pour faire ressortir la déchéance de ce beau mot, issu du fr. *belle dame,* rappelons que Hotspur (*Henry IV,* III, I, 32) parle de *« the old* ***beldam*** *earth »,* « la terre, notre vieille **mère** », et Milton (*Vac. Exercise,* 46) de *« Beldam Nature »,* la Nature, notre **aïeule,** notre **mère.**

Belle. – *Margaret was the* ***belle*** *of the village.* – M. était la **beauté** du village.

– *She is the* ***belle*** *of the ball, there is no doubt about it.* – C'est la **reine** du bal, il faut en convenir.

Nuances, sans doute, mais nuances qu'il faut respecter.

Bench. – De même que *bar,* « barreau » au propre, passe au sens collectif de barreau, « ordre des avocats », ***bench*** « siège de juge, de magistrat, ou banc des évêques » *(episcopal* ***bench****),* en vient à signifier **la magistrature, les magistrats du siège, la cour;** *« the* ***Bench*** *»,* d'où *to be raised to the* ***bench,*** être élevé à la **magistrature** ou à l'**épiscopat,** être nommé **juge** ou **évêque.** Autres sens, au Parlement, *the* ***Treasury Bench,*** le **banc des ministres, du gouvernement;** *the front* ***benches,*** les premières **banquettes** (occupées d'un côté par les ministres, de l'autre par les ex-ministres et les membres ministrables de l'opposition (1); *the* ***back benches,*** les **banquettes des membres qui n'ont jamais été ministres.**

Sens techniques, **établi** (de menuisier); **banc, marbre** (d'ajusteur); ***laboratory bench,*** **paillasse, table de manipulations; berme** (de canal, de fossé), **accotement** (de chemin).

Bencher, avocat **appartenant au corps des doyens** des *Inns of Court,* **« écoles de droit ».**

– *The French system rests on the principle of the independence of the* ***Bench.*** – Le système français repose sur le principe de l'indépendance des magistrats **assis** du **siège** (2).

– D'un critique désinvolte et tranchant, Thackeray *(Pendennis,* XXXVI) nous dit plaisamment: *The poetic claims were settled by the critic as if the latter were* ***my lord on the bench,*** *and the author a miserable little suitor trembling before him.* – Le critique prononçait un jugement sans appel sur les prétentions du poète, comme s'il avait été le **Président du Tribunal** et l'auteur un misérable petit solliciteur qui tremblait devant son juge.

– *Who before or since has combined the emotionalism of a schoolgirl with the cold penetration of a judge on the* ***bench?,*** c'est ainsi que Lytton Strachey, *(Books and Characters)* caractérise le tempérament de Stendhal. – Mais qui donc, auparavant ou depuis lors, a joint l'émotivité d'une petite pensionnaire à la froide pénétration d'un magistrat du siège?

– Toute sa vie durant, le juge Gaskony a eu l'ambition d'écrire un livre: *And when* ***he retired from the Bench,*** *the way was clear, he had his chance.* (Ch. MORGAN, *The Judge's Story,* II.) – Et quand il prendrait **sa retraite de magistrat,** il aurait le champ libre et la partie belle.

---

(1) On sait qu'à la Chambre des Communes, les membres ne siègent pas dans un hémicycle comme à l'Assemblée nationale mais se font vis-à-vis à la droite ou à la gauche du *Speaker.*

(2) C'est-à-dire les membres qui *siègent* comme juges, « par opposition à la magistrature *debout,* les représentants du ministère public » (D.G. *s.v.* magistrature).

Beneficial. – Jur. ***beneficial owner*** *or* ***occupant,*** **propriétaire réel, usufruitier;** ***beneficial society,*** E.U. **société de secours mutuels.**

Benefit. – Terme générique signifiant † **bienfait; avantage, profit:** *he derived much* ***benefit*** *from his holiday,* il a tiré grand **profit** de ses vacances; spéc. **indemnité, allocation, prestation** (d'assurance), et même **pension** (de retraite). *Medical* ***benefit,*** **prestation** médicale, *unemployment* ***benefit,*** **indemnité** de chômage; ***benefit society,*** – ***club,*** société de **secours mutuels.**

– *Children are reproved for* ***their benefit.*** – C'est **dans leur intérêt (pour leur bien)** qu'on réprimande (ou: reprend) les enfants.

– *Owing to the constant increase in the cost of living, the recipients of* ***benefits*** *are always at a disadvantage.* – En raison de l'augmentation constante du coût de la vie, les titulaires de **pensions** sont toujours désavantagés (ou: lésés).

L'expression *for the benefit of s.o.* est employée parfois lâchement ou métaphor. sans idée précise d'avantage matériel ou moral:

– *She had put on her best clothes* ***for his benefit.*** – Elle s'était endimanchée **à son intention.**

– *She gave him the full* ***benefit*** *of her eyes.* – Elle lui accorda au grand complet l'**enchantement** de ses yeux.

Benevolence, benevolent. – Bienveillant et bienveillance, certes, mais aussi **bienfait** et **bienfaisant, (acte de) charité** et **charitable** respectiv. ***Benevolent*** *society,* société de **secours mutuels.** Hist. **don gratuit, de joyeux avènement;** ***benevolence or benevolent loan,*** **emprunt forcé** (hist.).

Benign. – Bénin au sens de **bienveillant, indulgent** pour tous, a vieilli en français; non pas en anglais. Par contre, le mot n'y est pas employé comme chez nous au sens ironique de faible, bonasse, trop facile, trop indulgent.

– Arthur Young *(Travels in France)* note l'attitude nuancée avec laquelle Marie-Antoinette reçoit les hommages de ses sujets: *To the gallant Suffren it [her return] was respectful and* ***benign.*** – Au brave Suffren, elle rendit son salut avec un respect **empreint de bienveillance.**

Benjamin. – Trois mots: 1° Notre benjamin, « enfant préféré de ses parents par allusion à la prédilection de Jacob pour Benjamin » (*Genèse,* XLIII), d'où ***Benjamin's*** *mess,* **la (plus) grosse part.**

2° Corruption de ***(gum) benzoin,*** **benjoin.**

3° Famil. et argot, d'après le nom du tailleur (1817) **sorte de pardessus porté à l'époque.**

Bias, to bias. – Cotgrave écrit: « Le **fort** d'une boule »: *The drawing part or byas of a bowle,* ce qui la tire, la porte, la fait aller d'un côté plutôt que de l'autre, **décentrement, décentration** (et la **déviation** qui en résulte). De là les sens figurés: **inclination, prédisposition, pente** (vers), L. 10°; **goût, prédilection** (pour); **préjugé, prévention, parti pris; équation personnelle,** et lâchement, **tendance, orientation.** Le *Thesaurus* de Roget donne comme synonymes de ***bias :*** *influence, tendency, slope, prepossession, disposition.*

En statistique: **distorsion, erreur** ou **écart systématique.** Radio: ***grid bias,*** **polarisation de la grille, tension de polarisation.**

Biassed, † **préoccupé; prévenu;** (d'un rapport, d'un exposé, d'un communiqué) **tendancieux,** (d'une idée, d'une opinion) **préconçue.**

– *A judgment* ***without bias*** *or inclination,* c'est ainsi que Cotton traduit ce passage de Montaigne (*Ess.,* II, XII): un jugement **sans pente** et sans inclination.

Rapprocher: « J'ai une *pente* naturelle à me laisser aller à tout ce qui m'attire. (MOLIÈRE, *Don Juan,* III, V.)

– *History without* ***bias,*** l'histoire sans **parti pris.**

– ***Biased*** *textbooks of history may poison international relations.* – Les manuels d'histoire **tendancieux** risquent d'empoisonner les relations internationales.

– *Prejudice and* ***bias*** *led him [Hazlitt] astray in his censures, but his critical genius never betrayed him into errors of praise.* – Égaré par la prévention et la **partialité,** il lui est arrivé de blâmer à tort, mais son génie critique ne l'a jamais trahi au point de lui faire donner des éloges mal à propos.

– *The* ***bias*** *of the [English] nation is a passion for utility.* (EMERSON, *E.T.* V.) – **Ce qui entraîne** la nation [anglaise] c'est la passion de l'utile.

– Le même auteur écrit (*ibid.,* IV): *They [the British] give the* ***bias*** *to the current age.* – Ce sont eux qui impriment à notre siècle son **orientation.**

– *She soon* ***biased*** *me to consent.* (DEFOE, *Moll Flanders,* p. 202.) – Elle eut tôt fait de **m'incliner** à (y) consentir.

Bier. – Comme en ancien français, **brancard;** p. ext. **tombe, sépulcre.**

Bigot (adject.), **bigotry.** – **Aveuglément attaché à (une idée, une opinion, etc.); fanatique,** d'où ***bigotry,*** **fanatisme.**

– *You cannot have martyrs without* ***bigots*** *and persecutors.* – Il n'est pas de martyrs sans **fanatiques** doublés de persécuteurs.

– *The* ***bigotry*** *of an Italian for the ancient splendour of his country.* – Le **fanatisme** de l'Italien pour l'ancienne splendeur de sa patrie.

Bi-hourly, (-monthly, -weekly). – L'emploi indifférencié du préfixe *bi-* n'est pas sans donner lieu à des équivoques; ***bi-monthly,*** p. ex., peut signifier selon le cas **bi-mensuel** ou **bimestriel;** ***bi-weekly,*** **bi-hebdomadaire** ou **semi-mensuel.** Selon le N.E.D., on pourrait éviter l'ambiguïté en disant *a* ***semi-monthly, -weekly*** *(magazine,* etc.*)* s'il s'agit d'une revue, d'un illustré, etc. bi-mensuel, bi-hebdomadaire, en réservant le terme ***bi-monthly, bi-weekly,*** etc. pour exprimer une périodicité **bimestrielle, semi-mensuelle.**

– *A **bi-monthly** or **tri-monthly** budget.* – Un budget **bimestriel** ou **trimestriel.**

Bilious. – Outre les sens français de (tempérament) bilieux, (d'humeur) mélancolique, colérique, a ceux de (embarras) **gastrique,** (estomac) **barbouillé,** (sensation) **nauséeuse** ou: **de nausée.**

– Un fumeur se plaint d'avoir été privé de ses cigarettes: *All day long, I walked up and down, feeling as it were constantly **bilious.*** – Je promenais toute la journée une **nausée** perpétuelle.

Billet, to billet. – Deux mots: 1° fr. d'Angleterre *billette,* influencé, semble-t-il par le v. fr. *billette,* lat. médiév. *bulletta,* dimin. de *bulla.* Après avoir signifié † **billet;** † **note;** † **billet de faveur;** † **bulletin de vote,** ***billet*** a aujourd'hui le sens de **billet de logement** (pour un soldat), p. ext. **cantonnement,** ***to go into billets,*** **loger chez l'habitant;** ***to return to billets,*** **rentrer au cantonnement.** ***Every bullet has its billet,*** **toute balle a sa destination,** au fig. **tout est affaire de chance, on ne lutte pas contre le sort, on n'échappe pas à son destin;** enfin, famil. **boulot, emploi, place, situation.** ***To billet*** (*billeter,* dans L., est inusité) a les sens correspondants.

*You must prepare yourself for no sinecure if you get the **billet.*** (HORNUNG, *Raffles.*) – Vous ne devez pas vous attendre à jouir d'une sinécure si vous décrochez **l'emploi** (ou: **le boulot**).

– Un mot qu'on a parfois entendu chez nous: *I hope there will be no **billeting** in the parish.* (Th. HARDY, *The Trumpet-Major,* VI, 48.) – J'espère bien qu'on ne **logera pas de soldats** dans le pays.

2° est le fr. *billette,* dimin. de *bille* (de bois), latin vulg. *billa,* tronc d'arbre, d'où les sens: **billette, bois de chauffage fendu, rondin; billette** (d'acier), petite barre de section carrée; t. d'architect. et de blason, **billette. Casse-tête, matraque.**

– *They shall beat my brains with **billets.*** (SHAKS., *Meas. for Meas.* IV, iii, 58.) – Ils me feront sauter la cervelle (m'assommeront) de leurs **matraques.**

Billion, trillion, quadrillion, etc. – Le mot français *billion* date du XVIe siècle, et signifiait alors, conformément à l'étymologie (*bi* pour *bis* et million), le carré d'un million, de même que *trillion* et *quadrillion* voulaient dire respectivement un million élevé à la troisième et à la quatrième puissances. Billion ne semble pas avoir été adopté dans ce sens en Angleterre avant la fin du XVIIe siècle, si l'on en croit une citation de Locke (*Hum. Und.,* II, XVI, § 6). Cependant, comme l'explique Littré dans son étymologie du mot, en raison d'un changement du mode de numération survenu en France au milieu du XVIIe siècle, un *billion* a fini par y désigner, de même d'ailleurs qu'aux États-Unis, la classe immédiatement supérieure à celle des millions, mille millions, c'est-à-dire un milliard; un *trillion,* un million de millions, etc. Mais en Angleterre, ***a billion*** a gardé son sens étymologique de carré d'un million $(10^6)^2$, c'est-à-dire un **trillion;** ***a trillion,*** de million au cube $(10^6)^3$ soit un quintillion, etc. Dans Elwall, ***billion*** est traduit: billion, milliard, ce qui n'est exact que pour les États-Unis.

– *A **billion** is the square of a million.* – Un **trillion** est le carré d'un million.

Bipartisan (adject.). – Pour nous l'adj. partisan signifie « inspiré par l'esprit de parti » et, par conséquent « partial ». Or, dans un débat qui a eu lieu au Sénat américain le 7 mars 1963 sur la conclusion éventuelle d'un traité portant interdiction des explosions nucléaires expérimentales, le sénateur Humphrey a dit ceci: *« The **bipartisan** spirit which prevailed in 1958 is equally necessary in 1963,* ce qu'un traducteur a rendu ainsi: « L'esprit *bi-partisan* qui régnait en 1958, est également nécessaire en 1963 », alors que le Sénateur préconisait un accord **biparti** sur la politique de sécurité nationale, c.-à-d. une politique appuyée *par les deux partis* (démocrate et républicain). On pouvait donc dire: « Le **bipartisme** dont s'est inspirée notre politique en 1958, est tout aussi nécessaire en 1963 ». Même erreur relevée dans un éditorial de journal (21 juin 1963) sur la ségrégation aux E.U.: « Le programme du Président devrait être, dans la plus large mesure possible, *une œuvre bipartisane* », ces trois derniers mots étant censés traduire *a bipartisan responsibility.* Le sens est: C'est à **nos deux partis** qu'il appartient (ou: incombe) de mettre en œuvre le programme du Président.

Biscuit. – ***He takes the biscuit!*** **A lui le pompon!** ***That takes the biscuit!*** **Ça, c'est fort!** ***Biscuit-coloured,*** de **couleur isabelle.** Naut. ***within biscuit-throw,*** **non loin de, à (très) courte distance.** Jargon mil. **galette** (de paillasse, trois pour chaque lit).

Bisque. – Outre les deux mots français (v. L. 1° et 2°), signifie **biscuit** (porcelaine), *a statuette in **bisque,*** une statuette **en biscuit.**

Blanch (to). – ***To blanch** almonds,* **monder, dérober** des amandes. Autres sens, (faire) **pâlir, rendre pâle; blanchir** (les cheveux); au neutre, **pâlir, blêmir.**

– ***To blanch over,*** **pallier** (une offense, etc. en dénaturant les faits); **disculper, innocenter, blanchir** qqn.

– *Her cheeks at once **blanched** and livid assumed the aspect of death.* (E. BRONTË.) – Ses joues, soudain **décolorées** et livides, présentaient l'aspect de la mort.

– *At this sight the woman **blanched.*** – A ce spectacle, la femme **pâlit.**

REMARQUE. – Un deuxième verbe, variante de *to blench* (anglo-saxon *blencan,* tromper), signifie sourciller, broncher, reculer. *This is no time **to blanch,*** ce n'est pas le moment de **reculer.**

Blandishment. – Si nous avons laissé perdre *blandissement* et *blandir,* nous avons conservé *blandices* qu'a rénové Chateaubriand (1) et qu'ont repris de nos jours certains écrivains (2). Le sens tout latin de ***blandishments*** est: † **charmes, flatteries,** famil. **caresses, cajoleries, câlineries.**

– *He (Pope) was not inaccessible to aristocratic* ***blandishments.*** (L. STEPHEN, dans N.E.D.) – Il n'était pas insensible aux **caresses** de l'aristocratie.

Blank (adject. et subst.), **blankly, blankness. –** Le sens de blanc est archaïque, notamment dans des expressions comme ***blank plumb*** *(white lead),* **céruse,** ***blank*** *falcon,* faucon **blanc,** c.-à-d. âgé de trois ans. Si l'adjectif se dit encore aujourd'hui du papier, d'un bulletin de vote, d'un chèque, d'un crédit laissés en blanc ***(blank, in blank),*** le substantif, employé au sens de document, formule, modèle (imprimé) à remplir est désuet en Angleterre, mais non pas aux États-Unis, p. ex. ***question blank,*** **questionnaire,** *telegraph* ***blank,*** **formule** de télégramme, *tender* ***blank,*** **modèle** de soumission.

L'anglais, de son côté, ne tarde pas à s'écarter du français, car ***blank*** peut signifier **vide, nu,** et au fig. **dénué** d'intérêt, **vide** d'événements; **stérile; vain, sans résultat;** ***blank*** *look,* regard **sans expression,** ***to look blank,*** **avoir l'air confus, déconcerté, ahuri, décontenancé; interdit, interloqué, rester bouche bée;** comme intensif, **absolu, profond, véritable, sans mélange, sans bornes; extrême.**

Locut.: ***to draw(a) blank,*** vén. **trouver, faire buisson creux** et p. ext. de sens, **tirer un numéro blanc, un mauvais numéro, un numéro perdant: échouer, ne pas avoir de chance;** *a* ***blank*** *map,* une carte **muette;** au fig. et famil. *a* ***blank cheque,*** **carte blanche,** un **blanc-seing.** ***blank window,*** **fausse fenêtre.** Rapprocher: « Il y a bien des *fenêtres* dans mes cahiers », c.-à-d. des espaces laissés en blanc (D.G.).

– Addison renverse du sel sur la table de ses hôtes: *Upon this I looked very* ***blank.*** *(Spectator, N° 7.)* – Là-dessus je ne puis dissimuler ma **confusion.**

– Cokeson, clerc principal de l'étude How, est bouleversé par l'arrestation de Falder, et, bien que l'heure du repas soit pour lui sacrée, *he sits down and stares* ***blankly*** *at his lunch.* (GALSWORTHY, *Justice,* I.) – Il s'assied et d'un œil fixe il regarde **sans voir** son déjeuner (sa collation), ou: et fixe son déjeuner **d'un œil qui ne voit rien.**

– *The figure... strode forth into the* ***blank*** *darkness.* (HOOD, *Up Rhine,* 245.) – Cette apparition... s'enfonça dans la **profondeur** des ténèbres.

– *Neither girl by word or gesture revealed her* ***blankness.*** (TH. HARDY, *Tess,* XXV.) – Aucune des jeunes filles ne trahit sa **confusion** de la voix ou du geste.

---

(1) Notamment dans les *Mémoires d'Outre-tombe* I, 3. « Toutes les *blandices* des sens ».
(2) G. Duhamel et André Gide.

– *I well remember the* ***blank*** *despair which I felt.* – Je me souviens parfaitement du désespoir **sans bornes** que je ressentis.

– *The red sandstones contrast most favourably with the* ***blank*** *whiteness.* – Les grès rouges font un contraste des plus agréables avec la blancheur **crue** (éclatante).

– *The reverend* ***Blank Blank.*** (DICKENS, *Our Mutual Friend,* X.) – Le révérend *** (ou: **Trois Étoiles**).

– *The* ***blank*** *walls of a monastery.* – Les murs **nus** d'un monastère.

– *In the under-developed countries people often live from hand-to-mouth and even in* ***blank*** *poverty.* – Dans les pays sous-développés, les populations vivent souvent au jour le jour ou même dans une misère **noire,** dans la **pire** misère, ***blank*** étant ici un intensif.

– *Ever since the shipwreck his mind had been a* ***blank.*** – Depuis le naufrage, il y avait un **trou** dans son esprit.

– *His memory is a* ***complete blank.*** – Sa mémoire est une **table rase.**

– *To use distilled water as a* ***blank.*** – Utiliser l'eau distillée comme **témoin** (inerte ou inactif s'entend).

– Critiquant la méthode d'Oswald Spengler, l'historien Arnold Toynbee ajoute: *Where the German a priori method* ***drew blank,*** *let us see what could be done by English empiricism.* (*Civilization on Trial,* p. 10.) – Là où la méthode allemande *a priori* **a fait buisson creux (a échoué),** voyons ce que l'empirisme anglais pourrait faire.

REMARQUE. – La traductrice de l'ouvrage précité croit pouvoir dire: « Là où la méthode allemande *a priori a laissé un blanc...!*

Blanket. – Couverture (de lit, de cheval, etc.); **pagne;** au fig., **manteau, linceul** (de neige); E.U. **sauce** dont on assaisonne certains mets (viande ou poisson), **sucre** enrobant des fruits; **couche** (de goudron, de cailloutage); Locut.: ***a wet blanket,*** un **rabat-joie,** un **éteignoir,** un **empêcheur de danser en rond;** ***to toss in a blanket,*** **berner;** *born on the* ***wrong side of the blanket*** se dit d'un **enfant illégitime.**

Attrib. surtout E.U. **général, d'une portée générale, d'ensemble, collectif:** ***blanket*** *insurance policy,* police d'assurance **tous risques,** ***blanket ballot,*** **scrutin de liste;** ***blanket*** *statute,* **loi-cadre.** Au pr. ***blanket*** *Indian, tribe,* Indien, tribu **sauvage** ou **à moitié civilisé(e)** (qui porte encore le pagne).

– *The political situation required a* ***blanket*** *settlement.* – La situation politique exigeait un règlement **d'ensemble.**

– *You will be snug here as* ***a bug in a blanket.*** – Vous serez ici comme **un petit coq en pâte.**

Blazon (to). – Outre les sens français de *blasonner* (q.v. dans L. 1° et 2°), peut signifier: **orner, donner du lustre à, illustrer, rehausser, célébrer** et, sous l'influence de *to blaze,* **proclamer, publier à son de trompe, trompeter, vanter, porter, élever, mettre aux nues, exalter.** L'hyperbole engendrant l'ironie, le mot est pris souvent en mauvaise part; on le rapprochera donc du français blasonner « railler, critiquer » qui a subi le même développement péjoratif.

– *Nor all that heralds rake from coffined clay Can* ***blazon*** *evil deeds or consecrate a crime.* (BYRON. *Ch. Harold,* I, iii.)– Et l'héraldique a beau scruter cendre et cercueil, Rien **n'illustre** un méfait ou sanctifie un crime.

– *He did not stick at* ***blazoning*** *such a worthless name.* – Il ne se faisait pas scrupule de **porter aux nues** un nom aussi indigne.

Blemish (to), blemish. – « Droiture veut, et Dieu le commande, que ce sacrement des épousailles soit gardé sans *blemure* » (c'est-à-dire sans *tache*). (NICOLAS BOZON, *Contes moralisés,* p. 163.)

C'est du français d'Angleterre. Le développement historique est le même que pour *taint.* On disait en français: « Visage teint, teint blêmi », dans le même sens, c'est-à-dire ayant perdu ses couleurs, livide, noirci en quelque sorte. De là, la signification de **flétrissure; tache, défaut** (physique ou moral); **imperfection.**

Donc ***to blemish,*** toujours employé au sens actif, ne signifie *plus* blêmir (1), mais **abîmer, gâter, souiller** (la beauté, la perfection de), **ternir, salir** (la réputation, etc.)

– *I would not wish to have your eyes, said a good-natured man to a critic who was finding fault with a picture, in which the other saw no* ***blemish.*** (HAZLITT, *Works,* VI, 19.) – Je ne voudrais pas avoir vos yeux, disait un brave homme à un critique qui trouvait à redire à un tableau où l'autre ne voyait **nul défaut.**

– *He has* ***blemished*** *my reputation.* – Il a **terni** (**sali**) ma réputation.

– *An* ***unblemished*** *career.* – Une carrière **sans tache.**

– *The minor critic hunts for* ***blemishes.*** – Le critique du dernier ordre cherche **la petite bête** (**trouve des poux sur la tête d'un chauve**).

– Deux femmes rivales se rencontrent dans une vente aux enchères: *For a full minute they looked at each other up and down minutely in order to discover the flaw, the* ***blemish.*** – Pendant une minute, elles se considérèrent de haut en bas scrupuleusement, afin de découvrir le défaut, la **tare.**

Block. – On peut classer les nombreux sens de ce mot en quatre groupes principaux.

1° Le fr. « bloc » (de bois non équarri) donne **bûche, souche,** d'où au fig. ***blockhead,*** **bûche, buse, lourdaud,** *he is a* ***blockhead,*** c'est une **tête de bois.** Par analogie, nom de divers objets génér. de bois servant de support ou à d'autres fins: *(anvil)* ***block,*** **billot** (supportant une enclume), *(executioner's)* ***block,*** **billot** (de condamné à la décapitation), métaph. l'**échafaud** *(on, upon the* ***block****);* **sellette** (de cireur); **montoir** (de cavalier); **forme** (de chapelier), **poupée** (de modiste), au fig. a *beaver hat of the latest* ***block*** (W. Scott), un chapeau de castor à la dernière **mode.** Autres sens, **tête** (à perruque), argot, **caboche, ciboulot.**

Aussi, **perchoir** (d'oiseau de proie), **poteau, pieu** (où l'on attachait les esclaves mis à l'encan). Mécan. et naut. **poulie, moufle.** Typ. **bois pour gravure, cliché,** d'où ***block-letters,*** **gros caractères, caractères gras** gravés sur le bois et non mobiles, ***block-maker,*** **clicheur, photograveur,** ***block process,*** **phototypographie;** ***(building) blocks,*** **(jeu de) cubes,** génér. en bois, avec lesquels les enfants font des constructions (cf. *bricks*).

2° Au sens de « masse compacte homogène » on peut rapporter (surtout E.U. et Canada): **pâté de maisons, îlot, ensemble de bâtiments** entre quatre rues, **quadrilatère;** géol. **massif** ou **compartiment** encadré entre deux failles ou plissements de terrain. Austr. **vaste étendue de terre, lot** offert aux colons, et spéc. **lieu de promenade** (des gens chic; cf. angl. *parade*).

3° L'idée de lotissement, « division par lots », peut nous ménager une transition avec celle de ***block,*** **tronçon** (de ligne de ch. de fer), d'où ***block-section*** ou ***-system,*** **bloc-système, méthode du cantonnement, système d'arrêts sectionnels.**

4° Du fr. « bloquer » on peut rapprocher le sens d'**obstacle, pierre d'achoppement,** auj. ***stumbling-block,*** puis celui d'**encombrement,** d'**embarras de voitures,** d'**embouteillage,** de « **bouchon** »; spéc. a) au Parlement, **avis préalable d'opposition** à un projet de loi, **opposition;** b) méd. ***(nerve) block,*** « blocage » de la conductibilité nerveuse, c.-à-d. **anesthésie locale** ou **régionale;** c) au cricket, **point en avant du guichet** où le batteur appuie sa batte pour *bloquer* la balle.

En compos. retenons encore ***block-capitals,*** **majuscules** (tracées à la main) imitant les caractères d'imprimerie: *Write your name in* ***block-capitals,*** écrivez votre nom en **grosses majuscules,** en **lettres moulées;** ***block-tin,*** **étain en saumon.**

Locut. div.: ***he is a chip of the old block,*** **il est bien le fils de son père, le rejeton de la vieille souche, bon chien chasse de race, bon sang ne peut mentir.**

To cut blocks with a razor, **vider des bouteilles cassées,** comme on disait au XVIe s., **tirer, jeter sa poudre aux moineaux,** ou plus littérairement: **tendre l'arc d'Ulysse pour tirer aux moineaux, gaspiller son talent, perdre sa peine.**

– *Charles the First perished on (was sent to) the* ***block.*** – Charles Ier périt, fut exécuté sur le **billot,** sur l'**échafaud,** eut la tête **tranchée.**

– Marullus apostrophe la plèbe romaine:

– *You* ***blocks,*** *you stones, you worse than senseless things!*
O you hard hearts, you cruel men of Rome... (SHAKS., *J. Caes,* I, i.)
O **souches,** blocs de pierre, ô cœurs secs et plus durs
Que les choses sans vie, ô féroces Romains!... (Trad. C.M. Garnier.)

Block (to). – V. ***block*** (subst.). Noter ***to block*** *the game,* (aux

(1) L'emploi du mot dans ce sens, rendu aujourd'hui par *to blench,* était d'ailleurs très rare. Cf. N.E.D. s.v. sect. 5.

dominos) **fermer** le jeu; au *football*, **gêner** (son adversaire); (reliure), **frapper, gaufrer** (du cuir, un plat de livre); chauss. ***to block*** *a shoe*, **cambrer la forme** d'un soulier.

Blouse. – Sarrau; dans l'armée américaine, **vareuse.**

Blue (adj. et subst.). – Sens multiples s'écartant du français. Symbole de la fidélité: **fidèle à ses principes, à la foi jurée,** (ami, partisan) **solide, à toute épreuve,** famil. **bon teint.** p. ex. *a true blue Tory*, et subst. *a true* ***Blue***, un vrai **patriote,** non un chauvin, un **de la vieille garde, un « vrai de vrai ».** Famil. du sens physique de bleu (sous l'action du froid, de la peur, etc.): *to be in a* ***blue*** *funk*, avoir une peur **bleue,** une frousse **de tous les diables,** le **trac,** (popul.) la **venette,** on passe aux emplois suivants: ***to feel blue*****, se sentir abattu, déprimé, découragé, voir la vie en noir, avoir le « cafard »**; *things* ***look blue***, les choses **se gâtent, prennent mauvaise tournure.** *To talk* ***blue***, dire, raconter, débiter des **gauloiseries,** des **grivoiseries,** tenir des **propos licencieux;** autres emplois: ***to drink till all is blue*****, boire à en être gris, ivre, éméché, pompette, être parti pour la gloire.** Locut. ***blue book*****, livre bleu (recueil des documents parlementaires,** etc.), E.U. **annuaire de l'administration** contenant les noms, adresses et le montant des traitements des agents de l'Administration. ***Blue coat*****, agent de police.** ***Blue-coat boy*****, élève des écoles de** *Christ's Hospital* (Londres); ***blue-collar worker*****, ouvrier d'usine** (un « bleu » est pour nous une combinaison d'ouvrier); ***blue devils*****, papillons noirs, découragement,** famil. **cafard;** *the* ***blue-eyed boy*****, l'enfant chéri, le favori (du patron, d'un parti politique)**; ***blue-jacket*****, marin, matelot de l'État,** famil., **col bleu;** ***(once in a) blue moon*****, une fois par extraordinaire, une fois n'est pas coutume, tous les trente-six du mois;** ***blue note*****,** (jazz) **note altérée de façon caractéristique** dans le chant et dans le jeu instrumental des Noirs; ***blue laws*****, lois d'inspiration puritaine,** p. ext. toutes **lois limitant la liberté des citoyens,** ne pas confondre avec les ***blue-sky laws*****, lois sur la protection de l'épargne.** ***Blue Peter*****, pavillon de partance;** ***blue print*****, bleu** (d'architecte, de dessinateur, etc.), p. ext. **plan détaillé;** ***blue ribbon*****, ruban de l'ordre de la Jarretière, la plus grande distinction** à un titre quelconque, **le bâton de maréchal;** aussi **insigne des buveurs d'eau, des abstinents, des membres d'une société de tempérance;** ***blue-ribbon panel*****, jury extraordinaire** composé de personnes soigneusement choisies appelées à se prononcer sur des affaires importantes, en partic. des affaires criminelles.

Blue ruin (argot), **gin, genièvre** (de mauvaise qualité), **tord-boyaux, vitriol.** ***The Blue State*****, New Jersey;** ***blue stone*****, sulfate de cuivre;** ***blue water*****, la haute mer, le grand large** (cf. notre « grande bleue »), ***blue-water school*****, partisans d'une marine forte** qui, selon eux, suffisait à assurer la sécurité de l'Angleterre.

Subst. ***out of the blue*****, tout-à-coup, soudainement; à propos de bottes;** cf. *a bolt from the* ***blue***, un coup de tonnerre **dans un ciel serein.** Famil. ***you're all in the blue*****, vous n'y êtes pas du tout.**

To win, to get one's blue**, être choisi pour représenter une université dans un match,** *the* ***Dark Blues*****, les équipes d'Oxford,** ***the Light Blues*****, les équipes de Cambridge,** ***the blues*** étant les **insignes des champions** de ces universités. ***To be in the blues, to have a fit of the blues*****, avoir le noir, des idées noires, broyer du noir;** *she is a* ***blue*** (= *a* ***blue-stocking)***, c'est un **bas bleu,** une **pédante.** Le mot n'est pas toujours péjoratif, comme en fait foi le titre de l'ouvrage de John Busse: *Mrs Montagu Queen of the* ***Blues***, c.-à-d. reine des **salons littéraires.** *The* ***Blues***, la Cavalerie de **la Maison du Roi;** aussi, hist. E.U. l'armée **du Nord** dont les soldats portaient l'uniforme bleu.

Remarque. Le sens péjor. de ***blue*** se retrouve dans l'expression ***to preach blue ruin*****, être un prophète de malheur, voir tout en noir.** Le krach boursier qui a marqué la séance du 28 mai 1962 à Wall Street restera dans la mémoire des Américains sous le nom de ***Blue Monday*****, le lundi noir** (1). En gén. ***blue Monday*** (ou ***the Blue***), c'est le lundi précédant le Carême, le **lundi gras;** c'est aussi le **saint Lundi,** celui que **fêtent** les ouvriers qui en font un... dimanche de dissipation (cf. all. *der blaue Montag*).

– *You may talk* ***till all is blue****, I won't believe a word of it.* Vous avez **beau parler,** je n'en crois pas un traître mot.

– *He was cursed with sensitiveness and* ***blue demons.*** – Il avait le malheur d'être la proie de sa sensibilité et de ses **humeurs noires.**

– *Many* ***blue laws*** *are dead but unrepealed.* – Nombre de **lois restrictives** sont lettre morte, sans pour autant avoir été abrogées.

Blue (to). – Outre les sens français de **bleuir, teindre en bleu, azurer** (le linge), le **passer au bleu,** ***to blue*** signifie **bronzer** (le canon d'un fusil), et famil. **manger, gaspiller, fricasser** (son argent, son patrimoine). ***To blue*** *the pool*, **manger** la cagnote.

– Retour au pays d'un Anglais dont la bourse est bien garnie: *England after so many years! and plenty of money* ***to blue.*** – L'Angleterre après tant d'années! et de l'argent à **en jeter par les fenêtres!** (ou: à **en « fricasser »**).

Boil (to). – ***To boil down*****,** au pr. trans. **réduire** par ébullition (une solution, etc.), ***to boil down*** *meat*, **faire un consommé** de viande; au fig. **condenser,** ***to boil down*** *a narrative*, **condenser** un récit; intr. *the whole matter* ***boils down*** *to this*, toute la question **se ramène** à ceci; *the rumour* ***boiled down*** *to nothing*, le bruit **se réduisit** à rien, il n'en sortit que du **vent.** Subst. *a* ***boildown*****,** un **résumé,** un **abrégé.** ***To boil off*****, dégommer** (la soie grège, les cocons de ver à soie); ***to boil over*** (d'un liquide) **se sauver, s'échapper,** (du lait) **monter,** famil. **partir.** Locut.: du sens commun aux deux langues *to keep the pot boiling*, faire bouillir la marmite, pourvoir aux besoins du ménage, faire marcher la maison, etc., l'anglais passe à ceux de **maintenir l'entrain** (cf. *to keep the ball rolling)*, mener une affaire rondement, (r)**animer** (la conversation, etc.).

1. Krach qui, de loin, n'a pas eu la gravité du « jeudi noir » du 24 oct. 1929.

E.U. ***a boiled** shirt,* une chemise **empesée.**

– *The mouth of fools boileth forth folly.* (*Prov.*, XV, ii.) – La bouche des insensés **dégorge** folie.

– *His blood **boiled.*** – Son sang **ne fit qu'un tour.**

Boiler. – Fabricant, raffineur (de sucre, etc.); **chaudière; *boiler-composition, boiler-compound,* anti-incrustant, tartrifuge; *boiler-deck,*** naut. **pont intérieur** d'un navire; au fig. ***pot-boiler,* occupation alimentaire, besogne ingrate, gagne-pain,** et p. ext. **écrivain, peintre,** etc. qui accepte de tels travaux pour faire bouillir la marmite; **« fricasseur, - euse »,** d'articles (Mansion).

Bomb, bomber. – **Grenade; grenadier,** sans préjudice des sens français respectifs de bombe et bombardier.

Bombardier. – Dans l'artillerie anglaise, **brigadier;** entomol. ***bombardier-beetle,* brachyne tirailleur,** vulg. **bombardier.**

Bonnet, to bonnet. – Chapeau, capote (de femme), **béguin, bonnette** (d'enfant); naut. **bonnette** (voile carrée supplémentaire), ***funnel bonnet,* couvercle, chapeau de cheminée, pare-étincelles; *bonnet*** *of a motor-car,* **capot** d'automobile; *to have a **bee in one's bonnet,*** avoir **une araignée dans le plafond, le timbre un peu fêlé, être timbré,** avoir **un grain,** popul. **travailler du chapeau.** Autres sens: **compère** (d'un bonneteur, dans une vente aux enchères), **allumeur** (au jeu, etc.).

***To bonnet** a man,* lui **enfoncer le chapeau sur les yeux,** et au fig. le **brusquer,** le **houspiller,** le **bousculer.**

– Dorian Gray prétend que les femmes ordinaires ne séduisent pas l'imagination et il ajoute: *One knows their minds as easily as one knows their **bonnets.*** (O. WILDE, *Dorian Gray,* IV.) – On connaît leur pensée aussi facilement que leur **chapeau.**

– *Her **bonnet** had never seen brilliant days of prosperity any more than its owner.* (THACKERAY, *Pend.*, XXXIII.) – Sa **capote,** pas plus qu'elle même, n'avait connu d'ère brillante de prospérité.

Book-maker. – *Arthur young became a **book-maker,*** non, bien entendu, bookmaker, mais **faiseur de livres.**

Bottle, to bottle. – Quiconque rencontre l'expression: *to look for a needle in a **bottle** of hay* se rappelle aussitôt l'équivalent français: chercher une aiguille dans une **botte** de foin. Le verbe correspondant ***to bottle*** signifie **botteler** (du foin, etc.).

Bounty. – Il s'agit moins ici de la bonté, de la bienveillance, sens devenus archaïques, que de l'une de leurs manifestations: la **largesse,** la **générosité,** la **magnificence,** la **munificence,** qui supposent la richesse. Noter également le sens de **prime d'engagement** ou **de rengagement,** pour inciter les soldats ou les marins à s'enrôler, ou simplement de **prime d'exportation, de subvention,** d'où ***bounty-fed*** *industry, product,* industrie, produit **subventionné.** Au figuré, **récompense.**

– Juliette exprime son amour à Roméo:

> *My **bounty** is as boundless as the sea,*
> *My love as deep...* (SHAKS., *Rom. and Jul.*, II, ii, 133.)
> Mon **désir de donner** est grand comme la mer,
> Et mon amour aussi profond.

– *In order to remedy the slackness of trade, the Government resorted to a system of **bounties.*** – Afin de remédier au ralentissement des affaires, le gouvernement a eu recours à (a adopté) un système de **primes.**

– *Before dying he had multiplied **bounties** to the Church.* – Avant de mourir il avait multiplié ses **largesses** à l'Eglise.

– ***The King's, Queen's Bounty,*** **don de cinq livres sterling fait par le roi ou la reine à chaque mère de triplés.**

Bout. – *Bout* est apparenté à l'anglais *bow,* « arche, pont, arc », et *bough,* « branche (courbée) ». C'est d'abord un **circuit,** un **détour,** puis **l'aller et le retour** de la charrue le long de deux sillons adjacents; **un round** (expression née de la même idée et que nos boxeurs ont adoptée); une **reprise;** une **passe d'armes** (au tournoi); un **assaut de lutte** ou: d'armes, un **match;** dialect. une **attaque** (de grippe, par exemple: *a severe **bout** of influenza*), un **accès** (de fièvre), une **atteinte** (de goutte), une **crise** (de rhumatisme); une **débauche,** une **buverie** (*a **bout** of drinking* ou: *a **drinking bout***); finalement, *this **bout,*** **cette fois-ci, ce coup-ci.**

– ***A new bout of fever,*** une **reprise,** une **recrudescence** de la fièvre.

– *He (Sir Willoughby) was a polished whisperer, a lively dialoguer, one for witty **bouts.*** (MEREDITH, *The Egoist,* XVII.) – Il brillait dans une conversation discrète et polie, dans un dialogue animé, dans un **tournoi** de bons mots. (Trad. Yvonne Canque.)

– *The Lancashire lads will not come to harm **this bout.*** (DISRAELI, *Sybil,* 295.) – Les gars du Lancashire l'échapperont encore **cette fois-ci.**

– *His **bouts** of anger were terrible.* – Ses **accès** de colère étaient terribles.

– *I was seized with violent **bouts of vomiting.*** – Je fus pris de **vomissements** violents.

– ***They had a fencing bout.*** – **Ils firent un assaut d'armes** (famil. un **bouton**).

– *The philosophical **bouts** wherein he had the vanity to indulge.* – Les **joutes** philosophiques où il avait la vanité de se complaire.

REMARQUE. – Les meilleurs traducteurs tombent parfois dans les pièges que leur tendent les « faux amis ». D'un malade atteint des fièvres, l'auteur dit: *Dr Massinger knew that Tony was in for a long **bout.*** (E. WAUGH, *A Handful of Dust,* V.) – Et la traductrice de rendre: Le Dr. M. savait que Tony en avait pour un *bon* *bout de temps*, alors qu'il aurait fallu dire: Le Dr. M. savait que Tony ne couperait pas à **un long accès** (de fièvre, s'entend).

Bowl. – Outre **bol,** à d'autres sens analogiques, savoir: **écuelle, jatte, coupe** (à fruits, à boire), *the* ***bowl*** *(of conviviality)*, symbole de la **gaîté,** de la **jovialité** des convives, des buveurs: *the* ***bowl*** *goes round again and again*, la **coupe** passe et repasse à la ronde. Autres sens: **gamelle,** ***begging-, alms-bowl,*** **sébile** (de mendiant), ***finger-bowl,*** **rince-doigts, rince-bouche,** ***mixing-bowl,*** **cratère, cuvette** (les Canadiens disent **bol** de toilette); **fourneau, godet** (de pipe); **cuilleron** (de cuiller); **aquarium, bocal** (à poissons); **vasque** lumineuse; ***bowl (electric) fire,*** **radiateur parabolique;** E.U., **amphithéâtre.**

Un autre mot est le français boule, et a ce sens, *to play at* ***bowls***, jouer aux **boules,** E.U. aux **quilles.**

– *Mr. N. was fond of the (jovial)* ***bowl.*** – M. N. aimait à boire, à faire d'**amples libations** (avec des amis), avait un faible pour, était adorateur de la **dive bouteille.**

Box. – 1° **Buis,** latin *buxus;* 2° **boîte,** d'abord en buis, puis en toutes sortes de bois ou de matières, probabl. du bas latin *buxis*, forme corrompue du latin classique *pyxis, puxis;* 3° enfin ***box on the ear,*** **gifle, claque, calotte, soufflet.**

Du sens courant de boîte, on passe à de multiples emplois ***(small) box,*** **coffret,** ***jewel-box,*** **coffret à bijoux,** ***(large wooden) box,*** **caisse, coffre,** ***(band) box,*** **carton à chapeaux,** ***window-box,*** **bac à fleurs;** ***travelling box,*** **malle;** ***dice-box,*** **cornet à dés;** ***collecting box,*** **tronc** (pour la quête), ***poor-box, alms-box,*** **tronc pour les pauvres;** autres sens: **siège de cocher; loge, baignoire** (au théâtre), ***stage-box,*** **loge d'avant-scène;** au restaurant: **compartiment séparé;** ***witness-, jury-box,*** **banc** des témoins, du jury; **stalle** (d'écurie); **guérite** (de sentinelle, de veilleur); *(fishing-, shooting-)* ***box,*** **pavillon** de pêche, de chasse; *(signal-)* ***box,*** **poste d'aiguillage.**

Locut. ***to be, find oneself in the wrong box,*** **se fourvoyer, se blouser, se tromper d'adresse;** ***to be in a box,*** **être dans une situation embarrassante, être à l'accul, se trouver dans une impasse, tenir le loup par les oreilles, être dans la nasse, dans le pétrin, dans de beaux draps.**

To look as if one had just come or ***stepped out of a bandbox,*** avoir l'air de **sortir d'une boîte, être tiré à quatre épingles,** idée et image qui semblent être empruntées au latin: *homo de capsula* (Sénèque, *Épîtres*, CXV). Adject., surtout E.U., *a* ***bandbox reputation,*** une réputation **peu solide, sans consistance;** *a* ***bandbox*** *man*, un homme de **carton** (cf. un homme de *paille*). De même ***bandboxy, bandboxical,*** *a* ***bandboxical house,*** une maison **de carton (-pâte),** de **la camelote;** aussi *a* ***bandboxical*** *room*, une pièce **exiguë.**

– *He hired a* ***box*** *at the Lyric Theatre.* – Il loua une **baignoire** au *L.T.*

– *Nowadays many people are cooped up in close* ***bandboxical*** *rooms.* – De nos jours, nombreux sont ceux qui vivent à l'étroit (sont claquemurés) dans des pièces **exiguës (grandes comme des mouchoirs de poche).**

Brassiere. – Syn. de *bust-supporter*, **soutien-gorge.**

– *A chorus girl in silk shorts and* ***brassiere.*** – Une figurante de café-concert en culotte de soie et **soutien-gorge.**

Brave, to brave. – *O* ***brave*** *new world!* (*Tempest*, V, I) s'écrie Miranda devant les miracles opérés par Ariel, c.-à-d.: **Beauté** de ce monde nouveau! (Trad. Joseph Aynard). En effet ***brave*** peut signifier † **précellent, excellent, parfait, fameux,** et (litt. ou famil.): **beau, élégant, pimpant, paré, bien** (de sa personne); d'où ***bravely done!*** **excellent! fameux!**

– Par une nuit d'orage le fou du Roi Lear s'écrie ironiquement: *This is a* ***brave*** *night to cool a courtezan.* (II, ii, 79.). La **bonne** nuit à refroidir une courtisane.

– *It being a* ***brave*** *day I walked to Whitehall.* (Pepys.) – Par cette **belle** journée, je me suis rendu à pied à Whitehall.

– «***Brave*** *new world*», titre d'un roman d'Aldous Huxley, dont M. Jules Castier a rendu l'intention satirique par l'expression empruntée à Voltaire *(Candide)*: Le **meilleur** des mondes.

– *The sun should have* ***braved*** *the East.* (Shakesp., *Richard III*, V, iii, 279.) – Le soleil aurait dû **revêtir** l'orient **de sa splendeur.**

Remarque. – Cette dernière acception est légèrement archaïque en français. On la trouve encore chez Boursault: « J'ai loué cet habit pour paraître un peu *brave* (*Esope à la cour*, III, 5) et Littré à qui nous empruntons cette citation ne la donne plus que comme familière: *Brave* comme une noce, comme un jour de Pâques, extrêmement paré.

Bravery. – « Plus par *braverie* (bravade) que pour en tirer quelque advantaige » (cité par Littré, Historique, XVIe siècle). Ce sens de **bravade, hardiesse, audace, provocation; action de faire le bravache, le rodomont, le matamore, le fier-à-bras, le tranche-montagne** est le premier sens anglais, devenu désuet. ***A bravery,*** **forfanterie, vantardise, vanterie, fanfaronnade.** Le second est celui de **bravoure,** de **courage,** de **vaillance,** le plus courant, et que l'on trouve dans Montaigne, « C'est une action plus de crainte que de *braverie* » (*Ess.*, IV, 3). Joignons-y celui d'**étalage,** de **parade,** d'**ostentation,** de **splendeur,** et l'emploi concret **braverie** (XVIIe siècle), **parure, brillante toilette, beaux atours.** Les autres acceptions sont désuètes.

– *Lancelot, the flower of* ***bravery.*** – Lancelot, fleur de la **bravoure.**

Brazier. – Deux mots, l'un formé sur le verbe *to braze* (fr. braser, « souder ») + suff. *ier* (cf. *glazier, grazier*), d'où **chaudronnier, dinandier;** l'autre issu également du fr. *brasier*, que nous rendons par le mot **brasero,** d'origine espagnole.

Breve. – Variante de *brief* (bref du pape, etc.), **brèves instructions;** musique: † **brève,** rarement blanche, qui se dit aujourd'hui *minim.*

Brevet, to brevet, brevet officer. – Dans l'armée britannique, un « brevet » de grade ne donne pas la pleine possession du grade. Il n'en donne que le titre, mais non la solde. Ce serait un contresens que de traduire ***brevet officer*** par officier breveté, locution courante pour désigner en France tout *officier ayant obtenu le brevet d'État-major.* Un ***brevet rank*** est en effet, pour les Anglais, un grade **honoraire.** C'est ainsi qu'en récompense de ses bons services, d'habitude en temps de guerre, *un captain* sera nommé ***brevet major,*** sans cependant cesser d'être *captain* et sans que cela affecte en rien son rang d'ancienneté dans l'unité à laquelle il appartient.

To brevet an officer est donc lui **donner de l'avancement sans augmentation de solde.**

– Dans *The Brushwood Boy,* de Kipling, un lieutenant vient de se conduire brillamment dans une expédition aux Indes: *Net result, his captaincy and a* ***brevet majority,*** *coupled with the Distinguished Service Order.* – Résultat net, sa nomination de capitaine, un **brevet de commandant honoraire,** le tout avec le *Distinguished Service Order* (haute distinction militaire).

Remarque. – *Brevet* est le diminutif de *bref,* anglais ***brief,*** *q.v.* Au XVIe s. encore, *brevet* signifiait *bulletin, billet, courte lettre.*

Bribe, to bribe. – D'après le N.E.D. l'angl. ***bribe*** serait issu du v. fr. *briber,* mendier; propr. ramasser les miettes de pain (D'Hauterive), d'où *bribe* orig. « morceau de pain donné à un mendiant ». Voici les sens: † **larcin; butin;** aujourd'hui, **présent, pot-de-vin, moyen de corruption,** au fig. **appât.** ***Bribe money,*** **pas de porte** au sens péjor. et donc: **dessous de table.**

To bribe, † **extorquer; corrompre, gagner** par des dons ou des promesses, **acheter, suborner.**

– *People are always blaming Mirabeau and Talleyrand* ***for taking bribes,*** *but there are others who would sell their country for money.* – On crie toujours contre **la vénalité** de Mirabeau et de Talleyrand, mais il en est d'autres qui vendraient leur patrie pour de l'argent.

– *It was not possible to escape punishment by* ***bribing*** *the judges.* – Il était impossible d'échapper au châtiment en **achetant** (ou: **corrompant**) les juges.

Brick. – *A box of* ***bricks,*** un jeu de **constructions** (pour enfants). ***He is a (regular) brick,*** **c'est un brave garçon, un chic type.** ***To drop a brick,*** **mettre les pieds dans le plat, gaffer lourdement.** E.U. ***to have a brick in one's hat,*** **avoir bu un coup de trop, être éméché, pompette, avoir une goutte dans les oreilles,** etc. ***Like a brick, like bricks,*** **avec énergie, vigoureusement, de tout son cœur,** (travailler) **d'arrache-pied,** expression génér. laudative bien que familière.

– *You fellows* ***worked like bricks.*** – Vous les gars, vous **piochiez,** vous **travailliez ferme,** vous **en mettiez un coup.**

Bridle (to). – A la voix active, ce verbe a tous les sens de son frère français: brider, contenir, réfréner, maîtriser, mais, intransitivement, avec ou sans la postposition *up,* il signifie: **relever la tête** d'un air offusqué ou offensé; **se rengorger; se rebiffer, prendre la mouche.**

– *He laughed,* ***bridled*** *and seemed highly amused with himself.* – Il riait, **se rengorgeait** et semblait s'amuser beaucoup de lui-même.

Brief. – Exposé en bref, résumé des faits d'une cause dressé pour renseigner la défense, et donc **dossier** (d'une procédure, d'une affaire). ***To hold a brief,*** **être chargé d'une cause, avoir une cause à défendre;** ***to take a brief,*** **accepter de défendre;** famil. ***I wouldn't accept a brief on his behalf,*** **je ne me porterais pas garant de son intégrité, de son innocence;** ***I don't hold a brief for him,*** **je n'ai pas à plaider sa cause, je suis tout à fait neutre;** famil. encore, **client, cause,** d'où ***a briefless barrister,*** **un avocat sans cause.** E.U. **conclusions** (déposées ou présentées à la cour avant l'audience); ***trial brief,*** **dossier d'audience.**

Brigade. – Aux E.U. et en France, brigade: unité tactique composée de deux ou trois régiments. En Angleterre, (infanterie) **quatre bataillons** commandés par des lieutenants-colonels relevant d'un *brigadier general* (v. *infra*), (artillerie) **quatre batteries.** Commandée aussi par un lieutenant-colonel, elle ressemble plus à un « **groupe** » français qu'à une brigade.

Brigade of all arms, **brigade mixte.** ***Fire brigade,*** **corps de pompiers.** *He, she is one* ***of the old brigade,*** c'est un **vieux de la vieille,** c'est **une vieille garde,** respect.

Brigadier. – Autrefois, notre brigadier des armées du roi était l'officier dont le grade tenait le milieu entre ceux de colonel et de maréchal de camp. ***Brigadier,*** ou plus correctement ***Brigadier-general,*** est l'officier qui commande une brigade d'infanterie, † un **maréchal de camp** et aujourd'hui un **général de brigade,** grade supérieur à celui de colonel, ainsi qu'il ressort de la citation suivante:

– *I appointed Colonel Low to be a* ***Brigadier-General.*** (Wellington, *Letters.*) – Je nommai le colonel Low **général de brigade.**

Brilliant (subst.). – Outre brillant (diamant taillé à facettes), **caractère d'imprimerie de corps 3 1/2.**

Broach (to). – Mettre du vin en *broche,* ç'a été autrefois le mettre en perce, comme le montre cette citation de Larivey (*La Veuve,* I, v): « Avez-vous bon vin en *broche?* – Celuy qui est en perse tire au bas, mais il y en a un tonneau de blanc, doux comme ypocras. »

L'anglais ***to broach*** a conservé exactement ce sens; c'est, en effet, **brocher** le tonneau, y mettre la broche ou cheville et donc le **mettre en perce, entamer** (son contenu), d'où, au figuré, **commencer, ouvrir, aborder** (une discussion), **entamer** (un sujet), **entrer en matière.** Par extension, **tirer du sang.**

***Broacher*, auteur, lanceur, inventeur** (d'un bruit, de nouvelles, etc.), **promoteur, initiateur** (d'une doctrine ou théorie). Autre verbe trans. et intrans.: (naut.) ***to broach to*, faire chapelle,** trans. **lancer** (un navire) **dans le vent.**

– *A pipe of wine was* ***broached.*** – Une pipe de vin fut **mise en perce.**

– *Among all* ***broachers*** *of new theories he was the most eloquent.* – De tous les **inventeurs** de théories nouvelles, il était le plus éloquent.

Remarque. – En français, brocher un ouvrage, c'est le faire sans soin et trop vite, le bâcler.

Broil (to). – Deux verbes français, *brouiller,* d'où ***broil*** (subst.), **querelle, dissension, tumulte, rixe,** et *brûler,* d'où † **brûler; griller, (faire) cuire sur le gril;** métaph. *a* ***broiling*** *hot day,* un jour de chaleur **torride,** *a* ***broiling*** *atmosphere,* une atmosphère **embrasée,** *he was* ***broiling*** *in the sun,* il (se) **grillait** au soleil, *it is* ***broiling*** *hot here,* on **cuit** ici.

Brown (adject. et subst.). – Accolé à certains substantifs, cet adjectif ne saurait se rendre par *brun.* Voici quelques exemples: ***Brown coal*, lignite;** ***brown*** *bread,* pain **bis,** ***brown*** *paper,* papier **gris, d'emballage;** ***brown sugar*, cassonade;** ***brown*** *shoes,* souliers **jaunes;** ***Brown Bess*, vieux fusil à pierre;** ***brown study*, rêverie, absence, méditation, pensées sombres.**

***To be (lost) in a brown study*, être plongé, absorbé dans ses réflexions,** famil. **être dans les nuages, dans la lune.**

Argot: ***Brown George*. le pain bis de munition;** *a* ***brown,*** un **demi-penny,** un **rond,** *I havn't got a* ***brown,*** je n'ai pas **le rond,** pas **un sou.** ***To do brown*** = *to do thoroughly* (N.E.D.) **parfaire,** l'idée de perfection étant peut-être suggérée par l'expr. culinaire correspondante, **dorer** (une pièce de pâtisserie), **rissoler** (de la viande, etc.). ***To do s.o. brown,*** le **refaire,** le **tromper,** le **rouler,** le **posséder.** Cf. nos expr. fig. et famil. d'ordre analogue: il est *cuit,* il est *flambé.*

To fire into the ***brown,*** tirer, dans **le tas, au jugé.**

Au figuré ***brown*** signifie **sombre, morne, triste.**

Noter que l'adjectif peut s'employer aussi substantivement et que, elliptiquement, ***a brown*** a la plupart des acceptions signalées plus haut.

Where highest woods... spread their umbrage broad
And ***brown*** *as evening.* (Milton, *Par. Lost,* IX, 1088.)

Là où les plus hautes futaies... répandaient leurs larges ombres aussi **sombres** que le soir.

– *He had been standing there in a* ***brown study.*** – Il était resté planté là, abîmé dans une **rêverie mélancolique.**

– *The waters of the North Sea are* ***brown.*** – Les eaux de la mer du Nord sont **jaunes** (à cause du sable en suspension dans l'eau).

– *We were served fish with* ***brown (ed)*** *butter (sauce).* – On nous servit du poisson **au roux,** au **beurre noir.**

Remarque. – « Brun », dit Robert, « de couleur sombre entre le roux et le noir. » Le français discerne et marque les nuances de cette gamme; l'anglais non.

Brown (to). – ***To brown*** *meat, fish, potatoes,* **faire rissoler** la viande, **dorer** le poisson, **faire revenir** des pommes de terre; intr. **prendre** (bonne) **couleur; se rissoler, roussir.** Autres sens, vén., même acception que ***to fire into the brown.***

***To brown off*, laver la tête** à qqn., lui **passer un savon.**

Au passif, ***to be browned off*, être découragé, dégoûté, écœuré, en avoir assez, en avoir soupé, en avoir par-dessus la tête, en avoir plein le dos;** popul. **en avoir sa claque, en avoir marre.**

– *In the Army, all ranks have it in their power to* ***« brown off »*** *a junior.* – Dans l'armée, tous les gradés ont le pouvoir de **flanquer un savon** à un subalterne, ou: à un bleu.

Brunette (subst. et adject.). – N'est pas un diminutif comme en français et signifie **brun(e),** (à la peau, au teint) **bistré, basané, bronzé.** L'adjectif peut s'appliquer même aux choses de couleur brune.

– Traduisant ce passage des *Mémoires de Grammont,* ch. XI: « La première était une petite **moricaude** qui s'entremettait des affaires de ses compagnes », Walter Scott dit: *« The first was a little* ***brunette,*** *who was continually meddling in the affairs of her companions. »*

– George Moore (*Memoirs,* VII) écrit: *I had come with a great bouquet for Ninon, for it was son jour de fête, and was surprised and somewhat disappointed to meet a* ***large brunette*** *with... a loose and unstayed bosom.* – J'étais venu avec un gros bouquet pour Ninon, car c'était son anniversaire, et je fus surpris et même quelque peu déçu de me trouver en présence d'une **grande brune** à la poitrine tombante et sans soutien-gorge.

– Garçon, bière – *the* ***brunette*** *kind.* (Ian Hay, *First Hundred Thousand,* XX.) – Garçon, (de la) bière: de la **brune.**

Brush, to brush. – E.U., Australie, etc. **brousse;** syn. de *brushwood,* **broussailles, brosses** (sur la lisière d'une forêt). Du sens de brosse, « pinceau », commun aux deux langues, naît l'expression ***to paint with a full brush,* peindre en pleine pâte;** aussi **queue** touffue, spéc. **du renard.**

Autres sens: **échauffourée, escarmouche;** famil. ***at the first brush,***

de prime abord, au premier abord; ***to come to a brush,*** **en venir aux mains, aux coups.** E.U. (sports) **compétition, course de vitesse; éraflure** (à la jambe du cheval).

To brush (trans.), famil. ***to brush s.o. 's jacket,*** **flanquer une volée, une raclée à qqn.; effleurer, raser, frôler, érafler** (une surface); **gratter** (la laine).

Intrans. ***to brush against, by, past s.o.,*** **frôler en passant, passer rapidement auprès de qqn.;** ***to brush against something,*** **frôler, raser qqch.,** (d'un cheval) **se friser** (en marchant, en trottant).

– *Suddenly I felt a hand* ***brush*** *my arm* pourrait paraître une phrase étrange si l'on ne pouvait lire ensuite: « *It was the Queen of Egypt who asked me if I would sit down with her.* » (T. WILDER, *The Ides of March,* XI.) – Tout à coup, je sentis qu'une main me **frôlait** le bras. C'était la reine d'Égypte qui me demanda de venir m'asseoir auprès d'elle.

Brutalize (to), brutalizing. – Abrutir, animaliser, ravaler au rang de la brute; s'animaliser, s'abrutir.

– *If possible we* ***brutalize*** *more and more.* (WALPOLE, *Letters.*) – S'il est possible, nous **nous abrutissons** de plus en plus.

– *The masses (in Hayti) are given to this* ***brutalising*** *worship.* – Les masses s'adonnent à ce culte qui les ravale **au rang de brutes.**

– *Disease and poverty* ***brutalize*** *old age.* – La maladie et la pauvreté **abêtissent** la vieillesse.

Brute (adject. et subst.). – Le subst. passe par les mêmes nuances que *beast* pour arriver à n'être plus parfois qu'un mot exprimant l'impatience, etc. et s'appliquant, lui, même aux choses. Ex.: *The* ***brute*** *of a cigar required relighting.* (G. ELIOT, *Dan. Deronda,* I, xii.) – Cet **animal** de cigare avait besoin de (demandait à) être rallumé. – *It was a* ***brute*** *of a job,* c'était un métier, un travail **de chien.**

Adject. *the* ***brute*** *creation,* l'espèce, la gent **animale,** les **bêtes;** ***by brute force,*** **de vive force;** ***brute*** *fidelity,* fidélité **de chien.**

Mais le mot s'emploie souvent aussi avec une nuance affective comme en font foi les exemples.

– D'un chien qui va mourir de faim et qu'un Anglais nourrirait, même avant son prochain, l'homme sensible dit: *The poor* ***brute*** *would not even be able to ask for what he wanted!* (RENIER, *The English, are they human?* 111.) – La pauvre **bête** ne serait même pas capable de demander ce dont elle a besoin.

– D'un mari, brimé par sa femme qui tient les cordons de la bourse, un confrère en infortune dit: *Poor* ***brute!*** Pauvre **type!**

– **Le lion qui figure sur l'enseigne d'une auberge est qualifié** par Dickens (*Barn. Rudge,* XXXI) de *lordly* ***brute,*** c.-à-d. de royal **animal** ou: de roi **des animaux.**

– Frédéric Moreau *(Éduc. sentimentale)* apprend de sa maîtresse que celle-ci va avoir un enfant, et de s'écrier: Parbleu! on ne le tuera pas ce **marmot!** Exclamation traduite ainsi: *All right. We'll let* ***the poor brute*** *live.*

REMARQUE. – On voit que là, comme toujours, la traduction dépend du contexte. On distinguera donc: *Dogs are* ***nice brutes,*** les chiens sont **de bonnes, de braves bêtes,** de l'exemple suivant donné par Mansion: *Mosquitoes, midges and other* ***little brutes,*** Moustiques, cousins et autres **sacrées petites bestioles.**

Buffet, to buffet. – *Little Miss Muffet sat on a* ***buffet*** (plutôt: *on a tuffet*) dit la rime enfantine. Le petit personnage n'est pas assis sur le meuble que vous pourriez croire en pensant identifier un mot français. Non plus que ne vont se rafraîchir les deux hommes qui s'étaient pris de querelle dans la citation suivante: *a Hollander and a Frenchman, falling out, went to* ***buffets.***

Dans le premier cas « La petite demoiselle Muffet était assise sur un **tabouret, banc de pied** ou **petit pouf** »; dans le second, « Un Hollandais et un Français, se querellant, **en vinrent aux coups** », car ce dernier ***buffet*** est un coup, particulièrement avec la main, un **soufflet.** Cela soit dit sans oublier de signaler un troisième *buffet,* notre buffet.

Ajoutons que le deuxième mot s'emploie aussi métaphoriquement:

– *The* ***buffets*** *of unkindly fortune,* les **coups** de la fortune marâtre.

– *This letter was like a* ***buffet*** *on the cheek.* – Cette lettre fit l'effet d'un **soufflet.**

– *Our ship was* ***buffeted*** *by the waves.* – Notre navire était **battu, balloté** par les vagues.

– *Voltaire allowed himself* ***to buffet*** *the Church.* – Voltaire s'est permis de **bousculer** l'Église.

Bugle. – En ancien français, un bugle était un **bœuf** ou un **buffle,** et a désigné (XIIIe s.) un instrument **en corne de bœuf,** d'où l'anglais ***bugle,*** † **cor de chasse,** puis **clairon;** ***bugle band,*** **fanfare,** ***bugle call,*** **l'appel du clairon.**

Bulb. – Ampoule électrique, lampe; cuvette (de baromètre), **réservoir** (de thermomètre); chim., **ballon** (vase de verre de forme sphérique).

Bullet. – Le plus souvent: **balle** (de fusil, de pistolet, etc.). Voir *ball.*

– Sir Peter Teazle passe pour avoir été grièvement blessé dans un duel, lorsqu'il apparaît en personne sur la scène: *Sir Oliver: Why, man! what do you out of bed with... a* ***bullet*** *lodged in your thorax?* (SHERIDAN, *School for Scandal,* V, II.) – Sir Oliver: Hé, mon cher! que faites-vous hors du lit avec... une **balle** logée dans le thorax?

– *Much attrition has worn every sentence into a* ***bullet.*** (EMERSON, *E.T.,* VI.) – A force d'être polie et repolie, chaque pensée porte comme une **balle.**

Bullion. – Or en barres; or, argent en lingots, c.-à-d. **métaux**

précieux non monnayés ou travaillés, ou, s'ils le sont, considérés pour leur valeur en matière brute; **matières d'or** ou **d'argent; or** ou **argent massif.** Finance, **tout métal en lingot;** ***stock of bullion, bullion reserve*** **encaisse, réserve métallique.**

Les sens français de **monnaie de bas titre,** d'or ou d'**argent impur,** de **vil métal** sont désuets.

Un autre mot signifie **cannetille, frange de tresses d'or et d'argent,** ***bullion (-fringe); thin bullion,*** **franges,** ***thick bullion,*** **torsades.**

Bullionist. – **Partisan d'une monnaie exclusivement métallique, du bimétallisme.**

– *An unfavourable balance of trade failed, according to* ***the bullionist,*** *to account adequately for the enormous fall of the exchange.* – Une balance commerciale défavorable ne suffit pas, allèguent **les partisans du bimétallisme,** à expliquer l'énorme baisse que subissent les changes.

Bulwark. – Du sens de boulevard, « terre-plein en avant d'un rempart », commun aux deux langues, ***bulwark*** passe à celui de **brise-lames, digue;** naut., **pavois.**

Bureau. – Syn. de ***escritoire*** (voir ce mot), **secrétaire, commode-bureau;** E. U. **commode** et même (**table de**) **toilette, coiffeuse!** ***bureau of information,*** **service, office de renseignements,** correspond à l'*Inquiry office* anglais; dans l'administration américaine: **bureau; service.**

– *I suppose... my memory to be a chest of drawers, a kind of* ***bureau.*** – Je suppose que ma mémoire est une commode, **une** manière (sorte) de **secrétaire.**

– ***Bureau,*** *a chest of drawers for clothes often made as an ornamental piece of furniture with a mirror (Webster's International Dictionary.)* – La traduction est inutile.

Bursar. – « As-tu envie que tes subjects te tiennent pour leur *boursier,* non pour leur roy? » (MONTAIGNE, *Essais,* III, vi) disait Philippe à Alexandre qui essayait de gagner les Macédoniens par des présents. Ce sens de **trésorier** est encore anglais, quoiqu'il s'applique spécialement au **trésorier** d'un collège, à un **économe.** ***Bursar*** signifie également un **boursier** *(exhibitioner)* dans les universités et écoles écossaises, un **étudiant** d'un établissement d'enseignement allemand (cf. *bursa,* N.E.D., 3 et *burse, ibid.,* 7.)

– *Each college has one or more* ***bursars*** *who administer the finances.* – Chaque collège a un ou plusieurs **trésoriers** qui administrent les finances.

Butcher. – Boucher, oui, non seulement au propre mais encore dans le sens de **chirurgien maladroit,** de **charcutier,** de **saboteur** (d'un travail); aussi, E.U. **vendeur ambulant de fruits, de cigarettes, de journaux.**

– *He became a* ***« train butcher ».*** *He was* ***« candy butcher »*** *two years.* – Il devint **vendeur ambulant** dans les trains. Pendant deux ans il **vendit** des bonbons (de la confiserie).

Butt, to butt. – Nombreux mots dont certains nous retiendront:

1° Bas latin *buttis,* ital. *botte:* **tonneau, outre à vin,** fr. **botte, boute** (dont le diminutif est **bouteille**), **tonneau, barrique, futaille de vin** ou **de bière** d'une capacité assez variable (cf. une **botte** d'huile, L. 1°).

2° D'origine germanique: **bout, gros bout** d'un objet quelconque, **crosse** de fusil; **billot, souche** (d'arbre); **talon** (de canne à pêche); vulg. **mégot.**

3° Fr. *but* ou *butte,* proprement **monticule, tertre, massif de terre** où l'on place le but, la cible pour tirer et viser (**L.,** 2°), d'où *the* ***butts,*** le **champ de tir.** Rapprocher: « Ce sont nos exercices que la chasse, la paume, la *bute...* » (MONTAIGNE, II, 2), c.-à-d. le tir. De là *en bute* « en évidence, exposé », et au fig. sens moderne, commun aux deux langues, « être le point de mire, être en butte à, servir de cible à » avec des nuances dans la traduction, que fait apparaître l'exemple suivant:

– Kipling n'a pas été épargné par ses condisciples et nous parle « des jeunes diables de quatorze ans ligués contre un **souffre-douleur** », *« young devils of fourteen acting in concert against one* ***butt*** *». (Something of Myself,* II.*)* Le même auteur ajoute: *To be made the* ***butt*** *of one's companions in full form is no bad preparation for future experiences.* – Servir de **tête de Turc** à ses camarades en pleine classe n'est pas une mauvaise préparation aux épreuves futures.

4° De même origine que le fr. *botte,* lui-même emprunté à l'ital. *botta,* terme d'escrime, coup de fleuret ou d'épée, sens rare en anglais, où le mot peut signifier **coup de tête** ou **de corne** (d'un bélier, etc.), d'où les expressions: *to run* ***full butt at,*** courir **tête baissée** sur. Cf. le coup de *boutoir* du sanglier: ***to stop full butt,*** **arrêter net.**

To butt. – Trois verbes dont deux nous retiendront: 1° intr. **cosser,** se dit des béliers qui donnent des coups de corne, d'où ***to butt into, against*** s.o. *or something,* **donner du front, buter** contre qqn. ou qq. chose, **foncer sur,** et famil. ***to butt in, to butt into the conversation,*** **intervenir sans façon dans la conversation, s'en mêler dire, placer son mot, son grain de sel;** trans. **frapper, donner de la tête** ou **des cornes** contre, **pousser dehors** (cf. le fr. † *bouter* dehors, *bouter* l'ennemi hors de France).

2° Est le fr. *abutter, abouter* (par aphérèse), **joindre, assembler bout à bout, rabouter, raboutir.**

Butter, to butter. – Noter: ***butter wouldn't melt in her mouth,*** **elle fait la sucrée, la sainte nitouche,** elle a **l'air de ne pas y toucher, on lui donnerait le bon Dieu sans confession.** ***Butter,*** famil. **flatterie, flagornerie, pommade;** de même, ***to butter one,*** **flatter, louanger, pateliner**

qqn., lui **coucher le poil** (L., 3e), le **cajoler**, lui **passer de la pommade**.

– *A lavish interchange of compliments, the* ***butter being laid on pretty thick.*** – On fit assaut de compliments **sans épargner la pommade.**

Button. – Voici quelques sens pittoresques ignorés du français: *a boy in* ***buttons,*** ou simplement: *a* ***buttons,*** un **jeune laquais** (en livrée), un **groom,** un **chasseur** (de club, etc.), un **mousse;** ***to put into buttons*** (comme nous dirions mettre en livrée).

Noter aussi les expressions: † ***It is in his buttons,*** **la fortune est à ses ordres, il est sûr de réussir, il a le vent dans les voiles** ou: **en poupe;** ***dash my buttons,*** **saperlipopette! nom d'un petit bonhomme!** ***To have a soul above buttons,*** se dit des personnes qui estiment que leur condition ou leur emploi est indigne de leurs talents. Cette expression a sans doute son origine dans une phrase de S. Colman (*Sylv. Daggerwood,* I, 10): *My father was an eminent buttonmaker... but* ***I had a soul above buttons...*** *I panted for a liberal profession.* Argot: le **compère** (d'un joueur de gobelets), celui qui, dans une vente aux enchères, fait monter artificiellement les prix sans avoir l'intention d'acheter.

Autres sens: **remontoir** d'une montre; *chocolate* ***buttons,*** **pastilles** de chocolat; **culot, résidu métallique** au fond d'un creuset.

Autres expressions familières: ***he has all his buttons (on),*** **il ne perd pas le nord, il a la tête sur les épaules;** aussi, **il est paré,** (fin) **prêt; à la coule.** Inversement: ***he has not got all his buttons (on),*** **il est pauvre, simple d'esprit, un peu simplet, marteau, cinglé, c'est un demeuré.** Aussi, ***he is a button short, he has some of his buttons off,*** **il lui manque une case, il a une case en moins; il a perdu le nord, la tête, la « boule », la boussole.**

– Une définition... élégante: *Boys* ***in buttons*** *(pages who minister to female grace).* (THACKERAY, *Newcomes,* XI.) – *Boys* ***in buttons*** (c'est-à-dire les pages qui sont les serviteurs de la grâce du beau sexe).

– *When we have* ***put*** *Joe* ***into buttons,*** *he will do very well to attend to the door.* (Th. HARDY, *Ethelberta,* XV, 123.) – Lorsque nous lui aurons **donné une livrée,** Joe fera très bien comme portier.

– *My father... had... a* ***soul above buttons'.*** (MARRYAT, *P. Simple,* I.) – Mon père... avait **dans l'âme une ambition plus haute.**

C

Cab. – En fr. comme en anglais, abrév. de *cabriolet,* ainsi nommé à cause des mouvements sautillants de cette voiture légère. Signifiait autrefois **voiture de place, fiacre, sapin,** auj. **taxi** (automobile). Autres sens: **abri, cabine, poste de conduite** (du mécanicien d'une locomotive); **guérite** (de grue); ***driver's cab*, guérite, cabine** (du chauffeur d'un camion, d'un omnibus, etc.).

Il y a un autre ***cab,*** abrév. de *cabbage,* non pas chou, mais famil. **retailles, gratte** (du tailleur), apparenté, semble-t-il, au v. fr. *cabas,* tromperie, vol, *jouer du cabas,* « escroquer » (dans Godefroy), et qui signifie **corrigé** dont se sert clandestinement un écolier, syn. argotique de *crib,* quoique moins usité.

– Lorsque le maître tailleur (*Bourgeois gentilhomme,* II, viii) s'est fait un habit avec la belle étoffe que lui a fournie M. Jourdain, celui-ci lui dit: « Il ne fallait pas le **lever** avec le mien », ce qui est rendu ainsi: ... « *You should not have* ***cabbaged*** *it out of mine* ».

Cabin. – **Cabane, case, hutte** (de terre, de gazon, etc.); **carlingue** (d'un avion); ***driver's cabin,*** ch. de fer élect., **loge, poste de conduite,** (av.) **de pilotage.**

– Titre de l'ouvrage de Mme Beecher STOWE: *Uncle Tom's* ***Cabin,*** la **case** de l'oncle Tom.

Cabinet. – Outre les sens français – dont le meuble à compartiments ou à tiroirs que l'on sait – et de ceux qui en sont dérivés, bonheur-du-jour, etc., on notera: ***(glass-)cabinet,* vitrine; collection de curiosités** (cf. notre cabinet de collection); abrév. de ***cabinet photograph,* photographie format album.** En compos. ***cabinet-maker,* ébéniste, *c.-making,* ébénisterie; *medal-cabinet,* médaillier, *music cabinet,* casier à musique, *cutlery-cabinet,* coffret à coutellerie, orfèvrerie de table, ménagère.**

Aux E.U., *the cabinet* ne s'entend pas du ministère comme en Angleterre ou en France, mais de l'*ensemble des Secrétaires d'État*. Il n'est pas solidairement responsable devant le Congrès. Il est composé des chefs des *Federal departments*, et ses membres sont désignés sous le nom de *cabinet members* ou *officers* et non pas de *cabinet ministers*.

– Lorsque, impatienté par les questions pressantes d'Oronte en quête de louanges, Alceste s'écrie : Franchement il (votre sonnet) est bon à mettre au *cabinet* (*Misanthrope*, I, ii.), le traducteur anglais (XVIIIe s.) rend cette boutade ainsi : « *Frankly, 'tis a very good one to lock up in your escritoire* (v. ce mot) ».

– Dans un roman anglais, dont l'action se passe en Allemagne, ***cabinet-wine*** ou ***cabinet*** doit s'entendre d'un vin **extra, de première cuvée.** Il s'agit là d'un germanisme, *Kabinettsauslese*, signifiant : vin **supérieur, grand** vin, vin **du meilleur cru.**

L'idée de supériorité, de caractère soigné se retrouve dans l'expression ***cabinet** edition*, édition **de luxe,** mais de moins grand format que la *library edition*.

Caboose. – Non pas cambuse *(steward's room, store-room; canteen)*, magasin du bord où sont conservés et distribués les vivres, mais **cuisine, coquerie** d'un navire marchand ; E.U. **fourgon** (de ch. de fer) ; **hutte, cabane.**

Cadence, cadency. – ***Cadence***, outre **cadence, rythme, battement,** signifie : **chute** de la voix, ***cadence** of the voice* ; **intonation, modulation.**

Cadency, **qualité de cadet, descendance de la branche cadette ;** ***mark of cadency***, en blason **brisure** (L., 4°).

– *Now was the sun in western **cadence** low* (MILTON, *P.L.*, X, 92) est un développement du latin *sol cadens*.

Cadet. – E.U. euphém. **souteneur, proxénète.**

Calendar. – Jur. **liste des accusés, des causes au criminel ; rôle des assises ;** E.U. **ordre du jour** (du Congrès) correspondant au *order paper* du Parlement britannique ; **annuaire** d'un collège, d'une université.

– *The **calendar** at Melchester had been light, occupying the court only a few hours.* (Th. HARDY, *Life's Little Ironies*, 100.) – A M., le **rôle** avait été peu chargé, ne retenant la cour que quelques heures.

– *The fear of swelling the **calendar** of state prisoners left no room but for sighs and lamentations*, c'est ainsi que Smollett rend ce passage de *Gil Blas* : « La crainte d'augmenter le **nombre** des prisonniers d'État ne me permit que de soupirer et de faire des lamentations ».

Callous. – De ce mot d'origine latine, *callosus*, « qui a la peau épaisse et dure », nous n'avons retenu que le sens propre : main, peau *calleuse* ; en anglais, l'acception figurée : **dur, insensible, endurci** est fréquente.

– *It is an immense blessing to be perfectly **callous** to ridicule.* (N.E.D.) – C'est un grand bonheur (un bonheur inappréciable) que d'être parfaitement **insensible** à (ou : **cuirassé** contre) la raillerie.

– Hazlitt met en parallèle les caractères de Richard III et de Macbeth ; il invoque les circonstances atténuantes en faveur de celui-ci, mais ajoute : *It is true, he* [*Macbeth*] ***becomes more callous*** *as he plunges deeper in guilt* (*Works*, I, 193.) – Il est vrai que Macbeth **s'endurcit** à mesure qu'il s'enfonce dans le crime.

Calumnia. – Jur. **instance abusive ; accusation fausse, mal fondée.**

Camera. – Phot. et non seulement cinéma : **appareil de prise de vues ;** E.U. famil. ***camera, eye***, **policier qui a... l'œil américain, une mémoire fidèle et tenace des physionomies,** dont l'œil est un véritable **appareil enregistreur.** Autres sens, ***camera** obscura*, **chambre** obscure, ***camera** lucida*, **chambre** claire ; jur. **cabinet** du Président, **chambre du conseil.** Une affaire est jugée ***in camera***, **en chambre du conseil, à huis clos.**

Campaign, campaigner, campaigning. – ***Campaign***, signifiant notamment (comme en fr.) **campagne militaire,** *a **campaigner*** sera un **soldat en campagne,** *an old **campaigner***, un vieux **soldat,** un vieux **troupier,** un vieux **routier,** un **vétéran,** un **briscard.**

To campaign, **faire des campagnes,** d'où ***campaigning***, **vie de soldat en campagne.**

Candid, candour. – Tandis que les mots français correspondants évoquent un sourire – qui de nous, en effet, aimerait à entendre louer sa *candeur*, à s'entendre qualifier de *candide* – ***candid*** et ***candour*** expriment simplement la **loyauté, l'honnêteté ; l'impartialité ;** † **l'absence de méchanceté,** la **bonté,** la **bienveillance ;** la **franchise.** La nuance, c'est que *candeur, candide* supposent de l'innocence, de la naïveté. Il en est de même pour *ingénu* et *ingenuous*.

Noter également l'expression *a **candid** friend*, employée ironiquement pour désigner l'ami qui, sous prétexte de franchise, vous **dit des choses désagréables, offensantes,** en un mot : **vos vérités.**

– *I know that your mind is **entirely candid**.* (N.E.D.) – Je sais que votre esprit est **libre de toute prévention.**

– *Your lectures meet with a very **candid** reception.* – Vos conférences sont très **favorablement** accueillies.

– *Save, save, oh! save me from the **candid** friend!* (CANNING, *New Moral, in Anti-Jacobin.*) – Délivrez-moi, délivrez-moi, oh ! délivrez-moi de l'ami **qui se targue de franchise,** du **diseur de vérités.**

– *I **candidly** acknowledged my former want of courtesy.* – Je demeurai d'accord **de bonne foi** de mon impolitesse.

– Rob. Crusoe pose à l'Espagnol dont il a sauvé la vie certaines questions importantes : *He answered with a great deal of **candour** and ingenuousness.* – Il me répondit avec beaucoup de **franchise** et de sincérité.

Faute d'avoir vu que *candour* et *ingenuousness* sont presque synonymes, Pétrus Borel traduit: « ... avec beaucoup de *candeur* et de sincérité ». Mais il y a réciprocité dans l'erreur, puisque traduisant ce passage du *Rouge et Noir* (ch. XIV): « Elle y vit l'effet d'une *candeur* charmante », M. Scott Moncriff dit: *« She saw in it the effect of a charming* ***candour*** *»*.

Remarque. – Le *Thesaurus* de Roget donne de ***candid*** les synonymes suivants: *sincere, ingenuous, honourable,* auxquels le N.E.D. ajoute: *free from bias, impartial, fair, just.* Rapprocher: le latin *candidus judex* (Horace), juge sincère; *candida sententia* (Ovide), sentence favorable.

Candle. – ***To hold a candle to one*** ne se rendra guère par ce qui semble être son équivalent français. En effet, celui-là *tient la chandelle* qui se prête à une turpitude dont il est dupe et, particulièrement, qui a des complaisances honteuses dans un commerce de galanterie (cf. la comédie de Musset, *Le Chandelier*). Cela se dit en anglais: ***to hold a candle to the devil. To hold a candle to,*** c'est simplement **aider quelqu'un en jouant un rôle subalterne,** d'où *he is not fit* ***to hold a candle to him,*** il n'est pas digne de **dénouer les cordons des souliers de cet homme, il ne lui vient pas à la cheville.**

Autres sens: **cierge,** ***tallow candle,*** **chandelle,** ***wax candle,*** **bougie.**

Métaphor.: **flambeau, flamme:** *Out, out, brief* ***candle!*** s'écrie Macbeth (V. v. 23) qui sent sa mort prochaine: Éteins-toi, éteins-toi, **flamme** éphémère!

Candlelight. – On notera, par ext. du sens propre: **tombée du jour, de la nuit, crépuscule, brune,** *soon after* ***candlelight*** *the firing was renewed,* peu après la **tombée du jour,** la fusillade reprit.

Candle-lighter. – **Acolyte,** « clerc qui accomplissait dans l'église les bas offices » (D.G.); **allume-feu** de papier roulé, **allumette** de papier, de copeau; **papillote** en papier.

Candle-power. – *A sixty-candle* ***power*** *lamp,* une lampe de soixante **bougies.**

Candler. – **Mireur,-euse** d'œufs.

Candle-tree. – *Myrica,* dit vulg. **cirier, arbre à cire;** aussi **parmentiera (cereifera).**

Canker. – C'est souvent (il y en a plus de quinze exemples dans Shakespeare) la **chenille** ou **larve** – que nous appelons lâchement **ver** – qui détruit boutons, bourgeons et feuilles. Son synonyme est *canker-worm.* Ç'a été aussi † **l'églantine,** et son synonyme, en ce cas, est *canker-rose.*

– *How sweet and lovely dost thou make thy shame*
Which, like a ***canker*** *in the fragrant rose,*
Doth spot the beauty of thy budding name!
(Shaks., *Sonnets,* XCV.)

Combien aimable et doux tu sais rendre l'opprobre
Qui, tout comme le **ver** la rose parfumée,
Entache la beauté de ton nom qui fleuronne!

– *I had rather be a* ***canker*** *in a hedge than a rose in his grace.* (Id., *Much Ado,* I, iii, 28.) – J'aime mieux être l'**églantine** qui fleurit au buisson que la rose qui s'épanouit au soleil de sa faveur.

Cannon, cannon (to). – **Carambolage; caramboler, faire un carambolage,** par corruption de † *carom, carrom,* abréviation du mot français; ***cannon off the cushion,*** **(coup de) bricole;** ***cannon*** *of a bell,* **cerveau** d'une cloche.

To cannon *against, into, with s.o.,* **heurter violemment** qqn.; **entrer en collision** avec, **télescoper** qqn. Nous disons aussi: **se caramboler.**

– *Even when he got a good chance of a* ***cannon,*** *the smallness of the balls caused him to fail entirely.* – Même quand l'occasion de faire un **carambolage** se présentait belle, la petitesse (l'exiguïté) des billes lui faisait manquer son coup.

Cannonade. – A ***cannonade*** *of laughter.* – Un **tonnerre** d'hilarité.

Canoe. – **Pirogue, périssoire;** ***to paddle one's own canoe,*** **aller son chemin; mener, conduire sa barque; arriver par soi-même.**

– *The Natives came on board in their* ***canoes.*** – Les indigènes vinrent en **pirogue** nous accoster.

– *R.L. Stevenson travelled through part of Belgium and France in a* ***canoe.*** – R.L. S. parcourut en **périssoire** (ou: à la **pagaie**) une partie de la Belgique et de la France.

Canon. – **Chanoine.**

– *The chapter was formed of secular* ***canons.*** – Le chapitre était formé de **chanoines** séculiers.

Canonize (to). – Outre les sens français: † **sacrer** † **déifier; sanctionner** (un usage, etc.).

Canopy, to canopy. – **Dais, pavillon, baldaquin.** Cotgrave: *« a canopie, tent or pavilion »*, et Rabelais: « Entre les précieux *canopées,* entre les courtines dorées. » (*Pantagruel,* III, 18). Autres sens, **ciel** (d'autel); **hotte** (de foyer); **tendelet** (de bateau); **auvent, marquise; voûte** (céleste), famil. **calotte** (des cieux); **dôme** (de verdure, etc.). Av. **verrière** (partie ouvrante et génér. vitrée d'un avion, dôme vitré recouvrant l'habitacle du pilote). Aussi **baldaquin** (de trône, de chaise, d'autel, etc.).

Au fig. **protection, égide, paravent.** ***To canopy,*** sens correspondants.

Canapé se dit *sofa.*

– *His [the King's place] was overhung by a* ***canopy*** *of crimson satin fringed with gold.* (Th. Hardy, *The Trumpet-Major,* XXX, 273.) – La place du roi était surmontée d'un **dais** de satin cramoisi frangé d'or.

– *The people had met under the* ***canopy*** *of heaven.* – Les gens s'étaient rassemblés sous la **voûte** des cieux (c.-à-d. **en plein air**).

– *Some people esteem themselves the sole lawful profiteers* ***under the canopy.*** – D'aucuns s'estiment, se croient les seuls profiteurs légitimes **sous la calotte des cieux.**

De là les américanismes: *He knows no one* ***under God's canopy, under the canopy,*** il ne connaît **personne au monde,** *I did not meet* ***anybody under the canopy,*** je n'ai rencontré **âme qui vive.**

– ***What under the canopy*** *do you intend to do with such a lot of money?* – **Que diable** voulez-vous faire avec tant d'argent?

– *While on his holidays he used to travel on foot and often slept* ***under the canopy.*** – Pendant ses vacances, il avait coutume de voyager à pied et dormait souvent **à la belle étoile.**

– *In* ***canopied*** *areas the application rate of the larvicide is increased to O.3. pound per acre.* – Dans les zones **couvertes,** le taux d'application du larvicide est porté à 0 3 livre à l'acre (0,4 ha environ).

REMARQUE. – Le sens figuré de *voûte des cieux* est fréquent chez Shakespeare. Le voici dans *Coriolan* (IV, v, 41): *Where dwellest thou?* ***Under the Canopy.*** Le jeu de mots peut se rendre ainsi: Où loges-tu? **A l'enseigne de Canope.**

Cant. – Est probablement le latin *cantus,* v. picard *cant,* fr. mod. *chant;* à l'origine: **argot, jargon** des voleurs et des mendiants; or, comme ceux-ci chantaient dans les rues et lamentaient leurs complaintes pour obtenir quelque aumône, ***cant*** peut signifier **(façon de) parler geignard(e), psalmodie** (des mendiants), puis: **argot du milieu, des coulisses, langue verte; style de pratique, terme du métier; patois;** † **formule, phrase toute faite, stéréotypée; formule favorite, mot à la mode, façon de parler au goût du jour; phraséologie consacrée, dénuée de sincérité; langage hypocrite, affectation de piété, de morale, de pruderie,** (sens adopté en français); celui qui use de ce parler, **hypocrite, Tartufe, cafard** (aussi sous la forme *canter*).

REMARQUE. – Un des synonymes de ***cant*** donné par le *Thesaurus* de Roget est: *hypocrisy,* et l'on relève (N.E.D., XVIIIe s.): *Hypocritical manners or what we call so emphatically* ***cant.***

Un autre mot: **inclinaison, obliquité, pente; coup, secousse,** etc. qui fait **dévier** un corps de l'horizontale ou de la verticale; gén. civ., etc. **dévers; plan incliné, surface oblique;** arch., etc. **pan coupé;** E.U. **bille de bois équarrie.** Aussi **arête** (d'un boulon, etc.).

– *The carriage made a great* ***cant.*** – La voiture fit un grand **écart.**

Canteen. – E.U. **bidon, gamelle. Ustensiles de cuisine de campement.** ***Canteen of cutlery,*** **service de table** (couteaux et orfèvrerie) **en coffre, ménagère.**

Canvas (s), to canvass. – Notre canevas est proprement une grosse toile dont on fabrique les voiles, etc. De même en anglais, ***canvass,*** **toile de tente, de voile,** et par ext. **tente, voile,** ***under canvass,*** mil. **sous la tente,** naut. **sous voile,** famil. ***canvas town,*** **agglomération de tentes, centre de camping;** ***with all her canvas spread,*** **toutes voiles dehors.**

Autres sens, **toile de peintre,** (une) **toile,** (un) **tableau,** ***to put a new canvas*** *to a painting,* **rentoiler** un tableau; † **toile à filtrer, à bluter, étamine,** d'où ***to canvass,*** au fig. **faire passer par l'étamine** (comme dit L.F., *Contes, le Roi Candaule*), **soumettre à un examen minutieux critiquer, passer au crible, éplucher** (les actions, la conduite de qqn.), **agiter, discuter** (à fond) une question; autres sens courants, comm. **faire la place, visiter le client;** pol. **faire une campagne, une tournée électorale,** ***to canvass for*** *votes,* **solliciter** les voix, les suffrages. ***Canvasser*** et ***canvassing*** ont les sens correspondants. Aux E.U. ***a canvasser*** est aussi un **scrutateur.**

– *The rest of the journey to Villevorde we still spread our* ***canvas*** *to the unfavouring air.* (STEVENSON.) – Pendant le reste du trajet vers Villevorde, nous continuâmes à tendre notre **voile** au vent ingrat (ou: sans que l'air daignât nous favoriser).

– *He wore* ***canvass*** *shoes.* – Il portait des souliers de **toile.**

– *Several* ***canvasses*** *by Burne-Jones.* – Plusieurs **toiles** de Burne-Jones.

– *Clubs where the reputations of men are cooly* ***canvassed.*** – Les clubs où l'on **épluche** froidement la réputation des hommes.

– *He is no good as a* ***canvasser.*** – Il ne vaut rien comme **placier (démarcheur).**

– *He* ***canvasses*** *personally for a seat in Parliament.* – Il fait personnellement **campagne** en vue d'un siège au Parlement.

– *His elder brother who* ***was canvassing*** *a constituency in the South had been defeated at the polls again and again,* c'est ainsi que Dorothy Bussy traduit ce passage de *Si le grain ne meurt* (p. 175) d'André Gide: Son frère aîné, qui **travaillait l'opinion** dans un département du Midi, s'était fait blackbouler et reblackbouler aux élections.

– (Emploi absolu) ***I have been canvassing*** *for you.* – **J'ai été demander une place, je me suis entremis** pour vous.

Cap. – Se dit de toutes sortes de couvre-chef sans bords et en étoffe: **bonnet; têtière** (d'enfant); **toque** (d'étudiant, de professeur); **béret** (de marin); **barrette** (de cardinal). ***Peaked cap,*** **casquette;** ***liberty cap*** ou ***cap of liberty,*** **bonnet phrygien;** ***night cap,*** **bonnet de nuit** (de dame), **bonnet de coton** (d'homme), famil., **grog chaud** que l'on prend au coucher; suite des sens: ***paper cap,*** **coiffure de cotillon;** ***skull cap,*** **calotte;** ***fool's cap,*** **bonnet d'âne;** ***cap and bells*** (marotte de bouffon, attribut de la Folie); ***cap of maintenance,*** **toque de cérémonie.**

Locut. div. et idiotismes, ***in cap and gown,*** **en toque et en toge, en costume académique, en robe (de professeur);** ***to come cap in hand,*** **se présenter humblement, chapeau bas;** (d'une femme) ***to set one's cap at a man,*** **jeter son dévolu sur un homme, entreprendre sa conquête, lui faire des avances, chercher à lui plaire;** ***if the cap fits, wear it!*** **à bon entendeur salut! qui se sent morveux (qu'il) se mouche!;**

***this is a new feather in his cap*, c'est pour lui un nouveau titre de gloire, un nouveau fleuron à sa couronne.**

C'est une plume à son chapeau, se dit de quelque chose qui est de distinction ou qui flatte la vanité. (L. 4e, *s.v.* plume).

Capability. – Capacité; gén. au pluriel: **capacité de rendement, ressources, promesses.** Cf. *possibilities.*

– *Sir Carte... was immensely struck with Hauteville, particularly with its* ***capabilities.*** (DISRAELI, *Young Duke,* I, vi.) – Sir Carte... fut fortement impressionné par Hauteville et tout particulièrement par ses **ressources.**

Capacity. – Noter les sens de **qualité, caractère, situation, condition.** *In my* ***capacity*** *as a critic,* en ma **qualité** de critique, *in an advisory* ***capacity,*** à **titre** consultatif.

– *The moon is... ready to act in the* ***capacity*** *of a guide.* – La lune est... prête à remplir l'**office** (jouer le **rôle**) de guide.

– La jeune Picotee a peur du mal de mer: *Picotee gazed upon the sea with a crestfallen look, as if she would rather not cross it in any* ***capacity*** *just then.* (Th. HARDY, *Ethelberta,* XXXI, 288.) – Picotee regarda la mer d'un air piteux, comme si elle préférait ne pas en faire la traversée pour le moment à quelque **titre** que ce fût.

Jur. ***to have capacity*** *to act,* **avoir qualité pour être habilité à** agir.

REMARQUE. – Noter l'expression ***to capacity,*** qui des E.U. a passé en Angleterre, où l'on disait auparavant *to its utmost capacity: The trams were* ***packed to capacity,*** les tramways étaient **bondés;** *the auditorium (the house) was* ***filled to capacity,*** la salle était **comble (pleine à craquer).** Adjectiv. *the play* ***drew capacity audiences,*** la pièce **faisait salle comble,** d'où ***seating capacity,*** **nombre de places assises** (dans un théâtre, une voiture, etc.), ***bed capacity*** *(of a hospital),* **capacité d'hospitalisation** ou **d'hébergement, nombre** de (effectif en) **lits, contenance (dotation) en lits.**

Cape. – Collet; camail (d'ecclésiastique); **collier, camail** (du coq).

Capital (adject. et subst.). – Noter que ce mot, employé familièrement ou non, prend parfois le sens de: **excellent, fameux, parfait, épatant, impayable, de première,** p. ex. dans l'expression *a* ***capital*** *joke,* une **excellente** plaisanterie, ou une plaisanterie **impayable,** *a* ***capital*** *medicine,* un remède **souverain.** Dans ce cas, on le rencontre fréquemment sous forme d'exclamation. On trouve également l'emploi adverbial: *You understand me* ***capitally,*** vous me comprenez **à merveille.**

Dans un autre ordre d'idées, signalons l'expression ***to make capital out of,*** **profiter, tirer parti, faire état de, exploiter** (un événement, etc.), (cf. l'allemand: aus etwas ***Kapital*** schlagen).

Capital ship, † **bâtiment, vaisseau de ligne;** « depuis le Traité de Washington de 1922, **tout navire de guerre** (à l'exclusion des sous-marins et des porte-avions) qui déplace plus de 10 000 t et dont le calibre des canons est supérieur à 203 mm. (Robert GRUSS, *Petit Dict. de Marine.*) Fin. et écon. pol. ***capital*** *expenses,* dépenses **en immobilisations** ou **d'investissement,** ***capital goods,*** **biens d'équipement, moyens de production,** par oppos. aux *consumers' goods,* biens ou produits de consommation: ***Working capital,*** **fonds de roulement.**

Arch. ***capital,*** **chapiteau,** lat. de basse époque *capitellum,* dimin. de *caput* « tête, sommet » : *A* ***capital*** *is only the cornice of a column.* (RUSKIN.)

– *You are a* ***capital*** *sitter.* – Vous êtes un modèle **parfait.**

– *This is a* ***capital*** *story.* – C'est une histoire **impayable.** C'en est une **bien bonne.**

– *It has been said that the anachronisms in the plays themselves show us that Shakespeare was indifferent to historical accuracy, and a great deal of* ***capital has been made out of*** *Hector's indiscreet quotation from Aristotle.* (O. WILDE, *Intentions.*) – On a dit que les anachronismes des drames eux-mêmes nous prouvent que Shakespeare était indifférent à l'exactitude historique, et **l'on a exploité à fond, tiré grand parti de** la citation maladroite d'Aristote par Hector.

« *Franck, it is so lucky! There's not a soul in my house but me to-night.* » – « ***Capital*** », *said Troy.* (Th. HARDY, *Madding Crowd,* XXIX, 271.) – « Oh! Franck, quelle chance! Il n'y a pas un chat chez moi ce soir. » – « **Fameux!** » s'écria Troy.

Capitalize (to). – Une (lettre) capitale étant une majuscule, l'anglais ***to capitalize*** signifie: **écrire (un mot) en majuscules,** et ***capitalization,*** **emploi des majuscules** (dans l'impression ou l'écriture).

Capitulate (to), capitulation. – « Il avoit esté *capitulé* qu'il se leveroit une armée pour l'exécution... (dans L., XIVe s.) c.-à-d. **convenu, stipulé.** Cet emploi, désuet en français, l'est aussi en anglais, mais a persisté jusqu'au XIXe s. D'ailleurs les sens archaïques de † **dresser, rédiger article par article, spécifier, énumérer** (cf. récapituler); † **conclure un contrat, un pacte** ont survécu en quelque mesure dans le substantif ***capitulation,*** (hist.) convention qui règle les droits des sujets d'une puissance sur le territoire d'une autre: les *Capitulations,* la *capitulation* impériale (v. Larousse, et N.E.D.); autres sens: **énumération des chapitres, des articles** (d'un traité, d'un livre), **argument sommaire** (cf. récapitulation).

– ***Capitulation*** *is not description.* (STEVENSON.) – Une **énumération** n'est pas une description.

– *They* ***capitulate*** *against us.* (SHAKS.) – Ils **concluent un pacte, se liguent** contre nous.

Capon. – *Break up this* ***capon*** (SHAKS., *L.L.L.,* IV, I, 56), ouvre ce **poulet** (entendez: **billet doux**); autre sens: appellation plaisante d'un poisson, notamment du **hareng saur.**

Captious. – Captieux, oui, mais aussi **chicaneur, vétilleux, pointilleux.** Shakespeare, à tort, semble avoir donné à ce mot le sens de ***capacious*** (*All's well,* I, iii, 208).

Capture (to). – Captiver, conquérir, séduire.

– *By the age of twenty-four,... he [Garrick] had gone on the stage and* ***captured*** *London with his performance of Richard III.* – Dès l'âge de vingt-quatre ans,... il était devenu acteur (était monté sur les planches) et avait **fait la conquête** de Londres par son interprétation de Richard III.

Caravan. – Le français caravane signifie parfois **roulotte,** voiture de forains, sens qui n'est pas dans Littré, mais que donne le Robert et que voici dans A. Daudet:

« Le lent grincement des roues d'une *caravane* aux petits rideaux rouges, au mince filet de fumée sur le toit reluisant de pluie. » (*Petite Paroisse,* XII.)

En anglais, aux XVIIᵉ et XVIIIᵉ s., **véhicule** (privé ou public) **transportant des voyageurs** ou **une société** (aujourd'hui *van*); au début du XIXᵉ s., **wagon de troisième couvert.** E.U. **convoi de voyageurs, d'émigrants.**

– *Several* ***caravans*** *containing wild beasts...* – Plusieurs **roulottes** renfermant des bêtes sauvages.

REMARQUE. – En 1959, l'Académie française a admis dans son Dictionnaire le mot « caravane » au sens anglais de: « remorque d'automobile destinée au logement et au « camping ») ».

Carbolic. – ***Carbolic*** *acid,* **phénol,** acide **phénique;** ***carbolic*** *lotion,* eau **phéniquée.**

Carcase, carcass. – Famil. **cadavre** (humain); **corps,** *to save one's* ***carcase,*** sauver sa **peau; bête abattue et préparée pour la boucherie,** c.-à-d. vidée, sans la tête, ni les abattis, d'où ***carcase-butcher,*** **boucher en gros, chevillard.** Mil. **boulet, obus incendiaire.**

Card. – Expressions tirées du jeu de cartes: ***It's a sure, a safe, a good card,*** **c'est une certitude, cela est sûr, il n'y a aucun risque;** au contraire, *it's a* ***doubtful card,*** c'est **risqué, hasardeux;** toujours dans la même ligne sémantique: *he is a* ***knowing,*** *an* ***artful card,*** c'est un **malin,** un **rusé compère,** une **fine mouche** ou: **pièce,** un **fin matois,** un **futé sur les idées,** comme disent les paysans; *he is a queer* ***card,*** un **drôle de type,** de **numéro,** de **pistolet,** un **original,** un **excentrique;** *he is* ***a safe card,*** on **peut compter sur** lui, lui **faire confiance;** famil. *it's not the* ***card,*** *the correct* ***card,*** ce n'**est pas de jeu,** cela **ne se fait pas,** ce n'**est pas catholique;** ***that's the card,*** **à la bonne heure, bien joué, bien combiné,** ce dernier sens étant un développement de celui de: programme des courses, des régates: *Here's the* ***correct card,*** *sir,* c'est le **programme officiel,** monsieur.

Autres expressions: ***It is quite on the cards that,*** **il est bien possible, il se pourrait fort bien, il y a de grandes chances** (pour) **que;** ***to speak by the card,*** **mettre les points sur les i, peser ses mots, ses paroles** (développement du sens désuet de *mariner's* ***card,*** – *compass,* rose des vents; compas de mer, boussole).

E.U. **avis officiel** ou non, **mandat** donné à un délégué de syndicat pour voter au nom de ses mandants, d'où ***card-vote,*** **vote plural, vote par procuration;** autres mots composés: ***card-index,*** **jeu de fiches, fichier, classeur;** ***card-sharper,*** **tricheur, fileur de cartes; bonneteur,** † **grec.**

– *Voltaire was in fact a «* ***card*** *» on a grand scale.* – Voltaire était en fait un **original** de grande envergure.

– *Future doctors and barristers spent a short period at Oxford or Cambridge... because it was* ***the correct card.*** – Les futurs médecins et les futurs avocats venaient passer quelque temps à Oxford ou à Cambridge, parce que cela était **de bon ton.**

Careen (to). – Trans., comme en fr. **mettre, abattre un navire en carène, le coucher sur le côté pour le réparer dans les œuvres vives** (L. 3°, s.v. *carène*), d'où intr. **donner de la bande, se coucher dangereusement,** d'où encore, E.U., se dit d'une automobile **qui penche sur le côté.**

REMARQUE. – *Caréner* signifie aussi: donner un profil aérodynamique aux carrosseries d'automobiles: une automobile bien *carénée.*

Career, to career. – Le substantif peut se rendre généralement par son frère français. Cependant, l'anglais usait du mot ***career*** pour exprimer l'**apogée,** le **summum,** le **zénith** de l'activité d'une personne.

To career, **courir à tombeau ouvert, filer à toute vitesse, à fond de train, fendre rapidement (les flots).**

Terme de manège: † **faire des passades.**

– *A beauty... in the* ***career*** *of her conquests.* – Une beauté... au **fort** de ses conquêtes.

– *As I stood in the dark and the slush and the snow... I saw* ***careering*** *towards me a motor-bus.* (ALPHA, *Leaves in the Wind,* p. 68) – Comme je me tenais là dans la nuit, les pieds dans la neige fondue, je vis un autobus qui **arrivait** dans ma direction **à toute vitesse.**

Carnal. – † **Sanguinaire; séculier,** ***carnal*** *weapons* (Gibbon), comme qui dirait: le bras **séculier;** enfin **mondain.**

– *This* ***carnal*** *cur.* (SHAKS., *Rich. III,* IV, iv, 56:) – Ce chien **sanguinaire.**

– *Mirth and pleasantry were looked upon as the marks of a* ***carnal*** *mind.* (ADDISON, *Spect.* n° 494.) – La gaîté et la plaisanterie étaient considérées comme les marques d'un esprit **mondain.**

Carnation. – Au XVIᵉ s. *coronation,* et Turner (1538) emploie la forme *incarnacyon.* C'est un **œillet.**

Carnival. – Figurément: **fête, réjouissance;** style relevé, **bacchanale, orgie, saturnale,** et, populairement, **fête à tout casser, noce, sabbat.**

A ***carnival*** *of imagination,* une **débauche** d'imagination.

– *The bazaar must have been a perfect* ***carnival*** *for the little ones.*

(Lady Barker, *A Year's Housekeeping,* Tauchnitz, 202.) – Le bazar (ou la vente) de charité dut être une vraie **fête** pour les petits.

– Un match entre Harvard et Princeton: *The match ended in a draw and so deprived us of the great* ***carnival*** *of victory... that is the crowning frenzy of those... encounters.* (Alpha, *Windfalls,* p. 75.) – La partie est nulle et nous prive donc des **saturnales** de la victoire, qui sont le délire final de ces luttes.

Carpet. – Est le v. fr. *carpite,* tapis de table, et signifie non pas carpette, « tapis d'emballage » ni tapis de dimensions restreintes, mais **tapis** en général. Les tapis, étant autrefois des objets rares, devinrent les attributs du luxe, de la mollesse et symbolisèrent les salons, le boudoir, par opposition aux camps (des soldats), d'où ***carpet-knight*** que Cotgrave (1611) traduit par **mignon de couchette,** auj. **officier, héros de salon,** ***carpet*** *poet,* poète **mondain;** ***to walk the carpet*** se dit d'un domestique convoqué pour **se faire réprimander, semoncer, laver la tête;** sens apparenté: *to be* ***on the carpet,*** être **sur la sellette.**

† ***Carpet-bag,*** **sac de voyage, de nuit, valise,** orig. **en tapisserie;** ***carpet-bagger,*** terme de mépris appliqué (E.U.) aux **aventuriers politiques,** et (Angl.) à tout **candidat au Parlement, étranger à la circonscription,** d'où, par ext. **intrus, métèque** qui se mêle des affaires d'un pays où il n'a pas d'attache. ***Carpet-dance,*** **sauterie;** ***carpet-bed,*** **parterre, plate-bande de fleurs,** ***carpet-path,-walk,*** **allée, chemin gazonné.**

Cart. – Voiture à deux roues: **charrette, carriole, tombereau.** Ne pas confondre avec *waggon (q.v.)* **chariot, voiture à quatre roues.**

To put the cart before the horse, **mettre la charrue devant les bœufs.** ***Apple-cart,*** **voiture à bras** (de marchand de quatre saisons), famil. ***to upset the apple-cart,*** **chambarder, déjouer, bouleverser, déranger les plans** de qqn. **brouiller les cartes;** ***to put s.o. right in the cart,*** **mettre qqn. dans l'embarras, dans le pétrin, dans de beaux** ou: **jolis draps,** le **laisser en plan,** etc., aussi ***to be in the cart,*** mêmes sens. ***Cart-horse,*** **cheval de trait,** ***to work like a cart-horse,*** **travailler comme un nègre;** ***cart-load,*** **charretée, voiturée, tombereau** (de sable, de fumier, etc.); ***cart-wheel,*** **roue de charrette,** famil. **grosse pièce de monnaie, thune,** † **pièce d'une couronne.** ***To turn cart-wheel,*** **faire la roue** (sur les pieds et les mains). ***To cart-wheel,*** se dit d'un avion, etc.) **qui fait un** ou **plusieurs tonneaux.**

– *A* ***cart*** *is the emblem of a man, and a coach is the figure of a beast: for a man hath two legs and a* ***cart*** *hath two wheels.* (N.E.D.) – Une **charrette** est l'emblème de l'homme et un coche (un carrosse) est le symbole de la bête; car un homme a deux jambes et une **charrette** a deux roues.

Carton. – E.U. **centre, blanc** (d'une cible); **mouche, balle qui fait mouche.**

Cartoon, to cartoon. – **Dessin humoristique** ou **satirique** souvent sur page entière, concernant les événements du jour, d'où **charge, caricature** et ***to cartoon,*** **faire le portrait humoristique de qqn., le caricaturer, le tourner en ridicule, en faire la charge.**

– *He had a very* ***cartoon*** *of a face.* (Jacobs, *Many cargoes,* 251.) – Son visage ressemblait vraiment à une **charge.**

– Comment tuer le temps: *He examined the* ***cartoons*** *in Punch down to the grain of the paper.* – Il examina, jusque dans le grain du papier, les **caricatures** de Punch.

Cascade, to cascade. – **Flot, jabot** (de dentelle, de rubans, etc.). ***To cascade,*** **vomir** (L. 4°), par allusion à un passage de Smollett (*Humphry Clinker,* Oct. 4th, 1771) où il compare Tabitha Bramble sauvée des eaux à une figure de fontaine: *She* ***cascaded*** *in his urn (of Father Thames),* elle **vomissait** dans son urne. Emploi devenu familier et même vulgaire aux E.U.: **dégobiller.**

Case. – Du sens général de « cas » (latin *casus*) commun aux deux langues, on passe en anglais aux emplois suivants: jur. **affaire, cause, procès** porté devant un tribunal: ***case in point, in question, specific case,*** **cas d'espèce; argument:** *The* ***case for*** *the eight hour day,* les **arguments (qui militent) en faveur de** la journée de huit heures; ***leading case,*** **décision, arrêt, jugement qui fait jurisprudence,** et peut donc être invoqué comme précédent, ***to make out one's case,*** **faire, établir la preuve de, prouver ce qu'on avance** ou **prétend;** ***the case for the Crown (or. the prosecution),*** **l'accusation,** *this concluded* ***the case for the prosecution,*** ainsi se termina **l'acte d'accusation, le réquisitoire.** *The* ***case for*** *the prisoner at the bar,* la **défense** du prévenu; ***that is our case, my Lord,*** formule par laquelle la défense termine sa plaidoirie, **plaise au tribunal** (ou **à la cour) d'adopter nos conclusions.** ***There is no case for*** *the prosecution,* l'accusation **est mal fondée;** ***there was no case against him,*** ou: ***his case has been dismissed,*** **il a été mis hors de cause, il a bénéficié d'un non-lieu, l'affaire, son affaire a été « classée »;** famil. ***he has no case,*** c.-à-d. *no convincing argument,* **il sera débouté de sa demande.**

Méd. **cas** au sens concret: le **malade,** le **patient,** le **sujet:** voire le **blessé,** *the serious* ***cases,*** les grands **blessés.** E.U. *he is a* ***case,*** c'est un **original,** un **type,** un **numéro,** un **phénomène.** *A* ***hard case,*** un **mauvais sujet,** un **mauvais garçon,** une **forte tête,** un « **type pénible** » comme on dit en Suisse romande; aussi: ***he's a hard case,*** **on ne sait par où (par quel bout) le prendre; il est inflexible, irréductible; il est incorrigible.** Adm. *the* ***hard cases,*** les **cas difficiles.**

En compos. ***case-book,*** **recueil de jurisprudence,** ***case-law,*** **précédents droit jurisprudentiel, jurisprudence;** ***case-finding,*** **dépistage, détection** (d'un cas de maladie); ***case-holding,*** **mise en observation, surveillance post-cure** ou **post-thérapeutique;** ***case-history,*** **anamnèse, anamnestiques, antécédents (commémoratifs)** (d'un sujet), ***case-history method,*** **étude des dossiers individuels;** (cf. ***case record,***

dossiers des cas d'espèce), ***case study***, étude **de cas individuels** par oppos. à une étude qui permettrait de dégager des conclusions plus générales, étude « **pratique** » par oppos. à une étude « théorique », étude **spéciale.** ***Casework***, **service social individualisé,** ***social casework***, **service social individuel et familial.**

– *The **case** has not yet been investigated.* – L'**affaire** n'a pas encore été instruite.

– ***This is the case for the defence.*** – **La défense va prononcer sa plaidoirie.**

– *Shakespeare has **made out a strong case** for Shylock.* – Sh. a **établi fortement** la thèse de S.

– *One or two **hard cases** had kicked up a row in the prep room.* (KIPLING.) – Une ou deux **fortes têtes** avaient fait du chahut dans la salle d'étude.

– Un grand seigneur processif veut plaider: *He believed that he had a **case**.* – Il croyait avoir **raison,** avoir **le droit pour lui, être bien fondé dans sa demande.**

– Famil. par abrév. de l'expression *It was a **case** of love at first sight* (**le coup de foudre**) **:** ***It's a case***, **les voilà mordus, bien mordus.**

REMARQUE. – On ne confondra pas avec une autre *case*, qui est le latin *capsa*, « coffre », v. fr. *chasce, chasse*, fr. mod. *châsse*, et v. picard *casse*, d'où les multiples acceptions du mot qui gravitent autour du sens général de *contenant:* **caisse, boîte; étui, coffret, écrin** (à bijoux); **trousse** (de chirurgien, de vétérinaire); **gaine, fourreau,** lâchement **housse** *(a **case for a chair**);* **boîtier** (de montre); **casse** (d'imprimerie), ***lower case***, **bas de casse,** ***upper case***, **haut de casse,** sans oublier les mots composés dont on trouvera le sens dans les dictionnaires courants, notamment ***dressing-case***, **nécessaire, sac, trousse de toilette, de voyage;** ***surgical dressing-case***, **trousse de pansement;** ***glass-case***, **vitrine,** *spectacle-, cigar-**case***, **étui** à lunettes, à cigares.

– *Why be given a body if you have to **keep it shut up in a case** like a rare fiddle?* (Kath. MANSFIELD, *Bliss*.) – Pourquoi nous a-t-on donné un corps s'il nous faut l'**enchâsser** (ou: le **mettre en vitrine**) comme un stradivarius!

Casket. – Cassette, coffret à bijoux, † **écrin;** parfois synonyme d'**anthologie,** de **florilège,** de **choix.** E.U. **cercueil.**

– *I unlock the **casket** of memory.* (HAZLITT, *Table talk*, II, x, 223.) – J'ouvre la **cassette** (ou plutôt: l'**écrin**) de la mémoire.

– ***Casket*** *of modern and popular songs* (titre). – **Choix** de chants modernes et populaires.

– *In America a coffin is called a **casket**.* (Traduction inutile).

Caste. – Caste, certes, mais ***to lose, renounce caste***, c'est **déchoir** (de), **déroger** à (son rang, etc.) employé aussi absol. ***Half-caste***, **métis, Eurasien.**

– *He thought he would **lose caste** if he took to business.* – Il s'imaginait qu'il **dérogerait** s'il se mettait dans les affaires.

– *The cattle-breeders formed a class apart, and were so to speak, the **half-castes** of Irish society.* – Les éleveurs de bétail formaient une classe à part et étaient comme les **métis** de la société irlandaise.

Castle. – La tour (aux échecs); autre sens: **château-fort.** Prov.: *an Englishman's home is his **castle***, **charbonnier est maître chez soi.**

– Vautrin dit à Rastignac *(Père Goriot):* Enfin, je ne suis ni un pion ni un fou, mais une **tour,** mon petit, ce que le traducteur rend ainsi: *In a word, I'm not a pawn nor a bishop in the game, I'm a **castle**, young man.*

Castor (var. orthog. de **caster**). **–** Subst. du v. *to cast*. **saupoudroir, saupoudreuse** (de sucre, de sel, etc.), **poivrier; burette** (à huile, à vinaigre); ***castors, set of castors***, **guédoufle, huilier, ménagère de table.** Autre sens: **roulette** (de fauteuil, de guéridon, etc.) d'où *the chair **runs on castors***, le fauteuil **est à roulettes.**

– Depuis que Farfrae y a introduit ordre et méthode, Henchard (HARDY, *Mayor of C.*, XIV.) voit prospérer son entreprise: *It had formerly moved in jolts, now it went on **oiled castors**.* – Autrefois elle s'était développée par à-coups; maintenant, elle marchait sur des **roulettes bien huilées.**

Castor. – Castoréum; argot **chapeau** (en poil de castor). Un autre mot: **châtaigne** (des jambes du cheval).

Castor oil. – Ne pas croire que ce mot désigne ce qu'Ambroise Paré appelle *huile de castor*, qu'on nomme aujourd'hui *castoréum* et qui s'est dit jadis en anglais *oil of castor*, mais bien comprendre **huile de ricin.** Recommander l'emploi, pour certains moteurs, du *castoréum* au lieu de l'**huile de ricin** risquerait probablement d'être fatal auxdits moteurs. Ce nom est le résultat d'on ne sait quelle confusion, mais a été consacré par l'usage. On a été jusqu'à appeler la plante ricin, ***castor oil*** *plant* ou *tree*.

Plais. ***castor-oil merchant***, **toubib; monsieur Purgon.**

– Voici une ordonnance d'un journal de médecine (1789), que l'on croirait faite pour Argan: *His bowels to be kept open by **castor oil**.* – Lui tenir les entrailles libres au moyen d'**huile de ricin.**

Castrate (to). – ***To castrate*** *a book*, **expurger** un livre.

Casual, -ly. – Comme en fr. **fortuit, accidentel :** « les événements sont *casuels* » (Bossuet); jur. condition casuelle « qui dépend du hasard »; le (gain) casuel, c'est le revenu, le profit *incertain*. De cette idée de contingence, de caractère fortuit, l'anglais passe à des développements que les exemples vont faire apparaître, et le mot s'applique même aux personnes: **qui manque de méthode, insouciant, négligent; cavalier, désinvolte, sans-gêne** et peut donc comporter un jugement de valeur, aussi bien qu'un jugement de réalité, comme p. ex. dans *a **casual** labourer*, un travailleur **occasionnel, intermittent, sans emploi régulier,** *a **casual** poor*, et subst. ***a casual***, un **indigent de passage,** ***c. ward***, **asile de nuit;** mil. ***a casual***, (homme) **isolé.** L'adv. a les sens correspondants. *To speak **casually**,* parler **d'un ton indifférent, dégagé, désinvolte, d'un air détaché,** etc. *He uttered this **casually**,* **en passant.**

– *He took his meals **in a casual way** without any attempt at regularity.* – Il prenait ses repas **au petit bonheur** sans tendre aucunement à la régularité.

– *They strolled along talking as they always talked, of **casual things.*** – Ils déambulaient en parlant, comme ils le faisaient toujours, **de tout et de rien** (ou: **de la pluie et du beau temps,** comme qui dirait **à bâtons rompus**).

– *My editing of the weekly may have been a shade **casual.*** (Kipling, *Something,* p. 111.) – Peut-être ai-je dirigé cet hebdomadaire un peu **en amateur.**

– *Experience has proved to the most **casual** observer the fallacy of many economic theories.* – L'expérience a prouvé à l'observateur le plus **superficiel** le sophisme de maintes théories économiques.

– *The most **casual** speech would reveal his superiority.* – La conversation la plus **banale,** les propos les plus **insignifiants** révélaient sa supériorité.

– *We shall not invite Mr. N.: he is really **too casual.*** – Nous n'inviterons pas M. N.: il **manque par trop de savoir-vivre,** il **est par trop sans-gêne, sans façon,** il **en prend trop à son aise, est par trop cavalier.**

– *Then **casually** he asked her if she would not take a turn in the Park.* – Puis, **sur un ton indifférent,** il lui proposa de faire un tour au Parc.

– *He picked up a magazine and opened it **casually.*** – Il prit une revue et l'ouvrit **au hasard.**

Casualty. – Accident (de personne); **perte** (en hommes); ***casualties,*** **pertes en morts et blessés.** (V. *fatality.*)

– ***Casualties*** (ou: ***casualty list***), **liste des pertes** (en morts, blessés et disparus).

Catapult. – Lance-pierre; fronde.

Catechize (to). – Tandis que *catéchiser* signifie « instruire dans la religion chrétienne », et famil. *endoctriner, sermonner, prêcher, **to catechize,*** c'est aussi p. ext. **faire subir un interrogatoire en règle, tenir sur la sellette, cuisiner, tirer les vers du nez.** Syn. du *Thesaurus* de Roget: *put to the question, interrogate, pump, cross-question, examine.*

– *The prisoner **was catechized** for hours together.* – Le détenu **subit** des heures durant un **interrogatoire en règle** (famil. il **fut cuisiné** pendant des heures d'affilée).

Catholic, catholicity. – Ces mots ont conservé en anglais une signification plus large qu'en français et plus conforme à l'étymologie, *katholikos,* universel. A noter en outre que, même en matière religieuse, ***Catholic** Church,* a plus d'extension que Église catholique, puisqu'elle comprend tout ce qui constitue la chrétienté, catholiques, orthodoxes, protestants.

Ne pas oublier de rendre la nuance de sympathie, de largeur de vues ou de goût, de tolérance qui s'attache aux mots anglais.

– Voici un exemple intraduisible, mais caractéristique: *Of these two universities, Cambridge is decidedly the more catholic (not Roman catholic, but human catholic).* (Carlyle, – dans N.E.D.)

– Une description de la nature par Stevenson *(l'Oise en crue): On these different manifestations the sun poured its clear and **catholic** looks.* – Sur ces différentes manifestations le soleil versait l'**universelle sympathie de sa clarté.**

– *What was of **catholic** rather than national interest.* – Ce qui était d'un intérêt **universel** plutôt que national.

– *It is important to cultivate a true **catholicity of taste.*** – Il importe de cultiver une véritable **largeur de goût,** un véritable **éclectisme.**

– *He [Voltaire] was very **catholic** in taste, being able to love Racine without ignoring the lofty stature of Shakespeare.* (J. Morley, *Voltaire,* ch. III.) – Voltaire avait un goût très **éclectique:** son amour pour Racine ne lui faisait pas méconnaître la haute stature de Sh. (1).

Cautelous. – Quand Scott écrit: *I have been **cautelous** in quoting mine authorities,* on reconnaît un des sens latins de *cautela:* « prudence, précaution ». On rendra donc par **prudent, circonspect.**

Caution (to), caution. – Précaution, circonspection; avis, conseil, mise en garde, et, dans l'armée, **commandement préparatoire** ou: **d'avertissement, attention!,** aussi en signalisation routière. Autres sens, **réprimande:** *he was dismissed **with a caution,*** le juge s'est contenté **de le réprimander,** il s'en est tiré **avec une réprimande;** famil. **numéro, phénomène, original, type, personne de mise ridicule, caricature, épouvantail,** etc.; le mot peut s'appliquer même aux choses.

Remarque. – En Écosse et aux E.U., ***caution*** correspond aussi au fr. caution « garant, répondant ».

– Sir Petez Teazle médite tristement sur les désagréables surprises du mariage: *Yet, I chose with **caution** – a girl bred wholly in the country, who never knew luxury beyond a silk gown, nor dissipation above the annual gala of a race ball.* (Sheridan, *School for Scandal,* I, ii.) – Pourtant, j'ai été **circonspect** dans mon choix – une fille élevée entièrement à la campagne, qui n'avait jamais connu d'autre luxe qu'une robe de soie, ni d'autre distraction que le gala annuel d'un bal à l'occasion des courses.

– *The patient had to be spoken to with **caution.*** – Il a fallu parler au malade avec **ménagement.**

(1) Le goût de Voltaire était, en réalité, assez étroit. L'exemple cité n'a qu'un intérêt linguistique.

– ***Caution!*** *steep incline*, **attention!** descente rapide. Si l'avertissement s'adresse par exemple à l'ouvrier chargé de la mise en marche d'une machine, ***Caution!*** signifie: **Précautions à prendre, mise en garde.**

– *His wife was what the Yankees call a* ***caution.*** – Sa femme était ce que les Américains de la Nouvelle Angleterre appellent un **numéro.** (Il s'agit d'un texte emprunté à un auteur américain.)

– *Remember well the* ***caution*** *I have given you.* – Souvenez-vous bien de **l'avertissement** que je vous ai donné.

Cave. – Caverne, grotte, antre souterrain; ***cave-dweller*** ou ***cave-man,*** **habitant, homme des cavernes, troglodyte;** famil. ***cave-man,*** **homme cavalier, qui use de la manière forte, y va à la hussarde** avec les femmes, ***cave-woman,*** **dragon;** pol. *the* ***cave,*** **scission, sécession,** et collect. **les dissidents, les mécontents:** allusion à la scission du parti libéral (1866) qu'un membre du Parlement avait comparée à la retraite de David dans la caverne d'Hadullam *(David... escaped to the cave Adullam)* où tous les mécontents le rejoignirent. (*I. Samuel,* XXII, 1-2). A rapprocher de nos « Saxons ».

– *Humanity takes itself too seriously. It is the world's original sin. If the* ***cave-man*** *had known how to laugh, history would have been different.* (O. WILDE, *Dorian Gray,* III.) – L'humanité se prend trop au sérieux. C'est le péché originel du monde. Si l'**homme des cavernes** avait su rire, l'histoire aurait été différente.

– Pour se protéger des bêtes fauves et des sauvages, Robinson Crusoe se demande s'il est préférable de creuser une **grotte** sous terre ou de dresser une tente sur le sol, *whether I should make me a* ***cave*** *in the earth, or a tent upon the earth.*

REMARQUE. – Moyen mnémotechnique: nous disons: des joues *caves,* c.-à-d. « creuses », et les mots *cave, caveau, caverne* sont tous issus du latin *cavus,* « creux ». Ex. « Il (Nicandre) parle de la *cave* (c.-à-d. du « caveau ») où il doit être enterré ». (La Bruyère), et Victor Hugo a écrit encore: « La *cave* (la *caverne*) du lion est effrayante ». (*Lég. des siècles,* XX.)

Celebration. – La **communion; manifestation de sympathie** (à l'occasion de l'avancement, de la retraite d'un collègue, etc.), **louange, éloge.**

Celebrator. – Plaisam., **fêtard,** se dira p. ex. de celui qui, sous prétexte de fêter un événement, profite de l'occasion pour boire, pour « arroser ça ».

Cell. – Est le latin *cella* « chambre » avec idée accessoire de « cachette », et a les sens de son diminutif *cellula* **cellule.** Ajoutons-y les suivants: poét. **cabane, case, chaumière; coin** (paisible et retiré); **tanière, antre, repaire** (d'une bête sauvage); **tombe, sépulcre; cachot, prison,** ***condemned cell,*** **cellule de condamné à mort;** ***dark, padded cell,*** **cabanon;** élect. **élément de pile;** typog. **cassetin.** Biol. ***blood-cell,*** **globule sanguin, ou : du sang,** ***blood-cell-count,*** **numération globulaire.**

Censure (to), censure. – Comme le latin *censura* l'anglais ***censure*** a signifié **opinion, avis, jugement:** *Take each man's* ***censure,*** *but reserve thy judgment.* (SHAKS., *Hamlet,* I, iii, 69) – Prends l'**avis** d'un chacun, mais réserve ton jugement. On comprend, d'autre part, que ***to censure*** ait voulu dire, comme en latin encore: **juger, apprécier** sans aucune idée de blâme ou de réprobation: ***Censure*** *me in your wisdom* (SHAKS., *J. Caesar,* II, 2, 16), **Jugez-moi** en votre sagesse.

Autre sens: **condamnation, sentence judiciaire,** désuet, mais encore employé par Swift (*Gulliver,* I, vii, 82): *The council thought the loss of your eyes too easy a* ***censure.*** – Le conseil a estimé que la perte de vos yeux était une **peine** trop douce.

Smollett emploie le mot dans le sens de **défaveur, disgrâce.**

– Traduisant le passage suivant de *Gil Blas* (VII, iii): Il est au désespoir de s'être attiré votre **disgrâce,** il écrit: *He is in despair at having drawn down your* ***censure*** *upon him.* A vrai dire, on aurait attendu plutôt: « *... at having incurred your displeasure* ».

Centigrade. – Aux termes de la loi française du 2 avril 1919, *centigrade* ne veut plus dire que « centième de grade » (ou la dix-millième partie de l'angle droit). Par conséquent, le mot français *centigrade* n'est plus applicable aux degrés du thermomètre et a été remplacé par *centésimal.* Or, comme la loi française n'est naturellement pas en vigueur en Angleterre, le mot ***centigrade*** y conserve son sens thermométrique, et il faut le rendre par **centésimal.**

– *The* ***centigrade*** *scale is often used in England in scientific experiments.* – L'échelle **centésimale** est fréquemment employée en Angleterre pour les expériences scientifiques.

Centre. – Cintre (échafaudage).

– Dans *The Winter's Tale* (II, i, 102), Léontès s'écrie: Me tromper? Autant dire que ce sur quoi j'édifie ma conviction, mon **cintre...**

The ***centre*** *is not big enough to bear*
A schoolboy's top.

n'est pas assez fort pour porter la toupie d'un écolier.

Schmidt ignore cependant ce sens. Il a compris que ***centre*** désignait, comme fréquemment chez Shakespeare et Milton, la Terre, centre du monde.

Ceremony. – *Disrobe the images if you do find them decked with* ***ceremonies.*** (SHAKS., *J. Caesar,* I, i, 70.) – Dépouillez les statues si vous les voyez parées d'**ornements sacrés,** citation qui montre le passage de l'abstrait au concret.

Dans la même tragédie (II, ii, 13) Calpurnia dissuade César de sortir: – *Caesar, I never* ***stood on ceremonies,*** *Yet now they fright me.* – Je ne me suis jamais **arrêtée aux présages,** César, mais maintenant ils me font peur. (Trad. Ch. M. GARNIER.) Ne pas confondre avec la locution: ***to stand upon ceremony*, être formaliste, faire des embarras, des cérémonies,** sens français.

Certain. – Anglicisme: *he is **certain** to do it:* il est **certain** qu'il le fera, il le fera **sûrement,** *the town is **certain** to be taken:* il est **certain** que la ville sera prise, la ville sera **sûrement** prise, sera prise à **coup sûr, ne manquera pas** d'être prise. Même tournure avec *sure, likely,* etc.

REMARQUE. – En français, *certain* précédant le substantif exprime l'indétermination: jusqu'à un *certain* point, une femme d'un *certain* âge, *certain* renard gascon... En anglais l'adjectif ainsi placé marque la certitude: *A **certain** indication of a coming tempest,* l'indice **certain** d'une tempête imminente, *a **certain** remedy,* un remède **certain, sûr, infaillible.**

Certificate. – Toute pièce, tout document attestant un point de fait ou de droit, etc.; administr. *birth, death, mariage **certificate,*** **acte** de naissance, de décès, de mariage; *loan **certificate,*** **titre** de prêt; jurid. *(a) **bankrupt's certificate,*** (un) **concordat,** d'où *(a) **certificated bankrupt,*** (un) **failli concordataire;** *mortgage **certificate,*** **cédule** hypothécaire. Naut., ***certificate of registry,* acte de nationalité, lettre de mer;** ***service certificate,*** **livret matricule.** ***Registration certificate, c. of registration,*** **matricule;** aussi **permis de séjour** délivré à un étranger. Enfin, ***teacher's certificate,*** **diplôme;** ***certificate of competency,*** **brevet d'aptitude.**

REMARQUE. – Aux E.U. ***a certificate*** doit s'entendre d'une attestation délivrée par les écoles à ceux de leurs élèves qu'elles estiment pouvoir être admis sans concours dans les établissements d'enseignement supérieur.

Chain. – Naut. ***chains,* porte-haubans; *chain*** (pour *chain-plate*), **cadène** de haubans; (pour *chain-shot*) **boulet ramé.** *Leadsmen **in the chains!*** les sondeurs **à leur poste!** ***Chain** of observation posts, of sentries,* **cordon** de postes d'observation, de sentinelles. Elect. ***chain** of insulators,* **chapelet** d'isolateurs. En compos. ***chain-armour,*** **cotte de mailles;** ***chain-bag,*** **sac de dame à mailles de métal;** ***chain-bit,*** **mors à gourmette;** ***chain-case,*** abusiv. **carter,** en réalité, **gaine rigide, garde-chaîne, couvre-chaîne;** † et E.U. ***chain-gang,*** **chaîne, cadène de forçats;** ***chain-store,*** **magasin à succursales (multiples),** etc.

Chair. – Est le v. fr. *chaire,* latin *cathedra,* **chaise à dossier** et a ce sens, auquel on ajoutera celui de **fauteuil** et spécialement de **fauteuil présidentiel,** voire métaphor. aux E.U. celui de **président.** Ce dernier sens est devenu archaïque en Angleterre, sauf dans les expressions *to address the **chair,*** s'adresser au **président,** *to appeal to the **chair,*** en appeler au **président,** *to support the **chair,*** se ranger à l'avis du **président;** ***Chair! Chair!*** **A l'ordre! A l'ordre!**

Autre sens, **chaire** (de professeur); ch. de fer: **coussinet, chaise** (de rail). Aux E.U. ***chair*** signifie aussi (la) **barre** (des témoins), (en anglais *witness-box*).

Enfin, *the **chair*** (mis pour ***electric chair***) peut désigner la **chaise** ou le **fauteuil électrique** qui sert à l'exécution des condamnés à mort. Entre le fauteuil présidentiel et le fauteuil électrique, quel immense intervalle et quelle déchéance!

– *The **chair** was calling and pounding for order. No one could be heard, nor any one listened to: so, the **chair** sat down and lit a cigar* (dans HORWILL.) Un fauteuil qui rappelle à l'ordre, qui s'assied, etc., cela dépasse le fauteuil des *Précieuses ridicules* (sc.x) qui tend les bras à Mascarille! Aussi bien, ce n'est pas de cela qu'il s'agit: – Frappant du poing, le président multipliait les rappels à l'ordre. On n'entendait plus personne et personne ne pouvait se faire entendre. Sur quoi, le **président** prit le parti de se rasseoir et d'allumer un cigare.

– *The French representative supported the **chair.*** Le délégué de la France se rangea à l'avis du **président.**

REMARQUE. – On voit que l'anglais ***chair*** remplit le double office de *chaire* et de *chaise.* Cette dernière forme est un développement dialectal de la forme primitive, et remonte au XVᵉ s.

Chairman. – Le **porteur** (de la chaise d'autrefois) est monté en grade puisque aujourd'hui il occupe le fauteuil de la présidence. Mais c'est aussi celui qui, dans les établissements de cure, pousse les fauteuils roulants pour malades, que les Anglais appellent *a bath chair.*

– *A half-dozen of chairs were now called, and... the word was privately given to the **chairmen** to go to Leicester Field* (THACKERAY, *Esmond,* I, XIV.) – On manda une demi-douzaine de chaises, et... on donna en secret l'ordre aux **porteurs** de se diriger vers L.F.

Challenge (to), challenge. – *To challenge* est l'anc. fr. *chalenger, chalongier* (lat. de basse époque *calumniare* « accuser faussement »), d'où les sens et emplois suivants: † **accuser; réprouver, reprendre; demander raison;** mil. (de la sentinelle) **interpeller, crier « qui vive? », sommer de donner le mot de passe;** vénerie: (des chiens) **donner de la voix** en suivant une piste; **récuser** (un juré, etc.); **démentir** (une nouvelle, etc.); **contester** (l'exactitude d'une déclaration, les titres, les droits de qqn.); **réclamer, exiger, revendiquer** comme un droit et donc, syn. de *to claim* et *to demand*); **provoquer, susciter** (la critique); **forcer, imposer** (le respect, l'admiration), **solliciter, s'imposer à** l'attention; **défier, mettre au défi,** et p. ext. ***to challenge** a laboratory animal,* **éprouver** (par inoculation d'un virus, etc.) un animal d'expérience, de laboratoire, famil. un cobaye. Le subst. a les sens correspondants. Nous avons adopté *challenge,* terme de sport, au sens de défi porté par le *challenger* au *challengee,* tenant ou détenteur du titre. On verra par les exemples les multiples développements auxquels ont donné lieu, au pr. et au fig., les principaux sens que nous venons d'énumérer.

En compos. biol. ***challenge dose,*** **dose d'épreuve, dose expérimentale** ou **provocatrice.**

– *This report has not been **challenged.*** – Cette nouvelle, ce bruit n'a pas été **démenti(e).**

– *He **challenged** me **in single combat.*** – Il m'**appela en duel** (il m'**envoya un cartel**).

– *From the point of view of the writer, it [my book] presented a certain technical **challenge** which made it interesting to do.* (Ag. CHRISTIE, *The Murder of Roger Ackroyd, Foreword.*) – Aux yeux de l'auteur, le roman se présentait comme une certaine **gageure** technique qui en rendait l'exécution intéressante.

– *All this while he kept filling my glass, and **challenging** me to keep pace with him,* dit Smollett traduisant ce passage de *Gil Blas,* I, 11: En même temps, il versait du vin dans mon verre et m'**excitait** à lui faire raison.

– Parlant du critique, qui selon lui est un artiste, O. Wilde *(Intentions)* dit: *There is nothing that has not in it suggestion or **challenge.*** – Il n'est rien qui n'ait en soi le pouvoir d'évoquer ou de **provoquer.**

Pour le clinicien *each disease is a **challenge,*** chaque maladie représente une **bataille à gagner.**

– *The **challenge** is scarcely met.* – Ce n'est guère relever le **défi.**

– *He accepted the **challenge.*** – Il releva le **gant.**

– Compte rendu de l'ouvrage de Gertrude Himmelfarb sur Darwin *(Darwin and the Darwinian Revolution): In a sentence that **challenges** the reader's exact use of words she avers that « suffering was the motif of Darwin's life as surely as science was its motive »,* phrase difficile à rendre en fr. à cause du jeu de mots sur *motif* et *motive.* Essayons pourtant: Dans une phrase qui **exige** du lecteur le sens de la propriété des mots (ou: des termes), elle affirme que « la souffrance a été le *leitmotiv* de la vie de D. aussi sûrement que la science en a été le moteur ».

– Une des idées maîtresses de l'historien Arnold J. Toynbee est celle du **défi** que le milieu porte à l'homme, *the **challenge** of the environment.*

– Manchette d'un journal: *The **challenge** of labour,* les **revendications** ouvrières (ou: des travailleurs).

– Autre manchette: *The **challenge** of the distressed areas,* l'**appel** des régions éprouvées (ou: déshéritées) qui, par définition, ont **droit** à l'assistance, ou aux réparations selon le cas.

– Titre d'une brochure: *A **challenge** to patience and civilization.* – La patience et la civilisation **à l'épreuve.**

– *Coleridge's works may be said **to challenge** admiration.* – On peut (bien) dire que l'œuvre de C. **force** l'admiration.

– *A charming spectacle (or: sight) **challenged** our attention.* – Un spectacle charmant **s'imposa** à (ou: **sollicita**) notre attention.

– *Pain may appear as an injury, or an insult, or a **challenge.*** – La douleur apparaîtra comme une injustice, un affront ou un **aiguillon** (une **incitation** à agir).

– *Mr. Churchill had **challenged** and ranted at the delay.* – Apprenant ce retard, M.C. avait (litt. **donné de la voix,** c.-à-d.:) **tonné** et **tempêté.**

Chamber. – Pièce, salle, *presence **chamber,*** **salle** d'apparat, **salle** du trône. (Voir *presence.*) Au pl. **garçonnière, appartement de garçon; cabinet de consultations** (d'un avocat), **étude** (d'avoué, d'homme de loi); *judge **in chambers,*** juge **des référés,** ***chamber-counsel,*** **avocat consultant, avocat-conseil.**

– *To hear a case **in chambers,*** juger une affaire **en référé, en chambre du conseil, en conciliation.**

Chance. – Peut être synonyme de † **mauvaise chance,** de **malheur,** d'**infortune,** de **mésaventure,** d'**accident fâcheux** *(mischance),* s'emploie alors au pluriel. Un sens apparenté, courant aux E.U., tend à être adopté en Angleterre, c'est celui de **risque**: *It is better not to take any **chances,*** il est préférable, il vaut mieux ne courir aucun **risque,** ***to take a long chance,*** **risquer gros.** On distinguera cet emploi du sens d'**occasion favorable** dans des acceptions différant quelque peu des nôtres; aussi ***the main chance,*** **l'intérêt, les intérêts matériels, la possibilité, l'occasion de s'enrichir,** d'où *to look to, keep an eye on **the main chance,*** veiller à ses **intérêts,** ne pas perdre de vue son **propre intérêt,** famil. songer, s'attacher au **solide,** au **quibus.**

Adject. ou attrib. **accidentel, fortuit, de hasard, de rencontre, de fortune;** *a **chance** stroke,* un coup **dû au hasard,** un coup **de raccroc,** « où il y a plus de bonheur que d'adresse ».

– *His pride was determined to leave nothing to **chance.*** – Son orgueil ne voulut rien laisser au **hasard.**

– *All **chances** incident to human frail life.* – Tous les **malheurs** inhérents à (auxquels est sujette) la vie éphémère de l'homme.

– *He never got a **fair chance.*** – Il n'a jamais eu l'**occasion de montrer ce qu'il sait faire, de donner sa mesure.**

– *The President knew that he was **taking a chance.*** – Le Président savait qu'il **courait un risque.**

– *The courage of England **does not go with the chances** of a commercial crisis.* – Le courage de l'Angleterre n'**est pas à la merci** d'une crise commerciale.

– Un commissaire-priseur fait monter les enchères: *This **chance** may never come again... May I say five thousand six hundred, sir?* (GALSWORTHY, *The skin game,* II, i.) – Vous ne retrouverez jamais cette **occasion...** Puis-je aller jusqu'à cinq mille six cents livres, monsieur?

REMARQUE. – De même que *success (q.v.),* ***chance*** est un mot neutre. On a dit *good or evil chance* comme l'atteste l'exemple suivant emprunté à Smollett traduisant un passage de *Gil Blas* (VII, IX): *What a whimsical alternation of **good and evil chances!*** – Quelle succession bizarre et de **disgrâces** et de **prospérités!**

L'ancien fr. *cheance* signifiait proprement « chute », puis « chute de dés », d'où « hasard », devenu enfin sens moderne « heureux hasard ». On conçoit donc qu'on puisse dire « mettre les chances contre soi; les chances de perte ou de gain sont égales »(D. G., *s.v.* II).

Chancellor. – Angl. *The **Chancellor of the Exchequer***, **le ministre des finances.** ***A chancellor*** peut être aussi ce que nous appelions autrefois le **recteur** d'une université (L. 2°); en Écosse, le **président d'un jury, le premier juré;** aux E.U., titre de certains juges de tribunaux spéciaux institués par divers Etats.

Chandelier. – **Lustre** (luminaire).

Chandler. – Du v. fr. *chandelier*, « marchand, fabricant de chandelles », mais signifie en outre: **épicier, épicier-droguiste; marchand de couleurs; fournisseur, *corn-chandler*, † blatier, grainetier, grainier,** *ship-**chandler***, **approvisionneur, fournisseur** de navires; **entrepreneur** de marine.

– *The neighbour stigmatized him as a **chandler***. (Dickens, *Sk. Boz*, 285) – Le voisin le stigmatisa du nom d'**épicier.**

Change (to), change. – Dans les deux langues, le premier sens est **changement:** le *change* des saisons (Malherbe); et « vous m'osez pousser à la honte du *change!* » (Corneille, *Cid.* III, vi).

Ce sens général de **changement** est resté anglais: **changement** (d'air, de temps, de lieu de séjour, d'état, etc.), ***change** of air, of weather, of residence, of condition. You need a **change***, vous avez besoin d'un **changement** (d'air, d'occupation, etc.). Mil. ***change** of station*, **changement** de garnison. Autres sens: ***change** of clothes*, vêtements de **rechange;** *change of moon*, **changement** de lune, et par ext. **nouvelle lune, phase; *change of life*, ménopause, retour d'âge;** *the **changes** of life*, les **vicissitudes** de l'existence, ***sudden changes** of fortune, les* **revirements** de la fortune. Du sens commun aux deux langues de « action de changer deux monnaies de pays différents » on passe à celui de changer de l'argent et p. ext. de **petite ou menue monnaie,** de **pièces divisionnaires** données en échange d'un billet ou après un paiement: *I'll get **change** for 5 £*, je vais **changer (faire la monnaie** de) 5 livres; ***no change given*, on ne rend pas la monnaie, on est tenu de faire l'appoint;** *you may keep the **change***, vous pouvez garder la **monnaie,** le **reste,** le **surplus.** Pour les sens fig. voir les exemples.

'Change, considéré à tort comme une abrév. de *Exchange* (v. ce mot), ellipt. le lieu où se font les opérations de change (cf. notre *Pont au Change*, et nos modernes *agents de change;* aussi L. 4° et 5°) et partant **la Bourse.** (V. Robert 1° *s.v.).*

Suite des sens: **variations, permutations** dans la sonnerie des cloches, ***to ring changes*, carillonner (en changeant l'ordre des cloches), en modulant sur leurs divers timbres.** D'où au fig. ***to ring the changes on a subject*, ressasser, rabâcher un sujet, chanter qqch. sur tous les tons,** etc. Pop. ***ringing the changes*, vol au rendez-moi.** En Écosse, ***change*** = **cabaret.** En compos. ***change-house*, tournebride; *change-over*, changement d'un système à un autre; changement radical, revirement, renversement** (d'une politique, etc.); ***change-over** of shifts, of watches*, **relève** des équipes, (naut.) des quarts.

To change a les sens correspondants. Famil. intr. (du lait, du vin, etc.) **surir, aigrir, tourner.**

Remarque. – Employé absolument, ***change*** peut signifier: (le) **nouveau,** (la) **nouveauté,** (la, les) **réforme(s).**

– *Old people hate **change***. – La **nouveauté** répugne aux vieillards.

– ***A change** of clothes, a few instruments and my gun.* – Des vêtements **de rechange,** quelques instruments et mon fusil.

– ***Anything for a change***. – **Tout nouveau, tout beau.**

– D'une recrue feignante qui prétend chambarder le règlement J. Conrad dit ironiquement *(Nigger of the N.,* I*): The votary of **change** followed*, l'apôtre des **réformes** emboîta le pas (aux marins qui vont, eux sans regimber, répondre à l'appel).

– ***No change given***. *Passengers are requested to examine their tickets and their **change** before leaving.* – **Prière de faire l'appoint** et de vérifier son billet et sa **monnaie** avant de quitter le guichet.

– *Not one word did... he... **change** with his charmer that day.* (Thackeray.) – Ce jour-là, il n'**échangea** pas un seul mot avec son enchanteresse.

– ***I'll give him change for that*** *(or: **take my change out of him**)*. – Je lui **rendrai la monnaie de sa pièce** (ou: **il me le paiera, il me revaudra ça**).

– ***Take your change out of that!*** – **C'est tout ce que vous aurez de moi! (Débrouillez-vous avec ça! Si ça ne vous plaît pas, allez vous promener!).**

– Dartie (*Man of Property*, II, IX) a régalé une jolie femme qu'il courtise: *As he was obliged to confess to himself, he got **no change out of her***. – Comme il était obligé de se l'avouer à lui-même, **elle ne l'avait pas payé de retour.**

Remarque. – Le sens *général* de « action de changer une chose contre une autre » a survécu chez nous dans l'expression « gagner, perdre au change ». Le « change » était « ce qu'on donne en échange », d'où au fig. rendre le change: rendre la pareille. Sens très proche de celui que font ressortir nos 3 derniers exemples.

Channel. – Deux mots: 1° est le v. fr. *chanel, chenal*, var. de canal. Noter les sens suivants: outre **lit** (d'un fleuve, d'une rivière), **passe, chenal** (d'un port); **canal, détroit** d'où *the **(English) Channel***, la **Manche,** *the **Channel islands***, les **îles anglo-normandes;** par analogie: **conduit** (d'un liquide, d'un gaz); **cannelure, glyphe** (d'une colonne); **rainure; rigole d'irrigation; rigole** (de rue ou de route); ***channels** of communication*, au pr., **voies de communication, grandes artères;** au fig. *through the **channels** of diplomacy*, par la **voie** diplomatique. Autres sens: **débouché,** *to open new **channels** to coal trade*, ouvrir de nouveaux **débouchés** au commerce du charbon; *the* ***channels of trade,*** les **courants** d'échanges.

– *With such qualifications as he possessed, two* ***channels*** *of employment lay open.* – Compte tenu de ses aptitudes, deux **voies** s'ouvraient à son activité professionnelle.

– Quand Lesage écrit (*Gil Blas,* VI, iii): Gil Blas devient le favori de l'archevêque de Grenade et le **canal** de ses grâces, Smollett traduit ainsi: *Gil Blas becomes the archbishop's favourite, and the* ***channel*** *of all his favours.*

2° Corruption de ***chain-wale(s),*** naut., **porte-hauban**(s).

Chant, to chant. – Plain-chant, psalmodie. ***To chant,*** **psalmodier, chanter, chantonner en traînant sur les sons, parler d'une voix chantante,** syn. de *to intone (q.v.);* **chanter les louanges de** qqn. ou de qch., et p. ext. **vanter** les « qualités » d'un mauvais cheval, le **faire passer pour bon,** le **« maquignonner ».**

– *She had* ***chanted*** *mockingly a well-known burden.* – Elle avait **chantonné d'une voix traînante** et moqueuse un refrain (une scie) bien connu(e).

– *An aged man... began* ***to chant...*** *a profusion of Celtic verses.* (W. SCOTT.) – Un vieillard... commença à **psalmodier...** une kyrielle de couplets celtiques.

Chape. – Attache (d'une boucle, etc.); **chape, bout, bouterolle** (d'un fourreau d'épée), **dard;** par anal. **bout** de la queue du renard; aussi **coulant** (de ceinture).

Chapel. – Édifice du culte (chrétien) autre que ceux de l'Église officielle. ***Chapel-people,*** **dissidents** (1). Famil.: *are you Church or* ***Chapel?*** Êtes-vous anglican ou **dissident?** ***Chapel of ease,*** † **aide, succursale** (d'une église paroissiale), **annexe;** ***to keep a chapel,*** **assister à un office,** ***to miss a chapel,*** **manquer un office.** Typ. **atelier syndiqué,** *father of the* ***chapel,*** chef de l'**atelier** (d'ouvriers imprimeurs). Famil.: ***to take to chapel-going,*** **se mettre, tomber dans la dévotion.**

Chaperonage. – Ce mot de formation anglaise n'existe pas en fr.: il se dit de la **conduite** ou **surveillance** (d'une jeune fille), du **fait de** (la) **chaperonner.**

Chaplain. – Aumônier, *army* ***chaplain,*** **aumônier** militaire. Une histoire qui, en 1919, courait les camps aux E.U.: un bleu de faction hèle un arrivant: *Halt! Who goes there?* – *Chaplain.* – *Pass, Charlie.*

Chaplet. – *Chapelet,* dit L. (Etymol.), diminutif de *chapel,* petit chapeau, puis, partic. la couronne de roses que l'on mettait sur la tête de la sainte Vierge, ou rosaire; enfin, par similitude avec le rosaire, un certain nombre de grains enfilés et formant une sorte de couronne ou rosaire. Le fr. *rosaire,* et l'angl. *rosary* ont la même histoire.

Mais chapelet, ou le tiers du rosaire, s'est plutôt dit † *a pair of beads,* et se dit (a *string of*) *beads,* et le mot ***chaplet*** signifie couramment **couronne de fleurs, de feuilles d'or, de pierreries.** Aussi, p. ext. **tortis** (de perles).

REMARQUE. – Le sens de **couronne, bandeau** (de fleurs, d'or, de pierreries) a persisté chez nous jusqu'au XVIe s. et dans son Dictionnaire, Huguet en donne une colonne d'exemples.

– *St. Peter holds in his hands the* ***chaplet*** *which designates his martyrdom.* – Saint-Pierre tient dans ses mains la **couronne** du martyre.

Chapter. – *A* ***chapter*** *of accidents,* une **suite,** une **kyrielle** d'accidents, de malheurs, de mésaventures; famil. **la série noire.** ***To give chapter and verse*** *(for something),* **citer le chapitre et le verset de la Bible,** au fig. **citer ses autorités, mettre les points sur les i.** ***To the end of the chapter,*** **jusqu'au bout, jusqu'à la fin des temps, jusqu'à la consommation des siècles.**

– *This is a question on which doctors will disagree, to* ***the end of the chapter.*** – Il s'agit là d'une question sur laquelle les médecins seront en désaccord **jusqu'à la consommation des siècles.**

– *The broker, after this preface, which I, like a fool, took for* ***chapter and verse,*** *told his journeymen to undo their bundles,* dit Smollett, traduisant ce passage de *Gil Blas,* I, XV: Le fripier, après ce préambule, que je pris sottement **au pied de la lettre,** dit à ses garçons de défaire leurs paquets.

Char-a-banc. – Auto-car, famil. **car.**

Character. – Réputation et, sens concret: ce qui l'atteste ou en fait foi: **certificat** (d'employé, de domestique), **références, livret** (d'ouvrier). ***To give one a character,*** **lui servir de répondant.** Nous disons: *caractère d'un personnage* de théâtre, de roman, l'anglais dit: ***Characters*** *(of Shakespeare's plays),* **personnages** (des pièces, du théâtre de Sh.). Spéc. ***character actor,*** **acteur de genre** qui, dans un théâtre de variétés ou au *music-hall,* joue les **excentriques.** En effet, ***a character,*** ce peut être famil.: un **numéro,** un **original,** un **type,** un **phénomène.** Mais ce peut être aussi une **personne, un individu quelconque,** un **quidam.**

Jur. ***character evidence,*** **témoignage** ou **témoin de moralité.** *Non-disclosure of* ***character,*** non-révélation des **antécédents.**

– *She got a place with a false* ***character.*** – Elle se plaça avec un faux **certificat.**

– Une femme légère dit plaisamment: *I have turned actress to preserve my* ***character.*** – Je me suis fait comédienne pour conserver ma **réputation.**

– Froude s'indigne contre l'injustice de ses compatriotes

(1) C.-à-d., en Angleterre et en Irlande, les catholiques. En Ecosse, par contre, où l'église presbytérienne a la consécration officielle, ce terme s'applique aux *non-conformists.*

envers les Hollandais du Cap: *We justified our conquest to ourselves by* ***taking away the character*** *of the conquered.* (*Oceana,* III.) – Nous justifiâmes notre conquête à nos propres yeux en **calomniant** les vaincus.

Ces deux derniers ex. montrent que, employé absolument, ***character*** peut avoir un sens favorable. En voici la contre-épreuve: Le comte Galiano, à qui Fabrice a recommandé Gil Blas, dit à celui-ci: Il suffit que F. vous présente et **réponde de vous,** et Smollett de traduire: *If F.* ***gives you a character,*** *that is enough.* Mais le plus souvent, le sens est déterminé par un adj. qualificatif. Gil Blas se présente à l'archevêque de Grenade: Ah! c'est vous, c'est vous, s'écria-t-il, dont on m'a fait un si **bel éloge,** et Smollett de dire: *Ah! it is you, exclaimed he, it is you of whom so* ***fine a character*** *has been given me.*

– *He has* ***given you an excellent character.*** – Il m'a **parlé très avantageusement de vous.**

– *Mr. C. is a* ***perfect character.*** – M. C. est un **parfait galant homme.**

– *A woman of* ***bad character*** n'est pas une femme qui a mauvais caractère, une femme acariâtre, c'est une femme de **mauvaise vie.**

– *Her husband* ***was a bad character.*** – Son mari **ne valait pas grand-chose.**

– Interrogatoire d'un témoin: *Pastor Anderson is a minister, a very good man, and Dick's a* ***bad character.*** (B. Shaw, *Devil's Disciple,* III.) – Le pasteur Anderson est un ministre du culte, un homme de bien, et Dick est un **mauvais sujet** (un **mauvais garçon,** un **vaurien**).

– *Dangerous* ***characters...*** *prowled and skulked in the metropolis at night* (Dickens, *Barn. Rudge,* XVI.) – De dangereux **malfaiteurs...** rôdaient et se cachaient de nuit dans la capitale.

– Emploi métaph.: *Your roads* ***bear no very good character.*** (*Id., ibid.,* X.) – Vos routes **sont plutôt mal famées.**

– *He was a* ***character,*** *as it is called: by this is meant a mind cast in a peculiar mould.* (N.E.D.) – C'était un **original.** (Le mot français rend superflue l'explication qui suit.)

– *This novel is English in* ***character.*** – Ce roman est dans le **genre** anglais.

– *This actor seems* ***completely absorbed in the character he personates.*** – Cet acteur semble **entrer complètement dans la peau de son personnage.**

Charge (to), charge. – Bien que le développement des sens ait été le même qu'en français, ces deux mots ont des emplois plus étendus que les nôtres. Il n'y a pas de difficulté à comprendre *the children are* ***put in the charge*** *of the nurse,* les enfants sont **confiés à la garde, aux soins** de la bonne, mais *the robber was* ***given in charge*** signifie le voleur à **été arrêté,** confié, si l'on peut dire, à la police. Pour reprendre le premier exemple, on notera le sens concret; *the nurse took her young* ***charges*** *for a walk,* la bonne a emmené les **enfants** (**dont elle a la garde**) à la promenade; de même *the minister and his* ***charge,*** le pasteur et ses **ouailles,** et par ext. la **paroisse** d'un curé), le **diocèse** (d'un évêque), etc., soit la **circonscription** confiée à un ministre de la religion.

Expressions issues du sens de fonction dont on est chargé: ***person in charge of,*** **administrateur de, délégué, préposé à,** ***official in charge*** *of a service,* **gestionnaire** d'un service; dans l'armée, *the* ***officer in charge,*** **l'officier de service, de semaine, celui qui commande.**

The ***population in the charge*** *of the town-council,* les **administrés** du conseil municipal. En politique, ***to have a bill in charge,*** **être rapporteur d'un projet, d'une proposition de loi.**

Autres sens: **recommandation, exhortation,** ***parting charge,*** **dernière recommandation;** spéc. **mandement** (d'un évêque); ***the judge's charge to the jury,*** **les instructions générales que le juge donne aux jurés, le résumé des débats** qu'il fait à leur intention, une fois la cause entendue; jur. ***charge,*** fait qui pèse sur la situation de l'accusé, **accusation, inculpation** (cf. témoin *à charge* qui se dit en anglais *witness for the prosecution).*

Le sens de **prix** (demandé, fait, compté pour une chose) s'explique aisément: on acquiert celle-ci à *charge* d'en payer la contre-valeur. ***To charge*** signifie donc **demander, prendre, faire payer un prix** pour une marchandise, un service, et non pas en charger, c.-à-d. en grossir le prix (L. 14°). C'est donc à tort que nos amis Canadiens disent: « combien *chargez*-vous pour le lot? » au lieu de: « combien demandez-vous pour, combien me faites-vous le tout? »

En blason, ***charge*** = **pièce,** ***charge*** *overlying another,* **pièce** qui broche sur une autre, **pièce** brochante, d'où nous avons tiré notre expression familière: .... et brochant sur le tout...

Remarque. – Ne pas confondre l'expression ***to take charge of*** *s.o., of something,* **se charger de, avoir soin de** qqn. de qqch., **en faire son affaire,** avec l'expression familière appliquée aux choses et employée par antiphrase; elle peut s'appliquer aussi bien à la voiture dont **on n'est plus maître** qu'au bateau **qui va à la dérive,** ou au cabestan **qui se dévire,** etc.: *the car, the boat, the capstan* ***took charge.***

En compos. ***charge-account,*** E.U. **compte courant;** jur. ***charge-book,*** **rôle des accusations,** ***charge-list,*** – ***sheet,*** **liste, état des infractions** tenu à jour dans chaque poste de police.

Entre autres sens correspondants du verbe, signalons notamment **commander, ordonner, enjoindre** (de); **exhorter** (à), **adjurer** (de) (spéc. d'un évêque); **sommer** (de).

– Macbeth, que les prophéties des sorcières ont étonné, leur demande des éclaircissements (I, iii, 78): *Speak, I* ***charge*** *you.* – Parlez! je vous l'**enjoins** (ou: je vous l'**ordonne**).

– *The Major told him the news – of Arthur's happy crisis, of his mother's arrival with her* ***young charge.*** (Thackeray, *Pendennis,*

LIII.) – Le Commandant lui raconta l'heureuse issue de la maladie d'Arthur, l'arrivée de sa mère avec la **pupille** de celle-ci.

– *The bridge had been built under his* ***charge.*** – Le pont avait été construit sous sa **direction.**

– *The reckless driver was* ***charged*** *with manslaughter.* – L'automobiliste casse-cou fut **inculpé** d'homicide involontaire. (Sens juridique.)

– *The merchants* ***charged*** *the licence system with favouring the Port of London to the detriment of other ports.* – Les marchands **reprochent** au système des licences de favoriser le port de Londres au détriment des autres ports. (Sens général.)

– *The* ***charge*** *given by the judge was as clear as could be.* – Le **résumé** du président fut aussi lumineux qu'on pouvait le désirer.

– *Well, what have you to say to the* **charge?** – Voyons, qu'avez-vous à dire pour votre **défense?** littéralement: qu'avez-vous à **répondre à l'accusation?**

– *Bishop Horsley of Manchester, in a famous* ***charge,*** *attacked the Methodists as conscious or unconscious agents of the Atheist or Jacobin propaganda.* – Horsley, évêque de Rochester, dans un **mandement** fameux, s'en prit aux méthodistes eux-mêmes, instruments conscients ou inconscients de la propagande athée ou jacobine.

– *The clergy should reside within their* ***charges.*** – Les membres du clergé doivent résider dans le lieu **où ils exercent leur ministère.**

– *What is the* ***charge*** *for admittance (to the theatre)?* Quel est le **prix** des places?

– « *Heal the sick, raise the dead, cleanse lepers, cast out devils. You received without cost; give* ***without charge*** », c'est ainsi que *The New English Bible* rend le verset de saint Matthieu (10,8) que l'*Authorized Version* avait libellé: « *freely you have received, freely give...* » Guérissez les malades, ressuscitez les morts, purifiez les lépreux, chassez les démons; vous avez reçu **gratuitement,** donnez **gratuitement.**

Charger. – Deux mots: † **grand plat;** † **destrier, cheval de bataille, cheval d'armes.** Fam. **Bucéphale.** Outre **chargeur** (de fusil, etc.), **chargeuse** mécanique.

– *His (John the Baptist's) head was brought in a* ***charger*** *and given to the damsel.* (*Bible, Matthew,* 14,11.) – Et fut la tête d'icelui apportée dans un **plat** et donnée à la fille.

– *The lord of the manor was mounted on his* ***charger.*** – Le châtelain était monté sur son **bucéphale.**

Chariot. – Mot noble et poétique en anglais, qui n'a aucun rapport avec la voiture employée à la campagne pour le transport des récoltes, des denrées à vendre, etc., et à l'armée pour le transport des bagages. Il faut le traduire par **char** (triomphal) et, si le texte se rapporte au XVIIIe siècle, par **coupé, carrosse.**

– *It'll be a long time before she'll take a drive in her own* ***chariot.*** – Il passera bien de l'eau sous le pont avant qu'elle ne **roule carrosse.**

– *The* ***chariot*** *of Bacchus is drawn by pards.* – Le **char** de Bacchus est traîné par des léopards.

Charity. – **Œuvre de bienfaisance, fondation charitable** ou **pieuse,** ***charity-school,*** sorte d'**orphelinat** ou d'**école pour enfants assistés.** ***To be in charity with one's neighbour,*** **vouloir du bien à son prochain;** ***he is out of charity with me,*** **il ne me porte pas dans son cœur.**

Charm (to). – Si *charmer* et ***to charm*** ont suivi une évolution parallèle, on se gardera néanmoins de traduire, mot à mot certaines expressions: *Reckless individuals seem to bear a* ***charmed*** *life,* un **charme** semble protéger la vie des téméraires.

The banker Bagehot... speaks of the ***« charmed value »*** *possessed by the name « London banker » in the opening years of the 19th century.* – Le banquier Bagehot... constate la **« valeur magique »** que possédait, dans les premières années du XIXe s., le titre de « banquier de Londres ».

Chart. – † **Carte** (géographique); **carte marine; diagramme; graphique.** ***Chart-house, -room:*** **kiosque, chambre de veille, de navigation;** ***calculation-chart,*** **abaque;** ***temperature-chart,*** **feuille, courbe, diagramme de température.**

Du sens de carte marine, on passe au figuré à celui de **guide, direction(s), directives, principe directeur, règle de conduite.**

– *Some parents have no* ***charts*** *to give to their children.* – Il est des parents qui ne sont pas en état de **guider** leurs enfants (de leur donner des **règles de conduite précises**).

Chartist. – En fr. un chartiste est un partisan du chartisme (1) ou un élève de l'École des Chartes; aux E.U. c'est un **technicien des prévisions** qu'il établit au moyen de **graphiques** ***(charts);*** un **analyste de la conjoncture,** ou plus brièvement un **conjoncturiste** (Alfred SAUVY).

Chase, to chase. – Trois substantifs et trois verbes d'étymologie différente: 1° **Chasse, poursuite** et l'objet de la poursuite (p. ex. le navire auquel on donne la chasse), et **chasser, poursuivre** (bas lat. *captiare,* lat. classique *captare*); 2° **monture** d'une pierre précieuse, **châssis** d'imprimerie (***job-chase,*** **ramette**) et **sertir, enchâsser; ciseler,** mots issus du fr. *châsse* et *enchâsser* respectivement, lat. *capsa;* 3° du fr. *chas,* forme masculine de châsse, « trou d'une aiguille », et † « partie d'une maison », remontant sans doute au latin *capsus,* « coffre », avec rétrécissement progressif du sens « cavité » (Dauzat), d'où: † **rainure d'arbalète; âme, volée de canon,** et pour le verbe: **fileter, tarauder** (une vis), etc. ***Chasing,*** **ciselage, ciselure.**

– *He wondered whether he* ***chased*** *the substance or the shadow.* – Il se demandait s'il **poursuivait** l'ombre ou la proie.

(1) Union des ouvriers formée vers 1838 en vue d'obtenir une amélioration du sort des travailleurs.

– Pour le raffiné, comme pour le poète, tout est harmonie: – *This sybarite made a point of having fruit as exquisite as the music, and the sequence of courses as perfect as the* ***chasing*** *on the silver plates.* – Ce sybarite tenait à ce que les fruits fussent aussi exquis que la musique et l'ordonnance des services aussi nette que la **ciselure** des plats d'argent.

– *But I was gone a* ***wild goose chase*** *indeed!* (DEFOE, *Rob. Cr.*, III, 97.) – Non pas, comme l'écrit Pétrus Borel: « Mais j'étais parti en chasse de l'oie sauvage, en vérité », car il s'agit d'une image et il faut dire: mais j'étais bel et bien parti à la **poursuite de mon ombre, de chimères, parti pour décrocher la lune.**

Chasse. – (Abrégé de ***chasse-café)*** **pousse-café.**

Chassis. – Collect. **matériel roulant** d'une entreprise de transport, etc.

Chaste. – Du style, de la diction, **pur, simple, sobre, sévère, châtié;** du goût: **décent, convenable.**

So ***chaste*** *and correct a writer,* un écrivain aussi **châtié** et correct.

– *I had believed in the kitchen as a* ***chaste*** *though not magnificent apartment.* (DICKENS, *Great Expectations,* XIV.) – J'avais cru que la cuisine était une pièce fort **convenable,** quoique dénuée de magnificence.

– *But what could equal the* ***chaste*** *splendour of the drawing-room?* – Quant à la **pure** splendeur du salon, elle était sans rivale.

REMARQUE. – Le latin *castus sermo* signifie style *pur, correct,* et l'espagnol *castidad de la lengua, pureté* de la langue.

Chauffer. – **Brasier, brasero; réchaud.**

Check, to check. – *A* ***check,*** c'est d'abord un **échec** au roi, au jeu des échecs; puis un **arrêt soudain** (d'un être ou d'un corps en mouvement); un **frein,** un **obstacle;** une **réprimande;** un **léger revers** (militaire); un **arrêt,** une **pause; tout ce qui réprime, modère;** un **contrôle;** un **chiffre;** une **marque de contrôle;** un **bulletin** (de bagage), une **contremarque** (théâtre); un **chèque** (en Amérique surtout, l'orthographe anglaise étant généralement *cheque*). Se dit aussi des chiens qui **perdant la voie,** sont, de ce fait, incapables de dépister le gibier, et enfin d'un cheval qui « **refuse** ».

Sens correspondants pour le verbe. Ajoutons-y: naut. ***to check*** *a leak,* **étancher, aveugler** une voie d'eau; ***to check*** *the way,* **casser, étaler** l'erre, ***to check*** *the sheets,* **choquer** les écoutes; phonét. ***checked*** *vowel,* voyelle **entravée;** autres sens: **vérifier, apurer** (un compte), syn. de *to audit;* **collationner** (des textes, des documents); jur. **récoler** (un inventaire); typ. **réviser, conférer** (des épreuves); ***to check (off),*** **pointer** (des noms, des marchandises sur une liste).

– *Troy was about to make a dash at the farmer; but he* ***checked*** *himself.* (Th. HARDY, *Madding Crowd,* XXXIV, 272.) – Troy fut sur le point de se précipiter sur le fermier, mais il **se contint.**

– *Shall I hold them in* ***check?*** (GALSWORTHY, *Justice,* I.) – Voulez-vous que je les fasse **rester tranquilles?**

– On trouve cette définition dans le dictionnaire de Barclay (1774): ***Check :*** *A person who examines any account.* – **Vérificateur :** Personne qui examine un compte quel qu'il soit.

– *As to your luggage, you need not trouble your head about it, as you have your* ***check.*** (N.E.D.) – Pour ce qui est de vos bagages, point n'est besoin de vous mettre martel en tête, puisque vous avez votre **bulletin** (ou votre **récépissé**).

– *The hounds ran the stag without a* ***check.*** – Les limiers courent le cerf sans jamais **être en défaut,** ou: **perdre la voie.**

– *All the supernumeraries, door-keepers and receivers of* ***checks*** *whom I encountered in my progress, made me their very best bows,* dit Smollett, traduisant ce passage de *Gil Blas* (VII, viii): Tous les gagistes, receveurs **de marques et de contremarques** que je rencontrai sur mon chemin me firent de profondes révérences.

Cheer. – Notre mot « chère » signifie d'abord **visage,** puis **bon accueil,** enfin la partie concrète d'un bon accueil, un **bon repas.** Le mot anglais suit la même route, mais non sans faire des crochets et sans pousser plus loin. Voici donc les sens: † **humeur,** *what* ***cheer?*** comment **allez-vous?** comment **vous portez-vous? bonne humeur, bonne disposition, gaîté, liesse; encouragement; cri d'encouragement, d'approbation; bravo, hourra, vivat, acclamation, ovation.**

– *Wait on the Lord and* ***be of good cheer,*** *and he shall strengthen thy heart...* – Sers le Seigneur, et aie **bon courage,** et il fortifiera ton cœur.

– *The result of the division was received with loud* ***cheers.*** – Le résultat du scrutin fut accueilli par de bruyantes **acclamations.**

– ***Three cheers*** *for the bringer of good news.* – Un **ban** pour le porteur de bonnes nouvelles.

Chemist. – Mis pour *pharmaceutical* ***chemist,*** **pharmacien.**

Cherish (to). – Bien qu'issu du fr. *chérir,* dériv. du latin *carus,* cher, a fini par perdre le sens affectif de ce mot. Il est toutefois une signification qui s'en rapproche, celle de **soigner tendrement, avoir soin de, réchauffer dans son sein,** qu'il est aisé de rattacher au sens primitif de dorloter, caresser. Le sens courant est: **entretenir** (une idée, une opinion, des sentiments), **nourrir** (un projet, un dessein), **caresser** (un espoir, un rêve, une chimère).

– *The only king whose* ***memory*** *the people* ***cherish*** *still,* traduction de ce vers: Le seul roi dont le peuple ait **gardé la mémoire.**

– *I could have taken her into my arms and* ***cherished*** *her.* (STERNE, *Sentimental Journey, Calais, The Remise Door.*) – J'aurais pu la prendre dans mes bras et la **caresser.**

– *The young prince was* ***cherished*** *during the winter by a yeoman who knew his rank.* – Un yeoman, qui connaissait le rang du prince, **veilla tendrement** sur celui-ci pendant l'hiver.

– *The hostile designs which they had long* ***cherished.*** (GIBBON.) – Les desseins hostiles qu'ils **nourrissaient** depuis longtemps.

Chimere. – Simarre (d'évêque).

China. – Porcelaine.

Chinese. – ***Chinese*** *lantern*, lanterne **vénitienne.**

Choice. – Noter: ***without choice*** (syn. *indiscriminately*), **sans** (faire de) **distinction, au hasard, à tort et à travers;** ***for choice***, **de préférence,** ***I have no particular choice***, **je n'ai pas de préférence, cela m'est égal;** *I do not work* ***for choice***, je ne travaille pas **par goût, pour mon** (ou: par) **plaisir;** *it was* ***a case of Hobson's choice*** (v. N.E.D., 2 c, *s.v.*), c'était **à prendre ou à laisser.** Autre sens: **fleur, élite:** *the flower and* ***choice*** *of chivalry*, la fleur et l'**élite** de la chevalerie.

– *Defoe has no insecurity or* ***choice.*** (EMERSON, *E.T*, XIV.) – Defoe ne connaît ni incertitude ni **hésitation.**

Choler. – « Et luy prenait un tremblement de tous les membres, et par vomissements rendait grande quantité de *cholere.* » (AMYOT, *Diodore*, XVII, 22). Par *cholere*, il faut évidemment entendre **bile,** sens qui est encore anglais. On sait, en effet, que la bile était l'une des quatre humeurs de l'ancienne médecine et qu'elle était censée provoquer l'irascibilité, la colère. Ce n'est que graduellement que le mot a passé, en fr., du sens concret au sens abstrait. Inversement, bile veut dire parfois mauvaise humeur, colère (L., 2°).

– *The four humours,* ***choler***, *melancholy, phlegm, and the sanguine portion.* (COLERIDGE, *Shaks., Notes*, 117.) – Les quatre humeurs, la **bile,** la bile noire (ou mélancolie, ou atrabile), le phlegme (ou pituite) et le sang.

– Pour rendre cette phrase d'Argan (*Malade imaginaire*, I, vi): « Elle est la cause de toute **la bile que je fais** », le traducteur anglais dit: *She's the cause of all the* ***choler I breed.***

Chord. – Accord, par aphérèse, la forme *cord* ayant été défigurée par une fausse orthographe. Au figuré, **combinaison harmonieuse de couleurs.**

Common ***chord***, **accord** parfait.

– *He went to the piano and struck several* ***chords.*** – Il alla au piano et plaqua plusieurs **accords.**

Chronic (adj. et subst.). – L'adj. est (famil. ou argot.) un intensif. Du temps, **affreux, épouvantable, de chien;** (des pers.) **rasant, barbant, tannant,** etc.

A ***chronic***, un **sujet atteint d'une maladie chronique,** un **incurable;** aussi un **candidat perpétuel à l'Université.**

– *This beastly tooth of mine made my eyes water* ***something chronic.*** – Cette maudite dent m'a fait larmoyer **que c'était une bénédiction.**

– Dans *Pygmalion* de B. Shaw, un personnage demande à Liza Doolittle (III) si son père buvait: Liza. *Drank! My word!* ***Something chronic.*** – S'il buvait! Et comment! (tu parles!) **Il prenait des cuites carabinées** (ou: **il en était noir**).

REMARQUE. – Les traducteurs attitrés des pièces de B. Shaw disent: « ... c'était chronique ».

Cinder. – Scorie (s) (métalliques ou volcaniques); **mâchefer** (de haut-fourneau); **braise** (charbon ardent et non braise de boulanger); **escarbille.** Argot: **boisson alcoolique** étendue de thé, d'eau, etc. Famil. ***yours to a cinder***, **ton ami, ton copain à la vie à la mort.**

REMARQUE. – Étymolog., ***cinder*** n'a rien à voir avec le fr. *cendre*, sa véritable orthographe serait *sinder*, mais ayant été néanmoins influencé par notre mot, il est parfois synonyme de *ashes*, p. ex. *to rake out the* ***cinders***, racler les **cendres** (du foyer). ***Cinder*** signifie, d'autre part, **cendrée,** d'où ***cinder-path*** ou ***-track***, **(piste en) cendrée** (1). Famil. **chemin de velours, de fleurs.**

– *A* ***cinder-woman***, une ramasseuse d'**escarbilles.**

– *Life isn't all a* ***cinder-path***, *Charlie. (Punch.)* – La vie n'est pas toute un **chemin de velours** (ou: **de fleurs**), Charlie.

Cipher ou **cypher. –** L'arabe *sifr* signifie notamment **zéro,** sens conservé en anglais: se dit d'un homme qui a un titre ou remplit une fonction, mais qui est une **nullité,** un **soliveau;** de même des choses.

– *The Raja was a* ***cypher;*** *the minister usurped the whole power.* – Le Rajah était un **zéro** (ou un **zéro en chiffre**); le ministre usurpait tout le pouvoir.

– *What right to speak as if my other friends were* ***ciphers*** *in his estimation.* (Mrs. CUMMINS, *Lamplighter*, XXII, 157.) – Quel droit de parler comme si mes autres amis **ne comptaient pas** pour lui.

– *The estate was reduced to a* ***cipher.*** – La fortune se réduisit, tomba à **zéro.**

– *William had no intention of becoming a* ***mere cipher.*** – Guillaume (d'Orange) n'avait nullement l'intention de devenir un **soliveau.**

Circle. – † **Sphère, orbite, orbe; halo; anneau, bague; couronne, diadème; cirque** (arène ou piste); **galerie** (dans un théâtre), d'où ***dress-circle***, **première galerie.** Au fig., *to argue in a* ***circle***, tomber dans un **cercle vicieux** (la faute, dit Descartes, que les logiciens nomment un cercle); enfin **sphère** au sens de **milieu,** *political* ***circles***, les **milieux** politiques.

– *Cleopatra... craves the* ***circle*** *of the Ptolemies for her heirs.* (SHAKS.) – Cl... implore la **couronne** des Ptolémées pour ses héritiers. (Cf. *the golden round* (*Macbeth*, I, v, 29), même sens.)

Circuit. – † ***Circuit in speech***, **ambages** (N.E.D.); *to avoid* ***circuit in speech*** (Bacon), éviter les **circonlocutions,** c.-à-d. les longs discours avant d'arriver au fait (L.), les **périphrases.** *A* ***circuit*** *of reasoning*, un **long circuit** de raisonnements. Spéc. **tournée** (d'un magistrat d'assises, d'un inspecteur, d'un prédicateur) et par ext., **ces person-**

(1) Piste cendrée, au sens de « piste de course à pied, composée de mâchefer et de sable », a été admis par l'Académie en 1960.

nages et leur suite; aussi la **circonscription,** le **ressort** de ces juges (au nombre de huit). Au fig. **suite, enchaînement** (de faits, de circonstances).

– *A preacher* ***on the circuit,*** un prédicateur (méthodiste) **en tournée.**

– *The days when the Northern* ***circuit*** *rode on horseback across the marshes.* (N.E.D.) – L'époque où ces Messieurs de la Cour et leur suite faisaient à dos de cheval à travers les marécages leur **tournée** du Nord. Aux E.U., on les appelait *circuit-riders.*

– *Several* ***circuits*** *constitute a district, and the totality of districts was the connection.* – Plusieurs **circonscriptions** réunies forment un district et l'ensemble des districts constitue la secte.

– Les avocats du *Temple* n'échangent pas toujours des arguments contradictoires: *...entertaining themselves and entertaining the rest of the company in the club with* ***circuit*** *jokes.* (THACKERAY.) – S'amusant et amusant les autres membres du club avec des plaisanteries de **robins.**

Circulation. – Transmission, communication (de nouvelles), **distribution** (de documents, etc.); ***circulation of a newspaper,*** **tirage** d'un journal, disons-nous, **nombre de lecteurs, clientèle; dire, bruit** (que l'on fait courir). Sens concret, **argent, monnaie, billets en circulation, circulation monétaire.**

– *This paper* ***has,*** *this book* ***had a wide circulation.*** – Ce journal **a un fort, un gros tirage;** ce livre **a tiré à de nombreux exemplaires, a eu de nombreux lecteurs, une large diffusion.**

– *The two ladies failed not to extol his medical capacity among all their female acquaintances. By means of this* ***circulation,*** *his advice was demanded.* (SMOLLETT, *Count Fathom,* LI.) – Les deux dames ne manquèrent pas de porter aux nues sa science de médecin parmi toutes leurs amies. Ce **bruit** fit que l'on eut recours à ses conseils.

Cistern. – ***Underground cistern,*** **citerne;** sinon, **réservoir à eau** (génér. sous les combles); techn. **bâche, réservoir** (d'une pompe); **cuvette** (naturelle ou artificielle); **cuvette** (de baromètre); poét. **bassin** (d'une fontaine).

Citizen. – Bourgeois, dans tous les sens du mot: † jouissant des droits attachés à ce titre, opposé à noble, à militaire et, dans ce dernier cas, synonyme de **civil;** opposé à campagnard, **citadin;** opposé à *alien,* étranger, **citoyen** (d'un État, autrefois: **bourgeois, habitant d'un bourg, d'une ville** bénéficiant du droit de bourgeoisie, c.-à-d. d'un statut privilégié); enfin traduisant le titre de **Citoyen,** substitué sous la Révolution française à Monsieur.

Old Citizen, **ancien élève** de la *City of London School.*

REMARQUE. – 1° Le sens de civil, par opposition au militaire et au marin, sens légèrement archaïque en angl., est resté bien vivant aux E.U.: *At Brownsville, negro soldiers rioted, killing and wounding several* ***citizens*** *(in* Horwill, *s.v.)* – A B., des soldats noirs se mutinèrent, tuant et blessant plusieurs **civils.**

– *American* ***citizen*** *is the term corresponding to British subject.* – Traduction inutile.

2° *Cit,* abrév. de ***citizen: The Cit*** *turned Gentleman,* le **Bourgeois** Gentilhomme, a gardé souvent une nuance péjorative: *He is a* ***Cit,*** c'est un **parvenu,** un **nouveau riche.** E.U. *an officer* ***in cits*** (Angl. *in civies*), un officier **en civil, en « pékin ».**

Citron. – Cédrat (fruit du cédratier ou du citronnier médique); ***citron(-tree)*** **cédratier;** (couleur) **citron.** Citron se dit couramment *lemon.*

– *The* ***citron,*** *called also the Median, the Persian and the Assyrian apple.* – Le **cédrat,** appelé aussi pomme médique, persane, assyrienne.

Civil. – ***Civil servant,*** **fonctionnaire de l'État** (appartenant au *Civil service*). ***Keep a civil tongue in your head,*** soyez poli (dans vos propos). *The* ***Civil War,*** E.U., la **guerre de Sécession** (entre le Nord et le Sud).

Autre chose, chez les Élizabéthains, ***civil*** signifie: **grave, solennel, austère,** et, marque extérieure de cette qualité, (des vêtements, etc.) **sobre, sombre.** C'est l'épithète que Juliette (*Rom. & Jul.,* II, iii, 10) donne à la nuit qui doit *favoriser* la venue de Roméo: *Come,* ***civil*** *night, thou sober-suited matron., all in black...* O nuit **grave,** Maîtresse noir-vêtue au port austère, Viens (Trad. André Koszul)... Invocation que l'on rapprochera de cette apostrophe de Mercure, s'adressant lui aussi à la Nuit, pour exprimer la même idée: C'est Jupiter... Qui de votre manteau veut la *faveur obscure.* *(Amphitryon, Prol.)*

De même, Olivia (*Twelfth Night,* III, IV, 5), se sentant affligée, s'écrie: *Where is Malvolio? he is sad and* ***civil*** */ And suits well for a servant with my fortunes.* – Où donc est Malvolio? mon austère intendant, / Dont la **gravité** cadre à ma mauvaise étoile.

En effet, *sad* et *civil* sont tautologiques et ce dernier mot ne peut donc avoir ici le sens de « honnête, courtois, etc. ».

Civilian. – Outre **civil** (qui n'appartient ni à l'armée ni à la marine), **agent, fonctionnaire** de l'administration civile de l'Inde *(Indian Civil Service),* approx. **administrateur colonial.**

Claim (to), claim. – Le sens fondamental est celui de **prétendre,** « réclamer, exiger comme un droit » (L. 1°): **revendiquer, demander, élever des prétentions à** ***(to lay claim to),*** **faire valoir** ses droits à *(****to claim*** *one's due);* au fig. **se piquer de.** E.U. **affirmer, déclarer, soutenir.** Jur. **requérir.**

Claim, jur. **demande,** d'où ***counter-claim,*** **demande reconventionnelle;** aussi **revendication, droit, titre, prétention;** jur. et fin. **créance; réclamation.** E.U. **affirmation, déclaration, assertion, point, thèse que l'on soutient.** E.U. encore et Austral., sens concret: **concession** (minière).

– *My Superiors, though they may* ***claim*** *my obedience, have no* ***claim*** *on my admiration.* (NEWMAN.) – Mes supérieurs, s'ils peuvent **prétendre à** mon obéissance, n'ont point **droit** à mon admiration.

– Oscar Wilde constate que, dans ses drames historiques, Shakespeare a le souci de se conformer à la réalité: *The* ***claims*** *of the rival Houses of York and Lancaster to the throne are discussed at length. (Intentions.)* – Les **droits** au trône des maisons rivales d'Y. et de L. sont longuement discutés.

– Le président du tribunal qui a jugé Falder, le clerc indélicat, résume les débats et s'adresse à l'accusé: *He [your counsel]* ***claimed*** *that you should be treated rather as a patient than as a criminal.* (GALSWORTHY, *Justice*, II.) – Votre avocat a **élevé la prétention (fait valoir)** que vous devriez être traité comme un malade plutôt que comme un criminel.

– *The national Church of England* ***made no claim*** *to be intellectual.* – L'Église officielle **ne se piquait pas** d'être, en Angleterre, une Église intellectuelle.

– *You have little* ***claim*** *to competence for a task like this.* – Vous n'avez guère de **titre** à faire valoir dans une entreprise de ce genre.

– Selon la religion, la première moitié de la vie de l'homme est une ascension, et l'autre moitié une descente: *On the descending days man* ***has no claim.*** – Dans la descente, les journées de l'homme **ne lui appartiennent plus.**

– *A citizen of a foreign country* ***claiming*** *to be imprisoned for some act commited with the sanction of his government.* – Un ressortissant d'un pays étranger qui **affirme** avoir été emprisonné pour avoir accompli un acte avec l'assentiment de son gouvernement.

Ce dernier exemple emprunté à Horwill montre la différence entre l'usage anglais et l'usage américain.

Clairvoyance, clairvoyant(e). – Outre les sens qu'ils ont en français, ces mots, dont l'origine est évidente, signifient également **don de seconde vue, voyant, voyante.** Ç'a été même le premier sens, et il convient de ne pas l'oublier, car il est le plus fréquent.

– *Mesmer had little faith in that gift of* ***clairvoyance,*** *of which Puysegur was the first audacious asserter.* (LYTTON, *Str. Story*, I, 14.) – Mesmer n'ajoutait guère foi à ce don de **seconde vue** que Puységur avait été le premier à affirmer audacieusement.

– *He had consulted a* ***clairvoyante...*** *as to Lilian's health.* (*Id.*, *ibid.*, I, 90.) – Il avait consulté une **voyante** au sujet de la santé de Liliane.

– Et si ces exemples pouvaient laisser subsister le moindre doute, voici une définition convaincante qui ne nécessite aucune traduction: – ***Clairvoyant*** *prevision, or the power... of predicting future events.* (W. GREGORY, *Anim. Magnetism*, 158.)

Clandestine. – Se prend *généralement* en mauvaise part, dit le N.E.D., d'où il résulte que le mot peut signifier simplement **secret.** C'est dans ce sens que Walt Whitman l'applique au chant d'un oiseau.

Claret. – D'abord vin clairet, puis vin rouge léger, sens resté dans les patois, mais attesté encore chez Corneille: Nous rimerons au cabaret / En faveur du blanc et *clairet.* (*Poés. div.*, 86); enfin (vin de) Bordeaux rouge. Argot: **raisiné,** terme de pugilat **sang,** vulg. ***to have one's claret tapped,*** **pavoiser.** En compos. ***claret-coloured,*** **vineux,** ***claret-cup,*** **boisson faite de vin, de cidre,** etc. **aromatisé.**

Clarion. – Par analogie avec le son clair et perçant du clairon, s'emploie adjectiv. dans ce sens, *a* ***clarion*** *voice,* une voix **sonore,** une voix **de stentor.**

– *It is considered bad form to speak* ***with a clarion voice*** *in a party.* – Il est de mauvais goût (de mauvais ton) de parler **à tue-tête** en société.

Class. – ***The classes*** (mis famil. pour *the upper classes*) **les hautes classes de la société, les gens du monde, l'élite,** par oppos. aux *masses,* les masses, le (bas) peuple, le populaire, la foule, le petit monde, les petites gens: ***the classes*** *and the masses,* **les possédants** et les prolétaires, **la bourgeoisie** et le peuple. Famil. et attrib. *he is* ***no class,*** il est **vulgaire, sans distinction, il manque de « classe ».** ***She is no class,*** **elle n'est pas de notre monde.** Univ. **mention honorable,** ***to take a class,*** syn. de *to take honours,* **se spécialiser** (en français, en mathématiques, etc.)

A ***class-man*** sera donc un candidat **qui a obtenu une mention (très) honorable,** *a* ***class-prize,*** un **prix d'excellence.**

Autres sens, E.U. **promotion** (d'élèves), d'où ***class-fellow,*** **camarade de promotion** (en Angl., condisciple).

Classic. – Substantiv. *a* ***classic,*** un **helléniste** ou un **latiniste,** nous disons un **humaniste.** E.U. ***the classic city,*** **Boston.** On sait que Boston s'est toujours distinguée par son activité littéraire.

Classify (to), classification. – E.U. *the* ***classified*** *service,* les **fonctionnaires et employés de l'État** (parce qu'ils sont répartis en quatre classes). ***To classify:*** « Mil. *To mark or otherwise declare (a document, a paper) of value to the enemy, and limit and safeguard its handling and use.* » *(American College Dictionary),* **déclarer** (un document, etc.) **secret, confidentiel,** ***classification*** exprimant cette action et son résultat. (Voir *declassify.*) E.U. encore, ***classification yard,*** **gare de triage** (angl. *marshalling yard*).

Clause. – **Membre** (de phrase): *head* ***clause,*** *main* ***clause,*** **proposition** principale: **chute, fin** de la période (latin *clausula*); jur. *restrictive* ***clauses,*** **modalités;** ***clauses*** *of a will,* **dispositions** testamentaires.

Clear (to), clear (adject. et adv.), **clearance.** – Les sens multiples de ***to clear*** etc. s'ordonnent autour de deux ou trois idées voisines chevauchant les unes sur les autres, que nous distinguons ici par souci de... clarté. 1° **éclaircir, éclairer,** pr. et fig., **élucider;** 2° **dégager, débarrasser** (d'obstacles, etc.) et donc 3° **(se) libérer.**

1° A la première idée se rattachent des emplois tels que ceux-ci: *the wind has **cleared** the sky,* le vent a éclairci le ciel, chassé les nuages, *the sky, the weather **is clearing,*** le ciel **se dégage;** au fig. *the prospect seemed **to clear,*** l'horizon semblait **s'éclaircir;** *he has **cleared** his doubts,* il a **éclairci** ses doutes; ***to clear** a person (in regard to something),* **éclairer** qqn. (sur un sujet, sur un point); ***to clear** a question,* **l'élucider.** Au pr. encore: *her countenance changed, her complexion **cleared up,*** son visage a changé, son teint s'est **éclairci;** *before speaking he coughed and **cleared** his throat,* avant de parler, il toussa et **s'éclaircit** la voix ou: **se racla la gorge;** de même ***to clear** wine,* **clarifier, décanter** du vin. Éclaircir, c'est « rendre pur et net », de sorte que ***to clear** oneself of a charge, **to clear** one of an imputation, of a crime, **to clear** one's conscience* peuvent s'expliquer par les sens 1° ou 3° ou par leur contamination. En effet, on se *lave* d'un soupçon, le tribunal *décharge* un accusé ou un prévenu, c.-à-d. le *blanchit,* l'*innocente,* le *libère* de l'accusation, etc.; de même, on *libère* sa conscience, on la *décharge* afin d'être *net* de tout blâme. Voici une citation de *Macbeth* (II, ii, 67) où le sens pr. et le sens fig. sont intimement liés: *A little water **clears** us of this deed,* il suffit d'un peu d'eau pour nous **laver** de l'acte.

2° Un exemple nous servira de transition: *a cup of coffee **clears** the head,* une tasse de café **éclaircit** les idées, parce qu'elle **dégage** le cerveau. De même *a)* ***to clear** a piece of ground,* etc., **déblayer** un terrain, et au fig. ***to clear** the ground,* **déblayer** *le* terrain; ***to clear** land,* **défricher, essarter** un terrain; ***to clear** the bowels,* **dégager, décharger, libérer** les intestins, † **lâcher** le ventre (1); ***to clear** the table,* **débarrasser** la table, **desservir, ôter** le couvert; ***to clear** (the decks) **for action,*** **faire le branle-bas de combat.** *b)* Faire place à qqn., ***clear the way,*** **faites place;** ***to clear** the passage,* **désencombrer** le couloir, ***to clear** the floor,* famil. ***to clear out,*** **débarrasser le plancher, déguerpir;** ***to clear** the court,* **faire évacuer** la salle, ordonner le huis-clos; ***to clear** a ship,* **décharger** un navire; ***to clear a dish,*** **faire plat net;** ***to clear** the letters, the letter-box,* **lever** les lettres, la boîte aux lettres, c.-à-d. la **vider;** ***to clear** an examination paper,* **traiter par écrit** une composition d'examen en répondant à toutes les questions. *c)* ***To clear** goods,* **liquider, solder** des marchandises, **s'en débarrasser,** ***« Must be cleared »,*** **« vente à tout prix ».** D'où ***clearance sale,*** **liquidation générale.**

3° **Se dégager, se libérer de,** et donc **éviter** un obstacle, un choc, mil. ***to clear oneself from,*** **rompre le contact avec** (l'ennemi); naut. ***to clear, to pass clear of,*** **passer au large de,** ***to clear** the land, the reefs,* **parer** la côte, les récifs, *a headland,* **doubler** un cap. ***To clear, to leap clear over,*** **franchir** (un obstacle), ***to clear** a hedge,* **franchir, sauter** une haie (sans la toucher). Suite des sens: **libérer** d'une charge, d'une obligation, ***to clear** a debt,* **acquitter** une dette, ***to clear** an encumbered estate,* **affranchir** une propriété, la **purger** des hypothèques qui la grèvent. ***To clear** a ship,* **expédier** un navire; **faire la déclaration** à la sortie; aussi ***to clear** goods,* **passer, expédier** des marchandises en douane, les **dédouaner;** d'où *the ship **clears** the harbour,* le navire **reprend** la mer, **quitte le port** (après avoir acquitté les droits et produit son **congé de navigation** dit ***clearance***). Enfin ***to clear** the quarantine,* **purger** la quarantaine.

Le substantif, l'adj. et l'adv. ont les sens correspondants.

Clearance area, *« which has to be cleared of slums »* et donc **quartier, tache insalubre à démolir.** ***Mine-clearence,*** **déminage.** Biol. et méd. *test of ureic **clearance,*** épreuve de l'**épuration** uréique; ***parasite clearance** time,* délai de **disparition du parasite (de déparasitage),** p. ex. de l'hématozoaire du paludisme (dans le sang).

A clear** ship,* un navire dont le pont est **débarrassé pour le combat,** ou, autre sens, un navire **déchargé.** *The way is **clear, le chemin est **libre** (d'obstacles); ch. de fer, ***clear** road, « road **clear** », « line **clear** »,* « voie **libre** », « signal **ouvert** »; ***it's all clear sailing,*** **cela n'offre aucune difficulté, c'est facile comme tout, simple comme bonjour.** Au fig. *he is **clear,*** il est **débarrassé de ses soucis, hors de ses embarras d'argent,** le voilà **hors des mains de la justice, hors de cause, hors d'affaire.** *A **clear** profit,* un profit **(clair et) net,** *a **clear** loss,* une perte **sèche.** ***I lost a clear thousand,*** **j'en ai été de mille livres.** Enfin sylvic, et charp. *a **clear** stem, timber,* un tronc, un bois **sans rugosités, sans nœuds.**

Clearing House, **chambre de compensation, de liquidation; ch. de fer, bureau central;** ***clearing bank;*** **banque de virement;** ***clearing hospital,*** **hôpital de triage, d'évacuation.**

– Coote, chaperon de Kipps, lui explique les mystères de la haute société: *When Kipps was **clear** what an anagram meant, Coote came to the second heading, the Tea.* (Wells, *Kipps,* II, vi, § 6.) – Lorsque Kipps se fut **bien pénétré** du sens d'une anagramme, Coote aborda la seconde rubrique, le Thé.

– ***They were not clear*** *as to what would have to be done.* – **Ils ne savaient pas au juste** ce qu'il y avait à faire.

– *You have three **clear** days to pay your debts.* – Vous avez trois jours **francs** pour payer vos dettes.

– *There is **not enough clearance** for the barges under the bridge.* Le pont **manque de la hauteur nécessaire** pour laisser passer les péniches.

– ***Stand clear*** *of the gangway.* – **N'encombrez pas** la passerelle (ou: le passavant selon le cas).

– *The passage was at last **cleared.*** – Le couloir fut enfin **dégagé.**

– *Roulers **was reported clear** by aviators,* – Des aviateurs signalèrent que R. **n'était plus occupée.**

– *The prisoner had no difficulty in **clearing himself.*** – Le prévenu (ou: l'accusé) n'eut aucune difficulté à se **disculper.**

Clear of *the locksmith's house, Tim Tapperit laid aside his*

(1) Molière, *Mal. imag.,* III, 14.

cautious manner. (DICKENS, *Barn. Rudge,* VIII.) – **Dès qu'il se trouva à une distance respectable** de la maison du serrurier, T.T. se départit de toute prudence.

– *The judge threatened **to have** the court **cleared** if there was not immediate silence.* – Le président menaça de **faire évacuer** la salle si le silence n'était pas rétabli immédiatement.

– Mascarille, le faux marquis, ne se sent pas en sûreté sous les yeux de Madelon (*Précieuses ridicules,* sc. XII): Moi, je dis que nos libertés auront peine à sortir d'ici **les braies nettes,** ce que le traducteur rend ainsi: ***I say that our liberty will have much ado to get away clear*** from hence.

– Un professeur félicite un lauréat: *You are now **clear of it.*** – Vous voilà **hors d'affaire.**

Clerical. – ***Clerical** staff,* personnel, employés **de bureau;** ***clerical** work,* écritures, travail **de scribe, de bureau;** ***clerical** error,* expression générale s'appliquant à toute erreur due à l'**inattention d'un employé, d'un comptable, d'un (e) sténo-dactylographe, d'un (e) copiste: lapsus calami, erreur de frappe,** etc. On disait autrefois: *vice de clerc.* Les Canadiens disent à tort: erreur cléricale.

***Clerical** life,* la vie **ecclésiastique,** « *Scenes of **clerical** life* », titre d'un ouvrage de George Eliot.

– *The doctor had so much **clerical** work to do... that he had no time to make a proper examination of the patient. (Times.)* – Le médecin avait tant de **paperasserie** à faire qu'il n'avait pas le temps d'examiner convenablement le malade. (Sans doute, plainte sur la paperasserie inutile qu'on exige des médecins de l'Assistance publique.)

Clerk. – **Bas officier d'église** qui, entre autres fonctions, a celle d'assister l'officiant comme répondant: **employé de bureau, commis, buraliste, greffier** (d'un tribunal), **secrétaire** (de mairie) = ***town-clerk,*** **d'Etat-major** = ***Headquarters clerk.*** Constr. **conducteur des travaux;** gén. civil: **conducteur des ponts et chaussées;** famil. *the **Clerk** of the Weather,* l'**Ordonnateur** de la pluie et du beau temps.

REMARQUE. – Aux E.U., ***clerk*** (prononcé *cleurk* et non *clârk*) signifie aussi **employé de magasin, vendeur** et est alors l'équivalent du *shop-assistant* anglais.

Climax. – En français, syn. peu usité de **gradation** (terme de rhétorique). En anglais, il passe de là au sens de **comble, apogée, point culminant, sommet, plus haut point,** syn. d'*acme.*

– *He was at the **climax** of his prosperity.* – Il était au **comble, à l'apogée,** de la prospérité.

– *At the **climax** of the epidemic,* au **plus fort** de l'épidémie.

– Dans une réunion de famille, les plaisanteries plus ou moins spirituelles se sont succédé à la grande joie des invités, mais l'un d'entre eux ***achieved a climax*****, alors ce fut du délire.**

REMARQUE. – En géographie botanique, le *climax* est le « stade final vers lequel tend normalement la végétation ». (Jules CARLES.)

Clown. – Nous connaissons tous le clown et le pitre qui font la joie des spectateurs dans les cirques et dans les foires. Dans les comédies de Shakespeare, le ***clown*** correspond au **fou** et au **bouffon** de nos rois. Mais cela ne doit pas nous faire négliger le sens primitif, encore vivant, de **paysan, rustre, manant.** Th. et hist. ***the Clown,*** le **Barbouillé** (de nos vieilles farces), et, t. de mépris, *you are a **sorry clown,*** vous êtes un **plaisant Robin.** Noter aussi le subst. verbal ***clowning.***

*It's amazing what pretty girls one sees among the farmers' daughters, when the men are such **clowns.*** (George ELIOT, *Adam Bede,* IX.) – C'est étonnant comme l'on voit de jolis minois parmi les filles de fermiers, alors que les hommes sont de tels **rustres.**

– Conception qu'Horace Walpole se faisait du roman: *He attempted to combine in his novel (The Castle of Otrante) comedy and tragedy, « **clowning** and sublimity ».* – Il a tenté d'allier dans son roman le comique au tragique, « le **bouffon** au sublime ».

Club. – 1° **Massue, gourdin, assommoir;** ***Indian club,*** mil. **bouteille, petite massue de bois** utilisée en gymnastique pour les exercices d'assouplissement; **crosse, club** de golf; bot. **massue,** partie aérienne de certains champignons; † **cadogan; trèfle** (terme de jeu de cartes); mots dérivés: ***club-law,*** **la loi du plus fort, de la trique;** ***club-foot,*** **pied bot, pied équin;** ***club-moss,*** **lycopode en massue, herbe aux massues; soufre végétal; pied-de-loup;** ***club-shaped,*** **claviforme, clavé; en forme de massue:** ***club-root,*** **hernie des choux, des navets.**

2° **Club; cercle,** ***gambling club,*** **cercle** (de jeu); ***benefit club,*** **société de secours mutuels,** *buying **club,*** **groupement** d'achats en commun, ***country club,*** E.U. **club sportif** situé aux environs des grandes villes; ***clubman,*** **habitué d'un club, pilier de cercle, cercleux,** mais aux E.U. réplique de la *society woman,* c.-à-d. **homme du monde, mondain.** *Hospital **club,*** **mutuelle** hospitalière, ***social club,*** **réunion, société où l'on se distrait en famille.**

Coach, to coach. – † **Coche, carrosse, voiture,** ***to keep a coach, a coach and four (and six),*** **rouler carrosse à quatre** (**à six**) **chevaux;** d'où ***to drive a coach and four (and six) through an Act of Parliament,*** **passer outre à une loi, lui donner une entorse, la rendre inopérante;** ***you could drive a coach and four through his story,*** **son histoire ne tient pas debout.** Autres sens: ***stage-coach,*** **diligence,** ***mail-coach,*** **malle-poste,** ***hackney-coach,*** † **citadine, fiacre; voiture, wagon** (de ch. de fer); E.U. **wagon-lit;** naut. † **chambre du conseil, chambre de galerie.** En compos. ***coach-box,*** **siège du cocher,** ***coach-building,-work,*** **carrosserie;** ***coach-house,*** **remise,** etc.

Famil. lang. univ. (XIXe s.) **répétiteur** qui « **chauffe** » ***(coaches)*** **un étudiant en vue d'un examen; moniteur, instructeur, maître** (de natation, de canotage, etc.); ***dramatic coach,*** **professeur de déclamation.**

REMARQUE. – Selon Webster, il faut distinguer le *coach* du *trainer* qui veille à la santé et à la forme des sportifs.

– ***He is a slow coach.*** – **C'est un lambin, il n'avance pas.**

– *He* ***coached*** *plays at school.* – Il **faisait répéter** les pièces de théâtre à l'école.

– Her *mother* ***coached*** *her* ***up.*** – Sa mère la **catéchisa,** la **serina.**

Cock. – 1° N'est pas toujours le gallinacé, mais par analogie de forme ou rappel du mouvement de tête du coq, peut être un **chien** (d'arme à feu, s'entend); un **robinet;** l'**action de porter son chapeau à la crâne, en bataille, sur l'oreille;** le **retroussis** donné aux bords dudit chapeau, d'où ***cocked hat,*** **tricorne, bicorne.** De même, *the pretty* ***cock*** *of her nose,* son nez joliment **retroussé,** *with a knowing* ***cock*** *of his eye to his wife,* **en lançant** à sa femme un **coup d'œil** entendu, un **regard** d'intelligence. Autres sens: **style** (de cadran solaire); **aiguille** (de balance); vulg. **pénis, verge.** ***(Weather-) cock,*** **girouette.**

2° ***Meulon*** (de foin), ***moyette*** (de blé, d'avoine, etc.). C'est un autre mot.

Locut. div. de 1°: ***that cock won't fight,*** **ça ne prend pas, on ne me la fait pas, ça ne vaut rien;** *he lives* ***like a fighting-cock,*** il vit **comme un coq en pâte;** *this is a* ***cock-and-bull story,*** c'est **un coq-à-l'âne,** une **histoire à dormir debout.** Ne pas confondre *cock of the wood,* coq de bruyère, avec ***the cock of the walk,*** ou *of the roost,* le **coq du village, de la paroisse, du canton** (comme dit Voltaire), *of the school,* **le meneur de l'école.**

Pop. ***old cock!*** **mon vieux! (mon) vieux pote!** ou: **poteau!** (ma) **vieille branche!**

– *In one stack I saw muskets* ***on full cock, on half cock*** *and with hammers on the nipple.* (*Times,* 1861.) – Dans un faisceau, je vis des fusils **armés,** des fusils **au cran de sûreté** et des fusils non armés.

Cockney. – Presque touj. péjor. comme dans ***cockney*** *accent* p. ex., a. **faubourien (de Londres);** aussi **badaud.** Peut signifier, notam. E.U., **citadin amolli, effeminé** (1); (femme) **prude, affectée.**

Code (to). – **Chiffrer, mettre en chiffre** (une correspondance, des dépêches, etc.) d'où, en matière expérimentale, *a* ***coded*** *substance,* une substance **dont la nature et l'identité ne sont pas révélées.** Le subst. signifie **chiffre** (d'une correspondance secrète).

– *Confidential dispatches are* ***coded (written in code).*** – Les dépêches secrètes sont **chiffrées (écrites en chiffre).**

Coffin. – **Bière, cercueil,** sens courant, *That's another nail in his* ***coffin,*** c'est pour lui un pas de plus vers la **tombe.** Autres sens, **navire hors d'état de prendre la mer, en mauvais état de navigabilité,** famil. **baille.** Aussi **sabot** (de cheval); **paroi, cavité** du sabot. En compos. ***coffin-bone,*** **phalangette du pied du cheval,** ***coffin-nail,*** **cigarette de mauvaise qualité,** popul. **sèche, sibiche.**

Remarque. – En boulonnais, un *coffin* est un étui à aiguilles.

(1) Tel que le voit le « rustique » « l'homme de la nature », simple, robuste et endurant.

« *Coffin* est aujourd'hui employé dans la région au nord de Paris au sens d'« étui destiné à contenir la pierre à aiguiser du faucheur »; les parlers méridionaux l'emploient au sens de « panier, corbeille ». (Bloch.) Une *couffe* ou un *couffin* est un grand cabas: « Le boulanger déposa trois énormes pains bis et un sac de son dans le *couffin* de droite... » (Bosco, dans Robert.)

Cognate (adject. et subst.). – Outre notre substantif *cognat,* parent par les femmes, l'anglais emploie l'adject. ***cognate*** dans les sens de (mot, terme) **du même genre, de même nature, de la même famille, de même origine, congénère; apparenté,** et au fig. **connexe,** ***cognate with,*** **qui a du rapport avec, qui est analogue à,** etc.

– *Geometry and the* ***cognate*** *sciences.* – La géométrie et les sciences **connexes.**

– *These are two* ***cognate*** *words.* – Ce sont là deux mots **congénères** (ou: **de même origine**).

Cognizance. – ***To take cognizance of*** peut signifier: **prendre acte de; connaître de:** ***cognizance*** doit, en effet, s'entendre en droit de la **compétence** (d'un tribunal), *to be under, within the* ***cognizance of,*** être de la **compétence, du ressort de,** ***to decline cognizance*** *of a case,* **se déclarer incompétent** en l'espèce; enfin, sens ignoré de Littré, † **connaissance,** c.-à-d. marque distinctive (qui permet de *reconnaître,* identifier une personne, une compagnie, etc.) et notamment **armes, armoiries, emblème.**

– *The title Dauphin consecrates the absorption into the French monarchy, in 1349, of the lordship of Dauphiné, the* ***cognizance*** *of which was three dolphins.* – Le titre de Dauphin commémore l'annexion à la monarchie française, en 1349, de la province comtale du Dauphiné, dont les **armes portaient de** trois dauphins.

Cognizant. – D'un juge, d'un tribunal, **compétent;** philos. **conscient, qui a la connaissance** d'un fait, d'une réalité.

Coif. – † **Calotte blanche** des avocats d'un ordre supérieur *(serjeants-at-law);* **cornette** de nonne; **béguin.**

– Un malade en délire fait ses confidences sur un verbe si haut que le visiteur cherche en vain qui pourrait le calmer: *There was no snowy-winged* ***coif*** *of a nursing sister to be seen flitting in the perspective of the ward.* (J. Conrad, *Lord Jim,* V.) – Aucune **cornette** de sœur infirmière n'offrait la vision fugitive de ses ailes neigeuses dans la perspective de la salle.

– *She wore a little white* ***coif*** *that seemed almost to attach her to some Order,* c'est ainsi que M. C.K. Scott Moncriff traduit ce passage de Marcel Proust *(Swann):* Elle portait un petit **béguin** blanc, presque de religieuse.

Coin, coiner. – En français, le *coin* est le poinçon qui sert à marquer les bijoux, la vaisselle d'or et d'argent. De là, en anglais, par une métonymie que nous n'avons pas conservée: **pièce de**

monnaie, collect. pl., **espèces, numéraire,** *small* ***coin,*** **monnaie** divisionnaire, **menue monnaie,** ***coin and bullion,*** **métal monnayé et métal en barres.** *False* ***coin,*** fausse **monnaie.**

Coiner, **monnayeur,** et péjor. **faux monnayeur;** famil. **fabricateur,-trice, inventeur,-trice; forgeur,-euse** (d'un nouveau mot, de contes, de nouvelles, d'un mensonge).

– ***Coin*** *is the sinewe of warre,* c'est ainsi que le traducteur anglais Urquhart rend cette phrase de Rabelais (I, XLVI): Les nerfs des batailles sont les **pécunes.**

– *She paid him* ***in his own coin,*** elle lui a rendu **la monnaie de sa pièce.**

Coincide (to), coincidence. – *His interest happily* ***coincided*** *with his duty.* – Fort heureusement, son intérêt **s'accordait** avec son devoir. – *We* ***coincide*** *in our views* ou mieux: ***our views coincide,*** nous **sommes du même avis,** nous **sommes d'accord.** – *The majority did not* ***coincide*** *in the recommendation.* – La majorité ne se **rallia** pas à la recommandation. Syn. *to concur in.* Sens correspondants pour ***coincidence.***

– *He expressed* his ***coincidence*** *with me.* – Il se déclara **d'accord** avec (ou: **du même sentiment** que) moi.

Collar, to collar. – *A collar* est bien le collier (d'un ordre, etc.) et un collier d'oiseau ou de quadrupède, mais c'est aussi un **col** (de robe, de veston, de pardessus); un **tour de cou.** Autres sens spéciaux: ***Byron collar,*** **col Robespierre, col Danton,** ***Eton collar,*** **grand col rabattu d'écolier,** ***Lady's Eton collar,*** **col Claudine.** Suite des sens: *work* ***against the collar,*** travail **ingrat, difficile, rebutant;** *to work* ***against the collar,*** **renâcler, rechigner au travail.** Suivent de nombreux sens techniques. ***To collar*** *one,* non seulement **colleter** qqn., mais (rugby) **saisir et arrêter** (le joueur qui tient le ballon; famil. ou popul. **piger** (qqn. qch.), **chiper.** Enfin, **rouler** (la viande) pour la ficeler, **mettre** (du bœuf, du poisson) **en roulades.** ***Collared head,*** **fromage de tête.**

Collateral. – Nous parlons de parents collatéraux, c.-à-d. descendant d'un auteur commun, de ligne collatérale par opposition à ligne directe. A ces emplois il faut en ajouter, en anglais, d'autres que voici: ***collateral*** *ridges,* arêtes, crêtes, cimes **parallèles;** ***collateral*** *phenomena,* phénomènes **concomitants; indirect,** *one of the* ***collateral*** *causes of the Norman conquest,* une des causes **indirectes** de la Conquête normande; jur. **subsidiaire, accessoire, additionnel:** ***collateral*** *evidence,* preuve, déposition, témoignage **subsidiaire, supplément** de preuve, preuve **indirecte;** ***collateral security,*** **garantie additionnelle, accessoire, nantissement.**

Collect (to), collected, collection. – Le latin *colligere* signifie au propre ramasser, rassembler, recueillir, et au fig. *colligere se,* revenir à soi, se remettre, reprendre (courage); rapprocher le français recueillir ses forces, se recueillir (même sens).

D'où, en anglais, toutes significations exprimant l'idée générale de **rassembler** (ses effets, ses bagages; cf. encore le latin *colligere vasa,* plier bagages), **assembler** (des matériaux), **amasser** (une fortune); **recueillir** des données, des nouvelles; ***to collect*** *the eggs, the milk,* **ramasser** les œufs, le lait; ***to collect*** *a serum,* **prélever, récolter** un sérum; ***to collect*** *the letters,* **lever** les lettres, **faire la levée** des lettres; ***to collect*** *the luggage,* **prendre** les bagages **à domicile;** ***to collect*** *books, stamps,* **collectionner** les livres, les timbres; **faire collection** (de curiosités); **percevoir, recouvrer** (les impôts); **recouvrer, récupérer, faire rentrer** (une créance); ***to collect*** *moneys due,* **faire la recette** (des traites, etc.), ***to collect*** *a cheque,* **encaisser** un chèque; ***to collect*** *the candidates' papers,* **ramasser** les copies; au fig. du sens de recueillir, rassembler, on passe facilement à celui, signalé plus haut, de **rassembler** ses esprits, ses forces, ses idées, d'où ***collected,*** **ferme, de sang-froid.** Équit. ***to collect*** *a horse,* **rassembler** un cheval.

Pour en venir au substantif, nous connaissons surtout **collection** (de médailles, etc.). ***Collection*** signifie en outre **recueil** (de fables, etc.); **collecte, quête; perception, recouvrement, levée** (des lettres), **rentrée** (des impôts), et, par ext., **la région,** etc. qui est du ressort du percepteur ou collecteur; suite des sens: **encaissement** (d'un billet, d'une traite); **collecte, ramassage** (du lait, des œufs); au fig. **recueillement, calme** ***(collection of countenance);*** **examen trimestriel** (à Oxford, Cambridge, etc.).

– Alpha (*Leaves in the Wind,* p. 116) a un ami dont la conversation lui fournit sa copie, de sorte, dit-il, que: *I sometimes think that he does the work and I only take the* ***collection.*** – Je me dis parfois que c'est lui qui fait la besogne et que moi je me borne à empocher le **produit de la quête.**

– Parlant d'un joueur de balle au mur, Hazlitt nous dit que si ses partenaires s'exténuaient: [*Cavanagh*] *was as cool and* ***collected*** *as if he had just entered the court.* (*Works,* VI, 87.) – [C.] gardait son **calme** et son sang-froid comme s'il venait d'arriver sur le terrain (ou sur le mail).

College. – A Oxford et Cambridge (mis pour *university college*), **collège d'université,** d'où *he is a* ***college*** *man,* il a **fait des études universitaires;** en Écosse (p. ex. à Edimbourg et à Glasgow) et aux E.U. = **université.** *Military, naval* ***college,*** **école** militaire, **école** navale, *Agricultural* ***college*** ou ***College*** *of Agriculture,* **institut** agronomique. *The Royal* ***College*** *of Physicians* (R.C.P.), *the Royal* ***College*** *of Surgeons* (R.C.S.) équivalent à peu près à notre **Académie de médecine.** ***College*** *of Music,* **conservatoire** de musique. *Engineering* ***college,*** **école** des arts et métiers. *Missionary* ***college,*** **séminaire** de missionnaires. Enfin nom prétentieux pour une **maison d'éducation privée** et à l'opposé, vulg., **prison, taule, bigne.**

Collegian. – **Membre d'un collège (universitaire), diplômé; boursier; lettré, humaniste.** Argot, **pristo, taulard.**

– *The hyper-hellenistic* ***collegian*** *need not accuse us of instituting a general parallel between Socrates and Voltaire.* (J. MORLEY, *Voltaire,* III.) – L'hyperhelléniste **diplômé** voudra bien ne pas nous accuser d'établir un parallèle général entre Socrate et Voltaire.

Collision. – En bonne langue: **commerce, fréquentation, rapports, contact, fait de frayer** (avec), **de † se frotter (à).**

En compos. ***collision-door*****, porte étanche,** ***c.-quarters*****, poste d'alerte.**

– *Your constant* ***collision*** *with good company will smoothe and polish you.* (CHESTERFIELD, *Letters.*) – **A vous frotter** constamment à la bonne compagnie, vous vous adoucirez et vous polirez.

Colon. – Signe de ponctuation (:) appelé **deux points.**

Colourable. – Plausible, vraisemblable, qui paraît (bien) fondé, ***colourable*** *grounds of complaint;* **spécieux,** *a* ***colourable*** *argument;* **trompeur, contrefait,** *a* ***colourable*** *imitation,* une contrefaçon **qui pourrait donner le change,** une imitation **à laquelle on pourrait se laisser prendre.**

REMARQUE. – Colorable a été remplacé chez nous par **coloré:** « revêtu d'une belle apparence, présenté sous un jour favorable ». « Excuses *colorées.* » (MOLIÈRE, *Tartuffe,* IV, i.)

Colour-sergeant. – Encore un mot qui a donné lieu à de multiples contresens. On a fait de lui « le sergent de couleur », le « sergent-porte-enseigne », puis, « le porte-drapeau ». Or il s'agit du **sergent-fourier,** du **sergent-chef,** du **sergent-major.** Ce titre a été remplacé dans l'armée britannique par celui de *company sergeant-major* ou *quartermaster-sergeant.* On notera que, dans l'armée britannique, il n'y a pas d'adjudant de compagnie, de sorte que le sergent-major correspond plutôt au *Feldwebel* de l'armée allemande. Dans l'armée américaine, ce gradé porte le titre de *first sergeant* et les hommes l'appellent entre eux *top sergeant.*

– Le lieutenant Bromley, qui a fait campagne contre les Boers, a repris du service en 1914 et il présente un nouvel officier au bureau de sa compagnie: *This is Mr Jackson, one of our new officers,* ***colour-sergeant.*** *It must be explained that Bromley had not yet accustomed himself to the new title of company sergeant-major.* (FRANKAU, *Peter Jackson.*)

Column, columnist. – Outre les acceptions qu'il a en français, le premier mot signifie. E.U., **parti politique** et en journalisme: **rubrique, chronique,** tandis que le second peut désigner le titulaire de ladite rubrique, le **chroniqueur,** le **courriériste,** le **collaborateur** attitré d'un journal, d'une revue. « Cf. un « lundiste » in L. »

– *On November 8th, Theodore Roosevelt won overwhelmingly. Even Missouri went into the Republican* ***column.*** – Le 8 novembre, Th. R. l'a emporté à une majorité écrasante. Même l'État du Missouri s'est rallié au **parti** républicain.

– *Mr. N. writes the theatrical* ***column*** *in the « Times ».* – M. N. tient la **chronique** théâtrale dans le *Times.*

– *This interesting book has already been reviewed in our April issue by our literary* ***columnist.*** – Notre **chroniqueur** (ou: **courriériste**) littéraire a déjà rendu compte (ou: fait la critique) de cet intéressant ouvrage dans notre numéro d'avril.

Combination, combine (to), combine (subst.). **–** ***To combine,*** **s'unir, se grouper en vue d'une fin commune;** ***combine,*** **trust, combinaison financière, entente industrielle,** ***horizontal combine,*** **omnium, trust horizontal;** aux E.U.: aussi, agr. **moissonneuse-batteuse.** ***Combination,*** **entente** en vue d'une fin autrefois illégale, syn. de *conspiracy (q.v.),* puis **association, entente, union,** désormais légale, afin de défendre ses intérêts, terme appliqué spécialement aux organisations patronales et aux syndicats ouvriers; *right of* ***combination,*** droit d'**association,** droit **syndical.** Autres sens: **motocyclette avec side-car;** ***combination-room,*** à Cambridge, etc., **salle commune, salle des professeurs;** ***combination train,*** **train mixte.**

– *Form no connections which are only* ***combinations*** *and conspiracies against good morals and good manners.* (CHESTERFIELD.) – Ne formez pas de liaisons qui ne soient que des **cabales** et des coteries contre les bonnes mœurs et le bon ton.

– *Ricardo wrote a fat book in order* ***to combine*** *against the landlords all the rest of the nation –: heads of industry, workers and farmers alike.* – Ricardo écrivit un gros livre pour **liguer** contre les propriétaires tout le reste de la nation: chefs d'industrie, ouvriers et fermiers.

– *The English skill to work* ***in combination.*** – L'art des Anglais de travailler **en commun** (ou: **en groupe**).

Comedian. – Comique (de music-hall, etc.); **personne amusante, comique,** cf. c'est le **comique de** la troupe (à distinguer de: c'est un comédien = « un hypocrite »); aussi: **auteur de comédies.**

Comfit. – Bonbon; fruit confit. Cf. Avoir toujours des **confitures** en poche pour amuser le petit Pierrot. (René LE PAYS, *Zélotide.*)

Comfort, to comfort, comfortable. – Le français *confort* avait gardé son sens étymologique de « ce qui rend plus fort ». On trouve dans Amyot l'expression tautologique « confort et aide ». Le verbe *conforter* signifie relever les forces (cf.: un *confortant* en médecine) ou le moral. L'anglais a largement étendu la signification de ces mots. Du sens de *secours* il a passé aux acceptions suivantes: **appui, soutien, encouragement** (sens très voisins); **consolation; soulagement; bonheur** et, finalement, **ce qui concourt au bonheur, au bien-être** de gens qui, à cause du climat, vivent surtout à la maison, et c'est le **confort,** mot qui nous est revenu d'Angleterre enrichi de ce sens.

Au pluriel (aussi ***creature comforts***) les **bonnes choses de la vie:**

aises, commodités, agréments, douceurs, aisances comme on disait encore au XVIIIe s.: « Les anciens connaissaient moins ces **aisances** de la vie, nécessaires parmi nous à tous ceux qui ne sont point nés dans la pauvreté. » (CONDORCET, *Vie de Voltaire.*)

Autres sens, E.U. ***comfort station,-room*** (angl. *public convenience*), **chalet de nécessité, cabinet d'aisances, commodités.**

To take comfort, syn. de *to cheer up,* **prendre courage,** d'où l'exhortation ***comfort!*** **courage!**

– *Blessed are they that mourn, for they shall be* ***comforted,*** est-il dit dans *S. Matthieu* (V, 5). – Heureux ceux qui pleurent, car ils seront **consolés.** Verset qui devient dans *The New English Bible: « How blest are the sorrowful: they shall find consolation »,* et le chroniqueur du T.L.S. (24 mars 1961) d'observer: *« to be consoled » is less than* ***to be comforted »****.*

– Robinson Crusoé, sauvé par miracle de la tempête, échoue sur une terre inconnue: *After I had solaced my mind with the* ***comfortable*** *part of my condition, I began to look round me, to see what kind of place I was in.* – Après avoir soulagé mon esprit par ce qu'il y avait de **consolant** dans ma situation, je commençai à regarder autour de moi pour voir en quelle sorte de lieu j'étais. (Trad. Pétrus BOREL.)

Ne serait-ce pas détonner singulièrement que de traduire par *confortable,* alors qu'il s'agit d'un naufragé sans ressources?

– *She tried to earn a bit extra just to get her mother some little* ***comforts*** *for Christmas.* – Elle tâchait de gagner un petit supplément, juste de quoi procurer à sa mère quelques **douceurs** pour la Noël.

– *An obedient child is a* ***comfort*** *to his parents.* – Un enfant sage (docile) est un **sujet de satisfaction** pour ses parents.

– ***Comfort*** *must not be expected by folks who go a pleasuring.* (BYRON.) – Quand on va en partie de plaisir, il ne faut pas s'attendre à **avoir ses aises.**

– Lucy, rivale de Polly, projette d'empoisonner celle-ci: Lucy. – *But say I were to be hang'd. I never could be hang'd for any thing that would give me greater* ***comfort*** *than the poisoning that slut.* (GAY, *Beggar's Opera,* III, vii.) – Mais mettons (supposons) qu'on me pende. On ne pourrait me pendre pour une chose qui me causerait plus de **joie** que d'empoisonner cette poison (ou: cette salope).

– *Such wage did not allow the labourers to live in decent* ***comfort.*** – Un tel salaire ne permettait pas aux ouvriers de vivre dans une honnête **aisance.**

Comforter. – Consolateur, consolatrice; en théologie, titre du Saint-Esprit, **l'Esprit consolateur, celui qui console, le Paraclet.**

Job's comforter, celui qui, tout en se piquant de consoler, fait le contraire (v. *Job,* XVI, 2), **triste, pauvre consolateur** (réplique du *candid friend*).

Enfin **cache-nez,** ***cap-comforter,*** **passe-montagne;** E.U. **courtepointe, couvre-pied piqué, couverture chaude,** syn. de *comfort* (en Angl.); ***baby's comforter,*** **têtine** (sur anneau), **sucette.**

– Ruskin *(Pol. Econ.)* parle d'une jeune fille: *knitting* ***comforters*** *for her cousins.* – Elle tricote des **cache-nez** pour ses cousins.

Comity. – Ce mot n'a rien à voir avec notre *comité,* qui vient de l'anglais *committee.* C'est un latinisme, que nous n'avons pas (*comitas,* douceur, affabilité, bienveillance, courtoisie).

De là, ***comity*** *of nations,* la **courtoisie** qui doit présider aux rapports internationaux. Seulement, beaucoup ont fait sur ce mot un contresens, dont il faut tenir compte. Ils ont compris *comitas* comme issu de *comes,* compagnon, et donc ***comity*** *of nations,* comme « **compagnie** des nations pratiquant la courtoisie internationale ».

– ***Comity*** *and affability are the ornaments of converse.* (*Rules of Civility,* XIX, 163.) – La **courtoisie** et l'affabilité sont les ornements du commerce du monde.

– *To show... how much Iran had it at heart to obtain admittance into the* ***comity*** *of States.* – Pour montrer... combien l'Iran avait à cœur de se faire admettre dans la **compagnie** des États civilisés.

Command (to), command. – *To command* et *commander* ont la même origine et la même histoire. Quant au subst., le v. fr. *command* (XIIe s.) et *commandement* ont coexisté et avaient le même sens. C'est à ce dernier sens qu'il faut penser pour traduire l'anglais ***command.*** Un commandement, c'est 1° un **ordre,** *to be at s.o.'s* ***command,*** être aux **ordres** de qqn., *to attend a ball at Court by Royal* ***command,*** assister à un bal à la Cour sur l'**ordre** (et donc sur l'**invitation**) du Roi (ou: de la Reine). C'est 2° l'**autorité,** le **pouvoir** (conféré à un officier, etc.): *A colonel is an officer* ***in command*** *of a regiment,* qui commande, qui **est à la tête** d'un régiment; sens concret, *this officer is idolized by his* ***command,*** est adoré de ses **troupes,** de ses **hommes.** Du sens pr. de *at (one's)* ***command,*** à son **commandement,** on passe au sens fig. de **« pouvoir de se servir à volonté de »,** d'**« avoir à sa disposition »:** *he has a good* ***command*** *of several languages,* il **connaît,** il **possède** bien plusieurs langues, il en a la **maîtrise,** *this orator has a great* ***command of language,*** cet orateur a une grande **facilité d'élocution.** Rapprocher: « J'ai dix langues, Cliton, à mon *commandement.* » (CORNEILLE, *Menteur,* IV, 3.) ***Command,*** c'est 3° le fait d'**avoir vue** sur, de **commander, dominer** (une vallée, une plaine, un défilé, un col): *Our regiment was* ***in command*** *of all the passes,* **commandait, dominait** tous les cols. Aussi, **position, fort dominant, groupe, région** sous les ordres d'un commandant, *the Eastern* ***command,*** le **commandement** territorial de l'Est. 4° ***Command,*** c'est non seulement le fait de commander aux autres, mais aussi à soi-même, ***to have command*** *over one's feelings, one's temper, over oneself* (cf. *to control*), **dominer** ses sentiments, ses émotions, **garder son sang-froid, commander** à soi-même. ***Self command,*** c'est la **maîtrise de soi.** 5° Enfin, aux cartes, ***to be in command*** *of* (ou: ***to command***) *a suit,* **être maître dans** une couleur, ***command,*** **atout maître, carte maîtresse.**

REMARQUE. – ***Command*** n'a jamais le sens commercial d'ordre *(order)* par lequel un client demande la marchandise qu'il désire.

– *The ship was no longer* ***under command.*** – Le navire n'était plus **maître de sa manœuvre.**

– *Doeth the Eagle mount up at thy* ***command?*** *(Bible, Job.)* – L'aigle s'élévera-t-il en haut à ton **commandement?**

– *Your power and your* ***command*** *is taken off.* (SHAKS., *Oth.*, V, ii, 331.) – Je vous retire votre pouvoir et votre **autorité.**

– *The masters say that they know a master in music, only by seeing the pose of the hands on the keys, – so difficult and so vital an act is the* ***command*** *of the instrument.* (EMERSON, *Cond. of Life.*) – Les maîtres disent qu'en musique, ils reconnaissent un des leurs rien qu'à la manière de poser les mains sur le clavier, tant la **maîtrise** de l'instrument est chose essentielle et difficile.

– *Of the whole fleet only four escaped by getting under the* ***command*** *of Granville Fort.* (N.E.D.) – De toute la flotte, quatre navires seulement échappèrent en se plaçant sous le **commandement** (ou: la **protection**) du fort de Granville.

– *Mr. Seward told me that she [Miss Streatfield] had tears* ***at command.*** (Mme D'ARBLAY, *Diary.*) – M.S. m'a dit qu'elle pleurait **à volonté** (et non qu'elle avait des larmes de commande, qui se dirait: *crocodile or: feigned tears*).

Commandeer (to). – Enrôler de force dans l'armée, **réquisitionner** (des hommes, des fournitures).

– *The Boers had* ***commandeered*** *the Natives and compelled them to fight.* – Les Boers avaient **réquisitionné** les indigènes et les avaient contraints de combattre.

Commander. – Dans la marine, **capitaine de frégate,** famil. **frégaton;** ***lieutenant-commander,*** **capitaine de corvette,** famil. **corvettard.** Outil. **masse** (en bois), **mailloche; demoiselle, dame, hie** (outils de paveur).

Commanding (adject.) – **Imposant, majestueux,** *a* ***commanding*** *presence,* un port, un maintien **imposant;** *a* ***commanding*** *position,* une position **dominante,** celle d'où l'on a une vue étendue; naut. ***commanding*** *breeze,* brise, vent **maniable.**

Commemorate (to). – † **Mentionner.** Ex.: *Her mistress had permitted Mr. Partridge to give her those instructions which have been before* ***commemorated.*** (FIELDING, *Tom Jones,* II, ii.) – Sa maîtresse avait autorisé M. P. à lui donner les instructions dont **mention a été faite** plus haut.

Commence (to), commencement. – † **Ouvrir** une étude d'avoué, un cabinet d'avocat, etc., **faire ses débuts** de professeur. ***To commence*** *B.A., M.A.,* **se voir conférer** le grade de bachelier, de licencié ès lettres. C'est le latin médiéval *incipere.* ***Commencement*** sera donc l'époque de la **collation des grades,** qui, dans les Universités des E.U., marque la *fin* de l'année scolaire.

Commend (to). – *To command* et ***to commend*** sont issus du français *commander,* qui avait les deux sens *commander* et *recommander,* d'où **louer, vanter.** Il se *commanda* à Notre-Dame. Marguerite de Navarre parle, par antiphrase, de *commander* quelqu'un à tous les diables. *Commendable,* dans le français de Gower, signifie louable. Rendre donc par **louer, complimenter.** – ***To commend*** *something to some one,* c'est « **confier, commettre** qch. à qqn. ». Noter également l'expression archaïque ***commend me to*** «*your wife*], **présentez mes devoirs** ou: mes hommages **à** [Madame X.]; et enfin l'expression familière: ***Commend me (us) to,*** **parlez-moi (nous) de,** (souvent iron.) **rien de tel que.**

– *Go before, nurse:* ***commend*** *me to thy lady.* (SHAKS., *Rom. and Jul.*, III, iii, 155.) – Précède-moi, nourrice; **présente mes devoirs** à ta maîtresse.

– Lord Chesterfield *(Letters)* donne à son fils des conseils fort sages: *Therefore, whenever you are* ***commended*** *for anything, consider fairly with yourself whether you deserve it or not; and if you do not deserve it, remember that you are only abused and laughed at.* – Par conséquent, si on vous **loue** de quoi que ce soit, examinez loyalement en vous-même si vous le méritez ou non; et si vous ne le méritez pas, sachez tout bonnement que l'on vous raille et vous dénigre.

– *But for portraits of pleasant English girls,* ***commend me*** *to Fletcher's Dorotheas.* (SAINTSBURY, *Eliz. Litt.*, 25.) – Mais, pour des portraits d'aimables jeunes Anglaises, **parlez-moi** des Dorothées de F.

Comment. – Si, juridiquement, *the Judge's* ***comment*** signifie: l'**appréciation** du juge, le sens de la question rituelle posée par ce même juge au prévenu ou à l'accusé après la déposition des témoins à charge ressort de l'exemple suivant: *The Judge asked him if he* ***had any comment to make.*** – Le juge demanda à l'accusé si celui-ci **n'avait rien à ajouter.**

Commissariat. – Intendance, ravitaillement; vivres, provisions de bouche; service des subsistances militaires.

– *The evening was spent in providing the morrow's* ***commissariat.*** – On passa la soirée à se procurer les **provisions de bouche** pour le lendemain.

Commissary. – Outre commissaire, mil. **officier d'intendance; intendant;** ***Commissary general,*** **intendant général d'armée;** par ext. E.U. le **ravitaillement,** les **provisions** et le **dépôt de ces vivres.** Eglise: **grand vicaire** (délégué par l'évêque).

Commission. – A en anglais deux acceptions importantes peu courantes en français: 1° **action de commettre** (une faute, un crime). Cf. notre péché de commission, par oppos. au péché d'omission (1); 2° **charge** (de juge de paix); **brevet** (d'officier). Autrefois, on disait couramment « une commission de colonel ».

Commission of the peace, la **justice de paix**, la **charge**, l'**autorité de juge de paix**; collect. **les juges de paix**, d'où *he **is on the commission***, il **exerce la charge de juge de paix.**

Autres sens, **délégation d'autorité, de pouvoir** (2), ***I have it in my commission*** *to do this*, **je suis chargé (par délégation)** de faire ceci; d'où ***to override one's commission***, **outrepasser ses pouvoirs, commettre un abus de pouvoir.**

To put a ship in commission, **armer un navire**, ***out of commission***, **le mettre en réserve, hors rang.**

P. ext. et famil. (des ch.) ***in commission*** = **en état de marche, en service, qui fonctionne bien**, ***out of commission***, **hors service**, etc.

Enfin, ***commission*** signifie **commande** faite à un artiste, etc. (v. ***to commission***).

– *He began life with scarcely enough money to buy his **commission**.* – A ses débuts, c'est à peine s'il eut assez d'argent pour acheter son **brevet.**

– *Ships of war had been put **in commission**.* – On avait **armé** des navires de guerre.

– *His typewriter is **in commission** all day long.* – Sa machine à écrire **marche** à longueur de journée (ou: il **tape** toute la sainte journée).

– *The Royal Academy had a tendency to monopolize **commissions**.* – La R.A. avait tendance à accaparer les **commandes.**

Commission (to). – Dans sa glose, le C.O.D. dit notamment: *to give (artists, etc.) a commission for a piece of work*, **commander** un ouvrage, un tableau à des peintres, etc. ***To commission*** *s.o. to do something*, **charger (donner commission à)** qqn. de faire qch., se dit de tout agent qu'on prépose, délègue à une fonction, qu'on investit d'un pouvoir. Naut. ***to commission*** *an officer*, **nommer... à un commandement**, ***to commission*** *a ship*, **armer** un navire.

Sens correspondants pour ***commissioned***. *A **commissioned officer***, un **officier (muni d'un brevet)**, *a **non-commissioned officer***, un **sous-officier** (3).

Commissionaire. – Membre du *Corps of Commissionaires*, association de soldats retraités, fondée à Londres en 1859 pour faire des courses, etc. Ils ont une tenue spéciale. On appelle aussi de ce nom des garçons de bureau dans les ministères, des employés subalternes dans les hôtels, etc. Selon les cas, on traduira par **gardien, huissier, chasseur.**

Commissioner. – Etymolog. **membre d'une commission**, ou **chargé d'une commission**, c.-à-d. celui qui est *commis*, préposé à une fonction particulière, d'où, en fr. **commissaire.** Aussi, représentant du pouvoir central, ***(high) commissioner of police*** = **préfet de police**; ***the Commissioners of Customs***, **l'Administration des Douanes.**

– *Mr. N. has been appointed **High Commissioner** for the refugees.* – M. N. a été nommé **Haut-Commissaire** pour les réfugiés.

Commit (to). – Non seulement **commettre** (un crime, une mauvaise action), mais aussi **confier, remettre** (aux soins, à la garde de) comme autrefois en français:

Reprenez le pouvoir que vous m'avez *commis*, Si donnant des sujets il ôte les amis. (CORNEILLE, *Cinna*, IV, 2.)

Je vous rends le dépôt que vous m'avez **commis.** (RAC. *Ath.* II, 7.)

Aujourd'hui encore, un *commettant*, c'est celui qui commet, **confie** à un autre le soin de ses intérêts, privés ou politiques. Nous disions également *commettre* un homme à un emploi dans le sens de l'y *préposer*, d'où « *commis* aux écritures ».

P. ext. du sens de *confier* (au papier, à la mémoire, etc.), ***to commit*** *to writing, to paper*, **consigner, coucher** par écrit, ou simplement, **écrire**, ***to commit*** *to memory* et, familièrement, ***to commit***, **apprendre par cœur**, ***to commit*** *to the grave*, **ensevelir**; ***to commit*** *to the flames*, **livrer** aux flammes, **faire un autodafé** (cf. *to consign*).

Autres sens: **engager, lier** et, verbe réfléchi, **s'engager; se lier; se compromettre.** Le français a de même: *commettre* sa réputation (la *compromettre*) et **se commettre. Mettre aux prises, faire lutter ensemble** sont des sens anglais qui sont dérivés du latin (*committere duos canes*, « faire battre » deux chiens) et qui se rapprochent du français: *commettre* le père avec le fils, les mettre dans le cas de se brouiller ensemble.

Jur. ***to commit s.o.*** *to prison*, ***to commit s.o.***, **faire emprisonner, écrouer** qqn, **délivrer un mandat de dépôt** (contre quelqu'un): ***to c. s.o. for trial***, **renvoyer un prévenu aux assises.**

To commit *a bill*, c'est **renvoyer** un projet ou une proposition de loi **à une commission**: *The English Parliament has the power **to commit**.*

– Jacobs (*Salthaven*, Nelson, 192) montre un personnage *trying to decide whether **to commit** it [a letter] to the post **or the flames***, – tâchant de décider s'il la **jetterait** à la poste ou au feu.

– Et Lady Barker [*A Year's Housekeeping in South Africa* (Tauchnitz), 170] en présente un autre *afraid of **committing himself** too much*, – ayant peur **de se** trop **compromettre.**

– *Four prelates were **committed** on frivolous pretexts to the Tower.*

(1) J.-J. Rousseau écrit: « Mes péchés sont d'omission, rarement de *commission.* » *Prom.* 6, (L. 8°). Cf. jur. « *commission* et perpétration d'un crime ».

(2) Cf. notre commission rogatoire, « *délégation* d'un juge d'un tribunal à un autre pour faire quelque acte de procédure dans son ressort. » (D.G.)

(3) Dans l'armée française, les « commissionnés » sont des militaires maintenus ou réadmis au service en vertu d'une commission: dans les services civils de l'Etat: les agents commissionnés, qui constituent le personnel fixe, se distinguent des auxiliaires temporaires.

(GREEN, *Short History*, VII, 351.) – Quatre prélats furent **incarcérés** à la Tour sous des prétextes futiles.

– *It would be exceedingly dangerous **to commit** the army with Buonaparte.* – Il serait extrêmement dangereux de **mettre** l'armée **aux prises** avec Bonaparte.

– Un passage de la prière pour les marins décédés en mer: *We therefore **commit** his body to the deep.* – Que sa dépouille ainsi **repose** au sein des flots.

– *He always writes his speeches carefully first and then **commits** them. (Mod.)* – Il écrit toujours ses discours soigneusement avant de les **apprendre par cœur.**

– De beaucoup d'intellectuels on pourrait dire qu'ils sont **voués** sans retour à l'encrier, *irretrievably **committed** to the ink pot.*

Committee. – † Personne à qui l'on confie un mandat et, spécialement – sens encore courant – **celle à qui le Chancelier confie la tutelle d'un aliéné ou d'un idiot** (accentué, dans ce cas, sur la dernière syllabe et non sur la deuxième): **tuteur** (**-trice**), **curateur** (**-trice**).

Commode. – † Procureuse, entremetteuse; (coiffure à la) fontange; table de nuit; mis pour ***night-commode***, **† garde-robe, chaise percée.**

Commodious. – Si nous négligeons les sens désuets de ce mot, dont l'acception française de commode, il nous reste le sens courant de **vaste, spacieux.**

– *In Switzerland flats are more **commodious** than in France.* – En Suisse, les appartements sont plus **spacieux** qu'en France.

– *... A **commodious** manure-heap occupying the whole yard* est une phrase qui pourrait sembler de prime abord une mauvaise plaisanterie, il s'agit en fait d'un tas de fumier si **gros**, si **énorme** qu'il occupe toute la basse-cour.

Commodity. – Archaïque au sens de commodité, qui se dit *convenience*. Rendre par **denrée, marchandise, article** (de bonneterie, d'usage courant, etc.): *primary **commodities***, **produits** de base: ***commodity** credits*, crédits **commerciaux.**

– D'après le Colonel de Craye, le célibataire jouit d'une liberté relative, mais c'est: *A **commodity** he can't tell the value of if there's no one to buy.* (MEREDITH, *Egoist*, XXII.) – Une **denrée** dont il ne peut dire le prix tant qu'aucun acquéreur (ou plutôt: aucun parti) ne se présente.

– *Gold is a **commodity** like any other...* – L'or est une **marchandise** tout comme une autre.

Common (adject.) **– Public,** ***common** carrier*, entreprise (entrepreneur) de transports, de roulage, de messageries, de voitures **publiques;** ***common** crier*, crieur **public,** ***common** report*, la rumeur **publique;** *the **common** weal*, le bien **public,** ***common** woman*, fille **publique, prostituée.** ***The common man***, **Monsieur Tout-le-Monde, l'homme du commun, l'homme ordinaire,** *a **common** soldier*, un **simple** soldat, **non gradé.** C'est encore le sens de **simple, courant** ou **ordinaire** qu'on trouve dans des locutions telles que: *in **common** parlance*, en langage **ordinaire,** pour parler **chrétien,** famil. *the **common** or garden way of setting about it*, la manière **ordinaire, courante** de s'y prendre; *this is but **common** honesty, **common** civility*, ce n'est que (**pure et**) **simple** honnêteté, civilité **puérile et honnête;** ***it is common experience***, **c'est une chose qui arrive à tout le monde, tout le monde est logé à la même enseigne.** *The **Book of Common Prayer***, le **rituel,** le **Livre liturgique de l'Église anglicane.**

Common law (Angl.), sorte de jurisprudence, droit non écrit sur lequel se fondent les tribunaux, et qui serait issu de la coutume: **droit coutumier,** par oppos. au *statute law;* ***common-law** wife*, **concubine** (1). ***Common-room***, (univ.) **salle** (**commune**) **des professeurs,** p. ext. le **personnel enseignant,** famil. les « **profs** ». Psych. ***common feeling***, – ***sensation***, **cénesthésie.** E.U. ***common school***, **école primaire, élémentaire** ou: **communale,** absol. **école;** ***common** stock* (Angl. *ordinary shares*), actions **ordinaires.** Mus. ***common** time*, mesure **à deux ou quatre temps.** Subst. **friche;** abrév. de ***common land***, le **communal,** les **communaux;** jur. **vaine pâture,** ***right of common***, ***common of pasturage***, (**droit de**) **vaine pâture, de pâturage.**

REMARQUE. – Le sens de « public » est d'origine lat.: *communia loca*, lieux publics (forum, théâtre, portique). Au lat. également se rattache le sens désuet d'**affable, accessible, compréhensif, aimable.** Le voici dans la Vulgate (*Bible*, II *Machab.*, IX, 27): *Confido enim eum modestè et humanè acturum... et communem vobis fore*, que le traducteur anglais (*Douay*, 1609) a rendu ainsi: *I trust that he will deal modestly and gently... and that **he will be common unto you.*** *(Revised Version: ... treat you with moderation and kindness.)* – Car j'espère qu'il se conduira avec modération et douceur... et qu'il **vous donnera des marques de sa bonté.** (*Sainte Bible*, Bruxelles, 1700.)

Selon Horwill *(op. cit.)*, ce sens aurait survécu dans certaines régions des E.U.: *My husband and I are sorry you are going. We like you both – you are so nice and **common.*** – Mon mari et moi-même regrettons que vous partiez. Nous vous aimons bien tous les deux: vous êtes si gentils et si **aimables.**

Commoner. – Homme, femme du peuple; roturier; rarement: **membre de la Chambre des communes;** *The **great Commoner***, le **grand Parlementaire, William Pitt;** *the **First Commoner***, le « **speaker** » **de la Chambre des Communes,** c.-à-d. le **Président;** dans certaines universités anglaises: Oxford, Winchester, **étudiant ordinaire, non boursier,** dit *pensioner* à Cambridge. Jur. **usager d'une servitude,** p. ex. **du droit de vaine pâture.**

REMARQUE. – Dans le *Tableau de la Grande-Bretagne*, cité par

(1) E.U., trad. approx. Ne pas confondre avec la « femme commune » de nos juristes, ellipse, selon Dauzat, de « femme commune en biens », c.-à-d. « mariée sous le régime de la communauté ».

J. Fiévée (*Lettres sur l'Angleterre*, VI, *Observations*), on lit au tome 2, p. 192: « Tout ce qui n'est pas pair est simple citoyen *(communer)* (sic) », définition que l'on rapprochera de celle du *C.O.D.*: « ***Commoner***, *One of the common people (below rank of peer)* ».

– *The public schools were not open only to the sons of gentlemen and closed to* ***commoners***. – Les grandes écoles anglaises n'étaient pas accessibles aux seuls fils d'aristocrates, fermées aux **roturiers.**

Commons. – Le menu peuple, la commune, la bourgeoisie, le tiers-état, d'où **la représentation à la chambre basse.** Autres sens: **provisions, dépenses en commun; nourriture, table;** † *to keep* ***commons***, manger à **la même table;** ***we were on short commons***, **notre ordinaire était insuffisant,** famil. **nous faisions maigre chère, nous étions réduits à une maigre pitance, à la portion congrue, nous nous serrions le ventre, la ceinture.** † ***Doctors' Commons***, **collège des docteurs en droit civil** (chargé de régler les questions de dispense de mariage, de divorce, testament, etc.).

– *Our* ***commons*** *began to run short.* – Nos **vivres** commencèrent à diminuer.

Commotion. – Outre les sens propres communs aux deux langues: **trouble, agitation, tumulte; révolte, insurrection, mouvement** (on disait autrefois « émotion ») **populaire.** Famil. ***To make a commotion*** *about something*, **faire des histoires, des embarras, de l'esclandre, du vacarme,** vulg. **du pétard** à propos de qch.; ***to make a great commotion*** *about very little work*, **faire plus de bruit que de besogne.**

– L'étudiant Razumov songe à dénoncer un meurtrier au commissaire de police de son quartier, mais il se ravise: *He would begin by locking me up most probably. At any rate, he is certain to get excited and* ***create an awful commotion.*** (J. Conrad, *Under W. eyes.*) – Il commencerait très probablement par me boucler; en tout cas, il ne manquerait pas de se monter la tête et de **faire un vacarme (un tapage, un raffut) de tous les diables.**

– *The declaration of war made a great* ***commotion.*** – La déclaration de guerre causa un grand **branle-bas.**

Communal. – Noter: jur. ***communal estate***, **communauté conjugale;** ***communal*** *kitchen*, « soupe » **populaire.** Aussi, hist.: **de la Commune** (de Paris, 1871). Enfin, E.U., se dit de la possession **en commun,** de la **co-propriété** (angl. *joint ownership*); ***communal*** *(or group) marriage*, dans les sociétés primitives, forme de mariage où toutes les femmes d'un groupe sont **communes** aux hommes appartenant à ce groupe.

Commune (to), communion. – ***To commune, to hold communion with oneself***, **rentrer, descendre en soi-même; se recueillir.** Famil. *with eyes* ***communing with*** *the ground*, les yeux **fichés** en terre, les yeux **baissés.**

– *We must* ***commune with ourselves***, *and within ourselves seek that rule of conduct which no metaphysics can ever give us.* – C'est **en nous-mêmes qu'il faut descendre,** en nous-mêmes qu'il faut chercher cette règle de conduite que nulle métaphysique ne nous donnera jamais.

Communicate (to), communicant. – Comme en latin, **partager, mettre en commun.** Trans. **communier** (qqn., comme fait le prêtre).

La phrase suivante, surtout extraite de son contexte, risque d'être mal interprétée: *He had scruples about* ***communicating with*** *the Church of England.* (Macaulay, *Hist. of England*, II.) – Il faut l'entendre: Il avait scrupule à **communier avec** l'Église d'Angleterre.

En revanche, le sens s'impose dans une phrase comme celle-ci: *In that time, all that* ***did communicate*** *at all, did communicate in both kinds.* On est forcé de comprendre: En ce temps-là, quiconque **faisait tant que de communier, communiait** sous les deux espèces.

A ***communicant***, un **communiant.** ***I am a communicant***, **je communie.**

Remarque. – Le N.E.D. définit ***to communicate*** (6°) *to partake of the Holy Communion.* Le latin ecclésiastique *communicare* a d'abord signifié « s'associer à », « participer », puis « être en communion avec » (V. Dauzat et Bloch). Bossuet écrit (*Œuvres orat.* éd. Labarq, III, 411): « Après avoir *communiqué* à son divin corps, ne *communiquons* point à Satan. »

Community. – Collectivité, (le) **public** au double sens de † la **collectivité nationale,** la **nation** et de la **masse de la population.** Cf. a) Mais vouloir au **public** immoler ce qu'on aime. (Corneille, *Hor.* II, 3); b) Les bons citoyens contribuent au bien **(du) public,** ou: **de tous,** ce qui pourrait se rendre: *good citizens work for the welfare of the* ***community***.

Locut. div. ***Community chest***, E.U. **caisse commune de bienfaisance, fonds de secours, d'assistance publique;** ***community council***, ou, au Canada, ***organization***, **organisation sociale de la collectivité, conseil (chargé de la coordination) des œuvres sociales;** ***c.*** *development*, développement **communautaire,** ***community planning***, **aménagement des collectivités;** ***community*** *projects*, projets d'**intérêt collectif ou général;** ***community*** *experiences*, aspects ou éléments **de la vie sociale.** ***Community*** *(welfare) centre*, centre **social** (de quartier pour les collectivités urbaines), **salle des fêtes ou de récréation** pour les agglomérations rurales. ***Community singing***, chant **choral.**

Community *animals*, les animaux **grégaires** ou **sociaux.**

Subst. *the commercial, the business, the financial* ***community***, le **monde** du commerce, des affaires, de la finance.

– *There can be* ***no community*** *between you and me: we are enemies* (N.E.D.) – Il ne saurait y avoir **rien de commun** entre vous et moi. Nous sommes ennemis.

– *The problem of water supplies in the small* ***communities.*** – Le problème de l'alimentation en eau des petites **agglomérations.**

– *Marriage is the foundation of* ***community.*** – Le mariage est le fondement de la **société.**

Commute (to), commuter. – Du latin *commutare*, changer; échanger, nous n'avons conservé que le sens juridique: commuer, « changer une peine en une peine moindre »; en anglais, par contre, l'idée de **changement** et d'**échange** a été exploitée à fond. Voici les sens: **permuter** (des emplois, des quantités); **échanger** (une chose contre une autre); **racheter** (une servitude, ses péchés); **changer** (un mode de paiement contre un autre); E.U. ***to commute** a fare* et absol. ***to commute*, prendre un abonnement** (*a **commutation** ticket*, équivalent du *season ticket* anglais) au lieu d'un billet quotidien, l'**usager**, l'**abonné** s'appelant *a **commuter***, terme qui pourra s'appliquer aussi bien à un **banlieusard** qu'à un **grand voyageur.** voire p. ext. à un **frontalier,** titulaire d'une carte spéciale.

Compact (subst.). – Le latin *compaciscor*, part. passé *compactus (sum)*, a donné *compactum*, **convention, traité,** d'où l'anglais ***compact*, pacte, accord, entente** entre deux ou plusieurs personnes.

– *He made a **compact** with the foul fiend.* (KINGSLEY.) – Il conclut un **pacte** avec le démon.

– *A **compact** is a promise proceeding from us, law is a command directed to us.* (BLACKSTONE.) – Un **engagement** est une promesse émanant de nous; la loi est un ordre qui s'adresse à nous.

– *The meaning of language is derived not from nature, but from **compact**.* – La signification du langage résulte non de la nature, mais d'une **convention.**

Compact (adject.) – Est le latin *compactus*, du v. *compingere*, fixer ensemble, assembler; resserrer, d'où **serré, tassé, resserré, ramassé,** p. ext. (d'une machine, d'une automobile), **de faible encombrement,** lâchement: ***a compact** car*, une **petite** voiture (qui tient peu de place); (terrain) **liant;** (style) **concis, dense, serré;** au fig. **imbu** (de), *a mind **compact** of prejudices*, un esprit **imbu, bourré** de préjugés. Par ext. du sens de (poudre) compacte, *a **compact*** est un **poudrier** (de sac à main); une **boîte à poudre.**

– *The estate of Lord N. was **compact**.* – Le domaine de Lord N. était **d'un seul tenant.**

Companion. – Qu'on identifie avec le fr. compagnon, propr. « celui qui partage son pain avec un autre », *cum*, avec, *panis*, pain, prend parfois dans Shakespeare un sens péjoratif, comme qui dirait **drôle, maraud:** *This **companion** with the saffron face.* (*Com. of Errors*, IV, iv. 64.) – Ce **drôle** à la face de safran. – ***Companion**, hence!* (*J. Caes.*, IV, iii, 138.) – Hors d'ici (disparais), **maraud!** Sens courants: ***(Lady-) companion*, dame, demoiselle de compagnie** (ne pas confondre avec ***lady's companion*, nécessaire à ouvrage**). Membre (d'un ordre honorifique). ***Companion** of the Bath*, **compagnon** (de l'ordre) du Bain. Métaph. **manuel, guide, vade-mecum, *The Gardener's Companion.* Manuel du parfait jardinier.** Enfin **pendant** (chacun des deux objets d'art formant la paire): *these are **companion pictures***, ces tableaux **se font pendant,** l'un est le **pendant** de l'autre. Agr. ***companion** crops*, cultures **associées.**

D'autre part, *a sea found its way down the **companion*** est pour bien des lecteurs une phrase mystérieuse. En voici le sens: un paquet de mer s'engouffra dans le **capot. *Companion*,** mis pour ***c.-hatch,-ladder***, signifie en effet, **capot de descente, d'échelle, dôme; *companion-ladder*,** aussi: **échelle d'honneur, de commandement, échelle des cabines; *companion-way*, escalier, entrée des cabines.** *Main **companion***, **escalier** central.

REMARQUE. – Le lexicographe rapproche ce dernier mot du holl. *kompanje*, devenu *kampanje*, v. fr. *compagne* L. 4°, « chambre du majordome d'une galère », ital. *(camera della) compagna*, cambuse, cf. lat. *companaticum*, vivres, provisions de bouche et angl. *caboose (q.v. supra)*, si bien que les deux mots pourraient avoir la même origine. D'aucuns cependant font remonter le second au latin de basse époque *capanna*, cabane, dans Rabelais (1552) au sens de *cabine*.

Company. – On notera, outre les sens français: **troupe** (d'acteurs); naut. ***the ship's company*, l'équipage** (au complet, officiers y compris). Loc. div. ***to go into company***, aller dans le **monde,** ***we have company** to-night*, ce soir, **nous recevons, nous avons du monde, des invités.** *She wept **for company***, elle pleurait **par sympathie, par compassion. *They keep company*,** famil. de deux jeunes gens: **ils se fréquentent, ils sortent ensemble, ils sont plus ou moins fiancés;** *she is too young **to keep company***, elle est trop jeune pour **« fréquenter ».**

Compass (to), compass. – Le fr. *compasser* (latin populaire *compasare*, de *passus*, pas, mesure itinéraire), a signifié mesurer, régler; disposer, ordonner; entourer, limiter: Ung hault mur circuit le jardin de toutes pars *or compasse* le jardyn, Palsgrave, *Esclarc.*, dans Huguet. Toutes significations dont l'anglais a gardé trace. Y ajouter celles de **tourner, faire le tour** (de qch.); **entourer, environner** (d'amis ou d'ennemis); **encercler;** au fig. **embrasser, saisir** (avec l'esprit), **comprendre; préméditer, machiner, comploter** (la ruine, etc. de qqn.); **atteindre** (son but), **parvenir** (à ses fins), **venir à bout** de, **accomplir, réaliser;** † **circonvenir;** charp., arch. navale: **courber, cintrer** (une membrure, etc.).

Le subst. a les sens correspondants ou dérivés: ***compass*** ou ***a pair of compasses***, un **compas; circonférence; borne(s),** d'où fig. ***within compass*, avec modération:** autres sens, **enceinte, limite(s), tour, pourtour; espace, étendue** (pr. et fig.), **portée** (de l'esprit, de l'intelligence); (mus.) **registre, étendue** (de la voix), **clavier** (d'un instrument); **détour,** † ***to fetch, go a compass*, faire un détour,** au fig. **faire des digressions, prendre un chemin détourné; biaiser, employer des moyens détournés.** Suite des sens: **boussole, *mariner's compass*, compas de mer,** *the **points of the compass***, les **aires de vent,** la **rose des vents,** et p. ext. les **quatre points cardinaux;** ***to box the compass*, réciter, dire la rose des vents.**

En compos. ***compass-plane*, rabot cintré, *compass-saw*, scie à**

chantourner, *compass-timber*, bois courbe, bois courbant, *compass-window*, fenêtre en saillie ronde.

– *We were **compassed** round with a very thick fog.* (Mrs. SHELLEY, *Frankenstein*, IV, 21.) – Nous fûmes **entourés** par un brouillard très dense.

– *Strange forebodings of ill... that cannot be **compassed**.* (LONGFELLOW, *Evangeline*, II, ii.) – Étranges présages de malheur... que l'on ne peut **comprendre.**

– *That cheerfulness which attends the table of him who lives within **compass** is wanting.* (STEELE, *Spectator*, n° 114.) – Il [lui] manque cette bonne humeur qui est la compagne de table de celui qui vit dans (littér. les **limites** de) la modération. Cf. « Bornez-vous, croyez-moi, dans un juste **compas.** » (MALHERBE, V, 8.)

– **PRESS** (N. E. D., 10°). *An instrument used to compress a substance into a smaller **compass**.* – PRESSE, instrument utilisé pour comprimer une substance en un moindre **volume.**

– Hazlitt, généralement si perspicace, est parfois injuste pour les Français: *The feelings of the French want **compass** and variety.* (*Works*, VII, 408.) – Les sentiments des Français manquent d'**étendue** et de variété.

– Il est des jours de printemps où les quatre saisons semblent se succéder: dans le bref **espace** d'une heure, *in the **compass** of one hour.* (DICKENS, *Barn. Rudge*, X.).

– Hamlet n'entend pas qu'on joue de lui comme d'une flûte: *You would sound me from my lowest note to the top of my **compass**.* (III, ii, 363.) – Vous voulez me faire donner depuis la plus basse jusqu'à la plus haute note de mon **registre.**

– Flaubert (*Madame Bovary*, V) résume ainsi le bonheur de Charles B. qui vient d'épouser Emma: L'univers, pour lui, n'excédait pas le **tour** soyeux de son jupon – Et le traducteur de dire: *The universe, for him, was contracted to the silken **compass** of her petticoat.*

– *Men who would unscrupulously employ corruption... to **compass** their ends.* (MACAULAY, *Essays*, Clive.) – Des hommes qui emploieraient sans scrupule la corruption pour **parvenir** à leurs fins.

– *He loved her **past all compass**.* – Il l'aimait **au-delà de toute limite** (ou: d'un amour **sans borne**).

– *Depend upon my gratitude, Frosine, if you **compass** the affair,* c'est ainsi que le traducteur rend ce passage de *l'Avare* (IV, 11): Sois assurée, Frosine, de ma reconnaissance, si tu **viens à bout** de la chose.

– *From bastion to bastion the message ran to the **four points of the compass**.* – De bastion en bastion, la nouvelle était lancée aux **quatre points cardinaux.**

Compeer. – A conservé (style relevé ou litt.) le sens du v. fr. *comper,-pair*, **pair, égal; émule.**

– *He has **no compeer**.* – C'est un homme **sans pair,** il n'a **pas son pareil.**

– Louant la traduction par G.K. Chesterton du fameux sonnet de Du Bellay: « Heureux qui, comme Ulysse... », Hilaire Belloc ajoute: *I will take the liberty of reading to you now... Du Bellay's fourteen lines, and then those of his English **compeer**. (On Translation.)* – Je vais prendre la liberté de vous lire maintenant... les quatorze vers de Du Bellay, puis ceux de son **émule** anglais.

REMARQUE. – « Compair, terme de droit féodal, dit L. Qui est pair avec. » Les plus éloignés de l'extraction illustre de ces grands et puissants pairs, même souverains, sont leurs compairs en tout ce qui est de la dignité. Cet exemple emprunté à Saint-Simon (372,185) éclaire bien le sens du mot angl. C'est † le lat. *com-par*, qu'il faut distinguer du lat. ecclés. *compater* « parrain » d'où est issu notre « compère ».

Compete (to). – Nous avons bien « compétiteur » et « compétition », où l'on discerne la notion de rivaliser, mais non pas le verbe correspondant, car « compéter » est un terme juridique qui signifie: *a)* appartenir à en vertu de certains droits, « les droits éventuels qui peuvent *compéter* à l'absent », *b)* être de la compétence de, ressortir à: « Cette affaire *compète* au tribunal de commerce ». Voici le verbe anglais: *The stores are useful, because they **compete** with shopkeepers and induce them to lower their prices.* – Les grands magasins sont utiles, parce qu'ils **font concurrence** aux commerçants et les amènent à baisser leurs prix.

– Chose vue dans les stations balnéaires: *On Sunday mornings... sea-bathing **competes seriously** with church-going.* – Le dimanche matin... les bains de mer **font une concurrence** sérieuse à la messe.

En matière commerciale, ***competition, competitor*** sont donc respectivement: **concurrence, concurrent;** ***competition*** peut signifier aussi: **concours (examen).** Shakespeare emploie le mot ***competitor*** dans le sens de **collègue, associé, compagnon** (v. *infra*).

Competence, -cy, competent. – Un des sens du latin *competens*, c'est † **suffisant.** Les mots « compétent » et « suffisant », *competent* et *sufficient*, ont été synonymes, le second étant d'un emploi plus courant que le premier: un médecin « suffisant », c.-à-d. « compétent ». En anglais, le sens de compétence pécuniaire, **ce qui suffit pour vivre, aisance,** etc., a *précédé* celui de compétence intellectuelle, et s'est même étendu à des emplois métaphoriques. Autres sens de ***competent*:** jur. outre compétent, **habile** (à succéder); (demande) **recevable; loisible, licite.**

– *There is no happiness in the world without a **competency**.* (FIELDING, *Tom Jones*, II, 329.) – Il n'est pas de bonheur au monde sans un **revenu suffisant,** sans l'**aisance.**

– *The Government being supported by a **competent** majority could carry out the reform.* – Le gouvernement, appuyé par une majorité **suffisante,** put mener à bien la réforme.

– *It was **competent** to him to refuse.* – Il lui était **loisible** de refuser.

– *That only is **competent** to make me amends for the disgraceful step I have taken.* – Cela seul est **capable** de me consoler de la honteuse démarche que je viens de faire.

– *I had gained a **competency** of strength.* (Stevenson, *In the South Seas.*) – J'avais restauré **suffisamment** mes forces (j'avais fait (**ample**) **provision de** forces).

Remarque. – Nous avons vu plus haut que le verbe angl. ***to compete*** signifiait **faire concurrence à,** emploi qui n'a pas son pendant en français; en revanche, le sens de rivalité, concurrence, compétition se retrouve en bonne langue dans le substantif *compétence:* « La moindre ombre de *compétence* avec un fils de France a un grand air de ridicule. » (Retz, II, 82.) Cet emploi a vieilli.

Competitor. – † Syn. ***d'associate,*** **compagnon, associé,** donc le contraire du sens moderne de concurrent.

– (César) Octave, évoquant la mémoire d'Antoine dont il vient d'apprendre la mort, s'écrie: ... *Thou, my brother, my **competitor** In top of all design... (Ant. and Cleop.,* V, I, 42.) – O toi qui fus mon frère et mon **associé** Dans les plus hauts desseins... (Trad. Georges Lambin.)

Complacence. – Si l'on songe que le fr. *complaisance* signifie parfois « l'état de l'âme où l'on se complaît à soi-même » (L., 3°), on comprendra le sens du mot angl. dans cet exemple: *The **complacence** of one who thinks that he has made a noble discovery.* (Jowett, *Plato,* IV.) – La **satisfaction** de celui qui pense avoir fait une belle découverte. Autre sens, **suffisance.**

– *There was a touch of **complacency** about her.* – Il y avait en elle un soupçon de **suffisance,** ou: je ne sais quoi de **suffisant.**

Complaint. – Le sens général de plainte s'est spécialisé et a donné naissance à deux emplois importants: 1° celui de **plainte en justice:** *to lodge a **complaint** against s.o.,* porter **plainte,** déposer une **plainte** contre qqn.; 2° celui de **mal, maladie, affection** dont on souffre et dont apparemment on **se plaint:** *he died of a **complaint** in the spine,* il mourut d'une **maladie** de la colonne vertébrale. Le premier sens peut être nuancé par une épithète: Parlant du *Times,* Emerson (*English Traits,* XV) dit: *The tone of its articles has... sometimes been the ground of diplomatic **complaint.*** – Le ton de ses articles a... parfois fait l'objet de **représentations** diplomatiques.

– *The question is dealt with by the Panel on **Complaints.*** – Le Comité (du) **contentieux** s'est saisi de la question.

Remarque. – En fr. le sens de plainte en justice a vieilli: Le bourreau de Paris forma *complainte* contre luy, comme estant troublé en sa possession. (H. Estienne, dans Huguet.) Spécialt. **action possessoire** destinée à faire cesser un trouble apporté à la possession d'un immeuble (voir L. 3°).

Complement. – N'est pas toujours ce qui complète, mais souvent « **le complet** ». *Our general was commanded not to exceed his **complement*** s'éclairera par cette phrase de Saint-Simon (201, 180): « Villars assura le roi que tous ses bataillons... excédaient le **complet...** ». – *Brains that want their **complement** of wit* sont des cerveaux qui n'ont pas leur **plein** de jugement. Enfin, terme de grammaire: **attribut.**

– *The ship had taken in its **complement** of fuel.* – Le navire avait fait son **plein** de combustible, mais *The ship had her **full complement*** devra se rendre par: Le navire avait son **effectif au complet,** avait embarqué son **effectif règlementaire.**

Complete (adject.). – **Parfait, accompli.** *A **complete** gentleman,* un **parfait** galant homme, un homme du monde **accompli, achevé.**

Complete (to). – **Remplir** (une formule, un questionnaire). ***To complete with** provisions,* **faire le plein** de vivres, **se ravitailler** (en vivres), ***to complete with** oil,* **faire le plein** d'essence; au fig. **combler** (un vœu, une espérance): *this **completes** my happiness,* cela **me met au comble** du bonheur. Autres sens, **consommer** (un mariage, sa ruine), **accomplir, *to complete*** *one's apprenticeship,* **accomplir** son apprentissage; s'emploie aussi absol.

– *Please **complete** the form and return it.* – Prière de **remplir** la formule et de nous la renvoyer.

– *The young man was ordered **to complete** his marriage with his cousin.* – Il fut ordonné au jeune homme de **consommer** son mariage avec sa cousine.

– *With imperturbable dignity and a dress of considerable fashion, Mrs. N. **completed** the procession.* – Avec une imperturbable dignité et sa toilette à la dernière mode, Mme N. **fermait** la marche.

– Là où la version de 1613 dit (*saint Matthieu,* V, 17): *I did not come to destroy, but to fulfil,* les auteurs de la *New English Bible* traduisent: *I did not come to abolish, but **to complete:*** Je ne suis pas venu pour abolir, mais pour **accomplir.**

Complexion. – L'angl. a eu les deux sens, conservés par le fr., du latin *complexio:* 1° **entrelacement, union;** 2° **complexion physique.** Chaucer parle de *complexion* sanguine (*Prologue,* 333). Mais, de bonne heure, l'angl. appelle ***complexion*** ce qui est le signe extérieur de la complexion, le **teint.** Chez Shakespeare, le mot a les deux sens de **complexion** et de **teint.** De ce dernier sens sont issus les emplois modernes de ***complexion*** *cream,* ***c.*** *requisites,* crème, produits **de beauté.**

Le mot s'emploie, de plus, au figuré, dans le sens d'**aspect,** de **qualité,** de **caractère,** (d'une question), de **tournure** (que prend une affaire).

– *If the purity of the **complexion** of Cedric's ward does not chase from your memory the black-tressed girls of Palestine... I am an infidel and no true son of the church.* (W. Scott. *Ivanhoe,* II.) – Si la pureté du **teint** de la pupille de C. ne bannit pas de votre mémoire les filles de Palestine aux noirs cheveux, je suis un Turc et non un bon fils de l'Église.

– *A stout woman with* ***a high complexion.*** – Une femme corpulente **haute en couleur.**

– Mlle Ramsden, puritaine intransigeante, apprend que Violette, qu'elle croyait séduite, est bel et bien mariée: Miss R.: *Of course what you say puts a very different* ***complexion*** *on the matter.* (B. SHAW, *Man and Superman,* I.) – Mlle R.: Évidemment, ce que vous dites donne un tout autre **aspect** à l'affaire.

– *Newspapers of every political* ***complexion.*** *(Times.)* – Des journaux de toutes les **opinions** (ou **nuances**) politiques.

Compliment (to), compliment. – Si l'on s'avise que les compliments peuvent accompagner non seulement un message, une lettre, etc., mais encore un cadeau, on comprendra la phrase suivante, quelque peu archaïque: *The prince made a* ***compliment*** *of his horse to the colonel,* le prince fit **don** de son cheval au colonel. Cette autre phrase, par contre, ne prête pas à la même ambiguïté et fait ressortir le sens de politesse: *He expected to be* ***complimented*** *with a seat in the royal coach,* il s'attendait à être **honoré** d'une place dans le carrosse royal.

– *In England you are asked home for dinner even if you are not in a position to return the* ***compliment.*** – En Angleterre, vous êtes prié (ou: invité) à dîner, même si vous n'êtes pas en mesure de rendre la **politesse.**

– *With the author's, publisher's* ***compliments,*** **hommage** de l'auteur, de l'éditeur.

Complimentary. – L'exemplaire **envoyé en hommage** par l'auteur ou l'éditeur est *the* ***complimentary*** *copy.* D'autre part: *They received* ***complimentary*** *tickets for the entertainment* signifie: Ils reçurent des billets **de faveur** pour se rendre au spectacle.

Compose (to), composure (subst.). – C'est le fr. composer, qui a remplacé l'ancien verbe *compondre,* du latin *componere,* dont il a pris et conservé les sens.

En fr., il s'emploie dans les expressions: *composer* son maintien, son visage, l'*arranger* pour faire croire à la retenue, à la modestie, et dans: **composer avec,** s'arranger, s'accorder moyennant des concessions.

L'angl. va plus loin. Comme, en latin, *componere fluctus* signifie *calmer les flots,* ***to compose*** veut dire **calmer.** ***Composure*** signifiera donc **calme, tranquillité, sang-froid.**

Au lieu de l'emploi intransitif de *composer avec,* sens qu'il exprime par *to compound with,* l'angl. a l'emploi transitif, très voisin de calmer, ***to compose*** *a dispute,* **arranger, accommoder, ajuster** un différend.

Enfin, ***to compose oneself*** *to sleep,* **se disposer, se mettre** à dormir, s'endormir (cf. *to address oneself to sleep).*

– *I had several times loud calls from my reason and my more* ***composed*** *judgment to go home.* (DEFOE, *Rob. Crus.,* p. 25, Collins.) – Bien souvent, ma raison et mon jugement plus **rassis** me criaient de m'en retourner chez moi.

– *For Heaven's sake, Amanda,* ***compose yourself.*** *Do you want to make a scene?* (Mrs. OLIPHANT, *Innocent,* II, i.) – Au nom du ciel, A., **calmez-vous.** Voulez-vous faire une scène?

– *The King, with some difficulty,* ***composed*** *the difference.* (HUME, *Hist. of England,* I, ix.) – Le roi, non sans peine, **ajusta** le différend.

– Exemple intraduisible, à cause des jeux de mots: *Upon his steed – he could* ***compose*** *his sermon – he could* ***compose*** *his cough – and he could* ***compose himself*** *to sleep.* (STERNE, *Tristram Shandy,* IX.)

– *The people faced the situation* ***with composure.*** – Devant cette situation, la population **garda son sang-froid.**

Compost. – L'ancien français *compost* signifiait proprement composé (cf. compote, latin *composita,* part. passé substantivé au fém. de *componere,* mettre ensemble), d'où les sens du mot anglais: **mélange, mixture, combinaison, composé** et, sens commun aux deux langues, **compost,** « engrais formé par le *mélange* de débris organiques avec des matières minérales » (Robert). Les sens de **compote** et de **composition** sont rares. Le mot peut s'employer aussi au figuré.

– *Martyrs' ashes are the best* ***compost*** *to manure the church.* (FULLER.) – Les cendres des martyrs sont pour l'Église le **terreau** le plus fécondant.

Comprehensible. – Qui peut être compris dans, c.-à-d. **contenu, renfermé, englobé** (dans); **qui peut être saisi par les sens,** † **palpable; par l'esprit, concevable, intelligible, compréhensible,** seul sens commun avec le fr.

Comprehensive. – Ce mot a été adopté directement du latin *comprehensivus,* qui comprend, qui contient. De là, qui comprend, qui contient par excellence, c'est-à-dire **qui contient beaucoup de choses sous un petit volume, compendieux, ramassé; qui a une large ouverture d'esprit, de larges sympathies.** Ce dernier sens est très proche du français. L. écrit (*s.v.* apaiser): « Comme calme est d'une signification plus étendue que paix, calmer est plus *compréhensif* que apaiser ».

Roget donne, comme synonymes, *general, wide.*

– *A* ***comprehensive*** *measure,* une mesure **d'ensemble;** *a* ***comprehensive*** *policy,* une police d'assurance contre des risques divers, une police **unique,** une assurance **tous-risques.**

– *A* ***comprehensive*** *head,* une tête, un cerveau **encyclopédique.**

Compress (to), compression. – On notera: ***with compressed*** *lips,* les lèvres **serrées, pincées,** et au fig. ***to compress,*** **condenser** (un discours, un récit, etc.); **(res)serrer, concentrer** (un texte, son style); sens correspondants pour le substantif.

– *The difficulty of* ***compression*** *has been the greatest of my diffi-*

culties. – La difficulté de **serrer, condenser,** a été la plus grande de celles que j'aie rencontrées.

– *To have the gift, the art of* ***compression,*** avoir le don, l'art du **raccourci,** du **ramassé**, *to be a* ***compressionist*** comme dit plaisamment Stevenson. (*Letters, Aug.* 1881.)

Comprise. – Là où nous dirions: chaque groupe ne *comprendra* que dix étudiants au plus, l'affiche des cours de vacances d'Exeter pour 1929 dit: *not more than ten students will* ***comprise*** *a group.* Ce sens de **composer, constituer** est de rare occurrence, dit le N. E. D., dont le dernier exemple est daté 1794. Webster le tient cependant pour courant: *The chapters that* ***comprise*** *part one,* les chapitres qui **constituent** la première partie.

D'autre part, du sens de **comprendre, rassembler, réunir** dans un ouvrage, on passe à celui de comprendre sous un petit volume et donc de **condenser, résumer; se résumer.**

– *The whole duty of a Christian* ***is comprised*** *in a word.* – Tout le devoir d'un chrétien **se résume, tient** en un mot.

Compromise (to). – La différence entre ***to compromise*** et *compromettre,* v. intr., c'est que le v. fr. signifie: « s'en remettre à l'arbitrage d'un ou de plusieurs juges » (Robert) et que « le pouvoir de transiger ne renferme pas celui de compromettre ». (*Code civil,* art. 1989).

To compromise, c'est donc **transiger** (sur), **composer, s'accommoder, s'entendre** (avec qqn.) moyennant des concessions réciproques. De plus, le v. ***to compromise*** peut être dangereux en raison de son emploi fréquent au passif, auquel cas il nous est impossible de calquer la tournure anglaise sous peine de commettre un contresens. Ex. *With much difficulty the dispute was* ***compromised.*** Si nous traduisons: A grand-peine, le différend fut compromis, nous sommes inintelligibles; il faut entendre: A grand-peine on **mit fin** au différend **par un compromis** (c.-à-d. une **transaction**). (L. 2°) (1). Quant au verbe actif: mettre dans une situation critique en exposant au jugement d'autrui: compromettre qqn. en se servant de son nom, et p. ext., nuire à la réputation de, compromettre une femme, son emploi est moins courant en anglais qu'en français.

Ajoutons pour le subst. le sens péjoratif de **compromission.** « *Army life has its* ***compromises*** *too, but they are simpler* », c'est ainsi que la traductrice Grace Frick rend ce passage des *Mémoires d'Hadrien* de Mme M. Yourcenar: « Elle (l'armée) a ses **compromissions** aussi, mais plus simples ».

– *I had believed all* ***compromise*** *impossible.* – J'avais cru tout **accommodement** impossible.

– *In most cases litigants have to accept* ***uneasy compromises.*** – Dans la plupart des cas, les plaideurs doivent accepter une **cote mal taillée** (une **solution bâtarde**).

Compunction, compunctious. – En fr., c'est surtout le remords d'avoir offensé Dieu; en anglais, le **regret** d'avoir offensé, lésé son prochain, regret parfois mêlé de pitié. *Without* ***compunction,*** famil. sans **regret,** sans **scrupule.** De même, ***compunctious.***

– *He will lie* ***without compunction.*** – **Il ne se fait guère scrupule** de mentir.

– June a choqué sa tante par une remarque assez vive: *June was instantly* ***compunctious;*** *she ran to her aunt and kissed her.* (GALSWORTHY, *Man of property,* I, VIII.) – **Se repentant** aussitôt, J. courut à sa tante et l'embrassa.

Concentrate (to), concentration. – **Déflegmer** (l'alcool), **déflegmation.**

Concern (to). – *Concerner,* c'est, en parlant des choses, avoir rapport, être relatif à; en parlant des personnes, toucher, regarder. ***To concern,*** c'est en outre: **importer à, avoir de l'importance pour.** ***To concern oneself*** *with, in, about,* **s'intéresser à, s'inquiéter de, se préoccuper de.** ***To be concerned in...,*** **avoir souci, se soucier de; être affecté par, se chagriner, se tourmenter de; être pour qqch. dans, prendre, avoir part à; être impliqué dans, tremper dans.**

– *He was deeply* ***concerned*** *with the destitution of his friend.* – Il fut profondément **peiné** du dénuement de son ami.

– ***We are not concerned*** *with your political opinions.* – **Nous n'avons que faire** de vos opinions politiques (elles ne nous intéressent pas), dit le président du jury à un étudiant révolutionnaire.

– *However* ***I did not concern myself about the matter.*** – Mais **c'est de quoi je ne m'embarrassai guère.**

– *She* ***was not much concerned*** *about her uncle's departure.* – Elle **ne se soucia guère** du (**ne fut pas très affectée** par) le départ de son oncle.

– *My honour is* ***concerned*** *in the case.* – Mon honneur est **en jeu** dans cette affaire.

– La femme de Sganarelle, qui veut être battue (*Méd. malgré lui,* I, ii), dit à M. Robert qui intervient: **Mêlez-vous** de vos affaires, ***concern yourself*** *with your own business.*

Concern. – **Affaire, établissement, entreprise:** *The bank became a flourishing* ***concern,*** la banque devint une **entreprise** prospère; et substantif du verbe précédent: **part, participation** (à); **importance** (pour); **intérêt** (qu'on prend à), **souci** (de) **sollicitude; inquiétude, chagrin, peine.** Familièrement, **chose,** spécialement embarrassante et compliquée; ***concern*** s'applique aussi péjorativement aux personnes: *I am a selfish little* ***concern,*** je suis un petit **monstre** d'égoïsme.

Au pluriel, **affaires:** *Public* ***concerns,*** les **affaires** publiques; *petty village* ***concerns,*** de petits, de mesquins **intérêts** de village, de clocher.

– *A real well-bred man would speak to all the kings of the world,*

(1) **Ou:** « Non sans peine, les parties furent amenées à transiger ».

with as little ***concern****, and as much ease, as he would speak to you.* (CHESTERFIELD, *Letters.*) – Un homme vraiment bien élevé parlerait à tous les rois du monde avec aussi peu d'**embarras** (ou: de **gêne**) et autant d'aisance que s'il s'adressait à vous.

– *The passion of love is the most general* ***concern*** *among men.* (STEELE, *Spectator*, n° 30.) – La passion de l'amour est l'**affaire** dont les hommes se préoccupent le plus.

– *Narrative teazes me.* ***I have little concern*** *in the progress of events.* (LAMB, *Elia, Mackery End.*) – Le récit m'agace. **Je m'intéresse peu** à la marche des événements.

– *Foreigners appreciate his* ***concern*** *for the moral... his respect for honesty and his affectation of sensibility.* – Les étrangers goûtèrent en lui [Marivaux] le **souci** de la morale... le respect de l'honnêteté, l'affectation de la sensibilité.

Conclave. – Nous ne connaissons de ce mot que la désignation du lieu où s'assemblent les cardinaux pour élire un nouveau pape. A cet emploi il faut ajouter en anglais ceux d'**assemblée, réunion; conseil** (tenu à huis clos), **conciliabule.**

– *In a matter of such importance he determined to summon a* ***conclave of his relatives.*** – Dans une affaire d'une telle importance, il décida de **réunir un conseil de famille.**

– *The verdicts pronounced by this* ***conclave*** *[Johnson's club] were known all over London.* (MACAULAY.) – Les arrêts prononcés (rendus) par cet **aréopage** ne tardaient pas à faire le tour de Londres.

– *I think we should summon Miss Brent to join our* ***conclave.*** – M'est avis que nous devrions inviter Mlle B. à se joindre à notre **conciliabule.**

Conclude (to). – Le latin *concludere* signifie notamment enfermer; comprendre, renfermer. Les sens angl. correspondants sont désuets, mais celui d'**astreindre,** d'**obliger à,** de **lier,** qui en est dérivé, a survécu dans la langue du droit: *The consent of the majority* ***shall conclude*** *every individual.* On notera d'autre part l'acception devenue rare en anglais, mais courante aux E. U., de **décider de, se résoudre à :** *She did not* ***conclude*** *to cross the Ocean,* elle ne put **se résoudre** à traverser l'océan.

– *The Senate have* ***concluded*** *To give this day a crown to mighty Caesar.* (SHAKS., *Jul. Caes.*, II, ii, 93.) – Le Sénat a **résolu** De couronner dès aujourd'hui le grand César. (Trad. C. M. GARNIER.)

Conclusive. – Va jusqu'à signifier (d'un argument): **péremptoire, sans réplique;** (d'une lettre, etc.) **comminatoire.**

– *He had just received a* **conclusive** *letter from his most urgent creditors.* – Il venait de recevoir une lettre **comminatoire** de ses créanciers les plus pressants.

Concoction. – **Confection** (d'un mets, d'un plat); **préparation** (d'une soupe, d'une boisson, d'un médicament); **mixtion, mélange, mixture, pot-pourri, macédoine, ripopée;** au fig. **conception, élaboration** (d'un plan) et péjor. (d'un complot); sens concret, **mensonge, histoire forgée, inventée, conte bleu, roman.**

– *When the widow had taken the basin of thin poor slop that stood for the rich* ***concoction*** *of the former time...* (Th. HARDY, *Mayor.*) – Quand la veuve eut bu le brouet clair qui tenait lieu du succulent **consommé** d'autrefois...

– *They are absorbed in the* ***concoction*** *of a new plan for swindling their creditors.* – Ils sont occupés à **machiner** un nouveau plan pour frustrer (escroquer, filouter, rouler, « posséder ») leurs créanciers.

– *He admitted that the whole story was a* ***concoction.*** – Il avoua que l'histoire était **forgée, inventée** à plaisir (de toutes pièces).

– *Plays of his* **concoction** *were coldly welcome.* – Les pièces de sa **façon** étaient accueillies avec froideur.

Concord. – **Accord** de toute nature: mus. **accord** (consonant); gram. **accord** (en genre et en nombre), aussi **concordance** (des temps), *the* ***concords,*** les **règles d'accord.**

Concourse. – E. U. **Grand hall** (de gare), sorte de **salle des pas perdus;** aussi **boulevard, rue, avenue très passants, fréquentés** ou famil. **passagers.**

– ***Concourse...*** *denotes the large open space or main hall in the centre of a station of the modern type.* (HORWILL.)

Concrete (adj. et subst.), **to concrete.** – **Composé de divers éléments,** sens latin, devenu rare, mais que nous retrouvons dans la citation empruntée à Smollett; sens courant: **bétonné.**

Le subst. signifie **béton, aggloméré, agglomérat.** Famil. *not to be made of* **concrete,** n'être pas de **bois.**

– Jeremy Milford, rapportant les paroles d'un médecin, déclare que celui-ci n'hésiterait pas à boire l'eau la plus sale, *provided there was nothing poisonous in the* ***concrete.*** (SMOLLETT, *H. Clinker.*) – Pourvu que le **composé** ne contînt aucune substance toxique.

– ***Concrete*** *the floor and it would be a very palace for à pig.* (ALPHA, *Leaves in the Wind*, p. 26.) – On n'avait qu'à **bétonner** le sol et cela ferait un véritable palais pour un cochon. (L'auteur se propose d'en élever un.)

Concur (to). – Le latin *concurrere,* c'est au propre: courir ensemble ou avec, d'où en français et en anglais, tendre à un but commun, contribuer à un même résultat; mais il est un autre sens latin que le français a négligé et que l'anglais a exploité, celui de **coïncider, se rencontrer :** *concurrunt multae opiniones* (Térence), beaucoup d'opinions **se rencontrent,** c.-à-d. beaucoup sont du même avis. Quant au sens juridique de concourir, venir en concurrence, s'opposer, également d'origine latine, il ne s'applique en français qu'aux créanciers dont l'hypothèque a été inscrite à la même date, mais a un emploi plus étendu en anglais.

– *He by no means* ***concurred*** *with the opinion of his father.* – Il ne **partageait** nullement l'opinion de son père.

Emploi absolu: *Do you* ***concur?*** *I do.* – Êtes-vous **de cet avis?** Assurément.

– *When two titles* ***concur****, the best is preferred.* – Quand deux titres (ou: droits) **s'opposent,** le meilleur a la préférence;

REMARQUE. – Dire, comme parfois au Canada, « concourir dans » une opinion (***to concur*** *in an opinion)* est un anglicisme; c'est la **partager,** s'y **rallier;** s'y **associer,** se **prononcer, abonder dans le même sens.**

Concurrence. – Bien que Montaigne (II, 359) ait parlé de la *concurrence de nos cinq sens* c.-à-d. de leur « concours, rencontre »; bien que nous disions encore *concurrence d'office,* terme de bréviaire, c'est l'acception de rivalité qui s'est particulièrement développée en français.

Il n'en est pas de même dans l'anglais, qui, au pr. comme au fig., emploie ce mot selon l'étymologie: *rencontre en un point commun,* d'où la signification de **coïncidence, concours** (de circonstances). « Concurrence » se dit *competition.* ***Concurrence*** exprime l'idée contraire, à savoir: le **concours** (que l'on prête à quelqu'un); l'**assentiment, l'approbation** (que l'on donne à une théorie, une doctrine, une opinion).

– *Except there be a lucky* ***concurrence*** *of a post with a holiday.* – A moins que, par chance, le jour du courrier ne **coïncide** avec un jour férié.

– *I find my* ***concurrence*** *was not necessary in your unfortunate affairs.* (GOLDSMITH, *Good-Natur'd man,* IV.) – Je constate que mon **concours** n'a pas été nécessaire pour arranger votre situation difficile.

– *We have established the* ***concurrence*** *of the phenomena of cleavage and pressure.* – Nous avons établi la **simultanéité** des phénomènes de rupture et de pression.

– *He signified his* ***concurrence*** *in the views advanced.* (DICKENS, *Mut, Friend,* III, vii.) – Il signifia qu'il **approuvait** les vues qu'on venait d'exposer.

REMARQUE. – L'emploi moderne de ce mot dans le sens de rivalité est, selon le N. E. D., un gallicisme.

Concurrent, -ly. – Outre le sens commun aux deux langues, ***concurrent*** *lines, forces,* lignes, forces **concourantes,** c.-à-d. **convergentes** on notera les acceptions et emplois suivants, qui gravitent autour des notions de **coexistence,** de **concomitance,** de **simultanéité** et de **concordance:**

Jur. ***concurrent*** *powers,* pouvoirs **communs,** ***concurrent*** *fire-insurance,* **dont la couverture du risque est répartie également entre plusieurs compagnies;** ***concurrent*** *phenomena,* phénomènes **concomitants, simultanés;** ***concurrent*** *opinions, views,* vues, opinions **concordantes;** ***concurrent*** *lease,* bail sujet à la servitude d'une autre fin de bail qui reste à courir, lâchement: bail **passé avant l'expiration d'un autre bail;** ***concurrent*** *cause,* cause **contribuante** et subst. *a* ***concurrent,*** (fait, circonstance) **qui concourt, contribue, coopère, tend à la même fin que...** L'adverbe a les sens correspondants.

Jur. ***concurrent*** *penalties,* **confusion** de peines.

– *The defendant was sentenced on each of two charges to imprisonment terms of six months,* ***to run concurrently.*** – L'inculpé (ou: le délinquant) fut condamné sur chacun des deux chefs à six mois de prison, **avec confusion des peines.**

Concussion. – *Concussio quae duas suppressit urbes,* séisme, tremblement de terre qui a englouti deux villes. Ce sens de **secousse** est resté anglais. Ajoutons-y ceux de **commotion** (cérébrale), **choc, ébranlement** (nerveux). ***Concussion*** *fuse,* fusée **percutante.** ***Concussion,*** au sens de **malversation,** emprunté au droit romain, se dit aujourd'hui: *misappropriation (of public funds), peculation, extortion.*

– *The patient was suffering from a slight* ***concussion.*** – Le malade avait reçu une légère **commotion.**

Condemn (to), condemnation. – Noter: théol. *the* ***condemned ones,*** les **réprouvés.** ***Condemned*** *meat,* viandes **saisies** (par l'inspecteur parce que impropres à la consommation); *a* ***condemned*** *horse,* un cheval **réformé.**

E.U. Dr. adm. **exproprier; expropriation** (pour cause d'utilité publique). ***Condemnation*** *award, proceedings,* ordonnance, procédure d'**expropriation.**

The lands were ***condemned*** *for purpose of reclamation.* – Les terres furent **expropriées** pour cause d'assainissement.

REMARQUE. – On ne confondra pas *a* ***condemned*** *cell* avec une pièce condamnée (= dont on n'a plus l'usage), c'est une cellule **de condamné à mort.**

Condescend (to), condescendence, condescension. – Dr. écoss. **spécifier les détails** (de sa plainte, etc.), d'où, lâchement en angl.: *we are not going* ***to condescend*** *upon particulars,* nous n'allons pas **entrer** dans les détails.

Sens jurid. correspondants pour ***condescendence.***

Tous les autres sens de ces mots ne se différencient que par des nuances de ceux de leurs homonymes français. Ex. ***Out of condescension for*****, par déférence pour.** Emploi absolu: *He would not* ***condescend*** *in uniting his destiny with yours,* il ne **s'abaisserait** pas en unissant sa destinée à la vôtre. – *The lecturer* ***condescended*** *to his public,* le conférencier **s'accommoda** de son public. – *Nobody likes to be* ***condescended to,*** personne n'aime être **traité de haut en bas.**

Condition, conditioned. – *To be* ***in condition,*** c'est, en parlant des pers. et en lang. sport., être **en bonne santé, en forme, d'attaque;** ***out of condition,*** **pas en forme,** « **rouillé** », etc., d'où ***to be in***

condition (out of condition)** to do something*, **être en état, en mesure (hors d'état, dans l'incapacité)** de faire qqch. Du sens de bon état de santé (*state of being fit*, dit le Webster), ***condition passe, sans doute par association avec des péjoratifs, ou par antiphrase, à l'emploi absolu dans le sens (non mentionné par le lexicographe anglais), de **maladie, affection.** Enfin, ***to change one's condition*, changer d'état** (civil), **se marier, faire une fin.**

Il ne faudrait pas entendre *an **ill-conditioned** woman* dans le sens où nous disons un ouvrage mal conditionné, c'est une femme **qui a mauvais caractère, est méchante ou mal élevée.** Inversement, *a † **good (well)-conditioned** person* est une personne d'**un bon naturel, d'un esprit droit, honnête;** des choses, *a **well-conditioned** ground*, un terrain **bien aménagé,** *a **well-conditioned** wound*, une plaie, une blessure **en (bonne) voie de guérison.** Autrefois (jusqu'au XVIe s.), en effet, ***condition*** signifiait **caractère, manière d'être.** De même, en fr. *bien conditionné* s'entendait de **qui a une bonne nature, de bonnes qualités, une bonne façon de vivre.** Amyot écrit (*Coriolan*, 24): Il avait vu mourir devant ses yeux un fils *bien conditionné*.

Néol. ***conditioning** camps*, E.U. camps **de préparation au travail pour chômeurs;** subst. *air **conditioning***, **climatisation** de l'air.

– *A **good (well)-conditioned** wife (uxor bene morata) is the best portion.* – Une femme **de bonnes mœurs (bien naturée,** comme aurait dit Rabelais, I, LII) est la meilleure des dots.

– Cornelius Nepos, interrogé par César sur l'état de santé de Catulle, répond en ces termes: *It is true that Catullus' **condition** was causing alarm to his friends.* (T. WILDER, *Ides of March*, XXI.) – Il est vrai que **l'état de santé** de Catulle alarmait ses amis.

– *Man is susceptible to all sorts of **diseases and conditions.*** – L'homme est sujet à toutes sortes de **maladies** et d'**affections.**

– *One night the child's **condition was critical**,* c'est ainsi que le traducteur rend ce passage du *Rouge* (XI, x): Une nuit, l'enfant **fut au plus mal.**

– *How's a horse **to keep his condition** if he's not allowed to sleep?* (KIPLING, *Jungle Book*, 252.) – Le moyen pour un cheval de **rester en forme** si on ne le laisse pas dormir!

REMARQUE. – 1° Noter que dans Shakespeare, ***condition*** passe du sens de **stipulation** (d'un acte, d'un contrat) à celui de **contrat, convention:** *If you repay me not such sum or sums as are expressed in the **condition.*** (*Merch. of V.*, I, iii, 149.) – Si vous ne me rendez pas... Les sommes ou la somme en cet **acte** énoncées...

2° Aux E.U., l'étudiant qui n'a pas obtenu une note satisfaisante *(credit)* en une matière quelconque est parfois dispensé de redoubler sa classe, et peut accéder à un degré supérieur, à charge par lui de **se rattraper** en cette matière (dite ***condition***) dans un délai déterminé. Il se trouve donc plus ou moins lourdement **handicapé** *(more or less heavily **conditioned**)* par rapport aux autres étudiants plus avancés.

– *A **heavily conditioned** student.* – Un étudiant **faible, médiocre, mauvais en beaucoup de matières** et donc **lourdement, gravement handicapé.**

– *The usual way of **removing a condition** is by successful examination.* – La manière habituelle de **rattraper** (ou: **combler**) **un handicap** est de réussir à l'examen.

– *Some students get through after much coaching and **conditioning.*** – Certains étudiants ne sont admis (ou: reçus) qu'après force répétitions **dans un cours de rattrapage.**

Conduct (to), conductor. – *The **conductor**... was struck by a thunderbolt* pourrait être compris « le **conducteur** (= le **receveur**) [d'autobus] fut frappé par la foudre » s'il n'y avait, en réalité, *the **conductor** of the house* et si la phrase n'était de Byron. Il faut entendre ***lightning-conductor***, c'est-à-dire **paratonnerre.** (On sait qu'en physique, les [corps] *conducteurs* sont ceux qui laissent passer l'électricité et la chaleur.)

Conductor désigne d'autre part un **chef d'orchestre.** En effet, ***to conduct** an orchestra, a business*, c'est **diriger** un orchestre, une affaire, une entreprise.

REMARQUE. – Le ***conductor*** américain correspond au ***guard*** anglais, en français: **chef de train,** mais ses attributions sont moins étendues.

– Alpha (*Windfalls*, 110) admire les évolutions d'une nuée d'étourneaux en automne: *Every movement as serene and assured as if the whole cloud moved to the beat of some invisible **conductor.*** – Chaque mouvement aussi serein et assuré que si la nuée tout entière se mouvait en obéissant au bâton de quelque invisible **chef d'orchestre.**

Conductress. – Directrice, gérante (d'une entreprise), ***conductress** of benevolent institutions;* (sur les transatlantiques) **gouvernante** qui s'occupe des enfants et des femmes célibataires. Mod. **receveuse** (d'un tramway, d'un autobus).

Conduit. – † Fontaine, source; au fig. **canal, voie, moyen** par lesquels la pensée, la science, la richesse, l'influence, etc. sont communiqués à autrui.

– *The **conduits** round the garden sing.* (ROSSETTI.) – Les **sources** chantent autour du jardin.

– *Sacraments are the **conduits** by which He confers His graces.* – Les sacrements sont le **canal** par lequel Il confère Ses grâces.

Cone. – Par anal. de forme: **cône, pomme de pin; strobile** (des conifères, du houblon); **cimier, sommet conique** d'un casque ou d'un heaume). Au pl., sorte de **fleur de farine** dont les boulangers saupoudrent leurs pains et leurs panetons; aussi, mis pour ***cone-wheat***, **blé poulard,** ou: **renflé.** Au Canada, **cornet** dans lequel on sert des glaces.

Confection. – Voici une invitation de nature à rendre perplexe plus d'un novice: *Drop a penny into the slot and you will receive a pennyworth of **confections.*** Pour un penny de confections! Les confections, produits du confectionneur, sont chez nous plus chères. Aussi ne s'agit-il point de cela, mais de **confiserie** sortant de chez le **confiseur,** ***confectioner.***

Confederate (to), confederate, confederacy. – ***To confederate oneself with,*** **se liguer** (avec); **conspirer, comploter** *(with, against)* (avec, contre); ***confederate,*** jur. **complice,** vulg. **compère, acolyte, allumeur,** ***conjuror's confederate,*** **comparse,** syn. de *accessary,* tous sens péjoratifs; de là ***confederacy,*** **complicité, collusion; entente criminelle,** syn. de *conspiracy, q.v.*

– Tous les objets animés et inanimés de la ferme semblent se liguer pour retenir Angel Clare amoureux de Tess: *The windows smiled, the door coaxed and beckomed, the creepers blushed **confederacy.*** (HARDY, *Tess,* XXV.) – Les fenêtres souriaient, la porte lui faisait des signes cajoleurs (ou enjôleurs); et la vigne vierge rougissait de **se sentir complice** (ou – trad. Madeleine Rolland – la vigne vierge toute rougissante **se mettait du complot**).

– ***Confederate** season; else, no creature seeing.* (SHAKS., *Haml.,* III, ii, 256.) – Occasion **complice** et nul regard qui guette.

– *The Japanese are separated by vast distances from their **confederates.*** (W. CHURCHILL, *Speeches.*) – Les Japonais sont séparés de leurs **alliés** par de longues distances.

REMARQUE. – On notera que *The Confederate States* sont les onze États d'Amérique dont la sécession entraîna la guerre civile (1861-65) avec les États du Nord, le terme ***Confederacy*** devant s'entendre de l'***alliance*** entre ces onze États.

Confess (to), confessed. – *A **confessed** difficulty,* une difficulté **reconnue, notoire,** *a **confessed** and branded murderer* (GALSWORTHY), un meurtrier **avoué** et noté d'infamie. Intr. *he **confessed to** his crime,* il a **avoué** son crime. Absol. *he has **confessed,*** il a **fait des aveux.** Sens affaibli, **reconnaître, admettre, convenir de.**

Au fig. **proclamer, manifester, révéler, témoigner,** etc., le plus souvent poét. ou métaphor.

– *The prisoner refused **to confess.*** – L'accusé refusa d'**avouer.**

– *He **confessed to** a weakness for detective novels.* – Il **convint de** son faible pour les romans policiers.

– *In presence of the occasion, the great soul of the leader shines out and the god is **confessed,*** (THACKERAY, *Esmond,* II, xi.) – A l'instant qui convient, la grande âme du chef resplendit et le dieu **se révèle.**

Confidence, confident,-tial. – ***Confidence*** exprime moins souvent l'action de confier à qqn. qch. qu'il ne doit pas divulguer que l'état de sécurité qui inspire cette action, c.-à-d. la **confiance,** la **foi** en autrui comme en soi *(self-confidence). Confidence* et *confiance* sont issus tous deux du lat. *confidentia,* tandis qu'en angl. ***confidence*** remplit un double office.

Confidence, au sens de « confiance qu'on accorde à qqn. », est attesté chez Oresme, XIVe s. (*Eth.,* Prol.): « A la *confidence* de l'aide de Nostre Seigneur... » Ce sens a persisté jusqu'au XVIIe s. Le voici chez Bossuet (*Œuvres orat.,* éd. Lebarq, I, 40): « Il était rongé d'un secret déplaisir d'avoir nourri en sa maison un ennemi de l'empire et même de lui avoir donné part en sa *confidence.* » Le sens moderne s'est établi d'après *confident.* Il y a contamination dans ces deux vers de Racine, p. ex. (*Brit.,* V, 3):

« Sa *confidence* auguste a mis entre mes mains
Des secrets dont dépend le destin des humains. »

« Faire des confidences » se dit: *to confide secrets (to), to take one into one's confidence.*

Autres sens de ***confidence*:** **assurance, hardiesse** née de la confiance en Dieu ou en soi, et p. ext. **présomption, effronterie, audace, impudence.**

En compos. E.U. ***confidence-game,-trick,*** **vol à l'américaine, escroquerie,** pratiqué par le ***confidence-man.***

Homme, domestique, employé, maison de confiance = *confidential, trusty, trustworthy, reliable man, servant, clerk, firm,* un poste de confiance = *a responsible position.* A notre « confident » correspondent deux mots angl.: *confidant* et *confident,* glosés respect. *« a person trusted with private affairs »* et *« a trusty adherent »; « a **confidential** friend »* équivalant dans ce dernier cas à notre ami **intime.**

– *I have a fixed **confidence** in you.* – J'ai une **confiance** inébranlable en vous.

– *He answered me in a **confident** tone.* – Il me répondit d'un ton **assuré, plein d'assurance,** et non sur un ton confidentiel, *a confidential tone.*

– ***Confidential persons** were dispatched into Italy to obtain an interview with the pope.* (N.E.D.) – Des † **affidés (hommes de confiance)** furent dépêchés en Italie afin d'obtenir une entrevue avec le pape.

Confine, to confine, confinement. – Noter que le mot français *confins* ne s'emploie qu'au pluriel, mais qu'il traduit bien son homonyme anglais.

To confine signifie bien **confiner** (1), mais aussi **emprisonner, incarcérer; assurer, raffermir, maintenir** (en place); **retenir** (chez soi), **faire garder** (la chambre, le lit, la maison), généralement au passif; ***to be confined** to barracks,* **être consigné** au quartier.

To be confined, **être en couches, faire ses couches, accoucher; être circonscrit, limité;** ***to confine oneself to,*** **se borner à, se limiter à, se restreindre à.** La tournure intransitive pour la pronominale est archaïque.

Quant à ***confinement,*** dont l'homonyme français est encore employé en droit criminel, il désigne l'action indiquée par le verbe

(1) Au sens de « toucher aux confins de... ».

et spécialement l'**emprisonnement,** jur. la **réclusion;** ***order of confinement,*** **ordre d'écrou;** ***in close confinement,*** **au secret,** ***solitary confinement,*** **réclusion cellulaire;** autres sens, **la grossesse, les couches, l'accouchement.**

– Description du couloir d'un luxueux hôtel: *The emptiness, the silence, the closed doors, all alike and numbered made me think of the perfect order of some severely luxurious model penitentiary on the solitar* ***confinement principle.*** (J. Conrad, *Under W. eyes,* 4e part.) – Le vide, le silence, l'uniformité de toutes ces portes closes et numérotées, me faisaient penser à l'ordre parfait et sévère d'une luxueuse prison modèle construite selon les données du **système cellulaire.** (Trad. Philip Neel.)

– *They had cotton jackets...* ***confined*** *at the waist by the apron-strings.* – Elles portaient des caracos de coton **serrés** à la taille par les cordons du tablier.

– *He grew ill, was* ***confined*** *first to his chamber, and in a few hours after to his bed.* (Swift, *Death Partridge.)* – Il tomba malade, **dut garder** tout d'abord la chambre, puis, quelques heures après, il dut s'aliter.

– *If the gout continue, I* ***confine*** *myself wholly to the milk diet.* – Si la goutte persiste, je m'**astreindrai** strictement au régime du lait.

– *Lovelace* ***kept*** *Clarissa* ***in confinement*** *for whole months together.* – Lovelace **séquestra** Clarisse pendant de longs mois.

– Lady Holland ne goûtait guère les romans noirs:
During ***my confinement,*** *I have been reading... multitudes of novels, most of them sad thrash, abounding with the general taste for spectres, hobgoblins, castles, etc.* (*Journal,* vol. II, p. 41.) – Pendant que **j'étais malade,** (que **je gardais la chambre**) j'ai lu des romans à foison (ou: des tas de romans), misérable camelote pour la plupart, enchérissant sur le goût du public pour les revenants, les lutins, les châteaux, etc.

– *He was sentenced to three months* ***confinement.*** – Il fut condamné à trois mois de **prison.**

– *She expects to be* ***confined*** *about the end of the year.* – Elle pense (ou compte) **accoucher** vers la fin de l'année.

– *She has just been* ***confined.*** – Elle relève de ses **couches.** (Mansion.)

Confirmed. – Boursault (*Le Mercure galant,* I, ii) écrit:
Enfin pour être fou, j'entends fou **confirmé,**
A l'envi l'un de l'autre on veut être imprimé.

Ce sens est resté anglais: c'est **franc, fieffé, invétéré, incorrigible, impénitent.** *A* ***confirmed*** *drunkard,* un ivrogne **invétéré,** celui qui, en toutes circonstances, **se confirme tel;** *a* ***confirmed*** *criminal,* un récidiviste **notoire; le cheval de retour;** *a* ***confirmed*** *liar,* un **fieffé** menteur, celui **qui est coutumier de** mentir; *a* ***confirmed*** *bachelor,* un célibataire **endurci.**

CON

Confound (to), confounded. – « Que le ciel te confonde! » veut dire: te réduise à l'impuissance. Le ***confound you,*** anglais va un peu plus loin et signifie: que **le diable vous emporte!** Dans un style plus relevé, ***to confound,*** c'est **déconfire, défaire, battre à plate couture, mettre en déroute** (l'ennemi, un adversaire), mais les sens de **renverser** (les plans de), **réduire à néant** (les espoirs) sont courants.

L'imprécation ***confound you!*** a donné naissance en anglais à l'emploi du participe du verbe, ***confounded,*** qui dénote une condamnation d'abord sévère, puis, dans la suite des temps, affaiblie, et exprime simplement de l'impatience. C'est dans le même esprit que nous nous écrions « maudite corvée », « maudit accident ».

– Hastings et Marlow, qui prennent la maison de Mr. Hardcastle pour une auberge, ne goûtent guère le menu que celui-ci leur propose: Hastings: ***Confound*** *your made dishes... I'm for plain eating.* (Goldsmith, *She stoops,* II.) – **Au diable** vos plats compliqués... Je suis partisan des mets simples (de la cuisine bourgeoise).

– *He was a most* ***confounded*** *tory.* (Swift, *On his Death.*) – C'était un des plus **vilains** tories du monde.

Confront (to). – Nous avons dit, en style de pratique: le bois *confronte* au pré d'un tel, c.-à-d. lui est attenant; de là en anglais, **être en face, se trouver en présence de; affronter, faire face à.**

– ***We are confronted*** *by many difficulties.* – **Nous nous trouvons en présence de** (**il nous faut affronter**) bien des difficultés.

– *They ventured* ***to confront*** *the English.* – Ils se hasardèrent à **affronter** les Anglais.

– Une indication scénique de Bernard Shaw (*You never can tell,* II): *Gloria,* ***confronting*** *him... proudly.* L'auteur veut dire par là que l'actrice doit **se camper** fièrement devant son interlocuteur **d'un air de défi.**

Confuse (to), confused. – Non pas toujours « rendre confus », ni, pour l'adjectif, « confus », qui se dit *vague, mixed up, abashed, ashamed,* mais: **étonner, embarrasser, rendre perplexe, embrouiller.**

Sens correspondants pour ***confused.*** Le verbe est synonyme de *to confound* (N. E. D., 3, 4), *to put out, to distract, to perplex, to bewilder.*

– *On hearing this piece of news, he was quite amazed and* ***confused.*** – D'entendre cette nouvelle le remplit d'étonnement et de **perplexité.**

– *The evidence was so conflicting that the jury became very* ***confused.*** – Les dépositions des témoins furent si contradictoires que le jury y **perdit son latin.**

Congeal (to). – Outre **congeler, geler,** on notera, v. tr., **coaguler, cailler** (le sang), **figer** (l'huile, etc.), **concréter** (un liquide). Intr. mêmes sens au pronominal: en y ajoutant: (de la confiture, de la gelée, du lait) **se prendre, se coaguler.**

– *She helped herself to the remainder of the slightly* ***congealed*** *bacon.* – Elle prit le reste du lard légèrement **figé** dans la graisse.

Congee. – † **Salut, révérence,** spécialement au moment de « prendre congé ».

– Lamb nous expose ses *Sympathies imparfaites (Elia): I do not like to see the Church and Synagogue kissing and* ***congeeing*** *in awkward postures of an affected civility.* – Il ne me plaît pas de voir l'Église et la Synagogue échanger baisers et **salamalecs** en de gauches postures d'une civilité affectée.

– Thackeray estime que l'historien ne devrait pas être servile: *Why shall History go on kneeling to the end of time? I am for having her rise up off her knees, and take a natural posture: not to be for ever performing cringes and* ***congees*** *like a court chamberlain.* (*Esmond, Introd.* to Ch. I.) – Pourquoi l'Histoire irait-elle s'agenouillant jusqu'à la consommation des siècles? Je tiens, pour moi, qu'elle doit se redresser et prendre une posture naturelle, et renoncer à faire, comme un chambellan, d'éternelles courbettes et **révérences.**

Congenial. – « Qui s'accorde avec le génie de », dit Littré: « Bonaparte se tourna vers l'Orient, doublement *congénial* à sa nature par le despotisme et l'éclat. » (Chateaubriand). Tel est également le premier sens en anglais; ajoutons-y les suivants: **congénère** (à), **de même nature, de même ordre, de même espèce, qui a des affinités avec; en rapport avec; sympathique; propre à, qui convient à, au goût de.** (Littré signale que congénial a été confondu avec *congénital* par l'Académie).

– *His tastes were* ***congenial*** *with mine.* – Ses goûts **s'accordaient** avec les miens.

– *She was his* ***congenial spirit*** *or mate.* – C'était pour lui **l'âme sœur.**

– *A resolve* ***very congenial*** *to my nature.* – Une résolution qui **flattait** mon goût naturel.

– *The medical profession* ***would have been congenial*** *to him.* – La profession de médecin lui **aurait plu.**

Congest (to), congestion. – Le latin *congere* signifie proprement « porter au même endroit »; de là: amasser, entasser, accumuler et, pour le substantif *congestio* entassement, accumulation, tas, amas, *congestio terrae*, entassement de terre, *congestio stercorum*, amoncellement de fumiers. Bien que ces emplois aient été anglais (1), nous ne retiendrons que les sens modernes courants: ***congestion of population*****, pléthore de population, population pléthorique, surpeuplement;** ***congestion*** *of traffic*, **encombrement** de la circulation, **embouteillage.**

– ***Owing to the congestion*** *of the business of the Court...* – Le rôle du tribunal **étant très chargé...**

– *Emigration was gradually relieving the urban* ***congestion*** *of the population.* – L'émigration allégeait progressivement la **surcharge** démographique des villes.

– *It seems that the flat might be* ***a little congested.*** – Il semble qu'on pourrait bien **se sentir à l'étroit** dans l'appartement.

– Après un incendie, les sinistrés se sont réfugiés à l'hôtel: *The Temperance Hotel became and remained extremely noisy and* ***congested*** *with people sitting about anywhere.* (Wells, *Polly*, VIII, 5.) – L'Hôtel de la Tempérance fut bientôt une ruche assourdissante, **encombrée** de gens assis un peu partout.

Congregation. – Dans Shakespeare notamment et comme en latin, ***congregation*** peut s'appliquer aux choses, aux éléments, etc., *congregatio criminum* (Quintilien), la réunion, la récapitulation des chefs d'accusation. Hamlet (II, ii, 315) ne voit plus dans la terre et le ciel qu'un **amas** impur et pestilentiel de vapeurs, *a foul and pestilent* ***congregation*** *of vapours.*

Le premier sens que donne Littré est **réunion, assemblée.** Fréquent dans la version anglaise de la Bible, ***congregation*** est rendu en fr. par **assemblée** ou **assignation** (le tabernacle d'**assignation**). Le sens courant est celui d'**assemblée des fidèles.** ***The members of the c.,*** les **ouailles,** les **paroissiens.** Enfin (l') **assemblée générale** des professeurs et des membres de l'Université.

Congress. – Le latin *congressus* signifie notamment *commerce, entrevue, entretien; congressum alicujus vitare* (Suétone), éviter un **entretien** avec qqn.; de même en anglais: *The* **congress** *of Solon with Craesus.* L'expression † *birds* ***of congress,*** oiseaux **grégaires, sociaux,** est aussi un latinisme. Autres sens: **union des sexes; réunion** (de personnes), **assemblage** de choses, et, plus spécialement, **Congrès** (c.-à-d. **réunion** de la Chambre des Représentants et du Sénat aux E. U.).

Congruity. – Congruité est chez nous un terme de théologie (L. 1°). Au sens de **convenance,** il est archaïque et du style burlesque, mais non pas en anglais où il signifie en outre **correspondance, harmonie, conformité;** † **aptitude; harmonie des parties; cohérence; bienséance; à-propos.**

– *Voltaire's ever present sense of* ***congruity*** *upon the tragic stage.* – Le sens de l'**à-propos** sur la scène tragique qui n'abandonnait jamais Voltaire. (Traduction libre.)

Congruous. – **Cohérent,** d'où ***incongruous*,** **incohérent.**

Conjunction. – Le latin *conjunctio* signifie assemblage (de choses); union (des sexes), mariage, liaison. L'anglais emboîte le pas. Outre **conjonction** (des astres) et le terme grammatical **conjonction,** relevons **concours** (de circonstances, d'événements), **conjoncture.** ***In conjunction with*,** **en liaison, conjointement avec.**

(1) Cependant, Wells écrit encore (*Ann Veronica*, I, + i): *Under the railway arch was a* ***congestion*** *of workmen's dwellings.* – Sous le viaduc du chemin de fer il y avait un **entassement** de logis ouvriers.

– Sganarelle, qui en tient pour Jacqueline, femme de Lukas, se moque de celui-ci: Ne voulez-vous pas que je me réjouisse avec vous d'un si bel **assemblage?** (MOL., *Méd. malgré lui,* II, iv.) – que le traducteur rend ainsi: *Would not you have me rejoice with you for so lovely a* ***conjunction?***

Cf. notre mot, resté bien vivant: les (deux) conjoints = jur. les époux, mais *conjonction* employé absol. au sens d'« union des sexes » est désuet.

Conjure (to) (1). – L'anglais a fait un pas de plus que le français *conjurer,* **prier avec beaucoup d'instance** (L., 4°), et ***to conjure*** veut dire parfois **évoquer** un esprit, un démon « par sortilèges et par charmes »; il est souvent employé avec les prépositions *up* et *down.* Ce sens est important, car il s'oppose complètement à l'acception française de *détourner,* encore qu'il se rapproche de celle d'*exorciser,* également anglaise. Autres sens: **escamoter, subtiliser;** au figuré, **obtenir un résultat quelconque par magie, évoquer une scène,** etc., de la sorte.

– *He* ***conjured*** *up the dead.* – Il **évoqua** les morts.

– *They persuaded the foreigners that their vessel had been* ***conjured away.*** – Ils persuadèrent aux étrangers que leur navire avait été **subtilisé.**

– *What has* ***conjured*** *you to Bath?* (SHERIDAN, *Rivals,* I, ii.) – Par quel **mystère** vous trouvez-vous à Bath?

– *The name of Dr Johnson immediately* ***conjures up*** *a number of pictures in which he is the central figure.* (Robert LYND, *Dr Johnson and Company,* V.) – Le nom du Dr J. **évoque** aussitôt une galerie de portraits dont il est la figure centrale.

Conjurer ou **conjuror.** – Le *conjureur* français est demeuré un homme qui fait des exorcismes, ou des conjurations; son collègue anglais, en passant par l'état de magicien, est devenu un vulgaire **escamoteur,** ou **baladin.**

Se dit ironiquement d'une personne peu intelligente: *He is no* ***conjurer,*** il n'est pas **sorcier,** il est loin d'être **un aigle,** il n'a pas **inventé la poudre.**

– *The Egyptian* ***conjurers,*** *that are said to have turned their rods to serpents.* (HOBBES, *Leviathan,* 611.) – Les **sorciers** égyptiens, qui, à ce qu'on rapporte, changeaient leur verge en serpent.

– Une énumération d'impressions de voyage: *Dancing-dogs, jugglers,* ***conjurers*** *or even barrel-organs.* (DICKENS, *American notes,* 60, 1.) – Des chiens dansants, des escamoteurs, des **prestidigitateurs,** ou même des orgues de barbarie.

– Famil. *You need not be a* ***conjuror*** *te see that.* – Il n'est pas besoin d'être **sorcier** pour s'en apercevoir.

(1) Noter que le verbe se prononce différemment selon qu'il signifie conjurer (supplier), implorer, auquel cas il s'accentue sur la 2e syllabe, ou: évoquer, escamoter, subtiliser, et doit s'accentuer alors sur la 1re.

CON

Connect (to), connection ou **connexion.** – *Connecter* est surtout un terme technique et didactique; mais si nous disons d'un ami: *He is* ***extremely well connected,*** cela veut dire qu'il a de **très belles relations.**

D'autre part, notre *connexion,* c'est une liaison, un enchaînement d'une ou de plusieurs choses avec d'autres » (L.). Bien qu'elle s'applique également au mot ***connection,*** ce n'est certes pas cette définition qui nous aidera à comprendre *an old-established business with a first-rate* ***connection.*** Il faut entendre: Vieille maison ayant une excellente **clientèle.**

Autre exemple: *Some of their* ***connections*** *held high diplomatic posts,* certains **membres de leur famille** (proprement: **alliés** ou **consanguins éloignés**) occupaient des postes diplomatiques élevés.

Connexion, c'est aussi, un groupe de personnes liées par un but, un intérêt communs, ou qui professent une doctrine particulière, spécial, une **secte (religieuse),** *the Dissenting, the Wesleyan* ***connexion,*** la **secte** des dissidents, des **Wesleyens,** les **Méthodistes.**

Noter, d'autre part, le sens de **correspondance** (des trains, etc.). *The steamers* ***run in connection*** *with the trains,* les paquebots **sont** en **correspondance** avec les trains.

Enfin, jur. ***criminal connexion*** (abrév., *crim. con.*) **adultère** (cf. *criminal conversation*).

Sens techniques: **raccord** (de tuyaux), **raccordement** de câbles (de télécommunications); **communication** (téléphonique), ***long distance connections,*** **communications interurbaines.** Electr. **contact, prise de courant,** ***earth*** ou ***ground connection,*** **prise de terre,** etc.

– *He broke off all* ***connection*** *with his fair one.* – Il rompit tout **commerce** avec sa belle.

– *Their* ***connection*** *came to an end.* – Leur **liaison** se dénoua.

– ***There was no connection*** *in his thoughts.* – Il **manquait de suite** dans les idées, il **manquait d'esprit de suite.**

– *You have been given the* ***wrong connection.*** – On vous a **mal « branché ».**

– *I missed the* ***connection.*** – J'ai manqué la **correspondance.**

Conquer (to). – **Vaincre, surmonter, triompher de, avoir raison de, mater, l'emporter sur.** Moyen mnémotechnique: *She stoops to* ***conquer,*** titre de la comédie classique de Goldsmith. Elle s'abaisse pour **vaincre.**

– *Friendship seldom* ***conquers*** *love.* – Il est rare que l'amitié l'**emportè** sur l'amour.

– *Can you* ***conquer*** *the passion which consumes you and shall I make no endeavour to vanquish mine?* – Vous pouvez **dompter** votre amour, et je ne ferais pas un effort pour vaincre le mien?

– *Mr. Blotton was ejected, but not* ***conquered.*** (DICKENS, *Pickwick,* I, xiii.) – M. B. quoique expulsé, ne fut pas **maté.**

Conscience. – ***To have the conscience*** *(to do something),* **estimer juste, bien** (de faire qch.), d'où, iron., **avoir l'effronterie, l'aplomb,**

l'audace de... *In all conscience*, en vérité, assurément, certes; Dieu sait si...

— *It is too soon **in all conscience** to repeat this error again.* — Il est **certes** trop tôt pour retomber dans cette erreur.

— *He is a blunderer **in all conscience.*** — **Dieu sait s'il s'entend** à gaffer.

— *Lady Macbeth was not haunted **by a conscience.*** — Lady Macbeth n'était pas obsédée de **remords,** ne s'embarrassait pas de **scrupules.**

Conscience-money. — Somme restituée au fisc pour avoir bonne conscience, être en paix avec sa conscience; restitution anonyme (d'une somme due au titre de l'impôt sur le revenu).

Conscious (self-conscious), consciousness. — Le premier sens du latin *conscius* est: *qui sait avec d'autres,* d'où **témoin, confident, complice,** toutes acceptions qui ont été anglaises et qui le sont demeurées en style élevé, même quand il s'agit de choses.

Autres sens: † **qui a conscience de mal faire, d'être coupable;** mis pour ***self-conscious* : qui se sait et se sent regardé, observé, préoccupé de soi, de l'effet qu'on produit, personnel, affecté, poseur, complaisant, avantageux** et, par contraste: **gêné, contraint, emprunté,** d'où ***self-consciousness*, affectation, pose; contrainte, embarras, gêne, fausse honte.**

The tears of which the prison's walls were conscious. — Les larmes dont les murs de cette prison ont été les **témoins.**

— *A **self-conscious** smile,* un sourire (**un peu**) **contraint.**

— *She looks like a **self-conscious** goose (or: simpleton).* — Elle a l'air **emprunté** d'une oie blanche.

— *Her **self-conscious** airs of the morning are gone: she is anxious and frightened.* (SHAW, *Devil's Disciple,* II.) — Il s'agit d'une femme, jolie et consciente de son charme qui s'inquiète du retard de son mari: Elle n'a plus ses petits airs **affectés (complaisants, satisfaits)** de ce matin: elle est angoissée et apeurée.

— *Marivaux, charming writer as he is, makes a serious error for a painter of every-day life; he writes too well, and never **loses his self-consciousness.*** — Marivaux, écrivain délicieux, a le tort grave, pour un peintre de la vie commune, d'écrire trop bien et de **ne s'oublier jamais.**

Consecutive,-ness. — Conséquent, qui a l'esprit de suite, de la suite dans les idées, *a **consecutive** thinker, a **c.** mind:* **suivi, continu,** *a **c.** narrative,* un récit **suivi.** ***Consecutiveness*,** sens correspondants.

— *The **consecutiveness** of his ideas is easy to follow.* — **L'enchaînement** (ou: la **filiation**) de ses idées est facile à suivre.

Consent (to), consent. — Signalons simplement les expressions courantes: ***by common consent*, d'une commune voix; de l'aveu général, au dire de tout le monde; *with one consent*, d'un commun accord, à l'unanimité; *by mutual consent*, de gré à gré, par consentement mutuel,** d'où E. U. Jur. ***a consent decree***, i.e. *a decree to which both sides assent* (*in* Horwill); aussi, *age **of consent***, age **nubile.** ***Silence gives consent*, qui ne dit mot consent.**

Consequential. — Selon Littré, « conséquent » pris au sens d'« important » est un barbarisme. Mais tel n'est pas le cas en anglais, où ***consequential*** peut signifier (des personnes) **suffisant, plein de soi, plein d'importance, important** (socialement) et qui se croit ou se donne pour tel. Appliqué aux choses, ***consequential*** est rare au sens d'**important,** mais il est encore employé dans cette acception, notamment par Mme d'Arblay:

— *I have now to write an account of the **most consequential** day I have spent since my birth. (Diary).* — Je dois maintenant faire le récit du jour de ma vie qui, depuis ma naissance, mérite d'être **marqué d'une pierre blanche.**

Conservative. — Improprement, dit le *C.O.D.*, d'une estimation, évaluation, etc., **modérée; prudente; sans risque,** *a **conservative** investment;* **en deçà de la réalité, de la vérité;** ***at a conservative estimate*, au bas mot.**

— *The Premier made a very **conservative** statement on the question.* — Le Premier ministre fit sur la question un exposé très **modéré.**

Conservator. — E.U. Conseil **judiciaire** « personne nommée par le tribunal pour gérer les biens d'un prodigue ou d'un faible d'esprit ». Correspond au *guardian* angl.

Conservatory. — *She took her daughter to the **conservatory*** est une phrase qui risque de faire songer à Madame Cardinal menant sa fille au Conservatoire (de musique); mais c'est tout simplement une mère qui mène sa fille dans la **serre.**

On notera toutefois qu'aux E.U. ***conservatory*** signifie comme en français: **école de musique.**

Adject. (**principe de**) **conservation;** (**fonctions de**) **conservateur.**

Consider (to), considerate, consideration. — En tenant compte du sens d'égards que le mot a en fr., on arrive à comprendre: *I must begin by throwing myself somewhat on your **consideration.** I am going to speak of a subject of which I know very little, perhaps nothing.* (B. SHAW, *You never can tell,* III.) — Je dois commencer par faire appel à votre **indulgence.** Je vais parler d'un sujet où je ne me connais guère, sinon point du tout.

Mais n'essayez pas, en usant de la même recette, de comprendre: *For some small **consideration** we purchased some sour milk from a chief.* — Pour une faible **rétribution** nous achetâmes du lait aigre à un chef, ou simplement: Nous achetâmes **à bas prix,** etc. De même: *Do not lie **for any consideration,*** ne mentez **à aucun prix.**

Un galant qui donne une aubade à une dame dit à ses musiciens: *If this penetrate, I will **consider** your music the better.* (SHAKS., *Cymbeline,* II, iii, 32.) — Si votre musique la touche, je l'en **rémunérerai** mieux.

On retrouvera le sens d'« égards » dans: *She had always been kind and **considerate** to her.* – Elle avait toujours été pleine de bontés et d'**attentions** (de **prévenances**) pour elle.

REMARQUE. – 1° Le cas est le même que celui de *to reward* (fr. du Nord: rewarder, regarder, considérer), rémunérer, récompenser, et de *to award* (fr. du Nord, awarder; fr. de l'Ile de France, esguarder, regarder, considérer, etc.), dans *to award a prize,* décerner un prix (en considération des mérites).

2° Le premier sens de ***considerate*** est **bien pesé,** (**mûrement**) **réfléchi, avisé, prudent, circonspect.** Cf. notre expression: tout bien *considéré,* et l'angl. jur. *case **under consideration,*** affaire **en délibéré.**

– *The national courage... **considerate** and determined.* (EMERSON, *E.T.,* XV.) – Ce courage national... **réfléchi** et résolu.

– ***Considerate** people, before they declare themselves, will observe the use which is made of power.* (BURKE, *Fr. Revol.,* 9.) – Avant de se déclarer, les gens **avisés** observent l'usage que l'on fait du pouvoir.

Consign (to), consignment. – Après avoir passé par de nombreux sens devenus désuets, ***to consign*** en est venu à signifier **céder** (des biens, etc.), **transmettre** solennellement: **mettre au tombeau, livrer à, ensevelir dans** (l'oubli); † **consacrer** (à un usage); † **coucher, mettre, consigner** (par écrit); **confier** qch., qqn. (à la garde, aux soins d'une personne), sens qui a été français. « Glaucias *consigna* sur l'heure mesme l'enfant entre les mains de sa femme. » (AMYOT, *Pyrrhus,* V.) Les autres sens de ***to consign*** sont encore français.

Noter que ***consignment*** veut dire parfois **cargaison.**

On se gardera donc de confondre « le soldat qui est *consigné* au quartier » avec « le pécheur qui est **livré, condamné** aux tourments éternels », *« the sinner who is **consigned** to an eternity of torture ».*

Voici quelques autres exemples d'emploi du mot en style relevé:

– *His body was **consigned to the grave.*** – Sa dépouille fut **ensevelie.**

– *The two murderers were **consigned** to a dungeon.* – Les deux meurtriers furent **relégués** dans un cul-de-basse-fosse.

– *The productions of most writers are **consigned** to oblivion.* – Les ouvrages de la plupart des écrivains sont **voués à** (**ensevelis dans**) l'oubli.

– *It was claimed by the precisians that some books deserved to be **consigned to the flames.*** – Certains rigoristes soutenaient qu'il était des livres qui **méritaient le feu.**

– *I **consign** you to the guidance of this wary lady, herself an abstract of all the virtues,* dit Smollett, traduisant ce passage de *Gil Blas* (II, VIII): Je vous **abandonne** à la conduite de cette discrète dame, qui est un précis de toutes les vertus.

Wells (*Ann Veronica,* I, § 1) emploie le mot prosaïquement: *He... regarded the letter doubtfully before **consigning** it to the letter-box.* – Il... regardait sa lettre, hésitant avant de la **jeter** à la boîte.

Consist (to), consistent, consistency. – ***To consist with,*** comme en latin *consistere,* veut dire **être d'accord, en harmonie, compatible avec;** l'adjectif ***consistent*** signifie **compatible avec congruent à,** et ***self-consistent,*** **dont les éléments s'accordent, se tiennent, conséquent à soi-même;** ***consistency,*** dans le dernier sens de l'adjectif, c'est la **qualité qui fait qu'on reste conséquent à soi-même, qu'on ne se dément pas, qu'on a de l'esprit de suite.**

– *The information we have just received **consists** (is **consistent**) with your account.* – Les renseignements que nous venons de recevoir **concordent** avec votre rapport.

– *The character of the hero of that play is **not consistent** (lacks **consistence**).* – Il y a des **contradictions** dans le caractère du héros de cette pièce.

– *The translation is not **consistent** (does not **consist**) with the original.* – La traduction ne **cadre** pas avec (ne **concorde** pas avec), ne **correspond** pas à l'original.

– *This argument **is consistent.*** – Ce raisonnement **se tient.**

– *What a **consistent** pig **he is!*** – Comme cet animal-là **est d'accord avec** lui-même!

Consolidate (to), consolidation. – Regrouper, remembrer, fondre, fusionner, unir, concentrer (des entreprises); jur. **joindre** (des instances); **codifier** (des lois) avec sens correspondants pour le subst. *A **consolidated** motion or resolution,* une motion, une résolution **de synthèse;** *a **consolidated** list,* une liste **générale;** ***consolidating** tables,* tableaux **récapitulatifs.**

P. ext. E.U. **s'unir, se grouper, s'associer** (dans le sens où La Fontaine dit: Ne nous *associons* qu'avec nos égaux, V, 2); **former une amitié durable, solide.**

– *The **consolidation** of the scattered land has considerably increased its value.* – Le **remembrement** des terres dispersées (éparpillées) a considérablement augmenté leur valeur.

– *All the labour laws adopted by Parliament during its last session will be shortly **consolidated.*** – L'ensemble de la législation du travail votée par le Parlement au cours de sa dernière session sera **codifié** à bref délai.

– *Women are incapable of **consolidation;** they distrust one another like Greeks, and with good reason.* (Th. WILDER, *Ides of March,* XXX.) – Les femmes sont incapables de **s'associer, de former une amitié solide;** elles se méfient les unes des autres comme le feraient des aventurières, et cela à juste titre.

Consort (to), consort. – Ces mots n'ont pas du tout le même emploi qu'en français. Considérez d'abord le verbe. ***To consort,*** c'est **accompagner; épouser; s'associer à; fréquenter** (comme *assort*); **être compatible avec** (comme *consist*).

Le subst., outre le sens du mot français dans l'expression « un tel et consorts », a ces deux acceptions principales : **navire voguant de conserve avec un autre, conserve; époux, épouse.**

– *Our* ***consort,*** *the Rescue, had shared in this discovery.* (Kane.) – Notre **conserve,** le *Rescue,* avait pris part à notre exploration.

– *His Royal Highness, the Prince* ***Consort.*** – S.A.R. le **Prince Consort** (car nous avons ici adopté le mot) était le prince Albert, époux de la reine Victoria.

– *Yourself and your* ***consort.*** – Vous et votre **époux** ou **épouse,** selon le cas.

Conspire (to), conspiracy, conspiration. – Le sens étymologique de conspirer, « tendre à un but commun », et surtout celui de conspiration, « poursuivre (un but) en commun », ont vieilli. Si, comme nos classiques (Tout *conspire,* madame, à mon contentement, Molière), nous disons encore en style relevé : Tout *conspire* à me nuire, nous ne dirions plus guère : cette *conspiration* des cœurs au bien commun. Cet emploi de ***conspiration*** est courant en angl., mais ***conspiracy*** est légèrement archaïque dans ce sens. On notera également le sens de **entente criminelle, complot, conjuration; cabale.** ***To be in a conspiracy to...,*** **s'entendre dans un dessein criminel** pour...

– *Racine's enemies often* ***conspired*** *against him.* – Les ennemis de R. ont fréquemment **cabalé** contre lui.

– Voici une citation de Shakespeare (*Tempest,* IV, i, 139) qui a l'avantage de réunir les sens particuliers de ***conspiracy*** et de ***confederate*** *(q.v.)*:

– *I had forgot that foul* ***conspiracy*** *Of the beast Caliban and his confederates Against my life.* – J'avais oublié le noir **complot** que cette brute de Caliban et ses complices ont tramé contre ma vie.

– *There will be a* ***conspiracy*** *and faithful correspondence between our mind and our tongue.* – Nos paroles et nos pensées **s'accorderont** et correspondront fidèlement.

– *Society everywhere is in* ***conspiracy*** *against the manhood of its members.* (Emerson, *Ess., Self-Reliance,* Wks. Bohn, I, 20.) – La société partout **se ligue** contre la virilité de ses membres.

– *The whole thing (or: job) was a* ***conspiracy.*** – Toute l'affaire était un **coup monté.**

Conspue (to). – *The only thing criticism has to do with the Shakespeare-Bacon craze is* ***to conspue*** *it (Sat. Rev.,* 1890), la seule chose à faire pour la critique à l'endroit de la folle théorie Shakespeare-Bacon, c'est de la **vomir** (littér. « de **cracher dessus avec mépris** »), sens latin, le sens fr. étant, selon L., **honnir publiquement.**

Remarque. – Le sens d'action de cracher se retrouve dans notre terme de médecine *sputation,* employé plaisamment par Molière (*Pourceaugnac,* I, xi): « Autre diagnostique : la **sputation** fréquente. » Les Anglais ont d'ailleurs conservé le mot latin *sputum* pour désigner le crachat, les expectorations.

CON

Constancy. – *A* ***constancy,*** une **mesure,** une **place,** etc. **stable, permanente.** ***For a constancy,*** **en règle générale.**

– *Six, or at most seven hours sleep is,* ***for a constancy,*** *as much as you .... can want.* (Chesterfield, *Letters.*) – Six ou au plus sept heures de sommeil sont, **en règle générale,** tout ce dont vous ... . avez besoin.

– Offre d'emploi : *A* ***constancy*** *and high wages for a good workman.* – (On offre) **place stable** et haut salaire à bon ouvrier.

Constant. – « *Prithee, do not turn me about; my stomach is not* ***constant*** », c'est en ces termes que Stephano (*Tempest,* II, ii, 119) prie Trinculo de ne pas trop le retourner, car il n'a pas le cœur bien **solide.**

Constituency, constituents. – On appelle ***constituents*** les **électeurs, mandants** ou **commettants** d'un député. ***Constituency*** désigne l'**ensemble de ces mandants** ou même, lâchement, le **collège électoral;** la **circonscription électorale.**

– *If the deputies fail in their duty, they are only accountable to their* ***constituents.*** – Si les députés manquent à leur devoir, ils n'en doivent compte qu'à leurs **mandants.**

Constitutional (adject. et subst.). – Non seulement **constitutionnel,** notamment dans le sens de « qui tient à la constitution de l'individu », mais, par extension, **qui agit sur l'organisme,** et, par suite, **bon pour la santé, hygiénique, reconstituant,** d'où, famil., ***a constitutional,*** une **promenade hygiénique** (ou **digestive**).

– *Mineral waters are a* ***constitutional*** *remedy.* – Les eaux minérales sont un remède **reconstituant.**

Construe (to), construction, constructive,-ly. – ***To construe,*** c'est d'abord « construire » une phrase latine, en chercher la syntaxe, puis l'**expliquer,** l'**interpréter.** De là ***construction,*** **interprétation, explication.** *The* ***forced construction*** *of a text,* la **sollicitation** d'un texte.

L'adjectif ***constructive*** signifie notamment jur. : **déduit** (ou **induit**), **virtuel, indirect, implicite,** et l'adverbe ***constructively,*** **par induction, par interprétation, implicitement.**

– *He abstained... from using any expression which could be* ***construed*** *into a threat.* (Froude, *Hist. Eng.,* I, v. 416.) – Il se garda d'employer aucune expression qui pût être **interprétée** comme une menace.

– *Facts which would bear two* ***constructions.*** (Macaulay, *Hist. Eng.,* XXI.) – Des faits qui souffriraient deux **interprétations.**

– ***Constructive*** *total loss,* terme d'assurance maritime, perte **réputée, censée** totale.

– *There has been a* ***forced construction*** *put upon that text.* – Ce texte a été **sollicité.**

– *The goods were either actually or* ***constructively*** *bailed to him.* –

Les biens ont été soit réellement, soit **implicitement,** déposés chez lui sous contrat.

– *He'd done a whole lot of things he shouldn't have done and* ***constructively*** *pledged the government to all sorts of actions.* (KIPLING, *Stalky & Co.*) – Il avait fait un tas de chose qu'il n'aurait pas dû faire et engagé **indirectement** à tout bout de champ la parole du gouvernement.

Consume (to). – Non seulement **consumer,** mais encore **consommer;** surtout au pass. avec *with* **dévorer :** *he is* ***consumed*** *with thirst; with pride,* la soif, l'orgueil le **dévore;** intr. **brûler** (de zèle, etc.); **consumer** (le temps, son patrimoine) (sens fr.).

– *The garrison was forced by famine to* ***consume*** *all their horses.* – La famine contraignit la garnison à **consommer** ses chevaux jusqu'au dernier.

REMARQUE. – En français, on a confondu de bonne heure « consumer » et « consommer », de sorte que notre ancien verbe *consommer* pouvait *avoir les deux sens:* « J'ay jour et nuict la fièvre continue Qui me *consomme* et haste mon trépas. (RONSARD, *Élégies,* 21.) Bossuet écrit encore: « un cœur *consommé* d'amour », var. de: « un cœur tout brûlant d'amour ». (*Œuvres orat.,* éd. Lebarq, IV, 295.)

Consummate, consummation. – Un orateur consommé, un art consommé, même un scélérat consommé sont des expressions courantes et qui ne nous choquent pas. Consommé signifie ici **parfait, accompli, éprouvé; franc, fieffé.** Mais dirions-nous, comme Milton et Stevenson, une fleur consommée? Et pourtant le goût de ces deux écrivains ne saurait être mis en doute.

L'observation vaut également pour le substantif, qui a, d'ailleurs, des sens correspondant au *consummare* latin et à notre verbe « consommer », c'est-à-dire **accomplissement, achèvement; dénouement, couronnement.** (Cf. L., 1° et 4°.)

– *The* ***consummate*** *flower* (écho de Milton, *Paradise Lost,* V, 481) *is fostered out of dung.* (STEVENSON, *Virginibus Puerisque.*) – La fleur **qui s'épanouit en beauté** est nourrie par le fumier.

– *It is the* ***consummation*** *of art to...* – C'est la **perfection,** le **comble,** le **dernier mot** de l'art de...

– Hamlet (III, i, 63), méditant sur les avantages de la mort, pense que la suppression de tous les maux, *is a* ***consummation*** *Devoutly to be wished.* Est un **dénouement** a souhaiter de tout son cœur.

Consumptive. – Notre mot † *consomptif* et l'anglais ***consumptive*** ont un emploi très différent: *consomptif,* t. de médecine, dit Littré, 1° « qui a la vertu de consumer, de détruire des chairs baveuses, exubérantes ». ***Consumptive*** signifie **poitrinaire, phtisique.** Cf. le français *consomption.*

– Dans la comédie de Goldsmith *She stoops to conquer,* I, une mère, pour excuser son mauvais sujet de fils qui n'a jamais rien fait de sérieux, dit: *Anybody that looks in his face may see he's* ***consumptive.*** – Il suffit de regarder sa mine pour voir qu'il est **poitrinaire.**

Container. – Terme générique s'appliquant à toute sorte de « contenant », et donc: **récipient, réservoir,** mais il est des emplois spécialisés, exemple: électr. **bac** (d'accumulateur); ***container*** *of a vacuum bottle,* **ampoule** d'une bouteille isolante; ***oil-container*** *(of lamp),* **lamperon;** comm., **logement,** c.-à-d. « récipient dans lequel on emballe la marchandise destinée à être expédiée » (Larousse); enfin, (transport) surtout E.U. **wagon de marchandises, auto-camion, « cadre ».**

– *Fish is usually transported in insulated* ***containers.*** – Le transport de la marée s'opère d'ordinaire dans des **« cadres »** (ou: **wagons**) frigorifiques.

REMARQUE. – « Container » au sens de « caisse métallique pour le transport » est un anglo-américanisme enregistré par le Larousse et le Robert. « L'apparition des *containers* (vers 1926 en Europe) et leur généralisation a donné lieu en 1933 à la création du *Bureau international des Containers* (B.I.C.) groupant non seulement tous les transporteurs (mer et canaux, air, chemin de fer, route) mais aussi les constructeurs, exploitants et usagers. » (Robert GRUSS, *Petit Dict. de Marine.*)

Contemplate (to). – Non seulement **contempler,** mais **envisager, projeter** (de faire); **se proposer** de, **avoir en vue, songer à** (accomplir un acte); **prévoir; avoir trait, rapport à, intéresser.**

– *So far as we can judge from his will, he did not* ***contemplate*** *the event which has happened.* – Autant que nous en puissions juger d'après son testament, il ne **prévit** pas l'événement qui s'est produit.

– Sir Robert Chiltern explique à Lord Goring quelle a été l'origine de sa fortune: *Of course I had private information about a certain transaction* ***contemplated*** *by the Government of the day and I acted on it.* (O. WILDE, *An Ideal Husband,* II.) – Il va de soi qu'ayant des renseignements de source privée au sujet d'une certaine affaire **envisagée** par le gouvernement d'alors, j'ai agi en conséquence.

– *No further measures were immediately* ***contemplated*** *against the clergy.* (FROUDE, *Hist. of Eng.,* I, iv, 289.) – On ne **songea** pas à prendre aussitôt de nouvelles mesures contre le clergé.

– *A divine regenerative process... which* ***contemplates*** *the whole humanity.* – Un mode de régénération divine... qui **intéresse** (**concerne**) toute l'humanité.

Contemporary. – « On met les anciens bien haut pour abaisser les contemporains » dit Fontenelle (*Dialogue des morts anciens,* III), mais qui ne voit qu'une traduction littérale détonnerait dans l'exemple suivant: *Children like to play with their* ***contemporaries,*** les enfants aiment jouer avec leurs **camarades du même âge.**

– Autre exemple: *Platt and Parsons were his [Polly's]* ***contem-***

poraries... *in the drapery shop.* (H.G. WELLS, *Polly*, I, 3.) – Platt et Parsons étaient entrés en apprentissage **en même temps que lui...** dans ce magasin de nouveautés.

Our ***contemporary*** se dit dans la presse d'un journal, comme on dit chez nous notre **confrère.** Adj. **de l'époque, d'époque.**

– *We quote from our* ***contemporary*** *the Herald the following paragraph...* – Nous extrayons de notre **confrère** le *Herald* le filet suivant...

– ***Contemporary*** *calf binding*, reliure **de l'époque** en veau.

Content (to), content. – Dans Shakespeare, ***be content*** signifie: **tout beau, tout doux, calmez-vous** et ***content***, **d'accord, j'y consens; c'est cela.** Molière écrit d'ailleurs dans le même sens (*Dépit amoureux*, II, 2): « Adieu, j'en suis *content* ». C'est encore dans le même esprit qu'à la Chambre des Lords, ***content, non content*** expriment respectivement l'affirmation ou la négation des Lords (*aye, no.* à la Chambre des Communes) d'où le substantif pluriel ***contents* : (nombre de) voix pour,** ou : **ont voté pour.**

Revenons à Shakespeare: chez lui le verbe ***to content*** signifie parfois **récompenser, rénumérer, payer.** Cassio (*Oth.*, III, i) dit aux musiciens: *Masters, play here, I will* ***content*** *your pains...* Jouez ici, mes maîtres, je **paierai** vos services. ***To be contented*****, acquiescer, consentir (à) :** ***Are you contented*** *to resign the crown?* (*Richard II*, IV, 200.) – **Consentez-vous** à abdiquer?

– A Cornelius qui la dissuade d'éprouver la puissance des poisons sur des animaux la reine répond: ***« O, content thee »*** **« Qu'importe! »** (*Cymbeline*, I, v., 26, Trad. Emile LEGOUIS.)

– Quand Robinson Crusoé constate que la chair du faucon qu'il a tué est immangeable, il dit: « ***Contented with this discovery*** *I came back to my raft...* » Comprendre que le naufragé est content de cette découverte serait un contresens; il est obligé de s'en accommoder, d'en tirer la conclusion: **Ainsi édifié,** je regagnai mon radeau.

– *Now you must be* ***content to*** *skip ten or eleven years, and only guess all the wonderful life that Mowgli led among the wolves.* (KIPLING, *Jungle Book*, p. 22) – Maintenant, il vous faut **consentir à** sauter dix ou onze années entières, et imaginer seulement l'étonnante existence que Mowgli mena parmi les loups.

– ***Contents***, 105, *non-contents*, 102. – (**Ont voté**) **pour,** 105, (ont voté) contre 102.

Content (subst.). – Trois substantifs dont un seul nous retiendra: (1) **contenu** (d'un récipient, d'une poche, d'un document, d'un livre), génér. au pluriel, *table of* ***contents***, table des **matières;** p. ext., le **contenu,** la **teneur** par excellence, et donc la **substance,** le **fond,** le **sens,** la **signification,** opposé à la forme, *The substance or* ***content*** *of works of art, the* ***content*** *or inner meaning of words:* autres sens: **capacité, contenance; étendue, superficie, volume** (d'un solide); minér. **teneur,** *gold* ***content*****, teneur en or;** *the hemoglobin* ***content*** *of blood*, la **teneur** du sang en hémoglobine. Enfin, **déclaration en douane** de la destination d'un navire, de sa cargaison, etc., abrév. de *Stores content and Master's Declaration.*

(1) Voir pourtant « Supplément ».

Contention. – Outre **dispute, discussion, débat, démêlé,** c'est parfois **émulation, rivalité** ou **le point soutenu** (par quelqu'un), sa **thèse,** comme on dit.

Locut. ***bone of contention*****, pomme de discorde, sujet de dispute, point en litige.**

REMARQUE. – Bossuet (III, 590) parle de « *contentions* échauffées » et d'esprits... *contentieux* », c.-à-d. qui aiment les disputes. On sait que ce terme a survécu chez nous au sens de « contesté, litigieux »; affaire *contentieuse*, et subst. service du *contentieux*.

– *According to* ***my contention.*** – A ce que **je prétends.**

– *Your* ***contention*** *is without a shadow of support.* – Votre **thèse** n'a pas ombre de fondement.

Contested *(election).* – En Angleterre, tout candidat qui est seul à faire déclaration de candidature le *nomination day*, quelques jours avant que le scrutin ait lieu *(polling day)*, est *returned unopposed*, c'est-à-dire élu sans qu'on vote. Au contraire, si plus d'un candidat se présente, on dit qu'il y a ***contested election*** et il faut procéder au vote.

Autrefois (et aujourd'hui encore aux E.U.), l'expression signifiait, comme en français, une élection dont la légalité est contestée. En Angleterre, on dit plutôt *controverted election.*

– *A* ***contested election*** *in such a city as this is no light thing.* – Ce n'est pas une petite affaire, dans une ville de ce genre, qu'une **campagne électorale** *où* **plusieurs candidats sont en présence.**

– Opposer un candidat à un autre coûtait cher, comme le prouve l'exemple suivant: *I cannot afford the expense of a* ***contested election.*** (DICKENS, *Letters*, I, 44.) – Je ne puis faire les frais d'une **élection qui me sera disputée par un concurrent.**

REMARQUE: En France, on ne connaît qu'une sorte d'élection. Si nous disions « une campagne électorale coûte cher », il s'agirait du *canvassing*. La ***contested election*** est un trait particulier du système électoral britannique.

Context. – Le lat. *contextus* signifie au propre *tissu, assemblage, trame* et au fig. *ensemble, liaison, suite: contextus totus virilis est*, la *trame* de leur discours est toute virile, d'où le français *contexte*, littéralement: « enchaînement d'idées qu'un texte présente », et l'anglais ***context***, même sens, avec, en outre, des acceptions figurées, variées et étendues: **tissu, enchevêtrement; conditions, circonstances, atmosphère, climat.** ***In this context*****, à ce propos, à cet égard, dans cette perspective.**

– *The most ingenious* ***context*** *of truth and lies.* – **L'enchevêtrement** (le **tissu**) le plus ingénieux de vérités et de mensonges.

— *What should be the organizational **context** of research?* — Dans quel **cadre** la recherche doit-elle s'organiser?

— *The problems which the industrial countries will have to face are likely to be easily overcome in a **general context** of economic growth.* — Les problèmes que doivent affronter les pays industriels semblent devoir être facilement surmontés (ou: résolus) dans une **conjoncture** de croissance économique.

— *The political **context** was favourable to the conclusion of the treaty.* — Le **climat** politique était favorable, se prêtait à la conclusion du traité.

REMARQUE. — Le Robert signale qu'à partir du XIXe s., *contexte* a pris le sens figuré d'« ensemble de circonstances dans lequel s'insère un fait donné ».

Continent,-al. — Le lat. *continere* signifie « tenir ensemble », et *continens* (sous-entendu *terra*) pris subst., c'est proprement « pays continu, qui se tient ensemble ». D'où en angl. et en fr. le sens courant de continent. Mais pour les Angl. *the **Continent**,* c'est l'**Europe,** pour les Amér., ç'a été d'abord l'**ensemble des colonies anglaises qui firent sécession pour constituer** ultérieurement ***the continental U.S.***, c.-à-d. l'**Amérique du Nord** à l'exclusion des territoires d'outre-mer.
Pour les Angl. donc, *a **Continental*** est un **habitant de l'Europe continentale,** lâchement: un **Européen.** Pour les Amér., ç'a été aussi (Hist.) un **soldat de l'armée des (futurs) E.U.; un billet,** un **assignat** émis à l'époque de la Guerre d'Indépendance par ordre du *Continental Congress* (assemblée dotée de certains pouvoirs avant l'entrée en vigueur, en 1789, de la Constitution fédérale), d'où p. ext. *it is not worth a **continental**,* cela ne vaut **rien, pas deux liards, pas un sou;** aussi: *You don't care a **continental** about this business,* vous vous souciez de cette affaire comme d'une **guigne.**

***Continental China*,** **la Chine propre,** polit. **la République populaire de Chine.**

Contingency, contingent. — Nous disons bien: mépriser les contingences, mais non pas: nous sommes préparés à toutes les contingences, *we are prepared, we must be ready for any **contingency**,* il faut nous préparer à tout **événement,** à toute **éventualité;** ***to provide for, allow for any contingency*,** **parer à, tenir compte de l'imprévu;** the *success will **depend on contingencies**,* le succès, la réussite **est aléatoire;** enfin, pl. **faux frais** (divers), syn. de *incidents, incidentals, (q.v.).*

Adject. a ***contingent** right,* un droit **conditionnel,** *a **contingent** advantage,* un avantage **aléatoire;** jur. ***contingent** condition,* condition **casuelle.**

— *All the effects of Strangers dying in France... are seized by virtue of this Law... The profit of these **contingencies** being farmed, there is no redress.* (STERNE, *Sentim. Journey, Prol.*) — Tous les effets des étrangers... qui meurent en France sont saisis en vertu de cette loi... et le produit de ce **casuel** étant affermé, il n'y a pas de recours. (Trad. Aurélien DIGEON.)

— *I have foreseen, yet been unable to prevent certain **contingencies**.* — J'ai pu prévoir, non supprimer certains **aléas.**

Continuation. — **Suite** (d'un article, d'un feuilleton, d'une histoire); **agrandissement** (d'une pièce, d'un bâtiment, etc.); **reprise** (d'un travail, d'un projet, etc.); terme de Bourse, **report,** ***continuation**-day,* jour de **report** (avant-veille de la liquidation); ***continuation-school*,** **cours d'adultes, cours complémentaires, cours** ou en argot le **grimpant (le pantalon).**

Continuity. — Cinéma: **scénario,** ***continuity** man, girl* **découpeur,-euse,** ***continuity** title,* titre **de liaison.**

Contour. — **Profil** (d'un terrain); **tracé** (d'un plan); ***contour-line*,** **courbe de niveau; courbe hypsométrique;** ***contour map*,** **carte à** ou **en courbes de niveau;** aut. **carte des profils de la route;** ***contour intervals*,** **équidistances** (d'une mappemonde). Enfin, E.U. au fig. **tour donné** aux, **tournure prise** par les choses, les événements.

— *To run a **contour**,* filer une **courbe de niveau.**
école du soir; aussi pl.: **guêtres** (qui *font suite à* la culotte) d'où

— *Mr. B. is jubilant **over the contour** of things.* (In HORWILL.) — M. B. exulte de voir **la tournure que prennent** les choses.

Contour (to). — **Construire (une route) en corniche;** ***contoured** survey,* lever **dénivelé.**

Contract. — Souvent **contrat, convention forfaitaire, forfait; soumission, adjudication,** (travail à l') **entreprise:** ***work by contract, c. work*,** **travail à forfait,** *price **as per contract**,* prix **à forfait** ou: **forfaitaire.** ***Conditions of contract*,** **cahier des charges;** ***by private contract*,** **à l'amiable, de gré à gré.** Autres sens: **contrat, acte translatif de propriété, acte de transmission, de cession** (de biens meubles ou immeubles).

— *Our firm got a **contract** to supply munitions for the army.* — Notre entreprise a obtenu, ou: passé un **marché** pour la fourniture de munitions à l'armée.

— ***Parties tendering for work on contract*,** **soumissionnaires.**

Contract (to), contracted. — Deux sens importants, tous deux dérivés du lat. jur. *contractus,* « convention », de *contrahere,* propr. « resserrer ». 1° Donc, **conclure un contrat,** et inversement ***to contract (oneself) out** of,* absol. ***to contract out*,** **se dégager, se libérer** (d'une obligation) **par entente préalable, par contrat;** 2° **restreindre, resserrer;** intr. **décroître, diminuer, s'amoindrir.** ***Contracted*,** (style) **condensé, ramassé, concis;** péjor. (esprit) **borné, étriqué.**

1° *Articles of **contracted** peace.* (SHAKS.) — Les articles du traité de paix **dont il a été convenu** (littér. ... de la paix **qui a été stipulée**).

— ***His contracted lady*,** **sa fiancée,** sens donné comme désuet par le N.E.D. et comme rare par le Webster. Cf. mod. *she is engaged.*

– Terme de contrat passé avec les Services de l'Électricité: ***Contracted load*, puissance souscrite,** que l'abonné s'engage à payer, même s'il ne l'a pas utilisée, en somme, **minimum de consommation.**

Remarque. – Au xvie s., *contracter* signifiait « convenir de »: « Suivant ce qu'ils [Pompée et Crassus] avaient *contracté* ensemble. » (Amyot.)

2° *He was obliged* ***to contract his expenses.*** – Il a été obligé de **réduire sa dépense** (ou absol. et en bonne langue: **de se retrancher**).

– *This writer is* ***contracted*** *and fluent.* – Cet écrivain est **concis** et coulant.

– *Petty* ***contracted*** *ideas,* des idées mesquines et **étriquées.**

Contraction a tous les sens correspondant aux deux verbes précités: 1) *to contract,* conclure un contrat; 2) *to contract,* **se contracter, diminuer de volume;** il peut donc signifier **contrat,** spécialement **contrat de mariage; † fiançailles; le fait de contracter une dette, une maladie,** et, d'autre part, **restriction, diminution, limitation, compression** (des dépenses); **resserrement** (des crédits); **étroitesse d'esprit** (synonyme de *narrowness*); **abrégé, précis, résumé** (d'un ouvrage); **condensation, concision;** suivent des sens français.

E.U. **réduction de la circulation monétaire, déflation.**

– *Mrs. X hoped that her husband would die a few months after his* ***contraction*** *to her.* – Mme X espérait bien que son mari mourrait quelques mois après avoir **contracté** mariage avec elle.

– ***Contraction*** *of influenza is often attended with serious consequences.* – **Contracter** la grippe entraîne souvent de graves conséquences.

– *The question of* ***contraction*** *of Government expenditures gave rise to a debate.* – La question de la **compression** des dépenses du gouvernement donna lieu à un débat.

– *Not from bigotry or* ***contraction,*** *for he is perfectly liberal-minded.* (Miss Burney, *Early Diary,* II, 103.) – Non par fanatisme ou **jugement étroit,** car son esprit est libre de tout préjugé.

– *A poem of exquiste* ***contraction*** *and completeness.* (Swinburne.) – Un poème exquis par la **concision** et le fini.

Control (to), control. – ***To control*** et *contrôler,* ***control*** et *contrôle* ont la même origine (v. L. et N.E.D.). Le « contre-rôle » était proprement le registre qu'on tenait en double pour la vérification d'un autre registre, dit « rôle », et *contrôler,* c'était « porter sur le registre de contrôle ». Ce sens de « vérification (administrative) » domine l'évolution sémantique des mots français. Les mots anglais, eux, n'ont pas tardé (xvie s.) à s'en écarter. Si dès lors ***to control*** employé au sens de « vérifier » peut être considéré comme un gallicisme, « contrôler » (une affaire, etc.) est un anglicisme caractérisé. En bonne langue « contrôler » ne va pas au-delà de l'idée d'examiner minutieusement et donc de « censurer »: « Car il *contrôle* (1) tout, ce critique zélé » (Mol. *Tartuffe,* I, i.).

Employer *contrôler* et *contrôle* aux sens de *(to) control* – comme le font quotidiennement nos organes d'information (presse et radio) – c'est contribuer à dénaturer les idées et les faits, et par là même hélas, à corrompre notre langue.

De l'idée générale de diriger, dominer, réprimer, ***to control*** se diversifie dans les emplois suivants: **diriger** (une entreprise), d'où ***controlled*** *currency, economy,* monnaie, économie **dirigée, avoir en main** (une affaire), **tenir les commandes; asservir, discipliner** (les éléments, les forces de la nature), **maîtriser** (un incendie, un fléau, etc.); **enrayer, arrêter** (une épidémie, la fièvre, etc.); **dominer** (ses sentiments, etc.), **contenir** (son émotion), **réprimer** (sa colère, son ardeur; la fraude), **réfréner** (ses passions), **régler** (la circulation; ses désirs, etc.). Mêmes sens à la voix pronominale: ***to control oneself,*** **se dominer, se maîtriser,** etc.

L'idée de **commandement** ou de **réglage** s'étend à tous les domaines notamment à ceux de l'administration et de la technique, abréviation d'objectivement d'où les sens correspondants du subst. employé ou non adjectif. Ex. (aviation et mécan.) au pl. *the* ***controls,*** les **commandes,** *dual* ***control,*** double **commande,** ***dual control*** *machine, aircraft,* avion **à double commande,** ***control*** *mechanism, wheel,* appareil, roue **de commande,** *elevator* ***control,*** **commande** (ou **gouvernail**) de profondeur ou d'altitude, *altitude* ***control,*** **commande** altimétrique, ***control*** *tower,* tour **de commandement,** ***control-point,*** **point de repère;** ***control*** *variable,* paramètre **de réglage.** Naut. ***control*** *station,* poste **de réglage du tir,** ***control officer,*** **directeur du tir.** Science, méd., biol. ***control*** *animal, case, experiment* animal, cas, expérience **témoin** (abrév. ***control***). Spirit. **esprit** évoqué par (qui se manifeste par l'intermédiaire d') un médium.

Locut. div. ***birth control,*** **limitation, restriction de la natalité** ou: **des naissances, néo-malthusianisme** (2), **« contraception ».**

He ***lost control*** *of his car,* il **perdit la maîtrise,** il **ne fut plus maître** de sa voiture (cf. *the car took charge;* de même: *everything was taking charge,* tout s'en allait à vau l'eau) (v. *charge*): *circumstances* ***beyond our control,*** circonstances **indépendantes de notre volonté;** ***self-control,*** **sang-froid, empire (exercé) sur soi-même, maîtrise de soi** (V. ex. ci-après.)

– Définition sommaire des mécanismes d'automatisation: *Machines that* ***control*** *other machines.* – Des machines qui **commandent** d'autres machines.

---

(1) L'anglais a fait un pas de plus, et au xviiie s. encore, ***to control*** pouvait signifier **discuter, contester, réfuter:** *Women never dare* ***control*** *or dispute their husband's commands.* (N.E.D., 1713), les femmes n'osent jamais **discuter** les ordres de leur mari. Swift (1738) parle d'un « argument **irréfutable** », ***« not to be controlled »***. Quel joli contresens on ferait en traduisant par « incontrôlable » ou « invérifiable »!

(2) Ne pas confondre « limitation » et « régulation » des naissances. La « limitation » *(birth control)* a un caractère démographique et *quantitatif.* La « régulation » consiste à espacer les naissances dans l'intérêt de la mère et de l'enfant. C'est une prophylaxie de la maternité. Elle est d'ordre *qualitatif* et pourrait, à ce titre, relever éventuellement d'une politique d'eugénisme.

Dans son désespoir, Othello s'écrie : *Who can **control** his fate?* (V, ii, 265.) – Qui peut **dominer** son destin? Qui donc est **maître de** son sort!

– *He **controlled** the first emotions of his wrath.* – Il **ne céda point** aux premiers mouvements de sa colère.

– *It is difficult to **control** the ardour of youth.* – Il est difficile de **brider** l'ardeur de la jeunesse.

– *You must remember that she [Ann Whitefield] has a very heavy responsibility now that her father is dead. Mrs. Whitefield is too weak **to control** Rhoda.* (B. SHAW, *Man and Superman*, II.) – N'oubliez pas qu'elle a une très lourde responsabilité depuis la mort de son père. Mme W. est trop faible pour **avoir** Rhoda **en main.**

– *The mother herself had not the slightest **control** over the boy.* – La mère elle-même n'avait aucune **autorité** sur l'enfant.

– ***Control** of illicit traffic of drugs.* **Répression** du trafic illicite des stupéfiants.

– Annonce publicitaire : ***Weight control.*** « Contrôle » du poids? Nullement, mais : **comment lutter contre l'obésité,** ou : **garder la ligne.**

– *His contribution having been accepted, he saw himself already **controlling** « The Times ».* – Son article ayant été accepté, il se voyait déjà **à la tête** du *Times.*

– Apprenti cycliste, Mr. Polly (H. G. WELLS, V, 2) prend à partie un passant qui, en voulant rattraper son chapeau, l'a renversé : *Said if he couldn't **control his hat,** he ought to leave it at home.* – J'y ai dit que s'il ne pouvait **faire tenir son chapeau sur sa tête,** il ferait mieux de le laisser chez lui, à la maison (ou par méton. au portemanteau).

– *Domestic animals **are controlled** by man.* – Les animaux domestiques **se plient à la** volonté de l'homme.

– *Man has succeeded in **controlling** the environment.* – L'homme est parvenu à **agir sur** le milieu.

– *Nowadays many infections are **controlled** by antibiotics.* – Aujourd'hui, (bon) nombre de maladies infectieuses sont **jugulées** (ou : **maîtrisées**) par les antibiotiques.

– ***Malaria control** has been made easier by the use of chimioprophylaxy.* – **La lutte antipaludique** (ou : **contre le paludisme**) a été facilitée par l'emploi de la (ou : le recours à la) chimioprophylaxie.

– Les gaîtés de la lutte biologique *(biological control)* contre les insectes, les parasites, etc. : pour assainir les eaux infestées par des mollusques, hôtes intermédiaires des bilharzies, parasites des bilharzioses humaines, on y a mis des canards qui, pareils à la grue de la fable, dévoratrice de grenouilles, « les croquent, les tuent, les gobent à leur plaisir ». Mais les mollusques pullulaient à un point tel que les canards ne pouvaient **en venir à bout, *could not control*** *the snails.*

– *Many readers will remember the futility of all efforts **to control** the 1918-1919 influenza pandemia.* – Nombre de lecteurs se rappelleront la vanité des efforts tentés pour **enrayer** (ou : **arrêter**) la pandémie de grippe de 1918-1919.

– *In tropical countries it is difficult **to control** the vegetation.* – Dans les pays tropicaux, il est difficile de **lutter contre** la végétation envahissante.

– *The aim of the project was **to control** the river in order to avoid the floods of the Fall.* – Le projet (l'entreprise) avait pour but de **canaliser** (ou mieux : de **discipliner**) le fleuve afin d'éviter les crues de l'automne.

– *The water level of the Great Lakes **is controlled** by the melting snow and ice in Northern Canada.* – Le niveau de l'eau des Grands Lacs est **sous la dépendance** de la fonte des neiges et des glaces du Canada du Nord.

– *Most of the African countries which were formerly English or French- **controlled** States have become independent.* – La plupart des pays d'Afrique qui **relevaient** antérieurement de l'Angleterre ou de la France (se trouvaient... **dans la sphère d'influence** anglaise ou française) ont accédé à l'indépendance.

– *My father could not **control** his anger.* – Mon père ne fut pas **maître de** (ne put **maîtriser** ou : **dominer**) sa colère.

– *He spoke with intensely **controlled** fury.* – Il parlait avec une fureur qu'il avait peine à **contenir.**

– *My sister's lover said he **could no longer control** his passion.* – L'amoureux de ma sœur disait que sa passion **était devenue irrésistible.**

– *She could not **control** her curiosity, her laughter.* – Elle ne put **résister** à sa curiosité, **se tenir** de rire.

– *The Stoics claimed to be able **to control** their desires.* – Les Stoïques prétendaient être capables de **régler** (ou : de **réprimer**) leurs désirs.

– *William (the Third) was the head of the Government... **controlled** the army and navy, summoned Parliament...* – Guillaume III était le chef du gouvernement... le **commandant suprême** de (ou : **avait la haute main sur**) l'armée et (de) la marine de guerre, convoquait le Parlement.

– *The Government **controls** the situation.* – Le gouvernement **a, tient** la situation **en main.**

– *A pledge by a debtor of his personal services or those of a third person **under his control.*** – L'engagement d'un débiteur de fournir ses services ou ceux d'un tiers sur lequel **il a autorité.**

– Organisation du travail dans la bonneterie anglaise : *Middlemen... had acquired **control** over the industry.* – Des intermédiaires... avaient pris la **direction** de la fabrication.

– *It was not possible **to control** inflationary pressures.* – Il n'a pas été possible de **freiner** (ou : de **maîtriser**) les poussées inflationnistes.

– *Expansion must **be controlled.*** – Il faut **rester maître de** (**tenir la main à**) l'expansion.

– *You ought **to control yourself**.* – Vous devriez **vous dominer** (ou: **garder votre sang-froid**).

– *You have no more **self control** than a child.* – Vous n'avez pas plus d'**empire sur vous-même** qu'un enfant.

– *He **regained his self-control**.* – **Il se ressaisit.**

– *Great-Britain kept the **control** of the seas.* – La G.B. conservait la **maîtrise, l'empire** (ou: la **suprématie**) des mers.

– *Science has **brought** the forces of nature **under** technical **control** but it has no **control** over the world of hereafter.* – Bien qu'elle ait **pu,** grâce à la technique, **asservir** les forces de la nature, la science n'a cependant aucune **prise** sur le monde à venir.

– Critiquant les auteurs de la Révolution française, Burke (*Fr. Revol.*, 66) dit: *There is nothing in heaven or upon earth can serve as a **control** on them.* – Il n'est rien au ciel ou sur la terre qui puisse leur servir de **frein.**

– *The man **was beyond all control**.* – L'homme **ne se possédait plus.**

– *By 5 o'clock the brigade had the flames under **control**.* (*Journal.*) – A 5 heures, les pompiers étaient **maîtres** du feu.

– C. Brereston (*A comparaison between French and English Secondary Schools*, p. 75) désigne les « écoles **libres** » par *pensions often **under religious control**.*

– *In socialist countries all industries have been **brough under State control**.* – Dans les pays socialistes, toutes les industries ont été **étatisées.**

– *It is a strange experience to a man of pride and sensibility to know that his interests are **within the control** of individuals who neither love nor understand him.* (N. Hawthorne, *Scarlet Letter*, Prol.) – Tout homme fier et sensible éprouve un sentiment étrange à l'idée que ses intérêts sont **à la merci** de gens qui n'ont pour lui ni amitié ni compréhension.

La contre-épreuve, c.-à-d. la démonstration de la différence de valeur sémantique que présentent le mot *control* et son homonyme français, nous est apportée par la *traduction en anglais de textes français* empruntés à des sources diverses.

– *Nevertheless, I had **self-control** enough to conceal my joy*, c'est ainsi que le traducteur anglais rend ce passage de *Gil Blas* (I, ch. I): Néanmoins j'eus assez de **force sur moi** pour cacher ma joie.

– J.-J. Rousseau (*Confessions*) se plaint de Diderot qui, selon lui « voulait à toute force le **gouverner** comme un enfant », – *attempted **to control** me absolutely like a child.*

– Julien Sorel, rabroué par M. de Rénal, manifeste sa mauvaise humeur, et Mme Derville de lui dire: M. J., de grâce, **modérez-vous.** (Stendhal, *Le Rouge*, I, IX.) – M. Scott Moncriff traduit: M. J., kindly ***control yourself***.

– En province, les maris **sont maîtres de** l'opinion. (Id., *ibid.*, I, XXI.) – *In the country husbands **control** public opinion.*

– Enfin, l'abbé de Frilair fut sûr de son **empire.** (Id., *ibid.*, II, XXXVIII.) – *At last the Abbé de F. was sure of his **control**.*

– Ce prélat qui **dirigeait** l'Eglise de France..., daignait demander l'acquittement de Julien. (Id. *ibid.* II, XLI.) – *This prelate who **controlled** the Church in France... deigned to ask for the acquittal of Julien.*

– Le baron Valenod... **dispose** entièrement de deux de ses administrés. (Id., *Ibid.*, II, XLI.). – *Baron de V. **has entire control** over two of his subordinates.*

– Se dominant en présence de Mathilde, qui est venue le voir dans sa prison, Julien songe: Si Mme de Rénal était ici dans mon cachot, au lieu de Mathilde, aurais-je pu **répondre de moi?** (Id., *ibid.*, II, XLII.) – *If Mme de R. had been here, in my cell, instead of M., should I have been able **to control myself**?*

– L'aristocratie britannique **est maîtresse** de tous les rouages du gouvernement... Une stricte discipline **préside aux** opérations. (Elie Halevy, *Hist. peuple anglais.* I, ch. 11, *passim.*) – *British aristocracy **controlled** all the machinery of government... Operations were **controlled by** a strict discipline.*

– « **Arbitres** » du crédit, les banquiers constituent à travers l'Angleterre une corporation très influente. (Id., *ibid.*, I, ch. ii.) – ***Having the control** of credit the bankers throughout England formed a very influential body.*

– Le commerçant de la ville a réussi depuis longtemps à **établir sa domination** sur les artisans de la campagne. (Id., *ibid.*, II, ch. 11.) – *For many years the town merchant has successfully **controlled** the artisans of the countryside.*

– Lorsque le législateur fr. parle du *contrôle* de la salubrité des viandes, son homologue angl. dit: *supervision* ou *inspection.* S'il s'agit du **contrôle** *bactériologique* desdites viandes l'idée est rendue par: *bacteriological **examination** of carcases.*

Remarque. – 1° L'aire sémantique de *(to) control* est bien plus étendue que celle de son prétendu équivalent fr. (1).

2° Le fr., on vient de le voir, dispose d'amples ressources pour diversifier et nuancer, selon le contexte, la traduction d'un mot assez général pour faire partie du vocabulaire angl. de base (*Basic English*), et assez vague pour prêter à interprétation, voire à

(1) Une des difficultés des conférences internationales réside dans les sens différents d'un même mot dans les diverses langues. *Control* en angl. signifie maîtrise, propriété, d'où l'expression (devenue) fr.: contrôler une affaire, c'est-à-dire la posséder en détenant la majorité des actions; alors que le fr. contrôle, dans son sens fr. classique, est une fonction entièrement indépendante de la gestion, qui ne comporte ni direction ni propriété, mais seulement droit de « vérification ». (Jules Moch, « Le Monde », 8 avril 1953.)

C'est ainsi que nous disons: le parlement délibère, légifère et *contrôle*, c.-à-d.: « soumet... à une vérification minutieuse ».

équivoque dans l'esprit des Anglais eux-mêmes. (1)

3° Ignorer ces ressources ou, pis encore, les méconnaître, c'est risquer de commettre des traductions inintelligentes, voire inintelligibles. En voici quelques échantillons cueillis dans nos organes d'information ou entendus à la radio:

– L'O.A.S. « contrôle » (a la haute main sur) la population européenne et tente d'étendre son influence sur les musulmans. (*Journal*, 17/2/62.)

Le conflit entre Moscou et Pékin est encore « contrôlé » (?). (*Journal*, 10/1/63.)

A propos des troubles de Saint-Domingue: « S'agit-il d'une révolution « contrôlée » (fomentée, dirigée) par le communisme? » (*Radio*, avril-mai 1965.)

– La stratégie de l'avenir: Le « contrôle » de l'atmosphère pourrait être notamment utilisé pour inonder les positions stratégiques et provoquer une nouvelle ère « de glace ». (Trad. d'un passage d'une revue militaire américaine.) Le sens est, semble-t-il: « En asservissant les éléments, les forces de la nature, les techniciens pourraient inonder, etc. »

– Le président Humphrey « contrôle » (= rallie) déjà la majorité des délégués de la Convention de Chicago. (*Journal*, 6 juin 1968.)

– Communication personnelle, 1959, d'un paludologue *de nationalité française*: « De toute façon, la transmission du paludisme dans le Gharb a été « contrôlée » (entendez: « enrayée ») de façon satisfaisante (par les pulvérisations de D.D.T.). »

Pour un Français, « contrôler la transmission d'une maladie » ne pourrait signifier que « vérifier le taux ou le degré de cette transmission ».

Convene (to), convention. – ***To convene*** a le sens étymologique de **venir ensemble, s'assembler** et de là passe au sens transitif d'**assembler, convoquer.** *A* ***convention***, c'est une **assemblée.** (Moyen mnémotechnique: penser à la Convention nationale.)

– *They* ***convened*** *in a tavern.* – Ils **s'assemblèrent** dans une taverne.

– *Fifty bishops of the neighbouring dioceses were* ***convened.*** – Cinquante évêques des diocèses voisins furent **convoqués.**

– *I go to a* ***convention*** *of philanthropists. Do what I can, I cannot keep my eyes off the clock.* (EMERSON, *Representative Men*, Bohn, 367.) – Je vais à une **assemblée** de philanthropes. Quoi que je fasse, je ne puis quitter l'horloge des yeux.

(1) Dans une lettre adressée le 31 mars 1902, à son éditeur, M. Macmillan, au sujet de la publication de ses œuvres aux Etats-Unis, Thomas Hardy s'exprimait ainsi: « *I find that in my agreement with the New York firm of Harpers for the American edns. (= editions), they have* '***control*** *of the Canadian market' for the three or four novels which are copyright in the United States.* ***What this means I do not know.*** » (C'est nous qui soulignons.) (Ch. MORGAN, *The House of Macmillan*, ch. IX.)

REMARQUE. – Selon Horwill (*s.v. convention*) ce mot correspondrait à l'angl. *conference.* D'autre part, on sait que la *(nomination) convention* a principalement pour fonction de désigner les membres du parti (démocrate ou républicain) qui se porteront candidats à la Présidence. Enfin, d'après le droit constitutionnel américain, le mot désigne « une assemblée établie pour faire ou défaire une constitution ». (PRELOT, in Robert).

Convenience. – Ce peut être un objet fait pour la commodité des gens, comme lorsque Smollett, dans *Roderick Random* mentionne *a* ***convenience to spit in,*** un **crachoir.** Le mot, qui est un euphémisme, désigne ce que nous appelons dans le même esprit les **commodités.**

– *An American railroad-car with a stove and a* ***convenience****, one at either end.* (STEVENSON, in *London Magazine*, II, 296.) – Un wagon américain, avec un poêle et un W.C., un à chaque extrémité.

Marriage of ***convenience***, mariage de **convenance**, de **raison.**

Autres sens: naut. *flag of* ***convenience***, pavillon de **complaisance.** ***To make a convenience*** *of s.o.*, **abuser de la bonté** de qqn.

Conventional. – Courant, normal; classique, « qui est conforme aux usages, ne s'écarte pas des règles », *suit of a* ***conventional*** *cut*, complet de coupe classique: ***conventional*** *armaments*, les armements **classiques.** Péjor. **banal, convenu, sans originalité; officiel**, *a cold and* ***conventional*** *style*, un style froid et **officiel; de pratique,** ***conventional*** *painting*, enfin **respectueux, esclave des convenances, conformiste, formaliste.**

Conventionalism, collect. **les conventions (sociales); respect exagéré des usages, des convenances, des bienséances, formalisme;** art. **académisme.**

A conventional thought *or* ***saying***, un **poncif**, un **cliché.**

– *She had received many* ***conventional*** *letters of sympathy.* – Elle avait reçu beaucoup de lettres **banales** de condoléance.

– *Pray, don't be* ***conventional.*** – Je vous en prie, ne soyez pas **formaliste.**

– *The first glimpse of Mont Blanc threw Mr. Pontifex into a* ***conventional*** *ecstasy.* (S. BUTLER, *The Way*, IV.) – La première échappée sur le M.B. jeta M.P. dans un transport de **banalités.**

Converse (to), conversation, conversant. – Le latin *conversari*, fréquentatif de *convertere*, signifie **se trouver avec, vivre avec, fréquenter, frayer,** sens vieilli, qu'on trouve encore au XVIIe s. « Nous ne *conversons* plus qu'avec des ours affreux. » (LA FONTAINE, *Fables*, XI, 7.) Cette acception a été aussi angl., d'où ***conversation***, qui, chez certains écrivains, conserve parfois son sens archaïque de **manière de vivre, conduite, fréquentation, commerce** (que l'on a avec quelqu'un). Aujourd'hui encore, ***conversation*** signifie **rapports sexuels,** et ***criminal conversation*** (abr. *crim. con.*), **adultère, conversation** (fréquentation) **criminelle,** disons-nous comme les Anglais.

† *A* ***conversation***, c'est également un *at home*, **un jour de récep-**

tion (de l'italien *conversazione*). Enfin, signalons que ***conversation** (piece)*, ***conversation** painting* s'appliquent à un **tableau de genre** représentant un groupe de personnages, à la peinture d'une scène d'intérieur. (Voir N. E. D., 10.)

L'adjectif ***conversant*** a les sens correspondant au verbe ***to converse***, et c'est l'idée d'« habitude », de « familiarité avec », que l'on peut discerner encore dans l'acception moderne dérivée, de **versé dans, au courant de.**

– *The general want of sincerity in **conversation** is an instance of the great corruption of the Age wherein we live.* (J. ADDISON, *The Spectator*, n° 103.) – Le manque général de sincérité dans le **commerce du monde** est un exemple de la grande corruption du siècle où nous vivons.

– Marlow, de « Elle s'abaisse pour vaincre », se plaint d'être trop timide pour faire la cour aux femmes honnêtes et d'être réduit à s'adresser aux... autres: *I'm doom'd to adore the sex, and yet to **converse** with the only part of it I despise...* (O. GOLDSMITH, *She stoops to conquer*, II, ii.) – Je suis condamné à adorer les femmes et à ne **fréquenter** cependant que celles que je méprise.

– *Be ye holy in all manner of **conversation.*** (*Peter*, I, 15.) – Vous aussi, soyez saints en toute votre **conduite.**

– *His [Hasting's] **conversation** with Shore's wife.* (SHAKS., *Richard III*, III, v, 31.) – Ses **rapports criminels** avec la femme de Shore.

– *Lady Pomfret has a charming **conversation** once a week.* (H. WALPOLE, *Correspondence*, I, 71.) – Lady P. **reçoit** d'une façon charmante une fois la semaine.

– *He imitated the manner of Terburgh, a Dutch painter of **conversations.*** (N.E.D.) – Il imita la manière de Terbourg, peintre hollandais de **scènes d'intérieur.**

– *Milton was **conversant** in many languages.* – M. était **versé** en beaucoup de langues.

Conversion, to convert. – Signalons simplement: ***to convert** timber*, **débiter, façonner le bois en grume**; jur. ***to convert** (real estate) **into personal estate***, **ameublir** des biens immeubles; ***to convert** funds to one's own use*, **détourner** des fonds. Sens correspondants pour le subst. Chimie, *time, rate of **conversion***, moment, taux du **virage.**

– *Most of the steam-vessels could be **converted** easily **into men of war***. – La plupart des navires à vapeur pouvaient être aisément **armés en guerre.**

– *She **converted** her bedroom into a parlour.* – Elle **accommoda, aménagea, transforma** sa chambre à coucher en salon.

– *The timber **conversion sites** have been enlarged.* – Les **chantiers de façonnage** (du bois d'œuvre) ont été agrandis.

Convey (to), conveyance, conveyancer. – Notre mot fr. *convoyer* ne signifie que « accompagner », « escorter ». ***To convey*** signifie **transporter** (des marchandises), d'où ***conveyance***, **moyen de transport, véhicule; faire le transport** ou **transfert** d'une propriété, d'où ***conveyance***, **acte translatif** (**de propriété**) et ***conveyancer***, **notaire;** ***to convey** a meaning*, **exprimer** (un sens); † **voler, dérober, subtiliser.**

– *The poor horses with the lumbering **conveyance** at their heels.* (Lady BARKER, *South Africa, Let.* V.) – Les pauvres chevaux traînant le loud **véhicule.**

– *She divined the true manner in which the chain had been **conveyed.*** (SMOLLETT, *Count Fathom*, XVI.) – Elle devina la véritable manière dont la chaîne avait été **volée, subtilisée.**

Convict (to), convict, conviction. – Ne pas confondre *to convict* avec *to convince*, bien que l'étymologie en soit la même. Cet avertissement vaut surtout pour les Anglais, car le verbe *convaincre* rend les doublets précités. On **convainc** quelqu'un de la justesse d'une théorie et on **convainc** un traître d'intelligence avec l'ennemi (on prouve qu'il est coupable de).

*A **convict***, c'est celui qui a été reconnu coupable et par conséquent un **condamné;** un **forçat,** un **galérien;** un **déporté.**

Convict establishment, **bagne, colonie pénitentiaire** ou **pénale.** *A **conviction***, c'est une **condamnation.**

– Un crime de faux dans une étude d'avoué. Les soupçons se portent sur un clerc qui est parti en voyage. Alors l'avoué: *Not so fast. We haven't **convicted** him yet.* (GALSWORTHY, *Justice*, I.) – Tout doux! Sa **culpabilité** n'est pas encore établie.

– Alpha (*Pebbles on the Shore*, p. 36) cite *the case of the man with twenty-seven **convictions** against him, who won the Victoria Cross.* – Le cas de l'homme qui avait contre lui vingt-sept **condamnations** et qui fut décoré de la Victoria Cross.

REMARQUE. – Aux E.U. ***convicted*** peut s'entendre famil. non seulement de celui qui **est reconnu coupable** (d'un méfait, d'un crime, etc.), mais aussi du pécheur qui **se reconnaît tel, et qui se repent de sa faute.**

– *Hymns sung amidst the groans and sobs of the **newly converted** or **convicted** as they call them.* (MATTHEWS, *op. cit.*) – On chanta des hymnes, ponctués des gémissements et des sanglots des néophytes ou **nouveaux convertis,** comme on les appelle.

Convivial, conviviality. – C'est un mot de Brillat-Savarin, « qui a rapport aux festins », dont le sens s'est étendu en anglais et qui signifie ami des festins, **amateur des plaisirs de la table, gai, jovial, bon vivant; sociable, de bonne compagnie** et, p. ext., **gris, un peu parti.** ***Convivial** song*, chanson **bachique,** chanson **à boire,** ***convivial** verse*, vers **anacréontiques.**

Sens correspondants pour le substantif.

– *Mr. Micawber was uncommonly **convivial.*** (DICKENS, *Copperfield*, 159.) – M. M. était extraordinairement **gai.**

– *Reserve and restraint may be fatal to **conviviality** and humour.* – La réserve et la retenue risquent d'être fatales à la **sociabilité** et à l'humour.

Convocation. – Ce mot fait un pas de plus que son frère français et désigne une **assemblée** soit du clergé, soit d'une université.

– Swift écrit dans une lettre: *My duty to the bishop of Clogher. I take it ill he was not at* ***convocation.*** (*Letters*, 1767, LV, 2.) – Mes hommages à l'évêque de C. Je lui en veux de ce qu'il n'était pas à l'**assemblée.**

Convulse (to), convulsion. – ***To be convulsed with laughter, to be seized with convulsions of laughter,*** **être saisi d'un fou rire, se pâmer,** famil. **se tordre de rire.**

– *His witticisms* ***convulsed*** *the House.* – A ses mots d'esprit la Chambre **se pâmait de rire.**

Cooperative. – Pour nous, Français, l'adjectif *coopératif* évoque simplement l'idée du « système fondé sur la coopération et la solidarité ». C'est un terme d'économie politique. L'Anglais et surtout l'Américain désignent aussi par là les qualités morales de ceux qui ont le **sens de l'entraide, l'esprit d'équipe, qui y mettent du leur, poussent à la roue,** font preuve de bonne volonté, etc.

– *The success of the scheme would have required a great* ***cooperative*** *effort.* – Le succès de l'entreprise aurait exigé un vaste effort **d'entraide.**

– *The purpose of the mission was* ***cooperative*** *research into economic problems.* – La mission se proposait (avait pour objet) d'entreprendre **en commun** l'étude des problèmes économiques.

– *Four great principles...* ***mutually cooperative.*** – Quatre grands principes **qui concourent à la même fin (se renforcent mutuellement).**

– *A* ***cooperative*** *program of water resources development.* – Un programme **concerté** de mise en valeur des ressources hydrauliques.

Coordinate (adj. et subst.), **coordination. –** Le premier mot s'oppose à *subordinate* et signifie donc **égal, de même rang, pair.** Le *Thesaurus* de Roget donne de ce mot les syn. suivants: *equal, coequal, on a par with.* Sens correspondant pour ***coordination.***

– *The African slave will become the* ***coordinate*** *of his white brother.* – L'esclave d'Afrique deviendra l'**égal** de son frère blanc.

– *That brotherly* ***coordination*** *and equality which our Lord did appoint,* ex. pléonastique qui n'appelle pas de traduction.

Copper. – ***A copper,*** Angl. un **penny,** E.U. un **cent;** au pl. **petite, menue monnaie,** famil. **quincaille, mitraille.** Fin. et Bourse, **valeurs cuprifères.** Autres sens, **chaudière de cuisine; lessiveuse;** Locut. pop. ***He has hot coppers,*** il a **la gueule de bois;** ***I'll cool my coppers,*** **je vais me rafraîchir le gosier, me rincer la dalle.**

– *He hasn't a* ***red copper.*** – Il n'a pas un **sou,** pas un **rouge liard.**

Copy. – † **Exemple,** c.-à-d. **modèle, type;** ***servile copy,*** **calque, plagiat,** d'où: ***a copy-book,*** un **cahier** (de modèles) **d'écriture,** un **cahier d'élève.** ***Copy-book*** *maxims,* maximes **banales, lieux communs.** ***Rough copy,*** **brouillon,** ***to make a fair copy*** *(of an exercice),* **mettre** (un devoir) **au net;** jur. **expédition** (d'un acte): ***true copy,*** **pour ampliation;** ***to make a copy of*** *a deed,* **expédier** un acte. Sens courant: **exemplaire** (de livre, etc.); **numéro** (d'un journal). E.U. ***copy-reader,*** **secrétaire de la rédaction** (d'un journal), correspond au *sub-editor* anglais.

– *Four thousand* ***copies*** *of this book have been sold within a very short period.* – Quatre mille **exemplaires** de cet ouvrage ont été vendus en très peu de temps.

Dans Shakespeare, le mot a le sens de **modèle original; portrait, ressemblance.**

She carved thee for her seal, and meant thereby
Thou shouldst print more, nor let that ***copy*** *die.* (*Sonnets,* XI.)
Tu es le sceau royal choisi, gravé par elle
Pour que vive à jamais cet unique **modèle.** (Trad. Ch. M. GARNIER.)

– *Lady, you are the cruellest she alive,*
If you will lead these graces to the grave
And leave the world no ***copy.*** (Id., *Tw. Night,* I, v, 228.)

– Et vous seriez cruelle entre toutes les femmes. De porter sans retour ces charmes au tombeau. Sans en laisser au monde au moins un **exemplaire.** (D'après Félix SAUVAGE.)

Citation que l'on rapprochera de ces beaux vers de Ronsard, *exemple* et *exemplaire* (1) *« modèle, type, idéal »* étant en bonne langue quasi synonymes:

« Voy son corps, des beautez le portrait et l'*exemple,*
Qui ressemble une Aurore au plus beau d'un matin. (*Pour Hélène.*)

Coral. – Du corail on a fait des hochets, en sorte que tout **hochet,** de quelque matière qu'il soit fait, s'appelle ***coral.***

– Addison, dans le premier numéro de son *Spectator,* fait son propre portrait et se dépeint comme ayant été un enfant précocement sérieux. Il dit:

– *I would not make use of my* ***coral*** *till they had taken away the bells from it.*

Une traduction française de 1828 a rendu ***coral*** par *corail.* Nous dirons: Je ne consentis point à me servir de mon **hochet** tant qu'on n'en eut pas ôté les grelots.

Autre sens: **œufs** (non fécondés) **de homard** ou **grosse écrevisse de mer,** ainsi appelés à cause de la couleur qu'ils prennent à la cuisson.

Cord. – Ganse (de couture de vêtement); **nerf** (de dos de livre): *the spinal* ***cord,*** la **moelle** épinière, *the umbilical* ***cord,*** le **cordon** ombilical: au fig. **lien** qui attache, unit ou enchaîne. Autres sens: **côte** (de velours); au pl. mis pour *corduroy,* **pantalon** ou **culotte de velours à côtes.** Enfin, famil. E.U. **très grande quantité, tonnes** (de fruits, de légumes, etc.), **foison.**

(1) En effet, Corneille écrit (*Cid,* I, 3): Les *exemples* vivants sont d'un autre pouvoir (Ne dit-on pas encore en pédagogie un *exemple* d'écriture?) et Condillac voit dans « les idées... l'*exemplaire* que Dieu a consulté lorsqu'il l'a voulu produire (le monde). » (*Hist. anc.* III, 19.)

– *The **cords** of discipline had relaxed.* – Les **liens** de la discipline s'étaient relâchés.

– ***There are cords** of snakes in this country.* – Les serpents **foisonnent** (ou: **pullulent**) dans ce pays.

– *He sold **cords** of papers.* – Il a vendu des **tonnes** de journaux.

Corinthian. – « *Non cuivis homini contingit adire Corinthum* », dit Horace (*Épist.*, I, 17). « Il n'est pas donné à tout le monde d'aller à Corinthe » (ville de luxe et de plaisir); de là en anglais, avec une nuance d'archaïsme, les emplois de ce mot comme substantif ou adjectif: **licencieux, libertin, débauché, jouisseur, homme de plaisir, viveur, élégant, dandy, beau monsieur.** E.U. **amateur de yachting, yachtsman.** Par allusion, a) au bronze de Corinthe, lat. *Corinthium aes*, ***Corinthian brass*, or anglais** (alliage d'or, d'argent et de cuivre); b) au sens fig. de *brass*: **effronté, éhonté.** Enfin, t. de critique appliqué par Matthew Arnold à un style **trop brillant, étincelant,** mais dépourvu de chaleur, *which has glitter without warmth.*

Comme syn. de *Corinthian*, le *Thesaurus* de Roget donne notamment: *arbiter elegantiarum.*

– *The brothers were what in modern times we should call dandies or **Corinthians**.* – (Trad. inutile).

Remarque. – Shakespeare donnait à ***Corinthian*** un tout autre sens que celui de « voluptueux », etc., si l'on en croit le Prince de Galles (*I.H.IV*, II, iv, 13) qui se dit: *a **Corinthian**, a lad of mettle, a good boy*, – un **joyeux drille,** un gars qui a de l'estomac, un bon fieu. (Trad. Félix Sauvage.)

Corner. – ***Corner of the people*,** (le) **Prince** ou **chef,** la **pierre angulaire** de l'État (hébraïsme); ***within the four corners*** *(of a document)*, **dans le cadre de.** ***To turn the corner*,** au fig. **passer le point, le moment critique, franchir la passe dangereuse:** *he has been seriously ill but he has **turned the corner** now.* – Il a été gravement malade, mais il est maintenant **hors de danger.** Autres sens: ***to drive into a corner*, acculer, mettre au pied du mur;** *done **in a corner***, fait **sous main, sous chape, sous le manteau, clandestinement,** d'où *a **hole-and-corner** transaction*, une transaction, une affaire **louche;** suite des sens: **accaparement** de denrées, **trust (d'accapareurs), monopole,** lâchement: toute entente destinée à faire monter les prix en s'assurant un monopole. ***To make a corner*** *in wheat*, **accaparer** le blé. ***To cut off a corner*,** **prendre le plus court, un raccourci.**

Corollary. – Le latin *corollarium* signifie, d'après les lexiques usuels, **ce qu'on ajoute à ce qui est dû, petite gratification en sus d'un salaire.** Corollaire a ce sens dans Cotgrave: *surplusage, overplus, addition to, vantage above measure; also a small gift.*

– Cette acception, désuète, se retrouve dans Shakespeare:

*Now, come, my Ariel! bring a **corollary***
Rather than want a spirit. (*Tempest*, IV, i, 57.)

Allons, mon Ariel, plutôt qu'il n'en manque un,
Amène des esprits **de surcroît.**

Corporal (adject.). – **Corporel,** certes, mais aussi † ***corporal oath*,** par opposition au *verbal oath*, **serment prêté en posant la main sur la Bible ou sur un objet sacré.**

Corporal (subst.). – 1° Eccl. **corporal,** aussi ***corporal-cloth*.** 2° Dans l'artillerie et la cavalerie, **brigadier.**

***Corporal of the field*,** au XVIe et au XVIIe s. sorte d'**aide de camp.** Autres sens: ***lance-corporal*,** **soldat de première classe;** ***ship's corporal*,** **caporal d'armes.** E.U. Ichtyol. **poisson d'eau douce** de la famille des cyprinidés, *Semotilus corporalis.* **Chef d'une ferme d'élevage,** *corporal or boss of a ranch.* Dans les Midlands, correspond à notre **porion d'abattage, de roulage** ou **de trait.**

Corporality, -ties. – **Corporéité;** pl. **besoins matériels; châtiment corporel, raclée, tripotée; voies de fait, sévices** (sens non indiqué par le N.E.D., mais qu'on trouve chez Stevenson par exemple).

– Les bambins de Pont-sur-Sambre refusent de servir de guide à Stevenson et à ses compagnons de voyage dont l'aspect bizarre les effraie: *The owner of the granary came to our assistance, singled out one little fellow and threatened him with **corporalities**, or I suspect we should have had to find the way for ourselves. (An Inland Voyage.)* – Le propriétaire de la grange vint à notre secours et désigna pour nous conduire un petit gars qu'il menaça de **sévices,** sinon force nous eût été de trouver tout seuls notre chemin.

Le paysan s'est bien gardé d'user de ce terme. Il eût dit *thrashing, licking, drubbing*, « raclée, tripotée ». Mais c'est l'auteur qui parle. Il traduit; il cherche un effet d'humour dans le contraste de ce grand mot avec le mot beaucoup moins ambitieux qu'a employé le villageois.

Corporation. – **Association, groupement, corps légalement constitué;** jur. **personne juridique, morale, civile,** ***corporation aggregate*,** **personne morale composée de plusieurs individus,** ***corporation sole*,** **personne morale constituée par un seul individu;** ***municipal corporation*,** **conseil, corps municipal, municipalité;** ***corporation stocks*,** **emprunts municipaux** ou: **de ville** (E.U. *municipal bonds*). En effet, aux E.U. ***corporation*** peut s'entendre d'une société commerciale, ***business corporation*.**

– Dans ses *American Notes*, Dickens parle d'une société considérée comme propriétaire d'un patrimoine social « *what we should term a Company of Proprietors, but what they call in America a **Corporation**.*

Autre sens: comme le français *corporance* qu'emploie Marot (1) et qui est resté dans quelques patois, ce mot, familier et même un peu

(1) Au sens de « grosseur »: « Car on dit (veu sa *corporance*) que ce eust été un maistre bœuf. » *Epitaphes*, 4.

vulgaire, signifie **corpulence, ventre, bedaine, bedon,** ***to bear a corporation,*** **être rondouillard.**

– *It is well established in English law that the* ***corporation*** *or artificial person is responsible for the acts of its members.* – Dans le droit anglais, il est bien établi que tout **corps constitué** qui jouit de la personnalité civile (ou: juridique) doit répondre des actes de ses membres.

– Stevenson nous décrit avec humour plusieurs portraits par Raeburn: *Constable, the publisher upright beside a table, and bearing a* ***corporation*** *with commercial dignity. (Virginibus puerisque.)* – L'éditeur Constable debout auprès d'une table et portant sa **bedaine** avec une dignité toute commerciale.

Corporeal. – Matériel, tangible, concret; jur. ***corporeal*** *hereditament,* biens **réels, matériels** transmissibles par héritage (par opposition aux *incorporeal hereditaments* tels que privilèges, libertés, dignités, etc.).

Correct. – *It is the* ***correct*** *thing,* c'est **ce qui se fait, tel est l'usage;** ***it's the correct thing*** *to express one's sympathy to the bereaved,* **il est de rigueur** de témoigner sa sympathie aux affligés. Autres sens, **comme il faut,** *Mrs. N. made it a point to entertain only* ***correct*** *people,* Mme N. avait pour principe de ne recevoir que les gens **comme il faut.**

– *If my memory is* ***correct,*** si j'ai **bonne** mémoire. *She had a* ***correct*** *ear,* elle avait l'oreille **juste;** *your sum is* ***correct,*** votre addition, votre total est **exact;** *these speculations* ***proved correct:*** ces conjectures **se sont vérifiées.** *Am I* ***correct?*** ai-je **raison?**

Correct (to) oneself. – C'est parfois: **rectifier** ce que l'on a dit, **se reprendre.**

– *What a beautiful belt you've got on!... At least, she* ***corrected*** *herself on second thoughts, a beautiful cravat.* (LEWIS CARROLL, *Through the Looking-glass,* VI.) – Quelle belle ceinture vous avez! du moins, dit-elle, en **se reprenant** après réflexion, quelle belle cravate! (ou: quel beau cachez-nez!) (Elle ne peut en effet distinguer, dans le personnage de Humpty-Dumpty, où est le cou ni où se trouve la taille.)

Correspondence, correspondent (1). – ***Correspondence*** n'a pas toujours été seulement un échange de lettres, mais a désigné aussi un **commerce** quelconque, une **liaison** parfois illicite, des **rapports, relations** avec autrui. Le subst. ***correspondent*** a signifié un **allié.** Adj., dans Shakespeare notamment: † **qui répond aux exigences exprimées, se soumet, obéit;** † **responsable.** Enfin, sens français: **qui correspond à qqch.** par conformité, symétrie et, par ext. **semblable, pareil.**

(1) Ne pas confondre avec le *co-respondent,* c.-à-d. celui qui, dans une action en divorce, est inculpé d'adultère et qui, avec *(cum)* l'épouse infidèle *(respondent),* fait l'objet des poursuites du mari: le **complice,** le **codéfendeur** (en adultère).

– *The Phoenicians with whom the Graecians had a very ancient* ***correspondence.*** – Les Phéniciens avec qui les Grecs entretenaient des **rapports** depuis fort longtemps.

– Une dame de compagnie, courtisée par le fils de la maison, lui fait part de ses appréhensions: *I told him I was afraid the ladies had got some secret information of our* ***correspondence.*** (DEFOE, *Moll Flanders,* p. 28.) – Je craignais, lui dis-je, que ces dames n'eussent été secrètement informées de notre **liaison.**

– Quand Lesage écrit (*Gil Blas,* VII, vii): Le corregidor... averti de notre **intelligence,** se hâta d'en prévenir les suites, Smollett traduit: *The corregidor... got wind of our* ***correspondence,*** *and determined to close it in a summary manner.*

– *In the course of their operations, Fathom was a very useful* ***correspondent.*** (Id., *Count Fathom,* XI.) – Au cours de leurs opérations, F. fut un **allié** très utile.

– *I will be* ***correspondent*** *to command.* (SHAKS., *Tempest,* I, II, 297.) – **J'obéirai.**

– *I never saw more* ***correspondent*** *features.* – Je n'ai jamais vu des traits plus **semblables.**

Corrupt, corruption. – ***Corrupt*** *practices,* tractations **malhonnêtes; trafic d'influence;** ***corrupt*** *administration,* administration **vénale.** ***Corruption,*** **corruption, subornation** (de témoins); jur. ***corruption of blood,*** † **mort civile;** † sauf famil. et dial. le **vieil homme,** le **principe du mal** inhérent à tout être, et p. ext. la **colère.**

– *My* ***corruption*** *was rising,* ma **colère** montait.

Corsage. – E.U. *She wore* ***a corsage*** *of gardenias,* elle portait **à son corsage un bouquet** de gardénias. C'est la réplique du *button-hole,* fleur que l'homme porte à la boutonnière.

Cosmetic. – L'adjectif cosmétique « ne se dit plus aujourd'hui qu'en parlant des cheveux, des cils, de la barbe » (ROBERT). En angl., l'emploi de ce mot est plus étendu; traduisant ce passage de *Gil Blas:* « Elle (Laura) joignait à sa beauté naturelle tous les charmes auxiliaires que **l'art des coquettes** pouvait lui prêter » (VII, x), Smollett écrit: *She was engrafting on her natural beauty all the adventitious charms which the* ***cosmetic art*** *could supply.* »

– *She was an agent of an American* ***cosmetics*** *firm.* – Elle représentait une firme américaine de **produits de beauté.**

Cossack (adj. et subst.) – ***Cossacks,*** **pantalon bouffant.** ***Cossack post,*** dans l'armée britannique, **petit poste de cavalerie** (Capt. PAYEN); E.U., ***C. outpost,*** **avant-poste composé de quatre hommes dont l'un est toujours de garde.**

Cost (to), cost. – ***To cost*** *an article,* **évaluer** le prix de revient d'un article, d'un travail, d'une entreprise, d'un ouvrage; ***first cost, prime cost,*** **prix de revient;** ***cost*** *price,* **prix coûtant, prix de gros;** jur. pl. **frais d'instance, dépens,** ***court costs,*** **frais de justice,** à rapprocher de notre ancienne locution tautologique: *aux cousts et despens de*, devenue aux **frais et dépens** de. Aussi au fig. *He was taught manners **to his cost***, on lui apprit à vivre **à ses dépens.**

– *The **costs** are usually paid by the losing party.* – Les **dépens** sont généralement à la charge de la partie qui succombe.

– *Wasps sting, as **I know to my cost**.* – Les guêpes piquent, comme **je suis payé pour le savoir.**

Costumier. – Signalons simplement que cet équivalent de notre *costumier* peut être employé au sens de **couturier**.

Deux voies s'offrent à Anne-Véronique pour gagner sa vie: *One main avenue was for her to become... a very high type of governess-nurse. The other was to go into a business – into a photograph's reception room, for example, or a **costumier's** or hat shop* (WELLS, *Ann-Veronica*, VII, 1). – La principale issue qui s'offrait à elle... consistait à devenir une gouvernante hors de pair. L'autre issue était d'entrer dans le commerce: par exemple, de se faire engager comme demoiselle de réception chez un photographe, comme mannequin chez un **couturier** ou comme vendeuse chez une modiste.

Cottage. – Bien que ce mot ait passé dans notre langue au sens de « maison de campagne élégante de style rustique », on n'oubliera pas qu'en angl. il signifie d'abord **chaumière, chaumine,** d'où ***cottager*, paysan, villageois;** autres sens: ***Swiss cottage*, chalet;** *week-end* ***cottage*, maison** de plaisance; ***country cottage*, villa;** aussi: **maisonnette, pavillon, *cottage hospital*,** hôpital **réparti en pavillons,** hôpital de **petite ville; *cottage*** *industry*, industrie **à domicile,** artisanat **familial; *cottage*** *loaf*, pain **de ménage; *cottage piano*, piano droit** ou: **crapaud.**

– *We have a **cottage** in the country.* – Nous avons une **bicoque** à la campagne.

– Conseils d'un vieil oncle à son neveu: *No more of your youthful follies and nonsense about love in a **cottage**.* (THACKERAY, *Pendennis*, XXXVIII.) – Plus de vos folies de jeunesse et de vos sornettes sur une **chaumière** et un cœur.

REMARQUE. – Aux E.U. *a **cottage*** peut désigner aussi bien la maisonnette de l'ouvrier que le château ou le manoir du millionnaire, *« a villa on a very grand scale »*.

Cotton, to cotton. – *Cotton*, abrév. de ***cotton-plant*, cotonnier,** et non de *cotton-tree*, bombax, famil. fromager. *Sewing **cotton***, **fil** à coudre; ***sewing-machine cotton*, câblé. *Cotton wool*, ouate.** En compos. ***cotton-cake*, tourteau** (de graines de coton).

Au pronom., ***to cotton*** signifie bien **se cotonner,** mais aussi famil. ***to cotton with*** *s;o;*, ***to cotton together*, s'accorder, s'entendre bien, faire bon ménage** avec qqn.; ***to cotton up to*** *s.o.*, **faire des avances à** qqn.; ***to cotton (on) to*** *s.o.*, **se prendre d'amitié pour** qqn., **se sentir attiré par** qqn., **s'attacher à** qqn., **se coiffer, s'embéguiner de** qqn. comme dit Molière (*Ec. des femmes*, III, v., *Bourg. gentil.*, III, iii); **« mordre »** (aux mathématiques, etc.).

– *The Parliament and the Army could not **cotton** together.* – Le Parlement et l'armée ne parvenaient pas à **s'entendre.**

– *They don't **cotton**.* – Ils ne **s'accordent** pas; **ça ne va pas, ça ne « colle » pas** entre eux.

– *Isn't it astounding, he said, to see such a handsome man **cotton to** a plain girl?* – N'est-il pas stupéfiant, dit-il, de voir un si bel homme **se coiffer, s'amouracher** d'un laideron?

– *His son did not **cotton** to Latin.* – Son fils ne **« mordait »** pas au latin.

REMARQUE. – *I love to see 'em hug and **cotton** together like Down upon a thistle.* Cette citation de Congreve (*Love for love*, III, v) montre comment le mot a passé du sens propre au sens figuré.

Couch. – Outre **couche, lit** (style soutenu), signifie **divan, canapé, lit de repos.** Brasserie, **couche, lit** (de grains).

Un autre mot, ***couch*** *(-grass)*, variante de *quitch (-grass)*, **chiendent.**

– *She was lying pale and languid on her **couch**.* – Elle était étendue pâle et languissante sur son **divan.**

Couch (to). – Du latin *collocare*, est, avant tout, **mettre, placer, poser.** Se coucher est abrégé de se coucher (se mettre) au lit. L'anglais et le français disent ***to couch*** *in writing*, **coucher (mettre)** par écrit. Mais, quand l'anglais dit: *the letter was **couched** in such and such terms, in English*, le français se sépare et dit: la lettre était **conçue** en tels et tels termes, **libellée** en anglais. *It is **couched** under an allegory* signifie: la chose est **présentée sous le voile** d'une allégorie. Du sens français de quitter la verticale, on passe en anglais à: † **se tapir, se mettre en embuscade; se faire petit, s'humilier, faire le chien couchant; faire la révérence; se soumettre, succomber.** Entre de multiples sens techniques signalons: **broder de fil** d'or; ***to couch the eye, a person*, pratiquer l'opération de la cataracte, aiguiller,** c.-à-d. abaisser le cristallin opaque avec une aiguille à cataracte.

– Voici le mot sous forme de subst. verbal dans *Jul. Caes.*, III, i, 36: Métellus Cimber s'agenouille devant César; alors celui-ci:

> *These **couchings** and these lowly courtesies*
> *Might fire the blood of ordinary men.*
> Ces **génuflexions** et ces prosternements
> Vous peuvent échauffer le sang d'hommes vulgaires.
> (Trad. C.-M. GARNIER).

Counsel. – Avocat (cf. le français *conseil*): ***Counsel for the Crown***, *King's, Queen's* ***Counsel***, abrégé en K.C., Q.C., titre honorifique conféré à un avocat éminent, mais non nécessairement au *public prosecutor*, car il plaide pour tous, et même, sur autorisation, contre la Couronne. Quoique le terme soit proprement intraduisible, on peut, à la rigueur, rendre par **avocat de la Couronne.** ***Counsel*** *for the plaintiff*, **avocat** du demandeur, du plaignant, *for the defence*, de l'accusé, du défendeur, ou simplement: la **défense;** collect., le **barreau;** les **avocats.**

Conseil, dans le sens de « résolution », « projet », « parti », « dessein », se trouve souvent chez nos classiques: « Confonds dans ses *conseils* une reine cruelle. » (RACINE, *Ath.*, I, 2). L'anglais emploie encore le mot dans cette acception, d'où les expressions: *to keep one's own* ***counsel****, to keep another's* ***counsel****,* ne pas révéler ses **desseins,** ses **intentions;** garder le **secret** d'autrui. *They* ***took counsel together*****,** ils **se concertèrent.**

– *Let them fall by their own* ***counsels*** dit le Psaume V, 10: Qu'ils tombent, qu'ils échouent par leurs propres **desseins.**

– Othello (IV, ii, 95), persuadé de l'infidélité de Desdémone et de la complicité d'Emilia, apostrophe celle-ci comme si elle était une entremetteuse: *I pray you, turn the key, and* ***keep our counsel.***

– Tournez la clé, de grâce, et **soyez bien discrète.**

– *William* ***kept his own counsel*** *so well, that not a hint of his intention got abroad.* (MACAULAY, *Hist. Eng.*, IV, 584.) – W. **garda** si bien **son secret** que nul n'eut vent (que rien ne transpira) de ses intentions.

– *When Mr. Justice Eve took silk (that is, became* ***K.C.****) he was congratulated by his friends.* – Quand le juge Eve revêtit la robe de soie (c.-à-d. fut nommé ***King's Counsel***), ses amis le félicitèrent En effet, la robe de soie est le symbole de cette dignité, tout comme le *bâton* ou: la bannière de saint Nicolas est à l'origine de l'appellation de notre *bâtonnier.*

Count (to), count. – Si les sens du verbe s'ordonnent autour de l'idée de « compter », on notera néanmoins quelques idiotismes et expressions consacrées. ***Every minute counts*****, il n'y a pas une minute à perdre, les minutes sont précieuses;** *every volunteer* ***counts****,* chaque engagé volontaire **fait nombre, a son importance;** ***everything counts*****, il ne faut rien négliger.**

• (D'un boxeur) ***to be counted out*****, perdre le match** (pour ne pas s'être relevé avant que l'arbitre ait compté dix secondes); parl. ***to count out the House*****, lever la séance, ajourner la Chambre** quand, après dénombrement des députés, on constate que le quorum (quarante membres présents) n'est pas atteint.

E.U. ***to count out*** se dit des scrutateurs qui se rendent coupables de fraude électorale en faussant le dépouillement du scrutin au détriment d'un candidat qui est ainsi **éliminé** ***« counted out »*****,** et en faveur d'un autre qui se trouve de ce fait **élu** ou **désigné,** ***« counted in »*****.** ***To count out*** se dit aussi de l'**action d'excuser** l'absence (abstention) ou la non participation de qqn.

Autres sens proches du français: **considérer** (comme), **tenir** (pour), **estimer.**

Le substantif a les sens correspondants. Y ajouter l'emploi juridique important: ***counts of an indictment*****, chefs d'accusation, charges** (qui pèsent sur l'accusé); lâchement, **grief.** Biologie: ***blood cell count*****, numération globulaire,** par quoi il faut entendre le dénombrement des globules sanguins. Autres sens, ***count*** *of population,* **dénombrement, recensement** de la population; textile: **numéro** (du fil).

– *These wounds are* ***counted*** *mortal.* – Ces blessures sont **considérées comme** mortelles.

– *Can you read? – I* ***count I can*** (E.U.). – Savez-vous lire? – **Un peu!** (**Et comment!**).

– *We have been at great pains to draw up an indictment of The Maid on sixty four* ***counts.*** (B. SHAW, *Saint Joan*, VI.) – Nous avons pris grand-peine à dresser l'acte d'accusation de la Pucelle en relevant contre elle soixante-quatre **chefs.**

– Alpha, chroniqueur au journal le *Star*, a des démêlés, dans le train, avec un moustique. Il le condamne à mort: *The* ***counts*** *against you are many...*, lui dit-il. – Les **chefs d'accusation** contre toi sont multiples,... [et il les énumère].

Countenance, to countenance. – † **Maintien,** d'abord; puis, † **air, aspect** que l'on prend, **faux semblant;** puis, **visage** et, par excellence, **visage assuré, confiant** (cf. *to keep one's countenance*, garder son **sérieux**), d'où, comme en français, ***to lose countenance*****, perdre contenance, se déconcerter,** ***to put out of countenance*****, décontenancer,** et, ce qui dépasse le français, ***to keep*** *a person* ***in countenance*****, approuver, encourager, soutenir** quelqu'un, lui **donner sa faveur, son appui; faire raison à qqn.** (d'une santé qu'il a portée).

C'est le sens du verbe, qui va jusqu'à **sanctionner.**

To discountenance veut évidemment dire le contraire.

– *The knight's* ***countenance*** *was as pale as death, and marked in one or two places with streaks of blood.* (W. SCOTT, *Ivanhoe*, XII.) – Le **visage** du chevalier était pâle comme la mort, et strié de sang en un ou deux endroits.

– *Lord, lift thou up the light of thy* ***countenance*** *upon us.* (*Psalms*, IV, 6.) – O Seigneur! lève sur nous la clarté de ta **face** (c.-à-d. sois-nous favorable). De là, avec une nuance d'ironie: *He gave, he lent the festival the* ***light of his countenance*****,** il a honoré la fête de sa **présence.**

– *A man may lend his* ***countenance****, who will not part with his money.* (W. HAZLITT, *Works*, VII, 84.) – Tel prête son **appui** qui refuse de lâcher son argent.

– Hazlitt, devançant Bergson, estime que les cérémonies publiques provoquent le rire: *We can hardly keep our* ***countenances*** *at a sermon, a funeral or a wedding.* (*Works*, VII, 10.) – Nous avons toutes les peines du monde à garder notre **sérieux** à un sermon, un enterrement ou un mariage.

– Les habitants de Shaston, ne voyant plus la femme du maître d'école Phillotson, conjecturent qu'elle l'a trompé: *The schoolmaster's growing languor and listlessness over his work gave* ***countenance*** *to the idea.* (Th. HARDY, *Jude*, IV, vi, 308.) – La langueur et l'indifférence croissantes avec lesquelles le maître d'école s'acquittait de sa tâche donnaient de la **vraisemblance** à cette idée.

– *The painful should be* ***countenanced,*** *encouraged and preferred.* – On doit **donner appui,** encouragement et avancement aux laborieux.

– *He took his whack of champagne... and* ***I kept him in countenance.*** (HORNUNG.) – Il sabla sa coupe de champagne et **je lui fis raison.**

Counter. – Huit mots dont six nous retiendront.

1° **Compteur** (le calculateur et l'appareil à compter).

2° P. ext. **jeton** (pièce qui servait autrefois à calculer, et auj. à marquer au jeu), **pion** (de jeu de dames), **pièce** (de jeu d'échecs); péjor. **jeton** « fausse monnaie », **vil métal, chose, objet sans valeur;** cf. le fr. (pr. et fig.) faux comme un jeton. Bourse, *a* ***popular counter,*** une **valeur appréciée, recherchée.**

Autres sens, **comptoir** (table sur laquelle le marchand compte l'argent, etc.), d'où p. ext. *to sell* ***over the counter,*** vendre **au détail, au comptant;** E.U. *operations* ***over the counter,*** opérations **hors bourse;** d'où encore **guichets** d'une banque, *payable* ***over the counter,*** payable **à nos guichets;** d'où enfin, pop. **zinc** (d'un bar, d'un marchand de vins).

Dans un supermarché, E.U. ***fish counter,*** **poissonnerie,** ***meat counter,*** **boucherie.**

Au fig. *to be on the wrong side of the* ***counter,*** être du mauvais côté de la **barricade,** On peut rattacher tous ces emplois au lat. *computare* « compter », *computarium* « comptoir ».

En compos. ***counter-hand,*** vendeur(euse); ***counter-jumper,*** famil. **commis** (de magasin), **calicot, chevalier du mètre;** ***counter-clerk,*** **guichetier.**

3° Vén., **direction opposée** à celle prise par la bête, **contre-pied,** ***to go, hunt, run, counter,*** **suivre le contre-pied,** et au fig. ***to run counter to,*** **rompre en visière à, heurter de front, s'opposer à.**

Autres sens: **poitrail** (de cheval); **voûte d'arcasse, voûte arrière** (d'un navire).

4° Escrime: **contre, parade;** boxe: **parade** (d'un bras) **et riposte simultanée** (de l'autre); **coup d'arrêt.**

5° Abrév. de ***counterfort,*** **contrefort** (de la chaussure).

6° Mus. abrév. de **counter-ténor,** ***haute contre.***

REMARQUE. – Si, en composition, la traduction de ***counter*** n'offre pas en général de difficulté (ex. *counter-attack, counterbalance, countercharge,* etc.), on notera néanmoins que *a* ***counter-amendment*** est un **sous-amendement** et que *a* ***counterfoil*** est une **souche,** un **talon** (de chèque, de quittance, etc.).

– *The coupons (dividend warrants) are payable* ***over the counter,*** les coupons sont payables **à nos guichets.**

– *These shares are traded on the* ***over-counter market.*** – Ces actions se négocient, se traitent **hors bourse.**

– *Our goods are sold* ***over the counter.*** – Nos marchandises se vendent **au comptant.**

– *It is easy to pay fools with the* ***counters*** *of words instead of with the money of thought.* (N.E.D.) – Ici il convient de transposer: Il n'est que trop aisé de faire prendre aux sots la **paille** des mots pour le grain des choses.

Counterfeit (to), counterfeit (adj. et subst.) – Outre **contrefaire,** dans toutes ses acceptions, signifie **ressembler à, être le portrait** de, **évoquer** (l'image, etc. de), **être le second tome** de; **imiter** (sans intention de railler ou de tromper); **prendre pour modèle**

– *Sleep* ***counterfeits*** *death,* le sommeil **est l'image** de la mort; *art should* ***counterfeit*** *nature,* l'art devrait **imiter** la nature.

Rapprocher: ... Les peintres font (d'une autre espèce) des crayons à pourtraire qu'ils appellent pierres sanguines, elle est fort propre pour *contrefaire* les visages après le naturel. (B. PALISSY, *Discours admirables,* p. 351.)

Cependant, *a* ***counterfeit,*** toujours péjoratif, est un **faux;** ce peut être aussi un **escroc,** un **imposteur,** un **fourbe;** ***counterfeit*** *coin, or money,* **fausse** monnaie.

Counterpart. – Si l'on excepte les sens comptables de contrepartie « double d'un registre sur lequel toutes les parties d'un compte sont inscrites » et d'« écritures servant de vérification », le sens français du mot gravite autour de l'idée d'*opposition,* de *contradiction:* soutenir la *contrepartie* d'une thèse, d'une opinion (v. L. 4°), l'idée de « chose qui s'*oppose* à une autre en la complétant ou en l'équilibrant » (Robert) ne venant qu'ensuite. En anglais, c'est l'idée de **correspondance,** qui domine, et les sens analogues à ceux du français s'en différencient par des nuances que les exemples donnés ci-après font ressortir: ce sont ceux de **pendant, réplique; sosie, ménechme; homologue, congénère.** Autres sens, jur. **double, duplicata, copie** (d'un acte, d'une pièce), ***tally counterpart,*** **souche** (d'un registre); ***counterpart*** se dit aussi de **deux choses qui s'emboîtent, se complètent.**

– *These two pictures make a* ***counterpart.*** – Ces deux tableaux se font **pendant.**

– *Diana is the Latin* ***counterpart*** *of Artemis.* – Diane est la **réplique** latine d'Artémis.

– *This child is the very* ***counterpart*** *of his father.* – Cet enfant est le **portrait** tout craché, le **sosie** de son père.

– *The American worker is much better paid than his French* ***counterpart.*** – L'ouvrier américain est bien mieux rémunéré que son **homologue** français.

– *A campaign which was a worthy* ***counterpart*** *of the Egyptian one.* – Une campagne qui **fut la digne émule de** (**ne l'a cédé en rien à**) celle d'Égypte.

– *A* ***counterpart*** *of the lease is to be executed by the lessee.* – Un **double** du bail doit être signé par le preneur.

– *My aunt was the exact* ***counterpart*** *of her husband.* – Ma tante **doublait** exactement son mari.

– *Some imagine that certain men and certain women are made for each other and that they cannot be happy if they miss their* ***counterparts.*** – D'aucuns se figurent (s'imaginent) que certains hommes et certaines femmes sont faits l'un pour l'autre et qu'ils ne sauraient être heureux s'ils ne trouvent pas **l'âme sœur.**

Countersign. – Mot d'ordre, mot de ralliement, mot de passe; consigne; contreseing.

– *The* ***countersign*** *is Paris.* – Le **mot d'ordre** est Paris.

Rapprocher pour le sens de « signe convenu »: « Il lui donna une bague pour *contresigne.* » (D'URFE, *l'Astrée,* I, 5.)

Country. – Région, contrée; pays (natal), **patrie,** *to appeal to the* ***country,*** en appeler au **pays,** à la **nation,** au **peuple,** au **suffrage universel; campagne,** d'où ***country-squire,*** **gentilhomme campagnard, hobereau;** ***country-house, -seat,*** **maison de campagne, de plaisance, pied-à-terre; château;** famil. (au cricket) ***in the country,*** **loin du but, des barres, dans les choux, au diable.** Autres sens, la **province,** par oppos. à la capitale, *a* ***country*** *gentleman,* un gentilhomme **de province,** *a* ***country cousin,*** un **cousin de province,** famil. un **nouveau débarqué;** ***country*** *manners,* manières **provinciales,** ***country dance,*** **ancienne danse rustique anglaise, contredanse.**

Pol. *the* ***country*** *party,* le parti **paysan, agrarien.** Adj. dans l'Inde, **indigène, autochtone,** par oppos. aux Européens.

– *This is* ***God's (own) country.*** – C'est un **paradis terrestre** (par quoi les Américains entendent leur propre pays).

– *An entirely new relationship may be on the way between the capital and « the province » earlier known as* ***« the country ».*** (*T.L.S.,* 30 juillet 64.) Traduction inutile.

County. – Comté: en Angl. **division territoriale** correspondant au **département français;** aussi **circonscription** administrative, judiciaire et politique; dans les colonies angl., **district administratif;** aux E.U. **division politique et administrative** d'un État (Petit), dite *parish* en Louisiane. Par ext. s'entend des **habitants, de la population d'un comté;** ***county corporate,*** **cité,** ville correspondant à un **arrondissement,** ***county borough,*** **agglomération** de plus de 50 000 habitants et correspondant au point de vue administratif à un **arrondissement,** ***county council,*** **conseil général;** ***county*** *court,* tribunal **local d'arrondissement, de première instance** qui connaît des contestations en matière civile jusqu'à £ 50, d'où ***to county-court,*** **citer, assigner un débiteur;** autres sens, ***county family,*** **famille aristocratique** (possédant un domaine héréditaire dans le comté); ***county society,*** **l'aristocratie** et la **haute bourgeoisie** du comté: ***county town,*** **chef-lieu.**

– Passage du cortège royal à Casterbridge (HARDY, *Mayor,* XXXVII): *People thus waited – the* ***county*** *families in their carriages, the masses on foot.* – Ainsi donc, les curieux attendaient – les familles **aristocratiques** en leur équipage, la foule, le peuple (le populaire) sur ses jambes.

– De son fiancé une jeune fille dit: *He's what you call* ***« county »*** ... *but very impoverished* ***county,*** *a younger son.* Il fait partie de ce qu'on appelle le **« monde »** (la **bonne société, l'aristocratie**)du comté, ...mais d'une aristocratie fort dédorée, c'est le cadet de la famille.

REMARQUE. – Pour Shakespeare ***a county*** est souvent le possesseur d'une terre érigée en comté; ex. *the* ***County Palatine*** (*Merch. of Venice,* I, ii, 44), le **comte Palatin.** En Irlande, ***County Mayo,*** le **comté de M.** Aux E.U. ***county seat*** = angl. ***county*** *town.* D'autre part le ***county*** *court* y est compétent aussi bien au criminel qu'au civil. (HORWILL).

Couple (to), coupling, couple. – Noter: ***to couple up, to couple on*** *a carriage,* **atteler; accrocher** (un wagon de chemin de fer), d'où *automatic* ***coupling,*** **attelage, accrochage** automatique: **engrener, embrayer** (une machine): **conjuguer** (des mouvements): **raccorder** (des tuyaux), etc.; électr. **grouper, accoupler** (des piles): **brancher, faire communiquer, assembler** (des organes): au fig. **joindre, unir, lier, associer** deux choses par la pensée ou le discours. – Locut.: ***to go, run, hunt in couples,*** **être toujours ensemble, ne faire qu'un, être inséparable.** Constr. **paire de chevrons, moise.**

– *He* ***coupled*** *acts with words.* – Il **joignit** les actes aux paroles (**aussitôt dit, aussitôt fait**).

Couplet. – Couple de vers rimés, distique. ***Couplets,*** **vers à rimes plates.** ***Heroic couplet,*** **vers décasyllabe, distique héroïque.**

REMARQUE. – Le mot peut avoir aussi un sens général. Shakespeare notamment l'emploie comme syn. de *couple* ou *pair* et l'applique aussi bien à « quelque **distique** d'une substantifique sagesse » *a* ***couplet or two*** *of most sage saws* (*Tw. Night,* III, iv, 414) qu'aux **deux petits** de la colombe qui sont éclos tout vêtus d'or (*Hamlet,* V, i, 309). *When that her (the female dove's) golden* ***couplets*** *are disclosed.*

D'autre part, Miss Mitford (*Our Village*) écrit: *« their very nurse could hardly tell her pretty* ***couplets*** *apart »,* « leur propre nourrice pouvait à peine distinguer ses deux jolis **jumeaux** l'un de l'autre ».

Coupon. – Recommandation officielle donnée à un candidat par le chef d'un parti ou d'un groupe: **investiture officielle** de ce candidat. ***Coupon*** *candidate,* candidat **recommandé.**

Course. – Est une combinaison du fr. *cours,* lat. *cursus* (de *currere,* supin *cursum,* courir), et de la forme féminine ultérieure du part. passé (ital. *corsa*), d'où la multiplicité des sens. On peut toutefois les grouper autour de l'idée de *mouvement continu dans l'espace et dans le temps* et, partant, de *succession,* de *suite,* de *série,* etc.

Du sens de **cours** (d'un fleuve, des astres, etc.) on passe aisément à celui de **direction,** de **parcours,** attesté par l'expression ***to bend, take, turn, direct one's course,*** **se diriger, s'acheminer, porter ses pas** (vers); nautique, **route, cap** (d'un navire): au plur. **aires, quarts de vent, rhumbs; champ, terrain de course,** ***(race-) course,*** **hippodrome, piste; carrière** (pr. et fig.).

Autres sens, ***course (of action)***, **ligne de conduite, parti** que l'on prend, ***to take, pursue such and such a course***, **prendre tel ou tel parti, s'engager dans telle ou telle voie,** *to follow **a middle course***, prendre **un moyen terme;** aussi au pl. **manière d'agir, comportement, conduite,** souvent péjor. **agissements,** ***he took to evil courses***, **il s'est déréglé, débauché, il a mal tourné.**

C'est encore l'idée de *suite*, de *série* de leçons formant un enseignement régulier que l'on retrouve dans l'expression *course of lectures*, **série, cycle** de conférences, et absol. **cours,** de même que dans les locutions, phrases et mots suivants: *a dinner of several **courses***, un dîner à plusieurs **services,** (la *suite* des plats que l'on sert), ***first course***, **entrée,** etc.; méd. *a **course** of mud baths*, une **série,** une **cure** de bains de boue; agr. **assolement,** c.-à-d. *succession* de cultures variées; constr. **rang, rangée** de pierres, **assises** que l'on pose horizontalement pour élever une muraille; Min. **direction d'un filon** et ce **filon** même (« *suite non interrompue* d'une même matière minérale dans un terrain », D.G.); aussi, **galerie.** Golf, *the **course***, le **parcours.** Au pl. ***courses***, **menstrues, règles** (où nous retrouvons l'idée de **régularité,** de **périodicité**). Naut. *the **courses***, les **basses voiles,** ***main-course***, **basse voile du grand mât,** ***fore-course***, **basse voile de misaine.** Rappelons les calques linguistiques: *the disease, the law must take its **course***, il faut que la maladie, la loi, suive son **cours,** et l'idée de *cours normal des choses* qu'expriment les locutions ***of course***, **naturellement, bien entendu,** ***as a matter of course***, **cela va sans dire** ou: **de soi.**

– *In spite of the storm, the ship **had kept her course***. – Malgré la tempête, le navire **avait maintenu son cap, n'avait pas dévié de sa route.**

– *It was Derby Day and the best horses were **on the course***. – C'était le jour du Derby et les meilleurs chevaux étaient **en piste.**

– *Two men were busy mending the **fore-courses***. – Deux hommes étaient occupés à réparer la **misaine.**

– *The river had left its **course***. – Le fleuve était sorti de son **lit.**

– *When the vessel had happily arrived at the port of Denia, every one **took his own course***. – Quand le vaisseau fut heureusement arrivé au port de D., chacun **prit son parti,** c.-à-d.: **alla de son côté,** c'est le sens 6° donné par L; avec un seul ex. emprunté à Mme de Sévigné. Ne pas confondre avec le sens figuré des deux exemples suivants:

– *He decided to pursue another **course***. – Il décida de prendre un autre **parti.**

– *He could not decide upon any **course***. – Il ne pouvait s'arrêter à aucun **parti.**

– *The farmer of this area work the land on a **four-year course** (or: on a **four-course rotation**)*. – Les cultivateurs de la région pratiquent l'**assolement quadriennal.**

– *The profligate should be checked in his **imprudent courses***. – Il convient d'arrêter le prodigue sur la **pente fatale.**

Remarque. – A Cassius qui lui demande de sacrifier Antoine en même temps que César, Brutus répond en ces termes:

*Our **course** will seem too bloody, Caius Cassius,*
To cut the head off, and then hack the limbs. (Shaks., *J. Caes.*, II, i, 162.) et Voltaire de traduire: Cette *course* (sic) aux Romains paraîtrait trop sanglante; On nous reprocherait la colère et l'envie,
Si nous coupons la tête, et puis hachons les membres... »

et d'ajouter en note: « Le mot *course* fait peut-être allusion à la course des Lupercales. *Course* signifie aussi, service de plats sur table ». (*Théâtre de Pierre Corneille, avec des commentaires*, 1764.)

Nous n'en ajouterons aucun, sinon que Voltaire traducteur est loin d'égaler Voltaire écrivain. Le sens est que: cette **action** (un double assassinat) paraîtrait trop sanglante.

Course (to), courser, coursing. – Un journal français traduit *coursing-meeting* par « réunion de courses ». C'est une erreur: on va le voir. ***To course***, c'est, proprement, **courre** le lièvre, par exemple, avec des chiens. Ç'a été aussi, à Oxford, **argumenter** contre qqn. (le répondant) dans un acte public.

Coursing est un sport qui consiste à **courre** des lièvres ou autre gibier avec des lévriers, **à la vue.**

Courser pourra donc désigner: 1° **un chien employé à ce sport;** 2° **un argumentant dans un acte public** (à Oxford); 3° un **coursier,** poétiquement; 4° **un court-vite,** oiseau de la famille des échassiers.

– *Bute Crawley didn't go to a **coursing-meeting***. (Thackeray, *Vanity Fair*, XL.) – Bute Crawley n'alla pas à un **coursing-meeting.**

– *A remarkable **courser** in the public schools.* (N. E. D., 1658.) –Un **argumentant** remarquable dans les actes publics (on dit maintenant **disputant**).

Court. – Outre cour (de maison, de château, de ferme) = *courtyard*, cour de justice et cour (d'un souverain), ***court*** a les sens suivants: † **château, manoir,** *Hampton **Court;*** **ruelle, cul-de-sac, impasse;** à Cambridge, **cour carrée;** en style biblique ou litt. *the **Court** of Solomon's Temple*, le **parvis** du temple de Salomon, *the **courts** of heaven*, les célestes **parvis** (Mansion). Tennis, **court,** ***service-court***, **rectangle de service.**

Locution: ***contempt of court***, **insulte à magistrat;** *to arrange, settle a case **out of court***, régler une affaire **à l'amiable.** Voir ex. pour l'emploi figuré. En compos. ***court-card***, corrupt. de † ***coat-card***, **figure, carte peinte;** ***court-day***, **jour de palais, jour d'audience;** ***court-hand***, † jur. **écriture (en) grosse.** Tennis ***court-marker***, **marqueur à chaux;** ***court-train***, **queue de robe de cour.**

– *The robber plunged into lanes and **courts** with no other purpose than to lose himself among their windings.* – Le voleur s'enfonça dans les ruelles et les **impasses** sans autre dessein que de se perdre dans leurs méandres.

– *Quiet Miss Mira was **put out of court** by impetuous Mrs. Simcoe and her female aides-de-camp.* (THACKERAY, *Pendennis*, XV.) – La paisible Mlle M. était **détrônée** par l'impétueuse Mme S. et ses aides de camp.

Court (to). – Outre courtiser « faire la cour à une femme », signifie p. ext. **rechercher, solliciter** (l'amitié, les applaudissements), **briguer** (la faveur, etc.); **désirer, ne (pas) demander (mieux) que**, famil. **ne demander que ça**, cf. *to invite* (*inquiry*, etc.); par antiphrase, ***to court** disaster*, **aller au devant** d'un désastre, d'une catastrophe, et, sens affaibli: d'un échec, ***to court** death*, **braver, chercher** la mort, ***to court** danger*, **tenter** Dieu, **s'exposer, s'offrir** au danger.

Famil., ext. du sens de ***court***, **tribunal, *to put in the court*** (N.E.D.), **actionner, poursuivre** qqn. le **mettre aux poursuites** comme on dit en Suisse romande.

– *He was **courted** in the best society.* – Il était **recherché, apprécié** de la meilleure société.

– *A sequestered and quiet wood **courted** us.* – Un petit bois écarté et tranquille nous **tentait**, nous **sollicitait**, nous **attirait.**

– *Criticism! **We court criticism.*** – La critique! Mais **nous ne demandons pas mieux (nous ne demandons que ça).**

– *I do not **court** complication, it is within me.* – La complication, je ne la **recherche** point; elle est en moi.

Courtesy. – **Courtoisie, politesse**, certes, mais ***by courtesy, as a matter of courtesy***, **à titre gracieux, par faveur, par autorisation spéciale; *courtesy*** *of the road*, **chevalerie** de la route (entre automobilistes); au pl. **actes** ou **expressions de courtoisie, bons procédés,** *exchange of **courtesies***, échange de **bons procédés.** *(The)* ***Courtesy of England***, **droit d'usufruit par le veuf de certains biens de l'épouse.** Voir aussi *curtsey, curtsy* ci-après.

– *Sir, may I, through the **courtesy** of your columns, point out a few inaccuracies in the review of my book which you published in your issue of...* – M. le gérant, puis-je solliciter l'**hospitalité de vos colonnes** pour signaler quelques inexactitudes dans le compte rendu de mon livre qui a paru dans votre numéro du...

– Aux E.U.: *He was **granted the courtesies*** (ou ***the courtesy) of the port.*** – Il fut **exempté (dispensé) de la visite de douane.**

Courtesy, curtsey, curtsy. – ***To make, drop a** † **courtesy, curtsey***, **faire la révérence.** Curiosité: † *a « mannerly » or moderate quantity*, dit le N.E.D., parce qu'il est « courtois », de bon ton d'être modéré en toutes choses, d'où *With the water should be mixed a little **curtsy** of vinegar*, à l'eau il y a lieu d'ajouter, de mêler un **soupçon** de vinaigre.

Courtier. – Non pas « courtier », qui se dit *broker*, mais **courtisan.**

Coventry. – ***To send s.o. to Coventry***, **mettre qqn. en quarantaine, au ban (de la société**, etc.), **à l'index, le frapper, d'ostracisme, d'interdit**, etc.

Cover (to). – S'écartent plus ou moins du français les sens et emplois suivants: ***to cover s.o.*** *with a gun, a rifle, a pistol*, **coucher, mettre en joue, tenir qqn. en joue** avec un fusil, une carabine, **braquer** un pistolet sur qqn.: ***to cover*** *(a player)*, **être en soutien** derrière un joueur (comme nous disons qu'une armée *couvre* ses arrières): ***to cover*** *a distance*, **franchir, parcourir** une distance: autres sens: **comprendre, englober, embrasser** (un sujet, etc.), *this book does not **cover** the whole subject*, ce livre ne **traite** pas complètement la question, *his researches (have) **covered** a wide field*, ses recherches ont **porté sur, se sont étendues** à un vaste champ d'où E.U. et journal. ***to cover*** *a congress, a meeting*, **rendre compte** d'un congrès, d'une séance. *A **covering** letter*, c'est une lettre d'**envoi**, de **couverture.** Sens techniques, ***to cover** a wire*, **guiper, recouvrir** un fil conducteur; ***to cover*** *a cable*, **chemiser** un câble; ***covered** dynamo*, dynamo **cuirassée.**

Plaisamment, *a **well-covered** short lady*, une petite dame **rondelette** ou: **bien en chair.** Mais en style plus relevé, Voltaire nous souffle un bien joli mot: une belle demoiselle, plus grande que Madame M. de deux doigts, plus jeune, plus **étoffée.** (*Lettres*, in Littré).

Cover (subst.). – Tout ce qui au pr. et au fig. **couvre, recouvre, met à couvert, protège, garantit** choses, animaux, personnes, d'où les multiples sens dont nous retiendrons les plus courants: **tapis** (de table), **couvert; couvercle** (de marmite, etc.), ***dish-cover***, **cloche, couvre-plat**, autres sens: **dessus** (de buffet), de toilette, **fourreau** (de parapluie), **bâche** (d'automobile); **couverture** (de livre); au pl. **plats;** *to read a book **from cover to cover***, lire un livre **de bout en bout, de la première à la dernière page;** suite des sens: ***outer cover*** *of a tyre*, **enveloppe** de pneu, ***loose cover***, **housse** (de fauteuil, etc.); **enveloppe** (de lettre), **bande** (d'imprimé), **pli**, *under separate **cover***, sous **pli** séparé. **Abri, cachette, couvert: voile, prétexte;** (cynég.) **abri, couvert, fourré, hallier, gîte, remise** (cf. *covert*). Comm. **couverture, provision, marge, garantie.**

– *The enemy attacked **under cover** of darkness.* – L'ennemi attaqua **à la faveur** de la nuit.

– *During air-raids, people **took cover** in basements and in the underground railway-stations.* – Pendant les raids aériens (de bombardement), la population **s'abritait** dans les sous-sols ou dans les stations du métro.

– *The stag was* **forced from cover** *(or: **broke cover**).* – Le cerf fut **débuché** (ou: **débusqué**).

– P. ext. *He had been seen **at cover** with a cigar in his face.* – On l'avait vu **à la chasse**, un cigare à la bouche.

– *How many murders have been committed **under cover** of patriotism?* – Combien d'assassinats ont été commis (perpétrés) **sous le couvert (sous le voile, sous couleur)** de patriotisme!

– *Stocks and shares had been lodged **as cover.*** – Des titres avaient été déposés **en nantissement.**

Covert (adject. et subst.) – ***Covert** threat,* menace **voilée,** ***covert** glance,* regard **lancé à la dérobée.**

Jur. ***feme covert*, femme mariée, f. en puissance de mari.**

Le subst. est le fr. *couvert,* d'où (cynég.) **bois, fourré, hallier, remise,** etc. où le gibier s'abrite, se met à couvert; ***tail-coverts, wing-coverts*, plumes tectrices** de la queue, des ailes.

Coverture. – † et litt. **refuge, abri;** jur. **(condition d'une femme) en puissance de mari.**

Covey est le v. fr. *covée,* fr. mod. *couvée,* et a, outre ce sens (une couvée de perdrix), ceux de: **compagnie** (de coqs de bruyère, etc.); **famille, troupe, bande.**

– *From the south came silent **coveys** of starlings and thrushes, flying very high.* – Des **bandes** silencieuses d'étourneaux et de grives. venant du Sud, passèrent très haut.

Crab. – Trois mots: 1° **Crabe** et par analogie, divers appareils de levage qui à l'origine comportaient des griffes ou des pattes: **chèvre, treuil, cabestan, singe, *crab capstan*, cabestan volant. Cancer** (constellation), le latin *cancer* signifie « crabe »; abrév. de *crab-louse.* **pou,** dont le nom scientifique est *pediculus pubis,* sans doute encore par analogie de forme. Naut. ***to catch a crab*, engager un aviron; faire fausse rame.** Au pl. ***to throw crabs*, amener deux as,** et au fig. (d'une entreprise) ***to turn out crabs*, échouer, faire fiasco.**

2° **Pomme sauvage;** au fig., = *sour-tempered,* **personne aigre. acariâtre, revêche, rabat-joie.**

3° Mis pour *crab-tree,* **caraïpé,** arbre de l'Amérique du Sud, ***crab-oil*, huile de carapa.**

– *Let me bring thee where **crabs** grow.* (Shaks., *Tempest,* II, ii, 171.) – Laisse-moi te mener où poussent les **pommes sauvages.**

Crabbed. – **Maussade, grognon, grincheux, revêche; irritable; acariâtre; *crabbed* **style,* style **pénible, entortillé, embarrassé, raboteux; *crabbed** handwriting,* écriture **difficile à lire, illisible, en pattes de mouche.**

– *A **crabbed** sort of animal,* une espèce d'animal **hargneux.**

– *It seemed as if my father had absorbed all the stock of amiability of the family and that none was left to moderate the **crabbed humours** of its other members,* c'est ainsi que la traductrice rend le passage suivant de *Si le grain ne meurt:* On eût dit que mon père avait accaparé toute l'aménité dont pouvait disposer la famille, de sorte que plus rien ne tempérait, des autres membres, l'**air coriace et renfrogné.**

Crack (to), crack. – Les sens très nombreux se groupent autour de deux idées principales:

1° Idée de **bruit sec, perçant et rapide** (cf. notre *craquer* issu de l'onomatopée *crac*) d'où **claquer** (même origine en français), **faire claquer** (son fouet); *the **crack** of a rifle,* la **détonation** d'un fusil, *of thunder,* le **grondement** du tonnerre, *the **crack** of doom;* le **tonnerre** du jugement dernier; *a **crack** on the head,* un **coup sec** sur la tête; une **taloche;** ***in a crack*,** **en un clin d'œil, en moins de rien;** cette idée de *rapidité,* se retrouve dans le sens de **conversation (qui va bon train),** de **causette, babillage** (Écosse et Nord de l'Angleterre): *to have a **crack** with an old cony,* **tailler une bavette** avec une vieille connaissance, un vieux copain; au pl. **nouvelles.**

***To crack up** (to the nines),* famil. **prôner, vanter, porter aux nues, préconiser** (un remède), **faire mousser** (une pièce de théâtre, un petit avantage), d'où subst. et adject. (un) **as,** (un) **joueur de premier ordre, de première force, fameux, remarquable, épatant;** *a **crack** shot,* un **fin** tireur, *a **crack** regiment,* un régiment **d'élite.**

2° Idée de **fente, fissure, fêlure, rupture: changement, mue** de la voix à l'âge de la puberté; **bris** (avec effraction), **cambriolage,** et même **cambrioleur, monte-en-l'air;** famil. ***to crack** a crib,* **cambrioler** une maison. *To be **cracked** or **crack-brained**,* être **un peu fou, timbré, piqué,** avoir **le timbre un peu fêlé.**

Quelques exemples d'emploi du verbe vont nous permettre de les rattacher à l'une ou l'autre de ces deux idées: ***to crack** a bottle,* **faire sauter** le bouchon, **décoiffer une** bouteille; ***to crack** a joke,* **lancer** une plaisanterie, **lâcher** un bon mot; ***to crack** a bell,* **fendre une** cloche, ***to crack** a glass,* **fêler** un verre, d'où, au fig., ***to crack** the heartstrings of s.o.,* **briser** le cœur de qqn.; au neutre, (d'une personne, d'un cheval) **s'effondrer;** ***to crack** a nut,* **briser** une noix, et au fig. *I shall give him **a nut to crack**,* je lui donnerai **du fil à retordre.**

– Une femme se sent soupçonnée d'un crime: *The woman **cracks**, she goes to pieces,* la femme **s'effondre,** elle s'écroule.

– *She is **cracked** about you,* elle est **folle** de vous.

Cramp. – Deux mots: 1° **crampe, *writer's cramp*, crampe de l'écrivain, *cramp-fish*, torpille;** 2° **crampon, happe, agrafe; serre-joint,** famil. **sergent; presse à vis; bride de serrage, bride à capote.** *Joiner's **cramp**,* **étau** d'ébéniste; typog., **cornière.** Au fig., **contrainte, entrave, gêne, état de contrainte.**

– *How can you enjoy a good dinner **under the cramp of fear**?* – Comment apprécier un bon dîner **si vous êtes paralysé par la peur?**

Crapulous. – Ne pas oublier que le français crapule signifie grossière débauche. *Men who awake **crapulous** in the morning,* **ayant mal aux cheveux, avec la gueule de bois;** ***crapulous** diarrhoea,* diarrhée **consécutive à une débauche.**

Crass. – Nous avons humeur, ignorance crasse, c.-à-d. épaisse, grossière. Montaigne dit (*Ess.,* III, xii): Leur âme, pour être *crasse* et obtuse, est moins pénétrable et agitable. Le lat. *crassus* signifie **stupide.** De même l'adjectif anglais.

Cravat. – **Foulard, écharpe, cache-nez.**

– *It was a bitter night, so... we wrapped **cravats** about our* *throats.* – Comme la nuit était glaciale,... nous nous emmitouflâmes de nos **foulards** ou: de nos **écharpes.**

Crayon. – Ce mot s'entend parfois d'un **pastel.** Bossuet (III, 171) l'a employé au sens d'esquisse: « S'il m'est permis aujourd'hui d'expliquer un si grand mystère par l'exemple des choses sensibles, j'en trouve quelque *crayon* imparfait dans la lumière qui nous éclaire. » Cet emploi a d'ailleurs survécu.

Cream. – « Ce qu'il y a de meilleur » (L. 2°), d'où, en anglais, *the* ***cream*** *of the matter is...,* le **plus beau,** le **plus drôle,** le **bon,** le **piquant** de l'affaire, de l'histoire, de la chose, c'est que...

Furniture cream, **encaustique** (en pâte); ***cream-faced,*** **blême** (de peur), **livide, blanc comme un linge;** ***cream-pot,*** au fig. **fille de ferme, de laiterie** (penser à Perrette et à son pot au lait); ***chocolate cream,*** **bonbon fourré au chocolat.**

Creamery. – Coopérative laitière; fruitière (Franche-Comté).

Creamy. – Crêmeux et au fig. **moelleux, savoureux;** *a* ***creamy*** *voice,* une voix **veloutée, de velours; fameux, savoureux, succulent,** a ***creamy*** *joke,* une **fameuse,** une **savoureuse** plaisanterie.

Credence. – Croyance, crédit; créance, ***to give credence*** *to,* **croire, ajouter foi** à, *worthy of* ***credence,*** digne **de foi,** *letter of* ***credence,*** = *credentials,* lettres de **créance.**

Credit, creditable. – Le sens de **mérite, honneur** donne lieu à de nombreux idiotismes: *he added greatly to his* ***credit*** *by being modest,* il avait d'autant plus de **mérite** qu'il était modeste; *I gave you* ***credit*** *for being more sensible,* je vous croyais plus sensé, je vous **supposais doué** de plus de jugement; *this book will add to your* ***credit,*** ce livre vous vaudra un surcroît de **notoriété;** ***to do credit*** *to,* **faire honneur** à, ***to be to the credit*** *of,* **être à l'honneur** de. Dans le même sens, on dit ***to be creditable*** *to. He passed his examination* ***with credit,*** il a passé son examen **honorablement, dans des conditions satisfaisantes.** D'où, E.U., ***credit,*** **témoignage de satisfaction** délivré aux élèves méritants.

Sens concret encore: ***you are a credit*** *to the school* (mot-à-mot: vous êtes un **honneur** pour l'école), vous lui **faites honneur.**

Suite des sens, ***to take, get credit for,*** **s'attribuer le mérite de,** ***to take credit to oneself for,*** **s'applaudir de, se donner les gants de,** et par antiphrase, **ne s'en prendre qu'à soi-même.** ***To credit,*** v. trans., **croire, ajouter foi à, faire confiance à; attribuer, donner** (une œuvre, un tableau) **à.**

– *The library* ***is truly a credit*** *to the colony.* (Lady Barker, *South Africa, Letter* I.) – La bibliothèque **fait vraiment honneur** à la colonie.

– *He* ***took credit to himself*** *for this success.* – Il **se donna les gants** de cette réussite.

– ***I give you credit*** *for your industry.* – **Je vous sais bon gré** de votre zèle (ou: de votre diligence).

– *If their wishes are disappointed,* ***take the credit to yourself.*** – Si je trompe leur attente, **ne vous en prenez qu'à vous.**

– Organisation de l'enseignement primaire en Angleterre (début du XIXe s.): *If in the course of the last half-century popular education had made undeniable progress,* ***no credit was due to*** *the State.* – Si, depuis un demi-siècle, l'éducation populaire a fait d'indéniables progrès, l'État **n'y a été pour rien.**

– *We* ***credit*** *him with a desire to do well.* – **Nous voulons croire** qu'il a le désir de bien faire.

– *This picture is* ***credited*** *to Hogarth.* – Cette peinture est **attribuée** (ou: « **donnée** ») à Hogarth.

– *He exhibited a* ***highly creditable*** *degree of family affection.* – Il fit montre d'un esprit de famille **au-dessus de tout éloge.**

– A bord d'un voilier, les matelots discutent après la tempête: *We have saved the ship and the skipper* ***would take the credit of it.*** – Nous avons sauvé le bateau, et c'est au capitaine **qu'on en saurait gré.**

Creed. – Outre croyance, **credo, symbole des Apôtres,** etc., *the Athanasian, the Nicene* ***creed,*** le **Symbole** de saint Athanase, le **Symbole** de Nicée; aussi, **doctrine religieuse, foi** (confessionnelle) et par ext. **credo** (moral, politique), **profession de foi.** Dans un emploi concret, **secte religieuse, confession,** *the school is open to all* ***creeds,*** l'école est ouverte à toutes les **confessions.**

Creek. – Crique, anse; E.U. et colonies britanniques, **bras d'un fleuve, affluent, petit cours d'eau. Petite vallée, cluse.** Nautique, **accul.**

Crest. – Bien qu'il y ait ici parallélisme dans le vocabulaire des deux langues, on notera néanmoins: **huppe** (d'alouette), **aigrette** (de paon); **cime** (des arbres), **crête, crêt, faîte** (d'une montagne), d'où ***crest-line,*** **ligne de faîte;** arch. **crête, faîte, faîtage; crinière** (de cheval).

Passant du pr. au fig., l'angl. dit: ***on the crest of the wave,*** **au moment le plus favorable, à l'apogée de sa fortune;** ***to elevate one's*** *crest* ***(= to crest),*** † **lever la crête, le porter haut, porter beau;** c'est une extension du sens de « porter bien la tête » en parlant du cheval.

Inversement, ***crest-fallen,*** **penaud, découragé, abattu,** ***to look crest-fallen,*** **avoir l'oreille basse, porter bas l'oreille.**

Enfin, blason: **cimier** « pièce placée au-dessus du timbre du casque qui surmonte l'écu »; **cimier** (d'un casque) et p. ext. ce **casque** lui-même; aussi: **cachet, armes** qui y sont gravées, **chiffre** (de papier à lettre, d'argenterie, etc.); **écusson, emblème héraldique.**

– *Mr. X was a* ***crest*** *painter for carriages.* – M. X était peintre d'**armoiries** de voitures.

– *It was autumn and the* ***crests*** *of the trees were growing yellow.* – C'était l'automne et la **cime** des arbres commençait à jaunir.

Cricket. – Deux mots: 1° **grillon,** *The* ***cricket*** *on the hearth,* titre d'un roman de Dickens, le **grillon** du foyer; *as merry as a* ***cricket,*** gai comme un **pinson.** 2° le jeu du ***cricket: that's not cricket,*** **cela n'est pas de jeu; cela n'est pas loyal, cela ne se fait pas,** d'où au fig. ***to play cricket,*** **jouer franc jeu, agir loyalement.**

Crime, criminal. – ***Crime*** peut se traduire parfois par **attentat, outrage aux mœurs, à la pudeur** (cf. *criminal conversation*). Rapprocher:

De quoi l'accuse-t-on, et par quel *attentat*
Devient-elle en un jour *criminelle* d'État? (Racine, *Brit.*, I, 2.)

Dans l'armée, terme général: **manquement à la discipline, faute, délit,** ***crime-sheet,*** **feuille de punitions.** Enfin, comme le lat. *crimen,* notamment chez Milton, **(chef d') accusation.**

Criminal *law,* droit **pénal,** s'oppose à droit civil.

– Il s'agit de s'entendre sur le sens donné au mot ***crime*** dans l'armée anglaise: *It simply means misdemeanour and may range from being unshaved on parade to irrevocably perforating your rival in love with a bayonet.* (G. Frankau, *First Hundred.*) – Il faut y voir simplement un manquement à la discipline imputable aussi bien au militaire qui ne s'est pas rasé un jour de revue qu'à celui qui de sa baïonnette a irrémédiablement embroché son rival (en amour). (Explication plutôt que traduction.)

– Les cambriolages se multiplient en Angleterre. Mise en garde de la police métropolitaine de Londres: *Don't invite* ***crime,*** ne tentez pas **les malfaiteurs** (ou: **les voleurs**).

Remarque. – On se gardera de traduire ***criminal*** *lawyer* par avocat criminel. En effet, ***criminal*** n'est pas ici un qualificatif, mais un adjectif de relation. On dira donc: avocat **au criminel** ou mieux: avocat d'**assises.**

Crinolette. – Équivalent de *bustle* dans le costume féminin, **tournure.**

Crinoline. – ***Crinoline (defence);*** **ceinture de filets métalliques** tendus autour d'un navire de guerre, défense contre les torpilles; ***crinoline-hat,*** **chapeau cloche.**

Crisp, to crisp. – Le latin *crispus* (de *crispare*) signifie *crépu, frisé,* d'où le fr. crêpé, et l'anglais ***crisp*** *hair,* des cheveux **frisés, bouclés.** Autres sens, **sec et cassant; croquant, croustillant;** ***crisp*** *air,* air **vif, vivifiant;** au fig. **bref et sec, net, décidé;** du style, etc. **nerveux,** *a* ***crisp*** *craftsmanship,* un métier, un faire **nerveux;** adv. *to talk* ***crisp,*** parler **d'un ton cassant.** Subst. pl. ***crisps,*** des **frites,** des **croustilles.** Sens correspondants pour le verbe.

– *The snow was* ***crisp*** *under foot.* – La neige **craquait** sous les pieds.

– *Her* ***crisp*** *touch on the piano.* – Le jeu **perlé** de la pianiste.

Critic (subst.), **critical, critically.** – Ces mots se rattachent, comme leurs homonymes français, au grec *krinéin,* apparenté au latin *cernere,* « distinguer » (le vrai du faux, le bon du mauvais), d'où les sens: ***to be a critic,*** **s'y connaître;** ***to look*** *on a picture, on a schoolboy,* ***with a critical eye,*** regarder un tableau **d'un œil expert, de connaisseur,** un écolier **d'un œil soupçonneux, méfiant, scrutateur;** *He is* ***critical*** *on the point of honour,* il **raffine** sur le point d'honneur.

– *The rider looked* ***critically*** *at the horse.* – Le cavalier examinait le cheval **d'un œil soupçonneux** (ou: **de connaisseur,** selon le cas).

Cross (subst. et adj.), **to cross.** – L'angl. ***cross,*** le fr. *croix, croiser* (et dérivés, *croisade, croisée des chemins, croisement, croisière, croiseur*) ayant eu une évolution parallèle, on se bornera à faire quelques rapprochements et à signaler quelques sens particuliers des mots anglais précités.

How you were borne in hand, ***cross'd,*** dit Macbeth (III, i, 81) aux assassins qu'il excite contre Banquo... – Comme on vous a leurrés, **traversés** (ou: **contrecarrés**). En bonne langue, on aurait dit **croisés.** Relevons, en effet, chez Saint-Simon (III, 284, in D.G.): Des suites (d'une bagatelle) qui ont fort *croisé* ma vie, sens vieilli, mais qu'on trouve encore chez Montesquieu et chez Beaumarchais (*Figaro,* Préface): *Croisé* dans tous ses projets, le comte Almaviva se voit toujours humilié, mais jamais avili.

On rapprochera cet emploi du sens famil. de l'adj. ***cross*** = ***cross-grained,*** au pr. **transversal, qui est en travers** et **à contre grain, à contre-fil** respect., au fig. **grognon, chagrin, maussade, revêche,** (d'humeur, d'esprit) **contrariant, mal tourné, acariâtre:** *he is* ***as cross as two sticks, as a bear*** *(with a sore head),* il est **d'une humeur massacrante, de chien, de dogue;** *the* ***crossest*** *of old maids,* **la plus aigre,** la plus **revêche,** la plus **acariâtre** des vieilles filles.

To bear, take one's cross (allus. à *saint Matth.,* X, 38, XVI, 24, etc.) **porter sa croix, supporter ses épreuves, ses souffrances** avec la résignation et la foi d'un chrétien, d'où le titre du sermon de Penn (1669) passé en proverbe: ***No cross, no crown,*** on n'accède au royaume de Dieu qu'en acceptant épreuves et afflictions, **nul bien sans peine.**

De là on passe au sens affaibli général de **contrariété, ennui,** *a host of* ***crosses,*** *disappointments and difficulties,* une kyrielle d'**ennuis,** de déceptions et de difficultés.

Suite des sens: **croisement,** de races (d'animaux), de variétés (de *military dandy and a squire* (N.E.D.), un **ambigu,** un **mélange** de dandy à l'allure militaire et de seigneur de village.

Enfin, argot: **escroquerie, filouterie, friponnerie, tromperie, triche(rie),** ***to be, to go on the cross,*** **vivre d'escroquerie, d'expédients, être un chevalier d'industrie,** un **« faisan »;** ***to shake the cross,*** **s'amender, redevenir honnête homme;** ***to act on the cross*** (anton. de *to act on the square* « jouer franc jeu », **jouer un double jeu, tricher;** *the fight... was* ***a cross*** (Thackeray), se dit de deux boxeurs, de deux lutteurs, etc. qui sont des « barons » (des compères) et font semblant d'y aller pour de vrai : leur combat, c'était **du chiqué,** ils l'ont fait **à la chique,** ils étaient **de mèche,** c'était **une combine.**

En compos. ***cross-bench,*** littér. **banquette transversale,** à la Chambre des Lords, **banc des « indépendants »** qui ne votent ni avec le gouvernement, ni avec l'opposition, et n'appartiennent à aucun parti, d'où adject. ***cross-bench*** *opinion, -mind,* opinion, esprit **impartial.**

Crotchet. – Crochet (chirurgie), mais **étai** (architecture); † **défense** (d'éléphant, de sanglier), **croc** (d'animal).

En musique, **noire** et non « croche », et, par extension, **tour particulier de l'esprit, lubie, billevesée, idée baroque, caprice, turlutaine.** L'homonymie donne lieu à de nombreux calembours, comme c'est fréquemment le cas en anglais. *A* ***crotchet-hero,*** désignation plaisante d'un **musicien,** un **croque-notes,** *a* ***crotchet-monger,*** un **péroreur.** Enfin, **invention fantaisiste** (mécanique, artistique ou littéraire).

– *Being possessed with* ***crotchets*** *as many musicians are.* – On peut rendre le jeu de mots en faussant légèrement le sens : Ayant ses **quintes,** ainsi que maint musicien.

– *Opinions which have no ground in reason... mere* ***crotchets,*** *or mere prejudices.* (Matthew ARNOLD.) – Des opinions que la raison ne justifie pas... pures **lubies,** ou purs préjugés.

– Gil Blas (IV, i), à qui une personne de condition a donné rendez-vous, songe au rôle qu'il va être appelé à jouer : *I am not yet sufficiently well read in the* ***crotchets*** *of your quality dames,* ce qui est censé rendre : Je ne suis pas encore fait aux **fantaisies** des dames de qualité.

Crown. – Par analogie avec la position d'une couronne : **sommet** du crâne, de la tête, et p. ext. **tête :** *from toe to* ***crown,*** de pied en **cap,** des pieds **à la tête; sommet, cime, crête** (d'une montagne), **cime, tête** (d'un arbre); **faîte** (d'un toit); **clef de voûte;** ***crown*** *of the causeway,* **bombement, heurt** (d'un pont, d'une chaussée); **calotte, carre, forme** (de l'extérieur d'un chapeau); **fond** (de l'intérieur); **couronne** (de dent); **croisée, diamant, collet,** (d'ancre); **table, aire** (d'enclume); **crête, huppe** (d'oiseau). Par extension du sens « ce qui couronne une œuvre *(finis coronat opus)* : **couronnement** (de la vie, d'une carrière); **comble** (en bien ou en mal), **perfection, summum,** syn. de ***consummation,*** *q.v.*

Noter aussi les expressions : ***crown*** *lands, estates,* terres, biens **domaniaux,** *The* ***Crown office,*** les **services administratifs de la Haute-Cour;** ***crown law,*** **droit criminel;** ***crown lawyer,*** avocat **du gouvernement,** *the* ***crown prince,*** le **prince héritier,** le **prince (du sang) royal,** le **prince impérial,** (all.) le **Kronprinz.**

– *Such a marriage would have* ***crowned*** *her with honour.* – Un tel mariage l'aurait **comblée** de gloire.

– ... *The* ***crown*** *of the fun came when – in 1902 –* was issued an *illustrated edition of my works.* (KIPLING, *Something on Myself,* V.) – Le **plus beau** de l'histoire, ce fut en 1902, quand fut publiée une édition illustrée de mes œuvres.

Crucial. – Le français *crucial* signifie qui est fait en croix, comme dans ce passage de Voltaire : « Le chirurgien me fit d'abord une incision **cruciale.** » (*Candide,* 28.) C'est aussi le premier sens du mot anglais, mais, comme il est technique, c'est le moins courant. L'autre est **décisif.**

– Le contrat d'apprentissage de Kipps *made him over, body and soul, to Mr. Shalford for seven long years, the* ***crucial*** *years of his life.* (WELLS, *Kipps,* II, 2.), le livra, corps et âme, à M. S. pendant sept longues années, les années **décisives** de sa vie.

– ***Crucial*** *experiments have verified the theory.* – Des expériences **décisives** ou **cruciales** (car nous avons adopté cet adjectif *baconien*) ont vérifié cette théorie.

Crude, crudity. – Pour bien entendre ce mot, le dictionnaire latin rend plus de services que le français.

D'un ouvrage de l'esprit : **informe, insuffisamment élaboré; indigeste;** c'est, comme en français : **cru.**

Des personnes, c'est **mal dégrossi, mal léché** (on écrit tous les jours dans ce sens : *fruste,* fort improprement d'ailleurs, puisque le mot signifie « usé par le temps »).

Des choses : **brut.** ***Crude*** *oil,* pétrole **brut, non rectifié;** (fruit) **vert, aigre;** (fait) **brutal.** Gram. ***crude*** *form of a word,* forme **sans désinence, sans flexion.**

Les *crudités,* en français, sont des propos trop libres; ***crudities*** se dit de choses **non digérées, non élaborées.**

– *It is sometimes said that the American is* ***crude.*** *It would be truer to say that he is young.* (ALPHA, *Leaves in the Wind,* p. 97.) – On dit parfois que l'Américain est **mal dégrossi.** Il serait plus vrai de dire qu'il est jeune.

– *The book is full of* ***crudities.*** – Le livre est plein de choses **non élaborées, mal digérées, indigestes** (mais ce dernier mot serait, par beaucoup, pris à contresens).

– *He was surprised at so* ***crude*** *an answer.* – Il fut surpris de s'être attiré une réponse aussi **brutale,** aussi **dépourvue d'aménité.**

Cruel, cruelty. – Famil. ou popul. **terrible, affreux;** adv. employé comme intensif, *it has been* ***cruel hard*** *on us,* ç'a été **fichtrement dur** pour nous; *the season had been* ***cruel hot,*** la saison avait été **atrocement, affreusement chaude.** Sens affaibli de l'adjectif, **fripon, coquin,** comme dans l'exemple emprunté à Dickens.

Cruelty, jur. **sévices.**

– Pour séduire, une femme ne néglige aucun détail de sa toilette : ... *She wore ... a* ***cruel*** *little muff and ... a heart-rending pair of shoes.* (DICKENS, *Barn. Rudge,* XIX.) – Elle portait ... un

fripon de petit manchon et ... des souliers à faire damner un saint. (Trad. Andrée VAILLANT.)

– *He formed a* ***cruel*** *and fatal attachment.* – Il conçut un **terrible** et fatal attachement.

Cruise (to). – Outre le sens bien connu de croiser, être en croisière, signifie famil. (d'un taxi) **marauder, faire la maraude,** d'où *a* ***cruising*** *taxi,* un taxi **en maraude,** et le subst. verbal ***cruising*, maraude.**

Crust, crusted. – ***Crust*** signifie bien **croûte.** Il en désigne une que nous appelons **dépôt** (du vin au fond de la bouteille), d'où ***crusted*** *port,* porto **dépouillé, vieux,** d'où, au fig. et plaisamment, ***crusted*** *urbanity,* urbanité **antique, à l'ancienne mode.** Famil. ***the upper crust*, la fine fleur** (de la société), le « **gratin** ».

– (Intraduisible à cause du jeu de mots) *England cherishes a fine old* ***crusted*** *abuse as much as it does its port,* c'est-à-dire *its fine old* ***crusted*** *port.* Essayons pourtant: L'Angleterre chérit ses bons **vieux** abus autant que son [bon **vieux**] porto.

Crusty. – Cet adjectif n'a plus que le sens figuré d'**irritable, bourru,** sauf quand il est synonyme de *crusted. A good old* ***crusty*** *wine,* un vin **de derrière les fagots.**

– *A stranger can hardly ask a question without receiving a* ***crusty*** *reply.* (Mrs. GASKELL, *C. Bronte,* 12.) – Un étranger ne saurait guère poser une question sans s'attirer une réponse **bourrue.**

REMARQUE. – L'homme *bourru* vous présente l'extérieur mal dégrossi, râpeux de la *bourre,* poil hérissé; *a crusty man* n'est pas plus *poli.* Ce sont des hérissons, des fagots d'épines.

Cry (to). – On s'aperçoit vite que ***to cry,*** c'est **pleurer, verser des larmes** (même sans bruit). – ***To cry one's eyes out,*** **pleurer toutes les larmes de ses yeux; pleurer à chaudes larmes; pleurer comme une Madeleine;** ***to cry oneself to sleep,*** **s'endormir à force de pleurer, en pleurant, dans les larmes.** ***It is no use crying over spilt milk,*** **ce qui est fait est fait, à chose faite point de remède, inutile de se lamenter sur l'irréparable, pleurer n'y changera rien.**

To cry back, E.U. zootech. se dit des animaux d'élevage qui, au cours de croisements successifs, **retournent à la forme inculte (atavisme),** d'où ***crying back,*** **rétrogradation, abâtardissement, dégénérescence;** au fig. et allus. littéraire: combien de Césars deviennent Laridons! (L.F., VIII, xxiv).

– *Animals will after many cross-breedings* ***cry back.*** – Trad. inutile. Techn. « c'est le coup en arrière ».

Cry (subst.). – L'expression ***within cry of,*** **à portée de (la) voix** a pour antonyme *a* ***far cry,*** **une longue distance,** et au fig. ***it is a far cry from...,*** **il y a loin de... à..., il y a tout un monde entre... et...;** du sens de *(street-)* ***cries,*** **cris** de la rue, on passe aisément à celui de **bruit, rumeur, voix publique; mot d'ordre,** ***battle-cry, war-cry,*** **cri de ralliement, cri de guerre;** *a* ***cry,*** c'est aussi une crise de larmes et l'**aboiement** de la meute, d'où *a* ***cry of hounds,*** une **meute,** ***to be in full cry,*** **donner de la voix,** *the pack* ***is in full cry,*** toute la meute **donne de la voix,** et p. ext.: **se lancer à fond à la poursuite de;** ***to raise a hue and cry after s.o., to pursue s.o. with hue and cry,*** **poursuivre, chasser qqn. à cor et à cri,** *hue and cry* signifiant au propre clameur de haro; *to follow* ***the cry,*** suivre **la meute** et au fig. **le mouvement.**

Much cry and little wool, **beaucoup de bruit pour rien, la montagne qui accouche d'une souris.**

En compos. E.U. *a* ***cry-baby,*** peut s'appliquer à un adulte aussi bien qu'à un enfant **pleurard, pleurnicheur, geignard,** pop. un **chialeur,** un **chiale-toujours.**

– *She felt sure* ***a good cry*** *would do her good and she had her cry out.* – Elle sentit que **de bien pleurer** la soulagerait, et elle pleura tout son soûl.

– *In those days,* ***it was a far cry*** *from London to Paris.* – En ce temps-là, **il y avait loin** de Londres à Paris.

– (Au fig.) *The Romance of the Rose* ***is a far cry*** *from the Song of Roland.* – **Il y a tout un monde** entre le Roman de la Rose et la Chanson de Roland.

– ***He started a cry*** *for disarmement.* – **Il lança une campagne** en faveur du désarmement.

– *To-day* ***the cry*** *is for romance.* – Aujourd'hui **la vogue** est au romanesque.

REMARQUE. – Rapprocher de *a* ***far cry,*** venu de l'idée de « avoir à héler quelqu'un de loin », l'expression *to hail from a place,* d'abord nautique, puis généralisée: « venir d'un lieu ». *To hail,* c'est *héler.*

Crystals. – *Go, clear thy* ***crystals,*** dit Pistol (*Henry V,* II, iii) à l'hôtesse d'une taverne d'Eastcheap, devenue sa femme: Va, sèche tes **lunettes,** traduirons-nous en nous autorisant de ce vers de Villon (*Test.,* 631): Samson en perdit ses **lunettes,** c.-à-d. ses **yeux** (à cause de ses « folles amours »).

Autres sens: E.U. **verre de montre;** pl. **pendeloques** (de lustre). Enfin, métaps. **boule de cristal sur laquelle le sujet doit concentrer le regard pour provoquer l'hypnose divinatoire,** cette méthode s'appelant ***crystal-gazing.***

Cucumber. – ***Cool as a cucumber,*** **froid comme une banquise, parfaitement maître de soi, avec un sang-froid, imperturbable, un flegme espagnol** (Favart, dans L., *s.v.*), **oriental,** ou, selon le cas, **(tout) britannique.**

Cue. – Deux mots: 1° † **queue** (de cheveux, de perruque); **queue** (de billard). 2° N'a rien à voir avec le précédent issu du fr. queue, mais correspondrait, d'après le N.E.D. et Weekley, à la première lettre du latin *quando* (orthogr. Q,q ou qu, et évidemment pron. kju:) qui indiquait aux acteurs, sur leur manuscrit, le moment où ils devaient soit entrer en scène, soit donner la réplique. De là les sens : **réclame** (1) (L. 2°, Robert 1°), c.-à-d. **fin de tirade, réplique;** mus. **indication d'entrée** ou **de rentrée** d'un exécutant ou instrumentiste; d'où **consigne, mot d'ordre,** ***to give one his cue*****, emboucher qqn.** (Boyer), **lui faire le bec, lui faire sa leçon, le styler, lui donner le mot;** ***to take one's cue from one*****, prendre exemple, modèle sur qqn., régler sa conduite sur lui, lui emboîter le pas;** autre sens, † **rôle, interprétation** (d'un personnage): **humeur, veine, disposition, état d'esprit** (propre à faire une chose).

– *He felt like an actor who does not know his* ***cue.*** – Il éprouvait le sentiment d'un acteur qui ne sait pas son **rôle.**

– *Nobody was* ***in the cue*** *to dance.* – Personne n'était **en train, en humeur** de danser.

– *I am not at all in an epistolary* ***cue.*** Je ne suis pas du tout en **veine** épistolaire.

– *My merchant* ***gave me my cue****, and by his direction I answered.* (Defoe). – Mon drôle **me fit le bec,** et instruit par lui, je répondis.

Cultivator. – Est bien un cultivateur, mais se dit surtout de l'instrument appelé **extirpateur, binot, binoir, sarcloir.** ***Motor-driven cultivator*****, autoculteur.**

Parfois aussi, **agent** ou **moyen de culture de l'esprit.**

Cumulative. – Qui se renforce par des additions successives, ***cumulative*** *evidence,* preuve **par accumulation de témoignages; qui fait boule de neige;** (effet) **d'ensemble.**

Cumulative voting**, système de vote plural** dans lequel chaque électeur, disposant d'autant de voix qu'il y a de candidats, peut les **réunir** (les « **bloquer** ») toutes sur un seul d'entre eux.

– *The* ***cumulative*** *effect of these drawings and paintings is really wonderful.* – L'effet **d'ensemble** de ces dessins et de ces peintures est vraiment prodigieux.

Cup. – Au pl. **libations, ivresse, boisson,** *when he is* ***in his cups*****,** quand il **se met à boire,** ou : quand il est **pris de boisson;** au fig. la **coupe** (du bonheur); aussi (le) **calice** (d'amertume), *to drain the* ***cup*** *to its dregs,* boire le **calice** jusqu'à la lie; autres sens, **cavité** (de la forme d'une coupe); **calice** (de fleur); **cupule** de gland, **petite cuvette** employée pour les expériences. Méd. **ventouse,** ***wet cup*****, ventouse scarifiée, sangsue artificielle; creux** (de terrain), **cuvette,** etc.

– *He was swearing and bragging* ***over his cups.*** – **Tout en buvant,** il sacrait et fanfaronnait.

Curate. – Tout d'abord, dans le sens de celui qui a la charge, le soin *(cure)* des âmes, ce mot s'emploie uniquement comme archaïsme ou conformément à l'étymologie. ***Curate*** s'appliquait aussi, de 1662 à 1688 aux titulaires des paroisses écossaises dépendant d'un évêque. Il traduit le mot **curé** lorsqu'il s'agit des prêtres ayant ce titre en France, en Italie, en Espagne : le N. E. D. a soin de le spécifier.

En effet, ***curate*** signifie couramment **vicaire,** c.-à-d. l'ecclésiastique qui assiste le curé dans son ministère. Cet emploi est particulier à l'Église d'Angleterre et à l'Église catholique romaine en Irlande. D'après le N. E. D., il faudrait en chercher l'origine dans l'application du terme ***curate*** au prêtre placé effectivement à la tête d'une paroisse, mais dont le bénéfice appartenait à un ecclésiastique qui n'y résidait pas, au directeur d'une université, etc. Par la suite, l'emploi du mot ***curate*** s'est étendu au desservant qui assistait un titulaire infirme et âgé et graduellement à tout assistant ou adjoint du prêtre bénéficiaire de la cure, désigné plus explicitement sous le nom de *stipendiary* ou *assistant* ***curate*****,** et c'est actuellement l'emploi populaire et courant du mot. (Voir *vicar.*)

– Voici un exemple qui a l'avantage de réunir les deux mots *curate* et *vicar : Our vicar..., when his* ***curate...*** *preaches in the afternoon, sleeps sotting in the desk...* (Steele and Swift, *Tatler,* n° 71). Notre *curé...,* lorsque son **vicaire** prêche l'après-midi, cuve son vin dans la stalle...

– D'autre part, il suffit de considérer cette phrase : *The vicar of Wakefield had no* ***curate*****,** pour s'apercevoir que ***curate*****,** c'est le **vicaire** et qu'en revanche *vicar* c'est le *curé.*

Curator signifie parfois : **doyen** (d'une université); **conservateur** (d'un musée, d'une bibliothèque).

Curb (to), curb. – Le verbe, venant du substantif *curb,* « gourmette », signifie bien **tenir en gourmette** (Cotgrave : **gourmer, mettre la gourmette** (à un cheval) ; d'où au fig. **réprimer, réfréner, contenir, retenir** (sa colère), **brider** (ses désirs, comme dit Boileau, *Satires,* 4, la fureur de la mer, ses passions, comme dit Bossuet, *passim*): **tenir** (sa langue): **commander à, modérer** (ses désirs, son impatience).

Sous la forme ***(to) kerb*****,** qui en est une variante, **border** (un puits, un trottoir).

Sens correspondants pour le subst. Du sens de ***curb-stone*****, bord, bordure** (de trottoir), le monde boursier des E.U. a tiré l'expression familière, *The* ***Curb (-stone)*** *market,* le marché **hors-cote,** la **coulisse,** d'où ***curb-stone broker*****, coulissier.**

– *She begged me* ***to curb*** *my transport for fear of being overheard.* – Elle me pressa de **réfréner** (**retenir, modérer**) mes transports de peur qu'on ne m'entendît.

Cure (to), cure. – C'est d'abord **guérir** (penser au fr. « cure »), puis c'est **conserver** (aliments, fruits, tabac, etc.), c.-à-d. **saler, sécher, fumer, boucaner** (la viande), **confire** (des sardines), **saurer,** ou **saurir** (des harengs). ***Well-cured*** *ham,* jambon **d'un bon sel** (L. 1°,

(1) Cet équivalent n'est indiqué, à notre connaissance, par aucun dictionnaire anglais-français, sans doute parce qu'il est inusité.

s.v. sel). ***To cure** hides,* **saler** les peaux; ***to cure** rubber,* **« cuire », vulcaniser** le caoutchouc.

Quant à ***cure*** (subst.), outre **traitement** d'une maladie, **suivi de guérison** (cure thermale), comme en fr., il peut signifier le ou la **malade ainsi guéri(e).** Enfin *to have **cure** of souls,* c'est avoir **charge** d'âmes.

– *I had grapes enough to have **cured** into raisins.* (DEFOE, *Crusoe,* I, IX.) – J'avais assez de raisin pour en **faire des raisins secs.**

– *For two years he remained in the doctor's hands. Then he was pronounced a **cure**.* Deux années durant, il resta entre les mains du médecin. Après quoi, celui-ci le déclara **guéri.**

Un autre mot, d'origine toute différente, puisqu'il est une abréviation de *curiosity,* signifie **drôle de garçon, drôle de fille, drôle de coco, de pistolet :** *He's a **cure**,* c'est un **type,** un **phénomène,** un **numéro.**

Curious. – Indépendamment de son acception la plus connue, ce mot est employé parfois en angl. au sens lat. d'**extrêmement soigneux, soigneux à l'excès, recherché** [cf. le fr. « soin *curieux,* soin trop *curieux* » :

Vous voulez qu'on évite un soin trop *curieux,*
Et des vains ornements l'effort ambitieux.
(LA FONTAINE, *Fables,* V, i)],

qui a fini par devenir, pour les choses, **délicat, artistement fait, rare;** pour les personnes, **délicat, difficile.**

Le sens d'**exact, soigneux, précis, minutieux** est resté en bonne langue : *A **curious** enquiry.*

– *They soon became **curious** in their diet and apparel.* (GIBBON, *Decline and Fall.*) – Ils ne tardèrent pas à montrer de la **recherche** dans la nourriture et le vêtement.

– Des *Peppermint lozenges **curiously** strong,* ce sont tout simplement des pastilles de menthe **extra**-fortes.

– *A subject which demands the most **curious** investigation.* – Un sujet qui exige, requiert, appelle les recherches les plus **minutieuses,** les plus **poussées.**

Current (adj.) – Noter le sens de **présent, actuel,** *the **current** influenza epidemic,* la **présente** épidémie de grippe, d'où au cinéma, *pictures of **current events**,* vues d'**actualité, actualités.** Noter aussi l'expression ***to pass, go, run current*****, être accepté, admis, reçu; avoir cours; être de mise;** p. ext., surtout E.U. **régnant, en vogue, à la mode.**

– ***I made current** an austerity which I practised myself.* – **Je mis à la mode** une austérité que je pratiquais moi-même.

Curriculum. – Programme d'études.

Curt. – Au propre, **court; écourté,** comme le latin *curtus;* du style, du discours : **concis, succinct, bref,** et cela au point d'être impoli, comme nous disons : avoir le parler, le ton bref, « dire les choses d'une manière rapide qui a quelque chose de tranchant » (D.G.), et c'est le sens courant en anglais : (ton) **cassant, brusque,** (réponse) **sèche, péremptoire.** L'adverbe a les sens correspondants.

REMARQUE. – Les notions de brièveté et de sécheresse sont bien proches l'une de l'autre : Verlaine écrit :

« L'Automne, heureusement, avec
Son jour froid et ses bises rudes,
Vint nous corriger, *bref et sec,*
De nos mauvaises habitudes. » *(En patinant.)*

Cushion (to), cushion. – ***Cushion*****, bande** (de billard). ***Off the cushion*****, par la bande,** ***to play off the cushion*****, bricoler, jouer au doublé, par la bande, faire des effets de bande,** ***stroke off the cushion*****, doublé.** Autres sens : **matelas** de vapeur (dans le cylindre) : **contre-vapeur;** cuis. **culotte** (de porc), aussi ***cushion** of veal,* **noix** de veau : **bourrelet, fourchette** (de sabot de cheval) : arch. **coussinet** (de colonne ionique, de pied-droit) : **crépon** (de cheveux = *hairpad*) : ***leather cushion*****,** famil. **rond-de-cuir;** bot. **saxifrage mousseuse, amourette mousse;** ***pincushion*****, pelote à épingles, à aiguilles.**

Coussiner, c'est garnir de coussins; ***to cushion*** signifie en outre **capitonner,** d'où (pr. et fig.) **amortir** (un choc, etc.) : mécan. **matelasser** (le piston), **amortir** sa course, son jeu au moyen d'un matelas de vapeur. Au fig. **étouffer** (une affaire, un scandale, une réclamation). Autres sens. **faire asseoir qqn. sur des coussins,** le **« caler »** au moyen de coussins, et p. ext. l'**entourer de soins,** le **dorloter.** Au billard, **acculer** une bille à la bande.

– *She spoke in a **cushioned** voice.* – Elle parlait d'une voix **feutrée (amortie,** ou **moelleuse,** selon le cas).

– *The way in which complaints are **cushioned** in official quarters is startling.* (N.E.D.) – La manière dont les milieux officiels s'y prennent pour **étouffer** les réclamations est renversante.

Custom, customer. – C'est d'abord la **douane; les préposés** ou **douaniers** sont appelés ***custom-house officers; municipal customs*****, l'octroi.** *He defrauded **municipal customs**,* il fraudait **l'octroi.**

C'est ensuite la **clientèle** d'un commerçant d'un industriel, l'**achalandage** (d'un magasin), *shop **with a large custom**,* magasin **bien achalandé, qui a beaucoup de pratiques** (cf. *patronage*) : *we should very much like to be favoured with your **custom**,* nous serions très honorés de votre **clientèle,** de votre **confiance.** Le mot anglais *client* est réservé aux professions libérales. Aux E.U. ***custom-made*****, fait sur commande,** d'où ***custom** suit,* complet **sur mesure** (angl. : *bespoke suit*); ind. **hors-série;** aut. ***custom** body,* carrosserie **spéciale.**

Ajoutons l'emploi familier de ***customer*****,** équivalent de nos termes non moins familiers de **coco, pistolet, pélerin,** comme disent La Fontaine (*Fables,* 11,10), Molière (*Don Juan,* I, i) et Lesage (*Gil Blas,* I, 17).

– *Some, who had been **customers**, discontinued their **custom**.* (*Law*

Times, 1893.) – Certains, qui étaient **clients**, retirèrent leur **pratique**.

– *I shall* ***withdraw my custom*** *from this shop.* – Je **ne me fournirai plus** dans ce magasin.

– *I got into a shop* ***of the very best custom***, dit Smollett traduisant ce passage de *Gil Blas* (II, vii): J'entrai dans une boutique **fort achalandée.**

– *Queer* ***customers*** *those monks.* (DICKENS, *Pickwick*, II.) Drôles de **cocos** (d'**oiseaux**) que ces moines.

Cutlass. – Nous ne connaissons plus guère que le coutelas de cuisine, et beaucoup ignorent le coutelas, « épée courte, etc. » (L. 1°). Le seul sens courant de ***cutlass*** est celui de **sabre d'abordage** (dans la marine) et aux E.U. de **couteau de chasse.**

Cyclone. – E.U. ***cyclone cellar*****, abri, refuge contre les cyclones** et au fig. **contre tout danger politique ou social :** *The Senate is the* ***cyclone cellar*** *of the vested interests*, le Sénat est le **refuge,** la **citadelle** des nantis.

Cylinder. – Tout objet de forme cylindrique, **rouleau, tambour,** etc., **obus, bouteille** (d'oxygène, de protoxyde d'azote, etc.).

Cynic, cynical, cynicism. – Les sens français sont, d'après Littré, « qui brave les convenances; effronté; obscène ». Le sens courant anglais est **qui ne croit pas au bien, sceptique, critique** ou **censeur sarcastique, caustique.** – Le *Thesaurus* de Roget donne, de ***cynical***, les synonymes suivants: *censorious, detracting, cross*, ce qui marque bien à quel point cet emploi s'écarte du nôtre.

– *Jerrold has been called a* ***cynic*** *and a sarcast.* – On a qualifié Jerrold d'esprit **désabusé** et sarcastique.

– *Sir Willoughby was a little too* ***cynical:*** *he talked well; what he said was good, but it was not good-humoured.* (MEREDITH, *Egoist*, XXX.) – Sir W. s'est montré un peu trop **sarcastique** (1). Il a bien parlé, il a dit de bonnes choses, mais qui n'étaient pas empreintes de bonne humeur.

– *A person of volcanic passions, which he concealed beneath a demeanour of icy* ***cynicism.*** (WELLS, *Kipps*, I, i. § iv.) – Un personnage aux passions volcaniques, qu'il dissimulait sous l'air glacial de l'homme **revenu de tout.**

– Alpha, qui a fait connaissance pendant la guerre avec le jeune soldat américain, l'oppose à l'Anglais: *We have grown sophisticated, urban and* ***cynical;*** *he still has the note of the country and of the older fashion that persists in the country.* (*Leaves in the Wind*, p. 96.) – Nous sommes devenus des gens éloignés du naturel, des citadins, des **persifleurs** (des **blagueurs,** des **railleurs**): il porte encore la marque de la campagne et des anciennes façons qui persistent à la campagne.

– Le même auteur oppose ***cynic*** à *idealist* et à *optimist* dans les passages suivants: On n'a qu'à montrer la voie du bonheur (comme Jeremy Bentham avec son utilitarisme) à l'humanité pour qu'elle s'y engage: *It is this confidence which makes the idealist an object of pity to the* ***cynic.*** (*Ibid.*, 255.) – C'est cette confiance qui fait de l'idéaliste un objet de pitié pour le **sceptique.**

– *Unteachable old optimist, murmurs the* ***cynic*** *at his side.* (*Ibid.*, 260.) – Vieil optimiste incorrigible, murmure à ses côtés le **désabusé.**

Cela semble confirmer la conjecture que le sens du mot en anglais se rapproche de *sceptic.*

Cynosure. – *The fair young queen was the* ***cynosure*** *of all eyes*, la belle jeune reine était le **pôle** vers lequel convergeaient, se tournaient tous les yeux, (L., 3°). Cynosure est la Petite Ourse. Au fig., nous disons une cynosure de « ce qui guide », l'Étoile polaire. De même l'anglais, mais il a été plus loin.

En effet, le C.O.D. glose le terme ainsi: *centre of attraction or admiration;* d'autre part, M. Weston La Barre, maître de l'ethnographie américaine, a élargi le sens du mot en faisant un emploi sociologique. Il entend par ***cynosure*** l'individu, le groupe, la catégorie, le concept ou même le concours de circonstances qui constituent un **point de mire,** un **centre d'attraction,** un **principe d'explication** (1). Le Larousse du XXe s. donne de cynosure un sens figuré analogue: « Cette doctrine fut la *cynosure* de nos ancêtres », mais cet emploi ne semble pas avoir fait fortune. Le terme « pôle » a déjà une teinture de préciosité que Molière (*Malade imaginaire*, II, 6) ne s'est pas fait faute d'exploiter. Quel traducteur oserait, sans s'exposer au ridicule, rendre littéralement ce passage de *L'Allegro*, v. 27: *Some beauty... The* ***Cynosure*** *of neighbouring eyes?*

(1) Et non « cynique », comme l'écrit une traductrice, d'ailleurs très habile.

(1) Voir Weston La Barre, *Cynosures (points de mire) et structures sociales*, in *Revue de Psychologie des Peuples*, 8e année, n° 4.

D

Dagger. – Du sens propre de poignard, dague, on tire les expressions ***to be at daggers drawn with s.o.***, **être à couteaux tirés avec qqn.**, *to speak **daggers***, dire des **mots blessants, sanglants,** *to look **daggers** at s.o.*, lancer des **regards furieux, haineux, fulgurants, foudroyants** à qqn.

Autres sens, typ. **croix** (le signe †) **obèle,** ***double dagger***, dit aussi *double obelisk,* **diésis.**

– ***He looked daggers at me***, **il m'assassinait, me foudroyait du regard, il avait l'air de vouloir me manger, me dévorer.**

Dahlia. – ***Blue dahlia***, **chose impossible, rare** ou **inouïe, pierre philosophale; merle blanc, mouton à cinq pattes,** selon le contexte.

Dais. – Venant du lat. *discus,* disque, plat, puis table, ce mot signifie: la **table haute** pour les personnages de marque, y compris l'estrade où elle était dressée; puis, **estrade d'honneur;** enfin, simplement **estrade** (de conférencier, p. ex.). Comme au-dessus de cette table ou de cette estrade était souvent un baldaquin ou dais, c'est ce sens qui l'a emporté en fr.

† ***To begin the dais***, **occuper la place d'honneur, présider.**

– *On the **dais** sat the lord and his jovial companions.* – Sur **l'estrade** étaient assis le seigneur et ses jovials compagnons.

– *On the right are two chairs of state on a **dais**.* (B. Shaw, *Saint Joan,* II.) – A droite, deux fauteuils d'apparat sur une **estrade.**

Dam. – Est un doublet de *dame* que le latin *domina* a donné à l'angl. par l'intermédiaire du fr. Le sens de « dame » n'est attesté qu'en moyen angl. ***Dam*** signifie **mère** d'un quadrupède, notamment d'un cheval, preuve de l'aristocratie de cet animal, dont le père se dit *sire (q.v.);* au contraire, appliqué à l'homme, ***dam*** comporte en gén. une nuance de mépris. Un autre mot, employé surtout en Écosse, est le fr. *dame* « **pion du jeu de dames** » et ce jeu même.

– *Two young lions nourished by their* ***dam.*** – Deux lionceaux nourris par leur **mère.**

– *Ignorance is the* ***dam*** *of error,* l'ignorance est la **mère** de l'erreur.

– ***The devil and his dam,*** **les puissances du mal, l'enfer déchaîné.**

Damage. – Arg. ou famil. ***What's the damage?*** **A combien se monte la note? C'est combien?**

– *I must pay the* ***damage,*** il me faut payer **la casse,** les **pots cassés,** il me faut **« casquer ».**

– *The* ***damage*** *is... that I have no cash about me.* – La **« poisse »...** c'est que je n'ai pas d'argent sur moi.

Damage (to). – Contrairement à « endommager », ***to damage*** peut s'appliquer aux pers., au physique (famil.) aussi bien qu'au moral.

– *Her son has been* ***damaged*** *in the war.* – Son fils a été **abîmé** ou, pop., **amoché** à la guerre.

– ***« Damaged Goods »,*** traduction du titre de la pièce de Brieux: **Les Avariés.**

– *I shan't allow my friend's reputation* ***being damaged.*** – Je ne souffrirai pas qu'il **soit porté atteinte** à la réputation de mon ami.

– *This is a* ***most damaging*** *admission.* – Cet aveu vous **fera beaucoup de tort.**

Damask (adj. et subst.). – **Rose, rose incarnat,** d'où *the* ***damask*** *of her cheeks,* **l'incarnat** de ses joues. D'autre part, le damas étant une étoffe ou du linge agrémenté de dessins, *a meadow* ***damasked*** *with flowers* sera une prairie **émaillée, semée** de fleurs.

– Quand Keats *(Eve of St. Agnes)* parle des *tiger-moth's* ***deep-damask'd*** *wings,* il s'agit non pas des ailes sombres et « damasquinées » du papillon de nuit, comme le lui fait dire un traducteur, mais des ailes du phalène, tigrées **d'incarnat sombre.**

Dame. – **Maîtresse d'école enfantine privée,** d'où ***dame-school,*** **école enfantine;** à Eton, **maîtresse** (ou même **maître!**) d'une pension où sont logés et nourris des élèves de la grande école; titre légal (et non *Lady*) de la femme d'un chevalier ou d'un baronnet.

– *Hexter was not only an Eton writing-master and a* ***dame,*** *but also a magistrate of the county.* (DOWDEN, *Life of Shelley,* I, 22.) – H. était non seulement maître d'écriture à E., où il **tenait une pension de famille,** mais encore magistrat du comté (c'est-à-dire *justice of the peace* (1), qui n'est pas l'équivalent de notre juge de paix).

Damn (to), damnation. – Le sens large, usité autrefois, c'est **condamner,** d'où ***to damn*** *a play,* **condamner, siffler, faire tomber** une pièce de théâtre, et, finalement, **être fatal à, porter, donner un coup mortel à** (une œuvre littéraire).

(1) Rappelons que le *justice of the peace* est un magistrat subalterne ayant des fonctions purement honorifiques, à moins d'être un *stipendiary justice of the peace.*

La ***damnation,*** c'est la **condamnation (aux peines éternelles);** supprimez les mots entre parenthèses, il reste le sens, désuet, en angl. comme en fr.

– *Chapman's preface, if written by a modern author, would at once* ***damn*** *his book.* – La préface de Ch., si elle était écrite par un auteur moderne, porterait aussitôt un **coup mortel** à son livre.

– *What was the evidence against the prisoner? – Very* ***damning*** *indeed.* – Quelles étaient les preuves invoquées contre (qui pesaient sur), l'accusé? – Elles étaient vraiment **accablantes.**

Damsel. – **Demoiselle,** certes (arch. et lit.), mais aussi † **donzelle, jeune femme, jeune personne, vierge.**

– *Hippolytus was yearly mourned by* ***damsels.*** (FRAZER, *Golden Bough,* I, § 2). – Hippolyte était pleuré chaque année par des **vierges.**

– *Then said Boaz unto his servant that was set over the reapers, Whose* ***damsel*** *is this?* (*Ruth,* II, 5.) – A qui donc est cette **jeune femme?** demanda Booz à son serviteur préposé aux moissons. (LEDRAIN.)

Dance (to), dance, dancer (subst.). – Intr. **frétiller, se trémousser, gambader, bondir** au pr., se dit aussi du cœur qui bondit (de joie, etc.), du sang qui **court** dans les veines. ***To dance upon nothing,*** **être pendu, se balancer au bout d'une corde;** ***to dance to s.o.'s piping,*** **se laisser mener** (ou: manœuvrer) **par qqn., par le bout du nez; s'accommoder aux désirs de qqn., faire toutes ses saintes volontés;** *I shall* ***make him dance to my tune,*** je lui **tiendrai la dragée haute.** Trans. ***to dance attendance on s.o.,*** **faire antichambre, faire faction, faire le pied de grue, croquer le marmot, garder le mulet, compter les clous de la porte;** ***to dance*** *a bear,* **faire danser** un ours, *a baby,* **faire sauter** un bébé sur ses genoux; **dodeliner** un poupon, constr. avec *away, into, off, out,* l'action est alors marquée par la postposition et la circonstance par le verbe.

– *The child* ***danced*** *with impatience.* – L'enfant **trépignait** d'impatience.

– *She* ***danced*** *herself into the king's favour.* – Elle a gagné la faveur du roi **en dansant.**

– ***I shall lead him a pretty dance.*** – **Je lui ferai voir du pays.**

REMARQUE. – Noter que *a* ***dancer*** peut désigner aussi bien un danseur qu'une danseuse. Le mot a d'ailleurs un sens plus large et plus lâche en angl. qu'en fr.: Thackeray (*Pend.,* LXIV) parlant d'une vulgaire **cabotine,** dit: *« a vulgar* ***dancing woman*** *».*

Dandy (adj. et subst.). – Un dandy est un « homme qui se pique d'une suprême élégance dans sa mise et dans ses manières » (ROBERT); de même en angl., mais aussi famil. et adj. E.U. **épatant, excellent, fameux, de première, chic, chouette** (angl. *first-rate, tip-top*). Subst. *The* ***dandy,*** la **crème,** le **dessus du panier; ce qu'il faut dire** ou **faire,** syn. de *the ticket,* *(q.v.),* le **remède souverain, la**

panacée. Autres sens, naut. **dindet, dinguet**; ind., **brouette** (de fonderie, etc.); ***dandy-brush,*** **brosse de pansage, de chiendent;** ***dandy-horse,*** **vélocipède;** ***dandy-roll,-roller,*** **rouleau égoutteur; rouleau vergeur, filigraneur.** Irl. *a* ***dandy,*** un **petit verre de whisky.**

– *Marriage to old maids is* ***the dandy.*** – Le mariage, **voilà ce qu'il** faut aux vieilles filles! (**Parlez-moi** du mariage pour les vieilles filles!)

– *I heard a man telling another that he had just given his mother-in-law a* ***dandy*** *funeral.* – J'ai entendu un homme dire à un autre qu'il venait de payer à sa belle-mère un enterrement **de première (classe),** un **fameux** enterrement.

Danger, dangerous. – Le fr. *danger* (du latin *dominiarium*) a d'abord signifié **pouvoir** (de blesser); **champ, portée** (d'une arme, d'un projectile p. ex.); **domination; captivité; mal, dommage; difficulté,** avant d'arriver, par la transition qu'explique Littré dans son historique de ce mot, au sens de **péril.** Le mot anglais a passé par les mêmes phases.

Danger retient encore son premier sens dans Shakespeare, quoique Schmidt, le consciencieux et intelligent auteur du *Shakespeare Lexicon,* ne l'ait pas reconnu.

– Dans les conseils donnés par Laërte à sa sœur Ophélie, relevons ce passage:

And keep you in the rear of your affection,
Out of the shot and ***danger*** *of desire.*
(SHAKS., *Hamlet,* I, iii, 35.)

Un élan vous entraîne en avant: résistez
Et restez hors du **champ** des flèches du désir,

car *shot* et *danger* sont ici en quelque sorte synonymes.

– *You stand within his* ***danger,*** *do you not?* (Id., *Merch. of Ven.,* IV, i, 180.), dit Portia à Antonio poursuivi par Shylock: Vous vous trouvez à sa **merci,** n'est-il pas vrai?

– *I made* ***danger*** *of it a while at first, but afterwards being persuaded by them, I promised to do as they would have me.* (N.E.D., 1526.) – J'en fis († **danger**) **difficulté** un temps, d'abord, mais ensuite, me laissant persuader par eux, je promis de faire ainsi qu'ils voulaient que je fisse.

– *They are* ***dangerous*** *of eating and drinking with other men which are not their countrymen.* (N.E.D., 1598.) – Ils font des **difficultés** de manger et boire avec d'autres hommes qui ne sont pas leurs compatriotes.

– *If I be* ***dangerous*** *God give me sorrow.* (CHAUCER, *Canterb. Tales,* v. 5733) – Si je fais des **façons,** Dieu me donne chagrin.

Sens modernes: ***Danger****-list,* liste, cahier, rôle des **grands malades,** *to be on the* ***danger-list,*** être dans **un état grave;** ***danger-point,*** **cote d'alerte,** (ch. de fer) ***danger (-signal),*** **arrêt.**

REMARQUE. – 1° Dans l'histor. de L., le premier ex. de *dangereux* est glosé *difficultueux.*

2° Le sens de **pouvoir de nuire, (cause de) malheur** est donné comme désuet par le N.E.D., sect. 6 avec pour ex. Shaks. *Jul. Caes.,* II, i, 17. Voici pourtant une extension de cet emploi chez Thackeray (*Esmond,* I, xiii) dont on ne peut dire qu'il soit un écrivain archaïsant: ***Danger*** *will come out of it,* il en résultera un **malheur.**

Date (to), date, dateless. – Date, comme en fr., syn. de **millésime** (d'une monnaie, etc.) et de **quantième** (du mois); **époque** (d'un objet d'art, d'antiquités, etc.); (arch. ou poét.) **durée** (de la vie, d'une chose); **terme, fin.**

Out of date, **passé de mode, démodé, suranné, périmé, anachronique,** famil. **« vieux jeu »;** ***to go out of date,*** **se démoder, avoir fait son temps;** ***up to date,*** d'abord t. de comptabilité, **à jour,** ***brought, written, posted up to date,*** **mis à jour;** puis **mis au point,** et famil. **au courant, à la page,** (adj. et adv.) ***to be up to date,*** **être à la dernière mode, dernier cri, dans le train, dans le vent.**

E.U. **rendez-vous,** *to have a* ***date*** *with s.o.,* avoir un **rendez-vous** avec qqn.; par ext. la **personne** avec qui on a rendez-vous; (d'une assemblée, d'une réunion) ***without date,*** (ajournée) **sine die.**

Dateless, litt. sans date, dans le sens où Lamartine dit (*Harmonies,* 2, 1): « Et ces arbres *sans date,* et ces rocs *immortels* », donc: **immémorial; impérissable, éternel, sans fin, qui résiste au temps.** Aux E.U., toutefois (v. plus haut), *a* ***dateless girl*** n'est pas... une immortelle, mais la jeune fille *who has no dates,* « qui n'a pas de rendez-vous, dont la compagnie n'est pas recherchée », réplique de celle qui au bal *fait tapisserie.*

To date *a girl* n'est donc pas lui donner tel ou tel âge, c'est lui **fixer un rendez-vous.** Nous disons plus explicitement: prendre date avec qqn.

P. ext. le *dating* est devenu aux E.U. une véritable institution sociale qui fleurit surtout dans les universités.

– *A flower's* ***brief date...*** La **vie éphémère** d'une fleur.

– *All has its* ***date*** *below.* – Tout ici-bas a une **fin.**

– *He considered the ambassador a trifle* ***out of date.*** – Il jugeait l'ambassadeur un peu **« vieux jeu ».**

– *The young men at Northwestern University have agreed to join the young women at that institution in observing three* ***dateless*** *nights each week...* (dans Horwill) c.-à-d. que ces jeunes gens se réuniront les jours de la semaine où leurs soirées ne seront **pas prises par des obligations** ou **des distractions sociales.**

– *A* ***dateless*** *work of art.* – Une œuvre d'art **jeune d'immortalité.**

– Titre d'un roman de Victor Gunn: *Three* ***dates*** *with Death,* « Trois **rendez-vous** avec la mort ».

– *A* ***dateless*** *custom.* – Une coutume **immémoriale.**

– *The World Economic Conference at London recessed* ***without date*** (dans HORWILL.) – La Conférence économique mondiale de Londres s'est ajournée **sine die.**

Dative. – Jur. Se dit de la **portion** des biens **dont on peut disposer par testament ou donation, quotité disponible;** (d'un fonctionnaire) **révocable** par oppos. à inamovible.

Daub, to daub. – Notre daube est une préparation culinaire. L'angl. ***daub*** n'en est pas une, quoiqu'il signifie une **croûte,** non de pâté, mais une mauvaise peinture. Dauber signifie frapper ou railler, dénigrer; ***to daub,*** **enduire** (de plâtre, de torchis, etc.): **souiller, barbouiller** (du papier, etc.); † **chamarrer** (au sens péj.): **peindre des croûtes.** Suivent d'autres sens désuets.

– *A collection of **daubs** called portraits.* – Une collection de **croûtes** appelées portraits.

– *The women **daub** their hair with greasy clay.* – Les femmes **s'enduisent** les cheveux d'argile grasse.

– *The actress **daubed** her face with red.* – L'actrice se **plâtra** le visage de rouge.

– *The natives **daub** the walls of their cabins.* – Les autochtones **torchent** les murs de leurs cases.

– ***Daub yourself with honey*** *and you'll never want for flies.* – **Qui se fait brebis,** le loup le mange.

Daunt (to). – Le sens de « dompter » est arch. On rendra par **intimider, décourager, déconcerter, démonter;** autre sens, **encaquer** (le hareng).

Nom d'un navire: ***The Undaunted,*** **L'Intrépide.**

– *She was not **daunted** by the practical difficulties in the way.* (G. ELIOT, *Romola,* II, iv.) – Elle ne fut pas **découragée** par les obstacles matériels.

Debate (to), debate. – Ces mots ne sont pas dangereux. Outre les sens de **débattre** (contradictoirement), **discuter, agiter** (une question) communs aux deux langues, noter qu'il y a parfois intérêt à rendre par **délibérer** (dans une assemblée publique) et par **examiner, considérer** (se dira par ex. d'un héros de tragédie qui s'analyse, s'interroge, délibère avec soi-même).

Noter d'autre part, le sens concret du subst. dans des phrases de ce genre: *The Chairman answering to the **debate,*** le président, répondant à l'**assemblée,** à la **commission,** c.-à-d., à **ceux qui ont participé au débat,** aux **orateurs.**

*A **debater*** sera un **brillant orateur,** ou **polémiste,** *a **debating** point,* un **sujet de controverse,** *a **debating society,*** une **société de conférences contradictoires,** famil. **une parlotte.**

Debonair. – Après avoir longtemps gardé le sens de **débonnaire,** « qui joint douceur et bonté » (L.), ce mot angl. s'en est écarté. Elwall dit uniquement: débonnaire, mais Boyer (1752) donnait déjà comme équivalent **gai, joyeux, de bonne humeur.** Roget, dans son *Thesaurus,* associe ***debonair*** à *cheerful, gay, in good spirits, free and easy, vivacious,* etc.; l'épithète peut s'appliquer aussi à une personne affable et courtoise.

– *In spite of his gay and **debonair** manner, he looked old.* (MAR. EDGEWORTH, *Vivian,* ii.) – En dépit de ses façons enjouées et **gaillardes,** il avait l'air vieux.

Debt, debtor. – *Forgive us our **debts** as we forgive our **debtors.*** (*St. Matthew,* VI, 12.) – Pardonne-nous nos **offenses** comme nous pardonnons à **ceux qui nous ont offensés.** Au fig. *to be in s.o.'s **debt,*** ou: *s.o.'s **debtor,*** être l'**obligé** de qqn.

Decant (to). – Outre décanter, simplement, **verser,** d'où ***decanter,*** **carafe.** Famil. **décharger, débarquer, déverser.**

– *All the vegetables of the world are **decanted** into Covent Garden.* – Tous les légumes du monde sont **déchargés** dans Covent Garden.

– *Each train **decanted** on the platform a stream of passengers.* – Chaque train **déversait** sur le quai un flot de voyageurs.

Deceive (to) est le lat. *decipere,* composé de *capere* « prendre », et a signifié d'abord « prendre en faisant tomber dans un piège, prendre par la ruse », d'où **tromper, duper** (ERNOUT et MEILLET). Ces acceptions sont restées angl. On y ajoutera les emplois synon.: **abuser, induire en erreur,** (en) **imposer à;** ***to deceive oneself,*** **s'abuser, se tromper, se faire illusion à soi-même, se leurrer, se flatter.**

– *Words are **deceiving.*** – Les mots sont **trompeurs.**

– *The role of the **deceived** husband is difficult to play with dignity.* (S. MAUGHAM, *A casual affair.*) – Il est difficile de jouer (ou: de faire) avec dignité le personnage du mari **trompé.**

– *My hopes have been **deceived,*** mes espoirs ont été **démentis.**

– Les amoureux sont crédules: *Would to God I **hadn't been deceived!** But in these matters, **we are deceived because we wish to be so.*** – Plût à Dieu que j'**eusse vu clair!** Mais en cette matière, **nous sommes des aveugles volontaires.**

– *The resemblance was too perfect **for me to be deceived** (by this disguise).* – La ressemblance était trop parfaite pour que je **prisse le change.**

– « *But for fear that Mendoza should discover her sentiments, she changed the subject, and during the conversation that followed, affected a gaiety which would have **deceived** him, had he not already **deceived** himself* », traduit ce passage du *Diable boîteux,* ch. XII: « De peur qu'il ne démêlât ses sentiments, elle changea de discours et affecta pendant le reste de l'entretien un enjouement qui **aurait mis en défaut** la pénétration de M. quand il n'aurait d'abord pas **pris le change.**

– *Oh! how I have been **deceived!*** – Quelle était mon **erreur!**

– *The deserted wife endeavoured **to deceive herself.*** – L'épouse abandonnée essayait de **s'abuser,** de se **flatter,** de se **leurrer.**

Rapprocher: « Oui, mon esprit *s'était déçu.*

Je dois tout à mon père avant qu'à ma maîtresse »,

(CORNEILLE, *Cid,* I, 6)

où il faut entendre: « s'était abusé »

REMARQUE. – Les exemples cités font ressortir deux points: 1° Là où l'angl. use d'un seul et même mot, le fr., prétendu pauvre, parvient néanmoins à marquer les nuances par des termes différents; 2° les métaphores empruntées au vocabulaire de la chasse: « mettre en défaut, prendre le change » ont l'avantage de rappeler le sens primitif du lat. *decipere*.

Decency. – Va jusqu'à signifier **dignité, respect,** ***common decency*****,** le **respect humain,** le **savoir-vivre,** la **civilité (puérile et honnête).** Au pl. non seulement **bienséances, convenances,** mais, concr. **choses, objets, biens** permettant de mener un certain train de vie, de tenir son rang, de vivre d'une manière honnête, convenable, et digne, de « représenter » enfin. Lâchement, (faire assaut d') **amabilités, gentillesses, paroles bienveillantes.**

– *All men who* ***have a sense of decency*** *reprove the employment of children in industry.* – Tout homme qui **se respecte** réprouve l'emploi des enfants dans l'industrie.

– *He lived in honour and* ***decency.*** – Il a mené une vie honorable et **digne.**

– *He became careless of the* ***decencies*** *which were expected of such a gentleman.* – Il en vint à négliger les **bienséances** (la **correction**) qu'on était en droit d'attendre d'un homme aussi bien élevé.

In common decency *he ought to have apologized for his neglect.* – La **simple politesse** (le **moindre savoir-vivre,** la **civilité puérile et honnête**) aurait exigé qu'il s'excusât de sa négligence.

Decent, decently. – En passant par les acceptions fr. de conforme à la décence, à l'honnêteté (la modestie, la morale, la pudeur), le mot angl. a fini par signifier: **bien** (syn. de *respectable, q.v.*), † **honnête, « assez bon », qui ne s'écarte pas de la moyenne et peut être considéré comme satisfaisant, passable, sortable, qui peut aller, convenable** *(quod decet),* **pas mal.** Sens correspondants pour ***decently.*** Argot scolaire: **pas rosse, bath, chic.** Sens désuets: † **qui sied, qui convient, qui est propre à;** † **avenant, beau, bien proportionné,** c'est le sens lat. *decens Venus, decens equus.*

– *Others go about in a very* ***decent*** *garb.* – D'autres se promènent en fort **galant** équipage.

– *I had now a cloak, a doublet, and a very* ***decent*** *pair of breeches,* c'est ainsi que Smollett traduit ce passage de *Gil Blas,* I, xv: J'avais donc un manteau, un pourpoint et un haut-de-chausses fort **propre.**

– *You can trust them: they are quite* ***decent*** *people.* – Vous pouvez vous fier à eux: ce sont des gens très **bien** (ou: **comme il faut**).

– *He is a* ***decent*** *fellow,* c'est un **bon,** un **brave** garçon, un **chic** type ou: **pas mal** ce garçon, selon le contexte.

– *She had just learnt enough English to write a* ***decent*** *letter in that language.* – Elle avait tout juste appris assez d'anglais pour écrire une lettre **passable** dans cette langue.

– *Let us have a* ***decent*** *meal, a* ***decent*** *cup of tea.* – Faisons un repas **convenable,** prenons une **bonne** tasse de thé.

– Le capitaine du *Narcisse* a refusé, malgré la tempête, de laisser couper les mâts de son navire, ce qui n'est pas du goût de tous les membres de l'équipage: *If the blamed sticks had been cut out, she would be running along on her bottom now like a* ***decent*** *ship.* (J. CONRAD, *Nigger of the N.,* III.) – Si on avait coupé ces sacrés mâts, on se baladerait à présent la quille en bas comme tout bateau **qui se respecte.**

– *This is quite* ***decent*** *wine.* – Ce vin est très **buvable,** se **laisse boire,** est **fort honnête.**

– *Our guide preferred to wait for us in a* ***decently*** *removed farm.* – Notre guide préféra nous attendre dans une ferme située à une distance **respectueuse** (du champ de bataille).

Deception n'a que l'ancien sens fr.: **tromperie, supercherie, duplicité, fraude, mensonge.** Il ne signifie jamais *déception:* « désappointement, attente frustrée, erreur ». ***Self-deception*****, illusion, fait de s'abuser, de se flatter, de s'en faire accroire, de se leurrer.**

– Une histoire de revenant laisse Matthew Bramble tout à fait incrédule: *Though I did not pretend to explain this mystery, I said I did not at all doubt but it would one day appear to be a* ***deception.*** (SMOLLETT, *Humphry Clinker.*) – Tout en ne me faisant pas fort d'expliquer ce mystère, je déclarai que, sans aucun doute, il apparaîtrait un jour comme une **supercherie.**

– *I hate falsehood and* ***deception.*** – Je hais le mensonge et la **tromperie.**

– La culture du paradoxe: *The one charm of marriage is that it makes* ***a life of deception*** *absolutely necessary for both parties.* (O. WILDE, *Dorian Gray,* I.) – Le seul charme du mariage est qu'il oblige absolument les conjoints à **mener une double vie.**

– *Think of the enormity of her* ***deception.*** – Représentez-vous toute l'énormité de sa **trahison.**

– *He did not want to owe his happiness to a* ***deception.*** – Il ne voulait pas devoir son bonheur à un **artifice.**

– *She was quite unused to* ***deception of any kind.*** – Elle était tout à fait étrangère au **mensonge.**

– *I fear nothing as* ***self-deception.*** – Je ne redoute rien tant que de m'en **faire accroire.**

REMARQUE. – Même observation (1°), que pour le verbe *to deceive.*

Decide (to). – Convaincre.

– *The noise* ***decided*** *me that the matter was serious.* – Le bruit me **convainquit** que l'affaire était grave.

Decided, decidedly. – ***Decided*** signifie souvent **incontestable, net;** (dessein) **arrêté,** et ***decidedly*****, sans contredit, incontestablement; parfaitement.** *A* ***decided*** *difference, answer,* une d. **marquée,** une réponse **nette, catégorique.**

– *He had **decided** views about the question.* – Il avait sur cette question des opinions **arrêtées.**

– *The French temperament is **decidedly** one combining great activity with no small portion of energy.* (MAINISH, *Tales*, II.) – Le tempérament français combine **sans contredit** une grande activité avec une part non petite d'énergie.

– *Accident prevention is **decidedly** possible.* – il est **parfaitement** possible de prévenir les accidents.

Decipher (to). – Noter l'emploi, d'ailleurs arch., de ce verbe dans le sens de **représenter** ou **exprimer** par un caractère, un chiffre, un emblème quelconque.

– *Of these hairs, I likewise made a neat little purse... with her majesty's name **decyphered** in gold letters.* (SWIFT, *Gulliver*, VI.) – Avec ces cheveux, je fis également une élégante petite bourse... portant le nom de Sa Majesté **inscrit** en lettres d'or.

Rapprocher: « ... (Le veneur) s'en ira à l'assemblée faire son rapport et *deschiffrer* (c.-à-d. décrire) la teste du cerf qu'il aura veu ». (DU FOUILLOUX, *La Vénerie*. ch. XXX.)

Declare (to). – Manifester, montrer, démontrer, proclamer: *The very heavens **declare** the glory of God*, les cieux mêmes **attestent, proclament** la gloire de Dieu. Bourse: ***to declare** an option*, **répondre, donner la réponse à** une prime; ***to declare** s.o. a déserter*, **porter** qqn. déserteur; jur. ***to declare** s.o. a lunatic*, **interdire** un dément; aux cartes, ***to declare** trumps, a suit*, **appeler** l'atout, une couleur; absol., **annoncer son jeu;** aux courses, absol. ***to declare*, déclarer forfait;** ***Well, I declare!*** **Par exemple! pas possible! ça, c'est trop fort! c'est un peu violent!** ***to declare off** a bargain*, **rompre** un marché.

Declassify (to), declassification. – On a vu qu'aux E.U., ***to classify** a document*, c'est lui conférer un caractère secret ou confidentiel. ***To declassify*** sera donc **lever le secret,** et ***declassification*** la **levée du secret.**

– *The Government reports on technical assistance missions are confidential and can only be made available if the Government authorize their **declassification**.* – Les rapports des gouvernements sur les missions chargées de l'assistance technique sont confidentiels, et ne peuvent être communiqués que si le gouvernement autorise la **levée du secret.**

Decline (to). – Intr. *declinare*, en lat. c'est s'écarter de, *declinare vià, rectà vià*, s'écarter du chemin, du bon chemin, de la bonne voie; de même en angl. Du sens de s'éloigner de l'équateur, approcher de l'horizon (le soleil décline), on passe en angl., mais non en fr., à celui de **déchoir, dégénérer:** comme en lat. encore: *declinare in pejus; he had **declined** considerably in the King's estimation*, il avait **baissé** considérablement dans l'estime du roi; (des prix, etc.) **baisser, fléchir;** *with head **declined***, la tête **inclinée;** (des plantes) **dépérir;** enfin famil. ***I decline** to be bullied*, **je ne me laisse pas brimer,** on **ne me brime pas,** moi!

– *Neither **decline** from the words of my mouth.* (*Proverbs*, iv, 5.) – Ne vous **détournez** point des paroles de ma bouche.

– *I wished that the choice had fallen on a man less **declined in years**.* – J'aurais souhaité que le choix tombât sur un homme que **l'âge eût fait moins déchoir.**

– *He did not **decline** to her neither did she **decline** to him.* – Il ne lui **cédait** pas et elle ne lui **cédait** pas davantage.

Decline. – Méd. **maladie de langueur, marasme, consomption, phtisie.**

– *He fell into a rapid **decline** and died.* – Il **dépérit** rapidement et mourut de consomption.

Decode (to). – Aussi: **déchiffrer** (les hiéroglyphes, les inscriptions anciennes).

Decorum. – † **Convenances oratoires; dignité du maintien;** Mansion donne les ex. suivants: *to have **a sense of decorum***, avoir **de la tenue, de la dignité dans le maintien,** *a **breach of decorum***, une **inconvenance,** ***with due decorum*, dans les formes.**

REMARQUE. – Littré définit *décorum* « ce qui convient et décore ».

– *Then this ebony bird beguiling my sad fancy into smiling.*
*By the grave and stern **decorum** of the countenance it wore.*
(POE, *Raven*, VIII.)

– Alors cet oiseau d'ébène arrachant un sourire à ma triste pensée par la **dignité** grave et raide de son maintien (ou: de son air).

Decree. – **Arrêt, décision, jugement,** notamment du Tribunal maritime *(Court of Admiralty)*; **ordonnance de divorce;** ***decree nisi***, jugement prononçant le divorce, *à moins que* n'intervienne (dans un délai fixé) une raison d'annuler la décision du tribunal, à défaut de quoi le jugement provisoire devient définitif; autrement dit, *the decree is made absolute* (v. ce mot).

Deface (to). – Non seulement **effacer,** mais **défigurer; détériorer, dégrader; mutiler** (une statue), **lacérer** (des affiches, etc.). lâchement, **détruire;** enfin **oblitérer** (un timbre).

– *Some electors do not stick at **defacing** election posters.* – Il est des électeurs qui ne se font pas scrupule de **lacérer** les affiches électorales.

– *It was odd this fury **to deface**.* – Chose étrange que cette fureur de **destruction.**

Defalcate (to), defalcation, defalcator. – Défalquer, « retrancher d'une somme » se fait honnêtement, mais non **s'approprier de l'argent** qui vous est confié. C'est le sens de ***to defalcate*, commettre un abus de confiance, un détournement de fonds,** ***defalcation***, et qui s'en rend coupable s'appelle ***defalcator***.

– *The **defalcations** amount to £ 500.* – Les **détournements** s'élèvent à la somme de 500 livres sterling .

Default (to), default, defaulter. – ***To default,*** c'est, selon que le verbe est intrans. ou trans.: **faire défaut, être (en état de) contumace, ne pas comparaître,** ou: **condamner** (qqn.) **par défaut, par contumace,** *the* ***defaulter*** étant le (ou la) **défaillant(e),** le ou la **contumace;** c'est aussi le ou la **délinquant(e);** c'est enfin comme le *defalcator,* l'**auteur de détournements.** *A* ***default,*** c'est entre autres défaillances, un **défaut de faire face à ses engagements pécuniaires,** un **manquement.** ***Defaulter*** se dit encore d'**un militaire qui s'est rendu coupable d'une légère infraction à la discipline:** la ***defaulters' parade*** a lieu tous les matins et l'officier de service distribue les punitions, les corvées, les arrêts, etc., ex. *Seven days' C.B. (confinement to barracks),* consigné sept jours au quartier.

– Lamb fait le portrait d'un de ses collègues de *South Sea House,* le caissier Evans: *I think I see him making up his cash... with tremulous fingers, as if he feared every one about him was a* ***defaulter,*** *in his hypocondry ready to imagine himself one.* (Elia, *South Sea House.)* – Il me semble le voir, faisant sa caisse, les doigts tout tremblants, comme s'il craignait que tous ceux qui l'entouraient ne se fussent **rendus coupables de détournements,** prêt, dans son hypocondrie, à s'imaginer qu'il avait lui-même commis ce crime.

– *The Act of 1793, the first legal recognition of friendly societies, gave them the right to prosecute* ***defaulting*** *treasurers before the courts.* – La loi de 1793, qui pour la première fois a donné un statut légal aux sociétés de secours mutuel, leur a permis de poursuivre devant les tribunaux les trésoriers **infidèles.**

Defecate (to), defecation. – Comme le lat. *defecare,* **clarifier, soutirer; purger, purifier.** Y ajouter, comme en fr. **déféquer, évacuer.** Sens corresp. pour le subst.

En fr. *déféquer* et *défécation* sont aussi des termes de chimie.

Voici le mot employé au fig. par Lowell *(Among my Books): It is the advantage of this select company of ancients that their works are* ***defecated*** *of all turbid mixture of contemporaneity.* – Tel est l'avantage de cette compagnie choisie des auteurs anciens: leurs œuvres sont **purgées** de tout mélange trouble de contemporanéité.

Defection. – **Apostasie;** † **défaillance** (de courage, de mémoire); † **imperfection, défaut.**

Defective (adj. subst.). – En fr. *défectif* se dit surtout (1) d'un verbe auquel manquent certains temps, certains modes, certaines personnes. Transposez cette notion purement grammaticale sur le plan physique et mental et vous aurez les sens de l'adj. angl.: **défectueux, imparfait; vicieux;** (mémoire) **infidèle.** Subst. E.U. *the* ***(mentally) defective,*** les **déficients** ou: les **débiles mentaux,** les **arriérés mentaux.**

– *My* ***defective*** *French pronunciation,* ma prononciation **défectueuse** du français.

(1) En géom., une hyperbole *défective* est celle qui n'a qu'une asymptote.

– *Zola's memory of names was* ***defective.*** – Zola **n'avait pas** la mémoire des noms.

Defendant, defender. – Le défendeur (génér. *defendant*) dans un procès est le plaideur assigné par le demandeur *(plaintiff).* En appel, ***the defendant*** est **l'intimé;** au criminel, c'est **l'accusé.**

Mais ***defender*** peut désigner aussi le **défenseur** d'une ville, d'une forteresse, le **tenant** d'une thèse, d'une opinion, etc.; l'**apologiste** d'un système, d'une doctrine; le **champion,** le **détenteur** d'un titre, d'une coupe, etc. qu'il *défend* contre le *challenger* (v. ce mot).

– *The* ***defenders*** *of the Christian religion.* – Les **apologistes** de la religion chrétienne.

– ***Defender*** *of the Faith,* littér. **défenseur** de la foi, titre que le pape décerne aux rois d'Angl. depuis Henri VIII, qui combattit Luther.

Defer (to). – Autre forme de *to differ* (lat. *differere*), qui signifie « différer » au sens de « ne pas être d'accord avec ». ***To defer,*** c'est **différer,** c.-à-d. **ajourner, remettre** (au lendemain).

– *Soldiers,* ***defer*** *the spoil of the city until night.* (Shaks., 2 *Henry VI,* IV, vii, 141.) – Soldats, **différez** jusqu'au soir le sac de cette ville.

– *Hope* ***deferred*** *maketh the heart sick.* (*Bible, Proverbs,* XIII, 12.) – (On désespère alors qu'on espère toujours.) L'espérance **différée** fait languir le cœur. (Trad. Osterwald.)

Defiant (-ly), defiance. – *Defiance,* c'est proprement le contraire de † *afiance,* l'action d'engager sa foi, et, donc, le fait de se dégager de la foi jurée envers quelqu'un. Dans l'historique de L., « sans *defiance* » est glosé: sans *dégager leur foi.* Shakespeare et Milton emploient encore le mot dans ce sens. Dans *Measure for Measure* (III, i, 143), outrée de la bestialité de Claudio, qui, par peur de mourir, la voue au déshonneur, Isabella lui jette ces mots à la face: *Take my* ***defiance!*** c.-à-d.: Reçois mon **reniement.** De même que l'homme lige renie son suzerain, elle renie son frère.

Ne disions-nous pas jadis, dans un sens plus spécialisé, *se défiancer,* c.-à-d. *rompre ses fiançailles?*

Du sens de « se dégager de la foi jurée envers qqn. », il n'y a qu'un pas à celui de le provoquer, d'où l'acception courante de **défi** qu'a l'angl. ***defiance.*** C'est d'ailleurs le premier sens de l'ancien fr. *défiance* que donne L. dans son historique (XIIe s.). Marguerite de Navarre écrit: « Combattre te veux à Outrance. Vien doncques, ne retarde pas... Je t'envoye ma *deffiance.* » *(Les Marg., Chansons spirituelles.)*

Par conséquent, défiez-vous du mot ***defiant,*** et ne le rendez pas par *défiant.* Relevez plutôt le **défi *(defiance)*** qu'il vous lance, car il signifie **provocant, arrogant.**

– *He is coming to-night, she replied with* ***defiance.*** (Th. Hardy, *Woodlanders,* LVI, p. 438.) – Eh bien oui, il vient ce soir, répliqua-t-elle **d'un ton provocant.**

— *The Byronic hero* ***bids defiance to*** *authority in every shape, to monarch, noble and plutocrat.* — Le héros byronien **brave** toutes les autorités, les rois, les grands, les riches.

— *She was selling narcotics* ***in defiance*** *of the regulation.* — Elle vendait des stupéfiants **au mépris** des règlements.

— *How dared she tell you that?* — ***Out of defiance.*** — Comment a-t-elle osé te parler ainsi? — **Par bravade.**

— Indication scénique: *He looks at her* ***defiantly.*** (B. Shaw, *You never can tell,* II.) — Il la regarde **d'un air de défi.**

Deficiency, deficient. — La langue médicale nous a habitués aux expressions: *déficience* de la mémoire, *déficience* mentale, cette dernière locution étant un calque linguistique, de même que les *déficients* mentaux, « *the mentally deficient* ou: *defective* », car les deux mots sont syn. Mais dans d'autres domaines, ce littéralisme n'est pas de mise. On traduira par **manque, défaut, insuffisance; imperfection, faiblesse; incapacité** (professionnelle): au pl. **lacunes; déficit;** com. **découvert.**

— Comparaison du système d'enseignement en Angleterre et en Ecosse au début du XIXe s.: *The quality of the audience to which the Scottish professors lectured was itself a compensation for the alleged* ***deficiencies*** *of the curriculum.* — La qualité du public auquel s'adressaient les professeurs écossais constituait une première compensation des **imperfections** présumées du régime des études.

Deficit. — (Stat.) **erreur en moins:** *Observed* ***deficit*** *in precipitation measurement,* **erreur en moins** observée dans les relevés pluviométriques.

Defile (to). — Dans cette phrase de Wilde: *A long line of boys defiled in front of him...* (*Dorian Gray,* VII.), ***to defile*** a le sens fr.: « Une longue théorie de jeunes gens défila devant lui. » Mais il existe un autre verbe qui signifie **souiller, corrompre, profaner,** et qui s'apparente à l'adjectif *foul,* comme le montre l'exemple suivant:

Macbeth, qui a assassiné le roi Duncan, apprend des sorcières fatidiques que la couronne qu'il a usurpée sera inféconde; il s'écrie:

.............If't be so,
For Banquo's issue have ***I filed*** *my mind.*
(*Macbeth,* III, i.)

S'il en est ainsi, c'est pour la postérité de Banquo que j'ai **souillé** mon âme.

— *An evil bird that* ***defiles*** *his own nest.* (Latimer.) — Triste oiseau que celui qui **salit** son propre nid.

— *They have* ***defiled*** *the priesthood.* (*Bible, Neh.,* XIII, 29.) — Ils ont **profané** le sacerdoce.

— Lorsque, abandonné de tous, Jude l'Obscur agonise, il entend les cris de la population d'Oxford en liesse, et il murmure: *And I here. And Sue* ***defiled.*** (Th. Hardy, *Jude the Obscure,* VI, xi.) — Et dire que je suis ici et que Sue est **déshonorée!**

Definite, definition. — ***Definite*** signifie proprement **délimité, arrêté, distinct, précis.** ***Definition*** marque l'action de décider une question, **décision,** de **préciser** (un contour, par ex.), l'**état de ce qui est distinct, précis** (le contraire de indécis, de vague); **netteté.**

— *Gradually, as you draw near, the moutain range takes* ***definition.*** (Alpha, *Windfalls,* 189.) — Peu à peu, à mesure que l'on approche, la chaîne de montagnes **se précise.**

— *To make* ***definite*** *proposals.* — Faire des propositions **précises.**

— *The subject was badly* ***defined.*** — Le sujet était mal **délimité.**

Deform (to). — Le lat. *deformare* signifie notamment: **défigurer, rendre difforme, laid, hideux,** et au fig., **dégrader, flétrir, souiller.** De même en angl.: sens correspondants pour ***deformation.*** Techn.: **fausser, gauchir** (une planche); *field* ***deformation,*** **torsion** de champ.

— *Do not cry, my child, tears* ***are deforming your face.*** — Ne pleure pas, mon enfant, les larmes **t'enlaidissent.**

— *It is a vice that* ***deforms human nature.*** — C'est un vice qui **dégrade** la nature humaine.

Degrade (to). — L'ivrognerie dégrade un homme; l'ivrogne se dégrade; mais notre mot ne traduirait pas le terme angl. dans la phrase suivante: *He laid hold on all occasions* ***to degrade*** *and vilify him.* (Fielding, *Tom Jones,* III, vi.) — Il saisissait toutes les occasions de le **rabaisser** et de le vilipender.

D'autre part: *The students that* ***degrade,*** à Cambridge, ne sont pas ceux qui se dégradent ou dégradent le mobilier, mais ceux qui **retardent** d'un an leur examen de *B.A. honours.*

Enfin, nous disons, ayant emprunté ce doublet à l'ital. *digradare, dégrader* une couleur, un ton, mais non pas ***to degrade*** *prices,* **abaisser, réduire, avilir** les prix.

Degree. — « Et si l'on est docteur sans prendre ses *degrés.* » (Régnier, *Sat.* III.) Ce sens de **grade** conféré par une université, arch. en fr., est demeuré angl.: ***to take one's degrees,*** littér. **prendre ses grades (universitaires), réussir, être reçu** (à ses examens), ***degree-granting*** *university,* université **qui confère des grades.** Autres sens: **rang social** ou: **officiel, condition; rapport,** ***in a degree,*** **sous un certain rapport, en quelque mesure;** ***to a degree,*** intensif familier, **au plus haut point, au plus haut degré, éminemment, à l'extrême,** ***to aggravate s.o. to a degree,*** **pousser qqn. à bout;** ***to go beyond degree,*** **dépasser les bornes** ou: **toutes bornes.** E.U. ***third degree,*** **cuisinage, passage à tabac, chambre des « aveux spontanés ».**

— Parlant de Tess (XXVI), Angel Clare dit: *She is graceful* ***to a degree,*** elle est **on ne peut plus** gracieuse, ou: gracieuse **au plus haut point.**

— *For persons* ***in their degree*** *they will be able to manage very well.* — Pour des personnes **de leur condition,** ils pourront très bien s'en tirer.

— *He became attached... to a woman of much lower* ***degree*** *and a* *greater age than his own.* – Il se prit d'affection pour une femme beaucoup plus âgée que lui et de **rang social** bien inférieur.

– *Mind you don't* ***marry out of your degree.*** – Gardez-vous de **vous mésallier.**

– *The* ***third degree*** *is a system of pressure applied by the police in order to extract confessions from persons in custody.* – Trad. inutile après l'explication donnée ci-dessus.

Sur la hiérarchie du crime aux E.U., voir Horwill, *s.v. degree.* Car « ainsi que la vertu le crime a ses *degrés* ». (Racine, *Phèdre,* IV, 2). Mais l'expression ***third degree*** semble empruntée à la franc-maçonnerie, dans laquelle l'initiation comporte *plusieurs degrés* ou *grades,* le *troisième degré,* celui de *maître,* « donnant seul au franc-maçon la plénitude des droits maçonniques ». (Grande Encyclopédie.)

Deject (to), dejected, dejection. – Déjection (L. 4°), du lat. *dejectio,* « abattement moral », est un sens inusité en fr. Or, c'est précisément l'acception courante en angl. ***To deject, dejected*** ne signifient jamais déjeter, déjeté, mais **abattre, déprimer, décourager;** † **abaisser, humilier** (à l'inf. ou au part. passé respect.), comme en lat. encore; **abattu, triste.**

– *Sorrow, and* ***dejection*** *and despair.* – La douleur, **l'abattement** et le désespoir.

– *Ode to* ***dejection.*** (Coleridge.) – Ode à la **tristesse.**

– *He was* ***dejected*** *and dispirited by this sad piece of news.* – Il fut **abattu** et découragé (démoralisé) par cette triste nouvelle.

Delay (to), delay. – Différer, ajourner, retarder, remettre; retenir, retarder qqn. (cf. *to detain*). Quant au subst., il a assez souvent une nuance péjorative qu'il n'a pas en fr. Comparer p. ex. le mot désabusé d'Hamlet, *the law's* ***delays,*** les **lenteurs** ou les **longueurs** de la justice, avec le titre du dialogue de Plutarque: « Des *délais* de la justice divine », où le mot évoquerait plutôt l'idée de longanimité.

Même dans la langue moderne, le fr. *délai* est souvent syn. de prolongation, répit, sursis, surséance. Un débiteur obtient un délai de grâce, *a respite of debt.*

Deliberate, -ly, deliberation. – ***Deliberate*** signifie le plus souvent: **avisé, circonspect, prudent;** (projet) **bien pesé, mûrement réfléchi.**

Deliberately, sens corresp., « **avec maturité** », comme dit Saint-Simon *(Portrait de Pomponne);* **de propos délibéré,** « **de dessein formé** » (S. Mercier, *Tableaux de Paris*). ***Deliberate*** s'accompagne volontiers de *slow,* dont il est le syn.: **lent, sans hâte;** enfin, **mesuré dans ses mouvements, dans sa démarche.** Étymol. *liberare, librare,* peser, *libra,* balance.

– *It is rather singular that, in spite of the extreme slowness and* ***deliberation*** *of my Kafir housemaid's movements, she breaks quite as much crockery in a week as any one else would in a year.* (Lady Barker, *South Africa, Letter* IX.) – Il est assez singulier que, malgré l'extrême **lenteur** que met dans tous ses mouvements ma bonne cafre, elle casse tout autant de vaisselle en une semaine que toute autre personne ne ferait en un an.

– *The old lady, though agitated, spoke with the most tantalizing* ***deliberation,*** *as old ladies often do.* (Dickens, *Pickwick,* II.) – La vieille dame, bien qu'agitée, parlait, comme le font souvent les vieilles dames, avec une **lenteur** qui vous mettait au plus cruel supplice.

– *The scouts' progress became more* ***deliberate.*** – Les éclaireurs avançaient avec plus de **circonspection.**

– *This was a* ***deliberate*** *insult.* – C'était là une insulte **préméditée.**

– *The Anglo-American advance is so* ***deliberate*** *that it almost stands still. (Presse anglaise.)* – Les Anglo-Américains avancent si **lentement** qu'ils ne font quasiment que piétiner.

– *He walked in* ***deliberately.*** – Il entra **lentement, sans hâte.**

– *He was very* ***deliberate*** *in his speech.* – Toutes ses paroles étaient **mûrement pesées.**

– *Before accepting his proposal she asked time for* ***deliberation.*** – Avant d'accepter sa demande en mariage, elle demanda le temps de la **réflexion.**

Delicacy. – C'est souvent la délicatesse de fibre, de goût, qui nous empêche de blesser les sentiments d'autrui, d'où la **pudeur,** la **chasteté,** la **modestie,** la **retenue** dans les propos. C'est aussi le **scrupule** (cf. L., 13°) comme dans l'ex. emprunté à Galsworthy. Au pl. **gourmandises, friandises, sucreries,** cf. all. *Delikatessen.*

– Le bilieux Smollett critique les continentaux: *If there is no cleanliness among these people, much less shall we find* ***delicacy,*** *which is the cleanliness of the mind. Indeed they are utter strangers to what we call common decency.* (Smollett, *Travels, Let.* V.) – S'il n'est chez ces gens nulle propreté, bien moins encore trouverons-nous chez eux de la **modestie** (ou: **retenue**), qui est la propreté de l'esprit. A dire vrai, ils sont complètement étrangers à ce que nous appelons le respect humain.

– *I won't play at* ***delicacy.*** – Je ne veux pas jouer **au plus fin.**

– *He had been petted with small* ***delicacies.*** – Il avait été comblé de petites **gâteries.**

– *This solution has always seemed to me so primitive and obvious that I have always had a* ***delicacy*** *about expressing it in so many words.* (Galsworthy, *Glimpses and Reflections,* 216.) – Cette solution m'a toujours paru si élémentaire et si évidente que j'ai toujours eu **scrupule** à l'exposer en tant de mots.

Rapprocher: « Sire, dit le renard, vous êtes trop bon roi. Vos scrupules font voir trop de *délicatesse.* » (L. F., *Fables,* VII, 1.)

– Des goûts... on ne dispute point: *The Indians ate smoked hog and occasional* ***delicacies*** *picked up by the way – armadillo, iguana,* *white grubs...* – Les Indiens mangeaient du sanglier fumé, et quand la chance s'en mêlait, des **gourmandises** rencontrées chemin faisant: tatous, iguanes, gros vers blancs...

Delicate. – Cicéron parle d'un jeune débauché, *delicatus adulescens*. Bien, qu'il soit désuet, il faut penser à ce sens de **voluptueux, paillard,** de l'angl. ***delicate;*** aussi **douillet, efféminé, ami du plaisir, du luxe.**

Noter d'autre part le sens euphém. de l'expression: *she is in a **delicate** condition, in a **delicate** state of health,* elle est dans une situation, dans un état **intéressant** (cf. *She is in the family way*). Enfin, outre poét. **délicieux,** terme de critique d'art, ***delicate** flesh-tints*, chairs **morbides.**

Delineate (to), delineation. – Délinéer, délinéation sont en français des termes techniques et didactiques, respect.: « tracer le contour d'un objet au trait, action de tracer un objet au simple trait ». Cf. le lat. *Delineatio Romae a Romulo positae*, tracé de l'emplacement de Rome par Romulus.

En angl., on notera, en outre, des emplois différents, au pr. comme au fig.: **dessiner, peindre** (un paysage), **représenter** (un personnage dans un tableau); **tracer** dans ses grandes lignes, **esquisser, faire, donner un exposé sommaire de; tracer, décrire, faire** (verbalement) **le portrait de qqn.**

– *He **delineated** the Constitution of the State.* – Il **traça le plan** (**les grandes lignes**) de la Constitution de l'État.

– *They **delineate** their gods like themselves.* – Ils **représentent** leurs dieux à leur image.

– *Great as is his power in **delineating** all human passions.* – Pour grand que soit son pouvoir de **décrire** (ou: **analyser**) toutes les passions humaines.

Delinquency, delinquent. – Ces mots éveillent chez nous une idée de culpabilité qui relève de la justice pénale. En angl., ils peuvent s'entendre respect. d'une **faute,** d'un **péché véniel ou non** et de **celui ou celle qui les commet.**

– *An incident soon occurred which led the boy into **delinquencies** compared with which all his previous sins were venial.* – Un incident survint bientôt qui entraîna le jeune garçon à commettre des **fautes** auprès desquelles tous ses manquements d'autrefois n'étaient que péchés véniels.

Deliver (to). – Outre les sens communs aux deux langues, noter: ***she was delivered** of a son,* **elle a accouché** d'un fils, au fig. ***he was delivered** of a bad novel,* **il a accouché** d'un mauvais roman. Autres sens: ***to deliver** a blow,* **porter, donner** un coup, ***to d.** an assault,* **déclencher** une attaque, **livrer, donner** l'assaut, ***to d.** battle,* **livrer** bataille. Autres sens: ***to d.** a speech = to make deliverance,* **débiter** un discours, une harangue, ***to d.** a lecture,* **faire, donner** une conférence. Jur. **prononcer, rendre** (un jugement, etc.). Céram. et fonderie, ***to deliver** a pattern from the mould,* **sortir** un modèle du moule; se dit, au neutre, du moule **qui offre de la dépouille.** Techn. (d'une machine, d'une dynamo) **débiter, fournir du courant,** (d'une pompe) **refouler** (de l'eau), etc.

Locut. ***stand and deliver!*** **la bourse ou la vie!**

– A Menenius Agrippa qui offre de leur conter un apologue les citoyens de Rome disent: *An't please you, **deliver.*** (*Cor.*, I, i.) – S'il vous plaît, **parlez.**

– *All these thoughts... rushed through Fanny's mind as her mamma **was delivering herself of her speech.*** (THACKERAY, *Pend.*, LVIII.) – Toutes ces pensées tourbillonnaient dans la cervelle de F. tandis que sa mère **discourait.**

Il s'agit d'une mère qui sermonne sa fille. On constatera qu'ici le fr. est plus bref que l'angl.

– *He was to **deliver a public address.*** – Il avait à **parler en public.**

– *Poor jurymen understanding a great deal more about the case on which they have **to deliver** at its commencement than at its termination.* – De pauvres jurés qui sont bien plus au fait de la cause sur laquelle ils doivent **se prononcer,** au commencement qu'à la fin de l'audience.

– Louanges à l'adresse d'une actrice: *Has she anything pointed to **deliver**? she heightens it by an arch smile.* – A-t-elle quelque bon mot à **débiter,** elle l'assaisonne d'un souris malin.

Deliverance. – Signifie souvent les **paroles dont on accouche,** les **déclarations** particulièrement solennelles, ou même parfois une **opinion déclarée,** un **jugement;** un **verdict.**

– *We can complain of no ambiguity in the Premier's **deliverance.*** – Nous ne pouvons nous plaindre qu'il y ait la moindre ambiguïté dans les **déclarations** du premier ministre.

– *We cannot but attach great value to the deliberate **deliverance** of so impartial a man.* – Nous ne pouvons qu'attacher une grande valeur à **l'opinion** réfléchie d'un homme si impartial.

Delivery. – **Délivrance (accouchement).** Aussi: **livraison** (de colis), de marchandises, d'où ***delivery price,*** **prix rendu; distribution** (de lettres), en tant que substantif du verbe ***to deliver,*** et à ce titre encore: **lancement, envoi** (de la balle, d'un projectile, etc.); **distribution** (de courant), **débit** (d'eau, de courant), **refoulement** (d'une pompe) et de nombreux sens techniques: typ. ***delivery** of the sheets (from the press),* **sortie** des feuilles; métal. ***delivery** of the pattern (from the mould),* **sortie** du modèle. Autres sens: † **agilité** (cf. l'ancien français *délivre* « dégagé, svelte »); † **port, maintien; débit, élocution, prononciation;** enfin jur., **tradition** (d'un bien, d'une marchandise); **délivrance** (d'un legs, etc.).

– *In the eighteenth century the departure and the **delivery** of letters were provokingly irregular.* – Au XVIIIe s., l'expédition et la **distribution** des lettres étaient d'une irrégularité exaspérante.

– *His grave **delivery** was very telling.* – Son **débit** grave était très impressionnant (faisait grand effet).

– *One could observe, among other defects of this actor, an affectation in his **delivery**.* – Entre autres défauts de cet acteur, on pouvait discerner une **prononciation** affectée.

– Faute d'avoir vu que ***delivery*** était la forme substantive du verbe ***to deliver*** *(a blow)*, **porter** un coup, ***to deliver*** *the harpoon*, **lancer** le harpon, *a broadside*, **lâcher** une bordée, un traducteur a rendu *nuclear weapons **delivery** vehicles*, par « moyens de livraison, des armes nucléaires », alors qu'il s'agit des véhicules ou vecteurs, moyens de **lancement** ou de **largage** des armes nucléaires.

Demand (to). – ***To demand*** est beaucoup plus fort que demander et signifie « **demander comme un droit, péremptoirement** », c.-à-d.: **réclamer, exiger.** La nuance est sensible et il serait dangereux de l'ignorer, comme le prouve l'anecdote suivante: Dans une note du gouvernement fr. au gouvernement amér. figurait le membre de phrase: « La France demande... » qui fut traduit par: *France **demands...*** (= « la France **exige...** »). Ce que lisant, ou entendant, le représentant des E.U. s'écria: *If France **demands** anything, she shan't have it!*

*A **demand*** sera donc une **réclamation**; jur. une **sommation**; une **injonction**; une **exigence**; d'un effet de commerce, *payable **on demand***, payable **à vue, sur présentation**; ***demand note***, **feuille de contributions; avertissement.**

Sans doute *the law of supply and **demand*** est-elle bien la loi de l'offre et de la **demande,** mais *We don't keep this kind of goods; there is **too little demand for it*** se rendra ainsi: Nous ne tenons pas cet article, il est **de trop faible débit (nous n'en avons pas la vente).** Enfin, au pl. **nécessités, exigences, prétentions.** *Excessive **demands***, des **prétentions** excessives.

– Shylock ne se laisse pas fléchir par les arguments du duc de Venise:

> *The pound of flesh which I **demand** of him*
> *Is dearly bought; 'tis mine and I will have it.*
> (Shaks. *Merch.*, IV, i, 99.)
> Cette livre de chair
> Que j'**exige** de lui est chèrement payée;
> Elle est à moi et je l'aurai.

– *The **demands** of labour*, les **revendications** de la classe ouvrière.

– *The tendency is to make great **demands** on good-natured people.* – On a tendance à **exiger** beaucoup des gens bienveillants.

– *His wife made **too great demands** on his patience.* – Sa femme **abusait** de sa patience.

Demarcate (to). – Est l'espagnol *demarcar*, « marquer », auquel nous avons emprunté notre subst. démarcation. ***To demarcate*** signifie donc **délimiter,** et p. ext. **distinguer** (de), **faire le départ entre** deux choses; **aborner** (un terrain).

– *How shall we **demarcate** reproduction from growth?* – Comment **ferons-nous le départ** entre la reproduction et la croissance?

Demean (to) oneself, demeanour. – ***To demean*** est l'anc. fr. *demener* (*Chanson de Roland*, XIe s.). Villehardouin écrit (*Constantinople*, 253): « Ha! Diex, com s'estoient lealment *demené...* », c.-à-d. Dieu! comme ils s'étaient loyalement **conduits, comportés.** C'est le seul sens vivant du verbe angl., qui a donné ***demeanour***, **conduite, comportement.**

– *He **demeaned himself** like a gentleman.* – Il se **conduisit** en gentilhomme, en honnête homme (ou auj., en galant homme, en homme bien élevé).

Demerit, to demerit. – Le latiniste est averti du sens que peuvent avoir ces mots. Le lat. *demerere, demereri* signifie en effet **mériter.** Ç'a été le premier sens en angl. comme en fr. Mais dans les langues romanes, le préfixe aura été pris pour un *dé* privatif, d'où l'acception courante aujourd'hui de « **démérite** ».

– *Envy not the **demerits** of those who are most conspicuously distinguished.* (Gay, *in Swift's Letters.*) – N'enviez point les **mérites** de ceux qui sont le plus en vue. (Car il s'agit ici d'un texte du XVIIIe s. dans lequel le mot a conservé son sens étym.)

Demise, to demise. – Est le part. passé féminin de l'anc. fr. *desmettre*, « *démettre* ». Le v. et le subst. sont des termes juridiques: **transmission, cession** (d'un bien, d'une propriété) par testament, **transfert** (d'un titre); ***demise*** *of the crown*, **dévolution** de la couronne (du fait d'abdication ou de décès), et donc, famil. ou fig. **décès.** Sens correspondants pour le verbe.

– *The early **demise** of this great poet.* – Le **décès** prématuré de ce grand poète.

Demission. – Deux mots: 1° (du lat. fictif *dismissio*, du v. *dimittere* « renvoyer, congédier, licencier ») **démission; renvoi; congédiement;** 2° (du lat. *demissio*, du v. *demittere* « faire descendre, baisser, abaisser ») **abaissement,** ***demission to a lower rank***, **rétrogradation;** † **dépression, abattement physique** ou **moral,** comme en lat. encore, *demissio animi*, découragement.

Democracy. – E.U. **Programme, doctrine du parti démocrate;** *the **Democracy***, le **parti démocrate.**

Democrat (subst.) – E.U. **Charrette anglaise** à deux chevaux, abrégé de ***democrat*** (à l'orig. ***democratic***) ***wagon.***

Demolish (to). – *He **demolished** a roasted fowl at one sitting* signifie en style plaisant: il **acheva, dévora, engloutit** un poulet rôti (lui **fit un sort**) en un repas, sans désemparer.

Demon. – « Un plus puissant *démon* veille sur vos années » dit Cinna (II, 1) à Auguste pour le dissuader d'abdiquer, c.-à-d. votre divinité, le génie qui veille sur votre destinée. Dans ce sens, un Etat pouvait avoir son démon: « Comme si le *daimon* qui garde nostre France / Eust fait avec le tien éternelle alliance. » (PASQUIER, *Lettres*, I, i, dans Lacurne.) A. Chénier emploie le mot dans le sens d'inspiration, de génie: « Celui qu'un vrai *démon* presse, enflamme, domine / Ignore un tel supplice, il pense, il imagine. »

Voici le même emploi en angl.: *Inspiration, the guardian god, the* ***demon*** *of the mind.* – L'inspiration, divinité tutélaire, **génie** de l'esprit.

– Parlant du *Korndaemon*, expression de Mannhardt, Salomon Reinach (*Cultes, Mythes et Religions*, II) donne pour équivalent « l'**esprit** du blé ».

REMARQUE. Selon le N.E.D., il s'agirait là d'un germanisme (ou plutôt d'un hellénisme) dont l'emploi remonterait à Gœthe. Mais Socrate disait déjà qu'il avait son *démon* familier, qui lui dictait toutes ses résolutions.

Demoniac. – *That* ***demoniac*** *element in man which is the very fire of God* est une phrase qui nous avertit du sens spécial que ***demoniac*** peut prendre en angl., à savoir: **surnaturel, divin, d'inspiration divine.** Nous dirons donc: Ce principe **surnaturel** qui pénètre (ou: embrase) l'homme d'un véritable feu divin.

Demonstrate (to), demonstration, demonstrator. – ***To demonstrate*** *a car, a radio,* **montrer** (en vue de la vente) une voiture, un appareil de radio (à un client éventuel), en **faire valoir** les qualités. **Manifester, participer à une manifestation** c.-à-d. à une « *démonstration* collective, publique d'une opinion ou d'une volonté » (Robert), les **manifestants** étant les ***demonstrators.*** Dans l'enseignement, *a* ***demonstrator*** est un **chef de travaux pratiques,** un **préparateur** (de laboratoire). Sens dérivés: ***demonstration*** *farm,* ferme **modèle,** E.U. ***demonstration*** *project,* projet (entendez entreprise, campagne, etc.) **témoin.**

Home-management ***demonstrator,*** **monitrice** d'enseignement ménager.

Demur (to), demurrage, demurrer. – Ce verbe est le lat. populaire *demorare,* classique *demorari,* **retarder,** que l'on retrouve dans notre expression si rarement comprise: « Il n'y a pas péril en la demeure, » c'est-à-dire: *demorando,* à **retarder,** et non pas, comme on est trop souvent porté à le croire, dans la maison. Nos classiques employaient le mot couramment dans ce sens. Corneille a écrit: « Voyons donc ce que c'est, sans plus longue *demeure* », (*Mélite*, III, 6). « Viens mon Dieu, viens sans *demeure* », lit-on dans l'*Imitation* (III, 21). ***To demur,*** ç'a été † **temporiser, tergiverser, barguigner;** auj. c'est **hésiter** (devant), **balancer, élever, soulever** des objections (contre); famil. **se faire prier** (pour); jur. **produire alléguer, opposer une exception,** dite ***demurrer,*** notamment **exception dilatoire** ou: **péremptoire.**

Demurrage (marine), **surestarie.**

– Addison donne d'aimables conseils aux Précieuses, émules de Mlle de Rambouillet: *All that I intend, is to advise them, when they are prompted by reason and inclination,* ***to demur*** *only out of form, and so far as decency requires.* (*Spectator*, n° 89.) – Tout ce que je prétends, c'est de leur conseiller, quand la raison et l'inclination les poussent à agréer un parti, de ne **se faire prier** que pour la forme et dans la mesure où la bienséance l'exige.

– Sir Anthony Absolute, le bien nommé, conte à Mrs. Malaprop comment il se faisait obéir de son fils: *My process was always very simple – in his younger days 'twas "Jack, do this"; – if he* ***demurred,*** *I knocked him down – and if he grumbled at that, I always sent him out of the room.* (SHERIDAN, *Rivals*, I, ii.) – Ma méthode a toujours été très simple; lorsqu'il était jeune, je lui disais: Jean, fais cela! S'il **rechignait** (ou: **barguignait**), d'un coup de poing je l'envoyais rouler à terre, et s'il grommelait là contre, je ne manquais pas de le faire sortir.

– *He accepted the terms of his creditors* ***without demur.*** – Il accepta **sans hésiter** les conditions que lui offraient ses créanciers.

Denaturalize (to), denaturalization. – ***To denaturalize*** signifie à la fois *dénaturaliser,* « priver de ses droits, de sa qualité de citoyen », et **dénaturer, changer, altérer la nature** de qqch. De même pour le subst., qui est syn. de *denaturation.*

– ***Denaturalized*** *hearts,* des cœurs **dénaturés.**

Denomination. – *All sects and* ***denominations*** est une expression tautologique désignant toutes les **sectes** religieuses. Par anal., *Workers of every* ***denomination,*** des travailleurs de toutes **catégories.**

Le mot signifie, d'autre part, **unité de nombre, de poids, de valeur.**

– *When the paper money is of* ***small denominations.*** – Lorsque le papier-monnaie est (émis) en **petites coupures.**

– *The stamp will be of one* ***denomination*** *only: 5 gold francs.* – Ce timbre n'aura qu'une **valeur:** 5 francs-or.

Denounce (to), denunciation. – Du sens de **signaler à la justice, déférer à l'autorité,** commun aux deux langues, l'angl. passe aux sens suivants: **accuser, blâmer publiquement, déclamer, invectiver, tonner** (contre), **exposer à la vindicte publique, faire le procès de, condamner;** † **annoncer, prédire** (un malheur); **crier vengeance.**

Sens correspondants pour le subst.

– *In the course of a speech which he delivered in the House of Commons, the Prime Minister* ***denounced*** *the Labour Party.* – Dans un discours qu'il prononça à la Chambre des Communes, le Président du Conseil **fit le procès** du (**condamna** le) parti travailliste.

– *The* ***denunciation*** *that I had heard of the rising generation.* –

La **condamnation** que j'avais entendu prononcer contre la génération montante.

– *He inveighed against injustice like a* ***denouncing*** *prophet.* – Pareil à un prophète **accusateur,** il tonnait contre l'injustice.

Dense, denseness, density. – On a commencé par dire ***dense ignorance,*** ignorance **crasse,** c.-à-d. **épaisse** (cf. humeur *crasse*). Il n'y avait qu'un pas de là à *a* ***dense*** *person,* un être **épais, stupide, obtus,** une tête **dure,** d'où ***denseness,*** **épaisseur** de l'intelligence, **stupidité.** D'autre part, *the* ***density*** *of the fog* sera l'**épaisseur** du brouillard. On voit que grâce à la différenciation suffixale (*-ness* ou *-ty*), l'occasion s'offrait belle à l'angl. d'introduire une nuance que nous ne pouvons rendre avec la même aisance. Cf. *The* ***density*** *of the urban population* et *The* ***denseness*** *of the inhabitants of Beotia.* Il est fâcheux que cette distinction n'ait pas été respectée. En effet, le N.E.D. cite cet ex. au pr.: *the* ***denseness*** *of the fog,* et celui-ci au fig.: *The fellow's* ***denseness*** *tries my patience sorely,* alors que sous ***density,*** on peut lire dans la même acception fig.: *the* ***density*** *which is sometimes attributed to your party.*

– *He was too* ***dense*** *to trouble about it.* – Il était trop **épais** pour s'en tourmenter.

Dent, to dent. – ***Dent*** est une variante de ***dint,*** † **coup, force, violence** (encore vivant dans l'expression ***by dint of,*** **à force de**) et signifie: **marque de coup, bossellement, bosselure; creux, renfoncement; fistule,** « coup de marteau ou de ciseau appliqué de travers et qui endommage la boiserie »; **brèche, hoche** (d'une lame). Sens corresp. pour le verbe.

– *A helmet somewhat* ***dented*** *by use.* – Un casque quelque peu **bosselé** par l'usage.

Remarque. – ***Dent*** au sens de notre *dent* n'a en angl. que des emplois techniques.

Dentition. – 1° **Dentition.** 2° **Denture.** En fr., dire dentition pour denture est honni des puristes.

Deny (to), denial. – *Peter* ***denied*** *his master three times.* (St. Matth., XXVI, 34) Pierre **renia (renonça)** trois fois son maître; donc **renier, abjurer;** ***to deny*** *one,* **éconduire** qqn., **repousser** (sa requête); d'un domestique, **dire que son maître est absent;** ***to deny oneself,*** **faire dire qu'on n'est pas chez soi,** et dans un autre ordre d'idée, **se priver** (de tout, etc.), anton. de ***to indulge oneself.***

Denial, sens corresp. **reniement; refus; démenti, désaveu;** ***self-denial,*** **abnégation.**

– *Time and space* ***deny*** *me.* – Le temps et l'espace me **manquent,** me **font défaut.**

– *She was determined not* ***to be denied admittance.*** – Elle était bien décidée à ne pas **se laisser éconduire.**

Depart (to), departure. – *It seems to me that you are* ***departing*** *from truth, from your word.* – Il me semble que vous vous **écartez** de la vérité., que vous **manquez à** la parole donnée.

– *Mr. N. had attracted notice by his* ***departure from the common.*** – M.N. s'était fait remarquer par une **note d'originalité.**

Department,-al. – Le sens spécial de « division administrative », qui est celui de notre « département », nous aide à comprendre les suivants: **partie** (d'un tout), **branche** (de la science, de l'enseignement); **service** ou **bureau** (d'une administration, d'un hôpital, etc.); **rayon** (d'un **grand magasin**), d'où E.U. ***department store,*** qui a précisément ce dernier sens (1). Famil. *this is not my* ***department,*** ce n'est pas mon **rayon.**

Departmental, sens corresp., ***a departmental*** *committee,* une commission **ministérielle;** ***departmental*** *rivalries,* rivalités **administratives.**

– *For instance, you are interested in gold washing in the sands of the Sutlej. You pull the string and find that it wakes up half a dozen* ***departments.*** (Kipling.) – Vous intéressez-vous au lavage de l'or dans les sables du S.? Vous n'avez qu'à tirer le cordon; vous réveillerez ainsi une demi-douzaine de **bureaux.**

Depauperate (to), depauperize (to) ou **dispauperize (to), dispauper (to).** – On distinguera soigneusement ces trois verbes, dont les deux premiers ont des significations quasi anton. ***To depauperate,*** c'est **appauvrir** (les populations, le sang, etc.), d'où ***depauperated,*** **rabougri, chétif, avorté, débilité, dégénéré.**

Inversement, ***to depauperize*** ou ***to dispauperize,*** signifie **retirer** (qqn.) **de l'indigence, libérer** (une région, etc.) **du paupérisme.**

Enfin to ***dispauper*** est un terme juridique, c'est **rayer** (un plaideur) de la liste des indigents ayant droit à l'assistance judiciaire.

– *If any party has a current income he must be* ***dispaupered.*** – Si une partie (à un procès) (ou: un plaideur) est en possession d'un revenu, (a des moyens d'existence) **il n'a plus droit (il ne peut plus prétendre)** à l'assistance judiciaire.

Depend (to), dependant ou **-dent** (adj. et subst.), **dependence.** – Le lat. *dependere* signifie « être suspendu, pendre de ou: après ». Ce sens pr., qui est resté angl., a donné le sens fig. de **« être en suspens, être pendant »:** *the dispute is still* ***depending*** = ***pending,*** le différend, le litige est encore **pendant.**

De l'acception de **dépendre de,** ***to depend on,*** viennent les sens de: **être à la charge de** et donc de: **avoir le droit de compter sur,** d'où le subst. ***dependant*** ou ***-dent,*** **personne à la charge d'une autre, qui dépend d'elle pour sa protection ou son entretien, personne à charge,** et p. ext. **client, protégé, obligé,** lit. **vassal, familier.**

---

(1) C'est un anglicisme de dire, comme le font parfois les Canadiens: « magasin départemental » ou: « à départements ».

Dans la législation anglaise, les ***dependents*** sont: la femme mariée, les enfants mineurs, parfois, les ayants droit, les domestiques. Aux E.U. ***dependent*** peut s'entendre de **tout mineur à la charge de l'assistance publique.** ***Juvenile dependents*** ou ***dependent children,*** expression génér. englobant **tous les enfants qui,** à un titre quelconque, **ont besoin de l'aide des pouvoirs publics,** qu'ils soient infirmes, déficients, arriérés, délinquants, abandonnés ou dont les parents ne peuvent assurer normalement le bien-être: ce sont donc des **enfants assistés.**

Dependent *spouse,* conjoint **à charge.**

Dependence ou ***dependency,*** sens corresp.

– Description de l'acteur Irving dans le rôle d'Othello: *Jewels sparkle in his turban and* ***depend*** *on his ears.* (Dutton Cook, *Irving in Shaks.*) – Des bijoux étincellent sur son turban et **pendent** à ses oreilles.

– S'adressant aux troupes américaines, le Président Truman s'était écrié: *We* ***depend*** *on all of you.* Un journaliste avait traduit: Nous dépendons tous de vous, alors que le sens est: Nous **comptons sur** vous tous.

– *This man is* ***not to be depended on.*** – Cet homme est **sujet à caution, on ne peut compter sur lui.**

– ***There is no dependence to be placed*** *on the word of such a man.* – **On ne peut se fier (ajouter foi)** à la parole d'un tel homme.

– ***Depend on't,*** *my dear, you are really much fonder of Richard than you are of me* (B. Shaw, *Devil's Disciple, II.*) **N'en doute pas (crois-m'en),** ma chérie, tu aimes en réalité Richard bien plus que moi.

– Un voyageur observe que le cheval de sa chaise a perdu un fer: *As the ascent was of five or six miles, and that horse our main* ***dependance,*** *I made a point of having the same fasten'd on again.* (Sterne, *Sentim. Journey.*) – Comme la montée était de cinq à six milles, et que le cheval était notre principale **ressource,** j'insistai pour qu'on reclouât le fer aussi bien que possible. (Trad. Aurélien Digeon).

– D'une amie compatissante une étudiante dit: *She heard and returned, clasping you close, but* ***dreading your dependence.*** – Elle entendait votre appel, et revenant à vous, vous serrait dans ses bras, mais déjà **tremblait pour sa liberté.**

– ***We depended on them*** *for advanced news.* – **Nous leur étions redevables** de la priorité des nouvelles.

– Une jeune fille sans dot rejette l'offre de mariage d'un noble: *I am little better than a* ***dependent.*** (Thackeray) – Nous dirons pour rendre la nuance affective: Je ne suis guère autre chose qu'une **parente pauvre.**

– *Such an Emperor as Nero is doomed to have* ***dependents*** *and not friends.* – Le destin d'un empereur tel que Néron est d'avoir des **clients,** non des amis.

Rapprocher: « on veut des *dépendants* et qu'il n'en coûte rien ». La Bruyère, IV.

Deport (to), deportation. – Il ne s'agit pas seulement de l'exil dans un lieu déterminé, dont sont passibles les condamnés politiques. La déportation est une peine afflictive et infamante réservée pour la répression des délits et crimes politiques. Ne pas la confondre avec la transportation, à laquelle sont soumis les condamnés aux travaux forcés. ***To deport*** *a person,* c'est fréquemment l'**expulser.** *Déporter* se dit plutôt *to transport, to carry into banishment.* Or, dans la presse quotidienne, ***deportation*** est invariablement traduit par « déportation », ce qui est absurde, et l'on voit, d'après les journaux d'information, le gouvernement britannique « déporter » en masse les étrangers, les autorités d'Ellis Island « déporter » les immigrants. Ils ne font que les **expulser** aux termes des lois et règlements en vigueur. Sinon, les gouvernements intéressés auraient vite fait de protester.

Noter, d'autre part: ***to deport oneself,*** **se conduire, se comporter.**

– *Any alien seaman who remains in the United States for more than sixty days is liable to* ***deportation.*** – Tout marin étranger qui reste aux États-Unis plus de soixante jours est passible d'**expulsion.**

Deportment. – *Déportement,* qui signifiait autrefois conduite (bonne ou mauvaise), a, dans l'usage moderne, pris un sens péj. et est syn. de débauche: « ... Des femmes que leurs *déportements* ont rendues illustres: Médée, Didon, Phèdre. » (Valéry Larbaud.) Tel n'est pas le cas en angl. où ***deportment*** signifie: **port, démarche, manière de se présenter, air, maintien;** chim. **action, réaction** (d'un métal, d'un corps) dans certaines conditions déterminées.

– *A lesson in* ***deportment*** *given by a dancing-master.* – Une leçon de **maintien** donnée par un maître à danser.

– *Everybody admires his gallant* ***deportment.*** – Tout le monde admire son **air** galant.

– *He was charmed with the* ***deportment*** *of his friend.* – Il était enchanté des **manières** de son ami.

Et voici comment Smollett traduit le passage suivant de *Gil Blas* (II, vii): « Je fus particulièrement charmé de l'**air** agréable qu'elle a dans son port...: *Her principal attraction was the pleasantness of her* ***deportment.***

– Un autre passage du même auteur: Elle avait l'**action** libre et aisée (IV, v), est rendu ainsi: *Her* ***deportment*** *was free and easy.*

Depose (to). – *Déposer,* ne se dit au fig. que des rois ou des évêques dépouillés de leur dignité ou de leur ministère; Je puis faire les rois, je puis les déposer. (Racine, *Bér.*, III, 1). En angl., le mot s'est ... démocratisé puisqu'il peut s'appliquer aussi à un garde ou à un domestique **renvoyé, congédié, remercié,** *a* ***deposed*** *keeper* (Hardy, *Mayor,* XXVI).

Deposition. – Outre les sens fr.: **dépôt** (d'un sédiment).
– *The **deposition** of the sedimentary rocks,* le **dépôt** des roches sédimentaires.

Depot. – E.U., **gare de chemin de fer;** en G.B., autref. et parfois encore auj., **gare de marchandises à un terminus;** aussi: **magasin, entrepôt** Naut. ***depot ship,*** (transport) **ravitailleur.** E.U. *one **depot (of repository penicillin),*** une **injection** (de pénicilline à effet retard).
– *When there are warehouses attached to a station, the whole is called a **depot.*** – Lorsque des magasins (des entrepôts) sont annexés à une gare, l'ensemble s'appelle **gare de marchandises.**

Deprecation. – Le latin *deprecatio* signifie « prière pour détourner un malheur », d'où en fr.: 1° prière instante pour détourner un châtiment, un malheur, 2° rhétor. figure oratoire qui consiste à implorer celui, celle que l'on veut fléchir ou toucher. En angl. le mot a en outre un sens général: celui de **désapprobation, désaveu,** *a look of **deprecation;*** enfin, **plainte, réclamation, protestation contre un abus,** etc.

Deputy. – En fr., c'est un envoyé ou un membre de la seconde chambre; en angl., ce peut être celui à qui l'on **délègue ses pouvoirs,** qui a **votre procuration:** un **mandataire,** un **substitut,** un **suppléant** (d'un juge); ***to act as a deputy for,*** **suppléer,** d'où les expressions: ***deputy-judge,*** **juge suppléant,** ***deputy-chairman,*** **vice-président,** ***deputy-director,*** **sous-directeur,** ***ambassador's-deputy,*** **chargé d'affaires;** ***deputy-lecturer,*** **chargé de cours.**
– Lady Barker se plaint de ce que, en Afrique du Sud, les domestiques angl. s'attendent aussitôt à avoir sous leurs ordres deux ou trois Cafres qui fassent leur ouvrage et, ajoute-t-elle, *None, save ladies and gentlemen seem to do anything, save **by deputy.*** (*South Africa,* X.) – Nul, sinon les patrons ne semble rien faire **par soi-même** (ne fait rien que par **ses sous-ordres**).
– Gil Blas (VII, xi), qui est sur le point de se prêter à l'imposture d'une comédienne, est dénoncé par le **sous-moucheur de chandelles,** *the **deputy candle-snuffer.***

Deride (to). – C'est l'équivalent du verbe lat. *deridere,* qui signifie **railler, tourner en dérision, se moquer de, rire de.**
– *Sport that wrinkled care **derides.*** (MILTON, *L'Allegro.*) – Les jeux qui **narguent** le souci renfrogné (1).
– Hazlitt, éconduit par celle qu'il aime, s'écrie dans un accès de désespoir: *Am I not hated, repulsed, **derided** by her whom alone I love or ever did love?* (*Liber Amoris, Letter* VIII.) – Ne suis-je pas haï, repoussé, **bafoué** par celle que seule j'aime ou ai jamais aimée?
– Clara Middleton vient de se confesser à Mme Mountstuart: *Her [Clara's] voice was musically thrilling in that low muted tone of the very heart, impossible **to deride** or disbelieve.* (MEREDITH, *Egoist,* XXXV.) – Sa voix, qui vibrait harmonieusement, rendait ce son grave, apaisé, qui vient du cœur même, et qu'il est impossible de **railler** ou de méconnaître. (Trad. Yvonne CANQUE.)

(1) Le c.s. est ici particult. tentant: « dérider qqn. », c'est *le faire rire; to deride s.o;* c'est *« rire de »* qqn.

Derive (to). – ***To derive** no advantage from...,* ne **tirer** aucun avantage de... est un emploi transitif angl. qui n'a pas son pendant en fr.

Derogate (to), derogation. – Le verbe a le sens lat. de † **abroger en partie; ôter à; diminuer; dépriser, déprécier.**
– Le *Literary Supplement* du *Times* (4 janvier 1923), rendant compte de la belle traduction des *Sonnets* de Shakespeare par Ch.-M. Garnier, écrit: *It is no **derogation** to Mr. Garnier to say...* – Ce n'est pas **diminuer le mérite** de M. G. de dire...

Descant, to descant. – En fr., *déchant* est, dans le plain-chant, le dessus enjolivé de broderies, d'où le verbe qui autrefois signifiait: **exécuter le plain-chant; chanter d'une autre manière,** et, au fig. ou famil. † **changer de ton; rabattre de ses prétentions, de ses espérances, perdre ses illusions.** En angl. ***descant*** a les sens suivants: le **dessus;** une **mélodie;** la **composition musicale,** l'**harmonie** (science); un **prélude instrumental,** consistant en variations sur un thème donné; au fig. **commentaire varié;** † **critique; dissertation.** ***To descant,*** c'est **discourir, disserter, s'étendre sur *(on),* commenter.**
– *The bards **descanted upon** the achievements of the heroes.* – Les bardes **chantaient** les exploits des héros.
– *He never tired of **descanting on** the beauty of the landscape.* – Il ne **tarissait** pas d'éloges sur la beauté du paysage.

Descend (to). – Descendre (L. 3°), c'est faire irruption, en parlant d'une invasion d'ennemis par mer ou venant d'un pays plus élevé. Le substantif angl. ***descent*** (cf. le projet de *descente* en Angleterre formé par le Premier Consul) répond exactement à cette définition. Le verbe ***to descend*** a des sens plus larges; il signifie **tomber, fondre sur.**
Autres sens du subst.: **descendance,** fait de *descendre* d'une famille et **ensemble des descendants** de qqn. d'où **extraction, origine, filiation, généalogie, lignage; génération, ascendance;** jur. **transmission** (de biens) **par droit de succession, par héritage;** enfin **déchéance, déclin, dégradation,** sens correspondant à notre emploi du verbe: *descendre de haut.*
– Alpha (*Windfalls,* p. 60) parle d'un fâcheux: *Blossom is the bore courageous. He **descends** on the choicest company without fear.* – Bl. est le raseur courageux. Il **fond** sans crainte sur la compagnie la plus choisie.
– *He married a maiden of high **descent.*** – Il épousa une jeune fille de haut **lignage** ou: **parage.**

Descent. – **Extraction, naissance, origine; quartier de noblesse;** p. ext. **génération; transmission** (par héritage).

– *He can prove his gentility by four* ***descents.*** – Il a quatre **quartiers de noblesse.**

Describe (to) oneself, description. – Amené au poste de police, un homme ***describes*** *himself as a teacher,* se **dit** professeur, **déclare** qu'il est dans l'enseignement: c'est la classe sociale, la catégorie professionnelle à laquelle il appartient.

– ***He was described*** *as a spy.* – **On le donnait pour** (ou: **il passait pour**) un espion.

Description signifie **genre; espèce.** Le voici dans une locution tautologique: *A worse country than this for clothes of every kind and* ***description*** *cannot be imagined.* (Lady BARKER, *South Africa*, VII.) – On ne saurait imaginer un pays plus funeste que celui-ci aux vêtements de toute sorte et de toute **espèce.**

– *A rake of the worst* ***description,*** un roué du plus bas **étage.**

– *I could not afford a match of this* ***description.*** – Je ne pourrais me permettre une union de ce **genre.**

– *Wheat of France on sample or* ***on description*** *as follows...* – Blé de France sur échantillon ou **répondant à la définition** suivante...

– *In all societies consisting of various* ***descriptions*** *of citizens, some* ***description*** *must be uppermost.* (BURKE, *French Revol.*, p. 72.) – Dans toute société composée de diverses **classes** de citoyens, il faut qu'il y en ait une qui domine.

Descry (to). – Qui a voulu dire décrier (ou a, du moins, été souvent confondu à l'origine avec *to decry*) a signifié aussi **annoncer par un cri** et, du fait que la vigie annonce par un cri qu'elle voit la terre, est arrivé au sens de **discerner, découvrir, observer, apercevoir.**

– *The bounds which separate these two schools are very difficult* ***to descry.*** – Il est très difficile de **découvrir,** de **discerner** les limites (ou: les frontières) qui séparent ces deux écoles.

Desert (to). – On peut fort bien traduire *The Deserted Village* par « Le Village déserté ». Il faut rendre l'expression ***to desert*** *the colours* par « **déserter** le drapeau ». Mais *a husband* ***deserts*** *his wife* se dira: « un mari **abandonne** sa femme »; *his faculties* ***deserted*** *him:* ses facultés **l'abandonnèrent.** Enfin, dans la langue juridique d'Écosse, ***to desert*** *(a suit)*, c'est **renoncer** (à un procès) ou (le) **remettre, se désister** (d'une poursuite); **proroger** (le Parlement); et intransitivement, **cesser d'avoir force de loi, devenir inopérant, caduc.**

– *Gracious God!* ***desert*** *me to any sufferings, but sustain my faith in Thee.* (LANDOR, *Count Julian.*) – Dieu miséricordieux! **Abandonne**-moi à toutes les souffrances, mais soutiens ma foi en toi.

Deserve (to), desert. – Le premier sens que l'on trouve dans L., à l'historique du mot *desservir* c'est celui de **mériter.** C'est l'acception courante en angl. d'où ***desert,*** **mérite.**

– *He* ***deserved*** *a better fate.* – Il **méritait** un meilleur sort.

– Pour ***desert,*** voici un exemple pléonastique du XVe s., où c'était le triomphe des écrivains d'accumuler les synonymes: *God rewarded each of them after their* ***desert*** *and merit.* (CAXTON, *G. de la Tour.*) – Dieu les récompensa chacun selon son **mérite.**

Design (to), designing, designer. – ***To design*** combine *dessin* et *dessein,* qui, d'ailleurs, ne sont qu'un seul et même mot (comme compter et conter) et ont, chez nous, une orthographe différente selon le sens. Il faut donc traduire par **dessiner,** mais ne pas oublier de rendre aussi parfois par **avoir dessein** de, **se proposer** de, **projeter** de. ***Well designed,*** **bien agencé, bien entendu.**

L'adj. ***designing,*** qui a tous les sens du verbe, peut signifier péj. **intrigant, rusé, qui nourrit de noirs desseins;** se dit aussi d'une femme **qui a des visées sur un homme.**

– ***Designer,*** sens corresp.; aussi, **metteur en scène.**

– *He* ***designed*** *the building.* – Il **fit le plan** de l'édifice.

– *I* ***design*** *to go with you.* – **J'ai dessein** d'aller avec vous.

– *They gave the best* ***designed*** *and most luxurious entertainments that had yet ever been seen,* dit Walter Scott traduisant ce passage des *Mém. de Grammont,* II, de Hamilton: Ils donnèrent les repas les mieux **entendus** et les plus délicats qu'on eût encore vus.

– *We are all grave, serious,* ***designing*** *men in our way.* (STEELE, *Spectator*, n° 43.) – C'est là le sens général: Nous sommes tous, à notre manière, des hommes graves, sérieux, **ayant des projets en tête.**

– Mais voici le sens péj.: *The old knight is impos'd upon by a* ***designing*** *fellow.* (ADDISON, *Ibid.*, n° 13.) – Un **intrigant** en fait accroire (ou: en impose) au vieux chevalier.

– ***Design*** *of an experiment.* – **Mode opératoire** d'une expérience.

– *The argument* ***from design*** *is banned by scientists.* – L'argument **téléologique** (la preuve **par les causes finales**) est honni(e) des hommes de science.

– *The moon is a most theatrical* ***designer.*** – La lune est un admirable **metteur en scène.**

Desirable. – A un sens lâche. C'est quelque chose comme **bien, satisfaisant.** C'est une épithète de publicité, employée fréquemment aussi en politique et en diplomatie. Dans ce dernier cas, on peut le rendre par **souhaitable, opportun, indiqué.**

– *If the apartments were found* ***desirable,*** *my mother and the others were to join us the next day.* (F.C. PHILIPS, *My little husband.*) – Si l'on trouvait **bien** (si l'on jugeait **convenable**) l'appartement, ma mère et les autres devaient nous rejoindre le lendemain.

– Annonce: *This* ***desirable*** *residence to be let or sold,* comme chez nous: **Belle** maison de maître à louer ou à vendre.

– *The British Government did not think it* ***desirable*** *to alter the white lead legislation.* – Le gouvernement britannique n'a pas jugé **souhaitable** (ou: **opportun**) de modifier la législation sur la céruse.

Desire (to). – Exprimer le désir, donc, **demander, prier, inviter.**

– *You will* ***desire*** *Mr. Harte, that you may read aloud to him* *every day.* (CHESTERFIELD, *Letters.*) – **Priez** M. H. de vous faire lire tous les jours devant lui.

» – *I was **desired** to walk in.* – On me **pria** d'entrer.

– *He was **desired** to stay to supper.* – On l'**invita** à rester à souper.

Desperate, -ly. – Des nuances délicates différencient ***desperate*** de son frère fr. Il signifie non seulement désespéré, mais encore **téméraire, insoucieux** (des conséquences de ses actes), **réduit aux résolutions extrêmes, prêt à courir tous les risques** (cf. L. 4° *s.v. désespéré*).

To be desperate, c'est **ne prendre conseil que de son désespoir, être aux abois, poussé à bout;** *a **desperate** fellow*, un homme **capable de tout.**

Des choses: **affreux, épouvantable.** *A **desperate** affair*, une **méchante** affaire, *a **desperate** battle*, une bataille **acharnée,** un combat **à outrance.**

Le proverbe « Aux **grands** maux les **grands** remèdes » peut se rendre en angl. par: ***Desperate** diseases require **desperate** remedie;* mais *a **desperate** remedy*, c'est un remède **héroïque.** *To play a **desperate** game*, jouer **gros** jeu.

Enfin pop., ***desperate*** signifie: **très grand, furieux, fieffé, enragé, terrible;** c'est un intensif. *I am in a **desperate** hurry*, je suis **terriblement, horriblement (extrêmement)** pressé(e).

*A **desperate** smoker* (Boyer), c'est « un **grand** fumeur, un **enragé** fumeur ». L. a, dans le même ordre d'idées, un **furieux** mangeur.

***Desperately*, à corps perdu, éperdument, furieusement.**

Syn. du *Thesaurus* de Roget: *great, violent, hopeless, rash.* . . . .

– *The traveller dashed forward... regardless of the profound darkness of the night, and the probability of encountering some **desperate** characters abroad.* (DICKENS, *Barn. Rudge*, II.) – Le voyageur fonçait de l'avant... insoucieux de la profondeur des ténèbres et de la probabilité de rencontrer sur son chemin des scélérats **capables de tout.**

– Anne Garland, poursuivie par Festus Derriman, est enfin prise au piège qu'il lui tend: *Poor Anne was now **desperate.*** (Th. HARDY, *The Trumpet-Major*, XXVIII, 252) – La malheureuse Anne en était maintenant **réduite aux résolutions extrêmes.** La suite du roman nous apprend qu'elle n'hésite pas à sauter sur le coursier de Festus et brûle la politesse au *yeoman.*

– Kipps, dégoûté de la belle société, revient à ses anciennes amours, et supplie Ann Pornick de le suivre pour l'épouser. Celle-ci garde un silence peu encourageant: *If you don't answer me, Ann – I'm **desprit** [**desperate**]...* (WELLS, *Kipps*, II, VIII, § 5.) – Si vous me laissez dans le doute, Anne, **je ne réponds pas de ce que je ferai,** ou: **je ferai un malheur.**

– *Losing gamesters are the most **desperate.*** – Les perdants sont les plus **acharnés** au jeu, les plus **enragés,** des **risque-tout.**

– *It rained – blew – thundered – and lightened. I never recollect a more **desperate** night.* (O. BRIEN.) – Pluie, vent, tonnerre, foudre. Je ne me rappelle pas nuit plus **effroyable** (plus **affreuse**).

– Le premier ex. de cet emploi donné par le N.E.D. est emprunté à Shaks. (*Oth.* II, i, 21.): *The **desperate** tempest hath so banged the Turks...* – Cette **effroyable** tempête a si bien étrillé les Turcs...

– *A slowing down of world trade could have **desperate** consequences. (The Economist,* Dec. 3 .60.) – Un ralentissement du commerce mondial pourrait avoir des conséquences **funestes, désastreuses.**

– *On being plied with questions by the judge, the offender waxed **desperate** and turned Queen's evidence.* – Pressé de questions par le juge, le délinquant, **poussé dans ses derniers retranchements,** dénonça ses complices.

– *They [the three apprentices]... went about together of an evening with the bearing of **desperate** dogs.* (WELLS, *Polly*, I, 3.) – Les trois apprentis se promenaient en ville le soir avec les allures de **casseurs d'assiettes.**

– *An old electric apparatus made me **desperately** curious.* – Une vieille machine électrique m'intriguait **furieusement.**

– *The Natives believe **desperately** in witchcraft.* – Les aborigènes croient **dur comme fer** en la magie.

– *I still hoped **desperately** that we would come to an agreement.* – J'espérais encore **contre tout espoir** que nous aboutirions à un accord.

Despite. – Notre **dépit** est un chagrin mêlé d'un peu de colère. Outre ce sens, ***despite*** (étym.: action de regarder de haut, mépriser) a les suivants: **mépris** (en *dépit* de vos ordres, c'est proprement au **mépris** de vos ordres); **traitement méprisant, insulte, outrage, injure; aversion,** pour aboutir à une acception plus récente, **rancune, haine.**

– *Wounded pride, disappointed malice, rancorous **despite.*** (TRENCH, *Mirac.*, XIX.) – L'orgueil blessé, la méchanceté déçue, la **haine** rancunière.

Dessert. – E.U. Correspond à notre **entremets.**

Destitute, destitution. – Il suffira de relever les emplois absolus en angl. de ***destitute*, dénué de tout, sans ressources,** et de ***destitution*, dénuement, misère;** subst. *the **destitute***, les **indigents,** les **misérables.**

– *The country was plunged into discord and **destitution.*** – Le pays fut plongé dans la guerre civile et la **misère.**

Detail (to). – **Détacher** des hommes pour une corvée, une expédition, une mission, d'où *a **detail***, un **détachement** (de corvée, etc.), et même E.U. de police. Autres sens: mil. **extrait de l'ordre du jour;** mécan. **organe** (d'une machine).

– *The first division was* ***detailed*** *for this work of destruction.* – La première division fut **détachée** pour cette œuvre de destruction.

Detain (to), detainer. – Arrêter qqn., le **retarder, l'empêcher de partir; consigner** (un élève), le **mettre en retenue.**

Detainer, jur. **mandat de dépôt; détention de biens saisis.**

– *He was* ***detained*** *by the rain.* – Il a été **retardé** par la pluie.

– *The ship was* ***detained*** *by the storm.* – Le navire fut **retenu** (au port) par la tempête.

– *I am* ***detaining*** *you.* – Je **vous retiens,** je vous **fais perdre votre temps** (sens courant).

Deter (to), deterrent. – Le latiniste reconnaîtra le latin *deterrere*, détourner, dissuader. ***To deter*** signifie donc **décourager, arrêter, détourner,** ou **empêcher d'agir par crainte des dangers, des difficultés** ou **par une autre considération, dissuader.**

Signalons qu'au XVIIe s., ***to deter*** a eu le sens de **terrifier, alarmer.**

– *Do not seek* ***to deter*** *me from my purpose.* (JOHNSON, *Rasselas*, 34.) – Ne cherchez pas à me **détourner** de mon dessein.

– *The storms which late these realms* ***deterred.*** (WITHER.) – Les tempêtes qui récemment ont **terrifié** ce royaume.

REMARQUE. ***To deter*** a donné le subs. ***deterrent*** dont la trad. courante: « **force de dissuasion** » ne satisfait pas M. Etiemble, professeur à la Sorbonne. Il propose *(Parlez-vous franglais?)*: **armes de terreur, représailles.**

Au fig. – *The very serious* ***deterrent*** *of ridicule.* – Le **frein** très efficace que constitue la peur du ridicule.

Deteriorate (to), deterioration. – Ces mots, en angl., s'appliquent aux personnes comme aux choses. C'est respectivement **déchoir, dégénérer; diminuer, avilir,** et **déchéance, dégénération; abaissement, avilissement** (de la monnaie ou des prix, par exemple). Emploi absol. du v. **se dégrader.**

– *It went to my heart to find how much* ***deteriorated*** *the poor fellow was.* – Je fus navré de voir combien le pauvre homme était **déchu.**

– *The British Government intends to take steps to avoid the* ***deterioration*** *of the steel industry.* – Le gouvernement britannique a l'intention de prendre des mesures pour éviter que l'industrie de l'acier ne **dégénère,** ne **tombe dans le marasme,** ne **périclite.**

– *The German middle class has been ruined by the* ***deterioration*** *of the mark.* – En Allemagne, la classe moyenne a été ruinée par l'**avilissement** du mark.

– *The situation* ***has deteriorated.*** – La situation s'**est dégradée.**

– *Many of the religious foundations, which dated from the Middle Ages,* ***had deteriorated.*** – Bien des fondations pieuses, qui remontaient au moyen âge, **avaient dégénéré.**

DET

Determine (to), determination. – Mettre fin à, limiter, terminer, conclure, résilier et, intransitivement, **venir à expiration.** On trouve fréquemment dans les traités et contrats l'expression tautologique: ... *shall cease and* ***determine*** c'est-à-dire **viendra à expiration.** ***Determination*** *of contract*, **résiliation** de contrat.

Par extension, **mettre fin à** (un différend, une controverse), **résoudre** (une question douteuse), **régler** (un point en litige), d'où ***determination*,** **sentence judiciaire** rendue par un juge ou un arbitre et qui **met fin** à une controverse. Intr., **décider,** sens fr.: « Il y a de la témérité d'entreprendre de *déterminer* jusqu'où s'étend la puissance de Dieu. (ROUHAUT, *Physique*, dans Richelet.)

Enfin, **diriger** (vers), **pousser** (vers, à), d'où le sens médical du subst.: **détermination morbide,** tendance qu'a une affection à se manifester plus particulièrement en un organe (cf. *prédisposition*).

– *Her husband's death... would certainly have* ***determined*** *her life.* (STEELE, *Tatler*, n° 167.) – La mort du mari... eût certainement **mis fin** aux jours de sa femme.

– *The privileges... do not* ***determine*** *with the life of M. de Lesseps.* (GLADSTONE.) – Ces privilèges... ne **prendront pas fin (n'expireront** pas) à la mort de M. de L.

– *This ambiguity should be* ***determined*** *in one direction or in the other.* – Cette ambiguïté devrait être **résolue** dans un sens ou dans l'autre.

– *The* ***determination*** *of the court was published on the 10th of December.* – La **sentence** du tribunal fut rendue publique le 10 décembre.

– *Animals are* ***determined*** *to take in aliments by the appetites of hunger and thirst.* – L'aiguillon de la faim et de la soif **pousse** les animaux à se nourrir (s'alimenter).

– *He was threatened with a* ***determination*** *of blood to the head.* – Il fut menacé d'un **afflux,** d'un **transport** de sang au cerveau.

Detonate (to), detonation. – Au fig., c'est par ex., intr., **avoir** ***to detest*,** avant son sens affaibli de **haïr, abhorrer,** signifiait **maudire.**

Ex.: « Tous accusent leurs chefs, tous *détestent* leur choix. (CORNEILLE, *Hor.* III, 2).

Detonate (to) detonation. – Au fig., c'est par ex., intr., **avoir une explosion** de colère, et, trans., **s'attirer les foudres de,** etc., d'où ***detonation*** dans ce sens.

– D'un professeur de latin Kipling nous dit: *I had* ***detonated*** *him by a very vile construction of the first few lines.* – Je m'étais **attiré ses foudres** par ma lamentable explication des quelques premières lignes.

– ***Detonations*** *of temper were not unfrequent.* (STEVENSON, *New Arabian Nights*, 296.) – Des **explosions** de colère n'étaient pas rares.

Develop (to) (neutre et trans.), **development.** – *Développer*, c'est notamment au pr. « étendre ce qui était roulé sur soi-même », et au fig. † « dégager pour l'esprit ce qui est enveloppé d'obscurité ». C'est aussi « faire prendre toute sa croissance à ce qui est contenu dans un germe ». L'angl., on va le voir, a exploité à fond toutes ces significations.

To develop, c'est † **dévoiler, révéler, faire connaître;** E.U. **arriver, advenir, avoir lieu; faire apparaître, mettre en lumière, en évidence; découvrir, déceler, repérer. Déclencher** (une attaque), **ouvrir** (le feu); **présenter, manifester** (une tendance, un symptôme), **contracter** (une maladie, un vice); E.U. **mettre au point** (un médicament, un insecticide, une méthode de travail, etc.); **acquérir (l'immunité** à l'infection); **prendre** (de l'intérêt à).

Development, sens correspondants, notamment **événement, fait nouveau,** etc.: sens quasi concret: **exploitation, mise en valeur** (des terres, d'un gisement, etc.), mines, **traçage, *development end,* galerie de traçage.** Autres sens, **évolution** (des événements, d'une situation, etc.); **marche, démarche** (de la pensée, etc.). Enfin, sens lâches que seul le contexte permet de déterminer.

Ex. *the **new developments*** pourra signifier, selon le cas: les **faits nouveaux,** la **situation nouvelle,** les **innovations** ou les **progrès récents; *practical development,*** l'**exploitation effective** (d'une source d'énergie, etc.); *projected **developments,*** les **aménagements** prévus, etc. (cf. *facilities*).

– *While residing in the Philippine islands, he **developed** malaria and eventually symptoms of consumption.* – Pendant son séjour aux îles Philippines, il **contracta** le paludisme et **présenta** ultérieurement des symptômes de tuberculose.

– *We shall follow the lead **developed** by Mr. N.* – Nous suivrons la voie **tracée** par M. N.

– *Malthus **developed** a theory of population, but since then his concept has **developed.*** – M. a **élaboré** une théorie de la population, mais depuis lors, cette notion a **évolué.**

– *A new gold mine has **been developed.*** – Une nouvelle mine d'or a été **mise en exploitation.**

– *Spies were detailed **to develop** the enemy's position* (Webster) – Des espions furent détachés pour **repérer (découvrir)** la position de l'ennemi. En angl., on dirait plutôt: *to detect, discover, spot.*

– ***It developed** that her fears were groundless.* – **Il se trouva (il apparut)** que ses craintes étaient sans fondement.

– *The experiment **developed** some interesting facts.* – L'expérience **a fait apparaître (a révélé, mis en évidence, permis de dégager)** des faits intéressants. Rapprocher: « Quelque aventure un jour me viendra *développer* une naissance illustre. (Mol., *Préc. rid.*, sc. 5.)

– *With the **development** of a powerful synthetic insecticide « DDT » malaria has been brought under control.* – La **mise au point** d'un puissant insecticide synthétique, le DDT, a permis de maîtriser (ou: de faire reculer) le paludisme.

– *The stars and their **development.*** (Byron.) – Les astres et leur **cours** (leur **marche,** leur **révolution**).

– *Great men are sometimes able to influence **developments.*** – Les grands hommes peuvent parfois influencer la **marche des événements.**

– *British policy has always been able to adapt itself to new **developments.*** – La politique anglaise a toujours su s'adapter aux **situations** nouvelles.

– *Science is the source of many **developments.*** – La science est la source, est à l'origine de maintes **innovations.**

– ***Future developments** have belied our expectations.* – **La tournure qu'ont prise les événements** a démenti nos espoirs.

Devil, to devil. – Idiotismes et expressions idiom.: *the **devil's bones,*** les **dés,** *the **devil's books,*** les **cartes. *Devil a bit!* pas du tout! pas le moins du monde. *It's the devil and all*** *to get him to work,* **c'est la croix et la bannière** pour le faire travailler. ***Devils (angels) on horseback,* friture d'huîtres bardées de tranches de lard.** Famil. **nègre** (d'un écrivain, etc.); ***printer's devil,* apprenti imprimeur.** Suivent divers sens techn. En compos. (Afrique) ***dust-devil,* tourbillon de poussière. *Devil-dodger,*** pop. **corbeau, curé (prêtre, ecclésiastique); *devil-may-care,* cerveau brûlé, casse-cou, risque-tout; j'm'en-fichiste.**

***To devil for s.o.,* servir de nègre à qqn; travailler comme un nègre, « négrifier »;** trans. **griller et poivrer fortement** (de la viande). Techn. **effillocher** (des chiffons, etc.). E.U. *The Senator was **devilled** with questions,* le sénateur fut **harcelé** de questions.

Devise (to), device. – L'étymologie du verbe est le lat. pop. *divisare,* du supin *(divisum)* de *dividere,* diviser. Toutefois c'est au vieux fr. que le verbe angl. a, comme l'explique le N.E.D., emprunté ses nombreuses acceptions, hormis le sens juridique important de **léguer, laisser par testament,** issu du lat. médiéval *dividere, disponere testamento* (*q.v.* dans Du Cange), mais qui, logiquement tout au moins, pourrait se rattacher au sens fr. vieilli de **diviser, distribuer, répartir.**

De ce dernier sens on passe aisément à celui de **disposer, ordonner** une construction, puis, en angl. moderne, à l'acception fig. de **projeter, faire le plan de, imaginer, inventer** et, péjor., **machiner, intriguer, comploter, combiner.**

Quant à ***device,*** en raison de sa double origine, *devis* et *devise,* il a une multiplicité de sens, dont nous ne retiendrons que les survivants: **expédient, stratagème, subterfuge; dispositif; emblème, meuble de l'écu; devise,** qui a d'abord été un terme de blason signifiant division de quelque pièce honorable de l'écu, d'où « la devise de Louis XIV était un soleil ».

– Voici le sens de proposer, faire des projets, emprunté à H. Estienne, (*Precellence,* p. 205): « Nous lisons aussi, Fol **devise** et Dieu depart ».

– *Any person to whom any real or personal estate shall be **devised** or bequeathed.* (N.E.D.) – Toute personne à qui auront été **légués** des biens immobiliers ou mobiliers quels qu'ils soient. (Ex. choisi pour rappeler qu'aujourd'hui ***to devise*** ne s'applique plus qu'aux immeubles, léguer (des biens meubles) se disant *to bequeath.*

– *He **devised** this engine.* – C'est lui qui a **conçu, inventé** cette machine.

– Parlant de l'hégémonie de la langue et de la littérature fr. au moyen âge, un critique angl. dit: *She **devised** and others imitated.* – Elle **inventa,** et les autres imitèrent.

– Le Prince de Galles vient de convaincre Falstaff de mensonge: *What trick, what **device....** canst thou now find out...?* (SHAKS., *Henry IV*, II, iv.) – Quel tour de passe-passe, quel **subterfuge...** peux-tu bien trouver maintenant...?

– *The thousand **devices** which enhance the beauty of a beloved woman.* – Les mille **ruses** qui rehaussent la beauté d'une femme aimée.

– *He **devised** a hundred wild schemes for meeting his beloved.* – Il **combinait** cent projets absurdes pour rencontrer sa bien-aimée.

– *All my **devices** to get it [my canoe] into the water failed me.* (DEFOE, *Rob. Crus.*, I.) – Tous mes **expédients** pour la mettre [mon embarcation] à l'eau avortèrent.

Devote (to). – Outre le sens courant de ce verbe: **dévouer, consacrer à,** penser au sens primitif, qui est celui du lat. *devovere,* vouer, consacrer aux dieux comme victime, vouer aux dieux infernaux, et absol. maudire, sacrifier, immoler, « Un loup quelque peu clerc prouva par sa harangue Qu'il fallait *dévouer* ce maudit animal. (L.F., *Fables*, VII, 1). D'où en angl., **vouer** (au malheur), **livrer, condamner** (à la ruine, à la destruction).

Inversement, et p. ext. ***to devote*** prend dans la langue courante le sens affaibli de **affecter, appliquer, consacrer** (une somme, etc. à); **donner, accorder** (du temps à qqn.), **être assidu** (à un travail, etc.). A quoi on ajoutera le sens relevé de ***to be devoted to** s.o.*, **être à la dévotion** de qqn, **chérir** (sa femme, etc.).

– *Such was the tribute of a few **devoted** admirers.* – Tel fut l'hommage que lui rendirent quelques **fervents** admirateurs.

– *I fly these wicked tents **devoted,*** s'écrie Abdiel, l'ange fidèle. (MILTON, *P.L.*, V, 887.) – Je fuis ces tentes criminelles et **maudites** (ou **« réprouvées »,** Chateaubriand).

– *Another storm burst on the **devoted** land.* (BUCKLE). – Une autre tempête éclata sur ce pays **voué à la destruction, à la ruine,** (**prédestiné** au malheur).

– *The fund will be mostly **devoted** to assisting the under-developed countries.* – Le fonds sera **consacré** surtout à venir en aide aux pays en voie de développement.

– *My secretary is very **devoted** to her work.* – Ma secrétaire est très **assidue** à son travail.

– *He **was devoted** to his wife.* – Il **chérissait** sa femme.

Devotion. – Quiconque lit cette phrase de Roderigo (*Othello,* V, i, 8) que Iago a excité contre Cassio: *I have no great **devotion** to the deed,* comprend que la traduction littérale ne « colle » pas. Il faut dire: Voilà une action qui ne **m'inspire** (ou: ne **m'enthousiasme**) guère. Même remarque sur les dires qu'appelle l'attitude de Coriolan à l'égard du peuple: *He seeks their hate with greater **devotion** than they can render it him* (II, ii, 21): Il recherche sa haine avec plus de **zèle** que le peuple ne la lui peut rendre. De tels emplois n'ont pas été sans laisser des traces dans la langue moderne. On y ajoutera le sens de **dévouement,** d'**attachement** (aux pers. et aux ch.), d'**assiduité** (au travail, etc.) sans oublier les sens très proches du fr. dans des locut. comme: *she **was at her devotions,*** elle **faisait, disait, récitait ses prières;** *they found her **books of devotion** on the table,* ils trouvèrent **ses livres de piété** sur la table.

– *This student's well-known **devotion** to work.* – Cet étudiant est bien connu pour son **assiduité** au travail.

– *Mr. N. was **full of devotion** to women.* – M. N. était **plein d'attentions** (ou: **aux petits soins**) pour les femmes.

– J.-J. Rousseau écrit (*Confessions*, I, i): La beauté de ma mère, son esprit, ses talents, lui attirèrent des **hommages,** ce qui est traduit: *My mother's beauty, intellect and talents gained for her the **devotion** of numerous admirers.*

– *He swore eternal **devotion** to her.* – Il lui jura un **amour** éternel.

– *I am grateful to you for your **devotion.*** – Je vous suis reconnaissant de votre **dévouement.**

Devout. – Si dévot prend aisément en fr. un sens péjoratif: « Un *dévot* est celui qui, sous un roi athée, serait athée » (LA BR., 13), il n'en est pas de même en angl., où le mot ne doit pas être pris en mauvaise part. Au sens de **pieux** on ajoutera ceux de **zélé, fervent, sincère.** Même remarque pour ***devoutly.***

– *His father was a **devout** Christian,* son père était un **fervent** chrétien.

– Hamlet s'écrie: *'Tis a consummation **devoutly** to be wished,* c'est là un dénouement qu'il faut souhaiter **ardemment** (ou: **avec ferveur**), d'où, par réminiscence, et famil., *it is **devoutly** to be hoped that...,* **on ne saurait trop** espérer que, **il faut vraiment** espérer que...

Diagram. – Parfois, **graphique, schéma.**

Diamond. – *To throw a **diamond*** n'est pas ce qu'un novice pourrait croire, mais « jeter, jouer du **carreau** », non de vitre, lequel s'appelle, quand il est taillé en losange, ***diamond-pane.*** Le losange a été, en effet, à l'origine, la représentation d'une facette de diamant naturel cristallisé en octaèdre, d'où le sens de **losange, rhombe** en forme de losange; autre sens: ***black diamond,*** **diamant noir, carbonado,** au pl., famil. la **houille,** le **charbon.** Loc. div. *he is a **rough diamond,*** c'est un **homme de talent** ou **de valeur,** un **excellent homme,** mais **un peu rustre, mal léché.** ***Diamond against*** (ou: ***cut***) ***diamond,*** **fin contre fin, à malin malin et demi, à bon chat bon rat;** rapprocher

Corsaires à corsaires, L'un l'autre s'attaquant ne font point leurs affaires (Régnier), expression reprise par L. F. (*Fables*, IV, xii), qui dit aussi « Lion contre lion » (voir *Greek*). Suite des sens: ***diamond frame***, **cadre de bicyclette.** E.U. **terrain de baseball;** typ. **corps quatre; perle.**

– *The knave of **diamonds**.* – Le valet de **carreau.**

– *In the pretty **diamond-cut-diamond** scene between Pallas and Ulysses.* – (RUSKIN.) Dans la jolie scène où U. et P. **jouent au plus fin.**

– *He was a rough-looking man and somebody called him a **rough diamond**.* – C'était un homme d'aspect grossier et quelqu'un le qualifia de **paysan du Danube.**

Diapason. – Le jeu de l'orgue nommé **prestant:** d'où **son grave, riche et plein; accord, harmonie,** notamment **crescendo harmonieux.**

– *Many an Aldermanic nose rolled its loud **diapason** after dinner.* – Après dîner, plus d'un nez d'alderman fit ronfler son **prestant sonore** (ou: Plus d'un alderman **barytonna** du nez).

– *The lark's **diapason** in the sky.* – Le **crescendo harmonieux** (ou: les **flots d'harmonie**) de l'alouette au ciel.

Diaper (to). – **Ouvrer** (du linge); **gaufrer** (la toile); **losanger** (une surface).

Diary. – Le latiniste identifiera ***diary*** avec *diarius*, journalier. Il saura donc que ***diary fever*** ou † ***diary*** signifie **fièvre éphémère** ou **diaire,** et ***diary*** (subst.), **journal** où l'on consigne les choses faites, ou même **agenda** où l'on consigne les choses à faire.

Diction. – **Style** et même, plus génér., **langue.**

– *As for the form of poetry, Wordsworth denied the existence of a poetic **diction**.* – Pour ce qui est de la forme, W. niait l'existence d'un **style** propre à la poésie.

– *This **diction** nevertheless excelled in the treatment of abstract subjects.* – Cette **langue** excellait cependant au traitement des sujets abstraits.

Diet. – N'a qu'exceptionnellement le sens français de « régime consistant dans l'abstention totale ou partielle d'aliments, » et, après avoir signifié † **manière de vivre** ou **de penser,** veut dire en général **nourriture** habituelle, **régime** de tous les jours.

– *Francis of Assise and he were both of a **diet**.* (B. HALL, *Serm.*, v, 104.) – François d'A. et lui avaient la même **façon de penser.**

– *Any alteration on this earth of mine in **diet** or in lodging puzzles and discomposes me.* (LAMB, *Elia, New Year's Eve.*) – Tout changement sur cette mienne terre, soit de **régime,** soit de logement, m'inquiète et me trouble (me déroute, me déconcerte).

Differ (to), difference. – *I beg **to differ**,* permettez-moi d'**être d'un autre avis;** *the parties **agreed** to differ,* les parties **gardèrent chacune leur opinion, ne purent que constater leur désaccord.**

C'est ainsi que du sens général de différence, l'anglais passe à celui de **différence d'opinion,** d'où **divergence, dissidence** (Ste-Beuve, Renan), **désaccord,** et, par suite, **mésintelligence, dissentiment, différend, conflit** causé par ce désaccord. *To make up a **difference**,* régler, ajuster un **différend;** ***to split the difference***, fam. **couper la paille en deux, partager la poire** (L., 1°), **faire une cote mal taillée.** Blason, **brisure,** *arms **without any difference**,* armes **pleines.**

– *It is almost impossible to be husband and wife without having ever a **difference**.* – Il est presque impossible d'être marié sans avoir jamais quelque **désaccord,** ou famil. quelque **bisbille,** quelque **brouillerie.**

Digestive. – Le subst. signifie outre digestif, **suppuratif.** Quant à l'adj., il a son équivalent en fr. Toutefois une phrase de ce genre: *She had retired to lie down for her **digestive hours*** ne peut se rendre littéralement; on dira: Elle s'était retirée pour faire sa **méridienne** (ou **sa sieste**) habituelle.

Digress (to), digression. – Outre **faire,** (**se lancer dans**) **une digression, ouvrir une parenthèse,** signifie au pr. **s'écarter de sa route,** et absol. **s'égarer;** p. ext. au fig. **divaguer** (autref. errer çà et là, du lat. *divagari*), **battre la campagne.**

– Un coupable est pris au piège: *Then he began **to digress** protesting his inncence.* – Alors, il se mit à **divaguer,** en protestant de son innocence.

– *After many **digressions** (in her letter) she implored his assistance.* – Après beaucoup d'**ambages,** elle implora son aide.

Dilapidated. – Une traduction d'un ouvrage de l'humoriste américain dont le pseudonyme est O. Henry nous fait faire connaissance avec une « maison dilapidée » et un fauteuil idem. Nous dirons, dans le premier cas, **délabrée** et, dans le second, **dépenaillé.** *A **dilapidated** castle,* un château **en ruines.**

– *To wear **dilapidated** shoes.* – Porter des souliers **éculés.**

– *He had exchanged his **dilapidated motor-car** for a brand-new one.* – Il avait échangé son **vieux clou** (ou: **tacot**) contre une voiture flambant neuve.

– L'épithète peut même s'appliquer aux personnes. Le second fait l'appel des marins (CONRAD, *Nigger of the N.*, I): *« Donkin... O lord! » he involontarily ejaculated as the incredibly **dilapidated** figure appeared in the light.* « ...Donkin... Bon Dieu! » laissa-t-il échapper devant l'invraisemblable et **calamiteuse** apparition que lui révélait la lumière.

Dilapidation. – Outre le sens fr., **délabrement, dépérissement, dégradation** (d'un édifice d'un immeuble); jur., **détériorations, dégradations;** géol., **éboulement, désagrégation** par l'action des agents naturels, les **rocs** ou **pierres** ainsi éboulés, **débris.**

– *The **dilapidations** of time and the caprice of fashion.* (W. IRVING, *Sk. Book.*) – Les **injures** (**outrages**) du temps et les caprices de la mode.

– *The outgoing tenant is liable for all **dilapidations.*** – Les **dégradations** sont à la charge du locataire sortant.

Dilate (to). – Le sens propre de ce verbe: dilater, étendre, élargir, a donné au fig. à la voix intr. et avec la prép. *on, upon* les significations de: **développer, amplifier** (un sujet), **exposer tout au long, raconter en détail, par le menu, s'étendre, s'appesantir** (sur un fait, etc.). Employé absol., il appelle la voix pronominale.

– Hazlitt a pu divorcer grâce aux accommodements de la loi écossaise: *Hazlitt had no scruple in **dilating** to his friends **on** those facilities of Scottish law which had opened to him such advantages.* – H. ne se faisait aucun scrupule **d'exposer longuement** à ses amis les accommodements de la législation écossaise qui lui avaient offert (ou: ménagé) de tels avantages.

– La joie *dilate* la poitrine, le cœur, mais d'une jeune fille heureuse des souvenirs que son amoureux lui rappelle: *She **dilated**, quivered with emotion, in response* (D.H. LAWRENCE), nous dirions plutôt: Toute vibrante d'émotion, elle **s'épanouissait,** lui donnant ainsi la réplique.

REMARQUE. – On rapprochera utilement de ***to dilate (on)*** le lat. *dilatare, dilatare orationem,* **allonger** le discours *dilatare argumentum,* **développer** un sujet, une thèse. Bossuet écrit (*Sur les devoirs des rois,* II) « *Dilatez* maintenant son règne » c.-à-d. « **donnez de l'expansion** au royaume de Dieu. »

Dilute (to), dilution. – Adjoindre (à la main-d'œuvre qualifiée) **des ouvriers non spécialisés,** d'où ***dilution,*** **« coupage »** de cette main-d'œuvre; autres sens: très proches du fr. *diluer:* **délayer, adoucir** (une couleur); **édulcorer** (une doctrine, une religion, etc.).

– *The **dilution** of spirits is prohibited.* – Le **mouillage** des alcools est interdit.

– *The provisions of the Act have been **diluted.*** – La portée des dispositions de la loi a été **atténuée.**

– *This was considered by the uncompromising members as **diluted** communism.* – Cela fut considéré par les purs comme un communisme **édulcoré (à l'eau de rose).**

Dime. – Monnaie d'argent des E.U. équivalant à **1/10e de dollar;** ***dime novel,*** **roman noir, rocambolesque,** puis **roman de quatre sous.**

Diminutive (adj.). **–** En fr., un diminutif est presque exclusivement un terme didactique, tandis que l'angl. l'emploie couramment comme l'attestent les ex. suivants: ***a diminutive man,*** un **homuncule,** *a **diminutive** child in stature,* un enfant de taille **menue,** *a **diminutive** Alexander,* un Alexandre **au petit pied.** Shakespeare appelle le roitelet: *the most **diminutive** of birds* (*Macbeth,* IV, ii, 10), le plus **minuscule** des oisillons; pour Gulliver les Lilliputiens sont *« those **diminutive mortals** »,* ces **pygmées,** ces **myrmidons,** ces **nabots;** *a **diminutive poet,*** un **poète mineur,** ***diminutive** trees,* des arbres **mesquins,** comme dit Stendhal.

REMARQUE. – Baudelaire écrit avec une hardiesse de poète: « La mer offre à la fois l'idée de l'immensité et du mouvement. Six ou sept lieues représentent pour l'homme le rayon de l'infini. Voilà un infini *diminutif.* » (*Mon cœur mis à nu.*)

Direct (to), direct, direction. – ***To direct** a letter,* **adresser** une lettre, y **mettre l'adresse** ou la **suscription** ***(direction);*** **indiquer la route** à; **donner des instructions, des ordres à** ***(directions).***

Quant à l'adj., il a pris une signification morale inconnue chez nous: **franc, sans détour, sans ambages, qui va droit au but:** *Be even and **direct** with me.* (SHAKS, *Hamlet,* II, ii, 298.) – Soyez franc et **sincère** avec moi (expression tautologique); par extension, **immédiat.**

Direct signifie aussi: **formel, exprès, positif:** *He nowhere that I know says it in **direct** words.* – Nulle part, que je sache, il ne le dit en termes **formels.** Autres sens, ***direct** current,* courant **continu;** mus. (accord) **fondamental,** (intervalle) **direct.**

En compos. et locut. div. ***direction**-board, -plate,* plaque **indicatrice** (de route); ***direction**-post,* poteau **indicateur;** ***direction-finder,*** **radiogoniomètre, cadre radiogoniométrique.**

*Stage **direction*** **indication** scénique; ***direction** to the jury,* **exposé de la loi** fait par le juge (lorsque le jury est appelé à se prononcer sur un point de droit). ***Direction word*** = *catchword,* **mot vedette,** typ. **réclame;** au théâtre, **réplique.**

– *The novelist's platitudes (implied or **direct**) are detrimental to his book.* (E. POE, *Marginalia.*) – Les lieux communs de ce romancier, qu'il les prête à ses personnages ou les **donne comme siens,** ne peuvent que nuire à son livre (Trad. V. ORBAN). (Explication plutôt que traduction.)

– *Nelson **directed** him to say that he would open his fire.* (SOUTHEY, *Nelson, IV.*) – Nelson le **chargea** de dire qu'il allait ouvrir le feu.

– *Can you **direct** me to the nearest railway-station?* – Pouvez-vous m'**indiquer** la route de la gare la plus proche?

REMARQUE. – Si *direct speech* doit bien s'entendre du discours direct, ce n'est cependant pas toujours ainsi qu'il faut rendre cette expression: Parlant de son maître d'anglais et de langues classiques, Kipling. (*Something of Myself,* II) dit: *He had a violent temper, no disadvantage in handling boys used to **direct speech.*** – Il était d'humeur violente, ce qui ne nuit pas auprès des garçons habitués au **franc-parler.** (Trad. S. et J. VALLETTE.) – De même: *This man is **direct of speech,*** cet homme **ne mâche pas ses mots.**

Directly. – Immédiatement; aussitôt (que), **dès** (que).

– *Here are both Dickens and Bulwer perpetually using the adverb « **directly** » in the sense of « as soon as ». « **Directly** I came I did so and so ».* – *« **Directly** I knew it I said this and that ».* (E. POE, *Marginalia.*) – Traduction inutile.

Director. – Administrateur d'une compagnie. *The board of*

directors, le conseil d'**administration.** Autres sens: ***Director*** *of music*, **maître** de chapelle ou **chef** de musique, selon le cas; th., ***director*** *of (operative) chorus*, **répétiteur;** E.U. **metteur en scène;** cinéma: **réalisateur;** ***assistant director***, **régisseur;** nautique: ***director-top***, **tourelle de direction du tir, hune de télépointage;** aussi: **appareil de visée** (de torpille); mécan., etc. **guide** (masc.) d'un mouvement.

– *Mr. T., the chief manager of the company, and a gentleman who was a* ***director*** *of it.* – M. T., directeur de la compagnie, et un monsieur qui était un des **administrateurs.**

Directory (adj. et subst.). – **Directif** est glosé par le Larousse: « qui sert à diriger la conduite, mais ne l'impose pas », autrement dit: qui s'oppose à coactif, contraignant. « Ils (les princes) sont soumis aux lois, non quant à la puissance coactive, mais quant à la puissance *directive.* » (BOSSUET, *Politique*, IV, i, 4.) (1). Quant au subst. on le rendra par **annuaire,** (fr.) **bottin;** au fig. **guide.**

– *The* ***directory*** *provisions of an Act.* – Les dispositions **directrices** d'une loi.

– *He searched for an address in the* ***directory***. – Il chercha une adresse dans **l'annuaire.**

– *The priest shuts his eyes to the world but has his thoughts on the book which is his* ***directory*** *to the world to come.* (THACKERAY, *Pend.*, LXIII.) – Le prêtre ferme ses yeux au monde, mais ses pensées se concentrent sur le livre qui est son **guide** vers le monde à venir.

Disaffected. – Nous disons d'une maison qui ne répond plus à son objet, à son affectation, qu'elle est *désaffectée*, mais *a* ***disaffected person*** est soit un **mécontent,** un **dissident,** soit une personne **désaffectionnée, déloyale, dont le loyalisme s'est démenti.**

– *I pass among some for a* ***disaffected person.*** (ADDISON, *Spectator*, n° 131.) – D'aucuns me tiennent pour un **mécontent,** ou: je passe pour un **censeur** aux yeux de certains.

– *This measure will tend to make the people more* ***disaffected*** *still to the Government.* – Ces mesures tendront à accroître encore la **désaffection** du peuple pour le gouvernement.

– *The* ***disaffected*** *tribes had made havoc of some villages.* – Les tribus **en dissidence** avaient saccagé plusieurs villages.

Disagreement. – C'est le contraire d'*agreement*, accord, et donc un **désaccord,** un **conflit d'opinion,** un **dissentiment,** une **brouille,** un **différend,** une **querelle;** autres sens connexes: **mésentente, mésintelligence;** synon. de *difference, q.v.*

« Les désagréments » se traduiraient par *« the disagreeables »: The disagreeables inseparable from a strolling life*, les désagréments inhérents, attachés à la vie des comédiens ambulants, errants, ou simplement: à la vie comique.

– ***Disagreement*** *cannot stop our affection.* – Les **désaccords** ne peuvent faire cesser notre affection.

(1) Auj. on traduirait l'adj. par **directeur, -trice.**

Disappoint (to), disappointment. – † Désappointer (cf. L., 1°) non seulement dans le sens de rayer des cadres de l'armée, mais de révoquer, congédier; priver d'un emploi, d'une charge, d'un bien, est encore vivant chez Byron (*Don Juan*, XVI, ixxv): *He would keep it Till duly* ***disappointed*** *or dismissed*, dont la tautologie est révélatrice. Des nuances séparent les autres acceptions de ces mots dans les deux langues.

– *Mrs. N. has promised to attend our party;* ***she is certain not to disappoint us.*** – Mme N. a promis d'être des nôtres; **elle ne nous fera sûrement pas faux bond.**

– *He is not the man to commit suicide out of* ***disappointed love.*** – Il n'est pas homme à se tuer par **désespoir d'amour.**

– *A most disagreeable circumstance, however, was very near* ***disappointing*** *her in that hope.* – Peu s'en fallut pourtant qu'un incident fort désagréable ne la **frustrât** de cet espoir.

– *His son had been to him a bitter* ***disappointment.*** – Son fils avait été pour lui un sujet de cruel **chagrin.**

– *I am sorry for this* ***disappointment.*** – Je regrette ce **contretemps.**

Disaster. – **Catastrophe; sinistre;** ***disaster-stricken***, **sinistré.**

Disavow (to). – A, en angl., des emplois plus larges qu'en fr.

– *Mr. Turnell expressly* ***disavows*** *any intent to write a history of literature.* (*Times Lit. Suppl.*, 7 août 1959.) – M. T. **se défend** expressément d'avoir l'intention d'écrire une histoire de la littérature.

Discharge (to), discharge. – Les deux idées fondamentales sur lesquelles reposent les emplois du mot français sont: 1° le fait de débarrasser d'une charge ou d'un excès de charge (au pr.); 2° au fig. le fait de débarrasser ou libérer qqn. d'une charge ou d'une responsabilité ou de s'en libérer. De même en angl., mais les idées exprimées doivent se rendre différemment.

Si des expressions telles que ***to discharge*** *a ship, a gun, a rifle, a blow* ont leur exacte contrepartie en fr., la nuance apparaît déjà dans ***to discharge*** *an arrow*, **décocher** une flèche (***a discharge of*** *arrows*, une **volée** de flèches). De même, ***to discharge*** *a volley of oaths*, **lâcher** une bordée de jurons. Autres différences: (d'un abcès) absol. **jeter, rendre** (du pus), **se dégorger;** (d'une plaie) **suppurer;** (d'un malade) ***to discharge*** *eggs*, **émettre** des œufs (de parasites); (phys., chim. d'un corps, etc.) **dégager** des vapeurs, **libérer** des gaz.

2° Nous passons ainsi aux sens fig.: ***to discharge*** *a debt*, **se libérer** d'une dette; ***to discharge*** *one's duty, one's responsibilities*, **s'acquitter** de sa mission, de ses responsabilités; ***to discharge*** *one's liabilities*, **solder, régler** son passif. ***To discharge*** *a prisoner*, non pas décharger, disculper un accusé *(to clear him of a charge)*, mais **libérer, élargir** un prisonnier; ***to discharge*** *a clerk, a servant*, **congédier, remercier** un employé, un domestique; **licencier, démobiliser** (des troupes), **renvoyer** (des soldats dans leurs foyers); **débarquer** (des marins, un équipage); de même, **délivrer** (à un malade) **un bon de sortie** (de l'hôpital), **le laisser rentrer chez** lui, lui **donner l'exeat;** ***to discharge*** *a bankrupt,* **réhabiliter** un failli.

Jur. ***to discharge*** *a surety,* **libérer** un garant; enfin **réformer, annuler,** (un jugement, une ordonnance, un arrêt).

Sens corresp. pour le subst.

– *The patient was still reported* ***to discharge*** *eggs.* – Le malade, disait-on, continuait à **émettre** des œufs (p. ex. d'helminthes, etc. dans ses déjections).

– Sganarelle (*Méd. malgré lui,* II, 6) s'enquiert de l'état intestinal de Lucine: La matière est-elle louable? et le traducteur de dire: *Is the* ***discharge*** *laudable?*

– *I had two duties* ***to discharge*** *before dinner that night.* – Ce soir-là, je devais **m'acquitter** de deux obligations avant dîner.

– *The cardinal* ***discharged*** *him to say mass for a year.* (N.E.D., 1632). – Le cardinal lui **interdit** de dire (ou: célébrer) la messe pendant une année. (Auj., on comprendrait: le **dispensa...**).

– *The soldier produced his* ***discharge.*** – Le soldat montra son **certificat de démobilisation.**

– *The bankrupt obtained his* ***discharge.*** – Le failli obtint sa **réhabilitation,** (ou: parvint à se **faire réhabiliter**).

– Je me suis donné **mon congé** moi-même, dit plaisamment Gil Blas (IV, vii) ce qui est rendu ainsi: *I gave myself* ***my own discharge.***

– *After a long deliberation of the jury the prisoner was* ***discharged.*** – Après mûre délibération du jury, l'accusé fut **libéré, mis en liberté, élargi, relâché** (s'entend).

– *Crazy Congreve scarce could spare a shilling* ***to discharge*** *his chair.* (Swift in N.E.D.) – C., cet écervelé, disposait à peine d'un shilling pour **payer** sa chaise à porteurs.

– D'un jeune prodigue l'auteur dit: *His mother had to pinch herself cruelly* ***to discharge*** *the jeweller's account.* – Sa mère dut se saigner aux quatre veines pour **régler** la note du bijoutier.

Disciplinary. – Outre disciplinaire, dans toutes ses acceptions, peut signifier **ce qui se rapporte à une discipline,** c.-à-d. à une branche de la science, à une spécialité. (V. *interdisciplinary.*)

Discipline. – Iago conseille à Roderigo d'échauffer la bile de Cassio *by tainting his* ***discipline*** (*Oth.,* II, i, 275), en critiquant sa **science** (militaire). Le mot revient plusieurs fois dans *Henri V* (II, ii, 63, 67, etc.) dans le sens de *disciplina bellica,* l'art de la guerre. Cet art n'est pas une des disciplines enseignées dans nos Facultés.
Autre sens: **châtiment corporel.** Cf. « Laurent, serrez ma haire avec ma *discipline.* » (Mol.) Tartuffe (III, 2) voulait faire croire qu'il se donnait des coups de discipline pour se mortifier.

Discomfit (to), discomfiture. – Outre les sens fr. de « déconfire » (litt. ou vieux), battre à plate couture et « déconfiture », défaite complète, respectivement, ont ceux de: **décontenancer, déconcerter, embarrasser, contrarier, mettre à quia,** avec sens correspond. pour le subst. Par contre, ces mots n'ont pas les emplois juridiques que nous leur connaissons en fr.

– *Dombey was quite* ***discomfited*** *by the question.* (Dickens, *Dombey,* i.) – Dombey fut tout **décontenancé** par la question (ou: la question laissa Dombey **tout interdit**).

– « *And that nothing might be wanting to the* ***discomfiture*** *of the governor of the poorhouse, Madame de Rénal adored this lover* », traduit ce passage du *Rouge* (ch. XIX): Et afin que rien ne manquât au **dépit** de M. le directeur du dépôt, Mme de R. adorait cet amant.

Discompose (to). – ***To compose,*** c'est **calmer,** comme en latin *componere fluctus.* ***To discompose,*** c'est donc **troubler le calme de, agiter, jeter dans la confusion;** † **déranger** (la santé).

– *A mere trifle* ***discomposes*** *him.* – Un rien le **trouble.**

– *Not a breath of wind* ***discomposed*** *the surface of the water.* – Pas un souffle de vent n'**agitait,** ne **ridait** la surface de l'eau.

Devant l'attitude d'une brute, un Anglais dit: *The Westerner in me was* ***discomposed.*** – Je me sentais **troublé** dans mon âme d'Occidental.

Discord. – « *It was one of the most thrilling* ***discords*** *I ever heard.* » (Thoreau, *Walden,* 241.) Non pas, comme le dit un traducteur: « Ce fut l'une des plus perçantes discordes qu'il m'eût jamais été donné d'entendre », car *discorde* a un sens exclusivement moral, et il s'agit ici de cris d'oiseaux. On dira donc: **bruit discordant, charivari.** Autres sens voisins: mus., **dissonance, intervalle dissonant, accord dissonant, faux accord.** *To resolve a* ***discord,*** résoudre ou: sauver une **dissonance.** Le mot s'emploie aussi au fig.

– *She was quite aware of her husband's* ***discord*** *with her surroundings.* – Elle savait parfaitement que son mari **détonnait** dans son entourage.

Discordant. – Nous parlons bien de caractères discordants, d'humeurs discordantes, mais nous n'irions pas jusqu'à dire, comme Johnson « *a* ***discordant*** *family* »; il faut entendre: une famille **qui vit dans la mésintelligence, dans la discorde.**

Discount, to discount. – Outre † **décompte** « ce qu'il y a à rabattre sur la somme qu'on paie » signifie **escompte, remise.** *Bank* ***discount,*** **escompte** en dehors, *true* ***discount,*** **escompte** en dedans; *the shares, the debentures, are* ***at a discount,*** les actions, les obligations sont **dépréciées, subissent une moins-value,** sont **au-dessous du pair.** Au fig., *to be* ***at a discount,*** être **en défaveur, peu goûté** ou **apprécié, en discrédit, mal en cour.**

Sens corresps. pour le verbe au pr. comme fig.: **faire peu de cas de; faire la part de l'exagération; en rabattre; envisager** (un événement, fâcheux, etc.), c.-à-d. **en prévoir les conséquences et y parer.**

– *To-day delicacy of feeling is* ***at a discount.*** – De nos jours on **fait peu de cas** de la délicatesse des sentiments.

– *Geography is* ***at a discount*** *in England.* (G.J. Renier, *The English are they human,* V.) – La géographie **n'est guère appréciée** en Angleterre.

– *You must* ***discount*** *a great deal of what you read in the newspapers.* – De ce qu'on lit dans les journaux, il faut **en rabattre** beaucoup.

– *After a time one learns* ***to discount*** *the statements made by the natives.* – Après quelque temps, on apprend à n'accepter les déclarations des aborigènes que **sous bénéfice d'inventaire.**

– *The effects of the mate's threats had been long ago* ***discounted*** *by the men.* – Depuis longtemps, les menaces du second **restaient sans effet** sur l'équipage.

– *He* ***discounted*** *the idea of marrying Miss N.* – Il **anticipait** la joie d'épouser Mlle N.

Discountenance (to). – ***To countenance*** veut dire notamment **favoriser, soutenir, appuyer;** ***to discountenance*** signifie donc **priver de son appui, décourager; désapprouver, s'opposer (à); se montrer défavorable (à).** ***To discountenance and discourage*** est une façon de parler tautologique comme il y en a tant.

– *Duels are neither quite* ***discountenanced*** *nor much in vogue.* (Steele, *Tatler,* n° 39.) – Si les duels **ne sont pas sans leurs partisans,** ils ne sont pas non plus très en vogue.

– *It is certain that our Plumer did nothing to* ***discountenance*** *the rumour.* (Lamb, *South Sea House.*) – Il est certain que notre P. ne fit rien pour **démentir** ce bruit.

Discourage (to). – Il convient parfois de rendre ce verbe par **détourner** de, **dissuader** de, simple nuance, dont il faut néanmoins s'aviser.

– *A superstitious literalism in the interpretation of the Bible* ***discourages*** *the observation of natural fact.* – Le respect superstitieux de l'interprétation de la Bible **détourne** de l'observation exacte des faits.

Discourse. – A signifié au pr. **marche qui va des prémisses à la conclusion, raisonnement.** ***The discourse of reason,*** le **discours de la raison;** de là ***discourse,*** **raisonnement, raison.** Aussi **familiarité** avec une personne, un sujet; **commerce, rapports intimes,** notamment dans Shaks.

– Hamlet (I, ii, 150) éclate contre sa mère: *A beast* ***that wants discourse of reason*** *Would have mourn'd longer.* – Une bête **privée de raison** aurait pleuré plus longtemps.

– Hamlet encore (III, i, 108) dit à Ophélie: *Your honesty should admit no* ***discourse*** *to your beauty,* – Votre honnêteté devrait éviter (ou: fuir) la **compagnie** de votre beauté.

Et Montaigne écrit (*Ess.*, II, xii): « ... Prévoyant bien par *discours de raison* que ce commencement de maladie [les « nouvelletés » de Luther] déclinerait aisément en un exécrable athéisme. »

Remarque. – Dans l'histor. de L., un homme de bon discours est glosé: sensé.

Discovert. – « Ils ne savent pas que c'est une femme *découverte* et non une femme nue qui est indécente. » (Diderot.) Entendre *a* ***discovert*** *woman* dans ce sens serait commettre un fameux pas de clerc puisqu'il s'agit d'une femme qui, devant la loi, **n'est pas** ou **n'est plus en puissance de mari,** c.-à-d. d'une femme **non mariée** ou **veuve.** (Voir *covert.*)

Discoverture. – État d'une femme veuve ou non mariée devant la loi.

Discovery. – † Exploration, reconnaissance. Ajouter: (jur.) **communication** (des pièces d'un procès), et (terme de théâtre, etc.) **révélation** (qui amène ou hâte le dénouement de la crise, de l'intrigue), *the* ***discovery*** *scene,* la scène de la **reconnaissance.**

– *I had a great desire to make a more perfect* ***discovery*** *of the island.* (Defoe, *Crusoe,* I, vi, 115.) – Je désirais vivement **explorer** l'île plus à fond.

– *The defendant obtained* ***discovery*** *of the documents.* – Le défendeur obtint **communication** des pièces.

– *A bankrupt is bound to make full* ***discovery*** *of his assets.* – Tout failli est obligé de **faire connaître** intégralement les éléments de la masse active.

Discreet, discretion. – ***Discretion*** a gardé en angl. le sens étymol. de **discernement, sagesse, prudence, jugement,** que l'on trouve chez nos auteurs classiques des XVIe, XVIIe et XVIIIe s. « Pour s'être livrées de la sorte elles-mêmes, sans réflexion et sans **discrétion** », dit Bourdaloue (*Pensée de la mort,* 2). « Un innocent qui n'a pas encore l'âge de **discrétion** », écrit Voltaire, c.-à-d. l'âge de raison, expression encore employée en angl.: *To come to years of* ***discretion.*** On dit auj. l'âge de **discernement.**

– *The better part of valour is* ***discretion,*** s'écrie Falstaff après avoir fait le mort sur le champ de bataille pour échapper au trépas, c.-à-d. l'essentiel du courage c'est la **prudence.**

– *A little less merit with a little less* ***discretion*** *would have been more to his liking.* – Un peu moins de mérite avec un peu moins de **sagesse** eût été davantage de son goût. (Il s'agit d'un amoureux qui trouve la dame trop réservée.)

– *She is a lady of rank and not more handsome than* ***discreet.*** – C'est une fille de condition aussi **sage** que belle.

– *Our son Moses is a* ***discreet*** *boy, and can buy and sell to a very good advantage.* (Goldsmith, *Vicar of Wakefield,* 11.) – Notre fils Moïse est un garçon **fort avisé** qui sait vendre et acheter très avantageusement.

– *He chose his friends with* ***discretion.*** – Il choisissait ses amis avec **discernement.**

Discrete. – A le premier sens du fr. discret (L., 1°): **séparé, distinct** (cf. le latin *discretus*). (L'impétigo est défini par L.: pustules agglomérées ou *discrètes*, c.-à-d. séparées; on dit encore en biol.: des colonies *discrètes* de germes.). En math., quantité discrète = **discontinue.** Enfin, philos., **abstrait.**

– *Any telescope capable of resolving these various masses into **discrete** stars.* – Tout télescope capable de résoudre ces masses diverses en étoiles **distinctes.**

– *A series of **discrete** values of flow and elevation.* – Une série de grandeurs **discontinues** de débit et de dénivellation.

Discursive, discursively. – Le lat. *discurrere* signifie propr. *courir de différents côtés, courir çà et là, parcourir,* d'où le sens philosophique commun aux deux langues de *« pensée discursive »*: « qui atteint le but où elle tend par une série d'opérations intermédiaires ». (LALANDE.) P. ext., en angl.: **qui passe agréablement d'un sujet à un autre;** du style, de la conversation: **décousu, sans suite.**

– *In most debates **discursive** discussion is bound to predominate.* – Dans la plupart des cas, les débats sont caractérisés nécessairement par le **manque de suite.**

– *He [Polly] was frequently but mildly and **discursively** in love.* (H. G. WELLS, III, 2.) – Souvent il rencontra l'amour sur sa route, mais un amour tiède et **sans suite.**

Discuss (to). – En lat., *discutere;* en fr., **discuter,** et en angl. ***to discuss,*** † **dissiper, chasser, disperser:** « **discuter** les tumeurs ». (A. PARE.) Voir L., historique.

En angl., c'est aussi, en style plaisant – et venant du sens de discuter, examiner – **s'assurer** de la qualité d'un mets, le **consommer.**

– *When that night was **discussed** and chased away.* (CHAUCER, *Boethius.*) – Expression tautologique selon la mode du temps. Quand la nuit fut **dissipée** et chassée.

– *He ordered a glass of ale and a long pipe, and **discussed** these unwonted luxuries.* (HUGHES, *Tom Brown's School Days,* II.) – Il commanda un verre de bière et une longue pipe et **dégusta** ces douceurs inaccoutumées.

– Exemple intraduisible à cause du jeu de mots: *They allowed him to **discuss** the question, while they **discussed** the port wine.* (MARRYAT, *Midshipman Easy,* I, 5.) – On pourrait essayer: Ils lui laissèrent **vider** la question, tandis qu'ils **vidaient** son porto.

REMARQUE. – Même quand ***to discuss*** semble se rapprocher par le sens de son homonyme fr., la traduction littérale n'est pas toujours justifiée.

– Mme Pontifex (*The Way of all Flesh,* XLVIII) insiste auprès de son fils Ernest pour que celui-ci invite ses condisciples, dans l'espoir de trouver un beau parti pour sa fille, mais son mari *Theobald never **discussed** any of the boys with Ernest,* c.-à-d.: Theobald, lui, ne **faisait jamais de remarques** sur les camarades qu'Ernest amenait. On saisit la nuance.

– *In the afternoon he went down to the home farm and **discussed** a new kind of tractor with his agent.* (Evelyn WAUGH, *A Handful of Dust,* III, ii.) – L'après-midi, il alla à la ferme et **s'entretint** avec son régisseur d'un nouveau modèle de tracteur. (Trad. Marie CANAVAGGIA.)

La traduction suivante d'un passage de *l'Educ. sent.,* I, VI de Flaubert offre une contre-épreuve instructive par la distinction qui est faite entre ***to discuss*** et *to argue: At first they **discussed** the view and then the country-side in general, and an argument was beginning, when Arnoux gave orders to his servant to have the phaeton harnessed...,* le texte original étant: On **causa** d'abord de cette vue que l'on avait, puis du paysage en général; et les discussions commençaient quand A. donna l'ordre à son domestique d'atteler l'américaine...

Disembarrass (to). – Outre les sens transparents de démêler, dégager, ***to disembarrass*** (étant le contraire de *to embarrass, q.v.*) peut signifier **décharger** (de ses obligations), **libérer** de ses dettes; s'emploie dans ce sens surtout à la voie réfléchie et comme épithète.

– *Although he was plunged in debt, he managed **to disembarrass** himself by a living in Suffolk.* – Bien qu'il fût couvert (ou: criblé) de dettes, il parvint à **se tirer d'affaire** (ou: **d'embarras**) en obtenant une cure dans le S.

Disengage (to). – **Dégager** (au pr. et au fig.): ***to disengage*** *hydrogen, oxygen,* **dégager** de l'hydrogène, de l'oxygène; escrime: **dégager** (le fer); par ext.: **rompre** (le contact avec l'ennemi); enfin, outre les sens techn.: ***to disengage** a part,* **débrayer, désembrayer** un organe, noter l'acception courante de ***disengaged*** applicable aux pers.): **libre, inoccupé, visible,** et aux ch.: **libre, non** ou **pas occupé.**

– *Are you **disengaged** this evening?* (DICKENS, *Pickwick,* I, ii.) – Êtes-vous **libre** ce soir?

Disestablish (to), disestablishment. – Nous verrons que *the Established Church* est, en Angl., l'Église officielle, l'Église d'État. ***To disestablish*** sera donc **supprimer** (l'Église), la **séparer** de l'État. Le subst. a les sens corresp.

– ***Disestablished** schools,* des écoles qui **ont cessé d'être des biens d'Église.**

Disfigure (to). – Noter ces sens fig.: *Occasional acts of both craft and violence **disfigure** the whole of his career.* – Des actes de ruse et de violence, commis de temps à autre, **déshonorent** toute sa carrière.

– *The function was **disfigured** by unhappy accidents, many people fainting and some being injured.* – La cérémonie fut **gâtée** par de fâcheux incidents, de nombreuses personnes s'étant évanouies et plusieurs ayant été blessées.

Disgorge (to). – Au fig. **rendre gorge, restituer ce qu'on s'est indûment approprié;** d'un fleuve: **déverser, décharger** ses eaux dans; (d'un volcan) **vomir** (des laves, etc.); au fig. **déverser** (des flots de voyageurs, etc.).

– *At the Restoration he was forced* ***to disgorge.*** – A la Restauration il fut contraint **de rendre gorge.**

– *The volcano was only dormant and began again* ***to disgorge*** *lava.* – Le volcan n'était que dormant et recommença à **vomir** des laves.

– *The local picture houses* ***disgorged*** *their audiences.* – Les cinémas du quartier **déversaient** un flot de spectateurs.

Disgrace, to disgrace, disgraceful. – ***Disgrace*** a une acception plus large qu'en fr. Tandis que pour nous il signifie surtout perte des faveurs, de la bonne grâce de qqn. sans impliquer pour cela une dégradation morale, en passant par disgrâce, affront, déshonneur, c'est précisément ce dernier sens qu'il faut lui attribuer en angl. On rendra donc par **honte, opprobre, déshonneur, indignité** *(Thesaurus* de Roget, syn. *shame, dishonour),* et par les adj. correspondants pour ***disgraceful.***

To disgrace, **disgracier; déshonorer,** † **décréditer; couvrir de honte.** Enfin, exclamation: ***disgrace!*** **C'est une honte! quelle honte!**

– Selon Lord Chesterfield, *To know a little of anything gives neither satisfaction nor credit, but often brings* ***disgrace*** *or ridicule. (Letters.)* Avoir une teinture de tout ne vous satisfait ni ne vous honore, mais souvent tourne à votre **honte** et vous expose à la risée. (Amédée Renee traduit par « disgrâce »!)

– *He's* ***disgraced*** *the family.* – Il a **déshonoré** la famille.

– Étrange conception des seigneurs de jadis: *A man of quality is never seriously engrossed by such abigails, but thinks he graces them in* ***disgracing*** *them.* – Un homme de qualité ne s'occupe pas sérieusement de telles soubrettes et il croit même leur faire honneur en les **déshonorant.**

– *It will be through your* ***disgrace*** *that I shall hear of you.* – C'est par votre **honte** que j'aurai de vos nouvelles.

– Le métier de gratte-papier ne convenait guère à J.-J. Rousseau: Enfin, je fus renvoyé du greffe **ignominieusement** pour mon ineptie (*Confessions,* I, i): *At last I was dismissed from the (town-clerk) office in* ***disgrace*** *as being utterly incapable.*

– *My life is* ***above disgrace.*** – Ma vie est **au-dessus de tout soupçon.**

– *Her parents were divorced and* ***disgraced.*** – Ses parents étaient divorcés et **déconsidérés.**

Disguise, disguised. – Johnson définit ***disguise*** *« disorder by drink »;* ***disguised*** signifiera donc notamment **ivre, gris, pris de vin, entre deux vins,** et argot: **« parti », « rond », « culotté », « noir ».** D'autre part, au fig. ***a blessing in disguise,*** **un bien pour un mal, à quelque chose, malheur est bon.**

– *The blacksmith's apprentice* ***disguised*** *in drink and a white sheet.* (Hughes, *Tom B. School Days.*) – L'apprenti forgeron qui s'était **culotté** et s'était enveloppé d'un drap blanc.

– *It is perhaps* ***a blessing in disguise.*** – C'est peut-être **un bien pour un mal.**

– *Many are unbelievers* ***in disguise.*** – Combien de gens sont des incroyants **honteux!**

Disgust, disgusting. – Il semble que ce mot ait conservé en angl. le sens que *dégoût, dégoûter* avaient au XVIIe s. Il a, depuis, dans notre usage gagné en force. Peu de gens aujourd'hui comprennent que « la prolixité *dégoûte* le lecteur » doit s'entendre comme ennuie, fatigue, rebute. Le mot angl. couvre un assez vaste champ et peut marquer aussi bien le **dépit,** le **dédain** que le **mécontentement,** le **scandale** (pour l'esprit), l'**indignation,** l'**aversion,** voire l'**écœurement** – sens plus forts que ceux de *distaste.*

– Goldsmith (*Vicar of W.,* XIV) parle de *a family too inoffensive to create* ***disgust.*** – Une famille trop inoffensive pour inspirer de l'**éloignement.**

– *Looking at her with an air of the deepest* ***disgust.*** (Lewis Carroll, *Through the Looking-Glass,* VII.) – La regardant d'un air exprimant le plus profond **dédain.**

– Les invités du Dr Burney attendaient avec impatience quelque bon mot du Dr Johnson en train d'examiner la bibliothèque de son hôte, mais « ... ***to the disgust*** *of the company, he began to read to himself.* » (Robert Lynd, *Dr Johnson and Company,* VI.) – Au **grand dépit** (ou: **désappointement**) des invités, il se mit à lire tout bas.

– Une indication scénique dans *Saint Joan* de B. Shaw (Sc. VI): *D'Estivet (suddenly bursting into forensic eloquence, to* ***the disgust*** *of Cauchon...).* – D'Estivet, s'emportant soudain eut un effet d'audience au grand **déplaisir** de Cauchon.

– *To my* ***disgust*** *with the sky was added* ***disgust*** *with myself.* – A ma **révolte** contre le ciel se mêlait de la **révolte** contre moi-même.

– *As for S., the melancholy he contracted from having been the cause of destruction to his dearest friends, gave him a* ***disgust*** *to the world,* dit Smollett traduisant ce passage de *Gil Blas* (IV, iv): Pour S., le chagrin qu'il eut d'avoir causé tant de malheurs le **détacha** du monde.

– Parlant de la liberté de ton, de pensée et de mœurs de l'aristocratie anglaise au XVIIIe s., Élie Halevy (*Hist. du peuple anglais,* t. I, l. III, ch. Ier) ajoute: Isaac Milner, écrivant en 1794, s'en déclarait encore **scandalisé,** ce qui est traduit ainsi: *As late as 1794 I. M., writing to a correspondent, expressed the* ***disgust*** *he felt for their conduct.*

– Une médiocre danseuse hésite à se risquer avec un excellent cavalier: *He was going to be too good for her and she would stumble and he would be* ***disgusted*** *and not dance with her anymore.*

(Rosam. LEHMANN, *Dusty Answer*, II.) – Il danserait trop bien pour elle, elle ferait des faux pas, cela le **rebuterait** (et non: le « dégoûterait », comme dit le traducteur) et il ne danserait plus jamais avec elle.

– Le père de Judith avait mis tous ses espoirs en elle: *he had been deeply disappointed in her, his kindness and nobility* ***turned to disgust.*** (ID, *ibid.*, II.) – Elle l'avait profondément déçu, sa bonté, sa générosité **avaient fait place à l'éloignement.** On comprendrait mal, en effet, qu'un père prît sa fille en dégoût.

– *This actress is not without her defects. Two or three things* ***disgusted*** *me in her playing.* – Ce n'est point une actrice sans défaut. Deux ou trois choses m'ont **choqué** dans son jeu.

– *It was* ***disgusting*** *to see, on one side, a beautiful country, and, on the other, cities crammed like an overcrowded beehive.* (FROUDE, *Oceana.*) – Il était **lamentable** (**décourageant, désespérant, cela faisait mal**) de voir, d'une part, une campagne magnifique, et, de l'autre, des villes regorgeant comme des ruches surpeuplées.

– Intrigué et désespéré par le départ soudain de sa fiancée, Bob interroge son père: *Now I wonder if you did anything to* ***disgust*** *her...* (Th. HARDY, *The Trumpet-Major*, XIX, 168.) – Voyons, je me demande si tu n'as rien fait qui ait pu lui **déplaire** (la **rebuter,** la **décourager,** la **vexer**).

– Stevenson, qui cherche la solitude, écrit: *When to my* ***disgust*** *the voices of children fell upon my ear.* (*An Inland Voyage.*) – Mais à mon grand **ennui** des voix d'enfants parvinrent jusqu'à moi.

REMARQUE. – L'esp. *disgustar* signifie: fatiguer, ennuyer, contrarier, chagriner.

Dishevel (to), dishevelled. – « La plaintive élégie en longs habits de deuil Sait, les cheveux **épars,** gémir sur un cercueil » dit Boileau, ce qu'un Angl. pourrait rendre par « *with* ***dishevelled*** *hair* ». Appliqué aux personnes et aux cheveux ***dishevelled*** peut donc signifier **échevelé, dépeigné, ébouriffé, en désordre,** mais il se dit aussi d'une personne **aux vêtements négligés** et Stevenson parle même d'une « *certain lady of a* ***dishevelled*** *reputation* ». Dirons-nous **chiffonnée?**

Dishonest. – Ne pas rendre ce mot, les yeux fermés, par « déshonnête », c.-à-d. impudique, immodeste. Ce sens a pourtant existé en angl., mais auj. ***dishonest*** signifie **malhonnête, trompeur, voleur.**

– Macaulay, dans ses *Essays* (*Ranke*, II, 127), parle de: *A most* ***dishonest*** *and inaccurate French version.* – Une traduction française **malhonnête (sans conscience)** et inexacte.

Dishonour (to), dishonour. – *To* ***dishonour*** *a woman*, c'est bien **déshonorer, séduire** une femme, mais ***to dishonour*** *one's word or promise*, c'est **manquer à** sa parole, à sa promesse; ***to dishonour*** *a bill*, **ne pas honorer, ne pas accepter** un effet, le **laisser protester, refuser de le payer.** Le subst. a les sens corresp.

– *He found that on account of insufficient funds the bank had* ***dishonoured*** *his debtor's cheque.* – Il constata que faute de provision, la banque avait **refusé de payer** le chèque de son débiteur.

Disintegrate (to), disintegration, disintegrator. – On parle toujours davantage de la *désintégration* de la matière et de l'atome, mais il faut penser aussi à d'autres sens: **effritement, délitation, détrition** (de la pierre); **défibrage** (des cannes à sucre); **désagrégation** (de la société). ***Disintegrator*** sera (pr. et fig.) l'agent de ces phénomènes ou transformations.

– *The rocks are* ***disintegrated*** *by frost and rain.* – Les roches **se délitent, s'effritent** sous l'action du gel et de la pluie.

– *Owing to the rapid* ***disintegration*** *of the road surface through the heavy motor-traffic.* – Par suite de la rapide **désagrégation** du revêtement de la route due à la circulation intense des automobiles.

Dislocate (to), dislocation. – ***To dislocate*** *the traffic*, traduit par un journaliste « disloquer le trafic », est un non-sens. C'est « **désorganiser** la circulation », comme le fait un accident sur la voie ferrée, p. ex. On remarquera, d'autre part, que ***dislocate*** et ***dislodge*** sont en somme le même mot, l'un de formation savante, l'autre de formation populaire, et l'on comprendra l'ex. suivant: *No sooner was he comfortably established, than she wished* ***to dislocate*** *him.* (MEREDITH, *Egoist*, XXXIII.) – Il ne fut pas plus tôt commodément installé qu'elle voulut le **déloger** (le **déplacer**).

Cela dit, on n'oubliera pas les autres sens pr., non plus que les sens dérivés ou fig. que font apparaître les exemples.

– *He fell from the horse and* ***dislocated*** *his shoulder.* – Il tomba de cheval et **se démit** l'épaule.

– *He succeeded in* ***dislocating*** *the troops of the enemy.* – Il **sema la confusion** dans les rangs de l'ennemi.

– *He contrived* ***to dislocate*** *all their military plans.* – Il parvint à **bouleverser** tous leurs plans militaires.

– *On being told of his ruin the* ***balance of his mind dislocated.*** – La nouvelle de sa ruine l'a complètement **déséquilibré** (ou: **désaxé**).

– *I was... to the last degree desolate and* ***dislocated*** *in the world by the loss of her* [*my wife*]. (DEFOE, *Rob. Crus.*, II, 7.) – Sa perte me laissa absolument désolé et **désemparé** en ce monde.

– *The* ***dislocation*** *of trade, of families caused by the war.* – La **désorganisation** du commerce, la **dissolution, l'éclatement,** la **destruction** des familles causés par la guerre.

Dismantle (to). – *The chin* ***dismantled*** *of its beard*, le menton **dépouillé** de sa barbe, *houses* ***dismantled*** *of their roofs*, des maisons **dégarnies** de leur toit, voilà des sens assez particuliers, mais dont ne saurait s'étonner le linguiste, puisque *to mantle*, issu de l'anc. fr. *manteler* « abriter, protéger, couvrir », signifie notamment au pr. « couvrir d'un manteau ». Outre démanteler (une forteresse, etc.), *to* ***dismantle*** signifie (naut.) **dégréer** un navire, la tempête ne lui laissant que ses bas mâts (PAASH), et (mécan.) **démonter** une machine, la **réduire en pièces détachées.**

– *A tempest* ***dismantled*** *some of the ships.* – La tempête **dégréa** plusieurs des vaisseaux.

– Après une longue absence, la maîtresse de maison fait son inventaire: *The china and glass* ***had been dreadfully dismantled.*** – **Il ne restait plus** de la vaisselle **que des épaves.**

– *The raging wind has* ***dismantled*** *the window-shutters.* – Le vent qui faisait rage avait **démantibulé** les volets.

– *The apparatus can be easily erected and* ***dismantled.*** – L'appareil peut être facilement monté et **démonté.** (Capt. PAYEN.)

Dismember (to). – C'est parfois « priver qqn. de sa qualité de membre d'un corps, d'un cercle, etc. », l'**exclure;** le **radier** (d'une liste, des rôles d'une société, etc.); d'où ***dismemberment*****, exclusion, mise en quarantaine, radiation** (des rôles d'une compagnie, etc.).

Disorder. – Proprement, **maladie moins grave** que *disease,* **dérangement, trouble, malaise,** mais souvent syn. de *disease, ailment.* L. 8e dit *désordre,* « perturbation dans les fonctions du corps ». ***Psychotic disorders*****, psychonévroses.** Autres sens: **infraction à la règle, irrégularité;** jur. **délit, méfait, infraction,** syn. de *misdemeanour, offence,* arch., dit le N.E.D., mais emploi qu'on trouve encore chez certains auteurs; enfin **tumulte, émeute, atteinte à l'ordre public.**

– *Aberneth thinks his pill an infallible cure for* ***all disorders.*** (HAZLITT, *Works,* VI, 62.) – A. pense que sa pilule guérit infailliblement **tous les maux** (ou: est une **panacée** infaillible).

– Jugement d'un jeune garnement: son père intervient: – *Perhaps your Worship would deal with the case as one of* ***disorder.*** (GALSWORTHY, *Silver Box,* III.) – Peut-être Monsieur le Juge consentira-t-il à ne voir dans cette affaire qu'un simple **méfait.**

– *Some children were psychologically seriously* ***disordered.*** – Certains enfants **présentaient des anomalies** psychologiques profondes.

Disorderly (adj.). **– Illicite, illégal, séditieux, déréglé; turbulent, tumultueux.** *A* ***disorderly*** *strike,* une grève **illégale,** *a* ***disorderly*** *assembly,* une réunion, une assemblée **tumultueuse;** ***disorderly conduct*****, inconduite notoire;** ***disorderly houses*****,** terme général englobant les **maisons de débauche, de jeu,** les **tripots,** etc.: *to be drunk and* ***disorderly*****,** être ivre et **causer du désordre, du scandale sur la voie publique;** *a* ***disorderly*** *(person.),* toute personne **qui se rend coupable d'un délit (acte contraire aux bonnes mœurs, à la sûreté publique,** etc.) et qui, de ce fait, est passible des peines prévues par la loi.

Disparage (to). – Du sens de « déparager, mésallier », a passé à ceux de † **dégrader; déshonorer, discréditer,** et enfin à ceux de **dénigrer, décrier, ravaler,** sens courants; d'où ***disparaging*****, peu flatteur; péjoratif,** *a* ***disparaging*** *epithet;* **méprisant,** etc.

– *It is a very narrow criticism which* ***disparages*** *Racine out of idolatry of Shakespeare.* – C'est une critique bien étroite que celle qui **ravale** R. par idolâtrie pour S.

Disparate. – Se dit en fr. des choses qui *jurent* ou *hurlent* d'être associées: Une *disparate* est choquante. Rien de tel en angl. L'adj. signifie, comme le lat. *dispar,* **dissemblable, inégal;** le subst. (des ch.) **qui ne sauraient se comparer, qui sont sans commune mesure.**

If husband and wife are of ***disparate*** *ages, they seldom agree.* – S'il y a entre eux **disparité** d'âge, les conjoints (ou: les époux) s'entendent rarement.

Dispensation. – Outre les sens communs avec le fr. ***dispensation*** signifie **bonne administration; faveur** ou **coup de la Providence; système, régime, économie, loi** (l'ancienne économie ou loi, la loi juive); **dispense** (de l'Église); **suspension** d'une loi dans un cas particulier; † **dispense, exemption; remise, rémission;** le **fait de se passer d'une chose.**

– *Mysterious* ***dispensations*** *of Providence.* (DICKENS, *Pickwick,* II.) – **Décrets** mystérieux de la Providence.

– *Under the new* ***dispensation*****,** *at the end of the first cycle of studies... a certificate... can be awarded.* (C. BRERETON, *A compar. between French and English Second. Schools,* 36.) – Sous le nouveau **régime,** un certificat peut être délivré à la fin du premier cycle d'études.

Dispense (to). – *Dispenser* a été autrefois un terme de pharmacie et signifiait préparer: « *dispenser* la thériaque » dans L. C'est un des sens du mot angl.: **composer** un médicament d'après une ordonnance, **exécuter** une ordonnance; **répartir** un produit, une substance chimique ou médicale dans des flacons, en ampoules, etc. Autres sens, **administrer** la justice; ***to dispense*** *(with),* sens fr., mais la tournure passive peut donner lieu à des erreurs de traduction.

– Suivant EMERSON (*English Traits,* II) le goût de la navigation est un goût acquis: *The confinement, cold, motion, noise and odour are not* ***to be dispensed with.*** Non pas « on ne peut se dispenser de », ce qui serait un non-sens, mais: Il faut **se résigner à, s'accommoder de** l'air confiné, du froid, du roulis, du bruit et de l'odeur.

– *The machine* ***dispensed with*** *the work of ninety men.* (IDEM, *ibid.,* X.) – La machine permit de **faire l'économie** du travail de quatre-vingt-dix ouvriers.

– *My pantry is stored with more provisions than I can* ***dispense with.*** – Mon garde-manger est pourvu de plus de provisions que je n'en puis **utiliser.**

– ***Dispense*** *the fluid in flasks and place them in the refrigerator.* – **Répartir** le liquide dans des flacons (ou: des ampoules) et mettre ceux (ou: celles)-ci au réfrigérateur.

Dispenser. – Le sens courant est celui de **pharmacien,** qui se dit aussi ***dispensing chemist.***

– ***Dispenser*****,** *one who distributes or administers; usually applied to medicines.* (SIMMONDS, 1838 dans N.E.D.) – Traduction inutile.

Displace (to), displacement. – Non seulement déplacer, mais **remplacer, supplanter, couper l'herbe sous le pied à qqn.** ***Displacement*** a les sens corresp. On *déplace* un meuble, c.-à-d. on le change de place; on *déplace* un professeur, c.-à-d. qu'on le change de résidence ou le révoque. Mais il ne s'ensuit nullement qu'on doive rendre *« (the)* ***displaced*** *persons »* par « les personnes déplacées » car il s'agit des malheureux qui vers 1945 ont été chassés de leurs foyers par les rigueurs de la guerre ou des réglements administratifs et qui ont été obligés, avec tant d'autres, de chercher refuge à l'étranger. Si, pour des raisons politiques, on a adopté cet euphémisme, il ne faut pas oublier qu'en fr., « une personne *déplacée* » est celle « qui n'est pas dans un lieu, dans une situation, dans un emploi convenable. Cette personne est *déplacée* dans cette société » (L., *s. v.*). L'idée évoquée par ***displaced*** *persons* est donc toute différente. Ce sont des personnes **expulsées, évincées, transplantées, déracinées.**

« Déplacé » peut se rendre en angl. par *out of place, incongruous, unsuitable, inappropriate,* voire, selon le cas, par *undesirable,* etc. – Milton (*Comus,* v. 560) parlant d'une voix mélodieuse qui s'élève dans la nuit, écrit: *...Even Silence...*

Wished she might Deny her nature, and be never more
Still to be so ***displaced.***

... Le silence lui-même souhaitait de pouvoir renier sa nature et cesser d'être à jamais pour avoir un tel **successeur.**

– *This change will entail some* ***displacement*** *of labour.* – Cette réforme entraînera le **congédiement,** le **débauchage,** l'**éviction** (selon le cas) d'une partie de la main-d'œuvre (ou: des ouvriers).

– Ex. encore plus caractéristique: *The* ***displacement*** *of human labour by machinery.* – L'**éviction** de la main-d'œuvre (du travail de l'homme) par la machine.

– *The young natives are frequently* ***displaced*** *to an industrial society.* – Il arrive fréquemment que les jeunes indigènes soient **transplantés brutalement** dans une société industrielle.

Displeasure. – Chagrin, douleur, ennui (au sens fort) comme le fr. † **déplaisir;** † **colère, indignation.** *Forbear his presence,* dit Edmund à Edgar (*Lear,* II, i, 177) *till some little time hath qualified the heat of his* ***displeasure.*** Évitez, fuyez sa présence jusqu'à ce qu'un petit laps de temps ait atténué la violence de son **courroux.** *Leave him to my* ***displeasure,*** (*Lear,* III, vii, 6.) dit Cornouailles de Gloster, le prétendu traître à qui il va arracher les yeux: Laissez-le, abandonnez-le à mon **indignation.**

Dispose (to) of, disposal. – ***To dispose*** *of an amendment,* **statuer** sur un amendement, ou: l'**écarter** selon le cas. – *of a question,* **régler, résoudre** une question, – *of the agenda,* **épuiser** l'ordre du jour, – *of an argument,* **réfuter** un argument: – *of an examination paper – to clear it (q.v.),* **répondre à toutes les questions** d'une composition d'examen, la **rédiger** (elle est **réglée** comme on dit famil.).

Autres sens: adminis. *permission* ***to dispose of a body,*** permis d'**inhumer.** comm. **vendre, écouler** (des marchandises), *these goods are not easily* ***disposed of,*** ces marchandises **ne sont pas d'un écoulement facile.** Psychanal. ***to dispose*** *of an idea, a memory, a reaction,* **se libérer** d'une idée, d'un souvenir, d'une réaction (**par catharsis**). Plaisam. **avaler, consommer** (un plat), **expédier** (un repas), **faire un sort** (à un bon morceau).

Disposal a les sens corresp.: *excreta* ***disposal,*** **évacuation** des excreta, des déjections: *waste* ***disposal,*** **traitement** des déchets: ***disposal*** *of household refuse,* **destruction** des ordures ménagères. ***Disposal*** *field* (E.U.), champ **d'épandage** (angl. *sewage farm*).

– *The question of his [Henchard's] remaining in Casterbridge was for ever* ***disposed of*** *by the closing in of Newson on the scene.* (Hardy, *Mayor,* XLIII, 377.) – La question de son séjour à C. était définitivement **résolue** par cette rentrée en scène de N.

– Ann Whitefield vient de manœuvrer pour faire sortir son tuteur Ramsden et rester seule avec Tanner: *Having* ***disposed of*** *him [Ramsden], she looks at Tanner.* (B. Shaw, *Man and Superman,* I.) – S'étant **débarrassée** de lui, elle regarde T.

– *Tom* ***disposed*** *rapidly of two glasses of sherry and the sandwiches.* – Tom fit rapidement **un sort** à deux verres de xérès et aux sandwiches.

– *The plaintiff was in possession of two rings which he wished* ***to dispose of.*** – Le plaignant était en possession de deux bagues dont il désirait **se défaire** (ou: qu'il désirait **vendre**).

– *The Dutch difficulties were* ***disposed*** *of altogether.* (Froude, *Oceana,* 38.) – Les difficultés avec les Hollandais furent complètement **réglées.**

– *Warning. Do not* ***dispose of*** *used batteries in fire.* – Attention. Ne **jetez** pas au feu les piles hors d'usage.

– *He quickly* ***disposed*** *of his goods with advantage.* – Il **trouva un débit** prompt et avantageux de ses marchandises.

– *The poor author was quickly* ***disposed of*** *by a malevolent critic.* – Un critique malveillant **exécuta** incontinent l'infortuné (ou: le malheureux) auteur.

– Le libraire angl. à qui l'on commande un livre d'occasion déjà **vendu** répond: *Mr. N. regrets the book n° so and so is already* ***disposed of.***

– *We have* ***disposed of*** *this claim.* – Nous avons **fait justice** de cette prétention.

– *Being engaged and* ***disposed of*** *Lady Anne M. did not go out so much in the world as her sisters.* – Étant ainsi fiancée et **casée** Lady A. M. n'allait pas dans le monde autant que ses sœurs.

Disposition. – De disposition: « manière d'être du corps ou de l'âme » comme en fr., va jusqu'à signifier **humeur, naturel; tournure d'esprit, caractère.**

– *The sweetness of his* ***disposition*** *gains him abundance of friends.*

– La douceur de son **caractère** lui fait beaucoup d'amis.

– « *I have always, Marianne, found you of a sweet* ***disposition*** » traduit ce passage de Molière (*Tartuffe*, II, ii):
« J'ai, Marianne, en vous,
Reconnu, de tout temps, un **esprit** assez doux. »
Lorsque Rousseau écrit (*Confessions*, II, ix): « Une mère est toujours bien forte sur une fille d'un bon **naturel** », le traducteur dit: *A mother has always great influence over a daughter of good* ***disposition.***

REMARQUE. – Le sens angl. dérive de l'astrologie: on croyait, en effet, que la *disposition* des astres influençait le *caractère* de ceux qui naissaient sous le signe de certaines constellations. Cf.: être né sous une bonne, sous une mauvaise étoile.

Dispossess (to). – Si l'on s'avise qu'un *possédé* est celui dont le démon s'est emparé, on comprendra le sens légèrement arch. du verbe angl., savoir: « **libérer une personne de la possession** du démon » et donc l'**exorciser;** au fig. **chasser, expulser,** dans des emplois ignorés du fr.

– *He was* ***dispossessed*** *of the evil spirit of gambling.* (N.E.D., XIXe s.) – Il fut **exorcisé** du démon du jeu.

– *It is not easy to* ***dispossess*** *prejudices,* ce n'est pas chose aisée (il n'est pas facile de) **chasser** les préjugés.

Dispute, to dispute. – *Without* ***dispute,*** sans **conteste,** sans **contredit.**

– *The facts of the case are not* ***disputed.*** – Les faits de la cause ne sont pas **contestés.**

Disrobe (to). – « Si se desnue et *desrobe* qu'elle est orfenine (orpheline) de robe. » (*Rose*, XIIIe s.) est une citation à rapprocher de l'ordre que Flavius donne à Marullus (*J. Caes.*, I, i, 69-70): ***Disrobe*** *the images if you do find them deck'd with ceremonies.* – **Dépouille** les statues / Des festons d'apparat dont on les a couvertes. (Trad. C.M. GARNIER.)

Ce sens a survécu en angl. moderne, où ***to disrobe*** trans. signifie: **ôter une robe, un vêtement; déshabiller, dévêtir;** réfléchi ou intr. **se déshabiller, se dévêtir;** au fig. **dépouiller.**

– *While the painter was mixing his colours the model would* ***disrobe.*** – Pendant que le peintre mélangeait ses couleurs, le modèle se **déshabillait.**

– *Thou shalt be* ***disrobed*** *of all thy dignity.* – Tu seras **dépouillé** de toute ta dignité.

– *Fear not death's* ***disrobing*** *hand.* (SHELLEY.) – Ne crains pas de la mort la main **qui tout ravit.** Au XVIIe s., on aurait pu dire: la **ravissante** main.

REMARQUE. – Ne dit-on pas encore: Des fèves *dérobées*, c.-à-d. dont on a ôté l'enveloppe?

Dissemble (to). – *Dissimuler* a signifié feindre, simuler; « Hamlet, ce fou *dissimulé* », écrit Belleforest. Il en est de même de ***to dissemble.***

– Othello, trompé par Iago, essaie néanmoins de rester calme en s'adressant à Desdémone qu'il croit infidèle: *(Aside) Oh! hardness* ***to dissemble!*** (III, iv.) – Oh! qu'il est dur de **feindre** (ou : de **dissimuler!**).

– C. Lamb (*Elia. On Some of the Old Actors*), parle du personnage d'Olivia dans *Twelfth Night: Her state of real or* ***dissembled*** *mourning would draw the eyes of the world upon her.* – Son deuil, réel ou **feint,** devait attirer les yeux sur elle.

–*She had the art of* ***dissembling,*** elle avait l'art de se **masquer.**

–*It was too late to* ***dissemble.*** – La **feinte** n'était plus de saison.

Dissipate (to), dissipation. – « Mme de Maintenon... sentait la perte de Monsieur comme une délivrance... rien ne lui seyait mieux que de chercher à *dissiper* [le roi] (Saint-Simon), c.-à-d. « distraire ».

De même: « Vous travaillez trop; il vous faut *dissiper* ». En fr., ce sens est oublié. Il est resté angl.: *A girl bred in the country who knew no other* ***dissipation*** *above the annual gala ball,* par quoi il faut entendre: **distraction.**

Cela dit, on pensera au sens tech. de **dégradation** (de l'énergie), **dispersion** (de la chaleur, de l'électricité).

Dissolution. – Outre les sens fr., a retenu ceux tout lat. de: **ruine, destruction, anéantissement,** et va jusqu'à signifier en style relevé: **disparition, mort, décès.**

– Voici l'épitaphe d'un jeune médecin qui, par son art, avait prolongé la vie de ses semblables: *He prolonged the lives of others to lament his own* ***dissolution.*** – En prolongeant la vie des autres, il leur a permis de lamenter (déplorer, pleurer) sa propre **mort.**

Distain (to), où l'on reconnaît notre vieux mot *desteindre*, signifie « remplacer la couleur naturelle par une autre », comme Froissart dit: « La maladie m'avait *desteint* la couleur de la face ». ***Distain (to)*** sera donc **décolorer, teindre,** et, au fig., **souiller, déshonorer.**

– *Like autumn's leaves* ***distained*** *with dusky gold.* (BAILEY, *Festus*, XXI.) – Comme les feuilles de l'automne **teintes** d'un or sombre.

– *Surely no shame hath* ***distained*** *thee.* (MORRIS, *Love is enough*, 107) – Sûrement, nulle honte ne t'a **souillé.**

Distemper. – ***Distemper,*** ant. de *temper (q.v.)*, est proprement la rupture de l'équilibre des humeurs, considéré par l'ancienne physiologie comme le signe de la santé; autrement dit le manque d'un juste tempérament dans l'organisme et donc la **maladie;** c'est aussi une **maladie** (des chiens), et l'**étranguillon** (sorte d'angine des chevaux). On retrouve l'idée de déséquilibre, de manque d'égalité d'âme dans le sens d'**humeur** (maussade), de **mauvaise humeur,**

et passant de l'individu à l'État, etc., dans ceux de **troubles, désordres, bouleversements** (politiques ou sociaux). Enfin, cette idée éclaire le sens d'**intempérie,** d'**inclémence** de l'air, du climat, des saisons.

– *Good my lord, what is the cause of your* ***distemper?*** (*Hamlet*, III, ii, 351.) – Mon bon seigneur, quelle est la cause de votre **mal?** Rapprocher: Trop avez le sens *destempré. (Lai Arist.*, XIIIe s.)

– *I was confined by* ***distemper*** *to my bed.* – La **maladie** me retenait au lit.

– *Our political* ***distempers*** *had greatly affected him.* – Nos **troubles** politiques l'avaient fortement déprimé.

– *The* ***distempers*** *of the State were such as to require an extraordinary remedy.* (MACAULAY.) – La **santé** de l'État **était compromise** au point d'exiger un remède héroïque.

REMARQUE. – Le sens de (peinture à la) détrempe est issu du bas lat. *distemperare*, « délayer », anc. fr. *destremper.* C'est un autre mot.

Distinct, -ly. – Caractérisé, marqué; formel, exprès; latinisme: **orné;** sens corresp. pour l'adv. **séparément; nettement, formellement, expressément.**

– *An act of* ***distinct*** *military desertion.* – Un acte de désertion militaire **caractérisée.**

– *A* ***distinct*** *undertaking, or promise,* un engagement ou une promesse **formel(le).**

– *A Cottard of* ***distinct mediocrity*** traduit: un Cottard **bien médiocre.** (M. PROUST, *Jeunes filles en fleur*, p. 7, N.R.F.).

– *The sky was* ***distinct*** *with vivid stars.* – Le ciel était **orné, rehaussé** d'étoiles brillantes, éclatantes.

Rapprocher: *pocula distincta gemmis,* des coupes ornées de pierreries, et « Le tigre est une bête... *distincte* de diverses et variables taches » (in H.).

Distinction. – *He obtained his grade with* ***distinction.*** – Il a obtenu son grade avec **mention.** Autre sens: **fait d'être distinct, perceptibilité,** *the several voices* ***lost their distinction,*** les diverses voix **ne se distinguèrent plus les unes des autres, devinrent indistinctes.**

Distortion. – Action de **détourner** (les mots, un texte de leur sens), de leur **donner une entorse,** d'**altérer,** de **fausser,** de **déformer,** ou **défigurer** (la vérité) et donc, de les **dénaturer,** de les **altérer.**

T.S.F. **déformation** (de la réception), **décalage, déviation** (du champ magnétique). Lâchement, **dérèglement, désorganisation; fait,** pour deux courbes, s'**écarter,** se **dissocier** l'une de l'autre.

– *The* ***distortion*** *of international trade.* – Le **dérèglement** du commerce international.

– *There is a* ***distortion*** *between the trend of the wholesale and the retail trade.* – La courbe du commerce de gros a tendance à **se dissocier** ou: **à s'écarter** de celle du commerce de détail.

Distract (to), distraction. – Ces mots ne veulent pas toujours dire **distraire, distraction,** dans le sens d'« amuser, divertir ». Ils gardent parfois le sens fort qu'ils avaient en lat., et signifient alors **égarer, rendre fou,** etc.; **folie, égarement.**

– Description d'un doux négligé:

A lawn about the shoulders thrown
Into a fine ***distraction.***

(R. HERRICK, *Hesperides.*)

Une batiste un peu trop **folle**
Qui s'émancipe sur l'épaule.

(Trad. Emile LEGOUIS.)

– *They stared and were* ***distracted.*** (SHAKS., *Macbeth,* II, iii, 109.)

– Ils avaient le regard fixe, **égaré.**

– *I love her to* ***distraction.*** – Je l'aime à la **folie,** à la **fureur,** à en **perdre la tête.**

– Non sans clameurs, hurlements et lamentations, un nouvel équipage rallie le *Narcisse* (*Nigger of the N.*, I.): *Gradually the* ***distracting*** *noise had subsided.* – Peu à peu, l'**affolante** rumeur s'était apaisée.

– *The seamen cried out a sail! a sail! hulloed and jumped about as if* ***they were distracted.*** – Les marins criaient une voile! une voile! et vociféraient et sautaient comme s'ils fussent **tombés en démence,** ou: **eussent perdu la raison.**

– *They are* ***quite distracted.*** – Ils sont **achevés.**

– *Are you both* ***distracted*** *that you will have me to be a doctor?* traduit ce passage du *Méd. malgré lui:* Ou si tous les deux vous **extravaguez,** de vouloir que je sois médecin? »

– Un homme courageux sauve un bébé que la fumée d'un incendie va asphyxier: *He ties the child to a rope, and lowers it gently to the arms of the* ***distracted*** *mother.* – Il attache l'enfant à la corde et le descend doucement jusqu'aux bras de sa mère **éperdue.**

Distress, distress (to). – Détresse, c'est proprement « serrement de cœur poignant » et « situation poignante » (D.G.). De même en angl. où ***distress*** se dit de toute souffrance physique et morale et a, en général, le sens fort: **affliction, désolation, angoisse; peine, chagrin, tristesse profonde; infortune, malheur,** etc., mais peut avoir parfois, comme le verbe, un sens plus faible.

Aussi † ***distress*** (auj. ***stress***), ***of weather,*** **temps forcé, gros temps, violence du vent.**

Jur. ***distress,*** **saisie,** ***distress warrant,*** **ordre de saisie.**

– *We are troubled on every side, yet not* ***distressed.*** (*Bible, 2 Cor.*, IV, 8.) – Nous sommes opprimés de toutes parts, mais non **écrasés.**

– *He read the sad piece of news in her* ***distressed*** *face.* – Il lut la triste nouvelle sur son visage **bouleversé.**

– *His wild conduct is a great **distress** to his mother.* – Ses dérèglements causent beaucoup de **chagrin** à sa mère.

– *Her cousin's **distress** was the one thought in her mind.* – Seule occupait son esprit la **misère** de son cousin.

– Titre d'un article de journal sur les suites de la guerre: ***Distressing** aftermath.* – Lendemains **douloureux.**

– *I can understand how my uncle, in his **distress**, sought support and counsel, and comfort from his elder daughter,* phrase qui traduit le passage suivant de *La porte étroite* (II) d'André Gide: Je... comprends que mon oncle, dans son **désarroi,** ait cherché près de sa fille aînée soutien, conseil et réconfort.

– *The departure of her husband could not but **distress** her.* – Le départ de son mari ne pouvait que l'**affliger.**

– *Stop **distressing yourself** about what you can't help.* – Cessez de **vous tourmenter** au sujet de l'inévitable.

– Sens affaibli: *Slug-bed habits were not the only thing in Mary that **distressed** him.* (A. Huxley, *Point c. P.*, V.) – L'habitude de M. de paresser au lit n'était pas la seule chose qui le **mît en peine.**

– *He was detained by **stress of weather.*** – Il fut retenu par le **mauvais temps.**

– *Instead of favouring this second application, for a fresh supply of money, they threatened **to distress** him for what he had already received.* (Smollett, *Count Fathom*, XLII.) – Au lieu de satisfaire à cette nouvelle demande d'argent, ils menacèrent de le **saisir** pour recouvrer ce qu'il avait déjà reçu.

Distribute (to). – ***To distribute** a dividend,* **répartir** un dividende. Log. **employer un terme dans le sens distributif.**

Distributed « se dit toujours en angl. des **propositions universelles** » (Lalande), d'où ***distribution*, emploi, acception d'un mot dans son sens général.**

Distributive. – ***Distributive** trade,* commerce **de détail; *retail distributive** society,* coopérative **de consommation.**

Distributor. – **Concessionnaire** (d'une marque d'automobiles, etc.). En mécan. ***oil distributor*, rampe à huile.**

District. – **Secteur, circonscription,** *postal **district**,* **secteur** postal; ***district** heating,* chauffage **urbain;** *maternity **district**,* **quartier urbain** doté d'une maternité, d'une maison ou clinique d'accouchement. ***District railway*** (abrév. de *Metropolitan District Railway*) **métro** de Londres, situé à moins de profondeur que le *Tube.* E.U. ***(Congressional) District*, circonscription électorale.**

Ditto (adj. et subst.). – Abrégé, ***do.*** **double, copie; pareil,** *his **ditto** was never seen,* on n'a jamais vu son **pareil; pendant, réplique, sosie;** famil. *a **suit of dittos**,* un **complet; répétition, rengaine,** *a **sayer of dittos**,* un **idémiste;** un **rabâcheur.** ***To say ditto to*, dire amen à, opiner du bonnet.**

– Thiers, selon Carlyle avait *small fat feet and **ditto** hands,* des petits pieds grassouillets et des mains **idem (à l'avenant).**

Divert (to). – « Tu ne t'es jamais *diverti* de suivre le juste parti », écrit Malherbe et Corneille, *Veuve,* II, 6: « Pour *divertir* ce coup ». Ce sens de détourner est resté angl.: *he did not **divert** from his purpose,* il ne se **détourna** pas de son but. Aussi, **détourner** le cours d'un fleuve.

– *He was bred to physic, but **diverted** to the diplomatic line,* il étudia la médecine, mais **se détourna** vers la carrière diplomatique.

Remarque. – Rappelons que *divertir* a signifié aussi « détourner de ce qui occupe »: « c'est rendre un homme heureux de le *divertir* de ses misères domestiques ». (Pascal.) Le mot a passé ensuite au sens de « distraire en récréant ». Il en est de même de *diversion,* qui a pris en outre le sens militaire d'« opération destinée à *détourner* l'ennemi d'un point ». (Robert.)

Divide (to). – Emplois particul. du v. trans.: **déchirer, percer,** *a shriek **divided** the night,* un cri perçant **déchira** la nuit; **séparer** (dans l'espace et dans le temps) *The sea which **divided** the poor Britons utterly from the world* (Emerson, *E.T.*, III.) – La mer qui **séparait** complètement les pauvres Bretons du reste du monde. C'est le sens lat.: *Rhodanus qui provinciam nostram ab Helvitiis dividit.* Le Rhône qui **sépare** notre province des Helvètes. Autres sens, ***to divide** the House* et absol. ***to divide*. faire voter** la Chambre, **passer au vote, procéder au scrutin** (v. *division*), aussi intrans. Math. *Six **divides** by three,* six **est divisible** par trois.

– *She counted the hours, the minutes that **divided** her from this final meeting.* – Elle comptait les heures, les minutes qui la **séparaient** de cette dernière entrevue.

– *The crowd **divided** with respect to make room for the minister.* – La foule **se rangea** respectueusement pour faire place au ministre.

– *After a long debate, the House **divided.*** – Après un long débat, la Chambre **passa au vote.**

Divider. – Outre personne ou chose qui divise ou partage dans toutes les acceptions du verbe, noter au pl. ***(a pair of) dividers*,** un **compas à pointes sèches.**

Divine (subst.). – Le sens de *devin* est arch., et le mot, après avoir signifié **ecclésiastique, prédicateur, pasteur, ministre** (de l'Évangile), ou **prêtre,** s'entend maintenant d'un **théologien.**

– *It is a good **divine** that follows his own instructions.* (Shaks., *Merch. of Ven.*, I, ii, 16.) – C'est un bon **prédicateur** que celui qui suit ses propres instructions. (Trad. Lebrun-Sudry.)

– *We see in him the gentle mystic rather than the stern **divine.*** – Nous voyons en lui le doux mystique plutôt que l'austère (le sévère) **théologien.**

Diviner. – Noter: ***(water-) diviner*, sourcier, radiésthésiste,** famil. **tourneur de baguette, homme à baguette.**

Divinity. – A non seulement tous les sens fr., mais signifie aussi **science des choses divines, théologie,** d'où *Doctor of* ***Divinity***, docteur en **théologie;** autres sens: **faculté de théologie** (le plus anc. en angl.); **théogonie;** enfin, **choses sacrées; vertu divine.**

– *Saint Thomas Aquinas was a great doctor of* ***divinity***. – St Thomas d'Aquin fut un grand docteur en **théologie.**

– *He was versed in all the* ***divinity*** *of the Greeks.* – Il était versé dans toute la **théogonie** des Grecs.

– Viola dit à Olivia (*Twelfth Night*, I, v, 204): *What I am and what I would are as secret as maidenhead; to your ears,* ***divinity***, *to any other's, profanation.* – Qui je suis, ce que je veux, ce sont là secrets mystérieux à l'égal de la virginité, **choses sacrées** que votre seule oreille peut entendre, et que nulle autre ne saurait ouïr sans profanation. (Trad. Félix SAUVAGE.)

Division. – Vote (qui s'opère en *divisant* en deux groupes) les membres d'un corps législatif pour compter leurs suffrages). Dans les chambres angl., les membres passent dans deux couloirs et sont comptés par les scrutateurs. *To challenge a* ***division***, provoquer, demander un **vote.** E.U. **vote par assis et levé.** *Without a* ***division***, sans passer au **vote,** sans **scrutin,** et, donc, sans **opposition.**

Autre chose: dans le *Civil Service*, ***second division***, **catégorie des commis subalternes;** dans le régime pénitentiaire, *first, second, third* ***division***, désignent respect. le **régime** doux, moyen, sévère (rigoureux) prescrit par le tribunal. E.U. **Section** (de ligne de ch. de fer); **degré** (du thermomètre); **cloison.**

Enfin, curiosité: † ***To run divisions***, c'est, comme le savetier de La Fontaine, **faire des passages, exécuter des variations, mettre des fioritures.** *Passage* s'est dit dans le même sens.

– *He was in every* ***division*** *and sat out every debate.* – Il prenait part à tous les **votes** et assistait jusqu'au bout à toutes les discussions.

Divorce (to). – Dissocier, séparer, détacher, isoler.

– *Life cannot be* ***divorced*** *from matter*, la vie ne peut être **séparée** de la matière.

– *What happens to the soul when it is* ***divorced*** *from the body?* – Quel est le sort, le destin de l'âme, une fois **séparée, dissociée** du corps.

– *This passage has been unduly* ***divorced*** *from its context.* – Ce passage a été à tort **détaché, isolé** de son contexte.

– *The man that would* ***divorce*** *this terror from my heart.* (SHAKS., *Rich. II*, V, iv, 9.) – L'homme qui **arracherait** cette terreur de mon cœur.

REMARQUE. – *Divorcer* est intrans. en fr., tandis qu'en angl. ***to divorce*** peut s'employer transt.: *Antony* ***divorced*** *Octavia*, Antoine **répudia** Octavie. D'autre part, le sens de notre mot a tendance à s'élargir et à rejoindre l'angl.: Une science *divorcée* de la morale (MAUROIS, dans GREVISSE).

Dock. – Quatre mots: 1° la plante dénommée **patience;** *bloody* ***dock***, **patience** rouge, ***yellow dock***, **parelle,** ***sour dock***, **oseille,** *water* ***dock***, **oseille** aquatique. 2° **tronçon, partie charnue de la queue** (d'un cheval, d'un chien), ***dock-piece***, **culeron, trousse-queue;** 3° **bassin** (d'un port), *the* ***docks***, les **docks,** aussi **chantiers de constructions navales; quai terminus** (de ch. de fer). 4° **Banc** (des accusés ou des prévenus). Arg. mil. ou naval: ***In dock***, **hospitalisé, à l'hôpital, qui s'est fait porter pâle,** notamment **pour cause de maladie vénérienne;** ***to be in dry dock***, être **sans emploi, en chômage.**

Doctor, to doctor. – Famil. **raccommodeur** (de porcelaine, de parapluies, etc.), **rabibocheur.** (Ne disons-nous pas dans un sens analogue: *clinique* de vêtements?); autres sens: typ. **raclette** (d'une presse rotative); text. **racle, racloir, essuyeur** (d'une machine à rouleau); **mouche artificielle** servant d'appât au poisson (1). Tout **ingrédient** utilisé pour **dénaturer, déguiser, falsifier, frelater** un aliment ou une boisson (sens de ***to doctor***), p. ex. **composition** utilisée par les bouilleurs de cru pour **corser** l'alcool, ou encore xérès mélangé avec du vin pour le rendre plus foncé, par ext. méliorative **xérès.** Naut. **maître-coq,** E.U. et Australie, le **cuistot.**

Sens corresp. pour le verbe: péj. **droguer, médicamenter** (un malade); **droguer, doper,** un cheval pour le maquignonner; **réparer, retaper, rafistoler** (un objet); **falsifier, fausser, truquer, tripatouiller** (des comptes); **corrompre** (un texte).

– Réplique moderne du mot de Lady Macbeth (II, ii, 6): *If possible, we must* ***doctor*** *the whisky.* (HORNUNG, *Raffles*, p. 38.) – Si possible, il nous faut **droguer** le whisky.

REMARQUE. – Aux E.U. le titre de ***Dr.*** se donne aussi aux dentistes et parfois même aux pharmaciens.

Doctrine. – Science: *Astronomy is a* ***doctrine*** *or* ***science***. Ce sens de « savoir » (L. 4°) était courant en bonne langue: « Esprits vains qui faites trophée de votre *doctrine* ». (BOSS., III, 551).

Document. – « L'autorité paternelle et de bons *documents* peuvent beaucoup. » (BOSS., *Exhort. à Monseigneur le Dauphin*) et MOL. (*Comtesse d'Escarb.*, Sc. XIX): « Allons, monsieur le comte, faites voir que vous profitez des bons *documents* qu'on vous donne. » Ce sens de **leçon, enseignement** est le sens étym. (du lat. *docere* enseigner), le premier, en angl. comme en fr.

Enfin, jur. *legal* ***document***, **acte** authentique.

– Ophélie, devenue folle, énumère les fleurs qu'elle a cueillies ainsi que leur symbole moral, et Laerte de s'écrier: *A* ***document*** *in madness...* (*Hamlet*, IV, v.) – c'est-à-dire: La folie **qui nous donne une leçon.**

– *He concluded with some additional* ***documents***, *in which he recommended repentance.* (FIELDING, *Tom Jones*, I, vii.) – Il conclut en ajoutant quelques **admonitions** où il recommandait le repentir.

(1) Aussi abrév. de ***doctor-fish*** (syn. de *surgeon-fish*), **chirurgien,** poisson du genre *Acanthurus*, ainsi dénommé parce qu'il est « muni de deux arêtes plates et tranchantes ressemblant à des lancettes. On l'appelle aussi *Acanthure*. » (ROBERT.)

Il y a une nuance dans cette citation de Hamilton (*Gram.* 4): où le sens du mot se rapproche de celui de conseil.

Mettez-vous bien dans la mémoire, Et retenez ces *documents*,
Vous qui vous piquez de la gloire de réussir en faits galants.

Document (to). – † **Enseigner, instruire; sermonner, faire la leçon à; admonester; établir, démontrer, prouver** (au moyen de documents): ***to document** one's claim,* **établir** (le bien-fondé de) sa demande **avec pièces à l'appui**; du sens de documenter, munir, pourvoir de documents, on passe à l'acception spéciale: **munir un navire des papiers nécessaires pour établir son origine,** etc., d'où le subst. ***documentation*** qui exprime cette action.

– *A ship should be **documented** according to the directions of law.* – Le navire doit être **pourvu de ses papiers de bord** conformément aux prescriptions de la loi.

– Traduisant une information de source angl., un journaliste écrit: « Cette convention (sur la collaboration des trois grandes puissances) devrait documenter (sic) un développement historique extrêmement important... » par quoi il faut entendre que ladite convention « **consacrera par un texte,** ou: **un acte...** un événement historique capital, qui fera date... »

Doit. – Ce mot d'origine holl. n'a rien à voir avec notre *doit,* terme de comptabilité qui s'oppose à l'*avoir.* C'est une pièce de monnaie d'une valeur infime, comme qui dirait un **liard,** et par ext., une **bagatelle, un rien,** d'où les expressions: ***not to be worth a doit,*** **ne rien valoir, ne pas valoir tripette,** ***not to care a doit for,*** **ne se soucier nullement, se moquer bien de...** famil., **s'en soucier comme d'une guigne.**

Dollar. – Argot: **pièce de 5 shillings, couronne** (en fr., on dirait une **thune**).

Adj. ***dollar** diplomacy,* politique du **protectorat financier et économique** ou **du paternalisme,** pratiquée par les E.U.

Dolorous. – **Cruel, extrême,** *a **dolorous** thirst,* une soif **ardente; lugubre, triste:** *we had a **dolorous** day of rain;* **affligé, attristé, chagriné,** *a **dolorous** sympathy,* une sympathie **attristée,** *a **dolorous** heart,* un cœur **affligé.**

Dolphin. – C'est bien le cétacé que nous appelons dauphin, mais c'est aussi le poisson nommé **dorade** (ou: **daurade**) *coryphaena hippuris.* A ce poisson, dont les belles couleurs quand il meurt, passent par de rapides changements, Byron (*Ch. Har.,* IV, xxix) compare le jour expirant.

On ajoutera (naut.) **baderne; bourrelet de défense** (de mât); **bouée de corps mort; poteau d'amarrage,** ces dispositifs ressemblant plus ou moins à une tête de dauphin.

Dome. – **Maison, demeure; édifice imposant, château;** † **cathédrale** comme l'ital. *duomo,* du lat. *domus,* maison et par excellence « maison de Dieu » (cf. all. *der Dom*); autres sens: **voûte** (famil. **calotte**) des cieux; **baldaquin** (de lit); **ruche;** E.U. **crête, sommet** (arrondi des collines, des montagnes, des vagues), famil. le **crâne,** un « **genou** ». Suivent divers sens techn. Aussi **plafonnier** (électrique), ***dome-lamp,-light,*** **lampe de plafonnier.**

– *Religion's tottering **dome.*** (SHELLEY). – L'**édifice** chancelant de la religion.

Domestic. – Va un peu plus loin que notre adj. domestique, et signifie parfois **aimant son foyer, son intérieur, ayant l'esprit de famille;** péjor. **casanier;** famil. **pot-au-feu, pantouflard.** E.U. ***domestic** trade, policy, produce,* commerce **intérieur,** politique **nationale,** produits **indigènes;** ***domestic** chickens,* poulets **du pays.**

Autres emplois: ***domestic science,*** **arts ménagers,** ***domestics,*** **articles de ménage,** ***domestic** workshop,* atelier **à domicile;** ***domestic** help,* travailleuse **familiale** (mise à la disposition des intéressés par les services publics).

– *I am a **domestic character,** Miss Amory – my habits are simple.* (THACKERAY.) – Je suis un **homme d'intérieur,** Mlle A.; je ne suis pas compliqué.

– Parlant de son perroquet, Robinson Crusoé dit (I, 132!: *My Poll... began now to be a mere **domestic,** and to be mighty well acquainted with me.* – Mon Jacquot... commençait alors à être (**quelqu'un**) **de la maison** et à se familiariser parfaitement. Il dit de même de son chevreau: *As I continually fed it, the creature became so loving, so gentle, and so fond that it became one of my **domestics** also.* – Comme je continuais de le nourrir, il devint si aimant, si doux, si caressant, (affectueux) qu'il devint dès lors un de mes **familiers** aussi.

– *The most trivial reverie, the faintest emotion **are domestic** and divine.* (EMERSON, *Self-reliance.*) – La rêverie la plus banale, l'émotion la plus légère (la plus faible) **participent du foyer** et de la divinité.

– *Once a great figure in the world, he lived now in a still splendid but more **domestic** manner.* – Après avoir fait grande figure dans le monde, il menait une vie brillante encore, mais plus **rangée.**

– *Her husband was a rather simple-minded **domestic** fellow.* – Son mari était un bonhomme plutôt **pot-au-feu.**

Domesticate (to), domesticated, domestication. – Sans tenir compte des sens quelque peu désuets, noter que ***to domesticate*** signifie **naturaliser** (un animal, un mot, une coutume, etc.); d'après L., la domestication est distincte de l'acclimatement et de la naturalisation qui la précèdent toujours; autres sens: **gagner à la vie de famille, faire aimer la vie d'intérieur,** d'où ***domesticated,*** **qui aime la vie d'intérieur, son chez soi, attaché au foyer;** enfin, **civiliser.** ***Domestication,*** sens corresp.

– *To **domesticate** a foreign custom or word,* **naturaliser** une coutume, un mot étranger.

– *An attempt to **domesticate** Latin comedy on the English stage.* – Une tentative **d'acclimater** la comédie lat. sur (ou: à) la scène angl.

– Nous disons d'un roi, par exemple, qu'il a domestiqué ses courtisans, c.-à-d. qu'il les a amenés à une soumission, à une complaisance servile. Mais c'est dans un tout autre sens qu'il convient d'entendre les deux phrases suivantes: *She was a **domesticated** woman,* c'était une femme **d'intérieur.**

– Richard n'est pas insensible au charme et à la paix qui se dégagent du foyer du pasteur Anderson, mais il ajoute: ... *And yet I know quite well I could never live here. It's not in my nature, I suppose, **to be domesticated.*** (SHAW, *Devil's Disciple,* II.) – Et pourtant je sais parfaitement que je ne pourrais jamais vivre ici. Je suppose que je ne suis pas homme **à me contenter de la vie d'intérieur (de famille).**

– *Thanks to his energy, he succeeded in **domesticating** these savage tribes.* – Grâce à son énergie, il réussit à **civiliser** ces tribus sauvages.

– *Nowadays it becomes difficult to find thoroughly **domesticated** servants.* – De nos jours, il devient difficile de trouver des domestiques parfaitement **stylés.**

– *The sweets of **domestication.*** – Les **douceurs,** les **plaisirs,** les **délices** de la **vie d'intérieur,** ou: **de famille.**

Domesticity. – N'équivaut jamais à son sosie fr. C'est ou **l'attachement au foyer, à la famille, l'esprit de famille,** péjor. les **goûts casaniers;** ou (pl.) les **soins,** les **travaux,** les **affaires domestiques,** ou **du ménage.**

– Emerson, dans ses *English Traits* (VI), admire la force des liens familiaux chez les Angl.: ***Domesticity** is the tap-root which enables the nation to branch high and wide.* – **L'attachement au foyer** est la racine pivotante qui permet à la nation de pousser des branches en hauteur et en largeur.

– *She was a masculine woman with no talent whatever for **domesticity.*** – C'était une femme hommasse dépourvue de tout talent de **ménagère,** ou: qui n'entendait rien **aux choses du ménage.**

REMARQUE. – En espagnol *domesticidad* correspond à *sweetness of disposition* et signifie **douceur de caractère.** (1)

Domineer (to). – ***To domineer*** ajoute une nuance à *to dominate.* C'est **dominer, commander, gouverner arbitrairement** ou **en despote, faire le tyran, tyranniser;** † **faire l'homme d'importance, faire le seigneur, le fanfaron, s'en faire accroire, se rengorger, prendre des airs, faire l'insolent;** † **festiner, festoyer, banqueter, se livrer à l'orgie** (du holl. *domineren,* festoyer somptueusement).

– ***Domineering,*** **tyrannique, impérieux.**

(1) Voir Louis DUPONT, *Les Faux amis espagnols,* E. Droz, éd.,Genève, 1961.

– *He rules, nay, he **domineers** over us.* – Il règne sur nous; que dis-je? Il nous **tyrannise.**

– *When he had money in his purse, he **domineered** and vapoured.* – Quand il avait de l'argent dans sa bourse, il **tranchait de l'homme d'importance (faisait l'insolent)** et du rodomont (du fanfaron).

– ***There was nothing domineering*** *in her voice or manner.* – **Rien** dans le ton de sa voix ou dans ses manières **ne cherchait à imposer.**

Domino. – Un *domino* est notamment un costume de bal masqué, d'où, en angl., au fig.: *As for pantheism, it is atheism **in domino.*** (DISRAELI). – Quant au panthéisme, c'est de l'athéisme **travesti, déguisé, dissimulé, masqué, camouflé.**

– *To write under a **domino,*** écrire sous un **pseudonyme,** sous un **nom d'emprunt,** un **nom de plume.** Autres sens, au pl. famil. les **dents,** les **quenottes;** les **touches** (d'un piano, d'un clavecin, etc.), *to rattle **the domino,*** taquiner **l'ivoire; *domino-box,*** **la bouche; *domino-thumper,*** **batteur, bastringueur,** – *It is **domino** with him.* – Il est **flambé,** il est **fichu.** (1)

Don. – Du sens de *Don,* noble espagnol, on passe, comme en fr., à celui d'Espagnol tout court, puis **d'homme éminent,** de **personnalité marquante,** d'où, famil., *he is a **don** at tennis,* c'est un **as** du (ou: au) tennis, une **fameuse raquette,** *a **don at fencing,*** une **fine lame,** d'où encore à l'Université: un **maître,** aussi: un **directeur d'études,** un **chef de travaux pratiques** (voir *tutor*), enfin un **membre du conseil d'administration** d'un « college » à Oxford ou Cambridge.

Dormant. – Noter: ***dormant** passions,* des passions **éteintes; *dormant*** *claims, or titles,* des titres **tombés en désuétude, frappés de prescription;** *a **dormant** estate,* une succession **jacente;** *a **dormant** partner,* syn. de *sleeping partner,* un **commanditaire; *dormant*** *credit,* crédit **en blanc, *dormant-writing,*** **blanc-seing; *dormant window,*** **lucarne** (syn. de *dormer, q.v.*)

Dormer. – Représentant l'ancien fr. *dormoir* est † un dortoir, ou, sens courant, une **lucarne,** une **fenêtre de mansarde,** origin. ***dormer-window,*** fenêtre **de dortoir.**

Dormitory. – Non seulement dortoir, mais aussi au fig. **lieu de repos** (en général); † **cimetière, caveau, tombe** E.U. **pension, pensionnat, maison** d'(étudiants).

– *Truths ..lie in the **dormitory of the soul.*** (COLERIDGE). – Les vérités .. reposent dans l'âme où **elles trouvent asile.**

Dose (to). – **Droguer, administrer un remède, un médicament;** E.U., **faire prendre une médecine nauséabonde, faire avaler la pilule, le calice,** etc.; **corser** ou **aromatiser** le vin. Sens corresp. pour le subst.; argot, **la vérole.**

– *A self-opinionated doctor who shall **dose** and bleed and kill*

(1) Cf. notre expr.: « faire domino », gagner la partie, battre son partenaire.

him secundum artem. – Un médecin entêté qui le **droguera**, le saignera et l'enverra *ad patres* selon toutes les règles de l'art.

– *He feared he had been* ***dosed.*** – Il craignit de s'être fait **poivrer.**

Dosser. – De ***doss-house***, **asile de nuit à bas prix**, et donc **habitué de ces asiles.**

Double (to). – A une multiplicité de sens que ne connaît pas notre doubler: † **faire un double, une expédition, une copie, une ampliation; se mettre à deux pour occuper un logement; plier; serrer** (le poing); ***to double up***, **plier, courber;** trans. **tomber** (un adversaire); **ruser** et **tournoyer** (d'un lièvre mis au rouet), **faire en courant des crochets, des détours; revenir sur ses pas; éviter; user de duplicité.** Autres sens **prendre le pas gymnastique** (***double-time***, 165 pas à la minute dans l'armée britannique, et 180 dans l'armée américaine). Cf. notre « doubler le pas », d'où famil. ***double up!*** **activez! pressons! dépêchez!** Au bridge, **contrer**, *the* ***double*** étant le **contre,** la **carte qui sert à contrer.**

– *She couched* ***doubled up,*** *with her head on her knees.* – Elle était assise par terre, **pliée en deux,** la tête sur les genoux.

– *See how he* ***doubles,*** *like a hunted hare.* (DRYDEN, *Amphitryon*, IV.) – Voyez-le **ruser (faire des crochets)**, comme un lièvre poursuivi.

– *If thy tongue* ***doubles*** *with me, I will have it torn from thy misbelieving jaws.* (W. SCOTT, *Ivanhoe*, XXXV.) – Si ta langue **use** envers moi **de duplicité,** je la ferai arracher de ta bouche mécréante.

– *He* ***doubled*** *fist and smote his opponent on the jaw.* – Il **serra** le poing et frappa son adversaire à la mâchoire.

– *The soldiers charged at the* ***double.*** – Les soldats chargèrent au **pas gymnastique.**

Double harness. – Le **(lien du) mariage,** le **joug matrimonial** (v. L. 3°): « Il faut venir au timon et se mettre sous le *joug* comme les autres. » (SÉVIGNÉ).

Double-minded. – *A* ***double-minded*** *man* n'est pas un homme capable de duplicité, qui se dirait *a double-faced, double-dealing, double-tongued man* selon le contexte, mais un homme **indécis, irrésolu, qui a l'esprit partagé.**

– *It is the* ***double-minded*** *who find difficulties.* – C'est aux **irrésolus** qu'apparaissent les difficultés.

Doublet. – Un *doublet* a été, en ancien fr., une **sorte de vêtement fourré, chemise, gilet,** d'où, en angl., le sens de **pourpoint :** ***doublet*** *and hose,* **pourpoint** et haut-de-chausses; † ***iron*** *or* ***stone doublet,*** (une) **prison,** *to put one in a* ***stone doublet,*** le mettre entre **quatre murs;** autre sens: **coup double.**

– *I had eight* ***doublets,*** j'ai fait huit fois **coup double.**

Doubt, to doubt, doubtful. – Mots très dangereux: dans le premier ex. fr. donné par l'histor. de L., *douter* a le sens de « redouter » (qu'on remarque en passant que les deux mots n'en font en somme qu'un): Et Sarazins ne les ont mie *doutés* (craints) (*Chanson de Roland*, XC).

De même, en angl.: **redouter, craindre, appréhender** et **soupçonner.** † ***I doubt*** *me* équivaut à *I fear me;* † *I am* ***doubted*** à *I am afraid.* Le subst. ***doubt*** et l'adj. ***doubtful*** ont des sens corresp.

– Pendant l'absence d'Arviragus, quelqu'un avait-il parlé d'amour à sa femme? *He had of this no* ***doubt.*** (CHAUCER, *Franklin's Tale*, F. 1096.) Non pas, bien entendu, il n'en avait pas le moindre doute. C'est tout le contraire: Il ne le **craignait** point.

– Desdémone rassure Cassio qui craint que l'absence ne le fasse oublier de son général: *Do not* ***doubt*** *that.* (*Oth.*, III, iii, 19.) – Ne **redoutez** cela.

– *I* ***doubt*** *I have been beguiled.* (SCOTT, *Antiq.*, VII.) – Je **crains** qu'on ne m'ait trompé.

– Ophélie s'est tuée. Le prêtre, qui lui marchande les honneurs funèbres, explique ainsi ses scrupules: *Her death was* ***doubtful*** (SHAKS., *Hamlet*, V. i, 250.) – Sa mort fut **suspecte.** Montégut traduit: « Sa mort était douteuse », ce qui est un non-sens.

Douceur. – † **Épices** (des juges); **cadeau, présent** pour se concilier les bonnes grâces de qqn.; **gratification, pot-de-vin, dessous de table,** et donc **présent corrupteur** (syn. de *bribe*). C'est le sens 6° de L. renforcé.

– *After a remarkable speech in the House of Commons,* ***he received some douceur*** *to be silent ever after.* – Après avoir prononcé un discours remarquable à la Chambre des Communes, **il se vit** pour jamais **acheter** son silence.

Douche. – **Bock irrigateur.**

Dower, dowry. – N'est pas nécessairement un douaire, mais peut-être simplement une **dot.** C'est aussi, au fig., un **don,** un **talent naturel,** un **apanage.**

– *She offered to give Emily a* ***dower.*** (Mrs. RADCLIFFE, *Myst. Udolpho*, XIII, 1.) – Elle offrit de donner une **dot** à E. (de la **doter**).

– *Modesty should be the* ***dowry*** *of every woman.* – La modestie devrait être l'**apanage** de toute femme.

Doze. – Qu'on ne confondra pas avec *dose* signifie **petit somme, assoupissement.**

Dozen. – ***A long, a round dozen, a baker's, devil's, printer's dozen, thirteen to the dozen,*** une **bonne douzaine, treize à la douzaine;** *to talk* ***nineteen to the dozen,*** parler **avec volubilité, jaser comme une pie (borgne), avoir la langue bien pendue.** ***To give one two dozen,*** le **fouetter,** le **flageller.**

Draconic. – Outre draconien, **qui a trait, se rapporte à un dragon,** et dans le style de l'Écriture, **démoniaque,** *the* ***draconic Spirit,*** l'**esprit démoniaque,** le **démon.**

Dramatic (subst. et adj.). — ***Dramatics,*** le **théâtre,** les **œuvres,** les **ouvrages dramatiques.** L'adj. couvre un plus vaste champ que son homon. fr.

— *We read epics and **dramatics** as we do satires and lampoons.* — Nous lisons les **poèmes** épiques et **dramatiques** tout comme nous faisons les satires et les pasquinades.

— *They had become friends, being, both of them **dramatic** and having similar tastes.* — Etant tous deux des **habitués du théâtre** et ayant les mêmes goûts, ils s'étaient liés d'amitié.

Dramatize (to). — Dramatiser, certes, mais aussi **produire** (une œuvre) **sur la scène, adapter** (à la scène, au théâtre): **tirer une pièce** (d'un roman): absol., **se prêter, s'adapter (à la scène, au théâtre), être scénique.**

— *David Copperfield, **dramatized** from the novel of that name.* — David Copperfield, **mis, adapté à la scène** d'après le roman du même nom.

— *The story would **dramatize** admirably.* — Cette histoire **se prêterait** admirablement **à la scène,** serait **scénique** au plus haut point.

Draper. — † **drapier; marchand(e) d'étoffes, de nouveautés;** ***draper's shop,*** **magasin d'étoffes, de nouveautés.** Abrév. de ***linen-draper,*** **linger** (ère).

— *The **draper's** shop still waves its two calico streamers in the wind.* — La boutique du **marchand de nouveautés** agite encore au vent ses deux banderoles d'indienne.

Drastic. — Un remède *drastique,* un *drastique* est pour nous un *purgatif énergique;* en angl. le mot a des emplois plus étendus et signifie alors: **radical, rigoureux, sévère, impitoyable:** *In order to face the outbreak of plague the authorities were compelled to take **drastic** measures.* — Pour faire face à l'épidémie de peste, force fut aux pouvoirs publics de prendre des mesures **radicales, rigoureuses.**

— *The **drastic** rule of the emperor Napoleon.* — L'administration **sévère** de l'empereur Napoléon.

— Le domaine de l'histoire gréco-romaine n'est pas encombré ni obscurci par l'amas des documents. *And so we can see the wood thanks to a **drastic thinning** of the trees during the interregnum between the dissolution of the Greco-Roman society and the emergence of our own.* (A. Toynbee, *Civilization on Trial,* p. 4.) — Ainsi donc, nous pouvons voir la forêt grâce aux **coupes claires** qui y ont été pratiquées durant l'intervalle qui s'est écoulé entre la dissolution de la société gréco-romaine et l'apparition de la nôtre.

Dress (to). — Le fr. *dresser* (du lat. pop. hypoth. *directiare* de *directus* « droit ») signifie: mettre droit, en état, arranger; dresser la table; une volaille, une planche, etc.; dressoir, meuble où l'on range la vaisselle.

Quant à ***to dress,*** outre sa signification courante: **(s')habiller, (se) vêtir,** qui a d'ailleurs été fr. (voir L., étymol.), il en a d'autres: ***to dress** a wound,* **panser une blessure;** ***to dress** a horse,* **panser** un cheval: ***to dress** hides,* **apprêter** des peaux; ***to dress** a carcase,* **habiller** une carcasse; ***to dress** meat,* **apprêter, accommoder** de la viande (cf. L., 4°); ***to dress** salad,* **assaisonner** de la salade; ***to dress** meal* **passer** la farine, ***to dress** ore,* **trier** le minerai; *a hair-**dresser*** est celui qui **arrange** les cheveux, c.-à-d. un **coiffeur;** *a window-**dresser*** un **étalagiste;** ***to dress** troops,* **aligner** des troupes. Autres sens, **mil.** ***To dress** the ranks,* **rectifier** l'alignement, ***to dress back,*** **se reculer pour se mettre à l'alignement: rentrer le corps.** D'où: Halt! Front! ***Dress!** Halte! Front!* **Alignement.** — 1769, *Falconer,* Dict. Marine. **Faire la parade,** ***to dress** a ship or adorn her with flags.*

Enfin: ***do dress** a person,* la traiter comme il convient, et avec une sévérité méritée, d'où, génér. avec *down,* **rosser, étriller, sangler; tancer vertement, laver la tête à.**

— *The nurse **dressed** the soldier's wound.* — L'infirmière **pansa** la blessure du soldat.

— *They **dressed** the rogues... as they were never **dressed** in their lives.* — Ils **rossèrent** (ils vous **sanglèrent**) ces coquins... comme ceux-ci n'avaient jamais été **rossés** de leur vie.

— Le vigneron de la Bible (*Luke,* XIII, 7) est appelé ***dresser** of vineyards.*

Drogue. — Cône-ancre; ancre flottante, ancre de cape. Chez les baleiniers, **appareil fixé à la ligne du harpon** pour retarder la marche du cétacé qui fuit ou plonge.

Droll (subst.). — Un drôle a d'abord été pour nous un plaisant coquin, puis un coquin méprisable, un mauvais sujet, c.-à-d., en angl., *a rogue, a knave, a rascal; a scamp, a scoundrel.* Mais *a **droll*** correspond à peu près à notre adj. drôle et signifie **plaisant personnage, farceur, bouffon, paillasse.** D'où ***to droll,*** **plaisanter, se moquer de; faire le bouffon.** ***Droll*** s'emploie aussi adject. et Mansion donne comme traduction des « Contes **drôlatiques** » de Balzac, *Balzac's **droll stories.***

— *Scoggin was the famous **droll** of King Edward IV.* — Scoggin était le fameux **bouffon** (ou: le célèbre **fou**) du roi Édouard IV.

Dropsy. — Outre **hydropisie,** signifie **obésité.**

— ***Dropsy** is increasing by self-indulgence.* — Quand on se laisse aller à la gourmandise, l'**obésité** ne fait qu'augmenter.

Drug (to), drug druggist. — Le v. n'a pas le sens fr. de droguer un malade, lui faire prendre des drogues (qui se dit *to physic, to dose*), ni de droguer un vin, le frelater. C'est spécialement falsifier un breuvage **en y mélangeant un narcotique; faire prendre** à qqn. **du poison ou un stupéfiant,** et ainsi l'**endormir; donner la nausée, écœurer.** *A **drug*** étant un **stupéfiant,** un **narcotique,** *a **drug addict*** sera un **toxicomane.** Famil. *to be doing **drugs,*** faire ses études de

pharmacologie, faire sa **pharmacie.** ***Drug-store,*** E.U. **débit de boissons hygiéniques, pharmacie.**

A ***drug in the market*** est un **rossignol,** un **bouillon,** une **marchandise invendable;** un **objet,** une **chose sans valeur.**

Druggist, **pharmacien** (Écosse et E.U.).

Lorsque Lady Macbeth (II, ii, 7) dit des deux domestiques qui couchent auprès du roi Duncan, *I have* ***drugg'd*** *their possets,* il faut entendre qu'elle a **mélangé un narcotique** à leur passon (COTGRAVE) ou posset (L.) ou chaudeau (lait caillé chaud et bière ou vin).

– *With pleasure* ***drugg'd,*** *he almost longed for woe.* (BYRON, *Childe Harold,* I, vi.) – Ayant pris du plaisir **jusqu'à la nausée** (**écœuré** de plaisir), il aspirait presque au malheur (comme dit Daniel LESUEUR).

– *Nobility is a mere* ***drug in the market,*** dit Smollett traduisant: La noblesse est une **chose bien commune.** (*Gil Blas,* VII, xiv).

Ductile, ductility. – Ductile ne se dit en fr. que des métaux qui peuvent être allongés, étendus, étirés sans se rompre. En angl. outre qu'il peut s'appliquer à toute matière le mot a des emplois fig.: **docile, souple, pliant,** *a* ***ductile*** *character;* aussi, d'une rivière: **canalisable, canalisée.** ***Ductility*** a les sens corresp.

– *A tractable and* ***ductile*** *disposition,* un caractère **souple** et traitable.

Due (adj., adv. et subst.). – (D'un effet de commerce) ***to fall or become due,*** **arriver à échéance, être échu;** *a* ***due*** *reward,* une récompense **méritée,** une **juste** récompense; *after* ***due*** *consideration,* après **mûr** examen; **suffisant,** *a* ***due*** *degree of exercise; in* ***due*** *time,* en temps **utile, voulu, opportun;** *I am* ***due*** *to speak to-night,* je **dois** prendre la parole ce soir. Autres sens, **qui doit arriver** à un moment précis: *the train is* ***due*** *at 11.30,* le train **doit arriver, est attendu** à 11 h 30, ***is already due*** ou: ***is overdue,*** **devrait être arrivé, est en retard;** *I must go, I am* ***due*** *at Mr. N's at 8 o'clock,* il faut que je parte je suis **attendu** chez M.N. à 8 h. E.U. ***Due bill,*** **reconnaissance** (de dette); ***due date,*** **échéance** d'un billet. Enfin, **fatal, inévitable, inéluctable,** ***death is due to mortals,*** **nous sommes tous mortels, nous payons tous le tribut à la nature** (1).

Adv. **(tout) droit, directement, franc:** *we went* ***due*** *east,* nous allions, nous nous dirigions **droit, franc** vers l'est.

Subst. *praise is the just* ***due*** *of merit,* la louange est la juste **récompense** du mérite; *to give a man his* ***due,*** rendre **justice** à un homme, reconnaître ses **qualités** (cf. rendre à César ce qui appartient à César); *One must give the devil his* ***due,*** il faut rendre **justice** même au diable, il faut **être juste.** Enfin, **droit, redevance, impôt,** *town* ***dues,*** **droits** d'octroi, *heavy* ***dues,*** de lourds **impôts.**

– ***She was due in*** *Paris at about 3 o'clock.* – **Son compte était d'arriver** à Paris sur les trois heures, comme dit l'abbé Prévost en parlant de Manon.

– *No employer can dismiss his workers without giving* ***due*** *notice.* – Aucun employeur ne peut congédier ses ouvriers sans leur donner le préavis (le délai-congé) **réglementaire.**

– *Poor letters, full of nothing but* ***bills falling due,*** *liabilities, and « arrears »...* De pauvres lettres où il n'était question que de **traites à payer, de termes échus,** d'« arriéré ».

– *In the midst of the studious life of Paris, all pleasures, too,* ***received their due.*** – Au sein de la vie studieuse de Paris, tous les plaisirs **ne laissaient pas** cependant **de trouver place.**

Dungeon. – Du sens de **donjon, grosse tour,** passe à celui de **cachot, cul-de-basse-fosse.**

– Le jaloux Othello n'est pas partageux. Plutôt, dit-il, que, dans l'être que j'aime, réserver un coin pour l'usage d'autrui,

I had rather be a toad,
And live upon the vapour of a ***dungeon*** (III, ii, 271).
Plutôt être un crapaud.
Et vivre du relent d'un **cul-de-basse-fosse.**

Duplicate (to), duplication. – Doubler, redoubler; reproduire (un document en double exemplaire; **se reproduire, se répéter, se renouveler;** typ. **surmouler** (un cliché); *this entry* ***duplicates*** *with another,* cet article (de compte, de livre de comptabilité) **fait double emploi** avec un autre. Liturg. ***to duplicate*** *masses,* **biner** « dire deux messes le même jour ». ***Duplication*** a les sens corresp.: **double; réplique** (syn. de *counterpart*); **duplique;** † **pli; repli;** liturg. **binage;** optique: **doublement** (de l'image); **dédoublement.**

– *The scene is being* ***duplicated*** *all over the liberated territories.* – Cette scène **se reproduit, se répète** dans tous les territoires libérés.

Dynamic. – ***Dynamic*** *disease,* maladie **fonctionnelle,** par oppos. à maladie organique.

REMARQUE. – En raison de l'abus de ce terme qui, selon Lalande (*Vocabulaire de la philosophie*) est « une des pièces de fausse monnaie les plus courantes dans le langage philosophique des étudiants et des écrivains demi philosophes », il y a lieu dans la langue commune d'utiliser parfois d'autres équivalents plus précis: **agissant, puissant, énergique, efficace, vigoureux, plein de vitalité,** etc.

(1) L'expr. famil.: *he pays what he* ***is due,*** il paie ce qu'il **doit,** s'explique par l'ellipse de... ***to pay.***

E

Eager. – Ceux qui identifient l'anglais ***eager*** avec le français **aigre** ne doivent le rapprocher que de ces emplois qui sont d'ailleurs archaïques: « Le tournoi fut dur et **aigre** », c.-à-d. ardent: « ils sont plus **aigres** que caignons », soit: plus acharnés que mâtins: « de joûter est **aigre** et chaud. »

Eager signifiera donc: **ardent** (à), **vivement désireux** (de), **impatient** (de), *to be* ***eager*** *to learn English;* **qui a soif** (de), **est affamé** (de), **avide** (de): *to be* ***eager*** *for fame; to be* ***eager*** *for gain,* être **âpre** au gain; *Macbeth was* ***eager*** *for kingship,* M. **ambitionnait** la royauté.

– *He had an* ***eager*** *fancy and a keen sense of fun.* – Il possédait une imagination **ardente** et un sens aiguisé du comique.

– *In reply to her letter she received an* ***eager*** *answer from her friend.* – En retour de sa lettre, elle reçut une réponse **empressée** de son amie.

Ease. – Péjor. **oisiveté, paresse, fainéantise;** ***ease of mind;*** **repos, tranquillité de l'esprit,** *to examine a paper* ***at ease,*** examiner un document **à tête reposée;** mil. ***(stand at) ease!*** **repos!** (antonyme de: *attention!);* **aisance** (des manières, de l'attitude); **soulagement;** † ***house of ease,*** **lieux d'aisance;** ***chapel of ease,*** **aide** (L., 6°), c.-à-d. **église, chapelle succursale.**

– ***Ease*** *breedeth vice,* l'**oisiveté** est la mère du vice.

Ease (to). – **Adoucir, calmer, alléger, atténuer** (la douleur, la souffrance); **soulager; calmer, tranquilliser** (l'esprit); suivent de multiples sens techniques qui gravitent autour de l'idée de *desserrer, détendre, alléger, soulager* (une poutre, p. ex.): ***to ease*** *(the strain of) a girder;* naut. ***ease*** *the engines!* **lentement** la machine! ***ease her!*** **doucement!** ***to ease*** *the helm (down),* **mollir** la barre; ***to ease*** *a (lady's) dress,* **donner plus d'ampleur** à une robe: ***to ease*** *both* *reins,* **rendre** la bride, la main (au cheval); mécan. ***to ease*** *a part,* **donner du jeu** à un organe; génie civil: ***to ease*** *a curve,* **adoucir** une courbe.

Ebony. – *A* ***son of ebony*** et E.U., *an* ***ebony,*** un **nègre,** un **noir,** famil. un **moricaud,** un **« bout de Zan »** c.-à-d. **« de réglisse ».**

Ebullition. – Au fig., ***ebullition*** *of feeling,* **transport,** ***ebullition*** *of wrath,* **débordement** de colère, ***ebullition*** *of the populace,* **insurrection** du peuple, *popular* ***ebullition,*** **effervescence** populaire.

Ecstasy. – Le lat. ecclés. *exstasis* emprunté au grec *ékstasis,* c'est proprement « état de celui qui est hors de soi ». On ne s'étonnera donc pas que, outre les sens fr., l'angl. signifie: **transport** (L. 8°), **ivresse** (au fig.); **démence, délire, stupeur,** etc.; aussi **délire** (poétique). Ces sens de **délire,** de **démence** sont courants dans Shakesp., et ont même survécu dans des emplois hyperboliques.

> – *Better be with the dead*
> *Than on the torture of the mind to lie*
> *In restless* ***ecstasy...*** (*Macbeth,* III, ii, 19.)
> ... Plutôt être des morts
> Que d'avoir constamment l'esprit à la torture
> Et **délirant** sans cesse.

– Ophélie rapporte à son père Polonius les manifestations de la folie simulée d'Hamlet (II, i, 102): Polonius. – *This is the very* ***ecstasy*** *of love.* – C'est l'amour qui s'exalte et verse en la **démence.**

– *He went on a voyage of discovery as far as the Esterel and beyond and came back* ***in ecstasies.*** – Il poussa son exploration par delà l'Estérel et revint **ébloui.**

– Je suis **enthousiasmée** de l'air et des paroles, dit Madelon (*Préc. rid.,* X) après avoir écouté l'impromptu de Mascarille, et le traducteur angl.: *I am* ***in ecstasies*** *both at the tune and the words.*

– Les débuts de l'élève André Gide à l'École alsacienne ne furent guère brillants: – *My stupidity had sent the whole class* ***into ecstasies,*** c'est ainsi que la traductrice rend ce passage de *Si le grain ne meurt,* p. 65: Ma stupidité avait mis **en joie** toute la classe.

– *Moll Flanders* (p. 131) et son mari s'abandonnent à la joie d'être réunis de nouveau: *When our* ***ecstasies*** *were a little over, he told me...* – Quand nos **transports** furent un peu calmés, il me dit... Un traducteur dit: Quand nos « extases » furent un peu passées!

Edit (to). – Euphémisme: **arranger, cuisiner** (un communiqué, une dépêche d'un correspondant de journal), lui **donner un tour tendancieux;** cf. « Il n'avait lu que des livres *arrangés* par les jésuites (Stendhal, *Chartreuse*); autres sens: **faire fonction de rédacteur en chef, de gérant** d'un journal; **mettre au point pour la publication.** De même *to* ***sub-edit.***

– *This article will require some* ***editing.*** – La publication de cet article demandera une certaine **mise au point** ou: **en forme.**

Editor. – Non pas « éditeur », qui se dit *publisher,* mais **directeur, directeur-gérant, rédacteur en chef** (d'un journal, d'une revue) d'où *the* ***editor's office,*** la **rédaction.**

Autres sens: **titulaire d'une rubrique** dans un journal, **courriériste;** *dramatic* ***editor,*** **critique dramatique,** ***sporting editor,*** **rédacteur** sportif; ***prison editor,*** **homme de paille** engagé par la rédaction, qui sert de paravent en cas de poursuites judiciaires.

– *His mother was the daughter of the celebrated Dr. Griffith, the* ***editor*** *and founder of the* Monthly Review. (O. Wilde, *Intentions.*) – Sa mère était la fille du célèbre Dr. G., **directeur** et fondateur de la *Monthly Review.*

Education, educational. – Noter simplement que l'angl. emploie ces mots dans un sens plus large que le fr., là où nous dirions plutôt « instruction, enseignement »: *technical, commercial* ***education,*** **enseignement** technique, commercial. En outre, dans la langue moderne, leur acception semble encore avoir tendance à s'étendre, ainsi qu'il ressort de l'exemple suivant: *The* ***educational*** *work which the International Chamber of Commerce can do is perhaps the most important part of its functions.* – Le travail d'**information** auquel se livre la Chambre de Commerce internationale est peut-être sa tâche la plus importante.

Un traducteur rendant compte d'après le *« Times »* de négociations franco-britaniques, dit que les « entretiens ont été éducatifs, sinon concluants ». Entendez qu'ils ont été instructifs, de nature à éclairer les problèmes débattus.

Effective. – Répond parfois à notre mot **effectif,** dont l'équivalent est couramment *actual (q.v.).* Mais il a des sens particuliers à l'angl.: **efficace** et **qui fait de l'effet; pittoresque, frappant,** mil. ***effective troops,*** troupes **valides.**

– *Two hundred and twenty yards is to be taken as the* ***effective*** *range for fighting purposes of the old archery.* (Froude, *Hist. England,* I, i.) – On peut estimer à deux cents mètres la portée **efficace** au combat des flèches des archers d'autrefois.

– Lady Barker (*South Africa, Letter,* IX), décrivant une sorcière cafre qui portait sur le buste des colliers de dents d'animaux, des franges de toute sorte, etc., écrit: *This made a singulary* ***effective*** *and graceful decoration.* – C'était là une parure d'une grâce et d'un **effet** (ou : d'un **pittoresque**) singuliers.

– *A gentleman whose kind reception was followed by a train of friendly and* ***effective*** *attentions.* (Emerson, *E.T.,* XVII.) – Un gentleman qui me réserva une réception des plus cordiales suivie d'une foule d'attentions amicales et **nullement platoniques.**

– *He had the gift of* ***effective*** *phrases,* il avait le don des expressions, (des formules), **heureuses, frappantes, qui portent, qui font image.**

Efficience, -cy, efficient. – ***Efficient*** est surtout un t. de philosophie, cause *efficiente,* qui produit un effet, p. oppos. à la cause finale. Dans le sens d'**efficace,** c'est un anglicisme. On dira (des pers.): **capable, compétent, habile, à la hauteur de;** (des ch.) **efficace,** (machine) **à bon rendement, d'un fonctionnement sûr,** etc., quant à *efficience,* c'est un angl. admis.

– *Their **efficient** activity left me free to employ myself elsewhere.* – Leur activité **efficace** (**utile, fructueuse,** etc.) m'a permis de m'employer moi-même ailleurs.

– ***Our staff was efficient in their work.*** – Notre personnel était **à la hauteur de** sa tâche.

Effluence, effluent. – **Afflux** (désordonné) de personnes; **effusion** (de paroles, etc.); **émanation** (au pr. et au fig.). ***Effluent,*** subst. signifie notamment **affluent.**

– *That stormful **effluence** towards the frontiers,* cette **ruée** vers les frontières.

– *Colour is an **effluence** of light,* la couleur est une **émanation** de la lumière.

Effluvium, -via. – Du fait de l'emploi moderne de ce mot: les *effluves* délicieux du printemps, etc., nous avons tendance à perdre de vue son ancienne acception: « altération, viciation de l'air au voisinage des marais ou des eaux stagnantes » (Larousse). Il semble qu'en angl. le mot ait suivi une évolution inverse et ait pris, dans l'usage moderne, le sens populaire voisin d'**émanation,** d'**exhalaison,** d'**odeur pestilentielle** ou **nauséabonde.** ***Effluvium*** évoquerait donc plutôt la *Cloaca maxima* que la déesse Flore.

– ***The whole air was tainted with this effluvium.*** – Toute l'atmosphère était infectée de cette **odeur (nauséabonde,** s'entend).

Effort. – Noter ces emplois famil. ou cour.: *This is my last **effort,*** ceci est mon dernier **ouvrage;** *we must make a **special effort,*** il va falloir donner un **coup de collier;** *the hospital is financed by **voluntary effort,*** l'hôpital est subventionné par l'**initiative privée;** *an **effort of oratory,*** un **effet oratoire** ou d'**audience,** un **déploiement d'éloquence.** ***That's not a bad effort, it's rather a good effort,* ça n'est pas (si) mal, ce n'est pas mal réussi.**

– ***It was an effort*** *waking up that Sunday morning.* – Le dimanche, **j'ai eu de la peine** à me réveiller.

Effusion. – Le lat. *effusio* signifie proprement: *action de répandre, écoulement, épanchement,* d'où les sens fr. que l'on connaît: l'*effusion* de vin dans les sacrifices, dans les libations; la ville fut prise sans *effusion* de sang; et théol. l'*effusion* de la grâce (action de communiquer avec abondance.) Au fig., *effusion* du cœur, de charité. De même en angl. *poetical **effusions,*** **effusions** poétiques, souvent péjor. Au propre, méd. ***effusion*** *in the pleura,* **épanchement pleural.** Aussi **profusion, (sur) abondance.**

– Un surveillant a été raillé par ses élèves; celui-ci se venge par l'ironie de l'auteur d'une satire: – *I have just had the pleasure of reading an **effusion** of yours to my address,* – *an **effusion** intended to rhyme.* (Kipling, *Stalky,* 55, Tauchnitz.) – Je viens d'avoir le plaisir de lire une de vos **élucubrations** à mon adresse, je crois, une **élucubration** dont les vers étaient censés rimer.

– *The autumn publishing season has opened with an **effusion** of paperbacks.* – L'ouverture de la saison d'automne de l'édition a été marquée par une **profusion** d'ouvrages à bon marché.

– *A speech should never **become an effusion.*** – Un discours ne devrait jamais **dégénérer en tartine.**

Egoism. – A en croire ce passage, extrait de la *Saturday Review* du 15 novembre 1879: *He is thoroughly « selfish », an **egoist,** as Mr. Meredith, adopting current slang, writes the word which should be « egotist »,* ces trois mots seraient synonymes. Ils le sont en effet dans l'usage lâche; mais un écrivain précis emploie *selfishness* dans le sens de notre fr. *égoïsme* et *egotism* pour désigner la pratique de qui, comme Montaigne, « met sans cesse en avant le pronom moi », comme dit Littré au mot égotisme, car c'est le mot anglais que, dans ce sens, nous avons adopté. A quoi, maintenant, sert ***egoism?*** Il ne fait nullement double emploi avec les deux autres mots. Il désigne, selon le N.E.D.:

a) l'**habitude de tout rapporter à soi;** b) l'**infatuation,** la **suffisance,** la **présomption.**

C'est ce qu'établira la citation suivante:

– Aux Juifs, qui se disent « le peuple élu », Alpha of the Plough (*Windfalls,* 222) reproche leur *national **egoism:** All nations are afflicted with **egoism.** It is the national **egoism** of Prussia that has just brought it to such catastrophic ruin. The Frenchman entertains the firm conviction that civilisation ends at the French frontier. The Englishman... does not try to conceal the fact that he has a similar conviction... The pride of the Spaniards is a legend... In short, national **egoism** is a folly which is pretty equally distributed among all of us. But your national **egoism** is unlike any other brand on earth.* – Toutes les nations sont atteintes d'**infatuation.** C'est l'**infatuation** nationale de la Prusse qui vient de la mener à cette ruine désastreuse. Le Français a la ferme conviction que la civilisation finit à la frontière française. L'Anglais n'essaie pas de cacher qu'il a la même conviction. L'orgueil de l'Espagnol est légendaire. Bref, l'**infatuation** nationale est une folie qui est assez également répandue. Mais votre **infatuation** nationale à vous, les Juifs, n'a pas sa pareille sur terre.

Ejaculate (to), ejaculation. – Ces mots, du lat. *ejaculare,* lancer avec force (*jaculari verba,* lancer des traits), ont un sens plus général en anglais qu'en français, car ils s'appliquent à une **oraison jaculatoire,** à toute expression soudaine d'une émotion.

Voici les sens: † **lancer, darder, jeter,** etc.; **pousser** (un cri),

adresser une oraison jaculatoire, s'écrier, s'exclamer, et **exclamation; prière, élan** (mystique).

Le *Thesaurus* de Roget donne comme synonymes *to propel, to utter.*

– *Miss W.* ***ejaculated*** *a short prayer to herself.* – Mlle W. s'adressa à elle-même une courte **oraison jaculatoire.**

– *But where can the Prince be? he kept* ***ejaculating.*** (CARLYLE.) – Mais où le prince peut-il bien être? ne cessait-il de **s'écrier.**

– *The religions of the world are the* ***ejaculations*** *of a few imaginative men.* (EMERSON) – Les religions du monde **ont jailli** de quelques imaginatifs.

– *An* ***ejaculation*** *of welcome.* – Une **exclamation** de bienvenue.

Eject (to), ejection. – Sont pour nous des termes techniques et ce n'est que vulgairement qu'*éjecter* signifie **expulser, bannir, évincer** avec sens corresp. pour le subst.: or, ce sont précisément ces acceptions auxquelles il faut penser en anglais: admin., **destituer** (un fonctionnaire), jur., **évincer, expulser** un locataire, ou même en style relevé: *Adam and Eve were* ***ejected*** *from Paradise.* – Adam et Eve furent **chassés** du paradis terrestre.

Elaborate, -ly, to elaborate. – Élaboré se dit d'un projet, mais non d'une œuvre d'art. Elle est **soignée, polie, léchée, peignée, limée, bien tournée, perlée, parfaite, finie, achevée** (cf. *curious*): d'une recherche, **minutieuse,** d'une pers., **qui travaille avec un soin minutieux.** ***Elaborately*** a les sens correspondants.

– *If a German, he might have been educated in an* ***elaborate*** *and costly special school (of commerce).* (WELLS, *Kipps,* II.) – Si Kipps avait été allemand, il aurait pu recevoir l'enseignement d'une école spéciale (de commerce) installée à grands frais et **savamment comprise.**

– *She was* ***elaborately*** *attired.* – Elle était habillée **avec** (la plus grande) **recherche** (ou: **élégance**).

– *He* ***elaborated upon*** *the point.* – Il **développa** ce point **en détail.**

– La répression du trafic des stupéfiants n'est pas chose aisée, *owing to the* ***elaborate*** *precautions with which the traffickers surround themselves,* en raison du **luxe** de précautions dont s'entourent les trafiquants.

REMARQUE. – Le lat. *elaboratus* signifie « travaillé avec soin ».

Electrify (to). – Non seulement électrifier, mais aussi au fig. **électriser, enthousiasmer, exalter, galvaniser.**

– *Those heights of courage which* ***electrify*** *an army and ensure victory.* – Ces marques sublimes de courage qui **électrisent** une armée et forcent la victoire.

Elegant. – Le lat. *elegans* a signifié dans la période classique: *choisi, de choix, d'élite, de bon goût, exquis, fin, distingué.* L'angl. a retenu la plupart de ces acceptions. On y ajoutera le sens famil. et même vulg. en Angl., mais courant aux E.U. de **excellent, de premier ordre, chic, extra, épatant.** Dans ce sens, le mot est parfois orthographié ***iligant*** pour railler les Irlandais.

– ***Elegant*** *arts,* les arts d'**agrément, qui font l'ornement et le charme de la vie.**

– *An* ***elegant*** *scholar,* un **fin** lettré.

– *An* ***elegant*** *medicine,* un remède **simple et efficace** (réplique en quelque sorte, de notre solution *élégante* en math.).

– ***Elegant*** *for excellent applied to articles of food and drink is very common: as* ***elegant*** *water,* ***elegant*** *beef,* ***elegant*** *butter.* (BARTLETT in *N.E.D.*).

Element, elemental. – † Le **ciel,** et l'**atmosphère** chez Shakespeare et Milton; ce dernier écrit: *I took them for creatures of the* ***element,*** je les pris pour des créatures **célestes;** au pl. † **corps célestes;** aussi **le pain et le vin** de la communion.

Elemental, **élémentaire, réduit à l'essentiel; primordial, premier,** *the* ***elemental*** *fire,* le feu **primordial,** ***elemental*** *truth,* vérité **première;** famil. **transcendant, surnaturel.** Enfin **qui a trait, relatif aux éléments,** ***elemental*** *enmity* (HARDY), l'hostilité **des éléments.**

Elephant, elephantine. – ***A white elephant,*** objet d'un entretien coûteux (parce que les rois de Siam avaient coutume de faire don de ces animaux très rares aux courtisans qu'ils voulaient ruiner), d'où famil. **présent ruineux, cadeau empoisonné, possession d'un entretien coûteux, objet d'une certaine valeur, mais encombrant et inutile; luxe;** E.U. ***to see the elephant,*** **visiter les monuments, les curiosités** d'une ville (parce que, effectivement, l'éléphant ne fait pas partie de la faune indigène des E.U., c'est un objet de curiosité que l'on va voir au cirque, au jardin zoologique, etc.): aussi: **voir le monde.** ***Elephant (-paper),*** **papier** (de format) **grand jésus; aigle;** ***double elephant,*** **grand aigle.**

Elephantine outre le sens propre d'*éléphantesque* « énorme, d'une grosseur monstrueuse » noter: *an* ***elephantine*** *task,* un travail **d'Hercule, de Romain;** *an* ***elephantine*** *undertaking,* une entreprise **gigantesque, colossale.**

– *Professions are all very well for those who have connections and interest as well as capital, but otherwise they are* ***white elephants.*** (S. BUTLER, *The Way of all Flesh,* XXIV.) – Les professions libérales, rien de mieux pour ceux qui ont des relations et du crédit, ainsi que des capitaux, mais autrement, ce n'est qu'un **luxe.**

– Le propriétaire (Soames Forsyte) qui s'est fait construire une magnifique maison de campagne, en a été pour ses frais, car il ne l'habitera pas, et le vieux Jolyon F. de dire: *I am told that new house of his* ***is a white elephant.*** (GALSWORTHY, *Man of Property,* III, viii.) – On me dit que sa nouvelle maison lui **coûte les yeux de la tête.**

Elevate (to), elevation. – Au pr. **lever** (les yeux), **hausser, élever** (la voix): **pointer** (un canon) **en hauteur; cabrer** (un avion): au fig. **relever** (le moral, etc.) **réconforter, exalter.**

Argot ou plais. **égayer, émoustiller,** d'où ***to be elevated,*** **être en goguette, avoir sa cocarde, être émoustillé** (par le vin ou l'alcool), avec sens correspondants pour ***elevation.***

Le lexicographe donne de ***to elevate*** les synon. suivants: *to elate, exhilarate, cheer, flush, excite, animate,* et de ***elevated,*** *tipsy.*

Cela dit, ne pas oublier les sens techniques: E.U. ***elevated*** *railroad,* ch. de fer **aérien;** ***elevation,*** **altitude;** ***highest elevation,*** **point culminant** (d'une montagne); *géol.* **exhaussement.**

– *Eat not to fulness, drink not to* ***elevation.*** – Ne pas manger jusqu'à satiété, (à l'excès, à réplétion, tout son soûl), ne pas boire jusqu'à l'**ivresse,** ou: au point de **s'enivrer.**

– *The* ***elevation*** *of spirit produced by opium is followed by a proportionate depression.* (De Quincey.) – L'**exaltation** produite par l'opium est suivie d'une dépression correspondante (ou: à proportion, à l'avenant).

– *The* ***elevated*** *guests were singing merrily.* – Les hôtes **émoustillés** chantaient joyeusement.

Après avoir été courtisée par un galant, Moll Flanders (p. 21, *Everyman.*) se voit gratifiée de cinq guinées: *I was more confounded with the money than I was before with the love, and I began* ***to be so elevated,*** *that I scarce knew the ground I stood on.* – Je fus plus confuse de l'argent que je ne l'avais été auparavant de l'amour, et je commençai à **ressentir de tels transports** qu'à peine savais-je encore si je touchais (à) terre.

Un traducteur fausse entièrement le sens en écrivant:

« ... je commençai de me sentir si *élevée* (sic). »

Elevator. – E.U. **ascenseur** (en anglais, *lift*): **monte-charge; pompe; noria;** aéron. **gouvernail de profondeur** ou: **d'altitude; talonnette; langue de carpe** (des dentistes).

Elf. – Non seulement *elfe,* mais aussi **lutin** au double sens de « petit démon taquin et malicieux » et d'**enfant vif, espiègle** et, p. ext. **être humain méchant,** d'où ***to play the elf,*** famil. **faire des entourloupettes** (à qqn.), lui **jouer de méchants tours;** autres sens: **nain, nabot.**

En compos.: *elf-child,* enfant substitué à un autre par les fées; *elf-lock,* mèche de cheveux emmêlés; *elf-struck,* ensorcelé.

– ***The King of the elves,*** **le roi des aunes,** *Erlkönig.* (Poème de Gœthe).

Elide (to). – **Annuler, casser, infirmer,** (un jugement) = *elidere* en droit romain; **passer sous silence, traiter par prétérition,** sens que nous avons réduit à celui de détruire par élision, c.-à-d. d'omettre la voyelle finale d'un mot devant celle du mot suivant.

–*Gibbon and Sismondi have* ***elided*** *these monarchs.* – Gibbon et Sismondi ont **fait abstraction** de ces monarques (les ont **passés sous silence**).

Eligible, eligibility. – *Éligible* signifie « qui réunit les qualités nécessaires pour être élu ». En angl., le mot a, en outre, des emplois assez nombreux, plus ou moins lâches: **qui mérite d'être choisi** ou **adopté, qui est laissé au choix** ou **à la préférence de** (le contraire de nécessaire, inévitable), **désirable, acceptable, avantageux, agréable, convenable, sortable.** Jur., ***eligible person,*** **ayant droit,** *an e, application,* sur demande **recevable.** Sens corresp. pour ***eligibility.***

– *A great lord will contrive for you an* ***eligible*** *fate.* – Un grand seigneur vous fera une **agréable** destinée.

– *He secured an* ***eligible*** *situation* (or: *appointment*). – Il s'assura une **belle,** une **bonne** situation (une situation **intéressante, avantageuse,** ou: un poste **convenable**).

– *Mr. X. was considered as a most* ***eligible*** *match.* – M. X. fut considéré comme un parti fort **convenable** (ou: **sortable**).

– *Installation per diem shall be paid to the staff member and* ***eligible dependents.*** – Une indemnité journalière d'installation est versée au membre du personnel (pour lui-même) et pour les **ayants droit à sa charge.**

– *The* ***eligibility*** *of an official to a higher post must be recognized.* – La **vocation** des fonctionnaires à l'avancement doit être reconnue.

Eliminate (to). – Comme en lat., **faire sortir, mettre dehors, chasser,** emploi devenu humor. Impr., **dégager, isoler, extraire, tirer** (des éléments d'un composé, etc.): **débrouiller, démêler** (un fait, un principe d'un ensemble complexe), d'où **déduire; démêler, dégager.**

– *The roots* ***eliminate*** *nourishment from the soil.* – Les racines **tirent de** la nourriture du sol.

– *He could* ***eliminate*** *the main facts from all the confusing circumstances.* – Il pouvait **démêler, dégager** les faits essentiels de l'enchevêtrement des petits détails.

Eloin (to). – Où l'on identifie éloigner, signifie (jur.) **faire sortir** ou **sortir** (d'une juridiction): **détourner** (des fonds) **de leur affectation propre.**

– *The revenues of this realm are so much* ***eloined.*** (Journal). – Les revenus de ce royaume sont tellement **détournés de leur affectation.**

Elongate (to), elongation. – Élonger, t. de marine, signifie longer ou allonger: élonger un quai, élonger, (étendre tout au long) un câble ou un cordage. Seul le deuxième sens est angl. Intr. **être de forme allongée, aller en s'amincissant.**

Elongation, outre les deux emplois fr. en astronomie et en chirurgie, a ceux-ci: † **éloignement; allongement, prolongement.**

Embalm (to). — Au fig. **préserver de l'oubli, conserver, honorer la mémoire** de qqn., **vénérer; **réfl. **se perpétuer.**

— *That elegance of language in which he has* ***embalmed*** *so many persons.* — Cette langue exquise dont il a **honoré la mémoire** de tant de personnes.

Embarkation. — Non seulement † **embarcation,** mais aussi **embarquement** et † la **troupe embarquée** (à bord d'un navire, non sur un train). L'ex. suivant tiré de son contexte est traître: *Another and much greater* ***embarkation*** *followed* (BURKE). — Un autre **transport** (ou: **contingent**) **de troupes** beaucoup plus important suivit.

Embarrass (to), embarrassed. — **Obéré, endetté, grevé d'hypothèques;** ***to become embarrassed*** *in one's speech, in an oral examination,* **patauger** dans un discours, à l'oral d'un examen.

— *The* ***embarrassed*** *landowners mortgage their land.* — Les propriétaires fonciers **endettés** hypothèquent leurs terres. (Ils ont des *embarras* d'argent.)

— *A man lived alone in the world and had no family* ***to embarrass*** *his affections.* (DEFOE, *On Solitude.*) — Un homme vivait seul au monde et n'avait point de famille qui **occupât** ses affections.

Cet emploi singulier de ***to embarrass,*** dans le sens de *to engage,* n'est pas enregistré par le N.E.D.

Emboss (to). — Trois verbes dont aucun n'est l'équivalent du terme maritime embosser, mais dont un seul, encore vivant, nous retiendra: **relever en bosse, graver, couvrir d'ornements en relief, repousser, estamper** (le métal, le cuir); **ciseler, frapper, gaufrer** (le cuir); **gaufrer, brocher** (une étoffe); **frapper** (le velours, etc.): **orner, décorer somptueusement.**

REMARQUE. — Cotgrave a: embosser, *to swell in knobs.*

Embrace (to). — Quatre verbes: 1° **embrasser** (pr. et fig.); ***to embrace*** *one's wife* et ***to embrace*** *a doctrine,* ***to embrace*** *a cause,* **épouser** une cause, *s.o.'s. cause,* **se ranger sous les drapeaux** de qqn.; 2° jur. **tenter de corrompre, suborner** un juré, le fait de l'***embracer*** (? du fr. *embraseur,* boute-feu); 3° † **fixer** à l'aide d'une bretelle, d'une boucle; 4° **embrasser (un écu),** comme on voit Don Quichotte le faire à chaque rencontre, **passer le bras dans l'énarme** ou **guige** du bouclier, sens ignoré de L.

Emerge (to). — Le lat. *emergere,* qui a donné le fr. *émerger* et l'ang. ***to emerge,*** signifie au pr. « sortir de l'eau », et au fig., **sortir, se dégager de; percer, se faire jour, apparaître, se montrer;** significations dont l'angl. a gardé la trace, comme on va le voir.

— *It was getting late in the afternoon, and the animals were beginning* ***to emerge*** *from their lairs.* — L'après-midi déclinait et les animaux **sortaient** de leurs retraites.

— *Recently* ***emerged*** *insects.* — Des insectes récemment (ou: fraîchement) **éclos.** Cf. *Ova emergunt* (Pline).

— *They* ***emerged*** *upon a plain teeming with game.* — Ils **débouchèrent** dans une plaine giboyeuse.

— *Darkness, we see,* ***emerges*** *into light.* (DRYDEN, *Fables.*) — Nous voyons la lumière **se dégager** des ténèbres.

— *At this stage of the campaign new difficulties* ***emerged.*** — A cette phase de la campagne, de nouvelles difficultés **surgirent.**

— *The data* ***emerging*** *from the enquiry have been published.* — Les renseignements **qui ressortent de (fournis par)** l'enquête ont été publiés.

— *The full importance of this fact* ***emerges*** *when...* — Cette constatation **prend tout son relief** quand...

Emergence, emergency. — **Hasard, conjoncture, circonstance critique, nécessité pressante, cas urgent, cas pressant, cas imprévu;** ***emergency*** *door, exit,* porte **de secours;** ***emergency*** *means,* moyens **de fortune;** ***emergency*** *stock, -supply, -snack, -train,* etc., **en-cas.** Le mot est syn. d'*exigency, (q.v.),* **extrémité,** etc.

— *Our soldiers are equal to any* ***emergency.*** — Nos soldats sont capables de faire face à toute **situation critique,** à tout **événement,** (ou famil. de **tenir le coup**).

— *We have not reached yet the* ***state of emergency.*** — Nous n'avons pas atteint encore la **cote d'alerte.**

— Sur un voilier en détresse, on se dispose à couper les mâts: *The carpenter began to crawl to the cabin entrance where a big axe was kept ready for just such an* ***emergency.*** (J. CONRAD, *Nigger of the N.,* III.) — Le charpentier se mit à ramper vers l'entrée du rouf où, justement, en vue d'une telle **extrémité,** on gardait une forte hache.

— Un étudiant fait ses comptes: *Fifteen francs were left over for* ***emergencies.*** — Il lui restait 15 F pour le **fortuit.**

Emetic. — *Richardson... in his* ***emetic*** *story of Pamela.* — Richardson... dans son histoire **écœurante** de Paméla...

— On sait qu'en médecine, un émétique est un *vomitif.*

Eminent. — ***Eminent domain*** ne doit pas s'entendre, sauf hist., domaine éminent au sens donné à cette locution par L. (1° *s.v.* domaine): « appartenant au seigneur et donnant droit à l'hommage ou à une redevance ». C'est un terme de droit international et de droit public américain. Selon Horwill, en effet, ce terme *(right of* ***eminent*** *domain)* serait rarement utilisé en Angl. même, tandis qu'il l'est couramment aux E.U. où il signifie: **droit souverain** des États et du gouvernement fédéral pouvant entraîner le droit d'expropriation pour cause d'utilité publique. S'emploie aussi au fig.: ***He had been given the right of eminent domain*** *over her affections,* **il régnait en souverain** sur son cœur.

Emolument. — « Ceux qui couchent une vie entière sur le fruit et *émolument* du péché qu'ils savent mortel », écrit pléonastiquement Montaigne (dans L.). L'emploi du mot, en fr., s'est restreint au **profit pécuniaire.** De même en angl., mais très récemment, comme en témoignent ces citations du XVIIIe s.:

– *He spent much time at their houses, which he might with more* ***emolument*** *have spent in his school.* (FIELDING, *Tom Jones*, II, iii.) – Il passait chez eux beaucoup de temps qu'il aurait pu, avec plus de **profit,** passer à son école.

– *Throwing away his time in reading either without pleasure or* ***emolument.*** – (Id., *ibid.*, III, i.) Gaspillant son temps à lire sans plaisir ni **profit** (ou: ni **fruit**).

Emotion, emotional. – Le lat. *emovere* signifie proprement *ôter de sa place, déplacer,* d'où en fr. et en angl. (v. *to move*) faire sortir (un corps) de l'équilibre, et au fig. faire sortir du calme (D.G.): « Le vent *émeut* les flots. L'air est *ému* de mille cris. Dans les airs mille cloches *émues* (BOILEAU, *Sat.* 6). De là: *émotion* du pouls, état du pouls plus vif et plus fréquent qu'à l'état normal, *émotion* de fièvre, mouvement fébrile et *émotion* populaire, mouvement d'agitation populaire; puis le sens moral que l'on sait. En angl. ***emotional*** signifie: **facile à émouvoir, émotionnable; émotif, impressionnable, sentimental, impulsif.**

– *By nature English people are not* ***emotional.*** – De nature, les Anglais ne sont pas **impressionnables** ou: **émotionnables.**

– *This melancholy scene had made her* ***strongly emotional.*** – Ce spectacle affligeant l'avait **vivement remuée.**

– *They (the letters of George Eliot to John Chapman) show no sign of* ***emotional*** *relationship.* – Il n'est rien dans ces lettres qui dénote (ou: décèle) l'existence de relations **sentimentales,** (entre les correspondants, s'entend).

– *An* ***emotional*** *little man.* – Un petit homme **impulsif.**

Emphasis, emphatic, emphatically. – Il suffit de mettre en parallèle cette phrase de La Br. (*Caract.*, 5): « Quel supplice que d'entendre prononcer de médiocres vers avec toute l'*emphase* d'un mauvais poète! » avec cette appréciation d'Emerson sur la diction de Coleridge (*E.T.*, I): « *He recited, with strong* ***emphasis,*** *ten or twelve lines* »... « Il me récita avec beaucoup de **sentiment** dix ou douze vers. » pour s'aviser que, dans ces deux citations, *emphase* et *emphasis* ont des sens totalement différents, étant pris là en mauvaise part, ici en bonne part, comme dans ce passage emprunté à Montaigne (*Essais*, III): « Les poètes disent ce qu'ils veulent avec plus d'*emphase* et de grâce », que Cotton traduit: « ... *with more* ***emphasis*** *and grace* ». En effet, ***emphasis*** et *emphase*, tous deux issus du lat. *emphasis* sont à l'origine une figure de rhét. consistant à employer un terme dans un sens très fort, d'où en grammaire, les sens d'**accent d'insistance** et **d'intensif.** Par ext. en angl., mais non en fr., **vigueur, intensité** de l'expression, de l'action, des sentiments, etc.

Autres sens: **importance** que l'on attache à une chose, un événement; **mise en valeur, en relief** (d'une qualité, d'une situation, d'un fait, d'un facteur, etc.)

L'adj. et l'adv. ont les sens corresp.

Les mots français *emphase, emphatique* peuvent se rendre par *bombast, bombastic,* respect.

– *You will desire Mr. Harte that he will correct you every time that you lay a* ***wrong emphasis.*** (CHESTERFIELD, *Letters.*) – Priez M. H. de vous reprendre chaque fois que vous prendrez sans raison un ton emphatique, dit Amédée René, alors qu'il faudrait: « chaque fois que vous mettrez une **nuance,** une **expression fausse,** que vous donnerez à la phrase un **accent faux.** »

– *His face was vivacious and as it were,* ***emphatic.*** – Il avait un visage animé et, comme qui dirait, **en relief (aux traits accusés).**

– ***Emphatic*** *form of a verb,* forme **intensive** d'un verbe.

– Comparer pour les sens dérivés ou figurés les ex. suivants:

– *She spoke* ***without emphasis.*** – Elle parlait (ou: s'exprimait) **avec calme.**

– *He dissented* ***emphatically.*** – Il protesta **avec véhémence.**

– Voici la contre-épreuve: Stendhal écrit (*Le Rouge et le Noir*, ch. VIII) « Un soir, Julien parlait **avec beaucoup d'action** », ce qui est traduit ainsi: « *One evening, Julien was talking* ***with emphasis.*** »

– *The* ***emphasis*** *was henceforth on the demand side.* – La **dominante** était désormais du côté de la demande.

– *With the* ***change of emphasis*** *from care to prevention, many major diseases have been contained or conquered.* – Maintenant que la prophylaxie a **pris le pas** sur la thérapeutique, nombre de grandes maladies épidémiques ont été tenues en échec ou même vaincues.

– *The porter was* ***emphatic*** *that nothing was wrong with the lift on the preceding evening.* – Le concierge était **formel** (ou: **catégorique**): rien ne clochait la veille au soir dans le fonctionnement de l'ascenseur.

– *He was* ***emphatically*** *a gentleman.* – C'était un **vrai** gentleman (ou: un galant homme **dans toute l'acception du terme**).

– On demande à un médecin si, à son avis, le défunt est décédé de mort naturelle: « *You don't think it was suicide?* » – « ***Emphatically not.*** » – « Vous ne pensez pas qu'il se soit agi d'un suicide? » – « **Absolument pas.** »

Employ (to), employ, employer. – On notera (à partir du lat. *implicare*) les sens désuets mais intéressants du verbe, à savoir: **envoyer,** et **comprendre (englober): *To employ*** *you towards this Roman* (*Cymbeline*, II, iii, 68), vous **envoyer** vers ce Romain. *In this welcome I* ***employ*** *your wives* (CHAPMAN), dans cette bienvenue je **comprends** vos épouses. On a dit en fr.: la couronne serait mieux *employée* en vous qu'en moi, c.-à-d. *placée,* sens dans lequel l'angl. a dit *to employ on.*

*In the **employ** of*, au **service** d'une pers. que nous appelons en angl. ***employer.***

Emprise. – Seulement **emprise** (du fr. *emprendre* « entreprendre ») c.-à-d. **entreprise** chevaleresque ou militaire, **prouesse :** Hardis feront des *emprises* si belles Que le vieil temps n'en sera le vainqueur, RONSARD, dans L. Suivent des sens désuets.

REMARQUE. – En fr. *emprise* a signifié « action de prendre des terrains par expropriation », (cf. entreprendre, empiéter) sur, et néol. admis par l'Académie : influence, ascendant, domination, autorité.

Emunctory. – Les émonctoires sont, en fr., un terme médical désignant les conduits, organes servant à évacuer le surplus des humeurs (D.G.). C'est sans doute par analogie qu'un auteur angl. écrivait en 1864 : *There was nothing but coughing, sternutation and **emunctory** movements, for the next half hour.* – Il n'y eut pendant la demi-heure qui s'ensuivit que toux, éternuements et **mouchements** (?) de nez. Ah ! qu'en termes galants...!

Enamour (to). – Signifie aussi par un affaiblissement de sens, **charmer, séduire.**

Enchased. – Non seulement **enchâssé,** mais aussi **gravé.**

– *A mazer wherein is **enchased** many a fair sight of bears and tigers.* (SPENSER, *Shepherd's Calendar, Aug.* 27.) – Une coupe d'érable où sont **gravées** maintes belles figures d'ours et de tigres.

REMARQUE. – ***To enchase*** est devenu par aphérèse *to chase,* **graver, ciseler** (*q.v.* sous *chase* 2°) forme désormais la plus usitée.

Encore. – Subst., **bis**; verbe **bisser.**

– *She came into the passage to hear us, and sometimes **encored** us in her favourite airs,* dit SMOLLETT traduisant *Gil Blas,* II, vii : Elle venait dans l'allée nous entendre et nous obligeait quelquefois à **recommencer** les airs qui se trouvaient le plus de son goût.

Encumber (to), encumbrance ou **incumbrance.** – C'est respect. **grever de dettes,** puis d'**hypothèques** et **charges, hypothèques.** *Without **encumbrances**,* sans **enfants,** ou : **charges de famille.**

– *His large estates loaded with debts end **encumbered** by mortgage.* – Ses grands biens-fonds **grevés** de dettes et hypothéqués.

– *Estate free from **encumbrances*** (ou : ***incumbrances***), immeuble sans **servitudes, charges** ou **hypothèques.**

– *His wife's fortune would **pay his encumbrances** off.* – La fortune de sa femme le **libérerait de ses dettes.**

– *Coachmen... rarely have children, or, as they say... **encumbrances.*** – Les cochers ont rarement des enfants, ou, comme ils disent, des **charges de famille.**

– *A widow without **incumbrance.*** – Une veuve sans **enfants.**

Harpagon (*l'Avare,* II, i) voudrait épouser une femme appartenant à « une famille où le bien soit ample, solide, assuré, clair et net de tout **embarras** », phrase que le traducteur rend ainsi : *A family whose estate is great, solid and secure, clear and free from all **encumbrances...*** »

Endorse. – Par ext. du sens fr. « inscrire au dos d'un acte » et spéc. avec *over : endosser* un billet, un chèque, ***to endorse*** a deux acceptions importantes : 1° **dresser contravention** en inscrivant au *dos* du permis de conduire, de la patente d'un débit de boissons, les infractions dont le titulaire s'est rendu coupable, c.-à-d. **verbaliser;** 2° **confirmer, appuyer** (un exposé, une déclaration, une proposition), **apostiller** (une requête), **faire sienne** (une thèse), jur., **homologuer;** vulg. dans la langue publicitaire : **porter témoignage, se porter garant** de la valeur d'une marchandise, d'un produit.

– *He had his licence **endorsed** twice and he ought to have been prohibited from driving.* – Il a eu déjà deux **contraventions** et on aurait dû lui retirer son permis de conduire.

– *I fully **endorse** Mr. N. 's proposal.* – **J'appuie** sans réserve la proposition de M. N.

– *The petition had been **endorsed** by the mayor.* – La requête avait été **apostillée** par le maire.

Endue, indue (to). – Venu du fr. enduire, n'a pas le sens de notre moderne enduire. Il est retourné aux acceptions du lat. *induere :* **vêtir, revêtir, investir, endosser,** au pr. et au fig. : *he was **endued**, **he endued himself**, with a gown,* il était **vêtu,** il **se vêtit,** d'une robe de chambre : *he can **endue** what state of mind he pleases,* il peut **prendre, entrer dans** l'état d'esprit qu'il lui plaît. Se confondant avec *endow* (en fr. douer, lat. *dotare*) : **douer, doter.** Emploi absol. *this hawk* † ***endues***, fr. : ce faucon enduit (bien), c.-à-d. : **digère** (bien la chair).

Endure (to), endurance. – En angl., ce verbe est souvent employé au neutre. Il signifie alors : **durer, se prolonger, persister, tenir** (dans le sens de « résister, ne pas céder »).

Même observation pour ***endurance.*** Un Anglais dira sans ironie : *a sermon of four hours' **endurance**,* un sermon qui a **duré** quatre heures.

Enfin, sens se rapprochant du fr., **souffrance; patience.**

– *His name **will endure.*** – Sa mémoire **demeurera.**

– *The grey weather **endured.*** – Le temps gris se **prolongea.**

– *Ever since she had been a child her fear of ghosts had **endured.*** – Depuis son enfance, la peur des fantômes avait **persisté** en elle.

– *This is why Byron's poetry has **so little endurance** in it, and Goethe's so much.* (Matthew ARNOLD, *Essays in Criticism,* I, 7.) – C'est pourquoi la poésie de Byron, à l'encontre de celle de Goethe, **résiste si peu au temps.**

– *The **endurances** our soldiers underwent were very severe.* – Les **souffrances** de nos soldats furent très cruelles.

Enervate (to), enervate (adj.). – Le néol. *énerver* « agacer en irritant le système nerveux » a tendance à nous faire perdre de vue le sens pr. du verbe, savoir: **priver de l'usage des nerfs en brûlant les tendons des muscles, des jarrets et des genoux,** ex.: les **énervés** de Jumièges; de là au fig. **priver de nerf,** c.-à-d. **d'énergie,** la chaleur excessive *énerve* et accable, et par anal.: *énerver* le courage; on *énerve* la religion quand on la change (BOSSUET), et Voltaire écrit: O Dieu! rendez la force à mes bras *énervés*. Ce sens est angl., mais non celui de « qui a les nerfs agités ».

Enforce (to) ou **inforce. —** † **Forcer,** notamment une femme, la **violer** (cf. *to ravish* et *to outrage*), **forcer** (un passage); **renforcer; s'efforcer.** Autres sens: **faire valoir** (un argument), **appuyer** (une prétention), **insister sur; faire ressortir, mettre en valeur; faire exécuter, appliquer** (la loi); **appuyer par la force** (ses droits, ses exigences).

– *The presence of that doth* ***inforce*** *the absence of the rest.* (T. SPENCER, *Logick*, 308) – La présence de cela **fait ressortir** l'absence du reste.

– *Sparta paid no regard to the sentence, which after the battle of Mantinea, there was none* ***to enforce.*** (THIRLWALL, *Greece*, V, 265.) – Sparte n'eut cure de cette sentence, car après la bataille de Mantinée, il n'y avait personne pour la **faire exécuter.**

Enfranchise (to), enfranchisement. — Sens non français: **élargir** (un prisonnier); **donner, accorder le droit de vote:** *We want to* ***enfranchise*** *the great masses of the people;* † **naturaliser** des mots étrangers. Sens corresp. pour le subst.

Engage (to), engagement. — Ce verbe a d'abord signifié, et signifie encore, être lié par un contrat ou une promesse, d'où l'acception spéciale de *to be* ***engaged,*** être **fiancé(e).** C'est aussi **retenir** (une place, une chambre), sens analogue à celui de *to book.*

Ne pas confondre ***to engage*** *a servant* et ***to engage*** *an enemy.* Dans le second cas, c'est **engager l'action** avec l'ennemi, **en venir aux mains, se mesurer** avec lui.

Noter également l'expression courante: *I am* ***engaged,*** je suis **occupé.** Enfin, ***to engage*** *the attention,* **occuper, fixer** l'attention (de qqn.), ***to engage*** *the interest,* **susciter, éveiller** l'intérêt (de qqn.).

– Le Colonel de Craye, qui sait tourner un compliment, s'adresse à Clara Middleton: « ... *One only meets a charming girl to hear that she's* ***engaged!*** *'tis not a line of a ballad, Miss Middleton, but out of the heart.* (MEREDITH, *Egoist*, XXV.) – ... Si l'on rencontre une charmante jeune fille, c'est pour apprendre qu'elle est **fiancée.** Cela n'est pas tiré d'une romance, Mlle. M., mais de mon cœur.

– Titre d'un ouvrage: *The etiquette of* ***engagement*** *and marriage,* L'étiquette des **fiançailles** et du mariage.

– *They had an* ***engaged*** *carriage the whole way.* – Ils firent tout le trajet en wagon **réservé.**

– *He watched her like an enemy with whom he would presently be engaged.* – Il l'observait comme un ennemi avec lequel il va falloir **se battre, (en découdre, en venir aux mains).**

– *I easily found they were the same sort of savages that I had been used* ***to engage with.*** (DEFOE). – Je reconnus aisément qu'ils étaient de la même race de sauvages que ceux avec lesquels j'avais eu coutume de **me mesurer.**

REMARQUE. – Étienne Ullmann (*Précis de sémantique française,* VIII) rapporte l'erreur comique de la dame anglaise qui, hélant un taxi, lui demanda: « Êtes-vous fiancé? » (*engaged* = « occupé » et « fiancé »).

Engine. — Machine, ***portable engine,*** **locomobile,** *steam* ***engine,*** **machine à vapeur, locomotive.** Du sens d'**engin, instrument** on passe au fig. a ceux de **moyen d'action** et **d'agent.**

– *A broad low room with a bar and a* ***beer-engine.*** – Une vaste salle basse avec un comptoir et **une pompe à bière.**

REMARQUE. – Ne pas traduire, comme cela s'est vu, ***engine,*** mis pour ***fire-engine*** par machine (surtout du temps des pompes à bras), mais par **pompe à incendie.**

Engineer. — N'est pas nécessairement un **ingénieur.** Ce peut être un simple **soldat du génie,** un simple **mécanicien** (de la marine en G.B., et aussi sur les trains aux E.U.); enfin un **constructeur-mécanicien.** Ce mot a même désigné † un **artilleur;** † un **inventeur,** un **auteur.** Enfin, péjor. **machinateur** (d'une intrigue, d'un complot, etc.), cf. † **ouvrier sous terre,** comme dit Saint-Simon (in D.G.).

– *The* ***engineers*** *of the bill thought they had obtained a great advantage against me.* (SWIFT, dans *N.E.D.*) – Les **auteurs** du projet de loi crurent qu'ils avaient réussi à prendre barre sur moi.

– *Steam, from the first, was dreadful with its explosion;* ***engineers*** *and firemen have been sacrificed in learning to tame and guide the monster.* (EMERSON, *E.T.*,) – La vapeur, dès le début, fut redoutable avec ses explosions; **mécaniciens** et chauffeurs ont été sacrifiés en apprenant à dompter et à conduire le monstre.

Engineer (to), engineering. — Au fig. **machiner,** et **machination(s), manœuvre(s),** respect.

– De Quincey (*Confessions,* p. 141, *Everyman*), reçu avec magnificence dans une hôtellerie, voit dans cet apparat « la première **manœuvre** tendant à prendre pied effectivement dans la bourse de l'étranger », « *the first* ***engineering step*** *towards effecting a lodgment upon the stranger's purse.* »

English. — Subst. argot scolaire, **traduction juxtalinéaire;** typ. **corps douze.**

Engorge (to), engorger. — Le développement de ces mots a été probablement influencé en angl. par la langue de la fauconnerie (cf. en fr., *gorger* une volaille, *engorger* des pigeons). Voici les sens: **gorger, rassasier; se gorger de, manger à satiété, tout son**

soûl, se bourrer, s'empiffrer, goinfrer, dévorer, engloutir, bâfrer, manger goulûment. Le *Thesaurus* de Roget donne comme synonymes de ***to engorge :*** *to eat one's fill, to stuff, to stodge, to glut, to satiate; to bolt, to devour, to gobble up, to gulp.*

– *The servants* ***engorged themselves*** *with the relics of the meal.* – Les domestiques **s'empiffrèrent** des reliefs du repas.

– *The wolf* ***engorged*** *the lamb without more ado.* – Le loup **dévora** (**avala gloutonnement**) l'agneau sans autre forme de procès.

– **Engorgeur :** *a ravener, glutton gulch,* ***ingorger.*** (COTGRAVE, 1611).

Engrain, ingrain (to). – Ce verbe est formé de *grain (q.v.)* graine d'écarlate, et a signifié : † **teindre en écarlate, en cramoisi; teindre grand teint,** d'où, au fig. **faire contracter** à qqn. **des habitudes,** lui **donner des convictions, des préjugés, des goûts indéracinables :** ***engrained*** *habits,* des habitudes **invétérées,** ***engrained*** *prejudices,* des préjugés **enracinés.**

Engross (to). – Grossoyer (faire la grosse d'un acte, d'un jugement), d'où **exprimer dans les formes légales; accaparer, monopoliser** (un produit, des marchandises) et, au fig. l'esprit, la conversation, **absorber, occuper complètement, prendre** (le temps).

– Lord Chesterfield *(Letters)* vante à son fils les qualités du duc de Malborough : *Of all the men that I ever knew in my life... the late Duke of Malborough possessed the Graces to the highest degree, not to say* ***engrossed*** *them...* – De tous les hommes que j'ai jamais connus dans ma vie... le feu duc de Malborough possédait les grâces au plus haut point, pour ne pas dire qu'il les **accaparait** (ou : les **monopolisait**).

– *The legislation against the* ***engrossing*** *of corn,* la législation contre l'**accaparement** des grains.

– *I will disclose to thee a design which at present* ***engrosses*** *me.* – Il faut que je te découvre un dessein qui m'**occupe.**

– *If some diaries make as dull a reading as a Telephone Directory, others are as interesting as the most* ***engrossing*** *novel.* – Si certains journaux intimes sont d'une lecture aussi ennuyeuse que l'annuaire des téléphones, d'autres sont aussi intéressants que le roman le plus **captivant.**

Enjoin (to). – Angl. **enjoindre, ordonner, prescrire, imposer,** mais E.U. jur. **interdire, prohiber,** (par voie d'arrêt suspensif) c.-à-d. exactement le contraire.

– Angl. *Licences expressly* ***enjoining*** *Sunday closing of public houses.* – Des licences d'exploitation **ordonnant** expressément la fermeture des débits de boisson, le dimanche.

– E.U. *No political democracy but ours permits courts* ***to enjoin*** *acts in themselves peaceful and not illegal during times of strike.* (In HORWILL.) – Il n'est aucun Etat démocratique, sauf le nôtre, qui autoriserait les tribunaux à **prohiber**, en périodes de grèves, des activités paisibles en elles-mêmes et nullement illégales.

Enrage (to). – Le sens français (enrager, verbe neutre) est désuet; ***to enrage,*** c'est aujourd'hui **mettre en rage, rendre furieux, exaspérer; enflammer** (une blessure), **enfiévrer** (le sang).

– Les invités de Macbeth s'étonnent de son égarement, mais Lady Macbeth intervient :

I pray you, speak not, he grows worse and worse.
Question ***enrages*** *him...*

(SHAKS., *Macbeth,* III, iv, 118.)

Chut ! de grâce ; il va de mal en pis.
Vouloir le raisonner le **met tout hors de lui.**

Enroll (to). – « Ce sont imaginations communes, écrit Montaigne (III, iv); les ayant à l'aventure conçues cent fois, j'ai peur de les avoir déjà *enrollées* », c.-à-d. : « portées sur mon rôle, mon livre, enregistrées ». Voilà qui nous avertit du sens large du mot. Le fr. moderne l'a restreint à « inscrire sur les rôles de l'armée ». Il en est autrement en angl., où il signifie **porter** (sur un rôle, une liste, un registre); **inscrire** (un membre, dans un club, un syndicat, etc.); † **dresser** (un contrat, un acte); **enregistrer** (un jugement); **enregistrer** (avec honneur), **célébrer.**

– Dans un de ses poèmes à la louange de Dieu, G. Herbert *(Temple, Praise)* s'écrie : *Small it is, in this poor sort* ***to enrol*** *thee.* – Il est misérable de te **célébrer** de cette piètre façon.

– *He had* ***enrolled*** *himself at the University.* – Il **avait pris ses inscriptions** à l'Université.

Entail (to). – Deux verbes différents : l'un, représentant le fr. **entailler, sculpter,** n'offre aucune difficulté ; l'autre ne doit pas se confondre avec lui. C'est d'abord un mot de la langue jur. anglo-fr. Le fief *taillé* ou *entaillé* est limité (un des sens de taillé), quant à sa tenure et à sa transmission, par des conditions qu'a fixées le donateur, en quoi il diffère du fief simple ou propriété absolue. ***To entail*** signifie donc **substituer** un bien, de là, **léguer comme bien inaliénable;** † **attacher; imposer** (des dépenses, une peine, etc.); **entraîner** (comme conséquence), **impliquer.**

– *His name was always* ***entailed*** *to that doctrine.* (BUNYAN, *Holy City,* 89.) – Son nom était toujours **attaché** à cette théorie.

– *Can I bear to think of* ***entailing*** *beggary on the posterity of my Amelia.* (FIELDING, *Amelia,* II, iii.) – Puis-je supporter la pensée de **léguer** la pauvreté à la postérité d'Amélia.

– *I can foresee the amount of expense and labour that this undertaking may* ***entail*** *upon me.* – Je puis prévoir la somme de dépenses et de peine que pourra m'**imposer** cette entreprise.

– *This step will* ***entail*** *no regret.* – Cette mesure n'**entraînera** aucun regret.

Enter (to), entry. – ***To enter,*** transitif, a de multiples emplois qu'il importe de signaler. ***To enter** a land,* **prendre possession** d'une terre; † **initier** (une personne), **initier** un faucon (**l'enoiseler**), un cheval, un chien (les **dresser**); **inscrire, enregistrer, passer écriture de, charger** (selon L.) **un article sur un registre, porter** (sur fiche); jur. ***to enter** an action against,* **intenter** une action à, *a protest (against),* **s'inscrire en faux** contre; aussi, dans une assemblée, **élever une protestation, demander que la protestation figure au procès-verbal; admettre** (un étudiant à l'université, un membre dans un club, etc.), **engager** (un domestique), **embaucher** (un ouvrier).

***Entry*, entrée en jouissance, prise de possession; enregistrement; écriture, article** (passé sur un livre de commerce), *book-keeping by single, by double **entry**,* comptabilité, tenue des livres en **partie** simple, en **partie** double; **ouvrage** (inscrit sur les fiches d'une bibliothèque). Autres sens: naut. **déclaration d'entrée** (d'un navire ou d'une cargaison à la douane); ***entry under bond*, acquit-à-caution.** Sports: **inscription, liste des concurrents, des chevaux engagés.**

Vénerie, ***entry*** se dit du **premier dressage** des chiens de chasse qui sont appelés à rajeunir la meute: *« initial training of young hounds »* (N.E.D., Supplement), plus couram. et collect. sens concr.: l'**ensemble de ces jeunes chiens;** au fig. la **jeune génération,** la **génération montante,** qui **« entre dans la carrière ».** Enfin E.U. **demande de concession coloniale** ou **domaniale,** cette **concession** même.

– *At the age of sixteen the boy was sufficiently advanced **to be entered** at Harvard.* – A l'âge de seize ans, le jeune homme était suffisamment avancé **pour être admis** à l'Université Harvard.

– *New **entries** in the Library,* nouvelles **acquisitions** de notre bibliothèque.

– *This edition contains many **additional entries**,* cette édition contient de nombreuses **additions.**

– Extrait d'un règlement de courses: *The horses **to be entered** fourteen days before.* – **Engager, faire inscrire** les chevaux quatorze jours d'avance.

– *The young **entry** are sure to run riot.* – La jeune **meute** s'emportera à coup sûr (ou: c'est couru).

Enterprise. – Il s'agit bien d'une **entreprise,** mais spéc. d'une **entreprise hardie** ou **difficile;** aussi **esprit d'entreprise, initiative, courage, hardiesse.** Le substantif angl. correspond à notre adjectif **entreprenant.**

Ainsi *His **enterprise** never failed* ne signifie pas « Son entreprise n'échoua jamais », mais « Son **esprit d'entreprise** ne se démentit pas ».

– *On the neck of the young man, said Hafiz, sparkles no gem so gracious as **enterprise**.* (EMERSON.) – Au cou du jeune homme, disait Hafiz, il n'est pas de gemme qui brille plus agréablement que l'**esprit d'entreprise.**

– *... Back in the past, there had been a Drew of intellectual **enterprise**.* (WELLS, *Tono Bungay.*) – ... Mais en remontant dans le passé, on trouvait un Drew d'intelligence **entreprenante** ou: **hardiment tourné** vers les choses de l'esprit, ou, simplement: d'esprit **actif.**

Entertain (to), entertainment. – Outre **entretenir** (une correspondance, un commerce, des relations), signifie **retenir, occuper, engager agréablement** l'attention de qqn.; le **divertir,** le **distraire,** parfois iron., s'y évertuer sans toujours y réussir; **recevoir, accueillir** (des hôtes, des invités). Au fig. **agréer** (des hommages, etc.) **concevoir, avoir** (une opinion, une idée), **nourrir, caresser** (un espoir, un projet), **éprouver, ressentir** (une passion, des craintes), **poursuivre** (un rêve, une chimère), **entretenir** (une illusion, etc.). Sens corresp. pour le subst.

– *This world is little other than our inn to **entertain** us in our journey to another life.* (HALE, *Contempl.*, II, 131.) – Ce monde n'est guère autre chose que l'hôtellerie qui nous **héberge** au cours de notre voyage vers une autre vie.

– *The Emperor was **entertained** at dinner.* – L'Empereur fut **reçu** à dîner.

– *I have... **entertain'd** the addresses of a man who I thought lov'd me more than life.* (STEELE, *Tatler*, n° 128.) – J'ai **agréé** les avances d'un homme qui, à ce que je croyais, m'aimait plus que la vie.

– *Leonilla... **entertained...** a secret passion for Florio.* (ADDISON, *Spectator*, n° 128.) – Leonilla... **nourrissait...** une secrète passion pour Florio.

– *Everybody applauded the Mayor's proposed **entertainment**.* (HARDY, *Mayor*, XVI, 123.) – Tout le monde applaudit à la nouvelle de la **fête** proposée par le maire.

– Stevenson, qui a couché à la belle étoile, est satisfait de la manière dont il a été logé par son hôtesse. Dame Nature, et dit plaisamment: *I felt I was in someone's debt for all this liberal **entertainment**. (Travels with a Donkey.)* – La **réception** généreuse (le contexte nous autoriserait presque à dire: princière) qui m'avait été ménagée me pénétra du sentiment que j'étais l'obligé de quelqu'un.

– ***Entertain**, then, a more favourable opinion of me.* – **Jugez** donc de moi plus favorablement.

– *Roscoe... **entertained** the chimerical dream of making Liverpool a modern Venice or Florence renowned at once for her commerce and for her culture.* – Roscoe **poursuivait** le rêve chimérique de faire de Liverpool une nouvelle Venise ou une nouvelle Florence, grande à la fois par le négoce et par la culture.

Enthusiasm, enthusiast, -ic, -ically. – Lorsque Emerson écrit *Nothing great was ever achieved without enthusiasm,* la traduction n'offre aucune difficulté. Ce n'est pas à dire qu'il faille toujours traduire littéralement les mots susvisés sans tenir compte des nuances suggérées par le contexte. Ex. *During the whole term the* ***enthusiasm*** *of the students never failed.* – De tout le trimestre, le **zèle (l'ardeur)** des étudiants ne s'est pas démenti(e).

– *He* ***felt enthusiasm*** *for this education endeavour.* – Il **s'exaltait** à l'idée d'entreprendre sa tâche d'éducateur.

– Description d'un cimetière de campagne quasi abandonné: *The cemetery where his parents were buried... The walls of the burial ground had fallen in; one or two crosses had been smashed by* ***enthusiasts.*** (Graham GREENE, *Power & Glory,* II, I.) – Le cimetière où ses parents étaient ensevelis... Le mur d'enclos était éboulé: une ou deux croix avaient été brisées par des **fanatiques** (et non par des « enthousiastes », comme le dit une traductrice, ce qui fausse complètement le sens).

– *He was an* ***enthusiastic*** *sportsman.* – C'était un chasseur **passionné,** un **fervent** de la chasse.

– *The problem is now being* ***enthusiastically*** *discussed.* – Le problème fait actuellement l'objet de discussions **passionnées.**

– Contre-épreuve: Lorsque J.-J. Rousseau aperçoit pour la première fois Mme de Warens, il ne peut en croire ses yeux: « Je m'étais figuré une **vieille dévote bien rechignée** ». (*Confessions,* I.) (On sait la suite) – Et le traducteur de dire: *I had pictured to myself an* ***old grim religious enthusiast.***

Autre ex.: La pure logique trouve d'ailleurs rarement son application dans les faits, et nos amis britanniques n'en ont pas la **manie** comme d'autres, ce qui est traduit ainsi: *Practical action moreover can rarely be governed by considerations of pure logic for which in any case the British have not the same* ***enthusiasm*** *as other nations.*

Ainsi donc, ***enthusiasm, enthusiast*** peuvent comporter une nuance péjor. Le C.O.D. donne comme synon. d'***enthusiast :*** *visionary, self-deluded,* c.-à-d. visionnaire, idéologue, songe-creux, qui s'abuse.

Entire (subst.) – **Bière double** ou: **forte, porter; cheval entier, étalon.**

Entitle (to). – De titre « désignation » viennent les sens de intituler (un livre, un chapitre), seul sens fr., et donner son titre à qqn.: de titre « droit de propriété » vient celui de jur. **donner (le) droit à, habiliter à, rendre recevable à** (demander, dans sa demande, etc.).

– *Please* ***entitle*** *S. only Bart.* – Veuillez ne **donner** à S. que **le titre** de Baronnet.

– *He is* ***entitled*** *to complain of neglect.* – Il est **en droit** de se plaindre qu'on le néglige.

– *The plaintiff* ***was entitled*** *to proceed with his claim.* – Le plaignant **fut déclaré recevable** dans sa demande.

Entoil (to). – Ce verbe est formé, comme notre *entoiler,* du préf. *en* et de *toile.* Mais il s'agit des panneaux de toile ou de filet où l'on pousse une bête de chasse. Il signifie donc **prendre au piège, empêtrer,** surtout au fig.

– *The more you strive against the truth, the faster you* ***entoil*** *yourself.* – Plus vous vous débattez contre la vérité, plus vous vous **empêtrez.**

Entrain (to). – ***To entrain*** *troops* n'est pas « entraîner des troupes », mais les **embarquer dans le train.** Parfois simplement: **prendre, monter dans le train.**

– *The* ***entraining*** *and detraining of the men were carried on satisfactorily.* – L'**embarquement** et le débarquement des hommes s'opérèrent de façon satisfaisante.

– *Should you wish to travel to Long Fulton from Oxford, your best plan is* ***to entrain*** *for London, and on arrival there set out afresh for Marylebone.* – Si vous voulez vous rendre d'O. à L.F., le meilleur itinéraire est de **prendre le train** pour L., et de là repartir pour M.

Entrance (subst.). – Signifie à la fois: **entrée,** fait, action d'entrer; **entrée en fonctions; prise de possession, entrée en jouissance** et (sens concr.) **entrée; droit d'entrée, d'admission,** mis pour ***entrance-fee*** qui équivaut aussi à notre (**prendre ses**) **inscriptions** (en droit, en médecine, etc.). Au fig. ***to find entrance with,*** **trouver crédit auprès, rencontrer, rallier l'adhésion de.**

– Le monde, le demi-monde et même le « milieu » ont leurs lois. Pourquoi les prisonniers battent-ils ce manœuvre? « C'est parce qu'il n'a pas encore pavé sa **bienvenue.** – *Why, because he has not paid his* ***entrance-fee.***

– *All these reasons found* ***little entrance*** *with the magistrates.* – Toutes ces raisons ne trouvèrent guère de **crédit** auprès des juges.

Envious, envy. – Ce sont des mots très dangereux. D'abord il s'y mêle deux racines: « envie », du lat. *invidia,* et « envi », dérivé du verbe *invitare,* animer, encourager, exciter, provoquer (aller à l'envi). Ensuite, le sens fr. se cantonne dans l'expression de la haine qu'excite le bonheur d'autrui, tandis que l'angl. est resté plus fidèle au sens absolu de *invidia,* haine.

Envious, outre le sens commun avec le fr., aura donc les acceptions suivantes: † **malicieux, méchant, qui veut du mal à;** † **qui va à l'envi de;** † **parcimonieux;** † **odieux;** † **enviable!**

De même, ***envy,*** † **malice, inimitié;** † **impopularité.**

– Shakespeare et Milton sont des mines de ces emplois désuets: *Each* ***envious*** *briar his weary legs doth scratch* (SHAKS., *Venus,* 705.) – Chaque **méchante** épine égratigne ses jambes lasses.

– *Our* ***envious*** *foe has failed.* (MILTON, *Par. Lost,* VII, 139.) – Notre **malin (méchant)** ennemi a échoué.

– *To do* ***envy*** *to one,* traduit mot à mot inintelligemment, donnerait un joli contresens. C'est « faire du **mal** à quelqu'un ».

Signalons que ***to envy*** (aller à l'envi), en perdant sa première syllabe, phénomène très courant, a donné ***to vie*** qui l'a remplacé (**rivaliser** avec quelqu'un).

*... Sycorax who with age and **envy***
Was grown into a hoop...

(SHAKS., *Tempest*, I, ii, 258.)

est traduit par F. V. Hugo: « que l'envie et l'âge courbaient en cerceau ». Maurice Bouchor et Benjamin Laroche traduisent aussi par « envie » ***envy***, qui, ici, doit se rendre par **haine.** Montégut a, plus justement, « passions méchantes ».

Envoy. — Deux mots: 1° **envoi** (d'une ballade). 2° **envoyé** (diplomatique), spéc. ministre plénipotentiaire d'un rang inférieur à celui d'ambassadeur; par ext. **agent, représentant, messager.**

— Emerson appelle les étoiles: ces **messagères** de beauté, *these **envoys** of beauty. (Nature).*

Epergne. — N'a d'épargne que le nom. C'est un **surtout,** un **milieu de table,** qui, à l'origine, contenait les *pickles* et qui, aujourd'hui, contient le dessert ou des fleurs.

— *In the centre stood a sumptuous **epargne** (sic), filled with sweetmeats.* — Au centre se dressait un somptueux **surtout** empli de sucreries.

Ephemera (subst.). — Peut se dire de toute chose ayant une existence éphémère: un **quotidien,** les **nouveautés** de la mode, et un auteur non dépourvu d'humour appelle la femme de ménage: une **éphémère** de notre domestique qui s'affaire un petit moment à l'office pour disparaître ensuite, *a domestic **ephemera** which flutters briefly in the pantry and then is seen no more.*

Epicene. — Épicène est, pour nous, un terme de grammaire. Il s'entend des noms qui désignent indifféremment les êtres de l'un et l'autre sexe: « Enfant », « renard », « souris » sont des noms épicènes. (D.G.). Le mot anglais a, des emplois plus étendus: **commun aux deux sexes; porté ou habité par les deux sexes; ni chair ni poisson, ambigu; efféminé, émasculé.**

— *An **epicene** style,* un style **effeminé, émasculé.**

Epicure. — Aujourd'hui, un **gourmet,** un **gastronome,** après avoir voulu dire † un **gourmand.** Il a aussi désigné † **celui qui ne croit pas au gouvernement divin du monde ni à la vie future.** Cf. le sens qu'avait le mot **libertin** au XVIIe siècle.

— Macbeth, abandonné par ses thanes, les apostrophe ainsi:

... Then fly, false thanes,
*And mingle with the English **epicures.***

(SHAKS., *Macbeth*, V, iii, 8.)

... Fuyez donc, traîtres thanes,
Et mêlez-vous aux rangs de ces **goinfres** d'Anglais.

(Les traducteurs successifs, F. V. Hugo, Montégut, disent « épicuriens »; B. Laroche, « efféminés. » C'est en réalité l'insulte d'un peuple pauvre, vivant surtout de bouillie d'avoine.)

Episode. — Ce mot peut s'employer aussi adject. dans le sens d'**épisodique,** **« à tiroirs »,** *an **episode** comedy,* une comédie **à tiroirs.**

— *Lesage still held to the artificial form of the novel **« in episodes »** which renders the story a mere series of disconnected adventures.* — Lesage continue cette forme artificielle du roman **« à tiroirs »,** qui réduit le récit à n'être qu'une suite décousue d'aventures.

Equal, equality. — Nous disons bien d'un homme qu'il est « égal à lui-même », qu'il ne se dément pas, mais non: « il fut égal à sa tâche, aux circonstances », *he was **equal** to his task, to the occasion.* Cela doit s'entendre: « Il fut **à la hauteur** de sa tâche, des circonstances. » ***Equal*** a aussi signifié † **équitable, impartial,** sens du latin *aequus;* † **contemporain, du même âge,** comme le latin *aequalis: many of my **equals** (Bible, Gal.* I, 14), *many of my Jewish **contemporaries** (New English Bible),* plusieurs **de mon âge.**

Equality a les sens corresp.

— Robertson (*Charles* V, III, xi, 354) parle de *proposals of peace which were **equal** and moderate.* — Propositions de paix **justes** et modérées.

— *She was happy with him. He was polite and kind to her and **she was equal to him** without effort.* — Elle était heureuse auprès de lui. Il était courtois et bon pour elle et **elle se mettait** sans peine **à son niveau.**

— Bedford, prisonnier des « Lunariens » s'écrie: *Why didn't I stick to my play? That was **what I was equal to.*** (WELLS, *First Men in the Moon,* XIII.) — Pourquoi ne suis-je pas resté à écrire ma pièce? C'était bien là **un tour de ma force.**

— *In short, courage consists in **equality** to the problem before us.* (EMERSON, *Courage.*) — En bref, le courage consiste à se montrer **à la hauteur** du problème auquel nous devons faire face.

Equerry. — Combinaison du bas lat. *scuria* « écurie », du fr. écurie et de l'anc. haut-all., *scûr* « étable », a été confondu en angl. avec le lat. *equus* « cheval » et en est venu a signifier **écuyer** (de la Maison du roi), puis par ext. **aide de camp.**

— *There was a continuous coming and going of **equerries.*** — Les **aides de camp** se succédaient.

Equip (to), equipment. — Équiper, équipement n'ont en fr. que des sens concr. et techn.; en angl., ces mots peuvent s'employer au fig. et leur sens varie selon la préposition régime.

— *After having been coached two months, the pupil was perfectly **equipped** to sit for the examination.* — Après avoir été chauffé pendant deux mois, l'élève se trouva parfaitement **au point (mûr, armé),** pour se présenter à l'examen.

– Description de la foule diversifiée des aspirants à un emploi: – *There was a fresh-faced young man with an unintelligent face who seemed to think himself* ***equipped against the world*** *beyond all misadventure by a collar of exceptional height.* (WELL, *Polly,* III, I.). – Il y avait là un jeune homme à la face poupine et inintelligente qui semblait se croire **à l'abri de tout maléfice** dans un faux-col haut comme une manchette.

– *Nowadays, the* ***equipment*** *of many candidates is sadly deficient.* – Aujourd'hui le **bagage intellectuel, (l'acquis)** de beaucoup de candidats laisse fort à désirer.

Equity (1) – A un emploi concret ignoré du fr.: *the* ***equities*** *that we owe to our neighbour,* le **traitement équitable** que nous devons à notre prochain. Autres sens: **droit reconnu par un tribunal** qui **juge en équité** *(court of equity);* ***equity*** *of a statute,* **esprit** d'une loi, **appel aux principes** posés par le législateur; ***equity of redemption,*** **droit du débiteur hypothécaire, dépossédé de l'immeuble hypothéqué faute d'avoir payé sa dette, de racheter cet immeuble moyennant paiement du principal et de tous intérêts et frais.** ***Equity*** *securities* et subst. ***equities,*** **actions ordinaires.**

E.U. **Part éventuelle à revenir au débiteur hypothécaire après forclusion; masse des profits à répartir entre les actionnaires** (lors d'une liquidation) après paiement des obligataires; **valeur réelle** d'une propriété, d'un domaine après déduction des charges dont elle est grevée; au fig. **droit qu'on se réserve. Intérêt que l'on ne cesse de prendre** à une question, etc.

– *The Democrats intend to* ***retain their equity*** *in the issue.* – Les Démocrates entendent bien ne **pas se désintéresser** de la question.

Erection. – Outre les sens fr. d'érection (d'un monument, d'une statue, etc.), peut signifier, comme *structure,* l'**édifice,** le **monument** ainsi élevé. Autres sens, **érection** (du corps), **dressage** (d'un mât, d'une colonne, etc.); enfin, **montage,** ***erection works,*** **ateliers de montage.** S'emploie aussi métaphor. comme le montre l'exemple suivant:

– *I enjoy making havoc with an elaborate* ***erection*** *of scented hair,* trad. de ce passage de *La peau de chagrin* (BALZAC): J'aime à porter une main dévastatrice dans les élégants **édifices** d'une coiffure embaumée.

Err (to). – Errer peut signifier, en fr., s'éloigner de la vérité; ***to err*** s'applique aussi aux personnes qui s'égarent moralement, commettent un péché; ***to cause to err,*** **séduire.**

– Cassio, dit Desdémone à Othello est *one that truly loves you,/ That* ***errs*** *in ignorance and not in cunning...* (III, iii, 49.) – Quelqu'un qui vous aime vraiment, qui **pèche** par mégarde et non point sciemment.

(1) Voir aussi TRADUIRE, N° 66, pp. 16-18.

Erratic. – Cet adj. n'est guère en fr. qu'un terme scientifique usité en histoire naturelle (oiseaux ***erratiques,*** c.-à-d. ***errants***), en astronomie (planètes ***erratiques,*** les comètes), en géologie et en médecine. En angl. il peut s'appliquer à la conduite, aux habitudes, à l'opinion, et signifie alors **irrégulier, capricieux, bizarre, singulier, fantasque, excentrique, original.** Dans ce sens, il s'emploie aussi substant. et a même signifié † un **vagabond.**

– *Such an* ***erratic*** *man is not to be relied upon.* – On ne peut compter (faire fond) sur un homme aussi **fantasque.**

REMARQUE. – Des Périers (XVIe s.) écrit: Cette humeur les rend fantasques, lunatiques, *erratiques* (*Contes,* XLIII, dans L.).

Error. – *It is the very* ***error*** *of the moon.* (*Oth.,* V, ii, 107) devient sous la plume d'un traducteur: « C'est très exactement la *faute (sic)* de la lune. » Or, il s'agit de l'**aberration** (au sens étym.) de la lune, et c'est, en l'occurrence, une allusion à l'influence que le cours des astres était censé avoir sur les événements et la destinée des hommes. Voici cet emploi dans La F. (*Fables,* XI, iv):

Les noms et les vertus de ces clartés *errantes*
Par qui sont nos destins et nos mœurs différentes.

En effet, avant d'être l'action de s'écarter de la vérité, ***error,*** de même que **erreur,** a été, comme l'*error* latin, l'action d'errer, d'aller au hasard, de s'égarer:

« Et vos longues *erreurs* (courses errantes) sur la terre et sur l'onde. » (DELILLE, *Énéide,* I.)

D'où p. ext., au fig., **écart de conduite, faute, transgression, péché;** auj. impliquant un acte partiellement involontaire, et, partant, excusable, ou un acte inconsidéré et méritant le blâme.

E.U. ***Court of errors,*** dans certains États d'Amérique: **cour d'appel.**

– *Blood which he offered for himself, and for the* ***errors*** *of the people.* (*Bible, Heb.,* IX, 7.) – Le sang qu'il offrit pour lui-même et pour les **péchés du peuple.**

Eruption. – Au fig. **explosion** (d'une maladie, de la colère, de la guerre); **déchaînement** (des passions), **débordement** (de paroles, d'injures); **transport** (de joie); **trait** (d'esprit), **saillie, boutade.**

– *Before the* ***eruption*** *of the civil war,* avant l'**explosion** de la guerre civile.

Escritoire. – A commencé par être ce que nous appelons écritoire, petit meuble portatif, etc. contenant ce qui était nécessaire pour écrire. C'est aujourd'hui un **bureau,** un **secrétaire.**

– *There was a chest of drawers with an* ***escritoire*** *on top* (DICKENS, *Copperfield,* XVII.) – Il y avait une commode dont le haut était un **secrétaire** (une commode-bureau).

Esoteric. – *An* ***esoteric*** *influence, interview, meeting, motive, project,* une influence **occulte,** un entretien **confidentiel,** une réunion **clandestine,** un motif **inavoué,** un projet **secret** ou: **inavouable.** P. ext.

du sens commun aux deux langues: *an **esoteric** doctrine*, **réservée aux initiés,** l'angl. dit: *the **esoteric disciples**,* les **initiés.**

Espy (to). – Discerner en observant: **déceler, découvrir** (une faute, etc.); **apercevoir, découvrir.**

– *The seamen **espied** a rock within a short distance of the ship.* – Non loin du navire, les marins **découvrirent, aperçurent, discernèrent** un rocher (un récif).

Essay. – Ce que nous nommons **composition** ou **dissertation, exercice, travail scolaire.**

Establish (to), establishment. – « Établir un fait », c'est prouver sa réalité. C'est dans un sens analogue que l'angl. dit: *Only the Lord **establish** His word.* (*I Samuel*, I, 23). – Que le Seigneur (l'Éternel) **accomplisse** sa parole (Osterwald)... De là ***established*****, solide, inébranlable, affermi :** *His heart is **established.*** (*Psaumes*, CXII, 8.) – Son cœur est **affermi.** Autres sens, **connu comme, réputé** (tel), ***well-established*** *doctrines*, les doctrines (qui se sont) **intronisées.**

Establishment**, personnel** (domestique) **d'une maison, état, train de maison; personnel** (d'un État), **fonctionnaires civils et armée,** ***home e.*****, armée métropolitaine,** ***(on the) war, peace establishment*****, sur le pied de guerre, de paix, effectifs de guerre, de paix.** Collect. *the **E.***, **les pouvoirs établis, les gens en place,** ou: famil. **« les assis »**; aussi **les** (milieux, etc.) **orthodoxes.** Absol. *the (Church) **Establishment***, **l'Église établie,** c.-à-d. **anglicane.** ***To establish*** *a clerk, an official*, **titulariser** un employé, un fonctionnaire.

– *He set out with all his **establishment** for his estate*, il partit avec tout son **domestique** pour son domaine.

– *The expense of his **establishment** (Voltaire's) became greater than ever.* – Les dépenses de son **train de maison** augmentèrent plus que jamais.

– *The pickle and plague of the **establishment** is the boy Tom up to any amount of mischief.* (Lady Barker, *South Africa*, IV.) – La peste, le fléau de notre **personnel,** c'est le boy Tom, qui, lorsqu'il s'agit de faire le mal, ne connaît pas de bornes, (ou: qui ne recule pas devant les tours les plus pendables).

– *Mr. N. had a **separate establishment.*** – M. N. entretenait une **maîtresse,** (famil. **deux ménages).**

– *The **established character** of the duenna would have daunted the adventurous spirit of a knight-errant*, c'est ainsi que Smollett traduit non sans verve ce passage de *Gil Blas*, (II, vii): Le **caractère qu'on donnait** à cette duègne me paraissait capable de désespérer tous les galants.

– *The **Established Church*** (ou: *the **Establishment***) *in England and Ireland is Episcopal, in Scotland Presbyterian.* – **L'Église officielle** est épiscopale en Angleterre et en Irlande, mais elle est presbytérienne en Écosse.

– *It is an **established** practice*, il est de pratique **constante.**

– Dans un article sur Ford Madox Ford, le chroniqueur du *T.L.S.* (15 juin 1962) dit: *The life of Ford Madox Ford had ended in ostracism by the English **literary establishment***, c.-à-d. que Vers la fin de sa vie F. M. F. avait été frappé d'ostracisme par les **milieux littéraires orthodoxes** de l'Angleterre.

Estate. – Ordre, classe faisant partie du corps politique et participant au gouvernement, ex. les trois *ordres* de l'ancienne monarchie: clergé, noblesse, **tiers état,** *(the)* ***third Estate*****;** *the **Fourth Estate***, famil. la **presse;** ***real estate*****, biens immeubles** ou **immobiliers,** ***personal estate*****, biens meubles** ou **mobiliers;** autres sens, **patrimoine, succession** d'un défunt, **actif et passif** d'un failli: **domaine, bien-fonds** et même **fortune, capital.** ***Estate*** *agent*, agent **immobilier;** autres sens: † **état, condition,** ***to come to man's estate*****,** arriver, **parvenir** à l'âge d'homme, **à l'âge viril, revêtir la robe** ou **la toge virile.** Mis pour *state (q.v.)* **pompe, magnificence.**

– *The **estate** belonged to a millionaire.* (Froude, *Oceana*, VIII.) – Le **domaine** appartenait à un millionnaire.

– *He **acted as estate agent** for his mother.* – Il **régissait** les biens-fonds de sa mère.

– *His **estate** does not exceed one thousand a year.* – Sa **fortune** ne dépasse pas mille livres sterling par an.

– *A collateral branch of the family would have had no objection to see the deceased **estate** fall within their line.* – Les collatéraux n'auraient vu aucun inconvénient à s'approprier la **succession** du défunt.

– *On leaving the University he squandered in town a considerable portion of his **estate.*** – Il ne fut pas plus tôt émoulu de l'université qu'il mangea dans la capitale une forte portion de son **patrimoine.**

Estimate (to), estimate, estimation. – ***Estimate*****, évaluation, appréciation, calcul** (du coût, du contenu, de la valeur, etc. de qqch.); au pl. **prévisions budgétaires, crédits; devis, état (estimatif)** (d'un entrepreneur, etc.). ***Estimation*****, opinion, avis, appréciation, jugement** (de la valeur, de la réputation de qqn.) ***in my estimation*****, à mon avis, selon moi.** Dans Shakesp. notamment, ***estimate, estimation*** = **honneur, réputation, renommée.**

– ***To estimate*****, évaluer, fixer approximativement, apprécier, mesurer,** etc.

– (1611. Cotgrave, *s.v.* donner) *He that gives quickly... doubles the **estimate** of his gift.* – Qui donne tôt donne deux fois (littéral., double le **prix** de ce qu'il donne).

– Coriolan déclare qu'il place le bien de la patrie plus haut que *his dear wife's **estimate*** (III, iii, 114), c.-à.-d. que « l'**honneur** de sa femme bien-aimée ».

– *He cannot plead his **estimation** with you. He hath been a bawd.* (Shaks., *Meas.* IV, ii, 28.) – Il ne peut faire valoir, (arguer de) sa **réputation** auprès de vous. Il a été souteneur.

— *It is difficult to **estimate** the importance of such a phenomenon.* — Il est difficile de **mesurer** l'importance d'un tel phénomène.

— *The king passed for a faint-hearted man **in the estimation** of his subjects.* — Le roi passait pour un homme pusillanime **dans l'esprit** de ses sujets.

— *The **estimates** were reduced by half a million.* — Les **crédits** (prévus) furent réduits d'un demi-million.

— ***Estimates** to be handed in (or: returned) on or before the 25 th of May.* — Les **devis estimatifs** *devront nous parvenir le 25 mai au plus tard.*

Eternal. — *Some **eternal** villain* (SHAKS., *Oth.*, IV, ii, 130), quelque **franc** scélérat; *the **eternal** demon* (Id., *Jul. Caes.*, I, ii, 160), l'**infernal** démon; *he is an **eternal** rogue* (dial. ou vulg.), c'est un **fieffé**, un **affreux** coquin.

« — Peste du fou **fieffé!** » lance Martine à Sganarelle (*Méd. malgré lui,* I, i) ce qui est traduit: — « *Plague on thee for an **eternal** ass!* ».

Ethical. — **Éthique; conforme à la morale, à la probité professionnelle, à la déontologie.** Aussi E.U. pharmacol. (préparation) **conforme aux normes de la pharmacopée américaine,** nous dirions: à la formule du Codex, et donc **officinal(e).**

Etiolate (to). — Quand nous parlons d'une plante, d'une personne *étiolée,* c'est surtout l'état d'affaiblissement que nous constatons. En angl., l'idée de *pâleur,* de *blanchiment* (pr. et fig.) domine. Étym., en effet, ce verbe signifie « prendre la couleur de l'éteule, du chaume ».

— *Celery is in this manner blanched or **etiolated.*** — C'est ainsi qu'on fait **blanchir** le céleri.

— *The skin is white or **etiolated.*** — La peau est **pâlie.**

— Wells avertit ses lecteurs que la politesse l'oblige de rendre un juron par une **pâle** paraphrase (une paraphrase **affaiblie, anémique**), *by an **etiolated** paraphrase* (*Kipps,* I, ii, § 2).

Evade (to), evasion. — Le sens de **s'évader** est rare en angl. mod. ***To evade*** c'est génér. **éluder, esquiver** (une attaque, une question ou une réponse, un coup, etc.), **échapper** (à une poursuite), **éluder, se soustraire à** (une obligation, une prescription, etc.) par un stratagème ou un artifice quelconque. Cf. L., 2°: s'évader, se tirer d'embarras par une échappatoire.

De même, ***evasion*** (Cf. L;, **Évasion,** 2°: moyen, argument évasif) a, de nos jours, très rarement le sens fr., sauf chez les écrivains influencés par notre langue ou notre littérature. Rendre par les mots corresp. aux verbes précités, et par **défaite, échappatoire, faux-fuyant, dérobade,** etc.

— *He **evaded** all inquiries as to his plans.* — Il **éluda** toutes les questions sur ses projets.

— *Clara's fibs and **evasions** disturbed her not in the least that morning,* (MEREDITH, *The Egoist,* XXV.) — Ce matin-là, les mensonges et les **défaites** (les **faux-fuyants,** les **dérobades**) de Clara la laissaient tout à fait sereine.

— *What was she thinking of? No good to ask her. **She had her evasion.*** — A quoi pensait-elle? Inutile de le lui demander. **Elle se dérobait.**

Evanescent. — Math. se dit d'une quantité décroissante qui tend vers zéro: **évanouissante; infinitésimal(e),** d'où p. ext. **minuscule.**

Event. — *Semper ad eventum festinat;* dit Horace (*Art poét.* v, 148) parlant d'Homère. Il se hâte toujours vers le **dénouement.** De même:

Déjà maints chevaliers ont tenté vainement
De donner à ce charme un bon *événement.* (MAIRET, *Sylvie*).
C'est le sens étym. d'**issue** auquel il faut penser.

Par ext. **risque** (t. d'assurance), *occurrence of the **event,*** réalisation du **risque.** Jur. *fortuitous **event.*** **cas** *fortuit.* **Cas** en général, ***at all events,*** dans **tous les cas, en tout cas, de toute manière, quoiqu'il arrive** ou **advienne;** ***in either event,*** **dans l'un ou l'autre cas,** ***in the event of** his death,* **s'il venait à** décéder, etc. Du sens d'événement, on passe, comme en fr. à celui, de **fait important,** et famil. de **clou** « ce qui fixe particulièrement l'attention dans un spectacle, une fête, etc. ». Enfin **rencontre, épreuve sportive, match de boxe** etc., faisant l'objet de paris.

— *The **event** of his enterprise was doubtful.* (MACAULAY, *Hist. of England,* II.) — L'**issue** de son entreprise était douteuse.

— Le roseau dit au chêne qui s'apitoie sur son sort: Mais attendons la **fin.** (L.F., *Fables,* I, XXII). Sir Edward Marsch traduit: « *But let us wait th'**event.*** »

— *This was the **event** of the season.* — Ce fut le **clou** de la saison.

— Même le mot qui s'offre immédiatement à l'esprit n'est pas toujours le bon; ex. *World **events,*** **actualités** mondiales. — *An earthquake is a seismic **event,*** un tremblement de terre est un **phénomène** sismique.

Eventually. — *So many of my letters have miscarried that I am forced to repeat the same thing over and over again **eventually.*** (1749, CHESTERFIELD, *Letters.*) — Mes lettres se sont si souvent égarées que je suis forcé de ressasser la même chose **à tout hasard (pour parer à tout événement).** Mais ce sens est devenu rare. ***Eventually*** signifie **finalement, en définitive, en fin de compte, ultérieurement, dans** ou **par la suite, à la longue.** Les équivalents ne manquent donc pas.

— *Absentees will doubtless **eventually** disappear from Ireland.* — Les absentéistes **finiront** sans aucun doute **par** disparaître de l'Irlande.

— ***Eventually** the report was adopted.* — **Finalement** le rapport fut adopté.

— *He **eventually** persuaded himself that his sister no longer loved him.* — **Il en vint à** se persuader que sa sœur ne l'aimait plus.

Eviction. – Comme en fr. « dépossession que l'on subit en vertu d'une sentence », **expulsion, *e. order*, arrêt, ordre d'expulsion.** Aussi action de **recouvrer** un bien d'en **reprendre possession,** en **vertu** de la loi, etc.

Comme subst. du verbe *to evict,* il a signifié : † **conquête ;** † **réfutation ;** † **conviction** (d'un accusé).

Comme subst. du verbe *to evince* (V. Suppl.) : † **démonstration, preuve.**

– *He has **evictions** for all errors.* – Il a des **réfutations** pour toutes les erreurs.

– *The sole end of logic is the **eviction** of truth.* – La seule fin de la logique est la **manifestation** de la vérité.

Evidence (s). – Après avoir signifié **marque, trace, indice** (ce qui rend manifeste ou *évident*), puis : **raison de croire, témoignage des faits tendant à prouver ou infirmer une conclusion,** ***evidence*** s'est enrichi de sens correspondants dans la langue des tribunaux, à savoir : **déposition, témoignage, preuve,** et même absolument : **administration de la preuve ;** † **témoin,** archaïque, sauf dans les expressions ***evidence** for the prosecution, for the plaintiff,* **les témoins** à charge ; *prisoner's **evidence**, **evidence** for the defendant,* les **témoins** à décharge. Noter aussi la tournure idiomatique : ***to turn King's, Queen's evidence,*** ou † ***to turn evidence,*** littéral. **devenir,** se **transformer en témoin à charge** (voir la remarque) et donc : **dénoncer son** (ou : **ses) complices.**

Enfin, l'acception de **document, pièce, instrument** tendant à établir, prouver, justifier, **rendre évident** un fait, un droit quelconque s'explique aisément par une dérivation logique, et permet de saisir, une fois de plus sur le vif, le passage de l'abstrait au concret si fréquent en anglais (cf. *security*).

– *He gave singular **evidences** of gratitude.* – Il donna des **marques** singulières, des **témoignages** éclatants, de gratitude.

– *A day was spent in examining the **evidences** of ancient glacier action.* – Une journée se passa à relever les **traces** d'une action ancienne des glaciers.

– *There was likewise a paper given in **evidence**.* – On produisit aussi un papier pour servir de **preuve.**

– Au cours du procès Pickwick, le juge est obligé de modérer la faconde de Sam Weller : *You must not tell us what the soldier or any other man said, Sir, interposed the judge : it's not **evidence**.* (Ch. DICKENS, *Pickwick,* II, v.) – Inutile de nous raconter ce que disait le soldat ou quiconque, témoin, intervint le juge. Ce n'est pas un **témoignage admissible en droit,** cela.

– *I hate a convict who **turns Queen's evidences**.* (KINGSLEY.) J'abhorre un condamné qui **dénonce ses complices.**

– *Men shall buy fields for money, and subscribe **evidences*** (*Jeremiah,* 32, 44.) – On achètera des champs à prix d'argent et on en écrira les **contrats** (OSTERWALD), c.-à-d. on signera les **pièces justificatives.**

– *How could he **give evidence** against his friends?* Pouvait-il **accuser** ses amis?

– *We can only bring together as well as posible the very scanty **evidence** available and thus gather something of the miserable lot of the miners.* – Il nous faut recueillir tant bien que mal des **documents** très épars pour deviner quel était le sort misérable des mineurs.

– *Would you have me **reject the evidence** of my own eyes and ears so as to believe you innocent in spite of their report?* – Voulez-vous que je **démentisse le témoignage** de mes yeux et de mes oreilles et que, malgré leur rapport, je vous crusse innocent?

Avis aux physionomistes : *A face is not **evidence**,* un visage n'est pas une **pièce à conviction.**

REMARQUE. – En Angleterre, quand l'État intente une action pénale, l'affaire est inscrite au rôle en ces termes : *« The King (or : Queen) versus X... »* Ainsi s'explique l'expression *to turn King's evidence.*

Eviscerate (to), evisceration. – **Vider** (une volaille), d'où **dépouiller de ses parties essentielles émasculer, énerver ; affaiblir** (un argument, une loi, etc.), **infirmer** (une preuve, un témoignage, etc.). Sens correspondants pour ***evisceration.***

– *Amendments intended **to eviscerate** this clause were moved by Dr. C.* – Le Dr C. déposa des amendements qui visaient à **infirmer** cette disposition (à la **vider de sa substance**).

Evolution. – **Dégagement, émanation** (de gaz, de chaleur), **émission** (de lumière, etc.) ; math., **extraction** (d'une racine carrée, etc.).

– *A constant **evolution** of gas,* un **dégagement** constant de gaz.

– ***Evolution** is the method of finding the square root, cubic root,* etc. *of any given quantity.* – Traduction inutile.

Evolutionist. – Si l'on s'avise que le lat. *evolutio* signifie « action de tourner », que le fr. évolution peut s'entendre de l'action de manœuvrer (en temps de guerre) on comprendra que *Napoleon was an excellent **evolutionist*** doive se rendre par : Napoléon était un excellent **tacticien** ou : **manœuvrier.**

Exact. – Penser que ce mot, comme son frère fr. (L. 4°) a le sens de **sévère, rigoureux.**

Les sens désuets sont † **achevé, accompli, parfait ;** † **raffiné ;** † d'un travail, **curieux, soigné ;** † (maison) **bien comprise, bien entendue,** (jardin) **bien dessiné.**

– Adam, qui, à l'instigation d'Ève, a goûté au fruit défendu, fait ce compliment à sa compagne :

*Eve, now I see thou art **exact** of taste*
And elegant... (MILTON, *Par. lost,* IX, 1017.)

Point n'est besoin d'être grand latiniste pour s'apercevoir qu'ici, encore, Milton pense en latin : *exactus* « parfait », *elegans* « qui a du goût, connaisseur, délicat ». On traduira donc ainsi :

Je connais maintenant que ton goût est **parfait,**
Et délicat ton choix, Ève...

– Ce sens lat. de **parfait** se trouve encore chez Defoe: Rob. Crusoé s'acharne à construire une pirogue avec des moyens de fortune: *It cost me near three months more to clear the inside, and work it out so as to make an* ***exact*** *boat of it.* – Il me fallut ensuite plus de trois mois pour évider l'intérieur (de l'arbre) et le travailler de façon à en faire une embarcation **parfaite.**

Exaction. – Le lat. *exactio* signifie notamment: action d'exiger, exigence, *exactio operis,* « tâche qu'on est *en droit* d'exiger, qu'on exige » de même en angl., mais non en fr. où ce sens a vieilli, et où le mot en est venu à signifier extorsion, c.-à-d. « action d'exiger ce *qui n'est pas dû ou plus qu'il n'est dû* (spécialt. en parlant d'un agent public). » (Robert).

– Un directeur de succursale de banque ménage son comptable, phtisique jusqu'à la moelle: *He had time to attend to Riley's* ***exactions*** *– to explain, soothe, invent and settle and resettle the poor wretch in bed.* (Kipling, *A Bank Fraud.*) – Il avait le temps de subir les **exigences** de Riley (de faire **toutes ses saintes volontés**), d'expliquer, d'apaiser, d'inventer, d'accommoder et de réaccommoder le malheureux (le pauvre diable) dans son lit.

– ***Exactions of labour*** *and requisitions in kind gave rise to abuses too generally condoned,* est la traduction de ce passage des *Mémoires d'Hadrien* (49) de Mme. Marguerite Yourcenar: Les **corvées** et les réquisitions en nature donnaient lieu à des abus qui ne surprenaient personne.

Exalt (to), exalted, exaltation. – Le sens pr. du lat. *exalto* est « élever, hausser »; on donnera des ex. de cet emploi en anglais; de là **élever** (la voix), **hausser** (le ton), ***exalted*** (du pouls), **élevé, fréquent;** au fig. **élevé,** (dans la hiérarchie sociale), sens anglais depuis 1623.

– D'un poète qui s'agite et se démène dans son galetas un auteur angl. dit plaisamment: *That* ***exalted*** *personage is a poet.* – Ce personnage **qui loge si haut** est un poète.

– Compte rendu d'un sermon de Wesley: *There were parts and eloquence in it; but towards the end, he* ***exalted*** *his voice, and acted very ugly enthusiasm.* (Walpole, *Letters,* 10 oct. 1766.) – Ce sermon n'était pas dénué de talent et d'éloquence; mais avant d'en prononcer la péroraison, il [Wesley] **éleva** la voix et feignit un enthousiasme de fort mauvais aloi (ou: goût).

– ***Exalted*** *soul!* non pas âme exaltée! mais âme, esprit **sublime!**

– Wells nous présente Kipps *In a dress-suit and a gibus and other marks of an* ***exalted*** *social condition.* (*Kipps,* II, VIII § 4.) – En habit et en gibus et montrant d'autres signes d'une condition sociale **élevée.**

– *Their astonishment... was somewhat like that of Joseph's brethren, when... he told them the story of his* ***exaltation*** *in Pharaoh's court.* (Defoe, *Rob. Crus.,* in N.E.D.) – Leur étonnement fut semblable à celui des frères de Joseph lorsque... celui-ci leur raconta l'histoire de son **élévation** (ou: **ascension**) à la cour de Pharaon. (Et non pas de son « exaltation » comme le dit Pétrus Borel dont nous empruntons d'ailleurs la traduction.) Rapprocher: † *L'exaltation* d'un pape, « son intronisation » et: « Mon petit colonel m'a écrit, et à son oncle, pour nous donner part de son *exaltation* (au grade de colonel). » (Sévigné, dans D.G.)

Examine (to), examination. – Examiner un candidat, c'est en somme l'**interroger, vérifier, contrôler** ses connaissances; tel est un des sens angl. Cf. « Ayant fait venir Jeannot, il l'*examina* de toute sa vie passée. » (A. Le Macon, Boccace, *Décaméron,* 2e journée, n° 6), c.-à-d. « il l'*interrogea* ». On ne s'étonnera donc pas que l'**interrogatoire** (d'un témoin) s'appelle ***examination,*** ni que ce terme signifie (la) **vérification** (du bilan d'un failli), ni enfin que, pour le juriste angl., notre **juge d'instruction** ou **magistrat instructeur** soit *the* ***examining judge,*** *or* ***magistrate.***

– *It was then proceeded to the* ***examination*** *of the prisoner.* – On passa alors à l'**interrogatoire** du prévenu, ou de l'accusé (selon la juridiction).

– Le maire de Casterbridge a dû déposer son bilan: *His* ***examination*** *had closed and the creditors were leaving the room.* (Hardy, *Mayor,* XXI.) – La **vérification** de son bilan terminée, les créanciers se retiraient (Trad. Philip Neel).

Example. – Le lat. *exemplum* signifie notamment **exemplaire, spécimen;** de même en angl., sens auxquels on ajoutera celui de **pièce, œuvre rare.**

– *A London bookseller lately disposed of an* ***example*** *for ten pounds.* – Un libraire de Londres en vendit récemment un **exemplaire** pour dix livres sterling.

– *The gallery could boast of several* ***examples*** *of this master.* – Le musée pouvait s'enorgueillir de plusieurs **œuvres rares** de ce maître.

Excavate (to), excavation. – Du sens propre d'excaver on passe à celui de **déterrer, exhumer,** d'où, au fig.: *the* ***excavation*** *of documents.* l'**exhumation** de documents.

Exceed (to). – Trans. **l'emporter sur, être supérieur à,** ***to exceed oneself,*** **se surpasser.** Intr. et absol. **exagérer, (dé)passer les bornes, la mesure; faire des excès de table; hâbler.**

– *Great poets may* ***exceed,*** *they may strike a false note, but they are never guilty of vagueness.* – Les grands poètes peuvent **exagérer (passer la mesure, pousser jusqu'à l'outrance),** il leur arrive de faire une fausse note, mais ils ne pèchent jamais par le manque de précision.

– *In that lyric... Shelley seems even to* ***exceed himself.*** – Dans ce poème lyrique, S. semble même **se surpasser.**

Remarque. – Ce sont là des sens lat.: *excedere modum,* passer les bornes, la mesure; *excedere fidem,* passer toute croyance, *excedere ceteros,* s'élever au-dessus des autres.

Excellence. – Ce mot signifie pour nous « degré éminent dans le bien » ou s'emploie absolument: « le grand roi ou le roi par excellence » (BOSSUET, *Hist. univ.*, III, 5). En angl., ***excellence*** peut avoir un sens moins fort et se rendre parfois par **perfection, qualité précieuse** entre autres et n'avoir qu'une valeur relative.

– *Crammed as he thinks with **excellencies.*** (SHAKS, *Twelfth Night,* II, iii, 163.) – Bourré, à ce qu'il s'imagine, de **perfections.**

– *My old Portuguese pilot... had this **excellency** attending him, namely that he was always readiest, and most apt to direct and encourage us in cases of the most danger.* (DEFOE) – Mon vieux pilote portugais avait cette **précieuse qualité,** qui ne l'abandonnait jamais, d'être toujours le plus prompt et le plus apte à nous diriger et à nous encourager dans les occasions les plus périlleuses.

Rapprocher: « Mais ordinairement, ils [les petits enfants] trompent l'espérance qu'on en a conçue, et hommes faicts, on n'y voit aucune *excellence.* » (MONTAIGNE, I, XXVI).

Excellent. – Péj., † **extrême, insigne.**

– ***Excellent** falsehood.* (SHAKS., *Antony & Cleop.*, I, i, 40.) – **Insigne** fausseté.

– *Elizabeth was an **excellent** hypocrite.* – Elizabeth était une hypocrite **consommée.**

Except against (to), exception. – *Exception,* en style jur., est une *fin de non-recevoir,* d'où le fr. *exciper* « arguer d'un exception ». Tout découle de ce sens. *To take (an) **exception against,** at, to, **to except against,*** c'est **faire une objection à, trouver à redire à, le trouver mauvais, désapprouver,** et même, pour la première des deux expressions, s'**offenser de,** d'où ***exceptionable,*** **blâmable,** et ***unexceptionable,*** **irréprochable** ou **irrécusable.** ***To except against*** veut dire aussi **décliner** (une juridiction), **récuser** (des témoins).

– *He always **excepted against** the finest compositions of Mr. Handel.* (FIELDING, *Tom Jones,* IV, v.) – Il **trouvait** toujours **à redire** aux plus belles compositions de M. H.

– ***Exception is taken** to his dress.* – **On trouve à redire** à sa tenue.

Excessive. – *We were delayed by **excessive** rain* (sans intention ironique). – Nous fûmes retardés par une pluie **diluvienne.**

– L'oncle d'Arthur Pendennis inscrit le nom de son neveu sur le registre d'un club de Londres: *Arthur's pleasure at this compliment of his guardian was **excessive.*** (THACKERAY, *Pend.*, XVL.) – Cette amabilité de son tuteur **combla le cœur** d'A. (Trad. Christine LALOU) ou: Cette gentillesse de son tuteur **combla** A. **de joie.**

Exchange. – Non seulement **échange,** mais **la chose, l'objet échangé;** *the **Royal Exchange,*** la **Bourse,** plus courant sous la forme *the **Stock Exchange,*** la **Bourse des valeurs** (v. *Change*), *the **Labour Exchange,*** la **Bourse du travail;** aussi **change,** dans toutes les acceptions de ce terme: ***exchange** office,* bureau de **change,** *rate of **exchange,*** taux du **change,** ***exchange** broker,* **cambiste,** *bill of **exchange,*** lettre de **change,** *first, second, third of **exchange,*** première, seconde, troisième de **change,** ***exchange premium,*** **agio.**

Autres sens, **permutation** entre officiers; *telephone **exchange,*** **central** téléphonique.

Excite (to), exciting, excitement. – Dans l'usage récent, ***to excite,*** c'est **remuer, émouvoir violemment, provoquer dans l'âme des mouvements tumultueux de plaisir, ou de douleur.**

To get excited, **s'animer, s'exalter, s'échauffer; s'émoustiller.**

*An **exciting** book,* un livre **captivant, passionnant;** *an **exciting** plot,* une intrigue **palpitante;** *an **exciting** speech,* un discours **emballant.**

Excitement, **émoi, joyeux émoi;** aussi **agitation, énervement.** Nous disons: avoir les nerfs *excités.*

Com. ***excited trade,*** évoque l'idée de **suractivité,** auj. de **surchauffe.**

– Dans la *St. Joan* de B. Shaw (II), le faible roi Charles paraît et l'indication scénique dit: *He is **excited,** like a child with a new toy.* – Il **ne se sent pas de joie,** comme un enfant qui aurait un nouveau jouet.

– Plus loin (III), lorsque, le vent ayant changé, les Français pourront attaquer la tête de pont des Anglais, le page de Dunois, enthousiasmé, *capers out, mad with **excitement,*** sort en gambadant, fou de **joie.**

– Pendant la guerre, il faut aux femmes leurs plaisirs: *In these days, when men are dying by the million, in mud and filth; the women at home must not be denied their **excitements,** their flirtations and their late suppers.* (ALPHA, *Leaves in the Wind,* 213.) – En ces jours où les hommes meurent par millions, dans la boue et l'ordure, il ne faut pas qu'au pays les femmes soient privées de leurs **plaisirs,** de leurs flirtations et de leurs soupers.

– Alpha (*Windfalls,* 144) a l'idée de dresser une liste des six plus grands hommes d'Angleterre. *I found the question so **exciting** that I had reached the end of my journey (I was in a bus at the time) almost before I had reached the end of my list.* – Je trouvai la question si **passionnante** que je fus au bout de mon trajet (j'étais alors en omnibus) presque avant d'être arrivé au bout de ma liste.

– *As the dinner party proceeded **excitement ran high.*** – A mesure que le dîner se déroulait on **s'échauffait.**

– *Tavern jokes **produced no excitement** in him.* – Les plaisanteries de la taverne le **laissaient froid, n'avaient plus de sel** pour lui.

– *As a source of **excitement** it is not in it with other things you wot of.* (HORNUNG, *Raffles,* III, 53.) – Pour ce qui est de vous **empoigner,** ce n'est pas à comparer avec d'autres choses que vous savez.

– *The **excitement** caused by the German invasion of New Guinea.* (FROUDE, *Oceana,* VII.) – **L'émotion** qu'avait causée l'invasion de la Nouvelle-Guinée par les Allemands.

– *He was occupied upon a work **of the most exciting nature.*** – Il travaillait à un roman **des plus captivants.**

– *Her mind **was in great excitement** as she plied her needle.* – Tout en tirant l'aiguille, elle **roulait des pensées fort agitées.**

– Attrait du nouveau pour les enfants: *« **I was immensely excited** by the idea of changing house »* traduit ce passage de *Si le grain.* p. 40, d'André Gide: « L'idée de déménager **m'exaltait** ».

– *What is more **exciting** than a ruffian?* demande plaisamment Thackeray (*Pend.*, Preface.) – Quoi de plus **passionnant** qu'un bandit?

– Et quoi de plus passionnant que le bal pour une jeune fille? *The lights and the crowd and music **excited** her.* – *(Ibid.)* Les lumières, la foule, la musique lui **montaient à la tête.**

*Pen was greatly **excited** and pleased to be at liberty in London.* – (*Ibid.*, XVIII.) – Pen **se grisait** du plaisir d'être libre à Londres.

– *The army was in a state of **excited** expectancy.* – L'armée se trouvait dans un état d'**effervescence** et d'attente.

– *Business men must be careful during **excited trade.*** – Il faut que les hommes d'affaires soient circonspects en période de « **surchauffe** ».

– Commentant l'arrivée de la famille royale à Durban (mars 1947), un journal anglais intitule son article: ***Excited** crowd* « **enthousiasme** de la foule » ou: « foule **en délire** ».

– Après une traversée périlleuse, la vigie signale la terre: joie des matelots: *Charley* [le mousse] *was **excited,*** C. **ne tenait plus en place.**

Exclaim (to), exclamation. – ***To exclaim against,*** **pousser les hauts cris contre, crier haro sur,** ***to exclaim** on, upon,* mêmes sens.

Exclamation, **plainte** ou **protestation bruyante; clameur, haut cri** poussé contre qqn.; **vocifération, vitupération, imprécation.**

– *He went up and down the room making **exclamations.*** – Il arpentait la chambre en poussant des **imprécations.**

– *Camilla's **exclamations** against Rome.* – Les **imprécations** de Camille contre Rome.

Exclusive, exclusiveness. – Du sens d'exclusif, « qui exclut toute autre personne, toute autre chose », commun aux deux langues, on passe en angl. à ceux de (groupe, club, société, milieu, monde) **fermé,** et par ext., **choisi, de choix, trié sur le volet,** fam. **qui appartient à la fleur, au gratin, à la crème,** au **dessus du panier; élégant, chic,** surtout E.U.

– *Townley belonged to one of the most **exclusive** sets of Cambridge.* (S. Butler, *The Way*, LVIII.) – T. appartenait à l'une des chapelles les plus **fermées** de Cambridge.

– D'un excellent nageur, qui ne buvait jamais de « bouillon », P.G. Wodehouse *(Deep Waters)* dit plaisamment *George's mouth had all the **exclusiveness** of a fashionable club.* – La bouche de Georges était aussi **hermétiquement fermée** qu'un club où seule est admise la fleur du beau monde.

Excrement. – Il y a en lat. un *excrementum* (de *excerno* « trier, cribler ») qui signifie « lie, déchet, excrément », et un autre mot de même forme (de *excresco* « croître, pousser ») qui veut dire « excroissance ». Ces deux sens sont angl. Le lat. a dit *excrementa manus* (Lucrèce), les ongles, et l'angl. applique également le second mot aux ongles, aux cheveux, à la barbe, à toutes les excroissances du corps.

– *Valour's **excrement,*** dit Shakes. (*Merch. of Ven.*, III, ii, 87) par quoi il faut entendre, d'après le contexte, **la barbe d'Hercule.**

Excursion. – Le lat. *excursio* signifie notamment écart, digression, ce qui nous permet de comprendre le sens angl. d'**extravagance** et de **vagabondage** (de l'imagination); on y ajoutera ceux d'**écart,** de **déviation** des astres et de † **sortie, escarmouche, attaque,** *alarms and **excursions.*** Famil. **digression.**

Enfin les applications de l'énergie atomique doivent nous familiariser avec le sens technique de: **saute de puissance, emballement** (de la pile ou du réacteur).

– *The **excursions** of Alcibiades,* les **extravagances** d'A.

– *To return from this **excursion,*** pour en revenir à notre **sujet,** à nos **moutons.**

Excuse (to). – ***To excuse from,*** **exempter de, dispenser de,** *he was **excused** the entrance-fee,* il fut **dispensé** de payer le droit d'entrée.

– *I asked him to be my pledge: he **excused himself.*** – Je lui demandai d'être mon garant: il **se récusa.**

– Rapprocher: « Messieurs de Bordeaux m'esleurent maire de leur ville, estant esloigné de France et encore plus esloigné d'un tel pensement, je *m'en excusay.* » (Montaigne, *Essais,* III, ix).

Execrate (to). – Comme *to detest (q.v.),* ***to execrate*** peut signifier maudire. C'est le sens étym. qui se retrouve en fr. dans *execration* (L., 1°). Aussi, abs., **prononcer des malédictions, proférer des imprécations, jurer.**

– *Small miseries which do no harm we **execrate** and forget the next minute.* (Froude, *Oceana,* XV.) – Les petites misères qui ne font pas de mal, nous les **maudissons** et les oublions la minute d'après.

Execute (to). – *The proposed treaty of peace, after being attentively perused, **was executed** by his Highness without the slightest hesitation.* L'hésitation, c'est nous qui l'éprouvons. Nous sentons bien qu'il ne s'agit pas de ce que nous appelons l'exécution du traité. En effet, ***to execute** (a legal act),* c'est accomplir toutes les formalités nécessaires à la validité de l'acte en le signant, en y apposant son sceau. Nous traduirons donc : « Après une lecture attentive, le traité de paix proposé fut **signé** par Son Altesse sans la moindre hésitation ». Autre exemple :

– *Charles the Fifth* ***executed*** *an instrument by which he ceded to his son the sovereignty of Flanders.* (PRESCOTT, *Philipp II.*) – Charles Quint **signa** un instrument par lequel il cédait à son fils la souveraineté des Flandres.

Ce sens de **souscrire** (un acte), **valider** (un contrat) ne doit pas nous faire oublier celui d'**exercer** (une fonction), **remplir** (un rôle, un emploi).

– *A fee belonging to the office which he then* ***executed.*** – Une rémunération attachée à l'emploi, à la charge qu'il **exerçait** ou : **remplissait** alors.

Executer, -or. – Il est préférable de réserver la forme ***executor*** pour désigner **l'exécuteur testamentaire, l'ayant cause,** ***executer*** étant, en génér. un **agent** quelconque, « *one who executes* ».

Execution. – Effet destructeur, ravage(s) exercé(s) par les armes, et au fig. par... les charmes (d'une femme); ***to do execution,*** au pr. et au fig. (d'un coup, d'un argument) **porter; impressionner, faire** (**une vive**) **impression.** Jur. **validation, légalisation** (d'un acte); **saisie-arrêt, saisie-exécution.**

– *The shot* ***did no great execution.*** – La mitraille **ne fut pas très meurtrière.**

– *Her black eyes did* ***great execution.*** – Ses yeux noirs faisaient de **grands ravages** (dans le cœur des hommes, s'entend).

– *The best bottles of wine had been done* ***great execution.*** – Les bouteilles de derrière les fagots avaient été **raflées.**

– Lady Sneerwell s'informe du sort de Ch. Surface qui est criblé de dettes : L.S. : *But do your brother's distresses increase?*
Jos. Surface : *Every hour. I am told he has had another* ***execution*** *in the house yesterday.* (SHERIDAN, *School for Scandal,* I, i.) – L.S. : Mais est-ce que les embarras (1) de votre frère augmentent?

J.S. : D'heure en heure. Je viens d'apprendre qu'on a fait une nouvelle **saisie** chez lui hier.

Executive (adj. et subst.). – Aux E.U. le subst. peut s'appliquer 1° au **Président** appelé parfois ***chief Executive,*** 2° au **Gouverneur** d'un État de l'Union, voire 3° au **maire** d'une ville. Il désigne aussi **tout agent des cadres supérieurs** exerçant une haute fonction de direction ou d'administration (angl. **manager**).

Quant à l'adj. noter que *the* ***Executive Mansion*** désigne la **résidence du Président des États-Unis,** l'actuelle *White House,* que *an* ***executive order*** équivaut à peu près à notre **décret-loi,** et que *an* ***executive*** *session* est une séance **à huis clos,** *the Senate went into* ***executive session,*** le Sénat s'est réuni **à huis clos.**

(1) Sheridan a fait un jeu de mots, car *distress* est syn. de *distraint* et signifie également jur. saisie.

Enfin, ***executive*** est aux E.U. syn. de « *energetic, competent, qualified to direct and control.* » (MATHEWS, *op. cit., s.v.*) C'est donc une épithète laudative de caractère assez général : **énergique, capable, qui a les qualités du chef, du conducteur d'hommes, de l'animateur,** etc. : *Napoleon was a* ***great executive leader,*** N. fut un **grand capitaine,** un **grand conducteur d'hommes.**

– *The Americans are... a* ***highly executive*** *people,* les Amér. sont un peuple **capable d'accomplir de grandes choses.**

REMARQUE. – Ivor Brown (*A Book of Words*) critique l'emploi du subst. au sens de « directeur, administrateur », etc. En effet, le chef d'entreprise donne des ordres, il ne les exécute pas.

Exegesis. – Se dit parfois d'une simple **note explicative,** d'une **glose.**

Exercise (to), exercise. – Une épreuve *exerce* notre patience. Dieu se plaît à *exercer* les gens de bien. L'angl. va plus loin dans cette voie, témoin les exemples cités où ***exercised*** signifie **embarrassé, perplexe.**

Quant à ***exercise,*** le rendre selon le cas par **exercice, devoir** scolaire, **thème** latin, ***exercise-book,*** **cahier de devoirs.**

Autres sens, **expérience, essai.** Enfin, E.U. au pl. **cérémonie officielle, célébration** d'un anniversaire, **inauguration** d'un institut, etc.

– *Tom watched him in silence, much* ***exercised*** *in his mind as to what manner of man he had fallen upon.* (HUGHES, *Tom Brown at Oxford.* V.) – Tom le regardait en silence, fort **embarrassé** de dire sur quelle sorte d'homme il était tombé.

– ***I was exercised*** *in thinking what these island Maori could have lived upon before Captain Cook introduced the pigs.* (FROUDE, *Oceana,* XV.) – **J'avais peine** à m'imaginer de quoi pouvaient vivre ces Maoris des îles avant que le capitaine Cook eût introduit chez eux les porcs.

– *European opinion is much* ***exercised*** *by...* (Journaux.) – L'opinion européenne est **rendue très perplexe** par...

– *Before embarking on a new policy, we should await the results of that* ***exercise.*** – Avant d'entreprendre (de nous embarquer dans) une nouvelle politique, nous devrions attendre le résultat de cette **expérience.**

Exhalation. – « Des vapeurs ou *exhalations* qui sont entre nous et le soleil », écrit Oresme. En angl. ***exhalation*** peut signifier aussi **vapeur, brume** et même **météore lumineux.** Les Belges appellent *exhalaison* un éclair non accompagné de tonnerre.

Exhibit (to), exhibition, -er. – Le fr. exhiber n'a retenu du lat. *exhibere* que le sens de produire (des pièces, des documents devant l'autorité et en justice) et celui de montrer, mettre en vue. L'angl. en a gardé de plus le sens fig. : *He* ***exhibited*** *surprise at this information,* il **fit paraître,** il **marqua, témoigna** de la surprise à cette

nouvelle: *she* ***exhibited*** *great courage in this trial,* elle **montra, fit preuve** de beaucoup de courage dans cette épreuve.
Des sens désuets nous ne retiendrons que celui de **servir** (une pension, une bourse), d'où ***exhibition,*** **bourse** et ***exhibitioner,*** **boursier.** (p. ext. **présent, cadeau**). Enfin **administrer** (un remède).

An ***exhibit*** est un **document produit en justice, une pièce à conviction,** ou l'**envoi d'un exposant,** car il ne faut pas oublier qu'***exhibition*** signifie également **exposition.** De là *to make an* ***exhibition*** *of oneself,* **se donner en spectacle, se rendre ridicule, faire une scène, un éclat.**

– Emilia (*Othello,* IV, iii, 75) ne tromperait pas son mari ... *for gowns, petticoats, nor caps, nor any petty* ***exhibition,*** ... pour des robes, des jupons, des chapeaux, ni pour un misérable **présent.**

Ce sens a été fr., s'il faut en croire Cotgrave: « Exhibition, *a presenting, offering, exhibiting; a gift, an exhibition;* ... Exhiber: *to give.* »

– *The patient should fast for four or five hours before chloroform is* ***exhibited.*** – Faire jeûner le malade pendant quatre ou cinq heures avant d'**administrer** le chloroforme.

– *He went to Cambridge with an* ***exhibition.*** – Il alla à C. avec une **bourse.**

– Un père qui veut marier sa fille se désespère de la voir faire la difficile: *She was apt to frighten the unfortunate* ***exhibits.*** – Les malheureux **partis qu'on lui présentait** s'exposaient à être effarouchés.

– *I have seen Garrick* ***exhibit*** *her* [*Mrs. Johnson*] *so as to excite the heartiest bursts of laughter.* (Boswell.) – J'ai vu Garrick la **représenter** (l'**imiter**) de manière à exciter des éclats de fou rire.

– *These domestic* ***exhibitions*** *were not unfrequent.* – Ces **scènes de ménage** n'étaient pas rares.

Exigence, exigency, exigent. – Besoin urgent, nécessité pressante; difficulté, situation critique, mauvais pas. De même ***exigent,*** **pressant,** ***exigent*** *needs;* **critique,** ***exigent*** *circumstances.*

– *God himself relieved the Israelites in every* ***exigence.*** (Defoe, *Hist. of the Devil,* I, xi.) – Dieu lui-même secourut les Israélites dans tous les **mauvais pas.**

Exile. – Remplit un double office et signifie à la fois l'**exil** et celui ou celle qui le subit, l'**exilé(e).**

– *Voltaire, an illustrious* ***exile,*** *acquired in the four months of his* ***exile*** *an astonishing mastery over English.* – Voltaire, illustre **exilé,** parvint, en quelques mois d'**exil,** à acquérir une maîtrise étonnante de l'anglais.

Exist (to). – *He claimed that man could* ***exist*** *on bread and fruit.* – Il prétendait que l'homme pouvait **vivre (subsister)** de pain et de fruit.

Exonerate (to), exoneration. – Exonérer, c'est dispenser d'une charge, d'une obligation. ***To exonerate*** peut être aussi, en style plaisant, **alléger** une personne de son argent. † ***To exonerate nature, oneself,*** **lâcher le ventre** (comme disait Molière), **décharger son ventre, aller à la selle.** Enfin, acception courante: **décharger** d'une accusation, **absoudre** d'un blâme, d'un reproche, **justifier, disculper.** ***Exoneration*** désigne l'action exprimée par le verbe.

– *He* ***exonerated himself*** *of this abominable crime.* – Il **se disculpa, se justifia** de ce crime abominable.

– *An* ***exonerating*** *memoir,* un mémoire **justificatif.**

– *Evidence that* ***exonerates*** ou ***exonerative*** *evidence,* **témoin, témoignage à décharge.**

Expansive. – *An* ***expansive*** *forehead,* un **vaste** front, *an* ***expansive*** *charity,* une charité **large, universelle,** celle dont on pourrait dire que « **le mouvement ... est de tendre toujours** aux choses célestes ». (Bossuet, *op. cit.,* II, 371).

Expediency, expedient. – Du sens d'expédient, qui convient pour la circonstance, ***expedient*** passe à celui d'**utile,** d'**à propos,** de **politique,** d'**opportun,** par opposition à ce qui est juste; d'où ***expediency,*** **opportunisme.** Ces acceptions comportent général. une nuance péjor.

– *He followed his duty instead of consulting* ***expediency.*** – Il fit son devoir au lieu de s'arrêter à des **considérations d'opportunisme.**

– *Our* ***expedient*** *statesmen often act contrary to justice.* – Nos **opportunistes** hommes d'État agissent souvent contrairement à la justice.

Expensive. – Ne pas confondre avec *expansive.* ***Expensive,*** adj. de *expense,* dépense, signifie **dispendieux, coûteux; dépensier, porté à la dépense, prodigue; libéral, généreux, qui aime à donner.** ***To make onself expensive,*** **se faire apprécier, se faire valoir.**

– ***It's expensive*** *keeping boys at home.* (Dickens, *Nicholas Nickleby,* IV.) – **Il en coûte (ce sont des frais)** de garder les garçons à la maison.

– Par délicatesse, une femme renonce à faire appel aux sentiments de celui qui l'abandonne. – *I never was one to* ***make myself expensive.*** – Je n'ai jamais été de celles qui savent **se faire apprécier** (ou: je n'ai jamais été bien forte **pour me faire valoir**).

Experience (to), experience. – « Dans la belle étude qu'il a consacrée à William James (*Revue de Métaphysique et de Morale,* nov. 1910), M. Émile Boutroux a fait ressortir le sens tout particulier du verbe anglais ***to experience*** qui veut dire non constater froidement une chose qui se passe en dehors de nous, mais éprouver, sentir en soi, vivre soi-même telle ou telle manière d'être. » (1)

(1) H. Bergson, *Sur le pragmatisme de William James,* in *La pensée et le mouvant.* Quant au subst., il peut se rendre correctement par son homon. fr. (v. L., 1° et l'ex. emprunté à Defoe à l'art. *experiment*).

Quant à ***experience***, il est désuet dans le sens d'expérience (de physique, de chimie, etc.), qui se dit *experiment* (v. ce mot). Il signifie : **ce qui arrive, se produit,** et **surtout ce qu'on éprouve, ressent, ce qu'on a vu, fait ou observé.**

– *I laid* ***my experiences*** *before the minister,* j'exposai au ministre **ce que j'avais vu.**

– *He had forgotten* ***his experience*** *in London,* il avait oublié **ce qui lui était arrivé** à Londres.

– *My clothes* ***had some sad experiences*** *at the hand of the washer-woman,* mon linge **a eu à souffrir** de la blanchisseuse.

– *He had passed through bitter* ***experiences.*** – Il avait subi, passé par de cruelles **épreuves.**

– *After this long journey, my family was anxious to hear of my* ***experiences.*** – Après ce long voyage, ma famille brûlait de connaître mes **impressions.**

– *Something* ***outside experience,*** quelque chose **que l'on n'a jamais éprouvé** ou : **ressenti;** une **impression neuve, extraordinaire, peu banale.**

– La mort ravit tout sans pudeur : *The anguish of irreparable loss is familiar to us all. There is no life so lonely as to be* ***safe against this experience.*** – L'angoisse que suscite une perte irréparable nous est familière à tous. Il n'est pas de vie assez solitaire pour se sentir à l'**abri de tels coups.**

– *It is a* ***common experience*** *that* ...c'est un fait d'**observation courante** que... Ce sont là des phrases ou membres de phrase qu'un peu de réflexion permet de comprendre. Il en est d'autres qui en demandent davantage. En voici quelques-unes à titre d'exemples :

– *The morbidity rate of populations with* ***no penicillin experience*** *has been very high,* non pas le taux de morbidité des populations qui n'ont pas l'expérience de la pénicilline (ce qui ne voudrait rien dire), mais des populations qui **n'ont pas été soumises au traitement, n'ont pas été traitées par la pénicilline,** a été très élevé.

Autre ex. : il s'agit des caisses d'assurance-maladie qui perçoivent des cotisations dont le montant est calculé proportionnellement aux prestations qu'elles versent à leurs membres :

– ... *Accordingly surpluses are accumulated which differ widely from one society to another in proportion to its* ***sickness experience.*** *(Report of the Royal Commission on National Health Insurance, London,* 1926). – En conséquence, des bonis s'accumulent qui varient sensiblement d'une société à l'autre selon...

Arrêtons-nous ici et examinons la locution difficile ***sickness experience.*** De quoi peut-il s'agir? De l'expérience qu'ont des maladies en général les caisses d'assurance? et alors il faudrait entendre que les compagnies font varier les prestations selon la fréquence probable des maladies ou qu'elles modifient le montant des cotisations de leurs membres suivant l'état de santé de ceux-ci – hypothèses plausibles, mais bien compliquées. Comprendre de la sorte serait, d'ailleurs, donner une entorse à notre texte, puisqu'il s'agit d'expliquer pourquoi les bonis accumulés varient *d'une compagnie à l'autre.* En outre, il serait absurde d'imaginer que l'administration de l'assurance différât à ce point selon les diverses compagnies. La réalité est beaucoup plus simple : ***sickness experience*** doit s'entendre **taux de morbidité** des membres des caisses, nombre des cas de maladie relevés (selon l'expérience acquise évidemment) dans chaque caisse ; en effet, plus il y a de cas de maladie, plus la caisse doit verser de prestations, moins les bonis sont élevés.

Quelques autres ex. pour montrer combien il importe de serrer l'idée :

– *An inquiry was conducted into the health of women workers apart from their* ***experiences of maternity.*** – Une enquête a été entreprise sur la santé des salariées, abstraction faite de la **période de leurs couches.** C.-à-d. que l'enquête n'a pas tenu compte des jours de maladie antérieurs et postérieurs à l'accouchement.

– *Marriage does not always put an end to the* ***industrial experience*** *of women workers.* – Le mariage ne met pas toujours fin aux **occupations professionnelles** des salariées.

– Critique du système pénitentiaire adopté en Afrique : *Even when juveniles are separated from adults, the mixing of age and* ***experience*** *is general.* – Même lorsque les mineurs sont séparés des adultes, ils restent groupés sans considération d'âge et d'**antécédents.**

On voit par ces ex. quelles traductions absurdes pourrait donner une interprétation paresseuse des textes proposés.

REMARQUE. – Glosant le mot *unpleasantness,* Webster dit : *euphemistically used of a* ***serious experience*** *(alluding to a recent war).*

Experiment (to), experiment. – ***To experiment,*** c'est expérimenter et ***experiment*** signifie **expérience scientifique, expérimentation,** ou simplement **expérience,** mais équivaut parfois lâchement à **essai** et même à **école** dans le sens de « tout ce qui est propre à donner la connaissance, l'*expérience* d'une chose » (D.G.). « ce qui forme ou éclaire par l'*expérience* » (L. 6°).

– *I bought all my experience before I had it, and this I am going to relate was one of the most discouraging* ***experiments*** *I made at all.* (*Rob. Crusoe,* I) – Mais j'achetai chèrement cette expérience, et ce que je vais rapporter est l'**école** la plus décourageante que j'aie faite de ma vie.

– Le tempérament de John Lamb ne s'accorde pas avec sa philosophie : *With always some fire-new project in his brain J.E. [James Elia] is the systematic opponent of innovation, and crier down of eveything that has not stood the test of age and* ***experiment.*** (LAMB, *Elia, My Relations.*) – Avec toujours quelque projet flambant neuf dans sa cervelle, J.E. est l'adversaire systématique des innovations et le décrieur de tout ce qui n'a pas été soumis à la pierre de touche de l'âge et de l'**expérience.**

Experimental, -ly. – L'adjectif ***experimental*** correspond à la fois à *experience* et à *experiment*. Il est donc parfois syn. de *tentative*, **d'essai, *experimental plot*** (agr.), **champ, terrain d'essai; d'épreuve, *experimental target*, cible d'épreuve; *experimental road*, route laboratoire.**

***Experimentally*, a titre d'essai, pour essayer, pour voir** (1). Cf. *tentatively*.

– *General C. said that the West Germans might have to face facts. This was an **experimental** remark.* – Le général C. a dit qu'il se pourrait que les Allemands de l'Ouest dussent se rendre à l'évidence. Cette remarque était un **ballon d'essai.**

– Le Nègre du *Narcisse*, qui se meurt, veut malgré tout reprendre son service. Il bondit hors de sa couchette, mais il fléchit dans les bras du second. M. Baker: *He stiffened himself and Mr. B. **experimentally** let him go. He staggered at a pace or two.* – Il se raidit, et M. B. **pour voir,** le lâcha. Il fit un pas ou deux en chancelant.

Expert, expertise. – On a dit que le XIXe siècle était l'âge des historiens et des savants et que le XXe serait celui des experts. Est-ce à dire qu'il faille traduire aveuglément ***expert*** par son prétendu équivalent fr.? Nullement. Un expert, en effet, est pour nous, « celui qui fait une expertise », *who gives expert evidence;* pour les Angl., c'est un homme expert en une matière, une **autorité,** une **compétence,** sinon une lumière, un **connaisseur,** un **spécialiste,** un **technicien,** qui, parfois certes expertise, mais qui peut être chargé d'un service particulier (dans un bureau, une étude) ou même d'une mission.

Quant à expertise, ce mot qui s'est spécialisé chez nous dans le sens d'« estimation de la valeur d'un objet d'art », d'« appréciation de son authenticité », signifiait autrefois: **qualité de la personne experte, habile;** ce sens d'**habileté,** de **maîtrise,**est resté angl.

– D'une troupe de Boers qui a « descendu » douze cents Anglais un officier dit: ***Expert** job they made of it,* ça, c'est du travail **de connaisseur.**

– *The work was entrusted to an **agricultural expert.*** – Le travail fut confié à un **ingénieur agronome.**

– Robinson Crusoe enseigne à Vendredi la manœuvre de la voile: *With a little use, I made all these things familiar to him; and he became an **expert** sailor.* – Avec un peu d'entraînement (d'exercice), je le familiarisai avec toutes ces choses et il devint un navigateur **consommé.**

– *Many readers wrote to ask why newspapers should not always be written in a simple style, free from technical or **expert** jargon.* (WICKHAM STEED, *Introd. to Basic English.*) – Bon nombre de lecteurs ont écrit pour demander pourquoi les articles de journaux n'étaient pas toujours rédigés en un style simple dépouillé du jargon des techniciens ou des **spécialistes.**

– Une bonne ménagère: *She **was expert** at building a pyramid of greengages on a base of vine-leaves.* – Elle **s'entendait** à poser sur des feuilles de vigne une pyramide de reines-Claude.

– *This picture argues a great **expertise.*** – Ce tableau dénote une grande **habileté** (est fait **de main de maître**).

Expletive (subst.). – **Remplissage; juron** (ou autre exclamation) **dénué de sens; personne qui n'est là que pour faire nombre, « de louage »** comme on dit en peinture: **bouche-trou.**

– *The thirteen superstition still obtains in certain circles and when the case arises an **expletive** is invited for the sake of conviviality.* – La superstition attachée au nombre treize s'est conservée dans certains milieux et si le cas se produit, on y invite un **quatorzième** pour que le repas se déroule en gaieté.

REMARQUE. En fr. un *explétif* est un mot qui n'est pas nécessaire au sens de la phrase. C'est un terme grammatical.

Explode (to). – Au sens pr., *ex-plodere* ou *ex-plaudere* signifie en lat.: rejeter en battant des mains, huer, siffler (un acteur), puis: chasser, repousser, et enfin, au sens fig.: **rejeter, désapprouver.** C'est le sens qu'il faut lui donner en angl. Aussi, **discréditer, décrier, condamner.**

REMARQUE. – D'ailleurs, même au sens pr., la traduction littérale n'est pas toujours possible: ***to explode** a mine*, c'est **faire éclater** une mine et si nous rencontrons cette phrase: *she **exploded** into her handkerchief,* nous comprendrons qu'il s'agit d'éclats de rire bruyants qu'on s'efforce d'étouffer et nous dirons: elle **pouffait** (de rire) dans son mouchoir.

– *When the dictates of honour are contrary to those of religion and equity, they should be **exploded** by all governments.* (J. ADDISON, *Spectator*, n° 99.) – Lorsque les lois de l'honneur sont contraires à celles de la religion et de l'équité, tous les gouvernements devraient les **condamner.**

– *Truth has at last been hit upon, and long-established error **exploded.*** (W. HAZLITT, *Works*, V, 178.) – On a enfin mis le doigt sur la vérité, et l'erreur reçue **a fait son temps.**

– Voici un dialogue qui permet de voir comment Bernard Shaw a passé de l'idée de *to burst up* à celle de ***to explode*** (1):

Dolly: ***What about your father – the lonely old man with the tender aching heart? He's pretty well burst up, I think.***

(1) C'est Claude Bernard (*Introd. à la méd. expérim.*, I, V) qui semble avoir été le premier à utiliser cette expression dans un texte scientifique: « Ces sortes d'expériences de tâtonnement... pourraient être appelées *expériences pour voir* parce qu'elles sont destinées à faire surgir une première observation imprévue et indéterminée d'avance. »

(1) Dans l'emploi du mot pour signifier « discréditer » (une idée, une théorie, etc.), en montrant qu'elle est creuse, ne contient que du vent, il finit par s'introduire l'idée de « faire éclater, crever », ce qui explique le rapprochement de *explode* et *burst* dans cette citation.

La **divulgation** (ou : **révélation**) de ce crime nous a indignés.

Express. – E.U. ***Express company***, famil. ***the express***, **compagnie de messageries.** ***exp.*** *agent*, agent de **messageries**, ***exp.*** *car*, wagon pour **messageries.**

Exquisite (adj. et subst.). – Voici la filiation des sens : **recherché, raffiné,** *a cultivated and **exquisite** writer*, un écrivain d'une **culture raffinée ; accompli, parfait,** *an **exquisite** gentleman*; du langage, du style, † **choisi ; peu banal,** péjor., **affecté, recherché ;** des aliments et de la boisson, **exquis, délicieux** (sens fr.) : † **soigneux,** (soin), **curieux, minutieux ;** du plaisir et de la douleur, **extrême, aigu, violent, atroce,** sens que l'on trouve chez nos classiques : « Quel endroit de son corps n'a pas éprouvé la douleur de quelque supplice **exquis?** » (Bossuet), et encore en médecine, douleur *exquise*, « vive et nettement localisée. » Les autres sens de l'adj. se rapprochent de ceux du fr.

Employé comme subst., **fat, petit-maître, élégant, dandy.**

– *A person who was well skilled in dissections opened a bitch, and as she lay in the most **exquisite** tortures, offered her one of her young puppies.* (Addison, *Spectator*, n° 120.) – Une personne habile à disséquer ouvrit le ventre d'une chienne et, tandis qu'elle gisait en proie aux tortures les plus **atroces,** lui présenta un de ses petits.

– *His **exquisite** want of judgment.* – Son **insigne** manque de jugement.

– *The tears for the **exquisiteness** of the fun (so he thought it) worked themselves out at the corners of his poor red eyes.* (Lamb, *Elia, Chimney-sweepers.*) – Les larmes, tellement la chose était d'un comique **achevé** (à son avis), se frayaient un chemin au coin de ses pauvres yeux rougis.

– *The next transition of his soul was to **exquisite** villany.* – Puis son âme conçut une scélératesse **raffinée.**

– *This man is **exquisitely** adapted to his work*, cet homme est **parfaitement** ou : **excellemment** adapté à son travail.

– *This device (mechanism, machinery) is **exquisitely** contrived*, ce mécanisme ou : dispositif est **d'une précision extrême.**

– *Aristotle and his **exquisitely difficult** book (the theory of tragedy).* – Aristote et son livre **abstrus** (la théorie de la tragédie).

– *Our **exquisites** imitate... foreign customs without discrimination.* – Nos **dandies** imitent les coutumes étrangères à tort et à travers.

Remarque. – En médecine une fièvre réglée *exquise* est celle dont les accès sont d'une *parfaite* régularité.

Extend (to), extent. – ***To extend*** a plusieurs emplois qu'il importe de signaler : 1° Du sens d'**allonger, d'étendre** (au pr. et au fig.) commun aux deux langues, on passe en angl. à celui de **prolonger, proroger** (un contrat, une échéance, un terme, un délai et à ceux de **traduire** *in extenso* (des notes de sténographie), de **porter,**

Philip : *There can be no doubt that the governor is an **exploded** superstition. (You never can tell, I.)* – *Dolly :* Mais qu'est-il advenu à votre père – ce bonhomme à l'existence solitaire, au cœur tendre et dolent? Ce ballon-là s'est passablement dégonflé, il me semble.

Philip : Il est hors de doute que la superstition représentée par le paternel est aujourd'hui une **baudruche vide.**

– Une manchette de journal : *Fantastic story **exploded.*** (*Rand Daily Mail*, 20/2/23.) – **La vérité sur** une histoire invraisemblable, ou : Invraisemblable canard auquel **on a coupé les ailes.**

Exploit (to). – Tandis que, appliqué aux pers., le fr. *exploiter* se prend toujours en mauvaise part, ce n'est pas nécessairement le cas en angl. où le sens péjor. se rend plutôt par ***to sweat*** ou ***to swindle.***

– ... *Thinking that if she was to **exploit** him [her nephew], she could do so now perhaps better than at any other time.* (S. Butler, *The Way*, XXXII.) – ... Se disant que si elle désirait le **pousser,** l'occasion de le faire était plus favorable en ce moment qu'elle ne le serait peut-être jamais.

Remarque. – Le N.E.D. ne donne aucun exemple de cet emploi trans. du verbe.

Exponent. – **Interprète, explicateur** (Sainte-Beuve, *Lundis*, VII, p. 6) d'une théorie, d'un projet, etc., **celui qui expose** ou **développe, porte-parole, représentant, mandataire** (d'un parti) ; **interprète, exécutant** (d'une œuvre musicale) ; lâchement, **indice, quantité** qui en représente une autre. Math. **exposant.**

– *Who are the best **exponents** of England's tastes and ideals?* – Quels sont les meilleurs **représentants** (ou : **interprètes** selon le cas) des goûts et des idéaux de l'Angleterre?

– *In Ricardo the Free Traders had found the **classical exponent of their doctrines.*** – Les libres-échangistes (le parti du libre échange) avaient trouvé en Ricardo leur **grand doctrinaire.**

Expose (to), exposé, exposure (subst.). – Outre les sens fr. notamment, photog. **exposer à la lumière, poser,** d'où ***exposure*, pose, temps de pose** et, techn., ***irradiation exposure*, irradiation,** ***to expose*** signifie le plus souvent **dévoiler, démasquer, percer à jour, exposer à la réprobation, à la risée, ridiculiser,** d'où ***exposure, exposé* : révélation, scandale, éclat.**

Autres emplois dérivés du sens pr. des subst. **mise à nu, à découvert** (du minerai) ; lâchement, **prédisposition** (à une maladie) ; jur., ***indecent exposure*, outrage public à la pudeur ;** abs. *to die of **exposure***, mourir de **froid ;** *to be inured to **exposure***, être endurci aux **intempéries,** aux **rigueurs du climat,** etc.

– *It is simply the indignation of Tartuffe on being **exposed.*** (O. Wilde, *Intentions.*) – C'est simplement l'indignation de Tartuffe, lorsqu'il se voit **démasqué.**

– *The **exposé*** (ou : **exposure**) *of the crime made us feel indignant* –

inscrire, transporter, dans une colonne les divers articles d'un compte, d'une facture.

2° Du sens de **tendre la main,** on passe à ceux d'**accorder (sa protection, sa bienveillance, des faveurs), offrir** (des conseils), **témoigner** (de la sympathie, **faire** (une invitation).

3° Jur. (développement malaisé à comprendre) **saisir, évaluer** (des terres, un domaine) en vue d'une **saisie** qui se dit ***extent.***

4° Arg. sport. **faire rendre** à un champion, à un cheval tout ce qu'il peut dans une épreuve sportive. Moyen mnémotechnique: en français, *rendre* peut signifier non seulement: donner un revenu, fournir un travail, être de bon rendement, mais répondre à un effort: un cordage qui *rend* est celui « *qui s'allonge* quand on le tend » et l'on retrouve ici le sens propre signalé sous 1°.

– *Let there be none **to extend** mercy unto him.* (*Bible, Ps.* CIX, 12.) – Que nul ne lui **montre** (ou: **témoigne**) de la pitié.

– Un amoureux ne sait comment se déclarer: *He wrote letters and tore them up, gave himself a time-limit, then **extended** it.* – Il écrivait des lettres qu'il déchirait, s'ajournait à des époques qu'il **reculait.**

– *And is it come to this! An **extent** in my house.* – Les choses en sont-elles venues à ce point! Une **saisie** chez moi.

Extension. – A, outre les sens fr., ceux 1° d'*extension dans l'espace,* savoir concr.: **rallonge** (de table, d'établi, de cric); de: **tirage** (du soufflet d'un appareil photographique); **d'allonge** (de câble); E.U. **annexe** (d'un immeuble, d'un bâtiment); 2° d'*extension dans le temps* (v. *to extend*), soit: **prolongation, prorogation** (de contrat, d'engagement, de congé, d'échéance, d'un billet de chemin de fer).
Autres sens dérivés ou connexes: **poste** (intérieur) de téléphone; *University **extension,*** **cours libre** de l'Université et... par extension: **enseignement de vulgarisation.** *Cooperative **extension** service,* service coopératif de **vulgarisation.**

– *My line is only an **extension** and any one can hear what is said here.* – Je n'ai qu'un **poste branché sur le central** et n'importe qui peut entendre ce qui se dit ici.

– Construire des ouvrages d'art, édifier des bibliothèques, c'est se projeter dans l'avenir: « *The more I have meditated upon my death and especially upon that of another, the more I have tried to add to our lives these virtually indestructible **extensions*** », traduit ce passage des *Mémoires d'Hadrien,* p. 133: « Plus j'ai médité sur ma mort, et surtout sur celle d'un autre, plus j'ai essayé d'ajouter à ma vie ces **rallonges** presque indestructibles. »

Extenuate (to) (1). – Le sens fr. est devenu archaïque. Aujourd'hui, ***to extenuate*** signifie **atténuer, amoindrir, pallier, excuser** (la gravité d'une faute, d'un crime). Noter à ce propos l'expression ***extenuating** circumstances,* qui doit se rendre par « circonstances **atténuantes** », aujourd'hui du moins, car nous avons dit aussi *exténuantes.* D'ailleurs l'on trouve « *exténuer* des torts », chez Rousseau (*Confessions,* XI), « *exténuer* l'horreur des funestes actions », chez Corneille (*2ᵉ Discours*); mais, dans l'usage contemporain, **atténuer** tend partout à se substituer à *exténuer.*

(1) Voir *to attenuate.*

– *He [Falder] has dissolute habits,* dit l'avoué James How d'un clerc qui vient de falsifier un chèque, et le principal clerc Cokeson de répondre: *I didn't say that – **extenuating** circumstances.* (Galsworthy, *Justice,* I.) – Il a des habitudes dissolues. – *Cokeson:* Je n'ai pas dit cela – je faisais allusion à des circonstances **atténuantes.**

– Parlant d'un Américain de l'Est, Bernard Shaw ajoute que c'est un jeune homme... *manly enough to confess to an obvious disadvantage without any attempt to conceal or **extenuate** it.* (*Man and Superman,* II.), ... assez courageux pour avouer une évidente infériorité sans essayer aucunement de la dissimuler ou de l'**atténuer.**

External (subst.). – Génér. au plur.: **aspect, apparence, extérieur, dehors; faits, circonstances, conditions accessoires,** *the subordination of **externals** to essentials,* la subordination des **détails accessoires** aux faits essentiels.

Extra (adj., adv. et subst.). – Les sens de ce mot s'ordonnent autour de l'idée de **supplément,** de **surcroît,** de **supériorité: *extra*** *fare,* **supplément** (de première classe, p. ex.) ***extra*** *pay,* salaire **supplémentaire, sursalaire, prime; *extra*** *horse, engine,* cheval, locomotive **de renfort; *extra*** *luggage,* **excédent** de bagage; ***extra*** *postage,* **surtaxe;** typ. ***extra sheets,*** **(main de) passe.**

Extra *quality,* qualité **extra, supérieure** (comme en fr.). E.U. ***extra*** *session* (angl. *special s.*), session **extraordinaire.**

L'adv. a aussi valeur de superlatif.

Quant au subst., c'est pour un directeur d'institution, chaque **somme supplémentaire** motivée par l'enseignement des arts d'agrément (le dessin, la musique) qui vient s'ajouter aux frais de scolarité. C'est aussi l'**édition spéciale** d'un journal. Enfin, au théâtre, un **figurant.**

– *She spoke very quickly and threw this gibe at me as an **extra...*** Elle parlait avec une grande volubilité et **par-dessus le marché,** me décocha encore ce trait.

– Ses parents n'ont rien refusé à Alice; non seulement ils l'ont mise à l'école, mais elle peut répondre à la question de son interlocuteur: *With **extras?** – Yes, we learned French and music.* (L. Carroll, *Alice in Wonderland.*) – Avec des **suppléments?** – Oui, nous apprenions le français et la musique.

Extract (to), extraction. – Du sens d'extraire (au pr. au fig.), on passe en anglais à ceux d'**arracher** (de l'argent, une promesse, une réponse); avec *from,* **tirer, trouver** (du plaisir, dans, de, à); **déduire** (un principe, une conséquence de). Sens analogues pour le subst.

– *I listened to these three persons separately, and kept their secrets so faithfully that not one of the three ever **extracted** from me any of the secrets of the other two.* – J'écoutais séparément ces trois personnes; je gardais leurs secrets avec la plus grande fidélité, sans qu'aucune des trois m'**en arrachât** jamais aucun de ceux des deux autres.

– *Of what use was it **to extract** from Catholics the express repudiation of their tenets, when their affirmations, even when sanctioned by oath, must always be suspect?* traduit ce passage de l'*Histoire du peuple anglais* d'Elie Halévy: A quoi bon **exiger** des catholiques qu'ils répudient expressément leurs opinions, puisque leurs allégations, même apportées sous la foi du serment, devront toujours être tenues pour suspectes?

Extravagance,-cy, extravagant. – Le sens pr. de ces mots a été et est en fr.: le fait de *s'écarter* de la voie, puis de la règle et enfin du sens commun. En angl., ils s'appliquent à tout ce qui passe les bornes de la raison et notamment de l'économie. On rendra donc respect. par **prodigalité, prodigue, dépensier, dissipateur,** pour les pers. et par (caractère) **exorbitant, prohibitif, excessif** quand il s'agit des prix, etc.

Shakes. a employé l'adj. ***extravagant*** au sens étym. de « qui erre hors des limites, ou des bornes »; de même, ***extravagancy*** signifie pour lui « *vagrancy* ». Cette acception est arch., à moins qu'il ne s'agisse d'une citation ou d'une réminiscence shakespearienne. En voici quelques exemples:

– *My determinate voyage is mere **extravagancy*** (*Twelfth Night*, II, i, 12), je voyage, sans autre dessein que d'**errer à l'aventure.**

– Le sénateur Brabantio qualifie Othello d'***extravagant** and wheeling stranger* (*Oth.*, I, i, 137), c.-à-d. d'étranger **errant** et vagabond. L'***extravagant** spirit* de Hamlet (I, i, 154) a été repris par Emerson (*Ess. Hist., Works*, Bohn, I, 12).

– *Actors have been accused as a profession of being **extravagant** and dissipated.* – Les acteurs ont été accusés, professionnellement parlant, d'être **dépensiers** (**prodigues dissipateurs**) et débauchés.

– *An **extravagant** man... has nothing to recommend him but a false generosity.* (ADDISON, *Spect.*, n° 243.) – Un **prodigue...** ne peut invoquer nulle excuse si ce n'est une générosité mal placée.

– « *It has always amazed me how she* (Mme de Warens) *was able to support such **extravagant** expenditure without exhausting her means and the patience of her creditors* » traduit: « L'un de mes étonnements est qu'elle ait pu suffire aussi longtemps à tant de **profusions** sans en épuiser la source et sans lasser ses créanciers ». (J.-J. ROUSSEAU, *Confessions*.).

– *The clergy was soon alarmed by the doctrinal **extravagance** of the founders of Methodism.* – Le clergé ne tarda pas à s'alarmer de l'**outrance** de la doctrine que professaient les fondateurs du méthodisme.

– *It would seem that the eighteenth-century Dissenters... were ashamed of the **extravagant** and savage features of the Calvinistic creed.* – Il semble que les *Dissenters* du XVIIIe s. aient eu honte de ce que la doctrine calviniste contient d'**excessif** et d'affreux.

– *He took no **extravagant** interest in the particulars of my tale.* – Il ne parut pas s'intéresser **outre mesure** aux détails de mon récit.

– Critique du jeu d'une actrice: *Would she denote surprise, she glances her eyes to and fro in a most **extravagant** manner.* – Veut-elle marquer de la surprise, elle roule les yeux d'une manière **outrée.**

– *The price... was to us indeed **extravagant,** though to them moderate.* – Le prix, quoique modéré pour eux, était vraiment **exorbitant** pour nous.

– *Foodstuffs are nowadays **extravagantly dear.*** – Aujourd'hui, les denrées alimentaires sont **hors de prix.**

– Parlant de la gravité des peines édictées par le droit criminel anglais, Elie HALEVY, *op. cit.*, (T. I, livre II, ch. premier) dit: « toutes les peines y sont pareillement **monstrueuses** », et le traducteur de rendre: « *All the penalties prescribed by it were equally **extravagant.*** »

– Le souci le plus pressant des populations rationnées est de voir le ravitaillement s'améliorer: *But, in reality, behind these mild suggestions lurked wild **extravagant** hopes...* Mais, en fait, sous ces remarques anodines, un espoir **insensé** se débridait du même coup...

– *The renowned and venerable Abauzit, whose wisdom and genius Rousseau extolled in such **extravagant language.*** – Ce fameux et respectable Abauzit, dont Rousseau a vanté **en termes si peu mesurés** la sagesse et le génie.

– *In England, both sexes indulge in play, but **without extravagance.*** – En Angleterre, les deux sexes se livrent au jeu, mais **sans fureur.**

– Wordsworth déplore le goût de son époque: *The invaluable works of our old writers... are driven into neglect by frantic novels, sickly and stupid German tragedies, and deluges of **idle and extravagant** stories in verse.* – Les chefs-d'œuvre de nos anciens auteurs... sont négligés pour des romans de surexcités, des tragédies allemandes morbides et niaises, et des déluges de contes en vers **sans queue ni tête.**

REMARQUE. – Ici encore, on a multiplié les ex. pour montrer les ressources qu'offre le fr. au traducteur soucieux de rendre son texte avec une précision nuancée.

Extravaganza. – Fantaisie (littéraire, musicale ou dramatique): **outrance, extravagance** (de langage ou de comportement).

F

Fable. – Comme le lat. *fabula* et proche du fr. fable « élément narratif d'une œuvre », signifie **sujet d'entretien, thème** (d'une composition dramatique, d'une pièce de théâtre, etc.).

– *The* ***fable*** *of Othello is drawn from a novel by Geraldi Cinthio.* – Le **sujet,** (le **drame**) d'Oth. est tiré d'une nouvelle de G.C.

– D'un joueur qui a eu une veine insensée Thackeray (*Pend.*, LXXV) dit: *He broke the bank several times... and* ***was the fable of the place.*** – Il a fait sauter la banque plusieurs fois... et on **ne parlait plus que de lui là-bas.** (Il était devenu la fable de... signifierait: « un sujet de risée » alors qu'ici, il s'agit de l'étonnement causé par une chance extraordinaire.)

Fabric. – Le lat. *fabrica* signifie « action de fabriquer, de construire », d'où en fr., comme en angl., le premier sens de **construction** (d'un édifice), puis l'**édifice** lui-même, le **gros œuvre** (d'un bâtiment); au fig. ***fabric*** signifie **système,** *the social* ***fabric;*** **échafaudage,** *the whole* ***fabric*** *of his argument went to pieces,* tout l'**échafaudage** de son raisonnement s'écroula.

Le sens désuet de † **produit manufacturé,** s'est spécialisé en celui de **tissu, étoffe,** au fig. **texture, structure, trame.**

– *There are principles which civilized men must contend for; our social* ***fabric*** *is based on them.* (MEREDITH, *Egoist,* XLI.) – Il est des principes pour lesquels les hommes civilisés doivent lutter; c'est sur ces principes que se fonde (repose) tout notre **édifice** social.

– *The woollen* ***fabrics*** *manufactured in these establishments.* – Les **tissus** de laine fabriqués dans ces établissements.

– *Life is a variegated* ***fabric.*** – La vie est un **tissu** bigarré.

– *Let us see what this heavy hand makes of the humorist's delicate* ***fabric.*** – Voyons ce que devient sous cette lourde main la **trame** légère de l'humoriste.

Remarque. – On rapprochera avec fruit l'évolution du mot dans les deux langues. Parlant de l'univers, Voltaire écrit: « Une *fabrique* si immense » (in L. 1°); Diderot (*Ibid.* 2°): « La grande *fabrique* des tours de Notre-Dame... »; Fénelon (*Ibid,* 3°): « Les animaux reptiles sont d'une autre *fabrique* (que le renard, etc.). Stendhal discerne chez Fabrice (*Chartreuse,* III) « un cœur de *fabrique* trop fine... ». L. mentionne encore l'expression famil.: « Ces deux hommes sortent de la même *fabrique* », ne valent pas mieux l'un que l'autre. Cependant on ne pourrait traduire littéralt. les ex. suivants. *Fools of each **fabric*** (Smollett), des sots de toute **espèce** ou: de tout **poil.** *Rumours and reports of the same **fabric,*** des bruits et racontars de même **farine,** *politicians of every **fabric,*** des hommes politiques de tout **acabit.**

Fabricate (to). – Fabriquer se dit couramment *to manufacture.*

Le sens mélioratif, tel qu'il ressort de la citation suivante, est plutôt rare en angl.: « ... *Fabriquer* des livres n'est pas moins indispensable que *fabriquer* du pain. » (Péguy *in* Robert).

Dégénérant du sens de créer, inventer (cf. « le fabricateur souverain » (L.F.), le mot a fini par prendre au fig. des acceptions péjor. dans les deux langues: ex. ***to f.** lies,* **fabriquer** des mensonges. Se méfier néanmoins si l'on rencontre une phrase de ce genre qui semble renfermer une contradiction interne: *How out of error shall we **fabricate** truth?* (Poe, *Marginalia.*) – Comment, en nous appuyant sur l'erreur, parviendrons-nous jamais à **édifier** la vérité? (Trad. V. Orban), phrase qui a l'avantage de nous rappeler le sens étym. du mot.

Fabulist. – Une fable étant littér. un récit controuvé, une nouvelle mensongère, *a **fabulist*** sera donc un **menteur,** un **hâbleur:** *The mind of a forger or **fabulist.***

Remarque. – Rappelons que le lat. *fabula* est aussi un récit mensonger, (*fabulæ nutricularum,* contes de nourrice), que *fabulari* veut dire en mauvaise part: **inventer, mentir,** et que l'esp. *fablar,* devenu *hablar,* « parler », a donné en fr. le mot hâbleur.

Face, to face. – Le subst. a de multiples emplois qui s'écartent du fr. et a donné lieu, en outre, à des idiotismes intéressants. ***To set one's face against,*** **s'opposer résolument, énergiquement, vigoureusement** à qch.; **s'élever contre** qch.; † *to be in **face,*** être en **beauté, dans son jour de beauté;** *to have the wind **in one's face,*** avoir vent **debout** (1); *to shut the door in a person's **face,*** lui fermer la porte au **nez;** *to fly in the **face** of a person,* etc., faire quelque chose au **nez,** à la **barbe,** « sur la **moustache** » de quelqu'un, comme dit Arnolphe (*École des femmes,* IV, i), lui **désobéir;** ***in the face of,*** **en dépit de, au mépris de;** ***to make, to pull a face, to make faces,*** faire des **grimaces, grimacer;** ***face*** signifie parfois aussi **assurance, front, effronterie, audace, impudence:** *he had the **face** to,* il eut le **front, l'audace** de; **apparence; faux-semblant, déguisement, prétexte;** ***to put a good face on a matter,*** la **couvrir,** la **pallier,** l'**excuser, faire bonne contenance;** ***I set the best face on it I could,*** **je fis bonne contenance, contre (mauvaise) fortune bon cœur;** *to keep one's **face,*** garder, tenir son **sérieux** (cf. *to keep one's countenance*). Suivent divers sens techniques: **cadran** (d'une montre, d'une horloge); **facette** (de cristal, de diamant); **table** (d'enclume); typ., **œil** (d'une lettre) d'où ***heavy-,*** ou ***full-faced** type,* caractère **gras; tranchant** (d'un couteau, etc.). ***Face-value,*** **valeur nominale** indiquée sur une pièce de monnaie, un billet de banque.

Face-painter, peintre de **portraits; celui** ou **celle qui se farde, se maquille.** ***To face down, out,*** **déconcerter une personne à force d'effronterie, mentir effrontément, avec impudence; intimider.** ***To face out (a matter),*** **payer d'effronterie, s'en tirer à force d'effronterie.** Suivent divers sens ne présentant pas de difficulté. Milit.: ***to face about, to the right about, round:*** **faire volte-face,** d'où le commandement ***right** or **left about face!*** **(demi-tour) face à droite** ou **face à gauche!** ***To face** (a card),* **retourner** (une carte); ***to face** a garment,* **mettre des revers** à un habit, le **parer,** l'**orner,** d'où (maçonnerie): **revêtir de marbre, de pierre,** etc., **parementer** (un mur).

– *When he [the schoolmaster] condescended to hit us with the cane, he **made a face** as if he were taking a dose of physic.* (Leigh Hunt, *Autobiog.*) – Lorsqu'il daignait nous donner des coups de canne, il **faisait la grimace** comme s'il prenait médecine.

– *They were convicted **in the face** of the law.* – Ils furent condamnés **au mépris** de la loi.

– *The proposal seemed absurd **on the face of** it.* – Cette proposition semblait absurde **à première vue.**

– *He is plausible and cunning. Don't take him **at his face-value.*** – C'est un beau parleur et un fourbe. Ne le jugez pas **sur l'apparence,** (ne prenez pas ce qu'il dit **pour argent comptant**).

– *You **put another face** on the matter.* – Ce que vous dites là **change** la thèse.

– *Artists were **faced** by the prudery of the Court. We are told that King George refused to sit to Gainsborough to mark his disapproval of the artist's personal immorality...* Les artistes **se sont heurtés** à la pruderie de la Cour. On raconte que Georges III refusa de poser devant G. parce qu'il désapprouvait le désordre de sa vie privée.

Facility. – Facilité « moyen qui permet de faire quelque chose sans effort, sans peine » (Robert). Les emplois issus de ce sens sont beaucoup plus étendus en angl. (v. les ex.). Surtout au pl. ***facility*** est un mot passe-partout.

Community facilities, **services et institutions à l'usage de la collectivité,** comme qui dirait **équipement social,** services non seulement matériels, mais encore d'ordre moral, religieux, culturel: églises, écoles, musées, bibliothèques; ***domestic f.,*** **appareils d'équipement**

(1) Surtout au fig.: être en butte à la **fortune contraire.**

ménager; ***health and medical f.*** **équipement sanitaire et médical;** ***in-patient f.*****, établissements hospitaliers;** ***out-patient f.*****, consultations externes, traitement ambulatoire;** ***transport facilities*****, moyens de transport,** etc.

Facility**, souplesse de caractère,** péjor. **crédulité.**

– *He lacked* ***facilities*** *for experiment.* – Les **moyens** d'expérimentation lui manquaient (ou: lui faisaient défaut).

– *The need for school* ***facilities*** *has been met.* – Les besoins en **locaux** scolaires ont été satisfaits.

– ***Appeal facilities*** *have been provided for.* – On a prévu, institué des **voies de recours.**

– Comment parvenir à réduire les armements: *The Committee seek to devise systems which reconcile the needs for adequate verification* (1) *with the desire to protect the sensitive* ***facilities*** *of inspected parties.* – Le Comité cherche à mettre au point des systèmes de nature à concilier la nécessité d'une vérification efficace et le souci de protéger les **installations** névralgiques des pays soumis à l'inspection.

– *Backward areas where* ***basic facilities*** *are lacking.* – Les régions arriérées dépourvues des **commodités essentielles.**

– *The more serious disturbances for which* ***specialized child psychiatric facilities*** *will be needed.* – Les troubles de caractère graves pour lesquels il est indispensable de recourir à la **pédopsychiatrie.**

REMARQUE. – Les deux derniers ex. ont été retenus pour montrer à quel point l'anglo-américain se contente d'une expression vague et imprécise. ***Basic facilities*****,** ce pourrait être aussi bien, s'il s'agissait d'équipement, les **ouvrages d'infrastructure.** Quant aux ***specialized child psychiatric facilities*****,** que de mots et quel jargon pour exprimer une idée simple!

Fact. – Acte, fait (génér. délictueux ou criminel), **méfait,** † sauf dans des expr. comme *accessary* ***after the fact*****,** complice **après coup,** *to confess* ***the fact*****,** s'avouer, se reconnaître **coupable;** lâchement, **chose:** *But I don't mean to deny the* ***fact*****,** mais je ne prétends pas nier la **chose.**

Faculty. – E.U. Comme en fr., **corps enseignant** (même d'une simple école non du degré supérieur). Famil. **faculté** « aptitude, capacité », **art de se débrouiller, de se tirer d'affaire, savoir-faire.** (Syn. de *gumption, know-how*).

– ***Faculty*** *is yankee for savoir-faire and the opposite is shiftlessness.*

Faggot. – Mil. **fascine.**

Dial., terme de mépris, insulte à l'adresse d'une femme; **passe-volant; figurant; homme de paille.** Aussi **lot, ensemble:** *My* ***faggot*** *of compliments,* **tous** mes compliments, ***a faggot*** *of news,* une **batelée** ou: **bottelée** de nouvelles, sens que l'on rapprochera de cette citation famil.: J'ai reçu un *fagot* de lettres (SÉVIGNÉ).

(1) Noter qu'afin de prévenir toute équivoque, le rédacteur américain s'est gardé d'employer le mot *control (q.v.).* **Facilities** pourrait englober aussi le personnel.

Fail (to), failure. – *He* ***failed*** *to keep his word* ne doit pas s'entendre « il faillit tenir sa parole », mais « il **ne tint pas** sa parole » ou: « il **manqua** à sa parole ». *He* ***failed*** *to come,* il **ne vint pas,** il nous a **fait faux bond;** autrefois: il **manqua à** venir (1). Ne dit-on pas encore aujourd'hui « manquer (manque) à gagner »? D'autre part, qu'est-ce qu'un failli sinon celui qui a *manqué à* ses engagements? Autres sens: **manquer, faire défaut, être insuffisant; diminuer, s'épuiser, décroître, aller en s'affaiblissant** (cf. le titre symbolique du roman de Kipling: *The light that* ***failed*****,** dans lequel l'auteur nous raconte l'histoire d'un peintre qui, **peu à peu,** perd la vue; suite des sens: *his heart* ***failed*** *him,* le cœur lui **manqua,** *the ground* ***failed*** *under his feet,* le sol **manqua** sous ses pieds. *The engine* ***failed*****,** le moteur **a eu une panne,** a **« flanché »** Enfin, absol. sens importants: **échouer, avorter; faire faillite,** arg. scolaire: **se faire coller, recaler, retoquer** à un examen; trans. **coller, sécher** (un candidat).

Failure a les sens corresp., notamment au fig.: **échec, insuccès, déboire; four fiasco;** concr. **personne qui ne fait rien de bon, fruit sec, raté.** Mécan. **panne** (d'un moteur).

Avertissement aux jeunes littérateurs ambitieux: *For one book which succeeds let them remember the many that* ***fail.*** – Pour un livre qui réussit, combien **tombent à plat!**

– *My memory rather* ***fails*** *me sometimes.* – Ma mémoire me **trahit** un peu parfois.

– *The time would* ***fail*** *me to tell of Gedeon.* (*Bible, Hebr.*, XI, 32.) – Le temps me **manquerait** pour parler de Gédéon.

– *Whether the attempt succeed or* ***fail...*** Que ma tentative aboutisse ou **échoue...**

– *His* ***failure*** *to govern,* son **impuissance** à gouverner.

– *He* ***failed*** *all the candidates.* – Il **colla** tous les candidats.

– *His life* ***had been a failure.*** – **Il avait raté** sa vie.

– *As a method, Realism is a complete* ***failure.*** (WILDE, *Intentions.*) – En tant que méthode, le réalisme est un **fiasco** complet.

Le même auteur, jouant sur les mots, déplore: *the survival of the* ***failure*****,** la survivance du **raté.**

– Deux amis se retrouvent. L'un d'eux répond à l'autre qui lui reproche de n'être pas venu le voir: *I didn't want to come back as a* ***failure.*** – Je ne voulais pas reparaître **en vaincu.**

– *His health* ***failed*** *every day,* sa santé **déclinait** de jour en jour. En effet, le lexicographe anglais glose ***failed*** *« impaired in health ».*

On ne confondra pas: *His heart* ***failed*** *him,* le cœur lui **manqua** avec: *He died from* (ou: *of*) *a* ***heart failure*****,** il mourut d'une **syncope.**

(1) Pascal écrit (*Pensées*, section 1): « Ils *manquent* peu souvent *à* deviner », c.-à-d.: ils se trompent peu souvent dans leurs prévisions.

REM. – Aux E.U. ***failed*** peut être employé comme adj. au sens de *who* ou *which has failed*, ***failed*** *banks*, des banques **qui ont fait faillite, sont tombées en déconfiture,** *a **failed author*** = angl. *a failure*, un **raté.** *A **failed** B.A.* n'est pas un licencié ès lettres qui a été « recalé », mais un candidat à la licence **qui n'a pu obtenir** ce diplôme.

Fairy story ou **fairy tale.** – Outre « conte de fées », famil. **conte à dormir debout, conte bleu, histoire invraisemblable et mensongère, histoire de brigands; fable, fadaise, racontars, sornettes;** pop. **mensonge, craque :** (conter, débiter, dire) des **craques.**

– Un métis, qui veut dénoncer un prêtre fugitif, tente de le dissuader de voyager de nuit dans la forêt: et le prêtre de répondre: *But I don't listen to every **fairy tale.*** (GRAHAM GREENE, *Power and Glory*, II, i.) – Mais moi, je n'écoute pas les **histoires de brigands.** (Trad. Marcelle SIBON.)

– ***What's this fairy tale you are telling me?*** – **Qu'est-ce que vous me chantez-la?**

Fakir. – **Charlatan** (prob. infl. par *faker*).

– *He's a good deal of a **fakir**,* il y a beaucoup du **charlatan** en lui.

Falchion. – Ici encore le dict. lat. vient à notre secours: *falx, falcis* faux, faucille, anc. fr. *fauchon*, arme en forme de faux; ital. *falcione.* ***Falchion*** a donc été d'abord une sorte de **cimeterre,** puis, poétiq. une **épée,** un **glaive** quelconque.

And sometimes ladies hit exceedingly hard
*And fans turn into **falchions** in their hands.*
(BYRON, *Don Juan*, I, xxi.)

Et les dames parfois frappent de rudes coups
Et dans de belles mains l'éventail devient **glaive.**

Falsify (to), falsification. – **Frustrer, tromper,** (l'attente, l'espoir); **démentir** (une prédiction).

Falsification a les sens corresp.

– *Jews and pagans united all their endeavours to **baffle and falsify** the prediction.* (ADDISON, *in* N.E.D.) – Juifs et païens unirent leurs efforts pour **rendre vaine et fausse** la prédiction.

– *He was not a little disturbed at the **falsification** of his predictions.* – Il n'était pas peu troublé de voir ses prédictions **démenties.**

– « *These baneful riches **falsified** the true state of finance* », traduit le passage suivant des *Mémoires d'Hadrien*, p. 76; « Ces richesses malfaisantes **faisaient illusion sur** le véritable état des finances ». (Il s'agit de l'or que Trajan a obtenu des barbares).

Familiar. – **Familier,** certes, mais pourrait-on sans ambiguïté rendre ce mot par son sosie fr., p. ex. dans la phrase suivante:

– *The modest little waiting-maid Pamela is **almost too familiar** to be regarded as the heroine of a novel?* Nous dirions plutôt: L'humble petite servante Pamela est à peine une héroïne de roman, **tant elle est près de nous.**

Family. – *A **family** man*, un homme d'**intérieur.** D'autre part, on ne confondra pas: ***in a family way*, en famille, sans façon, sans cérémonie, à la bonne franquette,** et ***in the family way*,** (femme) **enceinte, qui attend un bébé;** enfin ***family tree*, arbre généalogique.**

– *Mrs. N. was **in the family way.*** – Mme N. **était enceinte, attendait un bébé, était dans une situation intéressante, avait des espérances.**

Famine. – **Extrême disette** (d'un produit, d'une denrée quelconque).

Fancy. – Que l'on identifie avec fantaisie, signifie aussi **imagination, illusion, image,** ***idle fancies*,** **chimères; hypothèse, supposition gratuite** ou **arbitraire; caprice, goût, inclination** (cf. L. 5°), d'où: ***to take a fancy** for, to* (ou ***to fancy***) *s.o.*, **se prendre d'affection** pour qqn., **se sentir attiré** vers qqn.; famil. **se toquer, s'enticher, s'engouer** de qqn. *for something*, **avoir du goût** pour qqch.

Autres sens: ***the fancy*,** (collect.) **les amateurs** d'un art, **ceux qui ont une marotte,** que ce soit le pugilat, l'élevage des animaux de race ou sélectionnés etc.

***Bird-fancier*, amateur d'oiseaux.** Au pl. ***fanciers*,** les **amateurs,** les **fervent,** les **passionnés** de la boxe.

Cf. esp. *los aficionados*, les amateurs des courses de taureaux.

Sens désuets: **amour** (fréquent dans Shaks.) d'où ***fancy-free*,** **sans amour, libre;** ***fancy-man*,** **amoureux, béguin,** vulg. **souteneur, gigolo,** ***fancy-woman*,** **maîtresse, femme entretenue;** ***fancy-ball*,** **bal costumé,** ***fancy-dress*,** **costume de fantaisie, travesti.**

Adj. **fantaisiste, arbitraire :** ***fancy*** *prices*, prix **exagérés, surfaits,** ***fancy work*,** **ouvrage de dames, d'agrément;** ***fancy goods*,** **articles de Paris, nouveautés;** (objets) **de qualité,** (animaux) **de luxe, d'agrément, de manchon, d'appartement;** (fleurs) **diaprées, panachées, doubles.**

– Monsieur Gil Blas, cette pièce n'est **donc pas de votre goût?** dit l'archevêque de Grenade à celui qu'il a institué le critique de ses homélies, et Smollett: *Master G.B., that piece does not exactly **hit your fancy?***

– *The lady **who had taken his fancy.*** – La dame **dont il s'était épris (entiché, coiffé, engoué,** ou: **qui l'avait captivé).**

– Engouement du public anglais pour les romans noirs (fin du XVIIIe s.) *Nevertheless, the modern rationalism set limits to this revival of **fancy.*** – Le rationalisme moderne imposa cependant des limites à cette renaissance du **fantastique.**

– D'un enfant difficile: *All the saints of the calendar won't get him to eat. Do you think that he **might fancy oysters?*** Il faut la croix et la bannière pour le faire manger. Croyez-vous que **des huîtres ne lui diraient rien?**

Fanfaronade. – **Fanfare.** *The **fanfaronade** of the favourite Hussards.* – La **fanfare** des hussards favoris.

REMARQUE. – Littré définit *fanfaron:* « qui sonne la **fanfare** sur lui-même, qui exagère sa bravoure ».

Fantastic, -tical. – Fantasque, fantaisiste, original, excentrique; chimérique, capricieux; incroyable, invraisemblable, fantastique, comme en fr.: en dehors du possible ou du réel; **bizarre, étrange, qui porte le cachet de l'étrangeté, de l'originalité.**

– *Your fears are absolutely* ***fantastic.*** – Vos craintes sont purement **imaginaires.**

– *Dreams should neither be treated as* ***fantastic*** *visions, nor be all believed in.* – Il ne faut pas traiter les rêves de **chimères** ni y ajouter foi aveuglément.

– *The need of money of some women* ***is fantastic.*** – Le besoin d'argent qu'ont certaines femmes **dépasse l'imagination.**

– *Mr. N. had always been peevish and* ***fantastical.*** – M. N. avait toujours été quinteux et **bizarre.**

– *Cobbett was a sociologist* ***of fantastic views.*** – Cobbett était un sociologue **fantaisiste.**

Farm, farm (to), farmer. – Outre les sens transparents qui ont leur réplique en fr. noter: ***to farm*** *babies,* **prendre, mettre** des enfants **en nourrice,** d'où ***baby-farming,*** **garde d'enfants,** ***baby-farmer,*** **nourricier, nourrice,** et péjor. **faiseuse d'anges;** autres sens, **cultiver, faire valoir, exploiter** une terre, une propriété, *a* ***farmer*** n'étant pas nécessairement un fermier, mais pouvant être un **cultivateur,** un **agriculteur,** un **exploitant;** E.U. ***dirt-farmer,*** **cultivateur qui exploite la terre de ses propres mains,** aussi **agriculteur** par oppos. à éleveur qui se dit ***stock-farmer; bee-farmer,*** **apiculteur,** ***fish-farmer,*** **pisciculteur.**

– ***A good farmer makes a good farm.*** – **Tant vaut l'homme, tant vaut la terre.**

– *He was perfectly happy* ***farming*** *his own land.* – Il était parfaitement heureux de **faire valoir** ses terres.

– Les hommes de l'équipage du *Narcisse* (*Nigger,* III) peinent et ahanent en manœuvrant le navire; *(They)... asked one another bitterly: « Who would be a sailor if he* ***could be a farmer?*** *»* – Ils s'entredemandaient amèrement: « Qui serait matelot s'il pouvait **planter des choux?** »

Rem. – Aux E.U., ***farm,*** par litote = angl. *country-house,* **maison de campagne, villa,** voire **gentilhommière, manoir.** Cf. *cottage* et v. suppl.

Fastidious. – Du lat. *fastidiosus,* qui ressent du dégoût, de la satiété, au fig. **dégoûté** (de), **dédaigneux, blasé, difficile à contenter, délicat,** comme dit L. F.: Les *délicats* sont malheureux, Rien ne saurait les satisfaire (*Fables,* II, i); de même *fastidiosus ædilis,* édile exigeant, *fastidiosus. æstimator,* critique difficile. C'est ainsi qu'il faut entendre l'angl. ***fastidious.*** Aussi ***to be fastidious,*** faire la **renchérie** ou la **petite bouche.**

– *In other respects, I have written more carelessly, that is without an* ***over-fastidious*** *and learned choice of words...* (SHELLEY, *The Cenci, Preface*) – A d'autres égards, j'ai écrit plus nonchalamment, c'est-à-dire sans **recherche exagérée** et sans choix savant des mots.

Mme Garland n'empêchera pas sa fille de fréquenter le brave meunier Loveday bien que celle-ci lui emprunte quelques mots de patois: *She would not make life a solitude for* ***fastidious*** *reasons.* (HARDY, *The Trumpet-Major,* I, 3.) – Elle n'allait pas faire de sa vie une solitude pour le plaisir de **se montrer difficile.**

Fat. – Bien que la confusion avec notre mot fat *« conceited »* ne soit guère vraisemblable, il s'agit d'un mot traître comme on va le voir.

A ***fat*** *book* n'est pas un livre chargé, redondant, c'est un livre **substantiel, qui a beaucoup d'épaisseur,** *a* ***fat*** *job,* un emploi **grassement rétribué,** ***fat*** *days,* des jours **de liesse, de frairie,** *a* ***fat*** *part,* un rôle **de vedette, qui permet de donner toute sa mesure, de se faire valoir;** ***a fat*** (subst.) étant au théâtre également, un **morceau de bravoure.**

Arg.: ***a fat lot,*** un **tas,** une **flotte** (de), iron. ***a fat lot you know about it,*** **tu ne t'y connais guère, tu n'y connais goutte;** ***to cut it fat,*** **faire du chiqué, de l'esbroufe, bluffer.**

Autres sens: **épais, lourd,** d'où ***fat-head,*** **lourdaud, sot,** ***fat-headed*** ou ***-witted,*** **à l'esprit épais, obtus, (être) stupide.**

– *The soul of the diligent* ***shall be made fat.*** (*Proverbs,* 13, 4,) – Le désir des hommes diligents **sera rassasié** (Trad. CRAMPON) ou: **satisfait.**

– *He lived* ***on the fat of the land.*** – Il vécut là **comme un coq en pâte.**

– *Look sharp,* ***the fat is in the fire.*** – Activez, les **fers sont au feu.**

Fatality. – Accident fatal, mortel. Cf. *casualty.*

– *George got hold of the paper, and read us out the boating* ***fatalities.*** (JEROME K. JEROME, *Three men in a boat,* V.) – G. s'empara du journal et nous lut les **accidents mortels** de canot.

Fatigue. – ***Stable fatigues*** n'est pas ce que le profane pourrait croire, mais, par ellipse, la **(tenue de) corvée d'écurie,** car ***fatigue*** ou ***fatigue-duty,*** c'est la **corvée** et ***fatigue-party,*** une **corvée,** un **groupe d'hommes de corvée.**

– *For the two weeks that I was a private I took my turn at the daily* ***fatigues.*** – Pendant les quinze jours que je fus simple soldat, je pris part aux **corvées** journalières.

Fatuity. – De la définition de fatuité: sottise (accompagnée d'une bonne opinion de soi-même), si nous retranchons tout ce qui est entre parenthèses, nous aurons l'ancien sens fr. et un des sens angl. C'est qu'un fat est d'abord, étym., un sot, témoin le lat. *ignis fatuus* (1), conservé en angl. pour désigner le feu follet.

– *Women and children, all of them saying* ***fatuities.*** (WELLS, *Invisible Man,* Tauchnitz, 30.) – Femmes et enfants disant tous des **sottises.**

(1) A Rome, les grands personnages entretenaient des *fatui* et des *fatuæ,* c.-à-d. des « bouffons » et des « folles » pour passer le temps.

Remarque. – Nous pourrions rendre par *fatuités* (L. 2°). Mais d'abord, ce serait un anachronisme et puis combien de Français savent que sont synonymes fatuités, impertinences, sottises?

Fault. – C'est parfois un **défaut,** une **imperfection** (chez les pers. ou les ch.), d'où les expressions: ***to a fault,* à l'excès:** *she was generous* ***to a fault;*** *(sold)* ***with all faults,*** vendu **tel quel (aux risques et périls de l'acheteur).**

A la chasse, *to be* ***at fault*** se dit des chiens quand ils sont **en défaut,** d'où couramment, **être embarrassé, ne savoir que faire.**

Géol. une **faille;** élect., etc. ***fault*** *of insulation,* **défaut** d'isolement, **fuite;** métall. et joaill. **paille.**

– A New York, un édifice de quarante-neuf étages où l'ascenseur vous promène devant les bureaux, banques, maisons d'édition, joailliers, semble une grande rue comme Piccadilly ou le Strand, *that has been miraculously turned skywards by some violent geological* ***fault.*** (Alpha, *Windfalls,* 103), qui aurait été miraculeusement soulevée vers le ciel par quelque violente **faille** (ou: **dislocation**) géologique.

Remarque. – Une *faille* « solution de continuité qui, dans une mine, dans un terrain, interrompt une couche, une stratification » (D.G.) semble être le même mot que l'ancien fr. *faille* « faute », subst. verbal de *faillir;* c'est l'endroit où la roche *faut* « manque ». La locution *sans faille* « sans faute » est fréquente dans nos vieux textes.

Favour, to favour. – † *I know this noble* ***favour,*** je connais ce noble **visage,** sens qui a survécu dans le verbe ***to favour,* ressembler à** (qqn.), et dans les expressions ***well-favoured,* beau, belle, de bonne mine, *ill-favoured,* laid(e); de mauvaise mine, disgracieux(-se), disgracié(e)** (de visage), **mal tourné(e),** ***hard-favoured,*** **aux traits durs, sévères, au masque dur.**

To favour, c'est encore **confirmer** (des dires, un rapport), **soutenir** (une théorie, une thèse); **ménager, épargner** (ses yeux, etc.); famil. *I hope you* ***will favour us with*** *your company,* j'espère que **vous nous ferez l'honneur** de nous accompagner, de vous joindre à nous.

Comm. ***your favour,*** **votre honorée, estimée lettre.**

Loc. cour. ou idiom.: ***to find favour*** *in the eyes of,* **trouver grâce** aux yeux de..., ***to curry favour with s.o.,*** **rechercher la faveur, les bonnes grâces** de qqn.. ***By, with your favour,*** **avec votre congé, votre permission, *to be in favour with s.o.,* être dans les petits papiers de qqn.**

– ***Favour*** *is deceitful and beauty is vain. (Proverbs)* – **La grâce** est trompeuse et la beauté est vaine.

– *The girl* ***favours*** *her father and the boy his mother.* – La fille **ressemble** à son père, le garçon à sa mère.

– *This custom* ***is not favoured, is not looked upon with favour.*** – Cette coutume **ne trouve guère de crédit, n'a guère de partisans.**

– *The secretary was* ***out of favour*** *with the minister.* – Le secrétaire était **en froid** avec le ministre.

– *Walking in the dark, in the garden,* ***to favour*** *my eyes.* (Pepys) – Marchant dans l'obscurité du jardin pour **ménager** mes yeux.

– *An* ***ill-favoured*** *place.* (Dickens) – Un lieu **d'aspect peu engageant.**

– *An* ***ill-favoured*** *word in English ears.* (N.E.D.) – Un mot **qui sonne mal** aux oreilles anglaises (ou: des Anglais).

Feasible. – *This account, story, theory is* ***feasible*** *enough* nous avertit du passage, injustifiable étym., mais consacré par trois siècles d'usage de « faisable, praticable » à **probable, vraisemblable, admissible.**

Autres sens lâches: **maniable, utilisable, utile, commode, pratique,** *a* ***feasible*** *appliance;* E.U. **propice à, qui se prête à;** enfin **facile à vivre.**

– *Vichy is* ***feasible*** *for jaundiced persons.* – Vichy est **salutaire, propice, favorable** aux ictériques. (ou: hépatiques).

Feast. – **Festin, banquet;** le premier sens du verbe ***to feast*** est **festiner, festoyer, (se) régaler,** trans. et intr.

– *With my love's picture then my eye doth* ***feast,***
And to the painted banquet bids my heart.
(Shaks., *Sonnets,* XLVII.)

Mon œil **fait un festin** du portrait que j'adore
Et invite mon cœur au régal en peinture.

– *This rich man ruined himself like the Timon of Lucian by* ***feasting*** *his friends every day.* – Cet homme riche s'est ruiné, comme le Timon de Lucien, en **régalant** tous les jours ses amis.

Fecundity. – Les dictionnaires usuels disent: fécondité, productivité. On notera cependant que, pour les démographes, ***fecundity*** doit s'entendre de la **fertilité,** ***fecundity*** *rate,* taux de **fertilité.** (V. *fertility*).

Feign (to). – Comme le lat. *fingere,* † **façonner, former;** † **imaginer, s'imaginer, se forger** (comme le loup de La Fontaine se forge une félicité); **contrefaire** (la voix, l'écriture); † **faire une feinte** (à l'escrime); comme le fr. **feindre à, se feindre à, hésiter, faire difficulté;** † **boîter** d'une façon presque insensible, comme dans: il **feint** encore un peu du pied gauche; enfin, **chanter en fausset.**

Le part. passé feint a donné l'angl. *faint: faint heart,* cœur **couard,** puis **faible, sans énergie;** évolution inverse de celle de poltron, d'abord « fainéant », puis « lâche ».

Felon. – Ne pas confondre avec le mot suivant: bien que tous deux aient peut-être la même orig. lat. *fel* « fiel, bile » et que le mot *gall* offre une bissémie analogue: fiel et écorchure. Il s'agit d'un **petit abcès,** d'une **tumeur,** d'un **panaris.**

Felon, felony. – ***Felony,*** **crime** ou **délit grave, caractérisé, qualifié,** tel que meurtre, vol à main armée, incendie volontaire, crime de faux, etc., *a* ***felon*** étant le **criminel** qui s'en rend coupable. ***To***

***compound a felony*, renoncer à des poursuites légitimes** pour des raisons d'ordre privé, ou moyennant finances, **fermer les yeux sur un crime.** Le dictionnaire Fleming et Tibbins dit: ***To compose with a felon*, transiger avec un voleur;** reprendre les effets volés, etc. en se désistant de toute poursuite. Lâchement, d'un juge, d'un fonctionnaire, **se rendre coupable de forfaiture.**

– ***I've lived respected all these years; and now I shall be called a felon.*** (Ch. READE, *It is never too late to mend.*) – J'ai vécu respecté de longues années durant, et maintenant on va me traiter de **criminel.**

– ***Felon*** s'emploie aussi adjectivt. dans le sens de **cruel, farouche, terrible,** (s'applique poétiq. aux pers. et métaphoriq. aux choses, etc.). *The **felon** winds.* (Milton, *Lycidas*, 91); cf. « Le plus *terrible* des enfants Que le Nord eût portés jusque là dans ses flancs » (La F., *Fables*, I, xxii).

– *I charge him with **felony**.* (GALSWORTHY, *Justice*, 1.) – Je l'accuse de **crime de faux.** (1)

Female. – Si peu galante que puisse paraître l'appellation, ***female*** s'applique en angl. à toutes les personnes du sexe fém. et non seulement aux animaux. On traduira donc par **femme,** ou **jeune personne,** selon le cas. D'ailleurs, même en fr., *femelle* se dit des femmes en terme de succession et de généalogie, sans comporter évidemment la moindre nuance de mépris:

Le père mort, les trois *femelles*
Courent au testament sans attendre plus tard.
(LA FONTAINE, *Fables*, II. XX.)

et, ex. non moins concluant: « Dans les deux premiers degrés de succession, les avantages des mâles et des *femelles* étaient les mêmes. » (MONTESQUIEU, *Esprit des lois*, XVIII, 22.)

Le N.E.D. note que les bons auteurs angl. évitent d'employer ce mot, à moins qu'ils ne veuillent marquer le mépris ou la vulgarité. Bien que, dans ce cas, nous n'ayons pas d'équivalent en fr., n'oublions pas que *femelle* s'emploie aussi famil. lorsqu'on parle de femmes en mauvaise part, et l'ex. ci-dessus de La Fontaine est même cité par L. à l'appui de cette remarque, à tort, croyons-nous, toute la fable en question étant écrite à dessein en style de procédure. Mais voici un ex. de cet emploi familier:

Le galetas devint l'antre de la sibylle;
L'autre *femelle* avait achalandé ce lieu.
(LA FONTAINE, *Fables*, VII, 15.)

Cotgrave a: « Femelle », *The female, or shee of man, or beast...* « Femelle », *female, or the female sex or kind.* (Entre les deux s'intercale « femelles », *the gudgeons of a rudder.*)

Si la traduction « femelle » paraît laisser à désirer, à l'occasion **donzelle,** qui se dit chez nous d'une fille ou d'une femme, pourra servir d'équivalent.

(1) C'est en effet de quoi il s'agit dans la pièce en question.

Dans les romans de Dickens, on voit des femmes protester contre la désignation *that **female**;* mais, d'autre part, elles se formalisent également de l'appellation *that woman.*

– *I would strictly recommend to any young **females** not to dally with men.* (STEELE, *Guardian*, n° 45.) – Je recommanderai strictement à toutes les jeunes **femmes** (ou: **personnes**) de ne pas coqueter (ou flirter) avec les hommes.

– Le Commandant Pendennis a de nombreux correspondants qui ont recours à ses conseils éclairés: ...*There were neat confidential notes conveying **female** entreaties.* (*Pend.*, I.) – Il y avait... de charmants petits billets **féminins,** confidentiels et pressants.

Fence. – Est *defence* par aphérèse et signifie **escrime, *master of fence*, bon escrimeur, fine lame** (maître d'escrime ou: d'armes se disant ***fencing master***), au fig. **habile, rude jouteur;** † **défense, protection, rempart;** du sens primitif on déduira facilement les suivants: **barrière, clôture, grille, haie, palissade, *to sit on the fence*, ne pas prendre parti, ne pas se prononcer, se réserver, attendre les événements, rester neutre;** autres locut., *to put a horse **at the fence***, amener un cheval **devant l'obstacle; *to come down on the right side of the fence*, rallier le vainqueur; se trouver du bon côté. *Fence-month*, *-season*, période de fermeture** (de la chasse et de la pêche).

Autres sens de ***fence*, receleur, -euse,** (d'objets volés), **maison de recel.** Collect. ***fences***, E.U. **électeurs** (d'un *Congressman*), comme qui dirait *chasse gardée*, ***to mend, look after one's fences*, soigner, chauffer ses électeurs** (angl. *to nurse one's constituency*).

– *He **would always sit on the fence**.* – Il **ne prenait parti sur rien.**

– *Restif is perhaps the first of contemporary historians to emphasize the connexions between the old clothes dealer and the **fence**, between the rag and bone man and the demi-monde of crime and vice.* – Restif est peut-être le premier des historiens qui ait souligné les rapports entre la marchande à la toilette et la **receleuse,** entre le chiffonnier et le demi-monde du crime et du vice.

Fend (to), fender. – Comme *fence* à *defence* (v. *supra*), correspond à *to defend*, d'où les sens, avec *away, off*, **éloigner, éviter, empêcher d'approcher;** avec *off*, **détourner, parer;** avec *from*, **défendre** (de qch.); intr. **pourvoir à, subvenir aux besoins de *to fend for oneself*, se suffire à soi-même, se débrouiller.** ***A fender*** sera un **garde-feu,** un **garde-cendre;** naut. une **défense.** E.U. **aile** (d'automobile).

Fent. – Outre fente (de jupe, de chemise), **coupon d'étoffe.**

Ferment (to), ferment (subst.). – Nous disons bien: les esprits, les têtes fermentent, c.-à-d. s'agitent, s'émeuvent; mais nous ne nous risquerions pas à déclarer qu'un tiers « fermente un désaccord entre mari et femme », ***ferments** a difference between husband and wife;* il le **fomente** ou **l'attise.** Ces deux sens évolués de l'acception d'émouvoir, d'exciter sont angl. De même, ***ferment*** signifie **agitation, effervescence, excitation, désordre; fermentation** (des esprits).

– *The minister attempted to allay the general **ferment**.* – Le ministre tenta (essaya) d'apaiser l'**agitation** générale.

– *Conceive into what a **ferment** this letter threw all my thoughts.* – Figurez-vous dans quel **désordre** ce billet jeta tous mes sens.

– *It being announced that the King would come, the whole town **was in a ferment**.* – A l'annonce de la venue du roi, toute la ville **était en émoi**.

– *In 1848 all Europe **was in a ferment**.* – En 1848, toute l'Europe **s'agitait**.

Ferret. – Trois mots: 1° † fr. **ferret** « petit fer »; 2° **furet**, du bas lat. hypoth. *furitus*, propr. le *petit voleur, volereau*, comme dit La F., *Fables*, II, 15, dimin. de *fur* « voleur », sens que l'angl. a emprunté au fr., probablement par l'intermédiaire du langage de la chasse. Comme le furet peut être dressé pour la chasse du lapin, ***ferret*** en est venu à signifier au fig. † **lévrier** (de la justice), **détective, limier** (de la police); 3° **fleuret** (deuxième des trois mots donnés par L.), † **étoffe de bourre de soie; ruban de cette matière,** plus souvent de coton; ***Red tape and green ferret***, tautol., **la paperasserie officielle.**

Ferruginous. – Outre ferrugineux, (couleur), **rouille,** d'un **rouge brun.** Le lat. *ferrugo* signifie « rouille ».

Ferrule. – N'a rien à faire avec le français férule (qui se dit en angl. *ferule, ferula*), mais signifie **virole, bague; frette** (d'un manche d'outil); **couronne** (d'un pieu), **bout ferré, embout** (de canne, de parapluie) etc; ***coining ferrule***, **virole** (pour la frappe des monnaies).

– *Producing a fat green cotton umbrella with a battered **ferrule**.* (Dickens, *Nich. Nickleby*, XXV.) – Sortant un parapluie de coton vert, aux formes rebondies et dont le **bout** était tout bossué, ou: bosselé.

Fertile, fertility. – Lorsque Olivia demande à Viola qui vient lui dire l'amour d'Orsino, de lui préciser les marques de cet amour, celle-ci répond:

*With adoration, **fertile** tears*... il faut évidemment entendre que le duc l'adore avec **force** larmes. Le mot signifie ici **abondant.**

Ovide parle de la **fécondité** des femmes barbares, *fertilitas barbara*. Telle est l'acception que les démographes angl. donnent au mot **fertility.** On a vu par contre que ***fecundity*** s'entendait de la **fertilité.** « Il y a donc interversion des sens entre les mots angl. et fr. homologues: il convient génér. de traduire ***fertility*** par **fécondité** et ***fecundity*** par **fertilité.** (*Dictionnaire démographique multilingue*, Nations Unies, New York, 1958).

Fervent. – Nous disons une prière fervente, un amour fervent, mais non pas une haine fervente, *a **fervent** hatred*, une haine **implacable, mortelle.** De même, nous rendrons *a **fervent** battle*, par une bataille **acharnée, qui fait rage** et *a **fervent** din* (Wordsworth) par un bruit, un fracas **infernal.** On a même dit autrefois: † ***fervent** cold*, froid **âpre, rigoureux.**

Fervour. – Au fig., seul emploi cour. chez nous, ferveur se rapporte « aux choses de piété, de charité (L., 1°) ou à l'amour, dans le sens de « vive ardeur »: Tous ces amants dont la jeune *ferveur* Adore votre fille... (*Cid*, I, i). En angl., le mot peut signifier, **chaleur intense;** au fig. **fougue, emportement, véhémence.**

– *The **fervour** of an African climate.* – La **chaleur torride,** l'**atmosphère brûlante** d'un climat africain.

– *He flourished his whip above his head with the **fervour** of a madman.* – Il brandissait son fouet au-dessus de sa tête avec l'**emportement** d'un forcené.

Festinate (to). – Entendre, non festiner, festoyer, mais, comme dans le proverbe lat. *festina lente* « hâte-toi lentement », **se hâter.** On trouve dans Cotgrave (1611) le fr. *festination* « **hâte** ».

Festival (adj. et subst.). – **(De) fête,** ***festival** (day)*, jour **de fête, partie de plaisir, réjouissance.**

– *The **festival** robes and the mantles.* (*Isa.*, III, 22.) – Les robes **de fête** et les manteaux.

Rapprocher: Uns *festivals* sacrefises. (*Rois*, p. 78).

Fever. – Noter ***fever-hospital***, **hôpital pour contagieux,** ***fever-nurse***, **infirmière des services de contagieux,** ***fever-area***, **zone paludéenne,** ou: **impaludée.**

Rem. – *Les fièvres* se dit de la fièvre paludéenne.

Fiction. – A d'abord signifié en fr. « fait imaginé à plaisir » (D.G.). Tout ce discours n'était que *fiction*. (Corneille, *Menteur*, V, 6.). Outre ce sens de mensonge, invention, ***fiction*** désigne en angl. les **œuvres d'imagination ou de fantaisie,** en particul. les **romans,** les **nouvelles,** les **récits d'aventure;** aussi la **fable,** ce qu'on appelait autrefois chez nous la *feinte* « l'art d'imaginer une *fiction* »: « En ces sortes de *feintes* (les fables), il faut instruire et plaire (L.F., VI, I.). On en revient ainsi au sens péjor. de **fait controuvé, nouvelle mensongère,** etc.; **apparence, semblant.**

– *Pardon, I beseech you, that **fiction** to a man whose mind was deranged by love.* – Pardonnez de grâce cette **fable** à un homme dont la raison était troublée par l'amour.

– Une femme avare tente de se faire rembourser par la compagnie d'assurance le prix d'un parapluie brûlé, en prétendant n'avoir rien réclamé pour un feu de cheminée: *The manager smiled at the transparent **fiction** and said...* – Le directeur, devinant le **mensonge,** dit en souriant...

– *They have destroyed almost every **fiction** of authority.* – Ils ont détruit, pour ainsi dire, toute **apparence** (tout **semblant**) d'autorité. D'autre part, on rapprochera utilement ces deux citations: « Car *fiction* ne renardie à Dieu ne plaisent » (xiiie s., dans L.) et *A truth is the most powerful thing in the world, since even **fiction** itself must be governed by it.* – Elles font ressortir, en effet, le sens de **tromperie, ruse, mensonge** que l'angl. nous a emprunté. La première citation du N.E.D. remonte à Bacon.

Fierce. – De l'ancien nominatif fr. *fiers*, lat. *ferus*, *sauvage*, *farouche*, *cruel*, *fougueux*, *ardent*, *courageux*, a encore, dans Shakes. le sens de † fier, mais il n'a déjà plus le sens de vaillant.

– *The* ***fierce*** *patriotism of the English*, le patriotisme **farouche** des Anglais.

– *After the death of his wife he lived in* ***fierce*** *isolation.* – Après la mort de sa femme, il vécut dans un isolement **farouche.**

Ce sens de « farouche », « intraitable » est courant chez nos classiques:

...Je lis sur son visage
Des *fiers* Domitiens l'humeur triste et sauvage. RAC., *Brit.* I, i.

– *The sailors toiled with* ***fierce industry*** *to stop the leak.* – Avec une activité **fiévreuse,** les marins s'acharnaient à aveugler cette voie d'eau.

– *Nor is there any subject which lays such a* ***fierce*** *hold upon the interest of the reader.* – Et il n'y a pas de sujet qui s'impose avec plus de **violence** à l'intérêt du lecteur. (Il s'agit des *Confessions* de Rousseau).

Fig. – Deux mots: 1° lat. *fica*, fr. figue, même sens; ***not to care a fig (a fig's end) for*****, s'en soucier comme d'une guigne, comme de sa première chemise, s'en moquer comme de l'an quarante, se battre l'œil de, s'en ficher;** ***a fig for*****, foin de, zut pour, au diable,** ***a fig for*** *the bores*, **au diable** les fâcheux! **zut** pour les importuns!; autres sens, dial., **raisin sec;** arg., **fausse monnaie; savon mou;** ***a fig of tobacco***, E.U., une **chique;** ***fig-leaf*****, feuille de figuier** (*Genèse*, III, 7), **feuille de vigne,** arg. **tablier.** 2° Probabl. de l'all. *fegen* « fourbir », **tenue, accoutrement,** ***in full fig*****, en grande tenue** (1); **forme, condition.**

– *The horse was in good* ***fig*** *for the race*, le cheval était en bonne **forme** pour la course.

Figure. – Syn. de **forme, corps, tournure, silhouette, taille.** C'est le **physique** d'un être humain, la **forme** d'un corps. La restriction du sens ne désignant plus que le visage, survenue chez nous au XVIIe siècle, ne s'est pas produite en angl. ***Figure*** signifie aussi **caricature, grotesque,** et enfin **chiffre.**

Noter, toutefois, que l'expression: *to make or cut a poor, a brilliant* ***figure*** doit se rendre par: faire pauvre ou brillante figure. C'est le sens de « personnage que l'on joue dans le monde. »

Noter, d'autre part que l'expression *people* ***of figure***, personnages **de marque,** gens **d'importance** a été empruntée à notre langue classique:

On sait qu'auprès du roi je fais quelque *figure*. MOLIÈRE, *Mis.*, I, ii.

Voici un exemple de cet emploi:

– *I was taken for a gentleman* ***of some figure****, under favour of my best clothes in which I did not fail to bedizen myself.* – Je passai pour un **cavalier d'importance** à la faveur de mon habit d'homme à bonnes fortunes dont je ne manquai pas de me parer. (*Gil Blas*, IV, ix).

Enfin, ***to keep one's figure*** signifie non pas garder son sérieux (ne pas confondre avec *to keep one's countenance*), mais **garder la ligne, rester svelte, ne pas grossir.**

– Lord Chesterfield rappelle à son fils que, selon Bacon: *A pleasing* ***figure*** *is a perpetual letter of recommendation.* – Une **tournure** (ou **figure,** en bonne langue) agréable est une perpétuelle lettre de recommandation.

– Un peintre méticuleux: *If he drew the portraiture of a man, he did not omit a single hair in his face; if the* ***figure*** *of a ship, there was not a rope (amongst the tackle) that escaped him.* (ADDISON, *Spect.*, n° 83.) – S'il peignait le portrait d'un homme, il n'omettait pas un seul poil de son visage; la **représentation** d'un navire, pas une corde du gréement qui lui échappât.

– *She [Hetty Sorrel] had taken the house for a public, because there was a* ***figure*** *against the door.* (G. ELIOT, *Adam Bede*, XLIII.) – Elle avait pris la maison pour un cabaret, parce qu'il y avait une **enseigne** à la porte.

– L'avoué James How constate qu'un chèque a été falsifié par l'un de ses employés: *James (looking at cheque and counterfoil). This is a very clever bit of work; a warning to you not to leave space after your* ***figures****, Walter.* – J. (examinant le chèque et le talon). C'est vraiment là de bel ouvrage; que cela vous serve d'avertissement de ne pas laisser d'espace après vos **chiffres,** W.

– *Of course you have done nothing except retain your pretty face and shapely* ***figure.*** (HARDY, *Tess*, XLVII, 424.) – Évidemment, je ne puis rien vous reprocher, si ce n'est d'avoir toujours votre joli visage et votre **taille** si bien prise. On voit, par cet ex., que *face* et ***figure*** expriment deux choses tout à fait distinctes.

– *He cut a poor* ***figure*** *enough as he sneaked in through the back door.* – Il avait vraiment une bien piètre **touche** lorsqu'il rentra furtivement au logis par la porte de derrière.

– *He became aware of a* ***figure*** *walking noiselessly beside him.* Il se rendit compte que **quelqu'un** marchait sans bruit à ses côtés.

C'est à dessein que nous disons « quelqu'un »: c'est une forme humaine et le sujet parlant ne discerne pas encore s'il s'agit d'un homme ou d'une femme.

– *He was a little man* ***with a fairly good figure.*** – C'était un petit homme **assez bien fait.**

– « *She wore a scanty false front of fluffy curls, which gave her a juvenile look contrasting oddly with the maturity of her* ***figure*** » traduit cette phrase de Maupassant (*La Maison Tellier*, I): « Une mince garniture de cheveux follets, faux et frisés, entourait son front et lui donnait un aspect juvénile qui jurait avec la maturité de ses **formes** ».

(1) Famil., **sur son trente et un,** † **sur son trente-six; sur son trente-deux** (Goncourt); **en grand tralala.**

REMARQUE. – « ***Figure*** s'emploie encore en anglais pour désigner la **forme d'objets inanimés.** » B. RUSSELL *in* LALANDE, *Vocabulaire de la philosophie.* On en discutait encore chez nous au XVIIe s., puisque Molière s'est moqué des subtilités et des distinctions des philosophes: « Je soutiens qu'il faut dire la *figure* d'un chapeau et non pas la forme. » (*Mariage forcé*, Sc. 4.)

Figure (to), figure. – **Décorer, orner de dessins** ou **motifs, *figured silk*, soie brochée, lampas; marquer d'un chiffre ou d'un prix; calculer, supputer, faire le compte de** (avec *up, out*); intr. **se chiffrer, se monter à.**
Cotgrave a: velours **à fond de satin, *figured*** *satin.*

Filament. – Phys. **filet** (d'eau, etc.); bot. **filet.** Au fig. **brin, parcelle, ombre.**

– *Not a **filament** of air.* – Pas un **brin** d'air.

– *There was not the least **filament** of truth in his statement.* – Il n'y avait pas la moindre **parcelle** (ou: pas **ombre**) de vérité dans ses dires ou: sa déclaration.

File, to file. – Il y a ici une grande complication. Sur les sept subst. qu'enregistre le dictionnaire angl., deux seulement nous retiendront. L'un est un mot indigène et signifie **lime;** l'autre a une origine fr. double, *fil* et *file.* De *fil* vient un sens particulier à l'angl.: du fil sur lequel on enfilait, par ex., les pièces d'un dossier, naît le sens de **dossier, liasse.** *A **filing-cabinet***, un **classeur.**

Il y a trois verbes: 1° **limer,** 2° **souiller** (voir *to defile*), 3° **classer des documents,** les **mettre en liasse; verser au dossier;** jur. **déposer** (son bilan, etc.).

– *A **file** of the Times* est une **collection (classée)** des numéros parus du journal *The Times.*

– *The letters were **filed** among the records of the Court.* – Les lettres furent **classées** dans les archives de la Cour.

– Mr. N. has ***filed his petition in bankruptcy.*** – M. N. a **déposé** son bilan.

– *Sometimes in the evening, when **he had filed his reports** and worked out his statistics, Grand and Rieux would have a chat,* c'est ainsi que M. Stuart GILBERT rend ce passage de *La Peste* d'Albert CAMUS, p. 112: Quelquefois, le soir, quand le **travail des fiches était terminé,** Rieux parlait avec Grand. (On constatera l'économie de la phrase fr. et combien le traducteur a cru devoir amplifier).

Fillet. – Bandeau, bandelette(s) sacrée(s) dont on paraît le front des victimes offertes en sacrifice; † **lisière** (d'une étoffe); **bande étroite, filet de dorure;** en chirurgie, **bande;** cul. **filet de bœuf, de sole, rouelle** (de veau), etc., au pl. **reins, rognons** de l'homme ou de l'animal archit. **baguette** (petite moulure) **ronde; congé** (du lat. *commeatus*, passage) propr. ici transition, « moulure circulaire qui dans certains ordres joint le fût de la colonne aux moulures supérieures vers le chapiteau ». (D.G.)

– *These priests begin by crowning me with their **fillets.*** – Ces prêtres commencent par me couronner de leurs **bandelettes.**

– *The poets say that Cupid has golden wings and a **fillet** bound over his eyes.* – Les poètes disent que Cupidon a des ailes dorées et un **bandeau** sur les yeux.

Film. – Film (bande cinématographique), sens que nous avons emprunté à l'angl. d'où famil. ***to have a film face*, être photogénique;** aussi **membrane;** (mince) **pellicule** formant une couche, p. ex. peau du lait bouilli; **pellicule** (photographique), **couche sensible; taie** (sur l'œil); **ténèbres, voile** (de la mort), ***film** of death;* **léger voile de brume,** etc., **vapeur; fil ténu** (p. ex. fil de la vierge). Sens corresp. pour le verbe.

– *Over her face lay a **film** of anxiety and grief.* – L'anxiété et la douleur recouvraient son visage d'un **voile.**

Final, finally, finality. – L'adj. signifie souvent **définitif, décisif, irrévocable, souverain** (au sens de « sans appel »); **concluant;** le subst. marquera donc cette qualité, cet état. Ce sera une **action,** une **condition,** une **parole définitive,** un **témoignage concluant,** une **décision souveraine, irrévocable.** Techn. ***final*** *molasses*, mélasses **d'arrière-produit.**

– John Loveday voit ses avances repoussées par Anne Garland: *Then it is all over for me, said the poor trumpet-major, wiping his face and putting away his handkerchief with an air of **finality.*** (HARDY, *The Trumpet-Major*, XI, 101.) – Alors, c'en est fait de moi, dit le pauvre trompette-major, en s'essuyant le front et en mettant son mouchoir dans sa poche de l'air d'un homme qui **en a pris son parti,** qui **se le tient pour dit.**

– B. Shaw (*Saint Joan*, I, i), mettant en scène un personnage sans volonté, mais qui veut en faire montre, donne cette indication scénique: *He resumes his seat with an air of **finality.*** – Il se rassied de l'air d'un homme **qui a dit son dernier mot (dont la décision est irrévocable).**

– *The decision of the editor is **final.*** – La décision du rédacteur en chef est **définitive, sans appel.**

– *The sentence of the Judge is **final.*** – Le juge **apprécie souverainement.**

– *The evidence of the witness was not considered **final.*** – La déposition du témoin ne fut pas jugée **concluante.**

– *The laws of a nation are not recognized by all as **final.*** – Les lois d'un État ne sont pas nécessairement reconnues par tous comme les lois **suprêmes.**

Fine (subst.), **to fine. –** D'abord † **fin,** puis **accommodement final** (en justice); † **composition moyennant finances,** d'où † **somme d'argent offerte comme compensation; amende** (sens courant): † **droit payé pour un privilège; droit payé pour l'homologation d'un testament.**

***To fine*, mettre à l'amende, condamner à une amende.**

– *A blow subjected the offender to a* ***fine.*** – Un coup rendait le coupable passible d'une **amende.**

Fine (adj.). **–** L'élève qui a appris que ***fine*** signifie **beau** est porté à oublier que, selon son origine, le fr. fin, il signifie aussi **fin:** ***fine*** *meal, snow, blade, lashes, sense (smell, taste):* farine, neige **fine, fine** lame, cils **fins,** sens (odorat, goût) **fin.** Il suffit de le signaler, car la trad. littérale ne présente pas ici de danger.

Autres sens: **excellent dans son genre, parfait; superbe, magnifique;** athlét. **en forme parfaite, au point,** cf. notre expression famil.: il est *fin* prêt; iron. **joli:** *one hears* ***fine*** *things about him,* on entend, on dit de **jolies** choses sur son compte; beau, ***a fine*** *friend you have* ***been!*** le **bel** ami que j'avais là! *He was in a* ***fine*** *fright,* il a eu une **belle** peur; ***fine talk butters no parsnips,*** les **belles** paroles ne mettent pas de beurre dans les épinards, **c'est de l'eau bénite de cour;** *it's all very* ***fine,*** *but one must live,* tout cela est **très joli,** est **bel et bon,** mais il faut vivre; suite des sens, (des sentiments) **élevé, noble; chic;** famil. ***to run it fine,*** **le faire de justesse,** expression adverb. tirée du jeu de billard: ***take it fine,*** **prenez-la fin;** (du costume, des vêtements) **paré, pimpant; élégant, distingué** et, péjor., **chamarré, voyant, prétentieux, tapageur, criard.**

– *This little country girl used* ***to play the fine lady.*** – Cette petite provinciale avait coutume **de jouer à la madame.**

– *This boxer has been trained* ***too fine.*** – L'entraînement de ce boxeur a été **poussé trop loin.**

– ***Fine*** *feathers make* ***fine*** *birds.* – La **belle** plume fait le **bel** oiseau.

– *She had a harmless delight in* ***being fine.*** – Elle se complaisait innocemment **à la parure** ou: elle faisait **de la parure** ses innocentes délices.

– *That was rather* ***fine*** *of the old man.* (B. Shaw, *Barbara,* III.) – Ç'a été rudement **chic** de la part du vieux.

– *Mr. N. was an enthusiast for the* ***fine arts.*** – M. N. était un fervent des ***beaux-arts.***

Remarque. – On ne doit jamais oublier qu'un mot perd rarement tout à fait son sens initial. On en retrouve des traces dans certains emplois. Ex.: *large,* large; *great,* gros; *small,* mince; † *long and large,* long et large: *a woman great with child,* une femme grosse, en état de grossesse; *the small of the leg,* le bas (mince) de la jambe.

Finery. – Deux mots: 1° subst. de l'adj. *fine,* signifie: **coquetterie, aspect pimpant, élégance** (rare); **parure; fanfreluches, chiffons, colifichets, clinquant.** 2° Est le fr. finerie **« fourneau d'affinage »** ou: **mazerie.**

Finesse. – Ruse, stratagème, duplicité, artifice, fourberie; (bridge) **impasse,** d'où ***to finesse,*** **faire une impasse à, risquer l'impasse à, jouer en risquant l'impasse.**

– *Having conceived the idea, he proceeded to carry it out with considerable* ***finesse.*** (Conan Doyle, *Baskervilles,* XIV.) – Ayant conçu l'idée (du crime), il se mit en devoir de l'exécuter avec une **fourberie** consommée.

Remarque. – La Bruyère écrit: « Si on l'ajoute (le mensonge) à la *finesse,* c'est la **fourberie** ». (*Caract.,* 8).

Finish, finished, finisher. – *A fight* ***to a finish,*** un combat **à mort;** *to be in at* ***the finish,*** assister à la **fin de la chasse,** à la **mise à mort** de la bête. On dit que le cerf est sur ses fins.

The ***finish*** *of a work,* comme en français, le **fini** d'un ouvrage (soigné dans le moindre détail).

A ***finished*** *lady,* une dame **accomplie,** ***a finished*** *artist,* un artiste **achevé.** ***Finisher of the law,*** se dit plaisamment du **bourreau,** de **l'exécuteur des hautes œuvres;** ***finisher,*** **coup de grâce** et famil. **coup du lapin;** au fig. **coup de massue, défaite écrasante.**

– *It was their intention to make me a* ***finished*** *gentleman.* – Leur intention était de faire de moi un cavalier **parfait** (ou: **accompli**).

Fistula, fistule. – Pour comprendre divers emplois de ce mot songer au sens du lat. *fistula,* **tube, tuyau; conduit, canal; trou; évent** (des cétacés); **flûte** (de Pan).

Remarque. – Le fr. *fêle, felle* ou *fesle* est un doublet de formation pop. et désigne le tube de fer à l'aide duquel l'ouvrier verrier, le félatier, tire la matière en fusion du creuset pour la souffler.

Fix (to), fix (subst.) **–** Ce sont, aux E.U., des mots passe-partout: *Shall I* ***fix*** *your coat or your breakfast first?* Dois-je d'abord **brosser** votre habit ou **préparer** votre déjeuner? *He had his decayed tooth* ***fixed*** *by the dentist.* – Il a fait **plomber** sa dent cariée par le dentiste. – *This man is a little suspicious but his wife* ***will fix him.*** – Cet homme est un peu (un tantinet) soupçonneux, mais sa femme **en fera son affaire.**

De même ***to fix up,*** **arranger, régler, organiser; réparer, remettre en état; se mettre sur son trente et un.**

Autres sens famil. ou quasi-arg.: **régler son compte, faire son affaire à; graisser la patte à, corrompre** (un agent, un fonctionnaire); **imputer** (une faute, un délit, un crime) **à.**

Cela ne doit pas nous faire oublier les sens plus conformes à l'étym.: *They stood* ***fixed,*** ils demeurèrent **figés;** *a man of* ***fixed*** *resolution,* un homme dont la résolution est **arrêtée;** *a* ***fixed*** *fact* (E.U.) un fait **acquis, constant.**

Le subst. signifie, surtout aux E.U., **situation fausse, embarrassante, impasse, dilemme:** *to be in a* ***fix,*** être dans **le pétrin,** dans **de beaux draps,** dans **ses petits souliers.**

– *He's your* ***fixed*** *enemey.* (Shaks., *Cor.,* II, iii.) – C'est votre ennemi **juré, mortel, irréconciliable.**

– *Enter a company of soldiers with **fixed** bayonets.* – Entre une compagnie de soldats, baïonnette **au canon.**

– *Men in **fixed** positions.* – Des hommes dont la position est **assise, assurée.**

– Au commissaire de police qui l'interroge un prévenu répond: *You can't **fix that on me,** Sir,* c.-à-d.: Vous ne pouvez pas **m'imputer cela, mettre cela** (ce crime) **à ma charge,** monsieur.

– Deux pères de famille échangent leurs impressions sur les enfants qui tournent mal: *My son wanted to marry a woman of thirty in a tobacconist's shop... **We fixed that.*** (WELLS, *Ann V.* I, 6.) – Mon fils voulait épouser une femme de trente ans, vendeuse dans un débit de tabac. **Nous y avons mis le holà** (ou: **bon ordre**).

Flagrant. – En dehors de « flagrant délit » d'« injustice flagrante », ce mot n'a guère d'emploi en fr. Il n'en est pas de même en angl. Voyez plutôt (on croirait lire le dict. lat.): † **flamboyant; brûlant, bouillant** *(in **flagrant** blood);* † (sentiment) **ardent;** † **resplendissant;** † **tout rouge d'une flagellation;** (d'une couleur) **éclatant.** Enfin, sens le plus courant (d'une faute ou de son auteur), **insigne, scandaleux, odieux, infâme;** (de la guerre) **qui fait rage, en cours.**

– *The very next letter [from W. Godwin] called her husband (me) a disgraceful and **flagrant** person.* (SHELLEY, *Letters.*) – Dès la lettre suivante, il traitait son mari (c'est-à-dire moi) de personnage infâme et **odieux.**

– *A dowager who dresses, if I recollect, in **flagrant** colours.* (CARLYLE.) – Une douairière qui, si j'ai bonne mémoire, porte des vêtements de couleur **éclatante.**

Flame. – Non seulement ardeur passionnée, passion amoureuse, terme dont ont usé et abusé nos classiques, mais objet de cette flamme, **personne aimée,** ne se dit plus qu'en plaisantant **« passion », bon(ne) ami(e), béguin:** *She is an old **flame** of mine,* c'est une de mes anciennes **amours.** Il n'y a donc pas correspondance, le mot étant employé en fr. en style relevé, tandis qu'en angl., il est famil. Enfin, espèce de phalène, *Noctua putris, Anticlea rubidaria.*

Flatulence, -cy, flatulent. – Outre flatulence, **flatuosité,** au fig. **boursouflure, vanité.** Sens corresp. pour l'adj.

– *A **flatulent** style is apt to disgust the reader.* – Un style **boursouflé (ampoulé)** est de nature à rebuter le lecteur.

Fleet. – Noter que *a **fleet** of motor vehicules,* est un **parc** de véhicules à moteur, un **parc** automobile.

Fleurs-de-lis ou **flower-de-luce.** – † et E.U. **l'iris.** Blason: **fleur de lis,** emblème de la royauté en France.

– *O **flower-de-luce,** bloom on and let the river linger to kiss thy feet.* (LONGFELLOW, *Flower-de-luce,* VIII.) – O **iris,** continue à fleurir et que la rivière s'attarde à te baiser les pieds.

Float (to), float (subst.), **floatation, floater. –** Intr. ***to float,*** naut. **être à flot, être renfloué;** (d'une affaire) **être lancée, marcher;** (d'un effet de commerce) **être en circulation.**

Trans. **faire flotter, mettre à flot,** p. ext. **renflouer** (un navire); (du vent) **emporter, porter** (les feuilles, les grains de pollen), **entraîner** (un ballon, des nuages); **lancer** (une affaire), **émettre** (un emprunt); **faire courir** (un bruit); **submerger, irriguer** (des terres); **aplanir** (une surface). ***Float,* action de flotter, de** † **nager; masse flottante;** † **inondation; eau stagnante; radeau, ras; bateau à fond plat; train de bois; cargaison; vessie natatoire; flotteur** (en somme tout ce qui flotte ou aide à flotter). Autres sens, au théâtre, **rampe; charrette basse** à essieu courbe; hist. **char bas et plat** dans un cortège carnavalesque; **taloche** (de maçon, de plâtrier); **lime; bassin; rigole.**

Floater, pol. E.U., **électeur à vendre** « flottant » entre plusieurs partis et donnant sa voix au plus offrant.

– *Governments **float loans in case of emergency.*** – Les gouvernements **émettent (lancent)** des emprunts en cas de nécessité (ou: de force majeure).

– *The **floatation** of this company is now contemplated.* – On envisage maintenant de **lancer** cette compagnie.

– *Lady Clavering **was rather florid** in her tastes and amusements.*

Florid. – Outre (teint, style) **fleuri,** ***florid*** *(complexion, style)* signifie: **orné à l'excès, surchargé d'ornements;** archit. (style) **flamboyant;** s'emploie aussi au fig.

– *T. **had a florid complexion.*** – T. **avait le teint coloré, vermeil, le visage rubicond, était haut en couleur.**

– *Lady Clavering **was rather florid** in her tastes and amusement.* (THACKERAY, *Pend.,* XL.) – Lady C. **n'avait guère de mesure, était exubérante** dans ses goûts et ses plaisirs.

Flourish (to), flourish. – † **Mettre des fioritures, des cadeaux dans l'écriture et dans le style,...; orner, embellir;** † **parer un plat; parler une langue fleurie; brandir** (une épée); **faire parade de; faire des embarras; sonner une fanfare.**

***Flourish,* fanfare.**

– Capulet réclame son épée, car, dit-il, le vieux Montaigu est là *and **flourishes** his blade in spite of me.* (SHAKS., *Rom. and Jul.,* I, i, 85.) – et il **brandit** sa lame afin de me narguer.

– Dans *Measure for Measure* (IV, i, 75), le duc dit à la fiancée d'Angelo, qu'il médite de mettre en présence de celui-ci:

To bring you thus together, 'tis no sin,
Sith that the justice of your title to him
*Doth **flourish** the deceit.*
Vous rapprocher ainsi n'est point répréhensible,
Puisque le juste droit que vous avez sur lui
Colore l'artifice.

– ***He drew his sword with a flourish.*** – Il **mit flamberge au vent.**

Flower. – Fleuron (de relieur), **vignette;** au fig. **essence, quintes-**

sence, fin mot. *The **flower** of the matter is,...* le **bouquet**, le **fin mot** de l'affaire, c'est...

– ***To be a wall-flower***, manière élégante et même galante de dire: **faire tapisserie.**

Fluent, fluently. – Brantôme admire le style « si doux et si fluent » de la reine de Navarre. Les Anglais s'expriment encore ainsi, mais nous disons **coulant.** Ils appliquent de même cette épithète à un parleur qui s'exprime facilement.

– *He speaks English **fluently**.* – Il parle **couramment** (on a dit aussi: **coulamment**) l'anglais.

– Sens péjor.: *No woman **with a fluent tongue** but is feared.* – Il n'est pas de femme **à la langue bien pendue** qui ne soit redoutée.

Flute. – *The **flutes** of a column, of a cap,* sont, respect., les **rainures,** les **cannelures** d'une colonne, le **tuyauté** d'un bonnet. En arg., *a **flute*** est un **rigolo,** c.-à-d. un **pistolet,** un **revolver.**

– *A cap of fine linen **plaited in small flutes**.* – Un bonnet de linge fin **tuyauté au petit fer.**

Flux. – **Flot, afflux, affluence; vicissitudes, suite de changements** dans la condition, l'état, la composition ou la substance, **transformation continue, devenir;** techn., **fondant, castine; flux** (électrique, etc.), p. ext. **débit** (d'un courant, etc.); math. **suite de déplacements d'un point.**

– *Property **is in a perpetual flux** from hand to hand.* – La propriété **ne cesse de passer** de main en main.

– *The languages of savages are **in a constant state of flux**.* – Les langues des sauvages **ne sont jamais fixées** (sont **en perpétuel devenir**).

Fluxion. – « Toutes choses sont en *fluxion*, muance et variation perpétuelle », dit Montaigne, II, xii, et Emerson (*Representative Men*, 340): *The philosophy we want is one of **fluxion** and mobility:* « La philosophie qu'il nous faut est une philosophie de **changement** et de mobilité ». Le mot est aussi parfois syn. de **flux.** *The method of **fluxions**,* la méthode des **fluxions** (de Newton) c.-à-d. du **calcul différentiel.**

– *One diet will occasion constipation, another **fluxions**.* – Un régime occasionera (provoquera, entraînera) la constipation, un autre le **flux** (de ventre).

Remarque. – « Ce que M. Newton appelait *fluxions*, M. Leibnitz l'appelait *différences.* » (Fontenelle, *Leibnitz*), par quoi il faut entendre les *différences finies;* on dit aujourd'hui: les **différentielles.**

Folio. – *Shakespeare's **folios**,* les **in-folio** de Shakespeare. Pour un Fr. le mot folio n'a que le sens de feuillet ou de chiffre qui numérote chaque page.

Fool, folly, foolish. – Bien que ***fool*** soit notre *fol*, il ne signifie guère, en fait de fou, que le « fou de cour », et désigne couramment un **sot,** un **niais** (nous disons maintenant, dans le langage famil., **imbécile**). De ce qu'on faisait tourner le fou de cour comme un toton, vient le sens de **jouet,** puis **dupe.**

De là on a passé facilement au sens d'**innocent.**

Dans la Bible, le mot s'applique aux dévergondés, aux impies et aux insensés: *The **fool** hath said in his heart, there is no God,* l'**insensé** a dit en son cœur, il n'y a pas de Dieu.

De là sans doute le sens de † ***folly***, le **vice,** la **luxure.**

– Macbeth a résolu de faire assassiner Banquo et, obsédé par l'idée du meurtre, croit voir un poignard devant lui. Alors il s'écrie: *Mine eyes are made the fools o' the other senses.* (Shaks., *Macbeth*, II, i, 44.) – Mes yeux sont les **jouets** des autres sens.

– *You are a **fool**.* – Vous êtes un **sot** (une **sotte**), une(e) **imbécile.**

– *She turn'd to **folly**, and she was a whore.* (Shaks., *Oth.*, V, ii, 132.) – Elle s'est **dérangée,** et a fait la catin.

– Locut. div.: *To send somebody on **a fool's errand**,* c'est l'**embarquer dans une entreprise sans issue, l'envoyer décrocher la lune, se casser le nez, ferrer les oies.**

– ***To live in a fool's paradise***, **s'endormir dans une fausse sécurité, vivre dans une félicité aveugle,** comme dit le traducteur de l'*Homme de cour* (de Baltazar Gracian), **se forger une félicité,** comme dit La F. (I. V.), **se bercer d'illusions.**

– Nurse: *Don't lead her into **a fool's paradise**.* (Shaks., *Rom. and Jul.*, II, iv, 170.) – N'allez pas **abuser cette chère innocente** ou: n'allez pas **lui en faire accroire,** à la mignonne, **lui en donner à garder,** comme dit Molière *(Bourgeois gentilhomme* III, x).

Selon Emerson, *Travelling is a **fool's paradise**.* – Les voyages sont une **duperie, promettent plus qu'ils ne tiennent.**

– ***To be a fool to***, **n'être qu'un petit garçon auprès de...**

– ***To make a fool of oneself***, **se rendre ridicule, jouer un sot personnage.**

– ***A foolish step***, un **pas de clerc.**

– J.-J. Rousseau veut se séparer de son compagnon Bâcle (*Confessions*, I, iii) et l'y prépare en lui marquant de la froideur: Le drôle me comprit: il était plus fou que **sot,** ce qui est traduit: *The rascal understood me; he was more a madman than a **fool**.*

Forage (to). – Noter ***to forage for oneself***, **faire soi-même son marché, acheter ses petites provisions; trouver soi-même** (à l'office, à la cuisine) **de quoi improviser un repas de fortune.** Au fig. *don't bother about me, **I'll forage for myself**,* ne vous mettez pas martel en tête à mon sujet, ne vous occupez pas de moi, **je me débrouillerai;** aussi, (des oiseaux, de la volaille) **picorer.**

Subst. ***forage-cap***, **bonnet de police.**

– *Chickens and turkeys were **foraging** on top of the dunghill.* – Poulets et dindons **picoraient** sur le fumier.

– *A good deal of his master's information was supplied to that worthy man by his valet Morgan who went out and **foraged** for him.* (Thackeray, *Pend.* XXXVI.) – Le digne homme tenait la plus grande partie de ses informations de son valet M. qui se chargeait de l'**approvisionner en nouvelles.**

Force (to). — Addison, dans son *Tatler* (n° 148) parle de ***forced** meats*. Notre mot *farce* défiguré est devenu ***force.*** Ce sont donc des viandes **farcies.**

Forceps. — Le mot forceps n'évoque guère pour nous que l'instrument employé dans l'obstétrique. Le mot angl. désigne toute pince dont on fait usage en chirurgie. Il se dit aussi, en entomologie et zoologie, de tout membre, de toute partie du corps qui ressemble à une pince ou peut en servir. (Cf. L. 2°).

— *The O.C. he is rather a terror*
*When given unsterilized **forceps** in error.*

— Le médecin-chef est terrible (il ne fait pas bon s'y frotter) lorsqu'on lui a donné par mégarde des **pinces** non stérilisées.

— *One of the two posterior legs... is converted into a **forceps.*** (DARWIN, *Desc. Man,* I, ix, 329.) — Une des deux pattes postérieures est convertie (ou : transformée) en **pince.**

Forfeit (to), forfeit, forfeiture. — « Car vous avez *forfait* une amende », lit-on dans les *Cent Nouvelles Nouvelles* (XLIII, 109), c.-à-d. **encouru.** C'est un des sens angl. : avoir à payer une **amende** pour cause de délit, un **dédit** pour avoir manqué à une promesse. Autres sens : **être déchu de** (un droit), **se voir confisquer** (ses biens, etc.), **être dépossédé de** (en expiation ou punition d'un crime). Employé absol., **être l'objet d'une confiscation, voir ses biens confisqués,** terme de droit féodal qu'on rapprochera de notre expression : Homme de mainmorte vivant, mourant et *confisquant* (ACAD. confiscant) c.-à-d. dont les biens peuvent être, le cas échéant, confisqués ; † s'est dit de l'exécutif qui prend ces mesures de rigueur. Sens corresp. pour le subst.

To take (the) forfeit of, **confisquer ;** *to pay (the) **forfeit,*** payer un **dédit ;** *to play forfeits,* jouer **aux jeux de société,** jouer **aux gages,** l'idée étant celle d'un gage déposé par le joueur qui a commis une faute et qui ne peut le retirer qu'en faisant pénitence (D.G.).

*A **forfeit*** est aussi la **légère amende** infligée à celui qui enfreint le règlement d'un club ou d'une société quelconque.

Forfeiture exprime l'action ou l'état indiqué par le verbe.

— *The House adjourned till Wednesday fortnight... every one absent **to forfeit** five pounds.* — La Chambre s'ajourna au mercredi en quinze... et tous les absents **encourraient une amende** de cinq livres sterling.

— *He has done nothing **to forfeit** her love.* — Il n'a rien fait pour **perdre** son amour.

— Shylock refuse de se laisser attendrir par Portia : *I crave the law, the penalty and **forfeit** of my bond.* (SHAKS., *Merch. of Ven.,* IV, i, 207.) — Je réclame mon droit, la peine, le **dédit** stipulé au contrat.

— *We beguile the time with **forfeits** and old stories.* (DICKENS, *Pickwick,* XXVIII.) — Nous trompons le temps en jouant aux **gages** et en contant de vieilles histoires.

Gil Blas est arrêté par des alguazils : Ils n'oublièrent par leur bonne coutume ; ils commencèrent par me fouiller. Quelle **aubaine** pour ces messieurs ! (I, xii). — Et Smollett : *They knew their trade and began by searching me. What a **forfeit** to these lords of the manor !*

Forge (to). — Probablement de *to force* par suite d'une prononciation défectueuse, de même que *refuge (q.v.)* est une forme désuète ou dialectale de *refuse.*

Terme naut. : se dit d'un navire qui avance en dépit des obstacles. Paasch dit ***to forge, to shoot ahead,*** **devancer.** Aussi, **gagner de l'avant.**

***To forge ahead of** another vessel,* **gagner sur** un autre navire.

***To forge over** a bank,* **franchir** un banc.

Le verbe est souvent suivi de *ahead, along, off* ou *on.* **Franchir** une roche, *to pass over, or **forge off** from a rock* (FALCONER, *Dict. Marine*). Le mot a passé de la marine à l'usage général et s'emploie même au fig. : *A man **forges up** his way* quand il **fait son chemin par ses propres moyens,** quand il **s'élève à la force du poignet.**

— Un match de football entre Harvard et Princeton : *Princeton drew level — a cyclone from the other side! — and **forged ahead** — another cyclone.* (ALPHA, *Windfalls,* 76.) — Princeton rattrape Harvard (est à égalité de points) — une tempête de cris partant de l'autre camp ! — et **prend de l'avance** — une autre tempête.

Forge (to), forgery. — ***To forge*** a, outre le sens de **forger,** une signification plus fréquemment usitée en angl. qu'en fr. : celle de **contrefaire** (une signature, un billet de banque), **faire** ou **fabriquer** (de la fausse monnaie, un faux billet), **supposer** (un testament).

*A **forged** tale,* un récit **controuvé.** *A **forgery,*** c'est une **contrefaçon, fabrication de fausse monnaie,** un **faux,** un **crime de faux.** *To prosecute for **forgery,*** c'est poursuivre comme **faussaire** ou pour **crime de faux** (1).

— Le président du tribunal résume les débats d'un procès criminel : *William Falder, you have been... found guilty of **forgery.*** (GALSWORTHY, *Justice,* II.) — William Falder, le jury vous a **reconnu** coupable de **faux.**

— *This man had **forged** the basest and most atrocious falsehoods* —. Cet homme avait **inventé** les mensonges les plus bas et les plus atroces.

Form. — *Forme,* en anc. fr. signifiait notamment : « chaise, chaire, banc divisé en stalles ». Ce sens de **banc, banquette** est resté angl. D'où par méton. (cf. s'asseoir sur les *bancs de l'école*), **dasse** (d'un

---

(1) Voltaire a employé le mot *forger* dans le sens de « supposer » (un écrit), l'attribuer à un auteur qui ne l'a pas écrit (L. 3° : Le faux Enoch que cite saint Jude est reconnu pour avoir été *forgé* par un Juif (*Mœurs, Introd.*)

établissement d'enseignement) et p. ext. famil. **boîte,** au sens de **lycée, maison, lieu de travail.**

Autres sens (techn. ou spéc.): **moule; coffrage, coffre** (pour béton armé); vén. **gîte, lit** (du lièvre). On dit encore en cynég. (surprendre) un lièvre *en forme,* entendez « **au gîte** », *a hare* ***in its form.***

Sens courant, **formule, imprimé** à remplir. Noter, d'autre part des emplois identiques ou analogues dans les deux langues, sans que pour autant la traduction en soit uniformément littér. *a mere matter of* ***form,*** une question de pure **forme,** une **simple formalité,** ***we do not stand on form,*** **nous ne faisons pas de cérémonie;** *this is* ***good*** *or* ***bad form,*** ceci est de **bon** ou **de mauvais ton,** de **bon** ou de **mauvais goût,** est le **fait** d'une personne **bien ou mal élevée.** *It doth add much to a man's reputation to have good* ***forms,*** écrit Bacon, et Montaigne: « C'est contre la *forme,* c.-à-d.: contre l'usage. »

Remarque. – En Angl., contrairement à ce qui se passe dans nos établissements d'enseignement, les classes sont numérotées à partir de la sixième, *First form* pour aboutir à la *Sixth form,* qui équivaut à peu près à notre Première ou à notre Première supérieure.

– *A large cold room garnished with deal tables and* ***forms.*** – Une grande pièce froide garnie de tables et de **bancs** en bois blanc (ou de sapin).

– *The old coquette had been upwards of* ***forty years in the form,*** dit Smollett traduisant ce passage de *Gil Blas* (VII, iv): Aussi la vieille coquette avait-elle **quarante ans d'école** pour le moins.

– Invité pour la première fois à la campagne, un pique-assiette se renseigne sur la maison: *What's the* ***form?*** – *Very quiet and enjoyable.* – Quelle sorte de **boîte?** – Très tranquille et agréable.

– Dans *St. Joan* de Bernard Shaw (Sc. VI), l'ecclésiastique qui rédige l'instrument dit: *Here is the* ***form*** *of recantation for the Maid to sign.* – Voici la **formule** de rétractation que doit signer la Pucelle.

– *You are required to fill up the enclosed* ***form.*** – Prière de remplir l'**imprimé** ci-inclus.

– *« A hare lay musing in his* ***form***
(For in a ***form,*** *what can one do but muse?) »*
trad. par Sir Edward Marsh, du début de la fable II, 13:
« Un lièvre en son **gîte** songeait,
Car que faire en un **gîte** à moins que l'on ne songe? »

Formal,-ly, formality. – Formel a, en fr., trois sens principaux: 1° dont la précision exclut toute équivoque, une déclaration, un démenti *formel,* et spécial. le texte est formel, la loi est formelle; 2° qui considère la forme, l'apparence plus que la matière, un enseignement purement formel, une politesse formelle, une protestation purement formelle; 3° terme philos., sociol., etc., égalité formelle, (juridique & politique), par oppos. à égalité matérielle.

Formal se dit de **ce qui observe les formes** ou **la forme;** de ce qui est **en règle** ou **conforme à la règle** *a* ***formal*** *receipt, a* ***formal*** *warning;* d'où **de pure forme** ou **formalité cérémonieux, à cheval sur l'étiquette; formaliste, guindé, solennel, raide, compassé, sans imprévu,** comme dans *the old* ***formal*** *school of gardening;* **apprêté,** comme dans a ***formal*** *harangue;* **protocolaire,** comme dans *the* ***formal*** *provisions of an agreement.* Parfois: **théorique,** par opp. à pratique ou à réel.

Formality a des emplois qui répondent à chacun de ces sens.

– Rob. Crusoé s'ingénie à loger commodément Vendredi: *As there was a door or entrance there into my cave, I made a* ***formal*** *frame-door case, and a door to it of boards, and set it up in the passage, a little within the entrance.* – Comme il y avait là une ouverture donnant dans ma grotte je façonnai une huisserie **selon les règles de l'art** et une porte de planches que je posai dans le passage un peu en dedans de l'entrée.

– *It will save him a* ***formal*** *call.* – Cela lui épargnera une visite **de cérémonie.**

– *(He) very* ***formally*** *asked his sisters to go with him, and they as* ***formally*** *excused themselves.* (Defoe, *Moll Flanders,* p. 24.) – Il pria ses sœurs **très cérémonieusement** de l'accompagner et elles, non moins **cérémonieusement,** s'en excusèrent.

– *More familiar with his master than we* ***formal*** *English permit our domestics to be.* (Lytton, *My Novel,* II, vii.) – Plus familier avec son maître que nous ne permettons à nos domestiques de l'être, nous Anglais, qui **sommes à cheval sur l'étiquette.**

– *In conversation, bombast and the use of* ***formal*** *expressions are out of date.* – Dans la conversation, l'emphase et l'emploi de formules **solennelles** sont surannés.

– *How remote are these heavy,* ***formal*** *novels from the light and airy little books of the earlier part of the century, such as the Lettres persanes or Manon!* – Quelle distance, de ces lourds romans **empesés,** aux petits livres légers et lestes du commencement du siècle, aux *Lettres persanes* ou à *Manon.*

– *The bourgeois law, a law of* ***formal*** *equality and real inequality.* – La loi des bourgeois, loi d'égalité **théorique** et d'inégalité réelle.

– *She kissed him* ***formally*** *upon the forehead.* – Elle le baisa au front **par manière d'acquit.**

Formalize (to). – En dehors du t. didact. formaliser, « réduire un système de connaissances à ses structures formelles » (Robert), nous ne connaissons que le v. (se) formaliser, « être choqué d'un manquement aux formes », p. ext. s'offusquer, se vexer, se piquer. Cela se dit en angl. *to take exception to, to take offence at, to except against.* ***To formalize,*** c'est **régler les formalités à observer dans; sanctionner, consacrer légalement, célébrer, solenniser** (un mariage, etc.); **mettre en forme;** péj. **donner une forme conventionnelle à, guinder** (son style, etc.); **rendre formaliste, imprégner, pénétrer de formalisme.**

Par allus. à notre Brid'oison qui avait la superstition de la fo-orme, ne pourrait-on, dans un texte comique ou satirique, risquer un néol., à savoir « **brid'oiser** »?

– *The judges did nothing more than* ***formalize*** *the sentence of banishment.* – Les juges ne firent rien de plus que d'**homologuer** (de **sanctionner,** « **officialiser** » serait ici anachron.) cette sentence de bannissement.

– *Their marriage had not yet been* ***formalized.*** – Leur mariage n'avait pas encore été **célébré.**

Formula. – *The* ***formula*** *poems,* les poèmes **à forme fixe,** comme le rondeau, la ballade, le sonnet, etc.

Fortify (to). – « Le bon vin *fortifie* l'estomac » dit L. *(s.v.),* mais « ***to fortify*** *wine with alcohol* », c'est **corser** du vin (en l'alcoolisant). ***Fortifier,*** **cordial.**

– D'un homme dont le foyer est envahi par des fâcheux, Somerset Maugham, *The Pool,* dit: *He could only face the evening and the crowd of friends when he was* ***fortified*** *with liquor.* – Il ne pouvait supporter les soirées et la foule des amis que s'il s'était **dopé** à l'alcool.

– *He drank with a trembling hand a bumper of his* ***fortifier.*** – Il porta à ses lèvres d'une main tremblante un verre de son **cordial.**

Fortune. – « Vous avez entendu sa *fortune* », c.-à-d. son **sort;** dit Josabet à Athalie qui semble s'intéresser à Joas (1). De là, en angl., *to tell one his* (or: *her*) ***fortune,*** dire la **bonne aventure** à qqn. et absol. *to tell* ***fortunes,*** dire la **bonne aventure,** ***fortune-teller,*** **diseur (-euse) de bonne aventure, d'horoscope;** absol. **chance, bonne fortune, prospérité.** Sens concr.: ***to marry a fortune,*** **faire un riche mariage, épouser une riche ou grosse héritière, une grosse dot;** ***fortune-hunter,*** **coureur de dots.**

– *A gipsy was telling* ***fortunes*** *by a caravan.* – Une bohémienne disait la **bonne aventure** auprès d'une roulotte.

– Cet emploi permet à O. Wilde *(Lord Arthur Savile's Crime)* de faire un jeu de mots: Parlant d'un chiromancien, *I see, said the Duchess... he tells* ***fortunes,*** *I suppose.* – *And misfortunes, too, answered Lady Windmere.* – Je comprends, dit la duchesse, il dit la **bonne aventure** sans doute. – Et la mauvaise aussi, enchaîna Lady W.

Foundation. – Le sens de fondation, commun aux deux langues, est, en angl., à l'origine d'emplois idiom. ou spéc.: du sens pr. de fondation, soubassement, sous-sol, on passe au fig. à celui de **fondement :** *your fears had* ***no foundation,*** vos craintes étaient **sans (dénuées de) fondement.** Du sens de fondation « affectation d'un fonds à une œuvre ou à un emploi déterminé » on passe à celui d'**institution dotée de ce fonds** (comme p. ex. notre Fondation Thiers), d'où *to be* ***on the foundation,*** *to be a* ***foundation-scholar,*** *a* ***foundationer,*** être **boursier, entretenu aux frais d'une fondation,** ***to put on the foundation,*** **attribuer une bourse à...**

Autres sens: **fond** (de jupe, corsage, chapeau), ***foundation-net,*** **sparterie** (pour fond de chapeau); **bougran; fond** (de teint); **premier rang de mailles** (au tricot, au crochet); **cire gaufrée** (pour ruche d'abeilles).

– *Tones of a dark* ***foundation,*** tons **sur fond** noir.

– *The* ***foundation-stone*** *of the building will be laid on the 20th of May.* – La **pose de la première pierre** aura lieu le 20 mai.

– *Indeed, what more effectual plan is there to get a knowledge of London society than to begin at the* ***foundation*** – *that is at the kitchen-floor?* (Thackeray, *Pend.,* XXXVII.) – En vérité, est-il méthode plus sûre, pour connaître la société londonienne, que de commencer au **sous-sol,** c'est-à-dire à la cuisine?

Fountain (poét. **fount**). – Un journaliste parlant de « la distribution des honneurs » en Angl., nous apprend que « théoriquement, ceux-ci sont conférés par la reine, *fontaine* de tout honneur ». Voilà une « fontaine » dont nul Anglais ne sera tenté de dire qu'il ne boira pas de son eau. Quant à nous, disons de préférence qu'elle est la **source** ou la **dispensatrice** de tous les honneurs.

– *In England the Queen is the* ***fountain*** *of honours... (Nancy Mitford).*

Autres sens: **jet d'eau; réservoir,** comme dans ***fountain-pen,*** **porte-plume réservoir, stylographe.**

– *He always made a point of gathering information from the* ***fountain head.*** – Il se faisait toujours un devoir de recueillir ses renseignements à la **source.**

Un autre mot de la forme, ***fount,*** est le fr. *fonte,* typ. **œil,** ***wrong fount,*** **d'un autre œil.**

Fraction. – Le lat. *fractio,* c'est l'*action de briser, de rompre* d'où en fr. (et en angl.), *fraction* du pain eucharistique. D'où, en angl. encore, emplois plus ou moins désuets dont nous ne retiendrons que les principaux: **dissension, discorde; fragment, débris,** ***not a fraction*** (syn. de *not a mite*), **pas un brin, pas une miette, pas un liard.**

L'adj. ***fractious,*** **réfractaire, revêche, hargneux, peu maniable.**

– ***Fractions*** *at Court.* – **Dissensions** à la cour.

– *A* ***fraction*** *between them must of necessity ensue.* – Une **rupture** doit en résulter nécessairement entre eux.

Fractional. – E.U. ***Fractional*** *currency,* monnaie **divisionnaire.**

Franchise. – *The* ***franchise,*** ellipt., pour *the* ***elective franchise,*** **le droit de suffrage.** Hist. **immunité, exemption; droit de cité;** E.U., **concession.**

– *Citizens in a certain sense, but without* ***franchise.*** – Citoyens en un certain sens, mais sans le **droit de vote.**

Frank, to frank. – **Griffe, contreseing** apposé sur une enveloppe jouissant, de ce fait, de la franchise postale, privilège réservé

(1) Racine, *Ath.,* II, 7.

autrefois aux membres du Parlement. **Lettre** ou **enveloppe ainsi contresignée** et que l'on pouvait expédier en franchise.

Outre le sens corresp. de **contresigner une lettre, y apposer sa griffe, l'expédier** ou **la faire expédier en franchise,** *to frank* signifie **faciliter les allées et venues** (d'une pers.), l'**introduire** dans une certaine société; **payer** le voyage (d'une pers.); **transporter, emmener gratuitement, gratis;** avec *against* et *from.* **immuniser; exempter de.**

– *I did it to save a* ***frank.*** (COWPER, *Wks.*, XV, 63.) – Je l'ai fait pour éviter d'**avoir à envoyer une lettre portant un contreseing, une griffe,** lettre difficile à se procurer à une époque où l'affranchissement coûtait fort cher.

Frap (to). – Naut. **genoper, brider** (un cordage); **ceinturer, cintrer** (un navire); **ferler** (une voile); **aiguilleter** (des agrès). Ces sens semblent moins extraordinaires à qui songe que, en fr., on dit, dans une acception identique: *frapper* un câble, une manœuvre.

Fraud. – *The place* ***is a fraud,*** cette ville **ne répond pas à la réputation qu'on lui a faite;** *that man is a* ***fraud,*** cet homme est un **imposteur,** ou famil. et suivant le contexte: un **blagueur,** un **fumiste,** un **farceur;** *the whole business or scheme was a* ***fraud,*** toute cette affaire (ou: combinaison) n'était qu'un **attrape-nigauds,** un **piège à gogos.** Voilà certes des emplois très particuliers auxquels on ajoutera l'expression consacrée: *a pious* ***fraud,*** un pieux **mensonge.**

– Le socialiste Masterman déblatère contre les privilégiés: *Look at the* ***fraud*** *they have let life become.* (WELLS, *Kipps,* II, vii, § 5.) – Voyez la **duperie** qu'est avec eux devenue la vie.

– *Your husband is very likely to wake and discover the* ***fraud.*** – Votre mari peut fort bien se réveiller et s'apercevoir de la **supercherie.**

– *A bank* ***fraud,*** titre d'une histoire de Kipling, une **escroquerie** financière.

– Des doutes se font jour quant à la maladie de James Wait, le Nègre du *Narcisse* (II): *After all. Jimmy might have been a* ***fraud*** *– probably was.* – Après tout, J. n'était peut-être qu'un **fumiste;** c'était même probable.

– *What could that* ***fraud of a boss'n*** *want on the bridge?* (J. CONRAD, *Typhoon,* III.) – Que diable ce **maître d'équipage à la manque** venait-il faire sur la passerelle? (Trad. André GIDE).

Freight, to freight. – E.U. ***Freight*** *train, car* (aussi ***freighter***), *depot* = Angl. *goods train, wagon, station,* train, wagon, gare de **marchandises.**

To freight, transporter des marchandises **par voie d'eau,** E.U. aussi **par voie de terre.**

To freight *(hire out) a ship,* **affréter** un navire.

– *The* ***freight*** (abrév. de ***f. train***) *approached at high speed,* le **train de marchandises** approchait (ou: arrivait) à toute vitesse.

French. – Noter ***French beans,*** **haricots verts,** ***F. chalk,*** **craie de tailleur,** ***F. bread,*** **pain de fantaisie,** ***F. letter,*** **préservatif,** ***F. roof,*** **comble en mansarde,** ***F. window,*** **porte-fenêtre.** Locut. ***To take a French leave,*** **filer à l'anglaise, partir sans permission.**

Fresh (adj. et subst.). – ***Fresh water*** s'oppose à *salt water,* et doit donc s'entendre **eau douce, potable.** C'est ce que n'ont pas compris au moins deux traducteurs de Shakes., qui rendent par « eau fraîche » dans le passage suivant: Prospero conte à Miranda que, lorsqu'ils furent livrés à la merci des flots sur une vieille baille, ils avaient, grâce à la charité de Gonzalo, *some food... and some* ***fresh water...*** (*Tempest,* I, II, i, 60.) – Des vivres et de l'**eau douce.**

– *One sailor went on shore* ***for fresh water.*** – Un marin descendit à terre pour aller **à l'aiguade.**

Autres sens, ***fresh*** *air,* de l'air **pur;** naut. ***fresh wind,*** **vent vif, assez fort,** ***fresh breeze,*** **jolie brise;** (marche) **rapide** (d'un navire). ***Fresh*** *men,* des hommes **nouveaux** (ne pas confondre avec *freshmen* (= *freshers*), étudiants de première année à l'Université). Ecoss., **gris, éméché, pompette.** E.U. **impertinent, effronté.**

As ***fresh*** *as paint,* **frais et dispos, tout à fait en train, en forme.** Subst. **première fraîcheur,** ***in the fresh*** *of the morning;* **avalaison, avalasse.**

Fret (to), fret (subst.). – Des nombreuses formes de ce verbe nous ne retiendrons que les deux principales: 1° all. *fressen,* « manger, dévorer », d'où, trans. et intr. **ronger, se ronger** (par un ver, un acide, la rouille, etc.), au fig. **(se) ronger** (de dépit, de soucis, etc.), **(se) tourmenter;** ***to fret and fume,*** **se ronger, ronger son frein, piaffer, maugréer, pester.** Autres sens, **(s') user** (par frottement); **(s') écorcher** (la peau); (de la surface de l'eau) **(s') agiter, (se) rider;** enfin (d'un bébé) **pleurnicher, être grognon.**

2° A rapprocher des termes hérald. fr. *frette* et *fretté,* **broder, orner** (d'or, d'argent, de joyaux); **décorer** (un plafond, p. ex.) d'**ornements en bosse, en relief, orner de grecques,** etc., **ciseler, bosseler, travailler en relief des pièces d'orfèvrerie.** (Cf. *to emboss*).

Les sens courants du subst. ***fret*** sont: 1° **irritation, agacement, mauvaise humeur, humeur chagrine, maussade, revêche, acariâtre, hargne:** ***fret of mind, fret and fever; to be on upon the fret,*** **être agacé;** 2° **grecque** (ornement); **scie à découper,** ***fret-saw;*** 3° **touche** (de mandoline, de guitare).

– Elle n'est point de ces maîtresses emportées et difficiles, qui trouvent à redire à tout, qui crient sans cesse, **tourmentent leurs domestiques,** et dont le service, en un mot, est un enfer. (*Gil Blas,* IV, vii.) – La trad. de Smollett marque bien le passage du pr. au fig. *None of your termagant mistresses, never to be pleased... and* ***fretting poor servants to the thread,*** *whose places in short are a hell upon earth.*

Friction. – Nous n'employons guère ce mot que comme terme de méd. et de phys., et L. note que c'est un syn. peu usité de **frottement.** En angl., à ce dernier sens, qui est courant, s'ajoute celui **d'usure.** Au fig., ***friction*** = **heurt; désaccord, conflit** d'opinions, de tempéraments: ce sont des causes ou des **points de friction;** aussi **froissement, accrochage, tirage.**

– *The rocks below... are worn many feet deep by the constant* ***friction*** *of the water...* – Les rochers d'en bas... sont rongés sur une profondeur de plusieurs pieds par l'**action** constante de l'eau (l'**érosion**).

– *True, said a smoking gentleman, whose coat had the fine polish about the collar, elbows, seams and shoulder-blades that long-continued* ***friction*** *will produce, and which is usually more desired on furniture than on clothes* (HARDY, *Mayor,* I.) – C'est vrai, dit un fumeur dont le vêtement montrait au col, aux coudes, aux coutures et aux omoplates, ce beau poli que le **frottement** produit à la longue et que l'on souhaite généralement voir davantage au bois des meubles qu'aux vêtements.

– *He realized that there was* ***friction*** *somewhere.* – Il comprenait bien qu'il y avait quelque **tirage.**

Fringe. – Du sens de **frange, bordure; bord lisière,** on passe, au fig. et famil., à celui de **hors-d'œuvre, point secondaire, accessoire, à-côté, broderie.** Pour en revenir au sens propre, noter celui de **cheveux à la chien, chiens.**

– *He considered it a simple* ***fringe,*** il ne vit là que simple **hors-d'œuvre** (ou: que **broderie**) selon le cas.

Frippery. – De la « friperie », c'est pour nous le mot générique désignant habits, linge, meubles vieux qui se revendent d'occasion. Tel a été autrefois le sens angl. Il faut y ajouter ceux de **parure inutile, prétentieuse ou voyante, de mauvais goût,** la personne qui s'en revêt; aussi: gén. pl. **chiffons, colifichets; babioles, bagatelles, brimborions.** En litt., style, etc., **étalage, faste, clinquant.** Le mot s'emploie adj. dans le sens de **frivole, insignifiant; méprisable.**

– *She is as fond of gauze and French* ***frippery*** *as the best of them.* (GOLDSMITH, *She stoops,* I.) – La voilà qui raffole des gazes et des **chiffons** français autant que qui que ce soit. (Trad. A. BARBEAU).

– *The painted* ***fripperies...*** *you meet in London.* – Les femmes fardées **à la toilette tapageuse** que l'on rencontre à Londres.

– *There is too much* ***frippery*** *in this poem.* – Il y a trop de **clinquant** dans ce poème.

Frock. – Admirez l'ample progéniture du **froc** monacal: **blouse** (d'ouvrier) et de là, **homme en blouse : tricot de marin; robe d'enfant; robe de femme** (pour l'intérieur); **redingote** (en ce sens, plutôt ***frock-coat***); **longue tunique** (de petite tenue pour les officiers).

– *I don't think I've ever been in London since I wore short* ***frocks.*** – Je ne crois pas avoir jamais été à Londres depuis le temps où je portais des **robes** courtes.

– ***Before he was well out of his frocks,*** *it was settled that he was to be a clergyman.* (S. BUTLER, *The Way,* VII.) – **Il n'avait pas encore mis sa première culotte** que déjà on avait décidé qu'il entrerait dans les ordres.

REMARQUE. – Nous disions autrefois d'un enfant en bas âge: « un enfant à la jaquette ».

Front. – Entre de nombreux sens retenons: **frange, garniture de (faux) cheveux** (adaptés sur le *devant* de la tête): **faux plastron, plastron mobile** (de chemise); **façade** de bâtiment (cf. fr. le *front* d'un bâtiment, lat. *frons ædis*); **tête** (de pont); **partie antérieure** de qqch., **devanture** de magasin. Poét. ou fig. **aube, aurore seuil.**

Locut. div. ***to come to the front,*** **percer, acquérir de la notoriété, devenir une sommité,** un **personnage éminent,** de **premier plan.**

– *Philomel in summer's* ***front*** *doth sing.* (SHAKS., *Sonnets,* CII.) – Sur le **seuil** de l'été Philomèle et ses chants. (Trad. Ch.-M. GARNIER.)

Frugal, frugality. – Parfois **économe, économie,** respect.

– *Experienced men of the world know very well that it is best to pay scot and lot as they go along, and that a man often pays dear for a small* ***frugality.*** (EMERSON.) – Les hommes qui savent bien le monde (ou: **qui ont l'expérience du** monde) n'ignorent nullement que, dans la vie, il est des choses qu'il faut savoir faire sans lésiner et qu'une petite **économie** (ou, famil.: des **économies** de bouts de chandelle) revient(-nent) souvent très cher.

– *She was a very* ***frugal*** *woman.* – C'était une femme très **économe.** – *He lived* ***in a frugal way.*** – Il vivait **chichement.**

Frustrate (to), frustration. – Contrecarrer, déjouer, faire avorter, échouer, rendre vain; désappointer, décevoir, frustrer (l'attente, les espérances); **abroger, annuler** (une loi, etc.).

Frustration, sens corresp.: **déboire, mécompte, insuccès, avortement;** en psychanal., **frustration.** L'adv. lat. *frustra* signifie en vain.

– *I listened as he spoke of his vain dreams and* ***frustrated hopes.*** – Je l'écoutais me raconter ses velléités et ses **déboires.**

– *He did his utmost* ***to frustrate*** *the policy of intervention.* – Il n'épargna rien pour **faire échouer** la politique d'intervention.

– *That would be tantamount* ***to frustrate*** *the purpose of the Convention.* – Cela équivaudrait à **détourner** la Convention de son but.

REMARQUE. – Cela ne veut pas dire qu'il ne faille jamais traduire ***to frustrate*** par frustrer. Bossuet a écrit: « L'espérance publique *frustrée* tout à coup par la mort de cette princesse. » (*D. d'Orl.* in D.G., qui donne ce sens comme vieilli.)
D'autre part, *frustration,* dont la date remonte à 1549, est un terme juridique que la psychanal. a annexé. Il détonnerait p. ex. dans le passage suivant: « Retz, dans cette comparaison (avec Mirabeau) a le désavantage d'avoir survécu, d'avoir assisté à l'*avortement* de toutes ses espérances! » (SAINTE-BEUVE, *Lundis.*)

Fry (to), fry. – Fretin, frai, ***small fry,*** **menu fretin** (au pr. et au fig.): **alevin; friture, plat de friture; fressure.**

Sens fig. du verbe: **bouillir, bouillonner;** *I have other **fish to fry**,* j'ai d'autres **chats** (1) **à fouetter;** ***to fall out of the frying pan into the fire*, tomber de Charybde en Scylla.**

Fume. – *The air was fragrant with the **fume** of flowers,* l'air était embaumé de l'**odeur** (ou du **parfum**) des fleurs, nous avertit du sens que ce mot peut prendre en angl. On y ajoutera celui d'**émanation,** d'**exhalaison,** d'**évaporation,** et au fig. ceux de **colère, rage, fureur:** *the **fumes** of his passion,* les **transports** de sa colère que l'on rapprochera de celui famil. du fr. *fumer* (de dépit, de colère), *fumer* sans tabac.

Fumigate (to), fumigation, fumigator. – Les deux premiers mots n'ont en fr. que des acceptions qui relèvent de la méd. et de l'hyg. En angl., outre les sens de **désinfecter au moyen de fumigations,** etc., il faut penser à ceux de **parfumer,** de **parfum,** d'**encens,** respect., et pour ***fumigator*** à celui de **brûle-parfum** (s).

– D'un vieux beau qui s'imagine avoir fait une conquête, Lesage (*Gil Blas,* IV, vii) dit plaisamment: Le bonhomme ne sentit point que je lui **donnais de l'encens** par le nez, et Smollett: *The grown-up simpleton was not aware that I was **fumigating** his nostrils at the expense of his addled brain.*

Function, functional. – Qui devinerait ces emplois en dehors de leur contexte: **cérémonie religieuse; cérémonie publique, gala; réunion mondaine, grande réception?**

Functional est parfois syn. de *official, formal.* Aussi, **qui répond à une fonction, à un besoin; opérant, viable,** *a **functional** plan.*

– *Even grandees yielded him precedence **in functions.*** – Même les grands lui cédaient le pas dans les **cérémonies publiques.**

– *There was a **function** of some kind – a Launch,- a Reception,- a Royal Visit – going on in the Dockyard.* – Il y avait une **cérémonie** quelconque – lancement de navire – réception – visite royale – qui avait lieu à l'Arsenal.

– *What is in these industries the distribution of **functional** activities and economic rewards?* – Quelle est, dans ces industries, la hiérarchie **des fonctions** et des rémunérations?

– *Hoods, ski caps are **functional** and only incidentally funny.* – Les capuchons et les casquettes de ski **répondent à un besoin** et ne sont comiques qu'à l'occasion (ou: accidentellement).

– *The validity of **functional** acts is not affected by the unworthiness of the responsible agent.* – La validité des actes **officiels** n'est pas infirmée par l'indignité de l'agent responsable.

Fund, to fund. – A retenir: les signif. et locut. suivantes: *the **funds**,* les **fonds publics,** les **fonds d'État,** la **rente** (sur l'État): *to buy **fund**,* acheter de la **rente,** d'où ***fund-holder*, rentier.** *To misappropriate **public funds**,* détourner les **deniers de l'État.** (Banque) **provision,** ***« No funds »*, « sans provision », « défaut de provision », « manque de fonds », « pas d'encaisse ».** Autres sens, ***fund of money*, avoir monétaire.** ***To fund*,** **consolider** (une dette publique); ***to fund*** *money,* **placer** de l'argent **en fonds d'État;** ***funding*** *loan,* emprunt de **consolidation;** ***funded*** *property,* (des) **rentes sur l'État.**

(1) Ou: « d'autres chiens... »

Funeral. – Outre le sens fr., **monument funéraire; convoi funèbre,** ***to attend a funeral*, suivre un convoi,** ***to head a funeral*,** **mener le deuil.** Noter famil. E.U. ***it is not my funeral*,** **je m'en moque, je m'en fiche, je m'en lave les mains, ce n'est pas mon affaire.**

Furbish (to). – **Remettre à neuf, retaper, rafistoler;** au fig. **renouveler, rafraîchir,** se construit avec *up* et parfois *over.*

– *I **furbished up** my old reading in law and history.* – J'ai **rafraîchi** mes anciennes lectures de droit et d'histoire.

Furious. – **Fou furieux, dément, aliéné,** désuet, sauf en droit écossais: ***furious driving*, excès de vitesse.**

– *Idiots... and **furious** persons cannot marry.* – Il est interdit aux idiots et aux **déments** de contracter mariage.

Furnace. – Non seulement **four, fourneau** (***blast furnace***, **haut fourneau**), mais aussi **foyer** (de machine à vapeur, de chauffage central); **foyer d'un volcan, le volcan même; brasier; calorifère** (à air chaud) au fig. **creuset, fournaise.** ***To be tried in the furnace*, être cruellement éprouvé,** et p. ext., **se retremper dans l'adversité.**

– *The existence of this **furnace** is confirmed by the tales of all the travellers.* – L'existence de ce **volcan** est confirmée par les récits (ou: relations) de tous les voyageurs.

– Ravages exercés par un incendie: *Polly's shop and upper parts were already a **furnace...*** (WELLS, *Polly,* VIII, 3.) – La boutique de M. P. et l'étage supérieur ne formaient déjà plus qu'un **brasier.**

Furnish (to), furniture. – Si l'on s'avise que boutique, maison bien *fournie* doit s'entendre « pourvue de ce qui est nécessaire », on comprendra que ***to furnish*** *a house* signifie **meubler** une maison, d'où ***furnished apartment*** *or:* ***room*,** **chambre meublée, garni;** s'emploie aussi au fig., *a well-**furnished** head or mind,* un esprit bien **meublé.**

Autre sens, **harnacher** (un cheval).

Outre **meubles, ameublement, mobilier,** ***furniture*** signifie **garniture; équipement; harnachement, gréement** (d'un navire), **cuivres** (d'une maison), etc.

Sens cour. ou famil.: ***furniture of one's pocket*,** l'**argent (de poche);** ***furniture of your mind*,** **votre bagage intellectuel.**

– *Constable made presents to Sir Walter Scott and **furnished** Abbotsford Castle.* – (L'éditeur) C. fit des cadeaux à Sir W. S. et **meubla** son château d'A.

– M. Hardcastle se moque de Marlow qui a pris sa maison pour une hôtellerie: *Ha! ha! ha! Pray, Sir (bantering) as you take the house, what think you of taking the rest of the **furniture?*** (GOLDSMITH, *She stoops,* IV.) – Ah! ah! ah! dites, monsieur (d'un ton gouailleur), puisque vous prenez la maison, pourquoi ne prendriez-vous pas aussi le **mobilier?**

– *A **well-furnished** purse, table*, une bourse, une table **bien** (**copieusement**) **garnie**.

– *Two little horses covered with **splendid furniture**.* – Deux petits chevaux **magnifiquement harnachés**.

Furtive. – Comme le lat. *furtivus*, **volé, dérobé;** aussi, **voleur, qui a tendance à voler,** *a **furtive** bird*, un oiseau **pillard.**

Fuse (to). – Est le lat. *fundere* et signifie donc **fondre** (un métal): **amalgamer, mélanger** (au pr. et au fig.) Intr. **se fondre, s'amalgamer.**

Fuse (subst.). – N'a rien à voir avec le mot précédent, puisqu'il provient de l'ital. *fuso*, lui-même issu du lat. *fusus* « fuseau ». D'où, par analogie de forme, **fusée: mèche, cordeau de mine: étoupille;** élect. ***(safety-)*** **fuse, coupe-circuit, fusible,** vulg. **plomb** (de sûreté).

– *It is dangerous to change **a fuse** without turning off the current.* – Il est dangereux de changer un **plomb** sans avoir au préalable coupé le courant.

Remarque. – Le fr. *fusée* a signifié à l'origine « quantité de fil roulée autour du fuseau », puis, par ext. fuseau, avec de multiples sens fig. et tech. (voir *fusee*).

Fusee. – Fusée (de montre); **tambour conique; allumette-tison, tison;** art vét. **exostose** de l'os du canon, **suros** (du canon du cheval).

Futile, futility. – Suivons le dict. lat. *Futilis*, « qui laisse échapper ce qu'il contient », d'où, au fig.: **indiscret** – cette acception a été angl.; – **innutile, inefficace:** *a **futile** remedy*, un remède **inefficace, inopérant;** suite des sens angl. **vain, oiseux; frivole.**

Futility (ici nous quittons le dict. lat.): **inutilité, inefficacité; frivolité;** † **loquacité, indiscrétion; ce qui ne compte pas, n'existe pas.** C'est le mot qu'applique Wells aux entreprises non systématiques de ses concitoyens, lesquelles sont vouées à l'échec.

– *One **futile person**, that maketh it his glory to tell, will do more hurt than many that know it their duty to conceal.* (Bacon, *Essays, Counsel.*) – Un **indiscret,** qui met sa gloire à rapporter, fera plus de mal que maintes personnes qui savent qu'il est de leur devoir de se taire.

– Cet ex. légèrement arch. ne doit pas nous faire oublier que *a **futile** person* peut s'entendre d'une personne **qui n'est bonne à rien,** d'une **non-valeur,** d'un **incapable.**

– Chargée d'une mission délicate, une femme doute d'elle-même: *I feel so **futile**, so inexperienced.* – Je me sens tellement **incapable,** tellement inexpérimentée.

– *The first introduction of machinery is said to have aroused some essentially **futile** labour riots.* – On rapporte que la première apparition du machinisme a provoqué certaines manifestations ouvrières radicalement **impuissantes.**

C'est pour n'avoir pas pensé à cette acception qu'un traducteur d'agence, citant (20 sept. 1961) la *New York Herald Tribune*, croit pouvoir écrire: « Quand la Société des Nations devint une institution **futile** (sic) et inefficace, la deuxième guerre mondiale éclata ». Il aurait fallu dire évidemment: une institution **impuissante.**

– Suite de panique dans un théâtre: *In the stalls, the toys of luxury, so **futile** now, forgotten fans and lace shawls derelict on the red plush seats.* – Dans la salle, tout un luxe **devenu inutile,** sous la forme d'éventails oubliés et de dentelles traînant sur le rouge des fauteuils d'orchestre.

– *It is now **futile** to ask whether the epidemic could have been avoided.* – Il est maintenant **oiseux** de se demander si l'on aurait pu éviter l'épidémie.

– *We should recognize the **futility** of contending against the most rooted of prejudices.* (M. Arnold, *Mixed Essays.*) – Nous devrions reconnaître qu'il est **vain** de lutter contre les plus enracinés des préjugés.

– Alpha (*Leaves in the Wind*, 123) observe que si, en fauchant, vous déployez toute votre force, *you stab the ground and miss your stroke and exhaust yourself in sheer **futility**.* – Vous piquez le sol, manquez votre coup et vous épuisez pour **ne faire absolument rien** (**en pure perte**).

Future. – Commerce: **à terme.**

– *The commodity market in cotton has been reopened for both spot and **future** transactions.* – La bourse du coton a été rouverte tant pour les transactions au comptant que pour les opérations **à terme.**

G

Gaberdine. – Est l'anc. fr. *gawardine* et signifie **caban** (de juif ou de mendiant).

– *You... spit upon my Jewish **gaberdine**,* dit Shylock à Antonio... (*Merch. of V.*, I, iii.) – Vous avez craché sur mon **caban** de juif.

Gaff. – Est le fr. gaffe (au sens pr.). A ce sens il joint ceux de **harpon; pointe de l'éperon** d'un cavalier; **éperon d'acier** (pour coq de combat); naut. **corne,** c.-à-d.: **espar** servant à établir une brigantine ou une voile goëlette (PAASCH).

Signalons deux autres mots famil. ou argot.: 1° **petit théâtre populaire, boîte,** sorte de **boui-boui,** génér. ***penny gaff;*** 2° ***to blow the gaff,*** **vendre la mèche, se mettre à table** et E.U. ***to stand the gaff,*** **tenir le coup.**

– *We pulled for a light which... had been run up to our trysail **gaff**.* – Nous ramâmes vers un feu qui avait été hissé à la **corne** (de brigantine ou d'artimon) de notre navire. (Il s'agit d'un canot qui rejoint le bord.)

Gaffer. – Non pas gaffeur (qui se dit *blunderer, bungler*), mais **vieux paysan, vieux;** (le) **père** (un tel): **contremaître, chef d'équipe, conducteur de travaux.**

REMARQUE. – ***Gaffer*** est la contraction de *godfather* ou *grandfather* de même que *gammer* l'est de *godmother* ou *grandmother*.

Gaiety. – Du sens de gaieté, commun aux deux langues, on passe en angl. mais non en fr., à celui de **divertissements, réjouissances, fêtes,** fréquent au pl. (1634), puis à ceux d'**aspect riant,** de **brillante apparence;** de **costume pimpant,** de vêtements, d'atours de **couleurs vives, éclatantes.** Parce que, comme le dit Joubert (*Pensées*) « les beaux vêtements sont un signe de joie. »

– *The **gaieties** of Paris,* les **plaisirs** de Paris.

– *The season's **gaieties***, les **réjouissances** de la saison.

– *In spite of old age he continued his **gaieties**.* – La vieillesse ne l'empêcha nullement de continuer à **mener joyeuse vie.**

REMARQUE. – On ne confondra pas ce sens de plaisirs, divertissement(s), etc. avec le sens ironique: Ce sont les gaîetés de l'administration, des congés payés, des sports d'hiver, etc.

Galaxy. – Outre galaxie « voie lactée » s'applique au fig. à une **réunion brillante, choisie** (de beautés), à un **brillant essaim**, à une **constellation**, une **pléiade** de talents etc.

Gallant (adj. et subst.), **-ly, gallantry.** – ***Gallant*** signifie non seulement « empressé à plaire aux femmes », mais encore † **paré, magnifique, élégant, beau; superbe, majestueux; brave, vaillant, hardi, courageux.** Enfin vague épithète laudative appliquée à un navire, à un cheval, etc., *A **gallant** ship, horse*, **beau** navire, **fier** cheval, **noble** bête. L'adj. et l'adv. s'emploient aussi comme intensifs.

Gallantry a les sens corresp. *Galanteries* « actes de vaillance » a été fr. (voir L. hist.). Cotgrave traduit *galanterie* par *bravery (q.v.)*.

Gallant*, brave,** s'accentue sur la première syllabe; ***gallant, sens fr. moderne sur la deuxième.

– *A **gallant** knight*, un **preux** chevalier.

– *It shall be paid thee back with **gallant** interest one day.* (DICKENS, *Old Curiosity Shop*, XXXII.) – On te rendra cela un jour (tu le paieras un jour) avec de **jolis** intérêts.

– Clara Middleton et Sir Willoughby viennent de se dire adieu: *She watched him riding away on his **gallant** horse.* (MEREDITH, *Egoist*, VI.) – Elle le regarda s'éloigner sur sa **noble** bête.

– *The guard was officered by the **gallants** who carried the day.* – La garde était commandée par les **braves** qui avaient remporté la victoire.

– *They were **gallantly** armed, for they had every man a fuzee or musket, a bayonet and a pistol.* (DEFOE, *Rob. Crusoe*.) – Ils étaient armés **de tout point (tout de bon, jusqu'aux dents)** car il n'était pas un homme qui n'eût en main un fusil ou mousquet, une baïonnette et un pistolet.

– *Beside him [Shylock], the Christians, for all... their **gallantry** of apparel, seem but poor creatures.* (DUTTON COOK, *Irving in Shakes.*) – Auprès de lui, les chrétiens, malgré toute l'élégance de leur **parure** (de leur † **braverie**) ne semblent que de pauvres (ou: piètres) créatures.

– Emerson, (*E. T.*, XV) parlant du *Times* constate « l'impétuosité et la **hardiesse** de ses attaques, *the heat and **gallantry** of its onsets*

Gallery. – Arcade, colonnade; au Parlement, *public, strangers' **gallery***, **tribune** publique ou: réservée au public, *the reporters' or press **gallery***, la **tribune** de la presse; au théâtre, *the **gallery***, la **troisième galerie, l'amphithéâtre,** famil. le **poulailler,** le **paradis;** E.U. **balcon,** sens qui tend à se répandre dans les pays de langue fr.: **véranda; estrade** de la Société des Amis; enfin, mis pour *picture **gallery***, **musée, salle** de peintures.

– *In Florence, I was too unwell to visit the **galleries** or churches.* – A Florence, je ne fus guère en état de visiter les **musées** ou les églises.

Galley. – Outre galère, signifie **yole** (d'amiral): **cuisine, coquerie** (de navire): typ. **galée,** en compos. ***galley-press***, **presse** (à bras) **à épreuves,** ***galley-proof***, **épreuve en placard, épreuve en première;** ***galley-slave***, **galérien,** au fig. *he, she is the **galley-slave** of the house*, c'est le **chien,** la **cendrillon** de la maison.

– Eustacia Vye, qui a épousé Clym Yeobright, peu favorisé par le sort, apprend que la fortune vient de sourire à Wildeve dont elle a repoussé les avances. Et son grand-père de lui dire: « ***You ought to have been in this galley***, *my girl.* (HARDY, *Return of the N.*, IV, viii).

Quiconque traduirait littéral. « Tu aurais dû être dans cette galère, ma fille. » ferait un grossier contresens. Le mot « galère », en effet, évoque en nous des associations défavorables pour ne rien dire de la loc. proverb. qu'il éveille en tout esprit un peu cultivé: « Que diable, allait-il faire dans cette galère? » (*Fourb. de Scap.*, II, 7.)

Il faut donc louer Marie Canavaggia d'avoir transposé et d'avoir rendu l'idée par notre loc. famil.: « **Tu as manqué le coche,** ma petite. »

Gallop (to). – *Galloping* *carriage*, **affût** d'une pièce d'artillerie légère de campagne; ***galloping*** *nun*, religieuse **qui n'a pas prononcé de vœux.**

Galosh. – *The visitor removed his **galoshes** in the hall*, le visiteur ôta (non ses galoches apparemment, mais) ses **caoutchoucs** dans le vestibule.

Gambade ou **gambado. –** Ce mot a été employé par Walter Scott, il y a plus d'un siècle dans le sens de **frasque, fredaine, escapade.**

– *You must lay aside your frolics and **gambades***. (W. SCOTT, *Familiar Letters*, 15/2 1821.) – Il va vous falloir renoncer à vos fredaines et à vos **frasques.**

Ganglion (pl. **-ia**). **–** Au fig., **centre de force, d'activité, d'intérêt, nœud** (d'une affaire, d'un problème).

– *That scene is the chief **ganglion** of the tale.* – Cette scène est le principal **centre d'intérêt** du récit.

Gantry ou **gauntry. –** Est le v. fr. *gantier*, var. de *chantier*, bas lat. *cantarium*, **chantier** (pour tonneaux) et a ce sens: aussi: **châssis, plate-forme** supportant une grue ou autre appareil de levage; **portique,** « pont se déplaçant sur des rails pour ces appareils », d'où ***gantry-crane***, **grue à portique;** *travelling **gantry***, **portique** roulant: ch. de fer, ***signal gantry***, **pont à signaux.**

Ganymede. – Par allusion mythol. et famil. **échanson, garçon de cabaret.**

Gaol (ou **jail**). – Est le fr. *geôle*, couramment: **prison;** ***gaol-bird*, gibier de potence, pilier de prison;** ***gaol-delivery*, session de cour d'assises** (en vue d'élargir les prisonniers).

Garden. – Est le fr. *gardin*, dial. picard, devenu jardin; employé adj. et famil. signifie **commun, ordinaire, quelconque, banal, courant :** *a common or **garden** phrase*, un **cliché.**

– *This is the common or **garden** way of doing it.* – C'est comme çà qu'on s'y prend **d'ordinaire,** ou: qu'**il faut** s'y prendre.

– *She was reading one of these common or **garden** novels.* – Elle était en train de lire un de ces romans **dépourvus de toute originalité,** (ou: **qui courent les rues**).

Gargarism. – **Angine** ou **esquinancie** du porc. Gargarisme se dit *gargle (q.v.)*

Gargle (to), gargle (subst.). – ***To gargle*** est le fr. *gargouiller* et signifie **(se) gargariser;** ***a gargle*,** argot: un **verre,** un **coup sur le zinc,** un **canon,** d'où ***to have a gargle, to gargle*, se la rincer, se rincer le gosier** ou: la **dalle, boire un coup, un « canon ».**

Garland (to), garland. – Sont resp. l'anc. fr. *garlander* et *garlande*, encore attestés par les mots *garlandage*, et *galandage*. Voici les sens: **guirlande, couronne** (du vainqueur, dans l'antiq. grecque et romaine), d'où au fig. surtout: ***to gain, get, win the garland*, remporter la palme, sortir vainqueur de,** Blason: **crancelin** (1); min. **gargouille;** naut. **grosse erse.**

Garnish (to). – Deux sens jur. importants: 1° **citer, appeler** (un tiers) en justice, 2° **saisir-arrêter, former saisie-arrêt** entre les mains d'un tiers *(garnishee)* pour s'assurer de l'argent appartenant à un débiteur, l'auteur de cette action étant le ***garnisher*,** c.-à-d. le **saisissant** ou le **signifiant.** D'où ***garnishment*, saisie-arrêt, opposition.**

Autres sens, argot: **mettre les menottes, les poucettes à;** ***garnish (-money)*, bienvenue,** argent qu'un nouveau détenu devait verser aux anciens pour fêter si l'on peut dire son arrivée; par ext., **régal** qu'il est de règle d'offrir quand on est admis dans un corps, une compagnie, etc.

Garniture. – + **Meuble, ameublement; costume, vêtements,** et au fig. **parure,** (du paysage, de la nature, etc.); **appareil** (de la douleur).

– *The gloomy **garniture** of purchased woe.* – Le lugubre (ou: le sombre) **appareil** d'une douleur empruntée.

Garret. – Est l'anc. fr. *garite*, fr. mod. *guérite*, mais n'a gardé du sens de tour de guet que... l'altitude et signifie: **galetas, soupente.** *From cellar to **garret**,* de la cave au **grenier.** Famil. ***to be a bit wrong in the garret*, avoir le timbre un peu fêlé, une araignée dans le plafond.**

– *A briefless barrister lived up **in a garret**,* un avocat sans causes logeait **dans un galetas (sous les combles).**

Gas. – E.U. abrév. de *gasoline* (angl. *petrol*), **essence.**

Gauntlet. – Deux mots: 1° fr. **gantelet,** de *gant* issu du francique *want*, dont il a le sens: *fling, throw down the **gauntlet** to s.o.*, jeter le **gant** à qqn.: *to pick, (take) up the **gauntlet**,* relever le **gant;** autres sens (escrime, etc.), **gant à crispins, à manchettes, à rebras, crispin;** ***riding-gauntlets*, gants de buffle,** ***gauntlet gloves*, gants à la mousquetaire.** 2° Corruption de *gantelope*, d'orig. suédoise, qui n'est plus guère usité que dans l'expression ***to pass, run the gauntlet*, passer par les bretelles, par les baguettes** (armées de terre), **courir la bouline** (marine), supplice militaire qui consistait à faire passer un soldat (ou un marin) les épaules nues entre deux rangs de ses camarades armés de baguettes (de boulines ou garcettes) dont ils le frappaient. S'emploie aussi au fig.

– Polly s'est brouillé avec la plupart de ses confrères de la petite ville de Fishbourne: *He could not bring himself to go out and **run the gauntlet** of the observant widows and the cold and estranged eyes.* (Wells, *Polly*, VII, 6.) – Il ne pouvait se résoudre à (prendre sur lui de) sortir et à **affronter** les veuves qui l'épiaient et la froideur hostile des regards.

Gay. – Ses emplois se divisent en deux grandes branches: 1° *gai d'humeur: a)* **ami du plaisir:** ***gay** people*, gens **qui s'amusent,** fort honnêtement d'ailleurs. Le père et la mère de Charles Lamb étaient, au rapport de l'écrivain, de ces gens-là; *b)* **qui s'amuse, fait la fête,** etc., comme ***gay** women*, que l'on peut rapprocher de nos filles **de joie.** Voici ce sens en fr. d'Angleterre: « Du corps fut gai, du cœur volage. » (Frère Angier.) *The **gay** world*, le monde **où l'on s'amuse.**

Le sens de **désinvolte** *(airy, off-hand)*, dont le N.E.D. ne donne que deux exemples, peut être négligé, mais non pas celui de (E.U.) et arg. **effronté, qui a du toupet, de l'aplomb, du culot,** etc.

2° *gai à l'œil: a)* **brillant** (d'une couleur), dans le sens du français vert **gai;** *b)* puis (du costume), **élégant** ou **voyant,** et, finalement, de la pers. qui le porte, **paré,** comme dans cet ex. fr. du début du XVIIe siècle: « Icelle... s'en va toujours toute *gaie* et cointe » (Larivey, *Ancien Théâtre franç.*, Ed. Jannet, XI, 199), passage où *gai* et *coint* sont synonymes. De là, finalement, **de belle apparence, beau, séduisant; brave,** dans le sens de « paré ».

– Selon Iago, qui est une mauvaise langue, il est rare de trouver une femme qui *Never lack'd gold, and yet went never **gay**.* (Shaks., *Oth.*, II, i, 150.) – Tout en ayant de l'or, oncques ne se fit **brave.**

– *Enjoy your dear wit and your **gay** rhetoric.* (Milton, *Comus*,

(1) De l'all. *kranzlein* « petite couronne ». D'autre part, on rapprochera le sens fig. d'**anthologie, chrestomathie, morceaux choisis,** de notre « guirlande de Julie », recueil de madrigaux offerts en hommage à Mlle de Rambouillet.

790.) – Jouissez de votre esprit qui vous est si cher, et de votre **brillante** rhétorique.

– *As a rule southern people are fond of* ***gay*** *colours.* – En général les méridionaux aiment les couleurs **voyantes (vives).**

– *She was dressed* ***in her gayest.*** – Elle était parée de **ses plus beaux,** de **ses plus brillants atours.**

– *In the* ***gayest*** *moments.* – Aux plus **folles** heures de **plaisir.**

– *Narcisse had led a* ***gay*** *and wild life while beauty lasted.* (E. Peacock.) – Narcisse avait mené une vie de **plaisir** et de désordre (ou plaisamment: mené une vie **de bâton de chaise** et rôti le balai) tant que sa beauté avait duré.

Gazette, to gazette, gazetteer. – Journal officiel, d'où ***to be gazetted,*** **être nommé officiellement,** expression qu'il ne faut pas confondre avec celle-ci: ***to be in the gazette,*** **être déclaré en faillite.** Enfin ***gazetteer,*** † **gazetier,** voire **gazette;** auj. **rédacteur du Journal Officiel** et, dans un autre ordre d'idée, **index** ou **dictionnaire de géographie.**

– *Mr. Esmond was* ***gazetted*** *to a lieutnancy in Brigadier Webb's regiment.* – M. E. fut **nommé** lieutenant au régiment du Général Weeb.

– « D'éloges on regorge, à la tête on les jette.

Et mon valet de chambre est *mis dans la gazette* (*Mis.*, III, vii), par quoi Alceste entend que son domestique est loué dans la *Gazette de France*, fondée par Théophraste Renaudot. Ce n'est pas ainsi qu'il faut entendre cette phrase d'Emerson: *Be brewer and banker and merchant and manufacturer, and you will soon* ***be in the Gazette.*** – Soyez brasseur, et banquier et négociant et fabricant, et vous ne tarderez pas à **être déclaré en faillite.**

General (adj. et subst.). – **Universel,** *the* ***general*** *applause;* † **commun,** *our* ***general*** *mother* (Milton), notre **commune** mère, c.-à-d. **Ève; entier, tout entier;** E.U. ***general ticket,*** **scrutin de liste;** † **adressé, destiné à tous,** *the* ***general*** *epistle of James,* l'épitre de Jacques **adressée aux douze tribus dispersées,** c.-à-d. à **tous** les chrétiens disséminés par le monde; *the conversation was quite* ***general,*** ne signifie pas nécessairement qu'elle était générale, mais qu'elle **avait un caractère général,** ne portait pas sur des questions particulières; on parlait de tout et de rien; ***general*** *confession,* confession en **commun,** ***general holiday,*** fête **publique, jour férié;** ***general*** *law,* droit **commun;** ***general pardon,*** **amnistie;** *the* ***general*** *public,* et subst., *the* ***general,*** le **(grand) public,** la **multitude,** et péjor., le **vulgaire;** *the* ***general*** *good,* le bien **public;** *the* ***general*** *reader,* le lecteur **(non spécialisé), les lecteurs,** le **commun** des lecteurs, le **public,** *he* ***is a general reader,*** il **lit de tout;** ***general*** *servant,* et par abrév. ***general,*** **bonne à tout faire** *(maid of all work);* il n'y a donc aucune intention belliqueuse ou mystificatrice dans l'annonce suivante publiée par un journal australien: *Girl wants situation as* ***general,*** jeune femme désire emploi de **bonne à tout faire.** Suite des sens: ***general*** *bookseller,* librairie **d'assortiment** (par opposition à *bookseller and publisher,* libraire-éditeur qui vend des « livres de fonds »): ***general*** *cargo,* cargaison **mixte;** ***general*** *ship,* navire **chargé en cueillette;** *a* ***general*** *ruling,* une décision **de principe.** ***General store,*** **épicerie-droguerie, magasin d'alimentation** (de village). Plais., ***lover general,*** homme qui proteste de son amour auprès de toutes les femmes, **épouseur du genre humain, épouseur à toutes mains,** comme dit Molière de Don Juan (I, i).

– Othello est ravagé par la jalousie:

I had been happy if the ***general*** *camp,*
Pioneers and all, had tasted her sweet body,
So I had nothing known. (III, iii, 344.)
J'aurais été heureux si le camp **tout entier,**
Jusqu'au dernier pionnier, de son corps délicat
Eût goûté la douceur, si je n'en eus rien su.

– Ce n'est pas la haine qui arme le bras de Brutus:

I know no personal cause to spurn at him
But for the ***general.*** (*J. Caesar*, II, iii.)
Je n'ai pour le haïr aucun motif privé,
Rien que le **bien public.** (Trad. C.M. Garnier).

– Commentant un ouvrage de Bernard Shaw qui lui avait été soumis, John Morley, lecteur de la célèbre maison d'édition Macmillan écrit: « *Would it be popular? I fear that it is too clever for the* ***general...*** ». – (L'ouvrage) serait-il populaire? Je crains bien que cela ne soit trop fin pour le **grand public.** (ou: pour **la masse**) (1).

– *This commodity has gained* ***general*** *acceptance.* – Ce produit a gagné la faveur du **public.**

– *A very handy, ingenious fellow, who was a cooper by trade, and was also a* ***general*** *mechanic.* (Defoe, *R. Crusoe*, p. 258.) – Un garçon fort adroit et fort ingénieux, tonnelier de son métier, mais **artisan universel.**

Remarque. – Pour l'Anglais, peu enclin à abstraire et donc à généraliser, *a* ***general*** *idea* est une **idée vague, imprécise,** une **impression d'ensemble,** une **vue élémentaire, approximative,** un **aperçu** (des choses, etc.): *I'll give you a* ***general*** *idea of the situation,* je vais vous donner un **aperçu** de la situation.

Generator. – Mis pour ***gas generator,*** **gazogène;** mus. **son générateur, son fondamental, basse fondamentale** (d'un accord).

Generous. – Noter: *to be fond of* ***generous living,*** aimer **la table, la bonne chère,** de même ***to live generously,*** **faire bonne chère.**

Enfin *a* ***generous*** *colour,* une couleur **chaude, riche.**

(1) Cf. « Ce sera peut-être de toutes ses pièces (de Bouilhet) celle qui fera le plus *d'effet* à la **généralité.** » (Flaubert, *Correspondance*, 1854), c.-à-d. « à la multitude, au grand public, le mot étant employé ici absolt.

Genetic. – Outre les sens fr., **génésique;** famil. et abus. **générateur, producteur; génératif,** ***genetic*** *power;* subst. pl. ***genetics***, **la génétique.**

Genial. – Tandis qu'en fr., c'est le sens néologique de « propre au génie », « qui marque le génie » qui l'a emporté au XIXe s. l'angl. est resté fidèle au sens étym. du lat. *genialis* « qui a un caractère de fête, de réjouissance, de plaisir », d'où: **réjouissant;** aussi, **bienfaisant,** (climat) **doux;** (chaleur) **réconfortante,** (vin) **généreux; jovial, accueillant, sociable.** Le subst. se traduira en conséquence.

– *A* ***genial*** *and refreshing sleep.* – Un sommeil **bienfaisant** et réparateur.

– *His children had lived in a* ***genial*** *atmosphere.* – Ses enfants avaient vécu dans une atmosphère **sympathique;** ou: **bienveillante.**

– Emerson affirme que: L'accomplissement d'une œuvre, d'une tâche quelconque, ne vaut pas qu'on **y laisse son entrain** (ou: **sa gaîté**). – *No performance is worth the* ***loss of geniality.*** *(Conduct of Life,* IV).

– *Lord Fermor (was) a* ***genial*** *if somewhat rough-mannered old bachelor.* (O. WILDE, *Dorian Gray,* III.) – Lord Fermor était un vieux garçon **jovial,** avec quelque rudesse dans les manières.

– *It is difficult to find an English word to express the German* ***genial***, *which means pertaining to genius...* (N.E.D.).

Genteel, genteelly. – ***Genteel***, pas plus que *gentle* (voir ce mot) ne doit se rendre par « gentil », à moins que l'on ne veuille archaïser, mais par **distingué, de bon goût, de bon ton, galant, élégant; poli, civil, honnête, bien, comme il faut; de bon genre, habillé à la mode;** iron. **qui affecte de la distinction.**

– Jamais ourson ne fut mieux léché que le fils de Lord Chesterfield: *As you must attend to your manners, so you must not neglect your person, but care to be very clean, well dressed and* ***genteel...*** (*Letters, July 30th,* 1747.) – Comme vous devez veiller sur vos manières, il ne faut pas négliger votre personne; mais avoir soin d'être propre, et toujours mis **galamment.** (Trad. Amédée RENÉE.)

– Sir Lucius O' Trigger décide de chercher querelle au Capitaine Absolute: *Now to enter into conversation with him and so quarrel* ***genteelly.*** (SHERIDAN, *Rivals,* IV, iii.) – Maintenant, il ne me reste plus qu'à lier conversation avec lui et à nous quereller **en hommes de qualité.**

– Charles LAMB a intitulé un de ses essais: *On the* ***genteel*** *style of writing:* De la manière d'écrire **de bon ton,** ou: De l'écrivain **honnête homme,** ou, plus simplement: Du style **galant.**

– *I made it my business to chime in with the conversation of* ***genteel*** *people.* – Je me mis sur le pied de me mêler à la conversation des **honnêtes** gens. (*Gil Blas,* XII, vii). Auparavant Smollett avait traduit « un **bon** emploi » par *a* ***genteel*** *situation.* Le mot a donc parfois un sens lâche (cf. *desirable*).

– *A* ***genteel*** *way of making a present.* – Une manière **galante** de faire un présent.

– *A young man of portly figure and* ***genteel*** *manners.* – Un jeune homme d'une taille imposante et de fort **bon air.**

– *My friend treated me very* ***genteely.*** – Mon ami en usa fort **honnêtement** avec moi.

– *He married a* ***genteel*** *girl.* – Il épousa une jeune fille **comme il faut.**

– *She spoke in a modest and* ***genteel*** *voice.* – Elle parlait sur un ton modeste et **poli.**

Gentle. – L'angl. a tiré trois éditions successives du mot *gentil.* abstraction faite du mot des Écritures, *the gentiles,* les gentils, qui, dans les deux langues, est un latinisme. Première édition qui nous occupe ici: ***gentle***, *gentleman,* gentilhomme: 2e *genteel;* 3e *jaunty (q.v. infra),* qui est le mot français gentil adopté avec sa représentation phonétique anglaise vers la fin du XVIIe siècle.

Après avoir signifié **gentil, du bel air;** † **élégant, pimpant, brillant,** il en est venu au sens de: **qui affecte des airs dégagés, des façons du bel air;** puis de **vif, preste.**

Mais revenons à ***gentle.*** Du sens de « de bonne famille », **bien né,** il arrive à désigner les qualités que donne une bonne éducation, puis à signifier **modéré, doux, tranquille, paisible; aimable.** *The* ***gentle*** *sex,* le sexe **faible** (cf. *the weaker vessel*).

– Au moment où Prospéro et Ferdinand semblent vouloir en venir aux mains, Miranda s'écrie:

... O dear father!
Make not too rash a trial of him, for
He's ***gentle***, *and not fearful.*
(SHAKS., *Tempest,* I, ii, 467.)

Un double contresens est possible et tentant, et de fait, beaucoup de traducteurs comprennent: « Il est doux et n'est pas redoutable ». Or, il faut entendre: O mon cher père! Ne le poussez à bout inconsidérément (témérairement), Car il est **noble** (il est **bien né,** c'est un **gentilhomme**) et sans peur.
On conçoit que l'épée tirée lui fasse craindre pour la vie de son père.

– *He is as* ***gentle*** *as a lamb.* – Il est **doux** comme un agneau.

– ***Gentleness*** *of disposition.* – La **douceur** du caractère.

REMARQUE. – Le sens de † généreux, noble se retrouve dans l'expression arch. de ***gentle*** *reader* « **gentil** lecteur » dont les auteurs se servaient pour amadouer leur lecteur éventuel, et qui s'entendait « **noble** lecteur », « lecteur **bien né** », « **de bonne famille** ». Aujourd'hui, on dirait: **cher** lecteur, **aimable** lecteur, et l'expression angl. ne s'emploie plus guère que plaisamment.

Par ext., ***gentle*** *pursuits,* passe-temps, occupations, profession

dignes de la noblesse, distingués; *the **gentle** craft,* † le **métier de cordonnier,** mod. et plaisamment: la **pêche à la ligne.** Ironiq. ou par antiphrase, *the **gentle** art of smuggling* (ou *the **gentle** traffic*), le **noble** art de la contrebande, *of sponging,* de l'écorniflage.

Gentleman. – † **Gentilhomme,** ***gentleman in waiting*** *(to the king),* **gentilhomme servant, de service** (près du roi), ***gentleman-at-arms,*** **gentilhomme de la garde;** ***gentleman at large,*** a) † **gentilhomme** attaché à la Cour **sans fonctions spéciales;** b) famil. **personne sans emploi, « disponible »;** autres sens: **galant homme, homme bien élevé, comme il faut,** correspond à notre **« honnête homme »; homme distingué, de bon ton,** (un) **monsieur;** (vocatif): *Ladies and **Gentlemen,*** Mesdames et **Messieurs;** ***Gentleman's agreement,*** **convention verbale, engagement d'honneur.**

Autres sens: (indication sur les lieux d'aisance), ***gentlemen,*** **hommes,** ***gentlemen's** hairdresser,* coiffeur **pour hommes;** jur. *a **gentleman** (of independent means)* un **sieur** sans profession, un **rentier;** famil., *the **old gentleman,*** le **diable;** *my **gentleman,*** mon **homme,** le **drôle;** *a **gentleman's gentleman,*** un **valet de chambre** (Sheridan); † *a **gentleman of fortune,*** un **aventurier,** un **pirate;** un **boucanier;** *a **gentleman of the short staff,*** un **agent de police,** un **« flic »,** comme qui dirait un **chevalier de la matraque.** Au bal, **cavalier** (d'une danseuse).

– *« You are a **gentleman,** and I'll repose a confidence in you, as you have in me »,* rend ce passage de Molière (*Méd. malgré lui,* III, i): « Vous êtes **honnête homme,** et je veux bien me confier à vous comme vous vous confiez à moi. »

– *He is **no gentleman*** (euphém.). – C'est **un goujat, un mufle, un malotru.**

Genuine. – Notre mot *génuine,* latinisme, est si peu usité qu'il n'est même pas enregistré par le D.G. ni le Robert; il l'est cependant par le Larousse. En angl., le mot a de multiples emplois. Comme le latin *genuinus,* il signifie **naturel, inné,** et p. ext. **de pure race,** *the **genuine** population,* la population **autochtone, aborigène,** *a **genuine**-bred horse,* un cheval **pur sang;** autres sens, **authentique, véritable, vrai, de bon aloi; sincère, loyal, franc.** Commerce, **garanti d'origine;** ***genuine** article.*

– *The expert admitted that the letter was **genuine.*** – Le graphologue-conseil reconnut que la lettre était **authentique.**

– *It is hard for the layman to distinguish the charlatan from the **genuine** practitioner.* Il est difficile au profane de distinguer le charlatan du médecin **véritable.**

– ***Genuine** feelings.* – Des sentiments **vrais.**

– *The sympathy of the outer world towards the famine-stricken populations **was genuine.*** – La sollicitude du monde extérieur envers les populations affamées **n'était pas feinte,** (était **sincère**).

– *A system of scholarships regularly organized opened the Universities to the poorest Scotsmen if he were a **genuine** student.* – Un système de bourses régulièrement organisé permettait aux Écossais les plus pauvres, s'ils étaient **studieux** (ou: **sérieux**) de fréquenter les Universités.

– *In England every **genuine** adherent of the classical school regarded him (Ossian) with distrust and uneasiness.* – En Angleterre, tous les **purs** classiques voyaient en lui des raisons de se méfier et de s'inquiéter.

Georgian. – **Relatif au règne** ou à **l'époque des quatre Georges,** rois d'Angleterre: **originaire de** ou **relatif à la Géorgie** (province du Caucase); **propre à la Géorgie** (un des États de l'Amérique du Nord).

– ***Georgian** furniture,* ameublement **de style de l'époque des rois Georges:** Chippendale, Hepplewhite et Sheraton.

German. – *The **German Ocean,*** **la mer du Nord;** Typ., ***German** text,* caractères **gothiques.** ***German silver,*** **maillechort.**

Germane. – Le lat. *germanus* signifie au fig. qui a de l'affinité avec, qui ressemble à. Quand Montaigne écrit: « Qualité *germaine* à cette-cy » (I, xvii), « Resverie *germaine* à celle de quoi nous parlons, (I, xxi), il entend *semblable à, apparentée à.* Le mot est encore employé par Beaumarchais dans cette acception: « La politique, l'intrigue, volontiers; mais comme je les crois un peu *germaines,* en fasse qui voudra. » (*Figaro,* III, v.) On comprendra donc que l'angl. ***germane,*** (var. de ***german***) soit syn. de *relevant, pertinent: These points are **germane** to the subject,* ces points **se rapportent** au sujet, *the phrase would be more **germane** to the matter,* l'expression **conviendrait** mieux, serait plus **appropriée** à la chose.

Germinal. – L'adj. fr. *germinal* signifie exclusivement *qui a trait au germe* ou *au germen.* Il a, en angl., des emplois fig., et signifie alors: **embryonnaire, rudimentaire,** *a **germinal** form of morality,* une forme **rudimentaire** de moralité; plais.: *Job was a small fellow about five, with a **germinal** nose.* (G. Eliot). – Job était un petit bout d'homme d'environ cinq ans avec un **rudiment** de nez.

Remarque. – On sait que notre substantif *germinal* était le septième mois du calendrier républicain (21-22 mars – 18-19 avril), « ainsi nommé parce qu'il est le mois de la *germination* ». (Robert.)

Geyser. – **Chauffe-bain, chauffe-eau;** au fig. (**vieille**) **« soupe au lait ».**

Gipsy. – Altération de l'adj. *Egyptian,* les Bohémiens arrivés en Angleterre au XVIe s. étant réputés venir d'Égypte. On rendra selon le cas par **bohémien,-ienne, romanichel, nomade, zingaro, gitan(e).** Famil. s'applique surtout à une **noiraude** ou **moricaude;** ***you little gipsy!*** **Petite friponne!** et péjor.: **coquine, mâtine, péronnelle.**

Gipsy-meal,-dinner,-breakfast, **casse-croûte, pique-nique, légère**

collation; ***gipsy-moth,*** entomol. **bombyx disparate** (1); ***gipsy-rose,*** **scabieuse;** ***gipsy-table,*** **petit guéridon pliant.**

– *« Don't look at me, Kant, I know I'm like an old* ***gipsy woman.*** (G. MOORE, *Memoirs,* VIII.) – Ne me regardez pas, K., je suis faite comme une vieille **sorcière.**

Girl. – A l'origine, **enfant** ou **jeune** (subst.) de l'un ou l'autre sexe, † *a* ***knave girl,*** un **garçon!** Mod. **(jeune) fille;** *the* ***girl,*** la **bonne,** la **servante.** Aussi, **femme de tout âge:** vocatif famil. ***old girl!*** **ma vieille! ma chère!** *She is a* ***dear old girl,*** c'est une **excellente femme,** ***my old girl,*** ma **bourgeoise.** Sous cette forme, s'applique, avec une nuance d'affection ou d'irrespect, aussi bien aux pers. qu'aux animaux et aux choses. Pop. ***my (best) girl,*** **ma connaissance, ma petite, ma bonne amie, ma « gosse », ma préférence.**

Aux E.U., se dit de toute **fille** ou **femme de couleur.**

– *He called his mother* ***old girl.*** (C. BRONTË *in* N.E.D.) – Il appelait sa mère **ma (bonne) vieille, ma bonne, ma** ou: **la maternelle,** réplique du « paternel » (v. *governor*).

– A bord du *Narcisse,* le maître d'équipage exhorte les hommes épuisés: *Come along! Let's give* ***the old girl*** *a chance'.* (*Nigger of the N.,* III.) – Allons-y, donnons au **vieux rafiot** une chance de s'en tirer, dit Robert d'Humières. Pour atténuer la valeur péjor. du mot, on pourrait risquer: à notre **bon vieux rafiot.**

– André Gide est moins heureux quand il traduit *the old girl* (désignant aussi un navire marchand) (*Typhoon,* I) par « la vieille camarade ».

– *You must remember that in the U.S. all colored women are* ***girls.*** (Suppl. N.E.D.) Trad. inutile.

Glacial. – Non seulement **glacial,** mais **glaciaire,** ***glacial*** *epch,-era,-period,* période **glaciaire;** *a* ***glacial*** *retreat,* le recul **d'un glacier.** Chimie: **cristallisé, en cristaux,** ***glacial*** *acetic acid,* acide acétique **concentré.**

Glanders. – La **morve,** subst. plur. avec régime au sing.

– ***Glanders*** *is a specific disease of the horse.* – La **morve** est une maladie spécifique du cheval.

Glebe. – **Champ,** auj. poét.; **(parcelle de) terre assignée à un bénéfice ecclésiastique.** Suivent des sens désuets.

Globe. – Noter: **bocal** (à poissons rouges) et le sens lat. de **groupe** ou **masse de personnes.**

– *A* ***globe*** *of fiery seraphim Him round inclos'd.* (MILTON.) – Un **groupe** de séraphins de feu l'entourait.

Glorification. – **Embellissement;** famil., **réjouissance, partie de plaisir;** pop., **fête, noce.**

(1) *Porthetria, Ocneria ou Lymantria dispar* dont la chenille est à l'origine de la maladie des arbres, dénommée **spongieuse.**

Glorified. – A un emploi famil. dont le sens est difficile à préciser et dont l'équivalent est malaisé à trouver.

Charles Lamb, parlant de la première pièce de théâtre à laquelle il a assisté, dit son émerveillement devant les colonnes qui soutiennent les loges. Il en fait du sucre candi, mais un sucre candi ***glorified,*** c'est-à-dire **plus beau que nature.**

– Un universitaire fait son entrée à la tête de son *college* avec l'air d'un ***glorified*** *board-schoolmaster,* c'est-à-dire d'un instituteur **arrivé, d'un cuistre.**

– Lady Barker (*South Africa, Letter* XIII), qui vient d'admirer, non sans quelque gaieté, une hutte cafre fort prétentieuse, dit: *It would be a very fine thing to put up one of these* ***glorified*** *Kafir huts close to the house, for a spare room.* – Ce serait charmant d'installer une de ces huttes cafres **pomponnées** tout près de la maison, pour servir de pièce supplémentaire (ou: de chambre d'ami, de chambre « à donner »).

– Cela ne doit pas nous faire oublier le sens laudatif: du mot: *Macaulay was a* ***glorified*** *journalist and reviewer.* – M. était un journaliste et un critique **prestigieux, de haut vol, de grande envergure.**

Gloriole. – **Gloire** entourant la tête d'un saint et donc **auréole; nimbe.** Ne disons-nous pas: un héros **auréolé de gloire?**

– *His abundant and long hair as a* ***gloriole*** *around his head.* – Ses cheveux abondants et longs comme une **auréole** autour de sa tête.

Glorious, glory. – **Resplendissant, éclatant, radieux :** *a* ***glorious*** *sun, day,* soleil **radieux,** journée **radieuse.**

Famil. ***glorious*** = **magnifique, superbe, splendide, épatant, merveilleux, fameux;** ***glorious*** *present,* un cadeau **magnifique;** iron. *we were in a* ***glorious*** *muddle,* nous étions en **pleine** pagaille: (d'un ivrogne) ***to be glorious,*** **être parti pour la gloire, avoir son panache, son pompon.**

Glory, **splendeur, éclat,** et par antiphrase: ***to go to glory,*** **partir pour un monde meilleur, mourir, perdre le goût du pain;** des choses: **aller à vau l'eau, péricliter;** ***to send to glory,*** **envoyer** *ad patres,* **dans l'autre monde.**

E.U. ***Old glory,*** **le drapeau étoilé;** ***glory be!*** ou ***glory!*** vulg. exclamation d'étonnement ou de plaisir, **Grand Dieu! chic! fameux!**

Glory-hole, **fouillis, capharnaüm, pétaudière.**

– *The heavens* ***were glorious*** *with stars.* – Les cieux **resplendissaient** d'étoiles.

– *The* ***glory*** *of colour which nature lavishes on leaf and petal.* (FROUDE, *Oceana,* VII.) – La **splendeur** des couleurs que la nature prodigue à la feuille et au pétale.

– *Boxing's* ***glorious.*** – La boxe est un **sport magnifique.**

Glue (to) glue. – ***To glue*** est l'anc. fr. *gluer* « enduire de glu » et signifie donc **coller** au pr. et au fig., ***glue,*** **colle forte.** ***To glue up*** *a broken vase,* **recoller, raccommoder** un vase brisé. E.U. *A* ***glued-up***

novel, un roman **fait de pièces et de morceaux, de pièces rapportées, un pot-pourri.**

– *The maid **glued** her ear to the key-hole.* – La servante **colla** son oreille au trou de la serrure.

La citation suivante (Des Périers, XVIe s.) montre que le verbe *gluer* pouvait avoir un sens relevé:

Il s'agit d'un écolier amoureux d'une dame récalcitrante:

– Vostre grace, votre maintien
Me *gluent* en vostre entretien. (*Nouv. récr.*, CII)

c.-à-d. *m'attachent à vous à jamais.*

Glutton. – *To be **a glutton for work**,* être **un cheval à la besogne, un cheval de labour, un bourreau de travail.** Arg. sport.: ***a glutton** (for punishment)*, un **encaisseur.**

Goblet. – Lit. **coupe; verre à pied** opposé à *tumbler.*

Gondola. – E.U. **Bachot, péniche légère** (pour la navigation fluviale), **allège** employée aussi comme canonnière; abrév. de ***gondola-car***, **plate-forme roulante.**

Gong. – Outre **gong, timbre** (de pendule), *electric **gong***, **timbre** électrique, ***alarm gong***, **timbre avertisseur;** naut. *the fire **gong***, la **cloche** « feu ».

Goodwill. – Noter: 1° *The **goodwill** is to be sold with the business*, l'**achalandage,** la **clientèle** se vend avec l'établissement ou: le fonds de commerce. 2° Le sens de **bienveillance** (*saint Luc*, II, 14), d'où *I am not in his **goodwill**,* je ne suis pas dans ses **bonnes grâces,** dans ses **petits papiers.** 3° **Zèle, entrain, (bon) cœur** (au travail, à l'ouvrage). *He set to work **with goodwill**, (with a will).* Il se mit au travail de **bon cœur; avec entrain.**

Gordian. – Dont l'emploi est limité en fr. à l'expr. (trancher le) nœud gordien, a été appliqué par Milton à des difficultés **inextricables, *Gordian** difficulties*, et est syn. de *intricate, involved,* **confus, embrouillé, enchevêtré.**

Gorge. – Dans la langue de la fauconnerie, *gorge* signifiait par méton. « ce qui entre dans la gorge de l'oiseau de proie, l'aliment qu'on lui donne » d'où donner *gorge chaude*, donner à l'oiseau de la chair encore palpitante; de même en angl. où ***gorge*** peut signifier **contenu de l'estomac,** le plus souvent dans l'expression: ***my gorge rises at it***, lit. **cela me soulève le cœur, cela me donne la nausée, j'en ai des haut-le-cœur,** et famil. **c'est du joli, c'est du propre.** Un autre emploi apparenté est celui d'**action de s'empiffrer, ripaille, repas plantureux,** vulg., **gueuleton.** Le verbe ***to gorge*** a les sens corresp.

– *« The brute, says he, comes **gorging** everywhere, And snaps its fingers at my gins and wire »*, c'est ainsi que Sir Edward Marsh rend le passage suivant où le jardinier se plaint à son seigneur des dégâts causés par un lièvre (*Fables*, IV, 4): « Ce maudit animal vient prendre sa **goulée** Soir et matin, dit-il, et des pièges se rit. »

Gorget. – Deux mots: 1° anc. fr. *gorgete*, **gorgerin,** partie inférieure d'un casque servant à protéger la gorge et le cou d'un homme d'armes; mil. **hausse-col** (d'officier) (L. 2°); **gorgerette,** autref. **collerette** de femme; mil. **écusson:** aussi zool. **pièce dorsale** du thorax de certains insectes, **tache de couleur** sur le cou d'un oiseau; **collier;** 2° **gorgeret,** instrument de chirurgie (creusé en forme de gorge ou de canal étroit qui servait à opérer de la pierre ou d'une fistule).

Gorgon. – Par extension du sens mythol., se dit d'une **femme très laide,** d'un **affreux laideron,** une **horreur,** un **épouvantail.**

Gormandize (to), gourmand. – Après avoir été notre † gourmand, voire notre **goinfre** ou **glouton** (auj. *gormandizer*), est aujourd'hui notre **gourmet.** ***To gormandize***, c'est **bâfrer, manger gloutonnement, goinfrer.** Voici le mot au fig. chez Montaigne (I, XXVI): « Il aiguisait ma faim ne me laissant que à la dérobée *gourmander* ces livres. »

Gout. – ***To have gout in the feet***, **être podagre;** agr. **goutte, maladie du blé** provoquée par le *chlorops « gout-fly »*; † et lit., **goutte,** puis **caillot de sang; large tache de couleur.**

Govern (to). – *The **governing** idea*, l'idée **maîtresse,** l'idée **directrice.**

Government. – ***Fear not my government***, dit Othello (III, iii, 257) à Iago, qui vient de calomnier Desdémone et feint de craindre avoir été trop loin, c.-à-d. **Ne doute pas de ma modération. Je saurai me dominer.**

D'autre part, les phrases suivantes ne peuvent se rendre littéralement: *I am bound to be under your **government**.* – Je suis obligé de me ranger sous votre **obéissance,** sous vos **lois.**

*Directions for your **government***, instructions, indications, renseignements pour votre **gouverne.**

Governor. – † **Timonier, pilote, capitaine de navire; commandant** d'une forteresse, d'une garnison; en mécanique, **régulateur de vitesse, modérateur;** famil. ou argot, (le) **patron,** (le) **singe;** (le) **paternel,** (le) **pater,** (le) **vieux;** employé comme vocatif et vulg., lorsqu'on s'adresse à un homme: le cocher de fiacre qui conduit M. Pickwick l'appelle ***governor***, comme qui dirait **« bourgeois ».**

– *Ships are turned about with a very small helm, whithersoever the **governor** listeth.* (*Bible, James*, III, 4.) – Les navires sont menés de côtés et d'autres, avec un petit gouvernail, selon la volonté de **celui qui les gouverne** (OSTERWALD), ou: du **pilote qui les conduit** (LE MAISTRE DE SACI).

– *I was accompanied by my **governor**.* – Le **paternel** m'accompagnait.

– *Is this anything like wot you've lost, **guv'nor?*** – Ça serait-il pas ce que vous avez perdu, **bourgeois?**

– Dans Pygmalion de B. Shaw, Doolittle, père d'Eliza, vient réclamer sa fille au phonéticien Higgins: *I come about a very serious matter,* ***Governor.*** – J'viens pour une affaire très sérieuse, **patron.**

Grace. – ***To have the grace to,*** c'est **avoir la pudeur, le bon esprit de, avoir assez le sentiment de son devoir pour, être assez bien inspiré du ciel** (originellement) pour. ***Grace,*** † **grâce, pardon,** encore usité dans l'expression ***act of grace,*** **lettres de grâce, loi d'amnistie,** lâchement, **mesure de faveur.** Com. ***days of grace,*** **délai de trois jours** (accordé pour le paiement d'un effet), assurance: **délai de trente jours** accordé pour le paiement des primes d'assurance sur la vie. Autres sens, ***grace before*** *meat* ou: ***meal,*** **bénédicité, prière avant le repas;** aussi **grâces** (après le repas), d'où ***grace-cup,*** **rasade bue à la ronde** avant de quitter la table: *now for the grace-cup!* allons, une **dernière rasade!** Enfin mus. ***grace-note,*** **note d'agrément.** ***To grace,*** **donner de la grâce à, parer, embellir; honorer, favoriser.**

– ***Have the grace*** *to consider that tears do not become a man.* (Shaks., *A.Y.L.,* III, iv, 2.) – **Ayez le bon esprit, la pudeur** de considérer que les pleurs ne siéent pas à un homme.

– ***He had the grace*** *to blush.* – **Il faut dire à son honneur** qu'il se montra confus.

– *Never did such a paragon* ***grace*** *the court before.* – Jamais auparavant la cour ne fut **ornée** d'un tel parangon.

– Othello, accusé d'avoir séduit Desdémone, est invité à s'expliquer:

– *And little therefore shall I* ***grace*** *my cause*
In speaking for myself... (I, iii, 88.)
– Et je saurai donc peu **faire valoir** ma cause
En la plaidant moi-même.

– *The invited couple had brought a bottle of port* ***to grace*** *the feast.* – Les époux invités avaient apporté une bouteille de porto pour **corser** le festin.

– *A single decoration* ***graced*** *his chest.* – Une seule décoration **ornait** sa poitrine.

– *A solitary plane* ***graced*** *the yard behind our house.* – Un platane solitaire **faisait la gloire** de la cour derrière notre maison.

Graceless. – † **Sans grâce, gauche, sans charme** ou **élégance** (rare); théol. **qui n'est pas en état de grâce, réprouvé** et par ext., **perdu sans rémission, impie, dépravé;** famil. **effronté, mauvais sujet, garnement, insolent, impudent.**

Gracious,-ly. – Voici la filiation des sens: † **qui est en faveur, en crédit, persona grata; plaisant, aimable** (légèrement arch. ou poét.); † **agréable; élégant; courtois, affable, accueillant, plein d'aménité; bon, indulgent; bienveillant** envers les inférieurs, s'applique aujourd'hui seulement aux très hauts personnages faisant preuve de condescendance, ou encore employé plaisamment; épithète de courtoisie réservée aux rois, reines, ducs, etc., ou à leurs actes; se dit également de la Divinité, du Christ, de la sainte Vierge, **plein de grâce, de charité, de compassion.**

Elliptiquement, ***gracious*** remplace le nom du Seigneur: ***Gracious!*** **Seigneur!** ***Good Gracious!*** **Bonté divine!, Juste ciel!** *O my* ***Gracious!*** O mon **Dieu!** ***Gracious me!*** **Miséricorde!** ***Gracious Sake!*** idem. Suite des sens: **juste, pieux, divin;** † **heureux, prospère;** † se dit d'un **coup de grâce** donné à celui qui souffre beaucoup. On traduira ***graciously*** en conséquence.

– ***Good gracious!*** *can I believe my eyes or my ears!* (Goldsmith, *Good-Natur'd Man,* I.) – **Bonté divine!** puis-je en croire mes yeux ou mes oreilles!

– *Ah* ***gracious!*** *an exclamation for ah* ***gracious*** *God! or, ah be* ***gracious*** *unto me!* (Pegge, *Derbicisms,* I.) La traduction est inutile.

– *A pack of wolves! the Lord be* ***gracious*** *to me.* (Tennyson, *The Princess,* II, 174.) – Une bande de loups! Que le Seigneur m'ait en sa **miséricorde!**

– *Our hostess was particularly* ***gracious.*** – Notre hôtesse fut **toute amabilité.**

– *The manager received him* ***graciously.*** – Le directeur le reçut **avec affabilité.**

– Lorsque, s'adressant à la foule, Antoine (*J. Caesar,* III, ii) l'émeut par son éloquence, il s'écrie:

– *O, now you weep; and I perceive you feel*
The dint of pity: these are ***gracious*** *drops.*

Oh! vous pleurez à présent! et je vois que vous ressentez les atteintes de la pitié; ce sont là des larmes **saintes.**

– Un grand seigneur fait la cour à une jeune fille: *However desirous he [the king] may be to unite me with another, he is too* ***gracious*** *for tearing me from the object I adore...,* trad. par Joseph Thomas ce passage du *Diable boîteux,* IV: Quelque envie qu'il puisse avoir de me marier, il est trop **bon** pour vouloir m'arracher à ce que j'adore.

– Description d'une nuit arrêtée pour la fuite d'une belle esclave: – *It [the night] came, and* ***graciously*** *for the fugitives, shrouded in the thickest mantle to cover their flight.* – Elle arriva enfin, et **pour comble de bonheur,** elle devint très obscure. (*Ibid.,* XV.)

Grade, to grade. – Un des sens du lat. *gradus* est celui de **degré** (pr. et fig.): *gradus templorum,* les **degrés,** les **marches** des temples; *gradus honorum,* tous les **degrés** des honneurs. Si, en fr., le sens de **degré de dignité** a vieilli, il n'en est pas de même des autres acceptions: puisque grade signifie *degré d'une hiérarchie,* administrative, militaire ou universitaire. L'angl. va plus loin, ***grade*** pouvant s'entendre du **degré de qualité, de valeur,** etc., et aux E.U., (syn. de *gradient*), du *degré* d'inclinaison d'une route, d'un terrain, d'une voie ferrée, etc.: nous disons **rampe, pente, montée** ou **descente,** selon le cas, ***at grade,*** **au même niveau, en palier;** d'où, aux

E.U. encore ***grade-crossing*** (angl. *level-crossing),* **passage à niveau,** ou **croisement de lignes.** ***To make the grade,*** **parvenir au sommet; arriver en palier;** famil. **surmonter une difficulté, se tirer, être hors d'affaire.**

En langage d'éleveur, ***grade animals,*** opposé à *thoroughbred,* ce sont des **demi-sang,** des **croisements;** ***grade*** *cattle,* bétail **amélioré par le croisement.** En zoologie, ***grade*** désigne un groupe d'animaux présumés issus du même tronc et arrivé à peu près au même stade de développement.

To grade, **trier des marchandises selon leurs qualités;** photog., **étalonner** des clichés; élevage, ***to grade up,*** **améliorer** (une race par le croisement, le métissage); E.U. ***to grade up to s.o.,*** **parvenir à la hauteur de, s'égaler à qqn., se mettre de pair avec qqn.** Autres sens, **graduer** (des exercices): ***graded*** *tax,* impôt **progressif** ou **dégressif** selon le cas; suite des sens: **dégrader, fondre des teintes; aménager, régulariser la pente** d'une route, d'un canal, etc.; ling. (d'une voyelle) **s'altérer** par mutation vocalique, par apophonie.

– *Tea: the tone of the market is firm and most* ***grades*** *are rather dearer.* (Journal.) – Thé: la tenue du marché est ferme et la plupart des **qualités** (ou: **sortes**) sont en hausse sensible.

– *International standards for the* ***grading*** *of beef, veal and pork carcases.* – Normes internationales pour la **classification** des carcasses de bœuf, de veau et de porc.

Graduate (to), graduate, undergraduate (subst.). – Outre les sens fr., intr. **prendre, recevoir ses grades, ses diplômes, acquérir les titres nécessaires pour se rendre apte à;** trans. E.U. ***to graduate*** *a student,* **conférer un diplôme** (grade universitaire) à un étudiant ***(undergraduate)*** qui devient, de ce fait, ***the graduate,*** le **diplômé,** l'**impétrant; asseoir** l'impôt **proportionnellement** (à un barème déterminé, au revenu, etc.); **dégrader** (des teintes); **graduer, concentrer** (une solution) **par évaporation;** E.U. syn. de *to grade,* **aménager, régulariser** une pente.

– *To the mass of mankind the University was a* ***graduating*** *machine.* (BAGEHOT, *Lit. Stud.* II, p. 11.) – Pour le gros de l'humanité, l'Université était une machine **à conférer des diplômes** (ou: **à fabriquer des diplômés**).

– Désignation bilingue d'un établissement d'enseignement supérieur: ***Graduate*** *Institute of International Studies* – Institut **universitaire** des Hautes études internationales (Genève).

– *You talk to me as if I was an* ***undergraduate.*** – Vous me parlez comme si j'étais un **collégien.**

REMARQUE. – Aux E.U. *a* ***graduate*** (subt. ou adj.) peut désigner un(e) diplômé(e) de tout établissement d'enseignement, p. ex. d'une école d'infirmières, *a* ***graduate*** *nurse* = angl. *trained nurse,* une infirmière **diplômée.**

Grain. – Le lexicographe Cotgrave (1611) rend l'expression fr. « sot en cramoisi » par *an ass* ***in grain. Grain,*** c'est le grain d'écarlate, que L. définit la cochenille et qui a été précédemment le kermès. C'était une excellente teinture, d'où le sens de **bon teint** sans plus de référence à la couleur. *An ass* ***in grain,*** un sot **en cramoisi,** est donc un sot **bon teint, indélébile, accompli, renforcé,** un **maître** ou **triple sot,** un sot **en trois lettres,** un sot **à triple semelle,** comme l'on disait au XVIᵉ s., auj. aussi: un **âne bâté.**

Cela ne doit pas nous faire oublier les autres sens dérivés de celui de grain (de sel, de sable, de soudure): ***hard grain,*** **durillon** (du marbre, du métal), ***grain*** *of solder,* **paillon, paillette** de soudure; **grain** (du bois, de la pierre, du fer, etc.) d'où *to work wood* ***with the grain,*** travailler le bois **dans le fil,** *to saw* ***with the grain,*** scier **de long,** de même *to cut flesh* ***as the grain goes,*** couper la viande **dans le fil,** d'où encore ***against, across the grain,*** **à contre-fil, à rebours, à contre-courant** et au fig. **à contre-cœur,** ***the grain*** étant considéré comme **la nature, le caractère** d'un individu, **la pâte** dont il est fait.

– Olivia (*Tw. Night,* I, v, 225) n'est pas la belle qui « le soir étale son teint sur la toilette » (BOILEAU, *Satires,* X). Elle peut dire fièrement à Viola, qu'elle prend pour un galant: *'Tis* ***in grain,*** *sir; 'twill endure rain and weather.* – C'est **bon teint,** monsieur: cela défie (le) vent et (la) pluie.

– Le sens fig. est bien mis en relief dans ce joli distique de J. de MEUNG (*Test.,* V, 437 in L. *s.v.* déteindre) dont le 2ᵉ vers est tautologique:

Amour d'homme envers fame n'est mie *tainte en graine;*
Por trop pou *se destaint,* por trop pou se *desgraine.*

– *He was of a coarser* ***grain*** *than his brother.* – Il était d'une **pâte** plus grossière que son frère.

– *I followed your advice though it went* ***against the grain.*** – J'ai suivi votre conseil, bien qu'**il m'en ait coûté** (bien que ce fût **à contre-cœur, à mon corps défendant**).

– Le roman de Huysmans « **A rebours** » est intitulé en anglais: « ***Against the grain.*** »

Grain (to). – † **Teindre grand teint; grener** (le sel); **granuler** (la poudre); **greneler, chagriner, crépir, grainer** (le cuir, etc.); **veiner, marbrer** (une surface) façon bois; **dépiler, rebrousser** (une peau, le cuir).

L'adj. (ou le part. passé) ***grained,*** le subst. (verbal) ***graining*** ont les sens correspondants.

Grain of salt (with a –). – *The statement is to be accepted* ***with a grain of salt,*** ou, en lat. « moderne », *cum grano salis,* cette allégation ne doit être acceptée, accueillie **qu'avec réserve, sous bénéfice d'inventaire, non sans en rabattre, non sans faire la part de l'exagération paradoxale, il faut en prendre et en laisser.**

Grains. – Plur. du subst. désuet ***grain,*** **« fourche, fourchon, dent, branche de fourchette », foène** (du lat. *fuscina* « trident »), sorte de harpon à plusieurs branches dont on se sert pour capturer le gros poisson.

Gramarye. – Est à *grammar* ce que grimoire est à *grammaire*: science **occulte, magie, nécromancie.** Une autre forme est ***glamour*** (mot de W. Scott), **prestige, magie, enchantement, charme.**

– *The **glamour** which attaches to the masterpieces of pictorial or dramatic art.* – Le **prestige** qui s'attache aux chefs-d'œuvre de l'art pictural ou dramatique.

Grand. – Indépendamment de quelques acceptions et loc. spéciales ou consacrées: jur. ***grand jury*, j. des mises en accusation,** comptab. ***grand** total*, total **général; *grand*** *piano*, piano **à queue,** on notera les sens courants: **grandiose, magnifique, splendide, imposant, sublime,** ou famil.: **épatant, fameux, chic,** etc.

*A **grand**,* E.U. **mille dollars.**

– *There is generally in nature something more **grand** and august, than what we meet with in the curiosities of art.* (ADDISON, *Spectator*, n° 414.) – Il est généralement dans la nature quelque chose d'**imposant** et d'auguste que ne peuvent nous offrir les curiosités de l'art.

– *They usually rode out together in the **grandest** equipage that had been seen in the country for many years.* (GOLDSMITH, *Vicar of Wak.*, XXIII.) – Ils avaient coutume de sortir en voiture dans le plus **somptueux** équipage que le pays eût vu depuis de longues années.

– *The interior of the church is very **grand**.* – L'intérieur de l'église est vraiment **grandiose.**

– Pickering (1816) déclare qu'aux États-Unis: ***Grand** is much used in conversation for very good, excellent, fine, etc.* Ex.: *This is **grand** news; he is a **grand** fellow; this is a **grand** day.* – ***Grand*** est très employé dans la conversation dans le sens de **très bon, excellent, fameux,** etc. Ex.: C'est une **riche** nouvelle, c'est un **fameux** gaillard (un type **épatant**), c'est une **fameuse** journée.

– *The skiers found that the snow was **grand**.* – Les skieurs constatèrent que la neige était **épatante** (ou: **fameuse**).

– *In prosperity they were moody and dumpish, but in adversity they were **grand**.* (EMERSON, *E.T.*, XIX.) – Chagrins et maussades dans la prospérité, ils étaient **sublimes** dans le malheur.

– *You'll like her, she's a **grand** girl.* – Elle vous plaira, c'est une femme **admirable** (ou: **étonnante,** selon le contexte).

– *After having bathed he felt **grand** again.* – Après s'être baigné, il se sentit de nouveau **en pleine forme** (ou: **d'attaque**).

REMARQUE. – S'il faut traduire *grandfather, grandmother, granduncle*, par grand-père, grand-mère, grand-oncle resp., *a **grand**-daughter, a **grand**-niece, **grand**-children* seront par contre (les) **petits-enfants,** une **petite**-fille, une **petite**-nièce.

Grandam, grandame. – « **Mère-grand** »; **vieille femme, bonne vieille.**

Grandiose. – ***Grandiose*** *speech, style, deportment*, langage, style, port, **visant à la majesté;** souvent péjor., **pompeux.**

– *He carried into the bookselling trade somewhat of the **grandiose** manner of the stage.* (W. IRVING, *Goldsmith*, XII.) – Il apporta dans le commerce de librairie quelque peu de la manière **pompeuse** de la scène.

Grange. – ***Grange***, devenu arch., dans le sens de « grange » (auj. *barn* ou *granary*), a signifié: **ferme** dépendant d'un monastère ou d'un château féodal; auj. **manoir, château** (ayant une ferme comme dépendance), **gentilhommière;** E.U. **syndicat d'agriculteurs,** d'où ***granger*, membre de ce syndicat**, et en Angl.: **régisseur d'une ferme.**

– *Here is the survey not only of the manor itself, but of the **grange**-house, with every meadow, pasture, etc.* (DEKKER, *Honest Whore*, 2, III, i.) – Voici le plan, non seulement du manoir lui-même, mais de la **ferme,** avec tous les prés, pâturages, etc.

– Réveillé en sursaut par Roderigo qui lui dit qu'on le vole, le sénateur Brabantio s'indigne et s'emporte:

What tell'st thou me of robbing? this is Venice;
*My house is not a **grange**.*
(SHAKS., *Oth.*, I, i, 105.)

Que parles-tu de vol? Nous sommes à Venise
Et mon logis n'est point une **maison des champs!**

Grape. – Grain de raisin, raisin, vigne, puis **grappe de raisin** (L., 5°), c.-à-d. **mitraille.**

– Byron, dans *Don Juan* (VII, 29), dit qu'une flottille ouvrit une canonnade.

Which was returned with interest, I may say,
*And by a fire of musketry and **grape**.*

Qui leur fut rendue, avec les intérêts, je vous prie de le croire, sans compter un feu de mousqueterie et de la **mitraille.**

Grape-juice. – E.U. famil. ***grape-juice*** *diplomacy*, une diplomatie **débile, faible, timide, à l'eau de rose.**

Graphic, -ally. – On entend par arts graphiques le dessin et la peinture; de cette acception on passe aisément en angl. au sens de **pittoresque** (ital. *pittore* « peintre »), **vivant, frappant, saisissant.** ***Graphically*** a les sens corresp.

– *Madame de Graffigny has left a **graphic** account of the life which Voltaire led at Cirey.* – Mme de G. a laissé une relation **pittoresque** de la vie que V. menait à C.

Rapprocher: « Vous avez dépeint fort *graphiquement, graphice depinxisti* tout ce qui appartient à cette maladie. (MOLIÈRE, *Pourceaugnac*, I, xi), citation qui a l'avantage de nous éclairer sur l'origine commune des deux mots.

– Au nombre des particularités de la poésie anglaise, un grammairien signale: *The use of **graphic** or picturesque language*, phrase qui s'entend de soi.

Gratify (to), gratification. – ***To gratify*** n'a pas toujours le sens de **donner une gratification,** mais signifie très souvent **satisfaire, être**

agréable à, plaire à, conformément à l'étym. lat. *gratus,* agréable. Montaigne parle de « réjouir et *gratifier* les sens », et, dans cette phrase, les deux mots sont syn. ***Gratification,* sources de jouissances.**

– Willoughby, l'Egoïste, supplie sa fiancée, Clara Middleton, de lui rester fidèle, même s'il vient à mourir: *Consent;* ***gratify me;*** *swear it. Say, « Beyond death ». Whisper it. I ask for nothing more.* (MEREDITH, *Egoist,* VI.) – Consentez-y; **donnez-moi satisfaction;** jurez-le. Dites: « Par delà la mort! ». Dites-le tout bas. Je n'en demande pas davantage.

– Lord Chesterfield met son fils en garde contre la pédanterie: *The more you know, the modester you should be: and (by the by) that modesty is the surest way of* ***gratifying*** *your vanity. (Letters.)* – Plus vous savez, plus vous devez être modeste, et, soit dit en passant, cette modestie est le plus sûr moyen de **chatouiller** votre vanité.

– *He intended* ***to gratify*** *her with an enchanting concord of music and sweet voices.* – Il se proposait de la **régaler** d'un admirable concert de voix et d'instruments.

– Emploi iron. Des promeneurs se heurtent: *« Brute! ». – « Idiot! », such were the* ***gratifying expressions*** *exchanged between them.* – « Animal! ». – « Imbécile! », telles furent les **aménités** qu'ils échangèrent.

– *Money... some people find their* ***gratification*** *in storing it up, and others in parting with it.* (DICKENS, *Mart. Chuz.)* – L'argent... certaines gens trouvent leur **jouissance** à le thésauriser, et les autres à s'en défaire.

Gratuity. – Libéralité (que l'on fait à quelqu'un), **gratification, pourboire;** péjor. **pot de vin, dessous de table** pour acheter la complaisance de qq'un, **présent** corrupteur, syn. de *bribe (q. v.).*

– *The post-boys quite stared at the* ***gratuity*** *he gave them.* (THACKERAY, *Newcomes,* I, 231.) – Les postillons écarquillèrent les yeux devant la munificence du **pourboire** qu'il leur donnait.

Gravel, to gravel. – N'est pas seulement une maladie (d'ailleurs causée par des grains de sable) mais aussi du **sable,** du **gravier,** ***a gravelled*** *walk,* une allée **gravelée** (on dit auj. **sablée**). ***To be gravelled,*** s'est dit (d'un navire) **qui s'est mis à la côte, engravé, ensablé,** d'un homme **qui s'est embourbé,** et désigne auj. une personne **embarrassée, mise à quia.** ***To gravel*** *s.o.,* **coller** qqn.

– Description de Trianon par A. YOUNG (*Travels in France,* oct. 1787): *The only fault is too much crowding, which has led to another, that of cutting the lawns by too many* ***gravel*** *walks...* La seule chose à reprendre est l'entassement, erreur qui a conduit à une autre, celle de sillonner les pelouses par trop de sentiers **sablés.**

– *The wisest doctor is* ***gravelled*** *by the inquisitiveness of a child.* (EMERSON, *Essays.)* – Le plus sage docteur est **mis à quia** par la curiosité d'un enfant.

Grease, to grease. – Outre les sens transparents, noter: *wool* ***grease,*** **suint** de laine, **graisse** de laine, *wool* ***in (the) grease,*** laine **en suint;** arboric., **glu horticole;** art vét., **crapaud, crapaudine, malandre.** Au fig. et famil., **flatterie, pommade.**

To grease, **ensimer** (la laine); **ulcérer** le sabot (d'un cheval), lui **donner le crapaud, le rendre malandreux;** ***to grease*** *a person's hand or palm,* **graisser** la patte à qqn., † **engeigner, gruger, duper;** E.U. syn. de *to bribe,* **acheter** (le silence, la protection de qqn). **corrompre** (par des dons ou des promesses); ***to grease the wheels,*** **graisser, huiler les rouages, faire aller, marcher, faciliter les choses, arrondir les angles; payer les violons,** arg., **éclairer.**

– *« To day,* ***the wheels are greased*** *by your humble servant »,* dit Smollet traduisant ce passage de *Gil Blas,* II, ix: Pour aujourd'hui **... tout roule sur mon compte.**

– Quand Racine écrit (*Plaideurs,* I, i): « On n'entrait pas chez nous sans *graisser le marteau* », il faut entendre: sans **graisser la patte** du portier.

Greaser. – Famil. et naut., **chauffeur, chef de chauffe;** E.U. terme de mépris pour désigner un Hispano-Américain, un Mexicain, un **rasta (quoère).** Ornith., **érismature roux,** *erismatura rubida* (Amér. du Nord): enfin, vulg. **crachat, molard.**

Greasy. – ***Greasy pole,*** **mât de cocagne;** au fig. **onctueux, patelin, mielleux;** vét. **malandreux,** ***greasy heel,*** **malandre, crapaud, crapaudine.**

Grecian. – ***Grecian*** *knot,* coiffure **à la grecque;** *the* ***Grecian*** *horse,* le cheval **de Troie;** ***Grecian*** *gift,* présent, cadeau **empoisonné, perfide** ou **dangereux,** par allus. au vers de Virgile (*En.,* II, 49): *Timeo Danaos et dona ferentes.*

Subst., **helléniste, hellénisant.**

– Parlant d'un de ses maîtres, de Quincey *(Confessions)* dit: *He was but an indifferent* ***Grecian.*** – Ce n'était qu'un médiocre **helléniste.**

Gregarious. – Non seulement grégaire et moutonnier, mais famil. **sociable, qui aime la société;** méd. **confluent,** p. opp. à discret « espacé ».

– *French people are as a rule very* ***gregarious.*** – Les Français sont en général très **sociables.**

– *The pimples are sometimes solitary, but more often* ***gregarious.***

– Les boutons (éléments d'une éruption) sont parfois isolés (discrets) mais plus souvent **groupés** (ou: **confluents**).

Grey ou **Gray. –** ***The grey mare is the better horse,*** **c'est un mariage d'épervier, c'est la femme qui porte la culotte** ou † **les braies** (parce que, chez les éperviers et autres faucons, la femelle est plus forte que le mâle).

Grown ***grey*** *in the service, in harness,* **blanchi** sous le harnois, *a chief in warfare* ***grey,*** un chef « **blanchi** dans les travaux guerriers » comme dit Corneille, (*Cid,* I, 8).

Du sens de **vieux, ancien,** on passe à celui d'**expérimenté, mûr, posé, rassis, réfléchi.**

(Des yeux), † **bleu vert.** Malone, commentant Shakes., dit: *By a* ***grey*** *eye was meant what we now call a blue eye.* Si Cotgrave (1611) écrit: Œil *verd, a* ***gray*** *eye,* faut-il y voir de sa part une erreur d'interprétation de ce passage (*Two Gent.*, IV, iv, 197): *Her eyes are* ***gray*** *as glass,* alors que, selon Knight, le verre était à l'époque de Shakes., « *of a light blue tint* ». Quand Olivia (*Twelfth Night*, I, v, 232) inventoriant son visage, dit: *two* ***grey*** *eyes,* elle entend deux yeux **bleu vert,** ou: « **bleu pâle** » (Félix Sauvage). De même, ***grey-eyed*** *Minerva,* Minerve **aux yeux pers.**

Du sens pr. de (ciel, temps) gris, commun aux deux langues, on passe en angl. au sens fig. de **morne, sombre:** ***grey*** *prospects,* alors que chez nous c'est plutôt l'idée de **monotonie,** d'**ennui** qui domine: « Vie terne et *grise* où les sentiments trop forts étaient des malheurs. » (Balzac, *Le curé de Tours*).

Enfin, techn. (coton) **écru.**

– *The* ***grey mare*** *is ill to live with...* Il ne fait pas bon (pour le mari s'entend) vivre avec **une femme qui porte la culotte.**

– Keats *(Hyperion)* parle des ***grey*** *legends,* par quoi il entend les **vieilles,** les **anciennes,** les **antiques** légendes.

– ***Grey*** *wisdom comes with time and age.* – La sagesse, **fruit de l'expérience,** vient avec le temps et l'âge.

– ***He looked grey*** *and vacant.* – **Son visage blêmit** et perdit toute expression.

Grey (subst.). – *Goods* ***in the grey, greys,*** étoffes **écrues;** *the* ***grey of the morning,*** **l'aube;** *a pair of* ***greys,*** un attelage de **chevaux gris;** ***the (Scots) Greys,*** le **second régiment de dragons.**

Greybeard. – Non seulement **barbe grise, vieille barbe, grison, barbon,** et famil. **cassandre** (vieillard crédule), mais encore **grosse cruche, cruchon** ou **jarre** servant de récipient aux spiritueux.

Grey-haired. – *A* ***grey-haired*** *custom,* une **vieille,** une **ancienne** coutume, par une métaph. que nous ne sanctionnons pas.

Grief, grievance, to grieve. – On identifie facilement ces mots avec nos mots fr. *grief,* † *grevance,* et *grever.* Mais tous les trois se sont terriblement dévoyés. Disons d'abord que c'est ***grievance*** qui auj. est l'équivalent du français **grief.** Disons ensuite que l'anglais ***grief*** ne signifie plus que **chagrin, douleur, peine; regret, remords,** ***grief****-stricken,* pénétré, accablé de **douleur,** en proie aux **remords.**

Locut. famil.: ***He has come to grief*** se dit d'un commerçant **qui a fait de mauvaises affaires,** dont l'entreprise **a périclité** ou **sombré;** *the scheme* ***has come to grief,*** le plan, le projet a **échoué,** a **fait fiasco;** *he* ***is in grief,*** se dit d'un jockey, d'un cavalier **qui a eu un accident, a fait une chute de cheval;** d'un joueur de golf, **qui est en mauvaise posture;** *his horse was* ***in grief,*** son cheval était **à bout de souffle.**

– *An indiscreet son is the* ***grief*** *of his father.* (*Bible, Prov.* XVI, 25, trad. Coverdale. La Bible de 1611 a *a foolish son.*) – L'enfant insensé est l'**indignation** de son père. (Trad. Osterwald). C'est une **tristesse** pour son père que l'enfant insensé. (Trad. Ledrain).

Remarque. – « Griefs » et « doléances » sont syn.: « Il m'écrivit lettres sur lettres pleines de doléances et de griefs. (Rousseau, *Conf.*, XI).

– *He died of* ***grief.*** – Il mourut de **chagrin.**

– D'un explorateur dont la pirogue est emportée par le courant vers les rapides, l'auteur dit: *It was at that moment* ***he came to grief.*** – C'est alors qu'**il lui arriva malheur.**

– *Many people are only too prone to air their* ***grievances.*** – Bien des gens ne sont que trop enclins à conter ou: exposer leurs **doléances.**

– *Are all the taxes to be voted* ***grievances?*** – Tous les impôts doivent-ils être déclarés **vexatoires?**

Le *Thesaurus* de Roget donne comme synonymes de ***grievance,*** *annoyance, nuisance, vexation.*

Grill, to grill. – **Grillade; gril,** d'où famil. E.U. ***to put a prisoner to the grill, to grill*** *a prisoner,* **cuisiner** un détenu. ***To grill*** *oysters,* **faire cuire** les huîtres en coquille, comme *to scallop.*

Grime (to), grime (subst.). – Le fr. *grime,* de l'ital. *grimo,* proprt. « ridé », est un mot de théâtre et signifie « personnage de vieillard ridicule », ex. jouer les *grimes;* se grimer, c'est donc « se marquer de rides pour se donner l'air vieux » et p. ext. se maquiller. ***To grime,*** lui, non influencé par l'ital., est emprunté du germanique *gremen,* « noircir, salir », d'où les sens: **salir, souiller, barbouiller de suie, de noir de fumée, de poussière de charbon.** ***Grime,*** c'est la **poussière de charbon** ou **de suie** qui pénètre dans la peau.

– *Lignite or woodcoal is sometimes called* ***grime.*** *(Northumberland Gloss.)* – Le **lignite** ou **charbon végétal** est parfois dénommé ***grime*** (pour les Angl. s'entend).

– *The blacksmith's* ***grimed*** *face.* – Le visage **barbouillé de suie,** du forgeron.

Grog (to) groggy. – ***To grog,*** c'est non seulement **boire des grogs,** mais **être adonné à la boisson,** ce qui rend ***groggy,*** c.-à-d. **branlant, titubant, vacillant,** ce terme s'appliquant par anal. aussi bien au boxeur **qui chancelle, commence à flancher** qu'au cheval ***groggy*** *horse,* qui **boite, boitille** par suite d'une faiblesse de l'avant-train.

– *Rheumatism in my heel... I'm* ***groggy on my pins.*** – Avec mon rhumatisme au talon... j'ai des **jambes de guimauve, de coton** ou pop.: **je branle sur mes gigues.**

Groin. – **Aine;** arch., **arête** résultant de l'intersection de deux voûtes; **nervure** (d'arête).

– ***To hang the groin.*** – **N'y aller que d'une patte.**

Groom, to groom. – Un groom est auj. pour nous un « jeune domestique en livrée, chargé de faire les courses dans les hôtels, restaurants, cercles ». Au XIXe s., ç'a été un jeune **laquais d'écurie** qui suivait son maître lorsque ce dernier était à cheval, conduisait sa voiture, etc. Le mot semble issu de l'anc. fr. *gro(u)met* « valet ».

En angl. ***groom*** a signifié † **enfant mâle, garçon; homme, berger** (dans la poésie pastorale des XVIe et XVIIe s.); **valet,** et partic., de nos jours, **valet d'écurie.**

To groom*,** **soigner, panser** les chevaux; E.U. ***to groom *a man for office,* **dresser** un candidat (en vue de son accession à la vie politique), lui **préparer les voies** (cf. notre « poulain »). Cet emploi tend à se généraliser. Du sens pr. de ***well-groomed*** *horse,* cheval **bien entretenu, bien pansé,** on passe à celui de ***well-groomed*** *man,* homme **soigné dans sa personne et dans sa mise,** dont l'ant. ***ill-groomed*** signifie **peu soigné, négligé.**

REMARQUE. – Aux E.U. encore, ***groom*** est couramment utilisé dans le sens de *bridegroom,* **futur, prétendu** (sur le point de se marier), **nouveau marié.**

D'autre part, rapprocher le sort identique de *valet, garçon,* en fr., et de *lad, boy* en angl.

Gross, -ly. – A la fois **gros** et **grossier** au pr. et au fig., le contraire de fin, raffiné, poli, subtil, etc. D'où: **gras, bouffi; lourd, épais,** ***gross*** *ignorance,* ignorance **crasse;** (nourriture) **grossière, répugnante;** (erreur) **grossière, palpable;** (injustice) **flagrante, criante;** (manières, conduite, langage) **grossier, indécent, impudique.**

Aussi, oppos. à *net,* **brut,** ***gross*** *profit,* bénéfice **brut,** ***gross*** *tonnage,* jauge **brute;** naut. ***gross*** *displacement,* déplacement **global.**

– *What is the* ***gross*** *sum I owe you?* (SHAKS., *H. IV,* II, i, 91.) – De combien vous suis-je redevable **en tout?**

– *That is a* ***gross*** *popular error.* – C'est là une **grossière** erreur populaire.

– Sue fait une confession à son mari: *Jude has been here this afternoon, and I find I still love him. O* ***grossly!*** *I cannot tell you more...* (HARDY, *Jude,* VI, ix.) – Jude est venu cet après-midi et je m'aperçois que je l'aime toujours. Oh! **contre toute pudeur (d'une façon indécente).** Je ne puis vous en dire plus.

– *The trader had noted neither customs nor gods of the kingdom,* ***grossly*** *centred upon his profit as he was.* – Le négociant, **épaissement** enfermé dans son profit, n'avait remarqué ni les mœurs ni les dieux du royaume.

D'autre part, voici le mot gros employé dans le sens de **palpable, évident** dans les *Pensées* de Pascal (Section I): « En l'un (l'esprit de géométrie), les principes sont palpables... et il faudrait avoir tout à fait l'esprit faux pour mal raisonner sur des principes si *gros* qu'il est presque impossible qu'ils échappent. »

Grotesque. – « Une autre fontaine, d'une apparence *grotesque,* où les menues coquilles de moules, mêlées avec celles des limaçons, et relevées par un nombre infini de pierres brillantes, font une si agréable variété dans cette grotte marine, etc. » (*Don Quichotte,* traduit par l'abbé LEJEUNE, I, XIV.)

Ce sont, dit Littré des arabesques qui n'ont rien de bouffon.

Cet adjectif, appliqué au paysage, en anglais, signifie † **romantique, pittoresquement irrégulier.**

Le subst. = **marmot, heurtoir, marteau** (de porte), à cause de la figure grotesque qui y était représentée, d'où, peut-être l'expression croquer le marmot quand on attend à la porte ou ailleurs.

– Au IVe livre du *Paradis Perdu* (vers 136), Satan aperçoit le Paradis sur la cime plate

Of a steep wilderness, whose hairy sides
With thicket overgrown, ***grotesque*** *and wild,*
Access denied.
D'un mont agreste et raide, et ses flancs chevelus
Envahis de fourrés, **contournés** et sauvages,
Refusent tout accès.

(Chateaubriand et Pongerville font, à tort, rapporter ***grotesque*** à *thicket.*)

REMARQUE. – Un exemple de La Fontaine aura le double avantage de montrer le passage du grotesque au genre rocaille et du sens primitif au sens dérivé, « ridicule ».

Six masques de *rocaille,* à *grotesque* figure,
Songes de l'art, démons bizarrement forgés...
(*Psyché,* I.)

La rocaille elle-même, tombant dans l'exagération, est devenue le rococo.

Gruel. – W. Scott (*Guy M.,* XXV) écrit: *He shall have his* ***gruel,*** et Byron (*Don Juan,* XI, xvi): *I've got my* ***gruel.*** Littéralement et respectivement: Il aura, j'ai mon gruau. Qu'est-ce à dire? Il faut entendre: je lui ferai **son affaire;** j'ai mon **compte.** C'est famil., mais quelles lettres de noblesse!

On ne confondra pas avec notre bouillon d'onze heures qui signifie « breuvage empoisonné ».

Rapprocher l'ex. emprunté à W. Scott de cette citation de Rabelais (*Pantag.,* II, 18): Ce diable de Pantagruel... aura son vin [sera battu].

– *I am sure that* ***taking gruel*** *at night is not so pleasant as claret to you.* (THACKERAY.) – Je suis sûr qu'il vous est moins agréable de prendre **médecine** le soir que de boire votre bordeaux.

Guarantee. – Ce peut être soit **celui qui se porte garant, caution,** pour un autre, soit cet autre, le **garanti,** le **cautionné.** Aussi, ***guarantee of a bill of exchange,*** **aval.** Seul le contexte permet de décider.

Guard (to), guarded, guard (subst.). – Les ex. suivants permettent de discerner les nuances à observer dans la traduction de ces mots.

— *Mercury was not to be given to the patient without* ***being guarded with opium.*** — Il était défendu d'administrer du mercure au malade sans y **ajouter de l'opium comme correctif** (ce dernier mot étant un des sens du subst. ***guard).***

— *The comments of the Press are extremely* ***guarded.*** — Les commentaires de la presse sont extrêmement **réservés.**

— *Portland made a courteous but* ***guarded*** *answer;* (MACAULAY). — Portland répondit avec courtoisie (courtoisement) mais aussi **avec prudence.**

— *Learn to be more* ***guarded.*** — Apprenez à être plus **circonspect.**

— *To reduce the number of injuries to workmen machinery has been provided with* ***guards.*** — Afin de réduire le nombre des accidents du travail, les machines ont été pourvues de **dispositifs protecteurs** (ou: **de sécurité**).

— Aux jeux de cartes: *My king is* ***not guarded*** (MANSION). — Mon roi est **sec.**

Guardian. — Parfois **gardien, défenseur,** mais plus souvent **tuteur.** Cotgrave a « gardien d'un enfant mineur ». L'enfant confié à sa garde est sa garde, *his ward* (warder, c'est l'équivalent, en fr. du Nord, de garder, fr. de l'Ile-de-France).

Poor law ***guardian,*** **administrateur** du Bureau de Bienfaisance.

Guardian *angel,* ange **gardien.**

Gardien se dit: *watcher, keeper, watchman,* etc. E.U. *gatekeeper.*

— Ramsden est un homme qui prend la vie au sérieux: *If I am to be Annie's* ***guardian,*** *she will have to learn that she has a duty to me.* (B. SHAW, *Man and Superman,* I.) — Si je dois être le **tuteur** d'Annie, il lui faudra apprendre qu'elle a des devoirs envers moi.

Gudgeon. — *You have made me swallow a* ***gudgeon,*** écrit Lily dans *Euphues.* On reconnaît là l'expression fr. « faire avaler le goujon ». D'où les sens d'**attrape-nigaud,** puis de **gobe-mouche(s), gogo, naïf, niais, jocrisse.**

Cela ne doit pas nous faire oublier un autre ***gudgeon*** issu de l'anc. fr. goujon, « petite gouge » qui a survécu dans des emplois techniques. D'où les sens angl.: mécan. **tourillon; penture** (de gond): naut. **femelot** (de gouvernail): **goujon,** « pièce métallique servant à lier deux blocs de pierre ».

Guidon. — Étendard de cavalerie.

Guillotine, to guillotine. — Tech., **massicot, presse à rogner,** ***guillotine (-machine) operator,*** **massicoteur, rogneur;** chir., ***(tonsil-) guillotine,*** **amygdalotome, tonsillitome, sécateur des amygdales.** Au Parl., **clôture de la discussion par tranches** (pour « couper court » à l'obstruction), d'où ***to guillotine,*** **appliquer cette méthode, clore la discussion, prononcer la clôture par tranches.**

Guise. — † **Vêtements, habits, costume;** d'où **extérieur, aspect, dehors, apparence; faux semblant, masque** (au fig.).

— *He introduced himself in the* ***guise*** *of a monk.* — Il se présenta **vêtu comme** un (**sous l'aspect** d'un) moine.

— *Such a treacherous advice* ***was given under the guise*** *of friendship.* — Un conseil aussi perfide **se couvrait du manteau** de l'amitié.

— *Plausibleness and* ***guise*** *are inseparable from Courts.* — La fourbe et la **feinte** sont inhérentes à la Cour.

Gulf. — Un même mot grec a donné le fr. *golfe* et *gouffre.* L'angl. n'a qu'une forme pour les deux sens.

— *I might well say as father Abraham to Dives, « between thee and me there is a great* ***gulf*** *fixed ».* (DEFOE, *Rob. Crus.*) — Je pouvais bien dire comme notre père Abraham au Mauvais Riche: « Entre toi et moi il y a un **abîme** profond. »

— *The* ***gulf*** *between the rich and the poor.* — La **distance** (ou: le **fossé**), qui sépare le riche du pauvre.

Gum. — Trois mots: 1° **L'intérieur de la bouche et de la gorge; gencive;** d'où arg., au fig. (de la) **platine,** (du) **bagout:** « Elle ne le cédait à aucune marchande du carreau pour le bagout et la platine (style commercial d'alors). » (G. DE NERVAL, *Bohême galante*). Cf. auj. il nous la fait *à la gomme,* c.-à-d.: à l'épate, au chiqué.

— ***None of your gum!*** **Ta gueule!.**

2° Est notre gomme (dont il a tous les sens): ***gum benjamin,*** **benjoin,** ***gum dragon,*** **adragante,** ***gum juniper,*** **sandaraque; gomme** (des arbres fruitiers); de l'hévéa ou latex dont on fait le caoutchouc, d'où E.U. ***gums,*** mis pour ***gum-boots,*** **bottes de caoutchouc;** aussi ***gum-shoes,*** **caoutchoucs,** et sans doute à cause des pas feutrés de ceux qui les portent, E.U. **détective, cogne, flic,** collect. la **flicaille.**

Suite des sens (**boules** ou **pastilles de**) **gomme,** cf. ***chewing-gum. Gum (-tree),*** **gommier, arbre à la gomme,** surtout **eucalyptus.** ***To be up a gum-tree,*** **se trouver dans l'embarras, dans une impasse, dans le pétrin, ne savoir comment s'en tirer,** etc.

3° Vulg. corruption de *God* dans les jurons: ***By gum!*** **fichtre! mazette! ma parole!** etc.

— ***By gum!*** *you will be the death of me some fine day.* — **Ma parole!** vous me ferez mourir (me mettrez au tombeau) un de ces quatre matins.

Gusset. — Un *gousset* a d'abord été en fr. « le creux de l'aisselle ». Puis ç'a été une pièce de l'armure qui avait la forme d'un triangle et qui garantissait le dessous du bras ou une articulation. Ce dernier sens est angl. de même que ceux de **soufflet, gousset** de manche, et en mécan. ceux de **gousset, éclisse;** ***gusset (-plate, -stay)*** **plaque de jonction, d'éclissage.** L'angl. a, d'autre part, adopté la diction fr. **« odeur de gousset »,** † ***scent of gusset.*** Aussi **pièce triangulaire quelconque,** même de **terre.**

Gusto. — Conservé sous sa forme ital., ce mot a signifié † **saveur,**

puis p. ext. **piquant, montant; plaisir, goût** (que l'on ressent pour (faire) qqch); **entrain, brio :** *to work with* ***gusto,*** travailler avec **entrain,** *to write with* ***gusto,*** écrire avec **verve,** *to eat* ***with gusto,*** manger **de bon appétit, savourer** ce qu'on mange.

– *She recited with* ***gusto*** *intoxicated by the words.* – Elle récitait avec **brio,** grisée par les mots.

– Un enterrement n'est pas seulement une source de tristesse lorsqu'on est l'objet de la sympathie de trois jeunes filles dont chacune vous convoite en mariage :

– *All three kissed him (Polly) with* ***great gusto*** *after the ancient English fashion* (WELLS, *Polly,* V, 3.) – Toutes trois lui sautèrent au cou et l'embrassèrent avec **effusion** à l'ancienne mode anglaise.

Gutter. – Outre **gouttière,** ***(eaves-) gutter,*** **chêneau** (de toit), le sens cour. est **ruisseau** (de la rue) au pr. et au fig., d'où de multiples expressions imagées : *Slang, language of the* ***gutter,*** l'argot du **ruisseau,** le langage **des rues,** le parler **voyou;** *born in the* ***gutter,*** né dans le **ruisseau,** dans la **crasse;** *to take s. o. out of the* ***gutter,*** tirer qqn. du **ruisseau,** de la **boue,** ***gutter-paper,*** famil., **feuille de chou,** ***gutter-press,*** **presse de bas étage, qui vit de scandales, de chantage.** Par ext. du sens pr. de ruisseau : **caniveau, cassis, rigole.** Aussi, **voirie** « lieu où l'on jette les ordures et les immondices d'une ville. »

– *I picked him up* ***out of the gutter*** *and made him into one of the richest citizens of the town.* – Je l'ai pris **à la besace** pour en faire un des plus riches bourgeois de la ville.

– *He died in a foreign land his corpse was thrown into a* ***gutter.*** – Il mourut en terre étrangère et son corps fut jeté dans une **voirie.**

Guy. – Deux mots. 1° Terme de marine. Notre gui est une pièce de bois, un « fort espar arrondi sur lequel vient se border toute voile à corne » (ROBERT). Le ***guy*** angl. est une corde. Paasch le traduit : **retenue; bras; hauban.** ***Boom-guy,*** **retenue de gui.**

2° Par allus. au mannequin grotesque représentant Guy Fawkes (que l'on brûle le 5 nov. en commémor. du complot des poudres de 1605), **épouvantail, personne mal fagotée** ou **laide à faire peur,** famil. et hyperbol. **horreur.**

Autres sens, E.U. syn. de *fellow, chap,* donc, non nécessairement péjor., **individu, type,** ***the literary guys,*** les **littéraires.** « *It appears that it (a* ***regular guy****) is one of the most graceful compliments in... America.* » (CHESTERTON, in Horwill.) – Comme qui dirait : un **chic type,** un **galant homme,** selon le cas. Enfin arg. ***to give one the guy,*** **le planter là, le laisser en plan, en carafe, lui brûler la politesse.**

H

Habit. —« Les habits naturels sont en enfants et en bêtes. » (ORESME, XIVe s.). Comprenez « habitudes ». L'angl. ***habit*** signifie à la fois **habitude** et **habit :** habitude du corps, c.-à-d. 1° **maintien, démarche, manière d'être; constitution physique, complexion; habitus;** ***habit of mind,*** **tournure d'esprit;** botan. **port, habitus** (d'une plante, d'un arbre, etc.); 2° **habit** (de religieux), d'où fig., *the* ***habit*** la **soutane,** symbole de l'état ecclésiastique; ***lady's riding habit,*** **amazone, habit de cheval.**

— *She came in her* ***riding habit.*** – Elle vint en **costume d'amazone,** en **habit de cheval.**

— *A spare* ***habit.*** — « Une **habitude du corps** grêle », comme dit Molière (*Pourceaugnac,* I, ii).

— *It is of the nature of* ***habit*** *to make acts easier and easier.* – Il est de la nature de l'**habitude** de rendre les actes de plus en plus faciles.

Habit (to). — † **habiter,** qui aujourd'hui se dit *to inhabit.* Mais *to habit* signifie parfois **habiller, vêtir, revêtir,** surtout au participe passé.

— *Kipps* ***being habited*** *as yet in ready-made clothes.* (WELLS, *Kipps,* I, ii, § 3) – Kipps **ne portant** encore que des vêtements tout faits, ou: de confection.

Habitude. — **Disposition, tempérament; habitude du corps** ou **de l'esprit.** (V. ***habit***).

Hackney. — C'est l'antique haquenée – surtout sous la forme abrégée ***hack*** – le **cheval de selle pour la route,** le **bidet** (*a race for* ***hacks*** *and hunters,* course pour **chevaux de route** et chevaux de chasse); † **cheval de louage,** d'où ***hackney****-horse,* ***hackney****-coach;* **voiture de louage, fiacre,** † **mercenaire, écrivain à gages;** † **prostituée.**

Adj.: **usé, montrant la corde; banal.** On dit maintenant ***hackneyed.***

– *He jumped into a **hackney**,* ou ***hackney**-coach.* – Il sauta dans un **fiacre.**

– *I am handling a somewhat **hackneyed** subject.* – Je traite un sujet quelque peu **fatigué, usé, rebattu.**

– *A **hackneyed** statesman.* – Un homme d'État **expérimenté (averti, rompu aux affaires, à toutes les finesses (ficelles) de la politique)**, ou, selon le contexte, **fatigué.**

Haggard. – Hagard, en fr. et ***haggard,*** en angl. se disent du **faucon pris trop âgé pour être dressé.** De là ***haggard,*** (faucon) **sauvage, revêche,** (Cotgrave), **libertin** (Littré), **non dressé.** Suit tout un développement particulier à l'angl., sauf un sens commun qu'on va voir: + **insociable;** + **décharné;** d'une pers., **hagard, à l'air hagard, farouche** – seul sens fr. – mais plutôt maintenant **hâve,** par l'effet des privations, du manque de repos, de la fatigue, de l'anxiété, de la terreur ou des ennuis: **efflanqué, osseux, décharné par l'âge** – apparemment influencé par *hag,* sorcière (***haggard,*** subst., veut dire d'ailleurs aussi **sorcière**).

– *Then the paleness of her face – its **haggard** aspect having vanished as she recovered flesh.* (BRONTË, *Wuthering Heights,* XV.) – Puis la pâleur de son visage – son aspect **hâve** ayant disparu, maintenant qu'elle était plus en chair.

– *You won't laugh, sir, when you see your lovely woman becoming **haggard.*** (DICKENS, *Our Mutual Friend,* III, vi.) – Vous ne rirez pas, monsieur, quand vous verrez la femme que vous avez connue charmante devenir **décharnée.**

Dans *The Return of the Native,* Thomas HARDY décrit avec son intensité coutumière la lande d'Egdon qu'il anime et personnifie et qui devient sous sa plume: ***Haggard** Egdon* « le **sauvage,** le **farouche** pays d'Egdon. »

Hail (to). – C'est, tout d'abord, **saluer de l'exclamation *« hail! »*;** puis **saluer; recevoir avec des marques, des transports de joie, bien accueillir, donner la bienvenue.** C'est, ensuite, **héler** un navire, **héler** qqn. Enfin ***to hail from,*** qui se dit surtout d'un navire pour indiquer **son port de partance,** a, aussi, un sens général qui est **venir de,** (pr. et fig.)

Il existe un autre verbe ***to hail*** qui signifie **grêler.**

– *In Scotland the restoration of the Stuarts has been **hailed** with delight.* (MACAULAY, *Hist. Eng.*) – En Écosse, la restauration des Stuarts fut **accueillie** avec ravissement.

– *Ships and sailors **hailing from** distant lands.* – Des navires et des marins **qui viennent de** contrées lointaines.

– *Most of the pupils **hailed from** Europe.* – La plupart des élèves **venaient** d'Europe.

– *The Germans **hailed** him (Sterne) as a philosopher.* – Les Allemands le **sacrèrent** philosophe.

Halcyon (adj.). – Les anciens disaient, non sans poésie, que la mer demeure calme quand les alcyons font leur nid; d'où le sens de **calme, paisible, serein** qu'il faut attribuer à l'adj. ***halcyon,*** généralement accolé au subst. *days.* *A **halcyon,*** un **martin-pêcheur** ou **chasseur** (subst.).

Le Thesaurus de Roget donne comme syn. de ***halcyon,*** *prosperous, joyful, calm.*

– Parlant de la manière dont nos aïeux concevaient le drame, Oscar Wilde écrit: *In those **halcyon** days of the drama, no archaeology troubled the stage.* (*Intentions.*) – En ces **beaux** jours de la carrière du drame, la scène ne s'embarrassait d'aucune préoccupation archéologique.

– *Peace and policy had diffused a **halcyon** calmness over the land.* (DISRAELI, *N.E.D.*) – La paix et la bonne politique avait répandu sur le pays un calme **dont rien ne venait troubler la sérénité.**

Hall. – Mis pour ***dining-hall,*** **réfectoire,** *to dine **in hall*** (univ.), dîner **au réfectoire, en commun,** (des étudiants en droit), **faire acte de présence au réfectoire;** *the servants' hall,* l'**office, la salle commune,** + **du commun.** Autres sens: **château, manoir,** par méton., les **gens du château** et par ext. **demeure,** *this is **Liberty Hall,** you know,* **ici on fait ce qu'on veut, ce qui (vous) plaît, comme bon vous semble, c'est l'Abbaye de Thélème.** ***Bachelor's Hall,*** **ménage de garçon.** ***Town hall,*** **hôtel de ville, mairie,** ***Westminster Hall,*** **le Palais de justice de W.** Aussi, **fondation universitaire** à Oxf. et à Cambr. **Maison universitaire** (pour étudiants en théologie, pour étudiantes). Locut. div. ***To be, to appear on the halls,*** **faire du music-hall.** ***Born in marble hall,*** **né sous de riches lambris.**

– *He did not stop talking **the whole hall.*** – **De tout le dîner,** il n'a cessé de dégoiser.

– Au collège, Arthur Pendennis est devenu un véritable sybarite: *That he took perfumed baths is a truth and he used to say that he took them after meeting certain men of very low set in **hall.*** (THACKERAY, *Pend.* XII.) – Qu'il prît des bains parfumés, le fait est indéniable: il disait même qu'il les prenait après avoir coudoyé au **réfectoire** certains étudiants de milieux peu relevés (ou: peu ragoûtants).

Halt (to). – *He **halted** in his walk* ne signifie pas « il fit halte », mais il **boitait** en marchant ». C'est un autre mot. De même au fig. **boiter, clocher;** enfin, **hésiter.**

– *All comparisons **halt** in some part.* – Toutes les comparaisons **boitent** quelque part, **pêchent, clochent** par quelque endroit.

– *He **halted** between two courses (of action).* – Il **hésitait** entre deux partis, il était **entre le zist et le zest.**

Halter. – *Haltère,* se dit *dumb-bell.* L'instrument qui a nom ***halter*** sert à une tout autre gymnastique. Il s'agit de la **hart,** de la **corde** (pour pendre) et, par ailleurs du **licou** (d'un cheval). *A **Halter,*** c'est aussi un **boiteux,** une **boiteuse** (voir *to halt*).

— Portia, qui vient de rendre son fameux jugement, demande au marchand qu'elle a sauvé de la mort :

What mercy can you render him, Antonio?
Gratiano : *A* ***halter*** *gratis; nothing else, for God's sake.*
(SHAKS., *Merch. of Ven.*, IV, i.)
Que lui accordera votre miséricorde ?
Gratiano : La ***hart*** gratis et, pour l'amour de Dieu, sans plus.

Harass (to). — ***To harass*** † *harasser* (1); **ravager, dévaster, piller,** signifie auj. **harceler** (l'ennemi); **tracasser, tourmenter** (par un travail ennuyeux, des soucis, etc.), **accabler.** *To be* ***harassed*** *with debt* (TENNYSON), être **criblé** de dettes.

— *The mercenaries* ***harassed*** *the land.* — Les mercenaires **ravagèrent** le pays.

— *Our army was constantly* ***harassed*** *by the enemy.* — Notre armée était constamment **harcelée** par l'ennemi (ou : l'ennemi ne **laissait aucun répit** à...)

— *He was* ***harassed*** *by the loss of his fortune.* — Il était **tourmenté** par la perte de sa fortune.

Dans son *Liber Amoris* (II, 294), Hazlitt fait dire à Sarah Walker : *Sir, you have no right* ***to harass*** *my feelings in the manner you do.* — Monsieur, vous n'avez pas le droit de **m'excéder** comme vous le faites

Hard (adj. et adv.). — Noter quelques expressions idiomat. : ***hard cash,*** † **argent sec (et liquide), espèces (sonnantes et trébuchantes), argent liquide, numéraire;** ***hard fact,*** **fait brutal, indéniable, incontestable;** E.U. ***hard*** *drinks,* boissons **alcooliques;** *he is a* ***hard*** *sportsman,* c'est un chasseur **infatigable,** un pêcheur d'**une patience à toute épreuve;** *a horse with a* ***hard*** *mouth,* un cheval à la bouche **insensible.** ***He has had hard luck,*** il **n'a pas eu de chance, ç'a été de la déveine** (pour lui); ***hard lines! hard luck! hard cheese!*** **Pas de chance! quelle déveine! quelle guigne! quel guignon!** ***Hard*** *wine,* vin **vert.** ***Hard*** *work,* travail **assidu,** et aussi travail **ingrat** (celui du traducteur, p. ex.). Cela nous amène à l'adverbe, *to work* ***hard,*** travailler **ferme,** ***d'arrache pied,*** *to work* ***desperately hard,*** travailler **avec acharnement,** ***to row hard,*** **faire force de rames;** ***to die hard,*** **vendre chèrement sa vie, se défendre jusqu'à la dernière cartouche,** etc. : aussi : **se montrer, intraitable, irréductible;** ***old habits, failings, foibles die hard,*** **chacun a son défaut où toujours il revient;** ***it will go hard with him*** *if he relapses,* **il lui en cuira** s'il récidive : ***it shall go hard but I win them over,*** **je me fais fort de les gagner à notre cause,** ***it shall go hard*** *but I will succeed,* **à moins de difficultés insurmontables,** je réussirai, j'y parviendrai; ***to be hard up (for money),*** **être dans la gêne,** (à) ***court d'argent,*** famil. ou arg. **désargenté, dans la dèche, à sec, dans la mouise, tirer le diable par la queue;** ***to be hard up to it,*** **être bien embarrassé.** ***To look hard at s.o.,*** **regarder qqn. fixement, avec insistance, le regarder jusqu'au fond, ne pas le quitter des yeux, appuyer son regard sur qqn.**
Une journaliste, qui a fait une enquête aux États-Unis, écrit un article intitulé : « Vendre dur », expression qui est censée traduire ***to sell hard,*** alors qu'il s'agit du vendeur qui **ne vous lâche pas,** du vendeur **archarné** qui ayant « du bagout et de la platine » finit par **placer sa marchandise,** par **emporter le morceau.** C'est le *hard seller* qui a l'art de pratiquer le *hard sell.* Comparer avec le terme ***aggressive,*** qui peut s'appliquer aux E.U., à un vendeur entreprenant, mais, les qualificatifs l'attestent, les méthodes américaines diffèrent de celles de nos « chanteurs de charme. »

Hardy. — *A* ***hardy*** *mountaineer* ne doit pas s'entendre un montagnard hardi, mais **résistant, endurci, robuste, vigoureux.** De même, *a* ***hardy*** *plant* est une plante **rustique.**

L'adjectif fr. **hardi** est le participe passé de l'ancien verbe *hardir* endurcir.

Il est d'origine germanique et apparenté à l'angl. *hard.*

— *When once grown up, turkies are very* ***hardy*** *birds.* — Une fois adultes, les dindons sont des volatiles très **résistants.**

— *Outdoor rustic people have not many ideas, but such as they have are* ***hardy*** *plants...* (STEVENSON, *An Inland Voyage.*) — Les campagnards qui vivent en plein air n'ont pas beaucoup d'idées, mais celles qu'ils ont sont des plantes **rustiques.**

— Parlant du peuple suisse auquel il reproche (injustement peut-être) (*L'immoraliste,* III, i), d'« être sans histoire, sans littérature », André GIDE dit : « c'est un **robuste** rosier, sans épines ni fleurs », ce qui est traduit ainsi : *a* ***hardy*** *rose-tree without thorns or flowers.*

Harness, to harness. — Outre les sens transparents, signalons : *horse* ***fit for harness,*** cheval **attelable,** *to go, run* ***in single harness,*** être dressé à **l'attelage par un, être attelé par un,** au fig. et famil. **être célibataire;** *to run* ***in double harness,*** être dressé à l'**attelage en couple,** être **attelé en couple,** famil. **être marié;** ***to get back into harness,*** **reprendre le collier,** ***to die in harness,*** **mourir sous le harnois, à la peine, à la tâche;** ***to be out of harness,*** **avoir détellé, être à la retraite, être retraité.**

To harness, **aménager (une chute d'eau),** la **mettre en valeur,** l'**exploiter,** l'**équiper en source de force motrice.**

— *Their pugnacious tempers* ***ran in harness together.*** — **Ils conjuguaient** leur humeur combative.

— *Man has* ***succeeded*** *in* ***harnessing*** *natural forces.* — L'homme est parvenu à **domestiquer** les forces de la nature.

— *Freedom is* ***to feel easy in the harness.*** — La liberté c'est **ne pas sentir de gêne aux entournures.**

REMARQUE. — On rapprochera l'expression plaisante : *to run in double harness* du lat. *conjungere sibi (matrimonio),* prendre femme, épouser une femme, expression dont on trouve une réplique dans

(1) Dérivé de l'anc. verbe *harer,* terme de vénerie, « exciter les chiens ». (BLOCH.).

Sheridan (*The Rivals*, I, i): *I wished they were* ***harnessed*** *together in matrimony.*

Haunch. – Hanche, certes, mais aussi **cuissot, quartier, cimier** (de venaison, de chevreuil); pl. **arrière-train;** archit. **rein, aisselle** (d'une voûte); **charpente, renfort.**

Haunt (to). – Hanter signifie visiter souvent soit les lieux, soit les personnes. Le verbe angl. a bien ce sens, mais il a été plus loin et veut dire parfois au fig. **obséder, importuner; molester.**

– *Your beauty that did* ***haunt*** *me in my sleep.*
To undertake the death of all the world.
(SHAKS., *Rich. III*, I, ii, 122.)

– Votre beauté qui m'**obsédait** en mon sommeil,
Me poussait à commettre un meurtre universel.

REMARQUE. – Toutefois, sous l'influence de l'angl., nous disons « maison *hantée* » et *hantise* qui signifiait « fréquentation, commerce », s'emploie maintenant au sens d'obsession, inconnu de L.

Hautboy. – Bot. mis pour ***hautboy (strawberry)***, *(fragaria elatior)*, variété de grosse fraise appelée **capron** à cause de son goût aigre; **capronier,** fraisier élevé.

Haversack. – Ce mot signifie en all. sac à avoine. C'est la **musette.** Notre havresac ou sac est le *knapsack* ou *kit-bag;* c'est aussi le *(workman's) tool- bag.*

Hazard. – Tous nos classiques ont employé le mot hasard dans le sens de **danger, péril, risque :** « Rien de noble ne se fait sans *hazard* », écrit Montaigne (*Essais*, I, xxiv) c.-à-d. « sans courir un risque », « sans affronter un danger ». « Mon honneur court *hasard.* » (CORNEILLE, *Cid*, III, iv). Cette acception est angl.: *at* ***hazard***, en **jeu,** en **danger;** *in* ***hazard*** en **péril;** ***at all hazards, at every hazard,*** **bravant tous les périls.** Sens techn.: † **le petit trou au jeu de paume,** le **dedans,** la **grille;** † **blouse** *(pocket)* **de billard;** p. ext. **mise d'une bille dans une blouse,** ***to play a winning hazard,*** **blouser la bille sur laquelle on vise,** ***to play a losing hazard,*** **se blouser.** Au golf, **accident de terrain.**

– *I should not fear the* ***hazard*** *of sending him abroad.* (PEPYS, *Correspondence*, 4/12, 1701.) – Je me résoudrais, sans crainte de **danger,** à l'envoyer à l'étranger.

– *We will in France... play a set,*
Shall strike his father's crown into a ***hazard.***
(SHAKS., *Henry V*, I, ii, 263.)

– Nous allons jouer, en France, une partie de paume, qui fera **perdre** la couronne à son père. (Schmidt comprend, à tort, « l'enjeu ».)

– LESAGE (*Gil Blas*, II, vii) écrit: Enfin, il lui échappa tant d'impertinences que je ne pus m'empêcher de lui dire tout ce que je pensais *au hasard* de lui déplaire. Smollett traduit: *« at the* ***hazard*** *of her displeasure. »*

Hearse. – On identifie là le mot fr. *herse.* C'est, en effet, d'abord une **herse** à porter des cierges au service des Ténèbres. De là, **chapelle ardente, catafalque; bâti en fer,** etc., surmontant un tombeau et destiné à porter des poêles, etc., **bâti de bois en forme de temple** (employé aux funérailles des rois et des nobles, orné de bannières, d'écussons, de cierges, où des amis épinglaient des poèmes, des épitaphes); **léger bâti en bois** destiné à soutenir le poêle au-dessus d'un corps porté sur une civière; † **poêle;** † **civière, cercueil, tombe;** † **corps, cadavre;** enfin, sens courant, **corbillard.** Et, nouvelle extension, **voiture à transporter les pianos!**

– *Stand from, the* ***hearse,*** *stand from the body.* (SHAKS., *Jul. Cæsar*, III, ii, 169.) – Écartez-vous de la **civière,** écartez-vous du corps.

– *He was carried in a* ***hearse,*** *and the company in mourning coaches.* – Il fut transporté dans un **corbillard** et la compagnie dans des carrosses de deuil.

Heartburn. – Ne pas confondre ce terme médical avec *heart-burning;* « dépit, jalousie, mécontentement, animosité, rancune »; ***heartburn*** signifie: **aigreurs, brûlures (d'estomac); pyrosis; cardialgie;** (voir *stomach*).

– *Congreve's nasty wine has given me the* ***heartburn.*** (SWIFT, *Journal to Stella.*) – La piquette de C. m'a donné des **brûlures d'estomac.**

Hectic. – En fr. hectique est exclusivement un terme méd., issu du grec *hektikos,* « continu, habituel » et ne s'emploie que dans les expressions chaleur, fièvre hectique, « fièvre caractérisée par une consomption progressive » (D.G.). D'où, en angl., ***hectic*** *cough,* toux **de phtisique.,** ***hectic*** *cheeks,* joues **d'une rougeur fièvreuse** Shelley applique l'épithète à la couleur des feuilles mortes (*Ode to the West Wind*), et, par ext. du sens pr. **fiévreux, agité, mouvementé,** *to lead a* ***hectic*** *life,* mener une vie **trépidante.**

– *She led a* ***hectic*** *life.* – Elle a mené une vie **agitée, mouvementée, dissipée, désordonnée** (ou famil. elle a **rôti le balai**).

– *Fashion dies young... and it is therefore natural that its rhythm should be more* ***hectic*** *than that of history.* – La mode meurt jeune...; il est donc naturel que son rythme soit plus **haletant** que celui de l'histoire.

– *We* ***had a hectic time.*** – **Ç'a été le coup de feu, nous ne savions plus où donner de la tête** ou, selon le cas, **nous avons fait une de ces noces, une noce carabinée, à tout casser.**

– *This is a* ***bit hectic.*** – Ça, c'est un **peu violent,** ou: **fort de café.**

REMARQUE. – *Hectique* et *étique* sont un seul et même mot, le second étant une altération phonét. du premier. Étique a d'abord signifié « amaigri par la consomption », puis « très maigre », « décharné ». « Les patients ont une fièvre lente qui se tourne en *étique.* » (A. PARÉ, dans L.).

Heinous. – « Une chose est *haineuse* à un homme et délectable à un autre », écrit Oresme au XIVe siècle. C'est le sens anglais courant: **odieux, haïssable.** ***Heinous*** a signifié aussi † **pénible, cruel.**

– *But I forbid thee one most* ***heinous*** *crime.* (SHAKS., *Sonnets,* XIX, 8.) – Mais d'un crime **odieux** entre tous garde-toi.

– *I knew that they accused me of the most* ***heinous*** *crimes.* – Je sus qu'ils m'imputaient des noirceurs **atroces.**

Heraldic. – Charles Lamb *(Elia, South Sea House)* parle d'une dame qui établissait sa filiation avec une famille illustre *by some labyrinth of relationship, which I never thoroughly understood – much less can explain with any* ***heraldic*** *certainty at this time of day.*

Heraldic ne s'explique que si l'on songe que c'était la tâche du *Heralds' College,* ou *College of Arms,* aujourd'hui *Heralds' Office,* d'établir les généalogies. On traduira donc: par quelque labyrinthe de parenté que je n'ai jamais complètement compris et qu'encore moins puis-je, à cette heure, expliquer avec quelque sûreté **experte** (ou: **de généalogiste**).

– *Valour is no longer rewarded by* ***heraldic honour.*** – De nos jours, la valeur n'est plus récompensée par **des quartiers de noblesse.**

Hermit. – † Celui qui dit des oraisons pour son bienfaiteur, pour autrui, † orateur, du lat. eccles. *orare,* prier (*Macbeth,* I, vi, 20) et Keats, sous la forme *eremite* (*St. Agnes,* XXXI).

Heroic. – ***Heroic verse,*** **hexamètre** (grec ou latin), **vers décasyllabique,** employé dans la poésie héroïque, **alexandrin.**

Subst. pl. ***heroics,*** **déclamation outrée, grandiloquence, emphase.**

– *An age in which it was possible to express devotion and admiration in words which were at once so unequivocal and so entirely devoid of* ***heroics.*** – Un siècle où il était possible d'exprimer son dévouement et son admiration en des termes dépourvus tout ensemble de la moindre ambiguïté et de la moindre **grandiloquence.**

Herring. – *Red herring,* hareng saur, sans doute, mais au fig. ***red herring*** signifie ce qui détourne l'attention du sujet principal, cause une diversion, permet une échappatoire, ***to draw a red herring across the track,*** **dépister la meute, donner le change.**

Hessian (adject. et subst.). – Hessois; ***Hessian boots*** et nom commun, ***hessians,*** bottes **à la Souvarov, à l'écuyère,** parce qu'elles furent portées à l'origine par les troupes hessoises; ***Hessian fly,*** **cécidomye destructrice,** *(Cecidomya destructor)* **mouche de Hesse.**

Le subst. signifie E.U. **mercenaire** (par allusion aux troupes hessoises stipendiées par le gouvernement angl. pendant la guerre d'Indépendance), et péjor. terme de mépris par lequel les sudistes désignaient **les nordistes** pendant la Guerre de Sécession; enfin nom commun, toile grossière faite de chanvre et de jute, **toile d'emballage.**

Hiatus. – Comme en latin, **ouverture; trou, brèche;** p. ext. **lacune, intervalle, solution de continuité,** sens vieilli en fr.

Hideous (ly). – *Hideux:* « difforme à l'excès, très désagréable », dit L. L'angl. va un peu plus loin: **effrayant, terrible, horrible; révoltant, odieux; abominable.**

Il semble que, de même que certains mots [*awful (ly),* p. ex. *I am awfully glad*], ***hideous (ly)*** soit employé comme un intensif et emprunte son sens au contexte: **désespérant, effroyable,** etc. Ainsi, nous disons: « C'est affreux » en parlant de choses qui ne justifient nullement cette épithète.

– *Hard speech between those who have loved is* ***hideous*** *in the memory.* (G. ELIOT, *Romola,* II, iv.) – Les paroles dures échangées entre ceux qui se sont aimés sont **odieuses** à la mémoire.

– *There is a calmness about your life which makes me* ***hideously*** *envious.* – Il y a dans votre vie un calme qui me rend **affreusement** (**terriblement**) envieux.

History. – = **Pièce historique, drame historique,** *Shakespeare's* ***histories.*** Méd. *the* ***previous history*** *of a patient,* les **antécédents** d'un malade, *careful family and personal* ***history*** *taking,* l'étude minutieuse de l'**anamnès** familiale et individuelle; dans la marine, ***history sheet,*** **feuille matriculaire,** dans l'armée, **état signalétique et des services** (d'un homme). Agr. *Cropping* ***history,*** **cycle** cultural.

Histrion, histrionic(s). – ***Histrion*** n'a pas nécessairement la nuance péjor. du mot fr. De même, ***histrionics*** est l'**art théâtral,** et ***histrionic*** **ce qui a trait à cet art.** ***Histrionic*** *paralysis,* paralysie **de Bell,** paralysie **du nerf facial.**

– Parlant de l'interprétation du rôle d'Iago par l'acteur Irving, Dutton Cook *(Irving in Shakes.)* tient celle-ci pour « une réussite **théâtrale** éblouissante », *an altogether impressive* ***histrionic*** *achievement.*

– *I have described Burgoyne's temperament as rather* ***histrionic;*** *and the reader of the Devil's Disciple will have observed that B. is a man who plays his part in life... in the manner of a born high comedian.* (B. SHAW, *Devil's Disciple, Notes*). – J'ai décrit le tempérament de B. comme étant plutôt celui d'**un acteur;** et le lecteur du « Suppôt du Diable » aura observé que B. est un homme qui joue son rôle dans la vie... avec l'art d'un comédien-né de grand talent.

REMARQUE. – Pour bien se pénétrer de la différence d'acception des deux mots, on rapprochera nos ex. de la citation suivante: « les *histrions,* les plus vils bateleurs... prennent depuis quelque temps à Paris le titre d'artistes. » (*Dictionnaire du bas langage,* D'HAUTEL, 1808).

Holland. – Nom commun: **toile** de Hollande; ***brown holland,*** **toile bise, toile écrue.**

– ***Brown holland*** *covered the library table.* – Des housses **de toile grise** recouvraient la table de la bibliothèque.

Un autre mot employé seulement au plur., **genièvre de Hollande ; schiedam.**

Holocaust. – Holocauste évoque toujours en fr. l'idée de *sacrifice* religieux *ou de sacrifice sanglant* et au fig. d'offrande complète de soi-même. De là, l'angl. ***holocaust,*** qui connaît aussi ces emplois, passe au sens général de **massacre, tuerie, hécatombe** *sans dénotation de sacrifice expiatoire ou propitiatoire.* Il est donc impropre et erroné de traduire *nuclear* ***holocaust*** par holocauste nucléaire; ce serait un **massacre** général, *« a great slaughter or massacre »* (N.E.D.). Le terme s'applique également aux choses.

– *The revolutionary* ***holocausts.*** – Les **hécatombes** révolutionnaires, p. ex. les septembrisades.

– *She made an* ***holocaust*** *of her friend's letters.* – Elle fit un **autodafé** des lettres de son ami (elle les **brûla jusqu'à la dernière**).

Honorary. – ***Honorary*** *secretary,* secrétaire **bénévole,** c.-à-d. non rétribué; ***h.*** *degree,* grade **honorifique, honoris causa;** ***h.*** *obligation,* engagement **d'honneur;** ***h. monument,*** **cénotaphe.**

Honour. – *I give you* ***my honour.*** (THACKERAY), je vous en donne **ma parole d'honneur.** ***Honour bright!*** (famil.) **parole d'honneur! foi d'honnête homme! vrai de vrai! sans mentir! bien sûr! et comment!** Dans l'enseignement, ***honours course,*** **programme d'études spéciales ou spécialisées** (s'oppose au *pass course* qui porte sur un plus grand nombre de sujets étudiés moins à fond), ***to take honours*** *in Latin,* **se spécialiser** en latin. Jur. *Yes,* ***your Honour,*** oui, **monsieur le Juge.**

– *And so... you love your master's daughter? – I do, said the prentice.* ***Honour bright.*** *No chaff, you know.* (DICKENS, *Barn. Rudge,* VIII.) – Et alors, comme ça... vous êtes amoureux de la fille de votre patron? Parfaitement, dit l'apprenti. **Foi d'honnête homme,** c'est pas de la blague, vous savez.

Honourable, honourably. – La ritournelle du discours de Marc Antoine (*Julius Cæsar,* III, ii) *And Brutus is an* ***honourable*** *man,* traduite « Et Brutus est un homme honorable », sonne faux et manque étrangement d'à-propos. Elle suit, en effet, la constatation que « Brutus disait César ambitieux ». La logique réclame « et vous pouvez le croire, car Brutus ne ment pas. Brutus est un **honnête** homme. » C'est un sens fréquent en angl. Le voici encore dans *Hamlet* (II, ii, 130):

Polonius: *What do you think of me?*
King: *As of a man faithful and* ***honourable.***
Pol.: Que pensez-vous de moi?
Le roi: Je pense que tu es loyal et **fort honnête.**

Ce sens fréquent, Schmidt ne l'a pas dans son *Shakespeare Lexicon.* C'est la section 5 du N. E. D.

Pour ***honourable intentions,*** voir ***intention.***

– *Perhaps, after all,* ***he meant you honourably.*** – Peut-être, après tout, **avait-il sur vous des vues légitimes.**

Horde. – N'a pas nécessairement ni toujours le sens péjor. qui s'attache au mot fr. et peut signifier: **foule, multitude, flot, afflux** (de pers. etc.).

– *The* ***horde*** *of newcomers,* le **flot,** l'**afflux** des nouveaux venus, des nouveaux arrivants; *a* ***horde*** *of insects,* une **nuée** d'insectes. Statist.: **groupe nombreux** appartenant à un même « univers ».

Horror. – Famil. *to have* ***the horrors,*** avoir des **dées noires, broyer du noir, avoir le cafard; grelotter de peur;** être en proie **au délire alcoolique,** au *delirium tremens;* ***it gives me the horrors,*** **cela me donne le frisson, la petite mort.**

Hospitality. – Pour les Anglo-Saxons, la notion d'hospitalité est plus étendue que chez nous; elle peut comprendre p. ex. les réceptions que certains fonctionnaires sont tenus de donner, et même les repas que toute pers. offre chez soi ou au restaurant à des amis ou connaissances. Peut se rendre parfois par **politesse.** Adm. surtout E.U. ***hospitality expenses,*** **frais de représentation** (d'un diplomate, etc.), locut. qui prouve la grande ext. du mot.

– Frédéric Moreau que commencent à ennuyer les longues réceptions de son ami Arnoux (*Educ. sentim.* I, V) songe que « c'était l'occasion de lui rendre un peu ses **politesses** » et le trad. de dire: *« It was time to return some of his* ***hospitality.*** *»*

Host. – 1° **Hôte,** celui qui reçoit, **maître de maison, amphitryon; hôtelier, aubergiste,** p. oppos. à *guest,* hôte, **invité, convive.** C'est le lat., *hospes* anc. fr. *(h)oste.* Aussi **hôte,** porteur de **parasites,** de **germes pathogènes.**

2° est le lat. *hostis,* **étranger, ennemi,** et a signifié d'abord **armée,** anc. fr. *ost, the Lord of* ***hosts,*** le Dieu des **armées,** puis p. ext., **multitude, foule,** *the heavenly* ***hosts,*** les **troupes** célestes, les célestes **phalanges.**

3° latin *hostia,* victime, anc. fr. *oiste,* **hostie.**

– *Great cheer made our* ***host*** *us every one.* (CHAUCER, *Prologue,* 747.) – Grand'chère (c.-à-d. grand accueil) nous fit à tous notre **hôte** (en l'occurrence l'aubergiste du Tabard).

– *The ark of the covenant of the Lord of* ***hosts.*** (*Bible, Samuel,* IV, 4.) – L'arche d'alliance du Dieu des **armées.**

– ***Hosts*** *and guests were sitting card-playing.* (Th. HARDY, *Jude,* VI, vii.) – Les **hôtes** et leurs invités étaient attablés et jouaient aux cartes.

– *He is a* ***host*** *in himself.* – A lui seul il vaut une **armée.**

– *He was a* ***host*** *of debaters in himself.* (BURKE.) – A lui seul, il aurait **tenu tête, damé le pion** à tous les orateurs.

– *A* ***host*** *of brats hooted after him.* – Il fut hué par une **kyrielle,** une **ribambelle** de petits morveux.

– *She had been stung by a* ***host*** *of mosquitoes.* – Elle avait été piquée par une **nuée** de moustiques.

– ***They were not very good hosts.*** – **Ils ne savaient guère recevoir.**

– *Now at last I could realise the meaning of the* ***hosts*** *of heaven.*

(WELLS, *Men in the Moon*, V.) – Non pas « les hôtes célestes » ce qui serait plausible puisqu'il s'agit des astres, mais: Maintenant enfin, je pus comprendre ce que l'on entend par les **multitudes** célestes.

– De la falsification des substances sacramentelles:

*« Shameless dealers manufactured out of potato meal nearly all the **hosts** »* traduit ce passage de *A rebours* (XVI) de HUYSMANS « D'éhontés marchands fabriquaient presque toutes les **hosties** avec de la fécule de pomme de terre. »

Hostel. – † **Hôtellerie; pension, maison de famille, foyer** (relevant d'une œuvre sociale ou de l'Université): *Youth **hostels***, **auberges** de (la) jeunesse; ***Night hostels***, **foyers d'hébergement, asiles de nuit.**

– ***Hostels** for homeless children*, **maisons d'accueil** pour enfants orphelins ou: sans famille.

Hostler, ostler. – L'antique hôtelier est devenu le moderne **valet d'écurie.** Notre **palefrenier** qui traduit également ***ostler***, peut revendiquer une descendance aussi noble, puisque ses ancêtres ont pris soin des palefrois.

Hostler a été aussi l'appellation de l'**étudiant logé dans un *hostel*** (ou *hall*).

Hum (to). – On ne confondra pas ce mot avec le fr. « humer »: c'est une onomatopée: **bourdonner, grésiller;** (d'une toupie) **ronfler, brondir;** (d'un moteur) **ronfler, ronronner, vrombir;** etc.

Autres sens courants, ***to hum** a tune*, **fredonner, chantonner** un air; par ext. du sens fig. de bourdonner d'activité, ***to make things hum, to keep things humming***, **faire marcher les choses rondement, les faire ronfler;** ***to hum and haw***, **bafouiller, ânonner, cafouiller, bredouiller, toussoter** avant de parler, et p. ext., **hésiter, barguigner, lanterner, tourner autour du pot, lantiponner,** comme dit Molière (*Méd. malgré lui*, 1,6); mus. **vocaliser** (un air) **à bouche fermée,** ***hummed** accompaniment*, accompagnement **pour voix en sourdine,** accompagnement **à bouche fermée.**

Le substantif ***hum*** a les sens correspondants.

– *The room was empty, the air **humming** with flies.* – La salle était déserte; des mouches **grésillaient** dans l'air.

– *Don't stand **humming and hawing**, but speak out.* (FIELDING.) – Ne restez pas là à **bredouiller**, mais parlez à haute (et intelligible) voix.

– *The soft **hum** of well-mannered conversation.* – Le léger **brouhaha** d'une conversation de bon ton.

Humane. – Cowper (*Task*, V, 469) écrit: *That **humane** address...* Il faut entendre cet abord **civil, courtois, aimable.** L'adj. est désuet dans ce sens, mais il a passé graduellement à celui d'**humain**: « bienveillant, compatissant, miséricordieux »: *to be **humane** is human*, être **bienveillant,** etc., c'est être humain. De là, acceptions très proches des nôtres: **humanitaire, bienfaisant, charitable.** Spéc.: *The Royal **Humane** Society*, la Société de **sauvetage,** de **secours** aux noyés. Enfin ***humane studies***, les **lettres humaines** et les **sciences libérales,** comme dit Amyot (*Lucullus*, 2) c.-à-d. les **humanités.,** les études qui élèvent et ornent l'esprit.

Du sens d'humain, on passe aisément à celui de « qui évite de faire souffrir », d'où ***humane** killer*, **revolver d'abattage** (qui **assure la mort instantanée** de l'animal), ***humane** clippers*, tondeuse **indolore** (pour les bêtes, s'entend).

Humanity. – Au pl. outre (faire ses) humanités, † **attributs de l'humanité;** concr. **actes de bonté, de bienveillance** (inspirés par des sentiments d'humanité).

Humble (subst.). – Employé seulement au pluriel ***humbles***, mis pour *umbles* qui, lui-même, est une corruption de *numbles*, fr. nombles, mais en un autre sens: la **fressure** d'une bête, particul. d'un cerf, cœur, poumon, foie, etc., d'où ***humble-pie***, et, avec un jeu de mots: ***to eat humble-pie***, **s'humilier, présenter d'humbles excuses; se rétracter; faire amende honorable;** famil. **s'aplatir, filer doux; en rabattre; mettre les pouces, avaler une (des) couleuvre(s).**

– *The staple in the bill of fare was **humble-pie**.* – Pour rendre le jeu de mots, on pourrait dire: Le plat de résistance (du menu) fut le **coup de fusil** (en effet, « fusil » = pop. « gosier, estomac »).

Humble (adject.). – Le premier sens du lat. *humilis* est peu élevé, bas; de petite taille. C'est ainsi qu'on doit comprendre ***humble** shrub, growth*. ***Humble plant***, **sensitive.**

Humorous. – A une histoire presque aussi mouvementée que *spleen* † d'humeur maussade; † d'humeur changeante; d'humeur gaie.

– ***Humorous** stories*, histoires **gaies.**

Humour, to humour. – Quand Corneille écrit (*Suite du Menteur*, III, i): « Cet homme a de l'*humeur*. – C'est un vieux domestique. Qui, comme vous voyez, n'est pas mélancolique », il entend non pas: « cet homme est de mauvaise humeur », mais **« a de l'enjouement,** c'est un **original.** » Les Angl. nous ont empruntés ce mot sous la forme ***humour***, auquel ils ont donné un sens partic. que nous leur avons repris.

Autres sens proches ou apparentés: **caprice, manie, marotte, « lune »; originalité, tournure d'esprit plaisante.** ***To humour, s.o.*** **complaire à** qqn., **savoir** (comment) **le prendre, flatter sa manie, se prêter, se plier à ses caprices; se soumettre à ses exigences,** etc. ***To be out of humour***, **être maussade, grognon, mal luné.**

– *Our British gardeners... instead of **humouring** nature, love to deviate from it as much as possible.* (ADDISON, *Spect.*, n° 414.) – Nos jardiniers anglais, au lieu de **suivre** la nature, aiment s'en écarter le plus possible.

– *The doctor advised the nurse **to humour** the patient.* – Le médecin conseilla à l'infirmière de **se plier aux caprices** du malade.

– *If he did not* ***humour*** *the fancy of his wife, she was out of humour with him.* – S'il ne **cédait** pas à la fantaisie de sa femme, celle-ci le boudait.

REMARQUE. – Un sens que n'enregistre pas le N.E.D., et qui pourtant se présente plusieurs fois dans Shakes. (p. ex. *Jul. Caes.* I, ii, 319, etc.) est celui de † **influencer.**

Hut, hutted. – Baraque, baraquement; foyer du soldat ***(Y.M.C.A. hut). Alpine hut,*** **chalet-refuge;** ***hutted camp,*** **baraquements, village nègre** (Capt. Payen).

Hysterics, hysteric(al). – Se bien garder de rendre ces mots par ce que l'on croit leurs équivalents fr. Il s'agit soit d'une **attaque de nerfs,** soit de (rires) ou de (pleurs) **convulsifs.**

– *These wives who, when their husbands are gone a journey, must have a letter every post on pain of* ***fits of hysterics.*** (SWIFT, *To a very young Lady.*) – Ces femmes à qui, lorsque leur mari est en voyage, il faut une lettre à chaque courrier, sous peine d'**attaque de nerfs.**

– Chacune des jeunes filles qu'Angel Clare doit prendre dans ses bras pour franchir un torrent, ressent une émotion différente.

– *Betty was* ***a bunch of hysterics.*** (HARDY, *Tess,* XXIII.). – Betty était un **paquet de nerfs.**

– *The mosquitoes which harassed her drove her to the* ***edge of hysterics.*** – Les moustiques qui la harcelaient la rendaient **à moitié folle.**

– *Her voice was broken by* ***hysterical*** *sobs.* – Sa voix était entrecoupée de sanglots **convulsifs.**

– *He gave her sister an* ***hysterical*** *account of the nasty trick he had plaid on the old cook.* – Il raconta à sa sœur **avec des fous rires** le tour pendable qu'il venait de jouer à la vieille cuisinière.

I

Idea. – On notera: ***What's the idea?*** **A quoi vise, tend cela? Que voulez-vous dire? Qu'entendez-vous par là?**

– ***What,*** *may I ask,* ***is the idea?*** – Puis-je vous demander **ce que vous avez en tête.**

Ideal. – Le sens courant de « qui répond à l'idée que nous nous faisons du parfait » ne doit pas nous faire oublier que, dans les deux langues, le premier sens de cet adj. est « qui n'existe qu'en idée », et donc **imaginaire, irréel,** p. ext. **théorique, abstrait.** En angl. syn. de *visionary, imaginary,* et anton. de *real, actual.*

– *The* ***ideal*** *terrors of superstition.* – Les **vaines** terreurs (ou: les craintes **imaginaires**) qu'engendre (qui sont le fruit de) la superstition.

REMARQUE. – Auj., l'or est considéré par certains comme étant la monnaie *idéale.* Ce n'est certes pas dans ce sens qu'il faut entendre cette phrase de Montesquieu (*Esprit des lois,* XXII, iii): Si, dit-il en substance, on retranche un certain poids d'une livre d'argent tout en continuant à l'appeler livre, celle-ci devient une livre *idéale,* c.-à-d. théorique.

Idiom. – **Idiotisme,** ***a French idiom,*** un **gallicisme** (de la langue angl.), ***an English idiom*** un **anglicisme** de la langue fr.; autre sens, **génie,** mus, **manière** (de s'exprimer propre à un compositeur): comme en fr., parler propre à une langue, à une région: « Je m'exerce à distinguer le français pur de mes *idiomes.* » (ROUSSEAU.)

Ignoble. – **Plébéien, roturier, de basse naissance;** ***ignoble*** *occupation,* occupation **vulgaire, qui n'est pas digne d'un homme libre.** Rapprocher l'opposition qu'on faisait autrefois entre les arts libéraux et les arts mécaniques. Collect. *nobles and* ***ignobles,*** la noblesse et la **roture.** Comme en fr., le sens lat. a été retenu et dans la langue de la fauconnerie: *ignoble birds* oiseaux *ignobles*, ce sont les « oiseaux de proie qui ne peuvent être dressés à la chasse ». (D.G.)

Ignore (to). – Ne pas rendre ce mot par « ignorer », à moins de marquer la nuance par l'adjonction d'un adv. tel que « résolument, sciemment, volontairement »: il est préférable de traduire par **ne pas tenir compte de, feindre, affecter d'ignorer, négliger à dessein, passer sous silence, méconnaître, se désintéresser de,** etc.: math. **faire abstraction de.** Jur.: **prononcer** un non-lieu; etc.

– ***Ignoring*** *custom, Annixter marched straight up to their rooms.* (Frank Norris, *The Octopus*, 354.) – **Au mépris de** (ou: **ne tenant aucun compte de**) l'usage, A. monta droit à leur appartement.

– ... *Far from exhibiting surprise at his* ***ignoring*** *silence, she appeared to receive it as a natural thing.* (Th. Hardy, *Mayor*, I.) – Loin de s'étonner de son **dédaigneux** silence, elle semblait l'accepter comme une chose naturelle.

– *Lady Drew used* ***to ignore*** *the customary reminder my mother gave her and I « stayed on » at the school.* (Wells, *Tono Bungay*.) – Lady D. avait l'habitude de **ne tenir aucun compte de** ce que ma mère avait coutume de lui rappeler et je passais mes congés à la pension.

– *The Commission* ***ignored*** *the Council's recommendation.* – La Commission **a passé outre** à la recommandation du Conseil.

– *Mr. N. did not answer his gainsayers, he* ***completely ignored them.*** – M. N. ne répondait pas à ses contradicteurs, il faisait **comme si ceux-ci n'existaient pas.**

– *It is the habit of moralists* ***to ignore*** *material circumstances.* – Les moralistes ont coutume de **faire abstraction** des circonstances matérielles.

– *He* ***ignored*** *his wife's pointed remarks for fear of a scene.* – Il **laissait passer** les réflexions mordantes de sa femme de peur de l'orage.

– Agitation qui précède le départ d'un navire: « *Late comers hurried up panting; barrels, ropes and washing baskets encumbered the traffic, the sailors* ***ignored all inquiries*** », traduit ce passage de l'*Éducation sentimentale* de Flaubert (I, i): « Les gens arrivaient hors d'haleine; des barriques, des câbles, des corbeilles à linge gênaient la circulation; les matelots **ne répondaient à personne...** »

Remarque. – Michelet (*Le Peuple*, 2e partie, ch. IX) expose les malentendus qui sont à l'origine de l'antagonisme social entre l'ouvrier et l'intellectuel: « Nous nous haïssons, nous nous méprisons, c'est-à-dire nous nous *ignorons*. » Ce passage marque bien la transition entre le sens de « ne pas (se) connaître » et celui de « (se) méconnaître ».

Bien que le Robert donne des exemples d'*ignorer* employé dans un sens voisin de celui de *méconnaître*, il ne s'ensuit pas – on vient de le voir – que cet emploi corresponde automatiquement au sens courant de ***to ignore.*** A plus forte raison est-il abusif d'y recourir lorsque le verbe anglais *ne figure pas dans l'original.* Voici pourtant un exemple de cet abus: « *The fire... just then so much engaged her mind that she did not resent her grandfather's blunt opinion.* (Hardy, *Return*, V, v.) – « Le feu l'occupait tellement qu'elle ignora *(sic)* la malsonnante réflexion de son grand-père », alors qu'il faudrait: « ... qu'elle ne s'offensa pas, ne se formalisa pas, ne prit pas mal, ou: en mauvaise part ». On voit que les équivalents ne manquaient pas.

Illiberal. – Indigne d'un homme qui a fait ses humanités, qui a bénéficié d'une éducation libérale, proprement « celle d'un homme libre », d'un homme bien élevé, et par conséquent **vulgaire, sans distinction.**

– *Your hand is at present an* ***illiberal*** *one, not of a gentleman.* (Chesterfield, *Letters*.) – Votre écriture est pour le moment **sans aucune distinction,** et non celle d'un gentilhomme.

Illuminate (to). – *The hotel is* ***illuminated throughout with electric light,*** non pas illuminé, mais simplement **éclairé: éclairage électrique dans tout l'hôtel.** ***Illuminated*** *sign*, enseigne **lumineuse;** de même ***illuminating*** *effect*, effet **lumineux;** au fig. **propre à éclairer, éclaircir, élucider** une question, **lumineux,** *an* ***illuminating*** *statement*, un exposé **lumineux,** *the discussion* ***has been illuminating.*** la discussion **a permis d'éclairer, d'éclaircir** la question.

Illumination a les sens correspondants.

To illuminate a remplacé *to enlumine* et signifie aussi **enluminer** (un manuscrit); p. ext. **colorier** (une carte, une gravure): ***illuminated*** *capitals*, lettres **d'apparat.**

– *He (old Kipps) set himself to light the single old lamp that* ***illuminated*** *his shop at nights.* (Wells, *Kipps*, I, i, § 5.) – Il se mit à allumer l'unique vieille lampe qui **éclairait** sa boutique le soir.

Traduire par illuminer serait une contradiction dans les termes.

– *True learning and* ***illumination*** *yielded to didacticism and prejudice.* – La science et l'**information** (ou: les **lumières**) véritables firent place à la didactique (le contexte justifierait presque: « au pédantisme ») et aux préjugés.

Illustrate (to), illustration. – Le sens (fig.) lat. de « rendre clair, évident, expliquer (par des ex., etc.) a passé en angl. et en fr.

Remarque. – Le petit Robert signale l'emploi fig. d'« éclairant »: Une explication peu **éclairante.** On pourrait alors traduire: *His statement was not very illuminating:* « Son exposé n'a guère été **éclairant** », mais il serait préférable de dire: « ... ne m'a, (ne nous) a guère **éclairé(s)** ».

Illustrate (to), illustration. – Le sens (fig.) lat. de « rendre clair, évident, expliquer » (par des ex., etc.) a passé en angl. et en fr.

Cependant, la traduction littérale n'est pas toujours recommandable. V. les ex.:

– *We never see the true state of our condition, till it is **illustrated** to us by its contraries.* (DEFOE, *Rob. Crus.*, p. 120 (Collins). – Nous ne voyons jamais l'état véritable de notre condition qu'il n'ait été **rendu évident** par des fortunes contraires.

– *Nothing **illustrates** Joubert better than his comic avoidance of Madame de Staël (« cette femme affreuse »)* (*T.L.S.*, 7 mai 1954.) – Rien ne **dépeint** mieux J. que la hâte comique avec laquelle il évitait (fuyait) Mme de S..

– *Lucretius, he [Wordsworth] esteems a far higher poet than Virgil: not in his system which is nothing, but in his power of **illustration.*** (EMERSON, *E.T.*, I.) – Il met Lucrèce bien plus haut que Virgile, non à cause de sa philosophie qui ne vaut rien, mais pour la puissance de ses **images.**

Illustrative. – Se traduira compte tenu des indications données ci-dessus.

– *The above-mentioned report might be **illustrative** in another respect.* – Le rapport dont je viens de parler peut être **riche d'enseignements** d'un autre point de vue encore.

– *The case of the problems raised by the ageing of populations **is no less illustrative.*** – Le cas des problèmes soulevés par le vieillissement des populations **fournit un exemple qui n'est pas moins lumineux** (ou: **pertinent**).

Image. – *An **image** vendor,* un marchand de **statuettes;** *an **image-maker,*** un **sculpteur,** un **statuaire.** C'est le vieux sens fr. d'*image* et d'*imagier.*

Famil. ***You, little image!*** **petit(e) fripon(ne)! petit(e) vaurien(ne)!**

– *The boy was the **image** of his father.* – Le garçon était tout le **portrait** de son père.

– *Nor had Eugene, good sportsman as he was, brought down the **images** in the shooting gallery twenty times out of twenty-two* traduit cette phrase du *Père Goriot* (BALZAC): Eugène était un adroit tireur, mais il n'avait pas encore abattu vingt **poupées** sur vingt-deux dans un tir.

REMARQUE. – Il nous reste un souvenir d'image « statue » dans l'expression: sage comme une *image.*

Imagery. – Imagerie signifie « fabrication, commerce des images », et par ext. « ensemble d'images provenant de la même origine », « imagerie » d'Épinal. Au pr. et au fig.: « ensemble d'images de même inspiration » (Robert), imagerie populaire, imagerie romantique ». En angl., les sens courants sont collect.: **images sculptées; idoles; décor** (de la nature); **emploi d'images** dans le style, **style imagé, plein d'images, figures de rhétorique.**

– *The beautiful **imagery** of the landscape,* le beau **décor** qu'offrait le paysage.

– *The **glowing imagery** of the prophets.* – Le langage des prophètes **tout embrasé d'images.**

Imbecile, imbecillity. – Le lat. *imbecillis* signifie notamment faible de corps ou d'esprit. De même en angl. où le sens lat. de l'adj. et du subst. ont persisté, tandis qu'en fr. il a fait place au XVIIe s., à celui de sot. Corneille pouvait encore écrire: « Le sang a peu de droits dans le sexe *imbécile.* » (*Œd.*, I, 4) c.-à-d.: le sexe faible, les femmes.

– *The imbecillity of the Irish administration.* (MACAULAY.) – La **faiblesse, (l'ineptie)** de l'administration irlandaise.

Imbibe (to). – ***To imbibe*** s'apparente au fr. *imbiber,* qui n'a emprunté au verbe lat. que son sens pr. Mais l'angl. s'est également approprié le sens fig. *Imbibere animo opinionen,* « **concevoir** une opinion », dit le lat., et de même l'angl., ***to imbibe** a taste, a habit, a truth,* etc., **acquérir** un goût, **contracter** une habitude, **se pénétrer** d'une vérité.

L. donne un exemple de s'imbiber (verbe réfléchi) employé au sens fig. « [Un fils] que, par un excès de faiblesse et de complaisance, elle avait laissé **s'imbiber** de tout ce que les préjugés de l'orgueil et de la vanité ont de plus sot et de plus méprisable. » (MARIVAUX, *Marianne,* XIe partie.)

On traduira donc ***to imbibe*** par **être imbu de, s'imprégner de, se pénétrer de; puiser, adopter.**

– *Young women are apt **to imbibe** another bad habit, namely, the use of slang.* – Les jeunes femmes ont tendance à **contracter** (ou: **prendre**) une autre mauvaise habitude, à savoir, celle de l'emploi de l'argot.

– *Charles... had **imbibed** his father's hatred of the Presbyterian system.* (GREEN, *Short History,* VIII, § 5, 507.) – C... avait **hérité** la haine de son père pour le presbytérianisme. « Avait *embu* », aurait dit Rabelais, qui écrit: « Les Flamands, habitants en Saxe, *emburent* les mœurs et conditions des Saxons. » (*Pantagruel,* III, I.)

Immaculate. – *An **immaculate** manuscript,* un manuscrit **rigoureusement exact, sans défaut, sans erreur, dont le texte a été restitué dans toute sa pureté.**

Immaterial. – On verra que ***material*** signifie important, essentiel; ***immaterial*** est donc **sans importance.** De même *the **immateriality** of a fact,* le **peu d'importance, l'insignifiance** d'un fait. *Whether he comes or not **is immaterial*** (ou: *doesn't matter*). – Qu'il vienne ou non, **cela n'a aucune importance.**

– *She remembered the most **immaterial** passages of her childhood.* – Elle se rappelait les épisodes les plus **insignifiants** de son enfance.

Immense. – Arg.: **épatant, fameux, magnifique, extra, superfin.**

– *We were treated with cream, **which was immense** upon my word.* – On nous régala de crème: ma parole, **elle était extra.**

Immerse (to), immersion. – *Balzac* ***was always immersed*** *in debt.* – Balzac **avait toujours des dettes par dessus la tête, était criblé, perdu, abîmé de dettes.** *He was* ***immersed*** *in a book,* il était **plongé** dans la lecture d'un livre. – *He was* ***immersed*** *in his work,* il était **absorbé** par son travail. Sens corresp. pour le subst.

Imminent. – Au sens pr.: **qui domine, surplombe, est suspendu** (au-dessus); c'est un lat.: *imminens itineri jugum* (Horace), hauteur **qui domine** un chemin. *An* ***imminent*** *rock,* un rocher **en saillie, surplombant.** Milton a écrit: *eyes ever* ***imminent*** *upon,* yeux toujours **fixés** sur, **attentifs** à. ***Imminent*** a été souvent confondu avec *immanent.* On pouvait s'y attendre, puisque *imminere* est formé du préf. *in* et de *manere.*

– *The King was announced* ***to be imminent.*** – On annonça que le roi **allait paraître** est une tournure qui n'a pas son pendant en fr.

Immodest. – Outre † immodeste « indécent, impudique », **présomptueux, avantageux, arrogant, impudent.**

Immune, immunity. – ***Immunity*** *from taxation,* **exonération** d'impôt; ***immunity*** *from military service,* **exemption** du service militaire. Employé absol., **impunité.** Quant à ***immune,*** ses emplois sont plus étendus que ceux d'immun, terme médical. Au fig. ***To be immune*** *from jealousy* , **être inaccessible** à la jalousie.

– *He had not been* ***immune*** *from this fatal influence.* – Il n'avait pas **échappé** à cette fatale influence.

– Eustacia Vye qui se sent coupable envers son mari répond à Wildeve, son amoureux, qui envisage la mort de celui-ci: *Do not think of it! I would not buy hope of* ***immunity*** *by so cowardly a desire even if I hated him.* (HARDY, *Return,* V, i.) – Écartez de pareilles pensées! Je n'achèterais pas un espoir d'**impunité** par un souhait aussi lâche, même si je détestais mon mari! (Trad. Marie CANAVAGGIA.)

Impale (to). – Outre empaler, est un terme de blason: **partager** (des armes) **par un pal** (pieu posé debout qui divise l'écu de haut en bas. L., 2°), **accoler** sur un même écu parti les deux blasons de deux personnes, mari et femme, p. ex.: de là † **mettre côte à côte, rapprocher pour comparaison** ou **comme égaux en dignité;** famil. du sens propre d'empaler: *to* ***impale*** *s.o. with one's eye,* **transpercer** qqn. du regard, **darder** son regard sur qqn.: enfin, rare auj., **palissader, entourer, enclore** (un terrain) d'**une palissade.**

Impart (to). – Le fr. *impartir* est surtout un terme de droit: *impartir* un délai à qqn., dans les délais *impartis,* mais dans le langage courant, il signifie donner en partage et est alors syn. de *départir:* Nous devons nous contenter de dons que la nature nous a impartis (Acad.). ***To impart,*** c'est aussi **faire part de (partager), avoir part à;** puis **imprimer** un mouvement; **faire part de, communiquer** des nouvelles, des connaissances, etc., **donner** (du courage, etc.).

– *The expansion of the steam* ***imparts*** *a motion to the engine.* – La détente de la vapeur **imprime** un mouvement à la machine.

– *I shall from time to time* ***impart*** *my notions of comedy.* (ADDISON, *Spect.,* n° 58.) – Je vous **ferai part** de temps en temps de mes idées sur la comédie.

Impeach (to), impeachment. – Est arch. au sens d'empêcher, qui se dit: *to prevent, to deter, to (de)bar.* Il faut le rendre par: **attaquer, mettre en doute** (la véracité, la probité de qqn.), **porter atteinte** à l'honneur de, **discréditer, dénigrer, dépriser;** jur. **récuser, reprocher** (un témoin), **révoquer en doute** (un témoignage); **mettre en accusation, accuser** (de (haute) trahison); **censurer, blâmer,** enfin, **dénoncer,** (en ce dernier sens et famil. sinon arg. *to peach,* par aphérèse). ***Impeachment*** a les sens corresp., et est employé parfois plaisamment, par allusion à un passage des *Rivals* (V, 3)

– L'***impeachment*** est la procédure judiciaire en vertu de laquelle le Parlement sanctionne la responsabilité des agents du pouvoir exécutif. (E. HALEVY, *Hist. du Peuple anglais,* I, I, p. 12)

– Elia n'a jamais pu chanter juste le *God save the King: Yet hath the loyalty of Elia never been* ***impeached.*** (Ch. LAMB, *Elia, A Chapter on Ears.*) – N'empêche qu'on n'a jamais **mis en doute** la sincérité des sentiments d'E. pour la famille régnante (ou: qu'E. fût un loyal sujet du roi, ou: on n'a jamais **accusé** E. d'idées subversives, ou: d'être traître au régime établi).

– Mrs. Malaprop, qui a entretenu une correspondance amoureuse avec Sir Lucius O' Trigger, se révèle au vieux gentilhomme, qui croyait avoir eu affaire à la jeune Délia: *Sir Lucius O' Trigger – ungrateful as you are – I own the soft* ***impeachment*** *– pardon my blushes, I am Delia.* (SHERIDAN, *Rivals,* V, iii.) – Sir L. O' T., quelque ingrat que vous soyez, je reconnais le bien-fondé de la tendre **accusation** – pardonnez ma rougeur, c'est moi qui suis Délia.

Impediment, impedimenta. – N'est usité en fr. qu'au pl. sous la forme *impedimenta,* « véhicules, bagages encombrants qui embarrassent la marche d'une armée » et, p. ext. « tout ce qui gêne, entrave une activité quelconque ». En angl. l'idée d'**empêchement** est exploitée davantage: **entrave, obstacle, (pierre d') achoppement,** en gén. ***To have an impediment in one's speech,*** **articuler difficilement, avoir un défaut de prononciation, bégayer.** V. aussi la remarque.

– *There was an* ***impediment*** *why these two persons should not be joined in matrimony.* – Il y avait un **empêchement** à ce que ces deux personnes fussent unies par les liens (ou, les nœuds) du mariage.

– Embarquement pour la lune: *I... slid down the smooth glass to the bottom of the sphere, then turned to take the cans of food and other* ***impedimenta*** *from Cavor.* (H.G. Wells, *Men in the Moon*, IV.) – Je me laissai glisser sur le verre poli jusqu'au fond de la boule, puis je me tournai pour prendre les boîtes de conserves alimentaires et les autres **objets** (ou: **bagages**) que me tendait C.

Remarque. – On voit par ce dernier ex. qu'en angl. ***impedimenta*** ne signifie *pas nécessairement* objets *encombrants.*

Imperial (adj. et subst.). – **Relatif à l'Empire britannique,** ***imperial*** *trade,* commerce **entre les divers pays qui en font ou en ont fait partie,** de même ***imperial*** *preference,* tarif préférentiel **entre ces pays;** (poids et mesures) **qui ont cours légal dans le Royaume-Uni** (cf. notre système métrique devenu légal à dater du 2 novembre 1801). (Papier) **grand jésus.**

Au fig.: **dominant, souverain, majestueux, altier, auguste; tyrannique, impérieux; d'une excellence insigne, magnifique** (ces derniers sens très proches du fr.).

Le subst. † **impériale** de diligence, **coffre, malle** de diligence.

– D'après Emerson (*E.T.*, V), la transformation de l'Angl. a été une œuvre d'art: *A cold, barren, almost arctic isle, being made the most fruitful, luxurious and* ***imperial*** *land in the whole earth.* – Une île, froide, stérile, presque glaciale, dont on a fait le pays le plus fertile, le plus luxuriant et le plus **magnifique** de toute la terre.

– *The squire he is mighty* ***imperial.*** – Le squire, c'est un fameux **tyran.**

Impertinence, impertinent. – Ont parfois, respect., le sens affaibli de **indiscrétion** et **indiscret;** jur. = *not to the point,* **hors de propos, de saison, sans rapport avec la question,** syn. de *irrelevant.*

Au xviiie s., ***impertinent*** a eu pour syn. *absurd, silly, idle.*

– *I should like,* ***without impertinence,*** *to associate myself with the remarks of Mr. N.* – Je voudrais, **si ce n'est pas indiscret,** m'associer aux observations de M. N.

– *Would it be* ***impertinent*** *to ask you whether you are engaged to-night.* – Peut-on vous demander **sans indiscrétion** si vous êtes invité ce soir, si votre soirée est prise?

Implication. – Qui signifie parfois **enchevêtrement, implication** (terme de philo.), veut dire aussi **insinuation.** ***By implication,*** **implicitement.**

– *Nothing hurt Boswell as much as the* ***implication*** *that any single detail or remark of his recording was inaccurately or carelessly set down.* (W. Raleigh, *Six Essays on Johnson,* 95.) – Rien ne blessait tant Boswell que d'**entendre insinuer** qu'un détail ou une remarque quelconque rapportés par lui étaient notés inexactement ou sans précision.

– *This right is not given to you either expressly or* ***by implication.*** – Ce droit ne vous est conféré ni expressément ni **implicitement.**

– *« You have your own friends, rich friends », the ironical smile* ***implied.*** – *« But aren't you one of my friends », she asked, ignoring the* ***implication.*** (A. Huxley, *Point c. P.,* V.) – « Vous avez vos amis, des amis riches » **sous-entendait** son sourire ironique. – « Vous n'êtes donc pas de mes amis? » demanda-t-elle, sans s'arrêter à son **sous-entendu.** (Trad. Jules Castier.)

Implicit. – Milton (*Par. Lost,* VII) emploie ce mot au sens concret de **enlacé, enchevêtré,** et au début du xixe s., Beattie l'a repris. Au sens abstrait, † *they are* ***implicit*** *atheists,* ils sont **virtuellement** athées: ***implicit*** *desires,* désirs **vagues,** sens devenu rare: abusiv., mais employé par Bacon, ***implicit*** *ignorance,* ignorance **absolue.**

Theol. ***Implicit*** *faith,* foi implicite, « foi qu'on accorde à un dogme sans s'occuper de ce qu'il signifie, par pure *obéissance* ou confiance dans l'autorité qui ordonne de le croire ». (Lalande), d'où l'exp. courante ***be implicit,*** **obéissez sans raisonner, sans discuter, obéissez sans réplique.**

Rapprocher: « Figaro pouvait également opposer à sa situation tout état qui exige une obéissance *implicite* (le métier de soldat). (Beaumarchais, *Mar. de Figaro,* Préf.).

Import (to), import. – ***To import,*** est le lat. *importare* au pr. « porter dans » et, donc, **importer** (anton. de « exporter »), sens que nous avons emprunté à l'angl.: au fig. c'est **impliquer, dénoter, comporter:** *a dignity* ***importing*** *honour,* l'honneur **que comporte, qui s'attache à** une dignité, à un haut rang: c'est aussi **indiquer, emporter** (telle ou telle signification), **signifier, vouloir dire; exprimer, déclarer, porter** (L. 26°) **faire connaître, faire savoir, présager, augurer;** enfin, comme en fr., **importer** (verbe défectif).

Import (subst.) **sens, signification** (d'un mot, d'un document): **importance, portée, poids** (au fig.).

– *Certain tidings now arrived,* ***importing*** *the mere perdition of the Turkish fleet.* (Shaks., *Oth.,* II, ii, 3.) – Les nouvelles certaines, à l'instant arrivées, **annonçant** l'entière destruction de la flotte turque.

– *They passed a resolution* ***importing*** *that they relied with entire confidence on His Majesty's previous promise.* (Macaulay.) – Ils votèrent une résolution **portant** qu'ils se reposaient en toute confiance sur la promesse que Sa Majesté avait bien voulu leur faire.

– *Comets...* ***import*** *grat changes and troubles among men.* (Defoe.) – Les comètes **présagent** de grandes vicissitudes et perturbations parmi les hommes.

– Le bon sens et le réalisme angl.: *It* ***imports*** *into songs and ballads the smell of the earth, the breath of cattle...* (Emerson, *E.T.,* XIV.) – Cela **fait passer** dans leurs chansons et leurs ballades l'odeur de la terre, l'haleine du bétail...

– *A swift speech followed, the* ***import*** *of which he did not catch.* (H.G. Wells, *Polly,* V, 2.) – Il s'ensuivit un échange rapide de paroles dont il ne put saisir le **sens.**

On ne confondra donc pas: « *What does his letter **import?*** » Quel est le **sens** de sa lettre? Qu'**annonce, que dit** sa lettre? avec: « *His letter greatly **imports** us* », sa lettre nous **importe** fort, **a, présente** pour nous **une grande importance.**

REMARQUE. – **Import,** dit LALANDE *(op. cit.)*, « terme anglais qu'il serait sans doute utile d'introduire dans la langue de la logique: ensemble des idées ou des sentiments qu'éveille un mot ou une expression dans un milieu social donné, en sus de ce que ce mot ou cette expression désigne littéralement ».

Importation. – Plaisamment: *a new **importation**,* un nouveau **venu,** un nouveau **débarqué.**

– Gil Blas demande à son voisin quel est le nom de l'actrice qu'il a cru reconnaître (VII, vi): Eh! de quel pays venez-vous? me dit-il. Vous êtes apparemment un nouveau **débarqué,** puisque vous ne connaissez pas la belle Estelle. Et Smollett de traduire: *What the deuce! Where do you come from? said he. You must unquestionably be a new **importation** not to have seen or heard of the divine E.*

Importune (to). – Le fr. *importuner*, c'est, selon L., « fatiguer en qualité d'importun ». Ce sens s'affaiblit vite en angl. ***To importune,*** c'est **assaillir qqn. de sollicitations,** sens assez voisin de notre: importuner le Ciel, les dieux, – puis tout bonnement **presser, solliciter** qqn. Si l'on constate que le verbe signifie simplement **demander,** lorsqu'il prend pour régime, non pas le nom de la personne sollicitée, mais l'objet de la prière, on aura la preuve que le mot s'affaiblit. Dans son *Thesaurus,* Roget donne *to ask* comme synonyme de ***to importune.***

– *Now he **importunes** him to tell it o'er.* (SHAKS., *Oth.*, IV, i, 116.) – Le voilà qui le **presse** de le lui redire.

– ***Importune** her help.* (*Id., ibid.*, II, iii, 324.) – **Sollicitez** son aide.

– Un « homme d'honneur » offre à Moll Flanders (p. 193, Everyman) une promenade en carrosse: *I seemed to decline it a while, but suffered myself **to be importuned** a little, and then yielded.* – Je fis mine de refuser tout d'abord, mais **je me fis prier** un tantinet, enfin je cédai.

Un traducteur écrit: « Je souffris de me laisser importuner un peu... »

Importunate, importune (adj.). – Penser au sens fr. vieilli du subst. importunité « sollicitation pressante, prière instante », proche de celui d'obstination, opiniâtreté, qui semble l'avoir emporté en angl. sur l'idée d'être désagréable, pénible (lat. *importunus*), et rendre en conséquence.

– *Envy... of all other affections... is the most **importune** and continual.* (BACON, *Essays,* IX.) – L'envie est, de toute les passions, la plus **obstinée, tenace** et persistante. (Une note de l'édition Abbott dit: *importunate*, ce qui n'avance guère. A qui connaît les habitudes tautologiques et latinisantes de Bacon s'offre notre interprétation.)

– *Shakespeare's youth fell in a time when the English people **were importunate** for dramatic entertainments.* (EMERSON, *Repres. Men.*) – La jeunesse de S. a coïncidé avec une époque où les Anglais **réclamaient, demandaient à cor et à cri** des spectacles (ou: divertissements) dramatiques.

Importunity. – V. *importunate* et les ex.

– *My vanity only induced me to bear his **importunities.*** – Je ne souffris ses **empressements** que par vanité.

– *He yielded to the **importunities** of his friend.* – Il céda aux **instances** de son ami.

Impose (to), imposition. – Pour les écoliers *an **imposition*** est un **pensum.** D'autre part, l'angl. a pris ***imposition*** comme subst. de *to impose upon,* « en imposer à, en faire accroire à, tromper » C'est donc **imposture, supercherie, tromperie.**

C'est aussi le fait **d'abuser** de la bonté, de la bienveillance, de la naïveté de qqn., et arg., ou famil. une **carotte.** Enfin, typ. **imposition, mise en pages.**

– Un vent de fronde souffle parmi l'équipage du *Narcisse* (IV): *We have been **imposed upon** all this voyage.* – On nous **en a fait voir de toutes les couleurs** pendant cette traversée.

– *I felt remorse at having lent myself to my friend's **imposition.*** – Je me reprochai d'avoir appuyé (de m'être prêté à) l'**imposture** de mon ami.

A un marin qui s'est fait porter malade pendant toute la traversée son camarade dit: ***It's an imposition,*** c'est **une carotte,** tu as **tiré au flanc.**

– *It was necessary **to put this imposition on** the traitor.* – Il fallait **tromper** le traître.

Impossible. – S'emploie dans l'usage récent, avec l'ellipse d'un compl. que suggère le contexte, comme, p. ex., *an **impossible** girl, with whom it is **impossible** to deal,* **avec qui on ne peut s'arranger, difficile à vivre;** *the ghosts made the place absolutely **impossible,*** **impraticable, inhabitable;** *an old lady in an **impossible** bonnet,* une vieille dame avec un chapeau **impayable.**

– *He told **impossible** stories,* il racontait des histoires **invraisemblables, incroyables.**

– *Charity **seemed to take a delight in putting impossible** buttons and ties in the middle of his back.* (HUGHES, *Tom Brown's School Days,* III.) – Charité semblait prendre plaisir à lui mettre au milieu du dos des boutons et des brides **qu'il ne pouvait atteindre (absurdes).**

– *[To] the **impossible** hen, sitting on a dozen eggs... [who] resents any attempt to make her eat as a personal affront, ... we were engaged in the process of substituting a more reasonable hen.* (ALPHA,

Windfalls, 65.) – A l'**absurde** (la **déraisonnable**) poule couvant une douzaine d'œufs, qui considère toute tentative de la faire manger comme un affront personnel, nous étions en train de substituer une poule plus raisonnable.

REMARQUE. – Notons cependant que L. (3°) suivi par le D.G. signale le sens famil. Ce candidat s'est rendu *impossible* dans cette situation. Renan (*Essais de morale*, t. II, p. 129) use du mot dans la même acception, et le Robert relève le sens de *insupportable, invivable*: Ces enfants sont *impossibles*.

Impotent. – Non seulement impotent, mais **impuissant** dans toutes les acceptions de ce mot.

Aussi, comme en latin, † qui **n'est pas maître de soi, ne se possède pas; violent, emporté.**

*But Juno, **impotent** of passion, broke*
Her sullen silence. (POPE, *Iliad, IV, 33*)
Mais Junon, **ne pouvant maîtriser** sa colère
Rompt son morne silence.

– *Some literary critics believe that Dryden was **impotent**.* – Certains critiques littéraires croient que Dryden était **impuissant.**

Impraticable. – Non seulement, comme le fr. † impraticable, insociable, difficile à vivre, mais encore **intraitable, entêté.**

– *... One of those **impracticable beings** on whom good example, good advice and a good horsewhip are equally thrown away,* dit Smollett, traduisant *Gil Blas* (X, xi): ... Un de ces **mauvais sujets** que le bon exemple, les remontrances et les châtiments même ne sauraient corriger.

Impress (to), impressment. – Enrôler de force soldats ou marins (v. *Press*); **réquisitionner.** Sens corresp. pour le subst.

Imprimatur. – Du sens commun aux deux langues, d'autorisation d'imprimer, on passe en angl. à celui, plus général, de **sanction, approbation, satisfecit.**

– *To receive an **imprimatur** from Above,* recevoir l'**approbation** d'En-Haut, un **satisfecit** du ciel. Cf. « Le ciel même a pris soin de me justifier. » (RACINE, *Ath.* II, V.)

Improbable. – Invraisemblable; inconcevable; inimaginable.

– *Richardson appears to endorse the judgment of a French critic who declares that Marivaux's novels are absolutely **improbable**.* – Richardson semble adopter le jugement d'un critique fr. qui déclare que les romans de M. sont entièrement **invraisemblables.**

Improbation. – Droit écossais, **réfutation d'un acte, d'une pièce; fait d'arguer (une pièce) de faux.**

Impromptu. – Toute chose faite à l'impromptu, improvisation.

– ***To get up an impromptu** picnic,* **improviser un** pique-nique.

Improper, impropriety. – Impropre, impropriété sont, en fr., des termes didactiques: user d'un terme impropre, c'est employer un terme qui ne *convient pas*, qui n'exprime pas exactement l'idée, c'est commettre une impropriété (de langage); transposez ce sens grammatical dans le domaine social ou moral et vous aurez le sens angl.; la transition est toute naturelle et nous est rappelée par cette apostrophe de Chrysale à Bélise (*Femmes savantes*, II, vii): « Le moindre solécisme, en parlant, vous irrite. Mais vous en faites, vous, d'étranges en conduite ». ***Improper*** signifie donc **inconvenant, malséant; indécent, scabreux; déplacé.**

Automob. ***improper** signalling*, avertissement **intempestif.**

Impropriety, sens corresp.

– ***Improper** punctuation.* – Ponctuation **vicieuse.**

– *Don't you see how **improper** your conduct is?* – Ne voyez-vous pas à quel point votre conduite est **malséante, indécente, inconvenante?**

– *We felt how **improper** our laughter was.* – Nous sentîmes à quel point notre rire était **irrévérencieux.**

Improve (to). – Ne pas confondre † *to improve*, improuver et ***to improve*** (in-prou (profit) -er), **mettre à profit, faire valoir, amener à un état plus profitable, cultiver** (ses relations), **améliorer, perfectionner; *to improve upon*** *a tale*, **renchérir** sur un récit, **y ajouter du sien,** famil., **en remettre; *to improve on*** *s.o.'s offer*, **(r)enchérir sur** l'offre de qqn.

Collect. ***improvement***, le **progrès.**

– *A good farmer **improves** his lands by manuring them.* (N.E.D.). – Un bon fermier **améliore** ses terres en les travaillant.

(Tout est arch. dans cette phrase, ***manure*** a son sens primitif de « travailler, non de « fumer, engraisser avec du fumier », et l'on saisit le passage de *mettre à profit* à *améliorer*.)

Voici un exemple analogue dans une langue plus moderne:

– *The landlord would either **improve** his land himself or would watch his tenants closely.* – Tantôt le propriétaire **fait valoir** lui-même, tantôt il surveille de près ses fermiers.

– *I **improved** the opportunity.* – Je **profitai** de l'occasion.

– *His health has greatly **improved**.* – Sa santé s'est fort **améliorée.**

– *An **improving** book.* – Un livre **édifiant.**

– *The acknowledgments which I made to the marquis at this juncture were followed by those of my wife who **improved** upon mine.* – Les remerciements que je fis là-dessus au marquis furent suivis de ceux de mon épouse, qui **enchérirent** sur les miens.

– *Your son is **immensely improved**.* – Votre fils **a énormément gagné.**

– D'une jeune fille trop prompte à s'émanciper et qu'on a conduite à confesse, Flaubert dit (*Educ. sent.* I, VI): Le sacrement ne la **rendit** guère plus **sage,** ce qui est traduit: *The sacrament did little **to improve** her.*

Improver. – **Réformateur, -trice; apprenti-e; petite main; stagiaire;** † ***dress improver*, tournure.**

Impute (to), imputation. – **Insinuer; insinuation.**

– *I don't in the least **impute**,* – ... je n'**insinue** pas le moins du monde.

– *No more **imputations**, please...* – Trève d'**insinuations**, je vous prie.

Inadequate. – Est le contraire d'*adequate (q.v.)* et signifie donc: **insuffisant** dans toutes les acceptions de ce terme; **médiocre; inapproprié (à); qui laisse à désirer, n'est pas satisfaisant.** Employé absol. **inadaptable;** syn. de *useless, unprofitable,* **bon à rien,** *he is **inadequate**,* c'est une **non-valeur.**

– *The piano-lessons I had so far been given were most **inadequate**.* – Les leçons de piano que j'avais reçues jusqu'alors étaient des plus **médiocres.**

– *In order to make up for the wretched **inadequacy** of the menu she woulds fetch out a mysterious pot of some delicacy which had been prepared against our coming.* – Pour parer à la désolante **insuffisance** du menu, elle allait quérir quelque mystérieux pot de conserves préparé pour notre venue.

– *The method used was **inadequate**.* – La méthode expérimentée n'était pas **satisfaisante.**

Inane, inanity. – Outre le sens fr., signifie **vide mental, manque d'idées, de sens;** au pl. syn. de *fatuities,* **sottises, insanités, niaiseries, vide de l'existence, inaction, oisiveté.** Subst. *An **inane**,* une **personne inintelligente,** une **tête vide,** une **non-valeur,** une **nullité.**

REMARQUE. – *The **vast inane**,* par quoi est désigné souvent le **néant,** est une tautologie, puisque le premier sens de ces deux mots d'origine latine est « vide ».

Inarticulate. – Inarticulé, certes, dans tous les sens du fr., mais aussi **incapable de s'exprimer, de parler, à qui manque la parole; dénué de sens, inintelligible.**

– *He would comfort her with large **inarticulate** tenderness.* – Il la consolait avec une grande tendresse **inexprimée.**

– *The prefect **became inarticulate** with rage.* – La fureur **empêchait** le moniteur **de parler.**

– *This is but **inarticulate** gibberish.* – Ce n'est là que fatras **dénué (dépourvu)** de sens.

– *His son had fairly distanced him, and in **an inarticulate way**, the father knew it perfectly well.* (S. BUTLER, *The Way*, II.) – Son fils l'avait dépassé de beaucoup, et **sans se l'avouer à lui-même,** le père s'en rendait très bien compte.

– *His admiration was **inarticulate**.* – **Il ne trouvait pas de mots** pour exprimer son admiration.

REMARQUE. – Les syn. d'***inarticulate*** sont *dumb; speechless.* En Angl., l'expression *the **inarticulate** brutes* n'est pas péjor., bien au contraire: elle désigne les pauvres bêtes **incapables de s'exprimer, auxquelles ne manque que la parole,** et que les Angl. appellent aussi: *our dumb friends.*

Inattention, inattentive. – **Qui manque d'égards pour, n'est pas attentionné, est peu courtois, manque aux devoirs de la politesse, de la civilité (puérile et honnête).**

– *I hope you did not think me **inattentive** to you.* – J'espère que vous ne m'avez pas jugé **impoli** à votre égard.

Incalculable. – Des choses: **imprévisible;** des pers.: **aux réactions imprévisibles; sur qui on ne peut compter, à qui on ne peut se fier; impénétrable, énigmatique.**

– *You are the only person I have always found **incalculable*** (Agatha CHRISTIE, *Towards Zero,* VII.) – Vous êtes la seule personne qui me soit demeurée toujours **impénétrable.**

– *Women **are incalculable**.* – Les femmes **demeurent toujours une énigme.**

Incarnate. – Signifie à la fois **incarnat** et **incarné.** ***Incarnate** clover,* trèfle **incarnat.** ***To remain incarnate** in the memory of friends,* **vivre** dans le souvenir de ses amis.

Incense (to). – Bien distinguer ce verbe de son homonyme qui signifie « encenser ». ***To incense***, signalé ici, est le lat. *incendere* (anc. fr. *incenser*) au fig. **enflammer, exciter, animer, irriter, courroucer, exaspérer,** emplois dont voici en angl. quelques ex.:

– Au fort de l'assaut d'escrime auquel se livrent Hamlet et Laërte, le roi s'écrie: *Part them, they are **incensed**.* (SHAKS., *Hamlet,* V, ii.) – Qu'on les sépare, ils **s'enflamment** (ils **sont furieux, déchaînés**).

– *He (Angel Clare) was **incensed** against his fate, bitterly disposed against social ordinance.* (Th. HARDY, *Tess,* XXXIX, 345.) – Il **s'irritait** contre son sort, se sentait plein d'amertume à l'endroit des rites sociaux.

Inchoate. – Le lat. *inchoare* signifie « commencer, ébaucher, jeter les bases, les fondements de »: *Te sine nil altum mens inchoat,* dit Virgile, s'adressant à Mécène (*Géorg.,* III, 42). Sans toi, mon esprit n'**entreprend** rien d'élevé. Nous n'avons conservé dans ce sens que le terme gramm.: verbe *inchoatif,* conjugaison *inchoative,* c.-à-d. « qui exprime une action qui commence ou le passage d'un état à un autre ». L'angl. a fait de ce mot un terme courant. Le voici dans Kipling dont la langue est pourtant réputée typiquement anglo-saxonne:

– *The name came back with seven **inchoate** devils.* (*Something,* ch. VII.) – Le nom me revient avec sept autres **embryons** de démons (Il s'agit d'un nom de centurion romain qu'on avait proposé à Kipling pour raconter ses aventures à ses enfants).

– *The solution of the Polish business is still in its **inchoative** stages.*

(CARLYLE.) – La solution de l'affaire polonaise n'en est encore qu'au stade des **préliminaires.**

– *Some recruits were **inchoate** and indisciplined.* – Certains conscrits (ou: certaines recrues) étaient **mal dégrossi(e)s** et indiscipliné(e)s.

– *The topography of the place was so irrational and obscure as to make it seem **inchoate.*** – La topographie du lieu était si irrationnelle et obscure qu'elle semblait encore **à l'état d'ébauche.**

Incidence. – Épidémiol. **incidence,** c.-à-d. fréquence des cas nouveaux de maladie survenus pendant une période déterminée (génér. une année civile), la prévalence se rapportant à la totalité des cas, qu'ils soient nouveaux ou anciens. (Définition adoptée par l'O.M.S.).

Lâchement: **portée, champ, étendue:** ***the incidence** of the plague **was general,*** la peste **n'avait épargné personne.**

Incident,-al (adj.). – Avec *to,* **commun, inhérent, attaché à; auquel** qqn. **est sujet, qui est le propre de** qqn. Jur. (privilèges, charges, servitudes) **attaché(e)s** à un bien, un immeuble etc.

– Dans le *Conte d'Hiver* (IV, iii) Perdita, parlant des primevères qui meurent vierges, ajoute que c'est là *a malady most **incident to** maids,* c.-à-d. une maladie **à laquelle** les filles sont fort **sujettes.**

– Commentant les œuvres qu'il a publiées jusqu'alors, Shelley écrit: *I can also perceive in them* [*those writings*] *the literary defects **incidental** to youth and impatience. (Cenci, Dedication.)* – Je découvre aussi dans ces œuvres les défauts littéraires **qui sont le propre** de la jeunesse et de l'impatience.

– *The evils **incident** to the privileged system.* – Les maux **inhérents, (attachés)** au régime des privilèges.

Incident (subst.). – Gagne parfois à se rendre par **épisode, péripétie.** *A novel full of **incidents,*** un roman fertile en **péripéties;** *some people are interested only in the **incidents** of a story,* certains ne s'intéressent qu'aux **épisodes** d'une histoire; autre sens, jur. **servitude** ou **privilège** attaché à une tenure.

Incident, incidental et **incidentals.** – Les † ***incident** (charges),* devenues ***incidental** (charges)* ou ***incidentals,*** sont notamment les **dépenses fortuites, accessoires** entraînées par l'exécution d'un projet, les **faux frais,** les **menus frais** (terme de statistique employé dans l'énumération des articles du budget d'une famille ouvrière, p. ex.).

– *The **incidentals** of a working man amount to 10 shillings a week.* – Les **faux frais (dépenses casuelles, éventuelles, fortuites, imprévues)** d'un ouvrier s'élèvent à 10 shillings par semaine.

– *To **incidents.*** . . . . 4. 9. 5 1/2.

– **Imprévu** (ou: **divers**). . . . . . . 4 livres, 9 shil., 5 pence 1/2.

– *Having gathered the facts, the coroner tried to separate those which were crucial from those which were merely **incidental.*** – Ayant rassemblé les faits, le coroner tenta de faire le départ entre ceux qui étaient décisifs et ceux qui n'étaient que **secondaires, accessoires.**

Inclusive. – Syn. de *comprehensive (q.v.): **inclusive** rate,* tarif **global, forfaitaire;** *Our terms are **inclusive,*** nos prix, nos conditions s'entendent **tous frais compris.**

– *He is too **inclusive** in his hatred.* – Il est trop **entier** dans sa haine (ou: sa haine est **générale**). C'est le mot d'Alceste (*Mis.,* I, i) à Philinte: « Non, elle (mon aversion) est générale et je hais tous les hommes. »

– *Rationalisation in its most **inclusive** sense.* – La r. dans le sens le plus **complet,** le plus **large** (dans **toute** l'acception) de ce terme.

Incoherent. – Hétéroclite, incompatible, incongru.

– *His armour was patched up of a thousand **incoherent** pieces.* – (SWIFT, *Battle of the Books.*) – Son armure était un assemblage de mille pièces **hétéroclites.**

Incommensurable. – Se dit, comme en fr., de quantités qui n'ont pas de commune mesure, mais ne signifie jamais « qui ne peut être mesuré » *immeasurable, huge. Their forces were **incommensurable** with the forces they attacked,* leurs forces n'étaient **pas à comparer** à celles de l'ennemi, ils s'attaquaient à plus fort qu'eux.

Autre sens, ***incommensurable** number,* nombre **irrationnel.**

– *Money and love are **incommensurable.*** – L'argent et l'amour **n'ont aucune commune mesure, ne se comparent pas, ne sont pas choses comparables.**

Incommunicable. – Peu communicatif; taciturne, boutonné, qui ne desserre pas les dents.

– *Terrible judges, severe,... **incommunicable.*** – Des juges terribles, sévères... **qui ne desserrent pas les dents.**

Incommutable. – Est en fr. un t. de jurispr., *an **incommutable** estate,* une propriété, un domaine **incommutable** « qui ne peut changer de possesseur, de propriétaire ». En angl., il faut penser au sens d'**immuable,** *an **incommutable** law.*

Incompetent. – † **Insuffisant,** arch. employé par Lamb et Stevenson. Jur. d'une opposition, etc.) **non pertinent,** (d'une personne) **inhabile** (à accomplir un acte).

– Dans *The Master of Ballantræ* de R.L. STEVENSON, (ch. IV), l'intendant dévoué s'écrie: *I cannot give him all the monstrous sums he asks; he knows the estate to be **incompetent.*** – Je ne peux lui donner toutes les sommes monstrueuses qu'il demande; il sait que le domaine **n'y suffit pas.**

– *An insane person is **incompetent** to make a will.* – Le dément est **inhabile** à tester.

REMARQUE. – En méd. *aortic valvular **incomptency*** doivent s'entendre: *a., v. insufficiency,* **insuffisance** aortique, valvulaire.

Inconsequent, inconsequential. – Outre les sens fr.: qui n'est pas conséquent *qui se compromet par des actes irréfléchis, inconsidérés*, ***inconsequent(-ial)*** peut signifier : **sans importance; incongru, déplacé, hors de saison** ou **de propos, sans rapport avec, qui jure avec** (en forçant un peu), **disparate.**

– *An **inconsequential** affair*, une affaire **sans importance.**

– ***Inconsequent** trimmings, that have no raison d'être, are well-known to be the crime of the third-rate dressmaker.* – C'est chose archiconnue que les agréments **disparates,** qui n'ont pas de raison d'être, sont le crime du couturier de troisième ordre.

Inconsiderate. – Inconsidéré, certes, mais aussi (ant. de *considerate, q.v.*), **qui manque d'égards, d'attentions, de considération pour autrui.**

– *It was most **inconsiderate** to mention the matter in her presence.* – C'était **manquer d'égards** au plus haut point, de mentionner la chose en sa présence.

Inconsistency, inconsistent. – (Voir *to consist, consistent*). ***Inconsistency*** **incompatibilité, contradiction; inconséquence, inconsistance, illogisme, manque d'esprit de suite** (sens fr.). L'adj. ***inconsistent*** a les sens corresp. En physique, **incohérent.**

– ***Inconsistency** is the only thing in which men are consistent.* – L'**inconséquence** est la seule chose en laquelle les hommes sont conséquents.

– *By a strange **inconsistency**, the virtues which the French admired in their neighbours were just those in which they were most deficient.* – Par une étrange **contradiction** les Français admiraient chez leurs voisins les vertus dont ils étaient le plus dépourvus.

– *The parts of water are **inconsistent.*** – Les parties de l'eau sont **incohérentes.**

Incontinent. – *A prodigal **incontinent of his money***, un prodigue **à qui l'argent brûle les doigts;** *women are **incontinent** of secrets*, les femmes **ne peuvent garder** un secret, *are **i. of speech**,* sont **(d'intarissables) bavardes** ou **babillardes.** Ce sont là des emplois qui n'ont pas leur pendant en fr.

Inconvenient (adj.). – Le subst. est désuet sous cette forme, et notre *inconvénient* se dit en angl. *inconvenience*. En revanche, l'adj. *inconvénient* a été fr. et employé encore par La Fontaine dans le sens de « qui ne convient pas » :

Il n'est pas *inconvénient*
Qu'étant aveugle, étourdi, téméraire,

Il (l'Amour) se blesse en les maniant (ses traits) (*Psyché*, I, 22.)

Sens courants du mot anglais : **désavantageux; hors de saison, de propos, inopportun, intempestif;** † **déplacé; incommode, gênant, qui cause des embarras, des dérangements.**

– *To sell goods on **inconvenient** conditions*, vendre des marchandises à des conditions **désavantageuses.**

– *Nowadays smoke seems no longer to be **inconvenient** to ladies.* – De nos jours, il semble que la fumée n'**incommode** plus les dames. (En effet, nombre d'entre elles fument tout comme les hommes.)

Incorporate (to), incorporated, incorporation. – Constituer en association, en société (commerciale) **dotée de la personnalité civile,** *an **incorporation*** étant l'acte exprimé par le verbe et aussi l'**érection d'une ville en municipalité;** ***incorporated agency** or **company**,* **association de droit public** ou **privé jouissant de la personnalité morale;** E.U., **société anonyme; ville administrée par un conseil municipal, municipalité.**

– *The **incorporation** of the reading room*, la **constitution en société** du Cercle de lecture.

– E.U. ***Incorporated territories,*** autrefois **Hawaï** et **Alaska.** (E. et S. Deak).

Incumbent (subst.). – **Titulaire d'un bénéfice ecclésiastique (bénéficiaire, bénéficier),** puis **d'une charge, d'un office,** qui se dit ***incumbency.***

– *You are not imagining, I hope, that Amos Barton was the **incumbent** of Shepperton.* (G. Eliot, *Scenes of clerical Life*). – Vous n'allez pas vous imaginer, j'espère, que A. B. était le **bénéficier** de Shepperton.

– Le nouvel inspecteur des douanes est indulgent envers les vieux préposés : *They continued, **during my incumbency**, to creep about the wharves, and loiter up and down the Custom House steps.* (N. Hawthorne, *Scarlet Letter*, Prol.) – Ils continuèrent, **tant que j'occupai mon emploi,** de se traîner au long des quais et de flâner sur l'escalier du bâtiment des Douanes. (Trad. Marie Canavaggia).

Incunabulum. – Incunable, livre datant des premiers temps de l'imprimerie. Mais pour comprendre *the **incunabula** of Christ's life*, il faut se rappeler que le pl. lat. *incunabula* signifie au pr. **berceau** et au fig. **commencement.**

Incur (to). – ***To incur** a fine, a penalty*, c'est bien **encourir** une amende, une peine, mais *he has **incurred** a loss, a risk;* doit se rendre : il a **subi** une perte, **couru** un risque. Sur une lettre de change, la mention : ***incur no expenses,*** **sans frais, sans protêt, sans compte de retour.**

Incurious. – Seul a survécu chez nous le sens de « qui n'est pas curieux ». En angl., il faut penser aux acceptions de (pers.) : **insoucieux, négligent;** (choses) **sans intérêt, inintéressant; quelconque.**

– *The inscriptions **are not incurious.*** – Les inscriptions **ne sont pas dénuées d'intérêt.**

– ***Not incurious** pieces of poetry.* – Poèmes **non sans mérite.**

Indebted. – Outre endetté au pr., **redevable** (de) au sens fig.

– *For this observation I am **indebted** to an ingenious friend.* – Je suis **redevable** de cette observation à un ami ingénieux.

Indelicacy, indelicate. – Inconvenant, qui manque de tact; frise l'indécence; ***indelicate*** *remarks,* des remarques, **déplacées, risquées, un peu « vives »;** ***indelicate*** *words,* mots **malsonnants, grossiers.** De même ***indelicacies of speech,*** **gaillardises, propos orduriers, grivois, polissonneries.**

– *Mr. Glegg, said Mrs. Glegg, if you are going to be indelicate, let me know.* (G. ELIOT, *Mill on the Floss.*) – M. G., dit Mme G., si vous allez vous montrer **inconvenant,** dites-le moi.

– *They bandied the greatest ribaldry and most* ***indelicate*** *sarcasms.* – Ils échangeaient les obscénités les plus crues et les sarcasmes les plus **orduriers.**

– *His humorous verses... too* ***indelicate*** *for further citation.* (STEVENSON, *Weir of Hermiston,* 131.) – Ses couplets comiques... trop **gaillards** pour qu'on puisse en citer davantage.

Indemnity. – En fr., une indemnité est une « compensation pécuniaire accordée à celui qui a éprouvé une perte » (L.); en angl., c'est aussi la **garantie, l'assurance** (contre une perte), d'où ***indemnity bond, (letter of) indemnity,*** **cautionnement, garantie, décharge** (pleine et entière, en bonne et due forme, régulière, en règle). On voit que, dans tous ces cas, le mot est resté fidèle à son étym. lat. *indemnitas,* de *indemnis* « indemne ». Mais on peut aussi sortir *indemne* d'un acte illégal ou blâmable et c'est le sens **d'absolution, amnistie** que l'on retrouve dans l'expr. angl. *act, bill of* ***indemnity,*** bill d'indemnité (L. 7°), **loi d'amnistie.**

– Avis aux clients d'une banque angl. ayant une succursale en France: *In the event of loss or destruction of the safe custody receipt the client will be required to execute the customary* ***letter of indemnity*** *necessary in France in such instances.* – En cas de perte ou de destruction du récépissé de dépôt (de titres), la Banque exigera une **décharge pleine et entière** sur papier timbré. (Explication plutôt que traduction.)

Indent (to), indented. – On retiendra plusieurs sens importants: typ., **renfoncer, faire rentrer une ligne, faire un alinéa;** jur. **découper en zigzag les deux expéditions d'un acte,** et par ext. **rédiger le double de, rédiger** (un contrat) **en double expédition;** *deed* ***indented,*** contrat **synallagmatique.** Blason: ***indented,*** **denché, endenché, endenté.**

Intr. ***To indent on*** *s.o. for something,* **réquisitionner, requérir** qch. de qqn.: com. **passer commande** d'une marchandise.
Le subst. ***indent*** signifie: **contrat, titre, acte; ordre, commande** (spéc. reçue de l'étranger).

Un autre ***indent*** (de *dent, dint*), que l'usage ne distingue plus du précédent, est l'ant. de *to emboss* « graver en relief, relever en bosse » et signifie donc **empreindre (en creux); creuser.**

– *His breast was* ***indented*** *with deep scars.* – Sa poitrine était **couturée** de profondes entailles.

The patient had ***indented*** *his pillow.* – Le malade avait **fait un creux** dans son oreiller.

Independence, independent. – Nous avons dit autrefois: « être *indépendant* du besoin ». On comprendra donc que *an* ***independent*** *gentleman, a man of* ***independent*** *means* soit un **rentier.**

Autres sens, *to* ***become independent,*** **s'affranchir, s'émanciper;** mil. ***independent firing,*** **tir à volonté.**

Du sens gén. de « non influencé par l'opinion d'autrui », on passe à celui de **non prévenu, sans parti pris; impartial, neutre.**

– *Miss Fox was a lady of what is called a limited* ***independence.*** (DICKENS, *Dombey,* I.) – Mlle F. jouissait de ce qu'on appelle une modeste **aisance,** était une petite **rentière.**

– *The case will be dealt with by a court of two judges representing each the contending parties, with an* ***independent*** *chairman.* – L'affaire sera jugée par un tribunal composé de deux juges représentant respectivement les parties en, litige, et d'un président **neutre** (ou: **impartial**).

Indeterminate. – Indéterminé au sens d'**indécis, irrésolu** est peu usité en fr. Il l'est davantage en angl. Aussi, qui ne se détermine, ne se décide pas sous la pression ou l'influence de forces extérieures, et donc **libre, qui a son libre arbitre.**

– *The poor man looked quite* ***indeterminate.*** – Le pauvre homme avait l'air complètement **indécis, irrésolu.**

Index. – L'index figurant autrefois au début des livres, le mot a pris notamment dans Shaks. le sens fig. de **début, préface, prologue** (*Oth.* II, i, 265), d'**exorde** (*Haml.,* III, iv, 52).

Indian. – Noter ***Anglo-Indian,*** **Anglais né dans l'Inde, servant** ou **ayant servi en Inde;** ***West-Indian,*** **Antillais;** ***Indian club,*** **mil, bouteille (en bois), crosse (de golf);** ***Indian corn,*** **maïs;** ***Indian ink,*** **encre de Chine;** ***Indian potato,*** **tournesol géant** *(helianthus giganteus);* **topinambour:** angl. *Jerusalem artichoke.* ***Indian*** *summer,* été **de la Saint-Martin;** E.U. ***Indian weed,*** **tabac.** Subst. ***Red Indians,*** (les) **Peaux Rouges.**

Indicator. – Ch. de fer. ***(train) indicator,*** **tableau indicateur du service des quais, tableau des départs des trains.**

Indifferent, indifferently. – Du Fail (*Eutrapel,* II, 100) parle d'« actes *indifférents* et qui de soi ne sont ni bons ni mauvais ». Il commet une tautologie. Montaigne (*Essais,* I, iii), dans le même sens, dit simplement « actions *indifférentes* ». On conçoit un passage facile de ce sens à celui de *médiocre.* Ce pas, l'angl. l'a fait. On rendra donc ***indifferent*** par **passable, médiocre, ni bien ni mal, insignifiant.**

– Hazlitt, parlant des personnes qui n'ont qu'une connaissance générale de la nature humaine, déclare que: *Such persons would make excellent theologians, but are very* ***indifferent*** *philosophers.*

(*Works*, VII, p. 44.) – Ces personnes feraient d'excellents théologiens, mais sont de très **médiocres** philosophes.

– Commentant le geste de Macduff dans *Macbeth*, le même auteur écrit: *The action of a man pulling his hat over his forehead is **indifferent** enough in itself.* (*Ibid.*, VI, 39.) – Le geste d'un homme rabattant son chapeau sur le front est assez **insignifiant** en soi.

– *Jude had done a few days' work during the two or three months since the event, but his health had been **indifferent**, and it was now precarious.* (Th. HARDY, *Jude*, VI, viii, 485.) – Jude avait travaillé quelques jours pendant les deux ou trois mois qui avaient suivi son mariage, mais sa santé avait été **quelconque (plus mauvaise que bonne)** et elle était maintenant précaire.

– *Her dinners were **indifferent**.* – On faisait chez elle **assez médiocre** chère.

– *Your poems please me **indifferently**.* – Vos poèmes ne me plaisent (je n'aime vos poèmes) qu'**à moitié**.

REMARQUE. – *I love temperate and **indifferent** natures*, dit Florio traduisant cette phrase de Montaigne (*Essais*, I, XXX): « J'aime des natures tempérées et **moïennes.** » Cotton, lui, dit *moderate natures*.

Nyrop (*op. cit.*, IV) appelle mots *indifférents* les mots tels que *chance, fortune, succès*, etc. qui sont pris tantôt en bonne, tantôt en mauvaise part.

Indigestion. – En fr., c'est un état passager, en angl. un état chronique, l'**incapacité de digérer, dyspepsie.** D'où *to suffer from **indigestion***, avoir des **maux d'estomac, être dyspeptique,** *to suffer from a **light touch of indigestion***, avoir un **léger embarras gastrique.**

*The **indigestion** of a work*, c'est l'**état,** le **défaut** d'un ouvrage de l'esprit **mal digéré, mal fondu.**

REMARQUE. – Une indigestion se dira: *A case or attack of indigestion.* – ***Indigestion** is learnedly spoken of as dyspepsia.*

Indignation. – ***Indignation** meeting*, réunion, assemblée de **protestation.**

Indirect, indirection. – ***Direct*** veut dire au pr. et au fig.: **sans détour, qui va droit au but;** ***indirect*** signifiera donc **déloyal, qui agit par des moyens détournés,** et ***indirection* : recours à de tels moyens, manque de franchise; malhonnêteté, déloyauté, tromperie.**

– ***Indirect** dealings*, des procédés **obliques, détournés.**

– *A tortuous and **indirect** person*, un personnage **tortueux** et **déloyal** (retors).

Indiscreet, indiscretion. – † **Qui manque de discernement** ou **de jugement; inconsidéré, imprudent; étourdi, malavisé;** en Écosse: **incivil, impoli.**

***Indiscretion*, imprudence, acte non** ou **peu judicieux, inconsidéré;** famil. et euphém. acte **contraire à la probité, aux bonnes mœurs, écart de conduite, faux pas** (comme nous disons: il a fait des bêtises, commis des indélicatesses).

– *She had been **indiscreet**... in her marriage.* – Elle avait fait un mariage **inconsidéré.**

– *Jack is apparently under the impression that he is perpetually « wanted » to answer for the little **indiscretion**, whatever it was, on account of which he was forced to flee over the border.* (Ly. BARKER, *South Africa*, *Let.* IV.) – J. a apparemment l'impression que la police le recherche perpétuellement pour lui demander compte du léger **méfait,** quel qu'il soit, qui l'a forcé à passer la frontière.

– *As he (Kim) reached the years of **indiscretion*** (1), *he learned to avoid missionaries and white men of serious aspect who asked him who he was and what he did* (KIPLING, *Kim*, I.) – En atteignant l'âge de **déraison,** il apprit à éviter les missionnaires et les hommes blancs de mine sérieuse qui lui demandaient qui il était et quel était son métier.

Indispensable. – Subst. pl. euphém. et famil. le **pantalon,** le **culbutant,** le **grimpant.**

Indispose (to), indisposed, indisposition. – ***To indispose** s.o. to do something or for something*, **rendre qqn. peu propre, impropre, inapte** à **incapable, hors d'état** de faire qqch., etc.; *I am **indisposed** to go out*, je suis **peu disposé, peu enclin** à sortir.

– La tenancière d'un cabaret dort du sommeil du juste: *Polly was divided between the desire to enter... and an instinctive **indisposition** to break a slumber so manifestly sweet and satisfying.* (WELLS, *Polly*.) – P. était partagé entre le désir d'entrer et la **répugnance** instinctive à interrompre un sommeil si manifestement doux et réparateur.

Individual, -ly. – Peut se rendre parfois par **unique,** aussi: **original, singulier.**

– *Sometimes... the common land lying continually fallow... became by virtue of an Enclosure Act the private property of an **individual** owner.* – Tantôt, c'est le bien communal, livré à une perpétuelle jachère, qui devient à la suite d'une loi sur le clôturage, le bien privé d'un propriétaire **unique.**

– *This man is really **individual** in his views.* – Cet homme a des vues vraiment **originales.**

– *Television enables millions of listeners to enjoy the show **individually**.* – La télévision permet à des milliers d'auditeurs de jouir du spectacle **chacun pour soi.**

Induce (to). – A des emplois plus étendus qu'en fr.: on notera: **amener, produire, occasionner, provoquer, causer, faire naître;** et si nous disons encore *induire* en tentation, *induire* en erreur, nous ne pourrions rendre littéralement: *He **induced** his wife to give up such an absurd idea*, il **persuada** sa femme de renoncer à cette idée absurde.

– *The doctor said that the child's illness was **induced** by*

(1) Pour goûter l'ironie voir *discretion (years of)*.

overwork. – Le médecin déclara que la maladie de l'enfant était **due** au (**causée** par le) surmenage.

– *Wars are often* ***induced*** *by fear.* – La peur **est** souvent **la cause, l'origine** des guerres.

REMARQUE. – En médecine, *an* ***induced*** *abortion* est un avortement **provoqué;** ***to induce*** *a disease*, c'est la **provoquer,** la **susciter** à des fins expérimentales. (V. *Induction.*)

Induction. – Est à la fois le subst. de *to induce* et de *to induct;* d'où.

1° outre les sens fr., mécan. **admission** (de la vapeur, des gaz), ***induction*** *stroke*, période **d'admission,** temps de l'**aspiration,** course **aspirante,** ***induction*** (ou: *inlet*) valve, soupape d'**admission,** d'**arrivée;** médecine: **production** ou **provocation** expérimentale (d'une maladie).

2° **Installation** (d'un ecclésiastique dans sa paroisse, d'un fonctionnaire dans sa charge); ***induction*** *of facts*, **énoncé, mise en avant, énumération** des faits (pour prouver qqch.), **apport** de preuves.

REMARQUE. – L. a (2°) « *provocation* au sommeil ». On sait que Claude Bernard fait une distinction entre les sciences d'observation et les sciences d'expérimentation dans lesquelles « l'homme... *provoque* à son profit l'apparition de phénomènes dans des conditions que la nature n'avait souvent pas encore réalisées ». (*Introd. à la Méd. exp.*, I, i, p. 54.)

Indulge (to) *(in)*, **indulgence. –** Le latiniste reconnaîtra le verbe *indulgere*, dont l'emploi est identique: *indulgere sibi*, se donner carrière, n'écouter que son caprice; *indulgere gaudio*, se livrer, s'abandonner à la joie; *indulgere iræ*, s'abandonner, se laisser aller à la colère. Voici un exemple fr. de *indulgent:*

« Que Votre Majesté le souffre... vivre
Et suivre les plaisirs auxquels les jeunes gens
Sans crainte et sans excès peuvent être *indulgens* »
(MAIRET, *La Sylvie*, v. 1292),

c.-à-d. *which they may* ***indulge.***

To indulge a donc à peu près le même sens que *to gratify*. Trans., c'est **satisfaire, contenter, déférer** (au désir de quelqu'un); **donner libre cours à, suivre (son penchant, son inclination);** ***to indulge one's fancy*** *for*, **se passer la fantaisie** de...

Intr., c'est: **se livrer** (à), **s'abandonner** (à).

Employé absolument, il évoque l'idée de **se choyer, se régaler, prendre ses aises, se donner de l'agrément, se laisser aller** (à boire, à fumer, etc.).

Le substantif signifie, en général, **satisfaction** (de ses propres désirs, passions, etc.), **faveur, privilège,** et, au pluriel, **gâteries.**

– *There are people who* ***indulge themselves*** *in a sort of lying which they reckon innocent and which, in one sense, is so, for it hurts nobody, but themselves.* (CHESTERFIED, *Letters.*) – Il est des personnes qui **se permettent** une sorte de mensonge qu'elles croient innocent et qui l'est, dans un sens, car il ne fait de tort qu'à elles-mêmes.

– *He felt a mournful pleasure in recalling these unfortunate events and in* ***indulging*** *his grief.* – Il prenait un funeste plaisir à évoquer ces événements fâcheux et à **nourrir** sa douleur.

– *She* ***indulged*** *her lover with some slight hopes.* – Elle **flatta** son prétendant de quelque espérance.

– Sue se blâme de se laisser étreindre par Jude, qu'elle aime: *I ought not to stay like this, she murmured when she had remained in the position a long while. – Why not? – It is* ***indulgence.*** (Th. HARDY, *Jude*, VI, iii.) – Je ne devrais pas rester ainsi, murmura-t-elle, lorsqu'elle fut demeurée longtemps en cette attitude. – Pourquoi? – C'est de la **mollesse.** (C'est **se laisser aller.**)

– *He* ***had been indulging*** *in bawdy jokes at the club.* – Il **s'était permis** des polissonneries au club.

– *He* ***indulged*** *her like a child.* – Il lui **céda** comme à un enfant.

– *The young William had been an* ***indulged*** *child.* – Le jeune W. avait été un enfant **trop choyé.**

– *I cannot* ***indulge myself*** *in philanthropy.* – Je ne saurais **me payer le luxe** de la philanthropie.

– « ***Indulge*** *a little the desire it has to embrace you* », traduit cette invite de Cathos à Mascarille (*Préc. ridic.*, X): « **Contentez** un peu l'envie qu'il a de vous embrasser. »

– *He bore on his face the signs of how deeply he had been* ***indulging.*** – Son visage trahissait à quel point il **s'était laissé aller à ivrogner.**

Industrial. – Professionnel, ***industrial*** *disease*, maladie **professionnelle,** ***industrial*** *school*, école **des arts et métiers;** internat **professionnel,** école **professionnelle pour enfants moralement abandonnés,** *day* ***industrial*** *school*, externat **professionnel** (pour enfants en dépôt ou en garde), ***industrial*** *history*, antécédents **professionnels;** ***industrial*** *student* (syn. de *work student*, all. *Werkstudent*), étudiant **ouvrier;** *i. disputes*, conflits sociaux ou du travail.

E.U. ***Industrial Theater*****, salon-théâtre,** représentation théâtrale de propagande organisée par certaines grandes industries (automobile, appareillage électrique, etc.).

Industrious, -ly. – *Industrieux* signifie « qui a de l'industrie, de l'adresse ». En angl., ce sens est désuet et on dit auj. *skilful, ingenious*. Les autres acceptions du mot sont: **zélé, attentif, soigneux; ardent, empressé à** (constr. avec *in*,† *after, of, to*): † **persévérant, qui s'attache, s'évertue à, s'efforce de;** enfin, sens cour., **laborieux, travailleur, diligent.**

Industriously a les sens corresp.

– *The judge* ***was industrious*** *to reconcile (in reconciling) the parties to the suit.* – Le juge **s'évertua à** (ré)concilier les plaideurs.

– *Southey was methodical and* ***industrious.*** – Southey était méthodique et **laborieux.**

– *It has been **industriously** given out that John Partridge is dead.* (ADDISON, *Tatler*, N° 96.) – On a fait courir **avec persistance** le bruit (ou: on **s'est attaché à** faire courir le bruit) que J. P. était mort.

– *London: busy ants running **industriously** about their ant-hill.* – Londres: des fourmis qui s'affairent **diligemment** autour de leur fourmilière.

Industry. – Application, assiduité au travail; travail, diligence, zèle.

– *He (Polly) was made to read the Catechism and the Bible with the utmost **industry** and an entire disregard of punctuation and significance.* (WELLS, *Polly*, 1, 2.) – On lui fit ressasser le catéchisme avec une **application** extrême, mais sans souci de ponctuation ni de signification.

– *A life of unremitting **industry**,* une vie de **travailleur** infatigable, ou: une vie **toute consacrée au travail.**

– *His [Voltaire's] letters to Schouvaloff, the imperial chamberlain, attest the inremitting **industry** with which he sought for every kind of information that might be useful to him.* (J. MORLEY, *Voltaire*, VI.) – Ses lettres à S., chambellan de l'impératrice [Catherine II] attestent la **persévérance** inlassable avec laquelle il recherchait les renseignements de tout ordre qui pouvaient lui être utiles.

– Un élève dit: *If the sun shone, my **industry** evaporated.* – Le soleil brillait-il, mon **zèle** s'évaporait.

– *We found out our ship had sprung a leak, and we were not able, by all our **industry**, to find out where it was.* (DEFOE, *Rob. Crus.*) – Nous nous aperçûmes que le navire avait fait une voie d'eau: et malgré toute notre **diligence,** nous ne parvînmes pas à la localiser (à la situer).
Tous ces emplois sont lat.: *industria in agendo,* grande **activité,** *ponere industriam in scribendo,* mettre **tous ses soins** à écrire, etc.

REMARQUE. – En fr., *industrie* signifie « adresse à exécuter qqch. » Dans ce sens, industrie se dira en angl.: *ingenuity (q.v.), cleverness, skill,* vivre d'industrie, *to live by one's wit.* Mais il faut penser aussi à notre chevalier d'*industrie* « qui fait preuve d'habileté peu scrupuleuse, qui vit d'expédients », et dont les mots angl. *sharper, swindler* fournissent la réplique.

Ineffective. – Du sens d'inefficace, sans effet, commun aux deux langues on passe en angl., (pour les pers.) à ceux d'**incapable, inutile, propre** ou: **bon à rien** (cf. *ineffectual*): (pour les choses) **qui ne produit pas d'effet** (artistique ou moral) (ant. de notre morceau ou: mot *à effet); **qui ne porte pas;*** du style, **plat terne.** Adj. subst. *The **ineffective,*** les **incapables.**

– *The Prime Minister's speech remained **ineffective.*** – Le discours du Premier ministre **n'a pas porté.**

– *His argument is far from **ineffective.*** – Son raisonnement est loin d'être **sans valeur.**

– *The manner of such painters was found rather **ineffective.*** – On n'a rien trouvé de **frappant** dans la manière de ces peintres.

– *The community has a special duty to the old, the weak and the **ineffective.*** – La société a des devoirs spéciaux envers les vieillards, les faibles et les **incapables.**

Ineligible, ineligibility. – Du sens d'inéligible on passe à ceux de: **qui n'est pas digne d'être choisi** ou **promu, qui ne convient pas** (à), **qui est impropre** ou **inapte** (à); famil. **peu désirable; inacceptable,** (parti, prétendant) **peu convenable** ou **sortable;** en somme ant., à tous égards, de ***eligible :*** *(q.v.).* S'emploie aussi substant.v.

Ineligibility a les sens corresp.

– ***Ineligible****-Not worthy to be chosen or preferred.* (WEBSTER, 1828).

– ***Ineligible*** (plus simplement *unfit) for military service,* **inapte** au service militaire.

Inept, ineptness, ineptitude. – « Cela les rend *ineptes* à la conversation civile » écrit Montaigne à propos des enfants auxquels on impose une éducation livresque, c.-à-d. « *inaptes* aux relations sociales », sens du mot anglais. Cf. *That **ineptitude** for society which is frequently the fault of us scholars.*

D'autre part, L. 2°, glose *inepte* « qui ne s'adapte pas à » en parlant des choses, ce qui nous éclaire sur un autre sens du mot angl.: **déplacé, mal à propos; impropre.**

Jur. (contrat, convention, obligation) **nul (-le), de nul effet.**

– *A transaction **inept and void** in law.* Une opération **nulle et non avenue** en droit.

Le critique qui reprochait à Dickens *the intolerable **ineptness** of a good part of the language he writes,* n'entendait certes point par là *ineptie,* comme le lui fait dire un traducteur mais l'intolérable **impropriété** d'une grande partie de son style.

Inevitable. – Fatal. *The **inevitable** hour* dont parle Gray dans sa fameuse Elégie, c'est l'heure **fatale;** autre sens, **irrésistible,** rare dit le Webster qui cite cet exemple emprunté à Dryden: ***inevitable** charms,* mais encore employé par de bons auteurs. C'est ainsi que dans son *Introduction* aux Œuvres complètes de Hazlitt, W.E. Henley dit que « par endroits, le style lumineux et **irrésistible** de Lamb lui manque, lui fait défaut », *« he lacks, in places, the illuminating and **inevitable** style of Lamb. »*

– *The **inevitableness** of wars is an exploded dogma.* – Le dogme de la **fatalité** des guerres a fait son temps.

Inexistence, inexistent. – Inexistence, inexistant, sans doute, mais il faut penser aussi au sens lat. de *inexistens* « qui **existe dans,** est **inhérent à** », d'où ***inexistence,*** **« existence intime, inhérente ».**

– *The ideas of pain, ignorance and doubt..too frequently **inexistent** in the minds of men.* – Les idées de souffrance, d'ignorance et de doute..trop fréquemment **inhérentes** à l'esprit de l'homme.

Inexpressible(s). – Par euphém., **culotte, pantalon** (arg., **culbutant, grimpant**), comme qui dirait: les **innommables.** *Ineffables, inexplicables, unmentionables* ont été des équivalents.

Adj., emplois voisins du sens français; **inexprimable, au-delà de toute expression,** sans qu'une traduction littérale soit toujours possible.

– Robinson Crusoé est fort en peine de remuer un gros tronc d'arbre: *By dint of* ***inexpressible*** *hacking and hewing I reduced both the sides of into chips till it began to be light enough to move.* – **A force** de hacher et de tailler, je réduisis les deux côtés en copeaux jusqu'à ce qu'il fût assez léger pour être remué.

Inexpugnable. – *An* ***inexpugnable*** *desire of sleeping,* une **irrésistible, insurmontable** envie de dormir; *an* ***inexpugnable*** *argument,* un argument **irréfutable, inattaquable,** *an* ***inexpugnable*** *(self-) assurance or composure,* un aplomb, un sang-froid **imperturbable,** *an* ***inexpugnable*** *goodwill,* une bonne volonté **inaltérable.**

Infancy, infant. – Jur., **minorité finissant avec la vingt et unième année révolue,** mis pour ***legal infancy;*** **première enfance,** se distinguant de *boyhood* et *girlhood;* collect. **les enfants, les mioches, les bambins,** etc.

Infant, **enfant en bas âge, à la mamelle, nourrisson** (syn. alors de *babe*) mais souvent jusqu'à l'âge de sept ans; **mineur;** au plur. l'**enfance,** la **jeunesse,** les **jeunes.** Arg. mil., *a* ***Woolwich infant,*** un **gros canon.**

Satan dit à Jésus (Milton, *Parad. Reg.,* IV, 508):

From that time seldom have I ceased to eye
Thy ***infancy,*** *thy childhood, and thy youth...*
Dès lors j'ai rarement cessé de contempler
Tes **tendres ans,** et ton enfance et ta jeunesse.

– Influence bienfaisante des préceptes de J.-J. Rousseau:

« ... *Stays are universally proscribed from bodies of the poor* ***infants,*** *which were for so many ages tortured in them as they are still in Spain.* (Arthur YOUNG, *Travels in France,* sept. 1787.) – Les corsets qui si longtemps torturèrent le corps de la pauvre **jeunesse,** comme c'est le cas encore en Espagne, sont universellement bannis.

– *The defendant pleaded* ***infancy*** *the goods having been supplied before he was of age.* – Le défendeur argua de son **incapacité de mineur,** les biens (ou: marchandises) ayant été livrés avant sa majorité.

Infantry. – Famil. et collect.: **les enfants, les moutards, (la) petite, (la) mauvaise troupe,** comme nous disons parfois.

Infatuate (to), infatuated, infatuation. – L'angl. est resté plus près que nous de l'étym. lat. *infatuare* « rendre fou ». Si nous disons « être infatué de sa personne », « quelle infatuation! », dans le sens de « être enchanté ridiculement de soi », les mots angl. ont un sens plus fort et plus large: **faire perdre l'esprit** à qqn., lui **tourner la tête,** le **faire tomber en démence,** etc.

To be infatuated with, **s'engouer de, se toquer de, s'embéguiner de, se coiffer de, s'assotter, s'entêter de, raffoler de** qqn. ou de qch.

Infatuation a les sens corresp.

– *My daughter seemed* ***infatuated*** *with this fellow.* – Ma fille semblait **coiffée** de ce garçon.

– Voix active: *She had* ***infatuated*** *him in a fortnight.* – Elle lui avait **tourné la tête** en quelques jours.

– *He had* ***become infatuated*** *with a little milliner.* – Il **s'était amouraché** d'une petite midinette.

– Parlant de la soudaine passion de Dorian Gray pour une actrice, l'un de ses amis s'écrie: *It is some silly* ***infatuation.*** (O. WILDE, *Dorian Gray,* VI.) – C'est quelque inepte (ou: absurde) **toquade.**

– *I had so much the air of a courtier and a man of the world that she began to respect me instead of chiding me for my* ***infatuation*** *towards the army.* – J'avais tellement l'air de la cour et du monde, qu'elle eut du respect pour moi au lieu de me gronder de mon **entêtement** pour les armes.

– *To-morrow at latest you should serenade your mistress in order to complete her* ***infatuation.*** – Dès demain au plus tard, vous devriez donner une sérénade à votre maîtresse pour achever de **la rendre folle de vous.**

– Boldwood, qui aime Bathsheba, et qui ignore qu'elle est déjà la femme de Troy, offre à celui-ci une somme rondelette s'il consent à l'épouser: *Troy paused in secret amazement at Boldwood's wild* ***infatuation.*** (TH. HARDY, *Madding Crowd,* XXXIV, 273.) – Il y eut une pause: bien qu'il n'en laissât rien paraître, T. s'effarait de l'étrange **aberration** de B.

Infect (to), infection, infectious. – « Infecter », c'est gâter, corrompre, incommoder par la puanteur ou la **contagion.** ***To infect, infection,*** n'impliquent pas nécessairement une idée de souillure ou de corruption, mais simplement de contagion, même dans un sens mélioratif, comme on va le voir. Le premier sens de ***to infect*** dans le N.E.D. est celui du lat. *infectio* « action de teindre, teinture ».

Jur. *Contract* ***infected*** *with fraud,* contrat **entaché** de dol.

– *Your terrors have* ***infected*** *me.* (H. WALPOLE, *Otrante,* 60.) – Vos terreurs m'ont **gagné.**

– *The* ***infection*** *of his warm and poetic enthusiasm.* – La **contagion** de son enthousiasme ardent et poétique.

– Le chroniqueur du *T.L.S.* (25 nov. 1961) se demande quelle est la meilleure méthode pour inspirer aux enfants l'amour de la poésie: ***Infection*** *or instruction,* la **contagion de l'exemple (l'imprégnation)** ou l'instruction.

– Exemple non moins caractéristique: dans sa « revue » du roman de Monica Dickens, *A Pair of Hands,* un critique loue:

*The high spirits which...**infect** its pages,* la bonne (ou belle, humeur), la gaieté qui en **imprègne** (ou: **pénètre**) les pages, (et qui, bien entendu, gagne le lecteur).

Infidel, infidelity. – Hist. **infidèle, mécréant, impie, hérétique;** sens moderne affaibli, **sceptique incroyant incrédule** *« whether distinguished by the title of Deist, Atheist or Freethinker »* (Steele, *Tatler,* III), « qu'on le distingue par le titre de déiste, d'athée ou de libre penseur ». Sens corresp. pour ***infidelity.***

– *A political **infidel**,* un **qui ne croit pas** à la politique, que la politique **laisse sceptique.**

– *Pope was a Roman Catholic, but Gibbon was an **infidel.*** – Pope était catholique (appartenait à l'Église romaine), mais Gibbon était **incroyant.**

Infirm, infirmity. – ***To be infirm of purpose,*** expression perpétuée par la réminiscence shakespearienne (*Macbeth,* II, ii, 52), c'est **être irrésolu, velléitaire, de volonté chancelante, flottante, débile;** on ne s'étonnera donc pas que *the **infirmity** of an argument, of a title,* ait signifié la **faiblesse** d'un argument, l'**invalidité** d'un titre. Ne disons-nous pas encore infirmer un jugement, une preuve, un témoignage?

Infirmities and faults, tautologie, **défauts, tares.**

Inflation. – Nous n'en avons pas fini d'entendre parler d'inflation, dans le sens restreint prêté à ce mot. Outre cette acception, l'angl. a celles-ci: au pr. **gonflement** (d'un ballon, du ventre), **soufflage** (des carcasses); au fig. **état de celui qui est gonflé, bouffi** (d'orgueil, de vanité, d'idées non fondées, du vent en somme); **enflure, bouffissure** (du style), et même **inspiration** ***(divine inflation),*** que nous identifions avec le lat. *inflatus.*

– ***Inflation** of a tyre.* – **Gonflement** d'un pneu.

– *The practice of **inflation** is not permitted in all countries.* – La pratique du **soufflage** (des carcasses) n'est pas autorisée dans tous les pays.

– *A style which to an English reader will appear to border on **inflation** and bombast.* – Un style qui, aux yeux d'un lecteur anglais, paraîtra friser l'**enflure** et le boursouflage.

– *An **inflated** courtier,* un courtisan **bouffi d'orgueil.**

Infliction. – Subst. de *to inflict,* et donc † **infliction, fait d'infliger** une peine, la **peine,** le **châtiment** même; **vexation;** syn. de *visitation (q.v.)* et donc, **affliction, épreuve, châtiment** = ***visitation** of God,* dans un sens affaibli, **événement fâcheux, embêtement;** autres sens, famil., **fâcheux, raseur:** *What an **infliction he will be!*** Comme il (vulg. ce qu'il) **va nous raser!**

– *The **inflictions** put upon this people.* – Les **vexations** imposées à ce peuple.

Influent. – Subst., **affluent.**

– *One of the largest **influents** of the Zambezi.* – Un des plus gros **affluents** du Zambèze.

Inform (to) (against), information, informer. – Noter: 1° le sens étym. de **créer, donner la vie, animer, donner une forme:** « Le principe immatériel était l'Être éternel qui *informe;* la matière était l'être éternel qui est *informé.* » (Diderot, dans Robert). André Gide écrit encore *(Ibid.): « ...Informer...* son idéal dans l'art et dans la vie. »

2° Le sens spécial de **dénoncer** (avec la prépos. *against).* ***Information*** et ***informer,*** subst. du verbe signifieront donc respect.: **dénonciation, délation, accusation** et **délateur, dénonciateur.**

– Voici un curieux ex. de *to inform* employé dans le sens étym.: Macbeth, victime d'une hallucination avant l'assassinat de Duncan, croit voir un poignard devant lui:

> Macbeth: ... *There's no such thing:*
> *It is the bloody business which **informs***
> *Thus to mine eyes...*
>
> (Shaks., *Macbeth.,* II.)
>
> *Macbeth:* Mais non, il n'est là rien.
> C'est cette œuvre de sang qui **revêt cette forme**
> A mes yeux.

– *Sir Walter's mind is full of information, but the o'er-**informing*** (1) *power is not there.* (Hazlitt, *Works,* VII, 340.) – L'esprit de Sir Walter Scott est plein de connaissances, mais la suprême faculté **créatrice** lui fait défaut.

– *Greek statues are marble to the touch and to the heart. They have not an **informing*** (2) *principle within them.* (*Id., ibid.,* V.) – Les statues grecques sont de marbre au toucher et au cœur. Elles n'ont pas en elles de principe **de vie.**

– *He had an **inexhaustible fund of information** on all the subjects we were interested in.* – Il était **inépuisablement documenté** sur tous les sujets auxquels nous nous intéressions.

– Hamlet voit, dans toutes les circonstances, une raison de prendre une décision:

> *How all occasions do **inform against** me,*
> *And spur my dull revenge!*
>
> (Shaks., *Hamlet,* IV, iv.)
>
> La moindre occasion m'**accuse:** elle éperonne
> Ma vengeance qui s'engourdit...

– *It instantly occurred that he [Burchell] was the base **informer,** and we deliberated whether the note* (3) *should not be broken open.*

---

(1) Il y a dans cette phrase un jeu de mots intraduisible à moins d'employer une phrase archaïque: Sir Walter Scott était très informé, mais la suprême faculté *informante,* etc.

(2) Cf. ce vers de Milton:

> *Under his **forming** hands a creature grew.*
> *(Par. Lost.)*
> Un être se forma sous sa main **créatrice.**

(3) Il s'agit d'une lettre trouvée dans le portefeuille dudit Burchell.

(GOLDSMITH, *Vicar of W.*, XV.) – Il nous vint immédiatement à l'esprit que Burchell était le bas **délateur,** et nous délibérâmes s'il ne conviendrait pas de décacheter cette lettre (ou: d'ouvrir le pli).

– *To turn* ***information*** *into a trade* cela n'est pas la définition du journalisme; il faut entendre: faire de la **dénonciation** un métier.

Infusion. – † **Insinuation; mélange, teinture; soupçon,** au sens de « quantité très minime » (L. 5°); infusion, comme en fr., opposé, en parlant du baptême, à immersion. Nous disons plus souvent **ablution.**

– Elia, parlant d'un des acteurs de son temps, *(On some of the Old Actors)* écrit: *He was a gentleman with a* ***slight infusion*** *of the footman.* – C'était un gentleman avec un **rien,** un **soupçon** du valet (ou: du laquais).

Ingenuity, ingenuous, ingenuousness. – Les mots: ingénu, candide, naïf appellent volontiers un sourire sur nos lèvres. Il n'en est pas de même des mots angl.: ***ingenuous*** et *candid (q.v.),* qui n'évoquent que l'idée de franchise méritoire.

Autre fait important à signaler. Une confusion s'est produite en angl., particulièrement au XVIIe siècle, entre *ingenious* et ***ingenuous,*** d'où le sens d'**ingénieux** commun aux deux mots. Et, par suite, le substantif ***ingenuity*** a fait son propre office et l'office d'*ingeniosity,* devenu désuet ou rare. ***Ingenuity*** signifie donc † **génie, talent; ingéniosité, habileté.** Rarement employé auj. dans le sens de **sincérité, loyauté, franchise,** il a été remplacé par ***ingenuousness.***

– Jeremy Melford a passé une soirée languissante dans une société où il y avait trop de beaux esprits: *Yet, without all doubt, some of them were men of learning, wit and* ***ingenuity.*** (SMOLLETT, *H. Clinker,* June 5th, 1771.) – Pourtant, sans aucun doute, certains d'entre eux étaient des hommes de savoir, d'esprit et de **talent.**

– ***Ingenuity*** *is genius in trifles.* (HAZLITT, *Table-talk,* I, ix, 195.)

– **L'ingéniosité** est le génie appliqué aux bagatelles.

– Froude (*Oceana,* III) parle de *Commentaries, which, if the object was to embitter every difference, had the merit of* ***ingenuity.*** – Commentaires qui, si leur but était d'envenimer tous les différends, avaient le mérite de la **sincérité.**

– Le même auteur (*Oceana,* VII), en débarquant à Melbourne, constate que *some* ***ingenuity*** *was needed to escape the newspaper people.* – Il fallait quelque **ingéniosité** pour échapper aux journalistes.

Ingredient. – Ingrédient peut certes s'employer au fig. puisque Baudelaire p. ex., écrit: « Le remords, singulier *ingrédient* du plaisir... » N'empêche que l'emploi de ce mot est plus étendu en angl. et que la trad. littér. n'est pas toujours possible; on va le voir.

– Dickens (*Barn. Rudge,* IX) parle de l'expression d'un visage où se mélangeaient (se mêlaient) bien des **sentiments** opposés... *An expression of face in which a great number of opposite* ***ingredients*** *...were mixed up.*

– *We are not saying that desultory reading is the sole* ***ingredient*** *of a good education.* – Nous ne prétendons pas que la lecture à bâtons rompus soit seule **à contribuer** à une bonne éducation.

– *Guillaume de Lorris wrote brilliantly, so that the poem [Le Roman de la Rose] had all the* ***ingredients*** *of success.* (BRIAN WOLEDGE, *French Verse)* – G. de L. écrivait brillamment, de sorte que son poème réunissait tous les **éléments,** toutes les **conditions** du succès (tous les **gages** de la réussite).

Inhabit (to), inhabitable. – Ne pas oublier que ***to inhabit*** signifie « **habiter** », *inhabité* se disant *uninhabited* ou *not inhabited;* ***inhabitable,*** veut donc dire **habitable.** Le contraire est *uninhabitable;* (*Inhabitable* en anc. fr. a le même sens que le mot angl.).

– *We knew nothing where we were, or upon what land it was we were driven, whether an island or the main, whether* ***inhabited*** *or* ***not inhabited.*** (DEFOE, *Rob. Crus.)* – Nous ne savions où nous étions, ni vers quelle terre nous avions été poussés, ni si c'était une île ou un continent, ni si elle était **habitée** ou **inhabitée.**

Iniquitous, iniquitously. – Un jugement *inique* est un jugement *qui blesse l'équité,* c'est-à-dire la justice naturelle, tout en étant parfois conforme au droit. On commet souvent des iniquités par une application trop rigoureuse de la loi, *summum jus, summa injuria. An iniquitous judge* est bien un juge inique, mais ***iniquitous*** est plus fort: il signifie d'**une injustice criante, indigne,** voire **criminel.** Le *Thesaurus* de Roget donne, comme syn. *wicked, criminal, immoral,* et Webster ajoute à ces mots: *flagrant, flagitious, heinous, outrageous, atrocious.*

Même remarque pour ***iniquitously.***

– *Ruffians were ordered to commit this* ***iniquitous*** *deed.* – Des spadassins reçurent l'ordre d'accomplir ce **forfait,** de perpétrer ce **crime.**

– *This act is worse than ill-natured; it is* ***iniquitous.*** – Cet acte est pire qu'une méchanceté; c'est un **crime.**

Initiate (to). – ***To initiate*** a un sens inconnu de notre verbe initier, à savoir celui de **prendre l'initiative** de, **entreprendre, commencer** une action, **provoquer, mettre en train, inaugurer,** etc. Cf. *initiateur, initiative.*

– *Public works have been* ***initiated*** *by the Government in order to relieve unemployment.* – Le gouvernement a **entrepris** des travaux d'utilité publique afin d'atténuer le chômage (de venir en aide aux chômeurs).

– *The great English actors of the eighteenth century drew Shakespeare from oblivion. Garrick* ***initiated*** *the revival.* – Les grands acteurs anglais du XVIIIe s. tirèrent de l'oubli le drame shakespearien. Garrick **fut le promoteur** de ce réveil, de cette renaissance.

Initiation. – Commencement, début(s) (d'une entreprise, etc.);

inauguration. E.U. ***Initiation** fee* (angl. *entrance fee*) droit **d'inscription,** cotisation **d'admission** (à un club).

Il y a plus d'humour dans l'expression également américaine: ***Neptune initiation*, baptême de la ligne; brimades.**

Injunction. — Jur. **mise en demeure; arrêt de suspension; arrêt de sursis; défense et inhibition de...;** ***to ask for an injuction*, mettre opposition.** E.U. **Arrêt d'un tribunal interdisant la grève.**
REMARQUE. — Le *Thesaurus* de Roget donne d'*injunction* les syn. suivants: d'une part, *command*, d'autre part, *prohibition, inhibition, veto.* Le mot a donc selon le cas, des signif. antonymiques.

Injure (to), injurious, injury. — Là où Montaigne écrivait (*Essais*, II, xii): « le lion, me présentant sa patte *offensée...* », l'angl. mod. pourrait rendre par *injured* (1), et nous dirions aujourd'hui *blessée.* Dans ce sens, nous n'avons plus que ce fossile: « les *injures* du temps ». Au pr., ***to injure*** signifie donc **blesser, estropier, endommager, léser** (un nerf, un muscle, etc.); au fig. **léser** (les intérêts de), **nuire à,** jur. *the **injured** party*, la partie **lésée** et p. ext., l'**offensé,** celui, celle **qui a été outragé(e), trahi(e);** des choses, **endommagées, gâtées, avariées.**

***Injurious*, nuisible, préjudiciable, dommageable, pernicieux, néfaste.**

***Injury*,** sens corresp.: **blessure, lésion; dommage, avarie, dégradation** (d'un bâtiment), etc.

On a vu que *injurier* se dit *to abuse* (ou: *to call one names*).

— *The official list of killed and **injured** is as follows... (Journal).* — Voici la liste officielle des tués et des **blessés.**

— *Twenty-seven cases of **injury** were occasioned by collisions between trains. (Journal).* — Vingt-sept cas de **blessure** furent causés par des collisions de trains.

— Définition de l'accident: *An unpremeditated event resulting in a recognizable **injury**,* un événement fortuit entraînant un **dommage corporel** indentifiable.

— En traduisant *The Russians add insult to **injury*** par: les Russes ajoutent l'insulte à l'injure, on risque fort d'être mal compris, si l'on n'entend *injure* au sens vieilli d'**injustice,** de **tort immérité** fait à qqn. C'est le lat. *injuria.* Ignorer que nos classiques l'ont toujours entendu ainsi et que les Angl. ont conservé cette acception serait de nature à entraîner de dangereuses méprises. Quand Racine dit: « Une extrême justice est souvent une *injure* », *Théb.*, IV, 5, il traduit simplement l'adage lat. *Summum jus, summa injuria.* Quand Mathan s'écrie: « Vous savez... Que je ne cherche point à venger mes *injures* » (*Ath.*, II, v.), il faut comprendre que Mathan se fait gloire de pardonner à Joad les *torts* que celui-ci lui aurait causés. Toute autre interprétation serait absurde.

(1) Nous disons sciemment: « l'angl. mod. ». En effet, Cotton rend ainsi le passage: « ...holding forth his *goared* paw toward me » et Florio: « holding out and showing me his *wounded* foot ».

De même, dans l'exemple suivant: On a accusé à tort un élève qui est allé se plaindre au maître: *In **injured** innocence no boy excelled Beetle.* (KIPLING, *Stalky*, 128.) — Personne ne savait mieux que B. jouer l'innocence **outragée.**

— Indication sur l'étiquette d'un médicament, d'un produit insecticide ou autre: ***Non injurious*, « non toxique », « inoffensif ».**

— *The **injurious** habit of reading while lying down.* — La **mauvaise** habitude de lire couché.

Innocent. — Inoffensif. Famil. (avec *of*) **dépourvu, dénué, vierge** (de).

— *Right of **innocent** passage.* — Droit de passage **inoffensif.**

— *A sermon **innocent** of meaning*, un sermon **dépourvu** de sens.

— *People **innocent** of any reading.* — Des gens **qui n'ont jamais ouvert** un livre, **qui n'ont jamais eu le vice** de la lecture.

— *We were **innocent** of action; we were bold in words*, trad. angl. de cette phrase de Balzac. (*Peau de chagrin*, p. 35.): **Vierges** du fait, nous étions hardis en mots.

— *As (it) has been **innocently** remarked...* Comme on l'a écrit, **non sans naïveté.**

Inoculate (to). — Le lat. *inoculare* dérivé de *oculus* « œil » signifie effectivement **enter en écusson, greffer** (un *œil*, une tige). De même en angl. Au fig., **greffer;** méd., **vacciner, inoculer;** biol. **ensemencer** (un milieu, un bouillon de culture).

— *Virtue cannot so **inoculate** our old stock but we shall relish of it.* (*Hamlet*, III, i, 118.) — La vertu ne saurait si bien **greffer** notre vieux tronc que nous ne gardions quelque soupçon de la nature première de celui-ci.

Inquest. — Ce mot qui signifie **enquête** s'est spécialisé dans le sens de *Coroner's **inquest***, c.-à-d. d'**enquête** judiciaire par devant jury (en cas de mort violente ou suspecte), d'où, p. ext., le sens de **jury** chargé de ce soin. Autres sens: ***The Grand Inquest of the Nation*, la Chambre des Communes.** Enfin, théol., *The Great, or Last **Inquest***, le **jugement** dernier.

Inquisitive. — Le lat. *inquiro*, supin *inquisitum* signifie rechercher avec soin, chercher à découvrir, *inquisitum ire*, prendre des, aller aux informations. On ne s'étonnera donc pas que ***inquisitive*** signifie **curieux,** et ***inquisitiveness*** **curiosité.** Ces mots passent aisément aux sens péjor. d'**indiscret** et de **curiosité indiscrète.**

— *Mind your own business, don't be so **inquisitive**.* — Occupez-vous de ce qui vous regarde: ne soyez pas si **curieux** ou, famil., si **fouineur** ou **fouinard.**

Inscribe (to), inscription. — ***To inscribe** a work to a person*, c'est lui **dédier** un ouvrage. L'expression, selon le N.E.D., est moins cérémonieuse que *to dedicate.*

— *The person to whom a book was **inscribed** was expected to reward the writer with a purse of gold.* (MACAULAY.) — Il était de règle que la personne à qui était **dédié** un livre récompensât l'auteur d'une bourse d'or.

Le substantif ***inscription*** signifie: **titre** (d'un ouvrage); **dédicace** (d'un livre); **suscription** (d'une lettre). Fin., **inscription** (au Grand Livre), ***inscriptions*, la rente inscrite.**

Insensate. – Non seulement insensé, mais (de la matière, des choses) **insensible.**

Insensible. – **Imperceptible, indiscernable; inconscient,** au double sens de « qui a perdu connaissance » et de « qui n'a pas conscience du danger », etc.

– *The wounded man soon **became insensible.*** – Le blessé ne tarda pas **à perdre connaissance.**

Insertion, insert (to). – Comme *inoculo,* le lat. *insero* signifie notamment enter, greffer. Si nous consultons le Webster, nous lisons à l'article *(to) inoculate: « to communicate a disease... by **inserting** its virus in the tissues »,* et le D.G. dit *insérer* le vaccin sous la peau. On comprendra donc que ***insertion*** puisse signifier (la) **vaccination.** Autres sens dérivés, typ., ***to insert** a line,* **intercaler** une ligne; aussi **introduire** (une clef dans une serrure); **encocher** (une cheville); artil., ***to insert** the charge,* **introduire** la charge.

***Insertion mark*, renvoi;** couture, **entre-deux d'insertion; incrustation** (de dentelle, etc.).

Insipid. – *The **insipid** citizen* dont parle Cowper (*Task,* III, 642) n'est pas le bourgeois insipide, c.-à-d. sans saveur (au sens passif), mais (au sens actif) **sans goût, intelligence, jugement,** syn. donc du lat. *insipiens.* Ce sens, désuet, du mot était dans le lat. médiéval et même dans le fr. du XVIe s., s'il faut en croire Cotgrave (1611), qui donne du fr. ces équivalents angl.: *Weak of judgement... fond, indiscreet* et qui traduit insipidité et insipience par *indiscretion.*

Insist (to), insistence, insistent. – Plus fidèle aux emplois du lat. *insistere,* propr. **s'appuyer sur, se tenir, marcher;** au fig. **s'arrêter sur, persister, persévérer,** non seulement, comme en fr., dans une demande, mais dans une conduite. Sens correspondants pour ***insistent*** et ***insistence.***

Remarque. – Penser au terme de zoologie, pouce *insistant,* pouce de l'oiseau qui *porte à terre* par le bout seulement.

– *We may even admit, **should he insist upon the point,** that none of the European races has a literary genius peculiar to itself.* – Accordons-lui même, **s'il y tient,** que nulle race européenne n'a un génie littéraire qui lui soit propre.

– *He **insisted upon** playing the part of a Don Juan.* – Il **s'obstinait** à jouer le rôle d'un Don Juan.

– Th. Hardy *(The Woodlanders)* parle des terribles **exigences** de la société, *the terrible **insistencies** of society.*

– *The **insistent** facts of sin, suffering and misery.* – Les faits **qui s'imposent à l'attention** (ou: **à la conscience**): le péché (le mal), la souffrance, la misère.

– *The **insistent** colours of some English posters.* – Les couleurs de certaines affiches anglaises, **qui tirent le regard.**

Insolent, insolently, insolence, insolency. – Le sens premier du latin *insolens* est **inhabitué.** Puis viennent les sens: **inaccoutumé, nouveau; immodéré.** *Insolentia* signifie **défaut d'habitude; nouveauté;** enfin **mot nouveau, néologisme.** Tous ces sens ont été angl. En fr., d'Aubigné parle de « l'*insolence* du froid », c'est-à-dire d'un froid **insolite,** et nous disons: bonheur *insolent,* fortune *insolente,* dans le sens d'extraordinaire, inouï, « qui **choque par un excès insolite** » D.G.

– *The constant pursuit of pleasure has something **insolent** and improper.* (Steele, *Spect.,* n° 312.) – La recherche constante du plaisir a quelque chose de **déraisonnable** et d'indécent.

– *Words, which are **insolent**, hard and out of use, are to be avoided* (1612). – Éviter les mots **insolites,** difficiles et hors d'usage.

– *Prœternatural occurrences,... **insolences** in nature.* (J. Spencer, *Prodigies,* 131.) – Des faits surnaturels, d'**occurrence insolite** dans la nature.

Inspect. – **Regarder; venir voir.** *You are cordially invited **to inspect** our cabinet of butterflies,* vous êtes cordialement invité à **venir voir** notre collection de papillons

Inspire (to). – Des nuances.

– *An **inspiring** task,* une tâche **exaltante.**

– *These sailors were men hard to manage but easy **to inspire.*** – Ces marins étaient des hommes durs à mener, mais faciles à **enthousiasmer.**

Instalment. – Il y a deux verbes ***to install.*** L'un est « installer ». L'autre, corruption de *estall,* fr. *estaler, étaler* (qui avait donné † *estalment*) signifie **faire des versements d'argent successifs.** Il est d'ailleurs désuet. Mais ***instalment*** est courant. C'est un **acompte,** un **payement** ou **versement partiel.** *The **instalment system,*** c'est la vente **à tempérament** et, lâchement, **à crédit.**

En effet, bien que le romaniste attribue à *estaler* le sens de « prendre position, être posé sur » (cf. *étal*), l'usager est tenté de lui prêter le sens « d'étaler, de répartir sur un certain espace de temps ». C'est, en tout cas, un moyen mnémotechnique.

Au fig., ***instalment*** est une **portion** d'un ouvrage à paraître en livraisons ou fascicules successifs.

– Lady Barker (*South Africa, Letter* XIII) note la première pluie: *Parched up Nature accepts the shower as a first **instalment** of the deluge which is coming presently.* – La nature desséchée accepte l'averse comme un premier **acompte** du déluge qui va venir.

– D'un homme modeste et courageux qui est réticent sur ses prouesses un camarade dit: *I shook it out of him **by instalments.***

(KIPLING, *Stalky*, 273.) – Je le secouai jusqu'à ce qu'il l'eût avoué par **bribes et morceaux** (ou: **par pièces détachées,** au **compte-gouttes**).

Instance, to instance. – C'est tout d'abord dans le langage de l'école, en fr. et en angl., un **cas**, un **argument** nouveau présenté comme objection (L. 4°). D'où, en angl., le sens gén. de **cas**, d'**exemple**.

Jur. ***in the first instance*, en tout premier lieu, *in the present instance*, dans le cas qui nous occupe, dans l'espèce.**

– ***To instance*, citer comme exemple.**

– *Some of the customs are curious, but only one or two can be* ***instanced.*** – Certaines de ces coutumes sont curieuses, mais une ou deux seulement pourront être **citées**.

REMARQUE. – En fr., *instance* signifie « poursuite en justice », introduire une instance, instance en divorce, etc.

Instant, adj. signifie parfois **prompt, instantané.**

– Parlant d'une vieille paysanne d'Écosse, Alpha nous apprend que: *Her smile is as* ***instant*** *and untroubled as a child's.* (*Windfalls*, 132.) – Son sourire est aussi **prompt à éclore** et aussi pur que celui d'un enfant.

– *Reaction in England to Tyndale's work was* ***instant*** *and unfavourable.* – La réaction que suscita en Angleterre le travail de T. (sa traduction du texte grec de la Bible en angl.) fut **immédiate** et défavorable.

Instauration. – En fr. « établissement », l'instauration d'une mode, d'un usage, acception désuète en angl., le sens cour. étant **restauration, rénovation.** Cf. le titre de l'ouvrage de Bacon: *Instauratiôn magna* (1620).

Instinct (subst.), ***instinct (with)*** (adj.). – Le lat. *instinctus* et l'anc. fr. *instinct* signifiaient « excité, animé par ». Telle est l'ancienne acception du mot angl. (Milton, Swift, Pope); le substantif signifiait parfois encore au XVIIIe s. † **instigation, impulsion, inspiration.** Sens mod. de l'adj. **doué, plein** (d'une chose qui est un principe moteur, animateur), **qui respire** (la bonté, la franchise).

– *By the* ***instinct*** *of the Devil...* A l'**instigation** du démon.

– Parlant du portrait du second président Dundas par Raeburn, Stevenson écrit: ... *And yet all these fat features are* ***instinct*** *with meaning.* – (*Virginibus puerisque*) – ... Cependant, tous ces traits empâtés sont **pétris** de sens.

Institution. – Mot génér. désignant toute **œuvre de caractère social** ou **charitable: institution, œuvre de bienfaisance, asile, hospice,** etc.

– *He sent his mother to an* ***institution.*** – Il a mis sa mère à l'**asile** (des vieillards, s'entend).

Autre chose: dans *Tom Brown's School Days* (IV), le cocher de la diligence s'étonne que le squire, qu'il transporte, ne lui parle pas. *coachee, who was an old friend, and an* ***institution*** *on the Bath road.* C'est, famil., quelque chose qui a la fixité et l'importance d'une institution sociale: une pratique passée dans les mœurs, un objet familier.

Comment rendre cette idée? *Pilier* s'offre, mais se voit rejeter. Dirons-nous, faute de trouver l'équivalent propre, par une substitution qui n'a que l'avantage d'être une expr. idiomatique, que le cocher était connu comme le **loup blanc** sur la route de Bath?

Autre ex.: Le *Times* écrit: *Murder in Ireland has become an* ***institution.*** (18/2/1839, I, 53.) – L'Irlande a élevé le meurtre à la hauteur d'un **principe.**

Institutional. – Puisque nous sommes familiarisés avec l'adj. constitutionnel, il n'y a rien à redire, grammaticalement parlant, au mot *institutionnel* qui a acquis droit de cité dans notre vocab. politique. Cependant, il y a parfois intérêt à rendre ***institutional*** par **politico-administratif.** D'autre part le mot angl. peut signifier **qui se rapporte à une œuvre sociale** ou **charitable, une fondation religieuse, un établissement hospitalier,** etc.: d'où ***institutional*** *treatment*, traitement **hospitalier; *institutional*** *treatment of juvenile offenders*, **traitement** des mineurs délinquants **en internat, dans une maison de correction** ou de **redressement.**

Social ***non-institutional*** *treatment*, traitement social (des délinquants) **en cure libre.**

Instrumental. – Sterne (*Sentimental Journey, The Snuff-Box, Calais*), écrit: *I guard this box as I would the* ***instrumental*** *parts of my religion, to help my mind on to something better.* (Il s'agit de la tabatière qu'offrit au voyageur étranger le vieux moine courtois.) – Je garde cette tabatière comme je ferais les parties **utiles, efficaces** de ma religion, pour aider à l'amélioration de mon esprit. Le traducteur fr. a adopté « parties instrumentales ». C'est le phénomène courant, contre quoi notre ouvrage prétend mettre en garde. L., consulté, ignore ce sens. Il ne connaît que « cause instrumentale »; « ce qui sert de moyen pour la production d'un effet », dit Lalande; « ce terme est auj. peu usité ».

– Une lettre critique l'envoi aux troupes de cartes postales tournant l'ennemi en ridicule: *Perhaps these lines* ***may prove instrumental*** *in decreasing the number of such postcards sent to our troops.* (ALPHA, *Leaves in the Wind*, 194.) – Peut-être ces lignes **contribueront-elles** à diminuer le nombre de cartes postales de ce genre envoyées à nos troupes.

Insult (to). – *Insulter* une place (L. 1°), c'est l'attaquer... sens du lat. *insultare* « sauter sur ». De même parfois en angl., **attaquer, assaillir.** Aussi † **saillir** (une vache).

Voici le mot dans Rabelais (I, 46): « Mieux eût-il fait soi contenir en sa maison que *insulter* en la mienne... et la pillant », et dans Montesquieu (*Esprit*, XIX, 27): « L'empire des mers a toujours donné aux peuples qui l'ont possédé une fierté naturelle, parce que se sentant capables d'*insulter* partout, ils croient que leur pouvoir n'a pas plus de bornes que l'océan. »

Intangible (adj. et subst.). – **Intangible** et, p. ext., **impalpable, immatériel, insaisissable, indiscernable.** ***The intangible factors.*** **les impondérables.** Jur. ***intangible*** *property*, biens **immatériels;** com.: ***intangible*** *assets*, biens **incorporels,** p. ex. les brevets, les procédés de fabrication, la clientèle *(goodwill)*.

Aux E.U., *to sell* ***intangibles*** ne signifie donc pas ce qu'un néophyte pourrait croire, mais vendre des **services.** Nul économiste n'ignore, en effet, qu'un service peut se vendre aussi bien que se rendre.

– *Incorporeal things are those that are* ***intangible,*** *such as an inheritance, an usufruct.* Traduction inutile après nos explications.

– ***Intangible*** *shades of meaning*, des nuances de sens **insaisissables.**

– *A hundred details,* ***intangible,*** *yet significant.* – Mille choses **inanalysables,** et cependant expressives.

– *Success often hangs on* ***intangible*** *circumstances.* – Le succès dépend souvent de circonstances **impondérables.**

Intelligence, intelligencer. – Avoir des intelligences dans une place, c'est y avoir des gens à sa solde qui vous renseignent. Du sens de **renseignement, information,** que l'on retrouve dans le mot ***intelligence-officer,*** l'angl. a passé à celui de **nouvelle(s)** « tout ce que l'on apprend par la rumeur publique, par la presse » (Robert). *Police* ***intelligence,*** **courrier** du Palais.

Intelligencer, † **délateur, agent secret, espion; agent d'information, colporteur de nouvelles.**

– *The mate* ***got intelligence*** *of this and acquainted us with it.* – Le second **eut vent** de cela et nous en fit part (ou: nous en donna connaissance).

– *He looked over the paper, the gazette and the* ***fashionable intelligence.*** (Thackeray, *Pend.*, I.) – Il parcourut le journal, les nouvelles et les **mondanités.**

– *It was not long before the police* ***got intelligence*** *of the crime.* – La police ne tarda pas à **avoir connaissance** du crime.

– Lamb *(Elia, A Chapter on ears)* appelle plaisamment ses oreilles ***side-intelligencers,*** c.-à-d., dans la mesure où l'on peut traduire, des **agents d'information latéraux!**

Intend (to), intended (subst.). – Noter la trad. de la tournure passive.

– *That is what we* ***were intended to do.*** – Telle est la démarche **que l'on attendait de nous** (ou: que **nous étions censés faire**).

– *A certain Lady Davers –* ***intended as*** *a portrait of a lady of quality – has an inexhaustible flow of fishwife's pleasantries and such expressions as « wench », « chastity », « affected creature » fall thick as hail on poor Pamela's head.* – Une milady D. – **qu'on nous donne, qui passe pour** une femme du monde – ne tarit pas en plaisanteries de harengère, et les mots de « pécore », « vestale », « mijaurée » s'abattent drus comme grêle sur la pauvre Paméla.

– *The lovely woman's* ***intended.*** (Dickens, *Our Mutual Friend*, III, xvi.) – Le **prétendu** (ou: le **fiancé,** famil. le **futur**) de la belle.

Intense. – Dans son poème de *Michael*, Wordsworth présente un vieillard énergique:

... His mind was keen,
Intense, *and frugal, apt for all affairs.* (*Michael*, v. 44.)

Voilà trois épithètes d'une interprétation assez difficile. Dans une acception, *keen* est expliqué *intense*, c.-à-d. « acharné ». Mais, ici, Wordsworth n'étant pas du temps où l'on accumulait les syn., *keen* signifie autre chose. C'est donc fin, pénétrant. ***Intense,*** lat. *intensus, intentus*, signifie « tendu dans son effort, acharné dans sa poursuite du vrai ». Il reste *frugal*, que le dictionnaire angl. ne nous aidera point à comprendre. Il ne connaît que les sens de « frugal, économe ». En revanche, le lat. nous suggère *probe*.

L'explication, sinon la traduction, sera donc: Son esprit était fin (pénétrant), **s'acharnait sur l'objet de sa pensée,** et était plein de probité (ne se payant pas de mots), ce qui le rendait propre à traiter toutes sortes d'affaires.

Mais ne sommes-nous pas présomptueux de déclarer le N.E.D. en défaut?

Intension. – En lat. *intensio* est le doublet de *intentio*. Le français n'a que la forme intention. Notre *intention*, terme de scolastique (L. 6°) signifie extrême tension, extrême intensité. De même, l'angl. ***intension.*** Sont angl. les sens lat.: **tension, effort, contention** (d'esprit); **application; intensité;** logique: **compréhension** s'opposant à *extension*.

Intensive. – S'est dit dans les mêmes sens que *intense* **tendu, appliqué, attentif, acharné à.**

– *A* ***labour-intensive*** *undertaking or industry*, une entreprise, une industrie **qui exige beaucoup (une forte proportion) de main-d'œuvre;** *a* ***capital-intensive*** *economy*, une économie **exigeant de gros capitaux** ou: **investissements.**

Intention. – Au pl. et famil. *« purposes in respect of a proposal of marriage »* (C.O.D.). *He courted her* ***with honourable intentions*** se rendra donc: il la courtisait (lui faisait la cour) **pour le bon motif; en tout bien tout honneur;** *his* ***intentions are honourable,*** il a **le mariage en vue.**

Le mot a donc ici le sens de *design*, projet(s), et prend parfois celui d'*ulterior motive*, **arrière-pensée.**

– Au dentiste Tench qui admire la silhouette d'une jolie femme un curé mexicain fait observer qu'elle est bien jeune: *'I don't have* ***intentions'*** *Mr. Tench said wearily. 'A man may look. I've lived alone for fifteen years.'* (Graham Greene, *Power and Glory*, L. I.) – « Oh, je n'ai pas de **projets sur elle,** dit M. T. d'un ton las. Il est permis de regarder. Voilà quinze ans que je vis seul. »

REMARQUE. – Le sens étym. du lat. *tendere* se retrouve dans cette expr. de la langue méd.: *Healing of a wound by the first, second intention,* réunir une plaie par première, seconde intention, (où ***intention*** signifie *action de tendre*) et par quoi il faut comprendre: « en tendre et rapprocher les bords avant ou après suppuration ». (D.G.)

Interdisciplinary. – Traduire ce mot par « interdisciplinaire », c'est ne tenir aucun compte des associations d'idées qu'éveille en nous l'adj. *disciplinaire* qui, contrairement à son homon. anglais, n'a rien à voir avec nos disciplines scientifiques. *An* ***i.*** *enquiry or study* est une enquête ou une étude **conduite par des savants** ou **spécialistes de différentes disciplines.** D'où *an i. approach,* une méthode **de coordination scientifique,** ***i.*** *research,* la recherche **concertée entre spécialistes** quels qu'ils soient.

– *An* ***interdisciplinary*** *faculty was chosen among proctitioners and University professors.* – Il a été fait choix d'un corps enseignant composé de praticiens et de professeurs d'Université **spécialisés** (en diverses disciplines, s'entend).

REMARQUE. – Pour éviter un anglo-américanisme fâcheux, qui s'est déjà implanté dans les milieux universitaires, ne pourrait-on dire simplement, si l'on tenait à préciser: enquête, mission, commission *interscientifique,* voire ressusciter l'adj. *polytechnique* dans son sens quelque peu vieilli de « qui embrasse plusieurs sciences »?, Voir SUPPLÉMENT.

Interest. – Noter les sens idiom.: **influence, crédit, faveur.** ***To make interest (with),*** **user de son crédit, de son influence, de son pouvoir** (auprès), et absol.: **briguer la faveur, faire remuer des machines,** comme on disait au XVIIe s., **faire agir ses protections, se faire « pistonner »,** comme on dit auj.

Expr. consacrées, *the* ***agricultural interests,*** le **parti agrarien,** les **gros agriculteurs,** *the* ***moneyed interests,*** la **grosse,** (ou: **haute**) **finance,** *the* ***landed interests,*** les **propriétaires terriens,** *the* ***shipping interests,*** les **armateurs,** l'**armement,** ***vested intersts,*** **droits acquis** (l'expr. a d'ailleurs un large champ sémantique et peut s'entendre aussi bien des **droits consacrés par la coutume** que de ceux qui en jouissent, des « nantis », des « deux cents familles » etc.

Famil. *To repay a service* ***with interest,*** rendre un bienfait **avec usure.** E.U. ***interest group,*** syn. de *pressure group,* **groupe d'intérêts** ou **de pression.**

– Le cardinal Camillo s'est entremis auprès du pape pour étouffer un meurtre commis par le comte Cenci; il dit à celui-ci:

It needed all my ***interest*** *in the conclave*
To bend him to this point...

(SHELLEY, *Cenci,* I, i, 4.)

Il a fallu tout le **crédit** dont je dispose au conclave pour le faire céder sur ce point.

– *I undertake to support your son with all the* ***interest*** *I possess.* – Je m'engage à appuyer votre fils de toute ma **faveur.**

– Le mot peut aller parfois jusqu'à signifier, **marque, témoignage d'intérêt :** *What, then, was the reason of all this* ***interest?*** Pourquoi dès lors toutes ces **marques d'intérêt?**

– *He returned the defiance* ***with interest.*** – Il releva le défi **d'un ton plus arrogant encore.**

– ***Vested interests*** *may perhaps be defined as rights based not upon contract but upon custom,* (*in* N.E.D.) – Traduction inutile.

– *The Major, who spoke as grandly as a lord, professed himself exceedingly grateful, and besought Mr. Smirke (the tutor) to* ***command his interest*** *in any way.* (THACKERAY, *Pend.,* XVI.) – Le commandant, en grand seigneur, exprima pour ses services une profonde reconnaissance et pria M. S. (le précepteur) **d'user de lui** comme il l'entendrait.

Interesting. – Nous disons par euphém. d'une femme enceinte qu'elle est dans une situation, un état *intéressant,* mais si nous lisons en manchette d'un journal: ***Interesting*** *event at W.: Another daughter,* nous comprenons qu'il s'agit d'un **heureux** événement, du fait de la naissance d'une autre fille.

Interfere (to), interference. – Interférer et interférence sont en fr. des termes scientifiques dont les emplois fig. sont rares et frisent l'anglicisme. En angl., ***to interfere with*** *some one, in s.o.'s affairs,* c'est **contrecarrer** qqn., **se mêler des, (s'ingérer dans les) affaires** de qqn.; s'emploie aussi absol., ***don't interfere,*** **ne vous mêlez de rien, mêlez-vous de vos affaires, de ce qui vous regarde; n'y touchez pas;** ***don't interfere with*** *my books,* **ne touchez pas à** mes livres, ***don't interfere with my dog,*** **laissez mon chien tranquille;** autres sens, **gêner, entraver** (la circulation, la navigation, les projets de qqn.) **empiéter sur, porter atteinte à,** etc. Radio, **brouiller.**

That horse ***interferes,*** ce cheval **s'entretaille, s'entrecoupe,** ou mieux **se coupe,** † a le défaut de **s'entreférir,** anc. verbe fr., qui est à l'origine du mot angl. Nos hommes de science ont francisé ce mot sous la forme « interférer », aussi barbare que ce « transcender », rencontré au hasard des lectures et qui devrait être transcendre.

Interference a les sens corresp.

D'autre part, aux E.U. *an* ***interference*** *between two patentees,* c'est un **litige** entre deux détenteurs ou titulaires de brevets dont chacun revendique la priorité d'une invention.

– *Please do not* ***interfere with*** *my private papers.* – Je vous prie de ne pas **mettre le nez dans** mes papiers personnels.

– *I was not able to see anything of the neighbourhood round Naples; my tiresome health* ***interfered*** *with everything.* – Des environs de Naples, je ne pus rien voir; l'insupportable raison de santé **mettait obstacle à** tout.

– *The medical expert certified that the woman had not been* ***interfered with*** (euphém.). – Le médecin légiste attesta que la femme n'avait pas été **violée.**

– *The fight was rendered difficult because the battleships* ***interfered with each other's fire.*** – Le combat était rendu difficile parce que les navires **se masquaient les uns les autres.**

– *Ah, ah, rascals, have you the impudence* ***to interfere with us?*** – Ah! ah! coquins, vous avez l'audace d'**aller sur nos brisées.** (MOLIERE, *Préc. rid.*, XVI).

– *The United States'* ***interference*** *in the Suez Affair.* – **L'intervention** des États-Unis dans l'affaire de Suez.

– *The clergymen henceforth were secure from episcopal* ***interference.*** – Les ecclésiastiques étaient désormais à l'abri de l'**ingérence** épiscopale.

– D'un imbécile **qui se mêle de ce qui ne le regarde pas,** les Anglais disent: *he is an* ***interfering*** *ass.*

Interim (adj.). – **Provisoire, sujet à révision**; jur., ***interim order*, avant faire** ou: **dire droit;** ***interim*** *dividend,* **acompte** de ou: sur dividende.

– *The author admits that on many events he can only offer an* ***interim*** *report.* – L'auteur [un historien] admet que, de bien des événements, il ne peut proposer qu'une explication **provisoire.**

– *The Court has power to make* ***interim orders*** *for payment of alimony to the wife.* – Le tribunal a qualité pour (est habilité à) attribuer par **jugement avant dire droit** une pension alimentaire à l'épouse (séparée de son mari).

Interior (subst.). – Polly s'est conduit en héros au cours de l'incendie qu'il avait lui-même provoqué: *Hinks [one of his neighbours] declared ... that Mr. Polly had a crowded and richly decorated* ***interior.*** Voilà une phrase qui, même replacée dans son contexte, est énigmatique à souhait. Pourtant certaines expr. fig. d'emploi courant en fr. nous aideront à comprendre le cheminement de la pensée de Wells. Ne disons-nous pas en effet: une mémoire, un esprit bien *meublés?* Nous traduirons donc: H. déclara que l'**âme** de P. s'ornait de riches et nombreuses qualités.

Interloper. – N'a jamais le sens que nous avons donné à notre adj. interlope dans: commerce, gens *interlopes,* c.-à-d. *équivoques.* Il a signifié le navire marchand que nous appelons un interlope. Auj., il désigne le **marron** (courtier, trafiquant), l'**intrus** qui se faufile dans une situation, une affaire qu'un autre considère comme sienne.

– *He was considered as an* ***interloper.*** – Il fut considéré comme un **intrus.**

Intermit (to), intermission. – Seul nous intéresse ici le verbe qui a survécu et qui signifie non pas (s')entremettre, mais comme le lat. *intermittere,* dont il est issu: **interrompre, suspendre, discontinuer** (ses études, son travail, etc.); au neutre, (de la fièvre) **être intermittente,** sens calqué sur le lat. *febris intermittit.*

Intermission signifiera donc: **interruption, suspension, cessation, relâche, repos;** ***without intermission,*** **sans relâche, sans désemparer;** méd. ***days of intermission,*** *(of fever),* **jours intercalaires,** (L. 3e.), jours d'apyrexie entre les accès de fièvre intermittente, (on dit aussi: jours d'intermission). Enfin, E.U. **entracte.** E.U. **récréation** (scolaire).

Interval. – Distance qui sépare *en qualité* les pers. ou les choses. Même quand il s'agit d'une distance quantitative, la trad. lit. n'est pas toujours recommandable.

– *They only met at* ***long intervals.*** – Ils ne se rencontraient que **de loin en loin.**

– *Retail prices only follow the course of wholesale prices after a certain* ***interval.*** – Les prix de détail ne suivent les prix de gros qu'avec un certain **retard** (ou: **décalage**).

– *A large* ***interval*** *of oblivion.* – Un large **fossé** d'oubli.

– *Between turtle soup and a piece of brown bread, what a mighty* ***interval!*** Entre un potage à la tortue et un morceau de pain bis, quel **abîme!**

REMARQUE. – *Interval* est défini *a space of time* ***intervening*** *between two points of time, an* ***intervening*** *space between two parts of the same thing.* (V. ci-après).

En fr. *intervalle* s'est employé en bonne langue au sens d'*inégalité de condition sociale.* « L'*intervalle* qui sépare le domestique du maître. »

Intervene (to). – Comme le latin *intervenire,* ***to intervene*** peut signifier **survenir, arriver;** s'appliquant au temps et à l'espace, il peut s'employer au sens de **séparer, s'écouler,** d'où ***intervening*** *days,* jours **intermédiaires.**

– *The Mediterranean* ***intervenes*** *between Europe and Africa.* – La Méditerranée **sépare** l'Europe de l'Afrique.

– *A few months* ***intervened*** *before he was reinstated.* – Quelques mois **s'écoulèrent** avant qu'il ne fût réintégré.

Intimate (to), intimation. – Intimer, c'est *faire savoir, signifier avec autorité,* ou encore *appeler en justice.* Ces sens sont angl., mais ***to intimate*** veut dire aussi **donner à entendre, faire, laisser entendre, faire comprendre, insinuer, suggérer.** ***Intimation*** signifiera donc couram. **suggestion, avis à mots couverts, insinuation.**

– ***Intimations*** *of immortality,* titre d'un poème de Wordsworth, est difficile à rendre. Nous dirions sans doute: **indices, signes, pressentiments, présages** d'immortalité.

– Sir Willoughby a enfin compris qu'il doit renoncer à la main de Clara: ***Intimating*** *to Mrs. Mountstuart that he should be happier without her (Clara).* (MEREDITH, *Egoist,* XLVI.) – **Insinuant**

(laissant entendre) à Mme M. qu'il serait plus heureux sans la jeune fille.

– *What might such a terrible dream* ***intimate?*** – Que pouvait **présager** un rêve aussi terrible?

Intone (to). – La Prieure du Prologue des Contes de Cantorbery (v. 123) savait fort bien chanter le service divin *entuned in her nose*, qu'elle **psalmodiait en nasillant,** selon la pratique de certains de nos ordres religieux féminins, suivie encore aujourd'hui.

To intone = donc **psalmodier.**

– Froude (*Oceana*, VII) voit à Melbourne une église dont il dit: *It was a church of the most modern English type, ornamental, ritualistic, chorister boys in surplices... and* **intoned** *liturgy.* – C'était une église du type angl. le plus moderne, décorative, ritualiste, enfants de chœur en surplis, liturgie **psalmodiée.**

Intoxicate (to), intoxication. – Du sens de † **empoisonner,** ***to intoxicate*** a vite passé à celui de **enivrer, griser** au pr; puis, au fig., de † **empoisonner moralement, enivrer** (d'orgueil, d'amour, de joie, etc.). ***Intoxication*** sera donc au pr.: **ivresse;** au fig. **enivrement, griserie.**

An ***intoxicating*** *scent,* un parfum **capiteux.**

– *He* [Henchard] *did treat my mother badly once, it seems, in a moment of* ***intoxication.*** (HARDY, *Mayor*, XXX.) – Il en a mal usé, paraît-il, envers ma mère, **après boire, dans un moment d'ivresse.**

– *The secret* ***intoxication*** *of pleasure.* – La **griserie** secrète du plaisir.

REMARQUE. – L'ivresse peut se définir: « intoxication produite par l'alcool ».

Introduce (to). – ***To introduce*** *a person to another,* **présenter une personne à une autre;** ***to introduce oneself*** *(by name),* **se faire connaître,** famil., **décliner ses titres et qualités,** ***to introduce*** *a young lady, one's daughter,* **mener une jeune personne, sa fille, lui faire faire son entrée dans le monde** (cf. L. 3°).

D'autre part, de même qu'en fr. on dit introduire un oiseau au vol, commencer à faire voler un faucon, et qu'on a dit introduire « instruire » un étudiant en grec, ***to introduce*** *one to an author,* c'est **lui faire connaître** un auteur, **l'initier** à cet auteur; aussi, ***to introduce*** *a trainee to a new method,* **initier** un stagiaire à une nouvelle méthode.

Enfin ***to introduce*** *a bill,* **déposer** un projet de loi.

– *In the first chapter the author* ***introduces*** *the reader to the hero of the novel.* – Dans le premier chapitre, l'auteur **fait faire connaissance** au lecteur avec le héros du roman.

– Un amoureux timide qui songe à faire sa cour à son amie d'enfance, ne trouve rien de mieux à lui dire que ceci: « *You don't remember me. We were* ***introduced*** *in our perambulators.* » (A. HUXLEY, *Point c. P.*, iV.) – Vous ne vous souvenez pas de moi? On **nous a présentés (nous avons fait connaissance)** dans nos voitures d'enfant.

Invade (to), invasion. – **Entreprendre, empiéter sur;** † **entrer dans, fondre sur** comme en lat.: *in centuriones invadunt,* (TACITE), ils fondent sur les centurions; aussi, **empiéter sur** (les droits de qqn.). Le subst. signifiera donc **intrusion, empiétement, entreprise.**

– *What! will you* ***invade*** *on my honour?* – Eh quoi, **entreprendriez-vous** sur mon honneur?

– *Be freed, and armed anew the fight* ***invade.*** (DRYDEN) – Soyez délivrés et, reprenant les armes, **entrez dans la lutte.**

– *I resented that* ***invasion*** *of my rights.* – Je ressentis (je m'offensai de) cet **empiètement** sur mes droits.

Rapprocher: Tout droit doit venir de l'autorité publique, sans qu'il soit permis de rien *envahir,* ni de rien attenter par la force. (BOSSUET, *Pol.* I, art. 3).

Invalid. – Notre mot ne s'applique plus guère qu'à un militaire que l'âge, les blessures rendent incapable de servir: les invalides de la Marine; l'Hôtel des Invalides, et ellipt. les Invalides, « hospice fondé par Louis XIV pour abriter les invalides ». En angl. le mot a tous les sens lat. Dans *The beams of the moon are too* ***invalid*** *to ripen a tender grape,* il signifie **faible,** mais on retiendra surtout le sens jur. *The marriage was declared* ***invalid,*** le mariage fut déclaré **non valide, nul.** *The decision of the court was* ***invalid,*** **nulle et non avenue,** *an* ***invalid*** *letter of credit,* une lettre de crédit **épuisée, périmée.**

An ***invalid*** est un **malade,** un **valétudinaire,** un **infirme.**

Le v. ***to invalid*** (qu'il ne faut pas confondre avec *to invalidate*) signifie **rendre malade** ou **infirme;** mil. ***to invalid*** *a man out of the army,* **mettre** un homme **à la réforme,** le **réformer.** ***Men invalided home through the war,*** **réformés de guerre.** Intr. ou absol. ***to invalid,*** **se faire porter malade.**

– *It's very hard for an active man to be an* ***invalid.*** – Il est bien dur pour un homme actif d'avoir une **mauvaise santé.**

– *His father was a total* ***invalid.*** – Son père était tout à fait **impotent.**

– *His son had been* ***invalided home (out of the army).*** – Son fils avait été renvoyé dans ses foyers **pour cause de maladie, de blessure, pour inaptitude à faire campagne.**

– *These assertions are historically* ***invalid.*** – Ces affirmations sont historiquement **sans valeur.**

Invert (to). – Invertir, c'est mettre sens devant derrière; le lat. *invertere* = mettre sens dessus dessous, retourner, renverser; à ces sens, ***to invert*** ajoute notamment: † **rétorquer** (un argument), le retourner contre son adversaire (encore chez Burke); chimie, **invertir** (le sucre), dédoubler le saccharose en glucose et en lévulose; méd. ***to i. the stomach,*** **vider l'estomac au moyen d'un émétique**

en le soulevant. *To place the patient in an* ***inverted*** *position,* placer le malade en position **déclive.** Mus. ***to i.*** *a chord,* **renverser** un accord. ***Inverted commas*****, guillemets;** couture, ***i.*** *pleat,* pli **creux, double** pli.

Invest (to), investment. – ***To invest,*** c'est proprement **vêtir, orner;** puis **revêtir, couvrir, envelopper :** *The skin of man* ***invests*** *his body,* la peau de l'homme **enveloppe** son corps. Enfin, sens assez éloigné des précédents, adapté d'ailleurs de l'ital. **placer de l'argent,** lorsqu'il s'agit d'épargnants, l'**investir** lorsqu'il s'agit d'entrepreneurs, d'industriels qui modernisent leur équipement en vue d'améliorer la rentabilité de leur entreprise. ***Investment*****, placement, investissement** (ce dernier terme, consacré par les économistes).

– Fusion du pr. et du fig.: *Every woman* ***invests*** *a dress* ***with*** *her particular-personality.* – Chaque femme **apporte** à sa robe sa personnalité.

– *He has* ***invested*** *his money in the stocks.* – Il a **placé** son argent en rente.

– *I* ***invested*** *in a penny loaf* (famil.). – **J'achetai** un pain de deux sous.

Inveterate, inveteracy. – Lorsqu'on lit ou entend une phrase de ce genre: *I feel* ***inveterate*** *against him,* on devine peut-être le sens, mais on sent bien que notre *invétéré* ne peut servir à rendre l'idée. Le mot signifie **plein de prévention, de haine obstinée; aigri, malveillant; virulent :** « Je me sens pour lui une **haine inextinguible.** »

Inveteracy a les sens corresp.

– *He began to hate her with no small* ***inveteracy.*** (Fielding, *Tom Jones,* II, iii.) – Il se mit à la haïr d'une **haine** non petite.

Remarque. – Cet ex. est bon, car il montre que ***inveterate*** a perdu son sens pr.; en effet, une haine qui commence ne peut être qualifiée d'invétérée.

Invite (to). – Appeler, prêter à (la critique, etc.); **(s')attirer** (la bienveillance, la sympathie,etc.)

Inviting**, accueillant, attrayant, engageant.**

– *Having lost my way I decided to knock at a fairly large farmhouse which looked clean and* ***inviting.*** – M'étant perdu, je me décidai à frapper à la porte d'un mas assez grand, d'aspect propre et **accueillant.**

– *The methods employed at Cambridge in teaching natural sciences* ***invited*** *criticism.* – Les méthodes suivies à C. pour l'enseignement des sciences **appelaient** des réserves.

Involution. – A des acceptions qui s'écartent plus ou moins des sens fr. Ce sont **enchevêtrement, complication;** log. **inclusion, induction implicite, implication; la chose impliquée, comprise dans;** biol. **dégénérescence, d'où** ***i.*** *form.* **forme régressive;** math. **élévation à une puissance** donnée, etc.

Irrealizable – Outre irréalisable (biens, projets) qui se dit plutôt *unrealizable,* signifie **inconcevable, inimaginable.**

– Selon Charlotte Brontë (N.E.D.), la précision des révolutions célestes est un phénomène **où l'imagination se perd,** ***irrealizable.***

Irreclaimable. – (V. *to reclaim),* (sujet, individu) **incorrigible, irrécupérable;** (ivrogne, criminel) **invétéré;** (terrain) **incultivable.** *An* ***irreclaimable*** *reprobate,* un **incorrigible** vaurien.

Irregular. – Déréglé, désordonné, dissolu. Dans l'armée, désigne certains corps de composition spéciale faisant partie des forces **supplétives,** p. ex. les goumiers, les harkis.

Irresponsible. – En fr. irresponsable ne peut s'appliquer qu'aux pers. C'est angliciser que d'écrire des phrases de ce genre: « La déclaration soviétique est téméraire et *irresponsable* »; (*Presse française*); « L'adoption par l'O.N.U. d'une politique d'usage de la force au Congo serait hautement *irresponsable* », aurait dit le délégué britannique *(Presse suisse).* Dans le premier cas, il aurait fallu dire que la déclaration était **irréfléchie, non motivée;** dans le second, que le fait d'adopter ladite politique serait **fort peu judicieux** (ou: serait **déraisonnable**).

A ce sens ajouter ceux de: (pers.) **étourdi, insouciant, impulsif; incapable** de « répondre à », de remplir une obligation légale; **insolvable** d'où ***irresponsible bid*****, folle enchère.**

– *The riots which occasionally broke out were however purely impulsive and* ***irresponsible*** *outbreaks without any permanent result.* – Les émeutes qui éclataient de temps en temps étaient des manifestations **irréfléchies,** purement impulsives, qui restaient sans lendemain.

– Le maître d'équipage informe le second (Jukes) que tous les Chinois de l'entrepont ont été emportés par la tempête: *Jukes remained indifferent, as if* ***rendered irresponsible*** *by the force of the hurricane.* (J. Conrad, *Typhoon,* IV.) – J. demeurait indifférent, **insensibilisé,** l'on eût dit, par la violence du cyclone. (Trad. André Gide).

– *The housekeeper could not be trusted:* ***She was irresponsible.*** – On ne pouvait se fier à la femme de charge: **elle n'avait pas de plomb dans la tête.**

– « Je ne sais pas quand je guérirai de ma maladresse, mais je suis d'une cruelle **étourderie** », c'est en ces termes que se présente le comte dans *Il faut qu'une porte soit ouverte ou fermée,* d'Alfred de Musset et le traducteur de dire: *I am the most* ***irresponsible*** *person living. Heaven knows if I shall ever be able to cure myself.* (Ex. qui confirme le précédent.)

– *He [Polly] went along country roads... and felt as happy and* ***irresponsible*** *as a boy with an unexpected half-holiday.* (Wells, *Polly,* IX, 2.) – Il s'en allait par les chemins champêtres... et se sentait aussi heureux et **insouciant** qu'un écolier qui jouirait de l'aubaine d'un demi-congé inattendu (ou; inespéré).

Irresponsive. – Apathique, indifférent, *an* ***irresponsive*** *boy.* (V. *responsive*).

Issue. – Voici un mot des plus compliqués. On en jugera par la multiplicité des sens énumérés ci-après, non fr. s'entend. Rappelons que le fr. *issue* est le part. passé fém. du verbe *issir,* « sortir », comme entrée, sortie, relativement à entrer, sortir.

† **Sortie** (d'assiégés); **décharge** (de sang, de pus), **incision faite pour la provoquer;** ***running issue,*** **exutoire;** † **égout, sentine; progéniture, descendance,**en style relevé: **fruit, gage** (d'une union, d'un mariage); † **race; produit, profits** (auj. jur. seulement); **résultat; conclusion** (sens fr.). Ici, il convient de s'arrêter pour souligner le développement extrêmement important auquel a donné lieu l'expr. juridique ***the point at issue;*** c'est **le point que doit viser l'issue, la conclusion des débats, le point** ***sub judice,*** **en litige, la question pendante, la question,** d'où ***issue of fact,*** **le point de fait,** ***issue of law,*** **point de droit** et l'expression ***to join issue with s.o.,*** **discuter, contester, attaquer la thèse, l'opinion, l'avis** de qqn. (cf. *to join battle,* en venir aux mains, croiser le fer (avec qqn.); de même ***to take issue with s.o.,*** **engager une controverse avec, rejeter les conclusions de** qqn. ***to obscure, to confuse, to confound the issue,*** **embrouiller la question, brouiller les cartes,** famil. **noyer le poisson.**

Les ex. montreront à quel point ce sens jur. s'est généralisé. Suite des sens: **émission,** ***note issue,*** **émission fiduciaire; publication; livraison, numéro :** *in our last* ***issue*** *we said...,* nous disions dans notre dernier **numéro** (de revue, de journal).

– *He died without* ***issue.*** – Il mourut sans **postérité,** sans **enfants.**

– Froude, critiquant la politique anglaise au Cap, écrit (*Oceana,* IV): *The Dutch can abide their time and wait the* ***issue*** *of our blunders.* – Les Hollandais peuvent patienter et attendre le **résultat** de nos bévues.

– *The Ministry will endeavour to carry out the will of the nation on the grave* ***issues*** *that have been raised. (Times.)* – Le ministère s'efforcera d'accomplir la volonté de la nation dans les graves **questions** qui ont été soulevées.

– Alpha (*Leaves in the Wind,* 233), pendant les angoisses de la grande guerre, écrit: *What mighty* ***issues*** *are in the balance... and this fellow hums and whistles...* – Quelles graves **questions** sont dans la balance... et ce drôle fredonne et siffle.

– Le même auteur (*Ibid.,* 13) constate plaisamment qu'il est injuste, aux assises où le jury est composé uniquement d'hommes, de laisser *an* ***issue*** *between a man and a woman in the hands of men.* – de laisser juger uniquement par des hommes un **litige** pendant entre un homme et une femme.

– *The* ***issue*** *is joined.* – **L'affaire,** la **cause** est en état (d'être jugée, s'entend). D'où la loc. *joinder of issue,* même sens.

– *Some people have got the knack of* ***confounding issues.*** – Il est des gens qui ont l'art de **brouiller les cartes.**

ISS

J

Jacket (to), jacket. – Nombreux sens ignorés du fr.: **veston; casaquin; casaque** (de jockey), **caraco** (de femme), milit. **tunique; canezou, corsage;** E.U. **gilet;** ***bed-jacket*, liseuse;** ***dinner-jacket*, smoking;** ***strait-jacket*, camisole de force;** ***swimming-jacket*, ceinture de natation;** ***to dust, thrash, swinge, trim***, etc. ***a person's jacket*, battre, rosser, épousseter, sangler,** qqn., **l'arranger de belle manière, lui tomber sur le casaquin, lui échauffer le poil.** Autres sens: E.U., **dossier, chemise** (Angl. *file*); **robe** (d'un animal); **toison** (d'un mouton); **poils** (d'un chien); **fourrure** (d'un chat); **peau** (d'un phoque, d'un poisson), et même **jeune phoque;** par ext., **pelure** de la pomme de terre lorsqu'elle est cuite en robe de chambre. En compos. et techn. ***steam-jacket*, chemise** ou **enveloppe** de vapeur. ***water jacket*, radiateur à eau** des mitrailleuses Maxim et Vickers, **chemise à circulation d'eau, manchon réfrigérant, système réfrigérant à circulation d'eau** dans certains hauts fourneaux. ***To jacket*** dialect. ou famil.: **battre, rosser, administrer une raclée.**

– *It was a **jacket** and not a skirted coat.* (Dickens, *Old. Cur. Shop*, LVIII.) – C'était un **veston** et non une jaquette.

– *In the summer of 1929 Mr. Cook, the miners' leader was requested to leave a restaurant in Holborn because he wore no **jacket**.* (Renier, *The English are they human?*). – Dans l'été de 1929, M. C., chef (de la Fédération) des ouvriers mineurs, fut invité à quitter un restaurant de H., parce qu'il ne portait pas de **smoking.**

– *Potatoes... boiled unpeeled, – or, as we say, **« in their jackets »**.* (*Farmer's Mag.*, Nov., 378.) – Des pommes de terre... bouillies sans être pelées, ou, comme nous disons, **en robe de chambre.**

– *In Government offices, **to jacket** a document is, after scheduling, to enclose it with other papers referring to the same subject.* (Farmer,

Americanisms.) – Dans les ministères, **classer** un document consiste, après en avoir pris note (l'avoir consigné), à le ranger avec d'autres papiers relatifs à la même question.

– *A Bible* ***jacketed*** *in American cloth.* – Une Bible **sous couverture** de moleskine.

Jacob. – ***Jacob's ladder*** outre (Bible) l'**échelle de Jacob,** est (botan.) le nom vulgaire de la **polémonie bleue,** *Polemonium cœruleum* et de la **valériane grecque.** Naut. **échelle de revers; échelle de pilote.** Arg., XVIII^{e}s. un **monte-en-l'air;** XIXe s. une **échelle;** (un) **niais,** un **sot,** (un) **naïf...** que l'on fait aisément monter à l'échelle. ***Jacob's staff,*** **piquet d'arpenteur.**

Jacobean. – Archit., ameublement, style de l'époque de Jacques Ier. P. ext. englobe toute la période des Stuarts (1603-88). Com. (meubles) **de chêne patiné.** Aussi, **de saint Jacques le Mineur** ou **de ses Épîtres.** A Jacobean, un **écrivain,** un **homme d'État du XVIIe s.**

Jalouse (to). – Employé en Écosse, notamment par Walter Scott: **soupçonner.**

Japan, japanned. – ***Japan,*** nom commun, signifie **laque** (de Chine), **vernis** (du Japon), ***black japan,*** **vernis à l'asphalte.** ***Japanned*** **laqué, vernis(sé).** Japonais se dit *Japanese.* Au fig. (des paroles, des manières), **vernis, brillant, faux éclat.**

– *She opened the* ***japanned*** *box and took out her jewels.* – Elle ouvrit la boîte **laquée** et en sortit ses bijoux.

Jaunty, on l'a vu sous *gentle,* représente le fr. *gentil* et signifie **insouciant, cavalier, dégagé, désinvolte; effronté, suffisant; enjoué, vif, sémillant;** (air) **satisfait, conquérant.**

– *Turn you about upon your heel with a* ***jaunty*** (éd. 1786 ***janté***) *air.* (FARQUHAR, *Inconstant,* I, ii.) – Pirouettez sur le talon d'un air **dégagé.**

– *A* ***jaunty*** *walk,* une démarche **vive, preste.**

– *The Major came up to them after the service with... his* ***jauntiest*** *and most cheerful air.* (THACKERAY, *Pend.,* LVII.) – Le Commandant vint les retrouver après l'office, l'air le plus joyeux et le plus **conquérant** que jamais.

REMARQUE. – C'est sans doute en raison du sens quelque peu péjor. que le mot prend parfois que les marins appellent *a* ***jaunty*** *le Master-at-Arms,* c.-à-d. le **capitaine d'armes,** sous-officier chargé de la police à bord du navire.

Jealous, jealousy. – Outre les sens fr., **soupçonneux,** † **méfiant,** avec les sens corresp. pour le subst.

– *That you do love me,* ***I am nothing jealous.*** (SHAKS., *Jul. Caesar,* I, ii, 162.) – De votre affection **je ne fais aucun doute.**

– *I began my fence or wall: which* ***being still jealous*** *of my being attacked by somebody, I resolved to make very thick and strong.* (DEFOE, *Rob. Crus.*) – Je commençai mon retranchement ou ma muraille, et comme **j'avais toujours quelque crainte** d'être attaqué, je résolus de le faire très épais et très solide.

– Robinson craint que Vendredi ne le quitte pour regagner son pays natal: *While my* ***jealousy*** *of him lasted, you may be sure I was every day pumping him. (Ibid.)* Tant que durèrent mes **soupçons,** je vous garantis qu'il ne se passait pas de jour que je ne le sondasse.

– *A* ***jealousy*** *and an instinctive fear.* (COWPER, *Task,* VI, 374). Une **suspicion,** une crainte instinctive.

Jehu. – Par allusion à ce passage de la Bible (*2 Rois,* IX, 20): *And the driving is like the driving of Jehu... for he driveth furiously.* Et la démarche est comme la démarche de Jéhu, car il marche avec furie (OSTERWALD) (1), ce mot désigne plaisamment un **cocher qui conduit à fond de train,** puis simplement un **cocher.** C'est l'équivalent, du moins dans son second sens, de notre **automédon,** qui, lui, descend de l'Iliade, où il conduisait le char d'Achille.

– *Our* ***Jehu*** *was a hackney coachman, when my lord took him.* (CONGREVE, *Double Dealer,* III, iii.) – Notre **automédon** était cocher de fiacre quand Milord le prit à son service.

Jelly. – Est le lat. *gelata* (fém. de *gelatus,* du v. *gelare*) et le fr. *gelée.* Noter les expr. pittoresques: ***to beat, pound one into a jelly,*** **mettre** qqn. **en capilotade, le réduire en compote, le battre comme plâtre;** ***jellied*** *with fear,* **figé** par la peur.

– Des inconvénients de se charger de trop de bagages pendant la lune de miel: – *At the end of the journey, the lady found a precious silver mirror shivered to atoms, her dresses crushed and her hats* ***reduced into jellies.*** (Sir W. NICOLL). – A la fin du voyage, la dame s'aperçut qu'un précieux miroir d'argent était pulvérisé, que ses robes étaient toutes froissées et que ses chapeaux étaient **réduits en marmelade.**

Jest. – Est le fr. *geste* (lat. *gesta,* « (hauts) faits, exploits »); d'où † **haut fait, exploit** (sens qui est resté fr. dans la locution pléonastique « faits et gestes »); † **récit d'exploits,** (une) **geste** ou **chanson de geste;** † **sot conte, conte de ma mère l'oie, bourde;** d'où le sens cour.: **discours railleur, raillerie, plaisanterie, boutade,** etc.

In jest, **en manière de plaisanterie, pour rire** (s'oppose à *in earnest*). On connaît la sanglante ironie de la réponse qu'Hamlet fait au roi qui s'inquiète de la tournure prise par la pièce jouée devant lui: *« No, no, they do but* ***jest,*** *poison* ***in jest,*** *no offence in the world. »* – Mais non, mais non, l'on n'y fait que **rire,** on s'y empoisonne **pour rire;** rien au monde qui puisse offenser.

– *He had said this* ***in jest.*** – Il avait dit cela **par boutade.**

– ***I make a jest of*** *physic,* dit Pourceaugnac (I, xi) sous la plume du traducteur: **Je me moque** de la médecine.

(1) Ledrain, plus fidèle à l'angl. dit: « La course du char, c'est bien la course ordinaire d'Iéhou, car elle est ardente et folle. »

– *Epaminondas... never permitted himself to utter a falsehood even* ***in jest.*** – Epaminondas... ne se permit jamais de dire un mensonge, même **en plaisantant.**

– *Haste thee, Nymph, and bring with thee*
Jest *and youthful jollity.*
(MILTON: *L'Allegro*, 25-26.)
Hâte-toi, Nymphe, et amène avec toi
La **jovialité** et la jeune gaîté.

Jet. – Quatre mots: 1° Jais; 2° + Tour, artifice (cf. *cast*, N.E.D., section 24); **air, genre, style:** *of the best* ***jet***, du meilleur **air,** c'est le lat. *modus, consuetudo;* 3° jet (sens français), d'où ***gas jet*, bec de gaz; ajutage;** auto, aviation ***(carburetter) jet*, gicleur; brûleur** (de foyer à mazout); métal., **trou de coulée, coulée;** En compos., ***jet-pipe*, tuyère,** et surtout E.U. ***jet-propelled airplane:*** angl. *aircraft* (abr. ***jet***) **avion à réaction;** 4° **le fort, l'essentiel** d'une question, d'un point de droit, **le nœud** d'une affaire, **le fait** (venons-en au fait) (cf. N.E.D. *gist*, subst. 3), **l'essence,** etc. Un ex. du dernier sens:

– *Sir Peter: But Rowley, I don't see the* ***jest*** (ou ***jet***) *of your scheme.* (SHERIDAN, *School for Scandal*, III, i.) – Mais... Rowley, je ne saisis pas à **quoi tend** (le **nœud** de) votre stratagème.

Jockey, to jockey. – La plupart d'entre nous ne connaissent du substantif angl. que le sens, d'ailleurs le plus courant, introduit en France au XVIIIe siècle, de « celui qui monte les chevaux dans les courses ». Mais ***jockey*** en a d'autres très curieux. Selon le N.E.D., c'est un dimin. de *Jock* (var. écoss. de *Jack*) ou *John*, prénom très commun en G.-B. et, donc, une épithète de mépris désignant un **homme du commun,** un **croquant,** surtout en Écosse. Suite des sens: **gars; musicien ambulant, mendiant; vagabond;** + **maquignon,** et, comme maquignon se prend souvent en mauvaise part: **homme malhonnête** en affaires, **voleur, escroc;** enfin, **postillon, courrier; cocher.**

To jockey, (avec ou sans prépos.): **tromper, duper, mettre dedans, « refaire »** qqn.; **monter un cheval** (dans une course); et au fig., avec *into* **faire entrer, caser** (dans). – Inversement, ***to jockey s.o. out of a job***, etc., c'est **le déboulonner,** l'**évincer.**

– Un thème de conversation et... d'indignation dans une petite ville de province: l'indécence extrême d'avoir **bombardé** dans la garde d'honneur, Julien Sorel, fils d'un charpentier (STENDHAL, *Le Rouge et le Noir*, XIX), ce qui est traduit ainsi: *The utter indelicacy of having* ***jockeyed*** *into the Guard of Honour, J.S., the son of a carpenter.*

– *The* ***jockey*** *assured me that she had all the faults a mule could have.* C'est ainsi que Smollett traduit: Le **maquignon** assurait que la mule avait tous les défauts du monde. *(Gil Blas*, I, ii).

– *He found he had been altogether* ***jockeyed.*** – Il s'aperçut qu'il avait été complètement **refait.**

– *Parents who hoped that six months' steady cram might perhaps* ***jockey*** *them [their sons] into Sandhurst.* (KIPLING, *Stalky*, p. 153.)

– Les parents qui espèrent que six mois d'un chauffage assidu pourraient peut-être **faire entrer** (ou: **pousser**) leur fils à S.

Join (to). – Noter: ***to join*** *battle (with)*, **en venir aux mains, engager, croiser le fer** (avec): ***to join the colours***, **prendre du service,** rentrer dans l'armée, etc., ***to join one's ship***, **rallier** le bord, son navire; ***to join*** *the meeting*, **prendre part** à la réunion; ***to join*** *the post-graduate courses*, **se faire inscrire** aux cours post-universitaires.

Joiner. – **Menuisier,** que, dans certains cas, on appellerait auj. ***cabinet-maker*, ébéniste.**

– Dans *Roméo et Juliette* (I, iv, 68), Mercutio décrit la reine Mab et son équipage:

Her chariot is an empty hazelnut.
Made by the ***joiner*** *squirrel.*
La caisse du carrosse, une noisette vide,
Qu'habile **menuisier,** façonna l'écureuil.

REMARQUE. – Du v. *to* ***join*** *(with)* au sens de **se joindre** (à), **s'associer** (à), **s'unir** (à), les Amér. qui ont le génie du lang. pittoresque, ont fait le subst. ***joiner***, **l'individu social par excellence,** celui ou celle qui ressent le besoin ou se fait gloire d'être membre du plus grand nombre possible de sociétés, d'associations de clubs, etc. Ne pas confondre avec *mixer (q.v.)*. Péjor. le **pilier de clubs,** etc.: ***the joiners***, **les esprits grégaires.**

Joint, (adj. et subst.), **jointed.** – Outre les sens fr., le subst. a les suivants: **nœud, articulation** (d'une tige, d'une herbe, d'un membre): **quartier de viande, de venaison; rôt, rôti.** Loc. div.: ***out of joint***, **luxé, démis, disloqué, déboîté,** au fig. **détourné de ses fins, désorganisé, dérangé, dans la confusion,** famil. **dans la pagaille; *joint(s)*** *of, in the harness*, **jointures** de la cuirasse, et, partant, **défaut de la cuirasse, de l'armure.**

En composition, noter pour l'adj., ***joint account*, compte à demi, *joint*** *action*, action **conjointe, solidaire, *joint estate*, co-propriété, *joint-stock*** *company*, société **par actions.**

Jointed, **articulé,** *a* ***jointed*** *mirror mounted on a three-legged metal rod*, une glace **articulée** montée sur une tige de métal à trépied.

– *The time is* ***out of joint.*** (SHAKS., *Hamlet*, I, v, 188.) – Le monde est **à l'envers.**

– *He fell off a ladder and* ***put his leg out of joint.*** – Il tomba d'une échelle et **se démit la jambe.**

– *The* ***joints*** *that were served to his majesty's table.* (SWIFT, *Gulliver*, III, ii.) – **Les quartiers de venaison** qu'on servait sur la table de Sa Majesté.

REMARQUE. – Aux E.U. *a* ***joint*** est famil. un **bouge,** une **fumerie d'opium.** Le sens de **quartier de viande** y est rare.

– *A* ***low joint*** *where liquor was drunk more or less underhand.* –

Une **boîte mal famée** où l'on consommait plus ou moins clandestinement des boissons alcooliques.

Joint (to). – Qui signifie **joindre, jointoyer,** a aussi le sens diamétralement opposé, celui de ***disjoint*, désarticuler, découper** (une volaille) **aux articulations, aux jointures** et de † **priver de** (venu du sens de retrancher).

Jointure (to), (v. et subst.). – Sont respect. le fr. *joindre* et *jointure,* du lat. *jungere* et *junctura.* Le mot, qui signifie **douaire,** s'appliquait à l'origine aux biens appartenant en commun, *jointly,* au mari et à la femme, et qui revenaient à celle-ci au cas où elle devenait veuve.

***To jointure*, pourvoir d'un douaire.**

– Lors de la réconciliation des deux chefs de famille ennemis, au dénouement de *Rom. et Jul.* (V, iii, 297), Capulet dit:

O brother Montague, give me thy hand:
This is my daughter's ***jointure****, for no more*
Can I demand.
– Mon frère Montagu, donnez-moi votre main:
Car je ne puis prétendre à un autre **douaire**
Pour mon enfant.

Cet exemple montre bien la différence entre « dot » *(portion, dowry)* et **douaire *(jointure)*.** C'est en effet le père de la jeune fille qui est en droit d'exiger que l'homme à qui il la donne constitue un douaire pour qu'elle dispose de ressources du vivant de son **mari et après la mort de celui-ci.**

REMARQUE. – Les phonéticiens modernes appellent « jointures » les liaisons, élisions et enchaînements des parties du discours.

Jolly. – « Il était de la plus *jolie* humeur du monde en arrivant chez la reine » (HAMILTON, *Gramm.*, 8), c'est-à-dire de l'humeur la plus gaie. « Un sentiment gai et *joli* » (*Meliador*, 6525) est une expression tautologique. Voici d'autres ex. extraits de nos auteurs:

Mon cœur est si *joli*
Pour un peu qu'il ne s'envole.
(MONTAIGLON, *Fabliaux*, I, 14.)

Tu le disais tantôt, chacun a sa folie,
Les uns l'ont importune, et la tienne est *jolie*.
(CORNEILLE, *Suite du Menteur*, IV, i.)

Joli, marque la **vivacité, l'esprit, la gaieté;** ce sens, qui est le primitif, a vieilli, dit L. Mais non pas en angl., où le sens mod. de **joli** n'existe que dans les dialectes ou patois. Ajoutons les acceptions suivantes: euphém. pour **gris, légèrement pris de vin, émoustillé, gaillard, pompette; joyeux compagnon, qui aime les plaisirs de la table. *The jolly god*, Bacchus; *jolly fellow*, bon vivant, joyeux drille;** † **brave,** entendez, **bien mis, en galant équipage,** cf.:

Aussi je les compare à ces femmes *jolies*
Qui par les affiquets se rendent embellies.
(RÉGNIER, IX, 73.)

Que vous êtes *joli* [bien mis], que vous me semblez beau.
(LA F., *Fables*, I, ii.)

Suite des sens, **bien bâti** et **bien portant, dispos; dodu, potelé;** (laudatif et intensif), **charmant, délicieux,** famil. **chic, fameux;** ironiq. **joli,** sens fr. (L. 1°: joli garçon) et par antiphr.: c'est un **joli** monsieur, il s'est mis dans un **joli** état.

Cotgrave (1611) a deux sens: 1° *gay, trim, fine, gallant, neat.* 2° *lively, merry, jocund.*

L'adv. est également un intensif. Quant au subst, ***a jolly*** (argot), c'est un **soldat de l'infanterie de marine,** un **« marsouin »;** un **vivat; l'art de faire l'article;** un **faux acheteur,** un compère.

– *Taylor, who is gone away brisk and* ***jolly****, asked me when I would come to him.* (JOHNSON.) – Taylor, qui s'en fut frais et **gaillard** (ayant bon pied bon œil), m'a demandé quand j'irais le voir.

– *A decent-looking man who had sacrificed too freely to the* ***jolly god***. – Un homme de bonne mine, qui avait sacrifié trop généreusement à **Bacchus** (ou: fait trop de libations **au dieu de la treille,** ou: trop fêté la **dive bouteille**).

– *A dainty dame in her youth and a* ***jolly*** *woman in her age...* (FULLER, *Worthies*, III, 363.) – Mignonne donzelle [en bonne part] en sa jeunesse et femme **corpulente** avec l'âge.

– *The lady was brought to bed of a fine* ***jolly*** *boy.* – Cette dame accoucha d'un beau garçon **bien potelé** (d'un beau **gros** garçon).

– *He's a* ***jolly good fellow***. – C'est un **joyeux gaillard,** un **bon vivant,** c'est **un bon diable.** C'est un **luron.** C'est un **as.**

– ***Jolly good*,** formule du vivat anglais.

– ***How jolly!*** – **Chic! Quelle chance! Que c'est amusant!**

– Sylvia (*Dark Flower, Spring*, XII) déclare que les *lilies of the valley smell so* ***jolly***, le muguet sent si **bon.**

– Kipps propose à Anne de l'accompagner: *It's* ***jolly*** *our meeting again anyhow, said Kipps.* (WELLS, *Kipps*, II, vi, § 4.) – C'est tout de même **fameux** de se rencontrer de nouveau, dit Kipps...

– *My friend, you made a mistake, and you* ***jolly*** *well know it.* (R. KIPLING, in *Morn. Post*, 8 nov. 1898.) – Mon ami, vous vous êtes trompé, et vous le savez **fichtrement** bien.

Jolly Roger. – C'est le **pavillon noir** (des pirates). D'où ce calembour dans *Sea Warfare* de Kipling. Plusieurs officiers de la marine britannique se sont réunis un soir pour un dîner fin. Parmi les vins de champagne, il y a du Pol Roger. Au garçon qui lui offre du bourgogne, l'un des officiers répond: *« No Burgundy, thanks. I stick to the* ***Jolly Roger*** *».*

Jordan. – *Empty the* ***jordan***, paroles de Falstaff, dans la seconde partie d'Henri IV (II, iv, 37), ne signifie pas, comme l'a cru certain traducteur, « videz le Jourdain », mais « videz le **pot de chambre** ». La source de cet emploi est apparemment dans la bouteille d'eau du Jourdain rapportée par certains croisés, mais on ne connaît à ce mot que les acceptions suivantes: † sorte de pot ou de récipient autrefois employé par les médecins et les alchimistes: **pot de chambre, thomas, bourdalou** (auj. vulg. ou dialect.); appliqué par dérision à une personne, **bêta.**

Journal. – Mécan. **tourillon.**

Journey. – Est désuet dans le sens de journée – sauf en compos. ***Journey-man,-woman,-work,*** étym., **journalier,-lière, homme, femme de journée, ouvrier, compagnon** (entre apprenti et maître), **femme payée à la journée, travail à la journée** – et doit se rendre couram. par **voyage** (en gén. par terre) (par oppos. à *voyage,* voyage par mer, traversée). L'évolution du mot s'explique aisément, si l'on se souvient que l'angl. † ***journey*** et le fr. *journée* (L. 5e) signifient « chemin que l'on fait d'un lieu à un autre dans l'espace d'une journée: « Je m'en irai clopin-clopant, à petites *journées* jusqu'à Paris. » (Sévigné, 257.) La locution vieillie: « faire tant par ses journées » a signifié « se diligenter en voyage ». « L'avide Marmentier fit tant par ses journées qu'il arriva à la porte du château de la déesse Monopole. » (Furetière, *Factums,* t. II, 297.) Au fig. ***journey*** veut dire **pèlerinage, durée de la vie** considérée comme un voyage. Cf.: la vie est un *voyage,* faire le *voyage* de l'autre monde, le grand *voyage,* c.-à-d. mourir. Suivent des sens techn.

– Voici la réplique angl. de l'exemple précité emprunté à Mme de Sévigné: *We now advanced from the river Arguna by* ***easy and moderate journeys.*** (Defoe, *Rob. Crus.,* 296.) – De l'Arguna nous poussâmes **à petites journées.**

– *It will take you a whole day's* ***journey*** *to reach Paris.* – Il vous faudra **voyager** une journée entière pour arriver à (gagner) Paris.

– *We used to toast a quicker* ***journey*** *to the old man and a swift inheritance to the young one.* (Dickens, *Mart. Chuz.,* 357/1.) – Nous nous plaisions à boire au **départ** plus accéléré du vieillard et à un prompt héritage en faveur du jeune homme.

Jubilate. – Premier mot du centième psaume ou cantique du service de l'Église anglicane « réjouissez-vous », d'où, employé famil. comme subst.: **chant de triomphe.**

Jubilation. – Famil. **réjouissance, fête.**

Judicature. – En fr. † profession de juge, charge, office de judicature; en angl., collect. la **magistrature;** aussi **cour de justice, pouvoir judiciaire.**

– *The prestige of the* ***judicature*** *has been lowered.* – La **magistrature** (ou: le **pouvoir judiciaire**) a perdu de son prestige.

Judicial. – **Judiciaire** dans l'acception la plus large: *the* ***judicial*** *bench,* les membres de **l'ordre judiciaire,** les **juges,** les **magistrats** (v. *bench*): *the* ***j.*** *ermine,* l'hermine **des magistrats; légal, juridique,** ***j.*** *murder,* assassinat **légal, juridique,** ***j.*** *separation,* séparation **de corps** (décidée par le tribunal, s'entend).

J. law, les **règles juridiques** par oppos. aux prescriptions rituelles et à la loi morale.

D'autre part, la (faculté) judiciaire a signifié le « pouvoir de discerner le vrai du faux »: « J'ai toujours bien auguré de sa *judiciaire* » dit Diafoirus de son fils (*Mal. imagin.,* II, v), d'où p. ext. *a* ***j.*** *mind,* un esprit **juste, doué de discernement, de sens critique** et donc **impartial;** (ch.) **qui est de bonne justice, bien jugé,** *a* ***j.*** *decision.* Théol. **qui résulte d'un jugement de Dieu, est un châtiment du ciel, un instrument de la colère divine.** ***Judicial*** *blindness,* aveuglement **surnaturel, punition de Dieu.**

Enfin, hist. ***j.*** *astrology,* astrologie **judiciaire;** ***j.*** *combat,* **duel,** combat **judiciaire, jugement de Dieu.**

– *He has always been distinguished for his* ***judicial fairness.*** – Il a toujours fait preuve d'une **impartialité** remarquable.

– *What is called* ***judicial blindness*** *is the certain forerunner of the destruction of crowns and kingdoms* (Burke), définition à rapprocher de ces vers de Racine (*Ath.* I, ii): Cet **esprit d'imprudence et d'erreur,** De la chute des rois funeste avant-coureur.

Jugulate (to). – Juguler au sens de **saisir à la gorge, égorger, étrangler,** a vieilli en fr. Ce sens pr. du mot lat. l'angl. l'a conservé, et, latin. ou anglic., nous disons aussi *juguler* une maladie, une révolte, etc., c.-à-d. l'**enrayer, l'étouffer,** respect.

Juice. – **Suc.** *gastric* ***juice,*** **suc** gastrique, *the* ***juices,*** les **humeurs;** au fig. l'**essence,** l'**esprit** (de qch.); argot, **essence; courant; « fric ».**

Juicy. – (Temps) **humide;** famil. **succulent, intéressant.**

Junction. – **Embranchement, bifurcation** (de routes, de voies ferrées); **gare de bifurcation, d'embranchement; raccord** (de tuyaux, etc.).

Jurisdiction. – **Compétence.** *Is this within the* ***jurisdiction*** *of the court?* Cela est-il de la **compétence** du tribunal? **Autorité,** *A territory* ***within the jurisdiction*** *of the United States,* un territoire **relevant de l'autorité des, ressortissant aux** États-Unis.

Jurisprudence. – **Science, philosophie du droit,** et non, comme en fr. « l'ensemble des règles qui émergent du faisceau des décisions judiciaires. » (H. Capitant, *Introd. à l'étude du Droit civil,* § 21.) Par cons., sens diamétralement opposé à celui que ce mot a pris en France depuis le XIXe s., à savoir « le droit envisagé dans son application la plus pratique ». (Levy-Ullmann). En angl., ***jurisprudence*** s'entend du **droit par excellence,** du **droit pur** (Edmond Picard), du « **droit envisagé dans tout son appareil scientifique,** dans ses principes », bref, de la **théorie générale du droit.**

Remarque. – Notre jurisprudence correspond à la *judge-made law.*

Jurist. – E.U. **Homme de loi, avocat;** † **étudiant en droit.**

Juror. — Jur. **membre du jury, juré,** ***petty juror,*** **membre du petit jury,** du **jury de jugement,** ***grand juror,*** **membre du jury d'accusation;** aussi: **membre du jury** (d'une exposition, d'un concours); Hist., **prêtre assermenté** (après la Révolution de 1688), ***non-juror,*** **prêtre insermenté** ou **réfractaire.**

Jury. — Quand Fuller écrit: *the* ***jury*** *of the apostles*, entendre: les **douze** apôtres; *a* ***jury*** *of gates*, une **douzaine** de portes. On sait, en effet, que le jury est composé de **douze** membres.

Autre ***jury*** d'origine inconnue: ***jury*** *mast*, mât **de fortune,** d'où plaisamment, ***jury-leg,*** jambe **de bois.** Byron écrit: ***jury*** *chairs and tables* dans un sens analogue.

Just (adv.). — Famil. comme intensif, **vraiment, absolument, tout à fait, ni plus ni moins** que: *the weather was* ***just*** *splendid*, il faisait un temps **absolument** splendide ou: magnifique. Aussi, arg. **un peu! et comment!** *You have been forgotten, poor old chap! — Haven't I* ***just!*** — On t'a oublié, mon pauvre vieux! — **Un peu (et comment)** qu'on m'a oublié!

Justice. — « A Loon tint sa cour Charles, nostre *justice* », citation du XIIe s. dans L. Et plus loin « Barons et *justices* ».

Cela soit dit pour que l'on ne s'étonne pas de rencontrer en angl. certains magistrats ou juges dénommés ***justices.*** Jur., **bien-fondé,** *the* ***justice*** *of a* ***claim,*** le **bien-fondé** d'une demande, d'une prétention.

— *He was brought before a* ***justice.*** — Il comparut devant le **juge.**

D'autre part, il est certaines tournures famil. auxquelles une traduction litt. ne... rendrait pas justice, ex.:

— *He had* ***done justice*** *to a copious breakfast of fried eggs and broiled rashers.* — Il avait **fait honneur** à un copieux déjeuner d'œufs frits et de tranches de lard grillées.

— ***I can never do myself justice*** *in French*, en fr. **je ne suis pas brillant.**

Juvenile. — « Juvénile » se dit des qualités propres à la jeunesse: c'est un adj. qualificatif à valeur affective, qui marque l'inhérence: un visage, un sourire juvénile; au fig. un zèle, une ardeur juvénile. ***Juvenile,*** par contre, est plutôt un adjectif de relation à valeur intellectuelle, notamment dans la locution ***juvenile delinquency.*** Il ne faut donc pas calquer l'anglais et traduire par « délinquance juvénile ». Sinon — soyons logiques — les ***juvenile*** *courts* deviendraient... des tribunaux juvéniles! Dans le premier cas, on recourra soit à une locution adjective: la délinquance **des jeunes,** soit à une transposition: **l'enfance** ou **la jeunesse** délinquante (1). Dans le second, on dira: les tribunaux **pour enfants** (c.-à-d. pour mineurs) (2). De même, ***juvenile*** *books*, et famil. ***juveniles,*** ce sont des livres **pour enfants, pour la jeunesse,** ***juvenile*** *productions*, des œuvres **de jeunesse.**

Enfin, subst. *a* ***juvenile*** = *a young person*, un **jeune (garçon),** une **jeune fille,** un(e) **adolescent(e).** Au théâtre, ***juvenile (lead),*** **jeune premier.**

Remarque. — « L'autre jour, une spécialiste nous entretenait des « prisons juvéniles », entendant ainsi désigner non pas les geôles récemment construites, mais celles qui accueillent les jeunes délinquants. » (Maurice Lamy, in *D.L.F.*, sept. 1969.)

(1) Cf. Ordonnance du 2 février 1945 relative à l'*enfance délinquante*. (C'est nous qui soulignons.)

D'autre part, dans un entretien qu'il a eu le 24 janvier 1969, avec des journalistes, le ministre de l'Éducation nationale a dit notamment: « Je préfère une jeunesse révolutionnaire à une *jeunesse délinquante*. » (d°.)

(2) On sait que, pour le législateur anglo-américain, c'est l'*infant* qui est le mineur. En droit pénal, le ***juvenile*** *delinquent* est « *a delinquent under an age fixed by law, usually 16 or 18 years* » (Webster). Il serait bien entendu erroné de traduire par « délinquant juvénile », voire par « délinquant d'aspect juvénile ». On dira: un(e) **jeune** délinquant(e), ou un(e) **mineur(e)** délinquant(e).

L

Labour (to), labourer. – ***To labour*** ne signifie « labourer » que chez les vieux auteurs et les poètes. Les sens courants sont: intr. 1° **travailler** (à), **se donner de la peine** (pour); 2° au fig.: † **chercher** (à), **s'efforcer** (de), **s'évertuer** à; 3° naut. **travailler, marcher péniblement, fatiguer, « souffrir »** (cf. anc. fr. *travailler* « voyager », angl. *travel* (1); 4° **pécher, laisser à désirer; souffrir;** 5° † **être en mal d'enfant.**

Noter également l'expression ***to labour under*,** **souffrir de, être tourmenté de, être affligé de** ou **par : *to labour under*** *an error, a misapprehension, an illusion,* **être dans** l'erreur, **être victime** d'une illusion. ***To labour under*** *an accusation,* **être sous le coup** d'une accusation.

Trans. ***to labour*** *a point,* etc., s'étendre sur un point, une question, l'**examiner en détail, le** ou **la développer, s'y appesantir.**

Labour (subst.) **effort, fatigue, peine, corvée; *hard labour*, travail disciplinaire.**

A labourer*,** c'est un **travailleur** (terme général), parfois un **manœuvre,** *a bricklayer's* ***labourer*,** **manœuvre** de maçon. ***Day-labourer*, journalier, *labour collect. **main-d'œuvre.**

– Ivanhoe, blessé, soigné par Rébecca, craint de porter malheur à celle-ci: *Thou seest, maiden, what an ill-fated wretch thou dost* ***labour*** *to assist.* (W. Scott, *Ivanhoe,* II, V.) – Tu vois, ma fille, quel être mal-heuré tu **te peines** à assister.

– Après avoir déclaré que, selon Aristote, les épopées d'Homère manquent d'unité, Addison ajoute: *Some have been of opinion that the Æneid also* ***labours*** *in this particular.* (*Spectator,* n° 267.) – D'aucuns ont estimé que l'Enéide aussi **laisse à désirer** sur ce point.

---

(1) Autrefois, en effet, vu l'insuffisance des moyens de transport et le mauvais état des routes, entreprendre un voyage n'était pas une petite affaire.

– *His [Sir William Thornhill's] soul* ***laboured under*** *a sickly sensibility of the miseries of others.* (GOLDSMITH, *Vicar of W.*, III.) – Son âme **souffrait** d'une sensibilité maladive aux malheurs d'autrui.

– *The Committee would like to add... at the risk of* ***labouring*** *the obvious...* Au risque de paraître **prêcher** l'évidence, le Comité désirerait ajouter...

– *She* ***laboured*** *to win him round.* – Elle s'**efforçait** de rentrer en grâce.

– *The slightest motion became* ***actual labour****, and of such* ***labours*** *life was now composed.* – Le moindre geste devenait une **corvée** et de ces **corvées** la vie était faite.

– *I went to work but could achieve my purpose only with inexpressible* ***labour****.* – Je me mis à la besogne, mais je ne parvins à mes fins qu'avec une **peine** indicible.

– *Every minute his breathing* ***grew more laboured****.* – **L'embarras** de sa respiration **augmentait** de minute en minute.

– *The ship was* ***labouring heavily****.* – Le navire **bourlinguait, fatiguait.**

Lace, to lace. – Le subst. est le fr. **lacs,** d'où **lacet** (de soulier, corset, etc.); **galon** *(gold lace)*; **dentelle,** sens courants. *A laced hat*, un chapeau **galonné.**

Autres sens, désuets: en architecture, † **tirant;** † **plafond à panneaux.**

Enfin, **addition d'alcool** à une boisson, particulièrement le café (gloria).

> – ... *Here lay Duncan,*
> *His silver skin* ***laced*** *with his golden blood.*
> (*Macbeth*, II, iii, 118.)
>
> – ... Ici gisait Duncan,
> Son sang en **galons** d'or sur l'argent de sa peau.

– *A gentleman in* ***fine-laced clothes****,* un gentilhomme en **beaux habits ornés de dentelles.**

– Stevenson mentionne *a jug of milk,* ***laced*** *with whisky, after the Scottish manner.* – Un pot de lait, **additionné** de whisky, à la mode d'Écosse.

Lance (to), lance. – Le sens de « lancer » est rare et se trouve surtout chez les poètes. Suivent d'autres acceptions, notamment: † **bondir, sauter, s'élancer;** † **percer d'un instrument pointu, couper, entailler, fendre, trancher; blesser** ou **tuer d'un coup de lance;** et, sens courant en chirurgie, **percer, ouvrir, inciser** (un abcès, etc.) avec une lancette, **donner un coup de lancette.**

D'autre part, ***a lance*** peut signifier un **lancier;** une **lance fournie** (L., 6°), homme d'armes qui avait le nombre d'archers, de valets et de chevaux dont il devait être accompagné.

***Free lance*, franc tireur** (pr. et fig.) qu'il s'agisse d'un mercenaire, d'un homme politique ou d'un journaliste, indépendant; par ext., **fonctionnaire international non permanent,** et donc **temporaire,** engagé pour les conférences, etc., qui court le cachet, si l'on peut dire; (au fig.) **tirailleur.**

– ***To lance*** *a tumour.* – **Percer, inciser** une tumeur.

– *This party was commanded by a* ***lance****.* – Ce parti (cette troupe) était commandé par une **lance fournie, un homme d'armes.**

– *The pamphleteers who carried on a literary warfare as* ***free-lances****, independently of party organizations, went even further than the economists and the parliamentary orators.* – Les pamphlétaires qui, dans la presse, en dehors des partis constitués, combattaient en **tirailleurs,** renchérissaient sur les économistes et les orateurs parlementaires.

Language. – Texte, libellé (d'un article de loi, de traité, etc.); **qualification injurieuse, épithète,** *to use* ***bad language****,* vulg. ***language*,** dire **de gros mots, des grossièretés, tenir des propos orduriers, être mal embouché, dire des mots « de gueule », faire, lâcher, proférer des jurons.**

***Language-master*, maître, professeur de langues (vivantes).**

– *The* ***language*** *of the agreement has been amended.* – Le **texte** de l'accord a été amendé.

Lantern. – Fanal (d'un navire); ***Japanese lantern*, lanterne vénitienne, lampion** (de papier); **réverbère;** ***lantern*** *slides,* verres, plaques de **lanterne magique,** ***lantern-slide carrier*,** **châssis porte-vues;** ***lantern*** *jaws,* joues **creuses, hâves, décharnées.**

– *He watched her in the glimmer of the* ***lanterns****.* Il l'observait à la lueur des **lampions.**

Lapse, to lapse. – Ne peut guère se rendre toujours par notre mot *laps* (de temps, *space (of time)*, ni par *laps* dans *laps et relaps*.

En voici les sens: **lapsus; faux pas, faute vénielle;** † **la chute d'Adam; apostasie, retour à l'hérésie; écart, involontaire, de ses principes d'action; baisse de température; déchéance** d'un droit ou privilège; **action de tomber en désuétude,** de **s'éteindre** (cf. ***to lapse*,** **devenir caduc**), **de tomber en ruine.** Enfin, **écoulement d'eau, eau qui s'écoule;** et au fig. **écoulement** (de la vie, du temps).

Tous sens dérivés du verbe lat. *labi*, tomber; faillir; couler.

– *You should be more charitable for the* ***lapses*** *of others.* – Vous devriez être plus charitable pour les **fautes** d'autrui.

– *He had occasional* ***lapses of attention****.* – Il lui arrivait d'avoir des **distractions.**

– Dans le *Paradis Perdu* (VIII, 263), Adam conte son éveil à la vie. Il voit:

> ... *Sunny plains*
> *And liquid* ***lapse*** *of murmuring streams.*
> ... Des plaines soleilleuses,
> Et le limpide **cours** de murmurantes eaux.

– *These legislative provisions have* ***lapsed****.* – Les dispositions de cette loi sont **devenues caduques.**

– *After a* ***lapse*** *of fifteen years he rediscovered this interesting world, about which so many people go incredibly blind and bored.* (WELLS, *Polly*, IX, 2.) – Après un **intervalle** de quinze ans, il retrouvait ce monde d'un intérêt si diversifié, où évoluent pourtant quantité de gens incroyablement aveugles et blasés.

– *He calculated the* ***lapse of time*** *since their last separation.* – Il calculait en lui-même le **temps qui s'était écoulé** depuis leur dernière séparation.

Larceny. – En fr. un larcin est un petit vol; en angl. ***larceny*** est un terme jur. et signifie: **vol** (justiciable d'une peine), ***aggravated larceny***, **vol qualifié, vol d'objets dépassant une certaine valeur;** E.U. ***petty larceny*** (désuet en Angl.), **vol au-dessous d'une certaine valeur;** *simple* ***larceny***, **vol** simple, non accompagné de circonstances aggravantes.

Lard, to lard, larder. – ***Lard*** a d'abord signifié † **lard, gras du porc,** mais auj. c'est du **saindoux.**

To lard est un témoin du premier sens du nom. Il signifie **larder,** puis † **engraisser, enrichir** au pr. et au fig., † **couvrir, joncher.** Au deuxième sens il emprunte l'acception (rare) de **graisser, rendre graisseux. Entrelarder** (une viande), un récit (de bons mots, etc.).

Larder**, garde-manger, office** (fém.), syn. de † dépense.

– *Pancakes are fried in* ***lard.*** – On fait frire les crêpes dans le **saindoux.**

– ***I larded my inside*** *in this house and led a good easy life,* dit Smollett, traduisant ce passage de *Gil Blas* (II, i): Je **faisais bonne chère** dans cette maison. J'y menais une vie très douce.

– Dans Hamlet, Ophélie chante (IV, V, 37): Mort est le bien-aimé,

White his shroud as the mountain snow,
Larded *with sweet flowers.*
Son linceul est du blanc de la neige des monts
Et **semé** de fleurs odorantes.

Large. – ***Large***, nous apprend le lexicographe est moins familier que *big* et moins affectif que *great.* On notera quelques emplois idiom. ou fréquents: ***large of limb***, **membru, fortement membré;** *a* ***large*** *fellow*, un gaillard **à la forte carrure,** un **« costaud »;** ***large*** *and small farming*, la **grande** et la petite culture; ***as large as life***, de **grandeur nature(lle);** *a* ***large*** *family*, une famille **nombreuse;** ***large*** *paper copy*, exemplaire **sur grand papier.** Famil. ***to talk large***, **faire de grandes phrases, hâbler, se vanter;** (ne pas confondre avec *to talk* ***at large***, où ***large*** est subst., parler **sans faire grâce d'aucun détail**); *to set a prisoner* ***at large***, **relâcher, relaxer, élargir** un prisonnier; ***the people at large***, les **masses,** le **grand public;** *to scatter imputations* ***at large***, lancer des accusations **au hasard, au petit bonheur.** ***By and large***, **à tout prendre.**

Naut., ***to sail large***, **aller largue, naviguer vent largue, avoir du largue.**

– *There was the robber* ***as large as life.*** – C'était bien le voleur, **il n'y avait pas à s'y méprendre.**

– *The fellow behaved so excitedly that we thought he was a lunatic* ***at large.*** – Le gaillard se comportait d'une manière si agitée que nous le prîmes pour un fou **qui avait pris la clef des champs.**

– *The boys with digestions hope to* ***write their names large*** *at the Frontier.* (KIPLING) – Les jeunes qui ont bon estomac espèrent **se signaler** (ou: **se mettre en vedette**) à la frontière.

C'est une extension du sens pr. *to write one's name* ***large***, écrire son nom **en grosses lettres, qui crèvent les yeux.**

Latitude. – Comme le lat. *latitudo*,**largeur, ampleur.**

– *His beaver was distinguished by an unusual* ***latitude*** *of brim*, son castor se distinguait par une **largeur** de bord inusitée.

– *A movement constantly gaining both in* ***latitude*** *and power*, un mouvement qui ne cesse de gagner en **ampleur** et en puissance.

Lattice. – ***Lattice*** (fr. *lattis*) et *trellis* (fr. *treillis*) sont une seule et même chose. Dans Jehan de Saintré, on lit: « Le roi vint à la grand fenêtre et la reine aux *treillis* » et « Lors allèrent aux fenêtres *treillées* ». C'étaient apparemment des fenêtres dont les précieuses verrières étaient protégées par un treillis (si parfois, en ces temps reculés, le treillis ne faisait pas office de fenêtres. On sait que Montaigne, en Italie, se plaignait de geler la nuit dans des chambres aux baies non vitrées.)

Auj, ***lattice*** est une **croisée à vitraux de plomb,** selon la définition de Viollet-le-Duc, **une fenêtre à petits losanges de verre enchâssés dans un réseau de plomb.**

Ç'a été aussi un † **treillis réel** ou en peinture (rouge en génér.) servant d'enseigne (à une auberge ou à un cabaret) et † une **baignoire** (au théâtre).

– *The flowers fell from each* ***lattice*** *at his feet.* (BYRON, *Werner*, V, I, 44.) – De chaque **fenêtre** les fleurs tombaient à ses pieds.

Lavatory. – Le latin *lavatorium* a, assez curieusement et à des siècles de distance, donné le fr. *lavoir* et l'angl. ***lavatory*** – qui n'est pas, comme un Fr. pourrait le croire, un salon de coiffure, mais un **cabinet d'aisance,** un **water-closet.**

Le mot est ancien en angl. Il a désigné ou désigne encore une **aiguière** ou **bassin; baignoire; lavabo, action du prêtre qui se lave les mains en disant la messe;** † **lotion; lavabo** ou **cabinet de toilette,** avec les water-closets y attenants; **lavoir.**

– *There are separate* ***lavatories*** *for the men and for the women and children.* (Journal). – Il y a **des lieux d'aisance (water-closets)** distincts pour les hommes et pour les femmes et les enfants.

– *We landed at a floating* ***lavatory*** *where the washerwomen were still beating the clothes.* (STEVENSON.) – Nous débarquâmes sur un **lavoir** flottant, où les lavandières battaient encore le linge.

Law. – Outre loi signifie (le) **droit,** *to read, study* ***law,*** faire son droit, ***law-student,*** **étudiant en droit;** ***law*** *of nations,* le **droit** des gens, ***statute-law,*** **droit écrit;** ***judge-made law,*** **le droit dit par les juges, la jurisprudence.** ***To go to law,*** **plaider, aller en justice,** ***to take the law into one's own hands,*** **se faire justice soi-même;** autres sens, **légalité, légitimité.**

Sport ou chasse: **avance** accordée à un concurrent plus faible ou à un gibier poursuivi, d'où, par ext. **répit, délai de grâce.** En compos. ***law-case,*** **cause civile, procès;** ***court of law, law-court,*** **tribunal,** ***law-courts,*** le **Palais (de justice),** ***law-costs*** ou *expenses,* **frais de procédure, les dépens,** ***law-hand,*** **grosse écriture;** ***law-Latin,*** **latin de cuisine;** ***law-maker,*** **législateur;** ***law-officer,*** **magistrat;** ***law-reports,*** **recueil d'arrêts et de décisions judiciaires;** ***law-term,*** **session des tribunaux;** ***law-writer,*** **juriste; expéditionnaire, commis, clerc** chargé de faire des copies d'actes, de contrats, etc., conformément à la minute.

– *A final guarantee of the* ***rules of law.*** – Le dernier rempart de la **légalité.**

– *Merchant ships* ***shew but little law*** *to pirates if they get them into their power.* (DEFOE, *Rob. Crus.*). – Les navires marchands **font peu de cérémonie** avec les forbans quand ceux-ci tombent en leur pouvoir. Autrement dit. *they take the law into their own hands,* ils se font justice – comme qui dirait préventivement.

– *He threatened the offender with the most rigorous severity of the* ***law.*** – Il menaça le délinquant de toute la rigueur de la **justice.**

– *A Ciceronian irony that smacked of the* ***law courts.*** – Une ironie cicéronienne qui sentait le **Palais.**

– *Until then people had made considerable allowance for him owing to his reputation as a good fellow. The* ***law case*** *classed him as a shady character. His house was deserted.* – Jusqu'à présent, on lui avait passé beaucoup de choses, grâce à son caractère bonhomme. Son **procès** le classa parmi les gens tarés. Une solitude se fit autour de sa maison.

Lawless. – Ici encore, il faut expliquer et nuancer. Ce peut être (des pers. ou des ch.) **déréglé, désordonné, sans frein,** etc. Sens correspond. pour ***lawlessness.***

– *The season that attracts us most is the* ***lawless*** *one, the spring season.* (G. MOORE, *Memoirs,* I.) – La saison qui exerce sur nous le plus d'attrait est celle **qui n'a jamais connu de loi :** le printemps.

– *If we were married, we should be very happy for six months. – Only for six months? I answered, admiring her* ***lawlessness.*** *(Id., ibid.)* – Si nous étions époux, nous serions très heureux six mois. – Six mois seulement, répondis-je, tout étonné de son **cynisme.**

– *This judgment should be a warning to all* ***lawless*** *men.* – Ce jugement devrait servir de leçon à tous les hommes **dissolus.**

– *It is* ***lawlessness*** *and not obedience that fires the imagination.* – C'est la **licence** et non l'obéissance qui enflamme l'imagination.

Lecher, to lecher, lechery. – « Garce baude et *lécheresse.* » (Ch.-V. LANGLOIS, *La poésie française au XIIIe s.,* p. 18), est expliqué en note: fille hardie et libertine. On entendra donc, respect., **paillard(e), paillardise, paillarder.** Voir ***Liquorous.***

Lecture (to), lecture. – *A* ***lecture,*** c'est une **leçon,** une **conférence** (faite par un professeur) et partant une **leçon magistrale;** un **sermon,** un **prêche,** parce que habituellement, du moins en Angl., les sermons et les conférences sont lus: dans la religion catholique, un **prône.** C'est aussi une **réprimande,** une **mercuriale,** une **semonce,** une **homélie.** ***To read one a lecture*** n'est donc pas une expression pléonastique, c'est **faire, adresser une semonce à qqn.** On rendra ***to lecture*** par **faire un cours** (à): **morigéner, chapitrer, sabouler, faire la morale, laver, savonner la tête** à qqn.

A curtain-lecture, **une semonce conjugale.** Cf. le titre de l'ouvrage de D. Jerrold, *Mrs. Caudle's* ***Curtain-Lectures.***

– L'apologie du menteur: *He [the liar] is the very basis of civilized society, and without him, a dinner-party... is as dull as a* ***lecture*** *at the Royal Society.* (O. WILDE, *Intentions.*) – Le menteur est la base même de la société civilisée, et sans lui un dîner... est aussi ennuyeux qu'une **conférence** (ou: une **communication lue**) à la *R.*

– Le dauphin Charles (B. SHAW, *Saint Joan,* Sc. II) se fait constamment rabrouer par l'Archevêque, mais il se venge en lui servant chaque fois la même réponse: Charles: *Another* ***lecture!*** *Thank you!* – Encore un **sermon!** Merci!

– *Please* ***don't lecture me.*** – Je vous en prie, **pas de morale.**

– *He lingered for a full month... talking of the future, hearing the Bible read,* ***lecturing*** *Reggie on sin, and wondering when he would be able to move abroad.* (KIPLING, *A Bank Fraud.*) – Il languit durant tout un mois... parlant d'avenir, se faisant lire la Bible, **sermonnant** R. sur le péché et se demandant quand il serait en mesure d'aller et venir. (Bon ex., car il fait apparaître la différence de sens entre *read* et *lecture.)*

Ledgerdemain. – Un *léger de main* était autrefois un tour de passe-passe. « L'ange Gabriel, par un *léger de main,* glisse le charbon à la place de la pierre précieuse. » VOLTAIRE. (L. 26e). L'angl. qui nous a emprunté cette locution en a fait un seul mot; et en a gardé le sens, soit **tour de main, escamotage,** et, p. ext., **tromperie.**

– *There was no* ***ledgerdemain*** *in my administration,* traduit ce passage de *Gil Blas* (VII, i.) – Aucun **tour de passe-passe** dans mon administration.

Legal. – Légal, certes, et donc **licite, légitime** mais aussi **juridique, judiciaire.** ***Legal*** *language, phrase,* phraséologie **juridique;** *the* ***legal*** *profession,* la profession **d'homme de loi, d'avocat, d'attorney, de solicitor.** ***L. expenses,*** **frais de justice, dépens.** ***L.*** *proceedings,* procédure, poursuites **judiciaires.**

Théol., se rapproche du sens de **légaliste.**

– *All this here property is a very great temptation to a* ***legal gent'm'n.*** (DICKENS, *Pickwick,* LV.) – Tout ce bien ici est une grande tentation pour un de ces messieurs les **hommes de loi.**

– Parlant des méchants, Fuller, le théologien, dit: *Some may have been afraid to be accounted* ***legal;*** *others may really have thought it (to believe in the Gospel) inconsistent.* – Les uns ont peut-être craint de paraître **esclaves de la loi;** les autres ont peut-être pensé en toute bonne foi qu'il était illogique de croire à l'Évangile.

– *The trustees had taken advantage of* ***legal*** *jargon to arrogate* ***in correct legal forms*** *powers which those for whom they had acted had never intended to bestow.* – Les fidéicommissaires avaient abusé de l'obscurité du jargon **judiciaire** pour se faire accorder **régulièrement** plus de pouvoirs que leurs mandants n'avaient voulu leur donner.

Legislature. – Corps législatif.

Leisure, leisurely. – ***People of leisure,*** **les désœuvrés,** *I shall do it at my* ***leisure moments,*** je le ferai à mes **moments perdus.** Le subst. est parfois syn. de *leisureliness, deliberation,* « absence de hâte, lenteur », d'où ***leisurely*** *pace,* allure **mesurée, posée, tranquille, train de sénateur** comme dit L.F. (*Fables* VI, 10). *He worked* ***in a leisurely fashion,*** il travaillait **sans se presser, sans hâte, en prenant son temps;** famil. **à la papa.** ***I am staying (upon) your leisure,*** **je suis à vos ordres, à votre disposition.** ***He was a gentleman of leisure,*** **il vivait de ses rentes.**

– *She married in haste and repented* ***at leisure.*** – Elle se maria en coup de tête et s'en repentit **toute sa vie.**

Leper. – Lépreux, lèpre se disant *leprosy.*

– *And, behold, there came a* ***leper*** *and worshipped Him, saying,... Lord,... thou canst make me clean... And Jesus touched him... And immediately, his leprosy was cleansed.* (*St Matt.,* VIII, 2-3.) – Et voici, un **lépreux** vint se prosterner devant Lui et dit: Seigneur... tu peux me nettoyer et Jésus... le toucha, et incontinent, il [le lépreux] fut nettoyé de sa lèpre. (OSTERWALD.)

Levee. – Deux mots: 1° E.U. a/ **levée** (de digue): **endiguement** (d'un cours d'eau); b/ **quartier réservé à la prostitution.**

2° Hist. **lever** (du roi), mais aussi **réception royale** réservée aux hommes et tenue l'après-midi; E.U. encore, **réception** chez le Président, **réception officielle,** et p. ext. chez toute personne de la haute société, etc., si bien que ***to hold a levee*** en vient à signifier simplement **recevoir.** Enfin, p. ext. et métaphor. **foule, multitude, troupe nombreuse, armée.**

– Le jeune Arthur Pendennis a des dettes criardes: *In his third year at college, the duns began to gather awfully round about him and* ***there was a levee*** *at his oak which scandalised the tutors.* (THACKERAY, *Pend.* XIX.) – Pendant sa troisième année de collège, les créanciers commencèrent à s'agiter terriblement autour de lui et, au grand scandale de ses maîtres, sa porte fut **assiégée par une véritable armée.**

Leveret. – Levreau.

Liable. – Responsable; ***to be liable*** *to a penalty,* **être passible** d'une peine, *to taxation,* **assujetti, soumis à l'impôt, imposable;** autres sens, **exposé, soumis** (**à**); **astreint** (**à**); des choses, **susceptibles d'arriver, de survenir, se trouver être,** surtout E.U., dans des énoncés où les Anglais diraient *likely.*

Liaison. – Relations illicites entre un homme et une femme, et donc **liaison...** qui peut être **dangereuse.**

– *He told me that he had* ***formed a liaison*** *in Paris.* – Il me dit qu'il avait **fait** (ou: **gagné**) **une maîtresse** à Paris.

Libel. – L'évolution du mot est à peu près la même dans les deux langues: en fr. le sens de *libelle,* petit livre, a vieilli, mais non pas celui de libelle de proclamation, action intentée en justice pour obtenir réparation d'un dommage quelconque. Le mot est employé aussi en droit ecclés.: libelle d'anathème, d'excommunication, de pénitence.

Libel a le sens d'**écrit** ordinairement de peu d'étendue, **satirique, injurieux** et **diffamatoire, placard;** jur. **diffamation** au moyen d'un écrit, d'un dessin ou de tout mode d'expression *autre qu'orale;* **écrit, libelle calomnieux** *(slander),* **outrage à la morale publique;** se dit aussi d'un **portrait qui enlaidit** le modèle, d'un **livre,** d'une **pièce** qui est une **atteinte à la dignité** ou qui **déshonore** la nature humaine.

– *His whole conversation is a perpetual* ***libel*** *on all his acquaintances.* (SHERIDAN, *School for Scandal,* I, i.) – Sa conversation n'est qu'une **diffamation** perpétuelle de toutes les personnes de sa connaissance.

– *It would be a* ***libel upon ourselves*** *to suppose that we see the reflections of our own hearts in such narratives.* – Ce serait **nous faire injure** que de supposer que nous voyons dans ces récits une image (ou: un reflet) de nos propres cœurs.

Liberal. – Noter: *a woman of* ***liberal*** *outline,* une femme aux formes **amples, généreuses;** *the men drank wine in* ***liberal*** *quantities,* les hommes firent d'**abondantes,** de **copieuses** libations; autres sens: **libre, licencieux;** (interprétation) **indulgente; d'esprit large, franc.** Outre le sens politique bien connu, le subst. signifie aux E.U. une **personne libre de tout sectarisme, fanatisme** ou **cagoterie.**

– Desdémone qualifie pléonast. Iago de *most* ***profane and liberal*** *counsellor.* (*Oth.* II, i, 264) c.-à-d. de conseiller fort (ou: trop) **libre et licencieux** dans ses propos.

– *Freedom in the most* ***liberal*** *sense of the word.* – La liberté au sens le plus **large** du mot.

Libertine. — Adaptation directe du lat. *libertinus*, **affranchi, fils d'affranchi**; à l'Université d'Aberdeen, **étudiant libre, non boursier.** Il a pris tous les sens du mot fr., mais ils ont moins vieilli que chez nous et d'ailleurs ne concordent pas toujours: le ***libertine excess*** de Cowper (*Task*, 106), c'est la **gourmandise**; † *a **libertine** translation* est une traduction **extrêmement libre,** une **belle infidèle**; ***a chartered libertine*,** un **enfant terrible.**

Contre-épreuve: on présente à une grande dame un homme qui a de l'entregent, mais « il la trouva précieuse; elle le trouva libertin. » (ROUSSEAU, *Confessions*, I, iii), ce qui est traduit ainsi: *He found her affected; she found him dissolute.*

Liberty. — Au pl. **franchises; privilèges, immunités;** sens concr. † **domaine d'un particulier; territoire dépendant d'un particulier, d'un corps** (Université, p. ex.), **d'une municipalité,** et donc, dans ce dernier cas, **banlieue; territoire compris dans un comté,** sorte d'enclave, ne ressortissant pas à la juridiction du shériff, mais ayant sa propre magistrature *(commission of the peace)*.

Autres sens, ***liberty** cap*, bonnet **phrygien;** naut. **permission collective,** d'où ***liberty-boat*, vedette de permissionnaires, *liberty-man*, permissionnaire.**

Library, librarian. — Le premier sens de *librairie* dans L. est « bibliothèque ». Montaigne (I, 144) parle de « ceulx desquels la suffisance (le mérite) loge en leurs somptueuses librairies ». L'angl. en est resté là.

Quant à ***librairian*,** indépendamment du sens de **bibliothécaire,** il a signifié **scribe, copiste,** etc.

— Lord Chesterfield, parlant de négligence à son fils, ajoute: *To this oscitancy of the **librarian**, we owe so many mistakes... in ancient manuscripts.* (*Letters, January 25th*, 1745.) — C'est à cette négligence *(oscitancy) (sic)* (1) des **copistes** que nous devons tant de méprises... dans les anciens manuscrits. (Trad. Amédée RENÉE.)

Licence, to license. — **Permission, autorisation; permis,** *driving **licence***, **permis** de conduire, *game, shooting **licence***, **permis** de chasse, ***licence** for the sale of drink, liquor **licence***, **patente** de débit de boissons, **licence** de débitant; ***to take out a licence*, se faire inscrire à la patente.** Autres sens, ***marriage licence*, dispense de bans, *to get a marriage licence*, acheter des bans.** Sens corresp. pour le verbe.

*Release **on** (or ; **in**) **licence***, libération **conditionnelle.**

— *Our constable is quite used to deal with people who have drunk too much or people who **haven't taken out a dog licence**.* — Notre gardien de la paix est à son affaire lorsqu'il s'agit de gaillards qui ont trop bu ou de contribuables qui **n'ont pas acquitté la taxe pour leur chien.**

(1) Le trad. cite le mot anglais.

Licorice, liquorice. — Ne pas confondre avec *liquorish (q.v.)*; il s'agit ici du mot issu de l'anc. fr. *licorice,-rece*, fr. mod. (botan. et pharm.) **réglisse** par métathèse; ***liquorice water*, eau de réglisse,** famil. **coco** à différencier de la dénomination argot. de la cocaïne.

— Prévenance d'un fils de pharmacien pour son condisciple catarrheux. — *He overwhelmed his friend with **liquorice**, with jujubes, and with eucalyptus pectoral lozenges.* — Il comblait son ami de **réglisse,** de pâtes de jujube, et de pastilles pectorales à base d'eucalyptus.

Lily. — ***Lily of the valley*, lis des vallées, muguet;** mis pour ***water-lily*, nénuphar.**

***To gild the lily*, raffiner sur l'exquis.** E.U. Pop. **homosexuel, tapette.** En compos. ***lily-iron*, harpon à dard amovible, *lily-livered*, lâche, poltron, couard** (fréquent chez Shakes.).

E.U. ***« Lily-white » movement*, mouvement d'opposition des Républicains blancs du Sud,** les « purs » du Parti, **adversaires irréductibles du suffrage des Noirs.** (Vers 1888.)

Lien. — Est le fr. *lien*, lat. *ligamen* et signifie **privilège sur un meuble,** etc.: **droit de rétention; *lien on goods*, droit de nantissement.**

Limbo. — « Limbes » ne s'emploie en fr. qu'au pluriel dans le sens théol. ou dans celui d'« état vague, incertain ». En angl., p. ext. et au fig. ***limbo* = oubli, abandon;** famil. ***in limbo*, en prison, à l'ombre.**

— *The play ran eleven nights before descending into **limbo**.* — La pièce fut jouée, tint l'affiche pendant sept soirées avant de tomber, de s'abîmer dans l'**oubli.**

— *Away with this rubbish to **the outer limbo!*** — Mettez-moi toute cette camelote au **rancart!**

Limit (to), limit (subst.), **limited.** — V. les exemples.

— *They were going through their **limited** wardrobes.* (Ros. LEHMANN, *Invitation*, I, 3.) — Elles passaient en revue leur **modeste** garde-robe.

— *She perhaps displayed herself rather unconsciously as a fine person **unduly limited**.* (WELLS, *Ann. V.*, III, § 5.) — Peut-être chercha-t-elle à se donner pour une personne qui a conscience de sa supériorité et **dont on entravait sans raison la liberté.**

— *He was **limited...** and incredibly ignorant.* — Esprit **borné,** il était ignorant comme pas un.

Arg. ***That's the limit!* ça c'est le comble, c'est un peu, c'est par trop fort!** Famil. ***He is the limit*, il va un peu fort, il appuie par trop sur la chanterelle;** aussi, **il est impayable.**

Limitation. — Au pr. **limites, bornes;** au fig. **imperfection, défaut, faiblesse; restriction, réserve;** jur. **prescription.**

— *The relentless **limitations** of the rooms.* — L'**exiguïté** inexorable des pièces (d'un appartement).

— *The **limitations** of the formidable doctrine of race.* (EMERSON, *E.T.*) — Les **réserves** qu'appelle la redoutable doctrine des races.

– *She found herself chafing at the* ***limitations*** *of the lady B. Sc., who retailed a store of faded learning in the Tregold laboratory.* (WELLS, *Ann-V.*, I, § 2.) – Elle s'irritait des vues **bornées** de la diplômée ès sciences qui débitait un enseignement incolore dans le laboratoire du « Tregold College ».

– *There is a* ***statute of limitations.*** – Il y a **prescription.**

Line. – Deux mots, **lin** et **ligne.**

1° **Lin,** du lat. *linum* (plante, fil, tissu); † **graine de lin.**

2° **Ligne,** lat. *linea*, fém. de *lineus*. Les nombreux sens, dont beaucoup sont analogues ou identiques à ceux du mot fr., peuvent, d'après le C.O.D., s'ordonner ainsi: a/ **ligne, corde ou ficelle;** b/ **ligne, trait;** c/ **rang, rangée;** d/ **série, succession;** e/ **direction.**

a/ **Ligne, corde,** surtout naut. *deep-sea* ***line,*** **ligne** de grande sonde, ***hauling line,*** **va-et-vient; cordeau,** d'où au fig. ***by rule and line,*** **au cordeau, de façon nette et régulière;** *to go* ***by r. and l.;*** **agir avec méthode et précision.** Autres sens, **fil** (métallique), *plumb* ***line,*** **fil** à plomb, **fil** (télégraphique ou téléphonique); ***line-fishing,*** **pêche à la ligne,** mais ***fishing-line,*** **canne à pêche;** ***to give s.o. line enough.*** **laisser ses coudées franches, lâcher la bride à qqn.** (tout comme on **donne du fil, du mou** (au poisson) **pour le ferrer ensuite**): **le laisser s'enferrer.**

Au pl. **sort,** p. allus. à la délimitation des terres (*Psalms*, XVI, 6): ***The lines*** *are fallen unto me in pleasant places,* **Ma possession** m'est échue en des lieux agréables (OSTERWALD).

Famil. ***hard lines!,*** quelle **déveine!,** quel **guignon!,** quelle **malchance!** ***It was hard lines*** *on him,* **ç'a été un coup** dur pour lui.

b/ **Ligne, trait,** ***line-drawing,*** **dessin linéaire,** ***line-engraving,*** **gravure au trait** ou: **en taille-douce. Ligne de démarcation, limite,** *you don't know where* ***to draw the line,*** on ne sait où **établir une démarcation,** au fig. on ne sait **jusqu'où on peut aller,** ***you must draw the line somewhere,*** **il y a une limite à tout;** ***on the line,*** **à la limite,** *candidate, paper* ***just on the line,*** candidat **« tangent »,** composition **tout juste passable;** ***to overstep, go over the line,*** **passer les bornes, la mesure.** Aussi, **contour, trait, ligne** (du visage) surtout au pl.; **ride, sillon** (d°).

c/ Du sens de **rang, rangée** (de pers. ou de ch.), **alignement,** se dégagent les emplois ou locut. suivants: **queue, file** de personnes qui attendent leur tour, E.U. *« the bread line »* (on a connu cela pendant l'occupation), **file** (de voitures, etc.), **rang** (de soldats, etc.); ***to come, to bring into line,*** **s'aligner** (pr. et fig.), **(faire) rentrer dans l'ordre, ramener à l'obéissance.**

Ligne; suite de mots disposés horizontalement et donc **mot** (de lettre), **billet,** *just* ***a line*** *to tell you that...* rien qu'**un petit mot** pour vous dire que...; au pl. **vers, poésie, poème:** ellipt. pour ***marriage lines,*** **acte de mariage; rôle** (d'un acteur).

d/ Du sens de pers. ou de ch. qui se suivent ou se succèdent dans l'espace ou dans le temps, noter **ligne, lignée, série** des membres d'une même famille; **suite** des degrés de parenté. Pour les transp.

ligne (de chemin de fer, d'omnibus, de navigation).

e/ Le sens de « direction suivie par un mobile » (qui, au pr., peut se rattacher au précédent) donne comme en fr. celui de **tracé idéal,** ***line of sight,*** **ligne de mire, de visée,** ***line of fire,*** **ligne de tir** et, p. anal. *a picture* ***on the line,*** un tableau **à la cimaise** (à hauteur des yeux). Au fig. **voie dans laquelle on s'engage, ligne** de conduite, **parti** que l'on prend, **méthode** que l'on suit, etc., puis **métier, profession, spécialité,** ***line of business,*** **partie, genre d'affaires, branche,** *that is not* ***in my line,*** ce n'est pas ma **partie,** ce n'est pas **de mon ressort, dans mes cordes,** famil... **mon rayon.**

Locut. div.: E.U. ***to be in line for*** (angl. *in the running...*), **être en passe de, bien placé pour, avoir des chances de,** ***to be in line*** *for the Presidency,* **avoir des chances** d'accéder à la Présidence; ***to get a line on,*** **se faire une idée de;** ***to give*** *s.o.* ***a line,*** **« tuyauter »** qqn. ***to be in line with*** (angl. *in harmony with*), **être en harmonie avec,** (des ch.) **cadrer avec, être conforme, assorti à.** ***To take a high line with,*** **le prendre de haut avec.** (Parl. angl.) *a* ***three-line whip,*** une **convocation urgente** (par le chef d'un groupe).

– *Family washing is hung on* ***lines*** *stretched across the lane.* – La lessive familiale sèche sur des **cordes** qui traversent la ruelle.

– *Despair was branded on every* ***line*** *of his face.* – Le désespoir se lisait sur tous ses **traits.**

– *Only a few men had affairs that took them across state* ***lines.*** – Quelques hommes seulement avaient des affaires qui leur faisaient franchir les **frontières** des États (aux E.U.).

– *Our fellow-citizens had* ***fallen into line,*** *adapted themselves as people say to the situation, because there was no way of doing otherwise.* – Nos concitoyens s'étaient **mis au pas,** ils s'étaient adaptés, comme on dit, parce qu'il n'y avait pas moyen de faire autrement.

– *They bowed the head under the rebuke and* ***fell back into line.*** – Ils courbaient la tête sous les semonces et **rentraient dans le rang.**

– *Between the spiritual and the temporal* ***the line is difficult to draw.*** – Entre le spirituel et le temporel **la distinction est difficile à faire.**

– Le commandant Skinner a aimablement proposé à la jeune Olivia de lui apprendre à jouer au golf: *Broad-minded in many ways though Mother was,... she* ***drew the line*** *at golf with Major S.* (Rosamond LEHMANN, *Invitation*, I, 4.) – Si large d'esprit que fût ma mère à bien des égards,... elle **ne voulait pas entendre parler** de leçons de golf avec le commandant S.

– Le peintre Bildake a une conception singulière de la charité: *I don't in the least object to your playing practical jokes on other people, but* ***I draw the line*** *at having played them on me.* (A. HUXLEY, *Point c. P.*, IV.) – Je ne vois aucun inconvénient à ce que vous fassiez des blagues aux autres, mais que vous me les fassiez à moi, **je ne marche pas!** (Trad. Jules CASTIER.)

– *Some people* ***draw the line*** *at no sort of caddishness.* – Il y a des gens qui ne **reculent** devant aucune muflerie.

– *We must take a* ***line.*** – Il nous faut prendre un **parti.**

– *We shall work* ***along these lines.*** – Nous nous engagerons **dans cette voie.**

– *I found I had forgotten the* ***line*** *of argument I had intended to follow.* (WELLS, *Men in the Moon,* XI.) – Je m'aperçus que j'avais oublié le **sens** de l'argumentation à laquelle je me proposais de me tenir (dont je n'entendais pas dévier).

– *A princess descended from a long* ***line*** *of kings.* – Une princesse descendue d'une longue **suite de rois.**

– *Mr. Augustus Cooper was in the oil and colour* ***line.*** (DICKENS, *Sketch. by Boz.*) – M. Auguste C. **faisait dans** les couleurs (était **marchand de couleurs, droguiste**).

– *Have you got anything* ***in my line*** *to-night?* (ID., *O. Twist,* XXVI.) – Avez-vous ce soir quelque chose **qui rentre dans ma spécialité?**

– *This work would not be* ***in my line.*** – Ce travail ne serait pas **dans mes cordes.**

– *It is important I should* ***take my own line*** *now.* – Il importe que je **m'engage** désormais **dans une voie** qui soit la mienne.

– Toute jeune femme est empressée d'aller au bal: *We must go early; if we get into the* ***line*** *of carriages we are lucky if we make our appearance before eleven.* – Il faut partir de bonne heure; si nous sommes pris dans la **file** des voitures, nous serons bien heureux de faire notre entrée à onze heures.

– *I do not approve of this* ***line*** *of thought.* – Je n'approuve pas cette **façon** de penser.

Lion, lionize (to). – La coutume de montrer aux touristes les lions de la Tour de Londres a donné naissance à l'expression générale *to see, to show the* ***lions,*** qui signifie « voir, montrer les **monuments intéressants** ou **remarquables,** les **curiosités** d'une ville, les **sites pittoresques** ou **curieux** (d'un paysage) », cf. E.U. *to see the elephant.* Le terme est d'ailleurs francisé (voir L., 5°). De plus, par anal., *a* ***lion*** désigne un **personnage marquant,** une célébrité recherchée, que l'on s'arrache, un **homme en vue,** une **vedette.** *A* ***lion-hunter*** peut donc être **l'hôte ou l'hôtesse en quête d'une célébrité à produire.** Quant à ***to lionize,*** ce sera **voir, visiter** ou **montrer les curiosités** (d'une ville); **faire une célébrité de, lancer** (qqn.).

– Lamb se plaint de la disparition des mendiants et déclare qu'ils contribuent à donner à Londres sa physionomie particulière: *The mendicants of the great city were so many of her sights, her* ***lions.*** *I can no more spare them than I could the cries of London. No corner of a street is complete without them.* (*Elia. A Complaint of the Decay of Beggars.*) – Chaque mendiant de la grande cité représentait une de ses **beautés.** Je ne puis pas plus me passer d'eux que je ne pourrais me passer des cris de Londres. Nul coin de rue n'est complet sans eux.

On a cherché à rendre l'antithèse: chacune de ces laideurs était une **beauté,** un trait dont on pouvait être fier, que l'on pouvait montrer avec orgueil.

– *After having seen* ***all the lions*** *at Venice, I started one morning with the dawn.* – Après avoir vu **tout ce qu'on voit de curieux** à Venise, j'en partis un jour au lever de l'aurore.

– *... I had only met her once before, but she took it into her head* ***to lionize*** *me* (O. WILDE, *Dorian Gray,* I.) – Je ne l'avais rencontrée qu'une fois auparavant, mais elle se mit en tête de me présenter comme une **célébrité** (on dirait auj.: « comme une grande **vedette** »), de me **produire.**

Liquid. – En lat. *liquida aqua,* en angl. *the* ***liquid*** *air,* sont, respect., de l'eau **claire, transparente,** et l'air **limpide.** *A pair of* ***liquid*** *eyes,* une paire d'yeux **limpides** (1). On a même dit: † ***a liquid*** *proof,* une preuve **claire.** Remarquer que de l'argent liquide, c'est de l'argent net et clair, d'où liquider un avoir, le rendre clair et net.

D'autre part ***liquid*** se dit de principes, d'opinions **instables, variables, changeants, inconsistants, flottants.** Appliqué aux mouvements, il signifie **libre, aisé, facile, naturel.** C'est dans le même esprit et en usant d'une image analogue que nous parlons d'un style coulant, d'une harmonie *fluide,* d'un « contour... *fluent* » (Diderot).

– *This man has very* ***liquid*** *convictions.* – Cet homme a des convictions bien **flottantes,** bien **inconsistantes.**

Liquor, to liquor, liquorish, liquorous. – Comme en fr. – **substance liquide.** « L'eau est la plus abondante des liqueurs. » Mais, chez nous, *liqueurs spiritueuses* a été abrégé en *liqueurs,* et quoique l'ancienne expr. « vins de liqueur » soit fr., elle est assez rarement employée. Au contraire, en angl. ***liquor*** s'applique couramment à toutes les boissons fortes. D'autre part, ce mot signifie l'**eau** (terme de brasserie); l'**eau dans laquelle la viande a été bouillie,** le **jus,** la **sauce;** la **graisse dans laquelle on a fait frire** (le lard, le poisson, etc.); l'**eau,** le **liquide contenu dans les huîtres;** le **liquide produit par l'infusion du thé dont on veut apprécier la qualité;** ***in liquor*** se dit du thé **infusé.** Des pers. *to be* ***in liquor,*** être **gris,** être **ivre,** être **pris de vin.** *To be (the) worse for* ***liquor,*** être sous l'empire de la **boisson.** De même, *to be disguised* ***(in liquor),*** arg. arch., être **gris, entre deux vins.**

Le verbe a les sens corresp. Noter l'expr. ***to liquor*** *boots* (BOYER), **graisser** des bottes, et, arg., ***to liquor*** *(a man's)* ***boots,*** le **cocufier;** † **battre;** enfin, intr. ***to liquor,*** **faire boire; boire.**

Liquorous, liquorish, **friand,** ce sont les mêmes mots que *lecher (ous) lickerish.* On rapprochera *lecher (ous)* de l'anc. fr. *lecheor* (*lechier* = mener une vie de débauche), fr. mod. *lécher, lécheur,* pop. *licheur.*

(1) Cf. « les yeux du philosophe (Bergson)... luisaient d'un bleu liquide dans l'ombre » (Joseph DESAYMARD).

– *There were some casks of **liquor** whether wine or brandy, I knew not.* (Defoe, *Crusoe*, I, xiii (1840), 227.) – Il y avait un certain nombre de barils **pleins,** vin ou eau-de-vie, je ne saurais dire.

– *When he had slept off his **liquor**.* – Lorsqu'il eut cuvé son **vin.**

– *I was a little disguised* (sous-entendu: ***in liquor***) *as they say... Well in short I was drunk.* (Dryden, *Wild Gallant*, I, i.) – J'étais légèrement **pris** (pour **pris de vin** – ce qui demande une explication), comme on dit. Bref, j'étais ivre.

– *The famished sailors dipped their biscuit-cakes in the **liquor** of the meat.* – Les matelots affamés trempaient leurs biscuits dans le **bouillon** de la viande.

– Parlant d'une jolie femme, un domestique qui a son franc parler dit à son maître: Malepeste! voilà un morceau bien **friand** (*Gil Blas*, X, viii), et Smollett: *What the plague! here is a morsel for a **liquorish*** (entendez ***lickerish***)*palate.*

– Un journaliste américain, rendant compte des affaires françaises, rappelle: *the power of **the liquor lobby**,* par quoi il entend: la puissance des **bouilleurs de cru.**

List. – L'*Oxford Dictionary* a huit subst. différents. Nous pouvons les réduire à sept, en identifiant, contre l'opinion du lexicographe angl., le ***list***, † **bord, liston, lisière** (d'étoffe), **lice** ou **champ clos, joute,** etc. avec ***list***, **bande** (de peinture, par exemple, autour de la coque d'un navire), d'où l'expression maritime ***to have, to acquire a list,*** **donner de la bande,** qui se dit aussi d'un bâtiment (non de mer), d'un édifice, **qui penche.**

– *The whole building **had got** a considerable **list** or leaning to the S. W.* (Smeaton, *Eddystone Light*. § 85.) – L'édifice tout entier **penchait** considérablement vers le sud-ouest.

– Récit d'un combat naval; l'*Exeter* a été gravement touché: *She was burning... and **had a heavy list**.* – Il était en flammes... et **donnait fortement de la bande.**

– *If he appeared in the **lists**, he always fixed the eyes of the beholders on his strength and dexterity.* – S'il paraissait dans les **joutes,** il y faisait toujours admirer sa force et son adresse.

Literature. – Il ne faut jamais oublier que les mots ont tendance à se dégrader: Verlaine a dit *(Art poétique)*: « Et tout le reste est *littérature* », c.-à-d.: factice, artificiel, peu sincère. Mais, si, comme l'angl. nous avons adopté le néol.: la littérature du sujet, de la question dans le sens de la bibliographie, de l'ensemble des ouvrages, des écrits qui s'y rapportent, nous n'allons pas jusqu'à donner à ce mot le sens de **prospectus, brochures, imprimés, tracts,** etc. utilisés à des fins de propagande plus ou moins intéressée.

– ***Literature** sent free on request.* – **Documentation** adressée gratuitement sur demande.

– *In canvassing, in posters and in the distribution of what by a profane perversion of language, is called **« literature »**.* (N.E.D.). – Trad. inutile.

Litter. – † **Lit; lit** ou **couche** (de galets, p. ex.); **litière à porter les gens, les malades ou blessés,** comme en fr.; † **paille, roseaux** pour le couchage des gens ou des bêtes; **paille,** tout simplement.

Sens mod. dérivés: **rebut, débris** (jonchant le sol): **désordre, fouillis, gâchis; portée d'un animal,** *a **litter of pigs**,* une **cochonnée,** ***of pups***, une **chiennée,** ***of cats***, une **chattée,** *at one **litter***, d'une **portée,** et, au fig. **ribambelle.**

– *His room is a **litter**.* – Sa chambre est un **fouillis** (est toute **sens dessus dessous**).

– *A servant-maid and a **litter** of children.* – Une bonne et une **ribambelle** d'enfants.

– ***A litter of useless knowledge***, un **fatras de connaissances inutiles.**

– *When a man had married into a house where there was a whole **litter** of women, he might have plenty to put up with if he chose. But Mr. Tulliver did* not *choose.* (G. Eliot, *Mill on the Floss*, VIII.) – Quand un homme entrait dans une maison où il y avait des femmes **à revendre,** il pouvait avoir ample matière à s'exercer à la résignation, s'il le voulait. Mais M. Tulliver ne le voulait *point.*

Livery. – La livrée, c'est, primitivement, la *livraison*, non seulement de vêtements, mais de vivres, faite par un seigneur à ses gens, d'où **ration,** et particulièrement, **ration** d'un cheval. *A horse at **livery*** sera donc un cheval en **pension** et ***livery**-stable* désignera l'écurie **où l'on prend des chevaux en pension,** puis, p. ext., **établissement de loueur de chevaux,** de **voitures** et ***livery**-coach*, le nom d'une voiture **de louage, de grande remise,** une **remise,** comme nous avons fini par dire ellipt.

A ces sens cour., nous ajouterons, outre les sens fr., jur. **mise, envoi en possession** et **émancipation** d'un(e) mineur(e). ***To sue (for) one's livery***, **demander, réclamer ses biens à son tuteur.**

– *If the piebald stands **at livery** much longer, he'll stand at nothing as we go back,* dit le vieux Weller, qui médite un méchant tour au galant de sa femme et le versera apparemment dans quelque fossé. (Dickens, *Pickwick*, II, xvi.) – Si le cheval pie reste encore quelque temps à l'**auberge** (au **râtelier**), rien ne l'arrêtera au retour (il fera des bêtises).

Local, locality. – Employé surtout au plur. et subst., ***local*** doit s'entendre des **gens du lieu;** sing. **chronique locale.** *A **local***, pour ***local** examination*, (un) **examen** que fait passer dans certains **centres** un jury désigné par les **universités,** pour ***local train***, **chemin de fer d'intérêt local; timbre-poste** n'ayant cours que dans un certain secteur; aux E.U., **objet confié à la poste,** portant une adresse qui n'est connue que localement, et non généralement; aussi famil. *the **local***, le **bistrot du coin.**

Adj. ***local** time*, temps **vrai du lieu.**

Locality, **caractère local** (d'un usage, d'une coutume, voire de préjugés); **particularité** ou **circonstance locale** (dans L., 1°); psych. ***(sense of) locality***, **localisation** (d'un stimulus), d'une excitation;

*to have the **bump of locality**,* avoir la **mémoire des lieux**, la **bosse de la topographie, de l'orientation.**

– *A **local** feast day.* – Un jour férié **du pays.**

– *If it (the sea) is capable of great and secular mischiefs, it is quite as ready at private and **local** damage.* (Emerson, *E.T.*, II.) – Capable d'exercer de grands ravages, qui exigent des siècles d'efforts, la mer n'en est pas moins prête à causer aux individus des dommages **plus limités.**

– ***Locality**, Thompson regarded as unimportant.* – La **localisation**, T. n'y attachait pas d'importance.

– *The **local** team will be trained and supervised by international experts.* – L'équipe **nationale** sera formée et dirigée par les experts internationaux. (Il s'agit, en effet, de l'assistance technique prêtée aux pays en voie de développement.)

– *The trade unions complained of the **local** variations of wages.* – Les syndicats se plaignaient des disparités **régionales** des salaires.

– Quand elles vivent en province, les jeunes filles craignent de ne pas rencontrer le cavalier rêvé pour leur premier bal: *The list of **local** young men was small, unfruitful, soon exhausted.* (Ros. Lehmann, *Invitation*, I, 2.) – La liste des jeunes gens **du cru**, courte, sans intérêt, avait vite été épuisée. (trad. Jean Talva.)

Remarque. – « En réalité, les régressions sont temporaires (un temporaire qui peut durer des siècles) et *locales* (une localisation qui peut embrasser des continents). » Il convient donc, quand on rencontre ce mot, de se rappeler cette pensée de haute philosophie due à l'historien René Grousset *(L'homme et son histoire)* (1). Elle vaut pour les deux langues et peut être rapprochée de cette observation de Focillon sur l'œuvre d'art (*La vie des formes*, I): « Elle est particulière, *locale*, individuelle, et elle est un témoin universel. »

Locate (to), location. – Le latiniste qui lira: *The Castilian officers to whom the **location** of the camps had been entrusted,* comprendra en pensant à l'expression *locatio verborum* « l'action de placer, l'arrangement, la disposition des mots » (dans la phrase). On voit tout le déroulement de ce sens du subst. issu du verbe *locare* « placer ». Ce sera: **établissement en un lieu; emplacement, situation; localisation** (d'un phénomène sismique ou autre) (comparer ***locating** a battery*, **repérage** (de l'emplacement) d'une batterie); E.U. **arpentage, lever du plan** (d'une concession minière) et p. ext., la **concession** elle-même (syn. *claim*): en Afrique du Sud, **réserve indigène;** en Australie, **ferme** ou **station d'élevage;** E.U. encore: **lieu de résidence,** ***to locate*** employé absol. signifiant: **faire élection de domicile, s'établir, se fixer** (dans un lieu), avec sens corresp. pour le subst.

– *A kraal, called a **location**, where the Kaffirs, employed in the towns as porters, etc., live in huts.* – Un kraal, appelé **réserve,** où les Cafres employés en ville comme portefaix, etc., vivent dans des cases.

(1) P. 145.

– *Immigrants were warned against hasty **location**...* – Les immigrants ont été avertis de ne pas **se fixer** précipitamment (ou: à la légère).

Locket. – Notre *loquet*, fermeture, est devenu... un **médaillon!** C'est le sens courant. Il a signifié: † **fermoir.** Il veut dire encore **bélière** ou **bracelet** (du fourreau de sabre).

– *A little gold **locket**, in which were two locks of hair.* (Dickens, *O. Twist*, XXXVIII.) – Un petit **médaillon** en or, contenant deux mèches de cheveux.

Locomotive. – Locomotif « qui a rapport à la locomotion » dit le Larousse, d'où (machine) locomotive ou locomobile. D'où encore *a **locomotive**,* pour ***locomotive** animal*, animal **doué de locomotivité.** Arg.: les **flûtes,** le **train onze,** *to use one's **locomotives**,* jouer, se tirer des **flûtes;** ***locomotive** people*, des gens **qui aiment voyager, qui ont la bougeotte.**

Locust. – 1° **Sauterelle,** dont le nom scientifique est locuste, famil. **criquet,** au fig. **destructeur, (dé)prédateur, personne vorace.**

2° a) **caroube,** ***(locust-bean)*** fruit du **caroubier,** ***locust-tree,*** aussi **robinier** ou **faux acacia, acacia vulgaire;** b) fruit du canéficier ou cassier, appelé aussi casse fistuleuse *(cassia fistula)*.

– *The food that to him now is as luscious as **locusts**, shall be to him shortly as bitter as coloquintida.* (Shaks., *Oth.*, I, iii, 354.) – L'aliment, qui lui est aujourd'hui aussi doux que **caroubes,** lui sera bientôt aussi amer que coloquinte.

Lodge (to), lodge, lodgement. – Du lat. *locare*, de même que *to couch*, c'est *collocare*. *Locare* a donné ***to lodge*** et *to locate*, *q.v.* ***To lodge** a deer, to locate a battery*, c'est **dépister** un cerf, *repérer* une batterie.

Autrefois, ***to lodge*** pouvait être syn. de *to harbour, to entertain* (voir ce mot). On disait ***to lodge** vain thoughts*, **nourrir, entretenir** de vaines pensées. Auj., notons les sens fréquents de **mettre** (en prison, en sûreté): ***to lodge** money*, **déposer** de l'argent (dans une banque, p. ex.): **déposer** (une plainte): **interjeter** (appel). Pop., **invoquer** (une objection, etc.): **confier** (des fonctions à qqn.): **planter, ficher, enfoncer** (un poignard, un javelot, une flèche, etc.), **loger** (une balle dans le corps de qqn.): enfin **détourner, embûcher** (un chevreuil, un cerf) et intr., des mêmes animaux, **s'embûcher, chambrer.**

Aussi: (du blé, des céréales) **verser, (se) coucher** (sous l'influence du vent, etc.).

***Lodge**,* outre loge (de concierge), ***keeper's lodge*,** **maison de garde-chasse;** ***(gate-) lodge*,** **pavillon d'entrée** d'une propriété, d'un manoir, **maisonnette, pavillon de garde;** ***shooting lodge*,** **pavillon, rendez-vous de chasse.** Autres sens, **gîte** d'un animal, **hutte** (de castor), **terrier** (de loutre); **hutte** des Indiens d'Amérique, **wigwam;** Min. **recette, accrochage.** (A Cambridge), *Master's **lodge**,* **résidence** du directeur d'un collège.

*A **lodgement**,* c'est *a foothold,* **logement,** terme militaire (sens 5° de L.), que nous signalons parce qu'il est peu connu.

– *The impeachment which the king had **lodged** against him.* – L'accusation que le roi avait **portée, introduite** contre lui.

– *The power of the Crown is always **lodged** in a single person.* – Le pouvoir royal est toujours **dévolu** à une seule personne.

– *Animated with the hope of such an advantageous match, our adventurer missed the opportunity of improving the **lodgement** he had made.* (SMOLLETT, *Count Fathom,* LI.) – Encouragé par l'espoir d'un parti si avantageux, notre aventurier laissa échapper l'occasion d'améliorer le **logement** (L., 5°) qu'il avait fait, c'est-à-dire de pousser son avantage.

– Shylock porte à Antonio (*Merch. of V.,* IV, i, 60) une haine **tenace, invétérée,** ***a lodged** hate.*

– Un invité, prié par la mère au mariage de sa fille, mais dont la présence n'était pas désirée, s'écrie: *She didn't think I'd come, I lay, said Uncle Pentstemon a little foiled, but **effecting an auditory lodgment** on Johnson.* (H.G. WELLS, *Polly,* VI, 5.) (Cette accumulation pédantesque de mots latins produit un effet comique.) – Elle ne s'attendait pas à me voir, pour sûr, dit l'Oncle P. un peu décontenancé, mais **prenant possession de l'oreille** de Johnson.

– *The shorter types of maize **might have less lodging.*** – Les types de maïs de taille peu élevée **offrent** peut-être **plus de résistance à la verse.**

Lodger. – Le sens de « logeur » est devenu arch. (1632. *A **lodger**,* hoste, qui loge ou héberge), et auj. le mot signifie **locataire, sous-locataire, pensionnaire,** qui bénéficie du vivre et du couvert, du logement et de la table *(board and lodging)* contre rémunération.

– ***He lived as a lodger** at the house of a widow woman.* (ADDISON, *Spectator,* n° 101.) – **Il avait pris pension** chez une veuve.

Long. – On serait bien mal avisé de traduire littéralement les expressions suivantes: *a **long** bill,* un **grand** compte, une **grosse** note, une note **salée;** *a **long** purse,* une bourse **bien garnie;** *works of art are fetching **long** prices,* les œuvres d'art atteignent des prix **élevés;** *this woman has a **long tongue**,* cette femme est **loquace, bavarde, a la langue bien pendue;** *a fellow **with a long head**,* au fig. un type **sagace, perspicace, qui voit loin;** *the guest used to give* **long** *dinner-parties,* l'amphitryon avait coutume de donner de **grands** dîners: *he needs must do pot-boiling to maintain his **long** family,* force lui est de faire des besognes alimentaires pour entretenir une famille **nombreuse.**

Longitude. – Comme le lat., **longueur** dans l'espace ou le temps.

*A petticoat **of scanty longitude*** (W. SCOTT), un jupon **succinct;** *the **longitude** or brevity of a disease,* la **longueur** ou la brièveté d'une maladie. Emplois devenus plaisants.

Lot. – ***To draw lots,*** **tirer au sort;** ***by lot,*** **au sort,** ***the lot** falls on,* **le sort** tombe sur: ***the lot** is cast,* **le sort** en est jeté: ***it fell to my lot to,*** **il m'arriva de..., il me fut donné de..., le sort voulut que je...;** *the wage-earner's **lot**,* la **condition** du (ou des) salarié(s).

Autres sens, † **impôt, taxes,** ***scot and lot,*** **taxes communales;** *to pay **scot and lot**,* payer sa **quote-part d'impôt, être contribuable;** ***to pay s.o. off scot and lot,*** **faire son affaire, régler son compte à qqn.** Famil. *a **bad lot**,* un **mauvais sujet,** un **mauvais garçon,** une **canaille,** un **garnement,** un **vilain oiseau,** ***he is a bad lot,*** **il ne vaut pas cher.** ***The lot,*** **le tout, l'ensemble,** *he bought **the whole lot**,* il a acheté **le tout;** ***a lot of,*** **beaucoup, une grande quantité de,** parfois au pluriel, *he has **lots of** friends,* il a **une flotte** d'amis, *he spends **lots of money**,* il dépense **un argent fou,** ***he has lots of money,*** **il roule sur l'or,** ***there are lots** of such people,* ces gens-là **sont légion.**

– *I have **lots to do.*** – J'ai du **travail par dessus la tête.**

– (Ironiq.) Une cuisinière à qui l'on n'a pas fait de compliments s'écrie: *Oh, you are **a dainty lot**, you are!* – Allez, vous êtes **de fins becs!**

– Le capitaine Mac Whirr veut qu'on parle clairement: – *Never heard a **lot** of coolies spoken of as passengers before.* (J. CONRAD, *Typhoon.*) – Jamais au grand jamais je n'avais entendu appeler « passagers » une **bande** de coolies.

Lounge (to). – Flâner, lézarder, paresser.

Love. – Nul n'ignore, bien entendu, le sens courant de ce mot: mais si l'on rencontre l'expression *to play **for love**,* il faut entendre: jouer **pour l'honneur, pour le plaisir, sans être poussé par l'appât du gain,** d'où encore:

– *This picture **is not to be had for love or for money**,* ce tableau est **sans prix, n'est à vendre, ne peut s'obtenir à aucun prix,** ou **pour tout l'or du monde.**

– *What you are looking for is not **to be had for love or for money**.* – Vous cherchez une chose **introuvable,** un **merle blanc.**

– *I shouldn't take that risk **for love or for money**,* je ne risquerai cela **pour rien au monde, même pour un empire.**

Enfin, (jeux et sports) **zéro, rien :** *four **love**,* quatre à **zéro,** ***love all,*** **égalité à rien,** ***love game,*** **jeu blanc,** jeu **où l'adversaire n'a marqué aucun point.**

Loyal, loyalty. – Fidèle, dévoué (à); **fidèle** (au roi et à la famille royale) d'où ***loyalty,*** dans l'usage récent, **dévouement enthousiaste à la personne et à la famille du souverain.**

– *A true writer remains unshakeably **loyal** to his own genius.* – Un écrivain véritable reste inébranlablement **fidèle** à son génie propre.

– *Among the most potent forces which determine whether an individual will develop into a delinquent or a non delinquent are his **loyalties** and his group identification.* – Au nombre des forces les plus puissantes qui peuvent déterminer l'individu à devenir, selon le cas, un délinquant ou un citoyen honnête, il convient de mentionner les **allégeances** sociales et la conscience d'appartenir à un groupe.

Lozenge. – Pastille ronde, mais à l'origine en forme de losange. *Peppermint* ***lozenges,*** **pastilles** de menthe.

– Burlap est bien soigné par sa collaboratrice : – *He had drunk a glass of hot milk and honey and was now sucking a soothing* ***lozenge.*** (A. HUXLEY, *Point c. Point,* XVIII.) – Il avait bu un verre de lait chaud avec du miel et suçait à présent une **pastille** pectorale. (Trad. Jules CASTIER).

Lubricous, lubricity. – Le mot lat. *lubricus* signifie « glissant ». Lorsque Paré, au XVIe siècle, parle de viandes lubriques, il entend des aliments qui glissent tout seuls, passent bien.

Le même auteur écrit : « La langue glisserait d'entre les doigts à cause de sa *lubricité,* ainsi que fait une anguille. » Et *lubrifier* veut dire « rendre glissant ».

Donc, ***lubricous*** signifie **glissant, lisse, huileux, visqueux;** au fig., **qui glisse entre les doigts, qui échappe,** d'où ***lubricity,*** **mobilité, instabilité; fugacité;** *the* ***lubricity*** *of fortune,* l'**inconstance** de la fortune. Sens désuets : † **loquace;** † **insinuant.**

– *The one ally on whom they had a right to depend was slipping out of their grasp with distracting* ***lubricity.*** – Le seul allié sur lequel ils eussent le droit de compter leur glissait entre les doigts avec une **inconstance,** une **mobilité,** une **instabilité** déconcertante.

Lucid. – Le premier sens, dans L., est : † **qui a du luisant.** Cette acception est angl. Le fr., à partir de là, n'a que des sens fig. : « esprit, folie lucide ».

Les sens angl. sont : **brillant, lumineux, éclatant; transparent, limpide** – tous sens lat.

– *The* ***lucid*** *morning's fragrant breath.* (J. THOMSON, *City of Dreadful Night,* I, i.) – Du matin **lumineux** l'haleine parfumée.

– *The* ***lucid*** *atmosphere.* – L'atmosphère **limpide.**

Luminary. – (D'une personne d'un savoir transcendant) **lumière, phare** (cf. le poème de Baudelaire, *Les Phares*) : **flambeau** (de la science, etc.) (au pl. **illustrations, gloires**).

– *One of the greatest* ***luminaries*** *of philosophy.* – Une des plus grandes **lumières** de la philosophie.

– *Portraits of the* ***luminaries*** *of the Church.* – Portraits des **gloires** ecclésiastiques.

Lunatic (adj. et subst.). **–** Dans le langage général, lunatique signifie fantasque, extravagant, aussi changeant que la lune. Il est un peu lunatique, c'est un lunatique. Mais il convient de noter l'acception de l'Évangile : **fou,** car c'est le sens angl. : Seigneur, ayez pitié de mon fils, qui est *lunatique* (SACI, *Bible,* Év. Saint Math., XVII, 14), et substantivement, *le lunatique* de l'Évangile.

Si *lunatic* est cour. voire jur. au sens de **dément,** la langue médic. emploie plutôt *insane.*

– *A* ***lunatic*** *asylum,* une maison **de fous,** un asile **d'aliénés.**

Rapprocher : « Les épileptiques font leur maximum de crises à la pleine lune (ce qui les fit nommer jadis *lunatiques*). » (Emmanuel MOUNIER, *Traité du caractère,* III, ii).

Lunch, to lunch, luncheon. – ***Lunch*** est une abréviation de *luncheon,* (cf. *munch* et *muncheon*), le premier sens (fin du XVIe s.) étant † **morceau, gros morceau,** mis peut-être pour *lump* par analogie avec *hump, hunch* (WEEKLEY) : *a* ***lunch*** *of bread,* une **brife,** un **quignon** de pain. ***To lunch,*** c'est **casser la croûte, manger un morceau sur le pouce, faire une légère collation** entre le *breakfast* et le *dinner* (dîner du milieu du jour), mais ***lunch*** s'entend aussi du *midday meal* et aux E.U. d'un léger repas à n'importe quelle heure.

Le sens gén. de repas est bien marqué dans l'exemple suivant : Invité à déjeuner, le Commandant Pendennis décline l'offre : *The Major said he has just breakfasted and* ***wouldn't have any lunch.*** (THACKERAY, *Pendennis,* XXX.) – Le Commandant P... affirma qu'il venait de déjeuner et qu'il **ne voulait rien manger.**

Luncheon, **déjeuner à la fourchette; lunch** (adopté par nous), **repas de midi;** dans les wagons-restaurants, *second* ***luncheon,*** deuxième **service.**

REMARQUE. – Noter quelque imprécision dans les significations de ces mots.

Lune. – 1° est le v. fr. *loigne,* fr. mod. *longe,* moyen angl. *loyne, loin,* **laisse** (de faucon); 2° fr. *lune,* latin *luna,* a/ géom. **lunule, croissant;** b/ **demi-lune.**

Lustre. – **Pendeloque,** et non seulement lustre qui se dit plus couramment : *chandelier, q.v.*

– *Down the centre of the elaborate ceiling were three chandeliers, each bearing some hundreds of dangling glass* ***lustres.*** (WELLS, *Tono Bungay,* Nelson, 21.) – Du plafond ouvragé pendaient en enfilade trois lustres, chacun d'eux portant quelques centaines de **pendeloques** de verre.

Il faudrait y mettre de la bonne volonté pour croire que des chandeliers sont suspendus au plafond et qu'ils portent chacun plusieurs centaines de lustres.

Luxurious, -ly. – *A* ***luxurious*** *hotel,* un hôtel luxueux; en effet, *a* ***luxurious*** *woman,* n'est pas ce que le profane pourrait croire, mais une femme **qui aime le luxe,** ***luxurious*** *people,* des **voluptueux,** des **gens qui s'écoutent, ne se refusent rien,** des **sybarites.**

Luxurieux se dit en angl. *lecherous, liquorous (q.v.), lewd, lustful.*

REMARQUE. – L'angl. cour, n'a conservé des sens des mots lat. (1) que ceux que nous venons d'énumérer, tandis qu'en fr., il s'est fait un départ entre « luxure, luxurieux » et « luxe, luxueux ».

(1) *Luxuriosus, luxuriose.*

– *They spent their honeymoon drifting **luxuriously** down the coast of Spain.* – Ils passaient leur lune de miel en louvoyant **voluptueusement** le long des côtes d'Espagne.

–*Habit converts **luxurious** enjoyments into dull and daily necessities.* (A. HUXLEY, *Point c. P.*) – L'habitude transforme les **jouissances exquises** en nécessités ternes et quotidiennes. (Trad. Jules CASTIER.)

Luxury. – Compte tenu de ce qui vient d'être dit, on comprendra que *a **luxury*** soit parfois un **régal,** une **friandise,** une **volupté,** un **plaisir** intense, délicat ou raffiné, et au pluriel, ces **superfluités exquises** dont certains font souvent leur nécessaire. Le mot va même jusqu'à signifier **délices.**

– *Religion is a private **luxury.*** (NEWMAN.) – La religion est un **objet de luxe** dont il faut jouir dans le secret.

– *He often sat before tables covered with **luxury.*** (JOHNSON, *Rasselas*, II.) – Il était souvent attablé devant une abondance de **mets recherchés.**

– *She indulged herself... in all the **luxury** of tender grief.* (FIELDING, *Tom Jones*, VII, v.) – Elle s'abandonna (se laissa aller) à toute la **volupté** d'un douloureux attendrissement.

– Sir Peter Teazle reproche à sa femme de se livrer à de folles dépenses: *No, no, madam, you shall throw away no more sums on such unmeaning **luxury.*** (SHERIDAN, *School for Scandal*, II, I.) – Non, non, madame, vous ne jetterez plus d'argent par les fenêtres pour satisfaire un **luxe** aussi dénué de sens.

– Publicité: *Shaving, a **luxury** with our razor.* – Se raser avec notre rasoir est un **plaisir.**

– *The **luxury** of his home corrupted him.* – La **délicatesse** du foyer le corrompait.

– *These boorish peasants are enchanted by the **luxuries** of the seminary.* – Ces grossiers paysans sont enchantés des **délices** du séminaire.

Lyceum. – Lycée, certes, dans la double acception de « quartier d'Athènes où enseignait Aristote » et d'« établissement d'enseignement secondaire dirigé par l'État », mais aussi, E.U.: **université populaire** où sont données des leçons, des conférences sur des sujets littéraires ou artistiques.

Lyric (subst.). – **Poème lyrique.** Quand nous disons un lyrique, nous entendons un poète, non un poème lyrique. Est-il besoin d'ajouter que notre usage est aussi angl.?

M

Macaroni. – Petit-maître (membre du Macaroni Club) qui, environ 1760, affectait du mépris pour la cuisine angl. et marquait sa préférence pour celle du « continent ». **élégant, fat; espèce de pingouin** (1) dont la houppe rappelait, semble-t-il, celle de ces petits-maîtres; **macédoine** (assemblage, mélange disparate); aux Antilles, **quart de dollar.**

Machine. – Au XVIIIe et au début du XIXe s., **véhicule, diligence, coche,** désuet sauf en Ecosse. abrév. de ***bathing-machine*, voiture de bain** sur une plage. Polit. E.U. **organisation d'un parti, comité électoral, leviers de commande.**

Machiner, **cheval de coche.**

Machinery. – Fréquemment au fig., **machines,** dans le sens où nous disons: les *pièces à machines,* d'où les *ressorts* d'une composition littéraire, les personnages et les incidents surnaturels que comporte un poème dramatique, le **merveilleux** (cf. L. 19e et l'expression *deus ex machina*).

Du sens de machine, mécanique matérielle on passe aisément à celui de **machine** de l'État, du gouvernement, de **mécanisme administratif, politique, judiciaire,** soit: † **organisme, système, régime, dispositif, rouages,** etc.

– *The **machinery**, Madam, is a term invented by the **Critic**, to signify that part which the deities, angels or dæmons are made to act in a poem.* (Pope, *Rape of the Lock, Dedication.*) – Le **merveilleux,** madame, est un terme inventé par les critiques, pour signifier le rôle que l'on fait jouer dans un poème aux divinités, aux anges ou aux démons.

– *The Conference* |*of the New Zealand Chambers of Commerce*| *endorsed the organisation of New Zealand immigration **machinery**.*

(1) *Eudyptes chrysolophus*, dit *macaroni penguin*.

(*New Zealand Herald*, 20-21 *November* 1924.) – La Conférence [des Chambres de commerce néo-zélandaises] approuva l'organisation du **système** d'immigration.

– *These proposals will be submitted to the regular conciliation **machinery**.* (Presse anglaise.) – Ces propositions seront soumises aux **organismes** de conciliation régulièrement constitués.

Machinism. – *Management of parties by political **machines***, dit Webster, l'art de diriger les partis en faisant jouer les **ressorts**, les **rouages** de la politique.

Mackerel. – Le maquereau étant un poisson aux brillantes couleurs, *a **mackerel** sky* sera un ciel **pommelé**, D'autre part, *a **mackerel** breeze*, est une **bonne brise, favorable à la pêche de ce poisson.**

Magazine. – Ellipt. pour *(powder-) **magazine***, **poudrière.** *Naut.* **soute aux munitions.**

Magazine-gun, **fusil à répétition.**

– *The whole country was like a loaded **magazine** which an accidental spark might kindle.* (Froude, *Oceana*, IV.) – Le pays tout entier était comme une **poudrière** à laquelle une étincelle accidentelle pouvait mettre le feu.

Un autre mot que nous avons emprunté à l'angl. signifie: **revue ou recueil périodique, magazine**, d'où ***magazine rights***, **droits de reproduction dans les périodiques.**

Magdalen. – **Madeleine repentie;** ***Magdalen*** *(-asylum, -hospital)*, **maison de filles repenties,** *famil.* **les Repenties,** † **les Madelonnettes.**

Maggot. – Au propre, **ver-blanc; larve, ver-coquin;** et, parce que le ver-coquin est la cause du tournis (vertige) des moutons, au fig.: **lubie, caprice, ver-coquin** (cf. *crotchet*): **la personne qui en est victime.**

– Hazlitt n'avait guère de tendresse pour Shelley: *The author of the « Prometheus Unbound »... has a fire in his eye, a fever in his blood, a **maggot** in his brain.* (*Works*, VI, 148.) – L'auteur du *Prométhée délivré* a un feu dans les yeux, une fièvre dans le sang et un **ver-coquin** dans la tête.

– ***Maggot...*** *a whimsical fellow that is full of strange freakish fancies.* (Dyche and Parelon, *Dict.*) – ***Maggot...*** homme quinteux, étrange, fantasque et capricieux. (Nous dirions aujourd'hui un **original,** un **numéro**.)

Magistrate ne se dit que d'un *justice of the peace* ou d'un **commissaire de police** siégeant dans une *police-court*, tribunal de simple police ou tribunal correctionnel de police.

Magnify (to). – † **Magnifier** (Dieu, le Seigneur); **exalter, glorifier** qqn. ou qch.; **grossir, agrandir** (une image) d'où ***magnifying*** *glass*, verre **grossissant, loupe;** au fig. **centupler, multiplier, exagérer, donner une importance exagérée à, n'avoir pas le sens des proportions.** Enfin, ***it magnified but little with him***, **cela ne lui faisait pas grand-chose.**

– *Pope still remains one of the inaugurators of the movement which led the age of Rousseau **to magnify** passion.* – Pope reste bien l'un des initiateurs du mouvement qui a porté le siècle de Rousseau à **glorifier** la passion.

– *Perhaps poverty would **magnify** his talents.* – La misère peut-être **centuplerait** ses facultés.

Maintain (to), maintenance. – **Soutenir** (par des aliments), aussi au fig. (la réputation, etc.): **subvenir aux besoins de; entretenir; défendre** (une cause, une opinion, ses droits). ***To maintain one's ground***, **tenir, rester sur ses positions.**

Maintenance, en fr., action de maintenir, avec des sens peu usités ou dialectaux: la *maintenance* des terres n'est pas chère (dans L., Dauphiné). En angl., outre **maintien** (de l'ordre, d'un agent dans un emploi), **entretien** (des personnes ou des choses: d'une famille, des troupes, des routes), ***maintenance*** *staff*, personnel **chargé de la surveillance des voies ferrées;** sens concrets, **revenu, moyens de subsistance;** jur., **pension alimentaire;** *separate **maintenance***, séparation **de biens; pension alimentaire servie par le mari après séparation de corps;** ***maintenance*** *order*, obligation **alimentaire;** enfin, **aide pécuniaire apportée à l'une des parties, intervention officieuse et vexatoire d'un tiers dans un procès où il n'est pas intéressé.**

– *A time there was, ere England's griefs began,*
*When every rod of ground **maintained** its man.*
(Goldsmith, *The Village*, 52.)

– Il fut un temps, avant que nos maux commençassent,
Où tout bout de terrain **faisait vivre** son homme.

Rapprocher: Aucuns des officiers de l'evesque dudit lieu du Mans... la *maintenoient* [une jeune fille] et en faisaient tout ce que bon leur sembloit. (Jean De Rove, *Chron. scandal.*, I.).

– *Let's adjust our hair a little and **maintain** our character* traduit: Ajustons nos cheveux au moins et **soutenons** notre réputation. (Mol., *Préc. ridic.*, sc. 7).

Maison(n)ette. – « Les petits immeubles en bordure de Hyde Park sont devenus, par la misère des temps, de location difficile; on les a donc partagés en petits appartements, auxquels, le croirait-on, a été donné le nom de *maisonnettes... to let unfurnished...* (Le petit courrier de Ménage, in *Le Français moderne*, 1940, p. 69).

Majesty. – **Dais qui surmonte un catafalque;** comme en ancien fr. (Godefroy), **image de la Vierge.** Blason, *an eagle **in her majesty***, désigne un aigle **couronné et tenant un sceptre.**

On His Majesty's Service, abrégé en O.H.M.S. (pour le service de Sa Majesté), c.-à-d.: **service de l'État;** dans les Postes, **en franchise.**

Major. – **Commandant, chef de bataillon** (dans l'infanterie), **chef d'escadron(s)** (de cavalerie); famil. **sergent-major.** ***Major*** Brown, **le commandant** Brown.

E.U. dans les collèges ou universités, **sujet d'études principal ou spécial** d'un étudiant, **spécialité,** d'où ***to major*** *in a subject,* équivalant à peu près à l'expression anglaise *to take honours in a subject,* **se spécialiser** dans un sujet.

Adj., *Martin **major,*** Martin **aîné,** l'**aîné** des deux Martin.

Major-domo. – *A family where the Devil is **Major-domo** and governs all,* une famille où le Diable est (non pas majordome « maître d'hôtel », mais au sens étymologique « major domus ») **maître du logis,** et gouverne tout.

Major-general. – **Général de division** commandant un corps d'armée (Capt. R. Payen).

Majority. – *He has just obtained his **majority*** (Mansion, *s.v.*) est une phrase qui serait bien propre à embarrasser le novice si elle était isolée de son contexte: elle signifie: il vient de **passer commandant.** Nous disions dans la *Préface* que les Anglais éprouvent le besoin instinctif de forger un mot pour chaque idée; on voit qu'il leur en faut même plusieurs puisque *majorship* signifiait déjà **grade de commandant.**

Autre chose, *the **majority,*** du sens de: la plus grande partie, le plus grand nombre (des hommes), en vient à signifier les **morts.**

Cf. le mot d'Auguste Comte: « L'humanité est composée de plus de morts que de vivants. »

D'où l'expression ***to join, to go or pass over to the majority*** (calquée sur le latin *abire ad plures*) c.-à-d. **mourir, s'en aller** *ad patres,* **passer de vie à trépas, « aller trouver les morts »,** comme dit La F., (*Fables,* XI, iv), ou **« aller voir ses aïeux »** (*Ibid.,* V, xii).

– *His brother had helped in the purchase of his **majority.*** – Son frère l'avait aidé à acheter son **brevet de commandant.**

Majorize. – (Rugby) **transformer (un essai) en but,** ou **monter les points de 3 à 5.**

Malacca cane. – **Canne de jonc.** Description d'un tableau de Hogarth (*The Arrest of the Rake,* l'arrestation du roué, du viveur): *A street urchin uses the opportunity to steal the rake's gold-headed **malacca cane.*** – Un gamin des rues profite de l'occasion pour subtiliser au roué sa **canne de jonc** à pomme d'or.

Malfeasance, -sant. – Ce sont des termes de droit: **acte illégal** commis par un agent de l'État dans l'exercice de ses fonctions, p. ex. **malversation** (*malpractice*); p. ext. tout **méfait** ou **agissement coupable;** *a **malfeasant.*** syn. de *malefactor,* un **malfaiteur.**

Remarque. – Ne pas confondre avec *misfeasance,* aussi jur. **abus de pouvoir** ou **d'autorité,** employé parfois plaisamment.

Malice. – C'est, conformément à l'étym., le désir ou le besoin de mal faire, donc la **méchanceté,** la **rancune.** On trouve ce sens chez nos classiques: « Son cœur n'enferme point une *malice* noire, » a dit Racine dans *Britannicus* (V, 3). Et la Bible: « La justice du simple rendra sa voie heureuse, le méchant périra par sa *malice.* » (*Prov.,* XI, v.) Enfin, auj. encore, dans les expressions « ne pas y entendre *malice* », et dans l'adj. *malin:* l'esprit *malin,* le diable, le démon; une fièvre *maligne,* un ulcère *malin.* Jur. **intention criminelle;** ***with malice prepense, with malice aforethought,*** **avec préméditation.** Parfois, le sens mod. se rapproche du fr. *malice,* qu'exprime plus couramment le mot *mischievousness.*

– *The rank vocabulary of **malice** and hate.* (Morley, *Voltaire,* 5.) – Le vocabulaire malsonnant de la **méchanceté** et de la haine.

– *I bear you no **malice.*** – Je ne vous garde pas **rancune.**

Malign (to). – De tous les sens de ce verbe, issu de l'ancien fr. oublié *maligner:* † **invectiver;** † **en vouloir à;** † **comploter contre;** † **haïr;** † **prendre mal;** † **envier,** un seul surnage, c'est **dire du mal de, calomnier.**

– Alpha (*Leaves in the Wind,* 28), qui, au cours de la dernière guerre, a conçu le dessein d'élever un cochon, écrit: *The pig, I found, was a grossly **maligned** animal.* – Le cochon, je le vis, était un animal dont on avait manifestement **médit** (car on le dit sale et il est propre).

Malinger (to), malingerer. – Ces mots, qui datent d'un siècle, ont été suggérés, assez mystérieusement, par le fr. *malingre,* dont ils n'ont pas le sens. Le verbe signifie **faire le malade, se faire indûment porter malade** (particulièrement dans l'armée), en argot de caserne: **tirer au flanc, carotter le service, se faire** (indûment) **porter pâle.**

*A **malingerer,*** un **simulateur,** un **tire au flanc.**

– *The question is whether the patient is **malingering.*** (Journal médical.) – Il s'agit de savoir si le malade est un **simulateur.**

Malnutrition signifie à la fois **sous-alimentation** et **mauvaise hygiène alimentaire, alimentation défectueuse, fautes de régime.** Nous disons aussi sous l'influence anglaise: **malnutrition.**

Malpractice. – Outre **malversation, faute professionnelle,** spéc. **négligence, incurie** (d'un médecin).

Mammal. – **Mammifère,** et non mammelle, qui se dit *breat (of a woman), udder (of animals).*

Man. – Si à bord d'un navire *a hand* signifie un homme (*all hands on deck!* tous les hommes sur le pont!), ***man*** peut, dans certains syntagmes signifier **navire.** Aussi bien, *a **man-of-war*** ne doit pas s'entendre d'un homme de guerre (comme nous dis ons autrefois un homme d'épée), mais d'un **navire de guerre;** *a **merchantman,*** un **vaisseau, navire, marchand,** ou **de commerce.**

Manage, to manage. – Ces mots n'ont rien à faire, étym., avec le fr. *ménage,* † habitation. Ils s'apparentent à *manège,* mot d'origine ital., « maniement d'un cheval ». Le verbe ***to manage*** correspond au fr. **manier.** Penser à ce mot **manier** facilitera l'intelligence de plusieurs sens; il convient pourtant de ne pas oublier que ***manage*** a été influencé par le fr. *ménage, ménager*, d'origine autre, mais qu'une similarité de forme rapprochait du mot angl. On va le voir:

1° sens issu directement de *manège, manier:* **manier** un cheval et tout simplement **manier; conduire, diriger;** 2° **ménager** (son bien); 3° dernier développement, qui se rattache plutôt à *maniement, conduite habile:* **réussir** (à), souvent dit iron., **avoir le talent de, trouver le moyen de...**

Noter aussi deux acceptions intéressantes que l'on peut rattacher au sens 1: **soumettre, mater, venir à bout de** (cf. *to control*); **arriver à ses fins en flattant, cajolant,** etc. qqn., l'**enjôler,** l'**amadouer,** l'**embobiner.** Enfin, au neutre: *Can you* ***manage?*** **y parvenez**-vous? *he knows how* ***to manage,*** il sait bien **conduire sa barque,** il sait **bien s'y prendre,** il sait **manœuvrer** ou **nager.**

Voici le sens positif: *So well did he* ***manage*** *that he succeeded in insinuating himself in the estimation of persons so exalted.* – Il s'y **prit avec tant d'adresse** qu'il parvint à s'insinuer auprès de personnes d'un haut rang.

– Voici, par contre, extrait d'un périodique, un exemple de l'emploi ironique: *After gaining any diplomatic success, he* ***managed*** *to neutralize the effects of it, by some act of fatuous folly.* (BOOKMAN, *October* 1895.) – Après avoir obtenu un succès diplomatique quelconque, il **réussissait à (avait le talent de)** en neutraliser les effets par un acte de sottise insensée.

– *My mother was the only one that could ever* ***manage*** *him.* – Ma mère était la seule qui pût jamais **en venir à bout.**

– *He could not* ***manage*** *this difficulty.* – Il fut incapable de **surmonter** cette difficulté.

– Famil.: *Can you* ***manage*** *another slice of meat?* – Pouvez-vous **venir à bout** d'une autre tranche de viande?

– *The use of penicillin has enabled the medical profession to* ***manage*** *infectious diseases.* – Le recours à la pénicilline (la pénicillinothérapie) a permis au corps médical d'**avoir raison des** maladies infectieuses.

Titre d'un article: *Penicillin in the* ***management*** *of the treponematoses.* – L'emploi de la pénicilline dans la **conduite** du traitement des (dans **la lutte contre** les) tréponématoses.

– Les ressorts de la politique de clocher: *Despite the great piety and admitted probity of M. de M., it was certain that he* ***could be managed,*** *for he had a large family,* c'est ainsi que le traducteur du *Rouge et le Noir* rend ce passage (ch. XVII): Malgré la haute piété et la probité reconnue de M. de M., on était sûr qu'il **serait coulant,** (c.-à-d. qu'il se laisserait manœuvrer) car il avait beaucoup d'enfants.

– Une femme joue un double jeu. Quelqu'un dit: ***She is managing it unusually well.*** – **Elle se montre joliment adroite, elle s'en tire à merveille.**

REMARQUE. – On sait que, pour les marins, un temps, des vents « **maniables** » sont ceux qui permettent une *manœuvre* facile.

Mandate. – Ordre, injonction. Exemple: *Sir, I obey the* ***mandate.*** *And will return to Venice.* (SHAKS., *Oth.*, IV, i, 270.) – Monsieur, j'obéis à cet **ordre,** Et regagne Venise.

Mange, mangy. – ***Mange*** est l'ancien fr. *mangeue, gale, rogne,* d'où ***mangy,*** **galeux, rogneux;** aussi comme *shabby,* (vêtement) **usé, sale et râpé.** Voici un exemple désuet (1790) de l'emploi figuré de ***mange:*** *If yet thy head possess the* ***mange*** *of writing.* – Si tu as encore la **démangeaison** (ou: le **prurit**) d'écrire.

Manger. – Est bien le fr. mangeoire; se dit aussi d'une auge d'écurie; d'une crèche, mais ce n'est pas une raison pour traduire, sur la foi de Pétrus Borel, *like the dog in the manger,* par: « comme le chien dans la crèche » dans le passage suivant de Robinson Crusoe: *Like* ***the dog in the manger,*** *they would not eat and would not let others eat neither;* il faut dire: Comme le chien du jardinier, ils ne voulaient ni manger ni souffrir que les autres mangeassent, car tel est bien le sens du proverbe: (ODIN, *Curiosités françaises*, p. 97) « Comme le chien du jardinier qui ne mange pas de choux et ne veut pas que personne en mange. »

Mais bien entendu, le célèbre passage de saint Luc II, 7: « *And she brought forth her first born son and wrapped him in waddling clothes,* ***and laid him in a manger*** » doit se rendre « Et elle mit au monde son fils premier-né, l'enveloppa de langes et le coucha dans une **crèche.**

Mania, maniac. – Nous n'usons plus guère des mots *maniaque* et *manie* que dans leur acception vulg. Le sens primitif est « folie dans laquelle l'imagination est constamment frappée d'une idée particulière », mais le mot s'emploie bien plus souvent dans le sens affaibli de « travers d'esprit, goût porté jusqu'à l'excès ». Les Angl. disent des personnes qui ont ce défaut qu'elles sont des *faddists.*

Le mot ***mania*** a gardé parfois pour eux toute la force du terme médical: **aliénation caractérisée par un délire général avec agitation, irascibilité, penchant à la fureur** et, par extension, **transport, délire, fol enthousiasme, égarement d'esprit** (voir Littré); **passion** ou **désir véhéments,** et – sens plus faible emprunté au fr. – **engouement, fureur** (L., 3°), **manie.**

– *The* ***maniac*** *figure of the Saxon Ulrica was for a long time visible on the lofty stand she had chosen...* (W. SCOTT, *Ivanhoe,* II, viii.) – La **folle (délirante)** silhouette de la Saxonne Ulrica demeura longtemps visible sur le piédestal élevé qu'elle avait choisi.

– *To gaze with* ***maniac*** *stare.* – Regarder d'un œil fixe et **égaré.**

Manikin. – Non seulement mannequin, mais aussi, vrai sens originel, **petit homme, bout d'homme, homoncule, nabot, pygmée.** Comme adjectif, **minuscule; chétif:** *my* ***manikin*** *efforts,* mes **chétifs** efforts.

Il y a un autre ***manikin***, dont la variante est ***manakin*****, oiseau de la famille des Pipridae,** originaire de la Guyane.

Manner. – Deux mots, 1° est le fr. manière. Noter: *She plays music* ***as (if) to the manner born***, elle joue de la musique **comme si elle n'avait fait que cela de sa vie, comme si elle était née pour cela, comme si elle avait cela dans le sang;** autres sens: **maintien, tenue, air, attitude, abord :** *he has got an awkward* ***manner***, il a l'**air** gauche, *an easy* ***manner***, un **air** dégagé; au pl. **mœurs, usages, us et coutumes,** ***manners*** *change with the time*, autres temps, autres **mœurs;** comme en fr. avec quelques nuances de trad.: **convenances, savoir-vivre,** ***to have good manners***. **savoir vivre, avoir de la tenue,** ***to have bad manners***, **manquer de savoir-vivre, être impoli,** ***he has bad manners***, **c'est un malappris.** *He was rude in his* ***manners***, il était grossier dans ses **façons;** *she has neither good looks nor* ***manners***, elle n'a ni mine, ni façon.

2° Corruption de *mainour*, fr. d'Angleterre « manœuvre », *taken with* (puis *in*) *the* ***manner***, **en flagrant délit, la main dans le sac.**

– *I shall now stay* ***to teach you better manners***. – Je veux demeurer pour vous **apprendre à parler.**

– *Now, John,* ***where are your manners***. – Voyons, Jean, **vas-tu te tenir! (d'où sors-tu?).**

– John MORLEY, parlant de l'*Essai sur les Mœurs* de Voltaire, dit: *The Essay on* ***Manners***, mais ajoute **Mœurs...** *is untranslatable by any single English word.*

– Le traducteur du *Rouge et Noir* de Stendhal semble avoir aussi éprouvé quelque embarras à rendre le titre du chapitre XXII: **Façons d'agir** en 1830; il dit: ***Manners and customs*** *in 1830.*

Mannerism. – Outre maniérisme « défaut de celui qui s'abandonne au genre maniéré », signifie: **particularité, singularité, manie** (propre à un artiste, un écrivain ou à toute personne).

– *They talked about the* ***mannerisms*** *of the old buck, his way of tugging at the points of his collar, and smearing his moustache with pomade.* – Ils parlèrent des **manies** du vieux beau, de sa façon de tirer les pointes de son faux-col, d'écraser du cosmétique sur ses moustaches.

Mansion. – Est le lat. *mansio*, proprem. action de séjourner, de demeurer, et le v. fr. maison « manoir », sens que l'on retrouve dans l'expression *manor-house* synon. de ***mansion-house***, **manoir, château seigneurial,** et, avec majuscules, **résidence du Lord Maire** de Londres; autres sens, **hôtel particulier,** au pl. **immeuble divisé en appartements; maison de rapport;** astrol., **maison.**

– *We have built for this world a family* ***mansion*** *and for the next a family tomb.* (THOREAU, *Walden*, I.) – Nous avons bâti pour ce monde-ci une **résidence** de famille et pour le prochain, un tombeau de famille.

– *They stopped in the neighbourhood of a large* ***mansion***. – Ils s'arrêtèrent à proximité d'un grand **hôtel.**

MAN

– Les nouveaux riches: *By the side of a factory would soon rise a* ***mansion*** *whose magnificent façade and ostentatious furniture hurled defiance at the old families.* – A côté de l'usine s'élève bientôt un **château** dont la façade orgueilleuse et le mobilier fastueux sont un défi jeté aux vieilles familles.

Mantle, to mantle. – ***Mantle*** **(manteau)** peut, pour les Angl., être † l'**écume** qui se forme sur un liquide ou la **couche de végétation** qui recouvre l'eau croupissante. (Ajoutons ***mantle***, **manchon de bec de gaz à incandescence.; chemise, enveloppe extérieure** de haut fourneau: **parement** d'un mur).

De là le verbe, qui signifie **mousser,** ou qui exprime que le rose de l'aurore **envahit** le ciel, que la rougeur **se répand** (sur les joues).

– *The cider* ***mantled*** *in the glass.* – Le cidre **moussait** dans le verre.

– *The blood that* ***mantles*** *in her cheeks.* – Le sang qui **transparaît** sous ses joues.

– *The venerable* ***ivy-mantled*** *gate of the College.* – Le vénérable porche du collège **enfoui sous le lierre.**

Mantua n'est pas toujours la ville de Mantoue, mais peut être simplement une **mante,** un **manteau,** une **robe,** par suite d'une corruption du mot *manteau*, qui existe aussi en angl.: d'où ***mantua-making***, ***mantua-maker***, comme nous disons **robes et manteaux, couturière, tailleuse.** Cf. L., 2°: « manteau de cour, espèce de robe sans corsage ».

– *She was the most celebrated* ***mantua-maker*** *in Paris.* – C'était la **couturière** la plus en renom de Paris.

– *Brunetta... came to a Public Ball in a plain black silk* ***mantua***. (STEELE, *Spectator*, n° 80.) – Brunetta... s'en vint à un bal public en **robe** de soie noire sans aucun ornement.

Manual (adj. et subst.). – ***Manual*** *(fire-engine)*, pompe (à incendie) **à bras,** ***manual exercise***, **maniement d'armes.**

– *The little shed in which the local fire-brigade kept its* ***manual*** *was alight before the Fishbourne fire-hose could be saved from disaster.* (WELLS, *Polly*, VIII.) – Le hangar où le corps local des sapeurs-pompiers resserrait la **pompe à bras** avait été la proie des flammes avant qu'on eût pu sauver le tuyau à incendie du désastre.

Manufacture, to manufacture. – Le sens de manufacture, « établissement » (qui se dit *factory, mill*) est désuet. ***Manufacture*** signifie la **fabrication** (d'un article): *of English, foreign* ***manufacture***, **fabriqué** en Angl., à l'étranger.

Péjor., **production, fabrication machinale,** par oppos. à celle qui demande de l'intelligence, et, au fig., tout **travail littéraire sans élan, sans enthousiasme, sans âme, fait machinalement;** tout **écrit calomniateur, forgé de toutes pièces, dont on inonde le marché.**

Puis, on arrive au sens de **produit manufacturé** (cf. *fabric*). ***To manufacture*** a les sens correspondants.

– *The most perfect* ***manufacture*** *is that which dispenses entirely with manual labour.* – Le **mode de fabrication** le plus parfait est celui qui élimine entièrement le travail manuel.

– *While* ***manufacture*** *is the work of hands only, art is the work of the whole spirit of man.* – Tandis que le **travail mécanique** est l'œuvre de nos seules mains, l'art est l'œuvre de l'esprit tout entier.

– *After the war, French imperialism was the burden of Germany's policy – mere* ***manufacture*** *intended to influence public opinion in her favour.* – Après la guerre, l'impérialisme français a été le refrain (la rengaine) de la politique de l'Allemagne, pure **calomnie, inventée de toutes pièces et répandue** par elle pour influencer en sa faveur l'opinion publique.

– *This speech is evidently* ***manufactured*** *by the historians.* (GIBBON.) – Ce discours est évidemment **forgé de toutes pièces** par les historiens.

Marble. – Au pl. *To play at* ***marbles***, jouer aux **billes**.

March (to). – **Marcher à une allure militaire; aller à un pas lent** ou **régulier.** Deux sens qui s'expliquent si l'on songe à « marche » ou « allegro militaire » et à « marche nuptiale », par ex. en musique. ***To march off*,** **se mettre en marche; décamper; plier bagage.** Autres sens. † **faire faillite; mourir** ou **défiler la parade.** ***To march***, tr., **faire marcher.**

Du subst. on retiendra les emplois suivants: ***to do a day's march***, **faire, fournir une étape;** ***to steal a march*** *on one*, **devancer** qqn., **partir avant** qqn., **couper l'herbe sous le pied** à qqn., **jouer un mauvais tour, un tour pendable** à qqn. COTGRAVE dit **enjamber sur les marches d'autrui.**

Un autre verbe excl. intr. signifie **avoir des marches, des frontières communes,** ***to march upon, with***, **confiner à, être adjacent à, limitrophe de, aboutir à.**

– *We* ***marched*** *to meet our enemies.* – Nous marchâmes en bataille au devant de l'ennemi.

– Elia *(Imperfect sympathies)* dit des trois quakers qui ne peuvent faire entendre raison à l'hôtesse coupable de leur réclamer plus que leur dû: *They quietly put up their silver and* ***marched out*** *of the room.* – Ils rempochèrent tranquillement leur argent et **sortirent d'un pas décidé.**

– *Our territory* ***marches with*** *theirs.* – Nos terres **confinent aux (sont limitrophes des)** leurs († ou litt. **jouxtent** les leurs).

– ***Lands marching*** *on an estate.* – **Tenants** d'un domaine, d'une propriété.

REMARQUE. – En vénerie, *marche* se dit de la trace, de la foulée d'un animal, les *marches* de la loutre, etc.

Margin (to), margin, marginal. – Noter pour le subst.: **lisière** (d'un bois, d'une forêt); **bord, rive, berge** (d'une rivière, etc.); en Bourse: **acompte, provision, couverture.** En mécan. si marge de sécurité correspond bien à ***margin of security, margin (of error)*** = **tolérance** ou **limite,** et ***thickness-margin, length-margin,*** **tolérance sur l'épaisseur, sur la longueur** respect.

To margin, **fournir une couverture** (pour un ordre de bourse), ***to margin up***. E.U. **verser les couvertures réglementaires.**

Marginal *consumer*, **petit** consommateur, ***m.*** *land*, terre **médiocre** ou **pauvre, de faible productivité** ou **rentabilité.**

Marginal *plants*, plantes **riveraines;** ***marginal*** *rays* (optique), rayons **périphériques;** ***marginal*** *sea*, mer **bordière;** ***marginal case***, **cas-limite, cas tangent;** ***marginal*** *profitability*, **seuil** de rentabilité; *a* ***marginal*** *undertaking*, une entreprise **tout juste,** mais encore **rentable.**

– *The closing of* ***marginal*** *mines is quite normal in a period of recession.* – En période de régression (ou: de dépression) économique, il est tout à fait normal de fermer les mines **les moins rentables** (1).

– *We have no bargains, but we still adhere to a* ***marginal sales*** *policy.* – Nous n'avons pas de soldes, mais nous avons toujours pour principe de **vendre au plus juste prix.**

– *The United States are a* ***marginal*** *supplier.* – Les États-Unis sont un fournisseur d'**appoint.**

– *Some students passed their examination with credit but some others* ***were marginal.*** – Certains candidats ont passé leur examen avec mention (brillamment, haut la main), mais certains autres **ont frisé, frôlé l'échec** (ou famil.: ont été **tangents**).

REMARQUE. – Nos économistes ont adopté la terminologie angl. entreprise marginale « en équilibre précaire »: productivité, utilité marginale: voire (stat.) « population active marginale composée surtout de retraités, de femmes de commerçants... » (*Le Monde*, 9 avril 1968.)

Marine. – Adj. **maritime,** m. **insurance.** Subst. **fusilier marin, soldat de l'infanterie de marine.** ***Tell that to the marines, that will do for the marines***, expression d'incrédulité signifiant: **A d'autres! chansons que tout cela.** ***A dead marine***, une **bouteille vide** arg., un **cadavre;** enfin *a* ***marine***, arg. encore un **lourdaud,** un **niais,** un **balourd,** un **godiche,** un **emprunté,** une **gourde,** un **cornichon;** *a man who is ignorant and clumsy about seaman's work – a greenhorn – a landlubber*, dit le N.E.D.

Mark (to), mark. – **Observer, remarquer; considérer, faire attention, être attentif à,** ***mark my words!*** **écoutez-moi bien! notez bien ce que je vous dis! prenez-y garde,** très fréquent dans Shakes.: de là *a* ***marked*** *man*, un homme **qu'on observe,** qui **est désigné** (notamment à la vengeance de qqn.), un homme **condamné** (par ses ennemis), famil. un homme **repéré.**

(1) Cependant Robert dit: « *Entreprise marginale*, qui est à la limite du bénéfice et du déficit, en équilibre instable ».

To mark time, au pr., **marquer le pas, rester sur place,** au fig. **piétiner.** Du subst. il faut retenir les sens et emplois suivants (pr. et fig.): **but, cible,** ***to hit the mark,*** **atteindre, toucher le but, frapper, tomber juste, mettre dans le noir, dans le mille;** ***to miss the mark,*** **manquer le but;** ***to be beside, wide of the mark,*** **être à côté du but,** ou: **du sujet, être loin de compte.**

To be, to come up to the mark, **être à la hauteur, répondre à l'attente;** ***to make one's mark,*** **faire son chemin, se faire un nom, devenir quelqu'un, percer;** ***to be below the mark,*** **être inférieur, laisser à désirer, ne pas être à la hauteur;** suite des sens: au pl. **points** (obtenus par un élève), **note** (d'appréciation), *examination* ***marks,*** **notes** d'examen; (à la Bourse des valeurs), **cote, cours;** aussi **cote** d'un document: ***quotation marks,*** **guillemets,** ***interrogation mark*** (syn. de *query*) **point d'interrogation;** pros. **signe** de longueur (d'une voyelle). Naut. ***sea-mark,*** v. *infra.* Parmi les nombreux sens techniques, nous retiendrons: **marque, repère, trace,** *dead centre* ***mark,*** **repère** de point mort, *assembly* ***mark,*** **repère** de montage, d'ajustage; ***low-water mark,*** **ligne d'étiage.** ***Sea-mark, leading-mark,*** **amer, reconnaissance.** ***God save the mark.*** **Dieu me pardonne! passez-moi le mot** ou: l'**expression.**

– Iago s'attaque au crédule Roderigo: ***Mark me*** *with what violence she [Desdemone] first loved the Moor.* (*Oth.*, II, i, 224.) – **Remarque-moi** avec quelle violence elle s'est d'abord amourachée du Maure.

– *No earthly power, nay, not even –* ***mark me well*** *– the vaunted might of human science can avail you to avert the hand of the angel of pestilence once it is stretched toward you.* – Cette main que l'ange de la peste étend sur vous, nulle puissance terrestre, et pas même, **sachez-le bien,** la vaine science humaine ne peut faire que vous l'évitiez.

– *Disraeli soon* ***made his mark.*** – Disraeli ne tarda pas à **se distinguer,** à **se faire un nom.**

– *A hero's existence is simple: it goes* ***straight to the mark*** *like an arrow.* – L'existence du héros est simple: elle va **droit au but** comme une flèche.

– *Every unpunctuality earned them a* ***black mark.*** – Chaque inexactitude leur valait un **mauvais point.**

Marmalade. – *Apricot, lemon, orange, quince* ***marmalade,*** **confiture** d'abricots, de citrons, d'oranges, de coings.

(Natural) marmalade, **fruit de l'arbre lacuma mammosa;** aussi **l'arbre** lui-même.

Marmoset. – Ouistiti, dit aussi marmouset: ***silky marmoset,*** **hapale, tamarin,** petits singes d'Amérique au poil soyeux et à la queue épaisse.

Maroon, to maroon, marooner. – On sait qu'un nègre marron (*negro* ***maroon, maroon***) est celui qui s'est enfui dans les bois pour y vivre en liberté, d'où, abstraction faite des sens fig. ***to maroon*** se dit **des esclaves qui s'échappent et se réfugient dans les bois ou les montagnes, prennent le maquis.** Dans le sud des E.U., ***to maroon*** signifie **camper plusieurs jours dehors en partie de plaisir,** sens peut-être influencé par le précédent; autre acception: **errer paresseusement, flâner.** Employé trans., ***to maroon*** signifie: **abandonner** (un marin, une personne quelconque, qu'on désigne sous le nom de ***maroon***) **dans une île déserte** (comme le faisaient les **boucaniers** et les **pirates,** ***marooners***) en guise de punition.

– *The slaves [in Mauritius] sometimes* ***maroon,*** *as it is called, that is, they run away from their bondage.* L'explication rend la traduction inutile.

– ***Marooning*** *differs from picnicking in this – the former continues several days, the other lasts but one.* – La **partie de plaisir** qu'on appelle ***marooning*** diffère du pique-nique en ce qu'elle dure plusieurs jours et lui un seul.

– *The blacks* ***maroon*** *about the streets of the town.* – Les noirs **flânent** dans les rues de la ville.

– *Magellan* ***marooned*** *a mutinous priest on the coast of Patagonia.* (*Athenaeum,* 17/1/1891.) – Magellan **abandonna** un prêtre mutin sur la côte de Patagonie.

Marque. – Le provençal marca, du v. marcar « saisir à titre de représailles » a donné en angl. et en fr.: *letters* ***of marque*** *(and reprisal),* lettres **de marque,** lettres **de représailles,** autorisation donnée à un particulier de se faire justice lui-même et en anc. droit maritime, **commission donnée à un corsaire.** « Les lettres de marque distinguaient le corsaire du pirate » (ROBERT), d'où au sing., **corsaire** (muni de lettres de marque); **vaisseau armé en course.**

Marquee. – Non point marquise, mais **tente.**

Marry (to). – En Suisse romande, les gens peu éduqués disent: M. N. a marié Mlle X., par quoi ils entendent que ce monsieur a **épousé** ladite demoiselle. Tel est le sens du verbe angl. *She* ***married*** *a Frenchman,* elle a **épousé** un Français. Mais il va de soi que *The bishop* ***married*** *them doit* s'entendre l'évêque les a **mariés, leur a donné la bénédiction nuptiale.**

Marshal, to marshal. – Maître des cérémonies, ***City Marshal,*** **fonctionnaire chargé de l'application des lois et règlements de la Cité de Londres,** qui précède le Lord maire dans les processions: ***Judge's marshal,*** **secrétaire d'un haut magistrat en tournée;** E.U. **commissaire de police** ou **chef du Service du feu;** et dans certains États, ***town marshal,*** (haut) **fonctionnaire de justice au fédéral.**

Du sens de maître des cérémonies vient le verbe ***to marshal,*** **placer, ranger** (les invités) à table; ranger les troupes; jur. ***to marshal the assets,*** **établir l'ordre** entre les éléments d'actif d'une succession: blason: ***to marshal two coats of arms in one shield,*** **disposer deux blasons sur un écu. Classer, manœuvrer** des wagons, d'où ***marshalling***

***yard*, voies de classement, gare de triage.** Autres sens: avec *into*, **introduire dans** (une salle), avec *out*, **reconduire** qqn. (**cérémonieusement**).

– *With his books of reference* ***marshalled*** *round him.* – Ses livres de référence **rangés** autour de lui.

– *The representative of Poland is* ***marshalled*** *into the Council room.* – Le représentant de la Pologne est **introduit** dans la salle du Conseil.

– *The gallery where the prisoners are* ***marshalled*** *on their arrival.* La galerie où l'on **fait aligner** les prisonniers à leur arrivée.

– *He knows how to* ***marshal*** *(his) facts, arguments,* etc. – Il sait **exposer** les faits, **présenter** ses arguments **avec méthode et rigueur.**

Martinet. – **Officier à cheval sur la discipline,** qui fait marcher ses hommes à la baguette; ***he is a regular martinet*, il fait le gendarme,** famil. **c'est un pète-sec.** Aussi ***she's a martinet*, c'est un vrai gendarme.**

Mask, to mask. – Archit. **mascaron;** photogr. et cinéma, **cache** (masc.), ***soft mask*, cache flou, *sharp mask*, cache net.** ***To mask*,** sens corresp. Aussi, **blanchir** (un malade).

Mason. – Non pas toujours maçon, *bricklayer*, mais souvent ***freemason*, franc-maçon.**

Masque. – Ne pas confondre avec masque *(mask)*, bien que l'origine des deux mots soit la même, et entendre **masque,** sorte de **pantomime,** puis de **féerie,** avec intermède de chants et de danses (XVIe et XVIIe s.); auj. **mascarade, bal masqué.**

– *There was a play and violins, and the dancing and* ***masques.*** – Il y avait comédie et violon, suivis de danse et **mascarade.**

Mass. – 1° **messe, *high mass*, grand-messe, *low mass*, messe basse,** *to say* ***mass*,** dire **la messe.**

2° est le fr. masse. *The* ***masses*,** les **masses populaires, les gens du peuple,** (ant. des *classes, q.v.*). ***In the mass*,** **en bloc, dans l'ensemble, *the (great) mass of*** *the nation,* **le gros, la majorité** de la nation.

Adj. ***mass meeting*, meeting monstre; *mass production*, p. en série, grande p.**

Mast. – ***Before the mast*,** **en avant du grand mât, sur le gaillard d'avant; *to sail before the mast*, servir comme simple matelot,** dit ***sailor before the mast.*** Autres sens: **pylône de T.S.F.**

***Mast-head*, tête de mât; ton de mât; haut du mât; mât de flèche;** *(to be at the)* ***mast-head*,** (être en) **vigie.**

To mast sera **mâter** (un bâtiment); **hisser** (haut) (une vergue).

Un autre mot: **glands** (de chêne); **glandée; faines** (de hêtre); **fainée; châtaignes** (nourriture des porcs).

– *He worked his way out* ***before the mast*** *from the Cape.* – Il se fit rapatrier du Cap comme **matelot de deuxième classe.**

Master. – Outre les sens fr. commandés par le contexte, on notera: *The* ***Master*,** le **Christ.** ***Form master*, professeur principal** d'une classe, **principal** d'un *college* à Oxford ou à Cambridge; ***master of Arts*, *of Science*,** + **maître ès arts,** correspondent à peu près à notre **diplômé d'études supérieures en lettres, et en sciences** respectivement; *to take one's* ***master's degree*,** passer son **diplôme;** autres sens † **artisan établi à son compte, travaillant en chambre** = ***garret-master*** † ***Master*** *so and so,* **Messire** un tel; titre de respect donné par ex. par les domestiques aux garçons de moins de seize ans, ***Master*** *John,* **monsieur** Jean; ***my masters*, messieurs;** dans la marine marchande, ***master*** *(mariner)*, **capitaine;** ***master's*** *certificate,* brevet de **capitaine au long cours;** ***coasting master's*** *certificate,* brevet de **capitaine au cabotage.**

Compos. ***master****-gauge,* calibre **mère,** calibre d'**ensemble;** ***master****-tap,* taraud **mère;** ***master****-lode,* filon **mère,** filon **principal;** cinéma: ***master print*,** **copie originale** (du film), de même ***master*** *record,* disque **originel** ou subst. **original** (d'un phonographe).

To master*,** **venir à bout** d'une difficulté, la **surmonter;** en **triompher;** ***to master *one's temper,* **maîtriser** sa colère, *one's passions,* **dompter** ses passions (syn. de *to control*); autres sens: **se rendre maître** (d'une science, d'un sujet), l'**apprendre à fond,** la **posséder (sur le bout du doigt)** ***to master*** *the meaning of a sentence,* **saisir, bien comprendre, bien entendre** le sens, la signification d'une phrase; ***to master*** *a truth,* **pénétrer** une vérité.

– *Fall to,* ***my masters!*** Bon appétit, **messieurs!**

Mastic. – Non le mastic des vitriers, qui se dit *glazier's putty,* mais mis pour ***mastic-tree*, térébinthe, lentisque** ou **arbre au mastic** et divers autres arbres: (Grèce & Turquie) **boisson alcoolique** parfumée au mastic.

Match. – Deux mots, 1° le premier d'origine anglo-saxonne, que nous avons adopté tel quel en langage sportif, mais qui a d'autres sens: *to find, meet* ***one's match*,** trouver **à qui parler,** aussi famil. trouver **chaussure à son pied.** *To meet* ***more than one's match*,** s'attaquer à **plus fort que soi,** trouver **son maître;** ***he is up against more than his match*, c'est le pot de terre contre le pot de fer.** *A* ***match*** se dira donc de toute personne qui est l'**égale** d'une autre au point de vue physique, intellectuel ou moral: d'où ***matchless*,** syn. de *peerless,* **sans pair, sans égal; incomparable,** c'est aussi celui (ou celle) qui **fait la paire,** la personne (ou la chose) **assortie** à une autre: *to be* ***a good*, *a bad match*,** aller **bien, mal ensemble,** être **bien ou mal assortis;** *these pictures* ***are a match*,** ces tableaux **se font pendant.** De même du verbe: *these curtains, the colours of this carpet,* ***match*** *well,* ces rideaux, les couleurs de ce tapis **se marient** bien.

En compos. ***match-maker*, *marieur,-euse*, *agence matrimoniale*,** *she is a regular* ***match-maker*,** c'est une **marieuse** enragée, forcenée, elle ne pense qu'à **marier les gens.**

– *She was wearing a blue dress with hat and gloves* ***to match.*** –

Elle portait une robe (toilette) bleue avec chapeau et gants **assortis.**

– *His rich daughter was considered a good **match.*** – Sa fille bien dotée était considérée comme un bon **parti.**

– *She wanted rank and he wanted money. What **match** could be more suitable?* – (THACKERAY, *Pend.*, XXII.) – Elle désirait un titre et lui avait besoin d'argent. **Mariage** pouvait-il être mieux assorti?

– *The loudness of his voice **matched** the fury of his temper,* trad.: « Il a haussé la voix **au diapason** de sa colère » (A. GIDE, *Caves du Vatican*).

2° est le fr. *mesche, meische, mèche,* premier sens angl. *« the wick of a candle or lamp »,* d'où **mèche** (servant à mettre le feu à un canon, cf. fusil à mèche); sens cour. **allumette,** *safety **match,*** **allumette** suédoise, de sûreté; min. ***(slow) match,*** **cordeau;** *to strike **a match,*** gratter, craquer une **allumette.** En compos., ***match-lock,*** **platine à mèche,** p. ext. **fusil à mèche.** *To have legs like **match-sticks,*** avoir des jambes comme des **allumettes,** des **mollets de coq.**

Material. – L'adj. signifie **important, essentiel;** jur. **pertinent, qui a rapport à la question;** † syn. de *full of matter, sensible,* **plein de choses, plein de sens,** *a **material** fool* (*As you like it,* III, iii, 32.) – Un fou **plein de (bon) sens.**

Materially, **essentiellement; sensiblement, d'une manière appréciable.** Le subst. ***material*** signifie **étoffe, tissu,** et au pl. **fournitures, accessoires,** ***writing materials,*** **de quoi écrire,** papier, encre, porte-plumes, etc. **articles, fournitures de bureau.**

– *His friendship will be of **material service** to you,* dit Smollett traduisant cette phrase de *Gil Blas* (III, iii): Son amitié vous sera **d'une grande utilité.**

– *All historians are bound to shorten **materially** their narratives.* – Tous les historiens sont obligés d'abréger **sensiblement** leurs récits.

– *The argument was formally correct but **materially** false.* – Le raisonnement était exact quant à la forme, mais faux, erroné **quant au fond.**

– *All these various projects afforded me **material** for meditation during my walks.* – Tous ces divers projets m'offraient des **sujets** de méditation pour mes promenades.

– ***Customers' own material made up.*** – **On travaille à façon.**

– *The attention of the reader is called to the form in which the **material** is presented.* – On appelle l'attention du lecteur sur le mode de présentation du **sujet.**

– *You have a good drill and a good **material to drill.*** – Vous avez un bon instructeur et un bon **peloton.**

– *I have nothing **material** to say on my particular affaires, till I came to Tobolsk.* (DEFOE.) – Je n'ai rien d'**essentiel** à dire sur mon compte jusqu'à mon arrivée à T.

– Burke *(French Revolution)* exalte le respect de la tradition qui est le propre de l'Angleterre: *Four hundred years have gone over us, but I believe we are not **materially** changed since that period.* – Quatre siècles se sont écoulés, mais je suis persuadé que nous n'avons pas **sensiblement** (ou **notablement**) changé depuis lors (moralement s'entend, et l'on voit le joli contresens que l'on pourrait commettre en traduisant littér.).

Matron, -ly. – La *matrona* romaine était une mère de famille, une dame de qualité, une femme respectable. C'est ainsi qu'il faut l'entendre en angl. où le mot signifie: **femme mariée ou veuve qui est femme de bien; sainte** qui a été mariée; **surveillante** (d'une institution): **infirmière en chef, infirmière-major;** (d'un hôpital): **intendante** ou **économe** (d'un pensionnat, d'une maison d'étudiants, d'une prison, etc.). L'adj. ***matronly*** a les sens corresp.

REMARQUE. – « Matrone, dit Sébastien Mercier *(Néologie)* terme reçu qu'on a substitué à un terme moins honnête » par quoi il entend l'entremetteuse, la tenancière d'une maison de prostitution. Ce sens péjor., de même que celui de « femme d'un certain âge, corpulente et vulgaire » (ROBERT) est ignoré de l'angl. Mais le sens de « mère de famille, de caractère grave, d'allure imposante » est également relevé par le Robert.

– Parlant de Lady Cicely qui soigne un blessé, Johnson (*Captain Brassbound's Conversion,* II) dit: *She means to make herself **matron** of this institution.* – Elle s'est mis en tête de devenir l'**infirmière-major** de notre institution.

– *Her **matronly** fame was trodden under all men's feet.* – Sa réputation **de femme (d'épouse) vertueuse** était foulée aux pieds de tous les hommes.

Matter, to matter donnent lieu à de nombreux idiotismes; disons d'abord que le subst. s'oppose à *manner* dans des expressions telles que ***manner and matter,*** **la forme et le fond,** qu'il a souvent pour équivalent nos mots; **chose, sujet, question, affaire.** *This makes **good reading matter,*** ces choses **méritent d'être lues,** *there was no **matter** for complaint,* il n'y avait pas **lieu** de se plaindre ou, si le contexte l'indique, il (ou: elle) n'avait aucun **sujet** de plainte; *that's quite **another matter,*** ça, c'est **tout autre chose,** c'est une **autre paire de manches;** *please, leave these **money matters** to me,* je vous en prie, laissez-moi régler ces **questions d'argent,** ou: ces **affaires d'intérêt;** sens déterminé par le « nom verbal »: *this is no **laughing matter,*** il n'y a pas **de quoi rire,** *his peccadillo was deemed a **hanging matter,*** sa peccadille fut jugée un **cas pendable;** suite des sens: ***a matter of,*** **quelque chose comme, environ, quelque,** *it will cost **a matter of** three shillings,* cela coûtera **environ, quelque** trois shillings, cela **vous reviendra dans** les trois shillings; *it will be **a matter of** ten minutes,* ce sera **l'affaire de** dix minutes; ***for that matter, for the matter of that,*** **quant à cela; si ce n'est que cela; d'ailleurs, du reste, au reste, aussi bien;** ***it makes, is no matter,*** **cela n'a pas d'importance, n'importe guère,** avec ellipse, ***no matter,*** **n'importe,** d'où le verbe

to matter = ***to be material*****, importer, avoir de l'importance,** anton, de *to be immaterial q. v.*

Dans un sens un peu différent: *it is* ***to the matter***, c'est **pertinent;** ***what is the matter?*** **qu'y a-t-il? de quoi s'agit-il?** ***There is something the matter*****, il y a quelque chose,** ***something must be the matter*****, il doit y avoir quelque chose,** ***what is the matter with him*****, qu'a-t-il?** ***what is the matter with you?*** **qu'avez-vous? qu'est-ce qui vous prend? quelle mouche vous pique?** Aux E.U. ***what's the matter with...?*** équivaut simplement à la formule interrogative: **pourquoi... ne.**

– *But* ***what matter*** *from whom I heard it?* – Mais **qu'importe** de qui je l'ai appris?

– *He would say that* ***he did not matter it much.*** – Il disait qu'**il n'y attachait pas grande importance.**

REMARQUE. – Ici, on voit le passage si fréquent autrefois de l'impersonnel *(it matters not to me)* au personnel *(I matter it not).* Cet emploi désuet s'est maintenu dans les patois.

– Lorsqu'au début du *Misanthrope* (I, i), Philinte dit à Alceste: **Qu'est-ce donc?** qu'avez-vous?, le traducteur rend ainsi: ***What's the matter?*** *What'ails you?*

– ***What's the matter*** *with the mayor's appointing a committee?* (Comprendre: *Why doesn't the mayor appoint a committee?*) – **Pourquoi** donc le maire **ne** nomme (ne constitue)-t-il pas une commission?

– ***What's the matter with*** *an appropriation of 10.000 dollars? You can get it as easy as 9.000 dollars.* – **Pourquoi pas** un crédit de 10 000 dollars? Vous pouvez l'obtenir aussi facilement que 9 000 dollars.

Matter-of-fact. – Question, point de fait.

Adj. **positif, pratique, terre à terre, prosaïque,** d'où ***matter-of-factness*****,** sens corresp.

– *This early education of mine was merely practical and* ***matter-of-fact.*** – Ma première éducation est demeurée toute pratique et **positive.**

– *The* ***matter-of-factness*** *of the English people.* – Le **sens pratique** du peuple angl.

Maturity. – Sylvic.: *age of* ***maturity*****,** âge d'**exploitabilité** (d'une forêt); agr. **cycle végétatif;** finance, commerce: ***(date of) maturity*****, échéance** (d'une traite, d'un billet), *a draft* ***coming to maturity*****,** une traite **qui vient à échéance.**

REMARQUE. – Nous disons: faire *fructifier* un capital; les Angl., commerce, une promesse de payer, un *fruit qui arrive à maturité,* en l'espèce: à échéance.

May. – *In the* ***May*** *of life,* au **printemps** de la vie. D'autre part, le mot n'est jamais l'équivalent du fr. mai dans l'expression « planter le mai », c'est **l'aubépine;** au pl. à Cambridge, les **examens du mois de mai;** les **courses à l'aviron** de la fin de mai.

Measure. – † **Traitement** (châtiment ou rétribution): on dit encore: ***to have. (to meet with) hard measures*****, être durement traité.**

To take the measure *of s.o.,* **jauger** qqn.; ***to take legal measures*****, avoir recours aux voies de droit.** Arith. **facteur, diviseur,** *greatest common* ***measure*****,** plus grand commun **diviseur.** Autres sens, *to sing, play a* ***measure*****,** chanter, jouer un **air,** une **mélodie;** *to tread a* ***measure*****,** danser une **danse lente et digne** comme le **menuet** ou la **pavane, faire un pas de danse;** géol.: *coal* ***measures*****, étage, gîte, gisements** houillers: ***barren measures*****, morts terrains.**

Measure (to). – *We must* ***measure*** *twenty miles to-day.* (SHAKES., *Merch. V.,* III, iv, 84.), il nous faut **faire, parcourir** vingt milles aujourd'hui. *I* ***measure*** *the world of fancy* (SHELLEY, *Epip.*), je **parcours** le monde de la fantaisie, des rêves. ***Measure back*** *your steps to Paris,* **regagnez, retournez** à Paris. *With* ***measured*** *step,* non seulement mesuré, mais **rythmé.**

– *The paved street rang under their hard* ***measured*** *tread.* – Ils faisaient résonner les pavés sous leur pas dur et **rythmé.**

REMARQUE. – Ne disons-nous pas: « *mesurer* le, *prendre mesure* du chemin parcouru »?

Mechanic (adj. et subst.). – *Gens mécaniques,* c.-à-d. **ouvriers;** autres sens, **mécanicien,** *dental* ***mechanic*****, mécanicien** dentiste, ***filling-station mechanic*****, garagiste.**

– *But to come point-blank to the conjugal union... and take a romance just by the tail... nothing can be more* ***mechanic*** *than such a proceeding* trad. de: Mais en venir de but en blanc à l'union conjugale, et prendre justement le roman par la queue;... il ne se peut rien de plus **marchand** que ce procédé. (MOL. *Préc. ridic.*, sc. 5.)

Ce sens de **bas, commun, vulgaire** a été angl. jusqu'au XVIIIe s. incl.

Medallist. – Médalliste, certes « marchand de médailles » et **médailleur** « graveur en médailles », mais aussi **titulaire d'une médaille, lauréat.**

– *The* ***gold medallist*** *was a quiet unassuming young man.* – Le **titulaire de la médaille d'or** était un jeune homme tranquille et modeste.

Medicine (to), medicine. – Médicamenter, traiter par des médicaments. C'est un mot famil. que Molière n'a pas employé. Voyez de quelle auréole de poésie il se dore sous la plume de Shakespeare:

... Not poppy, nor mandragora,
Nor all the drowsy syrups of the world,
Shall ***ever medicine thee*** *to that sweet sleep*
Which thou owedst yesterday. (*Oth.*, III, iii, 330.)
Ni Pavot ni mandragore.
Non, ni tous les sirops narcotiques du monde,
Ne te **rendront jamais** le suave sommeil
Qui hier encore était et ton baume et ton bien.

Au XVIe s. *médiciner* pouvait avoir un sens moral. Calvin (*Instit.*, 598) écrit : « Apporter bonnes nouvelles aux pauvres, *médiciner* ceux qui sont affligés en leur cœur ».

Medicine, **philtre, charme fétiche,** parfois même **manitou; sorcellerie, magie.** En arg., de même que *lotion* et *potion*, **boisson enivrante,** ***to have a medicine***, se **rincer la dalle.**

Medium (subst. et adj.). — Nous ne connaissons *médium*, venu de l'angl., que dans le sens particulier au spiritisme, d'intermédiaire entre nous et les esprits. En angl., ***medium*** est un **intermédiaire** quelconque entre les pers. et les choses: ***through the medium of***, **par l'intermédiaire, l'entremise, le canal, la voie, le moyen de.**

Medium signifie aussi **milieu** physique ou moral, c.-à-d. dans toutes les acceptions de ce mot: a/ (juste) **milieu, moyen terme,** (le) **médiocre;** b/ **milieu** qui nous environne, **air** (ambiant, etc.): c/ au fig. **milieu** (social, etc.) *environment, conditions of life*: **milieu** (biologique), ***culture medium***, **bouillon de culture.** (Peinture, pharmacie) **véhicule.**

Adj. ***medium*** *size, quality*, taille, qualité **moyenne.**

— *The air is the* ***medium*** *in which we live.* — L'air est le **milieu** dans lequel nous vivons.

— Voici un autre exemple qui n'est peut-être pas d'une langue irréprochable:

— Alpha (*Leaves in the Wind*) constate que le terrain argileux de Londres est ingrat à bêcher: *You can't play with your fancies as you plunge your spade into this stiff and stubborn* ***medium.*** — Impossible de vous abandonner à vos rêveries tandis que vous plongez votre bêche dans ce **milieu** collant et résistant.

— *Poesy... no* ***medium*** *knows.* (BYRON.) — La poésie ne connaît pas de **milieu** (trad. littérale) c.-à-d.: ne souffre pas le **médiocre.** Cf.: « Il n'est point de degré du médiocre au pire » (BOILEAU.).

— *You cannot distract man from his social* ***medium.*** — On ne saurait abstraire l'homme de son **milieu** social.

— *I had come to this resolution as a* ***medium*** *between both courses.* — J'en étais venu à cette résolution où je voyais un **moyen terme** entre (les) deux partis.

Melancholy, melancholic. — Avant de signifier, comme en fr., une tristesse tendre et pensive, ***melancholy*** (adj. et subst.) a eu le sens fort qu'atteste son étym., comme dans ces vers du *Misanthrope* (I, i):

« J'entre en une *humeur noire*, en un chagrin profond
Quand je vois vivre entre eux les hommes comme ils font. »

que le traducteur rend ainsi:

« *It throws me into a* ***melancholy*** *humour, a profound chagrin, when I see men converse in the manner they do.* »

— It gives me ***too much melancholy*** *to see so agreeable a young creature buried alive.* (Lady MONTAGU, *Letters.*) — Je ressens une **tristesse extrême** à voir une jeune personne si agréable enterrée vivante.

— Moll Flanders apprend de sa mère le secret de sa naissance dans la prison de Newgate: — *I told her (my mother) I was so affected with the* ***melancholy*** *story she had told that it had overcome me, and I begged her to talk no more of it.* (DEFOE, *Moll Flanders*, p. 75.) — Je lui dis que j'étais si affectée par l'histoire **lamentable** qu'elle m'avait racontée que j'en étais bouleversée et je la suppliai de ne plus m'en parler.

D'autre part, Smollet traduisant cette phrase de *Gil Blas* (L.V, iv): « Son amour ne lui permettait pas de différer l'éclaircissement de toutes les circonstances d'une si **cruelle** aventure », s'exprime ainsi: « *Love could never allow him to delay an explanation involving all the circumstances of so strange and* ***melancholy*** *an adventure.*

REMARQUE. — Ne pas confondre ***melancholy*** avec *melancholia*, terme médical qui s'applique à une forme de maladie mentale, la mélancolie (pathologique).

Melon. — E.U. au fig. **profit, bénéfice, boni** à répartir entre les intéressés: famil. **gâteau,** *to participate in* ***the cutting*** ou ***the slicing of the melon,*** avoir par au **gâteau,** à **l'assiette au beurre.**

Member. — Rappelons simplement que *a Member of Parliament* (M.P.) est un membre de la Chambre des Communes, en France: un **député;** que *the* ***ordinary members*** *(of an association)*, ce sont les **cotisants,** et qu'enfin: *the* ***new member*** *of the Académie française delivered a remarkable speech*, se rendra ainsi: Le **récipiendaire** prononça un discours remarquable.

Sens techniques: **pièce** (d'une charpente): **barre** (de membrure): **longeron** (d'un pont, etc.): **organe** (d'une machine).

Memoir. — C'est parfois une **biographie,** une **notice biographique;** aussi, un **article nécrologique.**

— *The poetical Works of John Dryden, edited with a* ***memoir***, etc. — Œuvres poétiques de John Dryden, publiées avec une **notice biographique,** etc.

Memorial. — **Commémoration; monument commémoratif;** *the Albert* ***Memorial***, le **monument commémoratif** du Prince Albert. *War* ***memorial***, **monument** aux morts de la guerre. Au pl. **mémoires; demande, exposé justificatif d'une requête** (1) (adressée à un gouvernement); jur. **extrait** (pour enregistrement).

— Gil Blas croit de son devoir de renoncer à sa charge d'intendant: Je me contentai de laisser dans ma chambre un **écrit** qui contenait un compte exact que je leur rendais de mon administration, et Smollett: *My only notice was to leave in my chamber a* ***memorial***, *containing an exact account of my receipts and disbursements during the time of my stewardship.*

Memory. — *Sunny* ***Memories*** *of Foreign Lands*, titre d'un ouvrage de Mrs. Stowe, **Souvenirs** ensoleillés de pays étrangers.

(1) Ex. *A most humble address or memorial presented to her Majesty.* (STEELE).

Mend (to). – N'est autre que *to amend* par aphérèse, mais ne signifie jamais *amender* (un projet de loi). Sens multiples: au pr. ***to mend** socks,* **repriser, ravauder** des chaussettes; ***mend** this fire a bit,* **ranimez** donc ce feu.

***To mend one's pace*, hâter le pas.** Au fig. ***to mend** one's ways,* **changer** de conduite, de vie, **s'amender, se corriger, rentrer dans le droit** ou: **le bon chemin;** (de la santé) **aller mieux, s'améliorer, faire des progrès, se remettre, se rétablir; réparer** une faute, un mal, ***least said, soonest mended*, trop gratter cuit, trop parler nuit, moins on en dit, mieux cela vaut.**

– Confidence d'ami à ami: *There was **something that can't be mended** and that shattered my whole fortune early.* (Thackeray, *Pend.*, XV.) – **L'irréparable est arrivé** et cela a brisé ma carrière dès le début.

– La jeune et jolie Laura Bell éconduit Arthur Pendennis: *Go and work, **go and mend**, dear Arthur, for I see your faults and dare to speak of them now.* (*Ibid.*, XXVII.) – Partez et mettez-vous au travail, **essayez d'acheter une conduite,** cher A., car je vois aujourd'hui vos faiblesses et j'ose vous en parler.

– *Pen **mended** daily.* (*Ibid.*, LIV.) – La santé de Pen **s'améliorait** de jour en jour.

Mental, mentality. – Jur. *The **mental defectives*** ou ***deficients*,** les **irresponsables,** famil. les *minus habens, a **mental case**,* famil. *a **mental**,* un(e) **aliéné**(e); vulg. *he is **mental**,* il est **fou,** il **déménage,** il est **détraqué, maboul.**

***Mental hospital, m. home*, asile, hospice d'aliénés, maison de santé.**

Mentally defective (ou ***deficient***) *child,* enfant **déficient, anormal, faible d'esprit, de petite mentalité.** *The **mentally deficient**,* les **petits mentaux.**

– *A dull Irish barrister, rich in the possession of land, but of **restricted mentality**, once said that no one should be called to the Bar who had not a landed estate. Unluckily for him he said it in the hearing of the famous J.P. Curran, who at once demanded. « May I ask, sir, how many acres make a Wiseacre? »* – Un ennuyeux avocat irlandais, riche propriétaire foncier, mais **pauvre d'esprit,** prétendait un jour que nul ne devrait accéder au barreau s'il ne possédait quelques biens-fonds. Par malchance pour lui, ses paroles tombèrent dans l'oreille du fameux J.P. C., qui repartit aussitôt: « Puis-je demander, maître, combien il faut avoir d'arpents au soleil pour... être un astre? »

Mental. – Ne pas confondre avec le précédent; c'est un t. d'anatomie: **mentonnier, du menton,** ***m.** foramen,* trou **mentonnier.**

Mercantile. – Relatif au commerce, commercial, ***mercantile** operations;* **qui se livre au commerce, commerçant,** *a **mercantile** nation; **mercantile** marine,* marine **marchande,** ***mercantile** establishment,* maison **de commerce,** ***mercantile** law,* le droit **commercial,** le code de **commerce.**

Écon. pol. et hist., *The **mercantile** system, the **mercantile** theory,* la théorie de l'or et de l'argent considérés comme sources de richesse, le système **mercantile,** le **mercantilisme;** ce dernier terme est devenu désuet chez nous et a pris dans la langue courante un sens péjor. « relatif au bas commerce, digne d'un bas commerçant, cupide et âpre au gain » (Robert).

Mercer, mercery. – Marchand de nouveautés, notamment **de soieries** et non seulement mercier, sens rare ou désuet.

***Mercery*, commerce de soieries;** collect. **soieries.**

Merchant. – Sauf aux E.U. et en Écosse où ce mot a conservé dialect. le sens de marchand, boutiquier, signifie **marchand en gros, négociant,** et particul. **importateur** ou **exportateur.** Vulg. **type, individu,** syn. de *chap, customer, a **funny merchant**,* un **farceur,** un **loustic;** *a **speed merchant**,* un **chauffard.**

– *He was not a **merchant**. He had never been engaged in foreign trade.* – Il n'était pas ce que nous appelons ***merchant*.** Il n'avait jamais fait le commerce avec l'étranger.

Mercurial. – ***Mercurial*** s'est d'abord dit des personnes nées sous l'influence de la planète Mercure et ayant les qualités qui étaient censées en résulter: l'éloquence, l'ingéniosité, l'aptitude au commerce.

Puis, le mot a évolué. « Mobiles comme le mercure, ils pirouettent, ils gesticulent, ils rient, ils s'agitent », écrit La Bruyère (IX), et cette comparaison nous aide à comprendre le sens le plus fréquent de ***mercurial*,** surtout si l'on se souvient que le mercure est parfois désigné sous le nom de vif-argent. Transposez cette propriété physique au moral, et vous aurez les diverses acceptions du mot angl.: **vif, vivace, ardent; ayant l'esprit d'à propos,** et, péjor., **changeant, évaporé.**

– *He speaks too well to be valiant; he is certainly more **mercurial** than military.* – Il parle trop bien pour être vaillant; il est certainement plus **éloquent** que militaire (ou: l'**éloquence** est plus son fait que les vertus militaires).

– *One of them was a **mercurial** gay-humour'd man.* (Steele, *Tattler,* n° 30.) – L'un d'entre eux était un homme **vif** et de belle humeur.

Mercy. – Merci, dans le sens de **grâce, miséricorde, pitié, compassion, clémence** est vieux ou littéraire (1); le sens de grâce (à Dieu) subsiste dans l'expression « Dieu merci ». Ces acceptions sont restées angl. On y ajoutera les sens de **bonheur, bénédiction,** *it is a **mercy** that...* c'est un **bonheur,** une **chance** que... Au pluriel, **bien-**

(1) Le voici dans un sonnet de Hérédia (*Les Trophées*):
« Mais Amour qui commande au cœur le plus rebelle
Ne voulut pas souffrir que moins tendre que belle,
La source de pitié me refusât *merci.* »
Ne disons-nous pas encore: une bataille, une lutte *sans merci?*

faits, iron. *to be left to the* ***tender mercies*** *of*, être laissé au **bon vouloir,** à **la discrétion** de, **risquer d'être tancé de belle manière, de se voir laver la tête, d'en voir de dures.**

Enfin ***Sister of mercy*, fille, sœur de la Charité.**

– *Lord, have* ***mercy*** *upon us.* – Seigneur, ayez **pitié** de nous.

– *I cry you* ***mercy***, dans Shakes., je vous demande **pardon.** (*Oth.*, V, ii, 44.)

– *He called, begged for* ***mercy***, il demanda **grâce.**

– La crainte de la séparation éternelle est un supplice pour les amants: *Thus in time it became painful to love. Hate would have been* ***mercy*** *then.* (Poe). – Ainsi le temps transformait l'amour en souffrance. Alors la haine eût été une **bénédiction.**

– *In a word, as my life was a life of sorrow one way, it was a life of* ***mercy*** *another.* (Defoe, *Rob. Crusoe*, Collins, p. 115). – En un mot, si d'un côté, ma vie était une vie d'affliction, de l'autre, c'était une vie de **miséricorde.**

– *The prisoner threw himself on the* ***mercy*** *of the magistrate.* – L'accusé fit appel à l'**indulgence** (ou: à la **clémence**) du juge.

– ***Show him no mercy.*** – **Ne l'épargnez pas.**

– *Being convicted of having cribbed his exercise from his schoolfellow, the boy was left to the* ***tender mercies*** *of the headmaster.* – Reconnu coupable d'avoir copié son devoir sur son camarade (ou: condisciple) l'écolier fut laissé à la tendre **sollicitude** (à la **discrétion**) du directeur.

Et voici la contre-épreuve: Maltraité par l'ambassadeur de France à Venise, J.-J. Rousseau n'a pu obtenir justice: Loin d'avoir satisfaction ni réparation, je fus même **laissé à la discrétion** de l'ambassadeur pour mes appointements. (*Confessions*, II, vii.) – Ce qui est traduit ainsi: *In fact, far from getting either satisfaction or reparation, I was* ***left to the tender mercies*** *of the ambassador for my salary.*

Remarque. – L'adj. *merciful* et l'adv. *mercifully* ont les sens corresp.

– *Here is a passage from a periodical, the name of which I* ***mercifully*** *suppress.* – Voici un extrait d'un périodique, dont **par charité** je tairai le nom.

Merits, meritorious. – Terme jur. malaisé à traduire. *The* ***merits*** *(of a case, question)*, c'est le **bien-fondé** (d'une cause, d'une question). *To discuss, to judge (a proposal,* etc.) ***on its merits,*** c'est la discuter, la juger **au fond.** ***To have the merits,*** se dit d'un plaideur qui **est dans son droit,** dont la thèse est bien fondée, mais dont la demande n'est pas toujours recevable.

Meritorious, sens corresp. *a* ***m.*** *claim*, une demande, une prétention **bien-fondée, qui n'est pas sans valeur.**

– *Inasmuch as* ***the merits were with the plaintiff...*** *he* [*the judge*] *refused to nonsuit him.* – Comme **le plaignant avait le bon droit pour lui,** le président refusa de le mettre hors de cour.

– *It did not appear from the affidavits that the defendant* ***had the merits.*** (*Law Times.*) – Il ne ressortait pas des affidavits que la thèse du défendeur **fût bien fondée.**

– Emploi courant: dans le *Devil's Disciple*, Bernard Shaw situe l'action de la pièce. En 1777, dit-il (acte I), les Anglais et les Américains en guerre éprouvaient le besoin d'idéaliser à leurs propres yeux, qui leur offensive, qui leur résistance... et il ajoute: *Into the* ***merits*** *of these idealizations it is not here necessary to inquire.* – Quant au **bien-fondé** de ces idéalisations, il n'est pas nécessaire de le rechercher ici.

– *The* ***merits*** *of stories of second sight need discussion.* – Il y a lieu de discuter (d'examiner) **le pour et le contre** des histoires de seconde vue.

– *An honest lawyer tells his clients whether or not they have a* ***meritorious*** *claim.* – Un homme de loi honnête dit à ses clients si oui ou non leurs prétentions (ou: leur demande) sont **bien fondées.**

Remarque. – Le lat. *meritis de causis* signifie: *pour de justes motifs, à bon droit, pour une cause légitime.*

Mess. – Du sens de **mets, potage,** en passant par celui de **pâtée pour un animal,** puis de **ratatouille,** on arrive au sens de **gâchis, fouillis** (syn. de *litter*); **embarras, ennui.** ***To get into a mess,*** **se mettre dans de beaux draps.** ***To make a mess of,*** **gâcher** (une affaire), la **galvauder.** ***A mess of pottage,*** **le plat de lentilles d'Esaü.** V. aussi *number.*

Arg. mil. **popote** (d'officiers en campagne). ***mess-traps,*** **matériel de popote.**

– *I am rejoiced that I passed over the whole subject in the « Origin », for I should have* ***made a precious mess*** *of it.* (Darwin, *Life and Letters*, II, 392.) – Je me réjouis d'avoir complètement omis ce sujet dans mon « *Origine* », car je l'aurais **furieusement massacré.**

Message. – Annonce, prédiction (d'un prophète), **leçon, enseignement philosophique** qui se dégage d'une œuvre: **mission spirituelle** (d'un écrivain, d'un artiste), sens que nous avons emprunté à l'angl.): enfin, simplement **commission** dont la nature est déterminée par le contexte.

– *Hadn't I better return and take the fellow your* ***message?*** demande le témoin d'une altercation entre deux jeunes gens. (Thackeray, *Pend.* XXVIII.) – Ne vaudrait-il pas mieux que je retourne sur mes pas et que je porte votre **défi** à cet individu?

– *I hope you have got my* ***message.*** – J'espère qu'on vous a fait ma **commission.**

Remarque. – Aux E.U. ***message*** se dit de toute communication officielle du Président au Congrès, voire du Gouverneur d'un État au corps législatif ou d'un maire au conseil municipal.

Messenger. – Messager, et donc « porteur d'un *message* », **commissionnaire, chasseur, saute-ruisseau.** ***King's. Queen's messenger,*** **courrier diplomatique.** Naut.: **tournevire.**

– *He sent him a note by a* ***messenger.*** – Il lui envoya un billet par un **commissionnaire.**

Metal. – P. ext. du sens de métal dont sont faits les canons, ***gun metal,*** **bronze,** ***heavy metal,*** **grosse artillerie** et métaph. puissance de feu des canons (d'un navire, etc.). Autres sens, **matière, terre, verre en fusion; pierre de mine, minerai; argile durcie, matériau d'empierrement, ballast** (de voie ferrée): ***road metal,*** **cailloutis, pierraille; caillasse;** typ. **caractères** (d'imprimerie), *to read in the* ***metal,*** lire sur le **plomb;** au pl. ***to leave, jump the metals,*** **quitter les rails, dérailler.**

To metal *a road,* **empierrer** une route (1).

Au fig. orthogr. ***mettle*** depuis le XVIIIe s., l'**étoffe** dont un homme est fait, **caractère, tempérament,** et p. excellence, **cœur, courage, ardeur, feu; fougue** (d'un cheval).

– *The English army advanced against superior* ***metal.*** – L'armée anglaise avançait malgré la supériorité du **feu** de l'ennemi.

– ***I was on my mettle.*** – **Je m'étais piqué au jeu.**

– *He was put on his* ***mettle.*** – Il fut piqué d'**honneur.**

– *The buyer wanted* ***to try*** *the horse's* ***mettle.*** – L'acheteur voulut **pousser** le cheval.

Metaphysical. – Surnaturel; immatériel, incorporel; quintessencié: chimérique, visionnaire.

– Le sens de surnaturel semble avoir été perpétué par la réminiscence shakespearienne: ... *The golden round, Which fate and* ***metaphysical*** *aid doth seem To have crowned thee withal.* (*Macbeth,* I, v.) – ... Ce cercle d'or Dont semblent et le sort et le secours **d'en-haut** Vouloir te couronner.

– Par ***metaphysical poets,*** on entend les poètes anglais **alambiqués, quintessenciés** du XVIIe s. dont Cowley, Donne, Herbert sont les plus connus.

– Réaction de Byron à la lecture de Pétrarque: *I detest Petrach so much that I would not be the man even to have obtained his Laura, which the* ***metaphysical*** *dotard never could.* – Je déteste Pétrarque à un point tel que je n'aurais pas voulu être à sa place, même si j'avais pu conquérir sa Laure, ce dont fut toujours incapable ce vieux radoteur **quintessencié.**

Meter. – † Mesureur (de *to mete,* poét. mesurer), **jaugeur, arpenteur; compteur** (à gaz, à eau, de courant électrique), ***petrol-meter,*** **compteur-jaugeur d'essence;** au fig. (instrument de) mesure des fluctuations ou variations de qqch., de la valeur etc. de qqn., cf. ***to take the measure of*** *a man,* **jauger** un homme. Enfin, terme générique **vers,** opposé à prose.

– Les « Nuits » de Young eurent un grand succès: *For twenty years translators vied with one another in producing, either in prose or in* ***meter,*** *a version of one or more of the Nights.* – Pendant vingt ans, ce fut à qui traduirait en prose ou en **vers** une ou plusieurs des *Nuits.*

Method. – Voir *system.* ***Method*** peut signifier: **plan d'action;** d'autre part, il y a parfois avantage à rendre ce mot par **procédé, modalités** (d'application), **mode** (de paiement, etc.). Famil., ***There's method in his madness*** (cf. *Hamlet,* II, ii, 208): **il n'est pas si fou qu'il en a l'air.**

– Homais est plein d'égards pour Charles Bovary qui vient d'installer son cabinet à Yonville: « Le besoin de s'occuper d'autrui ne poussait pas le pharmacien à tant de cordialité obséquieuse, et il y avait là-dessous un **plan** » (II, iii), ce qui est traduit ainsi: *The obsequious cordiality on the part of the chemist was not prompted by sheer altruism. There was* ***method*** *in it.*

Mignonette. – De l'anc. fr. *mignonette,* fém. et diminutif de *mignon,* désigne notre **réséda** (odorant), famil. **herbe d'amour.** S'applique, selon L., à différentes plantes: œillet de Chine, luzerne, lupuline, saxifrage ombreuse.

Million. – *The play pleased not* ***the million*** (*Hamlet,* II, ii, 457), la pièce ne plut pas à **la masse.**

– A l'époque de Shakes., dit Emerson (*Repres. Men*): *There was no literature for* ***the million,*** il n'y avait pas de littérature pour la **foule, la multitude, le grand public.**

– *French for* ***the million.*** – Le français pour **tous.**

Mimic (adj. et subst.). **– Imitateur, -trice; mimique** (peu us.); p. ext. **factice, pour rire,** ***mimic*** *warfare.*

Subst. **mime, imitateur, -trice, contrefaiseur, -euse.**

– *Man is the most* ***mimic*** *of all animals.* – L'homme est le plus **imitateur** de tous les animaux.

– Portrait humoristique du... futur fruit sec: *Here we have the smart young clerk, who gets the taste of traffic as a wolf-cub does of blood, and already sends adventures in his master's ships, when he had better be sailing* ***mimic*** *boats upon a mill-pond.* (N. HAWTHORNE, *Scarlet Letter,* Prol.) – Nous trouvons ici... le jeune commis déluré qui tâte du négoce comme le louveteau du sang, et embarque déjà des pacotilles sur les navires de son patron, alors qu'il ferait mieux de pousser des bateaux **d'un sou** sur la retenue du moulin. (Trad. Marie CANAVAGGIA.)

Mimick (to). – *My brother* ***mimicked*** *all our acquaintances.* – Mon frère **singeait** tous nos familiers.

Mince (to). – Du sens fr. de *mincer* de la viande, passe aux sens suivants: **hacher menu comme chair à pâté; atténuer, pallier** (une faute); ***not to mince matters,*** **ne pas mâcher ses mots, parler franc et net, dire les choses carrément, trancher le mot;** † ***to mince it, to mince*** *one's words* **faire la petite bouche, la sucrée, manger ses mots, parler avec affectation;** (d'une femme) **minauder,** (d'un homme)

(1) Dauzat (*Mélanges de ling. française,* p. 240) rapproche *metalled road* de notre « chemin ferré » qu'il définit « chemin durci par l'empierrement comme le pied du cheval par la ferrure ».

mignarder; faire des grimaces, des simagrées, des manières; intr. **marcher d'un air affecté, à pas menus.** ***Mincing,*** sens corresp.: **affecté, minaudier, affété;** *a coquettish and **mincing** woman,* une femme coquette et **grimacière.**

Mineral. – ***Mineral waters,*** auj. et famil. toute **eau gazeuse, soda, eau de Seltz, limonade;** ***mineral*** *charcoal,* charbon **fossile.** Le subst. signifie outre minéral, **minerai; charbon, houille,** d'où ***mineral claim,*** **concession, exploitation minière;** ***mineral rights,*** **droits miniers.**

Miniature. – Adj.: **exigu, minuscule, en raccourci.** ***Miniature model,*** **maquette;** cinéma: ***miniature work,*** **prise de vues avec maquette;** ***miniature voltage,*** (courant à) **faible ou basse tension.**

– *The little boys looked like **miniature** waiters with their hair plastered down with pomade,* traduit ce passage de *La Maison Tellier* de Guy de MAUPASSANT: les petits hommes, pareils à des **embryons** de garçons de café, la tête encollée de pommade...

– *A very **miniature** suite of rooms, viz. one room and a closet.* (DE QUINCEY.) – Un appartement des plus **exigus,** à savoir une chambre et un cabinet.

– *A pugnacious child is prone to think himself a Napoleon **in miniature.*** – Tout enfant querelleur (batailleur) a tendance à se prendre pour un Napoléon **au petit pied.**

M.I.A. Richards voit dans le *Basic English* l'« anglais fondamental » *a **miniature** English,* un angl. **en raccourci** ou: **en abrégé.**

Minister (to). – « ... *And the angels **ministered** unto him* » dit l'Évangile selon saint Marc: c'est une tournure latine: *Et angeli ministrabant illi,* que les auteurs de la *New English Bible* ont cru devoir modifier ainsi: *And the angels waited on him,* Et les anges le **servaient.** Du coup, la belle expression de ***ministering*** *angel,* ange **secourable,** perd tout son parfum biblique. Quoi qu'il en soit, on traduira ***to minister*** par † **fournir secours** ou **consolation, secourir, consoler;** ***to minister*** *to s.o.'s needs,* **pourvoir, subvenir** aux besoins de qqn.; **rendre service à;** ***to minister to*** *s.o.'s pleasures,* **aider, contribuer aux, procurer** des plaisirs à qqn.; ***to minister to*** *a parish,* **desservir** une paroisse.

– *During his disease his wife had been a **ministering** angel to him.* – Pendant sa maladie, sa femme avait été pour lui un ange **secourable** (un ange **de dévouement**).

– *Nothing is left undone which would **minister** to her confort* [celui de Cléopâtre]. (Th. WILDER.). – Rien n'est négligé de ce qui pourrait **contribuer** à ses aises.

Ministerial. – ***Ministerial*** *functions,* fonctions **exécutives;** jur. ***ministerial*** *act,* acte accompli par un fonctionnaire **dans l'exercice de ses fonctions** (et le déchargeant de toute responsabilité); **relatif à un ministre du culte, sacerdotal;** ***ministerial to,*** **qui concourt, contribue, sert à,** *conversation is **ministerial to** intellectual culture,* la conversation **sert à** se cultiver.

Ministry. – Le **saint ministère;** le **ministère des autels,** le **sacerdoce.**

– *He was intended **for the ministry.*** – Il fut destiné **à l'Église.**

– *He had been **born for the ministry.*** – Il avait **la vocation ecclésiastique.**

Minute (subst.). – Au pl. **procès-verbal, compte rendu** (d'une séance, d'une réunion); **note;** diplom. ***minutes*** *of a convention,* **recez** d'une convention; *Treasury **minute,*** **approbation; communiqué** de la Trésorerie.

– *Boswell used **to make a minute** of all the sayings of Dr Johnson.* – Boswell avait coutume de **noter** tous les mots du Dr Johnson.

– *Everything is in the form of a report or a **draft of minutes.*** – Tout est en comptes rendus et en **protocoles.**

Misadventure. – Mésaventure; contretemps; jur. *homicide **by misadventure,*** homicide **par accident** ou **par imprudence, par cas fortuit, accidentel, involontaire;** *surgical, therapeutic **misadventure,*** **accident** chirurgical, thérapeutique.

Misconduct. – Mauvaise gestion ou **administration** d'une entreprise; Jur. **adultère** (cf. le fr. inconduite); peut avoir un sens humoristique. Sens corresp. pour le verbe.

– *Suddenly a well-known smell interrupted the singer; it was Ninon's cat that had **misconducted herself.*** (G. MOORE, *Memoirs,* VII.) – Soudain une odeur bien connue interrompit la chanteuse. C'était le chat de Ninon qui **s'était oublié.**

– *The young man **misconducted himself badly;** he struck the table with his fist. (Ibid.)* – Le jeune homme **fit tout un esclandre;** il frappa du poing sur la table.

Miscreant. – Le sens de mécréant, infidèle est vieux. L'acception courante est **gredin, scélérat, misérable, vaurien.**

– *Thou art a traitor and a **miscreant.*** (SHAKS., *Richard* II, I, i, 39.) – Tu es un traître et un **vil scélérat.**

Miser. – « Aussi surpassait-il *en avarice et misère* tout autre *avaricieux et misérable* qui fût au monde. » (BOCCACE, *Décaméron,* I. viii. Trad. A. le MAÇON.) On a là une synonymie chère aux vieux écrivains: misère et avarice.

*A **miser,*** en angl. signifie un **avare;** ***miserly,*** **avare, avaricieux, cupide,** est l'adj. et ***miserliness,*** c'est **l'avarice.**

Miserable a, comme dans la citation de Boccace, signifié **avaricieux,** emploi qui subsiste dans les patois. Il a aussi voulu dire **compatissant.**

Mais auj. le sens courant est un sens affaibli appliqué aux pers., **inquiet, mal à l'aise, qui se tourmente, se rend malheureux;** aux ch., **désagréable, pénible.**

– B. Shaw (*You never can tell,* II) a cette indication scénique: *He drops his drawn **miserable** face on his hands.* – Il laisse tomber dans ses mains son visage tiré, **malheureux.**

Rapprocher « Que te sert-il... d'estre à cette heure *misérable* par ce que tu le dois estre avec le temps? » (MONTAIGNE, III, xii).

– *The journey in the wild weather was extremely **miserable.*** (FROUDE.) – Le voyage, par cette tempête, fut extrêmement **pénible.**

Misery. – † **Avarice :** *He covets less Than **misery** itself would give* (SHAKS., *Coriolanus*, II, ii, 131), ce qu'il convoite est moins que ce que donnerait l'**avarice** elle-même, c'est en ces termes que Cominius fait part du désintéressement de Coriolan. Le N.E.D. donne encore un autre ex. de cet emploi à la date de 1626.

Autre sens bien vivant celui-là, et correspondant à *miserable:* **état malheureux, sort digne de pitié,** très fréquent chez nos classiques:

– *The night was dark, he could indulge the full extent of his **misery** without fear of being seen.* – La nuit était sombre, il put se livrer tout à son **malheur** sans craindre d'être vu.

Mite. – Deux mots: 1° ***cheese-mite,*** **ver** ou **mite de fromage, ciron,** et, en argot, **marchand de fromage;** 2° **moitié d'une obole, pite;** vaguement, **obole, denier;** petit poids: la **vingtième partie d'un grain.** *The widow's **mite,*** l'**obole,** le **denier** de la veuve.

On trouve au fig. et famil.: *Not a **mite,*** pas un **brin,** pas un **liard;** *a **mite*** signifie encore un **objet,** un **être minuscule.**

– D'un tout petit, que sa mère pousse dans sa voiture et qui pleure parce que son père repart pour le front. Alpha (*Leaves in the Wind*, 23) dit: *Poor little **mite,** he is beginning his apprenticeship to this rough, insane world betimes.* – Le pauvre petit **marmot** (**mioche**)! il commence de bonne heure son apprentissage auprès de ce maître brutal et forcené qu'est le monde.

Mitten. – **Moufle.** Arg.: les **mains,** les **pattes; gants de boxe.** ***To get, to give the mitten,*** **être congédié, congédier** (qqn.).

Mix (to), mix, mixing (subst.). – Au pr. ***to mix** a dish, the salad,* **préparer** un plat, **apprêter, accommoder** la salade. Au fig. *the **mixing** of races.* le **mélange,** le **brassage** des races. *She **mixes** only with the best society,* elle ne **fraie** qu'avec, ne **fréquente** que le beau monde; *the two brothers did not **mix** well,* les deux frères ne s'**entendaient** pas. Autres sens, ***mixed,*** **troublé, ahuri; aux idées confuses,** *the candidate **got mixed** in his answers,* le candidat s'**embrouilla, pataugea** dans ses réponses.

Péjor. avec *in,* **tremper** dans un complot), **être impliqué** (dans une affaire). Litt. *they **mixed** knowing glances,* ils **échangèrent** des regards d'intelligence.

E.U. *the armaments **mix,*** la **composition** des armements.

Mixer. – Au sens d'« appareil électrique servant à mélanger et à battre des aliments », **mixer** ou **mixeur** (fr. **batteur, malaxeur**) est un angl. Autres sens, cinéma, radio, **mélangeur de son, opérateur des sons;** mécan. **diffuseur.**

E.U. (des pers.) *he is a good, a bad mixer,* il **est, n'est pas** où **est peu liant, il est** ou **n'est pas (très) sociable, se lie** ou **ne se lie pas facilement;** parfois, il est **familier,** ou: **distant** respect.

Aussi **réunion où les invités sont présentés les uns aux autres pour lier connaissance et amitié;** t. génér. désignant des **danses (contre-danse, quadrille,** etc.) où **cavaliers et danseuses changent constamment de partenaires** (1); enfin, admirez le pittoresque de la polysémie, **entraîneuse** de bar, de dancing.

– *He was not a **mixer.** He was never known to slap any one on the back.* (*in* HORWILL) – Il n'était pas **familier.** On ne le vit jamais, que je sache, taper quelqu'un sur l'épaule.

– *Mr. N. was an **ideal mixer.*** – M. N. **savait s'adapter** ou: **s'accommoder à tout le monde, à tous les mondes, savait se faire tout à tous, était l'homme sociable par excellence.**

– *She was a **mixer** in a joint.* – Elle était **entraîneuse** dans une boîte de nuit.

Mixture. – **Drap mêlé,** génér. d'un ton discret.

Mizen. – **Artimon,** ***mizen-mast,*** **mât d'artimon,** qui est **sur l'arrière.** En fr., le mât de misaine est aujourd'hui celui qui se trouve **sur l'avant.** Autres sens naut.: ***mizen-sail,*** **brigantine,** ***mizen topsail,*** **perroquet de fougue,** ***mizen top-gallant sail,*** **perruche,** ***mizen royal sail,*** **cacatois de perruche.**

Mobile. – *The **mobile,*** abrégé du lat. *mobile vulgus,* le **vulgaire changeant, inconstant, léger** désigne la **populace,** la **canaille.** Ce mot, vieilli, a été remplacé par l'abréviation *mob,* et se prononce comme un mot lat., ce qui le différencie de *mobile* dans *first mobile,* lat. *primum mobile,* premier mobile.

Mock (subst. et adj.), **to mock.** – Déjà du temps de Shakes., ***to mock*** avait pris le sens d'**imiter:** *his drum shall **mock** the thunder,* son tambour **imitera** le tonnerre, d'où le subst. ***mock*** qui, après avoir signifié: **dérision, moquerie, objet de risée,** s'entend maintenant d'une **imitation,** d'une **contrefaçon,** et l'adj. ***mock*** (d'un objet), **faux,** d'**imitation,** de **contrefaçon, pseudo;** ***mock-turtle,*** **tête de veau en tortue** ou **à la financière;** *the **mock-heroic,*** le genre **héroï-comique;** ***mock-lead, mock-ore,*** **fausse galène, blende;** ***mock leather,*** **imitation cuir,** ***mock-orange,*** **seringa;** ***mock-moon,*** **parasélène;** ***mock-sun,*** **parhélie,** dit aussi **faux soleil,** *a **mock trial,*** un **simulacre,** un **semblant** de procès, une **parodie** de jugement; ***mock fight,*** **combat pour rire, petite guerre;** ***mock war,*** **« drôle de guerre ».**

Nous avons paresseusement traduit *mock(ing)-bird. (Mimus polyglottos)* par moqueur, oiseau moqueur, alors qu'il s'agit d'une espèce de merle qui *imite* les autres oiseaux.

(1) En voici un ex. suggestif: il s'agit d'un bal champêtre: « *The country-dance called 'The Triumph, or Follow my Lover', was the figure with which they opened.* (HARDY, *Under the Greenwood Tree*, VII).

– *The* ***Mock-Doctor,*** titre anglais de notre **Médecin malgré lui** (Molière).

– *Villon's Grand Testament is in form a* ***mock*** *will.* – Le G.T. de V. **tient du burlesque** par la forme.

– *The party of the Saints, to use the* ***mocking*** *epithet of their opponents.* – Le parti des Saints, comme leurs adversaires les appelaient **par dérision.** (Il s'agit de la secte de Clapham).

– *The rebuked child made a gesture of* ***mock*** *terror.* – Sous la réprimande, l'enfant eut un geste de terreur **feinte.**

Mockery. – Objet de dérision, risée; apparence, semblant, image vaine.

P. ext. **action** hors de proportion avec le but visé et donc **ridicule, grotesque; plaisanterie, comédie; dérision.**

– *Hence, horrible shadow! Unreal* ***mockery,*** *hence!* (Shaks. *Macbeth,* III, iv, 107.) – Hors d'ici, ombre horrible, **Image vaine,** hors d'ici!

– H.G. Wells (*Men in the Moon,* XVIII) appelle les êtres rencontrés sur la Lune des **caricatures d'hommes,** ***mockeries of men.***

– *A* ***mockery*** *of penitence.* – Un **simulacre** de pénitence.

Model, (to) model. – Du sens de modèle de vaisseau, de canon, nécessairement exécuté à une échelle réduite, ***model*** passe au sens de **reproduction** (en petit généralement, mais non pas toujours), de **réduction.**

Autres sens: **mannequin** « employée de maison de couture chargée de présenter sur elle-même les modèles », d'où le verbe ***to model,*** **être mannequin, exercer cette profession; faire le service de mannequin** chez un couturier.

– *A hairdresser's* ***model,*** une **figure,** une **tête en cire** de coiffeur.

– *I had my father's signet in my purse,*
Which was the ***model*** *of that Danish seal.*
(Shaks., *Hamlet,* V, ii, 50.)

– Ma bourse contenait le cachet de mon père
Qui **reproduit** le sceau du royaume danois.

en petit, cela va sans dire; et c'est ce cachet qu'il appose à la condamnation de Guildenstern et de Rosencrantz.

– *A small coquette of twelve years old, who looked like a* ***model*** *of her mamma on a reduced scale.* (Dickens, *Sketches by Boz,* 99.) – Une petite coquette de douze ans, qui avait l'air d'une **reproduction,** à une échelle réduite, de sa maman.

– *He minds me of Sir James – the very* ***model*** *of Sir James.* – Il me rappelle Sir J. – tout le **portrait** de Sir J.

– *The* ***model*** *fences that guarded the flower-pots on the sills.* (Morrison, *To London Town,* 80.) – Les barrières **en miniature** qui empêchaient les pots de fleurs de tomber des fenêtres.

– *He painted, drew* ***without a model.*** – Il peignait, dessinait **de chic.**

– ***Modelling*** *for her parents she shows off a dress she bought in Paris.* – **Mannequin posant** pour ses parents, elle fait parade d'une robe (ou: toilette) qu'elle a achetée à Paris.

Moderate, -ly. – Médiocre, ordinaire, moyen; famil. **qui n'a rien d'excessif.**

– *I have known many a woman with an exact shape, and a symmetric assemblage of beautiful features please nobody; while others, with very* ***moderate*** *shapes and features, have charmed everybody.* (Chesterfield, *Letters,* 18 *Nov.* 1748.) – J'ai connu des femmes qui joignaient à une taille parfaite l'assemblage des traits les plus réguliers et les plus beaux, et qui cependant ne plaisaient à personne; tandis que d'autres, avec une taille **ordinaire** et des traits fort communs, enchantaient tout le monde. (Traduction Amédée Renée, 1842.)

– Un homme romanesque s'écrie: *I hate commonplace heroes and* ***moderate*** *feelings such as are to be found in life.* – Je déteste les héros communs et les sentiments **tempérés** comme il y en a dans la nature.

– *His business affairs took a turn for the worse.* – *He found this* ***moderately*** *disturbing.* – Ses affaires prenaient une tournure mauvaise. Il s'en inquiétait **médiocrement.**

Moderate (to), moderation, moderator. – ***To moderate,*** **modifier; présider** une assemblée délibérante (Église, Université); ***moderation,*** au pl. (abrégé en *Mods.*) **premier examen** pour le grade de *bachelor of arts* (licencié ès lettres); ***moderator,*** **examinateur** (de *moderations* à Oxford, de *tripos* à Cambridge); **médiateur, arbitre.** E.U. **président élu** (d'une réunion ou assemblée municipale).

Modern. – Il est un sens de ce mot, sens fréquent dans l'œuvre de Shakes., qu'il importe de signaler, parce qu'on cite à tout bout de champ le passage suivant:

........The justice
With eyes severe and beard of formal cut,
Full of wise saws and ***modern*** *sentences.*
(*As you like it,* II, vii, 156.)

........Le juge,
L'œil sévère et la barbe où nul poil ne dépasse,
Plein de sages dictons et d'exemples **banals.**

Modest, modesty. – Là encore, l'angl. est demeuré plus près de l'étym. que nous. Ces mots ont gardé très souvent le sens fr. vieilli de **qui a de la modération, de la retenue dans les sentiments,** comme dans ce vers de *Tartuffe* par ex.:

Mettez dans vos discours un peu de *modestie* (III, 2).

Aux XVIIe et XVIIIe siècles, *a* ***modest*** *woman* signifiait une **honnête** femme, ***modesty*** sera donc parfois **retenue, réserve, modération; discrétion; honnêteté, décence, pudeur, chasteté;** ces derniers sens se rapprochent beaucoup du fr.

– Hero: *I will do any* ***modest*** *office, my lord, to help my cousin to* *a good husband.* (SHAKS., *Much Ado*, II, iii.) – *Héro:* Je suis prête à faire tout ce qui est **séant à une jeune fille,** monseigneur, pour aider ma cousine à trouver un bon mari.

– Marlow se laisse prendre au jeu habile de Mlle Hardcastle: Marlow: *(Aside.) By heaven, she weeps. This is the first mark of tenderness I ever had from a* ***modest*** *woman, and it touches me.* (GOLDSMITH, *She stoops*, IV.) – *Marlow.* (A part.) Par le ciel, elle pleure! Voilà la première marque de tendresse que m'ait jamais donnée une **honnête** femme, et j'en suis touché.

– *'Fore heaven, I applaud my master's* ***modesty!*** (SHERIDAN, *A trip to Scarborough*, V, ii.) – Par le ciel, j'applaudis la **discrétion** de mon maître!

– David Copperfield prend son premier repas dans un hôtel: ... *When the waiter laid a cloth on purpose for me, and put a set of castors on it, I think I must have turned red all over with* ***modesty.*** (DICKENS, *Copperfield*, V.) – Lorsque le garçon mit une nappe exprès pour moi et posa l'huilier dessus, je crois que je dus devenir tout rouge de **confusion.**

Modify (to), modification. – ***To modify*** est le lat. *modificare* et le fr. modifier « atténuer »: « Les tribuns *modifièrent* sa peine » dans L. Les sens seront donc **modérer, atténuer, adoucir; nuancer.** Le N.E.D. donne comme syn.: *to qualify, tone down, moderate.*

Sens corresp. pour le subst.

– *The judge refused* ***to modify*** *his sentence.* – Le juge refusa **d'adoucir** la peine, **d'accorder les circonstances atténuantes.**

– *A light breeze* ***modified*** *the heat.* – Une légère brise **atténuait** l'extrême chaleur.

– *A* ***modifying drug,*** un **sédatif.**

Moiety. – Part, portion; † **petite part, portion moindre** et donc, non nécessairement *moitié.* Math. *active* ***moiety,*** **fraction** active.

– *My* ***moiety*** *equals not one of yours.* (SHAKS., *I Henry IV*, III, i, 96.) – Ma **part** n'égale pas une des vôtres.

Moleskin. – Au pr. **peau de taupe.** L. *(Supplément)* a *moleskine* ou *molesquine,* **étoffe dont on fait des pantalons, velours.** C'est bien là le sens de ce subst. angl. Comment ce mot qui, au pl., signifie **vêtements de velours, pantalons de velours** en est-il venu à signifier en fr. tout autre chose, que les Angl. appellent *American cloth?*

REMARQUE. – Notre « peau de taupe » est une sorte de velours de coton, ras.

Moment, momentous. – Conformément à l'étym. lat. *momentum,* impulsion, poids qui détermine l'impulsion, ***moment*** signifie **poids** au fig., c.-à-d. **importance, portée.** ***Momentous*** a les sens corresp.

– *The holding of the Empire together is of a* ***moment*** *to us which cannot be measured.* (FROUDE, *Oceana*, 334.) – Maintenir l'intégrité de l'Empire (l'empêcher de se désagréger) est pour nous d'une **importance** qui ne se peut mesurer.

Monarch. – Ce mot, qui est toujours masc. en fr., peut, en angl., désigner **une reine, une souveraine:** *Elizabeth, the virgin* ***monarch,*** Elizabeth, la **souveraine** (qui mourut) vierge; autre sens: **danaïde,** grand papillon rouge et noir.

Monetary. – A un sens beaucoup plus étendu qu'en fr. et doit se rendre parfois par: **financier, relatif au crédit,** *the action taken in the* ***monetary*** *field,* les mesures prises dans le domaine **financier** ou **du crédit.** ***Monetary*** *penalty,* peine **pécuniaire.**

– *The debtor countries should exercise* ***monetary discipline.*** – Les pays dont la balance (des paiements) est débitrice doivent s'imposer (pratiquer) une politique **d'austérité financière.**

Moneyed. – *A* ***moneyed*** *man,* un homme **riche, qui a de l'argent,** famil. **qui est argenté,** un **richard.** ***Moneyed*** *assistance,* secours **en argent,** aide **financière.** De même que *the landed interest,* désigne la classe de propriétaires terriens, *the* ***moneyed interest*** est celle des **capitalistes.**

Monitor. – Si l'on médite cet ex.: « Mentor fut le *moniteur* de Télémaque » *(Acad.),* c.-à-d. le **guide,** le **conseiller,** on comprendra aisément toutes les acceptions de ce mot qui en sont dérivées: les voici: pers. **guide, conseiller, sage, homme d'expérience;** ch. **avertissement,** (signe, etc.) **monitoire, prodrome; avant-coureur, précurseur.** Aussi **varan,** saurien de l'espèce des *Monitoridae* ainsi dénommé parce que sa présence avertirait de celle des crocodiles. Suivent des sens techniques, notamment **appareil de surveillance, détecteur** de radioactivité, d'où ***monitor counter,*** **compteur de surveillance, compteur détecteur;** ***monitoring,*** **surveillance,** ***monitoring device,*** **dispositif automatique de surveillance.** Cin. ***monitor-man,*** **ingénieur du son.**

– *He was considered as a very indifferent* ***monitor.*** – Il était tenu pour un assez piètre **mentor.**

Monotone (subst.). **– Répétition continue du même son;** syn. de *monotint* et de *monochrome,* et donc **monochrome.** *Illustrations in* ***monotone,*** illustrations en **noir** ou en **monochrome** (ant. de *in colours* et *polychrome* respect.). Aussi, au fig. **litanie: manque** respect. **de variété** dans le style, etc., d'où l'adj. **ennuyeux, fastidieux.**

– *The pigeon's plaintive* ***monotone.*** – **L'unique note** plaintive que le pigeon **répète.**

– *He resumes his* ***monotone.*** – (B. SHAW, *Caes. & Cleop.*, II.) – Il reprend (recommence) sa **litanie.**

Monstrous employé adverb. est un intensif: † **extrêmement, furieusement.**

– *We shall be* ***monstrous*** *good friends.* – Nous serons de **furieusement bons amis.**

Monument. – Le lat. *monumentum*, de *monere*, faire souvenir des pers. ou des ch. est, en général, tout ce qui rappelle le souvenir. Le fr. et l'angl. ont ce sens.

Spenser (*Faerie Queene*, I, v, 38) a employé ce mot dans le sens de **souvenir.** *His members were scattered... That of Hippolytus was left no **moniment*** (toujours écrit *moniment*). Ses membres furent dispersés, si bien qu'il ne resta nulle **trace** d'Hippolyte, rien **qui avertit qu'il eût existé.**

Dans le style élevé, ***monument***, proprt. édifice commémoratif, veut dire **tombeau,** et tous nos classiques l'ont entendu ainsi (L., 3°). Ce sera donc **tombeau, tombe, pierre funéraire, tombale.**

– *In that dim **monument**, where Tybalt lies.* (SHAKS., *Rom. and Jul.*, iii, V, 183.) – En cet obscur **tombeau** où repose Tybalt.

REMARQUE. – « Monument » est vieux au sens de « tombeau », mais nous disons encore : « m. funéraire », « m. aux morts ».

Mood. – **Humeur, disposition d'esprit ;** (être en) **veine** (de).

– *I am not in the laughing **mood**,* ou : *in **the mood** to laugh.* – Je ne suis pas d'**humeur** à rire.

– ***To be in one's good mood*, être bien luné, dans sa bonne lune.**

Moral. – Vulgairement, **portrait, image, ressemblance.**

– *As for the long chin it is the very **moral** of the governor's.* (SMOLLETT, *H. Clink.*, 254.) – Quant au menton long, c'est celui du père **tout craché.**

Morale. – S'emploie, concurremment d'ailleurs,avec le mot ***moral***, pour désigner le **moral** (des troupes, de l'équipage d'un navire, etc.).

– *The **morale** of the troops is excellent.* – Le **moral** des troupes est excellent.

Morality. – Employé au pl., ***morality*** signifie **qualités morales.** Dans le sens de « moralité », leçon morale, le mot a tendance à devenir péjor. : c'est un **ennuyeux sermon,** une **semonce** (cf. *lecture*). Mais d'autre part, ***morality*** veut dire **morale,** que ce soit la science, les principes ou les règles ***(moralities)*** ou une éthique particulière.

– *A person... of such eminent **moralities** and intellectuals.* – Une personne... douée de **qualités morales** et intellectuelles si éminentes.

– *The « Confessio Amantis »... is a singular miscellany of allegory, of **morality**, and of tales.* – La *Confessio Amantis*... est un singulier mélange d'allégorie, de **sermon** et de contes.

– *The learning of this people is very defective, consisting only in **morality**, history, poetry, and mathematics.* (SWIFT, *Gulliver*, II, vii.) – Le savoir de ce peuple est très défectueux, ne consistant qu'en **morale,** histoire, poésie et mathématiques.

– *The **moralities** which protect every individual from being harmed by others.* (MILL, *Utilit.*, V, 80.) – Les **principes moraux** qui empêchent tout individu d'être lésé par autrui.

Mortal, -ly. – « Je fuis *mortellement* la fumée » écrit Montaigne. L'adv. est un intensif. Il signifie **extrêmement.** Cette indication vaut pour l'adj. ***mortal***. *I am in a **mortal** hurry*, je suis **terriblement** pressé.

– Voici un ex. qui d'ailleurs, défie la traduction :

Mr. Weller (DICKENS, *Pickwick*, II, xxii) insiste pour que l'on reste à l'auberge : *The host appeared to back his entreaties with the dead certainty of its raining all night, the equal **mortal** certainty of its clearing up in the morning.* – L'aubergiste vint appuyer ses instances de la certitude absolue qu'il pleuvrait toute la nuit, de la non moins **catégorique** certitude d'une embellie le lendemain matin.

– En voici un autre, peut-être plus aisé à rendre : Anne Garland élude toutes les questions que lui pose Festus Derriman ; celui-ci s'en formalise : *I believe you would say « I don't know » to every **mortal** question, so very discreet as you are.* (Th. HARDY, *Trumpet-Major*, VIII, 66.) – Je crois bien que, sage comme vous l'êtes, vous répondriez « je ne sais pas » à toutes les questions **possibles et imaginables.**

Mortality reprend au lexique lat. les sens suivants : **la nature humaine, le genre humain ; † la mort.** De plus, le mot désigne **ce qui en nous est mortel** et aussi (les) **restes mortels,** (la) **dépouille mortelle.** Enfin : qui cause la mort, *the **mortality** of sin*, le **caractère mortel** du péché.

Mortify (to), mortifying, mortification. – *Urine is of a **mortifying** nature to vegetables* doit s'entendre que pareil traitement, non pas les attendrit ou les humilie, mais qu'il est **mortel,** qu'il les **tue.**

En style médical, ***mortification*** signifie la **gangrène,** et ***to mortify*, déterminer la gangrène dans, gangrener.**

– Emerson écrit, non sans humour : *It will not add a pang to the prisoner marched out to be shot, to assure him that the pain in his knee threatens **mortification**. (Society and Solitude, Old Age.)* – L'angoisse du prisonnier que l'on mène au poteau d'exécution ne sera pas augmentée d'un iota si on lui affirme que le mal qu'il a au genou menace de **se gangrener.**

Mortuary. – **Dépôt mortuaire, morgue.**

Moss. – Outre mousse, signifie **marais, tourbière, marécage.** ***Moss-troopers*, maraudeurs** qui infestaient les marais de la frontière écossaise au milieu du XVIIe s.

Motion. – **Mouvement, principe moteur ; geste, signe ; manière de se mouvoir, démarche, allure ; commotion, agitation** (populaire) ; terme de procédure, **conclusion ; rouage, organe, pièce** d'une mécanique ; **selle, évacuation.**

E.U. ***motion picture*, film** (de cinéma).

Motivate (to). – Plus libre que le fr., l'anglo-amér. peut appliquer ce verbe aux pers. Le jargon philos. aidant, il nous parlera de

***properly motivated people*,** entendant sans doute par là des **gens bien inspirés,** ou **b. intentionnés;** *well-meaning people.*

Motive (adj. et subst.). **–** Est le lat. *motivus* « qui meut », adj. employé subst., d'où les sens: **moteur, -trice, ce qui meut, met en mouvement,** ***motive*** *energy,* énergie **cinétique;** ***motive power, motive force,*** **force motrice,** au fig. **moteur.**

– *Faith is the* ***motive*** *force of life.* – La foi est le **moteur** de la vie.

Motor. – Famil. pour *motor-car,* **automobile, auto; muscle, nerf moteur.**

Mould. – *Moule,* doublet de *module,* du lat. *modulum* signifie proprement **type,** sens que le mot a dans les deux langues; on y ajoutera en angl. celui de **moulures, décoration en moulures,** même origine; au fig., ***mould*** doit s'entendre du **type,** du **caractère,** de la **tournure d'esprit,** famil. **trempe, étoffe** (d'un individu).

– *Men of lesser* ***mould*,** des hommes de moindre **étoffe.**

Mound ne signifie **mont** qu'en anatomie et en chiromancie: *Mound of Venus,* le **mont** de Vénus; autrement, il faut le traduire par **monticule, tertre, butte; remblai;** ***sepulchral mound*,** **tumulus;** ***mound*** *of a windmill,* **motte** de moulin à vent; **monceau, tas de pierres.**

Un autre mot issu du lat. *mundus* et du fr. *monde* a ce sens en blason; y ajouter celui de **globe** (emblème royal ou impérial).

Mount. – Outre mont, signifie: **montage, monture** (d'un dessin, d'une gravure, d'une pierre précieuse); aussi **monture,** bête qu'on monte, « Qui veut voyager loin ménage sa monture »; famil., **bicyclette, vélo;** turf, **monte** « action de monter un cheval de course ». En compos. ***brass-mounts*,** **ferrures de cuivre.**

Movement. – Faits et gestes (d'une personne, etc.)

– *The close attention which was paid in England to every step and* ***movement*** *of the new emperor.* (M. PATTISON, *Essays,* I, 34.) – On suivait de près en Angleterre les moindres démarches et les moindres **faits et gestes** du nouvel empereur.

Mufti. – Outre mufti ou muphti « membre du clergé musulman chargé du maintien de la loi religieuse », signifie **vêtement civil** dans l'armée ou la marine, *an officer in mufti,* un officier **en civil,** un **pékin.**

Mundane. – Outre mondain « relatif aux salons, à la haute société, etc. », vie mondaine, signifie, comme chez nous en philo., « qui a rapport à l'univers matériel »; s'oppose donc à spirituel, à surnaturel et à céleste: **terrestre, sublunaire.** *Our* ***mundane*** *life,* notre vie **terrestre.**

Munition. – A signifié, comme en lat., † **action de munir, de fortifier, fortification.**

Murder. – Meurtre, assassinat, homicide volontaire, certes, mais outre ce sens jur., on notera des emplois affaiblis: ***murder will out*,** expression calquée sur *truth will out,* peut signifier par analogie **la vérité finit par se savoir, se fait jour tôt ou tard,** famil. **la mèche est éventée, on découvre le pot au rose, voilà tout le secret.** C'est sous cette forme figurée que Smollett rend le passage suivant de *Gil Blas* (II, vii): **Tout éclate à la fin.**

Même observ. pour ***to murder* :** **estropier** (un mot, un vers, une citation), **écorcher** (l'angl., etc.), **massacrer** (un morceau de musique), **saboter** (un rôle au théâtre, etc.).

– Un critique malveillant dit d'un jeune auteur: *I have* ***murdered*** *him,* je l'ai **assassiné** (dans ma chronique, s'entend).

Muse (to). – Non pas muser « perdre son temps à des bagatelles », mais avec la prépos. *on* ou *upon* **réfléchir** (à), **méditer** (sur), **rêver** (à), d'où ***muse*,** † **rêverie; contempler, être perdu dans la contemplation** de; avec la prépos. *at.* † **s'étonner** (de), **être surpris** (de).

– *You are to know this was the place where I used* ***to muse*** *upon her.* (STEELE, *The Spectator,* n° 113.) – Vous saurez que c'était là le lieu où j'avais accoutumé de **rêver** à elle.

– *He came out of his* ***muse*.** – Il sortit de sa **rêverie.**

Music. – *The man that hath no* ***music*** *in himself* (SHAKS., *Merch. of Ven.,* V, I, 83.) doit bien s'entendre: L'homme qui n'a pas de **musique** dans l'âme.

Cependant, *There is a great deal of* ***music*** *in that man* ne veut pas dire que cet homme est très musicien, mais très **amusant.** ***Music*,** dans le sens de **drôlerie, amusement** *(fun)* est un américanisme.

Quant à l'expression ***to face the music*** (cf. *to stand the racket*), elle signifie: **faire face à l'orage, être prêt à supporter les conséquences de ses actes, accepter** (sans hésitation) **l'inévitable.** Un recueil d'américanismes en donne cet exemple: *Rabelais' unpleasant* ***« quarter »*** *is by our more picturesque people called* ***facing the music.***

Musical. – Musicien (-ne) « qui a le goût et le talent propres aux musiciens », **amateur (-trice) de bonne musique, mélomane, doué pour la musique.**

Subst. **opérette.**

– *She* ***was*** *poetical and* ***musical*.** – Elle **aimait** la poésie et la **musique.**

– *Is your son* ***musical?*.** – Votre fils est-il **doué pour la musique?**

Muslin. – La mousseline est un tissu utilisé surtout pour la toilette féminine, d'où, métaph., ***a bit of muslin*,** une **femme,** une **jeune fille,** un **brin de fille.** Mais aux E.U., ***muslin*** = toute étoffe de coton, dite en Angl. *calico.*

Horwill nous raconte l'histoire d'une Anglaise, débarquée de fraîche date aux E.U., et qui se voyant proposer par la vendeuse de la *muslin* pour confectionner des pyjamas à son mari, ne put garder son sérieux.

Mustard. – *The grain of* ***mustard*** dont il est parlé dans saint

Mathieu (XIII, 31) est le grain de **sénevé** « qui est bien la plus petite de toutes les semences, mais quand il est cru, est plus grand que toutes les autres plantes », d'où l'application symbolique de cette expression. Noter aussi : *We got to work* ***as keen as mustard,*** nous nous mîmes au travail **d'arrache-pied ;** ***He is as keen as mustard,*** **il brûle de zèle.**

Mute (adj. et subst.). – *To stand* ***mute,*** rester **muet,** jur. ***to stand mute of malice,*** **refuser** (obstinément) **de plaider** ou **répondre à l'interrogatoire du juge.** Vén. (chien) **secret.** V. aussi **supplément.**

Subst. (personnage) **muet ;** (consonne, voyelle) **muette ;** mus. **sourdine ;** ***(undertaker's) mute,*** **pleureur,-euse, croque-mort.**

– *She felt scarcely more sorrowful than a* ***mute*** *at a funeral.* – Elle se sentait à peine plus affligée qu'une **pleureuse** à un enterrement.

Mutual. – Outre mutuel, réciproque, signifie parfois **respectif ;** (commerce) **intime ;** impropr. **commun,** *Our* ***mutual*** *Friend,* titre d'un roman de Dickens, notre ami **commun.** ***Mutual assistance,*** **l'entr'aide.**

Myrmidon. – Un myrmidon est en fr. un individu chétif, de petite taille, mais dans la mythol. grecque, les Myrmidons étaient les compagnons d'armes d'Achille, d'où, en angl., les sens péjor. suivants : **assassin à gages, spadassin, sbire ;** ***the myrmidons of the law,*** **les officiers publics : recors, agents de contrainte, suppôts de la justice ;** ***the myrmidons of the clap,*** **la claque.**

– *The patient made over Hippocrates and his* ***myrmidons*** *to the devil.* – Le malade donna au diable Hippocrate et sa **séquelle.**

Mystery. – Du bas lat. *misterium,* forme altérée de *ministerium* métier. Le sens de **métier** ou **corporation** est vieux, mais le voici dans B. Shaw : *I am not addressed as fellow my lord. I am the Master Executioner at Rouen : it is a highly skilled* ***mystery.*** (*St. Joan,* Sc. VI.) – On ne m'appelle pas maraud, monseigneur. Je suis le Maître Exécuteur des Hautes Œuvres de Rouen, **métier** qui requiert une grande habileté.

Rapprocher de cet ex. : « Il était de fort basse naissance, originaire de Tarente où il avait exercé les plus vils *ministères* » (ROLLIN, dans L.), citation bien propre à étonner le Français moyen qui oublie que *métier* est le doublet populaire de *ministère.*

Mystic, -al, mysticism. – En fr. mystique signifie : « qui a un sens *caché* relatif aux *mystères* de la foi » (D.G.) : « Il y a deux sens parfaits, le littéral et le mystique » (PASCAL). D'autre part, le mysticisme est pour nous une « extase qui élève l'homme, dès cette vie, à une union *mystérieuse* avec Dieu ». Si nous généralisons le sens des mots soulignés, nous comprendrons les exemples suivants :

– *Is there no leech who can tell us the ingredients of this* ***mystic*** *unguent ?* (SCOTT, *Ivanhoe.*) – N'est-il pas un médecin pour nous dire les ingrédients de ce **mystérieux** onguent ?

– *Such is the* ***mystic*** *voice which is always murmuring in his ears.* (JOWETT, *Plato.*) – Telle est la voix **mystérieuse** qui toujours murmure à son oreille.

Autres sens : **allégorique, symbolique ; ésotérique, sibyllin, énigmatique, secret.** Enfin, ***mysticism*** prend souvent en angl., une nuance péjor.

Mystify (to), mystification. – « *I think there is a* ***mystification*** *in the speech of the honourable French delegate* » déclare un orateur angl. après l'intervention de son collègue fr. Celui-ci, froissé, demande des explications, et l'Angl. de s'étonner de son émoi. Après discussion, l'orateur fr. comprend enfin que son discours n'avait nullement *mystifié* l'assemblée, mais contenait pour l'Anglais une **obscurité.**

En effet, ***to mystify*** ne veut pas dire seulement mystifier, abuser de la crédulité de qqn. pour s'amuser à ses dépens, mais aussi : **troubler, déconcerter, rendre perplexe ; entourer de mystère, d'obscurité ; obscurcir** (au fig.) ; d'où ***mystification*** **mystère, obscurité, cause de perplexité ; embarras, trouble.**

– *The Tuggs's went to bed in a state of considerable* ***mystification*** *and perplexity.* (DICKENS, *Sk. by Boz, Tuggs's at Ramsgate.*) – Les Tuggs allèrent se coucher profondément **embarrassés** et perplexes.

– *The prisoner, who was a shrewd fellow, was not at all* ***mystified*** *by the clever questions of the judge.* – Le prévenu (ou : l'accusé), qui n'était pas bête, ne se laissa nullement **déconcerter** (ne fut pas le moins du monde **embarrassé, troublé, désorienté**) par les questions habiles du juge.

– *The fabulous age, in which vulgar fact* ***becomes mystified,*** *and tinted up with delectable fiction.* (W. IRVING, *Wolfert's Roost,* I.) – L'âge fabuleux où tout fait banal **se pare de mystère** et se colore d'une fiction délectable.

– « Où donc la Chine trouve-t-elle son pétrole ? », manchette d'un journal, et le traducteur d'une interview publiée par le *United News and World Report,* 22 mai 1951, de poursuivre : « Le problème du pétrole chinois mystifie (sic) Washington. Le sens est : **intrigue** W. »

REMARQUE. – Ce mot, créé en France au milieu du XVIIIe s. a été adopté en angl. avec son sens fr. ; mais il n'a pas tardé à être influencé par un autre mot, ***mystified*** ou ***mistified,*** de formation angl. antérieure et signifiant : **ennuagé, plongé dans le brouillard** *(mist),* au pr. et au fig.

N

Name (to), name. – Parlem. **rappeler à l'ordre, censurer,** d'où l'exclamation ***name! name!*** **(la) censure! (la) censure!;** autres sens, **citer** (un ex.); **fixer, spécifier, préciser,** ***to name*** *the day,* **fixer** la date, le jour (du mariage, etc.). A l'impér. dans une assemblée: ***name! name!*** **nommez-le, donnez le nom!** (dans un autre contexte que l'exclamation précitée).

Locut. div. ***not to be named on*** (ou ***in***) ***the same day with,*** *s.o.* **ne pas valoir** qqn., **ne pas lui venir à la cheville,** etc. ***To call one names,*** **injurier, insulter** qqn.

– *The new doctor was not to be* ***named on the same day*** *with his predecessor.* – Le nouveau médecin **était loin de valoir** son prédécesseur.

Remarque. – Dans le patois du Bas-Maine, *nom* est synonyme de sobriquet; et « donner des noms se dit pour injurier ». A. Dottin, in *Mélanges Wilmotte,* p. 166.

Nasal. – Nasal, mais aussi **nasillard.**

– *At that moment the* ***nasal*** *chant of the leading priests in the procession rang through the church.* – Au même instant, le chant **nasillard** des premiers prêtres de la procession retentit dans l'église.

Nation. – *The* ***Law of Nations,*** le **droit des gens.** *Bible, the* ***Nations,*** les **païens,** les **gentils** (latin.). Au Moyen Age et dans certaines univ. écossaises, **groupe d'étudiants** d'un pays ou d'un district particulier.

Lâchement, **tout le monde, tous les assistants, toutes les personnes présentes.** *A* ***nation*** *of hedges* (Sterne), une **multitude,** un **foisonnement** de haies.

E.U., euphém. pour *damnation: to be* ***nation*** *sure of it,* en être **diantrement** sûr, *to be in a* ***nation*** *hurry to do it,* être **furieusement** pressé de le faire.

– *Mr. Pen (was) greatly irate at his downfall in the waltz which had made him look ridiculous in the eyes of the **nation.*** (THACKERAY, *Pend.*, XXVIII.) – M. P. (était) fort irrité de la chute qu'il avait faite au cours de la valse, et qui l'avait couvert de ridicule aux yeux de **tous.**

Native (subst. et adject.). – *The **natives** of Australia,* les **naturels,** les **aborigènes,** les **autochtones** ou **indigènes** de l'Australie; *he is a **native** (1) of Paris,* il est Parisien de **naissance,** c'est un **enfant** de Paris; (animal ou plante) **aborigène.** Par ***natives*** on entend les **huîtres** récoltées dans les eaux britanniques.

Adject. **naturel, inhérent** (à), **inné** (chez); **primitif, simple, naturel, sans ornements, sans art; natal,** *my **native** country;* maternel, *our **native** language,* notre langue **maternelle.**

Un laboratoire anglais expose les résultats qu'il a obtenus *with a **native** vaccine as compared with the results obtained with a foreign one,* avec un vaccin de **sa fabrication (préparé par ses soins,** avec son **propre** vaccin) par comparaison avec ceux qu'ont donnés les vaccins d'autre provenance.

REMARQUE. – Natif, au sens d'« inné », s'emploie en français sans régime, ex. elle avait une noblesse *native.*

Nativity. – Naissance (emploi rare en fr.); **nationalité, extraction, indigénéité.**

Natural. – † *A **natural** child* a signifié un enfant **légitime** et **naturel** (L.), non adoptif. Auj., comme chez nous, c'est un enfant **illégitime.**

Après avoir dit ***a natural fool, idiot,*** un **sot,** un **idiot de nature, de naissance,** on a dit, ellipt., *a **natural,*** un **innocent,** un **idiot.** Autres sens, surtout E.U., ***Natural** person,* personne **physique** par opposition à personne morale, juridique.

Natural** life,* vie **mortelle,** celle qu'on passe sur terre; ***natural philosophy, la **physique;** par ***natural science*** on entend les **sciences physiques et naturelles,** distinctes des lettres et des mathématiques.

– *The man bowed low with the vacant grin of a **natural.*** – (G. GIBBON, *For the King,* IV.) – L'homme s'inclina bien bas, tandis qu'un rire inexpressif **d'idiot** lui découvrait les dents.

– *He was condemned to penal servitude for the term of his **natural** life.* – Il fut condamné aux travaux forcés **à perpétuité** (ou **à vie**).

Famil. – *I shall be obliged to work for the rest of my **natural.*** – Je serai obligé de travailler jusqu'à la fin de ma **vie.**

Nausea, nauseous. – ***Nausea*** a gardé le sens fr. de † **mal de mer;** quant à ***nauseous,*** il signifie **nauséabond, répugnant; qui soulève le cœur, donne des nausées.** Sens désuet † **dégoûté, difficile.**

Navigate (to), navigator. – Diriger, gouverner (un navire); **piloter** (un aéronef); ***navigator,*** **navigateur, officier des montres.**

Autre sens: **ouvrier employé à creuser les canaux,** puis, p. ext., **terrassier,** auj., génér. abrégé en ***navvy;*** d'où ***mechanical navvy, steam navvy,*** **excavateur à vapeur, pelle à vapeur.**

– L'équipage de la *Santa Maria* se révolte contre Christophe Colomb et menace de faire voile vers l'Espagne: *Columbus (still calm): and who shall **navigate** her?* (Hermon OULD, *The Discovery.*) – Colomb (toujours calme): Et qui donc la **gouvernera** (ou: la **pilotera**)?

– *He swore like a **navvy.*** – Il jura comme un **charretier.**

– *I was assured that the railway **navigators** consume on an average two pounds of meat daily.* – On m'a assuré que les **terrassiers** des chemins de fer consommaient en moyenne deux livres de viande par jour.

REMARQUE. – Pour le non initié, *railway **navigator*** a l'air d'une mystification.

Neat a bien des sens qui ne correspondent pas au fr. « net ». Voici les plus importants: des liqueurs (bien que L. donne l'ex.: « du vin net », dans lequel on n'a rien mélangé, nous disons plutôt auj.: boire du vin **pur; pur, non frelaté;** spéc. **non étendu d'eau,** d'où boire **sec**); des pers. et du vêtement, **raffiné, élégant, tiré à quatre épingles, sobrement élégant; simple, et soigné.**

L'idée principale évoquée autrefois par le mot semble avoir été celle de beauté. Auj., c'est celle de mesure, de simplicité, de proportion.

Suite des sens: du style et du langage, **élégant;** des aliments, **délicieux, friand** (syn. *dainty*); **délicat** (à exécuter); **adroitement, habilement fait** ou **exprimé;** des choses, **propre; bien rangé, en ordre,** *a **neat** room;* arg. et iron., **fameux.** ***Neat*** s'emploie aussi adverb. ***Neatly*** a les sens corresp.

– *He is accustomed to drink **neat** spirits.* – Il a coutume de boire **sec** (v. *hard*).

– Employé subst.: *It seems to me that Pope had a sense of the **neat,** rather than of the beautiful.* (LOWELL, *Pope, Prose Wks.*, IV, 48.) – Il me semble que Pope avait plutôt le sens de **l'élégante mesure** que celui de la beauté.

– Le gourmand Pepys tient registre de ses repas: *Had a mighty **neat** dish of custards and tarts.* (*Diary*, 26/2/1668-9.) – Eus un plat bien **friand** (ou: **exquis**) de crèmes et de tartes.

– *The **neatest** part of the process consists in the joining of the points of the two rods.* – La partie la plus **délicate** du travail consiste à joindre les pointes des deux tiges.

– *He was remarkably **neat** in his dress.* – Il était remarquablement **soigné** dans sa mise.

– *A **neat** white (neck-) tie,* une cravate blanche **irréprochable.**

– *The schoolmaster was a good-looking man... and always dressed **at the neatest...*** (LEIGH HUNT, *Autob.*) – Le directeur de l'école était bel homme... et était toujours **tiré à quatre épingles.**

– *He observed a lady finely made and very **neatly** dressed.* – Il

(1) « Natif de » a vieilli; « né, natif de » est vulgaire.

avisa une dame bien faite et fort **proprement** vêtue.

– ***Neat*** *cottages.* – De **coquettes** villas.

– *Bow's room was as* ***neat*** *as his comrade's was disorderly.* – La chambre de B. était aussi **bien rangée** que celle de son camarade était en désordre.

– *He leaped* ***neatly*** *from the railway carriage.* – Il bondit **adroitement** hors du wagon.

Necessitate (to). – « Il avoua qu'il était *nécessité* par de sérieuses réflexions de lui déclarer », c.-à-d. **contraint, obligé.** C'est du fr. et du bon siècle (de Saint-Simon). L'angl. dit de même. De plus, il a † **réduire à la misère.**

– *(He) put a piece of gold into his* ***necessitated*** *friend's hand* (1781) (N.E.D.) – Il mit une pièce d'or dans la main de son ami **nécessiteux.**

Necromancy. – Pour nous, la nécromancie est proprement l'art d'évoquer les morts, et si le mot a pris le sens de magie en gén., nous sentons bien qu'il détonnerait dans la phrase suivante où il est question de la passion de Byron pour Mary Chadworth: *If she responded at all, it was merely because the* ***necromancy*** *of his words of fire could not do otherwise than extort a response* (Poe, *Marginalia.*) – Si elle ne fut pas entièrement insensible, ce fut simplement parce qu'elle ne put résister à l'**incantation** de ses paroles de feu.

Negation. – Contradiction; refus; caractère non positif; quantité ou **valeur négative; non-valeur.** Impropr., semble-t-il, **restriction, privation.**

– ***He is a negation,*** **il ne compte pas, n'existe pas, c'est un zéro en chiffre.**

– *The cruel* ***negations*** *a war imposes on humanity.* (J. Conrad.) – Les cruelles **privations** qu'une guerre impose à l'humanité.

Negotiate (to). – Du sens de négocier, l'angl. passe à celui de **conclure : *to negotiate*** *a treaty* sera donc **conclure** un traité.

Du sens de conclure, ou plutôt **régler** (***to negotiate*** *matters,* **régler** des affaires), vient régler, si l'on peut dire, un obstacle, le **franchir,** le **tourner,** et (**réussir à**) **surmonter** (une difficulté): **venir à bout** (de).

– *The first fence I* ***negotiated*** *most successfully.* – Je **sautai** on ne peut plus heureusement le premier obstacle.

– *The driver of the motor car was unable to* ***negotiate*** *the curve. (Times.)* – Le chauffeur ne put **franchir** la courbe (ou: **prendre** le virage, le tournant).

Negus. – Boisson chaude composée de vin, d'eau, d'épices et de sucre, famil. **lavasse édulcorée et aromatisée.**

– Comparant l'humour de Swift à celui de De Quincey, Leslie Stephen *(Hours in a Library)* écrit: *It is the difference between the stiffest of nautical grogs and the* ***negus*** *provided by thoughtful parents for a child's evening party.* – C'est la différence qu'il y a entre le plus fort (le plus corsé) des grogs de marins et la **lavasse aromatisée et édulcorée** dont les parents prévenants ont soin de garnir le buffet d'une soirée d'enfants.

Neophyte. – Parfois **commençant, novice, apprenti.**

Nerve. – D'abord, selon l'usage lat., **corde d'arc; pénis.** Puis **sang-froid, assurance; fermeté, maîtrise de soi, audace,** famil. ou vulg. **aplomb, toupet, culot.**

– D'un criminel qui ne se laisse pas démonter par des témoignages accablants un détective dit: *What a* ***nerve*** *the fellow has!* Quel **sang-froid** (quelle **maîtrise de soi**) chez ce gaillard (ou ce mâtin)!

Nervous. – ***Nervous*** va jusqu'à signifier **craintif, peureux,** en passant par l'acception de **timide.** – Les nuances de la timidité sont à peu près celles-ci: le lièvre est un animal timide *(timid),* c'est-à-dire craintif; un garçon, à l'âge ingrat, est timide *(shy),* c'est-à-dire sauvage; une jeune fille qui débute dans le monde est **timide *(nervous),*** c'est-à-dire **gênée, intimidée, mal à l'aise.**

D'autre part, ***nervous*** appliqué aux choses peut vouloir dire: **énervant, irritant; angoissant, émouvant.** Enfin, d'un cheval, etc... **ombrageux.**

– *Take great care of Mademoiselle Suzanne, Domini said to the poet. She is a little* ***nervous*** *in the dark.* (R. Hichens.) – Ayez bien soin de Mademoiselle Suzanne, dit Domini au poète, elle **prend peur** assez facilement (elle est assez **peureuse**) dans l'obscurité.

– *Really I never saw such a* ***nervous*** *sight.* – En vérité, je n'ai jamais vu spectacle plus **énervant,** plus **irritant,** ou: plus **émouvant,** selon le contexte.

– *Horses, being* ***nervous*** *animals, must be tied.* – Il faut entraver les chevaux qui sont des animaux **ombrageux.**

New. – Si *fresh* peut signifier parfois **nouveau :** *this is* ***fresh*** *matter for debate,* c'est un **nouveau** sujet (ou: thème) de discussion, ***new,*** par contre, doit quelquefois se rendre par **frais :** *he followed a* ***new*** *trail,* il suivit une piste **fraîche.**

Nickel. – E.U. **pièce de cinq cents.**

Noble, nobly. – *I realized that the salt air had given me a* ***noble*** *thirst.* (John Buchan, *Salute to Adventurers.*) – Je m'aperçus que l'air salin m'avait donné une **fameuse, rude** soif. C'est un intensif. Berners écrit: *he had* ***nobly*** *spoken,* traduisant Froissart qui dit: **durement bien** parlé. *A* ***noble*** *building* est un édifice qui se distingue, non par la sagesse de l'ordonnance, l'élégance des formes, la gravité tempérée et l'élévation du style (L.), mais par la **splendeur,** la **magnificence,** la **majesté** de son aspect; qui est de proportions, de dimensions **imposantes** ou **impressionnantes.**

D'autre part, le mot prend parfois un sens familier (cf. *admirable*); enfin phys. (gaz) **rare.**

– *We had a* ***noble*** *dinner and a most elegant dessert,* écrit

Mme d'ARBLAY *(Diary.)* – On nous servit un dîner **exquis, délicieux, délectable,** et un dessert des plus délicats (ou: raffinés).

– *Mr. N. could boast of a* ***noble*** *cellar.* – M. N. pouvait se vanter d'avoir une **excellente** cave (une cave **de choix**).

REMARQUE. – Le C.O.D. donne de ***noble*** les syn.: *excellent, admirable.*

– *Some of the fission products are* ***noble*** *gases and can pass through any filter.* – Certains des produits de fission sont des gaz **rares** qui peuvent traverser n'importe quel filtre.

Nom de plume. – Pseudonyme. Expression calquée sur celle de nom de guerre, qui ne s'applique pas uniquement à des écrivains.

Nominal, nominally. – Nominal, par opposition à réel, et p. ext., **de pure forme, pour la forme; minime, insignifiant, symbolique** presque, **inexistant** ou **nul;** des pers. **soi-disant, prétendu.** ***Nominally,*** **théoriquement, en théorie.** D'un agent, d'un fonctionnaire: (qui ne l'est que) **de nom.**

– *Booksellers were free to sell their books* ***below the nominal price.*** – Rien n'empêchait les libraires de vendre leurs livres **au-dessous du prix marqué.**

– *He got the natives to do the work he wanted for wages that were almost* ***nominal.*** – Il obtenait des indigènes le travail qu'il voulait moyennant un salaire presque (ou: quasiment) **nul.**

– *Desertion or cold regard from* ***nominal*** *friends.* (DE QUINCEY, *Confessions.*) – Les **soi-disant** (ou: **prétendus**) amis qui vous abandonnent ou se refroidissent, (vous marquent de la froideur).

– *The* ***nominal level*** *of rents is a deterrent to owner occupation.* – **L'extrême modicité** des loyers rebute ceux qui voudraient accéder à la propriété.

– *A* ***nominal*** *marriage.* – Un mariage **blanc.**

– *He obtained mere* ***nominal*** *damages.* – Il n'a obtenu que le **franc symbolique** de dommages-intérêts.

– ***Nominally they were*** *in Mr. Prout's house; actually they were under the Head's eye.* (KIPLING, *Stalky & C°.*) – **Ils étaient censés** faire partie de la maison de M. P., mais en fait, c'était le principal qui les avait à l'œil. (Trad. BETTELHEIM.)

Nominate (to), nomination. – ***To nominate*** signifie parfois **désigner** (un candidat pour une élection quelconque), et ***nomination,*** **désignation, présentation, investiture** de ce candidat (notamment par un nombre suffisant d'électeurs) ainsi que **le fait d'être désigné** (l'action étant considérée respect. du point de vue des électeurs et du candidat) et, p. ext., **désignation** d'une personne, d'une chose par **un nom,** c.-à-d. **appellation.** L'emploi du verbe dans ce dernier sens est devenu rare.

– *Any member of the assembly or meeting* ***nominates,*** *that is, proposes to the chairman the name of a person whom he desires to have elected.* (WEBSTER.) Point n'est besoin de traduire.

– *The* ***nomination*** *of the labour candidate will shortly take place.* – La **désignation** du candidat travailliste s'effectuera sous peu. (Les électeurs sont avisés ou convoqués à cet effet.)

– *A candidate is not precluded from offering himself, because he is not put* ***in nomination*** *the first day.* – Un candidat n'est pas exclu (empêché de se présenter, de faire acte, déclaration de candidature) parce qu'il n'a pas été **désigné** le premier jour. (La règle vaut pour le candidat, et l'action est considérée ici par rapport à lui.)

– *In Italy, during the Middle Ages, the* ***nomination*** *of the artists by their Christian name alone was quite usual.* – Au moyen âge, il était d'usage (on avait coutume), en Italie, d'**appeler** (de **désigner**) les artistes par leur seul petit nom (leur nom de baptême).

Nonage. – Deux mots: 1° Non pas non-âge « impuberté » (L.), mais **minorité, immaturité.** 2° **Redevance du neuvième** sur les biens meubles d'un défunt au clergé de sa paroisse.

Nonchalance, nonchalant. – Indifférence, insouciance, impassibilité, froideur, avec sens corresp. pour l'adj.

– *There had been* ***nonchalance*** *in his tone.* – Il avait parlé d'un ton **insouciant.**

REMARQUE. – En anc. fr. *nonchaloir,* anton. de *chaloir,* signifiait bien insouciance, sens dont nous avons gardé trace dans l'expression: Il ne m'en chaut, je ne m'en soucie guère, mais chez nous c'est l'acception de manque de soin, négligence, manque d'activité qui a prévalu.

Nonsense. – Non-sens, **défaut de jugement, absurdité** est d'un emploi très restreint en fr. C'est un mot très courant en angl. ***No nonsense!*** **pas de bêtise!** *I will stand* ***no nonsense,*** je ne souffrirai pas **qu'on plaisante.** Équivaut parfois à une expression de doute ou d'incrédulité.

– *His book is full of* ***nonsense.*** – Son livre est plein de **sottises, d'absurdités** (ou: de **galimatias**).

– *Come! come! Sir,* ***no nonsense*** *if you please.* – Allons! allons! monsieur, **soyez sérieux,** s'il vous plaît.

– *For God's sake, don't let us have any of this* ***sort of nonsense!*** – Pour l'amour du ciel, laissons là ces **insanités!**

– *Let's go for a bathe.* – ***Nonsense,*** *after such a square meal!* – Allons nous baigner. **Tu n'y penses pas!** après un repas aussi copieux.

– Dans *L'éduc. sentim.* de Flaubert (II, iii), un personnage pousse le scepticisme au point de s'écrier: « **Quelle blague** que la géométrie! »: « ***What nonsense*** *geometry is!* »

Notable. – Le Dr. Primrose (*Vic. of Wak.,* I) dit que sa femme était *a* ***notable*** *woman.* Il faut entendre par là – et les témoignages qu'il cite à l'appui de son dire le font assez voir – qu'elle était une **bonne ménagère,** une femme **capable.** On a dit de même *a* ***notable*** *tradesman,* un commerçant **capable,** homme **entendu aux affaires.**

Notable veut donc dire: **actif, laborieux, soigneux, vigilant.**

Remarquons que, dans ce sens, le mot se prononce avec l'*o* bref. Enfin, **remarquable, insigne.**

— Mrs. Brown (T. HUGHES, *Tom Brown's School-Days*, II) mettait sa gloire à former des servantes, qu'elle plaçait ensuite: *The result of this system was the perpetual despair of Mrs. Brown's cook and own maid who no sooner had a* ***notable*** *girl made to their hands, than Missus was sure to find a good place for her and send her off, taking in fresh importations from the school.* — Le résultat de ce système était le désespoir perpétuel de la cuisinière et de la femme de chambre en pied (en titre) de Mme B. qui n'avaient pas plus tôt sous la main une fille **formée** (ou: **stylée**) que Madame ne manquait pas de lui trouver une bonne place et de l'expédier, pour tirer de l'école de nouveaux sujets.

— Iago (*Othello*, V, i, 77), qui a voulu faire assassiner Cassio, cherche à rejeter la responsabilité du crime sur la maîtresse de celui-ci, et la traite de ***notable*** *strumpet*, c'est-à-dire d'« **insigne** catin ».

— A Sganarelle, qui se réclame hors de propos de l'autorité d'Aristote, Martine réplique (*Méd. malgré lui*, I, i.) — « Voyez un peu l'**habile** homme avec son benêt d'Aristote! », et le trad. angl. de dire: « *Observe a little the* ***notable*** *man with his blockhead of an Aristotle!* ».

Notary, ou plus exactement, ***notary public,*** a certaines attributions de notre **huissier,** comme celle de protester les effets.

Note. — Deux mots, dont le premier est désuet:

1° † **utilité, profit;** dialectalement, le **lait** (donné par une vache): † **occupation, travail, tâche;** † **ouvrage.** C'est la source de *notable*, dans *notable woman*, « bonne ménagère ».

2° **marque caractéristique, trait distinctif; marque déshonorante** (c'est le sens 8 dans Littré); ***note*** *of interrogation*, **point** d'interrogation: **souvenir, impression,** *to compare* ***notes,*** échanger des **impressions.** Autres sens, ***note*** *(of hand)*, **billet;** *(bank)-**note**,* **billet de banque; distinction,** *a man of* ***note,*** **homme de note** (L., 1°) on dit auj. « homme **marquant** »; **notification** (rare).

— *He sent me a pencilled* ***note.*** — Il m'envoya un **mot** au crayon.

— *Promissory* ***notes,*** *or* ***notes*** *of hand, are an engagement in writing to pay a sum specified, at the date therein limited, to a person therein named...* — **Un billet,** ou **billet à ordre,** est un engagement par écrit de payer une somme spécifiée, à la date y fixée, à une personne y nommée.

— *There had been a large increase in the* ***note*** *circulation accompanied by a large rise in the price of gold.* — Il y avait eu un fort accroissement de la circulation **fiduciaire,** accompagné d'une forte hausse du prix de l'or.

— *Astronomers of secondary* ***note.*** (POE.) — Des astronomes de deuxième **ordre.**

— *The cavalier was wading through the throng with all the air of a* ***man of note.*** — Le cavalier fendait la presse en tranchant de l'**homme de condition.**

— *She looked after the Curé's linen, or that of some other* ***person of note*** *in the clerical world of Combray*, trad. de ce passage de *Swann*, II de Marcel PROUST: Elle allait visiter le linge du curé ou de quelque autre **personnalité marquante** du monde clérical de Combray.

— Lorsqu'Ulysse (TENNYSON, v. 53) parle d'accomplir avant de mourir « *some work* ***of note*** », il faut entendre « quelque action **d'éclat** ».

Note (to). — Outre les sens français, signifie **annoter** (un ouvrage, etc.). Le part. passé ou l'adj. ***noted*** signifie: **de marque, marquant, bien connu, célèbre, insigne, illustre.** Peut avoir aussi un sens péjor.

— *The* ***noted*** *writers of the period.* — Les écrivains **de marque** (**marquants** ou **illustres**) de l'époque.

— Lady Castlewood ne tient guère à ce que ses enfants aillent jouer avec ceux de Lady Sark, qui a été la maîtresse de feu le roi Charles « *that* ***noted*** *Lady Sark* » (THACKERAY, *Esmond*, I, xii.) — C.-à-d. **affligée d'une si fâcheuse notoriété.**

REMARQUE. — Nous disons aussi être *noté d'infamie*, et ellipt., sens vieilli, *noter* peut signifier « désigner à l'opinion d'une manière défavorable ». (D.G.)

Notice. — Outre le sens fr. de compte rendu succinct, écrit de peu d'étendue sur un sujet quelconque, a les acceptions suivantes: **connaissance,** sens lat. et sens fr. primitif oublié: **observation, attention,** et p. ext. **égards, attentions** pour: **avis, avertissement, notification; congé, avis de congé** ou **de départ,** ***to give, receive notice to quit,*** (à un ou par un locataire) **donner, recevoir congé;** aussi **préavis, avis préalable, délai, délai-congé:** ***to give*** *six months'* ***notice,*** **avertir** six mois **à l'avance;** ***at short notice,*** **à bref délai;** Com. *deposit at three months'* ***notice,*** dépôt à trois mois de **préavis,** *deposit at* ***short notice,*** dépôt à **court terme.** Autres sens, **paragraphe, entrefilet** (dans un journal); **légende** (de dessin); **avis** (affiché) d'où ***notice-board,*** **panneau d'affichage, écriteau.**

— *I have no news to tell you that can deserve your* ***notice.*** (S. JOHNSON *to* BOSWELL, 1766.) — Je n'ai à vous faire part d'aucune nouvelle qui mérite de retenir votre **attention.**

— *It came to his* ***notice*** *that his brother had been wounded.* — Il vint à sa **connaissance** que son frère avait été blessé.

— Rapprocher: Tout ce qui vient à leur *notice*... MONTAIGNE, II, x.

— *I got six months' pay in lieu of* ***notice.*** — J'obtins six mois de traitement en guise de **dédit, de congé.**

— *The lady's maid had given* ***notice.*** — La femme de chambre avait donné **ses huit jours.**

— *Such a nondescript could not fail to* ***come into notice.*** — Un tel original ne pouvait manquer **d'attirer les regards.**

– *It was my duty to* ***give him notice*** *of his failure.* – Mon devoir était de l'**avertir** de son échec.

Notion. – Intention, idée : *this child has no* ***notion*** *of obeying,* cet enfant n'a pas l'**intention** d'obéir: *I have not the haziest* ***notion*** *of what he means,* je n'ai pas la moindre, la plus vague **idée** de ce qu'il entend; *a new* ***notion*** *came to my mind,* une **idée** nouvelle me vint à l'esprit. P. ext. du sens d'« intention »: *those people have no* ***notion*** *of dying with hunger,* ces gens n'ont pas **envie** de mourir de faim.

Autres sens: **théorie;** au pl. E.U. **marchandises formant une cargaison mêlée; menus objets, denrées diverses, fournitures, petites inventions à bon marché, petits articles ingénieux.**

REMARQUE. – Selon HORWILL *(op. cit.),* ***notion,*** correspondrait approx. à l'angl. *haberdashery,* mercerie, mais Webster lui prête une extension plus large.

– *Her head is full of* ***silly notions.*** – Elle a la tête remplie (farcie) de **niaiseries.**

– *There seems to exist a vulgar* ***notion*** *that the subject is one of pure conventionality.* – A en croire l'**opinion** répandue dans le vulgaire, le sujet serait purement conventionnel.

Notoriety, notorious. – De même que *flagrant,* à force de se trouver dans des expressions défavorables, comme ***notorious*** *offenders, sinners, smugglers, robbers,* criminels, pécheurs, contrebandiers, voleurs **notoires,** ***notorious*** finit par s'entendre **notoire en mal, d'une triste** ou **fâcheuse notoriété, insigne, fieffé.** Cet emploi péjor. se retrouve parfois dans le subst.

– *Come to us alone through the* ***notorious*** *woodland.* (*Ondine,* trad. Edm. GOSSE, XII.) – Viens à nous solitaire par les bois **mal famés** (ils sont hantés par les esprits).

– *She was a* ***notorious*** *woman.* – C'était une femme **perdue de réputation.**

– *She had been saved a great deal of* ***notoriety*** *and unpleasantness.* – Beaucoup de **scandale** et de désagrément lui fut ainsi épargné.

REMARQUE. – Webster donne *notoriety* comme anton. de *prestige!*

Nourish (to). – Cowper (*Task,* VI, 36) parle d'un père ***nourishing*** *the plant.* Il faut entendre que, tel un *nursery man,* pépiniériste, il **soigne** la jeune pousse qu'est l'enfant. Autre sens: **fomenter** (des troubles, etc.).

Novel, novelty. – ***Novel*** (adj.) doit être différencié de *new,* soit qu'il renchérisse sur l'idée de nouveauté – et l'on rendra alors par **tout nouveau, original, inédit** – soit qu'il y ajoute une nuance d'étrangeté, de surprise, qu'il faudra tâcher d'exprimer.

Syn. donnés par le N.E.D.: *strange, hitherto unknown.*

– *The workmen were in revolt against the* ***novel*** *conditions of labour which it was sought to impose on them.* – Les ouvriers s'insurgèrent contre les conditions de travail **inusitées** qu'on prétendait leur imposer.

– Les Kipps sont en train de débattre avec l'architecte l'agencement des pièces de leur maison: *They were particularly* ***novel*** *on the position of the coal-cellar, which Anne held to be altogether too low in the ordinary house.* (WELLS, *Kipps,* III, i, § 4.) – Ils émirent des suggestions particulièrement **originales** sur l'emplacement de la cave à charbon qui, selon Anne, se trouvait beaucoup trop bas dans les maisons ordinaires.

– Parlant des œuvres littéraires usées, un personnage d'*Intentions* (O. WILDE) dit: *They have lost that element of* ***novelty*** *and surprise which is so essential for romance.* – Elles ont perdu cet élément d'**étrangeté** et de surprise qui est si essentiel au romanesque.

– *This kind of performance has lost its* ***novelty*** *for our sophisticated people.* – Ce genre de spectacle a perdu **l'attrait de la nouveauté** pour nos concitoyens blasés.

– Signes avant-coureurs d'un cyclone: *To him also (the mate), in that bunker, the motion of the ship seemed* ***novel*** *and menacing.* (J. CONRAD.) – Lui aussi, dans cette soute, trouvait **insolites** et lourds de menaces les mouvements du navire.

Novel, novelette. – ***A novel,*** ce n'est généralement pas une nouvelle, qui se dit *tale, story novelette,* mais un **roman.**

A ***novelette*** sera donc une **nouvelle,** un **roman très court;** aussi: un **petit morceau de facture facile,** un **feuilleton;** péjor. **roman sans valeur, de quatre sous.**

– *« Vanity Fair », a* ***novel*** *without a hero by William Thackeray.* – « La foire aux vanités », **roman** sans héros, par W. Th.

– *A* ***novelette*** *in which the heroine had stood at the altar in a modest « going-away dress ».* – Un **feuilleton** dont l'héroïne se faisait conduire à l'autel en simple « **trotteur** ».

Novice. – Parfois **nouveau converti, néophyte.**

Nuclear. – Notre adj. nucléaire signifie 1° biol. relatif au *noyau* de la cellule, division nucléaire ou mitose; 2° phys., relatif au *noyau* de l'atome, particule nucléaire (proton, neutron), fission, énergie nucléaire, et p. ext. puissance, armement, guerre nucléaire. Cela dit, *a* ***nuclear*** *committee* n'est pas ce qu'un novice pourrait croire et, comme le disent certains, un comité « nucléaire », mais un comité dont les membres *originaires* constituent un *noyau* ou groupe de chercheurs, de techniciens, d'animateurs, etc., selon le cas, – et qui se veut par là même *principe* d'action ou *centre* d'organisation. Seul le contexte permettra de préciser.

Autre chose: dans une étude sur l'urbanisation en Zambie, un auteur anglais fait un parallèle entre *« the extended (or patriarchal) family of the tribal communities »* et *« the* ***nuclear*** *family of our Western societies »* c.-à-d. entre « la famille étendue (patriarcale ou paternelle) des communautés tribales » et « la famille-**souche** (selon Le Play) ou la famille **conjugale** (selon Durkheim) de nos sociétés occidentales »: celle-ci est, en effet, restreinte à la *cellule* primitive du père, de la mère et de l'enfant, dont le père et la mère constituent l'élément permanent.

REMARQUE. – En raison sans doute de l'emploi, devenu courant, de ce mot dans des locutions telles que: armement, énergie, explosion *nucléaires*, et de l'ambiguïté qui pouvait en résulter, l'expression *nuclear committee* ne semble avoir eu qu'une vogue éphémère.

Nude. – Nu, dans les arts. ***Nude*** *stockings,* bas (**couleur**) **chair.** « Nu » se dit *naked, bare.*

– *Are not the great masters as much celebrated for their draperies as for their* ***nudes?*** (COLERIDGE. *Essays,* I, 205.) – Les grands maîtres ne sont-ils pas aussi célèbres (renommés) pour leurs draperies que pour leurs **nus?**

Nuisance. – Ce mot fr., issu du lat. *nocere,* nuire, anc. fr. *nuisir,* les Angl. nous l'ont emprunté et l'ont conservé au sens de **dommage, tort** (cause à autrui) (1), d'où: jur. **acte dommageable, incommodité** qui donne lieu à une enquête *de commodo et incommodo;* **inconvénient, cause d'insalubrité, jet d'ordures sur la voie publique,** contravention aux règlements de police: ***Commit no nuisance,*** **interdiction d'uriner; défense de déposer des immondices.** Autres sens: **personne** ou **chose ennuyeuse,** insupportable, **plaie, peste, fléau;** famil. **tuile.** ***What a nuisance!*** **quel ennui! comme c'est fâcheux! embêtant! Quelle tuile!**

Du sens fort du mot on rapprochera la citation suivante: « Entre tous les animaux sauvages vivant dans les bois... le loup est le plus méchant, qui fait plus de mal et *nuisance.* » (DU FOUILLOUX, *La Vénerie,* Adjonctions, I).

– *He might have been a receiver at the door of a slaughter-house, or a sub-inspector of* ***nuisances,*** est la traduction en angl. de ce passage du *Père Goriot* (BALZAC): Peut-être avait-il été receveur à la porte d'un abattoir ou inspecteur de la **salubrité.**

– *Noise has become a public* ***nuisance.*** – Le bruit est devenu un **fléau** public.

– *This child is an unmitigated* ***nuisance.*** – Cet enfant est absolument **insupportable** (ou: est un vrai **diable,** un véritable **tourment,** est **infernal**).

– *The philanthropist is the* ***nuisance*** *of the ethical sphere.* – (O. WILDE) – Le philanthrope est la **plaie** du monde moral.

– Tout le monde n'aime pas voyager: *To hustle with the luggage, how tiresome! what a* ***nuisance*** *that would be!* – Se bousculer aux bagages, quel ennui! quelle **corvée** ce serait!

– Un explorateur qui a pris les fièvres dit à son compagnon qui se dispose à aller chercher du secours: *I'm afraid I'm becoming a* ***great nuisance.*** – J'ai bien peur d'être **joliment encombrant.**

(1) Voir *Supplément.*

– *She was more than once on the point of letting her friend know what a* ***nuisance*** *she was making of herself.* – Elle fut plusieurs fois sur le point de faire entendre à son amie combien celle-ci était **importune.**

– *He knew that this party would be a* ***great nuisance,*** *and he had declined the invitation.* – Il savait que cette réunion **l'assommerait,** et il avait décliné l'invitation.

REMARQUE. – S'il faut en croire L., ce mot « nous le reprenons maintenant des Anglais ». Et son unique exemple, en dehors des citations de son historique, est un passage de la *Revue des Deux Mondes* de 1863, disant que [en Angleterre] « il a fallu... définir les nuisances ». Cela ressemble beaucoup au cas de Bêche-de-mer, mot qu'il a admis dans son supplément, sur une autorité aussi suspecte.

Number. – Peut-être est-il utile de faire remarquer 1° que ***number*** signifie à la fois **nombre** et **numéro;** 2° qu'au pl., il faut penser, comme en lat., au sens de **mesure, vers;** 3° que ***number one*** s'emploie dans l'expression *to look after, take care of* ***number one,*** prendre soin de **sa petite personne,** 4° enfin que ***to lose the number of one's mess,*** mot à mot: perdre le numéro de son plat (sept rations réunies pour sept matelots, dit L.), c'est **mourir, avoir perdu le goût du pain.**

– *I lisped in* ***numbers*** *and the* ***numbers*** *came.* – Je balbutiais en **vers** et les **vers** venaient tout seuls, réplique de ce distique d'Ovide: (*Tristes,* IV, 10, 25-26).

Sponte suā carmen numeros *veniebat ad aptos.*
Et quod tentabam dicere versus erat.

Numeral (subst.). **– Nombre, chiffre; numéro** (de régiment, par ex., que les hommes portent au collet ou sur les pattes d'épaule).

– *A man in prison becomes a* ***numeral.*** – En prison, un homme devient un **numéro.**

Nurse, to nurse. – La nourrice de Juliette était une nourrice authentique ayant été une *wet nurse.* Mais il y a aussi la ***dry nurse,*** **nourrice sèche,** c.-à-d. la **bonne d'enfants.** Autres sens, **garde-malade, infirmière,** *a trained* ***nurse,*** une **infirmière** diplômée, ***district nurse,*** **infirmière d'hygiène sociale, infirmière visiteuse;** (dans une crèche) *a* ***nurse*** est une **berceuse;** *a* ***male nurse,*** un infirmier; sylvic. mis pour ***nurse-tree,*** **arbre d'abri** d'un jeune plant; zool. **ouvrière** (chez les abeilles, les fourmis); **individu au stade asexué** de métagenèse.

Un autre mot signifie **chien de mer, requin.**

Le verbe ***to nurse*** a les sens corresp., soit **allaiter, nourrir de son lait, donner le sein** (à un enfant), **l'élever, le garder; soigner** (un(e) malade); **soigner, abriter** des plantes, etc.); **gérer, administrer** (un domaine) **avec économie;** au fig. ***to nurse*** *one's public,* **soigner** sa popularité, *one's friends,* **cultiver** ses amis, *one's constituency,* **être aux petits soins pour, « chauffer »** ses électeurs.

Suite des sens: ***to nurse** the fire*, **couver** le feu, **rester au coin** du feu, ***to nurse** one's knees*, **tenir** son genou **dans les mains**, extension du sens de ***to nurse** a child*, **bercer** un enfant; ***to nurse** a cat*, **caresser** un chat, le **tenir dans ses bras**, ***to nurse** a baby*, le **dorloter** et par anal., ***to nurse** a hope*, **se bercer** d'un espoir, *a scheme*, **mitonner, mijoter** un projet. Enfin, sens très spéciaux, au billard, ***to nurse** the balls*, **rassembler** les billes, les **maintenir groupées;** aux courses, ***to nurse** a horse*, **« serrer »** un cheval rival contre la corde ou entre deux autres pour le gêner.

– Arthur YOUNG (*Travels in France*, sept. 1787) constate les heureux effets des enseignements de J.-J. ROUSSEAU: *Women of the first fashion in France are now ashamed of not **nursing** their own children.* – Les femmes du plus haut rang, en France, rougiraient à présent de ne pas **allaiter** leurs propres enfants.

– Un ingénieur qui a travaillé dur a besoin de repos, *but Luce [his wife] had said that the child, complete with **nurse**, and all impediments, must accompany them.* (A. BENNETT, *The Night visitor.*) – Mais Luce avait dit que l'enfant, coiffée de la **bonne** et flanquée de tous les bagages, devait les accompagner.

– *Father is in bed with a chill. Mother is **nursing** him.* – Mon père a pris froid et est alité. Ma mère le **soigne.**

Emploi absolu. – ***I am at home; rather nursing.*** – Le signataire de cette phrase ne veut pas dire qu'il est garde-malade, au contraire: Je garde la chambre: assez **souffrant,** assez **mal en point,** comme qui dirait **patraque.**

– *Christ's Hospital is a **nursery** of tradesmen, of merchants, of naval officers, of scholars.* (LEIGH HUNT, *Autob.*) – Christ's Hospital est une **pépinière** d'hommes d'affaires, de négociants, d'officiers de marine, de lettrés.

– *The gentle France of Touraine or Anjou, the **nursery** of the Pléiade.* – La douce France de la Touraine ou de l'Anjou, **berceau** de la Pléiade.

– *And there he found his father **nursing** a bright fire.* (T. HUGHES, *Tom Brown's School Days*, IV.) – Et là (dans le café), il trouva son père qui **couvait** un feu clair (c.-à-d. qu'il était assis tout près du feu comme s'il le **soignait, l'alimentait**).

– Et voici le sens fig.: *He **nursed** an ambition in his heart.* – Il **couvait** une ambition au fond de son âme.

– Le Capitaine Brassbound fait l'objet de l'indication scénique suivante (II): *Brassbound walks up and down the room, **nursing** his indignation.* – Brassbound arpente la pièce de long en large, **ruminant** (**dévorant**) son indignation.

– *Good pupils are as a rule « **nursed** » with care by their masters.* – Les bons élèves sont en général **« suivis »** attentivement par leurs maîtres.

– *Hardly had Lord Edward come to age, when he was given a constituency **to nurse.*** (A. HUXLEY, *Point c. P.*, III.) – A peine Lord Edward eut-il atteint sa majorité qu'on lui donna une circonscription **à cultiver.** (Trad. Jules CASTIER).

– *A **nurse** was following the wake of the ship*, entendez un **chien de mer,** une **roussette,** ou un **requin.**

Nursery. – Chambre des enfants, *night nursery*, dortoir des enfants, *day nursery*, garderie, crèche, *residential nursery*, pouponnière (« les pouponnières sont des internats de nourrissons, dont les crèches sont les externats »: (ROCHAIX, *Traité d'Hygiène*, I, p. 105): ***nursery rhyme*, poésie enfantine, chanson de nourrice; *nursery school*, école maternelle;** autres sens, hort. **pépinière,** d'où ***nursery-man*, pépiniériste,** aussi au fig. **pépinière** (de savants, de diplomates, etc.): **vivier.** Chez les fourmis, etc., les **cellules** (où larves et nymphes atteignent la maturité).

Nursing (adj. et subst.). – Qui nourrit, ***nursing mother*, mère qui nourrit au sein, qui allaite son enfant**, mais aussi **mère adoptive, nourricière, *nursing father*, père adoptif, père nourricier** (au pl. *nourricier* est encore employé par Diderot): *room for **nursing mothers*** ou simplement ***nursing room*, chambre d'allaitement, *nursing benefit*, prestation d'allaitement;** autre sens, **qui soigne, soignant, *nursing** staff*** (dans les hôpitaux, etc.) personnel **soignant.**

Le subst. ***nursing*** a les sens corresp. à ceux du verbe. On notera le terme gén. qui signifie **soins infirmiers.** D'une pers., *she does **nursing*** elle fait des **gardes.**

En compos. encore, ***nursing home*, maison de santé; clinique; hôpital privé; maison de convalescence ou de repos.**

Nurture. – « Qui ne voit qu'en un état, tout dépend de son *éducation* (de l'enfant) *et nourriture.* » Cette citation pléonast. de Montaigne (II, xxxi) nous éclaire sur le sens du mot en angl. Nous le retrouvons d'ailleurs dans le proverbe. ***Nurture** is stronger than nature*, **nourriture** passe nature.

Le sens **d'éducation** a subsisté en bonne langue.

– Traduisant ce passage de la fable de La Fontaine (VIII, xxiv):

« Ils avaient eu d'abord chacun un autre nom:
Mais la diverse **nourriture**
Fortifiant en l'un cette heureuse nature,
En l'autre l'altérant, un certain marmitor
Nomma celui-ci Laridon.

Sir EDWARD MARSH dit:

Their names were changed from those which first they bore;
*For through their different **nurture**, while the one*
Fulfilled his natives promises more and more,
The other worsened, till in scullion's fun
He was rechristened Laridon.

REMARQUE. – Dans la terminologie anglo-saxonne, *nature* a pour corrélatif ***nurture;*** c'est dans le même esprit que nous opposons l'*inné* à l'*acquis* ou l'*hérédité* au *milieu*. Mais *nature* et *nurture* sont des termes très généraux qui couvrent un plus vaste champ.

O

Obedience, obeisance. – Les mots anglais ***obeisance***, ***obedience***, *curtsey* (abr. de *courtesy q.v.*), courtoisie, signifient la marque de courtoisie, de respect que l'on donne de son obéissance, une **révérence**, un **salut profond.**

– *Mrs. G. made a sweeping **obedience.*** (DICKENS, *Little Dorrit*, II, v.) – Mme G. fit une ample **révérence.**

– *The Dowager here made a smiling **obeisance.*** (*Ibid.*, II, viii.) – Ici, la douairière fit une **révérence** souriante.

– ***We made our obeisance** in the most respectful manner.* – **Nous le saluâmes** avec toutes les démonstrations d'un profond respect.

Obituary. – **Nécrologie**; ***obituary*** *(notice)*, article **nécrologique.**

Object (subst.). – **Chose importante, qui importe, qui compte**: *Money is **no object***, **peu importe** le prix, *time **is no object***, le temps **ne fait rien à l'affaire**; péjor. **personne ou chose pitoyable** ou **ridicule**; gram. **complément, régime**; en composition: ***object-glass; object-lens***, **objectif (de lunette, de microscope)**; ***object-lesson***, **leçon de choses**; ***object-plate***, **platine (de microscope).**

– *Did you ever see such an **object?*** Avez-vous vu jamais pareille **horreur?**

– *The child was given **object-lessons** upon sealing-wax and silk-worms.* (WELLS, *Polly*, I, 2.) – On donna à l'enfant des **leçons de choses** sur la cire à cacheter et les vers à soie.

Object (to), objection. – ***To object***, c'est étym. *jeter devant*, † *opposer* ou *exposer à*; † *présenter* à la vue, à l'entendement; *présenter* un argument, d'où **faire une objection.**

Dans un sens affaibli, c'est **désapprouver.**

Avec *against*, **alléguer, faire valoir** contre, **objecter** à, **reprocher** à. ***Not to object to, to have no objection to***, **ne pas voir d'inconvénient à;**

To object a parfois un sens fort, **ne pas admettre, ne pas souffrir.** ***Do you object?*** **Cela vous déplaît-il?** *I* ***object*** je m'y **oppose.**

– *I suppose* ***you don't object*** *to my smoking.* – Je suppose que **vous ne voyez pas d'inconvénient** à ce que je fume.

Oblique, obliquity. – Outre les sens fr., noter *an* ***oblique*** *hint,* une allusion **indirecte, détournée;** ***oblique*** *narration,* style **indirect.** ***Obliquity,*** **† erreur; † travers; manque de franchise, d'honnêteté.**

– Voici le premier sens dans cette tautologie de Burton: *Many errors and* ***obliquities*** *are on both sides,* il y a des deux côtés (de part et d'autre) beaucoup d'**erreurs.**

– Voici, chez le même auteur, le second: *Other men's* ***obliquities*** *(to make ourselves merry with)...* les **travers** ou **bizarreries** d'autrui (pour en rire) traduisant: *aliena optimum frui insania.*

Obliterate (to). – **Oblitérer, rayer, effacer,** sans doute, mais aussi **détruire, anéantir.** ***To obliterate*** *a passage* (dans un journal, etc.) le **passer au caviar,** le **caviarder.**

– *The Polish army was completely* ***obliterated.*** – L'armée polonaise fut complètement **anéantie.**

– *The allegedly dangerous parts of the book were* ***obliterated.*** – Les parties du livre réputées dangereuses furent **passées au caviar.**

Obscene. – Étym., signifie **de mauvais augure.** Ainsi *birds* ***obscene.*** Puis, toujours en lat., vient le sens **abominable, répugnant, hideux** – qui est angl. – et, enfin, le sens commun avec le fr., **obscène, contraire à la pudeur.**

– *A disgraceful shadow of a man, shaking from head to foot, and clothed in shabby grease and smear... Lightwood stared at the* ***obscene*** *visitor.* (Dickens, *Our Mutual Friend,* III, x.) – Une honteuse loque humaine, qui tremblait de la tête aux pieds, et dont le vêtement râpé n'était que graisse et souillures... Lightwood regarda d'un œil dilaté ce **répugnant** visiteur.

– Alpha (*Windfalls,* 225) se plaint du pillage de ses cerisiers par l'étourneau: *In two or three days he will leave them an* ***obscene*** *picture of devastation.* – Quand il y aura passé deux ou trois jours, ils ne présenteront plus que l'image **hideuse** de la dévastation.

Obsequious. – Outre le sens péjor. du fr. **obséquieux,** a l'acception, auj. rare il est vrai, du lat. *obsequiosus,* **obéissant, soumis, attentif.** Le lexicographe John Garner (1802), revoyant et complétant A. Boyer, ne donne pas l'équivalent *obséquieux,* mais **condescendant, complaisant, obligeant,** etc.

Par association avec « obsèques », le mot a eu aussi le sens de (homme) **rendant pieusement les derniers devoirs;** (choses, rites) **funéraires.**

Voir, au mot *female* (1), *obsequiousness* sans acception péjor.

– *The most unruly and untrained creatures become* ***obsequious*** *to Christ.* – Les êtres les plus ingouvernables et indisciplinés deviennent **obéissants** au Christ.

– Shakespeare a ***obsequious*** *tears (Titus Andronicus,* V, iii, 152), larmes **de deuil,** et ***obsequious*** *sorrow* (*Hamlet,* I, ii, 92), **deuil.** Et Richard III (I, ii, 3) dit:

... Set down your honourable load...
Whilst I awhile ***obsequiously*** *lament*
The untimely death of virtuous Lancaster.

Déposez votre honorable fardeau, tandis que je pleurerai **pieusement** le trépas prématuré du vertueux Lancastre.

Observable. – **† Notable, remarquable; sensible, visible; appréciable, digne d'attention, de mention.**

Observe (to), faire observer, faire remarquer.

Observation. – Naut. ***To make an observation,*** **faire une observation, faire prendre la hauteur, le point.**

– *About the twelfth day, the weather bating a little; the master* ***made an observation*** *as well as he could.* (Defoe, *Rob. Crus.,* I.) – Vers le douzième jour, le vent mollissant un peu, le capitaine **prit hauteur** le mieux qu'il put.

Obstinacy. – Nous disons bien un rhume obstiné, mais *the* ***obstinacy*** *of a disease,* c'est la **persistance,** le **caractère invétéré** d'une maladie; *the* ***obstinacy*** *of a fight,* l'**acharnement** d'un combat.

Obstinate. – **Réfractaire,** latinisme fréquent en angl., ce qui permet d'appliquer l'épithète aux choses; aussi (combat) **acharné.**

– *The catch of the front-door was sometimes* ***obstinate.*** (Wells, *Polly,* VIII, 2.) – La serrure de la porte d'entrée **résistait** parfois.

Obstruct (to), obstruction. – **Intercepter, cacher, masquer** (la vue de qqch.); **empêcher, retarder, entraver, arrêter** (la marche ou le progrès de), d'où ***obstruction*** au fig. **entrave, empêchement; obstacle.** ***Cold obstruction*** (dans *Meas. for Meas.,* iii, i, 119), c'est l'**arrêt** des fonctions vitales, la **mort.**

Obstruction-bar,-guard, **chasse-pierres** (d'une locomotive).

Obtain (to). – A eu le sens lat. de **† tenir, posséder, occuper,** celui de **† gagner** (une bataille), et enfin de **† réussir.** Est-ce de ce dernier sens que dérive son emploi absolu, si curieux: **prévaloir, être coutumier, établi, en vogue, exister, avoir cours** en style relevé, **fleurir?**

– Tom Brown, (*Tom Brown's School-Days,* XI) constate le traditionalisme superstitieux de l'écolier anglais: *We looked upon every trumpery little custom and habit which had* ***obtained*** *in the school, as though it had been a law of the Medes and Persians.* – Nous regardions la moindre petite coutume et habitude de rien du tout qui **régnait** dans l'école comme si c'eût été une loi des Mèdes et des Perses.

– W.-W. Jacobs (*Salthaven,* 183, Tauchnitz) parle de *the family*

(1) Voir *Supplément.*

*likeness **obtaining** between omnibuses.* – La ressemblance de famille qui **existe** entre les omnibus.

– *This decision of the courts had **obtained** since October 1921.* – Cette décision des tribunaux **prévalait** depuis octobre 1921.

Occasion. – De l'occasion, des circonstances, résulte une « nécessité », un « besoin ». Voici donc un nouveau sens angl.: **besoin,** comme dans: *My purse lies unlocked to your **occasions*** (SHAKS., *Merch. of Ven.*, I, i, 139). Ma bourse vous est ouverte pour tous vos **besoins,** et même † **nécessités naturelles,** comme dans: *My master does his **occasions** like other men* (SMOLLETT, *Don Quixote,* IV, XX). Mon maître fait ses **nécessités,** tout comme les autres.

Autres sens importants: **motif, raison, lieu, sujet;** au pl. **occupations, affaires,** *my private **occasions,*** mes **affaires** privées.

– Dans sa version du « Médecin malgré lui », Fielding (*The Mock Doctor,* Sc. VIII) fait dire à Sganarelle: *I wish you and your whole family had the same **occasion** for me as your daughter.* – Je souhaiterais que, comme votre fille, vous eussiez **besoin** de moi, vous et toute votre famille.

– *The schoolroom was perfectly sweet and clean, and there was no **occasion** for any inspector to measure out so many cubic feet of air, for each child.* (Lady BARKER, *South Africa, Letters,* X.) – La salle de classe était parfaitement aérée et propre, et **point n'était besoin** qu'un inspecteur mesurât tant de pieds cubes d'air pour chaque enfant.

– ***He went about his lawful occasions.*** – Il **vaquait à ses occupations, à ses affaires** (comme un bon citoyen respectueux de la loi).

– *The ship **was proceeding on her lawful occasions.*** – Le navire **filait conformément aux instructions que le capitaine avait reçues** (explic. plutôt que trad.).

– *She suited herself to the **occasion.*** – Elle s'accommoda à la **situation.**

Occasional, occasionally. – **Occasionnel,** d'après L., n'a qu'un sens: qui sert d'occasion. L'angl., outre cette acception, en a plusieurs autres: † **casuel, éventuel** (voir *eventually*): **naissant de l'occasion, requis par elle** ou **fait pour elle**: *an **occasional** piece of verse,* une pièce de vers **de circonstance,** un **à-propos** en vers; *an **occasional** table,* une table **volante,** un **guéridon.** S'appliquant aux pers., ***occasional*** signifie **qui n'agit qu'à l'occasion, improvisé.**

Quant à l'adv., beaucoup de novices se laissent entraîner à le traduire par « occasionnellement », ce qui fausse le sens et alourdit la phrase. Il vaut mieux rendre par: **de temps à autre, de temps en temps, parfois, quelquefois;** adv. de lieu: **çà et là, de-ci, de-là, de place en place.**

– *The **occasional** soldier is no match for the professional soldier.* (MACAULAY, *Hist. of Eng.,* XXIII, v, 14.) – Le soldat **improvisé** ne saurait égaler le soldat de métier.

– *A road with **occasional** trees on either side.* – Une route que des arbres bordaient **çà et là.**

– *They encountered **occasional** passers-by.* – De **rares** passants les croisaient.

Description d'une conférence populaire: – *Among the rows of overcoats with greasy collars could be seen an **occasionnal** woman's hat or workman's blouse.* – Sur ces lignes de paletots à collets gras, on voyait **de place en place** le chapeau d'une femme ou le bourgeron d'un ouvrier.

– *He wrote **occasional** articles.* – Il écrivait des articles **d'actualité.**

– *A tyrant exacting an abject submission to his **occasional** will.* – Un tyran exigeant une soumission servile à sa volonté **du moment,** à son **bon plaisir.**

– ... ***Occasionally** two red squirrels would descend from the spruce-trees to chase each other madly.* (St. Edw. WHITE, *Silent Places,* XVI.) – ... **De temps à autre,** deux écureuils fauves descendaient des épicéas pour se donner une chasse folle (échevelée).

– ***Occasionally** the curates sought their livelihood from illiberal occupations.* – **Il arrivait que** les vicaires cherchaient leur gagne-pain dans des occupations fort peu libérales.

Occult s'emploie là où nous dirions simplement **caché; secret; imperceptible.**

Occupant. – **Titulaire** (d'un emploi); **personne qui acquiert la propriété** d'un bien vacant en en prenant possession, **premier occupant.**

Offence, offender. – ***Offence,* attaque, offensive;** *the most effective defence is **offence,*** la meilleure défense est l'**offensive;** comme en fr. **offense,** (style relevé), **outrage, injure; sujet de mécontentement,** mais avec des nuances dans le « rendu »: *he is too quick to take **offence,*** il est trop **susceptible,** trop **ombrageux,** il **se froisse aisément;** *the boss had a tendency **to give offence,*** le patron avait tendance à **être blessant.** Jur. **délit,** ***indictable offence,*** **délit ou crime qualifié,** ***second offence,*** **récidive.** ***Offences against by-laws,*** **contraventions.**

Offender,* délinquant, criminel *First offender,* délinquant primaire, *the First Offenders Act,* la loi de sursis,** en France, **la loi Bérenger.** *To be an **old,** a **hardened offender, être un **repris de justice,** un **récidiviste,** un **cheval de retour.** Enfin celui ou celle qui offense Dieu, syn. de ***sinner*** et donc **coupable, pécheur, pécheresse.**

On constatera par les ex. que ***offence*** et ***offender,*** mots génériques, peuvent même s'appliquer aux choses.

– *What deserves most to be admired in the science of the law is that it furnishes arms for defence and **offence.*** – Ce en quoi la science du droit mérite le plus d'être admirée, c'est qu'elle fournit des armes aussi bien pour **attaquer** que pour se défendre.

– Robinson Crusoe a trouvé un vieux bouc expirant à l'entrée d'une caverne : *I interred him there to prevent* ***offence*** *to my nose.* – Je l'enterrai là pour me préserver de toute **odeur infecte.** (v. la remarque et ***offensive***).

– Un chahut dans une classe : *The master tried to discover the* ***offenders.*** – Le maître chercha à découvrir les **coupables.**

– *Some men are hampered by their own diffidence and by their dread of* ***giving offence.*** – La méfiance d'eux-mêmes embarrasse certains hommes, la crainte de **déplaire** les épouvante.

– Parlant de quatre tableaux attribués à Claude Lorrain, et dont l'un est jugé indigne du grand peintre, un critique d'art dit : *On this ground it is certainly the worst* ***offender*** *of the four.* – A ce titre, c'est certainement celui des quatre qui mérite le plus d'**être incriminé** (ou : qui est le plus **sujet à caution**).

REMARQUE. – Nous avons dit : offenser les oreilles, etc., mais ce sens de « blesser les sens par une sensation pénible » a vieilli.

Offensive. – Offensif « propre à offenser » a été remplacé en fr. par *offensant.* Il était encore employé autrefois dans ce sens, « Je me fâchai et j'écrivis une lettre *offensive* à l'abbé Charnier... » (RETZ, *Mém.*, t. III, livre IV, 168, dans POUGENS.)

L'angl. a cette acception, mais il en a d'autres encore : † **néfaste, nuisible, nocif; blessant; injurieux, malembouché; choquant, dégoûtant, rebutant, répugnant, nauséabond, infect.**

– Stevenson, à court de provisions, se rabat sur du saucisson et du chocolat : *It may sound* ***offensive,*** *but I ate them together bite by bite, by way of bread and meat.* – Si **dégoûtant** que cela paraisse, je les mangeai ensemble, un morceau de l'un, un morceau de l'autre, en guise de pain et de viande.

– *A number of chemical substances are very* ***offensive*** *and even deadly to insects.* – Nombre de produits chimiques sont très **nuisibles** et même mortels pour les insectes.

– Deux hommes se querellent et se disent leurs vérités ; un troisième intervient : *What's the sense of* ***making yourself offensive?*** *We're all in the same boat.* – A quoi cela rime-t-il de se **dire des choses blessantes?** Nous sommes tous (embarqués) dans le même bateau.

– Mais voici le sens affaibli : *Poor Matta was obliged to set out with the man who, of all the world,* ***was most offensive to him,*** c'est du moins ainsi que l'entend Sir Walter Scott traduisant ce passage des *Mém. de Grammont :* Le pauvre Matta fut obligé de s'embarquer avec l'homme du monde qui **lui revenait le moins.**

– *The river dies into* ***offensive*** *pools.* (COWPER, *Task*, II, 96.) – Le fleuve se perd en des mares **infectes.**

– ***Offensive*** *trades,* métiers (qui, selon la législation du travail sont à la fois) **insalubres et rebutants.**

REMARQUE. – Paul Valéry a employé le mot dans le sens vieilli d'« offensant » : Sous les noms *offensifs* de *préciosité,* de *stérilité, d'obscurité,* une critique grossière n'a fait que représenter comme elle le pouvait les effets d'une lutte intérieure sublime sur des esprits médiocres et malveillants par essence. *(Variété III.)*

Offer (to). – Notez que, lorsqu'il est employé intrans., ce verbe signifie souvent : **essayer** (de), **tenter** (de), **faire mine** (de), **vouloir.** En angl., on peut *offrir* des choses désagréables : *to* ***offer*** *violence,* **faire** violence.

Voir notamment les ex. empruntés à Shakes. et Newman.

– Le fantôme du roi Hamlet disparaît. Alors Marcellus s'écrie :

'Tis gone!
We do it wrong, being so majestical,
To ***offer*** *it the show of violence...*

(SHAKS., *Hamlet*, I, i, 142.)

Il est parti...
C'est faire injure à qui a tant de majesté
Que l'**accueillir** ainsi de gestes violents.

– Une indication scénique. Marlow se présente à Miss Hardcastle déguisée en fille d'auberge : *Marlow...* (***offering*** *to salute her*). (GOLDSMITH, *She stoops,* III.) – Marlow... (**il va pour** lui donner un baiser).

– *He did not* ***offer*** *to speak to me till I had walked up close to his bed-side.* (L. STERNE, *Tristram Shandy,* VII, vii.) – Il ne **fit** pas **mine** de me parler, avant que je ne fusse arrivé tout près de son lit.

– *One of our men* ***offered some rudeness*** *to the wench.* (DEFOE.) – Un de nos hommes avait voulu prendre **quelque grossière privauté** avec la jeune fille.

– Parlant des âmes saintes qui honorent la divinité et se formalisent des moqueries dont leurs louanges est l'objet, Newman écrit : *They feel it as keenly as if a direct insult were* ***offered*** *to those to whom that homage is addressed.* (*A Letter to Pusey,* p. 79.) – Elles le ressentent aussi vivement qu'une franche insulte **faite** à ceux-là mêmes qu'elles désiraient honorer.

– Au théâtre, indication scénique : ***Offers to go.*** **Fausse sortie.**

REMARQUE. – ***To offer*** est un équivalent fréquent de notre verbe **vouloir.** Il sert surtout à exprimer une volonté qui ne s'accomplit pas. Il est syn., en ce cas, de *would have.*

Ex. : *He* ***offered*** *to fight,* ou *he would have fought, but...* Il **voulut** se battre, mais...

Office, officer. – Office a des sens multiples. Entre autres : **charge, emploi** (dans l'administration, et p. ext. **pouvoir; fonctions de ministre** (nous disons : **portefeuille**), ***to take, leave office,*** **entrer en fonctions, résigner ses fonctions, se démettre de ses fonctions, démissionner.** Autres sens, **ministère,** *the* ***War Office,*** le **ministère de la guerre; bureau,** *inquiry* ***office,*** **bureau** de renseignements, *lost property* ***office,*** **bureau** des objets trouvés ; admin., ***post office,*** (**bureau de**)

poste; étude, ***attorney's office,*** **étude** d'avoué; *the* ***Public prosecutor's office,*** le **Parquet,** etc. Au pl. **dépendances; communs;** sing., **lieux d'aisances.**

Officer a aussi de nombreux sens: **personne exerçant un emploi public, une fonction civile ou ecclésiastique, fonctionnaire,** *medical* ***officer,*** médecin **fonctionnaire,** ***custom-house officer,*** **préposé des douanes, douanier; dignitaire; membre du bureau d'une société, administrateur;** *police* ***officer,*** **agent** de police. Remarquons qu'en bon fr., un officier est celui qui remplit un office, quel qu'il soit: un *officier* ministériel, un *officier* de l'état-civil, etc. On a même dit au pr. des « *officiers* de volaille, tout comme des *officiers* de la marée » (Mercier, *Tableau de Paris*) et au fig. « les *officiers* de morale et d'instruction » (Mirabeau, *in* L.).

— Dans son célèbre monologue, Hamlet déplore *the insolence of* ***office,*** l'insolence des **gens en place.**

— *On the question of freedom of commerce the business world was at issue with the party* ***in office.*** — Sur la question de la liberté commerciale, le monde des affaires se brouilla avec le parti **au pouvoir.**

Official. — Fonctionnaire, synon., dans ce sens de ***officer.*** Adj. Pharm. **conforme au Codex, officinal.**

Officiate (to). — *Officier* est proprem. en fr. « célébrer l'office divin »; en angl., ce peut-être **remplir un rôle, s'acquitter d'une fonction quelconque,** et famil. **suppléer, remplacer** un agent, un fonctionnaire.

— *His unmarried daughter* ***officiated*** *as his private secretary.* — Sa fille célibataire **faisait office (lui servait)** de secrétaire particulière.

Remarque. — En fr., le mot peut s'employer plaisamment: « Une personne qui *officie* bien à table » (D.G.), c.-à-d. qui s'acquitte bien de ses fonctions de convive.

Oil, to oil. — Pétrole, essence, ***oil*** *shares,* valeurs **pétrolières,** famil. ***oils,*** les **pétroles;** ***to strike oil,*** **trouver du pétrole,** au fig. **réussir, trouver le filon;** autres sens, **lubrifiant, huile de graissage;** suivent des sens fr.: *this book smells of* ***oil,*** ce livre sent l'**huile,** ***to burn the midnight oil,*** **consacrer ses veilles au travail, lire, travailler bien avant dans la nuit, avoir de doctes veilles;** mis pour ***oilskin,*** au pl. **ciré.** En compos. ***fuel-oil,*** **mazout,** ***oil-cloth,*** **toile cirée,** *an* ***oil-cloth*** *cap,* une casquette **en toile cirée,** ***oil-cloth carpet,*** **linoléum.**

To oil, **huiler,** d'où les loc. idiom.: ***To oil one's tongue,*** **se faire (tout sucre), tout miel,** ***to oil*** *one,* **flatter** quelqu'un, lui **donner de la pommade;** ***to oil*** *s.o. 's* ***hand*** *or* ***palm,*** **graisser la patte** à qqn. Du sens de ***to oil,*** **imprégner d'huile, gommer,** ***oiled*** *silk,* taffetas **gommé:** au neutre: **tourner en huile, devenir huileux.**

Famil. ***to be all oiled,*** **être parti pour la gloire, avoir son plumet, être rond, être pompette.**

Olive. — Abrév. de ***olive-tree,*** **olivier,** *the Mount, Garden of* ***Olives,*** le Mont, le Jardin **des Oliviers;** ***Olive****-branch,* rameau **d'olivier,** d'où ***to hold out the olive-branch*** *to s.o.,* **tendre le rameau d'olivier** à qqn. **faire des avances, faire les premiers pas** pour se réconcilier; ***olive-branches,*** **enfants** (*Psaumes,* 128, 3), famil. **rejetons, marmaille.** ***Olive****-wood,* bois **d'olivier;** cuis. ***veal olives,*** **paupiettes** de veau; suite des sens, † **mors oval** de cheval **(olivette,** dans Cotgrave); **fille** ou **femme au teint olivâtre;** en anat., **corps olivaire.**

— *The laurel was sacred to Apollo as the* ***olive*** *was to Athena.* — Le laurier était consacré à Apollon comme l'**olivier** l'était à Minerve.

Omen, ominous. — *Omen,* en lat., c'est un présage; de même en angl. ***Ominous*** sera donc au pr. **ce qui fait présager, ce qui justifie, vérifie la conjecture, la crainte,** etc. Ce n'est que par la suite que le mot en est venu à signifier **de mauvais augure, menaçant, inquiétant, sinistre, imminent.**

— *His fears were* ***ominous,*** dit Smollett traduisant cette phrase de *Gil Blas* (II, viii): Sa crainte fut bientôt ***justifiée.***

— *They had heard* ***ominous*** *stories about past voyages.* — D'inquiétantes, de **sinistres** histoires couraient sur le compte de précédentes traversées.

Onerous. — A conservé le sens vieilli en fr. de **qui est à charge, incommode, pénible;** syn. *burdensome, difficult.* Onéreux, c'est pour nous ce qui est cher, coûteux, dispendieux. A titre onéreux, *for value received.*

Opacity *of mind* peut signifier *obtunseness of understanding,* **stupidité** et *obscurity of meaning,* **obscurité,** dont le sens est difficile à comprendre ou à saisir.

Opera. — Outre opéra, noter ***light opera,*** **opérette.** En compos.: ***opera-cloak,*** **manteau de soirée, sortie de bal, de théâtre,** ***opera-glasses,*** **jumelles (de théâtre), lorgnettes;** ***opera-hat,*** **(chapeau) claque, gibus.**

Operate (to), operation, operator. — Ont des emplois plus étendus qu'en fr. au fig. ***to operate on,*** *upon s.o.,* **agir sur, influencer** qqn.; **tirer parti de, exploiter** (la bonté, la crédulité de), et même au pr., surtout aux E.U. ***to operate*** *an undertaking, a mine,* **exploiter, gérer** une entreprise, une mine, *the* ***operator*** étant alors l'**exploitant,** le **gérant** et *the* ***operation,*** l'**exploitation.** Autres sens de ce subst. **entrée en vigueur, application** (d'une loi, d'un règlement) et p. ext. **jeu** (de forces contraires, de l'impôt sur le chiffre d'affaires, etc.).

Operator. E.U. **conducteur** (d'une auto); **pilote; exploitant** (d'une entreprise); et, antonymie regrettable, **ouvrier.** (V. *operative*).

— *If the plant is too old* ***it will be operated at a loss.*** — Dans toute entreprise vétuste, **l'exploitation devient déficitaire.**

— *The* ***operation*** *of the law of supply and demand.* — Le **jeu** de la loi de l'offre et de la demande.

— *Fleet* ***operators*** *owing to the railway strike, have been heavily* *taxed.* – En raison de la grève des chemins de fer, les **entreprises** de transports automobiles ont été surchargées.

– *The **operating** cause of an event.* – La cause **efficiente** d'un événement.

Operational. – Noter: *the **operational** features of a machine,* les **caractéristiques,** les **qualités de fonctionnement** d'une machine, *roads **under operational conditions**,* routes **en cours d'exploitation,** *trains **in operational service**,* trains **en service sur la ligne.**

Operative (adj. et subst.). – **Qui opère, opérant, actif, efficace;** (d'une loi, d'un règlement) ***to become operative*, entrer en vigueur, prendre effet,** *the **operative part** of a resolution,* le **dispositif** d'une résolution; autres sens, **pratique, qui concerne la mise en pratique; opératoire; d'artisan, d'ouvrier, relatif au travail manuel,** *the **operative** class,* la classe **ouvrière,** et subst. ***operative*, ouvrier, artisan.**

– *The **operative part** of an act.* – La **clause essentielle** d'une loi.

– *Neither of these two forces were **operative**.* – Aucune de ces deux forces ne s'est **exercée,** n'est **entrée en jeu.**

Opinion. – **Avis motivé** (d'un spécialiste, avocat, juriste); ***in the opinion** of experts,* **au dire** des experts, *to take counsel's **opinion**,* **consulter** un avocat (cf. *to seek, to take legal advice*); idiotisme: *I have **no opinion** of Italians,* je n'ai **pas une haute opinion (je ne fais pas grand cas)** des Italiens.

Des sens vieillis de **fatuité, arrogance, dogmatisme, confiance en soi, assurance, suffisance** sont issus ceux des adjectifs ***opinioned*, *opinionated*, fat, entêté, obstiné, opiniâtre,** et ***self-opinioned*, suffisant.**

Opium. – Si *an opium-eater* est bien un mangeur d'opium, ***opium-eating*** doit se rendre par **opiophagie,** et ***opium-growing*** par **culture du pavot à opium.**

Opportunity. – Rarement opportunité, et presque toujours **moment, occasion** ou **condition favorable, chance** qui se présente ou s'offre; parfois simplement **événement,** comme dans l'exemple emprunté à Wells; au pl. (avec *for*) **facilités** d'accès (à l'instruction, etc.), **moyens** de parvenir, etc.

– *Constantia seized the **opportunity** of confessing herself to this celebrated father.* (ADDISON, *Spect.*, n° 164.) – Constance... saisit l'**occasion** de se confesser à ce célèbre père.

–*After all, a funeral is a distinct social **opportunity**.* (WELLS, *Polly*, IV, i.) – D'ailleurs, n'est-ce pas un **événement** social marquant qu'un enterrement?

Opposition. – *To start up (shop) in **opposition to**,* ouvrir un magasin **pour faire concurrence à** et p. ext. **concurrence,** puis, sens concret, **entreprise rivale.**

Oppress (to). – A des emplois plus étendus qu'en fr., et va jusqu'à signifier **molester; pressurer;** aussi, **opprimer.**

– ***Oppress** not the cubs of the stranger.* – Ne **moleste** pas les petits d'autrui.

– *The cottage system became a device to tie the labourer to the soil under an ostensible system of free contract and to **oppress** him more thoroughly.* – Le système de la petite culture devint un expédient pour attacher le cultivateur à la glèbe, sous le régime de la liberté des contrats, et mieux le **pressurer.**

Optics. – Après avoir été un terme savant et élégant pour désigner les yeux, est devenu pédantesque et finalement plaisant, comme qui dirait **les mirettes.** Scarron avait, de son côté, trouvé la même expression. Dans son *Virgile travesti* (III, p. 119, *Bibl. gauloise*), il dit du cyclope Polyphène, dont Ulysse avait crevé l'œil unique: Ulysse, d'une pique, / Avait éventé son *optique.* (V. *crystals*). (1)

– Cependant Nathaniel HAWTHORNE emploie encore ce terme en style relevé:

Parlant d'un savant qui s'est usé les yeux à la lueur des chandelles, l'auteur dit: « *Yet the same bleared **optics** had a strange penetrating power when it was their owner's purpose to read the human soul.* » (*Scarlet Letter,* IV.) – Pourtant ces mêmes **yeux** emb...nés avaient un étrange pouvoir de pénétration quand l'homme qui les possédait entendait lire dans une âme humaine. (Trad. Marie CANAVAGGIA.)

REMARQUE. – Noter que le terme scientifique s'emploie au pl., mais est traité comme un sing.

Oracle, oracular. – ***To work the oracle***, c'est **solliciter** (les prêtres, les juges etc.): **remuer des machines,** comme dit Arsinoé (*Misanthrope,* III, 5) **faire jouer des ressorts** (*Pourceaugnac,* I, 1) ou **certaines influences** pour parvenir à ses fins. A pris p. ext. un sens lâche; v. le 1er ex.

***To be, to speak like Sir Oracle*, pontifier, trancher sur tout.** D'où ***oracular*, d'oracle; sibyllin, obscur, équivoque,** Non péjor. **infaillible.**

– *There was not the lightest chance of **working the oracle** with my sheet for a rope.* – Il n'y avait pas la moindre chance d'**arriver à m'en sortir** en faisant une corde de mon drap (c'est un prisonnier qui parle).

– *The **oracular** critic praised the boy's production.* – L'**infaillible** critique loua l'article du jeune homme.

Oratory. – **Art oratoire, rhétorique, éloquence** et parfois simplement: **parole.** C'est le lat. *oratoria.* Le lat. *oratorium* a donné le fr. *oratoire, chapelle,* et l'angl. *oratory,* dont on notera le sens concret: **prie-dieu.**

– *He had knocked at the gates of Democracy, had offered his pen, his **oratory**, his energy for her service...* trad. de ce passage de *l'Éduc. sent.*, III, iii: Il avait frappé aux portes de la Démocratie,

(1) Mol. dit plais. dans le même sens: « Oui, je devais au dos avoir mon luminaire ». (*Étourdi,* I, 8.)

s'offrant à la servir de sa plume, de sa **parole,** de ses démarches...

Order. – Noter quelques tournures idiom.: (d'une machine, etc.) *to be in **working** (or **running**) **order**,* être **en état de marche** (**normale**), **en état de fonctionner,** ***out of order*,** **en mauvais état;** (d'un organe) **dérangé, détraqué,** *I felt **out of order**,* j'étais **détraqué,** je **ne me sentais pas dans mon assiette.** Mil., ***service marching order*,** **tenue de campagne,** (ordre de marche, **feuille de route,** se disant ***marching orders***), ***undress order*,** **petite tenue.** Autres emplois, *arms **at the order**,* l'arme **au pied,** ***to come to order*,** **reposer l'arme.** Du sens de ordre de payer (cf. notre billet à ordre, l'angl. tire ***money order*,** **mandat-poste,** ***postal order*,** **bon de poste;** (commerce) **commande,** ***order-form*,** **bulletin de commande,** *made to **o.**,* fait **sur commande, sur mesure,** *to be **on order**,* être **commandé, mais pas encore livré.** Au fig. ***it is a large order*,** **c'est chose malaisée, difficile, ce n'est pas commode, c'est beaucoup** (ou: **trop**) **demander.** Enfin, **billet de faveur** et † **mesures, dispositions.**

E.U. *The meeting is (now) **called to order**,* la séance est **ouverte.** En Angl., *to call a speaker **to order**,* c'est rappeler un orateur (coupable de *a breach of order*) **à l'ordre, au respect du règlement.** ***It is in order to*,** **il est loisible, légitime, convenable,** etc. **de.** ***It is in order for** a... patriotic American to discuss those questions* (Horwill), un Américain patriote est **parfaitement fondé** à discuter (ou examiner) ces questions.

***In short order*,** **immédiatement, en moins de rien, en un clin d'œil.** *The fire was put out **in short order**.* L'incendie fut éteint (ou maîtrisé) **très rapidement.**

– *The request is **in order**.* – La demande est **recevable.**

– M. Pontifex,que ses excès de table ont rendu hépatique, se plaint de l'indifférence de ses enfants: *But who can love any man whose liver is **out of order**.* (S. Butler, *The Way*, VI.) – Mais peut-on aimer un homme dont le foie est **dérangé?**

– *She was unable to keep her father **in order**.* – Elle fut incapable de ramener son père **à la raison.**

– *His necktie was in **perfect order**.* – Sa cravate était nouée **d'une manière irréprochable.**

– Ch. Lamb *(Elia, My first Play)*, contant la première représentation théâtrale à laquelle il assista, écrit: *We went with **orders**.* – Nous y allâmes avec des **billets de faveur.**

– *Your **orders** will be attended to most carefully.* – Nous apporterons le plus grand soin à l'exécution de **vos commandes.**

Orderly (adj. et subst.). – **En ordre, bien rangé; ordonné, qui a de l'ordre et de la méthode,** *an **orderly** housekeeper;* **paisible, qui ne trouble pas l'ordre public,** *an **orderly** citizen,* **discipliné, qui a le sens et le respect de l'ordre.** Mil. ***O.** officer,* officier **de service, de semaine,** ***mounted o.*,** **estafette.** Subst. mil. **planton,** ***(hospital-) orderly*,** **infirmier ambulancier;** ***o.-room*,** **salle des rapports.**

Ordinary. – Outre les sens de son homon. fr., ***ordinary*** signifie **aumônier;** † **ordinaire, poste, courrier** (voir L.); **ordinaire** (restaurant, table d'hôte), (voir L., 8°). Aux E.U.; **taverne** ou **auberge.**

In ordinary se dit d'un navire **désarmé,** ou qui est **en cours de réparation.** *An **ordinary** sea-man,* abr. ***O.S.*,** auj. **marin de troisième classe; novice,** matelot **à la basse paye.** Dans un autre ordre d'idées, **l'ordinaire** (de la messe). Blason: **pièce honorable** (des plus simples), à différencier de la « menue pièce », dite *subordinary*.

*An **ordinary** table* a d'abord signifié la table d'hôte, où l'on servait l'ordinaire, les repas à prix fixe et que l'on débarrassait ensuite pour jouer, d'où **table** ou **maison de jeu.**

– *The prisoner was conveyed to the spot in a car beside his own coffin, while the **ordinary** sat beside him and exhorted him.* – Le prisonnier fut conduit au lieu de l'exécution dans une charrette, à côté de son propre cercueil, tandis que l'**aumônier,** assis auprès de lui, l'exhortait.

– Boyer-Garner (1802): *État* d'ouvriers et de gens de mer employés à garder et entretenir les vaisseaux désarmés: ***Ships-in-ordinary*,** vaisseaux **désarmés,** qui ont seulement un petit état... etc.

– *When he went into an **ordinary**. (Inns are so called in America.)* (A. Barnaby, *Travels*, 83.) – Trad. inutile.

Ordnance. – **Artillerie, pièces d'artillerie, canons, bouches à feu.** Autrefois, on distinguait la *great* de la *small **ordnance**,* mais auj., on dit *heavy or light **ordnance**,* **artillerie** lourde ou légère.

***Ordnance office*,** **arsenal, bureau de l'artillerie.** Autres sens, **service du matériel et des dépôts de l'armée;** ***ordnance map*,** **carte de l'État-Major;** ***ordnance survey*,** **service cartographique de l'État.**

***Ordnance stores*,** **artillerie, munitions, armes.**

Organ. – Outre organe, signifie **orgue** et même **orgue de Barbarie** dans l'expression ***organ** grinder,* joueur **d'orgue de Barbarie.** Ce mot a désigné jadis un **instrument de musique quelconque.** Hamlet (III, ii, 285) appelle une flûte *a little **organ**.*

Orgy. – Par orgie, nous entendons aujourd'hui une débauche de table. Mais, comme dans l'antiquité, les orgies étaient les mystères, cérémonies religieuses en l'honneur d'une divinité, notamment de Bacchus (d'où le syn. **Bacchanale**). Ce sens s'est maintenu en angl.: **rites, cérémonies, observances secrètes, religieuses** ou autres. C'est ce qui explique qu'on y rencontre parfois l'expression *pious **orgies**. The witches held their **orgies**,* les sorcières tenaient leur **sabbat.**

Orient. – Adj. *the **orient** sun,* le soleil **levant,** c'est le lat. *oriens sol. An **orient** ou **oriental** perl,* un **orient,** une perle **du plus bel orient,** d'où, p. ext. les sens d'**étincelant, brillant, éclatant,** ***orient** colours,* couleurs **éclatantes.**

Original. – Selon le contexte, cet adj. répond à **originel, originaire, original:** *the **original** sin,* le péché **originel;** *he is an **original** member of our club,* il est membre **originaire** de notre club: *this is an **original** idea,* voilà une idée **originale.**

Subst., c'est un **original** se dira: *he is a character, an* ***eccentric*** *person, a cronk,* etc.

Ornate. — Orné, élégant, mais aussi trop ou très orné, syn. de *florid,* (style) **fleuri, imagé;** (archit.) **surchargé d'ornements** = *floridly décorated,* (gothique) **flamboyant.** Littér. **chamarré.**

Ostensible, ostensibly. — Le sens fr. de « qui peut être montré », « que l'on ne cache pas », « que tout le monde peut connaître », est désuet en angl. De l'acception de **déclaré, avoué,** qui est celle d'***ostensible,*** on passe aisément à celle de **mis en avant comme réel et vrai,** d'où, fréquemment, s'opposant à réel, et, par conséquent, **servant de prétexte, prétendu, feint.**

D'où ***ostensibly,*** **prétendument, censément, sous prétexte de, en apparence; à ce qu'il semble.**

Le *Thesaurus* de Roget donne, comme syn. d'***ostensible,*** *apparent, seeming,* et d'***ostensibly,*** *seemingly, as it seems, on the face of it, prima facie.*

– *She wanted to leave the bulk of her money* ***ostensibly*** *to me, but in reality to her nephew.* (S. Butler, *The Way,* XXVI.) – Elle désirait laisser la plus grosse part de sa fortune **en apparence** à moi, mais en réalité à son neveu.

– Le gardien d'un parc zoologique raconte ses premières chasses: *He might* ***ostensibly*** *address me, but his real audience was my daughter.* – S'il **paraissait** s'adresser à moi, il parlait en vérité pour ma fille.

Outrage, to outrage, outrageous. — Traduisant le *Décaméron* de Boccace, A. Le Maçon écrit: « A. très courroucé, dit une battelée d'injures à F., et s'il n'eût craint autre que Dieu, il l'eût *outragé* », c.-à-d. « maltraité ».

De même, Baïf, dans le premier des *Météores:*

Si par l'obscure nuit, je me suis mis en voye,
Ce n'est pour dérober, ce n'est que j'eusse joye
D'*outrager* le passant, c'est que suis amoureux.

Quand Racine écrit « Pour réparer des ans l'irréparable *outrage* » (*Ath.,* II, 5.) il entend les atteintes de l'âge, figure que nous avons conservée en bonne langue, puisque nous disons encore les *outrages* du temps.

Ce sens de **tort,** de **dommage** causé, l'angl. l'a, lui aussi, conservé et même renforcé. *An* ***outrage,*** c'est un **attentat,** (en gén.): un attentat à la pudeur, *an indecent assault* en partic. (rapprocher ***to outrage*** *a woman* et faire subir à une femme le dernier, les derniers *outrage(s).*

Outrageous signifie **violent, furieux; tumultueux, turbulent; outré,** car il ne faut pas oublier que les sens de ces mots évoluent autour de l'idée de « dépasser les bornes (de la raison, de la décence, etc.) ». On y ajoutera ceux **d'atroce, éhonté;** (d'affront, etc.), **sanglant.**

– ***Outrages*** *began to increase in atrocity, boldness and numbers.* – Les **attentats** commencèrent à augmenter en atrocité, en audace et en nombre.

– Lord Chesterfield écrit à son fils, 18 nov. 1748: *I should be extremely concerned to see you even drink a cup of coffee ungracefully... but I should be* ***outrageous*** *if I heard you mutter your words unintelligibly.* – Je serais extrêmement peiné de vous voir ne fût-ce que boire sans grace une tasse de café... mais je serais **hors de moi** (**ne me sentirais pas de colère**) si je vous entendais marmotter vos paroles d'une manière inintelligible.

Le traducteur Amédée Renée, cité plus haut dans un passage heureux, a ici: « Je me sentirais outragé. » Or, le sens est: capable d'outrages, de voies de fait; je ne sais de quoi je ne serais pas capable.

– Le vrai jargon de la taverne:

Miss Hardcastle: *Did your honour call? – Attend the Lion there. – Pipes and tobacco for the Angel. – The Lamb has been* ***outrageous*** *this half-hour. – Miss H.:* Votre Honneur a appelé? – Servez le Lion (1) là-bas! – Des pipes et du tabac à l'Ange! – Voilà une demi-heure que l'Agneau **tempête.**

– La trop économe Madame Oreille (Maupassant, *Le parapluie*) savait la valeur d'un sou: Vingt-six francs pour un parapluie, mais c'est de la folie! c'est de la **démence,** ce qui est rendu ainsi: *Twenty-six francs for an umbrella, why, it's* ***outrageous.*** *It's madness.*

– De son fiancé à qui l'on reproche de ne pas respecter l'étiquette vestimentaire, June dit: *« Phil never knows what he's got on. » No one had credited an answer so* ***outrageous.*** *A man not know what he had on? No,! no!* (Galsworthy, *Man of Property,* I, I.) – « Phil ne sait jamais ce qu'il porte ». Personne n'avait ajouté foi à une réponse aussi **choquante.** Un homme qui ne sait pas ce qu'il porte! Allons donc!

Devant les ravages d'une épidémie à Oran, un médecin se demande s'il ne s'agirait pas de la peste: *The prefect gave a start and hurriedly glanced towards the door to make sure it had prevented to hear this* ***outrageous*** *remark in the passage.* – Cette trad. de la phrase suivante de *La Peste* de Camus montre à quel point diffèrent les sens respectifs d'***outrageous*** et d'*outrageant:* Le préfet sursauta et se retourna machinalement vers la porte, comme pour vérifier qu'elle avait bien empêché cette **énormité** de se répandre dans les couloirs.

Remarque. – Le sens vieilli d'excès, chose excessive, outrance est bien marqué dans la définition pléonastique suivante: « Hyperbole, c.-à-d. *excès* et *outrage* de parole », Fauchet, *in* D.G.

Overcharge (to). — Ne pas confondre avec *overburden* surcharger, accabler (d'impôts, etc.); ***to overcharge,*** c'est **dépasser la charge normale** (de poudre, d'électricité, etc.): **surcharger** (de citations,

(1) Ce sont les chambres qui, au lieu de porter un numéro, sont distinguées par la figure d'un lion, etc.

de détails); **faire payer un prix excessif** (à qqn. pour une chose), **surfaire** (un prix); **écorcher, rouler,** « **estamper** » qqn.

– *She... had loved him even when he* ***let himself be overcharged*** *by cabmen and porters...* (A. HUXLEY, *Point c. P.*, VI.) – Elle l'avait aimé, même lorsqu'il **s'était fait rouler** par des cochers de fiacre et des porteurs de bagages. (Trad. Jules CASTIER.)

Ovidian. – On sait qu'Ovide est l'auteur de l'*Art d'aimer;* ce qui conduit Smollett à traduire un **poulet,** un **billet doux** (*Gil Blas,* IV, vii) par *an* ***Ovidian letter.***

Oyster. – *He is a* ***regular oyster,*** il est **très taciturne;** *he's as* ***close as an oyster,*** il **sait garder un secret, jamais il ne jase, c'est le tombeau des secrets.**

– *They remained muter than* ***oysters.*** – Ils restaient plus muets que des **carpes.**

P

Pace. – Démarche, allure, d'où ***paces*** *of a horse,* **allures** d'un cheval, *to put a horse through its* ***paces,*** *to show the* ***paces*** *of a horse,* **faire parader** un cheval, **faire passer** un cheval **à la montre.** Famil. *to put s.o.* ***through his paces,*** **mettre qqn. à l'épreuve;** ***to ruin a horse's paces,*** **détraquer un cheval.** ***To go the pace,*** au pr. **aller à vive allure, à fond de train, à toute vitesse, conduire à grandes guides;** au fig. **mener la vie à grandes guides, mener grand train, vivre sur un grand pied,** famil. **rôtir le balai.**

Mis pour ***(ambling) pace,*** **amble.**

En compos. ***pace-maker,*** au pr. **entraîneur** (d'un coureur, etc.): **meneur de train;** au fig., **meneur de jeu.**

– *He made a bid for the horse* ***that was showing its paces.*** – Il fit une offre pour (misa sur) le cheval qu'**on faisait parader.**

– Parlant de la correspondance de Voltaire, le chroniqueur du T.L.S. (2 oct. 53) dit: *Ever since then (1877-85),* dates extrêmes de l'édition Moland, *the discovery of new letters has continued* ***at a dizzy pace.*** – Depuis lors, la découverte de nouvelles lettres s'est poursuivie **à un rythme vertigineux.**

Packet. – Un paquet (L., 3°) est une lettre ou plusieurs lettres dans une même enveloppe. D'où le sens de **malle,** « valise bouclée sur un cheval où les courriers, les postillons mettaient les lettres et les dépêches » D.G.), et (pour ***packet-boat),*** **paquebot, malle** (cf. encore dans le D.G. la **malle** de l'Inde, le service par bateaux à vapeur, chemins de fer organisé pour le transport du courrier destiné à l'Inde). Voir aussi *pouch.*

To sell one a packet, **jouer un tour, faire une blague à qqn.**

Page (-boy). – Commissionnaire, chasseur; saute-ruisseau.

– *He handed over the telegram to the* ***page-boy.*** – Il remit le télégramme au **chasseur** (de l'hôtel). Voir aussi *Supplément.*

Pagod, pagoda. – La forme *pagod* n'est pas enregistrée dans les dictionnaires courants. Au fig. ***pagod*** peut signifier **idole :** *I find my poor little **pagod**, Napoleon, pushed off his pedestal* (BYRON, *Diary*), je vois ma pauvre petite **idole**, Napoléon, jetée à bas de son piédestal.

Noter, d'autre part, l'expression familière ***to shake the pagoda-tree*** (sophora du Japon, figuier des Banians), **faire une fortune rapide** aux Indes.

Pain. – **Douleur**, par ex. **douleurs de l'enfantement**, *throes of childbirth;* en composition (méd.), ***pain-killer***, **analgésique.**

Paint (to), paint. – On notera: ***to paint***, **badigeonner** (une plaie, etc.) *with iodine*, à la teinture d'iode: ***paint***, outre **fard, couleur,** ***paint-box***, **boîte à couleurs** (génér. pour l'aquarelle).

Blason, ***to paint*** *an escutcheon* ***heraldically***, **blasonner** un écu.

Argot, ***to paint the town red***, **faire une fête, une bombe, une noce à tout casser, faire la nouba, faire les quatre cents coups, faire des bamboches, bambucher**
paint-box, **boîte à couleurs** (génér. pour l'aquarelle). ***To be as fresh as paint*** **être frais et pimpant.**

Painted lady, **belle-dame,** nom vulg. de la **vanesse,** papillon diurne aux riches couleurs, aussi, variété **d'œillet panaché.**

Painter. – Ce mot semble se rattacher au v. fr. *pantour, pantoir* et au lat. *pendere*, « pendre », qui ont donné, en fr. mod. les formes *pantoire* et *pendeur*, variétés de bosses. C'est dire que ***painter*** n'a rien à voir avec son homonyme qui signifie bien peintre. On va s'en rendre compte par les exemples: *The **painter** held the boat*, la **bosse** retenait l'embarcation. *To slip the **painter***, **filer son amarre, son nœud;** famil. **mourir, perdre le goût du pain;** ***to cut the painter***, au propre, **couper, trancher l'amarre,** au fig. (en général d'une colonie) **se séparer de la métropole;** ***I'll cut the painter for you***, **je vous enverrai promener.**

The † ***painter***, auj. ***shank-painter***, *of an anchor*, **serre-bosse** d'une ancre.

Il existe un autre ***painter*** (troisième du nom) variante de *panther*, la **panthère d'Amérique.**

Pair. – « Je le vis une fois, par une après-dînée, écrire de sa main vingt *paires de lettres* et longues » (BRANTÔME). Il s'agit, bien entendu, de vingt lettres. Mais *lettres* était un pluriel. On avait dit précédemment *unes lettres*. Il fallait donc un moyen de marquer le *singulier*. C'est ainsi d'ailleurs qu'on dit encore une paire de ciseaux, objet unique.

De même en anglais: † ***A pair of gallows***, **une potence,** † ***of harness*** **un harnais;** † ***of armour***, **une armure;** † ***of beads***, **un chapelet;** † ***of organ***, **un orgue;** ***of cards***, **un jeu de cartes;** ***of bagpipes***, **une cornemuse;** ***of drawers***, **une commode;** ***of stairs***, **un étage;** ***of steps***, **un degré, un perron;** ***a pair of horses***, **un attelage.**

Et – nous avons gardé ce trait pour la fin – ***a pair of arrows***, **trois flèches.** (Voir *moiety*, part, dont il peut y avoir autant que l'on veut.)

On ajoutera que *the happy **pair***, c'est l'heureux **couple** (les futurs conjoints).

– *They live up **three pair of stairs***. – Ils habitent au **troisième.**

– ***A pair*** *of kings after dinner will divert themselves by thrusting each his sword through the other's body*. (EMERSON, *E.T.*, IV.) – **Deux** rois, après dîner, s'amusent à se passer mutuellement l'épée au travers du corps.

Palate. – Au fig. **goût,** ***I have no palate for*** *detective novels*, **je ne goûte guère** les romans policiers, ils **ne me disent rien.** D'où l'adj. ***palatable***, **qui flatte le, plaît au goût, sapide,** *this is **palatable** wine*, ce vin **se laisse boire,** *a **palatable** fruit*, un fruit **savoureux;** au fig. **agréable, qui plaît.**

– *I heard a little too much preaching and **lost my palate for it.*** (G. ELIOT.) – J'allai un peu trop au sermon (ou: au prêche) et **je m'en dégoûtai.**

– *Truth **is** seldom **palatable** to the ears of kings*. (N.E.D.) – Il est rare que la vérité **sonne agréablement** aux oreilles des rois.

Pale. – Est le lat. *palus*, poteau, d'où les sens: **pieu, clôture, palissade;** surtout au fig. **bornes, limites frontière,** avec *beyond, outside, within: he remained **within, was outside the pale** of the Church*, il resta **dans le giron** de l'Église, il était **hors de l'arche;** plus généralement: *these people are obviously **beyond the pale***, ces gens **sont** manifestement **en dehors de, n'appartiennent pas à notre monde;** *this **is not within the pale of reason***, cela **(dé)passe l'entendement.** Blason, **pal, pieu posé debout** qui divise l'écu de haut en bas; d'où *shield **parted per pale***, écu **mi-parti.**

Enfin, hist. *the **English pale** in France*, le **territoire** de Calais; en Irlande, la **partie** de l'île **appartenant à l'Angleterre par droit de conquête.**

– *Beings who exist **beyond the pale** of life*. – Des êtres qui mènent leur existence **en marge** de la vie.

Palmist, palmistry. – Le lat. *palma* signifie paume (de la main), d'où, en angl. ***palmist***, celui ou celle qui lit l'avenir dans la paume de la main, **chiromancien(-ne)**, et ***palmistry***, **chiromancie.**

Pamphlet. – † **Écrit de peu de pages :** Dans sa brochure, appelée en angl. pamphlet. (VOLTAIRE, *Dict. philos.*) Nous disons aussi **plaquette** que L. définit: « Volume relié ou broché de peu d'épaisseur. » Le N.E.D. définit *brochure* (dont la première citation est datée 1702): *A short printed work, of a few leaves, merely stitched together; a **pamphlet***.

REMARQUE. – Un livre vendu broché est indiqué *sewed*. *Aujourd'hui, les libraires annoncent ces ouvrages sous le nom collectif de paperbacks*.

Pane, panel. – Représentent respectivement les mots fr. *pan* et *panneau*.

*A **pane** of glass*, un (pan) **carreau** de vitre, une **vitre.**

***Panel*, morceau d'étoffe; tapis, panneau** et **coussinet** de selle (comme en fr.), **selle sans arçon; selle primitive, bât; morceau de parchemin,** et comme le sheriff inscrivait le nom des jurés sur une feuille de parchemin: **liste des jurés, le jury**; de même, **liste des médecins** désignés pour le service des assurances sociales et corrélativement **liste des assurés** inscrits sur le rôle d'un certain médecin: ***panel** of experts*, **tableau, groupe** d'experts.

Techn. autom., aviation, ***instrument panel*, tableau de bord.**

– *Doctors willing **to serve on the insurance panel.*** (*Times*, 1913.) – Médecins disposés à **faire partie du jury** (en matière d'assurances).

– *A **panel** means twelve perplexed agriculturists who are starved till they are of one mind.* – Un **jury**, ce sont douze cultivateurs embarrassés que l'on fait mourir de faim jusqu'à ce qu'ils se mettent d'accord.

Pandemonium. – En fr., d'après Milton, **lieu de réunion des esprits infernaux** et, p. ext., « lieu de réunion de gens qui conspirent pour le mal » (D.G.); l'angl. dit en outre famil.: *it's a **pandemonium***, c'est une **vraie tour de Babel**, c'est **la cour du roi Pétaud;** *to kick up a **fearful pandemonium***, faire un **raffut de tous les diables.**

Panic (adj.). – ***Panic** newspapers*, les journaux **alarmistes.**

Pannier. – **Verveux; hotte, benne** (de vendangeur): **pharmacie portative.**

Pantaloon. – **Pantalon** (personnage de la comédie italienne): **tête de Turc, compère** d'un clown dans les pitreries de cirque.

Pantomime. – Th. rom. **pantomime, mime** (masc.); **pantomime,** mais aussi **revue-féerie à grand spectacle** donnée aux environs de la Noël et où, par cons., les acteurs *parlent* et *chantent*.

Pantry. – Est bien le v. fr. *paneterie*, mais signifie: **office, garde-manger, dépense;** ***butler's, housemaid's pantry***, **sommellerie, resserre** pour la vaisselle, le linge de table, etc.

Paper. – A tous les sens fr., mais aussi, en argot, ceux de **entrée, place à l'œil, bifton, « billet de faveur »** (cf. *order*): E.U. **cartes pipées; feuille de papier; carte** (d'aiguilles, d'épingles, etc.): abrév. de *newspaper*, **journal,** et par ext. **article, essai,** spécial. **étude, mémoire, communication** (sur un sujet scientifique, etc.) faite à une société savante, une académie, d'où *to read a **paper***, faire une **conférence,** un **exposé,** une **communication.** Autres sens: *Examination **paper***, **épreuve, composition** d'examen, ***paper-work***, **épreuves écrites; copie,** *to do, send a good history **paper***, rendre une bonne **copie** d'histoire. Aussi, ***hair-paper, curl-paper*, papillottes;** ***paper** profits*, **bénéfices,** profits **théoriques, fictifs;** ***paper-back***, **livre broché.**

Expressions: *to commit **to paper***, coucher **par écrit,** mettre **noir sur blanc,** *to send in **one's papers***, donner sa **démission, se démettre** de ses fonctions. Voir aussi *Supplément*.

– *The house is filling well without the aid of **paper**.* – La salle se garnit bien sans l'aide de **billets de faveur.**

– Stevenson décrit quelques portraits par Raeburn: *Indeed there would be no end to this **paper**, if I were even to name half of the portraits that were remarkable for their execution or interesting by their association. (Virginibus puerisque.)* – A vrai dire, cet **article** n'en finirait pas si je devais nommer seulement la moitié des portraits qui étaient remarquables par leur exécution ou intéressants par les souvenirs qui s'y rattachent.

– *I was busy correcting examination **papers**.* – J'étais occupé à la correction des **copies d'examen.**

– *The **paper-work** of the candidates has been going on for the last week.* – L'**écrit** dure depuis une semaine.

REMARQUE. – Voici le sens d'article, d'essai chez Montaigne (*Essais*, II, xxvii) qui est précisément en France l'ancêtre et le prince des « essayistes »: « Je ne me puis desprendre de ce *papier* que je n'en die encore un mot. » Nos modernes journalistes et gens de lettres ne disent-ils pas encore un *papier* dans ce sens?

Papier-mâché. – ***Papier-mâché** mouldings, snuff box, tray*, moulures de **carton,** de **carton-pierre,** tabatière de **cuir bouilli,** plateau de **laque.** Le N.E.D. déclare n'avoir pas trouvé trace de ce mot en fr. Au mot carton, il donne les équivalents angl. *papier-mâché* et *pasteboard*, établissant ainsi leur syn. Il est curieux de voir L. définir carton, papier *haché*, etc. Enfin, serait-ce *paper mashed* (1), papier réduit en pulpe, francisé sur le modèle de cuir bouilli, qui est angl.?

REMARQUE. – Le cuir bouilli des tabatières et des plumiers est, en fait, du carton.

Parade. – Mil. **rassemblement; procession;** assemblée de gens, foule de promeneurs. E.U. **manifestation politique monstre.** Autres sens: **esplanade, promenade publique, square** ou même simplement **rue.**

Locut. div. et idiomatiques: ***parade under arms***, **prise d'armes;** ***church parade***, **rassemblement du bataillon,** etc. **pour se rendre à l'office dominical,** et famil., **promenade du beau monde** après l'office, **tour de plage, de parc;** ***parade ground***, **terrain de manœuvres, place d'armes;** ***beauty parade***, **concours d'élégance,** ***mannequin parade***, **défilé de mannequins.**

– *The **parade** strolled down to the bridge.* – La **file des promeneurs** se dirigea en flânant jusqu'au pont.

– *What happened in a Court had always seemed to me as natural... as a **military parade** on the fourteenth of July.* – Ce qui se passait dans un tribunal m'avait toujours paru aussi naturel qu'une **revue** du 14 juillet.

(1) Cf. *mashed potatoes*, purée de pommes de terre.

– *He picked up his wife at a mannequin* ***parade.*** – Il a « levé » (ou: déniché) sa femme dans un **défilé** de mannequins.

Paraffin, pour ***paraffin oil,*** **pétrole (lampant).** On appelle *kerosene* un produit similaire. L'essence minérale que brûlent les lampes dites Pigeon s'appelle *benzoline.*

REMARQUE. – Nous appelons huile de paraffine l'huile de vaseline. Paraffine se dit *solid paraffin* ou *paraffin wax.*

– *The room was lit by a* ***paraffin*** *lamp.* – La pièce était éclairée par une lampe à **pétrole.**

Paragraph. – Typ.: **entrefilet** (d'un journal), ***personal paragraph writer,*** **échotier;** aussi ***paragrapher*** ou ***paragraphist.***

Ce n'est pas dans ce dernier sens qu'il faut entendre le mot plaisant de Dorante (*Menteur,* I, vi) qui, dans son désir de charmer les dames, s'écrie: « Qu'un homme à paragraphe est un joli galant! » Il faut comprendre: un homme qui s'occupe de droit.

Le verbe ***to paragraph*** a les sens correspondants.

– *Miss K. has been* ***much paragraphed*** *of late.* – Mlle K. a fort **défrayé la chronique** récemment, a **tenu la vedette** dans les journaux.

Parcel. – Si ***parcel*** est désuet dans le sens de « parcelle », « petite partie d'un tout », il ne l'est pas dans l'expression tautologique *to be* ***part and parcel of,*** **faire partie intégrante de: –** *The Scriptures in our Authorized Version are* ***part and parcel*** *of English literature.* (Sir QUILLER COUCH.) – L'Écriture sainte, dans notre version autorisée, est **partie intégrante** de la littérature anglaise.

D'autre part, ***parcel*** est un mot méprisant, de même que souvent *lot, set, pack. A* ***parcel*** *of girls,* c'est un **tas** ou une **bande** de filles.

Parcel signifie également **paquet, petit colis, colis postal.**

Adverbialement, avec une légère nuance d'archaïsme, **en partie:** ***parcel*** *blind, deaf, drunk;* ***parcel*** *poet, lawyer, soldier.*

– Dans *Saint Joan* de Bernard Shaw (Sc. I), Robert de Baudricourt reproche à ses gens de ne pas savoir éconduire Jeanne d'Arc: *You* ***parcel*** *of curs, you are afraid of her.* – **Tas** de mâtins, vous avez peur d'elle.

– Dans la même pièce, un Angl. dit: *I cannot bear to see my countrymen defeated by a* ***parcel*** *of foreigners.* – Je ne puis souffrir de voir mes compatriotes battus par un **ramassis** d'étrangers.

REMARQUE. – A vrai dire, nos traductions ne nous rassurent pas. Il nous semble qu'on se rapprocherait davantage de la vérité en disant: « **vilains** mâtins » et « **gueux** d'étrangers ».

Pare (to). – C'est proprement **parer,** et parer, c'est préparer, apprêter. Parer le pied d'un cheval, c'est en **rogner** la corne, le sabot. De même en angl., ***to pare*** *the nails,* c'est **rogner** les ongles: sens plus techniques: ***to pare*** *wood,* **parer** le bois, mais aussi le **doler,** le **délarder;** ***to pare*** *hides,* **doler, bouter** les peaux: agr. **dégazonner** un terrain; enfin **peler, éplucher** (un fruit); **ébarber, rogner** (les tranches d'un livre).

Le subst. ***paring*** a les sens correspondants. On notera cependant: ***parings*** *of metal,* **cisaille,** *of leather,* **parure;** *cheese-****paring,*** **croûte** de fromage, au fig. **lésine, parcimonie,** ***cheese-paring*** *economy,* économies **de bouts de chandelle.**

Parent ne désigne que père et mère. L'usage d'appliquer le terme aux autres parents *(relations, relatives)* est désuet: ***Parents*** *and relations,* les **ascendants directs** et les collatéraux. Adm. ***pension*** *to* ***parents*** *(of service-men),* pension d'**ascendants.** Autres sens: **origine, source** (de maux, etc.); **souche** (d'une famille); adject. attrib. ***parent*** *rock,* roche **mère,** ***parent state,*** **mère patrie, métropole;** ***parent*** *establishment, company,* maison **mère,** société **mère.**

– *I see him (Benjamin Franklin) watching the flying machines as fondly as a* ***parent.*** (ALPHA, *Leaves in the Wind,* 256.) – Je le vois suivre les machines volantes de l'œil attendri d'un **père.**

– Arthur Pendennis n'a pas la bosse des mathématiques: *He gave up the attendance at that course and announced to his fond* ***parent*** *that he proposed to devote himself exclusively to the cultivation of Greek and Roman literature.* (THACKERAY, *Pendennis,* XVIII.) – Il cessa de suivre ces cours et annonça à sa tendre **mère** qu'il était décidé à se vouer exclusivement à l'étude des littératures grecque et latine.

En effet, Arthur est orphelin de père.

Rapprocher le latin *parens deûm,* la mère des dieux.

Parish. – Subdivision du comté; diocèse; ***civil parish,*** **commune,** ***parish council,*** **conseil municipal** d'une petite commune, ***parish councillor,*** **conseiller municipal,** ***parish school,*** **école communale,** ***parish road,*** **chemin vicinal,** ***parish boy,*** **enfant trouvé, enfant assisté;** ***to come, go on the parish,*** **tomber à la charge de la commune, tomber dans l'indigence,** ***to be on the parish,*** **être à la charge du bureau de bienfaisance.**

Parity. – Parallélisme, analogie, ***by parity of reasoning,*** **par un raisonnement analogue, par analogie. Égalité** (de rang). Cf. « Cette *parité* (entre les princes du sang et le duc du Maine) que le roi avait fort à cœur ». (SAINT-SIMON, I, 169.)

Park (to), parking. – Mettre (de l'artillerie) **en parc; parquer, garer** (une auto), ***« No parking here », « parking prohibited »,*** **stationnement interdit.** E.U. ***to park oneself*** *somewhere,* **s'installer, s'incruster,** *vulg.* **se planquer** quelque part.

Autre sens, **disposer, aménager en parc.** V. aussi *Supplément.*

Parley (to). – Être, entrer en pourparlers (avec); **parlementer; engager, entamer des négociations** (avec) l'ennemi; famil. et trans., **parler** une langue étrangère. Le subst. a les sens correspondants; d'où † ***to beat, sound a parley,*** **battre, sonner la chamade; demander à parlementer, s'avouer vaincu.** E.U. **entretien, conversation.**

Parleyvoo (subst. et v. intr.). – Plaisamment, (le) **français** (la langue), (un) **Français.** ***Parleyvoo?*** abrév. plaisante de « **Parlez-vous français?** »

Parliamentary train. – Train ouvrier (à tarif réduit), **train omnibus.**

Parlour. – Outre parloir (d'un couvent, etc.), **cabinet** (d'un banquier, du maire); dans une maison particulière, **salon** où l'on cause, où l'on reçoit: **salon particulier** (d'une taverne, d'un café). E.U. **cabinet** (de dentiste), **salon de coiffure,** ***beauty parlour,*** **institut de beauté,** ***sun-parlour,*** **solarium** (de maison particulière). ***Parlour-boarder,*** **pensionnaire en chambre** (habitant chez le principal du collège); ***parlour-maid,*** **femme de chambre** (faisant le service de la table), car ***parlour*** signifiait aussi † **salle-à-manger;** ***parlour-car,*** **wagon-salon.**

Remarque. – Le sens de « salle de réunion » que l'anglais nous a emprunté était fréquent dans certaines régions françaises et on le trouve encore chez Balzac (voir Robert).

– Lamb nous conte que son frère faisait émigrer ses propres œuvres d'art *from the front drawing-room to the back-gallery and thence to the dark* ***parlour.*** (Elia, *My relations.*) – ... Du salon sur le devant à la galerie sur le derrière, et de là au **cabinet** obscur.

– Hazlitt se réjouit de voyager incognito et, arrivant dans une auberge, d'être désigné sous le titre peu compromettant de *The Gentleman in the* ***parlour.*** (*Works,* VI, 185.) – Le monsieur du **salon particulier.**

– *In the* ***parlour*** *was a table elegantly served and a servant in a laced livery behind every chair* (1796). Dans la **salle(-à-manger),** il y avait une table élégamment mise et un laquais en livrée galonnée derrière chaque chaise.

Parlous. – Forme syncopée de *perilous* employée surtout littérairement ou plaisamment; **périlleux, dangereux, précaire; risqué; alarmant;** † et dial. **malin, madré, matois, fourbe;** de même comme intensif: **terrible, fameux, fieffé** (coquin), **rude** (épreuve), **chaude** (alarme): **extraordinaire, excessif.** Comme adverbe, c'est aussi un intensif.

– *A snipe is a* ***parlous*** *bird to hit.* – La bécasse est un oiseau **difficile** à descendre.

– *She is* ***parlous*** *handsome.* – Elle est **fameusement** jolie.

Parochial. – Que l'on songe à l'expression « plaider pour sa maison » et famil. « pour sa paroisse » et l'on sera bien près de comprendre le sens de **purement local,** l'idée de **clocher,** de **particularisme** qui s'attachent à ***parochial*** employé au figuré.

– *A* ***parochial*** *policy,* une politique **de clocher, à courte vue.**

Parole, parolee. – Dans l'armée, ***parole,*** c'est le **mot d'ordre, de ralliement;** c'est aussi, comme en français, (prisonnier) **sur parole,** *prisoner* ***on parole.*** E.U. (mise en) **liberté conditionnelle** (en anglais *ticket of leave*), d'où ***parolee,*** **détenu, prisonnier de droit commun libéré conditionnellement,** ***who has been put on parole,*** d'où encore ***to parole,*** **libérer un détenu conditionnellement.**

Remarque. – Ne pas confondre avec ***parol,*** utilisé exclusivement dans les expressions juridiques ***by parol,*** **verbalement,** ***parol evidence,*** **témoignage verbal,** ***parol contract,*** **contrat verbal,** etc.

Parson, parsonage. – ***Parson*** est le latin *persona* d'où sont issus les formes du v. fr. et du fr. d'Angl., *persone,* puis *parsoune* et *parson(e)* respect. (v. N.E.D. et L.); syn. de *rector (q.v.),* **curé, recteur, titulaire d'un bénéfice; ecclésiastique, prêtre** ou **pasteur.**

– *A* ***Parson...*** *is sometimes called the rector of the church...* (Blackstone, d'après qui le *parson* serait le plus haut dignitaire, et comme qui dirait, la *personne,* le *personnage* par excellence de la paroisse). B. blâme la dégradation que l'usage et l'esprit satirique ont fait subir à ce terme.

Parson's nose, **croupion** (d'une volaille), vulg. l'**as de pique,** le **sot-l'y-laisse.** ***Parson-bird,*** (le) **prosthémadère** (de la Nouvelle-Zélande); famil. (le) **freux.** ***Parsonage,*** **presbytère, cure.**

Remarque. – Le breton a conservé le mot au sens vieilli de curé sous la forme *person.*

De même *personage* signifiait charge ecclésiastique: Plusieurs cures, *personnages* et autres bénéfices (Du Cange) et la dignité qui s'y attachait: Nul clerc, s'il n'est prelat ou establis en *personnage* ou dignité... (Id. *in* L.).

Part (to). – Le premier sens du fr. *partir,* c'est *partager* (xiie s.), sens qui a persisté jusqu'au xvie s. et que nous avons conservé dans l'expression « avoir maille à *partir* avec qqn ». C'est l'acception du mot angl., d'où le sens spécial de ***to part*** *one's hair,* se faire une **raie *(parting),*** qui est le sillon figuré sur le sommet de la tête par la *séparation* des cheveux. D'où encore **fendre** (la foule); **séparer** (deux lutteurs); (d'une île) **diviser** un cours d'eau (et intr., *her lips* ***parted,*** ses lèvres **s'entrouvrirent**), d'où enfin, naut., ***to part*** *one's cable,* **casser** sa chaîne, **rompre** son amarre, sa touée, et intr. *the cord* ***parted,*** la corde **se rompit.**

Partir, s'en aller, se disait autrefois *departir* (resté dans le substantif fr. *départ* (1) et dans l'anglais *to depart*) (2). Il faut donc s'aviser de cette acception: *The best of friends must* ***part,*** il n'est si bonne compagnie qu'on ne **quitte.** *A* ***parting*** *cup, kiss,* c'est le coup que l'on boit (le coup **de l'étrier**), le baiser que l'on donne **avant de se séparer,** le **baiser d'adieu.** S'emploie aussi avec la préposition *with,* ***to part company with s.o.,*** **se séparer de qqn., n'être plus d'accord avec qqn;** des choses, **se défaire** (de), **céder;** famil. ***to part with one's money,*** **payer,** absol. *I know him, he won't* ***part,***

(1) Noter d'ailleurs que le premier sens de *départ* a été aussi *partage.*
(2) *To part* est désuet dans le sens de partir, s'en aller.

je le connais, il refusera de **« casquer ».** *He doesn't like **parting**,* il n'aime pas **lâcher sa galette.**

– Pour toute jeune personne qui doit affronter les réalités de l'existence il est dur de **renoncer à** tout romanesque, *it is hard to **part with** romance.*

– ***Parting** and forgetting? What faithful heart can do these?* (THACKERAY, *Esmond,* III, VI.) – **Se séparer** et oublier! Quel cœur en est capable?

– Une dispute conjugale (GOLDSMITH, *Good Natur'd Man,* IV): *And so your good humour advises me to **part** with my money? Why then, to tell your good humour a piece of my mind, I'd sooner **part** with my wife.* – Et c'est ainsi que votre bonne humeur me conseille de **me séparer** de mon argent. Parbleu, pour dire à votre bonne humeur ma façon de penser, je préférerais **me séparer** de ma femme.

En traduisant par « partir », on ferait un contresens comique.

Part. – Part, partie dans la quasi-totalité des sens français, notamment élément composant d'un tout, élément qui concourt à un ensemble, chacune des qualités dont la réunion rend qqn. accompli en son genre.

On notera quelques expressions dérivées dont certaines sont idiomatiques: *He had **neither part or lot** in the case,* il n'était **absolument pour rien** dans cette affaire; il y était **absolument étranger;** *each one **has done his part,*** chacun a fait son **devoir;** ***it was not my part** to interfere,* **il ne m'appartenait pas** d'intervenir, de m'en mêler.

Nous disons en fr.: tenir sa **partie** dans un chœur; ce sens est angl., d'où ***orchestral parts,*** **parties d'orchestre,** ***part music,*** **musique d'ensemble.** On pourra le rapprocher du sens de **rôle, partie** de la pièce que l'acteur doit réciter, **personnage** qu'il doit incarner, ***small parts,*** **les utilités;** par ext. au fig. ***he is playing a part,*** **il joue la comédie;** ***to play one's part,*** **remplir son rôle, tenir sa place, son rang.**

Au pl. légèrement archaïque, **moyens, facultés, ressource :** ***a man of (good) parts,*** † **un homme qui possède d'excellentes parties, un homme de valeur, de talent.**

– ***He looks the part.*** – **Il a le physique de l'emploi.**

– ***She played her part*** *like an old stager.* – **Elle s'y prit** en femme qui avait de l'école.

– Rendant ce passage du *Rouge et le Noir* (IV): C'est la timidité de l'amour dans **un homme d'esprit,** le traducteur dit: *It is the timidity of love in **a man of parts.***

REMARQUE. – *Partie,* dans le sens de qualité, était courant en bonne langue: « La *principale partie* de l'orateur, c'est la probité » (LA BRUYÈRE, 14.) – « Cicéron, avec des *parties* admirables pour un second rôle, était incapable du premier. » (MONTESQUIEU, *Rom.,* 12.)

Partial, partiality. – Suivi de la préposition *to,* ***partial*** signifie **qui a de l'affection, un penchant, un faible pour qqn.** De plus, ***partial*** représente non seulement le fr. « partial », mais aussi le fr. **partiel.** *A **partial** eclipse,* une éclipse **partielle.**

En style familier, ***partial*** veut dire **flatteur.**

Quant à ***partiality,*** d'après le dictionnaire d'Oxford, il ne signifie *jamais* partialité. *To have a **partiality** for someone,* c'est avoir de la **prédilection,** de la **tendresse,** une **préférence marquée,** un **faible,** des **bontés, être prévenu** pour qqn., ou du **goût** pour qqch.

– Snake complimente Lady Sneerwell sur l'art avec lequel elle sait médire, et la dame de répondre: *You are **partial,** Snake.* (SHERIDAN, *School for Scandal,* I, i.) – Ah! Snake, vous **me flattez.**

– *I myself showed a taste for music at an early age; and old Mr. Pontifex, on finding it out, as he soon did, became **partial** to me in consequence.* (S. BUTLER, *The Way of all Flesh,* I.) – Moi-même, j'avais montré de bonne heure du **goût pour** la musique, et quand il s'en aperçut – et cela ne tarda guère – le vieux M. Pontifex me **témoigna une préférence** marquée.

– *He never took advantage of his mistress's **partiality.*** – Il n'abusa jamais du **faible** (ou: des **bontés**) de sa maîtresse.

REMARQUE. – Définissant l'amitié, M. Auguste Dupoüy dit (*Horace,* IV) que, « dans sa *partialité,* (elle) est aussi joliment injuste que l'amour », ce qui nous aide à discerner la nuance qui sépare le mot dans les deux langues.

Particular, particularity. – Aux petits soins auprès d'une personne; familier, intime : ***particular*** *friends,* amis **intimes** (nous avons dit, nous aussi, amis **particuliers**); **scrupuleux, difficile :** *they are very **particular** about, over their food,* ils sont très **difficiles** pour la nourriture.

Du sens, commun avec le fr., de **détaillé, circonstancié,** vient le substantif, généralement employé au pluriel, ***particulars,*** **détails.** ***Particularity,-ties,*** **assiduité(s)** auprès de qqn., **familiarité(s)** et, sens toujours vivant, **attention aux détails, minutie,** synonyme de *preciseness, fastidiousness.*

– *But how? but how? give me **particulars.*** (SHAKS., *Ant. and Cleop.,* I, ii, 57.) – Mais comment? mais comment? donnez-moi des **détails.**

– *Both places were too public to admit of any **particularities*** (FIELDING, *Tom Jones,* XVII, vi.) – Les deux endroits étaient trop publics pour permettre la moindre **familiarité** (ou: **privauté**).

– *It being Christmas day, the tranter dressed himself with Sunday **particularity.*** (Th. HARDY, *Under the Greenwood Tree.*) – Comme c'était le jour de Noël, le voiturier (messager) s'habilla avec la **minutie** des dimanches (ou: s'endimancha (en bonne part) avec un soin méticuleux, ou encore: s'habilla avec une minutie toute dominicale).

REMARQUE. – En fr., *particulier* peut signifier « qui concerne le détail »: « Ces vérités importantes qu'on reconnaît d'autant plus qu'on entre dans le *particulier* ». (BOSSUET, *Hist. univ.*, II, 5.)

Partisan. – Deux mots: 1° **pertuisane,** de l'ital. *partigiana;* 2° **partisan,** emprunté, aussi à l'ital. *partigiano.* Adjectivement, le fr. (esprit) partisan, « qui témoigne d'un parti pris, d'une opinion préconçue » (ROBERT), est le plus souvent péjoratif. Non pas en angl., ou plutôt en amér., traduire *a **bi-partisan** policy* par une politique bi-partisane est un non-sens. (V. ce mot.)

– *In this respect, the American Senate consistently adhered to a **bi-partisan** policy.* – A cet égard, la politique du Sénat américain a rallié constamment l'adhésion (l'appui) **des deux partis** (démocrate et républicain) ou: a été constamment, n'a cessé d'être une politique **bipartite.**

Partition. – Partition de musique se dit *score.* ***Partition,*** substantif de *to part,* signifie **partage,** (d'un héritage), **morcellement** (d'une terre), **démembrement** (d'un empire), **répartition; cloison** (*séparant* une pièce d'une autre).

– *For there at break of day will we make just **partition** [of our spoil] among our own bands, together with our worthy allies.* (W. SCOTT, *Ivanhoe,* II, viii.) – Car c'est là qu'au point du jour, nous **partagerons** équitablement [notre butin] entre nos propres bandes et nos nobles alliés.

– Manston fait les honneurs de son installation à Cytherea. *Here, they have put a **partition** dividing the old hall into two, one part is now my parlour.* (Th. HARDY, *Desperate remedies,* VIII, 159.) – Ici, l'on a mis une **cloison** qui partage en deux l'ancien hall dont une partie me sert maintenant de salon.

– *Hardboard used primarily in **partitions.*** – Panneau de fibre utilisé principalement pour les **cloisonnages.**

– *Nowhere was **partition** more difficult than in Ireland.* – Nulle part le **morcellement** n'était plus difficile qu'en Irlande.

Partner. – Nous avons adopté ce mot sous la forme de **partenaire** dans le langage du jeu et de la danse: mais dans ce dernier cas, *the **woman's partner,*** c'est le **cavalier,** le **meneur,** *the **man's partner,*** la **danseuse,** *my **partner,*** mon **cavalier,** ma **danseuse** selon le cas. Autres sens: **associé,** et péjor., **complice.** *The **predominant partner,*** l'**Angleterre,** par rapport aux autres pays de la Grande-Bretagne. ***Partner in life,*** **époux** ou **épouse, conjoint** ou **conjointe.** Com. *junior **partner,*** **associé** en second, second **associé,** *senior **partner,*** **associé** principal, ***sleeping partner, silent partner, secret partner,*** (associé) **commanditaire, associé à responsabilité limitée, bailleur de fonds.** ***Active partner,*** **associé commandité.** Jur. ***contracting partner,*** **cocontractant.** Nautique, pl. ***partners,*** **étambrai.** Biol. **(plante, insecte) associé** à un autre individu **par symbiose.**

– Macbeth, faisant part à son épouse de l'étonnante prédiction des sorcières, appelle celle-ci: *My dear **partner** of greatness,* **compagne** chérie de ma grandeur.

– *He wondered who might have been the **partner** of his daughter's guilt.* – Il se demandait qui avait pu être le **complice** de la faute de sa fille.

Party. – Remplit le double office des mots fr. *parti* et *partie,* subst. verbaux de partir † « partager », d'où la multiplicité des sens. 1° **groupe à part, groupe de personnes** suivant une même ligne de conduite, d'où **parti** (politique), ***party** spirit,* esprit **de parti,** esprit **partisan;** 2° correspondant au fr. *partie,* **action concertée, réunion** généralement en vue de se divertir, de passer agréablement le temps, *pleasure **party,*** **partie** de plaisir, *shooting **party,*** **partie** de chasse, mais avec des nuances que feront apparaître les exemples; enfin, jur. ***party** to a suit, to a dispute,* **partie** à un procès, un litige, *a **third party,*** un **tiers,** une **tierce personne,** *the contracting **parties,*** les **parties** contractantes; syn. d'*accessory,* **complice;** vulg. ou famil. **personne, type, individu, quelqu'un, un quidam** (évolué du sens juridique).

*A **dinner party,*** un **dîner,** la **société qui s'y trouve réunie.** *An **evening party,*** une **soirée,** mais *a children's **party,*** une **matinée enfantine;** *a **fatigue party,*** une **corvée;** *a **party** of horse,* un **gros** de cavaliers, une **cavalcade** (voir MONTAIGNE, III, xii).

*A stag **party,*** une **réunion** d'hommes, de garçons. *A cat,* ou: *a tabby **party,*** une **réunion** de femmes. *A **wedding party,*** une **noce,** *a **wine-party,*** une **réunion bachique.**

– *We passed a **party** of excursionists singing and playing music.* – Nous croisâmes un **groupe** d'excursionnistes qui chantaient et jouaient de la musique. Ce sens est dérivé du français: un *parti* de gens, de cavalerie, d'où guerre de *partisans* (1).

– *How charming this little family **party** is!* Cette petite **fête** de famille est charmante.

– *They exchanged good nights and the **party** broke up.* – On se souhaita le bonsoir et la **compagnie** se dispersa.

– *A dismal suspense it was for **all parties.*** – Lugubre attente pour **tous.**

On peut même parfois se dispenser de traduire: *The party broke up at midnight,* on se sépara à minuit. Ou au contraire, il faut étoffer: Il y a affluence à l'enterrement du père de Polly. (WELLS, IV, 4.) – *There'll have to be a **walking party,** said Mrs. Johnson cheerfully. There's only two coaches.* – Il faudra que **certains d'entre nous aillent à pied,** annonça allègrement Madame J. Il n'y a que deux voitures.

Dans le même roman (VI, 4) l'auteur nous parle d'une ***noce (wedding party) :*** *Johnson consulted with a thin-legged, short-skirted verger about the disposition of the **party.*** – Johnson se renseignait sur l'ordre de la **cérémonie** auprès d'un bedeau aux jambes fluettes mal dissimulées par des basques trop courtes.

(1) Cf. Le jour de l'enterrement, les deux *partis* se trouvèrent en présence. (MÉRIMÉE, *Colomba,* VI).

– *Acting in this way would injure a* ***third party.*** – Agir ainsi nuirait à un **tiers.**

– *Jeremy Taylor's prose is prose in* ***party-dress.*** *It will not do the tasks of a maid-of-all work.* (Ifor Evans, *A short History of English Literature.)* – La prose de Jeremy Tailor est de la prose en **robe de soirée** (en **grande toilette**). Elle ne se prête pas à la besogne d'une bonne à tout faire.

– Le chasseur de l'étude How vient faire une communication au principal clerc: *There's a* ***party*** *wants to see Falder, Mr. Cokeson.* (Galsworthy, I.) – Monsieur, il y a là **quelqu'un** qui voudrait voir Falder.

– La visiteuse est interrogée par ledit Cokeson, soucieux de faire respecter le règlement: *Cokeson (uneasy): Are you related to the* ***party?*** – C. (ennuyé): Êtes-vous une parente de cette **personne?**

– *There was a* ***party*** *in the village.* – Il y avait **fête** au village.

– *There seemed to* ***have been a party*** *the night before.* – On avait sans doute **festoyé** la nuit dernière.

– *Her father was in bed, and she (her mother) was nursing him, and it had meant cancelling this* ***party,*** *that* ***party...*** (Ros. Lehmann, *Dusty Answer,* II, 4.) – Son père était alité et elle le soignait, et il avait fallu décommander une **invitation,** puis une **autre.** (Trad. J. Talva.)

– Timothy Fairway (Th. Hardy, *Return of the N.,* I, iii) apprécie les cérémonies d'après un critère qui lui est propre: *For my part, I like a good hearty funeral as well as anything. You have as splendid victuals as at any other* ***party,*** *and even better...* – Pour ma part, je préfère à tout un bon enterrement qu'on mène rondement; on y fait ripaille aussi richement, sinon plus, que dans toute autre **cérémonie.**

Pass (to). – V. tr. et intr. ***To pass*** *an examination,* non pas passer, subir (les épreuves d')un examen (1), mais le **passer avec succès,** y **réussir,** être **admis** ou: **reçu** (ne dit-on pas d'une copie qu'elle est *passable?*); intr. *most candidates* ***passed,*** la plupart des candidats ont été **reçus;** ***passed*** *censor,* **visé par** la censure; *he* ***did not pass*** *the eye-test,* il a été **réformé** pour la vue; ***to pass muster,*** famil. **passer, être passable, être déclaré bon, à la hauteur:** *your translation will* ***pass muster,*** votre traduction **est satisfaisante, convenable;** autres sens, au propre, **croiser** qqn.; **dépasser, doubler** (une voiture); au fig. **dépasser, surpasser, l'emporter sur;** aux cartes, **passer, ne pas jouer, renoncer** et au fig. **passer la main;** jur. ***to pass*** *sentence,* **prononcer** le jugement, ***to pass judgment on*** *a criminal,* **condamner un** criminel; ***to pass*** *criticism on a work,* **faire** la critique d'un travail, d'un ouvrage; † *the jury* ***passed upon,*** le jury jugea...; † ***they passed for*** *the plaintiff,* il **jugea en faveur** du plaignant. Autres sens, **donner, engager** (sa parole). Hyg., médecine, **évacuer,** (des germes, du sang, dans les selles ou les urines), *the patient still* ***passed*** *blood, (or) eggs;* le malade était toujours atteint, affecté d'**hématurie, émettait** toujours des œufs (de parasites, d'helminthes, etc.)

– *The lawyer was not yet able* ***to pass upon*** *the legal effect of the document.* – Le juriste n'était pas encore en mesure de **se prononcer sur** les effets juridiques du document.

– *Letters, blows...* ***passed*** *between them.* – Il y eut entre eux **échange** de lettres, de coups...

– ***Pass no judgment,*** *and you will not be judged.* (*New English Bible,* St. Matthew, 7, 1.) – **Ne jugez point,** afin que vous ne soyez point jugés. (Osterwald.)

– Confidence de Joseph Addison: *Friend Dick hath made a figure in the world and has* ***passed*** *me in the race long ago.* (Thackeray, *Esmond,* II, xi) – L'ami Dick a fait figure dans le monde et m'a **dépassé** dans la carrière depuis longtemps.

– *It was an effectual marriage that had* ***passed*** *between us.* (Defoe.) – C'était un mariage effectif que nous avions **contracté** (littéralement: qui avait eu lieu entre nous, et non, comme l'écrit un traducteur, « qui avait été passé entre nous »).

– *His wife* ***passed*** *away in his arms.* – Sa femme s'**éteignit** dans ses bras.

– ***A good deal*** *of talk* ***had passed*** *when he entered the drawing room.* – La conversation **était déjà fort avancée, allait déjà bon train** lorsqu'il pénétra dans le salon.

– ***It came to pass,*** il **advint.**

Remarque. – Du verbe ***to pass*** sont issus: 1° un subst. verb. 2° un adjectif qui ont les sens correspondants; 3° un adv. qui est un intensif.

Notons 1° *the* ***passing*** *of dividende,* la **suppression** du dividende; ***passing-bell,*** **glas** (annonçant l'agonie d'un mourant); 2° **éphémère, passager, fugitif, fugace:** *a* ***passing*** *vision,* une vision **fugitive;** 3° **très, extrêmement, au plus haut point, au suprême degré:** *she is* ***passing*** *pert,* elle est impertinente **au plus haut point,** *he is* ***passing*** *rich,* il est riche **comme Crésus,** ***passing*** *happy,* **parfaitement** heureux, heureux **comme un roi.**

Pass. – 1° **Col. défilé, passage,** ***to hold the pass,*** **tenir le défilé** et au fig. **tenir la clef d'une position;** ***to sell the pass,*** **trahir son pays, son parti** ou **les siens;** ***fish-pass,*** **passage à poissons, échelle à poissons** (dans un barrage). Les sens de **pas** (cf. le Pas-de-Calais), et de **gué, pont** sont désuets; 2° **passage** = **trépas** (cf. notre *passer de vie à trépas*); examen universitaire, d'où: candidat qui est **reçu, admis sans mention; diplômé** qui n'a pas choisi de spécialité (1). Autres sens,

(1) Ou, comme on disait encore au XVIIIe s. dans cette phrase de l'abbé Morellet, p. ex. *(Mémoires):* Pour entreprendre de courir la licence, il fallait des secours que ma famille ne pouvait me fournir. Ce sens de « rechercher avec ardeur, avec empressement » a survécu dans des expressions telles que: « *courir* les honneurs, une place, le cachet ».

(1) Abrév. de *passman = who takes a pass (not an honours) degree.*

† **cours** d'une monnaie; **passeport, laissez-passer; billet de faveur, billet gratuit** (sur les chemins de fer ou les bateaux); dans l'armée, **permission écrite, ordre de transport, feuille de route, permission de moins de six jours** (Capt. PAYEN). ***(Police) pass,*** coupe-file.

Patent. – Adj., **nommé par lettres patentes: breveté; sur quoi l'on a un droit de propriété;** ***patent*** *medicine*, **spécialité pharmaceutique** (en réalité, médicament souverain), ***patent*** *leather*, cuir **verni** (d'abord **breveté**); ***patent*** *fuel*, **agglomérés, boulets.** Sens latin *(porte)* ouverte, *(portæ patentes)*, (passage) **libre, non obstrué;** (feuilles, pétales) **étales;** d'où, comme en fr.: **patent, manifeste, clair, évident,** et jur. ***patent*** *offence*, délit **constant,** ***patent and established*** *crime*, crime **avéré;** blason, † ***patent*** *cross*, croix **pattée.**

Le subst. signifie **patente, privilège; brevet d'invention** et par extension, **invention protégée par un brevet,** le **détenteur** ou **titulaire d'un brevet** se disant ***patentee.*** Hist. **lettres patentes; lettres de noblesse,** et au fig. **signe, marque, caractère propre à** (une personne, une chose).

– « *Ben, put your hand in the cupboard, and bring out the* ***patent*** *digester.* » *Ben produced a bottle half full of brandy.* (DICKENS, *Pickwick*, II, ix.) – « Ben, mets la main dans l'armoire, et sors-en le digestif **souverain.** » Ben sortit un flacon noir à demi plein d'eau-de-vie.

– *David Garrick had become joint-****patentee*** *and manager of Drury Lane.* – David Garrick était devenu co-**propriétaire** et directeur du théâtre de Drury-Lane.

Patent (to). – **Protéger par un brevet, faire breveter** une invention, **prendre un brevet;** au fig. *every writer of genius has a* ***patented*** *style.* – Tout écrivain de génie a un style **qui lui est propre,** un style **personnel, original,** de **son invention.** Enfin, techn. ***to patent*** *wire*, **tremper** le fil au plomb.

– *You should* ***patent*** *your invention.* – Vous devriez **faire breveter** (ou: **prendre un brevet pour**) votre invention.

Pathetic (adj. et subst.). – Pathétique, certes, mais avec des nuances qu'il faut discerner et rendre.

Subst. pl. **étude du pathétique; affectation, étalage de sensibilité.**

– *It was indeed a* ***pathetic*** *sight.* – Cela faisait vraiment **peine** à voir.

– *She was a* ***pathetic creature.*** – C'était une **pauvre,** une **pitoyable** créature.

(The) ***pathetic fallacy,*** **fiction poétique,** attitude d'esprit qui tend à prêter à la nature les sentiments, les émotions de l'homme, et par conséquent à en fausser l'interprétation.

– Parlant des premiers poèmes d'Eliot, Robert GRAVES *(The crowning Privilege)* dit: *The early poems fall short of the* ***pathetic*** *only by their genuine feeling for Ireland and their irreproachable anvil-craft.* – Les premiers poèmes n'échappent à la **sensiblerie** que par l'amour sincère de l'Irlande dont ils sont pénétrés et par l'art irréprochable avec lequel ils sont forgés.

– *The writers of* ***pathetic*** *comedy.* – Les auteurs de comédies **larmoyantes.**

Pathos. – « On voit partout chez vous l'ithos et le *pathos* », c'est-à-dire le pathétique, dit Vadius à Trissotin (*Femmes savantes*, III, v). Pathos: mouvements, figures propres à toucher fortement l'âme des auditeurs, a vieilli chez nous dans le sens de pathétique et signifie aujourd'hui style où une émotion vraie ou factice se déguise sous une emphase déplacée, sous une chaleur affectée. Il peut même s'opposer à pathétique, comme dans cette citation de d'Alembert (*Lettre à Voltaire*, 12/12/1763): « Je voudrais que les avocats de la famille infortunée de Calas eussent mis dans leurs mémoires moins de *pathos* et plus de *pathétique.* » Or, **pathétique** est l'acception courante de ***pathos,*** tandis que pathos pourrait se dire: *rant, fustian, bombast.*

Le sens de **souffrance** (corporelle ou mentale) est rare.

– *Is there any Shakespearean character that can vie in* ***pathos*** *with Desdemona?* – Est-il un personnage de Shakespeare qui puisse rivaliser de **pathétique** avec Desdémone? (ou simplement: qui soit plus **touchant,** plus **émouvant** que Desdémone?).

– *The purpose of such novels* (les romans policiers) *is to provide entertainment rather than* ***pathos.*** – Ces romans ont pour objet de divertir (de distraire) plutôt que d'**émouvoir.**

Patience. – Non seulement **patience,** mais aussi **résignation** (signification conforme à l'étymologie, *pati*, souffrir).

– *She sat like* ***patience*** *on a monument,*
Smiling at grief.
(SHAKS., *Twelfth Night*, II, iv, 117.)

– Là, assise, elle avait l'air de la statue de la **Résignation** sur un tombeau, et souriant à sa douleur.

Famil. ***I have no patience*** *with such people*, ces gens-là **m'exaspèrent, me mettent hors de moi, me mettent hors des gonds;** ***I have no patience*** *with such deceitfulness*, il y a de quoi **bouillir de colère** devant tant de perfidie.

Patient (subst.). – Le *patient* (latin *patiens*) est au propre celui qui endure, qui supporte, d'où les sens communs aux deux langues de: « personne qui subit ou va subir une opération », « malade qui est l'objet d'un traitement médical » (Robert), et, par ext. en angl., *the* ***patient,*** l'opéré, *a doctor's* ***patients,*** les clients d'un médecin.

D'autre part, ***patient*** s'oppose parfois à *agent*, c'est celui qui est passif, reçoit l'impression. *He that is not free is not an agent, but a* ***patient.*** qui n'est pas libre n'est pas un agent, mais un patient. Ce sens a vieilli chez nous. Le voici encore chez Pascal: Bien que l'agent et le *patient* soient souvent fort différents (*Passions*, I, i).

Patron, patronage, to patronize. – *Patronus* en lat. (issu lui-même de *pater*), c'est « la personne riche puissante autour de laquelle se groupaient les clients » (D.G.). Ce sens de bienfaiteur, protecteur, notamment de saint protecteur, a subsisté en bonne langue; il faut y penser en angl. où il s'est à la fois spécialisé et généralisé. On le rendra donc, selon le cas, par: **mécène, ami** (des beaux-arts, etc.) et, curieux renversement ou développement du sens latin de *cliens,* « protégé », par **client, chaland, pratique** (d'un magasin, d'une maison de commerce) (1), **habitué, public** (d'un théâtre): *the* ***patrons*** *of the public house, the* ***patrons*** *of this cinema* ne sont donc pas les patrons du cabaret, de ce cinéma, mais respectivement les **clients,** les **habitués** de ces établissements. De même, ***patronage*, clientèle :** *the hotel has a select* ***patronage*,** l'hôtel a, est fréquenté par une **clientèle** choisie, distinguée. Revenons au sens lat.: **protection, encouragement** des arts; ***private patronage of the arts*, le mécénat.** *The* ***patronage*** *of the Medici,* le **mécénat** des Médicis. Autres sens, ***patronage of a living*, droit de présentation** à un bénéfice. Péjor. **air protecteur, important, condescendant.**

***To patronize*, favoriser de sa clientèle, être client, habitué de; fréquenter** (un café, un restaurant, etc.), et, dans l'usage familier, **favoriser, honorer de sa présence,** comme dans la citation de Kipling.

– Avis aux touristes américains: *Some of the hotels are operated on the European plan exclusively, that is to say, the* ***patron*** *merely rents a room and is privileged to get his meals wherever he sees fit.* (Dans Horwill.) – Certains hôtels sont exploités d'après le système européen; autrement dit, le **client** se borne à y louer une chambre et il lui est loisible de prendre ses repas (là) où bon lui semble.

– *King George the Third attempted conscientiously to play the part of* ***patron*** *of the arts.* – Le roi Georges III essayait de jouer en conscience le rôle de **protecteur** des beaux-arts.

– *Getting* ***patronage*** *is the whole art of life.* – Obtenir des **appuis,** des **protections** (famil. du « **piston** »), voilà tout l'art de vivre.

– *The nobility and gentry of the province had little opportunity* ***to patronize*** *the drama.* – L'aristocratie rurale était mal placée pour **encourager** l'art dramatique.

– *No sooner was he in possession of his uncle's legacy than he began* ***to patronize*** *the fashionable restaurants.* – Il ne fut pas plus tôt en possession de l'héritage de son oncle qu'il commença à **fréquenter** les restaurants mondains.

– *De Castro got into a second class compartment. Kim* ***patronized*** *a third.* (R. Kipling, *Kim,* 161, Tauchnitz.) – De Castro monta dans un compartiment de seconde. Kim **donna la préférence** à une troisième. (Ce n'est pas un équivalent, mais que faire?)

– *A free performance* ***is always vastly patronized.*** – Une représentation gratuite **trouve** toujours **beaucoup d'amateurs.**

(1) Le D.G. définit chaland: « Celui, celle qui va de préférence chez tel ou tel marchand. »

– *He was a head taller than the other boys so that his* ***patronizing*** *airs seemed almost natural.* – Il dépassait tous ses camarades de la tête, ce qui rendait presque naturel l'air **protecteur** qu'il prenait avec eux.

Pattern. – Est le français *patron,* « modèle suivant lequel on confectionne certains objets », d'où **modèle** (au fig.), **exemple** digne d'être imité, et donc de perfection, d'où aussi ***on the pattern of*, à l'image, à l'exemple de;** d'autre part, de même que *copy* passe au sens de modèle, comme dans *copy-book,* **cahier (de modèles) d'écriture, *pattern*** passe au sens de † **copie;** de **dessin,** de **motif** exécuté d'après un **patron,** de **disposition** d'une étoffe, de **broché** d'un tissu; autres sens: **grille** (de mots croisés); **groupement** de plombs sur la cible; **trajectoire** d'un jet.

Du sens de **patron** découlent encore **échantillon; exemple-type;** † voire, métaphor., **moule.**

Viennent ensuite des sens techniques intéressant la frappe des monnaies, la fabrication des canons, la marine, notamment **gabarit, calibre.** Par extension, **matrice, moule** et donc **forme,** au propre.

Enfin, en Irlande, la **fête du saint patron, fête votive, dédicace, ducasse.**

– *A gaudy coloured carpet covered with geometrical* ***patterns.*** – Un tapis bariolé qui présentait des **dessins** géométriques.

– Décrivant la décoration murale d'une habitation cafre copiant maladroitement le luxe des civilisés, Lady Barker (*South Africa, Let.* X) dit: *A many-coloured star within a circle was a favourite* ***pattern.*** – Une étoile multicolore inscrite dans un cercle était un **motif** favori (de décoration murale).

– *A tailor with his books of* ***patterns*** *just imported from Paris.* – Un tailleur avec son album d'**échantillons** qui venaient d'arriver de Paris.

– *The shifting of the* ***rose pattern*** *filled me with unspeakable delight,* traduit: le changement d'aspect des **rosaces** (du kaléidoscope) me plongeait dans un ravissement indicible. (A. Gide, *Si le grain,* p. 12.)

– *The two brothers did not seem to have been cast in the same* ***pattern.*** – Les deux frères ne semblaient pas avoir été coulés dans le même **moule.**

– *These people are* ***patterns*** *of politeness.* – Ces gens-là sont des **modèles** de politesse.

– *Job was the* ***pattern*** *of men.* – Job était l'homme **exemplaire**

– *The middle class must have the brilliant, flippant, independent upper for a spur and a* ***pattern.*** (Meredith, *Ess. on Comedy.*) – Il faut que la classe moyenne trouve dans l'esprit brillant, cavalier, indépendant de la haute société un excitant et un **idéal.**

– *I will be the* ***pattern*** *of all patience.* (Shaks., *Lear,* III, ii, 37.) – Je serai le vrai **miroir** de la patience. Cf. Nous serons les miroirs d'une vertu bien rare. (Corneille, *Hor.,* II, 3.)

– (Adjectiv.) *He is a* ***pattern*** *husband* (syn. de *an ideal husband*). – C'est la **perle** des maris (ou un mari **modèle**).

– *A fine* ***pattern*** *of the modern hero.* – Un beau **type** de héros moderne.

REMARQUE. – En effet, *modèle, exemple, patron, type, moule* sont plus ou moins des synonymes.

A partir de ces sens courants, le mot en a pris d'autres plus ou moins éloignés, et – extension ou irradiation – est devenu un mot à la mode. Il prend parfois une signification assez lâche: **plan, schéma, canevas; dispositif; système, régime** (des pluies, etc.); **méthode, mode** (de pensée, etc.); **formule** (*a/* solution type d'un problème; manière de se tirer d'une difficulté; *b/* **schéma** de composition artistique, syn. de **parti,** conception d'ensemble d'une œuvre picturale ou architecturale); **structure** (de l'administration, de l'industrie, d'une composition musicale); **forme** (au sens philos. se rapprochant de l'all. *Gestalt*). On voit que tous ces termes s'apparentent et se compénètrent. Pourtant, certains Angl. eux-mêmes estiment que ***pattern*** est *« an overworked word »* (1).

– *The technical* ***pattern*** *of the treatment is as follows...* – Le **schéma** technique de la cure est le suivant.

– *Such has been the* ***pattern*** *of the Japanese aggression.* – Tel a été le **plan** (ou: le **dispositif**) de l'agression japonaise.

– *In this country the disease* ***runs true to pattern.*** – Dans ce pays, la maladie **évolue de façon typique.**

– *The use of penicillin does not alter the general* ***pattern*** *of the treatment.* – L'emploi de la pénicilline ne modifie pas le **canevas** général du traitement.

– *Among African people the* ***patterns*** *of thinking and behaviour are different from ours.* – Chez les Africains, les **modes** de pensée et de comportement sont différents des nôtres.

– *Changes in* ***pattern*** *of industrial production.* – Changements de **structure** de la production industrielle.

Pauper. – La première citation du N.E.D. (1495) précise la nuance qui permet de distinguer ce terme jurid. (emprunté au lat. *pauper*) du mot général *poor: An Act to admyt such persons as are poore to sue in formâ pauperis,* loi autorisant les pauvres à ester en justice en qualité d'indigents, c.-à-d. à bénéficier de l'assistance judiciaire.

Le ***pauper*** est donc l'indigent du double point de vue administratif et juridique: l'**assisté,** le **bénéficiaire** selon le cas, de l'assistance publique ou de l'assistance judiciaire; plus génér. le **mendiant,** le **gueux,** le **pauvre,** ***pauper*** *asylum,* hospice des **pauvres,** ***indoor pauper,*** (l')**hospitalisé;** ***pauper*** *children,* enfants **assistés,** *the* ***Paupers' grave,*** **la fosse commune.**

– Selon EMERSON, (*E.T.*, V.) *The* ***pauper*** *lives better than the free labourer, the thief better than the* ***pauper.*** – L'**indigent** vit mieux que l'ouvrier libre, le voleur mieux que l'**indigent.**

(1) Voir aussi *Supplément.*

Pause. – Shakespeare a toujours été et restera une mine d'allusions et de citations. C'est ainsi qu'on discerne un rappel du fameux monologue d'Hamlet (III, i, 68) dans des expressions telles que: ***to give pause to*** *s.o.,* **faire hésiter** qqn., **arrêter son élan, refroidir son enthousiasme, l'inciter à réfléchir;** *the choice of the binding* ***gave him pause,*** il **hésita sur** le choix de la reliure; autres sens: **repos, césure** (d'un vers); **point d'orgue.** ***To make a pause*** *on a note,* **tenir** une note.

– *Such considerations must* ***give us pause.*** – Des considérations de cet ordre doivent nous **inciter à réfléchir.**

Pavage. – Non seulement **pavage,** mais **taxe pour l'entretien des rues et des grandes routes.**

Pavement. – † **Pavé,** *the inside, the outside of the* ***pavement,*** le haut, le bas du **pavé,** mais aujourd'hui **trottoir,** par opposition à *road* ou, *roadway,* chaussée, sauf aux E.U. où il a encore ce dernier sens. Enfin, outre **dallage, sole** (d'une galerie de mine); **mur** (d'une couche de houille). Gallicisme: *to be on the* ***pavement,*** **se trouver, être sur le pavé, sans domicile, sans asile.**

– *The house consisted of a single room without flooring or* ***pavement.*** – La maison se composait d'une seule chambre sans plancher ni **dallage.**

– *A stout old lady was walking down the middle of the road... It was pointed to her that the* ***pavement*** *was the place for foot-passengers.* (ALPHA, *Leaves in the Wind,* 238.) – Une vieille dame corpulente suivait le milieu de la chaussée... On lui fit observer que le **trottoir** était fait pour les piétons.

REMARQUE. – Pavement signifiait autre fois chez nous « action de paver »; auj. ne se dit plus que d'un genre de pavage, génér. de luxe.

Pay (to), payment. – ***To pay*** a un sens beaucoup plus large que **payer:** l'angl. l'emploie là où nous avons tendance à user du verbe **faire,** qu'il s'agisse de faire sa cour, un compliment, une visite, attention. Dans le même ordre d'idées, ***to pay*** signifie **rendre** (hommage); **avoir, témoigner** (des égards, du respect); c'est en quelque sorte une dette que l'on acquitte.

Payment a des acceptions correspondantes: ***in payment*** *for your devotion,* **pour prix** de votre dévouement, mais aussi: **punition, châtiment, loi du talion:** *I never forget* ***payment for a blow,*** je n'oublie jamais de **rendre coup pour coup.** ***To pay off*** a de multiples sens: **éteindre, solder, liquider, amortir, régler, acquitter** (une dette); **purger** (une hypothèque); **rembourser, désintéresser** (ses créanciers); **donner son compte** (à un employé); **congédier** (un domestique); **licencier** (des troupes); naut. **débarquer, mettre en congé** (des marins); **désarmer** (un navire), et absolt. **désarmer, entrer en désarmement;** en mauvaise part: ***to pay off*** ou ***out,*** **le faire payer à quelqu'un;** ***to pay*** *one in his own coin,* **rendre** à quelqu'un la monnaie de sa pièce. *I'll* ***pay*** *you out:* je te **revaudrai,** tu me **paieras**

ça. **Rosser** (dialectal ou argotique). Marine: ***To pay out*** *a cable*, **laisser filer** un câble.

Un autre mot d'origine picarde (au part. passé *payed*) signifie **goudronner, passer au goudron; brayer** (une couture, etc.), ***to pay*** *a seam.*

En composition: ***pay-day*, jour de paye,** famil. la **Sainte-Touche;** aussi (Bourse), **jour de liquidation, de règlement,** syn. de *account-day;* ***pay-dirt*** (surtout E.U.), **alluvion exploitable, productive, rentable** (dans les mines d'or).

– *It was soon manifest that the shop* ***paid*** *only in the most exacting sense.* (H.G. Wells, *Polly.*) – Il fallut bientôt se rendre à l'évidence: le négoce **rapportait** aussi peu que rien.

– *The idea that everything should* ***pay*** *has infected our every purpose.* (Ruskin, *Sesame and Lilies*, I, 31.) – L'idée que toutes choses doivent **rapporter** (ou: l'**amour du lucre,** l'**esprit mercantile, mercenaire**) a infecté tous nos desseins

– Ramage fait sa cour à la jeune Anne-Véronique: *I can imagine nothing more pleasant in life than to help you, because I know it would* ***pay to help you.*** (H.G. Wells, *Ann Veronica*, III, 7.) – Je ne saurais imaginer rien de plus agréable dans la vie que de vous aider, car je sais que je **n'y perdrai point ma peine.**

– *It was thoroughness that* ***paid*** *in the end.* – C'est le travail consciencieux qui finalement **trouve sa récompense.**

– *Poetry* ***does not pay.*** – La poésie **ne nourrit pas son homme.**

– ***It pays*** *to advertise*, non pas: « la publicité paie », comme on le dit et l'imprime, mais la publicité **rapporte.**

– *The woman* ***pays,*** titre de la cinquième partie de *Tess of the D'Urbervilles*, plutôt que « la femme paie », comme l'écrit une traductrice, on dira de préférence, en raison de l'atmosphère dramatique du roman: la femme **expie.**

– C'est une tout autre situation qu'évoque Galsworthy dans le passage suivant de sa nouvelle, *The Juryman:* M. Rosengate est d'autant plus amoureux de sa femme que les autres hommes le sont aussi: *She was fifteen years younger than himself, and «* ***paid for*** *dressing », as they said.* Comprendre que cette femme adorée de son mari payait ses toilettes serait un beau contresens. L'idée est la suivante: Elle était de quinze ans plus jeune que lui, et « **faisait valoir** la toilette », comme on disait. La plasticité de l'angl. autorise des tournures de ce genre que nous interdisent la précision de notre vocabulaire et la rigueur de notre syntaxe.

Remarque. – *Payer*, dans le sens de « rapporter un bénéfice » (Bonaffé) est un anglicisme. Anglicisme d'autant plus fâcheux qu'il a la caution de L. (*s.v.* 17°), que Larousse et Robert lui ont emboîté le pas, et que l'emploi inconsidéré de l'adject. *payant* dans cette acception risque de créer de regrettables amphibologies, voire un effet comique. Ex. recueillis dans la presse ou entendus à la radio: « Est-ce que les autoroutes sont payantes? » (faut-il comprendre: « non gratuites » ou « rentables »?).

« Un placement (l'entretien des châteaux français) (qui) attire les touristes de la façon la plus *payante.* »

« L'absence n'est jamais *payante.* »

« La clémence n'a pas été *payante* », et « les gestes de violence (eux non plus) n'ont pas été *payants.* »

Ce sont ces emplois figurés qui semblent les plus choquants, ce qui n'empêche pas un critique d'écrire, dans un contexte qui aurait dû pourtant servir de garde-fou: « Il leur montre (aux publicitaires) que tant d'attentats et de crimes (contre la langue française) ne sont pas *payants* » (!).

– « *It* ***doesn't pay,*** ça **ne rapporte rien,** ça **ne rend pas** » est donné comme familier et vulgaire par J. Manchon, *Le Slang*, 1923.

Peace. – On notera: *the* ***King's (or Queen's) peace,*** la **paix civile,** l'**ordre public;** ***breach of the peace,*** **attentat contre l'ordre public, désordre, tapage nocturne, voies de fait,** etc.: ***to keep the peace,*** **ne pas troubler l'ordre public, veiller à l'ordre public** (cf. nos gardiens de la paix), **maintenir la concorde;** ***to be bound over to keep the peace,*** **être tenu** (sous caution) **de ne plus causer de désordre, de ne plus commettre de voies de fait,** etc.

Peace-maker, **pacificateur, médiateur, conciliateur,** famil. **arme, revolver, navires de guerre,** etc. (cf. *Si vis pacem para bellum*): suite des composés: ***peace-offering,*** **sacrifice propitiatoire, d'action de grâces;** famil. **présent, cadeau de réconciliation;** ***peace-officer,*** **agent de la sûreté.**

To hold, keep one's peace, **se taire, garder le silence, se tenir coi.**

– Le Nègre du Narcisse (II) est le plus capricieux des malades: *At last, Mr. Baker had to tell the captain that James Wait was disturbing the* ***peace*** *of the ship.* – A la fin, M. B. dut aviser le capitaine que J. W. troublait le **bon ordre** du navire.

– *He perceived at once that a legacy had come to his friend, but he* ***held his peace.*** – Il comprit aussitôt que son ami avait fait un héritage, mais il **n'en souffla mot,** il **se tint coi.**

Peach. – Famil. *she's a* ***regular peach,*** elle est **belle comme le jour, belle à croquer,** elle est **joliment bien « roulée »,** elle est **jolie, mignonne, gentille comme un cœur.** *Isn't she a* ***peach?*** n'est-ce pas qu'elle est **adorable?**

Peach (to). – Argot: **cafarder, moucharder, vendre la mèche, manger le morceau.** ***To peach on, against...,*** **dénoncer** (un complice, ses copains, etc.).

Remarque. – ***To peach*** vient par aphérèse de † *to appeach*, apparenté lui-même à *to impeach (q.v.)* et au v. fr. *empeschier.*

– *He might have got off himself if he had* ***peached*** *against others.* – Il aurait pu s'en tirer s'il avait **dénoncé** les autres.

– ***Don't peach*** *to your governor.* – Ne va pas **rapporter** à ton paternel. (J. Manchon.)

Peak. – **Visière** (de casquette), ***rear-peak,*** **couvre-nuque; bec** (d'une selle de bicyclette, d'une ancre); **pointe** (de barbe, de toit, etc.):

† **bec d'oiseau**; naut. **coqueron** (de la cale): **pic, corne, empointure** (de voile). Suite des sens: de **pic, sommet** (d'une montagne) on passe aux acceptions suivantes: mécanique: **pointe, apogée** (d'une courbe, d'une charge), ***peak*** *of the load*, **maximum** de la charge, **pointe** de charge; **sommet** (d'une onde): *to cope with the* ***peak*** *consumption*, couvrir la **pointe** de charge: ***peak output*, record (de la production),** ***peak year*, année record, de la plus forte production;** statistique: **clocher** (d'une courbe, etc.): ***peak-hours*, heures de pointe.**

Pearl. – ***Mother-of-pearl*, nacre,** d'où ***pearly*, nacré;** ***seed-pearl*, petite perle;** typ. **parisienne.**

– *She wore a hat of* ***pearly*** *straw*. – Elle portait un chapeau de paille **nacrée.**

Pearl (to). – V. tr. **emperler, couvrir de gouttelettes; perler** (de l'orge): **cuire du sucre en perlé; donner l'aspect** ou **la coloration de la perle à, nacrer;** intr. **perler, suinter sous forme de gouttelettes; pêcher des perles; se nacrer.**

Pedant. – D'une femme, **bas bleu, femme savante.**

– Ethel Cobbett, jeune veuve trop sérieuse, n'est guère courtisée: *Young men felt uncomfortable and silly in her company. They revenged themselves by laughing at her for having no sense of humour, for being a* ***pedant*** *and, as time went on, for being an old maid.* (Aldous Huxley, *Point counter Point*, II.) – Les jeunes gens se sentaient mal à l'aise et ridicules en sa compagnie. Ils s'en vengeaient en riant d'elle parce qu'elle ne comprenait pas la plaisanterie, parce qu'elle était un **bas bleu** et, le temps passant, parce qu'elle était une vieille fille. (Trad. Jules Castier.)

Remarque. – ***Pedant*** a signifié autrefois, comme en fr., « celui qui enseigne », sans intention satirique: « On ne s'imagine Platon et Aristote qu'avec de grandes robes de pédants. » (Pascal.)

Pedestal. – Parmi de nombreux sens techniques, signalons ***pedestal (cupboard)*, table de nuit, de chevet;** ***pedestal table*, guéridon;** ***pedestal writing-table*, bureau ministre;** ***small pedestal*, piédouche.**

Pedestrian (adject. et subst.). – Les Lat. appelaient *sermo pedestris* la prose, le ton familier. Les Angl. leur ont emboîté le pas. ***Pedestrian*** signifie donc **prosaïque, banal, plat, familier; vulgaire, terre à terre, sans intérêt;** *a* ***pedestrian*** *style*, un style **rampant.** *A* ***pedestrian***, un **piéton,** un **marcheur,** un **voyageur à pied.** ***Pedestrian*** *lines*, passage **réservé aux piétons,** passage **clouté, de sécurité,** comme on dit.

– *Rousseau was an enthusiast* ***pedestrian***. – Rousseau était un fervent des **voyages à pied.**

– Alpha (*Leaves in the Wind*, 62) se plaint d'un dîner où la conversation était trop brillante: *I am naturally rather a* ***pedestrian*** *person*. – Je suis par nature un homme assez **simple en paroles** (plutôt **terre à terre dans mes propos**).

Peel. – Est le latin *pala*, v. fr. *pele*, et signifie **pelle à enfourner.**

Peel (to). – **Peler** (un fruit, des pommes de terre): **écorcer** (une baguette), **décortiquer** (du riz), **teiller** (du chanvre): de même ***to peel off*** *(the bark, the skin)*, **enlever** l'écorce, la peau: ***to peel*** *timber (into thin plates)*, **dérouler** des troncs de bois: ***to keep one's eyes peeled*, avoir les yeux ouverts, être aux aguets, avoir l'œil américain, n'avoir pas les yeux dans sa poche;** intr. ***to peel off*** (de la peinture) **s'écaler, s'écailler;** méd. **se desquamer;** (de la peau) famil. **peler, s'excorier;** (d'un mur) **se décrépir;** (d'un pneu) **se déchaper;** absol. ***to peel***, qui avait autrefois un sens relevé, est devenu familier, sinon vulgaire; de **se dépouiller** de ses vêtements, **se dévêtir,** il en est venu à signifier: **enlever, ôter sa pelure, se dépiauter,** en passant par différentes acceptions sportives: **se mettre en torse, à nu, se mettre en maillot, mettre bas la jaquette** (pour se battre), **tomber la veste.**

– D'après Esaïe, XVIII, 2, *a nation scattered and* ***peeled***, une nation dispersée et **dépouillée de ses biens,** peut-être erreur de traduction, dit le C.O.D. (1).

– *What resplendent beauty that must have been which could have authorized Phryne* ***to « peel »*** *in the way she did.* (O.W. Holmes, *Breakfast Table*.) – Quelle devait être l'éblouissante beauté de Phryné pour qu'elle ait osé **se dépouiller de sa robe** de la façon que l'on sait!

Pellucid. – Comme le latin *pellucidus* et le français *pellucide*, **transparent, translucide** mais s'emploie aussi au sens actif. Les ivrognes écrit Ch. Lamb, obscurcissent des facultés, qui peut-être **n'y voyaient déjà pas trop,** *perhaps* ***never very pellucid***. Noter aussi le sens figuré: (style) **limpide;** (esprit) **lucide, clair.**

Penalty. – † **Peine, souffrance; peine, pénalité,** ***penalty*** *clause*, clause **pénale** (d'un contrat), ***penalty for non performance of contract*, peine contractuelle, dédit;** adm. **sanction pénale,** *to impose* ***penalties***, prendre des **sanctions; amende, indemnité;** sports: **désavantage imposé à** un concurrent ou à une équipe en raison d'une infraction au règlement ou d'un prix antérieurement obtenu, **avantage** accordé à la partie adverse, ou encore **surcharge,** p. ex. **handicap** (imposé pour égaliser les chances).

E.U. ***penalty envelope*, enveloppe, pli officiel, réservé au service de l'État,** dont l'usage injustifié est passible de sanction (correspond à la mention angl. *O.H.M.S., on His Majesty's Service*).

– *The Act inflicts a* ***penalty*** *of ten pounds on persons letting out newspapers to read for hire.* (Journal.) – La loi inflige une **amende** de dix livres à toute personne donnant en location des journaux.

Pendant. – **Pendentif** (de collier), **breloque** (de bracelet), **pendeloque** (de lustre): arch. **clef pendante, cul-de-lampe;** *electric* ***pendant***.

(1) Mais influencé par l'anc. fr. peler « écorcher, dépouiller » au fig.

lustre électrique, *gas* ***pendant*,** **suspension**; naut.: **martinet, pantoire**; autre forme de *pennant* (cf. *pennon*): **flamme, guidon.**

En compos. ***broad pendant*,** **guidon de commandement; guidon du chef de division,** ***answering pendant*,** **pavillon d'aperçu;** ***action pendant*,** **flamme de guerre.**

– *She wears a necklace of pearls and a* ***pendant.*** – Elle porte un collier de perles et un **pendentif.**

Pending (part. prés. et prépos.). – Est le lat. *pendens* et le fr. pendant, au sens que lui donnaient les clercs avec la valeur de l'ablatif absolu latin, sur le modèle de *pendente lite*, le procès étant **en suspens, en cours,** litt. pendant le procès (= le procès pendant), si bien que le part. prés. a fini par être pris pour la préposition. **pendant, durant; en attendant.**

Le sens d'**imminent, menaçant** est rare: *these* ***pending*** *ills.*

– ***Pending*** *his return, they were shown into the drawing-room.* – **En attendant** son retour, elles furent introduites au salon.

Pensioner. – Pensionné, retraité; ***army pensioner*,** **invalide,** ***Chelsea pensioner*,** **invalide** (du *Chelsea Royal Hospital*); † **créature, âme damnée** (de qqn., à la solde de qqn.); à Cambridge, **étudiant payant, ordinaire** (qui n'a ni bourse ni subvention).

– *How could one speak seriously of a catholic peril when the Catholic Church, spoiled and oppressed,* ***was a pensioner*** *on the charity of Protestant England?* trad. de ce passage de *l'Histoire politique du Peuple anglais*, d'Elie Halévy (I, livre iii, ch. Ier): Comment parler sérieusement d'un péril catholique, lorsque c'est l'Angleterre protestante **qui fait la charité** à l'Église catholique opprimée et dépouillée?

– Pour le petit *Jude* au cœur tendre, *« they (the rooks) took upon them more and more the aspect of gentle friends and* ***pensioners*** *».* (I, ii.) – Les freux prenaient de plus en plus à ses yeux l'aspect de doux amis et de **protégés.**

Penurious, penuriousness. – Outre les sens fr., ces mots ont respectivement les sens de: **avare, serré, parcimonieux, liardeur, mesquin** et d'**avarice, parcimonie, mesquinerie.**

People. – Est le fr. d'Angleterre *pople, people*, v. fr. *pople, people*. Prend le pl. au sens de **nation,** p. ex. *the English* ***people*,** le peuple anglais, mais *the English-speaking* ***peoples*,** les **peuples,** les **nations** de langue anglaise ou: anglophones (latin *populi*).

Le nom collectif signifie donc **peuple** du triple point de vue national ou racial, politique et social.

De là découlent tous les sens (du moins les plus courants): **sujets** (d'un roi), **serviteurs** (de Dieu, du Christ), **assemblée des fidèles, ouailles,** etc.: aussi, **ensemble des serviteurs, suite** (syn. de *retinue*), **maison,** (le) **domestique; troupe armée, hommes,** etc.: famil. *my* ***people*,** ma **famille, les miens, mes parents, mes frères et sœurs.**

Collect., **les gens, le monde,** ***people*** *don't like to be kept waiting*, **les gens** n'aiment pas (qu'on les fasse) attendre, *the fashionable* ***people*,** le beau **monde;** remplaçant † *men*, équivaut au fr. **on,** ***people say that...*,** **on** dit que...; cas indirect, **vous,** *it is enough to make* ***people*** *shiver*, il y a de quoi **vous** faire frémir. Poét. *the winged* ***people*,** la **gent** ailée, plais. *the wooly* ***people*,** la **gent** moutonnière.

En compos. ou loc. adjective: *coloured* ***people*,** les **gens,** les **hommes** de couleur, ***country people*,** les **populations rurales,** les **ruraux,** les **paysans,** *the* ***town people*,** les **habitants des villes,** les **citadins,** les **populations urbaines;** *the* ***good****, the* ***little people*,** les **fées.**

Expression idiomatique: *What do you* ***people*** *think?* Qu'en pensez-vous, **vous autres?**

(E.U.) ***People's capitalism*,** **le capitalisme pour tous, l'actionnariat démocratique** ou **populaire.**

– Portia (*Merch. of V.*, III, IV, 37) confie à Lorenzo la direction de sa maison et ajoute: ***My people*** *already know my mind.* – **Tous mes gens** sont déjà au fait de mon dessein.

– Un visiteur se présente chez Mme S. et demande si elle est chez elle: – *Yes, Mrs. S. was in, but the maid did not know if she was* ***seeing people.*** – Oui, Mme S. était à la maison, mais la bonne ne savait pas si elle **recevait.**

Remarque. – Voici le sens de « monde », « gens » chez La Fontaine (*Fables*, III, I): « Mais j'ai les miens, la cour, le *peuple* à contenter. »

Perception. – Va jusqu'à signifier **clairvoyance, discernement.**

– *He had sufficient* ***perception*** *to feel that he was different after that little expedition among the mountains.* – Il eut assez de **clairvoyance** pour se sentir différent après ce petit voyage dans la montagne.

Perch. – Flèche, timon (de véhicule): **chevalet d'étirage** (tannage des cuirs).

Peremptory. – Jur. ***peremptory writ*,** **mandat de comparaître en personne;** ***peremptory call*** *to do something*, **mise en demeure formelle** de faire qch. **Autoritaire,** *a very* ***p.*** *person.*

Performance. – Ce mot, adopté par nos hommes de sport au sens d'exploit, a bien d'autres acceptions en angl., notamment: **accomplissement, exécution** (d'une tâche, d'un travail); **action, acte; manière de s'acquitter** (d'une mission, etc.); **marche, fonctionnement, rendement** (d'une machine); **tenue** (du marché, de la monnaie, etc.): **représentation** (d'une pièce de théâtre), **spectacle,** *continued* ***performance*,** **spectacle** permanent, ***afternoon performance*,** **matinée,** ***evening performance*.** **soirée,** ***first performance*,** **première,** *musical* ***performance*,** **audition** musicale. Sens concret, **travail** écrit, **œuvre** (accomplie).

– *The currency's good* ***performance.*** – La belle (ou: bonne) **tenue** de la monnaie.

– *The* ***performance*** *of this machine is not up to the mark.* – Le **rendement** de cette machine laisse à désirer.

– *Three quarters of our intellectual* ***performances*** *are no more than decorations upon a void.* – Les trois quarts de nos **exercices** intellectuels ne sont que broderies sur le vide.

– *A certain subsidence of interest had marked the progress of the* ***performance.*** – Un certain fléchissement de l'intérêt avait marqué le cours de la **représentation.**

Period. – « Nature met fin et *période* à toutes choses par elle produites » (RABELAIS, *Gargantua*, I), expression tautologique, à la mode du temps, qui, chez l'auteur de l'*Internele Consolation*, eût apparemment été : « Nature met fin, terme et période... ». De même en angl. *the* ***period*** est la **fin.** C'est aussi † **issue, résultat;** † le **période,** le **plus haut période** (L., 6°), le **plus haut point,** l'**apogée;** † **stade, moment; délai; phase, évolution, cours** (d'une maladie).

En grammaire, ***a period,*** un **point** (final). Au pl., physiol.: **règles, menstrues, époques.**

Arith. **tranche de trois chiffres; période** (d'une fraction).

– *O bloody* ***period!*** s'écrie Lodovico, lorsqu'Othello se tue. (V, ii, 357.) – Le sanglant **dénouement!**

– *I mean to put a* ***period*** *to this prodigality.* (STEVENSON, *New Arabian Nights* (1884), 96.) – J'entends mettre un **terme** (ou: **le holà**) à cette prodigalité.

REMARQUE. – Employé substantivement, adjectivement ou comme déterminatif, ***period*** peut signifier, selon le contexte, soit **d'époque,** historiquement parlant, soit **contemporain, moderne.** Ex.: ***Period*** *binding, furniture,* reliure, ameublement **d'époque.** – *What was contemporary has become «* ***period*** *»,* ce qui était contemporain est devenu **ancien.** – *The girl of the* ***period*** *is rather sophisticated,* la jeune fille **moderne** en sait un peu trop long.

Perish (to). – Ruskin écrit: *Knowledge is good, ...yet man* ***perished*** *in seeking knowledge.* Dans ce sens de **se damner, mourir de la mort spirituelle,** nous disons aussi périr (L., 4°). Mais l'emploi de ce terme (de dévotion, dit L.) est moins généralisé chez nous. Milton parle de la réforme de l'éducation, sans quoi la nation périt. Il faut entendre que cette **mort frappe seulement sa vie morale.**

Autres sens, trans. **détériorer, altérer, gâter** (cf. denrées *périssables*.). *Rain and cold benumbed and* ***perished*** *their limbs,* la pluie et le froid engourdirent et **gelèrent** leurs membres.

The cold was perishing, **il faisait un froid de loup.** *We were all* ***perished*** *with cold,* nous étions tous **morts, transis** de froid. Lit. ***Perish the thought!*** **Loin de moi cette pensée!**

On rapprochera de la forme transitive *(The frost perished the flowers, the want of sleep perished me)* cette citation d'Olivier de Serres, 273: « Ces petites chenilles noires, appelées babotes, *périssent* la luzerne, la faisant dessécher. »

– On ne met pas du vin nouveau dans de vieilles outres: autrement les outres se rompent, le vin se répand et les outres **sont perdues,** *(St. Matthieu,* IX, 17) *the wine runneth and the bottles* ***perish.***

REMARQUE. – Nous disons encore: il a laissé *périr* (périmer) son appel. (L. 8°.)

Permanency, permanent. – **Emploi, poste permanent,** *the temporary official* ***was given a permanency,*** le fonctionnaire temporaire **fut titularisé;** de même, ***permanent*** *officials are pensionable,* les fonctionnaires **titulaires** ont droit à une pension. On notera encore: ***permanent*** *address,* résidence **fixe,** ***permanent*** *president,* président **à vie;** ***permanent*** *assets,* capitaux **fixes, immobilisations;** ch. de fer, *the* ***permanent way,*** la **superstructure,** la **voie ferrée.**

Permissive. – **Facultatif,** s'oppose à *mandatory,* « obligatoire », « impératif », ***permissive*** *provision,* disposition **facultative** (d'une loi): **permis, toléré;** jur. ***permissive waste,*** **défaut d'entretien** (d'un immeuble).

– Une atmosphère détendue se prête à souhait aux échanges de vues: *Everything possible must be done to encourage this* ***permissive*** *atmosphere.* – Il ne faut rien épargner pour encourager cette atmosphère **de tolérance.**

Permit. – (En douane) **acquit à caution, passavant, passe-debout, congé.**

Pernicious. – Le roi Lear avait deux **méchantes** filles, *two* ***pernicious*** *daughters.* Désuet ou rare, dit le N.E.D.

Perplex (to), perplexity. – *The most* ***perplexed*** *of human beings will boast of their logical acuteness.* (Leslie STEPHEN, *Hours in a Library,* I.) Qu'est-ce à dire? Il s'agit ici encore d'un latinisme. En effet, *perplexus* signifie **mêlé, confondu, compliqué, tortueux, embrouillé, obscur, équivoque, ambigu.** Nous traduirons donc: Les esprits les plus **obscurs** (les plus **confus**) se vantent toujours de leur perspicacité logique. ***To perplex*** *a subject plain in itself,* c'est **embrouiller** un sujet qui en soi est clair: *a* ***perplexing*** *question,* une question **embarrassante,** *a* ***perplexing*** *author,* un auteur **difficile à comprendre.**

– *An eve that saw through all* ***perplexities.*** – Un œil qui démêlait les affaires, les **questions les plus enchevêtrées** ou: **embrouillées.**

– Quand Harpagon (V, iii) dit à Valère qu'il interroge sur la disparition de sa cassette: Que nous **brouilles-tu** ici de ma fille? le traducteur rend ainsi: *What* ***dost thou perplex*** *us with about my daughter?*

Persevere (to). – Signalons simplement que ce verbe a un sens péjoratif absolu qui n'a pas son équivalent en fr.

– *It is intolerable... that a child should be so ill-mannered. And so very* ***persevering.*** (V. NABOKOV, *Lolita,* p. 70.) – Il est intolérable qu'une enfant soit aussi mal élevée († malapprise). Et à ce point **opiniâtre** (ici: **incorrigible**).

Person. – *A* ***private person,*** un (**simple**) **particulier;** jur. ***some person or persons unknown,*** **un certain quidam,** *the said* ***persons,*** lesdits **quidams,** lesdites **quidanes;** ***artificial person,*** **personne morale, civile juridique;** théâtre, **personnage.** Autre sens, **dehors, extérieur,** syn. de *presence.*

– Le chapitre premier du livre autobiographique de Kipling, *Something of Myself*, est intitulé : ***A very young Person.*** Ce serait faire erreur sur... la personne que de traduire : « Une très jeune personne ». En effet, si le fr. personne s'applique à un individu de l'un ou l'autre sexe, l'expression précitée s'entend exclusivement d'une jeune fille. Avec les traducteurs S. & J. VALLETE nous dirons : « **Un tout petit homme** ».

Personable. – Beau, belle, bien (fait-e) **de sa personne,** *a* ***personable*** *woman.*

Personal, -ity. – Qui attaque personnellement qqn., qui fait des personnalités. ***Personals,*** E.U. **effets personnels;** journal : **chronique mondaine, échos mondains.**

– Valentin fait sa cour à Gloria d'une manière originale : *Do you expect me to believe that you are the most beautiful woman in the world?* Gloria : *That is ridiculous and rather* ***personal.*** (B. SHAW, *You never can tell*, II.) – V. Vous figurez-vous que je vous crois la plus belle femme du monde ? – G. : Voilà qui est ridicule et ne ressemble pas mal à une **personnalité.**

– *The* ***personals*** *he distributed among the poor.* – Ses biens (ses **effets personnels**) il les distribua aux pauvres.

– *Some people are prepared to talk about themselves without demanding any* ***personalities*** *in return.* – Certains (D'aucuns) sont disposés à parler d'eux-mêmes sans exiger de **révélations personnelles** en retour.

Personalty. – Jur. **objet mobilier, biens meubles, fortune mobilière,** *real estate and* ***personalty,*** biens **meubles** et immeubles : ***to convert realty into personalty,*** **ameublir** un bien, ***conversion of realty into personalty,*** **ameublissement** d'un bien.

– *In case thee was no issue of the marriage husband and wife bequeathed to each other all their property, real estate and* ***personalty.*** – Au cas où ils n'auraient pas d'enfants, les deux époux se donnent l'un à l'autre l'universalité de leurs **biens meubles** et immeubles.

Perspiration. – En fr., terme médical : « exhalations par les pores de la peau, d'une membrane, etc., exhalation cutanée, pulmonaire », (D.G.), sens désuet en angl. où le mot ne signifie plus que **transpiration, sueur.** La première acception du latin, *perspirare* est « souffler à travers », ce qui fait dire à Herrick : *what gentle winds* ***perspire!*** quelles douces brises **soufflent** (**à travers le feuillage**).

Persuasion. – Du sens français de **persuasion,** le mot a passé à celui de **croyance,** de **conviction** en général, plus spécialement de **croyance** ou **opinion religieuse** (rarement politique), et enfin de secte, de communion. Famil. ou plaisam., désigne la **nationalité,** le **sexe,** le **genre,** etc. (cette acception semble avoir sa source dans l'emploi humoristique de l'expression *Hebrew* ou *Jewish* ***persuasion,*** où ***persuasion*** doit s'entendre : **race**).

– *My* ***persuasion...*** *is that the passage relates not at all to the Eucharist.* – Ma **conviction...** est que le passage n'a nullement trait à l'Eucharistie.

– *While we, you know, the Protestant* ***persuasion*** *hold...* (SHERIDAN, *The Critic*, II, ii.) – Tandis que nous, comme vous le savez, nous appartenons à la **religion** protestante.

– *All the different* ***persuasions*** *kept by themselves.* (SWIFT, *What passed in London.*) – Toutes les diverses **sectes** prenaient soin de ne pas se mêler (faisaient bande à part, se tenaient à l'écart les unes des autres).

– Exemple intraduisible dont l'intention satirique est évidente : *We constantly read of the « Hebrew* ***persuasion*** *» or the « Jewish* ***persuasion*** *». I expect soon to see the term widened still more, and a man of colour described as an individual of the « negro* ***persuasion*** *».*

– *A sinister moustache of the tooth-brush* ***persuasion.*** (R. HICHENS, *Londoners*, 33.) – Une moustache sinistre, **taillée en** (du **genre, type**) brosse à dents.

– *No one of the male* ***persuasion*** *was present. (Mod. humorous.)* – Nul représentant du **sexe** fort n'était présent.

Perverse. – *Pervers* signifie exclusivement dont l'âme est tournée vers le mal. Outre ce sens, le mot angl., qui a évolué, en a d'autres et exprime certaines nuances ignorées du fr. : d'un verdict, qui va à l'encontre des dépositions des témoins et des indications du président du tribunal sur un point de droit, **vicieux, erroné, inique;** d'une personne, **entêté, opiniâtre dans l'erreur ou le mal; mutin, indocile; capricieux; revêche, hargneux, acariâtre, chagrin, bourru, maussade.** Des événements et des choses : † **contraire, défavorable.**

– Johnson (*Rambler*, n° 87) parle de ***perverse*** *neglect of the most salutary precepts.* – Mépris **entêté** des préceptes les plus salutaires.

– Juliette, un peu confuse d'avoir avoué trop vite son amour à Roméo, lui dit :

Or if thou think'st I am too quickly won,
I'll frown and be ***perverse*** *and say thee nay.*

(SHAKS., *Rom. and Jul.*, II, ii, 96.)

Ou bien si tu me crois trop aisément conquise,
Je prends un air fâché, **revêche,** et je dis non.

– *I married the most* ***perverse*** *woman in the world.* – J'ai épousé la femme la plus **acariâtre** du monde.

– *By one* ***perverse*** *event, Pallas had cross'd her first intent.* (SWIFT.) – Un événement **contraire** suscité par Pallas avait traversé son premier dessein.

Pester (to). – « Gardez qu'ami ne vous *empestre !* » (VILLON, *Ballade de la Belle Heaulmière*) pourrait se rendre par : *Let no friend*

pester *you.* En effet, ***to pester*** est une abréviation de *to empester, to impester,* ou fr. « empestrer », dont il était primitivement le synonyme. Cotgrave l'emploie pour traduire empestrer. Plus tard, le mot a été influencé par *pest,* d'où le sens de *to plague.* Du sens primitif de † **entraver, embarrasser** (les mouvements), le mot passe à ceux de **ennuyer, importuner, tourmenter, harceler, assommer;** de la vermine, des bêtes féroces, etc., **infester.** Le sens courant est **importuner, harceler** (de questions, de requêtes), l'idée dominante étant celle de persistance et de mesquinerie.

– *The Kingdom is much **pestered** with flies.* (SWIFT, *Gulliver.*) – Le royaume est littéralement **infesté** de mouches.

– *The boys **pester** us to buy wretched half-dead chameleons.* (A. B. EDWARDS, *Up Nile,* XIII, 349.) – Les gamins nous **harcèlent** (ou: nous **tarabustent**) pour que nous leur achetions de lamentables caméléons à demi-crevés.

Pestilent. – *Pestilent* est bien employé chez nous au figuré pour signifier corrupteur, mais non pas, comme en angl., **tourmentant, assommant, qui met au supplice, horripilant, tracassier, qui porte sur les nerfs, ennuyeux comme la pluie, crispant, empoisonneur au diable,** comme disait Molière, et **empoisonnant,** comme nous disons aujourd'hui familièrement.

– *What a **pestilent** knave is this same!* (SHAKS., *Rom. and Jul.,* IV, v, 147.) – Quel **fâcheux** drôle est-ce là!

– *I have some **pestilent** affairs upon my hand.* – J'ai à m'occuper de quelques affaires **qui gâtent mon existence, empoisonnent ma vie.** (En argot en dirait: **barbantes, rasantes,** etc.)

Petition, to petition. – Non seulement **pétition,** mais aussi **humble requête; supplication, prière,** spécialement **prière humble et solennelle à la divinité,** ou **à un souverain** ou **supérieur;** la **chose ainsi demandée; supplique, placet.** Locut. div.: ***petition for mercy,*** **recours en grâce,** ***petition in bankruptcy,*** **requête** des créanciers, du commerçant insolvable, ***to file one's petition in bankruptcy,*** **déposer son bilan.** ***To petition,*** **présenter une supplique, une humble requête à, demander, solliciter, prier,** employé aussi absolument et intrans.

– *The Lord heard their holy **petition.*** – Le Seigneur entendit leur sainte **prière.**

– *Give this humble **petition** to the king.* – Remettez cette humble **supplique** au roi.

– *The members of the minority have not the right of individual **petition.*** – Les membres de la minorité n'ont pas le droit de **recours** individuel.

Petrol, to petrol. – **Essence** (de pétrole); **essence minérale,** (en Suisse) **benzine;** ***high grade petrol,*** **essence touriste,** ***commercial petrol,*** **essence poids lourds;** ***petrol-can,*** **bidon à essence,** ***petrol jet,*** **gicleur,** ***to petrol,*** **remplir** (un moteur), **faire le plein d'essence** (1).

(1) Pétroler se dit *to petrolize,* le pétroleur ou la pétroleuse (mots que l'anglais a adoptés) étant *the petrolist.*

Petroleum. – **Huile minérale; pétrole, huile de naphte;** ***crude petroleum,*** **pétrole non rectifié,** ***refined, rectified petroleum,*** **pétrole lampant.**

Petulance, petulant. – Pour se rendre compte que ces mots n'ont pas le même sens en angl. qu'en fr., une épreuve suffit. Littré, au mot pétulance, s'attache à marquer la nuance qui sépare pétulance de turbulence. Or, le lexicographe anglais définit *petulant: displaying peevish impatience and irritation, especially on slight occasions*

Le sens courant, apparemment influencé par *pettish,* « irritable », sera donc **susceptible, qui prend la mouche pour un rien** (1).

– Crampton: *Do you want to drive me mad? (She frowns, finding such **petulance** intolerable.)* (B. SHAW, *You Never Can Tell,* II, 2) – *C.:* Voulez-vous me rendre fou? (Elle fronce le sourcil, trouvant une telle **irritabilité** intolérable.)

– *The Englishman is very **petulant** and precise about his accommodation at inns and on the roads.* (EMERSON, *E.T.,* V.) – A l'auberge et en voyage, l'Anglais est très **susceptible** et difficile à contenter.

Phantom. – Le latin *phantasma* (mot grec) signifie notamment **être, chose imaginaire, illusion, (fausse) apparition.** Il en est de même de ***phantom.***

– *This long-cherished hope proved an empty **phantom.*** – Cet espoir si longtemps caressé apparut comme une vaine **illusion.**

– *She was a **phantom** of delight.* – C'était une délicieuse, une charmante **apparition.**

Phase. – P. ext. du sens propre et scientifique, de ce mot, on notera **aspect; degré.**

– *One bus conductor is all civility; another is all bad temper, and between the two extremes, you will find every shade of good and bad manners. And so through every **phase** of society.* (ALPHA, *Windfalls.*) Tel receveur d'omnibus est toute civilité, tel autre est d'une humeur massacrante, et entre ces deux extrêmes, vous avez toutes les nuances de la politesse et de l'impolitesse. Il en est ainsi à tous les **degrés** de l'échelle sociale.

Phial. – Outre fiole, **flacon,** terme de pharmacie: **ampoule** (injectable, buvable, de vaccin). Aussi, **topette.**

Mais quand Juliette s'écrie: *Come, **phial!*** (*Rom. & Jul.,* IV, i, 93.), il est préférable de traduire: A moi, **breuvage!** On sait qu'elle absorbe un narcotique pour se soustraire à un mariage abhorré, et rester fidèle à Roméo.

Philology. – Pour les linguistes anglo-américains, ***(comparative) philology*** va jusqu'à signifier **linguistique historique** et **linguistique comparée** (v. MAROUZEAU, *Lexique,* p. 174).

Phrase, to phrase. – C'est moins une phrase (qui se dit en

(1) Les sens lat. **d'effronté, insolent; libertin, lascif** sont devenus rares.

anglais *sentence*) qu'une locution, un **mode d'expression** ou l'**expression** elle-même. Ainsi, *an adverbial **phrase***, c'est une **locution** adverbiale, *a **set phrase***, un **cliché**, une **expression consacrée**; *felicity of **phrase*** : manière heureuse de s'**exprimer**, bonheur d'**expression**.

Certaines locutions se laissent cependant traduire littéralement, par exemple *a spinner of **phrases***, c'est un **phraseur**, un faiseur de **phrases**. *We have had enough of **phrases*** peut se rendre par: assez de **phrases** ou de **mots inutiles**.

*A **phrase-maker**, a **phrase-monger***, un **phraseur**.

– *There is within me a feeling for old Salem, which, for lack of a better **phrase**, I must be content to call affection.* (N. HAWTHORNE, *Scarlet Letter*, Prol.) – Je nourris à l'égard de ma vieille Salem un sentiment que, faute d'un meilleur **terme**, il me faut bien appeler de l'affection.

– *They (the English) are not to be led by a **phrase**.* (EMERSON, *E.T.*, V.) – Les **formules** ne leur en imposent guère.

Physic – physician, Physics – physicist. – Voici quatre mots que nous réunissons à dessein et qu'il importe de bien distinguer:

Physic, c'est la **médecine**, les **médicaments**, les **remèdes**, péjor. les **drogues**, et *the **physician***, c'est le **médecin**, l'**homme de l'art**.

Physics, après avoir été les **sciences naturelles**, est devenu la **physique** en général, et *the **physicist***, le **physicien**.

– *Throw **physic** to the dogs, I'll none of it,* s'écrie Macbeth (V, iii, 47), que n'a pas satisfait la réponse du médecin de sa femme. – Jette ta **médecine** aux chiens, je n'en veux point.

– C'est le même médecin qui, après avoir entendu les divagations de Lady Macbeth, dit: *More needs she the divine than the **physician**.* (V, ii, 70.) – Elle a besoin de l'homme de Dieu plus que de l'**homme de l'art**, pourrons-nous dire en commettant un anachronisme.

– *Almost all men die of their **physic**, and not of their diseases.* – Presque tous les hommes meurent de leurs **remèdes** et non de leurs maladies

Physical. – Dans Shakespeare et en bonne langue, **sain, salubre, salutaire; physiologique. Matériel**, ***physical*** *or virtual occupation*, occupation **matérielle** ou fictive.

– Portia. *Is Brutus sick? and is it **physical***
To walk unbraced and suck the humours
Of the dank morning? (*J. Caesar*, II, i, 261.)
Brutus est-il malade? et est-il **salutaire**
D'aller demi-vêtu, respirer les brouillards
De l'humide matin? (Trad. C.M. GARNIER.)

– Coriolan dit: *The blood I drop is rather **physical***
Than dangerous to me (I, v, 191.)

Perdre du sang, ce m'est un **bien** plus qu'un danger.

(Transposition héroïque de notre prosaïque saignée jugée *salutaire* par les médecins d'autrefois.)

– De ses provisions de raisins, Robinson Crusoé dit: je les conservais toujours avec beaucoup de soin, ... c'était un aliment non seulement agréable, mais **médicinal**, sain, nourrissant et reconstituant, *they were not agreeable only, but **physical**, wholesome, ...and refreshing.*

Physique. – N'a rien à faire avec notre « physique » (science), qui se dit *physics* ou *natural science*, et, bien qu'il ait à peu près le même sens que notre « physique » opposé au « moral », est de traduction parfois malaisée. *A person **of weak physique***, une personne **peu robuste** (**de faible constitution, débile**).

– *The masculine **physique** of the women enabling them to compete with men in enduring toil, hardships and privations.* – La **structure** (**constitution**) masculine des femmes leur permettant de rivaliser avec l'homme de résistance aux fatigues, aux misères et aux privations.

– *Grandison, the model man of the world, is a splendid specimen of **physique** without a soul.* – Grandison, ce modèle de l'homme du monde, est un beau **corps** sans âme.

Picnic. – Outre le sens fr., signifie au propre et au figuré **partie de plaisir**.

– *For the children grape gathering was a **picnic**.* – Pour les enfants, les vendanges étaient une **partie de plaisir**.

Pigeon, pigeon-hole. – Au fig. **dupe, dindon de la farce, gogo;** ***that's my pigeon***, **çà c'est mon affaire;** *to pluck a **pigeon***, **plumer, dépouiller une dupe.**

Pigeon-hole,du sens propre de **boulin** (de colombier) passe à celui de **case** (de bureau); ***set of pigeon-holes***, **casier, cartonnier, fichier.** D'où ***to pigeon-hole***, **caser, classer** (des papiers); **mettre au rancart;** adm. **classer** (une réclamation, une plainte).

Pile. – Six mots différents dont nous ne mentionnerons que ceux qui nous paraissent dangereux ou intéressants. 1° Du lat. *pila*, colonne, nous avons tiré le sens d'objets entassés les uns sur les autres; de même en angl. d'où famil. ***to make one's pile***, **s'enrichir, faire fortune, faire sa pelote**; en outre, et c'est là qu'il ne faut pas confondre, ***pile*** peut signifier **haute masse de bâtiments :** *a stately **pile of building***, un **bâtiment** imposant; *funeral **pile***, **bûcher** (funéraire).

Enfin, **pilotis**, *the village was built on **piles**.*

2° Le lat. *pilus*, poil, a donné ***pile***, **poil** (de chameau, etc.), **laine** (de mouton); **poil** (d'un tapis, d'un tissu), ***pile-carpet***, **tapis velouté**, ***long-pile carpet***, **tapis de haute laine**, ***short-pile carpet***, **tapis de laine rase**, ***three-pile*** *velvet*, velours **à trois poils.**

3° Un autre mot lat. *pila*, boule, a donné l'angl. ***piles***, **hémorroïdes**, *bleeding **piles***, **hémorroïdes** fluentes, *blind **piles***, **hémorroïdes** sèches.

– *Philip testified his joy by raising the magnificent **pile** of the*

Escurial. (PRESCOTT, *Philip II,* VII.) – Philippe témoigna sa joie en élevant le magnifique **édifice** de l'Escurial.

Pillar. – ***To drive s.o. from pillar to post,*** † **renvoyer qqn. de quinte en quatorze,** auj.: **de Caïphe à Pilate;** *the* ***Pillars of Hercules,*** les **Colonnes d'Hercule,** *the* ***pillar of fire,*** la **colonne de feu;** *she* (la femme de Loth) *became a* ***pillar*** *of salt,* elle fut changée en **statue** de sel. Méc. **colonne, montant** (de machine à forer, etc.); autom. ***steering pillar,*** **colonne de direction.** ***Body pillar,*** **pilastre de carrosserie;** ***door pillar,*** **montant de porte.** ***Saddle pillar,*** **tige de selle.** Naut. **épontille, étance, étançon.**

Pimpernel. – Bot. **anagallis,** famil. **baromètre du pauvre homme** (1), **mouron;** ***scarlet pimpernel,*** **mouron rouge, mouron des champs;** ***yellow pimpernel,*** **lysimaque, lysimachie;** ***false*** ou ***bastard pimpernel,*** **centenille;** ***water pimpernel,*** **cresson de cheval; samole aquatique; mouron d'eau; pimprenelle aquatique.**

Pinch (to). – Parti de pincer, ***to pinch*** passe à des sens multiples.

His nose was ***pinched*** *by the cold,* son nez était **pincé** par le froid, mais *her face was* ***pinched*** *with hunger,* elle avait les traits **tirés, tenaillés** par la faim.

(D'un soulier) **blesser, serrer,** d'où famil. *to know where* ***the shoe pinches,*** savoir où **le bât vous blesse;** ***to pinch*** *a horse,* **pousser, serrer** un cheval; **serrer, gêner qqn., *to pinch*** *s.o. for food,* † **plaindre, mesurer la nourriture** à qqn., ***to pinch oneself,*** et absol. ***to pinch,*** **se priver du nécessaire, se serrer le ventre;** ***to pinch and scrape,*** **faire des petites économies, des économies de bouts de chandelle, liarder, regarder à la dépense, gratter sur tout,** ***to pinch and scrape*** *for one's money from, out of s.o.,* **extorquer** de l'argent à qqn.

Autres sens: naut. **faire courir** (une embarcation, un yacht) **au plus serré, au plus près,** serrer **le vent;** argot: **chiper, chauffer, chaparder, barboter** (un objet à qqn.); *someone has* ***pinched*** *my fountain-pen, my watch,* quelqu'un m'a **chipé** mon stylo, **chauffé** ma montre; *my purse has been* ***pinched,*** on m'a **refait** mon porte-monnaie; ***to pinch*** *a robber,* **arrêter, pincer** un voleur.

– *They made merry the whole week through* ***to pinch for*** *it a fortnight after.* – Ils firent la fête toute une semaine et durent **se serrer le ventre** pendant les quinze jours suivants.

– *He was ready to* ***pinch himself*** *for years in order to be able to study law.* – Il était disposé à **vivre dans la gêne** (à **tirer le diable par la queue**) des années durant afin de pouvoir faire son droit.

Pine-apple. – Ce mot, qui a désigné † une pomme de pin et plus particulièrement son † amande comestible, signifie aujourd'hui **ananas.**

Pinion, to pinion. – Deux mots: 1° lat. *penna,* plume, v. fr. *pignon;* ou *pen(n)on,* **aileron, bout de l'aile,** puis poét. **aile; penne, plume, rémige.** D'où ***to pinion,*** **rogner les ailes à, éjointer** (un oiseau); **attacher, lier (les bras, les coudes au corps); garrotter, enchaîner;** aussi au fig.

2° pop. *pinnionem,* acc. de *pinnio,* de *pinna,* créneau; pinacle, fr. mod. **pignon** dont il a le sens. ***Pinion*** *wheel,* roue **à pignon,** p. anal. de forme (1).

– *First a speck, and then a vulture,*
Till the air is dark with ***pinions.*** (LONGFELLOW, *Hiaw.,* XIX.)
D'abord un point, puis un vautour,
Et l'air enfin s'assombrit d'**ailes.**

– *He has refrained from* ***pinioning*** *these swans in order that they might fly about the surrounding country. (Times.)* – Il s'est bien gardé de **couper (rogner) les ailes** à ces cygnes afin qu'ils puissent voler dans la campagne avoisinante.

Pink (adject. et subst.). – *Pink* évoque pour nous la couleur rose qui, selon le lexicographe anglais, serait celle de l'œillet *(the pink)* à l'état naturel; mais cette couleur vire au ... **rouge écarlate** lorsque de l'horticulture on passe à la cynégétique: en effet, *to hunt* ***in pink,*** c'est chasser à courre **en tunique rouge;** *a* ***man in pink*** = *a fox-hunter,* un **chasseur de renards;** *a* ***pink,*** une **tunique rouge.** Mais revenons à la fleur et aux emplois métaphoriques que ce mot peut suggérer: *the* ***very pink*** *of curtsy* (SHAKS., *Rom & Jul.,* II, iv, 61), la **fine fleur** de la courtoisie: *the* ***pink of perfection,*** la **perfection même;** ***to be in the pink (of health),*** **être en parfaite santé, se porter à merveille, comme un charme.** Argot, euphém. pour *bloody,* etc.: ***the pink limit,*** **le comble;** exclam. de surprise. ***strike me pink!*** **pas possible! ah! ben vrai alors!.**

En compos. ***pink-eye,*** **ophtalmie périodique** du cheval, **ophtalmie contagieuse** chez l'homme: *a* ***pink-eyed rabbit,*** un **lapin russe,** parce que ce lapin blanc a les yeux rouges. De même, *the* ***pink*** *eyes of the albinos.*

– *Scarlet, conventionally known as* ***pink,*** *will last as long as fox-hunting.* (*Daily News,* 1889.) – Traduction inutile.

– Spandrell (*Point c. Point,* XXIX), féroce pince-sans-rire, se moque d'Illidge, le socialiste révolutionnaire, dont il met en doute le courage: *You're being very funny, no doubt, said Illidge still* ***pink*** *with rage.* – Vous vous payez ma tête, il n'y a pas à dire, s'écria Illidge, encore **rouge** de colère.

– Le vicaire Smirke (*Pendennis,* V) n'est pas un buveur d'habitude: *« Here's to her », said the curate, lifting his glass and emptying it, so that his face was a little* ***pink*** *when he put it down.* – « A sa santé », dit le vicaire, levant son verre et le vidant d'un trait.

(1) Parce que la plante ferme ses fleurs à l'approche de la pluie.

(1) En effet, « créneler » une muraille, c'est la munir de créneaux, et « creneler » une roue, l'entailler en disposant des crans. Cependant Robert rapporte « roue à pignon » au fr. *peignon,* peigne (XIVe s.). L'image est la même: cf. dents d'un peigne et dents d'une roue, d'un engrenage, d'un pignon.

si bien que son visage s'était légèrement **empourpré** lorsqu'il reposa son verre.

REMARQUE. – La traduction des exemples précités montre que ***pink*** peut être un « faux ami ». D'autant plus que les Angl. disent aussi : *red as a turkey-cock*, rouge comme un coq, *red with anger*, rouge de colère, etc. Le pourpre est pour nous le rouge vif, pour les Anglais, on le verra, il va du cramoisi au violet. Chez les Anglo-saxons, la symbolique des couleurs diffère, elle aussi, de la nôtre. (V. ***blank misery*** et *the **Blue Monday***, respect. misère **noire** et lundi **noir.**).

L'équivalence des noms de couleur dans les différentes langues pose un problème qui a été analysé par M. Georges MOUNIN dans *Les Problèmes théoriques de la Traduction*, Paris, Gallimard, 1965.

Pinnacle. – Disons simplement que du sens propre de **faîte** d'un édifice (spécialt. du Temple de Jérusalem), sens commun aux deux langues, et de « petite pyramide ajourée ornée de fleurons servant de couronnement à un *contrefort* (RÉAU in Robert), l'ongl. passe à ceux de **contrefort, arc-boutant, clocheton; créneau**; enfin **pic, cime** de montagne.

– *The magnificent prospect of venerable towers and **pinnacles**.* – Le magnifique spectacle des tours et des **clochetons** vénérables.

– *The pure-white **pinnacle** of the Weisshorn.* – La **cime** du Weisshorn d'un blanc immaculé.

Pipe, to pipe. – « Il avait désiré ou souhaité la *pipe* ou musette de un varlet de la ville. » (DU CANGE.), *pipa*, XIVe s., dans L.) Ce sens de **musette, chalumeau, flûte, flageolet, cornemuse** est tout à fait oublié aujourd'hui – sauf dans son diminutif *pipeau* – mais non pas en angl.

Il ne s'agit là que d'un sens particulier du mot qui doit s'entendre de tout objet ayant une forme tubulaire : **tuyau, conduit, conduite, *blast-pipe*, tuyère, *water-pipe*, conduite d'eau, *supply-pipe*, conduit d'alimentation, *organ-pipe*, tuyau d'orgue; tube, organe en forme de tube, *wind-pipe*, trachée artère**, famil. **gosier, sifflet**, *I shall stop your **pipe***, je vous couperai le **sifflet**, au pl. **poumons**; du sens commun aux deux langues de pipe (à fumer), l'angl. a tiré l'expression ***put that in your pipe and smoke it*, mettez ça dans votre poche et votre mouchoir par-dessus; *to put s.o's pipe out*, faire échouer les projets de qqn., lui couper l'herbe sous le pied**; famil. ***the King's Pipe*, le grand incinérateur du port de Londres** qui brûlait autrefois le tabac de contrebande; autres sens : **veine cylindrique de minerai.** On trouve encore un développement du sens sonore dans les acceptions suivantes : naut. : **sifflet** de manœuvre, **coup de sifflet; voix, filet de voix; chant d'oiseau.**

En composition, ***pipe-clay*, terre de pipe, blanc de terre à pipe** pour astiquage, **l'astiquage** même, et p. ext., **sévérité, rigueur, stricte discipline** exigée dans la tenue des soldats, *a **pipe-clay***, un **soldat dont la tenue est irréprochable**; enfin, **formalisme, esprit de routine** dans l'administration. ***Pipe-line***, formé, de deux mots d'origine fr., pourra se rendre selon le cas par **oléoduc, pétroléoduc, gazoduc, gazeduc**, etc. (ROBERT). Le mot angl. a l'avantage d'être un terme général.

Le verbe a les sens correspondants. Voici quelques significations et expressions idiomatiques : ***to pipe** one's little song*, **chanter** sa petite chanson **d'une voix flûtée, y aller de** sa petite chanson; naut. ***to pipe up all hands*, rassembler tous les hommes sur le pont, *to pipe the men down*, faire branle-bas.; *to pipe one's eyes*, pleurer, pleurnicher; y aller de sa larme.** Autres sens, **poser une canalisation, une tuyauterie** (dans une maison), *the house is **not piped yet***, **les tuyaux ne sont pas encore posés** dans la maison; **capter** (de l'eau, etc.), *the (fuel) oil **is piped** to the ship's tank*, le mazout **passe directement** dans la soute du navire; hort. **bouturer, marcotter; tuyauter** (une robe); **garnir d'un passepoil, d'un dépassant.**

***Piping hot*, tout chaud, tout bouillant**; famil. ***piping hot-news*, des nouvelles toutes chaudes**, *I sent him a **piping hot** letter*, je lui adressai une lettre **écrite à la chaude.**

– *Pan's **pipe***, **la flûte** de Pan. – ***Pipe** and tabor*, **flûte** et tambourin.

– *Rural areas are not yet entirely provided with **piped** water supplies.* – Toutes les zones rurales ne sont pas encore alimentées en eau **par tuyaux et conduites.**

Pirate, to pirate. – S'approprier, reproduire l'œuvre ou l'invention d'autrui sans autorisation et à des fins lucratives, **contrefaire** (une édition, un ouvrage). Voir L. 4° et contrefaçon, 2°. *A **pirated** edition*, une édition **contrefaite, subreptice** (v. L. 2° la citation de Voltaire). *A **pirate*** sera donc, dans cet ordre d'idées, un **contrefacteur**, un **plagiaire.** Attrib. *a **pirate** bus*, un omnibus **maraudeur.** Comparer avec un taxi en maraude, *a crawling or cruising taxi.*

– *I have had an injunction for me against **pirating** booksellers.* (GAY, *Letters to Swift*, Dec. 1731.) – Une sentence a été rendue en ma faveur contre les libraires qui ont **contrefait mon œuvre**, en ont **publié des éditions subreptices.**

Piscina, piscine. – Parfois **pièce d'eau, étang**; spéc. **vivier.**

Pistol. – ***Pocket-pistol*** *(loaded with brandy)* se dit plaisamment d'un **petit flacon à mettre de l'eau-de-vie.**

Piteous. – Comme autrefois chez nous **pitoyable** au sens de « digne de pitié » : **déplorable.** Le sens de *compatissant* est désuet dans les deux langues.

Pittance. – Probablement dérivé du lat. *pietas*, pitié, piété : pieuse donation, legs pieux à un couvent pour permettre d'ajouter une ration à l'ordinaire lors de certaines fêtes ou au jour anniversaire de la mort du donateur, en retour de messes, d'où **pitance** (celle qui était donnée aux moines était le plus souvent assurée par des fondations pieuses, D.G.), **ration; service anniversaire; moyens**

d'existence (généralement insuffisants): **maigre part; portion congrue, bouchée de pain.**

– *The more skilful work fourteen hours for the **pittance** of one shilling.* (Ht. MARTINEAU, *Manch. Strike*, IX.) – Les ouvriers les plus qualifiés travaillent quatorze heures par jour pour la **maigre rétribution** d'un shilling.

Place. – « Il les mena avec soi en une sienne *place* aux champs. » (A. LE MAÇON, BOCCACE, *Décaméron*, II, vii.) se rendrait en angl.: *He took them with him to a **place** of his in the country.* ***Place*** signifie en effet: **résidence, domicile; hôtel; palais; manoir, maison de campagne.** Sens courant: **endroit, lieu.** Quant au verbe, par extension du sens de placer, situer, il est l'équivalent de notre **reconnaître, remettre** qqn.

– *Mitching Dean was Mr. Rodney's **place** in Hampshire.* (R. HICHENS, *Londoners*, 33.) – M.D. était la **résidence** (le **manoir,** la **maison de campagne**) de M. R. dans le Hampshire.

– *Our dramatists cannot be reproached with having violated **the unity of place.*** – On ne saurait reprocher à nos poètes dramatiques d'avoir violé l'**unité de lieu.**

– L'auteur, qui vient de faire une conférence à la demande de son ancien professeur, est félicité par une auditrice: *My professor must have seen that I was trying to **place** her for he said: Mrs. G. is married to a member of our faculty.* (S. MAUGHAM.) – Mon professeur dut s'apercevoir que j'essayais de (**me**) la **remettre,** car il dit: Mme G. est l'épouse d'un membre de notre faculté.

Plain. – *Plane et dilucide loqui* (CICÉRON), expression tautologique, parler clairement et nettement. « Je parle *plain* », écrit Charles d'Orléans, et l'angl.: *I speak **plain,*** **clairement, franchement.** Cela est le sens fig. Au propre, et rarement d'ailleurs, le mot signifie **plat, plan, uni** (cf. le fr. surface *plane*, de *plain*-pied et le subst. *plaine*). Autres sens dérivés: **évident, simple, clair, aisément intelligible, facile à comprendre,** ***to make one's meaning perfectly plain,*** **se faire bien comprendre, mettre les points sur les i;** *I tell you this in **plain** English,* je vous le dis en **bon** anglais, *goods marked in **plain** figures,* articles marqués en chiffres **connus; simple, sans complication, sans difficulté,** ***plain*** *sewing,* couture **ordinaire,** ***plain*** *stitch,* maille **simple,** ***plain*** *sailing,* navigation **facile,** au fig. ***this was plain sailing,*** **cela n'offrait pas de difficultés, c'était simple** comme **bonjour; simple, sans ornement,** ***plain*** *dress, furniture,* robe, mobilier **simple;** ***plain*** *drawing,* dessin **au trait;** *post-cards coloured or **plain,*** cartes postales en couleurs ou **en noir; simple, sans recherche, sans apprêt,** ***plain cooking,*** **cuisine bourgeoise,** ***plain*** *boiled beef,* bœuf bouilli **nature, au naturel; simple, sans façons, sans affectation, sans cérémonie,** *to be a **plain** man;* ***plain*** *dealing,* procédés **honnêtes, franchise, rondeur, sincérité :** ***plain-dealing*** *man,* ***plain*** *dealer,* homme **franc et loyal,** homme **carré en affaires.**

Des personnes et par euphémisme, **sans beauté, sans attraits, quelconque,** avec des nuances: ***plain*** *but attractive,* sympathique, séduisante **sans être belle, qui a la beauté du diable;** *it's a pity the poor girl is so **plain!*** quel dommage que la pauvre fille soit si **laide!** soit un tel **laideron!** par ext. *our **plain** sisters,* nos sœurs **déshéritées.**

Enfin, *an officer **in plain clothes,*** un officier **en civil.**

– *Servants are very **plain dealers** when the failings of their masters are the topic,* dit Smollett, traduisant ce passage de *Gil Blas,* IV, ii: Les valets sont fort **sincères** quand ils s'entretiennent des défauts de leurs maîtres.

Plank. – Comme le lat. pop. *planca,* **table de pierre, de marbre** sur une tombe; naut. au pl. **bordage;** † ***to walk the plank,*** **passer à la planche, subir le supplice de la planche;** au fig. *a **plank** in a platform,* un **article** d'un programme politique ou électoral.

Planner. – **Faiseur (-euse) de projets, homme, femme à projets;** syn. de *schemer (q.v.)* et de *designer,* avec leurs sens péjoratifs: **machinateur** (d'un complot, etc.) et même **auteur (d'un crime);** nous disons aussi avoir des projets criminels (1).

– *He is a **planner,*** c'est un **homme à projets, qui a des projets en tête;** un **homme de méthode, qui ne laisse rien au hasard.**

Plant (to), plant. – ***To plant*** est notre verbe *planter* dont il a tous les sens. Y ajouter les suivants: **poster, placer en sentinelle, en observation; implanter** au pr. et au fig. **implanter** (une idée dans le cerveau de qqn.); **fonder** (une ville, une colonie); **peupler, coloniser** (un pays neuf); **aleviner** (une rivière, un étang), **déposer** (des huîtres dans un parc); naut.: **mouiller** (une mine); **« saler »** (une exploitation minière), c.-à-d., par analogie (?), la **« peupler »** de minerai pour la faire paraître plus riche qu'elle n'est en réalité; **receler,** argot: **planquer** (des objets volés); **machiner, monter** (un coup). ***To plant out,*** **repiquer** (des semis, etc.).

Le subst. ***plant*** représente, le fr. *plante, plant* et un mot tiré indépendamment du verbe *planter.* Les sens sont donc multiples et divers, comme ceux de ***to plant;*** **plante, plant, jeune arbre,** au fig. **jeune personne** (ne disons-nous pas dans le même sens: c'est une belle plante?); **pousse, croissance,** ***in plant,*** **en pleine pousse,** ***to miss plant,*** **ne pas lever; façon de se planter, de se camper solidement, attitude, pose.** Autres sens: **installation, outillage, matériel, agencement** (d'une entreprise industrielle), et par ext. **moyens d'action, d'organisation** (employés dans l'accomplissement d'une œuvre spirituelle ou intellectuelle); E.U. **dépôt de fra , d'alevins, parc d'huîtres.** Argot ou famil.: **lieu de recel; coup monté, coup** (à faire); (la) **rousse,** (les) **cognes.**

– *The policy of increasing the **plant** of the Roman Catholic body here is still pursued.* (Journal.) – La politique qui vise à accroître les **moyens d'action** du corps catholique romain se poursuit toujours ici.

(1) Cf. *the planner of the treason* (N.E.D., 1716). En Écosse, planner = **jardiniste, (jardinier) paysagiste.**

– *The **plant** includes one steam crane, etc.* – Le **matériel** comprend une grue à vapeur, etc.

– *It's a conspiracy, said Ben Allen. – A regular **plant**, added Mr. Bob Sawyer.* (DICKENS, *Pickwick,* II, xix.) – C'est un complot, dit B. A. – Un vrai **coup monté,** ajouta M. B. S.

– C'est pour avoir ignoré ce sens que les traducteurs attitrés des comédies de B. Shaw écrivent: « C'est un plan *(sic),* un complot, pour me faire chanter », croyant ainsi rendre le texte qui dit: *« This is a **plant**, a plot to extort money by threats »* (*Pygmalion,* II).

– *The small manufacturer could only maintain his position if he compensated the inadequacy of his **plant** by lowering wages.* – Le petit industriel n'avait d'autre ressource, pour défendre sa position, que de racheter l'insuffisance de son **outillage** par l'abaissement des salaires.

Plantain. – Deux mots: 1° notre *plantain;* 2° **bananier** et **banane.** En effet, d'après L., le plantanier est le nom donné au bananier dans les relations de certains voyageurs, surtout des Angl. Le N.E.D. dit: 1597; DAMPIER, *The bonano (sic) is exactly like the plantain.*

Plantation. – † Établissement, fondation d'une colonie; colonisation (d'un pays), la **colonie** elle-même; **plantation** (d'arbres), **peuplement,** *olive **plantation,*** **olivaie, oliveraie;** ***plantation** song,* chanson des **nègres (des plantations d'Amérique)**; hist. *to send s.o. to the **plantations,*** envoyer qqn. dans une **colonie pénitentiaire.**

Planter. – † **Fondateur** d'une colonie, etc., **colonisateur;** hist. **colon anglais** ou **écossais** établi en Irlande à la place d'un fermier évincé ou dépossédé; enfin, **planteuse** (outil).

Plaster. – Est le lat. vulg. *plastrum,* tiré de *emplastrum,* emplâtre dont il a ce sens, d'où ***(mustard) plaster,*** **cataplasme, sinapisme,** ***court plaster,*** **taffetas d'Angleterre, taffetas gommé,** et *a **plaster for all sores,*** un **remède universel,** une **panacée.** ***To plaster,*** outre plâtrer, noter **mettre un emplâtre, un cataplasme à; un baume** (sur une plaie, une blessure); du sens de **plâtrer, ravaler** (un mur), on passe à celui de ***plastered over*** *with decorations, with diamonds,* **chamarré** de décorations de diamants, et aussi de **couvrir, accabler** de louanges.

– Selon Molière (*Médecin malgré lui,* II, ii), un mari est un **emplâtre** qui guérit tous les maux des filles, *a husband is a **plaster** which cures all the ailments of young women.*

– Une femme remercie l'homme qui a rompu avec elle, de la somme considérable qu'il a jointe à sa lettre d'adieu et qui a été pour elle un **baume** sur sa blessure, *a **plaster** on her wound.*

– *His hair was **plastered** back behind his ears.* – Ses cheveux étaient **plaqués** en mèches derrière les oreilles.

Plate. – De sa multiplicité d'origines, multiplicité de sens. Les uns gravitent autour de plate et de plaque (de métal ou de bois):

plate**-armour,* armure **à plates** (c.-à-d. composée de pièces et non de mailles) qu'on ne confondra pas avec *armour-**plate**,* **plaque** de blindage; *boiler-**plate**,* **tôle** de chaudière; ***plate iron, **tôle; planche** de graveur, et par ext. **planches** d'un livre, ***(book-) plates,*** **estampes, gravures** tirées sur une planche gravée, *full-page **plate**,* **gravure** hors-texte; autres sens: **platine** (de serrure, de montre); **plateau** (de machine); **plaque photographique; cliché** (imprimerie).

Du sens pris par le mot en Espagne: *plata,* **métal précieux,** or ou argent, ***silver-plate,*** **vaisselle plate,** par ext. **argenterie,** ***electro-plate,*** **métal argenté, ruolz, plaqué.** Comme le fr. plat, **assiette** et **assietée;** à l'église, **plateau** (pour les quêtes). *She put a shilling in the **plate**,* elle donna un shilling **à la quête.**

En composition: ***plate-basket,*** **panier à argenterie,** ***plate-mark,*** = *hall-mark,* **poinçon de contrôle** apposé sur les objets d'argenterie; ***plate-rack,*** **égouttoir, égoutte-assiettes;** ***plate-warmer,*** **chauffe-assiettes.**

Autres sens techniques ou spéciaux: † **rail** (de chemin de fer), d'où ***plate-layer,*** **poseur de voie, ouvrier de la voie; sablière** (de comble); **traverse** (d'un encadrement, de porte, de fenêtre); **coupe, prix** (d'une course). Hist. **plaque** (d'armure), voir plus haut.

– *The windows of the houses glittered in the distance like **plates** of gold.* – Les vitres des maisons luisaient au loin comme des **plaques** d'or.

– *There were **plates** of cakes under glass covers.* – Il y avait des **assiettes** de petits gâteaux sous des cloches de verre.

– *He gave her his **silver-plate.*** – Il lui a fait cadeau de son **argenterie.**

Plateau. – Plaque décorative; sorte de **chapeau de femme à fond plat.**

Platform. – **Quai** (de gare), *arrival **platform**,* **quai** de débarquement, **débarcadère,** *departure **p.**,* **embarcadère; tablier** (de pont): **passerelle** (de grue); ***traffic policeman's raised platform,*** **mirador; estrade, tribune** (de réunion publique); **plate-forme électorale, programme politique.**

Platitude. – Lieu commun; banalité; lapalissade; sottise, niaiserie.

– *The novelist's **platitudes** (implied or direct) are detrimental to his book.* (E. POE, *Marginalia.*) – Les **lieux communs** de ce romancier, qu'il les prête à ses personnages ou les donne comme siens, ne peuvent que nuire à son livre.

– *In the album interesting thoughts appeared only among a mass of **platitudes.*** – Dans cet album, les pensées curieuses n'apparaissaient que sous un débordement de **sottises.**

– *A flow of incredibly inept **platitudes.*** – Des **banalités** d'une fadeur insupportable.

Plausible, plausibility. – En fr., *plausible* signifie « qui mérite d'être approuvé en apparence jusqu'à preuve du contraire ». Mais le mot ne comporte pas en général la nuance péjorative qui s'y attache le plus souvent en angl., où en outre il qualifie les personnes. On rendra donc par: **fourbe, enjôleur, aux belles paroles, à la langue dorée** (1), **de bon apôtre, qui fait patte de velours;** des choses, des idées, **spécieux, séduisant, engageant** mais trompeur. ***Plausibility***, sens correspondants.

– *Very **plausible** schemes with very pleasing commencements, have often shameful, and lamentable conclusions.* (BURKE, *Rev. in France*, 90.) – Des projets fort **séduisants,** qui débutent sous d'heureux auspices, ont souvent une issue honteuse et lamentable.

– *I like real good nature and good will better than any offers of patronage or **plausible** rules for my conduct.* (HAZLITT, *Works*, VII, 80.) – Je préfère la vraie bonhomie, la vraie bienveillance à toutes les offres de protection ou à toutes les règles **spécieuses** qui doivent me guider dans la vie.

– Traduisant ce passage de *Gil Blas:* « Je commençai à **dorer la pilule** », un auteur anglais dit: « *I began **to be plausible*** ».

– Emerson déclare que tout homme, de même que toute plante, a ses parasites: *A swindler ate him first, then a client, then a quack, then smooth, **plausible** gentlemen, bitter and selfish as Moloch. (Conduct of Life, Fate.)* – Un aigrefin l'a grugé d'abord, puis un parasite (familièrement: écornifleur), puis un charlatan, puis des hommes du monde, doucereux et **enjôleurs,** mais en réalité aussi acharnés et égoïstes que Moloch.

– *It was no use trying to catch him in the act:* ***he was always so plausible.*** – A quoi bon tenter de le prendre sur le fait: **il avait réponse à tout.**

– *Among society people a good deal of the conversation is made of **plausible** lies.* – Parmi les gens du monde, la conversation est faite, pour une bonne part de mensonges **tenus pour vrais.**

Plead (to). – Outre le sens jurid. de « défendre une cause devant les juges » et celui de « parler en faveur de », l'angl. connaît des emplois différents: **invoquer comme excuse, alléguer, arguer de(s)** (difficultés), **s'excuser sur, exciper de;** de plus, ***to plead*** a parfois une nuance affective et va jusqu'à signifier **supplier, prier,** « *to pray* ».

– Une jeune fille reproche à son ami d'enfance de s'être absenté longuement sans jamais donner de ses nouvelles: *He **pleaded** pressure of work.* – Il **allégua** ses nombreux travaux.

– Sue Bridehead, qui attend un bébé, est prise à partie par l'aîné de Jude Fawley qui, lui, n'aurait pas voulu naître: « *You must forgive me, little Jude* »*! she **pleaded**, her bosom heaving now as much as the boy's, 'I can't explain...* (Th. HARDY, *Jude*, VI, ii.) – Il faut me pardonner, petit Jude, **supplia-t-elle,** aussi émue et troublée que l'enfant. Je ne peux pas m'expliquer... (Trad. W. LAPARRA.)

(1) Cf. « M. le duc d'Orléans nous fit un discours bien doré pour nous persuader de n'innover en rien le lendemain. » (Saint-Simon, *in* L.).

Pliable. – « Rendons-nous *pliables* et maniables au bon plaisir de Dieu », écrit François de Sales. C'est le sens angl. de **docile, souple, malléable, complaisant, accommodant, influençable.** De même *a voice clear and **pliable*** est une voix claire et **souple** (ou: **flexible**). Des métaux, **ductile.**

Pliable, abrégé de *appliable*, du verbe *to apply*, appliquer, a signifié + **applicable, pertinent, conforme, qui convient** (à).

– *Do but speak and I shall be **as pliable as you could wish.*** – Vous n'avez qu'à dire et je me ferai **de cire entre vos mains.**

– *Steel is more **pliable** than iron.* – L'acier est plus **ductile** que le fer.

Pliant. – « L'on désirerait de ceux qui ont un bon cœur, qu'ils fussent toujours **pliants,** faciles, complaisants » (LA BRUYÈRE, XI) – sens commun aux deux langues. Pourtant nous ne dirions pas une heure « pliante », mais **convenable, favorable, propice.**

– Othello (I, iii, 151) conte au Sénat comment il a touché le cœur de Desdémone. Elle écoutait avidement ses récits:

> *Which I observing,*
> *Took once a **pliant** hour, and found good means*
> *To draw from her a prayer of earnest heart*
> *That I would all my pilgrimage dilate.*
> Ce qu'observant, je sus
> Saisir **l'heure propice** et trouvai bon moyen
> De tirer de son cœur une instante prière
> De lui conter au long tout mon pèlerinage.

Plumage. – Galsworthy (*Man of Property*, I) nous décrit *an upper middle class family in full **plumage***, par quoi il faut entendre: une famille de la haute bourgeoisie qui **s'était mise sur son trente et un.** Il s'agit, en effet, d'un *at home at old Jolyon's* qui recevait sa famille en grand appareil, en grand tralala.

Plumb (subst., adject., adv.), **to plumb.** – **Plomb** (du fil à plomb), le métal se disant *lead:* **aplomb,** *the **plumb** of a wall*, **l'aplomb** d'un mur: *out of **plumb***, **hors d'aplomb, dévers, dévoyé;** (mur) **qui porte à faux;** ***to get out of plumb***, **déverser,** au fig. **dérailler, perdre le nord.**

L'adjectif signifie **droit, vertical, d'aplomb;** employé comme intensif: ***plumb** nonsense*, **pure** sottise: l'adverbe, *he stopped **plumb***, il s'arrêta **net** (ou: **pile**), ***plumb** in the centre*, **en plein** dans le mille. Argot: *he is **plumb** crazy*, il est **complètement** marteau.

To plumb, **sonder** (la mer, un fleuve, etc.), aussi au figuré. *He has **plumbed the depth of shame***, il a **toute honte bue.** Autres sens, **vérifier l'aplomb** de, **remettre d'aplomb** (un socle, etc.): **plomber** un mur, **plomber** (une canalisation).

– *When people are **out of plumb** they may become physically ill.* – Quand les gens sont **par trop déséquilibrés,** ils peuvent tomber physiquement malades.

Plume, (to plume) (1). – Lit. **plume** *(feather), in* ***barrowed plumes,*** **paré des plumes de paon; plumet, panache;** ***Court plume,*** **aigrette de trois plumes d'autruche** portée par les femmes aux grandes réceptions de la Cour; enfin, **plumule.**

To plume sera **garnir, orner de plumes; garnir d'un panache, empenner** (une flèche): **empanacher** (un casque): ***to plume oneself*** se dit de l'oiseau qui **lisse ses plumes** et, d'une personne, ***to plume oneself on something,*** **se glorifier, s'enorgueillir, se flatter, se piquer, se targuer, tirer vanité, faire parade de qqch.**

– *He* ***plumed himself*** *with hopes of a great victory.* – Il **se flattait** de l'espoir d'une grande victoire.

– Dispositions à prendre en vue d'un enterrement: *Did he want a hearse with a rail round the roof, or a hearse with* ***plumes?*** – Voulait-il un char avec galerie ou un char avec **panache?**

– Le coq de la fable, vu par le souriceau (VI, v) a « la queue **en panache** étalée », et le traducteur de dire: *His tail was like a* ***plume*** *outspread.*

Plunge (to). – † Intr. **accabler d'ennuis, embarrasser, mettre à quia;** ***he was plunged*** *with three lines of Seneca,* **il ne pouvait sortir** de trois lignes de Sénèque; **se précipiter, entrer impétueusement, s'engouffrer** (dans un lieu): ***he plunged*** *into the room,* **il se précipita** dans la pièce; (d'un cheval) **ruer, faire le saut de mouton;** (d'un navire), **tanguer, canarder, piquer du nez;** au fig. **se jeter à corps perdu** (dans le plaisir); famil. **jouer gros jeu, jouer un jeu d'enfer, risquer le tout pour le tout,** d'où ***plunger,*** **parieur, spéculateur effréné** (J. MANCHON). Le v. trans. signifie notamment: **mettre** (des pots de fleurs) **en pleine terre; tremper** (l'acier, etc.).

– *The four bays* ***plunge at the collar.*** (HUGHES, *Tom Brown's School Days,* 64.) – Les quatre chevaux bais **donnent un coup de collier.**

Pluralism, pluralist, plurality. – *Pluralité* signifie soit « le grand nombre, la multiplicité », la pluralité des mondes: le polythéisme croyait à la *pluralité* des dieux (D.G.), soit « le plus grand nombre », la *pluralité* des suffrages, et absol.: « Pourquoi suit-on la pluralité? » (PASCAL.) En droit canon, la *pluralité* des bénéfices.

L'angl. a, à la fois, des formes et des emplois plus étendus. ***Pluralism,*** **pluralité, cumul** (de bénéfices ou de fonctions quelconques), d'où ***pluralist,*** **titulaire de plusieurs fonctions ou bénéfices,** famil. **cumulard.** ***Plurality,*** E.U. **majorité relative.** ***Pluralist*** a même donné par dérivation *pluralistic* et *pluralistically.*

– De Quincey (*Confessions,* p. 120, Everyman), froissé par les insinuations de l'évêque de Sangor, se propose de lui adresser... un défi en grec, mais se demande s'il est sage de s'attaquer à cet **innombrable bénéficier,** armé dans sa splendeur, du tonnerre et des carreaux épiscopaux. – « *A splendid* ***pluralist*** *armed with diocesan thunder and lightning.* »

(1) Voir aussi *Supplément.*

– Le même auteur, *paulo minora canamus,* est descendu dans une auberge dont la patronne cumule les fonctions de cuisinière, de serveuse, de femme de chambre et de fille d'étage, et rend ainsi des points à notre maître Jacques: *I took leave of that obliging* ***pluralist,*** *the landlady.* – Je pris congé de mon obligeante hôtesse, cette **femme à toutes mains.**

Ply (to). – Deux mots: ***to ply,*** **plier** et ***to ply,*** abrégé de *to apply,* **appliquer.**

Ce dernier signifie **manier vigoureusement** ou **diligemment:** *she* ***plies*** *her needle,* elle **fait marcher** son aiguille; **fêter** la bouteille; **exercer** (une faculté, etc.): *they* ***ply*** *their trade,* ils **exercent** leur métier, leur commerce; **travailler d'arrache-pied à; attaquer vigoureusement** ou **à coups répétés; offrir quelque chose à quelqu'un avec insistance; presser quelqu'un de prendre, ne cesser de donner** (aliments, boisson, présents) **à quelqu'un; importuner, assaillir, accabler, harceler, presser** (de questions).

Naut.: **courir des bordées; faire route vers; faire un service** (entre deux ports).

– *Thou canst* ***ply*** *a good knife and fork.* (LYTTON, *Ken. Chillingly,* II, IX.) – Tu sais **jouer** comme il faut du couteau et de la fourchette.

– *He* ***plies*** *the duke at morning and at night.* (SHAKS., *Merch. of Ven.,* III, ii, 279.) – Il **court importuner** le duc matin et soir.

– *He* ***plied*** *them* ***with glasses.*** – Il les **fit bien boire,** ou: il leur **versait à boire sans arrêt,** il leur versait **force rasades.**

– *I* ***plied*** *the fire with fresh fuel,* **je ne cessai** d'entretenir, d'alimenter le feu.

– *He* ***plied*** *him (the Dean) so well with compliments that the old gentleman was pleased and flattered beyond his wont.* (S. BUTLER, *The Way,* 86.) – Il **l'accabla** de tant de compliments que le bonhomme se montra plus satisfait et flatté que de coutume.

– *The boats* ***plying*** *between Boulogne and Folkestone.* – Les paquebots qui **font le service** entre B. et F.

– *A cab, a motor-* (or *taxi-*) *cab* ***plying for hire.*** – Une voiture **de louage,** un **fiacre,** une automobile **de place,** un **taxi.**

Poach (to). – Deux mots: 1° du fr. *pochier, pocher,* ***to poach*** *eggs,* **pocher** des œufs; 2° du moyen angl. et du germ. *poken,* cf. *to poke,* **enfoncer** (les doigts dans qqch.): ***to poach*** *(up) the ground,* **labourer** la terre (de ses sabots), la **piétiner;** intr. **devenir bourbeux, se détremper, devenir une fondrière; s'introduire illégalement** (dans une propriété ou une chasse réservée); **braconner** (le gibier ou le poisson), absol. **braconner;** ***to poach*** *on s.o.'s preserves,* **braconner** sur les terres, la chasse réservée de qqn., **empiéter sur** ses prérogatives, famil. **piquer dans l'assiette** de qqn., **piétiner les plates-bandes** de qqn.; ***to poach*** *a ball,* au tennis, **chiper** une balle à son partenaire; **s'assurer par des moyens illicites** ou **en trichant** (un avantage dans une course, etc.).

Pochard. – Milouin (sorte de canard, dit famil. canard siffleur).

Pock. – Pustule de la petite vérole; ***pock-marked, pock-pitted*** *face*, visage **grêlé.**

Poignancy, poignant. – Pour nous *poignant* se dit de ce qui *point*, pique comme un poignard au cœur: les traits *poignants* du malheur, un drame *poignant*.

En angl. ***poignant*** signifie de plus: **piquant au goût, à l'odorat,** et **piquant** (pour l'esprit); se dit p. ex. d'un mot d'esprit qui pique agréablement ou désagréablement, dans ce dernier cas: **mordant.**

On dit même, quoique plus rarement, *a* ***poignant*** *eye*, un œil **perçant, aigu.**

– *Witticisms which you think so* ***poignant.*** – Les mots d'esprit que vous trouvez si **piquants.**

– *Juvenal excelled in vigour and* ***poignancy.*** – Juvénal excellait en vigueur et en **mordant.**

Point. – Point représente deux mots fr., *point* et *pointe*, d'où un pullulement de sens. Les emplois techniques étant donnés par les bons dictionnaires, on se bornera à signaler les plus courants.

1° *Point:* **qualité, trait distinctif, caractéristique:** *this was not his strong* ***point,*** ce n'était pas son **fort; trait physique** (d'un animal) et particulièrement celui **qui dit son excellence;** s'applique aussi aux personnes et aux choses: *he has* ***good points,*** il a **du bon, des qualités, de bons côtés;point essentiel, sujet, thème** (d'un débat), ***that's just the point,*** **c'est toute la question, c'est là que gît le lièvre;** ***please come to the point,*** **venez-en au fait,** ***that's not the point,*** **ce n'est pas la question;** ***you are off the point,*** **vous n'y êtes pas, vous déraillez;** ***in point, out of point,*** **à propos, hors de propos;** ***this is very much to the point,*** **c'est fort bien parlé,** ou: **bien dit;** ***to answer to the point,*** **répondre** *ad rem;* ***speak to the point,*** **ne vous écartez pas de la question, parlez sans ambages;** ***let us go back to the point,*** **revenons à nos moutons.** Du fr. *se faire un point de* (L. 4°) l'angl. tire les expressions: ***I make it a point*** *to answer all letters*, je me fais un devoir, une règle de répondre à toutes les lettres, ***he makes a point*** *of accuracy*, **il a le scrupule** de l'exactitude.

2° *Pointe* p. analogie de forme: **aiguillette(s)** (de pourpoint, etc.); **bec** (d'une plume à écrire), E.U. **plume à écrire;** géogr. **bec, cap, promontoire; rayon, rai(s)** d'une étoile. Naut., ***p. of a rope,*** **queue-de-rat,** ***(reef-)point,*** **garcette de ris;** ***p. of the compass,*** **aire de vent,** au pl. **rose des vents** (1). Autres sens: ***points,*** **extrémités des membres du cheval;** cynég. **cor(s)** du cerf, *buck of ten* ***points,*** cerf dix **cors** (qui a atteint sept ans). Enfin, **aiguilles** (de chemin de fer).

– Il est presque superflu de faire observer que ***point*** dans *the* ***point*** *of a story, of an epigram*, dans *a speech that lacks* ***point*** représente le fr. *pointe* et signifie **piquant, trait, sel, effet,** etc., d'où *a* ***pointless*** *remark*, une remarque **dépourvue d'intérêt, de sel, de valeur,** et même *a* ***pointless*** *lie, a* ***p.*** *crime*, un mensonge **inutile,** un crime **gratuit.**

(1) Se dit aussi *compass-card, mariner's card. Points* correspond ici aux *pointes* du compas, c.-à-d. aux 32 *pointes* dont est étoilée la rose des vents.

– ***To the point! to the point!*** *cried the man almost beside himself.* – **Au fait! au fait!** s'écria l'homme presque hors de lui.

– ***Having made this point*** *I proceed...* – **Cela étant admis (sous le bénéfice de cette observation),** je poursuis...

– ***What is the point*** *of going over this matter again?* – **A quoi bon** revenir sur cette question?

– *The patient was* ***at the point of death.*** – Le malade était **à l'extrémité (à l'article de la mort).**

– Un peu d'héraldique: *On a field azure, a circle of twelve* ***five-pointed*** *stars...* – D'azur à un cercle composé de douze étoiles à **cinq rais.**

– *The wind has changed* ***to the opposite point.*** – Le vent a changé **cap pour cap.** (MANSION.)

– Dans *The Taming of the Shrew*, Petruchio paraît en désordre avec « deux **aiguillettes** rompues », « *two broken* ***points*** ».

– *A goods train ran into the* ***safety-points*** *crushing against the buffer-end.* – Un train de marchandises enfila la **voie de garage** et vint s'écraser contre le butoir de l'impasse.

– *The train clattered over the sleepers and* ***points.*** – Le train passait en tintamarre sur les traverses et les **aiguilles.**

– *His remarks lack* ***point.*** – Ses remarques manquent de **trait** (ou **d'à propos,** selon le contexte).

– ***He made it a point*** *of exciting his guests and plied them with heady wine.* – Il **se piquait** d'animer ses convives, et leur versait sans arrêt des rasades d'un vin capiteux.

– Dans une phrase de ce genre extraite d'un récit autobiographique familier: ***It was at this point*** *that I lost my mother*, on préférera à une traduction littérale un rendu plus idiomatique: **J'en étais là** quand je perdis ma mère.

– *Since Julien's promotion, the Director of the Seminary* ***made it a point*** *of never talking to him except in the presence of witnesses* traduit (*Rouge & Noir*, XXIX): Depuis la nouvelle dignité de Julien, le directeur du séminaire **affectait** de ne lui parler jamais sans témoins.

REMARQUE. – On ne confondra pas – le contexte l'interdit – ***to make a point,*** **établir, démontrer,** etc. **un point** ni *to come to the* ***point*** avec le sens cynégétique ***to make a point, to come to a point,*** **être en arrêt, se mettre en arrêt.** (V. *infra.*)

Point (to), pointer (1). – Le subst. *point* venant des mots fr. *point* et *pointe*, le v. signifiera: **rendre pointu,** ***to point*** *a pencil*, **tailler en pointe, donner une, munir d'une pointe;** au fig. **aiguiser, rendre piquant, donner du piquant à** (une remarque, etc.); **dégager une leçon,**

(1) Voir ce mot.

une morale, la **rendre vivante** au moyen d'un conte, etc. « qui fait passer le précepte avec lui » (L.F.), d'où ***pointed*, piquant, mordant, sarcastique, pénétrant, qui a du trait;** aussi, **mis en relief, en évidence.** Du sens de **pointer** (un canon) (1), **braquer** (une longue-vue, etc.) commun aux deux langues, l'angl. passe au sens important de **tendre le doigt** (vers). ***to point at*, montrer, indiquer du doigt,** péjor.: **au doigt; *to point out*** ou ***to*, signaler, faire remarquer, attirer l'attention sur.** Cynég.: d'un chien de chasse, ***pointer*** (2) dit autref. chien de *montre*, **tomber, être en arrêt devant, arrêter** (un gibier). Autres sens, **ponctuer, marquer de points** (un psaume, un morceau de musique); **jointoyer** (des murs, une maçonnerie); ***to point in*, enterrer** (du fumier) **avec la pointe de la bêche;** naut. ***to point** a rope, a sail,* **faire une queue de rat** à un cordage, **mettre des garcettes de ris** à une voile.

– *With us moralizing only goes down when it is clever and **pointed**.* – Chez nous, la morale ne réussit qu'autant qu'elle est ingénieuse et **piquante.**

– Le moyen d'entrer en rapport avec les Lunariens: *The problem is communication. Gestures, I fear, will be different. **Pointing** for example.* (WELLS, *Men in the Moon,* XIII.) – La question est de savoir comment communiquer avec eux. Les gestes, je le crains, diffèrent. **Indiquer (montrer** les objets **du doigt)** par exemple.

Point-blank (adject. et adv.). – ***Point-blank** shooting,* tir **direct, horizontal, sans correction; de but en blanc,** au propre et au fig., **en plein;** *to shoot, to fire **point blank**,* tirer, faire feu **de but en blanc, à bout portant,** tirer **de plein fouet.** *A **point-blank** refusal, denial,* un refus **catégorique.** Synonymes donnés par le N.E.D.: *straightforward, direct, plain, flat, blunt.*

– *What a **point-blank** question! Who but Sir Joshua could have ventured it?* – Quelle question **posée à brûle-pourpoint!** Qui hormis Sir Joshua aurait osé la risquer?

Pointer. – Non pas pointeur, qui se dit, selon le contexte, *checker, tally-man, gun-layer,* mais **empointeur** (d'aiguilles); (sculpt.) **metteur sur pointes; dégrossisseur;** cynég. **chien d'arrêt,** *pointer,* parce que, par son attitude, il *montre* (1) au chasseur la direction du gibier; autres sens: **aiguille** (de cadran, d'horloge, de manomètre); **aiguille, baguette, index** (d'une balance); **baguette** (qui sert au maître à *montrer* au tableau noir, ou un point sur une carte); **pointe** (de maçon, etc.); *the **Pointers**,* les **Gardes** (de la Grande Ourse); E.U. **indication, avis, conseil,** famil. **tuyau.**

Poker. – On ne confondra pas le jeu de poker et l'humble instrument appelé **tisonnier** dans l'usage domestique et **fourgon, ringard, pique-feu,** dans l'industrie. *As stiff as a **poker**,* raide comme un **pieu,** comme **un manche à balai.** Autres sens: plaisam. **verge de bedeau,** p. ext. **bedeau; pointe métallique** pour pyrogravure; **massier** (à Oxford et à Cambridge); botan. ***red-hot poker*,** (aussi *flame-flower*) **tritome.** Famil. **fureteur,-euse, fouineur,-euse. *Poker-talk*, bavardage au coin du feu.**

– Froude avait coutume de dire: *Keble is my fire but I am his **poker**.* Keble allume en moi le feu, mais c'est moi qui **l'attise** en lui.

Pole. – Deux mots: 1° est le lat. *palus* « poteau » et a ce sens, d'où **perche, *curtain-pole*, bâton** ou **tringle à rideaux; mât, *greasy pole*, mât de cocagne; *may-pole*, mai; *scaffolding-pole*, mât d'échafaudage; *telegraph-pole*, poteau télégraphique; *vine-pole*, échalas, *pole-jumping*, saut à la perche; *pole-mast*, mât à pible, mât à flèche;** naut. ***to run, scud under bare poles*, filer, courir, fuir à sec de toiles, à mâts et à cordes;** famil. ***to be drifting under bare poles*, être à sec, dans la mouise, tirer le diable par la queue;** autres sens: **flèche** (de mât), **timon, flèche** (de voiture), d'où ***pole-horse*, cheval de timon, timonier;** enfin **perche** (mesure d'environ 5,092 4 m) ***square pole*, perche carrée** (env. 25,3 centiares).

2° Du grec *polos,* lat. *polus,* pivot, axe, et donc **pôle,** dans toutes ses acceptions, *the **pole** star,* l'étoile **polaire,** au fig. **pôle d'attraction, point de mire; principe directeur.**

Employé poétiquement, ***pole*,** comme *polus* = **ciel, firmament.**

– Sois mon amie, ô nuit, s'écrie Milton dans son poème *The Passion* (vers 30),

Et jette sur le **ciel** ton plus épais manteau,
*And over the **pole** thy thickest mantle throw.*

REMARQUE. – Il y a plusieurs exemples de cet emploi dans le *Paradis Perdu* (entre autres, VII, 23), et il va sans dire que Chateaubriand et de Pongerville traduisent invariablement par *pôle.*

– *She and her sister are **poles** apart.* – Elle est l'**antipode** de sa sœur.

Policy. – A des emplois plus étendus qu'en fr. et gagne parfois à se rendre par: **règles d'action, de conduite; principes directeurs, directions, directives; tactique, calcul; doctrine;** absol. **bonne politique.** Les exemples mettront ces nuances en lumière.

En Écosse, *a **policy*** est un **parc** entourant une résidence de campagne, un **domaine.**

Un autre mot est le fr. *police* issu du latin médiéval *apodixa, apodissa* « reçu » et signifiant police d'assurance, connaissement, d'où effectiv. **police d'assurance,** *to take out a **policy**,* prendre une **police,** souscrire une **assurance;** naut. ***round policy*,** **police à l'aller et au retour.**

– E.U. *Personnel **policy**,* **règles à observer** à l'égard du personnel.

– *English people are seldom led by considerations of **policy**.* – Les Angl. sont rarement conduits par des considérations de **doctrine.**

– *You ought to maintain a **consistent policy**.* – Vous devriez maintenir la **continuité des vues.**

– *I had no **policy** in telling this.* – En disant cela, je n'obéissais à aucun **calcul.**

(1) Aussi « pointer » l'index vers qqn.
(2) V. *supra s.v. Point (to).*

– *Peace and **policy** had diffused a halcyon calmness over the land.* (N.E.D.) – La paix et une **sage politique** avaient répandu sur le pays un calme alcyonien.

Polish (to). – Cirer, faire reluire, astiquer, vernir (le cuir, les chaussures, les bottes, l'acajou, etc.); au fig. (trans. ou intrans.), **(se) raffiner, (se) dégrossir, (se) civiliser.**

Avec la postposition *off*, **terminer vite, expédier, dépêcher;** famil. **bâcler, enlever** (un travail), **régler le compte de, en finir avec qqn.; vider, siffler** (un verre, etc.). ***To p. up*, mettre la dernière main à, donner du cachet, le coup de fion à** (un travail).

– *He tapped impatiently his **polished** boots.* – Il tapotait d'un air agacé ses bottes **bien luisantes.**

– *The most **polished** people in the world.* – Le peuple le plus **policé** du monde.

– *Rogers and his Missus **polished off** the old lady.* – R. et sa bourgeoise **ont réglé le compte de (fait son affaire à)** la vieille dame.

– *He **polished off** his work, his opponent, a bottle of sherry.* – Il **bâcla** son ouvrage, **eut raison de** son adversaire, **siffla** une bouteille de Xérès **en moins de rien, en cinq sec.**

Polite. – Les sens de **cultivé, mondain; policé, civilisé** ont vieilli en fr., mais non en angl. ***P. society*, le beau monde, la société élégante, la haute société, les gens cultivés,** *a p. club*, un club **aristocratique; *polite letters, learning, literature*, les belles-lettres, les humanités.**

– *She arrived in London, that **polite** metropolis.* – Elle arriva à Londres, cette ville **hautement civilisée.**

– *He (Addison) had not done much as yet; a few Latin poems... a **polite** book of travels... four acts of a tragedy, a great classical exercise.* (THACKERAY.) – Il n'avait pas encore fait grand-chose: quelques poèmes latins... un livre de voyages **qui montrait l'honnête homme...** quatre actes de tragédie, grand exercice de collège.

– *They understand for the most part **polite literature** and talk good Latin, know how to call all distempers in Greek...* trad. de ce passage du *Malade imaginaire* (III, 3): Ils savent la plupart de **belles humanités,** savent parler en beau latin, savent nommer en grec toutes les maladies...

Politician. – Angl. **homme politique, homme d'État;** aux E.U., selon HORWILL: évoque **l'intrigant, celui qui tire les ficelles,** famil. le **« combinard »,** en style relevé, sorte d'**Eminence grise, vieux routier de la politique.** Le mot a donc aux E.U. une nuance péjorative, comme d'ailleurs souvent en français.

Pompous, pomposity. – Marjorie ne veut pas servir de « paravent » aux intrigues de sa sœur Brenda: *I'm sorry to be **pompous** but I just don't want your Mr. B. hanging about the house all day and calling me Marjorie.* (E. WAUGH, *Handful of Dust*, II.) – Pour traduire selon l'esprit du texte et compte tenu de la synonymie du mot: *strict, severe, punctilious, pretentious, etc.*) on a le choix entre: Je regrette de **donner dans le genre prêcheur** (Marie CANAVAGGIA) ou: **de pontifier** – mais je ne veux plus voir votre M. B. traîner chez moi à longueur de journée et m'appeler M.

En effet, dans la suite du roman (III) Brenda se plaint de sa sœur qui *has been frightfully governessy about the whole thing,* l'a terriblement sermonnée ou: chapitrée sur cette affaire. D'autre part, le 'Dict. fr.-angl. de Mansion donne comme équivalent familier de pontifier: *to act, speak with pomposity.*

Pony (1). – Outre **pony** et **ponette,** ***pony mare*,** signifie famil. ***Jérusalem pony*, âne, baudet, bourrique;** vulg. **25 livres sterling, *two ponies*, mille balles;** E.U. **traduction** (juxtalinéaire) **d'auteur classique.**

– Foker tente de dissuader son camarade Arthur Pendennis (XIX) de se livrer aux jeux de hasard: *Look here – If you'll promise me never to bet, or touch a box or a card, I'll let you off the two ponies.* – Tenez, si vous ne promettez de renoncer aux paris, aux cartes et aux dés, je vous tiens quitte des **mille balles** (qu'il lui a prêtées).

Poop. – Outre poupe, signifie **dunette.**

– *The captain all day long pervaded the **poop**, seldom descended from the Olympian heights of his **poop**.* – Le capitaine, à longueur de journée, arpentait la **dunette,** descendait rarement des sommets olympiens de sa **dunette.**

Popular, popularize (to). – *To make oneself popular* *with everybody*, **se faire bien voir** de tout le monde; ***popular event*, réunion sportive très courue; à la portée de tous, de toutes les bourses:** *a **popular** book at **popular prices**,* un ouvrage **de vulgarisation à la portée de toutes les bourses.** Jur. *action **popular**,* action **publique.**

To popularize*, populariser, vulgariser** (des connaissances); **propager** (une méthode, une doctrine); ***to popularize *suffrage*, **étendre** le droit de vote **au peuple; mettre** (une mode, etc.) **en vogue.**

– *The nurse student is anxious to be **popular** with her colleagues in the ward and in the classroom.* – L'élève infirmière tient beaucoup à être **bien vue** de ses condisciples dans la salle d'hôpital et en classe.

– *The teacher was **very popular** with his pupils.* – Le maître était **« gobé »** de ses élèves.

– *A **popular** writer, a **p.** song,* un écrivain, une chanson **à succès.**

Porch. – Dans le nord de l'Angl., **transept** ou **chapelle latérale;** † **colonnade, portique, cloître;** en Orient, **cour de justice, tribunal,** (cf. la Porte) (2); le **Portique,** grec *stoa*, **les stoïciens;** E.U. **véranda; *glass porch*, marquise** (d'hôtel, etc.), ***porch roof*, auvent.**

***Porch climber*, cambrioleur par escalade, cambrioleur acrobate,** famil. **monte-en-l'air.**

(1) Voir aussi *Supplément*.
(2) Se dit toutefois comme en fr.: *the (Sublime)* ou *(Ottoman) Porte.*

Port. – Outre port (latin *portus*) et porte (latin *porta*) d'une ville, d'une forteresse, signifie naut. **sabord,** de même ***port-hole*, sabord, hublot; bâbord** (a remplacé † *seaboard, the **port side***, le **côté de bâbord,** le côté gauche du navire quand on tourne le dos à la poupe).

Portable. – Portatif; *portable engine*, locomobile; *portable plant*, outillage **portatif;** matériel **mobile; *portable railway***, (chemin de fer) **Decauville; *portable gardens*, jardins suspendus.**

– ***Portable gardens** of the most beautiful plants.* – **Des jardins suspendus** aux végétations magnifiques.

Porter. – Deux mots: 1° est le bas lat. *portarius*, de *porta*, porte, **portier, concierge** (d'un musée, etc.), **tourier** (d'un monastère); ***porter's lodge*, loge de concierge, conciergerie; maisonnette, pavillon du portier** à l'entrée d'une grande propriété; E.U. **garçon de wagon-lit, de wagon-salon.** Autres sens, mis pour ***door-porter*, entrebâilleur.** 2° Est le v. fr. *portour*, du lat. *portatorem*, de *portare*, porter, **portefaix, crocheteur** (de fardeaux lourds); ***street porter*, commissionnaire,** *(luggage)* ***porter*, porteur** de bagages, ***railway porter*, facteur; *market porter*, fort de la Halle; *ticket-porter*, commissionnaire** (titulaire d'une plaque) de la Cité de Londres; enfin ***porter*** *(-beer)*, **bière forte et brune** (qui convient aux portefaix); E.U. ***porter-house*, brasserie, restaurant renommé,** d'où ***porter-house steak*, chateaubriant.**

Portfolio. – Serviette (pour documents, etc.); **cartable** (d'écolier); **chemise de carton; *drawing-p.*, carton (à dessin, à estampes);** *book **in portfolio form***, livre **en carton; *minister's portfolio***, comme en fr. **portefeuille** de ministre, **maroquin.** E.U. **portefeuille (-titres)** (1).

– *Articles necessary for a boy's education such as a **portfolio** or a dictionary.* – Objets nécessaires aux études d'un écolier, tels qu'un **cartable** ou un dictionnaire.

Portion, to portion. – Du sens général de *portion*, **part,** ce mot a passé au sens de **part d'héritage.** Puis on a dit ***marriage-portion*, dot,** et finalement ***portion*** tout court. ***To portion*, doter.** *A **portionless** girl, young man*, une jeune fille **sans dot,** un jeune homme **sans fortune.**

Autre sens: **destin, destinée, sort.**

– *... The boy is to marry as soon as he is of age to redeem his father's mortgages and **find portions** for his sisters.* (Steele, *Spectator*, n° 82.) – ... Ce jeune homme va se marier dès qu'il sera majeur, afin de purger les hypothèques de son père et de donner une **dot** à ses sœurs.

– *When I marry, they will **portion** me most handsomely.* (Dickens, *Our Mut. Fr.*, III, iv.) – Quand je me marierai, ils me **doteront** très généreusement.

– *An old curmudgeon had a great distaste for **portioning** his daughters.* – Un vieux ladre répugnait fort à **établir** ses filles.

(1) Nous disons aussi « avoir des valeurs en portefeuille ».

– Quand Harpagon oppose à toutes les objections de Valère (*L'Avare*, I, 7) son immortelle réplique: Sans **dot!**, le traducteur angl. dit: *Without a **portion!***

– Métaphor.: Un dîner mondain, les couples se forment: *June was the **portion** of Bosinney.* (Galsw., *M. of Property*, I, iii.) – J. **échut** à B.

Portmanteau. – Après avoir dit *portemanteau*, nous disons aujourd'hui **valise.** Ce mot a un emploi fig. comme subst. ou adj. Lewis Carroll *(Through the Looking Glass)* écrit: *Well, « slithy » means « lithe » and « slimy »... You see, it is like a portmanteau – there are two meanings packed into one word.* On dit aussi a ***portmanteau** word*, « mot fantaisiste qui combine le son et le sens de deux autres motss » télescopés (p. ex. *brunch* = *breakfast-lunch*)... (Mansion). De même *a **portmanteau** quotation* est une citation **qui combine deux choses en une,** une citation **à double sens, à double entente** (1).

Pose (to), poser. – Il s'agit du mot issu par aphérèse de *appose* et *oppose*. C'est † **interroger; embarrasser, mettre à quia, au rouet, au pied du mur; rendre perplexe; faire, rendre camus,** comme dit Molière (*Don Juan*, II, 4) (c.-à-d. penaud); famil. **« coller »** (un candidat, etc.).

***Poser*, examinateur, « colleur »; question embarrassante, énigme,** famil. **« colle ».**

Position. – Action de poser une thèse; affirmation, assertion, principe posé, maxime, doctrine – sens plus étendu et emploi plus courant que le mot fr. défini dans la section 10 du L.

– *It was a **position** of the Stoics that he was not poor who wanted, but he who was necessitated.* – Les stoïciens **prétendaient** que celui-là n'est pas pauvre qui manque de biens, mais celui qui est dans la nécessité.

Positive (-ly). – Certain; convaincu, affirmatif; tranchant; dogmatique, entêté, opiniâtre, et parfois **absolu, formel** (ordre, instruction).

– *Mine hostess was very clamorous and **positive**.* (Ch. Lamb, *Elia, Imperfect Sympathies.*) – Mon hôtesse poussa de hauts cris et fut très **tranchante.**

– *There is a refining influence from the arts of design on a prepared mind which is as **positive** as that of music, and not to be supplied from any other source.* (Emerson, *Conduct of life, Wealth.*) – Les arts du dessin ont sur un esprit cultivé une influence délicate aussi **réelle** que celle de la musique et qu'on ne pourrait tirer d'aucune autre source.

– *I am **positively** dying for supper, Margaret!* (Wilde, *An ideal husband*, I.) – **Le fait est** que je meurs de faim, M.!

(1) V. aussi *Supplément*. En fr. le dernier-né est « stagflation » qui combine stagnation et inflation.

– *One could almost be* ***positive*** *that... there was a mischievious delight in the twitchings of the hideous creature's face.* (Th. HARDY, *Madding crowd*, XVI, 131.) – On aurait presque pu **affirmer** que les contractions du visage de cette hideuse créature décelaient quelque malin plaisir.

– *Your conclusions are too* ***positive.*** – Vos conclusions sont trop **absolues.**

– *I do not want* ***to be too positive,*** *but...* – Je ne veux pas **trop m'avancer, être trop certain de mon fait,** mais...

– ***Positively*** *no admittance.* – Entrée **formellement** interdite.

Post, (to) post. – Ce mot a été tiré à dix exemplaires. Voici les plus usuels: 1° **poteau, pièce de bois verticale, montant, pied-droit,** *to be as deaf as a* ***post,*** être sourd comme un **pot;** *he stood there like a* ***post,*** il restait planté là comme une **borne,** comme un **piquet;** ***bed-post,*** **colonne de lit,** ***door-post,*** **jambage, chambranle, montant de porte,** ***finger-post,*** **poteau indicateur,** d'où ***to post,*** **placarder, coller** (des affiches), **afficher,** E.U. ***post no bills,*** **défense d'afficher;** ***lamp-post,*** **réverbère;** ***mile-post,*** **borne kilométrique;** ***sign-post,*** **enseigne;**

2° **la poste,** et sens concret, **le courrier,** *the* ***post*** *has come,* le **courrier** est arrivé, *by return of* ***post,*** par retour du **courrier.** *The general* ***post*** (or: *delivery),* la première, la grande **distribution** du matin; (jeux) ***general post,*** **chasse-croisé,** et famil. **remaniement du personnel** administratif ou gouvernemental (1). ***Post-boy,*** **porteur de lettres, postillon.** ***Post-haste,*** **en grande hâte, en toute hâte, à toute allure.**

3° ***Poste*** (de sentinelle, etc.), *to be on* ***post,*** être **en faction, en sentinelle;** ***take posts! posts!*** à **vos postes!; position** (occupée par des troupes), **troupes** occupant un poste: ***advanced post,*** **petit poste.** Hist. ***trading post,*** **comptoir** (aux Indes, au Canada); naut. et hist. **commandement** d'un navire d'au moins vingt canons: ***post-captain*** **capitaine de vaisseau;** d'où ***to be posted to a command, to a unit,*** **recevoir une affectation, être affecté à un commandement, à une unité.**

4° **Inscription** sur un livre de commerce, d'où ***to post*** *an entry,* **passer écriture** d'un article, ***to post*** *an item to the ledger,* ***to post up*** *an item,* **porter, inscrire, passer, transcrire** un article au grand livre, ***to post up*** *the ledger,* **arrêter** le grand livre, **mettre** le grand livre **à jour.**

5° **Sonnerie de clairon, la retraite,** ***last post,*** sonnée maintenant sur la tombe d'un soldat.

Post-mark. – Timbre de la poste, cachet, (timbre d') **oblitération.**

– *The letter bore the London* ***postmark.*** – La lettre portait le **timbre** ou le **cachet** de Londres.

Posture, posturer. – En fr., posture signifie au propre « attitude du corps » et au fig. « situation de qqn. par rapport à l'opinion »; se trouver en bonne, en fâcheuse posture. En angl., le mot peut s'entendre de l'**état des choses,** de la **tournure** qu'elles prennent, de l'**état d'esprit,** etc. et comme le verbe ***to posture*** va jusqu'à signifier au neutre: **poser, prendre des airs, affecter une attitude, faire des** ***contorsions*** (1), le dérivé ***posturer*** aura les sens correspondants. ***Posture-master,*** **maître de maintien,** ***posture-maker,*** **contortionniste, acrobate,** famil. **homme, femme serpent.**

– *Therewith we broke off, all* ***in a sad posture.*** (PEPYS, *in* N.E.D.) – Sur quoi nous nous séparâmes, **d'un cœur affligé,** tous tant que nous étions.

– Meredith voyait dans la cour de Louis XIV un champ d'observation idéal pour le « contemplateur » que fut Molière: *... Hypocrites,* ***posturers,*** *extravagants, pedants,... (Essay on Comedy.)* – Hypocrites, **grimaciers** et **façonnières,** extravagants, pédants...

– *Things were in this* ***posture*** *when...* – Les choses étaient dans cet **état** quand...

– Lutte entre Polly et l'oncle Jim pour la possession de l'auberge de Potwell: *Uncle Jim stopped amazed. His brain did not instantly rise to the new* ***posture*** *of things.* (WELLS, *Polly*, IX, 8.) – L'oncle Jim s'arrêta stupéfait. Ses facultés émoussées ne lui permirent pas de se mettre immédiatement au niveau de la nouvelle **tournure** que prenaient les choses.

Pot. – Entre autres sens, ***pots*** (*for scale fish, lobsters, crabs,* etc.), **casiers (pièges)** à crustacés, langoustes, crabes; **marmite, pot-au-feu,** ***to keep the pot boiling,*** (v. *to boil*) **faire bouillir la marmite,** et au fig. **être l'âme d'une affaire, mener rondement le jeu, la danse, les choses,** etc. (MANCHON); ***to take pot-luck with somebody,*** **aller manger chez qqn. à la fortune du pot.** Autres sens, **pot d'étain, chope** (de bière), ***to be too fond of the pot,*** **trop aimer la (dive) bouteille;** ***have a pot?*** **tu prends un verre?;** ***chimney-pot,*** **pot de cheminée,** argot: **tuyau de poêle, tube;** métall. **creuset; coupe, objet d'art, prix** (d'une course, d'un tournoi); **forte somme d'argent, magot,** ***a pot*** ou ***pots of money,*** **des tas d'argent, de l'argent tant et plus,** *he came back with* ***a pot of money,*** il est revenu avec **la forte somme,** avec **le sac,** ***he has made pots of money,*** **il a gagné gros, il a fait sa pelote, ses foins, il a ramassé l'argent à la pelle;** ***to put the pot on,*** **parier gros sur** (un cheval), ***the pot*** pouvant être **le gros parieur** et **le favori** (sur lequel mise celui-ci); ***a big pot,*** **un gros bonnet, une grosse légume, une « huile ».**

En compos. ***pot-belly,*** **panse, bedaine,** ***pot-bellied,*** **au gros bedon, à la grosse bedaine, ventru, pansu** (2), (un) **pot-à-tabac;** ***pot-boiler,*** v. *to boil;* ***pot hook,*** **crémaillère;** ***pot-hole,*** **cloche** (de mine), **marmite (de géants),** ***pot-house,*** **cabaret, taverne, bouchon; mastroquet, bistrot;** ***pot-hunter,*** **écumeur d'objets d'art, coureur-euse de prix** (de

(1) Cf. Le changement du ministère ne fut qu'un chassé-croisé (in L.).

(1) Cf. « Et je ne hais rien tant que les *contorsions.* De tous ces grands faiseurs de protestations. » (Mot., *Mis.* I, i).

(2) Aussi famil. **nid de poule** (dans une route). Prob. d'orig. nordique (Onions). Cf. † *pot = pit,* **puits de l'abîme, enfer** et la locut. vulg. ***to go to pot,*** **être enfoncé, ruiné.**

concours sportifs), **chasseur qui ne tire que pour remplir son carnier,** tout gibier lui étant bon, ***pot-shot*, coup** tiré dans ces conditions, **coup tiré** sans viser **au jugé;** ***pot-valiant*, brave après boire, étant éméché;** ***pot-valour*, bravoure d'ivrogne.**

– *He was determined never to do* ***pot-boiling.*** – Il était bien résolu à ne jamais s'abaisser à faire des **besognes alimentaires.**

– *He reproached his friend for not having dropped in* ***to take pot-luck*** *with them.* – Il reprocha à son ami de n'être pas venu dîner avec eux, **à l'improviste (à la fortune du pot).**

Potence, potency, potential (adj. et subst.). – **Puissance, force; en puissance; virtuel, latent;** subst. (phys., gram.) **potentiel;** *operating* ***potential*,** **voltage** de régime, **tension** de service.

– *A* ***potential*** *customer.* – Un client **éventuel.**

– *A* ***potential*** *criminal.* – Un criminel **en herbe, une graine** de criminel.

– *A* ***potentially*** *remunerative industry.* – Une industrie qui **offre des perspectives** de rentabilité.

– Critique de la *New English Bible* (T.L.S., 24/3/61): *In a sense this is a Bible for unbelievers and even for* ***potential*** *unbelievers.* – En un sens, c'est une Bible pour incroyants, voire même pour ceux qui **seraient enclins** (ou: **inclineraient**) à l'être.

Potion. – Outre potion, **dose** (de médecine, de poison); *love* ou *amatory* ***potion*,** **philtre** d'amour.

– Ramage et Anne-Véronique (IX, ii) assistent à la représentation de Tristan et Iseult: *I wish you and I had drunk that love* ***potion*,** *he said.* – Je voudrais que vous et moi eussions bu ce **philtre d'amour,** dit-il.

Pouch. – Une poche est primitivement un sac. Donc (**petit**) **sac,** ***tobacco pouch*,** **blague à tabac; sacoche; bourse, escarcelle; gibecière, cartouchière;** par ext. **valise** (**diplomatique**); hist. nat. **bourse, sac, poche ventrale** (des marsupiaux) **poche, sac** (du pélican), **bajoue** (de singe); **sac** (de plante); enfin **poche** (sous les yeux).

Pouch (to). – **Empocher; mettre, fourrer dans un sac;** (de certains animaux) **avaler, engouler, engloutir; faire faire la poche** à un vêtement, le **faire bouffer;** argot: **graisser la patte à, donner un pot de vin.**

Poussette, to poussette. – Figure d'une danse villageoise dans laquelle les couples dansent en rond en se tenant par la main; ***to poussette*,** **danser en rond** en se tenant par la main.

– *The turf-cutter seized old Olly Dowden, and somewhat gently,* ***poussetted*** *her likewise.* (HARDY, *Return,* III.) – Le tourbier saisit la vieille O. D. et **la fit tourner** de la même manière, mais un peu plus doucement.

Powder, to powder. – On notera: ***to waste one's powder and shot*,** **tirer sa poudre aux moineaux, perdre sa peine et son temps;** famil. **vigueur, force, énergie,** ***put some powder into it*,** **allons, mettez-y un peu de muscle, de vigueur,** *blow, stroke* ***without powder behind it*,** coup **sans vigueur,** *telum imbelle sine ictu,* (raquette) **faiblarde.** ***It is not worth powder and shot*,** **le jeu n'en vaut pas la chandelle, cela ne vaut pas le coup:** ***the jam is worth the powder*,** **la sauce fait passer le poisson** (allusion à la confiture que le malade prend pour avaler une pilule ou une poudre amère).

To powder*,** outre le sens, transparent, de **poudrer,** signalons **réduire en poudre, en poussière, pulvériser** au pr. et au fig.; **saupoudrer;** blason, *shield* ***powdered *with fleurs-de-lis,* écu **semé** de fleurs de lis. Du sens archaïque de **sel, épices** ou autre condiment en poudre pour assaisonner ou conserver les aliments on passe à ***to powder*,** † **assaisonner, épicer,** † **saler;** † **conserver.**

– ***Powdered*** *beef and pork imported from Ireland.* – Bœuf et porc **salés** importés d'Irlande.

Practical, practically. – « *Pratique,* appliqué aux personnes, signifie la même chose qu'expérimenté. Un homme pratique dans les bâtiments, c'est celui qui a de l'expérience dans l'exécution de ces ouvrages. » (*Dict. de Trévoux,* Paris 1771.) De même en angl. où ***practical*** s'oppose à *theoretical, speculative.*

A ***practical*** *man* sera donc souvent un **homme d'expérience, d'action, qui a vécu, beaucoup vu, plutôt que beaucoup lu;** *a* ***practical*** *mind,* un esprit **positif;** *a* ***practical tradesman*,** un **artisan;** *a* ***p.*** *physician,* un médecin **qui exerce,** un **praticien,** opp. à chercheur, théoricien. ***Practical*** *owner,* propriétaire **en (de) fait** ou **effectif.** ***Practically*** signifie **quasiment, en fait, à peu de chose près, comme qui dirait, presque.** Le N.E.D. donne comme syn. de ***practical*,** *virtual.* Nous disons de même en fr.: « la pression est **pratiquement** nulle ».

A ***practical joke*,** un **mauvais tour,** une **mauvaise plaisanterie,** une **malice,** une **farce.** C'est une plaisanterie, non en paroles, mais en action.

– *The great advantage of our* ***practical*** *republic over your avowed republic.* – La grande supériorité de notre république **de fait** sur votre république déclarée.

– *We* ***practical*** *men like to see things, not to read about them.* – Nous, hommes **positifs,** aimons voir les choses, plutôt qu'en avoir connaissance par la lecture.

– *This is not a* ***practical*** *proposition.* – Ce projet n'est pas **viable.**

– La conversion de Kipps: *He who had been «* ***practically*** *a gentleman»... was instantly the foe of society and the social order of to-day.* (WELLS, *Kipps,* II, vii, 6.) – Lui qui avait été, **quasiment,** un gentleman, devint sur le champ l'ennemi de la société et de l'ordre social actuel.

– *It is* ***practically*** *London,* se dira d'Acton par exemple. – C'est **comme qui dirait** Londres (en fait sinon administrativement).

– *Clarissa had nothing or* ***practically*** *nothing in common with Marianne.* – Cl. n'a rien ou **presque** rien de commun avec M.

Practice, to practise. – On notera certaines nuances entre les mots des deux langues: **habitude, coutume, usage,** *trade* ***practices*****, usages** commerciaux ou: de la profession; **exercice** (d'une profession), *Doctor N. is no longer* ***in practice*****,** le Dr N. **n'exerce** plus; **pratique, exercice**(s) **répété**(s), ***practice makes perfect*****, c'est en forgeant qu'on devient forgeron;** sports: **entraînement,** *to be* ***in practice*****,** être **en forme,** ***out of practice*****, rouillé,** ***to get out of practice*****, perdre l'habitude, la main, se rouiller;** *piano* ***practice*****, étude** du piano, *target* ***practice*****, exercice** de tir, **tir à la cible;** ***practice*** *match, flight,* match, vol d'**entraînement;** sens concret, **clientèle** (de médecin), *to buy a* ***practice*****,** acheter une **clientèle,** un **cabinet** (de médecin), une **étude** (d'avoué).

To practise a les sens correspondants.

– *My friend* ***practises*** *as a surgeon.* – Mon ami est chirurgien de **son état** (ou de **profession**).

– *What was* ***preached*** *was also* ***practised.*** – **On prêchait d'exemple.**

– *The barrister had no* ***practice.*** – L'avocat n'avait pas de **clientèle.**

REMARQUE. – En fr., pratiquer les gens, ç'a été les gagner par des pratiques, c.-à-d. par des moyens condamnables, pratiquer les témoins, ç'a été les suborner, pratiquer la perte de qqn., chercher à l'obtenir par ces moyens. L'angl. dit ***to practise on*** ou ***upon*** *people,* les **exploiter,** les **duper,** ***to practise upon*** *s.o.'s credulity,* **abuser de** la crédulité de qqn.: aussi **intriguer, comploter contre** qqn. ***Practising*** a les sens correspondants.

– Titre du chapitre XXVI de *Pendennis: Contains some ball* ***practising.*** – De certains petits **manèges** de bal.

– *He knew how desperately this lady would* ***practise upon*** *unwary young men (in order to marry her daughter).* – Il savait jusqu'à quel point cette dame était capable de **circonvenir** les jeunes gens naïfs.

– *A rake who would* ***practice upon*** *the simple heart of virtuous ladies.* – Un roué qui **abusait de** l'innocence de cœur des dames vertueuses.

Pragmatic, pragmatical. – A pris en angl. un sens péjoratif que nous ignorons complètement en fr. Il a d'abord signifié: qui se mêle de ce qui ne le regarde pas, *assuming business without leave or invitation* (Johnson), c'est-à-dire **officieux, importun, fâcheux,** acception devenue rare aujourd'hui. Puis, par une évolution qu'il est aisé de reconstituer, ***pragmatical*** est devenu l'équivalent de **vaniteux, suffisant, qui fait l'entendu, l'important, qui s'en fait accroire; dogmatique, pédant; quinteux, capricieux.**

– *A wise man is not* ***pragmatical;*** *for he declines the doing of anything that is beyond his office.* – Un homme sage n'est pas un **officieux suffisant,** car il se refuse à dépasser son mandat.

– *Lacqueys were never so saucy and* ***pragmatical*** *as they are nowadays.* (J. ADDISON, *Spectator,* n° 481.) – Les laquais n'ont jamais été si impertinents et si **portés à se mêler de tout** (si portés à **faire les nécessaires,** comme dit Molière dans *l'Avare* et La Fontaine dans *le Coche et la Mouche*) qu'aujourd'hui.

– *Which... may perhaps give me the title of* ***pragmatical*** *and overweening.* (SWIFT, *Drapier's Letters, Lett.* V.) – Ce qui... peut-être pourra me faire taxer de **suffisance** et d'outrecuidance.

REMARQUE. – Le sens étymologique de « relatif à l'action » et donc pratique est commun aux deux langues. De même, celui histor. de « pragmatique sanction ».

Precarious. – Des nuances: *A* ***p.*** *hypothesis,* une hypothèse **aventurée, hasardée,** *a* ***p.*** *statement,* une affirmation **risquée,** *a* ***p.*** *opinion, judgment,* un jugement **téméraire,** *the* ***p.*** *life of a fisherman,* la vie **dangereuse** du pêcheur.

– *Their love was unfortunately* ***precarious.*** – Leur amour était malheureusement **menacé.**

Precedence, precedent (adject.). **– Préséance,** ***to take p. of*****, prendre le pas sur.** Rapprocher: « la *préséance* se mesurerait à la vertu ». (MONTAIGNE, I, xlii.) – Aussi (droit de) **priorité** pour la proposition d'une loi. ***Precedent*****, qui l'emporte sur** (par le rang, l'estime, l'importance).

Precept. – Commandement (de Dieu); **ordre, mandat écrit** (émanant d'une autorité constituée) pour convoquer les membres d'un parlement, d'une cour, d'un jury; **mandat d'arrêt, de dépôt,** etc.; **sommation** d'avoir à payer une taxe; aussi **feuille de contributions.**

– *They have been served with a* ***precept*** *for £ 20 000, being the amount of the taxes, etc.* (Journal.) – Ils ont reçu une **sommation d'avoir à payer** 20 000 livres sterling, montant des taxes, etc.

Precinct. – Non pas préceinte, t. de marine, mais **enceinte, terrain,** parfois consacré, **entourant immédiatement un couvent** ou **une église.** Au pl. et lâchement, **environs immédiats;** limite: **ressort; juridiction; arrondissement.** E.U. **circonscription électorale.**

Precious. – Noter l'emploi familier de cet adj. comme intensif, et rendre en fr. par **fieffé, fameux, fier, joli,** comme lorsque nous disons « c'est un **joli monsieur!** » *A* ***precious*** *rogue,* c'est un **fameux** coquin; *a* ***precious*** *fool,* un **maître** sot. *This* ***precious*** *fellow,* ce **diable d'homme.**

Employé substantivement avec valeur affective, etc., ***my precious!*** **mon trésor! mon amour, mon (ma) chéri(e)!**

Ironiquement, **de peu de valeur, bon à rien.**

Thou ***precious*** *varlet* (SHAKS., *Cymbeline.* IV, ii, 83) est traduit par F. V. Hugo « précieux maraud ». On peut hésiter entre **fieffé** coquin et **mauvais** drôle.

– *If the liberals got into power, what a* ***precious*** *mess they would make of foreign policy.* (Journal.) – Si les libéraux arrivaient au pouvoir, quel **joli** gâchis ils feraient de la politique étrangère, ils en feraient du **beau,** en fait de politique étrangère.

– *I have received* ***precious*** *few letters.* – J'ai reçu **joliment** peu de lettres.

– *It is* ***precious*** *warm.* – Il fait **bigrement** chaud, car l'adj. s'emploie aussi adverbialement.

Precipice. – Le précipice fr. est vu d'en haut, l'angl., quelquefois d'en bas. Le mot angl. ne désigne plus qu'un **escarpement abrupt,** une **paroi de rocher à pic.** – Un voyageur dresse sa tente *under a* ***precipice,*** au pied d'un **escarpement.** Au figuré, **situation périlleuse.**

Precise, precisian, precision. – Appliqué à une personne, qu'on peut appeler *a precisionist,* l'adjectif signifie: **qui observe strictement la règle, les formes, l'usage** – parfois **avec excès; scrupuleux, pointilleux.** Se dit d'une pratique **strictement observée.**

Particulièrement: **scrupuleux en matière d'observances religieuses, rigide, rigoriste;** aux XVIe et XVIIe siècles, **puritain,** d'où le substantif ***precisian.***

S'inspirer parfois de ces explications pour traduire ***precision.***

– *He is very* ***precise*** *about doing his duty.* – Il est très **scrupuleux** à faire son devoir.

– *Men are now called* ***precise,*** *who will not connive at sin.* – On traite aujourd'hui de **collets-montés** ceux qui ne veulent pas fermer les yeux sur le vice.

– Stevenson énumère les pièges et les périls du mariage: *How are you, the apostle of laxity, to turn suddenly about into the rabbi of* ***precision?*** (*Virginibus Puerisque,* II.) – Comment allez-vous, apôtre du relâchement, vous transformer soudain en rabbin du **rigorisme**?

– Quand Madame du Deffand écrit à Voltaire qui tarde à lui répondre: « ce n'est point à vous de **compter ric à rac** », on pourrait traduire: *it does not behove (to) you to be such* ***a precise reckoner.***

Preconize (to). – *The clergy are* ***preconized*** *or summoned by name to appear before the metropolitan,* le sens **d'appeler, convoquer** est bien marqué par l'alternative de *summon.*

Predial. – Nous avons dit rente prédiale, c.-à-d. foncière. Voici les emplois angl.: (bien) **consistant en terre; rural, agraire;** (serf) **attaché à la glèbe.**

Predicament. – Qui rendrait le mot angl. par ce qui semble être son équivalent fr. commettrait, dans la plupart des cas, un contresens bien caractérisé. Quand Rousseau écrit (*Confessions,* X): « Ce procédé peu galant n'avait pas dû me mettre en bon prédicament », il faut entendre « en bonne réputation ». En angl., ce passage traduit littéralement se comprendrait « en bonne posture ». Mais le mot s'est spécialisé, et *to be in* ***a predicament*** veut dire couramment: être dans une **situation désagréable, pénible, dangereuse.**

– Un lord est emprisonné dans la bastille d'un nom, et, ajoute Hazlitt: *I have known men of genius* ***in the same predicament.*** (*Works,* XI, 68.) – J'ai connu des hommes de génie qui se trouvaient dans la même **situation peu enviable, logés à la même enseigne.**

– *By our extravagance and luxury we have brought ourselves* ***into this predicament.*** – Nos excès et notre luxe nous ont réduits **en ce mauvais point.**

Predicate. – Aux emplois en logique et grammaire, communs aux deux langues, s'ajoutent les sens de: **appellation, titre;** en outre, comme l'allemand *Prädikat,* le mot signifie: **mention** obtenu par un candidat dans un examen.

To predicate, c'est non pas faire une prédication, un sermon, mais **affirmer** (une qualité, une propriété, un attribut de qqch.).

– *I* ***predicate*** *that I have a soul.* – **J'affirme** que j'ai (je suis **assuré** d'avoir) une âme.

Predication. – **Prédication** (de l'Évangile), **sermon,** oui, mais aussi, subst. du verbe précédent: **affirmation, assertion** (de la vérité ou de l'existence de qqch.); gram. **qualité d'attribut:** *verbs* ***of incomplete predication,*** verbes **attributifs;** car le ***predicate*** angl. comprend à la fois le verbe copule et l'« attribut » fr.

Prefect. – Préfet, certes dans tous les sens du fr., mais dans le sens d'élève choisi parmi les grands et chargé d'aider à maintenir la discipline, on peut rendre parfois par **moniteur.**

– *He walked up and down the dormitory before the* ***prefects*** *came up.* – Il faisait les cent pas, déambulait dans le dortoir avant l'arrivée des **moniteurs.**

Prefer (to), preferment. – **Élever à un emploi, à une dignité** (surtout ecclésiastique), **promouvoir, donner de l'avancement** à, d'où ***preferment,*** **avancement, promotion, appel à de hautes fonctions,** etc. *He was* ***preferred*** *to a bishopric.* – Il fut **élevé** à l'épiscopat. Autres sens, **présenter, soumettre, produire** (un mémoire, des renseignements, pour examen, approbation, etc.); ***to prefer*** *a complaint against.* **porter plainte** contre, **intenter une action** à.

– Le vindicatif Iago feint de se consoler d'avoir été supplanté par Cassio. Il dit à Roderigo que, dans l'armée, ***preferment*** *goes by letter and affection.* (SHAKS., *Oth.,* I, i, 36.) – **On y avance** à la faveur et par la brigue (non à l'ancienneté).

– *Other charges were* ***preferred*** *against the prisoner.* – D'autres charges **furent portées** contre l'accusé.

Prefix, to prefix. – **Titre précédant un nom propre,** comme *Mr., Dr., Sir, Rev.,* etc.

To prefix, **mettre en tête de** (lettres), **mettre comme introduction, préface** (à un livre), **faire précéder de.**

– *He has no right to the* ***prefix*** *of Dr.* – Il n'a pas le droit de **s'intituler** docteur.

– *The legislator will* ***prefix*** *preambles to the laws.* – Le législateur **fait précéder** les lois de préambules.

Pregnant. – Deux adj. d'origine et de sens différents, apparentés respectivement au français et au latin:

1° **preignant,** part. prés. de preindre – qui est encore dans empreindre, mais a fait place à presser – **pressant, fort, clair, évident :** « Et peut-on démentir cent indices pressants? » (MOLIÈRE, *Amphitryon,* I, ii). Mais le Dict. de l'Acad. 1696 enregistre: maux aigus, *preignants,* et Saint-Simon écrit encore: « la forte considération de raisons si *preignantes* », XI, 271.

2° **pregnant,** du latin *praegnans (praegnans uxor, ovis,* époque, enceinte, brebis † prégnante, c.-à-d. pleine) aura tous les sens de **fécondé,** ou **fécond, fertilisé** ou **fertile.** Au fig. *events **pregnant** with consequences,* événements **gros** de conséquences.

C'est à ce deuxième mot que les lexicographes anglais rapportent ***pregnant*** *sentence, words,* qu'ils expliquent: **plein de sens,** de **choses, très significatif, impliquant** plus qu'il **ne paraît** (*where more is meant than meets the ear,* comme aurait dit Milton, *Il Penseroso,* 120), **suggestif.** « En latin une construction ou un terme est dit « prégnant » quand il contient en soi une ellipse. »

– *We ourselves have known a very **pregnant** example.* (SMOLLETT, *Count Fathom,* XIII). – Nous avons nous-mêmes connu un exemple très **significatif,** très **probant,** très **suggestif** (mais ce dernier mot est trop moderne pour traduire Smollett).

– *Alcoholism though disastrous upon those who indulge in it may be **pregnant with instruction** to other people.* – S'il est désastreux pour ceux qui s'y livrent, l'alcoolisme est **riche d'enseignements** pour le prochain.

REMARQUE. – Ce sont les latinisants anglais qui ont confondu « langage preignant » et « langage prégnant de », c'est-à-dire plein de... (1) et, d'après les exemples donnés dans le N.E.D., c'est Bacon, latinisant forcené, qui semblerait être au point tournant de l'histoire du mot.

Les grammairiens anglais appellent ***pregnant*** *phrase* une expression comme: *to beat one into compliance,* faire obtempérer quelqu'un en employant la manière forte, les coups.

Prejudice, to prejudice. – Le lat. *prejudicium* veut dire notamment jugement anticipé, préjugé (favorable ou défavorable), **prévention.** L'angl. suit, mais non le fr., où *préjudice* est un dommage et *préjugé* une opinion adoptée sans examen. Mais si, conformément à ces indications, *without **prejudice to** the solution of the question* signifie sans **préjuger** la solution de la question, ***without prejudice*** *to anybody* devra néanmoins se rendre **sans léser, sans nuire, sans faire tort à** quiconque.

Employé absol. ***without prejudice*** = **sous toutes réserves.** « Ces mots inscrits sur une lettre traitant d'une transaction empêchent que la lettre soit versée aux débats et qu'il soit fait état de son contenu. » (F. LAURENT & G. DUMAS, *Dict. juridique.*)

– *I am old enough to have heard him [Lord Bolingbroke] speak in Parliament. And I remember, that though **prejudiced** against him by party, I felt all the force and charms of his eloquence.* (CHESTERFIELD, *Letters, December* 18th 1749.) – Je suis assez âgé pour l'avoir entendu parler au Parlement. Et je me souviens que, quoique **prévenu** par l'esprit de parti, je fus frappé de la force et des charmes de son éloquence.

– *Sir George Grey went to the Cape with the **prejudices** against the Boers generally entertained in England.* (FROUDE, *Oceana,* XVIII.) – Sir G. G. était allé au Cap avec toutes les **préventions** que l'on a en Angleterre contre les Boers.

Preliminary. – Jur. ***preliminary investigation*** *of a case,* **instruction** d'une affaire; typ. ***preliminary matter,*** famil. ***prelims,*** **feuilles liminaires;** ***preliminary scheme,*** **plan, avant-projet.**

Premeditation. – La préméditation de la mort est préméditation de la liberté (MONTAIGNE, I, xiv), c'est comme en lat. la prévision des maux à venir, *praemeditatio futurorum malorum.* Ce sens désuet a existé en angl.

Autre chose: quand Macaulay nous dit que Pitt s'épanchait en une suite ininterrompue de périodes arrondies et imposantes ***without premeditation,*** *without ever pausing for a word,* il faut entendre que l'orateur parlait **d'abondance,** sans jamais chercher ses mots. C'est, pour inattendu que soit le rapprochement, le contraire du brave Sosie qui, avant de se présenter devant Alcmène (*Amph.,* I, i), dit: « Il me faudrait pour l'ambassade Quelque discours *prémédité* », c.-à-d. auquel j'aurai réfléchi, que j'aurai médité d'avance. (Voir *unpremeditated.*)

Premises. – En terme de pratique, *the **premises*** sont les objets, etc., transmis ou légués, qui sont énumérés au début de l'acte: le mot résume ces objets lorsqu'il y est fait allusion par la suite. Comme ce peuvent être les maisons, terrains, etc. précités dans l'acte, ***premises*** en est venu à signifier une **maison** ou **bâtiment** avec ses **dépendances,** les **locaux,** les **lieux, l'immeuble.**

– *He [Bob] talked with his father on various improvements of the **premises.*** (Th. HARDY, *The Trumpet-Major,* XIX, 163.) – Ils s'entretenait avec son père de diverses améliorations à apporter à la **maison.**

Preoccupy (to). – Montaigne écrit (*Essais,* II, xii): « Si c'est un enfant qui juge, il ne sait que c'est; si c'est un savant, il est *préoccupé* », et Sorel (*Francion, Bibl. gauloise,* p. 70): « L'Anglais, ayant déjà l'opinion *préoccupée,* crut que j'étais un chef-d'œuvre de la nature ». On devine que la signification est **prévenu, influencé.**

Et c'est un sens désuet du mot angl.

– *I think it more respectful to the reader to leave something to*

(1) Le sens latin se retrouve dans *pregnant solution,* solution, liqueur mère (énerg. atom.).

reflections, than ***preoccupy*** *his judgment.* (ARBUTHNOT.) – Je crois plus respectueux à l'égard du lecteur de laisser quelque chose à ses réflexions que de **prévenir (influencer)** son jugement.

Et voici un exemple d'emploi qui se rapproche du fr.: *He pretended to work, but his mind was* ***preoccupied.*** – Il feignait de travailler, mais il avait l'esprit **ailleurs.**

Presence. – Une « assemblée de personnes, belles de *présence*, et agréables de conversation », dit Montaigne (*Essais,* III, xiii), et Faret *(l'Honnête Homme),* sous le titre « De la *présence* extérieure », donne des conseils pour « rendre sa *présence* fort agréable». Ce sens d'**extérieur, apparence physique, air, maintien,** est angl., comme en témoigne ce proverbe (BOHN'S, *Proverbs,* p. 289): *A good* ***presence*** *is a letter of recommendation,* une bonne **mine** est une lettre de recommandation.

De l'emploi de *présence* dans « O princesse, que Votre Hautesse reçoive en grâce ce chétif chevalier, qui est tout étourdi devant votre magnifique *présence* » (*Don Quichotte,* II, i), et plus loin: « ... aux pieds de Votre Sublime *présence* », découle apparemment l'angl.: † *chamber of* ***presence,*** aujourd'hui: ***presence****-chamber,* salle d'**apparat,** salle du **trône.** Puis vient † **assemblée, compagnie.**

Le mot devient de plus en plus concret dans ***presence*:** **ce qui est présent,** chose ou être, **être divin, spirituel** ou **incorporel, influence** (conçue comme présente).

Enfin, † *this* ***presence,*** le **présent écrit.**

– Milton (*Paradise Lost,* X, 144) dit *the Sovereign* ***Presence,*** comme on dirait « la **Majesté** souveraine », mais voici le mot affaibli – comme nous dirions **assistance** (nombreuse), des **assistances,** pour des assistants – dans cet exemple:

– Alpha (*Leaves in the Wind,* 256), parlant de Benjamin Franklin qui, s'entendant reprocher de jouer avec un ballon, répondit qu'il ne fallait pas se moquer du « nouveau-né », continue: *If he is among the* ***presences*** *who watch the events of to-day, he will be almost as astonished as his critics to see the dimensions his « new-born baby » has grown to.* – S'il est là parmi **ceux qui assistent** aux événements d'aujourd'hui [les raids de Zeppelins], il sera presque aussi étonné que ceux qui le critiquaient de voir les dimensions qu'a prises son « nouveau-né ».

Autre exemple de l'emploi quelque peu archaïque enregistré plus haut: *This* ***presence*** *knows... how I am punish'd With sore distraction* (*Hamlet,* V, ii, 239). – Cette **noble compagnie** sait... Que je suis affligé d'un grand trouble d'esprit.

Le mot a gardé de sa noblesse ou de son formalisme dans l'expression: *Your* ***presence*** *is requested at...,* vous êtes prié d'**honorer de votre présence,** d'**assister** à..., ou (adminis.): vous êtes **convoqué** à... et même dans celle-ci que le lexicographe qualifie de familière ou vulgaire: ***Save your presence,*** **sauf votre respect.**

REMARQUE. – On rapprochera des emplois multiples de ce mot,

le sens que lui ont donné les gens de théâtre « Jouvet était une *présence,* c.-à-d. qu'il avait une façon d'être qui était plénitude et puissance ». Plus famil.: il avait de *l'abattage.*

Present (to), presentation. – « Jamais », dit Voltaire (lettre à l'Abbé d'Olivet, août 1961) de son édition du Théâtre de Corneille, « le livre n'aura été donné à si bas prix. Il faut que cela soit ainsi, afin que ceux dont la fortune n'égale pas le goût et les lumières puissent jouir commodément de cet avantage. On compte même le *présenter* aux gens de lettres qui ne seraient pas en état de l'acquérir. » Ce sens de **faire un présent, un cadeau, d'offrir** (généralement d'une manière solennelle ou cérémonieuse) est resté moderne en angl. On dit aussi ***to present*** *a person* ***with*** *a book,* **offrir** un livre à une personne.

Presentation a tous les sens du verbe. On notera l'expression *a* ***presentation copy,*** qui s'applique à l'exemplaire dont l'auteur **fait hommage** à un critique ou à une personne de son choix.

Au nombre des autres sens non ou peu fr., retenons: **porter devant, soumettre, déférer à** (un tribunal); **signaler** (un délit, un abus) à l'autorité, donc **dénoncer, accuser** (1): p. ext. du sens commun aux deux langues, de présenter (un candidat) pour un emploi, l'anglais a: **nommer à, conférer** (un bénéfice, etc.).

– *The churchwardens are also to* ***present*** *all such as come not to church.* – Les marguilliers doivent également **signaler (dénoncer)** tous ceux qui ne vont pas à l'office.

– Avoir une pelisse, c'est beau, dit Alpha of the Plough *(Pebbles on the Shore,* 251), mais il faut que tout soit à l'avenant: *I once knew a man who had a fur-lined coat* ***presented*** *to him. It was a disaster. He could not live in a concatenation accordingly.* – J'ai connu jadis un homme à qui l'on **fit présent** d'une pelisse. Ce fut un désastre. Il ne put mener un train de vie qui fût en rapport.

Presentable. – *This young man is quite* ***presentable,*** ce jeune homme est **assez bien, présente fort bien, n'est pas mal, fait bonne figure, a bonne façon, a de la mine** comme on disait en bonne langue. (MOLIÈRE, *Étourdi,* I, 5.)

Presently. – **Bientôt, tout à l'heure,** locut. adv. qui, elle aussi, a signifié d'abord: présentement, aussitôt, tout de suite.

– Voici un passage qui, par l'opposition de *now* et *presently,* différencie nettement les deux adverbes: Le jeune Hector Malone, marié à Violette, vient de rendre à son père le chèque que celui-ci lui avait remis, mais Violette ne l'entend pas ainsi et s'adresse en ces termes au vieux Malone: *You had better give me the remittance. I'll see whether I can induce him to accept it. Not now of course, but* ***presently.*** (B. SHAW, *Man and Superman,* IV.) – Vous feriez mieux de me donner le chèque que vous lui aviez envoyé. Je vais voir si je peux le persuader de l'accepter. Pas maintenant, bien sûr, mais **dans un instant.**

(1) Nous disons aussi: « *présenter* un délinquant au parquet de... »

Preserve (to), preservation, preserve(s), preserver. — Outre les sens fr., **conserver, garder** (une chose possédée, une acquisition, une propriété, une qualité, un souvenir); **maintenir** (l'ordre), **sauvegarder** (la paix); **conserver** (les fruits, la viande), **en faire des conserves;** intr. **se conserver, se garder, ne pas s'altérer; élever du gibier** (dans une réserve), **du poisson** (dans un vivier) pour chasse ou usage personnel; ***preservation,*** sens du verbe; ***preserve,*** **pêche, chasse gardée; réserve;** au pl. **conserves** (lunettes); **confiture; conserves.**

Preserver, **conservateur** (-trice); **préservateur** (-trice); **protecteur** (-trice); **propriétaire d'une chasse gardée, d'un vivier; sauveur;** ***life-preserver,*** **porte-respect : canne plombée, nerf de bœuf, casse-tête, assommoir;** E.U. naut. **appareil, bouée de sauvetage.**

— *Knox **preserved** an uninterrupted correspondence with Calvin.* (DISRAELI, *in* N.E.D.) — Knox **entretint** des relations ininterrompues avec Calvin.

— *The castle has **preserved** a venerable air of antiquity.* — Le château a **gardé** un air vénérable d'ancienneté.

— *Mrs. N. was a **well-preserved** woman.* — Madame N. était une femme **bien conservée** (pour son âge,s'entend).

— *She took a box of **preserved** fruit and handed it round.* — Elle sortit une boîte de fruits **confits** et la passa à la ronde.

— *The League of Nations was entrusted with the **preservation** of peace.* — La Société des Nations était chargée de **sauvegarder** la paix.

— *The rescued thanked their **preserver.*** — Les réchappés (de l'incendie) remercièrent leur **sauveur.**

— Parlant de la poésie française au Moyen Age, le Professeur Brian Woledge dit *(The Penguin Book of French Verse): Many people are slow to venture beyond Villon... Others who recognize that this vast literature exists, imagine that its artistic value is slight, so that it is the **preserve** of the philologist.* — Beaucoup hésitent à s'aventurer au-delà de Villon. D'autres qui reconnaissent que cette vaste littérature existe, s'imaginent qu'elle n'a guère de valeur artistique et qu'elle est le **domaine réservé** (la **chasse gardée**) du linguiste (ici, du médiéviste).

— Voici un ex. de l'emploi absolu du verbe: *Arthur Pendennis did not **preserve.*** — A. P. ne faisait pas l'**élevage du gibier.**

Press (to), press. — Deux verbes et deux subst.: 1° Est le v. fr. presser, resté en fr. moderne, lat. *pressare,* fréq. de *premere,* « exercer une pression sur », « presser »,qui a, comme son substantif, gardé tous les sens du fr.; on y ajoutera les suivants: **matricer, estamper, emboutir** (le métal); **satiner, calandrer** (le papier); **calandrer, catir** (un tissu); **fouler** (les peaux); ***to press*** *a suit,* **donner un coup de fer, le pli** à, **repasser** un complet, d'où ***pressing,*** **coup de fer, repassage;** (de la peine, de la douleur, etc.) **serrer** (le cœur); **opprimer** (comme le latin *premere*); ***to press*** *a point, an argument,* **insister sur un point, faire sentir, ressortir** un argument; ***to press*** *a claim,* **insister sur** une demande, ***to press*** *a case, the matter,* **donner suite à** une (à l')affaire; ***to press*** *one's advantage,* **pousser, poursuivre** son avantage; ***to press*** *the chase,* **soutenir** la chasse; ***to press*** *sail, to carry,* ***to be under a press*** *of sail,* **faire force de voiles.**

En compos., outre ***copying-press, letter-press,*** **presse à copier,** les Angl. disent ***(clothes-), (linen-) press,*** **armoire** (à linge).

Au passif ***to be pressed for space,*** **être à l'étroit,** — ***for money,*** **manquer d'argent, être gêné, impécunieux.**

— *I'm so **pressed** and badgered, I don't know where to turn.* — Je suis tellement **coincé** et harcelé que je ne sais plus où me tourner.

2° Faute d'en identifier l'étymologie, nous avons traduit inintelligemment *the **press*** († *for*) *of seamen* par « la presse des matelots » et, connaissant le procédé barbare qu'ont vulgarisé les romans angl. du XVIIIe s., nous sommes exposés, dans les textes plus anciens, à faire un fâcheux contresens.

En effet, le subst. *press* est une altération du *prest* fr. ***To press*** *men,* c'est les **enrôler moyennant un prêt, une prime** qu'on leur verse comme avance. Par un développement de l'action de contrainte, sont venus le sens et la pratique, ou la pratique et le sens de **forcer les hommes à servir, prendre d'autorité** pour l'usage royal ou public, ce qui se faisait en vertu de l'ancienne réquisition, sans dédommagement (variante: *impress*). D'où famil. *the shirt is **pressed** to do duty as a towel,* on **force** (si l'on peut dire) la chemise à servir de serviette de toilette.

— *I am not sure that the boy actually took the handkerchief. I would rather not **press the case.*** — Je ne suis pas sûr que cet enfant ait vraiment pris le mouchoir. Je préférerais ne pas **donner suite à l'affaire.**

— *All the boats in the harbour were **pressed.*** — On **réquisitionna** (on **prit, en vertu d'une réquisition**) tout ce qui se trouvait d'embarcations dans le port.

Pressure. — La traduction de ce mot gagne parfois à être diversifiée: ***financial pressure,*** (des, les) **embarras financiers, gêne, manque d'argent;** *population **pressure,*** la **poussée** démographique; (1) ***pressure*** *of business,* la **presse,** le **poids,** l'**urgence** des affaires; *he acted under **pressure** of circumstances,* il a agi sous la (ou: par) **contrainte;** *he worked **at high pressure,*** il travaillait **fiévreusement, d'arrache-pied, en** (toute) **hâte;** ***in the pressure of work,*** **dans le coup de feu;** *the **pressure** of taxes,* le **poids** des impôts: *the **pressure** on prices,* la **tension** des prix.

Aussi, † **impression, image imprimée** (v. *Hamlet,* I, v, 100).

— *I could no longer resist the **pressure** of my circumstances,* dit Smollett, traduisant le passage suivant de *Gil Blas:* Je ne pus néanmoins résister à ma **misère.**

(1) On va jusqu'à dire auj.: « l'explosion » démographique.

– *He would not partake of pudding except under extreme **pressure**.* – Il ne voulait accepter de pudding que sur la plus vive **insistance.**

Presume (to), presumption. – Le lat. *praesumere* veut dire avoir l'audace, la hardiesse de, oser (en mauvaise part). De même en angl., ***to presume*** signifie parfois **prendre la liberté de, oser** (faire), sens qu'on retrouve dans les mots fr. *présomption, présomptueux,* et même *présumer de:* ils *présument de* nous égaler, c.-à-d. ils ont cette présomption. D'où ***to presume upon,*** **se prévaloir de; abuser de;** aussi **tabler, compter** (sur).

***Presumption** in favour of s.o.,* **préjugé** en faveur de qqn. *There is strong **presumption** against the truth of the news,* il y a **tout lieu de penser** que la nouvelle est fausse.

– *You are **presuming upon** my friendship.* – Vous **abusez** de mon amitié.

– *He **presumed on** his birth.* – Il **se prévalait, se targuait de** sa naissance.

Pretend (to), pretence, pretender. – ***To pretend,*** **faire semblant, affecter de, feindre;** ***pretence,*** **feinte, simulacre, prétexte;** s'emploie dans le même sens que *apology* (*an apology for,* un semblant de). « Ce corps osseux et maigre, ce **prétexte** de corps. » A. Daudet (*Tartarin de Tarascon,* VI). ***Pretender,*** outre **prétendant,** signifie **simulateur,-trice.**

– *I don't go to church, and I don't **pretend** I do.* (B. SHAW, *You Never Can Tell,* II.) – Je ne vais pas à l'office et ne **feins** pas d'y aller.

– *It is as good as a play to see his **pretence** of stupidity.* (Lady BARKER, *South Africa, Letter* IV.) – C'est une vraie comédie de lui voir **faire** la bête.

– *She **pretended** to despise her husband.* – Elle **affectait** de mépriser son mari.

– Judith, jeune exaltée, est amoureuse dès l'enfance, du beau Charlie, son compagnon de jeux: *At night she **pretended** he was in bed beside her; she told him stories and sang him to sleep.* (Ros. LEHMANN, *Dusty answer,* I, 1.) – La nuit, elle **s'imaginait** qu'il était dans son lit, à ses côtés; elle lui contait des histoires et l'endormait de ses chansons.

– *With a few hardly earned coppers she has to provide some **pretence** of a Sunday dinner for her family.* (T. HOLMES, *London Police Courts,* 381.) – Avec quelques sous péniblement gagnés, il lui faut donner à sa famille quelque **prétexte (semblant, façon)** de dîner dominical.

Pretension. – *Shakespeare's mother,* écrit B. Shaw dans la préface de Saint-Joan, *was a woman of some social **pretensions.*** Comprendre qu'elle avait des prétentions serait un contresens. De prétention à un droit, le mot passe à **prétention justifiée, titre, droit.** Le sens est donc: occupait un certain **rang** dans la société.

– *He had **social pretensions.*** – Il voulait **arriver, se faire une position sociale.**

– *He has **pretensions** to that post.* – Il a des **titres,** des **droits** à ce poste. Il peut **y prétendre.**

Preterition. – En droit rom., **action, fait de ne pas porter sur son testament, silence du testateur;** en théol., **action de ne pas mettre au nombre des élus.**

Prevail (to). – ***To prevail on** one to do, not to do a thing,* **amener** qqn. à, le **persuader** de faire ou: de ne pas faire qq. chose, *he was **prevailed upon** by his friends not to resign,* il se **laissa persuader** par ses amis de ne pas démissionner. Mais voici qui est plus important. Du sens de **prédominer,** l'angl. passe à celui de **régner, exister** (cf. *to obtain*), **être courant, avoir cours,** *the opinion **prevails*** (ou ***is prevalent***), cette opinion est **généralement répandue.**

REMARQUE. – Elwall donne: prévaloir, régner, comme si c'étaient des synonymes.

– *French literature is less than ever adequate to express the **prevailing** sentiments of French society.* – La littérature française suffit moins que jamais à exprimer les sentiments **dominants** de notre société.

– *Shakespeare, Schiller and Lord Byron will **prevail** over Racine and Boileau.* – Sh., S. et B. **l'emporteront** sur Racine et Boileau.

Car si nous pouvons dire par exemple que M. X. a fait prévaloir son opinion, que son opinion a prévalu, il serait incorrect de dire que c'est lui qui a prévalu dans la discussion.

Prevalence. – V. *incidence.*

Prevaricate (to), prevarication. – C'est proprement s'écarter de la ligne droite, d'où, aussitôt, en anglais, mais non en français, **s'écarter de la rectitude, de la droiture, de la franchise, gauchir,** comme dit Bossuet; **avoir recours à des réponses évasives, à des équivoques** et, transitivement, † **détourner de son application, de son sens.**

Prevarication, **réponse évasive, équivoque, fourberie, mensonge, tergiversation, faux-fuyant.** C'est le seul sens courant.

– *After much **prevarication** and some little delay the goats were produced.* – Après bien des **réponses évasives** (ou: des **tergiversations**), et quelque lenteur à s'exécuter, on produisit les chèvres.

Price. – *Every man **has his price,*** il n'est pas d'homme **qui ne soit vénal, corruptible, qui ne soit à vendre, qu'on ne puisse acheter,** mais aussi: chacun **vaut son prix.** Aux courses, **cote,** *long **price,** short **price,*** forte, faible **cote.** Argot ou vulg. ***what price** my new « bus »?* Et ma nouvelle bagnole, **qu'est-ce que tu en dis? *What price*** *the Concert of Europe!* **Le concert européen, quel fiasco! quelle blague!**

– *Walpole had **put a price** on everyman's conscience.* – W. avait **tarifé** les consciences, avait **mis** les consciences **à prix** (L. 5e).

Primate. – Non primate, qui s'emploie au pluriel et se dit *primates*, mais **primat**, *the* ***Primate*** *of England*, **l'archevêque** d'York, *the* ***Primate*** *of All England*, famil. *the* ***Primate***, **l'archevêque de Cantorbéry.**

Principal. – **Chef, directeur, employeur, patron,** jur. **maître de l'ouvrage.** Souvent opp. à *second:* **commettant;** au pl. dans un duel, **ceux qui se battent,** qui sont les **clients** des seconds ou témoins; l'**auteur principal** (d'un crime, opposé à ses complices) (1); le **débiteur** (pour qui l'on répond). Autres sens: † **original** (opposé à copie) d'un document, tableau, etc.; (constr.) **arbalétrier,** etc.

– *We may place our men then, I think, said the officer, with as much indifference as if the* ***principals*** *were chess-men, and the seconds players.* (DICKENS, *Pickwick*, II.) – Nous pouvons donc placer nos clients, je crois, dit l'officier, avec autant d'indifférence que si les deux **combattants** étaient des pions d'échecs et leurs seconds des joueurs. (Jeu de mots intraduisible, car *men* doit s'entendre comme *chess-men*, pions.)

– *He attended the banking-house in the capacity of a pupil, who was hereafter to become a* ***principal*** *in the concern.* – Il entra dans la banque en qualité d'élève, lui qui, dans la suite, devait être un des **chefs** de la maison.

– *That he may have an opportunity of making an unfavourable report to his* ***principals.*** – Afin qu'il ait l'occasion de faire un rapport défavorable à ses **chefs** (ou: **supérieurs**).

Privacy, private (adject. et subst.). – ***Privacy,*** **la vie privée,** *everybody likes* ***his privacy,*** tout le monde aime **être chez soi,** ***the privacy*** *of his home,* l'**intimité** de son foyer; *they were married in strict* ***privacy,*** ils se marièrent dans la plus stricte **intimité;** *he lived in* ***privacy,*** il vivait dans la **retraite,** il était **retiré** des affaires.

A ***private*** *citizen* ou *gentleman,* un **simple** particulier, un **simple** citoyen, ***private persons,*** des **particuliers,** *a* ***private soldier*** ou *a* ***private,*** un **simple soldat** ou **troupier.** *A* ***private member*** *(*† *man),* un **simple député,** d'où *a* ***private member's bill,*** une **proposition de loi,** *a* ***bill*** étant un **projet de loi.** *In* ***private clothes,*** en **bourgeois,** en **civil.** Autres sens: **secret,** ***private*** *entrance,* entrée **secrète, dérobée,** entrée **particulière.** ***Private*** *hygiene,* hygiène **intime,** ***private parts,*** **parties sexuelles, naturelles, honteuses** (de l'homme), les **parties viriles,** famil. les **parties; confidentiel, intime,** ***private conversation,*** **conversation intime, aparté,** ***private*** *meeting, interview,* séance, entretien **à huis clos;** ***private letter,*** **lettre missive,** *to mark a letter* ***private,*** marquer sur une lettre **« personnelle », « confidentielle »,** etc.

Private *performance,* représentation **à bureaux fermés;** ***private view,*** **vernissage** d'une exposition de peinture, etc.; jur. *the* ***private plaintiff,*** la **partie civile,** ***private*** *wrongs,* délits **civils.** ***In private,*** **en particulier, en secret,** d'où jur. **à huis clos,** *the case was heard* ***in private,*** l'affaire a été jugée **à huis clos.**

A ***private man-of-war,*** *(a privateer),* un **(navire) corsaire.**

Robinson Crusoé entend mettre son troupeau en sûreté: *Accordingly, I spent some time to find out the most retired parts of the island, and I pitched upon one which was as* ***private*** *indeed as my heart could wish for.* – En conséquence, je mis quelque temps à découvrir les parties les plus **retirées** de l'île, et je fis choix d'un lieu aussi **isolé** (ou: **écarté**) que mon cœur pouvait le souhaiter.

– *The Smith family occupied a* ***private*** *box.* – La famille S. occupait une loge **réservée.**

– Titre d'une histoire de Kipling: *His* ***private*** *honour,* son honneur **de troupier.**

– *Please do not interfere with my* ***private*** *papers.* – Je vous prie de ne pas mettre le nez dans mes papiers **personnels.**

– *We took our meals* ***in private.*** – Nous prenions nos repas **à part.**

– *Henceforth, his wife avoided* ***private*** *talks.* – Dès lors, sa femme évita les **tête-à-tête.**

– *She lived in a fine* ***private*** *house.* – Elle habitait un élégant **hôtel particulier.**

– *He rushed down the* ***private*** *staircase.* – Il descendit quatre à quatre l'escalier **dérobé.**

– Une femme fait remettre une lettre à son amant: *She scribbled a note and begged him* [*Frederic*] *to hand it over* ***in private,*** traduit ce passage de l'*Education sentimentale* (I, v): Elle en fit une rapidement et le conjura de la remettre **sans témoin.**

– *He imparted to her his most* ***private*** *thoughts.* – Il lui faisait part de ses pensées les plus **secrètes.**

– ***Privacy*** *is a great luxury.* – C'est un grand plaisir **d'être à soi,** comme dit Montaigne.

Privilege. – Absol., *the* ***Privilege,*** la **prérogative royale;** ***privilege of Parliament,*** **immunité parlementaire;** ***bill of privilege,*** **demande par laquelle un pair invoque le droit d'être jugé par ses pairs.**

Privy. – Aux sens de *private* ajouter: † **caché, secret, clandestin; furtif, subreptice.** *A* ***privy coat*** a signifié une **chemise de maille** (portée sous l'habit civil); *a* ***privy house,*** un **privé, retrait,** (cf. l'italien *ritirato* « lieu où l'on *se retire* »), **cabinet d'aisances.** ***Privy parts = private parts*** *(q.v.); the* ***Privy Seal,*** le **petit sceau,** ***the Privy Purse,*** la **cassette du roi,** *the* ***Keeper of the Privy Purse,*** le **Trésorier de la maison du roi;** enfin, *to be* ***privy*** (ou ***private***) *to something,* c'est être **instruit de, dans le secret de; être complice de, tremper dans** (un complot).

Le subst. signifie (jur.) **partie intéressée; contractant; ayant droit, ayant cause; complice** ou **demi-complice.** Autres sens: **lieux d'aisances** (v. plus haut): **latrine;** ***seatless privy,*** **installation à la turque.**

(1) REM. – L'idée d'agent principal se retrouve dans les sens de **vedette** (de la scène) et de **soliste** (musicien ou chanteur). Enfin **prestant** d'orgue, principal sur lequel on accorde les autres jeux.

Prize. – (A la loterie) **lot;** *to draw the **first prize**,* gagner le **gros lot.** On ne confondra pas *price-list,* prix courants, avec ***prize-list,*** **palmarès,** car ***prize*** signifie aussi **prix** (décerné ou remporté), et ***prize-giving,*** **distribution des prix.**

Proceed (to) *with,* **proceeds.** – Conformément à l'étymologie, *procedere,* marcher en avant; (cf. le fr. *procession*), **(s') avancer, aller, se rendre** (dans un lieu), spécialement: **continuer, poursuivre son chemin; poursuivre, continuer** (une action quelconque), aussi avec *with.* De là **reprendre** (le fil de son discours), **se remettre à** (faire quelque chose); employé absolu., **poursuivre.**

Terme de loi: avec *against,* **actionner, intenter des poursuites** (à) (cf. L., 3°: procéder contre, agir en justice); terme d'université qui s'est généralisé, **passer, devenir** (bachelier); terme de Palais: **acquérir** (le titre d'avocat).

Le subst. pluriel ***proceeds*** signifie **résultats, bénéfices, produit** (d'une opération, d'une vente, etc.).

– *Leaving the horse in the hands of the boy, she [Bathsheba] **proceeded** at once **upstairs.*** (Th. Hardy, *Madding Crowd,* XLVIII, 385.) – Laissant le cheval aux mains du jeune garçon, elle **monta** sans plus tarder.

– *Accompanied by our guide we **proceeded** to the glacier.* (Tyndall, *Glac.,* I, ii, 18.) – Accompagnés de notre guide, nous nous **rendîmes** au (**dirigeâmes** vers le) glacier.

– Portia reconnaît que l'action de Shylock est légale:

... the Venetian law
*Cannot impugn you as you do **proceed***
(Shaks., *Merch. of V.,* IV, i, 179.)

... La loi de V. ne peut pas s'opposer au **procès que vous intentez.**

– *The Conqueror is dismaid: **Proceed,** good Alexander.* (*Id. Love's Labours Lost,* V, ii, 570.) – Le conquérant est réduit à l'impuissance: **Poursuivez,** brave Alexandre.

– *She did not wish to **proceed** any further.* – Elle **en** voulait **demeurer là.**

– *The noises **proceeded** from my room.* – Les bruits **partaient** de ma chambre.

– *The net **proceeds** of the customs amounted in the same year to five hundred and thirty thousand pounds.* – Le montant net des **recettes** des douanes s'est élevé, la même année, à 530 000 livres sterling.

Proceeding (-s). – Sing.: **action d'avancer;** † **procession; procédé, manière, façon d'agir, conduite;** pl., **procès-verbaux, compte rendu; procès, poursuites,** ***to institute proceedings*** *against s.o.,* intenter un **procès** contre qqn., intenter, engager des **poursuites, avoir recours aux moyens légaux, aux voies de droit,** faire sa **diligence,** ses **diligences** contre qqn; suivent des sens rares.

– ***Proceedings*** *of the International Labour Conference.* – **Procès-verbaux** de la Conférence internationale du Travail.

– *In the meantime, you may tell Prigg to stop **proceedings.*** (Smollett, *Humphry Clinker.*) – En attendant, vous pouvez dire à P. d'arrêter les **poursuites.**

Process. – Le fr. *procès* signifie, dans le langage scientifique (L., 2°), **marche, développement, progrès.** Nos modernes hommes de science, peu au fait des ressources de la langue, lui ont substitué le pédantesque **processus,** d'où le mot *procès* tire son origine. Ils ne connaissent, sans doute, que le **procès** en justice, sans songer que, même dans ce cas, il s'agit de la marche d'une affaire devant le tribunal.

Outre les sens signalés plus haut, ***process*** signifie **phénomène, opération** (spontanée ou volontaire), **procédé, méthode;** lâchement, l'action, la chose en train de se faire, d'où **réaction** (chimique), **opération** (métallurgique, etc.), ***operating process,*** **procédé de travail, mode opératoire,** ***wet process, dry process,*** **voie humide, voie sèche;** typ. **procédés photomécaniques,** spéc. **similigravure,** famil. **simili.** ***To process,*** **faire subir une opération** à qqch., **transformer, traiter, travailler** (des matières premières), **apprêter** (le textile); ***processing plant,*** **équipement, matériel de transformation,** ***processing tax,*** **taxe de fabrication, de transformation** (1). ***Processed and made up meat,*** **viande travaillée et traitée.** Suite des sens du subst.: jur. outre **procès, action en justice,** on notera l'expression ***due process,*** **légalité;** ***first process,*** **introduction d'instance,** ***jury process,*** **convocation des jurés,** ***process*** pouvant signifier aussi, à l'encontre d'un particulier: **sommation à comparaître, citation.** Enfin, comme en lat., **éminence** ou **prolongement** d'une montagne, etc.; anat. **excroissance, processus, procès; apophyse** (d'un os): botan. **proéminence.**

– ***In process of time:*** – **Avec le temps.**

– *Those who knew him [Symonds] best felt that he was still in werden', in **process** when the end came.* (Pref. *Ess. speculative and suggestive.*) – Ceux qui le connaissaient le mieux avaient le sentiment que la fin était venue alors qu'il était encore en 'werden', en **devenir.** (L'idée est que l'auteur n'avait pas encore donné toute sa mesure.) On voit que, au pr. comme au fig., ***process*** implique **changement, transformation, progrès.**

– Le petit Phil dessine, mais sa gouvernante entend attribuer de l'importance à cet amusement: *Miss Fulkes... called the **process** « Art » and « Imagination Training ».* (A. Huxley, *Point c. Point,* XIV.) – Mademoiselle F. baptisait **la chose** du nom d'*Art* ou d'*Éducation de l'Imagination.* (Trad. Jules Castier.)

– Pour Lamb, la lecture n'était pas un « vice impuni », mais un **procédé** familier de nature à lui apporter le savoir, *a familiar **process** by which knowledge might come to him.* (*Elia, New Year's Eve.*)

– ***Strict rules of due process*** *with regard to the sentence.* – **Légalité stricte** de la sentence pénale.

(1) Spécialement taxe sur la transformation des produits agricoles en produits industriels. Cf. notre taxe sur la valeur ajoutée (T.V.A.) qui a remplacé la taxe à la production.

– *Houses* ***in process*** *of construction.* – Des maisons **en cours** de construction.

Procession. – Procession, en fr., a surtout un sens religieux, et, par analogie, signifie longue file ou théorie de personnes qui vont les unes à la suite des autres (que l'on songe aussi à... la chenille *processionnaire*). Ce n'est pas toujours le cas en angl. où le mot peut s'appliquer, certes, à **un convoi** funèbre, *funeral* ***procession*** mais aussi à un nombre très réduit de personnes. Même remarque pour ***processional*** et ***processionally***.

– Ceci se passe quelques jours après le mariage de Mr. Polly (VII, 2.): *On the first Sunday in this new life, he and Miriam arrayed themselves with great care, he in his funeral-wedding hat and coat and she in her going away dress* ***and went processionally*** *to church.* – Le premier dimanche marqua dans leur nouvelle existence: M. et Madame P. se mirent sur leur trente et un – lui avec son complet et son chapeau à double usage, noce et enterrement, elle, dans sa toilette de mariage. Ainsi accoutrés, **tous deux se rendirent d'un pas mesuré** à l'église.

Bon exemple, puisque, s'agissant d'un couple, on ne saurait parler de « procession ». Le mot exprime ici l'allure, la démarche, le « pas de sénateur » des personnages.

Proclaim (to), proclamation. – **Déclarer** (la guerre); **publier** (les bans); (du visage, du regard) **trahir, dénoncer,** (des sentiments, la culpabilité); hist. irlandaise, **mettre par proclamation** (qqn.) **au ban, hors la loi,** d'où par ext. ***to proclaim*** *a meeting,* **interdire** une réunion, ***to proclaim*** *a district,* **soumettre** une région **à un système spécial de police.** ***Proclamation*** a les sens correspondants.

– *The King, in England, can* ***proclaim*** *war, but without the sanction of Parliament, his* ***proclamation*** *must immediately be retracted.* (N.E.D.) – En Angleterre, le roi peut **déclarer** la guerre, mais faute de sanction par le Parlement, il lui faut immédiatement rétracter sa **déclaration** (ou simplement: se rétracter).

– *The* ***proclaiming*** *of the World Refugee year,* la **célébration** de l'Année mondiale du Réfugié. (C'est ici le sens mélioratif.)

– *Her silence* ***proclaimed*** *a struggle between fear and shame.* – Son silence **trahissait** le combat que se livraient en elle la crainte et la honte (ou la pudeur).

Remarque. – Proclamer peut certes signifier: « manifester ou exprimer de la manière la plus nette », mais notre deuxième ex. montre que la trad. littérale n'est pas toujours possible.

Procurator. – Hist. **procurateur,** *The* ***procurator*** *of Judea,* le **procurateur** de Judée; jur. **fondé de pouvoir, agent, procureur.**

– *« I am the* ***procurator*** *of the poor », ought to be the motto of all politicians.* – « Je suis le **fondé de pouvoir** des pauvres », telle devrait être la devise de tous les hommes politiques.

Procure (to), procurer. – Traduire ***procurer*** par procureur, qui se dit aujourd'hui *procurator* ou *proctor,* serait donner au vilain personnage qu'est un **entremetteur,** un **complaisant,** un titre auquel il ne saurait prétendre, et, inversement, il serait dangereux d'appeler un procureur angl. ***procurer,*** à moins que l'on ne voulût archaïser.

Cependant le terme procureuse, pris en mauvaise part, signifie proxénète. Il est, d'autre part, curieux de noter que le sens 1° de L., « procureur: celui qui a le pouvoir d'agir pour un autre », est exactement l'antonyme du sens 2 du N.E.D., ***procurer:*** **promoteur, initiateur, instigateur,** d'ailleurs rare ou désuet.

Ne pas perdre de vue le sens spécial du verbe ***to procure,*** **faire l'entremetteur ou l'entremetteuse, le (la) complaisant(e).**

D'une manière générale, *procurer* est pris en bonne part: on *procure* un avantage, un emploi, un logement, etc. à qqn. Ce n'est pas toujours le cas en angl.

– *All these miscarriages* ***were procured*** *by my apparent obstinate adhering to my foolish inclination of wandering abroad.* (Defoe, *Rob. Crusoe,* I.) – Toutes ces infortunes **prirent leur source** dans mon attachement manifeste et opiniâtre à ma folle inclination de courir le monde.

– *I did not object to his being a* ***procurer,*** *but I did not endure him to be dishonest,* traduit ce passage de *Si le grain ne meurt,* p. 353: J'acceptais qu'il se fît **proxénète,** mais qu'il fût malhonnête, non, cela je ne le tolérais pas.

Produce (to), production. – Le lat. *producere* signifie notamment: **conduire en avant** (L., 1°, glose « pousser en avant », dans l'exemple de Massillon qu'il donne): **faire avancer, pousser, élever aux honneurs; allonger, prolonger** (dans l'espace et le temps). Tous ces sens ont été ou sont encore angl.

Le lat. *productio* veut dire **action d'étendre; allongement** (d'un mot par l'adjonction d'une syllabe), **allongement** (d'une syllabe): **prolongation** (du temps). De même l'angl. ***production,*** tombé néanmoins en désuétude dans ce dernier sens et dans celui de **procès,** en anatomie.

– Le C.O.D. définit *elongation the part (of line, etc.)* ***produced,*** c.-à-d. le **prolongement** d'une ligne.

Autres sens: **produire, présenter, exhiber,** certes, mais aussi famil. **tirer, sortir.**

To produce *a play,* c'est la **mettre en scène,** profession du ***producer,*** **metteur en scène.** ***To produce*** *a book, a film,* **éditer** un livre, un film.

– Définition des pôles du ciel: *The points at which the earth's axis* ***produced*** *meet the celestial sphere.* – Les points où l'axe de la terre **prolongé** rencontre la sphère céleste.

– *The downpour grew heavier. Umbrellas and mackintoshes were* ***produced.*** – L'averse redoublait. On **sortait** (ou: **tirait**) les parapluies et les imperméables.

– ***Producer?*** *It is significant that in the English-speaking theatre, this title is equivocal. In France, the overall responsibility for a*

production *rests in the « metteur en scène ». In the United States, it is known as a director. The primary function of the so-called* ***producer*** *in America is* ***to produce*** *money; in England, until recently, he was known, if rarely referred to, as an impresario.* (T. L. S., 15, VII, 60). (Traduction inutile.)

Profane. – Qui blasphème, jure ou **tient des propos licencieux, grivois, orduriers;** *a* ***profane*** *wretch,* un drôle **mal embouché, qui jure comme un charretier, sacre à tout propos,** un **grossier personnage,** en somme.

– En un style plutôt rabelaisien, Iago (*Othello,* I, i, 115) annonce au sénateur Brabantio que Desdémone s'est enfuie avec Othello pour l'épouser, et le vieillard de s'écrier: *What* ***profane*** *wretch art thou?* – Quel drôle **mal embouché** es-tu donc? (1).

– *Sir Walter Raleigh, having heard his son make a* ***profane*** *and immodest speech, struck him over the face.* (W. Raleigh) – Sir W. R., entendant son fils **tenir des propos licencieux** et immodestes, le frappa au visage.

– *The man* ***grew profane*** ou ***uttered profanities.*** – L'homme **se mit à jurer, à sacrer, à vitupérer.**

Profess (to). – Fréquemment: **déclarer, dire, annoncer; prétendre, se targuer de; témoigner, faire montre de,** (se) **faire des démonstrations** (d'amitié): **exercer une profession, faire profession, métier de;** ***professed,*** **déclaré, avoué; avéré, reconnu comme tel; de profession, professionnel; profès, professe** (qui a fait des vœux dans un ordre religieux), *a* ***professed*** *monk,* un moine **profès.** C'est le lat. *professus,*qui déclare: ***To profess oneself for,*** **se dire, se donner, se faire passer pour.**

– *He breaks into a pathetic remonstrance at the fellow for detaining us so long over the time which he had* ***professed.*** (C. Lamb, *Elia, My Relations.*) – Il éclate en remontrances pathétiques contre le drôle qui nous fait ainsi poser au-delà du laps de temps qu'il avait **annoncé.**

– *A man and his wife who* ***profess*** *to shampoo after the Indian manner.* – Un homme et une femme qui **font profession, métier** de masser à la manière indienne.

– *He is my* ***professed*** *enemy.* – Il est mon ennemi **déclaré.**

– *The private* ***professed*** *repentance.* – Le soldat **affecta** le repentir.

Remarque. – On distinguera *Voltaire was a* ***professed*** *deist.* Voltaire était un déiste **déclaré, professait** le déisme, de: *How many people are* ***professed*** *Christians!* Combien **se disent, se prétendent** (**prétendent être**) **chrétiens!**

Profession, professional. – Sens correspondant au verbe, et donc toutes les acceptions du fr. **profession** (d'amitié, de foi, etc.); particul. **profession libérale,** telle, disent les lexicographes angl., que la théologie, le droit, la médecine, et aussi le métier militaire; collect. ***the profession,*** **les gens d'une même profession;** argot de théâtre, ***the profession,*** **les acteurs, les gens de théâtre.**

A ***professional*** *(man),* un homme **exerçant une profession libérale,** *that is not* ***professional,*** **cela ne se fait pas** (entre médecins, avocats, etc.), c'est **contraire aux règles, aux usages de la profession.**

– Après un coup de bourse malheureux, un joueur se dit: *He must either reduce his expenditure, take up a* ***profession,*** *or make a wealthy marriage.* – Il devait ou restreindre sa dépense, ou **prendre un état,** ou faire un beau mariage.

– *My friends went unhesitatingly into trade or the* ***professions.*** – Sans hésiter, mes amis entraient dans le commerce ou embrassaient une **profession libérale.**

– *He had no* ***professional feeling*** *left.* – Il ne lui restait plus rien de **l'esprit de corps.**

– *The family practitioner opened the room for that distinguished* ***professional.*** (Dickens, *Dombey and Sons,* I.) – Le praticien de la famille ouvrit la porte de la chambre pour cet **homme de l'art** distingué.

Proffer (to), proffer. – Offrir, faire offre, proposer à l'acceptation; offre, proposition (du fr. *paroffrir*).

– Kipps, jeune nouveau riche, vient de donner des pourboires à profusion à tous ceux qui se trouvent sur son chemin: *Then, in a sudden reaction of economy, he refused the* ***proffered*** *help of a porter and carried his bag quite violently to the train.* (Wells, *Kipps,* II, vii, § 7.) – Puis, par un soudain retour d'économie, il refusa l'aide que lui **offrait** un commissionnaire, et porta sa valise d'un geste de colère jusqu'au train.

Progeny ne signifie pas seulement **progéniture.** Il a, comme le lat. *progenies,* voulu dire: **race, famille, lignage, généalogie,** et même, par un littéralisme de traduction, **génération:** *into the third* ***progeny,*** écrit Wyclif, traduisant l'*Exode,* XXXIV, c.-à-d. jusqu'à la troisième **génération;** enfin au fig. **issue, résultat, fruit** (d'une action, etc.).

– Dans le *Faustus* de Marlowe, la Gourmandise ayant dit de qui elle était fille, ajoute: *Now Faustus, you have heard all my* ***progeny.*** – Maintenant, Faustus, tu connais tout mon **lignage.**

Progress. – Ce mot avait autrefois le sens de **voyage,** comme par exemple dans *The Pilgrim's* ***Progress*** (Bunyan), le **voyage** du Pèlerin (dans L., le premier sens est « marche en avant »: le *progrès* du soleil dans l'écliptique. Le Rhin, tranquille et fier du *progrès* de ses eaux. Boileau, Épître IV). Aujourd'hui encore, d'ailleurs, ***progress,*** avec une légère teinte d'archaïsme, signifie **voyage triomphal; solennel** ou **d'apparat** fait par un haut personnage ou par un dignitaire de l'Église. C'est encore la **tournée officielle** d'un magistrat ou d'un autre fonctionnaire; enfin ***progress*** désigne également la **visite,** toujours **officielle,** des domaines appartenant

(1) Voltaire, citant ce passage, traduit: « Qui es-tu, misérable profane? ».

à un collège ou une université par le recteur, etc. D'autre part, l'expression *to report **progress*** signifie: faire un rapport sur **l'état de la question.**

– Lord Chersterfield félicite son fils d'avoir été fêté en Suisse: *I was extremely pleased with the account, which you gave me in your last, of the civilities that you received in your Swiss **progress.** (Letters.)* – J'ai été extrêmement satisfait des civilités dont vous m'avez dit, dans votre dernière lettre, avoir été l'objet pendant votre **voyage** en Suisse.

– *His official tours... were scarcely inferior in pomp to royal **progresses.*** (N.E.D.) – La pompe de ses tournées officielles... ne le cédait presque en rien à celle des **voyages d'apparat** du roi.

– *The denseness of the crowd impeded **my progress.*** – La foule compacte m'empêchait **d'avancer.**

– D'une excursion rustique dont tous les participants sont fêtés en cours de route, Dickens (*Barn. Rudge,* XIX) dit: ... *It really was a **progress** rather than a ride and one continued scene of hospitality from beginning to end.* – Ce n'était plus une promenade en voiture mais un véritable **voyage triomphal** et une suite ininterrompue de réceptions. (Trad. Andrée Vaillant).

– *The Rake's **Progress,*** titre d'une série de tableaux de Hogarth: ne pas entendre que le libertin progresse... dans la vertu, mais au contraire dans la débauche; les **étapes de la vie, de la déchéance** du libertin.

– *He was introduced as an animated conversation was **in progress.*** – Il fut introduit **au milieu** d'une conversation animée.

Remarque. – Pour nous, l'idée de progrès est indissolublement liée à celle de « marche en avant »; tel ne semble pas être nécessairement le cas en angl., puisque L. Strachey peut écrire (*Eminent Victorians,* 235) à propos d'une manœuvre du Mahdi: *The retreat was a triumphal **progress.*** Nous dirons, pour effacer l'idée de recul, de repli évoquée par le mot « retraite »: cette retraite fut en réalité une **marche** triomphale.

Progressive. – Ling. *the **progressive form,*** le **duratif.**

Project (to), project, projection, projector. – ***To project*** peut se rendre par projeter dans tous les emplois que ce mot a en fr. Signalons toutefois qu'au neutre, ***to project*** signifie **saillir, faire saillie, avancer;** au fig. **donner corps** ou **forme à une idée.** De là, sans doute p. ext. le sens concret et général du mot donné aux E.U. d'**ouvrage** souvent achevé de génie civil (barrage, entreprise d'assèchement, de désimpaludation, etc.)

A l'un des sens propres de ***to project*** correspond le substantif ***projection,* saillie, avancée, avant-corps, ressaut** (termes d'architecture), et au sens fig. celui de **conception d'un projet,** d'où ***projector,* faiseur de projets, qui a des projets en tête, promoteur, fondateur;** péjor., **celui qui vit d'expédients, faiseur de dupes, charlatan, escroc, fripon, chevalier d'industrie,** puis **annonciateur,** sorte de **prophète, vaticinateur;** enfin, comme en fr., **projecteur** *(searchlight).*

Nous avons gardé pour la fin un curieux emploi figuré de ***projection,*** que le N.E.D. définit: *change of one thing to another, transmutation,* citant, entre autres, ce passage de Hazlitt: *public opinion was in a state of **projection.***

– *Play was not altogether left out in the **projection** of his economy.* (Smollett, *Count Fathom,* X.) – Dans le **plan** d'existence **qu'il s'était tracé,** les distractions n'étaient point complètement omises.

– *The women... think us still either **projectors** or conjurers.* – Les femmes... persistent à croire que nous sommes ou des **charlatans** ou des sorciers.

Exemple intéressant, car il réunit dans la même phrase deux mots de sens analogue également dangereux.

– *His (Polly's) collar was chosen from stock, and with **projecting** corners, technically a « wing-pole ».* (Wells, *Polly,* I, 2.) – Son faux-col, échantillon d'assortiment, avait des coins **rabattus** en « ailerons » pour user du terme du métier.

– E.U. (1) fam. *Don't you know you oughtn't to go **projecting** around in the woods all alone?* (Mathews.) – Tu ne sais donc pas que tu ne devrais pas aller **rôder (vadrouiller)** tout seul dans les bois?

Prolix, prolixity. – En lat., *prolixum corpus* est un corps long, *crines prolixi,* une longue chevelure, *prolixa aetas,* un âge avancé. Le premier sens en angl. a été † **trop long** en général. Dans *Meas f. meas.,* II, iv. 162, ***prolixious** blushes* a ce sens au fig.

Prolixity a les sens correspondants: Nathaniel Hawthorne évoque *(Scarlet Letter, Prologue) the unpicturesque **prolixity** of the main street of his native town.* – La **longueur** sans pittoresque de la grand-rue de sa ville natale.

Rapprocher ce passage des *Anglais chez eux* (VII) de Francis Wey: Parlant des jupes des jeunes Anglaises, il dit: « Elles nous ont transmis depuis trois ans la *prolixité* des volants et l'usage immodéré de l'ampleur. »

Promenade. – **Digue** (d'une station balnéaire): mis pour ***p.**-concert,* **concert-promenade; *to promenade,* parcourir, visiter** un lieu (souvent en cortège).

E.U. famil. abrégé en ***prom*** (comme en Angl.), **bal** donné dans un « college » ou une école par une promotion d'élèves. *The senior « **prom** » will be danced on the...,* le **bal** des anciens aura lieu le

Promiscuous,-ly. – **Mêlé, mélangé; confus, hétérogène : *p.*** *audience,* auditoire **(assez) mélangé, *p.*** *crowd,* foule **confuse; sans distinction** (de personne, de sexe, ou de classe); **général, *p.*** *blame, slaughter,* blâme, massacre **général; mixte, *p.*** *bathing,* bains **mixtes.**

Lâchement, *a **p.** woman,* une fille **publique.** Syn. de ***promiscuous***:

(1) Voir aussi *Supplément.*

mixed, indiscriminate. Sens correspondants pour l'adv.: **en bloc, à tort et à travers; sans ordre ni méthode** et donc famil. **entre temps, incidemment, au hasard; n'importe quand.** Ce dernier sens est bien marqué dans la phrase tautologique suivante: Lady Barker (*South Africa,* III) raconte qu'elle voyage sur un train-brouette où le prix uniforme est douze sous: *which six pence is collected* ***promiscuously*** *by a small boy at odd moments during the journey.* – Et ces douze sous sont perçus **entre temps** par un gamin au cours du trajet.

– *Her hospitality was* ***promiscuous.*** – Elle recevait **sans discernement, n'importe qui, à tort et à travers.**

– *He lectured before a* ***promiscuous*** *audience.* – Il parlait devant un auditoire **assez mélangé.**

– *The conscientious objectors were sentenced* ***promiscuously.*** – Les « objecteurs de conscience » furent condamnés **en bloc.**

– *I do not pay that compliment* ***promiscuously*** dit Smollett traduisant cette phrase de *Gil Blas* (III, v): Je n'en use pas ainsi avec **tout le monde.**

– *He was infected by a* ***promiscuous*** *woman.* – Il a été contaminé par une femme de **mauvaise vie,** une fille **publique.**

– Avis d'un ecclésiastique à un de ses collègues qui entend convertir ses voisins: *Pryer had done well to warn Ernest against* ***promiscuous*** *house to house visitation.* (S. BUTLER, *The Way,* LXI.) – Pryer avait eu raison de mettre Ernest en garde contre les visites de propagande chrétienne chez les particuliers **sans distinction de classe.** (Explication plutôt que traduction.)

– *The consumptives were* ***promiscuously*** *admitted.* – L'établissement de cure admettait **le tout-venant** des phtisiques.

– *The room was furnished* ***promiscuously.*** – La pièce était meublée **de bric et de broc.**

REMARQUE. – Est-il utile d'ajouter que tous ces sens, d'ailleurs très voisins, sont issus du lat. *promiscua connubia,* mariages mixtes, *promiscua multitudo,* foule mêlée (patriciens et plébéiens confondus): *promiscuum jus,* droit commun: *promiscuum spectaculum,* spectacle auquel tout le monde est admis sans distinction.

Promise (to), promising. – Les mots en apparence les plus innocents tendent des pièges à ceux qui ne discernent pas les nuances. Citons quelques exemples:

– *In his eyes I was no more than a young and* ***promising*** *officer.* – Je n'étais à ses yeux qu'un jeune officier **plein d'avenir.**

– *A young man of* ***great promise,*** un jeune homme de **grande espérance,** comme on disait joliment autrefois.

– *He was among the more* ***promising*** *boys of the school.* – Il figurait parmi les élèves les plus **brillants** de l'école.

– *This was a* ***promising*** *beginning.* – Ce début était **de bon augure.**

REMARQUE. – Il est, bien entendu, légitime de rendre *a promising boy* par: « un garçon qui promet », mais non par « un garçon prometteur », cette dernière épithète, appliquée aux personnes, ayant un sens différent, celui de qui est « prodigue de promesses », mais ne les tient pas.

Promontory. – Outre promontoire, comme en latin, **haute montagne;** anat., **protubérance.**

Promote (to), promoter, promotion. – *Promouvoir,* c'est « élever à un grade ou à quelque dignité: il a été *promu* à la dignité de grand officier (de la Légion d'honneur), *promouvoir* un évêque à la dignité de cardinal (D.G.). ***To promote*** *trade,* non promouvoir le commerce, mais le **favoriser, l'encourager,** le **développer;** autre sens: **être le promoteur** d'une loi, la **faire voter.**

Promotion, outre le sens fr. de **promotion, avancement** (à l'ancienneté, au mérite), signifie: **avancement** (des sciences): **aide, encouragement** (au développement, à l'expansion économique); **fondation, constitution,** ***promotion*** *money,* frais de **premier établissement.**

On notera le sens parfois péjoratif de ***promoter,*** **faiseur d'affaires, affairiste;** ***promoter's shares,*** **parts de fondateur.**

– Confidence d'un jeune romancier: *Shall I tell you a secret...? I* ***promoted*** *all my characters at the request of my publisher.* (THACKERAY, *Pend.,* XLI.) – Vous confierai-je un secret? J'ai **anobli** tous mes personnages à la demande de mon éditeur.

– *He* ***promoted*** *the cause of religion.* – Il **servit** la cause de la religion.

– *This last failure completely discouraged me. I abandoned every prospect of fame and* ***promotion*** traduit ce passage de Rousseau (*Confessions,* II, viii): « Ce dernier mauvais succès acheva de me décourager. J'abandonnai tout projet d'**avancement** et de gloire. »

REMARQUE. – Si *promouvoir,* dans le sens de « favoriser, encourager », a ses lettres de noblesse, ayant été employé par Montaigne et Furetière, on ne peut en dire de même de *promotion.* Aujourd'hui, on ne se contente plus d'être, comme Jérôme Paturot, « à la recherche d'une position sociale », on fait valoir son droit à la « promotion sociale ». Il semble que le terme de « progrès social » n'ait pas suffi à nos modernes législateurs, puisqu'ils ont adopté en 1959 (31 juillet) la « loi tendant à la promotion sociale »!

Prompt, prompter, to prompt. – D'abord l'adverbe ***prompt:*** **exactement.** *At 7* ***prompt,*** à 7 heures **précises.**

Puis l'adj. ***prompt: prompt*** *payment,* paiement **comptant,** ***prompt*** *day, time, date* et, ellipt., ***prompt*** (subst.), **jour, délai de paiement, date à laquelle une somme est due, échéance;** terme commercial: **pour livraison et paiement immédiats:** ***prompt*** *iron;* aussi, **payable:** *when is tea* ***prompt?*** c'est-à-dire *due.*

To prompt, **exciter à l'action; souffler,** d'où ***prompter,*** **souffleur**

(au théâtre), et ***prompt-box***, le **trou du souffleur.** Or, comme à défaut de ***prompt-box***, invention relativement récente, le souffleur s'installait dans la coulisse *(side)* à la droite de l'acteur, ***prompt-side*** signifie **droite** de l'acteur, **côté jardin** et ***opposite the prompter's side*** (couramment abrégé en *o. p.*), **côté cour.**

Enfin, ***to prompt***, **suggérer, dicter** (quelque chose); **inspirer** (une pensée, un acte).

– *'Tis morning* ***prompts*** *the linnet's blithest lay.* (S. W. SCOTT, *Lady of the Lake*, V.) – C'est le matin qui **inspire** au linot son chant le plus joyeux.

Promulgate (to), promulgator. – Outre **promulguer** (une loi), **publier, diffuser** (une nouvelle), **répandre, propager** (une idée, une doctrine, une croyance). D'où ***promulgator***, **vulgarisateur.**

– *The ideas which are sometimes* ***promulgated*** *by the cheaper newspapers.* – Les idées qui sont parfois **répandues** par les journaux bon marché.

Proof. – L'angl. *proof* représente deux mots français, *preuve* et *épreuve*. D'où 1° **essai, expérience, épreuve,** *he must be* ***put*** *or:* ***brought to the proof***, il faut le **mettre à l'épreuve**; famil. ***the proof*** *of the pudding is in the eating*, la **qualité** d'une chose se révèle à l'usage, **à l'œuvre on connaît l'artisan.** ***Waterproof***, **imperméable,** ***fireproof***, **incombustible, ignifuge; force de résistance,** *armour of* ***proof***, armure **à toute épreuve.** 2° **épreuve d'imprimerie,** ***galley-proof***, **placard,** ***proof in slips***, **épreuve en placard,** aussi **épreuve** d'une gravure; ***press-proof***, **bon à tirer.** Chim. **éprouvette;** rel. **témoin.**

– *He* ***was proof*** *against so tempting a suggestion.* – Il **ne succomba** pourtant pas à la tentation.

– *He found her charming, with that charm which is* ***proof*** *against time.* – Il la trouva charmante, de ce charme **à l'épreuve** du temps.

Proper, properly. – † **Beau, bien fait, joli, bien tourné** cf. « Il est si bien fait, si *propre* (1), si bien à cheval que je l'ai pris pour un jeune homme. » (TALLEMANT, I, 104.). Des choses: **proprement** dit; **qui convient, convenable, opportun, à propos; bienséant, correct, comme il faut; comme de raison.**

Autre sens (intensif): **beau, bon, de belle manière :** *there will be a* ***proper*** *row about this*, cela va faire un **beau** tapage, *we gave them a* ***proper*** *beating*, nous leur avons administré une **bonne** raclée, nous les avons rossés, sanglés **de belle manière.** Enfin, blason **au naturel.** ***Properly*** a les sens correspondants.

– *The newspaper may be* ***entirely proper*** *at breakfast time, but assuredly it is not reading for all day.* (RUSKIN, *Sesame*, 9.) – Le journal peut **arriver à point nommé (rien de mieux que** le journal) à l'heure du déjeuner, mais assurément ce n'est pas une lecture à faire (qui convienne) à longueur de journée.

(1) Cf. *This Lodovico is a proper man.* (*Oth.*, III, iv, 35), c.-à-d. *a very handsome man.*

– *I shall tell you the whole story* ***in its proper place.*** – Je vous conterai toute l'histoire **en temps et lieu.**

– Déposition d'un étudiant qui a dénoncé un criminel politique: « *I haven't lost a moment's time* », *he began in a hoarse provoking tone...* – « ***Very proper, very proper...*** » « Je n'ai pas perdu un instant », commença-t-il d'un ton rauque et provoquant... – « **Parfait! parfait...** ».

– *What is the* ***proper course*** *to follow?* – Quelle est la **conduite** à tenir?

– *I had been taught from my earliest childhood to set a rod and bait a hook* ***properly***. – On m'avait appris dès mon plus jeune âge à monter une ligne et à appâter l'hameçon **comme il faut.**

– Voltaire brave le Chevalier de Rohan qui l'a provoqué en présence d'Adrienne Lecouvreur: – *Furious, Rohan lifted his stick, but at that moment, Adrienne* ***very properly*** *fainted and the company dispersed.* (L. STRACHEY, *Books and Characters.*) – Furieux, Rohan leva sa canne, sur quoi Adrienne **fort congrûment (fort à propos)** se pâma, et la compagnie se dispersa.

– *The lieutenant,* ***as was proper***, *spoke after the captain.* – Le lieutenant, **comme de raison (comme de juste)** prit la parole après le capitaine.

Property. – **Accessoires** au théâtre; ***property-man***, **chef du magasin des accessoires, costumier.** (Ne pas confondre avec *the* ***man of property***, titre d'un roman de Galsworthy, qui est le **propriétaire de biens-fonds,** l'homme qui a du bien).

– Les bureaux de placement ne datent pas d'aujourd'hui: *He keeps a correct register, not only of vacant places, but of vacant masters with their good or bad* ***properties***, dit Smollett traduisant ce passage de *Gil Blas* (L, XVII): Il tient un registre exact, non seulement des places vacantes, mais même des bonnes et des mauvaises **qualités** des maîtres.

On voit qu'en bonne langue, *property* pouvait s'entendre des qualités des personnes.

– ***That's public property.*** – **C'est le secret de Polichinelle.**

– *Swiftly the world was setting itself to tear up the scenery of Joan's world and to smash and burn its every* ***property***. (WELLS, *Joan and Peter*, 555.) – Rapidement, l'univers s'acharnait à mettre en pièces le décor du monde de Jeanne et à briser et brûler jusqu'au dernier de ses **accessoires.**

Propose (to), proposal. – Mentionnons simplement ici l'emploi absolu et familier du verbe dans le sens de **faire une offre de mariage, demander en mariage,** d'où ***proposal***, **offre de, demande en mariage, déclaration.**

– *If a man now says three words to a girl, she immediately expects he is* ***to propose*** *to her.* – Il suffit aujourd'hui qu'un homme dise trois mots à une jeune fille pour qu'elle s'imagine immédiatement qu'il va la **demander en mariage.**

– Une femme dit d'une offre de mariage qu'on vient de lui faire: *It was certainly the oddest* ***proposal*** *she had ever had.* (S. MAUGHAM, *Painted Veil*, XI.) – C'était certainement la plus singulière **déclaration** qu'on lui eût jamais faite.

Proposition. – Est devenu aux E.U. un mot passe-partout. Dans son *Dictionary of American-English Usage*, Margaret Nicholson relève les acceptions suivantes: *proposal; task, job, problem; undertaking, occupation, trade; opponent (!)* (argot): *possibility, prospect;* etc. En voici quelques exemples:

– *The Commission stated that but for the natives very few mining* ***propositions*** *would work.* – La Commission a déclaré que n'était l'appoint des travailleurs autochtones, l'on ne pourrait exploiter que fort peu d'**entreprises** minières.

– *He was a tough* ***proposition.*** – C'était un **adversaire** coriace, ou: un **type** pénible, selon le cas.

– *He considered this as a paying* ***proposition.*** – Il estima que **l'affaire** était rentable.

– ***This is a fifty fifty proposition!*** – **Part à deux!**

– *The new independent countries will require novel* ***propositions*** *for their development.* – Il faudra faire appel à des **méthodes** toutes nouvelles pour mettre en valeur les pays qui ont récemment accédé à l'indépendance.

REMARQUE. – Dans son *Dictionary of Modern English Usage*, H.W. Fowler déplore que cette extension abusive du sens de *proposition* ait gagné la langue anglaise.

Proprietary. – *The* ***proprietary*** *classes*, les classes **possédantes, les nantis; *proprietary*** *accounts*, comptes **des résultats; *proprietary medicines*, spécialités** (sous marque déposée). ***Proprietary*** *insurance company*, compagnie d'assurances **à primes** (non mutuelle); subst. **droit de propriété; groupe, classe de propriétaires, propriétaires en commun,** *the landed* ***proprietary***, les **propriétaires** fonciers; aussi **actionnaires;** enfin, **droit de propriété,** *an exclusive* ***proprietary***, un **droit de propriété** exclusive.

Propriety ne peut se traduire par « propriété » que s'il s'agit de la qualité par laquelle un mot exprime exactement l'idée: la **propriété** des termes. Parler, écrire avec **propriété.** Dans tous les autres cas, il faut le rendre par **convenances, bienséances,** ou un terme analogue.

– « Le superflu, chose très nécessaire » (VOLTAIRE); de même, Béatrix dit à Esmond (III, vi): *What is vanity to you, sir, is* ***propriety*** *to me.* – Ce qui serait vain pour vous, monsieur, n'est que **convenable** pour moi.

– Une indication scénique dans une pièce de Bernard Shaw: *Judith rises and stands with stony* ***propriety.*** (*The Devil's Disciple*, I.) – J. se lève figée dans une attitude **correcte** (ou: se lève pétrifiée et **officielle**).

– Madame Bovary s'ennuie à tel point qu'elle songe à aller à la cuisine pour passer le temps: Elle serait bien descendue causer avec la bonne, mais **une pudeur** la retenait (I, 9), ce que le traducteur rend ainsi: *She would have gone down to talk to the maid, but was retrained by a* ***sense of propriety.***

Prose, to prose, prosy. – *A* ***prose***, une **longue « tartine » ennuyeuse. *To prose*,** c'est **discourir d'une manière ennuyeuse, rabâcher,** d'où *a* ***prosy man***, un **ennuyeux bavard,** un **discoureur,** un **rabâcheur.**

– *It was still the same* ***prose.*** – C'était toujours le même **rabâchage,** les mêmes **litanies.**

– *He* ***proses*** *about the weather.* – Il **parle** de la pluie et du beau temps.

– *The* ***prose*** *of everyday life.* – Le **prosaïsme** de la vie de tous les jours, ou: Ah, que la vie est **quotidienne!**

– *A* ***prosy speaker.*** – Un **ennuyeux parleur,** un **diseur de riens.**

Prosecute (to), prosecution, prosecutor. – **Poursuivre, pousser** (des études): **mener** (une enquête): **poursuivre** (un dessein): **poursuivre** devant la justice; **exercer** (une profession, un métier) (v. *pursuit*). Sens correspondants pour ***prosecution*** qui, comme ***prosecutor***, peut signifier le **poursuivant,** la **partie plaignante,** le **plaignant,** le **demandeur.** ***Public prosecutor*, ministère public** = **procureur de la République.**

Prospect (to), prospect, prospectus. – *To prospect*, prospecter, sont le lat. *prospicere*, regarder en avant. ***Prospect*** sera donc au propre **vue, point de vue, perspective, coup d'œil,** et au fig. **perspective** (d'avenir), **espérance, chance** (de succès), *what are his* ***prospects?*** E.U. sens concret = ***prospective customer*, client, acheteur possible, éventuel,** aussi **futur** (candidat), et même: *he's a good* ***prospect*** *for any young girl*, c'est un bon **parti** pour une jeune fille; en Russie, **perspective, avenue.** Mines: **prélèvement d'essai** (d'un terrain aurifère); **teneur en or** du prélèvement.

On notera le sens neutre ou absolu de ***to prospect***, *this mine* ***prospects well***, cette mine **promet un bon rendement, donne de bonnes espérances, offre de belles perspectives de rentabilité.**

Prospectus (pl. ***prospectuses***), outre son homonyme fr., signifie **offre de souscription.**

Prosperous. – ***Prosperous*** *winds*, vents **propices, favorables.**

Prostitute (to). – S'aviser que le lat. *prostituere* a pour premier sens: mettre devant, exposer au public (et donc, mettre en vente, vendre souvent honteusement, d'où prostituer), ce qui fera mieux comprendre certains emplois désuets. Un autre emploi désuet est **se prosterner.** Inversement, *prosternere* = parfois prostituer.

Prostrate. – « La France n'est pas prostrée », disait un journal fr. traduisant un confrère angl. Le sens est: **découragé, abattu, accablé, épuisé, sur les dents, sur les boulets.** Le mot, qui s'applique aussi bien aux choses qu'aux personnes, s'emploie également au sens propre et signifie alors conformément à l'étymologie, *prostratum*, **étendu, gisant; renversé.**

– *The party is* ***prostrate.*** – Le parti est **découragé, abattu.**

– *The industry of the country is* ***prostrate.*** – L'industrie du pays est **dans le marasme.**

– *He kicked the* ***prostrate*** *beggar before him.* – Il poussa à coups de pied le mendiant **qui gisait à terre.**

– *He [Kipps] stepped carefully over the* ***prostrate*** *ice... and marched out.* (WELLS, *Kipps*, II, vii, 6.) – Il enjamba avec précaution la glace **renversée...** et sortit d'un air digne.

– *He* ***prostrated himself*** *before the king.* – Il **se prosterna, se jeta** aux pieds du roi.

Moyen mnémotechnique fondé sur l'étymologie: « Le *prosternement* est une *prostration* physique et morale ». (PEGUY, *Les suppliants parallèles.*)

Prosy. – *Prosy uninteresting* *letters.* – Des lettres **plates et fastidieuses.** *(V. supra).*

Protest (to), protest (subst.). **–** L'évolution du verbe a été identique dans les deux langues, mais le sens d'attester solennellement appelle en angl. un complément direct, ***to protest*** *one's innocence*, forme vieillie en fr. où il faut dire: protester **de** son innocence.

***Protest*,** non seulement **protestation,** mais aussi **remontrance;** comm. **protêt;** naut. ***ship's p.*, rapport de mer, déclaration d'avarie.**

– Cassius dissuade Brutus de laisser Antoine parler au peuple romain. Brutus répond:

What Antony shall speak, I will ***protest***
He speaks by leave and by permission. (SHAKS., *J. Caesar*, III, 1.)
Ce qu'Antoine dira, il ne pourra le dire,
Je le **proclamerai,** qu'avec notre congé. (Trad. C.M. GARNIER.)

– Une femme veut empêcher son mari d'aller se battre: celui-ci passe outre: *In the end, the porter's wife yielded to her husband's* ***protests.*** – La portière finit par céder aux **remontrances** de son mari.

– Des pressions s'exercent sur Frédéric Moreau pour l'engager à se présenter aux élections: Vous devriez prendre sa place (celle du candidat de l'opposition). Frédéric se **récria.** (FLAUBERT, *Educ. sentim.*, III, i.) – Ce qui est traduit ainsi: *You ought to take his place. Frederic* ***protested.***

Protestant (adject. et subst.). **–** Non seulement celui ou celle qui appartient à la religion réformée, mais aussi celui, celle **qui proteste, protestataire.**

Prove (to). – Ce verbe est souvent employé comme un auxiliaire renforcé, l'idée étant la justification de l'attente ou de l'espoir de celui qui parle. On le rendra tantôt par l'auxiliaire **être,** tantôt par **se montrer, montrer qu'on est, se trouver être, s'avérer** (cf. l'ancien fr. *se prouver*, faire ses preuves de). D'autre part, conformément à l'étymologie lat. *probare*, ***to prove*** signifie également: **éprouver, mettre à l'épreuve, faire l'essai** (de), sens archaïque, sauf dans les emplois techniques: ***to prove*** *a gun*, p. ex., **essayer** un fusil (synonyme de *to test*).

– Falstaff, imitant le roi Henri V, gourmande le Prince de Galles: *Shall the son of England* ***prove*** *a thief and take purses? a question to be asked.* (SHAKS., *I Henry IV*, II, iv.) – Est-il admissible que le fils du roi **se fasse** voleur et s'en aille couper les bourses? C'est la question qui se pose.

– *I have* ***proved*** *you to the quick.* – J'ai **sondé** votre cœur.

– *Here therefore men are* ***proved*** *as gold in the furnace.* (*Imitation*, XVII.) – Ici-bas donc, les hommes sont **éprouvés** comme l'or au creuset.

– L'univers est-il plus libre depuis que Napoléon a été abattu, et allons-nous nous prosterner devant les rois? demande Byron (*Childe Harold*, III, xix). *No;* ***prove*** *before ye praise.* – Non, non, ne louez qu'**à l'épreuve (à bon escient).**

Providence. – Est le lat. *providentia*, prévoyance, d'où en angl. même sens, aussi **prévision;** comme subst. de *to provide*, † **action de se pourvoir;** † **approvisionnement; économie, épargne,** et, *providentia* ayant pour synonyme *prudentia*, **prudence, sagesse.** Enfin **providence, intervention providentielle.**

– *Where there should have been* ***providence****, there has been waste.* – Quand on aurait dû **épargner,** on a gaspillé.

REMARQUE. – Le sens de **prévoyance** se retrouve dans ***Provident fund*, caisse de prévoyance.**

Province, provincial. – *It is not within* ***my province****,* cela n'est pas de **mon ressort,** de **ma compétence,** de **mon département,** il ne **m'appartient pas** de...

Provincial*,** parfois: **limité, étroit, à courte vue** (cf. *parochial*). ***Provincial *policy*, politique **à courte vue.**

– ***It is not within my province*** *to review this book.* – **Il ne m'appartient pas** de rendre compte de ce livre.

Provision. – Mesure de prévoyance, précaution; subst. de *to provide (for)*, pourvoir (d'une situation, d'une position sociale), établir, et donc † **établissement; *to make a provision*** *for s.o.*, **faire une pension** à qqn. Comme en fr., au pl. **approvisionnement, provisions, vivres,** ***salt provisions*,** **salaisons,** *including* ***provision*,** **nourriture** comprise; naut. ***provision room*,** **cambuse;** autres sens: ce qui est *prévu* dans ou par un acte: **clause, stipulation, disposition** (d'une loi, etc.).

– *Captain Cuttle, in his fortified retreat, by no means abated any of his prudent* ***provisions*** *against surprise.* (DICKENS, *Dombey and Son*, XXXII.) – Le capitaine C., dans sa retraite fortifiée, ne relâcha en rien ses **précautions** prudentes contre toute surprise.

– *The case is being heard in camera in accordance with the* ***provisions*** *of the Incest Act, 1908.* – L'affaire se juge à huis clos, selon les **dispositions** de la loi de 1908 sur l'inceste.

Provocation, provocative. – *He flies into a temper at the slightest provocation* doit bien se rendre par: il prend la mouche à la moindre provocation, mais ce n'est pas ainsi qu'il faut entendre cette phrase de Wells (*Polly*, I, 3): *He knew great portions of Shakespeare and Milton by heart, and would recite them at the slightest **provocation**.* Cela veut dire: Il savait par cœur de longs passages de Sh. et de M. et se mettait à les déclamer à la moindre **invitation.** Il s'agit là en effet d'un développement du sens latin de *provocare*, « inviter, stimuler, engager à »: *provocare tacentes ad communionem sermonis*, **inviter** les silencieux à prendre part à la conversation commune.

De même, l'adject. ***provocative*** signifie **qui éveille, excite** (la curiosité, etc.), **anime** (la discussion, etc.), *a **provocative** smile*, un sourire **aguichant,** *a **provocative** glance*, une **œillade,** un regard **assassin.**

Subst. *a **provocative***, un **excitant,** un **aphrodisiaque.**

Provoke (to), provoking(ly). – Nuancer la traduction en recourant, suivant le contexte, aux syn. suivants: **irriter, fâcher; agacer, aguicher; exaspérer, impatienter, contrarier,** l'adject. et l'adv. ayant des significations correspondantes.

– Paris pousse à bout Roméo: – Romeo: *Wilt thou **provoke** me? then have at thee, boy!* (SHAKS., *Rom. and Jul.*, V, iii.) – Tu viens m'**exaspérer?** alors, petit, en garde. (Trad. André KOSZUL.)

– *I am **provoked** at Squire Lubberly.* – **J'enrage** de monsieur de Pourceaugnac (Sc. III).

– *How **provoking!*** – Comme c'est **vexant!**.

– *He was so **provokingly** polite.* – Tant sa politesse **me donnait sur les nerfs.** (ELWALL.)

– *She had... a little straw hat... worn the merest trifle on one side - just enough in short to make it the wickedest and most **provoking** head-dress that ever malicious milliner devised.* (DICKENS, *Barn. Rudge*, XIX.) – Elle portait... un petit chapeau de paille... posé un tantinet de côté, juste assez en un mot pour en faire la coiffure la plus coquine et la plus **aguichante** qu'ait jamais pu concevoir modiste malicieuse. (Trad. Andrée VAILLANT.)

– *A **thought-provoking** book.* – Un livre **excitant (pour l'esprit), qui excite à penser, à réfléchir, ouvre le champ à la réflexion.**

– *Her stupidity **is enough to provoke** a saint.* – Sa bêtise **ferait perdre patience** à un saint.

Proxenete n'est pas notre *proxénète*, personnage infâme. C'est le **courtier** (latin *proxeneta*), le **négociateur,** particulièrement d'un mariage, l'**entremetteur** (L., 1°). Celui qui, en tout bien, tout honneur, **s'entremet de mariages.**

Prudery. – Parfois simplement **discrétion.**

– Emerson rend compte de son premier séjour en Angleterre où il a rencontré des hommes éminents: *It is needless to affect any **prudery** of suppression about a few hints of those bright personalities.* – Il est inutile de pousser la **discrétion** jusqu'à prétendre supprimer quelques allusions à des personnalités illustres.

Prune. – **Pruneau** (sec); **couleur prune.**

– *Stewed prunes and other diet of an opening kind.* – **Pruneaux** cuits et autres aliments qui lâchent le ventre.

Public. – ***Public indecency*, outrage aux mœurs; *public servant*, fonctionnaire; *public spirit*, civisme, patriotisme; *public - spirited* qui est dévoué au, qui a le souci du bien public, de l'intérêt général.**

Publican, public house. – *A **public house*** n'est pas ce que les Angl. appellent *brothel, house of ill fame*, et nous: maison close, maison de tolérance, mais un **débit de boissons,** un **cabaret** et, à la campagne, une **auberge.** *The **publican*** sera donc, outre le **fermier des deniers publics** de l'ancienne Rome, le **cabaretier,** le **limonadier,** le **cafetier, l'aubergiste.**

Public schools. – On appelle ainsi neuf grandes écoles: Eton, Winchester, Westminster, Charterhouse, Harrow, Rugby, Shrewsbury, Saint-Paul's, Merchant Taylors', qui, sauf les deux dernières, sont des internats.

Ces grands collèges sont dénommés ainsi parce que ce ne sont pas des entreprises privées; ils préparent les élèves à l'université et à l'exercice d'une carrière dans les *services publics*. Aux E.U. la ***public school*** est une **école communale,** primaire ou secondaire, avec ou sans internat.

Publisher, publishing-house. – Librairie; éditeur, maison d'édition.

– *The venerable guild of **publishers**, the Stationers' Company.* – La vieille corporation des **libraires,** la *Stationers' Company.*

Pudding. – Ce mot est issu de notre *boudin*. Donc, *black **pudding***, **boudin** noir, *white **pudding***, **boudin** blanc. Les autres sens culinaires sont connus de tous. On notera néanmoins: *apple **pudding***, **tarte** ou **charlotte** aux pommes, *rice **pudding***, riz **au lait, gâteau** de riz, ***plum-pudding (suet-pudding)*, fourré de prunes,** aussi **entremets** composé de farine, lait, œufs et beurre. Naut. **emboudinure** (d'une ancre); ***pudding (fender)*** ou ***puddening*, bourrelet de défense, boudin, tampon.** Métaphor. ***pudding face*, visage en pâté, tête de lard, figure en forme de lune; *pudding-head*, imbécile, tête vide; *pudding-heart*, poltron, capon, couard.**

Puisne, puny. – Du fr. *puiné* (latin *post natus*), ***puny*** en vient à signifier **chétif,** comme dans *a **puny** child*, un enfant **chétif, malingre, faible, débile, souffrant, souffreteux,** *a **puny little fellow***, un **gringalet.** Le mot s'applique aussi aux animaux et aux végétaux. Enfin, au fig., il signifie **subalterne, subordonné, auxiliaire, adjoint, assesseur,** *a **puny (puisne)** judge*, un (juge) **assesseur.**

Pulp, to pulp. – ***Paper-pulp*, pâte (à papier), *wood-pulp*, pâte de bois; *to pulp*, réduire en pâte, en pulpe, en bouillie; décortiquer; mettre au pilon.**

– *As soon as the smaller edition was ready, I made up my mind to have the other **pulped.*** – Dès que la petite édition fut prête, je condamnai l'autre **au pilon.**

– *The forests that are **pulped** for ninepennies.* (Ch. MORGAN, *Macmillan*, 56.) – Les forêts **dont on extrait la pâte à papier** pour l'impression des revues à grand tirage (ou: à bon marché).

Pulpit. – Autrefois ***pulpit*** signifiait **rostres, estrade, scène** (pour représentation publique): aujourd'hui, **chaire** (de prédicateur), **tribune** (d'orateur), par extension, les **prédicateurs** (eux-mêmes), la **chaire** (l'éloquence de la chaire): la **prédication** (cf. *the chair*, le fauteuil présidentiel, la présidence). Enfin **bureau** (de commissaire-priseur).

– Une indication scénique dans *Julius Caesar: Brutus goes into the **pulpit.*** (III, iii.) – Brutus monte aux **rostres.**

– Le Dr. Middleton, qui va quitter le comté, n'échappe pas aux moqueries de Mrs. Mountstuart: *You see Dr. Middleton's **pulpit** scampering after him.* (MEREDITH, *Egoist*, XLVI.) – On voit la **chaire** du Dr. M. qui décampe prestement et court après lui.

Pulse. – Du lat. *pulsus*, de *pellere*, pousser, repousser. Outre pouls au propre et au fig., signifie **pulsation, battement du cœur, palpitation, frémissement, tressaillement** (d'émotion, etc.): **vibration** (de la lumière, du son); **rythme;** au pl. **battements, rythmiques, temps forts;** † **coup, choc, attaque** *(cf. impulse, repulse).*

Un autre ***pulse,*** v. fr. *pois*, lat. *puls, pultis*, **bouillie, purée** est un singulier collectif qui désigne les **légumineuses, graines comestibles: pois, fèves, lentilles.**

– *The **pulse** of romance.* – La **vie qui palpite** dans le romanesque.

– *The **pulse** and undulation of the melody.* – Le **rythme** et l'ondoiement de la mélodie.

– *As his **pulses** beat faster, he was overcome by a longing for violent action.* – A mesure que ses **artères** battaient plus fort, des désirs d'action furieuse l'emportaient.

– *The whole beach **was pulsing** with heat.* – Toute la plage **était vibrante** de chaleur.

Pump (to), pump. – Famil. ***to pump** a secret out of one*, **arracher** un secret à, **tirer, soutirer** un secret de qqn.: ***to pump** s.o.*, **sonder, faire causer, faire jaser, tirer les vers du nez** de qqn.: ***to pump** a thief*, **« cuisinier »** un voleur; ***to pump a person's hand,*** **décrocher** la main à qqn., la lui **serrer avec effusion;** du sens de ***to pump** a ship*, **vider d'eau** un navire, on passe au sens très familier de ***to pumpship,*** **« lâcher l'eau »**, *to be **pumped,*** être **essoufflé, hors d'haleine, rendu, fourbu éreinté, échiné, moulu, rompu, flapi.**

Le subst. a les sens correspondants, *a **pump*** signifiant notamment: **essai, tentative de tirer les vers du nez** et la **personne qui s'entend à le faire.**

En composition, ***pump-room,*** **buvette** (de station thermale).

Un autre mot d'origine mystérieuse signifie: **escarpin verni, soulier de bal.** ***To keep toe in pump*** (dial.), c'est **se tenir coi.**

– *I found the man that had valeted Scudder and **pumped** him.* (J. BUCHAN, *The thirty-nine steps.*) – Je trouvai le valet de chambre de S., et je le **cuisinai.**

– *B. feels a bit **pumped** by the day's round.* (ALPHA, *Pebbles on the Shore*, 259.) – B. se sent un tantinet **sur le flanc (fourbu, claqué)** après l'assaut (de boxe) du jour.

– *The **pump-room** which is crowded like a Welsh fair.* (SMOLLETT, *H. Clinker*, 26/4/1771.) – La **buvette** où l'on s'écrase comme à une foire du Pays de Galles.

– *Slippers called **pumps,** which have only one sole.* – Des pantoufles appelées **escarpins,** qui ont une simple semelle.

Punch. – Outre le **punch,** mot angl. d'origine hindoue, « qui signifie cinq (le punch contenant en principe cinq ingrédients) » (Clédat), correspond à quatre mots différents: 1° représentant du fr. **poinçon,** qui a de multiples sens techniques; 2° **coup de poing** ou **de tête,** (argot: **force, vigueur, « biceps »**) d'où ***punching-ball,*** **ballon d'entraînement** pour la boxe; le verbe ***to punch*** signifiant aussi: **pousser avec un bâton, donner un coup de pointe à,** E.U. **conduire ainsi les bestiaux** et, par ext., **garder le bétail** dans un ranch; 3° (dial.) **homme trapu, ramassé, courtaud, pot-à-tabac; cheval de trait trapu;** 4° titre du fameux journal humoristique et satirique de Londres; abrégé de Punchinello, **polichinelle, *as pleased, as proud as Punch,*** **heureux comme un roi, fier comme Artaban, *Punch and Judy show,*** **théâtre de guignol.**

– *It was a regular **Punch and Judy show!*** – Ça valait **Guignol.**

Punctilio, punctilious. – ***Punctilio*** est l'ital. *puntiglio*, diminutif de *punto*, « point », qui a donné le fr. *pointille*, « contestation frivole » « minutie dans un débat »: « les vétilles et les *pointilles* », dit Saint-Simon; d'où, en angl.: **formalité, formalisme exagéré; point d'étiquette** et **d'honneur. *Punctilious,*** **pointilleux; minutieux. *To be on punctilious terms with,*** **être en délicatesse avec.**

– *The adverse party began to raise **points of punctilio.*** – La partie adverse commença à élever des **chicanes.**

– *Chinchona who was **on very punctilious terms** with the police, prayed the Count not to push matters to extremity*, traduit sous la plume de Joseph THOMAS le passage suivant du *Diable boiteux* (IV): La Ch., qui **avait de grandes mesures à garder** avec la justice, pria le comte de ne pas pousser les choses trop loin.

Punctual. – Outre ponctuel, « qui fait qqch. à point nommé ou de point en point », et « qui est fait à point nommé », ***punctual*** signifie † **pointilleux;** † **cérémonieux, formaliste; exact de tout point, précis, scrupuleux,** ce qui est le sens dans « justice ponctuelle et scrupule », cité par L. Enfin en géom. **formant un point, relatif à un point.**

Punctuate (to). – Nous disons bien: « un discours ponctué de menaces », « ponctuer chaque mot d'un geste », mais non pas: « *a book **punctuated** with a delicate sense of humour* » (T.L.S., 17 juillet 1959), « un livre **qu'agrémente, que rehausse** un sens délicat de l'humour ».

Punish (to), punisher, punishment. – ***To punish*, maltraiter, rosser, sangler** qqn., lui **administrer une raclée, une rude correction; battre à plates coutures** (son adversaire à la boxe, au tennis, etc.); d'où ***punisher***, un **tape-dur, qui n'y va pas de main morte.** Aussi **épuiser, mettre à bout, sur le flanc** (un coureur, etc.).

Par extension, ***to punish** provisions, wine*, etc., **tomber sur** les provisions, le vin, **à bras raccourcis,** si l'on peut dire, **y faire une brèche,** les **razzier, faire main basse sur,** etc.

– *The Bulgarian batteries have been severely **punished.*** – Les batteries bulgares ont été fort **maltraitées.**

– Tom Brown (II) dit que le bâton n'est pas *a **punishing** pastime*, c.-à-d.: n'est pas un passe-temps, un jeu **brutal, où l'on se fasse beaucoup de mal.**

– *We drank freely – **punished** his claret.* (WESTMACOTT, *Engl. Spy*, I.) – Nous bûmes copieusement – **sablâmes, lampâmes** son bordeaux.

– Pour rendre ce passage du « Lion » de J. KESSEL (II, iii): « Entre nous, je **force** un peu la dose (du whisky s'entend) », le traducteur dit: *Between you and me, I think I **punish** the stuff a bit too hard.*

Puppet. – **Marionnette** au propre et au fig., **pantin, fantoche, *puppet-show*, théâtre, spectacle de marionnettes.**

– *Mr. N. was a **puppet in** the hands of his wife.* – M. N. était un **pantin,** un **fantoche** entre les mains de sa femme.

Purchase (to), purchase. – Notre vieux mot *pourchas*, « ce qu'on pourchasse, occupation » (L.), n'a survécu que dans le verbe pourchasser, poursuivre avec ardeur, mais a tendance à reprendre vie dans le style relevé. Voici les sens courants en angl.: **achat, acquisition; *purchase-money*, prix d'achat;** jur. **acquisition** d'un bien, non par héritage, **acquêts; acquisition, achat, emplette** (sens concret); **loyer annuel,** *bought at 20 years' **purchase***, acheté, acquis moyennant vingt années de **loyer;** au fig. **acquisition** au prix d'efforts, de souffrances, de sacrifices; **marché** (bon ou mauvais); **prise, point d'appui, force mécanique** et son effet, **levier; appareil de levage, palan;** naut. *threefold **purchase***, **caliorne** à trois réas, ***purchase-fall*, courant de palan.**

To purchase a les sens correspondants.

Purple (adject. et subst.). – Au propre, va du cramoisi au violet. *Mauve* est défini *a **purple** dye; lilac, pinkish violet, bluish **purple.***

Le violet des évêques n'est apparemment qu'une autre nuance de pourpre que la pourpre cardinalice.

*The **purple** violet* (SHAKS., et autres), *the **purple-streaming** amethyst* (THOMSON, *Seasons, Summer*, 151), *the hyacinth **purple**, and white and blue* (SHELLEY, *Sensitive Plant*, VIII). On sait que cette pierre est violette et que ces fleurs le sont parfois aussi.

Au fig. et lit. ***purple patches*, passages hauts en couleur, morceaux de bravoure.**

– *Her handsome face with its brown and wrinkled cheeks, which with age had acquired almost the **purple** hue of tilled fields*, c'est ainsi que M. SCOTT MONCRIFF traduit: Son beau visage aux joues brunes et sillonnées, devenu au retour de l'âge presque **mauve** comme les labours de l'automne. (M. PROUST, *Swann*, I.)

– *The captain had gone **purple** with fury when his son had demanded from him as trustee a full account of his mother's fortune.* – Le capitaine s'était fâché **tout rouge** lorsque son fils avait réclamé son compte de tutelle.

– *Mrs. B. was in a gorgeous shot silk dress which flamed with red and **purple.*** (THACKERAY.) – Mme B. était vêtue d'une somptueuse robe de taffetas aux vifs reflets rouges et **violets.**

– Commentant un passage de Byron (*Werner*, III, i), un critique écrit: *Byron is indulging in a **purple** passage which holds the action and adds nothing to the meaning of the play.* – Byron se laisse aller à écrire un **morceau de bravoure** qui suspend l'action et n'ajoute rien à la signification du drame.

Pursuit. – Les Angl. disent ***to pursue** an occupation, a profession*, **suivre, exercer** une profession, d'où ***pursuit*, occupation, profession, carrière.** *The nautical **pursuit***, la **carrière** de marin, *the literary **pursuit***, la **profession** d'homme de lettres; mais *his literary **pursuits***, ses **travaux** littéraires, et même *fishing is his only **pursuit***, la pêche est son seul **délassement,** sa seule **distraction,** car on peut aussi *poursuivre* le divertissement comme on va à la chasse du plaisir ou du bonheur.

Pyramid. – Chez les Elizabéthains, **obélisque.** C'est ainsi que Méphistophélès promet au Dr Faustus de lui montrer (sc. IX): les hautains **obélisques** que César rapporta de ses guerres d'Afrique, *the high **pyramids** which Julius Caesar brought from Africa.*

Pyramiding ou ***pyramidal tax*, impôt de superposition, impôt sur la valeur ajoutée, qui fait boule de neige.**

Q

Q. – ***To mind one's P.s and one's Q.s*, être sur son bien-dire, se surveiller, faire attention, ouvrir l'œil.**

En compos. ***Q ship*, *Q boat*, bateau-piège.** ***Q fever*** (Q, abrév. de ***query***, fièvre **indéterminée** (GARNIER-DELAMARE), décrite à Brisbane (Queensland) et appelée impropr. de ce fait **fièvre du Queensland.**

Qualify (to), qualification. – Deux sens importants: 1° **Donner à quelqu'un les qualités** ou **connaissances requises pour..., rendre capable de, rendre propre** ou **apte à, préparer pour** ou **à**; jur., **habiliter**; intr., **remplir les formalités, les conditions requises en vue de l'exercice d'une profession, d'une fonction**; aux E.U., **prêter serment.**

2° **Modifier une assertion par des réserves, modérer, tempérer, atténuer, nuancer; diminuer, restreindre, limiter; étendre, couper** un liquide: *wine **qualified** with water*, vin **étendu** d'eau, et famil., par antiphrase **fortifier, renforcer, corser** (une boisson en y ajoutant de l'alcool); † **apaiser.**

***Qualification*, modification, limitation, restriction; réserve; qualité, talent qui vous rend apte à telle ou telle fonction; condition à remplir pour pouvoir exercer une fonction; titre,** (v. *residential*) **document attestant cette capacité.**

Le contraire de ***qualified*** est ***disqualified***, que la langue du turf a adopté sous la forme fr. de **disqualifié.**

– *Medicine? It costs a small fortune **to qualify**.* (C. DOYLE.) – La médecine? Il en coûte une petite fortune pour **faire les études nécessaires, se préparer à l'exercer.**

– *O never say that I was false of heart,*
*Though absence seem'd my flame **to qualify**.*
(SHAKS., *Sonnets*, CIX.)

– Oh ! tu ne diras point que mon cœur fut perfide,
Si l'absence a semblé **diminuer** ma flamme.

– *Hazlitt's admiration of Napoleon would not allow of any* ***qualification.*** – L'admiration de Hazlitt pour Napoléon ne souffrait aucune **réserve.**

– *Our liberty of action is* ***qualified*** *by other people's liberty.* (ALPHA, *Leaves in the Wind,* 240.) – Notre liberté d'action est **limitée** par la liberté d'autrui.

– Parlant du règlement de principe intervenu au sujet des dettes entre la Fr. et l'Angl., une personnalité britannique aurait déclaré, d'après certain journaliste, qu'il s'agissait d'une annulation (des dettes) « qualifiée » *(sic),* ce qui ne rend pas du tout ***qualified*** *cancellation.* Il aurait fallu dire, pour être exact et intelligible : **annulation conditionnelle.**

– *He drank tea which he* ***qualified*** *with brandy.* – Il buvait du thé qu'il **renforçait** (ou **corsait**) de cognac.

– *Still young and beautiful, she possessed all the* ***qualifications*** *for carrying out a negotiation successfully.* – Jeune et belle encore, elle avait tous les **talents** nécessaires pour se bien tirer d'une négociation.

Qualifying (adject.). – ***Qualifying*** *adjective,* adjectif **qualificatif,** ***qualifying*** *adverb,* adverbe **modificatif;** ***qualifying*** *examination,* examen **d'aptitude,** examen **d'entrée, d'admission** (dans une école, etc.) et donc parfois **éliminatoire;** ***qualifying*** *certificate,* certificat **d'aptitude, de capacité;** ***qualifying*** *actions,* actions **statutaires;** au tennis, ***qualifying*** *round,* série **éliminatoire.** ***Qualifying*** *statement,* **correctif, rectificatif.**

– *The examination proving too difficult to attract more than four or five candidates a year, new regulations were introduced in 1807 which transformed a* ***qualifying*** *into a classifying examination.* (*Statuts,* vol. VI, pp. 64-65.) – L'examen étant trop difficile pour tenter plus de trois ou quatre candidats, un nouveau règlement intervint en 1807, et l'épreuve **éliminatoire** se transforma en une simple épreuve de classement.

Quality. – **Capacité, aptitude, science, savoir,** réminiscence de *Hamlet,* (II, ii, 452) : *Give us a touch of your* ***quality,*** donnez-nous un échantillon de votre **savoir.** Aussi l'essence, la nature, le propre (des pers. et des ch.) : *The* ***quality*** *of mercy is not strained.* (SHAKS., *Merch. of V.* IV, i, 184.) – La clémence, **de soi,** est grâce et non contrainte. Enfin, *a judgement of* ***quality,*** un jugement **de valeur.**

Quarrel. – A eu autrefois jusqu'au XVIIIe s. le sens du lat. *querela,* **plainte en justice, grief, cause,** très fréquent aussi chez nos classiques, et encore vivant dans l'expression litt. embrasser, épouser la *querelle* de qqn.

– Robinson reproche à son équipage d'avoir vengé cruellement un marin égorgé par les sauvages : *The boatswain defended his* ***quarrel*** *when we were afterwards on board.* – Quand nous eûmes regagné le bord, le maître d'équipage défendit sa **cause.**

Rapprocher : De puissants défenseurs prendront notre *querelle.* (RACINE, *Phèdre,* V, 1.) c.-à-d. : prendront fait et cause pour nous.

Un autre mot signifie **carreau, matras** (d'arbalète) ; † **carreau** (de vitrail) ; **diamant** (de vitrier) ; **burin, losange** (de graveur) ; **burin** (de tailleur de pierres).

Quart. – 1° Environ 1 litre (exactement 1,135 l), ***a quart of beer,*** une **cannette.** 2° (à l'escrime) **quarte,** *to parry* ***in quart,*** parer **en quarte;** aux cartes, **quatrième.**

Quarter. – **Quart** (de cercle, d'heure, de siècle, etc.) ; E.U. **pièce de 25 cents, quart** d'un dollar ; (mes. de poids) 11,34 kg ; Angl. 12,7 kg ; (mes. de capacité) 2,909 hl ; **quartier** (de bœuf, etc.), au pl. ***hind-quarters,*** **arrière-train, train de derrière.** Naut. **hanche** (de navire). Hist. **membres écartelés** (d'un condamné), ***to quarter*** étant **écarteler** (un criminel) et, blason, **écarteler** l'écu, en « partager le champ en quatre *quartiers* ». Autres sens, ***quarter*** *(of a year),* **trimestre,** et donc **terme** (du loyer, etc.) ; naut. **quart** de rumb ou d'aire de vent ; p. ext. **direction, côté** d'où souffle le vent ; **parage (s), région.** Au fig. *in responsible* ***quarters,*** dans les **milieux** autorisés. *He got this information from a reliable* ***quarter,*** il tient cette information de **source** sûre ou : certaine ; *you should apply* ***to the proper quarter,*** vous devriez vous adresser **à qui de droit.** Autres sens, **quartier** (d'une ville), **district,** au pl. **appartements,** *to shift one's* ***quarters,*** changer de **domicile,** de **résidence,** plaisam. *she has taken up her* ***quarters*** *with her friend,* elle a porté ses **pénates** chez son amie. Mil. **quartier, cantonnement;** naut. ***sailors' quarters,*** **poste des matelots, poste d'équipage;** au pl. **postes de combat,** ***general quarters,*** **branle-bas de combat,** ***to beat, pipe to quarters,*** **battre, sonner le branle-bas,** ***all hands to quarters,*** **tout le monde à son poste !**

Loc. div., ***at close quarters,*** **à petite distance, tout près,** ***to fire at close quarters,*** **tirer à bout portant,** ***to fight at close quarters,*** **en venir aux mains, au corps à corps,** (de navires) **combattre bord à bord.**

En compos., ***quarter-binding,*** **demi-reliure,** ***quarter-cask,*** **feuillette,** ***quarter-day,*** **jour du terme;** ***quarter-deck,*** **gaillard d'arrière,** ***to walk the quarter-deck,*** **être officier (de marine);** ***quarter-sessions,*** **sessions trimestrielles des tribunaux de comtés;** ***quarter-wind,*** **vent de la hanche, vent grand largue.**

– *We found excellent* ***quarters*** *at a small inn although we lived there* ***at close quarters.*** – Nous trouvâmes un très bon **logement** dans une petite auberge même si nous y fûmes **un peu à l'étroit.**

– *It had been in vain for us... to hope for any good* ***quarter*** *at their hands.* (DEFOE, *Rob. Crus.*) – C'est en vain que nous eussions espéré un **traitement** humain de leur part.

REMARQUE. – De même que *moiety,* on l'a vu, s'entend parfois d'une part ou portion quelconque, *quartier* se dit de « telle ou telle partie d'une chose inégalement partagée » (ROBERT). Mettre en quartiers = en morceaux, en pièces : « L'attaquer, le mettre en *quartiers* (le chien), Sire loup l'eût fait volontiers... » (L.F., I, v).

D'où quartier de lard, *gammon of bacon*, quartier de chevreuil, *haunch of venison*, quartier de gâteau, *portion of cake*, quartier de terre, *plot of land*, etc.

Le sens de trimestre et de « paiement par tranches trimestrielles » a vieilli en fr. Le voici encore chez Stendhal (*R. et N.*, I, XXII) : « Leur précepteur jouirait de huit cents francs d'appointements payables non pas de mois en mois,... mais par *quartier* et toujours d'avance. »

Quartermaster. – L'armée fr. a connu autrefois le quartier-maître (-mestre), « officier (lieutenant ou capitaine) chargé des subsistances, des distributions, de la comptabilité d'un corps de troupes » (D.G.). Auj., cette appellation n'existe plus chez nous que dans la marine où elle s'applique au membre d'équipage dont le grade correspond à celui de caporal ou de brigadier dans l'armée de terre. Le mot angl. n'est plus jamais de nos jours l'équivalent du mot fr. dans cette dernière acception, mais a retenu certains sens désuets chez nous. On rendra donc par (naut.) **second maître de timonerie,** ***chief quartermaster*****, maître de timonerie;** mil. **officier chargé des subsistances, du logement, des distributions de munitions,** etc. et donc † quartier-maître; ***quartermaster-sergeant*****, maréchal des logis chef** (cavalerie), **sergent-major** (infanterie); ***quartermaster general*** *(Q.M.G.)*, **intendant général d'armée.**

Quarto. – **In-quarto** (inv.). *Shakespeare's* ***quartos***, les **in-quarto** de S.

Question (to), question, questionable. – Du sens de « poser une question », « soulever la question de savoir si », on passe à celui de **se demander, mettre en doute, douter de,** ***I question*** *whether he will be successful*, **je me demande** s'il réussira; *his honesty cannot be* ***questioned***, son honnêteté ne peut, ne saurait être **mise en doute** (ou : **contestée**), sa probité est **hors de cause;** ***it cannot be questioned*** *that*, **il est certain, indéniable** que... ***Beyond (all) question, out of question, past, without question***, **hors de doute, indubitable, indéniable.** *There is no* ***question*** *about it*, il n'y a pas de **doute** sur ce point; p. ext. *there is no* ***question*** *between us*, il n'y a pas de **sujet de désaccord,** etc. entre nous. (cf. esp. *cuestión*, querelle). ***To call in question***, † **mettre ou faire passer en jugement; demander des comptes; mettre en question, mettre, révoquer en doute, contester, discuter.** ***It is out of the question*****, c'est impossible, il ne faut pas y songer; jamais de la vie!** ***To put the question*****, mettre la question aux voix** (dans une assemblée, une commission, etc.). ***Question!*** **Au fait!, revenez au fait!** (impropr.); **c'est à savoir! c'est discutable! c'est contestable! c'est une opinion! ce n'est pas prouvé!** ***To beg the question*****, faire une pétition de principe.** † ***To question*****, mettre à la question** a pris la

forme fr. : ***to put to the question. Question mark*****, point d'interrogation.**

Questionable**, contestable, discutable, douteux, incertain, problématique;** péjor. (de la conduite, du goût, etc.) **douteux, équivoque;** † (d'une personne) **qui peut être interrogée;** et donc **abordable, Affable** (cf. *Hamlet*, I, iv, 43).

– *I think that view might be* ***questioned.*** (O. WILDE, *Intentions*.) – Je crois qu'on est en droit de **contester** cette opinion.

– ***The question is*** *where shall we find a home.* – **Reste à savoir** où nous allons trouver un gîte ou : un toit.

– *Retreat* ***was out of the question.*** – **Il ne fallait pas songer** à battre en retraite.

– *Socrates was* ***called in question*** *and had sentence of death pronounced against him.* – Socrate fut **mis en jugement** et condamné à mort.

– *...If there has been any* ***question*** *between us, it is over now.* – S'il y a eu le moindre **nuage** entre nous, le voici dissipé.

– *Why did you* ***question*** *his honour?* – Pourquoi avez-vous **douté de** son honneur?

Quiet. – « Home *quiete*, c'est-à-dire home paisible » (*Bible*, dans GODEFROY); et Montaigne, III, 9, écrit : « Je me contente d'une mort *quiete* et solitaire ». Ce sens vieilli de **paisible, tranquille** est resté angl. et s'est même développé. ***Quiet*** signifie donc : **modeste, discret, qui se tient à sa place.**

Autres sens : **tranquille, calme, silencieux,** *a* ***quiet*** *sea,* ***quiet*** *footsteps*; une mer **calme,** des pas **légers, silencieux; doux, tranquille,** *a* ***quiet*** *child, a* ***quiet*** *horse*, un enfant **tranquille, sage,** un cheval **doux;** (des couleurs, des vêtements) **sobre, simple, discret; simple, sans apparat,** *a* ***quiet*** *style*, un style **simple; intime,** *a* ***quiet*** *evening*, une soirée **intime;** ***to live in a quiet way*****, avoir un train (de vie) modeste; voilé,** ***quiet*** *irony*, ironie **voilée; sourd,** ***quiet*** *resentment*, rancune **sourde;** adv. **en cachette, sous le manteau, à la dérobée, clandestinement;** le mot peut aussi s'employer substantivement : fam. *to do something* ***on the quiet*****,** *the* ***quiet*** *of the night, a period of* ***quiet*** *after an election*, etc. et même comme verbe, concurremment avec *to quieten* : ***to quiet*** *a fretful child*, **calmer** un enfant agité.

– « *The* ***quiet*** *American* », titre d'un roman de Graham Greene, « Cet Américain **bien tranquille** ».

– *He is a* ***quiet*** *fellow, and I daresay doesn't call on any man unless he knew something of him before.* (HUGHES, *T. Brown at Oxford*, V.) – C'est un garçon **discret** qui, j'en réponds, n'ira pas trouver chez lui un étudiant à moins qu'il ne le connaisse déjà un peu.

– *Haven't we been* ***quiet?*** *We have done a lot of work.* – Avons-nous été assez **sages!** Nous avons énormément travaillé.

– *We had a* ***quiet*** *cup of tea.* – Nous avons pris une tasse de thé **dans l'intimité.**

– *Anything* ***for a quiet life!*** Tout ce que vous voudrez, **mais laissez-moi la paix!**

– *They were to discuss the affairs of the paper over* ***a quiet dinner.*** – Ils devaient **dîner en petit comité** en discutant les affaires du journal.

– *He drank a glass of wine* ***on the quiet.*** – Il but un verre de vin **à la dérobée.**

– *I am telling you that* ***on the quiet.*** – Je vous dis cela **entre nous, entre quat'z yeux.**

Quit (to). – E.U. employé absolument, **céder, baisser pavillon, mettre les pouces, mettre bas les armes;** abrév. de ***to acquit,*** absol. ou réfléchi, **s'acquitter de sa tâche, faire son devoir, se conduire, se comporter; acquitter** (une dette).**s'acquitter; payer de retour.** Autres sens: **déménager, vider les lieux;** ***notice to quit,*** **(avis de) congé.**

– ***Quit yourselves*** *like men and fight.* (*Bible,* I. *Sam.* IV, 9.) – **Comportez-vous** en hommes et combattez.

– Satan, arrivant devant l'Eden, se reproche d'en avoir mal usé envers son divin bienfaiteur et d'avoir pensé qu'il pouvait:

...In a moment ***quit***
The debt immense of endless gratitude...

(Milton, *Par. Lost,* IV, 51.)

...**Acquitter** en une seule fois l'immense dette de gratitude infinie.

Remarque. – En réfléchissant que ***quit*** peut signifier **acquitter,** on évitera de comprendre à contresens *I will* ***quit*** *thy love.* Ce n'est pas le quitter, mais le **payer de retour.**

Quodlibet. – Du sens primitif, commun aux deux langues, de question de philosophie ou de théologie proposée autrefois comme thème de discussion dans les universités, n'a pas passé au sens fr. courant de quolibet, mais à celui de **débat, argumentation, thèse débattue,** etc. En mus., **pot-pourri.**

Remarque. – Elwall, au mot angl. ***quodlibet,*** dit quolibet et au mot fr. quolibet, *jest.*

Quorum. – Ce mot, dont l'origine est la formule lat. *Quorum vos unum esse volumus,* n'a été par nous emprunté à l'angl. qu'au sens que l'on sait: « Nombre minimum de membres présents exigé pour qu'une assemblée puisse valablement délibérer et prendre une décision » (Capitant). A l'origine, le mot signifiait en outre: **nombre** de *Justices of the Peace* d'une compétence spéciale dont la présence était nécessaire pour constituer une commission, puis **un seul membre** de cette commission; s'est dit lâchement de tous ces *justices;* puis d'une **commission quelconque;** enfin, p. ext., s'applique à **tous les membres distingués d'une compagnie** et à cette **compagnie choisie** elle-même.

Quote (to), quotation. – Que l'on identifie avec **coter** et **cotation** respect., signifient en outre **citer** et **citation.** Typ. ***quotation (-quadrat),*** **cadrat creux;** ***quotation-marks,*** **guillemets.**

– *Stocks officially* ***quoted,*** *or* ***admitted to quotation.*** – Valeurs **admises à la cote officielle.**

– ***Quotation*** *for plant.* – **Prix** pour matériel.

– *In reply please* ***quote*** *this number.* – Prière de **rappeler** ce numéro dans votre réponse.

– *It is the best price I can* ***quote*** *for you.* – Il m'est impossible de vous **faire** (ou: **consentir**) un meilleur prix.

– *This passage should be* ***put in quotation marks.*** – Il y a lieu de **guillemetter** ce passage.

– *He* ***quoted*** *this witticism from the Prime Minister's speech.* – Il a **emprunté** ce mot (ce trait) d'esprit au discours du Premier ministre.

R

Race. – **Course,** d'où ***race-horse,*** **cheval de course,** aussi, **gros canard** des îles Falkland, *Tachyeres* ou *Micropterus cinereus;* ***horse-races,*** **courses de chevaux,** ***race-course,*** **champ de courses.** Autres sens, **cours** (du temps, de la vie); au fig. **carrière, vie humaine; courant; courant violent** ou **rapide; mascaret; ras** ou **raz; bief;** ***(mill-)race,*** **bief** (de moulin); mécan. **chemin de roulement** (pour billes ou roulement à billes).

– *We played* ***at race-horses,*** nous jouâmes **aux petits chevaux.**

Un autre mot est le fr. *rais,* lat. *radix, icis,* **racine** (de gingembre); (v. SHAKS., *Wint. Tale,* IV, iii, 50.)

Racket, to racket. – Deux mots: 1° **raquette;** au pl. sorte de **courte paume. 2° brouhaha, tapage, vacarme, tintamarre, charivari, sabbat; clameur, haut cri,** ***to kick up a racket, to racket,*** **faire du boucan, du pétard;** aussi **embarras, fracas, histoires** (au sujet de qqn.); **gaîté sociale, mondaine; dissipation,** ***to go on the r.,*** se livrer, s'adonner au plaisir, fam. **faire la bombe, la fête, la noce, tirer une bordée.** Autres sens, **fête, réception** (brillante, etc.) que l'on donne ou à laquelle on assiste, **(grand) tralala** (cf. *raout*); argot: **boulot, métier, spécialité** (génér. illicite); **truc, ficelle, combine,** etc. **coup** (monté), *to work a* ***racket,*** (origin. E.U.); **situation difficile, critique** ou **pénible, épreuve,** ***to stand the racket,*** **supporter, subir les conséquences de ses actes, payer les pots cassés;** (cf. *to face the music*), fam. **tenir le coup; s'en tirer à son honneur,** etc.

Enfin (Écosse) **coup bien asséné, gifle, taloche,** fam., **giroflée à cinq feuilles** ou: **branches.** ***To racket (about),*** **faire la noce, la vie, la fête,** etc. c.-à-d.: sens corresp. à ceux du subst.

– *Then until he thought it wise to return and* ***stand the racket*** *of his delay, he was a free man.* (WELLS, *Kipps,* I, ii.) – Alors, jusqu'à ce qu'il jugeât bon de rentrer et de **subir les conséquences** de son retard, il était un homme libre.

– *She'll have her **rackets** and her routs as well as the high-born ones.* (Th. Hardy, *Ethelberta.*) – Il faut à Madame ses **grands tralalas** et ses raouts, tout comme aux gens de la haute.

– Parlant des bruits qui troublent la majesté du silence dans les forêts du nord, Stewart E. White écrit: *The **racket** came to be an insult. (The Silent Places.)* – Le **tapage** en venait à être une insulte.

– *That's just our **racket**. (Breadwinners.)* – C'est justement notre **partie**, notre **rayon**, notre **affaire.**

– La peinture était le violon d'Ingres de Sir W. Churchill: *The vain **racket** of the tourist gives place to the calm enjoyment of the philosopher (Painting as a pastime).* – La vaine **dissipation** du touriste fait place à la calme jouissance du philosophe.

Radical,-ism. – *A **radical** politician,* un homme politique **aux idées avancées** ou même **révolutionnaires,** un **extrémiste,** surtout aux E.U. Lâchement, *the **radical party**,* la **Gauche,** les **Gauches.** ***Radicalism*** a les sens corresp.

Raffle. – « [Louis XIV] faisait des loteries de bijoux précieux pour les dames ou bien on les jouait à la *rafle* et Mme de Bourgogne distribuait souvent les lots gagnés. » (Voltaire, *Fragments sur l'Histoire,* XXVII.)

La rafle est un **jeu de dés.** Ce sens est désuet en angl. Le mot a passé à celui de **loterie.**

– *There was to be a **raffle** for a silver watch.* – Il devait y avoir une **loterie** où l'on pourrait gagner une montre en argent.

Rage, to rage, raging. – ***To be (all) the rage*** correspond au fr. **faire fureur,** c.-à-d. **être fort en vogue.** « Cette actrice, cette pièce **fait fureur** » se dira donc: *That actress, that play **is (all) the rage.***

On rapprochera de cette expr. le sens lit. d'**enthousiasme, inspiration, délire, fureur** (poétique ou prophétique) qui est précisément le lat. *furor.*

Raging** fever,* fièvre **chaude,** f. **de cheval,** ***r. *headache,* migraine **affreuse, épouvantable,** mal de tête **fou.**

Raid (to), raid, raider. – **Razzier, piller, faire, se livrer à des déprédations; faire une descente de police** (dans un tripot, une fumerie d'opium, etc.) **faire une rafle;** le subst. ***raid*** a les sens corresp. ***Raider*, maraudeur, pillard; corsaire ; militaire, aviateur, navire,** etc. **qui accomplit un raid.**

– Les mœurs des élèves des grandes écoles anglaises n'étaient pas toujours dignes d'éloges: *As among the Spartan youth, certain forms of theft were accounted permissible, even honourable, and landlord and farmer in the neighbourhood of a public school must be prepared for constant **raids**.* – Comme chez les jeunes Spartiates, certaines formes de brigandage sont permises, voire honorées; et il faut que, dans les environs d'une grande école, les propriétaires et les fermiers se résignent à de continuelles **déprédations.**

Rail, railing. – Le lat. *regula* a donné en v. fr. *reille,* dont est issu l'anglais ***rail.*** Vitruve (10, 12) emploie *regula* dans le sens techn. de *barre (de fer).* ***Rail*** signifiera donc **barre horizontale,** dans tous les sens de ce mot, soit **barre** (d'appui), **barreau** (de fenêtre), **bâton** (de chaise), **parapet, garde-fou** (de pont), etc.; **rambarde; rampe** (d'escalier); **ridelle** (de charrette); **garde-corps, bastingage, lisse** (de navire); **balustrade, barrière, clôture;** charp. **traverse, lierne.** Au pl. ***rails*, grille;** aux courses, **la corde.**

*To travel **by rail**,* voyager par **chemin de fer,** ***to run off the rails*, dérailler** au pr. et au fig.; en compos. ***rail-chair*,** **coussinet de rail;** ***rail-gauge*,** **gabarit d'écartement;** ***rail-guard*,** **contre-rail; chasse-pierre(s);** ***rail-head*,** **champignon de rail; tête de ligne, gare de ravitaillement.**

Trois autres mots. 1° † **Vêtement, manteau;** † **robe,** ***night-rail*,** **déshabillé, peignoir, robe de chambre;** (encore chez Thackeray) = *neckerchief,* **foulard, tour de cou.** 2° Orn. **râle,** ***land-*, *water-rail*,** **râle de genêt, râle d'eau.** 3° **Invective(s), criaillerie(s), injure(s)** (v. ***to rail***).

Railing(s) a le même sens que *rail* et signifie donc **grille, palissade, balustrade; garde-fou, garde-corps, rampe, rambarde lisse.**

– *The priest stood at the altar's **rail**.* – Le prêtre se tenait derrière la **grille** de l'autel.

– *Half a dozen passengers leant on the **rail**... and stared at the port.* – Une demi-douzaine de passagers, appuyés sur la **rambarde...** regardaient fixement le port.

– *He* (le second qui vient de faire l'appel) *saw a tall figure standing on the **rail**.* – Il aperçut une haute silhouette debout sur la **lisse.**

Rail (to). – **Invectiver contre, insulter;** selon Cotgrave, **chanter** ou **dire pouilles à...** Ce mot n'a jamais d'autre sens dans Shaks.

– Dans *Troïlus et Cressida* (II, iii, 3), Thersite dit: *Ajax, beats me and **I rail at him**.* – Ajax me bat et **je l'outrage.** (Trad. René Lalou).

– Un matelot difficile sur la nourriture: *He **railed** bitterly at the salt meat, at the biscuits, at the tea.* – Il **pestait** amèrement contre les salaisons, les biscuits, le thé.

Raisin. – **Raisin sec, passerille.**

– *The grapes I had hung were perfectly dried, and indeed were excellent good **raisins** of the sun.* (Defoe, *Rob. Crus.,* I, 121.) – Les raisins que j'avais suspendus étaient parfaitement secs, et en fait c'étaient d'excellents **passerilles.**

Rally (to), rally. – Du sens de **rallier** (une armée, etc.), **reprendre** (ses troupes) **en main, battre le rappel** (de ses partisans), l'angl. passe au sens fig. de **reprendre** (ses esprits, des forces, du courage) (trans.), **se remettre, se ressaisir, prendre le dessus** (intr.).

*A **rally*** signifie l'action exprimée par le verbe; E.U. **grand**

rassemblement politique; *(Beauty) rally*, concours d'élégance, rallye; (sports) **suprême effort** pour gagner le match, **sursaut d'énergie; rétablissement** (de la santé); **mieux passager;** (boxe) **reprise;** (tennis) **(belle) passe de jeu, échange rapide de balles;** (commerce) **reprise** (des affaires, etc.).

REMARQUE. – Ne pas confondre ***to rally*** que nous venons de commenter avec *to rally*, railler, se railler, se moquer de.

– *She* ***rallied*** *her drooping spirits.* – Elle **surmonta** son abattement.

– *She never* ***rallied*** *from that dreadful blow.* – Elle ne **se remit** jamais de ce coup terrible.

– *The* ***rally*** est le titre de *Phase the Third* de *Tess of the d'Urbervilles.* C'est la période de sa vie où la jeune fille, grâce à son optimisme et sa vigueur, **reprend courage et goût à la vie.**

– *The grand* ***rally*** *of each party had been held in the village of Luzerne.* – Les grandes **assises** de chaque parti s'étaient tenues dans le village de Lucerne.

– *The wounded man* ***rallied*** *his remaining strength.* – Le blessé **rappela** le peu de force qui lui restait.

– La dégustation d'un bon cru est toujours réconfortante: *It was not till the second bottle that he began* ***to rally.*** – Ce ne fut qu'à la seconde bouteille qu'il commença à **se remettre.**

– *The patient* ***rallied*** *from his bodily ailment.* – Le malade **recouvra** la santé du corps.

– *The* ***French Popular Rally***, c'est ainsi que les Angl. dénommaient le **« Rassemblement du peuple français ».**

Ramp (to), rampant. – Un lion *rampant,* en blason, est un lion dressé sur ses pattes de derrière, comme s'il grimpait. On a dit « ramper amont » et « ramper contremont », c.-à-d. **grimper.** Ce sens est angl. et s'applique aux pers. et aux ch. Viennent ensuite: **croître avec luxuriance, rapidement;** (des pers.) **tempêter, faire rage; bondir, aller en énergumène.**

***To grow rampant*, ne plus connaître de bornes.**

– *When she cometh home she* ***rampeth*** *in my face.* (CHAUCER, *Monk's Prologue,* 16.) – Quand elle rentre au logis, elle **fait rage.**

– *Miss Tox had furry articles which stood up on end in a* ***rampant*** *manner.* (DICKENS, *Dombey and Son,* I.) – Mlle T. avait des fourrures qui se hérissaient d'une manière **agressive.**

– *The spirit of democracy is* ***rampant.*** – Le souffle de la démocratie est **déchainé.**

Range (to), range, ranger. – « Quand on a *rangé* les champs et chacun a son épervier, on voit voler le sien et les autres. »; c.-à-d. « quand on a **parcouru** », d'où ***wood-ranger*, coureur des bois,** *a* ***ranger*** étant un **garde-forestier;** un **limier** ou **chien courant;** aussi un **vagabond,** un **rôdeur,** un **voleur de grands chemins.** Autres sens, *the* ***Rangers***, les **chasseurs à cheval,** E.U. **troupes montées faisant fonction de gendarmerie.**

Nous disons encore dans la langue maritime: *ranger,* c.-à-d. *longer* la côte. ***To range***, intr. **s'étendre, s'orienter** dans une certaine direction, **se situer dans certaines limites,** d'où ***range*****, rangée** de maisons, etc.; **chaîne** (de montagnes); **ligne d'orientation, direction, alignement, *in range with*, dans l'alignement, le prolongement de.** Aussi **étendue** d'un pays, **région,** E.U. **vastes pâturages;** sylv. (Inde) **cantonnement; habitat** (d'un animal, d'une plante). Au fig. **étendue** (des connaissances), **diapason, registre(s)** (de la voix); **clavier** (d'un instrument de mus.); **champ** (d'action, des études, des lectures); **sphère** (d'influence, d'activité); **domaine** (d'une science, etc.); **gamme** (des couleurs, des parfums); **échelle** (des valeurs); **choix** (de sujets); **assortiment** (d'articles); **portée** (d'une arme à feu, de la vue, de l'esprit), ici subst. de ***to range*** intr. **porter, avoir à portée de,** et de ***to r.***, trans. **trouver la portée, régler le tir,** d'où ***range-finder*, *-ing*, télémètre, -trie,** et ***ranging-fire*, tir de réglage.** Sens techn. ou spéciaux: Typ. ***to range*** *the type,* **aligner** les caractères; naut. ***to r.*** *the cable,* **élonger** la chaîne (de l'ancre), *the* ***range*** étant la **bitture** (du câble), au pl. les **bittes. *(Kitchen) range*, fourneau de cuisine, cuisinière** (orig. obscure, dit le N.E.D.). Statist. **intervalle** (de variation). Méd. et biol. ***range (of activity)*** *of a remedy, of a drug,* **champ des indications, spectre d'activité** d'un remède, ***wide-range*** *antibiotics,* antibiotiques **à haute polyvalence.** Phys. **spectre** (d'absorption). Chim. melting ***r.***, **point de fusion.**

– Robinson Crusoé s'inquiète de la lenteur de son travail, mais réflexion faite, il prend la chose philosophiquement: *I had time enough to do it; nor had I any other employment if that had been over... except the* ***ranging*** *of the island to seek for food.* – J'avais bien assez de temps pour m'en acquitter, et cet ouvrage une fois achevé, je n'aurais eu d'autre occupation que de **parcourir** l'île pour me mettre en quête de nourriture.

– *The ship* ***ranged*** *close to a ledge of foaming reefs.* – Le navire **longea** de près un banc de récifs écumants.

– Voici le sens métaphorique dans la prédiction d'Antoine (SHAKS., *J. Caes.,* III, i.): *And Caesar's* ***spirit ranging*** *for revenge.* – Et César, **ombre errante** avide de vengeance (Trad. C.M. GARNIER).

– *Voltaire* ***ranged over*** *far wider ground than the two poets* (Racine et Boileau) *ever attempted to do...* (J. MORLEY, *Voltaire,* III.) – V. **s'est donné carrière** sur un champ bien plus vaste que ne l'avaient jamais tenté ces deux poètes.

– *The great* ***range*** *of the Andes.* – La grande **chaîne** des Andes.

– *The room communicated with the great* ***range*** *of dormitories that ran practically from one end of the College to the other.* – La chambre communiquait avec la grande **enfilade** de dortoirs qui se suivaient d'un bout à l'autre du collège.

– *The gunmen were shooting at extreme* ***range.*** – Les artilleurs tiraient à **portée** maximale.

– Titre d'un tableau statistique: *Character dominance and **range***. – Dominance et **amplitude de variation** des caractères.

– *An economical **range** had been installed in one of the pantries.* – Un **fourneau** économique avait été installé dans une des arrière-cuisines.

– *The **range** of these essays is wide.* – Ces essais couvrent un vaste **champ.**

– *I did not see the **entire range** of the scheme.* – Je ne discernais pas **toute la portée** de l'entreprise.

– *The **range** of imagination is unlimited.* – L'imagination dispose d'un **domaine** illimité.

– Un combat homérique à coup de bouteilles: *He **ranged among** the bottled beer and succeeded in preparing two bottles by knocking off the bottom.* (WELLS, *Polly*, IX, 8.) – Il **explora** le bouteiller de bière et parvint à apprêter deux bouteilles à sa satisfaction en faisant sauter le fond.

Rank. – Comme en fr. **rang.** *Cab-, taxi-**rank***, **rangée, station** de fiacres, de taxis. Loc. div. ***rank and file***, les **simples soldats,** les **hommes de troupe,** y compris les **caporaux,** les **hommes.** Métaph. ***the rank and file** of men*, le **commun** des hommes ou: des mortels, comme qui dirait: le **tout-venant.** *Officer **risen from the ranks***, † officier **de fortune,** o. **sorti du rang;** *he had **risen from the ranks***, il avait **passé par les cadres, par la filière;** ***reduction to the ranks***, **dégradation militaire.**

All ranks, **officiers et troupe,** fam. **tous sans exception;** ***to take rank of***, **avoir la préséance, le pas sur.**

People of rank and fashion (cf. *Hamlet*, I, 3, 73: *They in France of the best rank and station)* **l'aristocratie, la fleur de la société,** vulg. **la haute (gomme).**

– *He rubbed shoulder with **rank and fashion.*** – Il s'est frotté aux **gens du bel air** et **aux personnes de qualité, de condition.**

– *This attempt of mine to submit to discipline only resulted in differentiating me more than ever, as has always happened indeed whenever I have tried **to take my place with the rank and file***, rend ce passage de *Si le grain ne meurt*, pp. 210-211: « Cet effort pour me mettre au pas ne réussit donc qu'à me différencier davantage, comme il advint chaque fois que je tentais de **m'enrégimenter.**

– *The **rank and file of men** are dependent on those placed above them.* – Les **hommes du commun (le commun des mortels)** dépendent (sont tributaires) de leurs supérieurs.

Ranker. – Simple soldat, officier sorti du rang; ***gentleman ranker***, **fils de famille qui s'est engagé,** souvent à la suite de bêtises.

Rapier. – Auj. **épée,** ***rapier thrust***, **coup d'estoc, de pointe;** au fig. **trait d'esprit, de satire, prompte et fine repartie, réponse du tac au tac.**

Rare, rarely. – Fam. **fameux, excellent, fier; bizarre, singulier, étrange,** avec ses corresp. pour l'adv., c.-à-d. avec valeur intensive.

– *She was a **rare** housewife.* – C'était une **excellente** ménagère.

– *We had **rare** fun indeed.* – On s'est pour sûr **fameusement** amusé.

– ***I recommend this wine, it is rare stuff.*** – Je vous recommande ce vin, c'est du **chenu.**

– *You can write **rarely** now after all your schooling, I should think.* (G. ELIOT, ***Mill on Floss***, III, iii.) – Je pense qu'avec toute votre instruction, vous devez maintenant savoir écrire **à la perfection.**

– *I remember the master, before he fell into a doze, stroking her bonny hair – **it pleased him rarely** to see her gentle.* (Emily BRONTË, *Wuthering Heights*, V.) – (Il s'agit de la petite Cathy, enfant d'un naturel espiègle et turbulent). Je me rappelle qu'avant de s'assoupir, le maître caressait ses beaux cheveux. **C'était pour lui un rare plaisir** de, **(il prenait un plaisir extrême** à) la voir d'humeur douce, et non, comme l'écrit un traducteur: Il n'avait pas souvent le plaisir de la voir gentille! faisant ainsi un contresens et un faux sens dans une seule et même phrase pourtant très simple.

– *He spoke in a very **rare** manner.* (E. HEMINGWAY, *For Whom the Bell Tolls*, II.) – Il parlait d'une façon **très bizarre.**

– *The raisins were so plentiful and **rare.*** (DICKENS, *Christm. Carol*, III.) – Les raisins secs étaient si abondants et si **fameux.**

Bon exemple, car une denrée ne peut être à la fois abondante... et rare.

Un autre mot d'origine anglo-saxonne est une variante de † *rear*, **peu cuit, cuit à demi,** (biftek) **saignant;** c'est dans ce sens que Ch. Lamb parle de viandes pourries de cuire ou **incuites,** *rotten-roasted or **rare.***

Rase ou **raze (to).** – Signifie bien raser (une ville), démanteler (des fortifications, etc.) mais aussi **effacer** (avec le gratte-papier), **rayer, biffer** (un mot); Cf. *to erase;* avec *out*, **effacer** un souvenir (de la mémoire): † **érafler** (la peau).

Rat. – Politique: **transfuge, rénégat, apostat, lâcheur, saxon.** Ind. **gâte-métier, (un) jaune, (un) renard.** ***To smell a rat***, **flairer un piège, soupçonner anguille sous roche, avoir la puce à l'oreille.**

To have rats in the attic, **avoir une araignée au plafond, travailler du chapeau;** ***to have (got) the rats***, **être en rogne; être en proie au delirium tremens;** ***rats!*** **quelle blague! à d'autres! va-t-en voir si j'y suis! allons donc! pour qui me prenez-vous?** Vul. **chiche!** t. de défi.

– *And you're telling me that these people **didn't smell a rat!*** (Il s'agit de personnes dont on s'est assuré la complicité passive dans un crime) – Et vous me soutenez que cela ne leur **a pas mis la puce à l'oreille!**

Rational. – Doué de raison, sensé, *man is a **rational** being;* **sain d'esprit,** ***to be quite rational***, **avoir toute sa tête;** *a **rational** mind*, un esprit **conséquent;** autres sens, **raisonné,** *a **rational** English grammar*, grammaire **raisonnée** de la langue angl.; ***rational** dress*, vêtements **pratiques**, d'où ***rationals*** (subst.) **culottes de femme** remplaçant la jupe.

Rationale. – Fondement logique, raison fondamentale, raison d'être; (rare) **analyse, exposé raisonné.**

– *The **rationale** of punctuation may be read as we run.* – La **raison d'être** de la ponctuation se conçoit d'emblée (saute aux yeux).

Ratoon, to ratoon. – N'ont rien à voir avec le rongeur. Ce sont des mots d'origine esp., corruption de *retono*, rejeton, jet, qui signifient respect.: **rejeton** (de canne à sucre après le recépage) et, intr. **pousser des rejetons** ou trans. **recéper** la canne à sucre, etc.

– *The practice of **ratooning** saves the labour and expense of planting fresh cane every year.* (Hugh NICOL, *The biological control of insects*, II.) – La pratique du **recépage** permet de faire l'économie **de la main-d'œuvre et de l'argent que nécessiterait la plantation** annuelle de la canne à sucre.

Ravish (to), ravisher. – « Ce corps... Ne craindra plus bientôt l'effort d'un ravisseur » (CORNEILLE, *Illusion comique*, V, iii).
Si nous comprenons bien, il s'agit du viol. Tout le dit, car effort vient d'efforcer, qui signifie **forcer, violer** (voir *to enforce*). Ce sens, qui n'est pas enregistré par Littré, est courant en angl. ***To ravish** a maid*, c'est la **violer.** Cet emploi donne lieu à un jeu de mots de Donne, le poète ingénieux (GRIERSON, *Metaphysical Poets*, p. 88): *I never shall be chaste* – est-il dit à Dieu – *unless you **ravish** me*, où le sens apparent est *violer* et le sens envisagé *ravir* (au ciel).

To ravish veut encore dire **dépouiller.**

– Macbeth, (II, ii, 55) pour s'encourager à l'assassinat du roi Duncan, se dit que l'heure est favorable: c'est la nuit et le meurtre:

*With Tarquin's **ravishing** strides, towards his design*
Moves like a ghost.
Du long pas d'un Tarquin **ravisseur,** vers son but.
Comme un fantôme, va,

ou, traduction plus claire:

Du long pas d'un Tarquin, **larron d'honneur,** va comme
Une ombre vers son but.

Tarquin ravisseur s'entend comme dans l'exemple de Corneille. On sait qu'il court **violer** Lucrèce.

– *They **ravished** the apple-trees.* (ALPHA, *Pebbles on the Shore*, 41.) – Ils **dépouillèrent** le pommier.

Ravishment. – Subst. du v. *to ravish*, signifie donc outre **ravissement, extase, enchantement, transport de joie :** jur. **enlèvement, rapt, séduction, viol** (d'une femme).

– *A writ of **ravishment** of ward*, une action en **séduction,** en **détournement** de pupille.

Read (to), reading (subst. et adject.). – Non seulement lire, mais aussi **étudier, travailler.**

Reading, c'est outre la lecture, dans tous les sens de ce mot, la **façon de lire, l'interprétation, l'explication** (d'un texte, d'une énigme, des événements); l'**interprétation** (d'un rôle, d'un morceau de musique); une **leçon** ou **variante** (d'un manuscrit); la **correction** (d'épreuves d'imprimerie); une **séance de lecture,** voire une **réunion littéraire.** En compos. ***reading-desk***, **pupitre, lutrin,** ***reading-party***, **voyage d'étude.**

– *He was **reading hard** for the bar.* – Il **travaillait ferme** pour entrer au barreau.

– *What is your **reading** of the facts?* (C.O.D.) – Comment **interprétez**-vous ces faits?

– *Private **reading** is the only study which is really profitable.* – Le **travail** personnel est le seul qui soit vraiment fructueux.

– ***Mr. Irving's reading** of the part (Hamlet) does not differ much from that adopted by the preceding Hamlets.* – L'**interprétation** du rôle d'Hamlet par M. I. ne diffère guère de celle qu'ont adoptée ses prédécesseurs.

Readable. – *A **readable** handwriting* est bien une écriture **lisible,** *legible*, mais *a **readable** book* signifie un livre **intéressant à lire, d'une lecture agréable,** *an **extremely readable** book*, un livre d'une **lecture captivante, passionnante.**

Reader. – Lecteur, -trice, certes, dans toutes les acceptions de ces mots, mais non pas lecteur (univ. all. *lektor*) qui se dit *lecturer, foreign assistant*, ni (néol.) lecteur « dispositif servant à la reproduction des sons enregistrés », lecteur, pick-up électromagnétique ni enfin (cinéma), l. optique, l. de son etc.

Outre (typ.) **correcteur,** ***reader*** signifie: **maître de conférences, chargé de cours; livre de lecture, recueil de morceaux choisis, manuel,**

Real, real(i)ty. – S'oppose, comme en fr., à ce qui est apparent, artificiel, feint, ou faux, sans pour autant devoir se rendre toujours par *réel*, *a **real** diamond*, un diamant **vrai, véritable,** ***real** flowers, silk*, des fleurs, de la soie **naturelles;** ***it is the real thing***, **c'est authentique,** fam. **c'est du vrai, ce n'est pas du faux, du toc; c'est ce qu'il vous faut;** jur. ***real estate*** ou ***property***, **biens immeubles,** ou **immobiliers, biens-fonds,** qui peuvent donner lieu à une action *réelle*, car ici le fr. et l'angl. concordent. D'où ***realty***, **objet, bien immobilier** (s'oppose à *personalty (q.v.)*.

– *This is a **real** Turner.* – C'est un Turner **authentique.**

– *Your letter caused me **real** joy.* – Votre lettre m'a causé (ou: donné) une **véritable,** une **vraie** joie.

Realize (to). – ***To realize*** ne signifie pas toujours réaliser dans le sens de « rendre réel », ou: effectif (réaliser un projet un idéal, etc.) ou de « convertir (un bien-fonds, des valeurs, etc.) en espèces: très souvent, il faut entendre: **se rendre compte de, bien comprendre, concevoir nettement, d'une manière concrète et réelle, se pénétrer de, être frappé de, se rendre à l'évidence,** etc.

Lorsque Andromaque (III, iv) supplie Hermione de l'aider à

sauver Astyanax, et que celle-ci répond:

Je **conçois** vos douleurs: mais un devoir austère,
Quand mon père a parlé, m'ordonne de me taire.

« Je **conçois** » pourrait se rendre par *I realize.* Ne pas imiter les écrivains qui, influencés inconsciemment ou non par l'angl., violentent notre langue et disent pas exemple: je *réalise* la difficulté, je *réalisai* mon bonheur, etc., dans le sens de ***to realize.***

L'Opinion du 1er octobre 1927 rappelle, à ce propos, « le monumental contresens commis [pendant la première guerre mondiale], par un ... traducteur sommeillant et passif: « L'état-major fr. a pleinement *réalisé* les intentions de l'ennemi. » Cette traduction absurde, imprimée par mégarde dans notre *Journal de la Presse* ***étrangère,*** **causa un petit scandale. Tout le monde comprit que notre état-major avait lamentablement subi la volonté de l'ennemi et agi conformément aux plans all., alors que le texte angl. voulait** dire que notre état-major avait au contraire **pénétré complètement** toutes les intentions de l'ennemi.

– *Again he said to himself, « She does not **realize** what marriage means! »* (Th. Hardy, *Jude*, III, vii.) – De nouveau, il pensa à part soi: « Elle ne **saisit** pas (ne **comprend** pas) ce que signifie le mariage ».

– *The bishop had been charmed by the historical associations of Princhester when first the see was put before his mind. His **realisation** of his diocese was a profound shock...* (Wells, *The Soul of a Bishop.*) – L'évêque avait été charmé par les souvenirs historiques qui se rattachent à Princhester, dès qu'on lui avait fait envisager la possibilité de cet évêché. **Quand il se rendit compte** de ce qu'était son diocèse, il en fut profondément ébranlé...

– ***I have realized my mistake*** **deviendrait sous la plume d'un** traducteur... laxiste: J'ai réalisé mon erreur, alors que cela veut dire: Je **suis revenu** de mon erreur.

– *There was a damp air about him. He **realized** that he was on the quays.* – Un air humide l'enveloppa. Il **se reconnut** au bord des quais.

Realty. – Jur. Syn. de *real estate,* **propriété foncière;** collect. **(biens) immeubles, b. immobiliers.** (v. *personalty*).

Poe *(Marginalia)* devançant l'ère des maisons préfabriquées, dit plaisamment: *Since it has become fashionable to trundle houses about the streets, should there not be some remodelling of the legal definition of **realty**, as, that which is permanent, fixed, immovable, that cannot be carried out of its place'? According to this a house is by no means **real estate.*** – Depuis qu'il est devenu de bon ton de déplacer les maisons et de les faire rouler par les rues, ne devrait-on pas réformer quelque peu la définition légale d'après laquelle la **propriété immobilière** comprend: « ce qui est permanent, fixe, **immobile, non susceptible d'être déplacé »? Dans ces conditions, une maison n'est aucunement un immeuble.**

Reasonable, -bly. – La trad. des ex. fait apparaître les nuances à observer.

– *Our suspicions were **reasonable.*** – Nos soupçons étaient **fondés.**

– *On the principle, 'if you can't keep a love affair going, start a row', this is **reasonable.*** (Kipling, *Something on Myself,* V.) Suivant le principe: « Si tu ne peux faire marcher une affaire d'amour, cherche querelle », la chose **se défend.**

– *The engine works **reasonably** well.* – Le moteur fonctionne **somme toute** d'une manière satisfaisante.

– **La tempête est si violente que les officiers ne laissent monter** sur la vergue qu'un nombre de gabiers strictement limité: *The captain didn't want to see all his crowd go over the side at once. That was **reasonable.*** (J. Conrad, *Nigger of the N.* III.) – Le capitaine ne voulait pas voir tout son équipage à la mer d'un seul coup. C'était **sage.**

– ***The meat slightly affected with a disease can reasonably be sold.*** – La viande légèrement atteinte de maladie peut être mise en vente **sans grand risque.**

Rebound (to). – Par confusion avec *to redound* (q.v.), **retomber, rejaillir sur,** *it **rebounds** to his honour,* cela **est** à son honneur, l'honneur en **rejaillit** sur lui: *your evil example will **rebound** upon ourselves,* votre mauvais exemple **retombera** sur nous.

Rebut (to). – Le sens particulier à l'angl., et qu'il importe donc de signaler, est celui de **repousser** en prouvant le contraire et, par conséquent, **réfuter,** (une accusation); **démontrer la fausseté** (d'une thèse, d'une théorie, etc.); absol. jur., **dupliquer, riposter.**

– *This faculty enabled him to **rebut** the charges brought against him.* (Disraeli, *Charles I,* III, v.) – Cette faculté lui permit de **réfuter** les accusations portées contre lui.

– ***He is not called to rebut, nor you to entertain an anonymous*** *accusation.* (Thackeray, *Pend.* LIV.) – Il n'a pas à **réfuter** une accusation anonyme; vous n'avez pas à vous en faire l'écho.

Recant (to), recantation. – Non pas rechanter, mais † **déchanter** (Cotgrave), **se rétracter, chanter la palinodie,** ce qui est ***recantation.*** Aussi **abjurer** (une erreur de doctrine).

– *He **recanted** and submitted himself to the powers that were.* – Il **se rétracta** et se soumit aux puissances établies.

Recapitulation, to recapitulate. – Biol. **répétition** chez un individu **de stades de l'évolution ancestrale** ou **phylogénétique,** d'où le verbe dans le même sens.

Receive (to). – On notera: *He **received** stolen goods,* il **recelait** des objets volés; *she **received the sacraments,*** elle a **communié,** et absol. *she attended mass **without receiving*** elle a assisté à la messe **sans communier;** *he was **received** into the Church,* il a été **admis dans le giron de l'Église;** *public men will **receive** many insults,* les hommes publics doivent **essuyer** bien des avanies. *I hope you* *have **received** my meaning*, j'espère que vous avez **compris**, (ou: **saisi**) ma pensée. *Can you **receive** this station to-night?* pouvez-vous **capter** ce poste ce soir?

Receiver. – Outre **destinataire** (d'une lettre, d'un envoi); **consignataire** (de marchandises); **liquidateur** (d'une faillite); **séquestre, administrateur** (d'un bien en litige); jur., **receleur** (de biens volés); élect. **récepteur**; T.S.F. **poste récepteur; écouteur** (du téléphone); chimie, ind. **cloche** (de machine pneumatique); **ballon; récipient, réservoir; citerne; moule** (de fonderie).

– *Modern bankruptcy legislation provides for the appointment of a **receiver** to avoid waste of the bankrupt's assets.* – La législation moderne sur la faillite prévoit la désignation d'un **liquidateur** pour éviter toute dilapidation de l'actif du failli.

– ***Receivers** of water to supply the pipes.* – **Réservoirs** d'eau pour alimenter les conduites.

– *She put down the **receiver**.* – Elle raccrocha l'**écouteur** (du téléphone, s'entend).

Reception. – **Acceptation** (d'une théorie). Psych. *faculty of **reception***, faculté de **recevoir les impressions, réceptivité**, *facility of **reception***, facilité **d'assimilation.**

Recession. – Le lat. *recessio* signifie action de s'éloigner, recul, retraite. De même ***recession***, puis, sens concret, **partie en retrait**; enfin, néol. **dépression, marasme économique, effondrement** (des prix, etc.).

– ***Recession** of the sea from the coast-line.* – **Régression** de la mer.

– *The fears of an economic **recession** have proved groungless.* – Les craintes d'une **crise** (ou: **dépression**) économique se sont révélées sans fondement.

Remarque. – Puisque nous disposions déjà du terme *régression*, antonyme de progression et qu'au surplus nous pouvons parler de dépression, de marasme ou de crise économique, la naturalisation de ce néol. anglo-amér. ne s'imposait nullement).

– Ne pas confondre avec une autre *recession*, restitution, *the recession of conquered territory*. (Webster).

Recipient (subst. et adj.). – † **Récipient.** Sens courants: (personne qui) *reçoit* un don, un cadeau, un enseignement, une lettre, et donc **donataire, bénéficiaire, destinataire.**

Récipient se dit *container, vessel, receptacle.*

– *The **recipient** of the gift expressed his gratitude.* – Le **donataire** témoigna sa gratitude.

– *The funds will be used by the **recipient** countries for the settlement of refugees.* – Les pays **bénéficiaires** affecteront ces fonds à l'installation de réfugiés.

Reciprocate (to). – Intr. et trans. (mécan.) **Donner, imprimer** (ou avoir) **un mouvement alternatif, un mouvement de va-et-vient**, d'où ***reciprocating saw***, **scie alternative**, ***reciprocating device***, **dispositif de va-et-vient.**

Recite (to), recital, recitation. – Le sens de **raconter, rapporter en détail de vive voix** un événement (D.G.) était courant en bonne langue: Je sais de ses froideurs tout ce que l'on *récite*. (Racine, *Phèdre*, II, 1). Il a vieilli. Non pas en angl. où ***to recite*** signifie **rapporter, relater; débiter, énumérer** (les circonstances d'un fait, les détails, etc.); jur. **faire la relation de, exposer, citer** (les faits).

D'où ***recital***, sens corresp.: **rapport, relation, compte rendu**; enfin **récital.**

Aux E.U. ***recitation-room*** = (la) *class-room* anglaise, la (**salle de**) **classe.**

Remarque. – ***To recite** a poem* doit évidemment se rendre par réciter, dire ou déclamer un poème. On s'avisera néanmoins que, sous l'influence d'associations péjor., déclamer et déclamation sont fréquemment pris en mauvaise part.

– *He **recited** all his grievances.* – Il **énuméra** tous ses griefs.

– *The time would fail me if I were **to recite** all the big names in history whose exploits are perfectly irrational.* (R. L. Stevenson, *Crabbed Age and Youth.*) – Le temps me manquerait si je devais **énumérer** tous les grands noms de l'histoire dont les exploits sont tout à fait absurdes.

– *I **recited** faithfully all the happenings of the morning.* – Je **relatai** scrupuleusement tous les événements de la matinée.

– *Any one could hear in the kitchen the patients coughing and **reciting** their history*, rend ce passage de *Madame Bovary* (I, V): L'on entendait de la cuisine les malades tousser dans le cabinet et **débiter** toute leur histoire.

– *Caroline's lively **recital** of their adventures was received with much interest.* (Lytton, *Alice*, II, v.) – Le **récit** animé que fit Caroline de leurs aventures suscita un vif intérêt.

Reclaim (to), reclamation. – Les emplois angl. qui s'écartent des emplois fr. – et ils sont nombreux – ont leur point de départ dans le langage de la fauconnerie. ***To reclaim***, c'est † **r-appeler,** c'est-à-dire **appeler le faucon pour qu'il revienne au leurre,** ou **sur le poing** (témoin, en fr., le verbe *réclamer*, terme de fauconnerie et de chasse (L., 8°) et le mot (un) *réclame* (L., 2°), cri ou signe pour faire revenir un oiseau, etc.), d'où, par la répétition de cet exercice, † **dresser, apprivoiser le faucon,** puis, généralisant, **dresser les hommes, les faire marcher droit,** les « **adresser** » **vers la bonne voie,** les **réformer,** les **ramener au bien, à la vertu; civiliser.** (Le N.E.D. définit *tame* comme suit: ***reclaimed** from the wild state.*) P. ext. appliqué aux ch. et, notamment, aux terres en friche, ***to reclaim*** signifie **amender, récupérer, rendre cultivable, habitable.** Dans l'industrie, **régénérer** (le caoutchouc, les huiles de graissage), **récupérer** (les sous-produits). En résumé, ***to reclaim*** exprime la victoire du bien sur le mal, de la culture et de la civilisation sur la barbarie, de la volonté laborieuse et de la persévérance sur l'instinct et sur les forces destructrices ou mauvaises de la nature.

– *The falcon is **reclaimed** by shaking the lure.* (*Chambers Cycl. s. v.*, 1727-41.) – On fait **revenir** le faucon **au poing** en agitant le leurre. (Ou, simplement: on ***réclame*** le faucon, mais il importe d'employer le verbe ***réclamer*** à bon escient.)

– *Importuned by his physicians totally **to reclaim** his appetite from all manner of salt meats...* C'est Cotton qui traduit ainsi ce passage de Montaigne (I, iv): « Étant pressé par les médecins de **laisser** du tout les viandes salées... »

– *Socrates seems as if he was saying to the libertine he is **reclaiming**: You grant me this.* (Sterne, *Tristram Shandy*, IV, xii.) – Il semble que Socrate dise au libertin qu'il est en train de **réformer**: vous m'accordez cela.

– ***To reclaim men from barbarism** is a long and exacting task which is far from being accomplished yet.* – **Arracher les hommes à la barbarie (les civiliser)** est une œuvre (ou entreprise) de longue haleine qui est loin d'être achevée.

– *Marshes waiting for **reclamation**.* (Froude, *Oceana*, XV.) – Des marais qui attendent l'**assèchement**.

– *Workshop and welfare centre for **reclaimed** women.* – Ouvroir et dispensaire pour filles **repenties**.

– ***Reclamation** of young delinquents.* – **Redressement** des jeunes délinquants.

Recognition. – Va jusqu'à signifier **attention, intérêt** (qu'on éveille ou suscite), **considération** (qu'on accorde), **récompense** (qu'on attribue).

– *In spite of his popularity he always tried **to avoid recognition**.* – Malgré sa popularité, il s'efforçait toujours **de passer inaperçu**.

– *The **recognition** attaching (being given) to the medical profession.* – La **considération** qui s'attache à la profession de médecin.

Remarque. – Le grammairien Féraud aurait voulu voir renaître notre vieux mot *recognition*, parce que reconnaissance a dans l'usage un tout autre sens.

Recognizance est un terme jur.: c'est l'**engagement pris devant un tribunal**, de comparaître, acquitter une dette, payer une amende, de ne pas troubler l'ordre: c'est aussi la **caution** versée à cet effet ***to enter into recognizance**, not to...*, **prendre l'engagement formel** de ne pas...

– *You may commit this spark on my **recognizance**,* c'est ainsi que Smollett traduit ce passage de *Gil Blas* (I, xii): vous pouvez arrêter ce galant sur ma **parole**.

Recognize (to). – Saluer, montrer qu'on reconnaît, faire un signe de reconnaissance; remettre qqn., antonyme de *to ignore* ou de *to cut*. **Se rendre compte de, tenir compte de;** p. ext. **remarquer, retenir l'attention.** E.U. (dans les assemblées délibérantes) ***to recognize** a member*, **donner la parole** à un membre, *The French delegate **is recognized**,* le délégué de la Fr. **a la parole**.

– *Mrs. N. spat on the ground and therefore was not **recognized** in the street.* – Mme N. crachait dans la rue, de sorte que personne ne l'y **saluait**.

– Parlant d'une des premières publications de Katherine Mansfield, Middleton Murry dit: *This book was immediately **recognized**.* – Ce livre fut immédiatement (ou: aussitôt) **remarqué**.

– *Influenza **recognizes** no man-made boundaries.* – La grippe ne **tient compte** d'(ou: **ne connaît**) aucune frontière tracée par l'homme.

– ***We cannot fail to recognize** in James Mill's instinctive asceticism the stamp of his early education.* – **Comment ne pas voir** dans cet ascétisme instinctif de J.M. l'empreinte de son éducation première?

Recollect, recollection. – 1° **recueillir, rassembler** ses forces: c'est le lat. *recolligere vires;* se remettre, se calmer, *recolligere se*. 2° **rassembler** ses souvenirs, **se rappeler.**

La prononciation diffère selon le sens. Dans le sens 1°, la première syllabe se prononce *ri*, dans le sens 2°, *ré*.

Recollection a les sens corresp.

– *He no sooner **recollected** himself from the blow than he despatched a letter to his brother-in-law.* (Smollett, *Count Fathom*, LVI.) – Il ne se fut pas plus tôt **remis** du choc, qu'il expédia une lettre à son beau-frère.

– ***As far as I recollect... To the best of my recollection.*** – **Autant qu'il** (ou **que je**) **m'en souvienne.**

– *A volume of tributes and **recollections**.* – Recueil d'hommages et de **souvenirs**.

Remarque. – Recollection a signifié chez nous *recueillement*: « Il y eut un silence et une *recollection* parfaite pour entendre intérieurement la voix de Dieu. » Dans L. (1°). D'autre part, *recollection* est, toujours selon L. (2°), un terme de philo. signifiant *rassemblement* de souvenirs, *rappel*. Ce terme n'est pas mentionné par Lalande.

Recommend (to), recommendation. – ***To recommend** for promotion*, **proposer** pour l'avancement, pour une distinction; p. ext. du sens de recommander, **apostiller** (une demande, une pétition); **prévenir en faveur de, rendre agréable.** Jur. *The jury **recommended the murderer to mercy**,* les jurés **ont signé le recours en grâce.** – Sens corresp. pour le subst.

– *The candidates must be **recommended** by their governments.* – Les candidats doivent être **proposés** par leur gouvernement (respectif).

Recompense (to), recompense. – Récompenser, certes, mais aussi, comme en fr. vieilli, **compenser** (une perte); **dédommager, réparer** (un dommage); puis **payer de retour, répondre à l'affection.**

Sens corresp. pour le subst.

– *A thief **maketh recompense** with all the goods of his house,* écrit Coverdale, traduisant la Bible (*Proverbs*, VI, 31). La version de 1611 dit: *He shall give the substance of all his house.* – Un voleur **fera réparation** en donnant tout ce qu'il a dans sa maison.

C'est le sens 3 du L., devenu vieux, mais qui a survécu en dr. dans le sens d'indemnité pécuniaire due par l'un des époux à la communauté ou par la communauté à l'un des époux et qui est réglée après la dissolution de cette communauté.

– *Such is the* ***recompense*** *of sin.* – Tel est le **salaire** du péché.

C'est le sens ironique qu'on trouve chez nos classiques:

« Ton impudence,
Téméraire vieillard, aura sa *récompense* »

s'écrie Don Gormas en souffletant Don Diègue (*Le Cid*, I, iii.)

Voici la contre-épreuve chez La Fontaine (*Fables*, VI, 13): « Ingrat, dit le manant, voilà donc mon **salaire!** », que Sir Edward Marsh traduit *« Oho! », the Rustic cried, « is this my* ***recompense?*** *»*

Reconcile (to). – Est bien réconcilier ou même simplement concilier (*these two opinions cannot be* ***reconciled,*** on ne peut **concilier** ces deux avis), mais ***to reconcile*** *differences,* c'est **apaiser** un différend, ***to reconcile*** *a quarrel,* **ajuster, arranger** une querelle; ***to reconcile oneself to*** *one's lot (or fate),* **se résigner** à son sort; *he* ***reconciled himself*** *to his new job,* il **s'est fait, habitué** à son nouvel emploi. On notera enfin ***to reconcile*** *sins,* **racheter** les péchés.

Record, (to) record. – Le lat. *recordari,* rac. *cor, cordis* « cœur, esprit » répéter pour apprendre par cœur (ROBERT) a donné le fr. recorder, se recorder, et l'angl. ***to record,*** tous deux désuets dans ce sens. On disait même: *recorder* des acteurs (Voltaire) leur faire répéter: leur remettre leur rôle en l'esprit: et, emploi absolu: « Il faut bravement nous *recorder* » (BEAUMARCHAIS, *Mar. de Figaro,* I, xi).

Voici les sens courants ou tech. de ***to record:*** **chanter un air, gazouiller; fredonner, chantonner; raconter, relater; consigner, enregistrer par écrit, pour mémoire; narrer, rapporter** (par écrit); **enregistrer** (un message télégraphique, etc.); **faire** (un don) **en bonne et due forme:** ***to r. one's vote,*** **émettre un vote, voter;** † **attester, confirmer** (un fait), **s'en porter garant, rendre** ou **porter témoignage,** d'où, jur. ***a record,*** **tout document qui fait foi pour avoir été enregistré: registre, copie authentique** d'un document; **procès-verbal, archives:** ***keeper of records,*** **archiviste,** ***record-office,*** **bureau des archives, greffe** et, p. ext. *(gramophone)* ***record,*** **enregistrement** (phonographique), **disque** (de phonographe); *music on* ***records,*** musique **enregistrée; tracé** (d'un électrocardiographe, d'un électro-encéphalographe) et donc **électrocardiogramme, électro-encéphalogramme.** Autres sens: **annales, récit, mémoire authentique.** Ajoutons **actif** (d'un homme d'État); **casier judiciaire, états de service d'un officier, dossier** (d'un administré), et, en langage de sport, record, que nous avons d'ailleurs emprunté à l'angl., *mention* du maximum (de vitesse, etc.) jamais atteint.

En composition, ***record library,*** **discothèque,** ***record vote,*** **vote par appel nominal.**

Expressions diverses: ***for the sake of the record,*** **pour mémoire;** ***to be shown only as a record,*** **ne figurer que pour mémoire;** E.U. ***to put oneself on record,*** **se faire connaître, se distinguer, s'illustrer,** etc.; ***It is on record that...,*** **l'histoire rapporte que, on raconte que...,** ***to put oneself on record, to go on record*** *as a peace-lover,* **se déclarer, se faire remarquer comme** partisan de la paix, épris de paix; ***it is a matter of record,*** **c'est un fait bien établi, il est constant que;** ***this is off the record,*** **c'est confidentiel, je dis cela à titre privé, pour votre propre information** (fréquent dans la bouche des personnages interviewés par des journalistes). ***To travel out of the record,*** **statuer d'après un motif non articulé** ou **sur une demande non formulée,** et p. ext. **s'écarter de son sujet;** ***to keep to the record,*** **s'en tenir à la question.**

– *The Hansard is the official* ***record*** *of the debates of the British Parliament.* – Le Hansard est le **compte rendu** officiel des débats du Parlement angl.

– D'après Emerson, les crimes augmentent avec le prix du pain: *The police* ***records*** *attest it. (Conduct of Life, Wealth.)* – Les **archives** de la police en font foi.

– Ayant dénoncé un meurtrier, l'étudiant Razumov craint d'être inquiété par la police: *Was he to remain a political suspect all his days?... a man with a bad police note tacked on his* ***record?*** (J. CONRAD, *Under W. eyes,* I, III.) – Allait-il, toute sa vie, rester un suspect politique, un homme signalé à la police par une note secrète de son **dossier?** (Trad. Philip NEEL.)

– *I turn over for the hundredth time the leaves of Mr. Razumov's* ***record.*** (J. CONRAD, *ibid.* I, iii.) – Je tourne, pour la centième fois les pages, du **journal** de M. R. (Trad. id.).

– La mésange, dit Alpha of the Plough (*Windfalls,* 224), *deserves encouragement – a bird that loves caterpillars and does not love cherries. There are very few creatures with so clean a* ***record.*** – Elle mérite d'être encouragée – elle qui aime les chenilles et n'aime pas les cerises. Il est très peu d'êtres qui aient un **casier judiciaire** si vierge.

– Pour l'intimiste, dit Barbellion *(Enjoying Life), the merest bagatelle* ***is worth its record,*** la plus mince bagatelle **mérite d'être consignée.**

– Des animaux de laboratoire ayant été nourris à son insu alors qu'ils devaient jeûner, l'expérimentateur *seized his* ***records*** *and tore them into little bits.* – Il saisit ses **feuilles d'observation** et les déchira en petits morceaux.

Recoup (to), recoupment. – Jur. **déduire, défalquer, faire le décompte** de qqch.; trans. † **racquitter** = **dédommager** qqn.; **récupérer** (une somme, des débours); emploi réfléchi, **se dédommager, se rattraper.**

Recoupment, jur. **défalcation; décompte; dédommagement.**

– *The hometrader, when rates increase, will only be able partly* ***to recoup himself*** *by a rise in prices.* – Le commerçant, quand augmentent les impôts, ne pourra **se rattraper** qu'en partie par une hausse des prix (en élevant ses prix).

– *He cannot* ***recoup*** *us the loss we have sustained through him.* – Il ne peut nous **dédommager** de la perte que nous subissons de son fait.

– *The men had ceased work and were* ***recouping*** *their energies with cold tea.* – Les ouvriers avaient cessé de travailler et **récupéraient** des forces en buvant du thé froid.

Recover (to). – Est le lat. *recuperare* « recouvrer, récupérer, rentrer en possession de », d'où les emplois suivants qui, tout en se rapprochant du fr. en diffèrent par la construction ou l'étendue: **recouvrer, retrouver, rentrer en possession** (d'un objet perdu, etc.), **reconquérir** (un royaume), ***to recover*** *one's appetite,* **retrouver** son appétit, – *one's breath,* **reprendre haleine; reconquérir** (des terres sur la mer); **faire revenir à soi, ramener à la vie** (une personne évanouie); **guérir, rétablir** (un malade), d'où intr. ou absol. ***he recovered*** *slowly,* **il s'est rétabli** lentement, et au fig. ***to recover one forth,*** *of superstition and barbarism* (STRAFFORD, *Letters,* I, 473), **arracher qqn.** à la superstition et à la barbarie, ***to recover*** *men from false religion,* **arracher** les hommes aux idoles.

Autres sens: **réparer, remédier** à une erreur, à un faux pas, à une faute, à une maladresse; **réparer** (une perte); ***to recover*** (absol.) ou ***to recover oneself,*** **recouvrer, reprendre, retrouver** (son équilibre), **se redresser, reprendre** ses sens, **revenir à soi, se ressaisir, retrouver son aplomb, son calme.** Jur. ***to recover*** *damages,* **obtenir** des dommages-intérêts; absol. ***to recover*** *from s.o.,* **se faire dédommager** par qqn. Escrime, ***to recover sword*** et absol. ***to recover*, reprendre la garde, se remettre en garde** (après la botte). ***To recover*** *arms,* **redresser** l'arme.

D'autre part, le fr. recouvrer a signifié trouver, mettre la main dessus. L. l'explique ainsi: Il se dit quelquefois de ce qui vient entre les mains. Dans ce sens, un amateur de médailles recouvrera une médaille, c.-à-d. mettra la main sur une médaille. En voici, semble-t-il, une curieuse extension en angl.: *The influenza virus was not* ***recovered,*** litt. on n'a pas trouvé...; nous dirons: Le virus de la grippe n'a pas été **mis en évidence.**

– *He could not* ***recover*** *from the blow occasioned by the intelligence of his daughter's marriage.* – Il ne pouvait **revenir** du coup que sa fille lui avait porté par la nouvelle de son mariage.

– *The Dutchmen have succeeded in* ***recovering*** *wide stretches of land from the sea.* – Les Hollandais sont parvenus à **reconquérir** de vastes étendues de terre sur la mer.

– *Harold's way of* ***recovering*** *rebels differed from William's.* (FREEMAN.) – Harold s'y prenait d'autre manière que Guillaume pour **ramener (rallier)** les rebelles.

– Dans le dernier chapitre de *Joan and Peter,* Wells écrit: *Reeds bend and* ***recover.*** – Les roseaux plient et **se redressent.**

– White *(The Forest)* décrivant les gestes d'un bûcheron, parle de *a painful* ***recovery*****,** un pénible **redressement** du corps.

– *The hospital expenses shall be* ***recovered*** *from the patient's relatives.* – C'est aux proches parents qu'il appartiendra (ou: incombera) d'assurer le **remboursement** des frais d'hospitalisation du malade.

– « Touchez-moi l'épée de quarte, et achevez de même. Une, deux, **... Remettez-vous,** dit le maître d'armes à M. Jourdain (II, iii) et le traducteur de rendre: *Beat carte, and push carte. One, two.* ***Recover.*** »

REMARQUE. – Distinguer *to recover,* recouvrer de *to re-cover,* recouvrir.

– *I succeeded to recover that excellent chair which, sent to be re-covered, had gone astray.* (Eric PARTRIDGE, *Usage & Abusage*).

Recreant. – L'anc. fr. *recreant* n'est pas le participe présent de *recréer,* mais de *recroire* « se rendre à un ennemi », dont nous avons gardé le participe passé *recru,* « rendu », aujourd'hui, de fatigue, et, du moins dans le dialecte picard, le participe présent *recr(e)ant,* même sens. L'angl. ***recreant*** signifie **qui se rend, lâche,** et aussi **traître, renégat,** sens qui, d'ailleurs, ont été fr. (Froissart emploie tautologiquement « lasches et *recreus* »).

– *You are all* ***recreants*** *and dastards.* (SHAKS., *2 Henry VI,* IV, viii, 28.) – Vous êtes tous des **couards** et des lâches (même tautologie que chez Froissart).

Recreate (to), recreation. – Le v. correspond à la fois à récréer (pron. 'rekriet) et à recréer ('ri: kri'eit). Le 1er mot se rapproche parfois du sens de *to refresh (oneself),* **(se) restaurer, (se) réconforter, ragaillardir.** Même observation pour le subst.

– *Bungay had* ***recreated*** *himself with a copious luncheon.* (THACKERAY, *Pend.* LVIII.) – B. s'était **réconforté** par un copieux déjeuner.

Le lexicographe angl. définit ***recreation :*** *« Refreshment of body or mind ».*

REMARQUE. – Le sens de **ragaillardir, ranimer** a vieilli en fr. On le trouve encore chez La Fontaine (*Fables,* VI, 3):

Le soleil dissipe la nue, *Récrée* et puis pénètre le cavalier.

Recruit (to). – Renforcer une armée de troupes fraîches; **renforcer, maintenir l'effectif complet;** se dira aussi, p. ex., des mots désuets d'une langue qu'on remplace: des stocks qu'un commerçant réapprovisionne, des articles ou modèles qu'il réassortit; autres sens: **accroître** ou **maintenir** une qualité; **accroître** ou **restaurer** la vigueur, la santé; aussi pron. ou employé absol. (cf. *to recover,* et *to refresh oneself*), **se remettre, se refaire, réparer ses forces, recouvrer vigueur ou santé.**

– *Words drop out of use and are not* ***recruited*** *by fresh members.* –

Des mots tombent en désuétude et ne sont pas **remplacés** par des acquisitions nouvelles.

– *The exhausted men gradually* ***recruited.*** – Les hommes épuisés **reprirent** peu à peu **des forces.**

– *With our finance thus* ***recruited,*** *we went towards the stable where I marched with my pistols cocked* traduit, sous la plume de Smollett (*Gil Blas*, I, x). Quand nous en **eûmes fait bonne provision** (d'argent), nous marchâmes vers l'écurie où j'entrai avec mes pistolets en état.

– Lorsque Rousseau écrit: (*Confessions*, I, iv). Il y avait longtemps que je faisais mauvaise chère; j'avais grand besoin de **me refaire,** le traducteur dit: *I had so long had to put up with bad fare, that I needed to* ***recruit myself.***

– Voici le mot employé subst. par Burke (*Rev. in Fr.*, 89): *The State is to have* ***recruits*** *to its strength and remedies to its distempers.* – Il faut que l'État puisse **restaurer** ses forces et remédier à ses maux.

Rector. – Celui qui régit, dirige, gouverne: *God is the* ***rector*** *of the world,* c'est Dieu qui **gouverne** le monde. Le recteur, au sens de curé, recteur de la paroisse, n'est plus utilisé chez nous que dans les dialectes. Les mots angl. et fr. ne correspondent plus depuis qu'en Fr., le recteur n'est plus à la tête d'une Université, mais dirige une Académie.

– Un vieux capitaine, invalide de guerre, qui adresse en vain des placets au ministre et au roi, dit plaisamment: Le **curé** ne chante pas mieux que son vicaire (*Gil Blas*, VII, xii) et Smollett: *The* ***rector*** *and his curate say grace in the same key.*

Recusant. – Récuser, c'est refuser d'accepter l'autorité ou les dires de qqn.; se récuser, c'est refuser d'être juge, de donner son avis, etc. En angl., *a* ***recusant,*** était un **catholique qui refusait d'assister à l'office divin dans une église anglicane,** un **opposant,** et, de nos jours, p. ext. un **dissident,** un **réfractaire.**

– *He (Restif) fully shares the popular hostility to the clergy and... even approves the September Massacres in so far as they represented a solution to the problem of the* ***recusant*** *priests.* (*T. L. S.*, 27 oct. 1961.) – Il partage pleinement l'hostilité du peuple à l'égard du clergé, et... il approuve même les massacres de Septembre dans la mesure où ils constituent une solution du problème des prêtres **réfractaires.** (Ceux qui, invités à signer la Constitution civile du clergé, *se récusaient*).

Redemption. – Le mot fr. – sauf un emploi tech.: la rédemption d'un droit – est exclusivement un terme théol. Il n'en va pas de même du mot angl. **Rançon; rachat; mise à profit** (du temps); **mise en culture** (d'une terre inculte, comme *to reclaim*); **trait** (de caractère) **qui en rachète d'autres moins heureux; rachat d'une faute** d'où *crime* ***past, without beyond redemption,*** crime **irréparable, inexpiable;** autres sens **purge** (d'une hypothèque).

Jur. *Sale with power or option of* ***redemption,*** vente avec faculté de **rachat,** vente **à réméré.**

Redemption fund, **caisse d'amortissement.** Enfin, **obtention, moyennant finances, d'une situation privilégiée, de l'admission dans une société.**

– *I was undone* ***without redemption.*** (Defoe.) – J'étais perdu **sans retour.**

– *Debentures called for* ***redemption.*** – Avis de **remboursement** d'obligations.

Remarque. – On voit que tous les sens gravitent autour de l'idée de rachat au pr. et au fig.

Redouble (to). – Répercuter (un son), **réfléchir** (une image); **doubler.** Aussi † **redresser, amender.**

Redound (to). – « Tout vice *redonde* au très grand ennui et fâcherie de celui qui en use » (A. Le Maçon, Boccace, *Décaméron*, IV, iii), c'est-à-dire **tourne à l'ennui,** etc. Cette acception est angl., ainsi que toutes celles du verbe lat. *redundare,* dont nous n'avons gardé que le sens d'« être en trop dans le style ».

Aux sens lat., il faut encore ajouter les suivants: † **rebondir** et † **retentir, résonner;** au fig. **rejaillir, résulter** (pour): **être** (à l'honneur de); **s'ensuivre** (pour), **retomber** (sur).

– *His sword* ***redounded*** *upon his horse's neck* (1500). – Son épée **rebondit** sur le cou de son cheval.

– *What else* ***redounds*** *but sighs and sobs?* (1632). – Qu'est-ce qui **retentit** que soupirs et sanglots?

– *The sins of the wicked father do not* ***redound*** *to the children.* – Les péchés du père indigne ne **retombent** pas sur ses enfants.

– *Something* ***redounding*** *more to their honour than a coat of arms.* (Budgell, *Spectator*, n° 161.) – Quelque chose qui **est** plus à leur honneur que des armoiries.

– *The victory won by the Evangelical dissenters* ***redounded*** *to the advantage of their rationalist brethren.* – La victoire remportée par les dissidents évangéliques **profita par contre-coup** aux dissidents rationalistes.

Redress (to), redress. – Le sens de **réparer, faire justice,** est fr., mais notre verbe s'emploie surtout avec un nom de ch. pour régime et si nous disions « redresser une personne », nul ne comprendrait qu'il s'agit de lui faire réparation. Or cette expression est courante dans l'angl., qui emploie même ***to redress*** au sens réfléchi.

Autres sens dérivés: **porter remède** (aux ennuis, à la détresse, les faire disparaître), **secourir, soulager, guérir** (un mal, une blessure).

A ***redress*** n'est pas une « redresse » (cordage), mais une **réparation** (d'un tort, d'une offense, etc.) d'où jur. *legal* ***redress,*** **réparation** légale, *injury* ***past redress,*** tort, lésion **irréparable.** Mêmes sens que le verbe.

Moyen mnémotechnique: se souvenir de l'expression employée dans les romans de chevalerie: **redresser** les torts, qui signifie secourir les opprimés et réparer les torts qui leur sont faits. Mais ***to redress*** a un sens plus étendu.

– *The frenzy of the brain may be **redressed***
By medicine well applied. (Cowper, *Task*, VI, 521.)

– On peut **guérir** la folie par un traitement approprié (spécifique).

– *I indeed have wrong'd but will **redress** you.* – Il est vrai que je vous ai lésé, mais je vais vous **faire réparation.**

– Emploi réfléchi curieux : *The time had arrived for the people **to redress** themselves.* (N.E.D.) – L'heure était venue où le peuple allait se **faire justice.**

Reduce (to). – C'est, étym., † **ramener,** comme dans « Je veux *réduire* ton honneur et le mien en son vrai entier » (A. Le Maçon, Boccace, *Décaméron*, II, vi).

C'est d'ailleurs le sens de « réduire une fracture ». C'est encore le sens dans ***to reduce to writing,*** que nous exprimons par **rédiger,** qui a, étym., la même signification.

Autres sens : photog. **affaiblir, baisser** (un cliché trop dur), ***to reduce** s.o. **to a lower rank,*** **abaisser, rabaisser** qqn., ***to reduce an officer to the ranks,*** **dégrader, casser un officier.** Au part. passé, naut. *with **reduced** sails,* (sa) voilure **allégée; affaibli, amaigri** (par la maladie). Au fig. **appauvri, *in reduced circumstances,* dans l'indigence, dans la gêne.**

– *The protestation was **reduced to writing.*** – La protestation fut **rédigée** (ou : **mise par écrit**).

Reduction. – Sens corresp. à ceux du verbe. Outre les sens techn. que donnent les bons dictionnaires, relevons quelques emplois dangereux :

– *We all noticed the excessive **reduction of her figure.*** – Nous observâmes tous à quel point sa taille s'était **amincie** (ou : **avait maigri**).

– *The **reduction** of the swelling was the only way to relieve the patient.* – Le seul moyen de soulager le malade était de **résoudre** la tumeur.

Redundance, redundant. – La *redondance* n'est plus pour nous qu'un terme de rhét., l'« excès d'abondance en parlant et en écrivant » (D.G.) qu'exprime l'adj. *redondant.* En angl., l'emploi de ces mots est plus étendu : **surabondant, superflu, excessif, exubérant,** ***redundant** of life,* **débordant** de vie, *the **redundant** bower,* le bosquet **luxuriant,** ***redundant** waters,* des eaux **qui débordent,** *the **redundant** stocks of wheat,* les stocks de blé **pléthoriques, en excédent.**

– Charlotte Brontë manque de présence d'esprit pour féliciter Thackeray : *I stammered some lame expressions, but was truly glad when other people coming up with profuse congratulations, covered my deficiency by their **redundancy.*** (Mrs. Gaskell, *Life of C. Brontë.*) – Je balbutiai quelques pauvres phrases, aussi fus-je bien aise de voir arriver d'autres personnes, qui, débordant de félicitations, suppléèrent à mon indigence par leur **profusion.**

Refer (to), reference. – Le sens d'**attribuer, rapporter à** a vieilli en fr. On le trouve encore chez Bourdaloue : Vous pouvez les *référer* à Dieu (les affaires humaines) en y reconnaissant sa volonté (in D.G.), voire chez G. Bachelard : « ... Elle (la critique littéraire classique) *réfère* les œuvres littéraires à une expérience psychologique désuète. » (Dans Robert). De cette idée découlent les sens du v. angl. (trans. et intr.) **(se) rapporter, avoir trait (à); (faire) remonter (à)** une date, **assigner, imputer (à); renvoyer** (à une autorité compétente, à une source d'information, etc.); jur. et adm. **en référer** (à un juge, à un supérieur hiérarchique), **soumettre** (une question à un tribunal); ***to refer** a candidate,* **ajourner** un candidat. ***To refer oneself to,*** **s'en rapporter, s'en remettre à; s'adresser à** qqn., **consulter** (ses notes, ses sources d'information, etc.); **faire allusion à.**

Locut. ***refer to the drawer (R.D.),*** **refuser de payer un chèque** (faute de provision). ***« Referred to drawer »,*** **voir le tireur.**

Reference, sens corresp. : ajoutons **répondant, mandat** (d'une commission) = *terms of reference;* **pouvoirs, compétences** d'un tribunal. En compos. ***r. book,*** **ouvrage à consulter,** ***r. library,*** **salle de lecture,** où les livres se consultent sur place, ***r. letter,*** **lettrine;** ***r. mark,*** **renvoi;** ***r. point,*** **point de repère;** Biol. chimie. ***r. solution,*** **solution témoin.** ***By reference,*** **expressément, nommément.** ***With reference to,*** **en ce qui concerne, pour ce qui est de,** ***without reference to,*** **sans égard à, indépendamment de.**

– *I **will refer you** to a witness who is worthy of credit.* – **Je vous renverrai** à un témoin qui est digne de créance.

– *What he said **referred** to you.* – Ce qu'il a dit **se rapportait,** (**s'appliquait, avait trait**) à vous.

– *He felt himself particularly **referred** to by this remark.* – Il se sentit particulièrement **visé** par cette remarque.

– *The tone **of her reference to you** was extremely friendly.* – Elle **m'a parlé de vous** sur un ton extrêmement amical.

– *To this essay I **refer** you.* – Je vous **engage** à lire cet essai.

– *He **refers** to passages of his personal history.* – Il **fait allusion** à des traits de sa vie privée.

– *He **referred** to your recommendation.* – Il **a fait état** de votre recommandation.

– *The lecturer **did not refer** to his notes.* – Le conférencier **parlait sans consulter** ses notes.

– *Mother will be expecting me, he said, **referring to** a watch in his pocket.* (Dickens, *Dav. Copperf.*, XVI.) – Mère doit m'attendre, dit-il, **consultant** une montre qu'il avait dans sa poche.

– *If* (ou : *when*) *the question **is not referred to** in the treaties or conventions...* S'il **n'est pas fait mention** de la question dans les traités ou conventions... (ou mieux : **dans le silence** des traités, etc.)

– *The **reference** of the committee is strictly limited.* – Le **mandat** de la commission est strictement limité.

– *Before issuing his reports he made a point of checking his **references.*** – Avant de publier ses rapports, il avait (prenait) soin de contrôler ses **sources.**

Referee. – C'est d'abord un **membre** de certaines commissions chargées par la Chambre des Communes d'étudier une proposition de loi: il a voix consultative, mais non délibérative; c'est ensuite un **arbitre** au sens jur. et général du mot.

*Court, board **of referees,*** tribunal **d'arbitrage,** commission **arbitrale.**

Refine (to), refinement. – Le verbe va jusqu'à signifier **épurer, purifier** au pr. et au fig. (les mœurs); avec *on* ou *upon* **renchérir sur; subtiliser sur.** Sens corresp. pour le subst.: aussi **recherche** (dans la toilette, dans le style). (1)

– *The contemporaries of Diderot and Rousseau did not read Richardson « in the crude state », but Richardson **refined** by Prevost and reduced by almost a third.* – Ce ne fut donc pas Richardson « dans sa crudité » que lurent les contemporains de Diderot et de Rousseau, mais bien un Richardson **poli, (épuré)** par Prévost et allégé de près d'un tiers.

– Ces amours, pour moi, sont trop **subtilisées,** dit Clitandre à la précieuse Armande (*Femmes savantes,* IV, ii) et le traducteur: *These amours are too **refined** for me.*

– ***His refinement** won him many praises.* – Sa **distinction** lui valait mille louanges.

– *She was dressed with **refinement.*** – Elle était mise avec **recherche.**

Reflect (to), reflection. – Cotton (Montaigne, *Vindication*) écrit: *Balzac **reflects** upon his language, tho' at the same time he excuses it.* Même le novice, pourvu qu'il ait quelque soupçon de logique dans l'esprit, s'aperçoit, grâce à l'opposition qu'annonce *though* et qu'exprime *excuse,* que ***to reflect*** ne peut avoir le sens de réfléchir.

En effet, ***to reflect*** signifie, notamment: **jeter le blâme, le déshonneur sur; critiquer.**

D'où ***reflection :*** **critique, censure, blâme.**

– *She related everything, suppressing only those circumstances which would have most **reflected** on her daughter.* (Fielding, *Tom Jones,* XVII, vi.) – Elle raconta tout, omettant seulement les détails qui eussent le plus **éclaboussé** sa fille.

Cf. dans un sens mélioratif: « La gloire de ses belles actions *reflète* sur toute la famille. *(A cad.), in* L. 1°, *s.v.*

– Alpha (*Leaves in the Wind,* 14) raille les femmes de ce qu'elles n'ont pas de poches à leur costume: *This matter of pockets is not the only **reflection** upon their common sense which is implicit in their dress.* – Cette question des poches n'est pas le seul **blâme** qu'inflige implicitement leur costume à leur sens commun.

(1) The refinement of a test, la sensibilité, la finesse discriminative d'un test.

Rapprocher: « Ces sortes de satires tombent directement sur les mœurs et ne frappent les personnes que par *réflexion.* (Mol. *Crit. Ec. des Femmes,* Sc. 6).

Remarque. – L'origine de cette façon de parler est la même, semble-t-il, pour ***to reflect on,*** **rejaillir sur,** que pour *to redound to* et *to glance at,* qui tous deux marquent un rejaillissement, un ricochet. C'est cette idée qui a dicté au traducteur le mot **éclabousser** dans le premier ex. précité; on la retrouve d'ailleurs dans l'expr. *« réfléchir* (renvoyer) la lumière » et dans les mots *réflecteur, réflexion* (de la lumière, de la chaleur, du son), (angle de) *réflexion,* voire dans *reflet* qui est lumière ou image *réfléchie.*

– L'Homme et son **image,** titre de la Fable I, xi, de La Fontaine, est traduit: *The Man and his **reflection.***

– *She had fair hair with golden **reflections** in it.* – Sa chevelure blonde avait des **reflets** d'or.

To reflect et ***reflection*** peuvent être pris aussi en bonne part ou être employés sans nuance affective:

– *This book **reflects great credit** on the author.* – Ce livre **fait grand honneur** à l'auteur.

– *All his works **reflect** his genius.* – Toutes ses œuvres (ou: tout son œuvre) **portent l'empreinte, (sont marquées au coin)** de son génie.

– *The important part played by the fellowships **is clearly reflected** in our report.* – Notre rapport **fait clairement apparaître** (ou: **ressortir**) le rôle important joué par les bourses (d'études).

– *The proposed estimates **reflect** a substantial increase on those of the last financial year.* – Le projet de budget **accuse** une forte augmentation sur celui du précédent exercice financier.

Reform (to), reformatory. – *To reform* et réformer ont des sens équivalents. On notera toutefois des expressions telles que: *he is **a reformed character,*** il s'est **amendé,** fam. il a **acheté une conduite.** D'autre part *a **reformatory,*** autref. un **pénitencier,** est maintenant une **maison de correction, de redressement,** voire une **maison d'éducation (surveillée).**

– *Young delinquents are sent to **reformatories.*** – Les jeunes délinquants sont envoyés **en correction.**

Refresh (to) (oneself), refresher, refreshing, refreshment. – *To refresh* et ***refreshment*** s'appliquent à la fois aux aliments, à la boisson, au sommeil, au repos et, d'une manière générale à tout ce qui redonne vie et force au corps et à l'esprit. On rendra donc, selon le contexte, par **ranimer, délasser, réparer** (les forces), **restaurer, retremper** (l'âme), etc.

*A **refresher,*** c'est un **rafraîchissement** du gosier, de la mémoire, et particulièrement le **supplément d'honoraires versé à un avocat,** lorsqu'une affaire dure longtemps, **pour qu'il continue à s'en occuper,** comme *retainer* (q.v.) est la provision qu'on lui verse pour « retenir » ses services. ***Refresher** course,* cours ou stage **d'entretien, de répétition, de perfectionnement.**

– *Our horses will be* ***refreshed*** *in a short time and we shall soon be ready to set off.* (GOLDSMITH.) Nos chevaux seront **reposés** (**refaits**) avant longtemps, et nous serons bientôt prêts à partir.

– *He was given a night's hospitality and* ***refreshment.*** – On lui donna **le vivre** et le couvert pour une nuit.

– *He* ***refreshed*** *the fire with some dry wood.* – Il **ranima** le feu avec un peu de bois sec.

– *A genial and* ***refreshing*** *sleep.* (DE QUINCEY, *Confessions.*) – Un sommeil bienfaisant et **réparateur.**

– *In the afternoon I had a pleasant sleep in a sunny place, and went my way* ***refreshed.*** – Dans l'après-midi, je fis un somme agréable au soleil, et je poursuivis ma route **frais et dispos.**

– Trop émue pour manger quoique ce soit au banquet qui suit le mariage de sa fille, Madame Larkins se voit offrir à boire: *She was unable to eat a mouthful, she declared it would choke her, but ever and again Mr. Voules wooed her to swallow a little drop of* ***liquid refreshment.*** (WELLS, *Polly,* VI, 7.) – Elle était hors d'état de manger une bouchée, cela l'étranglerait, déclara-t-elle; mais de temps à autre, M. V. tâchait de la persuader d'avaler une petite goutte de **liquide.**

Bon exemple, car l'épithète montre que *refreshment* ne s'entend pas nécessairement d'une boisson et que l'angl. ressent le besoin de préciser.

– *A* ***refreshing*** *sermon...* Un sermon **réconfortant.**

– *I had no idea of coming in here; but there's nothing so* ***refreshing*** *as a cup of tea.* (Th. HARDY, *Madding crowd,* L. 408.) – Je n'avais pas songé à entrer ici, mais il n'est rien de si **ravigotant** qu'une tasse de thé.

– D'une femme qui vient d'avoir une crise de nerfs, Dickens dit: *She...* ***was refreshing herself*** *with a sight of her last new bonnet.* (*Barn. Rudge* ch. XIX.) – Elle **se remettait** à la vue de sa belle capote toute neuve.

– *Will you* ***take a little*** *refreshment?* – Voulez-vous **vous restaurer un peu?**

– *He pressed* ***refreshment*** *upon his guest.* – Il insista pour offrir une **collation** à son hôte.

– Kipling est invité par la femme d'un sénateur ,qui ne trouve rien de mieux que de lui lire le discours anglophobe de son mari: *It seemed an odd sort of* ***refreshment*** *to offer a visitor.* (*Something,* V.) – Drôle de **distraction,** semble-t-il, à offrir à un invité. (Cf. *infra* l'ex. emprunté à L.B.).

– *The worthy lady...* ***was... offering refreshment*** *to her friends until her ample baskets and bottles were emptied.* (THACK., *Pend.* LVIII.) – La brave femme **régalait** ses hôtes jusqu'à ce que ses amples paniers et ses nombreuses bouteilles fussent vides (ou: jusqu'à épuisement de...).

– Polly, apprenti amoureux: *He kissed all his cousins... and found it very stirring and* ***refresshing.*** (*Op. cit.,* VI, 3.) – Il prodiguait ses baisers à toutes ses cousines, et trouvait ce petit jeu piquant et **excitant** à l'extrême.

– Mais ce n'est pas là sa seule distraction, témoin cet hymne à la lecture: *Great land of sublimated things, thou World of Books, happy asylum,* ***refreshment*** *and refuge from the world of every day!* (VII, 3.) – Vaste domaine du sublime, ô toi monde des livres! asile heureux! **source de réconfort!** refuge contre les banalités quotidiennes!

– *His sole occupation throughout the day was that of fortifying himself by reading the inspired book which* ***refreshed*** *his soul,* dit M. Scott Moncriff traduisant ce passage du *Rouge et Noir:* Son unique affaire, fut de se fortifier par la lecture du livre inspiré qui **retrempait** son âme.

– *Miss P.* ***took a refresher*** *of the principal rivers of the world.* (DICKENS, *Our Mut. Friend,* VI, i.) – Mlle P. **repassa** les principaux fleuves du monde.

– *Mr. U., King's Counsel, had had a retainer of £ 1000, and had been kept going with a* ***refresher*** *of £ 100 a day.* (ALPHA, *Pebbles on the Shore,* 258.) Pour s'assurer les services de Me U. King's Counsel (intraduisible), on lui avait versé 1 000 livres sterling, et pour **qu'il continuât à s'occuper de l'affaire,** on lui avait donné 100 livres par jour.

(Cela ne prétend pas être une traduction; c'est une explication, une paraphrase.)

REMARQUE. – 1° Corneille écrit (*Médée,* II, 343): Nous voulant à Lemnos *rafraîchir* dans la ville..., c.-à-d. nous reposer, nous remettre en état, *refresh ourselves...*

2° Dans le passage suivant (*Caractères,* XI), L.B. semble donner au mot *rafraîchissement* un sens qui se rapproche de celui de *divertissement, distraction:* « Qu'il (le prince) leur donne (aux hommes) le choix des jeux, des concerts et de tous les *rafraîchissements...*

En bonne langue *rafraîchissements* « se dit des viandes, des liqueurs, et d'autres choses semblables dont on *régale* un prince, un ambassadeur, etc. à son passage, à son arrivée. » (ACAD., 1694).

Refrigerate (to), refrigeration, refrigerator. – Avant de prendre leurs sens modernes bien connus, ces mots ont signifié respectivement **refroidir, refroidissement,** et ***refrigerator,*** au fig. **celui, celle qui jette un froid (sur),** *throws a wet blanket (over);* en méd. **rafraîchir, rafraîchissement.**

– *The air was* ***refrigerated*** *by the abundance of snow on the mountains.* (N.E.D.) – La neige qui était tombée abondamment sur les montagnes avait **refroidi** l'atmosphère.

– *A reflection at once so prudent and virtuous* ***acted as a refrigerator*** *on my spirits,* dit Smollett, traduisant ce passage de *Gil Blas* (VII, x): Une si judicieuse réflexion **jeta quelque terreur** dans mon esprit.

Refuge. – Paasch dit **refuge, rebut.** Le N.E.D. a *refuge*, forme désuète ou dialectale de *refuse*. Cette forme est précieuse en ce qu'elle appuie la conjecture selon laquelle *to torge*, terme de marine *(q.v.)* est issu de *to force* par une prononciation défectueuse.

Refuse. – Rebut de toute espèce: au pr. **débris, déchets, détritus, décombres, épluchures** (de légumes). *(household)* ***refuse*, ordures** (ménagères). ***refuse*** *of wool*, **coron** de la laine: *town* ***refuse*, ordures** de ville: **gadoues;** ***refuse bin*, boîte aux ordures, poubelle;** ***refuse water*, eaux vannes.**

Refuse (ou *dead*) ***letters*, lettres mises, tombées au rebut.** Au fig. *the* ***refuse*** *of society*, le **rebut,** la **lie,** l'**écume** de la société.

Remarque. – « *Refus*, ce qu'un autre a refusé » L. 2°: « Tu seras le *refus* de tous les courtisans » (Théophile de Viau).

Refus se dit des touffes d'herbes à pousses luxuriantes qui se développent à l'endroit où tombent les bouses et que les animaux *refusent* de manger.

Regard (to), regard (-s). – Si l'on s'avise que l'ancien verbe fr. *esgarder*, de *es*, préfixe et *garder*, signifiait *avoir soin, surveiller, regarder*, on comprendra aisément que ***to regard*** veuille dire **faire attention à** qqn. ou à qqch., **prendre garde à; s'intéresser à;** † **veiller sur;** † **soigner** (ses intérêts, sa santé): † **apprécier** (une ch.), **y attacher du prix,** en **faire grand cas; avoir de l'estime, des égards, de la considération pour** qqn.; **tenir compte de** qqch. pour régler ses actes ou sa conduite: **respecter, craindre** qqn.: **tenir compte** d'un avis, d'un conseil: **y avoir égard, se laisser influencer par; prendre en considération** (le contraire de *to ignore*): **considérer comme** (sens se rapprochant du fr.), etc. On comprendra, d'autre part, que *in this* ***regard*** (synonyme de *in this respect*) signifie: à cet **égard,** et que le subst. ***regard*** soit l'équivalent de **soin, circonspection, attention;** d'où, p. ext. **égards, respect, déférence; considération,** dans le sens de « motif »: enfin, **estime, affection, amitié.** Au pl., terme épistolaire: **compliments.**

– *Till thou* ***regard*** *my ceaseless cries.* (Wesley, *Psalms*, V, i.) – Jusqu'à ce que tu **prennes garde** aux cris que je jetterai sans cesse.

– ***Regard*** *the weak and fatherless.* (Milton, *Psalms*, Lxxxii, 9.) – **Veille sur** le **(prends soin** du) faible et (de) l'orphelin.

– *Prevost was* ***regarded*** *as the only one worthy to be compared with the English writers.* – (L'Abbé) Prévost **passa pour** être seul comparable aux romanciers angl.

– *I* ***regard*** *him* ***so much*** *that I hope... the quarrel may be settled.* (Thackeray, *Vanity Fair*, XXIII.) – J'ai **tant de considération** pour lui que j'espère que cette querelle pourra être réglée.

– *Here's Beauford, that* ***regards*** *not God nor king.* (Shaks., 1 *Henry VI*, I, iii, 60.) – Voici Beaufort, qui ne **craint** ni Dieu ni roi.

– *I will pay every possible attention to your instructions in this* ***regard.*** (Shelley, *Ess. and Lett.*, II, 265.) – J'accorderai sur ce **point** toute l'attention possible à vos instructions.

– *So great* ***regard*** *there was amongst the Ancients in making of war.* (Boyer, *Dict. Royal*, II, s. v.) – Telle était la **circonspection** des anciens lorsqu'ils voulaient déclarer la guerre.

– *And did he return your* ***regard?*** demande Hazlitt à Sarah Walker, qui lui confesse son affection pour un inconnu. – Et vous rendait-il **l'estime** que vous lui marquiez?

– *Accept this as a slight instance of my* ***regard.*** – Je te prie de recevoir cette petite marque **d'amitié.**

– *My friend had a cruel return for his* ***regard.*** – Mon ami était cruellement payé de retour pour son **affection.**

– *With kindest* ***regards*** *to all of you.* (Mod.) – Avec mes **compliments** affectueux à tous.

Ne pas terminer ainsi – comme l'a fait un Angl. – une lettre adressée à un de ses camarades français: « Je t'envoie une bonne poignée de main et mes meilleurs regards *(sic)* pour ta femme »?

Region. – En style relevé, ***the lower regions*,** les **enfers,** l'**empire des morts,** ***the upper regions*,** **les régions célestes.** Dans Shakespeare, notamment, ***region*,** employé absol., a ce sens: *The dreadful thunder doth render the* ***region.*** (*Hamlet*, II, ii, 509). Le terrible tonnerre a déchiré la **nue.**

Enfin, **rang, place** que l'on occupe dans la hiérarchie: *He is of too high a* ***region.*** (*Merry Wives*, III, ii, 75), il est d'un trop haut **rang** (ou d'un **rang** trop élevé).

Register (to), register, registry. – ***To register*,** c'est évidemment **enregistrer, inscrire, consigner** dans un registre le plus souvent officiel, mais on rendra différemment d'une part ***to register*** *a letter*, **recommander** une lettre, ***to register*** *a car*, **immatriculer** une auto, une voiture, et, d'autre part, ***to register*** *a birth*, **déclarer** une naissance, ***to register*** *a trade-mark*, **déposer** une marque de fabrique. Aussi techn.: **faire coïncider exactement** des parties, des pièces rapportées, des trous, etc.; métall. **engoujonner,** typ. trans. **mettre en registre, pointer, repérer** les impressions: intr. **être en registre; coïncider.** *Proof that* ***registers*** *well*, épreuve qui **repère** bien.

(Du visage et fam.) **marquer, accuser, exprimer, révéler, trahir** (les sentiments, le caractère, etc.): *her face* ***registered*** *surprise, emotion, disappointment*, son visage **exprimait** la surprise, **trahissait** l'émotion, **marquait** la déception.

Quant au subst., signalons, entre autres sens, **enregistrement; archives.** Naut., ***ship's register*,** **livre de bord,** *to be* ***on the register*,** être **immatriculé;** ***register of seamen*,** **matricule générale;** E.U. ***Navy register*,** **annuaire de la marine; liste navale.** Autres sens: ***Register of voters*, *Parliamentary Register*,** **liste électorale, liste de vote, des votants;** ***Lloyds register list*,** **la classification des navires marchands, le Véritas;** adm. navale, **lettre de mer** (d'un navire), **acte de nationalité,** (en Fr.) **acte de francisation.**

Sens techn. ou spéciaux dérivés du sens général: **quantité marquée par un pluviomètre enregistreur, température (marquée** par un thermomètre): **compteur kilométrique,** ***cash register,*** **caisse enregistreuse;** enfin, du sens de **registre, régulateur** d'un chauffage, les Américains ont été jusqu'au sens de **bouche de chaleur.**

– Emerson parle non sans un certain mépris des gens qui se dorlotent, qui se grillent les pieds sur une **bouche de chaleur.** – *People who coddle themselves, who toast their feet on the* ***register.***

– *Her* ***port of register*** *is Liverpool.* – Son **port d'armement** est Liverpool.

Regorge (to). – Outre regorger, signifie **ravaler,** ***to regorge*** *one's spleen,* **ravaler** sa bile; intr. **refluer,** *the wind makes the waters* ***regorge,*** le vent fait **refluer** les eaux.

Regression. – Géom. **rebroussement** (d'une courbe).

Regular. – De régulier, l'angl. passe au sens d'**exact, ponctuel, réglé,** ***as regular*** *as a clockwork,* **réglé** comme une horloge, ***he is as regular*** *as a clockwork,* **il est réglé** comme du papier à musique, **c'est un homme rangé, c'est un homme d'habitude,** et voilà un sens connexe, **habituel,** *he is a* ***regular customer,*** c'est un **habitué,** un **bon client,** *we want to be attended to by our* ***regular*** *waiter,* nous voulons être servis par notre garçon **habituel;** d'où encore (juge, professeur) **titulaire,** (agent) **attitré; normal, ordinaire; courant,** ***regular*** *model;* enfin, fam., **véritable, vrai; franc, fieffé, fameux** (cf. *complete, thorough, downright*), employé aussi comme adv. intensif dans ce sens. Acceptions correspondantes pour le subst.: fam. *he is a* ***regular*** *(of our party),* c'est un **fidèle** de notre parti, un **de la vieille garde.**

– *Wednesday we had a* ***regular*** *flood and it has been raining more or less ever since.* – Mercredi, nous avons eu un **véritable** déluge, et il a continué de pleuvoir peu ou prou depuis lors.

– *Mr. N. was a* ***regular*** *officier.* – N. N. était officier **de carrière.** Mais le sens est tout différent quand l'adj. prend une valeur intensive: « *I was no beauty: I was always a rough one: a* ***regular*** *soldier* » s'écrie Jeanne d'Arc (B. Shaw, *Saint Joan,* Epilogue). – Je n'étais pas une beauté. Je fus toujours un rude lapin, un **fameux** soldat.

– *The town halls were occupied by* ***regular*** *soldiers.* – Les **compagnies de la ligne** occupaient les mairies. (En effet, les troupes de ligne sont celles qui sont destinées à combattre en ligne; par oppos. aux troupes... *irrégulières.*) (D.G.)

Regulation. – Régulation, action de régler, est en fr. un terme tech.: *régulation* des compas, *régulation* thermique; c'est aussi un terme méd., *régulation* des fonctions; c'est enfin un néol., consacré par les statisticiens et par le Troisième Concile (octobre 1964) qui a discuté le « problème de la *régulation* des naissances ». En angl., on notera le sens important de **règle, règlement, ordonnance,** et adj. **réglementaire, d'ordonnance,** ***regulation*** *uniform,* tenue **réglementaire,** ***regulation*** *revolver,* revolver d'**ordonnance,** ***regulation*** *hair-cutting,* coupe de cheveux **à l'ordonnance.**

– *The* ***regulations*** *will come into force on the...* – Les **réglements** prendront effet, entreront en vigueur le...

– *The hospital* ***regulations*** *have been altered.* – Le **régime** des hôpitaux a été modifié.

Rehabilitate (to), rehabilitation. – Réhabiliter, c'est au propre « rétablir dans ses premiers droits (celui qui en était déchu) (D.G.), réhabiliter un failli, un condamné et † un gentilhomme qui avait dérogé; au fig. rétablir dans l'estime d'autrui, avec sens corresp. pour le subst.

Partant de ce sens primitif, l'angl. en a tiré de multiples emplois et applique même le mot aux ch. ***To rehabilitate*** *the disabled,* **rééduquer** les invalides, *the addicts,* **réadapter** les toxicomanes, *the* ***unemployed,*** **reclasser** les chômeurs, d'où *vocational* ***rehabilitation,*** **rééducation** professionnelle, ***rehabilitation*** *of young offenders (or delinquents),* **relèvement, redressement** des jeunes délinquants.

– *The concern of the criminal courts for the social* ***rehabilitation*** *of the criminal.* – Une justice pénale soucieuse du **reclassement** social du criminel.

– *Montesquieu has* ***rehabilitated*** *mankind.* – Montesquieu a **retrouvé les titres** de l'humanité.

– *The very admirable work of Winer has completely* ***rehabilitated*** *the subject.* (1859 *in* N.E.D.) – La très remarquable étude de W. a **rendu tout son lustre** au sujet.

– *Many old words would deserve* ***rehabilitation.*** – Nombre, quantité, beaucoup de vieux mots mériteraient d'être **remis en usage.**

Reject (to), rejection. – Noter: **éconduire** (un soupirant); **déclarer** (un conscrit) **inapte;** psychanal. **abandonner** (un enfant); **refuser** (des marchandises, un manuscrit, un candidat); **mettre** (une pièce) **au rebut,** la **rebuter.** Sens corresp. pour le subst. qui, au pl. signifie **rebuts, pièces de rebut;** (physiol.) **déjections.**

– *Parents should endeavour to avoid early emotional* ***rejections.*** – (D'après les pédopsychiatres) les parents devraient s'efforcer d'éviter les **abandons** affectifs précoces.

– Un fils dénaturé a conçu l'horrible dessein d'empoisonner son père: *Sir, said I, is it possible that you are so* ***rejected*** *of heaven as to have formed this horrid plot?* – Monsieur, est-il possible que vous soyez assez **abandonné** du ciel pour avoir formé cette abominable résolution?

Rejoin (to), rejoinder. – Non seulement **rejoindre** (son régiment) ou **rallier** le bord, ***to rejoin*** *one's ship,* mais aussi **répondre, répliquer,** notamment en style de loi. ***A rejoinder,*** c'est la réponse à la réponse *(replication)* de la partie adverse, généralement du défendeur au plaignant, c.-à-d. † la **duplique** et, de nos jours, la **réplique,** ou simplement une **réponse,** une **riposte,** une **répartie.**

– *I should be delighted to accompany you, he* ***rejoined.*** – Je serais ravi de vous accompagner, **répliqua**-t-il.

Relapse, to relapse. – *Relaps (e)* adj. et subst. est en fr. un terme théol. De même en angl., mais le mot y a pris un sens général qu'il ne faut pas ignorer; ***to relapse*** se dit aussi bien d'un convalescent qui **fait une rechute,** que d'un délinquant qui **récidive** après avoir été libéré, d'une pers. qui **retombe dans la pauvreté, dans des maux,** etc. Peut s'appliquer même aux ch. et à des changements d'état physique. S'emploie absol. ou, le plus souvent, avec la préposition *into.*

Le subst. a les sens corresp.

– *Soon after his discharge, the convict* ***relapsed*** *into crime.* – Peu après avoir été libéré, le forçat **retomba dans le crime,** ou **récidiva.**

– *After this flash of lightning the house* ***relapsed*** *into darkness.* – Après cet éclair, la maison **retomba** dans la nuit.

Relate (to). – Rapporter, relier une ch. à une autre; **établir un rapport, une relation** entre deux faits ou événements, etc.; **avoir rapport à, rattacher** une espèce animale à une famille, etc., **apparenter** (deux espèces d'organismes). D'où ***related*** *elements,* éléments **apparentés,** ***related*** *ideas,* idées **connexes.** *He is* ***related*** *to the royal family,* il est **parent de, apparenté à** la famille royale.

– *Old people are quick to see and to hear all that* ***relates*** *to them.* – Les vieillards sont prompts à voir et à entendre tout ce qui **se rapporte (a trait)** à eux.

Relation. – Du sens de **relation** (d'un voyage, etc.), **récit, rapport,** l'angl. passe à, l'expr. jur. consacrée *(proceedings)* ***at the relation*** *of the Public Prosecutor,* poursuites intentées **à la diligence** du ministère public, (en général à la suite d'une dénonciation ou d'un rapport).

D'autre part, *a poor* ***relation*** est un **parent** pauvre, « relation » se disant en angl. *acquaintance, friend,* il a de belles relations, *he is well connected.* On rendra donc ***relation(s)*** (syn. de *relative(s)*) par **parenté, famille, alliance** (par famille ou par mariage), parent(e)(s)

– Lamb fait bon ménage avec sa sœur: *We are generally in harmony, with occasional bickering – as it should be among near* ***relations*** *(Mackery End).* – Nous sommes généralement en harmonie, avec quelque bisbille à l'occasion – comme il convient entre proches **parents.**

Relative. – Peut se rendre parfois par **respectif; comparé,** aussi, **par comparaison avec.**

– *The report considered the* ***relative*** *merits of both methods.* – Le rapport étudié les avantages **respectifs** (ou: **comparés**) de l'une et l'autre méthode.

Relax (to), relaxation. – Ne correspondent nullement à leurs prétendus équivalents fr. qui, on va le voir, sont des anglicismes inutiles.

Le lat. *relaxare* signifie notamment: au pr. **relâcher, desserrer,** au fig. **relâcher, donner du relâche, détendre,** (du visage) **s'épanouir, se dérider, reposer,** (l'esprit) **distraire, modérer** (l'ardeur, etc.); tous ces sens sont angl.

Quant à ***relaxation,*** c'est le **relâchement** (des muscles, de la discipline), la **détente** (de l'esprit, etc.); l'**adoucissement** (d'une peine); le **délassement,** le **repos,** la **récréation.**

Mais outre **relâcher** (le ventre, les intestins), ***to relax*** signifie aussi pour le médecin **irriter, enflammer** la gorge, d'où ***relaxed throat,*** nom familier de la **pharyngite subaiguë.** D'autre part, *a* ***relaxing*** *climate* n'est pas un climat reposant, mais au contr. un climat **énervant, débilitant.**

– *Discipline* ***relaxed.*** – La discipline **se relâcha.**

– ***His features relaxed.*** – **Il se dérida.**

– *The old woman* ***relaxed*** *her tone of severity.* – Le ton de la vieille **s'adoucit.**

– *They found in their talk a* ***relaxation*** *of the strain.* – Ils trouvaient dans leur conversation une sorte de **détente.**

– *I was so busy as not to have a moment to spare for* ***relaxation.*** – J'étais si occupé que je n'avais pas un moment à donner au **plaisir.**

– *I always found a* ***relaxation*** *in a change of occupation,* rend ce passage des *Confessions* de Rousseau (livre IX): Je trouvais toujours qu'un changement d'ouvrage est un **délassement.**

– *He went to theatre for* ***relaxation.*** – Il alla au théâtre pour **se distraire.**

– *In the moments in which his lofty ambition allowed him* ***relaxation,*** *the marquis did business with sagacity.* – Dans les moments où sa haute ambition lui laissait quelque **relâche,** le marquis faisait des affaires avec sagacité.

Remarque. – Relaxer est un vieux mot fr., calqué sur le lat., qui a survécu en droit: (relaxer, la relaxe (d')un prisonnier). Le sens médical de « relâcher, détendre les muscles », employé par A. Paré (XVIe s.) a vieilli, mais a été repris à l'angl. par certains médecins et physiologistes et a ainsi passé abusivement dans le langage courant.

Relegate (to), relegation. – ***To relegate,*** c'est à la fois **exiler** et **bannir,** tandis que *reléguer* ne s'applique qu'à la première peine (N.E.D., 1 et 2, et L., 1°); c'est en outre, abstraction faite des sens fr., **renvoyer une question à une autorité pour décision; se décharger d'une affaire sur une autre personne; transférer les pouvoirs** (d'un organisme politique, p. ex., à un autre); **renvoyer une personne à quelqu'un,** etc. On sait, d'ailleurs, que le lat., d'où tous ces sens sont dérivés, a signifié, en outre: *rejeter sur, faire retomber sur, imputer, attribuer à.*

– *The question was* ***relegated*** *to the Supreme Court.* – La question fut **renvoyée** à la Cour Suprême.

– *The Government decided* ***to relegate*** *the powers of the Ministry of Social Welfare to the Ministry of Labour.* – Le gouvernement décida de **transférer** les attributions du ministère de la Prévoyance sociale au ministère du Travail.

– *In the absence of books he was* ***relegated*** *to the reading of the newspapers and magazines.* – Faute de livres, il en était **réduit** à lire les journaux et les revues.

Relent (to). – « Mais le bouillant courroux de ton cœur ne *s'alente* », dit Baïf (dans Huguet). L'anglo-normand avait *relenter.* Ces mots sont composés du lat. *lentus,* souple, ductile, malléable, calme, tranquille et de leur préfixe respectif. Ils signifient **amollir, fondre.** ***To relent,*** en est donc venu à signifier **s'amollir, s'attendrir, se radoucir, se laisser fléchir, pencher vers le pardon.**

– *Stern Proserpine* ***relented***
And gave him back the fair.
(POPE, *Ode St. Cecilia,* 85.)

– La dure Proserpine **s'adoucit** et lui rendit la belle.

– *O then at last* ***relent!*** s'écrie Satan dans son invocation à Dieu. (*Paradise Lost,* IV, 79) – O laisse-toi donc enfin **attendrir!** (ou: **aller à la clémence!**). Chateaubriand et Pongerville traduisent: « Oh! *ralentis* tes coups! »

Relevant. – Est en fr. un terme féodal « qui est dans la mouvance d'une seigneurie », L. 1°. De là, au fig. qui dépend de, se rapporte, a trait à. « Nous ne voyons pas dans ces faits tant exagérés... qu'il y ait l'ombre seulement d'une interruption. Les autres faits sont bien moins *relevants* » (BOSSUET, dans L.). Ce dernier sens de **pertinent, qui est à propos** n'a pas été productif en fr., où nous n'avons conservé que le verbe *relever de* qqn., ou de l'autorité, de la puissance de qqn. Il l'a été en angl., tant dans la langue jur., que dans la langue courante. Il a même son antonyme: *irrelevant.*

– *The* ***relevant documents*** *have not been produced.* – Les **pièces justificatives** n'ont pas été produites.

– *A most* ***relevant*** *book,* un livre **des plus opportuns,** ou: **actuels, qui vient fort à propos.**

– Le juge interrompt un avocat emporté par son éloquence: ***This is not relevant.*** – **La question n'est pas là.**

– *Mr. N. omits nothing that he has discovered,* ***relevant*** *or otiose.* – M. N. n'omet rien de ce qu'il a découvert, que ce soit **pertinent** ou oiseux (superflu).

Relic. – *Reliques,* en fr., a toujours maintenant le sens de restes sacrés, vénérés, débris, restes (de quelque chose de grand). Non nécessairement en angl. où le mot peut se dire des **restes** en général tels que les **reliefs** d'un repas ou les **restes mortels.**

– *Her sister hastened to silence his murmurs by proposing some of the* ***relics*** *of the dinner.* (SCOTT, *Antiq. IX.*) – Sa sœur se hâta de faire taire ses murmures en proposant quelques uns des **restes** (ou: **reliefs**) du dîner.

– *Has any one the right to fight a duel? It's a* ***relic*** *of barbarism-that's all.* – Est-ce qu'on a le droit de se battre en duel? – C'est un **reste** de barbarie! Que voulez-vous!

– *That was the only* ***relic*** *of the old time.* – C'était le seul **vestige** de l'ancien régime.

Rapprocher: Jusqu'à tant que le soir, qui ses voiles déploie,
Serre et cueille en naissant les *reliques* du jour.
(DU PERRON.)

– Le lynx n'est plus qu'une rare *relique* dans l'est de l'Europe et la péninsule ibérique. (M. PRENANT, *Géog. des animaux,* II, 10).

Relief, to relieve. – ***Relief*** ne signifie **relief** qu'en langage, techn. (architecture, sculpture, fortification). Autrement, il convient de le rendre par: **allègement, soulagement, adoucissement; délivrance, secours, aide; réparation, justice; relève** (d'un poste), **garde sentinelle qui en relève une autre** (1).

Les expr.: ***to stand out, to bring out in strong relief*** équivalent aux tournures fr.: **ressortir, faire ressortir vigoureusement, saillir, (s)accuser.**

To relieve doit se rendre en conséquence.

– La sentinelle Francisco, relevée de faction par Bernardo, dit:

For this ***relief*** *much thanks: 'tis bitter cold,*
And I am sick at heat. (SHAKS., *Hamlet,* I, i, 9.)
Merci de la **relève.** Il fait un froid de loup
Et je suis tout transi.

– Sir Willoughby demande une heure d'entretien à Lætitia Dale; il ajoute: *I shall be* ***relieved*** *by conversing with a friend.* (MEREDITH, *The Egoist,* XXX.) – Une conversation amicale sera pour moi un **soulagement.** (Trad. Yvonne CANQUE.)

– *Committee for the* ***Relief*** *of Belgium.* – Comité de **secours** à la Belgique.

– *Your visit* ***will be a welcome relief*** *to my work.* – Votre visite **fera agréablement diversion** à mon travail.

– *He was compelled to understand and pity a grief which he stood quite powerless* ***to relieve.*** – Il en vint à comprendre et à déplorer une infortune qu'il se sentait impuissant à **soulager.**

Remand (to). – **Renvoyer, après comparution, un accusé ou inculpé en prison pour supplément d'instruction** ou **plus ample informé; renvoyer à une autre audience.** A cette audience, l'inculpé *appears* ***on remand,*** comparaît **sur nouveaux frais.**

– ***He was remanded*** *for a week.* – **Son cas a été remis** ou: **renvoyé** à huitaine.

– *The prisoner was* ***remanded*** *on bail.* – L'inculpé a été **mis en liberté** sous caution.

– Conseil d'un avocat à son client: *Ask for no* ***remand*** *and make no defence.* – Ne demandez pas le **renvoi** de l'affaire et ne présentez pas de défense.

Remark (to). – Remarquer, en fr., c'est dans l'usage courant faire

(1) C'est, un autre mot issu du fr. relever « secourir », « soulager » et non de l'ital. (alto, basso) relievo.

attention à, noter qqch., ou encore discerner parmi plusieurs pers. ou ch. En angl., ***to remark*** peut signifier † **distinguer, marquer, désigner,** p. ex.: *His manacles **remark** him* (MILTON, *Samson,* 1309), ses menottes le **désignent** (aux regards, à l'attention), le **distinguent.**

Autres sens: † **signaler, indiquer; dire, déclarer, faire observer** (en passant).

– *The beauty of this passage need not be **remarked.*** – Point n'est besoin de **faire observer** la beauté de ce passage.

– *Oh! **she** carelessly **remarked,** I thought it was a mere on dit.* – Oh! **laissa-t-elle tomber** négligemment, je croyais que c'était un simple on dit.

– *As I have had occasion before **to remark...*** – Comme j'ai eu l'occasion de le **dire** auparavant...

Remedy. – *The **remedy** on silver coin is one grain to the piece.* Voilà certes une phrase mystérieuse. Et pourtant L. l'expliquera (6°): « En termes de monnayage, *remède* se disait autrefois pour ce qu'on nomme aujourd'hui *tolérance.* » Donc, la phrase veut dire: La **tolérance** pour la monnaie d'argent est d'un grain par pièce.

(Scol.) **récréation, demi-congé.**

Jur. **recours** (devant un tribunal) pour obtenir **réparation, dédommagement.**

– *To have no **remedy** at law.* – N'avoir aucun **recours** en justice.

Remiss. – Tout d'abord **négligent.** C'est d'ailleurs le sens dans ce passage d'Oresme (XIVe siècle) cité par L., du fr. *remis:* « Ils vivent paresseusement et sont *remis* et négligents » (remarquer l'éternelle tautologie), et dans ce vers de *Polyeucte* (III, v):

Pour venger un affront tout semble être permis,
Et les occasions tentent les plus *remis.*

En second lieu, **faible, manquant d'énergie; peu zélé, peu ardent, mou.**

Signalons enfin les sens archaïques (lat. *remissus*) de **fondu; relâché; adouci, doux.**

– *Though I confess I am naturally **remiss,** I have not neglected my duty in this point.* – Bien que j'avoue être de naturel **négligent,** je n'ai pas manqué à mon devoir sur ce point.

– *He was a very **remiss** correspondent.* – C'était un correspondant fort **paresseux.**

– *The passion must neither be too violent nor too **remiss.*** (HUME, *Essays and Treatises,* I, 179.) – Cette passion ne doit être ni trop violente ni trop **faible.**

Remit (to), remission, remittance. – Outre les sens communs avec le fr. notamment celui de **pardonner (remettre** les offenses, les péchés, une peine, une dette), on notera les sens lat. de: **relâcher** (son attention, son zèle, ses efforts); **se calmer, s'apaiser, laisser fléchir sa colère; diminuer** (de force, de violence), **adoucir,** d'où *a **remission of the storm,*** une **accalmie,** *of the cold,* un **adoucissement** de la température; méd., ***remission** of the fever,* **rémission, rémittence** de la fièvre. Enfin, **remettre, envoyer** (de l'argent à qqn.), **faire remise, faire un envoi** d'argent, un versement qui se dit ***remittance.*** S'emploie aussi absol.: *He **remits** home every month,* il **envoie de l'argent** à sa famille tous les mois. C'est le sens fr. de **remise** (de fonds, etc.).

Remonstrance. – En fr., remontrance, c'est le fait de démontrer à qqn. son tort, et hist., la protestation que le Parlement adressait au roi contre ce qui lui semblait un abus d'autorité ». (D.G.). En angl. si le mot a ses acceptions, il peut avoir aussi celle de **protestation** en général, d'**insistance,** d'**invitation pressante** à faire ou à ne pas faire qqch. Il y a donc une nuance.

– *He had been charmed with the way in which she had declared that a pint of beer would make her tipsy and had only allowed herself to be forced into drinking the whole after **a good deal of remonstrance.*** (S. BUTLER, *The Way,* LXXI.) – La façon dont elle lui avait affirmé qu'une pinte de bière lui monterait à la tête **et l'insistance qu'il avait dû mettre** pour la contraindre à vider son verre n'avaient pas été sans le charmer.

Remorse, remorseless. – † **Pitié, compassion.** L'adj. ***remorseless,*** **sans pitié, impitoyable, implacable,** ni l'adv. ***remorselessly,*** ne sont désuets dans ces sens.

– Lady Macbeth, méditant l'assassinat de Banquo, invoque les esprits du mal: *Stop up the access and passage to **remorse.*** (I, v, 45.) – Fermez à la **pitié** tout accès, tout passage.

– *A **remorseless** foe.* – Un ennemi **impitoyable.**

– *The evangelicalism of Wesley and Whitefield was in many respects **remorselessly** fanatic.* – L'évangélisme de W. et de W. était à bien des égards **impitoyablement** fanatique.

Rend (to). – Déchirer, fendre (au pr. et au fig.), ***to rend** one's garments, **to rend** one's hair,* **déchirer** ses vêtements, **s'arracher** les cheveux (en signe de deuil); **fendre** l'âme, **déchirer** (le cœur), ***it was heart-rending,*** c'était **à fendre l'âme, déchirer** (l'air, le silence); (des factions, de l'anarchie) **déchirer** (un pays); **arracher** (une province à l'Empire, etc.); fam. *to turn and **rend** s.o.*, tomber, **fondre sur** qqn., l'**accabler** (d'injures, etc.), issu de l'expr. biblique; techn. ***to rend** laths,* **fendre** du bois en lattes; aussi **écorcer** (un arbre); intr. **se déchirer, se fendre.**

– Dans Pygmalion de Bernard Shaw, la bouquetière du marché aux fleurs de Covent Garden qui, de sa vie, n'a jamais pris de bain, pousse des cris **déchirants** ***heart-rending** screams,* lorsque la gouvernante l'étrille à la brosse de chiendent.

– *They will weep and **rend** their hair.* – Ils pleureront et **s'arracheront** les cheveux.

– *Here was a chance **to rend** him (the Mastiff) **limb from limb!*** dit Sir Edward MARSH, traduisant ce vers (déjà cité *s.v. quarter*) de L.F. (Fables, I, v): L'attaquer, le **mettre en quartiers,** Sire loup l'eût fait volontiers.

Render (to). – *The fat is **rendered** or melted down,* la graisse est **fondue.** *Twelve hours suffice to **render** the oil,* il suffit de douze heures pour **clarifier** l'huile. ***Rendering** is the first coat upon a wall* montre que ***to render*** signifie ici **donner** à un mur **une première couche de plâtre.** ***Rough rendering,*** **crépissage, ravalement.** Naut.: **mettre** (un palan) **en force,** absol. (d'un cordage, d'un palan), **choquer; glisser.**

Renounce (to), renouncement, renunciation. – Outre les sens fr., noter ***to renounce** a treaty,* **dénoncer** un traité, ***r.** principles,* **rejeter, répudier** des principes, ***r.** a person's authority,* **refuser d'admettre, contester** l'autorité de qqn., ***r.** a friend,* **renier, désavouer** un ami, **rompre** avec lui, ***r.** a trusteeship, a guardianship,* **abandonner** une curatelle. Jur. ***to renounce** a succession,* **répudier, (se désister** d') une succession. ***Renouncement*** a les sens corresp., ***renunciation*** signifiant **abandon, délaissement** (d'un droit); jur. ***renunciation of property,*** **désappropriation; répudiation, désaveu, reniement** (de); ***renunciation on oath,*** **abjuration.**

– *My mistress, Arsenia... **renounced** the stage,* dit Smollett, traduisant: Ma maîtresse Arsénie... **abjura** le théâtre. (*Gil Blas,* VII, vii, c.-à-d. qu'elle y renonça *publiquement, solennellement.*

Rent (subst.). – Est issu du verbe désuet *to rent,* variante de *to rend (q.v.)* et signifie **déchirure** (à un vêtement, dans les nuages, etc.), **fissure, fente, bâillement, cassure de terrain;** au fig. **rupture, schisme, déchirement.**

– Montrant à la plèbe de Rome le manteau de César percé de coups de poignard, Antoine s'écrie:

Look, in this place ran Cassius' dagger through:
*See what **a rent** the envious Casca made...*
(SHAKS., *J. Caes.,* III, ii, 178-9.)
Voyez, là s'enfonça l'arme de Cassius
Quel **trou béant** ici fit le haineux Casca!

Rent, to rent, renter. – **Loyer** (de maison), **fermage** (de terres); **prix de location, droit, redevance** (pour usage d'une ch.), **affermage;** ***rent-day,*** **jour du terme;** ***rent-roll,*** **montant des loyers** d'une maison de rapport, **état des fermages** d'un grand propriétaire foncier. Écon. pol. **rente,** mis pour ***ground rent*** **rente foncière.** ***To rent,*** **louer** (une maison, etc.), la **prendre à loyer,** ***to rent out,*** **donner en location,** fait du propriétaire; intr. **se louer, être loué.**

Renter, **locataire,** E.U. **fermier.**

– *Each tenant pays no **rent** for his cottage or patch of field but is bound to work a fixed number of days for his landlord.* – Aucun occupant ne paie de **loyer** pour sa maisonnette et son lopin de terre, mais il est tenu de travailler un nombre fixé de jours pour son propriétaire.

– *Lovelace appears at church and grants reductions of **rent** to such of his tenants as also attend it.* – L. se montre au temple et fait des remises de **ferme** à ceux de ses fermiers qui y vont.

– ***Rent** has risen 100 % during the last twenty years.* – Au cours des vingt dernières années, la **rente foncière** a monté de 100 %.

Repair (to). – Ce verbe neutre, qu'il ne faut pas confondre avec son homonyme, verbe actif, signifie **se rendre** dans un endroit; **aller trouver** une pers. Comparer avec notre mot *repaire,* lieu où se réfugie une bête sauvage, et avec l'ancien verbe *repairer* (du lat. *repatriare*), retourner chez soi. Marguerite de Navarre *(Les Marguerites, Chansons spirituelles)* écrit: Le ciel tant doux Est notre éternel *repaire* (demeure).

– Un passage d'une lettre d'Hamlet à Horatio: *Let the king have the letters I have sent; and **repair** thou **to me** with as much speed as thou wouldst fly death.* (SHAKS, *Hamlet,* IV, vi, 23). – Fais tenir au roi les lettres que j'envoie et **viens me trouver** avec toute la célérité que tu mettrais à fuir la mort.

– *Each knight **repaired to** his post.* (SCOTT, *Ivanhoe,* II, iv.) – Chaque chevalier **regagna** son poste.

Repay (to). – **Rembourser, rendre** (une somme prêtée), sans doute, mais aussi, au fig. **payer de retour, rendre coup pour coup, rendre** à qqn. **la monnaie de sa pièce;** intr. **se venger; rendre** (une visite, etc.); **récompenser, dédommager.**

– *The result will **repay** your painstaking.* – Le résultat vous **récompensera** de vos peines.

– *You ill **repay** the impatience I have to testify the friendship and esteem I feel for you.* – Vous **répondez** mal à l'impatience que j'ai de vous témoigner l'amitié et l'estime que je sens pour vous.

Repeal, to repeal. – Les faux amis que nous dénonçons ont fait des leurs dans le passé. Voici une traduction littérale enregistrée par le L.: « Rappel, 3°. Rappel de l'union, ou simplement, rappel, *suppression* de l'union établie entre l'Angleterre et l'Irlande, etc. » Il n'y a pas, alors, de raison pour ne pas dire le rappel, au lieu de la *révocation* de l'Édit de Nantes... Un conférencier américain, s'exprimant en fr., parlait du rappel d'une loi. Un professeur de droit, qui se trouvait dans l'auditoire, consulté par un anglicisant, déclara comprendre que la loi oubliée avait été rappelée à la mémoire du public.

En réalité, ***to repeal,*** c'est **révoquer, rapporter, abroger.** Ç'a été aussi † **rétracter.**

– *These laws were **repealed.*** – Ces lois furent **abrogées.**

Repeat (to), repeat (subst.), **repeater.** – Outre les sens fr., noter: ***to repeat** an order, a prescription,* **renouveler** une commande, une ordonnance; (commerce) ***cannot be repeated,*** **sans suite.** ***Repeat,*** **bis** (indic. d'avoir à répéter un passage, le refrain d'une chanson, etc.). Intr. (des aliments) **revenir, donner des renvois.** (Des pers. et des ch.) ***to be repeated** in water,* **se refléter** dans l'eau.

*A **repeat (-mark),*** mus. **(barre de) reprise. Motif décoratif** qui se répete; **case, compartiment** (d'un ornement); ***repeat (order),***

commande (identique à la précédente) renouvelée. ***Repeater,*** **montre, fusil à répétition,** E.U. **revolver;** aussi (élève) **redoublant** (une classe); **récidiviste; fraudeur à la loi électorale** qui, par usurpation de nom, vote plusieurs fois.

Naut. (navire) **répétiteur** (des signaux) = ***repeating*** *ship;* télég. **répétiteur, répéteur,** *impulse* ***repeater,*** **translateur** d'impulsions; T.S.F. **traducteur;** math. **fraction périodique.** E.U. fam. au pl. **haricots, fayots.** V. aussi *Supplément.*

Replace (to). – Remplacer.

– *The paper would be reasonably* ***replaced*** *by a metallic currency.* – Le papier serait opportunément **remplacé** par une monnaie métallique.

Replete, repletion. – Au XVIe s. on disait: « gens *replets* de mauvaises humeurs », c.-à-d. **remplis.** C'est le sens angl. courant. D'où **plein** (de), fam. **plein à craquer, bourré** (de); avec *with,* **gorgé** (de). ***Repletion,*** sens corresp. *To eat* ***to repletion,*** manger **à satiété,** vulg. **s'en mettre jusque là.**

– *Gardens* ***replete*** *with fragrant flowers.* – Des jardins **où foisonnent** les fleurs odorantes.

– *After some few days of pain and many of dreary delirium* ***replete*** *with ecstasy.* (Poe, *Monos & Una.)* – Après quelques jours de souffrance et de délire accompagné de **plénitude** extatique.

Remarque. – Ces ex. montrent à quel point l'emploi de l'adj. diffère dans les deux langues.

Report (to), report. – Rapporter (des dires, des paroles), **relater** (des faits) et (d'un journaliste) faire le reportage de. ***To report*** *progress to s.o.* (sens général), **tenir** qqn. **au courant** de la marche d'une affaire: lui **exposer l'état de l'affaire, où en sont les choses;** au Parl. **faire rapport sur, exposer l'état de la question, la situation;** *to move* ***to report progress,*** demander **la clôture des débats,** souvent aux fins d'obstruction. Autres sens, ***to report*** *a bill to the House,* **rapporter** un projet de loi; jur. ***to report to*** *the court,* **en référer au** tribunal; ***to report*** *s.o. to the police,* **dénoncer** qqn. à la police; mil. ***to report s.o. sick,*** **porter** qqn. **malade;** ***to report*** *a vessel,* **déclarer** un navire, **faire la déclaration** d'entrée.

To report (oneself) signifie **signaler sa présence** à une autorité quelconque. *A schoolboy free for the day, a soldier on leave (on furlough) are* ***to report themselves,*** c. à-d. **doivent se présenter,** l'un au principal, l'autre à la place, à une heure fixée, pour faire constater qu'ils sont bien là.

Report (subst.) *« common talk, rumour »* glose le C.O.D. **les nouvelles, les bruits qui courent,** péjor. les **on-dit,** les **racontars,** et, comme c'est l'opinion qui fait souvent la réputation, *a man of* ***good,*** *of* ***ill report,*** seront respectivement un homme **de bonne, de mauvaise réputation,** ou **renommée, dont on dit du bien** ou **du mal.** ***Through good and evil (ill) report,*** **(fidèle) envers et contre tous; qui (va son chemin et) laisse dire.**

Sens particuliers: **bulletin** (de renseignements): *medical* ***report,*** **bulletin** médical, *weather* ***report,*** **bulletin** météorologique; *schoolboy's* ***report,*** **bulletin** d'un élève sur son travail; *examiners'* ***report,*** **notes** des examinateurs; ***law reports,*** (jur.) **recueil d'arrêts et de décisions judiciaires, recueil de jurisprudence.**

Le sens curieux de **détonation,** *the* ***report*** *(of a gun)* viendrait de celui de renvoyer un son lequel semblerait expliquer aussi celui † d'**écho** (mus.) et même, lâchement, celui de **son.**

A ***reporter*** est non seulement un journaliste de ce nom, mais un **rapporteur,** l'**auteur d'un compte rendu,** un **sténographe parlementaire,** *the* ***Reporters'*** *Gallery,* la tribune **de la presse.** ***Reporting,*** **reportage, comptes rendus;** ***Reporting Staff,*** **service des informations.**

– *There lived in a village near the Wessex coast two ladies of good* ***report*** *though unfortunately of limited means.* (Th. Hardy, *The Trumpet-Major,* I, i.) – Dans un village voisin de la côte de Wessex vivaient deux dames dont **on disait** grand bien (ou de bonne **renommée**), mais malheureusement peu aisées.

– Le yeoman Festus qui ne brille pas par le courage, entendant dire que son régiment sera mis en avant lorsque Bonaparte débarquera en Angleterre, s'écrie: *This is a regular foolish* ***report.*** *(Id., Ibid.,* VI, 54.) – C'est **un bruit** que de fieffés imbéciles **font courir,** ou plus brièvement: C'est un **bruit** absolument sot.

– *They have adopted extravagant* ***reports.*** – Ils ont ajouté foi à des **racontars** absurdes.

– *The* ***report*** *of guns reached their ears.* – Des **coups** de fusil parvinrent à leurs oreilles.

– *All the establishments infringing the eight hours act shall be* ***reported*** *by the factory inspectors.* – Tous les établissements qui enfreignent la loi des huit heures seront **signalés** par les inspecteurs du travail.

– *This was a* ***matter of current report.*** – C'était le **secret de Polichinelle.**

– ***Report is not always a liar.*** – **Il n'y a pas de fumée sans feu.**

– L'infirmier rassure un malade qui n'a pas la conscience tranquille: *Don't get excited, neither I nor the doctor would dream of* ***reporting*** *you.* – Ne vous énervez pas, ni le docteur ni moi ne songeons à vous **dénoncer.**

– *Already thirty sick persons* ***had reported.*** – Déjà une trentaine de malades **s'étaient déclarés.**

– *Nevertheless, to act the part* ***of a faithful reporter...*** – Néanmoins, pour rapporter les choses **en fidèle historien...**

– Un journaliste dit: ***Reporting*** *was a minor 'feature', although we did not use that word.* (Kipling, *Something,* III.) – **La chasse aux nouvelles** n'était qu'un « boulot » secondaire, bien que nous n'employions pas le mot « boulot ». (Trad. S. et J. Vallette.)

Repose. – D'abord et, en style ecclés., **décès,** mort d'un saint ou d'une sainte (*the* ***repose*** *of the Virgin,* la **mort** de la Vierge), puis: **lieu de repos; calme, tranquillité, paix, sérénité;** en peinture: **dis-**

position harmonieuse des formes et des couleurs qui repose l'œil, d'où **aisance** (des manières, des attitudes).

– Dans « The Eve of Saint Agnes » (XXXVI) Keats compare le ravissement de Porphyro à

... A throbbing star
*Seen mid the sapphire heaven's deep **repose.***
... L'étoile qui palpite
Dans le **calme** profond d'un beau ciel de saphir.

– *Its faults are many; an entire absence of beauty and **repose.*** – Nombreux sont ses défauts; une absence complète de beauté et de **calme harmonie.**

– ***Repose** and cheerfulness are the badge of the gentleman – **repose** in energy.* (EMERSON, *Conduct of Life, Culture.*) – La **calme aisance** et l'allégresse sont la marque du gentleman – l'énergie qui demeure **sereine.**

Repository. – Dépôt, entrepôt, magasin de marchandises; musée; dépositaire (de secrets), **confident;** aussi **répertoire, mine** (de renseignements), enfin **caveau, chapelle funéraire.** Méd. ***repository** penicillin,* p. **à effet retard.**

– *Forests are a **repository** of important raw materials.* – Les forêts sont un **réservoir** important de matières premières.

– *Thou shalt be the **repository** of my most secret thoughts.* – Je veux te rendre **dépositaire** de mes plus secrètes pensées.

– *She was the **repository** of his hopes and fears.* – Elle était la **confidente** de ses espoirs et de ses craintes.

– *The old salt was a **repository** of curious anecdotes.* – Le vieux loup de mer était un **répertoire** de curieuses anecdotes.

– *The O.E.D. is a **repository** of information.* – Le Dictionnaire d'Oxford est une **mine** de renseignements.

Representative (adj. et subst.). **–** On notera: **typique, caractéristique; exemplaire,** dans le sens où le philosophe dit: forme, idée exemplaire, « type idéal d'une chose »; ***representative** sample,* échantillon **type.**

Le subst. signifie **exemplaire, échantillon, spécimen, représentant** (d'une même espèce de plante ou d'animal); **représentant** (d'une maison de commerce, etc.), et, pol. E.U., **député,** membre de la *House of Representatives.*

– *This experiment is **representative** and it illustrates a general principle.* – Cette expérience est **typique** (**caractéristique**) et elle met en évidence un principe général.

Repress (to), repression. – Outre réprimer et répression, on notera (psycho, et psychanalyse) **refouler, refoulement** et, sens concret, le ou les **sentiments refoulés.**

– *Many people suffer from **repressions.*** – Beaucoup de personnes sont atteintes de **refoulement.**

Reproach. – Non seulement blâme, censure, mais **action digne de reproche, motif de honte,** (**source, cause de**) **déshonneur, opprobre; discrédit.** Le mot implique parfois une idée pas très éloignée de l'insulte (voir la citation de Macaulay). Spenser l'accole à l'épithète *foul* (*Faerie Queene,* II, iv, 5). D'où ***a term of reproach,*** un **terme injurieux.** *The **reproach** of Islam,* titre d'un ouvrage, pourrait se rendre par « **La honte** (**l'opprobre**) de l'Islam ». Au pl. (liturg. cathol. rom.) *The **Reproaches,*** l'impropère (du lat. *improperium,* reproche), « versets qui contiennent les reproches que Jésus adressa aux Juifs » (Larousse).

– *I pray'd for children and thought barrenness*
*In wedlock a **reproach...*** (MILTON, *Samson,* 353.)

– Je priais le ciel de me donner des enfants et je pensais que la stérilité dans le mariage était un **opprobre.**

– *Thou shalt be a **reproach** and a blasphemy.* (*Bible de Douai, Ezek.,* V, 15.) – Tu seras en **opprobre** et en ignominie.

– *The noxious plant and savage animal.*
*Which you the Earth's **reproach** and blemish call.*

– La plante vénéneuse et l'animal féroce qui, selon vous, sont la **honte** et la souillure (la tare) de l'univers (de la terre).

– *The name of whig was never used except as a term of **reproach.*** (MACAULAY, *Hist. Engl.,* VI, ii, i.) – Le nom de whig n'était jamais employé sinon comme **insulte.**

Voici la contre-épreuve: Traduisant ce passage de *Gil Blas,* IV, IV, « Votre Majesté a-t-elle suffisamment réfléchi sur **l'opprobre** éternel dont elle couvre ma famille? », Smollett dit: *Has your Majesty sufficiently reflected what an everlasting **reproach** is entailed on my family?*

REMARQUE. – Britannicus (III, vii) s'excuse d'avoir blâmé injustement Junie de l'attitude réservée que celle-ci a dû adopter au cours de l'entretien où Néron, dissimulé, les épiait l'un et l'autre:

« Quand pourrai-je à vos pieds expier ce *reproche?* »

Il faut entendre non pas: le reproche que je vous ai adressé, mais l'action digne de reproche que j'ai commise en vous soupçonnant, c.-à-d. ma faute, mon erreur.

Reprove (to). – C'est non pas, sauf rarement, réprouver « rejeter comme inavouable comme impénitent, exclure du nombre des élus », qui se dit *to reprobate,* mais **reprendre, réprimander, blâmer, censurer, adresser un reproche** *(reproof)* à.

Repugnance, repugnant. – Le lat. *repugnare* signifie opposer de la résistance, se défendre, lutter (au pr. et au fig.), être contradictoire, inconciliable, d'où *repugnans,* contradictoire, incompatible, et *repugnantia,* opposition, incompatibilité. Tous ces sens ont été angl. ***Repugnant*** signifie encore **incompatible** (avec), **contraire, opposé** (à), **réfractaire** à. Sens corresp. pour ***repugnance.***

– *The clause was null and void because it was **repugnant** to the spirit of the agreement.* – La clause était nulle et non avenue, parce qu'elle était **contraire** à l'esprit de l'accord.

– *They are **repugnant** to the King's orders.* – Ils sont **réfractaires** aux ordres du roi.

– *Rights which are absolutely **repugnant** to civil society.* (Burke, *Rev. in Fr.*, 88.) – Des droits qui sont absolument **incompatibles** (ou: **inconciliables**) avec la société civile (et non « qui lui répugnent absolument », comme l'écrit un traducteur de l'époque).

– *Care is taken in preparing the treaty in seeing that it is free from errors or **repugnances**.* – On veille soigneusement en préparant le traité, à ce qu'il soit exempt d'erreurs ou de **contradictions.**

Rapprocher: « Le travail de son esprit bandé... à concilier les *répugnances* et contrariétés des lois. » (V. De La Fresnaye, dans Huguet).

Reputed. – « Pour une fille honnête et pleine d'innocence, / Croit-elle en ses valets voir quelque complaisance, / *Réputés* criminels, les voilà tous chassés », dit Boileau, (Sat. X), c.-à-d. **présumés, tenus pour, censés,** qui est aussi le sens de ***reputed.*** Jur. **putatif,** *the **reputed** father was obliged to recognize the child,* le père **putatif** fut obligé de reconnaître l'enfant. Autre sens: **attribué à,** *a **reputed** Reynolds,* un tableau **attribué à** Reynolds, et même *a **reputed** pint of beer,* etc., une cannette, une bouteille, un pot de bière **d'environ** une pinte.

Requiem. – Outre requiem, et fam. **chant funèbre,** † **invitation au repos; repos, paix, tranquillité.**

Rescript. – **Nouvelle rescription,** chose récrite; jur. E.U. **copie, duplicata;** archéol. **palimpseste.**

Resent (to), resentment. – Ressentiment, « action de ressentir » pouvait s'appliquer autrefois à l'action de se rappeler le bien et non seulement le mal qu'on nous a fait. « Je ne puis vous exprimer, Madame, tout le *ressentiment* que j'ai de vos bontés » (Lesage, dans D.G.). Seuls ont survécu en angl. les sens péjor. ***To resent,*** c'est **ressentir l'injure, le tort** qu'autrui vous fait, c'est donc **être irrité, froissé, blessé** (de), **prendre en mauvaise part, tenir rigueur, garder rancune, en vouloir** à qqn.: **s'offenser, s'indigner, s'irriter** de.

Le subst. a les sens corresp.

– *He allowed himself to be publicly insulted without **resenting** it.* – Il se laissa insulter publiquement sans **s'offenser.**

– La période des examens n'est pas propice à la contemplation des beautés de la nature: *Almost you **resented** the flowery orchards and meadows, with their pagan-like riot of renewal.* (R. Lehmann, *Dusty Answer,* II, xi.) – On **s'irritait** presque de voir les vergers et les prairies en fleur, l'orgie païenne du renouveau. (Trad. Talva.)

– *The choice of the scholar has been a source of bitter **resentment** among the excluded candidates.* – Le choix du boursier avait causé un vif **mécontentement** parmi les candidats exclus.

Reservation. – **Réserve, restriction,** *mental **reservation,*** **restriction** mentale; jur. **réservation** (d'un droit), *Power of **reservation** of Dominion legislation,* droit de **réservation des, droit de veto sur** les lois des Dominions; théol. **réserve, réservat, réservation** (d'un bénéfice par le pape), *the **Reservation of the Sacrament,*** la **sainte Réserve;** E.U. **réserve, terrain réservé,** *Indian **reservation,*** **réserves** indiennes; enfin **action de réserver, de retenir, de louer** (une place, une chambre, etc.) et, sens concret, surtout E.U. **place(s), chambre(s) retenue(s).**

Residence, resident. – Noter: *Desirable **town residence** for sale,* bel **hôtel particulier** à vendre, ***residence** of undergraduates,* **internat** des étudiants.

***Resident medical student** (in hospital),* **interne** des hôpitaux, ***resident** population,* population **fixe,** les **habitants du pays;** ***resident** physician,* médecin **à demeure** (dans un hôpital, une clinique un établissement thermal), ***resident** master,* maîter, **à demeure,** maître **surveillant.** Autres sens de l'adj. **inhérent, propre à; appartenant à, entre les mains de,** *a right **resident** in the nation.*

Residential. – ***Residential** area district,* quartier **d'habitation,** quartier **bourgeois, résidentiel** (néol.); ***residential** estate,* propriété **composée de maisons d'habitation** ou **de rapport,** p. **comportant une maison de maître;** ***residential hotel,*** **pension de famille;** ***residential qualification,*** **quotité d'imposition conférant la qualité d'électeur, cens électoral; droit de vote** en qualité de propriétaire ou de locataire; ***residential** treatment,* traitement (des jeunes délinquants) **en institution.**

Residue. – Tandis que *résidu* s'applique uniquement aux ch., notamment en chimie, ***residue*** se dit également des pers. Ce sera le **reste,** les **restes** (d'une armée p. ex.). Jur., le *reliquat* d'une succession après que toutes les dettes qui la grevaient ont été payées, **l'actif net.**

– *The enemy suffered heavy losses and the **residue** of the army surrendered.* – L'ennemi subit de lourdes pertes et le **reste** de l'armée (les survivants) se rendit (se rendirent).

Resign (to), resignation. – Nous avons dit résigner (ses fonctions, etc.), se démettre, jusqu'à la naissance de l'élégant démissionner, digne frère du gracieux solutionner. *He **resigned** himself to her direction,* traduit: il se résigna à se laisser guider par elle, impliquerait de la mauvaise grâce. On traduira: il **s'en remit à** elle du soin de le guider. Le sens primitif de se résigner à la volonté de Dieu est: s'y remettre, s'y confier, s'y abandonner. De plus, **renoncer** (à un espoir, un dessein), † **se désister de, cesser.**

Resignation, **démission.**

– *I was mentally repeating some passages of the « Omnipresence of the Deity », as is my custom before **resigning myself** to sleep, when...* (Edgar Poe, *Loss of Breath.*) – Je me récitais mentalement certains passages de l'« Omnipresence of the Deity », comme j'ai coutume de le faire avant de **m'abandonner** au sommeil, quand...

– *If fortune favours me, I laud her; if she frowns, I **resign** her.* (Thackeray, *Pend.*, XXXIII.) – Si la fortune me sourit, je chanterai ses louanges; si elle me fait mauvais visage, j'y **renoncerai.**

— Le budget de la Marine ayant été, peu avant 1914, attaqué par ses collègues, *Churchill seriously considered* ***resignation...*** —

— C. songea sérieusement à **se démettre,** ou: à **remettre sa démission.**

Resile (to), resilient, resilience. — Le lat. *resilire* signifie **sauter en arrière, rebondir, se retirer.** En fr. avant de dire « résilier un contrat », on a dit « se résiler *(sic)* de sa parole ». Tous ces sens sont angl., d'où au pr. (mécan.) **résistance vive,** *spring* ***resilience,*** **bande** d'un ressort; **élasticité** (du caoutchouc, etc.) au fig. **élasticité** (d'esprit, de caractère, de tempérament), **ressort:** *He is* ***resilient,*** *has* ***resiliency,*** il **a du ressort, ne se laisse pas déprimer.**

Resolve (to), resolution. — « Peu de gens meurent *résolus* que ce soit leur heure dernière », écrit Montaigne (II, xiii), et, sans doute, plus d'un lecteur moderne fait-il là un contresens. Il faut entendre **assurés.** Le sens est le même en angl.: † **assurer, convaincre; informer;** emploi réfléchi: **s'assurer, se convaincre de.**

De là ***resolution:*** † **conviction, certitude.**

— Voici la traduction par Florio de la phrase précitée: *Few men die* ***with a resolution*** *that it is their last hour.* Cotton, venant plus tard, traduit: *in an opinion.*

— Antoine, subtil orateur, sait trouver des mots pathétiques, mais non dénués d'hyperbole, pour décrire la mort de César:

And, as he [Brutus] pluck'd his cursed steel away,
Mark how the blood of Caesar follow'd it,
As rushing out of doors, ***to be resolv'd***
If Brutus so unkindly knock'd or no...
(SHAKS., *Jul. Caesar,* III, ii.)

Et quand Brutus a retiré son fer maudit
Voyez comme le sang de César l'a suivi,
Comme s'il s'élançait dehors, pour **s'assurer**
Si c'était bien Brutus ou non qui le frappait
Si méchamment.

Resort (to), resort. — C'est **avoir recours à, user de, s'adresser à, recourir à; aller, se rendre; hanter, fréquenter.**

Le subst. signifie **recours; l'action d'aller, de se rendre à** ou **près de; fréquentation; assemblée, réunion, concours, affluence; lieu fréquenté pour le plaisir et surtout pour la santé.**

A winter ***resort,*** c'est une **station** d'hiver, *a sea-bathing* ***resort,*** une **station** balnéaire, *a health* ***resort,*** une **station** climatique, une **ville d'eau**

— *Join with me to forbid him her* ***resort.*** (SHAKS., *Timon of Athens,* I, i.) — Joignez-vous à moi pour l'empêcher de la **fréquenter.**

— *It is my frequent practice to visit* ***places of resort*** *in this town.* (STEELE, *Tatler,* n° 83.) — C'est ma fréquente pratique de hanter les **lieux publics** de cette ville.

— *It will be impossible to close the committee to-night without* ***resort*** *to a sitting of unusual length.* — Il sera impossible de clore les débats de la commission ce soir sans **avoir recours** à une prolongation de séance extraordinaire.

Respect, to respect. — Comme le fr. respect et le lat. *respectus,* **considération, motif:** « Plusieurs respects me rendent chère votre personne » (BALZAC); **égard, relation, rapport:** « Cette proposition est fausse sous divers **respects.** » (DESCARTES.) Cf., en angl., *in many* ***respects,*** *in some* ***respects.*** « Tous nos gentilshommes sont vilains au **respect** de lui » (A. LE MAÇON, BOCCACE, *Décaméron,* IV, i), c.-à-d. **en comparaison, au regard, au prix de.**

De là, **égard partial, faveur:** *It is not good to have* ***respect*** *of persons in judgment.* (*Bible, Proverbs,* XXIV, 23.) — Il n'est pas bon d'**avoir égard** à l'apparence des pers. (OSTERWALD.) Cf. *to accept persons.*

To respect peut signifier simplement † **regarder, considérer.**
rendre la justice sans acception de personne.

— Reprenons la citation biblique. On peut la traduire: Il faut

— *She* ***respects*** *me as her only son.* (SHAKS., *Midsummer Night's Dream,* I, i, 150.) — Elle me **regarde** comme son fils unique.

— Hamlet (III, i, 69) pense que le doute nous empêche de désirer la mort:

... There's the ***respect***
That makes calamity of so long life.
... C'est la **raison**
Qui fait que l'infortune a si longue la vie.

Respectable, -bility. — Le sens fort de l'adj.: *a* ***respectable*** *army,* une armée **formidable, redoutable,** *a* ***respectable*** *man,* un homme **qui impose, force** véritablement **le respect,** s'est quelque peu affaibli dans l'usage moderne, puisque selon Ivor BROWN (*A Book of Words,* s.v.) « *it now means either moral in tone or moderate in size* ».

Outre les sens communs aux deux langues, on notera en angl.: (écrivain, etc.) **qui n'est pas à dédaigner, n'est pas sans mérite** ou **sans talent,** et partant **estimé, apprécié;** (de pers. souvent de condition modeste) *poor but* ***respectable*** *people,* de pauvres, mais de **braves** gens, **qui ont une vie digne, sont comme il faut.** Péjor. ou iron. **d'esprit étroit, étriqué, « petit bourgeois »; esclave des conventions, soucieux du qu'en dira-t-on.** Aussi, **assez bien, pas mal, passable, honnête, honorable, nullement méprisable; convenable;** (d'un héritage, d'une somme d'argent, etc.) **coquet, rondelet.**

— *My friend possessed many talents: he was a* ***respectable*** *essayist and painted* ***respectable*** *pictures.* — Mon ami avait de nombreux talents: essayiste **estimable,** il peignait aussi des tableaux **appréciés.**

— *The typographical execution... is delightful, and the engraved frontispieces are very* ***respectable.*** — L'exécution typographique... est délicieuse et les frontispices gravés sont très **honorables.**

— *Other places have had* ***respectable*** *weather.* — Les autres localités ont eu d'assez **beau** temps.

– *An anonymous English writer highly **respectable** for the soundness of his judgment.* – Un écrivain angl. anonyme des plus **cotés (appréciés)** pour son jugement sain.

– Physionomie d'Honolulu, ville typique du Pacifique: *Though the native policeman at the corner, standing on a platform with a white club to direct the traffic, gives the scene an air of **respectability**, you cannot but feel that it is a **respectability** only of the surface; a little below there is darkness and mystery.* (S. MAUGHAM.) – Malgré le policier indigène, qui, debout sur un refuge, au coin de la rue, dirige la circulation, et prête à la scène un air de **correction**, vous vous rendez compte que cette **tenue** n'est que de surface; un peu plus bas, c'est l'obscurité et le mystère. (Trad. E.R. BLANCHET).

– *Can you tell me of a **respectable** hotel?* – Pouvez-vous m'indiquer un hôtel **convenable** (ou: **bien fréquenté**)?

– *How can a first year undergraduate be expected to write a **respectable paper** on such a subject?* – Comment attendre d'un étudiant de première année qu'il fasse une composition **convenable** (**passable, honnête**) sur un tel sujet?

– *Revolutions in philosophy share the fate which sometimes overtakes other revolutions; they settle down and **become respectable**.* (*T.L.S.*, 13/XII/57.) – Les révolutions philosophiques partagent le sort auquel ne peuvent échapper parfois d'autres révolutions: elles se rangent et **s'embourgeoisent.**

– *He was glad to escape the dread **respectability** of his little town.* – Il fut heureux de s'évader du terrible **quant-à-soi** de sa petite ville.

– *He entertained me with a **quite respectable** claret.* – Il me régala d'un bordeaux rouge **tout-à-fait buvable, d'un cru très apprécié.**

REMARQUE. – On constatera que l'angl. *respectable* et le fr. *honnête* ont évolué tous deux vers le sens de *convenable.*

Respond (to), respondent. – ***To respond,*** jur. E.U. c'est **être responsable,** ***to respond*** *in damages,* **être tenu** des dommages-intérêts. *The **respondent*** est le **défendeur** (dans les affaires jugées en équité et dans les actions en divorce); c'est aussi l'**intimé** (devant une cour d'appel). D'autre part, outre répondre, être sensible (à l'amitié, à l'affection) ***to respond*** signifie **chanter les répons; obéir (à),** ***to respond to the controls,*** **obéir aux gouvernes; réagir** (à, contre), *the nerves **respond** to external stimuli,* les nerfs **réagissent** aux excitants extérieurs. Ce sont là des sens spéciaux.

Le subst. ***respond,*** syn. en ce cas de *responsory* et de *response* s'entend des **répons;** en archit. **demi-pilier** (soutenant un arc de voûte); **colonne engagée.**

– *The incentives to which people **respond.*** – Les stimulants auxquels les populations **sont sensibles.**

– *The addicts **respond** differently to any specific treatment.* – Les toxicomanes **réagissent** différemment à tout traitement spécifique.

Response, responsive, -ly, -ness. – L'angl. ***response*** est issu du lat. *(re)spondere,* v. fr. *respons(e)* et a les sens corresp. à ceux de *to respond,* (v. les ex.) Quant à l'adj. ***responsive,*** de même origine, il a les sens du fr. *responsif, -ive,* d'abord terme de Palais, « qui contient une réponse », puis t. de grammaire « qui répond à une interrogation ». Outre ces acceptions, l'angl. a les suivantes: **correspondant à** (rare); **influençable, impressionnable, facile à émouvoir,** qui **éprouve de la sympathie** (se construit avec *to*); p. ext. *a **responsive** engine,* un moteur **souple, nerveux.** Enfin, **responsable!!** (rare). L'adv. ***responsively*** et le subst. ***responsiveness*** ont les sens corresp.

– *Her affection did not **meet with any response.*** – Son affection n'était pas **payée de retour.**

– *Three of the carriages in faith are... very **responsive** to the hilts* (SHAKS., *Ham.*, V, ii, 159.) – Trois des affûts, en bonne foi, **correspondent** à ravir aux gardes.

– *There is no living being **to feel responsive** to his feelings.* – Il n'est pas d'être vivant qui **sympathise** avec ses sentiments.

– *He listened to her with **responsiveness.*** – Il l'écouta avec une **émotion sympathique** (ou: avec une **sympathie émue**).

– *He **was not responsive** to such a romantic suggestion.* – Cette suggestion romanesque n'**éveilla en lui aucun écho** (le **laissa indifférent**).

– *She glanced at him and **he smiled responsively.*** – Elle lui lança un regard auquel **il répondit par un sourire d'intelligence.**

– *His protest met with no **response.*** – Sa protestation est restée **sans écho.**

Responsibility. – Au pl. gagne parfois à se rendre par **attributions, fonctions, destination, vocation,** ex. la **vocation** sociale des bibliothèques.

– *The **responsibilities** of both departments have been defined.* – On a fixé (déterminé) les **attributions** des deux ministères.

– *Such action falls within the universalist **responsibilities** of our continent and its liberal and civilizing mission.* – Cet effort s'inscrit dans le cadre de la **vocation** universaliste de notre continent et de sa mission civilisatrice et généreuse.

– *It is our **responsibility** to make our Organization strong and therefore more efficient.* – C'est **à nous qu'il appartient** de rendre notre Organisation forte et, partant, encore plus efficace.

– *I have copied the inscription word for word and **take no responsibility** for the Latin.* – J'ai transcrit l'inscription telle qu'elle et **donne le latin pour ce qu'il vaut.**

Responsible. – Nous ne dirions pas: « Monsieur X... est responsable des notes de telle édition », si ces notes sont bonnes, mais: « C'est Monsieur X... **à qui nous devons,** ces notes, qui en est **l'auteur.** » En angl.: *Mr. X... is **responsible for** the notes.* – De plus, ***responsible*** signifie encore: **capable de remplir une obligation, une mission, sur qui l'on peut compter, faire fond, digne de confiance; honorable, considéré.** Se dit aussi par métonymie des ch. Enfin, sens qui n'est pas explicitement donné par le N.E.D. et qui se rapproche d'ailleurs beaucoup de l'acception fr.: **chargé de, à qui il incombe, appartient de.**

Appliqué aux ch.: **passable, pas mal, qui peut aller, auquel il n'y a rien à redire, convenable, honnête, présentable, de mise,** et, p. ext., **irréprochable.**

E.U.: (celui ou celle) **à qui on peut faire grief ou honneur d'un acte,** etc.; **sérieux, digne de confiance, digne de foi.**

Curiosité: employé comme subst. pl., *a **responsibles*** est un acteur qui s'engage à jouer tous les rôles qu'on peut lui demander, qui bouche les trous, une **doublure,** celui **qui joue les utilités.**

– *The collection and delivery of parcels... might be undertaken by one **responsible** person.* – La réception et la livraison des paquets... pourrait être assurée par une pers. de **confiance.**

– *His linen is arranged to a nicety; and he is wrapped in a **responsible** dressing-gown.* (Dickens, *Bleak House,* I, viii.) – Son linge est ajusté à la perfection, et il est enveloppé d'une robe de chambre **irréprochable.**

– *There was no comment in **responsible** quarters.* – Les milieux **autorisés** se refusent à tout commentaire.

– *My son is cashier in a bank – a really **responsible** position.* – Mon fils est caissier dans une banque – poste **de toute confiance.**

– *This is no **responsible** criticism.* – Cette critique n'est pas **motivée** (voir *irresponsible*).

– A quelques jours de l'arrivée de son fiancé, la jolie Mary Leeward reçoit, non sans impatience, des conseils de discrétion de son père: *Well, Mary, you may be wiser than your old father. And it won't be much longer that I am **responsible** for you.* (Ch. Morgan, *Sparkenbroke,* II, iii.) – Sans doute, Mary, tu en sais plus long que ton vieux père, et je n'en ai pas pour longtemps à t'avoir **sous ma garde.** (Trad. Germaine Delamain).

Rest (to), rest. – Il y a, en angl., trois subst. et trois v. de cette forme, qui sont d'origine différente. Deux représentent respect. le fr. **reste** et **rester,** *arest* et *arester* (mod. *arrêt* et *arrêter*), qui ont perdu leur première syllabe – comme *attend,* p. ex., et tant d'autres – et le dernier groupe, d'origine germ., signifie **repos** et **reposer.** Voici la filiation des sens de ces divers mots: *rest* (style commercial), **fonds de réserve** – c'est le fr. *reste* –; **arrêt** pour la lance. ***To rest,*** **(se) reposer, dormir, dormir du sommeil éternel;** d'où ***resting-place;*** **gîte, abri, lieu de repos** (des moustiques p. ex.), ***last resting-place,*** **dernière demeure, lieu de sépulture.**

Suite des sens: Jur. E.U. ***to rest the case,*** **conclure son plaidoyer.** S'emploie aussi absol. et au fig.; **se reposer** (sur); **se fier** (à), **se confier** (à), **compter** (sur); **s'appuyer, reposer, se fonder** (1). *It rests with you,* **c'est à vous,** il vous **appartient** (de). – ***Rest,*** **repos, paix; appui, support, pièce de repos** (d'un tour); **appui-main** (de papier); **repos** (dans l'élocution, la déclamation, les vers), **pause;** etc.

(1) *Science rests on phenomena observed by the senses,* se fonde sur les phénomènes observés par les sens.

– Shylock déclare à sa fille Jessica qu'il a peine à s'en aller de chez lui: ***There is some ill a-brewing towards my rest.*** (**Shaks.,** ***Merch.*** *of Ven.,* II, v, 17.) – Il se trame quelque atteinte à mon **repos.**

– L'évangéliste Tryan console une pécheresse repentie: *You have only **to rest** on Him [Christ] as a child **rests** on its mother's arm, and you will be upborne by His divine strength.* (G. Eliot.) – Vous n'avez qu'à vous **reposer** sur Lui comme l'enfant **repose** sur les bras de sa mère, et vous serez soutenue par Sa force divine.

– Sir Willoughby fait sa cour à Laetitia Dale: *Consider this, that it is on your head if my ideal of women is wrecked. It **rests** with you to restore it.* (Meredith, *Egoist,* XL.) – Songez-y. Si l'idéal que je me suis fait de la femme est ruiné, cela retombe sur votre tête: **c'est à vous** de le rétablir, ou: de le restituer.

– Emploi absolu: « ***The defence, the prosecution rests.*** » – **Plaise au tribunal d'accepter mes conclusions.** (Mansion).

– *The land must be allowed **to rest.*** – Il faut laisser **(se) reposer** la terre.

Restore (to), restoration, restorative, restorer. – **Restituer, rendre** qqch. à qqn.; jur. **ressaisir** qqn, de qqch., ***to restore*** *his fortune, his property to s.o.,* **remettre** qqn. **en possession** de sa fortune, **remettre** qqn. **dans** ses biens; aussi **restituer** (un texte); **reconstituer** (un monument disparu, un fossile); **reconstituer, régénérer** la santé, **etc., d'où** *a **restorative,*** un **fortifiant,** un **reconstituant** (s'emploie aussi adj.), un **cordial.**

Restoration a les sens corresp.

Quant à ***restorer,*** outre **restaurateur, -trice** (d'un tableau, d'une église), il signifie: **rénovateur, -trice; celui, celle qui rétablit, restitue un texte;** ***hair-restorer,*** **régénérateur** des cheveux, ***health-restorer,*** **fortifiant,** etc.

– Kipps, ne sachant où déposer son claque, ne trouve rien de mieux que de s'asseoir dessus: *It was discovered in his abandoned chair at a late hour by a supper-party and **restored** to him next day.* (Wells, *Kipps,* II, vii.) – Le claque fut découvert par des soupeurs, tard dans la soirée sur la chaise abandonnée de Kipps, et lui fut **restitué** le lendemain.

– *Her death was due to the witholding of a **restorative** drug by a married couple attending her.* – Sa mort a été due au fait que le couple qui la soignait avait négligé de lui administrer le **tonique** qui l'aurait sauvée.

Restrain (to), restraint. – « Restreindre » est pour nous « ramener à des limites plus étroites ». ***To restrain*** a des sens plus étendus: **retenir, empêcher** (de) avec *from;* **contenir, réfréner, modérer, réprimer, maîtriser** (ses passions, sa colère, etc.); **retenir** (sa curiosité); **contenir, refouler** (ses larmes), **tenir** (sa langue); **faire obstacle,**

échec à, entraver; enfin **emprisonner.** La plupart de ces sens sont issus du lat. *restringere.*

Sens importants de ***restraint*: contrainte, restriction, entrave, frein, empêchement,** ***I was under no restraint,*** **j'avais mes coudées franches;** ***restraint*** *of, upon trade,* **atteinte** à la liberté du commerce; aussi, clause interdisant au vendeur d'un fonds de se réinstaller dans un périmètre donné. *Some people fret, chafe under* ***restraint,*** certaines personnes ne peuvent souffrir aucune **contrainte,** elles **rongent leur frein;** *they lack* ***restraint,*** elles manquent de **retenue,** de **réserve.** *Offenders and lunatics are put under* ***restraint,*** les délinquants sont **emprisonnés** et les aliénés sont **internés:** ***a lunatic under restraint,*** un aliéné **interdit.** ***To put s. o. under illegal restraint,*** **séquestrer qqn.** Tautol. † jur. *arrests and* ***restraints*** *of princes,* arrêts et **contraintes** de princes.

– Banquo a de sombres pressentiments: *Merciful powers, /* ***Restrain*** *in me the cursed thoughts that nature / Gives way in repose.* (*Macbeth,* II, i.) – Puissances miséricordieuses, **réfrénez** en moi les pensers maudits qui m'envahissent en mon sommeil.

– *He could hardly* ***restrain*** *his feelings.* – Il avait peine à **contenir** son émotion.

Restrict (to), restriction. – Sont également issus du lat. *restringere.* ***To restrict*** peut aller jusqu'à signifier **interdire, sévir contre.** Le *Thesaurus* de Roget donne comme syn.: *prohibit, forbid, put one's veto upon, disallow; bar; debar.* Voici quelques tournures idiomatiques: ***I am restricted*** *to advising,* **je dois me borner à, il ne m'est permis que de** donner des conseils; *the road was* ***restricted,*** la vitesse des automobiles était **limitée à X milles par heure** sur cette route, d'où ***restricted area,*** **zone où la vitesse des automobiles est limitée.**

– *The Act which* ***restricted*** *the Bank from making payments in gold.* – La loi qui **interdisait** à la Banque de faire des paiements en or.

– Parlant des dangers que certaines sociétés secrètes pourraient faire courir à l'État, Hadrien (*Mémoires,* 56) dit: J'ai fini par **sévir contre** elles, et la traductrice: *I have finally* ***restricted*** *them.*

Resume (to). – Comme le lat. *resumere,* **reprendre** (courage, espoir, des forces, de l'influence, etc.), **reprendre possession de.** ***To resume one's seat,*** **se rasseoir; renouer** (des relations); **continuer, poursuivre** (un discours après une interruption); ***to resume one's journey,*** **se remettre en route, poursuivre son voyage.** Enfin, comme en fr. **résumer; récapituler.**

– *We* ***shall resume*** *this subject in a future paper.* (Hazlitt, *Works,* XI, 263.) – Nous **reprendrons** (ou: nous **reviendrons sur**) ce sujet dans un prochain article.

– Une indication scénique dans une pièce de Bernard Shaw: *Lady Cicely* ***resuming*** *her stitching...* (*Capt. Brassbound's Conv.,* II.) – Lady C. **reprenant** sa couture ou: son ouvrage...

– *The House* ***resumed*** *work* (ou absol. ***resumed***) *yesterday.* C'était hier **la rentrée** des Chambres, les débats ont **repris** hier.

Retail (to). – Détailler, vendre intr. **se vendre au détail; (ra)conter en détail, colporter** (des bruits, des calomnies), d'où ***retailer*** *of news,* **colporteur** de nouvelles.

– *These shoes* ***retail*** *at (for) 20 shillings a pair.* – Ces chaussures **se vendent** 20 shillings la paire.

Retain (to), retainer, retinue. – Engager, retenir, s'assurer les services d'une pers. (**serviteur, suivant, domestique**) qui, de ce fait, s'appelle ***retainer*** (1), l'ensemble de ces pers. constituant ce qui se nomme ***retinue,*** **train, suite, cortège.** Rapprocher: « Il fut convenu qu'on irait en Normandie avec une *retenue* de deux cents chevaliers ». (Langlois, *La Soc. française au* XIII*e s.,* V, p. 125). ***To retain*** *a counsel,* **faire choix** d'un avocat, **retenir, s'assurer ses services,** en lui versant une provision, ***retainer;*** aux E.U. **lui donner procuration.**

Autres sens de ***retainer*:** **pers.** ou **ch. qui retient, conserve** ou **garde.** Méc. ***retainer ring,*** **bague d'arrêt, de retenue;** *a brick is a* ***retainer*** *of heat,* une brique **conserve** la chaleur. ***Retaining wall,*** mur **de soutènement, de retenue, de revêtement;** mur **de terrasse,** mur **d'appui.**

– ***The great aim of the landowners was to form an army of faithful*** *voters, a band of political* ***retainers.*** – Il s'agissait surtout pour les propriétaires de se constituer une armée d'électeurs fidèles, une **clientèle** politique.

– Horace Walpole inaugure une révolution littéraire en publiant son *Château d'Otrante: He distributed the casts: the ill-used wife, the cruel husband, his immured victims, the boastful and coward* ***retainer.*** – Il a distribué les rôles: l'épouse opprimée, l'époux persécuteur, l'innocent sequestré, le **domestique** vantard et poltron.

– Lady Barker (*South Africa,* XI) reçoit la visite d'une princesse cafre: *Each of her* ***retinue*** *were given a cigar.* – On donna un cigare à tous ceux de sa **suite.**

– *Half pay to the disbanded officers was meant to be a* ***retainer*** *as well as a reward.* (Macaulay) – La demi-solde versée au officiers licenciés était destinée tout ensemble à **retenir leurs services** et à les récompenser de ceux qu'ils avaient rendus.

– *When Pendennis asked Smirke to drink wine, he addressed him as if he were a Sovereign speaking to a petty* ***retainer.*** (Thackeray, *Pend.,* XVI.) – Quand P. proposait à S. de boire, il le faisait comme un souverain qui s'adresserait à un infime **vassal.**

Retention. – Le seul sens commun aux deux langues est celui de rétention (d'urine, etc.). Voici les autres également issus du v. ***to retain*:** **action de garder, de retenir, conservation** (d'un usage), **maintien** (d'une autorité); **faculté de conserver, de retenir** (un sou-

(1) Ce devrait être logiquement *a retainee.*

venir), (d'où ***a retentive*** *memory*, une mémoire **fidèle, tenace**) et, sens concret, **mémoire;** enfin **fixation, fixage,** et chirur. ***retention*** *of a fracture in position,* **contention** d'une fracture; † **détention, emprisonnement**, syn. de *restraint*, q.v.

– *Means concerning the recruitment and the* ***retention*** *of the staff.* – Moyens propres à recruter et à **s'attacher** le personnel.

Retire (to), retiring (adj. et subst.). – Intr. **se retirer** (des affaires, d'un service), **prendre sa retraite,** *to put place s.o.* ***on the retired list,*** mettre qqn. **à la retraite.** Autres sens, (à l'escrime) **rompre;** ***to retire into, within oneself,*** **se replier sur, rentrer en soi-même, se recueillir;** ***to retire*** *from sight,* **se soustraire, se dérober** aux regards, d'où *a* ***retiring*** (1) *man,* un homme **réservé, peu sociable, peu communicatif, qui a tendance à s'effacer;** ***retiring,*** **action de se retirer,** ***retiring room*** (2), **cabinet de toilette, cabinets, lieux d'aisances; cabinet particulier; vestiaire** (d'un tribunal, d'un magistrat, syn. de *robing-room;* autres sens de ***retiring,*** **mise à la retraite** (d'un officier, etc.), ***retiring from business,*** **cessation de commerce.**

– *Sir Charles was the* ***retiring*** *chairman.* – Sir C. était le président **sortant,** (son mandat avait pris fin).

– *Since the death of her husband* ***she had been a retiring*** *woman.* – **Depuis la mort de son mari, elle avait mené une vie effacée.**

Retrace (to). – Outre les sens fr. (pr. et fig.), signifie: ***to retrace*** *one's steps,* **revenir sur** ses pas; **rebrousser** chemin; aussi **remonter à la source, à l'origine de.** (Cf. *to trace back.*)

– S'apercevant qu'il a fait fausse route, *He immediately* ***retraced his steps.*** (HARDY, *Ethelberta,* XII.) – Il **rebroussa chemin** aussitôt.

Retrench (to), retrenchment. – Trans. et absol. **restreindre** (ses dépenses), **se restreindre, rogner sur** (ses dépenses), **réduire** son budget. ***Retrenchment,*** **réduction, compression** (des dépenses).

– *She began to save and* ***retrench.*** – Elle commença, se mit à économiser et à **se restreindre.**

REMARQUE. – *Retrancher* toute dépense inutile, *se retrancher, retranchement* sont de la meilleur langue comme l'attestent ces citations empruntées à Mme de Sévigné: « Si vous n'avez pas le courage de vous *retrancher...* » – « Quel *retranchement!* Quelles économies dans cette maison! ».

Retribution. – En fr., salaire, rémunération; en angl., ce sens est désuet: il reste celui de **châtiment** ou, rarement, de **récompense.** *The Day of* ***retribution,*** le jour du **jugement,** l'heure du **châtiment.**

– *I am led to believe that even in this world the day of* ***retribution*** *rarely fails to come at last.* – J'en viens à croire que même en ce bas monde, l'heure du **châtiment** manque rarement de sonner enfin.

Return, to return. – C'est autour de l'idée de *retour* au pr. et au fig. que se groupent les sens dont voici les principaux. **Reprise, recrudescence, retour** (de la fièvre, d'une maladie); *to wish one many (happy)* ***returns*** *(of the day),* souhaiter à qqn. un heureux anniversaire, une bonne fête; et, formule abrégée: ***many happy returns,*** **mes meilleurs souhaits d'heureux anniversaire.** Archit., **retour,** (d'un mur, d'une façade); **retour, renvoi** (d'un objet) et sens concret, l'**objet ainsi rendu** ou **renvoyé;** dans le commerce, **rendu, laissé pour compte,** au pl. **invendus;** aussi, **tabac de rebut,** puis **tabac blond;** ***on sale or return,*** **en communication, à l'examen;** au pl. surtout, **recettes, rentrées** (provenant des ventes), ***quick returns,*** un **prompt débit,** une **vente rapide,** ***« small profits and quick returns »,*** (enseigne) « **Au gagne-petit** », donc **ce qui revient à un exploitant, revenu, gain, profit, rendement,** p. ext. **rentabilité, rapport;** suite des sens: **rapport** de shérif, puis **rapport officiel, compte rendu,** sur les opérations électorales, établi par le ***returning officer,*** directeur du **scrutin qui transmet (à l'autorité) les résultats,** d'où p. ext., **élection** au Parlement, enfin **rapport** quelconque, **relevé statistique, état,** et même, adminis. **recensement** de la population; *Bank* ***return,*** **situation** de la Banque, *weekly Bank* ***return,*** **bilan** hebdomadaire, *Board of Trade* ***returns,*** **statistiques** du commerce, ***return*** *of income,* **déclaration** de revenu.

Sports, ***return match,*** **match en retour, revanche;** à l'escrime, ***return*** *(thrust),* **riposte.**

On traduira le v. en conséquence.

– *There are no prospects of a satisfactory* ***return.*** – Il ne s'offre pas de perspectives de **rentabilité** satisfaisante.

– ***There is no return*** *to the human race from a hundred engagements...* dit John Morley traduisant ce passage d'une lettre de Voltaire (15 juillet 1735): **Il ne revient rien** au genre humain de cent batailles données.

– *If you cheat your neighbour, you must expect* ***the same treatment in return...*** Si vous trompez votre prochain, il faut vous attendre **à la pareille.**

– *She did not* ***return*** *his bow.* – Elle ne lui **rendit** pas son salut.

Comment devenir un homme à bonnes fortunes?

– *I go to public places and tip the wink first to one woman, and then to another till I meet with one who* ***returns the signal,*** traduit ce passage de *Gil Blas* (III, v): Je vais à la promenade. J'agace toutes les femmes que je vois jusqu'à ce que j'en rencontre une qui **réponde à mes mines.**

– *The candidate was* ***returned*** *unopposed.* – Le candidat a été **proclamé élu** (d'après le rapport du *returning officer*) sans opposition.

– *The prisoner was* ***returned*** *guilty.* – L'accusé fut **déclaré** coupable.

– Froude (*Oceana,* XV) critique le régime de la Nouvelle-

(1) Vivre retiré se dit *to live in retirement, in seclusion.* S'il est correct de parler d'une *retired life,* il convenait néanmoins de marquer la nuance entre *a retiring man* et un homme *retiré.*

(2) C'est le fr. ***retrait*** « au Moyen Age... soit un petit appartement ou cabinet privé, soit le lieu d'aisances où se trouvaient les chaises de retrait » (ROBERT.)

Zélande: *Two Houses of Legislature, 160 members in all, each with an eye to his own interests, and* ***returned*** *by constituencies equally keen for their own.* – Deux Chambres, 160 membres en tout, chacun d'eux ayant en vue ses propres intérêts, et **élus** par des collèges à qui les leurs tiennent également à cœur.

Reveille. – Du fr. *réveillez-vous,* signifie (mil.) **diane,** mot qui, lui, est emprunté à l'esp. *dia,* jour, la diane étant la sonnerie au lever du jour.

– *I was so exhausted that I laid down on my bed in my clothes and it was there* ***reveille*** *woke me.* – J'étais si rendu que je m'étendis tout habillé sur mon lit et c'est là que me réveilla la **diane.**

Revel, to revel. – Du lat. *rebellare,* du vieux fr. *reveler,* se rebeller, faire du tumulte, du bruit, etc., d'où **se divertir, se réjouir; festoyer, banqueter, faire ripaille; prendre plaisir, se complaire, se plaire, exulter à; se livrer à l'orgie; gaspiller** (de l'argent) dans les plaisirs.

Revel : **bacchanale, orgie.**

The master of the ***revels*** *of the King,* l'intendant des **menus plaisirs** du roi.

– *See! Antony, that* ***revels*** *long o' nights,*
Is notwithstanding up.
(SHAKS., *Julius Caesar,* II, ii, 116.)

– Voyez! Antoine, **qui se livre aux plaisirs** bien avant dans la nuit, est néanmoins levé.

– *The art of our day is a* ***revel*** *of rough truth.* (MEREDITH, *Egoist,* XXVI.) – L'art de notre époque est une **orgie** de dures vérités.

– Ce n'est pas seulement la femme de Sganarelle (*Méd. malgré lui,* I, i) qui veut être injuriée et battue: *Jimmy positively seemed* ***to revel*** *in that abuse.* (J. CONRAD, *Nigger of the N.* II.) – Le fait est que J. semblait **se délecter** sous l'insulte.

Revenue doit surtout s'entendre des revenus de l'État, (des recettes budgétaires; fiscales, douanières, etc.) quoique, au pl., le mot puisse s'appliquer au revenu (*income*) d'un particulier: *the* ***Public Revenue,*** le **Trésor public,** le **fisc;** *the* ***revenue*** *authorities,* les agents **du fisc;** ***revenue-culter,*** **garde-côte,** † **patache** de la douane, ***revenue officer,*** **agent, employé de la douane;** ***revenue office,*** **bureau du percepteur, recette;** ***inland revenue,*** **contributions** (directes et indirectes).

– *Prudence... dictated the abolition of certain duties whose sole purpose was to produce* ***revenue.*** – On avait jugé sage d'abolir certains droits de douane dont la nature était purement **fiscale.**

Reverberate (to), -tion. – Réverbérer ne se dit guère proprement que de la chaleur et de la lumière: les falaises *réverbéraient* le soleil. ***To r.*** a d'autres acceptions. D'abord les sens lat.: **repousser, rejeter, faire rebondir; renvoyer, répéter** (un son, un bruit); d'où intr. **résonner, retentir.** ***Reverberation*** sens corresp. Au fig. **écho, résonance; répercussion(s)** (d'une crise), **rebondissement(s)** (d'une épidémie).

– *The billows are* ***reverberated*** *from the rock.* – Les vagues sont **refoulées, repoussées** par le roc.

– *The cliffs* ***reverberate*** *the sound.* – Les falaises **répercutent** le son.

– *That sound echoed and* ***reverberated*** *from innumerable cavities among the rocks.* (DEFOE, *Voy, r. the World,* 253.) – Les innombrables cavités des rocs **se renvoyèrent** les échos retentissants de ce son.

– *Our rifle balls* ***reverberated*** *from their hides.* (W. IRVING, *Capt. Bonneville,* 282.) – Nos balles **retentissaient** sur leur peau.

– *A Rabelaisian laughter* ***reverberated*** *in his ears.* – Un rire rabelaisien **tonitrua** à ses oreilles.

– *The* ***reverberations*** *of the 1889-90 epidemics.* – Les **rebondissements** des épidémies de 1889-90.

– *We know all too little about the* ***reverberations*** *and associations of metaphors.* (*T.L.S.,* 24/3/61.) – Nous n'en savons pas long (sommes fort mal renseignés) sur les **résonances** et les associations d'idées que les métaphores éveillent en nous.

Reverence. – Non pas révérence (qui se dit *curtsey, obeisance*), mais vénération mêlée de crainte, d'affection; respect religieux. En effet, le lat. *reverentia,* de *revereri,* c'est ressentir une crainte profonde par pudeur, par respect, par scrupule. Cf. le fr. *révérer,* et rapprocher: « Depuis, aux bons sergents j'ai porté *révérence* » (RÉGNIER, *Sat.* VIII), et « Ayez pour la grammaire un peu de *révérence* ». (REGNARD, *Le Distrait.*)

Balzac écrit encore (*La Caricature,* 1831): « J'ai prodigieusement de *révérence* pour l'épicier, homme intègre, qui pèse également, dans sa balance à cannelle, le mérite d'un discours de la Chambre, ou d'un pas de Taglioni. »

– *But yersterday the word of Caesar might / Have stood against the world; now lies he here / And none so poor to do him* ***reverence.*** (SHAKS., *J. Caesar,* III, ii.) – Hier encore, César, d'un seul mot pouvait **Faire front à tout l'univers, et le voilà gisant; Nul,** si chétif soit-il, ne vient lui **rendre hommage.** (Trad. C.M. GARNIER).

– *The instinctive* ***reverence*** *of some men for brute force.* – L'**adoration** instinctive de la force brutale qui est le fait de certains hommes.

– *He kissed her with* ***reverence.*** – Il la baisa avec **vénération.**

Reversal. – Opt. **renversement** (d'une image); log. **renversement** d'une proposition, p. ex. du pour au contre; **revirement, changement complet, retournement** (d'opinion); jur. **réforme, annulation** (d'un jugement, etc.).

Reverse (adj. et subst.), **to reverse. – Opposé, contraire, inverse,** *the* ***reverse side,*** **l'envers,** *in* ***reverse*** *order,* dans l'ordre **inverse;** mil. **de revers,** ***reverse*** *fire,* feu **de revers.**

Le subst. a les sens corresp.: *The* ***reverse,*** **l'opposé,** le **contraire,** *his remarks were the* ***reverse*** *of complimentary,* ses remarques **étaient loin d'être** flatteuses, **n'étaient rien moins** qu'obligeantes. Auto.

***on the reverse*, en marche arrière.**

***To reverse*, † renverser; invertir; retourner** (un habit, un gant); **changer complètement :** « Fortune... **renversa** en triste pleur... la joie des deux amants » (A. Le Maçon, Boccace, *Décaméron*, IV, i); **révoquer une sentence, casser un jugement.**

– *He hath blessed, and I cannot **reverse** it.* (*Bible, Numbers,* XIII, 20.) – Puisqu'il a béni, je ne le **révoquerai** point. (Osterwald.)

– Sous l'influence de l'amour, la sauvage Dona Mergelina (*Gil Blas,* II, vii) s'est fort adoucie. Don écuyer s'en étonne: Qu'entends-je, lui dit l'Écuyer, en feignant d'être surpris de ce discours? **Quel changement!** ô Ciel! et Smollett: « *What do I hear?* » *said the Squire, affecting astonishment at this language; oh heaven, **what a reverse!*** »

On voit qu'en angl., si *a **reverse*** peut signifier un revers, c.-à-d. **un changement en mal, ce peut être aussi un changement en bien.**

Reversion, reversioner, reversionary. – Non seulement, comme en fr. 1° jur. réversion « retour d'un bien à celui qui en a disposé en faveur d'un autre quand celui-ci meurt sans enfants » (D.G.), mais aussi **substitution, survivance, nue propriété,** d'où ***reversionary** heir,* ou ***reversioner*,** héritier **par droit de réversion** ou **par substitution,** et *to buy the **reversion** of an office,* acheter la **survivance** d'une charge.

2° Comme en fr. encore, biol. ***reversion** to type,* **réversion, retour à un type primitif** ou ancestral, **retour** atavique, qui se dit aussi *throw-back,* d'où ***reversionary** degeneration,* dégénérescence **atavique; *reversion*** *to virulence,* **retour** à la virulence; phot., **inversion.**

– *An annuity is said to be **in reversion** when the purchaser does not immediately enter in possession.* Il s'agit d'une rente **à paiement différé.** La traduction littérale donnerait une tautologie.

– *... Or to express it in a legal phrase, she was contented with the possession of that of which another woman had the **reversion.*** (Fielding, *Tom Jones,* XIV, ii.) – Ou pour l'exprimer en phraséologie juridique, elle se contenta de l'usufruit (de la jouissance) de ce dont une autre femme avait la **nue propriété.**

Review, reviewer. – Non seulement action d'examiner de nouveau, mais **analyse, compte rendu, critique** des livres, d'où ***reviewer*** **critique, rédacteur de critiques, de comptes rendus,** etc. Jur., **revision** (d'un procès, d'un jugement). ***Court of Review*,** **cour de cassation.**

To review a les sens corresp.

– *I would not to-day recommend any writer to concern himself over with **reviews.*** (Kipling, *Something,* VIII.) – Aujourd'hui, je déconseillerai à tout écrivain de prêter trop d'attention aux **critiques.**

– ***Reviewers** are men of like passions with ourselves.* – Les **critiques** sont des hommes dont les passions ne diffèrent pas des nôtres.

– *Any disabled worker is entitled to claim **review** of his earning incapacity.* – Tout ouvrier atteint d'invalidité a le droit d'exercer une **action en révision** de son incapacité de travail.

– *Pen took a great deal of pain with the writing of his **reviews.*** (Thackeray, *Pendennis,* XXXVI.) – Pen soignait beaucoup ses **articles de critique.**

Revision. – « *The fact of seeing some person or thing again* », c'est ainsi que le N.E.D. glose le mot à sa section 2. On ne s'étonnera donc pas d'y lire à titre d'ex. « *the **revision** of a rock* », « *the **revision** of Heaven and earth* » et même: « *A sweet **revision** of... my ... wife* » (1891).

Les Anglais sont ainsi faits qu'il leur faut un mot pour chaque idée: on a vu que *to pass,* p. ex., donne naissance non seulement à *the passage of a bill, of time,* mais encore à *a great passer of examinations, the passing of a candidate, the passing of judgment, the passing of a great man.*

Cette idée de revoir, nous l'exprimons fam., sinon correctement, par « nous sommes de revue », c.-à-d.: « nous nous reverrons selon toute probabilité », ou bien, par « à la revoyure! » qui équivaut à « jusqu'au revoir », mais « la revision de ma femme », nous n'y aurions jamais songé!

Revision se dira encore, moins étrangement, d'une **version,** d'un **texte revisés** ou bien d'un **envisagement rétrospectif.**

Revive (to), revival, reviver. – 1° intr. **revivre** et 2° trans. **raviver.** 1° **Revivre, reprendre vie, des forces, conscience, ses sens, ses esprits; renaître; se ranimer, ressusciter** (pr. et fig.); aussi (de l'espoir) **renaître,** (des affaires) **reprendre,** (du crédit) **se rétablir,** (des souvenirs) **se réveiller,** (du courage, de l'ardeur) **se ranimer.**

2° **Raviver, rappeler à la vie, ranimer; ressusciter; remettre en vigueur** (une loi); **remettre en vogue, en honneur** (un auteur, une mode, etc.); **restaurer** (une vieille coutume, les lettres, les arts), d'où *the **revival** of learning,* la **renaissance** des lettres, et théol. le **réveil** religieux, ***revival*** pouvant s'entendre aussi (sens concret) d'une **mission** chargée de **ranimer** la foi, de **réveiller** le zèle (d'une paroisse). Suite des sens, **reprendre** (une ancienne pièce de théâtre); **rappeler** (à la mémoire); **raviver** (l'intérêt, la douleur, etc.) et p. ext. ou fam. **raviver** (les couleurs), **rendre son lustre à** (un bijou, etc.), **retaper** (des vêtements, etc.), **assouplir** (le cuir).

D'où ***reviver*,** **celui, celle, ce qui ranime, revigore, restaure, remet en état.** E.U. **rafraîchit** (les vieux vêtements); aussi, **cordial, remontant, verre qui ravigote, coup de cognac,** etc.; **encaustique** (pour meubles et parquets); **produit** pour **rafraîchir, (r)aviver** les couleurs. ***Reviving*** (subst. verbal) a les sens corresp.

– *He had fainted, but he **revived**, opened his eyes.* – Il s'était évanoui, mais il **revint à lui,** ouvrit les yeux.

– *You suffer from anaemia: this medicine will **revive** you.* – Vous êtes anémique: ce médicament vous **remettra d'aplomb** (ou: **sur pied**).

Et le malade de dire: *My doctor has given me a **reviver.*** – Mon médecin m'a donné un **fortifiant, un remontant.**

– *After having discussed the situation with his old friend, his hope had **revived.*** – Après s'être entretenu de la situation avec son vieil ami, il s'était **remis** (ou: **repris**) à espérer.

– ***You cannot recall your father by your grief, but you may revive*** *him to his friends by your conduct.* (STEELE, *Spect.*, n° 192.) – Il vous est impossible de rappeler votre père à la vie par votre douleur, mais vous pouvez le faire **revivre** pour ses amis par votre conduite.

– *These pictures need some **reviving.*** – Ces peintures ont besoin d'être quelque peu **rafraîchies.**

Revoke (to), revocation, revoke. – Nous disons: révoquer (retirer) une donation; l'édit de Nantes a été révoqué par Louis XIV de même révoquer un fonctionnaire, c'est le *retirer* de l'emploi, de la fonction qu'il exerce. Mais l'angl. a des emplois plus étendus; ***to revoke,*** c'est, trans. **abroger, annuler, rapporter** (une loi, etc.); **revenir sur** sa décision, une promesse, **se raviser.**

Intr., c'est, aux cartes, **renoncer, faire une renonce,** ***revoke,*** c.-à-d.: ne pas jeter d'une couleur lorsqu'on peut en fournir (sens 2 de *renoncer* dans L.).

Revocation a les sens corresp. de ***to revoke*** (trans.).

REMARQUE. – Révoquer un fonctionnaire se dit *to discharge, dismiss, remove an officer, an official, a civil servant.*

– Lamb nous présente une joueuse de race qui ne badinait pas: *She [Mrs. Battle] never made a **revoke,** nor ever passed it over in her adversary without exacting the utmost forfeiture. (Elia, Mrs. Battle's Opinions on Whist.)* – Mme B. ne faisait jamais de **renonce** et n'en laissait jamais passer une chez son adversaire sans exiger l'application la plus rigoureuse de la règle du jeu.

– *In 1909, Strachey proposed to Virginia Stephen, was accepted and **revoked his proposal.*** – En 1909, St. demanda V.S. (la future V. Woolf), en mariage, fut agréé et **reprit sa parole** (ou: **se ravisa**).

Revolt semble souvent être le fait de se mettre en révolte contre la foi jurée, d'où **changement de parti,** et même **d'opinion, volte-face; grave manquement au devoir, inconstance;** d'une femme, **infidélité.**

– *'Tis a **revolt,** without occasion, from your party.* (DRYDEN.) – C'est une **trahison** (un **reniement**) sans cause de votre parti.

– Othello passe en revue les raisons qu'il a de ne pas douter de la fidélité de Desdémone:

Nor from mine own weak merits will I draw
*The smallest fear or doubt of her **revolt.***
(SHAKS., *Oth.*, III, iii, 188.)

De mes faibles mérites
Je n'irai pas non plus tirer la moindre crainte
Ni le moindre soupçon qu'elle soit **infidèle.**

– Dans le *Dr. Faustus* de Marlowe (Sc. XVI). Méphistophélès adjure Faust et le menace: ***Revolt,*** dit-il, par quoi il entend: **reviens à la foi jurée** à Lucifer.

Rapprocher: « Nous sommes tous apostats en nous *révoltant* d'un seul dieu » (CALVIN, *Inst.* 22, dans L.).

REMARQUE. – Le lat. *revolvere* (fréquent. *revolutare*) signifie au pr. et au fig. revenir en arrière, revenir sur ses pas, ***rursus iter omne revolvere,*** retourner au vice, ***revolvere ad vitia.***

Revolter. – Est bien un révolté; un insurgé, mais ce peut être aussi un **rénégat,** dans toutes les acceptions de ce mot, et un **déserteur** comme l'atteste cette définition de Johnson: *Renegado, one who deserts to the enemy, a **revolter.***

Revulsion. – C'est en lat. l'action d'arracher. Un seul ex. dans Freund. L'angl. a été plus productif: ***a r.*** *of sentiment, of taste,* un **brusque changement** ou **revirement** de sentiment, de goût; ***a r.*** *of fortune, of trade,* un **retour** de (la) fortune, une **crise** commerciale. *A **r.** from dictatorship,* une **réaction** contre la dictature.

– *The **revulsion** of the forces from Dalmatia.* – Le **retrait** des troupes de la Dalmatie.

– *There was a **revulsion** from these undesirable practices.* – On **rompit** avec ces pratiques regrettables.

Rhapsody. – Sens communs aux deux langues, mais tandis qu'en fr. une rapsodie peut être (fam.) une œuvre faite de pièces mal recousues, un ramas de méchants vers, en angl. où cette acception a vieilli, le mot signifie **emphase, ton emphatique, discours extravagant;** au pl. **transports, divagations.**

To go into rhapsodies *over s. o.,* **porter** qqn. **aux nues, ne pas tarir d'éloges** sur qqn.

– ***She fell into her rhapsodies again,*** *and exclamations at the severity of her misfortune.* (DEFOE, *Moll Flanders,* p. 82, *Everyman.*)

– **Elle retomba dans ses transports** et se récria sur la cruauté de son malheur.

Rhetoric, rhetorical. – Sens analogue à celui du fr.: **emphase, discours creux,** ou **pompeux;** au fig. **éloquence persuasive** (des gestes ou des yeux); ***rhetorical*** (péjor.) **affecté, emphatique, ampoulé;** ***rhetorical effort,*** **effet oratoire,** ***rhetorical question,*** **question de pure forme** destinée à produire un tel effet.

– La tante d'Anne-Véronique annonce à son frère que celle-ci se dispose à aller au bal: *What ball? The question was **rhetorical.** He knew.* (*Ann-Veronica,* IV.) – Quel bal? La question était **de pure forme.** Il avait compris.

– *He thrust out a **rhetorical** hand. I will make you love me.* (*Ibid.*, XIII.) – (Il s'agit d'un amoureux que sa fiancée éconduit). – Il étendit le bras **dans un beau geste d'éloquence persuasive.** Je *veux* vous *obliger* à m'aimer.

Rheum, rheumy. – ***Rheum,*** **matière aqueuse,** sécrétée par les muqueuses du nez, des yeux, de la bouche, d'où salive, chassie, etc. et p. ext. fluxion quelconque. S'emploie poétiquement pour **larmes.** ***Rheumy*, qui laisse couler un mucus aqueux ; humide.**

– Le juif Shylock apostrophe ainsi le marchand Antonio (SHAKS., *Merch. of Ven.*, I, iii, 118): *You that did void your* ***rheum*** *upon my beard.* – Vous qui avez lancé des **crachats** sur ma barbe.

– Dans *Richard II* (I, iv, 8), le roi demande au duc d'Aumerle, qui a mis le banni Bolingbroke sur le chemin de l'exil, combien de larmes ils ont versées en se quittant. Aumerle répond :

Faith, none for me, except the north-east wind...
Awaked the sleepy ***rheum***, *and so by chance*
Did grace our hollow parting with a tear.
Aucune, quant à moi, si ce n'est que la bise...
Éveilla la dormante **humeur** et mit, par chance,
La décence d'un pleur à ces adieux menteurs.

– Portia s'étonne que son mari, Brutus, se lève et sorte si matin :

And will he steal out of his wholesome bed,
To tempt the ***rheumy*** *and unpurged air?*
(*Jul. Caes.*, II, i. 266.)

Pourquoi comme un voleur quitter sa saine couche,
Pour aller affronter l'air **humide** et impur?

Rheumatic. – « Il élira l'air pur et clair, non trop humide et rhumatique », écrit, au XVIe s., Paré, c.-à-d. **propre à donner** autrefois **le catarrhe, le rhume,** aujourd'hui, **le rhumatisme.**

Cet emploi est encore angl., et belge : ***rheumatic*** *climate*, climat **à rhumatismes,** et, autre sens, ***rheumatic*** *walk*, démarche **de rhumatisant.**

Rhyme, ou **rime, rhymer, rhymester.** – Signalons simplement que, au pl. ***rhymes*** (1) signifie **chansons enfantines, de nourrice, rondes,** que ***to put something into rhyme***, c'est **rimer, faire des vers, écrire des poèmes,** que ***to write bad rhyme***, c'est **rimailler,** ce qui est le fait du ***rhymester***, le **rimailleur,** le **poétereau,** qu'il faut distinguer du ***rhymer***, le **rimeur** ou **versificateur,** sans nuance nécessairement péjor. V. aussi *Supplément*.

Ribald (adj. et subst.). – *Ribaud*, terme pop. et grossier, impudique, luxurieux, dit L. Ce sens a vieilli en angl. *A* ***ribald***, c'est aujourd'hui un **grossier personnage,** un **mal embouché,** un **cynique blasphémateur,** etc.

Adj. ***ribald*** s'applique : 1° aux pers. et même aux choses : **injurieux, grossier, délibérément irrespectueux** ou **sacrilège;** 2° au discours, aux écrits, à la conduite, dans le même sens.

– *Peals of laughter were mingled with loud* ***ribald*** *jokes.* – Des éclats de rire se mêlaient aux bruyantes plaisanteries **obscènes.**

– Mrs. Petherwin ne peut croire qu'Ethelberta soit l'auteur de vers un peu libres : *But surely you have not written every one of those* ***ribald*** *verses?* (Th. HARDY, *Ethelberta*, X, 86.) – Mais il n'est pas possible que ce soit vous qui ayez écrit tous ces poèmes si **graveleux** (ces **gaillardises,** ces **gauloiseries**).

– *A* ***ribald*** *cuckoo clamoured.* (R. BRIDGES, *Shorter poems*, IV, xii, 73.) – Un coucou **grivois** jeta son cri.

Ribbon. – **Lambeau** (pr. et fig.), ***to tear out to ribbons***, **mettre en lambeaux, en pièces; réduire à néant;** *his clothes were hanging* ***in ribbons***, ses vêtements étaient **en lambeaux, en loques;** au pl. **guides, rênes,** ***to hold the ribbons***, fam. **tenir les guides, conduire.** ***R. Society*** (XIXe s.), **Société irlandaise catholique fomentatrice des troubles agraires,** d'où ***Ribboner***, **membre** de cette Société, **« Ribboniste ».** ***Ribbon building, development***, **alignement des maisons en bordure des routes; lignes interminables de maisons à la sortie des agglomérations** sans égard pour le paysage ou la protection des sites.

Ridicule. – L. (4°) dit : *ridicule*, discours ou acte par lequel on se moque d'une pers. Mais cette acception semble s'être perdue. Elle est courante en angl., où ***ridicule*** signifie : **moquerie, raillerie, risée** – et a voulu dire également **satire, épigramme** (légère ou badine).

– Parlant de l'esprit de Voltaire, Byron écrit :

... But his own [wit] Breathed most in ***ridicule...***
– Mais le sien s'épanouissait surtout dans la **raillerie.**
(*Childe Harold*, III.)

– *He had to sustain a storm of reproach and* ***ridicule*** *from his own people.* (THIRLWALL, *Greece*, VIII, 117.) – Il dut subir une tempête d'insultes et de **railleries** de son propre peuple.

– *That... piece of raillery... appears a pleasant* ***ridicule*** *to an ignorant reader.* (ADDISON, *Whig Examiner*, n° 1.) – Cette... raillerie... semble une agréable **satire** au lecteur ignorant.

Rifle (to), rifle. – Trois v. dont deux nous retiendront :

1° **rafler, faire main basse sur; dévaliser en fouillant, piller, mettre à sac.**

2° **rayer** le canon d'une arme à feu, ***rifle*** *(*† *-gun)*; ***to rifle*** *someone*, **tirer** sur qqn., **abattre d'un coup de fusil.**

A ***rifle*** sera donc la **rayure** (d'un canon de fusil); un **fusil rayé,** un **fusil de guerre,** une **carabine (de chasse) rayée;** au pl. *the* ***rifles***, les **fusiliers.**

Ex. du premier v. : *The thief* ***rifled*** *all the drawers*, le voleur **a vidé** tous les tiroirs (de leur contenu).

– *They* ***rifled*** *my pockets*, ils ont **vidé et retourné** mes poches, fam. ils m'ont **« nettoyé ».**

REMARQUE. – On notera que le premier sens du v. fr. « rifler » est égratigner, écorcher, XIIe s. *Rois;* le deuxième, « raboter », « limer avec le riflard » qui a survécu dans le fr. moderne; le troisième « rafler », « piller ». C'est au 1er et au 3e sens que le N.E.D. et Weekley rapportent celui de « rayer » (le canon d'une arme à feu) et celui de « piller » respectivement.

(1) Abrév. de *nursery rhymes*.

Risible. – *He is the most **risible** misanthrope I ever met with. A lucky joke will set him a-laughing immoderately.* (SMOLLETT, *Humphrey Clinker.*) – C'est le misanthrope le plus **risible** que j'aie jamais rencontré. Une plaisanterie réussie le fera rire immodérément. L'ignorance ici triomphe. La traduction inintelligente est la bonne, chronologiquement parlant. En effet, le premier sens de risible dans L. est « qui a la faculté de rire »: ...L'homme qui est un animal *risible,* est aussi un animal orgueilleux. (VOLTAIRE, *Dict. philos., s.v. rire.*) Il vaut pourtant mieux bien marquer le sens et rendre risible par **rieur.**

– Les cousines de Polly s'intéressent beaucoup à lui (IV, 4.): *They watched him with a kind of suppressed excitement and **became risible** with every word or gesture.* – Elles l'observaient avec une sorte d'émotion contenue et il n'était pas de mot ou de geste de lui qu'elles **ne ponctuassent de rires** (ou: qui **ne les fît éclater de rire**).

Wells écrit plus loin (V, 3): *In the streets their **risible mood** gave way to a self-conscious propriety.* – Une fois dehors, l'**humeur joyeuse** de ces demoiselles fit place à un air de dignité étudié.

Road. – Que l'on identifie avec route, signifie aussi naut. **rade,** génér. au pl. *outer **roads,*** **rade** extérieure, **avant-port,** ***to leave the road(s),*** **dérader.** E.U. mis pour *railroad,* **chemin de fer, voie ferrée.** Locut. div. ***royal road,*** **chemin de fleurs,** ou: **fleuri, chemin de roses, chemin de velours,** *there is no **royal road** to fame and glory,* aucun **chemin de fleurs** ne conduit à la gloire. ***To whistle for the road,*** **demander la voie, siffler au disque.**

Robe. – Vêtement de gala (dans certaines professions); au pl. ***the royal r.,*** **manteau et costume de roi** ou **de reine,** *The **Coronation r.,*** **insignes du sacre;** *Master of the **Robes,*** grand-maître de la **garde-robe** (du roi), *Mistress of the **Robes,*** dame d'honneur chargée de la **garde-robe** (de la reine). E.U. **peau de bufle** servant de couverture, voire de **sac de couchage** (cf. Hemingway, *For whom the Bell tolls,* p. ex. ch. VII et XI). En compos. ***bath-robe*** (angl. *bath-wrap*) **peignoir de bain.**

– *He was asleep in the **robe,...** spread on the forest floor.* (*Op. cit.,* VII.) – Il dormait dans son **sac de couchage,...** par terre dans la forêt.

Rock. – 1° **roc, rocher,** ***the Rock,*** **Gibraltar;** au fig. *the **rock** of our salvation,* le **rocher** de notre salut, ***the Rock of Ages,*** **Jésus-Christ.** Fam. ***to be on the rocks,*** **être à la côte, à fond de cale; être à sec, dans la débine, dans la dèche, dans la purée,** etc. Autres sens, **savon insoluble;** argot. **diamant** (1). E.U. **pierre, moellon;** ***to throw rocks at one,*** = *to rock,* **canarder à coups de pierre, caillasser** (MANCHON).

(1) Ou plutôt *diame* (mot tronqué), car selon Lorédan Larchey *(Dict. d'arg.),* un diamant serait un... pavé, à cause de sa dureté.

Bonbon, genre sucre d'orge, grosse sucrerie; pièce de monnaie, d'où ***to pile up the rocks,*** **faire, gagner de l'argent,** fam. **faire sa pelote.** En compos.: ***rock-basin,*** **bassin géologique,** ***rock-bed,*** **lit, sol de roche,** ***rock-bird,*** **macareux, mormon; rupicole, coq de roche;** ***rock-climber,-climbing,*** **varappeur,-euse, varappe;** ***rock-cork,*** **liège de montagne, liège fossile;** ***rock-drill,*** **perforatrice** (de rocher), **perforeuse;** ***rock-English,*** **angl. de Gibraltar;** ***rock-dove*** ou ***rock-pigeon,*** **biset;** ***rock-fish,*** **goujon de mer; labre;** ***rock-fever,*** **fièvre méditerranéenne, fièvre de Malte, fièvre ondulante;** ***rock-garden,*** **jardin de rocaille, jardin alpin;** ***rock-gas,*** **gaz naturel;** ***rock-goat,*** **bouquetin;** ***rock-oil,*** **huile de roche, naphte minéral;** ***rock-rose,*** **ciste, hélianthème;** ***rock-salt,*** **sel gemme;** ***rock-scorpion,*** sobriquet d'une personne née à Gibraltar; ***rock-salt mine,*** **minerie;** ***rock-tar,*** **pétrole brut.**

REMARQUE. – S'aviser que ***rock*** peut être mis pour ***rock-fish*** et ***rock-dove*** ou ***rock-pigeon.***

2° **quenouille.**

3° **balancement,** *the **rock** and pitch of the camel,* le **roulis** et le tangage du chameau; d'où ***rocker,*** **berceur,-euse; bascule** (de berceau, de cheval de bois), **fauteuil à bascule** (syn. de ***rocking-chair***); **cheval à bascule; berceau** = table oscillante servant à laver certains sables métallifères.

Romance. – C'est le **roman de chevalerie,** qui a pour ressort le merveilleux, l'invraisemblable, etc., le **récit d'aventures,** par opposition à *novel,* le roman plus ou moins réaliste, d'où, p. ext. le **romanesque,** la **littérature romanesque, ce qui fait la beauté, la poésie, le charme, l'imprévu de la vie,** etc.; se dit aussi d'un **roman d'amour,** d'une **idylle** ou **aventure;** noter enfin le sens de **fable, légende, conte bleu, histoire à dormir debout.**

– *The library abounded in **romances.*** – La bibliothèque était composée d'un grand nombre de **romans de chevalerie.**

– *She pictured in me a hero of **romance.*** (E. BRONTË, *Wuth. Heights,* XIV.) – Elle vit en moi un héros de **roman,** un homme **chevaleresque.**

– *There is no **romance** in travelling nowadays.* – Les voyages n'ont plus d'**imprévu.**

– Une carte géographique fait rêver. C'est d'une carte qu'est né *Treasure Island* de Stevenson: *And though you have not Stevenson's genius for describing the adventure, this is what a map will do for you if you have a spark of the boy's love of **romance** left in your soul.* (ALPHA, *Leaves in the Wind,* 166.) – Et quand vous n'auriez pas le génie de Stevenson pour décrire l'aventure, voilà ce à quoi vous servira une carte, s'il vous reste à l'âme une étincelle de l'amour de l'enfant pour le **romanesque.**

– *This is **romance.** – I'll not believe a word on't.* – Ceci est un **roman** (un **conte bleu**): je n'en crois pas un traître mot.

Romance (to). – Romancer, c'est, au sens moderne donné par Patru, et repris par Sainte-Beuve, « présenter sous forme de roman, en déformant plus ou moins les faits » (Robert): une biographie *romancée*. ***To romance*** fait un pas de plus; c'est **lâcher la bride à l'imagination, à la « folle du logis », inventer à plaisir, de toutes pièces, « hyperboliser »** (peu usité), **broder; avoir des idées romanesques.**

– Embarquement sur un « sacré rafiot »: *A little fellow abused the ship violently, **romancing** on principle, just to give the new hands something to think over.* (CONRAD, *Nigger of the N.*, I.) – Un petit homme... diffamait le bateau avec véhémence, **brodant à plaisir,** histoire de donner aux nouveaux matière à réfléchir.

Romance, romanic (adj.). – Le v. fr. *romanz* était orig. un adv. dans l'expression *romanz escrire, romanice scribere*, c.-à-d. écrire à la façon des Romains, puis, dans la suite, écrire en langue vulg., p. oppos. à la langue savante qu'était la langue des clercs (BLOCH). ***Romance*** ou ***romanic*** *languages*, ce sont donc les langues **romanes,** celles des pays qui avaient été sous la domination romaine. Voltaire écrit encore: « La langue *romance* commençait à se former. » *(Mœurs.)*

Romancer. – Par développement des sens de *romance:* auteur de récits de l'ancien temps, de romans de chevalerie, etc.; fam. **auteur d'un récit de pure imagination** et, p. ext. **menteur, diseur de mensonges fantaisistes, conteur** (au sens péjor.), **« transfigurateur »** (cf. DUHAMEL, *Salavin*, V, III: « Non, pas un menteur, un transfigurateur ».)

– ***Romancers*** *ought to have good memories.* – On pourrait traduire par le vers de Corneille: « Il faut bonne mémoire **après qu'on a menti** ». (*Le Menteur*, IV, 5.)

– La spirituelle Célimène dit de Géralde: Oh l'ennuyeux **conteur!** (*Misanthrope*, II, v), et le traducteur: *O the tedious **romancer!***

REMARQUE. – Le lat. *transfigurator sui* (Tertullien) signifie notamment imposteur.

Romanist. – Outre romaniste « spécialiste des langues romanes », signifie **catholique romain; celui qui s'intéresse aux antiquités romaines** ou **au droit romain.**

Romantic. – Qui tient du roman et donc **romanesque, sentimental, exalté; fabuleux;** (entreprise, projet) **chimérique, extravagant, insensé;** (site) **romantique, pittoresque.**

– Emploi mélior.: *She felt **romantic** about her home.* – Elle sentait que sa maison **avait une âme.**

– *The **romantic** Ladies*, tel est le titre angl. donné par le traducteur de la comédie de Molière, *Les Précieuses ridicules*, qui se rendent telles parce qu'elles ont la tête *farcie de romans.*

– *A **romantic** scheme is one which is wild, unpractical and yet contains something which captivates the fancy.* (N.E.D.) – Un projet **chimérique** est un projet insensé, irréalisable, tout en étant cependant par quelque endroit (aspect ou côté) de nature à captiver (séduire) l'imagination.

– *She was labouring under a **romantic** delusion.* – Elle cédait à une illusion **sentimentale.**

Romp (to), romp (subst.). – Sans doute variante de *to ramp* (q.v.): **jouer bruyamment** ou **à des jeux violents, faire le diable, les quatre cents coups, chahuter, se bousculer,** etc.; argot des courses: **gagner facilement, en se jouant,** ***to romp in,*** ou ***home,*** **arriver en se promenant, dans un fauteuil.** S'emploie aussi avec *through* au fig.

*A **romp**,* c'est une **fille garçonnière,** un **enfant turbulent,** aimant les jeux violents (dits *games of romps*), qui fait le diable à quatre.

– *My boy **romped through the examination.*** – Mon fils **a passé l'examen en se jouant, haut la main.**

Romper. – Aussi: ***suit of rompers, rompers,*** **tablier-combinaison** que l'on met aux enfants pour protéger leurs vêtements; **barboteuse.**

Rose. – Métaphor. **la fleur (de la société, de l'aristocratie);** méd. ***the roses,*** l'**érysipèle** ou **érésipèle,** ***rose-rash,*** la **roséole;** aussi **bourgeonnement** d'un nez d'ivrogne. Techn. **pomme d'arrosoir, crépine; aspirant, genouillère** de pompe.

Loc. div. ***under the rose,*** *sub rosa,* **en confidence, sous le sceau du secret, sous le manteau.**

– Parlant de la famille Pendennis, Thackeray (ch. II) dit: *If they were not the **roses**, they lived near the **roses** as it were, and a good deal of the odour of genteel life.* – S'ils n'étaient pas eux-mêmes la **suprême fleur de la société,** ils vivaient pour ainsi dire à proximité, et recueillaient du moins le parfum de cette vie aristocratique.

Rotation. – On notera ***by, in rotation,*** **par roulement, à tour de rôle; tour** (d'une machine, etc.), *five **rotations per minute,*** cinq **tours-minute;** comme en fr., **assolement** périodique d'une terre, *three-course **rotation,*** **assolement** triennal.

Round (adj. et subst.). – Comme en fr., rond, de forme ronde, d'où *a statue **in the round,*** une statue **en ronde bosse,** *to draw **from the round,*** dessiner **d'après la bosse.** Outre des sens techn. tels que: **barreau, échelon** (d'échelle), pl. **fers ronds, rondins,** etc., noter culin.: ***round of beef,*** **sous-noix de bœuf, tranche grasse,** ***round of veal,*** **rouelle de veau;** sens courants: *the yearly **round** of the earth,* la **révolution** annuelle de la terre; *the daily **round** of my occupations,* la **routine,** le **cycle** journalier de mes occupations, le **tran-tran** quotidien; **succession continue, cercle** (de peines, de plaisirs); *an inspector's, a doctor's, a postman's **round,*** la **tournée** d'un inspecteur, d'un médecin, d'un facteur. Mil. etc., ***rounds*** (service de) **ronde,** ***to go the*** (ou *one's*) ***rounds,*** **faire la** (ou: sa) **ronde;** aussi *the night watchman makes his **rounds** every hour,* le veilleur de nuit fait ses **rondes** toutes les heures.

P. ext. (d'un médecin) *to do a hospital **round**,* faire sa **visite** à l'hôpital; aussi, faire une **clinique;** ***to be on the rounds,*** se disait de l'ouvrier agricole *(roundsman)* partiellement à la charge de l'assistance publique, qui allait **de porte en porte demander du travail.**

Autres sens: ***to make the round*** *of the country,* **faire le tour** du pays, ***to go for a good round,*** **faire un grand tour de promenade;** p. ext. **tournée** (de visites, des cafés, etc.); ***to go the round*** *(of the town, of the village)* **faire le tour** (de la ville, du village), **se répandre, se propager, passer de bouche en bouche, de main en main, courir** (dans, parmi le monde, les ruelles, etc.); famil. **tournée** (de boisson), *I stand a **round of drink,*** je paye une **tournée;** aussi, **ration, boisson, portion,** etc. (distribuée à la ronde), **tranche de pain** (pour toasts), *a couple of **rounds** of buttered toast,* deux **rôties de pain** beurrées. Mil. **salve** (d'artillerie), **décharge** (de mousqueton, etc.), sens concr. **coup, cartouche;** aussi **salve** (d'applaudissements), **cascade** (de rires); (sports et jeux) **reprise** (d'un combat de boxe, d'un assaut d'escrime, etc.), **série** (d'un tournoi de tennis); **partie** (de cartes, etc.), p. ext. **levée,** *the cards played (or won) in one* ***round;*** enfin (mus.) **canon,** sorte de fugue... perpétuelle où les voix, partant l'une après l'autre, répètent sans cesse le même chant, (L. s.v. 6°).

L'adj. a les sens corresp. Noter ***round*** *trip,* voyage **circulaire,** E.U. voyage **aller et retour;** arch. ***round arch,*** **plein cintre;** ***r.*** *vowel,* voyelle **labiale** (O et U) dans laquelle « l'ouverture de la bouche fait justement comme un petit *rond* qui représente un O... » *(Bourg. gentilh.,* II, vi.) Autres sens, (voix) **forte, pleine, sonore;** empl. comme intensif dans des expr. telles que: *a **good round** sum,* une **jolie,** une **forte** somme, une s. **rondelette,** *to go at a **good round** pace,* marcher d'un **bon** pas, aller **bon train;** *a **good round** whipping,* une **fameuse** fouettée, (fessée, correction). *A **round** oath,* un **gros** juron. Aussi, **qui a son franc parler, agit avec franchise, simplicité, sans détours** (cf. le fr. un homme très rond); **qui ne mâche pas ses mots, n'y va pas par quatre chemins.** On déduira aisément les sens de l'adv.

– *The country doctor did his local **round** on foot or on a bicycle.* – Le médecin de campagne faisait sa **tournée** locale à pied ou à bicyclette.

– *Life should not be regarded as a **round** of pleasures.* – La vie ne doit pas être considérée comme un **cercle** (une **succession continue**) de plaisirs.

– *The following anecdote is now **going the round** of the papers.* (THACKERAY.) – L'anecdote qu'on va lire est en train de **courir** les gazettes.

– *Serve out a **round** of brandy to all hands.* (STEVENSON, *Treas. Island,* XXI.) – Distribuez une **ration** d'eau de vie à tous les hommes.

– *Our men did not fire a single **round.*** – Nos hommes n'ont pas brûlé une seule **cartouche.**

– *I will a **round** unvarnish'd tale deliver. Of my whole course of love.* (*Oth.,* I, iii, 90.) – Je m'en vais vous conter **tout franc,** sans rien vernir Le cours de mes amours.

– *She gave her servants a **good round** scold.* – Elle tança **vertement** ses domestiques (fam. elle leur passa un abattage **soigné**).

Rout, route. – Par l'intermédiaire de son part. passé fém., *rupta* (*pars, via,* etc.) « troupe fractionnée », « voie rompue, route frayée », le lat. *rumpere* a donné naissance à deux mots fr. de même forme *ro(u)te* dont l'angl. a tiré trois exemplaires de sens corresp.

1° ***Rout,*** troupe fractionnée; **bande, cohue; foule** (génér. tumultueuse); **bande** (de fêtards, d'énergumènes); **tumulte, rixe, bagarre;** jur. **attroupement, réunion d'au moins trois personnes en vue d'un acte illégal; réunion, réception mondaine,** que nous avons repris à l'angl. sous la forme **raout.**

2° ***Rout,*** **débandade, déroute** (fr. † *ro(u)te*).

3° ***Route,*** mil. **ordre de marche, feuille de route,** abrév. de ***route****-sheet,* **ordre de transport;** sens courant, **itinéraire, parcours.**

En compos. ***route-march,*** **marche d'entraînement; au pas de route.**

– *Presently the retreat became a **rout.*** – La retraite ne tarda pas à se changer en **déroute.**

– *The **route** was given.* – On donna les **ordres de marche.**

– *The **route** of the bus has been altered.* – L'**itinéraire** (le **parcours**) de l'autobus a été modifié.

REMARQUE. – Le mot se prononce souvent comme *rout (raut).*

Routine. – La routine qui est proprement le fait de rester dans les chemins battus (cf. l'adj. *routinier*), tend à prendre en fr. une nuance péjor. En angl., outre marche ordinaire des ch., d'une affaire, les travaux courants, dans certaines écoles, ***routine*** signifie **emploi du temps, horaire** *(time-table),* dans l'armée, *the daily **routine*** n'est pas le train-train quotidien, mais le **service** journalier; ***routine*** *board,* tableau **de service.**

– Un inspecteur de police va interroger les témoins d'un crime: *He proceeded according to **routine.*** – Il procéda selon l'**usage.**

– *It is not possible to ignore hospital and administrative **routine.*** – Il n'est pas possible de se désintéresser des **traditions** hospitalières et administratives.

– *These questions are asked as a **matter of routine.*** – **Il est de pratique courante** (**c'est monnaie courante**) de poser ces questions.

Royalty. – ***Royalties,*** **personnages royaux, membres de la famille royale,** s'emploie aussi collectivement: *The play was performed in the presence of **royalty,*** la pièce fut jouée en présence des **membres de la famille royale;** autres sens (hist.) **droits régaliens, prérogatives royales;** (génér. au pl.) **redevance** payée au propriétaire du sol (1)

(1) En effet, on sait que, d'après le *Common Law,* les richesses minérales, à l'exception de l'or et de l'argent, appartiennent, en Angl., aux propriétaires du sol, tandis qu'en Fr., p. ex., la loi considère la mine comme une propriété distincte de la surface et créée au profit du concessionnaire, après indemnisation du propriétaire, évidemment.

par l'exploitant d'une mine (*mining* ***royalties***, redevance **tréfoncière**). **redevance** due au propriétaire d'un brevet d'invention ou d'une œuvre lit. ou art., **droit d'auteur.**

REMARQUE. – Le sens fr. de royauté, gouvernement monarchique ne remonte qu'à 1878.

Rubric (subst. et adj.). – *One of the greatest saints in the* ***rubric***, un des plus grands saints du **calendrier.** † *A* ***rubric*** *nose, a* ***r.*** *complexion,* un nez **rouge,** un teint **fleuri, vermeil, rubicond.**

Rude, rudeness, rudely. – Brut, primitif; comme en lat., **mal dégrossi,** au pr. et au fig. et donc **mal élevé, mal léché; impoli, grossier, insolent, malhonnête, incivil, malappris;** comme en lat. encore **sans art, sans talent.**

Sens corresp. pour le subst. et l'adv.

Rude se dit généralement *rough, a rough man.*

– *A* ***rude*** *lamp,* une lampe **grossièrement faite** (ou: **modelée**).

– *A* ***rude*** *people, tribe.* – Un peuple, une tribu **primitifs.**

– ***Rude*** *manners,* des manières **grossières** ou: des mœurs **primitives.**

– *This is only a* ***rude*** *sketch.* – Ceci n'est qu'une **grossière** ébauche, (ou: un croquis **grossier**).

– *Spying a poliçeman, the street Arab stopped his* ***rude*** *remarks.* – Apercevant un agent de police, le gamin fit trève à ses **insolences.**

– *He dismissed me* ***rudely*** *to mind my own business.* – Il m'éconduisit **d'une manière désobligeante** en me priant de me mêler de mes affaires.

– *Her servant was occasionally* ***rude.*** – Il arrivait que son domestique **manquât de civilité** ou: **fût impoli.**

Rue, to rue. – On ne confondra pas ces mots qui ont la même origine que l'all. *reuen* avec le subst. *rue,* lat. *ruta,* fr. *rue,* plante méd. d'un goût âcre et amer, qu'a poétisée Shakespeare par la bouche de Perdita (*Winter's Tale,* IV, iv, 74) et d'Ophélie (*Hamlet,* IV, v, 181).

Rue, c'est la **douleur,** l'**angoisse,** le **repentir,** le **regret;** la **pitié,** la **compassion.** D'où (écoss.) ***to take the rue,*** **se repentir,** etc.

To rue, intr. ou trans., employé aussi sous la forme ***to rue it, to rue the day, the hour,*** **regretter amèrement** (un acte, etc.).

Rueful, **triste, lugubre,** *The Knight of the* ***Rueful*** *Countenance,* le Chevalier de la **Triste** Figure, Don Quichotte.

Ces mots appartiennent au style poétique ou relevé.

– A Warwick qui lui rappelle son infortune, le comte de Northumberland répond:

I remember it to my grief,
And, by his soul thou and thy house will ***rue*** *it.* (SHAKS. *3 H. VI,* I, i, 94.) – Je m'en souviens à ma grande douleur, et par son âme, il vous **en cuira** à toi et à ta maison.

– *Every eye that saw her grew / Bedewed with tears of pitying* ***rue.*** (ELLIS, *Rom. Rose,* I, 12.) – En tout œil qui la vit perla une rosée. De larmes de pitié et de **compassion** (loc. pléonast.).

– *A difference which you will* ***rue*** *all your life.* (THACKERAY.) – Un désaccord (ou: malentendu) que vous **regretterez** toute votre vie.

Ruffian. – † **Coupe-jarret,** *hired* ***ruffian,*** **spadassin** à gages; **homme vil et brutal, bandit, vaurien, chenapan,** mais non, comme en fr., débauché, entremetteur, souteneur. Aussi, fam. ***You, little ruffian,*** **petit polisson! petit chenapan!**

– Thackeray (*Pend., Preface*) expose à ses lecteurs les raisons pour lesquelles il a renoncé à leur faire goûter des émotions fortes: ...*The manners of* ***ruffians*** *and gaol-birds being quite unfamiliar to me, the idea of entering into competition with M. Eugène Sue was abandoned.* – N'ayant aucune expérience des mœurs des **malfaiteurs** et autres gibiers de potence, je renonçai à l'idée de rivaliser avec M. E. Sue.

– *And the vitriol madness flushes up in the* ***ruffian's*** *head*
Till the filthy by-lane rings to the yell of the trampled wife.
(TENNYSON, *Maud.* I, X.)

Avec le mauvais alcool monte la folie au cerveau de la **brute,** et la ruelle infecte retentit des cris de l'épouse piétinée.

Rule. – On notera, outre les sens de **pouvoir, gouvernement, autorité,** ceux de **décision, ordonnance** (d'un juge, d'un tribunal); au pl. *the* ***Rules,*** *(of a prison),* **zone située dans le périmètre d'une prison,** où les prisonniers étaient autorisés à habiter sous caution, **sorte de résidence surveillée;** *the* ***Rule*** *of the Road,* le **code** de la route. *The* ***rule*** *of law,* la **suprématie** de la loi, principe fondamental des institutions angl.

Rupture. – Rupture, en fr., s'est dit pour **hernie** (L. 3°). C'est un des sens du mot angl., fam. **effort, descente.**

Noter, d'autre part, le sens affaibli de **brouille, brouillerie, fâcherie, bisbille.**

– *Madame Denis kept house for him* (Voltaire) *and according to the Paris gossips of the time, on an extravagant scale, which often produced* ***ruptures*** *between the two.* (MORLEY, *Voltaire,* VII.) – Madame Denis lui tenait sa maison, et à en croire les potins qui couraient dans Paris à l'époque, menait si grand train qu'il en résultait souvent des **brouilles** entre eux deux.

Bon ex., car une « rupture » aurait signifié une séparation et n'aurait donc pu se renouveler.

Russet (subst. et adj.). – **Bure, drap grossier** (de couleur brunâtre ou grisâtre), **grisette; couleur roussâtre, rousse, brun rouge,** ou **feuille morte;** enfin, **reinette grise.**

L'adj. a les sens corresp. auxquels on ajoutera ceux de † **simple; rustique, grossier.**

Rusticate (to). – Outre rustiquer « crépir (un mur) grossièrement pour lui donner une apparence rustique », donner un aspect rustique à un bâtiment, etc., ***to rusticate*** (intr.) emprunte au lat. *rusticari*, ceux d'**aller vivre** ou **se reposer à la campagne,** de **se livrer aux travaux des champs,** d'**aller (y) planter ses choux,** etc., sens autrefois fr.

Trans. **renvoyer, exclure temporairement** (un étudiant); **envoyer à la campagne.**

– « ***...To rusticate*** *his jealous, nagging, stingy mate,* « **renvoyer (à la campagne)** son épouse querelleuse, avare et jalouse » est le seul remède que trouve *Le mal marié* (*Fables*, VII, 3) pour avoir la paix.

Rut. – Trois mots: 1° **rut;** 2° **ornière,** pr. et fig. et donc **routine; dépression** d'un terrain (rare) ou de la peau; 3° E.U. ou dial. ***rut*** *of the sea,* **fracas, mugissement** de la mer qui se brise sur ses bords.

– Le charretier **embourbé,** titre d'une fable de L. F. (VI, 18) pourrait se rendre: *The Carter stuck* ***in a Rut.***

– *Fill up yon* ***rut...*** – Comble-moi cette **ornière.**

– *One of the characteristics of genius is not to let its thoughts move in the* ***rut*** *traced by the common herd* traduit: un des caractères du génie est de ne pas traîner sa pensée dans l'**ornière** tracée par le vulgaire. (*Rouge et Noir*, II, xviii.)

S

Sabbath. – Est bien le sabbat (samedi) jour de repos pour les juifs, mais le **dimanche,** *Lord's day* pour les chrétiens, voire le **vendredi** pour les musulmans. Au fig. et p. ext. **temps** ou **période de repos,** d'où ***Sabbath's-day*** *journey,* chemin du sabbat, voyage **très court, simple aller et retour.**

E.U. ***sabbatic(al) year,*** p. allus. à la loi mosaïque qui prescrivait aux Israëlites de laisser reposer la terre à la fin de chaque période de sept ans, **année de congé** accordée aux professeurs pour leur permettre de faire des recherches, etc.

Sable (subst. et adj.). – Deux mots: le premier, probablement d'origine slave, signifie **zibeline;** le deuxième, que l'on donne en général comme tiré du premier, est **sable,** terme de blason, couleur noire, commun aux deux langues, mais qui a eu, en angl., un développement ignoré du fr.

1° **Zibeline** (anc. fr., *martre sable*); **pinceau fait avec les poils de cet animal; peau ou fourrure de zibeline; qualité supérieure de fer russe,** ainsi appelé parce qu'il portait à l'origine une zibeline en estampille.

2° De l'héraldique, le mot a passé dans la langue poétique et signifie la **couleur noire, vêtement noir** symbolisant le deuil; † **obscurité, ténèbres;** au pl.: **vêtements de deuil,** ou **portés en signe d'affliction,** employé aussi au fig.; **variété d'antilope noire** du Sud et de l'Est africains. Sens corresp. pour l'adj.; fréquent, surtout en poésie. Parfois appliqué plaisamment aux nègres. Le verbe ***to sable,*** **noircir, assombrir,** est peu usité; ***sabled,*** de **noir vêtu.**

– *They hunt* ***sables*** *and foxes.* – Ils chassent la **zibeline** et le renard.

– *Her tall beautiful form was robed* ***in sable.*** (THACKERAY.) – Son beau corps élancé était drapé dans une robe **de deuil.**

— *His beard was a **sable** silver'd.* — Sa barbe était **noire** et mêlée de fils d'argent.

— *The **sable** veil of night,* le voile **ténébreux** de la nuit.

Saccharin(e). — Employé adj. et plaisamment, signifie au fig. **(trop) sucré, melliflue, tout sucre et tout miel, mielleux,** *a **saccharine** smile;* aussi: *a **saccharine** novel,* un roman **melliflue, à l'eau de rose.**

Sack, to sack. — Quatre mots, dont deux nous retiendront.

1° Du lat. *saccus,* grec *sakkos,* le fr. et l'angl. on fait respectivement sac et ***sack. To hold the sack,*** c'est (E.U.) **payer pour autrui, payer les pots cassés;** (fam.) ***to get the sack, (to be sacked)*** **être mis à pied, congédié, remercié, recevoir son paquet, être « saqué », flanqué à la porte, dégommé, balancé,** etc. Si pop. soit-il, cet emploi a ses lettres de noblesse, puisqu'on trouve dans Cotgrave l'expression: « On luy a donné son *sac, he hath his pasport given him* ».

Autres sens: **blouse, veste** (non ajustés); † **sayon; robe Watteau; manteau de cour** (d'une robe).

Outre le sens pr. d'**ensacher, mettre dans un sac,** ***to sack*** signifie **mettre** (une ville, etc.) **à sac, au pillage; saccager.** Fam. *He **sacked** a good profit,* il a **empoché** un beau bénéfice. Aussi, **battre à plates coutures** (dans un match).

2° Sens hist., du v. fr. *vin sec,* nom générique de vins d'Esp. (xérès) ou des Canaries.

— Ce... sac à vin de Falstaff est qualifié par le Prince de Galles d'énorme futaille de **xérès** (ou: de **vin sec**): *huge cask of **sack.*** (Shaks., *1. H. IV,* II, iv).

Safe, -ly, -ty. — Influencé par le lat. *salvus* (fr. *sauf*): (des pers.) **conservé sain et sauf, bien portant;** (des ch.) **intact, en bon état,** etc., l'adj. ***safe,*** employé comme épithète ou attribut, a pris, p. ext. des sens assez éloignés. Comme attribut, il entre dans des expressions idiomatiques qui peuvent se traduire par une tournure adv. ou impers. (cf. *certain*), ex.: *he is **safe** to win the election, is a **safe** winner, has a **safe** seat,* il est **certain, sûr** d'être élu, il sera élu **à coup sûr, immanquablement,** il est **sûr** de siéger au Parlement, c'est **couru,** comme on dit fam.

Trois sens principaux: 1° (pers.) **(sain et) sauf** par rapport à un événement passé; (ch.) **en bon état, intact;** 2° où **désormais hors de danger, à l'abri, en sûreté, en sécurité, qui ne court plus de risque;** (ch.) **sûr,** *in a **safe** place* en **lieu sûr,** *a **safe** bridge,* un pont sur lequel on peut passer **sans risque, sans danger;** *a **safe** investment,* un placement **de tout repos.**

2° par rapport au sujet psychol., **qui n'est plus dangereux, hors d'état de nuire, de s'échapper,** etc., cf. les ex. empruntés à *Macbeth* et à *La Tempête.* De même, *he is in **safe custoly*** peut signifier: il est **sous bonne garde,** c.-à-d. **en sûreté** ou: **sous les verrous,** selon que le contexte accuse l'idée de *protection* ou celle de *surveillance* (1).

Enfin 3° **qui ne s'expose pas au danger, prudent, sage, à qui on peut**

se fier, *who **keeps to the safe side,*** qui **ne court pas de risque, se met à couvert, se garde à carreau,** aussi, qui **tient le bon bout,** etc. avec développements sémantiques assez lâches.

Prov. ***safe bind, safe find,*** **prudence est mère de sûreté, deux sûretés valent mieux qu'une.** *It is **as safe as the Bank of England,*** c'est de **l'or en barres.**

En compos. E.U. ***safe** deposit,* dépôt **en coffre-fort;** ***safe** edge,* côté, **champ lisse** (d'une lime), ***safe** load,* charge **admissible, de sécurité.**

*A **safe,*** un **coffre-fort** (où l'argent et les valeurs sont (censés être) en *sûreté,* un **garde-manger,** lieu ou petit meuble où l'on *conserve* les aliments.

Safety (fr. † *sauveté*), et ***safely*** ont les sens corresp.: ***safety**-lamp, -match, -razor,* lampe, allumette, rasoir **de sûreté;** ***safety test,*** **épreuve d'innocuité** (d'un vaccin, etc.)

Remarque. — « *Sauveté,* dit L. *s.v.,* terme vieilli, mais qui serait à remettre en usage, état d'une pers. ou d'une ch. mise hors de péril. » Il cite des ex. empruntés à Saint-Simon et à Voltaire.

— *Thank God, our child is **safe.*** — Dieu (le ciel) soit loué, notre enfant est **(sain et) sauf.**

— Dorian Gray, qui se sent traqué par le frère de celle dont il a brisé le cœur, dit à Lord Henry: *On a yacht one is **safe.** — **Safe** from what, Dorian?* (O. Wilde, *Dor. Gray,* XVIII.) — Sur un yacht, on est **à l'abri. — A l'abri** de quoi, D.?

— *It being a relatively **safe** place we settled there.* — L'endroit étant relativement **abrité,** nous nous y installâmes.

— Dialogue entre le capitaine Fellows et sa fille qui a donné asile à un fugitif: *Can I take him some beer? — You won't take him anything. — The servants wouldn't be **safe.*** (G. Greene, *Power & Glory,* 3.) — Puis-je lui porter de la bière? — Toi, tu ne lui porteras rien du tout. — On ne peut pas **se fier** aux domestiques. (Trad. Marcelle Sibon).

— *The ship had found a **safe** anchorage.* — Le navire avait trouvé un **bon** mouillage, (ou, mieux: un m. **sain,** comme disent les marins).

— *He put his money in a **safe** place.* — Il mit son argent en lieu **sûr.**

— *This man **is safe to pay up.*** — Il **n'est pas homme à renier sa dette** (sous-entendu: soyez tranquille).

— Un automobiliste casse-cou propose à ses amis de faire une promenade en voiture. L'un d'eux, qui n'est guère rassuré, demande: ***Is he safe?*** — **N'est-ce pas risqué?** Il aurait pu aussi bien dire: *Are we **safe** with him?*

— *His life **is quite safe.*** — Sa vie **n'est nullement en danger.**

— *I do not even know whether **it is safe for me** to remain any longer in this town.* — Je ne sais même pas si **je ne cours pas quelque péril** à m'arrêter dans cette ville.

(1) Notions très voisines, mais à distinguer selon la situation; p. ex.: *the child is safe,* on le surveille pour *le* protéger; *the prisoner is safe,* on le surveille pour *s'en* protéger.

– ***He was safe*** *from recognition.* – **Il ne risquait pas** d'être reconnu.

– *She watched him from a* ***safe*** *distance.* – Elle l'observait d'une distance **respectable.**

– *'Tis never* ***safe*** *to despise an enemy.* (DEFOE) – Il n'est jamais **prudent** (ou: **sage**) de mépriser un ennemi.

– Soudoyés par Macbeth pour assassiner Banquo et Fleance, les meurtriers viennent rendre compte de leur mission. B. a péri, mais Fl. a pu fuir: Macbeth. *But Banquo's* ***safe?*** – *Murderer. Ay, my good lord:* ***safe*** *in a ditch he lies...* (III, IV, 25.) – Il faut entendre non que B. est en sûreté, sinon ironiq. et par antiphrase, mais que c'est lui, Macbeth, qui l'est. On pourrait dire, comme au XVIIe s. (1): « Mais suis-je bien **en sûreté de** Banquo? ». Il y a évidemment intérêt à conserver le sinistre jeu de mots que constitue la réponse du meurtrier. L. (*s.v.* 3°) nous en offre le moyen. Nous dirons donc: *M.* Mais tu as bien mis B. **en lieu de sûreté.** – *Meurt.* Oui-dà, mon bon seigneur. Il est **en sûreté** dans le fond d'un fossé.

– Autre ex. de l'emploi subjectif de ***safe:*** Miranda (*Tempest,* III, i, 21) adjure Ferdinand astreint à un vil labeur par Prospero, de prendre quelque repos, car, dit-elle, *My father Is hard at study... He's* ***safe*** *for these three hours.* Comprendre, comme F.V. Hugo ... et d'autres traducteurs, que P. « plongé dans l'étude » est en lieu sûr pour trois heures (c.-à-d. à l'abri) est un joli contresens. Il faut entendre au contraire: c'est nous qui sommes en sûreté, il n'y a pas de danger, car « il nous laissera bien les trois heures qui viennent » (Joseph AYNARD), il **n'est pas à craindre** d'ici trois heures. Le prédicat a bien ici valeur subjective.

– *My friend was always* ***on the safe side.*** – Mon ami **ne prenait jamais aucun risque, se mettait toujours à couvert, se tenait toujours à carreau.**

– Dans *Before the Party,* nouvelle de Somerset Maugham, M. Skinner demande à sa fille si, pour cette réception, il doit mettre son haut-de-forme: *I said I thought it was just as well to be* ***on the safe side.*** – Je lui ai dit qu'à mon avis, il valait toujours mieux **avoir une tenue irréprochable.**

– Dans la même nouvelle, en prévision de la quête qui aura lieu après l'allocution de l'évêque, M. Sk. dit: *It's as well* ***to be on the safe side...*** *I was wondering if ten shillings would be enough, or if I must give a pound.* – Il faut **bien faire les choses...** Croyez-vous que dix shillings suffiront, ou faut-il aller jusqu'à une livre?

Salad-days, sallet-days. – De ce que les Angl. disent, par allusion aux végétaux non mûrs: *green,* là où, par allusion aux oiseaux non formés, nous disons: **niais, béjaune,** c.-à-d. novice, sans expérience, Shakespeare (*Ant. and Cl.,* I, v, 73) a tiré le composé ***salad-days,*** encore en usage: *I was in my* ***salad-days*** *then,* j'étais un **béjaune,** je n'avais encore rien vu alors, je n'étais pas encore déniaisé.

(1) Cf.: « Nous revînmes gaîment à la faveur des lanternes et *dans la sûreté* des voleurs. » (SÉVIGNÉ).

Salary. – Tandis qu'en fr., le mot *salaire* ne s'applique au pr. qu'aux travailleurs manuels, c'est exactement l'inverse qui se produit en angl., où salaire se dit *wage.* ***Salary*** se rendra donc par **traitement** (d'un fonctionnaire), **rémunération, rétribution, appointements, émoluments** (d'un employé).

Salaried *worker,* travailleur **intellectuel, fonctionnaire, employé** (selon le cas). *A* ***highly salaried*** *officer,* un fonctionnaire **grassement rétribué.**

– *Lying for the sake of a monthly* ***salary*** *is of course well known in Fleet Street.* (O. WILDE, *Intentions.*) – On sait, bien entendu, dans Fleet Street ce que c'est que mentir pour une **rétribution** mensuelle.

– Lu dans la presse d'expression fr.: « Le Président Kennedy a fait don de son « salaire » à des œuvres de bienfaisance. » Voilà une information qui ne manque pas de ... sel!

Saline (adj. et subst.). – ***Saline*** *marshes,* marais **salants,** ***saline*** *lake,* lac **salé,** en Afrique du N., **chott;** le subst. signifie **purgatif salin, sel purgatif; *(physiological) saline,* soluté physiologique.**

Saloon. – Outre salon, signifie **grande salle** (d'un hôtel, d'un château, etc.), ***billiard-saloon,*** **salle** de billard, ***dining-saloon,*** **salle à manger,** ***smoking-saloon,*** **fumoir;** surtout E.U. **cabaret, bar, débit de boissons,** (syn. de l'angl. *public house*), d'où ***saloon-keeper,*** **tenancier de débit, cabaretier** *(publican);* autom. **conduite intérieure.**

En compos., ***saloon-deck,*** **pont réservé** aux passagers de 1re classe, ***saloon-passenger,*** **voyageur de train de luxe** ou **passager de 1re classe,** selon le cas.

Salt, to salt. – Par allusion au verset de saint Matthieu (V, 13) *you are the* ***salt*** *of the earth: he is of the* ***salt*** *of the earth,* il fait partie de **l'élite,** c'est un **être rare,** un homme **comme il y en a peu.** ***To eat s. o.'s salt,*** **être l'hôte de qqn.; être à sa charge;** *he is not worth* ***his salt,*** il ne gagne pas **le pain qu'il mange,** c'est une **non-valeur.** *The* ***salt of youth,*** la **verdeur,** la **sève,** la **vitalité,** le **feu,** l'**ardeur** de la jeunesse; ***to be true to one's salt,*** **servir fidèlement** (ses chefs, une cause, etc.), **être loyal, ne pas démériter;** *to be above, below, beneath, under* ***the salt,*** être au haut **bout,** au bas **bout** de la table, au fig. occuper le haut, le bas **du pavé.** *To take something, a story* ***with a grain of salt*** (v. *grain of salt*); au pl. ***salts,*** **poussées du large** à l'embouchure des fleuves; rare: **saline, marais salant, pré salé;** *an old* ***salt,*** un vieux **loup de mer,** un vieux **bourlingueur des mers,** un matelot **mariné.** Chim. ***Glauber's salt,*** **sel de Glauber, sulfate de soude;** au fig. **sel, piquant, esprit.**

L'adj. ***salt*** signifie **salé.** On notera ***salt*** *plant,* plante **marine, salicole;** ***salt*** *grass* (E.U.), herbe **de pré salé;** autres sens: **salin;** (roche, terre) **salifère;** naut. et fam. ***salt*** *horse, junk,* bœuf **salé, de conserve;** littér., *to weep* ***salt tears,*** pleurer **amèrement, à**

chaudes larmes; ***salt*** stories (comme en fr.), histoires **salées indécentes, corsées.**

E.U. ***To put salt on*** *s.o.*, ***to salt down*** *s.o.*, **chapitrer** qqn., **donner un savon** à qqn., lui **laver la tête,** lui **flanquer un abattage, une raclée,** le **tancer vertement;** ***to salt*** *a business, an account,* **faire mousser** une affaire, **forcer** un compte. ***Salted,*** au fig. **assaisonné** (de sel attique, etc.); d'un cheval, **immunisé;** des pers. **aguerri, endurci, éprouvé, expérimenté, versé dans, passé maître en,** etc.

– *His remarks were* ***salted*** *with good sense.* – Ses remarques étaient **marquées au coin** du bon sens.

Salute (to), salute. – Le v. avait le sens de **donner un baiser** (en guise de salut). ***To salute*** *the ear,* **frapper** l'oreille, *the first thing that* ***saluted*** *the eye,* la première chose qui **s'offrit** à nos regards. *To fire a* ***salute,*** tirer une **salve.**

– *He was going* ***to salute*** *my daughters as one certain of a kind reception.* (GOLDSMITH, *Vic. of Wakefield,* V.) – Il allait **donner un baiser** à mes filles en homme qui ne doute pas d'un aimable accueil.

Salve (to), salve, salvage. – Trois sources:

1° du subst. *salve,* mot germ., signifiant onguent (prononcé sâve); † 2° apparemment du lat. *salvare,* et donc doublet de *to save,* sauver; 3° de l'anc. fr. *salvage* (prononcé salve).

Rendre par: 1° **panser, mettre de l'onguent, un baume sur** (une blessure, une plaie); **goudronner, graisser** (un navire); † **guérir** (une maladie, une douleur phys. ou mor.); † **remédier à, ajuster, aplanir** (un différend), etc. (sens qui se confond avec celui d'un autre ***to salve,*** que nous allons examiner); au fig., **apaiser, calmer, adoucir.** Fam., ***to salve over,*** **amadouer** (1).

Le subst. a les sens corresp.

2° La seconde forme du v. ***to salve*** semble avoir été l'équivalent de *to solve:* **résoudre, expliquer** (par une hypothèse); **réfuter** (une objection); **concilier** deux opinions ou théories contraires; **rendre plausible, vraisemblable; sauvegarder** (son honneur, sa réputation).

Réfléchi, avec *from,* **se justifier, se disculper** (cf. *to clear*).

3° Enfin ***to salve,*** **assurer le sauvetage d'un navire, de sa cargaison** en cas de naufrage, **sauver** (des biens) d'un incendie.

Quant à ***salvage*** *(-money)* (L., droit de salvage), c'est l'indemnité attribuée aux sauveteurs d'un navire en détresse; le **sauvetage** lui-même (d'un navire, des corps et biens); les biens **sauvés** du naufrage.

– ***To salve*** *the phenomena of the Torricellian experiment.* – Pour **expliquer** les phénomènes de l'expérience de Torricelli.

– *Those who believe that the character of a woman is* ***salved*** *by such a forced engagement...* – Ceux qui pensent que la réputation d'une femme est **sauve** en raison du caractère compulsif d'un tel contrat.

(1) Au pr. « frotter avec l'amadou (onguent) » et p. ext. « caresser ».

– *The* ***salving*** *vessel is often herself exposed to imminent peril.* – Le navire **sauveteur** est souvent exposé lui-même à un péril imminent.

– ***Salvage*** *of life is rewarded at a higher rate than* ***salvage*** *of property.* (*Encycl. Brit.,* XXI.) – Le **sauvetage** de vies humaines est récompensé à un taux plus élevé que le **sauvetage** des biens.

Sanctify (to). – *The end* ***sanctifies*** *the means,* la fin **justifie** les moyens; *the custom has been* ***sanctified*** *by time,* cette coutume a été **consacrée** par le temps; ironiq. (syn. de *santimonious)* ***sanctified*** *air,* (air) **cagot, papelard, confit en dévotion.**

– *He gave himself* ***sanctified*** *airs.* – Il prenait un air **papelard.**

REMARQUE. – Le sens de *sanctionner* a vieilli en fr. Le voici chez Retz (*Mémoires,* p. 553): Le parlement qui était sur le point... de *sanctifier* tout ce que nous avions fait.

Sanction. – Dans cette phrase fr. du XVe s.: « *Sanctions* ou ordonnances ecclésiastiques », nous avons deux syn. Ce sens de **loi, décret, réglement,** l'angl. nous l'a emprunté. Cf. notre pragmatique sanction. Autres sens: **autorisation; approbation, appui, encouragement.**

REMARQUE. – Il ne faut pas traduire: *The punishments which* ***sanctioned*** *that law* par: Les pénalités qui sanctionnaient cette loi mais par: ... « qui **assuraient l'exécution** de cette loi (1) ». Il est fâcheux que nous ayons adopté ce néol. et en donnant au v. sanctionner le sens de punir: « Ces délits sont *sanctionnés* par la loi », introduit dans des textes précis une amphibologie regrettable.

Sanctuary. – Asile; *right of* ***sanctuary,*** droit d'**asile; protection, immunité** (attachée aux lieux jouissant du droit d'asile); **réserve** (pour la protection de la faune); enfin, **période d'interdiction de la chasse et de la pêche,** glosé « *the privilege of forest* » par N.E.D.

– *They (the English) have made... London... a* ***sanctuary*** *to refugees of every political and religious opinion.* (EMERSON, *Engl. Tr.,* V.) – Ils ont fait de Londres un (**lieu d'**) **asile** pour les réfugiés de toutes opinions politiques et religieuses. Voir aussi *Supplément.*

Sanguine. – L'adj. signifie rarement **de sang,** comme dans l'expression ***sanguine*** *rain,* p. ex., ou **sanguinaire,** ex. ***sanguine*** *slaughter.* Le tempérament sanguin étant celui où le sang prédomine sur les autres humeurs, ***sanguine*** signifie, p. ext.: **vif, ardent, courageux; de complexion amoureuse; optimiste,** (**trop**) **confiant,** et fam. **qui vient la bouche, la gueule, le bec enfariné; qui ne doute de rien.** Sens corresp. pour le subst.

– Cokeson, qui dirige une étude d'avoué, promet de recommander à ses chefs un ancien clerc qui a commis un faux dans un moment d'aberration et qui sort de prison: *Well, I'll do what I can, but* ***I'm not sanguine.*** (J. GALSWORTHY, *Justice,* III.) – Eh bien,

(1) Ou plus explicitement: « attachées aux, entraînées par les infractions à la loi ».

je vais faire mon possible, mais **je n'ai pas grande confiance (je suis sceptique).**

– *Despondency comes readily enough to the* ***most sanguine.*** (EMERSON). – Le découragement vient assez vite même à **ceux qui ne doutent de rien.**

– *In nine cases out of ten, the mere* ***sanguineness*** *of our pursuits ensures success.* (HAZLITT, *Characteristics.*) – Neuf fois sur dix, la seule **confiance aveugle** que nous mettons dans nos entreprises suffit pour nous assurer le succès.

Sap (to), sap, sapper. – Des sens fr. respectifs les mots angl. de saper, sape et sapeur, passent à ceux de **bûcher, piocher, turbiner, potasser; turbin, boulot, travail ingrat et monotone, corvée; bûcheur, piocheur.** ***Sap,*** mis pour *sapskull,* désigne un **sot,** un **niais.**

Un autre ***sap*** signifie **sève** (au pr. et au fig.), ***sap-green,*** **vert de sève, de vessie,** ***sap (-wood),*** **aubier,** d'où ***sapper,*** **outil à couper l'aubier.**

Sapid, -ity. – Outre (aliment) **sapide, savoureux,** ***sapid*** se dit aussi d'une conversation, d'un ouvrage **intéressant, piquant, plein de sel.**

Sens corresp. pour ***sapidity.***

Saponaceous. – (Vin) **moelleux, velouté;** (potage, etc.) **onctueux;** au fig. **mielleux, onctueux; glissant, fuyant, évasif.**

– Gray *(Letters)* vante *the* ***saponaceous*** *qualities of sack,* les qualités du xérès qui en font un vin **moelleux** (ou: **velouté**).

Satisfy (to), satisfaction. – Indépendamment de tous les sens qu'il a en fr., ***to satisfy*** signifie souvent: **convaincre, (s')assurer, acquérir la certitude** (d'un fait, etc.); **éclaircir** (un doute p. ex.), **s'en éclaircir.**

To be satisfied, **se convaincre, être édifié, fixé, savoir à quoi s'en tenir,** etc.

Outre les sens corresp., ***satisfaction*** signifie **paiement, règlement, acquittement** (d'une dette), **désintéressement** (d'un créancier); **exécution** (d'une obligation), **accomplissement** (d'une promesse), d'où jur. ***to enter satisfaction,*** **enregistrer cette exécution, cet acquittement,** *to enter a memorandum of* ***satisfaction of mortgage*** *on the register,* **radier une inscription hypothécaire** par une mention sur le registre. Rapprocher le sens moral et théol. ***in satisfaction*** *of our sins,* **en expiation** de nos péchés, l'expiation étant « une *satisfaction,* une réparation faite à Dieu ».

Noter, d'autre part, que, comme *contentment,* le sentiment exprimé par ce mot penche étrangement vers la **résignation.**

– Réaction de la plèbe romaine après l'assassinat de César: *We will be* ***satisfied;*** *let us be* ***satisfied.*** (III, ii.) – Nous voulons **des raisons!** Qu'on vienne **s'expliquer!** (Trad. C.M. GARNIER).

– Torturé par la jalousie, Othello (III, iii) s'écrie: *Would I were* ***satisfied!*** – Que ne suis-je **fixé!**

– Iago pose des questions insidieuses à Othello *(Ibid.) But for a* ***satisfaction of my thought,*** dit-il, – Ce n'est que **pour savoir si ma pensée est juste.**

– Marlowe, qui prend la maison de M. Hardcastle pour une hôtellerie, a autorisé ses gens à boire tout leur soûl: Mr. H. *Then they had your orders for what they do! I'm* ***satisfied!*** (GOLDSMITH, *She stoops,* IV.) – Ils n'ont donc rien fait que sur vos ordres? Je suis **édifié.**

– *I have told your father about your conduct and he is perfectly* ***satisfied*** *as to this point.* – J'ai parlé à votre père de votre conduite et il est parfaitement **renseigné** sur ce point (ce qui ne signifie pas nécessairement qu'il en soit satisfait).

– *The police is* ***satisfied*** *that it is a case of murder...* – La police est **convaincue** qu'il s'agit d'un meurtre.

– *Please pay Mr. N. fifty pounds in* ***satisfaction*** *of the sum advanced by him.* – Veuillez payer à M.N. 50 livres (sterling) **pour remboursement** de la somme qu'il m'a avancée.

– G. Eliot (*Mill on the Floss,* II, ii) parle de la lutte contre le désespoir, où l'on cherche quelque secret *which shall give to endurance the nature of* ***satisfaction.*** Elle veut dire, sans doute: qui nous aidera à supporter notre mal avec **résignation.**

Saturate (to), saturation. – *We were* ***saturated with rain,*** nous avons été **trempés jusqu'aux os** (1); *she was tanned and as it were* ***saturated*** *with the sun,* sa peau était bronzée et, comme qui dirait, **imprégnée** de soleil; *the most important industrial towns had been* ***saturated*** *with bombs,* les villes industrielles les plus importantes avaient été **submergées** sous les bombes. *This man is* ***saturated*** *with prejudices,* cet homme est **imbu** de préjugés.

D'une couleur, ***saturate*** ou ***saturated,*** **pure, franche, foncée, intense,** ***saturated*** *green.*

Saturation, **degré d'intensité** d'une couleur.

Saturn, saturnine. – Aux yeux des alchimistes et des chimistes d'autrefois, Saturne désignait le plomb, considéré comme le métal « froid », Saturne étant la planète « froide ». D'où, en angl., ***saturnine,*** au pr., **de plomb, relatif au, causé par le plomb,** ***saturnine*** (ou: *lead*) ***poisoning,*** **intoxication par le plomb, saturnisme.**

Au fig. **taciturne, sombre, mélancolique, maussade.**

– *He looked* ***saturnine*** *and grim.* – Il avait un air **sombre** et sévère.

Saturnicity. – Taciturnité, *a tendency to* ***saturnicity.***

Sauce, to sauce, saucy. – Au pr., surtout E.U. **garniture de légumes verts ou de fruits,** souvent, **salade;** E.U. au fig.: **flagornerie, pommade.** Aussi **assaisonnement, condiment, piquant.** *An adventure is tame without the* ***sauce*** *of danger,* une aventure est fade sans le **sel,** le **piquant,** l'**attrait** du danger. Autre sens: **impudence, impertinence; aplomb, toupet,** *none of your* ***sauce!*** trêve **d'imper-**

(1) Ou: nous avons été saucés.

tinence! au vocatif, ***sauce!*** **impertinent! impudent!** ***Sir Sauce,*** *what is that to you?* **Monsieur, l'impertinent,** mêlez-vous de vos affaires! *A* ***saucy*** *fellow, a* ***sauce-box,*** un **impertinent,** un **insolent,** un **effronté.** Famil. **coquet, chic, élégant, pimpant, sémillant.**

Expressions: *to serve s. o. with the* ***same sauce,*** rendre à qqn. **la monnaie de sa pièce,** lui rendre **la pareille;** *what is* ***sauce*** *for the goose is* ***sauce*** *for the gander,* ce qui est **bon** pour l'un l'est aussi pour l'autre.

En compos. ***sauce-alone,*** **alliaire;** ***sauce-boat,*** **saucière;** ***sauce-cook,*** **saucier.**

To sauce a les sens corresp.

Remarque. – On notera qu'en fr., *sauce* peut signifier accompagnement *inutile, oiseux,* allonger la sauce, remettre de la sauce. Le mot peut se dire aussi de l'*accessoire:* la sauce vaut mieux que le poisson, l'accessoire vaut mieux que le principal.

Saucer. – Soucoupe; *to have* ***saucer*** *eyes, to be* ***saucer-eyed,*** avoir des yeux **de bœuf,** des yeux **en boule de loto, grands comme des lanternes (de cabriolet);** autres sens, **godet** à couleur; naut., **saucier, écuelle** (de cabestan).

Savage. – Le lexicographe lat. fait observer que *saevus* signifie *rendu furieux, irrité* (tandis que *ferus* s'entend de la férocité *naturelle*) d'où les sens restés angl.: **(rendu) farouche, cruel;** fam. **furieux, furibond, en rage,** ***to grow savage,*** **se fâcher tout rouge.**

– *This reviewer had a reputation for* ***savage*** *humour.* – Ce critique était réputé pour son humour **féroce.**

– Un journaliste amoureux cherche un dérivatif dans le travail: *He smoked pipe after pipe long into the night and wrote article upon article more and more* ***savage.*** (Thackeray, *Pend.* LIV.) – Il fumait pipe sur pipe jusqu'à une heure avancée de la nuit, et composait article sur article de plus en plus **virulents.**

– *He burst into a* ***savage*** *and sardonic laugh.* – Il éclata d'un rire **forcené** et sardonique.

– *It is a great pity, said Hardy. – Isn't it, said Tom, and it makes Miller so* ***savage.*** (Hughes, *T. Brown at Oxford,* IX.) – C'est fort malheureux, dit H. – N'est-ce pas? dit T. et cela met M. dans une telle **furie.**

– *Miss Amory was* ***savage*** *at her mishap.* (Thackeray). – Mlle A. était **furibonde** de sa mésaventure. (Au bal, elle a été projetée contre un mur par un couple maladroit.)

– *At this question he cut up like* ***savage.*** – A cette question, il monta **comme une soupe au lait.**

Save (to), saver, saving. – ***To save,*** **épargner, économiser, mettre de côté; épargner, éviter** (une perte de temps, un dérangement, de l'ennui, etc.); **ménager** (la santé, les vêtements, etc.); p. ext. **arriver à temps, ne pas manquer** (un train, le courrier), **attraper** (un véhicule).

A ***save*** (vulg. ou patois), une **économie;** (football) **arrêt du ballon** (par le gardien de but).

Saver, **épargnant; pers.** ou **ch. qui permet d'économiser, d'épargner** (le temps, la peine, etc.); ***savings,*** **épargne,** ***savings-bank,*** **caisse d'épargne.** En compos. ***labour-saving*** *device,* dispositif, appareil **économiseur de main-d'œuvre,** de **rationalisation du travail;** ***life-saving*** *apparatus,* appareil de **sauvetage;** suite des sens de l'adj. ***saving,*** (au fig.) **qui** sauve, théol., ***saving*** *grace,* grâce **justifiante,** et, p. ext. **ce qui rachète, fait le mérite de, fait passer des défauts,** etc.; ***saving*** *clause,* **réserve,** clause **restrictive** ou **de sauvegarde.**

– *A penny* ***saved*** *is two pence got.* – Un sou **économisé,** c'est deux sous de gagnés (ou: il n'est pas de petites économies).

– *That would have* ***saved*** *you a lot of trouble.* – Cela vous aurait **épargné** bien du souci.

– Rapprocher: « Je vous *sauve* l'ennui de cette seconde scène » (Laclos, *Liaisons dangereuses*).

– *I am writing hurriedly* ***to save*** *the post.* – Je vous écris en hâte pour **attraper** le courrier.

– *This file has been a great* ***saver*** *of time.* – Ce classeur nous a permis de **gagner** beaucoup de temps.

– *But our servant had the* ***saving grace*** *of honesty.* – Mais notre domestique **se rachetait** par son honnêteté (son honnêteté **faisait passer sur, pardonner** bien des choses).

Savour (to), savour, savoury. – ***Savour,*** **parfum, odeur, arome,** d'où ***savoury,*** **parfumé, odorant, aromatique,** ***savoury*** *herbs,* herbes **aromatiques,** ***savoury*** *omelette,* omelette **aux fines herbes;** (mets) **piquant** ou **salé;** substantiv. **plat relevé** servi soit au début, soit à la fin du repas pour mettre en appétit ou pour faire boire, p. ex. petit poisson grillé, canapé d'anchois, etc.

Au fig. ***savour*** se dit d'une **pointe,** d'une **teinte,** d'un **soupçon** (d'humour, d'ironie, etc.)

To savour, † **savourer, goûter** (un mets, un poème, etc.). Intr. **avoir tel ou tel goût, telle ou telle saveur;** avec *of* **avoir un goût** (de), au fig. **sentir; tenir de, donner l'idée de,** (remarque, mot) **où perce, qui trahit** le dépit, la jalousie, etc.

– *And the Lord smelled a sweet* ***savour.*** *(Bible, Gen.).* – Et le Seigneur flaira une **odeur** qui l'apaisa. (Osterwald).

– *« Ye have made* ***our savour to be abhorred*** *in the eyes of Pharaoh..* (*Exodus,* V, 21.) – Vous nous avez mis **en mauvaise odeur** devant Pharaon. (Sacy et Osterwald). C'est ici le sens fig.

– *Sugar enhances* ***the savour*** *of coffee.* – Le sucre fait ressortir **l'arôme** du café.

– *His writings* ***savour*** *of heresy.* – Ses écrits **sentent** le fagot.

Scabrous. – Du lat. *scabrosus,* **rugueux.** *A* ***scabrous*** *skin, surface,* peau **rugueuse,** surface **raboteuse.** On ne confondra donc pas *a* ***scabrous*** *author,* un auteur **rugueux,** (au style) **raboteux, rocailleux, non poli** – sens qui remonte au xvie s. – avec *a* ***scabrous*** *subject,* un sujet **scabreux,** qui est le sens fr. plus moderne (XIXe s.).

Scale. – Trois mots: 1° anc. fr. *escale,* fr. mod. écaille (de poisson, de reptile, etc.); p. anal., **écale, gousse** (de certains fruits); **squame** (de la peau); **écale** (de rouille); métall. **battiture, martelure, paille de fer, scorie** (de forge); **incrustation, tartre, dépôt calcaire, calcin** (de chaudière); **tartre** (des dents); **teigne** (des vieux arbres).

En compos. ***scale-preventive, -preventer, -remover,*** **tartrifuge, désincrustant, anticalcaire;** mil. ***(shoulder-) scale,*** **contre-épaulette;** ***scale****-armour,* armure **à écrevisse;** ***scale-blight,*** **maladie des plantes** due à la cochenille; ***scale-board,*** **lame mince de bois;** ***scale-coated,*** **entartré;** ***scale-insects,*** **coccidés, cochenilles;** ***scale-winged,*** **lépidoptère.**

– *The* ***scales*** *fell from his eyes.* – Les **écailles** lui tombèrent des yeux.

2° Est d'origine germ. et signifie **plateau** (de balance): *to throw one's sword into the* ***scale,*** jeter son épée dans la **balance;** *to turn* ***the scale,*** faire pencher **la balance,** incliner, emporter **la balance;** au pl. ou ***pair of scales,*** **balance;** ***gold-scales,*** **trébuchet,** ***letter-scales,*** **pèse-lettres,** etc. *To hold the* ***scales*** *even,* tenir la **balance** égale, se montrer impartial. *The Scales,* la **Balance** (signe du Zodiaque).

3° Du lat. *scala,* **échelle,** dans toutes les acceptions de ce mot: **gradation, graduation** (d'un thermomètre, d'un baromètre, d'un système numérique, etc.) *Fahrenheit* ***scale,*** *decimal* ***scale; scale*** *of prices,* **échelle, tarif, barème** des prix; *sliding* ***scale*** *of wages,* **échelle** mobile des salaires; *tax* ***on a descending scale,*** impôt **dégressif;** jur. *costs* ***on the higher scale,*** le **maximun** des frais.

Suite des sens, **échelle** des êtres, **échelle** sociale; mus., **gamme,** car nous disons aussi l'échelle musicale; *chromatic, diatonic* ***scale,*** **gamme** chromatique, diatonique, etc.; **échelle** (d'une carte, d'un plan, etc.) ***large-scale*** *map,* carte **à grande échelle,** *drawing* ***to scale,*** dessin **à l'échelle.** *To do things* ***on a large scale,*** faire les choses **en grand.**

– *This music teacher would have come to grief over a simple* ***scale.*** – Ce professeur de musique aurait trébuché sur une simple **gamme.**

– *She was now living* ***on a more modest scale.*** – Elle menait alors un **train moins dispendieux,** ou, simplement, elle vivait alors **plus modestement.**

Remarque. – Le fr. *escale* est tiré de l'ital. *scala, far scala* faire escale ou, pour les ports du Levant, faire échelle (cf. les échelles du Levant, les échelles barbaresques).

Scallop, to scallop. – Une escalope, c'est auj. une tranche, Ç'a été autref. une coquille (fr. *eschalope,* coquille de noix, de l'anc. fr. *escale, écale,* v. *supra scale* 1°). De là les sens angl.: 1° **Coquille Saint-Jacques;** faire **cuire en coquille** (les huîtres, etc.). 2° **Dentelure, découpure, feston** (les couturières boulonnaises disent écaille); **denteler, festonner.**

Autres sens: récipient en forme de coquille employé aux baptêmes; coquille, portée comme insigne par les pèlerins au retour de Saint-Jacques de Compostelle.

Scalp, to scalp. – **Crâne; péricrâne, cuir chevelu; perruque** recouvrant partie du crâne; **roc émergent; cime de montagne.** Un second ***scalp*** est un **banc de moules, d'huîtres.**

Au fig.; ***to scalp,*** **éreinter, démolir** (un auteur, etc.).

Un verbe désuet, † ***to scalp,*** du lat. *scalpere* (qui a donné *scalpellum,* d'où notre scalpel), **graver, sculpter, creuser légèrement, gratter, couper.**

Scamper (to). – Est le fréquentatif du v. † ***to scamp,*** issu probablement de l'ital. *scampare* qui a donné le v. fr. *escamper, eschamper,* décamper, sens qui se retrouve dans ***scamper*** *off* ou *away,* **détaler, s'enfuir à toutes jambes,** fam. **prendre de la poudre d'escampette, prendre ses jambes à son cou.** ***To scamper through*** *a country,* **traverser** un pays **au galop,** ***through*** *a book,* **parcourir** un livre **rapidement, lire des doigts, lire en diagonale.**

Le subst. ***scamper*** a les sens corresp.

Scan (to). – Du sens de scander des vers, † ***to scan*** (lat. *scandere*) passe aux suivants: **examiner, scruter:** ***to scan*** *s. o. from head to foot,* **toiser** qqn.; fam. **éplucher,** et p. ext. **critiquer;** † **interpréter; voir, discerner** (rare).

Télév. ciném. **balayer, explorer** (l'image à transmettre, la piste sonore).

– *These lines* ***won't scan.*** – Ces vers **sont faux** (ou: **boiteux**).

– *Strange things I have in mind that will to hand,*
Which must be acted ere they may be ***scanned.***
(Shaks., *Macbeth,* III, iv, 140)

J'ai d'étranges desseins en tête, que ma main
Doit accomplir avant que nul **en sache rien.** (littér.: ne les voie).

– *The shipwrecked sailor anxiously* ***scanned*** *the horizon.* – Le marin naufragé **scrutait (fouillait)** anxieusement l'horizon.

– *He* ***scanned*** *the newspaper while waiting for the train.* – En attendant l'arrivée du train, il **parcourait (jetait un coup d'œil sur) le** journal.

Scar, to scarify. – Est le v. fr. *escharre* (1314 dans Mandeville), du lat. méd. *eschara* « croûte », grec *eskhara.* L'angl. ***scar,*** qui en est issu, est donc une **cicatrice,** une **couture,** une **balafre.** ***To scarify,*** du lat. *scarificare* ou *scarifare,* c'est scarifier « inciser superficiellement » la peau, **écroûter, ameublir** (le sol); au fig. **blesser au vif,** ***to scarify*** *an author,* c'est l'**éreinter,** ***to scarify*** *one's opponents,* c'est **pulvériser** ses adversaires.

Deux autres *scar:* 1° **scare** (poisson), aussi ***scarus,*** vulg. ***parrol-fish,*** **perroquet de mer;** 2° **rocher, escarpement, falaise.**

Scarlet (subst. et adj.). – *She was dressed in* ***scarlet,*** elle portait une robe **coquelicot.** *I saw* ***scarlet,*** *as the saying is,* j'ai vu **rouge,**

comme on dit. *He **blushed scarlet,*** il **rougit jusqu'aux oreilles,** il **devint cramoisi, rouge comme une pivoine, comme un homard.**

Scarlet fever, **fièvre scarlatine;** au fig. et plaisamm., se dit des femmes **qui ont le béguin pour l'uniforme, pour les tuniques rouges, qui en pincent pour les « Écrevisses »** (1) *(for those who wear the King's scarlet),* en fr.: **pour les pantalons rouges, pour la garance.**

Autres sens, ***scarlet** hat,* chapeau **de cardinal,** chapeau **cardinalice,** ***scarlet rash,*** **roséole;** ***scarlet runner,*** **haricot d'Espagne.**

Metaphor. *The **scarlet** woman* ou (fam.) *whore,* la femme **vêtue de pourpre et d'écarlate** (*Apocalypse,* XVII), la **Rome païenne** ou **papale, l'esprit du siècle.**

L'épithète appliquée à un crime, à un criminel est un intensif: **odieux, atroce, horrible, abominable.** L'origine est dans ce passage d'Esaïe (I, 18): *Though your sins be as **scarlet,** they shall be as white as snow.* – Quand vos péchés seraient comme le **cramoisi,** ils deviendront blancs comme la neige.

Remarque. – Dans ce sens, nous disons encore (littér.): un crime, une action si *noir(e).*

Scene. – À tous les sens du fr. scène on ajoutera ceux-ci: **décor,** *behind the **scenes,*** derrière la **toile,** dans la **coulisse,** *to speak **behind the scenes,*** parler **à la cantonade;** fam. *to be behind the **scenes,*** être derrière la **tapisserie,** *to know what is going on **behind the scenes,*** connaître **l'envers de la tapisserie,** ce qui se passe **dans la coulisse,** le **dessous des cartes.**

Autres sens: **théâtre, lieu** (d'un événement), *Marathon was the **scene** of a famous battle,* Marathon a été le **lieu,** le **théâtre** d'une bataille célèbre; ***the scene changes,*** **l'action change de lieu, changement de décor;** fam. ***a change of scene** would do him good,* un **changement d'air** lui ferait du bien, lui serait salutaire; enfin, **paysage, vue, spectacle** (syn. de *scenery*).

En compos. ***scene-docks,*** **remise à décors;** ***scene-painter,*** **peintre de, en décors, brosseur de décors;** ***scene-shifter,*** **machiniste;** ***scene-shifting,*** **changement de décor(s).**

– *Mediterranean **scenes,*** titre d'un livre d'Hilaire Belloc: **Paysages** méditerranéens.

– Thomas Gray ne se lasse pas d'admirer la Grande-Chartreuse: *There are certain **scenes** which would awe an atheist into belief* (1739). – Il est certains **paysages** dont la majesté (le caractère auguste) convertirait un athée.

– Description d'Ermenonville par Arthur Young (*Travels in France,* sept. 1787): *The last **scene** is that of a river, which is made to wind through a lane receding from the house and broken by wood.* – Une rivière complète le **tableau** en serpentant au milieu de la pelouse qui part de la maison, et est parsemée de bouquets de bois.

– *With the exception of his native town all other **scenes** of earth were foreign to him.* – A l'exception de sa ville natale, tous les autres **lieux** du monde lui étaient étrangers.

Remarque. – Certains de nos bons écrivains ont employé *scène* dans le sens de paysage: « Vous aurez quelque idée des *scènes* qui ne cessèrent d'attirer mon admiration (dans les montagnes du Valais). (J.-J. Rousseau, *in* Robert), et Chateaubriand parle du « caractère moral qui s'attache aux *scènes* de l'automne. » (Mém. O.-T. *ibid.*)

Scenic, -al. – Outre les sens fr., peut signifier péjor. **théatral** (1), **affecté, qui cherche, vise à l'effet; artificiel.** Aussi, **spectaculaire,** ***scenic** film,* film **spectaculaire** d'après nature; film **à grands tableaux** d'après nature; (œuvre d'art) **formant tableau,** représentant une scène à laquelle participent plusieurs personnages; (tapisserie, monument **historié,** etc.) enfin ***scenic railway,*** **montagnes russes.**

– *Shakespeare was a famous **scenic** poet.* – S. fut un célèbre poète **dramatique.**

– *The **scenic** side of history.* – Le côté (l'aspect) **dramatique** de l'histoire.

– *A flat country has nothing **scenic** about it.* – Un pays plat est dépourvu de tout **pittoresque.**

Remarque. – La plupart des sens mentionnés ci-dessus sont lat. Les *scenici ludi* étaient des jeux scéniques, c.-à-d. des représentations théâtrales, p. oppos. aux jeux du cirque, *circenses ludi,* courses de chars, etc.; le *rex scenicus* était un roi de théâtre.

Schedule, to schedule. – Parti du sens du lat. de basse époque *schedula,* feuillet, dérivé du lat. *scheda,* bande de papyrus ou de papier, liste, etc., ***schedule*** a gardé ce sens et a pris les suivants: **nomenclature; inventaire** (des machines, des marchandises, etc.); ***schedule** of prices,* **barème** des prix, – *of charges,* **tarif;** administr. **cahier des charges; cédule** (d'impôt); jur. **annexe** (d'une loi, d'un traité, etc.); **bordereau** (joint à un document, etc.); **notice explicative; bilan** (de l'actif et du passif d'un failli); **horaire, indicateur** (des chemins de fer); **formule à remplir.**

E.U. **plan, programme** d'exécution d'un travail, d'où ***schedule** work,* travail **de régime;** méd. **schéma** (de traitement). Fam. *everything went off according to **schedule,*** tout a marché selon les **prévisions.** ***On schedule, up to schedule, as scheduled,*** **ponctuellement, à l'heure fixée.**

Le v. ***to schedule*** a les sens corresp.

Remarque. – Ces mots qui, en Angl., sont surtout employés dans l'administration, par les « officiels » et les juristes, ont aux E.U. des sens courants très divers. Qu'on en juge:

– ***Schedule** of advertising rates.* – **Tarif** des annonces.

– ***Schedule** of the speakers at the meeting.* – **Liste** des orateurs inscrits.

(1) Nom que le peuple donne en Espagne aux Anglais à cause de la couleur de leur uniforme (v. MÉRIMÉE, *Carmen,* III).

(1) C'est le reproche que Coleridge *(Table-Talk)* adresse à Gibbon: *In Gibbon all is **scenical.***

– *We are years ahead of* ***schedule.*** – Nous sommes en avance de plusieurs années sur le **programme.**

– *The race will start at 8* ***on schedule.*** – Le départ de la course sera donné (aura lieu) à huit heures **précises.**

– *The President* ***is scheduled*** *to make a speech.* – Le Président **doit** prononcer un discours.

– *The event* ***was scarcely scheduled.*** – (Ironiq.), cet événement **ne figurait pas au programme,** c.-à-d. **était tout à fait inattendu, ce fut une surprise complète, un coup de théâtre.** (Noter l'*understatement.)*

Scheme, to scheme. – Du lat. *schema,* du grec *skhêma,* forme, figure; manière d'être, ces mots ont, en angl. des sens multiples qui s'écartent plus ou moins de l'étym. Notamment: **exposé analytique; table, sommaire, argument, aperçu; schéma, plan** (d'un ouvrage littéraire, etc.), **dessein; programme d'action, projet, combinaison, entreprise,** et sens concret, **ouvrage,** *irrigation* ***scheme,*** **ouvrage** d'irrigation; péjor., **machination, intrigue,** d'où ***schemer,*** **intrigant,** ***scheming,*** **intrigue** (1); aussi, **projet chimérique** ou **inconsidéré; bamboche,** syn. de *spree,* **la noce, la bombe,** devenu dialectal; † **théorie, spéculation** – opposé à pratique –; **système;** ***scheme*** *of things,* **ordre** des choses, de la nature ***scheme of colour, colour scheme,*** **arrangement, agencement, combinaison des couleurs** propre à un peintre ou à une école de peinture, **tonalité, coloris, dominante,** et plus généralement, **ensemble harmonieux de couleurs.** Enfin *tactical* ***scheme,*** **thème** tactique (dans les manœuvres militaires, etc.).

– *This is the* ***scheme*** *of my novel.* – Tel est le **plan** de mon roman.

– *She was dissapointed in her* ***scheme.*** – Sa **combinaison** a échoué (ou: avorté).

– *The* ***scheme*** *hit so exactly with my temper...* (Defoe, *Crusoe.*) – – Ce **projet** convenait si exactement à mon tempérament...

– *This deep-laid* ***scheme*** *was in a moment disconcerted.* (N.E.D.) – Cette **machination** habilement ourdie fut déjouée en un moment.

– *I never used to have such* ***schemes*** *when I was young.* (*Engl. Dial. Dict.*, 1904.) – Je ne me livrais jamais à de telles **bamboches** quand j'étais jeune.

– *He then asked me whether I had seen that* ***scheme*** *of absurdity, the French constitution, and what I thought of it.* (Burke, *Corr.*, III, 278.) – Il me demanda alors si j'avais vu ce **monument** d'absurdité, la constitution française, et ce que j'en pensais.

– *Our humble* ***scheme*** *of existence.* – L'humble **mécanique** (ou mécanisme) de notre existence.

– *We wish that this artist would abandon the chocolate-like* ***scheme of colour*** *in which he has indulged for the last few years.* (*Sat. Rev.*, 7/6/1884.) – Nous voudrions bien que cet artiste renonçât au **coloris** chocolat auquel il se complaît (sacrifie) depuis ces dernières années.

– Une jeune fille porte une toilette où le rose domine: *And to complete the* ***color scheme*** *she had painted her lips and was holding in her hollowed hands a beautiful... red apple.* – Et pour parfaire cet **ensemble harmonieux de couleurs,** elle avait mis du rouge aux lèvres et tenait au creux de la main une magnifique pomme rouge.

– *He had too much to do to become a dangerous citizen, a* ***scheming*** *general or a plotting courtier.* – Il avait trop à faire pour devenir citoyen dangereux, général **intrigant** ou courtisan cabaleur.

Scholar. – Arch. ou vulg. **élève, écolier,-ère;** ***day-scholar,*** **(élève) externe;** (avec une pointe de préciosité) **disciple.** Sens courants, **intellectuel, savant, lettré, érudit, bon** ou **grand clerc, humaniste,** ***Greek, Latin, Chinese, Hebrew scholar,*** **helléniste, latiniste, hébraïsant, sinologue.**

A ***scholar and a gentleman,*** **l'honnête homme** (du XVIIe s.), (celui qui est tout ensemble) **homme du monde et cultivé, l'homme cultivé qui n'est pas un cuistre.** Enfin, **(étudiant) boursier.**

Tours courants ou fam.: *Although a greybeard he was still a* ***scholar,*** tout barbon qu'il était (bien qu'il fût grisonnant), il **apprenait, s'instruisait** encore; *he is no* ***scholar,*** il n'est pas **grand clerc,** ce n'est pas un **fort en thème.**

– *The American* ***scholar.*** – L'**intellectuel** américain.

– Quand le fantôme du feu roi Hamlet apparaît sur le terre-plein du château d'Elseneur, Marcellus s'écrie: *Thou art a* ***scholar:*** *speak to it, Horatio.* (*Hamlet,* I, i, 42.) – Toi qui es **savant** (qui es **grand clerc,** qui **sais le latin**), parle-lui, Horatio.

En effet, pour parler aux magiciens ou évoquer les esprits, il fallait, selon les croyances de l'époque, s'adresser à eux en latin.

– *The* ***Scholar*** *without good breeding is a Pedant; the Philosopher a Cynic; the Soldier a Brute; and every man disagreeable.* (Chesterfield, *Letters.)* – Sans savoir-vivre, le **savant** n'est qu'un pédant, le philosophe, un cynique, le soldat, une brute, et tout homme, désagréable. (Trad. Amédée Renée.)

Scholastic. – Cet adj. s'applique à tout ce qui concerne l'enseignement donné ou reçu: *the* ***scholastic*** *year,* l'année **scolaire,** *the* ***scholastic*** *profession,* la carrière **de l'enseignement,** le **professorat,** ***scholastic*** *agency,* agence de placement **pour les enseignants.** Enfin, péjor. **pédant, pédantesque, alambiqué.** Subst. *a* ***scholastic*** (chez les Jésuites), membre qui occupe le troisième rang dans la hiérarchie de la Société; aussi, **artiste imbu d'académisme.**

School. – Outre les sens fr., on notera ***grammar school,*** **collège** (communal); ***high school,*** **école secondaire;** ***continuation school,*** **cours d'adultes;** ***fencing school,*** **salle d'armes;** ***board-school,*** **école primaire** (officielle); ***boarding-school,*** **pensionnat;** ***day-school,*** **externat;** ***painting-school,*** **académie;** ***public school,*** v. *public.* Aux E.U.

(1) *He had forgotten her scheming,* il avait oublié qu'elle agissait par calcul.

école communale; autres sens de ***school*****, (salle de) classe;** aussi **classe (leçon, cours,** etc. donné aux élèves), *there will be no* ***school*** *to-day,* il n'y aura pas de **cours** (ou de **classe**) aujourd'hui.

Autres sens, faculté, *the Arts* ***School*****,** la **Faculté** des lettres; **salle d'examen,** et p. ext. au pl. **examen** (pour l'obtention d'un grade avec mention); les **universités** et **écoles du Moyen Age,** la **scolastique :** † ***to hold, to keep schools,*** c'était **aller,** comme le Thomas Diafoirus du *Malade imaginaire,* **argumenter dans les actes publics de l'Université** (voir *course*). † ***The schools,*** était, en effet, la **tenue** d'un acte public.

Enfin, mus. **méthode, traité, école** (de violon, etc.).

En compos. † ***school-dame*****, maîtresse d'école** (enfantine dans un village), **vieille demoiselle qui tenait une école** auj. ***s.-ma'am*****,** péjor. et plaisam. **femme autoritaire qui croit avoir la science infuse;** ***school-day*****, jour de classe,** ***in my school-days*****, du temps où j'étais écolier, où j'allais au collège,** cf. *Tom Brown's school-days;* ***school-divine*** ou ***-doctor*****, théologien scolastique;** ***school-fellow*****, camarade (de classe), condisciple;** ***school-miss*****, petite pensionnaire, petite oie blanche;** ***school-report*****, bulletin trimestriel** sur le travail, etc., d'un élève.

Autre chose, *A* ***school*** *of pamphlets,* † *of porpoises,* † *of youth,* ce n'est pas, bien entendu, une école de marsouins, etc., mais une **troupe** de marsouins, un **tas,** une **multitude** de brochures, une **troupe** de jeunes gens. Le mot ***school*** ainsi employé est un doublet de *shoal.*

– Dans un chapitre (LXXXVII) de *Moby Dick or the White Whale,* plaisamment intitulé *Schools and Schoolmasters,* le conteur excentrique Herman Melville explique comment voyagent les baleines: *Small detached bands are occasionally observed. Such bands are known as* ***schools.*** *They generally are of two sorts: those composed almost entirely of females, and those mustering none but young vigorous males.*

Ce mot qui semble signifier « école » amuse beaucoup les Angl. Faute d'équivalent fr., le titre plaisant d'Herman Melville et le développement qu'il annonce sont intraduisibles.

– Mais voici un exemple où, sous la plume de H.G. Wells (*Polly,* III), nous retrouvons l'expression *shoal of fish* employée métaphoriquement: *The* ***shoal of fish*** *waiting for the crumbs of employment seemed larger than ever.* – La **troupe vorace** qui attendait la manne de l'emploi n'avait jamais été si dense.

Scorch (to). – Trans. **brûler superficiellement; roussir** (le linge, etc.); **rôtir, flétrir, dessécher** (la végétation, etc.).

Intr. **brûler le pavé, filer à toute vitesse,** d'où *a* ***scorch*****,** un **trajet,** une **course à folle allure;** fam. ***to be had up for scorching*****, se faire dresser contravention pour excès de vitesse;** au fig. **parler d'une manière blessante, mordante, cinglante.**

Le subst. ***scorcher*** a les sens corresp.: **cycliste casse-cou, pédard, pédalard** ou **chauffard,** selon le cas; **remarque caustique, sarcasme, réplique, riposte cinglante;** enfin, arg. **type « épatant », « as », « femme renversante ».**

– *Under the heat of a* ***scorching*** *sun.* – Sous l'ardeur d'un soleil **brûlant** (ou: **torride**).

– Parlant de l'échaudage *(scouring)* de la laine, un technicien écrit: *The temperature drops so that the wool will not be* ***scorched.*** – Abaisser la température de manière à éviter que la laine ne **roussisse.**

– *As a result of complaints as to the excessive speed at which motor-cars are driven, the police have been keeping a sharp look-out for* ***scorchers.*** – A la suite des plaintes motivées par les excès de vitesse des automobilistes, la police n'a cessé d'avoir (ou: de tenir) à l'œil les **chauffards.**

Scriptural. – Parfois simplement **qui est propre à, appartient à** l'écriture (sans majuscule): ***scriptural*** *forgery,* faux **en écriture;** ***scriptural*** *attempts,* tentatives **d'écrire.**

Scrutiny. – N'est plus guère employé au sens de scrutin sauf en droit canon, mais signifie encore **vérification** des bulletins de vote, **pointage** (d'une liste électorale), sens qui remonte au XVIIIe s.

Issu du lat. médiéval *scrutinium,* de *scrutari* au sens de « action de fouiller, examiner », notre mot scrutin avait cette acception avant de se spécialiser comme on sait: « Scrutine et **investigation** », lit-on dans une ordonnance fr. du XVe s. Cette tautologie nous donne la traduction du mot angl. A ce sens d'**examen minutieux, rigoureux, attentif** on ajoutera celui de **regard scrutateur, inquisiteur.**

– *This argument does not bear* ***scrutiny.*** – Cet argument ne résiste pas à un **examen sérieux** (ou: **approfondi**).

– *A* ***scrutiny*** *of the election was demanded.* – (Littér. on demanda une **vérification** des bulletins de vote), c.-à-d. la validité de l'élection fut **contestée.**

Sea-change. – « *A change wrought by the sea* » nous apprend le lexicographe angl.; tel est bien, en effet, le sens dans ce passage du chant d'Ariel: *Nothing of him that doth fade, / But doth suffer a* ***sea-change*** */ Into something rich and strange...* (*Tempest,* I, ii, 400.) – De lui rien n'a péri / Sans avoir subi de la mer / Étrange et riche métamorphose.

Toutefois, l'expression est employée parfois au fig. et par antiphrase; témoin l'ex. suivant d'où l'idée d'enrichissement a complètement disparu: *In Dryden's up-to-date version of the Knight's Tale, Chaucer* ***has suffered a sea-change;*** *and has Virgil really fared better?* (Knox, *On Translation.*) – Dans la version moderne du Conte du Chevalier par (ou: qu'en a donnée) Dryden, Chaucer **est devenu méconnaissable,** et peut-on dire que Virgile ait eu vraiment un meilleur sort?

Seal (to), seal, sealer. – Deux mots. 1° d'origine germ., signifie

phoque *(seal).* 2° Que l'on identifie avec le fr. sceller « marquer de l'empreinte d'un sceau », a effectivement ce sens. On notera: ***to seal*** *a letter,* **cacheter** une lettre; jur. **apposer les scellés** sur une porte, un meuble, etc.; ***sealed*** *will,* testament **mystique.** Terme culinaire, **saisir** (un bifteck, etc.); **assurer l'étanchéité** (d'un joint); **boucher, obturer** (un puits de mine, un tuyau, etc.), **boutonner** (une pipette après section dans la flamme); ***to seal up*** *a tin,* **souder** une boîte de conserves. (Armée et marine), ***to seal*** *a design,* **adopter définitivement et officiellement** un plan ou un modèle. Au fig. **sceller, mettre le sceau à, confirmer, décider irrévocablement. *To set one's seal*** *to a document,* **apposer son sceau, son cachet** sur un document, et p. ext. **autoriser, donner son assentiment, sa bénédiction à;** *under the hand and* ***seal*** *of...,* sous le seing et le **sceau** de, signé et **scellé** par... ***Leaden seal,* plomb, *custom-house seal,* plomb de la douane; *seal-ring* chevalière.**

A ***seal of love,*** fam. un **baiser;** en style relevé, **gage de la foi conjugale,** un **enfant;** cf. « Je te laisse mon fils pour gage de ma foi. » (RACINE, *Androm.,* III, 8).

Sealer, d'après 1° **chasseur de phoques, navire armé pour la chasse aux phoques.** D'après 2° pers. **qui scelle, cachète** ou **plombe,** surtout E.U.

– *His lips are* ***sealed.*** – Ses lèvres sont **closes,** ou: il lui est **défendu de parler.**

– *The battle of Waterloo* ***sealed*** *the fate of Napoleon.* – La bataille de W. **régla** le, **décida sans retour** du destin de N.

– *His wounds* ***sealed him for the grave.*** – Ses blessures **l'ont condamné à mort, ne pardonnent pas.**

– *Her husband's eyes were* ***sealed*** *on her.* – Son mari **ne la quittait pas** des yeux.

– *Your attitude is a* ***sealed book*** *for me.* – Votre attitude est pour moi une **énigme.**

Search (to). – « De tant de monde (c.-à-d. d'une si grande partie du monde) qu'il avait *cherché,* et de toutes les femmes qu'il avait vues, il n'en avait jamais vu de semblable en beauté. (A. LE MAÇON, BOCCACE, *Décaméron,* VII, vii). L'anc. fr. *cercher,* fr. moderne chercher, lat. *circare,* veut dire explorer, d'où en angl., le sens général de **inspecter, fouiller** (pr. et fig.), et les sens plus spécialisés de (douane) **visiter** (un navire, les bagages, etc.), (police) **perquisitionner, faire une perquisition, une visite domiciliaire;** (chirurgie) ***to search*** *a wound,* **sonder** une plaie, une blessure; au pr. et au fig. **scruter, chercher** à lire sur le visage, **sonder** (les reins et les cœurs).

Intr., s'emploie avec les prépos. *into, through.*

On traduira en conséquence le subst. ***search,*** l'adj. et le subst. verbal ***searching.*** Quant à ***searcher,*** ce peut-être le **douanier,** le **visiteur** ou ***woman searcher,*** la **fouilleuse,** (jur.) le **perquisiteur** (peu us.) ou **perquisitionneur;** enfin la **sonde** (du chirurgien).

– *A* ***searching*** *study has been made of the problem.* – Le problème a fait l'objet d'une étude **fouillée.**

– *The police force* ***searched*** *premises and destroyed opium-smoking paraphernelia.* – La police **a fait des perquisitions** et a détruit les accessoires de fumerie.

– Le pauvre Pip, fort malheureux chez l'étrange Mlle Havisham, n'a pas le cœur à jouer: *Not at cards again? she demanded with a* ***searching*** *look.* (DICKENS, *Great Expect.,* XI.) – Quoi! pas même aux cartes, insista-t-elle avec un regard **scrutateur.**

– Parlant du romancier D.H. Lawrence, Aldous Huxley dit: *His travels were at once a flight and a* ***search.*** – Ses voyages furent tout ensemble une évasion et une **quête.**

– *Our progress was delayed by a* ***searching*** *rain which soaked us to the skin.* – Notre marche fut retardée par une pluie **pénétrante** qui nous trempa jusqu'aux os.

– Un évêque affamé avec qui deux braconniers ont partagé leur repas, leur évite une contravention en cachant le produit de leur pêche dans sa valise et les rassure en disant: *No keeper would dare to* ***search*** *a bishop.* (J.O. FRANCIS, *Birds of a feather.*) – Aucun garde-pêche n'oserait **fouiller** un évêque.

– *The judge plied the prisoner with* ***searching*** *questions.* – Le juge pressait l'accusé de questions **serrées.**

– *A wolfish howl* ***searched*** *the very recesses of my soul.* (J. CONRAD, *Lord Jim,* VI.) – Un hurlement de loup me **perça** (me **pénétra**) jusqu'au tréfonds de l'âme.

Season. – Sens général, temps, période indéterminée, ***for a season,* pour un temps; campagne,** période d'activité, d'affaires, etc. d'une durée *déterminée,* p. ex. **campagne** du blé, des agrumes, etc.; chez les animaux domestiques, la période où ils sont en rut, en chaleur, fam. en amour.

Locut. div.: *A word said* ***in season,*** un mot dit **à propos;** *she speaks* ***in season*** *and* ***out of season,*** elle parle **à propos** et **hors de propos, à tort et à travers, à tout bout de champ.** *With compliments* ***of the season,*** avec mes souhaits, mes vœux **de bonne (et heureuse) année.** *The Government will act* ***in due, in proper season,*** le gouvernement agira **en temps voulu, en temps opportun, en temps et lieu.**

En compos. ***season****-ticket,* carte **d'abonnement, *season-ticket holder,* abonné(e).**

– *It... draws near the* ***season*** *wherein the spirit held his wont to walk,* dit Horatio à Hamlet (I, iv, 5), l'**heure** approche où l'esprit apparaît d'ordinaire.

– Dans la même pièce, Shakespeare fait dire au personnage qui va perpétrer le meurtre du roi de théâtre: *Confederate* ***season,*** *else no creature seeing* (III, II, 257). – **Occasion** complice, et nul regard qui guette.

– *Let us rest here* ***for a season.*** – Reposons-nous ici **un moment.**

– Dire d'un cerf qu'il est ***in season,*** c'est dire qu'il est **en venaison, en graisse.** Cf. « Quant ils (les chamois) sont *en sayson,* leur venoison salée est bonne à gens qui nont pas chair fresche ne de meilleure. » (G. PHOEBUS, *La Chasse,* ch. IV).

REMARQUE. – Les sens d'époque, de période de la vie ont été fr.

Season (to). – Assaisonner (au pr. et au fig.); **mûrir, porter à maturité,** comme dans ce vers de Du Bellay (*Antiq. de Rome,* XXX): (Le champ)... « D'épi jaunit en grain, que le chaud *assaisonne* »; aussi **faire sécher, étuver, conditionner** (le bois) qui devient ainsi ***seasoned*** *timber,* du bois **séché** et **durci,** propre à l'usage, p. oppos. au bois vert. O. de Serres parle de « bois séché et *assaisonné* ». De même ***seasoned*** *wine,* vin **mûr, fait,** que, contrairement au vin (trop) jeune, on peut mettre en bouteilles.

Autres sens: **adapter, habituer, acclimater, endurcir, aguerrir** (des troupes, etc.), les **rompre à la fatigue, amariner** (un équipage novice). Emplois corresp. pour le subst. verbal ***seasoning,*** qui signifie en outre **attaque, accès, atteinte** (plus ou moins grave) de fièvre ou de maladie dont souffrent les pers. non encore acclimatées aux tropiques, **fièvre** (exotique), **maladie d'acclimatement.** Enfin, ***to season*** signifie au fig. **tempérer, modérer,** contrastant ainsi avec le sens d'assaisonner qu'on a indiqué plus haut.

– *People of a nervous complexion are fond of* ***highly-seasoned*** *dishes.* – Les gens nerveux sont amateurs de plats (ou de mets) **très relevés.**

– ***Season*** *your admiration for a while,* dit Horatio à Hamlet, qui ne peut croire à l'apparition du fantôme de son père (I, ii, 191.) – Que votre étonnement **se modère** un instant.

– *When mercy* ***seasons*** *justice* (SHAKS., *Merch. of Venice,* IV, i, 182) – Quand la clémence **tempère** la justice (phrase souvent citée et passée dans la langue courante).

– *Your distresses in your journey are proper* ***seasonings*** *for the greater fatigues and distresses which you must expect in the course of your travels.* (CHESTERFIELD, *Letters,* 9/10/1746.) – Vos misères en cours de route sont bien propres à vous **mûrir** (ou: vous **endurcir**) pour les plus grandes fatigues et misères auxquelles vous devez vous attendre en vos voyages.

REMARQUE. – Le traducteur Amédée René a rendu ***seasonings*** par « avant-coureurs ».

– Annonce d'un journal: *Well-selected* ***seasoned*** *stepping horses,* chevaux sélectionnés qui « steppent » c.-à-d. qui ont un pas, proprt. des « airs » relevés et **qui sont à point.**

Second (to), second (adj. et subst.), **seconder. –** Du sens général de seconder, soutenir, aider l'angl. passe au sens spécial d'**appuyer** (une motion, une résolution dans un débat); tous ces sens datent du XVIe s.

Un autre v., plus récent (XIXe siècle) issu du fr. *en second,* signifie **mettre un officier hors cadre, en disponibilité,** pour l'affecter à, le détacher dans un poste d'état-major ou un emploi civil.

Noter quelques emplois de l'adj.: ***on second thoughts,*** **à la réflexion, réflexion faite;** ***second thoughts are best,*** **il faut se méfier de sa première idée, de sa précipitation, la nuit porte conseil.**

SEC

The old man was in his ***second childhood,*** le vieillard était **retombé en enfance;** *he is my* ***second*** *cousin,* c'est mon **petit-cousin;** *to get* ***one's second wind,*** **retrouver son souffle, reprendre haleine;** ***every second day,*** **tous les deux jours;** ***second finger,*** **médium.**

En compos. trad. classiques, ***second-best,*** **numéro deux,** *my* ***second-best*** *suit,* mon complet **numéro deux,** *my* ***second-best*** *umbrella,* mon **deuxième** parapluie, mon parapluie **de tous les jours.** Ironiq. *It's only* ***second best,*** ce n'est qu'**un pis-aller.** *He came off* ***second-best,*** il **s'est fait battre** (dans une compétition sportive, un combat, etc.), fam. il **a écopé.** ***Second-hand*** *goods,* marchandises **d'occasion, de revente,** ***second-hand dealer,*** **revendeur,** ***-bookseller,*** **bouquiniste.**

Second (subst.) au pl. **marchandises de deuxième qualité, de qualité moyenne; témoin** (dans un duel); (boxe) **second; soigneur;** (univ.) **examen passé avec la mention « bien », étudiant** qui a passé cet examen; en compos. ***second-hand,*** **aiguille des secondes, trotteuse** (de montre), fam. **galopeuse.**

Seconder, **partisan** d'une motion, d'une résolution; *proposer and* ***seconder*** *of a candidate,* parrain et **deuxième parrain** d'un candidat.

– *The motion was* ***seconded*** *and debated.* – La motion fut **appuyée** et mise en discussion.

– *He* ***seconded*** *words with deeds.* – Il **passa de** la parole aux actes.

– Robinson Crusoé, qui n'en a que faire, s'apprête à jeter au fond de la mer l'argent qu'il a trouvé sur le navire naufragé: *However,* ***upon second thoughts,*** *I took it away* (p. 58.). – **Je me ravisai** cependant et l'emportai.

– *The viscount, sir, will send you his* ***seconds*** *to-morrow.* – Le vicomte, monsieur, enverra demain ses **témoins** chez vous.

– *He could play* ***a second*** *at the piano and accompany the daughters of the principal.* – Il pouvait **accompagner** au piano les filles du directeur (de l'institution, s'entend).

– *All were speaking together, swearing* ***at every second word.*** – Tous parlaient ensemble et **ne prononçaient pas deux mots** sans lâcher des jurons.

– Lady Clavering a invité le Commandant Pendennis à un dîner sans cérémonie: *I always think a dinner is the best* ***the second day,*** *said Lady Clavering, thinking to mend her first speech... Major Pendennis vowed he liked snug dinners of all things in the world, and confounded her ladyship's impudence for daring to ask such a man as him to a* ***second day's*** *dinner.* (THACKERAY, *Pend.,* XXXVIII.) – Oh! moi, j'aime toujours mieux un dîner **du lendemain,** dit Lady C., essayant de rattraper sa première maladresse... Le Commandant P. affirma qu'il n'aimait rien tant que les dîners en petit comité, tandis qu'il pestait intérieurement contre l'impudence de Sa Seigneurie qui osait inviter un homme comme lui à des **reliefs de festin.** En effet, « ... Un dîner réchauffé ne valut jamais rien. » (BOILEAU, *Lutrin,* I.)

Secrete (to), secretive. — Sécréter est en fr. un terme de physiologie: le rein sécrète l'urine, le foie sécrète la bile, c.-à-d. les rejettent soit au-dehors, soit à l'intérieur de l'organisme. Il en est de même en angl.; mais un autre v., variante de *to secret* (lat. *secernere*, séparer, supin *secretum*) signifie **soustraire à la vue; cacher** (qqn. ou qqch.); jur. **recéler; dérober, s'approprier furtivement** (le bien d'autrui), le **subtiliser.**

L'adj. ***secretive*** a les sens corresp. à notre mot *secret*, soit **discret, réservé; renfermé, dissimulé, cachottier.**

– *He* ***secreted*** *stolen goods.* – Il **a recélé** des biens volés.

– *She* ***secreted*** *money from her father.* – Elle **a subtilisé** de l'argent à son père.

– *Stowaway: one who* ***secretes himself*** *on board a ship.* – Passager clandestin: celui qui **se dissimule** à bord d'un navire.

– *He was the most* ***secretive*** *of all creatures.* – C'était le plus **(ren)fermé** des êtres.

Secular. — Signifie à la fois **séculaire** et **séculier,** d'où, dans cette dernière acception, comme en fr., **du siècle, du monde, mondain,** (mus.) **profane;** (enseignement) **laïque.**

The ***secular bird,*** le **phénix** (censé vivre plusieurs siècles).

The ***secular*** *arm* est bien le bras **séculier,** la justice **temporelle,** mais *the* ***secular*** *Government,* c'est l'État **laïque.**

Secularism. — **Mondanité, attachement au monde; doctrine des partisans de la laïcité; politique en faveur de la laïcité; libre pensée; doctrine des libres-penseurs, matérialisme** (en morale).

Secularist, **libre-penseur; matérialiste; partisan de la laïcité.**

Security. — Sécurité, du lat. *securitas* (*securus* « sûr »), doublet savant de *sûreté* signifiait autrefois, comme en angl., « tranquillité d'esprit *bien ou mal fondée* » (L. 1°, v. plus bas la citation empruntée à Bossuet).

Auj., ***security*** c'est **sûreté** (L. 7°), **caution, cautionnement:** ***sufficient security,*** † **caution bourgeoise, caution bonne et solvable;** ***additional security,*** **nantissement;** *to give something as (a)* ***security,*** donner qqch. **en cautionnement, en gage;** *to pay in a sum* ***as security,*** verser une **provision,** *as* ***security*** *for the sum...,* en **couverture** de la somme..., ***without security,*** **à découvert.**

Autres sens, *personal* ***security,*** **garantie** mobilière; **caution, garant (-e), répondant, accréditeur.** Jur. ***to stand security for*** *s.o.,* **se porter garant, se porter caution, se porter fort pour** qqn. ***To stand security*** *for a signature, for a debt,* **avaliser** une signature, **assurer** une créance.

P. ext. du sens de *garantie,* ***security*** signifie enfin **valeur** (mobilière, etc.), **titre,** car c'est proprement un document, un bon, une obligation, un titre qui *garantit* au détenteur le paiement de sa créance. ***Government securities, public securities,*** **fonds d'État, la rente, fonds publics, effets publics;** *gilt-edged* ***securities,*** **valeurs** de tout repos, de premier ordre, fam. **valeurs** de père de famille, *registered* ***securities,*** **titres** nominatifs. *The* ***security*** *market,* le marché **des valeurs,** la **Bourse.**

– César, garde-toi des ides de mars: *If thou beest not immortal, look about you:* ***security*** *gives way to conspiracy.* (SHAKS., *J. Caes.,* II, iii.) – Si tu n'es pas immortel, prends garde à toi: **trop de confiance** ouvre la voie aux conspirateurs. (Trad. C.M. GARNIER).

Rapprocher: Avec cette certitude que mettait Luther de la rémission des péchés, il ne laissait pas de dire qu'il y avait un certain *état dangereux à l'âme, qu'il appelle la sécurité.* (BOSSUET, *Var.* I, 12).

– *He had no friends and was therefore without* ***security.*** – N'ayant pas d'amis, il n'avait pas de **répondant.**

– *Shylock lent money only on good* ***security*** – Sh. ne prêtait de l'argent qu'avec de bonnes **sûretés.**

– *We obliged him to give his son Mahomet in* ***security*** *for his behaviour towards us.* – Nous l'obligeâmes à nous donner son fils Mahomet comme **caution** de sa conduite envers nous.

– *He lodged stock* ***as additional security.*** – Il déposa des titres **en nantissement.**

– *The labour of a stockholder consists in purchasing* ***securities*** *on behalf of his customers.* – La besogne d'un agent de change consiste à acheter des **valeurs** au nom de ses clients.

Sedan (-chair). — **Chaise à porteurs, litière, palanquin;** E.U. (voiture à) **conduite intérieure,** canot automobile ainsi aménagé. Fam. *to carry s.o.* ***in a sedan-chair,*** porter qqn. **à mains croisées.**

– *The Empress... by reason of her weakness... travels in her* ***sedan.*** – En raison de sa faiblesse, l'impératrice voyage en **chaise à porteurs.**

Sedentary. — L'adj. lat. *sedentarius* signifie: à quoi l'on travaille assis. D'où l'angl. ***sedentary,*** **posture, statue, attitude,** position **assise,** statue **représentant un personnage assis.**

Seize (to). — Jur. **mettre en possession de;** cf.: le mort *saisit* le vif, c.-à-d. l'héritier est immédiatement investi des biens du défunt. En effet, le fr. *seisir* signifiait « donner seisine », d'où ***to be, to stand seized*** (ou ***seised***) ***of,*** **détenir en toute propriété,** *the* ***seizor*** étant celui qui entre en possession.

Autres sens (méd.) *to be* ***seized*** *with a fit of fever,* être **pris** d'un accès de fièvre, *with a fit of apoplexy,* **tomber** dans une attaque d'apoplexie, etc., le subst. ***seizure*** signifiant donc, dans ce cas: **accès, atteinte, crise.**

– Que la fièvre te **serre!** (MOLIÈRE, *Avare,* II, vi) pourrait se rendre: *May the ague* ***seize*** *you!*

Sell (to), sell (subst.). — Ne pas confondre: *his book* ***sells,*** son livre **se vend,** avec *publicity* ***sells;*** non la publicité « vend », comme d'aucuns se laissent aller à le dire, mais la publicité **rend, rapporte.**

Du sens commun aux deux langues, de vendre, abandonner par intérêt d'argent, trahir, ou par ellipse de l'expression *to sell one a bargain,* on passe en angl. à (argot) **duper, refaire, avoir, posséder** qqn., ***sold** again!* encore **refait!** d'où ***a sell,*** une **déconvenue,** un **fiasco;** une **farce,** une **fumisterie,** une **blague,** ***what a sell!*** **quelle sale blague!**

Autre ch.: partant de l'idée de faire l'article, vanter sa marchandise en prônant la qualité, les vertus, pour la vendre, comme qui dirait: « prenez mon ours », on passe aux E.U. à celle de **faire valoir, mettre en vedette, en vogue; gagner, rallier** (à un parti, à une doctrine, etc.), **convertir, faire adhérer** (à une idée, une opinion, une cause, etc.). C'est un terme fam. qui appelle une trad. nuancée sans allusion *directe* à une opération commerciale ou financière.

– *Scotland must be **sold** as a progressive and pleasant country in which to live and work.* – Il faut **donner** de l'Écosse **l'image** (**attrayante**) d'un pays avancé où il fait bon vivre et travailler.

– *The idea of doing away with all racial prejudices remains to be **sold** to the Southern States (of America).* – Il reste à **gagner** les États du Sud à l'idée d'en finir avec les préjugés de race.

– Jeux d'enfants: « *Let's think of a **sell** for Martin », and when he had been **sold,** as he always was, they danced in front of him shouting:* « ***Sold** again! **sold** again!* (Ros. LEHMANN, *Dusty Answer,* I.) – « Inventons une **attrappe** pour M. ». Et quand il s'y était laissé prendre, ce qui arrivait toujours, ils dansaient devant lui en criant: « **Attrapé!** encore **attrapé!** ». (Trad. Jean TALVA).

– André Gide écrit (*Si le grain...* p. 148): Comme c'était **manqué!** et la traductrice de dire: *What a **sell!***

Semaphore. – Dans l'armée, **signalisation à bras.** ***To send semaphores,*** **signaler à bras.**

Semblance. – « Vous deviez vous contenter que votre fille fût faite à son image et semblance. (SÉVIGNÉ, dans D.G.), c.-à-d. à sa ressemblance, sens vieilli en fr. comme en angl. Les sens courants sont: **semblant, apparence, aspect, air.**

– ***He put on a semblance** of anger.* – Il **feignit** de se courroucer.

– *She bears the **semblance** of an angel and the heart of a devil.* (C.O.D.) – Elle a l'**air** d'un ange et le cœur d'un démon.

– *The bronze statues conjured up a sorry **semblance** of what the man had been.* – Ces statues de bronze évoquaient une **image** dégradée de ce qu'avait été l'homme.

Seminal. – Pour nous, « séminal » signifie exclusivement au pr.: qui a trait, se rapporte à la semence; en angl., outre un emploi plus étendu, p. ex. *in the **seminal** state,* à l'état **embryonnaire,** ce mot peut prendre un sens fig. C'est ainsi que le père Teilhard de Chardin a été qualifié en Angl. de ***seminal** thinker,* c.-à-d. de penseur qui **ensemence, féconde** les esprits, de **semeur** d'idés.

– *These were **seminal** principles.* – C'étaient là des principes **fécondants.**

Seminar. – De l'all. *Seminar,* groupe d'étudiants se consacrant, dans les universités angl. et améric., à la recherche, etc. sous la direction d'un professeur; enseignement spécial donné à un petit groupe d'étudiants; d'où, néol., **cycle, journées d'études, colloque.**

Seminary. – Outre séminaire, † **pépinière,** au pr. et au fig., *a **seminary** of vice,* une **pépinière** de vices. Rapprocher: « L'habitude vicieuse devient dans nos cœurs comme une *pépinière* de nouveaux péchés » (BOSSUET). Nous disons encore en bonne part: cette école est une *pépinière* d'excellents officiers. Les sens de: **institution, école, maison d'éducation, pension, pensionnat, institut** (dans une université) sont vieillis ou prétentieux.

Senior. – Est le comparatif du lat. *senex* (et le corrélatif de *junior*) (cf. fr. *sire, senieur, sieur*) et signifie donc au pr. plus vieux, plus âgé. De là les sens, **plus ancien** dans la fonction, **supérieur** par le grade ou l'ancienneté: *the **seniors** of the school,* les **grands** de l'école, *the **seniors** of the tribe,* les **anciens** de la tribu; *the **senior** clerk,* † le **maître,** le **premier** clerc, le **premier** commis; ***senior** officials,* les **hauts** fonctionnaires; *the **senior** staff,* le personnel **dirigeant.**

*The **senior** partner,* le **principal,** l'associé **principal.** Pour distinguer les membres d'une même famille soit dans la vie courante soit à l'école: *John Smith **senior,*** ou plus génér. *John Smith **sen.,*** John Smith **père;** au collège *Smith **sen.,*** Smith **aîné.**

The senior service, la **marine de guerre;** « ***The Senior*** » *(Senior United Service Club)* **Cercle Militaire** (à Londres). Univ. ***a senior** man,* un **ancien,** un **vétéran.**

Senior wrangler, à Cambridge, **candidat sorti le premier** au *tripos* de mathématiques, **major** (jusqu'en 1909), correspondrait à peu près à notre *cacique* « étudiant reçu premier à l'École normale supérieure ».

Le subst. a les sens corresp. On y ajoutera celui de **doyen** (d'âge), et E.U. **étudiant(e) de quatrième** (et dernière) **année** (université).

– *The juniors and **seniors** of the college.* – Les petits et les **grands** du collège.

– *My brother was five years my **senior.*** – Mon frère était mon **aîné** de cinq ans.

Sensational. – Non seulement sensationnel qui est de nature à faire sensation », mais aussi: **qui a trait, se rapporte à la sensation;** philos. **sensationniste, sensualiste.**

REMARQUE. – On sait que le *sensualisme* est la doctrine d'après laquelle toute connaissance vient des *sensations* (CONDILLAC).

Sense. – Noter: *he must be **brought to his senses,*** il faut lui **faire entendre raison;** *she has been frightened **out of her senses,*** la frayeur lui a fait **perdre la tête;** *in spite of his having made a mess of the whole thing he had not the **sense** to resign,* bien qu'il eût gâché toute l'affaire, il n'a pas eu le **bon esprit** de se retirer (ou: de se démettre).

– *The Chairman takes the **sense** of the Assembly.* – Le président demande l'**avis** de l'Assemblée.

Rapprocher: « Il évite de donner dans le *sens* des autres et d'être de l'avis de quelqu'un ». (La Bruyère, *Caractères*, V.)

Nous disons encore: à mon *sens* « à mon avis ».

Sensible. – Elwall, réunit dans une même phrase trois emplois différents de l'adj. ***sensible*: *We speak of a* *sensible* *man, who is very* *sensible* *of the cold, and of any* *sensible* *change in the weather,*** c.-à-d.: Nous parlons d'un homme **sensé** qui est très **sensible** au froid et au moindre changement **perceptible** dans le temps.

Donc, abstraction faite des sens qu'il a en fr. (**perceptible par les sens:** ***sensible*** *phenomena, things,* comme nous disons, en langage philos., monde **sensible;** – **appréciable, notable:** *a* ***sensible*** *difference, increase*), ***sensible*** signifie fréquemment: **qui a le sentiment de, qui n'ignore pas, qui a conscience de** et, p. ext., **sensé, raisonnable, judicieux, sage; rationnel.** Enfin †, mais encore chez Dickens, **tendre.**

– *He [Lord Bolingbroke] is himself* ***sensible*** *of his past errors.* (Chesterfield, *Letters.*) – Lord Bolingbroke a lui-même **conscience** des erreurs qu'il a commises.

– D'après Hazlitt: *The most* ***sensible*** *men I know, taken as a class, are painters.* (*Works,* VI, 10.) – Les hommes les plus **sensés** que je connaisse, considérés comme classe, sont des peintres.

– *The English wears a* ***sensible*** *coat buttoned to the chin.* (Emerson, *E. T.,* V.) – L'Angl. porte un habit **de coupe rationnelle** boutonné jusqu'au menton.

– *England is a* ***sensible*** *country.* – L'Angl. est un pays **de bon sens.**

– Un marieur avisé: *My boy's wife brings the horse, and begad! Pen goes in and wins the plate. That's what I call a* ***sensible*** *union.* (Thackeray.) – La femme de mon neveu apporte la monture, et tudieu! Pen l'enfourche et gagne la coupe. Voilà ce que j'appelle un mariage **raisonnable.**

– *They called me all sorts of endearing and* ***sensible*** *names.* (Dickens, *Bleak House.*) – Ils m'appelèrent de toute sorte de noms caressants et **tendres.**

Sensitive. – **Sensible,** ***sensitive*** *to cold,* **sensible** au froid; des pers.: **impressionnable, susceptible, ombrageux, chatouilleux;** (point, etc.) **sensible, névralgique;** (phot.) ***sensitive*** *paper,* papier **sensible;** de même, (instrument, balance, produit chimique) **sensible.**

– *Horse with a* ***sensitive*** *mouth,* cheval à la bouche **sensible,** ou: **chatouilleuse.**

– *The housing question is still a* ***sensitive*** *problem.* – La question du logement demeure un problème **névralgique.**

– *Public opinion is very* ***sensitive*** *with regard to revenue problems.* – L'opinion publique est très **ombrageuse** à l'égard des problèmes fiscaux.

– ***Sensitive*** *people cannot take a joke.* – Les gens **susceptibles** n'entendent pas la raillerie.

Sensual. – **Sensoriel, des sens** (rare); (philos.) **sensualiste.**

Remarque. – Ne pas confondre ***sensual,*** qui signifie aussi sensuel, avec *sensuous,* **qui provient des sens, qui affecte les sens,** mais sans nuance péjor.

Sentence, to sentence. – † **opinion, avis,** *my* ***sentence*** *is for war,* j'**opine** pour la guerre; † **adage, maxime, sentence;** gramm. lâchement **phrase, proposition,** *subordinate* ***sentence,*** **proposition** subordonnée; *phrase (q.v.)* signifie d'ordinaire « membre de phrase, locution ». Jur. ***sentence,*** **condamnation, peine,** *to serve one's* ***sentence,*** purger sa **peine.** – ***To sentence,*** **prononcer une sentence,** une **condamnation,** ***to sentence*** *to death,* **condamner** à mort.

Remarque. – Et *sentence* et savoir vient d'étudier. (Ch. d'Orléans, II, 202). C'est un des sens du lat. *sententia,* **sagesse, prudence.** On peut dire *a priori* qu'il existe en angl. Et tel est bien le cas, en effet.

Sentiment. – **Pensée** ou **vœu conçu en style épigrammatique,** et qui sert parfois de toast; péjor. **sentimentalité, sensiblerie.**

– *A* ***sentiment*** *of La Rochefoucauld.* – Une **pensée,** une **maxime** de La Rochefoucauld.

– *Come, Mr. Premium,* s'écrie Charles Surface, joyeux libertin, *I'll give you a* ***sentiment;*** *here's success to usury.* (*School for Scandal,* III, iii.) – Allons, M. Pr., je vais (vous) porter un **toast:** succès à l'usure!

– Dans la même comédie, Sir Peter Teazle, dont les yeux sont enfin dessillés, s'irrite d'entendre l'hypocrite Joseph Surface faire des phrases, et lui dit: *Oh! damn your* ***sentiments.*** (IV, iii.) – Au diable vos **sentences** (ou: vos **belles phrases!**)

– Louant les premières pièces de M. Sean O'Casey, le chroniqueur du *T.L.S.* (26/II/1960) lui reproche de ne s'être pas renouvelé: *Natural speech has become rhetoric, pathos* ***sentiment,*** *humour farce.* – Le langage naturel est devenu de la rhétorique (ou: de la déclamation), le pathétique de la **sentimentalité,** l'humour du burlesque.

Separate (to). – ***To separate*** *a virus,* **isoler** un virus.

Septic. – *A septic tank* est bien une fosse septique, mais dans la langue courante et très fam., ce mot a pris un sens général et fig., qu'on rendra par: **affreux, infect, abominable, exécrable;** c'est un intensif.

– *How has the tennis been like?* – ***Septic.*** – Comment le tennis a-t-il marché? – Ç'a été **exécrable.**

Sequel. – **Suite** (d'un événement, d'une histoire); là où dans le titre d'une histoire donnée en plusieurs tranches, nous mettons: (**suite**), les Angl. mettent ***the sequel.***

– *It will be seen later on that Pygmalion needs, not a preface, but a* ***sequel*** *which I have supplied in its due place.* (B. Shaw, *Pygmalion, Preface.*) – On verra ultérieurement que Pygmalion a besoin, non d'une préface, mais d'une **suite,** que j'ai donnée en lieu et place.

Remarque. – Séquelle est plutôt péjor.: Fuyez le monde et sa *séquelle.* (L.F.); les *séquelles* d'une maladie, de la guerre, etc.

Sequester (to), sequestration. – « Ceux qui veulent déprendre nos deux pièces principales (l'âme et le corps) et les *séquestrer* l'une de l'autre, ils ont tort. » (MONTAIGNE, *Essais,* II, xvii.) Ce sens de **séparer** est plus fréquent en angl. qu'en fr. (voir L., *séquestré,* 2°, *séquestrer,* 4°): ***a sequestered** place,* un lieu **séparé** du monde, **retiré. *Sequestration,* séparation.**

Séquestrer, au sens jur., se dit aussi *to sequestrate.*

– Le traître Iago (*Othello,* I, iii, 351), pour donner de l'espoir à Roderigo, qui aime Desdémone, lui prédit que l'amour de celle-ci pour Othello sera éphémère: *It was a violent commencement and thou shalt see an answerable **sequestration.*** – Ce fut un début violent et tu verras une **séparation** à l'avenant.

– *The scene is sufficiently closed in by tall wood at both ends to render it **sequestered.*** – De hautes futaies entourent suffisamment le lieu pour en faire un endroit **complètement isolé.**

REMARQUE. – Voici une citation de Renan (*Avenir de la science,* II, 17) dans laquelle le sens de *séparé, isolé* est bien marqué: « Par l'ignorance, l'homme est comme *séquestré* de la nature ».

Sergeant, serjeant. – Dans l'infanterie, **sergent,** dans la cavalerie, **maréchal des logis; *colour-sergeant,*** *(v. colour);* ***quartermaster-sergeant,* sergent fourrier; *regimental sergeant major,*** sous-officier corresp. au grade d'**adjudant** dans l'armée fr.; dans la police, **brigadier;** (hist.) **sergent, huissier, exempt; *serjeant-at-law,*** avocat jouissant du privilège de plaider devant le tribunal, des *Common Pleas;* ***serjeant-at-arms,* huissier** (d'armes), **sergent,** d'armes.

REMARQUE. – Dans les cas où le mot est orthographié ***sergeant,*** il est souvent abrégé en *sergt.*

Serial. – ***Serial*** *film,* film à **épisodes.**

Sermon. – Garde encore au XVIe s. le sens du lat. *sermo* et du fr. *sermon (Chanson de Roland):* **parole, propos, devis, discours.** De même, † ***to sermon*** *(of a thing),* **parler** (de), **deviser** (de).

– *What should I of it longer **sermon** make,* écrit Chaucer: Qu'irais-je en faire plus long **discours?** (en **parler** plus longuement?)

Serrate (to), serrate (adj.). – ***To serrate,*** c'est **découper en dents de scie,** d'où ***serrate(d)*** *leaves,* feuilles **serrées** (L., serré 2), du lat. *serratus,* de *serra,* scie, d'où encore l'esp. *sierra,* et ***serrated*** *mountains,* montagnes **en dents de scie.**

Servant. – Sens génér. **serviteur. *(Domestic) servant,* domestique, *general servant,* bonne à tout faire, *maid-servant,* servante, bonne;** au pl. **gens de maison. *Public servant,* agent, employé** d'un service public, *the **servants** of the railway company,* les **agents** de la compagnie de chemin de fer.

Civil servant, personne appartenant au *Civil service,* **fonctionnaire, de l'État, agent diplomatique,** etc. *Your obedient servant,* formule de politesse qui termine une lettre adressée à un haut personnage, je vous prie d'agréer (Monsieur le ministre, etc.) l'assurance de ma très haute considération. Autref.: (Je suis) votre (très) humble serviteur.

REMARQUE. – En fr. un servant est: 1° le clerc ou laïque qui *sert* le prêtre pendant la célébration de la messe basse. 2° l'artilleur chargé de *servir* une pièce de canon (v. plus bas).

– *Caesar considered himself as the first **servant** of the Roman state.* – César se considérait comme le premier **serviteur** de l'État romain.

Serve (to.). – Les définitions de ce v. remplissent 55 sections du dictionnaire d'Oxford. On se bornera à signaler les emplois suivants: *That will **serve my purpose,*** cela **fera mon affaire,** *that will **serve his turn,*** cela **fera son affaire;** absol. *that will **serve,*** cela **fera l'affaire,** cela **suffira; être utile, favorable, propice,** *the tide **serves,*** la marée **nous aide,** le courant **nous est propice;** *as occasion **serves,*** quand l'occasion **se présentera, selon l'occasion.** Suite des sens, **remplir, exercer, s'acquitter** (d')un emploi, (d')une fonction, etc.), **desservir** (une paroisse); écon. pol. ***to serve*** *a market,* **alimenter** un marché; **faire, accomplir, se libérer de, *to serve*** *one's apprenticeship,* **faire** son (temps d') apprentissage, (dans l'armée) ***to serve*** *one's time,* **faire** son service militaire; jur. ***to serve*** *one's sentence,* **purger** sa peine; ***to serve*** *(a writ, a warrant,* etc.) *on a person,* ou ***to serve*** *a person with* etc., **signifier** à qqn. un mandat, une assignation, un exploit, un commandement, etc.; ***to serve*** *a gun,* **exécuter** une bouche à feu; **servir** un canon (fait du servant); ***to serve*** *a boiler,* **chauffer** une chaudière; naut.: **fourrer** (un cordage), ***to serve a cable round*** *a ship,* **ceinturer** un navire.

To serve *s.o.,* **traiter** qqn. de telle ou telle manière, souvent de la mauvaise. ***Serve him right!*** **C'est bien fait** (pour lui)!

– *When he had **served his term** he went off to Australia.* – Lorsqu'il eut **purgé sa peine, sortit de prison,** il se rendit en Australie.

Ne pas confondre avec: *When Mr. N. had **served his term of office,** he retired to the country.* – Quand M.N. se fut **acquitté de son mandat (de sa charge),** il se retira à la campagne.

– *As a general rule, consult a lawyer as soon as a legal paper is **served** on you.* – Règle générale, aussitôt qu'une pièce juridique vous a été **signifiée,** consultez un avocat.

– *You whopped me and **you served me right.*** – Vous m'avez rossé et **je ne l'avais pas volé.**

– *If I **served** you as you deserve, I should now put my bullet into you.* (MARRYAT.) – Si je vous **traitais** comme vous le méritez, je vous mettrais ma balle dans le corps.

REMARQUE. – Cet emploi a été fr. Dans le *Roman de Renart,* (*Méon,* 23, 789), on lit: « Renart se prend à pourpenser comment (il) pourra *servir* Belin (le mouton) ».

Service, serviceable. – 1° ***Service,*** mis pour ***service-tree,*** est le pluriel de † *serve,* lat. *sorbus,* **sorbier domestique, *service-berry,* sorbe, corme.**

2° Équivalent du fr. service, avec les emplois suivants particuliers à l'angl.: *to have* ***seen much service,*** (d'un soldat, d'un marin), avoir **beaucoup de service à son actif,** fam. et respect. **être un briscard, un chevronné, un loup de mer;** (de vêtements), **avoir été beaucoup porté,** ***to do*** *(one)* ***good service, to be of service, to be serviceable,*** (des ch.), **faire de l'usage, être durable, solide, pratique.** (Des pers.) ***serviceable*** signifie **serviable, obligeant, utile.**

My service *to your father,* présentez **mes devoirs** à votre père.

Jur. **signification** (d'un commandement, etc.), ***personal service,*** **signification par huissier;** (naut.) **fourrure** (de cordage).

Adj. et en compos. ***service*** *blanket, uniform,* couverture, tenue **règlementaire;** ***service-book,*** **paroissien, missel;** ***service-lead,*** **branchement d'abonné** (au service de l'électricité).

– *If this be a horseman's coat, It hath seen* ***very hot service,*** c'est en ces termes que le gars du *Conte d'hiver* (IV, ii, 69) « apprécie » la qualité des vêtements que le voleur est censé avoir laissés à Autolycus: Si c'est là un manteau de cavalier, **il en a vu de chaudes** à la guerre. (Trad. Émile Legouis.)

– C'est dans un sens bien différent qu'un marchand de confections dira à son client: *This coat will do you* ***good service,*** *will be* ***very serviceable,*** cet habit vous fera **bon usage.**

– *The highest form of virtue is the firm determination* ***to be of service.*** – La plus haute forme de vertu consiste dans la ferme détermination de **se rendre utile.**

– *A superior genius* ***that goes to service*** *does not confine himself to the menial circumstances of his duty,* (traduct. de *Gil Blas,* I, xvii): Un génie supérieur **qui se met en condition** ne fait pas son service matériellement comme un nigaud.

Servitor. – Appellation auj. disparue, d'étudiants qui jouissaient de la gratuité dans certains collèges d'Oxford. Le cinquième chapitre de *Tom Brown at Oxford* est intitulé: *Hardy, the* ***Servitor,*** Hardy, l'**étudiant boursier.** A l'origine, le *servitor* faisait fonction de domestique des *fellows.* Poét. ou † a le sens général de: serviteur.

Session. – Est, comme en fr. le lat. *sessio,* de *sedere,* siéger. Outre session, signifie **séance,** non seulement d'un corps délibérant, d'une assemblée, etc., mais de la Bourse, de lecture, etc.; E.U. et Écosse, **trimestre** ou **année universitaire** (génér. d'octobre à fin juin), en Angl. *term.* E.U. encore, **classe, cours** (1). Jur. ***Court of Session,*** Écosse, la **haute cour,** la **cour suprême.**

– *This meeting will be only a working* ***session.*** – Cette réunion sera seulement une **séance** de travail.

Seventy. – † **septante,** encore usité en Belgique, Suisse romande, Est de la France au sens de **soixante-dix :** aussi (relig.) ***The Seventy,*** les **Septante** (traducteurs de l'Ancien Testament).

(1) Famil. ***To have a session*** *with one,* **s'enguirlander** avec qqn. *I had quite a* ***session*** *with my missis,* j'ai eu une fameuse **prise de bec** avec ma bourgeoise.

Hist. *A* ***seventy-four*** (ellipt.), un **navire armé de 74 canons,** un **navire** ou **vaisseau** de **haut bord.**

– *The Admiral looked like a figure-head on a* ***seventy-four.*** L'amiral ressemblait à la figure de proue d'un **vaisseau de haut bord.**

– *She was* ***in the seventies.*** – Elle était **septuagénaire.**

Sever (to). – *Sevrer,* en fr., est issu du lat populaire *seperare,* lat. classique *separare* qui a donné le mot savant séparer. Tandis que le fr. *sevrer* s'est cantonné dans le sens de séparer un enfant du sein de sa mère ou de sa nourrice (1), l'angl. ***sever*** a gardé le sens de séparer dans toute son étendue. D'où **trancher** (au pr. et au fig.), **sectionner; détacher** (de) (pr. et fig.); jur. **disjoindre** (deux causes qui avaient été jointes, pour les juger séparément); **morceler** une propriété indivise et la répartir entre plusieurs bénéficiaires; **détacher** les fruits naturels de la terre qui les produit; dans une action solidaire, **mettre un plaignant hors de cause** ou le **débouter** soit qu'il se désiste, soit que sa demande soit irrecevable.

– *The gulf which* ***severs*** *liberty from licence.* – L'abîme qui **sépare** la liberté de la licence.

– *If one of the plaintiffs will not sue,* ***he shall be severed.*** – Si (dans une action solidaire) un des plaignants se désiste, il est **mis hors de cause.**

Severe, severity. – D'une manière générale, ***severe*** s'applique à tout ce qui met douloureusement à contribution l'endurance ou les forces humaines. C'est, en quelque sorte, un intensif dont l'emploi est très large. Il se dit du temps et signifie alors **rigoureux;** du climat, **dur, âpre;** de la douleur, d'une perte en argent ou en hommes, de la maladie, **cruel, extrême,** etc. *A* ***severe*** *loser,* un commerçant, ou un joueur, qui perd **gros,** un **gros** perdant. *A* ***severe*** *fight, shelling,* un combat **acharné,** un bombardement **intense.** D'une courbe, **difficile à prendre.** Aux E.U., épithète vague exprimant **la qualité supérieure d'un produit; la puissance, le fait d'être imbattable.**

– *This has been the* ***severest*** *winter that any man alive had known in England.* (Evelyn, *Diary, 7 March* 1658.) – Ç'a été l'hiver le plus **rigoureux** que l'on ait connu de mémoire d'homme en Angl.

– *There has been a* ***severe*** *fall in the value of the shares.* – Les actions ont subi une **forte** baisse.

– Analyse du caractère d'un jeune homme qui ne souffre pas que ses défauts nuisent à ses qualités: *He never was late for business, or huddled over his toilet, however brief had been his sleep or* ***severe*** *his headache.* (Thackeray, *The Newcomes,* VIII.) – Il n'était jamais en retard pour les affaires ni ne bousculait sa toilette, quelque bref qu'eût été son sommeil ou **cruel** son mal de tête.

– Hazlitt s'efforce de nous réconcilier avec la mort: .. *If we*

(1) Flaubert (*Corresp.,* 1846) emploie pourtant le mot dans son sens général: « Je me suis *sevré* de tant de choses que je me sens riche au sein du dénuement le plus absolu. »

only cherish a fondness for existence according to the good we derive from it, the pang we feel at parting with it will not be very ***severe.*** (*Works,* VI, 330.) – ... Si nous ne nourrissons de tendresse pour l'existence que dans la mesure où elle nous est propice, la douleur qui nous poindra en nous en séparant ne sera pas bien **cruelle.**

– D'un scélérat qui a tué vingt et un de ses semblables, les Américains du Kentucky disent: *He is a* ***severe*** *man,* c'est un homme **à redouter.**

– *This is* ***severe*** *work.* – C'est un travail **ardu, ingrat.**

– Poe s'élève contre la poésie didactique: *The demands of Truth are* ***severe.*** *She has no sympathy with the myrtles.* (*Poetic Principle,* I.) – Les exigences de la Vérité sont **austères.** Elle n'a pas de sympathie pour le myrte. (Trad. René Lalou.)

Shampooing ***may be compared to a gentle kneading of the whole person.*** – On reconnaît là le **massage** pratiqué aux bains turcs.

Shock, shock (to), shocker, shocking. – Deux subst.:

1° l'un, mot germ., assemblage de javelles dressées, etc. (Picard, caot); 2° l'autre, fr., *choc.*

1° ***Shock*** signifie **moie, moyette, petit tas de gerbes** de blé, de seigle; † **barbet; tignasse,** d'où l'adjectif ***shock*** et en compos. ***shock****-haired-bearded,* à la chevelure, à la barbe **en broussaille;** ***shock-dog,*** **barbet.**

2° Pour ce qui est du mot fr. « choquer », adopté sous la forme ***to shock,*** disons simplement que l'angl. a renforcé le sens d'offenser, de blesser, de déplaire, qu'il avait emprunté au fr. du XVIIe s., ainsi qu'il ressort de la manière dont les auteurs de cette époque orthographiaient le mot: *The reader must not be* ***chocqued*** (sic) *to hear him speak so often of his own Muse.* (1656. Cowley, *Odes, 2nd Olympique, Introd.*) – Que le lecteur ne soit pas **choqué** d'entendre le poète parler si souvent de sa Muse.

Le sens le plus fréquent de ***to shock*** sera donc: **scandaliser, affecter péniblement, frapper d'horreur, révolter, outrager.** Le v. est employé souvent au passif avec la préposition *at.* La même nuance distingue parfois le subst. de son frère fr. *A* ***shock*** est l'**indignation** causée par tout ce qui viole la morale ou la bienséance; c'est aussi (méd.) un **traumatisme,** un **choc opératoire,** en physique, *an earthquake shock* ou simplement *a* ***shock,*** un **mouvement sismique,** un **tremblement de terre.** Comme syn. de ***shocking,*** le *Thesaurus* de Roget donne *bad, ugly, vulgar, fearful, painful, disreputable. A* ***shocker,*** (fam.), **ch., événement affreux, scandaleux, révoltant, bouleversant,** ou **pers.** dont l'aspect ou les actes présentent ce caractère; *(shilling-)* ***shocker,*** **roman** (feuilleton) **à sensation, à grand effet, roman mélodramatique,** roman pour la portière, etc.

Remarque. – Il y a parfois modification du sens par adjonction d'un mélioratif. Cf. l'ex. emprunté à Thackeray.

– *Samson burnt up the* ***shocks*** *and standing corn.* (*Bible, Judges,* XV, 5.) – Samson brûla le **blé en gerbes** et celui qui était sur pied.

– ***Shock****-bearded peasants.* – Des paysans à la barbe **en broussaille.**

– *The priests who visited the slaves at the galleys were horribly* ***shocked*** *at the cruelties practised on them.* (N.E.D.) – Les prêtres qui visitèrent les esclaves embarqués sur les galères furent **frappés d'horreur** et **d'indignation** en voyant les cruautés exercées sur eux.

– *A* ***shocking*** *sight.* – Un **affreux** spectacle (**qui frappe d'horreur**).

– H.G. Wells (*Polly,* IV) décrit l'arrivée d'un vieil original: *Uncle Petsamon was rather* ***a shock.*** – La vue de l'oncle P. **porta un coup** aux assistants.

– Un ami véritable doit se donner tout entier: *I should have considered the least reserve* ***shocking.*** – La moindre réserve m'eût paru **indécente.**

– *My crime is* ***shocking,*** traduit sous la plume de M. Scott Moncriff: Mon crime est **affreux** (Stendhal, *Le Rouge et Le Noir,* XVI). Inversement, ce passage du même roman (XXI): A son retour chez elle, elle (Mme de Rénal) fut choquée du désordre où elle trouva sa chambre, est traduit ainsi: *On her return to her room, she was horrified by the disorder in which she found it.*

– Le jeune Pendennis, amoureux d'une actrice, se voit offrir l'occasion de faire la connaissance de la demoiselle: *Pen was delightfully* ***shocked*** *at the invitation.* (Thackeray, *Pend.,* V.) – Cette proposition causa à Pen une **émotion** délicieuse.

Sign. – Seing; insigne comme en lat. *signum;* † **enseigne, bannière, étendard; enseigne** de boutique, de cabaret = *signboard.* Expression: ***he made no sign,*** **il ne bougea pas, il resta coi, impassible.**

– Dans *Cymbeline* (I, ii, 33), un seigneur, parlant d'Imogène, dit: *She's a good* ***sign,*** *but I have seen small reflection of her wit.* – C'est une belle **statue,** mais quant au reflet de son esprit, je ne l'ai guère vu.

– *Presently* ***I was given a sign*** (ou: ***I was signed***) *to come forward,* bientôt **on me fit signe** d'avancer.

– Prélude de querelle entre deux fiancés: *If Bosinney was conscious of her trouble,* ***he made no sign.*** (Galsworthy, *Man of Property,* II, ii.) – Si B. eut conscience de son trouble, **il n'en laissa rien paraître.**

– *The first thing that met my eye was a* ***sign*** *over a public house.* – La première chose qui frappa ma vue fut une **enseigne** de cabaret.

Sign (to). – ***To sign oneself*** *with the sign of the cross* signifie bien se signer, mais *he* ***signs himself*** *« Uncle Sam »* = il **signe** « Oncle Sam ». Autres sens, intr. avec *to,* **faire signe** à, trans. **faire savoir par signes, par gestes,** etc., ***to sign on,*** **signer son engagement,** ***to sign off,*** **signifier son congé,** ***the signing on and off*** *of crews,* **l'engagement et le licenciement** des équipages.

– *She* ***signed*** *to him to keep silent.* – Elle lui **fit signe** de se tenir coi.

Signature. – † **Indice, marque;** mus., ***(key-)signature*****, armature, armure** (de la clef); ***time-signature*****, indication de la mesure.**

Signet. – Dans le moyen âge, le signet (L., 3°) était le plus souvent un anneau que l'on portait à son doigt et avec lequel on signait les affaires courantes (1). C'est le premier sens angl., d'où ***signet-ring*****, chevalière. Petit sceau;** † **document donné sous ce sceau; l'empreinte de ce sceau; marque, signe.**

Significance, significant, to signify. – **Importance, portée; gravité; expression** (du visage, des yeux): *there was much* ***significance*** *in his eyes,* ses yeux étaient très **expressifs.**

Significant a les sens corresp. De même ***to signify*** (intr.) **importer.** ***it does not signify*****, cela n'a aucune importance,** ***what does it signify!*** **qu'importe!**

– *Things in themselves with no* ***significance*** *at all are made of consequence by the fact of being insisted on.* – Des choses, qui en elles-mêmes n'ont aucune **importance,** en prennent dès qu'on y appuie (ou: y insiste).

– *He looked at her* ***significantly.*** – Il lui jeta un regard **chargé de sens.**

Signification a parfois les sens du lat. *significatio,* **action de faire signe, indication, indice, geste, annonce.**

Sincere. – Le dictionnaire lat. dit: *sincerus,* **sans mélange, pur; sain, intact,** *pars sincera,* partie (du corps) **saine,** *corpus sincerum,* corps **intact** (sans blessure). Tout cela est angl.

– William Cowper, s'adressant à un chêne *(To an Oak),* écrit: *Yet is thy root* ***sincere****, sound as the rock.* – Mais ta racine est **saine** et ferme comme un roc.

– *He tried a tough well chosen spear,*
The inviolable body stood ***sincere.***

(Dryden, *Ovid., Metam.,* XII.)

– Il essaie une lance et solide et de choix,
L'invulnérable corps n'en est pas **entamé.**

Sinecure. – Terme ecclés. angl.: **bénéfice** qui se distingue d'une cure en ce qu'il ne comporte pas le soin *(cura)* de la direction des âmes. Nous avons emprunté ce mot dans son sens élargi.

Sire. – **Père** d'un quadrupède, particulièrement **étalon.** Son corrélatif est *dam,* mère. Il eût fallu commencer par dire que ***sire*** avait signifié **père** ou **aïeul** d'un homme et a encore ce sens en poésie ou en style relevé.

– *In distant ages,* ***sire*** *to son.*
Shall tell thy tale...

(Scott, *Lady of Isles,* II, xxxii.)

– Dans les âges lointains, le **père** contera au fils ton histoire.

Site. – **Emplacement** (d'un édifice, d'une ville). *A building* ***site****, a* ***site*** *for building,* **terrain** à bâtir.

(1) C.à.d. proprt. « un petit *seing* ».

On, off site**, en chantier, hors chantier;** ***on site*****,** aussi **à pied d'œuvre.** Autre sens, **siège, localisation,** ***site*** *of a cancer, of a phlebitis,* **siège** d'un cancer, **localisation** d'une phlébite.

Skeleton. – *The* ***skeleton*** *or carpentry of the building,* la **charpente** du bâtiment; *the* ***skeleton*** *of a sermon,* le **canevas,** le **plan** d'un sermon; mis pour ***skeleton-key*****,** crochet (de serrurier); fausse clef, fam. **rossignol;** en compos. ***s.-drill*****, manœuvres** ou **exercices de cadres;** ***s.-map*****, carte muette;** ***s.-unit*****, unité-cadre;** typog. ***skeleton-face type*****, caractère effilé.**

– *There is a* ***skeleton*** *in the cupboard, in the family, in the house,* il y a dans la famille, etc., une **tare tenue secrète,** un **secret honteux,** une **turpitude,** etc., c.-à-d.: elle a le **péché originel** (L., s.v.), la **tache originelle** (D.G.). *A* ***skeleton*** *at the feast or the banquet,* un **rabat-joie,** un **trouble-fête, ce qui jette un froid, assombrit,** constitue **une ombre au tableau, une douche.**

Remarque. – Elwall traduit *skeleton-key* par passe-partout et passe-partout par *latch-key.*

Snob. – † **Cordonnier, savetier** (notre **bouif** (1)); † **bourgeois,** (dans l'argot des étudiants de l'Université de Cambridge) **philistin;** † **homme de basse condition, de bas étage, pers. du commun, grossière et mal élevée; poseuse, pleine d'ostentation;** puis, selon Thackeray (*The Book of Snobs,* 1846-1847) « ... *that man or woman who is always pretending to be something better – especially richer or more fashionable – than they are.* » Nous avons adopté le mot au sens restreint de **fat,** de **pers. qui admire inconsidérément les grands et méprise les humbles.** Enfin, sens que l'on trouve encore chez De Quincey, **ouvrier** qui, dans une grève, **travaille à prix réduits, gâte-métier,** (le) **« jaune »,** le **« renard ».**

Remarque. – En fr., « pendant le xixe s., *snob* a servi à désigner successivement un homme mal élevé, un homme qui s'attribue des qualités qu'il n'a pas (Thackeray), un homme qui admire sans critique des choses peu dignes d'admiration, et enfin un homme qui imite les grands et les flagorne. » (Nyrop, *Sémantique.*)

– Traduisant l'exclamation du renard de la fable (L.F., III, xi) dépité de ne pouvoir atteindre des raisins mûrs:

Ils sont trop verts, dit-il, et bons pour des **goujats,**

Sir Edward Marsh écrit: *« They're green », said he « and fit for* ***snobs*** *to munch ».*

Sober,-ly, sobriety. – ***Sober*** ne marque pas la qualité de celui qui est tempérant pour le boire et le manger, mais un état passager, si l'on peut dire. Parlant d'un sommelier, Jarvis (*The good-natur'd man,* IV) s'écrie: *He's drunk and* ***sober*** *ten times a day,* il s'enivre et **se dessoule** dix fois par jour.

Le lat. *sabrius* (anton. de *ebrius,* ivre) signifie: **qui n'est pas ivre, à jeun.** C'est le sens de ***sober*****,** auquel il faut ajouter ceux-ci: **grave,**

(1) Aussi ***gnaf*** ou ***gniaf.***

sérieux, ***in sober sadness,*** = *earnest,* **sérieusement; posé, calme, de sang-froid, rassis;** (des forces de la nature, des éléments) **doux, paisible;** suite des sens; (des couleurs, des vêtements) **sobre** (sens fr.), **peu voyant, discret,** (antonyme de *gay* et de *loud:* vif, tapageur, criard); au fig. **monotone, peu fertile en événements;** (pers.) **modéré, réservé** (cf. L. 2°); **raisonnable, sage, sensé, qui n'est ni chimérique, ni fantaisiste; rationnel, sain d'esprit, lucide.**

Mêmes remarques pour l'adv. et le subst.

– De retour de la chasse, des Indiens se sont enivrés. Un Angl. dit: *It will take them a week* ***to get sober.*** – Il va leur falloir huit jours **pour cuver leur alcool.**

– *He* ***drank himself sober.*** – Il **cuva son vin.**

– *Drunk or* ***sober,*** *Bananas was no fit companion for a white man.* (S. MAUGHAM.) – (Qu'il fût) ivre ou **à jeun,** B. n'était pas le compagnon qui pût convenir à un blanc.

– *He bored Strong's guests when he was* ***sober,*** *and with his maudlin tears when drunk.* (THACKERAY.) – Il fatiguait les invités de S. avec ses anecdotes tant qu'il était **lucide,** et avec ses larmoiements imbéciles quand il était ivre.

– Arabella s'impatiente d'entendre Jude évoquer les grands Oxoniens de jadis: *Upon my soul, you are more* ***sober*** *when you've been drinking than when you have not!* (Th. HARDY, *Jude the Obscure,* VI, ix, 496.) – Sur mon âme, tu es plus **raisonnable** quand tu as bu que lorsque tu es à jeun. Ou bien, essayons de rendre la saveur du langage d'Arabella: Sur mon âme, tu as plus **de plomb dans la tête** quand tu as une goutte dans les oreilles que lorsque tu es à jeun.

– *After some time we came to more* ***sober*** *resolutions.* (DEFOE, *Moll Flanders,* 82.) – Peu après, nous conçûmes un parti plus **sage.**

– *He came downstairs with a* ***sober*** *foot.* – Il descendit d'un pas **posé.**

– *He listened to the* ***sober*** *note of the bell.* – Il écoutait les sons **graves** de la cloche.

– Granville Barker nous fait une énumération humoristique des qualités qu'on attend d'une demoiselle de magasin: *Decorum,* ***sobriety*** *of thought, tidiness, respect of persons – these are the qualities generally necessary to a shop-assistant's salvation.* (*The Madras House, Indications heading Act II.*) – Tenue, **pondération** des pensées, esprit d'ordre, art de traiter les gens avec discernement, telles sont les qualités généralement nécessaires au salut d'une demoiselle de magasin.

– *The gardener (was)* ***soberly*** *digging potatoes for the day's dinner.* (STEVENSON, *Virginibus Puerisque.*) – Le jardinier était occupé à arracher **prosaïquement** des pommes de terre pour le dîner du jour.

– « Elle aimait trop le bal... » Un cavalier dit à sa danseuse: *Come out on the veranda and* ***get sober.*** (R. LEHMANN, *Dusty Answer,* II, 3.) – Venez dans la véranda et **remettez-vous.**

– *I speak the* ***sober*** *truth, modest truth* (SHAKS.) pourrait se rendre en bonne langue par: Je ne dis que la sobre vérité (sans exagération) (v. L., 2° et Hist.), mais on inclinerait plutôt à dire auj.: Je ne dis que la **simple,** la **pure,** la **stricte** vérité.

– *The examiner spent many* ***sober*** *hours in perusing the papers of the candidates.* – L'examinateur passait de longues heures **monotones** à lire les copies des candidats.

– *His mind was still quite* ***sober,*** *so that he could dictate his will.* – Il était tout à fait **sain** d'esprit, de sorte qu'il put dicter son testament.

Sociable (adj. et subst.). – Surtout E.U. (d'une réunion, d'une soirée, d'une conversation) **amical, intime,** *a* ***sociable*** *party, evening conversation; a* ***sociable*** *atmosphere,* une atmosphère **détendue.** ***Sociable*** (ou: *gregarious) animals,* animaux **sociétaires.**

A ***sociable,*** un **tête-à-tête,** une **causeuse;** une **sociable** « voiture de luxe à quatre roues dans laquelle deux sièges se faisaient vis-à-vis », **tricycle à deux sièges placés côte-à-côte.** *A church* ***sociable,*** (angl. *church social)* une **soirée paroissiale intime.**

Social (adj. et subst.). – Noter: ***social*** *student,* spécialiste **des questions sociales,** ***social work,-er,*** **assistance, assistant(e) social(e),** *to be invited to a* ***social cup of tea,*** être invité à un **thé;** *a* ***social gathering,*** une **soirée,** *a* ***social*** *evening,* une petite soirée **intime, sans prétention** ou **cérémonie;** ***social*** *club,* société **où l'on se distrait en famille.** Le *Thesaurus* de Roget donne notamment *sociable* comme syn. de ***social.*** Pour les Américains, ***social*** *life,* c'est la vie **en commun,** (dans le milieu auquel on appartient, dans lequel on travaille, etc.). ***S. athlete,*** (E.U.), **l'homme des sports chics.**

– *He was very happy and* ***social.*** – Il se montra très heureux et **en train.**

– *The doctor laid himself out to be polite and* ***social.*** (DICKENS, *Dav. Copperf.,* I.) – Le médecin se mit en frais pour être poli et **sociable.**

– *Like her father Elinor Bildake had been born with a gift of intuitive understanding and* ***social ease.*** (A. HUXLEY, *Point c. Point,* VI.) – Comme son père, E.B. avait de naissance le don de compréhension intuitive et d'**aisance mondaine.** (Trad. Jules CASTIER.)

– C.-épr.: Traduisant ce passage des *Caves du Vatican* (IV, 2) d'André GIDE: (Il) s'établit à Paris où, comme il avait de l'**entregent,** la maison avait bientôt pris une extension considérable, Dorothy BUSSY dit: *(He) established himself in Paris, where, with his* ***social facility,*** *the business soon developed considerably.*

Il y a toutefois une nuance: l'aisance est désintéressée, l'entregent l'est moins.

– *Most men are too* ***social*** *and interfering.* (EMERSON, *Uses of great Men.*) – Les hommes sont pour la plupart trop **sociables** (ou **liants**) et en deviennent importuns.

– *The* ***social*** *development of children.* – L'adaptation des enfants **à la vie en commun.**

Society. – Pris absol. comme parfois chez nous **la bonne, la haute société, l'aristocratie, la bonne compagnie.** Souvent donc, **le monde,** ***fashionable society,*** **le beau monde;** ***high society,*** **le grand monde,** ***society*** *people,* les gens **du monde,** ***society*** *woman* **femme du monde, mondaine,** ***society*** *girl,* jeune fille **bien, de bonne famille;** ***society news*** (ou: ***gossip***), **échos mondains, mondanités.**

– *She did not go much in* ***society.*** – Elle ne **fréquentait** pas, n'allait pas beaucoup dans **le monde.**

– *Platt revealed himself as a tiresome companion, obsessed by romantic ideas about intrigues and vices and* ***« society women ».*** (WELLS, *Polly,* III, 1.) – P. se révéla compagnon fatigant, obsédé qu'il était par ses idées romanesques sur les intrigues et les vices et les **« femmes du monde ».**

– *Miss Pope's is a well-known establishment. Lots of* ***society*** *girls go there.* – Mlle P. tient un pensionnat (ou: une institution) bien connu(e). Les jeunes filles **de bonne famille** y affluent.

– *All the* ***society*** *of the little place heard who he was and looked out his name in their Peerages.* (THACKERAY, *Pend.,* XV.) – Tous les **aristocrates** du bourg entendirent parler de lui et consultèrent à son sujet leur Livre d'Or de la Noblesse.

– C.-épr.: *Everything that is of any value among you, intellectually, the Congregation flings to the criminal police, and* ***society*** *applauds* traduit: Tout ce qui vaut quelque chose chez vous par l'esprit, la Congrégation le jette à la police correctionnelle et la **bonne compagnie** applaudit. (STENDHAL, *Le Rouge,* II, ix.)

Sock. – † **Socque,** d'où par méton. (littér.) le **genre comique,** ***sock*** *and buskin,* la **socque** (ou: le **brodequin**) et le cothurne. Auj. **chaussette,** socque se disant *clog.* Aussi **socquette,** *golf-, tennis-****socks.*** Enfin **semelle intérieure** de liège, de feutre, etc.

Locut. div. ***pull up your socks,*** **allons, un peu d'énergie! raidissez-vous! remuez-vous un peu!** ***Put a sock in it!*** (littér. dans le phonographe) fam. **que de bruits! pas tant de vacarme!** vulg. **mets-y un bouchon!**

– *The old woman was darning her husband's* ***socks.*** – La vieille reprisait les **chaussettes** de son mari.

REMARQUE. – Il y a encore sept autres mots de cette forme. De l'un d'eux, le fr. soc, que l'angl. a adopté, vient le diminutif ***socket,*** **petit soc,** puis **alvéole, bobèche, orbite** de l'œil, etc.

Soi-disant. – *His* ***soi-disant*** *science* se rendra par sa **prétendue** science, car, selon L., « soi-disant ne se dit jamais des ch. C'est une grosse faute que de dire de soi-disant faveurs, de soi-disant titres ».

Soil, to soil. – Six subst. différents dont nous ne retiendrons que les plus importants. De même pour le v.

1° Est le fr. d'Angl. *soil,* v. fr. suel « seuil », du lat. *solum,* sol. C'est d'abord le **sol, l'humus,** la **terre végétale.** (Le titre du roman de Zola, **La Terre,** traduit en angl. est ***The Soil.***) C'est aussi le **terrain,** (pr. et fig.) *a poor, fertile, sandy* ***soil,*** un **terrain** pauvre, fertile, sablonneux; *the evolution of the disease depends on the* ***soil,*** l'évolution de la maladie dépend du **terrain** (c.-à-d. de l'état de l'organisme); *social discontent is the* ***soil*** *in which anarchy thrives,* le mécontentement social est un **terrain** éminemment favorable au déchaînement de l'anarchie (1). Aussi, hist. ou littér. **glèbe,** *the serf was attached to the* ***soil,*** le serf était attaché à la **glèbe; terroir; pays.** *To smack, to be redolent of the* ***soil,*** sentir le **terroir,** le **cru.** *Our native* ***soil,*** notre **pays** natal.

2° Anc. fr. *soille, souille;* **souille** (de sanglier); **eau** où le cerf chassé se réfugie, ***to take soil,*** **battre l'eau, prendre l'eau;** au fig. **chercher asile.** Enfin, **souillure; ordure, excréments;** ***night-soil,*** **poudrette, gadoue.** Toutes significations qu'on retrouve dans le v. ***to soil,*** intr. et trans.

– *When he* ***soileth*** *and walloweth him in the mire, then it is easy to know his greatness by the length and largeness of the* ***soil.*** (TUBERVILLE, *Book of Hunting,* 154.) – Quand il **se souille** et se vautre dans la fange, on peut connaître sa taille par la longueur et la largeur de la **souille (du souil,** dit Du Fouilloux).

– *This fabric* ***soils*** *easily.* – Ce tissu, cette étoffe **se tache** facilement.

3° D'après Webster et Weekley, est le fr. *saouler, soûler,* de *saoul,* soûl « pleinement repu » (lat. *satullus, satullàre*), dimin. de *satur,* rassasié, gorgé (BLOCH). ***To soil*** *cattle,* c'est **engraisser** le bétail en le mettant **au vert,** orig. le **purger** ainsi.

Sole (subst.). – D'après L., six mots de cette forme en fr. En angl. quatre. Un seul nous retiendra: le fr. sole (du lat. *solea,* bas lat. *sola* sandale) est le nom de la plaque cornée formant la partie inférieure du sabot chez les solipèdes. L'angl. ***sole*** signifie **semelle** (de rabot); **plante du pied, semelle, plaque, patin** de fondation ***(sole-piece*** ou ***-plate);*** **plate-forme** (d'une construction, etc.); **plancher, semelle, sole** (d'une galerie de mine) **aire, sole** (d'un fourneau); **talon, talonnière** (de gouvernail).

Sole (adj.). – ***Sole*** *agent, right,* agent, droit **exclusif;** ***sole*** *heir* ou *legatee,* légataire **universel.** Jur. † ***Feme sole,*** femme qui n'est pas ou n'est plus en puissance de mari: **non mariée, célibataire** ou **veuve.** Dans la langue courante, une femme seule se dit *a woman alone, by herself.*

Solemn. – Comme dans l'ancien fr., ***solemn*** a eu – et conserve parfois – le sens de **grand, imposant,** † **somptueux;** † **fameux, renommé; d'un caractère sérieux et grave.** Nous disons: un serment, un vœu solennel, mais non pas « une question solennelle », comme dans ce passage: *Gladstone pronounced the Eastern Question to be the most* ***solemn*** *which the House of Commons had ever had to discuss.*

(1) Ou en transposant et plus brièvement: « L'agitation sociale est le bouillon de culture de l'anarchie.

SOL

(H.W. PAUL, *Life of G.*, 163.) – G. déclara que la question d'Orient était la plus **grave** que la Chambre des Communes eût jamais eu à discuter.

– Une fervente du tennis: *I suppose I'm too* ***solemn*** *over it.* – Sans doute que je prends cela trop **au sérieux.**

– *A wife is a* ***solemn*** *thing to leave for a spell, long or short.* – C'est chose **sérieuse (qui donne à réfléchir)** que de quitter sa femme pour un temps court ou long.

– *It seemed like a dream, or a fairy tale, instead of* ***solemn*** *sober, fact.* – Cela semblait un rêve, un conte de fées, et non la réalité sérieuse et **grave.**

REMARQUE. – Comme équivalent de *sober,* le N.E.D. donne *solemn.*

Sol-fa (to). – Solfier (trans. et intr.).

Solicit (to). – Outre les sens fr., signifie **racoler, raccrocher** les passants (comme le font les prostituées); en bonne part, **courtiser** (une femme).

– *Prostitution and related offences (procuring,* ***soliciting,*** *etc.) are excluded from this study.* – Cette étude laisse de côté la prostitution et les délits connexes (proxénétisme, **racolage,** etc.) (v. *solicitor*).

– ***Soliciting*** *in a public place is forbidden.* – Le **racolage** est interdit dans les lieux publics.

– Une femme légère sur le retour parle de sa vie: *At times she gives us to understand that she is still much* ***solicited;*** *at others she takes quite a different tone.* (S. BUTLER, *The Way.*) – Tantôt, elle nous donne à entendre qu'elle est encore très **courtisée** (qu'elle **a** encore **beaucoup d'adorateurs);** tantôt, elle nous parle sur un tout autre ton (elle change entièrement de gamme).

REMARQUE. – La situation interdisait ici de prendre *to solicit* en mauvaise part, la femme en question ne pouvant avouer qu'elle faisait « le raccroc ». On a donc adopté le sens de *to court, to woo* signalé par Roget.

Solicitor. – Officier de justice qui cumule les fonctions d'avoué et de notaire (1): ***solicitor general,*** **conseiller jur. de la Couronne.** Autres sens, **chef du contentieux** (d'une banque, d'une maison de comm., etc.); n'a que rarement le sens de solliciteur; cependant aux E.U., le mot signifie **démarcheur, placier; représentant, agent,** (d'une organisation, etc.); voire **colporteur,** et, dans ce dernier cas, peut être pris en mauvaise part.

– *The* ***solicitor*** *of the family read the will.* – Le **notaire** de la famille donna lecture du testament.

– *A woman was indicted under the Espionage Act for a discourteous reception to a Red Cross* ***solicitor.*** – Une femme fut inculpée en vertu de la loi sur l'espionnage pour avoir éconduit d'une manière incivile un **agent** de la Croix-Rouge.

– *No* ***solicitors*** *or pedlars allowed in the building.* – **Colportage** et mendicité interdits.

Solicitude. – Le premier sens de **soin plein de souci** (voir L.) et même d'**inquiétude,** d'**anxiété,** est assez fréquent en angl., alors qu'en fr., la signification la plus courante est soin plein d'affection. ***Self-solicitude,*** **instinct de conservation.**

– *Bourbon on his part was far from being free from* ***solicitude.*** – Le duc de Bourbon, de son côté, était loin d'être exempt de **tout souci.**

Rapprocher: « Cette affaire lui cause beaucoup de *sollicitude.* » C'est le sens classique, mais si l'on en croit Philaminte, il avait déjà tendance à vieillir:

Ah! *sollicitude* à mon oreille est rude;
Il pue étrangement son ancienneté. (MOL. *F. sav.*, II, vii).

– ***Self-solicitude*** *was near exhaustion in her.* (Th. HARDY, *Tess,* XXXVII.) – **L'instinct de conservation** était presque aboli en elle.

Solid (adj.). – Comme le fr. solide, mais avec des nuances parfois appréciables au pr. et au fig.: **plein,** *a* ***solid*** *tyre,* un pneu **plein,** fam. *he worked for three* ***solid*** *hours,* il a travaillé pendant trois heures **pleines,** (nous avons l'antonyme: il faut profiter des heures creuses); au fig. **complet,** *the* ***solid*** *day = the whole day;* typog. ***solid*** *printing,* composition **pleine, sans interligne;** p. ext., *a* ***solid*** *rain,* une pluie **ininterrompue, continue, qui tombe à verse,** etc.; **massif,** ***solid*** *gold,* or **massif,** sens lat.: *Crateresque auro solidi* (VIRGILE). – Et les cratères d'or **massif.** (Des couleurs) **uniforme, uni.** Suite des sens, E.U. **unanime** (dans l'approbation ou le blâme); **assidu** (à l'école, au service religieux, etc.), (partisan) **fidèle, dévoué, systématique** de, ***to go solid*** *for, or against,* **être unanimement** en faveur de ou contre, **présenter un front uni** pour ou contre.

Toujours aux E.U. (alcool) **pur,** (vin) **sec.**

A ***solid*** *man,* au fig., un homme **qui a les reins solides,** aussi, un homme **posé, rassis** (Cf. *sober*); *a* ***solid*** *firm,* un établissement **qui a de la surface financière, qui offre toutes garanties.**

Math. et géom. **cube, de volume,** *a* ***solid*** *yard,* un yard **cube,** *a* ***solid*** *angle,* un angle **solide, polyédrique,** ***solid*** *geometry,* géom. **dans l'espace.** ***Solid*** s'emploie aussi comme intensif (souvent renforcé par *good* ou *right*) et est alors syn. de *thorough, downright, vigorous.*

En compos. *The* ***solid-hoofed quadrupeds,*** les **solipèdes.**

Solidity a les sens corresp.

– *None of them had yet reflected whether floors and ceilings were hollow or* ***solid.*** (KIPLING, *Stalky,* 90.) – Aucun d'eux ne s'était encore demandé si les planchers et les plafonds étaient creux ou **pleins.**

(1) Cf. anc. fr. (milieu XIVe s.), le *solliciteur* était un t. jur.: « celui qui prend soin des affaires ».

– *She kept him waiting two **solid** hours.* – Elle le fit attendre deux **grandes** (ou: **bonnes**) heures.

– *Clouds, lingering yet, extend in **solid** bars*
Through the grey west. (WORDSWORTH.)

Les nuages attardés s'étendent en barres **compactes** d'un bout à l'autre de l'occident gris.

– *The Government majority has not been in the habit of voting **solid** with Mr. G. lately.* – La majorité gouvernementale a perdu récemment l'habitude de voter **comme un seul homme** pour M. G.

– *To be looking out on a good, **solid** English wet day.* – Mettre le nez dehors par une bonne journée, bien angl., de pluie **ininterrompue.**

– *The vote of the **solid** South.* – Le vote du Sud **unanime** (1).

– *I escorted her to Sunday school excursions and was **solid** at the picnics and bazaars.* – Je l'accompagnais aux excursions de l'école du dimanche et **ne manquais un seul** pique-nique, **une seule** vente de charité.

– *I wanted to get **solid** with him.* – Je voulais **me lier intimement** avec lui.

– *He always took his wine (his liquor) **solid.*** – Il buvait toujours **sec.**

– *In this emergency he went to his bank to draw some of his **solid** wealth.* – En cette conjoncture critique, il se rendit à sa banque pour y retirer un peu de son capital si **bien assis.**

Solution, to solution. – Outre les sens corresp. à ceux du fr., noter: *the **solution** or termination of a disease,* la **solution,** la **crise,** le **dénouement** ou l'**issue** d'une maladie. Chimie, biol., **mise en suspension,** *to ensure **solution** of a powder on addition of distilled water,* assurer la **mise en suspension** d'une poudre par addition d'eau distillée.

– *The rose blendeth its odour with the violet – **Solution** sweet.* (KEATS, *Agnes,* XXVI.) – Rose et violette ont mêlé leur senteur – **Combinaison** suave.

To solution (autom., etc.), **enduire** (une pastille) **de dissolution;** ***to solution** a canvass,* **traiter** une toile **par une solution.**

Solvable, solvability. – Soluble, solubilité; résoluble, résolubilité. Solvable et solvabilité se disent auj. *solvent* et *solvency.* Cf. ci-après.

Solvent (adj. et subst.). **– Solvable;** pr. et fig. (liquide, influence) **dissolvant(e)** même sens pour le subst.: *alcohol is the **solvent** of resinous substances,* l'alcool est le (**dis**)**solvant** des (**dissout** les) substances résineuses; *Science is a **solvent** of religious belief,* la science est un **dissolvant** de la croyance (religieuse).

Autre sens de l'adj. « *helping to solve or explain* » (N.E.D., sect. 3). *A **solvent** principle,* un principe **d'explication.** De même le subst. est défini: « *something which solves, explains or settles* »; enfin, sens concret, **laxatif, relâchant.**

– *No **solvent** had been found for business stagnation.* – On n'avait pas trouvé de **remède** au marasme des affaires (ou: trouvé le **moyen de les relancer.**

– *That universal **solvent**, money.* – Cette **panacée** (universelle), l'argent.

– Lamb *(Elia)* dit plaisamment: *He took it (tobacco), he would say, **as a solvent** of speech.* – Il en usait (du tabac), disait-il, pour **se délier** la langue.

Sop. – Ce mot d'origine germ. est apparenté à notre *soupe* dans le sens de (tailler, tremper la) soupe, et signifie effectivement **tranche de pain** etc., trempée; ***sop** in the pan,* **tranche de pain** frite; au pl. **soupe au lait.** Autres sens, **pot de-vin, don propitiatoire,** ***to throw the sop** to Cerberus,* **jeter le gâteau** à Cerbère. Cf.: « Jetons luy (à mon estomac) force *souppes* en gueule pour l'apaiser à l'exemple de la Sibylle envers Cerberus. » (Rabelais, que nous citons ici, (III,xv) parle même de « *soupes* de lévrier », par quoi il faut entendre, semble-t-il, une pièce du gibier que chasse le lévrier, c.-à-d. un lièvre.)

Rapprocher: Fist tailler des *soupes* et en mangea une. (XIIIe s. *in* L.) Nous disons encore fam. dans ce sens: être trempé comme une soupe, entendez: « très mouillé » (1).

Sophisticate (to), sophisticated, sophistication. – Sophistiquer, c'est « dénaturer par un mélange frauduleux une substance alimentaire, pharmaceutique, etc. » (D.G.), du vin sophistiqué, des poudres sophistiquées. Le mot a été employé au fig., notamment par Montaigne: la philosophie n'est qu'une poésie *sophistiquée.* (*Essais,* III, ii), phrase que Florio (1603) traduit: *Philosophy is nothing but a **sophisticated** poesie.* « Sophistiqué, dit Robert, néol. spécialt. sans doute pour traduire l'anglo-américain *sophisticated* se dit d'un genre de beauté ou d'élégance artificielle féminine. » Indication qui, on va le voir, doit être nuancée. Selon le contexte, le mot peut se prendre aussi bien en bonne qu'en mauvaise part et l'on distinguera *a **sophisticated** girl,* une jeune fille **qui en sait trop long** d'une ***sophisticated** lady* (surtout E.U.) une dame **d'une élégance, d'une délicatesse raffinée.** Des ch., (méthode, procédé) **fin, perfectionné.** On traduira le subst. en conséquence.

– Suzanne Henchard a été mise aux enchères par son mari pris de boisson: *It may seem strange to **sophisticated** minds that a sane young matron could believe in the seriousness of such a transfer.* (Th. HARDY, *Mayor,* IV.) – Il peut sembler étrange aux esprits **avertis** qu'une jeune mère de famille ayant sa raison ait pu prendre au sérieux un tel marché.

(1) En faveur du parti démocrate.

(1) Cf. soupe au vin, soupe à perroquet, tranche de pain trempée dans le vin; au fig. ivre comme une soupe (imbibé de vin).

– *The more men are cultivated, the more **sophisticated** and unreal become their lives.* – Plus les hommes sont civilisés, plus leur vie devient **artificielle** et irréelle.

– Description publicitaire d'une robe du soir: *Its **immense sophistication** is underlined by the veiled hat and long gloves.* – Sa **suprême élégance** (ou: son **extrême recherche**) est encore soulignée (rehaussée) par le chapeau à voilette et les gants longs.

– *The methods used have not yet reached the degree of **sophistication** necessary to yield satisfactory results.* – Les méthodes utilisées n'ont pas encore atteint un degré de **finesse** (de **perfectionnement**) suffisant pour être vraiment fructueuses.

Sort. – ***Of sort,*** dans *a man **of sort,*** a voulu dire: **de qualité.** Auj. ***of sorts*** (au pl.) signifie le contraire, **de qualité inférieure.**

*He looks a **good sort,*** il a l'air (d'un) **bon garçon,** d'un **brave type,** *he is not a **bad sort,*** ce n'est pas un **mauvais bougre.**

Out of sorts se dit d'une pers. qui est **mal en point, indisposée, mal à l'aise, patraque, qui n'est pas en train,** ou **dans son assiette.**

Noter, d'autre part, l'emploi archaïque, et auj. dialectal, de ***a sort** (of),* précédé ou non de l'adj. *great* ou *good,* dans le sens d'un **grand nombre** de pers. ou de ch., **une foule de, une multitude de.**

– *See what **a sort of** rebels are in arms.* (MIDDLETON, *in* N.E.D.) – Voyez quelle **multitude** de rebelles sont en armes.

– *Literature **of sorts** is the very thing nowadays; any fool can make a living at it.* (HORNUNG, *Raffles,* I.) – La littérature **de pacotille** est une carrière tout indiquée auj.: le premier sot venu peut en faire son gagne-pain.

– *I began to live like one of **the better sort.*** – Je commençai à vivre en **garçon d'honneur.**

– *They pronounced that their visitor was of **the right sort.*** – Ils décrétèrent que leur invité était **très bien.**

– *My friend sent in a French exercise **of some sort.*** – Mon ami remit un thème fr. **quelconque.**

– *He is a poet **of sorts.*** – C'est **une façon** de poète.

– *The candidate **was of an unusual sort.*** – Le candidat **sortait de l'ordinaire.**

– *The burglar used a lantern **of sorts** to find his way into the house.* – Le cambrioleur a utilisé une lanterne **de fortune** pour pénétrer dans la maison.

– *It takes **all sorts** to make a world.* – Il faut **de tout** pour faire un monde.

Sort (to). – **Trier;** ***to sort with,*** **fréquenter** (cf. *to assort*).

– *The first step is **to sort** the wool.* (Ly. BARKER, *South Africa, Let.* XII.) – La première opération consiste à **trier** la laine.

– *He only **sorts** with his equals.* – Il ne **fraie** qu'avec ses pairs.

– ***Sorted** biscuits.* – **Choix, assortiment** de biscuits.

Sortilege. – Le lat. *sortilegus (sors, lego)* signifie prophétique, fatidique ou devin, selon qu'il s'agit de l'adj. ou du subst. D'où, le lat. médiéval *sortilegium,* divination. D'où enfin le sens angl. de **tirage au sort comme moyen de divination; divination par ce moyen;** † **sorcellerie, magie; charme, enchantement,** mais non pas sortilège, maléfice.

– *He was still under the **sortilege** of their common life.* – Il était encore sous (il subissait encore) le **charme** de leur vie commune.

Sot, to sot, sottish. – † Sot. Auj., **ivrogne (invétéré), suppôt de Bacchus,** ou quelque expression analogue.

To sot** away the time,* **passer** le temps **en buveries;** ***to sot it, **ivrogner, s'abrutir dans l'ivresse.**

Sottish, adj., **ivrogne.**

– Dans la querelle du Médecin malgré lui et de sa femme, celle-ci dit: *And do you imagine, **sot,** ...?* (FIELDING, *Mock-Doctor,* I.) – Et prétends-tu, **ivrogne,** ...?

– Lord Chesterfield (*Letters, Oct.* 4, 1746) se demande ce qu'il serait devenu si, dans sa jeunesse, il n'avait acquis le goût de l'étude: *I must... have destroyed my health and faculties by **sotting** away the evenings.* – Il m'aurait fallu ruiner ma santé et mes facultés en passant mes soirées à **ivrogner.**

Sound, -ly (adj. et adv.). – Est l'anglo-saxon *gesund* qui a donné le même mot en all.: **sain, en bon santé** (cf. *safe and sound*). Autres sens, **de constitution robuste; solide, en bon état;** (fruit) **sain, non endommagé** ou gâté, **intact, sans tare** (ant. de *tainted, q.v.*); au fig. **sain** (d'esprit); (argument) **solide, irréfutable,** *this is **sound** reasoning,* c'est là **bien raisonner;** *this is **sound** finance,* c'est (là) de (la) **bonne** finance; jur. ***sound** title,* titre **valable, bien fondé;** comm. **solide, solvable.** ***Sound** sleep,* sommeil **profond; judicieux, prudent,** *a **sound** policy;* **avisé, bon,** *a **sound** advice,* un **bon** conseil, celui **d'un homme avisé;** aussi *a **sound** thrashing,* une **bonne** volée ou raclée.

Sens corresp. pour ***soundly.***

– *People of **sound** judgment would not deny it.* – Les esprits **bien faits** ne le contesteraient pas.

– *Your objections, your remarks **are not sound.*** – Vos objections **manquent de justesse,** vos remarques **ne sont pas pertinentes.**

– *He said that he was **as sound as a bell.*** – Il déclara qu'il était **en parfaite santé,** qu'il se portait **comme un charme.**

– *The father was on the watch and rated his boy **soundly.*** – Le père veillait et tança son fils **vertement, de la belle manière.**

Sound (subst.). – A côté de ***sound,*** **son** (lat. *sonus*), un autre d'origine germ., apparenté à *swim,* † **action** ou **faculté de nager,** d'où **vessie natatoire** de certains poissons; **détroit, pertuis, goulet; bras de mer.** Géogr. *the **Sound,*** le **Sund.**

Sound (to). – Deux v. de cette forme nous retiendront.

1° Anc. fr. *suner,* fr. mod. sonner, du lat. *sonare,* a notamment les emplois suivants: *this **sounds** true, strange, like nonsense,* à l'entendre dire ou lire, cela **donne une impression** de vérité, d'étrangeté, d'absurdité, **paraît** vrai, étrange, etc.; ***this sounds in, into, to,*** **cela fait penser à quelque chose de, rappelle, tend à;** jur. *a claim **sounding** in damages,* une plainte **ne tendant** qu'à obtenir des dommages et intérêts, une plainte en dommages et intérêts.

Outre ces emplois idiomatiques du v. intr., signalons ceux-ci (trans.): **faire sonner, faire résonner; faire entendre; proclamer,** (1) **chanter;** ***to sound*** *a note of warning,* au fig. **recommander** la prudence; **donner l'alarme;** ***to sound*** *s.o.'s praises,* **chanter** les louanges de qqn.; (méd.) ***to sound*** *s.o.'s chest or lungs,* **ausculter** qqn. (par la percussion); ***to sound*** *a wheel,* **vérifier l'état d'une roue (en la frappant au marteau);** ***to sound*** *a glass, a vase,* **faire tinter** un verre, un vase (pour s'assurer qu'ils ne sont pas fêlés); **prononcer,** *the h in hour is not **sounded,*** l'h de *hour* ne se **prononce** pas.

Rapprocher: « Manque-t-il (l'étranger) seulement de porter l'accent juste comme il doit *sonner?* Toutes les figures s'épanouissent de plaisir; car la plus grande prétention de toute l'Angl. est qu'un étranger ne puisse jamais bien parler angl. (FIEVÉE, *Lettres s. l'Angl.,* VIII).

REMARQUE. – On rapprochera du premier sens indiqué ci-dessus les expressions fig. signalées par L. (s.v. 3°): « Cette action *sonne* bien, ne *sonne* pas bien, *sonne* mal dans le monde, elle est bien, mal reçue du public; cela *sonne* mal = cela fait mauvaise impression. » D'autre part, on a dit au XVIe s... par contrat de vente, ou *sonnant* ou équipollant à vente.

2° Anc. fr. *sonder* (bas lat. *subundare*) dont il a tous les sens au pr. et au fig. Noter l'emploi intr.: *the whale **sounds,*** la baleine **plonge** (au fond de l'eau).

– Un enfant demande à son père comment va sa mère à laquelle celui-ci est allé rendre visite; réponse: *She **sounded** very well. I didn't see her.* – Très bien, **d'après sa voix;** je ne l'ai pas vue.

– Au cours d'une conversation téléphonique entre deux époux en instance de divorce, le mari apprend que sa femme a l'intention d'abuser de sa bonté: *All right, that's all I wanted to know. – Tony, **how odd you sound...** don't ring off.* (E. WAUGH, *Handful of Dust,* IV.) – Très bien, c'est tout ce que je voulais savoir. – T., **votre voix est toute drôle...** ne coupez pas (2).

Ces deux ex. montrent que l'angl. passe aisément de l'impers. au pers., ce que la rigueur de sa syntaxe interdit au fr.

Soup. – ***Clear soup,*** **consommé, bouillon,** ***thick soup,*** **crême, purée;** ***soup-kitchen,*** **soupe populaire.** Argot, *to be in the **soup,*** être dans le **pétrin,** dans la **mélasse,** dans la **panade,** dans les **choux,** etc.; argot des malfaiteurs, **nitroglycérine.**

– *The affair is **in the soup.*** – L'affaire est **grillée (flambée).**

(1) Cf. « (Le) peuple qui partout *fait sonner* ses louanges. » (CORN., *Cid,* IV, 1).

(2) Il faut, en effet, entendre ici: « it doesn't sound like your voice ».

Sour. – Outre sur, « acide », signifie **suri,** *turned **sour, sour** bread, milk,* etc., ***sour*** *wine,* vin **suret, verjuté;** (fruit) **vert,** *the grapes are **sour,*** les raisins sont **trop verts.**

Au fig. **revêche, aigre** (comme verjus), **acariâtre, aigri, grincheux,** *a **sour** temper.*

– *A Scotch presbyterian who assumes a grave step and a **sour** mien.* – (MORLEY, *Voltaire,* II.) – Un presbytérien écossais qui affecte une démarche solennelle et un air **revêche.**

Spa. – De Spa, station thermale renommée de Belgique, on passe aux sens de **source minérale; ville d'eau,** *to go to **a spa,*** aller **aux eaux.** ***Spa-drinker,*** **curiste.** ***Spa-water,*** **eau minérale.**

Space. – L'emploi absolu de ce mot au sens de « portion de la durée » n'est plus usité en fr. Nous ne dirions plus, comme d'Aubigné (*Hist.* I, 47): « Il employa cet *espace* à la lecture de bons livres. » L'angl. si.

– *In the second winter, Pen came **for a brief space** at Fairoaks.* (THACKERAY.) – Au cours de ce second hiver, P. vint **faire un bref séjour** à F.

– *They remained silent **for a considerable space.*** – Ils restèrent **longtemps** silencieux.

Spasm, spasmodic. – Les mots fr. de cette forme sont purement des termes de méd. Il en est d'abord de même en angl. où ***spasm*** signifie pr. **contraction musculaire, crampe,** mais le subst. comme l'adj. ne tardent pas à prendre des sens plus étendus. *A **spasm of the face,** of the stomach, of the chest (angor pectoris), of coughing,* un **trismus,** une **crampe** d'estomac, une **angine** de poitrine, une **quinte** de toux, ***mimic spasm,*** **névralgie faciale.**

Au pr. et au fig. **mouvement brusque** ou **convulsif** d'un caractère violent, **sursaut, accès.** ***Spasm*** *of madness* (CARLYLE), **accès** de folie, *of energy,* **sursaut** d'énergie, *to work **by spasms*** ou ***spasmodically,*** travailler par **foucades,** par **à-coups.** ***Spasmodic,*** qui se produit **par boutades,** ou procède **par saccades; fait par à-coups, à bâtons rompus; heurté, irrégulier, intermittent.**

– *A **spasm** of pain marred the harmony of her features.* – Une **contraction** douloureuse altéra l'harmonie de ses traits.

– *The **spasms** and nauseas of the empty stomach.* – Les **tiraillements** et les nausées de l'estomac vide.

Spasm est en effet le lat. *spasmus,* grec *spasmos* dont la racine *spân* signifie *tirer.*

– Alpha, parlant de l'ordre *(On being tidy),* s'accuse de ne pas en avoir après y avoir sérieusement tâché: *In other days, before I had given hope of reforming myself... I had many a **spasm** of tidiness.* (*Windfalls,* 39.) – Autrefois, avant que j'eusse renoncé à l'espoir de me corriger, j'ai eu maintes **velléités** (d'ordre), **suivies de courts effets.**

– Plus loin (p. 145), il parle de *mere **spasms** of emotion,* rien de plus que des émotions **passagères.**

– *We were impressed by the* ***spasmodic,*** *disconnected progress of his thought.* – Nous avons été frappés par l'allure **décousue** et heurtée de sa pensée.

– *The car moved off in* ***spasms*** *along the deserted streets.* – La voiture démarra **en cahotant** le long des rues désertes.

– *Every knock at the door – every footstep – gave her a* ***spasm*** *of terror.* – Il n'était pas de coup à la porte, ou de bruit de pas qui ne la fît **sursauter** de terreur.

– *Their friendship might have been termed a* ***spasmodic friendship.*** – Leur amitié aurait pu être qualifiée d'amitié **à éclipses.**

– *She sighed* ***spasmodically.*** – Elle poussait des soupirs **convulsifs.**

– Au bal, patience inlassable des mères qui espèrent y trouver un bon parti pour leur fille: *As for themselves, to sit hour after hour, dead tired, silent, or talking* ***spasmodically*** *– what did it matter, so long as the girls were having a good time!* (GALSW., *Man of Property,* II, viii.) – Quant à elles, rester assises des heures durant, mortes de fatigue, silencieuses, ou parlant **sans suite** (**à bâtons rompus**) – peu leur importait si leurs filles s'amusaient.

Special (adj. et subs.). – Outre les sens communs aux deux langues, on notera ***special*** *friend,* l'ami **chéri de dilection particulière,** l'ami **intime;** (sur un passeport) ***special*** *peculiarities,* signes **particuliers;** ***special*** *price,* prix **de faveur;** E.U. ***special*** *bill = private bill,* **proposition de loi;** *by* ***special delivery,*** par **exprès.**

Suite des sens, ***special constable,*** **citoyen assermenté faisant fonction d'agent de police** (1); ***special*** *pleader, -ding* (v. *pleader* au *Supplément*).

Special *anatomy,* anatomie **topographique.** (Comm., ind.) (article, etc.) **hors série;** ***special-order*** *work,* travail **à façon.** Fam. *dress* ***for special occasions,*** robe des **jours de fête.**

Special subst., ellipt. pour ***special*** *edition, constable, train.* Au pl. dans l'armée, les **ajournés.** Syn. de *specific, detailed* et donc opp. à général, vague, imprécis: *Defoe's narrative is* ***special.*** D. narre avec **précision,** d'une façon **concrète et circonstanciée.**

Enfin, fam. *I ain't* ***special*** *about algebra,* je ne suis pas **ferré, calé en** (**à cheval sur l'**) algèbre.

– *He is my own* ***special*** *friend.* – C'est le véritable ami **de mon cœur.**

– *By His Majesty's* ***special*** *command.* – D'ordre **exprès** de Sa Majesté.

Specialty. – P. ext. du sens didactique commun aux deux langues, signifie parfois don, talent naturel.

Jur. **contrat formel** (par écrit) sous seing privé, par oppos. à contrat verbal, *parol contract.*

(1) Notamment en cas d'émeute. Cf. E.U. les *national guardsmen* qui, si besoin est, constituent aussi des troupes de police supplétives.

– Judith aimerait pouvoir dessiner, mais elle n'a aucune disposition: elle dit à un garçon de talent: *Oh, you are lucky! I envy people with a* ***speciality.*** (R. LEHMANN, *Dusty Answer,* II, 3.) – Oh! vous avez de la chance! Comme j'envie les gens qui ont un **don!**

Specific. – *That historian is most positive and* ***specific*** *where another is uncertain,* cet historien est des plus affirmatifs et **précis** là où un autre marque de l'incertitude. L. (2°) donne ce sens de **précis, déterminé** avec un seul ex. emprunté à Retz. Il est courant en angl. Aussi jur. ***specific*** *case,* cas **d'espèce,** ***specific*** *legatee,* légataire **à titre particulier.**

– *The treaty is not* ***specific*** *on this point.* – Le traité n'est pas **précis** (ou: **formel**) sur ce point.

Specious. – Le fr. *spécieux* ne s'applique guère qu'aux ch.: des dehors spécieux, un zèle spécieux (Molière), c.-à-d. « qui n'a que l'apparence de la bonté, de la vérité » (D.G.). ***Specious,*** comme le lat. *speciosus,* peut s'appliquer aussi aux pers. *A* ***specious*** *person,* une pers. dont les dehors, la conduite, le langage sont **trompeurs.**

– *A* ***specious*** *rogue,* un gredin **à l'air respectable.**

– Pour Stevenson, *a cathedral is as single and* ***specious*** *as a statue to the first glance, and yet on examination as lively and interesting as a forest in detail. (An inland Voyage.)* – Une chose qui a l'unité et la **beauté** d'une statue au premier abord, et qui cependant se révèle à l'examen aussi vivante et intéressante qu'une forêt dans le détail.

Rapprocher: « Les demeures sont très *spécieuses* (belles) et dignes d'œuvres royales. » (LA NOUE, *Disc. pol. et mil.,* 5).

Spectacles, spectacled. – ***Spectacles,*** **lunettes,** ***coloured spectacles,*** **conserves;** ***spectacled,*** **portant lunettes, à lunettes,** ***spectacled snake,*** **serpent à lunettes.**

– *All tongues speak of him, and the bleared sights*
Are spectacled *to see him.* (SHAKS., *Coriol.,* II, I, 221.)

– Toutes les langues parlent de lui et les vues troubles **ont des lunettes** pour le voir.

Speculate (to), speculation, speculative. – Le lat. *speculari* signifie observer, regarder (cf. *specula,* lieu d'observation, observatoire, *speculum,* miroir) et le bas lat. *speculatio,* contemplation. On comprend, dès lors, que le premier sens du mot angl. soit **faculté de voir, vue, vision, regard,** et que Macbeth, terrorisé par l'apparition de Banquo (III, iv, 95) s'écrie: *Thou hast no* ***speculation*** *in those eyes – Which thou dost glare with.* – Tout **regard** est absent de ces sinistres yeux – Que tu fixes sur moi.

On comprend aussi que le fr. et l'angl. aient signifié: **observation attentive du ciel, des astres** (cf. L. 1°: la *spéculation* des astres). Aussi bien, quand Milton écrit (*Par Lost,* XII, 589): *Let us descend now therefore from this top Of* ***Speculation,*** cela signifie: Descendons maintenant de ce belvédère de cette cime d'**observation,** et non, comme le prétend Chateaubriand: « Descendons maintenant de cette cime de spéculation (?) ». Il s'agit, en effet de la montagne d'où l'archange Michel découvre l'avenir à Adam; l'expression est un latinisme, *turris speculationis,* reprit d'ailleurs par Wordsworth:

*High on her **speculative** tower stood Science.* (*Eclipse Sun,* I.) – Là-haut sur sa tour d'**observation,** se tenait la Science.

Passant du pr. au fig., le lexicographe angl. enregistre les sens suivants: **méditation, étude approfondie, considération, recherche abstraite, théorie,** opposée à pratique, sens communs aux deux langues, mais comportant des nuances qu'il importe de discerner et de marquer, l'angl. disant souvent ***speculation*** là où il faut entendre **réflexion, méditation; hypothèse, conjecture.** Fam. *I am sorry to disturb your **speculations,*** je regrette de troubler vos **méditations;** *I turned up **on spec,*** je suis venu **à tout hasard** (1).

***Speculative** essays, opinions,* essais, opinions **philosophiques.**

– *The honest, frank boy just returned from school is secretly **speculating** on the money you will give him and the money he owes to the tart-man.* (THACKERAY, *Pend.,* XVI.) – Votre brave et honnête garçon, à peine revenu pour les vacances, **suppute** en secret la différence entre l'argent que vous lui donnerez et ce qu'il doit au marchand de gâteaux.

– *He had **speculated** on all these things during the night.* – Il avait **réfléchi** à toutes ces choses pendant la nuit.

– ***Speculation was general** as to the identity of Elia.* – **Tout le monde se perdait en conjectures** sur l'identité d'Elia.

– *History is a **speculative** science.* L'histoire est une science **conjecturale.**

– Elizabeth-Jane hésite à renoncer au célibat « pour s'engager dans la voie **hasardeuse** du mariage », *for the **speculative** path of matrimony.* (Th. HARDY, *Mayor,* XIX).

– Et Polly, de même, n'y songe pas sans appréhension: *At the back of his mind he was **speculating** whether flight at the eleventh hour would be criminal or reprehensible bad taste.* (WELLS, *Polly,* VI, 4.) – Tout au fond de sa conscience, **il se demandait (le problème se posait de savoir)** si à cet instant – la dernière minute – sa fuite serait considérée comme un crime ou seulement comme une farce d'un mauvais goût répréhensible.

– *He began **to speculate** on what his friend would think of his suggestion.* – Il se mit à **imaginer** ce que son ami penserait de sa proposition.

– Encore deux ex. d'emploi de l'adj. au sens étym., pr. et fig. du mot: *My **speculative...** instruments,* dit Othello (I, iii, 271), entendant par là: Mes **yeux,** mes **organes de vision.**

(1) *Spec* = aussi spéculation commerciale ou financière, *a good spec*(ulation), une bonne affaire.

– Conseils d'un homme d'expérience: *Be bold, but logical, **speculative** but cautious, daringly courageous, but properly circumspect withal.* (S. BUTLER, *The Way,* LIV.) – Soyez hardi, mais logique, **voyez les choses de haut,** mais avec prudence, joignez un courage à toute épreuve à la circonspection qui est toujours de mise.

REMARQUES. – 1° L'astrologue qui s'est laissé tomber dans un puits est qualifié plaisamment par La Fontaine de « *spéculateur* (observateur des astres) qui fut contraint de boire » (*Fables,* II, xiii).

2° Le *Thesaurus* de Roget donne notamment comme syn. de ***speculate :*** *think, view, suppose.*

Speculum. – Miroir, ou **réflecteur** (de verre ou de métal p. ex. d'un télescope); **miroir, tache** que portent sur l'aile certains oiseaux appelés pour cette raison « spéculifères »; **ocelle** (de papillon).

En compos. ***ear-speculum,* otoscope.**

Spell (to), speller, spelling. – Six v. et cinq subst. de cette forme. Un seul v. nous retiendra, celui qui vient du fr. *espeler,* épeler, d'où les sens: **épeler, déchiffrer péniblement** (avec *out* ou *over*); au fig. **découvrir, conjecturer, soupçonner; comprendre** (par l'étude ou la recherche); **examiner attentivement, scruter, éplucher** (syn. de *to scan,* q.v.);

De l'expression *what do these letters **spell?*** **quel mot forment** ces lettres? on passe au sens de **signifier, impliquer, équivaloir à.** ***To spell*** signifiant au pr. **orthographier** (un mot), ***to spell backwards*** sera **épeler à rebours** et au fig. **mal interpréter, déformer, dénaturer** le sens de. ***To spell for,* demander, postuler.**

Spelling,* orthographe, *speller *(to be a good, a bad **speller**)* savoir, ne pas savoir l'**orthographe;** syn. de ***spelling-book,* abécédaire, syllabaire, alphabet.**

Expressions. E.U. argot: ***to spell able,* être calé; *to spell short,* trancher le mot.**

– *To go on trading on these terms would soon **spell** ruin.* – Continuer de commercer dans ces conditions serait **courir à la ruine.**

– *Laziness **spells** failure.* – La paresse **conduit à** l'échec.

– *He **spelled for** the curacy.* – Il **demanda** le poste de vicaire.

– *The most modern means of industrial production will **spell** plenty for the consumers.* – Les moyens les plus modernes de production industrielle **sont un gage (une promesse)** d'abondance pour le consommateur.

Sperm. – ***Sperm** and seed,* tautologie, **semence.** Abrév. de *spermaceti,* **sperme** ou **blanc de baleine; *sperm-oil,* huile de baleine, huile de spermaceti; *sperm-candle,* bougie; *sperm-whale*** (abrégé parfois en ***sperm***) **cachalot, *sperm-whaler,* chasseur de cachalots;** (navire) **cachalotier.**

Spice, to spice. – *Spice* et *species, épice (espice)* et *espèce* ont une seule et même origine, qui est le lat. *species*: Les *espèces* (ou épices) désignant autref. « les denrées de toute sorte et, à basse époque, spécialement les aromates » (BLOCH), d'où les sens: **épices, aromates;** comme ceux-ci servaient de **condiment,** d'**assaisonnement** propres à exciter l'appétit, on est venu à dire p. ext. *cattle, fowl* ***spice(s),*** **produits stimulants** pour le bétail, la volaille; au pr. et au fig. **sel, piment, montant, piquant,** etc., aussi, **trace, soupçon, brin** de jalousie, d'humour, etc.), **teinte, teinture** (de science), **pointe** (d'ironie), **grain** (de coquetterie, de malice) (cf. *infusion* et *touch*).

Autres sens, au fig. encore, **spécimen, échantillon:** *he gave us a* ***spice*** *of that he had learned at school.* (1)

En compos. ***spice-cake,*** **gâteaux aux quatre épices** (cannelle ou gingembre, girofle, muscade, poivre noir), E.U. ***spice-bush,*** **benjoin aromatique.** ***To spice*** a, en effet, signifié: **embaumer** (un corps), d'où ***spiced,*** **parfumé, odorant.** Du sens d'**épicer, assaisonner** (un mets) pour en relever le goût et lui donner du montant, on passe en argot à celui de **doper,** (un cheval) pour tromper le client et, p. ext. **filouter, refaire.**

Locut. ***spiced*** *cap,* **cucuphe,** ***spiced*** *palate,* palais **blasé.**

– *He knew how to give* ***spice*** *to a story.* – Il s'entendait à **pimenter** un récit.

– *Variety is the* ***spice*** *of life.* – La variété donne de la **saveur** à la vie.

– *There was a* ***spice*** *of malice in his witticisms.* – Ses bons mots n'étaient pas dépourvus d'une **pointe** (d'un **grain**) de méchanceté.

– Selon Sir A. Quiller-Couch. (*On the Art of reading*) il se dégage de la Bible *a smell of blood mingled with* ***spices,*** une odeur de sang qui se mêle aux **parfums.**

Rapprocher: « La fête qu'assaisonne et parfume le sang... » (BAUDELAIRE).

Spicy. – Comme *spiced,* **épicé, assaisonné** (d'épices); (goût) **relevé; aromatique, balsamique, embaumé, parfumé;** † **qui abonde en épices;** au fig. et fam. (de la conversation, d'une histoire, etc.) **piquant, croustillant, relevé; salé, épicé, poivré;** *to tell* ***spicy*** *stories,* dire des histoires **lestes, salées, faisandées, de haut goût,** en dire **des vertes,** dire des **gaudrioles,** des **gaillardises,** etc. Argot: *a* ***spicy fellow,*** un type **plein d'allant,** un **boute-en-train;** aussi: ***to cut it spicy,*** **faire le gandin** (MANCHON), **le type chic, faire de la gomme;** (des ch.) **pimpant,** *a* ***spicy*** *dog-cart,* une **pimpante** charrette angl.

Spire. – Mot germ.; n'a rien de commun avec notre spire, lat. *spira,* tour (d'une hélice, etc.).

Tige (de plante); **faîte; flèche** (d'un arbre); **langue de feu; aiguille, flèche de clocher** (d'une église), d'où ***to spire,*** **s'élever en flèche, en pointe** (v. *to aspire*).

(1) Cf.: « Je voulus lui donner un échantillon de mon talent. » (ROUSSEAU).

Spirit, spirited. – Non seulement esprit, mais aussi **courage, ardeur, âme, feu, fougue.** Au pl. **principe actif** ou **vital, force,** corps légers et subtils qu'on regardait comme le principe de la vie et des sentiments (L. 7°), d'où: ***to be in high spirits,*** **être gai, se sentir en gaîté, en train, en verve;** *to be* ***in low spirits,*** être **abattu, découragé, déprimé, triste;** ***to keep up one's spirits,*** **ne pas perdre courage, ne pas se décourager;** ***to recover one's spirits,*** **se rasséréner.**

Spirits signifie aussi **spiritueux, liqueurs alcooliques, alcool, liqueurs fortes.**

(High-) spirited, (des pers.) **vif, animé, plein de feu, d'entrain, de verve, d'ardeur, de courage,** etc., (d'un cheval) **fougueux, ardent, vif;** (d'un discours, du style) **chaleureux, entraînant.** ***Low-spirited*** sera le contraire (v. ci-dessus *low spirits*).

– *In the decline of life, health and* ***spirits*** *fail.* – Au déclin de la vie, la santé et la **vitalité** s'affaiblissent.

– *The elder Hazlitt was a man of* ***spirit*** *and understanding.* – H. le père, était un homme de **cœur** et de sens.

– *Oak could play with Arcadian sweetness. He played on with* ***spirit.*** (Th. HARDY, *Madding Crowd,* VI, 45.) – Oak savait tirer de sa flûte une mélodie d'une suavité arcadienne. Il continua de jouer avec **entrain (brio).**

– *The young man was too deficient in* ***animal spirits*** *to be popular.* – Ce jeune homme manquait trop de **tempérament** pour être populaire (parmi ou: bien vu de ses condisciples).

– Un écolier peu brillant voit avec plaisir approcher les vacances: *As the half-year wore on, his* ***spirits*** *gradually revived.* – A mesure que s'écoulait le premier semestre, son **moral** remontait par degrés.

– *She* ***plucked up her spirits.*** – Elle **revint de sa frayeur.**

– *After some hours' sleep I got up* ***in fine spirits*** traduit sous la plume de Smollett ce passage de *Gil Blas* (III, V.): Après quelques heures de sommeil, je me levai **en bonne humeur.**

– *On the table was a* ***spirit*** *lamp and a small sauce pan.* – Sur une table, il y avait un réchaud **à alcool (à essence)** et une petite casserole.

– A un invité qui refuse de boire, son hôte dit: *Drink up for heaven's sake!* ***You're not showing much spirit*** *for your last dinner as a bachelor.* – Buvez donc, saprelotte! **Vous n'êtes pas crâne** pour votre dernier repas de garçon.

– *My socks* ***were spirited*** *without being vulgar.* (WELLS, *Passionate Friends,* II.) – Mes chaussettes **avaient de l'allure** sans être vulgaires.

– *He bade his friends* ***keep up their spirits.*** – Il souhaita **bon espoir (bon courage)** à ses amis.

REMARQUE. – On rapprochera du sens d'alcool cette phrase de Fiévée (*Lettres sur l'Angl.,* VIII): « La promptitude avec laquelle il (le porto) s'enflamme, prouve combien d'*esprit* il contient. »

Spiritual (adj. et subst.). – Noter ***spiritual*** *court,* tribunal **ecclé-**

siastique; *spiritual* *director,* directeur **de conscience; *spiritual*** *maladies,* maladies **de l'esprit**; aussi, **moral, psychologique.**

Subst. *a* ***spiritual,*** un **chant sacré,** un **hymne,** E.U. *Negro* ***spirituals,* chants religieux** des noirs.

Spiritualism et ***spiritualist*** peuvent signifier respectivement **spiritisme** et **spirite.**

– *He (Racine) fixed the whole of his attention on the* ***spiritual*** *crisis.* (L. STRACHEY, *Books ans Characters.*) – C'est la crise **morale** (**psychologique**) qui retenait toute l'attention de Racine.

Spite. – Forme abrégée de *despite.* En fr., dépit, c'est un chagrin mêlé d'un peu de colère. Le mot a pourtant gardé sa force – qu'on ne perçoit d'ailleurs plus – dans « en dépit de »: en dépit du bon sens, en dépit de la loi, au mépris du bon sens, au mépris de la loi. Penser à *to despise,* mépriser. Sens: ***from spite, out of spite,*** **par dépit, par rancune, par pique; par malveillance, par méchanceté;** ***to have a spite against,*** *s.o.,* **en vouloir, garder rancune** à qqn., fam. **avoir une dent contre** qqn. Jur. E.U. ***spite*** *fence,* clôture élevée **à seule fin d'ennuyer, de vexer** ou **de léser** un voisin.

Spiteful, **rancunier, vindicatif, méchant, malveillant.**

Iago (I, ii, 17) fait craindre à Othello la colère du père de Desdémone. Othello répond: *Let him do his* ***spite.*** – Qu'il obéisse à sa **rancune.**

Spleen. – Nous avons adopté ce mot (qui signifie pr. **rate**) mais dans un sens devenu archaïque en angl.

Après avoir pris de multiples acceptions, auj. désuètes, le mot signifie: **irritabilité, mauvaise humeur; méchanceté; bile, fiel, venin; emportement, colère.**

– *He vented all his* ***spleen.*** – Il a déchargé, épanché toute sa **bile,** son **fiel,** il a jeté tout son **venin,** (selon le contexte).

– *He said that in a* ***spleen.*** – Il a dit cela dans un moment d'**emportement.**

Spoil (to). – Du sens biblique ***to spoil*** *the Egyptians* (*Exode,* xii, 36), **dépouiller** les Égyptiens, on passe à l'acception fam., **dépouiller, piller** l'ennemi (héréditaire). Noter d'autre part: *he* ***spoils*** *his eyes by reading,* il **s'use,** il **s'abîme** les yeux (la vue) à force de lire; *this bad piece of news* ***spoiled*** *my appetite,* cette mauvaise nouvelle m'a **coupé** l'appétit; ***don't spoil*** *the fun of my children,* **n'empêchez pas** mes enfants de s'amuser, **ne faites pas le rabat-joie,** etc. ***To spoil*** *the beauty of something,* **déparer** qqch.; vulg. ***I'll spoil*** *his beauty for him,* je vais l'**amocher.** ***To spoil*** *a sauce,* **manquer, rater** une sauce; ***to spoil*** *a piece of news,* **déflorer** une nouvelle.

Prov. *You must* ***spoil*** *before you spin* (remarquer l'allitération), **apprenti** n'est pas maître. Enfin ***to spoil*** *s.o.* **faire son affaire** à qqn., lui **régler son compte.**

Intr. **se gâter, s'abîmer, s'avarier, se détériorer, se tarer, se corrompre;** autre prov.: *vengeance* ***does not spoil*** *with keeping,* la vengeance est un plat **qui se mange froid.** ***To be spoiling*** *for a fight,* **brûler de désir, d'envie** de se battre.

REMARQUE. – Du sens de dépouiller, *to spoil* passe au sens voisin de **gâter.** Voisin, disons-nous: en effet, *gaster* ou *desgaster,* faire du dégât, c'est **dépouiller** (un pays, p. ex.). D'où **gâter,** dans le sens affaibli de **gâter** un enfant.

– ***Spare the rod and spoil the child*** (encore un prov. renforcé par l'allitération). – **Qui aime bien châtie bien.**

Spoil (subst.). – Fam. *to claim one's share of the* ***spoil(s),*** réclamer sa part du **butin,** du **gâteau,** de « l'**assiette au beurre** »; E.U. ***spoils*** *system;* octroi ou distribution de **places,** de « **fromages** » aux adhérents du parti qui l'a emporté aux élections: p. ext. **abus de pouvoir** à des fins intéressées ou personnelles.

Spoil-bank, -dump, -heap; (min., etc.) **halde de déblais; terril, banquette;** (trav. publics) **cavalier** (sur les côtés d'une route); **champbord** (sur les côtés d'un fossé, etc.) (MANSION).

Spoil-sport, **rabat-joie, gêneur, empêcheur de danser en rond.**

Spoilsman. – **Partisan, bénéficiaire** ou **profiteur** du système de l'« assiette au beurre », **chacal** (qui, après l'élection de son parti, exige sa part du butin).

Sponge, to sponge, sponger. – Par méton. et abrév. de ***sponge-down,*** **douche** ou **lotion à l'éponge** (cf. ***sponge-bath,*** **tub**); autre sens, **écouvillon;** méd. chir. **pansements, coton hydrophile,** etc.

Par analogie et au fig. (équivalent de ***sponger*** (1)) **parasite, écornifleur,-euse, pique-assiette, tire-sou;** ***to sponge*** *on s.o.,* **vivre aux crochets, aux dépens** de qqn. ***to sponge*** *on s.o.* ***for drinks,*** **se faire payer des tournées** par qqn.

Du sens de ***to sponge,*** **presser comme une éponge** pour faire rendre à un homme son argent, on passe, à ***sponging-house,*** **prison préventive** ou **provisoire pour dettes.**

Locut. div.: ***to throw up, to throw in,*** pop. ***to chuck up the sponge,*** se dit d'un boxeur qui jette l'éponge dans le ring pour montrer qu'il abandonne, d'où fam. et au fig. **abandonner, quitter** la partie, **s'avouer vaincu, se tenir pour battu, renoncer** (à la lutte), **caler.**

En compos. ***sponge-biscuit,*** **madeleine,** ***sponge-cake,*** **biscuit de Savoie, gâteau-mousse,** ***sponge-cucumber, sponge-gourd,*** **luffa amordique;** ***sponge-finger,*** **biscuit à la cuiller,** ***sponge-tree,*** **acacia de Farnèse, cassis du Levant,** ***sponge-platinum,*** **mousse de platine.**

– *As I could only contribute to the meal a couple of rolls, I am inclined to believe that he considered me rather as a* ***sponge.*** (STEPH., *Trav. Turkey.*) – Comme je ne pus contribuer au repas que pour une couple de petits pains, je penche à croire qu'il me considéra plutôt comme un **pique-assiette.**

(1) **Sponger** peut se rendre aussi par **écumeur de marmites, de tables,** voire (mod.) par **resquilleur.**

– *You can't go on* ***sponging*** *on women.* – Vous ne pouvez continuer à **vivre aux crochets** des femmes.

– *When he had squeezed these* ***sponges*** *till they were dry again...* traduit: Quand il eut tiré de ces **sangsues** tout le sang qu'elles avaient sucé. (*Gil Blas*, XI, V). Il s'agit des traitants auxquels Olivarès fait rendre gorge.

Sport, to sport. – C'est un mot que nous avons repris aux Angl. après qu'ils l'ont eu abrégé et gratifié d'un sens nouveau. Dans Cotgrave encore, on lit (1611): « Déport: *disport, sport, pastime, recreation, pleasure* », et « se déporter... *to disport, play, recreate himself, pass away the time* ». Le fr. *desport* est devenu en angl. *disport*, puis, par aphérèse, ***sport***. Les sens qu'on vient de lire n'ont pas été donnés pour étaler de l'érudition, mais pour faire observer qu'ils sont tous encore bien vivants en angl. Voici donc les acceptions du subst.: **jeu, divertissement, amusement, plaisir** (spéc. de la chasse ou de la pêche), **ébats**, et bien entendu **sport**, dans le sens que nous avons adopté; puis au fig. **jouet** (de la fortune, des circonstances); **objet de raillerie, de risée,** ***to make sport of s.o.***, c'est le **tourner en ridicule.**

Autres sens important (biol.), † *lusus naturae*, ***sport*** *or freak of nature*, littéral, jeu, caprice de la nature, c.-à-d. **individu, organisme anormal, aberrant,** résultant d'une variation brusque, **monstre, chimère,** s'emploie aussi au fig. ***Sport*** équivaut fam. à ***sportsman*** (q.v.) dans le sens de « celui qui a l'esprit sportif, et p. ext. de **beau joueur, chic type.** Aux E.U. au contraire le mot est péjor.: **joueur,** (à des jeux d'argent), un **habitué des tripots, du turf;** un **noceur,** ainsi défini par le *Slang Dict.* in *N.E.D.*: *An American name for a gambler or turfite – more akin to our sporting man than to our sportsman.*

To sport a les sens corresp. On notera en outre † ou argot: **jouer gros jeu,** y **risquer beaucoup d'argent; porter** des vêtements, etc. **très voyants,** une toilette, etc. **aux couleurs tapageuses, arborer, exhiber,** *he* ***sported*** *a silk hat*, il **arborait** un huit-reflets, *she* ***sported*** *all her jewels*, elle **étalait** tous ses bijoux.

To sport *one's oak* (argot univ.) **fermer, condamner** sa porte (de chêne) aux visiteurs, **leur montrer visage de bois, n'y être pour personne.** P. ext. *he* ***sported*** *the door of his chambers*, il « **boucla** » la porte de son appartement.

Locut.: ***You have a sporting chance***, **vous pourriez risquer le coup, tenter la chance, il suffirait d'un coup de veine.** *I'll make you a* ***sporting offer***, je vais vous faire une **offre libérale,** vous **jouez sur le velours,** je vous fais **un pont d'or.**

– Parlant des dieux, le malheureux Gloster (*Lear*, IV, I, 39) dit: *They kill us* ***for their sport***. – Ils nous tuent **par jeu, par plaisir.**

– *He was born to be the* ***sport*** *of fortune.* – Il était né pour être le **jouet** de la fortune.

– *They designed some* ***sport*** *of fowling as well as fishing.* (Defoe, *Rob. Crus.*) – Ils se proposaient le **plaisir** de la chasse aussi bien que celui de la pêche.

– Parlant des Angl., Emerson note que: *They* ***sported*** *sadly*: ils **s'amusaient** tristement, selon la coutume de leur pays, *said Froissart.* (*E.T.*, VIII).

– ***Be a sport! be a sport!*** dit une femme à l'homme qui en sait trop long sur elle et qui menace de la perdre. (Galsworthy, *The Skin Game*, II, ii.) – **Soyez généreux! montrez-vous galant homme!**

– ***Sporting*** *rights were confined by law to landowners the annual value of whose lands exceeded £ 100.* – Le droit de **chasse** était réservé par la loi aux propriétaires dont les terres avaient une valeur locative supérieure à 100 livres (sterling).

– En acceptant de prêter trois mille ducats à Antonio moyennant un dédit d'une livre de chair, Shylock (*Merch. of Venice*, I, iii, 146) présente ce marché non comme a ***sporting offer***, mais comme un contrat conclu *in a merry* ***sport***, **en manière de jeu, de joyeuse plaisanterie.**

– *The chaps will win your money as sure as* ***you sport it.*** – Ces types-là vous soutireront (ou: vous rafleront) votre argent aussi sûr que vous **mettrez gros à la partie.**

– Arthur Pendennis (XXXIII) se plonge dans les livres dont il doit rendre compte: ***Sport the oak***, *Pidgeon, said he, I'm not at home for anybody to-day.* – **Montrez visage de bois,** P., dit-il. Je ne suis à la maison pour personne auj.

Remarque. – On voit quelle extension a prise la notion de *jeu* qu'exprime le mot dès l'origine: jeux de plein air (chasse, pêche, etc., sports), c.-à-d. jeux pratiqués *dans* la nature; jeu *de* la nature (*lusus naturae*); fait pour l'homme de *se jouer* de son prochain et pour le destin de *se jouer* de l'homme.

Sportive, sportsman. – *A « sportive » man*, écrit-on en 1893. Les guillemets disent assez que l'emploi était alors nouveau. Il s'agit d'un sportif, seul sens que nous connaissons. Les autres sont: **badin, léger, enjoué,** fam., **folichon, folâtre; divertissant, récréatif.** *A* ***sportive*** *combat* (Macaulay) un combat **pour rire.**

Biol. *A* ***sportive*** *plant*, une plante **anormale, aberrante.**

A ***sportsman*** un **chasseur,** un **pêcheur;** un **amateur de sport,** un « **sportsman** », un **sportif,** un **beau joueur, animé d'esprit sportif.**

– *A* ***sportsman*** *about to war with hares and partridges.* – Un **chasseur** qui va faire la guerre aux lièvres et aux perdreaux.

– *A shoal of* ***sportive*** *dolphins.* – Une bande de dauphins **qui prenaient leurs ébats.**

Spouse. – Époux, épouse; jur. **conjoint, -te.**

Squad. – N'a plus le sens précis d'escouade. Il désigne un petit nombre d'hommes (dix au plus), un **peloton,** qu'on groupe pour les instruire, d'où ***squad*** *drill*, école **de peloton,** *punishment, defaulters'* ***squad***, **peloton** de punition, de discipline; *firing* ***squad***, **peloton** d'exécution; *the* ***awkward squad***, ce sont les **bleus** (**recrues**). Autres sens: **brigade** (de douaniers, de gardes forestiers, de cheminots, etc.): ***flying squad*,** **brigade** mobile de la police; au fig. **bande, clique.** Lâchement ***squads*** (ou *platoons*) *of people*, des **pelotons** de gens (L. 4°).

E.U. **équipe** (de rameurs, de joueurs, de basket-ball, etc.).

Squadron. – Outre les sens fr., **escadrille** (d'avions), *bombing **squadron***, **escadrille** de bombardement, ***squadron leader***, **commandant;** naut. **escadre,** *first **battle squadron***, première **escadre de ligne.** ***Flying squadron***, **escadre volante.**

– *Toulon was welcoming the Russian **squadron**; the harbour was decked with flags.* – Toulon accueillait l'**escadre** russe; le port était pavoisé.

Stable (adj. et subst.) que nous réunissons dans le même article, car les deux mots viennent en dernière analyse du lat. *stare*, se tenir debout, rester; d'où les sens. *A **stable man in character***, un homme **ferme en ses desseins, constant, persévérant.**

Le subst. a passé du sens d'étable à celui d'**écurie.** D'où, collect. **chevaux** d'une (certaine) écurie, d'un certain éleveur; au pl., aussi ***stable-call***, **(corvée** ou **sonnerie** du), **pansage.**

*To cleanse the Augean **stables***, nettoyer les **écuries** d'Augias; *to shut or lock the **stable-door** when the horse is stolen* (au pr. et au fig.) fermer la **cage** quand les oiseaux sont envolés. ***To go for the stables** for the night*, aller **remiser.**

En compos. ***stable-boy***, **valet, garçon d'écurie, palefrenier; lad;** ***stable-companion***, **cheval de la même écurie,** fam. **membre de la même école, du même club** ou **cercle, de la même entreprise;** *we are **stable-companions***, nous sommes **du même bord.** ***Stable-keeper***, **logeur, loueur de chevaux.**

– Un train de maison qui s'améliore: *There were more horses in the **stable** and more servants in the hall.* – Il y avait plus de chevaux à l'**écurie,** plus de domestiques au château.

Stage. – Anc. fr. *estage*, fr. mod. étage, d'où les sens: **échafaud; échafaudage,** ***hanging stage***, **échafaud suspendu, plate-forme; pont volant;** ***landing-stage***, **débarcadère, embarcadère, ponton de débarquement, appontement;** toutes ch., en somme, qui sont des bâtis en bois, comme l'est d'ailleurs la **scène,** le **plateau** « plate-forme où est présenté un spectacle ».fam. **les planches** « plancher de la scène au théâtre »; d'où au fig. *to write for the **stage***, écrire pour le **théâtre,** être auteur dramatique; métaphor., la **scène du monde,** *the world is a **stage*** (Shaks.); aussi, **champ d'action, sphère d'activité.**

Autres sens, **relais, étape,** *he travelled **by easy stages***, il voyageait **à petites étapes** (ou: † **journées**); **phase, période, stade, étape, degré** (dans l'évolution d'une maladie, la mise en œuvre d'un programme, etc.), **temps** (d'une opération chirurgicale); **platine** (de microscope).

En compos. ***stage-coach***, **diligence** (aux E.U. ***stage***); ***stage-box***, **loge d'avant-scène;** ***stage-craft***, **art de la mise en scène;** ***stage-directions***, **indications scéniques;** ***stage-door***, **entrée des artistes;** *he caught the **stage-fever***, il **se prit de passion** pour les planches, **(s'entêta à vouloir faire du théâtre);** ***stage-fright***, (le) **trac,** ***stage-hand***, **machiniste,** ***stage-lights***, ***-lamps***, la **rampe,** *before the **stage-lamps***, devant la **rampe;** ***stage-whisper***, **aparté,** ***stage-struck***, **entiché, féru de théâtre.**

– *At the **stage**, the team was unharnessed.* – Au **relais,** on dételа.

– La poésie ne résiste pas aux besognes alimentaires: *Pegasus put into harness and obliged **to run a stage** every day is as prosaic as any other hack.* (Thackeray.) – P. tout harnaché et contraint de **fournir une étape** quotidienne, n'est pas plus poétique que n'importe quelle haridelle.

– *The doctor found him in the last **stage** of a dropsy.* – Le médecin constata que le malade se trouvait au dernier **stade** de l'hydropisie.

– *At this **stage** of the disease no remedy will avail.* – Au **point** où en est la maladie, tous les remèdes seront sans effet.

– *The operation was performed in two **stages**.* – L'opération fut exécutée en deux **temps.**

– *During the railwaymen strike many suburbanites had to ride in the **marrow-bone stage**.* – Pendant la grève des cheminots, de nombreux banlieusards durent se résigner à **prendre le train 11.**

(On sait que *marrow-bones* s'entend familièrement des *genoux*.)

State. – « Je l'entreprendrai plus hardiment (seule) que d'y aller en *état* (avec une suite, un train). » (*Cent Nouvelles Nouvelles*, XXVI). C'est le sens de l'angl. *in state*, **en grande pompe.** En effet, ***state*** signifie **rang, dignité, majesté** et tout ce qui en est la marque: l'**appareil,** l'**apparat,** la **pompe,** l'**équipage,** le † **bel arroi;** d'où ***stately***, **majestueux, imposant.** D'où encore, ***state-room***, **salle d'apparat; salle de réception** (d'un palais, à la cour, etc.); naut. aussi ***state-cabin***, **cabine de luxe.**

Autres sens, (politique) E.U. ***State Department***, **ministère des Affaires étrangères** (1) dont le titulaire est le *Secretaty of State;* ***State control***, **étatisme,** ***to bring** an industry **under State Control***, **nationaliser** une industrie; ***State** forests, mines*, forêts, mines **domaniales.**

– *Keep some **state** in thy exit and vanish.* (Shaks., *Love's Labours' Lost*, V, ii, 598.) – Garde quelque **dignité** en ta sortie et disparais.

– *He always looked grand **on occasions of state**.* – Il avait toujours grand air **lorsqu'il fallait représenter.**

– *She **sat in state** in a stage-box.* – Elle **trônait** dans une loge d'avant-scène.

– *At Baden, he found the Chevalier N. **in great state** and wearing his ordres.* – A Bade, il rencontra le chevalier N. **dans toute sa gloire** et couvert de décorations.

(1) Traduire *Department of State* par « Département d'Etat » comme on le fait dans la presse et à la radio, n'a aucun sens.

– *These are country-folks going to a play* ***in state.*** – Ce sont des provinciaux qui vont au théâtre **en grande cérémonie.**

– *They entertained visitors* ***of state.*** – Ils recevaient des visiteurs **de marque.**

Station. – † **Pose, attitude, posture,** fait ou manière de se tenir debout (cf. fr. la station debout), sens rare; **poste** (d'une sentinelle, etc.); aussi **poste militaire, garnison** (aux colonies); **endroit, lieu où l'on se tient,** naut., etc. ***take your stations!*** **à vos postes!** ***action station,*** **poste de combat;** *central* ***police-station,*** **commissariat, poste de police,** ***fire-(brigade) station,*** **poste de pompiers; dépôt, centre,** ***coaling-station,*** **dépôt de charbon,** ***power-station,*** **usine génératrice** (d'électricité), **station centrale, centrale;** Australie, ***sheep-station,*** **ferme d'élevage de moutons.** Autres sens, **gare, station,** d'où ***station-master,*** **chef de gare. Habitat** (d'un animal, d'une plante); métaph. **rang, condition, position** (dans la société), ***station in life,*** **situation sociale, état;** enfin **station, reposoir,** d'où *the* stations of the Cross, le « **chemin de la Croix** ».

– *The Church included individuals of all* ***stations.*** – L'Église comprenait des individus de toutes **conditions.**

– *In spite of the danger, the soldier kept his* ***station.*** – Malgré le danger, le soldat demeura à son **poste.**

– *She* ***married below her station.*** – Elle **se mésallia.**

– *What is his* ***station*** *in life?* – De quel **monde** est-il?

– *I felt even more keenly the disadvantages of associating with persons in a different* ***station of life*** *from one's own.* – Je sentis bien plus durement encore l'inconvénient de fréquenter des gens d'un autre **état** que le sien.

– *She was kneeling before the* ***station.*** – Elle était agenouillée devant le **reposoir.**

Stationary. – Ce mot n'est pas traître dans des locut. telles que ***stationary*** *engine,* machine ou moteur **fixe,** ***stationary*** *winding,* enroulement (**de champ**) **fixe;** mais *a* ***stationary*** *car,* c'est une auto **en stationnement,** ***stationary*** *troops,* ce sont des troupes **sédentaires.**

Autre ch., en fr. stationnaire, employé au fig. évoque souvent l'idée de stagnation, d'immobilisme. Guizot (*Hist. de la Civilisation en France,* VIII) écrit: « ... Le chaos était extrême, et le chaos est essentiellement *stationnaire.* » Parler d'une politique stationnaire, n'est-ce pas la critiquer? Écoutez maintenant Burke (*Revol. in France,* 45) faire l'apologie de la politique angl.: *« My position demonstrates ... the* ***stationary*** *policy of this kingdom in considering their most sacred rights and franchises as an inheritance. »* – On traduira donc: « La thèse que je défends démontre qu'en regardant nos franchises et nos droits les plus sacrés comme un héritage, notre royaume a assuré la **permanence** de sa politique. »

Le *Thesaurus* de Roget donne *permanent* comme syn. de ***stationary.***

Status. – Peut se traduire par statut dans certaines expressions, ex. *personal* ***status,*** **statut** personnel, admin., *the* ***status*** *of civil servants,* le **statut** des fonctionnaires, mais ***civil status,*** c'est l'**état civil,** *to acquire* ***legal status,*** c'est pour une société, etc., acquérir la **personnalité juridique, civile, morale;** *the social* ***status*** *of a person,* c'est son **rang** social, la **position,** la **situation** qu'elle occupe dans la société, bref sa **condition.** *Commission on the* ***status*** *of women,* Commission de la **condition** de la femme (Nations Unies).

Le mot a pris dans l'usage moderne des sens bien plus étendus et plus lâches, ex. ***status*** *of Bank accounts,* **régime** des comptes en banque; *organizations* ***with consultative status,*** org. **ayant voix consultative** (auprès d'une autre plus importante); ***placing on inactive status*** *of an official,* **mise en disponibilité** d'un fonctionnaire; ***what is the present status*** *of medical research?* **où en est** la recherche méd.? si bien qu'on en vient à dire et à imprimer: *(the)* ***status*** *of malaria eradication,* (l')**état d'avancement** de l'« éradication » du paludisme!

Statute. – L. a, s.v. **loi, réglement, ordonnance,** sens peu usité en fr., mais fréquent en angl.: *a* ***statute*** est spécifiquement un **acte du Parlement.** ***Statute*** *of limitations,* voir *limitation.*

Adj. ou en compos. **légal, de la nature du droit, juridique;** ***statute*** *measures,* mesures **légales,** ***statute*** *mile* = 1 609,31 m.; ***statute-barred*** (des intérêts, d'une dette) **prescrit, caduc;** ***statute-book,*** **code** (des lois); ***statute-labour,*** † **corvée, prestation en nature;** ***statute-law,*** **droit écrit.**

A juvenile ***by statute*** *is difficult to identify.* – Il est difficile d'identifier **juridiquement** un mineur.

Statutory. – Légal, établi, fixé, imposé, prévu par la loi; réglementaire: *this is not a* ***statutory*** *offence,* ce délit n'est pas **prévu par la loi;** ***statutory*** *declaration,* déclaration **qui tient lieu de serment,** aussi **déclaration d'un homme de loi** attestant que certaines formalités ont été remplies; **acte de notoriété;** ***statutory*** *company,* équivaut à peu près à une **compagnie** ou **société concessionnaire d'un service public.**

† **Stipend (to), stipend, stipendiary. –** Ces mots n'ont pas en angl. d'emploi péjor. ***Stipend,*** **traitement, appointements** (d'un ecclésiastique, d'un magistrat); **pension, indemnité, revenu.**

Stipendiary, **appointé, salarié, titulaire** d'un traitement.

Stipendiary *magistrate,* ou ***stipendiary,*** magistrat **rémunéré,** contrairement au *justice of the peace* qui ne l'est pas; à Londres et dans les grandes villes, il juge, dans les tribunaux de simple police et dans les tribunaux correctionnels, les délits de peu de gravité, et fait office de juge d'instruction au criminel.

– *He was given a living the* ***stipend*** *of which was out of proportion to his work.* – On lui donna une cure dont le **revenu** était peu proportionné à son travail.

Stock. – 1° Propr., **souche, tronc, estoc** (d'arbre) d'où sont issus de nombreux sens dérivés: par compar. *to stand like a* ***stock***, demeurer comme une **souche;** au fig. **souche, lignée race, famille;** arbor. **sujet, ente, porte-greffe.** Au pl. **ceps, pilori** (où l'on attachait autref. avec un carcan ceux qui étaient condamnés à l'exposition publique).

2° **Fût, bois, monture, crosse** (d'un fusil), **manche** (d'un fouet); naut. **jas** (d'une ancre); **base, billot** (d'une enclume); **sommier, mouton** (d'une cloche); au pl. **chantier, cale de construction** d'un navire, *to lay a ship* ***on the stocks***, mettre un navire **sur cale, en chantier;** au fig. *his book, his play is* ***on the stocks***, son livre, sa pièce (de théâtre) est **sur le métier, en chantier.**

3° Suivent des sens techn. ou d'origine incertaine dont nous retiendrons ceux de ***stock (-gilliflower)***, **matthiole, giroflée des jardins; cravate large et raide** (époque 1830); **col-cravate d'équitation; col droit et raide** de certains uniformes, fam. **carcan; plastron de soie noire** des ecclés. angl.

4° Sens général de **fonds,** avec les spécialisations suivantes: **capital-actions** (d'une société, etc.); **actions et obligations, valeurs, titres,** ***Government stocks***, **fonds d'État, effets publics, rentes sur l'État,** ***stocks and shares***, **valeurs mobilières.** Comm. **stock, marchandises, assortiment,** au fig. *a* ***great stock*** *of information, of learning*, une **mine** de renseignements, un **grand fonds** d'érudition; ***stock in hand, s.-in-trade***, **marchandises en magasin, existence(s), existants** (en magasin).

To take stock, **faire, dresser l'inventaire** (cf. *stock-taking*); au fig. ***to take stock*** *of s.o., of a place*, **jauger** qqn; **faire l'inventaire** d'un (ou: des) lieu(x). Suite des sens: agric. ***dead-stock***, **matériel agricole, cheptel mort;** ***live-stock***, **bétail, animaux sur pied,** jur. **cheptel vif;** ***fat stock***, **animaux de boucherie;** élevage: ***stock mare***, jument **de haras;** (industrie) **dotation, matériel, équipement,** *locomotive* ***stock***, **dotation** de locomotives, ***rolling-stock***, **matériel roulant.** Autres sens, **concentré, bouillon de jus de viande,** ***meat-stock***, ou **de légumes,** ***vegetable-stock*** qui sert à corser les potages, les sauces, etc.; **toutes matières premières** servant à la fabrication (de papier, etc); **talon** (d'un jeu de cartes), ***to draw fom the stock***, **piocher** (dans le talon).

Adj. et en compos. les significations s'ordonnant autour des idées générales indiquées ci-dessus: ***stock*** *size*, taille **courante,** ***stock****-car*, voiture **de série,** ***stock*** *bricks*, briques **de campagne;** théâtre: ***stock*** *play, piece*, pièce **du répertoire,** ***stock****-company*, troupe **à demeure** (attachée à une ville); ***stock*** *joke*, plaisanterie **courante, classique,** ***stock*** *argument*, argument **habituel, bien connu;** ***stock phrase***, **expression consacrée, figée, cliché;** ***stock-account***, **compte** (**de**) **capital,** ***stock-book***, **livre de magasin, magasinier;** ***stock-breeder,-breeding***, **éleveur, élevage de bestiaux;** ***stock-broker***, **agent de change, courtier,** ***outside stock-broker***, **coulissier.**

Locut.: E.U. ***to take stock, no stock of s.o., of something***, **faire grand cas, peu de cas de qqn. ou de qqch.**

Remarque. – Le fr. *estoc* a signifié souche, racine, tronc, bûche: « Bon ente en bon *estoc* deit bien fructifier. » (xiie s. dans d'Hauterive.) Ce sens d'estoc (ou étoc) « souche » est resté dans la langue de la sylviculture: « couper (un arbre) † à blanc étoc ou à blanc estoc, c'est le couper au ras du pied, sans laisser de baliveaux » (D.G.). Quant au sens fig. de souche, extraction, race, il a subsisté jusqu'au xviie s.

– *A maid is neither* ***stock*** *nor stone*, traduit ce passage du *Dépit amoureux*, III, ix: Une fille enfin n'est ni caillou ni **bois.**

– ***I hardly tock stock*** *of what was happening.* – **Je ne me suis guère rendu compte** de ce qui se passait.

Stomach, to stomach. – Euph. fam., mais impr. **ventre;** aussi, comme autrefois en fr., syn. (style noble) de **poitrine:** « Je vais lui présenter mon *estomac* ouvert. » (Corneille, *Cid*, V, I) (v. L. 2° et Robert, II.) Métaph. **appétit,** besoin ou désir de manger, *an appetite or* ***stomach*** *to meat*, écrit pléonastiquement Hammond. Au fig. **goût, inclination, courage, cœur** (à entreprendre qqch., affronter un danger, etc.). En général, siège de certains sentiments, notamment comme en lat., du dépit, de la colère, etc. (cf. *liver, spleen*), comme il l'est au pr. de la digestion, du dégoût, de la nausée, etc. De là des emplois où il y a contamination entre le physique et le moral, p. ex. *my* ***stomach*** *turns at the sight*, ce spectacle me retourne, me soulève le **cœur;** *it will put* ***some stomach*** *into them*, cela leur (**re**)**mettra du cœur** au ventre. *To be* ***of a proud*** *or* ***high stomach***, être **hautain, plein de morgue,** allus. au Ps. CI, 7: « *Whoso hath a... high stomach...* ».

En compos. ***stomach-ache***, **mal de ventre, colique;** ***st.-staggers***, **apoplexie du cheval** due à la paralysie de l'estomac, ***st.-tube***, **sonde œsophagienne,** ***st.-worm***, **ascaride, lombricoïde.**

To stomach, **endurer, supporter, tolérer,** fam. **digérer, avaler,** vulg. **encaisser,** ou mieux **empocher,** à l'opposé en somme, du sens primitif, **s'offenser, s'indigner, se formaliser, se fâcher** (lat. *stomachari*).

– Dans la *Tempête* (II, ii, 119) Stephano dit à Trinculo qui l'examine sur toutes les coutures: *Prithee, do not turn me about; my* ***stomach*** *is not constant.* – Je t'en prie, ne me retourne pas trop, je n'ai pas le **cœur** bien solide.

– *I had quite lost my* ***stomach*** *and was reduced almost to a skeleton.* (Swift, *Gulliver*, II, iii.) – J'avais perdu tout **appétit,** et n'avais plus comme qui dirait que les os et la peau.

– ***He has a proud stomach.*** (Dickens.) – **Il est difficile** (sur la nourriture, s'entend).

– *Lying on their* ***stomach*** *they began reading.* – Couchés sur le **ventre,** ils commencèrent à lire.

– *He that* ***hath no stomach*** *in this fight / Let him depart.* (Shaks.) – Que celui-là à qui ce combat **ne dit rien** s'en aille.

– Le vindicatif Othello, qui croit à la mort de Cassio, s'écrie: *Had all his hairs been lives, my great revenge / Had* ***stomach*** *for* *them all.* (V, ii, 75.) – Si tous ses poils avaient été autant de vies, mon ardente vengeance aurait eu **soif** de toutes.

Exemple dont voici en quelque sorte la réplique... sur un autre registre: *You'd marry my daughter and* ***had a huge stomach*** *for my wife!* dit le traducteur pour exprimer l'indignation d'Orgon (*Tartufe*, IV, 7): Vous épousiez ma fille et **convoitiez** ma femme!

– Quand Prospero révèle à Miranda qu'elle fut l'ange dont le sourire *raised in me An undergoing* ***stomach*** *to bear up Against what would ensue*, il convient de marquer le sens métaphor.: ... suscita en moi un **courage** indomptable et prêt à faire face à tout événement.

– *He could not bring down his* ***stomach*** *to borrow a second time from his outlawed friend.* (THACKERAY.) – Il n'avait pas le ***cœur*** d'emprunter une seconde fois à son ami proscrit.

– *The study of the Latin language he could not* ***stomach.*** – L'étude du latin, il ne pouvait la **digérer.**

Story. – E.U. Dans le jargon des journalistes, **copie** de toute nature qu'il s'agisse de nouvelles politiques, de rapports de sociétés, etc.

– *It is not for nothing that fact becomes* ***« story »*** *in the jargon of the newspaper office.* (Dans HORWILL.) – Ce n'est pas pour des prunes que dans le jargon des salles de rédaction les faits deviennent **de la « copie ».**

Strange. – « ... Celle gent *estrange* », (in L., *Roland*, XIe s.) et La Fontaine parle encore de « nations *étranges* » (*Fables*, XII, 23) c.-à-d. des nations étrangères, sens resté angl. *He died in a* ***strange*** *land*, il mourut en terre **étrangère;** *a* ***strange*** *man*, un **étranger.** *I cannot write properly with a* ***strange*** *fountain-pen*, j'écris mal avec un stylo **qui n'est pas le mien** ou: **à moi.**

– *The letter was written in a* ***strange*** *handwriting.* – La lettre était d'une écriture **inconnue.**

– *The name of the visitor was* ***strange*** *to me.* – Le nom du visiteur m'était **inconnu.**

– *The little country girl felt* ***strange*** *in London.* – La petite provinciale se sentait **dépaysée** à Londres.

Stranger. – Noter les locutions idiomatiques: ***You are quite a stranger!*** **vous devenez, vous vous faites rare** comme les beaux jours! Voilà un **revenant! On ne vous voit plus!** (A la Ch. des Communes) ***I spy, see strangers,*** **je demande le huis-clos.** Fam. *the* ***little stranger,*** le **nouveau-né.** E.U. *Say,* ***stranger!*** Pardon, **monsieur!** (ou fam. bourgeois!). Jur. *a* ***stranger*** *(to an act, a contract*, etc.), un **tiers.**

– *If a servant by his negligence does any damage to a* ***stranger,*** *the master shall answer for his neglect.* – Le maître est responsable de tout dommage que son serviteur est réputé, par sa négligence, avoir causé à un **tiers.**

Stress. – « Mot angl. employé par H. Selye (1936) pour exprimer l'état réactionnel d'un organisme soumis à un excitant quelconque. Des termes fr. plus précis, qui, suivant le cas, rendent l'idée de *stress*, sont préférables: **agression, stimulation, atteinte, choc, contrainte, commotion, déséquilibre, dépression, indisposition, malaise, bien-être,** etc. » (1) Cette définition, empruntée au *Dictionnaire des termes techniques de médecine* de Garnier-Delamare, se passe de tout commentaire.

Structure, -al. – Construction, bâtiment, édifice (général. imposant, mais parfois péjor. ou famil., **bâtisse**); aussi, **ouvrage d'art;** au fig. **composition, facture, agencement; échafaudage** (d'arguments, etc.) ***Structural,*** **de, relatif à la construction,** ***structural*** *iron, steel*, fer, acier **de construction,** ***s.*** *engineer*, ingénieur **constructeur.** ***Structural*** *formula*, formule (chimique) **développée.**

– *The church is indeed a stately* ***structure.*** – L'église est vraiment un **édifice** imposant.

– Rapprocher: Si j'imitais les faiseurs de romans, je ferais une pompeuse description du palais épiscopal de Grenade, je m'étendrais sur la *structure* du bâtiment... (LESAGE, *Gil Blas*, VII, ii.)

Student. – A beaucoup plus d'ext. que son sosie fr. Outre notre étudiant(e) (en méd., en droit, en théol., etc.), il peut signifier suivant le contexte le **chercheur,** l'**investigateur,** l'**observateur,** l'**intellectuel,** le **lettré,** le **savant,** comme aussi **toute pers. studieuse,** l'**homme de cabinet,** le **spécialiste** d'une discipline, de l'hist. (du Moyen Age, de la Révolution, etc.); enfin **boursier** (d'université), **pensionnaire** (d'une fondation).

– *Bulwer... appeals to the worldly ambition of the* ***student.*** (EMERSON, *E.T.* XIV.) – B. flatte les ambitions mondaines de l'**intellectuel.**

– Réflexion désabusée du même Emerson sur le travail intellectuel en Angl.: *No hope, no sublime augury cheers the* ***student.*** *(Ibid.)* – Aucun espoir, aucun augure sublime ne vient réconforter le **chercheur.**

– *One of the most serious tasks of the* ***student of society*** *is to determine the causes of these convulsions (of civilisation).* (J. PERRY, *The Growth of Civilisation, Introd.*) – Une des tâches les plus sérieuses du **sociologue** consiste à déterminer les causes de ces convulsions.

– H.G. Wells se plaint de n'avoir jamais trouvé en Angl., sauf chez lui, un seul exemplaire des *Principles of Psychology* de William James alors qu'il a vu trois exemplaires de la traduction fr. à la devanture d'un libraire de l'avenue de l'Opéra; il ajoute (*Anticipations*): *...And I am* ***an attentive student*** *of bookshop windows!* – Et pourtant, **je m'y entends à explorer** (ou fam.: **lècher**) les vitrines des librairies!

(1) En effet, l'excitant, *stressor*, peut être nerveux (émotion désagréable ou agréable). (Edm. Sergent, *ibid.*).

Studious, -ly. – *He* ***is studious*** *to please,* il **s'étudie,** il **s'attache** à plaire, à faire plaisir, *he* ***is studious*** *of doing his duty,* il **s'applique** à faire son devoir.

***Studiously*, avec attention, avec soin, avec empressement; d'une manière voulue, délibérément, de propos délibéré.**

– *In the bad light, he looked at once military and sentimental and* ***studious.*** (Wells, *Ann-Veronica,* VI.) – Dans la pénombre, il paraissait à la fois martial, sentimental et **réfléchi.**

– *Voltaire* ***studiously*** *abstained from any public word upon things political.* – Voltaire s'abstenait **avec soin** (se gardait bien) de souffler mot en public sur les questions politiques.

– Madame d'Arblay (Fanny Burney) attend Mme Thrale dans la bibliothèque où elle a fait choix d'un livre pour passer le temps: *The library door opened and Mr. Steward entered. I instantly put away my book, because I dreaded being thought* ***studious*** *and affected (Diary.)* – La porte de la bibliothèque s'ouvrit et M.S. entra. Je rangeai aussitôt mon livre, car je craignais d'avoir l'air (qu'on pût me croire) **étudiée (contrainte)** et affectée.

Remarque. – Ce dernier ex. montre bien l'amphibologie qui peut résulter du glissement sémantique de *studious* – du mélior. (studieux, appliqué) au péjor. (étudié, apprêté, affecté) – alors que *studied* s'offrait déjà pour différencier nettement celui-ci de celui-là.

Study, to study. – Les littéralismes de trad. du lat. *studium:* affection, faveur, dévouement au bien, aux intérêts d'autrui, etc. sont désuets. Outre les sens du fr. étude, ***study*** signifie: **soins, souci, attention, préoccupation;** ***(brown) study*, rêverie, méditation,** *he was* ***(lost) in a brown study,*** il était **plongé, absorbé dans sa rêverie, dans ses pensées, dans ses réflexions,** il était **(perdu) dans les nuages;** (v. aussi *brown*). Sens concrets: **salle d'étude** (dans les établissements d'enseignement); **bureau** (du maître de la maison), **cabinet de travail (étude,** comme dit Montaigne: « toutes places luy seront *estude,* I, xxvi.) (Cf. l'*étude* d'un notaire d'un avoué). Suite des sens, *this actor is a good, slow* ***study,*** cet acteur **apprend** vite, facilement, lentement ses rôles.

– Bailey, critique angl., reproche à Racine de manquer de pittoresque: *He might have written every page of his work without so much as looking out of the window of his* ***study.*** (Cité par L. Strachey.) – Il n'est pas de page de son œuvre qu'il (Racine) n'aurait pu écrire sans même mettre le nez à la fenêtre de son **cabinet de travail.**

***To study*, s'occuper, se préoccuper de** ses intérêts, etc.; **rechercher,** † **s'étudier** à, **s'appliquer** à, **viser, chercher** à (faire qqch.), d'où ***studied*, étudié, apprêté, affecté; recherché, prémédité, calculé, voulu.** « Tout ce calme forcé que *j'étudie* (affecte) *en vain* » (Corn.).

To study est parfois syn. de *to consider, to humour. He* ***studies*** *his own ease,* il **consulte** ses aises, il **s'écoute.** *He* ***studies*** *one man and neglects another,* il **caresse** l'un et néglige l'autre, il **n'a qu'égards** pour l'un et qu'indifférence pour l'autre. Pour s'aviser qu'il s'agit d'un sens lat., il suffit de rapprocher: *studebat placere bonis,* il s'attachait à, était jaloux de plaire aux gens de bien, et *he* ***studied*** *Mrs. N's convenience,* il **était aux petits soins** auprès de Mme N.

– *It has been observed that about Bacon's time were born all the wits that could honour a nation or help* ***study.*** – On a fait observer qu'environ le temps de Bacon, sont nés tous les grands esprits qui pouvaient honorer une nation ou faire avancer **les sciences.**

– *Your great* ***study*** *is to keep in with all the world,* rend ce vers du *Misanthrope* (V. ii): Conserver tout le monde est votre grande **étude.** En bonne langue, il y a en effet, parallélisme entre les deux mots.

Cependant, lorsque Lesage écrit (*Gill Blas,* VII, i): J'éludai toutes les occasions qu'elle me donna de l'entretenir en particulier, ce que je fis avec **tant de soin et d'affectation** qu'elle s'en aperçut. Smollett estime pouvoir traduire: *I shunned all opportunities of entertaining her* ***with so obvious a study*** *that she could not but notice it.*

– *His nose* ***was a study*** *in purples.* – Par la gamme des couleurs allant du violet au cramoisi, son nez **était à peindre.**

– *Sitting on the bed, the journalist seemed* ***to study*** *his nails.* – Le journaliste s'était assis sur son lit et paraissait **préoccupé par** ses ongles.

– *He* ***studied*** *the Commercial Directory over his breakfast.* – Tout en déjeunant, il **consulta** l'Almanach du Commerce.

– *He was alone in the world and had need of a kind and faithful companion whom it* ***would be the study*** *of his life to make happy.* (Thackeray, *Pendennis,* II.) – Il était seul au monde et avait besoin d'une compagne affectueuse et fidèle dont il **s'appliquerait** de toutes ses forces à faire le bonheur.

Stuff. – Comme notre *estoffe* « étoffe », ***stuff*** est d'abord de l'**estoupe, étoupe,** puis une substance ou matière quelconque. On verra dans L. le développement des sens fr. Mais ils ne vont pas aussi loin que les sens angl. Voici trois emplois du mot ***stuff*** dans la Bible avec un équivalent fr. chaque fois différent: *Ezékiel,* 12, 3: *prepare the* ***stuff*** *for removing,* **équipage:** *I Samuel,* 25, 13, *two hundred abode by the* ***stuff,*** **bagage;** *Luke,* 17, 31, *his* ***stuff*** *in the house,* **meubles,** et remarquons ici que nous disons en bonne langue: une maison bien **étoffée,** c.-à-d.: bien **meublée.**

La langue fam. et pop. offre de nombreux emplois de ce mot, qui gravitent autour du sens général de **chose, matière** utilisée pour une fin déterminée: ***doctor's stuff,*** **potion, drogue,** chirurg. ***to give the stuff*** *to a patient,* **anesthésier** un malade; **aliment** ou **boisson quelconque; produit de la culture maraîchère,** etc., ***green, garden stuff;*** comm. ou industr., toute marchandise fabriquée ou vendue; au fig. p. ext. du sens de **matériaux, choses sans valeur,** signifie : **balivernes, niaiseries, fadaises, sottises, *stuff and nonsense!* Sottises que tout cela!**

En argot au contraire, ***the stuff*, la chose par excellence, l'argent, le quibus, le pognon, le pèze, la braise;** puis les objets volés, recelés ou non; toxicom., **la drogue.**

E.U. *Come on,* ***do your stuff*,** allons, **montre-nous ce que tu sais faire, déballe tes connaissances.** *Let's have a look at* ***your stuff*,** faites voir **votre camelote.** *That's* ***the stuff to give him*,** c'est **comme ça qu'il faut le traiter**, ou : **lui parler, ça, c'est envoyé, c'est tapé.**

Noter les sens anton. : *A* ***bit of stuff*,** c'est aussi bien pour le peuple, un **brin de fille,** une **jeune fille** qu'une **petite effrontée** ou une **poulette.** ***He is hot stuff*, il est très fort, il roule tout le monde,** ***he is a hot stuff*** *at tennis,* c'est un **as** au tennis. ***That's the stuff*, c'est du bon, c'est du chenu.** *What* ***stuff*** *he writes!* Quel **fatras** sort de sa plume! *He has written first-rate* ***stuff*,** il a écrit des **choses** très bien. ***Stuff*** étant au pr. une **étoffe de laine,** par oppos. à la soie, etc., *the* ***stuff*** *gown* est la **robe du jeune avocat,** tandis que *the silk gown* est celle du K.C., avocat de la Couronne.

Remarque. – On voit que ***stuff*** est un mot passe-partout analogue à notre « chose », dont le vaste éventail sémantique va être mis en évidence par les ex.

– Gonzalo donne à Prospéro, embarqué de force sur une vieille « baille » pourrie, *Rich garments, linens,* ***stuffs*** *and necessaries.* (*Tempest,* I, 2, 164.) – De riches hardes, du linge, et **ce qu'il faut de meubles** et d'ustensiles.

Deux traducteurs au moins comprennent « étoffes ».

– *Some fingers can make lovely things with a needle and a bit of* ***stuff*.** – Il y a des doigts qui font des choses ravissantes avec une aiguille et un bout de **chiffon.**

– *He dug a canal and threw the* ***stuff*** *out.* – Il creusa un canal et enleva les **déblais.**

– Un invité à une cérémonie ne trouve pas les liqueurs à son goût : ***Grocer's stuff*,** *I expect!* De la **drogue d'épicier,** probablement!

– *I had been allowed further to send* ***stuff*** *that we editorially had no use for to far-off Calcutta papers.* (Kipling, *Something,* III.) – On m'avait en outre permis d'envoyer de la **copie** dont, à la direction, nous n'avions pas l'emploi, à de lointains journaux de Calcutta.

– Le même auteur ajoute, (IV) non sans quelque ironie : *My small stock-in-trade of books had become known in certain quarters, and there was an evident demand for my* ***stuff*.** – Le petit stock de mes livres s'était fait connaître par-ci, par-là; et il était évident que ma **prose** était demandée.

– *Some children are prompted to duty by tenderness, others are made of sterner* ***stuff*.** – Certains enfants sont incités à bien faire par la douceur, d'autres sont d'un **naturel** plus coriace.

– *We are such* ***stuff*** *as dreams are made of.* – Nous sommes de la **substance** dont sont faits les rêves.

– *They shall know what* ***stuff*** *I am made of.* – On verra de quel **bois** je me chauffe.

– *I doubt I had in me the* ***stuff*** *to fight.* – Je doute que je fusse du **bois** dont on fait les combattants.

– *He had not been put in a way* ***to show the stuff which he had in him.*** – Il n'avait pas été mis à même de **donner (toute) sa mesure.**

– Dans l'*École des maris,* Sganarelle qui ne sait que répondre au discours raisonnable d'Ariste, s'écrie : **Chansons que tout cela!** et le trad. de dire : ***It's all idle stuff*.**

– Le *Médecin malgré lui* (II, iv) prend goût à son nouveau métier lorsqu'il aperçoit la plantureuse nourrice : Peste! le joli **meuble** que voilà! – *S'life! what a lovely* ***piece of stuff*** *it is!*

Citation qui, sur le mode comique et fig., donne la réplique au premier ex. emprunté à *La Tempête.*

Style. – Est, comme en fr., le lat. *stilus,* style « poinçon dont un bout pointu servait à tracer les caractères sur la cire, et dont l'autre, aplati, servait à effacer » (D.G.), d'où p. ext., manière d'exprimer sa pensée.

De là dérivent tous les sens : **poinçon, style** (de graveur à l'eau forte); **genre, manière d'être; style, « cachet »; forme** (opp. à fond), **manière** (opp. à matière). Suite des sens, **distinction** des manières, **élégance, chic, *that is good, bad style*, c'est de bon (de mauvais) goût** (cf. *good, bad form*); ***that is the style*, à la bonne heure!**

Du sens de « style Renaissance, rococo », etc. on passe à celui de **genre, sorte, modèle, catégorie,** puis de **titre** « ce qui établit le droit de qqn. à une distinction honorifique » et cette **distinction** même.

– *She has no* ***style*** *about her.* – Elle n'a aucun **chic,** aucune **distinction.**

– *He placed less value on amusement than on originality, on distinguishing himself from other people, on* ***having style'.*** *That was his expression.* – Il tenait moins à s'amuser qu'à se distinguer des autres, à n'être pas comme tout le monde, enfin à **avoir du « cachet ».** C'était son mot.

– *He effected a revolution in the* ***style*** *of advertising works published by the firm.* – Il accomplit une révolution dans la **manière** d'annoncer les ouvrages que publiait sa maison d'édition.

– *Madam, the* ***style*** *of a married woman of position, such as the squire's wife* (N.E.D.) et Cotgrave (1611) : Madame, *the title or* ***style*** *of a lady.* – « Mademoiselle, **titre** qu'on donnait autrefois à toute femme mariée qui n'était pas noble. » (L.).

– Un éditeur angl. demande aux clients qu'il sollicite de préciser leur titre : *Please state* ***style,*** *Miss, Mrs. Rev., Esq., etc.*

– *He was a professional writer or a literary hack, as he chose to* ***style himself*.** (Thackeray.) – C'était un écrivain professionnel ou un manœuvre littéraire, comme il **s'intitulait** volontiers.

– *Capting Florence as G. **styles** our new commander.* (Ly. Barker, *South Africa,* Letter II.) – (Il s'agit d'un enfant qui donne à un capitaine le nom du bateau qu'il commande.) Le capitaine Florence, comme G. **appelle** notre nouveau commandant.

Suave, suavity. – *A **suave** manner* (ou *a **suavity** of manners*), façons **aimables, affables** (sens lat.), **courtoises;** péjor. **doucereuses.**

– *The rare passion of the constitutionally **suave** and serene is not a pleasant spectacle.* (C. BRONTË, dans N.E.D.) – Les rares accès de colère des pers. d'un naturel **doux** et paisible ne sont pas un spectacle à réjouir le cœur.

– *The butler appeared, as **suave** as ever.* – Le maître d'hôtel apparut avec son éternel air **doucereux.**

– *The captain was a **suave** and handsome person, and at fifty retained a youthful and graceful figure.* – Le capitaine était un homme **affable** et bien fait qui, à (l'âge de) cinquante ans, conservait une allure jeune et gracieuse.

Subaltern. – Officier du grade de **lieutenant** ou de **sous-lieutenant.**

Subject. – ***Suject-heading,*** **rubrique,** ***subject-picture,*** **tableau de genre.**

Submerge (to). – Métaphor. *He was **submerged** in debt,* il était **écrasé, accablé, perdu, criblé** de dettes.

*The **submerged** tenth* (p. ext. *the **submerged** classes, the **s.** world*), les **déshérités, les nécessiteux** (dont le nombre est évalué au dixième de la population), les **gueux,** les **miteux** et les **calamiteux,** ceux que les Romains appelaient les *humiliores* et qui constituaient la *plebs.* (J. CARCOPINO, *La Vie à Rome,* sect. II, ch. I).

Rapprocher: « Tous ceux qui possédaient un revenu inférieur (à un chiffre déterminé) étaient désignés par la dénomination *infra classem,* au-dessous de la classe par excellence. » (Sainte-Beuve, *Lundis,* III, 39, Qu'est-ce qu'un classique?)

– Dans *Capt. Brassbound's Conversion* (II), B. SHAW nous présente: *the poor ignorant foreigner and that there scum of the **submerged tenth,*** – ce pauvre étranger ignare et ce rebut de la **racaille** que voilà.

– *Such were the results of his **submerged** life.* – Tels furent les résultats de sa vie **de déclassé.**

– La société de Fishbourne n'est guère de nature à plaire à Polly (VII, 6.) *There was Tonks, the second grocer, an old man with an older enfeebled wife, both **submerged** by piety.* – Il y avait aussi T., autre épicier, vieillard marié à une femme débile, plus vieille encore que lui, tous deux **confits** en dévotion.

Submit (to), submission. – Proche du sens de soumettre, ***to submit*** *a question to a court,* **saisir** un tribunal d'une question, ***to submit*** *the case to the director,* **en référer** au directeur. Dr. écossais, **soumettre, s'en rapporter à un arbitre, à l'arbitrage;** aussi avec emploi intr. ou abs. équivalant à ***to make a submission,*** d'où le sens concret, ***submission** bond,* **convention arbitrale; représenter, faire valoir, faire observer, alléguer** respectueusement. *My Lord, **I submit** that...* (formule consacrée de l'avocat de la défense s'adressant au juge ou au président du tribunal), Monsieur le juge etc., **je me permets de faire valoir, d'alléguer, de faire observer** que... De même, ***in my submission,*** **selon la thèse** que j'ai exposée ou: défendue dans ma plaidoirie. ***My submission is that,*** formule employée parfois aussi par les ministres, hommes d'État, etc. devant une assemblée délibérante pour défendre leur politique.

– *Counsel... **submitted** that the plaintiff was entitled to recover damages.* – L'avocat du plaignant **allégua, soutint** (dans sa plaidoirie) que son client avait droit à (était fondé à obtenir) des dommages-intérêts.

– *Counsel for the defence continued his **submission** on the third count that...* – L'avocat de la défense poursuivit sa plaidoirie sur le troisième chef d'accusation en **alléguant** (ou: **soutenant**) que...

– *It is no part of my **submission** to the House that no mistakes are made by us.* (Mr. CHURCHILL'*s Speech,* 24/V/44.) – Il n'entre pas dans mon propos de **prétendre,** de **soutenir** devant la Chambre que nous ne commettons pas d'erreurs.

Subscribe (to), -ber, subscription. – **S'abonner, abonné, abonnement** (à un journal). Un sens rare est celui que nous offre le *Roi Lear* (I, ii, 24): *The king **subscribed** his power,* le roi **a cédé** son autorité (a apposé sa signature à un acte de cession).

Substance, substantial, -ly. – Outre les sens courants, métaphysique, etc. communs aux deux langues, ***substance,*** c'est le **fond** opposé à la forme, l'**essence,** la **partie essentielle,** sens vieilli en fr.; la **richesse,** *a man **of substance,*** un homme **riche, qui a du bien,** non un magnat.

Nous disons: « on dévore la substance du pauvre, la substance publique », c.-à-d. « ce qui est absolument nécessaire pour la subsistance ». mais nous n'avons pas été plus loin.

Substantial, **réel, non imaginaire** ou **illusoire; matériel, effectif; solide** (au pr. et au fig.), *a **substantial** house,* une maison **solidement construite,** *a man of **substantial** build,* un homme **bien bâti, bien découplé, solide, robuste.** ne pas confondre avec *a **substantial** man,* un homme **qui a de quoi, du quibus,** etc. (cf. *sufficient*); de même *a **substantial** firm,* une entreprise **solide, bien assise, qui a de la surface** (v. *solid*); autres sens, **solidement établi** ou **étayé,** ***substantial** criticism, a **substantial** reason, a **substantial** argument,* une raison **solide,** un argument **de poids, qui n'est pas sans valeur.**

Suite des sens, **d'une importance réelle; sensible, notable, considérable** (opposé à *nominal*); *a **substantial** progress, contribution,* etc.; enfin **en substance, pour l'essentiel.** Subst. *the **substantials,*** les **choses,** les **points essentiels;** les **plats de résistance.**

Substantially a les sens correspondants.

•

– Dans ses *Appreciations*, Walter Pater s'élève contre: *The stupidity which is dead to **substance** and the vulgarity which is dead to form.* – La stupidité qui est insensible au **fond** (à l'**essence des choses**) et la vulgarité qui est insensible à la forme.

– *The distinction formerly drawn by this writer holds good **in substance.*** – La distinction faite jadis par cet écrivain subsiste **en ce qu'elle a d'essentiel.**

– *Rousseau gave them (to the English works) vigour, life and **substance.*** – Rousseau les anima, les vivifia, leur donna un **corps.**

– *You have taken the **substance** for the shadow.* – Vous avez lâché la **proie** pour l'ombre.

– Parlant des interminables romans épistolaires de Richardson, un critique dit: *We feel as we read these **substantial** volumes that life is spent in writing letters.* – Il semble, à lire ces volumes **compacts,** que la vie se passe à écrire des lettres.

– *He was one of a large but sufficiently **substantial** family.* – Il appartenait à une famille nombreuse, mais suffisamment **aisée.**

– *Many charming women love the **substantial** and look out for rich husbands, stupid if you please.* – Bien des femmes charmantes ne laissent pas d'aimer le **solide,** et se mettent en quête de maris fortunés (ou: cossus), fussent-ils bêtes à souhait.

– *Mr. B. occupied **substantial** offices in the Strand.* – M.B. occupait des bureaux **cossus** dans le Strand.

– *The kitchen of the Bishop's Cottage. It is plainly but **substantially furnished.*** (NORMAN McKINNEL, *The Bishop's Candlesticks.*) – La scène représente la cuisine de la petite maison de campagne de l'évêque. Elle est simplement, mais **bien meublée, bien étoffée,** comme on eût dit au XVIIIe s. (v. L. 2° *s.v.* et *supra, stuff*).

Substantive (adj. et subst.). – (Des pers., des nations, etc.) **indépendant, autonome;** (des ch., des emplois, des fonctions, etc.) **réel; qui a une existence propre; explicite, exprès, formel;** mil. ***substantive*** *rank,* grade **effectif;** jur. ***substantive*** *law,* le droit **envisagé dans sa substance,** c.-à-d. comme la somme des **règles de fond;** s'oppose à l'*adjective law,* la procédure, la somme des règles de forme; équivaut au droit **positif.**

Techn. ***substantive*** *dye,* teinture **aux colorants directs** (sans mordant).

– Burke déclarait (1792) que l'Espagne n'était pas une puissance **autonome,** qu'il lui fallait s'appuyer sur la Fr. ou sur l'Angl... *That Spain was not a **substantive** power, that she must lean on France or on England.*

– *Many African States have been raised to the status of **substantive** nations.* – Nombre de colonies d'Afrique ont été élevées au rang de nations **indépendantes.**

– *It is not considered contrary to law, either **substantive** or adjective to conclude that*... Le tribunal estime qu'il n'est contraire ni au droit **positif** ni au code de procédure, de conclure que...

– *This is where the procedural law and the **substantive** law blend into one.* – C'est ici que la loi de procédure rejoint la loi **de fond.**

– *The amendment was made into a **substantive** resolution.* – L'amendement fut sanctionné (consacré) par une résolution **formelle.**

Substitute, to substitute. – Substitut ne se dit que des pers. (1). Il n'en est pas de même en angl. où, indépendamment des sens de **remplaçant, substitut, suppléant, délégué, mandataire,** ***substitute*** désigne **tout produit de remplacement, succédané** d'un autre plus coûteux; parfois: **contrefaçon, imitation.**

Sens curieux du v. dans certains contextes: *I don't like to **substitute** (for anybody),* je n'aime pas **faire des remplacements, servir de bouche-trou.**

Subtle, -ty. – C'est le dictionnaire lat. plutôt que le L. qui nous aidera à comprendre certains sens de l'angl. ***subtle.*** En fr., **subtil** se dira de la main d'un escamoteur, d'un voleur; en angl., de la main d'un ouvrier. *A **subtle** workman,* un **fin,** un **habile** ouvrier, *a **subtle** alchemist,* un alchimiste **habile en son art.**

Au moral, le fr. *subtil* signifie « qui a de l'adresse dans l'esprit ». L'angl. ***subtle*** va plus loin. Il signifie **rusé; artificieux, insidieux, perfide, traître.**

Subtlety, sens corresp.

– Dans cette phrase de Shakespeare (*Richard III,* I, i, 37), nous avons presque trois syn. Richard dit de lui-même: *As I am **subtle,** false and treacherous.* – Étant **astucieux,** faux et perfide.

– Parlant d'Émilia, qui lui affirme que Desdémone est innocente, Othello (IV, ii, 21) s'écrie:

*This is a **subtle** whore...*
And yet she will kneel and pray...
La ribaude est **fûtée**
Et pourtant je l'ai vue à genoux qui priait.

– *The question did not lack **subtlety.*** – La question (posée) n'était pas sans **astuce.**

Suburban. – Si *suburb* signifie bien faubourg, banlieue, il ne s'ensuit pas qu'il faille toujours traduire ***suburban*** par « de faubourg », « de banlieue », et encore moins par « faubourien » ou « banlieusard », comme p. ex. ***suburban*** *residence,* habitation **de banlieue,** ***suburban*** *train,* train **de banlieue.** Le mot équivaut parfois à notre mot **bourgeois.**

En effet, « il y a longtemps qu'en Angl. et en Amérique, la classe moyenne préfère se loger en dehors de la ville plutôt que dans les quartiers du centre... » (VINAY & DARBELNET).

Mais, comme notre « bourgeois », le mot peut comporter souvent

(1) V. pourtant Robert *s.v.* 2°, et Lalande (*op. cit.*): « ...un nom, substitut d'un caractère abstrait qui, lui-même, est un substitut de la chose ». (TAINE, *De l'Intelligence,* I, 1.)

une nuance péjor., soit **commun, vulgaire, étroit d'esprit, provincial.**

Ex.: Deux sœurs qui vont aller au bal s'entretiennent de leur toilette. L'une hésite à mettre... une chemise-culotte *I must say I should find them draughty myself,* et l'autre de lui répondre: *Don't be so* ***suburban.*** (R. LEHMANN, *Invitation.*) – Je t'avoue que moi-même, cela me ferait craindre les courants d'air. – Ne sois donc pas si **provinciale!**

Succeed (to). – A gardé bien vivants des emplois assez oubliés en fr., tels ceux qui sont enregistrés par L : 6° **arriver, advenir;** 7° **réussir.** Tout lui *succédait* (BOSSUET).

– *If you wish* ***to succeed*** *you must be pliable.* – Si vous voulez **réussir (faire fortune),** il vous faut être souple, accommodant.

– D'un élève taciturne son condisciple dit: *When once I* ***succeeded*** *in getting him to talk he became extraordinary eloquent.* – Dès que je **l'amenais** à parler, il devenait d'une éloquence extraordinaire.

Success. – Le lat. *sucessus,* le moy. fr. **succès,** l'angl. ***sucess,*** c'est « ce qui arrive, survient ». On dira donc heureux ou mauvais succès: « Que le succès en soit funeste ou favorable » (LA FONTAINE). Seulement, déjà en lat., *successus* a souvent signifié succès heureux, de même qu'heur veut dire souvent bonheur (cf. heureux). Il s'agit néanmoins de ne pas oublier le sens neutre de ***success.*** On a dit *good or ill* ***success.***

– W. Scott parle de l'*imperfect* ***success*** d'une tentative de Rébecca (*Ivanhoe,* II, iii), c'est-à-dire de son **échec.**

D'autre part, voici des expressions dont la trad. littér. n'est pas recommandable:

– *Mrs. Siddons* ***was a success*** *as Lady Macbeth.* – Madame Siddons **triomphait** dans le rôle de Lady Macbeth.

– *Nobody can really* ***be a success*** *in society unless he has manners.* – Nul ne peut vraiment **réussir** dans le monde s'il manque de savoir-vivre.

– *The play (or: performance)* ***was far from being a success.*** – La pièce a autant dire **fait four.**

– *The Director's speech was the* ***success*** *of the session.* – Le discours du Directeur a été le **clou** de la session.

– *Their marriage* ***had not been a success.*** – Leur mariage **n'avait pas été heureux.**

– *The business* ***was not a success.*** – L'affaire **n'a pas pris, n'a rien donné de bon.**

REMARQUE. – Par une métaphore hardie, l'angl. passe du sens de succès, réussite, à celui de ch., voire de pers. qui réussit.

Succession. – Pour ne pas prêter à équivoque, la trad. doit être ici étoffée: *Life at Hetton was busier but simpler since Richards Last's* ***succession.*** (E. WAUGH, *A Handful of Dust,* VII.) – La vie à H. était plus active, mais plus simple (non pas: depuis la succession de R.L., mais) depuis que R.L. avait **hérité.**

Sufferance. – Si l'on s'avise que le premier sens de ***sufferance,*** comme du fr. **souffrance,** est **tolérance,** on comprendra que ***on sufferance*** signifie **toléré.** ***With your sufferance,*** **avec votre permission, si vous permettez.**

Il y a encore parallélisme dans la langue juridique: *Window or light* ***on sufferance,*** jour ou vue de **souffrance,** servitude *tolérée* par un voisin.

Cf. « Le Sénat disposait des finances, il est vray, mais c'estoit par *soufrance,* et tant qu'il plaisoit au peuple. » (XVIe s.) C'est le sens qui correspond à celui qu'a le v. *souffrir* dans des phrases telles que: « Il ne *souffre* aucune observation », « Je ne *souffrirai* pas qu'il le dise » et, p. ext. ou analogie, « Le papier *souffre* tout », « une affaire qui ne *souffre* aucun retard ».

D'autre part, ***long-sufferance,*** dans la Bible, c'est la **patience.** On dit auj. ***long-suffering.***

– *Indeed it begins to grow upon me that we are in India rather* ***on sufferance*** *and by force, than by affection.* – En vérité, l'idée commence à s'imposer à moi que nous sommes dans l'Inde **tolérés** et nous y maintenant par la force plutôt qu'aimés.

– *He became conceited* ***beyond all sufferance.*** – Il était devenu d'une suffisance **intolérable.**

– *But the fruit of the spirit is love...* ***long-suffering...*** *(Bible, Galat.,* 5, 22.) – Mais les fruits de l'esprit sont la charité... la **patience.**

– *For* ***sufferance*** *is the badge of all our tribe.* (SHAKS., *Merch. of Ven.,* I, iii, 109.) – Car la **patience** est le trait qui distingue toute notre tribu.

Sufficiency, sufficient. – En fr., suffisant et compétent, suffisance et compétence ont été syn. Un homme suffisant (Régnier), un homme de suffisance (Molière), c'est un homme capable, compétent.

Le développement particulier à l'angl. – le même que pour *competency* – est celui-ci. De suffisance intellectuelle on a passé à la suffisance pécuniaire, d'où *a* ***sufficient*** *man,* un homme qui a suffisance d'argent, **aisé, qui a de quoi, du quibus.**

Syn. donnés par le N.E.D.: *having a competence, substantial* (v. ces deux mots), *well-to-do.*

– Shylock accepte la caution d'Antonio, car, dit-il, monologuant: *The man is...* ***sufficient.*** (SHAKS., *Merch. of Ven.,* I, iii, 24.) – L'homme est... **solvable, a de quoi, du quibus.**

Suggest (to), suggestion. (1) **–** Le mot fr. a un sens très voisin de celui d'instigation, puisque L. croit devoir les différencier. Le mot angl. a, en outre, gardé beaucoup plus de sens lat., puisque le *Thesaurus* de Roget donne comme syn. de ***to suggest:*** *suppose, advise, inform;* et de ***suggestion:*** *hint, plan, advice.* Les ex. font ressortir ces nuances.

(1) Voir aussi *Supplément.*

Jur. *The **suggestion** of a petition,* **l'exposé** d'une requête. ***Suggestion,*** aussi: **renseignements** fournis à un tribunal non sous la foi du serment.

Suggestive a les sens corresp. et signifie en outre **grivois, polisson.** Sens très proche du fr. « qui suggère des idées érotiques ».

– *The old servant apologized for not having dinner ready and **suggested** that in the meantime, Madame might like to look over her house,* traduit ce passage de *Madame Bovary,* IV: La vieille bonne s'excusa de ce que le dîner n'était pas prêt, et **engagea** Madame, en attendant, de prendre connaissance de sa maison.

– *This piece of furniture **suggests** Second Empire.* – Ce meuble **a l'air** Second Empire.

– *He (Polly) liked the name of Gillhampton and the rural **suggestion** of its containing country, which was Sussex.* (IX, 2.) – Il aimait le nom de G. et l'**évocation** champêtre du comté de Sussex où se trouvait cette localité.

– *He spoke with a **suggestion** of foreign accent.* – Il parlait avec un **soupçon** d'accent étranger.

– Deux personnages parlent de l'histoire: Janet: *I'm always meaning to learn more about it.* – Farrant *(with a **suggestion of the schoolmaster**): It's not something that's dead and done with. We're making it all the time.* (J.B. PRIESTLEY, *I've been here before,* I.) – J. Je voudrais toujours en savoir plus long à ce sujet. – F. (sur un ton **qui sent son pédagogue**): l'histoire n'est pas chose morte et enterrée. Nous ne cessons de la faire.

– Campement dans la forêt: *Fire and storm lantern together shed little light; enough only to **suggest** the dilapidated roof over their heads.* – Le feu et la lanterne-tempête ne donnaient ensemble que bien peu de lumière, juste assez pour **laisser entrevoir** (ou: **deviner**) au-dessus de leurs têtes le toit délabré.

– D'un vieux galurin qu'a laissé tomber un quidam, Sherlock Holmes dit: *It is perhaps **less suggestive** than it might have been.* – Il en **dit peut-être moins long** qu'on aurait pu l'espérer.

– *There was in his smile a sort of hint or **suggestion** of a private joke.* – Il y avait dans son sourire comme une **pointe,** un **sous-entendu** de plaisanterie.

Suicide. – De même qu'*exile* peut signifier à la fois l'exil et l'exilé, ***suicide*** signifie tout ensemble le **suicide** et **le** ou **la suicidé(e).**

– *He was a drunkard and a **suicide.*** – Il buvait et il **s'est suicidé.**

Suit, to suit. – A ***suit*** a d'abord été une **requête,** une **demande, une sollicitation,** une **prière,** puis, par une filiation qu'on saisit facilement, une **demande** ou **recherche en mariage.** L'idée d'une réclamation, d'une revendication formulée se retrouve également en terme de loi; ***suit*** signifie alors **procès, action en justice, poursuite.** D'où ***at the suit of,* à la diligence de; *creditor's suit,* action en recouvrement de créance** visant des biens déterminés du débiteur.

Dans un autre ordre d'idées, ***suit*** signifie **couleur** (aux cartes), cœur, carreau, pique ou trèfle. C'est encore l'idée d'un ensemble d'objets ou de vêtements de même sorte qui s'offre à nous dans les acceptions de: **collection, assortiment; complet** (veston, etc.). *A **suit-case,*** c'est une **mallette.**

Terme de loi féodale, ***suit*** veut dire: **assistance, service personnel, corvée; ce qui appartient** (à un vilain); **banalité,** c.-à-d. obligation de se servir du moulin banal en payant une redevance au seigneur. ***In suit with,* d'accord avec, adapté à; *to follow suit,* donner de la même couleur, jouer dans la couleur, fournir** (aux cartes); au fig., **entrer dans la même voie, emboîter le pas, suivre l'exemple.**

To suit, c'est **adapter, accommoder, approprier, mettre d'accord; *to suit*** *the action to the word* (*Hamlet,* III, ii, 18), littér. **conformer** le geste à la parole, d'où: mettre une menace, etc., à exécution.

To suit signifie encore: **convenir à, aller** (à qqn.); **satisfaire, contenter, plaire à.**

Ne pas confondre ***suit*** avec *suite* (pron. comme *sweet*). V. plus bas.

– *In this just **suit** come I to move your grace.* (SHAKS., *Rich. III,* III, vii.) – Je viens dans une si juste **cause** implorer Votre Grâce.

– Shylock ironise aux dépens d'Antonio, qui vient lui demander de l'argent après avoir craché sur lui: ... *Money is your **suit.*** (*Id., Merch. of Ven.,* I, iii, 118.) – C'est de l'argent que vous me **demandez.**

– *Doubtless, that agreeable figure of his must have help'd his **suit** surprisingly.* (SHERIDAN, *Duenna,* II, iii.) – Sans aucun doute, sa tournure agréable a dû merveilleusement favoriser sa **recherche** (ou: sa **poursuite,** L., 5°).

– Une ferme qui semble inhabitée: *But at present one might fancy the house in the early stage of a chancery **suit...*** (G. ELIOT, *Adam Bede,* VI.) – Mais à présent, on pourrait croire la maison dans la première phase d'un **procès** en cour de chancellerie.

– *All people have their blind side – their superstition; and I have heard her declare, under the rose, that Hearts was her **suit*** (1). (Ch. LAMB, *Elia, Mrs. Battle.*) – Chacun a son faible, ses superstitions, et je lui ai entendu déclarer, sous le manteau de la cheminée, que les cœurs étaient sa **couleur préférée.**

Suite. – *A **suite** of rooms,* littér. des pièces **en enfilade,** un **appartement. *suite of furniture,* ameublement.**

Sum. – **Résumé,** ***the sum*** *(and substance)*; **summum, comble; calcul, problème (d'arithmétique).**

– *This is the sum of the story, and you will be all seized as pirates, I can assure you, and executed with very little ceremony.* (DEFOE, *Rob. Crus.,* 398, Collins.) – Voilà toute l'histoire **en bref (en résumé),**

(1) Il semble y avoir là, comme souvent chez Lamb, un spirituel jeu de mots sur la double signification du mot ***suit,*** à savoir celle de « couleur de cartes » et celle de « recherche en mariage », de « cour ». Mrs. Battle recherchait les cœurs, lorsqu'elle jouait aux cartes.

et vous serez tous saisis comme pirates, je m'en porte garant, et exécutés sans autre forme de procès.

– Antoine, tout à son amour pour Cléopâtre (I, i, 18), n'a pas la patience d'écouter les nouvelles de Rome: ... *Grates me: **the sum.*** – Quel ennui!... **Résume.**

– Une femme se moque de son amoureux. *I could not resist the temptation to amuse myself at the expense of your fears; but that is **the sum of your punishment.*** – Je n'ai pu résister à la tentation de me divertir en vous causant quelque frayeur, mais vous en serez **quitte pour cela.**

– *He (Polly) was set **sums** to do that the he did not understand, and that no one made him understand.* – Il eut à résoudre des **problèmes** auxquels il ne comprenait rien et que personne ne lui expliquait.

Summary, -rily. – Du fait de certaines associations: « justice sommaire et barbare », exécution sommaire, « faite à la hâte, sans être précédée d'un jugement », sommaire est pris souvent en mauvaise part. Ce n'est pas ainsi qu'il faut comprendre les phrases suivantes:

– *The attorney begged the magistrate to deal **with the case summarily** instead of sending it for trial.* – L'avocat demanda au magistrat de **prononcer le jugement lui-même** au lieu de renvoyer l'affaire devant le jury (ou: en cour d'assises).

– *The prisoner was thankful **to have been summarily dealt with.*** – L'accusé fut reconnaissant de **n'avoir pas été renvoyé devant le jury.**

Summon (to), summons. – Sont respectivement le fr. *somondre* et *somonce* (subst. part. *summonsa* du lat. *submonere).*

Le fr. *semoncer* (Cotgrave, 1611) est dérivé de semonce.

Tous les sens gravitent autour de l'idée d'**avertir,** mais il importe de les différencier.

Semondre a vieilli en fr. Il est encore employé par La Fontaine (*Fables,* V, 7), par Molière (*Étourdi,* II, 2), voire par George Sand *(Fr. Le Champi)* dans les sens respectifs de convier, convoquer, inviter à faire secrètement, d'avertir secrètement. Il n'est plus guère usité dans le sens de réprimander (Scarron, *Virg. trav.,* 5) et a été remplacé par *semoncer* qui s'est spécialisé dans la marine dans l'acception d'avertir d'arborer le pavillon, d'où donner un coup de semonce, un coup de canon accompagnant parfois cet ordre.

Le premier sens vieilli de *semondre,* assembler, convoquer, est resté bien vivant en angl.: ***to summon** Parliament,* **convoquer** le Parlement; jur. **citer** (un témoin), **appeler** en justice; **sommer** de comparaître; mil. **traduire** en conseil de guerre; **sommer** (une ville de se rendre); sens affaibli, **évoquer.** Enfin, ***to summon (up),*** † **rassembler** (son courage, ses forces).

Le subst. ***summons*** (pl. ***summonses***) a les sens corresp. et a donné naissance au v. trans. ***summons (to),*** **citer en justice.**

– *He had received a letter **summoning** him to Paris.* – Il avait reçu une lettre qui l'**appelait** à Paris.

– *She came running at his **summons.*** – Elle accourut à son **appel.**

– Deux jeunes filles entrent pour la première fois dans une salle de bal: *They were announced, and **summoning up** their smiles, advanced.* (Rosamond Lehmann, *Invitation,* III, 1.) – On les annonça, et **se contraignant** à sourire, elles firent leur entrée.

– *Fancy grand-papa having built such ugly houses. She **summoned** the portrait in the dining-room.* (*ibid.,* I, 4.) – Penser que bon-papa avait fait bâtir ces hideuses maisons. Elle **évoqua** le portrait du grand-père dans la salle-à-manger.

Remarque. – *To summon* diffère de *to call* p. ex. par l'idée d'autorité, d'urgence, etc., qui s'y attache. Cette idée persiste même dans l'euphémisme: *He was summoned in the midst of his work,* la mort le surprit en pleine activité. Avec le subst. elle est accusée par l'emploi d'intensifs ou de péjor., notamment chez Shaks.: *a fearful summons.* (*Hamlet,* I, i, 149), *the reason of this terrible summons.* (*Oth.,* I, i, 82.)

Sup (to), sup. – D'origine mi-germ., mi-fr., signifie, outre **souper, boire à petites gorgées, manger à la cuiller; fournir à souper à, donner de quoi souper à.** V. *Supplément.*

Le subst. est rare, sauf dans les expressions ***bite and sup,* à manger et à boire, *neither bite nor sup,* rien à boire ni à se mettre sous la dent.**

– *I've worked enough **to drink a sup,*** traduction de ce passage du *Médecin malgré lui* (I, 7): Ma foi, c'est assez travailler pour **boire un coup.**

Superannuated. – Mis à la retraite, retraité; vieux, hors d'âge, décrépit, usé, impropre au service. Aussi des pers., des ch., **suranné; démodé.** ***Superannuated*** *coquettes, customs,* des coquettes, des coutumes **surannées.**

La dernière homélie de l'archevêque de Grenade: *It was... something like a **superannuated** schoolmaster's theme,* une rhétorique de régent **usé.** (*Gil Blas,* VIII, ii.)

– *A **superannuated** officer on half-pay.* – Un officier **retraité** en demi-solde.

Superlative. – Outre le sens grammatical commun aux deux langues, ***superlative*** a des emplois plus étendus.

Parlant du portrait d'une aïeule par Copley, O.W. Holmes (*The Breakfast Table,* I) dit qu'elle avait des mains **incomparables, de toute beauté, *superlative*** *hands.*

– *Few men are possessed with **superlative** gifts in speculation.* – Rares sont les hommes doués du pouvoir **souverain** de prophétiser.

Super(numerary) (adj. et subst.). – Étymolog. surnuméraire, c.-à-d. qui est en surnombre, et non nécessairement, comme autref. en fr., commis aux écritures (L. 3°).

*A **supernumerary*** est aussi un **ministre wesleyen** à la retraite; au théâtre, un **figurant,** un **comparse,** dans ce sens souvent abrégé en ***super.***

– Th. Hardy *(Jude)* parle d'une femme qui porte « une torsade de cheveux **postiche** », *« a* ***supernumerary*** *coil of hair ».*

Voici le mot dans la traduction d'un passage de *Si le grain ne meurt,* p. 191, d'André GIDE: *He was one of those minor characters whose part in life seems to be merely to act as* **supers'** *and eke out the numbers on the stage.* – C'était un de ces êtres de second plan qui semblent ne figurer dans la vie qu'en **comparses** et pour grossir un nombre.

Et le voici encore, sous forme de v. cette fois, chez Rosamond LEHMANN (*Dusty Answer,* IV, 5): Judith, que Roddy a dédaignée, rêve d'être invitée par lui dans une île de volupté: *« Would you care for me to come, Roddy? » – « I fear you are* ***super'd*** *», he said with elaborate courtesy.* – « Aimeriez-vous que je vienne, Roddy? » – « Je crains que vous **ne soyez de trop** », dit-il avec une politesse étudiée.

REMARQUE. – En fr., *super*-qui, de la langue publicitaire a passé à celle de la presse est un préfixe de renforcement, la super-fiscalité, la super-bombe, un super-champion. Aussi 1° abrév. de supercarburant; 2° abrév. pop. de supérieur: « ... une traduction de *l'Iliade* sur l'écran, grandiose et tout ce qu'il y a de plus 'super' » (THIBAUDET, dans N.R.F. 1er mars 1928). V. aussi Robert.

Supply (to), supply. – † **Secourir, aider, assister; fournir des renforts, renforcer** des troupes; † **suppléer, suppléer à, remplacer** ce qui manque; **satisfaire, pourvoir à; fournir, pourvoir de, procurer, donner; approvisionner, alimenter, subvenir à l'entretien de** (ch. et pers.); **répondre** (à un besoin); **remplacer,** spécialement **faire fonction de suppléant, remplir temporairement une vacance,** se dit également d'un prédicateur ou ministre.

Tous ces sens se retrouvent dans le subst. Noter en outre les expressions et acceptions suivantes: ***the supply department,*** **l'intendance,** *the law of* ***supply*** *and demand,* la loi de **l'offre** et de la demande; **recettes, crédits,** *bill of* ***supplies,*** loi de **finances,** *committee of* ***supplies,*** commission du **budget;** enfin **débit** d'une source.

– ***To supply*** *a defect, a deficiency,* **combler** une lacune [cf. « J'ai conclu de vouloir que notre Porrect *supplie* les fautes » (A. LE MAÇON, *Décaméron,* VII, ix)], c'est-à-dire **comble** les lacunes. « Suppléer ce qui manque » est le premier sens dans L.

– *Their name, their years, spelt by th'unlettered muse,*
The ***place*** *of fame and elegy* ***supply.***

(GRAY, *Elegy,* 82.)

– Leur nom, leur âge inscrits par la muse ignorante,
Leur **tiennent lieu** de gloire et d'élégie.

– *You will soon be called* ***to supply*** *the place of your father.* – Vous serez bientôt appelé à **remplacer** (à **remplir** la place de) votre père.

– *This defect has been* ***supplied*** *in our new edition.* – Cette omission a été **réparée** dans notre nouvelle édition.

– *He* ***supplied*** *the needs of his old mother.* – Il **pourvoyait** aux besoins de sa vieille mère.

– *The only way to deal with a prodigal is to cut his* ***supplies.*** – La seule manière de venir à bout d'un prodigue est de lui couper les **vivres.**

– *The invaders remained until their* ***supplies*** *were exhausted.* (JOWETT, *Thucyd.,* I, 169.) – Les envahisseurs restèrent jusqu'à ce que leurs **munitions de bouche et autres** fussent épuisées

– *The* ***supply*** *of silicic acid,* le **débit** (d'une source) en acide silicique.

– *The water* ***supply*** *is inadequate.* – **L'approvisionnement, l'alimentation** en eau est insuffisant(e).

– *Families* ***supplied*** *daily.* (MANSION.) – **Nous livrons** à domicile tous les jours.

Support (to), support, -er. – « Que craint-on d'un enfant sans *support* et sans père? » (RACINE, *Athalie,* III, 2.) « J'a perdu mon *support,* ma consolation. » (MOLIÈRE, *Avare,* IV, 7); ce sens de « pers., ch. qui sert d'appui (dans le malheur) » est celui autour duquel s'ordonnent les acceptions des subst. et du v. angl. Par contre, ***to support,*** supporter, *to bear with, put up with, tolerate* est souvent dans l'usage moderne un gallicisme.

Voici les sens: **aider efficacement** qqn., **l'assister, l'appuyer,** le **seconder,** le **défendre, l'approuver; affirmer, attester** le bien-fondé (d'une thèse, etc.), **appuyer, soutenir** (un candidat, un amendement, une proposition); **tenir pour, se rallier à** (une cause, une doctrine, un parti), **confirmer, corroborer** (une déclaration, des dires, etc.); **subvenir à** (financièrement); **faire subsister, faire vivre, entretenir, nourrir; soutenir** (un malade); **soutenir** (une pers.), **l'empêcher de tomber** (cf. le fr.: des colonnes *supportent* la voûte); suivent des sens fr., puis **donner courage, confiance, pouvoir d'endurer; sauvegarder, maintenir l'intégrité de; empêcher d'échouer, contribuer au succès de; maintenir** un prix; **entretenir** (la conversation); **soutenir** (un rôle, au pr. et au fig.): **appuyer** (une armée, une attaque), etc., d'où ***artillery support,*** **appui de feu** (fourni à l'infanterie), *troops* ***in support,*** troupes **de soutien, de renfort,** ***support*** *line, trench,* ligne, tranchée de **soutien.**

Supporting *wall,* mur **de soutènement;** ***supporting*** *documents,* pièces **justificatives.**

Supporter, **support, appui soutien** (pers. ou ch.); **partisan, défenseur;** blason, **support, tenant.** ***Bust-supporter,*** **soutien-gorge.**

– Une indication scénique: ... *Cokeson* ***supports*** *the fainting Ruth.* (GALSWORTHY, *Justice,* IV.) – C. **soutient** Ruth qui s'évanouit.

– *The government was* ***supported*** *by the whole country.* – Le gouvernement était **appuyé, soutenu,** par tout le pays, avait tout le pays derrière lui.

– *Poor relations are put up with but not always* ***supported.*** – On supporte (tolère) les parents pauvres, on ne **subvient** pas toujours à **leurs besoins.**

– *She had no friends who could or would* ***support*** *her.* – Elle n'avait pas d'amis qui auraient pu ou voulu lui **venir en aide** (ou: la **prendre à leur charge**).

– *The advocates of both* [*theories*] *can* ***support*** *their arguments with an appeal to experience.* (FROUDE, *Hist. Eng.*, I, i, 14.) – Les tenants des deux théories peuvent **étayer** leur thèse en invoquant l'expérience.

– *Riley had been foisted on the Bank by an M.P. who wanted the* ***support*** *of Riley's father.* (R. KIPLING, *A Bank Fraud.*) – R. avait été imposé à la banque par un membre du Parlement qui avait besoin de la **voix** de son père. (« Appui » serait ici trop général. Il faut préciser.)

– *He looked round* ***for support.*** – Il regarda autour de lui **pour voir si on l'approuvait.**

– *Even if their stipends (of these clergymen) were considerable, they found these barely sufficient* ***to support their social position.*** – Même avec des traitements fort élevés, c'est tout juste si les ecclésiastiques pouvaient **tenir leur rang.**

– *His pen* ***supported*** *him.* – Il **vivait** de sa plume.

– *My profession would* ***support*** *me if my books did not sell* traduit: Mon métier pouvait me **nourrir** si mes livres ne se vendaient pas. (ROUSSEAU, *Confessions*, IX.)

– *There is no piece of evidence to* ***support*** *that story.* – Aucun élément de preuve ne **corrobore** cette histoire.

– *The Tories* ***supported*** *the Royal Prerogative.* – Les tories **tenaient pour** la prérogative royale.

– De deux condisciples constamment brimés par leurs camarades l'auteur dit: « se consolant, se prêtant patience, **renfort** », ce qui est traduit: *they gave each other patience, comfort and* ***support.***

Suppress (to), suppression. – Réprimer (une émeute, une révolte, etc.); **réduire** (à l'impuissance), **dissoudre** (un organisme); **étouffer** (des sanglots, des rires, etc.); **baisser** (la voix); **omettre; ne pas publier, tenir secret, ne pas révéler.**

La comparaison avec le lat. est ici encore intéressante et instructive: *suppremere hostem*, c'est arrêter, contenir l'ennemi; *suppremere vocem*, se taire ou parler bas; *suppremere aegritudinem*, modérer son chagrin; *suppremere dolorem*, étoùffer, dévorer sa douleur; *suppremere famam*, empêcher un bruit de se répandre.

– Tess demande à Angel si elle le reverra après sa mort. Il évite de répondre en l'embrassant: *O, Angel – I fear that means no! said she, with a* ***suppressed*** *sob.* (Th. HARDY, *Tess*, LVIII, 512.) – O Angel, je crains que cela ne signifie non, fit-elle en **étouffant** un sanglot (ou: avec un sanglot **contenu**).

– *She could not, however,* ***suppress*** *her agitation, and her eyes filled with tears.* (*Id.*, *Mayor*, XXXIV, 292.) – Elle ne put cependant **réprimer** son agitation, et ses yeux s'emplirent de larmes.

– Une indication scénique dans une pièce de Bernard Shaw: *Ramsden (hammering out his words with* ***suppressed*** *fury).* (*Man and Superman*, I.) – Ramsden (prononçant ses paroles en les martelant avec une fureur **contenue**).

– Gil Blas, promu ...maître d'hôtel d'une bande de voleurs, dit ironiquement: ...**Dévorant** ma douleur, je me préparai à servir ces honnêtes gens, ce qui est traduit ainsi: *I* ***suppressed*** *my sorrow... and prepared to serve those worthy gentlemen.*

– *A faint hum that sounded like a* ***suppressed*** *mutter.* – Un faible bourdonnement qui ressemblait à un murmure **assourdi.**

– *A face of* ***suppressed*** *excitement.* – Un visage qui déborde d'émotion **contenue.**

– *A* ***suppressed*** *anger, irony.* – Une colère, une ironie **rentrée.**

– ***Suppression*** *of the illicit traffic in drugs.* – **Répression** du trafic illicite des stupéfiants.

Surface, to surface. – ***To give a surface to*** ou ***to surface***, **polir, aplanir; dégauchir, redresser** (une planche); **calandrer** (une étoffe, un papier); (ch. de fer) **relever** la voie; (d'un sous-marin) = ***to break surface, to come on the surface***, **revenir en surface.** Mines, *work* ***at the surface***, travail **au jour**, ***surface hand***, **ouvrier du jour**, ***surface mine***, **minière.** Locut. div. ***on the surface***, **en apparence:** *his politeness, his patriotism is only* ***of*** ou ***on the surface*** (C.O.D.), il n'a qu'un **vernis** de politesse, son patriotisme n'est que **(pure) façade.**

En compos. ***surface-coated*** *paper*, papier **couché;** ***surface-drain***, **tranchée à ciel ouvert; saignée d'irrigation;** ***surface-fire***, **incendie de la couverture du sol.**

– *It is merely scratching the* ***surface*** *to...* C'est s'en tenir exclusivement à l'**écorce** que de...

Surfeit, to surfeit. – « Prendre de la viande à *sourfet* et à outrage et en trop grant quantité » dans Godefroy, est une phrase dont la tautologie fait apparaître le sens, sens que nous a emprunté l'angl. ***to a surfeit***, *ad nauseam*. ***Surfeit*** sera donc l'**excès** dans le boire et le manger, l'**intempérance,** puis la **satiété,** la **replétion,** le **dégoût,** la **nausée,** l'**indigestion** qui en résultent. ***To surfeit***, **(se) soûler, (se) gorger, (se) rassasier** au pr. et au fig.

– *If music be the food of love, play on, / Give me excess of it, that* ***surfeiting*** */ The appetite may sicken and so die*, s'écrie le duc mélomane de la *Nuit des Rois* (I, 1). – Si l'amour vit de musique, ah! jouez encore. Donnez-m'en à l'excès, si bien que **soûl d'accords,** / Le désir s'en dégoûte à tel point qu'il en meure.

– Après une mésaventure, Gil Blas dit (II, vii): Il ne m'en fallut pas davantage pour **me dégoûter** de la galanterie, et Smollett: *This was enough in all conscience to* ***give me a surfeit*** *of gallantry.*

– Dans *Civilization on Trial* (I), Arnold TOYNBEE dit: *The field of Graeco-Roman History is not encumbered and obscured by a* ***surfeit*** *of information.* – Le domaine de l'histoire gréco-romaine n'est pas encombré et obscurci par une **pléthore** de documents.

Surge (to) est bien le lat. *surgere* « se lever, s'élever » qui a donné le fr. *surgir* et son doublet *sourdre*, mais le mot s'applique surtout au navire qui monte sur la vague (cf. † *surgir* au port, « aborder », – du port, « mettre à la voile »); à la mer qui devient houleuse, (***surge*** = **houle, lame de houle**); à la foule qui **ondoie** ou **reflue,** *surge back;* (fig.) à l'émotion, à la colère, etc. qui **montent.**

Electr. *the current **surges**,* il y a des **surtensions** de courant; *the engine **surges**,* le moteur **tourne irrégulièrement, a des sautes, pompe, galope;** (naut.) † (d'un câble), **choquer brusquement;** ***to surge*** *a rope,* **dériver, filer** un câble, ***to surge*** *a rope round the capstan,* **choquer brusquement** une amarre au cabestan.

– *The ache of desire, the **surge** of excitement...* (R. LEHMANN.) – Le tourment du désir, la **montée** de l'enthousiasme...

Surgeon, surgery. – Du fr. *surgien* « chirurgien », est parfois, dit le N.E.D., *in early use* (notamment dans Shakespeare) *a medical man, a doctor,* un **médecin,** un **homme de l'art;** mod. surtout un **médecin de quartier,** (mil.) **médecin-major.**

Surgery, outre **chirurgie,** peut donc s'entendre d'une **salle de consultation** (chirurgicale ou autr.), du **dispensaire** d'un hôpital ou du cabinet ou salon d'un médecin de quartier.

– *On reaching home, the doctor found several patients waiting for him in the **surgery**.* – En rentrant chez lui, le médecin trouva plusieurs malades qui l'attendaient dans **le salon de consultation.**

Surname. – « Ce cuistre s'appelle Guillaume en son *surnom.* » (SOREL, *Francion, Bibl. Gaul.,* 439), c.-à-d. **de son nom de famille.** En angl., comme en fr., dans l'ancien usage, le nom est le nom de baptême et le surnom, comme dit encore Henri Estienne, le **nom patronymique.**

– Dans *Saint Joan* de B. Shaw (I, i), Robert de Baudricourt interroge Jeanne d'Arc: *What is your name?* – *Here in France, I am Joan.* – *What is your **surname?*** – *What is that? My father sometimes calls himself d'Arc.* – Quel est votre nom? – Ici en France, on m'appelle Jeanne. – Quel est votre **nom de famille?** – Qu'est-ce que cela? Mon père s'appelle parfois d'Arc.

Surplus (subst. et adj.). – **Excédent** (des recettes sur les dépenses, etc.); *the **surplus** stocks,* les stocks **en excédent.** ***Surplus sales,*** **soldes.**

Surtout. – **Surtout,** redingote droite à poches disposées en diagonale, sorte de pardessus. En cuisine, s'applique † à divers **petits plats.**

– *On ordinary days, he wore an old **surtout**.* – Ordinairement, il portait une vieille **redingote.**

Survey (to), survey, surveyor. – Du lat. médiéval *supervidere,* examiner les limites d'un bien-fonds, la structure d'un bâtiment, des livres ou comptes, etc., **surveiller; lever le plan de, arpenter** (des terres); **scruter, examiner en détail et avec soin** (rare ou désuet); **contempler** comme d'une hauteur, **prendre une vue d'ensemble, considérer,** au pr. et au fig.

Le subst. a les sens corresp.: *ordnance **survey**,* **carte d'état-major;** *forest-**survey**,* **triangulation** d'une forêt.

Surveyor, **inspecteur, surveillant;** ***surveyor*** *of highways,* **conducteur** des ponts et chaussées, auj.: ingénieur-adjoint des Travaux publics de l'État (service des Ponts et Chaussées), ***surveyor*** *of taxes* (rapprocher de *collector*), **percepteur, receveur, inspecteur des contributions directes, géomètre, arpenteur, architecte,** etc.

– ***He took a survey*** *of his room.* – Il **jeta** (ou: **promena**) **un regard circulaire** sur sa chambre.

– *The land reform was preceded by a **survey** of the land.* – La réforme agraire a été précédée d'une **évaluation de la superficie** des terres.

– *The **survey** of the situation is not encouraging.* – **L'examen** de la situation n'est guère encourageant.

– *After a moment's **survey** of her face.* (DICKENS, *Dombey,* LIII.) – Après avoir **contemplé** son visage ou: l'avoir **dévisagée** pendant un moment.

– *He **surveyed** the interlopers with a quiet dignity.* – Il **toisait** les intrus avec une imperturbable dignité.

Susceptible, susceptibility. – Nous employons encore auj. des expressions de ce genre: « susceptible de varier, de porter atteinte à; ce passage est susceptible de plusieurs sens, etc. », mais nous ne disons plus guère – ou assez rarement – comme aux XVIIe et XVIIIe s.: « Le peuple n'est pas susceptible de cette doctrine » (PASCAL, *Pensées,* VI, 10, éd. Havet), c.-à-d. « n'est pas capable de recevoir, de comprendre cette doctrine », et il nous faut réfléchir un peu pour entendre cette phrase, p. ex.: « Les ordres de Breuil arrivèrent dans ces conjonctures et enflammèrent aisément la bile de la reine qui était naturellement *susceptible* d'un grand feu » (RETZ, *Mémoires*). – Or, l'angl. dit très bien *to be **susceptible** to reason* (cf. *to be amenable to reason*), c.-à-d. **capable** d'entendre raison et, par conséquent, raisonnable; *to be **susceptible of** criticism,* etc., être **sensible à** la critique, etc.

Donc, deux sens principaux: 1° **capable** (de), à **même,** en **état** (de subir une influence quelconque); 2° **sensible** (à), **prédisposé** (à).

D'autre part, en fr., *susceptible,* employé absol., signifie « facile à offenser ». On ferait, ayant ce sens en tête, un fâcheux contresens sur ce passage de SMOLLETT *(Humphry Clinker): But she is deficient in spirit, and so **susceptible** – and so tender, forsooth! – Surely she has got a languishing eye and reads romances.*

Et cependant, un sens du fr. *susceptibilité* peut nous éclairer, le sens 3 dans L.: exaltation de la sensibilité, etc.; on traduira donc: « Mais elle manque d'énergie, de ressort, et elle est si **sensible** – et si impressionnable, ma parole! – A coup sûr, elle a l'œil plein de langueur et elle lit des romans. »

Et voici ***susceptibility***, tout proche de la définition 2 de L., **capacité de recevoir,** mais que l'on ne traduira guère littéralement.

– *My little boy... is now **susceptible** of instruction.* – Mon petit garçon... est maintenant **à même (en état)** d'être instruit.

– *Swift, like Gœthe, was exceedingly* ***susceptible*** *of female influences.* – Swift, de même que Gœthe, était extrêmement **sensible** à l'influence des femmes.

– *Women employed in certain painting operations have been alleged to be more* ***susceptible*** *than men to lead poisoning.* – L'on a allégué que les femmes employées à certains travaux de peinture étaient plus **prédisposées** que les hommes au saturnisme.

– *The* ***susceptibility*** *of a child to a disease,* c'est la **prédisposition** d'un enfant a une maladie.

– Philip Wakum fait des confidences à Maggy: *I am cursed with* ***susceptibility*** *in every direction and effective faculty in none.* (Eliot, *Mill on the Floss,* V, iii.) – Ce qui, en style simple, signifie: J'ai le malheur de pouvoir tout **sentir** mais de ne savoir rien exprimer, rien produire (en art, en littérature).

Suspense. – L'adj. fr. *suspens* signifiait notamment « dans l'incertitude »: « J'ai peur de tenir trop longtemps le lecteur suspens ». (H. Estienne, *Précell.,* dans D.G.). Ce sens a survécu dans la locut. adv. *en suspens* et dans le subst. angl. ***suspense.*** Outre ce sens d'indécision qui, dans certains contextes, confine à l'inquiétude, à l'angoisse, on mentionnera, jur. **suspension** (d'un droit, etc.); comm., ***suspense account,*** **compte d'ordre,** *bills in* ***suspense,*** effets **en souffrance.**

– *He was at last relieved from such a long* ***suspense.*** – Il fut enfin tiré d'une longue **incertitude.**

– Dans la tempête qui assaille le « Narcisse », l'équipage n'attend plus que le naufrage et la mort: *Then upon all these prone bodies a stir would pass, a shiver of* ***suspense.*** (J. Conrad, *Nigger of the N.,* III.) – Alors sur tous ces corps gisants, un frisson passait, un frémissement d'**angoisse.**

Remarque. – Une *suspense* était une « décision suspendant un ecclésiastique de ses fonctions ».

Sustain (to). – Outre les sens communs avec le fr., noter: ***to sustain*** *a defeat,* **subir** une défaite, ***to sustain*** *a blow,* **recevoir** un coup, ***to sustain a black eye,*** **se faire pocher l'œil.**

Jur. **recevoir, admettre la validité** (d'une demande, d'une prétention); ***to sustain*** *the plaintiff in his plea,* **se prononcer en faveur** du plaignant, du demandeur.

– *The king has* ***sustained*** *a crushing defeat.* – Le roi a **subi** une défaite écrasante.

– *It seems to me incredible that such a charge could be* ***sustained.*** – Il me semble incroyable qu'une telle accusation soit **recevable.**

– *A vote being taken, the Government was* ***sustained*** *only by a narrow majority.* – Au vote, le gouvernement n'a été **suivi** que par (ne l'**a emporté** qu'à) une faible majorité.

Sustenance. – Subst. de *to sustain,* a les sens corresp.: **nourriture, valeur nutritive; soutien, entretien; subsistance.**

– *There is no* ***sustenance*** *in coffee.* – Le café n'a pas de **valeur nutritive.**

– *She gained a scanty* ***sustenance.*** – Elle gagnait tout juste **de quoi vivre.**

Swede. – *The* ***Swedes*** *in the field* risquerait de s'entendre, d'après certain lexicographe, les Suédois en campagne, alors qu'il s'agit des **rutabagas** ou **navets de Suède.**

Sycophant,-ic. – Du sens pr. de **délateur, mouchard,** en est venu à signifier **vil flatteur, complaisant, flagorneur;** fam. **chattemite; parasite.**

Sycophantic, adj. a les sens corresp.

– *All the* ***sycophants*** *of the house slandered him.* – Tous les **complaisants** de la maison le calomniaient.

– Les marins du *Narcisse* subissent malgré eux l'influence du nègre Jimmy qui s'est fait porter malade, et qui n'a pour eux que mépris: – *When we ventured to question his statements, we did it in the manner of obsequious* ***sycophants.*** (V.) – Quand nous nous risquions à contester ses dires, nous le faisions (c'était) à la manière d'obséquieux **flagorneurs.**

Syllabus. – Syllabus, seulement dans la terminologie de l'Église catholique romaine; sinon, **programme** (d'enseignement, d'études, de cours, etc.)

– *The New English Bible is beginning to show itself in the secondary education* ***syllabuses.*** – La N.E.B. commence à figurer dans les **programmes** de l'enseignement secondaire.

Sympathetic, -ally, to sympathize, sympathy. – *A* ***sympathetic*** *man* n'est pas un homme sympathique, dans le sens d'un homme *qui se concilie la sympathie,* mais un homme **qui ressent de la sympathie,** et même **de la compassion, de la commisération.** ***To sympathize*** *whit,* † **condoloir** (cf. condoléance), **compatir, être sensible** (aux malheurs de qqn.)

A ***sympathetic*** *strike* est une grève **de solidarité,** *a* ***sympathetic*** *landscape* un paysage **qui émeut par les souvenirs qu'il évoque,** comme p. ex. celui où Antiochus sentait s'aviver la passion qu'il avait conçue pour Bérénice (I, iv):

« Je demeurai longtemps errant dans Césarée,
Lieux charmants où mon cœur vous avait adorée »,

ou encore ceux qu'Alfred de Musset et Victor Hugo ont chanté respectivement dans *Souvenir* et *Tristesse d'Olympio.*

Sympathetic a pour synonyme *responsive* (v. ce mot).

Sympathetically et ***sympathy*** ont les sens corresp.

Remarque. – Employés dans leur acception fr., ces mots sont des gallicismes.

– *An unusually tender and* ***sympathetic*** *audience.* (Dickens) – Un auditoire exceptionnellement sensible et **vibrant à l'unisson.**

– *The two brothers had never been* ***sympathetic.*** – Les deux frères n'avaient jamais **ressenti de la sympathie l'un pour l'autre.**

– Une indication scénique dans *The Devil's Disciple* de B. Shaw (III): le général Burgoyne invite l'aumônier Brudenell à fermer les yeux sur la présence de Judith, qui veut assister aux derniers moments de Richard: *Brudenell withdraws a little watching her* ***sympathetically.*** – B. s'écarte un peu en l'observant **avec pitié** (ou: **compassion, commisération**).

– *Before departing, he said a few* ***sympathetic*** *words.* – Avant de prendre congé, il lui adressa quelques paroles **d'encouragement.**

– Swithin Forsyte, qui a grand soif, est sur le point de demander à boire à sa belle-fille: *She was so* ***sympathetic.*** (Galsworthy, *Man of property,* II, iii.) – Elle vous **comprenait** toujours **si bien!**

– *Your request will be examined* ***sympathetically.*** – Votre demande sera examinée **avec bienveillance.**

– Pour rendre ce passage du *Rouge et Noir,* XXV: Les contours immobiles de ses paupières annonçaient l'impossibilité de toute sympathie, M. Scott Moncriff écrit: *The unwinking contours of his eyelids proclaimed the impossibility of any human feeling.*

– *I told him my misfortune. He* ***sympathized with me.*** – Je lui contai ma disgrâce; il y **parut sensible.**

Symposium, pl. **-sia.** – Ce mot d'origine grecque n'est pas mentionné par L., qui pourtant donne symposiaque. Glosé par le Larousse « seconde partie d'un festin, d'un banquet, pendant laquelle les convives buvaient ou se livraient à des jeux », il a été exploité par les Anglo-américains: *Plato's* ***Symposium,*** le **Banquet** de Platon; **festin, réunion de convives** ou **de buveurs, réunion, discussion amicale;** néol. **colloque; conférence, réunion académique; recueil d'articles** sur le même sujet.

– *To one of these* ***symposia*** *Miss Minniver, after a good deal of preliminary solicitude, conducted Ann Veronica.* (VII, 2) – Ce fut à l'une de ces **réunions** que Mlle M., non sans s'être préoccupée de lui faire préalablement la leçon, conduisit A.V.

Syringa. – Seringa (t), emprunté du lat. des botanistes *syringa,* parce que, dit le D.G., son bois vidé de la moelle sert à faire des seringues, des tubes, des flûtes, etc.

En angl., appelé aussi *mock-orange,* et, beaucoup plus souvent *lilac.*

Remarque. – L. fait remarquer que syringa pour seringat est une erreur de l'Académie. Syringa est le nom linnéen du lilas.

System. – Méthode, organisation, ordre; régime.

– *Much additional space and comfort could be acquired by a little* ***system*** *and order.* (Mrs. Cummins, *Lamplighter,* V.) – On pourrait gagner beaucoup d'espace et augmenter considérablement le bien-être avec un peu d'**organisation** et d'ordre.

– *Why don't they keep to the time-table? There's no* ***system*** *in this place.* (Jerome, *They & I,* 108.) – Pourquoi n'observent-ils pas l'horaire? Ils ne sont pas **méthodiques** ici.

– M. Shalford, patron de Kipps, et propriétaire d'un grand magasin, ne cesse de rebattre les oreilles du malheureux apprenti *Kipps* (I, 11.) – ***System, system.*** – **De la méthode, de la méthode** (ou: de l'organisation)!

– *The agricultural* ***system*** *of Great-Britain.* – Le **régime** agraire de la Grande-Bretagne.

– *We must distinguish at the outset between the two* ***systems of law*** *which favoured the existence of large estates.* – Il convient de distinguer d'abord entre les deux **ordres d'institutions juridiques** qui favorisaient le régime de la grande propriété.

T

Tabernacle, tabernacular (adj.). – Outre les sens bibliques bien connus, signifie fam. ou E.U. **église, temple, chapelle, lieu de culte; habitation, abri temporaire** (cf. *tabernaculum* « tente »); d'où métaphoriquement notre **enveloppe mortelle,** le **corps humain** (cf. II, *Pierre,* I, 14); **stalle, niche** (surmontée d'un dais). Naut. **cornet** (de mât).

Tabernacular ou ***tabernacle-work,*** (**ouvrage d'architecture**) **ajouré, finement sculpté;** péjor. **mesquin, vulgaire,** par allusion aux lieux de culte des dissidents.

– *On either side, there are* ***tabernacles*** *or niches, containing figures.* – De chaque côté, il y a des **niches** contenant des statues.

Table. – Table (tous les sens du fr., qu'ils soient courants ou techniques): par anal. de forme, **table** (de pierre fine), **diamant en table; semelle** (de poutre), **tablier** (de pont); **tablette; tableau** (ou peinture, après avoir désigné le panneau sur lequel on peignait); par méton. et par métaph. **(jeu de) table,** la partie et les joueurs; géogr.: ***table-land,*** **plateau, terrain plat.**

Locut. div. *to lay a bill on the* ***table,*** déposer un projet de loi sur le **bureau** (d'une assemblée); ***to allow a bill to lie on the table,*** **ajourner un projet de loi,** *the bill* ***lies on the table,*** la discussion du projet **est ajournée,** génér. *sine die.*

Du sens de † **tric-trac** provient l'expr. ***to turn the tables,*** **retourner un argument contre qqn., lui renvoyer la balle; reprendre l'avantage sur qqn., retourner la situation, changer la face des choses;** *the* ***tables are turned,*** la **chance a tourné,** les **rôles sont renversés** (1). En compos. (mil. ou naut.) ***table-money*** **frais de représentation, frais de table.**

– *They scarcely could* ***get a table*** *now, so dreadful was the outcry*

(1) Ou, selon le cas: les atouts ont changé de main.

against the sport. (THACKERAY, *Pend.*, XV.) – C'est à peine s'ils parvenaient maintenant à réunir **le nombre de joueurs,** tant ce jeu (le whist) était décrié.

Table (to). – ***To table*** *a bill,* même sens que *to lay a bill on the table.* Mais E.U. **ajourner indéfiniment la discussion** d'un projet de loi; la **renvoyer** *sine die.* ***To table*** *a card,* **jouer** une carte. Techn. **emboîter, assembler** (deux poutres, etc.); naut. **doubler les bords** (d'une voile), **renforcer, gaîner** (une voile).

Tablet. – Archéol. et fig. **tablette** (à écrire); p. ext. **plaque** (de marbre, etc.), ***votive tablet,*** **ex-voto;** méd. **tablette, pastille, comprimé,** ***coated tablet,*** **dragée,** etc. **kératinisée; entablement** (de mur).

– *He saw the name of the firm on a marble* ***tablet.*** – Il vit le nom de la maison sur une **plaque** de marbre.

Tache. – « En lui eut maintes bonnes taches » *(Rom. de la Rose).* – *A* ***tache*** *one could wish to see in a young man designed for the profession,* un **trait,** une **qualité** qu'on souhaiterait voir chez un jeune homme destiné à cette profession. Emploi désuet depuis la fin du XVIIIᵉ siècle, mais conservé dans les dialectes.

† ***Tache,*** **attache, boucle, lien** a survécu sous la forme *tack.*

Tact. – En rencontrant ce passage de Mackish (*Tales and Essays,* II, 438): *They went through their evolutions with great* ***tact*** *and precision,* on consulte le dictionnaire où cette citation surtout nous éclaire: *Count Saxe recommended the* ***tact*** *or marching on cadence* (1). On traduira donc: Ils firent leurs évolutions en observant bien la **cadence** et avec une grande précision.

Tailor (to). – On notera *I am* ***tailored*** *at N's,* je **m'habille** chez N.; *A* ***well-tailored*** *man,* un homme bien **habillé;** *this material does not* ***tailor*** *well,* ce tissu, cette étoffe est difficile à **façonner,** à **travailler.**

A ***well-tailored*** *answer (to a problem),* une solution **élégante, sur mesure** (d'un problème), comme dit Bergson.

Argot de chasseur, **tirer maladroitement** (un gibier), « **louper** » son coup, et, de ce fait, **massacrer, saboter, abîmer la pièce.**

Ne disons-nous pas aussi par antiphrase, en parlant de l'habillement: Ce tailleur vous a bien arrangé ?

Taint, to taint, tainted. – L'angl. ***taint*** combine deux mots: 1° atteinte, coup; maladie; condamnation (penser à l'expression « atteint et convaincu d'avoir volé »); 2° teint, teinte, teinture. Les deux, se mélangeant, ont donné: 3° **tache, souillure, contagion** (rapprocher ***taint*** et *blemish*); en vieux fr., un visage *teint* est un visage blêmi. Au XVIᵉ s. D'AUBIGNE écrit encore au fig.: « Les délices des grands s'envolent en fumée. Et leurs forfaits marquez *teignent* leur renommée » (*Tragiques,* p. 82.)

To taint signifiera donc: **corrompre, vicier, infecter.**

(1) *Takt,* en allemand, signifie également: cadence, mesure; *im Takt marschieren* cadencer ses pas.

– *His* ***tainted*** *blood did not run very long in his poor feeble little body.* (THACKERAY, *Esmond,* II.) – Son sang **vicié** ne coula pas longtemps dans son pauvre petit corps débile.

– *The stag, a moment, snuffed the* ***tainted*** *gale.* (SCOTT, *Lady of Lake,* I, ii.) – Le cerf huma un moment l'air **infecté** (ou plutôt: **qui est imprégné des effluves de ses ennemis, hommes et chiens**).

– Sir Willoughby estime que: *Even pure friendship, such is the* ***taint*** *in us, knows a kind of jealousy.* (MEREDITH, *Egoist,* XIV). – L'amitié pure elle-même, telle en nous est la **tare,** n'est pas exempte de jalousie.

– *It was to be hoped that she would go out of the neighbourhood, so as to purify the air of Saint-Oggs from the* ***taint*** *of her presence – extremely dangerous to daughters.* (ELIOT, *Mill on the Floss,* VII, ii.) – Il fallait espérer qu'elle quitterait le pays, de manière à purifier l'air de Saint-Oggs de l'**infection** de sa présence – extrêmement dangereuse pour les filles des gens du lieu.

Ajoutons quelques rapprochements entre le sens pr. et le sens fig.

– *The* ***tainted*** *meat has been condemned.* – La viande **gâtée, corrompue** ou: pop. **mornée** (1) a été confisquée (ou: saisie).

– *It is difficult to preserve literature from* ***tainting*** *with age.* – Il est difficile d'empêcher la littérature de **se faisander** avec le temps.

– *There was a* ***taint*** *of burnt fat in the room.* – Il y avait un **relent** de graillon dans la salle.

– Un vent de révolte a soufflé à bord du *Narcisse*, étonnement du second: *Careworn, pensive, and breathing hard as if stifled by the* ***taint*** *of unaccountable ill-will that pervaded the ship.* (J. CONRAD, *Nigger,* IV.) – Soucieux, pensif et respirant fort, comme suffoqué par le **relent** d'incompréhensible mauvais-gré qui envahissait le navire.

Il y a fusion du sens pr. et du sens fig. dans la loc. ***tainted*** *goods,* marchandises fabriquées par une main-d'œuvre non syndiquée, et dont la manutention est interdite à leurs membres par les syndicats: elles sont en quelque sorte taboues.

REMARQUE. – Comme toujours, la contre-épreuve est instructive. Quand Orgon reproche à son frère Cléante de donner dans le libertinage: « Vous en êtes un peu dans votre âme **entiché** » (*Tartuffe,* I, 6), la trad. angl. du XVIIIᵉ s. dit: « *You are a little* ***tainted*** *with it* ». On sait qu'autref., un fruit *entiché* était un fruit qui commence à se gâter (L. 1°, *s.v.*), ce qu'on appelle auj. un fruit *taché.* « *S'enticher,* c'est laisser envahir son esprit par une *tache* qui s'étend. » (CLEDAT).

Selon L. encore, *enticher* équivaut à *entacher,* sens conservé notamment dans la langue du droit, (acte) *entaché* de fraude, de dol, (cf. angl. *tainted evidence,* etc.)

De même, quand Stendhal écrit (*Rouge et Noir,* XVIII): « Julien n'était d'aucun groupe; on le traitait comme une brebis **galeuse** »,

(1) Ce sens, ignoré de L. et de Robert, est donné par Larousse.

M. Scott Moncriff traduit: « *Julien belonged to none of these (groups); they drew away from him as from a* ***tainted*** *wether* ».
C'est la réminiscence shakespearienne: *I am a* ***tainted*** *wether of the flock.* (*Merch. of Venice,* IV, i, 11).

Talon. – Le sens de **talon** est archaïque en angl., sauf lorsqu'il s'agit de jeu de cartes ou de feuille de coupons. ***Talon*** a fini par signifier **griffes, serres** (d'oiseau de proie), en passant par les acceptions suivantes: **cheville, talon** (d'homme, de bête), **ongle, griffe.** Techn. **doucine; ergot** (de pêne); **fusée** (d'épée).

Le mot prend parfois la forme de *talant, talent.*

– *What would become of my dove within the* ***talents (talons)*** *of such a vulture?* (N. E. D.) – Qu'adviendrait-il de ma colombe dans les **serres** d'un tel vautour?

Tamper (to). – Var. de *to temper (q.v.),* conformément à l'étym. *temperare* « mélanger pour modérer », **gâcher** (du mortier, du plâtre), **délayer l'argile** (1), sens resté fr. dans l'expression *tremper* son vin; de là, ***to tamper*** *with,* **toucher** à, fam. **tripoter** qqch., **trifouiller; falsifier** (un texte, un document), **fausser, brouiller** (une clef, une serrure). Au fig. **se mêler de;** ***to tamper with*** *a witness,* **solliciter** un faux témoignage, **corrompre, suborner** un témoin.

– Un joueur malheureux refuse de continuer à tenter la chance: *You have been* ***tampering*** *with the dice. I won't play any more.* – Je ne joue plus! Vous avez **truqué** (ou: **pipé**) les dés.

– *The scales of Justice have been* ***tampered with.*** – La balance de la Justice a été **faussée.**

– *The Constitution* ***has been gravely tampered with.*** – La Constitution a **subi de graves atteintes.**

– *Before he paid his addresses to me he had* ***tampered with*** *my women,* traduit ce passage de *Gil Blas,* (IV, x): Avant de m'offrir sa foi, il avait **gagné** toutes mes femmes.

Target. – Une des premières cibles pour les archers fut une targette ou petite targe, bouclier rond, d'où le sens de **cible** (pr. et fig.), **quintaine,** et fam. **tête de Turc;** au fig. **but, objet, objectif** que l'on (se) fixe, ***target*** *date,* date **limite,** ***t.*** *price,* etc. prix **objectif.** ***Target-practice,*** **tir à la cible,** ***target-ship,*** **but flottant.**

Autres sens, E.U., ch. de fer, **signal indicateur** de position des aiguilles; **voyant** (utilisé dans les opérations de nivellement, d'arpentage); boucherie, **poitrine d'agneau.**

– *The ending of the epidemic became the* ***target*** *of all hopes.* – La cessation de l'épidémie devint l'**objet** de tous les espoirs.

– Plan de redressement économique établi par Sir Stafford Cripps: *Every industry given its* ***target.*** – Chaque industrie se voit (ou: s'est vu), assigner son **objectif.**

– *They to whom my foolish passion were a* ***target*** *for their scorn.* – (Tennyson, *Locksley Hall,* 146.) – Eux aux mépris de qui ma sotte passion servirait de **cible.**

– *His* ***targets*** *(or bugbears) are obvious: Marxist history, of course, the so-called « social sciences »...* (*T.L.S.,* 11/1/68.) – Il s'agit d'un historien, partisan des méthodes traditionnelles qui pourfend les nouvelles: Il saute aux yeux que ce sont le matérialisme historique, les sciences dites sociales qui lui servent de **cibles** (ou d'**épouvantails**).

Le mot a suivi la même évolution que *butt* « but visé par les archers », (v. ce mot).

Tarry (adj.). – *Tar* signifiant goudron, ***tarry*** sera **goudronné, de goudron; taché** ou **couvert de goudron.**

Tarry (to) est un tout autre mot, devenu poét. et litt.; c'est **séjourner, demeurer, rester; tarder, se faire attendre;** ***to tarry*** *(for) s. o., sth,* **attendre** qqn. ou qqch., équivalent de *to wait for.*

Tart. – Outre tarte, signifie **tourte,** dont, selon le N.E.D. il serait peut-être la variante; argot, péjor. **fille** (de joie), **cocotte, poule, grue, gourgandine, femme de mauvaise vie,** *nice* ***little tart,*** gentille **poulette.**

On rapprochera de ce dernier sens cette citation du fr. (XIII^e^s.): « Tu ne vaus une *tarte* » (dans D.G.)

– Sermon d'un père à un enfant terrible: *It was very wrong of you to call nanny a silly old* ***tart.*** (E. Waugh, *A Handful of Dust,* II.) – C'est très vilain d'avoir appelé votre nounou vieille **cocotte.**

Tartar. – Quatre mots dont deux nous retiendront: 1° **Tartre** (du vin); chimie, **tartre;** pharm. ***tartar emetic,*** **tartre stibié, tartrate de potasse et d'antimoine, émétique tartrique; tartre** (des dents). 2° Adj. et subst. **tartare, de Tartarie** et, par ext., **Turc, personne irritable, intraitable, croquemitaine, mégère,** (une) **poison:** argot, **homme, type imbattable, insurpassable;** ***to catch a Tartar,*** **se frotter à plus fort que soi, trouver son maître, à qui parler,** ***to have caught à Tartar,*** **tenir le loup par les oreilles, se trouver en mauvaise posture, entreprendre l'impossible, vouloir prendre la lune aux dents.**

– *Teeth yellow with* ***tartar,*** des dents jaunes de **tartre.**

– L'inventeur de la sphère, dit à son compagnon, qu'il espère mener dans la Lune: *We* ***have caught a Tartar*** *perhaps, but we have left the theoretical behind us for good and all.* (Wells, *Men in the Moon,* II.) – Il se peut que nous ayons **entrepris l'impossible,** mais nous en avons terminé une fois pour toutes avec la partie théorique.

Tartuffe. – *The arrantest Tartuffe in science, in politics, as in religion,* écrit Sterne, le plus fieffé hypocrite. Le dernier membre de la phrase se traduira simplement par tartufe. Pour le reste, on entendra qu'il s'agit d'un **hypocrite qui fait l'entendu, en fait accroire** en science, en politique. C'est là une ext. que le mot fr. ne connaît pas dans sa langue d'origine.

(1) Cf. *People that tamper'd the earth for the China ware.* (Defoe).

Tattoo, to tattoo. – *Let us hope he may not have his head tattoed* (le contexte avertit qu'il ne peut s'agir de tatouage), espérons qu'il ne se verra pas **bourrer de taloches** (v. ci-après 1°).

Trois exemples. 1° **Batterie, sonnerie de la retraite; retraite en musique,** mis pour *torchlight-tattoo,* **aux flambeaux; batterie de tambour; la générale;** ***to beat the devil's tattoo,*** **tambouriner d'impatience** (p. ex. sur la table, les vitres). ***To tattoo,*** **battre du tambour** ou **comme sur un tambour, tambouriner avec les doigts.** 2° **Tatouage; tatouer.** 3° (Anglo-indien) **Poney.**

Technical, technicality. – *A* ***technical*** *point or* ***technicality,*** une **question de forme, de procédure,** *judgment quashed on a* ***technical*** *point,* jugement cassé pour **irrégularité** ou **vice de forme** ou **de procédure;** ***technical assault,*** *« legally such in the eyes of the law »* (C.O.D.), **tentative de viol** (justiciable des tribunaux), **quasi-agression,** ***t. offence,*** **quasi-délit.** Autres sens, ***t. school,*** **école de sciences appliquées** (physique, chimie).

Technicality, sens corresp.; jur. **question de forme, de procédure;** péjor. (souvent au pl.) **distinction subtile, argutie,** etc.

– *The army was permitted to retreat with* ***technical*** *honour.* – L'armée obtint la permission de battre en retraite avec les honneurs **de la guerre.**

Telescope (to), telescopic. – **Emboîter;** fam. **abréger, résumer, condenser, ramasser.** L'adj. ***telescopic*** a les sens corresp.

– *The editor has* ***telescoped*** *the lengthy suscriptions of Dr. Johnson's letters.* – L'éditeur a **abrégé** les longues suscriptions des lettres du Dr. J.

– *I repeat that I am* ***telescoping*** *here the recollections of over ten years* traduit: J'ai dit que j'**écrasais** ici les souvenirs de plus de dix ans. (A. Gide, *Si le grain...* p. 269.)

Temper (to), temper. – ***To temper,*** forme moderne de *to tamper (q.v.),* c'est au pr. **détremper, délayer** (le mortier, etc.), **gâcher** (du plâtre, du ciment, etc.); **tremper** (de l'acier, etc.); **recuire, laisser revenir** (un burin, un ciseau); **attremper** (un creuset, etc.).

Au fig. **tempérer, modérer, calmer;** avec *with,* **mêler, mélanger de, atténuer par;** mus. **accorder** un piano suivant une gamme tempérée.

Temper sera donc **la juste mesure, l'équilibre** qui provient d'un mélange bien entendu, p. ex. des humeurs du corps, et p. ext. **la bonne humeur.** Voici le mot dans une citation fr. du XVIe s.: « Madame de Dampierre vint un jour trouver ladite reine en sa chambre, et la trouvant en assez bonne *trempe,* elle en entama le propos. » (Brantome, t. VIII, 63.)

D'où en angl., ***to keep, control*** *or* ***loose one's temper,*** **rester calme, se maîtriser** ou **s'emporter, se mettre en colère.** Fait assez curieux: du sens de **calme, modération,** ***temper*** est passé à l'antipode, dans *he is in* ***a temper,*** il est en **colère.** De même, en fr., humeur, employé absol. signifie mauvaise humeur, prendre de l'humeur, cela me donne de l'humeur.

– *May this a fair example be to me*
To rule with ***temper.***

(Beaum. and Fletcher, *Maid's Tragedy,* V, fin.)

– Puisse cela m'être un bon exemple qui m'apprenne à exercer le pouvoir avec **modération.**

– Dans *Saint Joan,* de B. Shaw (IV), le chapelain angl. très ému demande à Warwick congé de parler. Celui-ci lui répond: *Really, Messire John, I had rather you did not, unless you can* ***keep your temper.*** – Vraiment, Messire John, j'aimerais mieux que vous n'en fissiez rien, à moins que vous ne sachiez vous **maîtriser (garder votre calme).**

– Et voici ***temper*** dans le sens tout opposé de **colère :** *Kiostie quarrelled with and railed upon her, the anxiety of a genuine love wearing the disguise of* ***temper.*** (Stevenson, *Weir of Hermiston,* Tauchnitz, 32.) – Kiostie la querella et l'invectiva, l'anxiété d'un amour sincère prenant le déguisement de la **colère.**

– *He was astonished at first by what he took for a* ***fit of temper.*** – Il s'étonna de ce qu'il prit d'abord pour un **sursaut d'humeur.**

– *« I love them too (men of the sword), but I'd have wit* ***to temper*** *bravery »,* traduit: « Je les aime aussi (les hommes d'épée), mais je veux que l'esprit **assaisonne** la bravoure. » (Mol., *Préc. rid.,* sc. XII.)

Temperamental. – **Qui dépend du tempérament; constitutionnel; d'humeur instable : dépressif** ou **exalté.**

To be temperamental, aussi, **avoir des** ou : **ses lunes, être lunatique.**

– *She was* ***temperamental.*** – Elle était **sujette à des sautes d'humeur.**

– *The Welsh are* ***temperamental.*** – Les Gallois sont **émotifs.**

– *They divorced because they were* ***temperamentally unsuited.*** – Ils ont divorcé pour **incompatibilité d'humeur.**

Temperance. – Parfois **sang-froid, patience, flegme, tranquillité d'âme, maîtrise de soi.** Un auteur remercie Dieu de lui avoir donné *much patience and* ***temperance*** *to bear ingratitude.* La syn. éclaire le sens du mot.

– Souffrant de la goutte, H. Walpole écrit (*Letters,* 28 juillet 1765): *Even this experience cannot make me resign* ***my temperance...*** Même cette épreuve ne peut me faire perdre, m'ôter, avoir raison de **mon égalité d'âme.**

Temperate. – **Modéré, retenu, sobre** (de louanges, etc.); **sobre, tempérant;** (gamme) **tempérée.**

Templar. – **Templier,** oui, mais aussi **étudiant en droit, homme de loi** ayant son cabinet dans le quartier de Londres appelé *The Temple* (ensemble des deux *Inns of Court,* l'*Inner Temple* et le

Middle Temple) et même simplement un **habitant** de ce quartier comme Charles Lamb.

Aussi **membre** d'un ordre de **francs-maçons,** the *Knights* ***Templars,*** les Chevaliers **du Temple;** enfin abrégé de ***Free Templars, Good Templars,*** **membres** de sociétés secrètes de tempérance, **abstinents.**

– *It may be a lady is tried for... ogling too dangerously from the side-box; or a* ***Templar*** *for beating the watch.* (THACKERAY, *English Humourists.*) – C'est peut-être une dame que l'on juge pour avoir décoché de trop dangereuses œillades de la loge de côté, ou un **étudiant en droit** (du Temple) qui a rossé le guet.

Temporal. – Temporel (opp. à spirituel), ***temporal*** *affairs, interests;* ***temporal*** *offences,* toutes espèces d'infractions pénales qui ne relèvent pas de la juridiction ecclésiastique.

The ***temporal*** *lords,* les lords **temporels,** les pairs **laïcs.** Gram. grecque, (augment) **temporel;** anat. (muscle, os) **temporal.**

Temporary. – Se rend parfois avec avantage par **provisoire.**

– *I found some* ***temporary*** *lodgings in a little hotel on the tiny lake of Pierrefonds.* – Un petit hôtel au bord du lac minuscule de P. m'offrit un gîte **provisoire.**

Autre chose: *A knave,* écrit Johnson, *depends upon* ***temporary*** *and local opportunities,* un gredin compte sur les occasions **que lui offriront le temps** et le lieu. Le syn. ici serait *temporal* (sens rare).

Temporize (to), temporizer. – Le sens fr. mod. de « différer » est désuet ou rare, mais non l'ancienne acception fr.: COTGRAVE, 1611, « *To live as the time goes,* s'accommoder au temps; temporiseur, *time-server.* » Nous dirions auj. **se plier aux circonstances, être opportuniste.** C'est un des sens en angl. Autres sens: **négocier, pour gagner du temps; conclure un compromis** avec quelqu'un ou entre des pers., des parties en conflit, **transiger provisoirement; tergiverser,** fam. **louvoyer.**

Temporizer a les sens corresp.

– *This calm Mahomedan strove* ***to temporize*** *as well as he could betwixt the angry Churches.* – Ce calme Mahométan s'efforça de son mieux de **négocier un compromis** entre les églises irritées.

– *He dared not refuse, but could not comply, so he* ***temporized.*** – N'osant refuser, mais ne pouvant accepter, il **tergiversa.**

– *The policy of* ***temporizers,*** *men that steer their course by the compass of worldly interests.* – La politique des **opportunistes** (néologisme, déplacé ici, au sens trop restreint de la politique, mais employé faute de mieux), hommes qui, pour mener leur barque, consultent le compas (la boussole) des intérêts du siècle [et non de l'âme].

Tempt (to), temptation. – † **Éprouver, mettre à l'épreuve;** (Bible) **tenter,** Dieu *tenta* Abraham, mit à l'épreuve sa fidélité; J'ai cent fois... *tenté* leur patience. (RAC. *Brit.* IV, 4 . Nous disons encore *tenter* la fortune, le sort, etc.; **allécher, affriander** (les oiseaux, les poissons), ***to tempt the birds,*** *the fishes;* fam. **taquiner** le goujon; **réveiller, exciter** (l'appétit); p. ext. **leurrer, séduire.**

Temptation, le sens désuet ou archaïque d'**épreuve** (essai ou affliction) apparaît dans la tautologie *troubles and* ***temptations.***

– Jimmy, le nègre du *Narcisse* est alité: *Belfast stole from the galley the officers'Sunday fruit-pie* ***to tempt*** *the fastidious appetite of Jimmy.* – B. vola dans la cuisine la tarte aux fruits de la table des officiers afin de **réveiller** l'appétit blasé de J.

– Une femme à qui un industriel a fait des promesses, se plaint de son manque de parole: *No profit appeared, and neither did the cashmere shawl with which he has been* ***tempting*** *her for the last six months,* traduction de ce passage de l'*Educ. sent.*, II, 11: Aucun bénéfice ne se montrait, pas plus que le cachemire dont il la **leurrait** depuis six mois.

– *He had successfully* ***tempted*** *Mme Moreau with the title.* – Il avait **séduit** Mme M; par l'espoir du titre surtout. (*Ibid.* II, IV).

Tenant, to tenant. – Tenancier, fermier (jur. corrél. de *lord*); (mis pour *share-****tenant***) **métayer; locataire; habitant, occupant** d'un lieu, **hôte.**

Sens corresp. pour le v.

– *Jupiter and the* ***tenant,*** traduction du titre de la fable de L. F. Jupiter et le **métayer.**

– *The only* ***tenants*** *of the house were a widow and her son.* – Les seuls **occupants** de la maison étaient une veuve et son fils.

– Décor de roman noir (Horace Walpole): *The medieval castle with a ruined wing untenanted or* ***tenanted*** *by the family ghost.* – Un château féodal dont une aile est inhabitée ou **habitée** seulement par un spectre.

Tend (to) (1). – C'est la forme abrégée de *to attend, to entend, to intend.* Voici les sens: † **écouter; s'occuper de** (ses affaires); **veiller** (sur), **soigner** (une pers., le bétail, etc.); **escorter** (dial. auj.); **servir** (qqn. à table); **servir** (une machine; le subst. est *tender,* v. plus bas); **assister à** (dial. ou américain) (cf. *to attend*). Naut. **faire éviter un navire en servant aux chaînes.**

– Lorsque Cromwell voyait ses projets contrecarrés par le Parlement, il s'écriait: *Would to God that I had remained by my woodside* ***to tend*** *a flock of sheep.* (W. HAZLITT, *Works,* VI, 93.) – Plût à Dieu que je fusse resté dans mon petit coin boisé à **garder** un troupeau de moutons.

– *The horses had been ill fed and ill* ***tended*** *among the Grampians.* (MACAULAY, *Hist. Engl.*, xii, III, 329.) – Les chevaux avaient été mal nourris et mal **soignés** dans les Grampians.

– *The sacred fire would seem to have been* ***tended*** *by Vestal Virgins.* – Le feu sacré semble avoir été **entretenu** par des Vestales.

(1) Voir aussi *Supplément.*

– *He loved and **tended** his wife.* – Il chérissait et **entourait** sa femme (de soins, etc... s'entend).

Tender (to), tender (subst.). – *A **tender**,* c'est une **offre** formelle faite par une partie à une autre (terme de loi), une **offre** (de paiement), une **offre** (en général); en style juridique, une **soumission** (pour une adjudication). Autres sens: ***legal, lawful, common tender*, moyen libératoire légal, instrument de paiement légal, offre réelle, *to be legal tender*,** (d'une monnaie) **avoir cours, force libératoire.**

On reconnaît dans ***to tender*** l'ancien infinitif fr. *tendre,* fait qui le marque comme un terme jur. car c'est dans cette langue seule que sont passés des infinitifs fr.: *attainder, oyer, rejoinder,* etc.

***To tender** an oath,* c'est **déférer** le serment.

Le v. a toutes les acceptions du subst.

– *A cheque is not a **legal tender** and for that reason may be objected to.* – Un chèque n'est pas un **moyen libératoire légal** et, par conséquent, on peut ne pas l'accepter.

– *The lowest **tender** was accepted.* – La **soumission** la plus avantageuse fut acceptée.

– ***To invite tenders,** for the erection of a new town-hall. (Times.)* – **Mettre en adjudication** la construction d'un nouvel hôtel-de-ville.

Tender (subst.). – Forme abrégée de *attender,* auj. *attendant,* c.-à-d. **suivant, serviteur, domestique,** pl. **suite;** on retrouve le mot dans les combinaisons suivantes p. ex.: ***bar-tender*** *(barman),* **garçon de comptoir, *machine-tender*, mécanicien,** surtout aux E.U.

P. ext., tout navire qui pourvoit aux divers besoins d'un plus grand bâtiment – appelé auj. *the parent ship* –, plus couramment, petit vapeur qui transporte les passagers, les bagages, le courrier, etc., sur un transatlantique, en rade, ou vice versa, et donc **transbordeur, allège, bateau de servitude.** Aussi *aircraft **tender**,* **ravitailleur** d'aviation, d'hydravions. (Ch. de fer) **tender,** que nous avons d'ailleurs emprunté à l'angl. S'emploi aussi au fig.

– *Here she comes, i' faith, full sail, with... a shoal of fools for **tenders.*** (CONGREVE, *Way of the World,* II, v.) – La voici, ma foi, qui arrive, toutes voiles dehors, avec une troupe de sots pour **escorte** (ou en guise de **conserve**).

Tender, -ly (adj. et adv.), **tenderness. – Douillet, sensible; douloureux, endolori;** (point) **névralgique,** (sujet) **scabreux, délicat;** (vanité, amour-propre, etc.) **chatouilleux.** Naut. (navire) **volage, « instable »,** ou: **peu chargé, très sensible aux mouvements de la mer.** Avec *of,* **soucieux** (de), **jaloux** (de); **timoré, scrupuleux, qui se fait scrupule** de.

REMARQUE. – Des significations précitées on rapprochera les locut. fr. suivantes dont certaines sont quelque peu vieillies: ce cheval a la bouche *tendre.* – « Une vue dite *tendre* force le digne notaire à porter des lunettes vertes... » (BALZAC). – Métaph. « Songez que cet honneur est *tendre* et se blesse de peu. » (MOL. *Éc. des Femmes,* III, 2.) – Cheval *tendre* (sensible) à l'éperon et aux mouches. – Au fig. « Quand on est aussi *tendre* aux mouches (impressionnable) que je le suis. » (SÉVIGNÉ.)

Sens corresp. pour ***tenderness*** et ***tenderly.***

– David Copperfield sort de l'étreinte de sa vieille servante Peggoty, qui l'a serré contre son corset, avec le nez ***« tender »,*** c.-à-d. **endolori.**

– *I am still very **tender** and easily hurt.* – Je suis encore tout **endolori** et je me blesse facilement.

– Dire d'une femme: *she has **tender** eyes* ne signifie pas nécessairement qu'elle a les yeux langoureux, mais qu'ils sont **sensibles, fragiles, irrités.**

– Si un médecin formule ainsi son diagnostic: ***tender** enlargement of the liver,* il faut entendre: hypertrophie **douloureuse** du foie.

– *He had been as **tender** of my reputation as he could be of his own.* (DEFOE, *Moll Flanders,* 29.) – Il avait été aussi **jaloux** de ma réputation qu'il pouvait l'être de la sienne.

Ladite Moll Flanders a des remords d'avoir laissé condamner une innocente: *But my own life which was so evidently in danger took off my **tenderness.*** – Mais le danger de mort que je courais si manifestement fit taire mes **scrupules.**

– *Gad! said he, you have a **tender** conscience.* – Mazette! dit-il, vous avez une conscience **chatouilleuse.**

– Selon KIPLING, *Troop horses are far too **tenderly** treated as a rule,* en général, les chevaux de cavalerie sont traités avec trop de **ménagement.**

– Transport d'un malade à bord d'un voilier battu par la tempête: *We handled him as **tenderly** as though he had been made of glass.* (J. CONRAD, *Nigger,* III.) – Nous le maniions aussi **délicatement** que s'il eût été de verre.

Robert d'Humières, admirable traducteur s'il en fut, écrit pourtant: « Nos mains le palpaient aussi tendrement (sic) que...

Tenor, tenour. – *Teneur* et *tenor* sont un seul et même mot. La forme *tenor,* de l'ital. *tenore* est le doublet du fr. teneur que voici dans Huguet:

> Les oiseaux deviennent danseurs
> Et font joyeuse chanterie
> De contre, deschans et *teneurs.*

C'était cette voix qui *tenait* le chant.

Autres sens: **direction générale, cours** (des événements, de la vie, etc.); **sens général** (d'une lettre, d'un discours, etc.); **copie conforme** (d'un document); **échéance, terme** (d'une traite, d'une lettre de change, etc.); **« usance ».**

– *Such was the general **tenour** of Mrs. Mitford's letters.* (L'ESTRANGE.) – Tel était le **sens général** des lettres de Madame M.

Tent. – Cinq mots dont quatre nous retiendront. 1° **Tente** (abri), **habitation en terre battue;** Écosse, **chaire** de prédicateur en plein air.

2° **Tente** de chirurgien **tampon de charpie.**

3° *Vino Tinto,* **vin rouge d'Espagne** très foncé.

4° **Cadre** sur lequel on tend un ouvrage de broderie ou de tapisserie. Corresp. aux subst. 1° et 2°, le v. ***to tent*** signifie: **couvrir d'une tente** (1); **camper sous la tente** et **tenter** (une plaie) respectivement.

Tentative,-ly. – **D'essai, expérimental; provisoire;** p. ext. **timide, hésitant, incertain du résultat.** Sens corresp. pour l'adv.

– *The Committee's findings are purely* ***tentative.*** – Les conclusions de la Commission ne sont que **provisoires,** sont **sujettes à revision.**

– *This was only a* ***tentative offer.*** – Ce n'était qu'une **offre préliminaire,** une **ouverture.**

– On montre à un ami des reproductions de tableaux: *I ventured* ***after a tentative fashion*** *to blow on them a little, but Theobald and his wife were up in arms at once.* (S. BUTLER, *The Way,* IV.) – Je finis par me risquer **discrètement** à les éreinter un peu, mais Th. et sa femme devinrent aussitôt agressifs.

– *We improve our favourite plants and animals... gradually, because our views are vague and* ***tentative*** *and our knowledge very limited.* (WELLS, *Time Machine,* I, 3.) – Nous améliorons nos plantes et nos animaux favoris graduellement parce que nos vues sont vagues et **tâtonnantes** et nos connaissances très limitées.

– *It cost me twenty francs, she said* ***tentatively.*** – Elle déclara **avec hésitation:** il m'a coûté vingt francs. (Il s'agit d'un parapluie brûlé qu'une avare entend se faire rembourser par l'assurance-incendie.)

REMARQUE. – Le fr. ne connaît que méthode *tentative.*

Tenure. – Outre tenure (*feudal tenure,* tenure féodale), signifie **régime foncier,** *system of* ***land tenure;*** jur. (période de) **jouissance, d'occupation** (d'une charge, d'une propriété); *communal* ***tenure,*** **jouissance** en commun d'un bien; ***fixity of tenure,*** **bail assuré; stabilité** d'un emploi (qu'on occupe, cf. *tenure of office*); s'emploie aussi au fig.

– *An established name is an estate* ***in tenure*** *or a throne in possession.* (POE, *Letters.*) – Un nom (une réputation) bien établi(e) est un bien **dont on jouit** ou un trône que l'on possède.

– *He holds his life* ***on a precarious tenure*** (MANSION). – Sa vie ne tient **qu'à un fil.**

Tergiversate (to), tergiversation,-tor. – *Tergiversari,* c'est proprement « tourner le dos ». Ce sens est angl. D'où **fuir, déserter, battre en retraite; abandonner, déserter** une cause, un parti, etc., **renier, apostasier.** Sans préjudice des sens fr.

Tergiversation, sens corresp. *Betrayal or* ***tergiversation,*** trahison ou **désertion** (de partisans).

Tergiversator, **renégat, apostat.**

REMARQUE. – Le *Thesaurus* de Roget donne comme syn. de ***tergiversation*** *change of mind, recantation,* etc.

Term. – S'opposant à vacances: **session** (de tribunaux), **période des cours** (université), des **classes** (école). Sens commun jusqu'à un certain point avec le fr., p. ex.: ***terms,*** **conditions** (L. 15°), **prix; position** d'une pers. à l'égard d'une autre. Beaucoup plus courant que le fr. un peu oublié.

– *It was in* ***term*** *that he was taken ill.* – C'est **pendant la période des cours** qu'il est tombé malade.

– *He was* ***in terms*** *with his creditor.* – Il **négociait un accord** avec son créancier.

– *A man cannot speak to his enemy but upon* ***terms.*** (BACON, *Essays,* XVII.) – Un homme ne saurait parler à son ennemi qu'en se tenant sur son **quant-à-soi.**

– *His* ***terms*** *are moderate.* – Ses **prix** sont modérés.

– *He lives on equal* ***terms*** *with me.* – Il vit avec moi sur un **pied** d'égalité.

– *They lived together* ***on equal terms.*** – Ils vivaient de **pair à compagnon.**

– *He and I are* ***on speaking terms.*** – Lui et moi, **nous nous parlons.**

– *He was on* ***visiting terms*** *with the head of the State.* – Il **frayait** avec le chef de l'État.

– *Man and wife ought to be on* ***the best of terms*** *with each other.* – Le mari et la femme doivent faire **bon ménage** ensemble.

– *No church can be successful except by* ***coming to terms*** *with the devil,* traduction de ce passage de l'*Histoire du peuple anglais,* (t. I, 11, ch. 1er): Il faut pour être viable, que toute église **pactise** avec le diable.

(Terms of) reference. – **Mandat, pouvoirs, attributions** (d'un organisme quelconque).

– *The* ***terms of reference*** *of the Committee were enlarged.* – Les **pouvoirs** de la commission ont été étendus.

Terrace. – **Esplanade, rangée de maisons d'un style uniforme** (impropr. dit le N.E.D.). Ex. *Adelphi Terrace.*

Terror. – *The king of* ***terrors*** (*Job,* XVIII, 14), le roi des **épouvantements.** Fam. **polisson, diable,** *my boy is a* ***terror,*** mon fils est un **enfant terrible.**

– *Our guide was a* ***terror,*** notre guide était **laid à faire peur.**

– *She is a holy* ***terror,*** c'est une sacrée **peste** (ou: **poison**).

– Des marins plaisantent entre eux: *Jack, you're a* ***terror*** *with*

(1) Cf. L. *s.v.* 2 tenter.

the gals (girls). (J. CONRAD, *Nigger*, IV.) – Jack, t'es la **perdition** des filles.

Test, to test. – Est l'anc. fr. *test* (fr. mod. *têt*) « pot de terre qui servait à des opérations alchimiques, notamment à l'essai de l'or ». (BLOCH.) D'où le sens techn. mod. de **coupelle; *to test* *gold*, passer** de l'or **à la coupelle.** (Cf. *to assay.*)
(Chimie, biol., mécanique) (banc d') **essai, épreuve, test.**

De là les sens fig. que nous avons repris à l'angl., notamment en psycho-physiologie (1895): « épreuve psychotechnique définie impliquant une tâche à remplir, identique pour tous les sujets examinés, avec une technique précise pour l'appréciation du succès ou de l'échec ou pour la notation numérique de la réussite ».

Sens courants, **examen, épreuve; *acid test*, critère, pierre de touche. *To test, put to the test*, mettre à l'épreuve, éprouver, examiner.** Hist. le serment du ***Test*** (1673), **ce par quoi l'on s'assure des opinions,** en particulier religieuses d'un homme.

En compos., noter: ***test-case*, cas-type,** jur. **cas dont la solution fait jurisprudence, *test-paper*, papier réactif, *test-solution*, solution d'épreuve, *test-tube*, éprouvette.**

– ***Tests*** *were made of several boilers.* – Plusieurs chaudières ont été mises à l'**essai.**

– *A **test** of power*, une **épreuve** de force.

– *You put our friendship to a **test** indeed.* – Vous mettez notre amitié à rude **épreuve.**

– *He has gone through the **test** of adversity.* – Il a passé par le **creuset** de l'adversité

– *We **put** our ideas **to the test.*** – Nous **pesions** toutes nos idées.

REMARQUE. – ***Test***, on l'a vu, est devenu courant dans la langue techn., et *tester* lui a emboîté le pas. Cependant le Dr Monnerot-Dumaine écrit (*Défense de la langue française*, juillet 1961): « On ne teste pas une sédimentation, on mesure sa vitesse. »

Testy. – Du v. fr. *testif, testu*, fr. mod. *têtu*, signifie **irritable, irascible, susceptible** (syn. de *tetchy*).

– *He is a **testy**, pettish, peevish fellow.* – C'est un homme **susceptible,** colère, hargneux.

Text. – Proverbe, adage; modèle d'écriture.

Text-book. – Manuel; ouvrage classique; ouvrage qui fait autorité.

– *In almost every department of science, the **text-books** of ten years ago are obsolete to-day.* – Dans toutes les branches de la science, les **ouvrages qui faisaient autorité** il y a dix ans sont vieillis aujourd'hui.

Textual. – ***Textual*** *criticism*, critique des textes, ***t.*** *emendation*, correction **de texte, *t. error*, erreur de texte. *Textual*** *notes*, non pas, dès lors, « notes textuelles », qui signifierait notes citées textuellement, mais notes **sur le texte, éclairant le texte, explication de texte,** par opposition aux autres notes ou commentaires, littéraires p. ex.

Theatre. – Estrade dressée pour une cérémonie publique; **amphithéâtre** de cours, de dissection, etc.; *operating **theatre***, **salle** d'opérations.

Theme. – Sujet à développer, composition (exercice scolaire). Cf. L. 2°: composition de l'écolier faite sur le thème donné. Le sens de « thème », traduction, est rare auj. Les Angl. disent plutôt *exercise, translation.*

Ticket. – Billet (de ch. de fer, de théâtre, de loterie. De l'anc. fr. *estiquet*, forme masc. d'*estiquette*); *pawn **ticket***, **reconnaissance** de mont-de-piété, de prêteur sur gages; comm. **étiquette** (indiquant le prix à payer); **écriteau** (d'appartement à louer); **plaque** (de commissionnaire), **médaille, numéro,** d'où ***ticket-porter*, commissionnaire.**

Autres sens, surtout E.U. **liste** des candidats d'un parti (aux élections), **programme** (d'un parti politique), *the Democratic **ticket***, et p. ext. **investiture** (d'un candidat par un parti).

***Ticket of leave*, libération conditionnelle** d'un condamné qui a purgé une partie de sa peine, d'où ***ticket of leave man*, condamné ainsi libéré. *Ticket-day*,** en Bourse, **veille de liquidation.** Fam. **ce qu'il faut faire, *not quite the ticket*, pas tout à fait cela, *that's the ticket*, à la bonne heure! nous y voilà! nous y sommes! voilà qui est bien!**

– *This young man was her **ticket**: she actually fancied him.* – Ce jeune homme était à son **goût :** elle avait même le béguin pour lui.

– *That chap is not at all my **ticket.*** – Ce type-là n'est pas du tout mon **genre** ou: ne me **revient** pas du tout.

Tiger. – Homme, non pas nécessairement cruel; mais parfois: **intrépide, qui n'a pas froid aux yeux, enragé;** aussi, **fanfaron, matamore;** (vers 1830) **tigre, groom, petit laquais** (accompagnant son maître en tilbury); péjor. **viveur, roué, coureur, noceur, vaurien, mauvais sujet.** E.U. **cri, vivat** qui suit une triple salve de hourras; **jeu de pharaon;** E.U. ***blind tiger*, débit clandestin** de boissons alcooliques, **cabaret borgne.**

– *He was a **tiger** at the card-table*, c'était un joueur **enragé.**

– *At tennis he is a **tiger***, c'est un **as** au tennis. (MANSION.)

– *A man may have a very good coat of arms and be a **tiger**, my boy.* – (THACKERAY, *Pend.*, XIX.) – On peut avoir un blason des plus honorables et n'être qu'un **mauvais sujet,** mon garçon. (Cf. *That man is a **tiger**... a low man. Ibid.*)

Tile est, comme le fr. tuile, le lat. *tegula*, litt. « objet qui couvre » de *tegere* couvrir. Autres sens vivants: **brique plate** (des Romains); **carreau** (de faïence ou de porcelaine) de revêtement ou de pavement; **rigole, tuyau** en terre cuite. ***Dutch tile*, carreaux de**

faïence décorés des scènes de l'Écriture. Locut. ***to have a tile loose*****, avoir un grain, une araignée dans le plafond, être timbré.**

Fam. **chapeau haut de forme, galurin.**

Timber post. – *Piles and* ***timber posts*** *are set in the water,* on enfonce dans l'eau des pilots et des **pieux en bois.**

Timid, timidity. – Ont surtout le sens fort, comme lorsque nous disons que le lièvre est **timide,** c.-à-d. **craintif, peureux.**

– *I said to the* ***timid*** *boatman in the storm: Have no fear, you bear Caesar.* (Th. WILDER, *Ides of March,* XLVI.) – J'ai dit au batelier **qu'effrayait** la tempête : « Ne crains rien, tu portes César ».

– *Her* ***timidity*** *was aggravated with dismal stories of omens, portents, prophecies and apparitions.* (SMOLLETT, *Count Fathom,* XXIV.) – Elle devenait de plus en plus **peureuse** à force d'entendre d'horribles (horrifiques) histoires d'augures, de présages, de prophéties et d'apparitions.

Tissue. – Mis pour ***tissue-paper*****, papier de soie;** comm. **papier mousseline;** *coloured* ***t.-paper*****, serpente.**

– *He brought her a present wrapped in* ***tissue-paper.*** – Il lui apporta un cadeau (enveloppé) dans du **papier de soie.**

Titular, titulary. – De même que le patron *titulaire* d'une église est le saint dont cette église porte le nom, de même *the* ***titular*** *character* (syn. *title-part, title role*) est le personnage **qui donne son nom** à un roman, à une pièce.

Toast, to toast. – Est le v. fr. *tostée,* **tranche de pain grillé.** De ce que ce pain était souvent trempé dans le vin, le sens de toast, **santé portée,** que nous avons adopté. P. ext. **personne, institution à la santé de qui on boit;** spéc. **beauté du moment, idole, enfant chéri(e).** Autres emplois ou locut. : *he is an old* ***toast*****,** c'est un bon **biberon;** fam. *to have s.o.* ***on toast*****,** tenir qqn. **sur le gril, à sa merci;** ***had on toast*****, filouté, refait.** ***As warm as a toast*****, chaud comme braise.**

To toast a les sens corresp.

Toaster**, pers. qui fait griller** (du pain, etc.); **gril, fourchette à long manche, grille-pain,** etc., **personne qui porte un toast.**

– D'une femme qui a été adorée, un auteur dit : *She had been the reigning* ***toast*** *of the old court.* – Elle avait été l'**idole** des seigneurs de la vieille cour.

– *He was* ***toasting*** *his feet on the fender.* – Il se **chauffait** les pieds sur la grille (du foyer, s'entend).

REMARQUE. – De *had on toast,* le *Dict. of Slang* de Barère donne une autre explication : **mis à quia.** E.U., « se dit de quelque chose qui est bien servi ».

Toilet. – **Cabinet d'aisances** (1), d'où ***toilet-paper*****, papier hygiénique.** Chim., obstétr. **détersion, modification.**

(1) Par euphém. Les « toilettes », le « petit coin », successeurs de la « garde-robe »

Tolerable, -bly. – Le plus souvent, **passable, honorable; passablement, assez, assez bien, assez beau.**

– *I had now a* ***tolerable*** *plantation.* (DEFOE, *Rob. Crus.,* 182.) – J'avais pour lors une **assez belle** plantation.

– *He wrote* ***tolerable*** *Latin and Italian verses.* – Il faisait **passablement** les vers latins et italiens.

– *Vernon and young Crossjay had* ***tolerably*** *steady work together for a couple of hours.* (MEREDITH, *Egoist,* XXX.) – V. et le jeune C. travaillèrent **assez** régulièrement pendant une couple d'heures.

Tone. – Noter, gram. **accent, accentuation;** méd. **ton, vigueur, énergie,** *fever had made him* ***lose tone*****,** la fièvre l'avait **déprimé, débilité;** ***heart-tones*****, bruits de cœur** (perçus à l'auscultation).

– *The* ***tone of my stomach was*** *apparently quite* ***sunk.*** – Il apparaissait que je souffrais d'une complète **atonie digestive.**

Tone (to). – V. trans. **donner un ton, une tonalité** (à); **accorder** un instrument de musique; phot. **virer** (une épreuve); ***to tone down*****, atténuer les tons, les couleurs** de (un tableau, etc.), **adoucir** (une teinte); au fig. **édulcorer, atténuer, adoucir, nuancer** (une affirmation, une critique); ***to tone up*****, aviver** (les tons d'une peinture); **donner du ton à, relever le ton de, tonifier.**

Trad. ***to t. down*****,** intr. par le neutre ou le pronom. : **s'atténuer, s'adoucir,** etc., (d'une pers.) **baisser le ton, devenir moins affirmatif, moins catégorique, moins tranchant.**

Topic (subst.), **topical.** – A ***topic*****,** c'est un **thème** de discussion, la **matière** d'un discours, etc., un **sujet** de conversation, et, en rhét. un **topique,** c.-à-d., comme en fr. un argument général s'appliquant à tous les cas analogues, dit lieu commun. Les *Topiques* d'Aristote (Traité sur les lieux communs). (D.G.).

Topical signifie donc **qui se rapporte au sujet,** et p. ext. **local; actuel, d'actualité;** méd. **(remède) topique.**

A ***topical*** *allusion,* une allusion **aux faits,** aux **événements du jour,** *a* ***topical*** *song,* une chanson **qui vise ces événements,** le scandale X, etc., ***topical*** *film,* film d'**actualités,** ou **de reportage,** ***topical*** *talk,* **journal** parlé.

– *M. Combes' resignation made him* ***topical.*** – La démission de M. C. fit de lui **l'homme du jour.**

– ***Topics*** *of the day,* questions, sujets **d'actualité;** (rubrique de journal : **« Au jour le jour »**.

– *The problem of full employment is* ***particularly topical.*** – Le problème du plein emploi est d'une **brûlante actualité.**

Torch. – **Flambeau,** d'où ***torch-bearer*****, porte-flambeau,** ***torchlight*** *tattoo,* retraite **aux flambeaux,** antiq. gr. ***torch-race*****, course des flambeaux;** au fig. *the* ***torch*** *of knowledge, of discord, of Hymen,* le **flambeau** de la science, de la discorde, de l'hymen.

Torse. – Outre torse en sculpture : 1° en blason, **orle;** 2° en géom. **surface développable.**

Torso. — De torse (de statue), au fig. **œuvre tronquée** ou **inachevée,** ex. *Coleridge's Kubla Khan is a* ***torso.***

Tous-les-mois (1). — Aux Antilles fr., *Canna edulis,* **amidon.**

Trace (to), tracer. — **Suivre** (un chemin), d'où ***to retrace*** *one's steps,* (v. ce mot); **suivre à la trace, la piste** (de); **relever la trace, la direction de:** au fig. **retrouver des indices** de **l'influence** de; **suivre le cours, l'histoire, le développement** de, ***to trace*** *a word to its origin,* **remonter à** l'origine d'un mot; aussi avec *out* **découvrir** (en retrouvant les traces, en suivant la piste de).

Enfin **calquer,** d'où ***tracing-*** *paper,* papier **à calquer, papier-calque,** *a* ***tracing,*** un **calque.**

Intr. ***to trace*** signifie **remonter à, avoir son origine dans.**

Tracer, sens corresp., noter *a good* ***tracer,*** un fin **limier**. Enfin mil. ***tracer*** *shell,* ***t.*** *bullet,* obus **traceur,** balle **traceuse.**

Remarque. — Aux E.U., ***tracer*** s'entend à la fois de l'**enquêteur** et de l'**enquête.**

— *He* ***traced*** *her to her own apartment.* (Smollet, *Count Fathom,* IX.) — **En suivant sa piste,** il parvint à la retrouver dans son appartement.

— *The natives will offer half a dozen aliases, making it very difficult* ***to trace*** *them if they are wanted.* (Lady Barker, *South Africa, Letter* VI.) — Les autochtones ont une demi-douzaine de noms de rechange, ce qui rend bien difficile la tâche de les **retrouver** si la police les recherche.

— *The scare of invasion* ***traces*** *to the Armada.* — La folle appréhension d'une invasion **a son origine** dans le souvenir de la Grande Armada.

— *Gibbon* ***traced*** *the decline of Graeco-Roman civilization to the age of the Antonines.* (A. Toynbee.) — G. **fait remonter** la décadence de la civilisation gréco-romaine au siècle des Antonins.

Trace (subst.). — Deux mots dont le premier, issu du verbe précité, ne présente pas de difficulté. Noter pourtant le sens commercial de **filière.** Le second est l'anc. fr. *trais.* pl. de **trait;** cf. Cotgrave: *a team-trace or trait,* d'où *a horse in* ***the traces,*** un cheval **de trait** ou: **attelé.**

En compos. ***trace-horse*** (E.U. ***tracer***), **cheval attelé en flèche, en arbalète,** ou: **de renfort,** par oppos. au *shaft-horse,* limonier ou: cheval de brancard.

Loc. div. to ***kick over the traces,*** pr. et fig. **ruer dans les brancards,** (des pers.), **renâcler à la besogne, rechigner à l'ouvrage, regimber, se rebiffer,** pop. **rouspéter;** aussi péjor. s'**émanciper, jouer à l'affranchi(e).**

To force one into the traces again, **forcer, obliger** qqn. **à reprendre le collier, le harnais, à rentrer dans le rang.**

E.U. ***to get one leg over the traces,*** **agir en franc-tireur, être l'enfant terrible** (de son parti), si le coupable est coutumier du fait.

— *She refused* ***to be forced into the traces.*** — Elle refusait d'**être tenue en lisières.**

(1) Corruption probabl. de *toloman.*

Tractarianism. — Cette réaction de l'Église catholique, déclenchée en vue de revenir au dogme catholique romain et marquée par la publication des *Tracts for the Times* (1833-41) est de préférence dénommée *puséyisme* en fr.

Tradition. — Comme en lat., proprement **action de livrer,** ce qui ressort de cette tautologie: † ***tradition*** *and delivering up to the power of Satan.* Ce sens a survécu en droit.

Péjor. **routine:** *Many African tribes are the slaves of* ***tradition,*** nombre de tribus africaines sont les esclaves de la **routine.**

— Contre-épreuve: Le pharmacien Homais décrit à Charles Bovary la société de Yonville: Ah! vous trouverez bien des préjugés à combattre, monsieur B., bien des entêtements de la **routine** où se heurteront quotidiennement tous les efforts de votre science (II, ii), ce qui est traduit ainsi: *Ah, you'll find plenty of superstition to fight against, monsieur B., plenty of adherence to* ***tradition,*** *with which your scientific efforts will come into collision.*

Traduce (to). — Après avoir passé par les sens étym. (lat. *traducere*) † **transporter,** † **transférer** (comparer le fr. « traduire devant un tribunal »), † **transférer** (d'une langue dans une autre); † **transmettre** (à la postérité); † **propager; tirer** (d'une source); † **exposer à la risée** (lat. *traducere per ora hominum*); † **détourner de son sens,** ***to traduce*** se cantonne auj. dans le sens de **calomnier, dénigrer, diffamer.**

En fr. on dit: **se traduire en ridicule,** et Calvin parle de libelles diffamatoires où toute la vie d'autrui était **traduite.**

— *Even the world of literature and taste is divided into the most virulent factions, which revile, decry and* ***traduce*** *the works of one another.* (T. Smollett, *Humphry Clinker.*) — Même la république des lettres et du goût est divisée par les factions les plus virulentes, qui, à l'envi, décrient, ravalent et **vilipendent** les œuvres les unes des autres.

— *He delighted in hearing them expose and* ***traduce one another.*** (*Id., ibid.,* 106.) — Il prenait plaisir à les entendre s'exposer mutuellement à la risée et **se traduire l'un l'autre en ridicule.**

Cela n'est d'ailleurs qu'une traduction explicative.

— Maria n'admet pas la calomnie chez les hommes: ... *The male slanderer must have the cowardice of a woman before he can* ***traduce*** *one.* (Sheridan, *School for Scandal,* I, 1.) — Il faut qu'un homme ait la couardise d'une femme pour être capable de **diffamer** le sexe.

Traffic. — Commerce: **transport de marchandises; voyage commercial; commerce** (au sens de rapports, relations); dialect. **camelote, pacotille; racaille; circulation** (routière, etc., sens que nous avons emprunté à l'angl.); mouvement de voyageurs et de marchandises sur un réseau ferré; **résultats financiers** de l'exploitation du réseau.

– *She stood silently in the middle of the road* ***among the traffic.*** – Elle restait sans parler au milieu de la rue **entre les voitures.**

Tragedian. – Nos tragédiens et tragédiennes sont pour nous des acteurs et des actrices qui jouent la tragédie. *A* ***tragedian*** est aussi un **poète,** un **auteur tragique,** un **dramaturge.**

– *The Elizabethan* ***tragedians,*** les **poètes tragiques** (ou: les **dramaturges**) élisabéthains.

Train (to), train, training. – Dresser, élever, instruire, former, éduquer, discipliner (un enfant), etc.); **dresser** (un animal); **exercer** (une faculté, etc.); **entraîner** (un coureur, etc.); **tailler** (la vigne); **faire grimper** (une plante), **mettre** (un arbre) **en espalier; suivre** un filon, **pointer** un canon. Le sens de traîner, tirer après soi est rare; de même que celui de † séduire, détourner de son devoir (avec *away, from*). De ***to train*** (intr.) on notera le sens fam. de **voyager, aller par le train,** *we* ***trained*** *it all the way,* nous avons **fait** tout le trajet **par le train.**

To train down, **se faire maigrir,** ***to train fine,*** **se mettre au point, en forme, pour être fin prêt,** comme nous disons. ***Training,*** subst. verbal a les sens corresp.

En compos., ***training-*** *aircraft,* aéronef **d'entraînement,** ***training-****bit,* mors **de dressage,** mors d'**Allemagne** (s'il s'agit de chevaux vicieux), ***training****-college;* ***t.****-school,* école **professionnelle,** école **normale,** ***training****-ship,* vaisseau-**école,** ***training****-wheel,* volant **de pointage en direction.**

Train (subst.), **traîne** (de robe), **(longue) queue** d'oiseau ou de comète; **canon, crosse** (d'affût); **suite, cortège, escorte** *(Diana and her* ***train****);* **procession, théorie** (de personnes), **file, train** (d'animaux); au fig. **suite, succession** (d'événements); **série** (de difficultés), **enchaînement** (de circonstances), **cours** (des ch., etc.): *Things are now in* ***train*** *for settlement.* (Swift.) – Les choses sont maintenant **en cours, en voie** de règlement. Enfin, **traînée** de poudre; radio, **train d'ondes.**

Au Canada, *a* ***train*** est un **traîneau.**

Remarque. – Il existe un autre ***train,*** désuet, venant de l'anc. fr. *traïne,* ruse, tromperie, subst. du v. *traïr* (trahir), comme haïne (haine) l'est de haïr. Il signifie: **perfidie, ruse, artifice, tromperie, fourberie; tour, stratagème; piège** (pour attraper des bêtes), **traquenard,** employé aussi au fig. et, p. ext., **leurre, amorce, appât,** au pr. et au fig.

– *He* ***trained*** *his dog to beg.* – Il **dressa (apprit à)** son chien à faire le beau.

– *His horse* ***was a trained*** *one.* – Son cheval **avait de l'école.**

– *No flaw escaped the* ***trained*** *eye of this critic.* – Aucune imperfection n'échappait à l'œil **exercé** de ce critique.

– *The recruitment of* ***trained*** *nurses becomes more and more difficult.* – Le recrutement des infirmières **diplômées** devient de plus en plus difficile.

– *Mr. Wainewright often spoke of him [Mr. Burney] as... an admirable teacher, who, while he valued the intellectual side of education, did not forget the importance of early moral* ***training.*** (O. Wilde, *Intentions.*) – Mr. W. le citait souvent comme... un maître admirable qui, tout en appréciant à sa juste valeur le côté intellectuel de l'éducation, ne perdait pas de vue l'importance d'une **formation** morale entreprise dès l'âge le plus tendre.

– Une critique de notre système d'éducation: ... *Not many men are* ***trained*** *to courage; young women are* ***trained*** *to cowardice.* (Meredith, *Egoist,* ch. xxv.) – ... Peu d'hommes se sont **exercés** au courage, et on **habitue** les jeunes filles à la lâcheté. (Trad. Yvonne Canque.)

– *A visitor interrupted his* ***train*** *of thought.* – Un visiteur interrompit le **cours** de ses pensées.

– D'une comète, Poe *(Eiros and Charmion)* dit: *It was of a dull red, and had little perceptible* ***train.*** – Elle était d'un rouge terne et l'on ne discernait qu'une petite partie de sa **queue.**

Trance. – Le lat. *transire* signifier « passer d'un lieu dans un autre ». D'autre part, le sens primitif de *transir* en fr. est « mourir », qui se dit encore auj. « passer », et *transe* a signifié autrefois « toute vive émotion pénible »; auj. au pl. « inquiétudes mortelles ».

De là pour ***trance,*** les acceptions d'**extase** (religieuse); aussi, **extase, ravissement, exaltation,** comme si l'âme avait quitté le corps; pathol. **léthargie *(death-trance),* catalepsie;** hypn. **transe.**

– Iago a exaspéré la jalousie d'Othello à un point tel que celui-ci tombe **pâmé, sans connaissance,** *falls* ***in a trance*** (IV, i, 44).

– *An old Indian was praying before the altar in a sort of* ***trance*** *of prayer.* (J. Masefield, *Last Endeavour,* 170, Nelson.) – Un vieil Indien, devant l'autel, priait dans une sorte d'**extase.**

– *He sank into silence so profound that (she) began to be afraid he had fallen into a* ***trance.*** (Galsworthy, *Man of Prop.,* II, iii.) – Il s'enfonça dans un silence si profond qu'elle commença à craindre qu'il ne fût tombé en **catalepsie.**

Transact (to), transaction. – Traiter, négocier (une affaire); péjor. **transiger sur.** D'où ***transaction,*** **gestion, conduite** (d'une affaire); **affaire, opération commerciale, etc., transaction;** sens lâche: **histoire, affaire, péripétie, épisode.** Au pl. **travaux, actes** (d'une société savante), **procès-verbaux** (des séances d'une société).

– Parlant d'une intrigue sentimentale de son héros, Thackeray (*Pend.,* XV) dit: ... *This* ***transaction*** *in which the luckless boy had engaged,* cette malheureuse **histoire d'amour** où le pauvre garçon s'était engagé.

– La fortune a été contraire à un fils de noble: ***Transactions*** *at the gaming table had speedily effected his ruin.* (Id., *ibid.,* XXIII.) –

Des **opérations malheureuses** à la table de jeu ne tardèrent pas à consommer sa ruine.

– *Pendennis tried to describe in a jocular manner the **transactions** of the night previous.* (*Ibid.*, XLVIII.) – P. essaya de décrire sur le mode comique les **péripéties** de la veille.

– *Sid was whacked, but, as he explained, he wore a newspaper tactically adjusted during the **transaction** and really it didn't hurt him at all.* (H.G. WELLS, *Kipps*, I, i.) – Sid reçut une fessée, mais ainsi qu'il l'expliqua, il avait sur lui, au moment où on lui **réglait son compte,** un journal dont il s'était rembourré en bonne tactique, et vraiment cela ne lui fit aucun mal.

REMARQUE. – On voit que ***transaction*** a en angl. un sens très général qui s'étend à des affaires ou opérations aussi hétérogènes qu'un châtiment corporel et une histoire d'amour.

Transcendant, transcendental. – ***Transcendant*** évoque l'idée de **spéculations abstruses,** de **pures imaginations.** ***Transcendental,*** pop. **vague, obscur.**

Transcription. – E.U. **Enregistrement** d'un discours, d'un programme radiophonique, et même **programme donné en différé.**

Transfer, to transfer. – Signalons quelques nuances de traduction et sens particuliers: jur. ***transfer** inter vivos, by death,* **mutation** entre vifs, par décès; (comptab.) **virement** d'un compte à un autre, **contrepassement** (d'une écriture). Autres sens, **copie,** ***t.**-ink,* encre **à copier;** (lithog., photog.) **report** (d'un dessin, etc.), **calque, décalque,** d'où ***t.**-paper,* papier **à report, à décalque.**

Surtout E.U., abrév. de ***transfer ticket,*** (**billet de**) **correspondance** (angl. *connection, q.v.*), ***to transfer*** (intr. ou absol.) **prendre la correspondance, changer de train,** etc. (angl. *to change*).

Transferee, **cessionnaire,** ***transferer,*** **cédant.**

– *A right to have cases **transferred to a higher court.*** – Un droit **d'évocation.** (Jur.), l'évocation étant « le fait de *porter* une cause d'un tribunal à un autre ». (Robert).

Transfigure (to). – Transfigurer par spécialisation du sens évangélique du mot (*St Matth.* XVII, 2, etc.), se prend en bonne part: « Il est difficile que l'ange des ténèbres ne *se transfigure* quelquefois en ange de lumière. » (MASSILLON, dans D.G.). Non nécessairement ***to transfigure,*** qui peut signifier **défigurer,** comme on va le voir.

– Résultat d'une bagarre: *Polly saw his **transfigured** friend with a dark cut... on the forehead.* (H.G. WELLS, *Polly,* II, 2.) – Polly aperçut son ami que **défigurait** une sombre balafre sur le front.

REMARQUE. – Le sens général de ***to transfigure,*** « transformer, changer, métamorphoser », est un latinisme (*transfigurare in simiae speciem,* transformer en guenon). C'est dire que, même en fr., où il a la même origine, le mot peut parfois avoir un sens défavorable, témoin cet exemple emprunté à Voltaire, que L. cite dans son historique, et dans lequel Needham est dissuadé de « se *transfigurer* en... serpent ». Dans le même esprit, V. Hugo (*Les Misérables,* II, 1re partie) écrit encore: « Le propre des peines de cette nature (le bagne)... c'est de transformer peu à peu, par une sorte de *transfiguration* stupide, un homme en une bête fauve. »

Transfix (to), transfixion. – Le lat. *transfigere,* c'est percer d'outre en outre, d'où ***to transfix,*** **transpercer** (d'une lance; d'une épée); p. ext. au fig. **figer** (d'horreur), **clouer au sol, sur place, paralyser.** Outre **transfixion** (chirurg.), le subst. a les sens corresp.

– Mutinerie à bord de la *Santa Maria: Columbus (in a thunderous voice) Stop! What is the meaning of this wild uproar? (The men stand **transfixed**).* (H. OULD, *The Discovery.*) – Colomb (d'une voix tonnante) arrêtez! Que signifie ce vacarme infernal? (Les hommes restent **cloués sur place**).

Transire (subst.). – Est le lat. *transire,* traverser, passer au-delà, franchir, et signifie donc (comm., douane) **passavant, laisser-passer; passe-debout, acquit-à-caution.**

Transit. – A, contrairement à son homonyme fr., qui est surtout un terme de douane, le sens *général* de **passage, voyage, transport** d'un lieu à un autre, et, au fig., **passage de vie à trépas.**

Autres sens, **parcours, route;** astron. **passage d'un astre au méridien** ou d'**une planète sur le disque du soleil.**

Abrév. de ***transit theodolite,*** **t. à lunette centrale,** ***t.**-circle, -instrument,* **cercle méridien, lunette méridienne** ou **de passage,** ***t.**-compass,* **théodolite à boussole.**

– *Sometimes the **transit** from Nantes to Orléans takes two months.* – Parfois, il faut deux mois pour **se rendre** de Nantes à Orléans.

– *The goods were damaged **in transit.*** – Les marchandises ont souffert **en cours de route.**

– *Speak a word of comfort to him ere **he makes his transit.*** (W. SCOTT, *Quentin D.,* VI.) – Dites-lui un mot de consolation avant qu'il **ne passe, ne saute le pas.**

Translation, translator. – **Traduction, version** (latine, etc.); (Bible) **enlèvement au ciel; translation** (d'évêque); **transport, translation** (des cendres, etc.). Télégr. **retransmission, répétition** (d'un message).

Translator, † **translateur, traducteur;** télégr. **translateur, appareil de translation, répétiteur.** Pop. **savetier.**

– *Deceased was a **translator** of boots.* – Le défunt était un **raccommodeur,** un **rapetasseur de souliers,** autrement dit: un **savetier.**

Transpire (to). – Abus. **arriver, advenir, se produire, avoir lieu.**

– *Few changes **have transpired.*** (DICKENS, *Dombey,* XXIII.) – Peu de changements **se sont produits.**

Transport (to), transportation. – Jur. **déporter** (un condamné), lui infliger la peine de **déportation,** qui contrairement à la transportation a un caractère politique; ***transportation,*** (v. NED), est donc **déportation, transport** dans une colonie pénitentiaire, un **bagne**; d'où *a* ***transport,*** un **déporté,** un **forçat,** un **bagnard.**

Autre sens, E.U. = angl. *transport, conveyance, the new means of* ***transportation*** *have made of travel a delight,* avec les nouveaux moyens de **transport,** voyager est devenu un plaisir. Aussi, **billet de chemin de fer,** etc.

– En Angl., prétend Emerson (*E.T.,* V) *the* ***transported*** ***felon*** *lives better than the one under imprisonment,* le **bagnard** vit mieux que le détenu.

– *He has not... committed any act worthy of* ***transportation*** *or hanging up to the present day.* (THACKERAY.) – Il n'a commis jusqu'à présent aucun crime de nature à mériter les **travaux forcés** ou la corde.

Trap. – Deux mots: 1° Pièges divers: **trappe, chausse-trape, traquenard, panneau** (pr. et fig.); fam. **piège, ruse, attrape,** ***police-trap,*** **souricière;** argot, **flic, argousin, cogne,** collect. **la rousse;** *ball-trap* pour tir au pigeon: boîte de lancement pour pigeons vivants, ou projecteur de simulacres. Autres sens, **siphon** (d'égout, d'évier); sorte de **cabriolet, charrette angl.,** *(poney-trap);* **creux** ménagé dans la crosse d'un fusil où mettre les accessoires; **accroc, cassure d'un fil de chaîne** dans un tissage, **défaut** qui en résulte.

En compos. ***trap-cellar,*** **dessous** (au théâtre); ***trap-door,*** **trappe** (de plancher, plafond, etc.); **porte d'aérage** d'une mine.

Vulg. ***(potato-, kiss-)trap,*** la **gueule.**

2° Géol., aussi ***trap-rock,*** **trapp, roche éruptive.**

– *The policeman told him to shut* ***his trap.*** – L'agent de police lui ordonna de fermer **ça** (ou: **de la boucler**).

Traverse (adj. et subst.), **to traverse. – Transversal.** Blason: (bande) **en travers** de l'écu.

Outre les sens fr. de traverse (de bâti, châssis, etc.), de traverse (de rempart, de tranchée), le subst. signifie: **pare-éclats** (de tranchée); **redan, chicane** (de retranchement, etc.); **galerie transversale** (d'une église, etc.). Naut. **route partielle, route en zigzag, louvoyage,** d'où ***to traverse,*** **courir des bordées, louvoyer;** (alpinisme) **vire, traverse;** (escrime) **volte.**

Suite des sens, **chariotage** (sur un tour). **Pointage en direction** (d'un canon). Enfin, jur. **opposition; dénégation** (des faits allégués par la partie adverse).

Sens corresp. pour le v. On y ajoutera: **examiner, considérer, discuter** un sujet **dans toute son étendue, dans son ensemble.** Techn. **raboter** le bois dans le sens de la largeur; **transborder** (une locomotive d'une voie sur une autre au moyen d'un chariot roulant, ou transbordeur, dit ***traverser*** ou ***traverse-table***). Intr., = ***to make a traverse,*** **faire une vire; prendre une traverse;** (d'une aiguille de boussole) **pivoter.**

REMARQUE. – Le sens jur. ***to traverse*** *an allegation,* **nier, contester formellement** une allégation, une assertion, et (dr. crim.) *an indictment,* le bien-fondé d'une accusation, peut être rapproché du sens commun aux deux langues: ***to traverse*** *the schemes of s.o.,* **traverser** les desseins ou: les projets de qqn.

Treat (to), treat. – Comme le fr. *traiter* (L., 5°), ***to treat*** signifie **régaler, donner à manger.** Mais l'emploi du mot angl. est plus étendu. Du sens de « donner un repas », il passe à celui de **donner un régal** quelconque, † **un cadeau, une fête** *(a* ***treat****),* et même à celui de **corrompre** (les électeurs) **par la bonne chère** pour obtenir leurs suffrages ou les récompenser de les avoir donnés – pratique interdite par la loi en Angl. depuis 1854. Cf. *to bribe.*

A ***treat,*** une **partie de plaisir,** une **petite fête,** etc.

To stand treat, **payer à boire, régaler.** *This is my (I am standing)* ***treat,*** c'est **moi qui régale,** c'est **ma tournée,** c'est **moi qui arrose.**

– *They gave me plenty of cakes and barley-sugar... I'd no need to spend my own money, for they would insist upon* ***treating*** *me.* (THACKERAY, *Fatal Boots, Febr.* 1839.) – Ils me bourrèrent de gâteaux et de sucre d'orge... Point ne me fut besoin de dépenser mon argent, car ils voulaient à toute force me **régaler.**

– Steele s'élève contre la corruption électorale: *An evil and pernicious custom has of late... prevailed at the election of aldermen, by* ***treating*** *at taverns and alehouses, thereby engaging many unwarily to give their votes* (*Tatler,* n° 73.) – Une pratique condamnable et pernicieuse s'est implantée depuis peu à l'élection des aldermen, qui consiste à **payer** ou **donner à boire** dans les tavernes et les cabarets, en engageant de la sorte nombre d'électeurs à voter inconsidérément.

– *I had promised my children a* ***treat*** *in the countryside.* – J'avais promis à mes enfants une **partie de plaisir** à la campagne.

REMARQUE. – Rapprocher « J'ai mon club. C'est là que je *traite* mes amis. » (DUHAMEL, in Robert), c.-à-d. que je les invite à dîner, etc. Mais *to treat,* syn. de *to entertain* a un sens plus large que celui de « convier à sa table ».

Treaty. – Convention, accord, ***by private treaty,*** **à l'amiable; conférence, négociation, pourparlers,** *he* ***is in treaty*** *for,* il **négocie, traite** en vue d'obtenir...

Treble (adj. et subst.). **–** Outre triple, noter le sens de (voix de) **soprano,** † de **dessus,** *shrill* ***treble*** *voice,* voix **aiguë,** péjor. **de fausset, de tête.** ***Treble*** *key,* clef **de sol,** qui est celle de la voix haute.

REMARQUE. – Le *treble* († dessus) était le troisième registre de la voix au-dessus de la basse, c.-à-d. la partie haute.

Rapprocher: « Il vous faudra trois voix: un dessus, une haute-contre et une basse » (MOLIÈRE, *Bourg. gent.,* II, 1).

– *His* ***treble*** *voice... had suddenly plunged into a deep bass diversified by a squeak.* (THACKERAY, *Pend.,* II.) – Sa voix **aiguë** s'était soudain muée en une basse profonde agrémentée de couacs.

Trenchant, tranchant. – (Rare) **tranchant, coupant, aiguisé;** au fig. (du langage, du style) **incisif, mordant;** (réponse) **mordante,** (raillerie, trait) **acéré;** (manière d'agir) **vigoureuse, décisive.** Aussi **tranché,** *raw* ***tranchant*** *colours,* des couleurs crues et **tranchées.**

– *The line of demarcation is most sharp and* ***trenchant.*** – La ligne de démarcation est on ne peut plus nette, arrêtée et **tranchée.**

– *He (Voltaire) is the most* ***trenchant*** *writer in the world.* (J. Morley, *Voltaire,* III.) – Voltaire est l'écrivain le plus **incisif** (le plus **mordant**) qui soit au monde.

Trencher. – Deux mots: 1° **Celui qui creuse des tranchées, des fossés.** 2° **Tranchoir,** plateau de bois sur lequel on découpe la viande ou tranche le pain; p. ext. **plaisirs de la table, bonne chère,** d'où *a* ***good trencher-man, -woman,*** un **gros mangeur,** une **grosse mangeuse,** une **bonne fourchette,** celui, celle **qui fait merveille, officie bien à table,** *a* ***poor trencher(man),*** un **petit mangeur.**

– D'un invité qui engloutit, un témoin dit: ***What a trencherman!*** **Quelle fourchette!**

Trepan (to). – Deux mots: 1° **Trépaner.** 2° **Tendre un piège, un traquenard à, tromper** (même racine que le fr. *trappe*). Le v. s'emploie avec les prépositions *to, into* et *out of.*

Dans ce dernier cas, ***to trepan one out of*** *(a thing,* etc.*)* signifie **soutirer** qqch. à qqn. **par un subterfuge, par surprise, le rouler.**

– *Oh! fie, Sir Peter! would you have me join in so mean a trick? –* ***to trepan*** *my brother too?* (Sheridan, *School for Scandal,* IV, iii.) – Oh! fi, Sir Peter! moi tremper dans une telle fourbe? **tromper** mon frère encore!

– *Pallavicino having been* ***trepanned*** *into the power of the Pope, lost his head at Avignon.* (N.E.D.) – Pallavicino, qu'**un piège avait fait tomber** au pouvoir du pape, fut décapité à Avignon.

– *The Spanish Captain... greatly enraged... at being* ***trepanned out of*** *his ship.* (Defoe, *Voyage round the World.*) – Le capitaine espagnol... enrageait... qu'on lui eût **soufflé** son navire.

Trepidation. – Tremblement causé par la paralysie ou la peur, **alarme, effroi; agitation, confusion, trouble; précipitation.**

– *I found a large party assembled. I entered with some* ***trepidation.*** (M. Arnold.) – Je trouvai là une nombreuse assemblée. J'entrai non sans **trouble.**

Trespass, to trespass. – *Trépas,* proprement passage, dit L., sens qui n'est plus usité. Nom d'un droit de passage qu'on payait sur la Loire, en passant d'une province à l'autre. Ce sens n'a survécu qu'au fig., soit « passage de la vie à la mort » pour signifier enfin, poét. la mort elle-même, comme l'atteste l'expression fam.: passer de vie à trépas.

Autres sens de ***trespass,*** **transgression, contravention; offense, préjudice;** Jur. **délit; violation de propriété, de domicile,** d'où *action of* ***trespass,*** action intentée pour recouvrer les dommages et intérêts causés par cette violation.

« Défense de trespasser », lisait-on autref. sur les écriteaux placés à l'entrée des champs, c.-à-d. « Passage interdit ». En angl.: ***no trespassing; trespassers*** *will be prosecuted,* **défense d'entrer sous peine d'amende; « propriété privée ».**

L'anc. fr. *trespasser* signifiait en effet: au pr.: traverser, passer à travers, passer au-delà, passer d'un lieu à un autre; au fig. outrepasser, transgresser, enfreindre, etc.

Trespasser son serment, *to break or get from his oath,* dit Cotgrave. Cf. J'ai faulsement *trespassé* (**transgressé**) de Dieu le sainct commandement (*Anc. Théâtre fr.*) (*Jannet,* III, 52). Tous ces sens sont angl. On y ajoutera: **empiéter, entreprendre** sur les droits d'autrui, **se mettre en contravention;** av. *against,* **offenser, léser, nuire à** qqn.; aussi avec *on, upon,* **abuser de** (l'hospitalité, etc.); au fig. ***to trespass on*** *s.o.'s preserves,* **se mêler, s'immiscer, s'ingérer dans** une affaire qui concerne qqn. d'autre, **empiéter sur son domaine, aller sur ses brisées,** fam. **marcher sur ses plates-bandes.**

– Décrivant la région de La Fère, Stevenson dit: *Here and there along the wayside were posters forbidding* ***trespass...*** *(An Inland Voyage.)* – Ça et là, le long de la route, des écriteaux interdisaient **le passage.**

– *If ye forgive men their* ***trespasses...*** dit le Sermon sur la montagne. – Si vous pardonnez aux hommes leurs **offenses...**

– *It is as great an impertinence for you* ***to trespass on*** *your neighbour's peace (with the gramophone) as it would be to go masked into their gardens and trample their flower-beds.* (Alpha, *Leaves in the Wind,* 244.) – C'est une aussi grande impertinence **d'entreprendre sur** la paix de vos voisins (avec le phonographe) que d'entrer masqué dans leur jardin et de piétiner leurs parterres. (Il parle des gens qui font marcher le phonographe toutes fenêtres ouvertes).

– *You are* ***trespassing*** *here, my man.* – Vous êtes ici **en contravention,** mon gaillard.

– *How, rascal! have you the assurance* ***to trespass*** *upon my purlieus,* trad. de ce passage de l'*Avare,* IV, 3: Comment, pendard, tu as l'audace d'**aller sur mes brisées!**

– *A little peasant girl* ***was trespassing*** *by taking a short cut across a corner of the orchard.* – Une petite paysanne avait **pris un sentier abusif** et traversait un coin du verger.

Tress. – « Nous avons beau savoir que ces *tresses* sont empruntées d'un laquais... » (Montaigne, II, xii.) Florio traduit: *locks or flaring-tresses* et Cotton *tresses.* Dans tous les cas, le mot est syn. de **cheveux.** (*Flaring* signifie étalés, bouffants, ce qui précise encore que les cheveux ne sont pas tressés. ***Tresses,*** signifiant simplement **cheveux,** est fréquent.)

– *She wore her hair simply combed in its natural* ***tresses*** *over* *her temples and neck.* (E. Bronte, *Wuth. Heights,* XV.) – (C'est une convalescente. On a dû, au cours de la maladie, raccourcir ses cheveux.) Ses **cheveux,** simplement peignés, couvraient ses tempes et sa nuque.

Triangle. – Noter **équerre à dessin.** Parfois **triade.**

Hist. **trois hallebardes** fichées en terre et rejointes par le haut auxquelles on attachait un homme pour le fustiger.

***The eternal triangle,* le ménage à trois** (Mansion).

Tribune. – Deux mots: 1° Hist. rom. **tribun** (du peuple) et, p. ext., **défenseur du peuple.** 2° Outre tribune, **estrade de magistrat, trône d'évêque.** Aussi, titre de journal, ex. *The Chicago Tribune.* Cf. la « Tribune de Genève »; pour nous le mot peut être employé métaph.: p. ex. « Tribune libre » d'un périodique, là où les Anglais diraient plutôt *forum.*

Tribute. – Au fig. comme en fr. **tribut, hommage.**

Mines, **rétribution** (en nature ou en argent proportionnelle à la quantité de minerai extraite par un mineur).

Triumph. – P. ext. du sens pr., lat. *triumphus,* **cortège pompeux, solennel.**

Aussi **fanfare, démonstration de joie** (délirante), **d'allégresse** (pour célébrer un succès). De même ***to triumph over,* tirer vanité de, se réjouir bruyamment de, fanfarer.**

Trivial, triviality. – Le fr. *trivial* signifie: 1° (des pensées ou expressions) usé, rebattu (... maxime usée et triviale que tout le monde sait. L.B., XI); 2° su de tout le monde, répété dans les écoles; 3° au fig., il se dit des pers. qu'on voit partout facilement (sens étym., *trivialis,* de *trivium,* carrefour, signifiant: que l'on peut voir au coin des routes). Ex.: « L'homme de lettres... est *trivial* comme une borne au coin des places. » (L.B., 6.) Mais auj., nous n'employons plus guère le mot qu'au sens de vulgaire, bas, et si quelque journaliste disait d'une déclaration ministérielle qu'elle contient des « *trivialités* dites avec pompe » (Mirabeau, Collection, t. I, 171), est-il bien sûr que nous comprendrions « banalités »?

Or, l'angl., fidèle à l'étym., entend par ***trivial:*** (des ch.) **insignifiant, quelconque, de peu de valeur, de peu d'importance, banal, usé, rebattu;** (des pers.) **futile, sans valeur intellectuelle** ou **morale, peu profond, superficiel, léger, frivole; incapable.** Enfin, zool., botan. (nom, définition) **vulgaire** (opp. à scientifique).

***Triviality* : bagatelle, rien, banalité, baliverne.**

– Les deux ex. suiv. mettent bien en lumière par contraste le sens réel de ***trivial.*** Mabel Chiltern: *Dear Gertrude, don't say such a dreadful thing to Lord Goring. Seriousness would be very unbecoming to him. Good afternoon, Lord Goring! Pray be as **trivial** as you can.* (O. Wilde, *An Ideal Husband,* II.) – *Mab. Chil.:* Ma chère Gertrude, c'est épouvantable ce que vous dites là à Lord G. Il lui siérait fort mal d'être sérieux. Bonjour, Lord G.! Je vous en prie, dites autant de **bagatelles** que vous pourrez.

– *In the eighteenth century, men and women wrote to each other on all sorts of subjects, serious and **trivial.*** – Au xviiie s., hommes et femmes correspondaient sur des sujets de toute sorte aussi bien sérieux que **frivoles.**

– Parlant de la véracité des Angl., Emerson écrit: [*They*] *keep their promises, never so **trivial.*** (*E. T.,* VII.) – Ils tiennent leurs promesses, si **insignifiantes** soient-elles.

– *Such books are worse than bad, they are **trivial.*** – De tels livres sont plus que mauvais, ils sont **quelconques.**

– G. Eliot nous décrit l'intérieur d'un ecclésiastique qui ne possédait: *no portrait, no piece of embroidery, no faded bit of pretty **triviality**, hinting of taper-fingers and small feminine ambitions.* (*Scenes of Clerical Life.*) – Nul portrait, nulle broderie, nul joli **rien** fané évoquant des doigts fuselés et de petites ambitions féminines.

– *She filled her monotonous life with **trivial** religious observances.*

– Elle meublait de **menues** pratiques pieuses sa vie monotone.

– *This actress hardly ever appears in anything **trivial.*** – Cette actrice joue rarement les **médiocrités** ou les **utilités.**

– C.-épr. *And one may slip through danger's clenching jaws, To perish from a **trivial cause,*** traduit, sous la plume de Sir Edward Marsh, ces vers de La Fontaine (*Fables,* II, 9). – Aux grands périls tel a pu se soustraire. Qui périt pour la **moindre affaire.**

Trojan. – *To work like a **Trojan,*** travailler comme un **nègre,** comme un **Romain, d'arrache-pied.** *To fight like a **Trojan,*** combattre, se battre comme un **lion.** *He is a **Trojan,*** c'est un **Hercule,** un **fameux lapin,** un **rude gaillard.**

Troop. – Escadron de cavalerie (en Angl., **compagnie** de 60 hommes); **peloton; batterie** (de tambour pour la marche). ***To get one's troop,* passer capitaine.** En compos. ***troop-ship,* transport.**

Trooper. – Soldat d'un régiment de cavalerie, cavalier; p. ext. **cheval de cavalerie.**

Fam. *to swear like a **trooper,*** jurer comme un **templier,** comme un **charretier,** comme un **possédé;** *to eat like a **trooper,*** manger comme **quatre,** comme un **batteur en grange;** *to lie like a **trooper,*** mentir comme un **arracheur de dents.** Autres sens (Australie, E.U.) **policier monté;** enfin **transport,** équivalent de *troop-ship.*

– *He sits firmer than in a **trooper**'s saddle.* – Il a plus ferme assiette que sur une selle d'**ordonnance.**

– *The **trooper** lay at anchor in the roadstead.* – Le **transport** était mouillé en rade.

– *A good **trooper** values his mount exactly as he values himself.* – Un bon **cavalier** fait autant de cas de sa monture que de lui-même.

Tropical, -ly. – Deux mots: 1° **Tropical, des tropiques.**
Au fig. **passionné, fougueux, volcanique, ardent.**
2° **Figuré, métaphorique** (lat. *tropicus*); en ce cas, adj. de *trope*, figure de rhétorique.
– *Properly and* ***tropically***, au propre et au **figuré.**

Trot (to). – Du sens pr. ***to trot out*** *a horse*, **montrer, faire trotter, parader** un cheval (devant un client) on passe aux emplois fig., fam. ou même argotiques: ***to trot out*** *one's knowledge*, **faire montre, faire parade** de ses connaissances, ***to trot out*** *an astounding story*, **débiter, dégoiser** une histoire ébouriffante, qui vous laisse tout pantois. *Come,* ***trot it out***, allons, **faites voir!, sortez ça!** montrez-nous **ce que vous avez dans le ventre!**

Trotter. – **Pied** d'un animal, particulièrement du mouton. Se dit plaisamment du **pied** de l'homme, des **petons** (d'un enfant, etc.).
– *Four servants might every day be maintained with the* ***sheeps' trotters*** *they employ*, trad. de ce passage des *Précieuses ridicules* (I, iii) où Gorgibus éclate contre ses nièces: Quatre valets vivraient tous les jours des **pieds de moutons** qu'elles emploient.

Trouble, to trouble. – Des nuances plus ou moins sensibles différencient ces deux mots de leurs homonymes fr.

To trouble, c'est **déranger** (qqn.); **préoccuper, inquiéter, tracasser, tourmenter; chagriner, affliger, faire souffrir; donner, causer de la peine, de l'embarras; incommoder;** sens affaibli: **prier, demander** à qqn. (de faire qqch. de nature à le déranger ou à lui déplaire).

On rendra le v. intr. par le pronominal fr.: ex. ***he won't trouble*** *to ring you up*, il **ne se donnera pas la peine** de vous téléphoner.
Le subst. signifie: **dérangement, peine** (qu'on se donne), **fatigue; ennui, chagrin, tourment, affliction;** méd. ***what's your trouble?*** **de quoi vous plaignez-vous?**; au pl. **tribulations** et pop., **malheurs.**

Locut. div.: ***no trouble at all***, **ce n'est rien, cela ne me dérange aucunement, pas du tout;** ***you are asking*** (*or* ***looking***) ***for trouble***, **vous donnez** ou **cherchez des verges pour vous faire fouetter;** *he is always getting into* ***trouble***, il s'attire toujours des **ennuis.**
– *I shall not* ***trouble*** *you.* – Je ne vous **dérangerai** pas.
– *I am afraid this will* ***trouble*** *your father.* – J'ai peur que cela n'**ennuie** (ou: ne **tourmente**) votre père.
– ***Shall I trouble you*** *for the gravy?* – **Vous seriez bien aimable** de me passer la sauce.
– *May I* ***trouble*** *you to shut the window?* – Puis-je vous **prier** de fermer la fenêtre?
– ***I will trouble you*** *to translate this sentence.* – **Je vous mets au défi** de traduire cette phrase.
– *I'm afraid I'm* ***giving you a lot of trouble***, dit une visiteuse à son amie qui s'empresse de lui préparer une tasse de thé. – Je vous donne **beaucoup de mal** (formule de politesse et sens affaibli).
– ***I will trouble you*** *to leave my house.* – **Vous allez me faire le plaisir** de sortir de ma maison, de vider les lieux.

– *Mrs. R. has known* ***troubles.*** (Dickens, *Bleak House*, 89.) – Madame R. a eu des **malheurs.**
– *A wounded soldier said there had been* ***trouble*** *where he came from.* – Un soldat blessé dit qu'il y avait eu du **vilain** de son côté.
– *Mark my words... there will be* ***trouble.*** – Croyez-moi, il y aura du **grabuge.**
– *His estate had been a cause of recurring* ***troubles.*** – Sa propriété lui avait causé de perpétuels **tracas.**
– Une vieille fille puritaine dit d'une femme de chambre qu'elle avait à son service: *It was some time before I found out that she was what they call* **« *in trouble* »**. – Il s'écoula quelque temps avant que je ne découvrisse qu'elle avait été comme on dit **« mise à mal ».**
– Un enfant terrible: ***He is a world of troubles to me.*** – **Il m'en fait voir de toutes les couleurs.**

Remarque. – On voit que là où l'angl. use d'un seul et même mot pour décrire des « situations » pourtant différentes, le fr. parvient, grâce à ses ressources, à diversifier l'équivalent et à rendre « l'atmosphère » par une traduction nuancée.

Trover. – Jur. **Appropriation illégitime d'un objet perdu;** ***action (for) trover***, **action en restitution de biens illégalement détenus.**

Truant (subst. et adj.), **to truant, truancy.** – Un truand, c'est pour nous un vaurien, un vagabond qui mendie par fainéantise (L.). En angl. où ce sens est devenu désuet, il faut entendre par ***truant*** la **pers.**, spéc. l'**enfant qui déserte son travail** sans autorisation, ou **fait l'école buissonnière**, le **mauvais élève**, le **polisson** (coupable de ***truancy***). D'où l'expression ***to play truant*** (= ***to truant***), **faire l'école buissonnière**, arg. scol. **sécher** (la classe, un cours). P. ext. ***truant*** = **personne nonchalante, indolente, qui flâne** ou **musarde.** Sens corresp. pour l'adj.; aussi au fig. (pensées, etc.) **vagabondes.**

Ne pas traduire ***truant officer*** (E.U.) sur le modèle de ***truant*** *child*, l'écolier **buissonnier** ou **vagabond.** Il s'agit du fonctionnaire ou agent de l'un ou de l'autre sexe **chargé de remédier à l'absentéisme scolaire.** Dans certains États, il (ou elle) a qualité pour faire interner les jeunes récidivistes dans des *truant schools* où ceux-ci sont rééduqués.
– *Th'enthusiast Fancy was a* ***truant*** *ever* (citation de Lamb par Hazlitt, *Works*, VI, 72, la version correcte étant: « *The* ***truant*** *fancy was a wanderer ever* ». *Fancy employed on Divine subjects*, I, i). – La fantaisie enthousiaste fut toujours **vagabonde (capricieuse).**

Remarque. – Ces mots ont parfois un sens large ou métaphorique: Mme d'Arblay applique l'un d'eux aux réunions mondaines qu'elle a récemment **manquées:** *my late* ***truancy*** *from these parties;* W. Scott aux jours **d'escapade** qu'il a passés à Londres: *(His)* ***truant*** *days spent in London.* W. Irving parle de la fantaisie qui le fit plus que jamais **déserter** son cabinet de travail: *made me more* ***truant*** *from my study than ever*, et tel cavalier, d'une selle qui..., lui avait **faussé compagnie,** *a* ***truant*** *saddle!* (N.E.D.)

Truck (to), truck. – Deux mots: 1° Est le fr. *troquer* et a ce sens à la voix active; aussi **colporter.** Intr. **trafiquer, marchander, traiter avec** qqn.

Le subst. signifie **troc, échange;** † **pacotille, menues marchandises** dont on fait commerce; famil. **camelote; bêtises, balivernes, niaiseries** (syn. de *nonsense*), **blague.** Locut. ***to have no truck with*****, n'avoir rien à faire avec.**

En compos. ***truck system*****, paiement des ouvriers en marchandises.**

E.U. ***truck-farm*****, jardin maraîcher,** ***truck-farmer*****, maraîcher,** ***truck-farming*****, cultures maraîchères.**

– *Some people are easily flustered and afraid* ***to have any truck*** *with their betters.* – Certaines personnes se laissent facilement démonter par leurs supérieurs et préfèrent ne pas **les fréquenter,** ne **pas frayer, ne rien avoir à faire** avec eux.

– ***He had no truck*** *with ideas.* – Toute idée **lui était étrangère.**

2° Du grec *trokhós,* **roue; camion; truck; plateforme; diable, chariot à bagages;** ***radial truck*****, bogie, truck** (de wagon, de locomotive). Naut. **pomme (de mât).**

To truck**, transporter sur un truck; camionner** (des marchandises); (mines) **rouler** (le minerai).

– L'homme de barre du *Narcisse* a lâché la roue, et le navire est le jouet du vent (IV); *(She) trembled from* ***trucks*** *to keel.* – Il trembla de la **pomme des mâts** à la quille.

Trump. – Deux mots: 1° **Trompette** (pr. et fig.), sens qui a été fr.: « Et les *trompes* commencent à sonner merveilleusement. » VILLEHARDOUIN, *in* L., et qui a survécu dans l'expression publier à son de *trompe* (v. *trumpet*): *The Archangel's* ***trump*****,** la **trompette** de l'Archange, *the* ***trump*** *of fame,* la **trompette** de la renommée, *the last* ***trump*** *of doom,* la **trompette** du jugement dernier.

2° Corruption de *triumph,* triomphe, ancien jeu analogue à l'écarté; a désigné aussi la couleur qui l'emporte sur les autres, fr. mod. **atout.**

P. ext. **type épatant, chic type, cœur d'or, as** (cf. *brick*).

To put one to his ***trump(s)*****,** litt. l'obliger à se dessaisir de tous ses atouts, au fig. le mettre **dans l'embarras, aux abois,** le réduire **à l'extrémité, aux expédients.** *He always* ***turns up trumps*****,** il a toujours **de la chance, de la veine.**

– *This woman is a* ***trump.*** – Cette femme est un **ange,** un **trésor.**

– *He was considered a* ***trump*** *by his schoolfellows.* – Ses condisciples le considéraient comme un **chic type.**

Trump (to), trumpery (subst. et adj.). – † Tromper; auj. encore, ***to trump up*** *a story, an excuse,* **forger** une histoire, **inventer** une excuse. De l'idée de tromper, d'en faire accroire, on passe aisément à celle qu'exprime l'adj. ***trumpery*****,** savoir, **mensonger, décevant, illusoire;** puis **sans valeur,** (marchandise) **de camelote, de pacotille;** (argument, raisonnement) **creux, spécieux** (cf. de **méchantes** raisons, de **méchants** vers).

D'où les sens du subst. **colifichets, oripeaux;** au fig. **fadaises, bêtises.**

– Mme Hardcastle veut persuader Mlle Neville que les bijoux ne siéent pas à la jeunesse: *Mrs. H. Now I wonder a girl of your good sense should waste a thought upon such* ***trumpery.*** (GOLDSMITH, *She stoops.* III.) – Mme H.: Voyons, je m'étonne qu'une fille sensée comme vous perde un instant à penser à de pareils **colifichets.**

– Le jeune Moïse a fait un marché de dupes en échangeant un poulain contre... une grosse de lunettes. Alors sa mère de s'écrier: *A murrain take such* ***trumpery!*** (Id., *Vicar of W.* XII.) – Peste soit d'une telle **pacotille!**

– Alpha (*Windfalls,* 14), accrochant son paletot à une patère du club, se plaint d'avoir peine à le retrouver: *Memory did not help me, for memory refused to burden itself with such* ***trumpery things.*** – La mémoire ne m'aidait pas, car la mémoire se refusait à se charger de telles **vétilles.**

Trumpet, to trumpet. – ***To blow one's own trumpet*****, chanter sa** ou **ses propre(s) louange(s), faire claquer son fouet,** cf. « Sonner soy-mesme sa feste (XVIe s) »; ***flourish of trumpets*****, fanfare.**

Autres sens, mil. (un) **trompette;** hist. **héraut,** au fig. **prôneur,** (intrépide) **thuriféraire.**

Ear-trumpet**, cornet acoustique,** ***speaking-trumpet*****, porte-voix.**

Trumpet-call**, coup, sonnerie, appel de trompette;** au fig. ou littér., **appel à l'action,** ***to sound the trumpet-call of one's friends*****, battre le rappel de ses amis.**

To trumpet (intr.), **trompéter;** se dit aussi de l'aigle qui **glatit,** de l'éléphant qui **barrit,** du moustique qui **susurre.**

Trunk. – 1° **Tronc** (d'arbre) et par anal. **tronc** artériel, veineux, etc., **tronc** humain; **fût** (de colonne), **dé** de piédestal; p. ext. du sens 1° (mis pour ***trunk-call)*** **communication, appel interurbain,** (mis pour ***trunk-line)*** **ligne principale, grande ligne** de ch. de fer.

2° **Coffre, boîte, malle** (de voyage); mines: **caisse à débourber** (le minerai).

3° **Fourreau** (de machine à fourreau); **tuyau, tube,** etc.; naut. ***rudder-trunk*****, jaumière.**

4° **Trompe** (d'éléphant); **nez** (d'un tapir); argot, **nez, blair, pif.** Au pl., pour ***trunk-hose*****, haut-de-chausse(s),** pour ***trunk-drawers*****, caleçon court;** E.U. **slip, caleçon, culotte de bains; cache-sexe.**

Truss, to truss. – *The man wore a* ***truss*** ne doit pas s'entendre « L'homme portait une trousse », mais ou bien il portait un **jupon, gipon** (mots anciens), un **pourpoint (rembourré)** sous l'armure, ou bien un **bandage herniaire.**

Notre mot *trousse* désignait bien la botte de fourrage vert que le cavalier portait en croupe, mais ***truss*** a étendu ce sens, et signifie **botte de foin, de paille.** Quant au pl. fr. *trousses,* chausses, il est devenu *trousers* en passant par ***trusses.***

Les autres sens de ***truss*** sont: **touffe** de fleurs, **corymbe compact;** constr. **armature, moise** (de poutre, etc.); **ferme** (de comble, de pont); archit. **encorbellement, corbeau, console;** naut. **drosse de vergue, étrier de brasseyage** (PAASCH).

D'autre part, outre **trousser, empaqueter; mettre en bottes; brider, trousser,** (une volaille) ***to truss*** signifie **saisir, lier,** comme un oiseau de proie (« Le vautour allait le lier... » L.F., IX, 2), d'où fam. *he was* ***trussed (up)*** *like a fowl,* on (vous **le ligota,** et naut. ***to truss*** *a sail,* **ramasser** une voile – Constr. **moiser,** enfin, † ***to truss up*** *a criminal,* **pendre** un criminel **haut et court.**

– Voici un emploi fig. de ***to truss,*** **lier:** *Old Aunt Lappacia* ***trussed me with one hand.*** (BROWNING, *Fra Lippo Lippi,* 88.) – La vieille tante Lappacia **me lia** (comme un faucon de proie), **me saisit, m'empoigna d'une main.**

– Parlant de Villon, Stevenson écrit: *How or when he died, whether decently in bed, or* ***trussed up*** *to a gallows, remains a riddle. (Familiar Studies.)* – Comment et quand il mourut, honorablement dans son lit, ou **pendu** (**hissé**) au gibet, demeure une énigme.

Tub, to tub. – Outre le bain que nous savons, **cuve, cuvier, baquet à lessive,** = *wash-tub;* **tonneau, baril, boute,** *a* ***tale of a tub,*** un **conte bleu,** un **conte à dormir debout,** un **coq-à-l'âne.** Autres sens: (mines) **berline, benne, wagonnet, bac, herche,** ***tipping tub,*** **benne à renversement, wagonnet à bascule.** Aussi, **caisse à fleurs, à arbustes;** naut. fam. ***old tub*** *(of a boat),* **vieille coque, vieux sabot, vieux rafiot; canot d'entraînement.**

En compos. ***tub-chair,*** (**fauteuil**) **crapaud,** ***tub-frock,*** **robe lavable,** ***tub-thumper,*** **harangueur populaire, de carrefour,** orateur qui gesticule et tempête.

Sens corresp. pour le v., notamment: **mettre une plante en caisse, l'encaisser; cuveler, boiser** (un puits de mine). Prov. *Every tub must stand on its own bottom,* chacun doit se suffire, chacun pour soi.

Tuition. – Le lat. *tuitio* signifie garde, défense, protection. Le voici dans ce sens en fr. et en angl.:

« Les plus jeunes et dispos de sa troupe; il les conserve à la *tuition* et service de leur pays. » (MONTAIGNE, *Ess.,* I, XXX).

I commend you to the ***tuition*** *of Almighty God.* (GASCOIGNE).

Mais *tutor* passant au sens de précepteur, répétiteur, ***tuition*** a passé à celui d'**enseignement.** D'où *private* ***tuition,*** **leçons** particulières, et p. ext. **prix** des leçons, de l'enseignement donné.

– *Whatever classical instruction Sir Joshua received was under the* ***tuition*** *of his father.* (MALONE). – Toute l'instruction classique que Sir J. reçut, il la dut aux **leçons** de son père.

Tune. – **Air** (de musique); *Give us a* ***tune!*** Jouez-nous un **air!** faites-nous **un peu de musique!** Spéc. ***psalm-tune,*** **chant d'église** (du psautier); ***to call the tune,*** **donner la note, le la, accord, justesse de ton,** *the piano is* ***in tune,*** le p. est **juste,** ***out of tune,*** **désaccordé;** d'un chanteur: ***to be out of tune,*** **détonner;** ***to keep in tune*** (d'un piano, etc.) **tenir l'accord,** *he sings* ***in tune,*** il chante **juste,** ***out of tune,*** il chante **faux.** Radio, ***to be in tune,*** **être en résonance,** ***to get into tune,*** **accrocher la longueur d'onde.** Au fig. ***to change one's tune, to sing another tune,*** **changer de ton, de gamme, de langage;** ***to lower one's tune,*** **déchanter.** ***To be in tune*** *with one's surroundings,* **être en accord, en harmonie** avec son entourage, son milieu; *he is* ***out of tune*** *with the times,* il est **en désaccord** avec son temps, avec son siècle. P. ext. **disposition d'esprit, humeur,** ***to be in tune, in bad tune*** *for sth.* **être en bonne, en mauvaise disposition** pour qqch., ***to feel in tune*** *to do sth.,* **se sentir en train, en veine de, d'humeur** à faire qqch. Cf.: « Le jeune pianiste jouait, mais seulement si **ça lui chantait** ». (M. PROUST).

Locut. fam. ***The tune the old cow died of,*** **une vieille rengaine.**

– *He had to pay the bill* ***to the tune of*** *two hundred pounds.* – Il dut payer une note **assez salée** de 200 livres.

REMARQUE. – ***Tune*** semble être une variante phonétique de *tone (q.v.),* d'où parfois le manque de différenciation des sens; le dict. angl.-fr. traduit *to change one's tune* par changer de ton, tandis que le dict. fr.-angl. donne pour équivalent *to change one's tone.*

Mais le traducteur doit distinguer soigneusement *tone* de *tune,* ex.: *The truth is it is impossible perfectly to translate poetry. In a different language it may be the same* ***tune,*** *but it has not the same* ***tone.*** *Homer plays it on a bassoon, Pope on a flageolet.* (BOSWELL, *Life,* II, p. 196.) – A la vérité, il est impossible de traduire la poésie à la perfection. Dans une langue différente, l'**air** est peut-être le même, mais le **ton** (ou: le **timbre**) ne l'est pas. Homère le joue (cet air) sur un basson, Pope sur un flageolet.

– *He got up and hummed a little* ***tune.*** – Il se leva et fredonna un petit **air.**

– *Strength and Justice together were but one instrument* ***well-tuned*** *in the hands of the Muses.* – La Force et la Justice n'étaient qu'un instrument **bien accordé** entre les mains des Muses.

Tunnel. – Si l'on cherche ce mot dans le Boyer-Garner (1802), on trouve les sens: tonnelle (filet à prendre les perdrix); entonnoir; tuyau de cheminée, mais non pas, et pour cause, le seul sens que les Fr. connaissent au vocable qu'ils ont adopté.

Ajoutons: Mines, **galerie** (d'accès) à flanc de coteau; **galerie** (creusée par une taupe, etc.); **cuve, vide** (de haut-fourneau).

En compos. ***tunnel-disease,*** nom vulgaire de l'**ankylostomiase, anémie des mineurs,** qui se dit aussi *ankylostomiasis, hook-worm disease.*

Tu quoque. – N'a rien à voir avec l'exclamation que l'on prête à César, frappé par Brutus au Capitole: *Et tu quoque, fili mi!* C'est un terme fam., sinon argotique: **réponse du tac au tac, qui cloue le**

bec à l'adversaire, ***a tu quoque rejoinder,*** car le mot s'emploie aussi attributivement.

– *My* ***tu quoque*** *shut him up.* – Ma **réponse du tac au tac** le réduisit au silence, lui cloua le bec.

Turk. – Plaisam. *he is a* ***little Turk,*** c'est un **gosse,** un **enfant terrible.**

Turn, to turn. – Par leur double origine anglo-saxonne et gréco-latine, et sous l'influence du fr. *tourner,* lui-même issu du lat. *tornare,* « façonner au tour », ces deux mots couvrent un vaste champ sémantique. On se bornera à noter quelques particularités.

1° Idée de rotation et sens connexes. Naut. **tour,** ***turn*** *round a bitt, a mast,* **tour** de ou sur une bitte, sur un mât, *catch a* ***turn!*** prenez un **tour!** (1).

Mus. **grupetto,** ornement d'exécution rapide composé d'une note principale, entourée alternativement de deux notes conjointes. Du sens de *tourner* la broche est née l'expression *(The meat is) done* ***to a turn,*** la viande est cuite **à point.** Dans un tout autre ordre d'idées (penser au *tour* du potier ou du lapidaire), nous disons d'une pers. qu'elle est faite *au tour,* c.-à-d. à la perfection.

(The) ***turn*** *of the scale(s)* traduit l'idée de l'impondérable (pr. et fig.) qui **fait pencher** la balance en faveur de qqn.

2° Changement de direction, etc., **coude, tournant, détour** (d'une route, d'un fleuve), *the twists and* ***turns*** *of a road,* aussi **virage,** d'où au fig. ***at every turn,*** **à tout propos, à tout bout de champ.** ***Turn*** *of the tide,* au pr. **renverse, renversement, changement** de la marée, au fig. **retour** de la fortune (cf. *a* ***turn*** *of Fortune's wheel,* un **revirement** du sort). Cynég. **ruse(s), détour(s), crochet(s)** du lièvre pour échapper aux chiens. Typog. **lettres, caractères retournés, blocage.**

3° Au sens de changement en général se rattachent ceux de **vicissitude(s),** de **tour, tournure** (favorable ou défavorable) que prennent ch., affaires ou événements, d'où p. ext.: **moment, phase critique** (d'une maladie p. ex.): ***turn*** (cf. *change)* ***of life,*** **âge critique, retour d'âge;** aussi fam. **coup, choc, émotion, bouleversement** provoqués par la frayeur, etc.: *It was only a dream... but* ***it gave me a turn,*** ce n'était qu'un rêve, mais **j'en ai été bouleversé;** *your telegram has given me* ***a turn,*** votre télégramme m'a donné **un coup;** *this ghost story has given her* ***quite a turn,*** cette histoire de revenant lui a fait **une belle peur,** l'a complètement **retournée,** (vulg. lui a **tourné le(s) sang(s).**

4° Du sens de tour de force ou de passe-passe, de trait d'adresse, etc. désuet en angl., on passe, dans cette langue à celui de **service** rendu, en gén. dans des conditions difficiles. Le voici chez Marot dans son *Épître au Roy pour avoir été dérobé:* « Et vous feray encore un bon tour. » Le voici encore chez L. F. (*Fables,* III, 9): « Elle (la cigogne) retira l'os, puis pour un si bon tour, / Elle demanda son salaire » Cotgrave traduit tour par *a good or bad office, a good or ill turn.* Mais auj., en fr., un bon tour et un mauvais tour sont un. ***To do one a good turn*** se rendra donc par **rendre service à qqn., le bénéficier,** comme il est dit dans la partie angl.-fr. ajoutée au Cotgrave.

Traduisant le passage précité de L. F., Sir Edward Marsh dit: *Such service being done, she claimed her fee.* En effet, selon le proverbe, ***a good turn*** *deserves another,* un **service,** un **bon procédé** en vaut un autre, **à beau jeu** beau retour.

Suite des sens (Nord et Écosse) †, sauf dans *(He never does)* ***a hand's turn,*** il ne donne jamais un **coup de main,** il ne fait jamais **rien,** jamais **œuvre de ses dix doigts.**

5° Du sens de (chacun son) tour, (à) tour (de rôle) commun aux deux langues, l'angl. tire des expressions telles que ***to take turns*** *at steering,* **se relayer** à la barre. *Oaths and peals of laughter were heard in* ***turns,*** on entendait **alterner** les jurons et les éclats de rire. *They* ***took it in turns*** *to sit up with their sick child,* ils veillaient leur petit malade **à tour de rôle.** On passe ainsi au sens concret de **numéro** d'une représentation (de variétés, de cirque, de music-hall, etc.) qui en précède (ou suit) un autre.

Expressions idiomatiques apparentées: *you* ***will serve my turn*** *as well as another,* vous **ferez mon affaire** tout comme un autre; *I can't* ***serve everybody's turn,*** je ne peux pas **fournir à tous.**

6° Du sens de tour d'esprit, *turn of mind,* l'angl. passe à celui de **penchant, disposition, aptitude à faire** qqch., d'où **goût, don, facilité** pour.

– *She had a* ***turn*** *for music.* – Elle avait des **dispositions,** était **douée** pour la musique.

– *My friend had not a calculating* ***turn.*** – Mon ami n'avait pas la **bosse** du calcul.

Des sens variés de ***to turn,*** retenons les emplois suivants:

– *The earth has been* ***turned*** *by the plough.* – La terre a été **retournée** par la charrue.

– *The leaves are beginning* ***to turn.*** – Les feuilles commencent à **jaunir.**

– *You will not* ***turn me from your door.*** – Vous ne **me refuserez** pas votre porte (je ne me laisserai pas éconduire).

– *She* ***turned*** *his sarcasms.* – Elle **détournait** ses sarcasmes.

– *The solution* ***turns*** *red, blue,* etc. – La solution **vire** au bleu, au rouge.

– *Lot's wife was* ***turned*** *into a pillar of salt.* – La femme de L. **fut changée en** une statue de sel.

– *The wolf* ***turned*** *shepherd.* – Le loup **devenu** berger.

– *He wished he had* ***turned*** *airman.* – Il aurait voulu **se faire** (ou: **devenir**) aviateur.

V. Hugo écrit encore *(Les Misérables):* Il avait l'air d'un médecin manqué *tourné* fossoyeur.

---

(1) Ne pas confondre avec l'expr. « prendre *du* tour », passer auprès d'un objet en le contournant à une distance suffis. pour ne pas tomber sur lui. » (GRUSS)

– *She **turned** pale with fright.* – La frayeur **la fit** pâlir.

– ***To turn** English into French.* – **Mettre** (traduire) de l'angl. en fr. Rapprocher: Leurs Écritures (des Juifs) furent *tournées* en grec. (Bossuet, *in* L. 16°, sens qui a vieilli).

– ***To turn** from music to architecture* (infinitif de narration ou d'exposition). – **Après** la musique, considérons l'architecture.

– *The old blind man **turned out to be** Tiresias.* – Le vieillard aveugle **se trouva être** Tirésias.

– *He did not know **which way to turn.*** – Il ne savait **à quel saint se vouer.**

– ***To turn oneself to,*** c'est comme *to address oneself to,* **se préparer à :** *Caesar **is turned** to hear.* – César est **prêt** à vous entendre (1).

Remarque. – Rabelais, traducteur des *Aphorismes d'Aristote,* blâme ceux de ses « confrères en translation qui font des versions *détournées* de leur sens plutôt que *tournées* en français ».

Turtle. – Deux mots: 1° est l'onomatopée lat. *turtur* « tourterelle », devenu rare ou arch. sauf en compos. ***turtle-dove.***

2° corrupt. probable de † tortue, devenu ***tortoise,*** fr. tortue, ***turtle-soup,*** potage **à la tortue; *mock-turtle*** (v. *mock*). ***To turn turtle,*** naut. **chavirer;** aut. **capoter, se retourner, faire un panache complet,** argot, **faire la crêpe.**

Tutor. – *(Private or family) **tutor,*** **précepteur;** (université) **répétiteur; *army tutor,* préparateur aux écoles militaires.**

Mod. **directeur des études** d'un groupe d'étudiants, **chef de travaux pratiques, maître de stage,** d'école normale. Jur. (Écosse), **tuteur,-trice** (d'un mineur, d'un dément). Enfin **méthode** (de piano, etc.).

– *We were hanging on the lips of the new **tutor.*** – Nous étions suspendus aux lèvres du nouveau **précepteur.**

– Le jeune Arthur Pendennis est chaudement recommandé au directeur du Collège St-Boniface: *Under such a recommendation, the **tutor** was of course most cordial to the young freshman and his guardian.* (Thackeray, *Pend.,* XVI.) – A la faveur d'une telle recommandation, le **directeur** fit naturellement un accueil des plus cordiaux au nouvel arrivant et à son tuteur.

(1) Voltaire traduit: « César *se tourne* pour t'écouter. »

Type, to type, typist. – « Empreinte qui sert à faire d'autres empreintes » (L. 1°), d'où **caractère d'imprimerie, *to set type* composer, *in type,* composé. *Printed, displayed in bold type,* en vedette. *Old type,* vieille matière,** *to print in **large type,*** imprimer en **gros caractères.** *To keep the **type** standing,* conserver la **forme.** Au pl. **sorte; fonte de caractères.** Numis. **type** « figure, effigie représentée à l'avers ou au revers d'une médaille ou d'une monnaie » dite frappée ou gravée à l'empreinte de Napoléon, p. ex.; d'où au fig. **symbole, emblème.**

En compos. ***type-area,* justification; *type-bar,*** (dactyl.) **tige à caractères;** (typog.) **ligne-bloc** (de linotype); ***type-script,* manuscrit dactylographié, dactylogramme; *type-setter,* compositeur;** = ***type-setting** machine,* machine **à composer** (linotype, etc.); ***type-setting,* composition.**

To type,* taper à la machine, dactylographier,** *a **typist, un(e) **dactylographe.**

Autres sens de ***to type*** (méd., biol.): **déterminer le groupe** d'un prélèvement de sang, **typer,** c.-à-d. **identifier, différencier** les espèces d'un germe, d'un virus, etc., ***typing** of brucella species,* **identification** et donc **différenciation** des espèces de *brucella* (1); aussi, **caractériser** une maladie: ***to type a disease in terms of a refined diagnosis,* caractériser** une maladie par (en fonction d') un diagnostic très poussé.

– *A river is the **type** of human life.* – Un fleuve est le **symbole** (ou: l'**emblème**) de la vie humaine.

Tyrannous. – *The blast was **tyrannous,*** dit Coleridge dans *The Ancient Mariner.* Or Cotgrave (1611) traduit le fr. **cruel** par *tyrannous, rigorous, unmerciful.* Il faut donc comprendre que la rafale fut **cruelle, impitoyable, inexorable.**

De même Othello (III, iii, 450), qui croit à l'infidélité de Desdémone, invoque la vengeance et enjoint à l'amour de faire place à la haine **impitoyable, *tyrannous*** *hate.*

(1) D'où *not true to **type,*** **aberrant.**

U

Ultérior. – Le fr. ultérieur est le lat. *ulterior,* comparatif de *ultra,* (qui est) au-delà (par rapport à une limite déterminée) 1° dans l'espace; 2° dans le temps. – L'angl. signifie en outre **secret, inavoué, dissimulé; tendancieux,** dans ce sens, surtout ***ulterior*** *motive.*

– *There is no reason for suspecting him of* ***ulterior*** *designs.* – Il n'y a pas lieu de le soupçonner de desseins **secrets, inavoués.**

– *He could not have adopted such a course without some* ***ulterior*** *purpose.* – Il n'aurait pu adopter cette ligne de conduite s'il n'avait eu quelque **arrière-pensée** (quelque idée **de derrière la tête**).

– *The account was given* ***with an ulterior motive.*** – Le récit était **tendancieux.**

Ultimate. – **Définitif, final; suprême.** *What is the* ***ultimate*** *destination of this parcel?* quelle est la destination **définitive** de ce colis? – *He had not yet taken his* ***ultimate*** *decision,* il n'avait pas encore pris sa décision **finale.** Chimie, ***ultimate*** *analysis,* analyse **élémentaire.**

– *The* ***ultimate*** *method of treatment will presumably be...* – La thérapeutique **de l'avenir** sera sans doute...

Ultimatum. – *The size of our ships seems to have reached nearly their* ***ultimatum,*** la taille de nos vaisseaux semble avoir atteint à peu près sa **limite extrême;** *their* ***ultimatum*** *was obtained and they were considered as persons of consequence,* ils avaient atteint leurs **fins** et étaient considérés comme des personnages d'importance.

Umbrageous. – Poét. **ombragé,** ***umbrageous*** *lawns* (Carlyle), des pelouses **ombragées.**

Umbrella. – Du sens d'ombrelle, parasol, passe à celui de **parapluie.** Mais *a beaver* ***umbrella*** s'entendra un (chapeau de) castor **à larges bords.** ***Tom-Thumb umbrella,*** **parapluie court, tom-pouce;** ***carriage umbrella,*** **grand parapluie de portier d'hôtel,** etc. Au fig., **dispositif de protection,** *the nuclear* ***umbrella,*** le **bouclier** nucléaire (des E.U.); ***umbrella troops*** = **troupes de couverture** (angl. *protective, covering troops*). Attrib. ou en compos. ***umbrella*** *agreement,* accord **général** (cf. E.U. *blanket agreement*); ***umbrella-shell,*** moll. **ombrelle;** ***umbrella-sunshade,*** un **en-tout-cas;** ***umbrella-tree,*** **magnolier-parasol.**

Unanimous, -ly. – Unanime, unanimement, à l'unanimité, certes, mais comme ces mots détonneraient dans la phrase suivante:

– *The Colonel was speechless with rage, for he thought that the Regiment had risen against him or was* ***unanimously*** *drunk.* (Kipling, *The White Hussars.*) – Le colonel était muet de rage, car il se figurait que tout le régiment s'était soulevé contre lui ou s'était enivré **comme un seul homme.**

Unappropriated. – Non pas inapproprié, qui se dit *inappropriate,* mais **sans propriétaire, sans emploi :** *an* ***unappropriated*** *piece of land;* (argent) **inutilisé; sans destination spéciale,** ***unappropriated*** *funds,* fonds **sans affectation déterminée.**

Plaisamment, *an* ***unappropriated*** *blessing,* une **fille à marier,** une **vieille fille,** un **laissé pour compte.**

Unbiassed. – On a vu que *biassed* se disait au pr. de (la boule) décentrée et au fig. d'une pers., etc. partiale, prévenue. ***Unbiassed*** se dira donc d'un esprit **impartial, objectif, non prévenu,** d'un esprit **« sans pente »,** comme disait après Montaigne (II, xii) le critique Albert Thibaudet.

Statistique, **sans distorsion.**

– *A really* ***unbiassed*** *opinion.* – Une opinion vraiment **impartiale.**

– *This method permits an* ***unbiassed*** *estimate of error.* – Cette méthode permet d'estimer l'erreur **sans distorsion.**

Uncle. – Argot: **prêteur sur gages;** nous disons: **ma tante, le clou.** ***To talk to (a person) like a Dutch uncle*** (que ne rend pas tout à fait notre expression « faire l'oncle », qui veut dire simplement réprimander, gronder) signifie **reprendre une personne (amicalement),** la **semoncer,** la **sermonner,** la **tancer,** lui **laver la tête (avec bienveillance, avec bonhomie).** – Les mots entre parenthèses expriment l'idée que la locut. angl. ajoute à la nôtre.

E.U. se dit à un homme avec qui on n'a aucun lien de parenté, surtout à un homme âgé, comme nous dirions **père** ou **grand-père.**

Enfin, famil. ***Bob's your uncle!,*** **tout va bien!**

Dans *The Nigger of the N.* (IV), les hommes ont tenté de se mutiner. Le capitaine dit à ses officiers: *To-morrow I will talk to them* ***like a Dutch Uncle.*** L'excellent traducteur qu'est Robert d'Humières n'a pas saisi l'allusion et son « oncle de Hollande » ne veut rien dire. Il faut entendre: Demain je leur parlerai **paternellement, sans colère, mais avec fermeté.**

Uncomfortable. – Au fig. p. ext. du sens pr. de peu confortable, incommode, signifie **désagréable; qui cause de l'inquiétude,** ***uncomfortable*** *news;* **de la gêne, de l'ennui, du chagrin,** etc.

– *The boys were dressed like their papas and looked* ***uncomfortable*** *in their new clothes.* – Les gamins, vêtus pareillement à leurs papas, semblaient **incommodés** dans leurs habits neufs.

– *The rest of the dinner was* ***uncomfortable.*** – Le dîner s'acheva dans un sentiment de **gêne,** de **malaise général.**

– A Peggotty qui lui reproche de ne pas être assez réservée la jeune Mme Copperfield répond: *How can you have the heart to make me so* ***uncomfortable*** *and say such bitter things to me?* (Ch. II.) – Comment avez-vous le cœur de me rendre si **malheureuse** et de me dire de telles méchancetés?

Uncompromising. – Littér., **qui ne transige pas, intraitable; absolu, intransigeant, inflexible, implacable, inexorable.**

– Le caporal Tullidge est sourd et reproche à Anne Garland de l'avoir croisé sans le saluer. Celle-ci lui répond qu'elle ne l'a pas reconnu – mais le malheureux n'entend pas: *You was coming along with yer head full of some high notions or other no doubt, continued the* ***uncompromising*** *corporal in the same loud voice.* (Th. Hardy, *The Trumpet-Major,* IV, 31.) – Vous veniez, la tête farcie de quelque rêve de grandeur, il n'y a pas d'erreur, poursuivit l'**inexorable** caporal de la même voix de stentor (criant toujours aussi fort).

– Description d'une tapisserie sur canevas: *The whole design was in squares... all was contrived in squares, with a result that mimicked a fragment of* ***uncompromising*** *Axminster carpet.* (A. Bennett, *Old Wives Tale.*) – Tout le dessin était en (petits) carrés... Tout était fait en carrés, et le résultat singeait un fragment de tapis d'Axminster **dont on connait les motifs rigides,** heurtés et gauches (explication, plutôt que traduction).

– *The houses frowned at us, the dust rose at us, the smoke swooped at us; nothing* ***made any compromise about itself*** *or wore a softened aspect.* (Dickens, *Bleak House,* LI, 7.) – Les maisons avaient pour nous des regards mauvais, la poussière se soulevait contre nous, la fumée fondait sur nous; rien **ne rabattait de sa rigueur (ne s'humanisait),** ne prenait un aspect adouci.

– *Their enemies were strong, brave, numerous and* ***uncompromising.*** – Leurs ennemis étaient forts, braves, nombreux et **intraitables.**

Unconcern, unconcerned. – ***Unconcerned,*** **insouciant, tranquille, sans inquiétude; qui se désintéresse de,** est **indifférent à** (la ch. en question), avec sens corresp. pour le subst.

– *That state of care-free* ***unconcern*** *which is the mark of great* *happiness.* – Cette insouciance, **ce détachement** qui caractérisent les grands bonheurs.

– *He was daily risking his future **with complete unconcern.*** – Tous les jours, il risquait **allègrement** son avenir.

– A bord des navires de commerce, *All feel themselves equal before the **unconcerned** immensity of the sea.* – Tous se sentent égaux devant l'immensité **indifférente** de la mer.

Uncontrollable, uncontrolled. – Abstraction faite des sens désuets, ***uncontrollable*** se dit d'un droit, d'un pouvoir **absolu;** d'un caractère **indomptable,** d'un peuple, etc. **ingouvernable;** d'un désir **irrépressible,** d'un rire **inextinguible,** etc.

Uncontrolled, **indépendant;** (monarque, etc.) **irresponsable;** (imagination, etc.) **sans frein, effrenée.**

– *He was overcome with **uncontrollable laughter.*** – Il éclata d'un **fou rire,** d'un **rire inextinguible.**

– *He found the car **uncontrollable.*** – Il constata qu'il ne **pouvait plus diriger,** qu'il **n'était plus maître de** la voiture.

– *Hidden and **uncontrolled** forces.* – Des forces occultes **qui échappent à toute règle.**

– Invocation au vent d'Ouest: *Thou **uncontrollable!*** (SHELLEY.) – Ô toi l'**indomptable!**

– *It was the churchmen who kept the flickering light of civilization alive amid the raging storms of **uncontrolled** passion and violence.* – Ce furent les hommes d'église qui maintinrent la lumière vacillante de la civilisation malgré les tempêtes déchaînées de la passion et de la violence **sans frein.**

– « *The postilions and innkeepers stared at us with wonder, and I remarked that they appeared surprised at such **uncontrollable** love in children of our age* », trad. de ce passage de *Manon Lescaut:* « Nos postillons et nos hôtes nous regardaient avec admiration; et je remarquais qu'ils étaient surpris de voir deux enfants de notre âge qui paraissaient s'aimer **jusqu'à la fureur.**

REMARQUE. – ***Uncontrolled*** au sens fr. de « non contrôlé », « non vérifié », « qui reste à démontrer », est désuet depuis le XVIe s. et le N.E.D. ne donne que deux ex. de cet emploi. Il en est de même, depuis le XVIIIe s. du sens d'« incontesté » qui en est l'antonyme. Swift (1731) parle encore de *an **uncontrolled** truth,* comme qui dirait « une vérité **d'expérience** ». V. *control.*

Unction. – Le premier sens du mot est, en fr. comme en angl. action de frotter avec une substance grasse, d'où l'acception d'**onguent** en angl., et au fig. de **baume** pour le cœur, (d'influence, de pensées, de mots) **doux, apaisants,** voire **enjôleurs, mensongers** *(flattering unction);* **plaisir, satisfaction** (à faire, à dire qqch.), syn. de *gusto,* q.v.

– Hamlet exhorte sa mère au repentir (III, iv, 140):

*Lay not that flattering **unction** to your soul*
That not your trespass but my madness speaks.

Ne mettez cet **onguent** mensonger sur votre âme,
Que ce qui parle est ma folie et non vos torts.

– *He told the story with much **unction.*** – Il raconta cette histoire avec beaucoup de **sel,** de **saveur,** avec **un plaisir évident.**

Undated. – **Sans fin** (cf. *dateless, without date).* Aussi (vie, époque) **sans événements marquants, monotone.**

– *The dull **undated** life of a sleepy country town.* – La vie morne et **monotone** d'une somnolente ville de province.

Understudy, to understudy. – Au théâtre, **doublure.** ***To understudy,*** **doubler** (un rôle, un acteur).

Undesirable. – ***Undesirable*** *contacts,* des promiscuités **fâcheuses.**

– ***Undesirable*** *topics are avoided by decent girls.* – Toute jeune fille bien élevée évite les sujets de conversation **risqués, scabreux** ou: **peu avouables.**

Undue, unduly. – Ne peuvent se rendre toujours par indû, indûment.

– *Monetary factors have been **unduly emphasized.*** – On a **trop sacrifié** aux préoccupations monétaires.

– *The gentry viewed with suspicion everything that might increase **unduly** the prestige of the Crown.* – La petite noblesse (ou: la haute bourgeoisie) se défiait de tout ce qui pouvait accroître **outre mesure** le prestige de la Cour.

Unequal. – Anton. d'*equal,* et donc: qui **n'est pas à la hauteur de, pas de taille, pas de force à, qui ne suffit pas à; disproportionné, mal assorti** (à), comme dans l'ex. suiv.:

– *The maid was not only poor and a servant but was **unequal** to him, she being six or seven and twenty years old, and he not above 17 or 18.* (DEFOE, *Rob. Crus.*) – Cette fille était non seulement une pauvre servante, mais encore **d'un âge disproportionné** au sien, puisqu'elle avait 26 ou 27 ans et lui pas plus de 17 ou 18.

Unexceptional. – (Règle) **sans exception, qui ne souffre aucune exception,** (ordre) **formel.** Ce ne sont pourtant pas ces acceptions qui nous aideront à comprendre le passage suivant: *Though they were both in good health and of **unexceptional** figure, Tony and Brenda were on diet.* (Evelyn WAUGH, *A Handful of Dust,* II.) – Bien qu'ils fussent en bonne santé et de corpulence **normale,** T. et B. suivaient un régime.

Unfortunate (subst.). – Collect. *the **unfortunate,*** les **déshérités,** les **misérables,** les **disgrâciés de la fortune,** les **pauvres gens;** p. ext. *an **unfortunate,*** une **malheureuse,** une **fille perdue,** une **prostituée.** En Irlande, un(e) **idiot(e).**

Unguarded. – Du sens pr. de non gardé, sans défense, de (machine) sans dispositif protecteur, (précipice, etc.) sans garde-fou, on passe aux sens fig.: (moment) **d'inattention, où l'on n'est pas sur ses gardes,** (discours, parole) **imprudent, indiscret, irréfléchi, inconsidéré.**

– *An* ***unguarded*** *answer,* une réponse **imprudente.**

– ***Unguarded*** *expressions, little facts in themselves innocent would be counted as crimes.* (J. CONRAD, *Under Western Eyes,* I, 1.) – Des expressions **inconsidérées,** de petits faits innocents en soi sont tenus pour autant de crimes.

Uniform (adj.). **–** Du style littéraire, **égal.** Un traducteur de la *Lettre à l'Académie* de Fénelon rend: « nos poètes qui ont eu **le moins d'inégalité** » par *« who have been most* ***uniform*** *and steady in their compositions ».* V. aussi *Supplément.*

Union. – « Une grosse chaîne d'or... en laquelle... estoient gros diamants, rubis... *onions.* » (RABELAIS, IV, iv.) – Ce mot, qui est resté en angl., est le lat. *unio,* oignon, qui signifie aussi **grosse perle.**

REMARQUE. – Chez nous, un oignon est, par analogie de forme, une montre ancienne très bombée.

Universal. – Unanime. D'autre part, si *the universal legatee* est bien un légataire universel, *a* ***universal*** *agent* est, lui, un mandataire **général.**

– *The wretched economic situation of the workers was the object of* ***universal*** *complaint in the first part of the nineteenth century.* – La triste situation économique des travailleurs était dans la première moitié du dix-neuvième siècle, l'objet de plaintes **unanimes.**

– *The old man* ***was confined*** *to his bed with an* ***universal*** *rheumatism.* – Le vieillard s'était mis au lit où un rhumatisme **le tenait entrepris de tous ses membres.**

Unnatural, -ly. – Au fig. **artificiel; contraint, emprunté,** etc.; **dénaturé; anormal, insolite.**

– Une mère cherche à dissuader son fils d'un mariage qu'elle estime hasardeux. Il lui répond: *You are* ***unnatural...*** *and I didn't expect it.* – Vous êtes **dénaturée...** Je ne m'y attendais pas.

– *He looked* ***unnatural*** *and ill at ease.* – Il avait l'air **emprunté** et **gêné** (ou: mal à l'aise).

– *He was prematurely,* ***unnaturally*** *stout.* – Il s'était prématurément et **anormalement** alourdi.

Unpayable est parfois syn. de *unremunerative,* **peu rémunérateur, peu lucratif;** se dira donc d'une entreprise **non rentable,** d'un gisement etc. **improductif** et même d'une perte **irréparable.**

– Cotgrave, 1611. **Insolvable,** ***unpayable,*** *unlikely to be paid.*

– *The goldfields were* ***unpayable.*** – Les mines d'or étaient **improductives,** ou: **n'étaient plus rentables.**

– ***Unpayable*** *lines of a railway company.* – Lignes **non rémunératrices** d'une compagnie de chemin de fer.

Unpleasant, -ness. – Désobligeant, fâcheux, *it would be* ***unpleasant*** *to offend an old friend,* il serait **fâcheux** de blesser un vieil ami. *The situation is* ***rather unpleasant,*** **rien moins que drôle;** *things are beginning* ***to look unpleasant,*** ça commence **à sentir mauvais,** et, triomphe de l'euphémisme (E.U.): *the* ***late*** *or* ***recent unpleasantness,*** la **guerre** de l'Indépendance américaine! P. ext. toute guerre dont il s'agit à une date déterminée.

Unpremeditated. – *An* ***umpremeditated*** *departure,* un départ **inopiné,** *an* ***unpremeditated*** *speech,* un discours **impromptu, improvisé; spontané.** Jur. (crime, délit) **extemporané, non prémédité.**

– L'alouette nous dit Shelley s'épanche « en flots harmonieux d'un art **tout spontané** », *« in profuse strains of* ***unpremeditated*** *art ».*

– Qu'est-ce qu'un accident? Un événement **fortuit** qui provoque un dommage corporel identifiable: – *An* ***unpremeditated*** *event resulting in a recognizable injury.*

Unprofitable. – *An* ***unprofitable*** *servant* est un domestique **qui ne peut rendre de service** (Cf. *St. Matthew,* XXV, 30, un domestique **inutile,** *a useless servant,* comme dit la *New English Bible).*

– *He seemed most like an old* ***unprofitable*** *serving-man.* (STEVENSON, *Kidnapped,* III.) – Ce à quoi il ressemblait le plus, c'était à un vieux serviteur **qui n'était plus bon à rien.**

– *These are* ***unprofitable*** *arguments.* – Ce sont là des discussions **stériles.**

Unprosperous. – ***Unprosperous*** *winds,* vents **contraires, adverses, peu propices.**

– *In the afternoon, men went about washing clothes and hanging them out to dry in the* ***unprosperous*** *breeze.* (J. CONRAD, *Nigger of the N.*) – L'après-midi, les hommes erraient, lavant leur treillis et les étalant pour les sécher aux souffles d'un vent **contraire.**

Unqualified. – (Pers.) **incompétent, inapte, impropre, qui n'a pas les qualités requises** pour. (Ch. et jur.) **sans réserve, sans restriction, inconditionnel, catégorique.**

– *An* ***unqualified*** *assertion, an* ***u.*** *denial,* une affirmation **catégorique,** un démenti **formel.**

– *I won't take so* ***unqualified*** *a view.* – Je n'émettrai pas un avis, une opinion aussi **catégorique.** Fam. Je **n'irai pas jusqu'à** dire cela.

Unregarded, unregarding. – Négligé; à qui ou **à quoi on ne daigne pas faire attention.**

Unregarding, **négligent; indifférent.**

Unsanctioned. – *An* ***unsanctioned*** *law* signifie bien une loi non sanctionnée, mais *an* ***unsanctioned*** *action* doit se rendre par une action **non approuvée, non autorisée, illicite,** etc.

– *She received in her apartment a man whose love* ***was unsanctioned*** *by her father.* – Elle recevait dans sa chambre un homme **qui n'avait pas l'aveu** de son père.

Unsatisfied. – Incrédule, sceptique, non convaincu; ***he was unsatisfied*** *about his son's behaviour,* **il avait des doutes** sur la conduite de son fils. De l'appétit, **inassouvi, non rassasié;** d'une dette, **non réglée.** Cf. notre expression « satisfaire » ses créanciers.

– Hamlet dissuade Horatio de le suivre dans la mort :
« Thou liv'st; report me and my cause aright
To ***the unsatisfied.*** *»* (V, ii)
– « Toi, tu vis; sur ma cause et sur moi-même
Éclaire **ceux qui pourraient douter.** »

Unsavoury. – Outre son sens pr. de « désagréable » au goût, à l'odorat, odeur « déplaisante », « nauséabonde », ***unsavoury*** a, comme *unpalatable* un sens fig., celui de (scandale) **répugnant;** d'(affaire) **louche,** de (réputation) **équivoque.** C'est un euph.

– *The shop in its untenanted state was a dirty* ***unsavoury*** *place enough.* (S. Butler, *The Way.*) – La boutique, dans son état d'abandon, était aussi sale et **peu engageante** qu'on aurait pu le souhaiter.

Unsophisticated. – (Eau-de-vie, vin) **pur, non adultéré, non frelaté, naturel;** (pers.) **ingénu, naïf, non déniaisé, simple,** fam. **innocent.**

– *What an* ***unsophisticated*** *little country creature you are!* (Thackeray, *in* N.E.D.) – Quelle petite **oie blanche** de provinciale vous êtes!

Unsubstantial. – Insubstantiel ne figure ni dans le *Vocabulaire de la philosophie* de Lalande, ni dans le Robert. Le mot angl. signifie **imaginaire, irréel, chimérique; immatériel.** ***Unsubstantial*** *food,* aliment(s) **creux.**

– *An* ***unsubstantial*** *fairy place.* (Wordsworth.) – Un pays **de rêve** au féerique décor (Trad. Émile Legouis).

– *He (De Quincey) was a strange* ***unsubstantial*** *being.* (Leslie Stephen.) – D.Q. était un être étrange et **irréel.**

– *Bubble, an* ***unsubstantial*** *or visionary project.* (C.O.D.) – *Bubble :* projet **chimérique** ou irréalisable.

Unsympathetic. – Peu compatissant; froid, indifférent, ingrat.

Unvarnished. – Au pr. **non verni, non vernissé;** ***unvarnished*** *wood,* **bois cru;** au fig. **simple, sans ornement, sans fard,** *a round* ***unvarnish'd*** *tale; to tell the* ***plain unvarnished*** *truth,* dire la **pure et simple** vérité, la vérité **brutale.** *To put an* ***unvarnished*** *question to s.o.,* poser **crûment** une question à qqn.

Upas. – L'upas, d'après Robert, est le nom de divers poisons végétaux ... utilisés par les indigènes des îles de la Sonde pour empoisonner leurs flèches. D'après le N.E.D., c'est un arbre fabuleux, *upas-tree,* de Java qui détruirait toute vie végétale et animale à des lieues à la ronde. D'où un emploi fig., *the* ***upas*** *of drunkenness,* le **fléau** de l'ivrognerie.

Urge (to), urgency, urgent. – Le lat. *urgere* signifie notamment presser, poursuivre, accabler, *urgere interrogando,* presser de questions, *urgent hostes,* l'ennemi nous talonne, et absol. l'ennemi serre de près; *nihil urget,* rien ne presse. Tout cela est angl.

Urgent ne s'applique qu'aux ch., et non aux pers. comme en angl. où il signifie alors : **pressant, insistant,** voire **importun.** ***Urgency,*** **instances, sollicitations pressantes, importunités :** *At the* ***urgency*** *of his friends, he resigned,* cédant aux **instances,** aux **sollicitations pressantes** de ses amis, il démissionna.

Subst. ***urge*** = **incitation, impulsion,** et en psychanalyse **pulsion.**

– Gulliver est invité à regagner l'Angleterre à la nage : *I answered... that although I could not blame... the* ***urgency*** *of his friends, yet I thought... it might consist with reason, to have been less rigorous.* (Swift, *Gulliver,* X.) – Je répondis... que, tout en ne pouvant blâmer... l'**insistance** de ses amis (à exiger mon départ)... je pensais néanmoins que la raison se fût accommodée d'un peu moins de rigueur.

– Une indication scénique dans *Saint Joan* (Sc. II) de Bernard Shaw : Le dauphin Charles tente de résister aux objurgations de Jeanne, qui l'incite à se mettre à la tête de l'armée : *Charles (descending from his throne and again crossing the room to escape from her dominating* ***urgency****).* – Charles (descendant de son trône et traversant derechef la salle pour échapper à la volonté **qui le presse** et le domine).

– *She was too* ***urgent*** *to be resisted.* – Elle me **pressait** tellement qu'il ne fallait pas songer à résister.

– *He had received a conclusive letter from his principal and most* ***urgent*** *creditors.* (Wells, *Polly,* VIII, § 2.) – Il avait reçu une lettre péremptoire de ses principaux et plus **pressants** créanciers.

– *The policeman gripped the thief's collar* ***urgently.*** – Le policier saisit le voleur au collet **d'une façon qui n'admettait pas de réplique.**

Urn. – Samovar, sorte de bouilloire à thé, **(tea-) urn,** mot d'origine russe. Aussi, **vase, vasque :** *The gardeners planted flowers in the stone* ***urns*** *that bordered the garden.* – Les jardiniers plantaient des fleurs dans les **vases** de pierre qui bordaient la pelouse.

Usage. – Manière de traiter qqn., **traitement.** Jur. **droit de passage.**

– Moll Flanders (Everyman, p. 209) est accusée à tort d'un vol commis chez un mercier; un commis porte les mains sur elle : *I spit in his face, called out the constable and bade him to take notice of my* ***usage.*** – Je lui crachai au visage, j'appelai à haute voix le gardien de la paix et le priai de constater la **manière dont on en usait** avec moi, **dont on me traitait.**

– *During the closing years of the 18 th century, children employed in the English manufactories were subject to* ***ill-usage.*** – Pendant les dernières années du XVIIIe siècle, les enfants employés dans les manufactures d'Angleterre étaient soumis à de **mauvais traitements.**

– Inversement : *They (the prisoners) were very thankful that they had such* ***good usage*** *as to have provision and light with them.*

(DEFOE, *Rob. Crusoe.*) – Ils furent très reconnaissants de se voir si **bien traités,** au point d'avoir des provisions et de la lumière.

REMARQUE: Voici la traduction verbale des tournures nominales précitées: *my usage = my being (so ill) used; were subject to ill-usage = ... were ill-used; had such good usage = were so well-used.*

Use, to use. – Usage, dans le sens d'**utilisation,** d'**emploi;** du **fait,** de la **faculté de se servir** (d'un objet), mais non d'us, c.-à-d. d'usages traditionnels, comme dans la loc. les us et coutumes d'un pays, *the usages (ways) and customs of a country.*

Dans Shakespeare (qui, lui, a ce sens de coutume, pratique, etc.), outre **profit, parti,** etc. qu'on tire du temps, des ch., d'une situation, ***use*** signifie souvent **intérêt** (d'un prêt d'argent).

To use, indépendamment des sens transparents, noter: **en user avec, traiter** bien ou mal.

– Othello a frappé Desdémone; Lodovico scandalisé demande: *Is it his **use?*** (IV, iii, 285) – Est-ce son **habitude?**

– Béatrice a-t-elle perdu le cœur de Bénédict? *Indeed, my lord, he lent it to me awhile, and **I gave him use** for it.* (*Much Ado,* II, 1, 277.) – Il est vrai, Monseigneur, qu'il me l'avait prêté quelque temps, et moi je l'avais **payé avec usure...** (Trad. Émile SAILLENS).

– *Everywhere forests were being cut down. **Use was made** of every kind of soil.* – Partout on abat les forêts. On **tire parti** de tous les sols.

– *She **used** well her servants.* – Elle **traitait** bien ses gens.

– *A woman who is **ill-used** and unhappy.* – Une femme **maltraitée** et malheureuse.

Que l'on mette en parallèle deux phrases de ce genre: *« My colonel useth me with great courtesy ».* N.E.D., 1629 et: « Il *en use* Le plus honnêtement du monde avec moi. » (MOLIERE, *Le Misanthrope,* I, 2 (1666). Elles sont absolument équivalentes.

– Annonce publicitaire d'un magasin de vente d'automobiles: *New and **used** cars,* voitures neuves et **d'occasion.**

Usher. – *(Gentleman) **usher,*** **huissier, introducteur** (auprès des grands, à l'audience d'un chef d'État); jur. ***court usher,*** **(huissier) audiencier.**

Theatre usher, **ouvreuse,** au cinéma, ***usherette;*** à un mariage, *the **ushers,*** les **garçons d'honneur.** Autres sens: génér. péjor., **maître d'étude, surveillant d'études, répétiteur,** fam. **pion.**

– *He advertised in the Times for an **usher's** place.* – Il mit une annonce dans le *Times* pour postuler un emploi de **répétiteur.**

– *A prefect's one thing and an **usher's** another.* – Un moniteur et un **pion,** ça fait deux.

Usurp (to). – ***To usurp*** *one,* **supplanter, déposséder** qqn. Dans un sens affaibli, **emprunter** (un mot à une autre langue), se l'**annexer,** se l'**approprier,** l'**employer** (sens devenu rare).

– *An ill-mannered fellow quickly **usurps** the conversation.* – Un homme mal élevé a tôt fait d'**accaparer** la conversation.

REMARQUE. – Le lat. jur. *usurpare,* c'est proprement « faire usage de », ce qui permet à Fénelon d'écrire sans intention péjor.:

« J'entends dire que les Anglois ne se refusent aucun des mots qui leur sont commodes; ils les prennent partout où ils les trouvent chez leurs voisins. De telles *usurpations* (comprendre: « emprunts ») sont permises. » *(Lettre à l'Acad.).*

Utensil. – « Les ustensiles sacrées » (sic) dans L., encore chez Fontenelle (*Oracles,* II, 2). L'angl. le dit aussi. ***Utensils** of War* (Milton), **engins** de guerre; *farming **utensils,*** **instruments** aratoires; ***chamber utensil,*** **pot de chambre, chaise percée.**

V

Vacancy. – Ce n'est pas toujours une vacance de poste, un congé, un loisir, c'est aussi un **vide** (pr. et fig.); p. ext. **absence d'idées; désœuvrement, apathie, langueur.**

– *Save for the larks, the whole of the immense* ***vacancy*** *is soundless.* (ALPHA, *Pebbles on the Shore,* 172.) – Sans les alouettes, toute l'immense **étendue** serait silencieuse.

– *The look of* ***vacancy*** *returned.* – Son regard redevint **vague.**

– *He smiled into* ***vacancy.*** – Il souriait, le regard **lointain.**

Vacant. – En regard des emplois restreints de « vacant », notons ceux, plus étendus, de l'adj. angl.: (espace) **vide, libre, inoccupé,** *the house is still* ***vacant;*** (esprit, etc.) **inoccupé, de loisir, désœuvré,** *this novel will amuse your* ***vacant*** *hours,* ce roman vous distraira pendant vos heures **de loisir;** (regard) **sans expression,** ***vacant*** *eyes,* yeux **atones, vides d'expression;** (tête) **vide.**

– *We sat and stared at the* ***vacant*** *table for a minute or so.* – Nous restâmes assis, les yeux fixés une minute environ sur la table **vide.**

Vacate (to). – Le premier sens du lat. *vacare* est « qui est libre, vide, inoccupé », *vacat spatium* (Lucrèce), l'espace est libre, vide (voir plus haut *vacancy* et *vacant*), d'où le premier sens fr. être vacant, sans titulaire; et « être en vacances », les tribunaux vaquent.

L'angl. *to vacate* ne s'emploie qu'à la voix active, ***to vacate*** *an occupation,* **laisser vacant,** pour cause de décès, retraite ou démission, **quitter** (un emploi, une charge), **donner sa démission** (d'un emploi), ***to vacate office,*** **se démettre;** ***to vacate*** *the premises,* **vider** les lieux, ***to vacate*** *a flat,* **évacuer** un appartement, ***to vacate one's residence,*** **déménager.**

Jur. **annuler** (un contrat), **abroger** (une loi), c.-à-d. *to make void in law.*

REMARQUE. – Les tribunaux *vaquent* au mois d'août se dira *the courts do not sit in August.* Vaquer à ses occupations, *to attend, to see to one's business.*

Vacation. – En fr. vacation, qui a eu le sens de vacances, est encore usité pour désigner les vacances judiciaires, le temps où les tribunaux *vaquent,* (L. 4°).

En angl., ce sens s'est étendu, et le mot s'entend des vacances en général: *Christmas, Easter, Whitsun, long or summer* ***vacation,*** les **vacances** de la Noël, de Pâques, de la Pentecôte, les grandes **vacances.**

REMARQUE. – ***Vacation*** ne signifie jamais *vacation* au sens de « temps consacré par la justice, par des experts à l'examen d'une affaire, à l'accomplissement d'une fonction » (Robert) ni, bien entendu, « séance de vente aux enchères ». Ce sens correspond à celui de vaquer (à ses occupations, etc.).

Vaccinia. – **Vaccine;** ne pas confondre avec *vaccine* qui signifie vaccin.

Valance, valence. – Du fr. d'Angleterre *valance,* v. fr. *avaler* « descendre ». D'où **cantonnière, pente** (d'un ciel de lit), **lambrequin; tour de lit, de sommier;** aussi **damas** d'ameublement. Autom. **bavolet,** ***inside valance,*** **bajoue.**

Valentine. – *Saint Valentine's day,* la Saint-Valentin (14 février), en Angl., fête des amoureux qui se choisissent, notamment par l'envoi de billets doux ou humoristiques appelés ***valentines.*** D'où *he is my* ***valentine,*** c'est mon **valentin,** mon **amoureux,** mon **cavalier servant** (pour cette année), *she is my* ***valentine,*** c'est ma **valentine,** ma **bien-aimée.**

Ne pas confondre avec E.U. *to get a* ***valentine*** qui signifie non pas recevoir une *valentine,* un poulet, mais, au tribunal, ... écoper d'une **condamnation (plus) légère** (que celle à laquelle on s'attendait), **s'en tirer à bon compte.** (1)

Valet (to). – **Servir** (en qualité de valet de chambre); **entretenir, remettre en état** les vêtements d'hommes, d'où ***valeting company,*** **« clinique » des vêtements d'hommes.**

Valid. – P. ext. du sens jur. fr. valide « qui n'est entaché d'aucune cause de nullité », *a* ***valid*** *reason,* c'est une raison **valable,** *a* ***valid*** *argument,* un argument **solide, qui n'est pas sans valeur,** un raisonnement **qui peut se défendre.**

Au sens mil. le fr. valide = *fit for service, able-bodied.*

Valise. – E.U. **valise.** Mil. **portemanteau** (de selle); **sac de voyage d'officier.**

Value. – Noter: ***To get good value*** *for one's money,* **en avoir** pour son argent; *this picture* ***is quite good value*** *for five hundred pounds,* ce tableau **n'est pas cher** à cinq cents livres; *this article, this house* ***is very good value,*** cet article **est très avantageux,** est **une occasion à saisir,** cette maison **est un (bon) placement.**

Valve. – **Soupape, clapet, registre de vapeur** (voir dict. techn.); anat. **valvule;** *the* ***valves*** *of the heart,* les **valvules** du cœur; **lampe** (de T.S.F.) *a* ***valve*** *set,* un poste à **lampes.**

– *The third engineer was standing by the* ***steam-valve.*** – Le troisième mécanicien surveillait le **registre.**

Vampire. – Mis pour ***vampire-trap,*** au théâtre, **trappe** à deux battants se refermant par un ressort qui sert à faire disparaître des acteurs; dispositif utilisé par les illusionnistes pour leurs tours. (Robert).

Van. – Trois mots, trois origines: 1° Est notre **van,** *winnowing-basket,* et **pelle à vanner le minerai,** *winnowing-fan;* (*fan,* **éventail** est la forme moderne de ***van*** dans ce sens). Aussi **aile de moulin, aile d'oiseau.**

REMARQUE. – Notre vanneau aurait été dénommé ainsi d'après le bruit de ses ailes, comparé à celui d'un *van* (Buffon) ou d'après leur forme.

2° Abr. de ***(delivery-) van,*** **fourgon, voiture de livraison, livreuse, tapissière;** autom. **camion de livraison, camionnette;** ***light van,*** **fourgonnette;** ***(furniture-) van, (removal-) van,*** **fourgon, voiture de déménagement;** ***(police-) van,*** **voiture cellulaire, « panier à salade ».** ***Gipsy van,*** **roulotte.** Ch. de fer ***luggage-van,*** **fourgon à bagages,** ***guard's van,*** **fourgon du chef de train, fourgon de queue.**

3° Abr. de *vanguard,* **avant-garde; front** (de bataille), **premières** lignes; fig. **avant-garde, tête, chefs** (de file).

En compos. ***van-bird,*** **oiseau migrateur** qui vole en tête; au fig. **précurseur.**

– *England is* ***in the van*** *of civilisation.* – L'Angleterre est **à l'avant-garde** de la civilisation.

Vanity. – ***Vanity-bag,*** **minaudière,** petit sac de dame pour soirée, théâtre, etc.

Vapour, vaporous. – **Flatuosité; agent thérapeutique pour inhalations;** au fig. **chimère,** d'où ***vaporous,*** **vain, chimérique.**

– ***Vapours*** *from an empty stomach.* (DEFOE.) – Les **flatuosités** d'un estomac vide.

Vapour (to). – Au pr. **s'évaporer, se vaporiser, émettre de la vapeur;** au fig. **se vanter, faire le fanfaron, le rodomont, le glorieux; faire le fat, débiter des fadaises, des sottises, parler pour ne rien dire.**

Vapouring, subst. verbal, sens corresp.: *English people hate* ***vapouring,*** les Angl. détestent les **fanfaronnades.**

– *This is all* ***vapours and fancy.*** – Tout cela n'est que **pure imagination.**

Variety. – **Quantité, nombre de choses différentes; assortiment**

(1) Voir aussi *Supplément.*

(de marchandises). Au pl. **variations,** (dues au changement), **vicissitudes.**

– *He had passed through all the **varieties** of fortune.* (MACAULAY.) – Il avait éprouvé toutes les vicissitudes de la fortune.

– *His failure was due to a **variety** of causes.* Son échec était dû à des causes **diverses.**

– *The salesman showed her a **variety** of patterns.* – Le vendeur lui montra un **assortiment** d'échantillons.

Varlet. – Notre varlet (même mot que valet) était un fils de gentilhomme au service d'un chevalier, d'un seigneur (D.G.). De même en angl. où il est devenu un **page,** un **palefrenier,** puis un t. de mépris: **maraud, fripon, drôle,** etc.

– *I think these **varlets** intend to beat me to pieces.* – Je pense que ces **marauds**-là ont dessein de me briser. (MOL., *Préc. rid.*, VII.)

– *How impudently the **varlet** sports with Heaven!* – Comme du ciel l'**infâme** impudemment se joue! (Id., *Tartuffe*, V, vii.)

Varnish, to varnish. – Au fig. **éclat trompeur, apparence, aspect séduisant, attrait,** sens très proche du fr. **vernis.**

***To varnish* : embellir, orner, dorer; colorer, farder, déguiser, pallier.** *Beauty doth **varnish** age,* la beauté **prête un frais éclat** à la vieillesse, dit Shakespeare (*Love's Labours' Lost*, IV, iii, 244.) – Péjor. *Christian fools with **varnished** faces.* (Id., *Merch. of V.*, II, V, 33.) – Ces niais (ou: sots) de chrétiens aux visages **fardés.**

– *The **varnish** of Gibbon's style.* – L'**éclat** du style de G.

REMARQUE. – Voltaire parle du « *vernis* de l'esprit », J.-J. Rousseau d'« un *vernis* de pédanterie », in L. On dit auj. fam.: Il est verni, c.-à-d., il a de la chance, c'est un veinard.

Vary (to) ou ***to be at variance*** (1) **être en désaccord, différer d'avis,** ***to set** friends **at variance.*** (THACKERAY.) **Brouiller** des amis.

Vastly. – Est un intensif: *you are **vastly** mistaken,* vous vous trompez **du tout au tout,** fam. vous vous **fourrez dedans;** *she was yawning **vastly**,* elle bâillait **démesurément, à se décrocher la mâchoire;** *you are **vastly** pretty,* vous êtes **extrêmement** jolie, jolie **en diable.**

Vault. – Deux mots: 1° Est le v. fr. *voute, volte,* fr. mod. *voûte,* lat. vulg. *volvita,* part. passé (fém.) pop. de *volvere* « tourner ».

2° ***To vault*** « volter », emprunté à l'ital. *volta* « tour », *voltare* « tourner », même étym. que 1° (Dauzat). Cotgrave dit: *« to vault or tumble, to bound or curvet, also to turn or make turn ».* ***To vault*** a donné le subst. ***vault*, saut de barrière,** etc. en s'aidant de la main ou d'une perche, **saut au cheval-arçons, saut latéral.** Mais reprenons les sens respectifs.

1° Du sens pr. et primitif de **voûte,** on passe au sens fig. et poét. de **dôme, voûte céleste,** *the **vault** of heaven,* puis à celui de **pièce voûtée,** spéc. de **cave** (***wine-vault*,** **cellier),** enfin de **caveau** (sépulture) ou de **crypte.**

REMARQUE. – Le Larousse définit cave: « lieu souterrain, endroit *voûté* au-dessous du sol » et caveau « ... par analogie, salle *voûtée* et sombre ».

– *The close and stifling atmosphere of the **vault**.* – L'atmosphère lourde et étouffante de la **cave.**

– *The murderer hid himself from the fury of the crowd in the **vaults** of the cathedral.* – Le meurtrier échappa à la foule en furie en se cachant dans les **cryptes** de la cathédrale.

– *His cough was tremendously loud; it sounded like two explosions in a **vault**.* – Sa toux formidablement sonore, résonna comme deux explosions dans une **crypte.**

2° Le subst. verbal ***vaulting*** signifie **exercice de saut, voltige** (sur le cheval-arçons), d'où, au fig. *a **vaulting** ambition,* une ambition **démesurée, effrenée, qui vise trop haut,** *a **vaulting** imagination,* une imagination **folle, débordante, déréglée.**

– *The foot-passengers have **to vault** (over) the gate.* – Les piétons doivent **sauter** la barrière.

– *He was ordained priest a day or two only before he **vaulted** into the bishopric of Canterbury.* – Il fut ordonné prêtre un jour ou deux seulement avant de **s'élever d'un bond** à la dignité d'archevêque de Canterbury.

Vegetables. – Au sens restreint, **légumes.**

– Description d'un bal champêtre; *The young maiden showed amidst the rest of the dancing ladies like a flower among **vegetables**.* (Th. HARDY, *Under the Greenwood Tree*, VII.) – Au milieu des autres danseuses, la jeune fille apparaissait comme une fleur égarée parmi des **légumes.**

Vengeance (with a). – Est un intensif: **en diable, en diable et demi** (L. 17°) **furieusement, à outrance, pour de bon.**

– *To lie, to slander **with a vengeance**.* – Mentir, calomnier **à dire d'experts** comme l'écrit Beaumarchais (*Barb. de Séville*, II, 8).

– *Warrington went to work with all his might... and did Pen's portion in the Pall-Mall Gazette **« with a vengeance »**, as the saying is.* (THACKERAY.) – W. s'était remis au travail d'arrache-pied pour remplacer Pen à la P.M.G., et il **en mettait un coup,** comme on dit.

– *He blunders **with a vengeance**.* – Il se trompe **avec une force!**

– D'un mauvais sujet qui blâme les autres de l'imiter l'aumônier dit: *Satan rebuking sin **with a vengeance**.* (KIPLING, *Stalky*, 146.) – **Il n'y a pas à dire!** Voilà Satan lui-même qui réprouve le péché.

– *He was boxing his son's ears **with a vengeance**.* – Il était en train de gifler son fils **à tour de bras.**

– *It was raining **with a vengeance**.* – Il pleuvait **à torrents** ou: **des hallebardes.**

– *She was growing plump **with a vengeance**.* – Elle engraissait **que c'était une bénédiction.**

(1) Se dit des pers. et des ch., en génér. av. la prépos. *with: his friend is at variance with you; your theory is at variance with mine.*

Vent, to vent. – Si l'on songe que – comme l'angl. *fan,* éventail, représente le fr. *van* – l'angl. *vent* correspond au fr. **fente;** si l'on réfléchit qu'une fente, outre ce qu'elle est en effet, est, de plus, une **issue,** l'occasion d'une **fuite,** on sera bien près de comprendre tous les emplois de ce mot.

Vent signifie en effet **trou, ouverture, lumière** (d'une arme à feu), **tuyau** (de cheminée); **meurtrière, crénelure.** Au fig. **passage, issue, sortie.** *To give **free vent to** one's passion;* donner **libre cours à** (**exhaler**) sa colère. ***To give vent to** all one's spite;* **jeter** tout son venin. ***To take vent*, s'éventer, s'ébruiter, se répandre, transpirer.**

– *Poor Adam, possessed with rage that could find no other **vent**, began to throw off his coat and his cap.* (G. ELIOT, *Adam Bede,* XXVII.) – Le pauvre Adam, en proie à une fureur qui ne pouvait autrement se donner **libre cours** (trouver d'autre **issue**), envoya promener sa veste et son bonnet.

– *Thou didst **vent** thy groan* (SHAKS., *Tempest,* I, ii, 280) est rendu par F.V. Hugo: « jetant au vent des gémissements ». La traduction est à tout le moins suspecte. N'est-ce pas simplement: « Tu **poussais** des gémissements »?

– *He **vented** his spleen.* – Il **épanchait** sa bile.

Ventilate (to), ventilation. – Outre ventiler, aérer, noter **oxygéner** (le sang). Le lat. *ventilare* signifie propr. agiter à l'air, vanner, éventer d'où en angl. le sens fig. **d'agiter** (une question), la **débattre,** la **discuter au grand jour, donner une large publicité à** (une nouvelle); **donner libre cours à, faire connaître publiquement,** *coram populo,* (un grief, etc.).

Sens corresp. pour ***ventilation.***

– *Lungs **ventilate** the blood.* – Les poumons **oxygènent** le sang.

– *This important case should not be hushed up, but freely **ventilated.*** – Une affaire de cette importance ne doit pas être étouffée; elle doit être **débattue** librement **au grand jour.**

– *Politicians do not discuss subjects in the year of grace 1857: they **ventilate** them.* (*Frazer's Magazine,* 1857.) – Les hommes politiques ne discutent pas les questions en l'an de grâce 1857, ils les **agitent.** C'est déjà la critique d'un terme que Lord Beaconsfield qualifiera en 1870 de *barbarous expression.*

– *The habit of using novels **to ventilate** opinions.* – L'habitude de recourir aux romans pour **donner une large publicité** à ses opinions.

Venue, veney. – « Marguerite de Navarre, dit Brantôme (8, 43), a gentille grâce à donner l'estraitte et la venue. » *Estrette,* d'après Cotgrave, est un assaut violent, une charge à fond, et ***venue,*** d'après lui encore, *a vennie in fencing,* une **botte à l'escrime.** « A l'un... il donna de la lance telle **venue,** que... » (XVIe siècle, dans L.). Et Molière (*Fourberies,* III, i) parle d'une « **venue** de coups de bâton » – c.-à-d. « une volée », *a shower of blows,* comme l'a bien compris le traducteur.

– *A sweet touch, a quick **venue** of wit.* (SHAKS., *Love's Lab. Lost.,* V, i, 62.) – Bien touché, la **botte** vivement portée (d'esprit s'entend).

Un autre emploi, jur. celui-là est issu du fr. d'Angleterre *visné,* lat. médiév. *vicenitum,* de *vicinus,* voisin: lieu du jugement, juridiction. *to lay, to change the **venue**,* fixer, le **lieu du jugement,** dessaisir un tribunal et **renvoyer l'affaire** devant une autre juridiction pour maintenir l'ordre public, ou pour cause de suspicion légitime; se dit aussi au fig. **changer de batterie.** Enfin fam. **lieu de réunion; rendez-vous.**

Verge, to verge, verger. – Outre les sens du fr. verge, y compris † mesure et anneau (L. 18e), noter: **fût de colonne;** E.U. (mécan.): **tige, tringle.** Mais surtout les significations issues de l'anc. locut. *within the verge* (fr. d'Angl. *dedeinz la verge,* anglo-lat. *infra virgam*) « sous l'autorité de l'Intendant de la Maison du Roi » = dans un rayon de 12 milles autour de la Cour, d'où p. ext. **ressort, juridiction** de la cour de Marshalsea. De là, **bornes, limites, confins** (d'un lieu déterminé); **bord** (d'un fleuve), **orée** (d'une forêt), **bordure** (d'une plate-bande). Au fig. *he was **on the verge of fifty**,* il **frisait** la cinquantaine, *she was **on the verge of** accepting,* elle **était sur le point** d'accepter, *he is **on the verge** of bankruptcy,* il est **au bord, à deux doigts** de la faillite. De ce mot, vient le v. ***to verge*, approcher de, être sur le point de.** Avec le tour impers.: *it **verges** on madness, on rudeness,* etc., cela **frise** la démence, la grossièreté.

Un autre v., influencé par le premier, du lat. *vergere,* incliner, pencher vers, *the sun was **verging** towards the horizon,* le soleil **s'inclinait** vers l'horizon.

Par analogie, *(of a) colour **verging** on white,* (d'une) couleur blanchâtre, **qui incline vers, tire sur** le blanc (cf. lat. *color in candidum vergens*): au fig. se dira p. ex. d'une vie, d'un règne qui **touche, tire** à sa fin, ***verging to** its close,* d'un être qui **verse** dans la monomanie, etc., ***verges into** a state of monomania.*

Du subst. vient ***verger*,** (lat. *virgarius*) **porteur de verge, sergent à verge, huissier; bedeau.**

Verify (to). – Non seulement *vérifier* dans le sens général de « s'assurer si une chose est telle qu'elle doit être » et de « justifier, confirmer » (l'événement vérifia sa prédiction), mais aussi, jur.: **confirmer** ou **établir l'authenticité de** par le serment ou la preuve et, spécialement, **légaliser,** syn. de *to authenticate.*

Vermin. – On sera en garde contre ce mot quand on saura que toute bête de chasse (grands fauves, reptiles, etc.) est ainsi appelée par les chasseurs. De plus, c'est un terme général désignant les mammifères et oiseaux destructeurs de gibier, de récoltes, etc., p. ex. les **renards, belettes, fouines, blaireaux,** c.-à-d. les **bêtes puantes,** ainsi que les rats et souris, les taupes, les hiboux, etc.

Tuberville traduit le fr. *taisson* « blaireau » par ***vermin.***

– *This Crocodile is a dangerous* ***vermine used to both elements.*** HOLLAND *in* N.E.D. – Ce crocodile est un redoutable **amphibie.**

– Poursuivis par les vagues qui envahissent le pont du navire, les matelots rampent à quatre pattes, vers l'arrière *like* ***vermin*** *fleeing before a flood,* fuyant comme des **rats** devant une crue.

– Dans *La Peste* de Camus, le traducteur rend le mot **dératisation** par : ***the extermination of vermin.***

– *She addressed the porters as if they were* ***vermin.*** – Elle agonit les porteurs comme (s'ils étaient) du **poisson pourri.**

Vermin est donc aussi, comme en fr., un terme de mépris.

Versatile, versatility. – Le premier sens du lat. *versatilis* est, au pr., **qui tourne, mobile,** et, au fig., **variable, inconstant, versatile** (seule acception qu'ait retenue le fr., tandis qu'elle est rare en angl., où l'on dit plutôt *fickle, inconstant, changeable*), puis : **souple, mobile, qui se plie à tout.** De là, en angl., *a* ***versatile*** *man,* un homme **propre à tout,** *a* ***versatile*** *mind* (cf. lat. *versatile ingenium*), un esprit **souple, aux talents variés** et **divers ;** *a* ***versalile*** *author,* un **polygraphe,** un auteur **encyclopédique, universel.** Enfin, terme de botanique, **oscillant :** *a* ***versatile*** *anther,* une anthère **oscillante.**

Moderne : *a* ***versatile*** *cloak,* un manteau (qui se porte en) **toutes saisons,** *a* ***versatile*** *dress,* une toilette, une robe **passe-partout,** ou : **tout-aller;** E.U. (véhicule) **tout terrain,** (avion) **apte à la chasse et au bombardement.** (1)

Versatility a les sens corresp. : **souplesse, lasticité** (de l'esprit, de la langue) **diversité** (des talents, etc.).

– *Voltaire was a* ***versatile*** *writer.* – Voltaire était un écrivain **aux talents variés, qui excella dans tous les genres.**

– *In spite of his multifarious duties, his* ***versatility*** *enables him to cope with everything.* – Malgré la multiplicité de ses fonctions, son **universalité** suffit à tout.

– *Pasteurella pestis is an* ***extremely versatile*** *organism.* – *P.p.* est un germe **(doué) d'une extrême plasticité.**

– *A lad of my* ***versatility*** *will find places in plenty,* dit Smollett traduisant ce passage de *Gil Blas :* Un garçon de ma **ressource** trouvera des conditions de reste.

Verse. – ***Verse*** peut signifier **couplet, strophe, poème; verset** (de la Bible), **antienne.**

– *They bawled out the first* ***verse*** *of the Marseillaise.* – Ils braillèrent le premier **couplet** de la Marseillaise.

Version, version-book. – ***Version,*** pour les Écossais, c'est le thème lat. Pour eux, *version-book* semble être un simple cahier de devoirs ou le recueil imprimé d'exercices de traduction.

– *The book was an ordinary* ***version-book*** *and contained little but a series of dates.* (STEVENSON). – Ce cahier était un **cahier de devoirs** ordinaire et ne contenait guère qu'une série de dates.

(1) On disait au XVe s. *espée versatile* « qu'on peut tourner », c.-à-d. : à deux tranchants.

Versus. – Jur. **contre** (abr. *v.*) *Jones* ***v.*** *Smith,* Jones **contre** Smith, terme passé dans la langue courante : *Man* ***versus*** *the State,* titre d'un ouvrage de Spencer.

Vertu, virtu, virtuoso. – Bernard Palissy reçoit « une pièce de bois qui était changée en pierre » d'un « homme fort curieux et amateur de *vertu* ». (*Œuvres complètes,* 1844, 49.) C'est un sens ital. que nos lexicographes semblent ignorer, et qui existe en angl. : **objets d'art, antiquités, curiosités. L'amateur de vertu,** comme dit Palissy, **d'antiquités, de curiosités, de beaux-arts,** comme nous disons aujourd'hui, est un ***virtuoso.***

– *Bareacres Castle... with all its costly pictures, furniture and article of* ***vertu.*** (THACKERAY.) – Le château de Bareacres... avec tout son luxe de tableaux, d'ameublement et de **curiosités.**

– ***Virtuoso*** *the Italians call a man who loves the noble arts and is a critic in them.* (DRYDEN.) – **Virtuoso** est le nom que les Italiens donnent à celui qui aime les beaux-arts et s'y connaît.

Vessel. – En fr., comme en angl., le sens primitif est **vase réceptacle, récipient.** Noter le sens fig. : *the* ***weaker vessel*** (I *Peter,* III, 7), le **sexe (plus) faible,** et le parallélisme des termes religieux, *chosen* ***vessel,*** **vase** d'élection, ***vessel*** *of mercy,* **vase** de miséricorde.

Vest (to), vest. – ***To vest*** est le v. fr. *vestir,* fr. mod. vêtir, de *vestis* « vêtement », sens pr. devenu arch. ou litt., mais resté au fig. dans la langue courante et jur. au sens de *to invest :* ***to vest*** *s.o. with authority,* **revêtir** qqn. de l'autorité, *with a function,* l'**investir** d'une fonction, *with an inheritance,* le **saisir** d'un héritage. Employé surtout au passif : *right* ***vested*** *in the Crown,* droit **dévolu** à la Couronne, *the property is* ***vested (vests)*** *in X,* ces biens sont **assignés, échoient** à X, d'où ***vesting order,*** **envoi en possession,** d'où encore ***vested*** *interests,* droit **acquis,** intérêts **engagés** (dans une affaire, etc.).

Vest, **gilet :** cf. Rousseau, à court d'argent, offre à son hôte de lui laisser sa *veste* en gage. (*Confessions,* livre IV.).

De même en angl., *(under-)* ***vest,*** **gilet** de dessous, de coton, de laine, de flanelle; **chemise américaine; guimpe** (pour femmes); **brassière** (de bébé); **maillot** (de sportif).

Vestibule. – **Salle des pas perdus.** E.U. **couloir** (d'un wagon de chemin de fer), d'où ***v.*** *car* (angl. *corridor carriage*), wagon **(à) couloir.** Aussi ***vestibule school,*** **cours préparatoire** ou **école de stagiaires** dans une usine (DEAK).

Vestige. – A des emplois plus étendus qu'en fr., où le mot employé surtout au pl. signifie « ce qui reste d'une chose détruite ou abstraite » – p. ex. :

– *Ann Veronica pushed aside a tea cup and the* ***vestiges*** *of strawberry and cream.* – Elle écarta sa tasse de thé et **ce qui restait** de ses fraises à la crème.

– *The natives go about without a* ***vestige*** *of clothing.* – Les indigènes vont et viennent sans la moindre **trace** de vêtement.

— ***There is not a vestige of truth in what he says.*** — Il n'y a pas une **ombre** de vérité dans ce qu'il dit.

— *The prisoner had not a **vestige** of evidence to support his assertions.* — L'accusé n'avait pas le **moindre** élément de preuve de nature à étayer ses affirmations (ou: déclarations).

Vex (to). — Outre le sens fr. de **vexer, chagriner, chiffonner, causer du tourment,** et pop. **faire de la peine, contrarier,** ***to vex*** (comme le lat. *vexare,* secouer, ballotter, agiter fortement) signifie en style poét. (tempête, mer) **battre, ballotter; persécuter, tourmenter.**

*A **vexed** question,* c'est une question **très controversée, débattue, discutée,** étym.: **agitée.**

— Kent dit à Edgar, qui essaie de ranimer le roi Lear: ***Vex** not his ghost: O! let him pass...* (SHAKS., *King Lear,* V, iii, 315.) — Ne **tourmentez** pas son âme... Oh! laissez-le passer!

— ... *To decide finally... what to do in the **vexed** question at present agitating her.* (Th. HARDY, *Ethelberta,* XXXV, 317.) — Pour décider enfin... comment résoudre cette question tant de fois **agitée** qui la bouleverse à présent.

— *This **would vex** a saint.* — Cela **ferait damner** un saint.

Viand. — « Le lion et moi vesquimes de mêmes *viandes* » (MONTAIGNE, II, xii), c'est-à-dire de mêmes **aliments,** lat. *vivenda.* C'est le sens en angl.

— Shylock ironise aux dépens des chrétiens qui parlent de clémence et n'en marquent aucune à leurs esclaves:

Shall I say to you...
Let their beds
Be made as soft as yours, and let their palates
*Be season'd with such **viands?***

(SHAKS., *Merch. of Ven.,* IV, i, 95.)

Viendrai-je vous dire...
Que leur lit soit moelleux autant que l'est le vôtre,
Et que de pareils **mets** leur palais soit flatté?

Vibrate (to), vibration. — Outre vibrer, signifie (intr.) **trépider, retentir à** l'oreille *(in, on the ear);* phys. **osciller.** Trans. **faire vibrer, faire osciller.**

Vibration a les sens corresp.; au fig. **variations, oscillations** (de l'opinion publique, etc.)

— ***To vibrate:*** *to swing to and fro like a pendulum.* — **Osciller** comme le balancier d'un pendule.

— *Palm trees **vibrating** in the breeze.* — Les palmiers **agités, balancés** par le vent.

— *The **vibration** on board the ship prevented him from writing.* — La **trépidation** du navire l'empêchait d'écrire.

Vicar. — *Curate* (v. ce mot) signifie « vicaire ». ***Vicar*** signifie **curé.**

Ne se traduit littéralement que dans la désignation de certains dignitaires de l'église catholique romaine: *Cardinal-vicar,* cardinal vicaire, *vicar apostolic,* vicaire apostolique, *the Vicar of (Jesus-) Christ,* le vicaire de J.-C., **saint Pierre;** le **Pape.** Dans l'Église anglicane, ***clerk vicar, lay vicar, secular vicar, vicar choral,*** **chantre.**

— *The **Vicar of Bray,*** **l'opportuniste,** celui **qui s'accommode à tous les régimes, tourne casaque,** une **girouette** en somme.

REMARQUE. — Comme les Angl., nos Bretons donnent au « vicaire » le nom de curé, et le « curé », ils l'appellent « recteur ». Dans l'église anglicane, la différence entre le *vicar* et le *rector* est que le *rector* est bénéficier, le *vicar* non.

Vicarial, vicarious, -ly, -ness. — Vicarial « de, relatif à la fonction de vicaire », vicariant (physiol., méd.) « qui supplée, remplace », rôle vicariant d'un organe, organe vicariant — sont des termes spécialisés. ***Vicarious,*** syn. de ***vicarial,*** a des sens plus étendus: soit en gén., comme le lat. *vicarius,* qui tient la place de, qui remplace ou qui supplée une personne ou une chose. ***Vicarious*** *power, authority,* pouvoir **délégué, exercé par délégation, p. procuration** *(=* ***vicariously),*** ***vicarious*** *agent,* **qui agit pour un autre, à la place d'un autre, remplaçant, suppléant, substitut;** ***v.*** *death,* mort **subie, endurée à la place d'un autre** (cf. lat. *vicaria mors);* ***vicarious*** *work;* travail **fait par un autre** ou **pour un autre.**

Théol. ***v.*** *merits,* v. plus bas, ***v.*** *sacrifice,* sacrifice **expiatoire, volontaire** ou: **de substitution,** spéc. et par excellence, le sacrifice de Jésus-Christ pour la rédemption du genre humain.

Vicariously, vicariousness, sens correspondants.

— *The principle of **vicarious** expiation, a system where sin was expiated by the **vicarious** virtues of other men.* (FROUDE, *in* N.E.D.), c.-à-d. en somme le principe de la **réversibilité** des mérites. (Cf. J. DE MAISTRE, *Soirées de St. Pétersb.,* IXe et Xe entretiens).

— Étrange application de la ***vicarious*** *method: (It) obtained amongst big boys of lazy or bullying habits and consisted simply in making clever boys... do their whole vulgus for them.* (HUGHES, *T. Brown,* II, iii.) — La méthode **des « nègres »** fleurissait parmi les grands, paresseux ou brimeurs d'habitude, et consistait simplement à obliger les forts en thème à « s'appuyer » à leur place les compositions en vers latins qui leur étaient imposées.

— *My sister having so much to do, was going to church **vicariously, that is to say Joe and I were going.*** (DICKENS, ***Great Expect.***) — Ma sœur, ayant tant d'affaires sur les bras, allait à l'église **par procuration,** c.-à-d. que Joe et moi (nous) y allions.

REMARQUE. — « Le préjugé qui ne permet aux Orientaux que la chasse des animaux nuisibles les a conduits depuis des siècles à se servir d'oiseaux de proie sur lesquels retombe la faute du sang répandu. La nature a toute la responsabilité de l'acte cruel commis par l'oiseau de proie. » (G. de NERVAL, *Voyage en Orient,* t. II, « Le Divan »). N'est-ce pas là un ex. de *vicarious responsibility?*

Vice. — Deux mots. 1° Fr. vice, lat. *vitium,* vice, défaut, défectuosité.

Du nom d'un personnage comique de l'ancienne moralité ou sotie, le Vice, est venu le sens de **bouffon.**

2° Anc. fr. *vis,* lat. *vitis* « vrille » et « vrilles de la vigne » **enroulement** cf. (escalier à) vis. En angl. **étau** (cf. notre « serrer la vis »).

– Elizabeth-Jane reproche à Henchard de lui avoir laissé croire qu'il était son père: *Henchard's lips half parted to begin an explanation. But he shut them up like a* ***vice*** *and uttered not a sound.* (Th. HARDY, *Mayor,* XLIV.) – Les lèvres de Henchard s'entr'ouvrirent pour entamer une explication, mais il les referma, les tenant serrées comme un **étau,** et n'émit pas un son (ne souffla mot).

Vicious. – Méchant, haineux; rageur, hargneux, plein de rogne; (du temps) **rigoureux, inclément, âpre;** (d'un texte) **corrompu, vicié;** (pathol.) **virulent,** *a* ***vicious*** *organism,* un germe, un micro-organisme (extrêmement) **virulent.**

– *Mary's* ***always vicious*** *first week.* (HUGHES, *T. Brown,* III.) – M. **ne décolère pas** la première semaine.

– *The mere sight of the torment... made me* ***vicious*** *in my reticences.* (DICKENS, *Great Expect.,* IX.) – La seule vue de cette torture ne me rendit que plus **rageusement obstiné** dans mon silence.

– *The* ***vicious*** *hiss of the shrapnel.* – Le sifflement **rageur** de l'obus à balles.

– *He shut the door with a* ***vicious*** *slam.* – Il claqua **rageusement** la porte.

– *He was one of my most* ***vicious*** *opponents.* – Il était l'un de mes plus **virulents** adversaires.

View. – ***A private view,*** **avant-première** (d'une exposition, etc.), **entrée sur invitation personnelle, vernissage;** ***on view,*** **exposé; ouvert au public.** Jur. **descente sur les lieux.**

Locut. ***bird's eye view,*** **vue à vol d'oiseau;** ***in view of,*** **en raison, en considération de, eu égard à, vu, étant donné que, par suite de; en présence de, devant.** C'est *with a view to, with the view of,* qui signifie en vue de.

– ***In view of*** *the age of the offender the judge dealt leniently with him.* – **En raison de, étant donné** l'âge du délinquant, le juge se montra indulgent envers lui.

Vignette. – A l'origine, en fr. comme en angl., dans l'archit. gothique, **frise de feuilles de vigne, de vrilles et de grappes de raisin,** d'où le sens mod. que l'on sait; en angl., aussi **portrait** ou **photographie** génér. de petit format, en buste dégradé; **buste** sous cache **dégradé.** Enfin, **« sketch »,** et E.U. **écrit qui joint la concision à l'élégance.**

Vile (adj. et adv.). **–** Pour nous un être vil est un être bas, abject, méprisable, † de la plus basse condition (par oppos. à noble); ou † une ch. sans valeur (métaux vils, vendre à vil prix). ***Vile*** est aussi un intensif: *a* ***vile*** *weather,* un **sale** temps, un t. **abominable;** *he's in a* ***vile*** *temper,* il est d'une humeur **massacrante, exécrable.**

– *In this boarding-house we had to put up with the* ***vilest*** *of fares.* – Dans cette pension, nous dûmes nous accommoder d'une nourriture, d'une table absolument **exécrable.**

– *Johnson inherited a* ***vile*** *melancholy from his father.* – J. hérita de son père une **affreuse,** une **abominable** mélancolie.

– *To Baudelaire's mind trade was a* ***vile*** *thing.* – Aux yeux de B., le commerce, le négoce était chose **répugnante.**

– Du chameau, Kipling *(Barrack-room Ballads)* dit: *'e smells* ***most awful vile,*** il **pue,** il **empeste à s'en boucher le nez; pis qu'un bouc** ou: **que du fumier.**

Village. – Par antiphrase et fam. ou plaisam.: *I'm going to the* ***village,*** je m'en vais, je me rends à Londres, Manchester, Birmingham ou dans toute autre grande ville de la région dont il s'agit. Aux E.U., *a* ***village*** est une **petite municipalité.** C'est aussi parfois dans la langue des trappeurs un **groupe** de Peaux-Rouges nomades, *a* ***village*** *of Indians, a wandering horde or band.* (IRVING in MATHEWS.)

– *The lady's maid and the cook* ***came from the same village.*** – La femme de chambre et la cuisinière **venaient du même patelin, étaient payses.**

– *To be a secretary was novel enough for a* ***village girl*** *like me.* – Devenir secrétaire était chose assez nouvelle pour la **petite provinciale** que j'étais.

– *People living in cities have no experience of* ***village*** *scandal.* – les citadins n'on aucune idée des commérages (ou: potins) **de province.**

Villain (subst.), **villainous, villainy. –** Le subst. fr. *vilain* ne s'applique guère qu'aux gens de campagne et de roture. Notre *vilain* était, en effet, un paysan, le *villanus* habitant d'une ferme *(villa).* C'est un terme féodal, ou bien encore de monnayage (L., 2°, inusité dans ce dernier cas). Mais en angl. ce mot est courant et a une signification qui se rapproche de celle de notre adj. *vilain* tout en la renforçant. ***A villain,*** c'est un **scélérat,** un **gredin.** *He plays the* ***villain*** *in melodramas.* Il joue les **traîtres** dans les mélodrames.

Fam., *you little* ***villain!*** petit **chenapan!** petit **misérable!** petit **monstre! petit(e) coquin(e)!** Enfin † **Rustre, paysan, malotru.**

L'adj. ***villainous*** et le subst. ***villainy*** ont les sens corresp.

– Iago avertit le sénateur Brabantio que Desdémone et Othello sont en train de consommer leur mariage. Il use d'un langage un peu trop rabelaisien; alors: Brabantio: *Thou art a* ***villain.*** (SHAKS., *Oth.,* I, i, 119.) – *B.:* Tu es un **malotru** (un **vilain drôle**).

– *So you are* ***the villain of the play.*** – Alors, c'est vous **le coupable.**

– ***The villains,*** *in the florists'eyes, are the makers of artificial flowers.* – Aux yeux des fleuristes, **ceux dont vient tout le mal,** ce sont les fabricants de fleurs artificielles.

– Une femme que son mari a déshéritée s'écrie: *Oh **the villain!** And I looked after him with such devotion!* – Ah **le misérable!** Moi qui l'ai soigné avec tant de dévouement!

– *He was dishonoured by a **villainous** translation of Homer.* – Il s'est déshonoré par une **exécrable** traduction d'Homère.

– *The pirates fettered those who refused to have a hand in their **villainy.*** – Les pirates mettaient aux fers ceux qui refusaient de tremper dans leur **infamie.**

Vindicative. – Justificatif; théol. **apologétique.** Adj. † **vindicatif,** qui se dit maintenant *vindictive, spiteful, revengeful. Vindictive justice,* justice punitive. (Cf. notre vindicte publique.)

Vinaigrette. – Flacon de sels.

Violate (to). – Dans un sens quelque peu affaibli ou fig.: **blesser, offenser** (les sentiments, la science, etc.), **froisser; attaquer, prendre violemment à partie, s'en prendre** à.

– *The legislation passes its limits when it **violates** the purse.* (Johnson.) – La législation (le législateur) passe les bornes quand elle (il) **s'en prend** à notre bourse.

– *Do we feel our imagination at all **violated** when we read...?* (Ch. Lamb.) – Sentons-nous notre imagination le moins du monde **froissée,** quand nous lisons...?

Violent. – Des nuances de signification à respecter. (Des couleurs) **d'un éclat violent, éclatant, cru, criard,** (**qui**) **tranche sur;** ***to put a violent construction on** a text,* **violenter, forcer, torturer, dénaturer, donner une entorse a** un texte, lui **faire violence** (L. 7°.) Suivent divers termes de pratique notamment écossaise, **forte, lourde** présomption, présomption † **véhémente.** Des sentiments, etc. ***to be in a violent temper,*** **être en fureur, furieux, monté, outré** (cf. *savage*)**:*to become violent,*** **s'emporter, se mettre, entrer en fureur.**

Autres sens, (d'une révolte, etc.) **ouvert, déclaré.** ***To lay violent hands on oneself,*** **se tuer, se donner la mort; attenter à ses jours,** et p. ext., *on s.o.,* **faire violence** à qqn., jur. **se porter à des voies de fait contre** qqn.

– *As the blue was not **violent,** it suited with the coat and breeches very well.* (Sterne, *Sent. Journey, Le Dimanche.*) – Comme le bleu n'était pas **criard,** il s'harmonisait très bien avec l'habit et la culotte.

– *Mrs. A. **grows violent** when she hears me speak bad English.* – Madame A. **s'emporte, entre en fureur** lorsqu'elle m'entend massacrer l'angl.

– *The duchess was in a **violent** fright.* – La duchesse était dans des transes **mortelles.**

– *The **violent** respect he preserved for her.* (Fielding, *Jos. Andrews,* I, IV.) – Le respect **fanatique** qu'il lui gardait.

Virgin (adj.). – ***Virgin** clay,* argile **crue, non cuite,** ***virgin** wool,* laine **de tonte.**

Virtual,-ly. – Électr. ***virtual resistance,*** **impédance,** ***virtual value** of the electromotive force,* force électromotrice **efficace.**

Aussi: **doué d'une qualité qui rend propre à produire certains effets,** *the **virtual** beams of the sun give growth and life to all the plants it shines on,* les rayons du soleil **ont la vertu** de faire croître et vivre toutes les plantes sur lesquelles l'astre luit.; *a **virtual** plant* est donc une plante **qui possède quelque vertu.**

Le sens courant est **effectif, vrai, véritable, en pratique.**

Virtually **de fait, en fait, pour ainsi dire, comme qui dirait.**

– *He is the **virtual** manager of the firm.* – C'est lui le **vrai,** le **véritable** chef de l'entreprise.

– *I am **virtually** certain of it.* – J'en ai la **quasi-certitude.**

– Mme Henchard fait route avec son mari, mais celui-ci est peu loquace: ***Virtually** she walked the highway alone, save for the child she bore.* (Hardy, *Mayor,* I, 2.) – N'eût été l'enfant qu'elle portait, **on aurait dit qu'** (**c'était comme si**) elle allait seule sur la grand-route.

– *He had been **virtually** three years away: three years is a generation.* (Newman.) – Il était **de fait** absent depuis trois ans, et trois ans font une génération.

Vision, visionary (adj. et subst.). – Employé absol., ***vision*** a parfois le sens de **vision prophétique,** de **pouvoir de pressentir l'avenir.**

Visionary (des pers.) (esprit) **chimérique, rêveur, assembleur de nuées, idéologue,** fam. **cerveau creux, songe-creux:** « *an unpractical enthusiast* » (N.E.D.). Cf. L. 2° « qui a des idées folles, extravagantes, chimériques ».

(Des ch.), **qui a le caractère d'une vision, d'une illusion, irréel, imaginaire.** (Projet) **chimérique, irréalisable, utopique.**

– Hilaire Belloc *(French Revolution)* constate l'aveuglement de Louis XVI: *All Mirabeau's **vision** was wasted on Louis.* – C'est en vain, en pure perte que Mirabeau prodigua à Louis ses **conseils prophétiques,** (le sens littér. est: sa vision de l'avenir)

– *This is but a **visionary** distinction.* – Ce n'est là qu'une distinction **imaginaire.**

Visit (to), visitation. – L. 7° dit: « *Visiter...,* terme de l'Écriture. En parlant de Dieu, donner des marques de colère ou de grâce ». Imprégnés de l'esprit biblique, les Angl. font de ce mot (issu du latin ***visitare*** de la Vulgate) – et de ses dérivés – des emplois beaucoup plus étendus que nous.

Ex. *Dominus... qui visitat peccata patrum in filios.* (*Nombres,* XIV, 18.) – Trad. angl. *The Lord is... **visiting** the iniquity of the fathers upon children.*

Osterwald dit: L'Éternel... **punit** l'iniquité des pères sur les enfants.

– *The population was **visited** by a terrible typhus epidemic.* – Une terrible épidémie de typhus **s'abattit** sur la population.

– *The most severe penalties **visit** those who treat animals with cruelty.* (Renier, *The English.*) – Les peines les plus sévères **frappent** ceux qui traitent les animaux avec cruauté.

– *If you play truant again, I shall **visit** you with dire pains and penalties,* dit un pédant à ses élèves: – Si vous faites encore l'école buissonnière, je vous **infligerai** force punitions et châtiments rigoureux.

– Contre-épreuve. Nul n'est sans défaut, fût-il archevêque: *Instead of exercising forbearance towards frail churchmen, he **visits** every peccadillo as if it were a heinous offence,* dit Smollett traduisant *Gil Blas,* VII, ii: Au lieu d'avoir de l'indulgence pour les faibles ecclésiastiques, il les **punit** avec trop de rigueur.

– *I won't have the whole thing **visited** on my wife.* – Je ne tolérerai pas qu'on **fasse retomber** toute cette affaire sur ma femme.

– *At that time Russia was a country where an opinion might be a **legal crime visited by death.*** (J. Conrad.) – A cette époque, la Russie était un pays où toute opinion pouvait, aux yeux du législateur, être un crime **emportant la peine capitale** (ou plus simplement: un crime **capital**).

Sens affaibli: *Winter **visits** our country but briefly.* – L'hiver ne fait dans notre pays que des **apparitions** plus ou moins brèves.

– *He **visits** the public-houses.* – C'est un **habitué** des bistrots.

– *Terrifying **visitations** which shatter our belief in eternal justice.* – Des **fléaux (calamités, malheurs, désastres)** terrifiants qui ébranlent notre croyance en la justice éternelle.

– *He died by **visitation of God.*** – Il mourut **subitement.**

– L'étudiant Razumov ne sait comment se débarrasser d'un meurtrier politique, hôte compromettant s'il en fut, qui a cherché asile dans sa chambre: *Nothing short of complete annihilation would do. And that was impossible. What then? Must one kill oneself to escape the **visitation?*** (J. Conrad, *Under Western eyes,* II.) – Il aurait fallu pouvoir l'anéantir ni plus ni moins. Or c'était impossible. Que faire alors? Lui fallait-il donc se tuer pour échapper à (conjurer) ce **malheur?** Philip Neel dit plus fam.: « ... pour sortir de cette **impasse** ».

Remarque. – Le *Thesaurus* de Roget donne de ***visitation*** les syn. suivants: *disease, adversity, suffering.* En raison d'associations défavorables, ***visitation*** peut prendre fam. le sens de **visite, événement fâcheux,** etc.

Webster dit non sans humour: « *Whether a **visit** shall seem a **visitation** depends a good deal on the visitor.* »

Visitor. – V. *to visit:* **inspecteur** (cf. ***visiting*** *magistrate*) et L. 5° *s.v. visiter.* **Hôte, convive, invité.** Aussi, **client** (d'un hôtel); **voyageur, touriste, *summer, winter visitors,*** (les) **estivants,** (les) **hivernants.** Se dit même des oiseaux migrateurs, etc., appelés aussi ***visitants.***

*An unpalatable **visitor,*** un **hôte** indésirable.

– *The Editor was a rare **visitor.*** – Le rédacteur en chef était un **convive** assez rare. (Il s'agit d'une invitation à dîner.)

– *There were a great many **visitors'** rooms in his mansion.* – Il y avait dans son château un grand nombre de **chambres d'amis.**

– *We take in **visitors.*** – Nous prenons des **pensionnaires.**

– *The wild swan is now only a winter **visitor** of our regions.* – Le cygne sauvage ne **fréquente** plus nos régions qu'en hiver.

Visor. – Archéol. **visière** de casque, et par analogie, hist. **touret** de nez, **loup, masque.** E.U. **visière** (de casquette). Autom. **pare-soleil; parasol.**

Visualize (to). – Outre visualiser « rendre visible un phénomène qui ne l'est pas », signifie **se représenter, évoquer** (l'image de).

– *We can hardly help attempting **to visualize** the atoms themselves.* (Tyndall.) – C'est à peine si nous pouvons nous tenir d'essayer de **nous représenter** les atomes eux-mêmes.

– *A novelist of our acquaintance **can visualize so well** that...* (N.E.D.) – Un romancier de notre connaissance a un **tel pouvoir d'évocation** que...

Vital. – Nous disons: le cœur est un organe vital. L'angl. va plus loin, et par une ellipse hardie, parle de *a **vital** wound,* une blessure **mortelle!** (v. remarque). Milton appelle **les Parques:** ***those that hold the vital shears.*** (*Arcades,* v. 66.)

Vital statistics, statistiques **de l'état civil.**

Autres sens, **plein de vie et de vigueur, énergique; florissant.**

Remarque. – C'est par une figure analogue que les Latins disaient *lectus vitalis,* lit de mort!

Vivacious. – L'adj. fr. *vivace* a seulement un sens du lat. *vivax* « qui vit longtemps », « durable ». ***Vivacious*** a aussi l'autre sens que nous retrouvons dans le terme ital. *vivace* employé en mus. et dans notre subst. *vivacité,* soit **vif, animé, alerte:** *A **vivacious** writing, anecdote;* aussi **plein d'entrain, de verve,** *a **vivacious** poet.*

Vocal. – Comme en lat. **doué de voix, sonore, éloquent.** De plus, **qui parle volontiers, dit franchement son opinion,** et par contamination des deux sens: **insistant, qui a le verbe haut, bruyant, brailleur; plein de son sujet, qui a beaucoup à dire.** Enfin, **qui a rapport à la prononciation des voyelles.** *A **vocal,*** une **voyelle.** (En lat. *elementa vocalia,* ce sont les voyelles).

– *The French are the most **vocal** exponents of undiluted patriotism.* (Renier, *The English,* I.) – Les Français sont les interprètes les plus **éloquents** d'un patriotisme sans alliage.

– *The **vocal** statue of... Memnon.* (N.E.D.) – La statue de Memnon **d'où s'échappaient, qui rendait des sons harmonieux.**

– *Every leaf is **vocal.*** – Il n'est pas de feuille **qui ne chante.**

Vocalize (to). – Outre les sens communs aux deux langues, signifie: **articuler; chanter; douer de voix. Sonoriser, voiser** (une consonne). **Ajouter les points-voyelles** (à un texte hébreu). Famil. **chanter, chantonner,** et p. antiphrase, **se faire entendre; crier.**

Volatile. – ***Volatile*** et volatil sont tous deux issus du lat. *volatilis* « qui vole », « léger ». Passant du pr. au fig., l'angl. dit *a* ***volatile*** *temper,* un caractère **volage, inconstant;** autres sens, **versatile, changeant; vif, gai, folâtre, plein d'entrain.**

E.U. ***volatile*** *shares,* valeurs, actions très **spéculatives,** p. oppos. aux *blue chips,* et aux *gilt-edged securities,* valeurs de premier ordre, de tout repos, de père de famille.

Une citation du N.E.D. (section 5) qualifie de cette épithète *toutes* les actions *(shares).*

– Un critique angl. appelle Voltaire: *the warm-hearted, acid,* ***volatile*** *sage of Ferney,* le sage de Ferney au cœur généreux, mais (au caractère) acerbe, revêche et **changeant.**

– *Henrietta was nothing more than a* ***volatile*** *woman.* (DISRAELI *in* N.E.D.) – H. n'était qu'une femme **légère** (ou: **volage**).

Volley. – **Salve** (d'armes à feu, d'applaudissements); **torrent** (de paroles). **Bordée** (d'injures, d'invectives, de jurons). Tennis, (balle prise de) **volée.**

Volume. – Comme le lat. *volumen* et poétiq., **anneau, repli** (d'un serpent); pl. **tourbillons, volutes** (de fumée); **volume, ampleur** (de la voix), sens fr.

– *Black* ***volumes*** *of smoke.* (FROUDE, *Oceana,* VI.) – De noires **volutes,** de noirs **tourbillons** de fumée.

– Au fig. *His last donation* ***speaks volume*** *for his generosity.* – Sa dernière donation **fait grand honneur à, en dit long** sur sa générosité.

– Fam. *You are* ***speaking volumes!*** – Vous **m'en direz tant!**

Voluntary, voluntariness. – Volontaire, c.-à-d. **bénévole,** *a* ***voluntary*** *nurse,* une infirmière **bénévole; spontané,** ***voluntary*** *confession of guilt,* aveu **spontané;** ***voluntary*** *oath,* serment **extrajudiciaire; librement consenti,** ***voluntary*** *discipline.*

A ***voluntary*** *hospital, school,* un hôpital **privé,** une école **libre,** ne relevant pas de l'autorité de l'État et bénéficiant d'une aide volontaire, bénévole.

Jur. ***voluntary*** *conveyance,* cession, transfert (de propriété) **à titre gratuit,** le cédant étant *the* ***voluntary*** *grantor;* ***voluntary*** *arrangement or settlement,* arrangement ou règlement **amiable.** ***Voluntary*** *waste,* dégradations **commises par l'usufruitier sur le fonds, par le locataire** dans l'appartement qu'ils occupent (par oppos. à *permissive waste,* détérioration par défaut d'entretien).

Subst. *a* ***voluntary,*** **solo d'orgue** (avant, pendant ou après l'office); aussi, **sujet d'examen** ou de **concours facultatif.** Enfin, partisan de la séparation de l'Église et de l'État, les budgets des cultes étant alimentés par des contrib. vol. (PETIT).

Voluntariness se traduira en conséquences.

Les deux mots ont pour antonymes respectifs *compulsory* et *compulsion.*

– Sue qui a épousé Phillotson à la légère se plaint à son ami Jude: *What tortures me so much is... the dreadful contract to feel in a particular way in a matter whose essence is its* ***voluntariness.*** (Th. HARDY, *Jude,* IV, ii, 267.) – Ce qui me torture à ce point, c'est... l'affreux contrat qui m'oblige à avoir tel ou tel sentiment sur une question dont l'élément essentiel est la **spontanéité.**

Vote, to vote. – **Arrêter, décider; décréter, opter pour** (sans qu'il y ait eu nécessairement un scrutin préalable); fam. **déclarer, proposer, proclamer** (à l'unanimité, d'un commun accord).

A ***vote*** peut signifier un **bulletin de vote,** une **boule de scrutin,** un **moyen d'exprimer son suffrage.**

– *Where do you intend to spend your holidays?* – *My parents* ***voted*** (ou: *my parents'* ***vote*** *was) for Switzerland.* – Où vous proposez-vous de passer vos vacances? – Mes parents ont **opté** pour (ont **choisi**) la Suisse.

– *She* ***voted*** *the two guests most agreeable men.* – Elle **décrèta** que les deux convives étaient des hommes charmants.

– On veut aller promener. On propose tel endroit. *The place was* ***voted*** *too far.* (Lady BARKER, *South Africa, Letter* XL.) – On **déclara** (on **protesta**) que l'endroit était trop éloigné.

Voyage. – **Long voyage par mer, v. au long cours, (grande) traversée.** *Travels and* ***voyages,*** v. sur terre et **sur mer.** ***To v.,*** sens corresp.; intr. **naviguer;** tr. **traverser** (la mer), **parcourir** (les mers).

Vulgar. – *The* ***vulgar*** *era,* l'ère **vulgaire,** c.-à-d. l'ère **chrétienne** (communément adoptée). *A* ***vulgar*** *fraction,* une fraction **ordinaire** par oppos. à une fraction décimale.

– *Be thou familiar, but by no means* ***vulgar,*** dit Polonius à son fils Laërte (*Hamlet,* I, iii, 60.) vers d'autant plus dangereux que la traduction littérale donne un sens parfaitement plausible. Il faut comprendre: Sois facile d'accès, mais **ne te prodigue pas.**

– *Most sure and* ***vulgar.*** (*Lear,* IV, vi, 214.) – C'est bien sûr et **notoire,** sens qui a survécu: **public, connu, manifeste, su de tous.**

Sans idée péjor.: **qui est répandu, admis par le commun des hommes.** – (Sens fr. vieilli.) (1)

– *That* ***vulgar...*** *proverb, It is a good horse that never stumbles.* (N.E.D.) – « Il n'y a si bon cheval qui ne bronche » est un proverbe **vulgaire** (une **selle... à tous chevaux,** comme dit A. de Musset, *Nouv. Emmeline,* V).

Vulgarism. – **Vulgarité, trivialité;** conc. (**choses, propos, manières**) **vulgaires.**

– ***Vulgarism*** *in language is the... distinguishing characteristic of bad company and bad education.* (CHESTERFIELD, *Letters.*) – **Tenir des propos vulgaires (parler comme le vulgaire)** est la marque caractéristique de la mauvaise compagnie et de la mauvaise éducation.

(1) La langue vulgaire « qui est parlée par l'ensemble de la population d'un pays », *the vulgar tongue,* se dit aussi *the vernacular.*

— *The complaint of having nothing to do is... a **vulgarism.*** — Se plaindre de n'avoir rien à faire est un **signe de vulgarité** (ou: trahit un **esprit,** une **âme vulgaire**).

Vulgus. — Est non seulement le *vulgus* lat. « le commun des hommes, le peuple, le vulgaire », mais aussi (arg. scol.) la **composition en vers latins** (sur un sujet donné). A distinguer de notre † pensum, qui était une punition imposée à un élève.

W Z

Wag(g)on, wag(g)onner, wag(g)onage, wag(g)onette. — ***Wag(g)on*** a été un mot poétique équivalant à notre **char** (d'Apollon, de Vénus, etc.). C'est auj. un **chariot,** une **charrette** (à quatre roues), une **voiture de roulage,** de **roulier,** un **camion;** mil. un **fourgon,** un **caisson *(ammunitions waggon)*;** un **truck** (de chemin de fer), un **wagon** (découvert) **à marchandises,** mais non pas, comme le prétend tel lexicographe, une voiture de chemin de fer qui se dit *railway-coach, -carriage,* ou *-car.* Enfin, mines, **wagonnet, berline.** E.U. **voiture** quelconque pour voyageurs ou marchandises, **tapissière.** Mis pour ***wag(g)on-load,*** **charretée, enlevée** (de foin, etc.); (charge de) **wagon** (de ch. de fer). ***Waggon-boiler,*** **chaudière à tombeau; *waggon-traffic,* charroi; *waggon-train,*** (mil.) **train des équipages, les fourgons; *wag(g)on-vault,* voûte en berceau; *wag(g)on-way,* voie de roulage.**

Wag(g)oner, **roulier, voiturier, charretier.** Astr. (le) **Cocher, Auriga, Aurige.**

Waggonage, E.U. **roulage.**

Wag(g)onette, **break** (ouvert).

— Loc. E.U. famil. to be, ***to go on the (water-) wagon*** (angl. *to go teetotal*), **ne plus boire que de l'eau, renoncer à toute boisson alcoolique.**

— *Mr. Johnson is lean and saturnine and **on the (water) wagon.*** (in Mathews.) — Sombre et décharné, M.J. est **abstinent** (fam. ne **boit que du « sirop de grenouille »**).

— *O Proserpina, / For the flowers now that frighted, thou let'st fall From Dis's **wag(g)on!*** (Shaks., *Winter's Tale,* IV, iv, 118.) — Que n'ai-je, ô Proserpine, Les fleurs que tu laissas tomber dans ton effroi Du **char** du dieu Pluton!

— *Sometimes they (Elizabeth-Jane and her mother) might have been seen on foot, sometimes on farmers' **waggons...** and thus they drew near Casterbridge.* (Th. Hardy, *Mayor,* IV, 30.) — Vous les auriez vues tantôt à pied, tantôt juchées sur un **chariot** de ferme, et c'est ainsi qu'elles approchèrent de C.

— *The big, sleek, brass-jingled horses waited patiently outside with the **wagons.*** — Les chevaux gras et luisants attendaient patiemment au dehors avec les **charrettes,** et faisaient tinter leurs grelots.

Zest. — Le zeste de citron sert à aromatiser les entremets, apéritifs, etc. d'où en angl.: **ce qui donne de la saveur, du goût, du piquant** (à une histoire, une entreprise, une distraction, etc.); syn. de *gusto:* **verve, brio, entrain** (avec lequel on fait qqch.)

*It **adds zest** to* (pr. et fig.), cela **relève le goût** de, **donne du montant** à (la sauce, etc.); **donne du piquant** (à l'aventure, etc.).

— *She participated with a certain **zest** in the dancing.* — Elle prit part au bal avec un certain **entrain.**

— *These joys came to me indeed with a redoubled **zest.*** — Ces plaisirs devinrent même plus **piquants.**

— Stevenson oppose la jeunesse à la décrépitude, et déclare qu'avec l'âge: *Even the thrice royal game of hide-and-seek has somehow lost in **zest.*** — Même le jeu trois fois divin de cache-cache a quelque peu perdu de son **sel,** de sa **saveur,** de sa **qualité affriolante.**

— Hardy constate que la vie est faite de sorte que: *Wisdom to do shall come pari passu with the departure of **zest** for doing.* (*Mayor,* XLIV.) — La sagesse nécessaire à l'action arrive en même temps que la perte du **goût** de l'action.

Zone. — Pour s'aviser qu'une *zone* est proprement une **ceinture,** il suffit de consulter un lexique lat. et l'on y trouvera l'exemple classique de Catulle: *solvere zonam,* littér. dénouer la **ceinture,** c.-à-d.: séduire une jeune fille ce qui pourrait se rendre en angl. par l'expr. *to loose the maiden **zone** (of),* légèrement archaïque, mais encore employée par les poètes (cf. *to ravish a maid*).

On sera, dès lors, armé pour bien entendre le passage suivant, où Milton dépeint la voie lactée comme

*... a **circling zone...***
Powdered with stars. (*Par. Lost,* VII, 580.)

... Une **ceinture** ornée d'un semis d'étoiles (car les termes de blason *poudré* et *semé* sont syn.).

SUPPLÉMENT

A

Abstraction. — Dépouillement, au double sens de: 1° « action de priver qqn. de ses biens »; 2° examen minutieux des pièces d'un dossier, d'un scrutin, etc. »

1° *A wrongful* ***abstraction*** *of wealth from certain members of the community.* (J. St. MILL.)

2° *Let us pass on to the* ***abstraction*** *of the information which have been obtained.*

Adept. — *« Even in eating and drinking we must not dare any longer to think anything good without leave from these* ***gentlemen adepts*** *»,* trad. de ce passage de la *Crit. de l'Éc. des Femmes,* sc. VII: « Jusques au manger et au boire, ... nous n'oserons plus trouver rien de bon sans le congé de **Messieurs les experts** », ex. qui fait bien ressortir le sens du mot anglais.

Adherence. — ***Adherence*** *to facts,* la **fidélité** aux faits.

Admit (to). — *A female servant* ***admitted*** *him without delay.* (DICKENS, *Barn. Rudge,* XIV.) — Une domestique l'**introduisit** aussitôt.

REM. — La trad. l'emporte en concision sur l'original.

Afterthought. — Lowell (*Among my Books,* p. 140, Everyman) nous présente un *amateur architect who... forgot the staircase that should connect one floor with another, putting it* ***as an afterthought*** *on the outside.* — Un architecte amateur qui... oublia de prévoir l'escalier nécessaire pour passer d'un étage à l'autre, et qui, **ayant... l'esprit de l'escalier,** le mit à l'extérieur (ou: en hors-d'œuvre).

Air. — E.U. loc. ***To give one the air*****, saquer** (qqn.), le **« flanquer » à la porte.** ***To go up in the air*****, être en fureur, dans tous ses états, monter sur ses grands chevaux.**

Amalgamation. — Est au pr. l'action d'allier un métal avec le mercure. Aux E.U., par spécial., ant. de « ségrégation », **mélange** des races blanche et noire, **croisement** entre ces deux races, qui, selon certains de ses adversaires, constituerait un danger réel, *a positive danger.*

SUPPLÉMENT

Antiquary. – « De La Rue sera le premier Français à connaître Walter Scott, celui des « antiquaires » européens qui pourra le mieux insinuer le culte du passé dans la conscience d'un public du XIXe siècle; cette résurrection lui semblera... la vraie protestation de « jadis » contre « aujourd'hui ». (F. BALDENSPERGER, *Le mouvement des idées dans l'émigration française*, II, 161.) « Antiquaire » doit s'entendre évidemment ici de l'auteur de romans historiques.

Appeal (to). – *An **appealing** air of goodness.* – Un air **attendrissant** de bonté.

Appearance. – « Il ne faut point juger des gens sur l'apparence. » (L.F., *Fab.*, XI, 7). Le sens est différent dans la phrase suiv.: *She smartened him up also in **his personal appearance** always without preaching him.* (S. BUTLER, *The Way*, XXXIV.) – Elle lui fit aussi soigner davantage **sa tenue et sa toilette**, mais toujours sans le sermonner.

Associate. – Jur. *An action was brought against X and **associates**.* – Une action fut intentée contre X et **consorts**.

Associate (to). – *If you wish to know men you must **associate with them*** pourrait se rendre ainsi: « Pour connaître les hommes, il faut les **pratiquer** » (STENDHAL).

Assurance. – Le lexicographe anglais différencie *life-assurance*, assurance sur la vie, de *(accident-, fire-, marine-,) insurance*, assurance contre les accidents, l'incendie, ass. maritime. Cette distinction purement techn. n'a pas subsisté dans l'usage courant.

Autres sens: jur. ***assurance** (of property)*, **constitution** de droits; **transfert, cession** de droits (à une propriété), **l'instrument qui confère, consacre** ces droits, garantit ces **opérations** (cf. *security*).

Enfin syn. de ***self-assurance*** avec souvent une nuance péjor. **audace, aplomb, toupet, effronterie.**

Atmospheric. – *An **atmospheric** novel*, un roman d'**atmosphère**, et non « atmosphérique », comme on le dit parfois à la radio.

REM. – « Atmosphérique » ne peut s'employer en fr. que comme adj. de relation. Il faut donc traduire son sosie angl. par une locut. adj. (Cf. *criminal lawyer*, etc.)

Attendant. – Selon L., 3°, un attendant est un « sectaire qui soutient qu'il n'y a dans le monde aucune Église véritable, et qu'il faut attendre que la véritable vienne ». (Nous dirions auj. un *attentiste*.) C'est aussi, sens hérité du XVIe s., « celui qui attend »: « Cette multitude infinie d'*attendants* » (pour les faveurs de la fortune). MALHERBE.

Avenue. – E.U. **Belle rue orientée du nord au sud; voie d'accès;** fig. **moyen d'aboutir, de parvenir** à ses fins: *the **best avenue to success** is hard work*, le **meilleur moyen de parvenir** est de travailler ferme, de prendre de la peine.

B

Ball. – E.U. ***To have a ball*, s'amuser follement, s'en payer une tranche.** (DEAK.)

Box, to box. – Aj. Le sens général de « boîte » typ. **cassetin;** se spécialise dans ***strong-box*, coffre-fort, *(money-) box*, caisse, tirelire** et leur contenu; ***Christmas-box*, (petit) noël, étrennes** données à l'occasion de cette fête, ou le lendemain, ***Boxing-day*** (Angl.), ***Box-day*** (E.U.) p. ex. au facteur, etc.

Noter par analogie certains composés, p. ex. ***box-bed*, lit clos, lit (en) armoire, *box-car*** (E.U.) **wagon** (fermé ou recouvert) **de marchandises, fourgon à bestiaux; *box-coat*, pardessus, houppelande de cocher, carrick; *box-coupling*, accouplement à manchon;** théâtre, ***box-keeper*** ou ***-attendant*, ouvreuse, *box-office*, bureau de location, *box-seat***, E.U. **fauteuil de loge,** Angl. **siège de cocher; *box-oyster***, huître de choix et de grande taille, p. ex. dite **pied de cheval,** parce que, en raison de sa qualité, « *it was customary to ship oysters of this grade to N.Y. in boxes instead of the ordinary barrels* » (in MATHEWS); zool. ***box-tortoise (-turtle)***, tortue terrestre, *Testudo terrestris* du genre *Terrapene*, chersidé dont la carapace peut se refermer et abriter la tête et les membres. Fig. **secret, boutonné** (1).

De ce subst. est issu un premier v. ***to box*, mettre en boîte, emballer** des marchandises, **encaisser** (des plantes, des arbustes, d'où ***to box up*** ou ***in*, serrer** comme des sardines, **encaquer** comme des harengs, entasser des pers. dans un espace retreint, **claquemurer** qqn.; **cloisonner, compartimenter** une chambre, syn. de to *partition off;* Écosse, **lambrisser** un mur, une pièce. Typ. **encadrer** un article, une annonce de journal; **ensabler** les traverses de ch. de fer.

Autres sens: **déposer** un dossier, une pièce au greffe d'un tribunal, **porter plainte** (cf. *to lodge a complaint*), rapprocher E.U. ***to box** letters*, **répartir** les lettres **dans les boîtes postales** respectives des destinataires. Turf. ***to box** a horse*, **serrer, coincer, gêner** le cheval d'un rival, cf. *to nurse;* **naut. *to box off*** = *to boxhaul*, **virer sur place en coiffant les voiles de misaine** (PETIT); ***to box about*, louvoyer.**

***To box the compass*, dire, réciter la rose des vents,** au fig. **revenir à son point de départ, faire volte-face, retourner sa veste,** etc.

Le second v. ***to box*** signifie bien boxer. On ne confondra donc pas: ***I have boxed** the postman* avec *I have boxed my interfering brother*, ni cette dernière phrase avec *I have a good mind **to box***

(1) *He is a **box-turtle***, il est **boutonné jusqu'au menton.**

your ears. Dans le 1er cas, on entendra: **j'ai donné ses étrennes** au facteur; dans le 2e: j'ai boxé mon frère qui fourrait son nez dans mes affaires; dans le 3e: j'ai bien envie de vous **frotter les oreilles,** de vous **gifler,** de vous **souffleter** ou **talocher.** En effet, « boxer », c'est frapper du poing; « gifler », etc. c'est frapper du plat ou du revers de la main.

– *These goods have not yet been* ***boxed*** *for sale.* – Ces marchandises n'ont pas encore été **habillées** pour la vente.

– *The wind* ***would box*** *the compass.* – Le vent **déréglait, affolait** la boussole.

– *What has been the cause of his* ***boxing the compass?*** – *Money, of course.* – Quelle a été la cause de son **revirement** (politique)? – L'argent, parbleu!

Boy. – Au pr., **(jeune) garçon** jusqu'à l'âge de la puberté; p. ext., **écolier, élève,** d'où: *he is only a* ***boy,*** ce n'est qu'un **gamin;** ***boys will be boys,*** **il faut que jeunesse se passe.** Mais lâchement, ***the boys*** sont pour les parents ou les filles *(daughters)* un collect. famil. englobant les **fils** ou les **frères** de tout âge.

Il en est de même p. ex. en Cornouailles et en Irlande où ***a boy*** peut être un **homme,** jeune ou non: *There are no men in Cornwall; they are all Cornish* ***boys,*** ce son tous nos **gars** du pays.

Boy évoque pour nous une idée de jeunesse; un « boy » est un jeune domestique. Ce n'est pas touj. le cas pour les Angl. Autref. le t. s'appliquait aux **esclaves noirs** de tout âge, et dans le Pacifique sud, aux Polynésiens recrutés de force pour la traite. Même sens lâche en Afrique du Sud: *Two Hottentot* ***boys*** *neither of whom was under fifty years of age,* deux **domestiques,** dont aucun n'avait moins de 50 ans. Aussi, **métis** né d'un blanc et d'une f. indigène.

Cette imprécision quant à l'âge subsite dans bien des cas. Mil. *the* ***boys*** sont les **soldats,** les **hommes** par opp. aux gradés: *the* ***boys*** *thought no end of their captain,* les **hommes** adoraient (fam. gobaient) leur capitaine. Elle se double d'une valeur affective ou stylistique p. ex. avant l'attaque: *Come on,* ***boys!*** Allons-y les **gars** (ou: les **enfants!**)

Valeur affective encore lorsque les mères ou les épouses américaines réclament le retour de leurs *boys* en campagne au Vietnam; entendez: leur **fils** ou leurs **gars;** leur **mari** ou leur **homme** (cf. *veteran.*)

La jeune fille ou la femme qui parle de son ***boy (friend)*** désigne ainsi: son **petit ami,** son **amoureux,** son **préféré.**

Autres ex. d'affectivité, même sans épithète: ***What a boy!*** **ça c'est un type! un as!** *He is one* ***of the boys,*** c'est **un joyeux, un gai luron, un bon vivant;** E.U. *I'll visit with the boys,* je vais aller tailler une bavette avec **les copains.**

Mais en Angl., peut-être par réminiscence des *Riotous* et des *Roaring Boys* qui faisaient les quatre cents coups sous les règnes d'Elizabeth et de Jacques Ier, ***the boys*** désignent auj. nos **« casseurs »,** nos **voyous,** nos **mauvais garçons;** spécif. *the thieves and swindlers that frequent race-courses...: dishonest turf floatsam and jetsam* (N.E.D.): les voleurs et les escrocs qui fréquentent les champs de courses,... la lie et l'écume du turf.

Outre le t. scol. d'anc. élève (d'une univ., etc. = *alumnus*), *an* ***old boy*** n'est pas plus un vieux garçon, *old bachelor,* que *an old girl* n'est une vieille fille, *old maid.* Ce composé, précédé ou non d'un actualisateur, est un tour familier à valeur stylistique. Ex. au vocatif: ***old boy!*** **mon vieux!** Pour les jeunes, ***the old boy*** est le **paternel** (v. *governor*); pour les élèves ou étudiants, le **prof,** le **pontife,** le **grand manitou;** pour les ouvriers, le **patron,** le **« singe »;** pour d'autres... le **diable!**

Corsons la série de ces variations sémantiques, commandées par la situation, d'**une bouteille de champagne,** ***a bottle of the boy!***

Brick. – E.U. ***To sell one a gold brick,*** **refaire** qqn., le **carotter.** Aussi, dans l'armée, un **tire-au-flanc.** Enfin: ***he runs after gold bricks,*** c'est un **coureur de grosses dots** (angl. *fortune-hunter*).

Budget. – Ce mot anglais, que nous avons adopté, en savoir l'origine n'est pas simple satisfaction de curiosité, mais un renseignement utile.

C'est le mot français † *bougette* (dans Littré), petit sac de cuir. ***Budget*** signifie **le contenu d'un sac, sachée, bottelée, pochée,** † **pochetée.**

– On rentre au logis pour trouver le courrier: *There is silence in the room as each of us devours the* ***budget*** *of news awaiting us.* (ALPHA, *Pebbles,* 174.) – Le silence règne dans la pièce tandis que chacun de nous dévore **la bottelée** (1) de nouvelles qui nous attendait.

Voici le même sens fig. dans Rabelais *(Pantagr., Prognost.)*: « ...Ceulx qui viennent de pays estranges sans apporter pleines *bougettes* de nouvelles » .

REMARQUE. – C'est de ce sens que vient le nom de certains journaux comme *Pall Mall* ***Budget,*** etc.

Bus. – Outre omnibus, arg. mil., **zinc, coucou** = avion d'un modèle ancien; autom., **bagnole, tacot, guimbarde.** E.U. pop. **autocar.**

En compos. ***Bus-boy, -girl,*** garçon de restaurant, fille de salle chargé(e) de desservir. Nous proposons **desserveur, -euse.**

Loc. div.: *to miss the* ***bus,*** manquer le **coche,** l'occasion; *to step into one's last bus,* prendre le dernier **omnibus, mourir.**

Butcher. – E.U. Arg. des journalistes: **caviardeur, tailladeur.** *« In newspaper jargon, a term applied to the copy-reader who uses mercilessly the blue pencil cutting short reporters' stories. »* (MATHEWS.)

(1) Voir *faggot.*

C

Cadet. – Souteneur, proxénète (angl. *procurer, q.v.*), arg. **barbeau, maquereau, marlou.**

Captain. – E.U. **As** (de l'aviation, du tennis, du volant, etc.); sp. **chef d'équipe; chef de train, chef** (des chasseurs d'un hôtel), dit aussi ***bell captain.*** Enfin, famil. titre honor. donné à un civil qu'on appelle aussi bien *boss, judge, colonel (v. infra)* sans rapport avec sa profession.

– ***He's a captain*** *to tell a tale.* – **Il excelle** à (ra)conter une histoire.

Carnation. – *Her complexion was as fresh as the* ***carnations*** *she wore.* – Son teint rivalisait de fraîcheur avec les **œillets** qu'elle portait.

Castor. – Mousse, jeune marin.

E.U. arg. ***castor-oil artist,*** **morticole, toubib.**

Catholicity. – « ... Cette catholicité de la connaissance caractéristique de la civilisation médiévale. » Pierre Guiraud, *Sémantique,* V, p. 73). C'est le sens d'« universalité » signalé *s.v. catholicity.*

Certificate. – E.U. ***(Silver) certificates*** *called dollars* est une phrase qui nous éclaire sur le sens de (billets de banque émis en) **petites coupures** (loi de 1886).

Chapel. – « Chapelle », « Le lieu, puis l'assemblée de la confrérie, n'a plus d'application que figurative. Il ne reste plus que le terme *exemplaires de chapelle,* autrefois répartis entre les ouvriers qui avaient travaillé à l'impression, et leur bénéfice; maintenant, exemplaires non justifiés d'un tirage limité. On disait aussi *copies de chapelle.* » (Em. Chautard, *Gloss. typog.*)

Rem. – Ne pas confondre avec les expr. courantes: exemplaires de passe, de presse, *surplus, press copies.*

Chaperon (to). – Du sens spécial de « servir de porte-respect, de protecteur à une j. personne », on passe aux E.U. à celui de **diriger, surveiller** aussi bien les gens que les animaux (le bétail, etc.).

Charge, to charge. – *The hotel is well kept and the* ***charges*** *reasonable.* – L'hôtel est bien tenu et nos **prix** sont modérés.

E.U., ***to charge*** *that* = angl. *to allege that: he charged that spies had gained admission* (in Horwill.) – Il **prétendit** que des espions s'étaient introduits.

Charge account, **compte courant d'un client dans un magasin,** les achats à crédit étant réglés à la fin du mois.

Check (to). – E.U. ***To check*** *one's baggage* = angl. *to register one's luggage,* **faire enregistrer** ses bagages; *the* ***check-room*** (angl. *cloak-room*) est notre **consigne.**

Circumscribe (to), circumscription. – Comme en français, renfermer en de certaines bornes, mais avec des emplois plus étendus: **limiter, restreindre** (la liberté, les pouvoirs, etc.); **signer en rond** une pétition, une remontrance dite *round robin,* afin de ne pas divulguer le nom de celui qui en a pris l'initiative. Quant à ***circumscription,*** il signifie: **restriction, limitation** (de l'action de qqn., etc.), **périphérie, contours, profil,** et plus spéc. **légende, inscription circulaire** d'une médaille.

– Voici le sens de **prison** dans une citation tautologique de Shakes. (*Oth.,* I, ii, 24): ... *For know, Iago, / But that I love the gentle Desdemona, / I would not my unhoused free condition / Put into* ***circumscription*** *and confine / For the sea's worth.* – ... Car sache, Iago, / N'était que je chéris la douce Desdémone, / Ma liberté que mur de maison ne contraint, / Je ne la mettrai point **à l'étroit** ni en cage / Pour les trésors des mers.

Circumstance. – Cérémonie, appareil, pompe, archaïque, mais maintenu par la réminiscence shakespearienne: ***pomp and circumstance*** (*Oth.,* III, iii, 354):

Pride, ***pomp and circumstance*** *of glorious war.*

L'éclat, **la pompe et l'appareil** de la guerre glorieuse.

Famil.: *The deputation attended the minister* ***with pomp and circumstance.*** – La délégation se rendit auprès du ministre **en grand appareil, en grand apparat, avec la croix et la bannière.** Inversement: ***without circumstance,*** **sans cérémonie.** Autres sens: pl. **condition, situation** (matérielle, de fortune, etc.).

To be ***in affluent, in straitened circumstances,*** être dans **l'opulence,** dans **la gêne.** E.U. ***not a circumstance to...,*** **pas comparable** à..., **rien auprès de...**

– ***Stress of circumstances*** *has obliged him (a Kafir) to sell his wife.* (Lady Barker, *South Africa,* 55.) – **La misère** l'a obligé à vendre sa femme.

– *I am surprised, said the barber to the player,* ***to see you in such indifferent circumstances,*** trad. du passage suivant de *Gil Blas,* II, viii: Je suis surpris, dit le barbier au comédien, que **vous paraissiez si mal dans vos affaires.**

Circumstanced. – *To be well, poorly circumstanced = to be in easy, straitened circumstances,* (v. *supra*). Si l'on généralise cette notion de situation de fortune, on comprendra les ex. suivants:

– *A young lady so* ***circumstanced*** *could not act otherwise.* – **Dans la situation où elle se trouvait,** cette jeune personne ne pouvait guère agir autrement.

– Cassio écarte sa maîtresse Bianca, car il doit avoir un entretien avec Othello (III, iv); alors celle-ci: *I must* ***be circumstanced,*** il me faut **plier aux circonstances.**

Circumstantial. – « Circonstanciel » est en fr. un t. de gramm.: « se dit des mots ou des propositions qui précisent le sens d'une action »; d'où en angl., **accidentel, fortuit;** ***c.*** *évidence,* preuve **indirecte, accessoire.** Aussi, **circonstancié, détaillé.** Subst. *the* ***circumstantials*** *of a problem,* les **à-côtés** d'un problème.

– *The evidence* ***is largely circumstantial.*** – Les preuves dont on fait état ne **sont guère que des présomptions.**

– Polly (VIII, 5) doit redire pour la vingtième fois les causes de l'incendie qui s'est déclaré dans sa maison: *His story had now become as* ***circumstantial*** *and exact as the evidence of a police witness.* – Son histoire était devenue désormais aussi **circonstanciée** et précise que la déposition d'un témoin cité par la police.

Collision. – Rapprocher de l'ex. emprunté à Chesterfield cette pensée de Montaigne: « Le commerce des hommes est merveilleusement propre [à l'éducation], et la visite des pays étrangers pour frotter et limer notre cervelle contre celle d'autruy ».

Collocate (to), collocation. – En lat. *collocatio verborum,* c'est l'arrangement des mots. De même en anglais, où, dans un emploi quasi concret, ***collocation*** signifie **assemblage, alliance de mots.**

Dans son *Thesaurus,* Roget donne *to assemble* comme un des syn. de ***to collocate.***

– *All languages use greater freedom of* ***collocation*** *in poetry than in prose.* (Earle, *Philol. Engl. Tongue,* § 630.) – Dans toutes les langues, l'**agencement** des mots est plus libre en poésie qu'en prose.

– *His rattling rhymes and quaint* ***collocations.*** – Ses rimes cliquetantes et ses ingénieuses **alliances de mots.**

Rem. – D'après M. Henri Mitterand (*Les Mots français,* pp. 78-9), « le nombre des acceptions différentes d'un mot est fonction du nombre des combinaisons dans lesquelles il entre, selon les types d'énoncés... Chaque sens est ainsi le résultat d'une relation formelle fondamentale ou *collocation* ». On comparera cette définition à celle qui est indiquée dans le présent article.

Colloquy. – Après avoir signifié « dialogue » (cf. les *Colloques* d'Érasme), puis « conférence, débat entre interlocuteurs sur un point de doctrine qui les divise » (le c. de Poissy), notre « colloque » correspond parfois auj. au *symposium* angl. *(q.v.).* Aux E.U., ***colloquy*** a pris un sens spéc. que fait ressortir la citation suiv.: *He* (W. Wilson) *spoke extemporaneously and at times* ***engaged in colloquy,*** *so that the affair was rather more of a free conference than a formal address* » (in Horwill) – Il parlait d'abondance et parfois **engageait un dialogue (échangeait des propos) avec ses interrupteurs,** de sorte qu'il semblait animer un débat contradictoire bien plutôt que prononcer un discours officiel.

Colonel. – E.U. Peut être le titre honor. d'un homme qui n'a pas fait carrière dans l'armée, p. ex. d'un membre de l'état-major du gouverneur d'un État de l'Union, ayant des fonctions représentatives et portant l'uniforme.

– *His title of* ***colonel*** *was merely a title of respect... a tribute to his moral qualities.* (Mathews.) – Son titre de « **colonel** » était simplement une marque de respect... un hommage rendu à ses qualités morales.

Colonial. – *The Colonial Minister, Office* sont bien resp. le ministre et le ministère des Colonies, mais *a* ***colonial*** *merchant* est un négociant **en produits coloniaux.** La locut. doit être explicitée.

E.U. ***colonial*** se rapporte aux treize colonies anglaises de la côte Atlantique (xviiie s.) et à la période pendant laquelle celles-ci relevaient de la Couronne.

D'où ***colonial*** *architecture, furniture,* architecture, ameublement **remontant à cette époque** et s'inspirant du style des rois Georges d'Angleterre. D'où aussi *the* ***Colonial*** *Dames of America,* organisation patriotique de femmes américaines qui a pour objet de recueillir et de conserver les documents etc. **relatifs à la période « coloniale ».**

Austr., ***c. goose,*** **gigot de mouton farci aux fines herbes.**

Colonization,-nizer. – Pol. E.U. ***To colonize,*** c'est recruter moyennant finance des électeurs complaisants, dits ***colonizers,*** qui, sur fausse déclaration de résidence, ont pour mission de voter dans une circonscription autre que la leur. Cette **fraude électorale** est dite ***colonization.*** (V. *repeater.*)

Compound (to). – ***To compound*** *one's debts,* **obtenir une réduction** de ses dettes, **composer avec** ses créanciers, ou absol. **composer.** ***To compound for taxes,*** **payer ses impôts à forfait.** ***To c.*** *a felony* (v. ce mot).

Conductor. – Rem. – Aj. Si, on l'a vu, *the conductor* est un chef d'orchestre, l'expr. « conduire un orchestre » est néanmoins correcte.

Connection. – ***In connection*** *with what the chairman had said...* – **Dans l'esprit** des observations faites par le président.

Control. – *Weather is a variable factor* ***beyond control.*** – En raison de leur variabilité, les conditions météorologiques **échappent au pouvoir** (ou: **à l'action**) de l'homme.

– Par ***controlled*** *experiment, reaction,* le chimiste entend une expérience, une réaction **bien conduites.**

Conventional. – *A* ***conventional*** *picture,* un tableau **académique,** ***conventional (ized)*** *flowers,* des fleurs **stylisées.** Famil. ***conventional*** *style, writer,* style, écrivain **pompier.**

Cord. – Du sens de corde mince on passe à ceux de **bandereau** (de trompette); **cordon, cordonnet** (de pince-nez, binocle, etc.).

– *Mr. Justice W. plaid with the* ***cord*** *of his eye-glasses.* – M. le juge W. jouait avec le **cordon** de son binocle.

Cut-throat. – Non pas coupe-gorge (autref. sorte de coutelas, puis: lieu écarté où l'on risquait de se faire assassiner, etc.), mais **brigand, coupe-jarret, meurtrier; de profession, assassin à gages.**

REM. – « Coupe-gorge » se dit en angl. *cut-throat place, death-trap.* Au fig.: endroit où il se commet des injustices criantes. C'est le sens que lui donne Alceste (*Mis.* V. i): « Tirons-nous de ce bois et de ce coupe-gorge » (le monde).

D

Dame. – Contrairement à « donzelle » et à « garce », victimes de ce que L. appelait des « brutalités de langage », « dame » n'est guère pris en mauvaise part. Il n'en est pas de même aux E.U., où, selon Deak, et dans certains contextes, le mot peut signifier précisément (famil. ou arg.): **garce, poule, pépée, gonzesse.** D'où ***dame-joint,*** **maison close, bordel.**

Date. – E.U. Famil. ***Have a date*** *to-night?,* **Es-tu pris(e), retenu(e)** ce soir? Aussi, sens concret, la personne du sexe opposé avec laquelle on a rendez-vous: *My* ***date*** *stood me up to-night.* (MATHEWS.) – Mon **cavalier** (ou ma **partenaire,** selon le cas), mon **ami(e))** m'a fait faux bond, m'a posé un lapin ce soir.

Demolition. – *Oliver had scarcely completed the* ***demolition*** *of a second slice of bread when Mr. Bumble returned.* – (DICKENS, *Ol. Twist.*) – Ol. avait à peine achevé de **dévorer** une deuxième tranche de pain que M. B. réapparut.

REM. – Le fr. ignore le développement sémantique, spécial à l'angl., du v. *to demolish,* **engloutir, « engouffrer »,** etc. des victuailles, et *a fortiori* du subst. qui en est issu. Il faut donc transposer et trad. le nom objet par un verbe.

Deny (to). – Un prêtre s'adresse à de malheureux paysans: ***We deny ourselves*** *so that we can enjoy.* (G. GREENE, *Power and Glory,* II, 1.) – **Nous nous renonçons** afin de pouvoir nous réjouir.

Depart (to). – *They were ordered* ***to depart*** *the kingdom* ne doit pas s'entendre: « Ils reçurent l'ordre de départir, partager le royaume », mais de le **vider,** d'**en partir.** ***To depart*** signifie donc **partir,** et même mourir.

– *Mrs. J. Gurgery had* ***departed*** *this life on Monday last.* (DICKENS, *Great Expectations,* XXXIV.) – Mme J. Gurgery était **décédée** lundi dernier.

Department. – On disait couramment autrefois: le département (pour le ministère) de la justice, de la guerre, etc. et l'on dit encore auj. « les départements ministériels ». Le D.G. donne même l'emploi fig.: Ceci n'est pas dans mon département, c.-à-d.: dans mes attributions. Enfin, néol., le département d'anglais, etc. (d'une université).

Desirable. – (Élevage, hybridation) ***desirable*** *blood lines,* races, souches **appréciées.**

Destroyer. – *She is a terrible destroyer* ne doit pas s'entendre d'un contre-torpilleur redoutable, mais famil. aux E.U., de la réplique du *lady-killer,* Don Juan, Lovelace, bourreau des cœurs, etc., et donc d'une **(jeune) femme irrésitible** par sa beauté, son charme, etc. Ne pas confondre avec une *siren* ou famil. une *vamp.,* une aventurière, une allumeuse, une femme fatale.

Discredit (to). – Anton. de *to credit,* croire ajouter foi à, donc **refuser d'ajouter foi à; contester** une affirmation, la véracité d'un témoignage, **mettre en doute** les dires de qqn.

– *You are resolved, I see,* ***to discredit*** *all that I can say.* (SMOLLETT, *Count Fathom,* LV.) – Vous êtes décidé, je vois, à **mettre en doute** tout ce que je puis dire.

Distemper. – Compl. de la REM.: *Détremper,* c'était aussi « mélanger une liqueur à une autre »: « ... comme si qqn. détrempait du bon vin d'eau boueuse et amère ». (CALVIN, in D.G.)

Domestics. – E.U. **articles de production** ou **de fabrication indigène,** spéc. les **tissus, cotonnades,** etc., d'où dans les grands magasins, ***domestics,*** **rayon de blanc, linge de maison,** et tout ce qui concerne le ménage.

Dosser. – Un autre mot est le fr. dossier, **riche étoffe** à recouvrir le dossier d'un siège d'apparat, d'un trône. Aussi **hotte, panier** de bête de somme, **cacolet.** Sous la forme *dossal,* **tenture** de fond de chœur.

Drug. – Une drogue était autrefois une marchandise de mauvaise qualité. L. 2e dit *s.v.:* « ce qui est mauvais en son genre ». ***D. in the market,*** **garde-boutique** (vers 1840).

Dry (adj. et subst.). – On ne confondra pas, E.U., *land which becomes* ***dry*** avec *State after State go* ***dry.*** Dans le premier cas, il faut comprendre: la terre s'assèche; dans le second: l'un après l'autre les États (de l'Union) prohibent la consommation des boissons alcooliques, se mettent au régime « sec ». *A* ***dry*** est donc famil. un **prohibitionniste.**

Noter cependant que si ***dry*** *wine, extra* ***dry*** *champagne* sont bien respect. du vin **sec,** du champagne **extra-sec,** boire **sec** se dit *to drink one's spirits,* etc. *neat,* ou *to drink hard* (v. ces mots).

Autre chose: aux E.U. ***dry goods,*** ce ne sont pas des légumes secs, mais ce que nous appelons des tissus et nouveautés, *« articles of drapery, mercery and haberdashery » in distinction from groceries, hardware,* etc. (HORWILL.)

Mais ***dry goods*** s'oppose aussi à *wet goods,* « spiritueux, boissons alcooliques » et *wet* = antiprohibitionniste. Ce qui a permis à un juge spirituel de dire en jouant sur les mots: *« Too much* ***dry goods*** *for the women; too much wet goods for the men is the explanation of the divorce evil. »* On pourrait risquer: trop de **coureurs de cabarets,** trop de coureuses de grands magasins, telle est l'explication de ce fléau: le divorce.

REM. – C'est sans doute par association avec ce sens de « tissus et nouveautés » que ***a piece of dry goods*** = fam. **un (beau) brin de fille.**

Dutch (adj. et subst.). – Jusqu'au XVIIe s. ***High, Low Dutch,*** **haut, bas allemand.** E.U. ***Pennsylvania Dutch,*** syn. de ***P.*** *German,* descendant des Allemands qui s'étaient fixés en P. aux XVIIe et XVIIIe s.

Loc. div. fam. ou péjor. ***D. auction,*** **vente** (aux enchères) **sur mise à prix abaissée, au rabais.** ***D. lunch,*** *party, supper* repas, **où chacun paye son écot,** (***D. treat,*** où parfois **c'est surtout l'invitant qui se régale**); en ce sens, nous disons **pique-nique,** † **surprise-partie.** En fait de surprise, noter ***to beat the Dutch,*** **couper le souffle** (à qqn.), le **laisser tout éberlué, tout pantois;** ***to get in Dutch,*** **se faire mal voir, n'être plus en odeur de sainteté,** etc. ***D. concert,*** **charivari.**

Dutch courage, **courage d'ivrogne, de « culotté »,** l'alcool mettant du cœur au ventre; ***double Dutch,*** **charabia,** *that's all* ***double Dutch*** *to me,* c'est de l'**hébreu** pour moi. ***My D. was up,*** **j'ai pris la mouche, la moutarde m'est montée au nez.** ***D. uncle,*** v. *uncle.*

REM. – ***Dutch*** *courage* est glosé par Webster: *« courage due to intoxicants ».* La valeur péjor. des loc. précitées est due surtout à la rivalité des Anglais et des Hollandais au XVIIe s.

Dutchman. – † Appell. de tout Allemand, voire dans le *Far East,* de tout Scandinave. Naut. † **vaisseau hollandais;** ***the Flying Dutchman,*** **le vaisseau fantôme.** Aussi, **matelot étranger,** quelle que soit sa nationalité: *British sailors refer to foreigners employed on vessels as* ***« Dutchmen ».*** Locut. *He is as drunk as a* ***Dutchman,*** il est ivre, soûl comme un **Polonais.** ***I am a Dutchmen*** *if I love you,* si je vous aime, **je veux être pendu.**

– *He'll marry her* ***or I'm a Dutchman.*** – Il l'épousera, **j'en mettrais ma main au feu.** La loc. est un intensif.

E

Economic. — *To enter **economic life**,* aborder, entrer dans **la vie active.**

Elector. — E.U., n'est pas, comme en Angleterre, syn. de *voter*, mais de membre de l'*electoral college* qui, dans chaque État, vote tous les quatre ans pour désigner le candidat à la Présidence.

REM. — Horwill *(op. cit.)* compare cette attribution à celle des princes allemands qui, autrefois, avaient le privilège d'élire l'Empereur.

Eligible. — P. ext., ***eligible paper*** (E.U.) doit s'entendre des effets de commerce qui, aux termes du *Federal Reserve Act* de 1913, remplissent les conditions nécessaires pour être escomptés ou réescomptés par les Banques centrales (WEBSTER); chez nous: **effets bancables.**

Emotional. — **Affectif** ou **émotif.** « Sont dits *affectifs* des mots comme *sublime, horrible*... de même que les interjections, les hypocoristiques, les intensifs... » (MAROUZEAU, *Terminologie.*)

Pour H.W. FOWLER *(A Dict. of English Mod. Usage)*, ***emotional*** s'oppose à *descriptive.* Parlant du superlatif *-est*, il lui attribue une valeur **affective :** *the **emotional** -est.*

Emphasize (to). — *Gesticulation goes along with speech **to emphasize** it.* — Le geste va de pair avec le discours pour le **ponctuer.**

Entertain (to). — Aussi: **régaler,** dans le sens quelque peu vieilli de **bien recevoir, faire fête à** qqn. *« I recommend to you above all things **to entertain** the same person with a cheerful countenance »* traduit: « Je vous recommande surtout de **régaler** d'un bon visage cette personne-là. (MOL., *L'Av.*, III, 4.)

Epicene. — Lâchement, **mixte.**

— ***Epicene** convents where nuns and monks live together.* — Des communautés **mixtes** où religieuses et religieux cohabitent (vivent ensemble).

Establishment. — E.U. abrév. de ***Congressional Establishment*** (dit parfois: *the Inner Club*), « groupement composé de membres des deux partis opposés à la politique gouvernementale et lui faisant contrepoids » (DEAK).

Estimation. — La loc. *in my **estimation*** au sens de *in my opinion* est condamnée par H.W. FOWLER *(op. cit.)* s'il n'entre dans cette expression aucune idée de calcul ou de mesure.

SUPPLÉMENT

Event. — Paraphrasant le mot d'Horace que nous avons cité: *Semper ad eventum festinat,* Boileau dit (*Art poét.* III): « Chaque vers, chaque mot court à l'*événement.* » D'autre part, traduisant ce passage du *Diable boiteux* (ch. I): « Il se hâta de prendre la fiole, et sans s'embarrasser davantage de **ce qu'il pourrait en arriver,** il la laissa tomber rudement », Jos. Thomas dit: *« He seized the phial, and without further thought **on the event*** (bel ex. d'économie de mots) *he dashed it on the floor. »*

Evince (to). — Le latin *evincere* a parfois le sens de *convincere* et signifie convaincre, démontrer, prouver. Ces acceptions, désuètes aujourd'hui, ont été anglaises (***to evince** the falsehood of an assertion,* en démontrer la fausseté); mais on en retrouve la trace dans les sens bien vivants de **montrer, dénoter, indiquer; manifester, faire ressortir.**

Le français *évincer* correspond au doublet anglais de ***to evince*** **:** *to evict* (c'est aussi *to eject*).

— Une maxime de William Hazlitt: *Those who have exerted themselves to the utmost **evince** neither admiration of themselves, nor triumph over others.* (*Works*, II, *Characteristics*, LXX.) — Ceux qui n'ont pas reculé devant les plus grands efforts ne **montrent (laissent paraître)** aucune admiration envers eux-mêmes ni d'arrogance envers les autres.

Excursion. — ***To return from this excursion*** pourrait également se traduire ainsi: **pour clore** (ou: **fermer**) cette parenthèse.

Exercise. — E.U. *Commencement or graduation **exercises,*** cela n'a rien à voir avec les « exercices » d'un commençant ni avec « l'éducation progressive » chère à Mme Necker de Saussure. Il s'agit des **cérémonies de fin d'études, de la distribution des prix et des diplômes.**

Exhibition, -er. — E.U. **Examen public de fin d'études** suivi souvent de réjouissances (jeux, charades, comédies, bals), les participants étant appelés ***exhibitioners.***

Expérience. — E.U. ***to experience religion,*** fam. **se convertir.** ***Experience meeting,*** **assemblée religieuse au cours de laquelle certains fidèles viennent « témoigner ».**

F

Face. — Au fig. *One should not take people* ***at their face value.*** — Il ne faut point juger des gens **sur l'apparence** (v. *appearance*).

Factionary, -ist. — **Membre d'une faction, factieux; d'un esprit partisan.**

Factor. — † **Partisan** (non péjor.). cf. lat. *facere cum aliquo*, être du parti de qqn; † **intendant, gérant** (encore en Écosse); E.U. jur. **tiers-saisi** (Angl. *garnishee*).

Factory. — Outre factorerie « comptoir d'un établissement commercial à l'étranger, surtout aux colonies », signifie **manufacture, fabrique, usine.** ***Factory*** *inspector*, insp. **du travail.**

Family. — Pol. E.U. *In America the members of a Cabinet are often spoken of as the President's* ***official family.***(in HORWILL), cit. qui s'explique d'elle-même et que complète l'ex. suiv.: *« Mr. Wilson did not decide on the last one of* ***his official family*** *until his inauguration day was close at hand » (Ibid.)* — Le Président W. ne décida de nommer le dernier de ses **ministres** (1) que peu avant son entrée en fonction.

En compos. *the* ***family-room*** = le *living-room* angl., la **pièce** ou: **salle de séjour,** le **vivoir,** comme disent les Canad. fr.

Famine. — **Disette** (d'une marchandise quelconque: coton, ivoire, etc.), voire d'eau. ***water famine,*** **sécheresse extrême.** Aussi: *to die of* ***famine,*** mourir **de faim;** enfin, **boulimie, appétit vorace.**

Farm, -er. — Aux E.U. ***farm*** signifie encore: **maison de repos,** *rest home,* génér. pour alcooliques, réformés, drogués, désintoxiqués, etc., plus explicit. ***health farm*** (DEAK). Aussi, sports: **école** ou **club d'entraînement,** sorte de **pépinière** où sont formés les meilleurs joueurs et futurs champions de baseball, etc.

Quant à ***farmer,*** dans l'arg. des marins c'est ainsi que se dénomment le timonier ou l'homme de vigie lorsque, de nuit, ils ne sont pas de quart: *A sailor calls himself a* ***farmer*** *when he has neither wheel nor look out during a night.* (N.E.D., Suppl.) Ils sont alors **rentiers** ou, comme ils disent aussi: **« de quart en bas ».** Dans l'arg. des terriens, le ***farmer*** est une **buse,** une **bûche,** une **souche,** une **cruche.**

Quelques autres ex. montreront l'indice de polysémie élevé de ces mots: *The parish authorities resolved that Oliver should be* ***« farmed »,*** *or, in other words, that he should be despatched to a branch workhouse some three miles off.* (DICKENS, *Oliv. Twist,* II.) — Les autorités de l'hospice de l'assistance publique décidèrent qu'Ol. serait **mis en nourrice,** autrement dit, expédié à une succursale de l'hospice située à quelque trois milles de là.

Dickens (1838) semble être le premier qui ait utilisé le mot dans ce sens spécial. C'est pourquoi il le met entre guillemets et croit devoir l'expliquer.

— Plus loin, le même auteur écrit: *...Anything approaching washing (was) of rare occurence in the* ***farm.*** — Tout ce qui pouvait ressembler à une lessive était chose fort rare dans la **garderie.**

Feat. — Ce mot qui a d'abord désigné un fait, puis un fait d'armes *(**feat** of arms)*, est devenu un **fait par excellence,** un **haut fait,** et, maintenant surtout, un **exploit,** un tour de **force,** une **prouesse** (cf. *achievement*).

— A Vernon, qui vante l'endurance de Clara Middleton, Mrs. Mountstuart répond: *There's no necessity for any of your pedestrian* ***feats.*** (MEREDITH, *The Egoist,* XXXVI.) — Il n'est pas nécessaire d'accomplir quelqu'un de vos **exploits** pédestres. (Trad. Yvonne CANQUE.)

— Alpha raille les femmes qui font de l'équilibre sur de hauts talons: *All the grace and freedom of movement lost in an ugly acrobatic* ***feat.*** (*Leaves in the Wind,* 14.) — Toute la grâce et toute l'aisance de leurs mouvements perdues dans un affreux **tour** d'acrobatie.

Felicity. — ***Felicity of phrase,*** **bonheur d'expression.** *The* ***felicities*** *of imagination,* les **trouvailles** de l'imagination.

— *His* ***felicity*** *in playing music,* ses **dons heureux** de musicien.

Female. — *In comparing modern with ancient manners, we are pleased to compliment ourselves upon the point of gallantry; a certain obsequiousness, or deferential respect which we are supposed to pay to* ***females*** *as* ***females.*** (LAMB, *Elia, Modern Gallantry.*) — Lorsque nous comparons les mœurs modernes aux anciennes, nous nous plaisons à nous targuer (flatter) de galanterie, d'une sorte d'égard ou de respect déférent que nous sommes censés marquer aux **femmes** en tant que **femmes.**

Figure. — Nous disons d'un(e) domestique qu'il ou elle fait danser l'anse du panier, c.-à-d. carotte les maîtres. Les Américains voient plus grand, et pour eux, le ***figure dancer*** fait « danser » les chiffres, autrement dit **falsifie** à son profit **le montant d'un chèque.** ***To f.,*** Angl., **chiffrer, calculer;** E.U. **penser,**(s') **imaginer.**

File, to file. — Mil. *to march* ***in file,*** marcher **par deux, en colonne par deux;** *to form a single* ***file,*** **dédoubler les rangs;** ***a file of men,*** **deux hommes,** ***a file,*** **un homme.**

To file, E.U., sens plus étendus qu'en Angl.: *A reporter* ***files*** *a story* (v. ce mot) *to his newspaper,* un correspondant **câble** un

(1) On sait qu'aux E.U. nos « ministres » portent le titre de *Secretaries. The Administration (q.v.)* se compose du Président et de son cabinet.

article (sa « copie ») à son journal; *an official* ***files*** *his resignation*, un fonctionnaire **remet** sa démission; *a judge* ***files*** *his dissenting opinion*, un juge (en désaccord avec ses collègues) **fait consigner** ce désaccord **au procès-verbal;** *he has* ***filed*** *a mining claim*, et intr. ***filed on*** (ou *upon*) *a section of land*, il a **déposé** une demande de concession minière, de lot de terrain.

Enfin, arg. ***to file a strong bid,*** **se dépenser, se démener, se décarcasser, se démancher, se mettre en quatre** (pour réussir, etc.).

Financial. – Se dit de tout membre d'une association, etc., qui paye des cotisations, membre **cotisant,** donc, par oppos. aux *honorary members*. P. ext., toute personne **qui n'a pas de dettes.** Aussi ***financial*** *revenue*, recettes **fiscales.**

– *The Miners' federation... contains in round numbers 180.000 paying or "* ***financial*** *" members, as they are called among the bottom workers* (trad. inutile).

Finish (v. et subst.). – Nous avons adopté (1904) d'après l'angl. le t. de sport: match (de boxe) au finish. Aux courses, *the* ***finish,*** le **poteau d'arrivée, l'arrivée.** Employé trans. avec un nom de pers. « finir » est « trivial » selon L. 2°. Le coiffeur dit p. ex.: « Quand j'aurai *fini* monsieur, ce sera votre tour. »

Mais ***to finish*** *the wounded*, c'est **achever** les blessés.

Le part. passé employé comme adj. est le plus souvent pris en mauvaise part. Quand Balzac dit: « C'est un gredin *fini* » *(Cous. Bette)*, il faut entendre *fieffé*.

Float. – ***Float*** pour ***float gold*** = E.U. **paillettes d'or.** Aussi ***float (-pudding),*** **gâteau à la crême meringuée.** Banque: ***to float*** intr. se dit d'un effet de commerce en circulation, ***the float*** étant **l'ensemble de ces effets** non encore présentés à l'encaissement.

Formal. – Margaret Nicholson *(A Dict. of American Usage)* appelle ***formal*** *words*, mots **nobles, apprêtés, guindés, pédants, « collet monté »** ceux qui manquent de simplicité, p. ex. *a room with adequate illumination*, au lieu de *well-lighted*. C'est contre ces mots et contre la verbosité administrative que se sont élevés aussi, en Angl., Sir Ernest Gowers *(Plain Words)* et Ivor Brown *(A Book of Words)*, p. ex. *alternative accommodation* au lieu de *new ledgings, a depleted staff* (dans l'agriculture) au lieu de *short-handed, inspirational* pour *inspiring, elevator* au lieu de *lift*, et (mais ici Ivor B. exagère peut-être) *a juvenile delinquent* au lieu de... *a bad boy*, qui n'est pas notre « mauvais garçon ».

Forum. – Outre les sens fr. bien connus, signifie **tribunal, cour de justice, barreau** (cf. lat. *forensis* et angl. *forensic)*. Aussi **tribune, « débat public,** généralement contradictoire, qui a lieu par l'organe de la presse, de la radio sur des questions politiques, religieuses ou littéraires »; à la télévision, néol. **face à face.**

Franchise. – L'évolution du mot a été identique dans les deux

langues. Pourtant lorsque Mascarille (*Préc. rid.*, sc. IX) se plaint de « l'assassinat de sa *franchise* », les trad. angl. du XVIIIe s. rendent ce mot par *freedom*. D'autre part, si ***franchise*** a conservé en Angl. comme d'ailleurs aux E.U. le sens de « droit de vote », dans ce dernier pays, le mot signifie égalt. **concession** (administrative), **droit d'exploitation d'un service public :** eau, électricité, etc.

French (to). – E.U. absol. (d'une plante: coton, maïs, etc.) **s'étioler, se déjeter.**

Frontier. – Hist. E.U. « zone limitrophe du pays encore inexploré » (DEAK), d'où ***frontier(s) man,*** **pionnier, broussard;** ***frontierism,*** **rusticité, rustrerie, vulgarité, mœurs rudes et incultes attribuées aux premiers défricheurs.**

– *'Tis wonderful how soon a piano gets into* ***a hut on the frontier.*** (EMERSON.) – Il est étonnant de voir comme une **cabane de pionnier** a tôt fait de se doter (se meubler, se pourvoir) d'un piano.

Fusion. – Nous parlons de fusion de sociétés, d'entreprises, de fusion des esprits, de fusion des races; mais ***a fusion*** *administration*, E.U. (angl. *coalition government*), est un gouvernement **de coalition,** ou mieux: **d'union.** De même ***a fusion*** *(electoral) ticket*, un programme électoral **d'union.**

G

Gaff. – E.U. arg. **vantardise, jactance, bluff, fanfaronnade.** ***To give the gaff to s.o.,*** **prendre qqn. violemment à parti, l'éreinter, l'étriller.**

Gaol ou **jail. –** *Jail-delivery,* outre **levée d'écrou,** *order of release,* signifie surtout **mise en jugement des prisonniers** qui doivent passer en cour d'assises et **session de cour d'assises.** E.U. **évasion concertée des détenus.**

Gas. – Abrév. famil. de ***laughing gas,*** gaz hilarant, protoxyde d'azote, qui a des propr. anesthésiques. – Chez le dentiste: *I had my tooth out **with gas.*** – Je me suis fait extraire (arracher) ma dent **sous anesthésie (sans douleur).** E.U. famil. ou pop. ***that's all gas,*** **tout ça, c'est du verbiage, du boniment, de la blague, des bobards,** etc. De même ***to gas,*** **dégoiser; hâbler, fanfaronner.** Autre sens **gniôle, tord-boyaux, drogue d'épicier.**

– ***He is a gas-bag,*** **il parle pour ne rien dire.**

Gay. – ***The gay nineties,*** la période qui correspond au **début de la « belle époque »** en France, et au **déclin de l'époque victorienne** en Angl.

D'autre part, ***a gay boy*** n'est pas aux E.U. la réplique de la *gay woman,* à rapprocher de notre « fille de joie », mais un **homosexuel.** ***To get gay,*** c'est péjor. s'**émanciper, prendre des privautés.**

General. – E.U. ***General store,*** aussi **épicerie; bazar.**

Gentile. – En Angl. un **non-juif,** un **chrétien,** un **« goy »;** aux E.U., parfois, un **non-Mormon.** *A **gentile,*** un **païen.**

Gentleman. – E.U. A la Chambre des Représentants, *the gentleman* est la réplique du *Honourable Member* de la Chambre des Communes. Un roman de Booth Tarkington, dont le héros est un membre du Congrès, est intitulé *The **Gentleman** from Indiana* (*in* Horwill), comme nous dirions: « Le **représentant,** le **député** de l'État de l'I. »

Grade. – Rem. – Aux E.U., l'idée de classification se retrouve dans les termes et loc. suiv.: *the **grades*** ou *the **grade schools,*** *the **grade teachers,*** les **écoles primaires,** les **instituteurs,** l'enseignement primaire s'échelonnant du *1st* au *6 th grade,* le secondaire du *7 th* au *12 th grade,* soit six classes pour chaque cycle d'études.

*The **grade*** est aussi la **note numérique** ou **d'appréciation** (angl. *mark*) du travail d'un élève ou la mention du grade universitaire conféré: honorable, très honorable.

Graduate. – ***Graduate school,*** **école des hautes études, école supérieure de spécialisation.**

Greek. – Ellipt. ***when Greek meets Greek,*** **à corsaire, corsaire et demi, à bon chat bon rat.**

Gruel. – Péjor. **brouet.**

– Dickens ironise sur les conditions de l'assistance publique en Angl.: *The relief was inseparable from the workhouse and the **gruel** and that frightened people.* – L'assistance était inséparable de l'hospice et du **brouet,** et cela effrayait les gens.

H

Halcyon (adj.). — *The **Halcyon period** of the League of Nations.* — **L'âge d'or** de la Société des Nations.

Hall. — En compos. ***hall-mark*, poinçon de contrôle** (des monnaies et objets d'or et d'argent) apposé à l'orig. au *Goldsmiths'Hall*, d'où au fig. **sanction, approbation, garantie; cachet, empreinte** (du talent, du génie).

— *Work bearing the **hall-mark** of genius*, travail marqué au **coin** du génie.

Halt (to). — Aux E.U. ***to halt***, faire halte, peut s'employer tr. dans le sens **de (faire) arrêter, stopper** = *to call a halt*.

— *The gang **halted** the train in the open country.* (DEAK.) — La bande **obligea le train à s'arrêter** en rase campagne.

— *Is it not high time **to call a halt**, and stop this reckless expenditure?* (MATHEWS.) — N'est-il pas grand temps de **crier holà!** et d'arrêter ces folles dépenses?

Hard (subst. et adj.). — E.U. hist. **partisan de la monnaie métallique,** *hard money* (angl. *hard cash*). *Aussi*, écon. pol. ***hard** currency*, devise **forte** (v. soft), ***hard** goods*, syn. de *durable g.*, biens **de consommation durable,** ou: **lente** (autom., appareils ménagers, etc.). ***hard-boiled** eggs*, œufs **durs, *hard-boiled hat*** (angl. *Derby, bowler hat*), **chapeau melon;** au fig., syn. de *hard-headed, sophisticated*, **positif, pratique; expérimenté, entendu** (en affaires); **qui en sait long, rusé;** aussi, **sévère, strict, raide, inflexible, pas commode; qui est à cheval sur le règlement** ou **la discipline, coriace, dur à la détente;** *a **hard-boiled** official* (Webster), un fonctionnaire **peu commode;** *a **hard-boiled** man*, un homme **coriace;** *two **hard-boiled** sergeants terrorising the barracks* (Mathews) — Deux sergents **pète-sec** qui terrorisent la caserne.

Autres sens, E.U. ***hard** sauce*, **sauce liée;** sorte de **crême pâtissière;** *hardware*, non seulement **quincaillerie, ferronnerie, grosserie,** comme en Angl., mais aussi, dans l'ind. de l'électron., **calculateur,-trice, ordinateur,** par oppos. au *software*, programmes et services, trieuses, cartes perforées.

Honour. — *The **honor system*** (E.U.) n'a rien à voir avec l'option par laquelle l'universitaire se spécialise dans une discipline ou matière déterminée: histoire, philosophie, etc., ni avec notre système du prêt d'honneur. C'est l'**engagement d'honneur** pris par les candidats à un examen, et laissés sans surveillance, de n'accepter aucune aide pendant l'écrit.

I

Impulse. — ***Impulse** goods, sales, buying*, marchandises, ventes **de choc,** achats **réflexes** (Trad. proposées par le *Comité d'étude des termes techniques français*).

Indent (to). — E.U. hist. ***indent(ur)ed servants*, travailleurs sous contrat** embauchés au XVIIᵉ s. par les colons anglais de la Virginie, institution qui, en raison de son insuccès, obligea les planteurs de tabac à recruter des Noirs venus d'Afrique. Telle fut l'origine de l'esclavage.

Inexpiable. — Comme le latin *inexpiabilis* (cf. la guerre **inexpiable**), peut signifier **implacable, acharné.**

— Dans *Samson Agonistes* (839), Milton fait dire à Dalila par Samson:

My love how could'st thou hope, who took'st the way
*To raise in me **inexpiable** hate?*

Comment as-tu donc pu espérer mon amour, toi qui fis tout pour éveiller en moi une haine **implacable?**

Informal. — « Informel » est un nouvel intrus. Traduire *an **informal** meeting* par « une réunion informelle » au lieu de: **tenue à titre officieux** est un non-sens. *An **i.** visit* est une v. **sans cérémonie, non protocolaire. *Informal*** est ici l'anton, de *formal (q.v.)*. Enfin, jur. **irrégulier** (document, etc.), qui n'est pas établi dans les formes légales prescrites pour en assurer la validité.

Inspection. — *Disarmament **subject to inspection.*** — Désarmement **contrôlé.**

Intelligence. — Lamb a appelé les oreilles "*side-intelligencers*". C'est dans un sens un peu différent que nos précieuses y voyaient « les portes de l'entendement »!

Interdisciplinary. — A l'impropre « interdisciplinaire » succèdent (l'université, l'enseignement) « pluridisciplinaire » et la « pluridisciplinarité » qui renchérissent encore sur l'impropriété. Ne serait-il pas plus français de dire: enseignement **diversifié,** ou: **à options,** ou encore: enseignement **polyvalent,** la **polyvalence** de l'enseignement universitaire? Sans parler des associations fâcheuses qu'évoque un adj. pris le plus souvent en mauvaise part: peines disciplinaires, etc.

Inviting. — Lorsque Don Juan (II, 3) détaille les perfections de Charlotte et s'extasie sur les « lèvres **appétissantes** » de la belle paysanne, le trad. dit ***inviting** lips*.

SUPPLÉMENT

Issue. – *The **main issue** of the suit will be judged on the...* – Le procès **au fond** viendra en jugement le...

J

Jurisprudence. – REM. M.H. Capitant ajoute *(op. cit.)*: « Peu à peu... se dégagent de l'ensemble des sentences des tribunaux de véritables préceptes abstraits, élevés au rang des règles de droit, et tenues pour obligatoires comme les prescriptions légales elles-mêmes. » C'est dans ce sens que l'on dit: « La jurisprudence fait loi ».

L

Lace. – *They daubed their habits with gold **lace.*** – Ils chamarraient leurs vêtements de **galons** d'or.

Legend. – *Mr. Churchill's cigar **is a legend.*** – Le cigare de M. C. est non pas « une légende », mais est **devenu légendaire.**

Lion, -ess. – **Lionne;** au fig. **femme à la mode, vedette du jour.** Loc. ***to twist the lion's tail,*** par allus. au *British Lion*, emblème national et symbole de la puissance anglaise, **mettre à l'épreuve la patience de l'Angleterre :** *it is not safe **to twist the lion's tail,*** il est dangereux de, il ne fait pas bon **plaisanter avec les intérêts britanniques,** plus généralement: **...de jouer avec le feu** ou: **qui s'y frotte s'y pique.**

Lunatic. – E.U. *the **lunatic fringe,*** la **fraction extrémiste d'un parti politique,** *the **lunatic fringers,*** les membres de cette fraction: les **fanatiques,** étant considérés par les modérés comme des déséquilibrés mentaux.

– *There was a **lunatic fringe** among the votaries of this forward movement.* – Il y avait une **fraction de fanatiques** parmi les zélateurs de ce mouvement avancé.

M

Majority. — E.U. s'entend de la **majorité absolue,** *plurality* étant la maj. relative.

Man-of-war. — Apparemment d'après le fr. « homme de guerre », dit le N.E.D., † ou peu usité dans ce sens. Depuis le XVe s., **navire de guerre, bâtiment de ligne.** En compos. ***man-of-war bird*** *or* ***hawk,*** **frégate,** *Fregata aquila;* aussi, impropr. dit Webster: **albatros; stercoraire; mouette pillarde, ravisseuse.**

— *The Lord is a* ***man-of-war.*** *(Exod.,* XV, 3. — L'Eternel est un **grand guerrier.** REM. — Le corrélatif de ***man-of-war*** est *merchantman = merchant ship,* navire de commerce.

Mark. — E.U. famil. ***He is an easy mark,*** **c'est un jobard.** Moyen mnémotechnique: Job, personnage biblique, a été la *cible* de railleries. Aussi, **c'est une bonne poire.**

Marker. — E.U. **Plaque commémorative, monument commémoratif** (angl. *memorial*); ch. de fer: **feux de signalisation;** feux arrière spéciaux de certains trains.

Locut. ***He is not a marker on or to one,*** **il ne lui vient, ne lui va pas à la cheville.** (Cf. ch. *Not a circumstance to...*)

Market. — E.U. parfois **magasin,** ex. ***meat market,*** **boucherie** (v. *supermarket*). ***To play the market,*** **spéculer à la Bourse.**

Matter (to). — Méd., intr. (d'un bouton, d'un furoncle) **suppurer.**

Medicine. — Fam. et fig. ***to take, swallow one's medicine,*** **avaler la pilule, supporter les conséquences de ses actes.**

Meridian. — P. ext. du sens pr. commun aux deux langues, se dit au fig. de l'**apogée,** du **point culminant,** etc.; de la **force** de l'âge., *the* ***meridian*** *of (one's) age or life.*

— *Napoleon was then at the meridian of his glory.* — « N. » se trouvait alors à l'**apogée,** au **faîte,** au **zénith** de sa gloire.

— *Our language was* ***at its meridian.*** — Notre langue avait atteint **son plus haut degré de perfection.**

Merits. — *The alleged violation of the rules could* ***only be judged on its merits.*** — La prétendue violation des statuts ne saurait **être appréciée que par le juge du fond.**

Mess. — Outre *mess,* **table, carré** (d'off. de marine); **ordinaire, cantine** (de troupe); ***mess-sergeant,*** **chef de gamelle.**

Million. — E.U. ***To feel like a million,*** **se sentir d'attaque, en pleine forme.**

Moderator. — E.U. Président d'un *town meeting,* sorte de conseil municipal dont fait partie chaque habitant de la commune *(township).*

Monarch. — E.U. arg. **cheval « voleur »,** c.-à-d. qui vole, a des ailes, dévore le terrain. Plus fréquemment, disent Géo Sandry et Marcel Carrère *(Dict. d'Arg. mod.),* « C'est un **cheval du matin** ».

Money. — En compos. ***money-digger,*** non seulement le **chercheur de trésor,** mais aussi le serviteur qui **« enfouit son talent »** (*S. Matthieu,* XXV, 18) et l'avare **son trésor** (L.F., *Fables,* IV, 20).

Mullet. — **Muge, mulle,** vulg. **mulet; *red mullet,* rouget,** du lat. *mullus,* même sens; aussi **surmulet,** poisson de la famille des *Mullidés* qu'en raison de sa chair délicate Barbey d'Aurevilly qualifiait d'« honneur exquis des tables normandes ».

Mural (subst.). — **Décoration, peinture murale.** *The problem of harmonizing a* ***mural*** *with diverse styles of furnishing.* — Le problème qui consiste à harmoniser la **décoration murale** avec des ameublements de divers styles.

Murder. — Dans un texte non moderne auquel on voudra conserver son parfum d'époque, on pourra traduire ainsi la loc. fig. ***murder will out :*** **« au long aller faut que tout soit su ».**

Mute (adj. et subst.). — Le N.E.D. donne du subst. ***mute,*** **pleureuse,** la même défin. que celle de *weeper « one hired to mourn at a funeral ».* Il semble pourtant difficile de concilier le mutisme avec les lamentations et les chants funèbres « nénies » des pleureuses à gages.

Il l'est moins de comprendre: *the hounds* ***were running mute,*** la meute suivait la piste **sans donner de la voix.**

Autre sens, **sourdine,** d'où ***to mute*** *a violin,* **mettre une sourdine** à un violon.

N

Native. – Astrol. né sous telle ou telle planète: *Mars threatened violent death to the* ***native,*** Mars menaçait de mort violente l'homme **né sous cette planète.**

– *Gavroche was a* ***native*** *of Paris.* – G. était un **enfant** de Paris.

Nativism. – E.U. **nationalisme,** poussé à l'extrême, **professé par les adversaires de l'immigration,** (cf. hist. *the Native American party,* de tendance xénophobe). Philos. **nativisme; innéisme.**

Nativity. – Aussi, astrol., sens fr. **nativité, horoscope,** *to cast s.o.'s* ***nativity,*** tirer l'**horoscope** de qqn.

Natural. – *The* ***natural*** *family,* la famille **du sang.**

Nuisance. – Donné comme vieux ou dialect. par Robert, ***nuisance*** est réintégré peu à peu dans notre langue. Employé par George Sand et à A. Gide au sens moral, il est devenu syn. de « pollution », et l'on a pu lire dans le *Monde* du 19 mai 1970: « Pour lutter contre les nuisances, il est nécessaire d'élaborer un droit international. »

O

Office. – Fam. **avis à mots couverts,** le **mot,** un « **tuyau** », ***to give the office,*** **passer la consigne, donner le mot;** ***to take the office,*** **comprendre, entendre à demi-mot, faire son profit d'un avertissement.**

Oil. – Arg. E.U. **beurre, braise, fric, pognon, pèse,** etc.

Aussi **pommade, flagornerie,** d'où ***oil-merchant,*** **enjôleur; hâbleur, charlatan; escroc.**

Operate (to), operation, operator. – Noter, aux E.U., la surcharge sémantique de ces mots. Selon Horwill, ***to operate*** = indifféremment: *work, run, carry on, deal with.* En Amérique, *one may* ***operate*** *an automobile* (**conduire**), *a bank* (**diriger**), *a boat* (**manœuvrer**), *a machine* (**faire fonctionner** ou: **marcher**), *a mine* (**exploiter**), *a café* (**tenir**), *a newspaper* (**gérer**), etc.

Sens corresp. pour *operation.*

Quant à ***operator,*** il faut le distinguer soigneusement de l'angl. *operative (q.v.).* Il doit s'entendre, on l'a vu, de l'**employeur,** de l'**exploitant,** de l'**entrepreneur,** mais aussi, par une confusion regrettable, d'un **employé.** Il serait incorrect de rendre littéralement des termes courants comme ***(telephone) operator,*** **téléphoniste, standardiste,** naut. ***(wireless) operator,*** **radio** (**télégraphiste**), et admirez... l'ascension dénominative du préposé: ***elevator operator!*** le... **garçon d'ascenseur,** abus. le **liftier.**

Enfin, ***Wall-Street operator,*** **spéculateur** (à la Bourse), ***o.*** *for a fall, for a rise,* **joueur** à la baisse, à la hausse. Avec parfois une nuance péjor., *a big* ***operator,*** un gros **trafiquant,** et si ***operative*** peut signifier **agent d'un service secret; détective,** ***operator*** s'entend parfois aussi, famil. d'un **filou,** d'un **escroc.**

Option. – Jur. *Imprisonment without the* ***option*** *of a fine,* emprisonnement sans (faculté de) **substitution** d'amende. ***Local option,*** **droit des administrés d'autoriser ou d'interdire la vente des spiritueux.** Bourse, **prime :** ***option day,*** (jour de la) **réponse des primes.**

Orb. – Outre les sens fr., poétiq.: *A tear fell from his sightless* ***orbs.*** – Une larme tomba de ses **yeux** sans regard.

Ordinance. – E.U. = angl. *by-law,* **arrêté municipal.**

Aussi, **arrêt, décret** (de la Providence, du destin); **ordre établi** (*Jul. Caes.,* I, iii, 66); rite; *the* ***holy Ordinance,*** la **sainte communion,** l'**Eucharistie.**

P

Package. – **Paquet, colis** = angl. plutôt *packet, parcel, **package** of tobacco;* **emballage.** E.U. fam. ou arg. **fille « bien balancée » « bien roulée ».** Aussi, **grosse somme, gros magot.**

Page (to). – *Here, **page** Mr. S., Room 186''* est une phrase qui peut sembler mystérieuse à ceux qui ignorent la facilité avec laquelle les mots anglo-américains peuvent changer de catégorie grammatic. (ici, passer de la nominale à la verbale). Mathews *(op. cit.)* l'explique ainsi : *« The process of **paging** Mr. S. consists in calling out his name in the dining and other public rooms of the hotel''.* Nous dirions : **« faire demander** M. S. **par le chasseur ».** ***To page s.o.*** = aussi lui **servir de laquais** ou **de page.**

Panel. – E.U. **dessin comique** accompagné d'une légende. ***Panel member*, animateur d'un débat contradictoire,** p. ex. à la radio ou en public. A distinguer donc du *panel doctor.*

Panelist peut s'entendre d'un **membre (d'un jury** quelconque).

Paper. – Les composés anglo-américains (v. notre *Préface*) posent constamment des problèmes au traducteur. C'est ainsi que ***a paper house*** ne doit pas évoquer l'idée d'une maison de papier, mais d'une salle (de théâtre) qu'il a fallu remplir **à l'aide de billets de faveur,** *''paper''.* Attrib. *Half of the house is* **''paper''.** Les places sont pour moitié **« à l'œil ».**

Dans *a **paper man*** (arg. E.U.), l'analyse fait apparaître un tout autre rapport entre déterminant et déterminé. Il s'agit d'un... musicien qui ne peut jouer de mémoire, sans partition, littéral. « l'homme au papier » (1). Dirons-nous : le **croque-notes... noir sur blanc?**

Autres ex. d'indétermination sémantique. Le commerçant qui a besoin de fonds se gardera bien de faire état, auprès de son prêteur éventuel, de ***paper profits***, c.-à-d. de **profits comptables, fictifs;** il lui remettra une **reconnaissance de dette,** ou des **effets bancables** et obtiendra ainsi du ***paper credit.***

Si, d'autre part, ***paper book***, t. de pratique, doit s'entendre d'un **recueil analytique des causes jugées au fond par les tribunaux anglais,** ce n'est pas ainsi qu'il faut comprendre ***paper-backed book (= paperback)***, qui est un **livre broché, bon marché;** au fig. ***paper-backed*, qui a les reins faibles, chétif, débile.**

(1) Cf. Anatole France se plaignait de n'avoir qu'une « éloquence de papier ». Il écrivait donc ses discours. (*Le Monde*, 7-1-1972).

*Push, ye **paper-backed beggars!*** (KIPLING, *Sold. Three.*) – Allez-y donc, mettez-en un coup, **tas de femmelettes!**

Park (to). – Du sens primitif d'« enfermer dans un parc », « confiner » qqn. (cf. SHAKS., I, H. VI, IV, ii, 45), puis de **garer** une automobile, les Amér. tirent des emplois bien plus étendus, ex. : *A nursery where working mothers can **park** their children,* une garderie où les mères qui travaillent peuvent **déposer** leurs enfants. – *There are deep pockets in a parka in which you could **park** a sandwich, extra sweater... cigarettes or what you have* (1943, in MATHEWS) – Une parka (sorte de canadienne) comporte des « profondes » où vous pourriez **fourrer** un sandwich, un chandail de rechange... des cigarettes, que sais-je encore !

A la voix pronom. s'**installer** qq. part, **ne pas bouger** (d'un lieu), famil. **se planquer :** *During the bombardments he would **park himself** in a cellar,* pendant les bombardements, il **« se planquait »** dans une cave. Autres sens angl., **enclore** (un terrain), **disposer, aménager, transformer en parc.**

Pass (to). – *These letters are all that ever **passed** between my father and mother. (The Letters of R. Browning & Eliz. B.)* – Ce sont là les seules lettres **qu'ont échangées** mon père et ma mère.

Naut. ***To pass** a ship, a rock **dangerously***, **faire honneur** à un navire, à un rocher, parce que, dit le lexicographe fr., on fait passer son propre bâtiment aussi près que possible de ces objets, sans les toucher, et, en quelque sorte, à une distance respectueuse. Grüss dit : **ranger** un navire, etc. **à l'honneur.**

Passable. – « Styx qui n'est plus *passable* au retour » (XVIe s.), c.-à-d. qu'on ne peut plus **passer, franchir;** de même en angl., *a **passable** river,* une rivière **franchissable,** *a **passable** road,* une route **praticable; *passable by vehicles*, carrossable.** Les sens de (argent) **qui passe, est de mise, a cours;** (livre) **qui passe de main en main, digne d'être lu, diffusé,** *fit for circulation,* dit le N.E.D., ont un parfum légèrement archaïque.

Passage. – Emprunte au v. ***to pass*** de nombreux sens, notamment : (monnaie qui a) **cours,** (est) de **mise,** (d'une coutume, d'une idée, etc.) le **fait d'être reçu.** P. ext., **adoption, vote** (d'une loi).

Par spécial. du sens fr. de « passage » : **corridor, couloir, galerie, vestibule.** Techn. *Steam **passage***, **conduite** de vapeur, **canal** à vapeur, *air **passage***, **conduit** d'aérage ou : à air.

Méd. et famil. *The **passage***, l'**urètre,** le **rectum;** chir. ***false passage***, **fausse route** (d'une bougie, etc.); méd. **évacuation,** et concr. **selle.**

Autres sens : **ce qui se passe** entre deux personnes, **échange** d'idées, de confidences, etc.); au pl. **rapports intimes** ou **amoureux, relations sentimentales;** aussi, p. ext. ***passage at (of) arms***, † **pas d'armes** (1) (sorte de tournoi), **passe d'armes** et au fig. **échange**

(1) Cf. « Le *Pas d'armes du roi Jean* », poème de Victor Hugo.

de propos, de mots vifs, de coups, prise à partie, prise de bec. Comme en fr. passage « fragment d'une œuvre » et donc **épisode** (d'un roman, etc.), *selected **passages,*** **morceaux** choisis; **détail** (d'une peinture), mus. ***brilliant passages,*** **traits** (d'un morceau); enfin **certain jeu de dés** tombé en désuétude.

– *Robert Peel's influence was evidenced **by the passage** of his bill on child labour.* – R. P. prouva son influence **en faisant voter** son projet de loi sur le travail des enfants.

– *The room is at the end of the **passage.*** – La chambre se trouve au bout du **couloir** (ou: du **corridor**).

– *His speech contained many **brilliant passages.*** – Son discours abondait en **traits d'éloquence** (ou: en **morceaux de bravoure**).

– *Certain **passages** in his life (Swift's) remain contradictory.* (N.E.D. Suppl.) – Certains **épisodes** de sa vie laissent subsister des contradictions.

– *The **passage** of time,* la **marche** ou: le **progrès** du temps.

– *The **passage of time** between the conception of this book and its publication.* – L'**intervalle qui s'est écoulé** entre la conception de cet ouvrage et sa publication (la date à laquelle il a vu le jour).

– *Her recent life met with very uncommon **passages.*** (STEELE, *in* N.E.D.) – Sa vie a été marquée récemment par des **événements** fort singuliers.

– *The news of his son's **love passages** soon reached him.* – Il ne tarda pas à être informé (à avoir vent) des **intrigues sentimentales,** ou **amoureuses,** de son fils.

– *Talking of music reminds me of a little **passage** between Ernest and Miss Skinner, Dr. Skinner's eldest daughter, not so very long ago.* (S. BUTLER, *The Way.*) – Cette digression musicale me rappelle un petit **incident** (littér. une petite **passe d'armes**) qui eut lieu assez récemment entre E. et la fille aînée du Dr. S.

REM. – ***Passage*** résume des expressions comme *what passed,* ce qui se passa, *what passed between them,* ce qui se passa entre eux; *what words passed between them,* les paroles qu'ils échangèrent.

Passenger. – Outre notre passager, tout **voyageur** transporté par un omnibus, un train, etc. d'où ***passenger** train,* train de **voyageurs;** *the parcel was sent by **passenger train,*** le colis a été expédié par **grande vitesse;** ***foot-passenger,*** **piéton;** arg. sportif, **non-valeur, quantité nulle** ou **négligeable, cinquième roue d'un carrosse.**

Passer. – Non pas « passeur », qui se dit *ferryman,* mais mis pour *passer-by,* **passant.** D'autre part, *he had been a great **passer** of examinations* doit s'entendre: il avait été un grand **réussisseur** d'examens, comme dit Daniel Halévy (*Péguy et les Cahiers de la Quinzaine,* III), plus couramment: un grand **lauréat** de concours.

Passion, passionate. – Mêmes sens qu'en fr., mais parfois ***passion*** déborde un peu sur **passion.** Ainsi, nous disons bien souffrir mort et *passion,* et la *Passion* de Jésus-Christ au sens de martyre. – tandis que l'angl. a autrefois généralisé le mot pour l'appliquer à toute **douleur** ou **affliction.** – Le langage de la médecine appelait jadis l'hystérie: *passion* hystérique, l'iléus: *passion* iliaque. L'angl. a dit de même: *a **passion** in the belly,* une **douleur** de ventre.

*To be in a **passion,*** être en **colère.** Ce sens a été fr. Molière a écrit: « Malgré la *passion* dont elle était émue... » (*L'Étourdi,* V, 14). Dans *Tartuffe* (V, iv), Monsieur Loyal dit à Orgon qui se courrouce: « Monsieur, sans *passion...* » et Béline s'efforçant d'apaiser Argan: « Ne vous *passionnez* pas... » ***Passion*** *s*'emploie dans cette acception même sans l'article indéfini.

Passionate signifie **emporté, irascible.**

– *Give her what comforts / The quality of her **passion** shall require.* (SHAKS., *Antony and Cleopatra,* V, i, 63.) Donnez-lui les consolations que comportera la nature de sa **douleur.**

– Encore au XVIIIe s.: *She had to bear in secret the **passion** of losing the adored object.* (THACK., *Esmond,* I, IX.) – Elle dut supporter en secret la **douleur** de perdre l'objet de son adoration.

– *Now don't get into a **passion** and say to me in your haste what you'll repent of saying afterwards...* (Th. HARDY, *Two on a Tower,* XXVII, 208.) – Allons, ne vous mettez pas en **colère,** et ne lâchez pas en votre emportement des paroles dont vous vous repentirez plus tard.

– *The man lost his appetite with his **passion.*** – La **colère** lui avait coupé l'appétit.

– *Young nations are like young men, sensitive and **passionate.*** (FROUDE, *Oceana,* VII.) – Les jeunes nations sont comme les jeunes gens, sensibles et **irascibles.**

REM. – Le C.O.D. donne du substantif *brute* la définition suivante: *« stupid, sensual, unspirited, beast-like, cruel or **passionate** person ».*

Paste, qui signifie **colle de pâte** – d'où ***to paste,*** **coller** – veut dire aussi **stras.**

– Alpha (*Leaves in the Wind,* 186) remarque que beaucoup de vertus ne résistent pas à l'épreuve. Vienne la tentation, *then, it will be found whether the virtues are diamonds or **paste.*** – Alors on verra si ces vertus sont des diamants ou du **stras.**

– *Pretty buckles of silver and **paste.*** (WELLS, *New Machiavelli,* II, viii.) – De jolies boucles d'argent et de **stras.**

Patriarchal. – ***Patriarchal*** *trees,* des arbres **vénérables** (par leur ancienneté), **centenaires, séculaires, sans date** (v. *date*).

Pattern. – E.U. *« A quantity of material sufficient for a garment »* (MATHEWS), **coupe, métrage, pièce:** *The yardage **was too small a pattern for a garment,*** le métrage **aurait donné une fausse coupe.**

Compl. de la REM.: Stat. ***pattern*** = la **matrice,** notamment la représentation schématique indiquant la composition factorielle de différents tests.

People. – Aj.: *I speak to the **people** as **one of the people.*** (JUNIUS, *Lett.*) – Je parle au peuple comme **un homme sorti du peuple.**

E.U. *the German **people** of New York,* la **colonie** allemande de N.Y.

Person. – Compl. de l'ex. emprunté à Kipling: *Boys are sometimes funny **persons.*** – Les garçons sont parfois de drôles de **corps.**

Pilgrim. – E.U. Par allusion aux *Pilgrim Fathers,* colons anglais qui fondèrent la *Plymouth colony,* Nouvelle-Angleterre (1620), signifie **colon.** Par ext. un **nouveau,** une **nouvelle** venu(e), un **nouveau,** une **nouvelle débarqué(e),** *a tenderfoot,* parce que non encore endurci(e) à la vie des pionniers.

REM. – Pour nous, les pèlerins sont en arg. les agents de police, à cause de leur pelerine.

Pipe. – E.U. arg. *A **pipe** dream,* dit Mathews, c.-à-d. un **rêve,** une **illusion** comme s'en forgent les fumeurs d'opium, au pr. une **illusion onirique,** un **paradis artificiel** et p. ext. **toute chose facile à faire,** ***it's a pipe,*** **c'est enfantin, c'est l'enfance de l'art.**

– ***Pipe...*** *in newspaper parlance, an assignment which a reporter knows will fail.* (MATHEWS.) – ***Pipe...*** dans le jargon des journalistes, un reportage dont le bénéficiaire est sûr qu'il n'en sortira que du vent, que tout s'évanouira en fumée.

– *He backed the favourite. **So it was a pipe.*** – Il a parié sur le favori. **Il jouait donc sur le velours.**

Plate. – E.U., = *fashion plate,* gravure de mode, et p. ext. **élégante(e),** *this woman is a **plate,*** cette femme est un **modèle,** un **chef-d'œuvre d'élégance,** famil. (DEAK), a un **chic du tonnerre.** Blason = *roundel (of) argent,* **tourteau d'argent.** Bactériol. *(Pietri)* ***plate,*** **plaque** de P. Enfin, au *baseball,* mis pour *home plate,* **surface carrée que doit défendre le batteur** ou **gardien.**

Plateau. – Nous connaissons le « plateau » d'un graphique, c.-à-d. le « plafond » qu'il atteint. Ce n'est pas ainsi qu'il faut entendre *a **plateau*** que le Suppl. du N.E.D., glose notamment *« a period when teacher and pupil... feel that they are marking time »*... sentent qu'**ils piétinent, marquent le pas.**

Pleader, -ing. – Jur. **Avocat plaidant; défenseur, intercesseur.** ***Special pleader,*** jur. **avocat consultant,** famil. **casuiste, prêcheur pour son saint, pour sa paroisse;** celui qui use de **raisonnements captieux, spécieux, fallacieux; sophiste.**

S. pleading, **exposé écrit** des moyens de la défense ou de l'accusation; **défense fondée sur les particularités** du point en litige; **exception;** péjor. **sophistique** (de barreau), **subtilités** (de la chicane); se dit aussi au fig.

– *These books (the Law reports) were made because young men wished to read the law and to become accomplished **pleaders.*** (MAITLAND, *Introd. to the Year-Book series,* III.) – Ces recueils de jurisprudence ont été composés à l'intention des jeunes hommes désireux d'étudier le droit et de devenir des **avocats** accomplis.

– *We have a **pleader** in heaven.* – Nous avons un **intercesseur** au ciel.

– *He is the soul of **special pleading** and the spirit of the bar,* trad. de ce passage du *Diable boîteux:* « Il est l'âme de la **chicane** et l'esprit du barreau ».

Plume. – E.U. *A **plume in one's helmet,*** un **titre de gloire,** un **fleuron à sa couronne.** Pop., dit Deak. Voilà une image pop. exprimée en t. bien aristocratiques, l'angl. se contentant de dire: *a feather in one's cap.* Villon, s'adressant aux « enfants perdus », avait usé d'une image analogue: « Vous perdez la plus belle rose de votre chapeau. » (*Test.,* 1669), entendez: « de votre couronne de fleurs ».

Point. – *I do not think that women can be mightily offended if one sometimes leave off trifling **to come to the point,*** trad. de ce passage des *Mém. de Gram.,* IV: « Je ne croirai jamais qu'elles s'offensent qu'on quitte quelquefois la bagatelle pour en **venir au sérieux** ».

Point-blank. – *Do you think one can with impunity quarrel **point-blank** with reason?* – Peut-on impunément, comme vous le faites, **rompre en visière** à la raison?

Pole. – Aj. 3° un **Polonais.**

Polite. – *The **« polite world »** called the city folk « cits ».* – Le **beau monde** appelait « marchands » les hommes d'affaires de la Cité.

Pony. – E.U. chorég. **ballerine de petite taille, rat de l'opéra.** Aussi ***pony (edition)*** – *a miniature magazine for oversea distribution, mostly to U.S. armed forces.* (MATHEWS.) – **Édition miniature, « mini » édition** d'une revue, etc. destinée aux troupes d'outre-mer en campagne. Enfin arg. scol. **corrigé employé subrepticement** par les tricheurs, dits ***pony riders.***

Popular. – ***Popular*** *diet,* régime alimentaire **des masses.** On a vu que « soupe » populaire se disait *communal kitchen.*

Portmanteau. – Selon Fernand Mossé (*Esquisse d'une Hist. de la langue angl.,* p. 199), plutôt que *portmanteau words,* les grammairiens préfèrent dire: *blends.* L'équiv. fr. serait alors **amalgame.**

Portuguese man-of-war. – Dénom. pittoresque de la **physalie** ou **physale,** coelentéré de la classe des hydroméduses siphonophores; le flotteur dont elles sont munies leur sert de voile pour prendre le vent. De là vient sans doute leur appellation vulgaire de **galère** ou **caravelle,** ce dernier navire ayant été utilisé notamment par les Portugais aux XVe et XVIe s.

– *What the seamen call a **Caravel** or a **Portuguese man-of-war*** (1707), (SLOANE in N.E.D.) – Trad. inutile.

– ***Portuguese men-of-war*** *washed up on the beach* (in *Traduire,* n° 64, p. 28) – Des **physales** rejetées (échouées) sur le rivage.

Ici, « galère » ou « caravelle » pourrait tromper le lecteur non initié.

REMARQUE. – On sait que l'angl. *bêche de mer*, comme le fr. *biche de mer*, est issu du portugais *bicho do mar*.

Power. – ***A power** of* = famil. ou pop. *a great deal of*, ***a power** of glasses* (SYNGE), **quantité** de, une **multitude,** une « **foultitude** » de verres, des verres **à foison, à revendre.**

Premier. – Si le *Premier* est en Angl. le *Prime Minister*, aux E.U., c'est le *Secretary of State*, dont les fonctions correspondent à celles du *British Foreign Secretary*, notre **ministre des Affaires étrangères.**

Prime. – Des nombreux noms de cette forme nous ne retiendrons que l'adj. et le verbe. L'adj. issu du lat. *primus* exprime deux idées dominantes et d'ailleurs connexes: 1° la primauté, 2° l'excellence. D'où 1° *the **prime** cause*, la cause **première,** le motif ou le mobile **principal; *prime mover*, moteur, source d'énergie,** aussi au fig. **moteur** d'une entreprise; **instigateur, -trice, âme** d'un complot; ***prime cost*, prix coûtant, prix de revient,** comptab. **coût de production** (non compris les frais généraux et la marge bénéficiaire); ***prime rate***, E.U. **taux (d'intérêt) de base** consenti par les grandes banques aux entreprises importantes pour des crédits non garantis.
2° **excellent, de qualité supérieure, de premier choix,** *prime fish, prime quality meat*. La transition est fournie par nos *primeurs* qui joignent à l'idée de précocité celle de qualité: « Aquilina le régalait de primeurs et de raretés gastronomiques. » (Balzac).

To prime est un autre mot apparenté à *primage*, primage, chapeau « bonification accordée dans certains cas au capitaine sur le fret transporté » (Gruss), mais dont le sens est tout autre, savoir: **amorcer** une arme à feu, un moteur, une pompe; p. ext. **faire la leçon** à qqn., lui **passer la consigne,** le **mettre au courant,** l'**endoctriner,** lui **souffler,** lui **seriner** son rôle; **abreuver, imbiber** (de vin, etc.); ***to prime** a pupil*, **chauffer, bachoter** un élève Dial. = *to prune*, **tailler** un rosier, **ébrancher** un arbre; t. de peinture, **imprimer, apprêter, donner un apprêt à** une surface, **maroufler** une toile.

– *The witness **had been primed**.* – Le témoin avait été **endoctriné,** n'avait plus qu'à réciter sa leçon, on lui avait soufflé sa déposition.

– *A fat little man **primed** with port.* – Un petit homme grassouillet **imbibé** de porto.

REMARQUE. – Au XVIe s., abreuver signifiait notamment: informer qqn. « ...Chacun a été abreuvé d'un tel bruit » (dans H.) sans valeur itérative ni péjorative.

Problem. – E.U. sorte de mot passe-partout (1), famil. ***there's no problem*, aucune difficulté, c'est très simple; *what's your problem?* De quoi vous plaignez-vous** ou: **souffrez-vous?** (Cf. angl. *what's the matte with you? what is your complaint?*).

En compos. *the **problem shopper*** n'est pas l'acheteuse qui, étant difficile à contenter, pose des problèmes au vendeur, mais au contraire l'**acheteuse enragée,** réplique *honnête* de la kleptomane, qui en pose à sa famille, dont le budget se trouve en déséquilibre du fait de ses achats inconsidérés.

Les locut. *the **problem child***, **l'enfant difficile,** *a **problem novel**, a **p. play***, un **roman,** une **pièce à thèse,** s'expliquent plus aisément.

– Message des astronautes d'Apollo XIII (avril 1970) au centre de Houston: ***We have a problem*, nous sommes en difficulté.** (1)

REM. – Outre *probleming* et *to problemize*, l'angl. s'est enrichi de *problemage*, autre dérivé.

– *Other passages in Swift's life have passed into insoluble **problemage** (sic)* (in N.E.D.). – D'autres épisodes de la vie de S. **posent des problèmes** devenus insolubles.

Process (to). – Intr. plaisam. **défiler en cortège, en procession,** « **processionner** ».

Process. – REM. – Pour les ling., le *procès* désigne le « déroulement d'une action dans le temps » (VINAY et DARBELNET). C'est un emploi spécial du sens scientif. signalé par L. 2°: « **marche, développement, progrès** ».

Processing-tax. – E.U. à rapprocher de notre taxe sur la valeur ajoutée (T.V.A.) notamment sur les produits de base.

Producer. – "*To him (an American) producer means manager or proprietor of the theatre*" (in HORWILL), c.-à-d. **directeur** ou **propriétaire** d'un théâtre.

Project. – REM. 1° Le sens d'**imagination, notion, idée qui ne repose pas sur la réalité,** est donné comme désuet par la sect. 2 du N.E.D. Defoe (XVIIIe s.) associe *project* à *fancy*. Cependant, Emerson (*E.T.*, VIII, XIXe s.) emploie encore le mot dans ce sens: *The excess which creates... petulance and **projects** in youth*. – Cet excès qui fait jaillir... de la jeunesse le feu et les **folles idées.**

Comment un mot peut passer de l'abstr. au concr. c'est ce que montre la comparaison de cette citation avec le sens spécifiquement amér. d'**ouvrage** (de génie civil), de **campagne,** d'**entreprise,** etc.: *A malaria control **project***, une **campagne** de lutte antipaludique, *a reclamation, an irrigation **project***, une **entreprise** de récupération, d'assèchement, d'irrigation des terres, voire, les **terres ainsi récupérées** ou **amendées.**

2° E.U., **to project,** tel que le définit Webster dans ses emplois famil., offre un bel ex. d'indétermination sémantique: "*To be engaged busily in some scheme or design as* a. *To play pranks*. b. *To try experiments; to tinker*. c. *To loiter about a place.*" On voit que le lien est assez lâche entre le sens général: « **s'occuper d'un projet, d'un dessein, d'une affaire** », d'une part, et les sens dérivés: a. **Jouer des tours à, faire des siennes;** b. **Faire des**

(1) Surtout depuis la vulgarisation de la psychanalyse.

(1) Dans une situation moins tragique, on pourrait dire famil.: nous avons un « pépin ».

essais, tâter le terrain; bricoler, bousiller, gâcher (un travail); c. **Flâner, rôder, vadrouiller** – d'autre part.

– *Mr. C. is a dangerous man* ***to project with*** (in Mathews) – Il est dangereux de **plaisanter avec, de se frotter à** un homme tel que M.C.

3° M.J.P. Sartre (*Situations*, p. 167) voit dans le « projet » « mille petites activités qui n'ont qu'un sens restreint... »

Promote (to), promotion. – Par spécial. du sens lat. *promovere* « faire avancer », E.U. ***To promote*** *a pupil*, **pousser, « chauffer »** un élève pour le faire passer d'une classe dans la classe supérieure. **Faire de la réclame pour un produit, lancer** une marque, un modèle **« chauffer »** une affaire: *sale* ***promotion*** *and advertising* est une expression tautol. Par spécial. encore (chimie), **accélérer** une réaction par catalyse, le ***promoter*** étant le **catalyseur.**

– *Books* ***fully promoted.*** – Des livres **lancés à grand renfort de publicité.**

Rem. – En Suisse romande les « promotions » équivalent à notre **palmarès** (de distribution des prix).

Prompt (subst.). – **Terme, délai de paiement.**

If you offered me corn at so much; I might reply... what is the ***prompt?*** – Si vous m'offriez du maïs à tant, je pourrais répondre (demander) quel est le **délai de paiement?**

Proposal. – E.U. Parfois **soumission** (angl. *tender*).

– *Sealed* ***proposals*** *will be received at... until the...* – Les **soumissions** cachetées devront parvenir au... le... au plus tard.

Prudential. – *A* ***p. committee*** n'a rien à voir avec un comité de vigilance; c'est un **comité directeur** ou **de gestion.**

Public school. – Ces écoles, on l'a vu, n'ont rien de public, étant réservées aux fils de l'aristocratie. (1) Mais on pourrait trouver une justification de leur nom dans le fait que ce sont des pépinières de futurs hommes d'État, de hauts magistrats, de dignitaires de l'Église, etc. Linguistiquement parlant, la dénomination de « *Public school* » est un ex. entre tant d'autres, de l'imprécision de certaines locutions angl. D'autre part, les significations quasi antinomiques de cette expression, selon qu'elle se rapporte aux systèmes d'enseignement appliqués en Angl. ou aux E.U., montrent à quel point l'esprit dont s'inspirent ces systèmes diffère dans les deux pays (v. p. 711).

Publisher. – Angl. = *book publisher*, **éditeur.** Aux E.U. aussi, **propriétaire,** *(owner)* d'un journal, d'une revue, etc.

Pumpship (to). – **Expulser le superflu de la boisson,** comme dit Mol. (*Méd. malgré lui*, III, 5).

(1) « 10 % seulement des familles ont les moyens d'envoyer leurs enfants dans les *écoles privées* – les « *public schools* » (c'est nous qui soulignons). » (Tony Mayer, *La vie anglaise*, p. 75. Coll. « Que sais-je? ».)

Punch. – En compos. (sens 1°) ***P.-card*, carte perforée.** Quant au 2e mot, il a passé en fr.: boxeur qui a du *punch* (v. p. 713).

Q

Quit (to), quitter. – E.U. *He quarreled with the foreman and* ***quit*** (angl. *quitted*), il se disputa avec le contremaître et **donna son congé.**

– D'un médecin à son malade: ***Do not quit*, persévérez** (dans votre régime ou votre cure). D'un officier à ses hommes: ***Do not quit*, tenez bon.**

D'où *a* ***quitter*** (angl. *shirker*) un **lâcheur.**

R

Range. — Bourse: *price* ***range*****, cours extrêmes.**

Rare. — REM. — L'emploi de cet adj. au sens de (viande servie) saignante, devenu désuet en Angl., est resté courant aux E.U. et telle gastronome, auteur d'un livre de cuisine, n'apprécie guère cette pratique qu'elle trouve *objectionable,* peu ragoûtante (*in* HORWILL, *s.v.*).

Reader. — *Joseph* ***was a reader*** *of dreams.* — J. **interprétait** les rêves (ou: les songes).

Rebound (to), rebound. — V. intr., outre « rebondir », au fig. **retomber, rejaillir** sur (qqn., sur son auteur). Subst. **contre-coup, réaction.** *To take a person on (at) the rebound.* Webster dit: "*A mental or emotional recoil following disappointment; as, to marry* ***on the rebound***" se marier **par dépit, par ressentiment.**

Recess. — Est le lat. *recessus* « action de se retirer » et correspond sémantiquement au fr. retrait, retraite part. passés masc. et fém. du v. retraire, d'où les sens fr. au pr. † **recès** (ou **retrait**) encore litt., lieu où l'on se retire; asile, refuge.

Outre le sens hist. commun aux deux langues, noter en angl. la loc. figée *the access and recess of the sea, of his thought,* le flux et le **reflux** de la mer, de sa pensée (v. *access*); *the* ***recesses*** *of a forest, of a valley, of a rock,* les **recoins** d'une forêt, les **replis** d'une vallée, les **anfractuosités** d'un rocher; aussi au fig. *the inmost* ***recesses*** *of his heart,* les **replis** les plus intimes, les plus secrets de son cœur, *the difficulties and recesses of science,* les difficultés et les **arcanes** de la science. Autres sens: **renfoncement** de muraille, **embrasure** de porte, de fenêtre, **niche** de statue, de vase, de poêle; anat. **antre, fosse, sinus.**

Enfin, sens pouvant se rattacher à l'idée de suspension d'un travail, de fonctions, et donc de **pause, intervalle,** d'où spécialt. E.U. ***(little) recess,*** **récréation** (des élèves), ***(big, noon) recess,*** **intervalle** du **déjeuner; vacances** des tribunaux, des Chambres, absolt. ***the recess,*** l'**intersession parlementaire.**

— *He pursues an argument to the farthest* ***recesses*** *of logic.* — Il poursuit un raisonnement jusque dans les derniers **recoins** de la logique. (MOL., *Mal. imag.* II, 6).

— *During the* ***recess*** *of the courts,* pendant que les tribunaux **vaquent** ou **vaquaient,** selon le cas.

Reconstruction. — Hist. E.U. se rapporte à la période datant du

Reconstruction Act de 1867. En vertu de cette loi, les États sécésionnistes furent réintégrés dans leurs droits et privilèges. *A* ***reconstructed*** *State* doit donc s'entendre d'un Etat **réintégré dans l'Union.**

Par anton. *an unreconstructed Southerner,* sorte de *laudator temporis acti,* est un sudiste **conservateur,** un **réactionnaire à tous crins.**

Record. — Deux hommes discutent politique: pour l'Amér., le communisme est contagieux: *If Indo-China goes...* L'Angl. répond: — *I know that* ***record.*** *Siam goes, Malaya goes, Indonesia goes.* (Graham GREENE, *The Quiet Amer.,* II, ii, 2.) — Si l'Indo-Chine est perdue... — Je connais la **rengaine** (1) (la scie). Le Siam sera perdu, la Malaisie sera perdue, l'Indonésie sera perdue.

Recover (to). — *Nothing like a good cup of tea, of coffee, etc.* ***to recover.*** — Rien de tel qu'une bonne tasse de thé, de café, etc. pour **vous retaper** (ou: **vous requinquer**). C'est l'emploi intr. ou absolu.

Referral. — E.U. ***Referral*** *plan or scheme,* système par lequel le vendeur d'appareils ménagers, etc. offre à l'acheteur la possibilité de se libérer en plaçant lui-même des appareils du même genre auprès de ses amis ou relations. Variante de la vente à la commission: **vente à la chaîne, par relations, par recommandations,** etc.

Register (to). — Aj. **faire des réglages, repérer;** ***registered fire*** ou *fire for registration,* **tir de réglage.**

One part ***registers*** *with the other,* **coïncide,** avec, **correspond** à; ***to register*** *two parts,* les **ajuster,** les **faire coïncider.**

Regular, -ity. — Pol. *He is a regular Democrat,* c'est un **adhérent fidèle** du parti démocrate. Subst. — *His policy was approved only by the regulars.* — Sa politique ne fut approuvée que par les « **inconditionnels** ». Sens correspondants pour *(party) regularity.*

Rehabilitate (to). — Le mot de Voltaire: « Le genre humain avait perdu ses droits; Montesquieu les lui a rendus » est un bon commentaire de notre 2e ex.: « *Montesquieu has* ***rehabilitated*** *mankind* ».

Relative (subst.). — Syn. de *relations, my* ***relatives,*** mes **proches (parents).** Cf. « Peu s'en fallut que ses proches ne le fissent interdire comme dissipateur ». (DIDEROT).

Relaxing. — Syn. *enervating,* **amollissant, anémiant, débilitant.** *A climate so peculiarly* ***relaxing*** *as that of Bengal.* (N.E.D.) Trad. inutile.

Remit (to), remitter. — Du sens de *en* **référer de...** à: **renvoyer** une cause, un jugement **à, devant un autre tribunal,** l'angl. a tiré l'infinit.

(1) Et non « le disque », comme le dit la trad. Il s'agit, en effet, d'un emploi fig. de *record,* donné ici comme la « tarte à la crème » des anticommunistes.
On pourrait dire aussi: « Je connais la chanson. »

subst. ***remitter*** qui exprime cette action. (Mots à différencier de *to remand, remand.*)

Rent (to). – E.U. équivalent de l'angl. *to hire, **to rent** a piano, a motor,* **louer** un piano, une auto(mobile).

– ***To rent*** (angl. *to let*) *handsomely furnished residence* (Annonce). – **A louer :** appartement richement (somptueusement) meublé.

Repeal (to). – Aj.: Cependant L. enregistre (Hist.) cette citation de Du Cange (XIVᵉ s.): « Lettres qui ne feraient expressément mention du rappel (révocation) de cette présente ordonnance.

D'autre part, Larousse dit: « *Rappel de ban ou des galères.* Lettre du prince contenant révocation de la peine du ban ou de celle des galères ».

Repeater. – Aj. E.U. (sports, turf) **champion, cheval imbattable, qui accumule les victoires;** (comm.) **art. d'habillement,** etc., **très demandé, très en vogue.** Enfin, pour rendre par une image l'idée de « revenir, donner des renvois, etc. », – ce qui est le propre des fayots, et ce qu'exprime le v. *to repeat* – ne pourrait-on risquer: ***repeaters,* instruments... à vent?**

Rem. – L'anglo-améric. ne semble jamais avoir épuisé les virtualités dont ses mots sont chargés.

Restraint. – ***Practices in restraint*** *of trade,* **pratiques restrictives** de, **entraves apportées à** la liberté du commerce.

Revelation. – Si *apocalypse,* nom commun *q.v.,* peut s'entendre de toute révélation ou divulgation, le dernier livre du Nouveau Testament, intitulé en anglais ***Revelation,*** est en français celui de l'**Apocalypse.**

Revolution. – Pour les historiens américains, la « Révolution » désigne « la rébellion qui dressa les Treize Colonies contre la Métropole britannique et leur valut un statut tout nouveau, celui d'États indépendants. La Guerre d'indépendance est pour eux la « Guerre révolutionnaire », cette période de l'histoire des États-Unis, la « période révolutionnaire ». (F.L. Schoell, *Hist. des États-Unis,* 10, p. 109).

Rime, to rime. – 1° Rime, orthog. encore employée depuis 1870 dans des textes litt. ou des expr. figées comme *without rime or reason,* sans rime ni raison, à tort et à travers; **vers rimés,** comme autref. en fr. « Quelquefois le dirai-je? un remords légitime, Au fort de mon ardeur, vient refroidir ma *rime.* (Boileau). 2° **Frimas, givre, gelée blanche,** mot d'orig. germ., ancien fr. rimée, ce dern. encore en usage dans le nord de la France. 3° Du lat. *rima,* † **fente, fissure, crevasse.** Le v. fr. rimer (XVIᵉ s.) « s'attacher au fond de la casserole en brûlant » survit encore comme régional. Cette viande rime. Des pommes de terre rimées. (in L., *s. v.* rimer).

Robin. – Abrév. de ***robin redbreast,*** *Erithacus rubecula,* **rouge-gorge.** E.U. *Turdus migratorius,* **grive migratoire.**

Round robin, orig. inconnue, **pétition** dont les signatures sont disposées en cercle pour ne pas révéler celui qui en a pris l'initiative.

Rem. – En fr. un « robin » était un « homme de robe », péjor. par attract. de Robin, dimin. de Robert « qui désignait dans l'anc. littér. un paysan prétentieux. (Dauzat, etc., *Nouv. Dict. étymol.*)

Routine. – *A **routine** meeting,* non pas « de routine », comme on dit dans la presse, mais **régulière, périodique, rituelle.**

– Un journaliste américain a été assassiné. A l'un des collègues de celui-ci le commissaire demande, en s'en excusant, de venir identifier le cadavre: ***It's a routine,*** *not a very nice **routine.*** (G. Greene, *Quiet Amer.* I.) – **C'est une formalité,** et pas des plus agréables, bien sûr. La trad. dit: « Routine, pas très plaisante comme routine *(sic).* »

Ruffian. – La question des subsistances a joué un grand rôle dans l'éclosion de la Révolution fr.: *Bread was at first indeed the watchword and the universal cry of these **female ruffians.*** – Le pain fut d'abord sans conteste le cri de ralliement universel de ces **viragos.** (C'est par ce terme que l'auteur angl. anonyme désigne les **« poissardes ».**)

S

Sable. – ***His sable Excellency** (or **Majesty**),* **le prince des ténèbres;** au fig. **un homme d'une grande force de caractère,** un **h. de fer.**

En compos. E.U. ***sable-fish,*** nom vulg. du *beshow, Anoplopoma fimbria,* **charbonnier,** poisson du Pacifique nord.

Saccharine. – Méd. ***S. urine,*** **glycosurie.**

Safe. – E.U. *He is a **safe man*** ne doit pas touj. s'entendre d'un homme sûr, *reliable;* ce peut être en arg. un **perceur de coffre-fort!**

Sanctuary. – Dans sa chronique sur la « Défense de la langue française » (*le Monde,* 3 juin 1970), M. Robert Le Bidois rappelle que dès le mois d'octobre 1969, l'Académie avait mis en garde « nos contemporains » contre l'emploi injustifié du mot SANCTUAIRE au sens de *refuge, asile.* »

Après avoir souligné que cette mise en garde a trouvé une curieuse actualité lors des événements récents du Cambodge, M.R.L.B. ajoute: « Les *bases* du Vietnam, les *repaires* des Nord-Vietnamiens, les *caches* d'armes et de vivres du Bec-de-Canard... se sont vus, par la grâce de mauvais traducteurs, promus au rang de sanctuaires », ce qui est assurément en profaner le nom!

Scandal. – Scandaliser a signifié en vieux fr. calomnier, déshonorer: « Puisque je suis *scandalizé* (c'est-à-dire calomnié, déshonoré), je ne veux plus craindre la vergongne. » (1579, LARIVEY, *Le Morfondu.* Anc. Théât. franç., V, 369.) – « Il ne faut point craindre à *scandaliser* (déshonorer) ceux qui *scandalisent* les autres. » (*Marg. nouv.* XLI.) – Molière même (*Pourceaugnac,* II, iv) emploie encore le mot dans ce sens: « Ce sont des choses qui sont connues, à la vérité; mais j'irai les découvrir à un homme qui les ignore, et il est défendu de *scandaliser* son prochain. »

De même, ***scandal*** signifie **médisance, diffamation.** Le titre de la comédie bien connue de Sheridan, *The School for **Scandal,*** l'école de la **médisance,** est l'exemple classique, souvent cité, et qui peut servir de moyen mnémotechnique.

– La jeune Maria n'approuve pas les mauvaises langues: *Well, I'll not debate how far **scandal** may be allowable; but in a man, I am sure, it is always contemptible.* (SHERIDAN, *School for Scandal,* I, i.) – Soit, je ne discuterai pas jusqu'à quel point la **médisance** est permise; mais il est certain que lorsqu'elle se rencontre chez un homme, elle est toujours méprisable.

Scheme. – *The **scheme** of furniture had to be settled.* – Il fallut régler l'**ordonnance** de l'ameublement.

Scribe. – Scribe a pris chez nous le sens péjor. de « gratte-papier ». Non pas en Angl. Emerson, visitant ce pays (1833), parle des **écrivains** qui y sont devenus célèbres, *celebrated **scribes*** (*E.T.,* I).

Seal (to). – Il est dit dans l'Apocalypse (VIII, 3): « *Till we have sealed the servants of our God in their foreheads.* » Jusqu'à ce que nous ayons marqué au front les serviteurs de notre Dieu ». Or, dans la religion des Mormons, ***to seal,*** c'est **réserver une épouse spirituelle à un homme,** le ***sealing*** étant la **consécration de cette union.** (La réciproque est d'ailleurs vraie, la femme ayant droit, elle aussi, à un époux spirituel.) *The extra wives of the Mormons are called by some of them « spirituals », by other **sealed** ones* (in MATHEWS). Il s'agit des épouses qui leur sont **unies pour l'éternité.**

Mais pour l'argot, souvent fort irrespectueux, ***to be sealed*** se dit d'un homme qui est **« collé », marié de la main gauche, vit en concubinage.**

Search (to). – ***To put searching questions to s.o.*** – **Tenir qqn. sur les fonts,** famil. , dit L., *s.v.* fonts.

Sell (to). – Aj. E.U. famil. ***to be sold on s.o.** or **something*** = *to be enthusiastic about...* (MATHEWS), **être fou, entiché, engoué, raffoler** de qqn. ou de qqch. ***She was sold** on her daughter and on music.* – Elle **adorait** sa fille et **raffolait** de la musique. Cf. *to be wild on.*

Shanghai (to). – C'est la version américaine, modernisée et ... améliorée de l'angl. *to press (q.v.)* Elle consiste à **enivrer** et à **chloroformer,** etc. un homme pour l'embarquer à son insu, à l'orig. probablement sur un navire en partance pour Changhaï; p. ext. **kidnapper** qqn.: *he had been **shangaied** into the French Foreign Legion,* il avait été **kidnappé pour être enrôlé de force** dans la Légion étrangère française. Austr. **descendre** (une bête, un homme) **avec un lance-pierre** (MANSION).

Social. – ***Social editor,*** (journ.) **chroniqueur mondain.** E.U. ***Social Register,*** **Annuaire de la haute société, Bottin mondain.**

Society. – ***Society goods,*** **biens de la communauté** (c.-à-d. des époux mariés sous ce régime).

Soft (adj. et subst.). – E.U. ***Soft money*** = *paper money,* **monnaie fiduciaire, billet de banque;** p. ext. ***soft currency,*** **devise faible, non convertible en dollars.**

Subst., contrairement aux *hards,* partisans de l'orthodoxie, de la rigueur monétaire, ***the softs,*** inclinent à la facilité, au « laxisme ».

Autres sens, ***soft** drinks* (ant. de *hard d.*), boissons **non alcoolisées.** Écon. pol. *soft goods,* par oppos. aux *hard g. (q.v.),* articles, biens **de consommation rapide** ou **immédiate.**

– *The **Softs** stood for a liberal issue of paper money by the wildest banks* (in MATHEWS). – Les **« laxistes »** tenaient pour une abondante émission de papier-monnaie par les banques risque-tout.

Speculation. – Ne pas confondre le sens philos. de ce mot: « étude, recherche abstraite », syn. de « théorie », avec ceux, plus cour., de **supposition, conjecture,** voire de **prévision, pronostic** que certains trad. lui attribuent à tort en fr.

Spice. – Aj. *They prepared **spices** and ointments.* (Bible, *Luke,* XXIII, 56.) – Elles préparèrent des **aromates** et des parfums.

Sponge. – Rapprocher: « Cette riche veuve, ce serait une *éponge* à presser au besoin. » (REGNARD, *Le joueur,* I, 6.)

Station. – *If a word becomes universally current in America where English is spoken, why should it not **take its station** in the language?* (N. WEBSTER.) – Si un mot passe dans la langue courante de toutes les régions anglophones de l'Amérique, pourquoi donc n'y **acquerrait-il pas droit de cité?**

Sterile. – Outre la *wet* et la *dry nurse,* les Américains ont la *sterile nurse.* Mais celle-ci n'a rien de commun avec celles-là, qu'on pourrait prendre pour ses consœurs. ***Sterile*** est ici, en effet, un adj. de relation et désigne l'**infirmière** du **service de stérilisation:** celle qui, dans les hôpitaux et cliniques, passe au chirurgien, au cours des opérations, les instruments stérilisés. Selon Deak, les chirurgiens l'appellent aussi *clean nurse,* par oppos. à la *dirty nurse.*

Stipendiary. – Il n'est pas donné à tout le monde de jouir des bienfaits de l'Administration: *Are you aware Mrs. M. that you are a porochial (sic) delegate and **a stipendiary?*** (DICKENS, *Ol. Twist,* II.) – Vous rendez-vous compte, Mme M., que vous êtes déléguée par la « paroisse » et **rémunérée** par elle? (Le trad. dit « une stipendiaire »!)

Stock. – *Man of the good **old stock,*** homme de (la) **vieille roche.**

Strangle (to). – Les Lat. disaient *strangulare vocem, sonitum,* étouffer la voix, le son. Les Angl. ont suivi: *she **strangled** a laugh, a yawn,* elle **étouffa** un rire, **réprima** un bâillement. Aussi, **étouffer** (une révolte, une sédition). Cf. *to jugulate.*

Stricture. – « Stricture » est en fr. un t. méd. qui signifie rétrécissement (du canal de l'urètre, de l'œsophage). De même en angl., mais le lat. *strictura* (de *stringere*) dont *strictare* est issu représ. deux mots à l'orig., soit 1° un **attouchement,** une **remarque** faite en passant; auj., au fig. un **blâme,** une **critique** (génér. au pl.); 2° un **resserrement,** que le lexicogr. rattache à *strangle* et à *string.*

Student. – S'applique à l'étudiant comme à l'étudiante. C'est pourquoi dans la phrase suivante: *Girls really should be trained to be less obviously **female students.** It needed only a little discipline,* Rosamund Lehmann entend donner à l'épithète *female* une valeur péjorative: Il faudrait vraiment dresser les candidates à se comporter moins manifestement en **femmelettes.** Il n'y faudrait qu'un peu de discipline.

Study (to). – *They (the English) will pay their attentions to a young woman for years and **study** her until the day of certainty has come.* (RENIER, *The English,* I.) – Ils se montrent assidus auprès d'une jeune personne des années durant et l'**observent** jusqu'à ce que vienne le jour où ils seront fixés sur ses sentiments, ou: sûrs de pouvoir se déclarer.

Stuff. – *Silk and **Stuff**''* rubrique d'un journal du Palais (litt. « Bâtonniers-K.Cs. ou Q.Cs- et **Avocats** ») ou: « Nouvelles du Barreau ». En effet, la *silk gown* est l'apanage des *King's* ou *Queen's Counsels,* ce qui les distingue **des autres avocats** portant la *stuff gown,* **robe de laine.**

REM. – Autre ex. de ce symbolisme du vêtement: « La classe des *servitors (q.v.)* à Oxford est distinguée par la houppe de son bonnet, laquelle houppe est en *laine;* la houppe du bonnet des nobles est en *or,* et des ornements en *soie* distinguent les gentlemen qui ne sont pas gentilshomme. FIÉVÉE, *Lettres s. l'Angleterre* (VII).

Suggest (to), suggestion. – Jur. ***I suggest that...,*** formule d'interrogatoire des témoins: **je suppose, je présume** que, **n'est-il pas vrai** que...? **cela implique** que...

– ***I suggest** that you had an understanding with them.* – **Je suppose, m'est avis** que vous étiez d'intelligence avec eux.

– *Taking advice incessantly from everybody, he had not the courage to follow out any **suggestion** to the end* trad. (*Le Rouge et le Noir,* II, iv): Prenant sans cesse conseil de tout le monde, il n'avait le courage de suivre aucun **avis** jusqu'au bout.

Sup (to). – Le lexicog. angl. distingue le sens (écoss. ou dialect.) de « manger à la cuiller », « boire à petites gorgées » *(to sip)* d'orig. germ., de celui de « souper » issu du fr. *soper, super.*

Noter l'emploi trans.: *they **supped** him at the Carlton,* ils lui **donnèrent à, le firent souper** au C.

– ***To sup** a dog, a hawk, a horse,* donner sa **soupe,** sa **pâtée** au chien, sa **gorge** au faucon, son **picotin** au cheval.

Super. – Arg. du th. *the **supers,*** les **frimants,** *a **lot of supers,*** du **tout venant,** pour simuler la grosse foule.

Supporter. – Non pas « souteneur », car ce mot a vieilli dans le sens de **défenseur, partisan,** qui est celui de ***supporter.*** Aussi: **tenant** (d'une doctrine, d'un parti, d'une opinion), mais non (sports) le tenant (d'un titre), *the holder (of a title, of championship),* qui pourra éventuellement devenir le *challengee.* Quant à ***supporter*** (d'une équipe, etc.) plutôt que de le franciser en « supporteur », qui évoque des idées d'un autre ordre, il serait préférable de le traduire par **« adepte », fidèle** (subst.) ou **partisan.**

– *He summoned up **all his supporters.*** – Il convoqua le **ban** et l'**arrière-ban de ses partisans.**

T

Tariff. – ***T.-reform,*** sens opposés en Angl. et aux E.U.: ici, **abolition du protectionnisme,** là, **abolition du libre-échangisme.**

Tax. – ***Tax-collectors,*** péjor. ou iron. **les maltôtiers,** collect. **la maltôte.**

Tend (to). – *Nurses to* ***tend*** *those that were sick.* (DEFOE, *Journ. of Plague.*) – Des infirmières pour **soigner** les malades.

– *The lamp lit her face as she* ***tended*** *the long pipe, bent above it with the serious attention she might have given to a child.* (G. GREENE, *The quiet Amer.,* I.) – La lampe éclairait le visage de Phuong, tandis qu'elle **préparait** la longue pipe, penchée sur sa besogne avec autant de sérieux et d'attention que si elle eût soigné un enfant.

Ces ex. empruntés à deux auteurs que séparent plus de deux siècles, montrent bien la valeur affective que peut prendre le v. *to tend.*

Theoretical, theory. – Pour l'Anglais qui se méfie des abstractions, des systèmes et qui a le culte des faits, ***theory*** passe souvent au sens lâche d'**opinion** toute personnelle, purement subjective, de **conjecture, supposition, vue de l'esprit;** équiv. de ***thoretical considerations,*** syn. de *views.*

REM. – Entre autres syn. de ***theory,*** Roget donne: *guess, guess-work, rough guess* etc.

Test. – "*She wished nothing more than* ***to put his gallantry to the test***", trad. de ce passage des *Mém. de Gram.,* IV: « Elle ne demandait pas mieux que d'**en venir aux preuves.** »

Trade, trading. – E.U., pol. pratique du **donnant donnant, échange de bons procédés;** péj. **trafic, marchandage.** ***Trading stamp,*** **coupon à primes, bon-prime.**

Du sens d'échange on passe à la locut. ***traded-in cars,*** **reprises.**

Y ajouter cette citation de Deak: *During our long trip we* ***traded in*** *many a joke,* tout le long du trajet nous avons **échangé** force plaisanteries.

REM. – En Angl., *to learn a trade,* c'est apprendre un métier, sens que ce mot avait autref. *A* ***tradesman*** pouvait signifier alors un **artisan.** Ce sens, encore vivant en Écosse, p. ex., l'est aussi aux E.U. et au Canada.

Transfer (to). – Tr. **changer** (qqn.) **de poste,** ***to transfer*** *an official,* **déplacer** un fonctionnaire; le **muter** (par mesure de sanction); aussi subst. *the soldier applied for a* ***transfer,*** le soldat demanda à être **muté** (dans une autre arme).

Bactériol. **répartir, repiquer** (une culture dans des tubes, etc.). Plaisam. au sens de « changer de véhicule », **transvaser;** cf. « Deux heures plus tard, nous sommes encore transvasés dans une nouvelle patache » (NERVAL).

Transmission. – Par ***transmission*** *lines,* on entend aux E.U. les lignes de **distribution de l'énergie électrique.** ***T. unit (T.U.),*** **décibel.**

Transportation. – Dans la glose de *galley,* on a vu que le champ associatif et mémoriel du mot « galère » interdisait de traduire littéralement l'ex. emprunté à Hardy (*Return,* IV, viii): *You ought to have been in that galley, my girl.* Un autre passage du même roman (VI, v) nous offre la réplique de notre remarque: Charley qui aime Eustacia en veut à mort à celui qui la rend malheureuse: "*I wish in my very soul that he who brought it about might die and rot, even if* ***'tis transportation to say it***". – De toute mon âme, je souhaite qu'il meure et qu'il pourrisse, celui qui vous fait des misères. Oui, je le souhaite, même si **ça doit m'envoyer aux galères.** (Trad. Marie CANAVAGGIA.)

Soucieuse de rendre la langue du petit paysan, la trad. s'est bien gardée de recourir à un littéralisme trompeur. Elle a employé le mot « galère » qu'elle avait rejeté dans la trad. de l'ex. précédent, parce que c'était précisément celui qui convenait ici.

Tropicals. – E.U. Collect. **Vêtements d'été, ultra-légers.**

Trotter. – En fr. un « trotteur » est soit un cheval dressé pour trotter, soit un costume de dame pour courses en ville, emplettes, etc.

Quant à la « trotteuse », c'est l'aiguille d'une montre, etc., qui marque les secondes.

Turn (to). – « Le naturel n'est que l'art *tourné* en habitude ». (CONDILLAC.)

U

Uncontrollable, uncontrolled. – Traduire ***uncontrollable*** ou ***uncontrolled*** *inflation* par « incontrôlable » ou « incontrôlée » c'est donner à entendre qu'il n'a pas été possible d'en déterminer l'importance, alors qu'il s'agit en fait d'une inflation **incoercible, effrénée, galopante, qu'on ne peut** ou **qu'on n'a pu maîtriser, arrêter** *(which cannot or could not be brought under control).*

« Incontrôlable » signifie pour nous... « qui n'est pas contrôlable », un témoignage, des bruits « incontrôlables », des dépenses « incontrôlées » (*Le Monde*, 5/XII/68) = qui n'ont pas été soumises au contrôle du Parlement.

Unequal. – *She knew the danger of* ***unequal*** *marriages.* Elle n'ignorait pas le risque des mariages **mal assortis.**

Uniform (to). – ***To u.,*** c'est bien uniformiser, mais c'est aussi **revêtir d'un uniforme,** d'où *the* ***uniformed*** *police force,* les effectifs de la police **en tenue.**

Subst. en compos. ***(officer's) uniform-case, -chest,*** **cantine à bagages.**

Unionist. – *The* ***U. Party,*** le parti unioniste, certes. Mais, en Angl., il s'agit des **adversaires** du *Home Rule* pour l'Irlande, tandis qu'aux E.U. c'est (hist.) le **parti du maintien de l'Union,** celui **qui s'opposait à la Sécession des États du Sud.** Enfin. Angl. abrév. de ***trade-unionist,*** **ouvrier syndiqué.**

Unity. – Parfois **union :** *Mr. and Mrs. N. lived on their estate in* ***unity*** *and bliss.* – M. et Mme N. vivaient sur leur terre dans une **union** et un bonheur sans mélange.

Use, user. – E.U. pop. « ***I could use a buck or two***, quelques dollars **seraient les bienvenus;** ***I could use*** *a cup of tea,* une tasse de thé **ne me déplairait pas** (Deak), **ne me ferait pas de mal, je boirais volontiers...**

User, arg. et euphém. des drogués, en génér. un « **camé** », qui use de la came, de la drogue, c.-à-d. un **toxicomane,** p. ex. ***Cocain-user,*** **priseur de « neige », de « respirette »,** etc.

Utilities. – Ce ne sont pas les utilités, dans le sens où l'on dit au th. jouer les utilités, *the small or minor parts,* mais par abrév. les **actions, valeurs,** etc., **des services d'utilité publique.** (Cf. *rails, Kaffirs, volatiles,* etc.)

Utility. – Sp. *utility man,* famil. réplique de ce que nous appelons au th. une doublure, c.-à-d. un **dépanneur** (Deak). (Affaires) **factotum.** Aussi, ***a utility actor*** *or* ***actress,*** **un(e) utilité.**

Philos. selon Webster *"the greatest happiness of the greatest number"* (St. Mill), fondement de l'**utilitarisme.**

V

Valentine. — Par antiphrase, mais peut-être aussi par allusion au sens histor. angl. désuet, rappelant notre « lettre de cachet », **toute communication désagréable : feuille d'impôts, terme échu, papier timbré,** etc.

— *If he does not pay me, he'll get a* ***valentine.*** — S'il ne me paye pas (ne s'exécute pas), il recevra du **papier timbré.**

Velvet. — E.U. famil. "*Profit or gain beyond what is usual or expected*" (MATHEWS), **gain, profit inespéré, aubaine, chape-chute.** ***To pile up velvet for oneself,*** **faire sa pelote, son beurre.**

Vend (to), vender, -or, vendue. — Intr. et trans., donc: **se vendre** et **vendre :** *No books* ***vend*** *so nimbly as those that are sold by stealth.* — Il n'est pas de livres qui **se vendent** plus promptement que ceux qui se vendent sous le manteau.

— *The right* ***to vend*** *books and newspapers.* — Le droit de **vendre** des livres et des journaux.

Mod., du sens jur. on passe famil. à celui de **vendre, débiter** des objets de peu de valeur; enfin p. ext., **débiter** (des nouvelles, des opinions, etc.) (cf. notre expr. il débite bien sa marchandise, « il a le don de persuader », et l'angl. *to sell*).

Même passage du jur. au famil. pour ***vender, -or,*** le **vendeur, la vendeuse,** qui, sous l'appellation de ***(street-) vendor,*** devient le ou la **marchand(e) des quatre saisons** ou le **camelot.** *The* ***vendee*** est corrélativ. **l'acquéreur,-euse, l'acheteur,-euse.**

(Public) ***Vendue,*** E.U. (angl. *auction*), **vente à la criée, vente aux enchères publiques.**

Verbalism,-list. — † **Expression, locution; mot.** ***Verbalist*** peut être mélioratif: *Baudelaire was a* ***verbalist,*** B. fut un **prince du verbe.**

Verbalize (to). — De « verbaliser » qui avait signifié au XVIe s. « discuter oralement en justice », puis au XVIIe s. « faire de grands discours inutiles », nous n'avons retenu que le sens de « dresser un procès-verbal ». En angl. aj. trans. **employer** (un mot) **comme verbe,** le **transformer en verbe;** absol. **s'exprimer par des mots, par la parole, par le langage.** D'où ***verbalization,*** sens corresp.

— *Man is a* ***verbalizing*** *animal.* — L'homme est un animal **parlant, doué de la parole.**

Versatile,-ity. — Dans une comparaison qui allie le sens pr. au fig., Abel Chevalley a parfaitement exprimé ce qu'il faut entendre par *the versatility of the English novel:* « Le roman britannique, pendant sa courte histoire, se comporte comme ces plantes dont le botaniste De Vries a prouvé l'aptitude particulière à varier dans tous les sens. » *(Le roman angl. contemporain,* I, i*).*

Veteran (1). — « Vétéran » (antiq. rom. et p. ext. mod.) évoque l'idée d'un soldat qui a de longs états de service, ou, au fig., d'un « chevronné » de l'enseignement, etc. Aux E.U. ***veteran*** s'entend de **tout soldat démobilisé,** quels que soient son âge et la durée de ses services. Ex. *That large proportion of* ***young*** *War's* ***veterans*** *who came unscathed from the battlefields.* (HORWILL) — La forte proportion des **jeunes combattants** qui sont revenus indemnes de la guerre (ou: que la guerre a épargnés). « Jeunes vétérans » serait pour nous une absurdité.

Vine. — Angl. **vigne;** E.U., **toute plante rampante** ou **grimpante.**

Violation. — Nous disons: violation de la loi, de domicile, violation de la foi conjugale, mais non, comme en angl.: "*Desperate Remedies*" (roman de Th. Hardy) *was refused by Macmillan on account of the* ***violation*** *of a young lady at an evening party.* (Ch. MORGAN, *The House of M.*, VI.) — « D.R. » fut refusé par M. parce qu'il y était question du **viol** d'une jeune femme au cours d'une soirée.

Visit. — E.U. s'écarte parfois du sens courant fr. et angl. au point de signifier: **causerie, causette; entretien, conversation de courte durée** dans la rue, dans un train, voire sans se déplacer, par téléphone p. ex. S'emploie aussi absol. Ex.: *President Coolidge... was willing* ***to visit*** *in an informal and friendly fashion.* (Compte rendu d'une journaliste américaine qui a sollicité un entretien et qui l'a obtenu): L'ex-P. C. consentit à me **recevoir et à s'entretenir avec moi** d'une manière détendue et amicale.

— Citant cette phrase d'un auteur amér.: "*The attenuation of visiting to telephone* ***visiting*** *is one of the phenomena that has appeared since 1890*" Horwill l'explique ainsi aux Angl.: "*Nowadays people ring up their friends for a conversation to save the trouble of calling*". — Aujourd'hui, les gens s'entretiennent avec leurs amis par téléphone pour s'épargner le dérangement d'une visite.

Voir dire. — Ne pas trad. sur le modèle de « voir venir » ce t. jur. issu de l'anc. fr. *voir* « vrai » et dire, *veritatem dicere. An oath of* ***voir dire,*** c'est le serment déféré par le tribunal à un témoin, qui s'engage ainsi solennellement à **dire la vérité** en réponse aux questions qui lui sont posées.

REM. — Webster rapproche cette expr. du t. *verdict*, anc. fr. *voir-dit*, lat. médiév. *veredictum* « véritablement dit », le t. s'étant appliqué à l'orig. aux membres du jury appelés à se prononcer sur des points de fait au civil aussi bien qu'au criminel.

Vulgarize (to). — Tandis que vulgariser (des connaissances, des

(1) Dont l'abrév. *vet* est en Angl. celle de *veterinary surgeon.*

théories scientifiques, des faits de langue, etc.) dans le sens de « les mettre à la portée de tous » est plutôt mélioratif (1), ***to vulgarize*** a en outre un sens péjor. et est alors syn. de *to debase, degrade,* **abaisser, avilir, ravaler, dégrader, trivialiser** (sa langue, son style) (in L. et Larousse). Intr. **déroger, déchoir, s'encanailler, se déclasser.**

– *They **vulgarize** and degrade whatever is... sacred to the mind.* (HAZLITT.) – Ils **avilissent** (**rabaissent**) et dégradent tout ce qui est sacré pour l'esprit.

– Le coquet et sémillant Acaste (*Le Mis.*, III, 1), a-t-il eu sa réplique anglaise en la personne de: *A man having too much interest in his slimness **to vulgarize** on ale.* (N.E.D.) – Un homme trop préoccupé de la finesse de sa taille pour **s'épaissir** en buvant de la bière.

– La « Précieuse » Climène de la *Critique de l'Éc. des femmes* (Sc. VII) ne goûte guère la comédie de Molière: « Il est vrai que le goût des gens est étrangement gâté là-dessus et que le siècle **s'encanaille** furieusement », ce qui est trad. ainsi: *'Tis true, people's taste is strangely corrupted in this point and the age **vulgarizes** furiously.*

W

Wet, to wet. – *Wet blanket* (v. *blanket*). ***Wet bob,*** **élève d'Eton, fervent du canotage et du cricket.** E.U. *A **wet** State,* etc. un État non prohibitionniste. Aussi ***wet** stocks* (Bourse), actions **de spiritueux.** Subst. *a wet* (ant. de *a dry*), un **antiprohibitionniste.**

***To wet** a bargain,* **arroser** une affaire, un marché; plus spéc. E.U. ***to wet** the colors,* **arroser** sa « bienvenue » à bord d'un navire.

Cependant, ***to be all wet,*** E.U., ne doit pas s'entendre *to be soaked, to soak* être « imbibé » de vin, d'alcool. C'est une expr. fig. équival. à **prendre les vessies pour des lanternes, se mettre, se fourrer le doigt dans l'œil,** arg. **se gourer.**

– *Truman's foreign policy **is all wet.*** (MATHEWS.) – La politique étrangère de T. **est le comble de l'aberration, de l'absurdité** (famil. **va nous faire boire un bouillon**).

(1) Cf.: « Voltaire a été... un très remarquable vulgarisateur... des problèmes de la critique. » LANSON, *Voltaire*, IX.

TABLE DES ABRÉVIATIONS

— A —

abr., abrév. : abréviation.
absol. : absolument.
abus., abusiv. : abusivement.
Acad. : Académie (dictionnaire de l').
adj., adject. : adjectif.
adjectiv. : adjectivement.
adm., administr. : administrativement.
adminis. : administration, administratif.
aéron. : aéronautique.
agr., agric. : agricole, agriculture.
al. (et) : et autres.
all. : allemand.
allus. : allusion.
amér. : américain.
Amph. : *Amphitryon* (de MOLIÈRE).
anachron. : anachronisme.
anal. : analogie.
anat. : anatomie.
anc. : ancien.
Androm. : *Andromaque* (de RACINE).
angl. : anglais.
Angl. : Angleterre.
anglic. : anglicisme.
Ant. Cl. : *Antoine et Cléopâtre* (de SHAKESPEARE).
Antig. : *Antigone* (de ROTROU).
Antiq. : *the Antiquary*, *l'Antiquaire* (de W. SCOTT).
antiq. : antique, antiquité.
anton. : antonymie, antonyme.
Apocal. : *l'Apocalypse* (BIBLE).
appell. : appellation.
appos. : apposition (en).
approx. : approximatif (ive), approximativement.
arboric. : arboriculture, arboricole.
arch. : archaïque.
arch. : architecture.
archéolo. : archéologie.
arg. : argot.
argot. : argotique.
arith. : arithmétique.
art. : article.
art. : artistique.
artill. : artillerie.
assur. : assurances.
astr., astron. : astrologie, astronomie.
Ath. : *Athalie* (de RACINE).
atom. : atomique.
attrib. : attribut.
auj. : aujourd'hui.
Aus. : Australie, australien.
aut., automob. : automobile.
autob., autobiog. : autobiographie.
autref. : autrefois.
av. : avec.
av. : aviation.
A.Y.L. : *As You Like it*, *Comme il vous plaira* (de SHAKESPEARE).

— B —

bactériol. : bactériologie.
Barb. de Séville : *Le Barbier de Séville* (de BEAUMARCHAIS).
Bér. : *Bérénice* (de J. RACINE).
Biog. Lit. : *Biographia Literaria* (de COLERIDGE).
biol. : biologie, biologique.
B.I.T. : Bureau International du Travail.
blas. : blason.
Bos. : Bossuet.
bot., botan. : botanique.
Bourg. Gentil. : *Le Bourgeois Gentilhomme* (de MOLIÈRE).
Brit. : *Britannicus* (de J. RACINE).

— C —

c-à-d. : c'est-à-dire.
Caes. and Cleop. : *César et Cleopâtre* (de SHAW).
Canterb. Tales : *Canterbury Tales*, *Contes de Cantorbéry* (de CHAUCER).
Cambr. : Cambridge.
Caract. : *Les Caractères* (de LA BRUYÈRE).
C.E.E. : Communauté Économique Européenne.
céram. : céramique.
C.F.S. : *Cahiers Ferdinand de Saussure.*
ch. : chambre.
ch. : chapitre.
ch. : chemin.
ch. : chose.
charp. : charpente.
chauss. : chaussures.
Ch. Har. : *Childe Harold* (de BYRON).
chi., chir., chirurg. : chirurgie, chirurgical.
chim. : chimie.
choré g. : chorégraphie.
Chron. scandal. : *Chronique scandaleuse* (de J. DE ROVE).
C.I. : Channel Islands (les Iles anglo-saxonnes).
C.L.G. : *Cours de Linguistique Générale* (de F. DE SAUSSURE).

C.O.D. : *The Concise Oxford Dictionary.*
collect. : collectivement.
Com. of Errors : *Comedy of Errors, La Comédie des Erreurs* (de SHAKESPEARE).
com., comm. : commerce, commercial.
comm. : communément.
commémor. : commémoration.
compl. : complément.
compos. : composition (en).
comptab. : comptabilité.
Comtesse d'Escarb. : *La Comtesse d'Escarbagnas* (de MOLIÈRE).
concr. : concret, concrètement.
Conf. : *Les Confessions* (de J.-J. ROUSSEAU).
cons. : conséquent (par).
constr. : construction.
c.-épr. : contre-épreuve.
contrib. : contribution.
Cor. : *Corinthiens (Épître aux)*, BIBLE.
Cor. : *Coriolan* (de SHAKESPEARE).
Corn. : CORNEILLE.
corrél. : corrélatif.
corresp. : correspondant, correspondance.
corrupt. : corruption.
cour. : courante.
couram. : couramment.
Cous. Bette : *La Cousine Bette* (de BALZAC).
Crit. Éc. des Femmes : *La Critique de l'École des Femmes* (de MOLIÈRE).
c.s. : contre-sens.
cuis. : cuisine.
cul., culin. : culinaire.
cynég. : cynégétique.

— D —

dactyl. : dactylographie.
Dan. : le *Livre de Daniel* (BIBLE).
Dav. Copperf. : *David Copperfiel* (de DICKENS).
dériv. : dérivé, dérivation.
Desc. Man. : *La descendance de l'Homme* (de DARWIN).
D.G. : *Dictionnaire général de la Langue française* (Paris, Delagrave).
dial. : dialectal, dialecte.
dict. : dictionnaire.
dimin. : diminutif.
dist. : distinction.
div. : divers, diverses.
D.L.F. : *Défense de la Langue Française.*
D. d'Orl. : *Oraison funèbre de Henriette Anne d'Angleterre, duchesse d'Orléans* (de BOSSUET).
dr. : droit.
dr. mar. : droit maritime.

— E —

Ecclés. : *L'Ecclésiaste* (BIBLE).
ecclés. : ecclésiastique.
Éc. des Femmes : *L'École des Femmes* (de MOLIÈRE).
écon. pol. : économie politique.
écoss. : écossais.
éd. : édition.
Éduc. sentim. : *L'Éducation sentimentale* (de FLAUBERT).
e. g. : *ergo gracia.*
élec., électr. : électricité.
ellipt. : elliptique, elliptiquement.
Én. : *L'Énéide* (de VIRGILE).
En. Tr. ; *E. T.* : *English Traits, Traits du Caractère anglais* (de EMERSON).
entomol. : entomologie.
épidémiol. : épidémiologie.
Épig. : *Épigrammes* (de SHELLEY).
équit. : équitation.
E.R.A. : Engine-room artificer.
esp. : espagnol.
Ess. : *Les Essais* (de MONTAIGNE).
Ess. and Lett. : *Essays and Letters* (de THACKERAY).
etc. : *et coetera.*
étym., étymol. : étymologie, étymologique, étymologiquement.
E. U. : États-Unis.
euphém. : euphémisme.
Év. : *l'Évangile.*
excl. : exclusif, exclusivement.
ex. : exemple.
exhort. : exhortation.
explic. : explication.
expr. : expression.
ext. : extension.
Ézek. : *Le Livre d'Ézechiel* (BIBLE).

— F —

famil. : familier, familièrement.
fém. : féminine.
fig. : au figuré.
fin. : finance, financier.
Fourb. de Scap. : *les Fourberies de Scapin* (de MOLIÈRE).
Fr. : France.
fr. : français (e).
(v. fr.) : (vieux français).
Fr. le Champi : *François le Champi* (de George SAND).
Fr. Dict. : *French Dictionary* (de BOYER).
Fr. Revol. : *Reflexions on the Revolution in France* (de BURKE).
F. sav. : *Les Femmes savantes* (de MOLIÈRE).

— G —

Gal. : *Épître aux Galates* (de saint PAUL).
GALSW. : Galsworthy.
génér. : généralement.
Gen. : *le Livre de la Genèse* (BIBLE).
gén. civ. : génie civil.
géog. : géographie.
géol. : géologie.
géom. : géométrie.
Géorg. : *les Géorgiques* (de VIRGILE).
germ. : germanique.
gram. : grammaire, grammaticalement.
Gram. : *Mémoires du comte de Gramont* (de HAMILTON).
Guy M. : *Guy Mannering, ou l'Astrologue* (de W. SCOTT).

— H —

Haml. : *Hamlet* (de SHAKESPEARE).
H. Clink : *Voyage de Humphry Clinker* (de SMOLLETT).
Hébr. : *Épître aux Hébreux* (de saint PAUL).
H. IV : *Henri-IV* (de SHAKESPEARE).
hist. : histoire.
Hist. anc. : *Histoire ancienne* (de CONDILLAC).
hist. d'Angl. : histoire d'Angleterre.
Hist. Eng. *Histoire d'Angleterre* (de MACAULAY).
Hist. Engl. : *Histoire d'Angleterre* (de FROUDE).
Hist. rom. : histoire romaine.
Hist. univ. : *Histoire universelle* (de BOSSUET).
histor. : historique.
holl. : hollandais.
homon. : homonyme.
Hor. : *Horace* (de CORNEILLE).
hort. : horticole, horticulture.
humor. : humoristiquement.
Hum. Und. : *Essai sur l'Entendement humain* (de LOCKE).
hyg. : hygiène, hygiénique.
hyperbol. : hyperboliquement.
hypoth. : hypothèse.

— I —

ibid. : *ibidem.*
icht. : ichtyologie.
id. : *idem.*
idiom. : idiome, idiomatique.
i. e. : *id est.*
impr., impropr. : improprement.
ind. : indirect.
ind. : industrie.
infl. : influence.
INSEE : Institut National de la Statistique et des Études économiques (France).
insp. : inspecteur.
Inst. : *Institution de la religion chrétienne* (de CALVIN).
interm. : intermédiaire.
intr., intrans. : intransitif.
Introd. à la Méd. exp. : *Introduction à la Médecine expérimentale* (de Claude BERNARD).
irl. : irlandais.
iron. : ironique.
iron. : ironiquement.
Isa. : *Livre d'Isaïe* (BIBLE).
ital. : italien.

— J —

joaill. : joaillerie.
J. Caes. : *Jules César* (de SHAKESPEARE).
jur., jurid. : juridique, juridiquement.

— L —

l. : livre.
L. : LITTRÉ.
LA BR. : LA BRUYÈRE.
lang. : langue, langage.
lat. : latin.
latin. : latinisme.
lég. : légende.
let. : lettres.
Lev. : *Le Lévitique* (BIBLE).
Lex. : *Lexique* (de GODEFROY).
L. F. : LA FONTAINE.
L G L F : *Linguistique générale et linguistique française* (de Ch. BALLY).
L H L G : *Linguistique historique et linguistique générale* (de A. MEILLET).
ling. : linguistique.
lithog. : lithographie.
Lit. Stud. : *Literary Studies* (de BAJEHOT).
litt. : littéraire.
lit., litt., littéral. : littéralement.
liturg. : liturgie, liturgique.
L L L ou *Love's Lab. Lost.* : *Love's Labours' Lost, Peines d'amour perdues* (de SHAKESPEARE).
loc. ; locut. : locution.
log. : logique.

— M —

Maccab. :	*Livre des Maccabées* (Bible).
Mal. imag. :	*Le Malade imaginaire* (de Molière).
Les Marg. :	*Les Marguerites de la Marguerite des Princesses* (de Marguerite d'Angoulême).
Mar. de Fig. :	*Le Mariage de Figaro* (de Beaumarchais).
Mart. Chuz. :	*The Live and Adventures of Martin Chuzzlewit* (de Dickens).
masc. :	masculin.
math. :	mathématiques.
Matth. :	Matthieu (l'évangéliste).
Meas. for Meas. :	*Measure for Measure, Mesure pour mesure* (de Shakespeare).
méc., mécan. :	mécanique.
méd. :	médecine, médical, médecin.
méd., médiev. :	médieval.
mélior. :	mélioratif.
mém. :	mémoire (ou mémoires).
Mém. de Gram. :	*Mémoires du Comte de Gramont* (de Hamilton).
Mém. O. T. :	*Mémoires d'Outre-Tombe* (de Chateaubriand).
Merch. ; *Merch. of V.* :	*The Merchant of Venice* (de Shakespeare).
mes. :	mesure.
métall. :	métallurgie.
métaph. :	métaphore, métaphoriquement.
métaps. :	métapsychique.
méton. :	métonymie.
Mids. N. D. :	*A Midsummer Night's Dream, Le songe d'une nuit d'été* (de Shakespeare).
mil. :	militaire.
mm. :	millimètre.
min. :	mine, minier.
Mis. ; *Misanthr.* :	*Le Misanthrope* (de Molière).
mod. :	moderne.
M. of Property :	*Man of Property, Le Propriétaire* (de Galsworthy).
Mol. :	Molière.
moll. :	mollusque.
Morn. Post. :	*the Morning Post.*
mus., music. :	musique, musical.
Mut. Friend :	*Our Mutual Friend, Notre ami commun* (de Dickens).
Myst. :	*Le Mystère de Jésus* (de Pascal).
Myst. Udolpho. :	*Les Mystères d'Udolphe* (de Mrs Radcliffe).
mythol. :	mythologie.

— N —

n. :	note.
naut. :	nautisme, nautique.
N.D.L.R. :	note de la rédaction.
N.E.B. :	*New English Bible.*
N.E.D. :	*A New English Dictionary.*
Neh. :	*Livre de Néhémie* (Bible).
néol. :	néologisme.
Nig. of the N. ; *Nigger of the N.* :	*Nigger of the Narcissus, Le Nègre du Narcisse* (de J. Conrad).
Nouv. récr. :	*Nouvelles Récréations et joyeux devis* (de Des Périers).
N.R.F. :	*Nouvelle Revue Française.*
numis. :	numismatique.

— O —

observ. :	observation.
Océano. :	(de Froude).
Œd. :	*Œdipe* (de Corneille).
O.E.D.-N.E.D. :	*Oxford English Dictionary (New English Dictionary).*
Œuvres orat. :	*Œuvres oratoires* (de Bossuet).
O.I.T. :	Office International du Travail.
Old Cur. Shop. :	*The Old Curiosity Shop, Le Magasin d'antiquités* (de Dickens).
O.M.S. :	Office Mondial de la Santé.
O.N.U. :	Organisation des Nations Unies.
op. cit. :	*opere citato*, dans l'ouvrage déjà cité.
opp. :	opposé, opposition.
oppos. :	opposition (par).
opt. :	optique.
org. :	organe, organisme.
orig. :	origine.
orn., ornithol. :	ornithologie.
O.R.T.F. :	Office de Radio et Télévision françaises.
orthog. :	orthographe, orthographique.
Oth. :	*Othello* (de Shakespeare).
Our Mut. Fr. :	*Our Mutual Friend, Notre ami commun* (de Dickens).
outil. :	outillage.
Oxf. :	Oxford.

— P —

p. :	page.
Pantag. :	*Pantagruel* (de Rabelais).
P. L. ou *Par. Lost.* :	*Paradise Lost, Le Paradis perdu* (de Milton).
Parad. Reg. :	*Paradise Regained, le Paradis reconquis* (de Milton).
Paragr. :	(de Stanhope).
p. ex. :	par exemple.
p. ext. :	par extension.
parl., parlem. :	parlement.

part. : participe.
partic. : particulier (en), particulièrement.
pass. : passif.
pathol. : pathologie.
péj., péjor. : péjoratif, péjorativement.
Pend. : *The History of Pendennis* (de THACKERAY).
pers. : personne.
pharm. : pharmacie.
philo., philos. : philosophie, philosophique.
phonét. : phonétiquement.
phot., photog. : photographie.
phrénol. : phrénologie, phrénologique.
physiol. : physiologie.
phys. : physique.
plais., plaisam. : plaisamment.
pléonast. : pléonastique.
pl. : pluriel.
poét. : poétique, poétiquement.
Point c. P. : *Point counter Point, Point et contre Point* (de HUXLEY).
pol. : politique.
Pol. : *La Politique tirée de l'Écriture sainte* (de BOSSUET).
Pol. Écon. : *l'Économie politique de l'Art* (de RUSKIN).
pop. : populaire.
pp. : pages.
Préc. rid. : *les Précieuses ridicules* (de MOLIÈRE).
Préf. : préface.
préf. : préfixe.
prépos. : préposition.
prob. : probablement.
Prom. : *Rêveries du Promeneur solitaire* (de J.-J. ROUSSEAU).
Prom. Unbound : *Prometheus Unbound, Prométhée délivré* (de SHELLEY).
prol. : prologue.
pronom. : pronominal.
pr. : propre (au).
propr., proprt. : proprement.
prosaïq. : prosaïquement.
prov. : proverbe.
Prov. : *Le Livre des Proverbes* (BIBLE).
Ps. : *Psaumes* (BIBLE).
psychanal. : psychanalyse.
psych., psychol. : psychologie.
P.U.F. : Presses Universitaires de France.

— Q —

qch. : quelque chose.
qq. : quelque.
qqn. : quelqu'un.
Quentin D. : *Quentin Durward* (de W. SCOTT).
q. v. : qui voit.

— R —

rac. : racine.
RAC. : Jean RACINE.
R.A.F. : Royal Air Force.
rel. : religion, religieux.
rem. : remarque.
Repres. Men. : *Les Hommes représentatifs de l'Humanité* (de EMERSON).
resp., respect. : respectivement.
Return of the N. : *The Return of the Native, Le Retour au pays natal* (de HARDY).
Rev. in France : *Reflexions on the Revolution in France* (de BURKE).
rhét., rhétor. : rhétorique.
Rich. II : *Richard-II* (de SHAKESPEARE).
Rich. III : *Richard-III* (de SHAKESPEARE).
Rob. Crus. : Robinson Crusoé (de DEFOE)
rom. : roman.
Rom. : *Considération sur les causes de la grandeur des Romains et de leur décadence* (de MONTESQUIEU).
rom. : romain.
R.P.P. : *Revue de psychologie des Peuples.*
Rom. and Jul. : *Roméo et Juliette* (de SHAKESPEARE).

— S —

s. : siècle.
Sat. : *Les Satires* (de BOILEAU).
Sat. : *Les Satires* (de Mathurin RÉGNIER).
Sat. Rev. : *Saturday Review.*
sc. : scène.
sc. : science, scientifique.
scol. : scolaire.
s. d. : sans date.
Serm. : *Sermons* (de B. HALL).
Sent. ou *Sentim. journey* : *A Sentimental journey, Le voyage sentimental* (de STERNE)
SHAKS. : SHAKESPEARE.
signif. : significatif.
sing. : singulier.
Sk. Book : *Sketch Book, Esquisses* (de W. IRVING).
Sk. Boz. : *Sketches by Boz, Les Esquisses de Boz* (de DICKENS).
soc. : société.
sociol. : sociologie.
s. o. : some one (quelqu'un).
spéc., spécial. : spécialité, spécialement.

Spect. : *The Spectator, Le Spectateur.*
spirit. : spiritisme.
stat., statist. : statistique.
sp. : sport.
sport. : sportif (ve).
STEPH. : STEPHENSON.
S. th. : some thing (quelque chose).
subst. : substantif.
s. s. : suivants, suivantes.
s., suiv. : suivant, suivante.
suff. : suffixe.
suppl. : supplément.
s. v. : *sub verbo, sub voce.*
sylvic. : sylviculture.
syn. : synonyme.
Syst. Magick : *Système de Magie* (de DEFOE).

— T —

t. : terme.
t. : tome.
t. : tonne.
Tam. Shrew : *The Taming of the Shrew, La Mégère apprivoisée* (de SHAKESPEARE).
techn. : technique, techniquement.
télég. : télégraphe, télégraphie.
télév. : télévision.
Tess. : *Tess d'Uberville* (de Th. HARDY).
Test. : *Le Testament* (de JEAN de MEUNG).
Test. : *Le Testament* (de VILLON).
text. : textile.
th. : théâtre.
Théb. : *La Thébaïde* (de J. RACINE).
théol. : théologie.
T.L.S.; Times Lit. Suppl. : *Times Literary Supplément.*
touj. : toujours.
toxicom. : toxicomanie.
trad, ou trd. : traduction.
trans. : transitif.
Troïl. : *Troïlus et Gessida* (de SHAKESPEARE).
Tw. Night : *Twelfth Night, La Nuit des Rois* (de SHAKESPEARE).
typ. : typographie.

— U —

Under W. eyes : *Under Western Eyes, Sous les yeux d'Occident* (de CONRAD).
univ. : universitaire, université.
us. : usité.
U.S. : United States of America.
Utilitar. : *l'Utilitarisme* (de MILL).

— V —

v. : verbe.
v., vers. : verset.
v. : voir.
var. : variante.
Var. : *Histoire des Variations des églises protestantes* (de BOSSUET).
vén. : vénerie.
vét. : vétérinaire.
v. fr. : vieux français.
Vic. of W. : *Le Vicaire de Wakefield* (de GOLDSMITH).
v. intr. : verbe intransitif.
Virg. : *The Virginians, Les Virginiens* (de THACKERAY).
vocab. : vocabulaire.
vol. : volontaire.
vol. : volume.
Voy. r. the World : *Voyage round the World, Voyage autour du Monde* (de DEFOE).
v. trans. : verbe transitif.
vulg. : vulgaire, vulgairement.

— W —

Wint. Tale : *The Winter's Tale, le Conte d'hiver* (de SHAKESPEARE).
Wks. : *Works* (de COWPER).
Wuth. Heights : *Wuthering Heights, Les Hauts de Hurlevent* (de E. BRONTE).

— Z —

Zool. : Zoologie.

L. P.-F. Léonard Danel, Loos - 27598 0-75
Dépôt légal éditeur n° 3633, 2e trimestre 1975
Dépôt légal imprimeur n° 9370.

L. P.-F. Léonard Danel, Loos - 27598 0-75
Dépôt légal éditeur n° 3633, 2e trimestre 1975
Dépôt légal imprimeur n° 9370.